山东社会科学年鉴

SHANDONG SOCIAL SCIENCE YEARBOOK

2013

山东省社会科学界联合会 编

山东人民出版社

国家一级出版社 全国百佳图书出版单位

图书在版编目（CIP）数据

山东社会科学年鉴．2013 / 山东省社会科学界联合会编．-- 济南 ：山东人民出版社，2013.12
ISBN 978-7-209-07840-5

Ⅰ．①山… Ⅱ．①山… Ⅲ．①社会科学－山东省－2013－年鉴 Ⅳ．① C125.2-54

中国版本图书馆 CIP 数据核字 (2013) 第 238462 号

责任编辑：李怀德　　杨纪伟

山东社会科学年鉴 2013
山东省社会科学界联合会　编

山东出版传媒股份有限公司
山东人民出版社出版发行
社　址：济南市经九路胜利大街 39 号　邮 编：250001
网　址：http:// www.sd-book.com.cn
发行部：（0531）82098027 82098028
新华书店经销
山东淄博方正印务有限公司印装
规　格　16 开（184mm × 260mm）
印　张　59.5
字　数　1930 千字
版　次　2013 年 12 月第 1 版
印　次　2013 年 12 月第 1 次
ISBN 978-7-209-07840-5
定　价　260.00 元

如有质量问题，请与印刷厂调换。（0533）8781440

《山东社会科学年鉴2013》编辑委员会

编辑说明

一、《山东社会科学年鉴》是一部记述山东哲学社会科学事业发展状况和学术动态的年度资料性学术工具书，由山东省社会科学界联合会编纂，由山东人民出版社出版。

二、本年鉴以马列主义、毛泽东思想、邓小平理论、“三个代表”重要思想、科学发展观为指导，认真贯彻落实党的十八大精神和习近平总书记系列讲话精神，坚持党的基本理论、基本路线、基本纲领、基本经验和基本要求，坚持“二为”方向、“双百”方针，解放思想、实事求是，与时俱进、求真务实，力求年鉴编纂的学术性、前沿性、客观性和实用性。

三、本年鉴宗旨：力求以山东社会科学研究的最新观点、最新成果、最新动态、最新资料奉献给读者，为党委和政府提供决策服务；为社会各界了解山东社会科学领域的现状提供最新信息资料；为社会科学研究和学术交流提供参考，推进山东社会科学繁荣发展。

四、本年鉴从2013年开始，逐年编纂。当年出版的年鉴，记述上一年山东哲学社会科学事业的发展状况。本年鉴收录的资料来自山东的党政机关，社会科学教学、研究和科研管理等机构。

五、本年鉴采用分类编辑法，全书包括文章体和条目体。全书采用标准的语文体、记述体，行文力求规范、准确、简练。

六、本卷年鉴的基本栏目设有：学科综述、学术活动、获奖成果、科研课题、社科普及、机构、基层社科联、学术团体、学术报刊、人才队伍。

七、本卷年鉴在资料收集、编写过程中，得到了有关单位、部门和学者的大力支持，在此表示衷心感谢！因时间和水平所限，错误、纰漏在所难免，恳请提出宝贵意见建议。

《山东社会科学年鉴》编辑部

2013年11月

目 录

· 学术活动 ·

· 获奖成果 ·

· 科研课题 ·

·社科普及·

·机　构·

·基层社科联·

·学术团体·

·学术报刊·

哲　学

马克思主义哲学研究综述

何中华

回顾 2012 年山东哲学界学者对于马克思主义哲学及其相关问题的研究，可以看出，取得的成果尽管带有某种发散性，但不失其一以贯之的基本论域，呈现出具有创新可能性的特定张力结构和新的理论生长点。例如，有的学者以马克思主义哲学本身作为反思对象，或从元哲学层面和思想史角度加以探讨，或对基本范畴和概念作出新的诠释；有的学者则以马克思主义哲学为视野或方法论原则，深入考察中国当代社会变革和转型期的重大实践问题，触及到政治哲学和现代性问题，切入生态文明、可持续发展、虚拟生存等一系列前沿课题；还有的学者探讨了西方马克思主义哲学研究方面的思想家的著作或思想，以为深化对马克思主义哲学的理解提供借镜。其中有些成果的意义并不局限于提出的观点或得出的结论本身，而是通过研究彰显出一种新的致思路径。它们或者追踪学术界热点，或者开辟新的论题和领域，各自显示出富有启示性的价值。

一、马克思主义哲学的"元"研究

在对马克思主义哲学的基础研究方面，本年度取得了一定进展。除了在哲学观层面作了新的探讨外，最主要的进展体现在对马克思主义哲学范畴重新诠释方面。这类研究既深化了对马克思主义哲学关键词的理解，也拓展了马克思主义哲学的研究语境，对于创造性地诠释马克思具有启示意义。有关学者主要提出如下观点：

鲁鹏对作为哲学范畴的"价值"作了新考察，认为从关系角度思考价值，也就是从实践出发对其作主体性理解。价值的主体性包含两层含义：事物是否有价值由主体判定；价值是由主体创造的。由价值主体性第一层含义可以理解价值客观论、价值主观论的缺陷，透视价值的多元性和相对性。由价值主体性的第二层含义切入，有助于理解人的价值与物的价值的关系问题、价值超越性问题和"是"与"应该"问题：满足人的需要的客体的属性、效用或功能是人创造的，人在创造客体价值的同时彰显并实现了自身价值；主体性活动具有超越性，故而价值具有超越性；"是"因为不能令人满意，因此人们才认为"应该"对其加以改变。价值主体性的第二层含义包含第一层含义，比第一层含义更具根本性[1]。

郝立忠就马克思主义语境中的辩证法加以探讨，指出："马克思主义辩证法"或"马克思主义的辩证法"是与马克思主义基本精神相一致的辩证法，是马克思主义经典作家创立、坚持和发展的辩证法。它包括一般意义上的"辩证法"、"自然辩证法"和"唯物主义辩证法"三个层次，为建设社会主义和谐社会提供重要的世界观和方法论指导。目前国内理论界出现的片面强调自然科学而忽视社会科学，片面强调"应用研究"而忽视"基础理论研究"，片面强调"和谐"而回避矛盾、否认"斗争"以至否认辩证法，甚至以"科学技术哲学"取代"自然辩证法"等现象，在本质上都是违背马克思主义辩证法的[2]。

李荣讨论了马克思考察个人与社会关系问题的逻辑，认为它是基于价值论、认识论和方法论的分野与整合而成立的。在价值论逻辑中，个人是社会历史中的自足的价值载体，而社会在价值上则是非自足的；在认识论逻辑中，个人和社会都不是自足的，个人与社会处于相互生成的统一关系之中；在方法论逻辑中，个人不具有方法论的含义，而社会则具有"改变世界"的方法论意义。这样，我们就可以将马克思哲学的"人本"解读、"科学"解读和"辩证统一"解读统一起来，还原马克思哲学思想的整体性[3]。

孙成竹从现象学角度阐释了马克思的实践本体论，认为只要实践对现存感性世界和"现实的个人"的开启和生成尚未完成，实践本体论就不能被超越。随着马克思哲学与现代西方哲学对话的开启，海德格尔"此在"现象学逐渐成为领悟马克思哲学的历史性契机。"此在"的绽出之生存堪为打开马克思实践本体论的钥匙。阐释实践本体论只有诉诸“人的存在的现象学”才是可能的。因为它不仅使实践本体论趋于圆融，也使它面临的诸多责难得以消解[4]。

祝利民从本体论层面上讨论了辩证法旨趣，认为本体与现象的关系及其引发的是与应当、经验与超验等二元对立的难题导致了辩证法的出场。辩证法是解决矛盾的途径，也是本体展开和实现自身的内在原则，其基础在于“思维与存在的同一”。马克思立足于人的生存世界，以实践为终极的原初基础，不再停留于本质与现象，是与应当的无穷纠缠，实现了矛盾的彻底解决[5]。祝利民另文考察了分工范畴，认为人的二重性的外化就类的层面来说是通过物质劳动与精神劳动的分工来实现的，进而表现为经济与政治、乡村与城市、市民社会与国家等一系列的展开。分工的扬弃，意味着主体与客体、思维与存在之间隐性或公开的二元论视野也将被超越，思维与存在的关系问题也将被彻底解决，哲学因此得到真正的实现和完成[6]。

韩云忠讨论了人的超越性本质问题，认为人既具有现实性，又具有超越性。人的超越性是人的主体性和生命本质力量的发挥与确证，是人之为人所不可或缺的内在生命特质。人的超越性是由人本身具有的能动性、创造性、意义性、精神性和无限性决定的，它主要表现为：创造对适应的超越、意义对现实的超越、无限对有限的超越、精神对物质的超越。现实性是人的存在的基础，超越性是人的存在的升华。否定人的现实性，超越性便成为空中楼阁；忽视或放弃了超越性，人之为人的高贵性便无从彰显[7]。

朱忠良讨论了马克思所谓的唯物主义的道德含义，认为唯物与唯心的区别不在于前者是纯粹经验的而后者是纯粹超验的，而在于前者能够恰当地处理超验与经验的关系使两者同时得以保全，后者造成超验与经验的分离最终只保留超验。马克思哲学的超验性只有在道德中才能得到客观化和现实化。道德的实践分为个人践行和类践行，两者的统一就是“改变世界”与“自然史的过程”的统一[8]。朱忠良另文讨论了马克思新唯物主义之“物”的含义，指出这个意义上的“物”就是实践。实践之所以能够充当此“物”就在于：具体的实践内在蕴涵主观性和客观性；新唯物主义之“物”的涵盖范围因具体实践而获得极大扩展；主观性和客观性在实践中的相互作用是新唯物主义完成自身的方式[9]。

常晶着重从历史维度诠释马克思的自由概念，认为马克思对自由范畴的考察，采取了回到历史的进路。按照马克思的观点，政治解放虽然确立了人的普遍自由的权利，但现代私有制却解构了自由的平等基础。人的自由在市民社会的历史语境中呈现为历史的偶然性与个人的任意性。消灭私有制，达至个人与社会的共同合理的自由乃是未来社会的诉求，也是马克思自由观的根本取向[10]。

侯继迎探讨了马克思的“劳动”范畴，认为同西方传统哲学相比，马克思的超越之处在于他立足于现实的人，看到了“劳动”与“实践”之间的内在勾连，将“劳动”提升到“实践”的意义上来理解，揭示了劳动的双重意蕴：谋生目的体现的是占有劳动成果以维系肉体生命存在的方面；自由维度体现的是人通过劳动达到自我确证的方面。它构成马克思理论中表征理想与批判现实的双重维度，在历史的发展中这两个方面将达到和解[11]。

张苓在讨论道德起源问题时认为，从马克思主义哲学角度看，道德起源于人类的交往活动。劳动是社会发展最初的原动力，在劳动过程中形成了人的最简单的社会关系、生命活动的日常秩序。随着社会关系的发展和复杂化，劳动分工取得成效，部落内部有了氏族划分，两性关系得到整顿，这时才出现这样的必要性，即必须从道德意识上约束人的各种行为，巩固一定的社会关系，调节不断产生的社会矛盾。可见，劳动决定了一切社会关系的发展，并通过社会关系决定了道德的起源[12]。

何中华通过重读马克思给安年科夫的信（1846年12月28日），认为他对蒲鲁东所作的批判体现着“历史地思”这一独特的运思方式。在马克思那里，人的现实生活获得了存在论含义。这一批判，使“历史地思”在哲学上成为一种必然的诉求。马克思揭露了蒲鲁东以“神圣的历史”代替“世俗的历史”、以“观念的历史”代替“人类的历史”的错误，把倒置的关系重新颠倒过来，进而把矛盾的解决和二元论的超越诉诸历史本身的辩证法。“历史地思”内在地蕴涵着革命的和批判的结论，这也就是实践的唯物主义者即共产主义者的历史使命[13]。何中华另文考察了自主活动范畴，指出：在马克思语境中，它是一种历史规定。在人的异化状态下，自主活动沦为一种虚假的外观，而不再具有实质的意义。人的异化的历史扬弃，使自主活动构成人的自由自觉的类特征的历史内涵。随着马克思思想的演进，“有个性的个人”、以“自由个性”为特征的人、“自由人联合体”中的“自由人”，分别成为自主活动之主体的不同表征。只有当私有财产导致的劳动异化、劳动仅仅作为谋生的手段、旧式分工所固有的外在强迫性被历史地超越之后，自主活动范畴才能获得充分的意义[14]。

二、马克思主义哲学史的重新审视

马克思主义哲学史始终是整个马克思主义哲学

研究的重要组成部分。因为它是从逻辑与历史相统一地把握马克思哲学实质的一个不可或缺的维度。在这个领域，也取得了一定进展。现择要叙述如下：

商逾在讨论马克思宗教批判的尺度问题时认为，传统观点把马克思思想与宗教意识之间了解为拒斥关系，这是一种非历史的抽象妄断。在终极价值尺度上，自由王国之图景与弥赛亚理念之间存在着隐秘的逻辑关联，它们都是人类自由诉求的制高点。但马克思的人类解放学说并非宗教救赎观的原版直译。在经济科学尺度上，马克思批判了宗教反思方式的虚幻性、颠倒性和保守性，把被宗教隐匿、压制和歪曲的本体真相还原，敞开了通向世俗天国的通途，完成了基督教救赎史向劳动解放史的置换[15]。

白春雨提示了被人们忽视的马克思与功利主义的关系问题，从思想史角度描述了马克思在创立历史唯物主义过程中所受到的功利主义的影响，认为马克思是一个受到功利主义影响的非功利主义者。马克思在《穆勒评注》中所揭示的社会关系的异化，隐藏着一场哲学革命的发生。马克思在《德意志意识形态》中不仅对历史唯物主义的现实基础和逻辑前提作了分析，还对功利主义进行了批判[16]。

刘继高和夏从亚重新讨论了马克思晚年提出的“东方社会构想”，认为它是马克思思想发展的逻辑必然。它的提出以历史唯物主义基本原理为逻辑前提，以对亚细亚生产方式的深入探索为逻辑支点，以社会发展规律的一般性与特殊性相结合为逻辑基础，以落后国家跨越资本主义“卡夫丁峡谷”直接实现社会主义和共产主义为逻辑结论，完整而严密地阐释了经济文化相对落后的国家和民族直接实现社会主义制度的可能性和现实性，完善了马克思主义社会发展理论[17]。

何中华提出要全面深刻地领会马克思哲学的丰富内涵，就必须广义地理解马克思哲学的思想史前提，既要考察古希腊哲学、浪漫主义思潮、基督教传统与马克思的思想史联系，又要重新挖掘德国古典哲学同马克思之间思想史联系的丰富性。古希腊哲学中的理想主义等思想因子，影响了马克思哲学的致思取向和风格。作为马克思人的存在的现象学原初范畴的实践所固有的敞开性和生成性，更本然地表达着浪漫主义所推崇的表征“生命”的“推动原则”和“创造原则”。马克思拒绝了基督教带给人的满足的虚拟性质，却保留了满足本身并追求其历史真实性，他终其一生致力于人性和历史在辩证否定的意义上的双重回归。马克思哲学事实上提出了“超验规定的历史建构如何可能”这一核心问题，它类似于康德式的追问，却使之变成存在论问题，从而赋予超验性以实践对经验世界的创造性建构之义。马克思把黑格尔的思辨辩证法改造成为实践辩证法，还把他的精神现象学重铸成为人的存在的现象学[18]。

三、马克思主义政治哲学研究

近年来，政治哲学在马克思主义哲学研究中日益成为一个热门领域。这既是马克思主义哲学学理探究逐步深化的需要，也是中国特色社会主义历史实践向纵深推进提出的一个现实课题。它同样成为学者们关注的一个重要方面，取得了较多的成果。现介绍如下：

鲁鹏指出，当代中国社会转型期的社会管理创新，其实质就是与经济现代化和文化现代化相适应的政治现代化。他从“社会管理和政治的同质性”和“发展实践的历史经验”等方面，论证了把社会管理创新同政治现代化联系起来的恰当性。社会管理创新的重点是在“党委领导、政府负责”的前提下完善“社会协同、公众参与”。实现社会管理创新要转变观念，意识到管理并非是只管别人，首先是管好自己；不是事无巨细、一管到底，而是有进有退、有所为有所不为；不是以理念为尺度，而要以实践为尺度；不是自上而下单向的，而是上下双向互动的。社会管理创新要以对象化的形式落实在以法治为核心的制度安排上[19]。

张友谊认为，理解力和执行力是人的认识和实践能力的两大表现，二者可以看作是认识和实践、知和行的关系。理解是人的理性对客体的认识和把握，它既是人的一个认识过程，也是人的认识的一种能力。执行是在理解的基础上把理论、政策、决策、部署、指示等贯彻落实下去的一个过程。这一过程把主观与客观、思想与实际连接起来，它不仅检验着理论、政策、决策、部署、指示，而且也检验着主体对它们的理解。在辩证唯物论知行观看来，理解与执行是具体的历史的统一。它们不是截然分开的两个过程，而是理解中有执行，执行中也有理解。在这种往复运动中，主体的理解力和执行力得到提升[20]。

贾英健和肖蓉认为，公共性问题在今天的凸显，使相关研究成为一个热点问题。但人们在对其概念进行理解的过程中，大多是在公开性、现实性和共同性等意义上展开。实际上，公共性不仅深蕴了和谐意蕴，而且也以社会的和谐发展为价值追求和价值目标。立足于公共性视角，揭示其对当今中国和谐社会的构建，不仅有着重要的理论意义，而且也有着重要的实践价值[21]。

姜涌提出，社会正义成为学术界的关注点，使人们对分配正义所涉及到的基本问题有了更进一步的了解。在近代社会以前的正义主要是政治权利分配，而不是财富分配，我们今天理解的分配正义是资本主义革命的产物。马克思的劳动分配正义是对资本主义分配关系的批判和超越，具有现实的意义。我们关注马克思的这一思想，根本的目的在于把人的政治存在建立在生存的必要性基础之上，而不是建立在非功利性的德性概念之上。我们的着眼点是劳动者事实上如何生活，而不是劳动者应当如何生活[22]。

涂可国认为，制度文化同精神文化、制度文明同精神文明具有许多交叉地带。从本质上说，制度文化并非简单化的规则，而是人类精神文化的外在表征，蕴含着精神文化的成分。从结构上说，制度文化与精神文化相互渗透和交叉。社会制度包括经济制度、政治制度和文化制度等，制度文化同精神文化具有同一性。同时，精神文化不是空洞抽象的，而是具体历史的，它必然要在思想道德和文学艺术等方面反映作为客观社会存在的制度问题，这表明精神文化内在地蕴含着制度文化。制度文化与精神文化是一种“你中有我，我中有你”的互渗关系[23]。

万光侠提出，构建现代人本思想政治教育，须进行思想政治教育研究范式的转换，即实现思想政治教育由物本研究范式到人本研究范式转换。思想政治教育人本研究范式的确立，有利于建立思想政治教育全新的教育理念，能够进一步完善思想政治教育学科建设，有助于进一步增强思想政治教育的针对性和实效性。人文关怀是人本思想政治教育的新理念，信仰教育是人本思想政治教育的实质和核心，集体主义价值观是人本思想政治教育的价值导向[24]。

何中华认为，作为现代性在政治上的体现，政治现代化的主要标志是决策的科学化和民主化，它在本质上是理性精神的要求。理性通过科学使自然界“祛魅”，乃是生态环境危机的重要原因，它借助于现代制度得到了进一步强化。民主虽然是基于对多数人理智的信赖而建立起来的制度安排，但存在着陷入“集体暴政”的危险。市民社会成员的偏好及其所造成的短视通过民主作出的选择，有可能漠视公共利益和未来利益，这恰恰是发展之所以陷入不可持续性的一个重要原因。我们在致力于决策的科学化和民主化的过程中，必须同时考虑生态文明及其危机所给出的边际条件，因为正是它促成了我们对于科学化和民主化及其内蕴的理性精神的一种健全的批判性的反省态度[25]。

三、社会发展和现代化问题的哲学思考

社会发展和现代化问题，是改革开放以来的马克思主义哲学研究始终关注的重点内容，成为基础理论和现实课题积极互动的一个成功的典型个案。本年度的相关成果，主要着眼于市场化和全球化背景下的中国现代化发展面临的种种挑战和困境，从哲学层面上进行多维度探讨，其中代表性的观点是：

鲁鹏认为，主张制度伦理的学者以制度和伦理基本功能一致、道德具有非强制性的局限、制度与伦理因此可以互补、制度伦理化和伦理制度化有利于道德实践为理由，证明制度伦理的可能性和合理性。但这种观点混淆了两种规则体系功能上的本质差异、错误地理解了道德的局限性、忽略了制度与伦理互补的前提条件、对制度伦理化和伦理制度化的实践缺乏历史的省察反思。制度和伦理分别代表社会的两个规范系统，承认道德的重要性，就不要将它与制度“化”在一起[26]。

马永庆从道德层面对生态文明建设加以考察，认为生态文明建设蕴含着复杂多样的道德问题。从道德的视角把握生态文明建设，需要处理好人与自然、人与生存环境、人与社会的道德关系。生态文明建设中的道德操作应遵循以人为本、公正、科学发展的原则。生态文明建设要注重道德价值，加强社会的道德建设，提升主体的道德素质，更新道德实现的途径和方法[27]。

贾英健认为，作为在当代信息网络技术高度发展的情况下从人类现实生存中分化出来的一种新的生存方式，虚拟生存的出现，既有发生学意义上的生成性前提，也有着赖以产生的技术支持，还有着深刻的马克思主义的人学基础，这构成决定虚拟生存作为人类当代一种新的生存形式“是否可能”这一前提性问题。它既是一个重要的现实问题，也是马克思主义人学理论中一个十分重要的课题[28]。贾英健在另文中提出：虚拟时空在当代的出现，既使人们改变了对时空的传统认识，也将人的生存带进了一个虚拟性的时空形式中，实现了人类生存从现实时空向虚拟时空的重大飞跃，形成了对虚拟时空这一崭新人类生存形式的新阐释。作为非物理性和非线性的世界，虚拟时空超越了用“实物符号”表征现实对象的局限，标志着人类生存时空发生了根本性变革，表现出虚拟生存运动的时空跃迁，即时间的可逆化与空间的共享化、时间的即时化与空间的流动化、时间的弹性化与空间的压缩化。虚拟时空形成新型空间社会，使时间的不可逆性发生了逆转。它的出现，也使时空的人性化特征得到彰显。如何正确地看待虚拟时空，涉及虚拟时空的“虚化”与“实在”、“确定”与“模糊”、差异与规范问题[29]。

杨巧蓉认为，市民社会与市场经济必然地关联在一起，它对于国家现代化与社会转型具有普遍意义。马克思主义经典作家及其他思想家对市民社会论述，涵盖了市民社会的一般价值诉求和历史的特殊性。当代中国社会转型日益深入，一个中国特色的市民社会应运而生，因此，以一种唯物主义历史观的高度、一种辩证唯物主义的视野，解读市民社会相关理论，透视当代中国社会转型的基本内涵、问题和方向，有理论与实践的双重基础和重要意义[30]。

孙成竹则指出了市民社会的道德幻灭之怪相，认为马克思扬弃康德关于道德的纯粹性规定，使意志自律进入人的存在的历史，确立起道德考量的绝对尺度，进而以四个悖论为例，即道德是从邻人的口袋里诱取黄金鸟，道德是出卖身体和良心，道德是禁欲、节制、吝啬和遏制生命，个人与国家的贫富成为判别其道德上诚实与否的根据，呈显市民社会道德幻灭之怪相。因此，作为资本对劳动统治的历史结果，道德幻灭是市民社会人的存在的宿命[31]。

刘长明指出，热衷于怪异辞藻以及充斥着大量故弄玄虚的数学模型和莫名其妙的公式的芜杂经济学，将原本和谐而简单的经济现象糟蹋得面目全非。貌似科学的芜杂经济学既不经济，也不科学。华丽繁冗的外表难掩其贫困的内在和复杂之伪。支持浮华社会的芜杂经济学即将终结，取而代之的必然是简单经济学。大道至简，简单经济学的和谐指归与简单法则告诉我们，简单经济学其实不简单。简单经济学的简单之美贯穿在经济诸环节中，低耗高效与共生之道，显示了简单经济学师法自然的高超和谐生物智慧。相信蕴涵和谐指归与简单法则的简单经济学必将为经济学自身的和谐再造提供契机[32]。

贾英健认为，科学发展观是基于人、社会与自然的和谐相处与互动共进这一唯物史观立场之上的，反映的是人、自然、社会的“三位一体”的科学发展思想。它不仅是马克思主义关于自然、人、社会“三位一体”发展思想的复兴，也是对当代人类发展实践中存在的人与自然、人与社会的严重生态危机、生存危机和价值危机等不和谐发展的深刻总结[33]。

何中华提出，包容性发展就是那种能够兼顾人与自然、人与人的关系，实现两种关系的正和博弈，同时恰当地把握现在与未来之间均衡的发展。它要求一是在人与自然的关系维度上，寻求经济增长与环境保护的统一；二是在人与人的关系维度上，增长和发展的成果必须为所有社会成员所分享，一部分人的状况改善不能以牺牲另一部分人的利益为代价；三是在资源配置和收益分配方面，必须维持资源和发展成果在同代人之间的可共享性；四是必须在当代人同后代人之间实现资源和收益上的均衡和兼顾，不能以牺牲后代人发展的机会和能力为代价来满足当代人的需要[34]。

四、国外马克思主义哲学研究之反思

有关学者对国外涉及马克思主义哲学的学说和著作也展开了研究，从而为我们更深切地领会马克思主义哲学提供了新的角度。这方面的观点主要有：

李霞考察了卢卡奇论述日常生活本体的特定角度，认为在卢卡奇那里，同人的各种对象化形式相比，日常生活处于本体论地位。日常生活是艺术和科学的发生渊源，也是它们的社会职能所在。经济异化以意识形态为中介得到发展，意识形态的异化则以日常生活为中介发挥其作用。当代世界，异化已经全面侵入日常生活，异化与反对异化的斗争只能主要在日常生活中进行。异化的消除取决于两个根本条件：一是实行彻底的包括日常生活在内的社会变革，二是有待于日常生活中人的真正个性的发展和成熟[35]。

卞绍斌以柯亨的《如果你是平等主义者，为何如此富有?》为文本，考察其中对传统马克思主义道德论证匮乏的原因及出路的分析，进而解读其对罗尔斯社会基本结构论题的批判。柯亨认为，道德论证的缺失不仅是传统马克思主义研究的症结所在，也是导致社会主义运动出现困境的重要原因，而对个体美德与正义风尚的忽视是以罗尔斯为代表的自由主义的重大疏漏。柯亨对平等主义道德思想的阐释，不仅为沟通当代道德和政治哲学的不同理路作出了示范，也为讨论马克思主义和自由主义的正义问题提供了指引。探寻柯亨的思想内涵，具有重要的意义[36]。

参考文献：

[1]鲁鹏：《价值：主体性的理解》，《苏州大学学报（哲学社会科学版）》2012年第4期。

[2]郝立忠：《马克思主义辩证法三题——兼论自然辩证法与科学技术哲学之别》，《北京科技大学学报（社会科学版）》2012年第3期。

[3]李荣：《马克思探讨个人与社会关系问题的三重逻辑》，《东岳论丛》2012年第8期。

[4]孙成竹：《“实践本体论”：马克思哲学的现象学阐释》，《西南科技大学学报（哲学社会科学版）》2012年第5期。

[5]祝利民：《辩证法的本体论旨趣》，《武汉科技大学学报（社会科学版）》2012年第4期。

[6]祝利民：《从马克思哲学看“分工”的历史展开》，《东岳论丛》2012年第4期。

[7]韩云忠：《论人的超越性本质》，《山东师范大学学报（人文社会科学版）》2012年第3期。

[8]朱忠良：《从道德视角领会马克思的“新唯物主义”》，《宁夏社会科学》2012年第2期。

[9]朱忠良：《马克思新唯物主义之“物”新

探》，《东岳论丛》2012 年第 4 期。

[10]常晶：《马克思自由范畴的历史维度》，《东岳论丛》2012 年第 4 期。

[11]侯继迎：《劳动的双重意蕴：谋生目的与自由维度》，《东岳论丛》2012 年第 10 期。

[12]张苓：《道德的起源：经验与超验的两种维度》，《社会科学辑刊》2012 年第 4 期。

[13]何中华：《论马克思的"历史地思"——重读马克思给安年科夫的一封信》，《学习与探索》2012 年第 6 期。

[14]何中华：《论马克思语境中的"自主活动"》，《东岳论丛》2012 年第 4 期。

[15]商逾：《论马克思宗教批判的双重尺度》，《理论学刊》2012 年第 9 期。

[16]白春雨：《马克思与功利主义》，《马克思主义与现实》2012 年第 4 期。

[17]刘继高、夏从亚：《马克思"东方社会构想"提出的四重逻辑》，《广西社会科学》2012 年第 5 期。

[18]何中华：《马克思哲学之思想史前提的广义理解》，《学术月刊》2012 年第 1 期。

[19]鲁鹏：《论政治现代化视阈中的社会管理创新》，《山东社会科学》2012 年第 3 期。

[20]张友谊：《关于理解力和执行力的哲学思考》，《理论学刊》2012 年第 4 期。

[21]贾英健、肖蓉：《公共性与和谐社会的构建》，《东岳论丛》2012 年第 1 期。

[22]姜涌：《马克思的劳动分配正义研究》，《东岳论丛》2012 年第 5 期。

[23]涂可国：《精神文化与制度文化辩证》，《中共济南市委党校学报》2012 年第 4 期。

[24]万光侠：《论思想政治教育人本研究范式》，《学校党建与思想教育》2012 年第 5 期。

[25]何中华：《现代性的政治与生态环境的危机——政治文明与生态文明关系的一个观察》，《理论学刊》2012 年第 9 期。

[26]鲁鹏：《关于制度伦理若干问题辨析》，《天津社会科学》2012 年第 2 期。

[27]马永庆：《生态文明建设的道德思考》，《伦理学研究》2012 年第 1 期。

[28]贾英健：《虚拟生存何以可能》，《理论学刊》2012 年第 1 期。

[29]贾英健：《论虚拟时空》，《学习与探索》2012 年第 12 期。

[30]杨巧蓉：《市民社会理论：透析当代中国社会转型的新视角》，《教学与研究》2012 年第 3 期。

[31]孙成竹：《道德的幻灭：市民社会之怪相——读马克思〈1844 年经济学哲学手稿〉》，《岭南学刊》2012 年第 5 期。

[32]刘长明：《芜杂经济学的贫困与困谷中的抉择——一种基于和谐维度的简单经济学视阈》，《山东财政学院学报》2012 年第 6 期。

[33]贾英健：《人、社会、自然的和谐相处与互动共进——科学发展观"三位一体"的价值深蕴及当代意义》，《山东财政学院学报》2012 年第 6 期。

[34]何中华：《包容性发展：困境与选择》，《山东财政学院学报》2012 年第 6 期。

[35]李霞：《卢卡奇在何种意义上论述日常生活本体》，《学术研究》2012 年第 7 期。

[36]卞绍斌：《G. A. 柯亨的平等主义诉求及其道德价值》，《马克思主义与现实》2012 年第 5 期。

（作者：何中华，山东大学哲学与社会发展学院教授）

伦 理 学

黄富峰

2012 年山东省伦理学研究紧扣时代发展脉搏，研究领域不断拓展，研究问题不断深入，直接面对和化解社会经济发展中的道德困境，引领社会风尚，为山东省社会主义精神文明建设、和谐社会建设作出了应有贡献。首先，伦理学研究著述颇丰。出版《网络道德问题研究》（吕本修：中国社会科学出版社 2012 年 10 月）、《柳叶刀的伦理：临床伦理实践指引》（曹永福：东南大学出版社 2012 年 6 月）、《教师职业道德》（段文阁等：山东人民出版社 2012 年 3 月）、《研究生学术道德培育研究》（黄富峰等：中国社会科学出版社 2012 年 4 月）等学术著作，发表《生态文明建设的道德思考》（马永庆：《伦理学研究》2012 年第 1 期）、《儒家政治道德的基本原则和主要规范》（杜振吉：《道德与文明》2012 年第 6 期）、《关于制度伦理若干问题辨析》（鲁鹏：《天津社会科学》2012 年第 2 期）、《君子人格与儒家诚信之德》（白春雨：《齐鲁学刊》2012 年第 5 期）、《"礼"的道德意蕴》（王苏、傅永聚：《道德与文明》2012 年第 1 期）、《全球伦理与孔子的德性之思——〈全球伦理宣言〉再省思》（傅永军：《云南大学学报》2012 年第 4 期）、《G. A. 柯亨的平等主义诉求及其道德价值》（卞绍斌：《马克思主义与现实》2012 年第 5 期）、《论海洋伦理及其建构》（吕建华、吴失：《中国海洋大学学报》2012 年第 3 期）等学术论文。其次，伦理学学术活动较为活跃。2012 年 6 月，山东大学启动“中国古典制度伦理学系列研究”项目，提出重建“中国古典制度伦理学”或“儒家制度伦理学”的完整理论体系，以“中国正义论”回应当今世界和当代社会的正义问题；7 月，由山东省伦理学与精神文明建设研究基地与中共莱州市委联合主办的社会主义核心价值观与公民道德建设理论研讨会在莱州市召开，会议就社会主义核心价值观、公民道德建设、社会主义核心价值观与公民道德建设的关系等问题进行研讨；7 月，由齐鲁医院主办的山东省医学伦理学学会第八届学术年会在平邑举行，年会就“服务好、质量好、医德好，群众满意”的“三好一满意”指标体系、医德医风教育、医师职业精神建设、医院质量管理、优化服务流程、优质护理服务、提高患者满意度等方面展开学术讨论与经验交流；10 月，山东师范大学政治与国际关系学院马永庆教授在山东轻工业学院作学术报告“中国道德文化的传承与发展”。综上所述，2012 年山东省伦理学研究主要围绕伦理学基本理论、中国传统伦理思想、外伦理思想、应用伦理学等方面展开，拓宽了相关研究领域，对一些热点问题高度关注，积极回应，取得了一系列研究成果。

一、伦理学基本理论研究不断深入，主要围绕三个问题展开

（一）伦理是否要制度化、伦理制度化能否切实提高道德建设水平？山东大学鲁鹏认为，制度和伦理分别代表社会的两个规范系统，承认道德的重要性，就不要将它与制度“化”在一起。他认为主张制度伦理的学者以制度和伦理基本功能一致、道德具有非强制性的局限、制度与伦理可以互补、制度伦理化和伦理制度化有利于道德实践四点理由证明制度伦理的可能性和合理性。这些论证和分析存在四个方面的误识：混淆了两种规则体系功能上的本质差异；错误地理解了道德的局限性；忽略了制度与伦理互补的前提条件；对制度伦理化、伦理制度化的实践缺乏历史的省察反思。[1]

（二）交往伦理如何建构才可能成为突破现代伦理困境的有效途径？中国石油大学汪怀君认为，应该从文化整合的视角建构中西交往伦理，而中西方交往伦理又呈现出不同的价值取向，前者以人伦为本位，注重对群体价值、情理方式、礼仪美德与善的追求；后者以个体为本位，重视对个体权利、理性价值、法律制度与正义的伸张。从人类发展的历史看，中西方交往伦理必然呈现出整合的趋势[2]。

（三）关于道德伦理建构逻辑起点问题。山东大学王元亮提出了人性利己假设，认为相对于其他的人性假设，人性利己的假设扎根于人的需求和欲望，具有深刻的生物遗传基础和资源约束基础，更接近人性的现实。以人性利己假设为前提建构的道德伦理理论对人性的要求更低，适用范围更广，逻辑一致性更强，因而解释力也更强。以此为基础建构的道德伦理和社会政治秩序会更可靠，会更有效地守护道德底线和抑制社会道德水平的滑坡。承认人性利己丝毫不意味着人的低劣，与此相反，人在自身有限的理性能力的指引下，不依赖于某些无法企及的人性品质，而是在自身私利的基础上还能建立起一个相互尊重的社会，恰恰说明了人的高贵和尊严[3]。

二、中国传统伦理立足于现实社会需要，充分挖掘儒学等山东地域伦理资源，独具特色，主要围绕五个方面的问题展开

（一）儒家政治道德研究。曲阜师范大学杜振吉提出了儒家政治道德的基本原则和主要规范，认为“为政以德”是儒家政治伦理思想的核心理念和鲜明标志，也是其政治道德的基本原则。从这一核心理念和基本的道德原则出发，儒家十分重视政治道德规范对为政者行为的制约和引导作用，并提出了一系列具体的道德规范，要求为政者用以加强自身的道德修养，规范和约束自己的行为[4]。

（二）如何利用儒家的诚信资源重建现代社会诚信观。曲阜师范大学骆承烈认为，儒家经典《中庸》中论“诚”为“天之道，人之道”。“诚”也用“信”表现出来，历史上依“诚”成功者，非“诚”败亡者屡见不鲜。从“诚”与仁、义、礼、智、信等品德的关系来看，“诚”应为一切道德的根基。时至今日，诚信仍是自我约束的道德规范、处世待人的基本方式，从政治国的重要法则[5]。中国石油大学白春雨提出君子人格是实现儒家诚信之德的进路，认为君子人格是中国传统儒家文化的核心内容，是人自觉的道德要求和积极的境界展现。儒家诚信之德的现代意义主要表现在它是不同文化进行对话的平台，是社会主义和谐社会建设的思想因子，是贯彻科学发展观的内在来源，在建设社会主义核心价值体系中发挥基础性作用[6]。曲阜师范大学李方安和傅永聚则提出了儒家诚信伦理在时代重构的重要意义，认为在儒家看来，诚信既是一种内在德性，又是一种道德实践，因而它成为做人、人际交往、立业和为政的根本。儒家诚信伦理既有作为社会公德的社会属性，又在一定程度上具有作为个人信仰的宗教色彩。儒家坚持“诚者自成”的自律伦理观，在实践上依赖情感来维系[7]。

（三）关于礼和义在道德实现中的作用。曲阜师范大学王苏和傅永聚提出，先秦儒家十分强调“礼”对于个体修身养性的重要性，道德修养的价值就在于成就德性自我，在礼义规范的认同、体验中确立个体的道德主体地位，从而将外在的礼义约束转化为内心的道德自觉，进而成就理想人格，达致理想的道德境界[8]。山东大学陈晨捷提出义就是道德辨别力，他认为，“义”是儒家哲学的一个重要概念，而前贤多注重“仁”、“礼”之发微，对“义”却不够重视。“义”是人的一种理性能力，准确地说是“道德辨别力”。“道德辨别力”所作的判断要求不仅正确而且适宜，它来源于个体经验与“历史理性”的结合，其内在作用机制则表现为“情理”结构。“道德辨别力”指向审美和谐，即要求心性主体在历史语境和当前语境之间达至充分的和谐，最终实现“从心所欲不逾矩”[9]。

（四）儒家伦理在全球伦理构建中有何地位与作用？山东大学黄玉顺认为，儒家伦理学可为“全球伦理”的基本理念提出一种儒学的辩护，同时也对其学理缺陷提出一种儒学的批评。伦理学在观念层级关系上有一个基本区分“伦理原则—伦理规范”，儒家谓之“义—礼”，其中“礼”（规范）是可以损益的，而“义”（原则）才是普适的。“全球伦理”没有作出这种区分，其仅仅着眼于规范的选择，而缺乏原则的基础。金规则“己所不欲，勿施于人”并不是原则，而是适应当下的全球化的生活方式的一种规范选择，因此，一方面，它并不是绝对的，但另一方面，它也是当今时代所需要的。为寻求一种普适的伦理原则，经验论和先验论的方法都有问题。儒家伦理学的“仁—义—礼”结构、即“仁爱精神—正义原则—社会规范”结构，提供了解决这个问题的借鉴。其中“义”指两条基本原则：正当性原则，要求社会规范的建构超越差等之爱、追求一体之仁；适宜性原则，要求社会规范的建构适合特定生活方式的条件[10]。山东大学傅永军认为，儒家先圣孔子的思想中有着丰富的德性实践理性智慧，他关于“仁”的学说和关于理想的道德人格“君子”的学说，可以为全球伦理的建构提供直接的思想资源。此外，对全球伦理建构更有意义的是儒家德性实践智慧借之实现的内在超越方式，它将东方内在超越的精神与西方外在超越的传统相结合，开辟出一条全球伦理建构的健康之路[11]。

（五）荀子伦理思想的深化研究。山东大学王堃从元语言学的角度分析了荀子的“正名”思想，认为荀子的“正名”理论蕴涵着深刻的语言学和伦理学思想，二者密不可分。从元语言学入手分析，会发现荀子的对象域建立于认识论和人性论的形上基础，而元语言和对象语言依据形下的方法论原则。但归根结底，是形上的依据影响了形下的依据。异于西方分析伦理学家，荀子对形上依据存而不论，并不试图用形下的语言理论去解释形上问题。根据这两条泾渭分明的依据，荀子建立起了以元语言分析为基础的伦理体系[12]。

三、外国伦理思想研究扩展了我国伦理学研究的视野，提供了积极借鉴，主要围绕四个方面问题展开

（一）政治伦理思想研究。山东大学卞绍斌考察了牛津大学教授 G. A. 柯亨的政治伦理思想，认为柯亨对平等主义道德思想的阐释，不仅为沟通当代道德和政治哲学的不同理路作出了示范，也为讨论马克思主义和自由主义的正义问题提供了指引。更为重要的是，正是由于像柯亨这样的学者对平等理想的坚守，让我们在这个信仰缺失、责任匮乏的时代依然能够感受到弥足珍贵的希望[13]。

（二）康德伦理思想研究。傅永军和尚文华研究了康德伦理学中的道德情感及相关问题，认为康德将其理性批判事业推广到宗教领域，限制宗教于纯然理性界限之内。康德通过批判实践理性，证明了道德情感是一种尊重理性自律而产生的对道德法则敬重的情感，又以“动力—关切—准则”三个连贯的概念分析道德的纯粹性，并依据“责任”概念批判基督教伦理原则——“爱的诫命”，最终基于人之有限性原则证成人只能在实践理性所限定的道德领域实现弃恶从善的心灵转变。康德所完成的批判考察，理性地解决了宗教与哲学、信仰与理性之间的对立统一关系，为纯然理性界限内的宗教奠定了必要的理性基础[14]。

（三）休谟伦理思想研究。山东大学高国升讨论了英国哲学家休谟的道德区别的来源问题，提出休谟在《人性论》第三卷中专门讨论了道德区别的来源问题，认为道德区别来源于情感而非理性，但其思想之价值更表现为他的道德感与动机紧密相关，说明了道德感如何刺激起道德的行为，消解了应然与实然的断裂。可以看出，休谟的道德学说与后世功利主义伦理学有着本质不同，而对当代情感主义伦理学的批评也不适于休谟等道德情感主义者[15]。

（四）日本伦理思想研究。山东大学牛建科研究了日本的神道教伦理思想，认为神道生活中求诸神意并使之成为自己生活规范的虔敬态度，即日本人所谓的“真心”，使神道具有了伦理特性；神道伦理反映了日本民族意识的重要侧面，是日本伦理思想的核心和基础，代表了日本人基本的价值取向和精神追求。神道伦理的基本理念以及在此基础上融合儒佛等外来思想文化形成的神道伦理规范，成为日本传统的伦理规范，构成日本民族文化价值的中核，对日本的历史、政治、经济、文化、国民生活产生了重要影响[16]。

四、应用伦理研究关注社会经济发展中的重大道德问题，通过理论和方法创新积极应对复杂的道德争议和道德困境，论点纷呈，进展速度较快，取得诸多研究成果，主要讨论了五个方面的问题

（一）网络道德研究。1. 山东省委党校吕本修对网络道德相关问题进行了较为系统的研究，出版《网络道德问题研究》（中国社会科学出版社，2012年10月），从网络道德的依据、网络道德主体、网络道德规范、网络博客、网络游戏、网络道德教育、网络法规等方面，对网络伦理的诸多学术前沿问题进行了深入探讨。2. 山东大学牛志强和宋修静讨论了网络游戏与社会道德实践的相互关系，认为网络游戏对社会道德实践能够产生一定的影响已经被无数事实所证明。但是，在这一事实背后，网络游戏侧重于男性群体的角色扮演，使得对社会道德实践产生的影响具有明显的性别特征。为此，需要在以下几个方面作出努力：创新和实现网络游戏产品的“绿色化”，将网络游戏与社会主义核心价值体系的构建有机结合起来，营造积极健康的网络道德氛围；通过全社会的舆论力量，推动网民加强网络道德自律，使其在网络世界和现实世界之间能够无障碍地“进出”。此外，还应在公众的道德评价方面进行强化和重构，通过立法等形式，规范网络游戏的制度建设，将其产生的负面效应降到最低限度，形成社会道德的正确行动方向[17]。

（二）医学伦理与生命伦理研究。1. 医学伦理研究。山东大学曹永福对临床伦理问题进行了详细研究，出版《柳叶刀的伦理：临床伦理实践指引》（东南大学出版社2012年6月），从临床伦理的基石和基础理论、医患之间的道德博弈、国际国内主要医学伦理规范、诊疗伦理基本原则、诊疗伦理决策与临床伦理难题、生命医学伦理理论、生育医学伦理、死亡医学伦理、医学实验研究伦理、人体器官移植伦理等方面，结合大量案例，阐明临床伦理问题，以期给广大医生一个切实的操作指导。万玉霞和曹永福研究了公立医院回归公益性的伦理难题及其破题之道，认为公立医院回归公益性是我国当下深化医改的热点和难点，在目前我国医疗卫生体制设计下，即在我国实行将医疗服务的购买与医疗服务的提供分开的医疗制度下，公立医院回归公益性存在一定的体制伦理难题，而回归公益性的应该是整个医疗卫生事业[18]。2. 生命伦理学研究。滨州医学院安娜和王忠彦探讨了基因治疗的伦理问题，认为基因治疗在给患者带来生命希望的同时，也带来了诸如潜在的风险、技术的滥用、责任的漠视、公平的忽略、生命的亵渎等前所未有的伦理问题，有必要从构建基因治疗的伦理原则、健全基因治疗的法律规范、建立基因干预的准入与审批机制、提高从业人员的道德意识等方面对基因治疗进行规范，使基因治疗这一新兴技术向着为人类造福的方向持续健康发展[19]。滨州医学院梅春英和黎丽探讨了代孕母亲的伦理问题，认为代孕母亲的出现是高科技发展和人类自身生育权利需求的结果。但是作为生殖技术的一个特殊环节，代孕技术也带来了不少新的社会伦理问题：代孕技术不利于代孕母亲的健康；代孕技术损害了代孕母亲和代生孩子的人性尊严；代孕行为的商业化是难以回避的一个重大问题；代孕母亲的出现可能会造成压迫、剥削；代孕母亲的出现破坏传统家庭伦理，使亲子关系复杂化，影响家庭稳定[20]。山东大学张玉龙等探讨了恐惧的伦理价值及其意义，认为恐惧在现代生命科技的强势和暴力环境中，可以促进理性认知的形成，从伦理上化解技术和生命的尖锐矛盾。恐惧导致对技术与道德的冲突产生焦虑，形成对工具理性和人性的反思，推动对生命伦理重大命题的解读。以恐惧为基点，可以明确生命伦理体系的新颖方法、核心规范、基本原则和实现途径[21]。山东理工大学陈红兵针对福建归真堂活熊取胆事件，提出了佛教动物伦理在生活实践中的重要意义，认为佛教作为一种宗教，是以解脱成佛作为自身的根本价值追求的，佛教动物伦理思想主要包括慈悲观，“众生皆有佛性”的平等观，人与其他生命相互涵摄、相互映照的整体观，以及因果报应法则四个方面，其宗教实践主要是一种净化自心、教化众生的德性修养[22]。

（三）环境伦理研究。1. 关于生态文明建设的道德思考。山东师范大学马永庆认为，生态文明建设蕴含着复杂多样的道德问题。从道德的视角把握生态文明建设，需要处理好人与自然、人与生存环境、人与社会的道德关系。生态文明建设中的道德操作应遵循以人为本、公正、科学发展的原则。生态文明建设要注重道德价值，加强社会的道德建设，提升主体的道德素质，更新道德实现的途径和方法[23]。山东师范大学张锋等则提出了中国传统生命伦理观对生态文明建设的重要意义，认为中国传统文化向来重视生命的价值，它以贵生的精神看待生命，以仁爱的精神关注生命，并以平等的精神对待宇宙间各个生命的价值，重视对人与自然和谐关系的构建，对和谐社会建设具有重要意义[24]。曲阜师范大学孙迪亮研究了我国古代重要典籍《逸周书》中的生态美德思想，认为主要有因地制宜、合理利用土地，取物有时、维护生态平衡，节制物欲、反对滥用资源等，这些美德不仅体现了与周代"敬德保民"思想高度一致的文化自觉，而且是儒家生态观得以生成的重要思想素材[25]。2. 海洋伦理研究。中国海洋大学吕建华等探讨了海洋伦理及其建构问题，认为海洋伦理是人与人之间、人类与海洋环境之间道德关系准则，其内涵包括公共行政伦理、公共伦理和生态环境伦理，应从个体、公众和组织三个层面进行海洋伦理意识、海洋伦理制度、海洋伦理社会以及海洋伦理精神四个方面的伦理规范体系建构，为规范人类海洋实践活动探寻自觉、有效的手段和方法，以期实现海洋生态环境的健康与完整[26]。吕建华等还通过渤海溢油事件对海洋伦理建设问题进行了思考，认为造成海洋伦理失范的原因既有价值观方面的原因，也有利益驱动、法律制度的缺失以及监管不到位等原因[27]。3. 环境法视野下的环境伦理研究。曲阜师范大学徐文明认为，在环境问题频发的社会大背景下，以环境法的视角研究环境伦理以及环境伦理与环境法的关系，并将环境伦理运用到环境保护的法律实践中就显得尤为重要。完善的环境伦理观，不仅能使人们自觉树立保护环境重要而迫切的道德观念，而且应该使在环境伦理指导下的法律具有可操作性[28]。

（四）教育伦理研究。1. 教师职业道德研究。曲阜师范大学段文阁等出版《教师职业道德》（山东人民出版社 2012 年 3 月），从教师道德的产生与发展、教师道德原则、教师道德规范、具体情境中的教师道德要求、教师道德范畴、教师道德品质、教师道德修养、教师道德选择等方面论述了教师职业道德的相关问题。2. 高等教育伦理研究。聊城大学黄富峰、宗传军、马晓辉出版《研究生学术道德培育研究》（中国社会科学出版社 2012 年 4 月），揭示了研究生学术道德的内涵与特征，考察了研究生学术道德品质的构成要素和具体内容，阐明了研究生学术道德规范，论述了研究生学术道德培育的路径和方法。黄富峰还研究了高校科研管理荣誉制度的构建问题，认为培育科学精神是建立科研荣誉的指导原则，高校的科研荣誉包括精神荣誉和物质荣誉、集体荣誉和个人荣誉、社会的荣誉和本单位的荣誉、即时的荣誉和终身的荣誉等类型，高校科研荣誉的实施包括正确合理地设置科研荣誉、公平公正地评定科研荣誉、积极稳妥地传播科研荣誉、安全有效地管理科研荣誉[29]。3. 教育领域的伦理交往问题研究。德州学院刘印房研究了社会转型时期知识分子的伦理交往问题，认为社会转型时期，知识分子的交往问题面临着现实的矛盾，处于尴尬的状态。一方面，在文化与道德边缘化、人们交往异化的社会背景下，人们希望知识分子在构建和谐人际关系、道德示范方面发挥积极作用；另一方面，现实社会中的知识分子群体又存在着诸多的交往失和、学术失范现象。解决上述问题，知识分子必须发挥高度的文化自觉，正确处理个体化与社会化的关系，努力建构适应社会需要、引领社会风气的交往伦理[30]。山东师范大学谢娟则研究了教育虚拟社区的交往伦理问题，认为在教育虚拟社区交往原则的制定上应体现权利与义务相对等、在方法选择上应保证自律与他律相结合、在操作管理上应做到自由与监管相统一，从而保证教育虚拟社区以促进个体的自我发展与个性完满、寻求知识与德性的统一为伦理使命，促进教育虚拟社区的良性发展[31]。

（五）政治与法律伦理研究。1. 政治伦理研究。山东省委党校吕本修探讨了中国共产党执政道德问题，认为党的执政道德是指中国共产党在执政活动中应当遵守的可以用善恶标准评价的依靠内心信念、社会舆论甚至是一定的强制力量来维持的各种规范与行为的总和。党的执政道德具有鲜明的政治性、明显的先进性、一定的强制性、高度的示范性，其功能主要有导向、调节、教育和评价等，党的执政道德的状况不仅影响着党的执政基础与党的执政形象，而且影响着党的执政方式的转变与党的执政水平的提高[32]。2. 法律伦理研究。烟台大学曹相见等从海峡两岸监护人责任比较研究的角度，探讨了法律的伦理属性问题，认为海峡两岸监护人责任看似迥异，但本质上体现了法律伦理的内在一致性，二者均体现了家庭伦理观念，体现了救济受害人和公平的思想。但侵权责任法显然更加体现了中国传统的家庭伦理思想，而淡化近代民法自己责任的色彩，同时更加侧重于保护受害人、未成年人。因此，两岸监护人责任存在着较大差异。但这是量的差异，而非质的差异[33]。山东大学王永探讨了我国法律职业者伦理建设问题，认为法律职业者是法律实施的中坚力量，法律职业伦理对于职业者素养的提高具有重要的作用，法治发展新阶段热切呼唤法律职业伦理的振兴和法治信仰的确立。在制度建设取得成就的同时，法律职业伦理滞后导致的司法渎职和腐败问题已成为法律实施的严重障碍。在新的时代条件下振兴我国的法律职业伦理，面临着"理论基础—制度规范—体制设计—机制运行"四位一体的研究架构和实践任务[34]。

参考文献：

[1]鲁鹏：《关于制度伦理若干问题辨析》，《天津社会科学》2012 年第 2 期。

[2]汪怀君:《中西交往伦理的文化整合》,《井冈山大学学报(社会科学版)》2012年第3期。

[3]王元亮:《论作为道德伦理建构逻辑起点的人性利己假设》,《理论与改革》2012年第2期。

[4]杜振吉:《儒家政治道德的基本原则和主要规范》,《道德与文明》2012年第6期。

[5]骆承烈:《试论"诚"为一切道德的根基》,《济南大学学报(社会科学版)》2012年第4期。

[6]白春雨:《君子人格与儒家诚信之德》,《齐鲁学刊》2012年第5期。

[7]李方安、傅永聚:《儒家诚信伦理及其时代重构》,《中国德育》2012年第11期。

[8]王苏、傅永聚:《"礼"的道德意蕴》,《道德与文明》2012年第1期。

[9]陈晨捷:《"义"之作为"道德辨别力"及其可能》,《伦理学研究》2012年第2期。

[10]黄玉顺:《"全球伦理"何以可能?——〈全球伦理宣言〉若干问题与儒家伦理学》,《云南大学学报(社会科学版)》2012年第4期。

[11]傅永军:《全球伦理与孔子的德性之思——〈全球伦理宣言〉再省思》,《云南大学学报(社会科学版)》2012年第4期。

[12]王堃:《荀子"正名"伦理思想的元语言学分析》,《周易研究》2012年第3期。

[13]卞绍斌:《G. A. 柯亨的平等主义诉求及其道德价值》,《马克思主义与现实》2012年第5期。

[14]傅永军、尚文华:《道德情感与心灵改善——兼论康德理性宗教的道德奠基》,《山东大学学报(哲学社会科学版)》2012年第5期。

[15]高国升:《〈人性论〉中的道德区别问题探析》,《华中科技大学学报(社会科学版)》2012年第6期。

[16]牛建科:《反思与批判:日本神道教伦理思想审视》,《日本研究》2012年第1期。

[17]牛志强、宋修静:《网络游戏与社会道德实践关系研究》,《河南社会科学》2012年第9期。

[18]万玉霞、曹永福:《公立医院回归公益性的伦理难题及其破题之道》,《医学与哲学》2012年第33卷第6A期。

[19]安娜、王忠彦:《基因治疗的伦理问题及对策探讨》,《医学与哲学》2012年第33卷第6A期。

[20]梅春英、黎丽:《代孕母亲不能承受的伦理之重》,《辽宁医学院学报(社会科学版)》2012年第1期。

[21]张玉龙、陈晓阳:《恐惧的伦理价值及其意义》,《河南师范大学学报(哲学社会科学版)》2012年第1期。

[22]陈红兵:佛教动物伦理与生活实践,《南京林业大学学报(哲学社会科学版)》2012年第2期。

[23]马永庆:《生态文明建设的道德思考》,《伦理学研究》2012年第1期。

[24]张锋、陈晓阳:《中国传统生命伦理观与生态文明的精神内涵》,《齐鲁学刊》2012年第2期。

[25]孙迪亮:《〈逸周书〉中的生态美德探微》,《道德与文明》2012年第3期。

[26]吕建华、吴失:《论海洋伦理及其建构》,《中国海洋大学学报(社会科学版)》2012年第3期。

[27]吕建华、王燕:《由渤海溢油事件引发的对海洋伦理建设的思考》,《行政与法》2012年第4期。

[28]徐文明:《环境法视野下的环境伦理》,《中国海洋大学学报(社会科学版)》2012年第6期。

[29]黄富峰:《论高校科研管理荣誉制度的构建》,《科技管理研究》2012年第5期。

[30]刘印房:《社会转型期知识分子交往伦理的建构》,《甘肃社会科学》2012年第3期。

[31]谢娟:《教育虚拟社区交往之伦理审视》,《中国电化教育》2012第7期。

[32]吕本修:《论中国共产党执政道德的特征与功能》,《理论学刊》2012年第4期。

[33]曹相见、马贞增:《法律的伦理属性:海峡两岸监护人责任比较研究》,《人民司法》2012年23期。

[34]王永:《在法治发展新阶段振兴我国的法律职业伦理—以"中国特色社会主义法律体系已经形成"为研究视角》,《山东大学学报(哲学社会科学版)》2012年第3期。

(作者:黄富峰,聊城大学政治与公共管理学院教授)

美　学

杨建刚　谭好哲

2012年山东省美学学科的发展取得了突出成绩，美学基本理论研究不断深化，研究领域和范围不断拓展，研究内容更加多样，对新的艺术和审美现象也作出了积极应对和深入的理论阐发，并结合我国社会和文化发展需求提出了许多新的理论问题，在国内乃至国际学术界产生了一定影响，对山东省的精神文明建设和哲学社会科学发展作出了应有贡献。

首先，研究成果丰硕。一是出版了多部重要的美学著作，主要有曾繁仁（山东大学）的《美育十五讲》（北京大学出版社2012年1月）和《中西对话中的生态美学》（人民出版社2012年12月），陈炎（山东大学）、赵玉（济南大学）、李琳（山东大学）合著的《儒、释、道的生态智慧与艺术诉求》（人民文学出版社2012年3月），谭好哲（山东大学）的《语境意识与美学问题》（人民出版社2012年12月），程相占（山东大学）的《生生美学论集》（人民出版社2012年12月），秦凤珍（鲁东大学）等人合著的《信息传媒文化与当代文艺生产消费的新变》（中国社会科学出版社2012年6月），以及李辉和杨建刚（山东大学）合译的美国杜克大学刘康教授的著作《马克思主义与美学》（北京大学出版社2012年1月）等。二是在国内重要刊物发表了一系列有影响力的学术论文，如曾繁仁的《人类中心主义的退场与生态美学的兴起》（《文学评论》2012年第2期）、《对德国古典美学和当代中国美学建设的反思》（《文艺理论研究》2012年第1期）和《中西比较视野中的中国古代“中和论”美学思想》（《文史哲》2012年第2期），谭好哲的《二十世纪五六十年代美学大讨论的学术意义》（《清华大学学报》2012年第3期），程相占的《环境美学对分析美学的承续与拓展》（《文艺研究》2012年第3期），夏之放（山东师范大学）的《美的创造与休闲》（《山东师范大学学报》2012年第4期），傅合远（山东大学）的《论徐渭的艺术美学取向》（《山东大学学报》2012年第4期），周维山（曲阜师范大学）的《〈1844年经济学美学手稿〉与三种新的美学探索》（《东岳论丛》2012年第6期）、周均平（山东师范大学）的《中国古代“比情”自然审美观论纲》（《山东社会科学》2012年12期）等。

其次，学术影响日益扩大。一是9篇文章被人大复印资料《美学》（2012年）全文转载（其中2篇文章原文刊发于2011年）。二是多项成果获教育部和山东省社科优秀成果奖，包括：陈炎等的《儒、释、道的生态智慧与艺术诉求》入选国家社会科学优秀成果文库并获山东省社会科学重大成果奖，陈炎主编的《当代中国审美文化》（河南人民出版社2008年）获第六届高等学校科学研究优秀成果二等奖，曾繁仁的《现代中西艺术教育比较研究的启示》（《文艺研究》2009年第7期）获教育部“全国第三届大学生艺术展演活动高校艺术教育科研论文”二等奖；在山东省第26次社科优秀成果奖的获奖成果中，美学方面的成果日益增多，其中一等奖1项（山东师范大学马立新的《数字艺术与数字美学研究》）、二等奖2项（山东师范大学周均平的《审美乌托邦研究刍论》、鲁东大学张旭东的《中国美声唱法与民族唱法的字声问题及审美差异》）、三等奖4项（山东理工大学张玉霞的《民俗镜语与影像建构——民俗在影视艺术中的运用及其审美价值》、青岛农业大学孙云宽的《黑格尔悲剧理论研究》、山东工艺美术学院魏毅东的《视觉文化时代的艺术》、山东轻工业学院宋彦的《新时期中国电影的现代性、后现代性研究》）；山东省高等学校优秀科研成果三等奖2项（山东大学曹成竹的《民歌文化的当代书写——南宁民歌节与剑桥民歌节的比较研究》和山东师范大学邹强的《“原生态”文化热潮的美学分析》）；山东省文化艺术科学优秀成果一等奖1项（鲁东大学卢政的《嵇康美学思想述评》），该成果同时也获烟台市第25次社会科学优秀成果一等奖。三是多项研究获国家社科基金和教育部社科基金资助，包括山东大学曹成竹的“20世纪早期中国歌谣运动的美学反思”（国家社科基金青年项目）、山东师范大学李红春的“社会领域分化与当代审美文化发展”（教育部人文社科规划青年基金项目）、鲁东大学林春田的“城市美学视域下的烟台近代遗迹研究”（烟台市社会科学规划研究项目）。

再次，学术交流比较活跃。2012年6月13—14日，由山东大学文艺美学研究中心、山东大学生态美学与生态文学研究中心、美国中美后现代发展研究院及美国过程研究中心联合举办的“建设性后现代思想与生态美学”国际学术研讨会在济南举行。来自中国、美国、德国、法国、芬兰、日本、韩国及中国台湾8地区的70余名代表参加了这次盛会。大会发言主要涉及了如下5个方面问题：建设性后现代主义、生态意识与中外传统哲学；中外传统生态审美智慧、生态美学；过程哲学与生态美学研究；环境运动、环境美学、环境设计与环境教育；生态批评与生态文学。另外，由山东大学生态美学与生态文学研究中心主办的内部交流刊物《生态美学与生态批评通讯》（月刊）刊发了国内外生态美学和生态批评方面的最新资讯，在国内外学术界产生了良好反响。

从美学研究的基本内容和研究方向来看，2012年山东省美学研究的成果主要分布在如下几个领域：

一、生态美学与生态批评研究

在诸多研究成果中，生态美学与生态批评是关注最多、成果最为丰硕的研究领域。

（一）关于生态美学的理论建构。曾繁仁认为，在新的时代氛围中美学学科的创新需要真正地走向中西“对话”，走向从自己的国情出发建立适应民族生存和生活方式的中国式美学学科体系。[1] 中国美学长期深受德国古典美学的影响，实践论美学就是直接师承德国古典美学特别是康德美学而来。但一切理论都是历史的，在历史中产生并在历史中退场。我国新世纪以来经济社会的急剧转型，决定了德国古典美学已经不能适应中国现实需要，而在其影响下产生的实践论美学也暴露出诸多弊端，它们都必将退出历史舞台。面对日益恶化的生态危机和建设生态文明社会的时代需求，由“人化自然”的实践论美学过渡到“天地境界”的生态美学应该成为中国美学发展的新方向。[2] 随着生态文明代替工业文明，人类中心主义必将退出历史舞台，生态人文主义应运而生。它实际上就是生态存在论，在此基础上建立的生态美学具有时间上的现世性、空间上的栖居性与生命美学的特征，迥异于以人类中心主义为基础的认识论美学。[3] 生态美学具有明显的东方色彩及东方原生性特点。西方生态哲学与生态美学则具有后生性特点，其代表人物海德格尔、怀特海与阿伦·奈斯的生态理论均具有明显的东方元素。生态美学的原生性表现在其“天人合一”的哲学前提、万物平等的价值取向以及生生为易的生命论美学内涵等诸多方面。西方环境美学是其原生性理论形态，体现了人类中心主义的遗痕、分析美学的方法与艺术美学的影响等。在21世纪，两者只有通过交流对话才能使世界生态环境美学得到共同发展。[4] 程相占认为中国的生态美学是一种生生美学，它以中国传统生生思想为哲学本体论、价值定向和文明理念，以“天地大美”作为最高审美理想的美学观念，是从美学角度对当代生态运动和普世伦理运动的回应。[5]

（二）关于中西哲学和文学中的生态审美智慧及其对当代生态美学建设的理论意义。1. 中国古代生态审美智慧。曾繁仁认为，中国传统哲学与美学是在特有的地理环境与以农为本的经济基础上发展起来的，呈现出“天人合一”、“阴阳相生”与“生生为易”的中和论生命之美的形态、具体表现为风调雨顺之美、吉祥安康之美、生命旺盛之美与借助自然的绿色想象。在具体艺术形态中表现为民间艺术的吉祥如意、绘画艺术的气韵生动、音乐艺术的“与天地同和”、建筑艺术的“法天象地”、诗学的“六义”之说以及人格培养的“天地境界”等。这种“天人合一”的中和论美学应在积极参与当代美学对话中发挥作用，完善自己。[6] 张义宾（山东大学）认为气论观念是风水文化的核心问题，它不但是风水文化的本体基础，也是居所诸构成要素及居所结构的本质。它的天人合一的思想维度体现了中国人独特的生态观，与现代生态美学中人与自然“共在”的生态存在论具有相通之处，是建设现代文明的重要思想资源。[7] 2. 建设性后现代主义的理论意识。曾繁仁认为宗白华曾经期望的“中国的美学大放光彩”这一愿望将在建设性后现代突破工具理性、突出生态文化的语境下得以实现。杨建刚认为建设性后现代主义理论为中国生态美学的建构和发展提供了一种新的理论视域和方法论参照，对拓展生态美学的哲学基础、促进中国生态审美智慧的发扬光大、反思和超越实践美学以及推动中国美学的国际对话都具有重要的理论意义。[8] 3. 环境美学。程相占研究了西方环境美学与分析美学之间的渊源关系，认为环境美学兴起的理论背景是分析美学，但并没有简单地否定分析美学，进而以环境美学家赫伯恩、卡尔森和瑟帕玛为例分析了他们思想中的分析美学因素。[9] 赵玉认为当代西方环境美学在美学思想的革新方面作出了突出贡献，但同时也暴露出了一些内在问题，可大体概括为：扩充审美对象领域时走向了一种极端；扩充审美经验领域时表现出了自相矛盾；强调美学与其他学科的关联性时忽略了美学本身的内在特质和学科独立性。如何寻找一个平衡以免矫枉过正，是当前的环境美学应该认真思考的问题。[10] 4. 海德格尔美学。赵奎英认为海德格尔的“大道道说观”是一种以“大地”为根基的“大道自然涌现语言观”。它表现出对人类中心主义独白话语的深刻批判和对天地人神四方世界自由游戏的“生态审美栖居”的呼唤，可谓一种真正意义上的“生态语言观”，具有深刻的生态文化内涵。[11] 吴承笃（山东师范大学）则认为贯穿海德格尔后期思想的栖居理论对人的本真存在和家园意识有着独特的见解。通过对“诗意地栖居”这一命题的阐释，海德格尔指出了人类向存在家园的复归之途，为生态存在论提供了有力的理论支撑。[12] 5. 生态女性主义。赵玉认为在生态女性主义视域下反思西方传统美学时，会发现一个明显的悖论：感性事物与感性能力在学科定位上都是美学研究的核心，但在美学史实中却恰恰受到了贬抑。究其原因，是源于生态女性主义所批判的理性崇拜和“二元论”逻辑。[13]

（三）关于文学艺术的生态批评。曾繁仁认为在中西对话的基础上建构中国生态美学最终还要落实到艺术建设之上，艺术的生态批评是生态美学建设的基础之一。如果说西方艺术是一种“理性显现的艺术”，那么中国艺术则是一种“自然生态的艺术”，它建立在中国古代生态审美智慧的基础之上。[14]陈炎等人从清理中国古代生态文明的历史资源入手，从生态观的角度重新解读了古代社会最具影响力的儒、释、道三家思想，并探索了其中所包含的丰富的生态智慧与审美特征，及其相互之间的补充与互动关系。儒、释、道三家不同的生态伦理智慧形成了不同的艺术诉求，从三家艺术观的内在关系上看，则体现为儒家的“建构”、道家的“解构”和佛家的“重构”功能。正是在这种不断“建构”、“解构”和“重构”的过程中，中国古典美学才得以健康而持续地发展。[15]刘蓓（山东师范大学）认为生态文学不应只限于以“歌颂自然”为主旨的文学创作，还需要揭示人类对自然系统的过度干涉所潜在的灾难性影响，用文学的方式揭露、反思和批判人类对自然的错误态度，以多种题材传达人与自然关系的生态主义认识。[16]而生态批评是以“拯救濒危的世界”为己任的批评模式，它是“激进环境主义”思潮在文学研究领域的延伸，生态批评家正是通过文学批评来推广“生态价值观”的核心内涵。[17]王立（山东理工大学）认为对文艺介入社会作用的漠视使中国的生态批评脱离了对目前中国生态失衡现状的关注，要改变这种现状必须改变生态批评的美学基础，即从无功利的立场向介入性原则转变。[18]关注城市审美，建构城市美学是生态美学的实践品格的重要表现。程相占就城市文化与城市美学进行了深入讨论。[19]

二、文艺美学研究

（一）美学史研究。谭好哲认为任何话语行为都生成于具体的语境之中，语境的差异性与特殊性必然造成话语构成的差异性与特殊性。因此，对中国美学现代性的研究不能过度依赖西方的现代性理论，而是要从中国美学现代性的发生语境出发，关注其理论构成和呈现方式的特殊性。[20]基于此，他对20世纪五六十年代的美学大讨论的学术意义进行了深入讨论，认为其历史贡献首先表现在认识论美学研究范式的确立，以及与此相关的四派美学观点的形成；其次在于汇聚和培养起了一支阵容强大、实力雄厚的研究队伍。其启发是，学术的发展必须有一个相对宽松和具有包容性的社会与意识形态环境，百家争鸣是推动学术进步的动力。同时，知识学人敢于追求创新，敢于在观念上标新立异，并且具有捍卫真理的勇气和容忍批评的气度，是学术进步不可缺少的主体条件。[21]

（二）艺术批评研究。凌晨光认为，对艺术的话语分析，就是综合运用符号学、阐释学、接受理论等方面的知识对艺术话语文本的意义结构和形式条件进行分析，探讨艺术话语的结构特征与其意义表达方式之间的关系，研究艺术话语的意义表达与社会历史和文化环境的关系，从而回答艺术话语以何种方式发挥其效力的问题。[22]艺术批评话语往往围绕视觉性主题展开。当视觉性的重要地位无限放大，以至于遮蔽和忽视了人的其他感觉能力和与之相应的表述逻辑的时候，就会形成视觉中心主义，它对于我们力图全面综合地进行艺术经验的转换和批评话语的表达有害无益。因此，用听觉等其他人类感觉以平衡与中和视觉的中心地位，将会使人的全部感受力得到全面唤醒和发展。[23]刘志（山东艺术学院）对当代艺术电影的隐喻性特征进行了研究，认为对于艺术电影隐喻性的理论分析有助于甄别艺术电影的审美价值。[24]

（三）艺术的当代发展研究。王汶成认为，艺术的发展深受传播技术的影响，艺术史上三次艺术生产方式的变革都主要是由传播技术的进步引发的。艺术生产的产业化空前地提升了艺术生产力，但也导致了艺术不断物化的趋势。要遏制艺术的物化趋势就需要反对近代以来的各种技术决定论，需要发挥艺术家的先导作用，需要在理论上重申艺术的创造特质和人文根基。[25]秦凤珍等人就信息传媒文化与当代文艺生产消费的新变之间的关系进行了深入阐发，认为信息媒介文化促使当代文艺生产和消费都发生了深刻变化，并对信息传媒文化语境下的语文教育进行了探讨。[26]何志钧（鲁东大学）认为新媒介文化语境下的文艺美学研究必须由传统的线性思维、链状模式向非线性、立体化的网络状模式转变。[27]陈旭光（山东艺术学院）和刘志分析了数字技术的发展对电影理论的挑战，认为电影理论既要打破传统观念的束缚，秉持开放的姿态，也应秉持批判的精神，在人文价值和科学价值之间寻找张力中的平衡。[28]

除技术之外，艺术的商品化对艺术发展的影响也很大。田川流（山东艺术学院）认为准确把握艺术商品的特质，在各个环节努力创造和实现艺术商品的价值，是推动艺术创作和繁荣艺术市场的应有之义。[29]这并不意味着艺术的政治价值无关紧要。在当下，既应提倡不同电影形态保持各自的优势和特色，同时又应倡导和推进不同形态的电影创作向着主流电影形态发展，以期在电影领域形成主导倾向突出，又具有多样性呈现的良好态势。[30]李红春（山东师范大学）认为在艺术产业快速发展的情况下加强对文艺消费者权益的保护是十分必要且亟须解决的问题。[31]

三、审美文化研究

（一）审美文化理论研究。陈炎认为，作为“形而中”的审美文化史，其研究方法既不是单纯的逻辑演绎，也不是单纯的经验归纳，而是一种经验描述的方法。审美文化史是要借助“审美思想史”和“审美器物史”的已有成果，在其预留的“箱体空间”之间进行运作。反过来，正是通过我们这种“形而中”的努力，才能把以往的“思想史”和“器物史”联系起来，以形成完整意义上的“美学史”。[32]以此为方法，陈炎对古代奥林匹克运动进行了文化阐释，认为与现代奥林匹克运动会不尽相同，古希腊的奥运会至少体现出三种奇特的文化表征，即宗教的仪式、纵欲的狂欢、血腥的娱乐，它们分别体现着不同的文化意义。[33]

（二）中西传统审美文化研究。曾繁仁认为，长期以来，在中国古代美学研究中采取“以西释中”的方法，将中国古代“中和论”美学思想与西方古代“和谐论”美学思想相混淆，导致诸多误读。其实，中国古代“中和论”美学思想是建立在“天人合一”的哲学基础之上，包含着“保合大和”、“元亨利贞”、“中庸适中”与“和实相生”等特殊的美学内涵，与“和谐论”美学一样在当代具有特殊的价值。[34]周继文（山东大学）和周敏对传统山水画中的悟道方式进行了研究。她们认为，佛教是影响中国传统文化艺术的重要因素，传统山水画中所展现的悟道方式既折射了佛教中国化的历史发展过程，也传递出了佛教，尤其是禅宗思想对中国传统审美文化的影响。[35]刘培（山东大学）认为理学确立了一种新的审美理想，它给古代文人崇尚的出世之趣注入了匡时济俗的内涵，塑造了一种醇和淡雅的情调，南宋后期的辞赋，则深受这种审美理想的影响，展示了一幅幅恬静温馨的社会图画。这一时期也是辞赋转变的一个关键时期，是辞赋行文上趋于古文、审美情感上趋于理学道德观的一个转变时期。[36]周均平认为中国古典的“比情”自然审美观的提出和建构是中国古代自然审美观发展的一个重大飞跃，是由“比德”到“畅神”的一个不可或缺的重要理论环节，它对后世美学和文艺创作影响深远，在一定意义上和某些方面奠定了中国古典美学基本理论的基础，在当代社会亦具有诸多重要意义。[37]盖光（山东理工大学）对中国美学史上的重要命题“穷神知化”中所包蕴的生命精神和审美蕴含进行了阐发。[38]姚丹（山东工艺美术学院）分析了宗炳的“澄怀味象”理论的基本内涵及其审美心理意义。[39]陈涛（山东艺术学院）分析了法常的水墨画的美学特征，以及禅宗美学对他的深刻影响，进而探讨了其水墨画蕴含的美学观念。[40]张维青（山东艺术学院）研究了魏晋玄学对审美观念的影响和对艺术创作的启悟问题。[41]

（三）当代审美文化研究。近年来，随着休闲文化的日益繁荣，休闲美学也越来越受到美学界的重视。夏之放认为，自由时间的运用是人类发展的必要基础。健康的休闲活动是表现个性、得以享受到创造之愉快的活动，是使人性“走向自由”而“成为”人的途径，是美的创造的新空间。休闲时代必将迎来美的创造的新时代。[42]近年来中国大学校园的风格各异的新型建筑不断涌现，体现着不同的文化理念和审美风格。陈炎认为，如何在建设以现代建筑为主体的大学校园的同时，适度引进古典建筑、尤其是后现代建筑的美学元素，是一项重要的艺术使命。[43]曹成竹从文化领导权的角度对上世纪20年代的歌谣运动进行了研究，认为这一文化运动体现的是一种政治美学，对于当时的文化领导权的建立发挥了重要作用。[44]杨光（山东师范大学）把时尚作为审视晚期现代性中审美困境的切入点，认为时尚的艺术化与艺术的时尚化之间的双向运动是现代艺术的重要特点，而在晚期现代性阶段，时尚的多变性沦为“流变的循环”。随着循环的加速，时尚瓦解了自身的逻辑，艺术与时尚之间的共享逻辑随之崩溃。[45]徐磊（山东工艺美术学院）研究了民间艺术的审美心理问题，认为系统学、秩序论等是民间艺术心理美学行之有效的研究方法。[46]张玉霞（山东理工大学）认为中国当代电影深受道家思想的影响，从而在世界电影艺术之林中独树一帜，具有独特的美学风格。[47]

（四）对当代各类艺术的美学价值的理论阐释。杜鹃（山东艺术学院）对新媒体艺术之审美范式进行了分析，认为其审美范式主要体现在审美交互主体性、审美客体的虚拟性及审美创作中科技与艺术互融三个层面。[48]谢秋（山东艺术学院）从哲学、心理学及美学的角度对普遍存在于艺术领域中的黑白灰语言产生的思想渊源进行了概括论述，进而讨论了黑白灰语言在铜版画艺术中的表现力问题。[49]周森（山东艺术学院）讨论了海德格尔哲学对后现代艺术理论的启示意义，[50]以及油画“中国化”过程中的审美嬗变问题。[51]崔晔（山东艺术学院）对韩国传统舞蹈的审美特点与动律特征进行了分析。[52]高姗姗（山东艺术学院）分析了民间玩具中传统鱼纹装饰的形式美问题。[53]刘光文（山东艺术学院）还以趵突泉菊展为例从审美心理的角度分析了菊展的审美意义。[54]栾滨（山东工艺美术学院）从美学的角度探讨了商标设计的审美价值和商品特性之间的关系问题。[55]王兵（中国海洋大学）对广告中的图像符号的特点和运用进行了分析。[56]

四、审美教育研究

（一）生态审美教育。曾繁仁指出，如何将党的十八大提出的"建设生态文明"的伟大目标融入学校教育，是美学界面临的一个重要问题，其最根本的是要培养学生具有自觉的生态文明理念与保护自然生态的良好习惯，使他们成为建设美丽中国、实现中华民族伟大复兴的主力。[57]基于此，曾繁仁提出了一种生态审美教育的理论构想。他认为，"生态审美教育最基本的立足点是当代生态存在论审美观的教育，即以马克思主义的唯物实践存在论为指导，从经济社会、哲学文化与美学艺术等不同基础之上，将生态美学有关生态存在论美学观、生态现象学方法、生态美学的研究对象、生态系统的观念、人的生态审美本性论以及诗意栖居说、四方游戏说、家园意识、场所意识、参与美学，以及生态文艺学等等内容作为教育的基本内容；而从生态审美教育的目的来说，应该包含使广大公民、特别是青年一代能够确立欣赏自然的生态审美态度和诗意化栖居的生态审美意识"[58]。

（二）艺术审美教育。崔学荣（鲁东大学）以接受美学为理论支点，借鉴接受美学中的"游移视点"、"空白召唤"、"恰当的具体化"、"视界融合"、"期待视野"、"效果历史"等理论，构建了一种中国传统音乐文化的教学优化策略。[59]王伟（山东艺术学院）对美国著名音乐教育家贝内特·雷默的音乐教育思想和美国视觉艺术教育进行了个案研究。他指出，雷默提倡绝对表现主义的音乐教育思想，认为音乐教育是一种审美感觉教育，这种教育应从艺术创作与艺术欣赏两方面入手，培养学生的审美感受力与反应力，丰富其感觉，从而提高生活质量。[60]20世纪的美国视觉艺术教育先后经历五种模式的变迁与更替：注重设计的视觉艺术教育，创造性自我表现视觉艺术教育，以日常生活为核心的视觉艺术教育，以学科为基础的艺术教育，视觉文化艺术教育。这五种模式的更替展现了20世纪美国视觉艺术教育从现代主义走向后现代主义的发展脉络。[61]在设计美学方面，黄永健（山东工艺美术学院）认为，在设计美学学科的教育体系中，审美意象研究有重大的科学价值，是培养艺术设计专业学生独立审美和创造美的理论根源。[62]秦凤珍和何志钧（鲁东大学）提出了在数字化时代建构网络美育的可能性，并分析了网络美育不同于传统学校美育的特点，以及实施网络美育的基本途径。[63]

五、中西美学家思想研究

（一）西方美学家思想研究。张中（山东大学威海分校）研讨了福柯古典时期实在（物）与语言（词）之间的"断裂"，即图像与文字（语言）的断裂思想，并认为这种"看"与"说"、"可见"与"可述"裂隙之处的目光，既让马奈的画成为一种创造，也使福柯发现了一种"自由空间"生成的可能性。福柯艺术哲学的核心就是寻找这种关于"目视"的真理。[64]郭玉越（山东大学）认为美国新马克思主义美学家詹姆逊的"认知图绘"美学为当代文化理论的创建提供了可供借鉴的思路和范式。[65]刘心恬（山东大学）分析了美国美学家沃尔顿的美学三原则对当代文艺本质问题的启示意义。[66]李德岩（鲁东大学）结合《理想国》对柏拉图的美学思想进行了阐发，进而将其主要思想同亚里士多德在《诗学》中的主要观点进行对照，并试图探寻其背后的哲学意味与中国传统经典《易经》的内在关联。[67]梁维科（山东工艺美术学院）通过对尼采的研读，从哲学的角度阐释了尼采关于艺术本质和艺术特点的思想。[68]

（二）中国美学家思想研究。姚丹（山东工艺美术学院）对老子的有无思想进行了研究，认为老子哲学思想中最核心的就是道论，而与道密切相关的就是"有""无"问题。老子论"有""无"可分为两个层面：道体的有无和现象界的有无，这些思想对中国美学史的发展都具有重要的意义。[69]傅合远（山东大学）分析了徐渭的美学思想，认为徐渭以情为本的观念大胆突破了儒家重伦理教化的艺术局限，强化了艺术的表现特性；深刻发掘了"本色"的理论价值，弘扬"真我"，使艺术创造表现出鲜明的个性特征；突破了传统简淡闲雅、和谐优美的审美风尚，敢于表现狂逸奇伟、富有崇高特质的审美境界，显示了艺术审美由古典向近代逼近的历史进程。[70]时宏宇（济南大学）指出，宗白华立足于中国的生命哲学，汲取中国古典的智慧，构建起以"道、气、象、和"为核心范畴的生命哲学体系。道是其生命哲学的元点，气是其生命哲学的母体，象是其生命哲学的形态，和是其生命哲学的至境，这些范畴最后都归结于"生命"。宗白华的哲学体系焕发出生命流动的光辉。[71]曾繁仁的美学思想也受到了关注和研究。朱军利（山东大学）和祁海文（山东大学）分别从西方美学、审美教育、文艺美学、生态美学四个领域讨论了曾繁仁35年美学研究的突破和建树。[72]

参考文献：

[1]曾繁仁：《机遇与挑战中的中国美学学科的传承与创新思考——学习胡锦涛同志清华百年校庆讲话的感想》，《湖南社会科学》2012 年第 3 期。

[2]曾繁仁：《对德国古典美学与中国当代美学建设的反思——由“人化自然”的实践美学到“天地境界”的生态美学》，《文艺理论研究》2012 年第 1 期。

[3]曾繁仁：《人类中心主义的退场与生态美学的兴起》，《文学评论》2012 年第 2 期。

[4]曾繁仁：《生态美学的东方色彩及其与西方环境美学的区别》，《河北学刊》2012 年第 11 期。

[5]程相占：《生生美学的十年进程》，《鄱阳湖学刊》2012 年第 6 期。

[6]曾繁仁：《建设性后现代语境下的中国古代生态审美智慧》，《学术研究》2012 年第 8 期。

[7]张义宾：《风水文化中气论观念的生态美学意义》，《民俗研究》2012 年第 5 期。

[8]杨建刚：《建设性后现代视域中的生态美学建构及其意义》，《学术研究》2012 年第 8 期。

[9]程相占：《环境美学对分析美学的承续与拓展》，《文艺研究》2012 年第 3 期。

[10]赵玉：《当代西方环境美学的内在问题》，《文艺理论研究》2012 年第 6 期。

[11]赵奎英：《海德格尔“大道道说观”的生态文化意蕴》，《学术月刊》2012 年 8 月。

[12]吴承笃：《栖居与生态——“诗意地栖居”的生态意蕴解读》，《山东师范大学学报》2012 年第 6 期。

[13]赵玉：《生态女性主义与传统美学的反思》，《齐鲁学刊》2012 年第 6 期。

[14]曾繁仁：《中西对话中的生态美学》，人民出版社 2012 年 12 月，第 13 页。

[15]陈炎、赵玉、李琳：《儒、释、道的生态智慧与艺术诉求》，人民文学出版社 2012 年。

[16]刘蓓：《我们需要什么样的生态文学?》，《绿叶》2012 年第 6 期。

[17]刘蓓：《论生态批评的生成语境》，《世界文学》（台湾）2012 年第 4 期。

[18]王立：《介入性原则：中国生态批评理论建构的美学基石》，《兰州学刊》2012 年第 2 期。

[19]程相占：《生生美学论稿》，人民出版社 2012 年。

[20]谭好哲：《语境意识与美学问题》，人民出版社 2012 年，第 1 页。

[21]谭好哲：《二十世纪五六十年代美学大讨论的学术意义》，《清华大学学报》2012 年第 3 期。

[22]凌晨光：《艺术作为话语分析的对象》，《天津社会科学》2012 年第 6 期。

[23]凌晨光：《艺术批评话语与视觉性隐喻》，《文艺理论研究》2012 年第 2 期。

[24]刘志：《论艺术电影的隐喻性特征》，《新疆艺术学院学报》2012 年第 10 期。

[25]王汶成：《传播技术的进步与艺术生产的变迁》，《山东大学学报》2012 年第 6 期。

[26]秦凤珍、何志钧、李志艳、孙恒存：《信息传媒文化与当代文艺生产消费的新变》，中国社会科学出版社 2012 年。

[27]何志钧：《新媒介文化语境与文艺、审美研究的革新》，《学习与探索》2012 第 12 期。

[28]陈旭光、刘志：《论数字技术的发展对电影理论的挑战——兼及艺术与科技关系的美学思考》，《当代电影》2012 年第 1 期。

[29]田川流：《论艺术品与艺术商品的价值》，《山东师范大学学报》2012 年第 6 期。

[30]田川流：《当代中国的主旋律艺术与主流电影》，《艺术百家》2012 年第 1 期。

[31]李红春：《文艺消费权益与艺术产业发展》，《汕头大学学报》2012 年第 1 期。

[32]陈炎：《我们应如何建构审美文化史》，《探索与争鸣》2012 年第 9 期。

[33]陈炎：《古代奥林匹克运动会的文化表征》，《民俗研究》2012 年第 3 期。

[34]曾繁仁：《中西比较视野中的中国古代“中和论”美学思想》，《文史哲》2012 年第 2 期。

[35]周纪文、周敏：《谈传统山水画中表现出的悟道方式—兼论佛教中国化对传统艺术审美的影响》，《贵州大学学报》2012 年第 5 期。

[36]刘培：《理学对南宋后期辞赋审美风范的规范与重塑》，《山西大学学报》2012 年第 3 期。

[37]周均平：《中国古代“比情”自然审美观论纲》，《山东社会科学》2012 年 12 期。

[38]盖光：《“穷神知化”的生命精神与审美蕴含》，《管子学刊》2012 年第 2 期。

[39]姚丹：《论宗炳“澄怀味象”的审美心理意义》，《美与时代》2012 年第 3 期。

[40]陈涛：《法常水墨画的美学观》，《美与时代》2012 年第 8 期。

[41]张维青：《魏晋玄学对审美观念与艺术创作的启悟导引》，《云南艺术学院学报》2012 年第 2 期。

[42]夏之放：《美的创造与休闲》，《山东师范大学学报》2012 年第 4 期。

[43]陈炎：《徘徊于“现代”与“后现代”之间的大学校园》，《美与时代》2012 年第 7 期。

[44]曹成竹：《关于歌谣的政治美学——文化领导权视域下的“红色歌谣”》，《文艺理论与批评》2012 年第 2 期。

[45]杨光：《时尚与艺术：共享逻辑及其崩溃》，《文艺争鸣》2012 年第 11 期。

[46]徐磊：《论民间艺术审美形式感的有序性》，《山东社会科学》2012 年第 8 期。

[47]张玉霞、贾梦：《道家美学思想与中国电影》，《管子学刊》2012 年第 3 期。

[48]杜鹃：《新媒体艺术之审美范式论析》，《艺术探索》2012 年第 2 期。

[49]谢秋：《铜版画中黑白灰艺术语言的表现力》，《美术大观》2012 年第 4 期。

[50]周森：《浅议海德格尔哲学对后现代语境中艺术理论研究的启示》，《大众文艺》2012 年第 9 期。

[51]周森：《浅议油画“中国化”过程中的审美嬗变》，《大众文艺》2012 年第 9 期。

[52]崔晔：《韩国传统舞蹈的审美特点与动律特征》，《山东艺术学院学报》2012 年第 1 期。

[53]高姗姗：《浅析民间玩具中传统鱼纹装饰的形式美》，《大众文艺》2012 年第 9 期。

[54]刘光文：《赏菊审美心理谈菊展——以趵突泉菊展为例》，《大众文艺》2012 年第 8 期。

[55]栾滨：《美学视野下的商标设计》，《科技信息》2012 年第 7 期。

[56]王兵：《浅析广告中的图像符号》，《剑南文学》2012 年第 1 期。

[57]曾繁仁：《将生态文明教育融入学校》，《中国教育报》2012 年 12 月 28 日。

[58]曾繁仁：《中西对话中的生态美学》，人民出版社 2012 年，第 297 页。

[59]崔学荣：《接收美学视阈下中国传统音乐文化教学优化策略》，《黄钟》2012 年第 2 期。

[60]王伟：《贝内特雷默的音乐美育思想研究》，《山东艺术学院学报》2012 年第 3 期。

[61]王伟：《从现代到后现代：20 世纪美国视觉艺术教育的模式变迁》，《美育学刊》2012 年第 6 期。

[62]黄永健：《审美意象研究与设计美学教育》，《美术界》2012 年 3 月。

[63]秦凤珍、何志钧：《数字时代的网络美育》，《人民日报》2012 年 1 月 20 日。

[64]张中：《绘画：可见与可述——从绘画看福柯的艺术哲学》，《文艺理论研究》2012 年第 5 期。

[65]郭玉越：《论詹姆逊后现代文化理论中的“认知绘图”式美学》，《华中师范大学学报》2012 年第 2 期。

[66]刘心恬：《论沃尔顿美学三原则对文艺本质研究的启示》，《山东大学学报》2012 年第 1 期。

[67]李德岩：《至纯至圣的追求——柏拉图美学思想之启示》，《学术交流》2012 年第 9 期。

[68]梁维科：《尼采艺术哲学思想探析》，《山东理工大学学报》2012 年第 1 期。

[69]姚丹：《论老子“有”“无”的美学意义》，《船山学刊》2012 年第 3 期。

[70]傅合远：《论徐渭的艺术美学取向》，《山东大学学报》2012 年第 4 期。

[71]时宏宇：《道、气、象、和的生命流动——宗白华生命哲学的构建》，《东岳论丛》2012 年第 11 期。

[72]朱军利、祁海文：《曾繁仁的“美学之思”35 年》，《东岳论丛》2012 年第 9 期。

（作者：杨建刚，山东大学文艺美学研究中心讲师；谭好哲，山东大学文艺美学研究中心教授）

宗 教 学

傅有德

2012 年，山东省的宗教学研究总体呈现出特色鲜明、稳中求进的发展态势。据统计，本学科的山东学者全年发表各类文章 70 余篇，出版著作 4 部，内容涵盖了国内五大宗教以及犹太教、宗教哲学等宗教学学科各领域；先后举办宗教学专题和相关的学术研讨会 5 场，吸引了国内外众多宗教研究学者前来与会交流，整体提升了山东省宗教学学科的影响力。研究成果和学术交流集中体现了山东省在犹太教、基督教、道教、佛教、宗教哲学等宗教学研究领域的特色和优势。

一、2012 年度宗教学研究热点

2012 年，山东省共举办宗教学专题及相关的学术会议共计 5 场次，包括山东省自 2010 年起推出的高端品牌项目“尼山世界文明论坛”，以及山东大学相关学术研究机构主办或联合举办的宗教学专题研讨会。这些学术会议的召开，为学者们发布学术成果和进行学术交流提供了平台，同时也向学术界充分展示了山东的学术机构和学者在宗教学研究方面取得的不俗成绩。

（一）5月21日—23日，由尼山尼山论坛组委会主办的第二届“尼山世界文明论坛”在曲阜举行。此次论坛以“信仰、道德、尊重、友爱”为主题，分论题包括不同文化的信仰的相异与相同、不同宗教对人类之爱等关于宗教信仰研究的内容，此次论坛在加强文明对话、促进沟通与交流、构建“和而不同”的新人文主义等诸多方面取得广泛共识。

此外，11月10日—11日，作为“尼山论坛”系列活动之一，由尼山世界文明论坛组委会、联合国经济与社会事务部、中华能源基金委员会联合主办的“纽约尼山世界文明论坛”在纽约联合国总部举行，主题为“超越国度，不同信仰，共同价值：儒家与基督教文明对话”。国内外宗教界、思想文化界的30多位知名专家学者参加了论坛，在尼山论坛委员会主席许嘉璐先生的带领下，山东大学傅有德、黄玉顺、蔡祥元等多位学者参加了此次论坛，并发表了关于犹太教、儒教、古希腊宗教等内容的学术演讲。这次论坛是第一次由中国人到美国纽约主办的儒家与基督教文明对话，实现了新的突破，“尼山论坛”走上了世界舞台。

（二）8月3日—5日，由中国社会科学院世界宗教研究所、山东大学犹太教与跨宗教研究中心以及中国宗教学会联合主办的“宗教哲学2012威海论坛”在山东大学威海校区举行。此次会议以“传统宗教与哲学”为主旨，围绕“宗教哲学”、“宗教与哲学”、“宗教研究”三个专题展开研讨，内容涵盖了犹太教、基督宗教、儒家（教）、道教等诸多宗教领域的哲学问题。宗教哲学论坛立足宗教哲学，坚持跨哲学、跨宗教的对话与交流，参会学者就有关论题进行了深入探讨。

（三）9月13日—16日，由山东大学犹太教与跨宗教研究中心、中国德国史研究会主办，哲学与社会发展学院、历史文化学院协办的中国德国史研究会2012年年会暨“德国历史：宗教与社会”学术研讨会在山东大学中心校区举行。来自中国社会科学院等全国各高校和科研机构的70余位学者围绕“德国历史：宗教与社会”主题展开深入交流与探讨。五场分会报告的主题分别是“德国的宗教与政治”、“中德史学和文化研究”、“马丁·路德与宗教改革运动”、“德国经济发展及社会问题”、“现代德国对外关系和社会政策”，学者们提交的论文基本呈现了我国德国史学界在“德国宗教与社会”方面的研究状况和趋向。据悉，2017年将以德国史学家为主要召集者举行世界性的“马丁·路德五百周年纪念”学术研讨会，因此，此次会议也是中国学界为5年后以德国宗教改革运动为主题的世界性学术活动进行的积极准备。

（四）11月23日—25日，由浙江大学基督教与跨文化研究中心主办，山东大学犹太教与跨宗教研究中心合办的“社会主义文化大发展大繁荣”学术研讨会暨中国基督宗教研究首届年会在济南举行。来自香港道风山汉语基督教文化研究所、中国社会科学院等十数所高校和科研单位的专家和青年学者参加了会议。在两天的会期里，与会学者们围绕“基督宗教与中国文化建设”、“宗教哲学、神学与比较宗教学”、“中西文化交流史视野中的基督宗教”以及“全球宗教的发展趋势及前景”等主题发表了新近的研究成果。

二、2012年度山东宗教学学术观点概览

2012年，山东宗教学学术研究取得了一定的成绩，在犹太教、基督教、道教、佛教、宗教哲学等领域发表了数量可观的成果，在保持和延续山东宗教学学科的特色与优势的同时，学者们提出了诸多新的学术观点，向学术界展示了山东学界在该领域稳健的发展势头。下面分别从宗教学理论、犹太教和其他宗教、基督教、道教、佛教、民间信仰、宗教哲学、宗教社会学等八个方面分别进行论述。

（一）宗教学理论

宗教学理论是宗教学学科研究的基础，2012年，山东学者在该领域发表了一批研究成果，但是在宗教学理论的研究与建构方面还有很大的提升空间。

中国人的信仰特点长期以来都是学者们关注的对象。傅有德指出，与西方的信教主体不同，中国的宗教性信仰主体存在着较为普遍的“一人多信”现象。他认为这既与宗教信仰间的兼容甚至合流有关，也与信仰而不必委身的理念有关，还与缺乏终极的精神关怀有关，更与中国人思维方式中“求同存异”的特点有关[1]。

马克思主义宗教观是宗教学理论研究的重要对象。商逾认为传统观点完全割裂马克思思想体系与宗教之间的关系是一种非历史的抽象妄断，她指出了马克思在终极价值尺度和经济科学尺度上的联系，并最终完成了基督教救赎史向劳动解放史的置换[2]。孟宪霞梳理了马克思主义宗教观的丰富内涵，并指出了马克思主义宗教观是我们认识与处理宗教问题的方法论，它以唯物史观为指导，坚持辩证地看待问题，坚持实践性的原则，是制定政策的正确导航与科学研究的有力指导[3]。

新时期如何理顺宗教与社会发展之间的关系，引导宗教活动为社会主义建设事业作出应有贡献是一个富有时代意义的课题。毛国庆分别通过解读党的十七届六中全会制定的《决定》和十八大报告的精神，探讨了如何做好宗教工作的问题[4]；金刚结合十八大报告中关于建设文化强国的相关论述，提出要使宗教文化更好地服务于文化强国建设，并给出了具体的建议[5]。徐中林认为，认真研究新形势下城市宗教工作存在的突出问题，创新城市宗教事务管理体制机制，对于全面贯彻党的宗教信仰自由政策，发挥宗教界人士和信教群众在促进经济社会发展中的积极作用具有十分重要的意义[6]。此外，赵杰从对宗教、政治和学术三种人类事务的认识和定位出发，通过分析宗教如何理解“秩序”和“关系”来认识宗教学正义论的特点，认为只有秩序和关系得到了合理处理的社会，才会是公平正义的和谐社会[7]。

（二）犹太教及其他宗教

犹太教是山东省宗教学学科的特色，山东大学犹太教与跨宗教研究中心是国内仅有的三所宗教学学科教育部人文社会科学研究基地之一。该基地的犹太学研究在国内始终居于领先地位，同时也是宗教学研究重镇。创刊于2002年的《犹太研究》是山东大学犹太教与跨宗教研究中心主办的刊物，迄今已连续出版11辑，入选CSSCI（集刊类），傅有德任主编。该刊物是目前国内唯一的犹太专题刊物，同时也刊发其他宗教类的研究文章。第11辑[8]主题讨论为“多元宗教视野中的正义论”，文章作者从自身的宗教视角出发，给出了多元化的深入透析和比较研究。文章涵盖了犹太教、天主教、新教、儒学（教）、宗教学等领域，作者包括了美国、澳大利亚、以色列、香港以及内地的著名学者和青年学人。除去主题研讨之外，还有“犹太宗教与历史研究”版块刊载了六篇有关犹太教历史、《圣经》文本、犹太律法等领域的专题论文。

迈蒙尼德哲学研究是犹太研究的热点。赵同生研究了迈蒙尼德的形而上学思想，展示了迈蒙尼德在犹太教面临理性哲学的挑战的情况下，采取融合的策略以哲学的理性的方法来为宗教辩护[9]。

在其他宗教研究方面，牛建科探讨了日本神道教的伦理思想，指出神道伦理的基本理念以及在此基础上融合儒佛等外来思想文化形成的神道伦理规范，成为日本传统的伦理规范，对日本各方面产生了重要影响[10]。王洁介绍了伊斯兰法婚姻制度，并评析了伊斯兰婚姻制度中有关婚姻缔结、婚姻解除以及妇女地位的法律规范[11]。李海通研究了伊斯兰的节食对人的身心的益处[12]，顾广海分析了张承志的伊斯兰文化小说，认为其提供了关于文学、民族与宗教之间关系研究的新思路[13]。

（三）基督教

以基督教为中心开展世界宗教史研究是基督教研究领域的热点。刘新利撰文讨论了“世界宗教关系史”的研究对象、发展阶段和研究方法，作为该课题研究的总纲[14]。华人学者陈怀宇为谢文郁、刘新利主编的《世界宗教关系论丛》再添一本力作[15]“以英国伦敦会传教士慕维廉所著《五教通考》为中心，集中探讨了19世纪基督教传教士的研究和论述对中国宗教研究的影响。作者陈怀宇试图在这个基础上梳理出近代中国宗教学的起源并进行总结和反思。该是教育部重大攻关课题“世界宗教关系史”研究的阶段性成果。

经典文献研究是基督教研究的重要领域。山东大学谢文郁教授积十年之功推出50余万字的专著[16]，直接从希腊文重新翻译基督教经典《约翰福音》，并从思想史角度提供了详尽而深刻的文本解读。作者将《约翰福音》置入西方思想史的发展脉络中进行研究，揭示出希腊哲学“理性认识论”陷入的真理认知困境，并进一步指出正是《约翰福音》中的“恩典真理论”有效地化解了这种困境，从而成为推动西方思想史发展的动力。该书首次展现了《约翰福音》与古希腊哲学之间的关系，同时也是第一部自思想史角度进入《约翰福音》研究的著作。该书出版后，获得包括希腊哲学专家姚介厚先生等学界名家的高度评价。邹晓东探讨并比较了犹太教的“律法正义论”和基督教的“耶稣正义论”，揭示出二者在《罗马书》中深刻的互动关系，并论证了“耶稣正义论”是希伯来正义论的正统[17]。马宏伟从传记角度对《旧约》进行了横向分析和解读，指出《旧约》是一部记录犹太人祖先、英雄和历史人物的人物传记合集[18]。管恩森以伴随着基督宗教入华而发生的“西学东渐”与“汉籍传译”为例，介绍了“经文辩读”在中西文化交流过程中的历史实践，并指出了中西经文辩读对实现不同文化间的相互理解和跨文化对话的重大现实意义[19]。

在基督教历史和教义研究方面，陈沛志等研究指出中世纪基督教经院哲学的发展与政教之争的进程密切相关，是政教之争在哲学和神学领域中的反映[20]。在另一篇文章中，她讨论了中世纪基督教与大学以及近代科学兴起之间的关系，认为正是基督教对于客观物质世界与上帝真理的关系的认识鼓励了基督教世界知识分子们的自然科学研究[21]。高宗一通过解读《奥格斯堡宗教和约》和《威斯特伐利亚和约》这两份近代早期德国的两个著名和平条约中包含的有关宗教自由和宗教平等的原则，并分析二者的差异，认为后者为近代早期德国宗教的长久和平奠定了重要基础[22]。王毅、张宝英分析了基督宗教的“原罪”观念，并指出以此为基础的救赎伦理思想影响形成了西方典型的“罪感型”文化，其在西方各种社会制度尤其是法律制度中都有显著体现[23]。

近代中国基督教会历史研究方面，胡卫清以潮惠长老会为个案，分析指出传教话语模式不仅建构了近代中国教会成立前后的历史，而且确立了教会历史记录应当遵循的规则，进而深刻影响到此后教会历史的书写样式[24]。张振国通过对明清时期中国教民入教动机的考察，揭示出他们并未在信仰心理的层面完全摒弃中国传统宗教意识中实用主义的影响[25]。

基督教研究领域还出现多篇跨学科的文章。常春兰分别研究了基督教和儒学在遭遇科学时的应对策略，发现二者都经历了一个先从客观上确立科学在本己文化中的地位，最终限定科学为本己文化的从属的过程，分别概括为从“希腊哲学源自《旧约》”说到“婢女传统”、从“西学中源”说到“中体西用”说[26]。李玉双探讨了夏目漱石文学中的基督教思想，指出夏目漱石关注宗教主要是出于“生存困境”和道德上的探寻[27]。王龙梳理了多声音乐形式开始被天主教禁锢到后来逐步挣脱宗教神学思想的枷锁而日益世俗化的发展历程[28]。

（四）道教

山东是道教文化的重要发源地之一，留有大量的道教历史文化遗存。道教研究历来是山东宗教学研究的特色和优势所在。

道教考古学近年来得到迅速发展，成果显著。周郢对新发现于山东徂徕山南麓山坳中的四方古代摩崖进行了辨认和研究，确定是镌刻于蒙古国时期的炼神庵摩崖，进一步揭示了其内容对于了解全真道在泰山的传播，乃至与地方世侯及蒙古汗廷的关系所具有的重大意义[29]。张鲁君和韩吉绍通过对《道藏》所录司马承祯作的《上清侍帝晨桐柏真人真图赞》中图像文字和人物服饰的考察，认为该书现存文本的文字与图像非同一人所作；并指出即使司马承祯确为原编撰者，其图像亦非原貌[30]。韩吉绍和张鲁君还研究了道教的尸解，指出尸解是在战国时期死后复生思想的基础上发展而来，与方仙道的“形解销化”方术也有一定关联。战国的死后复生思想糅合了灵魂飞升与肉体不死两种观念，这一特征成为尸解在汉代及其后出现多种发生形式的重要原因[31]。

道家和道教哲学研究也是山东道教研究的一大特色。李延仓研究指出全真道哲学以心性超越为旨归，并分别从其禅修观、经书观、丹道观等方面给出了论证[32]。陈红兵探讨了道家生态哲学，并依次从“道法自然”的生态存在论、“尊道贵德”的生态价值论、“自然无为”的生态实践观等三个方面进行了阐述和分析[33]。

中国典籍在外译的过程中难免产生误读，章媛以“道法自然”为例，着力考辨“自然”这一核心概念是如何被西方译者所误译误释及泛化肢解的，以为中国传统典籍的跨文化传播和翻译实践探寻一条可行之路[34]。刘祖国分析了当前道教文献语言研究的困境与出路，并建议从做好道教经典校勘整理、下大力气加强道经辨伪研究，以及培养后备研究人才等方面进行改进和提升[35]。还有学者考察了道教与文学的关系[36]，以及道教在现实社会中的作用和意义[37]。

（五）佛教

2012年，山东的佛教研究成果集中出于几位学者。响应中央建设中国特色、中国气派、中国风格的哲学社会科学的号召，中国化研究成为当前学术研究的热点。陈坚以禅宗为例，提炼出佛教中国化的经验，即中国佛教在保持佛教基本精神的前提下，最大限度地摆脱对印度佛教的依附而走自己的路，他将这条发展主线定义为从佛经的“意义僵化”到禅宗的“不立文字”[38]。作为天台宗研究专家，陈坚还撰文探讨了明代思想家黄绾的“艮止”心学，揭示了植根于对“艮”卦之创造性解读的黄绾心学的内涵及其由黄绾自己认定的这种心学的谱系传承，进而展现黄绾基于此之心学而对王阳明心学所作的批判，最后阐明了黄绾心学与天台佛学的高度关联[39]。

陈红兵集中于对佛教生态思想的研究。他指出佛教德性论是当前佛教生态思想研究的重要趋势，继而分别探讨了佛教德性论的主要内容，最后指出佛教德性论具有自身独特的美德体系，佛教美德具有丰富的生态环保意蕴[40]。在另一篇文章中，他研究了佛教慈善向生态环保拓展的现实需要，指出这种拓展要立足佛教慈善传统，吸收融合现代慈善理念，涵摄生态环保意识等，并进一步提出了实际操作中的思考和建议[41]。陈红兵还撰文通过对“活熊取胆”事件的反思，阐述了佛教的动物伦理思想及其现实价值[42]。

张淼致力于与佛教有关的个案人物研究。他从参与佛经译场、为新译佛经作序、撰写相关著作以推动佛教传播和文化交流等方面，揭示了高僧彦琮对隋代佛教发展的积极意义，希望引起对这位曾被忽视的僧人的重视[43]。在另一篇文章中，张淼解读了唐代诗人寒山的佛理诗，指出其中不仅包含禅理，也包含有原始佛教的基本教义。从原始佛教的基本教义方面，可以反映出寒山诗中蕴含着强烈的生命意识和劝谕世人积极面对生活的意义[44]。张淼还以敦煌遗书为例，考察了佛教疑伪经中反映出的佛教对道教思想的吸收与融摄，并指出厘清这种关系是理解中国佛教特质的重要一环[45]。

肖建军主要考察维摩诘信仰在南北朝、隋唐时期的发展和变化。他从初唐维摩诘经变对表现净土世界场景的浓厚兴趣与《维摩诘经》本身对无形净土的强调之间的矛盾入手，探究了图像表现的兴趣和经典主旨本身的矛盾的形成过程，并揭示这些矛盾背后的根源，以反映隋唐佛教的发展变化[46]。他还从南北朝至隋时法华信仰与维摩诘信仰并峙流行这一中国佛教史上的重要现象切入，通过考察发现法华造像与维摩诘造像亦是相应地双弘并举。他认为这反映出南北朝至隋时中国佛教般若与法华双美、义解与禅观并重的佛教信仰与实践特征[47]。

此外，尹雁和吕岩从历史学的角度考察了元代特有的佛教管理部门——广教总管府，指出了其在中国佛教史上的深远意义[48]。欧阳小建等还研究了明代高僧智旭对儒家经典《大学》的佛家式解读[49]。

（六）民间信仰

本土民间宗教信仰研究是山东宗教学学科的优势所在。山东大学历史文化学院和山东大学犹太教与跨宗教研究中心承担了一系列民间信仰的研究课题。

路遥的著作考察了中国传统社会民间信仰，并对中国民间信仰（包括大陆和港、澳、台地区）进行了研究述评。书中吸纳了学界既有的研究成果，对一些重大理论问题作了深入探讨，对民间信仰与宗教、民间信仰与民间社会、士民社会与民间社会群体之间关系等进行了详尽梳理，并对国外有关中国民间信仰的研究成果进行了盘点和总结。该书是教育部哲学社会科学重大课题攻关项目“民间信仰与中国社会研究”的成果之一[50]。

刘平从史学的视角出发对中国近代史上的多个民间宗教组织进行了个案研究。他揭示了带有明显宗教色彩的民国时期著名民间慈善团体红卍字会在中国慈善事业史上的积极作用，并指出其“维系社会而非变革社会的属性”的主张和发展经验可为当前民间组织与社会救济事业提供借鉴[51]；在研究山东会道门一文中，刘平等探讨了抗战胜利后至建国前山东会道门的发展情况[52]，他还通过还原“黄莲圣母”的真实面目，展现了义和团运动中女性形象的历史变迁[53]。

（七）宗教哲学

宗教哲学研究领域，学者们主要以哲学史和宗教史上的著名人物为中心，探讨了相关的宗教哲学思想。

傅永军从诠释学角度对康德宗教哲学进行了批判性研究。他认为康德的“哲学释经原理”放弃了信仰主义立场，将对基督教的诠释完全架构在自己的理性分析结构和诠释框架之中，解构了文本和作者的价值，把文本的意义解释为诠释者自己已有理念范型的投射，有导致主观主义和相对主义之危险[54]。傅永军和尚文华还讨论了康德批判的宗教哲学所要解决的主要问题，即“道德上恶的人能否弃恶从善以及如何弃恶从善”，指出这是一个只能在纯然理性界限内联系道德信仰由实践理性来解决的问题。康德通过批判实践理性，证明了道德情感是一种尊重理性自律而产生的对道德法则敬重的情感，又以“动力—关切—准则”三个连贯的概念分析道德的纯粹性，并依据“责任”概念批判基督教伦理原则——“爱的诫命”，最终基于人之有限性原则证成人只能在实践理性所限定的道德领域实现弃恶从善的心灵转变[55]。

濮荣健从中世纪神学和哲学的主仆关系入手，分析了阿奎那的神哲学思想。通过对阿奎那的“五路”证明、论证上帝是存在本身以及圣餐变质说的梳理研究，揭示出阿奎那以理性解释信仰，客观上提高了理性的地位，但却忽略了圣经经文的正意[56]。孙清海从“经验指称”和“情感赋义”出发区分了宗教哲学家的“上帝”概念。他指出以艾耶尔为代表的逻辑实证主义者和普兰丁格分别持有上述两种不同观点，二者分别从“经验”和“情感”出发来谈论宗教语言，而这种出发点的迥异最终引导了人对“上帝”的不同理解过程[57]；另一篇文章中，孙清海梳理和解读了施莱尔马赫和奥托相关著作中的“情感赋义”思想以及它与宗教本质的关系，展现二者在以“情感”为出发点认识上帝方面的承继性，从而展示情感力量在宗教认识论中所应当具有的地位[58]。张清俐以生存论的视角来分析“上帝全知”和“人拥有自由意志”这两个被诸多哲学家论证为无法共存的矛盾命题。她分析了这种认识来自对基督教“自由”概念的错误理解，并沿着奥古斯丁与齐克果的思路，澄清“自由”概念在生存论的基督教神学内的应有之义[59]。

（八）宗教社会学

宗教社会学是近年来发展显著的方向之一，学者们从当前中国社会的信仰状况出发，引进和吸收国外相关理论展开分析研究，为学术进步和国家相关宗教政策的制定提供了学术积累和借鉴。

张清津从“灵性资本”这一概念出发分析了中国社会中发生的从传统民间信仰皈依基督教的改教现象，他指出个体信奉宗教是为了获得灵性资本，而改教则是放弃灵性资本较低的宗教，改信灵性资本较高的宗教，由此说明基督教所提供的灵性资本高于传统的民间信仰[60]。

大学生的信仰问题成为社会和学术界关注的热点。任朝霞从理论和实证的角度对在校大学生的宗教性归因现象进行了探讨，揭示出信徒归因风格、有无宗教信仰、信仰程度、事件的积极或消极维度等都对宗教性归因倾向存在显著影响[61]。马莉和万光侠以山东某高校为例，对当代大学生宗教信仰的现状、原因及特点等进行了深入分析，并提出了对策建议[62]。

农村的宗教市场同样引起了人们的注意和重视。李明探讨了当前中国农村信仰存在的重大问题，并对解决这些问题的学理依据作出必要的哲学分疏，以培育中国农村“一体多元”的信仰新格局，解决当前农村信仰混乱的无序局面[63]；赵建玲、王书敏利用文献分析的方法，就农村基督教信仰热的现象从社会、个人、基督教的吸引力等三方面探讨了其产生的原因和对农村社会发展带来的复杂影响，并针对其负面影响从社会工作干预的视角提出了若干相应对策，还介绍了世界其他国家的基督教信仰情况对中国的借鉴与指导意义[64]。

另外，利用宗教的积极元素辅助医疗事业也正在吸引人们的关注和研究。石红伟等撰文介绍了国外癌症病人宗教心理应对的历史发展、相关因素及宗教心理应对对癌症病人的影响以及国内癌症病人宗教心理应对现状，这对我国宗教信仰病人护理及临床宗教护理的发展有很大的借鉴意义[65]。

总体而言，2012 年山东省的宗教学学科发展态势良好，各研究机构和科研人员发表了大量研究成果，基本涵盖了当前宗教学学科的所有研究方向，在保持犹太教、基督教、道教、民间宗教研究特色和优势的同时，学者们在宗教社会学以及与宗教相关的跨学科研究领域取得了新的突破和进一步发展。尤为可喜的是，一批青年学者和研究生正在前辈学者的关爱下成长起来，发表了一系列视野开阔、观点新颖的研究论著[66]，为山东宗教学学科的长远发展提供了坚实的人才梯队保障。

参考文献：

[1]傅有德：《信仰而不皈依——一人多信现象解析》，《学术月刊》2012 年第 5 期。

[2]商逾：《论马克思宗教批判的双重尺度》，《理论学刊》2012 年第 9 期。

[3]孟宪霞：《马克思主义宗教观及其方法论意义》，《东岳论丛》2012 年第 3 期。

[4]毛国庆：《宗教与社会主义社会相适应的新视角新发展》，《中共济南市委党校学报》2012 年第 1 期；毛国庆：《从全局的战略高度努力开拓宗教工作新境界——对宗教工作深入贯彻落实党的十八大精神的思考》，《新疆社科论坛》2012 年第 6 期。

[5]金刚：《发挥宗教文化在文化强国建设中的积极作用》，《中国宗教》2012 年第 12 期。

[6]徐中林：《创新城市宗教事务管理之我见》，《中国宗教》2012 年第 8 期。

[7]赵杰：《宗教、政治、学术与社会的公平正义（和谐）——宗教学正义论刍议》，载傅有德主编《犹太研究》第 11 辑，宗教文化出版社 2012 年 5 月版。

[8]傅有德主编：《犹太研究》第 11 辑，宗教文化出版社 2012 年 5 月。

[9]赵同生：《迈蒙尼德论所罗门王智慧》，《中共济南市委党校学报》2012 年第 4 期。

[10]牛建科：《反思与批判：日本神道教伦理思想审视》，《日本问题研究》2012 年第 1 期。

[11]王洁：《伊斯兰法婚姻制度探析》，《云南社会主义学院学报》2012 年第 3 期。

[12]李海通：《伊斯兰的节食对人的身心的益处》，《中国穆斯林》2012 年第 3 期。

[13]顾广海：《论文学、民族与宗教的意义关联——以张承志的伊斯兰文化小说为例》，《民族文学研究》2012 年第 4 期。

[14]刘新利：《世界宗教关系史学研究初探》，《文史哲》2012 年第 5 期。

[15]陈怀宇：《近代传教士论中国宗教——以慕维廉〈五教通考〉为中心》（世界宗教关系论丛），上海人民出版社 2012 年 6 月版。

[16]谢文郁：《道路与真理——解读〈约翰福音〉的思想史密码》，华东师范大学出版社 2012 年 3 月版。

[17]邹晓东：《〈罗马书〉：寻找希伯来正义论的出发点》，载傅有德主编《犹太研究》第 11 辑，宗教文化出版 2012 年 5 月版。

[18]马宏伟：《人物传记：〈圣经·旧约〉的横向解读》，《重庆理工大学学报（社会科学）》2012 年第 4 期。

[19]管恩森：《中西“经文辩读”的历史实践与现代价值》，《中国人民大学学报》2012 年第 5 期。

[20]陈沛志、张强：《经院哲学与西欧中世纪政教之争》，《世界宗教研究》2012 年第 5 期。

[21]陈沛志、王向阳：《西欧中世纪大学与近代科学的产生》，《自然辩证法研究》2012 年第 12 期。

[22]高宗一：《从两个和约看近代早期德国宗教的自由平等原则》，《东方论坛》2012 年第 3 期。

[23]王毅、张宝英：《基督宗教“原罪”思想及其文化内涵》，《中国宗教》2012 年第 6 期。

[24]胡卫清：《近代教会历史模式的构建：以

潮惠长老会为个案》，《晋阳学刊》2012年第1期。

[25]张振国：《现世福祉还是天堂永福——从入教动机看明清时期中国教民信仰心理中的实用主义倾向》，《宗教学研究》2012年第1期。

[25]常春兰：《从主观文化类同到文化利用——科学之于基督教与科学之于儒学的共同特征》，《自然辩证法通讯》2012年第3期。

[26]李玉双：《困惑与超越——论夏目漱石文学中的基督教思想》，《山东社会科学》2012年第6期。

[27]王龙：《欧洲早期多声音乐的世俗化进程及其表现》，《齐鲁艺苑》2012年第4期。

[28]周郢：《新发现的徂徕山炼神庵摩崖考》，《中国道教》2012年第3期，人大复印资料《宗教》2012第5期转载。

[29]张鲁君、韩吉绍：《〈上清侍帝晨桐柏真人真图赞〉考论》，《宗教学研究》2012年第3期。

[30]韩吉绍、张鲁君：《试论汉代尸解信仰的思想缘起》，《宗教学研究》2012年第2期。

[31]李延仓：《论全真道哲学的心性超越旨归》，《东岳论丛》2012年第9期。

[32]陈红兵：《道家生态哲学思想要论》，《商丘师范学院学报》2012年第8期。

[33]章媛：《西译文本对老子"道法自然"误读考辨》，《宗教学研究》2012年第2期。

[34]刘祖国：《道教文献语言研究的困境与出路》，《中国道教》2012年第5期。

[35]朱国芳：《"道"与"审美"——〈庄子〉"物化观"新论》，《中国道教》2012年第1期；

[36]刘育霞：《论颜之推思想中的道家因素——以〈颜氏家训〉为考察中心》，《河南师范大学学报（哲学社会科学版）》2012年第2期。

[37]孟宪霞，《论道教文化软实力与提升人的生命品质》，《济南大学学报》2012年第3期。

[38]陈坚：《从"意义僵化"到"不立文字"——佛教中国化之路》，《大众日报》2012年2月21日第19版。

[39]陈坚：《黄绾的"艮止"心学——兼谈黄绾心学的天台佛学性格》，《周易研究》2012年第6期。

[40]陈红兵（山东理工大学教授），《佛教生态德性论研究》，《世界宗教研究》2012年第2期。

[41]陈红兵、秦克寅：《从观念到实践：佛教慈善向生态环保的拓展》，《深圳大学学报（人文社会科学版）》2012年第1期。

[42]陈红兵：《佛教动物伦理与生活实践》，《南京林业大学学报（人文社会科学版）》2012年第2期。

[43]张淼：《论彦琮对隋代佛教发展的贡献》，《中国哲学史》2012年第4期。

[44]张淼：《寒山佛理诗的生命意识》，《五台山研究》2012年第3期。

[45]张淼：《佛教疑伪经对道教思想的融摄——以敦煌遗书为考察对象》，《南京晓庄学院学报》2012年2月。

[46]肖建军：《论初唐维摩诘经变对表现净土世界场景的浓厚兴趣及其原因》，《宗教学研究》2012年第3期。

[47]肖建军：《论南北朝至隋时法华造像与维摩诘造像的双弘并举》，《考古与文物》2012年第5期。

[48]尹雁、吕岩：《元代广教总管府探析》，《宗教学研究》2012年第3期。

[49]欧阳小建、陈坚：《藉儒家之言说佛家之理——论智旭对〈大学〉的佛学解读》，《理论学刊》2012年第3期。

[50]路遥：《中国民间信仰研究述评》，上海人民出版社2012年2月版。

[51]刘平：《"恶之花"？"善之果"？——红卍字会透视》，《世界宗教文化》2012年第4期。

[52]刘平、王蕊：《山东会道门的分化演变（1945—1949）》，《徐州师范大学学报（哲学社会科学版）》2012年第6期。

[53]刘平、朱丹：《黄莲圣母：义和团女性形象的历史变迁》，《安徽史学》2012年第5期。

[54]傅永军：《基督教信仰的理性诠释——康德"哲学释经原理"批判》，《武汉大学学报（人文科学版）》2012年第5期，《中国社会科学文摘》2013年第1期摘编转载。

[55]傅永军、尚文华：《道德情感与心灵改善——兼论康德理性宗教的道德奠基》，《山东大学学报（哲学社会科学版）》2012年第5期。

[56]濮荣健：《主仆关系透视——对阿奎那的神学和哲学的分析》，《广西师范大学学报（哲学社会科学版）》2012年第1期。

[57]孙清海：《试论艾耶尔和普兰丁格的上帝概念——兼论宗教语言中的经验指称与情感赋义》，《哲学分析》2012年第4期。

[58]孙清海：《施莱尔马赫和奥托的情感赋义思想解读》，载王博主编《哲学门》第13卷，北京大学出版社2012年版。

[59]张清俐：《生存论视角下的神圣预知与自由意志》，载王博主编《哲学门》第十三卷，北京大学出版社2012年版。

[60]张清津：《灵性资本与中国宗教市场中的改

教》,《文史哲》2012 年第 3 期，人大复印资料《宗教》2012 第 4 期转载。

[61]任朝霞：《宗教性归因：理论与实证研究——以山东大学与山东神学院部分学生为样本》,《东岳论丛》2012 年第 5 期。

[62]马莉、万光侠:《当代大学生宗教信仰调查与分析——以山东某高校为例》,《宁夏社会科学》2012 年第 2 期。

[63]李明:《对当前中国农村信仰多元化格局的初步思考》,《学术界》2012 年第 4 期。

[64]赵建玲、王书敏:《农村基督教信仰热现象探析与社会工作干预》,《中国农学通报》2012 年第 12 期。

[65]石红伟等,《宗教心理应对对癌症病人的身心影响及相关因素研究进展》,《护理研究》2012 年 6 月（中旬版)。

[66]除去前文综述中引用的论述以外，据不完全统计，2012 年山东省各高校共产生宗教学专业及以宗教研究为主题（分布于文学、历史学、社会学等学科）的硕士、博士研究生学位论文 30 余部。

（作者：傅有德，山东大学犹太教与跨宗教研究中心、哲学与社会发展学院教授)

经 济 学

理论经济学

张卫国　苏　明

一、2012 年理论经济学研究概况

2012 年是中国经济运行缓中趋稳的一年，主要经济指标增长速度回落幅度收窄，经济预期指标开始回暖，东部地区经济增长速度回升，而且产业结构正在升级，经济发展方式正在转变。2012 年山东省经济发展态势良好，我省继续加快转变经济发展方式，实现 GDP 同比增长 9.8%，超过全国平均水平 2 个百分点，首次突破 5 万亿大关，以“蓝黄经济”为代表的区域经济发展绩效斐然。

在此经济背景下，2012 年我省的理论经济学研究整体发展态势良好：学术成果丰富，省内学者的多篇文献发表在国内权威期刊上，省内不少科研机构还举办了多次具有影响力的学术活动，活动层次级别高，引起了社会和学界的广泛关注。

2012 年省内理论经济学学术成果比较丰富。的一些知名学者和专家发表了多篇理论经济学研究的文章，其中不乏在《经济研究》等权威期刊上发表的学术成果，对于我国理论经济学发展作出了一定贡献。

山东大学举办了多次富有影响的学术活动，特别是 2012 年 12 月，举办了第十二届中国经济学年会。中国经济学年会每年举办一次，是国内经济学领域级别最高、影响力最强、覆盖范围最广、最具前瞻性的学术会议。这次会议取得了较大的反响，国内外很多知名经济学者，如林毅夫、海闻等都有参与并进行学术讨论，带动了我省理论经济的研究和发展。

山东社会科学界联合会也组织了很多大型学术会议和活动，如“2012 年山东社科论坛——转变经济发展方式与建设经济文化强省学术研讨会”、“2012 年山东社科论坛——‘生态山东：优美·自然·幸福’学术研讨会”。这些研讨会在为发展山东经济提供了建议和指导的同时，也为山东理论经济学的研究提供了交流和学习的平台，具有重要的学术价值和政策指导意义。

此外，山东社会科学院、山东财经大学、鲁东大学等高校和科研机构也举办了不少学术交流活动，如第一届中韩海洋发展国际论坛、2012 年山东经济学年会等。

二、2012 年理论经济学研究的主要学术问题及学术观点

理论经济学研究经济学的基本概念、基本原理，以及经济运行和发展的一般规律，为各个经济学科提供基础理论和方法，通常称为一般经济理论，可以划分为微观经济理论和宏观经济理论。

本综述主要介绍 2012 年内山东省内学者最新研究成果和重要的学术观点。2012 年省内学者有不少新的经济理论进展和突破，微观经济学方面包括企

业横向并购问题、民间和农村金融问题、上市公司的组织结构问题、企业的融资问题、公共产品的供给问题等相关研究领域；宏观经济学方面包括经济增长理论和发展经济学问题、财政政策的理论和相关问题、货币政策的理论和相关问题、金融危机风险影响问题、制度经济学方面的问题等相关研究领域。

（一）微观经济理论的研究成果和重要观点

1. 企业横向并购问题

随着我国经济的发展，大型企业的垄断问题，它们的横向并购是否会影响社会经济的发展，受到很多学者的关注，在这方面省内学者的研究主要有：

余东华对企业横向并购中的一些问题进行了探讨，他主要研究了横向并购效率抗辩中的最低要求效率，从价格下降的视角分析了最坏情境下的最低要求效率，联系具体竞争模型推导了最低要求效率的测算公式和模拟分析方法，并讨论了并购可能产生的正外部效应对评估审查中最低要求效率的影响[1]。余东华也对企业横向并购反垄断控制的福利标准选择进行了研究，他认为横向并购反垄断控制的福利标准可以归纳为五种类型，在社会总福利标准下，并购企业可以通过效率抗辩使具有社会合意性的并购获得批准[2]。

白雪、林平、藏旭恒从企业横向合并的资产剥离角度进行了研究，他们认为在一定条件下，资产剥离能够削弱合并带来的单边效应，改善社会福利，增加合并被批准的可能性。认为提高社会总福利的资产剥离很有可能会降低消费者福利[3]。

2. 民间和农村金融问题

2012年，全国金融体系进行了一定改革和创新，特别是在温州进行了金融试点，金融形式创新等方面的理论研究也成为一个热点，其中省内学者比较有代表性的研究有：郭峰、胡金焱研究了农村二元金融的共生形式，认为现存的正规金融机构和非正规金融结构采取合作方式，有利于提高社会福利水平。且当二元共生的市场结构长期存在时，在竞争模式下，正规金融机构的期望收益会进一步减少，而非正规金融机构仍然将受制于资金规模的限制难以发挥良好的作用，因此竞争难以对农村福利水平的提高及农业经济的发展带来明显的作用[4]。

3. 上市公司的组织结构问题

对于上市公司组织结构的研究，随着中国企业与国际接轨，也受到越来越多的关注，这方面我省学者比较突出的研究有：曹廷求对上市公司高管辞职的动机进行了分析和效果检验，研究发现在股价高估严重、绩效差的公司中，高管辞职概率大；在家族企业和“包装”费用高的企业中，更容易出现高管“扎堆”辞职的现象；创业板市场对高管辞职的反应显著为负，在持股高管辞职事件中表现更加突出[5]。曹廷求等还研究了企业的董事网络位置和其溢出效应，他认为在公司绩效方面，董事结构洞位置对未来绩效产生显著正向影响，公司结构洞位置则对本期绩效产生显著正向影响；在薪酬激励方面，董事网络与薪酬激励正相关，但仅结构洞位置影响显著。董事网络的构建是基于个人目的而非组织目的，其对公司绩效的正向影响是在个人目的达到之后产生的溢出效应或激励后效。因此，给予结交更多“朋友的朋友”的董事更多薪酬会显著增加未来绩效，即董事网络的溢出效应随之产生[6]。

4. 企业的融资问题

随着我国民营企业的发展，企业的融资问题逐渐显现，这方面也成为学者研究的热点，黄少安、钟卫东研究了股权融资成本软约束与股权融资偏好之间的联系，并对中国公司股权融资偏好进行了进一步的解释，提出并论证了股权融资成本软约束假说：由于构成股权融资成本各因素约束力的差异，造成股权融资成本低于债权融资成本，此为股权融资偏好的第一层动因；由于中国公司治理与资本市场存在的诸多制度缺陷，导致股权融资成本对企业内部人的融资决策缺乏约束力，使融资人以最大化个人效用函数为目标选择融资方式，此为股权融资偏好的第二层动因[7]。

梁益琳、张玉明研究了创新型中小企业融资问题，他们从创新风险与监管奖惩两个维度构建了银企演化博弈模型，分析两类群体在长期信贷博弈中的演化稳定策略。研究结果表明，银企双方均对高收益策略有模仿倾向，但创新型中小企业在与银行的长期合作中会对少数企业的违约行为具有抵御性；研发创业期企业所受融资约束最高，当且仅当创新成功率高于最小下限时，商业银行才考虑与企业发生信贷关系；政府、信用担保等外部力量与内生要素的相互制衡对实现银企信贷稳定状态具有重要作用[8]。

5. 公共产品的供给问题

在微观公共产品的供给方面，汪崇金、聂左玲、岳军研究了个体异质性、预期与公共品自愿供给之间的关系，研究发现，个体社会偏好的异质性与预期的动态调整共同决定了实验被试的公共品投资行为，具体而言，异质性的个体基于自己的观察不断地更新对他人公共品投资的预期，进而调整自己的投资行为[9]。

（二）宏观经济理论的研究成果和重要观点

1. 经济增长理论和发展经济学问题

2012年中国的人均GDP已经超过3000美元，中国进入了可能面临“中等收入陷阱”的发展阶段，要克服或者避免出现中等收入陷阱，就要做好区域城乡的协调发展，这个问题也是当下的热点之一。

这方面山东学者比较有代表性的观点和研究有：张卫国认为城镇化不是“逼农民上楼”，不是“拉土地面积”，不是“造城运动”，而是经济建设、政治建设、文化建设、社会建设、生态文明建设“五位一体”总布局下的整体提升，农民市民化关键在于身份认同[10]。

在经济增长方式和创新驱动方面，王冬、孔庆峰研究了开放条件下，一国能否实现技术赶超，他们认为技术进步来自于中学、研发投入和技术外溢3个方面，三者的综合效应会使得各国专业化生产自己比较优势产业中的技术上边界产业。对于低技术水平国家而言，开放政策能带来更快的技术进步、产业升级和福利提高；对于中等技术水平国家而言，开放政策可能导致国家陷入“中等技术陷阱”，产业升级停滞，技术进步减缓；对于高技术水平国家，开放的政策意味着更高的垄断利润、较为连续的技术进步和产业升级。据此，处于中等技术的国家应当实行政策扶持，并借助开放条件下的好处，实现更快的技术进步和产业升级[11]。

目前中国的区域经济发展差距较大，经济增长会带来收入不平等，解垩对收入不平等和贫困进行了分组分解，分组选择了4个标志，分别是教育、行业、地区和性别，对广义熵指数进行了组内不平等、人口比例、平均收入的变动分解，并对贫困指数进行了组内、组间及交互效应的分解。他的研究发现：熟练劳动力的回报相对上升、地区差异和行业差异构成了自雇者收入不平等和贫困趋势变化的主要成因。对组内不平等而言，教育和地区对收入不平等上升的贡献较大，非熟练劳动力、中西部自雇者和服务行业的贫困上升是导致自雇群体总贫困上升的决定力量[12]。

随着中国城乡经济的发展，出现了很多非农自雇农活动，解垩利用中国健康与营养调查的微观面板数据，分析了我国非农自雇活动转换进入的决定因素。他把初始状态区分为工资雇佣和失业，最终状态则划分为无雇工自雇和有雇工自雇。他的研究结果显示：代际人力资本传递在自雇进入中发挥了重要作用；年龄和性别变量只对失业转入自雇有影响；工资雇佣转入有雇工自雇的概率与失业转入有雇工自雇的概率相差不大；高等教育在无雇工自雇转入有雇工自雇的工作岗位创造过程中起到了显著的推动作用。相应的政策含义是，政府应给企业家人力资本提高提供便利，使一些自雇个体能成长为工作岗位的创造者[13]。

2. 财政政策的理论和相关问题

财政政策的相关理论历来受到国内学者的关注，省内的这方面的代表性研究主要有：樊丽明、张晓雯研究了托宾税的问题，他们认为目前学术界对托宾税的认识未达成一致，尤其在托宾税市场调节与财政收入的双重经济效应，以及征税主体、税基、税率及收入分配等具体制度设计方面仍存在争论。托宾税的发展困境涉及更深层面的原因。首先，托宾税涉及国际金融体系和国际利益分配格局的变更，国家间利益的权衡博弈真正阻碍了托宾税的全面推行。其次，托宾税推行的根本目的在于创造良好的国际金融秩序，但国际金融秩序具有较强的外部效应，既无法避免非征税国从稳定的国际金融秩序中获益，又无法完全消除非征税国可能引发的金融动荡对征税国的消极影响。从而滋生各国的免费搭车心理，缺乏征税动机[14]。

黄少安、陈斌开、刘姿彤研究了房地产发展与政府财政收入之间的关系，揭示了“租税替代”原理。他们的理论表明：在静态框架下，政府财政收入满足“租税等价”原理，即政府通过土地租金融资和通过企业税收融资是等价的，其总收入水平只取决于土地资源总量，与融资方式无关。在动态框架下，政府财政收入在长期内满足“租税等价”，在短期内存在“租税替代”关系，即政府来自于房地产的租金收入越高，来自于其他行业的税收收入越低[15]。

3. 货币政策的理论和相关问题

由于2012年以来政府一直实行的是紧缩性的货币政策，而股票市场也一直萎靡不振，货币政策到底对股票市场带来了何种影响？这个问题也被很多学者关注。胡金炎、郭峰设定一系列理论假设的基础上建立模型，并通过回归EGARCH模型来分析货币政策冲击给股票市场指数带来的波动，得出货币政策在不同市场态势下对股票市场的影响具有非对称性的结论，即：同等程度的货币政策冲击在不同市场态势下产生的效果具有显著区别[16]。

4. 金融危机风险影响问题

2012年，全球金融形势并没有很多好转，因此金融风险的影响和传导也成为一个重点研究问题，宫晓琳研究了宏观金融风险联动的传染机制，系统解析了宏观经济的演变机制及局部性的负面冲击升级演变成为系统性危机的轨迹和速度。他认为负面冲击在形成初始价值损失之后：一方面资产—负债表传染的逐轮展开将以消减相应金融资产价值的方式推高宏观金融风险；另一方面上升了的波动率则会同时以非线性的机制促动风险的增高，其结果是，在无正面对冲机制或经济总体状况不好的情况下，各类经济实体的资金收益率和风险状况将出现共性的恶化趋势，也即传染的发生[17]。

5. 制度经济学方面的问题

随着我国的经济发展，国内的各项经济制度需要进一步改善和完善，对于制度经济学理论的研究是十分重要的。省内学者路军伟、殷红就会计制度的改革进行了研究，他们认为会计改革的过程是一个制度变迁的过程，改革中既存在“初级行动团体”和“次级行动团体”的正向作用力，也存在来自“竞争利益团体”的负向作用力，不同作用力的合力形成政府会计改革的动力，它决定着政府会计改革的进程、方向与结果。可以在政府会计改革动力机制分析的基础上引入“改革策略”变量。政府会计改革动力取决于环境因素和改革策略的选择。短期内，假设环境因素为常量的情况下，政府会计改革动力将主要取决于改革策略的选择[18]。

参考文献：

[1]余东华：《横向并购效率抗辩中的最低要求效率研究》，《中国工业经济》2012年第9期。

[2]余东华：《横向并购反垄断控制的福利标准选择研究》，《复旦学报（社会科学版）》2012年第6期。

[3]白雪、林平、藏旭恒：《横向合并控制中的资产剥离问题——基于古诺竞争的分析》，《中国工业经济》2012年第1期。

[4]郭峰、胡金焱：《农村二元金融的共生形式研究：竞争还是合作——基于福利最大化视角》，《金融研究》2012年第2期。

[5]曹廷求、张光利：《上市公司高管辞职的动机和效果检验》，《经济研究》2012年第6期。

[6]曹廷求、王营、张蕾：《董事网络位置及其溢出效应：为关系支付薪酬?》，《财经研究》2012年第10期。

[7]黄少安，钟卫东：《股权融资成本软约束与股权融资偏好——对中国公司股权融资偏好的进一步解释》，《财经问题研究》2012年第12期。

[8]梁益琳、张玉明：《创新型中小企业与商业银行的演化博弈及信贷稳定策略研究》，《经济评论》2012年第1期。

[9]汪崇金、聂左玲、岳军：《个体异质性、预期与公共品自愿供给——来自中国经济学的实验经济证据》，《财贸经济》2012年第8期。

[10]张卫国：《城镇化不是“逼农民上楼”》，《半岛都市报》12月17日A3版。

[11]王冬、孔庆峰：《开放条件下能实现技术赶超吗?》，《世界经济研究》2012年第2期。

[12]解垩：《中国城市居民自雇者的收入不平等与贫困：1989—2009》，《中国人口·资源与环境》2012年第12期。

[13]解垩：《中国非农自雇活动的转换进入分析》，《经济研究》2012年第2期。

[14]樊丽明、张晓雯：《托宾税：论争焦点及评析》，《财贸经济》2012年第8期。

[15]黄少安、陈斌开、刘姿彤：《“租税替代”、财政收入与政府的房地产政策》，《经济研究》2012年第8期。

[16]胡金炎、郭峰：《货币政策对股票市场的非对称影响研究——基于不同市场态势的实证分析》，《理论学刊》2012年第8期。

[17]宫晓琳：《宏观金融风险联动综合传染机制》，《金融研究》2012年第5期。

[18]路军伟、殷红：《政府会计改革的动力机制与分析模型——基于制度变迁的理论视角》，《会计研究》2012年第2期。

（作者：张卫国，山东社会科学院经济研究所研究员；苏明，山东大学经济学院博士研究生）

人口、资源与环境经济学

任建兰　张晓青

一、2012年度本学科研究的概况

（一）主要学术著作及主要学术活动

1. 主要学术著作

2012年度省内本学科出版的主要学术著作相对偏少，主要有包玉香、周德禄两位学者出版了人口经济方面的著作。

包玉香著的《人口老龄化对区域经济发展的影响研究——以山东省为例》，主要内容涉及人口老龄化影响区域经济发展的作用机理和路径，人口老龄化影响区域经济发展的正负效应和综合效应的理论模型构建、验证分析和评估，人口老龄化对区域经济产出、劳动力、消费、储蓄、国民收入分配、养老保障和医疗费用以及产业结构等方面的影响的定量分析和预测[1]。

周德禄著的《人力资本配置效益研究》以山东

省为区域样本，从人力资本配置的视角对人力资本测度的理论和方法进行分析和研究，探讨人力资本配置的经济效益和社会效益及其影响因素，并讨论了宏观就业环境、产业发展、资本深化、科技创新、低碳经济、人才结构以及就业分割等与人力资本配置的关系，为优化人力资本配置提供了思路借鉴[2]。

2. 主要学术活动

第十二届中国经济学年会于2012年12月在山东大学召开。中国经济学年会是中国经济学界最具权威、最具影响的学术盛会，旨在加强中国高等院校经济类院系以及国内外其他经济学科研、教学机构之间的交流与合作，为广大从事经济学教学科研的中国师生搭建一个开放、互动的平台。年会开设了几十个分会场，其中“劳动、人口经济学”和“资源与环境经济学”分会场交流了本学科的相关学术论文。“劳动、人口经济学”入选论文主要涉及中国劳动力供给效应、性别结构失衡、年龄结构变动、工资收入的影响因素、收入差距的影响效应、人力资本投资等内容；“资源与环境经济学”入选论文涉及碳排放、低碳经济、环境污染、气候变化、能源价格与效率、CVM（条件价值评估）等内容。

（二）本学科在学科建设方面的重要改革和发展、变化

全省各高校和科研院所依据原有学科和科研基础进行学科建设和学术研究，从而形成人口、资源与环境经济学各具特色的人才培养队伍和研究方向。人口、资源与环境经济学博士生招生单位有山东师范大学、青岛大学2所高校；硕士生招收单位有山东师范大学、山东大学、青岛大学、山东财经大学4所高校；山东省级“十二五”特色重点学科“人口、资源与环境经济学”博士点（依托山东师范大学人口·资源与环境学院）长期以来从事区域生态环境与经济协调发展、人口与经济、循环经济、低碳经济、生态经济等绿色经济发展模式等方面的研究。由科技部主管，中国可持续发展研究会、中国21世纪议程管理中心、山东师范大学联合主办的《中国人口·资源与环境》（中、英文版）是以宣传可持续发展为办刊宗旨的国家级政策指导性学术期刊，在《新华文摘》2012年第3期全文转载该期刊发表的《中国的能源发展与应对气候变化》一文，在《新华文摘》2013年第3期全文转载该期刊发表的《从里约+20看绿色经济新理念和新趋势》；同时，该刊再次入选2012年版“复印报刊资料”重要转载来源期刊。青岛大学“人口、资源与环境经济学”博士点以从事人力资本经济学、社会保障经济学、国际贸易及环境经济政策领域的研究为主。山东大学“人口、资源与环境经济学”硕士点主要从事环境经济、可持续发展理论与决策、人口、教育与人力资本理论、就业与社会保障、环境投入—产出分析等领域的研究。山东财经大学“人口、资源与环境经济学”硕士点主要从事区域经济与可持续发展、资源环境与经济发展、贸易与环境、人口与经济等领域的研究。

总体而言，2012年省内本学科的学者们更加关注低碳经济、海洋经济、区域可持续发展、人口与经济等学术热点，在这些领域的研究也更为深入，特别是碳减排和低碳经济的研究文献最多；在研究区域上，以全省和省内区域为主，特别是关注蓝黄“两区”的建设与可持续发展，此外也兼顾以全国进行实证分析。

二、2012年度本学科研究中的主要学术问题及学术观点

人口、资源与环境经济学的学科特点就是人口、资源、环境与经济的协调发展，最终实现绿色经济。为此，利用中国期刊网，检索署名单位为山东省内人口·资源与环境经济学博硕点和主要研究机构的学者及研究生在2012年发表的论文或撰写的毕业论文，从人口与经济研究、资源与经济研究、环境与经济研究、绿色经济研究等四个方面进行学术综述。其中检索的署名单位主要有：山东师范大学人口·资源与环境学院和《中国人口·资源与环境》编辑部、山东社会科学院人口所、山东大学经济学院、中国海洋大学经济学院、山东财经大学经济学院、青岛大学国际商学院等；主要检索期刊包括：《中国人口·资源与环境》、《山东社会科学》、《东岳论丛》、《理论学刊》、《经济地理》、《中国人口科学》、《人口与经济》、《人口研究》、《西北人口》、《山东大学学报（哲学社会科学版）》、《中国海洋大学学报（社会科学版）》、《经济与管理评论》、《山东经济战略研究》等期刊。

（一）人口与经济研究

1. 人口发展的经济效应研究

李新运、徐晓斌、张晓青、吴炳义、王新军、赵静等学者对人口发展的经济效应进行了详尽研究，主要涉及人口与经济社会发展、人口发展与工业化城镇化、人口发展与区域经济格局等方面。

李新运利用1978—2010年统计数据和历次人口普查数据，采用格兰杰检验和多元回归分析方法，对青岛市人口与经济发展之间的定量关系进行了实证研究[3]。徐晓斌认为人口规模持续膨胀、城镇化发展水平滞后、城镇体系结构不合理、人口分布与城镇分布矛盾等问题制约着全省人口与工业化城镇化的协调发展，应促进人口数量、素质、结构、分布协调发展，走新型工业化和新型城镇化道路，实

现人口与工业化城镇化协调发展[4]。张晓青利用“六普”数据和历年经济社会统计数据，对全省人口发展与区域经济布局的协调状况进行了深入研究，并提出应进一步完善统筹协调机制和人口调控机制、探索差异化人口管理、引导人口与产业再平衡、优化区域人口结构以及促进人口的合理布局等[5]。张晓青、吴炳义探讨省会城市群经济圈人口互动发展的态势、特征、影响因素及效应，提出促进省会城市群经济圈人口互动发展的若干对策建议[6]。王新军、赵静讨论了中国不同阶段人口结构的动态变化对经济增长的作用大小，并检验了其影响渠道及作用条件，发现人口因素的发展变化对我国1996—2010年经济增长率的相对贡献率达到20.18%，但这一过程的实现需要依赖良好的制度和政策环境[7]。

综观上述研究，可以发现，学者们既探讨人口发展与经济发展的相互作用机理，也测度二者间动态的定量关系。在研究方法上，学者们采用建立评价指标体系、单位根检验、格兰杰因果关系分析、多元回归分析以及等多种研究方法，将理论模型与定量分析相结合，理论分析与实证分析相结合。学者们的研究结论基本一致，即人口发展具有显著的经济效应，应促进人口与经济的协调发展。

2. 人力资本与经济发展研究

周德禄、赵领娣、晏辉、陈晓文、王海宾、刘瑶瑶、邵先喜、张宏、朱敏、高越、鲁瑞娟、刘小燕、王丽、石聃、李荣杰等学者对人力资本与经济发展进行了深入探讨。

周德禄将技术进步、资本深化和产业升级三个效率变量作为主要研究变量引入大学生就业模型，并利用2001—2010年中国省级面板数据进行实证分析。结果表明：大学生就业比重与技术进步、资本深化及产业升级之间存在着正向关联性；技术进步对大学生就业的拉动效应在时间轴的表现强于省级截面轴；大学生就业对提高资本深化产出效率意义重大，但资本深化拉动大学生就业的实际效果不够显著；产业升级带动大学生就业不能独立于技术进步和资本深化，并且与区域生产效率正相关[8]。赵领娣、晏辉从劳动经济学角度分析了蓝色经济区战略下，劳动力要素在海洋产业和陆域产业之间流动的影响因素以及经济效果。比较分析了海陆产业发展水平、海陆产业劳动生产率、海陆产业比较劳动生产率等方面，挖掘劳动力要素流动的决定因素[9]。陈晓文、王海宾通过建立模型对1988—2010年青岛市产业结构和就业结构数据进行实证分析检验，结合半岛蓝色经济区战略确立的目标进行预测，并提出在蓝色经济区建设中就业结构调整方向预测数值应符合蓝色经济产业升级的需求预测指标[10]。刘瑶瑶、邵先喜认为山东省的自然资本和人力资本丰富，两种资本的配合度比许多其他省份的配合度要好，为经济健康、快速和稳定发展提供了保证，但仍有进一步提高两种资本利用水平的空间，需要加大投入，增加对两种资本的开发[11]。张宏使用中国30个省份2003—2008年的面板数据，研究了不同人力资本水平下对外直接投资的逆向技术溢出对各地区全要素生产率的影响。实证结果表明它们之间存在着显著的人力资本双门槛效应[12]。朱敏、高越选取了来华留学生数与留学回国人数以及外资就业率作为人力资本流动的代理指标，使用数据包络分析方法（DEA）来测算技术进步，就人力资本流动对FDI技术吸收能力的影响进行了实证分析，并得出结论：FDI和人力资本流动相结合与技术进步存在正相关关系，但正效应并不显著[13]。鲁瑞娟通过分析山东省人力资本状况，并类比广东省的产业结构变化，认为山东省产业结构的优化升级势在必行；与广东省相比，山东省的人力资本水平和产业结构水平均相对较低，低下的人力资本水平不适应产业结构优化升级的要求[14]。刘小燕、王丽分析了山东省的异质型人力资本投资对经济增长的作用，实证研究发现异质型人力资本对经济增长的作用相当显著，已呈现出赶超物质资本投资的趋势[15]。石聃分析了人力资本集聚与半岛蓝色经济区产业集聚的关联效应，通过计算区位熵来测算山东半岛蓝色经济区海洋人力资本及海洋产业集聚度，将其作为指标进行时间序列分析，提出推动海洋人力资本与海洋产业协同发展的政策建议[16]。李荣杰对人才生态环境的评价与优化进行了研究，结合山东省蓝色经济区的实际情况，构建了适用于蓝色经济区的人才生态环境指标评价体系，运用多种方法对山东半岛蓝色经济区进行全面的、多层次的评价与比较分析，最终提出山东半岛蓝色经济区人才生态环境的优化发展策略[17]。

综上可见，学者们广泛认可人力资本及其变动对于经济增长、产业结构、就业结构、对外投资等具有重要影响，并大多采用面板数据进行实证分析，所得结论也基本一致，即人力资本对经济发展具有较大的促进作用；山东省的人力资本水平较低，有待进一步提高以适应经济发展的需要和产业结构的转型和优化升级。

3. 人口老龄化的经济效应研究

对于人口老龄化的经济效应方面，包玉香、王向阳等学者作了相关研究。包玉香、王向阳以经济增长理论和国民收入决定理论为基础，分析了人口老龄化影响区域经济发展的作用机理和路径[18]。包玉香提出人口老龄化对区域经济发展的双重效应，并对新古典经济增长模型进行了扩展，将人口老龄化因素引入模型[19]。

（二）资源与经济研究

1. 资源环境承载力研究

任建兰、张晓青、苟延农、李新运等学者对全省、黄河三角洲高效生态经济区的资源环境承载力进行科学估算和预测。任建兰承担并完成2011—2012年度“两区”重大课题“黄河三角洲高效生态经济区资源环境综合承载力研究”，该报告在分析资源与环境现状基础上，分别对研究区的单项资源承载力（包括土地资源、水资源、矿产资源和旅游资源）进行了评价和预测；对研究区单项环境承载力（包括大气环境、水环境、旅游环境承载力）进行了评价和分析；在此基础上，参考单项资源环境承载力评价结果，构建包含单项资源环境要素的综合评价指标体系，对综合资源环境承载力进行评价。最后，提出提高资源环境承载力的对策与措施[20]。苟延农、张晓青、李新运等构建了基于经济文化强省建设目标的山东综合人口承载力框架结构和指标体系，分别预测对山东人口发展具有显著制约作用15项要素人口承载力，并利用专家咨询法确定指标和子系统权重，测算了资源、环境、经济、社会4个子系统和综合人口承载力[21]。董俊丽、任栋从经济社会发展角度，构建山东经济社会承载力指标体系，分别预测对山东人口发展具有显著制约作用的8项要素的人口承载力；利用专家咨询法测算得到两个系统中各个指标的权重值，预测出经济发展承载力及社会进步承载力，最后得到经济社会承载力的阈值[22]。王一、马云泽对山东省水资源承载力及其提升措施进行了研究，认为水资源短缺已成为制约山东省可持续发展的瓶颈；提出要改革现行的水价实施制度，调整产业结构，发展节水型工业、节水型农业，加强水资源优化配置，加强水污染防治工作，增加中水回用，以提高水资源的承载能力[23]。

学者们基本认同资源环境承载能力是经济社会可持续发展的重要决定因素，合理有效地利用资源、改善环境，从而提高资源环境承载力对于山东省今后的发展至关重要。资源环境承载力方面的研究方法科学，且日渐成熟，评价指标体系完善，这对于资源、环境与社会经济的协调发展具有重要的指导意义。

2. 资源持续利用研究

（1）水土资源持续利用

刘园、宁吉陶、王江涛、陈东景、马吉刚等学者对水资源安全、水资源管理、用水效率、水资源配置等进行了深入研究。刘园采用熵值法赋权重和集对分析法评价“黄区”水资源安全，选取代表性指标分析2002—2009年“黄区”水安全动态变化，并针对存在问题提出一系列措施[24]。宁吉陶等提出了学习借鉴国内外成功的流域水资源管理模式、建立健全聊城黄河水资源管理体制等改进建议[25]。王江涛利用超效率DEA模型测度2010年全省各市水资源利用效率，提出全省应加大科技投入以及从技术和规模上提高工农业用水效率[26]。陈东景建立因素分解模型定量分析2003—2009年间我国工农业水资源使用强度变动的区域因素贡献，提出为实现全国工农业水资源使用强度的持续下降，应大力推进农业和工业技术节水、加快产业结构调整和优化、加强科学管理和区域发展合作等[27]。马吉刚等分析了“蓝区”水资源开发利用现状及存在的问题，充分揭示调水工程对“蓝区”水资源配置的重要作用，提出“蓝区”水资源优化配置总体思路[28]。多数学者认为水资源的管理和利用现状不尽如人意，应加强对水资源的管理、优化配置并提高用水效率，从而实现水资源的持续利用。

王成新等学者对城镇化进程中的土地资源利用进行评价和分析。王成新等通过建立多因素综合评价模型对山东省城市用地现状进行综合分析，并建议中西部地区从加快经济发展、增加土地投入强度、实行城市增长边界限制等方面提高土地利用集约水平[29]。崔聪聪等对全省城镇化进程中的土地约束问题及对策进行了研究，认为土地资源的开发利用方面存在土地供需矛盾、集约利用率低、侵占农用地及土地质量下降等问题，提出全省在城镇化进程中需要有针对性地改善土地利用状况[30]。

（2）海洋资源持续利用及海洋产业可持续发展

部分学者对海洋资源的利用及效率、海洋资源开发以及管理、海洋产业可持续发展等问题进行了深入研究。

海洋资源利用方面：高波等科学分析与测算海水淡化水资源成本，提出有效控制海水淡化成本以实现海水资源的有效利用[31]。郑建明等在分析我国海洋渔业资源产权运行现状及其存在问题的基础上，提出开发我国海洋渔业资源产权的有效建议，包括政府明晰海洋渔业资源的产权关系，制定不同的产权制度和政府政策，推进海洋渔业资源所有权的多元化[32]。

海洋资源开发与管理方面：张炜等分析了现阶段全省海洋资源开发面临的问题及对策，认为存在的主要问题是：海洋开发缺乏统一管理和长远规划，没有统一的管理机构和审批制度；开发的深度和广度不够；个别地区环境污染及破坏严重；淡水资源缺乏；海洋科技力量分散[33]。王圣等认为海洋资源开发必将呈现出由近海向远洋、由浅海向深海的发展趋势，开发深海大洋战略性资源是破解山东省社会经济发展资源瓶颈的重要途径，发展深海大洋经济是海洋经济的发展方向[34]。李军、张梅玲通过对海陆资源协调开发的理论分析与国内比较，得出了“蓝区”海陆资源协调开发的启示，认为应顺势促进山东经济的转型，充分发挥政府的作用，建设全方位区域协调合作经济体系，注重海陆资源的协调开发等[35]。殷克东等构建了海洋能对社会经济影响的评价指标体系，运用解释结构模型（ISM）分析此指标体系，并得出指标体系的解释结构模型图，为进一步评价海洋能开发对社会经济的影响提供了重要借鉴[36]。陈书全对海域资源市场化管理的问题与对策进行了研究，提出各级海洋行政主管部门应积极培育海域资源市场化配置的运行环境、完善海域资源市场化配置机制、建立健全海域资源价值评估体系等，从而加快海域资源市场化管理的进程，使有限的海域资源最大限度地得到公平高效的开发利用[37]。

于婧等探讨了青岛海洋新兴产业的可持续发展，提出青岛应重视提高公众对海洋新兴产业的认识，营造良好的发展氛围；构建完善的海洋新兴产业政策体系，支撑海洋可持续发展；加快海洋新兴产业科技创新和成果转化，增强产业竞争力；合理布局海洋新兴产业区，带动产业全面发展；实施“走出去”战略，促进海洋新兴产业发展国际合作[38]。

综上，多数学者认为海洋资源具有巨大的利用价值，而目前对于海洋资源的开发和利用尚处于技术不成熟阶段，加大对海洋资源的开发利用力度、加快海洋产业的科技创新是目前海洋经济发展的重要途径。

（3）旅游环境承载力及旅游可持续发展

刘佳、于水仙、王佳、徐福英、隋玉正、李淑娟、孟芬芬、王雪等学者对旅游环境承载力及旅游可持续发展开展了相关研究。刘佳等构建由资源、生态、经济、社会四个承载子系统构成的滨海旅游环境承载力评价体系，采用层次分析法确定评价指标权重，运用物元评价模型和灰色预测模型，对“蓝区”滨海旅游环境承载力水平进行量化测度与系统分析[39]。徐福英在分析“蓝区”旅游业发展规模、产业要素和产品组合的基础上，指出“蓝区”内旅游业发展的趋势和可持续发展中存在的问题，并从产业协调、区域合作和利益分配三个层面提出了“蓝区”旅游业可持续发展的对策[40]。隋玉正等对山东省滨海湿地生态旅游可持续发展模式进行了研究，从旅游规划开发、旅游产品打造、营销模式及旅游利益相关者管理等角度，提出了适合全省滨海湿地生态旅游的开发模式和开发策略[41]。此外，王雪评价了济南市南部山区的旅游资源价值，并提出了一些针对性措施[42]。

3. 海洋经济研究

2012年度省内学者主要对海洋产业集群化发展、海洋产业结构、海洋生态资本、海洋环境资源价值测评以及海洋经济发展等进行了深入研究。杨林等探讨“蓝区”战略下海洋产业集群化发展，认为海洋产业集群化发展刚刚起步，规模经济效应、范围经济效应、学习效应尚未完全呈现；应遵循集群的形成规律、注重比较优势，着力解决发展的体制机制障碍，以现代科技加速海洋产业集群成长[43]。李福柱等通过对沿海地区陆域与海洋产业结构的协同演进趋势及空间差异的分析，得出沿海地区陆域与海洋产业结构的协同演进路径相似，协同发展趋势逐渐增强，空间差异不断缩小的结论，并从五个方面提出了促进陆域与海洋产业结构协同升级的相关对策[44]。李京梅等在福建省罗源湾实证数据的基础上，选取海水养殖指标，通过回归分析论证海洋生态资本对区域经济增长的影响程度，结果表明海洋生态资本对经济增长有明显促进作用；又通过灰色关联分析对比相关产业与GDP的关联程度，说明海洋生态资本与GDP的关联程度较高，因此在今后开发海洋资源、发展海洋产业时应充分考虑海洋生态资本的重要作用[45]。徐胜等通过Eviews实证分析相关海洋环境资源对海洋经济的影响，运用不同的定量和定性方法对环渤海海洋环境资源价值进行测评，最后得出合理测评环渤海海洋环境资源价值可以促进海洋生态效益提高的结论[46]。赵昕等运用我国海洋经济统计数据和主成分分析法对全国各主要沿海地区的结构效率进行评价，结果表明，各沿海地区海洋产业发展不均衡，产业结果效率与该地区的经济发展水平和配套设施等存在正相关；我国应推动海洋产业结构优化升级，各沿海地区应“因地制宜”发展新兴海洋产业以及建立保障海洋产业结构升级的配套措施[47]。谢子远从海洋经济发展总量水平、海洋产业结构、海洋科技竞争力、海洋经济可持续发展能力四个方面对浙、鲁、粤三省海洋经济发展现状及趋势进行了全面比较分析[48]。

综上，学者们运用了回归分析、灰色关联分析、主成分分析等多种方法进行研究，主要关注海洋生态环境、海洋资源价值，以及海洋经济发展等方面，学者普遍认为海洋经济的发展要充分利用海洋资源的便利，提高海洋生态效益，促进海洋产业的集群发展与优化升级。

（三）环境与经济研究

1. 区域可持续发展研究

任建兰、李刚、赵玉杰、刘洪滨、李宏、钟良等学者在区域可持续发展方面进行了深入探讨，其中包括可持续发展综合性评估、可持续发展的能力评价、制约因素以及发展路径选择等几个方面。任建兰申报的“典型人地关系地域系统可持续性评估和生态环境安全预警研究”获得国家自然科学基金资助，该项目选取生态环境脆弱型、海陆兼备型和资源枯竭型三种人地系统类型，以人地关系地域系统基本理论和生态环境安全预警机理作为指导，进行典型人地系统可持续性评估和生态环境问题辨识，并对其进行生态环境安全评价和预警研究，最后提出人地系统可持续发展调控机制[49]。李刚通过建立PREE系统评价指标体系，探究青岛PREE系统协调性动态演变过程及其与各子系统的关联性，并对未来发展趋势进行预测，提出PREE系统优化及可持续发展对策[50]。赵玉杰、刘洪滨探讨了海湾城市可持续发展评价指标体系及框架模型，对我国沿海10个较典型的海湾城市进行实证测算。结果表明，2009年可持续发展能力由强到弱顺序是深圳、上海、广州、厦门、青岛、大连、杭州、天津、宁波、湛江[51]。李宏分析了日照市推进蓝色经济可持续发展的制约因素与路径选择，认为制约日照市蓝色经济可持续发展的因素主要是资源开发利用不合理、区域竞争日趋激烈、产业结构层次不够合理、蓝色经济发展资金有效投入不足，基础配套服务设施相对滞后等[52]。钟良在界定资源型城市概念的基础上，从资源型城市的发展现状、存在的问题等方面，采用定性、定量和实证分析相结合的方法，对资源型城市存在的问题和未来的可持续发展方式展开研究[53]。

2. 生态环境与经济发展研究

刘李星、程钰、任建兰、崔昊、纪建悦、于富洋、方胜民、臧传琴、王静、张晓华、李荣杰等学者对生态环境与经济发展变化关系进行了研究，内容主要涉及城镇化与资源环境、区域发展模式、经济与海洋环境耦合度、环境规制与贸易、环保产业与可持续发展、工业废水排放与经济增长以及人才生态环境等方面。

刘李星以城镇化发展为基点，构建了城镇化率与建成区土地面积、全年用电量、工业废水排放量、工业二氧化硫排放量4个指标之间的线性回归分析模型，用实证和理论两个层面研究城镇化进程加快对地区资源环境的影响[54]。程钰等针对区域发展中的诸多问题，提出三维结构下的8种区域发展模式类型；通过构建区域发展水平指标体系，引入熵权TOPSIS法对山东省17地市发展模式实证分析，认为17地市以经济—社会双滞后型发展模式和经济—社会—生态环境协同发展模式为主[55]。纪建悦等研究了环渤海地区经济与海洋环境的耦合度，在运用主成分分析对渤海湾海洋环境综合评价的基础上，计算环渤海地区经济和渤海海洋环境之间的耦合度，结果表明两系统基本上处于拮抗时期。因此，有必要制定有效的政策以促进环渤海地区经济与海洋环境的协调共同发展[56]。臧传琴等实证检验环境规制对贸易的影响，结果表明：中国与美、欧、日的环境规制指数与进出口指数存在稳定的负相关性，美、欧、日相对严格的环境规制使我国承担了更多的环境成本[57]。张晓华从作用机理、作用路径、作用领域、作用大小四个方面就我国环保产业对经济可持续发展的作用进行了分析[58]。李铁鹰以海洋环境污染物中工业废水排放量指标与经济增长的关系为研究对象，基于1992—2010年中国省际面板数据，检验环境库兹涅茨曲线（EKC）在中国沿海的存在性及相应的拐点，并进行了中国沿海地区工业废水排放与经济增长关系的规律分析[59]。

综上，对于生态环境与经济发展变化的研究，目前理论与方法均日渐成熟，学者运用指标体系、回归分析、熵权TOPSIS法、主成分分析、耦合度分析、相关性分析等多种方法进行了较为全面的探讨。特别是学者所提出的三维结构下的区域发展模式类型的构建及实证分析对我国区域发展理论和实践具有重要的借鉴意义。

（四）绿色经济研究

1. 碳排放及低碳经济研究

（1）能源利用和碳排放

2012年省内学者对能源利用和碳排放进行了深入的、系统的、全面的各项研究，涌现出大量文献。臧传琴等选取了基于投入导向的规模报酬不变的超效率DEA能源效率模型，运用1996—2010年全省17地市际面板数据，测算出山东省各地市的全要素能源效率，并对各地市节能潜力进行评价和分析其影响因素，最后提出通过优化产业结构、改善能源消费结构、充分发挥技术创新等提高全要素能源效率和降低环境污染[60]。王同孝等对全省2001—2010年能源消费和碳排放情况进行分析，提出应大力发展低碳经济，改变高耗能的发展方式，积极促进山东省产业结构调整和升级，实现经济社会可持续发展[61]。刘新民等利用计量经济学中的时间序列平稳性检验、协整检验、误差修正模型和Granger因果关系检验建立统计模型，对全省1985—2009年经济增长与能源消费之间的关系进行了实证分析[62]。许冬兰等对全省1978—2008年的城市化与能源消费进行了综合评价，利用熵变方程法和状态协调度函数分析了全省城市化与能源消费的协调性，提出应维持城市化与能源消费之间的协调发展[63]。李维梁等研究了基于消费模式的全省碳排放，发现消费水平和第三产业比重对于碳排放变化具有很好的解释力[64]。邵桂兰等测算全省碳排放总量及煤炭、石油、天然气三类能源碳排放量，并定量分析各因子对碳排放与经济增长脱钩的影响力[65]。任洁等基于Tapio脱钩模型，对2000—2008年间我国工业部门下电力、热的生产和供应业碳排放与能耗脱钩、能耗与增加值脱钩、碳排放与增加值脱钩进行了实证研究，结果表明目前实现碳排放与增加值脱钩的主要阻力是碳排放与能耗脱钩状况的可持续发展进度较低，提出应加大煤炭用量与能源消耗的脱钩、加大低碳排放系数能源尤其是非化石能源的比重，以推进碳排放与能耗的脱钩[66,67]。许冬兰对生态环境逆差与绿色贸易转型进行了研究，利用投入产出法分别估算了我国对外贸易中的隐含碳和隐含能的情况，结果显示我国是典型的隐含碳和隐含能净出口国，随着我国贸易顺差的增大，生态环境逆差现象愈发严重。同时基于生态环境逆差分析，指出我国现行贸易结构中所存在的问题，提出了我国绿色贸易转型的紧迫性以及实现贸易转型所需的绿色贸易政策[68]。许冬兰等探讨了对外贸易中的能源成本核算及节能降耗对策，利用能源投入产出模型对1997—2007年间我国对外贸易的能源成本进行了定量核算，研究表明：我国在巨大的贸易顺差背后付出了大量的能源成本，从货物贸易和服务贸易两个方面提出了在贸易环节上实现节能降耗的对策建议[69]。纪建悦等采用情景分析法研究建筑业单位增加值能耗年均增长率与建筑业碳排放量、减排效果和峰值出现时间的关系，并指出提高建筑业相关的技术水平，减少不必要的能源消耗，以降低建筑业单位增加值能耗，是减少建筑业碳排放的有效途径[70]。杨骞等估算1995—2009年中国省际二氧化碳排放量，并运用泰尔指数及其分解方法，对我国碳强度分布的地区差异进行测度与结构分解，对我国碳强度的区域差异进行收敛性检验；认为中国碳强度水平不会自动降低到“稳态”，政府对碳减排的政策干预将是必不可少的[71,72]。刘华军利用时间序列数据（1952—2009年）和省际面板数据（1995—2009年），分别以排放总量、人均排放量和碳强度等三类二氧化碳排放指标，使用多种估计方法实证检验了城市化对二氧化碳排放的影响[73]。刘华军、赵浩测算了1995—2009年中国省际层面二氧化碳排放量，并根据Dagum（1997）提出的基尼系数及其按子群分解方法实证研究了二氧化碳排放强度的地区差异及其演变态势[74]。李菁运用相关理论对城市化、经济增长与碳排放的作用机理进行分析，估算各省的能源二氧化碳排放量；分析了2000年至2010年间城市化、经济增长、科技进步、政府政策等因素对人均能源二氧化碳排放的影响及影响程度，并指出现阶段低碳试点省份应着眼于能源效率的提高和产业结构升级[75]。栾绍朔将碳排放总量的核算、因素分解分析、模型拟合、情景分析预测、峰值研究和减排潜力研究融合成一个全省碳排放研究的整体体系，在此体系的基础上，加入减排路径分析[76]。许召建对新能源汽车购买意愿的影响因素进行了实证研究，以济南及周边区域的消费者为样本，分析潜在消费者所具有的特征及影响消费者购买新能源汽车的因素，并提出对新能源汽车发展的政策建议[77]。张英以低碳城市为主要研究对象，阐述低碳城市的理论内涵，从低碳经济视角分析城市发展现状及存在问题，提出从普及低碳理念入手，调整产业和能源结构，提倡建筑节能，发展低碳交通体系，实现城市的低碳化[78]。徐成龙研究产业结构调整下的山东省碳排放及碳减排，模拟2030年山东省的总碳排放量和各行业的碳排放量，提出工业部门和交通部门的碳减排潜力最大[79]。莫修艳基于山东省的能源效率现状，探究其背后的影响机制，进而尽快提高能源效率、减少能源消耗量，以实现经济社会可持续发展[80]。张超采用LMDI因素分解法分析了各种因素对山东省CO_2排放量变动的影响以及全省CO_2净排放的空间差异，并探索山东省的低碳发展路径[81]。

综上，能源利用与碳排放研究的最大特点是理论模型、指标体系与实证研究的充分结合，这种结合对于准确判断影响低碳的关键因素和实现节能低碳的路径选择是十分必要的，并且众多理论与实践研究对全省乃至全国未来能源利用和碳减排具有深刻的启示和指导意义。以上学者的研究还表明，如何实现能源的合理高效利用和减少碳排放这一目标将成为今后该领域研究的重点。

（2）低碳经济和低碳城市建设

王敏、王传远、楚爱丽、杨明文、乔冰、岳冬冬、王鲁民、武丹、邱兆林、刘翠霞、韩红飞、牟晶、孙宏等学者对低碳经济和低碳城市建设进行了深入研究。

王敏等对蓝黄“两区”发展低碳经济的对策进行了研究，从目前的经济增长方式、能源消费结构和环境污染状况分析了“两区”走低碳发展之路的必要性，并提出了“两区”实施低碳经济发展模式的政策措施，即加强政策引导和建立低碳经济发展的长效机制、增加碳汇、转变经济增长方式和调整经济结构、优化能源结构、增强技术研发与创新[82]。楚爱丽探讨了潍坊“三区”建设中的低碳经济，认为潍坊在“三区”建设中发展低碳经济具有区位、资源、产业基础、生态经济等方面的优势，但同时在自然条件、人口问题、能源与环境、经济与技术等方面存在着制约因素[83]。杨明文等对全省欠发达地区建设低碳城市进行了研究，指出欠发达地区在发展中要完成两个任务：一是努力实现城市化，二是缩小同发达地市的差距[84]。岳冬冬等从渔业碳汇功能和低碳技术应用两方面定义低碳渔业，分析了我国发展低碳渔业的三种可行路径及其特点，认为当前我国低碳渔业研究工作应主要着力于水域生物直接碳汇、间接碳汇核算和制定低碳渔业发展战略三个方面[85]。武丹构建了低碳化发展水平的综合指标体系，对鲁苏低碳化发展水平进行了综合评价和比较，并尝试提出了低碳化发展的概念[86]。邱兆林通过构建计量经济模型实证分析了能源消费、碳排放与经济增长三者之间的系统关系，指出能源消费和经济增长存在双向影响的关系、碳排放与经济增长存在着倒“N”型的关系[87]。刘翠霞通过理论研究和实证研究相结合的方法对对外贸易与低碳经济的协调性进行系统的分析，认为要从优化生产和贸易模式、促进产业升级、构建完善的低碳税收体系三个方面促进山东省对外贸易与低碳经济的协同发展[88]。韩红飞基于因子分析法建立指标体系模型，对世界主要国家低碳经济的竞争力水平进行量化分析，通过国家间的横向对比，得出我国低碳经济国际竞争力总体水平以及发展低碳经济的推动因素和限制因素[89]。牟晶在深入分析低碳城市化与人口增长、经济发展，能源需求、碳减排、环境保护等一系列主要影响因素相互关系的基础上，选用多目标规划方法建立了低碳城市化平衡发展的多目标规划模型，以山东省为对象进行了实证研究，并提出了低碳城市化建设的对策建议[90]。孙宏对区域低碳技术创新系统进行了研究，以我国普遍存在的区域差异为依据，分析研究区域低碳技术创新系统能力的内涵和构成要素，在此基础上探索我国区域低碳技术创新系统能力评价体系的构建、实证分析和对策设计；并根据针对我国区域个案的分析路径，提出了基于区域差异的区域低碳技术创新系统能力评价的可能性[91]。

综上所述，多数学者提出排除低碳经济和低碳城市建设中的障碍和限制因素是深入思考与研究的重要方面。只有探索出切实可行的低碳经济发展路径，才能促进国民经济与社会的良性发展。

2. 循环经济研究

梁娟、刘海英、刘淑芳、王立平、吴鹏飞、陈晓翠等学者对循环经济的发展路径、体系构建、区域差异以及发展模式等方面进行了深入的研究。梁娟探讨了山东省发展绿色经济的路径，认为具体路径分为三方面：第一，未来应重点在政策层面构建绿色投资体制；第二，企业在拓展绿色经济市场中要抢占制高点；第三，绿色经济发展离不开社会各界的共同努力[92]。刘海英等对山东半岛海洋循环经济发展的综合评价与财税支持体系构建进行了研究，找出山东半岛海洋循环经济发展的动力因素和障碍因素，并在对各因素的定量分析基础上，有针对性地提出了全省海洋循环经济财税政策建立的路径选择[93]。刘淑芳等在阐释区域循环经济体系构建的一般理论基础上，分析了“蓝区”循环经济体系的构建模式及运行模式，并提出“蓝区”发展循环经济的政策保障[94]。王立平探讨了中国循环经济发展的区域差异问题，利用因子分析法对循环经济的发展进行区域间比较分析，结果表明我国循环经济的发展是非常不平衡的，并指出循环经济的发展是建立在经济实力和技术水平之上的，各地区应因地制宜地发展循环经济，实现经济的可持续发展[95]。吴鹏飞运用实证与规范分析的研究方法，从优势、劣势和工作基础三个方面具体分析东营市发展城市循环经济的条件，并从绿色产业系统、基础支撑系统、社会保障系统三个方面构建了东营市城市循环经济的发展模式[96]。陈晓翠对新兴沿海城市循环经济发展模式进行了研究，以日照市作为新兴沿海城市的典型代表，通过分析日照市经济社会发展状况及城市循环经济的发展建设，提出以日照市为典型代表的新兴沿海城市循环经济的发展模式[97]。

3. 生态经济与生态文明研究

生态经济与生态文明研究方面，学者们的研究主要在生态经济可持续发展、生态安全、生态补偿机制、生态文明建设以及生态经济学科研究等方面。

孟凡东、王伟对我国畜牧生态经济可持续发展进行了对策研究，在分析畜牧生态经济内涵及我国畜牧生态经济发展存在的问题的基础上，提出了促进中国畜牧生态经济可持续发展的对策建议：在思想上重视畜牧生态经济可持续发展；加强对畜牧生态经济发展支持力度；完善畜牧生态经济发展的技术支撑体系；大力培育生态畜产品市场，鼓励龙头企业走国际化之路[98]。

杨振姣、罗玲云、董海楠对海洋生态安全问题进行了探讨，认为“蓝区”存在很多海洋生态安全问题，海洋生态安全对“蓝区”可持续发展有着重大意义，应充分认识海洋生态安全在“蓝区”建设中的地位，切实转变发展方式，全面落实海洋生态安全的物质保障和技术支持，强化海洋国土观念与海洋生态安全观念[99]。

赵建军等对“黄区”生态补偿制度进行了详细研究。在明晰生态补偿原则和利益相关方各自的责任和义务的基础上，提出并设计了“黄区”生态补偿平台建设思路和生态补偿运行机制[100]。刘慧等探讨了"蓝区"海洋生态补偿机制，提出完善"蓝区"海洋生态补偿机制的路径[101]。赵成美讨论了生态经济学的主流化问题，指出生态经济理论研究目前面临的挑战主要有两个，即来自自身不足的挑战和传统经济理念的挑战，并探讨了应如何应对挑战以及生态经济学在世界和中国的发展前景[102]。学者们对生态补偿机制的分析与研究在发展路径上基本一致，认为应从以下几个方面着手：完善相关法律制度；多方位开拓海洋生态补偿资金渠道，扩充资金来源；明确海洋生态补偿的主体、权限、范围和标准，采取多种补偿方式；明确执法主体和严格问责制度；专业监督和公众参与的海洋生态补偿监管机制。

生态文明建设方面，房树人提出必须正确理解生态文明建设战略部署的紧迫性，准确把握大力推进生态文明建设的任务要求，建设生态文明既要重视经济发展，又要保护好生态环境，实现又好又快发展[103]。

参考文献：

[1]包玉香：《人口老龄化对区域经济发展的影响研究》，中国社会科学出版社2012年版。

[2]周德禄：《人力资本配置效益研究》，山东人民出版社2012年版。

[3]李新运、史纪慧：《区域人口与经济发展互动关系定量分析——以青岛市为例》，《人口与发展》2012年第4期。

[4]徐晓斌：《山东省人口发展与工业化城镇化的互动及其协调发展》，《西北人口》2012年第4期。

[5]张晓青：《山东省人口发展与区域经济布局研究》研究报告，2012年9月。

[6]张晓青、吴炳义：《省会城市群经济圈人口互动发展研究》研究报告，2012年11月。

[7]王新军、赵静：《人口因素、中国经济增长与社会发展》，《经济与管理》2012年第12期。

[8]周德禄：《技术进步、资本深化、产业升级与大学生就业——2001—2010年中国省级面板数据分析》，《中国人口科学》2012年第2期。

[9]赵领娣、晏辉：《蓝色经济区战略下海陆产业劳动力流动的就业效应分析》，《中国海洋大学学报（社会科学版）》2012年第1期。

[10]陈晓文、王海宾：《蓝色经济区战略下产业升级与就业调整——基于青岛市产业结构与就业结构的相关性分析》，《国际贸易问题》2012年第3期。

[11]刘瑶瑶、邵先喜：《山东省自然资本与人力资本相对丰度的计量分析》，《经济研究导刊》2012年第25期。

[12]张宏：《人力资本对我国对外直接投资逆向技术溢出效应的影响——基于省际面板数据的非线性门槛回归技术》，《亚太经济》2012年第4期。

[13]朱敏、高越：《人力资本流动对FDI技术溢出效应的影响——基于吸收能力的实证研究》，《湖北经济学院学报》2012年第1期。

[14]鲁瑞娟：《山东省人力资本基础与产业结构优化升级阶段研究》，《合作经济与科技》2012年第4期。

[15]刘小燕、王丽：《山东省异质型人力资本投资与经济增长关系实证研究》，《中国市场》2012年第44期。

[16]石聃：《人力资本集聚与半岛蓝色经济区产业集聚关联效应分析》，中国海洋大学硕士论文，2012年6月。

[17]李荣杰：《山东半岛蓝色经济区人才生态环境评价与优化研究》，中国海洋大学硕士论文，2012年6月。

[18]包玉香、王向阳：《人口老龄化影响区域经济发展的作用机理与路径研究》，《西北人口》2012年第2期。

[19]包玉香：《人口老龄化的区域经济效应分析——基于新古典经济增长模型》，《人口与经济》2012年第1期。

[20]任建兰：《黄河三角洲高效生态经济区资源环境综合承载力研究报告》研究报告，2012年。

[21]苟延农、张晓青、李新运、董俊丽、金云霞：《基于经济文化强省建设目标的山东综合人口承载力预测》，《中国人口·资源与环境》2012年第9期。

[22]董俊丽，任栋：《基于经济文化强省建设目标的山东经济社会承载力研究》，《东岳论丛》2012年第5期。

[23]王一、马云泽：《山东省水资源承载力及其提升措施研究》，《山东社会科学》2012年第3期。

[24]刘园：《黄河三角洲高效生态经济区水资源安全评价研究》，山东师范大学硕士论文，2012年5月。

[25]宁吉陶、张虹龙、杨晓阳、张广建、戴清：《山东聊城黄河水资源管理现状与存在的问题》，《水利科技与经济》2012年第2期。

[26]王江涛：《基于超效率DEA的山东省各市用水效率研究》，《商品与质量》2012年第2期。

[27]陈东景：《我国工农业水资源使用强度变动的区域因素分解与差异分析》，《自然资源学报》2012年第2期。

[28]马吉刚、张泽玉、王金山、杜华田：《山东半岛蓝色经济区调水工程水资源配置浅析》，《中国

水利》2012 年第 3 期。

[29]王成新、张本丽、姚士谋:《山东省城市土地集约利用评价及其时空差异研究》,《中国人口·资源与环境》2012 年第 7 期。

[30]崔聪聪、戴玉才:《山东省城镇化进程中的土地约束问题及对策》,《经济研究导刊》2012 年第 11 期。

[31]高波、麻兴斌、孟庆才:《提高海洋资源利用效率与海水淡化成本测算》,《山东社会科学》2012 年第 4 期。

[32]郑建明、张继平:《基于产权的海洋渔业资源开发利用效率分析》,《中国海洋大学学报(社会科学版)》2012 年第 4 期。

[33]张炜、刘玉新:《现阶段山东省海洋资源开发面临的问题及对策分析》,《海洋信息》2012 年第 3 期。

[34]王圣、郝艳萍、任肖嫦:《山东深海战略性资源产业化开发研究》,《海洋开发与管理》2012 年第 9 期。

[35]李军、张梅玲:《海陆资源协调开发的国内比较与启示》,《山东社会科学》2012 年第 5 期。

[36]殷克东、张栋:《海洋能开发对社会经济影响的评价指标体系研究》,《中国海洋大学学报(社会科学版)》2012 年第 5 期。

[37]陈书全:《海域资源市场化管理的问题与对策研究》,《山东社会科学》2012 年第 10 期。

[38]于婧、陈东景:《实现青岛海洋新兴产业可持续发展对策研究》,《海洋开发与管理》2012 年第 3 期。

[39]刘佳、于水仙、王佳:《滨海旅游环境承载力评价与量化测度研究——以山东半岛蓝色经济区为例》,《中国人口·资源与环境》2012 年第 9 期。

[40]徐福英:《山东半岛蓝色经济区旅游业可持续发展研究》,《牡丹江教育学院学报》2012 年第 4 期。

[41]隋玉正、李淑娟、孟芬芬:《山东省滨海湿地生态旅游可持续发展模式研究》,《中国海洋大学学报(社会科学版)》2012 年第 1 期。

[42]王雪:《济南市南部山区旅游资源评价及开发对策研究》,《齐鲁师范学院学报》2012 年第 1 期。

[43]杨林、许丹:《蓝色经济区战略下海洋产业集群化发展问题与对策研究——以山东省为例》,《中国海洋大学学报(社会科学版)》2012 年第 1 期。

[44]李福柱、肖云霞:《沿海地区陆域与海洋产业结构的协同演进趋势及空间差异研究》,《中国海洋大学学报(社会科学版)》2012 年第 1 期。

[45]李京梅、张国庆、陈尚、李蕾:《罗源湾海洋生态资本对区域经济贡献度的实证分析》,《中国海洋大学学报(社会科学版)》2012 年第 1 期。

[46]徐胜、迟酩:《环渤海地区海洋环境资源价值测评研究》,《中国海洋大学学报(社会科学版)》2012 年第 3 期。

[47]赵昕、刘玉峰:《基于 PCA 的我国海洋产业结构效率评价》,《中国渔业经济》2012 年第 3 期。

[48]谢子远:《浙、鲁、粤海洋经济发展比较研究》,《当代经济管理》2012 年第 8 期。

[49]任建兰:《典型人地关系地域系统可持续性评估和生态环境安全预警研究》,2012 年国家自然科学基金项目。

[50]李刚:《青岛市 PREE 系统协调发展研究》,《中国统计》2012 年第 8 期。

[51]赵玉杰、刘洪滨:《海湾城市可持续发展能力评价研究》,《海洋开发与管理》2012 年第 11 期。

[52]李宏:《日照市推进蓝色经济可持续发展的制约因素与路径选择》,《理论学习》2012 年第 1 期。

[53]钟良:《资源型城市可持续发展研究——以济宁市为例》,山东财经大学硕士论文,2012 年 5 月。

[54]刘李星:《山东城镇化进程与资源环境变化关系的实证分析》,《统计与决策》2012 年第 17 期。

[55]程钰,任建兰,崔昊,唐桂敏:《基于熵权 TOPSIS 法和三维结构下的区域发展模式——以山东省为例》,《经济地理》2012 年第 6 期。

[56]纪建悦、于富洋、方胜民:《环渤海地区经济与海洋环境的耦合度研究》,《海洋环境科学》2012 年第 12 期。

[57]臧传琴、王静:《环境规制对贸易的影响——基于中国与美国、欧盟、日本的数据》,《山东财政学院学报》2012 年第 3 期。

[58]张晓华:《环保产业对我国经济可持续发展的作用分析》,山东大学硕士论文,2012 年 5 月。

[59]李铁鹰:《中国沿海地区工业废水排放与经济增长关系的区域分异研究》,中国海洋大学硕士学位论文,2012 年。

[60]臧传琴、刘岩:《山东省全要素能源效率及其影响因素分析》,《中国人口·资源与环境》2012 年第 8 期。

[61]王同孝、赵联振、王伟:《山东省能源消费与碳排放分析》,《中国人口·资源与环境》2012 年第 7 期。

[62]刘新民、吴宣俊、吴士健:《山东省能源消费与经济增长的因果关系分析研究》,《经济与资源管理》2012 年第 5 期。

[63]许冬兰、刘晓芳：《山东省城市化与能源消费综合评价及协调性分析》，《青岛科技大学学报》2012年第2期。

[64]李维梁、董德利：《基于消费模式的山东省碳排放研究》，《经济与管理评论》2012年第1期。

[65]邵桂兰、陈令杰：《碳排放与经济增长的脱钩实证研究——以山东省为例》，《中国海洋大学学报》2012年第4期。

[66]任洁、陈东景：《中国电力、热的生产和供应业碳排放与增加值脱钩研究》，《商业经济》2012年第4期。

[67]任洁、陈东景：《中国工业部门碳排放与GDP脱钩因素影响力分析》，《战略决策与研究》2012年第1期。

[68]许冬兰：《生态环境逆差与绿色贸易转型：基于隐含碳与隐含能估算》，《中国地质大学学报（社会科学版）》2012年第1期。

[69]许冬兰、孙璇：《对外贸易中的能源成本核算及节能降耗对策研究》，《中国软科学》2012年第7期。

[70]纪建悦、姜兴坤：《我国建筑业碳排放预测研究》，《中国海洋大学（社会科学版）》2012年第1期。

[71]杨骞、刘华军，中国碳强度分布的地区差异与收敛性——基于1995—2009年省际数据的实证研究，《当代财经》2012年第2期。

[72]杨骞、刘华军：《中国二氧化碳排放的区域差异分解及影响因素——基于1995—2009年省际面板数据的研究》，《数量经济技术经济研究》2012年第5期。

[73]刘华军：《城市化对二氧化碳排放的影响——来自中国时间序列和省际面板数据的经验证据》，《上海经济研究》2012年第5期。

[74]刘华军、赵浩：《中国二氧化碳排放强度的地区差异分析》，《统计研究》2012年第6期。

[75]李菁：《城市化、经济增长与能源碳排放——基于低碳试点省份的实证分析》，山东大学硕士论文，2012年。

[76]栾绍朔：《山东省碳排放预测及其减排路径分析》，中国海洋大学硕士论文，2012年。

[77]许召建：《新能源汽车购买意愿影响因素实证研究》，山东师范大学硕士论文，2012年。

[78]张英：《低碳城市内涵及建设路径研究》，《工业技术经济》2012年第1期。

[79]徐成龙：《基于产业结构调整的山东省低碳情景研究》，山东师范大学硕士论文，2012年。

[80]莫修艳：《山东省经济转型中能源效率的时空分异及其影响机制》，山东师范大学硕士论文，2012年。

[81]张超：《山东CO_2净排放时空差异及低碳路径探索》，山东师范大学硕士论文，2012年。

[82]王敏、王传远：《“蓝”、“黄”经济区发展低碳经济的对策研究》，《中国发展》2012年第1期。

[83]楚爱丽：《潍坊“三区”建设中的低碳经济》，《生产力研究》2012年第5期。

[84]杨明文、乔冰：《山东省欠发达地区建设低碳城市研究》，《山东经济战略研究》2012年第4期。

[85]岳冬冬、王鲁民：《中国低碳渔业发展路径与阶段划分研究》，《中国海洋大学学报（社会科学版）》2012年第5期。

[86]武丹：《鲁苏低碳化发展水平的比较研究》，山东师范大学硕士论文，2012年。

[87]邱兆林：《山东低碳经济发展的实证分析》，《科学致富向导》2012年第17期。

[88]刘翠霞：《山东省对外贸易与低碳经济的协同发展研究》，山东大学硕士论文，2012年。

[89]韩红飞：《中国低碳经济国际竞争力分析》，中国海洋大学硕士论文，2012年。

[90]牟晶：《低碳城市化平衡发展研究——以山东省为例》，山东财经大学硕士论文，2012年。

[91]孙宏：《区域低碳技术创新系统研究》，山东师范大学硕士论文，2012年。

[92]梁娟：《山东省发展绿色经济的路径探讨》，《商业时代》2012年第23期。

[93]刘海英、陈宇、耿爱生：《山东半岛海洋循环经济发展的综合评价与财税支持体系构建》，《中国人口·资源与环境》2012年第12期。

[94]刘淑芳、渠涛、张淑敏：《山东半岛蓝色经济区循环经济体系构建》，《科学与管理》2012年第4期。

[95]王立平：《中国循环经济发展的区域差异——基于因子分析法的研究》，《山东大学学报（哲学社会科学版）》2012年第2期。

[96]吴鹏飞：《东营市城市循环经济发展模式实证研究》，山东师范大学硕士论文，2012年。

[97]陈晓翠：《新兴沿海城市循环经济发展模式研究——基于日照市发展循环经济试点的实证》，《科技经济市场》2011年第12期。

[98]孟凡东、王伟：《我国畜牧生态经济可持续发展的对策研究》，《管理现代化》2012年第4期。

[99]杨振姣、罗玲云、董海楠：《海洋生态安全与半岛蓝色经济区建设》，《山东社会科学》2012年第12期。

[100]赵建军、郝栋、董津：《黄河三角洲高效

生态区生态补偿制度研究》，《中国人口·资源与环境》2012 年第 2 期。

[101]刘慧、黄秉杰、杨坚：《山东半岛蓝色经济区海洋生态补偿机制研究》，《山东社会科学》2012 年第 11 期。

[102]赵成美：《生态经济学理论研究的挑战与取向》，山东师范大学硕士论文，2012 年 6 月。

[103]房树人：《生态文明建设：愿景美好任务艰巨》，《理论学习》2012 年第 12 期。

（作者：任建兰，山东师范大学人口·资源与环境学院教授；张晓青，山东师范大学人口·资源与环境学院教授）

金　融　学

胡金焱

一、2012 年金融学研究概况

2012 年，在宏观经济运行整体呈现缓中趋稳的态势下，我国金融业改革继续深化，整体抗风险能力得到提升。虽然国际金融市场的发展仍存在较大不确定性，但是，我国各金融市场均保持了平稳运行。在国家“转方式、调结构”的各项宏观经济政策支持下，金融基础设施建设继续稳步推进，金融体系的改革与发展获得显著成绩。2012 年山东省金融业整体运转态势良好，各宏观经济政策进一步推动了我省金融业的改革与发展，实现了金融资源的优化配置与金融生态环境的改善，同时，也为“蓝黄经济区”的全面建设提供了必要的保证。金融支持实体经济建设的积极作用得到充分体现。

2012 年我省金融学研究呈现出良好的发展态势，取得了显著的成绩。省内学者在国内核心期刊发表多篇学术论文，涌现出大量优秀的研究成果，其中不乏在《经济研究》、《金融研究》等金融学研究领域权威期刊上的高质量论文。与此同时，省内各高校和科研机构还举办了多次具有影响力的国际会议及国内会议，其中：第十二届中国经济学年会在山东大学举办，包括林毅夫、海闻在内的600 余位专家学者与会，讨论了包括金融问题在内的国内热点经济问题；第三届两岸财务金融研讨会在山东大学举行，增进了海峡两岸财务金融学术交流；第一届公司金融论坛在济南大学举行，来自政府部门、学界、业界的 300 余人与会，充分展示与交流最新公司金融领域的研究成果。同时，省内学者也积极参加包括第六届国际金融方法研讨会、第九届两岸金融市场发展研讨会、第九届中国金融学年会、2012 年中国数量经济学年会在内的国内外高水平学术会议，通过研究成果的展示与交流不断推进金融学研究的国际化。

二、2012 年金融学研究的主要学术问题及学术观点

金融学是研究以货币资金融通为媒介的经济活动的学科，按照研究视角与目的的不同，又可以划分为宏观金融研究与微观金融研究。其研究覆盖宏观金融理论、微观金融风险与控制、公司金融、金融投资、金融体系运行等多个领域。

本综述主要介绍 2012 年内山东省内学者在金融学研究领域内的最新研究成果和学术观点，主要包括：货币金融理论、金融风险与控制、国际金融研究、资本市场运行、公司及银行治理、农村金融研究及保险业等相关研究领域。

（一）货币金融理论的研究成果和重要观点

虽然在应对国际金融危机的过程中，宽松的货币政策能够实现稳定经济的作用，但是大量的流动性投放对实体经济的影响受到广大学者的关注。尤其是在当前的形势下，在该领域内关于货币政策变动、实体经济发展，金融体系运行等方面的研究具有较强的理论及现实意义，在这方面省内学者的研究主要有：

孔丹凤、张成祥从总体水平与分解水平两个角度出发对我国通货膨胀的持续性特征进行了研究，并且发现中国分解水平的通胀持续性在多个方面高于总量水平的通胀持续性，通过进一步分析 2000 年前后的实证结果，认为央行应该进一步强化货币政策操作规则的前瞻性与预见性，尽可能缩短相对较长的货币政策时滞[1]。同时，孔丹凤还对财政政策、货币政策与物价稳定之间的关系进行了研究，认为应该考虑确立一个以基础货币为主要工具，货币条件指数为参考工具，货币供应量和长期通货膨胀率为双目标的混合货币政策框架以及能够保证债务可持续性、防止财政风险、加强财政纪律的中长期债务目标框架[2]。张雪莹对法定存款准备金率变动对市场利率的影响进行了研究，认为在我国探索建立以利率为核心传导机制的货币政策框架的过程中，法定存款准备金率政策作为有效的货币政策工具，仍然可发挥重要作用[3]。与此同时，陈晓莉、孙晓红对不同国家及经济体的货币政策之间的相互影响

进行了实证研究，通过分析美国量化宽松货币政策对中国实体经济的影响，发现美国量化宽松货币政策对中国的产出和物价均存在正向影响，其中对产出的影响更加明显，并且通过金融市场渠道传导的货币政策效应强于国际贸易渠道[4]。王馨对我国传统货币政策的有效性不足以及在引入动态资本充足率之后货币政策的影响效果进行了研究，并从完善目标体系建设、创新货币政策工具等方面就问题的改善提出了建议[5]。

（二）金融风险与控制研究成果和重要观点

微观金融风险的产生、传递与扩散始终是威胁金融体系稳定运转的重要因素，因此，如何发现、测算与规避金融风险就引起了国内、外诸多学者的广泛关心，在这方面省内学者的研究主要有：

宫晓琳对宏观金融体系内的风险传递进行了研究，通过结合我国的实际数据量化分析了在经济危机酝酿与生成的过程中，价值损失传染与风险传染同时进行并相互加强的恶性机制，为维护与增强经济、金融弹性，防范和控制宏观金融风险的演变提供了充分的理论与实证支持[6]。同时，宫晓琳还利用未定权益分析的方法，通过建立国民经济部门层面的风险财务报表对我国金融体系的风险进行了必要的测度，她认为应该从平抑地方债务不确定性，降低债务与金融风险之间的非线性互动等方面尝试对问题进行必要的改善[7]。赵树然、任培民、赵昕对风险价值（VaR）理论及测度方法进行了必要的修正与改进，他们认为在相同新息分布下，由CARR－EVT模型计算得到的VaR和CVaR结果最理想，可以较为明显的提高预测的准确性[8]。王凤荣、成倩、张珊对信用风险转移与金融系统稳定性之间的关系进行了研究，他们发现不恰当的信用风险转移可能会导致风险在两个部门之间传染，不利于金融系统的稳定，并认为应改革传统的分业监管模式，设立实体化、制度化的监管协调机构实施综合性监管[9]。

（三）国际金融的研究成果和重要观点

随着我国汇率改革的逐步深入以及国际金融危机的后续影响更加显著，外围经济的不确定性进一步增加。在此背景下，外汇市场波动以及外部干扰与冲击对我国宏观经济发展和金融体系运行的影响引起了更多学者的关注，省内学者的研究主要有：

李颖、韩仁月考察了人民币汇率变化及其波动率变化对工资变动的影响效果，其研究结果印证了“长期间汇率升值和货币工资增长互为替代”的观点，人民币升值对工资增长有显著的抑制效果[10]。赵利、宿伟健就人民币汇率升值对制造业就业的影响进行了研究，他们发现人民币汇率与制造业就业量之间存在长期均衡关系，人民币在合理范围内适度升值有利于提高该行业的就业水平[11]。徐伟呈、范爱军对人民币汇率变动与产业升级之间的关系进行了研究，他们在劳动力市场动态均衡模型的基础上，构建了厂商利润最大化模型并最终得到了人民币实际有效汇率升值能够促进中国产业结构的优化升级的研究结论[12]。陈晓莉、高璐对上市金融机构的外汇风险暴露问题进行了研究，他们发现我国金融业面临显著的外汇风险暴露问题，人民币升值对股票收益和现金流均具有不利影响。同时他们认为外币净头寸、汇兑损益、汇率对现金的影响以及外币报表折算差额等显性的外汇风险敞口指标，能够在一定程度上用来对各家金融机构的外汇风险暴露进行准确度量[13]。陈晓莉、张妍、高璐还对企业外汇风险研究的相关问题进行了探讨，他们发现国内微观主体面临的外汇风险逐渐凸显，尤其是在新形势下该问题显得更为重要与迫切[14]。

（四）资本市场运行的研究成果和重要观点

2012年我国资本市场运行波澜壮阔，相关调控政策与创新手段的推出加速了资本市场改革的步伐，进一步推动了市场格局的变动。为实现“发展多层次资本市场”的目标，诸多学者针对我国资本市场运行过程中暴露的问题进行了深入研究，省内学者的研究主要有：

胡金焱、亓彬研究了投资基金的发展与资本市场的关系，对我国机构投资者与资本市场的关系进行实证研究，得出结论：在基金平稳发展阶段基金持股与资本市场稳定性之间的关系并不显著；在基金快速发展阶段基金持股却能够显著影响资本市场，当市场总体收益为正时有利于市场稳定，当市场总体收益为负时增加市场波动[15]。王凤荣、耿艳辉从投资工具、融资工具的角度分析了美国房地产投资信托基金（REITS）资金配置、风险分散和公司融资治理的三大功能。他们认为REITS的推出，不仅是产品创新，更是制度创新。因此，我国在推出REITS的同时，应注重完善相应的配套制度和政策[16]。陈晓莉、樊庆红以在香港发行人民币债券的公司为研究对象，分析其债券发行对公司股票价格的公告效应，并且发现在香港发行人民币债券会对公司股价产生显著的公告效应，此效应近似于我国公司在国内股权融资所产生的效应[17]。黄少安、钟卫东从融资成本角度论证了股权融资偏好形成的直接原因，他们提出并论证了股权融资成本软约束假说：由于构成股权融资成本各因素约束力的差异，造成股权融资成本低于债权融资成本，此为股权融资偏好的第一层动因；由于中国公司治理与资本市场存在的诸多制度缺陷，导致股权融资成本对企业内部人的融资决策缺乏约束力，使融资人以最大化个人效用函数为目标选择融资方式，此为股权融资偏好的第二层动因[18]。孙国茂对企业年金进入股市的问题进行了深入分析，并且认为无论是从利益主体还是从制度特征上看，中国企业年金与美国401（K）计划都有本质的不同，在制度性条件缺失的情况下，企业年金盲目进入股票市场会给社会带来灾难性后果[19]。

（五）公司及银行治理的研究成果和重要观点

随着中国宏观经济及微观市场的开放程度日渐提高，企业作为经济活动的最基本参与单位之一，其与世界市场的关联也更加紧密。更多现代企业的治理思想及运营模式被引入到我国企业的改革与发展过程中，由此所引起的相关问题也受到越来越多学者的关注，省内学者的研究主要有：

曹廷求、张光利以我国创业板市场高管“扎堆”辞职现象为背景，分析了创业板市场高管辞职的动机、公司特征以及辞职事件的市场效应，尤其强调了高管辞职的“套现效应”[20]。与此同时，曹廷求、王营、张蕾还分析了董事市场的特征与董事会独立性之间的关系，他们认为上市公司在寻求优秀独立董事时，应积极克服内部人控制、“一股独大”等现象，真正实现独立董事选择的市场化机制以提高公司治理效率[21]。随后，他们又深入分析了董事的网络位置与溢出效应，并且进一步推断董事网络的构建是基于个人目的而非组织目的，其对公司绩效的正向影响是在个人目的达到之后产生的溢出效应或激励后效[22]。徐宁、徐向艺对高管控制权激励与上市公司技术创新动态能力的关联性进行了研究，他们认为保持适度的高管控制权激励力度、并对显性激励与隐性激励进行合理配置是提升上市公司技术创新动态能力的理性选择[23]。此外，王营、曹廷求还从CEO任期的角度探究了其与薪酬激励之间的动态调整关系，他们发现CEO任期与其货币薪酬、股权激励以及薪酬差距均呈倒U型关系[24]。

在上市公司运营及治理方面，王竹泉等从渠道和要素两个视角对上市公司营运资金管理状况进行了研究，探讨其在资金运营水平，渠道建设，商业信用依赖度、战略创新等方面存在的问题[25]。王爱国、宋理升对上市公司实际控制人与现金股利之间的关系进行了实证研究，他们发现民营上市公司发放现金股利并非单纯回报投资者，更重要的是实际控制人对中小股东的利益侵占，因此政府应该加大对中小投资者的保护力度，避免其利益被实际控制人侵害[26]。汪冬梅、王爱国、刘廷伟在引入基本期权模型进行理论分析的基础上，对商业银行的监管效率进行了研究，他们认为实施资本充足监管可以在一定程度上降低银行信贷风险，但这种影响是短期和不连续的，资本充足率和银行风险之间的长期均衡关系和相互因果关系都不明显，资本充足监管的长期有效性明显不足[27]。

（六）农村金融的研究成果和重要观点

农业作为我国国民经济的基础产业，其健康、快速、可持续发展是我国经济发展的重要保障。“三农问题”一直是管理层与学术界关注的焦点，学界对农村金融问题展开了诸多卓有成效的研究，省内学者的研究主要有：

郭峰、胡金焱从社会福利最大化的视角下，分析了正规金融机构与非正规金融机构的共生形式，并证明两者的合作有助于提高社会福利水平以及两者合作能够稳定实现的条件。他们认为需要在结合当地社会、经济、自然条件的基础上，建立科学的机制以引导正规金融与非正规金融的合作[28]。孙世民、张媛媛、张健如以养猪场（户）的生产行为为例，研究了影响良好质量安全行为实施意愿的因素，他们发现：决策者文化程度、养殖规模、养殖模式、行为态度、兽药使用认知、残留危害认知以及产地检验7个因素的影响最为显著。其中，行为态度和产地检验是表层直接因素，兽药使用认知和残留危害认知是中层间接因素，决策者文化程度、养殖规模和养殖模式是深层根源因素[29]。邓岩对农村信用社产权制度改革进行了研究，认为强制性制度变迁背景下的农村信用社改革其经营效率提升不显著，农村信用社决策指令化、管理粗放式、公司治理薄弱等问题和矛盾依然较为突出。在未来的改革过程中应着重强调转变农村信用社管理模式，提高其经营管理水平和市场竞争力[30]。胡金焱、孙健对山东省邮储银行小额贷款业务的效率进行了测算，通过研究发现山东省邮储银行小额贷款业务总体效率水平较高，其中，机构所处地域、当地农民收入水平等因素对小额贷款业务的效率有显著影响，而单笔贷款额度的大小对贷款业务的效率没有显著影响[31]。

（七）保险行业研究

随着我国经济的快速发展及金融体系改革的逐步深入，保险业也得到了良好的发展契机，在保险市场参与度日渐提高、保险产品更加完备的背景下，针对保险市场的研究也逐渐丰富起来。省内学者的研究主要有：

金博轶对寿险问题进行了研究，通过对我国人口未来死亡率进行预测并对年金产品的长寿风险进行度量，他发现由于死亡率趋势变化的不确定性导致了只使用现有的生命表为年金产品定价，保险公司将会面临较大的承保风险[32]。李铁男对农业保险问题进行了研究，他认为以利益属性为基础，探讨政府、农民、保险机构三方利益主体之间的利益关系并寻求实现利益共容和利益均衡的发展模式，是解决农业保险困境的最好方法[33]。杨文生结合我省实际经济发展战略对渔业保险问题进行了研究，他认为在商业保险逐步退出市场情况下，渔业互保协会应该发挥更加积极的作用，探索一条由国家政策引导、渔民参保互助、财政保费及费用补贴和互保协会基础运作的渔业保险新途径[34]。张芳洁、柏士林以“安保互动”机制为研究出发点分析各利益主体的行为，发现由于效用目标与约束有所不同，各主体为了实现各自的效用目标最大化而进行博弈，从而达到纳什均衡，促进了“安保互动”机制的有效运行[35]。王新军、胡曼对新环境下保险产品的销售技术进行了研究，他们认为信息技术的发展和大规模数据处理技术的推广为交叉销售的实施提供了可能，并且交叉销售对于寿险行业的发展来说更具有实际意义和实施优势[36]。

参考文献：

[1]孔丹凤、张成祥：《中国通货膨胀持续性研究：1994—2011》，《金融研究》2012 年第 10 期。

[2]孔丹凤：《中国的货币政策、财政政策与物价稳定》，《山东大学学报（哲学社会科学版）》2012 年第　期。

[3]张雪莹：《存款准备金率调节对市场利率的影响效应研究》，《数量经济技术经济研究》2012 年第 12 期。

[4]陈晓莉、孙晓红：《美国数量宽松货币政策对中国宏观经济的影响分析》，《经济科学》2012 年第 1 期。

[5]王馨：《论宏观审慎管理与货币政策的有效性》，《经济学动态》2012 年第 10 期。

[6]宫晓琳：《宏观金融风险联动综合传染机制》，《金融研究》2012 年第 5 期。

[7]宫晓琳：《未定权益分析方法与中国宏观金融风险的测度分析》，《经济研究》2012 年第 3 期。

[8]赵树然、任培民、赵昕：《基于 CARR－EVT 整体方法的动态日 VaR 和 CVaR 模型研究》，《数量经济技术经济研究》2012 年第 11 期。

[9]王凤荣、成倩、张珊：《信用风险转移对金融稳定性的影响机理——基于交叉持股的两部门模型》，《经济管理》2012 年第 4 期。

[10]李颖、韩仁月：《汇率升值和货币工资增长互为替代？——基于人民币汇率对工资决定的影响效果分析》，《经济科学》2012 年第 3 期。

[11]赵利、宿伟健：《人民币升值对我国制造业的就业影响》，《财经科学》2012 年第 7 期。

[12]徐伟呈、范爱军：《人民币实际有效汇率变动的中国产业结构升级效应》，《世界经济研究》2012 年第 6 期。

[13]陈晓莉、高璐：《中国上市金融机构外汇风险暴露——基于汇改后数据的经验分析》，《南开经济研究》2012 年第 4 期。

[14]陈晓莉、张妍、高璐：《企业外汇风险研究评述》，《经济学动态》2012 年第 2 期。

[15]胡金焱、亓彬：《机构投资者与股市稳定性关系的实证研究——基于修正的系统广义矩估计分阶段动态面板数据分析》，《经济学动态》2012 年第 10 期。

[16]王凤荣、耿艳辉：《美国房地产投资基金发展的金融功能观分析与启示》，《经济学动态》2012 年第 5 期。

[17]陈晓莉、樊庆红：《香港人民币债券发行的公告效应及其影响因素》，《国际金融研究》2012 年第 4 期。

[18]黄少安、钟卫东：《股权融资成本软约束与股权融资偏好——对中国公司股权融资偏好的进一步解释》，《财经问题研究》2012 年第 12 期。

[19]孙国茂：《企业年金进入证券市场的制度性条件研究》，《东岳论丛》2012 年第 1 期。

[20]曹廷求、张光利：《上市公司高管辞职的动机和效果检验》，《经济研究》2012 年第 6 期。

[21]曹廷求、王营、张蕾：《董事市场供给会影响董事会独立性吗——基于中国上市公司的实证分析》，《中国工业经济》2012 年第 5 期。

[22]曹廷求、王营、张蕾：《董事网络位置及其溢出效应：为关系支付薪酬?》，《财经研究》2012 年第 10 期。

[23]徐宁、徐向艺：《控制权激励双重性与技术创新动态能力——基于高科技上市公司面板数据的实证分析》，《中国工业经济》2012 年第 10 期。

[24]王营、曹廷求：《CEO 任期、继任来源与管理层激励的动态调整》，《上海经济研究》2012 年第 11 期。

[25]王竹泉、孙莹、王秀华、张先敏、王贞洁等：《中国上市公司营运资金管理调查：2011》，《会计研究》2012 年第 12 期。

[26]王爱国、宋理升：《民营上市公司实际控制人与现金股利研究》，《管理评论》2012 年第 2 期。

[27]汪冬梅、王爱国、刘廷伟：《基于风险视角的商业银行资本充足监管有效性研究》，《中国软科学》2012 年第 3 期。

[28]郭峰、胡金焱：《农村二元金融的共生形式研究：竞争还是合作——基于福利最大化的新视角》，《金融研究》2012 年第 2 期。

[29]孙世民、张媛媛、张健如：《基于 Lo git - ISM 模型的养猪场（户）良好质量安全行为实施意愿影响因素的实证分析》，《中国农村经济》2012 年第 10 期。

[30]邓岩：《农村信用社变迁进程的政府行为与效率因应：鲁省证据》，《改革》2012 年第 3 期。

[31]胡金焱、孙健：《小额贷款的业务效率与关联效应：解析鲁省邮政储蓄银行》，《改革》2012 年第 2 期。

[32]金博轶：《动态死亡率建模与年金产品长寿风险的度量——基于有限数据条件下的贝叶斯方法》，《数量经济技术经济研究》2012 年第 12 期。

[33]李轶男：《对农业保险利益属性的再探讨》，《财经科学》2012 年第 1 期。

[34]杨文生：《山东渔业互助保险运营情况的调查》，《保险研究》2012 年第 6 期。

[35]张芳洁、柏士林：《“安保互动”机制中的博弈分析》，《保险研究》2012 年第 10 期。

[36]王新军、胡曼：《寿险交叉销售的聚类技术实务分析》，《保险研究》2012 年第 1 期。

（作者：胡金焱，山东大学经济学院教授）

产业经济学

臧旭恒　贺　洋

一、引言

产业经济学是应用经济学领域的重要分支，本学科的研究对于国民经济的持续发展、产业组织合理化、产业结构优化升级等均具有重要意义。20 世纪 80 年代，产业经济学在中国迅速成为经济学界的热门学科之一，山东省内的各大高校及科研单位的产业经济学研究也从这一时期开始迅速发展。本文综述山东省内产业经济学科发展和相关研究的主要进展和动态，文献检索时间以 2012 年 1 月 1 日至 12 月 31 日为界，主要包括产业组织理论、反垄断与规制、产业升级与产业转移、产业集聚与产业关联、研发创新、战略性新兴产业与高新技术产业发展等领域中，山东省作者出版发表的具有重要影响的学术专著和论文。

二、2012 年度产业经济学学科发展概况

（一）总体概况

2012 年山东省产业经济学科发展成果丰硕。整体来看，我省产业经济学科共有 230 多篇学术论文发表在中文社会科学引文索引（CSSCI）期刊上，承办数场国际和国内学术会议，出版了一些学术专著、期刊书本，各个前沿方向及热点领域均产生了一批重要的研究成果。从个体来看，既有我省学者在国内一流经济类期刊发表的数篇高质量的学术论文，也有我省学者领衔的学术研究团队成功申请到教育部哲学社会科学研究重大课题攻关项目。

（二）突出成果

课题研究方面，臧旭恒教授作为首席专家负责的教育部哲学社会科学研究重大课题攻关项目——“建立扩大消费需求的长效机制研究”正式开题研究。本研究课题在国际化视野下，以深化我国经济体制改革和转变经济增长方式为背景，把资源环境和技术创新约束纳入研究视野，利用模型分析和实证研究，归纳出支撑消费需求的三个关键要素消费能力、消费预期和消费环境；然后解析三者各自的影响因素，再探求三者之间的内在关联机制，最后提出建立扩大居民消费需求长效机制的政策建议，以形成消费、投资、出口协调拉动经济增长新局面。

学术论文发表方面，有四篇第一作者为山东省内学者的学术论文被一流经济类 CSSCI 期刊《中国工业经济》（综合影响因子：2. 342）接收并已在期刊网站刊登，分别是山东大学林平、白雪、臧旭恒的《横向合并控制中的资产剥离问题——基于古诺竞争的分析》、山东大学余东华的《横向并购效率抗辩中的最低要求效率研究》、中国海洋大学权锡鉴的《大型企业市场链管理模式研究》和山东财经大学郝书辰的《国有工业企业效率的行业检验》。上述研究表明我省学者在反垄断与规制、产业组织领域的研究达到了国内领先水平。

（三）中文社会科学引文索引（CSSCI）期刊文献分布

检索数据库选用中国知网（CNKI）的中国学术期刊网络出版总库（CAJD）中的经济与管理科学专辑，文献来源全部选自中文社会科学引文索引（CSSCI）期刊，发表时间从2012 年1 月1 日至12 月31 日。在检索出的近千篇文献中主要筛选出包括产业组织理论、反垄断与规制、产业升级与产业转移、产业集聚与产业关联、研发创新、战略性新兴产业与高新技术产业发展等领域的 233 篇论文。经济与管理科学专辑内具体专业检索语法表达式如下：

“AF% ‘山东’ + ‘济南’ + ‘青岛’ + ‘聊

城' + '曲阜' + '德州' + '滨州' + '鲁东' + '中国海洋大学' + '中国石油大学华东' and YE = '2012'"

（CNKI 专业检索语句中，AF 为作者单位，YE 为期刊年。）

1. 文献作者机构分布

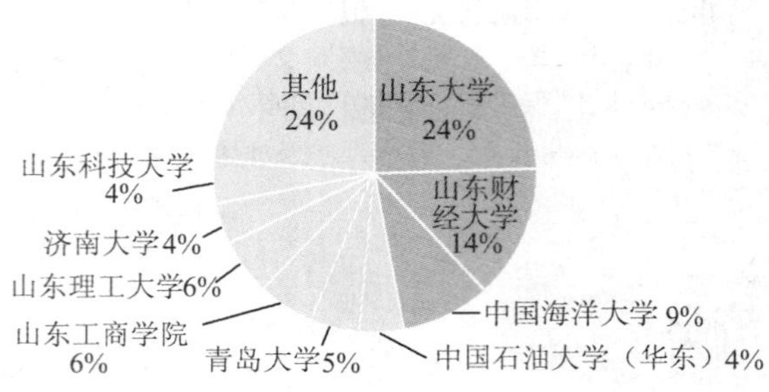

图 1 CSSCI 期刊文献作者机构分布

对检索到的文献省内作者所处机构进行汇总统计，共得 232 项，分布如图 1。省内各大高校在产业经济学科领域都取得了丰硕的成绩，学科发展整体态势良好，排名前三位的分别是山东大学、山东财经大学和中国海洋大学，其他各校成果分布比较平均。

对所有文献的全部作者所处机构进行汇总统计，共得到 383 项，其中省外机构 151 项，省内 232 项，即平均每 1.5 篇文献就有 1 篇是与省外高校研究机构合作的成果。这表明在产业经济学科中，我省学者与省外学者交流充分，建立了良好的合作研究机制，提升了我省产业经济学科研究的前沿性和发展的多样性。

2. 文献来源分布

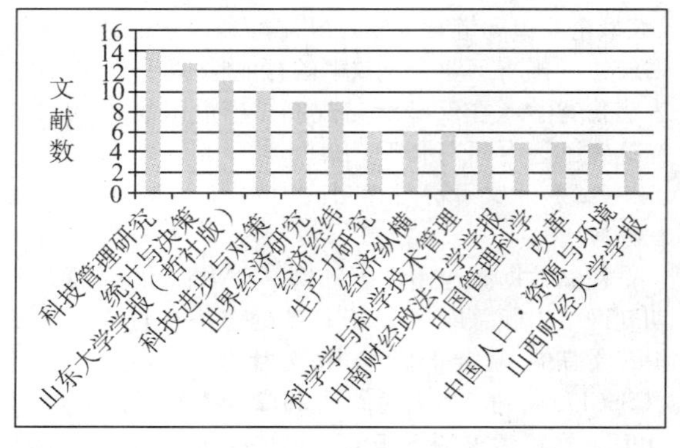

图 2 CSSCI 期刊文献来源分布

对检索出的所有文献的来源进行统计，共有 232 项，源自 91 种不同的 CSSCI 期刊。发表篇数最多的前 13 本期刊共刊发了 104 篇，约占检索出文献综述的 45%，如图 2。这说明文献来源较为集中，不少文献来源于产业经济领域中的反垄断与规制、产业组织领域，这与当前我国经济体制改革，发展模式转型密切相关。值得注意的是，从文献来源层次看，产业经济领域影响最高的基本期刊的文献数量依然不多，说明研究的层次和深度还有待提高。

3. 支持基金分布

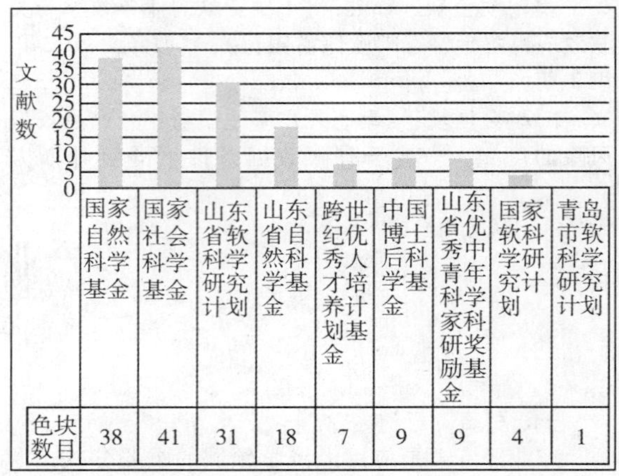

图 3 CSSCI 期刊文献支持基金分布

图 3 说明所有 CSSCI 期刊文献所获基金支持的情况。232 篇文献共获得国家、省市级基金支持 158 项次。其中国家级各类基金共支持了 99 项次，山东省各类基金共支持了 59 项次。这说明产业经济学科研究得到了来自国家各级部门研究基金的重视。但比较来看，来自省、市级基金资助的高水平研究仍很少，几乎没有高质量研究成果发表，省、市级基金对于高水平研究的支持力度仍需提高。

（四）其他相关文献及学术活动

2012 年各高校及研究机构在我省举办了不同层次的产业经济学科领域内国内外学术会议或讲座活动，极大促进了学术交流，为省内学者紧跟国内外学术前沿提供了良好的平台。其中较有代表性的国际学术活动有在济南举办的"第七届产业经济学与经济理论国际研讨会（IEET07）"和在青岛举办的"2012 博弈论与经济行为国际研讨会"。前一个会议探讨了产业经济理论与政策、反垄断理论与实证、商业战略与战略竞争、行为及实验经济学、其他相关理论和案例研究等问题。后一个会议探讨了竞争理论、讨价还价模型、最优合约设计、定价策略等问题。其他比较有代表性的全国性会议包括"第 12 届中国经济学年会"，其中的产业经济学分会场讨论了该学科各相关领域的新进展；"中国收入分配中劳动份额问题高层研讨会"就中国现阶段收入分配中劳动份额过低问题进行了热烈的讨论。

2012 年度，我省有不少优秀的学术著作出版，如臧旭恒等撰写的《转型时期消费需求升级与产业发展研究》深入研究了消费需求升级与产业发展的内在关联机制，并提出引导消费需求升级、促进产业发展的政策建议[1]。杨蕙馨等人撰写的《经济全球化条件下产业组织研究》探讨了后危机时代经济全球化形势下的产业组织问题[2]。臧旭恒主编的《产业经济评论》（第11卷1—4辑）研究了产业经济学领域一系列前沿热点问题[3]。

三、2012年度山东省产业经济学科研究现状评述

2012年，我省学界围绕产业经济学的一些主要理论问题和实践问题，如产业组织理论、反垄断与规制、产业升级与产业转移、产业集聚与产业关联、研发创新、战略性新兴产业与高新技术产业发展等进行了深入研究，取得了一些新的成果。

（一）产业组织理论

1. 全球生产网络与产业发展

经济全球化背景下的全球生产网络问题受到了学者的日益关注。全球价值链驱动对各国影响并不均衡[4]，赵明亮、杨蕙馨分析了经济全球化条件下的国际生产网络与发展中国家价值链的重构，认为发展中国家应积极向价值链的两端延伸，在价值链重构基础上促进国内产业结构调整和产业升级[5]。

中国多数产业处于全球价值链的底端，对经济发展产生了一系列影响[6]。何青松、左峰基于全球价值链理论，分析认为对不同价值链类型的行业、不同地区、不同来源地外资应该制定不同的外资政策[7]。

2. 企业（市场）网络

日趋激烈的全球竞争迫使服务型跨国公司必须更加高效地整合全球资源，增强全球竞争力和创新能力。全球价值网络模块化为服务型跨国公司实现这一目标提供了重要路径[8]。李彬认为这一路径由信息技术的扩散效应和竞合中的知识需求推动，受制于母子公司强异质性、大量重复的内部交易和完善的信任合作机制[9]。

企业网络的形成也改变了传统的知识传递与共享的方式，形成了新的创新形式。王发明、宋雅静研究发现缄默知识的共享与转移速度在随机结构、BA结构、小世界结构和规则结构的集群网络中依次递减[10]。阮国祥等认为二元型网络间形成的知识捕食关系有利于两类学习网络间知识流动与互补[11]。权锡鉴认为市场链管理模式有效克服了在信息不对称情形下企业基层组织和个人的动力不足与机会主义行为，极大地降低了企业内部的交易费用[12]。在当前模块化网络背景下，梁军认为，模块化创新作为知识经济时代的创新模式，可以有效连结与整合全球创新资源，是产业标准创新的有效组织方式[13]。

3. 产业技术进步

（1）产业生产率的影响因素

不少学者从空间集聚、国际贸易视角对产业生产率的影响因素进行了更为深入的分析。张建波、张丽基于随机前沿分析方法研究发现2001—2007年间技术进步是中国全要素生产率增长的最重要因素[14]。马风涛、吕智基于异质性企业贸易理论，通过实证分析发现，出口企业的生产率水平高于非出口企业[15]。

还有学者对山东省全要素能源效率的影响因素进行了研究，认为产业结构、城镇化水平、能源消费结构、市场化水平、对外贸易和科技水平，对能源效率的影响程度依次减弱[16]，通过进一步优化产业结构、改善能源消费结构、充分发挥技术创新的作用，能够提高全要素能源效率，降低环境污染[17]。

（2）产业生产率的提升

周健通过实证分析发现，外资并购更能提高被并购企业的全要素生产率，但显著的提升作用只能在并购后的两到三年才能充分体现[18]。郝书辰等利用熵权评价方法，发现企业效率与所有制、行业的竞争或垄断与否没有必然的联系[19]。刘秉镰等研究发现平稳快速的技术进步是中国铁路运输业全要素生产率快速增长的主要原因[20]。赵利、潘志远研究认为优化地区就业结构，应在加快技术进步的同时选择适合地区产业结构变化的先进技术[21]。唐秀敏从实证上定量研究了技术进步与经济增长之间的关系[22]。

（二）反垄断与规制

1. 垄断与反垄断

当前中国正处于经济体制转型时期，垄断与反垄断问题引起了学术界的关注。而制度环境对垄断行业的研究和分析影响明显。乔岳从理论层面探讨了制度不完善环境下中国垄断行业的扩展机制，发现在制度环境约束下，如果不考虑现实情况而直接引入独立规制者，很可能会陷入既损害效率又得不到公平的尴尬境地[23]。

刘旭宁等通过理论模型和计量检验，分析了医院在药品市场的买方垄断地位对制药产业研发投入的影响作用，认为无论对于品牌药生产还是仿制药生产，打破医院买方垄断地位均有利于制药企业增强研发投入激励[24]。

2. 行政垄断

行政垄断问题与中国的经济社会制度有着密切的联系，在当前中国经济转轨时期，这一问题尤为引人关注。姜琪基于理性政府的税收约束视角，对行政垄断的制度根源进行新的探讨[25]。

我国《反垄断法》的立法过程中有关行政垄断豁免的反复变化，集中体现了多个利益群体间的竞争与博弈，最终的立法结果也是各方共同作用的结果。曲创、殷贤生研究发现，国企群体集体行为的优势决定了其在群体竞争中的胜出。三方群体竞争可以实现稳定均衡，但由于再分配无谓损失的存在，这一均衡仍有帕累托改进的余地[26]。

3. 并购

横向合并的单边效应是各国反垄断机构审查的重点和核心，以往对单边效应的评估采用传统的结构分析法或合并模拟的方法，但这两种方法都存在着明显的不足。Farrell 和 Shapiro（2008）提出的“价格上涨压力测试法”解决了 SSNIP 测试分析差异产品市场的困难，同时又避免了合并模拟对数据的严格要求。林平、白雪提出应当将 UPP 检验方法运用到中国合并控制反垄断审查当中[27]。

在横向并购评估审查的效率抗辩中，反垄断当局需要计算实际效率与最低要求效率（MREs），并权衡比较二者的大小，作为司法判定的主要依据。余东华从价格下降的视角分析了最坏情境下的最低要求效率，联系具体竞争模型推导了最低要求效率的测算公式和模拟分析方法，并讨论了并购可能产生的正外部效应对评估审查中最低要求效率的影响[28]。

4. 环境规制

经济增长与环境规制往往存在着替代关系，不少学者对最优规制强度进行了讨论。曲国霞、程瑶研究发现企业进行减排有利于企业绩效的提升，且这种积极影响存在滞后性[29]。而外商投资也会从环境污染与环境技术溢出两个相反的方向影响东道国环境[30]。李真、张红凤发现 1995 年以来，中国环境规制绩效呈上升趋势，而消费者安全与健康规制绩效则出现较大幅度的波动。

由于行业异质性的存在，环境规制对不同行业的影响并不相同。陈莹通过实证分析发现，我国重度污染密集型产业的比较优势相比发达国家整体上获得了加强；中度污染密集型产业 RCA 指数的变化趋势因产业而异[31]。此外，地区差异的存在也会导致环境规制对经济增长的影响发生改变[32]。

（三）产业升级与产业转移

1. 产业升级与产业转移

中国产业升级的方向和路径继续受到国内学术界的关注。不少学者从全球价值链背后隐含的全球技术链出发，认为中国的产业升级应采取措施打破技术壁垒[33]，本土的产业技术系统要与发达国家的技术体系对接[34]。

高波等对新经济地理学模型进行拓展，发现区域房价差异导致劳动力流动，从而诱发产业转移[35]。承接服务业国际转移也会对产业结构升级造成影响[36]，鞠姗发现承接服务业国际转移对山东省产业结构升级存在着不是很显著的正影响[37]。此外，国际智力回流对中国产业结构升级具有较明显的促进作用[38]。

2. 产业结构调整的效应

产业结构调整对经济的发展产生了一系列重要的影响。区域经济发展中，就业结构变动与产业结构变动相互影响[39]。周德禄研究发现大学生就业比重与技术进步、资本深化及产业升级之间存在着正向关联性[40]。产业优化率和升级率的提高均可以改善环境条件[41]。产业结构调整还是推动近 30 年来中国经济增长的主要动力源泉之一[42]。

（四）产业集聚与产业关联

1. 产业集聚的形成

盖晓敏研究发现外商直接投资的流入与我国制造业产业集聚间存在因果关系，外商直接投资促进了我国制造业产业集聚的形成，提高了我国制造业产业集聚水平[43]。肖卫东对中国种植业地理集聚进行研究，发现影响种植业地理集聚的因素主要包括自然资源禀赋、技术外部性、金融外部性、农产品运输成本和农业对外开放等[44]。产业之间的互补性也会推动产业集聚，如知识密集型生产者服务业与高技术产业[45]。

2. 产业集聚的效应

随着我国城市化进程的加速，产业集聚给城市经济带来了多层面的影响。郝书辰、马恩涛发现企业绩效与产业集中度之间具有明显的正相关关系；而不同所有制性质企业间的绩效水平也差别较大，且总体而言国有企业的绩效水平还相对较低[46]。毕红毅、张海洋发现相关行业的产业集聚抑制了 FDI 的技术溢出；同时产业集聚也抑制了流动资本周转率和资产负债率对技术进步的促进作用[47]。

纪玉俊对空间集聚对区域海洋产业发展的影响进行了分析，认为空间集聚一方面促进了区域海洋产业的发展，另一方面也会使得其发展的可持续性受到很大程度的削弱[48]。此外，省内学者还分别对汽车配件产业[49]、农业产业[50]的集聚效应进行了分析。李志刚等对中国产业集群背景下的裂变型创业进行了研究，发现其在裂变动机、技术研发、优势共享、关系网络、业务分工和竞争态势等六个方面均具有自身独特性[51]。

3. 产业关联

孙江永研究发现纺织业下游的服装业通过产业支持效应促进了纺织业不同来源地外资的流入；第三产业主要通过产业替代效应限制了港澳台投资的

流入，而对其他来源地外资没有影响[52]。韩存、毛剑芬基于产业关联视角研究了2012年上海市增值税改革试点和未来营业税全部改为增值税改革所产生的直接和间接经济影响。

（五）研发创新

1. 创新的影响因素

辛晴、杨蕙馨发现知识网络特征能够通过动态能力的中介作用影响企业创新的微观机制。[53]基于相同的视角，佟泽华、韩春花提出了动态环境下的企业知识集成模型（D－KIM），对动态环境下的企业知识集成进行了分析[54]。

不少学者对外商投资与研发创新的关系进行了研究，发现外商直接投资对创新的促进作用并不显著[55]，但对创新体系的发展[56]和环境效率的提升[57]作用明显。企业产权结构[58]、组织情境[59]以及治理结构（如聘请独立董事[60]等）也会对研发创新的效率产生影响。除此之外，吴爱华、苏敬勤发现人力资本的专用性越强，渐进性产品创新能力而非突破性产品创新能力越强[61]。朱敏、高越发现在短期内智力外流与中国技术创新之间是正向关系，长期内逆转为负相关系[62]。

2. 产业创新研究

针对当前我国重要的装备产品仍面临着终端产品集成能力不强、核心元件主要依赖进口和产业主导设计（技术标准）话语权缺失等深层次问题，李燕、蒋兵认为我国装备制造业应采取自主创新战略，以实现由技术追赶向技术超越转型[63]。王铁雁等针对我国鼓舞外包行业发展现状，提出了实现自主创新的集成创新发展思路及其对策措施[64]。许艳华认为中国科技创新的重点应该放在应用研究和开发研究上，要注重发挥政府的作用，还要处理好自主创新和技术引进的关系[65]。

3. 政府行为与创新

创新成果的“公共产品”特性会导致市场失灵，单靠市场对企业创新的激励作用很难达到社会最优研发投入水平，因而政府的作用十分重要[66]。傅建祥、周维维以青岛农业大学与东营市利津县的合作模式为例，探讨该合作模式取得成功的原因[67]。袭著燕分析认为通过金融介入，可以解决产学研利益协调和风险机制问题[68]。杜小军以山东省财政科技投入为例，发现政府财政科技投入与自主创新绩效之间存在长期均衡关系，而且金融危机下政府财政科技投入对自主创新绩效的“杠杆效应”更加显著[69]。

（六）战略性新兴产业与高新技术产业发展

战略性新兴产业与发展问题在当前中国经济转型的大背景下尤为引人关注。促进我国经济结构由传统产业为主向以战略性新兴产业为主的方向调整，需要从战略性新兴产业与传统产业的创新周期、创新优势、市场开拓、创新联盟方面进行比较分析，在关键环节上实施新的发展战略[70]。刘娜认为战略性新兴产业培育的关键是产业技术生态的培育，应充分发挥政府、企业等外在力量的调节作用[71]。罗福凯、永胜认为以技术资本为核心，适当增加知识资本，是我国战略性新兴产业资本方式的必然选择[72]。此外，刘堃、韩立民在界定了海洋战略性新兴产业内涵外延基础上，探讨了海洋战略性新兴产业形成需具备的内外部要素及作用机理。

高技术产业是知识密集、技术密集型产业，发展高技术产业对于地区经济的振兴以及国家的繁荣昌盛具有重要意义[73]。刘文俭认为推动高新技术产业发展，需要加大政府扶持力度，拓展融资渠道，以需求为导向确立企业技术创新的主体地位等[74]。金花、刘文检研究发现制约高新技术企业成长的因素主要有资金短缺、融资渠道不畅，技术创新持续能力不强等，促进其成长必须逐一解决这些制约因素[75]。王玉梅等从投入与产出两个维度给出了知识溢出视角的高技术服务业技术创新能力评价指标体系，并对2011年我国29个省份高技术服务业技术创新能力的状况进行实证评价[76]。

四、总结与展望

总体而言，2012年我省产业经济学科发展成果显著，研究热点紧跟国情。当前我省产业经济学科研究的热点主要集中在产业组织理论、反垄断与规制、产业升级与产业转移、产业集聚与产业关联、研发创新、战略性新兴产业与高新技术产业发展等领域，紧跟我省乃至全国的经济发展趋势。

当前我国正处于加快转变经济发展方式的战略机遇期，这也决定了产业经济学作为一门应用性很强的学科在未来的研究方向与趋势。在产业组织理论领域，应继续关注全球生产价值链对我国不同产业的影响以及我国产业价值链升级的路径。在反垄断与规制领域，随着我国反垄断实践的不断推进，在研究时应注重结合中国转轨时期特殊的经济背景。在战略性新兴产业与高新技术产业发展领域，应加强对战略性新兴产业与高新技术产业发展路径的分析以及对区域经济的影响机制。在产业升级与产业转移、产业集聚与产业关联和研发创新等领域，还应进一步追踪国际热点，提升研究水平。上述难点和热点问题都需要我省学者在未来的研究中加以关注。

参考文献：

[1]臧旭恒：《转型时期消费需求升级与产业发展研究》，经济科学出版社2012年版。

[2]杨蕙馨：《经济全球化条件下产业组织研究》，中国人民大学出版社2012年版。

[3]臧旭恒：《产业经济评论》第11卷1—4期，经济科学出版社2012年版。

[4]崔焕金、刘传庚：《全球价值链驱动型产业结构演进机理研究》，《经济学家》2012年第10期。

[5]赵明亮、杨蕙馨：《经济全球化条件下的国际生产网络与发展中国家价值链的重构》，《产业经济评论》2012年第1期。

[6]巩爱凌、刘廷瑞：《全球价值链视角下外贸出口与能源消耗及其影响因素分析》，《经济经纬》2012年第4期。

[7]何青松、左峰：《基于全球价值链的FDI技术溢出效应——以威海地区的韩资为例》，《中央财经大学学报》2012年第12期。

[8]夏辉、薛求知：《论服务型跨国公司全球价值网络模块化——以跨国银行为例的实证检验》，《复旦学报（社会科学版）》2012年第6期。

[9]李彬：《企业集团网络化演变路径及其组织属性分析》，《贵州社会科学》2012年第10期。

[10]王发明、宋雅静：《创意产业集群网络中缄默知识共享与转移的仿真研究》，《情报杂志》2012年第6期。

[11]阮国祥、阮平南、于淑俐：《基于知识观的突破性创新网络组织模式研究》，《情报杂志》2012年第10期。

[12]权锡鉴：《大型企业市场链管理模式研究》，《中国工业经济》2012年第4期。

[13]梁军：《垄断、竞争与合作的聚合：产业标准模块化创新研究》，《天津社会科学》2012年第3期。

[14]张建波、张丽：《中国外资工业企业全要素生产率的增长特征及其空间差异——基于2001—2007年省域面板数据的随机前沿分析》，《当代经济科学》2012年第3期。

[15]马风涛、吕智：《异质性企业、生产率与出口市场选择——基于中国汽车企业的实证分析》，《中南财经政法大学学报》2012年第3期。

[16]司江伟、徐洪静：《山东省能源效率影响因素的灰色关联分析》，《科技管理研究》2012年第4期。

[17]臧传琴、刘岩：《山东省全要素能源效率及其影响因素分析》，《中国人口·资源与环境》2012年第8期。

[18]周健：《外资并购与内资并购提高企业生产效率的比较研究——来自工业企业并购事件的经验证据》，《求索》2012年第2期。

[19]郝书辰：《国有工业企业效率的行业检验》，《中国工业经济》2012年第12期。

[20]刘秉镰、刘玉海、张建波：《技术进步、结构变迁与中国铁路运输业生产率增长——基于Hicks－Moors teen生产率指数的实证分析》，《当代财经》2012年第3期。

[21]赵利、潘志远：《技术进步影响地区就业结构的实证分析》，《中南财经政法大学学报》2012年第6期。

[22]唐秀敏：《我国三次产业TFP测度与经济增长分析》，《统计与决策》2012年第17期。

[23]乔岳：《制度不完善环境下的垄断行业扩展机制》，《经济评论》2012年第5期。

[24]刘旭宁、臧旭恒、林平：《公立医院买方垄断对制药产业研发投入的影响——基于博弈模型的理论分析和实证检验》，《山东大学学报（哲学社会科学版）》2012年第6期。

[25]姜琪：《转轨经济中行业性行政垄断的制度根源——基于理性政府汲税约束视角》，《经济评论》2012年第4期。

[26]曲创、殷贤生：《群体竞争、立法博弈与行政垄断豁免》，《山东大学学报（哲学社会科学版）》2012年第3期。

[27]林平、白雪：《横向合并单边效应的最新评估方法：对中国反垄断执法的启示》，《山东大学学报（哲学社会科学版）》2012年第3期。

[28]余东华：《横向并购效率抗辩中的最低要求效率研究》，《中国工业经济》2012年第9期。

[29]曲国霞、程瑶：《企业减排与绩效的关系研究》，《山东大学学报（哲学社会科学版）》2012年第6期。

[30]张伟、包雪颖、郑婕：《外商投资环境规制与东道国绿色创新研究综述》，《经济学动态》2012年第11期。

[31]陈莹：《环境规制对我国贸易比较优势的影响》，《生产力研究》2012年第8期。

[32]马媛：《我国东中西部环境规制与经济增长关系的区域差异性分析》，《统计与决策》2012年第20期。

[33]刘冰、王发明、毛荐其：《基于全球技术链的中国产业升级路径分析》，《经济与管理研究》2012年第4期。

[34]崔焕金：《基于全球技术链的中国产业升级路径分析》，《技术经济与管理研究》2012年第1期。

[35]高波、陈健、邹琳华：《区域房价差异、劳动力流动与产业升级》，《经济研究》2012年第1期。

[36]方慧、吕静、段国蕊：《中国承接服务业国

际转移产业结构升级效应的实证研究》，《世界经济研究》2012 年第 6 期。

[37]鞠姗：《承接服务业国际转移与产业结构升级研究——基于山东省 1990—2009 年数据》，《开发研究》2012 年第 4 期。

[38]李平、张玉：《国际智力回流对中国产业结构升级影响的实证研究》，《科学学与科学技术管理》2012 年第 12 期。

[39]陈晓文、王海宾：《蓝色经济区战略下产业升级与就业调整——基于青岛市产业结构与就业结构的相关性分析》，《国际贸易问题》2012 年第 3 期。

[40]周德禄：《技术进步、资本深化、产业升级与大学生就业——2001—2010 年中国省级面板数据分析》，《中国人口科学》2012 年第 2 期。

[41]徐福英：《城市产业结构调整与资源环境关系的实证研究——基于青岛市 2001—2010 年的数据分析》，《城市发展研究》2012 年第 12 期。

[42]范秋芳、孙旭杰：《基于主成分回归的中国经济增长影响因素的实证研究》，《统计与决策》2012 年第 17 期。

[43]盖晓敏：《外商直接投资分布与我国制造业产业集聚的关系分析》，《经济纵横》2012 年第 4 期。

[44]肖卫东：《中国种植业地理集聚：时空特征、变化趋势及影响因素》，《中国农村经济》2012 年第 5 期。

[45]马卫红、黄繁华：《知识密集型生产者服务业与高技术产业的互动发展——基于上海的实证分析》，《经济体制改革》2012 年第 2 期。

[46]郝书辰、马恩涛：《产业集中度、企业所有制性质与企业绩效》，《山东大学学报（哲学社会科学版）》2012 年第 4 期。

[47]毕红毅、张海洋：《产业集聚对山东省 FDI 技术溢出的影响研究》，《国际贸易问题》2012 年第 4 期。

[48]纪玉俊：《空间集聚可以促进区域海洋产业的发展吗？——兼论蓝色经济区中海洋产业的集群化对策》，《山东大学学报（哲学社会科学版）》2012 年第 6 期。

[49]姚胜永、牟武昌、卢源：《汽车配件产业空间导向整合研究——以唐山现代装备制造工业区为例》，《城市发展研究》2012 年第 6 期。

[50]杨丽：《农业产业集群内农民知识共享行为及其影响因素的测度》，《统计与决策》2012 年第 6 期。

[51]李志刚、刘振、张玉利：《产业集群背景下的裂变型创业探索性研究——来自青岛的案例证据》，《现代财经》2012 年第 12 期。

[52]孙江永：《产业关联效应对纺织业外资区位选择影响的实证研究》，《中南财经政法大学学报》2012 年第 3 期。

[53]辛晴、杨蕙馨：《知识网络如何影响企业创新——动态能力视角的实证研究》，《研究与发展管理》2012 年第 6 期。

[54]佟泽华、韩春花：《动态环境下的企业知识集成模型研究》，《科学学研究》2012 年第 4 期。

[55]杨坚：《市场化、FDI 与内资企业技术创新——基于 Quantile 方法的实证研究》，《财经问题研究》2012 年第 6 期。

[56]刘晓宁：《外商研发投资对我国区域创新体系的影响——基于 1999 年—2008 年省际面板数据的实证检验》，《经济经纬》2012 年第 1 期。

[57]张伟、高霞：《外商投资、创新能力与环境效率的结构方程分析：以山东为例》，《中国软科学》2012 年第 3 期。

[58]高建刚：《研发外溢、企业产权结构与研发效率关系研究》，《科学学与科学技术管理》2012 年第 8 期。

[59]吴爱华、苏敬勤：《组织情境对创新速度影响的实证分析——技术不确定性的调节作用》，《科学学与科学技术管理》2012 年 3 月。

[60]胡元木：《技术独立董事可以提高 R&D 产出效率吗？——来自中国证券市场的研究》，《南开管理评论》2012 年第 2 期。

[61]吴爱华、苏敬勤：《人力资本专用性、创新能力与新产品开发绩效——基于技术创新类型的实证分析》，《科学学研究》2012 年 6 月。

[62]朱敏、高越：《智力外流对中国技术创新的影响——基于地区差异的实证研究》，《科学学与科学技术管理》2012 年 10 月。

[63]李燃、蒋兵：《我国装备产品的自主创新战略研究——面向轿车产业的多案例比较》，《财经问题研究》2012 年 5 月。

[64]王铁雁、刘娜、王铁山、胡啸兵：《服务外包业集成创新发展及其路径选择》，《科技管理研究》2012 年第 4 期。

[65]许艳华：《全球化视域下我国科技自主创新的历程和战略思考》，《科技管理研究》2012 年第 10 期。

[66]王春晖、李平：《政府扶持企业技术创新的政策效应分析》，《科技进步与对策》2012 年 2 月。

[67]傅建祥、周维维：《“政产学研用”合作运行模式的创新研究——以青岛农业大学与东营市利津县的合作为例》，《科技管理研究》2012 年第 15 期。

[68]袭著燕、李星洲、迟考勋:《金融介入的政产学研用技术协同创新模式构建研究》,《科技进步与对策》2012 年 22 期。

[69]杜小军:《金融危机背景下山东省财政科技投入与自主创新绩效关系分析》,《科技管理研究》2012 年第 15 期。

[70]胡昱:《战略性新兴产业与传统产业的创新比较分析》,《中共中央党校学报》2012 年 3 月。

[71]刘娜、毛荐其、陈雷:《战略性新兴产业培育研究——一个产业技术生态的视角》,《科技管理研究》2012 年 5 月。

[72]罗福凯、永胜:《技术资本:战略性新兴产业的核心资本选择》,《科学管理研究》2012 年第 2 期。

[73]李晓伟、臧树伟:《我国高技术产业区域发展对策研究》,《科技进步与对策》2012 年第 8 期。

[74]刘文俭、倪庆东、朱炜:《推进高新技术企业发展的国内外经验与启示》,《科技管理研究》2012 年 4 月。

[75]金花、刘文检:《中小高新技术企业成长的制约因素及其突破路径》,《科技管理研究》2012 年第 18 期。

[76]王玉梅、罗公利、田恬:《知识溢出视角的高技术服务业技术创新能力评价研究》,《情报杂志》2012 年第 7 期。

(作者:臧旭恒,山东大学教授;贺洋,山东大学经济学院博士研究生)

国际贸易学研究

时　英　毕红毅　孙亚菲　李小明　闫　斌　白　玉　胥凤红

随着全球经济一体化和贸易自由化的不断推进,新的国际贸易问题层出不穷,越来越多的山东学者开始转向现实的国际贸易问题的研究,特别是国际分工格局的变化带来的新形势、新问题的研究。同时他们还结合中国对外开放战略的调整,进行一些重大理论问题的研究。除此之外,应用微观、应用宏观和国际贸易实证也逐渐成为研究的重点。通过应用最新的研究方法,如计量方法和实验经济学方法,解释经济现象,验证经济理论和中国开放理论,使国际贸易学科的发展更加适应国际经济和我国市场经济发展的需要。

在经济全球化的背景下,国际金融、国际投资、国际贸易把各国经济紧密联系在一起,本综述按照国际金融对国际贸易的影响、国际投资对国际贸易的影响、国际贸易局势和国际贸易实务的顺序,对 2012 年山东学者的国际贸易研究文献进行梳理。

一、国际金融对国际贸易的影响

(一)金融危机对国际贸易的影响

在后金融危机的时代,国内综合成本上升、融资困难的压力,面临着国际上人民币不断升值、贸易保护抬头、外需萎缩等一系列挑战,严重影响着国内中小企业的发展和对外贸易[1];山东省是中国出口大省,其进出口也受到了一定的冲击。基于 2005 年 1 月—2008 年 10 月共 44 个月份的山东省的实际进出口数据,用 Holt - Winters - Multiplicative 测得了 2008 年 10 月至 2011 年 3 月的进出口额即潜在进出口额,经过分析发现:山东省的出口总额与进口总额相比,整体上出口受金融危机影响的程度更大时间较长,且尚未有明显的恢复趋势,而进口对金融危机的影响反应较为敏感;从不同的贸易方式来看,一般贸易的出口受金融危机影响一直较大;从不同的企业性质来看,外商投资企业出口和进口均受到严重冲击,相比之下进口受到的影响更大一些,并且受影响的程度也在增大;从不同的商品种类来看,机电产品的进口和出口均受到了金融危机较大程度的影响,进口受到的冲击更大并且受到的影响额呈下降的趋势[2]。

我国与欧盟互为最重要的经贸合作伙伴,目前欧盟是中国的第一大贸易伙伴、第一大出口市场、第一大技术引进来源地和第三大外资来源地。欧债危机爆发后,首先,其抑制了欧洲国家经济增长,欧洲居民消费减少,对中国商品需求下降,从而直接影响我国出口;其次,欧债危机使欧元受到了巨大冲击,市场对欧元缺乏信心,欧元汇率不断降低,人民币对欧元出现持续升值,2011 年底,人民币兑欧元累计升值26.2%。这使得我国对欧盟出口成本上升、出口盈利空间缩小[3];另外,欧盟贸易保护主义有重新抬头的趋势。据统计,2010 年欧盟对中国出口产品发起贸易救济调查 11 起,是 2009 年的 1.6 倍,立案数量和涉案金额都创下历史新高。欧盟反倾销带来的关税壁垒将会严重影响中国出口企业的竞争力,造成出口下降[4]。

面临这些挑战,我们须认清形势,加大国内财政投入,完善社会保障,扩大内需,降低外贸依存度以及加快经济结构调整和产业转型升级，从而化金融危机之“危”为结构调整和产业转型升级之“机”。

（二）汇率波动对国际贸易的影响

2011年7月20日，IMF在基金组织国别报告中指出：按均衡实际有效汇率法、外部可持续性和宏观经济平衡法衡量，人民币的低估程度分别为3%、17%和23%；中国政府需要以更快的步伐纠正人民币显著低于与中期基本面相一致的水平的状况，以实现需求再平衡，并降低经常账户顺差，而货币升值是这一过程的关键。时至今日，全球金融危机没有按照人们期望的那样迅速消散，欧元区主权债务危机愈演愈烈，美国就业情况和经济增长低迷，处于重重压力下的各经济体再次将发泄的矛头指向“被严重低估的”人民币。

在汇率是否是造成中国长期贸易顺差的主要原因问题的研究上，出现了“汇率非重要论”、“汇率主导论”和“汇率促成论”的不同观点。而针对同一个经济问题，使用相近的数据进行分析，现有的研究却存在很大的分歧。出现此问题的原因是：人民币汇率和中国贸易顺差数据都是非平稳数据，而绝大多数学者都是采用标准VAR及其衍生模型，这些经典的模型只能给出有偏的参数估计，会导致“伪回归”的出现。Primiceri提出的非线性时变分析模型——时变参数向量相关模型（TVP－VAR）解决了这一问题。通过用此模型进行实证分析显示在影响中国长期贸易顺差的因素中，汇率的影响非常小，远低于其他因素，从而有力地支撑了“汇率非重要论”[5]。

汇率的波动会对国际贸易产生一定的影响，其影响机制是出口商品的外币价格上涨与否以及上涨的幅度，受到出口商品本币价格的下降幅度和出口商品外币价格上升幅度的共同影响，当前者大于后者时，出口就会增加，当前者等于后者时，出口则不受影响，当前者小于后者时，出口则会减少[6,7]。在实证检验中得出了与上述一致的结论：在长期和短期内，人民币汇率波动性对进口都表现为正向冲击，对出口都表现为负向冲击[8～10]。但是也有相反的结论：人民币实际有效汇率升值不但没有阻碍我国出口贸易的发展，反而带来出口额上升[11]。这可能与我国的出口退税有关，我国出口退税率的调整被作为调节出口贸易的杠杆[12]，可以为出口企业经营的发展创造良好的外部环境[13]。所以，正是由于像出口退税这样的一些因素对我国贸易出口产生积极的促进作用，一定程度上抵消了人民币升值对我国的抑制作用。人民币升值除了带来一定的负面影响外也会产生诸如优化中国出口商品结构[14]，缓解贸易摩擦和改善贸易条件等正面影响[15]。

汇率的波动带来了交易风险、会计风险和经济风险，外汇期货可以有效地应对这些风险。然而，国外个人或机构对人民币汇率的恶意干预、我国严格的外汇管制和央行对外汇的强干预力等使得我国外汇期货市场的发展受到限制和阻碍[16]。而对于应对外汇会计风险，可以采取计价货币从优法、拖延收付和签订保值条款等防范措施以及贸易融资法和金融工具法等来化解外汇会计风险[17]。同时，我国中小企业应该大力实施“走出去”战略。这里的“走出去”主要指向制造成本更低的国家转移生产基地。这种经营方式已经成为我国许多外贸企业规避汇率风险和成本压力所普遍采用的一种模式。还有一种“走出去”，就是有境外贸易子公司的外贸企业可以通过境内外一体化的融资管理方式来实现提前收汇，减少汇率波动带来的汇兑损失[18]。

二、国际投资对国际贸易的影响

跨国公司的兴起、国际分工的深化、外商直接投资的开展等使得直接投资与贸易之间的相互关系受到人们的广泛关注。金融危机的后续影响使得贸易保护主义抬头，而目前，国际投资环境优良，中国经济持续稳定增长，政府为我国企业对外投资提供了很多优惠政策和条件，我国已经发展了一批在国际市场上具有竞争力的企业，以投资替代贸易对我国一些有竞争力的企业来说，具有较强的可行性[19]。

FDI对技术溢出效应的影响。中国到目前为止仍然是全球最大的FDI流入国，外资带来资本存量增加的同时，也带来了技术与管理经验，很多学者对FDI的技术溢出效应进行了研究。由于选择的对象不同，其结论也存在差异。有的研究选取来华留学生与留学出国人数以及外资就业率作为人力资本流动的代理指标，使用数据包络分析方法（DEA）来测算技术进步，就人力资本流动对FDI技术吸收能力的影响进行实证分析得出：FDI和人力资本流动相结合与技术进步存在正相关关系，但是正效应不显著[20]；有的使用Hansen（1990）所提出的非线性门槛回归技术，选取2003—2008年中国30个省份（西藏除外）的地区面板数据，研究在不同地区不同人力水平下，对外直接投资渠道的R&D溢出对各地区全要素生产率的影响。通过计算得出人力资本（HR）的门槛值为10.5038和50.4804。实证分析证明对外直接投资逆向技术溢出效应只有在人力资本跨越了10.5038这一门槛时才存在，未跨越这一门槛的省份的人力资本对外直接投资逆向技术溢出效应的吸收有负面影响[21]；以威海地区韩资为研究对象发现所有行业都得到后向正溢出效应，生产者驱动型行业则获得显著的前向正溢出效应，除了生产者驱动行业，其他行业都出现显著的行业内负溢出效应[22]。

FDI对我国出口贸易结构的影响。出口结构包括出口贸易结构和出口商品结构，有人认为外商直接投资对我国出口贸易结构的提升作用并不显著[23]，但FDI在促进中国出口商品结构升级方面发挥了重要作用，对制成品出口的促进效应尤为明显[24]。在引进外资的过程中，应提高技术吸收能力，来促进我国出口贸易结构的优化与升级。

三、国际贸易局势

2012年是世界经济继续负重前行的一年。美国经济增长缓慢，欧元区经济仍深陷衰退，日本继续经济衰落，新兴经济体增速普遍下滑。同时，发达经济体失业率居高不下，全球金融波动震荡。整体而言，世界经济增长步伐缓慢，贸易保护主义开始抬头。在低迷的国际经济环境下，国际贸易受到的影响和风险是可想而知的。

（一）贸易摩擦对国际贸易的影响

贸易摩擦是随着国际贸易的产生而产生的，而国际贸易又受到国际经济环境的影响，所以在低位运行的世界经济中，贸易摩擦也在不断增加，对外贸依存度较高的国家特别像中国这样的出口大国的发展造成很大影响。在全球发起的贸易摩擦中可以看出反倾销、非关税贸易壁垒、碳关税等成为其主要的表现形式。

1. 反倾销

2012年中国频遭国外对华发起的反倾销，且被征收的反倾销税也在不断增加，但征收过高的反倾销税对一国社会福利水平是不利的，相反，低征收反倾销税既可以保护国内受损害的产业，又不至于降低社会整体福利水平[25]。研究中国反倾销产生的原因可以从外部因素和自身因素两方面着手。

从外部因素看，以美国为代表的发达国家对中国发起的反倾销来看：中美贸易不平衡的日益加剧成为中美贸易摩擦的催化剂；美国贸易政策易受该国政治体制运作影响是中美贸易摩擦的政治原因；美国对非市场经济国家产品的歧视性反倾销政策[26,27]。

以印度为代表的发展中国家对中国发起的反倾销来看，其原因主要是双边贸易规模增长迅速且中方顺差较大；中印经济结构因素与保护国内产业发展之间的矛盾；印度面临越来越大的就业压力[28]。

从内部因素看，中国成为反倾销受害最大国家的原因是中国长期实行计划经济，市场经济地位不被认可[29]，而薄利多销的经营理念是我国频遭反倾销的动因[30]。实施反倾销的判断标准是看出口产品与正常价值间的孰高孰低，我国出口商品反倾销中存在的预警体系不完备、会计资料准备和公信力不足、反倾销会计专业人才匮乏等问题也使我国处于不利地位[31]。

可以通过行业协会来代表企业积极应对各类贸易摩擦[32]。应诉时不仅要采用法律武器来维护自身的利益，而且要发挥会计在其中所起到的关联性作用[33]，应该健全会计档案保管制度，一旦涉诉企业便能够在第一时间提供调查组所需的材料，为应诉中会计举证工作的时效性提供有力的保证[34]。

2. 技术性贸易壁垒

截至2011年底，WTO拥有153个成员方，成员方之间的贸易额占全球贸易额的95%，WTO成员的技术性贸易措施通报能够体现全球技术性贸易措施实施的态势。通过对WTO网站的TBT和SPS管理信息系统的相关资料进行统计分析发现：保护人类健康和安全成为通报的主要理由；发达经济体通报均量高于发展中国家；通报几乎涉及所有产品，但涉及最多的产品领域是HS中的第16类，即机器、机械器具、电气设备及其零部件[35]。在世界各国设置的贸易壁垒中，TBT已占到贸易壁垒总数的80%。作为世界上最大的纺织服装生产和出口国，我国所出口的产品面临着越来越多的来自发达国家TBT的挑战[36]。那么进口国通过技术性贸易壁垒将没有达到标准的产品拒之门外，客观上抬高了对出口国出口到进口国商品的价格，削弱了出口国产品在进口国市场的竞争力，因而有利于保护本国的相关弱势产业。但是，进口国的弱势产业在技术性贸易壁垒的保护下，就会在不注重技术研发和提高经济效率的条件下也能得到生存和发展，这最终将导致进口国所保护的产业更加弱势，影响进口国经济的整体发展[37]。除了技术性贸易壁垒之外，绿色贸易壁垒、蓝色贸易壁垒、知识产权等也抑制了我国的出口，而且使我国承担了很多的环境成本[38~41]。

面对这些问题，我们应该辩证审视各种壁垒制度基础与形成动因，在认识其贸易保护本性的同时，认识它们的合理成分，以调整端正我们的态度。另外，要辩证审视各种壁垒与各种经济要素间的关系，通过权衡考量，寻求相互作用的临界线与均衡点，以此设计我们的策略目标与应对方案。总之，既要针对各种壁垒阻碍贸易自由化发展所带来的贸易不公平进行积极的质疑、谴责和抗御，寻求分歧下的共赢，又要针对其内在合理因素进行自我反思和自觉调整[42]。

3. 碳关税

由于全球气候变暖问题的日益严重，有关碳排放和贸易之间的关系问题引起了各界的极大关注。

在以往研究贸易开放与排放关系的国内外文献中，大多是利用对外贸易依存度指标来反映贸易开放程度，而忽视了对其他贸易开放度指标的考察。事实上，对外贸易依存度只能反映进出口规模变化情况，而外资企业进出口在我国对外贸易总额中所占比重超过50%，所以将贸易开放程度表示为外贸依存度和外资依存度。其中，外资依存度用当年外商直接投资与GDP的比值表示。对我国贸易开放程度与CO_2排放关系进行实证分析，其结果表明：贸易开放与CO_2排放之间存在长期均衡关系；外贸依存度与CO2排放存在着单向的因果关系，而外资依存度和CO_2排放存在着双向的因果关系[43]。

而在出口商品结构改善是否有利于降低碳排放的问题上是有争议的，有的学者认为出口商品结构的改善有利于碳排放的减少[44]，但有人认为出口商品结构的改变对隐含碳影响不大，主要原因是我国出口行业的调整是从某些行业价值链的底端调到另一些行业的底端，而并非价值链上纵向延伸，高能耗、低附加值的特点并未改变[45]。

与碳排放紧密相连的一个问题就是碳关税。根据世界银行的研究报告，如果碳关税全面实施，在国际市场上中国产品可能面临平均26%的关税，出口量可能因此下滑21%。对于碳关税的产生，传统的国际贸易理论无法解释，应该从政治经济学视角来研究这一问题。利用“中点选民”模型将碳关税内生于政治经济学的分析框架中，解释了一些发达国家作出征收碳关税的决定是有政治根源的。“中点选民”的最大化效用决定了最优的关税水平，同时碳关税的内生性特征决定了其产生的必然性[46]。

（二）区域贸易安排

国际贸易中保护主义盛行，使许多国家和地区争相通过商签区域贸易安排来规避贸易壁垒，促进自由贸易。自由贸易区由于其灵活性和针对性，日益成为区域贸易安排的主要类型。中国已经与东盟、智利、新西兰、巴基斯坦、新加坡、秘鲁、哥斯达黎加等国家和组织建立了自由贸易区；与中国香港、中国澳门两个特区建立了CEPA，并加入了亚太贸易协定；正在与澳大利亚、冰岛、挪威三国以及海合会、南部非洲关税同盟两个经济组织进行自由贸易区谈判。中国的FTA战略已经突破区域范畴，FTA伙伴广泛分布于亚洲、拉丁美洲、大洋洲、非洲和欧洲。

分析2001—2009年中国对自由贸易伙伴国的出口情况时发现，在中国的自由贸易伙伴中，中国香港市场最重要，其次是韩国。中国对大部分自由贸易区伙伴的出口占总出口比重在提高，意味着FTA战略对实现中国的出口市场多元化有明显促进作用。而用贸易引力模型回归分析的结果表明，参与国际经济一体化组织，对中国的出口有积极推动作用[47]。而不同自由贸易区的建立对不同国家的影响各异，基于GTAP模型，模拟亚太地区建立自由贸易区对各国植物油生产与贸易的影响，发现中国植物油的生产会受到负面影响，进出口将呈现双增长，同时贸易逆差规模会扩大[48]。虽然自由贸易区的建立可能带来不利的影响，但其优势还是有目共睹的，所以中国也在不断加大与其他国家建立自由贸易区的谈判力度。

海合会是中国重要的贸易伙伴，也是中国最主要的石油进口来源地，是中国重要的货物出口市场。在实证分析中我们可以发现双方的出口商品结构互补性很强，双方贸易竞争性很弱。自由贸易区建立以后，不会因为双边贸易的扩张导致任何一方产业受损。中国政府应加快双边自贸区谈判，并考虑签署投资自由化协议，促进双边能源产业相互投资[49]。

东盟国家与中国相比，发展水平相近，容易发展产业内贸易，形成自贸区的成本较小，而且东盟与中国行业具有互补性。东盟与中国构建经济一体化，可以推动东盟各国的出口增长以及经济结构的改善，减少东盟国家市场分割，加速内部一体化进程，带动其他大国与东盟签订自由贸易协定的热情，同时东盟国家经济多为外向型经济，与中国结为一体化有利于更好地应对国际竞争[50]。

2012年5月，中日韩三国政府签署了《关于促进、便利和保护投资的协定》，并同意年内启动中日韩自由贸易区谈判。在中日韩三国中，中国金融服务贸易规模与日韩差距较大，竞争力较弱，尤其是银行服务，出口规模仅相当于日韩的1/10。与日韩相比，中国金融服务贸易结构不合理，保险业占比过大，而银行业太小，在未来的中日韩FTA谈判中，金融服务贸易谈判将面临一定挑战[51]。伴随着中日韩自由贸易区的实质性建设，在中国扩张出口规模的同时出口产品的技术含量是否有望提高这一问题的研究上，采用更适合于解释一国所承担生产环节的技术含量和附加值大小的出口收入指数（Hausman等提出），分析中日韩三国的出口技术复杂度水平以及出口技术结构状况表明，中国自日韩进口显著地促进了中国对日韩出口的技术复杂度，而且中国自日韩进口对中国出口行业技术起不到促进作用，在中国高进口渗透率行业比低进口渗透率行业表现得稍强，在中国与日韩低技术差距行业比高技术差距行业表现得更为明显[52]。

（三）国际贸易结构

1. 服务贸易

当前，世界经济正在向服务型经济转型，服务贸易是世界经济发展的制高点，也是新形势下各国经济竞争的焦点。

教育服务业是现代服务业的重要组成部分和支柱性产业，在推动一国科技创新、经济增长和社会进步等方面发挥着重要作用。教育服务贸易开放政策反映了一国服务贸易的发达程度。在中国的教育服务贸易开放水平方面，可以采取同其他国家比较的方式进行研究。美国、澳大利亚、日本和英国是53个承诺开放教育服务市场国家中较发达的国家，而且在地理位置分布上，四国分别居于北美洲、大洋洲、亚洲和欧洲，成为四大洲具有代表性国家。同时从教育服务出口贸易额情况看，四国也具有很强的代表性。将中国与这四个教育服务贸易发达国家在WTO《服务贸易协定》中有关教育服务贸易的市场准入和国民待遇上的承诺内容进行比较发现：中国在教育服务贸易开放的承诺范围上最广泛，但在具体开放水平上还与发达国家有一定差距[53]。

研究影响服务贸易的因素发现，现代服务贸易的比较优势已不单单取决于传统比较优势理论中的劳动力、物质资本等因素的影响，而更多的是要依靠人力资本因素。通过引入人力资本要素来分析服务贸易的比较优势，拓展了服务贸易领域研究的视角。但在研究服务贸易额与人力资本之间的关系时，人力资本指标的选择难度较大。通过对就业人数、职工数、专业技术人数和职工平均工资四个人力资本变量因子进行主成分分析，拟综合一个主成分来代替人力资本存量。经过分析得出，中国服务贸易出口额的变动与人力资本的变动存在长期的正相关关系，人力资本每增加1%，服务贸易出口额将增加0.182%，说明目前中国人力资本对服务贸易出口的促进作用有限[54]。有的学者对上述问题的研究中则是基于VAR模型对人力资本和我国服务贸易出口关系进行实证分析，其结论与上面的基本一致，认为两者之间存在长期均衡关系，人力资本投资对服务贸易出口产生了一定的推动，但其效果比较弱，这与当前我国服务产业人力资本的质量和使用率有密切关系。因此，切实快速提高我国人力资本的质量是提高我国服务贸易国际竞争力的关键所在[55]。

在研究服务贸易时，一个不容忽视的问题就是国际服务外包。通过将一些自身不具有比较优势的服务环节外包给其他国家，提高了行业中相关企业的劳动生产率，扩大了企业的生产规模，进而产生了对就业的促进效应。通过利用投入产出表以及工业行业面板数据对国际服务外包的就业效应及工薪差距效应进行实证分析发现，工业行业国际服务外包促进了就业，并且扩大了高技能劳动力与低技能劳动力的工薪差距，但在资本密集型行业的就业和工薪差距的扩产效应大于劳动密集型行业[56]。同时积极承接国际服务外包还可以加快转变发展方式、优化产业结构的步伐[57]。

2. 加工贸易

改革开放以来，加工贸易在我国对外经济贸易中占有十分重要的地位，它创造了大量的就业机会，增加了国家外汇、财政收入，推动了我国经济的发展。然而，对我国加工贸易有着重大影响的两大经济体美国和欧盟因金融危机和欧债危机表现为需求不振、消费低迷，再加之国内土地、劳动力等要素成本的不断攀升，使得以往靠压低用工成本、扭曲要素价格赚取微薄加工费用的模式难以为继[58]。然而，我国加工贸易产业发展存在地域不平衡的状况，解决这一问题的途径之一是将东部加工贸易产业转移到中西部地区。有学者在中西部如何科学地选择承接产业方面进行了研究。通过利用产业梯度系数将我国东部、中部和西部地区分别划分为第一、第二和第三梯度地区。然后利用产业区域集聚指数分析我国加工贸易低梯度地区应承接的产业[59]。这样有利于促进东部地区加工贸易产业的转型升级，同时对于我国加工贸易产业的整体发展有着极其重大的意义。

3. 电子商务

随着信息化步伐的加快，由信息技术、管理技术和商务技术相结合而诞生的现代生产力——电子商务正处在空前的发展时期，它将信息、网络和其他高科技产业联系起来，孕育了巨大的市场和无限的商机。2010年中国网络经济营收规模达到1485.8亿元，同比增长49.9%。中国越来越多的传统行业试水电子商务，一个全新视角的电子商务服务业群正在形成，将成为未来国民经济新的增长点。但是我国企业信息化技术条件基础薄弱，物流自身管理的滞后成为制约电子商务发展的“瓶颈”，同时电子商务安全问题有待进一步完善[60]。

电子商务的出口交易模式中常见的两种方式是B2B和B2C两种交易模式。B2B交易模式是指商家对商家之间的交易模式，适合大宗的商品出口。靠网上洽谈，网下交易。B2C交易模式是指商家与消费者之间的交易模式。其好处是直接对客户，减少了流通环节、中间环节，其最大好处就是适合小微企业、家庭作坊式的生产和经营，有利于创业起步和全民创业，尤其适合大学生创业起步。而近两年来，以专业化为优势的垂直型B2C网站发展迅猛，其原因是垂直型网站的核心就在于把有限的精力和财力都集中于特定的领域。目前国内不少垂直型B2C网站都获得了较大数额的风险投资，其规模伴随着风险投资的介入而迅速扩张，这种模式使其可以在更短时间内占据更大的市场，充分扩展营销和产品的丰富与创新[61~63]。

由于我国电子商务快速发展、国际电子商务存在壁垒、金融危机下人民币升值以及我国在国际市场上价格及品牌优势，我国网络海外代购呈现高速发展的态势[64]。网络海外代购促进国际间资源的优化配置、丰富了国内百姓的消费选择、带给国内企业积极的竞争环境。但其会造成国家税收损失，关税保护能力削弱；网上跨境支付可能引发多种金融风险，对国内相关企业尤其零售企业造成冲击；国内消费者和代购商也面临多种风险[65]。同时电子商务暴露出实名认证存在缺陷、信息发布监管法律失位、支付方式存在漏洞、快递物流混乱等问题[66]。所以应该规范行业操作标准及相关规范；构建合理完善的电子商务税收法规体系，构建网络信息时代的外汇监管体系；增强消费者风险防范及维权意识，鼓励行业转型及创新，推动我国电子商务快速、稳定发展。

四、国际贸易实务

在国际贸易中常用的支付方式主要有汇付、托收、信用证。汇付和托收属于商业信用，收汇的安全性远低于信用证。现实中，托收远期付款导致钱货两空的案例也确实存在，所以建议客户在实际业务操作过程中，对于首次发生业务的客户尽量选择以风险较小的信用证方式为结算方式。因为信用证具有“独立性原则”，该原则非常科学地平衡了与信用证相关的各方利益[67]。若客户执意选择托收等风险较大的结算方式，应尽量争取即期交单方式，同时尽量争取一定比例的预付款[68]。虽然信用证是银行信用，但是此结算方式也存在一定风险。

山东省学者在总结以往研究成果的基础上，对使用信用证结算存在的风险提出了以下几点启示：

首先，对于出口商而言。在FOB术语下，出口方可能遭遇进口商利用自身合法“托运人”地位所设下的陷阱[69]；在现实的贸易业务中，为了保护企业的商业机密，或是为了弥补工作中的疏忽、实现安全收汇，出口商所采取的灵活的单据处理方式可能导致进口商向法院提起诉讼，出口商将因此承担法律责任[70]；为避免单证不符而导致拒付，出口商在预先发现存在不能照信用证要求按期发货、交单的情况时，可提前与进口商协商修改信用证相关条款[71]。此外，出口商要及时了解和关注进口商及开证行资信情况以及市场行情变化，采取措施保障自身利益。其次，对于进口商而言。出口商利用信用证“独立文件”的性质，伪造信用证所需单据，骗取货款，给进口商带来损失[72]。再次，中国外贸代理进口业务作为开证申请人开立信用证时，常遇出口外商自谋或共谋的利用单据的欺诈，进口委托方利用“授信额度、让渡货权”的欺诈[73]。最后，对于银行而言。由于工作语言存在使用障碍，信用证文本中的指示语句可能会出现模糊指示条款，使银行和客户单证业务人员产生理解歧异，对单据不符点是否成立产生争议，从而造成银行信用证业务的操作风险[74]；在出口结算实务中，国内银行习惯于把出口汇票的收款人作为银行的指定人，而不同法律对这一做法有不同的解读。美国法律认可这一行为，而英国、法国、新加坡等国家的法律认为这种做法不但不能增加法律对融资银行的保护，反而弄巧成拙，使融资银行无法获得正当持票人的地位而失去票据法律的保护[75]。

为了能够实现安全、及时收汇，减少坏账损失，企业经常选择如福费廷、国际保理和信用保险等金融服务来规避风险[76,77]。福费廷和国际保理是对单个买家的单笔业务进行买断服务，适合仅需对企业生存发展影响较大的一个买家进行风险控制，而信用保险对企业所有往来客户均进行整体风险控制，为出口商根据需要合理选择提供借鉴[78]。

除了以上的内容外，山东省学者也对具体农产品如苹果、莱芜三辣等出口问题[79~81]，对具体国家如荷兰、印尼、波兰等具体问题[82~85]进行了相关研究，出于分类的原因，本文没有一一讲述。

在上面梳理的过程中可以发现，山东学者紧密跟踪当今世界国际贸易学科的发展趋势，结合中国的国情和山东当地形势，努力进行探索研究，为当地经济发展作出贡献。

参考文献：

[1]王嵩、程海东：《后危机时代中国中小外贸企业发展的对策》，《经济研究导刊》2012年第21期，总第167期。

[2]金玉国、张国青、金戈：《金融危机对山东省进出口贸易影响的统计测算》，《区域经济研究》2012年第1期。

[3]亓蕊、王文浩、姜之易：《欧债危机对中国对外贸易的影响以及中国对策分析》，《时代金融》2012年第5期。

[4]冷静：《欧债危机背景下我国对外经贸面临的挑战和机遇》，《中国市场》2012年第19期。

[5]陈宗义：《人民币汇率对中国长期贸易顺差的影响性分析——基于TVP－VAR模型的实证检验》，《统计与信息论坛》2012年2月第27卷第2期。

[6]扈淑君：《汇率变动对我国进出口贸易的影响》，《经济论坛》2012年5月上总第264期。

[7]刘红：《人民币升值对我国出口贸易的影响》，《国际贸易》2012年。

[8]王美骑、焦秀丽：《实际汇率变动对中美贸

易的影响》,《经济研究导刊》2012 年第 5 期。

[9]司传宁、刘庆林:《汇率波动、外需变化对山东省出口的影响》,《山东社会科学》2012 年第 4 期总第 200 期。

[10]赵秀:《人民币汇率变动对我国纺织品出口的影响》,《中国证券期货》2012 年 9 月。

[11]刘新英、肖蓓:《人民币对我国出口贸易的影响》,《山东财政学院学报》2012 年 11 月第 6 期。

[12]王冰心:《出口退税政策的重新定位研究——基于全球经济放缓背景下》,《国际贸易》2012 年 7 月。

[13]王文清、匡平:《2011 年我国出口退税政策调整变化回眸》,《税务税政》2012 年第 2 期。

[14]倪慧、秦凤鸣:《汇率变动对中国出口商品结构影响的实证检验》,《理论研究》2012 年。

[15]李全海:《美国量化宽松货币政策对我国外贸的影响》,《国际研究》2012 年 3 月总第 359 期。

[16]周惠敏、陈政泽、余孟莲:《浅析我国外汇期货重建前景》,《商业现代》2012 年 9 月总第 695 期。

[17]余明:《外汇会计风险及防范分析》,《商业现代化》2012 年 6 月总第 686 期。

[18]汪婉、庞雨蒙、徐雅敏:《我国外贸企业如何应对汇率风险》,《经济纵横》2012 年第 3 期。

[19]毕红毅:《以投资替代贸易应对贸易保护主义》,《中国流通经济》2012 年第 8 期。

[20]朱敏、高越:《人力资本流动对 FDI 技术溢出效应的影响——基于吸收能力的实证研究》,《管理学研究》2012 年第 1 期。

[21]张宏:《人力资本对我国对外直接投资逆向技术溢出效应的影响——基于省际面板数据的非线性门槛回归技术》,《亚太经济》2012 年第 4 期。

[22]何青松、左峰:《基于全球价值链的 FDI 技术溢出效应——以威海地区的韩资为例》,《中央财经大学学报》2012 年第 4 期。

[23]刘蕾:《外商直接投资对中国出口贸易结构影响实证研究》,《世界经济》2012 年第 1 期。

[24]朱敏、高越:《外商直接投资对中国出口商品结构的影响》,《价格月刊》2012 年 8 月总第 423 期。

[25]徐星亮:《反倾销法上低税原则的经济学思考》,《科技视界》2012 年 5 月第 14 期。

[26]焦秀丽、王美骑:《美国对华反倾销的原因分析及政策建议》,《经济研究导刊》2012 年第 11 期。

[27]益晨星:《浅析后金融危机下得中美贸易摩擦原因及对策——以“轮胎特保案”为例》,《金融市场》2012 年 7 月。

[28]阮金之:《中印共同崛起背景下得双边贸易摩擦问题探析》,《保定学院学报》2012 年 11 月第 25 卷第 6 期。

[29]郑利娟、李金凯:《基于中国企业应对反倾销的研究》,《理论研究》2012 年 7 月。

[30]刘成海:《正视并力争摒弃国贸中的一种经营理念》,《经营管理》2012 年 8 月总第 271 期。

[31]孙栋梁、翟坤:《出口产品反倾销会计存在问题与应对策略》,《新会计》2012 年 11 月。

[32]郭素娟:《我国出口贸易风险的会计应对措施》,《国际商贸》2012 年 4 月。

[33]陈湘茵:《中小企业会计如何应对反倾销》,《社科纵横》2012 年 12 月总第 27 卷。

[34]王光丽、魏颖:《国外对华贸易摩擦与我国的应对机制——基于行业协会的视角》,《对外经贸》2012 年第 8 期,总第 218 期。

[35]曲建忠:《全球技术性贸易措施通报的态势及中国的对策》,《求索》2012 年第 12 期。

[36]贾晴:《技术性贸易壁垒对我国纺织品服装出口的影响及对策》,《经济学研究》2012 年第 9 期。

[37]昝金龙:《技术性贸易壁垒对国际贸易的影响及对策》,《才智》2012 年第 7 期。

[38]李涛、戴丽铢:《浅谈我国的绿色贸易壁垒制度》,《理论研究》2012 年第 5 期。

[39]王鹏飞:《蓝色贸易制度发展趋势及其对山东外贸出口的影响》,《生态经济》2012 年第 10 期,总第 258 期。

[40]臧传琴、王静:《环境规制对贸易的影响——基于中国与美国、欧盟、日本的数据》,《山东财政学院学报》2012 年第 2 期,总第 118 期。

[41]张雪梅:《知识产权海关保护与贸易便利化》,《开放导报》2012 年 8 月第 4 期,总第 163 期。

[42]荀克宁:《蓝色贸易壁垒的辩证审视与理性应对》,《东岳论丛》2012 年 9 月第 33 卷第 9 期。

[43]谷祖莎:《我国贸易开放与二氧化碳排放的关系研究》,《学术论坛》2012 年第 8 期,总第 259 期。

[44]宋莹莹:《中国出口贸易隐含碳排放的影响因素研究》,《改革与开放》2012 年 3 月。

[45]巩爱凌、刘廷瑞:《全球价值链视角下外贸出口与能源消耗及其影响因素分析》,《经济经纬》2012 年第 5 期。

[46]袁方、张海玲、王震:《碳关税产生的理论模型构建及应对措施的实证分析》,《金融发展研究》2012 年 7 月第 8 期。

[47]姜书竹:《中国对 FTA 伙伴出口的实证研

究》,《当代经济管理》2012 年 12 月第 12 期。

[48]郑芳:《区域贸易自由化对各国植物油生产与贸易的影响》,《世界农业》2012 年 11 月总第 403 期。

[49]姜书竹:《中国与海合会双边贸易的实证研究——兼论建立双边自由贸易区的对策》,《技术经济与管理研究》2012 年第 12 期。

[50]翟翔、司枑宇、王文浩:《中国在亚洲的商务外交策略——以中国与东盟关系的发展为例》,《时代金融》2012 年第 6 期下旬刊。

[51]刘建廷:《中日韩金融服务贸易竞争力比较分析:FTA 视角》,《国际经贸》2012 年第 7 期总第 217 期。

[52]高敬峰:《个性选择、梯次互补与跨境贸易的国别依赖》,《全球化与中国》2012 年第 10 期。

[53]林冰:《中国教育服务贸易开放政策的国际比较研究》,《生产力研究》2012 年第 1 期。

[54]徐畅:《人力资本对中国服务贸易出口影响的实证分析》,《生产力研究》2012 年第 4 期。

[55]王明益:《基于 VAR 模型的人力资本与我国服务贸易出口关系的实证分析》,《经济经纬》2012 年第 3 期。

[56]王中华,梁俊伟:《国际服务外包、就业与工薪差距:基于中国工业行业数据的实证分析》,《经济经纬》2012 年第 1 期。

[57]亓秀峰:《积极承接国际服务外包优化山东省外贸结构》,《现代商业》2012 年第 6 期。

[58]汪立军:《加工贸易转型升级面临的新形势及对策——以山东省为例》,《科技信息》2012 年第 25 期。

[59]刘晶、刘雯雯:《我国加工贸易产业梯度转移研究》,《宏观经济研究》2012 年第 9 期。

[60]常浩、孙晶:《浅谈我国电子商务未来的发展——从淘宝商城提高准入门槛谈起》,《商品与质量理论研究》2012 第 2 期。

[61]纪涛:《浅析电子商务时代的出口交易模式及前景》,《财经界》2012 年第 2 期。

[62]马晖、赵鹏:《浅析我国垂直型 B2C 网站发展现状及途径》,《商业文化》2012 年第 2 期。

[63]王萧竹:《民营中小企业利用 B2B 谋求发展应关注和处理的几个问题》,《财经界》2012 年第 1 期。

[64]程思瑶、田明华、邱洋、田昊炜:《我国网络海外代购发展及运作模式分析》,《北方经贸》2012 年第 1 期。

[65]程思瑶、田明华、邱洋、田昊炜:《网络海外代购对我国的影响和对策》,《北方经贸》2012 年第 2 期。

[66]范万栋:《电子商务与互联网阵地控制》,《江西警察学院学报》2012 年第 1 期,总第 154 期。

[67]郭伟静:《托收远期付款钱货两空纠纷案》,《进出口经理人》2012 年第 4 期。

[68]牛红岩:《信用证独立抽象性原则在实践中的应用》,《进出口经理人》2012 年第 2 期。

[69]程炜杰:《从一则案例引发对“风险”的再思考》,《对外经贸实务》2012 年第 10 期。

[70]王景馨、米巨亮:《信用证单据业务灵活处理的案例及风险分析》,《对外经贸》2012 年第 3 期。

[71]王辉:《单证不符·小心拒付》,《中国海关》2012 年第 6 期。

[72]魏恒强、李晓凤:《浅析信用证的风险及防范》,《财经界》2012 年第 3 期。

[73]刘英:《中国外贸代理业务中信用证欺诈类型概析》,《经济研究导刊》2012 年第 16 期。

[74]张黎珊:《信用证“模糊指示”之风险防范》,《山东行政学院学报》2012 年第 2 期。

[75]王腾:《千里之堤毁于蚁穴——谈将出口汇票的收款人做成银行指定人的不利影响》,《进出口经理人》2012 年第 6 期。

[76]贾广余:《我国出口信用保险对出口贸易促进的区域差异——基于中国省际面板数据的实证分析》,《流通经济》2012 年 10 月第 41 期。

[77]陈华、华伟:《出口信用保险经营模式的国际借鉴与比较》,《金融与经济》2012 年 10 月。

[78]毛尤菲:《国际保理、福费廷和出口信用保险比较》,《合作经济与科技》2012 年第 2 期。

[79]张复宏、赵瑞莹、张吉国、胡继连:《中国苹果出口的贸易流向及其国际市场势力分析》,《农业经济问题》2012 年第 10 期。

[80]狄俊锋:《我国农产品出口问题研究——以莱芜三辣出口为例》,《全国商情》2012 年第 16 期。

[81]孙宁、耿向阳等:《进口印度棉现状及分析建议》,《中国棉花加工》2012 年第 4 期。

[82]张冲:《日本地震对中日进出口贸易的影响》,《理论学习》2012 年 5 月。

[83]刘珉:《中荷之间的任务贸易》,《物流科技》2012 年第 9 期。

[84]曹芳:《波兰市场准入制度一瞥》,《进出口经理人》2012 年第 10 期。

[85]李艺:《出口印尼需关注 SNI 认证》,《国际商务》2012 年第 10 期。

(作者:时英、毕红毅,山东财经大学国际经贸学院教授;孙亚菲、李小明、闫斌、白玉、胥凤红,山东财经大学国际经贸学院)

法 学

法律史

林 明

一、2012年法制史研究概述

2012年我省对于中国法制史的研究进入了平稳发展的时期，在学术基调上，大部分学者选择研究我国古代法律制度、思想、文化中对于现今法制建设有价值的部分，而对于其落后、封建的部分并未作为研究的重点。主要分为两大类，一类为纵向梳理整个中华法系中的法律制度、法律文化、法律思想的研究，这类研究从面上宏观地概括或者挖掘了新的讨论点和研究思路，为我们今后研究中华法系的形成、产生和发展起到了很好的推动作用；另一类，就是从一些角度出发，研究某个特定的历史阶段内，我国的法律制度、思想，这些研究，都为我们更加了解我国历史上的法律发展的细节提供了很好的借鉴，而这一部分，我们也将采用断代的方式，对其进行分年代的描述。

二、对于中华法系的专题研究

（一）以中华法系的起源为研究对象

对于中华法系的研究，提出了新的起源说，这种起源认为古史传说时代的东夷民族，不仅发明了最初的法律制度，还酿造了丰富的法律观念，这些内容构成了中华法系的原生形态。中华法系自西周至唐代基本形成。西周法律的总体精神是礼而宏观样式是判例法。战国秦朝确立了集权政体和“成文法”同时开始将礼局部成文法化。汉代开始了儒法互补、礼法结合并初建“混合法”样式。《唐律疏议》标志着成文法对礼的全面吸收以及律与例的结合。这标志着中华法系发展到巅峰。中华法系的基本特征是伦理主义精神和成文法与判例、法律规范与非法律规范相结合的“混合法”。[1]

由中华法系的起源而引起的关于我国法律是“混合法”的讨论也进入了研究的视野。中华法系成因于农耕社会与游牧社会的冲突与融合，农耕经济、宗法家族、中央集权“三合一”的社会结构的建立以及宗法伦理主义道德观念的普及。中华法系萌芽于西周，形成于唐代并一直延续至清末。西周法律的总体精神是礼而宏观样式是判例法。战国秦朝确立了成文法的样式同时开始将礼局部成文法化。汉代出现了专业化和儒法化的司法官吏群体，并初建“混合法”样式。《唐律疏议》标志着成文法对礼的全面吸收以及律与例的结合，这标志着中华法系发展到巅峰。中华法系中的“仁”以及“混合法”对今天的以人为本价值观念及案例指导制度具有重要借鉴意义。[2]

（二）继续关注中华法系中的法律思想

围绕中华法系而产生的讨论，中国自有的慎刑思想也在研究中被重新定义，并被赋予了时代意义及价值。

慎刑理念作为中国传统司法文化的重要组成部分，是传统司法文化中最能够代表主流司法理念的内容。所谓“慎刑”就是主张在适用法律、实施刑罚时应该审慎、宽缓，无论立法、司法都必须崇德，施用刑罚要慎重从事。儒家秉持的人本主义，“仁政”理念，为政以德和“执中致和”等思想是慎刑理念发展延续的理论基础。慎刑理念主要在司法机构设置、司法官吏的执法要求和违法责任的追究、司法审判方式和原则、诉讼审判程序等方面对古代司法制度的设计与运行产生了十分重要的影响。研究这种理念、制度的发生和存在的意义在于不仅可以加深我们对中国传统司法文化特征及其历史价值的认识，而且对于我们如何在当代的社会主流文化中创新与时代发展相适应的司法理念和司法制度具有启示意义。[3]

（三）伦理与礼法仍旧是中华法系的核心

而中华法系的另外一个特点：伦理性，也得到了更加细致深入的探讨。比如其中的亲属容隐原则，就与中国现行刑法相联系，探讨其中的现实价值。亲属容隐制度是我国传统法律文化中的一项代表性制度，也是中华法系伦理化的一个重要表现，它曾伴随中国传统法律发展的全过程。虽被新中国法律所摒弃，但其对人性伦理关怀的价值追求并不必然与现代刑律精神相违背。今天需要我们对这一制度重新认识，在历史考察的基础上，探求分析其重构的法理依据并予以合理构建。

而伦理法之所以可以构建的核心精神——礼，依旧成为中国法制史研究的主要对象。在研究“礼”与“法”的关系上，值得注意的是有些学者从文学的角度切入，给法制史的研究增添了新的研究对象。文学作品虽然不如史料那样绝对真实地反映当时的法制状况，但是却能够更为细节化和生动化的反映当时法律的实施状况、人们对于法律以及伦理的认识。这里面就有从《红楼梦》出发，讨论其中的家法礼制异化探讨。在《红楼梦》中，家法礼制随处可见，二者在维持贾府的日常运作中发挥着重要作用。《红楼梦》中家法松弛，其不仅与国法相辅相成，还对国法进行了替代与消解。抽象的礼制规范并不代表具体的生活，女性执掌家庭权力盖过男权，次子越过长子主持家政，平等自由精神消解了传统礼制。[4]还有学者以《论语》为研究对象，对“礼”进行重述。礼作为孔子思想体系中的一个重要概念范畴，在《论语》中有着诸多的论述，对中国礼的产生、发展起了至关重要的作用，形成了一套具有中国礼文化特点的完整的礼学思想，长期影响着上至国家下至普通老百姓的思想和行为。通过“礼是人真情的体现”、“礼是社会秩序的维护者”、“贬己尊人，谦逊为美”、“慎言为礼，含而不露”、“君子喻于义”、“君子坦荡荡”六个方面浅论《论语》对中国礼文化的影响。[5]

而在中华法系中，围绕“礼”这个核心而产生的各种法律、政治现象与制度，也同样继续受到学者的关注。其中，有对于中国古代的社会保障制度的研究，中国古代社会保障思想基础复杂，社会保障举措在维护政权的稳定、保障人民的生活等方面发挥了重要的作用。全面考察古代的社会保障，联系当今我国的社会保障制度现状，从中可以得到完善现在的社会保障体系和制度的启迪。[6]同样受到关注的还有死刑覆奏制度，死刑覆奏制度作为中国古代司法活动中一项很具特色的法律程序，具有约束滥用死刑的作用。有文献记载的死刑覆奏，始于隋文帝时期，完善于唐代，进一步发展于明代，弱化于清代。在漫长的司法实践中，死刑覆奏制度逐渐形成一套完整的操作程序，它体现了浓厚的人治色彩、“以人为本”的人文关怀，完善的监督机制理念以及程序正义和实体正义并重的观念。[7]

（四）中华法系中的裁判过程得到重新研究

在中华法系中的司法裁判也进一步得到了重视。比附援引曾经作为中国古代司法的软肋而被诟病，然而在近年的研究中，学者也试图发现其中的有益价值。[8]在中国传统司法实践中，比附援引符合比类的思维逻辑，具有一定的原理，有着深厚的思想基础和严格的制度规制，因此是客观的和必然的。缘法定罪与比附援引贯穿于中国古代几千年的法制历程，二者之间存在一定的张力，这种张力表现在：比附援引作为司法技术弥补了缘法定罪谋求形式正当所带来的弊端，很好地回应了规则僵化所带来的不公正问题，并严格限制了司法官比附的恣意性。缘法定罪与比附援引各自具有其适用范围和适用条件，二者形成合力，共同保证了审判结果的合法性、合理性与正当性。而裁判文书，作为司法领域一个具有实用价值的研究对象，学者也从其修辞出发，研究判词，进而发现中国古代判案的内在逻辑和伦理核心。源于司法实践需要的中国古代司法裁判文书，在不同的历史时期展现出了不同的修辞意蕴，自唐代之后，体现在司法裁判文书中的修辞技巧并不仅仅是制判者体现自己文章水平的文体性修辞手法，而且也存在着以强化判词受众接受和自觉服从为目的的说理性修辞。而且自南宋以来，这种说理性的修辞手法更趋丰富，既有论证判决结论合法、合理的修辞技巧，又存在着实现教化与整合伦理规范为目标的修辞手法。[9]而作为裁判载体的判词，作为研究对象也进入到了深入研究的阶段。判词作为法律判断的结论，是对具体案件的法律适用，反映了一定历史时期法律在司法实践中的具体运用，体现了立法与司法之间的相互融合。中国的判词从古代的文学化、情感化、道德化至近代的对传统的扬弃及域外的引鉴，彰显出判词的程式化、逻辑性、专业化等特点，走出了一条由（古代）封闭到（近代）开放的路径。[10]

三、对于法律文化研究的纵向梳理

（一）对于中国古代法律价值观的研究

有学者从社会本位的角度，对中国古代的法律价值观进行了解析，单向“集体本位”是中国传统文化也是中国传统法的价值观。它成因于自然经济、宗法家族、中央集权三者合一的古代基本国情，经历了家族本位、国家本位、国家与家族本位、国家与社会本位、阶级本位等发展阶段，具有忽视个人价值并以制约个人权利来维护整体利益的特点。改革开放以来，伴随着社会主义市场经济、社会主义民主政治建设特别是法律文化建设的深入进行，在社会意识形态领域逐渐形成了以爱国主义和以人为本为标志的社会主义核心价值观。这种社会主义核心价值观为社会主义法律价值观——“国家·个人本位”的酝酿和形成创造了前提。双向的“国家·个人本位”法律价值观标志着现代中国法律文化建设的价值方向。[11]也有其他学者意识到了“以人为本”是中国古代法律价值观的关键词，甚至，它是我们在今后发展现代法治的关键词。不同的生活方式孕育了不同的法律文化，不同的法律文化包含着不同的“法体”和“法统”。西方法文化具有以人权为特质的人本思想，中国传统法文化具有以民本为特质的人本思想。这两种法律文化虽然形、质各异，其核心价值却既纵贯古今，又中外通行，这就是已然成为人类共识的人本精神。中西方法文化中人本精神的特质虽有差异，却也不乏融通的基础。认真对待西方法文化中的人权和中国传统法文化中的民本，是构建和涵养当代中国以人为本法文化的必然选择。[12]

（二）法律思想对于法律文化的影响

法律文化是个丰富而且不断丰富的概念。吏治，应该作为中国传统法律文化中的重要课题，儒、法、道各家理论对这一问题都有论述。儒家提出“伦理学”吏治方案，主张以德治官；法家提出“制度化”吏治措施，主张以法治吏；道家提出“形而上”的吏治思考，主张“守道”、“无为”。以儒家“伦理学”思路为本，以法家“制度化”措施为用，以道家“无为”的形上哲学为指导，儒、法、道各家理论调和兼容，构建立体的权力监督防范网络，是中国古代吏治的有效经验，值得借鉴。[13]

除了吏治文化，还有无讼思想。中国传统的法律思想一个重要特征就是无讼，无讼就是不通过诉讼来解决纠纷，是中国儒家思想在法律上的体现，但社会生活中的冲突是无法避免的。因此，古代社会主要通过道德教化、调解以及官方息讼等方式来解决纠纷。无讼思想对当代社会具有积极和消极两方面影响，并对当代社会具有重要启示。[14]

儒家法律是思想作为在相当长的一段时间内中国法律思想的主流代表，自然也对中国法律文化的形成产生了重要的影响。当今对待儒家法律文化具有三种不同的态度，而哪种态度更为可取则取决于儒家法律文化的本身的理念与形式特征。法律与道德的混同是儒家法律的重要特征之一，也是我们解读儒家法律文化的关键。因此，区分法律与道德是正确对待儒家法律文化的关键。对待儒家法律文化最佳态度是存而不论，以现代法律意识引领儒家法律文化的发展。[15]而从儒商的角度入手，又是另外一条思路。当代儒商内在精神与儒家文化一脉相承，恪守“礼、义、仁、智、信”的道德规范，形成了以“以诚为商”、“以信为商”、“以德为商”为核心的系统的科学的经营之道，其最大的特色就是“以儒经商”，崇尚信义，以诚待人，其经营中的诚信思想蕴藏着中华民族传统礼仪文化丰富而深刻的内涵。当代儒商对中国礼仪文化的传播影响深远。[16]

四、对不同历史时期法制史的研究概况

（一）先秦时期研究

对于先秦时期的研究，有从《易传》出发，进而研究易象与中国古代法律观的形成关系的。自然界有其固有秩序与法则，礼与法皆本于自然法则而立。但二者无法直接取诸天地万物，因此必须借助于效法自然的易象来实现，即“立象以尽意”。同时，《易传》提出“观象制器”，法律作为一种“器”，其出现也缘于易象。作为对易象进行专门解释的《象传》中亦含有大量关于断狱与理讼的思想。《易传》以易象解法学，为古代法学的权威性、合理性提供了客观依据，但儒者在对《周易》进行解释时也不乏杜撰与附会。[17]易经作为中华民族思想的源头，对先秦诸子百家思想的形成具有很大的影响。法家思想与易经之间也应存在一定的渊源关系，然而人们对这一问题却始终没有给予足够的关注。这既与中国传统思想以儒学为主导有关，还与近代西学东渐以来对中国传统思想的认识有关，又与现代中国学界无意识地受到了西方思维范式的支配有关。易经对先秦法家思想的渊源性影响至少包括哲学思维、政治统治观念以及犯罪及刑罚观等方面。[18]

对先秦民本思想，有学者也进行了进一步的探讨。先秦民本思想是从奴隶社会瓦解到封建社会的思想大活跃期逐渐发展起来的。先秦民本思想主要包括政治的民意性、“民富”、“民强”思想以及仁政德政思想。其中的民意思想、民富思想、德主刑辅思想对我国法治建设的民意性、目的性、立场性、道德约束均有启示。[19]

对于先秦诸子的研究，先前进行的已经很多，而对荀子的研究还不充分，于是荀子的法律思想也作为研究对象得到进一步的研究。《荀子》对于“分”这个范畴的使用贯穿始终，颇具规模。其意义在于通过“分”的明确厘定来实现“分”的良好持守，进而实现社会的有序和谐。开掘、继承、发展荀子的“分”思想，对于推进当下社会主义思想文化建设具有重要的时代意义。[20]

（二）汉唐时期研究

对于汉唐时期的法制史研究，有学者关注汉唐时期的著名人物如王符的法律思想。王符作为一个有强烈社会责任感的思想家，十分关注现实问题，也非常关注政治法律问题，对司法问题也进行了全面思考。他从“天人合策”的角度论证了司法的形而上根据“天道”，并认为用司法手段对犯罪的惩治不仅是恢复受损的人间秩序，同时也是恢复受损的自然秩序。他认为司法的作用在于除暴安良、“劝善消恶”，司法的最高目标在于“致太平”；虽然他认为治乱世可用重刑，但仍将司法定位于辅助德化，即所谓“尊德礼而卑刑罚”。他认为司法官员应当具有谨慎、正直、清廉的品质，追求“政平讼治”的境界，通过司法公正树立司法权威、促成社会和谐。[21]

也有关注汉唐时期具体法律制度的，如缘坐制度。缘坐制度在中国历史上存在两千多年之久，对政治与社会生态影响甚大。《唐律》中规定的缘坐制度构建起一个认知中国古代缘坐制度相对完整的框架；但根据对于史料的梳理，可以发现在实际的执行当中，唐代的缘坐案例出现了诸多同制度规定不相一致的情况。缘坐制度在历史上长期而广泛存在，反映出它所具备的内在价值。从经济的角度讲，缘坐制度的设计虽然极其不人道，但却非常有效率；从社会的角度看，缘坐制度适应中国古代社会特点，成为联络国与家之间的强制性纽带。[22]

保辜制度是我国古代刑事法律规范中有关人身伤害与责任挽救相结合的一种制度。它创始于西周，经过秦汉至唐代逐渐发展完善。从出土简牍文献来看，秦汉时期已经存在保辜制度并且已经作为一种法律制度实施，且施用范围、人群极为广泛，其保辜期限与伤害行为的动机、伤害工具、伤害后果有着密切的关联。[23]

汉初授田制的推行使得普通百姓有田百亩成为可能；国家在制度层面虽然允许土地买卖，但授田制内按爵名田的规定成为资本流向土地的制约因素，田税以受田顷亩为基础的征收机制更成为土地交换的内在障碍。从很大的程度上看，授田制背景下的土地买卖绝非放任自流。[24]

（三）宋元明清时期研究

在这一时期，学者关注的人物主要有明末清初的思想家黄宗羲。黄宗羲是明末清初之际一位重要的思想家。身处封建社会行将就木的衰亡时代，黄宗羲敏锐地体察到了君主专制政体的种种弊端，指出了这些症结的根源所在，同时他用自己一系列的政治法律思想为这种制度的改革规划了蓝图，其中的很多内容即便是现在看来仍有巨大的进步意义，值得后人认真总结研究。[25]

在制度方面，值得关注的是宋代的买卖契约、民间惯例，清代早期的涉外法律研究，以及康雍乾时期的乡村治安管理模式。

其中，清代的民间管理解决机制，能给我们提供很多启发。作为一种规范土地流转的习惯法系统，租佃惯例与乡土社会的土地法秩序密切关联。民间惯例作为一种地方性知识，在不同的情境下，既起到了行为规范的作用，也起到了裁判规范的作用。然而，土地法秩序的实现并非仅仅依靠于民间社会的认同、支持，国家强制力的补充介入也是必不可少的。尤其当纠纷解决陷于困顿从而转向暴力冲突时，国家通过司法介入既在一定程度上整合了地方社会，同时又进一步巩固了民间社会对乡土惯例的记忆。[26]

清王朝处于封建社会末期，社会矛盾尖锐，政府对基层社会的控制力不从心。在这个大背景下，清政府充分利用了民间组织和家法族规在基层社会中不可替代的作用，形成了一种“官”与“民”共治的乡村治安管理模式，在一定时间上和一定程度内稳定了基层社会的治安秩序。[27]

（四）清末民国时期研究

这部分研究从数量看，成为2012年来学者研究的重点。

这一时期，郑观应、孙中山的思想都成为研究的对象。郑观应是中国近代早期维新派的代表人物之一，是早期维新思想的集大成者。同时，由于受到阶级属性和时代的影响和局限，在郑观应的思想中既体现着近现代文明的色彩，又保留着浓厚的传统文化的印记。通过对郑观应政治思想的研究，可以从一个侧面观察中国早期维新派政治思想的特点和缺陷。[28]

作为中华民国的缔造者，建立真正主权在民的民主共和国，实现约束和限制公权力以保障人民的权利和自由的法治理想，贯穿于孙中山先生整个革命生涯中。在革命处于低潮时期，孙中山就开始思考通过约法以预防军政府对人民权利的侵夺；辛亥革命后又寄希望于《临时约法》的责任内阁制来防止袁世凯的复辟；北洋军阀混战时期的孙中山，又设计一个训政阶段以训练民众学会使用“四权”，以此实现普遍的守法和良法之治。然而这些法治理想在与现实相遇后，却表现出一种无力感，甚至引导现实走向了理想的反面。孙中山先生所面临的世纪难题，也应引起当代人的警醒与反思。[29]

围绕清末改革，许多学者作出了不同角度的研究。由于内忧外患的紧迫形势，变法图强成为第一要务，但法律改革的领导主体难以超越封建法制的藩篱，由于改革不是社会内部力量的推动，而是在社会外部力量的冲击下被迫进行的，造成了法律与传统文化契合的艰难。清末法律改革缺少法学理论的指导，对法律自身的发展规律关注不够，清末法律改革进行得非常艰难。自从清代法律改革，中国法律近代化、现代化已演绎百余年，直到今天，如何实现中国传统文化与中国法律现代化之间的对接、契合，仍然是我们必须面对的重大理论、实践课题。[30]

近现代民主制国家中民众的平等权利主要是通过宪法及其相关法律予以规定，并通过各项法定程序予以保障的，这也成为清末宪政的重要组成部分。虽然在清末宪政的奏折、谕令以及出台的各项具体法律文本中体现了维护皇权阶层、特权阶层的利益要求，但其为法制近代化所做的努力不容抹杀，不仅对于西方的主权在民、罪刑法定等思想有所体现，而且对于民权的勃兴起到了促进作用。从刑法变革这个侧面来看，清末修律展现了当时礼法之间的争论与妥协，体现出中西刑法思想、宗旨之间的冲突。因此，我们必须用普遍联系和发展的辩证思维来看待问题，对待清末的刑律变革是这样，对待中国的宪政建设亦是如此。[31]

近代以来，中国“仁政”思想由传统走向近代已成为历史的必然。近代“仁政”思想的内涵既继承了中国传统“仁政”思想中符合近代中国发展需要的一些思想主张，又借鉴和吸收了西方近代政治法律思想中符合中国国情的一些进步思想主张。在清末法理派的努力下，近代“仁政”思想在修律中得到了具体实践，法理派修订或制定的一些具体法律条文体现出了近代“仁政”思想的进步内涵，从法律制度上实现了对一些基本人权的法律保障，基本实现了从追求近代“仁政”到追求近代“人权”的过渡和转化过程。[32]

了解西方近代狱制，进而制定适合中国实际情况的狱制并加以实践，是清末法制改革的成就之一。有学者研究了时任青岛监狱典狱长邱炳烇编写的《青岛监狱报告》（第二次日占时期），通过对近代新式监狱的狱务行政、管理、作业、经费等情况的介绍，特别是对监狱的人文化管理，如改善生活环境、对亲属接见、书信收发等制度的详解，反映了清末狱制、法制的近代化以及社会的进步。[33]

而关于民国时期的法律实践情况、立法情况、法律移植情况，以及司法独立情况，也有学者进行研究。由近代中国商会的政治活动观之，在成文宪法等政治法律基本不被实施的背后，近代中国依然存在非正式意义上的政治法实践。这种政治法实践在多个层面被充分展开，主要包括政治认可上的合法性审查、政治教化上的行为控制和政治妥协上的秩序诉求。这三种非正式的政治法实践所走过的道路，是一条制度演化而非制度移植的路径。与西方现代政治法传统、也与中国古代政治法传统不相一致的近代中国政治法实践，在理论上符合新制度经济学的制度演化逻辑。[34]

鉴于法律移植当中的全盘西化，民国时期就有学者和立法者进行反思。主张立法应当充分考虑中国的国情以及中国人的民族性和心理特点，并探索了具有中国特色的立法原理和立法技术。这些反思始终没有跳出西方文化本位的窠臼，导致立法中的西化倾向终其一代没有得到很好解决。其对当代立法的启示在于：摒弃法律移植当中的“西方中心主义”，以普适性知识和地方性知识的协调平衡促进法律的融合，以发展和开放的眼光审视法治的本土资源，促进本土资源的更好吸收。[35]

对于民国时期的立法权研究，也有新的进展。研究自中央立法权的源流入手，对权力的主体与内容、行使与保障等作了系统梳理，并对1947年宪法体制下中央立法权的现实运作进行了评价，希图通过这样的描述，客观呈现中央立法权的全貌。立基于此，通过对比中央立法权法律文本上的进步与现实当中的倒退，既探究彼时中国法治的真实样态，也希望借此洞见近代以来国人移植西法的规律。1947年宪法的颁布实施，意味着以“大陆法系”为模板的“六法全书”体系告竣，是近代中国移植西法的阶段性总结。此际的中央立法权无论在制度设计抑或现实运作方面，既较从前有较大不同，更与此后的新中国有显著区别。鉴于中央立法权既是立法权力的核心组成，亦是配置立法资源的基础要素，历来是立法制度设计的重点。[36]

对于司法独立情况的研究，集中在辛亥革命时期，探究辛亥革命时期法律人士对西方司法独立制度的认识以及中国政治体制改革的系列活动，从不同的方面论证了司法独立制度在辛亥革命时期的社会运用实际效果以及此项制度在当时环境下推行所遇到的重重阻碍和现实成果。意在发现司法独立制度对社会体制的正面影响，对现在我们的司法改革提供一定的借鉴。[37]

而民国时期的妇女参政情况、治理毒品犯罪情况，也成为研究对象。戊戌变法人士的宣传、女学的兴起、西方妇女解放思潮的涌入，为辛亥革命时期妇女参政运动的兴起提供了思想和组织基础。女界活动家成立各种组织，维护妇女的正当权益，为妇女获取参政权进行不屈不挠的斗争，开中国妇女参政运动的先河。但由于主观和客观因素的影响，最终只是在形式上获得了男女平等。[38]近代的青岛因其地理位置成为国内外毒品转运及毒品犯罪的重要基地。毒品泛滥成灾、毒品犯罪案件的激增导致人民生活困苦，从而加剧了社会矛盾的激化，严重影响了当时青岛社会的稳定和发展。因此，当时的中央政府和青岛地方政府都采取了一系列的措施来打击毒品犯罪行为。[39]

另外，还有跨学科的学者，从经济学的角度分析道德模范对于社会治理的作用，古代中国高度集中的政治体制使皇帝与庞大的科层式官僚体系产生了信息不对称。道德模范典型宣传作为统治者为突破信息失真，对官僚体系进行有效管理的治理方式构成了新制度经济学意义上的非制度约束。典型人物所承载的“忠”、“勤”、“廉”、“爱民”、“仁政”等意识形态作为非制度性约束具有经济功能。它能有效地减少官僚队伍中的“搭便车”行为，减少统治者对官吏的激励成本，降低对官吏的监督费用。在认识到典型人物宣传的经济学意义时，还应该注意到意识形态的局限性。[40]

（五）对建国后的法制史研究

这部分主要关注新中国成立初期法制建设情况，以及邓小平社会主义法制思想。新中国成立必须完成的一个首要任务就是要实现国家权力下沉，将国家权力延伸到基层社会。对此，共产党采取了土地改革、法律革命、“整党”等措施，通过这些措施确保了自身执政的合法性。在人民法院的建设过程中，其在基层社会始终在场，实现一种所谓的身体治理。然而，人民法院的司法实践与基层民众的具体诉求并不能始终保持一致，特别是人民法院的组织化极有可能带来自身的官僚化。为了克服这种情形的发生，人民法院在司法过程中采取了群众路线。在具体的群众路线运用过程中，人民法院以“阶级出身”为纠纷解决的标准，追求一种“广场化”的司法效应，从而使新中国成立初期的纠纷解决机制朝向一种压制型方向发展。[41]

邓小平的法制思想为社会主义法制作了基本定位：社会主义法制是中国社会主义建设的重要任务；社会主义法制是中国社会主义改革的重要内容；社会主义法制是中国社会主义发展的重要经验。邓小平的法制建设思想的基本内容表现为“有法可依、有法必依、执法必严、违法必究”四个方面。邓小平的法制建设方略是必须通过加强法律体系建设、法制队伍建设和法制宣教工作，不断推进社会主义法制的顺利发展。[42]

总之，在2012年，法制史的研究可以说是全面而细节化的，当然在其中还有很多问题仍有很多探讨和研究的空间，这便是我们今后努力的方向。

参考文献：

[1]武树臣：《中华法系的原生形态、发展轨迹和基本特征》，《法学杂志》2012年第1期。

[2]武树臣：《论中华法系的社会成因和发展轨迹》，《华东政法大学学报》2012年第1期。

[3]林明：《论慎刑理念对古代司法运行机制的影响》，《法学杂志》2012年第4期。

[4]戴津伟：《〈红楼梦〉中的家法礼制异化探讨》，《太原理工大学学报（社会科学版）》2012年第1期。

[5]胡淑芳：《从〈论语〉看中国礼文化的特点》，《齐鲁师范学院学报》2012年第4期。

[6]刘秀娟：《中国古代社会保障对当世的启迪》，《兰台世界》2012年第24期。

[7]韩文政、李坤辉：《中国古代死刑覆奏制度略论》，《法制与社会》2012年16期。

[8]黄春燕：《论中国传统法比附援引与缘法定罪之间的张力》，《山东社会科学》2012年第7期。

[9]管伟：《试论中国传统司法裁判中的修辞意蕴及其演进》，《政法论丛》2012年第3期。

[10]田荔枝：《论中国判词近代转型期的语体特色》，《文史哲》2012年第6期。

[11]武树臣：《爱国主义与以人为本——国家·个人本位的法律价值观的现代诠释》，《河北法学》2012年第7期。

[12]马建红：《以人为本：中西方法文化融通的基础和归宿》，《河北法学》2012年第7期。

[13]孙季萍：《儒、道、法兼容——中国传统法律文化中的吏治经验》，《法学杂志》2012年11期。

[14]王海会：《浅议中国无讼思想及其对当代社会的启示》，《法制博览》2012年第1期。

[15]郑言：《存而不论：对待儒家法律文化的应然态度》，《山东工商学院学报》2012年第6期。

[16]李岩：《当代儒商对中国礼仪文化传播的影响》，《山东工商学院学报》2012年第4期。

[17]林丛：《易象视域下的法学观——论〈易传〉的法律观》，《东岳论丛》2012年第6期。

[18]钱继磊：《试论易经与先秦法家思想的渊源关系》，《华中科技大学学报》2012年第6期。

[19]梁晓、孙斌：《试论易经与先秦法家思想的渊源关系》，《中共山西省直机关党校学报》2012年第1期。

[20]陈伟：《〈荀子〉中的“分”考论》，《沈阳工程学院学报（社会科学版）》2012年第4期。

[21]崔永东、谷玉梅：《王符的司法思想》，《管子学刊》2012年第2期。

[22]李伟：《缘坐制度的历史样态与价值分析——以唐代为中心的考察》，《南阳师范学院学报（社会科学版）》2012年第4期。

[23]姜洋：《秦汉保辜制度探析》，《华章》2012年第6期。

[24]王爱清、化涛：《汉初的农民授田与土地流移——以授田制为视角》，《广西社会科学》2012年第4期。

[25]张代响：《本土民主法治的先声——黄宗羲法律思想评述》，《法制与社会》2012年36期。

[26]张斌：《民间惯例、纠纷解决与社会秩序——以乾隆行刑科题本租佃关系史料为考察中心》，《民间法》2012年1期。

[27]李山：《清代乡村治安管理模式探论》，《佳木斯教育学院学报》2012年第12期。

[28]刘理远：《浅析郑观应变议会和立宪思想的

特点及其成因》，《华章》2012 年第 7 期。

[29]马建红：《孙中山的法治思想与现实困境》，《法学杂志》2012 年第 1 期。

[30]黄春燕：《清末法律改革何以如此艰难》，《法学论坛》2012 年第 1 期。

[31]魏黎明：《清末宪政视野下的刑法变革——以平等为考察尺度》，《社会科学家》2012 年第 8 期。

[32]薛锋：《天府新论》，《从“仁政”到“人权”——中国近代“仁政”思想及其在清末修律中的实践》2012 年第 6 期。

[33]刘春蕊：《清末狱制改革探析——以〈青岛监狱报告〉为例》，《青岛大学师范学院学报》2012 年第 1 期。

[34]谈萧：《政治法实践中的制度演化——以近代中国商会为例》，《学习与实践》2012 年第 7 期。

[35]荆月新：《民国时期学界对西法移植的反思及其局限》，《山东社会科学》2012 年第 8 期。

[36]荆月新、何勤华：《1947 年宪法体制下的中央立法权研究》，法律出版社 2012 年 7 月版。

[37]王蕾：《浅议辛亥革命时期的司法独立制度》，《山东省农业管理干部学院学报》2012 年第 5 期。

[38]王德勇：《辛亥革命时期的妇女参政运动》，《湖南工程学院学报》2012 年第 1 期。

[39]马玉花：《1928—1936 年青岛毒品犯罪浅析——以青岛市档案馆馆藏资料为例》，《传承》2012 年第 20 期。

[40]张健、张吉：《封建社会道德模范宣传的经济学分析》，《石家庄经济学院学报》2012 年第 1 期。

[41]郑智航：《新中国成立初期人民法院的司法路线——以国家权力下沉为切入点》，《法制与社会发展》2012 年第 5 期。

[42]赵常伟：《论邓小平社会主义法制思想》，《山东理工大学学报（社会科学版）》2012 年第 1 期。

（作者：林明，山东大学法学院教授；杨亚平、林丛、郭靖莹，山东大学法学院硕士研究生）

刑 法 学

冯殿美　王　芳

2012 年山东省刑法学领域公开发表论文百余篇，其中在《法学》、《法学家》、《法律科学》、《中国刑事法杂志》、《政治与法律》、《山东社会科学》等法学类核心重要期刊和 2012 年全国刑法学研究会论文集上发表具有相当影响的论文 50 余篇，围绕着刑法学的基本理论、刑法适用、《刑法修正案（八）》的相关规定以及国家社会关注热点问题展开理论探讨，为我国刑法的理论完善和司法实践提供了有益借鉴。

一、刑法基本问题

（一）刑法的边界

刑法的边界是指刑法所禁止的行为范围，也就是犯罪圈的大小，其一直是学界争讼不止的问题。对此，有学者从本体论的角度，在分析传统的法益保护原则、伤害原则、家长主义、功利主义与道义论不足的基础上，提出以“普遍恐惧”作为划分刑法边界的标准。在此基础上，作者还提出禁止有效原则、法治原则、禁止的行为必须符合伤害原则和法益保护原则[1]。该见解对把握犯罪圈的大小、坚持刑法的谦抑性有较高的参考价值。

也有学者针对具体公民权利或个罪，对刑法禁止的行为范围进行研究。例如，有学者站在言论自由权利的立场，对诽谤罪的入刑与犯罪构成进行探讨，认为言论自由是一项宪法上的基本权利，应当站在刑法谦抑的立场，平衡言论自由与社会稳定的关系，谨慎适用“因言获罪”的诽谤罪[2]。

（二）刑法的解释

刑法的形式解释和实质解释是当下我国刑法学界探讨的热门话题，二者何者能更好地贯彻罪刑法定原则、保障人权，就涉及刑法解释立场的选择问题。有学者认为形式解释是将处罚范围严格限定在法律条文通常含义之内，不能全面落实宪法意义上的人权保障。而实质解释所追求的妥当的处罚范围相较于形式解释的限制的处罚范围，在解释的效果上可以达到保障宪法意义上人权的目的。当然实质解释也面临诸多问题，如罪刑法定原则的遵守，处罚圈的扩大等[3]，因此必须严格解释。还有学者以国权主义刑法理念下的刑法解释范式与民权主义刑法理念下的刑法解释范式加以比较，认为坚持民权主义刑法理念，“将刑法解释的本体置于客观的外部行为，有助于摆脱法律对道德的依附，实现判断对象的明确性，客观地限制了刑法处罚范围的扩大，既符合刑法谦抑的要求，也实现了刑法的人权保障。主张在严格遵守罪刑法定原则的前提下以法益观念为核心的实质解释论更有助于人权保障，是我国刑法解释范式的应然选择”[4]。

二、犯罪总论与刑罚总论

（一）犯罪论体系

犯罪论是刑法总论的核心部分，省内学界在此问题上展开了较丰富的研究。

针对犯罪论体系的建构，有学者再次对我国传统四要件说的犯罪论体系提出质疑，认为四要件说的设计仅体现了入罪机制，而忽略了出罪机制的建构，主张构建以违法与责任为支柱的阶层犯罪论[5]。持相反意见的学者认为，“我国传统的四要件犯罪构成理论与德、日三阶层理论的优劣较量已进入白热化阶段，急需在澄清各个理论体系真相的基础上进行优劣比较和抉择”[6]，进而围绕刑法第13条“但书”条款的性质展开讨论，对“但出符合刑事犯罪构成的行为说”提出反对意见。

对于犯罪构成的解释，省内学者围绕罪过、犯罪的未完成形态、间接正犯、结果加重犯、正当化事由等问题展开研究。例如，有的学者以罪过情感概念为分析工具，分析结果加重犯罪过的单一性，认为结果加重犯是一个犯罪行为，只能有一个罪过形式，对基本危害结果的发生持希望或放任的意志态度，对加重结果的发生没有意志，持漠不关心的情感态度[7]，对结果加重犯的罪过形式提出新解；有的同志就竞技体育行为在正当化事由体系中的定位展开讨论，进而对竞技体育行为与体育暴力行为进行刑法界分[8]。还有的学者针对犯罪未完成形态立法模式提出了完整的体系化建构思路与具体路径。并认为，“犯罪未完成形态的立法模式不仅决定着犯罪圈的大小，而且征表和反映了国家刑事政策取向和对不同行为的刑事政策态度”。目前我国犯罪未完成形态立法模式仍存在着一定的缺陷，应当将犯罪预备行为处罚例外化、犯罪未遂行为处罚客观化、犯罪中止行为认定合理化[9]。亦有学者就我国的犯罪既遂标准提出质疑，认为“构成要件齐备说”存在极大的缺陷，应引入“犯罪对象侵害说”，完善我国的犯罪既遂标准理论体系[10]。

（二）刑罚论

纵观世界发展历史，刑罚制度呈现出从严厉到轻缓、从野蛮到文明的发展过程。刑罚轻缓化已经成为刑罚结构改革的总体趋势。有学者对短期自由刑的价值与改革路径著文探讨，提出对我国短期自由刑进行完善型改革，保留短期自由刑的宣告、执行，但是采取一系列避免或减少其弊端的完善措施，如避免或减少短期自由刑的宣告、实际执行，或者减少实际执行的刑期，或者采取变通的刑罚执行方式等[11]。社区矫正制度是《刑法修正案（八）》颁布后讨论的热点之一。对此，有学者以域外经验为模本，对我国在社区矫正管理的模式、社区矫正管理机构和队伍的制度建设、利用信息平台监督方面、检察监督体制和能力建设等方面的规范立法提供借鉴[12]。对于我国违法行为社区矫正制度体系的构建，有学者提出，应以违法行为教育矫治取代劳动教养制度，从违法行为社区矫正的路径模式选择和违法行为社区矫正的方式两个方面来构建社区矫正制度[13]。鉴于社区矫治制度的特殊性，有学者认为，对未成年罪犯应以社区服务令为首选，并介绍了未成年犯社区服务令的具体实施方式和实施程序。[14]老年犯问题是《刑法修正案（八）》引发的另一刑罚热议问题，部分学者撰文对老年犯从宽处罚进行制度研究[15]，并对我国立法提出完善建议[16]。

犯罪动机是量刑的酌定情节，这在我国刑法理论界已达成共识，但由于其酌定情节的地位，决定了它在司法实践中影响量刑的作用甚微，表现了审判人员适用的随意性。而西方国家，如俄罗斯、德国、日本、瑞士等国刑法均将犯罪动机规定为法定量刑情节，足见这些国家对犯罪动机影响量刑的重视。那么犯罪动机如何影响量刑呢？有学者认为：“一是犯罪动机能够影响有责性的大小，从而影响量刑，二是犯罪动机能够影响对于行为人再犯可能性的评估。”“犯罪动机等个性因素对于实现个别正义至关重要”[17]，因而建议在修改刑法时应将犯罪动机规定为法定情节。

我国学者对犯罪被害人研究经历了从程序法角度到实体法角度的转变，一些学者也开始从被害人视角审视我国的刑法理论，但是，我国很少有学者对被害人责任问题进行系统的研究，尤其在整合刑法学、犯罪学和被害人学方面。我省学者的研究开始涉及此一方面[18]。另外，就刑事被害人谅解是否应成为酌定量刑情节问题，有的学者认为，根据刑罚正当化理论，被害人谅解无法成为酌定量刑情节。在恢复性司法中，被害人谅解虽然成为影响部分刑事案件处理的因素，但如果以此将被害人谅解作为量刑的酌定情节，其弊端十分明显，刑罚适用会因人、因案不同而不同；以“被害人谅解”作为酌定量刑情节，会导致对量刑情节形式化的判断，影响真正正义的实现。因此实务中要避免对该情节的简单适用，出于尊重刑事被害人意志的考虑，可以将“被害人向司法机关表达量刑的意见”规定在刑事诉讼程序中取代司法解释层面的被害人谅解作为酌定量刑情节的规定[19]。这一观点与我国大多数学者的观点存在较大差别。

另外，对于赔偿应否作为量刑的酌定情节予以从宽处罚问题[20]、对可以教育改善的罪犯是否执行死刑[21]等问题，学者们进行了深入研究探讨。

对于刑罚执行问题，《刑法修正案（八）》于第50条第2款新增关于限制减刑的规定，即“对被判处死刑缓期执行的累犯以及因故意杀人、强奸、抢劫、绑架、放火、爆炸、投放危险物质或者有组织的暴力性犯罪被判处死刑缓期执行的犯罪分子，人民法院根据犯罪情节等情况可以同时决定对其限制减刑”。这是我国刑法中就限制减刑的首次规定，由于被判处死缓的被告人的情况存在着很大差异，立法和司法解释文本也未能列举出详细的情节，理解和适用限制减刑上的差异导致审判机关对是否决定限制减刑和限制减刑幅度大小等享有的较大的自由裁量权，因此有学者认为需要对其进行必要的检察监督[22]。

三、对《刑法修正案（八）》的思考

有同志认为，《刑法修正案（八）》体现了刑法以治理犯罪为目标的强烈的实践理性精神，是制度化的实践理性，并结合《修正案八》所涉及的死刑问题、老年犯问题、社区矫正制度等对刑法的实践理性加以论证，提出刑事司法应坚持主观与客观相统一、宽严并用、程序与实体相配合、裁判与和解相结合、专门力量与社会力量合作，认为《修正案八》是新形势下对1997年《刑法》作出的最为重要的一次修正[23]。

但也有学者对《刑法修正案（八）》提出质疑。例如，以刑法修正案消融刑事立法解释的合法性问题，以刑法修正案修改刑法总则的合宪性问题、治安管理处罚措施引入刑法是否适当、对未成年人的轻刑化待遇是否过度、社区矫正入刑的合理性、危险驾驶入刑的适当性等[24]。其中，对于危险驾驶罪的入刑讨论最为集中。有学者认为，危险驾驶罪入刑是刑法法益保护的前期化，意在防范抽象的危险对法益的侵害，对最高法院提出的“各级法院要正确把握危险驾驶罪的构成条件，具体追究刑事责任应当慎重稳妥，不应仅从文意理解《刑法修正案（八）》的规定，认为只要达到醉酒标准驾驶机动车的，就一律构成刑事犯罪，要与修改后的道路交通安全法相衔接”，要进行法理上理解，并强调应完善相应的行政支援措施[25]。也有学者进而提出，危险驾驶罪“拘役并处罚金”的刑罚设置不科学，应当注意与行政法规的衔接，并在当前立法框架下对危险驾驶罪加强司法控制[26]。还有同志认为，危险驾驶行为入罪能够确保刑法预防功能的实现，以及满足《刑法修正案（八）》颁行之前的罪名体系无法涵盖危险驾驶行为的刑事政策要求，危险驾驶行为入罪具有合理性与必要性[27]。

四、罪刑各论研究

（一）交通肇事与危险驾驶罪

随着《刑法修正案（八）》的颁布，交通肇事与危险驾驶罪成为学界热议的焦点，论文涉及危险驾驶罪的犯罪构成要件以及如何认定[28]、交通肇事罪的主观罪过、交通肇事逃逸行为的定性问题、危险驾驶案件办理的主体、程序等[29]，为司法实践提供了思路和借鉴。其中，交通肇事罪的认定问题讨论比较集中。有学者认为，交通肇事罪的主观罪过也可以为故意，刑法第133条的规定实际上存在两个交通肇事罪——第1段作为过失犯罪的交通肇事罪与第2段、第3段作为故意犯罪的交通肇事罪。尽管罪名相同，但其确实分别属于过失犯罪与故意犯罪。因此，交通肇事罪既可由过失构成，也可由故意构成，没有必要增设交通肇事逃逸罪[30]。对交通肇事的逃逸行为的评价，有学者认为，应避免重复评价的情况。对于交通肇事罪来说，主要包括罪与非罪认定的重复评价和量刑的重复评价。罪与非罪的认定方面，在交通肇事致一人重伤是否构成交通肇事罪的判断中，应当在排除交通肇事逃逸这一情节后，根据事故认定书认定的事实、现场勘查笔录、鉴定结论及其他证据，仍能认定行为人的行为是交通事故发生的全部原因或者主要原因，才能够将交通肇事逃逸情节作为认定行为人构成交通肇事罪依据。而在量刑的重复评价中，交通肇事逃逸情节在我国的交通肇事罪中还是法定刑升格的重要条件。在刑罚裁量中同样应避免对“交通肇事后逃逸”这一要素的重复评价，如果交通肇事逃逸情节已经作为认定行为人负事故全部或者主要责任的唯一依据，或者排除交通肇事逃逸情节后不能认定行为人的行为是事故发生的主要原因或者全部原因，则不能再将交通肇事逃逸作为法定刑升格的依据[31]。

（二）经济犯罪

我省学者在经济犯罪问题上的讨论比较丰富，内容涉及刑法中产品责任[32]、非法集资、专利保护等各方面。其中，对非法集资犯罪的司法认定问题、虚开增值税专用发票罪的法律适用问题、制售伪劣商品犯罪的死刑适用问题、我国食品安全犯罪的监管体制与监督过失责任问题、专利权的刑法保护问题等进行了深入研究，具有相当的司法借鉴意义。非法集资犯罪涉案金额巨大、受害人众多、社会危害严重，且极易成为社会不稳定因素。但非法集资犯罪的司法认定是一个非常复杂的问题，有学者认为，应出台司法解释，对非法集资犯罪的认定处罚和后续处理作出明确规定，认定集资诈骗罪的具体标准和要求（如对于尽管返还过部分利息，但从总体看不具备全部返还能力，只是借新还旧形式的集资活动，应认定为集资诈骗罪）；追缴的赃款应全部予以没收，一律不发还非法集资参与人；明确跨区域实施非法集资活动的案件管辖问题，防止司法机

关以管辖为理由拒绝查处此类案件等等。同时，地方政府应调整应对非法集资犯罪问题的做法。对于案件的具体认定和处理，应由司法机关根据相关法律法规的规定和案件具体情况，依法独立办理，政府不能直接参与其中[33]。增值税属于我国现行税收制度中的流转课税类。由于增值税专用发票具有抵扣税款的特殊功能，虚开增值税专用发票罪因其专业性和复杂性造成了司法认定的困难。有学者针对本罪的司法认定撰文论述，认为该罪为行为犯，不应以是否以盈利为目的为要件；该罪主体包括为他人、为自己虚开增值税专用发票，或者让其他持票人为自己虚开增值税专用发票以及介绍其他持票人虚开增值税专用发票的持票人[34]。我国刑法规定，生产、销售假药罪“致人死亡或者对人体健康造成其他特别严重危害的”，其法定最高刑为死刑。而生产、销售有毒、有害食品罪的法定最高刑亦被配置为死刑，且死刑同样适用于“致人死亡或者对人体健康造成其他特别严重危害”之情形。我国《刑法修正案（八）》则将两罪的死刑适用条件进一步修改为“致人死亡或者有其他特别严重情节”。有学者认为，制售伪劣商品犯罪毕竟属于非暴力犯罪，不应过分凸显死刑在防治这类犯罪过程中的功能与作用。可以通过司法或立法举措剥离两种制售伪劣商品犯罪的死刑，使原本符合其死刑适用条件之情形转以相关危害公共安全犯罪来论处，从而在避免造成社会震荡之前提下，架空甚至即行废止其死刑[35]。在食品安全监管体制方面，我国目前实行的是“以分段监管为主，以品种监管为辅”的多头监管体制，实践中导致职权交叉重复和出现大量的监管真空。有学者认为，食品监管体制改革与我国当前的行政体制以及市场发育状况相适应，减少现有监管部门，建立以“两部门监管为主，其他部门监管为辅，并以刚性协调部门相配合”的监管模式，明确责任主体[36]。在专利权保护方面，与西方专利大国相比较，我国刑法仅制裁假冒专利者而不惩罚非法实施他人专利者的现状不适应国内专利侵权案件频发之情势，应着力惩治专利侵权者，情节严重的单纯专利侵权行为应当入罪，配置刑罚和民事损害赔偿竞合的、并罚的法律责任[37]。

（三）环境犯罪

对于环境犯罪的性质来说，我国学者明确主张环境犯罪具有行政从属性的并不鲜见，即使有论者没有非常明晰地表达自己的这种观点，但他们所主张的环境犯罪是行政犯的观点往往也暗含着这种理念。我省有学者指出，赋予环境犯罪行政从属性，将追究环境犯罪视为依附于环境行政执法和行政管理活动的观点极易在实践中助长行政权排斥司法权的风气，容易造成环境行政执法和行政管理的强势地位，使环境刑事手段存在被架空的巨大危险，从而对环境犯罪的行政从属性提出批判[38]，并建议在环境犯罪的防控中引入特殊侦查[39]。

另有同志撰文探讨环境犯罪侵害的法益问题，指出应该是单独的狭义的环境法益，个人法益和生态法益都应该排除在环境犯罪的法益之外。将环境犯罪的法益确定为环境权，能够很好地化解传统个人法益在解决侵害行为与危害结果之间因果关系证成难的问题。并对环境犯罪单列一章加以规定、设立过失危险犯、抽象危险犯的立法完善问题提出独到见解[40]。

（四）侵犯公民人身民主权利犯罪和财产犯罪

隐私权保护问题是近年来刑法关注的新兴领域。有学者就刑事法对隐私权的保护问题撰文论述，指出隐私权在刑事法领域内所具有的独特的以权力控制为核心的政治价值，以及以积极保护和消极不干涉两种姿态所表达出来的隐私权保护路径[41]。侵犯财产罪仍然是2012年全国范围内的刑法学研究热点所在，其关注焦点主要是随着经济发展和科技进步日益层出不穷的新型犯罪形式和犯罪对象。学者们对刑法中的财物的概念、财产性利益等进行广泛而深入的探讨，对当下涌现的新的财产犯罪作出了解答。我省学者则将目光投向了财产犯罪的实践，试图从实践中摸清规律并对其提出预防对策[42]。

（五）贪污贿赂与渎职犯罪

随着党和国家对自身队伍建设的日渐重视，人民群众对党政机关干部工作作风的关注增加以及微博等新型大众媒体的出现，在全国视域内贪污贿赂犯罪的问题仍然是2012年刑法学的研究热点之所在，主要集中在：贪污贿赂犯罪的具体犯罪构成（如：利用职务上的便利、为他人谋取利益等）和利用影响力受贿罪的相关问题上。我省学者的研究主要集中在司法实务问题上，如金融职务犯罪的惩防对策等[43]。

2012年7月9日“两高”通过了《最高人民法院、最高人民检察院关于办理渎职刑事案件适用法律若干问题的解释（一）》。“解释”首次明确了滥用职权罪和玩忽职守罪的定罪量刑标准，对“致使公共财产、国家和人民利益遭受重大损失”作出了具体规定，同时，明确了“情节特别严重”的认定标准。并且对涉及食品、药品安全的渎职犯罪加大了惩治力度。这对渎职罪的刑法学思考提供了新的话题，尤其是食品监管渎职罪的犯罪构成和疑难探析。我省学者也对渎职罪进行了相关的研究，但主要集中在传统渎职罪的争议上。有学者认为，刑事诉讼法关于渎职罪犯罪主体的规定明显落后于刑法，两大部门法对渎职罪主体的立法出现了严重错位和不协调的现象。应当将刑事诉讼法中渎职罪主体的范围进行限缩，即应当将现行刑事诉讼法和修改后刑诉法中的“国家工作人员的渎职犯罪”修改为“国家机关工作人员的渎职犯罪”[44]。亦有学者就刑法第400条的“在押人员”范围进行分析[45]，明确其适用范围。

综上所述，一年来，我省学者既研究刑法学深层次的理论问题（如犯罪论体系、刑法边界等），又结合司法实践探讨实务中疑难问题（如具体罪把握、酌定情节的适用），既剖析了我国刑事立法的不足，又提出完善的建议。研究成果丰富了刑法学理论，指导了司法实践，为刑事法治建设作出了应有的贡献。

参考文献：

[1]杨春然：《论划分刑法边界的标准》，《中国刑事法杂志》2012年第8期。

[2]刘修军、魏黎明：《言论自由与社会稳定的冲突与对接——以刑事规制为视角》，《青海社会科学》2012年第1期。

[3]冯殿美、王越：《刑法解释的立场与人权保障》，《刑法与宪法之协调发展》，中国人民公安大学出版社2012年9月版。

[4]于改之、蒋太珂：《刑法理念和刑法解释范式的变迁》，《刑法与宪法之协调发展》，中国人民公安大学出版社2012年9月版。

[5]温登平：《阶层区分与犯罪论体系的构建》，《山东警察学院学报》2012年9月。

[6]牛忠志：《驳“但出符合刑事犯罪构成的行为说”》，《河南大学学报（社会科学版）》2012年1月。

[7]温建辉：《结果加重犯的罪过形式》，《中国刑事法杂志》2012年第6期。

[8]吴玉萍：《竞技体育行为与体育暴力行为界分的刑法考察》，《中国刑事法杂志》2012年第3期。

[9]柳忠卫：《刑事政策视野中犯罪未完成形态立法模式的理性建构》，《法学家》2012年第3期。

[10]陆诗忠：《对我国犯罪既遂标准说的反思》，《安徽大学学报（哲学社会科学版）》2012年第4期。

[11]徐志涛：《短期自由刑的价值与改革路径》，《人民检察》2012年第23期。

[12]张霞：《韩国社会服务令对我国社区矫正制度的启示》，《政法论丛》2012年第6期。

[13]马聪、李敏：《论我国违法行为社区矫正制度体系的构建》，《山东社会科学》2012年第2期。

[14]李波：《未成年罪犯社区矫正的首选》，《预防青少年犯罪研究》2012年第2期。

[15]孙光宁、李莉：《老年人犯罪从宽处理制度研究——以〈刑法修正案（八）〉为背景》，《湖北社会科学》2012年第5期。

[16]储陈城、李帅：《老年犯从宽处罚立法思考》，《理论探索》2012年第3期。

[17]刘军：《犯罪动机如何影响量刑——兼论同罪亦当不同罚》，《中国刑事法杂志》2012年第7期。

[18]陈晓娟：《论犯罪被害人责任》，《山东警察学院学报》2012年第3期。

[19]王瑞君：《刑事被害人谅解不应成为酌定量刑情节》，《法学》2012年第7期。

[20]王瑞君：《赔偿该如何影响量刑》，《政治与法律》2012年第6期。

[21]王占启：《对可以教育改善的罪犯执行死刑之否定》，《政法论丛》2012年第3期。

[22]杨光、程多奇：《限制减刑检察监督的三维分析》，《人民检察》2012年第19期。

[23]刘玉安：我国刑法实践理性之思考——以《刑法修正案（八）为视角》，《山东审判》第28卷总第204期。

[24]张立刚：《对〈刑法修正案（八）〉的七点质疑》，《四川检察学院学报》2012年2月刊。

[25]刘军：《危险驾驶罪的法理辨析——兼论刑法法益保护的前期化》，《法律科学》2012年第5期。

[26]李波：《当前我国危险驾驶罪考察与批判》，《理论研究》2012年第1期。

[27]柳忠卫：《论危险驾驶行为入罪的正当性与必要性》，《山东警察学院学报》2012年第3期。

[28]徐毅刚：《对危险驾驶罪构成与认定的认识》，《山东警察学院学报》2012年第3期。

[29]宋昌智：《论醉酒驾驶机动车案件的办理》，《山东警察学院学报》2012年第3期。

[30]马凤春：《交通肇事罪也可以是故意犯罪》，《政法论丛》2012年第3期。

[31]杜宪苗：《试论交通肇事逃逸重复评价的禁止》，《中国检察官》2012年第7期。

[32]郝艳兵、解永照：《刑法上的产品责任问题探析》，《郑州轻工业学院学报》2012年第1期。

[33]李晓强：《关于非法集资犯罪的几个问题》，《山东社会科学》2012年第2期。

[34]冷凌、李娜：《论虚开增值税专用发票罪的法律适用》，《前沿》2012年第2期。

[35]阴建峰、付丽凌、姜勇：《制售伪劣商品犯罪之死刑究问》，《法学杂志》2012年第11期。

[36]刘期湘、张斌：《论食品安全监督过失责任》，《法学杂志》2012年第2期。

[37]于阜民、齐麟：《专利权刑法保护：回顾与展望》，《中国海洋大学学报》2012年第1期。

[38]赵星：《环境犯罪的行政从属性之批判》，《法学评论》2012年第5期。

[39]赵星：《论在环境犯罪防控中引入特殊侦查》，《法学论坛》2012年第5期。

[40]周玉华、贾配龙：《环境犯罪的法益重构与立法完善》，《刑法与宪法之协调发展》中国人民公安大学出版社2012年9月版。

[41]王芳：《以政治价值为核心的隐私在公法上的体现》，《山东社会科学》2012年第2期。

[42]潘伟超、牟家骥：《试析“两抢一盗”案件的规律、特点、成因及预防对策》，《山东警察学院学报》2012年第6期。

[43]张亮：《金融职务犯罪的惩防对策》，《人民检察》2012年第11期。

[44]崔慧格：《渎职罪主体的立法错位与协调》，《人民检察》2012年第15期。

[45]黄健强、张朝兴：《刑法第四百条“在押人员”范围中“犯罪嫌疑人”之简析》，《山东行政学院学报》2012年第3期。

（作者：冯殿美，山东大学法学院教授；王芳，山东大学教师）

民商法学

房绍坤　张玉东

一、研究概况

在中国特色社会主义法律体系形成后，如何适应经济社会发展和社会主义民主法制建设的需要，继续加强立法工作，提高立法质量，完善中国特色社会主义法律体系，是摆在法律人面前的一个重大课题。纵观2012年我省民商法界的重大活动及发表成果，均是围绕着民法典的制定、现有法律的合理阐释与改进、应对新问题的立法建议等要点逐一展开。围绕着民法典的制定及相关法律的修改，我省理论界与实务界召开了多次研讨会，其中有代表性的是“鲁豫皖三省民商法学研究会年会”，会议就民法典的体系以及继承法和票据法的修改问题展开了深入讨论，为民法典的制定及相关法律的修改提出了诸多具有建设性的意见和建议。此外，“民法典制定背景下的《消费者权益保护法》的修改”研讨会在烟台大学召开，来自省内外的20余位青年学者就《消费者权益保护法》的修改积极献言、出谋划策。

2012年全省发表民商法学论文100余篇，文章多集中于民法领域，择其要者综述如下。

二、民法学

（一）民法总则及人身权

民法研究，学者常言必称罗马。罗马法的许多制度对现今各国的法治建设仍具有启发意义。就此，有学者对罗马法上的“废罢诉权”进行了考证，指出其为对人诉、事实诉、仲裁诉，并进而认为罗马法上的债一开始并不具有财产性质，债的财产性是后来发展的结果。[1]

在对我国民事法律规范中“推定”和“视为”的解释上，有学者主张，“推定”大多表达法律推定，但也表达法律拟制和注意规定；“视为”大多表达法律拟制，但也表达推定制度和注意规定。[2]

在权利能力制度上，有学者指出，当下权利能力制度中存在权利能力平等规定的不当与缺位、限制监护权利能力规定的缺位、权利能力与责任能力混淆、经营范围限制企业法人权利能力的疏漏等问题，应借鉴比较法经验并结合我国国情予以完善。[3]有学者对权利能力制度的存在基础进行了质疑，认为在人权保护日益完善的今天，权利能力制度的社会基础已经丧失。现代民法均自民事主体诞生或成立起便赋予民事权利能力，已不存在不具有权利能力的人。从法律实效性出发，应废除民事权利能力制度。[4]

成年监护制度的探讨已经成为了监护问题探讨中的热点，对此，有学者译介了日本法上于2000年4月施行的成年人监护制度。[5]有学者指出，我国成年人监护制度的缺失已无法适应老龄化社会的需要，应在民法体系框架下构建我国的成年人监护制度，其立法编排应归属于民法典总则编。[6]

此外，虚拟社会作为一种新的社会存在与传播方式，改变了人们的生存和思维方式。由此而产生了在虚拟社会中的权利滥用问题，对此，有学者建议应从尊重权利观念的培育和虚拟社会法律治理体系的完善两个层面进行治理。[7]

在民法典制定的讨论中，对人身权的关注不仅体现为对个别人身权的保护问题，更体现为人身权在民法典中的体系地位的探讨。对此，有学者从立法论的角度建议，基于人格权与身份权的关联性，应制定统一的人身权法。无特定相对人的人身权包括物质性的、标表性的、评价性的、自治性的人身权及知识产权中的人身权，有特定相对人的人身权包括配偶权、亲权、其他亲属以及监护权。在未来民法典中人身权编应紧邻民法总则之后。[8]

隐私权的保护问题为学者所共同关注，有学者指出，“电子眼”在维护公共安全的同时也可能会因对其滥用而侵害个人隐私。对此，应遵循比例原则规范政府在公共场所安装“电子眼”的行为，对于不合理的按照行为可提起公益诉讼。[9]有学者认为，物理隐私的增加给社会秩序的控制提出了挑战，法律在面对物理隐私时应关心其产生的社会收益和社会成本。[10]有学者认为，法律对隐私的保护与限制是对信息的产权配置，法律对不同类型的隐私的保护会产生不同的社会成本与收益。[11]

有学者从比较法的视角阐述了荣誉权的具体内涵，认为《民法通则》关于荣誉权的规定缺乏比较法基础。[12]同时，该学者总结实践中荣誉权案件的审理情况，认为司法实践中的荣誉权纠纷是多种不同法律关系的混合体，荣誉这种“评价性利益”并不具有独立存在的价值，在人格权立法中应删除荣誉权的规定。[13]

有学者从民事权利的角度辨析了生育权的性质，认为生育权是人人自出生时即享有的一项人格权，生育权的享有不同于生育权的实现，夫妻间彼此享有平等的生育权。[14]

（二）物权法

学者对物权变动的相关问题进行了广泛的探讨。有学者对遗赠能否引发物权变动这一问题进行了深入的思考，认为遗赠的物权变动效力与物权变动模式相关联，在我国物权变动效力与现行制度存在冲突的情况下，应区分遗赠的开始时间和遗赠的生效时间，并以遗赠人死亡的时间界定遗赠开始的时间。[15]有学者主张，房屋征收应当明确建设单位作为征收请求人的应有地位和征收决定人的范围、权限，明确建设用地使用权的征收标的地位，赋予房屋承租人等征收关系人以补偿权。房屋征收应贯彻比例原则，设置独立的协议价购程序和公益决定程序。征收决定诉讼和补偿决定诉讼应明确案件的级别管辖、司法审查的内容、诉讼结果的处理。补偿协议属于民事合同，补偿协议诉讼为民事诉讼。[16]在不动产抵押物的转让效力问题上，有学者指出，采纳传统的单一物上追及说或单一物上代位说均非最佳选择，而采纳物上追及与物上代位的选择竞合说，由抵押权人自行选择才是解决问题的理想途径。[17]有学者认为，我国《物权法》第28条因“法律文书”引起的物权变动其基础在于公权力的行使，故直接引起物权变动的法律文书仅限于形成性法律文书，而不包括确认性和给付性法律文书。[18]有学者认为，根据《物权法》确立的特殊动产债权形式主义物权变动模式，机动车登记具有物权公示的性质，对所有权变动不具有决定力但具有比占有更强的权利推定效力及保护善意第三人消极信赖的公信力。[19]

在所有权问题上，有学者对大陆法系的所有权与英美法系的Estate进行了比较研究，认为绝对所有权和双重所有权并非两大法系财产法的核心区别，而所有权与Estate制度及理念的不同才是两大法系的根本区别。[20]有学者重新思考了建筑物所有权与土地使用权之间的冲突问题，并认为解决冲突的最好办法是确立建筑物所有权人的优越地位，延长土地使用权期间，赋予建筑物所有权人土地续期权、补偿权和优先权以及降低土地使用权续期负担。[21]有学者主张，在合作开发房地产的物权认定上，笼统认定合作各方对房地产或房地产项目拥有共有权是不准确的，应就不同的合作类型、物权种类及履约阶段等做具体分析。[22]

在按份共有人优先购买权的适用范围上，有学者认为应在司法实践中明确“转让”的类型，在共有份额赠与及共有物转让时，无按份共有人优先购买权的适用，而在共有份额互易或抵债的情形下，应适用按份共有人的优先购买权。[23]

在用益物权领域，学者对土地承包经营权及宅基地的流转制度进行了研究。在土地承包经营权流转后征地补偿费的归属于分配上，有学者认为，土地承包经营权流转包括债权性流转、物权性流转和投融资性流转三类，土地承包经营权流转后征地补偿费的归属与分配应依据此三种不同流转方式分别采取不同处理规则。[24]关于农村住房及宅基地流转制度，有学者指出，农村房屋私人所有与宅基地使用权集体所有长期以来的冲突，应通过加强农村住房及宅基地制度改革与创新和建立有效的农村住房及宅基地流转机制予以解决。[25]有学者主张，我国农村土地家庭承包经营权的权利主体应为集体经济组织成员，该权利具有成员权的属性，是农村集体经济组织成员人人平等享有的权利，农户只是家庭承包中的形式主体。[26]

学者对担保物权给予了较多地关注。有学者主张，共同抵押并不包括法定一并抵押，原则上也不包括按份共同抵押，且其所担保的债权虽为一个但抵押权的标的为数个独立财产。共同抵押的抵押人可为同一人也可为不同的人，设立上不以一次同时设立为必要。共同抵押的各标的物可为不动产也可为动产，各抵押财产上抵押权是否设立依一般抵押权的设立规则确定，不以登记为共同抵押必要。共同抵押设立时未约定数抵押财产执行顺序时，抵押权人得自由选择是先就某抵押财产行使抵押权还是就全部抵押财产行使抵押权。共同抵押权人对于共同抵押的数项财产同时实现抵押权时，同时受各抵押财产的价金分配，此时各抵押财产按照其价额的比例分担所担保的债权额，不发生他抵押人或后顺序抵押权人的求偿权行使。共同抵押权人仅就共同抵押财产的某一或某几项财产实行抵押权并受偿其全部债权时，由于各抵押财产异时分配其担保的债权额，若数抵押财产不为同一人所有或者存在后次序抵押权，则发生他抵押人或者后顺序抵押权人的求偿权行使问题。共同抵押的抵押人既有债务人又有物上保证人时，物上保证人不能享有先诉抗辩权，但为保障物上保证人的利益，物上保证人得主张债务人优先负担。共同抵押权人放弃债务人提供的抵押担保的，物上保证人在抵押权人放弃的利益范围内不再承担担保责任。[27]关于动产浮动抵押，有学者认为，我国《物权法》第181、189及196条所规范的制度为动产浮动抵押而非特别动产集合抵押，创设特别动产集合抵押制度并不利于我国对这三个条款所规范内容的理解及适用。[28]同时，我国多数学者所主张的限制浮动抵押人范围的观点违反了商主体平等原则且不具有逻辑上的合理性及实践上的支持。我国《物权法》第181条所规定的浮动抵押人的范围为商主体，消费者目前尚不能设立浮动抵押。[29]

在质权问题上，学者就知识产权出质问题进行了研究。有学者指出，知识产权质权人享有的权利包括孳息的权利、转质押的权利、保全权、对质权侵害救济的权利以及实行权。[30]也有学者针对山东省专利权质押融资的现状进行了分析，认为现阶段山东省专利权质押发展较慢，但潜力巨大，需要政府、银行、中介机构及企业的协作努力方可有效防范专利质押风险，实现科技型中小企业专利权的知识资本向实务资本转化。[31]

学者就城乡建设用地一体化中的权利保障问题进行了探讨。有学者认为，在城乡土地一体化利用中必须践行财产权和民主理念。[32]有学者认为，须设计有效法律路径维护农民土地权益，包括确认农村土地为完整财产权、明晰集体土地所有权主体、逐步推进土地股份制合作及关注土地使用规划。[33]有学者主张市场化应成为土地征收中失地农民的补偿原则[34]有学者认为，在城乡一体化过程中应切实保障农民适当生活水准权。[35]也有学者针对农村土地闲置空心化与城镇土地发展紧缺的现有用地矛盾进行了调查研究，认为解决之道在于完善城乡建设用地增减挂钩模式。[36]

（三）合同法

对于金融债权的保护，有学者指出，我国目前的金融债权保护存在效率低、成本高、效果差的弊端。对此，通过公证机构赋予抵押合同强制执行效力，是银行实现抵押权最佳的程序选择；全面认可独立担保并通过公证赋予其强制执行效力，使之直接进入执行程序，也将极大改善对金融债权的保护。[37]关于不真正连带债务的外部效力，有学者提出，应肯定不真正连带债务的债权人可以同时或先后对债务人之一或全体请求全部或部分履行，债权人有权就全体债务人之一或数人起诉，对债务人一人所生之事项，应以无涉他效力为原则。[38]

有学者认为，关于未生效合同，虽然合同并未生效，但并非不发生任何法律效力，当事人因违反诚实信用原则而导致合同未能生效的应当承担损害赔偿责任。[39]有学者从虚构房屋交易贷款案件切入，对通谋虚伪意思表示进行了研究，认为通谋虚伪意思表示在当事人之间无效，但不能对抗善意第三人。未来民法典应对其进行规定，并应特别强调虚伪意思表示的当事人不得获益原则。[40]对于合同解除中的目的不能实现，有学者认为，将不可抗力和违约行为作为合同目的不能实现的情况过于狭隘且判断标准不明。同时，为保护另一方当事人的利益，应限定通知解除的法律后果，可借鉴英美法中的目的落空制度解决上述问题。[41]

有学者指出，我国EDI合同立法存在不足，应整合现有EDI合同方面立法，创建规范的电子商务法律体系。[42]有学者对美国合同法领域的惩罚性赔偿进行了研究，认为美国合同案件中惩罚性赔偿的适用具有违约主体的强势性、违约行为道德上的可谴责性以及危害后果的开放性等特点。我国合同领域惩罚性赔偿的适用应突破消费合同的范围，赔偿数额应由法官依据一定原则自由裁量。[43]

（四）侵权责任法

《侵权责任法》自2010年实施以来，由于其所涉内容广泛，对其从解释论视角的论述一直热度不减，且呈现出不断深入和细化的特点。

公平责任的属性及其适用即便在侵权法通过之后仍旧争议不断，对此，有学者主张，公平责任并不是《侵权责任法》的归责原则，而仅为损失分担的特殊归责，适用上应以存在法律规定为限。[44]

关于责任的承担方式，有学者提出，民事保护令属于特殊的禁令或人身权请求权的实现方式，在我国处于试运行状态，需对现有立法建议进行比照研究，并提出防止其异化的措施。[45]有学者认为，惩罚性赔偿弥补了传统二元结构框架下存在大量逃避法律制裁的缺陷，但因其扩张会威胁个人权利，应予严格控制。[46]在惩罚性赔偿的证明标准上，有学者指出，惩罚性赔偿的证明标准应具有中间性，反映行为人主观过错程度的侵权行为的异常性的证明负担应当分配给原告。[47]

关于多数人责任，有学者认为，劳务派遣单位与劳务用工单位均为责任主体时，用工单位应先承担责任，劳务派遣单位承担与其过错相应的补充责任。用工单位承担全部责任后，可向劳务派遣单位追偿。[48]有学者指出，《侵权责任法》上的一般连带责任以共同侵权为中心，还可基于合同或侵害行为直接结合而产生，特殊侵权连带责任是政策考量的产物，可适用于多种场合。[49]

在医疗损害责任问题上，有学者指出，在医疗过失的判定上，法官过度依赖"诊疗规范"而忽视了法律标准的探寻和适用。"法律法规"、"行业标准"和"诊疗规范"是判定过失的重要标准但非终局性标准。[50]有学者主张，《侵权责任法》第58条的过错推定为不可推翻的法律推定，医疗损害构成要件中的因果关系认定应实行有条件的因果关系推定，且应统一医疗损害司法鉴定制度。[51]

在其他特殊侵权问题上，有学者从美国法的视角对产品缺陷责任的主体进行了论述，认为产品缺陷的责任主体为以营利为目的的从事营利性行为的商主体，确认产品责任主体的依据是商法效益至上与民法追求公平二者间的博弈。[52]关于高度危险责任，有学者主张，《侵权责任法》第69条为高度危险责任的一般条款，在确定系争案件为高度危险致害且无第九章其他规定可适用时，方可适用第69条的规定。高度危险责任的抗辩事由依危险程度确定并适用。[53]关于监护人责任，有学者指出，我国侵权责任法中监护人责任的规定体现了中国传统的家庭伦理思想而淡化了近代民法自己责任的色彩，且更加侧重保护受害人、未成年人。[54]关于广告侵权责任制度，有学者认为，应增加推荐广告的个人作为广告侵权连带责任的主体，以过错推定为归责基础，但不宜建立惩罚性赔偿。[55]有学者主张，音乐作品抄袭的版权侵权认定标准应采纳接触加实质性相似判断标准，有证据证明"接触可能"也构成侵权，而潜忆抄袭可以成为版权侵权的有效抗辩理由。[56]有学者认为，海洋生态损害属于环境利益的损害，包括海洋生态环境和生态系统的破坏、海洋生物资源的损失及环境质量与价值的减损等，我国在海洋生态损害的权利主张主体及责任承担方式的规定上存在欠缺，应构建环境公益诉讼中的公众参与机制及生态损害赔偿基金制度予以弥补。[57]有学者认为，在网络环境中，言论自由权与名誉权发生冲突时何者应优先保护并不存在简单的顺位，应遵循利益衡量原则综合考量。[58]有学者对体育新闻侵权进行了研究，认为体育新闻侵权为新闻单位、出版单位、作者和体育新闻提供者，以体育新闻传播为目的，在采访、写作、编辑和报道的过程中，违法采访或不当报道侵害体育组织或体育个人的人格权益以及与体育相关的专有技术的行为。[59]

（五）婚姻法与继承法

在婚姻法领域，有学者认为，我国婚姻家庭立法以正义为价值取向，但依其自身特点应以公平价值优先于自由平等价值，夫妻财产约定的效力更应体现公平价值。[60]有学者通过实证研究认为，我国法律有必要在离婚自由主义与社会正义之间寻求价值平衡，限制过度的离婚自由，通过增设"离婚考虑期"、加大离婚救济力度实现离婚的实质公平。[61]

我国《继承法》的修改已被提上日程。关于代位继承与归扣问题，有学者认为，若代位继承人于被代位人死亡前受有被继承人之特种赠与，则其无须负归扣之义务；若代位继承人于被代位人死亡后继承开始前受有被继承人之特种赠与，则其应负有归扣义务。[62]

三、商法学

在商法问题上，有学者建议，从商法的视角解决民间借贷问题，应设立规范民间借贷的商行为法、保障民间借贷主体的商事主体性、健全其市场进出机制、完善法律监管体系。[63]关于商法上的营业权转让，有学者认为，营业转让是指与公司事业相关的权益、资产、负债的转让，是商事总则制度中极其重要的制度，应针对我国现有的8种营业转让方式确定营业转让的客体。[64]

在公司法上，有学者指出，我国在总体上确立了公益法人董事会治理结构的基本框架，但对于董事会职权配置等规定仍存缺陷，应完善董事会内部治理机构以实现公益法人的自律机制。[65]

在保险法上，对于汽车消费贷款保证保险代位追偿权，有学者认为，即便保险人与被保险人未对代位权进行约定，保险人仍可当然取得代位权且以自己名义行使该权利。不能将债务人恶意逃债的情形归为"投保人故意制造保险事故"。[66]

参考文献：

[1]关涛：《试论"废罢诉权"涉及的罗马法中相关概念》，[意]桑德罗·斯奇巴尼、徐涤宇主编《罗马法与共同法（第1辑）》，法律出版社2012年版。

[2]张海燕：《"推定"和"视为"之语词解读?》，《法制与社会发展》2012年第3期。

[3]程青、王群：《权利能力制度初探》，《福建法学》2012年第2期。

[4]秦伟、杨琳：《民事权利能力质疑论》，《山东大学学报》2012年第1期。

[5]冈孝：《面向21世纪的日本国成年监护制度》，刘善华译，《上海政法学院学报》2012年第4期。

[6]秦伟、亓麟：《成年监护立法路径论》，《山东社会科学》2012年第3期。

[7]吕绍忠：《虚拟社会权利滥用的实证分析及其法律治理》，《山东警察学院学报》2012年第5期。

[8]郭明瑞：《人身权立法之我见》，《法律科学》2012年第4期。

[9]杨秋霞：《“电子眼”下的隐私权及法律救济》，《山东工商学院学报》2012年第4期。

[10]梁光勇：《主体内生性诉求：物理隐私保护的利弊权衡》，《求索》2012年第10期。

[11]梁光勇：《作为信息的隐私及其产权配置》，《学术论坛》2012年第10期。

[12]满洪杰：《荣誉权——一个巴别塔式的谬误?》，《法律科学》2012年第4期。

[13]满洪杰：《荣誉权作为独立人格利益之质疑》，《法商研究》2012年第5期。

[14]邢玉霞：《从民事权利的角度辨析生育权的性质》，《东岳论丛》2012年第3期。

[15]房绍坤：《遗赠能够引起物权变动吗?》，《当代法学》2012年第6期。

[16]房绍坤：《国有土地上房屋征收的法律问题与对策》，《中国法学》2012年第1期。

[17]赵守江：《不动产抵押物转让效力问题研究》，《烟台大学学报》2012年第1期。

[18]王明华：《论〈物权法〉第28条中“法律文书”的涵义与类型》，《法学论坛》2012年第5期。

[19]杨萍、杨奎臣：《机动车登记的物权公示性质与法律效力》，《人民论坛》2012年第10期。

[20]赵萃萃：《两大法系财产法理念探究》，《东岳论丛》2012年第11期。

[21]蒋晓玲：《建筑物所有权与土地使用权冲突新解》，《山东社会科学》2012年第6期。

[22]王洪平：《论合作开发房地产中的物权认定与债务承担》，《山东社会科学》2012年第6期。

[23]房绍坤：《论按份共有人优先购买权的适用范围》，《山东社会科学》2012年第5期。

[24]房绍坤、王洪平：《论土地承包经营权流转后征地补偿费的归属与分配》，《吉林大学社会科学学报》2012年第3期。

[25]毛维国：《农村住房及宅基地流转制度研究》，《法学论坛》2012年第4期。

[26]肖立梅：《我国农村土地家庭承包经营权的权利主体探究》，《法学杂志》2012年第4期。

[27]郭明瑞：《关于共同抵押的若干问题》，《北方法学》2012年第1期。

[28]王仰光：《动产浮动抵押抑或特别动产集合抵押》，《法治研究》2012年第11期。

[29]王仰光：《比较法视野下的动产浮动抵押人范围研究》，《岭南学刊》2012年第6期。

[30]任中秀：《解释论视野下知识产权质权人权利探析》，《知识产权》2012年第2期。

[31]田洪媛、陈会英：《山东省专利权质押融资状况、案例解析及启示》，《科技与法律》2012年第5期。

[32]郭明瑞：《在城乡土地一体化利用中须践行财产权和民主理念》，《山东大学学报》2012年第5期。

[33]杨海坤：《城乡一体化过程中农民土地权益维护的法律设计》，《山东大学学报》2012年第5期。

[34]齐延平：《市场化应成为土地征收中失地农民的补偿原则》，《山东大学学报》2012年第5期。

[35]郑智航：《城乡土地一体化利用过程中农民适当生活水准权的实现》，《山东大学学报》2012年第5期。

[36]关梅等：《完善城乡建设用地增减挂钩模式，增进城乡土地收益》，《山东大学学报》2012年第5期。

[37]董翠香：《金融债权司法保护的问题与对策》，《烟台大学学报》2012年第1期。

[38]庄海丽：《不真正连带债务的外部效力问题探讨》，《山东社会科学》2012年第9期。

[39]刘晓华：《论未生效合同》，《山东审判》2012年第3期。

[40]王仰光：《论通谋虚伪意思表示》，《中国矿业大学学报》2012年第3期。

[41]原蓉蓉：《论合同解除中的合同目的不能实现》，《学术论坛》2012年第5期。

[42]张海燕：《中国推广应用EDI合同存在的法律问题及立法建议》，《大连海事大学学报》2012年第1期。

[43]郑言、杨秋霞：《美国合同领域惩罚性赔偿研究》，《烟台大学学报》2012年第3期。

[44]郭明瑞：《关于公平责任的性质及适用》，《甘肃社会科学》2012年第5期。

[45]张平华：《认真对待民事保护令》，《现代法学》2012年第3期。

[46]于冠魁、杨春然：《论惩罚性赔偿的性质》，《河北法学》2012年第11期。

[47]杨春然：《论惩罚性赔偿的证明标准》，《证据科学》2012年第4期。

[48]郭明瑞：《关于劳务派遣单位与劳务用工单位的侵权责任》，《法学论坛》2012 年第 2 期。

[49]张平华：《侵权连带责任的现实类型》，《法学论坛》2012 年第 2 期。

[50]赵西巨：《论我国立法和司法对法定外在标准的过度依赖》，《证据科学》2012 年第 3 期。

[51]张海燕：《程序法视野下医疗损害责任立法之适用困境及应对》，《甘肃社会科学》2012 年第 6 期。

[52]刘宏渭：《产品缺陷责任主体的确定》，《法学论坛》2012 年第 1 期。

[53]张玉东：《高度危险责任若干条款的解释适用》，《烟台大学学报》2012 年第 4 期。

[54]曹相见、马贞增：《法律的伦理属性：海峡两岸监护人责任比较研究》，《人民司法》2012 年第 12 期。

[55]李轶：《构建合理的广告侵权责任制度》，《河北大学学报》2012 年第 6 期。

[56]崔立红：《音乐作品抄袭的版权侵权认定标准及其抗辩》，《山东大学学报》2012 年第 1 期。

[57]楚道文：《论海洋生态损害的法律问题》，《政法论丛》2012 年第 5 期。

[58]邱潇可：《网络环境中言论自由权与名誉权保护之均衡》，《东岳论丛》2012 年第 7 期。

[59]左金成：《我国体育新闻侵权的涵义界定及其路径解读》，《政法论丛》2012 年第 3 期。

[60]刘宏渭、赵军蒙：《论我国婚姻家庭立法的价值取向》，《法学杂志》2012 年第 7 期。

[61]康娜：《离婚习惯的实证研究与离婚制度的若干反思》，《山东大学学报》2012 年第 2 期。

[62]刘耀东、张平华：《论代位继承与归扣》，《中南大学学报》2012 年第 4 期。

[63]殷炳华：《商法视角下民间借贷问题的成因与法律规制》，《山东警察学院学报》2012 年第 5 期。

[64]姜一春：《关于商法上的营业转让的若干法律问题》，《商事法论集》法律出版社 2012 年 6 月版。

[65]杨道波：《公益法人董事会职权配置研究》，《河北法学》2012 年第 5 期。

[66]栾少华、史卫进：《论汽车消费贷款保证保险代位追偿权》，《科技与法制》2012 年第 5 期。

（作者：房绍坤，烟台大学法学院教授；张玉东，烟台大学法学院讲师）

诉讼法学

周长军　刘加良

一、2012 年诉讼法学研究概况

2012 年我省诉讼法学研究进步显著，亮点纷呈。

一是研究重点突出，成果丰硕。2012 年，我省诉讼法学研究重点围绕《刑事诉讼法》、《民事诉讼法》的修改和实施问题展开。山东大学法学院周长军教授担任副主编、集合全国 8 所政法院校共同撰写的《刑事诉讼法学》[1]是刑诉法第二次修正后最新出版的全国统编教材之一；山东大学法学院张式军教授的专著《环境公益诉讼原告资格研究》[2]、张海燕副教授的专著《美国联邦民事诉答程序制度》[3]以及中国海洋大学法政学院赵星副教授主编的《刑事法热点难点问题研究》[4]等，也都可圈可点。

二是学会组织得力，参与广泛。挂靠在山东省高级人民法院的山东省诉讼法学研究会积极组织全省诉讼法学界开展学术研究，影响广泛。2012 年 12 月 24 日，研究会在莱芜召开年会，来自全省高等院校及政法机关、律师事务所的 60 多位代表围绕修正后的两大诉讼法的实施问题进行了深入研讨。

三是学科建设实现新跨越，势头良好。2012 年，山东大学法学院在取得法学博士学位一级学科授予权和博士后流动站的基础上，增设诉讼法学博士招生方向，周长军教授、叶青教授、王丽萍教授可以招收诉讼法学方向的博士生和博士后，从而将我省诉讼法学学科建设推进了一大步，具有里程碑意义。

四是研究队伍不断壮大，影响日隆。我省高校教师中已经获得或者正在攻读诉讼法学博士学位的已达 20 多位。2012 年，山东大学秦伟教授、张海燕副教授以及山东财经大学赵信会教授、山东农业大学周艳波副教授、烟台大学史长青副教授当选为中国民事诉讼法学研究会理事。加上 2011 年当选为中国刑事诉讼法学研究会理事的山东大学周长军教授、烟台大学宋振武教授以及山东省高级人民法院侯建军副院长、吴靖副庭长，共有 9 位学者和实务专家在全国诉讼法学会中担任理事。此外，山东大学刘加良讲师的博士论文《民事诉讼调解模式研究》获全国第一届陈光中诉讼法学优秀博士学位论文奖。

二、2012 年诉讼法学研究的主要论题及其展开

（一）刑事诉讼法学研究

2012 年，我省刑事诉讼法学研究主要集中在刑诉法的修改及其特征、刑事证据制度、侦查程序、审判程序、刑事错案、权利救济、检察制度等方面。

1. 关于刑事诉讼法的修改及其特征

有学者在对刑事诉讼法第二次修正的基本内容和主要争点进行分析的基础上指出，此次刑事诉讼法的修改过程体现出较强的民主性，在修改内容上则表现出鲜明的渐进性。尽管学界和社会公众对于其中的一些条款仍存在异议乃至批评，无罪推定原则、被追诉人的沉默权还没有被明文规定，但此次修法在整体上的进步性和文明性难以否认，它提升了中国刑事诉讼的人权保障水平[5]。

2. 关于刑事证据制度

（1）电子证据对传统刑事证据理论的冲击与应对。有学者认为，电子证据对传统刑事证据的内在扩张表现为对传统证据概念的适度拓展以及对传统证据规则与原则内涵的丰富。电子证据对传统刑事证据的冲击根源在于电子证据技术手段的关联性、无限性与刑事证据法律之人权保障性、有限性之间的内在冲突。对传统证据制度的扩张解释、电子证据与传统证据的类比推理及对传统证据的创造性发展将是传统证据走进虚拟世界的三条重要进路[6]。

（2）刑事证明责任倒置。有学者认为，刑事证明责任与举证责任、刑事证明责任的正置与倒置等相关概念的正确区分是分析我国刑事证明责任倒置问题的前提。举证责任是证明责任的第一重含义，二者既有联系又有区别；在刑事法律中存在着证明责任正置与倒置的情况。刑事证明责任倒置的产生是刑事政策、立法技术等的现实需要[7]。

3. 关于侦查程序

（1）现行犯案件的初查措施。有学者指出，我国新刑事诉讼法第 117 条对现行犯的口头传唤措施的增设存在一定的问题。应当对现行犯的立案程序独立设置，将对现行犯适用口头传唤等到案措施之时视为刑事诉讼程序的开启，同时修改拘留制度，增设无证拘留措施，以明确被口头传唤或者无证拘留后的现行犯的犯罪嫌疑人身份，解决紧随其后的讯问行为的合法性及讯问笔录的证据效力，消除“先侦后立”现象[8]。

（2）侦查程序的完善。有学者认为，由于没有遵循利害相关者不得参与和主导修法活动的原则，同时受现行政治体制、司法体制和社会治安形势的制约，新刑事诉讼法对侦查程序的修改具有明显的妥协性和阶段性特征。侦查与立案、审判之间的关系仍未理顺；侦查程序的行政化/准诉讼化构造基本没有改观；侦辩失衡，侦辩之间的实质关系依然是求情而非对抗；选择性不执法、刑讯逼供、超期羁押、律师辩护难等侦查实践中突出存在的问题亦未得到立法的有效解决。侦查程序的完善还有许多未竞的课题[9]。

（3）技术侦查。有学者认为，我国新刑诉法对技术侦查措施的概念、种类、适用期限、违法适用的救济渠道等关键问题未予明确，导致本已模糊不清的技术侦查、技术侦察、秘密侦查等概念上的混乱加剧，必然严重影响被追诉人刑事诉权中的隐私权等实体权利和知情权等程序权利的保护[10]。也有学者指出，应当规范技术侦查措施的名称、种类及实施方法，建立审查监督制度，对技术侦查措施予以审查监督，对获得的材料的证据资格严格审核，赋予当事人获得救济的权利[11]。还有学者就其中的卧底侦查措施进行了研究，认为应当将法律保留原则、比例原则、最后手段原则、对付重大犯罪原则、司法令状原则及个案正义原则等运用于卧底侦查，从事前、事中与事后实现对卧底侦查的静态与动态的双重控制[12]。卧底侦查审批程序的设置应满足卧底侦查复杂性与时效性的要求，简化审批层级，统一、集中审批主体并细化审批程序；应设置相关风险评估因子，为卧底侦查审批提供内容保障[13]。我国宜以立法方式解决卧底侦查所获证据之证据能力的问题，具体则可以采纳卷宗记录主义，将卧底秘密侦查情形完全记录于侦查卷宗；借鉴德国的“证据转化”方法，以“二次替代”方式解决卧底警察出庭作证问题，同时配合“侦查三段论”改造，以侦查开启刑事诉讼程序，以保证卧底侦查所获证据被纳入刑事诉讼范围之内[14]。

4. 关于审判程序

（1）赔偿作为量刑情节的司法适用。有学者认为，最高法院相关规定和新刑事诉讼法关于“当事人和解的公诉案件诉讼程序”的规定都肯定了赔偿、和解与刑罚之间的关联性，但赔偿如何影响刑罚以及如何实现量刑均衡等问题始终存在。赔偿作为量刑情节适用，要具备一定的依存条件，个案中要围绕赔偿影响刑罚的联结点，结合其他因素合理地把握赔偿影响刑罚的度，赔偿数额要合理，“拒不赔偿”不能作为从重处罚的情节[15]。

（2）死刑疑案裁处过程中的“留有余地”。有学者认为，死刑疑案裁处过程中的“留有余地”已经成为司法实践中变通解决该类案件的惯常方式，由于其背离了刑事诉讼法的强制性规定和现代刑事诉讼法治的基本要求，因而严重损害了被告人的基本权利，为冤错案件的酿成埋下了隐患。但“留有余地”仍有适用空间，即对于定罪事实已经查清，但

量刑事实不清、证据不足的死刑案件，从疑义有利于被告人的角度出发，可留有余地判处死缓或者其他刑罚[16]。

（3）疑似精神病人刑事责任能力的评定。有学者认为，疑似精神病人犯罪案件的审判实践中，存在着颇多紧张状态，比如被追诉人要否承担刑事责任的命运掌握在精神病鉴定专家手中，但鉴定意见的客观性、科学性和公正性缺乏坚实支撑等。为化解此困境，疑似精神病人刑事责任能力的评定应遵循程序启动方面的理性适度原则、评定权配置方面的法官主导原则、程序运行方面的当事人参与原则以及决策方面的“宽入严出”、“存疑从有”原则[17]。

5. 关于刑事错案

有学者认为，刑事错案形成的主要原因是：初动侦查粗糙，原始证据不足；严打政策和“命案必破”的现实要求；有罪推定的传统司法理念；侦查监督不到位；虚假供述和虚假证言；侦查、司法人员人权观念淡漠、律师不作为和外界不当干预。防范刑事错案，应转变司法观念，强化人权意识；提高侦查、司法人员的素质；完善证人保护和出庭制度；建立非法证据排除规则；加强侦查监督和司法监督；强化科技手段的作用及建立错案追究和追偿制度[18]。

6. 关于权利救济

（1）司法救济机制。有调研报告指出，当前山东省犯罪侵权损害司法救济机制存在执法标准不统一、救济机制割裂、配套机制缺位、救济效果不佳等四大问题，建议建立五层次的司法救济机制：一是通过建立健全追缴返还、诉讼保全、量刑引导、责令退赔、退赔减刑制度，完善刑事诉讼救济机制；二是通过限缩附带民事诉讼救济范围、明确受案范围和诉讼主体、规定调解不受救济范围限制等，重构附带民事诉讼无偿的有限救济机制；三是通过明确救济范围、实行有偿救济等，建立与附带民事诉讼相衔接的独立民事诉讼救济机制；四是通过构建救济犯罪侵权损害的辅助执行制度，完善民事执行程序救济机制；五是通过将救助资金纳入国家财政预算，畅通社会资金募集渠道，明确救助部门的审批职责和时限以及健全监管追责机制等，完善被害人救助机制[19]。

（2）刑事被害人国家补偿制度。有学者对刑事被害人国家补偿制度的构建提出了设想：坚持及时补偿、赔偿为主补偿为辅、比例和特殊保护等原则；补偿对象应是遭受严重暴力犯罪、生活陷入困境的具有中国国籍的刑事被害人及其近亲属；少数特殊犯罪被害人的精神损害可以适当补偿；根据个案差异进行补偿；建立刑事被害人补偿基金；在法院内部设立补偿委员会；将刑事附带民事诉讼作为国家补偿的前置程序[20]。

7. 关于检察制度

（1）检察监督对象。有学者指出，公安、法院、监狱等机关经常以“规定”、“实施意见”等内部发文的形式规定刑事诉讼的具体方面，进而影响对具体诉讼行为合法性的认定，因此立法应将侦查、审判、执行环节的抽象刑事诉讼行为也纳入检察监督范围，规定检察机关可以通过备案、审查或介入等方式对抽象刑事诉讼行为进行监督[21]。

（2）检察体制改革。有学者认为，目前我国检察体制存在以下问题：在制度层面上强化了检察权的地位而在技术层面上削弱了检察权能；检察权行政权化倾向突出；检察制度中双重领导关系的确立妨碍了检察一体原则的实施；一些做法违背了刑事程序的基本原则和规律；一些检察权能的设置和行使与国际通行做法相冲突。应在宪政视野下重新审视检察机关的法律地位；重塑检警、检法关系；建立既独立又垂直的检察领导体制；构建起以公诉权为核心、诉讼监督并存的检察制度；强化检察官的职业属性；解决好改革超前和立法滞后之间的矛盾[22]。

（二）民事诉讼法学研究

2012年，我省民事诉讼法学研究呈现涉及面广、方法多元、侧重微观的特征，内容主要集中在纠纷解决、证据制度、审判程序、同案同判和执行程序等方面。

1. 关于纠纷解决

（1）诉讼与非诉讼衔接机制。有学者以高效分流案件、彻底消弭纠纷、解决“诉讼爆炸”的现实困境为出发点，分析了现有的诉讼与非诉讼衔接机制的缺陷和完善路径，指出我国现有的衔接机制过多地设置了强制型衔接机制，易侵犯当事人诉权；非强制型衔接机制分流案件效果有待提高；过量适用诉讼主动型衔接机制，易降低公力救济权威性；盲目试点非法定衔接机制，易导致各地司法实践相左。理论界应充分响应实务探索、积极推进立法进程、平衡配置诉讼与非诉讼解纷机制、切实增强非诉讼程序的法律约束力[23]。

（2）民间调解制度。有学者研究了民间调解由传统到现代演进的过程、特点、趋势以及存续和演进的原因。在演进过程中，民间调解的特点表现为以宗族调解为主到以人民调解为主；民间调解的原则由漠视实体权利转向尊重实体权利；民间调解协议的履行由宗法强制到法律强制，执行力增强。我国民间调解严谨的方向应该是回应性调解，即注重吸收传统民间调解的优点，充分发挥习俗的作用，切实增强调解协议的执行力[24]。

（3）医疗纠纷解决。有学者认为，在我国，以医疗诉讼和 ADR 解决为主的多元化医疗纠纷解决体系基本构建完成，但其预防纠纷的能力较弱，分流案件的效能略低；域外实践中医疗仲裁助力纠纷分流、医疗鉴定由法院统一组织、医疗诉讼实行专业化审理、医疗保险化解职业风险等对我国有较强的借鉴意义[25]。还有学者分析了医疗纠纷人民调解的实践模式，指出医疗纠纷具有引发的不可控性、社会化的易发性、原因事实的竞合性、化解依据的渐趋合理性等特征，主张医疗纠纷的人民调解机制应当考虑区域差异[26]。

2. 关于民事证据制度

（1）证据可采性。有学者回顾了美国证据法的开端及裁量性认定模式的历史，阐述了在赋予法官事实审裁量权时的两种不同改革方式：塞耶、摩根主张的简化证据规则和威格摩尔主张的对事实审法院裁量权的行使予以约束，并认为我国在证据资格判断方面必须坚持裁量性证据立法模式，在不能以放弃裁量性认定模式为代价的前提下，立法及司法应正视裁量性证据能力认定中可能出现的消极问题，学界则需制定详细的证据能力认定规则指导裁判者[27]。

（2）测谎证据的可采性。有学者认为，测谎证据具备证据的“三特征”，只要不属于以侵犯他人合法权益或违反法律禁止性规定的方法取得的，应认可其合法性。测谎证据应归属于鉴定结论，是间接证据。在我国，民事诉讼实践中应用测谎证据具有良好的现实基础；引发的“实体公正抑或程序公正”以及“科学抑或伪科学”的理念冲突可以被克服；引致或增加的伦理与道德风险可以被控制；不会架空举证责任分配与证明责任规则。应理性规范运用测谎技术认定实施的具体方法，在运用证明责任理论上不能达到预期社会效果时，辅以测谎证据认定事实[28]。

（3）证明妨碍制度。有学者指出，我国《民事诉讼法》规定的民事诉讼证明妨碍制度仅仅是从公法角度维护司法制度的规定，并没有从妨碍对方当事人举证的角度作出相应的制度性设计，之后的有关规定虽有所突破，但太过简单而漏洞颇多。论者认为，构成证明妨碍的主体要件既可以是当事人，也可以是受当事人支配的第三人；主观要件为故意和过失；客观要件包括须有证明妨碍行为、不负证明负担的当事人的行为造成他方举证困难或举证不能、该举证妨碍行为与待证事实证明困难或不能证明具有因果关系；客体主要为证据[29]。

（4）推定。有学者指出，推定的本质是一种价值理性而非逻辑理性，推定是在一定逻辑基础上对某事实状态进行特定价值选择的结果。认识论的相对性、事物之间的普遍联系和因果关系是推定产生的哲学基础，等值关系、三段论逻辑推理形式是推定的逻辑学基础，符合诉讼公正和效率价值的要求、能够引导和形塑社会整体正义是推定的法理基础。在穷尽一切证明手段后事实仍处于真伪不明状态、作为推定小前提的基础实施真实可靠、作为推定大前提的基础事实和推定事实之间具有或然性常态联系且具有积极的价值导向功能、受推定不良影响的当事人未提出相反证据的情况下，事实推定优位于证明责任适用[30]。

（5）医疗侵权的举证责任。有学者认为，《侵权行为法》要求患者对“被告医疗机构存在过错”的事实负举证责任，存在困难，加重了原告的举证负担，有必要通过借鉴“利益衡量”的举证责任分配理论进行修补。根据“利益衡量理论”，法院根据个案情况，在一定情况下对医疗过错问题实行“举证责任倒置”；同时可以运用证明妨碍的司法技术，在一定条件下直接认定医疗机构存在医疗过错[31]。

3. 关于审判程序

（1）环境公益诉讼。有学者认为，环境公益诉讼是一种专门的公益诉讼，不应对其进行环境民事和行政公益诉讼的界分，在法律表达形式上通过修法增设公益诉讼制度。我国环境公益诉讼的原告范围应当包括检察机关、政府环境管理机关、环保团体和公民个人。当前环境公益诉讼的原告诉权顺位关系为：政府环境管理机关、检察机关、环保团体、个人。该顺序将随着各个主体的发展不断调整[32]。

（2）检察机关提起民事公益诉讼。有学者认为，我国检察权是一种复合型权力，主要含有法律监督权和公诉权，这两种权能在本质上具有不可兼容性。检察机关提起民事公益诉讼的权力源自其公诉职能。构建检察院提起民事公益诉讼制度时，应首先在宪法上明确检察权的复合性质，增加民事公诉职能，并在相关法律中明确其“民事公诉人”地位[33]。

（3）案件事实。关于案件事实，有学者从三方面进行了研究：一是起诉事实。认为诉答程序的功能定位决定了民事起诉事实的具体内容，大陆法系国家诉答书状功能的拓展决定了民事起诉事实范围的扩大，英美法系国家诉答程序功能定位的不同引发了民事起诉事实内容的变化。对我国的启示是：民事起诉事实的记载应当具体化，并进行必要记载事实和任意记载事实的区分，立案法官应充分行使释明权以指导原告正确提出民事起诉事实，实现尽快明确争点，提高诉讼效率的法律效果[34]。二是案件事实认定。认为裁判者认定案件事实应按照有序的理性思维进路展开，同时对于该过程中非理性因素的影响应通过完善法律教育培训制度、建立司法判决理由公开制度和落实相关配套制度等进行有效导控，还应通过选择协同主义诉讼模式、完善审前准备程序、采行集中审理主义等措施科学配置裁判者认定案件事实的外在程序[35]。对于保障案件事实正确高效认定而言，协同主义诉讼模式是最佳诉讼模式；审前准备程序是最佳诉讼结构要求，在这方面，我国应建立强制诉答制度、初步审理程序、完善举证时限制度、强化当事人及其律师的证据收集能力等；集中审理主义是最佳审理模式，在这方面，我国应建立及时宣判制度、庭审更新制度和多元化的集中审理主义[36]。三是裁判事实。论者认为，由于认知主体的限制性、认定对象的历史性、认定依据的限定性、认定时间的限定性和认定价值的多元性，裁判事实不同于案件真相是客观存在的事实，但裁判事实应最大程度地符合案件真相[37]。

（4）巡回审判。有学者认为，巡回审判制度践行了“司法为民”的理念，契合了转型社会的经济结构、法治环境与文化形态，实现了司法专业化与大众化的融合，搭建了普法宣传的崭新平台。但该制度尚未法制化，其实效性面临诸多阻碍，因此有必要完善相关立法，促进巡回审判制度的法治化；创新制度设计，加强巡回审判制度的基础保障；建立互动互融机制，实现“部门联动，共保一方”的效果[38]。

（5）上诉审查制度。有学者认为，一个完整的上诉程序应当包括上诉程序的启动过程和上级法院针对下级法院被上诉裁判的审查和处理过程，而在我国，上诉权一直被不恰当地定位。我国应借鉴域外成熟经验，构建上诉审查制度。上诉的条件应引入实质性要件，设立第三审上诉制度并仅限于适用法律问题和程序性问题，赋予原审法院以实质性审查权[39]。

（6）民事抗诉。有学者指出，民事抗诉制度有存在的必要性，但抗诉前提的假想性、抗诉权的扩张性、民事诉讼的平等性和自治性以及检察抗诉的监督性、程序性、监督效能、资源的有限性决定了民事抗诉应当具有谦抑性。民事抗诉制度带来了检察监督与审判独立、外力介入与内在架构、公权干预与私权自治、实体公正与程序安定等方面的冲突。民事抗诉制度的设置应立足谦抑，注重价值冲突的消弭和价值衡平与兼顾，达到效益最大化。有必要重构抗诉理由、明确限定抗诉期限与次数、规范民事抗诉行为，完善民事抗诉程序，保证民事抗诉权得到恰当、充分行使[40]。

4. 关于同案同判

（1）案例指导制度。案例指导制度是实现“同案同判”的措施之一。有研究认为，我国案例指导制度呈现以下特征：案例遴选与发布机制的行政化与垄断化；案例来源的多元化；案例核心规则的抽象化；案例拘束力的法定化。由于过分注重抽象化的“裁判要点”，我国案例指导制度仍未完全脱出旧的个案答复或者司法解释的窠臼。完善的近期目标是在现行制度设计下尽量改进或弥补其先天不足，长远目标则是逐步确立遵循先例原则[41]。

（2）审级控制。有学者从审级控制的角度研究了同案异判的消除问题，认为在特殊案件领域，现有的向上级法院请示汇报、制定司法解释、发布指导性案例等措施有很大的局限性，解决途径应当是将特殊案件的一审管辖权统一上提一级，尽快建立特殊民事案件同案同判的协调机制；在一般民事案件领域，应取消裁量型发回重审，调适法定型发回重审，同时配套以良善的裁判文书说理制度[42]。

5. 关于执行程序

（1）执行监督制度。有学者剖析了执行监督制度，认为目前法院系统内部的监督制度没有实现严格分权，实际运作中自我封闭，监督作用十分有限；外部监督也面临种种困难，严重影响了司法的权威性，妨碍了诉讼正义价值的实现，因此有必要重构执行监督制度，构建以检察机关监督为主体，包括当事人和利害关系人监督、人大宏观监督、新闻媒体等社会监督在内的外部监督机制，完善法院内部监督机制等[43]。

（2）执行不能案件退出机制。有学者认为，执行不能案件退出机制不仅符合司法资源合理配置理论以及权利、义务、责任理论、诉讼风险分担理论和法律程序的时限性理论等司法理论，而且符合私权的公权救济有限性理论、债权的期限性理论、消灭时效理论和破产重组的相关理论等民商法理论，具有理论上的可行性与合理性[44]。

参考文献：

[1]孙长永：《刑事诉讼法学》，法律出版社2012年8月版。

[2]张式军：《环境公益诉讼原告资格研究》，山东文艺出版社2012年1月版。

[3]张海燕：《美国联邦民事诉答程序制度》，中国政法大学出版社2012年12月版。

[4]赵星主编：《刑事法热点难点问题研究》，中国人民公安大学出版社2012年2月版。

[5]周长军：《中国刑事诉讼法的修正及其特征》，《早稻田法学》（日文）第87卷第4号。

[6]庄乾龙、朱德良：《论电子证据对传统刑事

证据理论的冲击与应对》，《华中师范大学学报》2012 年第 1 期。

[7]庄乾龙：《刑事证明责任倒置相关概念辨析》，《山西省政法管理干部学院学报》2012 年第 2 期。

[8]周长军：《现行犯案件的初查措施：反思性研究——以新〈刑事诉讼法〉第 117 条对传唤、拘传的修改为切入》，《法学论坛》2012 年第 3 期。

[9]周长军：《语境与困境：侦查程序完善的未竟课题》，《政法论坛》2012 年第 5 期。

[10]谭庆德、向国秀：《我国刑诉法中技侦措施立法对被追诉人刑事诉权保护的影响》，《中共青岛市委党校·青岛行政学院学报》2012 年第 5 期。

[11]李慧英、徐志涛：《论我国技术侦查措施的法定化》，《中国刑事法杂志》2012 年第 7 期。

[12]庄乾龙：《论卧底侦查程序法原则》，《长安大学学报》2012 年第 1 期。

[13]庄乾龙：《论卧底侦查之审批》，《广西警官高等专科学校学报》2012 年第 2 期。

[14]庄乾龙：《论卧底侦查所获证据之证据能力》，《北华大学学报》2012 年第 1 期。

[15]王瑞君：《赔偿作为量刑情节的司法适用研究》，《法学论坛》2012 年第 6 期。

[16]胡常龙：《论死刑疑案裁处过程中的"留有余地"问题》，《山东社会科学》2012 年第 2 期。

[17]《论疑似精神病人刑事责任能力评定的原则》，《山东大学学报》2012 年第 5 期。

[18]高春兴：《我国刑事错案产生的原因及对策探析》，《山东警察学院学报》2012 年第 1 期。

[19]山东省高级人民法院研究室：《全省法院 2011 年重点调研课题成果综述》，《山东审判》2012 年第 2 期。

[20]张波：《论刑事被害人国家补偿制度的构建》，《求实》2012 年第 1 期。

[21]程宏谟、张瑞祯：《抽象刑事诉讼行为应纳入检察监督范畴》，《检察日报》2012 年 12 月 10 日。

[22]魏黎明、张霞：《我国检察体制改革面临的问题与对策——以刑事诉讼为视角》，《山东社会科学》2012 年第 8 期。

[23]陈浩：《诉讼与非诉讼衔接机制研究》，《辽宁师范大学学报》2012 年第 6 期。

[24]郝洪斌、闫宝龙：《民间调解有传统到现代的历史演进及其借鉴意义》，《东岳论丛》2012 年第 3 期。

[25]陈浩：《中外医疗纠纷解决体系比较研究》，《沈阳师范大学学报》2012 年第 5 期。

[26]刘加良：《医疗纠纷人民调解的实践模式及其启示》，《政治与法律》2012 年第 6 期。

[27]赵信会、谢庭树：《证据可采性认定的自由裁量及其限制》，《证据科学》2012 年第 2 期。

[28]潘志玉：《论测谎证据在民事诉讼中的可采性》，《政法论丛》2012 年第 6 期。

[29]赵信会、韩清：《民事诉讼证明妨碍制度的构建》，《河北法学》2012 年第 9 期。

[30]张海燕：《推定：事实真伪不明困境克服之优位选择》，《山东大学学报》2012 年第 2 期。

[31]王德新：《医疗侵权的举证责任分配与利益衡量》，《河南科技大学学报》2012 年第 6 期。

[32]张海燕：《论环境公益诉讼的原告范围及其诉权顺位》，《理论学刊》2012 年第 5 期。

[33]何燕：《检察机关提起民事公益诉讼之权力解析及程序构建》，《法学论坛》2012 年第 4 期。

[34]张海燕：《民事起诉事实论纲》，《浙江学刊》2012 年第 6 期。

[35]张海燕：《民事诉讼案件事实误认之预防机制研究》，《法学论坛》2012 年第 3 期。

[36]张海燕：《民事诉讼案件事实认定的程序保障机制研究》，《东岳论丛》2012 年第 2 期。

[37]张海燕：《裁判事实与案件真相》，《齐鲁学刊》2012 年第 4 期。

[38]王德玲：《我国巡回审判的实践反思与制度构建》，《政法论丛》2012 年第 2 期。

[39]赵旭东：《民事上诉审查制度研究》，《河北法学》2012 年第 1 期。

[40]王德玲：《民事抗诉中的法理冲突与协调》，《法学论坛》2012 年第 5 期。

[41]欧阳明程：《从案例到判例之路——从判例制度的视角看我国案例指导制度之局限》，《山东审判》2012 年第 5 期。

[42]刘加良：《民事案件同案同判的审级控制》，《当代法学》2012 年第 5 期。

[43]张明敏：《我国民事执行监督制度的检讨与重构》，《山东警察学院学报》2012 年第 2 期。

[44]胡家强：《执行不能案件退出机制的理论基石与法律分析》，《河北学刊》2012 年第 5 期。

（作者：周长军，山东大学法学院教授；刘加良，山东大学法学院讲师）

环境与资源保护法学

徐祥民　王昌森

一、研究概况

2012年，山东省环境与资源法学取得了一系列研究成果：主要出版了12部研究著作，公开发表了50余篇重要研究论文，召开了4次环境法学研究会议，举办了一次模拟环境法庭大赛。同时，我省高校授予近10人环境与资源保护法学博士研究生学位，授予40余人环境与资源保护法学硕士学位。

（一）著作

本年度出版的著作主要有：《渤海管理法调整范围的立法方案选择》、《中国环境法学评论（第8卷)》、《气候变化背景下的环境法学研究》、《海洋环境保护法概论》、《后代人权利论批判》、《气候变化视角下共同但有区别责任原则》、《构建我国破产企业环境法律责任制度研究》、《政府环境责任问题研究》、《环境刑法之立法反思与完善——以环境伦理为视角》、《环境公益诉讼原告资格研究》、《破坏山体的造林绿化及植被恢复》、《和谐社会之环境立法研究：生物自然力法制构建与农业实践》等12部。

（二）学术论文

山东省环境法学者在国内外公开出版期刊上发表了《从利益主体看环境法与财产法的区别》、《发展观、文明观的转变与环境法的修改》、《虚妄的代际公平：以对人类概念的辨析为基础驳“代际公平说”》、《“能者多劳”：应对气候变化责任分担的首要原则》、《促进海洋能开发利用的政策分析——以山东半岛蓝色经济区为例》、《海上溢油引起的生态损害之法律应对》、《共同体与环境共同体》、《自然体内在价值主体论析》、《北极治理机制变迁及中国的参与战略研究》、《环境损害赔偿制度的缺位与立法完善》、《碳交易市场中国构建的几点法律思考》、《论我国气候变化立法的制度架构》等50多篇重要学术论文。

（三）学术活动

2012年4月26日，中国海洋大学法政学院院长、博士生导师徐祥民教授主持的教育部哲学社会科学发展报告项目“中国环境法制建设发展报告”开题暨《中国环境法全书》审稿会在中国海洋大学学术交流中心举行。国土资源部、环境保护部、农业部、国家林业局、国家海洋局、山东省环境保护厅、中国海洋大学、青岛市环境保护局等单位的相关领导和专家学者出席会议。

2012年5月11日至5月13日，山东省法学会环境资源法学研究会2012年学术研讨会在新泰召开。来自中国海洋大学、清华大学、天津财经大学、山西大学、陇东大学、山东科技大学、山东政法学院、山东理工大学、新泰市人民检察院等单位的专家学者50余人参加了会议。

2012年10月26日至28日，教育部高等学校法学学科教学指导委员会、中国法学教育研究会2012年年会暨“卓越法律人才教育培养计划”与法律人才培养模式改革论坛在中国海洋大学召开。会议由教育部高等学校法学学科教学指导委员会、中国法学教育研究会主办，中国海洋大学法政学院承办。中国法学会副会长周成奎，教育部高校法学学科教学指导委员会主任、中国法学教育研究会会长张文显，中国海洋大学校长吴德星等出席开幕式并致辞。中国法学会领导、教育部和司法部领导以及来自全国200余所高校的校长、院长和专家学者300余人参加了此次盛会。

2012年10月29日，由中国海洋大学和澳大利亚新南威尔士大学联合发起成立的国际联合研究机构——中澳海岸带管理研究中心（Sino－Australian Joint Research Center for Coastal Zone Management）董事会在中国海洋大学召开。从2010年6月成立以来，该中心已经成功地召开了5次学术研讨会。

（四）模拟环境法庭大赛

2012年11月17日至18日，由中华环保联合会、中国海洋大学主办，中华环保联合会法律服务中心、中国海洋大学法政学院承办，山东省新成环境法与可持续发展研究中心协办的首届全国模拟环境法庭大赛在中国海洋大学举行。南开大学代表队摘走桂冠，山东大学夺得亚军，郑州大学和山东科技大学获得季军，中国海洋大学等8个代表队获得优秀奖。

二、主要问题及观点

2012年度本学科的研究主要涉及环境法基本理论、海洋环境与资源、极地政策与法律、气候变化、环境刑法等方面。

（一）环境法基本理论

环境法基本理论主要涉及的问题有“代际公平说”、生态文明、环境法与财产法的区别、环境法律政策、环境法研究范式、共同体与环境共同体等。

1．“代际公平说”批判。“代际公平说”在环境哲学、环境政治学、环境法学等领域颇具影响力。然而，徐祥民教授等指出，“代际公平说”混淆了集合概念的人类与类概念的人类这两个性质不同的概念，是一个虚妄的理论。人类环境危机语境中的人类是集合概念的人类，这个人类的环境也是整体的地球环境。代际公平理论建立的基础是集合概念的人类以及这种人类的地球环境。集合概念的人类是一个整体，无法承受“代”的分割，地球环境也不是可供继承的财产。代际论者构筑的多个人类并存并以地球环境为继承对象的理论既不合乎逻辑，也不符合客观事实。将“代际公平说”作为一种法律理念或一种法律理论工具不可取[1]。

2. 生态文明。生态文明的提出和发展为环境法理念的更新提出了新命题。学者吕霞等指出，十一届三中全会以来，我国的发展观经历了一个从“发展是硬道理”到“科学发展”的转变过程。文明观经历了从仅关注物质文明和精神文明到增加对生态文明的关切的转变。与这种变化相比，我国现行环境法所体现的发展观、文明观已经落后，需要接受科学发展和生态文明观念。与发展观、文明观相关的环境法的修改应当是对立法目的的修改[2]。楚道文副教授认为，我国环境法建设应当遵循生态理念的基本要求，在具体的环境法律制度中对生态理念加以体现和落实[3]。杨占栋认为，作为建设高效生态经济区的黄河三角洲开发应当自始至终树立、贯彻和遵循生态文明型环境观[4]。

3. 环境法与财产法的区别。以往研究者注意到环境法与民法等法律部门之间存在区别，并注意到环境法的某种非个体特性。徐祥民教授通过研究进一步指出，利益是环境法与财产法之间的分水岭。促成财产法问世的是社会个体的财产需求，财产法最初的和最基本的功能是满足社会个体的财产需求。环境法是服务于人类整体利益的法。人类环境权背后的利益属于人类这个生物学意义上的整体的利益，而不是可以由人类这个种概念中的人类个体各自享有的利益。环境利益属于集合概念中的人类利益。环境法与财产法是不同时代的法[5]。

4. 环境法律政策。孙法柏教授对英国环境保护行政机制之部门整合和环境法律政策整合之制度实践进行了介绍。他认为，环境的整体性和环境问题的复杂化要求对环境法律政策进行整合并实行部门管理一体化。英国以可持续发展为核心进行政府机构改革，实施整体污染控制制度，贯彻了环境法律政策整合的理念，符合现代环境法的发展方向和要求[6]。

5. 环境法研究范式。刘明明认为，传统环境法研究范式往往陷于政府与市场双重失灵的困境。为实现可持续发展，其引入了可持续治理的概念。认为，环境法研究范式的转换应当以可持续治理为理论基础，着重于研究国家、市场和社会的互动模式，并实现从二元到多元、从单层到多层、从分散到一体、从管制到民主、从硬法之治到软法硬法相结合等四方面的转变[7]。

6. 环境法法律方法。李鑫副教授认为，环境法法律方法具有解释对象的广泛性、方法运用的灵活性以及各方利益平衡的静态特征，同时又具有法律发现方法运用的创造性、环境法解释方法运用的根本目的性和利益衡量方法的特殊地位的动态特征。[8]为解决环境法存在的人本主义和生态主义两种立场的对立，李鑫副教授建议，在环境法没有明确何种立场是根本立场的时候，可以通过环境法法律方法，尤其是利益衡量的方法来解决两者的对立[9]。

7. 自然体内在价值主体。针对自然体权利论者要求赋予自然体价值主体地位以实现自然体与人平等的愿望，苑银和等认为，价值既不是一个实体，也不是客体的属性，更非主体的需要，它是一个关系范畴，判断价值的唯一标准是对象性关系的理性活动，只有人符合这一标准，人是价值的唯一主体，自然体不可能与人达到平等，自然体权利根本无法实现[10]。

8. 环境共同体。环境共同体引起了我省学者的关注，李静等认为，环境共同体是一个客观存在的与环境有关的当代人的共同体，它是自然形成而不依赖于人的意志的利他选择，其本质是责任共同体而非利益共同体[11]。

9. 环境资源相关权。面对环境权理论存在的理论问题和实践障碍，刘晗等提出了环境资源相关权这一概念。环境资源相关权，泛指一切与环境和自然资源有关的权利的统称，是以环境与自然资源为客体或对象的权利集合[12]。

10. 环境损害赔偿。针对环境损害无法得到传统部门法的有效保护和救济的情形，张锋教授等认为，当前环境公害事件频发的重要原因是环境损害赔偿制度的缺位。应当通过立法将环境利益法律化，在明确界定环境损害涵义的基础上，采取实体和程序一体的立法模式，着重规定环境损害赔偿责任的构成，重新架构救济框架，设立公益诉讼机制来追究环境损害行为人的责任，并完善相关配套的支撑性制度[13]。

11. 环境公益诉讼。张锋教授等认为，我国环境公益诉讼制度的构建应坚持环境公益与环境私益的合理融合，国家公诉与民众私诉相结合，并坚持放宽起诉资格与限制诉权滥用相结合。同时，需要对诉讼责任和利益的分配进行合理安排[14]。楚道文副教授等认为，环境行政执法不力是导致我国环境公益得不到有效保障，环境质量状况持续恶化的根本原因。唯有建立起环境公益诉讼才能平衡环境公益保护中污染企业与公众的参与力度和救济途径，督促环境行政执法远离“寻租”，并矫正政府与企业间的利益联系[15]。

关于环境公益诉讼的原告资格，张海燕副教授认为，不应对其进行环境民事和行政公益诉讼的二元界分。我国环境公益诉讼的原告范围应当包括检察机关、政府环境管理机关、环保团体和公民个人。环境公益诉讼原告应当根据公权主体优于私权主体的原则，按照政府环境管理机关、检察机关、环保团体和公民个人的先后顺位来行使环境公益诉权[16]。

12. 环境信息公开制度。针对我国环境信息公开存在的问题，于现忠副教授提出，应当推动环境信息公开立法工作；明确环境信息公开范围；加强社会公众监督；建立政府问责机制；实施激励机制和优惠政策[17]。

（二）海洋环境与资源

海洋环境与资源研究主要集中在海洋政策、海洋伦理、海岸带、海洋生态损害补偿等方面。

1. 海洋政策。为解决海洋能开发利用中的政策缺失问题，田其云教授等建议，山东半岛蓝色经济区海洋能开发应制定促进海洋能开发利用的长期、中期和短期规划。通过实行各类财税、金融、政府采购补贴和引导企业入股等金融政策，完善对企业投融资的鼓励和投入机制。同时，加强蓝色经济区内统筹协调，深化蓝色经济区海洋能管理体制改革，严格执行《可再生能源法》及其配套的法律法规和规章等[18]。

2. 海洋伦理。目前，学界对海洋伦理的研究尚处于起步阶段，未形成完整的框架体系和成熟的研究内容。吕建华副教授等在阐明海洋伦理的内涵，即公共行政伦理、公共伦理和生态环境伦理的基础上，从个体、公众和组织三个层面建构了海洋伦理意识、海洋伦理制度、海洋伦理社会以及海洋伦理精神四个方面的伦理规范体系[19]。

3. 海岸带。为促使青岛海岸带生态环境向有利于人类生存的方向发展，马英杰教授等认为，青岛应当坚持蓝色发展建设与海洋生态建设协调发展的原则，以蓝色经济的发展带动海岸带环境的保护[20]。梅宏副教授对广西山口红树林保护区形成的以“社区共管，多方参与”为特征的“山口模式”进行了介绍。其建议深入认识红树林自然生态系统的性质、特点和规律，将基于生态系统的综合管理原则、方针和政策制度化、法律化[21]。董跃副教授等认为，国外海岸带综合管理因与我国“陆海统筹”战略具有相似性，可以从评估内容、基于生态系统的管理、公众参与和教育培训等方面为“陆海统筹”战略的实施提供借鉴[22]。

4. 海洋生态损害与补偿。海上溢油引起的生态损害引起了我省研究者的密切关注。梅宏副教授等认为，海洋生态损害不时发生的“症结”在于生态利益的法律保护不利，而恪守“损害赔偿”的法理难以解决日益突出的生态损害法律问题。综合生态系统管理理念的法律化是防治海洋生态损害的当出之途[23]。梅宏副教授还对我国海上溢油生态损害索赔进行了探讨。其指出，虽然我国《海洋环境保护法》第90条第2款确立了相关部门提起海洋生态损害索赔的诉权，却未对生态损害索赔权所依据的实体权利及相应义务、责任作出规定。完善“权利—权力”的关联与制约关系，是我国应对海上溢油生态损害索赔实践向立法提出的要求[24]。楚道文副教授也认为，我国法律规定了海洋生态损害的范围、评估规范及证明责任的分担，但在权利主张主体和责任承担方式方面存在不足。其主张构建环境公益诉讼中的公众参与机制，建立我国生态损害赔偿基金制度[25]。王冶英副教授等认为，防治海洋生态损害应当建立完善的环境责任保险制度[26]。

5. 海洋渔业。为解决后《联合国海洋法公约》时期国际海洋渔业法律制度存在的资源属性与现行渔业制度安排存在冲突、公海配额分配机制有待完善等主要问题，白洋博士建议，发挥联合国粮农组织的统一协调作用，采取多主体合作治理模式；协调好国际组织和国内机构的运作机制；建立以义务履行的多少来称量权利获取多少的配额分配标准；加强公海渔业监管力度，推广监测系统监控设备、实施公海联合执法机制，打击非法、不报告、不管制的捕鱼行为[27]。

6. 海洋公民。海洋公民这一概念对于海洋环境治理具有重要意义。赵宗金副教授认为，作为环境公民理论在海洋领域的延伸，海洋公民与环境公民概念具有实在论基础上和论证逻辑上的同一性。当前，海洋开发、保护与治理过程亟须大力培育海洋公民和规范海洋公民行为，这种培育和规范行为一方面从个体行为着手，另一方面从公民行为环境、海洋立法与决策过程入手[28]。

（三）湿地

湿地生态系统不仅具有一定的经济效益，而且具有重要的生态效益。董素对湿地生态补偿中的经济价值和生态价值博弈进行了探讨。提出要合理确定生态补偿标准、实行多渠道补偿模式、科学评估湿地生态系统生态价值等[29]。

（四）气候变化

气候变化主要涉及的论题有：应对气候变化责任分担的原则、碳减排与碳交易、低碳经济等。

1. 应对气候变化责任分担的原则。针对哥本哈根会议上发达国家要求“世界上增长最快的排放国”承担更大的减排责任的要求，徐祥民教授等指出，污染者负担符合“谁受益，谁负担”的法理，但无法用来阐释应对气候变化的责任分担。应对气候变化是人类共同体的利益。维护共同体利益需要共同体成员各尽所能，它表现为家庭伦理中的“兄长担重任”或社区共同体中的“能者多劳”。应对气候变化责任分担的首要原则是能者多劳。并建议，我国作为发展中国家应注意使用能者多劳原则[30]。

2. 气候变化立法。我国气候变化立法方面，刘明明博士认为，要综合运用“命令——控制”型管制制度和基于市场的管制制度，发挥两种制度间的协同效应。“命令——控制”型制度包括温室气体排放标准和能效标准，基于市场的制度宜采取基线和信用型交易与碳税相结合的方式[31]。

3. 碳减排与碳交易。碳减排方面，刘明明博士认为，削减碳消费责任的公平分担应当以科学、合理的全球碳预算为前提，并综合考虑各国的历史责任。全球碳预算应当按照人均累积碳消费相等的标准分配，根据气候条件、地理位置、能源禀赋等自然条件进行相应调整。其还指出，应当将全球碳消费额度控制在防止气候系统受到危险的人为干扰的水平上[32]。碳交易方面，王志华副教授认为，为增强中国在国际碳交易中的竞争能力，应当构建以自愿性减排为主的中国碳交易市场，构建符合中国国情的碳交易法律机制[33,34]。刘明明等建议融合我国温室气体排放标准与碳排放交易制度[35]。

4. 低碳经济。低碳经济的发展离不开政策和法律的保障。白洋博士建议，我省在发展低碳经济的过程中应当科学制定低碳经济的省内战略规划；完善相关法律的地方配套法规；制定低碳产业目录和退出机制；贯彻预防为主原则，严格落实环境影响评价制度；强化政府责任；树立低碳典型[36]。

（五）极地政策与法律

1. 南极生物遗传资源法律问题。南极生物遗传资源引起了各国的激烈争夺。刘慧荣教授等发现，国际上并无专门的关于南极生物勘探及其遗传资源的法律文件，现有的国际法律制度对此均有所涉及，但在适用上具有一定的局限性。其提出，南极生物勘探及其遗传资源相关问题须扩展适用区域制度和公海自由原则，发挥联合国的宏观作用，扩展全球公共利益的范围，广泛应用人类共同遗产原则，并在国际法和南极条约体系的协调和融合下寻求解决的方法[37]。

2. 北极治理机制。近年来，国际社会开始“重新发现北极”。孙凯博士等认为，应对北极地区日益增强的挑战，必须加强北极治理机制的能力，包括整合多层面的北极治理机制，对北极理事会进行改革，以及加强其他国际机构在北极治理方面的效力等。同时，北极国家应采取更为开放的姿态吸纳所有的利益相关方的参与。中国应积极地多渠道参与北极治理机制的建构[38]。

（六）环境犯罪

近年来，环境犯罪日益引起社会的高度关注。赵星副教授认为，国家必须动用全新、特殊的手段强化对此类犯罪的防控和打击[39]。面对我国环境刑事司法对环境犯罪惩治乏力，多发型环境犯罪主刑适用方面轻刑适用率和缓刑适用率较高的难题，侯艳芳建议，提升我国多发型环境犯罪主刑的法定最高刑，限制其主刑之缓刑适用是解决我国多发型环境犯罪主刑适用之困局的有效路径[40]。

参考文献：

[1]徐祥民、刘卫先：《虚妄的代际公平——以对人类概念的辨析为基础驳“代际公平说”》，《法学论坛》2012 年第 2 期。

[2]吕霞、徐祥民、涂俊：《发展观、文明观的转变与环境法的修改》，《中国海洋大学学报（社会科学版）》2012 年第 5 期。

[3]楚道文：《理念与实证：环境法制的生态驱动》，《中国海洋大学报（社会科学版）》2012 年第 3 期。

[4]杨占栋：《黄河三角洲开发应树立生态文明型环境观》，《滨州学院学报》2012 年第 4 期。

[5]徐祥民：《从利益主体看环境法与财产法的区别》，《公民与法》2012 年第 1 期。

[6]孙法柏：《英国环境法律政策整合的机制与实践》，《山东科技大学学报（社会科学版）》2012 年第 1 期。

[7]刘明明：《论环境法研究范式的逻辑嬗变》，《郑州大学学报（哲学社会科学版）》2012 年第 6 期。

[8]李鑫：《论环境法法律方法的特征》，《石河子大学学报（哲学社会科学版）》2012 年第 5 期。

[9]李鑫：《环境法中人本主义与生态主义的对立及解决——以个案为例的分析》，《重庆工商大学学报（社会科学版）》2012 年第 5 期。

[10]苑银和、余丽萍：《自然体内在价值主体论析》，《齐鲁学刊》2012 年第 1 期。

[11]李静、毛仲荣：《共同体与环境共同体》，《郑州大学学报（哲学社会科学版）》2012 年第

1 期。

[12]刘晗、李静：《环境资源相关权初探》，《兰州大学学报（社会科学版）》2012 年第 3 期。

[13]张锋、陈晓阳：《环境损害赔偿制度的缺位与立法完善》，《甘肃社会科学》2012 年第 5 期。

[14]张锋、陈晓阳：《论我国环境公益诉讼制度的构建》，《山东社会科学》2012 年第 8 期。

[15]楚道文、邱潇可：《环境公益诉讼必要性分析——以环境行政执法机制的缺陷为视角》，《江西社会科学》2012 年第 8 期。

[16]张海燕：《论环境公益诉讼的原告范围及其诉权顺位》，《理论学刊》2012 年第 5 期。

[17]于现忠：《我国环境信息公开制度及其完善》，《云南行政学院学报》2012 年第 2 期。

[18]田其云、徐银雪：《促进海洋能开发利用的政策分析——以山东半岛蓝色经济区为例》，《公民与法（法学版）》2012 年第 8 期。

[19]吕建华、吴失：《论海洋伦理及其建构》，《中国海洋大学学报（社会科学版）》2012 年第 3 期。

[20]马英杰、李艳冰：《青岛蓝色经济发展与海岸带环境综合管理》，《青岛行政学院学报》2012 年第 2 期。

[21]梅宏：《论“山口模式”及其制度保障》，《中国政法大学学报》2012 年第 4 期。

[22]董跃、姜茂增：《国外海岸带综合管理经验对我国实施“陆海统筹”战略的启示》，《中国海洋大学学报》2012 年第 4 期。

[23]梅宏、李飞：《海上溢油引起的生态损害之法律应对》，《郑州大学学报（哲学社会科学版）》2012 年第 2 期。

[24]梅宏：《海上溢油生态损害索赔实践向立法提出的要求》，《江西理工大学学报》2012 年第4 期。

[25]楚道文：《浅论海洋生态损害的法律问题——以蓬莱 19 - 3 油田溢油事故为分析案例》，《政法论丛》2012 年第 5 期。

[26]王冶英、任以顺：《法律视角下的海洋环境责任强制保险制度——墨西哥湾原油泄漏事件对我国海洋环境责任保险制度的启示》，《太平洋学报》2012 年第 3 期。

[27]白洋：《后〈联合国海洋法公约〉时期国际渔业资源法律制度存在问题及应对机制研究》，《生态经济》2012 年第 10 期。

[28]赵宗金：《从环境公民到海洋公民——海洋环境保护的个体责任研究》，《中国海洋大学学报》南京工业大学学报（社会科学版）2012 年第 2 期。

[29]董素：《湿地生态补偿中经济价值和生态价值博弈的法理探析及对策研究》，《滨州学院学报》2012 年第 1 期。

[30]徐祥民、李宇斐：《“能者多劳”——应对气候变化责任分担的首要原则》，《中国政法大学学报》2012 年第 3 期。

[31]刘明明：《论我国气候变化立法的制度架构》，《江西社会科学》2012 年第 9 期。

[32]刘明明：《有区别的削减碳消费责任》，《中国政法大学学报》2012 年第 3 期。

[33]王志华：《碳交易市场中国构建的几点法律思考》，《政法论丛》2012 年第 4 期。

[34]王志华：《我国碳排放交易市场构建的法律困境与对策》，《山东大学学报（哲学社会科学版）》2012 年第 4 期。

[35]刘明明、徐伟：《美国温室气体排放标准立法评析及经验借鉴》，《环境污染与防治》2012 年第 8 期。

[36]白洋：《山东省开展低碳经济的法律环境分析及实施路径研究》，《山东农业大学学报（社会科学版）》2012 年第 3 期。

[37]刘惠荣、刘秀：《国际法体系下南极生物勘探的法律规制研究》，《中国海洋大学学报（社会科学版）》2012 年第 4 期。

[38]孙凯、郭培清：《极治理机制变迁及中国的参与战略研究》，《世界经济与政治论坛》2012 年第 2 期。

[39]赵星：《论在环境犯罪防控中引入特殊侦查》，《法学论坛》2012 年第 5 期。

[40]侯艳芳：《我国多发型环境犯罪主刑适用的困局破解》，《中国地质大学学报（社会科学版）》2012 年第 4 期。

（作者：徐祥民，中国海洋大学法政学院教授；王昌森，中国海洋大学法政学院环境与资源保护法学专业博士研究生）

政治学

葛　荃

一、2012年山东省政治学研究概况

2012年山东省政治学研究取得了巨大成就。学术著作48部，其中包括论文集2部，翻译著作13部。公开发表在核心期刊、SCI来源期刊和CSSCI上的政治学领域的学术论文共约有401篇。在《人民日报》、《光明日报》、《中国社会科学报》三大报上发表政治学学术文章约25篇。全国社会科学基金项目立项5项，结项14项，教育部人文社会科学基金立项11项，结项13项。召开重大学术会议3次：

（一）第三届华人公共管理学者论坛：公共治理与政府创新

2012年6月1日至6月3日由山东大学政治学与公共管理学院、中山大学中国公共管理研究中心、中山大学政治与公共事务管理学院、西安交通大学公共政策与管理学院、中国留美公共管理学会联合在济南召开。会议围绕“公共治理与政府创新”主题，分别就“公共服务供给模式创新”、“社会管理创新与社会冲突”、“公共财政与政府绩效”、“城市发展与城市治理”、“区域治理机制创新”、“环境治理”展开讨论。

（二）第四届中国政党论坛

2012年10月20日至21日由山东大学政党研究所联合中国社会主义学院中国政党制度研究中心、北京大学政党研究中心、民进中央参政党建设理论研究中心在济南联合举办。中央国家机关和全国著名高校52个单位的120位代表参加。收到学术论文80多篇。论坛围绕“政党制度与国家政治建设”的主题，分别就“政党政治的理论和比较”、“中国政党制度与国家政治建设”、“国外政党制度与国家政治发展”等问题展开分析与讨论。

（三）“中国特色社会主义的基本规律和当代价值”学术研讨会

2012年12月15至16日由山东省科学社会主义学会、山东省政治学研究会和中国石油大学马克思主义学院在青岛市联合举办。

二、2012年山东省政治学研究领域

从学科上看，马克思主义政治学学术著作5部，论文63篇；政治思想和政治文化学术著作9部，论文68篇；政治学方法论论文3篇；比较政治论文8篇；政治学交叉学科、新兴理论论文41篇；政党政治和党的建设学术著作5部，论文77篇；政府公共管理学术著作7部，论文92篇；社会管理创新学术著作6部，论文16篇；国际政治与国际关系学术著作3部，论文58篇；政治学翻译著作学术著作13部。

三、2012年山东省政治学研究的主要学术问题和学术观点

（一）马克思主义政治学

1. 马克思主义基本原理及应用研究。论文《对研读马克思主义经典著作的三维审视》指出：马克思主义经典著作是马克思主义发展史中流传下来的，具有权威性、典范性，对于实践有指导意义的著作。研读马克思主义经典著作，必须尊重科学，完整准确地理解；必须注重应用，紧密联系改造世界的实际；必须坚持原则，与错误思潮开展斗争。[1]张士海《“列宁主义观”历史流变研究》、铁省林《国外马克思主义概论》、李爱华主编的论文集《马克思主义研究辑刊（2012年卷）》都是研究马克思主义基本理论及现实应用问题的代表著作。

2. 马克思主义中国化研究。论文《“马克思主义中国化”学理渊源的若干考证》指出“马克思主义中国化”命题的理论来源；王经西和王克群《马克思主义中国化时代化大众化历史进程、经验和规律研究》深刻探讨马克思主义中国化的历史进程、经验和规律。

3. 中国特色社会主义研究。重点探讨中国特色社会主义制度的内在规律。包心鉴教授的论文《论中国特色社会主义制度的内在规律》指出中国特色社会主义制度所以成为近代中国社会变革的必然结果，所以成为中华民族走向伟大复兴的必然选择，最根本的原因就在于这一先进社会制度具有产生、完善与发展的内在规律。坚持基本原则与具体实际的有机统一是中国特色社会主义制度的内在生命力；坚持制度的民主本质与民主实现形式的有机统一，是中国特色社会主义制度的鲜活创造力；坚持“不变”与“变”的有机统一是中国特色社会主义制度的强大推动力；坚持社会差距的客观性与社会公正的必然性的有机统一使中国特色社会主义制度具有深刻影响力；坚持主体选择与对外开放的有机统一使中国特色社会主义制度具有巨大包容力。[2]

论文《中国特色社会主义的历史担当》指出社会主义中国在当今世界的地位，中国特色社会主义所取得的巨大成就，使之更多地担负起历史责任。

（二）政治思想、政治文化

1. 西方政治思想的深入分析解读。主要研究西

方政治学经典名著和现代西方政治思潮。如对洛克《政府论》的深入解读，对韦伯官僚制思想及价值的深刻分析。

2. 儒学思想研究：包括儒学以及儒教相关问题研究、交叉性的儒学思想研究、易学研究。主要有黄玉顺的《儒教问题研究》，黄玉顺、蒙培元、陈炎的《生活儒学讲录》，姚春鹏、姚丹的《毛泽东思想与儒学》、刘大钧的《周易纳甲筮法》，刘玉建的《汉代易学通论》，其中不乏名人大家的著作。

3. 中国宪政思想研究：王德志的《清末宪政思潮研究》，俞祖华、赵慧峰的《现代文明的追寻：穿越两个世纪的梦想》，俞祖华的《民族主义与中华民族精神的现代转型》，徐显明主编的《人权研究（第11卷）》，对中国的宪政历史、重大的宪政思想理论问题作出了各自深入的研究，是这一方面研究的代表作品。

（三）政治学方法论研究

方雷教授论文《政治科学研究方法的范式构建与应用层次》，指出现代意义上的政治学同传统政治学的区别，主要体现在不同的方法论上。尽管政治学研究的多中心、碎片化使得建立普遍性的、世界性的政治知识已不可能，但政治学方法的研究离不开技术，而且研究的重心应该放在分析范式的探讨上。研究的层次可以区分为微观、中观和宏观三个方面，它们各有其特定的假设和范围。[3]

（四）比较政治研究

这方面的研究主要集中于西方政治理论与制度比较、政府管理比较、公共治理比较、公共政策比较等。如论文《立法机构在公共政策制定中的功能与作用》、《西方发达国家地方治理的变革》、《拉美与欧洲民主社会主义理论比较》、《拉美与欧洲社会党的内外政策比较》、《日韩工会发展比较及启示》、《拉美新旧民粹主义研究》、《韩非子与马基雅维里的政治哲学》、《阿伦特与哈贝马斯的“公共领域”理论之比较》等。

（五）政治学交叉学科和新兴理论的研究

主要集中于对生态社会主义等新兴理论的研究；如论文《生态社会主义对我国社会主义市场经济发展的启示》指出，生态社会主义认为资本主义生产方式是导致全球环境污染、资源日益匮乏以及生态危机的主要原因。生态社会主义者在促进经济发展方面提出的许多新颖的观点，对我国深入发展社会主义市场经济有重要的启示作用。[4]

（六）政党政治和党的建设研究

政党政治、党的建设主要集中在政党政治理论、党的执政方式转变、党的建设问题展开研究。王韶兴教授主编的论文集《政党政治研究》汇集了政党政治综合研究与比较研究、国外政党制度与国家政治建设研究、中国政党制度与国家政治建设研究领域的优秀学术论文。

1. 保持党的先进性、纯洁性。张书林论文《保持党的纯洁性的思想演进轨迹探究》，探究列宁、毛泽东、邓小平、江泽民、胡锦涛关于党的纯洁性及保持党的纯洁性的思想理论脉络演变轨迹、党员干部理念转变，推进党风廉政建设以及促进党群关系和谐发展。

2. 党的执政方式创新研究。主要研究党在新的历史条件下，执政方式的转变，建构包容性执政的理论体系，建设学习型政党，政党建设与社会稳定的关系。论文《执政环境的变化对执政党执政方式的新要求》指出，任何执政党的执政都是在特定的执政环境中进行的，执政环境直接影响甚至决定着执政党的执政方式。在建设社会主义市场经济和社会主义法治国家的现阶段，党的执政环境出现了新的特点和新的变化趋势，对党的执政方式提出了新的要求：放弃传统的管制型行政模式，积极构建社会各个部分之间的和谐关系，建设现代化的服务型政府。[5]论文《建构包容性执政的理论体系——基于开放执政条件下党的执政模式创新的视角》指出，包容性执政是以执政党在执政过程中所养成的包容性品格为基础所建构的执政模式，具有全面性、公平性、全程性、凝聚性、宽容性、民主性的特征。包容性执政的基本要素主要包括：执政理念的包容性、执政决策的包容性、执政方式的包容性、执政体制的包容性、执政基础的包容性、执政评价的包容性。包容性执政的意义在于：有助于拓展党的执政广度，有助于增强党的执政合法性，有助于增强党的执政忧患意识，有助于提高党的执政本领。对包容性执政进行总体设计，必须围绕“培育包容性执政的思想意识、制定包容性执政的总体规划、建立包容性执政的运行机制、规避包容性执政的潜在风险、实现包容性执政与执政架构的兼容”等方面展开。[6]

3. 执政党建设问题研究。中共山东省委宣传部编写的《山东学习型党组织建设工作100法》，李新泰、李永清的《以改革创新精神加强党的建设重大问题研究报告》，张成新等的《党的十六大以来重大战略思想体系研究》3部著作论述中国共产党自身建设问题，有具体的制度建设、工作方法创新，也有相关的理论研究，是山东省在党的实际工作方面以及思想认识方面的杰出成果。在新时期新形势下研究执政党自身建设问题的论文的主要从具体策略方面提出解决党的建设的方式方法。

4. 加强农村党组织及政权建设研究。中共山东省委组织部副部长时培伟为课题组组长撰写的《新形势下加强农村基层党组织和农村基层政权建设调研报告》通过专题调研，深入分析了当前加强农村基层党组织和农村基层政权建设面临的新形势、新挑战。在总结山东省农村基层党组织和农村基层政权建设的实践与探索经验的基础上，概括论析了当前我国农村基层党组织和农村基层政权建设存在的突出问题，就进一步加强农村基层党组织和农村基层政权建设提出了有针对性的重要对策建议。[7]

5. 政党建设与社会稳定的关系研究。王韶兴教授论文《政党建设与社会稳定——基于中国共产党维护社会稳定的视角》指出，维护社会稳定是政党的基本职能，政党建设与社会稳定有内在关联。党自身建设与社会稳定的关系有其客观规律。对这一规律的深刻认识与自觉遵循既是政党执政的基本要求，也是政党能力建设的重要标志。以维护社会稳定为价值指向，以增强治党理政能力为核心内容，以实现党的建设与社会稳定的科学发展为目标追求，思考党提升维护社会稳定能力的基本要求及其实现机制问题，是党自身建设问题研究的一个新领域，其重要意义在于为党在新的社会历史条件下加强和改进党的建设提供价值导向和理论支持。[8]

6. 提高民主党派参政议政能力问题。着重研究民主党派参政议政的重要性、提高执政党参政、议政的能力、水平的途径与措施。

7. 党的文化领导权问题。主要研究文化领导权的本质、作用与实现方式；中国共产党文化领导权所面临的国际、国内挑战和党的自身宣传方式、身体力行存在的弊端以及把握党的文化领导权问题。

8. 外国政党研究。主要研究西方发达国家政党的竞选、执政以及面临的新挑战等。

（七）公共管理研究

1. 行政文化研究。葛荃教授论文《制度创新拟或理念更新——社会转型期改善民生问题的行政文化思考》指出，人是社会转型的根本推力和制度的承载物，人的精神和理念是社会转型期改善民生问题的实质与核心。文章分析了政治主体与行政主体，以及行政文化研究在推动人的观念更新中的重要意义。认为制度创新的可行性不只在于制度本身，还在于制度的承载物。[9]

2. 政治体制改革研究。方雷教授论文《改革共识与顶层设计——做好顶层设计，需要处理哪些问题?》提出中国社会改革共识与顶层设计等问题，指出在改革走到关键时期的今天，一是要靠凝聚改革共识，集约社会动力来推动；二是要重视改革的顶层设计，明确改革的目标、顺序和重点。改革共识是目前中国最需要的公共产品，顶层设计是目前中国最重要的战略考量。[10]安世银的《坚持以德为先选用干部研究》、万昌华的《秦汉以来中央行政研究》两部著作集中研究国家行政管理及国家机关人事管理领域体制改革问题。

3. 政府公共服务研究。任建的《知识管理在电子政务中的应用研究》、山东省网络文化办公室编辑的《网论2011》、杨金卫的《网络：一种新的反腐利器（网络反腐的制度规范与机制创新研究）》3 部著作对于政府实现电子政务、构建服务型政府以及引导网络舆情具有很强的实用性。

王佃利教授论文《公民满意度与公共服务绩效相关性问题的再审视》指出，公民满意度调查已经广泛应用于我国公共服务绩效评估，这是建立在公民满意度与公共服务绩效显著相关这一理论预设基础上的，但并没有客观数据证明公民满意度与公共服务绩效存在显著相关。公民满意度在反映公共服务绩效时存在诸多先天缺陷，公民满意度测评具有政治利益诉求性、政绩宣传性、政府价值表达性等工具性价值。[11]

4. 地方政府形象再造研究。地方政府在实际运行过程中存在的问题和积累的矛盾毁坏了地方政府形象，降低了民众的信任度。重塑地方政府形象，增强民众对地方政府信任，实现社会稳定，推进社会和谐发展是地方政府的当务之急。

（八）社会管理创新研究

1. 公民社会理论研究。我国市场经济的建立必然导致公民社会的发展，民主政治的建设和公民社会的建设相辅相成。我国正处于体制转轨和社会转型期，我国的公民社会必然具有特殊性。研究公民社会相关理论和我国公民社会的特点、公民社会的发育、完善问题是一个热点问题，相关论文、著作很多。论文《市民社会理论：透析当代中国社会转型的新视角》是其代表作；纪建文《知情权：从制度到社会控制》、徐凤真等《集体土地征收制度创新研究》两部著作从不同的角度对于公民权利的保护以及完善相关制度进行深入研究。

2. 社会管理创新途径研究。包心鉴教授论文《当代中国：转型性社会发展与创新性社会管理》指出当代中国正处在转型性发展的关键时期。结构转型与体制改革同步进行、政府与市场双重驱动、多质经济因素交互作用、经济因素与政治因素复杂交汇、发展不平衡贯穿经济社会转型全过程，是转型性发展的突出特点。面对转型中的矛盾与问题，必须注重社会管理创新，以创新性的社会管理促进生产关系、社会关系和政治关系向着现代化方向发展与转化。论述了社会管理创新的三个问题。[12]包心鉴等的《大众政治参与和社会管理创新》、陈洪泉的

《改善民生与科学发展》、王建民的《流动的城乡界线》三部著作都是这一领域的突出成果。

3. 精英阶层再生产与阶层固化问题研究。论文《精英阶层再生产与阶层固化程度——以青年的职业地位获得为例》指出，市场转型期，精英阶层的更替过程越来越强调个人能力和高等学历的作用。但这种机制并不排除精英再生产逻辑的运作，政治精英和技术精英都可以将自己的阶层优势传递给下一代。只是精英阶层的再生产规模和阶层固化的程度都是有限的，家庭背景等因素对青年成为精英的作用是基础性的，而不是无限制扩大的。较高学历、中高级职称与高行政级别等阶层身份特征在很大程度上都不具有代际再生产的特性。[13]

4. 群体性事件研究。刘琳论文《“无组织化”：转型期群体性事件的主要风险因素》指出，群体性事件是目前我国社会冲突的主要表现形式，而“组织化”的有无及其程度，是考察群体性事件的重要维度。“无组织化”的群体性事件除了具有转型期群体性事件所共有的“群体性”、“对抗性”、“无政治诉求”等共同特征外，还具有与其他类型群体性事件所不同的特征：集中表现在难以预防、难以控制、难以协商解决、直接面对政府、解决手段的单一性、容易产生越轨行为和暴力行为等方面的特点，而这些特点集中反映了这类群体性事件的“无组织化”特征。“无组织化”正是当前群体性事件的普遍现象，是转型期群体性事件的最大风险因素。[14]

5. 农村基层自治研究。苏爱萍论文《我国基层民主选举实践：成就、问题与发展走向——以山东省村委会换届选举为样本》指出，民主选举是村民自治制度的重要内容，对于我国民主政治建设具有现实意义。山东省多年来在村民自治、基层民主建设方面一直进行着积极的探索，取得了很大的成就，但仍然存在着很多的问题。对这些成就和问题进行认真的梳理与分析，将会对我们下一步深化基层民主建设提供有益的启示。[15]

6. 青年就业政策分析。姜照辉论文《经济危机时代各国青年就业政策分析》指出，经济危机对青年就业影响巨大，在许多国家青年失业率并没有随着经济的复苏而有所降低。各国政府在危机中制定了一系列促进青年就业的政策，来维系青年失业者同劳动力市场的联系。[16]

7. 社会保障制度研究。构建和谐社会、满足公民物质精神生活需要，必须建立健全社会保障制度。这方面研究集中于：医疗保障、失业保险、弱势群体救济、养老保险等领域。肖金明教授论文《建构完善的老年人社会照料制度》指出，传统家庭结构变化是中国社会转型的重要特征之一，家庭结构变化导致传统家庭养老功能衰减，主张在现有地方立法和相关政策的基础上，通过修改现行老年人权益保障法，建构完善的老年人社会照料制度。[17] 李士雪、马效恩的《机构养老服务需求与供给发展现状》以济南市为例探讨机构养老的若干问题。

（九）国际政治和国际关系研究

国际政治、国际关系领域研究主要集中于现代西方政治思潮、世界各国政治问题、中国与各国的关系、中国重塑国家形象确立国际地位问题、西方发达国家地方治理问题以及各国政党问题研究。此类著作、论文以事实陈述、理论分析及路径选择为主。黄尊严的《日本与山东问题（1914—1923）》、翟金秀的《解读西欧后民族主义：传统与后现代语境下的多维视角》、李海龙的《跨大西洋安全关系的制度化：从理性选择到社会建构》3本著作是国际政治研究领域具有代表性的研究成果。杨鲁慧教授的论文《美国战略重心东移与中美关系》指出，美国战略重心东移是后冷战时期美国对外战略结构性的重大调整，它无疑为亚太地区的安全稳定带来新的变数及不确定性，不仅导致东亚政治格局的变革，而且对中美关系格局和发展趋向都将产生深刻影响。[18]

（十）政治学翻译著作

翻译政治学著作13本，涉及政治学多个领域的内容，成果颇丰。其中环境政治学、生态政治学的译著最多，共有8部，其他方面有关于功利主义、包容性民主、公民权与公民参与、生态社会主义与生态资本主义、18世纪西方政治思想史等。冯隆昊、王建民、冯克利翻译的《社会主义（经济与社会学的分析）/西方现代思想丛书》是非常具有学术价值的译著。

四、2012年山东省政治学研究的特点

（一）研究成果丰硕

研究成果涵盖学术著作、全国性重要刊物学术论文、重大科研项目、重大学术会议。

（二）研究领域广泛

研究领域涉及政治学10大类、25个小类，既有马克思主义政治学理论，也有西方政治学理论；既有经典著作的解读，又有现代政治思潮研究；既有政治学思想史内容，也有现实政治问题。

（三）研究重点突出

从这一年度发表的学术著作和论文分布领域，可以看出研究的重点在于政党政治和党的建设、政府公共管理两大领域，研究人员在这两个领域的学术著作和发表文章最多。

（四）山东特色显著

山东儒学研究全国闻名，2012年出版学术著作5

部，不乏名人大家之作；山东农村基层党组织和农村基层政权建设研究也很有特色。

参考文献：

[1]刘友田：《对研读马克思主义经典著作的三维审视》，《思想教育研究》2012 年第 6 期。

[2]包心鉴：《论中国特色社会主义制度的内在规律》，《科学社会主义》2012 年第 5 期。

[3]方雷：《政治科学研究方法的范式构建与应用层次》，《文史哲》2012 年第 6 期。

[4]李虹：《生态社会主义对我国社会主义市场经济发展的启示》，《山西青年管理干部学院学报》2012 年第 3 期。

[5]兰华：《执政环境的变化对执政党执政方式的新要求》，《江汉论坛》2012 年第 10 期。

[6]张书林：《建构包容性执政的理论体系——基于开放执政条件下党的执政模式创新的视角》，《理论探讨》2012 年第 4 期。

[7]全国党建研究会农村党建研究专业委员会组织的课题组。《新形势下加强农村基层党组织和农村基层政权建设调研报告》，《中国延安干部学院学报》2012 年第 2 期。

[8]王韶兴：《政党建设与社会稳定——基于中国共产党维护社会稳定的视角》，《理论探讨》2012 年第 4 期。

[9]葛荃：《制度创新拟或理念更新——社会转型期改善民生问题的行政文化思考》，《社会科学研究》2012 年第 1 期。

[10]方雷：《改革共识与顶层设计——做好顶层设计，需要处理哪些问题》，《人民论坛》2012 年第 17 期。

[11]王佃利、刘保军：《公民满意度与公共服务绩效相关性问题的再审视》，《山东大学学报（哲学社会科学版》2012 年第 1 期。

[12]包心鉴：《当代中国：转型性社会发展与创新性社会管理》，《江汉论坛》2012 年第 12 期。

[13]张乐、张翼：《精英阶层再生产与阶层固化程度——以青年的职业地位获得为例》，《青年研究》2012 年第 1 期。

[14]刘琳：《“无组织化”：转型期群体性事件的主要风险因素》，《当代世界社会主义问题》2012 年第 2 期。

[15]苏爱萍：《我国基层民主选举实践：成就、问题与发展走向——以山东省村委会换届选举为样本》，《山东社会科学》2012 年第 9 期。

[16]姜照辉：《经济危机时代各国青年就业政策分析》，《中国青年研究》2012 年第 1 期。

[17]肖金明：《建构完善的老年人社会照料制度》，《浙江学刊》2012 年第 5 期。

[18]杨鲁慧：《美国战略重心东移与中美关系》，《理论探讨》2012 年第 5 期。

（作者：葛荃，山东大学政治学与公共管理学院教授）

马克思主义理论

周向军

马克思主义理论学科是在设在原来一级学科政治学之下的二级学科“马克思主义理论与思想政治教育”的基础上发展起来的，正式设立于 2005 年。学科下属 6 个二级学科，即马克思主义基本原理、马克思主义发展史、马克思主义中国化研究、国外马克思主义研究、思想政治教育、中国近现代史基本问题研究。学科设立以来，发展迅速。截至目前，全省有一级学科博士点 1 个（山东大学）；二级学科博士点 10 个（山东大学 6 个，山东师范大学师 2 个，中国石油大学 1 个，曲阜师大 1 个等）；一级学科硕士点 7 个（山东大学、山东师范大学、中国石油大学、曲阜师范大学、山东财经大学、山东农业大学、青岛科技大学等）；二级学科硕士点约 30 多个（不完全统计）。另外，设有马克思主义理论学科博士后流动站（山东大学和山东师范大学）。

2012 年，山东省马克思主义理论学科科学研究取得了重要进展。据不完全统计，学科出版学术著作 20 多部，发表学术论文 600 多篇，其中较有影响的论文 100 余篇；承担各级各类项目 50 余项；举办相关学术会议 10 余次。

2012 年 12 月 22 日召开的山东省马克思主义理论学科研讨会是学科年度重点会议。会议由山东省马克思主义理论教育专业委员会主办、山东师范大学马克思主义学院承办。来自山东大学、中国海洋大学、曲阜师范大学、山东财经大学等省内 33 所院校 70 余位马克思主义理论专家、学者、院系负责人参加了会议。与会代表就“听取、学习和研究十八大精神报告”、“马克思主义理论学科建设与发展”、“研究生思想政治理论课新方案实施做法与经验”等问题以及高校马克思主义理论学科下一步建设发展的思路和措施进行了广泛、深入而热烈的交流。会议决定增补山东财经大学沈大光、青岛科技大学牟宗荣为山东省马克思主义理论教育专业委员会副主任委员。

2012年山东省马克思主义理论学科研究的主要学术问题和学术观点可以划分为以下几个方面：

一、马克思主义基本原理研究的主要学术问题和学术观点

李爱华在2012年由学习出版社出版的《以科学态度对待马克思主义：马克思恩格斯的思想与实践》一书中，系统、深入地对马克思和恩格斯对待马克思主义的科学态度从10个方面进行了研究：一是树立远大志向，以自己的学识为人类服务的态度；二是勇于探索，刻苦钻研，奋力攀登科学高峰的态度；三是严谨治学，精益求精，倾力打造科学精品的态度；四是注重宣传教育，努力播撒真理的态度；五是明辨是非，捍卫真理，同错误思潮做斗争的态度；六是坚持理论服务于实践，奋力践行马克思主义的态度；七是坚定无产阶级革命立场，科学确定革命方略的态度；八是坚决反对教条主义，强调理论灵活运用的态度；九是与时俱进，不断研究新情况、提出新创见的态度；十是谦虚谨慎，戒骄戒躁，反对个人崇拜的态度；在此基础上，该著作结合中国特色社会主义建设的实际情况，提出了我们所要确立的对待马克思主义科学态度的6个要求：立信、励志、求真、务实、创新、谦虚。该著作从马克思主义发展的源头上，阐明了如何以科学的态度来对待马克思主义。这一研究成果丰富了马克思主义理论研究的内容，深化了马克思主义理论研究的质度，拓展了马克思主义理论研究的视野。

张士海在《“列宁主义观”历史流变研究》（山东大学出版社2012年版）一书中，以苏联解体、东欧剧变形势下引导广大人民群众科学认识和对待列宁主义的重要性与紧迫性为研究切入点，以在全球视野中对苏联人、西方学者和中国共产党人“列宁主义观”历史流变的概略考察为中心内容，以考量全球视野下各种“列宁主义观”经验教训和比较研究中提出树立科学“列宁主义观”的基本要素和路径选择为研究落脚点和归宿，从“什么是列宁主义、怎样对待列宁主义”这一整体性视角出发，对“列宁主义观”历史流变基本问题进行了系统梳理和重点考量。在此基础上，努力做到：廓清人类历史上各种“列宁主义观”的本来面目；探讨典型人物“列宁主义观”与社会主义事业发展的关系；分析典型人物“列宁主义观”的历史经验教训；提出树立科学“列宁主义观”的基本要素和路径选择。

刘长明在2012年由科学出版社出版的《和谐假说——关于和谐何以可能的20个构想》一书中指出，假说是理论前进的巨大动力，任何一种理论在未得到确证之前表现为假说，和谐发展与和谐社会理论也不例外。作者提出关于和谐的24个假说，旨在打造洞开和谐之门的钥匙，为守望和谐提供一扇观变于阴阳互易的大化流行视窗。通过这个视窗，我们可以洞察奥妙无穷的“三才”和谐之道，悟得和谐万有的神来之笔。和谐的理论建构，奠定了和谐假说的坚实理论基础；和谐实践的展开，则提供了检验和谐假说真伪的试金石。于是，观变于和谐与失衡要素之动而生和谐假说，便历史地成为和谐理论建构与和谐发展、和谐社会、和谐世界实践推进的重要环节。和谐之道，归根结底即“三和”之道——心和、人和、天和之道。因此，和谐假说以“三和”为指向，围绕“三和”而展开。或许，这既是一种和谐何以可能的理论建构，又是和谐化成现实的实践奠基。著作的基本理论来源和材料来源是中国文化、西方文化及马列主义毛泽东思想，同时参考最新的自然科学进展。

金平教授的专著《中国：和谐社会之构建》2013年1月由中央编译出版社出版。该书以马克思主义理论和科学发展观为指导，针对我国建设社会主义和谐社会存在的各种问题，进行探索和研究。全书分为五篇：第一篇是“观念的变革”，认为和谐社会的建设首先要有思想观念的转变和进步；第二篇是“权利的平衡”，着重讨论了权利平等特别是经济权利平等问题；第三篇是“经济的协调”，主要论述了我国经济协调发展、政府与民间分配结构实现平衡等问题；第四篇是“劳动者的权利与人的幸福”，主要论述劳动者的权利问题以及中国共产党对幸福的新诠释；第五篇是“生态的平衡”，论述如何实现生态平衡，实现人与自然和谐等问题。

徐艳玲在《以社会主义核心价值体系统摄“普世价值”论争》（《科学社会主义》2012年第2期）一文中认为，这场争论的症结，除了立场（或目的）和观点（到底有没有“普世价值)”的差异之外，在方法论上也存在不容忽视的缺失，这就是混淆了几种不同性质的“普世价值”：一是混淆了“普世价值”的抽象理念和抽象理念的实现这样两个既相互联系又不同层次的问题；二是混淆了西方一些人别有用心的鼓噪的“普世价值”和作为人类共同价值追求的“普世价值”。因而迫切需要坚持以社会主义核心价值体系为主旋律，统摄“普世价值”的论争。

陈家付在《马克思恩格斯的社会公平观及公平保障思想》（《兰州学刊》2012年第1期）一文中认为，马克思恩格斯在总结和吸取前人特别是空想社会主义者公平思想的基础上，提出了自己的公平理论和公平保障思想，揭示了社会公平的基本特征和实现社会公平的基本条件，指明了广大劳动群众是推动社会公平保障的主体和真正力量。马克思恩格斯的社会公平观和公平保障思想包括丰富的内容，主要是社会公平与社会发展的一定阶段相联系、社会公平保障的发展经历了不同的历史类型、实现社会公平保障有赖于社会制度的变革、真正的社会公平只有到共产主义社会才能完全实现。

李爱华在《理论学刊》2012 年第 4 期中发表的《马克思恩格斯致力于马克思主义大众化的思想与实践》一文从理论和实践的层面上考察了马克思和恩格斯对马克思主义大众化所作出的贡献，他认为马克思恩格斯马克思主义大众化的思想与实践主要包括：注重理论的实践意义，强调理论要掌握群众并能说服人，这样才能展现理论的价值和意义。工人群众必须用马克思主义科学理论来武装头脑，才能成为一个真正先进的革命的阶级。要以高度的热情把马克思主义理论传播到工人群众中去，要用“严格的科学思想和正确学说来号召工人”，决不能作脱离实际的空洞说教，要以工人群众易于接受的方式进行马克思主义理论的传播。认真研究学习马克思和恩格斯关于马克思主义大众化的思想和实践，汲取他们在这方面的宝贵经验，对于我们继续推进马克思主义大众化进程具有极为重要的指导意义。

李爱华在《东岳论丛》2012 年第 5 期中发表的《论马克思恩格斯辩证地认识人类历史发展进程的思想》一文认为，马克思和恩格斯始终坚持对人类历史发展的辩证分析。首先，在揭示整个人类社会发展一般规律的同时，也深入考察了某些国家和民族历史发展的特殊性，阐明了人类历史发展统一性和多样性的辩证关系；其次，论述了人类历史发展是世代相继的演化过程，揭示了其继承性与创新性的辩证统一关系；最后，阐明了人类历史不断前进的大趋势，同时也揭示了其发展道路不是平直顺畅的，而是前进性与曲折性的辩证统一。马克思和恩格斯辩证地认识人类历史发展进程的思想，为人们正确认识人类历史的发展、进而更好地推进人类历史的发展提供了科学指导原则与方法。

李爱华在《科学社会主义》2012 年第 4 期中发表的《关于马克思主义基本原理内容的思考》一文认为，马克思主义的基本立场、观点和方法是对马克思主义基本原理简明而准确地概括。其中，基本立场是马克思主义理论的根本性质和宗旨的体现，是马克思主义基本原理的立论之本；基本观点马克思主义基本原理的直接体现，是其立论之魂；基本方法是体现马克思主义考察和分析问题、研究和论述问题、解决和预示问题的根本方法，是其立论之策。这三方面相辅相成，有机统一，缺一不可，充分体现了马克思主义基本原理的整体性和科学性，展现着马克思主义的理论价值和强劲生命力。

马永庆在《伦理学研究》2012 年第 1 期中发表的《生态文明建设的道德思考》一文指出，生态文明建设蕴含着复杂多样的道德问题。从道德的视角把握生态文明建设，意在从文化价值观的视角为正确生态文明观的树立、环境友好型社会的实现提供理性的梳理和道德支撑，同时在实践上给予方法论的指导；这就需要处理好人与自然、人与生存环境、人与社会的道德关系。此外，生态文明建设衍生着各种道德关系，生态文明建设的实现也需要道德的作为，生态文明建设中的道德操作应遵循以人为本、公正、科学发展等原则。生态文明建设要注重道德价值，加强社会的道德建设，提升主体的道德素质，更新道德实现的途径和方法。

宋绪富在《前沿》2012 年第 15 期上发表《马克思批判哲学的当代意蕴》一文，指出批判是哲学的本然特征，马克思哲学是批判哲学的典范，是对西方哲学批判精神的继承和创新。只有彻底厘清批判、观念批判与实践批判、外在批判与自我批判的确切内涵及其相互间的关系，才能深刻理解马克思批判哲学的真正意蕴，凸显马克思哲学批判精神的时代价值和创造力量，并能对中国文化传统的非批判性特征及其缺失进行深切体认和可能的反思、改造。

李荣在《东岳论丛》2012 年第 8 期中发表的《马克思探讨个人与社会关系问题的三重逻辑》一文认为，马克思探讨个人与社会关系问题的逻辑并不是单一的，而是基于价值论、认识论和方法论三重逻辑的分野与整合。在价值论逻辑中，个人是社会历史中的自足的价值载体，而社会在价值上则是非自足的；在认识论逻辑中，个人和社会都不是自足的，个人与社会处于相互生成的统一关系之中；在方法论逻辑中，个人不具有方法论的含义，而社会则具有“改变世界”的方法论意义。如此，我们就可以将马克思哲学的“人本”解读、“科学”解读和“辩证统一”解读统一起来，还原马克思哲学思想的整体性。

温莲香在《当代经济研究》2012 年第 5 期上发表《马克思恩格斯劳动概念的生态维度解读》一文，认为马克思恩格斯在批判和反思近代工业文明社会异化劳动和吸收生态学思想的基础上形成了具有生态意蕴的劳动概念。在劳动概念中，马克思恩格斯提出了劳动的生态要素是主体自然与客体自然的有机统一，确立了劳动的生态尺度是人的尺度与自然界尺度的和谐统一，规定了劳动的生态本质是人与自然之间双向度的物质变换过程，这种物质变换是自然界内部自然循环的一环，人类必须将生产行为控制和调整在生态承载力限度之内，以消耗最少的资源获取物质变换的合理性与协调性，用马克思恩格斯的生态劳动概念指导生态文明建设，人类必须兼顾经济规律与生态规律，实现劳动目的由一维价值取向向多维价值取向转变，科学分析劳动的近期和远期效果。

温莲香在《求实》2012年第10期上发表的《论马克思批判语境中劳动概念的生态意蕴》一文中指出，马克思在对近代工业文明社会人与自然异化关系的批判和反思的基础上形成了具有生态意蕴的劳动概念。在劳动概念中马克思提出了劳动的生态要素、劳动的生态尺度和劳动的生态本质等丰富的生态思想，对于指导我们今天的劳动实践，确立科学的劳动观念和劳动方式，有效消除生态危机，建设生态文明具有重要的理论和现实意义。

宋超、唐元哲在《系统科学学报》2012年第4期撰文论述，马克思循环经济思想蕴涵着系统方法，体现循环经济系统整体性、多样性、动态性、适应性、层次性、自组织、涌现等一般性质和规律；表明各种不同层次的减量化、再利用、再循环系统以资源消耗和废弃物产生的减量化为目的，自组织协同聚集适应并利用科技进步、市场机制等环境条件演化发展，形成小至机器内部自循环、大到经济社会与自然生态巨循环的多层次、宽领域嵌套联通和新层次不断涌现的循环经济复杂系统。

宋超、栾贻信在《马克思主义研究》2011年第12期撰文认为，马克思循环经济思想蕴涵着复杂性原则方法。循环经济发展实质是约束性和选择性的自组织聚集联合，目的在于通过资源消耗和废弃物产生的减量化适应环境，实现人与自然和谐。具体的循环经济系统是一定数量规模和特定形式的减量化、再利用、再循环活动协同形成的有机整体，具有显在的经济质的规定性和潜在的生态质的规定性；循环经济系统集聚，形成具有层次性、涌现性、多联通性和显在的生态质的规定性的复杂系统。

袁云在《天津行政学院学报》2012年第3期撰文指出，随着生态环境问题的加剧，“生态人”的假设模型成了学术界的热点之一。但是，马克思理论探索的出发点是处于具体历史境遇中的“现实的个人”和他们的实际生活过程，而不是提出某种人性假设，或者设计某种自然状态。因此，对于日益严重的生态问题，根据马克思理论探索的前提和方法论，人们的任务不是提出“生态人”的假设模型，而是提出人的“生态化”生活方式，阐明形成“生态化”生活方式的物质基础、制度保障、文化观念支撑和社会力量。

于艳艳在《当代世界与社会主义》2012年第6期中发表的《恩格斯著作在中国早期传播的历史考察》一文中指出，1899年恩格斯的名字首次传入中国，随之，恩格斯的著作开始在中国译介。从恩格斯的名字首次传入到大革命失败，是恩格斯著作在中国的早期传播时期。恩格斯著作在中国的早期传播经历了1899年至十月革命前夕的零星介绍阶段、十月革命至中国共产党成立之前由自发翻译介绍到自觉研究介绍阶段以及中国共产党成立至大革命时期“变为一种时髦的标志”三个阶段。随着恩格斯著作的译介和传播，其影响也不断扩大。认真考察恩格斯著作在中国的早期传播，不仅对进一步做好马克思主义经典著作的编译工作具有重要意义，而且对于推动当代中国马克思主义大众化亦可提供借鉴。恩格斯著作在中国的广泛传播与马克思主义本身所具有的理论张力密不可分；马克思主义经典文本的中国化是马克思主义中国化的源头活水；推进当代中国马克思主义大众化要重视大众传媒的作用。

赵付科、李永健在《中国石油大学学报》（社会科学版）2012年第4期中发表的《微博视域下的马克思主义传播探析》一文中指出，微博作为一种新兴媒体，在中国社会生活中扮演着重要角色，正确引导和有效利用微博等新媒体，探索微博等新媒体背景下马克思主义传播的特点、规律和策略，已成为当前推进马克思主义大众化亟待研究的课题。

白春雨在《马克思主义与现实》2012年第7期中发表的《马克思与功利主义》一文中指出，马克思与功利主义的关系是一个被多数人忽视的主题。本文从思想史的角度描述马克思在创立历史唯物主义过程中所受到的功利主义的影响。《穆勒评注》中马克思所揭示的社会关系的异化隐藏着一场哲学革命的发生，在《德意志意识形态》中，马克思不仅对历史唯物主义的现实基础和逻辑前提作了分析，还对功利主义进行了批判。马克思和恩格斯指出，功利主义的理论有着不同的发展阶段；在对功利主义理论不同的发展阶段进行分析后，马克思恩格斯揭示了功利主义理论的实质内容和内在矛盾；马克思和恩格斯对英国功利主义的功过是非也作了概括性的评述。

郑曙村在《湖湘论坛》2012年第6期发表文章《全面解析马克思东方社会理论蕴含的方法论思想》。作者认为，作为人类社会历史发展理论的一个重要组成部分，马克思东方社会理论的形成过程及其本身蕴含着丰富的方法论思想，主要有：具体问题具体分析；世界历史发展与民族历史发展相统一；历史尺度与价值尺度相结合；以“人体解剖”为“猴体解剖”的钥匙；实事求是，与时俱进。这些方法论思想对于我们今天进行社会历史研究仍具有重要的指导意义。

孔德永在《社会主义研究》2012 年第 3 期发表文章《政治认同与政治稳定》。作者分析了政治认同与政治稳定的关系：政治认同是政治稳定的基础，政治认同程度与政治稳定呈正相关关系，政治认同的内容制约着政治稳定的发展走向，政治认同的形式决定着政治稳定的质量，政治认同与政治稳定之间存在着密切的相关性。政治认同与政治稳定之间是双向互动的关系，政治稳定能够进一步增进公民的政治认同。政治认同与政治稳定之间并不是简单的线性关系，而是表现出相当的复杂性。

孙迪亮在《当代世界与社会主义》2012 年第 2 期发表《列宁农村建设理论的逻辑蕴涵探论》。作者认为列宁对苏俄农村建设问题有着切身的体认和独到的见解，并在此基础上形成了一个逻辑严密、蕴涵丰富的农村建设理论。作者将这一理论的逻辑蕴涵概括为“四论”，即农村建设之战略价值论、农村建设之总体布局论、农村建设之基本动力论、农村建设之外在保障论。以上“四论”科学阐释了“因何建设、建设什么、何以建设”等关于农村建设的一系列基本问题。

二、马克思主义中国化研究的主要学术问题和学术观点

陈桂香的《早期中国共产党人马克思主义观研究》（山东大学出版社 2012 年版）一书，分为导论、上篇、下篇和结束语四部分。在导论部分具体地阐述本书的研究对象与内容、揭示研究的意义与价值、总结研究的历史与现状、介绍本书的研究方法与框架结构。上篇侧重对早期中国共产党人马克思主义观的总体研究，具有总论性质。下篇是对在早期中国共产党人马克思主义观的形成、确立、发展过程中发挥主要作用的李大钊、陈独秀、李达、瞿秋白、毛泽东五位代表人物的马克思主义观的研究，属于分论性质。结语部分首先概括总结本书的主要内容和基本观点，然后探讨早期中国共产党人马克思主义观的当代价值问题，并对如何实现它的当代价值提出一些自己的思考。

魏连在其《胡绳与马克思主义》（军事科学出版社，2012 年版）一书中，按照胡绳怎样成为一个马克思主义者，以及怎样宣传、运用和发展马克思主义，特别是他对什么是马克思主义与怎样对待马克思主义进行的探索和回答的脉络，系统研究胡绳与马克思主义之间的关系。该书从总体上评价了胡绳对马克思主义的主要贡献，具体表现在：胡绳是宣传马克思主义理论的前锋；是运用马克思主义理论于中国具体实际的倡导者；是具体发展马克思主义理论的实践者；树立了科学的马克思主义观。

赵金科、林美卿在的《王道与霸道——中西文化的历史分野与现实考量》（中央编译出版社 2012 年版）一书中，对如何认识对待中国传统文化和近现代西方文化进行重新审视和深刻反省、总结，以为当代中国特色社会主义文化建构确立一个科学的方法论视角和思维方式的逻辑框架。该书以人与自然、人与人、人与己三大关系为基本思路与视阈，通过中西文化的滥觞、嬗变历程的轨迹思路及其演进历程，对中西方文化进行历史与现实的比较和分析。其重点剖析了西方文化中造成严重生态危机、资源短缺、个体灵肉分离、精神危机和群体、民族国家关系紧张、对抗冲突的主要理论根源，诸如征服自然、“戡天役物”、“人类中心主义”的二元思维，恶性竞争、极端利己主义、个人主义、物质主义、霸权主义等思想原则，进而彰显中华文化中“天人合一”、生态环保、适度消费、和谐、正义、和平主义、“天下意识”、灵肉统一、内外兼修等思想和主张的时代超越价值与东方生命伦理。

郑继江的专著《中国的马克思主义情结探论》（光明日报出版社 2012 年版），历史地考察了中国的马克思主义情结的生成和演变过程，探讨了马克思主义的生命力和时代价值问题。著作的绪论介绍研究与写作思路；第一章对“中国的马克思主义情结”这一概念进行剖析界定；第二章至第八章对“中国的马克思主义情结”进行了历史地梳理；第九章为结论，由上述的梳理中得出马克思主义的历史命运。

鹿锦秋著的《问计 2012 党员干部关注的重大民生问题》（新华出版社 2012 年版）的一书，直面最受社会关注的物价、“滞涨”、房价、股市、民间借贷、税收、收入分配、结构转型、垄断等民生问题，设计了热点探讨、百姓话题、高层声音、专家点评、深度解读、知识链接六个版块，从不同角度进行了深入分析与解读。力求用建设性的态度及时跟进民生热点，以帮助党员干部梳理群众反映最集中、愿望最强烈、要求最迫切问题的思路，增强联系和服务群众的能力。

白云、王环的《县域经济发展模式创新与新农村建设研究》（科学出版社 2012 年版）一书中，结合新农村建设与县域经济模式建构，对社会主义新农村建设与县域经济发展的一些重大问题进行了系统研究，阐述了国内外有关县域经济发展的理论基础，解读了发达国家发展地方经济的基本经验；结合我国实际，研究了县域经济、县域经济发展战略的基本内涵和特征；总结了我国改革开放 30 年来县域经济发展的模式及主要表现，并从理论分析和国内外经验借鉴等角度出发，对县域经济科学发展的组织模式和运行模式进行创新，对新农村建设进行了系统研究，分析了新农村建设和制约县域经济模式创新的一些普遍性的问题，提出了发展县域经济、推动新农村建设的对策建议。在研究中既侧重理论研究又注重实用研究，对策建议具有一定的实用性和可操作性。

谭顺的《中国消费不足特异性研究》（厦门大学出版社 2012 年版）一书，围绕中国消费不足特异性的判定依据、表现和成因，以及中国消费不足特异性的治理三个基本问题展开论述。全书共分 11 章，第 1 章属于文献综述，第 2—4 章论述了中国消费不足特异性的判定依据问题，第 5、6 章分析了中国消费不足特异性的表现及成因问题，关于中国消费不足的治理问题的论述包括第 7—11 章，其中第 7、8 章是对中国消费不足特异性的治理对策与治理理念的反思，第 9 章阐释了马克思消费观，为确立中国消费不足的治理理念提供理论基石，第 10、11 章分别提出预期的针对中国消费不足特异性的治理对策与治理理念。

周向军、高奇在《马克思主义研究》发表的《改革开放以来中国共产党马克思主义观发展的阶段性特征》一文中认为，自改革开放以来，中国共产党人在探索和回答“什么是马克思主义，怎样对待马克思主义”问题的过程中，丰富和发展了科学的马克思主义观。这一马克思主义观的发展，经历了三个阶段。从党的十一届三中全会召开到邓小平的南方谈话是第一阶段，以邓小平为主要代表的中国共产党人作出了开创性的贡献；从十三届四中全会到党的十六大召开是第二阶段，以江泽民为主要代表的中国共产党人作出了重要贡献；从党的十六大召开以来是第三阶段，以胡锦涛为主要代表的中国共产党人作出了新的重要贡献。改革开放以来中国共产党马克思主义观发展既一脉相承又与时俱进。

周向军、高奇在《理论学刊》发表的《社会主义核心价值体系是第一软实力》一文中指出，如何提升国家软实力已经成为世界各国广泛关注的重大问题，我国也高度重视国家软实力的提升，并把国家软实力建设和国家文化软实力建设上升到国家战略地位。“社会主义核心价值体系是当代中国第一软实力”是关乎国家软实力建设的一个重要命题，其内容主要表现为马克思主义指导思想具有最根本的思想软实力，中国特色社会主义共同理想具有最强劲的理想软实力，以爱国主义为核心的民族精神和以改革创新为核心的时代精神具有最雄厚的精神软实力，社会主义荣辱观具有最鲜明的道德软实力。在当代中国，要科学有效地提升国家软实力和国家文化软实力，必须坚定不移地把社会主义核心价值体系作为第一软实力，把推进社会主义核心价值体系建设作为第一任务，宣传好，落实好。

丛松日于《黑龙江社会科学》2012 年第 8 期发表《从战略角度看社会主义核心价值体系建设》一文。文中指出，社会主义核心价值体系建设是中国文化走向世界，引领世界发展潮流的需要；而社会主义核心价值体系是人民和历史的选择，该体系决定着中国特色社会主义的发展方向；社会主义核心价值体系建设的关键是坚持中国特色社会主义的共同理想，把握舆论导向，教育干部。这样，丛松日教授从社会主义核心价值体系的必要性、如何产生、有何作用、如何建设四个方面对该问题进行了分析和论证。

张士海在《理论探讨》2012 年第 2 期发表的《当前中国共产党“文化领导权”面临的挑战》一文中认为，在马克思主义意识形态为核心的文化领导权问题上，中国共产党正面临着严峻的挑战：从国际环境来看，主要在于苏东剧变后世界社会主义运动处于低潮和西方发达资本主义国家文化渗透的消极影响；从国内环境来看，主要在于经济市场化、社会多样化、文化多元化和社会信息化等新的境遇带来的强烈冲击；从主观原因来看，主要在于理论学习、宣传方式和身体力行有效性不足而造成的严重制约。

谭顺、栾会涛在《经济纵横》2012 年第 4 期撰文指出，学术界对于当前我国消费不足存在若干认识误区，一是把消费不足只看作消费问题，而不是生产、分配或交换问题；二是认为消费不足标志着居民的消费需求得到了充分满足；三是把消费不足看作一种暂时的经济异常现象；四是认为消费不足对于国民经济良性发展只有消极意义；五是用西方经济学的消费理论套用我国消费不足的治理；六是让消费服从生产作为治理消费不足的根本思路。辨明以上认识误区，目的在于正确认识我国消费不足的问题，为解决消费不足问题提供良方。

刘炜在《中央财经大学学报》2012 年第 10 期中发表的《我国城市化可持续发展的多重困境及现实出路》一文中指出，城市化是一个国家在经济持续发展的推动下产生的经济社会变迁过程，是引起国家发展模式与发展状态不断变化的重要动力，是一国现代化水平的重要标志。处于快速发展期的我国城市化正面临诸多问题，对这些问题的解决将左右我国城市化发展的质量和方向。文章分析了我国城市化发展当前面临的各种困境，城市化滞后性困境、城市化协调性困境、城市化效率性困境以及城市化公平性困境。从可持续发展的角度对我国城市化突破各种困境实现可持续发展的理念、价值取向、发展模式和策略进行了探讨，提出应该正确认识城市化本质，城市化的本质是城乡一体化，主要体现在城乡间没有限制性障碍，在城市化快速发展阶段，政府必须围绕城乡一体化发展进行制度变革，建立平等效率的机制，以消除城乡差距，实现城乡平等；树立统筹可持续的城市化发展理念；明确当前城市化的主要任务，提高城市功能，完善各种制度，加快推进进城农民的市民化进程；确定因地制宜的城市化发展模式；实施可持续发展的城市化策略等建设性的观点。

葛宁、黄忠伟在《东岳论丛》2012年第11期发表的《对党的二大初步探索马克思主义中国化的思考》一文中指出，马克思主义中国化是一个长期的、历史的过程。中国共产党的历史就是一部不断探索马克思主义中国化的历史。党的二大对马克思主义中国化进行了初步探索，取得了许多重要的认识成果。首先，初步探索了中国的国情；其次，初步探索了革命的对象、任务、性质、前途、动力和策略等，特别是党的二大初步探索了符合中国实际并具有中国特色的反帝反封建的民主革命的纲领。当然，探索也存在某些不足：包括对中国广大农村存在的封建剥削和封建压迫的认识明显不足；对于农民阶级认识不足；分清了民主主义革命与社会主义革命的界限，但对于如何处理这两个革命之间的界限和联系并没有认识清楚；对于无产阶级如何保持自己的独立性，或者说无产阶级在革命中如何实现领导权问题，并没有思考清楚。认真思考这些成就和不足，能够为我们今天继续探索马克思主义中国化的道路，起到重要的借鉴作用。首先，探索马克思主义中国化必须紧紧抓住其精神实质和核心所在；其次，探索马克思主义中国化要坚持独立自主的原则；再次，探索马克思主义中国化要在实践中走自己的路。

封来贵在《毛泽东思想研究》2012年第2期发表的《改变抑或放弃——国内关于毛泽东不再使用“马克思主义中国化”提法的原因研究综述》一文中指出，毛泽东提出了“马克思主义中国化”的任务，却又很少使用这一提法，并且在编辑《毛泽东选集》时亲笔将它修改成为“使马克思主义在中国具体化”。针对其原因，国内研究者大致形成了两种不同的看法，笔者将其概括为“改变说”和“放弃说”。一种看法认为，毛泽东不再使用“马克思主义中国化”的提法，并不是因为这一提法不科学、不准确或有什么问题，而是由于其他原因或出于某种考虑所作出的一种策略上的改变或变通，没有实质意义上的修改，本来我们也没有放弃过马克思主义中国化的提法。相反，另一种看法认为，毛泽东不再使用“马克思主义中国化”的提法，不是由于某种压力而被动地作出的一种策略上的改变或变通，而是因为这一提法本身不够科学、不够准确，因而是毛泽东本人弃而不用。今天我们则应当慎用、少用或不用这个提法，我们的提法还是以毛泽东亲自编辑和精心修改的《毛泽东选集》为准，不能为了话语的简便而恢复毛泽东已经弃而不用的提法。

夏从亚、孔巧晨在《广西社会科学》2012年第4期发表的《科技政治背景下中国共产党执政方式的改善》一文中指出，科技政治是当代科技与政治紧密结合的新产物，是指运用科技手段对政治内容、政治基础、政治理念和政治方式等诸多方面施加影响而产生的新的政治形式。“科技政治”是现代以来世界经济政治的一个新的政治形式，并已成为我们深刻理解现代国际政治格局演变的重要方式。它要求中国共产党更新执政理念和改善执政方式，党的传统执政方式仍存在许多问题，党执政方式存在的主要问题是党和国家公权力的关系理不清，摆不顺；党执政方式存在的问题中最关键的是党和法的关系问题。现当代科技政治的出现使党的执政方式暴露出了新的问题。科技政治对党执政方式提出新的要求，科技政治促使中国共产党必须树立先进的执政理念，即科学执政、民主执政和依法执政的执政理念；科技政治促使中国共产党执政方式发生转变，无论是科学执政、民主执政还是依法执政的实现，都离不开科学的执政方式。科技政治背景下改善党的执政方式的措施主要包括以下几个方面：及时增强科技政治意识，提高执政素质，促进科技的跨越式发展，加强科技政治人才队伍建设，加大现代科技手段的运用力度，切实改善执政方式。

解晓燕在《兰州大学学报》2012年第8期发表的《论中国大国形象塑造中的国民气质》一文中指出，改革开放以来，中国的国家实力与国际地位不断提高，开始步入世界性大国的行列。与古代的世界性大国不同的是，“软实力”成为当前大国国家实力的重要构成要素，而“软实力”的具体体现之一就是国家形象。针对中国大国形象塑造过程中面临的主要困境，尤其是西方对中国的误读，西方媒体对中国的报道有严重的歪曲，影响了中国在国际上的大国形象，要使世界能够客观地看待中国，必须依靠中国外交的努力填补东西方之间意识形态的鸿沟，而鉴于西方某些势力、公众对中国政府的偏见，更应该突出公众的作用。所以，具备大国国民气质将是中国大国形象塑造过程中非常重要的一环，而大国国民气质的养成关键在于一些国际主流价值观的塑造。笔者认为，从国民气质的角度来分析，中国大国形象的塑造应该突出对于人权意识、规则意识、公理意识、责任意识、生态意识、仁爱意识等方面的建设，通过这些方面的建设逐步塑造中国在国际上的大国形象。

高继文在《学习论坛》2012 年第 9 期中发表的《论中国特色社会主义理论体系的鲜明时代特征》一文中指出，中国特色社会主义理论体系是马克思主义与当代中国实际和时代特征相结合的产物，是马克思主义中国化最新成果，具有鲜明的中国特色和时代特征。中国特色社会主义理论体系的鲜明时代特征是当今时代发展和我国改革开放不断深化的现实要求，是马克思主义与时俱进、开放性发展的理论品质的重要表现。其思想内涵主要是具有鲜明的时代精神和宽广的眼界，汲取了世界发展经验和人类文明成果，尤其是资本主义发达国家的文明成果。其重大意义是推进了马克思主义当代化，拓展了马克思主义中国化的视野，开辟了中国特色社会主义发展的宽广道路，加深了对落后国家社会主义建设规律的认识。

郑曙村在《当代世界与社会主义》2012 年第 4 期发表《当代中国建设“稳定型民主”的路径选择——发展中国家“民主乱象”引发的思考》。作者赞同“稳定型民主”是对向民主转型的广大发展中国家普遍陷入“民主乱象”作出的回应。影响民主稳定的因素主要来自内部客观条件的不成熟和主观上民主化策略和方式的失当；西方国家推行输出民主战略是影响民主稳定的外部因素。建设中国特色的“稳定型民主”需要在坚持正确的民主发展观、解决贫富差距过大、完善国家现代政治制度、建立和谐的公民社会、培养健康的政治文化等方面作出努力。

肖芳在《当代世界与社会主义》2012 年第 1 期发表《中国共产党对农村马克思主义大众化的探索》。作者认为推进农村马克思主义大众化是中国共产党面临的艰巨任务，但具有重大的战略意义。解决这一课题要有一种历史和问题意识，在中国共产党推进农村马克思主义大众化的历史进程中寻求宝贵的历史资源和积淀，在中国共产党推进农村马克思主义大众化的现实中发现问题并正视挑战。以此为基点，探索推进农村马克思主义大众化的基本策略和具体路径。

杨立志在《兰州学刊》2012 年第 8 期发表的《开创中国特色社会主义道路的新境界》一文中指出，只有社会主义才能救中国，只有中国特色社会主义才能发展中国。中国特色社会主义道路的成功开辟，标志着党对科学社会主义运动规律社会主义建设规律和执政党执政规律的深刻认识与科学把握。站在新的历史起点上，对中国特色社会主义道路形成的历史逻辑中国特色成功实践问题进行理论梳理，有利于增强对道路的科学认识，坚定中国人民在党的领导下走社会主义道路的信心与决心，提高他们进一步探索中国特色社会主义道路的自信与自觉，把中国特色社会主义道路推向新的更高境界。

文洪朝在《贵州社会科学》2012 年第 8 期发表的《关于所有制几个问题的科学认识》一文中认为，我们必须从经济关系的角度来考察和把握所有制的性质，不能把所有权等同于所有制。所有制自身没有存在形式，现实社会中存在的都是所有制的实现形式。绝大多数所有制实现形式都是具有制度属性的，公有制实现形式是公有制借以实现的经营方式和组织形式。要科学认识公有制经济的主体地位，“以公有制为主体”实质上是“以公有制多种实现形式为主体”。

刘友田在《社科纵横》2012 年第 8 期发表的《论村民自治中的党的领导》一文中认为，党的领导是村民自治的政治前提与根本保证，村党支部是党在农村社会基层组织和各项工作的领导核心。实行村民自治和坚持党的领导是一致的。村民自治中存在的两委关系不协调等突出问题，既有历史惯性的原因，也有制度设计的原因，还有现实利益的原因。切实加强和改善村民自治中党的领导，应当做到：加强教育培训，提高思想认识；完善规章制度，合理划分权限；加强自身建设，增强群众基础。

赵金科在《东岳论丛》2012 年第 2 期上发表《和谐社会群己论构建的传统文化底蕴：先秦道家群己论及其现代性评析》一文，认为先秦道家群己论是我国春秋战国时代众多救世理论中最富有个体主义理性的学说。以个体为本位，贵己为我的群己论，主张个体权利，注重养生之道，追求个体精神的独立人格和自我超越。扬弃先秦道家群己论，构建一种“以人为本”、“和谐共生”的社会主义群己理论，既是传承中华文化的需要，同时也是中国迈向现代化的关键之所在。

毛维国在《法学论坛》2012 年第 4 期上发表《农村住房及宅基地流转制度研究》一文，认为农村住房及宅基地的问题是三农研究的重要课题。长期以来，农民房屋私人所有与宅基地使用权集体所有的矛盾十分突出，农村住房及宅基地流转限制问题一直未能得到有效解决，造成住房及宅基地资源大量浪费，严重影响了农村经济的发展。因此，加强农村住房及宅基地制度改革与创新，建立有效的农村住房及宅基地流转机制，对于加快农村和谐发展和城乡一体化进程具有重要意义。

聂家华在《党的文献》2012 年第 6 期发表《毛泽东精神与建设中华民族共有精神家园》。作者认为引入系统论的方法研究毛泽东精神，是一个新的研究视角。作者通过运用系统论的方法进行研究，认为毛泽东精神是一个完整、有序、开放的精神文化系统，由相互联系、相互作用的五个子系统即安慰系统、教化系统、协调系统、动员系统和激励系统构成。毛泽东精神继承和弘扬了中华民族传统精神，反映了时代的精神风貌，展示了毛泽东个人的精神品质，散发着巨大的历史魅力和时代价值，是中华民族沟通情感、凝聚力量的重要精神资源，也是当前建设中华民族共有精神家园的重要支撑。

孔德永在《马克思主义研究》2012 年第 6 期发表文章《当代我国主流意识形态认同建构的有效途径》。他认为，从古代社会到现代社会，我国主流意识形态经历了从儒学到马克思主义的变迁过程。目前，我国主流意识形态建构面临各种复杂环境的挑战，主流意识形态认同建构过程中存在诸多问题。儒学与马克思主义二者在中国先后居于主导意识形态的地位，它们之间存在一种内在联系，进行主流意识形态的整合与认同建构必须处理好马克思主义与儒学之间的关系。我们可以从意识形态的人文关怀、传播方式与队伍建设等方面借鉴儒学认同的经验。主流意识形态的人文关怀具有根本性，而改善民生、努力实现社会公正和增强党的信任就构成了主流意识形态认同建构的有效途径。

施秀莉、张士海在《求实》2012 年第 3 期发表文章《毛泽东推动马克思主义大众化：进程、经验与启示》。作者总结了毛泽东在推动马克思主义大众化进程中所积累的丰富经验，其主要包括：推动马克思主义大众化是中国共产党的一项重要使命；推动马克思主义大众化必须以马克思主义中国化、时代化为前提；推动马克思主义大众化必须坚持教育与自觉相结合的基本路径。同时，作者也指出，当前运用教育与自觉相结合方法积极引导广大人民群众正确认识当代中国马克思主义，积极推动中国特色社会主义理论体系大众化，这既是目前中国共产党推动马克思主义大众化的时代要求，也是研究毛泽东推动马克思主义大众化历史进程和基本经验得出的最主要的现实启示。

郭超在《理论视野》2012 年第 7 期发表文章《毛泽东全心全意为人民服务价值观综述》。作者对学术界关于毛泽东全心全意为人民服务价值观的观点进行了梳理、评述。文章主要从三方面入手评述学界研究：全心全意为人民服务思想的内涵；全心全意为人民服务思想的要求；全心全意为人民服务思想的渊源。

宫厚英在《东岳论丛》2012 年第 5 期发表文章《从科学技术是第一生产力到建设创新型国家》。作者认为，"科学技术是生产力" 是马克思主义的一个基本观点。中国共产党在改革开放和社会主义现代化建设的伟大实践中，在坚持马克思主义这一基本观点的基础上，不断进行理论创新，先后提出"科学技术是第一生产力" 的著名论断和科教兴国、建设创新型国家的伟大战略思想。"从科学技术是第一生产力" 到建设创新型国家战略，既具有历史必然性，又具有本质的传承性、时代的超越性，是我们党对马克思主义生产力理论的继承与创新，是我党对三大规律认识不断深化的结果。

许忠明在《理论探讨》2012 年第 2 期发表文章《党性与个性关系的四种类型分析》。作者认为党性与个性是一个政党不可或缺的两种品性。党性决定着一个政党的性质和发展方向，而个性则是提升政党品质、推动政党建设不断走向深入的基本动力。二者之间的互补与抗衡是一个政党不断发展的秘诀，正是这种互补与抗衡产生了支撑政党的独立性和坚韧品格。作者还认为，在历时性和共时性维度内按照党性和个性的强弱程度把政党划分为四种类型，有利于我们去观察和分析一个政党的性质，更好地提高党建科学化水平。

邱焕玲在《山东社会科学》2012 年第 4 期发表文章《近年来我国人文关怀思想研究述评》。自党的十六届三中全会提出以人为本的科学发展观以来，学术界对以人为本及其所包含的人文关怀思想展开了广泛深入研究，取得了丰硕的理论成果。作者根据此背景，对这些理论成果进行了梳理，文章从人文关怀的内涵、历史演变、研究的必要性、实施人文关怀的路径及对策方面对取得的理论成果进行述评。

张辉在《前沿》2012 年第 14 期发表文章《论胡锦涛的马克思主义观》。"什么是马克思主义，怎样对待马克思主义" 是马克思主义观的基本问题。作者从这两方面入手分析了胡锦涛的马克思主义观的内涵。胡锦涛从马克思主义的理论特征、理论品质、社会理想、政治立场方面科学回答了 "什么是马克思主义" 的问题；在 "怎样对待马克思主义" 方面，强调既要坚持马克思主义又发展马克思主义：坚持学习马克思主义，坚持中国特色社会主义理论体系；不断推进理论创新，推进马克思主义中国化、时代化、大众化。

施秀莉在《理论导刊》2012 年第 10 期发表文章《文化多元化视域下马克思主义大众化面临的挑战与对策》。作者指出，推动马克思主义大众化是中国共产党的重要文化使命。当前，推动当代中国马克思主义大众化面临着多元文化的境遇，不仅增加了马克思主义大众化过程中 "化" 的难度，而且也严重影响着马克思主义大众化的实现程度。我们必须努力探寻推动当代中国马克思主义大众化的长效机制，及时破解这种困境。这既是文化多元化背景下推动马克思主义大众化的逻辑进路，也是进一步巩固和发展中国共产党文化领导权的时代要求。

曲新英在《东岳论丛》2012 年第 6 期发表《生态文化是蓝色经济战略的价值趋向》一文，认为生态文化是对传统发展模式反思后的理性选择，是人类克服生存危机，走向全面、协调、可持续发展的最佳选择。而在山东半岛蓝色经济区建设中，生态文化具有无可替代的引导和润滑功能，表现为导向功能、协调功能、约束功能、激励功能。所以，生态文化建设是打造山东半岛蓝色经济区的基础工程，体现为：培育生态观念是蓝色经济区建设的精神动力，发展生态生产力是蓝色经济区建设的经济基础，健全生态机制是蓝色经济区建设的制度保障，绿色技术创新是蓝色经济区建设的技术保证。我们应通过构建生态文化加快推进山东半岛蓝色经济区建设的进程。

宋绪富在《社科纵横》2012 年第 10 期发表《对马克思主义哲学中国化的几点思考》一文，认为马克思主义哲学中国化命题是一个马克思主义哲学界近年来研究的热点问题，但同时在该研究的各个方面又是一个疑点重重的领域，对马克思主义哲学中国化研究的意义、马克思主义哲学中国化命题的基础性难题即其自身理论同一性的确认、马克思主义哲学中国化逻辑前提的分析等方面，即马克思主义哲学中国化的必要性、可能性及现实性问题，该问题尚存在许多值得继续探讨的空间。

三、国外马克思主义研究的主要学术问题和学术观点

牛秋业在《中南大学学报（社会科学版）》2012 年第 6 期上发表《费耶阿本德的理论多元论》一文，认为费耶阿本德的理论多元论是在反对理性主义一元论过程中提出来的，在方法上费耶阿本德反对理性主义方法一元论，而提出了方法多元论，每一门学科都有自身特殊的研究方法，不能把科学的方法作为唯一正确的方法。多元方法论的原则是韧性原则，即“反归纳”行事，每个理论都不能被取代，评价理论进步的标准是理论数量增多。理论增生的原则必然导致理论多元论，理论多元论有利于科学进步，对于反对理性霸权有重要意义。

四、思想政治教育研究的主要学术问题和学术观点

谭秀森、迟沂军的《高校德育创新与发展成果选编——山东理工大学卷》（人民出版社 2012 年版）一书，汇集了山东理工大学德育工作有关德育理论研究、德育工作特色经验、典型工作案例、研究报告等内容，既充分展示了学生思想政治教育工作者的实践与思考，又吸收了学校专职思想政治理论课教师的部分科研成果；既是对学校德育工作的阶段性总结和回顾，也蕴含着对德育工作的深入研究和积极探索，充分展示了学校加强和改进德育工作的经验和成果。是学校坚持“育人为本、德育为先”的立德树人理念的体现，是学校德育工作理论创新与实践探索紧密结合的范例，具有很高的学术价值，对促进理论成果共享、实践经验交流、工作思路启发，提升高校德育工作新水平有着重要的理论和现实意义。

谭秀森在《高校理论战线》2012 年第 7 期撰文指出，在高校学生教育管理过程中引发的法律纠纷，会对学校的发展和学生的成长造成不利影响。必须厘清高校与学生的基本法律关系，认真分析高校学生教育管理中存在的突出问题，努力提高高校学生教育管理法治化水平和法律风险防范意识，构建高校和谐发展的优良环境，促进学生成长成才。

霍洪波、李逸龙在《高校理论战线》2012 年第 9 期中发表的《学科建设必须为思想政治教育实践提供支撑》一文中指出，思想政治教育实践与思想政治教育学科建设的关系问题，是思想政治教育学科建设中带有整体性和方向性的重要问题得到我国学界广泛关注和高度重视。思想政治教育学科与思想政治教育实践的关系是理论与实践的关系，思想政治教育实践是思想政治教育学科建设的出发点、立脚点和主要服务对象。因此，思想政治教育学科建设必须为思想政治教育实践提供学科支撑，必须有利于破解思想政治教育实践难题。首先，通过思想政治教育学科建设回答当下人们出现的精神困惑和思想迷茫的问题；其次，通过思想政治教育学科建设解决思想政治教育人才数量不足、水平不高的问题；再次，通过思想政治教育学科建设提高思想政治教育的有效性和说服力。思想政治教育学科建设应当避免两种错误取向，一是避免重学术研究轻实践教育的纯学术取向；二是避免将思想政治教育学科建设仅仅定位于为加强高校思想政治理论课提供支撑。加强高校思想政治理论课的马克思主义理论学科建设，不仅对增强思想政治理论课的教学有效性、为我国社会主义现代化建设事业培养大批优秀人才有重要作用，而且对全党和全社会的思想政治教育实践具有重要的价值。

万光侠在《学校党建与思想政治教育》2012 年第 13 期发表的《论思想政治教育人本研究范式》一文中指出，思想政治教育范式的转换是思想政治教育哲学观点、理论体系和研究方法进行整体性改变的一种革命过程。构建现代人本思想政治教育，须进行思想政治教育研究范式的转换，即实现思想政治教育由物本研究范式到人本研究范式转换。思想政治教育研究人本范式的建构既是对思想政治教育实践理性的呼唤和回归，又是对思想政治教育科学理性的反思与价值整合。思想政治教育人本研究范式的确立，有利于建立思想政治教育全新的教育理念，能够进一步完善思想政治教育学科建设，有助于进一步增强思想政治教育的针对性和实效性。人文关怀是人本思想政治教育的新理念，信仰教育是人本思想政治教育的实质和核心，集体主义价值观是人本思想政治教育的价值导向。

李安增在《社科纵横》2012年第4期发表文章《高师思想政治教育专业课程体系改革的原则与思路》。在文中，他指出：课程体系科学与否直接关系到学生的知识结构、能力结构和综合素质之优劣，关系到人才培养模式改革之成败。高师政教专业现有的课程体系存在课程设置不合理、教材质量不高、专业培养口径过窄、师范特色不明显等诸多问题。为此，在明确课程体系改革原则的基础上，着力从课程设置、教材建设、教师培养等方面对政教专业现有的课程体系予以优化，对促进政教专业的健康发展具有重大意义。

杜振吉在《道德与文明》2012年第6期发表文章《儒家政治道德的基本原则和主要规范》。作者认为“为政以德”是儒家政治伦理思想的核心理念和鲜明标志，也是其政治道德的基本原则。从这一核心理念和基本的道德原则出发，儒家十分重视政治道德规范对为政者行为的制约和引导作用，并提出了一系列具体的道德规范，要求为政者用以加强自身的道德修养，规范和约束自己的行为。儒家所提出和倡导的政治道德原则和主要道德规范在中国历史上产生了深远的影响。作者同时也指出，当下批判地继承儒家的政治道德原则和道德规范学说对于加强领导干部的政治道德修养，反腐倡廉，力求党风和社会风气的根本好转，是不无裨益的。

季相林在《内蒙古民族大学学报》（社会科学版）2012年第4期发表《高校思想政治理论课的困境与出路》一文。文中指出，在社会方面，改革开放以来社会价值取向和思想多元化对思想政治理论课的实际效果产生了巨大冲击；在学校方面，缩减课时、扩大课堂师生比例、忽视实践教学等措施导致不能保证思想政治理论课的正常效果；在教师自身方面，缺乏认同感、精神压力大、收入低挫伤了“两课”教师的工作积极性；在学生方面，社会大环境的影响使得学生感到理论与现实存在巨大反差，从而对思想政治理论课丧失信心和兴趣。应根据以上实际情况，采取相应的措施，提高思想政治理论课的实际效果，这才是真正的解困之路。

于国丽、赵炜的专著《当代高校马克思主义理论教育研究》（吉林大学出版社2012年版），主要探讨了以下问题：当代马克思主义理论教育的历史沿革；当代高校马克思主义理论教育的重要意义；当代高校马克思主义理论教育的内容体系；当代高校马克思主义理论教育的对象；当代高校马克思主义理论教育的方法体系；当代高校马克思主义理论教育的教学新模式；当代高校马克思主义理论教育的队伍建设；当代高校马克思主义理论教育的环境分析。

马莉在《宁夏社会科学》2012年第2期发表《当代大学生宗教信仰调查与分析——以山东某高校为例》一文。文章以山东某高校为例，分别给出了学生宗教信仰、学生对宗教的认识、学生对国家宗教政策的认识的调查结果。由此得出结论：信教学生还是少数群体，而且对自己信仰的宗教并非非常熟悉，不信教学生对信教学生非常宽容和理解，但以上二类学生对国家的宗教政策都并非特别熟悉。基于以上情况，开展宗教政策、宗教知识普及，开展马克思主义宗教观教育，是高校在新形势下的一项紧迫的新任务。

于欣在《湖南师范大学社会科学学报》2012年第4期发表《思想政治教育的人学取向研究二十年》一文。该文对思想政治教育的人学取向研究进行了综述，作者将从20实际80年代末以来的思想政治教育的人学取向研究分为萌生期、探索期、繁荣期三个阶段。这20多年来所涉及的主要议题为：思想政治教育的人学取向研究的必要性，整体层面上思想政治教育的人学取向的研究范式和基本思路，局部层面上思想政治教育的人学反思和建构，关于思想政治教育思想史的人学解读。通过上述分析，可看出当前思想政治教育的人学取向的研究依然存在如下问题亟须解决：“思想政治教育人学”的学科界定尚不明晰，理论研究与实践关照相互失衡，对人学理论资源借鉴存在严重偏颇。

五、中国近现代史基本问题研究的主要学术问题和学术观点

刘芹在中华书局2012年8月出版的《近代山东史家对传统史学的发展与创新》一书中，以近代三位山东史家张昭潜、柯绍忞和傅斯年为个案，探讨他们对史学发展的成就及贡献。张昭潜和柯绍忞的史学著述是“记注”和“撰述”两种形式的结合，而他们所编纂的史料具有较高质量的史学价值和学术价值，嘉惠于后学。傅斯年提出“史学就是史料学”观点，开创近代史料学派，组建近代化学术机构——中央研究院历史语言研究所，采用集众的方式去最大化地进行学术研究，培养了一大批中国近现代学术研究人才，推动了近现代学术研究的繁荣局面。三位山东史家代表了近代山东地区近代史学发展趋势，在中国传统史向近代史学发展过程中，他们既有传承总结，又有创新开拓，他们的史学成就及贡献是近代史学史发展过程中一个重要的组成部分，具有不可忽视的史学地位。同时他们的史学研究成果传承创新了齐鲁文化传统，丰富、拓展了齐鲁文化内涵，弘扬繁荣了齐鲁文化精神，为齐鲁文化的发展作出贡献。

孙向群在《北京社会科学》2012 年第 3 期发表文章《近代旅京鲁商与晋商比较研究》。作者从近代北京商业活动中鲁商与晋商双峰并峙的格局出发，展开了课题的研究。认为二者有诸多相同之处：都控制着北京的经济命脉，也具有共同主导的行业。然而，因历史传统和基础不同，他们又有着各自的行业优势和经营特色，在不同历史时期所发挥的作用也不一样：晋商的特色在于商业资本和金融资本紧密结合，在晚清时期势头强劲；鲁商则侧重于经营与市民日常生活密切相关的行业，在民国时期盛极一时。另外，二者不同的文化传统和价值取向直接决定了他们在京不同的发展趋向。

（作者：周向军，山东大学马克思主义学院教授、马克思主义理论研究中心主任）

社　会　学

李善峰

2012 年，山东社会学界基于对社会现实的理论关怀、社会学理论自觉和社会学话语权，进行学科建设和学术活动。本年度，省社会学学会协助承办了“山东社科论坛——公平正义与社会和谐”学术研讨会，山东大学以社会学学科为主体成立了新农村研究中心，《中国民众幸福感量表》入选中国综合社会调查（CGSS）主题模块，中国海洋大学社会学学科主办的“海洋与生态文化”研讨会等成功举行，“集体行动中的情绪、仪式与宗教研究”等六项课题获得国家社会科学基金项目 · 社会学经费资助，一批青年学者加入山东的社会学科研和教学队伍。不同单位的学者，围绕我国经济社会发展的重大现实问题和热点问题，从不同角度展开研究，产生了一些有影响的理论观点，从而彰显了社会学研究社会、建设社会、服务于发展的学术使命和价值追求。下面从以下几个方面，对 2012 年山东社会学界的主要研究进展与观点作简要的回顾性综述。

一、社会学理论和方法研究

社会学理论和方法研究是学科发展的基础。中国社会学的实用品格在很大程度上压抑了社会学的想象力，也阻碍了社会学与中国历史传统的结合。没有理论支撑的经验研究、应用研究即使表面繁荣，其背后仍然存在着深刻的学科危机。近年来，中国社会学界在费孝通先生倡导的“文化自觉”思想引导下，建构本土社会学的理论自觉愈益明显。本土社会学强调在立足中国历史文化传统的基础上，扩展社会学的传统界限并以此再造中国社会学的问题意识、理论品格和学术传统，山东社会学界为此进行了积极的探索。

孟天运入选国家哲学社会科学成果文库并获得山东省社会科学优秀成果重大成果奖的著作《先秦社会思想研究》，是第一本运用社会学理论方法系统、全面研究先秦社会思想的断代专著。著作深入地研究了先秦各阶段、各学派关于社会起源与社会发展、社会结构与社会变迁、社会问题与解决方法、社会生活与社会理想等范畴的理论和思想。与以往社会思想史相比，《先秦社会思想研究》首次将原始社会末期到秦统一之前作断代研究，认为先秦社会思想可以分为发生时期、发展时期与繁荣时期三个阶段，儒家社会思想是传统社会思想的主流派，法家和道家的社会思想与儒家形成了密切的互补关系，形成了先秦早熟的社会思想的主要框架，其他墨家、名家和阴阳家的社会思想都成了中国社会思想宝库的重要部分[1]。

杜靖的著作《九族与乡土：一个汉人世界里的喷泉社会》，以山东费县闵村及周围乡土社会为田野考察地点，历经十年，对传统九族制进行了现代民族志检验。作者认为，以往宗族的或姻亲的任一单一研究视角均难以达成对汉人亲属制度及其实践的洞察和了解，必须回到以九族制为中心和重点的汉人亲属制度研究路径上来。为此，作者建立了以九族制为核心的统合宗族与姻亲双重分析视角的汉人亲属研究框架，希望突破国际人类学界长期以来流行的继嗣体系与交换体系相分离的研究格局，推动世界人类学亲属制度研究向前迈进。作者还把九族亲属制度放置在地域社会中来理解，提出了喷泉社会或九族连环社会解说模式，并期许这一理论模式与宗族社会、市场层级社会、祭祀圈和信仰圈社会等诸模式具有同等重要的认知汉人社会运转的学术价值和地位[2]。

崔恒展、陈岱云对中国传统儒家的贫困思想进行的探讨，认为以孔孟荀为代表的先秦儒家，主张统治者应该对百姓的贫困负主要责任，并提出了一系列让百姓脱贫致富的设想，其贫困致因的核心思想可归为贫困结构观。以“死生有命，富贵在天”为核心内涵，并嵌入先秦儒家“天命”思想体系中的“贫困天定论”的影响超过了其贫困结构观，并内化为一种世俗的道德信仰或文化氛围，影响着中国人的个体思维、群体意识及统治理念。在许多国人潜意识中，至今仍然认同具有宿命色彩的“富贵在天”。以“责怪受害者”为核心内涵的个人贫困观在中国社会中没有成为主流贫困观，这与西方社会学的个人贫困观和结构贫困理论形成明显对照[3]。

当然，山东的学者也没有忽视对西方社会学理论的研究和借鉴。林聚任、王鹏分析了随着建构主义思潮的兴起，话语分析作为一种新的定性研究视角在社会科学诸多领域的影响。他们认为，与传统的社会研究范式相比，话语分析研究者关注的是社会实在或社会世界的建构性特征及其实践意义，把行动者在特定社会背景下运用话语建构其社会世界的过程与机制当作研究对象，从而提供了一种全新的社会研究解释路径[4]。林聚任、刘翠霞还对建构主义进行了深入研究，认为20世纪末的科学大战是科学卫士与建构主义者围绕“科学知识究竟是自然实在的客观表征还是社会建构的产物”这一论点而对科学知识的合法性基础展开的论战。前者以“表征”为核心，坚持自然实在论与真理符合论，强调科学的表征本性促进了人类福利的无限增长。但随着科学践履其“为人类谋福祉”价值的频频失败，以及科学、技术与社会之间关系的日益复杂化，标准科学意象开始面临表征危机。社会建构论的兴起直接颠覆了科学表征的客观性，认为真实的科学是社会建构的结果。社会建构论者以一种较为激进的眼光重新审视了科学，发现了科学表征的社会性，以“建构”取代“表征”，为敏锐地洞察理解科学提供了颇为有益的启发，在学术界掀起了一股声势浩大的建构主义思潮，但其蕴含的相对主义观念使其容易堕入自反性僵局，其后的实践转向则为建构主义思潮稳健发展指明了一条可行的道路[5]。

葛忠明对长度访谈作为经验研究的一种质性方法进行了分析，他认为长度访谈方法能够在经验研究中完成传统人类学方法所能完成的知识任务。质的研究建立在不同与实证主义研究范式所持有的本体论、认识论和方法论基础之上。由于强调了社会现实的建构性质，质的研究把在实证主义那里理所当然地加以接受的社会现象的“客观性”当作主观地、社会地建构的结果；质的研究同时强调本体论意义上的相对性。质的研究往往采用第一人称的写作手法，将研究者个人的情感与价值立场带入研究的过程之中，使之与标榜价值中立的实证主义研究在方法论上形成鲜明的对立[6]。

二、社会建设和管理研究

中国社会学会名誉会长郑杭生指出，以国际的视野和世界的眼光，对中国社会建设和社会管理进行深入的调查研究，把分散的经验材料提升为系统的理论观点，为社会建设和管理的实践提供学理支撑，是中国社会学义不容辞的使命。中国社会学也只有这样做，才能不断地获得对学科自身发展重要的经验，使社会学学科的理论之树常绿常青。山东的社会学者，围绕发展社会事业、优化社会结构、完善社会服务功能、促进社会组织发展，作了大量实证调查，从基本民生建设、社会安全建设和现代社会管理模式建设等不同角度提出了加强社会建设的政策建议，体现了社会学关注现实社会运行的学科特色。

山东社会科学院社会学研究所主持编撰的年度性《山东社会蓝皮书》，以“社区建设与基层治理”为题，从总体上描述了2012年山东社区建设与基层社会治理取得的进展和取得的经验，针对一些地区存在的社区管理体制滞后、政府公共服务向社区延伸不够、社区自治和服务功能不强、社区居委会行政化倾向严重、社区居民参与不足等问题，提出了提高社区治理水平、增强社区自治功能、提升社区服务能力、创新社区党建工作的社区建设和基层社会治理建议[7]。从长远看，社区治理结构的优化要具备一些基本的条件，如政府社会及自治组织的公共责任实现分类清晰化，不同治理主体的职能关系经过分化和重组过程后呈现出分类互动的结构状态，基层政府和社区领袖拥有各自明确的权威来源，社区精英群体不再具有官、民双重代理人的混合身份。良好的社区治理体制可以有效减少科层结构的代理成本问题，激活社会治理的监督力量，促进基层民主的平稳发展。

针对中国社会出现的“风险并发症”，山东社会学者转变旧有的社会治理思路，重塑社会学的社会问题传统，加大对风险社会与社会公共安全的研究。刘伟红在《近年来国内群体性事件研究现状述评》中认为，作为公共危机的重要组成部分，群体性事件近年来成为影响社会稳定与发展的重要问题，并引起学界的高度关注。众多的研究者从群体性事件的概念入手，深入探讨其特性、引发原因、预防控机制建设等问题，并取得了一定的学术与实践效果。

但是，从国内研究的整体情况来看仍然存在着一些明显的不足，这些不足主要表现为分类研究不够、细化的群体性研究不足、现场控制机制研究缺乏可操作性等。

我国目前处在剧烈的社会变迁过程中，稳定的社会阶级、阶层结构尚未形成，社会的结构性冲突主要表现在利益群体的关系上。信访工作是一个利益表达的主要渠道。《基于社会主义和谐社会建设的信访和谐与信访预警研究》是宋协娜2008年立项的国家课题，2012年以《信访和谐问题研究》为名，入选国家社会科学优秀成果文库并获得山东省社会科学优秀成果重大成果奖。该成果在和谐社会建设和中国社会转型的视角下，基于社会和谐和社会发展理念提出信访和谐问题，并对信访和谐进行动态的、量化的、科学方法支持的研究，在理念上倡导理论工作者深入实际，抛开信访制度存废之争，直面信访现实问题，为信访工作有序有效开展提出理论支持。将“和谐”理念导入信访领域，有利于信访工作者和政府正确对待信访和群众工作，充分发挥信访的积极作用，实现现代信访转型，促进信访和谐发展、科学发展。所形成的前沿成果——信访预警指标体系与机制整合模型、信访工作标准化体系，是在基层实践经验总结基础上的科学论证和有价值的理论探索，目前正在山东省一些县市试点，完善后将推广应用，这有助于基层信访工作规范化与制度化水平的提升。成果对信访理论研究提供了一个新视角，对实际工作者提升信访理念和工作效能也有借鉴意义[9]。

张传鹤跟踪研究了发生在2009年的湖北石首事件、新疆“7·5”事件、吉林通钢事件等三起具有代表性的重大群体性事件，探讨了这三起群体性事件的类型、发生的原因及启示，分析了我国信访工作制度存在的问题及完善的对策，认为我国信访工作制度存在的不足是：信访工作制度应具备的多元功能没有得到全面充分地发挥；同级但职责不一的信访机构之间缺乏整合机制，难以形成工作合力；各地各部门制度建设不平衡；信访工作的考核责任制设计存在偏颇；信访和维稳工作理念存在偏差，对上访人员的处置思路存在认识误区；信访机构和信访工作人才队伍建设不完全适应工作需要。要进一步完善信访工作制，要完善具体工作制度设计，使信访工作制度充分承担起多元化的功能；创新工作机制，使同级信访机构形成工作合力；推动各地各部门加强制度建设，把已有的好制度落到实处；完善信访工作考核责任制，消除信访工作中的异化现象；更新观念，正确处理好维权与维稳之间的关系；推进信访工作机构和队伍建设。

三、城乡关系和乡村社会研究

（一）城乡关系研究

城乡二元社会结构是发展中国家较为普遍的一种社会现象，社会学界对我国城乡二元社会结构所具有的独特性进行了研究。林聚任、王忠武山东城镇化实践和城乡不平等发展为研究中心，分析了影响新农村建设发展的主要因素，探讨统筹城乡发展的有效途径和机制。特别通过对山东不同地区城镇化或社区发展模式的考察，提出有实践意义的构建新型城乡关系的现实策略，从而为有关决策部门提供政策建议。该研究主张从“二元”发展观走向“一元”发展观，从而确立城乡平等发展的观念与意识。主张应从新的思维出发去重新审视城乡发展之间关系，探寻新的城镇化道路。统筹发展不应是以牺牲农村为代价发展城市，当然也不是以牺牲后者来发展前者。这种一元发展的新思维不仅要求把城乡发展放在一元结构之中，还应特别强调城乡居民发展权利和权益的平等性、参与的公平性。从而使他们真正共享改革发展的成果，建立起和谐的社会关系[10]。

王忠武使用“三重建构机制”对当代中国城乡关系的发生原因、社会功能和重建方法进行了新的解读。认为当代中国的城乡关系具有持续演进的建构性特征与趋向，呈现出相互关联的被建构、自建构和再建构三重机制。它的被建构机制是自然环境、经济基础、科技进步、发展战略、管理政策、政治制度、思想理论和国际背景等因素的合力作用。再建构机制的目标是，优化城乡关系目标导向机制，调整城乡关系结构整合机制，更新城乡关系思想引导机制，改革城乡关系制度规范机制，完善城乡关系的推助动力机制[11]。

王格芳认为，随着我国城镇化率过半，“城市病”的综合症候群逐渐突显，亟须引起高度重视。我国“城市病”主要表现为交通拥堵严重、能源资源短缺、生态环境恶化、安全基础脆弱、社会矛盾凸显。“城市病”的主要成因是：快速城市化阶段，“城市病”多发具有客观必然性；发展理念和发展方式的偏差，是“城市病”的症结所在；城市规划和建设存在问题，埋下“城市病”的隐患；城市管理欠科学，加剧“城市病”效应。防治“城市病”，一是走以人为本的新型城镇化道路，二是科学规划先行，三是城市建设配套，四是创新城市管理方式，五是推动城市信息化建设[12]。韩圣喜、石兆宏则以济南市为例，讨论了省会城市实施新型城市化战略的可能和进展[13]。

（二）乡村社会研究

乡村社会历来是社会科学研究的一个重要课题，

在社会转型期，它更成为各学科领域关注的研究热点。对于乡村社会的研究大致可以划分为学理性和政策性两类，前者希望通过乡村社会研究所提出的问题为社会学理论找到新的生长点，从而更深入地认识现实的中国乡村社会，后者则直接地面对当下的农村社会困境，研究更具有政策取向。

伴随着当代中国快速城市化进程的推进，中国城乡关系发生了根本性的变化。在城市文明的强势扩张和挤压之下，村落数量开始急剧减少、村落组织走向消解，从而出现了“村落终结”这一背景复杂且影响深远的社会问题，村落社会的命运问题开始被提上日程。作为传统农业大国，中国社会的这一复杂变迁不可能是从“传统”到“现代”的单向过渡，其中必定充满着矛盾冲突与复杂的结构转换。林聚任用翔实的数据阐述了当前中国村庄合并的具体情况，分析了合并后的新社区出现的问题及其发展方向[14]。高卫红等人通过对雍和园社区的个案研究，对农村社区化建设的未来方向进行了探索并提出四条建议，即适应城镇化进程中社会管理体制创新的要求，农村社区化建设需要适时转变政府角色；适应城镇化可持续发展的要求，农村社区化需与工业化同步发展；适应农村公共产品有效供给的城镇化目标要求，需要积极推进农村公共产品供给制度改革；适应因地制宜的城镇化原则要求，农村社区化建设需顺势而为，稳步推进，规范操作[15]。修彩波关注了“村改居”社区的文化建设，基于青岛市后田社区的实地调查，提出了搭建社区文化平台、尊重居民主体地位、完善社区管理制度等文化建设的路径[16]。

村落精英作为农村的“能人”，由于其特殊的资源优势，拥有较高承担风险的能力，在行动中往往起到带头示范作用，成为推动农村社区变迁的重要力量。从晓峰尝试构建村落精英与社区之间具有广泛意义的关系模型，探讨村落精英对社区所面临风险所起到的正向作用和负向作用，以及探索解决问题的办法，即如何在体制上、政策上规避村落精英给社区发展带来的不利影响，同时激励其正能量的发挥[17]。城郊社区与农村社区是城乡一体化进程中处于不同发展阶段的新型社区，在社区公共服务供给上存在着差异。周晨虹通过问卷调查发现，在社区行政事务、社区卫生服务、社区治安服务等方面，城郊社区居民的满意度均高于农村社区居民；但在社区文化服务和社区服务中心作用评价方面则不存在显著差异。不同社区居民的社区服务需求结构存在差异，但在社区卫生医疗与养老服务上表现出一致性。基层政府与社区应针对不同社区实际和居民需求，制定出切实可行的社区公共服务供给方略[18]。

杜靖在研究方法上关注到区域社会研究模式对村落分析模式的超越，认为区域省会研究主要涉及市场层级社会、祭祀圈与信仰圈社会、水利社会、某一“核心价值”较突显的区域社会等若干领域。他分析了区域社会研究产生的背景，各种理论模式的内涵、争论的焦点、存在的问题及彼此间的系谱关联，概括出了各种区域社会运转的一般逻辑[19]。

四、社会结构和分层研究

社会结构与社会分层是普遍的社会现象，社会分层是社会结构优化的一种重要机制，社会结构是社会分层的结果和整体性呈现。这里，关键要看所形成的社会结构是否具有公正性、合理性、开放性和包容性。我国正经历快速的社会分化和急剧的社会结构变迁，越来越多的社会问题和矛盾都与社会结构和社会分层密切相关。许多学者深入到社会分层机制和社会的内在结构展开研究，以期揭示产生诸多社会问题和社会矛盾的结构性根源，从而为社会建设、社会管理提供方依据。

李善峰关注到中国社会的流动性减少甚至社会结构凝固化的现象，认为随着中央和地方分税制的建立、国有企业治理结构调整，资本市场监管等一系列改革，使社会资源重新走向集中，表现为教育改变社会身份的作用不如改革初期有效，农民工进入城市的生活成本越来越高，城乡收入差距拉大，劳动在收入分配中的比重下降，财富向上转移、风险向下积累的趋势明显。由失地农民、被拆迁的城市居民、不能就业的大学生群体，加上传统意义上的农民、农民工、下岗失业工人，组成了一个庞大而复杂的“底层社会”，这个群体通过自己的努力走向上层社会的可能性越来越小。由此带来的社会后果是：社会流动的门槛增高，社会活力下降；阶层之间的对立情绪凸显，“仇富”与“嫌贫”的集体意识蔓延；普遍的不平衡感转化为部分社会成员的绝望感。他建议正确处理各阶层的关系，将弥漫在社会中的各种怨气、焦虑、愤怒和不安全感，转化为改革的动力[20]。

马广海注意到，有关“中国体验”的叙事说明，仅仅研究“中国经验”即中国社会几十年来在宏观经济与社会结构发展方面的经验与教训是不完整的。中国体验还在精神层面赋予了中国经验以完整的意义和价值，它同中国经验一起，构成了理解中国社会变迁或转型的双重视角。他分析了贫富差距引发的社会心态的变化，并对国民心态的调整作出了有价值的建议。马教授提醒尽管由于阶层分化引起了诸多的消极社会心态，但这并不意味着整个社会的心态状况就完全是消极悲观的，随着社会阶层的分化，也为人们提供了积极向上的生存发展心态[21]。

吴愈晓分析了中国城乡居民教育获得性别不平等的变化趋势，并检验影响教育获得的各主要因素是否存在性别差异。他发现：性别不平等存在城乡差异，农村户口居民的性别不平等程度高于非农户口居民；父亲的职业地位指数（ISEI）或父母的受教育水平越低，教育获得的性别不平等越严重；兄弟姐妹人数越多的群体，教育获得的性别不平等越严重；不同教育层次入学机会的性别不平等程度也不相同，教育层次越低，升学机会的性别不平等越严重。上述教育获得的性别不平等模式来源于不同的社会群体对父权制观念或传统性别角色观念的认同感的差异[22]。

王鹏为2012年中国社会学年会提交的论文探讨了初婚年龄的变化趋势及其影响因素，发现教育程度和家庭社会经济地位对初婚年龄有显著影响，存在着性别差异和城乡差异。有意思的发现是，无论在城市还是农村，父亲从事管理类职业对儿子的初婚年龄有显著地提前效应，这可能出于遵从权威的养育观念，也可能由于管理类职业掌握着更丰富的经济资源和社会资源。

武中哲讨论了住房制度改革对城市弱势群体基础教育机会的影响，验证了布迪厄的“区隔”理论在中国社会的适用性。他认为就近入学的基础教育政策对于维护城市社会成员相对公平的教育机会曾经发挥了积极作用，但住房制度改革以及保障性住房政策的实施引起的城市社区的分化、基础教育资源的不均衡配置使得弱势群体子女在获得基础教育方面处于劣势地位，从而导致了城市弱势群体的自我复制。为此，地方政府应当关注住房制度改革与基础教育制度之间的交互作用，在城市规划、保障性住房建设过程中均衡基础教育资源配置，目的是通过政策和市场手段保证基础教育机会的公平[23]。

五、生活质量和社会政策研究

（一）幸福指数研究

幸福指数与社会建设、社会政策紧密相关，甚至是社会政策、社会建设研究的一个方面，但是近年来，这方面的研究受到学界的关注，日益成为一个相对独立的研究领域。邢占军认为，如果说GDP指标主要考察发展速度的话，幸福指数指标则主要考察发展的方向，二者可以起到互为补充的作用。他分析了社会焦虑对幸福感的影响，认为焦虑已经超越了个体的人格特质或心理状态，成为一种普遍的社会心态。这种现象的出现，与中国快速现代化进程和剧烈社会转型所带来的压力以及所伴生的价值缺失和信仰危机密切相关，已经严重影响到民众的幸福感和社会的幸福指数[24]。在早前的一篇论文中，他采用已经公开的政府统计数据、6个省会城市的调查数据、来自山东省城市居民连续7年的调查数据，对我国城市居民收入与幸福感的关系进行了分析。发现在现阶段的中国，收入与城市居民幸福感之间具有一定的正相关；地区富裕程度不同会对二者之间的关系产生影响；高收入群体幸福感水平明显高于低收入群体；从一段时期内考察，地区居民幸福指数并没有随国民收入的增长而同步增长；地区富裕程度与居民幸福感水平之间相关不明显。据此提出的政策主张是，中国在相当长的时期内还需以快速良性的经济发展来保证居民收入的稳定增长，为个体自由全面的发展提供必要的物质保障，建立与完善促进个体自由全面发展的利益调整机制，加大公共产品，特别是社会保障的供给力度。

王忠武从民生幸福的视角探讨了社会管理创新的思路和方法，他认为，民生是指作为生命主体、生活主体和生产主体的广大民众自身的现实存在状态，主要包括生存、生活与生计三个基本层次。民生幸福即民众对于自身生存、生活、生计诸方面状况感到满意、快乐和愉悦的积极稳定的情感体验，它是人类幸福感的基本来源和重要组成部分。追求生存、生活和生计幸福是人活动的基本动力和目标，也应是社会管理的根本目的和价值归宿。为了有效增进民生幸福，需要创建以民生幸福为目标导向的新型社会管理体系，实现社会管理目标的人本化、管理主体的全员化、管理客体的系配化以及管理手段的效能化[25]。

（二）青少年研究

王玉香研究了引起社会各界普遍关注的青少年自杀问题。她认为自杀意念率较高、明显的性别与地域差异、低龄化趋向、易受感染性、冲动性、原因的阶段性是现阶段青少年自杀的特点。导致青少年自杀有认知偏差、青春期内在冲突、不良个性特征与心理疾病等个体原因，有家庭结构残缺、关系不融洽及教养方式不当等家庭因素，有学业压力、教师素质、同伴影响的学校因素，同时与社会文化、现代传媒不良影响有关。社会工作介入的策略包括：倡导生命教育及形成预防机制以预防，采用区分对待、安抚陪伴、初次评估及支持系统的建构以干预[26]。

龚晓洁对当代青年的婚姻家庭与价值取向进行了研究。她选取“80后”、“90后”在校大学生为样本，从大学生的恋爱观、婚姻观、生育观三个方面对当代大学生的婚恋观现状进行调查与分析后认为，引导青年人树立正确的婚恋观，必须充分发挥家庭、高校和社会的作用。帮助其树立正确的婚恋观不仅有利于他们未来的发展，也有利于整个社会的和谐与进步[27]。

赵振军、鹿克新分析了社会工作对重点青少年群体的介入机制，认为重点青少年群体是一个特殊的群体，需要受过专业教育和技能训练的社会工作者来对他们进行特殊的教育、帮助和支持。在重点青少年群体的数据摸排和服务监管工作中，从社会互动理论关于行动者与社会环境相互作用、相互建构的依存关系出发，通过构建社会工作在宏观、中观与微观三个层面的介入机制，有助于获得更全面真实的重点青少年群体的数据信息，有效回应重点青少年群体的利益和价值诉求，实现重点青少年预防犯罪和服务管理的创新[28]。

（三）社会组织研究

赵立波对国家与社会的关系、社会组织发育、事业单位改革等进行了研究。他在《国家与社会关系变迁中的我国行业协会发展》中认为，来自政府与市场两方面力量推动我国行业协会的发展，国家与社会关系变迁、政社力量变化影响行业协会的生成与发展。通过以青岛市为例的调查研究发现，市场作用日益突出，官办协会与民办协会在组织结构、内部治理、行为模式等方面趋向一致，但市场尚未取代政府成为行业协会发展主导力量[29]。在《事业单位管办分离若干重大理论与实践问题研究》中认为，管办分离是政府监管者与举办者职能的分离，管办关系的处理不存在统一的标准模式。虽然我国管办分离改革取得进展并形成六种模式，但是理念、体制、运作等深层次障碍依然存在。应理顺管办职能关系，探寻有效实现形式，加快推进事业单位管办分离[30]。

朱冬梅用新公共管理理论分析了社会组织在解除贫困行动中的参与和促进策略，强调将竞争机制引入政府公共服务领域、注重实际工作绩效，特别是向社会公众的满意程度方向发展。推进社会组织参与解困行动，应从加快政府职能转变、加大对公益性社会组织的扶持和培育力度、加强社会组织自身建设、建立评估机制、完善法律体系等方面作出努力[31]。

宋全成讨论了我国基层残疾人组织发展情况，认为我国基层残疾人组织的发展经历了以组建和巩固县、乡残联为重点，以城市社区为中心和逐步转向农村三个阶段。经过20多年的发展，我国基层残疾人组织实现了从无到有的根本性转变，但也存在着农村基层残疾人组织发展缓慢、基本工作条件欠缺、工作人员文化专业素质偏低、基层残疾人组织提供服务的能力不高等问题。需要加快基层尤其是村庄残疾人组织建设步伐，保障基层残联组织基本工作条件，提高工作人员的文化专业素质和为残疾人服务的能力[32]。

（四）养老制度研究

随着我国覆盖城乡社会保障体系建设的快速推进，社会保障问题研究也处于大发展时期。山东是“未富先老”的社会，对社会保障制度具体问题的研究，集中在养老制度改革方面，不同背景的学者提出了多种方案。总的来讲，保基本和适度普惠的概念得到了较多学者的认同。

成伟认为，家庭养老模式的产生和发展有其深厚的经济、文化和社会基础。这种养老模式既有其独特的优势又有其自身不可避免的劣势。伴随着我国家庭结构的巨大变化、空巢家庭日益增多、老年人在家庭中主导地位的逐渐丧失、年轻一代养老观念的逐渐淡漠，中国传统养老模式面临严峻的挑战。在这样一个社会变迁、经济发展的大背景下，探索一种依靠老年人、家庭和社区等多种力量的多元化养老模式便成为当下中国社会发展的重要选择[33]。

高灵芝主张，居家养老服务应该是我国基本养老服务体系的重要组成部分。居家养老服务是城市老年人养老方式的主要选择，但政策供给不足；城市居家养老服务项目需求呈多样化，而实际供给较为单一；城市有偿居家养老服务潜在需求大、大多数老年人可承受的费用标准较低，供给较少。提升需求与供给的匹配程度，是促进居家养老服务进一步发展必须解决的问题。要在基本属性、服务对象、需求评估、服务项目、供给机制等方面准确把握居家养老服务基本理念，加强由各种力量广泛参与的居家养老服务的运作体制机制建设，明确政府在居家养老服务中的核心位置和主导作用[34]。

李宗华等人采用多层抽样的方法分析了山东农村空巢老人生活满意度差异及影响因素。研究发现，农村空巢老人的生活满意度因有无子女、文化程度、婚姻状况、社会交往及生活状况的自评等的不同而呈现差异。影响生活满意度的因素按作用大小依次为：经济状况、社会参与差异、邻里关系和谐与否、环境状况、生活照顾状况、知心朋友的数量差异、健康状况及有无子女。性别、年龄、婚姻状况对空巢老人生活满意度影响不显著。因此，提高农村空巢老人的社会参与程度、保障老人的经济生活、营造安定的生活环境等对提高老人的生活满意度尤为重要[35]。

梁丽霞分析了老年人家庭照顾者的社会性别，认为老年人照顾责任呈现家庭化、女性化倾向，不同性别的老年人家庭照顾者处境大为不同，其提供的照顾内容以及承受的照顾压力都有差异，且存在性别不平等现象。她借助“责任分担”理论，构建了“老年人照顾责任分担体系”，借此改变老年人照顾格局中的性别不平等现象，有效应对日益严峻的老年人照顾需求[36]。

六、环境和海洋社会学研究

环境研究是生态文明建设的基础性工作，海洋社会学研究既是社会学的一个分支，也是山东社会学研究的一个特色。国际社会对人类生存环境的重视，世界沿海各国对海洋开发力度的加大，人类针对海洋的实践活动越来越频繁，催生了环境社会学和海洋社会学。

崔凤从理论上对环境行为进行了分析。他认为，伴随着全球环境问题的不断涌现和社会学学科建设的日益成熟，环境行为逐渐进入环境社会学的研究视野。通过对国内外研究文献较为系统的整理和回顾，梳理环境行为的概念与内涵，归结了环境行为的适应性、社会性、双重性和策略性特征，并对环境行为进行类的分析，构建了态度变量、社会结构变量、社会人口统计变量三种与环境行为关系最为密切的影响因素，在此基础上揭示了目前环境行为研究中的概念混乱、研究方式单一以及缺乏对环境行为形成的社会互动机制的详尽分析等问题与不足[37]。

王书明讨论了日本福岛核泄漏事件和大连漏油危机对环境造成的影响。在福岛核泄漏事件中，各种各样的社会行动者纷纷建构自身以应对核风险，这些建构自身的活动产生了行动主体间的交互影响。福岛核泄漏事件产生的风险互动成为重塑国际社会的重要力量，激发了富裕社会以及自反性现代化对安全的强烈需求。福岛核泄漏事件表明，风险事件既是人类安全需求的对立物，也是安全建构的重要机遇，，风险事件的反思和治理会使未来社会更加安全[38]。2010年大连发生的新港漏油危机，反映出政府应急管理理念的缺失和应急管理能力的不足。他建议积极倡导把海陆统筹的理念应用到环境危机的应对中，环渤海地区利用海陆兼备的地缘优势和经济区一体化发展的战略机遇，以海陆两方面协调为基础进行区域环境危机的预防、准备、应急和善后工作，建立健全海陆统筹应急管理系统，科学有效地应对环境危机，实现环渤海地区的可持续发展[39]。

唐国建讨论了国际海洋渔业的管理模式。认为海洋渔业资源是一种开放性的公共资源，这是过度捕捞的重要根源。如何对海洋渔业进行管理是一个需要权衡取舍的问题。从世界各地的案例研究来看，任何一种形式的管理模式可能只适合于某一个区域，而在其他区域有可能存在缺陷而导致无效的管理。国际海洋渔业管理经验给予中国的启示是，基于生态系统、社区、渔民知识、生态科学等因素的综合性管理模式是总体的发展趋势[40]。

同春芬分析了我国渔民社会流动中的社会关系网络，认为社会关系网络是当代渔民流动过程中的重要支撑。她阐述了社会关系网络的内涵和作用，分析了渔民拥有的社会关系网络，即初级关系网络，具体包括家庭关系网络和家族关系网络；扩展的关系网络，具体包括以业缘关系为依托的新型非正式关系网络和以政府、渔业协会为依托的正式关系网络[41]。

参考文献：

[1]孟天运：《先秦社会思想研究》，人民出版社2012年版。

[2]杜靖：《九族与乡土：一个汉人世界里的喷泉社会》，知识产权出版社2012年版。

[3]崔恒展、陈岱云：《先秦儒家贫困致因思想研究》，《东岳论丛》2012年第8期。

[4]王鹏、林聚任：《话语分析与社会研究方法论变革》，《天津社会科学》2012年第5期。

[5]刘翠霞、林聚任：《表征危机与建构主义思潮的兴起——从对“科学大战”的反思谈起》，《东南大学学报（哲学社会科学版）》2012年第5期。

[6]葛忠明：《长度访谈：经验社会研究的一种质性方法》，《中国海洋大学学报（社会科学版）》2012年第3期。

[7]张华、唐洲雁总主编：《2013山东社会蓝皮书：社区建设与基层治理》，山东人民出版社2013年版。

[8]刘伟红：《近年来国内群体性事件研究现状述评》，《天水行政学院学报》2012年第4期。

[9]宋协娜：《信访和谐问题研究》，人民出版社2012年版。

[10]林聚任、王忠武：《论新型城乡关系的目标与新型城镇化的道路选择》，《山东社会科学》2012年9期。

[11]王忠武：《当代中国城乡关系的三重建构机制》，《学术月刊》2012年12期。

[12]王格芳：《我国快速城镇化中的“城市病”及其防治》，《中共中央党校学报》2012年第5期。

[13]韩圣喜、石兆宏：《济南实施新型城市化战略研究》，济南出版社出版2012年版。

[14]林聚任：《村庄合并与农村社区化发展》，《人文杂志》2012年 第1期。

[15]高卫红、苏海玲等：《城乡统筹背景下农村社区建设的路径选择——以山东省莱芜市雍和园社区为个案》，2012年国家民政部农村社区建设理论研究获奖论文。

[16]修彩波：《“村改居”社区文化建设路径探索——基于青岛市后田社区的实地调查》，《农业科技管理》2012年第4期。

[17]丛晓峰:《村落精英与农村社区风险研究》,《晋阳学刊》2012年第4期。

[18]周晨虹:《城乡一体化背景下社区公共服务供给的比较分析——基于山东省三个县级市的问卷调查》,《社会主义研究》2012年第3期。

[19]杜靖:《超越村庄:汉人区域社会研究述评》,《民族研究》2012年第1期。

[20]李善峰:《用积极的社会政策破解“阶层固化”》,《大众日报》2012年5月8日。

[21]马广海:《贫富差距悬殊也是一种中国体验》,《江苏行政学院学报》2012年第5期。

[22]吴愈晓:《中国城乡居民教育获得的性别差异研究》,《社会》2012年第4期。

[23]武中哲:《住房制度改革与城市弱势群体基础教育机会》,《山东社会科学》2012年第12期。

[24]邢占军:《焦虑之下的幸福指数》,《探索与争鸣》2012年第7期。

[25]王忠武:《民生幸福影响机制与社会管理体系创新》,《山东大学学报哲社版》2012年第5期。

[26]王玉香:《青少年自杀现象与社会工作介入策略》,《当代青年研究》2012年第7期。

[27]龚晓洁:《当代青年的婚姻家庭与价值取向》,《重庆社会科学》2012年第8期。

[28]赵振军、鹿克新:《社会工作对重点青少年群体的介入机制研究》,《泰山学院学报》2012年第1期。

[29]赵立波:《国家与社会关系变迁中的我国行业协会发展》,《山东社会科学》2012年第9期。

[30]赵立波:《事业单位管办分离若干重大理论与实践问题研究》,《中共福建省委党校学报》2012年第2期。

[31]朱冬梅:《社会组织在解除贫困行动中的参与和促进策略研究》,《山东行政学院学报》2012年第3期。

[32]宋全成:《我国基层残疾人组织发展历程、存在问题及对策研究》,《山东社会科学》2012年第7期。

[33]成伟:《中国传统养老模式面临的挑战及多元化养老方式探索》,《理论与现代化》2012年第3期。

[34]高灵芝:《供需适配角度的城市居家养老服务研究》,《南通大学学报(社会科学版)》2012年第3期。

[35]李宗华、张风:《农村空巢老人生活满意度差异及影响因素分析》,《东岳论丛》2012年第6期。

[36]梁丽霞:《老年人家庭照顾者的社会性别分析》,《经济与社会发展》2012年第7期。

[37]崔凤:《环境行为的社会学研究回顾》,《京工业大学学报(社会科学版)》2012年第2期。

[38]王书明:《重大环境事件与当代国际社会的重塑——福岛核泄漏事件的环境社会学反思》,《南京工业大学学报(社会科学版)》2012年第2期。

[39]王书明:《环渤海地区海陆统筹应对环境危机研究——以大连漏油危机为例》,《科学与管理》2012年第2期。

[40]唐国建:《国际海洋渔业管理模式研究述评》,《中国海洋大学学报(社会科学版)》2012年第2期。

[41]同春芬:《我国渔民社会流动中的社会关系网络初探》,《农业科技管理》2012年第3期。

(作者:李善峰,山东社科院研究员)

民　俗　学

张士闪

作为民众在现实生活中约定俗成的民俗,是典型的根性文化。民俗学在当前日益成为显学,与其在中国现代化进程中所产生的影响力日益扩大是分不开的。在经历了长时期的冷落之后,民俗文化在社会各方面合力的作用下,向辅助政府施政与国家主流价值构建快速靠近,民俗文化传统的传承成为国家建设与民族发展的核心问题。民俗在当代社会中的意义已不仅仅是传统传承的问题,而且与社会公平和价值信仰密切关联。

以此为背景,2012年山东省民俗学研究承袭了新世纪以来的热潮,呈现出学术活动活跃、参与学者众多、学术关注面广、学术成果数量较多的特点。与此同时,本年度也存在力作缺乏、学理研究有待提升、以民俗学术助推社会发展的向度有待加强的缺憾。大致说来,刘铁梁、张士闪、于凤贵、耿波等对于传统节日当下传承与发展的研究,齐涛、马新、刘德增、刁统菊、韩朝建等的宗族研究,周郢、徐传武、刘铭、李生柱、李海云等的信仰民俗研究,刘德龙、潘鲁生、朱以青、王德刚、马知遥、金岩、刘昂等关于民俗文化开发与保护的研究,是2012年山东省民俗学研究中的热点和亮点。

以下将从研究概况、主要研究问题及观点综述、总结与展望三个方面进行全面总结和分析。

一、2012 年度山东民俗学研究概况

2012 年，山东省民俗学研究总体呈现出良好的发展势头，在研究成果、重大项目、学术活动四个方面均取得较好成绩。

第一，据不完全统计，2012 年度内我省民俗学人（包括省内各高校研究生）公开出版相关专著（包括论文集）8 部，发表学术论文近百篇，完成重要研究报告 3 项，学术成果丰硕。

第二，在重大项目研究方面，本年度主要完成了 3 项成果。一项是教育部哲学社会科学发展报告建设（培育）项目《2012 中国民俗文化发展年度报告》，该项目由山东大学民俗学研究所张士闪教授主持，文化部民族民间文化发展中心合作，组织多位国内民俗学界著名学者参与编写，成果分为总报告、分题报告、专题报告三部分，共计 35 万字，对 2011 年度中国民俗学发展情况予以全面、深入地总结和评析。该项研究成果面向社会举行发布会，取得较大社会影响，《光明日报》、《中国文化报》等均以较大篇幅予以介绍。另两项是国家社科基金重大项目《中国节日志》特别委托课题《二月二》、《胡集书会》，分别由山东大学民俗学研究所张士闪教授、王加华副教授主持，均以田野作业为基本方法，系统研究全国各地二月二节俗传承与山东惠民地区胡集书会现状。上述三个重大研究项目均在 2012 年度内通过验收，提升了我省民俗学研究在全国民俗学界的地位和影响力。

第三，在学术活动方面，本年度我省民俗学界有两次重要学术会议和一次重要学术事件。5 月 4—6 日，山东大学文化遗产研究院举办“认知、评估与保护传承·中国民俗文化发展高层论坛”，来自北京大学、北京师范大学、中山大学、云南大学、西北民族大学、浙江师范大学、温州大学和文化部、中国艺术研究院等单位的 30 余位学者，就民俗文化的认识、评价、保护、传承等系列重要问题展开讨论，部分与会者举行专题演讲。10 月 19—21 日，由山东省民俗学学会举办的“山东省民俗学会成立 25 周年学术年会”在济南大学召开，来自全省各地 60 余名代表参加会议，提交学术论文 24 篇。大会对本年度我省民俗学研究工作开展情况进行了总结，与会者还分享了各自近期的研究心得，就山东省民俗文化的当代传承、资源梳理与保护路径等问题进行研讨。

山东民俗学会与济南大学联合创建“山东民俗文化陈列馆”，是山东民俗学界的重要年度事件，将对山东省民俗文化的发掘、保护以及民俗学术的未来发展发生重大影响。10 月 20 日，“山东民俗文化陈列馆”揭牌仪式在济南大学中心校区进行，中国文联副主席、中国民协主席冯骥才题写馆名，山东省省委、省政府领导和来自全国各地的民俗学专家、学者参加了揭牌仪式。年底，“山东民俗文化陈列馆”成功举办“好客山东贺年会进高校——春节民俗场景式展览”，免费向广大市民开放，取得了良好的社会影响。

二、主要研究问题及观点综述

2012 年度，我省民俗学研究的关注问题较多、涉及面较广，大致包括民俗学史、民俗学理论、居家与礼仪、岁时节日、亲属制度、信仰习俗、民间技艺、民间歌舞乐戏、民间体育、民俗文化的开发与保护等 10 个方面。

（一）民俗学史

本年度的民俗学史研究，涉及中国古代民俗学史、现代民俗学史两个领域。

中国古代民俗学史研究。王素珍的《〈周礼〉民俗思想研究》（《文化遗产》第 3 期）对《周礼》一书所包含的礼俗、民俗观进行了分析，认为该书不仅民俗思想丰富，而且对礼与俗予以初步分类，这一对民俗现象或者民俗事象的系统化、体制化的做法，对后世的民俗观和民俗思想影响深远。彭淑庆、崔华杰的《晚清基督教传教士与中国上古神话研究——以〈教务杂志〉（The Chinese Recorder）为中心》（《民俗研究》第 3 期）一文，以晚清基督教传教士的传教方式为研究视角，对其研究中国上古神话的动机、方法和效果等问题进行了较为全面的阐述，既还原了一段历史真实，也有利于推进对中国现代民俗学学科建立的思想渊源的探讨。

中国民俗学界大都将 20 世纪早期的北大歌谣运动视为中国现代民俗学的开端，但却很少注意到这一运动过程中，人们对“民歌”与“歌谣”的混用，以及对“歌谣”一词的偏爱。曹成竹的《“民歌”与“歌谣”之间的词语政治——对北大“歌谣运动”的细节思考》（《民族艺术》第 1 期）一文，对中国民俗学史上的这一现象及其原因进行阐发，认为这一方面体现出传统文学观念的现代化过程，同时又隐含着本土知识分子群体在中西文化冲突下，坚守本土文学身份的民族主义情感，是一种有意无意的词语政治策略，既表现为一种外向扩张的文化影响力，又是一种具有内在统一性和想象共同体意味的文化规约力。

（二）民俗学理论的探讨与译介

新时期以来，对于何谓民俗、当代民俗学何去何从等基本问题，历来是“学院派”民俗学者关心的话题，鲜有“圈外”的声音。潍坊市寒亭区文史工作者张宝辉，在《站在民俗学圈外“看热闹”——读2011年第4期〈民俗研究〉有感》（《民俗研究》第2期）一文中就此直陈己见，难能可贵。他认为，作为“公共精神秩序”的民俗，有狭义和广义之别：狭义上是指一个相对独立的村落单元中那些与祭拜有关的神圣空间、神圣时间、信众观念和灵异传闻；广义上则是指自成文化单元的农村、企业、学校、军营、监狱等等。凡是“公共精神秩序”所涵盖的与大众生存相关的精神层面的东西，都可以归于民俗的范畴，民间约定俗成的“潜规则”即是民俗。他进而指出，当代民俗学之所以出现危机，在于民俗学人把民俗学的路走窄了，偏重一种“学院派”的调查研究，缺乏对民生的关注，而民俗学是一门关注民众创造历史的学问，需要在现有研究基础上“开疆扩土”、“学以致用”。

语言民俗学在我国是一个比较新的研究领域，刘铁梁的《语言民俗研究的范式建构——评黄涛〈语言民俗与中国文化〉》（《民俗研究》第3期）一文，就该书对语言民俗学研究的范式建构意义进行了客观评价，认为其综合了民俗学和语言学以及其他相关学科理论、方法，对我国20世纪北方农村典型语言文化事象进行了深刻的解释，一方面使我们对“语言民俗”的界定和研究地位都有了更加清楚的认识，另一方面建构起语言学与民俗学相结合、民俗学理论讨论与语言民俗志相结合的研究范式。

外国民俗学理论译介方面，张士闪的《简·艾伦·哈里森的〈古代艺术与仪式〉》（《民俗研究》第2期）一文，从简·艾伦·哈里森的《古代艺术与仪式》出发，对其民俗学研究的基本脉络与理论价值予以评析，认为今日民俗学者对于表演仪式田野个案的偏好，其实仍是受到作者“神话——仪式”学说的深刻影响。郭海红的《坪井洋文“民俗文化多元论”思想研究》（《云南民族大学学报》第1期）一文，对20世纪70至90年代近30年内日本兴起的“民俗文化多元论”思想进行梳理，认为由坪井洋文提出的日本民俗文化是由旱作、稻作、渔捞、狩猎等多种文化体系构成的民俗文化多元论观点，是继柳田国男稻作文化一元论之后日本民俗学界的主要学说，推动了20世纪末期旱作农耕文化研究的热潮，对今日日本民俗学研究仍然具有重要的启发意义。郭海红的另一篇文章《围绕“日常态—能量枯竭态—非日常态”的学术争论—三元论体系基础上的日本民俗理论的建构》（《民俗研究》第3期），对20世纪七八十年代日本民俗学界出现的一场学术争论进行梳理和评析。大致说来，20世纪70年代波平惠美子以“日常态——能量枯竭态——非日常态”三元论体系，对柳田国男确立的“日常态——非日常态”的二元论分析概念进行挑战，并引起樱井德太郎等一批学者的广泛争论和实践，尽管这场新的民俗理论建构之争的历史定位尚不明确，但其批判继承的民俗学学科精神值得继承和发扬。

（三）人生仪礼与岁时节日

人生仪礼贯穿老百姓生命始终，是最为重要的民俗事象之一，备受民俗学者关注。王志芳的《山西圆锁礼仪浅析——以大同为主要考察点》（《牡丹江师范学院学报》第1期）一文，对大同地区圆锁这一成年礼仪民俗的产生、发展作了详细考察，认为这一礼仪习俗既寄托了长辈对孩子的关爱之情，同时也有利于培养孩子尊重长辈的责任感。王美雨的《山东莒南丧葬民俗文化研究》（《临沂大学学报》第4期），对莒南丧葬习俗中“烧汤的、挑汤罐子的”、“寿衣”、“打狗饼”、“指路”、“送汤”、“破孝”、“摔老盆”、“引路”、“圆坟”、“团圆饼”、“五七坟”、“寒食坟”等仪式细节进行考察，认为莒南县逐渐形成了既保留传统风俗又有所创新的风格。

岁时节日是长期以来形成、延续和发展的重要民俗事象，既具传承性，又有与时俱进的创新性。在传统节日形成、演变研究方面，刘宗迪的《摩睺罗与宋代七夕风俗的西域渊源》（《民俗研究》第1期）一文，关注七夕节在宋代受西域文化影响而出现的泥孩儿摩睺罗、谷板、种生等新俗。刘佳、樊庆彦在《古代小说中岁时节令娱乐描写的民俗价值与文学功能》（《文化遗产》第1期）中，则从古代小说中丰富的民俗娱乐描写入手，分析民俗在文学创作中的价值。

有多篇论文对传统节日的当下传承状况进行探讨。刘铁梁的《社会发展与春节文化》（《山东社会科学》第1期）一文认为，作为中华民族最盛大节日的春节，在当代具有更多的开放性、多元性、公共性、消费性等特征，尤其是在当代城市化进程中，空前开放的节日仪式和节日交往场域日益增多，春节文化由此成为继承发扬传统文化、推进社会主义核心价值体系的一项重要工程。潘鲁生在《从春节符号谈文化传承与创新》（《山东社会科学》第1期）一文中认为，文化符号是把握春节文化传承与创新的重要内容，分析“春节符号”存在的主要问题，探讨现代生活空间里春节文化的传承与发展，有助于将宏观的文化视野和具体的创新举措相结合，形成关于春节文化的新建议。郭静的《沂蒙山地区年俗探析》（《大众文艺》第8期）一文，则从年俗内容、年俗传承与更新、年俗民俗意义和文化内涵三个方面对沂蒙山年俗进行分析，认为年俗可以增强现代人的归宿感和认同感，在社会整合方面扮演重要的角色。

也有多位学者将传统节日的历史传承与当代发展策略结合起来予以探讨。张士闪、马广海、杨文文的《中国传统节日的传承现状与发展策略——以鲁中寒亭地区为核心个案》（《山东社会科学》第1期）一文，就传统节日如何走出困境重现活力问题提出四点建议：一是在原有法定假期不变前提下，以省区或市区为单元实施弹性放假制度；二是以节日体验为途径，加强对青少年的传统节日文化教育；三是积极促成传统节俗的现代性转换；四是以兼容并蓄的开放态度对待外来节日文化。于凤贵的《传统节日文化的传承与创新——以"好客山东贺年会"为个案》（《山东社会科学》第7期）一文，提出"谈化"、"异化"、"同化"是中国传统节日目前面临的主要问题，并以山东省"好客山东贺年会"活动为例，呼吁建立联合办节的社会机制以塑造品牌引领发展，以实现传统节日与现代生活的有效对接。耿波、赵勇的《青年学生对传统节日符号与仪式的接受现状与文化自觉》（《山东社会科学》第7期）一文，认为青年学生是传统节日文化实现传承的主要人群之一，应创造各种传统节日的社会参与平台，引导青年学生主动参与，激发其对传统节日符号与仪式的多样性创意。

（四）亲属制度

亲属制度是建立里在血缘和婚姻基础之上的，包括家族亲属和族外亲属在内的一整套社会关系秩序，而婚姻习俗、家庭习俗、宗族制度、祭祀制度等是其具体表现。在婚姻习俗研究方面，刘德增的《女闾、巫儿、不亲迎及其他——齐地女性与婚俗问题新考》（《山东社会科学》第3期）一文，对山东女闾、巫儿、不亲迎、夜晚迎娶等婚姻习俗进行分析，认为这些现象源自齐地原始习俗，与历史上齐国建国方针有密切的关系。刁统菊的《娘家人还是婆家人：嫁女归属问题的民俗学研究》（《民族艺术》第1期）一文，对女子出嫁后的身份归属问题进行深入分析，认为嫁女行为在将女子从父系宗族内部排斥、疏离出去的同时，并非意味着嫁女与娘家就此脱离了关系，相反两者之间关系依旧紧密，并发挥着一定的功能，这对联姻双方具有重要的意义。在家庭习俗研究方面，陈章龙在《宋墓装饰映射的宋代家庭陈设风尚》（《民俗研究》第3期）中借助部分墓葬资料，从厅堂陈设风尚、书房陈设风尚、内寝陈设风尚、兵器架陈设四个方面，对宋代日常家庭陈设风尚进行了描述，对于了解古代居民日常生活状态具有重要的参考价值。

在古代宗族研究方面，马新、齐涛的《试论魏晋隋唐时期的宗族政策》（《史学集刊》第4期）一文，对魏晋南北朝时期王朝政策与宗族发展关系作了宏观性梳理，认为从魏晋到南北朝，宗族政策由依托转向收拢；隋唐进一步从制度上完成对宗族的钳制、分解，以至于旧式宗族政治、军事、经济功能逐渐衰退，开始了向新型宗族的演进。李海流、陈允沛、孙晋芬的《走进鲁南牛山孙氏宗祠》（《春秋》第1期）一文，对山东枣庄市薛城区周营镇牛山村孙氏宗族源流、发展变迁，宗祠建筑等情况进行了介绍和简单分析。

在祭祖制度方面，马新、齐涛的《魏晋隋唐时期民间祭祖制度略论》（《民俗研究》第5期）一文，认为魏晋隋唐时期是我国古代祭祖制度的转折期，祭祖方式一分为三：一是朝廷设定的庙祭、家祭；二是民间的寒食扫墓；三是佛教式祭祖。此后，祭祖的官方色彩不断减弱，民间色彩逐渐增强。韩朝建的《华北的容与宗族——以山西代县为中心》（《民俗研究》第5期）一文，就山西代县宗族祭祀所用之"容"形成的原因、过程和功能作了详细考证，认为受到地方社会变动和宗族庶民化的影响，祖像"影"和神主牌逐渐结合而形成了"容"，它融合了影、神主、祠堂、族谱等形制和功能，具有区分、组织不同人群的效用，并最终成为华北宗族的重要表征。

（五）物质民俗

物质民俗指的是与老百姓吃穿住行相关的民间习俗。兰玲编著的《山东居家饮食民俗》（济南出版社出版）一书，对饮水、吃粮、做菜、烧饭、炊事、就餐等居家饮食方面的民俗进行了描绘，对我省各地主食、副食、调料、喝茶习俗、饮酒习俗、节日饮食习俗、礼仪饮食习俗和民间饮食习俗作了分类介绍，具有一定的资料学价值。

（六）信仰民俗

信仰习俗在一定程度上反映了民众的心灵诉求，同时对现实生活又起到重要的调节作用，是民俗文化的重要组成部分，一向受民俗研究者的青睐。在古代信仰习俗研究方面，刘铭、徐传武的《"天齐仁圣帝"和"碧霞元君"两个名号的来源与发展考论——兼及〈水浒传〉的成书时间》（《民俗研究》第4期）一文，就国家政策与碧霞元君信仰发展关系问题进行讨论，认为明初由于朱元璋夺去泰山山神帝王封号，碧霞元君信仰的发展受到极大阻碍；成化十九年后，该信仰得到皇室贵族认可，于是逐渐泛及民间，地位与泰山神并列，甚至有所超越。《水浒传》多次提及其名称，因此可以推断是书成书时间当在成化十九年之后。周郢的《泰山碧霞元君祭：从民间祭祀到国家祭祀——以清代"四月十八日遣祭"为中心》（《民俗研究》第5期）一文，就碧霞元君信仰从民间祭祀到国家祭祀的进程进行梳理，认为该信仰最初源自民间，明代出现了皇帝遣官祭祀的个别事例，清代乾隆二十四年后将其制度化，于每年四月十八日派大臣赴泰山祭祀，直到清亡为止。庞阳的《论“关财神”崇拜的宗教内涵与民俗习尚》（《齐鲁艺苑》第5期）一文，将关公财神崇拜这一现象置于历史时期和当下进行深入解读，力图揭示关公财神崇拜的本质内涵、外在表现及多层面的生成过程，认为这一现象体现出财欲与崇拜相结合的宗教、民俗的二重性。

在信仰与村落研究方面，刁统菊的《古道、庙宇与村落生计》（《民俗研究》第1期）一文，以莱芜和庄乡横顶村为例，认为道路反映出当地经济、家族和生活的变迁，庙宇反映出当地特殊历史进程，联系着地方民众的生活方式和诸多文化现象，神灵在人们心目中的地位、功能及香火有一个消长的历史过程，与村落生计关系密切相关，三者之间存在深刻的联系。李生柱的《口头叙事与村落信仰的互构——基于冀南两村白猫黑狗传说的田野考察》（《西北民族研究》第3期）一文，将冀南广宗县刘家庄、夏家庄两村白猫黑狗传说置于村际关系中加以理解，认为村落信仰作为村民阐释的一种工具，通过对现实的考量不断建构而成，最终成为较稳定的村落传统。李海云的《狐仙：多重互动中信仰传统的村落建构——以鲁中禹王台村为例》（《民族艺术》第2期）一文，以潍坊市寒亭区高里镇禹王台村狐仙信仰为例，讨论了地理景观与故事传说、信仰行为与日常生活、集体记忆与个人情感之间的多重互动特征，认为信仰的传承与再造过程，渗透着村民对乡土传统的理解以及对现实生存的考量，村民既是信仰仪式的操作者，也是意义的赋予者。

（七）民间工艺

南长全在《从“面花”到“面人”——论我国民间面塑艺术从乡村到城市的传承演变》（《美与时代（上）》第4期）一文中，对我国面塑艺术的起源、乡村民俗“面花”现状进行梳理。安明明的《高密聂家庄泥塑的造型与色彩》（《艺术教育》第8期）一文，追溯高密聂家庄泥塑的历史渊源，通过对泥塑与年画、剪纸等的相互关系的分析，认为泥塑体现的是民间文化的整体诉求，是老百姓表达民俗生活情感的重要载体。赵凤君的《和气吉祥说年画》［《时代文学（下半月）》第6期］一文，对民间年画中的吉祥符号予以初步解读。关杨的《浅析“春牛图”木版年画艺术特色及文化内涵》（《艺术生活》第1期）一文，对《春牛图》的历史渊源、民俗意蕴和审美价值进行分析，将其视为最典型的农耕文明视觉符号。

王文灏的《吉祥装饰纹样在中国传统建筑中的应用及其儒家思想内涵探析》（《民俗研究》第3期）一文，认为吉祥装饰纹样的发展演变，折射出当时的时代背景、社会心态、民族心理和审美情趣等。赵建民、金洪霞、郭华波的《伊尹“割烹之道”在鲁菜实践中的运用——兼对〈吕氏春秋·本味篇〉赏析》（《四川烹饪高等专科学校学报》第2期）一文，认为伊尹关于烹饪实践的言说是世界上最为古老的烹饪理论，对后世鲁菜的影响很大，鲁菜实践则是对伊尹烹饪理论的完美展现。王晨光的《鲁菜创新的困境与路径分析——基于文化与民俗视角的思考》（《民俗研究》第5期）一文，从历史、文化和民俗等角度对鲁菜的境况和特征进行了系统分析，提出以“文化重构”为理念、以品牌化为目标模式复兴鲁菜这一传统饮食文化。

张勇的《山东老牌坊考论》（《齐鲁艺苑》第3期）一文，通过对山东老牌坊的考证，分析了省内牌坊的现状、基本类型特征、内容等，并结合民俗和艺术的关系予以简要分析。李丹杰的《中国民俗文化中的瑰宝》（《群文天地》第2期）一文，认为剪纸是民俗文化的载体，是民间传承的文化活动，融入了朴素的思想情感、悠久而精湛的手工技艺。

（八）民间表演艺术

民间的歌舞乐戏活动是民俗文化的重要内容，长期受到民俗研究者的关注。在民歌研究方面，高梅进的《中国民歌演唱中的音准研析》（《民族艺术》第1期），则对民歌如何表现出浓郁的民族与地方特色问题进行了探索，认为在演唱过程中，对音准最佳点的把握，是民歌演唱突出表现民族风格的关键性环节之一。李红云的《〈鲜花调〉的流变及其艺术价值》（《民族艺术》第2期）一文，对明清时期广泛流传的《鲜花调》曲目的流变情况进行梳理，认为该曲有抒情和叙事两种类型，后世流传的《茉莉花》是该曲加工后的杰出成就。杨东光的《中国民族民间音乐的文化定位及特征新解》（《齐鲁师范学院学报》第4期）一文，对我国民族民间音乐发展、传承过程中表现出的特征进行诠释，关注民族民间音乐与民俗文化的密切关系。马晓庆的《浅谈区域性汉族民歌风格特点》（《大众文艺》第8期）一文，对我国民歌进行了初步的区域划分讨论。吕小凤的《山东民间音乐漫步》（《戏剧丛刊》第2期）一文，对山东民间歌曲种类、乐器种类等予以概述。

在民间舞蹈研究方面，王福银的《车子灯的艺术特色及美学特征》（《民族艺术》第3期）一文，对流传于鲁中淄博地区的民间舞蹈“车子灯”进行描述，讨论其民俗特征。刘成学的《沂蒙民间乐舞“扑蝴蝶”探究》（《华夏文化》第2期）一文，从名称起源、历史传承、艺术形式都方面，对沂蒙民间广为流传的“扑蝴蝶”乐舞进行分析，具有一定的参考价值。

在民间说唱、曲艺研究方面，曹文文、刘德增的《中国说唱音乐文化传承及其教育启示》（《山东社会科学》第5期）一文，对我国说唱音乐的传承、发展、创新进行了梳理，并在此基础上阐释其对现代音乐教育的启示意义。邵彬、陈玉琛的《从〈凤阳歌〉的发展看俗曲向说唱、戏曲之流变》（《民族艺术》第2期）一文，认为明初以来流传于大运河沿岸的《凤阳歌》，是山东琴书和吕剧的母本曲调，前者与后者之间有着非常密切的关系。王东涛的《以两乐班为例对鲁中南鼓吹乐的本体分析》（《齐鲁艺苑》第4期）一文，以峄城刘家班与台儿庄寒假班为例，对乐班在民俗活动中的具体演出状况予以探讨。

（九）民间体育

民俗体育研究成果相对较多。在古代民间体育运动研究方面，陈炎的《古代奥林匹克运动会的文化表征》（《民俗研究》第3期）一文，将古代奥运会与现代奥运会相比，具有宗教仪式、纵欲狂欢、血腥娱乐三大特征，体现出古代西方人对人的感性生命极限的挑战，以及对理性规范性和异化现实的一种反动。王利的《典型齐鲁民间体育游戏个案的微观文化解读——以蹴鞠为例》（《群文天地》第16期）一文，对古代体育活动蹴鞠的文化内涵进行分析，认为它受到齐鲁文化的影响，因而体现出传统儒家思想所提倡的道德性原则。

在现代民俗体育研究方面，刘旻航、李树梅的《我国民俗体育的现代功能及社会文化价值研究》（山东人民出版社出版）一书，刘旻航的《民俗体育功能分类及特点研究》（《山东体育学院学报》第5期）和刘旻航、李储涛、赵壮壮的《民俗体育文化价值演进规律研究》（《体育科学》第6期）等文章，都对民俗体育进行宏观视角的研究，如对民俗体育功能的探讨，以及对应然性功能与显性功能、实然性功能与隐形功能等等。王利的《齐鲁民间体育游戏研究现状》（《体育世界》第8期）一文，对齐鲁民间体育研究现状、存在问题、研究主要内容、研究思路等进行阐述。孙昭君的《我国农村民俗体育的选择性衰落与发展》（《山东体育学院学报》第4期）一文，对济南周边地区农村村落民俗体育的嬗变阶段、发展现状、制约因素等进行探究，在此基础上提出发展我国农村民俗体育的可行性对策与建议。

在专题研究方面，张士闪的《灵的皈依与身的证验——河北永年县故城村梅花拳调查》（《民俗研究》第2期）一文，以河北永年县故城村梅花拳活动为个案，将武术活动与村民日常生活、传说、信仰等村落语境结合起来予以整体性分析，发现村民在将梅花拳祖师化入法王宝殿神系的同时，也将多种民间信仰融入梅花拳的叙事系统，从而成为村落公共领域中的重要文化资源。李成银的《昔日教门拳今朝普世界——山东安丘查拳发展调查》（《民俗研究》第2期）一文，对安丘查拳的起源、发展演变、现代意义进行调查研究，并特别注意到回族杨氏一派与安丘回族民族性格养成的内在关系。闫猛的《当代空竹赛会的文化功能》（《科技信息》第4期）一文，认为当今抖空竹活动已经超越民俗活动或游戏的范畴，成为一项集健身、娱乐、休闲为一体的运动，甚至形成许多不同地区乃至全国性的空竹赛会，具有一定的社会文化功能。

（十）民俗文化开发与保护

随着近年来非物质文化遗产保护工作的不断展开，民俗文化的发掘、开发和保护传承问题成为研究热点。刘德龙的《旅游的灵魂是文化》（《联合日报》2012年10月12日第3版）认为旅游项目本身就是以了解、体验文化为根本目的，将地方民俗等文化资源与旅游相结合，充分发挥民俗文化在旅游中的价值，是提升旅游质量和水平的重要方式之一。潘鲁生的《民间手工艺的知识产权保护与文化传承》（《红旗文稿》第6期）一文，就民间手工艺的文化特点和生存现状进行了分析，认为在当下，民间手工艺传承发展问题越来越突出，亟待出台有效的方案和举措。朱以青的《文化生态学语境下的文化多样性》（《山东社会科学》第9期）一文，认为多样性文化是文化生态系统生命力的体现，是文化生态平衡的保障，而20世纪末以来的全球化进程带来了文化的同质化，应反思现有发展模式，保护各种濒临消亡的民族文化、地方文化，以维护文化生态平衡。刘昂在其著作《民间艺术产业开发研究》（首都经济贸易大学出版社）、论文《文化产业视域下的民间艺术产业开发研究》（《民俗研究》第3期）中，关注当下村落文化视野下民间艺术的整体式微状态，认为有必要运用现代文化产业开发理论和实践来保护和提升民间艺术。

在个案研究方面，马知遥的《非物质文化遗产保护的田野思考——中国北方民间布老虎现状反思》（《民俗研究》第4期）一文，以北方民间布老虎文化为例，提出非物质文化遗产调查不仅仅是一场文化寻根，更重要的是通过对文化源头的记录，为民族文化的传承保护寻找一种有效的工作框架。宋鲁的《将数字化导入民间艺术保护的探索——以〈美哉·民俗杨家埠〉为例》（《设计艺术》第4期）一文，认为传统意义上对民间艺术的抢救和保护遇到重大瓶颈，运用数字化技术保护是一种有效手段。金岩的《人文旅游与旅游文化产业联动发展研究》［《山东大学学报》（哲社版）第1期］一文，以山东省会济南市为例，提出人文旅游与旅游文化产业联动发展的动因及对策，以促进旅游文化产业的发展。王德刚的《表演场迁移——台湾布农族原住民文化旅游化传承的人类学思考》（《民俗研究》第3期）一文，以台湾布农族为例，提出通过部落旅游的方式来探索族群文化保护、传承问题取得了较好的效果。张倩的《济南民俗旅游发展探析》（《旅游管理研究》7月下半月刊）一文，对济南民俗旅游资源、民俗旅游发展价值、民俗旅游存在的问题、发展前景等问题进行分析。李东亮的《济南市民俗旅游概述》（《济南职业学院学报》第5期）一文，从民俗旅游资源的角度对济南的皮影戏、风物特产、饮食文化等予以描述。祁慧民的《青岛城市民俗文化延瞻》（《齐鲁艺苑》第1期）一文，针对青岛旅游拥挤的弊端，提出以青岛为头龙，带动周边城市建设，发展与青岛一衣带水的民俗文化旅游。冉文伟的《青岛民俗文化保护与发展研究》（《青岛行政学院学报》第3期）一文，就青岛民俗文化面临的诸多问题与挑战进行了分析，并提出了在城市建设中进一步融入民俗文化精神、建立相应的公众参与机制、打造和宣传民俗文化品牌、分层次保护和开发民俗文化四点策略。

（十一）综合性研究

除以上专门性研究外，另有一些著作属于综合性研究，涉及到民俗的诸多方面。例如，宋耀武主编的《蓬莱民俗荟萃》（山东大学出版社）对蓬莱地区重要的民俗事象进行梳理，张建国等著的《民俗趣闻》（山东人民出版社）对有关的民俗趣闻进行了搜集整理，具有一定的民俗研究资料价值，戴永夏编著的《山东民俗琐话》（济南出版社）对山东各地突出的民俗事象，如风土人情、山川景物、风俗习惯、名人轶事、神话传说、民间艺术等，用散文的形式娓娓道来，并配有精美插图，通俗可读。

三、总结与展望

知识界对国家政治强行干预民俗传承的检讨，对近30年来经济主体单纯地将民俗文化传统视作产业资源的反思，并以此为基础，知识文化界从上世纪80年代初开始从关注民间、重视民俗文化开始并持续至今，明确提出民俗传统的文化自足、民俗传承的文化自信的主张，凸显了民俗文化的“活态传承”观念，在全国各地的非物质文化遗产保护实践中产生了深刻影响。

回首2012年度，山东省民俗学研究大致呈现出论文数量多而专著数量较少、研究涉及面广而能引起广泛讨论的少、缺乏学术力作的特点。这突出地表现在，众多论著比较注重对民俗现象的描述，而缺乏深入地分析和理论思考，同时也缺乏对学术史自身的深刻反思。民俗研究的生命线在于个案深描与学理总结，以及在此基础上以民俗学术关怀国计民生、助推社会发展。进一步加强学术训练，增强学术互动，更敏锐地关注现实、反思社会，将是促进我省民俗学研究蓬勃发展、早出多出力作精品的有力保障。

（详见《“认知、评估与保护传承·中国民俗文化发展高层论坛”——山东大学文化遗产研究院举办》，《西北民族研究》2012年第2期；《山东大学文化遗产研究院隆重成立》，《西北民族研究》2012年第4期）

（作者：张士闪，山东大学民俗研究所教授）

教育学

教　育　学

冯永刚

一、2012年教育学研究概况

2012年我国改革开放和社会主义现代化建设持续发展，人民生活水平不断提高，综合国力和国际竞争力日益增强。社会生产力的高速发展，科学技术的纵深推进，为教育科学事业的繁荣发展培育了丰厚的土壤，开辟了宽广的发展平台，为山东省教育事业的改革发展注入了新鲜的血液与时代活力。

2012年，山东省的教育科学研究在各级教育工作者的不懈努力下，积极贯彻党和政府的教育方针政策，切实落实科教兴国与人才强省的发展战略，坚持教育为社会主义现代化建设服务的方针，深化教育改革与体制创新，加强研究成果的转化，全面提高教育质量，在课题立项、著作出版、论文刊发、学术交流、学科建设等方面取得了显著成绩：

其一，在课题立项上，众多项目获得全国教育科学规划、教育部人文社科、省社会科学规划、省软科学规划、省教育科学规划的立项。一些课题立项层次较高，获得国家社会科学基金的资助，如“不教的教育学研究”（国家社会科学基金一般课题）、“品德课新课改十年的回顾与展望：基于生活德育的视角”（国家社会科学基金一般课题）、“高校学生公共参与的有效路径研究——基于利益相关者协同创新的视角”（国家社会科学基金一般课题）等。这些课题的获得，进一步提升了我省的科研水平和学术实力。

其二，出版了大批高水平的著作与教材。内容涉及学前教育、初等教育、中等教育和高等教育的各个领域。其中，一些在国家一级出版社出版的专著系国家社科基金的核心成果，一些教材系国家规划教材或国家精品课程教材，部分研究成果不仅在山东省同类研究中处于绝对领先地位，而且在整个学术界也处于先进行列，对于推动我省乃至全国的教育研究事业作出了积极贡献。

其三，在SSCI、CSSCI来源期刊、北京大学核心期刊等国内外期刊上发表了不少高水平的论文。尤其是在本学科一级期刊、权威杂志《教育研究》上刊发多篇论文，如“教师专业实践能力：内涵与特征”、“刍议制度文化在道德教育中的功效”、“教育学的玄学之维”、“先秦水论：中国古代思想家教育智慧论析”、“全球化时代大学国际理解教育策略构建”、“大学课程创新的时代抉择”等。论文刊发后，一些文章被《新华文摘》、《中国社会科学文摘》、《高等学校文科学术文摘》、人大复印资料等转载和引用，产生了良好的社会反响。

其四，主办、承办或参加了多次国内外的学术交流活动。山东省教育厅、山东省社科联、山东师范大学、曲阜师范大学、临沂大学、鲁东大学等单位主办了数次学术会议。其中有代表性的有2012年11月山东师范大学举办的“泰山学术论坛——全球化与道德教育专题”学术会议。加拿大多伦多大学荣誉教授德维特·鲍伊德（Dwight Boyd）、新加坡国立教育学院教育研究院院长李荣安、荷兰乌特列支心理学教授丹尼尔·布拉格曼（Daniel Brugman）、英国利兹大学教授奥德丽·奥斯勒（Audrey Osler），以及国内著名德育学者朱小蔓、戚万学、檀传宝等200多人参加了会议。此次学术论坛的成功举办，进一步提升了“泰山学术论坛”的品牌效应，对中国道德教育跟踪道德教育领域国际学术前沿最新发展动态，把握学术发展方向以及促进学科建设发展产生了积极的推动作用，同时对促进我省教育领域国际合作和校际合作也产生了重要的桥梁和纽带作用。”[1]此外，我省的教育研究者积极参与国际间的学术交流与学术活动，如参加国际会议、到国外进修、访学等，密切了我省与国外的学术交流关系。

最后，在学科建设上也取得了新的拓展。如潍坊工程职业学院的《学前教育科研方法》获得山东省高等学校精品课程称号，山东师范大学被确定为山东省高等教育应用基础型特色名校立项建设单位，多人获得山东省有突出贡献的中青年专家、山东省教育名师的称号，等等。

二、2012年教育学研究的主要学术问题及学术观点

2012年，我省教育学研究秉持“百家齐放、百花争鸣”的方针，坚持解放思想，实事求是，明确研究方向与思路，围绕教育面临的时代问题以及教育过程中凸显的问题，结合我省教育发展的实际情况，对教育学的研究视域、教育目的、教育功能、课程建设、教育方法、队伍建设、教育评价等方面进行了积极探索，取得了一定的拓展与延伸。

（一）研究视域

教育学的学科视野直接影响与制约着教育的发展方向，在教育研究中发挥着重要的引领与指向作用。因此，对教育学研究视野的探讨与定位，是教育学不可规避的重大研究课题。

1. 教育学的玄学维度。在传承传统教育学的科学视野的基础上，谭维智认为，教育学不但具有科学的属性，而且还有玄学的维度。教育学作为与人的心灵打交道的育人之学，是促进人的身心发展的人文学科。单一的科学视野无法完整地展现教育学的真实性质与本来面目。就其本性而言，科学是一种外在的模式，它仅关注教育过程中可以测量的、精确的部分，而遮蔽了那些无法观察与测量的、模糊的内在维度。而玄学以内省的方式迎合了教育的内在诉求，弥补了科学的缺憾。因此，教育学必须由重视知识技能获得的科学视角转向重视个体内在领悟的玄学，确立与建构教育学的玄学维度[2]。

2. 教育学从“学”到“术”的学术视野。教育学究竟崇尚“学”还是“术”，这历来是教育界备受争议的问题。庞守兴研究了教育学理论的实践转向路径，即由“学”到“术”研究方向。他指出，其一，作为方法的教育学不惮于成为教育教学手册或指南；其二，作为科学的教育学应该实现知识的积

累与谱系构建；其三，作为规范的教育学应能引领实践共同进步。唯有如此，才能强化教育学的学科属性与学术地位，加强教育学的可操作性，增强教育教学的实效性[3]。

3. 教育学的制度文化视野。教育学不能拘泥于教育的领域内，要从教育固有的范畴内解脱开来，还需要多学科的视角进行关照。冯永刚从制度文化的视角阐释了将制度文化用于道德教育的合理性及必然性。他指出，制度文化的特质决定了其在道德教育中的不可或缺性，道德自由的实现需要制度文化的滋养，道德教育的现状呼唤制度文化的合理性审视。制度文化对道德教育的贡献在于制度文化有利于道德知识的继承、传播和创造，提高个体的道德认知；制度文化有益于陶冶个体的思想情操，培养人们健康的道德情感；制度文化有助于磨练个体的道德意志，塑造其坚强的道德意志品质；制度文化有利于规范个体的行为，使之养成良好的道德品质和行为习惯[4]。

对教育学学科视野的关注及其探究，拓宽了我省教育学的研究视界，丰富了教育学的学科理论基础。

（二）教育目的

1. 教育目标是教育活动的根本属性。作为对教育活动结果的预设与追求，任何教育教学活动均指向一定目的，倘若缺失教育目的或教育目标模糊，那么，教育活动必定是盲目的、低效的，深化教育改革，提高人才培养质量只能是一种不切实际的幻想。

2. 教育是道德的事业。教育的目的首先是道德的目的。教育目的是教育学最基本的理论问题之一，是制约整个教育活动的根本出发点。因此，厘定教育目的是开展教育活动的前提与保障。德国教育学家赫尔巴特指出，道德是人类最高的目的，因而也是教育的最高目的。此种观点被我省教育研究者沿承并进一步发扬光大。“教育是一项道德事业，不仅自身体现着道德的要求，而且也内在地追求着道德的目的。教育的道德规定性和指向性反映在对学生道德品质的培育、道德人格的完善、道德成长的引领等方面，其本身构成了学校德育的目的”[5]。

3. 合格公民的培养。我国古代只有臣民教育而无公民教育。鸦片战争以来，随着西方列强的入侵以及资本主义生产关系的萌生，公民及公民教育才得以萌生并缓慢发展。新中国成立之后的较长时期，由于实行高度集中的计划经济体制与政治体制，思想政治教育湮没了公民教育，公民教育依然没有得到应有的发展。改革开放以来，受功利主义思潮的禁锢，教育一度陷入应试教育的泥潭而不可自拔，背离了育人的本真。教育界不少有识之士呼吁，要加强公民教育，让教育回归育人的本性，培养社会所需要的合格公民。诚如张志勇指出，“教育家作为我们这个时代教育的领军人物，必须有勇气引领整个教育界走出极端功利的应试教育的泥潭，让整个教育的基点回归育人，回归合格公民的培养，让所有学生各得其所；必须超越当下世俗和功利的教育，与世俗和功利的教育作斗争[6]。”可以说，培养合格的公民，是教育的重要目标，也是我省教育工作者的努力所在。

4. 培养应用型人才。只有将抽象的教育目的进一步具体化为可操作的各科教学目标，教育目的才能得以有效达成。尹德辉以素描教学为例，认为通过素描基础的学习与训练，既要培养学生整体与部分相统一的思维观念，又要培养学生敏锐的洞察能力、胸有成竹的动手能力和较强的表现能力等，从而使学生深入领会每一幅作品中蕴含着的造型的基本要素与意义[7]。刘焕阳与韩延伦以地方本科高校为例，分析了地方本科高校应用型人才培养的类型定位、层次定位、规格定位，并从强化以应用型人才培养为导向的学科专业建设、凸显以应用型人才培养为目标的课程和教学体系建设、完善以提升应用型人才培养质量为指导的教学支持和保障体系建设等三个方面提出了构建地方本科高校应用型人才培养体系的措施[8]。

（三）教育功能

教育具有促进人的身心发展与推进社会进步的双重功效。正确认识与理解教育的功能有助于提升教育工作的主动性与自觉性。

1. 促进教师的专业化发展。古人云：学高为师。优良的师资素养是有效教育的前提。因此，教师要不断强化自身的学习，努力提升自身的综合素质。这方面的代表性成果有：张婷与王其和从高校教师专业化发展的视角出发，认为制度的缺位与漏洞影响了教师的自我发展，应通过从企业管理向专业发展管理转变、学校顶层制度设计应融入青年教师的发展规划、青年教师专业发展制度体现自主性、规范性和系统性等方面提升教师的素质[9]。张济洲从农村“特岗教师”政策实施中存在的“特岗招聘”唯学历化、“特岗政策”配套形式化、“特岗教师”难以专业化等问题入手，提出了深化农村“特岗教师”政策的建议：提升“特岗教师”农村教育生活的适应力、强化“特岗政策”的执行力、关注“特岗教师”的职业生涯、发挥政策的合力作用等[10]。

2. 提升教育质量，落实人才强国战略。科教兴国战略是人才强国战略的前提。只有提升教育的经济效益和社会效益，才能实现教育强国的初衷。贺金玉以地方本科高校为例，首先探讨了新建本科院校在建设高教强国中的基本任务。接着分析了地方新建本科院校在建设高教强国体系中存在的机遇及面临的问题。他指出，地方新建本科院校遭遇的挑战主要包括高校评价机制的单一性致使定位摇摆、分类指导的缺失制约了发展活力、投入不足导致了教育资源的紧缺等。最后，提出了地方新建本科高校实施高教强国的教育策略，主要表现为加强政府的宏观管理、提升地方新建本科高校的核心竞争力、促使二者良性循环等措施[11]。

（四）课程建设

课程是教育学领域歧义最多、意义最为丰富的概念之一。至今学术界对课程的概念还没有形成一个统一的认识，但这并不妨碍我省研究者对课程的青睐与关注。

1. 课程政策研究。课程政策及其执行力是关涉到课程发展方向的核心因素之一。张茂聪与胡伟在探讨县域课程政策执行力的问题中指出，当前的研究中存在缺乏课程政策执行力的自觉性、缺乏课程政策执行力的专业能力、缺乏贯彻课程政策执行力的信念、缺乏课程政策执行力的创造性等问题，应从研制适合县域实际的课程政策制订方式、提供对县域课程政策执行主体的培训、健全提高县域课程政策执行力的组织制度、强化县域课程政策的宣传力度等维度增强县域课程政策执行力的对策[12]。

2. 课程创新研究。创新是教育发展的动力与活力。加强课程建设，必须推进课程创新。徐同文研究了大学课程创新的时代诉求，他指出："高等教育由精英向大众的转变，提高高等教育质量的紧迫形势以及经济发展转方式调结构对人才素质需求的转变，都对人才培养提出了新的要求，大学课程必须在理念、体系和内容等方面进行全方位的创新。高校工作实践表明，课程创新提高了人才培养质量，适应了社会职业需求，促进了学校的内涵发展[13]。"

3. 课程体系研究。课程体系反映了整体与部分的关系，是指组成课程的各个要素之间相互作用与相辅相成的关联状态。巩建闽与萧蓓蕾研究了基于系统的课程体系概念，认为关联关系是课程之间关系的基本特征、整体性是高质量课程体系的必然要求，一个优良的课程体系应该包括具有整体性的培养目标、整体性的课程结构和功能以及课程体系实施的整体性等方面[14]。

4. 课程平台研究。课程实施中究竟需要怎样的课程平台，这个问题也是我省研究者日益关切的重点问题。代表性的成果有娄立志的教师教育课程平台顶层设计研究。他指出，顶层优先原则、系统建构原则与体用一致性原则是教师教育课程平台的基本原则。教师教育课程体平台主要包括通识教育课程、学科专业教育课程与教师专业教育课程[15]。

（五）教育方法

教育方法是实现教育目的、落实教育任务的有效形式与手段。2012 年，我省教育工作者对教育方法的研究，代表性的成果有：

1. "说理"教育法。说理教育法是一种古老的教育方法。通过讲事实、摆道理提高受教育者的水平与能力，是前辈先哲惯用的方式。闫旭蕾从建设公民文化的视角，赋予说理教育以新的时代意义。她认为，"'说理'教育不是说教，而是一种培养受教育者对公共领域的关注、形成公民文化核心价值观念以及言之有据、客观真实、符合逻辑、平等对话能力的实践方式。[16]"是一个由从认知到内化并实践的过程。

2. 多元的研究范式。教育学的复杂性和丰富性绝非一种方法能够奏效，必须采用包括说理、对话、讲授、活动等多种手段方能取得应有的效果。苏春景在关于教育硕士学位论文质量保障的研究中，认为必须采用观察、调查、测验、个案、叙事等种研究方式，从而提高硕士学位论文质量[17]。冯永刚认为，教学有法，但无定法，因此，要依据课程教学目标、教学内容以及受教育者的年龄特征，通过启发、悬念、情景、故事、视听等多种手段，点燃学生的学习热情，将教育教学推向高潮，绽放课堂教学应有的精彩[18]。

（六）队伍建设

一支职称和年龄结构合理、科研水平与研究能力以及综合实力较强的师资队伍，是确保教育工作有效展开并提升教育质量的重要力量。对教师队伍的研究，也是我省 2012 年的研究热点之一。

1. 加强教师的国际理解素养。随着我国与世界其他国家交流互动的经常化与持久化，加强教师的国际理解素养就被提上日程。马晓春认为，为了适应这种趋势，必须从注重培养教师的全球视野、注重增加教师的跨文化体验两个方面提升教师的素养[19]。

2. 提升教师的专业实践能力。教师专业实践能力是教师素质的重要组成。戚万学与王夫艳认为，教师专业实践能力具有经验性、情境性、发展性与价值性的特征。构建教师专业实践能力培养对教师、对教育的启示是，教师教育应考虑如何有效联结经验与理论、重视情境在教师专业实践能力培养中的作用、凸显反思在教师专业实践能力提升中的重要性、针对教师职业生涯的不同阶段来发展教师的专业实践能力[20]。

3. 师生互动，教学相长。教学过程是教师的教和学生的学组成的双边活动。只有师生加强互动合作，才能实现师生共同进步。韩延明认为，教师要重视课堂教学中师生的互动，寻找师生双方互动的共同点，在尊重学生人格的基础上和学生展开对话，真正平等地交流，激发学生的兴趣，让学生在质疑中主动学习，最终达成意义共识，不断提升教育教学效果[21]。

（七）教育评价

作为教育活动过程及其结果的价值判断活动，教育评价不仅具有导向、诊断、鉴别和筛选等功能，而且还有反馈、改进与提高等作用，在教育过程中的作用不言自明。教育评价问题历来受到国内外学者的重视，对于我省亦不例外。

1. 强化自我评价。自我评价是自我教育的重要维度，是推进教育主体从事教育活动的强大动力。亓殿强与陈培瑞研究了学生发展与学生文化的关联问题，通过调研与分析得出，学生的自我评价与学生发展存在着密切的关系，应从引导学生树立主体意识，充分发挥学生的自主性，开展自我教育主题化、自我教育生活化、自我教育多样化、自我教育一贯化等活动，提高学生的自我教育能力，积极引导学生进行自我评价[22]。刘恩允在关于大学管理制度的研究中指出，大学要注重自我发展，关注自身的评价，切实推进大学评价的民主性与针对性[23]。

2. 加强社会评价。教育评价的主体是否包括社会人士，这也是评价不可回避的问题。夏季亭、帅相志、吴衍丽通过问卷调查与数据统计分析，研究了我省本科教学评估中存在的问题。研究结果显示，目前高等教育评价主体的结构较为单一，主要来自高校，缺少社会评价，导致评价失真。因此，要提倡多主体评价，尤其是要加强社会评价，确保评价的科学性与客观性[24]。

3. 推进同行评价。同行评价是促进评价结果公正、科学与合理的重要环节。孙艳霞指出，学术是一种群体性的活动，公开化是教育学术的重要特征，可交流性是教育教学的内在属性。因此，教育工作者要加强协作，虚心接受同行对选题、研究内容、研究方法、研究结果的评介，并根据来自同行的评价，长善救失，有效地调节、改进自己的教育教学与学术探究[25]。

参考文献：

[1]《“泰山学术论坛——全球化与道德教育专题”成功举办》，山东省教育人事管理网2012年11月29日。

[2]谭维智：《教育学的玄学之维》，《教育研究》2012年第5期。

[3]庞守兴：《从“学”到“术”：教育学理论的实践转向》，《教育发展研究》2012年第9期。

[4]冯永刚：《刍议制度文化在道德教育中的功效》，《教育研究》2012年第3期。

[5]戚万学、唐汉卫：《学校德育原理》，北京师范大学出版社2012年版。

[6]张志勇：《教育家的职业人格》，《中国教育学刊》2012年第9期。

[7]尹德辉：《素描教学的目的、原则和方式》，《教育评论》2012年第6期。

[8]刘焕阳、韩延伦：《地方本科高校应用型人才培养定位及其体系建设》，《教育研究》2012年第12期。

[9]张婷、王其和：《高校青年教师专业发展面临的制度性障碍及对策》，《中国成人教育》2012年第21期。

[10]张济洲：《农村“特岗教师”政策实施：问题与对策》，《教育理论与实践》2012年第7期。

[11]贺金玉：《地方新建本科院校在建设高教强国进程中的历史使命》，《国家教育行政学院学报》2012年第9期。

[12]张茂聪、胡伟：《县域课程政策执行力：困境与对策》，《中国教育学刊》2012年第4期。

[13]徐同文：《大学课程创新的时代抉择》，《教育研究》2012年第11期。

[14]巩建闽、萧蓓蕾：《基于系统的课程体系概念探析》，《中国高教研究》2012年第6期。

[15]娄立志：《教师教育课程平台顶层设计的理念与构想》，《教育研究》2012年第12期。

[16]闫旭蕾：《“说理”教育：建构公民文化之维》，《华东师范大学学报（教育科学版）》2013年第4期。

[17]苏春景：《教育硕士学位论文质量保障初探》，《中国高等教育》2012年第6期。

[18]冯永刚：《中学思想品德课的导入艺术》，《思想理论教育》2012年第4期。

[19]马晓春：《大学国际理解教育课程设置摭论》，《东北师大学报（哲学社会科学版）》2012年第3期。

[20]戚万学、王夫艳：《教师专业实践能力：内涵与特征》，《教育研究》2012年第2期。

[21]韩延明：《建立社会主义核心价值体系教育的有效运行机制》，《山东社会科学》2012年第10期。

[22]亓殿强，陈培瑞：《让学生成为流动的学校文化》，《当代教育科学》2012年第14期。

[23]刘恩允：《利益相关者视角下大学管理制度的价值转换及其实现》，《教育发展研究》2012年第

12 期。

[24]夏季亭、帅相志、吴衍丽：《山东高校首轮本科教学评估的成效与展望》，《科学与管理》2012 年第 5 期。

[25]孙艳霞：《教学学术视角下的高校教师教学监控能力标准探析》，《河北大学学报（哲学社会科学版）》2012 年第 5 期。

（作者：冯永刚，山东师范大学教育学院副教授）

心 理 学

司继伟　赵景欣　陈英敏　王大伟　张文新　李寿欣

一、2012 年我省心理学研究概况

在物质水平不断提高的时代背景下，人们日益关注精神健康与和谐，心理学作为一门横跨社会科学与自然科学的交叉科学，越来越受到国家、政府和民众的广泛重视，心理学在我国的学科地位在不断攀升。在过去的一年中，我省心理学工作者以建设“和谐山东”为指导，大胆创新、不断开拓，在学术研究方面开展了大量工作，为推进富民强省、建设幸福山东作出了重要贡献。全省心理学研究整体发展态势强劲，学术成果丰硕，不少成果发表在诸如 Social Cognition、Journal of Anxiety Disorders、《心理学报》、《心理科学》等国内外权威期刊上，对推进我国心理科学的发展作出了重要贡献。据南京大学社会科学评价中心统计，近年来我省心理学工作者所发表成果被全国 CSSCI 论文引用率在国内名列第七位。这充分显示出山东心理学工作者在全国同行中的学术影响，表明我省心理学事业蒸蒸日上的繁荣景象。尤其是山东师范大学张文新教授指导的博士学位论文《青少年未来取向与学业、情绪适应之间关系的追踪研究》被评为本年度山东省优秀博士学位论文，这标志着我省心理学在高层次优秀人才培养方面的一次重大突破。与此同时，省内不少机构还举行了多次颇具影响的学术活动，有效提升了社会和学界对心理学的普遍重视。如山东心理学会召开了年度学术年会，来自全省教育、卫生、司法等系统的两百余名心理学工作者与会交流了最新研究成果，推动了我省心理学学术研究的深入，并取得了积极的社会反响。

二、2012 年我省心理学工作者关注的主要学术问题及进展

目前我省心理学学术力量主要集中在省内各大高校。下面结合心理学的各个二级学科，对 2012 年我省心理学的学术研究进展状况加以概括总结。

（一）基础心理学领域的研究成果和重要观点

基础心理学以探讨人类心理普遍规律为己任，是心理科学中最能激发研究者智慧潜力的领域。该领域的进展，对其他学科（如教育科学、计算机科学、管理科学、生命科学等）具有重大影响，有力推动了对人类意识之谜这一重大科学问题的认识。本年度内我省心理学工作者所关注的基础心理学问题主要集中在以下几个方面。

1. 言语阅读的认知神经基础及个体差异问题

信息干扰是语篇阅读过程中的常见现象，但学界对其发生的心理机制一直存在争议。李寿欣等人采用眼动追踪技术探讨了当干扰材料的意义性不同和干扰材料位置可预测性不同时，不同认知方式个体在语篇阅读中抑制外来无关干扰的特点[1]。结果显示，场独立个体抑制外部干扰能力明显好于场依存者，这种差异发生在抑制加工的后作用过程；干扰材料的意义性和干扰材料位置的可预测性对抑制均有影响。相对于无意义材料，有意义材料的干扰更难于被抑制；相对于可预测位置的干扰，不可预测位置的干扰更难于被抑制。上述发现既为认知加工过程中抑制机制的理论提供了新证据，也为教育工作者更好地指导不同认知方式学生进行阅读提供了证据。该项成果荣获 2012 年山东省第 26 次社会科学优秀成果二等奖。

代词理解机制是语篇阅读研究的另一重要问题，也是心理语言学关注的热点问题。为深入理解语境与认知方式个体差异在代词歧义消解中的作用，张建鹏等人采用意义适合性判断任务，通过行为和眼动实验对该问题进行了考察[2]。他们发现不同语境均影响代词理解，但语境类型对不同认知方式个体抑制内部干扰的作用并不相同。与场独立个体相比，场依存者更多受到整体语境的影响，且这种影响发生在语篇理解的上下文整合阶段。研究结果有力地支持了国外学者近年来提出的关键词加工的两阶段模型。

阅读中预视如何影响个体中央凹信息加工也已成为近年来国内外学者非常关注的重要理论问题。崔磊等人采用自然阅读结合边界范式，借助眼动轨迹记录，考察了中文阅读理解中，预视字的字频是否及如何影响中央凹的信息加工[3]。他们发现，当语义连贯情况下预视字是低频时，中央凹的首次注

视时间和凝视时间更短，而在语义不连贯情况下预视字是高频时，中央凹的首次注视时间和凝视时间更短。但以区域作为数据分析单位时，副中央凹—中央凹效应仅在首次注视时间上呈现显著。这意味着副中央凹的词汇属性虽对中央凹加工有一定影响，但比较微弱。从而为阅读认知中的并行加工理论提供了支持，深化了对中文加工和一般语言加工规律的认识。该项成果荣获2012年山东省第26次社会科学优秀成果三等奖。为更深入地揭示阅读认知中眼动控制的本质及其发生机制，崔磊等人正在运用眼动追踪和事件相关电位等实时技术，结合边界范式和快速系列视觉呈现技术来考察熟练阅读者在中文文本阅读过程中，词语的属性特征对预视加工产生影响的过程和机制，从而揭示中文信息加工的方式以及眼动控制的独特性。该项工作获批为本年度"国家自然科学基金"青年项目。

2. 错误记忆问题

错误记忆的通道效应是当前记忆研究者争论较大的一个理论问题，学者们为此提出了各种理论解释。毛伟宾运用事件相关电位技术，采用经典的DRM范式，考察了视觉与听觉通道在编码阶段的错误记忆ERP效应，从认知神经层面上加深了对错误记忆内在加工机制的认识[4]。该研究发现，在编码阶段，在300—500毫秒及500—700毫秒的时间窗视觉通道均存在着相继错误记忆效应，但这种效应出现的时间及头皮分布有所不同。这意味着听觉通道和视觉通道在编码阶段具有不同脑机制，而且相继错误记忆效应与学习项目的语义加工有着密切联系。

随后，毛伟宾等人又以非熟练中—英双语大学生为被试，进一步考察了项目特异性加工与关系加工对跨语言产生的错误记忆效应[5]。研究结果显示非熟练中—英双语者也存在着明显的跨语言错误记忆，在项目特异性加工和关系加工下，同一语言和不同语言间发生错误再认的结果不同，只有在项目特异性加工条件下，长词表才比短词表诱发更多的错误再认。上述发现有力地支持了该领域内的激活—监测理论。

3. 记忆与情绪的进化基础问题

进化观点是近年来兴起的一种新颖的心理学解释倾向，强调人类心智是有一系列进化来的具有领域特殊性模块所构成。不同模块都用于解决进化过程中出现的相对应的适应问题，而且需要环境中不同的线索来加以激活。我省学者对记忆和情绪的进化基础问题进行了探索。苏金龙等人认为记忆同其他人类心理机能一样都是源于自然选择的压力，服务于个体的最优适应，围绕着进化过程中的生存和繁衍两大主题而被塑造[6]。这一观点已得到了包括记忆生存加工优势效应在内的不少证据的支持。如毛伟宾等人通过实验证实记忆生存优势的产生不能由词语本身具有的高生存相关性来解释，而且词语与加工条件的一直性也不能解释获得的全部记忆优势[7]。他们提出独特的生存加工作为一种独特的编码方式可能是产生记忆生存优势的最根本原因。杨昭宁等人则系统论述了恐惧的进化机制，认为恐惧情绪不仅具有选择性、自主性、封闭性和特定的神经网络基础，而且无论基于灵长类动物和成人的研究，还是婴幼儿的研究都发现了恐惧模块存在的证据，但对于文化选择在恐惧模块塑造中的作用还需要进一步考察[8]。

4. 注意捕获问题

注意捕获是当前国内外学者考察视觉搜索中注意控制机制的重要切入点，它对于解释刺激驱动和目标驱动这两种注意控制过程之间的关系有重要意义。刘宁等人通过变化搜索项目中干扰子的颜色特征，操纵个体采用特异子搜索模式，检验了特异子能否捕获注意，并进一步考察了这种捕获效应是否受到知觉负荷的调节[9]。结果显示，在目标与干扰子的颜色特征随机变化条件下，注意定势无法发挥作用；除了刺激显著性与注意定势外，知觉负荷对注意捕获也具有调节作用。

5. 反馈学习问题

反馈学习就是个体从以前行为的结果反馈中总结经验，优化以后行为的过程。为揭示个体反馈学习背后的认知与神经机制，贾世伟等人正在利用行为实验和事件相关电位技术，考察任务可习得性、反馈信息准确性对学习过程的影响，并试图探讨反馈相关脑电成分与随后行为调整的关联性，同时分析学习能力（智力、信念）对个体学习过程及相关脑电成分的调节。该工作有望为反馈学习建立理想研究范式，并显示出学习相关脑电成分对于甄别学习能力的潜在价值。该项工作获批为本年度"国家自然科学基金"青年项目。

6. 人格测验的心理测量指标问题

人格测验的心理测量指标是心理测量领域的重要研究主题，所建构的指标优劣直接关乎人格测量工具的使用效果。郭庆科等人以心理控制源常用测量工具多维度—多归因因果量表（MMCS）为例，深入考察了人格测验的本土适用性、评分等级效应和正/反向陈述效应等心理测量指标问题[10]。研究证实了该工具适用于中国文化背景，评分等级不同虽对工具信度有一定影响，但对其因素效度影响不大。不过该工具的因素效度也受题目陈述方向效应的影响，只有分离出这种效应后才能得到清晰的因素结构。

7. 东西方心理学思想比较问题

东西方心理学思想比较是心理学史研究的重要视角。它通过从心理学思想史的角度进行阐述与比较评析，有助于把握心理学产生与发展的一般规律与特殊规律，在全球化与本土化共存交融的时代背景下，启发人们懂得如何汲取中外文化菁华，促进人的心理健康发展。李娟深入比较总结了西方超个体心理学与庄子心性学的心性修养思想之间的共通之处[11]。她提出虽然超个体心理学采用西方文化的思维模式，更具抽象性和逻辑性，而庄子的心性论成长于东方文化，更具直觉感与体验性，但两者要达到的心性境界却是相同的。从心性修养目的来看，两者均通过个体心灵的修养达到无意识意识化；从方法来看，超个体心理学提出的超觉静坐的意识训练形式与庄子心性学提出的“坐忘”非常相似；而从修养模式来看，两者都主张超越自我、返归自然的回归模式。

（二）发展与教育心理学领域的研究成果和重要观点

发展与教育心理学主要揭示个体生命全程中心理与行为发生发展的特点及规律，探讨学习的实质、过程及有效教学条件，从而直接服务于教育教学活动和国民素质的提升，为教育质量、人口素质的提高与人力资源开发等提供科学依据与理论指导。本年度内，我省心理学工作者所关注的发展与教育心理学问题主要集中在以下几个方面。

1. 发展行为遗传学问题

发展行为遗传学旨在综合运用心理学与行为遗传学的研究方法与技术，深入考察遗传与环境对人类心理与行为发展是否存在影响，如何产生影响，以及该影响及其作用机制是否随年龄增长而发展变化的问题。张文新等人指出，该学科与行为遗传学在研究对象、设计和内容等方面存在不同；开展发展行为遗传学研究需要综合运用心理测量法和行为遗传学研究方法；未来研究应拓宽和深化候选基因与行为关联性的考察，并着力探析基因与环境的相互作用机制[12]。

抑郁作为常见不良情绪，其环境与遗传基础已引起了不少学者关注。张文新等人则基于“不同易感性模型”，采用基因—环境设计，选取了5－HTTLPR和MAOA－uVNTR基因多态性作为遗传指标，选取了负性生活事件、父母教养行为和家庭功能为环境指标，拟通过对2000名正常青少年开展历时4年的追踪研究，揭示基因与环境因素对青少年早期抑郁的动态影响（包括即时与纵向影响）及其作用机制。该项工作获批为本年度“国家自然科学基金”面上项目。王美萍等人考察了CHRM2基因rs1824024多态性与青少年早期抑郁的关系，重点探讨生活事件、青少年性别与年级的调节作用[13]。结果发现，CHRM2基因rs1824024多态性与女青少年的抑郁边缘显著挂链，T等位基因携带者患高抑郁的风险较低；在那些经历低水平负性生活事件的青少年中，T等位基因携带者患高抑郁的可能性边缘显著低于GG型基因携带者；rs1824024多态性与年级对青少年早期抑郁无显著交互影响。该项成果荣获我省第26次社会科学优秀成果二等奖。

随着行为遗传学的发展，不少研究者开始关注人类攻击的遗传基础。曹丛等人结合现有研究范式，从双生子和分子遗传学研究两方面对主动性攻击和反应性攻击的遗传基础研究进行回顾梳理，然后引入“基因—脑—行为”模型，阐述遗传基因作用于两类攻击的可能的神经生物机制，提出未来研究应从确定与两类攻击相关的候选基因、遗传基因与环境的交互作用机制、遗传基因作用于两类攻击的神经生物机制等方面展开[14]。

2. 家庭、同伴与儿童青少年发展问题

家庭、同伴对儿童青少年发展的影响及其作用机制，一直是研究者关注的重要问题。纪林芹等人考察了同伴拒绝、侵害两种同伴关系不利与小学儿童攻击行为间的关系，以及自我概念与同伴信念的中介作用[15]。结果发现，同伴拒绝、关系侵害对身体攻击和关系攻击具有正向预测作用；身体侵害仅对身体攻击具有正向预测作用，对关系攻击无显著影响；儿童的身体自我概念、社交自我概念及同伴信念在同伴拒绝、同伴侵害与攻击的联系中具有中介作用。这表明，同伴拒绝对儿童的身体攻击、关系攻击主要表现为直接效应，不同类型的侵害经历与儿童攻击间的联系存在类型特定性。

进入青春期后，青少年更多地关注家庭以外的活动，并越来越重视朋友和友谊。田录梅等人探讨了父母支持、友谊支持对青少年早期和中期个体的孤独感、抑郁的影响模式[16]。结果发现：友谊支持是预测孤独感的更好指标，父母支持是预测抑郁的更好指标；父母支持可增强高友谊支持对降低青少年孤独感的作用（增强模式）而友谊支持可补偿低父母支持对降低青少年孤独感的作用（补偿模式）；两种支持系统可相互增强对方对降低青少年抑郁水平的效应（相互增强模式）。与青少年早期不同，青少年中期父母支持和友谊支持两个系统以“独立模式”影响青少年的情绪适应。这表明，家庭和同伴系统对青少年情绪适应的影响可能遵循多种模式，但分别适用于不同适应问题和发展阶段。

王树青等人考察了亲子依恋、因果取向与大学生的自我同一性状态之间的关系[17]。结果发现，良好的亲子依恋有利于大学生的自我同一性形成，使大学生更可能处于同一性获得状态，避免同一性扩散。除直接影响外，亲子依恋以因果取向中的自主取向和非个人取向为中介对同一性状态产生重要的间接影响，从而揭示了亲子依恋对大学生自我同一性发挥影响的作用方式。

王美芳等人研究了我国小学儿童遭受父母体罚的基本特点[18]。结果发现，63.2%的小学儿童父母在近半年内实施过体罚；父母使用最普遍的体罚方式依次是用手打屁股，打手、胳膊或腿，打脸、头或揪耳朵，体罚最多的身体部位依次为屁股，手和胳膊；父母对男孩实施轻度体罚和严厉体罚的普遍性及实施严厉体罚的频繁性均显著均高于女孩；父母对低年级儿童实施轻度体罚和严厉体罚的普遍性显著高于高年级儿童；低中社会经济地位家庭中的父母对儿童实施轻度体罚和严厉体罚的普遍性及实施严厉体罚的频繁性均显著高于高社会经济地位家庭的父母。这表明我国父母体罚的普遍性和频繁性均较高，且发生情况与儿童的性别，年龄和家庭社会经济地位有关。刘蓓等人进一步考察了父母的心理攻击、体罚和身体虐待三种严厉管教方式与初中生外化问题行为之间的关系[19]。结果发现，初中男生遭受的父亲严厉管教的频繁性高于女生。男生遭受母亲体罚的频繁性高于女生。初二学生遭受母亲心理攻击的频繁性显著高于初一学生。父亲和母亲的心理攻击、母亲的体罚和身体虐待可以显著预测初中生的外化问题行为。这说明，父母实施严厉管教行为的频繁性受到初中生性别和年龄的影响，并且父母亲的严厉管教对初中生外化问题行为具有一定预测作用。

3. 儿童青少年的心理社会问题

赵景欣等人运用质性方法，探讨了青少年犯罪的发展轨迹，并考察了促进青少年犯狱内改造的保护因素[20]。结果表明，在青少年犯的成长背景中，过度追求兴趣爱好、沉迷网络、崇尚哥们“义气”、家庭破裂、父母冲突、教养方式不一致、养父母家庭、与学校联系减弱是青少年犯罪的危险信号，旷课、逃学，与不良同伴交往在青少年走上犯罪道路的过程中具有重要作用；在行为水平上，从轻度不良行为—严重不良行为—犯罪是一条典型的发展轨迹；提高青少年犯改造的动力、帮助青少年犯进行改变、促进青少年犯未来的发展规划，以及对青少年犯进行心理辅导有助于青少年犯的狱内适应。

魏星等人考察了青少年早期个体攻击和违纪行为之间的关系，并检验了受欢迎度的调节作用[21]。结果发现，在青少年早期，身体攻击能正向预测违纪行为。个体的受欢迎度能够调节身体攻击与违纪行为间的关系，具体表现为身体攻击对不受欢迎个体违纪行为的影响比对受欢迎个体更大。李海垒等人还探讨了青少年受欺负与抑郁之间的关系[22]。结果发现，受欺负的被试抑郁得分显著高于未受欺负的被试，随着累积受欺负数量的增多，抑郁程度会呈现出线性函数的上升趋势。

赵金霞等人考察了《Spence 儿童焦虑量表》中文版在中国大陆儿童青少年中的适用性[23]。结果发现：该量表在中国文化背景下具有较好的内部一致性信度、重测信度、集中和区分效度；六因子的焦虑结构适合中国儿童、青少年群体以及男孩和女孩群体；我国青少年的焦虑得分显著高于儿童，女孩的焦虑得分显著高于男孩；我国儿童的焦虑水平与荷兰和德国儿童基本相当，青少年的焦虑水平显著高于荷兰和德国青少年。王美芳等人进一步探讨了父母教养方式与学前儿童焦虑之间的关系[24]。结果发现，专制型和放任型教养方式与焦虑总分之间均存在显著正相关；放任型教养方式可以显著预测一年后儿童的焦虑总分，且广泛性焦虑与放任型教养方式之间存在双向预测关系。这表明专制型与放任型教养方式与儿童焦虑之间存在密切联系。

4. 认知与社会认知发展问题

董方虹等人探讨了儿童期遭受多重侵害的高职高专学生的生态学执行功能特征[25]。结果发现，遭受多重侵害的高职高专学生生态学执行功能受损。李阳等人还探讨了儿童期虐待、执行功能与青少年情绪行为问题的关系模型，发现儿童期虐待和执行功能对农村青少年情绪行为问题有显著正向预测作用，儿童期虐待除对青少年情绪行为问题有直接作用外，还通过执行功能起到间接作用[26]。这表明，执行功能在儿童期虐待与青少年情绪行为问题的关系中起部分中介作用。

徐伟等人考察了儿童解释性心理理论的发展[27]。结果发现，错误信念理解不同于解释性心理理论，前者要早于后者出现，对后者来说是一种必要非充分条件；儿童的解释性心理理论出现较早，但发展速度缓慢，儿童获得稳定的解释性心理理论的关键年龄在7岁之后。

顾吉有等人考察了儿童关于特质的性别差异信念及其发展特点[28]。结果发现，男孩比女孩更倾向于将男性化特质与男孩相联系，而女孩比男孩则更倾向于将女性化特质与女孩相联系；学前阶段儿童将男性化特质与男孩相联系、将女性化特质与女孩相联系的倾向逐渐增强，6岁之后二者均处于稳定水平。这说明，我国儿童从3岁起就持有关于特质的性别差异信念，他们对同性特质的性别差异信念强于对异性特质的性别差异信念，并且这些信念在学前期间不断增强，6岁左右趋于稳定。

张文新等人考察了个体公正世界信念对犯罪青少年与一般青少年情绪适应的预测作用[29]。结果发现，犯罪青少年关于他人的公正世界信念显著高于关于自己的公正世界信念，而未犯罪青少年关于两者的差异不显著。犯罪青少年与未犯罪青少年的公正世界信念均可负向预测抑郁，正向预测生活满意度。这表明，犯罪青少年认为自己比他人受到的对待更为不公正，且存在着严重的情绪适应问题；犯罪青少年良好的公正信念有利于其狱内的情绪适应。

闫秀梅等人采用探测词再认范式，考察了面孔照片激活的性别刻板印象对个体自发特质推理的影响及其性别图式在其中发挥的调节作用[30]。结果发现，对于性别图式化个体来说，性别刻板印象既促进了他们对刻板一致行为的自发特质推理，也阻碍了他们对刻板不一致行为的自发特质推理；对于性别非图式化个体来说，性别刻板印象既不影响他们对刻板一致行为的自发特质推理，也不影响他们对刻板不一致行为的自发特质推理。该结果表明，性别图式在性别刻板印象对个体自发特质推理的影响中起调节作用。为进一步探究我国儿童青少年自发特质推理、自发特质联结和自发特质转移的发展及其影响因素，王美芳等人还正在开展发展性研究，并试图深入揭示性别刻板印象对三者影响的年龄差异及个体差异，以便于从内隐社会认知层面促进儿童青少年的社会性发展提供心理学依据。该项工作获批为本年度“国家自然科学基金”面上项目。

5. 学习与创造问题

教育教学的一个重要目标是使学生掌握问题解决的有关知识或策略，促使他们能够在迁移情境中运用这些知识解决问题，提高学生的问题解决能力。窦菲菲等人探讨元认知在画图表征策略和小学生数学问题解决能力中的作用[31]。结果发现，策略学习后，小学生的画图表征策略水平和数学问题解决成绩均显著高于策略学习前。画图表征策略通过元认知这一中介变量对小学生数学问题解决能力有显著的促进作用。

司继伟等人将经典的双任务范式和改进的选择/无选法相结合，通过对工作记忆中央执行负荷进行系统操纵，深入考察了中央执行功能在算术策略运用中的具体作用[32]。他们发现中央执行负荷对个体的策略执行、策略选择及其选择适应性等环节都不同程度地发挥着影响。此外该研究还发现主次任务性质是否相同对策略运用也有一定影响。孙燕等人则考察了数学焦虑对成人和四年级儿童算术策略运用的不同影响[33]。结果表明，数学焦虑仅影响成人在自由选择条件中策略选择的正确率。数学焦虑影响儿童的策略分布、策略执行的正确率及最佳选择条件中策略选择的正确率。成人和儿童策略选择的适应性均受到数学焦虑的影响，低数学焦虑者的适应性明显更好。上述发现无疑将为我国今后的认知策略理论研究与实践运用提供了崭新思路。

王本法等人探讨了小学生数感、数学效能感的发展特点及其和数学成绩之间的关系[34]。研究结果表明，数感、数学效能感与数学成绩之间的相关均达到显著水平，且数感与数学成绩的关系较之数学效能感与数学成绩的关系更紧密；数感对数学成绩的预测力较强，数学效能感的预测力弱一些；数学效能感在数感和数学成绩之间起部分中介作用。为更深入地理解儿童数学学习困难的成因及寻找适当的干预措施，华晓腾等人则对数学困难儿童数学估计方面的行为表现及影响因素、神经基础和相关干预研究进行了系统梳理，强调指出未来研究应注意从统一数学困难儿童选取标准、扩展研究范围和加强干预方案设计等方面展开探讨[35]。另外，为进一步揭示“数字语言符号如何影响算术认知加工”这一核心性争议问题，张明亮等人还通过选择在我国颇具广泛代表性的汉、蒙、维三种数字语言符号，以反映语义联系的乘数相关错误效应为核心考察指标，正从微观和宏观两个层面开展系统研究。该项研究有助于揭示数字语言符号的认知加工机制，并从民族语言文化特殊性上为揭示空间—数字反应联合编码效应的起源提供确切证据，进而为揭示语言认知与数字认知之间的关系提供证据。该工作已获批为本年度“国家社会科学基金”青年项目。

创造力对个体与组织的生存和发展具有举足轻重的作用。研究者已就奖励如何影响创造力开展了广泛研究，但结论存在很大争议。徐希铮等人在系统分析以往研究的基础上，认为奖励既可以促进创造力也可以阻碍创造力[36]。他们指出这取决于对奖励的界定及对创造力的理解，也受个体差异和外部环境因素的影响。在作用途径上，奖励可以通过动机或认知因素以及它们的综合作用对创造力产生影响。

（三）应用心理学的研究成果和重要观点

应用心理学与人们日常生活和社会和谐发展息息相关。它主要考察心理学基本原理在各种实际领域中的应用。随着经济、科技、社会与文化的迅速发展，应用心理学成果有着日益广阔的前景。本年度内我省心理学工作者关注的应用心理学问题主要集中在以下几个方面。

1. 民众心理健康问题

在残障儿童方面，杨昭宁等人探索了聋生的安全感、人际信任和心理健康之间的关系[37]。他们发现：聋生安全感处于中等偏下水平，且男生的安全感水平显著高于女生，乡村学生的安全感水平显著高于城市学生；聋生安全感对其心理健康程度具有显著预测作用，人际信任在安全感对焦虑忧郁程度的影响中起部分中介作用。该研究为当前聋生心理辅导和人际交往指导提供了启示。

在留守儿童方面，李浩然等人探讨了“留守”对不同性别儿童心理健康的影响，对留守和非留守儿童的中学生心理健康量表测试结果进行了元分析[38]。结果表明：留守儿童的心理健康水平低于非留守儿童；“留守”对男童的心理健康较为不利。宋广文等人则针对留守儿童存在的一些特定心理问题，从积极心理学的视角提出了相应的干预措施，对提高留守儿童的心理健康水平具有一定指导意义[39]。

在正常学生群体方面，吴希庆等人探讨了大学生的宽恕水平对愤怒表达及心理健康的影响[40]。研究表明，宽恕影响愤怒表达和心理健康，可以通过宽恕干预以及改善愤怒表达来提高大学生的心理健康水平。祁珍华等人探讨了大学生的归因方式及灵活性与心理健康的关系[41]。他们发现倾向于把正性事件归因为外在的和暂时的、把负性事件的原因归结为内在的、持续的和普遍的个体会体验到较高的抑郁和焦虑情绪；倾向于把正性事件的原因归结为内在的和持久的、把负性事件归因为外在的和暂时的个体会体验到较高的正性情绪，有着较高的乐观水平；归因灵活性得分低的个体抑郁、焦虑情绪较高，正性情绪、乐观度水平较低。石雷山等人以初中生为被试探讨了学业自我效能在成就目标定向与学习倦怠关系中的中介效应[42]。结果发现：学习目标定向和成绩接近定向与学习倦怠具有负向联系，而成绩回避定向与学习倦怠具有正向的关联；学业自我效能在成就目标定向与学习倦怠的关系中起着一定中介作用，这体现在学习目标定向与学习倦怠、成绩接近定向与学习倦怠的关系中，学业自我效能起完全中介，而在成绩回避定向与学习倦怠之间，学业自我效能起部分中介。

在专业技术人员方面，高峰强等人出版了《专业技术人员心理调适》一书，该书针对专业技术人员的职业特殊性及容易出现的心理问题从认知、情绪、提高挫折耐受力、自我悦纳、健全人格、工作压力、职业倦怠及应对策略等方面展开全面、系统的分析，提出了适合专业技术人员的心理调适策略，对提高专业技术人员的心理健康水平，减少职业倦怠具有重要的现实意义[43]。

在主观幸福感研究方面，王惠萍等人考察了煤矿工人主观幸福感与生存质量的现状及其关系[44]。研究结果表明：煤矿工人的主观幸福感总体水平较低，高学历者的主观幸福感高于低学历者；煤矿工人的生存质量总体状况较差，高学历者的生存质量显著高于低学历者，测绘人员的生存质量显著高于采掘人员；他们的主观幸福感与生存质量存在显著相关，主观幸福感对其生存质量有明显预测作用。耿晓伟等人深入考察了大学生性别角色、自尊和主观幸福感的关系[45]。结果发现：大学生性别角色影响主观幸福，双性化个体的主观幸福感水平最高；性别角色通过自尊对主观幸福感进行影响。卢莎等人则探讨了大学生成人依恋与主观幸福感的关系[46]。结果发现，大学生安全依恋个体的幸福感高于非安全依恋个体；依恋焦虑和依恋回避对主观幸福感有预测作用。

在羞怯研究方面，陈英敏等人从理论上对“羞怯”与“羞耻”两个相近的概念从词义、概念的界定、现象学表征、产生机制、社会功能等几个方面进行了辨析，有助于准确把握概念的内涵，避免概念的混淆[47]。韩磊等人则进一步考察了父母教养方式与羞怯的关系以及社会支持在其中的中介作用和应对方式在其中的调节作用[48]。结果发现：母亲惩罚严厉和父亲过度保护对羞怯有显著的正向作用，父亲情感温暖对羞怯有显著的负向作用；在母亲惩罚严厉和父亲情感温暖对羞怯的作用中，社会支持起着中介作用；父亲过度保护对羞怯的正向作用受到幻想的调节。

2. 心理咨询与治疗问题

在理论研究方面，杨秋莉等人从中医的角度对“心”这一概念进行了本土化诠释[49]。文章指出，中医心理学是以“心主神明”、“形与神俱”为其指导思想的，“心”是中医心理学最重要的概念之一。“心主神明”中“心”的概念具有深厚的中华传统文化底蕴，与源于西方的现代医学生理解剖学所说的心有着本质差别。作者借鉴“五行学说”及《内经》典籍，对“心”这一概念及其功能进行了具体分析说明。李小利等人比较了古今对郁证、抑郁症的认识，总结了中医学和现代医学治疗郁证、抑郁症的心理干预方法，认为在现代心理治疗中，许多心理调节方法与中医心理疗法相吻合[50]。作者通过对上述问题的对比研究，为中医学心理疗法的进一步发展提供了理论基础。王霁等人有针对性地分析了卒中后偏瘫患者的各种丧失表现及其对患者的深刻影响，在此基础上对丧失所致的心理障碍提出了建设性的康复策略[51]。

在临床应用方面，吕文卿等人依据中医学顺势利导、扶正祛邪、心身合一等治疗原则，制定了情志顺势团体心理辅导方案，并通过对52名网络依赖大学生进行对照组准实验研究发现，情志顺势团体辅导对大学生网络依赖有明显的干预效果[52]。李小利等人探讨了心外科手术患者心理干预前后情绪状态及术后生理心理反应[53]。对照组给予常规护理，干预组在常规护理基础上应用情志顺势心理治疗干预。结果显示，干预组患者术前焦虑、恐惧情绪明显低于对照组，术后干预组临床指标ICU停留时间、ICU最高舒张压及镇静药用量显著优于对照组。该研究表明，术前进行情志顺势心理干预对降低焦虑、恐惧水平有明显作用，可降低术后不良精神反应发生率，并有利于术后躯体恢复。

3. 行为决策问题

牟兵兵等人发现，在模糊决策情境中，个体的认知特征会对决策行为产生重要影响[54]。高认知闭合者在模糊消费情境中偏好立刻作出决策，低认知闭合者偏好暂缓作出决策；促销策略与认知闭合需要对消费决策存在边际交互作用，表现为高认知闭合组更偏好赠送，低认知闭合组对两种促销策略未表现出此类分离。上述结果证实促销策略与认知闭合需要不仅对个体的消费决策存在独立影响，且存在一定交互影响。该研究关注不同认知闭合需要消费者在不同促销策略下模糊消费决策的差异性，丰富了消费者行为决策理论，对营销实践者亦提供了借鉴。

王大伟等人利用信息板技术研究了推理能力和时间压力对职业决策信息加过程的影响，结果发现：在平均决策时间和信息搜索的深度上，推理能力和时间压力的主效应显著；而推理能力和时间压力的交互作用只是在平均决策时间上显著[55]。

王新等人系统梳理了决策偏好反转的研究演变历程[56]。他们指出，偏好反转表现为人们选择与定价的不一致。研究者采用了不同的研究范式，从不同角度对偏好反转现象进行了解释，如前景理论、兼容性假设、表征理论、齐当别模型等；影响偏好反转的因素包括个体、材料任务与情景因素等。宋广文等人则对决策偏好反转中的框架效应进行了深入探讨[57]。他们借助两项研究考察了时间距离、封面故事和概率对框架效应的影响。结果发现，时间距离、封面故事及两者交互作用对认知相关性的影响均显著；时间距离为1周时，不同概率在坏封面故事中的风险倾向差异显著。这意味着框架效应发生在认知相关程度最低时。

4. 人力资源管理问题

隋建华等人具体阐述了胜任力模型在企业人员招聘中的有效应用，企业人力资源管理的科学、有效系统实施离不开胜任力理论的参与，胜任力理论也确实可为企业的人力资源管理提供颇具成效的思路启发和方法借鉴[58]。

王善臣对心理账户在人力资源中的应用进行了分析，认为应从招聘工作企业文化建设薪酬战略职业生涯规划和建立奖惩机制入手加强对知识型员工的管理[59]。知识型员工具有需求层次高、工作自主性强、工作结果不确定等特点，工作行为更容易受到心理账户的影响。在企业管理中注重在招聘过程中传递客观真实的信息，培养以人为本的企业文化实施全面的薪酬战略，进行科学的职业生涯管理，合理运用奖惩机制，能充分发挥心理账户的影响和作用，提高知识型员工管理的效率。

张晶则以心理契约理论为基础，论述了企业进行员工激励时面临的问题及可能对策，从考核激励培训管理和职业生涯管理等方面进行激励机制设计[60]。管理者可考虑从心理契约的角度切入问题采取激励措施，这样既能保证组织健康发展保持永久的竞争力，又能促进员工自身的职业发展，最终达到组织与个人和谐共存。杨艳玲等人针对知识型80后员工的激励问题进行了剖析[61]。知识型80后员工逐渐成为企业主力的同时也表现出了高流动性，给中小企业管理带来了巨大挑战。作者从心理契约的三个维度，即物质激励、环境支持和发展机会给出具体对策，为我国中小企业对知识型80后员工的管理提供了有益借鉴。

参考文献：

[1]李寿欣、徐增杰、陈慧媛：《不同认知方式个体在语篇阅读中抑制外部干扰的眼动研究》，《心理学报》2010年第2期。

[2]张建鹏、陈慧媛、张德香、李寿欣：《语境类型对不同认知方式个体代词歧义消解的影响》，《应用心理学》2012年第4期。

[3]崔磊、王穗苹、闫国利、白学军：《中文阅读中副中央凹与中央凹相互影响的眼动实验》，《心理学报》2010年第5期。

[4]毛伟宾：《跨视听通道的相继错误记忆效应》，《心理科学》2012年第3期。

[5]毛伟宾、王松、亢丽丽：《项目特异性加工和关系加工对非熟练中——英双语者跨语言错误记忆的影响》，《心理学报》2012年第10期。

[6]苏金龙、杨昭宁：《进化视角下的人类记忆》，《中国心理学会广州心理学学术大会摘要集》，2012年第338—339页。

[7]于睿、毛伟宾：《一致性与相关性对记忆生存优势效应的影响》，《中国心理学会广州心理学学术大会摘要集》2012年第376页。

[8]杨昭宁、苏金龙：《恐惧产生机制的进化视角：恐惧模块说》，《华东师范大学学报（教育科学版）》2012年第4期。

[9]刘宁、张侃：《特异子检测模式对注意捕获的影响：知觉负荷的调节作用》，《中国心理学会广州心理学学术大会摘要集》，2012年第363页。

[10]郭庆科、姜晶、王洪友：《MMCS的心理测量学性能及中国大学生心理控制源的特点》，《心理科学》2012年第6期。

[11]李娟：《庄子心性学与超个体心理学的心性修养思想比较》，《山东社会科学》2012年第1期。

[12]张文新、王美萍、曹丛：《发展行为遗传学简介》，《心理科学进展》2012年第9期。

[13]王美萍、张文新：《CHRM2基因rs1824024多态性与青少年早期抑郁的关系》，《心理学报》2010年第8期。

[14]曹丛、王美萍、张文新、陈光辉：《主动性攻击和反应性攻击的遗传基础研究述评》，《心理科学进展》2012年第12期。

[15]纪林芹、魏星、陈亮、张文新：《童年晚期同伴关系不利与儿童的攻击行为：自我概念与同伴信念的中介作用》，《心理学报》2012年第11期。

[16]田录梅、陈光辉、王姝琼、刘海娇、张文新：《父母支持、友谊支持对早中期青少年孤独感和抑郁的影响》，《心理学报》2012年第7期。

[17]王树青、宋尚桂：《大学生自我同一性与亲子依恋、因果取向之间的关系》，《心理与行为研究》2012年第1期。

[18]王美芳、邢晓沛：《小学儿童父母体罚的基本特点》，《中国临床心理学杂志》2012年第2期。

[19]刘蓓、魏志民、邢晓沛、王美芳：《父母严厉管教与初中生外化问题行为的关系》，《中国临床心理学杂志》2012年第6期。

[20]赵景欣、杨菲菲、张文新：《青少年犯罪的发展轨迹和狱内改造的保护因素》，《中国特殊教育》2012年第9期。

[21]魏星、纪林芹、陈亮、吕娜、张文新：《青少年早期攻击和违纪行为的关系：受欢迎度的调节作用》，《心理与行为研究》2012年第5期。

[22]李海垒、张文新、于凤杰：《青少年受欺负与抑郁的关系》，《心理发展与教育》2012年第1期。

[23]Zhao Jin Xia, Xing Xiao Pei, Wang Mei Fang:《Psychometric properties of the Spence Children's Anxiety Scale（SCAS）in Mainland Chinese children and adolescents》,《Journal of Anxiety Disorder》2012年第7期。

[24]王美芳、张燕翎：《学前儿童焦虑与父母教养方式的关系：追踪研究》，《中国临床心理学杂志》2012第1期。

[25]董方虹、曹枫林、崔乃雪、王茜、郭春红：《儿童期遭受多重侵害的高职高专学生生态学执行功能特征》，《中国临床心理学杂志》2012年第6期。

[26]李阳、曹枫林、崔乃雪、李玉丽：《儿童期虐待、执行功能与农村青少年情绪行为问题的结构方程模型》，《中国临床心理学杂志》2012年第6期。

[27]徐伟、韩仁生：《5—7岁儿童解释性心理理论的发展》，《中国临床心理学杂志》2012年第2期。

[28]顾吉有、曹仁艳、王美芳：《儿童关于特质的性别差异信念的发展》，《中国临床心理学杂志》2012第2期。

[29]张文新、李静雅、赵景欣：《犯罪青少年公正世界信念与情绪适应的关系》，《中国特殊教育》2012年第12期。

[30]Yan Xiu Mei, Wang Mei Fang, Zhang Qing:《Effects of gender stereotypes on spontaneous trait inferences and the moderating role of gender schematicity: Evidence from Chinese undergraduates》，《Social Cognition》2012年第2期。

[31]窦菲菲、刘志敏、张景焕、刘桂荣、初玉霞、任菲菲：《元认知在画图表征策略和小学生数学问题解决能力中的中介作用》，《心理学探新》2012年第2期。

[32]司继伟、杨佳、贾国敬、周超：《中央执行负荷对成人估算策略运用的影响》，《心理学报》2012年第11期。

[33]孙燕、司继伟、徐艳丽：《数学焦虑影响大学生/儿童估算策略运用的对比研究》，《心理发展与教育》2012年第3期。

[34]王本法、乔福强：《数感、数学效能感与数学成绩的关系研究》，《中国特殊教育》2012年第6期。

[35]华晓腾、司继伟、卢淳：《数学困难儿童的数学估计能力》，《心理科学进展》2012年第10期。

[36]徐希铮、张景焕、刘桂荣、李鹰：《奖励对创造力的影响及其机制》，《心理科学进展》2012年第9期。

[37]杨昭宁、杨静、谭旭运：《聋生安全感、人际信任与心理健康的关系研究》，《中国特殊教育》2012年第9期。

[38]李浩然、孟群英：《对留守儿童心理健康研究的元分析》，《中国健康心理学杂志》2012年第1期。

[39]宋广文、周凯：《留守儿童心理问题的战略应对》，《战略决策研究》2012年第4期。

[40]吴希庆、胡仟、陈翠：《大学生的宽恕水平对愤怒表达及心理健康的影响》，《中国健康心理学

杂志》2012 年第 3 期。

[41]祁珍华、陈瑨、江虹、张红静：《大学生的归因方式及灵活性与心理健康》，《中国心理卫生杂志》2012 年第 4 期。

[42]石雷山、高峰强、王鹏、陈英敏：《成就目标定向对学习倦怠的影响：学业自我效能的中介作用》，《心理科学》2012 年第 6 期。

[43]王惠萍、张美峰、孙晓晴、高芳芳：《煤矿工人的主观幸福感与生存质量及其关系》，《中国特殊教育》2012 年第 1 期。

[44]耿晓伟、张峰：《大学生性别角色与主观幸福感的关系：自尊的中介作用》，《心理与行为研究》2012 年第 5 期。

[45]卢莎、赵富才：《大学生成人依恋与主观幸福感的关系》，《中国健康心理学杂志》2012 年第 11 期。

[46]高峰强主编：《专业技术人员心理调适》，山东人民出版社 2012 年版。

[47]陈英敏、高峰强：《“羞怯”与“羞耻”之辨析》，《山东师范大学学报（人文社会科学版）》2012 年第 4 期。

[48]韩磊、高峰强、平凡、潘清泉：《父母教养方式对羞怯的作用机制》，《心理与行为研究》2012 年第 6 期。

[49]杨秋莉、张伯华、孔军辉、王克勤：《中医心理学“心”的概念剖析》，《中国中医基础医学杂志》2012 年第 8 期。

[50]李小利、张伯华：《郁证、抑郁症的心理治疗》，《山东中医杂志》2012 年第 9 期。

[51]王霁、张伯华：《卒中后偏瘫患者的丧失及心理康复》，《天津中医药大学学报》2012 年第 1 期。

[52]吕文卿、张伯华：《情志顺势团体辅导对大学生网络依赖的干预效果研究》，《中国健康心理学杂志》2012 年第 12 期。

[53]李小利、张伯华、赵红、路洪珍、刘羽曦、刘天起：《心理干预对心外科手术患者生理心理状态的影响》，《精神医学杂志》2012 年第 3 期。

[54]牟兵兵、司继伟、邬钟灵：《促销策略与认知闭合需要对模糊消费决策的影响》，《心理研究》2012 年第 3 期。

[55]王大伟、王少静、时勘：《推理能力和时间压力对决策信息加工深度的影响》，《第十五届全国心理学学术会议论文摘要集》2012 年第 179 页。

[56]王新、刘丹丹、杜秀芳：《决策中的偏好反转研究的演变》，《聊城大学学报（社会科学版）》2012 年第 6 期。

[57]宋广文、夏星星、李承宗、何云凤：《时间距离、封面故事和概率对框架效应的影响》，《心理学报》2012 年第 7 期。

[58]隋建华、张芳丽：《胜任力模型在企业员工招聘中的应用》，《企业导报》2012 年第 21 期。

[59]王善臣：《心理账户与知识型员工管理研究》，《中国集体经济》2012 年第 15 期。

[60]张晶：《基于心理契约的员工激励机制研究》，《山东商业职业技术学院学报》2012 年第 12 期。

[61]杨艳玲、周倩、孟祥敏：《中小企业知识型 80 后员工的激励研究》，《商场现代化》2012 年第 686 期。

（作者：司继伟，山东师范大学心理学院教授；赵景欣、陈英敏、王大伟，山东师范大学心理学院副教授；张文新、李寿欣，山东师范大学心理学院教授）

体育人文社会学

王　芹

一、学术回顾与总结

2012 年，山东省体育事业蓬勃发展，体育系统加快构建公共体育服务体系，全力备战伦敦奥运会和十二运会，加强体育文化建设，以改革创新精神推动体育强省建设迈出新步伐。在伦敦奥运会上实现全省竞技体育新的历史性突破，成功举办第三届亚洲沙滩运动会和第二届全民健身运动会，青少年体育工作继续加强，相继开展全省中小学足球等联赛活动。由于山东省体育事业实践与体育人文社会学研究的互动，2012 年山东省体育人文社会学研究亦显示出蓬勃之势，国家级立项课题 2 项，省级立项 37 项，教育厅立项 4 项，学术论文 1098 篇，关于竞技体育、学校体育、社会体育、体育社会学、民族传统体育、体育产业与体育经济、体育管理、体育新闻以及休闲体育等方面继续出现较多比较有影响的成果。

二、不同学科研究

（一）竞技体育研究

与我省体育强省的影响力相对应，2012 年关于竞技体育的研究相对较多，主要有体育信息服务、运动伤害、训练行为、运动队伦理、竞技体育人力资源以及高校竞技体育等研究。

1. 竞技体育信息服务研究

牛杰冠与钟炼收集并分析张继科备战伦敦奥运周期的体育信息与情报需求，为其训练比赛和布局决策提供信息依据和支持。在对其的信息服务过程目标明确，信息服务效益显著，且实现了体育信息服务新模式的实践：在信息服务过程中，体育信息研究人员、管理人员、教练员、和下队科研人员组成专项信息服务项目组，共同参与信息的收集、分析和应用，是取得良好服务效益的组织保障；体育信息主客互动机制是项目组多年来在总结历届大赛信息服务经验的基础上，探索创新的一种有效的信息服务模式，是准确把握运动队的信息需求，确定信息服务重点的机制保障；另外，项目组将信息服务的数据库形式、书面形式和网络形式结合起来，形成库刊网一体化的全方位信息服务模式，实现了信息服务形式的多样化[1]。

满晓霞及钟炼通过了解和掌握体操项目对体育信息服务的需求，搜集、研究、分析张成龙国外主要竞争对手动态情报、体操运动训练前沿信息、奥运参赛环境情报，通过多种方式开展实时互动信息服务，为张成龙伦敦奥运会夺取金牌提供信息依据和支持[2]。

2. 运动伤害侵权研究

牛杰冠通过对中美竞技体育领域运动员之间运动伤害侵权行为的比较研究发现，美国的执法机构在处理体育运动伤害导致的侵权纠纷时，对案件细节的分析十分注重。例如，对造成运动伤害风险的性质的分析、侵权人是否存在主观故意以及非主观故意下过失行为和严重不负责任行为的区分、被侵权人是否存在共同过失等。而我国在处理类似纠纷时还主要通过行会内部的调解和协商来解决。在处理过程中只是笼统认定侵权人是否存在主观故意，存在即承担责任，反之，几乎不必承担任何责任，而不论其行为是否存在严重过失或不负责任，这就导致被侵权人不能很好地维护自身合法权益。基于这一问题，建议尽快落实《中华人民共和国体育法》第 33 条关于竞技体育纠纷解决方式之规定，建立符合我国国情的体育仲裁制度；并且在处理此类侵权纠纷时可以借鉴美国的经验，允许受到严重人身伤害的被侵权人直接向法庭提起诉讼，转变案件审理思路，使纠纷得以公平合理地解决[3]。

3. 训练行为研究

牛宏飞对我国教练员体罚运动员的行为进行分析，得出教练员体罚行为出现的原因：运动员方面的原因；经济利益的驱使；文化水平和道德素质较低；教练员工作压力过大等。其提出的相应建议有：健全体育法规、杜绝人身伤害；转变思想观念、创新管理方式；学习文化知识、提高自身修养；加强师徒沟通、增进相互理解；行使教育惩戒、慎用体罚大棒等[4]。

4. 运动队伦理气氛研究

运动队伦理气氛，是运动队成员如何看待与解决两难伦理问题的知觉，它并不是情感或态度，而是全体运动队成员对伦理问题共同体验和知觉，是运动队及其成员伦理行为决策的重要依据[5]。马德森及孙庆祝编制了“运动队伦理气氛测评结构量表”。运用量表对 600 名被试者进行了调查，通过探索性因素和验证性因素分析，得出我国运动队伦理气氛测评结构，包括道德准则型伦理气氛、关怀型伦理气氛、法律制度型伦理气氛、团队精神型伦理气氛和利己主义型伦理气氛。我国运动队伦理气氛测评结构量表与西方的有所差异[6]。

5. 竞技体育人力资源研究

根据顾伟杰的研究，山东省竞技体育人力资源现状：

（1）山东省体育局机关及直属训练单位教练员和全省高等院校高水平运动队及体校的体育专业教师相对较少，还须加强教练员的培训工作，保证竞技体育训练水平的不断提高；和发达国家的教练员数量相比还相差甚远，山东省的教练员文化程度和科学训练能力等还亟待提高。

（2）山东省业余训练单位教练员年龄基本年轻化，这与体育运动的工作要求有关，基本适应现代竞技体育繁重的训练和比赛任务，但尚没有国家级教练，业余训练单位的教练员还应该加强基本素质的提高，以适应训练的需要。

（3）山东省优秀运动员队伍等级结构整体水平较高，具有很强的国内体育竞技能力。研究认为，山东省作为国内竞技体育大省，首先应适当扩大省优秀运动队二线队伍规模，补充年轻的新生力量，以免出现断层，确保我省竞技体育的可持续发展。其次，根据运动员再就业的特点和社会发展的高学历需求趋势，运动员平均学历水平需达到大专以上方能适应社会发展的需要，可见山东省优秀运动员还远远达不到这一要求。从年龄结构上看，山东省优秀运动员年龄结构比较集中，多数运动员在 16 岁至 25 岁，因此研究认为，为提高优秀运动员效用和培养效率，应尽可能地延长运动员的运动寿命，充分发挥优秀运动员的运动潜能。

研究认为制约山东省竞技体育人力资源发展的因素有体制原因、教练员队伍建设原因以及就业后的培训问题等。相应的发展对策为：（1）健全竞技体育人力资源调控体系及制度。（2）营造竞技体育人力资源发展的适宜条件；（3）全面提高教练员队伍素质；（4）加大经费投入，保障教学训练；（5）切实加强领导，搞好协调服务。（6）充分调动竞技体育人力资源的内在动力[7]。

6. 高校竞技体育

衣海永认为，高校竞技体育发展存在瓶颈：由于高校竞技体育发展的目标和定位不准确、竞技体育项目设置不均衡、运动员文化教育缺失、运行体制不完善以及教练员队伍结构不合理等问题，致使高校竞技体育不能更好地发挥功能和作用。相应的发展对策为：

（1）建议教育主管部门和各高校联合制定高水平运动员文化知识入学考核标准，以保证高水平运动员的文化教育水平有一个基本标准。对于运动竞技水平较高，文化知识又难以达到考核标准的运动员要进行集中的文化知识补习，制定严格的考核制度，达到一定标准后，再予以录取。

（2）建议教育主管部门制定严格的审查制度，对于申办高水平运动队的高等学校进行评估。

（3）要最大限度发挥学校竞技体育的多种功能。要保证高水平运动员在大学校园有足够的时间参与学校相关的活动，尤其是学校的各类体育活动，参与的示范和带动作用，能够推动学校体育文化的快速发展，同时，也有利于高水平运动员的综合素质的提高[8]。

（二）学校体育研究

在对山东省学校体育教育教学相关文献进行综合整理和分析发现，2012 年度关于学校体育教育教学的公开发表学术期刊论文较多，发表在非核心体育期刊的论文 124 篇，发表在核心期刊并有一定影响力的论文 15 篇。研究内容主要包括体育教育教学理论和运动技术两个层面。体育教育教学理论方面的研究成果主要包括教学模式、认知负荷理论、体育教师继续教育、身体德育、教学指导思想、教学理念、课程理念和课程开发等内容；体育运动技术方面的研究成果主要集中在武术运动项目、体育游戏、常见的球类运动（如网球）等成果。

1. 体育教学模式研究

（1）大学体育课分层教学模式研究。随着体育课程教学改革的不断深入，分层教学模式得到了广大教育工作者和教育专家学者的广泛关注。分层教学模式提出了“优先发展、育人为本、改革创新、促进公平、提高质量”的工作方针，其中育人为本是核心内容，是教育工作的根本要求，注重“以人为本”，注重“因材施教”[9]。吴晓阳在参考其他高校实施分层教学的办法的基础上，结合大学体育课程实际情况，初步构建了大学体育课分层教学模式。

吴晓阳通过对 36 所普通高校大学体育课教学情况进行调研后发现：大多数高校都是采用体育选项课教学模式，普通高校体育课教学管理模式呈多元化状态，分层教学尚未大范围实施。他提出“课内分层教学与课外体育俱乐部一体化模式既符合分层教学、因材施教的教学原理，又能解决普通高校体育课教学实践中面临的诸多问题；课内分层教学与课外体育俱乐部一体化模式便于管理、能充分实现教学目标、合理利用场馆和师资、可操作性较强，值得广泛推广。但任何一种体育课程模式都不是一成不变的，需要在实践中不断改进和完善，在普通高校体育课教学管理模式改革的实践中要注意结合各自学校场馆、师资、地域特点等方面的实际情况，灵活运用”[10,11]。

王向东对目前高校分层教学实践进行分析，发现了存在的问题，并提出了在体育教学中分层教学的优化策略。他将分层次教学模式的改革作为“山东高师院校大学体育教学改革与实践”校级教学立项的主要内容进行研究与实践。他认为当前在高校体育分层教学实践中出现了诸如学生分层方式固定化、教学目标分层扩大化、学生分层评价扭曲化等问题，导致了分层教学的异化。针对这些问题，将学生分层与差异分析相结合、分层教学与个别指导相结合、结果评价与过程评价相结合，当是目前优化高校体育分层教学模式的有效策略[12]。

崔伟认为，教师面对学生的个体差异，在授课方式与方法的选择上需要一定的针对性，对于不同能力水平的学生采用不同层次的教法实施教学。崔伟提出在体育课教学分层是要做到：课堂情境与动机激励的分层；练习内容分层；体育课分层辅导；体育课分层评价[13]。

（2）体育运动教育与适能教育交互组合模式研究。在所搜集的有关教学模式的文献中，高校分层教学模式是专家学者关注较多的方面，而将体育运动教育与适能教育相结合的模式较少见。郑春梅研究认为，我国传统的多种活动教学模式及单项体育项目教学模式不足以达到健康目的，所以有必要对更有效的体育课程模式进行探讨。该研究从理论基础、教学目标、教学方法、操作程序和评价体系五个方面对这种新的模式进行构建，以进一步激发学生参加课堂和课外活动的动机，促进其形成终身体育锻炼的意识和能力[14]。

2. 认知负荷理论研究在体育实践中的应用研究

认知负荷理论是20世纪80年代发展起来的，它从人类的认知结构入手，为我们的教学设计提供了新的视角。梁波将认知负荷理论在运动技能教学中的研究延伸到了教学策略设计的方法论层面，以有限的工作记忆容量为依托，对不同复杂程度的运动技能和不同知识水平个体的运动技能教学设计策略进行了探讨，为在运动技能教学过程中提高教学效果提供了理论上的指导方法和新的视角。通过研究提出认知负荷理论在体育教学中设计了教学原理，主要包括不同复杂程度运动技能的教学设计原理和不同个体认知水平的运动技能教学设计原理[15]。梁波还认为在运动技能学习过程中，增加学习者的自我解释和附以图示的技术讲解对运动技能学习绩效将产生积极影响，传统讲解附图示结合传统练习附自我解释将有助于运动技能的学习和绩效的保持[16]。

3. 体育教育基本理论研究

不少专家学者在体育教师继续教育、身体德育、教学指导思想、教学理念、课程理念和课程开发等基本理论进行了研究。李储涛认为，学校体育往往以竞技伦理化的“体育道德”为自身的德育起点，其理论取向已无法适应教育对象在身体道德发展领域潜在的客观需求“分析青少年群体中身体道德异化的现象，提出身体全面发展涵盖了身体道德素质的发展命题”作为公民道德修养的一个有机组成部分，身体道德素质并不等同于竞技伦理，身体德育才是学校体育中德育活动的起点。这些研究成果在体育教育教学领域都具有一定的影响力，为今后的课程改革、体育教学实践提供了重要的指导和参考价值，对探索和提升教学水平、提高受教育者的全面素质也有重要的推动作用[17]。

4. 体育运动技术教学研究

（1）武术教学研究。WEB虚拟技术在跆拳道教学中的应用：虚拟现实技术是由高性能计算机系统创建的一种令人感到身临其境、可以获得与环境交互体验的虚拟世界。目前，国内外已有研究将虚拟现实技术引入到体育训练过程中，并取得了一定的效果。钟亚平等人在研究中运用运动捕捉、三维建模和WEB三维展示技术建立了基于WEB虚拟技术的跆拳道教学系统，为虚拟现实技术与运动训练教学有效整合提供了可操作的方法和手段。实验研究表明，基于WEB虚拟技术的跆拳道教学系统对跆拳道教学的技术动作提高具有显著性[18]。

武术课程改革导向：虞定海等人从课程改革的角度，通过对武术课程演变的文化解析，探寻高校武术课程改革的文化动因。从教学思想、教学内容和课程目标三个层面探索限制高校武术课程改革的内在因素。正视武术课程改革的多重文化功能，如保存、传递功能，融合、凝练功能，反思、创造功能，为高校武术课程改革梳理具有教育本质特性的文化路向[19]。

高校留学生武术教学：高校留学生武术教学问题涉及较为特殊的受教育群体，研究成果相对少见。吴霞以17所综合性大学的留学生和担任武术课的教师为调研对象，研究成果认为综合性高校留学生武术课教学的总体规模有限，师资不足，武术教师的双语教学水平较低；留学生在选择学习武术的内容上表现出多样性，教师决定留学生武术课内容的占64.7%，武术教师在教学内容上表现为武术地域性特点；59.1%的留学生认同教师的教学方法；80.8%的留学生认为语言障碍会对学习武术产生影响；教学场地和环境是影响留学生武术教学能否顺利进行的重要因素[20]。

（2）体育游戏研究。农村体育游戏项目研究：郭芳玲运用文献资料法等以山东省为例，探寻20世纪70、80年代乡村儿童的“集体记忆”，对曾经流行一时的乡村儿童体育游戏进行研究，以对当今乡村儿童体育活动的开展提供有益的借鉴和思考[21]。

残疾人体育游戏研究：张志勇、邓淑红研究采用A－B－A实验设计，对1名自闭症儿童的3种问题行为进行体育游戏干预研究[22]。研究成果表明体育游戏干预可以削弱自闭儿童的问题行为；体育游戏干预可以促进自闭儿童身心的协同发展，一方面克服了运动欲望不足和运动缺乏的问题，另一方面身体活动也促进了感知觉、记忆、思维、想象、表象等认知能力的发展；体育游戏的内容规则应简单、有趣，尽量选择团体游戏，利用同伴介入法，创设温馨友好的环境，并为自闭儿童的正确行为提供自然的榜样。

（3）网球专项教学研究。网球专项教学的研究成果在2012年度的文献资料中占有率很低，具有代表性的研究成果是梁高亮的《比赛训练法在体育院校网球专项教学中的实验研究》一文[23]，其对体育院校网球专修学生进行“比赛训练法”的教学实验研究。结果表明：比赛训练教学方法比传统教学方法更有助于提高学生积极性、主动性，有利于学生更快地掌握网球理论知识与实践技能。

（三）社会体育研究

随着我省新农村建设和构建和谐社会进程的发展，农村体育研究已经成为近年社会体育领域新的研究热点，以下研究反映了这种状况。

1. 农村体育研究

（1）公民社会中新农村社区体育组织文化建设。薛明陆等人以体育组织文化和公民社会理论为指导，对农村社区体育组织文化建设的契机进行分析，认为：①公民社会为新农村社区体育组织提供了良好的发展前景。②政府公共服务能力的提高促进了新农村社区体育组织文化物质载体的建设。③村民自治体制的连带效应增强了农村社区体育组织成员行为意识和能力。④公民社会的“法治”诉求促进了新农村社区体育组织规章制度的建设。⑤公民社会的精神契合了农村社区体育组织的价值观念。基于此，提出新农村社区体育组织文化建设的策略：①以公民社会和新农村社区建设为契机，大力发展农村社区体育组织。②以城乡统筹和公共服务均等化为导向，加大对农村社区体育组织的投入。③以公民教育和“健商”养成为推手，提升农村社区居民参与意识和能力。④体现依法治理和农民自治精神，健全农村社区体育组织的制度体系。⑤以公民精神和体育诉求为内核，形成平等、自主、协作的体育组织价值观念和精神[23]。

（2）农村体育发展策略。尹伟以新型农村建设为契机，阐述了我国农村体育发展所面临的优势因素和各种制约的结构要素，指出伴随着村落建筑格局的城市化、城乡文化习俗的去差异化，缺乏体育文化意识体系支撑的农村体育逐渐被边缘化。研究认为，要真正从一个全新的角度远瞩性构建未来我国农村体育的发展蓝图，可探索性构建政府农村公共体育资源供给的机制；实行“两端延伸”路径以及建设农村数字体育工程，来有序发展农村体育事业[24]。

（3）农村体育服务建设。王辉等人在分析农村体育服务建设存在主要问题的基础上，从《全民健身计划》实施的目标视角出发，提出了农村体育服务建设的新思路，为进一步推动《全民健身计划》实施目标下农村体育服务建设提供理论与实践参考。研究认为，农村体育服务建设存在的主要问题：社会意识对农村体育服务建设的重要性认识不够，导致农民自主参与体育健身的意识不强；农村体育组织弱化，社会体育指导员力量薄弱；农村体育服务建设缺乏必要的经费支持，体育场地设施普遍匮乏；农村体育服务建设中的工作人员配备不足，农村体育服务建设的专业体育人才严重缺乏。基于此，提出《全民健身计划》实施目标下农村体育服务建设的新思路：建立城乡一体化体育公共产品供给服务保障制度；充分利用高校体育人才资源优势，服务农村体育建设；以继续实施农民体育健身工程为依托，加快农村体育服务建设；构建农村体育服务建设政策保障体系；构建多主体供给农村体育服务建设发展的模式[25]。

（4）山东省农村民族传统体育开展。邓永明等研究认为：山东省农民参与民族传统体育锻炼人群所选择的体育项目丰富多彩，具有多样性的特点；体育观念、缺乏兴趣、缺乏组织领导、人员与技术等是影响山东省农民参与民族传统体育活动的主要因素，提出加大宣传、引导和资金等扶持力度；根据群众参加民族传统体育活动的空间特征，加强组织服务体系建设；借助全运精神，发挥体育强省优势，积极开展民族传统体育活动等建议[26]。

2. 城市社区体育研究

与城市社区体育发展需求相适应，关于城市社区体育方面的研究主要与绩效评价有关。主要有：

（1）城市社区公共体育资源配置的政府绩效评价体系研究。唐晓辉研究认为，城市社区公共体育资源配置政府绩效评价指标有三级评价指标体系，一级指标包括：体育物力资源的配置、人力资源配置、文化资源配置。每个层次的一级指标又有不同的二级和三级指标及其评分标准[27]。

（2）社区体育设施配置的综合评价研究。宋杰等研究认为，科学合理的社区体育设施配置评价体系至少应具备三个要素：一是从体育设施的生命周期视角评价社区体育设施的配置。二是普及健身知识与技术，重视设施管理是社区体育设施评价的重要内涵。三是分阶段、分地域对社区设施进行动态分析和评价。设施配置应遵循有利于居民使用的原则，设施利用绩效集中反映其质量。从体育设施的生命周期视角，作者综合“技术指导”、“综合管理”与“居民主观感知”的质量内涵，提出构建基于居民需要的社区体育设施全生命周期利用的配置质量综合评价体系的思路。采用切克兰德软系统方法论中的CATWOE分析社区体育设施配置质量的主要因素，运用模糊聚类法构建了包括5项一级指标（设施性能、设施感知、喜爱度、服务水平，文化环境）、14项二级指标、28项三级指标的评价指标体系[28]。

（3）社区体育健身俱乐部公共服务绩效评估研究。王芹研究认为：所谓社区体育健身俱乐部公共服务绩效评估，即根据绩效目标，运用综合的评估指标体系和科学的评估办法，按照严格的评估程序对公共服务提供主体所提供的服务质量、数量、效率、满意度等方面进行测量与划分等级，并提出绩效改进计划和运用评估结果改进绩效的活动。社区体育健身俱乐部公共服务绩效评估主体以政府官员和专家学者为主，评估内容包括服务项目、数量、质量和社会影响；政府获取社区体育健身俱乐部服务信息的途径包括考核材料、活动总结等；评估结果突出激励与约束、引导与示范、竞争与发展的作用。应加强社区体育健身俱乐部绩效评估理论研究，实施服务绩效分类评估，重视评估结果的反馈与运用，建立必要的服务问责机制，培育并发挥第三方评估机构的作用[29]。

3. 职业体育俱乐部研究

袁雷等研究认为，职业体育俱乐部核心竞争力评价指标体系选取的方法，是客观评价其竞争力的重要途径，为如何选取到正确的评价指标提供了可操作性的工具。职业体育俱乐部核心竞争力评价指标体系用最简单的双层结构的形式呈现：第一层为总目标层，主要包含内容划分、内容决定形式；第二层为指标层，主要包含评价方向的明确化、方向决定评价的价值取向；如果将评价对象作为第三层（底层），则成为“三层”结构[30]。

4. 高校体育服务研究

王芹等研究指出，高校体育公共服务是指将高校作为体育公共服务供给主体之一面向校内外公民提供健身指导服务、健身设施服务等体育服务内容，以满足公民最基本、最直接的体育需求，从而实现公民的体育公共利益。高校体育公共服务是多中心、多元化体育公共服务供给体系的重要组成部分。高校大学生、教职工及其家属以及校外公民都可以成为高校体育公共服务的服务对象，公民体育公共利益的实现是其最终目标的指向。研究认为影响高校体育公共服务的因素有：高校体育公共服务的服务质量、服务对象、体育科技与信息、场馆与人力资源、管理以及外部环境因素是影响高校体育公共服务的六类重要因素[31]。

周晓卉对大学室内体育场所学生满意度评价体系进行了研究，其认为大学体育场所学生满意度评价体系包括基础建设、服务质量和活动环境 3 个一级指标和 15 个二级指标。大学生对校园室内体育场所的整体满意度为中等偏上，服务质量评价得分最高，基础建设得分最低，大学室内体育场所的基础建设方面亟须改善[32]。

（四）体育社会学研究

1. 体育伦理研究

沈克印等基于伦理学视角诠释了环境正义的内涵，即环境利益与责任的合理公平分配。包括两个方面：第一是代内正义，强调生活在同一时代的人们，要公平分担环境受益、环境受害和环境责任。第二是代际正义，强调在当代人与后代人之间公平合理地分配自然资源，当代人不能一味追求私利而消耗掉后代人的生活资源，要为子孙后代留下足够的自然资源。作者认为人与自然之间的矛盾、人与社会之间的矛盾、人与人之间的矛盾是高尔夫运动所引发的潜在矛盾，并从种际正义、代内正义和代际正义 3 个维度分析环境正义在高尔夫运动中的应然体现。认为高尔夫运动可持续发展观与环境正义理念相契合，环境正义为高尔夫运动可持续发展提供道德支持和伦理动力。通过树立环境伦理观、建立和完善相关制度、确定评价标准、加强执法和监督等策略来实现环境正义。促进高尔夫运动的可持续发展[33]。

2. 体育社会化媒介研究

段长波对体育社会化媒介对青少年运动参与的影响与价值进行了分析，认为：体育社会化媒介是指个体之外，作为中介影响个体参与运动的要素，而体育参与是在追求效益的前提下，具有一定的竞争性，不一定要有固定的规则，但是需要某种程度的身体技能与体力。媒体与同伴是体育社会化媒介中最具激励性的，家庭往往是青少年在孩童时期刺激其最初运动参与意愿的重要媒介。其研究建议，针对青少年不同生命周期所需的参与动机与持续参与效益来促进青少年参与运动，应借助于媒体，转播有趣的运动赛事或节目，发挥家庭成员的引导。应鼓励青少年在参与过程中，与同伴分享运动经验，以期引发同伴互动效应[34]。

3. 学生体质问题的社会学分析与控制

吴林珍研究认为：社会关系失调导致青少年体质下降，家庭教育的误区、学校教育决策与现实存在较大差距、学校体育在无奈中进行艰难的改革以及学校体育工作理念存在偏误等社会关系的失调是导致青少年体质下降的主要原因。因此建议实行学校强制体育，即：结合我国学校体育发展的实际需求与存在的问题分析，根据国际学校体育改革的发展动态，从法定性强制、规律性强制和规范性强制三方面予以具体体现[35]。

4. 体育社会功能的演变机制研究

黄玉新通过对中国近代体育社会功能的源流考察和历史呈现，剖析了中国近代体育社会功能演变的动力，进而得出随着社会的发展，体育的社会功能逐渐趋向以人为本的当代启示。其认为，以人为本、以人的发展为核心是体育价值的取向，现已成为全球性的共同认识。体育是提高人民生活的质量，科学安排闲暇时间，满足人们精神生活需求的重要手段。当代体育功能应该把人的主观性放在首位，体现在体育对人的生物有机体的物质关怀上、更体现在体育对人的内心世界和精神世界的价值关怀上，当代体育的社会功能也应该是以发展人的身体和心里为主要目的，实现国家竞技体育目标为辅。不要使体育成为国与国之间战争的基础，是体育依他本身的功能发展[36]。

5. 体育学的行为观视角研究

刘一民等依据黑格尔和马克思关于确定逻辑起

点的基本要求，对“体育行为”作为体育学科体系逻辑起点的合理性进行分析，认为“体育行为”是体育现象中最简单、最直接、最抽象的起始范畴，是构成体育学科体系的“细胞”和“元素”，是逻辑起点也是终点，且与历史起点相一致。从研究视角和研究目的出发，按照体育学门类的层次划分，建构以“体育行为”为逻辑起点的体育学科体系，为体育学科体系研究和建构提供新的范式[37]。

6. 体育人文社会学研究者的学术影响力研究

刘文娟等从中国期刊网（CNKI）、中国社会科学引文索引（CSSCI）和《复印报刊资料·体育》三种国内主流数据库中采集数据，对发文量、被引量、H指数、转载量、高频次被引论文和高频次被引论著等评价指标进行分析，研究体育人文社会学科领域学者学术影响力，并以文献计量学方法加以论证。研究结果揭示了我国体育人文社会学科的研究热点和方向，基本反映出学者学术影响力的分布状况，为该学科的发展提供了良好的信息资源支撑[38]。

7. 体育科学研究国际化进展研究

李元等对我国大陆被Web of Science三大引文数据库收录的526篇论文进行文献数量、作者、机构、来源期刊和引文等方面的详细归类统计与定量分析，揭示了我国大陆体育科学研究的科研生产量、核心期刊、核心人员、核心机构、主要研究领域和国际影响力，便于体育科研人员全面了解我国大陆体育科学研究的现状、实力与国际化程度[39]。

8. 中国体育价值观研究

倪京帅等人追溯了数字崇拜的思想渊源，中国体育数字崇拜的兴盛和表现形态，并从经济转型、国民体育意识以及体育文化等方面论述中国体育数字崇拜由工具理性转向价值理性的民意基础已经形成。基于以上理解，从“合理性”角度论述中国体育挣脱金牌的枷锁，寻求由工具理性向价值理性的战略转型。因此，体育行政部门应改革体育考核评价机制；媒体建构多元化的金牌报道；运动员不再以成败论英雄等。只有这样转变以金牌为导向的数字崇拜，关注群众体育和国民体质，让更多人自觉落实健康理念，中国才会真正由体育大国迈向体育强国[40]。

（五）民族传统体育研究

1. 民族传统体育的传承与发展研究

时传霞就城镇化进程对民族传统体育生存环境的影响进行剖析，提出采用非物质文化视角进行保护，在博物馆对民族传统体育文化的历史、发展等媒体资料进行循环回放的动态和物质静物展览相结合；以文化产业品牌的形式进行创新；设立固定的传承人和传承空间等策略形式[41]。

李树梅等秉持专指性和专业性的原则，以具体性、简洁性、代表性和高频性为择取的标准，归结出民俗体育传承研究的五大关键词：时空、人、社会、表演和变迁，基本涵括了个案研究的内容体系，厘清了目前体育学者的民俗研究脉络。研究认为，民俗体育的研究成果丰富，研究手段大多以个案研究为主。个案实录的研究目的或是阐述社会文化的变迁，或是体现民俗体育的地域特征，或是探讨传衍之方式，或是表明生存之现状。个案研究中的体育项目实例虽然纷繁多样，但是对每个项目的研究都是将其落在某个具体的地方社会之中，在一定的时空限定性的社会语境下，考察其发生发展的过程，考察传承民俗体育的人、当地的社会文化结构和具体的生活情境等[42]。

2. 传统体育的现代化研究

（1）民俗体育的现代化演进。王若光等人从“二律背反”、“后现代主义”、“运河路径”理论三个方面对我国民俗体育的现代化演进进行了考察，认为民俗体育的现代化演进存在三组“背反”，即科学体系与迷信体系的共存、民俗体育在城市与乡村间徘徊、产业化发展与非产业化保护，“自然人化”的历史主义与“人自然化”的伦理情怀。后现代主义发展走向主要体现在民俗体育的个性化、多元化、非商品化、返乡性以及附魅的科学观方面。基于民俗体育现代化发展的区域不平衡性，民俗体育现代化演进需遵循“运河路径”理论[43]。

（2）传统体育的现代社会生存与发展。谢惠蓉研究认为，城市化是现代社会不可逆转的趋势，城市生活深刻地影响着人类发展。传统体育作为传统文化的组成部分，承载着农业文明特有的哲学思想、生活观念、审美情趣、心理体验等文化内涵，是民族感情联系的纽带和文化符号，也是世界体育文化发展的重要资源库。但是现代社会中人们的生活方式、思维方式、消费模式等发生了巨大的变化，在文化全球化的冲击下，民族的文化特征不断被消解，传统体育因缺乏现代文化的流行因素和生存环境而日渐势微，如果没有自身改变的文化自觉，真正成为现代人生活方式的组成部分，难免会陷入更为窘迫的境地。传统体育要在现代社会生存和发展，必须按照城市生活方式和节奏进行改革和创新，形成具有民族传统、地方特色和时代精神的城市体育文化：①依据传统体育的地域特征，建设有特色的城市体育文化；②走文化创意产业发展的道路；③以教育的发展为依托[44]。

3. 民族民俗体育文化研究

（1）春秋战国时期体育。春秋战国时期，我国古代体育的孕育与发展无论是在空间上还是在时间上都在这场浴火重生中有了质的飞跃。丁文对春秋战国体育进行了研究，认为社会政治制度的变革为“民”的体育发展提供了不可或缺的先决条件；军事战斗的频繁为“民”的体育运动开辟了一个新的舞台；诸子百家文化思想的争鸣，为“民”的体育传承建造了一个牢固的载体。春秋战国时期的体育处于萌芽成长的时期，体育与其他社会文化活动交织共存，很难从休闲娱乐、聚会活动、军事训练、宗教仪式中单独分离出来，因此就不能形成一个具有清晰脉络的体育概念和体育轮廓。然而春秋战国时期的体育是剖析体育起源和发展阶段诸形态的活化石，是挖掘和创造新的体育项目和形式的源泉，是一笔特殊的无形文化遗产。每个民族都有自己的体育现象和体育文化，并且都具有与其他民族不同的某些特征。这些差异既体现在体育运动的形式上，也体现在组织形式上，还体现在不同的体育行为模式、观念、价值标准上。我国古代虽然没有“体育”的概念，但在“体育”概念产生之前，具有中国特色的体育活动就已经悄无声息地出现了。我国古代一直存在着丰富的体育现象与体育活动，从民的视角下，我们可以初探出春秋战国时期的历史给我国古代体育提供了一个不可企及的展示舞台[45]。

（2）五禽戏流变研究。张志雷对动物崇拜与五禽戏流变进行了探索，研究了五禽戏中五种动物崇拜，梳理五禽戏形成演变的历史渊源和脉络。认为五禽戏中虎、鹿、熊、猿、鸟（鹤）五种动物崇拜源起于图腾崇拜和灵物崇拜，五种动物本身具有健康长寿的共同特点，其体育养生特征促进了动物崇拜的形成和延续。五种动物崇拜是五禽戏形成的文化基因，同时赋予了五禽戏生命与健康的特殊涵义。五禽戏在西汉至清代时期风格特点几乎一脉相承，民国至今演变较多，发展出了许多流派[46]。

（3）体育电影文化主题的流变与反思研究。李恩琦对我国体育电影文化主题的流变与反思进行了探讨，认为我国体育电影与体育和社会发展需求相比滞后，存在着主题的把握局限于竞赛、商业化倾向、对体育电影价值功能理解不全面等主要问题。建议挖掘体育电影的文化内涵、充分发挥体育电影的文化传播功能、与人民群众日益增长的精神文化需求相一致、坚持经济效益与社会效益的统一等[47]。

（4）民俗体育文化的生成机制研究。李刚对民俗体育文化的生成机制进行了研究，认为民俗体育文化自然具有生成性文化的特征，其整个生成机制涉及三方面的内容：一是历史的凝结决定着民俗体育文化的生成轨迹：民俗体育文化一定是一种历史的凝结。它注定是符合时代发展的趋势，能够代表时代精神的一种“契合”型文化；民俗体育文化关注的是“点”。历史的生成方式有很多种，有直线型的也有螺旋上升型的，民俗体育文化的生成方式更加关注的是“点”。所有的民俗体育文化都是以一个个体“点”的形式出现，而后众多的“点”再聚集成一条主线，这成为民俗体育文化的产生脉络，但是需要注意的是这些聚集成直线的“点”也不是整齐划一地在一条直线排列，而是围绕着一条主线聚集在其周围，形成一条轨迹。二是人类的创造性是民俗体育文化的生成动力，主要体现在人类对自然的超越和创造以及民俗体育文化自身的不断超越和创造。三是范式的建立与更迭是民俗体育文化的生成内涵：人们试图建立文化范式的意图是建立在民俗体育文化表层范式的建立基础之上的；民俗体育文化还存在一种深层次的范式生成过程，也就是精神文化建立的过程，因为文化的基本功能是从深层次制约和支配个体行为和社会活动的内在的机理和文化图式，所以民俗体育文化的价值内涵是比文化的人本规定性更为丰富的展示和具体表现[48]。

4. 民俗体育功能及特点研究

刘昊航对民俗体育功能及特点进行分析，认为：一是民俗体育功能有两大类：应然性功能与显性功能、实然性功能与隐性功能。二是民俗体育具有历史性与现代性、稳定性与动态性、复杂性与简单性、全面性与局限性的特点[49]。

5. 民族传统体育赛事研究

李永红等总结三届全国红色运动会竞赛项目设置，认为：项目动态变化较大，固定项目偏少；竞选类项目比重过大，项目结构不均衡；一些项目存在安全隐患；竞赛办法和器材标准方面也不完善，竞赛项目创设的合理性、科学性有待提高。基于此其提出相应建议：调整和完善竞赛项目的结构，确定和规范竞赛器材标准，建立竞赛项目创设的立项机制[50]。

6. 少数民族体育研究

刘大明对少数民族体育的含义、存在问题、发展问题及竞赛体制进行了分析，研究认为：

（1）少数民族基层传统体育是各少数民族人民在自然环境下劳作、生活、习惯、娱乐、健身，使用工具、器具、养育的家畜及徒手和持器具进行体力、智力、心力、技巧、技术、功力等锻炼的特殊方式，是少数民族拜祖、崇仰、吉庆丰收和价值观念的展现，是增强种族自豪感、自尊、发愤图强、庆丰收、崇祖的重要手段，是培养顽强的意志品质、继承传统文化和种族族群同化优秀品德的途径。少数民族体育应具有四大特征，即民族性、传统性、祭祖性、体育性。

（2）少数民族体育存在的问题主要有：由于存

在缺乏正确的领导和归属等问题，造成领导、组织、竞赛、活动、训练、表演、管理分工不细致不明确，使族群首领、运动单项首领（掌门）、宗教首领（掌门），国企、民企、农企，商会、工会、村委会、妇委会、社区管委会、市场管委会，宣传部、民政部、旅游局、宗教事务管理局、体育局都管又都不彻底管，多层面、多机构、多部门形成谁也管谁也不管的局面。造成组织活动比赛断断续续、时好时坏，不能持续发展。

（3）少数民族传统体育发展道路及竞赛体制：借鉴艺术表演评判和现代体育竞赛体系融合为一体，制定独特的少数民族评判方法和标准；坚持走少数民族独有的特色，充分挖掘、保护少数民族非物质文化传统项目，形成单项赛事多元化与定期化；建立少数民族传统体育项目训练基地，完善培训、评估、监督、检查机制；制定少数民族传统体育运动员等级制度和段位制度，鼓励少数民族体育传统人才流动和交流；完善少数民族传统体育项目教练员、裁判员的考核、评定以及奖惩制度；进一步挖掘、整理少数民族特色的传统项目，营造比赛中群众互动、参与表演项目的活跃竞赛气氛；建立健全以民委、体育局、地市政府专人负责制，将这一少数民族艳丽的奇葩“非物质文化遗产”发扬传承下去[51]。

（六）体育产业与体育管理研究

山东省委、省政府高度重视体育产业发展，将其作为促进体育事业均衡发展和加快建设经济文化强省的重要内容。在该背景下，体育产业研究越来越成为体育学者的研究热点，研究主要集中在体育产业、体育经济、体育彩票、体育赛事、体育旅游、体育消费、体育用品以及体育场馆等方面。

1. 体育产业促进区域经济增长机理

接云峰认为：体育产业作为文化产业的重要组成部分，具有典型的口红效应，对区域经济增长和经济社会发展有着极其重要的推动作用。大力扶持体育产业发展已经成为发达国家促进区域经济增长的重要手段。我国区域经济的持续增长、居民收入水平的不断提高以及消费观念的转变，为体育产业发展提供了良好的发展契机，我国必须充分认识到体育产业在区域经济发展中的重要作用，并采取切实有效的措施大力扶持并推动体育产业发展[52]。

2. 山东省体育用品产业集群升级模式研究

连桂红等人对山东省乐陵市体育用品集群升级模式进行研究，目的是探索服务型政府引领地方体育用品产业集群发展新模式，提升产业的竞争力。主要结论：乐陵体育用品产业经过40年的发展，到目前已经形成了链条完整、领域广阔的产业集群发展格局，乐陵体育用品产业集群的升级，属于创新型产业集群升级，是在乐陵市政府的引领和龙头企业泰山体育产业集团的带领下形成的。政府在政策方面给予大力的支持，为集群内企业的发展提供了良好的环境；泰山体育产业集团的带领，使集群内其他中小企业得以获得集团的先进技术，促使企业的工艺流程升级和产品升级[53]。

3. 体育品牌的作用研究

许峰认为，城市中的体育元素具体分为项目类、资源类、空间类、产业类、文化类和精神类，并与城市品牌区位、资源、设施、文化和人才等载体相对应，发挥出影响城市品牌系统结构的基础性作用。借助产业型、资源型、赛事型和复合型等不同体育品牌模式及其定位策略引领并提升了城市品牌系统演化过程。体育元素在一定程度上反映出城市品牌系统发展的未来走向[54]。

4. 高校体育产业人才的培养研究

吕思泓通过对我国高校体育产业教育发展趋势和人才需求情况的基本分析，指出体育产业人才结构存在知识结构单一、从业人员缺乏专业深度、人才培养滞后等问题，对普通高校相关人才培养进行探讨，在充分考察体育产业教育市场的基础上提出体育产业专业人才培养的具体方案[55]。

5. 海洋休闲体育产业研究

王科认为：海洋休闲体育产业是依托海洋的自然环境，通过体育运动的方式，为人们提供休闲与娱乐产品和服务的产业，不仅能够满足人们对体育和休闲的需求，更能带来显著的经济效益。独特的环境资源、良好的发展契机、完备的基础设施、政府的支持和合理规划构成了山东省发展海洋休闲体育产业的优势。因此，无论是政府部门，还是作为市场主体的从事海洋体育休闲产业的企业以及作为高等体育人才培养的体育高校，都应该积极探寻海洋休闲体育产业的开发路径[56]。

6. 体育彩票研究

刘圣文认为构建信任机制，是体育彩票发展的必由之路，针对体育彩票信任机制构建的问题，其提出：开展体育彩票品牌营销，提高体育彩票的品牌信任；完善体育彩票的法规体系，提高体育彩票的规范信任；优化体育彩票的管理体系，提高体育彩票的过程信任；加强体育彩票的监管体系，完善体育彩票信任机制[57]。

7. 体育旅游研究

陈同先阐述了体育旅游市场开发的相关概念，对其功效进行了分析，主要从经济功能、促进区域发展、人的身心全面发展、弘扬传统文化以及促进文化遗产保护等几个方面予以讨论，旨在为我国体育旅游的发展提供参考[58]。

刘庆余研究认为，与国外学者相比，国内学者在体育旅游研究内容、研究方法及研究思路等方面存在较大差距；国外学者侧重体育旅游影响、旅游者特征、旅游安全管理等方面的研究，国内学者倾向对体育旅游开发、规划与经营管理等实用领域的关注；国外学者以数理统计和构造模型研究方法为主，国内学者大多采用描述性和概念性研究方法。研究提出：国内学者应强化体育旅游基础理论、先进方法与理念的研究，加强体育与旅游的关系研究，构建体育旅游研究范式，进行多样化集成研究[59]。

8. 体育消费研究

洪肖肖通过研究职业、个人价值与观赏性体育消费的联系及消费现状来了解观赏性体育消费市场的主要影响因素。结果显示，不同职业的个人价值观没有显著性差异；不同职业的观赏性体育消费差异显著，其中政府公务员、银行职员差异尤为明显。个人价值与观赏性体育消费之间有较高的相关系数，不同职业的观赏性体育消费行为有显著差异[60]。

陈欣从体育赛事消费者特性出发，分析了体育赛事消费者的消费心理及影响体育赛事消费者行为的因素，刻画了不同体育赛事消费者的行为类型，提出了对体育赛事消费者类型进行分类的方法[61]。

9. 体育赛事研究

魏春魁以建设山东半岛蓝色经济区为背景，阐述开发体育赛事所带来的巨大经济效益和社会影响，并对如何借助蓝色经济区的优势开发山东半岛体育赛事市场提出：借助蓝色经济品牌效应，不断拓展体育赛事市场开发的空间；建立层次分明的市场开发机构，明确权责分工；借助体育中介的组织力量，拓宽山东半岛蓝色经济区体育市场开发渠道；完善山东半岛体育赛事市场开发运作模式，拓展资金来源；比赛地点采用集中与分散相结合的方法承办，实现利益共享，风险同担[62]。

杨秀娣以奥运会、亚运会和全运会为代表的综合性运动会开幕式文体表演已由运动会的点缀发展成为运动会一道靓丽的风景，成为评价运动会成功与否的重要标志之一。通过审视各届运动会大型文体表演，找出人们评价文体表演效果的核心因素，把感觉评价上升为具有美学和视觉传达理论基础的科学评价，为大型文体表演的节目编排提供理论依据[63]。

杨磊认为，体育赛事是一种文化现象。体育赛事本身就蕴涵着丰富的文化内涵，它是人类文化的重要组成部分。文章对体育赛事文化进行了介绍，包括体育赛事文化的背景和体育赛事文化的价值和意义；随着我国经济的不断快速发展，我国体育赛事文化正在迅速发展，但是由于体育事业起步较晚，我国体育赛事文化还是存在一些不足；分析了体育赛事文化对我国体育产业的影响并为我国体育赛事文化发展提出自己的建议[64]。

10. 体育科技管理评价研究

吴霞对山东体育科技管理综合评价进行了研究，认为体育科技管理是体育事业发展的重要指标，实现体育强省战略的重要手段，提高体育科技效益的重要路径，合理的评价是引导体育科技管理的重要环节。文章通过研究建立了包括体育科技人力资源、体育科技投入、体育科研条件和体育科技管理环境4项二级指标和21项三级指标构成的体育科技管理评价体系；通过第22届山东省运动会成绩的实证分析，发现体育科技管理水平与经济与成绩之间存在显著的相关关系，并建议相关体育科技管理部门树立体育科技管理意识，在不断完善评价指标体系的基础上，以该评价指标体系和实际评价为杠杆，指导日常的科技管理工作，推进体育科技管理服务体育事业发展的效益[65]。

（七）特殊体育研究

尽管我省特殊人群数量已达8300万，但相关研究成果却很少，有较大影响和较有操作性的研究更少。张志勇在《自闭症儿童问题行为的体育游戏干预个案研究》中发现，体育游戏干预可以削弱自闭儿童的问题行为；体育游戏干预可以促进自闭儿童身心的协同发展，一方面克服了运动欲望不足和运动缺乏的问题，另一方面身体活动也促进了感知觉、记忆、思维、想象、表象等认知能力的发展；体育游戏的内容规则应简单、有趣，尽量选择团体游戏，利用同伴介入法，创设温馨友好的环境，并为自闭儿童的正确行为提供自然的榜样[66]。

（八）体育新闻研究

2012年关于体育新闻的研究较少，相对比较有影响的有郭成岗的《从伦敦奥运会报道看我国体育新闻价值新取向》一文。研究认为：我国媒体经过多次奥运会报道的磨炼，在伦敦奥运会报道中，无论是报道的数量、内容还是报道的形式都日渐丰富和成熟，并且较以往呈现出一些体育新闻价值新取向，即竞争性、审美性、娱乐性、导向性和国际性。这些新的体育新闻价值取向，提高了体育新闻作品的品位和质量，强化了体育新闻的个性化特质，使我国奥运会报道更加趋于理性、客观，且更具国际视野[67]。

（九）休闲体育研究

随着休闲社会的渐趋到来，关于我省不同地域特色或人群特色的休闲体育研究逐渐增加。

1. 海洋休闲体育研究

山东半岛蓝色经济区规划具有国家战略优势及地理资源优势，海洋生态文明下发展休闲体育的具有重要价值：（1）参与海洋休闲体育使人们树立健康理念，提高身体锻炼意识。（2）休闲体育的理念有利于促进海洋生态文明的建设。（3）促进滨海大众体育消费，有效改善蓝色经济区经济结构的平衡发展。隋东在研究中提出了海洋生态文明下休闲体育的发展战略：（1）加强休闲体育产业发展的政策和法规保障体系。（2）建立休闲体育点轴发展模式，打造蓝色经济区休闲体育品牌效应。（3）培养体育休闲运动的专业人才，完善休闲体育人才体系。（4）培育蓝色经济区特有海洋休闲体育文化[68]。

2. 老年居民休闲体育研究

随着山东省人口老龄化的发展，应正视老龄化社会的影响，积极倡导“健康老龄化”生活方式；重视老年体育研究，加强政府体育公共服务职能。石振国在研究中发现：（1）山东省城市老年居民拥有大量的闲暇时间，这为参与休闲体育活动提供了时间上的保证。同时，大部分城市老年居民对目前的闲暇生活感到满意。（2）山东省城市老年居民休闲体育活动内容比较分散，但呈现出“活动强度较小、静态练习”为主的特征，“散步”是他们休闲体育活动的主要内容。并且，大部分居民能保持每天休闲健身的习惯，每次活动的时间基本在半小时以上。（3）山东省城市老年居民休闲体育活动的组织形式较为松散，多以自发组织为主。选择活动的场所多以自己生活周边的、免费的、环境比较好的公共活动场所作为主要休闲体育活动地点。（4）山东省城市老年居民休闲体育的消费水平较低，多数居民每年消费在“300元以下”。消费取向也比较单一，在“服装鞋帽”和“营养食品”上有较大的比例，但也有二成多的居民根本就没有休闲体育消费。基于以上结果，作者提出了相应的发展建议：（1）发挥政府公共服务职能，建立健全政策保障机制。（2）发挥老年体协协调作用，建立健全老年体育运行机制。（3）完善老年体育场馆设施，改善老年体台活动条件。（4）加强老年体育志愿服务队伍建设，不断丰富老年体育活动内容。（5）加强老年文化建设，不断满足老年体育精神需求。（6）培育老年体育市场，大力发展老龄体育产业[69]。

（十）国际体育研究

近年，我国体育事业迅猛发展，在由体育大国逐渐向体育强国迈进的进程中逐渐凸显出我国体育事业在世界范围内越来越重要的作用和影响，与此相应，关于国际体育的研究也越来越成为研究的热点。

1. 国际体育制度研究

姜世波认为，在当今国际体育制度中，尚存在着制度配置和资源分配不均、体育参与机会不平等、甚至歧视，体育竞赛常常受到腐败和商业利益干扰等不公正的问题，它们都需要通过完善相应的法律制度加以解决。基于此，姜世波提出了“变革现行制度上的不公以实现国际体育的公平价值”，认为：“国际体育领导权分配不均需要通过体育的民主治理加以解决；在体育参与权上坚持机会平等，保障人人享受体育的基本人权；对体育竞争中的违纪违法行为的处罚应坚持程序和实体公正、罚罚相称[70]。”

2. 国际体育仲裁研究

根据黄世席的研究，国际体育仲裁裁决的撤销权只能由瑞士联邦法院行使，撤销根据中最为敏感的理由是公共政策抗辩，包括实体性公共政策和程序性公共政策，前者主要有有约必守、侵犯基本自由以及禁止歧视等抗辩理由，后者主要包括仲裁庭独立和公正、已结之案以及其他程序性抗辩，两者分别以 Matuzalem 案和 Daniel 案为代表。但具体的公共政策抗辩能否为法院所接受需要具体问题具体分析，并且在实践中的评判标准多是根据瑞士国内的公共政策[71]。

朱文英从探讨伦敦奥运会临时仲裁的法律依据入手，采用列举的方式，对 AHD 裁决的案例进行分类，并分别介绍逐一评析。其认为，在法律适用以及裁决结果方面，AHD 一如既往地遵守了国际体育仲裁院以往的原则和精神。最后，在对近几届奥运会仲裁案例进行总结的同时，对我国奥运选手的仲裁不申请的问题进行初步分析。笔者认为，在奥运会比赛期间，如果出现争议，我国的奥运会参加者应当充分利用各种救济途径，在专门法律顾问的协助下，利用 IOC 提供的争议解决机制，首先穷尽内部解决手段，如果仍然不服，完全可以将争议或裁决提交至 AHD。同时，在提高运动员法律意识的同时，我国的相关机构和组织，应当承担起其应尽的职责，为运动员提供专业的法律咨询，当奥运选手出现争议时，及时提供更为专业的法律帮助[72]。

参考文献：

[1]牛杰冠等：《备战伦敦奥运会周期张继科的专项体育信息服务》，《山东体育科技》2012 年第 5 期。

[2]满晓霞等：《伦敦奥运会备战周期体操运动员张成龙的体育信息服务》，《山东体育科技》2012 年第 4 期。

[3]牛杰冠：《中美竞技体育运动伤害侵权典型案例对比分析》，《山东体育科技》2012 年第 3 期。

[4]牛宏飞：《教练员体罚行为分析》，《体育文化导刊》2012 年第 11 期。

[5]Malloy D C, Agarwal J. Ethical climate in nonprofit organizations: propositions and implications. Non—profit Management & Leadership, 2002, 12 (1): 39—54.

[6]马德森、孙庆祝:《运动队伦理气氛测评结构量表的研制》,《体育学刊》2012 年第 5 期。

[7]顾伟杰:《山东省竞技体育人力资源的现状分析和可持续发展研究》, 《山东体育学院学报》2012 年第 3 期。

[8]衣海永:《我国高校竞技体育的现实审视及对策研究》,《山东体育科技》2012 年第 4 期。

[9]国家中长期教育改革和发展纲要(2010—2020 年), [EB/OL]. http: /www. gov. cn /jrzg/2010 - 07/29/content - 1667143. htm。

[10]吴晓阳:《普通高校体育课实施分层教学的现状与发展对策研究》,《北京体育大学学报》2012 年第 9 期。

[11]吴晓阳、于海涛:《大学体育课实施分层教学的理论与实践》,《体育学刊》2012 年第 11 期。

[12]王向东:《高校体育分层教学模式的问题分析与优化策略》,《山东体育科技》2012 年第 6 期。

[13]崔伟:《普通高校体育课堂分层教学的实践探讨》,《山东体育科技》2012 年第 12 期。

[14]郑春梅、伊向仁:《对高校体育运动教育与适能教育交互组合模式的探讨》,《山东体育学院学报》2012 年第 8 期。

[15]梁波:《基于认知负荷理论视野下的运动技能教学设计原理研究》,《山东体育学院学报》2012 年第 9 期。

[16]梁波等:《基于认知负荷理论的教学设计对运动技能学习影响的研究》,《北京体育大学学报》2012 年第 12 期。

[17]李储涛:《身体德育:学校体育的德育起点》,《上海体育学院学报》2012 年第 11 期。

[18]钟亚平、胡卫红等:《基于 WEB 虚拟技术的跆拳道教学系统的研究与实践》,《山东体育学院学报》2012 年第 2 期。

[19]虞定海等:《高校武术课程改革的文化路向》,《山东体育学院学报》2012 年第 5 期。

[20]吴霞:《我国综合性高校留学生武术教学现状研究》,《山东体育学院学报》2012 年第 8 期。

[21]郭方玲:《山东省乡村儿童体育游戏研究》,《体育文化导刊》2012 年第 5 期。

[22]张志勇,邓淑红:《自闭症儿童问题行为的体育游戏干预个案研究》, 《天津体育学院学报》2012 年第 5 期。

[23]梁高亮:《比赛训练法在体育院校网球专项教学中的实验研究》,《山东体育科技》2012 年第 10 期。

[23]薛明陆等:《公民社会中新农村社区体育组织文化建设契机与策略》, 《上海体育学院学报》2012 年第 5 期。

[24]尹伟:《新农村建设背景下我国农村体育发展策略设想》,《山东体育学院学报》2012 年第 5 期。

[25]王辉等:《农村体育服务建设研究——基于实施〈全民健身计划〉的视角》,《滨州学院学报》2012 年第 4 期。

[26]邓永明等:《基于新农村文化建设背景下的山东省农村民族传统体育开展现状的调查与分析》,《山东体育学院学报》2012 年第 2 期。

[27]唐晓辉等:《城市社区公共体育资源配置的政府绩效评价体系研究》, 《天津体育学院学报》2012 年第 5 期。

[28]宋杰、李京:《社区体育设施配置综合评价研究》,《山东体育学院学报》2012 年第 6 期。

[29]王芹:《我国社区体育健身俱乐部公共服务绩效评估研究》, 《上海体育学院学报》2012 年第 4 期。

[30]袁雷、王建军:《职业体育俱乐部核心竞争力评价指标选取方法及框架解析》,《沈阳体育学院学报》2012 年第 6 期。

[31]王芹等:《高校体育公共服务影响因素研究》,《山东体育学院学报第》28 卷第 1 期(2012 年第 1 期)。

[32]周晓卉:《大学室内体育场所学生满意度评价体系研究》,《体育文化导刊》2012 年第 6 期。

[33]沈克印等:《环境正义:高尔夫运动可持续发展的伦理之维》,《体育学刊》2012 年第 5 期。

[34]段长波:《体育社会化媒介对青少年运动参与的影响与价值分析》, 《体育与科学》2013 年第 1 期。

[35]吴林珍等:《学生体质下降问题的社会学分析与控制》,《山东体育科技》2012 年第 3 期。

[36]黄玉新:《近代中国体育社会功能演变机制的剖析》,《体育科技文献通报》2012 年第 2 期。

[37]刘一民、房蕊:《体育学的逻辑起点及其学科体系重建:体育行为观视角》,《天津体育学院学报》2012 年第 5 期。

[38]刘文娟、陈勇、崔建强:《我国体育人文社会学科领域学者学术影响力分析》,《沈阳体育学院学报》2012 年第 2 期。

[39]李元、王伟:《我国大陆体育科学研究国际化进展考察——基于 WOS 数据库的文献计量分析》,《成都体育学院学报》2013 年第 1 期。

[40]倪京帅、肖焕禹：《中国体育数字崇拜的嬗变：由工具理性转向价值理性》，《武汉体育学院学报》2012 年第 12 期。

[41]时传霞：《城镇化加速期民族传统体育传承发展的探索》，《山东体育学院学报》2012 年第 3 期。

[42]李树梅等：《民俗体育传承研究之关键词探微》，《武汉体育学院学报》2013 年第 3 期。

[43]王若光、啜静、刘曼航：《我国民俗体育现代化演进问题研究》，《南京体育学院学报》2012 年第 26 卷第 6 期。

[44]谢惠蓉：《城市化生存——传统体育的现代发展之路》，《山东体育学院学报》2012 年第 2 期。

[45]丁文等：《春秋战国体育探析》，《体育文化导刊》2012 年第 12 期。

[46]张志雷：《动物崇拜与五禽戏流变》，《体育文化导刊》2012 年第 12 期。

[47]李恩琦：《我国体育电影文化主题的流变与反思》，《体育文化导刊》2012 年第 8 期。

[48]李刚：《民俗体育文化的生成机制研究》，《山东体育学院学报》2012 年第 6 期。

[49]刘昊航：《民俗体育功能分类及特点研究》，《山东体育学院学报》2012 年卷第 5 期。

[50]李永红、何敬东：《全国红色运动会竞赛项目创设分析》，《体育文化导刊》2012 年第 12 期。

[51]刘大明：《少数民族基层传统体育问题刍议》，《山东体育科技》2012 年第 2 期。

[52]接云峰：《体育产业促进区域经济增长机理研究》，《生产力研究》2012 年第 9 期。

[53]连桂红：《政府引导下我国体育用品产业集群升级模式研究——以山东乐陵市为例》，《中国体育产业与体育用品业发展论坛论文集》2012 年。

[54]许峰：《体育元素在城市品牌系统构建过程中的作用机制》，《体育学刊》2012 年第 3 期。

[55]吕思泓：《新机遇下普通高校体育产业人才的培养》，《山东轻工业学院学报》2012 年第 12 期。

[56]王科：《山东海洋休闲体育产业开发策略研究》，《科技信息》2012 年第 3 期。

[57]刘圣文：《体育彩票信任机制的构建》，《吉林体育学院学报》2012 年第 3 期。

[58]陈同先：《体育旅游市场开发的功效探析》，《体育与科学》2012 年第 2 期。

[59]刘庆余：《国内外体育旅游研究比较》，《上海体育学院学报》2012 年第 4 期。

[60]洪肖肖：《职业、个人价值与观赏性体育消费行为》，《体育科研》2012 年第 1 期。

[61]陈欣：《体育赛事消费者类型识别及营销策略》，《营销策略》2012 年第 7 期。

[62]魏春魁：《蓝色经济背景下山东半岛体育赛事市场开发研究》，《山东体育科技》2012 年第 4 期。

[63]杨秀娣：《大型体育赛事文体表演视觉审美效果研究》，《山东体育科技》2012 年第 8 期。

[64]杨磊：《关于我国体育赛事文化的发展的探讨》，《科技信息》2012 年第 35 期。

[65]吴霞：《山东体育科技管理综合评价研究》，《山东体育科技》2012 年第 4 期。

[66]张志勇、邓淑红：《自闭症儿童问题行为的体育游戏干预个案研究》，《天津体育学院学报》2012 年第 4 期。

[67]郭成岗：《从伦敦奥运会报道看我国体育新闻价值新取向》，《南京体育学院学报》2012 年第 3 期。

[68]隋东：《海洋生态文明视域下休闲体育的发展研究——基于山东半岛蓝色经济区分析》，《山东体育科技》2012 年第 5 期。

[69]石振国等：《山东省城市老年居民休闲体育现状调查与对策研究》，《山东体育科技》2012 年第 2 期。

[70]姜世波：《国际体育中的公平价值追求》，《天津体育学院学报》2012 年第 5 期。

[71]黄世席：《国际体育仲裁裁决的撤销与公共政策抗辩》，《法学评论》2013 年第 1 期。

[72]朱文英：《伦敦奥运会仲裁裁决述评》，《天津体育学院学报》2012 年第 5 期。

（作者：王芹，山东体育学院讲师）

文　学

中国古代文学研究

王小舒

2012年，山东省高校和科研单位的古代文学研究取得了丰硕的成果，在诗、词、赋、小说、戏曲、文学理论等多个领域都创造了新的成绩，下面分四个方面对这些成果进行简要介绍。

一、诗歌研究

本年度的诗歌研究主要分为三部分。

（一）唐前诗歌研究

蔡先金的《诸子之前泛诗现象研究》一书从诗歌功能发展的历时阶段，总结出“诗”所具有的多方面属性。他认为当“诗”主要用于祭祀与巫术目的的时候，就强烈地反映出神性特征；当“诗”用于礼乐制度与社会交往的时候，就显露出了政治特性；当“诗”转化为经典文本的时候，就进入了知识系统，凸显其人文特性；当“诗”被视为文学作品的时候，仅剩了文学属性；当“诗”从文学系统扩大到文化视野中看待的时候，就被贴上了文化产品的标志，显露其大文化特性[1]。

傅炜莉则根据乐府诗的音乐文学特性对乐府诗进行了文学层面和音乐层面的考察。近年来的乐府研究正是在这一点上取得了突破，提出了“乐府歌诗”的概念。文章指出，曹魏乐府“歌诗”曲调和演奏特点对曹魏乐府诗的曲辞创作和“悲歌慷慨”的诗风产生了非常重要的影响。同时也有力地说明了乐府诗研究中音乐特性和诗歌内容并重的必要性[2]。

（二）唐宋诗歌研究

本年度杜甫研究依然是热点。张忠纲先生阐述了诗人杜甫被尊为“诗圣”的过程：宋人是视杜甫为诗圣的，但诗圣成为杜甫的专称则在明代中后期以后。而“诗圣”的含义，包括了诗艺的高超绝伦和道德修养的高超境界两方面意义，杜甫足以为人师表，为人们所景仰和崇拜。杜甫忧国忧民的爱国思想，仁民爱物的博大胸襟，舍己为人的奉献精神和精妙绝伦的诗歌艺术，仍是我们所应继承和发扬光大的，他“诗圣”的桂冠是当之无愧的[3]。他在另一篇文章中较为详细地梳理了杜甫的诗歌创作脉络，从其诗作流传的情况中，发现杜甫生前诗名在安史之乱前后有所不同，安史之乱发生前已有一定名气，而安史之乱以后才渐渐在诗坛取得了与李白并称的地位。文章对此论点进行严谨考辨，得出“中唐是并尊李杜的时代，其影响遍及天下”的结论[4]。

韩愈诗歌的变化，曾引起后代诗评家褒贬不一的议论，学者们从不同角度阐发韩愈诗歌变化的成因，但对韩愈尊崇孟子而影响其诗歌创作的探究则有所忽略，兰翠就是从这一方面进行具体分析的，她指出韩愈诗歌的尚奇险、尚气势、重主观等特点，很大一部分原因是因为他主动在语辞、浩然之气以及心性说等方面向孟子学习[5]。

姚榕华从《长恨歌》的历史价值角度入手，对诗歌、历史文献、墓葬艺术资料进行综合分析研究，更为深入地把握这首诗歌所映射出的唐代宫廷生活习俗及审美风尚的演变历程[6]。

（三）明清诗歌研究

本年度明清诗歌研究中有三部著作问世，孙学堂的《明代诗学与唐诗》一书以明代人的唐诗观为研究核心，以明代的诗人和诗人群体的唐诗观为纲目，对明代创作领域的唐诗接受状况进行了深入考察，分析了明代唐诗接受的具体表现。先以明代诗学思潮的历时性发展为纲目，侧重较为感性的创作与评论的考察，突出这一朝代唐诗接受的时代特色，更近于“接受史”的表述方式；后以问题为纲目，论述明代人评论唐诗的主导倾向，即重格调、重风韵者与唐诗有关的理论批评，论述明代杜诗学的特色与建树，更近于“唐诗学”的表述方式。[7]。王小舒的《中国诗歌通史·清代卷》，是国家社会科学基金重点项目“中国诗歌通史”成果之一，这部著作全面梳理了有清一代的诗歌创作情况，全书内容翔实，论述严谨，对还原清诗的本来面貌以及提高清诗研究的学术地位都具有重要意义[8]。宫泉久的《清代高密派诗学研究》运用文献学的方法，对有关高密诗派的原始资料进行梳理考证，厘定作者和创作时代。以文化批评学和传统诗学的方法分析了高密派产生的文化基因，高密派诗学思想产生的社会意义及现实价值，以及高密派对儒家诗学传统的继承和创新[9]。这对我们全面了解高密诗派的理论主张以及把握其诗歌史地位是很有价值的。

王小舒还探讨了新城王氏四兄弟与神韵诗潮的关系，以王士禛为首的山东王氏四兄弟在明清易代的背景下，依靠家族和地域的文学传统，把握住时代脉搏，成长为主导文学的力量。王氏兄弟倡导的神韵诗风表现的实际上是由鼎革转为盛世过程中一种难以言说的特殊审美心态，而神韵理论是对中国古代诗歌艺术的总结和提炼，它吸收了历代的诗歌理论与绘画理论，同时借鉴了道家的文艺思想和魏晋精神，属于中华诗学的重要结晶[10]。

夏勇在《清诗总集研究的展望》中指出，清诗总集的研究意义重大且方兴未艾，需要我们更深入、系统地进行不同层次的研究。他指出了清诗总集研究的两个方向：一是基础资料建设方面，主要涉及开列书目、编撰提要、调查遗佚、辑录序跋与评述资料，以及清诗总集的整理出版等。二是专题研究方面，他着重提出在各类型清诗总集中，应注意地方类清诗总集的研究，并对其主要的研究立足点与方式进行了集中论述，同时兼顾论述了其他类型清诗总集与清诗总集编者的研究[11]。这些全面而细致的论述对我们今后研究清诗总集具有重要指导意义。

二、词、赋研究

（一）词学研究

词学研究方面，本年度召开了重要的词学会议，并且有多篇优秀的学术论文发表。

2012年8月15至18日，由中国李清照辛弃疾学会主办、潍坊学院承办的“李清照辛弃疾研究与当代文化建设学术研讨会”在潍坊市召开，来自全国高校和科研院所的近60名专家学者参加了会议。会上，围绕李清照、辛弃疾研究的相关问题以及“二安”研究如何更好地服务于当代文化建设进行了深入探讨，有效促进了李清照、辛弃疾研究的进一步发展。

王伟伟选择了社交词这一宋词创作的重要部分作为研究对象。对社交词进行了定量统计分析，把社交词分为交往方式、交往功能和交往场合，详尽地展现出宋词的赏作活动与社会交往之间的密切关系，其渗入到时人日常的交往生活中，承担着多种社交功能，绾合着宋人的多种社交关系，并在大多数社交场合中独领风骚，成为当时社交生活的“新宠”，呈现出鲜明的日常生活特色和强烈的娱乐消遣性[12]。

庄庭兰关注到了陆游词的诗化倾向，认为这既与词人的文学观念有关，也与南宋词坛整体文风转变的文学环境以及苏轼词风的影响有着密切的联系，这些因素都促使陆游必然在词中带有很浓郁的剑南诗风。放翁词的诗化创作倾向，似比宋代诸位词作大家要更深入一些，具体到形式而言，以诗法诗句入词，融会剑南情韵，追求工丽之美。放翁词还带有诗的写实性与抒情性，而非词的幽眇多致。陆游诗化的创作手法拓宽了词的艺术境界，成就了词新的审美风格[13]。

大量采用“时空转换”手法是周邦彦词的一大特色，汪洋和孔哲集中研究这一手法，对清真词“时空转换”的频率、模式、方式和艺术效果进行了分析总结[14]。

（二）辞赋研究

理学是影响南宋社会思想和文学创作的重要因素，刘培的两篇学术论文重点关注理学对南宋辞赋所产生的影响。针对理学对南宋辞赋审美风范的影响，他指出，理学确立了一种新的审美理想，它给古代文人崇尚的出世之趣注入了匡时济俗的内涵，塑造了一种醇和淡雅的情调，南宋后期的辞赋，深受这种审美理想的影响，这种变化最终在其审美风范上表现出来。表现主要有以下几个方面：追求醇和淡雅恬静温馨的情调；趋向于严正庄肃的情感基调；行文拘谨，气势内敛，表现出整饬规矩的辞章特色[15]。刘培的另一篇文章指出理学对辞赋文学精神的影响。理学对辞赋人文精神的规范与重塑体现在人文精神被规范为道德完善，这类赋中关乎现实批判和人生思索的因素被抽去，文学精神也展现着理学的道德情怀。理学对辞赋中生存理念的规范与重塑体现在文学创作中对生存意义思考的热情大大下降，但是对存天理、灭人欲的心境则表现出相当的兴趣。理学对辞赋中政治理念的规范与重塑，文学中常见的政治忧患等思考重塑为纲常不振、忠奸不辨等道德忧思。文学精神的重塑，不仅对辞赋，而且对整个文学发展都产生了持久而深刻的影响[16]。南宋后期，由于理学对文学的积极渗透，文学的娱乐性严重缺失，作为一种相反相成的补充，以调笑幽默讥刺噱谑为目的的俳谐文得到长足的发展，辞赋的娱乐功能得到彰显。刘培以刘克庄辞赋为个案，认为他的赋比较注重充实的现实内容，标举屈骚忧国忧民的传统，除内容上追求创新外，还强调含蓄蕴藉的韵味，他的赋或噱谑调侃，或嬉笑怒骂，在乐天知命的旷达中包含着洞悉人世的智慧和对家国天下的忧虑[17]。

孙宝认为汉赋中高扬的儒家政教文艺观在魏晋辞赋中得以保留和推进，并对魏晋辞赋精神气格的建构产生一定影响。这主要体现在四个方面：儒家王道一统观与魏晋都邑赋、礼制赋典重宏阔的气格，儒家比德观与魏晋咏物赋渊雅平和、激越悲悯的气格，儒家情理观与魏晋七体赋宏美明辨的气格，儒家人伦教化观与魏晋言志赋醇和闲逸的气格[18]。

孙少华关注到扬雄文学追求与思想观念的演变过程，即早期以汉赋创作为主，后期逐渐转向经学与诸子学术研究。扬雄柔顺内向、心理压抑与不爱交际生活的性格特点加上当时特定数社会普遍性心理环境，导致其形成了悲观的心理状态与消极的人生态度。扬雄的文学观念尤其是学术思想的转变，又无不带有社会思想转型的深刻印记，西汉王朝的衰亡，王莽新朝的创建，古文经学的兴起，都是促成扬雄文学与学术思想转变的外在动力[19]。孙少华还从《道赋》篇研究桓谭时代的学赋与作赋。诵读是汉人学赋的基本手段，“拟”与“反”则是汉人学赋、作赋的两种方式。“讽谏”、“劝百讽一”、“实核”、“要约”、“丽文高论”则是汉人对辞赋的基本要求，也是他们评价辞赋优劣的标准。桓谭论赋及其评价标准是反对繁复、要求“美而有采”[20]。

三、小说、戏曲研究

（一）*小说研究*

本年度的小说研究仍然以明清小说为重心，研究课题涉及小说发展史、小说文体嬗变、小说作品内容研究、作者及作品内容考释等多个方面。

姜维枫对比分析了《水浒传》与《水浒记》，认为作品在由小说向戏曲进行文体转换的同时，内容上也出现了由男子中心向女子中心的转移、由崇尚英雄的忠义力勇向珍重民众的个体生命倾斜、由关注家国君臣之大伦向注重世俗生活日常情感的转变。而且与《水浒传》相比，《水浒记》比较全面地观照了阎婆惜性格、心理、命运的生成逻辑，但对阎婆惜性格内在矛盾中的关键书写则有所缺失，《水浒记》大大拓展了阎婆惜关乎“婚内婚外情”的心理表现领域，却又凸显出创作者矛盾但又具探索性的创作心理特征。姜维枫针对以上诸种差异与矛盾，从小说与戏曲两种不同的文体特征以及明代社会不同时期的思想文化内涵方面探究了其生成的根源[21]。刘洪强则对《水浒传》中“高女人和矮丈夫”这一特殊的人物组合进行了分析，探究了阎婆惜与宋江、潘金莲与武大郎、扈三娘与王矮虎三组高女人与矮丈夫型的搭配在人生、婚姻等方面显示出的一系列有规律的特征，认为三个女性的语言、行动、命运都是被社会地位及生活环境所决定的，三个男性虽然相对自由，但是也因为社会地位不同，经历了杀妻到被杀的不同命运，看似意外的组合，却反映出真实的人物命运，研究角度十分新颖[22]。

《儒林外史》作为一部优秀的古代小说作品，一直是小说研究中的热点，但是直至今日学界对《儒林外史》的诠释依然是众说纷纭。针对这种现象，王平首先肯定了《儒林外史》具有广阔的诠释空间，也肯定了以往研究中诠释的多样性、历史性和时代性。同时也指出学界对诠释的客观规定性重视不够，因而导致了对其意义诠释的片面性，甚至于违反了作品文本自身的客观规定性。王平抓住了《儒林外史》既否定八股取士和功名富贵，同时又寻求着解脱之路的逻辑关联对其进行了新的诠释，既重视了读者与文本的主观互动又把握了文本的客观性，是《儒林外史》研究领域中非常有价值与突破性的成果[23]。杜贵晨则对《儒林外史》的性质进行了探究。认为它是源于史家“实录”精神的高度“写实”的文学成就，虽然《儒林外史》具有“足称讽刺之书”的赞誉，但“讽刺”仅是其“写实”效果的一方面，而且又是读者“受性”自得而造成的，并非作者有意为之。因此，杜贵晨认为《儒林外史》的总体艺术风格应是“写实”而非“讽刺”，它是我国古代最优秀、最纯粹的“儒林”题材“写实”风格的长篇小说[24]。

此外，杜贵晨也对《肉蒲团》进行了重新解读。他认为《肉蒲团》把儒林作为写淫的背景、把科举作为写淫的伴奏贯彻始终，使全书虽然主要是一部写淫的性小说，却同时有了儒林小说的特征，因而可以称之为“儒林色情小说”。而且它把性与儒林题材堪称奇特地结合在一起，是一部刺向礼教的儒林之谤文、科举之詈书[25]。杜贵晨还将《肉蒲团》与《诗经》对比，认为《肉蒲团》多攀附化用儒家经史以为小说。其写“未央生”与艳芳、权老实夫妇的故事分别取法《诗经》中《庭燎》、《氓》与《静女》诸篇，表明《诗经》是《肉蒲团》思想与、艺术取法的重要参照或对象。作者的用心虽然是为了自圆其是书之作得力于“经史”处甚多的说法，为小说加一层保护色，但是他把当时最下流与最上位的两种文本揉为一体的写法一定程度上颠覆了《诗经》内容的庄严性，而且也是以小说形式对《诗经》写两性关系内容的另类诠释。这种写法不但可以启发人们对小说中色情描写尺度的思考，而且也值得《诗经》学者引为参考[26]。

对小说中出现的人、物进行考辨也是该领域常见的命题。刘洪强就对《西游记》中为营造反讽效果出现的唐僧的“紫金钵盂”进行了探讨，从“紫金钵盂”的前生后世来讲，紫金钵盂只有到了小说《西游记》，才被作者真正重视并利用起来，而紫金钵盂乃唐王所赠，本是世俗之物，唐僧等人以贵重的紫金钵盂化缘实则是绝妙的讽刺，而紫金钵盂被佛祖所收则是因为贵重的钵盂并不利于修行。“紫金钵盂”身份扑朔迷离，刘洪强的考释为读者认识紫金钵盂提供了一个新的视角[27]。

以往关于蒲松龄和《聊斋志异》的研究多着眼于蒲松龄的生平以及其小说和诗文集，对聊斋杂著的研究并不是很充分。蒲松龄的《日用俗字》虽然已经有学者着手进行研究，但是研究焦点多集中在其中的方言俗字之上，而且学者开展研究普遍依据的路大荒本未进行准确细致的参校，排印过程中又出现新的讹误，因而以往的研究立论也存在许多错误。李振聚根据多个版本进行参校，对该书本身的来源、版刻源流等问题进行了考释与订正，避免了相沿而误[28]。

（二）戏曲研究

山东戏曲艺术丰富多彩，历史悠久，既有中国传统四大声腔中的"东柳"、"西梆"，也有具有浓郁地方特色的吕剧、柳琴戏、茂腔等剧种，具有宝贵的人文研究价值。

安啸梅对山东省的剧种和剧团进行了调查统计，并分析了不同剧种和剧团的生存状况以及造成这种状况的原因，针对发展不均衡的现象，提出应加强文化生态保护和宣传力度，对山东地方戏曲的发展提供了重要的数据支持和建设性意见[29]。李玉辉则根据山东地方戏曲的实际演出，对山东地方戏曲的唱腔体系、形体表现等表演形式的改进提出了准确而客观的建议[30]。

元代散曲中有大量的戏曲史料，但是分布比较零散，对于史料的研究是戏曲艺术研究的重要领域。刘英波通过分析梳理，将散见于元代散曲中的史料搜集起来，并归纳和分类为四类：一是有关元代戏曲演出的史料，一是有关一些戏曲家的史料，一是有关部分乐妓的史料，一是关于少数戏曲故事和戏曲剧目的史料。这些戏曲史料的存在，弥补了一些曲家生平、一些戏曲剧目和舞台演出等方面的缺失，通过对这些戏曲史料的阅读与研究，可以加深对当时戏曲演出、曲家的特点、乐妓的生存状态和心理、戏曲故事与剧目等的了解，还能够为元代戏曲史、元代文化史、中国戏曲史、中国文化史等史书的修撰提供一定参考价值，从而弥补原来书写中的一些断层或残面[31]。

王军明用真实准确的数据还原了明代戏曲选本收录《宝剑记》的情况，客观地展现了《宝剑记》在明代的传播情况，并且针对其从问世到明末遭遇截然不同评价的原因进行了分析，认为时代审美趣味的变迁是其中主要的因素，而其传播也得益于与社会非主流文化思想的暗合。他还对《宝剑记》在明代传播中错误地将林冲和李开先之间画上等号的误读现象进行了考辨，认为《宝剑记》是李开先人生理想化的产物，他代表了一段思想，是一种思考，带有人生标杆的性质，而不是生活实录[32]。

四、文学理论研究

文学理论研究方面，《诗经》研究为一大热点。廖群对引《诗》证说进行了考察，认为《礼记·缁衣》与楚简本《缁衣》属于同一篇文章的不同版本，结合楚简本和古人对《缁衣》的说法，肯定《缁衣》为子思所作。《缁衣》中的《诗》既可能为子思所引也可能有孔子所引，但无论是哪种情况，《缁衣》作为引《诗》说事正理的汇编，都对引《诗》这一《诗经》传播方式形成发展有至关重要的强化作用[33]。边家珍从经学史的角度研究了《韩诗外传》与《诗》的关系，对于《韩诗外传》，班固、陈振孙、王世贞都认为与解《诗》无关，边家珍指出《韩诗外传》继承并发扬了孔门《诗学》，并具有显著的今文经学的色彩，有通经致用的特点，满足经生修生、议论的需要，所以《韩诗外传》有说《诗》的性质[34]。赵东栓对荀子的《诗》学观念进行了研究，认为《荀子》反映出荀子的"诗言志"的诗学观念，作为儒家学者，荀子论《诗》有载道的观念，把"诗言志"纳入"圣人之道"；荀子对《诗》提出了"中声"说，继承了孔子儒家尚中、尚和的思想[35]。王洲明关注的也是解《诗》，从《汉书·艺文志》对《诗》的著录，考索了《诗》在西汉的传本，认为"故"和"传"是汉人两种不同的解经方式，对照汉代人和清代人对"故"和"传"的解释，"故"是对《诗》经文文辞方面的解释，"传"是对《诗》经文内容方面的解释，就《毛诗》而言，"故"为《毛传》，"传"则为《毛序》。对汉代《诗》的传本和《毛诗序》的形成的研究提出了新的视角[36]。

李江峰主要研究了唐代诗歌理论，皎然《诗式》的"作用"已有众多学者进行过探讨，李江峰把"作用"放在皎然诗论的整体中考察，认为其意义主要指向诗人对诗意及诗意表达的锤炼和琢磨，而将《诗式》放在唐五代诗格范围中，"作用"则是唐五代诗格"磨炼"理论的一部分[37]。李江峰还对唐代诗格中的"用事"理论进行了考察，指出唐代诗格中首次确定了"用事"的名称，将其作为一个基本的诗格创作技法来讨论，但唐人不提倡用事。唐人继承了前代用事的基本原则，对用事的理论进行了细化，并厘清了用事与比的区别，这些都对宋人产生了重要影响[38]。刘磊从"以文为诗"的文学史、批评史的背景出发，说明"以文为诗"是在古文运动背景下的诗、文分体观念催生的，从中唐到南宋，"以文为诗"之争对宋诗特色的形成、回归唐诗的趋向和唐宋诗之争都产生了巨大的影响[39]。

明清诗歌的研究中，孙之梅对明代歌诗的考索提出了新的观点，针对明以后有无歌诗的问题，孙之梅对明代的诗文集中对歌诗的记载进行了梳理，指出明代始终有一种不同于南北曲、俗曲的歌诗存在，她对明人歌诗的种类、音乐、唱法及其功能进行了研究考证。并认为明代的文人歌诗和民歌对格调派和性灵派诗学特色的构成有重要的作用：文人歌诗乐律与声韵二合一的理念导致了格调论中以声论诗，民歌的自然之趣既与格调说相契合又构成了性灵说的核心价值[40]。

王平从文化的角度观照唐前的小说，唐前的原始宗教文化、卜筮宗教文化、史官文化、儒学文化、佛道玄学文化等几次文化转型对上古神话及其历史化、魏晋志人、志怪小说有重要影响[41]。除了文化原因，孙金荣考察中国古代小说从先秦神话到明清小说的发展嬗变，综合了社会历史、宗教文化、制度文化、审美心理、小说自身等各方面因素[42]，与王平的观点基本一致。杜贵晨从读者的角度，提出了对古代小说“俗”中求“雅”，“雅”观“通俗”的读法。因为古代通俗小说都是“雅”人所作，小说中往往融入经史等雅文化，“雅”观“通俗”才能了解小说的内蕴与指向。如李逵杀四虎的描写源于“孔子游舍于山”和远祖《老子》“士闻道”，作者以故为新，采用“春秋笔法”，读者用“治经”式考据才能理解作者对李逵形象的评价。古代小说从内容到形式都有经史典籍雅文化内容的渗透与制约，俗中有雅，因而要将通俗小说与雅文化联系起来进行研究就能有所收获，这需要读者有广博的知识[43]。这也为古代小说的研究提供了一种新的途径。

参考文献：

[1]蔡先金：《诸子之前泛诗现象研究》，齐鲁书社2012年版。

[2]傅炜莉：《论曹魏乐府诗音乐研究的重要性》，《求索》2012年第4期。

[3]张忠纲：《说“诗圣”》，《安徽大学学报（哲学社会科学版）》2012年第1期。

[4]张忠纲：《杜甫生前杜诗流传情况考辨——为杜甫诞生1300周年而作》，《杜甫研究学刊》2012年第2期。

[5]兰翠：《韩愈尊孟对其诗歌创作的影响探析》，《文学遗产》2012年第1期。

[6]姚榕华：《唐代宫廷文化视野中的〈长恨歌〉研究》，《南京师大学报（社会科学版）》2012年第6期。

[7]孙学堂：《明代诗学与唐诗》，齐鲁书社2012年版。

[8]王小舒：《中国诗歌通史·清代卷》，人民文学出版社2012年版。

[9]宫泉久：《清代高密派诗学研究》，人民出版社2012年版。

[10]王小舒：《王氏四兄弟与清初神韵诗潮》，《文学评论》2012年第6期。

[11]夏勇：《清诗总集研究的展望》，《厦门广播电视大学学报》2012年第1期。

[12]王伟伟：《宋代社交生活的“新宠”——从宋代社交词的定量分析谈起》，《东岳论丛》2012年第4期。

[13]庄庭兰：《陆游词体探析》，《华南师范大学学报（社会科学版）》2012年第5期。

[14]汪洋、孔哲：《论清真词的“时空转换”》，《东方论坛》2012年第5期。

[15]刘培：《理学对南宋后期辞赋审美风范的规范与重塑》，《山西大学学报（哲学社会科学版）》2012年第3期。

[16]刘培：《论理学对南宋后期辞赋文学精神的规范与重塑》，《江海学刊》2012年第2期。

[17]刘培：《身闲冷看世人忙——论刘克庄的辞赋创作》，《山东青年政治学院学报》2012年第6期。

[18]孙宝：《儒家政教文艺观与魏晋赋格建构》，《河北师范大学学报（哲学社会科学版）》2012年第5期。

[19]孙少华：《扬雄的文学追求与文学观念之迁变》，《清华大学学报（哲学社会科学版）》2012年第1期。

[20]孙少华：《桓谭论赋与汉赋的“讽谏”传统》，《复旦学报（社会科学版）》2012年第3期。

[21]姜维枫：《试论〈水浒传〉与〈水浒记〉的文体转换与文化内涵》，《明清小说研究》2012年第1期。

[22]刘洪强：《〈水浒传〉中的高女人与矮丈夫》，《滨州学院学报》2012年第4期。

[23]王平：《〈儒林外史〉的文本构成与意义诠释》，《明清小说研究》2012年第3期。

[24]杜贵晨：《〈儒林外史〉为“儒林”、“写实”小说：兼及鲁迅“讽刺之书”说的思考》，《求是学刊》2012年第3期。

[25]杜贵晨：《儒林之谤书科举之詈文：〈肉蒲团〉别读之一》，《广东技术师范学院学报》2012年第5期。

[26]杜贵晨：《〈肉蒲团〉与〈诗经〉：〈肉蒲团〉别读之二》，《辽东学院学报（社会科学版）》2012年第2期。

[27]刘洪强：《唐僧的“紫金钵盂”考释》，《明清小说研究》2012年第4期。

[28]李振聚：《蒲松龄〈日用俗字〉略考》，《蒲

松龄研究》2012 年第 3 期。

[29]安啸梅：《山东戏曲生态现状研究》，《戏剧丛刊》2012 年第 1 期。

[30]李玉辉：《论山东地方戏曲的形体表现》，《戏剧丛刊》2012 年第 3 期。

[31]刘英波：《元代散曲中的戏曲史料及其价值述略》，《南京航空航天大学学报（社会科学版）》2012 年 3 月第 14 卷第 1 期。

[32]王军明：《〈宝剑记〉在明代的传播》，《山西大学学报（哲学社会科学版）》2012 年第 1 期。

[33]廖群：《楚简〈缁衣〉、子思子与引〈诗〉证说》，《中国文化研究》2012 年第 1 期。

[34]边家珍：《论〈韩诗外传〉的〈诗〉学性质及特点》，《河南大学学报（社会科学版）》2012 年第 4 期。

[35]赵东栓：《从荀子论〈诗〉看荀子的〈诗〉学观念》，《东岳论丛》2012 年第 2 期。

[36]王洲明：《从〈汉书·艺文志〉称〈诗〉，看〈诗〉在西汉的传本》，《衡水学院学报》2012 年第 5 期。

[37]李江峰：《皎然〈诗式〉“作用”与唐五代诗格的“磨练”理论》，《中国文学研究》2012 年第 1 期。

[38]李江峰：《唐代诗格中的用事理论》，《广西社会科学》2012 年第 6 期。

[39]刘磊：《“以文为诗”之争：唐宋诗文文体观念衍变的个案》，《湘潭大学学报（哲学社会科学版）》2012 年第 2 期。

[40]孙之梅：《明代歌诗考——兼论明代诗学的歌诗品质》，《文学评论》2012 年第 1 期。

[41]王平：《试论唐前文化转型对小说的影响》，《山西大学学报（哲学社会科学版）》2012 年第 3 期。

[42]孙金荣：《中国古代小说嬗变发展的原因》，《甘肃社会科学》2012 年第 3 期

[43]杜贵晨：《试论中国古代小说“雅”观“通俗”的读法——以〈水浒传〉“黑旋风沂岭杀四虎”细节为据》，《东岳论丛》2012 年第 3 期。

（作者：王小舒，山东大学文学与新闻传播学院教授）

中国现当代文学

魏　建　周　文

2012 年山东中国现当代文学研究依旧保持了良好的发展态势。据不完全统计，全年发表学术论文 570 余篇；获得国家社科基金重大项目 1 项、一般项目和青年项目 6 项，后期资助项目 1 项；获得教育部人文社科规划基金项目和青年基金项目 8 项；获得山东省社会科学优秀成果一等奖 1 项、二等奖 3 项、三等奖 6 项；举办大型学术研讨会 5 场；由于出版著作情况掌握有限，本文借助中国知网掌握的论文信息，将山东现当代文学研究界 2012 年主要研究情况综述如下。

一、学科建设与文学史研究

中国现当代文学学科经过 60 多年的发展已然不再年轻。近年来，随着“20 世纪中国文学史”、“民国文学机制”、“20 世纪汉语文学史”等文学史范畴的提出和实践，有关中国现当代文学学科建设和文学史研究一直是学术“热点”。山东师范大学完成的《现代中国文学通鉴（1900—2010）》[1]的出版，得到省内外不少学者的支持和响应。2012 年 10 月，“现代中国文学史编写”高层论坛在济南召开，严家炎、黄修己、陈思和等省外文学史研究名家与省内学者一起就文学史编写的理论和实践问题展开讨论和交流，引起了学界和有关媒体的关注。

有关通俗文学、少数民族文学、海外华文文学、现代古典文学（旧体诗词）、翻译文学等如何入史（中国现当代文学史）的问题一直是近年来文学史研究的焦点。有学者提醒“‘多元共生’这个词现在用得频繁，其实‘多元’是‘多元’了，‘共生’却未必”[2]。有学者则从“人的文学”与“创作总根于爱”等角度回应了文学史研究中的价值尺度问题，强调“从不同的维度切入多元复杂的文学世界，感悟并发掘出它们之间的‘普遍联系性’……使‘现代中国文学通鉴’的网状结构更严密更富有整体感”。[3]随着研究的深入，越来越多的学者更注重用知识考古的方式来表达自己的学术见解[4]，发掘还原其文艺思想及文学史理念，尝试为“中国现当代文学”学科建设寻找新的途径并为之正名。有些学者则通过对《中国新文学大系》的考察梳理，强调“大系”是一次对后世文学史叙述具有开创性与示范性的“集体行为”，其“坚持并继承了‘五四’新文化运动的启蒙主义文化立场”，以对新文学成就进行资料性、文献性总结的方式，对那些试图从不同

方面否定‘五四’新文学、否定启蒙主义文化思想者予以回应”。[5]除了知识考古和学理论辩，也有学者从实用的角度考察文学史教学中的具体问题，在课程结构复杂和课时安排有限的情况下，为让学生理解中国现当代文学的复杂性，在文白之争、新旧之争、阶级性民族性之争、真实性倾向性之争和现代性之争等“纷乱庞杂”的文学现象中把握文学史的发展脉络，有必要在教学中引入传统与西方、当时与当下的横纵参照坐标来帮助学生理解文学现象之间的复杂关联，以确立辩证的历史意识和坚定的价值信念。[6]

文学经典化与文学制度的研究是学科内省与建设的另一重要维度。新世纪以来，文学经典化的危机（娱乐化、商业化、平面化、复制化）及其建构途径引起了学界的广泛关注。有学者认为“危”与“机”并存，主张“破旧立新”以顺应“审美趣味和道德原则的变迁”，同时对新媒介形式对文学作品的改编持乐观态度，认为这“是实现经典化的一个重要途径”[7]。有学者则对影视改编持谨慎态度，认为由于不可避免的娱乐性、趣味性和市场性，改编对作品的删、削、扩、提越来越避雅趋俗、追求趣味、缺乏深度、缺少批判精神，“是拿经典做取悦观众、趋俗媚俗的祭品”，这些改编“既影响到已经发表的作品，也影响到作家创作取向和文学发展路向”[8]。当然，尽管存在诸多的问题与困难，但学者们都一直认为“文学经典化，是一个现代民族国家精神能力的体现”，做好经典建构与阐释工作“有赖于文学家、政府、媒体与广大读者的共同努力”[9]。显然，学者们深刻地认识到“构成民族文化传承的最重要的内容是文学经典”，“近百年来，当下是读书最好的时期，也是读书最难的时期，正是时代危机的征兆、缩影，也提示着时代的出路。社会的文学生活是多方面的，在社会转型时期更增添了很多新因素，包含较为复杂的矛盾”[10]。

二、现代经典作家作品的研究

鲁迅研究是中国现当代文学研究的“显学”，但对鲁迅作品在当下历史文化语境中的接受问题，学界一直存在不同的看法。为此，2012 年 2 月，山东大学文学院师生利用寒假返乡的机会展开“鲁迅的当代接受”社会问卷调查，范围涉及山东、湖南、江苏、广东、安徽、黑龙江、四川、河南、福建、江西等十个省，包括城市和农村地区。调查显示，“鲁迅及其作品在当下仍有可观的受众，但这些接受者的业余精力花费在文学阅读上的比重并不稳定……阅读鲁迅作品的动力源显得单一，阅读鲁迅的接受效应并不持久，对鲁迅作品意义的理解不易深入，接受者心目中的鲁迅形象相对粗略”[11]。本年度的许多研究成果都是建立在扎实的史料考证和细致的文本分析之上，如对鲁迅“怀疑精神”[12]的研究和对《肥皂》[13]、《孔乙己》[14]等文本的再解读。也有学者通过对鲁迅所观看电影的统计来分析考察鲁迅的电影观，获得了新的突破。[15]还有学者则从对鲁迅性格的质疑入手，考察“骂鲁”这一重要的学术现象，进而对鲁迅直面黑暗反抗绝望及作为“黑暗中国的明灯”[16]的形象作了颇具价值的分析。

近年来，山东的郭沫若研究成为国内外同行公认的学术高地。2012 年在俄罗斯圣彼得堡大学举办的“第五届远东文学论坛暨纪念郭沫若诞辰 120 周年国际学术研讨会”上，山东学者不仅出席人数多，而且作了大会主题报告。本年度山东学者发表的郭沫若研究论文主要涉及史料问题和评价[17]问题等。有学者直言，郭沫若研究面临“政治身份与学术表达的政治限度、道德眼光与道德评价、史料的匮乏与辨伪、通识眼光”等问题和挑战，“回归历史本相”是郭沫若研究走向成熟的“最重要支点”。[18]本年度还出现了《郭沫若〈文艺论集〉汇校本补正》[19]这样极为扎实的史料考证文章。郭沫若与中国新诗关系的研究成果非常多，有所突破非常困难，我省学者不仅刷新了对这一课题的研究，而且发现郭沫若的“现代歌诗观包括配乐演唱的现代诗歌和具有诗歌元素的现代歌词与新歌剧剧词三部分，其现代歌诗观念对当下诗歌具有重要的启示意义”。[20]

女性作家萧红及其作品近年来一直被学界关注，大量研究成果相继涌现，以至于有学者认为有必要对其文学史价值进行重估。[21]有学者也通过对《生死场》的文本分析，认为“萧红站在‘大地民间’立场，从女性生命体验出发，以‘散漫的素描’呈现未加雕饰的东北人民生活的原生态。以《生死场》来看，其自然清新的语言与大地紧密相联，众多的譬喻充满原野气息，显示出民族语言的丰饶华赡，同时，其也营造出了一个氤氲不散的磁场、一个混沌的诗境。由此萧红走出了有别于鲁迅和废名的中国现代乡土小说创作的‘第三条道路’”。[22]不过，有学者则认为这种文学史评价的左右摇摆主要因为“萧红小说的性别叙事前后有别”，“否认/承认卑贱、追求/抵抗现代性的矛盾辩证，贯穿于萧红创作始终，并映照出其作为一个左翼中国娜拉的宿命”。[23]一位作家及其作品多年之后再次被高度关注，原因在于其文学创作的独特性和具有阐释力的当代价值，一方面萧红“对乡愁的书写，对‘家’的渴望，还有对女性生命价值和意义的独特思考，都充分体现出童年创伤性体验对她内心情感世界的深深触动，从而也导致她最后与左翼文学的关系日渐疏离，在生命旅程的最后带着全部的人生经验和生存压力艰难地返回童年的栖息地，使精神回归故土，创作出属于萧红的文学艺术世界”。[24]另一方面，其对“女性人生的自然悲剧和社会悲剧”的描述和对“男权社会对女性的压制和迫害”的拷问，“直面女性的困境”关照女性悲剧命运的成因。

除上述学者们的对话和讨论热点外，经典作家作品研究，如茅盾、沈从文、老舍、孙犁研究同样成果丰富：《创伤体验与茅盾早期小说》[25]、《民族创伤体验与祛蛮写作》[26]、《历史沉思和人性呼唤构筑的生命乐章》[27]、《老舍与赵树理的现代文学语言观》[28]、《孙犁的编辑与批评对中国当代文学的别一种贡献》[29]等，不再一一详述。当然，诸如《文学革命与现代作家的留学背景》[30]《论1920年代中国文学的左翼化》[31]等宏观思潮流派研究也是不可多得的佳作。此外，对山东籍老作家王统照史料的搜集与整理工作一直持续进行，相信如《王统照的“孤岛”岁月》[32]等史料考证研究对后世的研究者必能提供帮助。

三、当代文学研究与批评

山东的文学批评也一直受到国内学术界的重视。2012年，莫言在得知自己获得诺贝尔文学奖时说了这样一句话，“我的故乡和我的文学是密切相关的”。这句话同样适用于莫言研究。有学者撰文指出，“乡村立场是莫言最基本的创作立场……最典型地体现在其早期创作中”，“随着莫言对文学认识的进一步深化，他的创作表现出超越乡村立场、进入更深远人类立场的趋向……深入而开放性的乡村立场，使莫言拥有了深厚悠远的创作源泉，造就了其独特的思想深度和艺术个性，也使他的创作能够超越民族阅读范围，为世界读者所接受和喜爱”[33]。有学者认为莫言小说有“讲史”的冲动，其小说叙事正是凭借这种“有意味的形式”“抵达了历史的敏感细微之处，同时也获得了尽情言说的叙事快感。莫言小说所焕发出来的民间神韵与狂欢气息更新了中国小说的文体气质”[34]。也有学者以“莫言所写的所有坏人里头，没有一个是女人”的现象为起点，思考以《红高粱》、《檀香刑》和《蛙》为代表，莫言小说创作主体意识经历的三度跃迁，进而认为这种“俄狄浦斯情结中恋母情结视角”“也许与莫言从小获得母爱甚少有关。这种情结的萦绕，总是使莫言的作品潜含着温情和爱的渴望”。[35]当然，还有不少学者以阅读莫言、走近莫言来表达其对莫言的敬意。[36]根据山东大学现当代文学研究所调查：在中文系学生喜欢的古今中外作家23人中，鲁迅位居第一，莫言排名第二[37]，这显示出莫言及其创作在国内的影响力。同样，有学者通过大量的国外文本，具体考察莫言的“世界影响力”——迄今，莫言作品已经被翻译成美国、法国、日本、越南等16国文字在国外出版发行，该文系统地考察了自1989年以来国外对莫言作品的“介绍、评论和批评”，同时更考察“当今世界对当代中国文坛及其重要作家的认知角度和评价方式”及“莫言的海外形象”。[38]从某种意义上说，省内学者、批评家们为世人打开了关注整个中国文学的一扇窗户，也让人感受到，莫言获奖，确实不只是他一个人的荣誉，更是中国文学发展的一次机遇。

虽然茅盾文学奖已在2011年尘埃落定，但对其学术考察和批评在本年度得到延续。有学者追问茅奖的标准尺度和历史使命，认为“茅奖应关注文学的思想性、艺术性和探索性，肩负起提高大众文学审美水平之责。”[39]有学者则对茅盾文学奖获奖作品接受状况作了专门的调查研究，认为茅奖虽存在局限，“不可否认的是，获奖作品在同类题材的长篇小说创作中仍属于佼佼者，在文学界有着广泛的影响。也就是说，茅盾文学奖有遗珠之憾，但并没有鱼目混珠之局限。”[40]本年度，对当代经典的解读和再批评已然层出不穷，如有学者就认为“张承志的伊斯兰文化小说，既是当代中国民族文学的典范之作，又是新时期中国式宗教书写的先锋之作”，因而其创作为“为理解和把握文学、民族与宗教三者之间的意义关联提供了鲜活的范例和有价值的思路”。[41]此外，《张洁小说的悲剧意蕴》[42]、《非极端个性化的大众真实——对池莉小说的一种文化解读》[43]等也都极具创新价值。

近年来网络文学勃兴，拒斥轻视其存在已不可取，对其进行学术研究和理论引导方能促进文学整体的健康发展。《穿越的悖论与暧昧的征服——从网络穿越历史小说谈起》一文从网络穿越历史小说的基本形态、性质与内在文化逻辑、悖论的延续和新的遮蔽等角度分析，认为“当代中国的历史宏大叙事并未终结……我们担心的不是……‘消极颠覆性’对青少年的毒害，而恰是那些‘终结和颠覆’，其实并没有真正发生过……穿越的悖论与暧昧的征服，正是目前穿越历史小说、也是网络文学所要抵抗的最大精神幻觉困境”。[44]而《网络小说为什么会受到追捧——以〈失恋三十三天〉为例》则以具体作品为例为网络文学正名，“《失恋三十三天》关注的是‘失恋’这一带有‘时代病’的普遍性的问题……小说吸收了很多生动的网络语言，语言颇有时代感。小说将严肃的思考和娱乐化的形式熔于一炉，有其独特的艺术个性，受到了读者的追捧”，故而该文认为“网络小说受广大读者欢迎有其内在的合理性和文化逻辑”[45]。

近年来的沂蒙文学与“鲁剧”密不可分，有学者指出，《沂蒙》、《南下》等剧作“坚持现实主义创作原则，把主旋律的厚重与大众艺术的通俗有机地融为一体”，正因有文学与文化机制的深厚基础，山东文艺界才能“挥洒出一道鲁剧之花别样红的亮丽风景”。[46]

三、海外华文文学及其他

山东的海外华文文学研究一直为海内外学界瞩目。本年度山东学者的研究依然坚持对海外华文文学的整体性观照，强调“在20世纪世界文学和中国文学的背景上，打通不同板块、国别的华文文学，探寻其内在联系，展开百年海外华文文学的整体性研究的课题”，在研究的具体方法上偏向“经典‘筛选’、文学传统、母语写作、汉学和文论”[47]等宏观操作。比如，与一般学者独立的探讨香港诗歌不同，《从“左翼”到“现代”：交汇中的延续和综合——论战后至1950年代的香港诗歌》一文就将“论战后至1950年代的香港诗歌”置于中国文学的整体背景下来研究其“传统”、“现代”以及其独有的“中国大陆、台湾同时期诗歌中缺乏的经验、实践。”又如，从语言的角度来说，“海外华人作家一方面通过母语生活在民族传统中；另一方面，则要通过居住国的语言获得现实生存。这种语言的‘双栖’状态凸显了他们最本质的生存状态”。而正是这种对民族语言“积藏感”和“延续感”复苏了“汉语具象性的活力，把汉字的积藏感表达得独异而丰富，文言传统、方言形态的开掘则使得母语语言彰显出延续感，丰富了汉语写作的生命形态”[48]。

当代诗歌的极度边缘化和诗坛的分裂给诗歌研究和批评带来挑战，不少学者甚至放弃其对诗歌的关注和研究，与此相对应的是诗坛的喧嚣和混乱。对此，有学者认为，“精英式的高蹈和庸众式的委顿”是当代诗歌的两大精神误区，“坚持诗歌工具理性和价值理性的统一”，“超越现实又执着现实，既有人间的亲和力又有神启的感悟力”的“诗歌才是人间的天籁，震撼人心又激励人心”[49]。也有学者从当代汉语诗歌的迷恋、叛逆进而强调当代诗学的必要性，认为“诗歌的叛逆可能是对我们诗歌的迷恋的一种理性的、冷静的反思与批判，是对我们的一种善意的提醒和理性的修正。”对于当代诗歌客观理性而富有建设性的学术研究应当建立在史学梳理和理论阐释的基础之上，《现代诗朦胧美的生成机制》[50]和《当代诗歌叙述性思潮与其本体性叙述形态初论》[51]两篇论文可以说是本年度相关探讨的力作，对当代诗学诗论的理论建构和学术阐释贡献良多。

对当下文学现场的资料搜集整理工作是一项耗时费力的“苦差”，然而却是造福后人、体现学术精神的一项良心工程。《近年来长篇小说的生产与传播调查》[52]以“第九次全国国民阅读调查项目”和专业调查机构图书市场和读者阅读情况的追踪调研报告为基础，结合自己团队的调查研究而作出的一份专业调查，其提供的各项数据为今后的现当代文学研究提供了令人信服的科学基础。同样，《多元视野下的当代作家生存状态研究》[53]将目光转向在“体制转型中的泛多元化生存”中的作家，总结出“炫富性狂热”、“伪中产阶级趣味”、“炫贫性偏执”、“主旋律心态”、“虚拟封闭性生存”、“恶炒性症候”、“弱势化生存”等当代作家八大生存症候，进而呼唤作家建构经典的勇气和责任感。

值得一提的是，与学院派批评不同，当代文学批评中的“媒体批评”以其即时性、平民化和灵活多变的评论风格引起学界的广泛关注。如《叙旧如何出新》、《两位农民作家的重与轻》、《写出生活的质感》、《时代大势与世道人心》、《内在性的深度》[54]等活跃在文学创作周围的即时短评，短小精悍，生动活泼，犹如诗一般畅快淋漓，向读者打开一扇通往心灵的自由之窗。批评的最高境界不是理论建构，而是批评者叩击灵魂的自我拷问，《为何狗镇只剩下一条狗》[55]就是这样的一种批评，作者不只是评论《狗镇》这部电影，还对“作家”这一身份进行追问，对作者自己从事工作予以深思。对于剧中“作家”汤姆，作者这样评论道，“在没‘干作家’之前，他就跳过了做人的底线，把自己提拔成了高人、圣人、神人，在着手‘干作家’的时候，他更是放弃了做人的底线，把自己塑造成了一个为文学（灵感）而不惜任何代价的伟大作家！且不论他是不是真的在乎所谓‘灵感’，哪怕那灵感写出来就是惊世巨著，也难冲抵他造的罪，也难让他复归于‘人’”。作者同样警示世人不要“一为‘作家’，便把为人的根本断送了”，不能只知道自己是个作家，却忘了首先是一个人。于此，我们将看到文学批评的新希望。

在成果显著、名家辈出的山东中国现当代文学研究界，每年都有大量的论文、著作产生，大而全的概括似不可能，勉为其难恐怕也是挂一漏万且难免有失公允。学术对话和学术争鸣是一个地区学术水平和创新力的最好见证，因此本文选取几处学术热点和学者们讨论的焦点，以图管窥山东中国现当代文学研究的实际，也希望能以此为山东省文化事业的健康发展略尽绵薄之力。

参考文献：

[1]朱德发、魏建主编：《现代中国文学通鉴（1900—2010）》，人民出版社2012年4月版。

[2]温儒敏：《现代文学研究的“边界”及“价值尺度”问题——对中国现代文学研究现状的梳理和思考》，《华中师范大学学报》2011年第1期。

[3]朱德发：《重构现代中国文学通史关键在于探索其联系性与互通性》，《东岳论丛》2012年第1期。

[4]如朱德发：《中国新文学之源——重解胡适的民间文学观》等文。

[5]周海波：《“大系”与中国“新文学”本位观的确立》，《山东师范大学学报》2012年第3期。

[6]任现品：《传统与西方、当时与当下——论中国现代文学史教学的参照坐标》，《中国现代文学研究丛刊》2012年第2期。

[7]张丽军：《新世纪文学经典化危机及其建构途径》，《南方文坛》2012年第2期。

[8]石兴泽：《从老舍作品改编看影视媒介挤压下作家创作的窘境》，《学习与探索》2012年第4期。

[9]房伟：《新时期文学经典化的方法与路径》，《南方文坛》2012年第2期。

[10]黄万华：《文学生活：当代社会转型时期文化建设的重要基石》，《湖南社会科学》2012年第3期。

[11]郑春、叶诚生：《当下文化语境中鲁迅作品的阅读与接受状况调查》，《中国现代文学研究丛刊》2012年第8期。

[12]李玉明：《论鲁迅〈野草〉的怀疑精神》，《齐鲁学刊》2012年第1期。

[13]吕周聚：《“肥皂”的多重象征意蕴鲁迅〈肥皂〉的重新解读》，《鲁迅研究月刊》2012年第12期。

[14]李宗刚：《〈孔乙己〉：在文学史书写中的变迁》，《东岳论丛》2012年第4期。

[15]刘东方：《从鲁迅所观看电影的统计管窥其电影观——兼及鲁迅电影观的当下启示》，《鲁迅研究月刊》2012年第1期。

[16]贾振勇：《鲁迅：创伤·病态·吹响黎明号角的天使》，《鲁迅研究月刊》2012年第10期。

[17]魏建：《郭沫若“两极评价”的再思考》，《山东师范大学学报》2012年第6期。

[18]贾振勇：《回归本相：郭沫若研究存在的问题、挑战与可能》，《重庆师范大学学报》2012年第1期。

[19]孟文博：《郭沫若〈文艺论集〉汇校本补正》，《山东师范大学学报》2012年第6期。

[20]刘东方：《郭沫若的现代歌诗观》，《齐鲁学刊》2012年第3期。

[21]徐妍：《从“介入”到“抽离”的反潮流写作——从思潮史的视角重读萧红小说文学史的意义》，《中国海洋大学学报（社会科学版）》2012年第5期。

[22]李钧：《混沌美学与女性立场——从〈生死场〉看萧红的小说学》，《广西社会科学》2012年第2期。

[23]马春花、韩琛：《认同与/于“卑贱”：萧红小说的性别、乡土与国族》，《湘潭大学学报》2012年第4期。

[24]翟瑞青：《童年经验和萧红的文学创作》，《山东社会科学》2012年第8期。

[25]贾振勇：《创伤体验与茅盾早期小说》，《文学评论》2012年第2期。

[26]吕周聚：《民族创伤体验与祛蛮写作——沈从文文学创作中的苗族情结》，《文学评论》2012年第2期。

[27]陈夫龙：《历史沉思和人性呼唤构筑的生命乐章——再论沈从文的小说〈边城〉》，《毕节学院学报》2012年第5期。

[28]刘东方：《老舍与赵树理的现代文学语言观》，《文艺争鸣》2012年第11期。

[29]李宗刚：《孙犁的编辑与批评对中国当代文学的别一种贡献——兼及文学生产的内在规律》，《齐鲁学刊》2012年第6期。

[30]郑春：《文学革命与现代作家的留学背景》，《齐鲁学刊》2012年第2期。

[31]张丽军：《论1920年代中国文学的左翼化》，《文艺理论与批评》2012年第1期。

[32]刘增人：《王统照的“孤岛”岁月》，《文艺报》2012年11月12日，第10版。

[33]贺仲明：《为什么写作？——论莫言创作的乡村立场及其意义》，《东岳论丛》2012年第12期。

[34]温儒敏、叶诚生：《“写在历史边上”的故事——莫言小说的现代质》，《东岳论丛》2012年第12期。

[35]贺立华：《莫言创作30年主体意识三度跃迁》，《海南师范大学学报》2012年第4期。

[36]如李掖平：《激情·狂放·魔幻·诡奇——重读莫言小说“红高粱家族”》等文。

[37]黄万华：《学校教育背景下的大学生文学阅读状况的调查》，《中国现代文学研究丛刊》2012年第8期。

[38]宁明：《莫言海外研究述评》，《东岳论丛》2012年第6期。

[39]张艳梅：《“茅奖”与当代文学批评标准》，《山西大学学报》2012年第4期。

[40]张学军：《茅盾文学奖获奖作品接受状况调

查》，《中国现代文学研究丛刊》2012 年第 8 期。

[41]顾广梅：《论文学、民族与宗教的意义关联——以张承志的伊斯兰文化小说为例》，《民族文学研究》2012 年第 4 期。

[42]周志雄：《张洁小说的悲剧意蕴》，《东疆学刊》2012 年第 3 期。

[43]孙桂荣：《非极端个性化的大众真实——对池莉小说的一种文化解读》，《东方论坛》2012 年第 5 期。

[44]房伟：《穿越的悖论与暧昧的征服——从网络穿越历史小说谈起》，《南方文坛》2012 年第 1 期。

[45]周志雄：《网络小说为什么会受到追捧——以〈失恋三十三天〉为例》，《滨州学院学报》2012 年第 2 期。

[46]李掖平：《鲁剧之花别样红》，《人民日报》2012 年 8 月 20 日，第 12 版。

[47]黄万华：《百年海外华文文学的整体性研究》，《山西大学学报》2012 年第 3 期。

[48]黄万华：《语言“双栖”状态中的诗性寻求》，《理论学刊》2012 年第 10 期。

[49]李建平、孙基林：《论当代诗歌精神的两大误区》，《求索》2012 年第 5 期。

[50]吕周聚：《现代诗朦胧美的生成机制》，《绵阳师范学院学报》2012 年第 9 期。

[51]孙基林：《当代诗歌叙述性思潮与其本体性叙述形态初论》，《山东社会科学》2012 年第 5 期。

[52]马兵：《近年来长篇小说的生产与传播调查》，《中国现代文学研究丛刊》2012 年第 8 期。

[53]房伟：《多元视野下的当代作家生存状态研究》，《小说评论》2012 年第 4 期。

[54]上述批评见于《时代文学》（上半月）赵月斌的“主持人语”，分别为第 1、3、5、9、11 期。

[55]赵月斌：《为何狗镇只剩下一条狗》，《文学自由谈》2012 年第 6 期。

（作者：魏建，山东师范大学文学院教授；周文，山东师范大学文学院博士研究生）

艺术学

艺术学理论

田川流　刘家亮

2012 年，山东省学术界在艺术学理论研究领域出现了良好的态势。首先，研究方向涉及艺术学理论诸多领域，覆盖面较为广泛；其次，研究人员持续扩展，多所院校均出现老中青学者济济一堂、相互切磋的生动局面，一些年轻学者开始进入学术研究状态；再次，研究深度得到增强，不少学者相继推出具有创新价值的学术成果，有的理论建树居于国内学术前沿的地位。

一、艺术理论研究

陈炎（山东大学文艺美学研究中心教授）在其论文《论艺术表现的形式与情感特征》指出，文学艺术不是一种抽象的存在，在文艺作品里，无论是客观再现的声音、物象和生活内容，还是主观表现的意志、愿望和社会理想，都需要通过特殊的形式来加以呈现。艺术的目的是要表达情感，而艺术的情感又不是抽象的概念和范畴所能够穷尽的，恰恰相反，具体的感性形式往往能够承载“只可意会、不可言传”的情感内容。于是，“形式”与“情感”便成为艺术作品不可或缺的两大元素。从符号学的角度上看，“形式”与“情感”犹如“能指”与“所指”的关系，但二者的关系又不是约定俗成的，而是建立在人生经验的基础之上。这种“准符号”的特点既为艺术作品的理解造成了多义性、模糊性的麻烦，又为艺术作品的欣赏提供了超越民族和地域的可能。[1]

杨守森（山东师范大学文学院教授）的论文《文学艺术与人类生活》从反思文艺界对文学艺术功能的主导看法入手，分析文化艺术的功能及艺术家应坚持的创作原则。文学艺术具有认识、教育、审美三大功能，这是我国文艺界的主导看法。但杨守森认为，“我们已有的关于文艺功能的见解，尚远离实际”。他认为从更为普遍的意义上来看，文学艺术的功能，应从命理与文化两个方面予以进一步分析。人类之所以需要文学艺术，从人的生命机制与生命特征来看，即在于顺应了其寻求感官刺激、渴望振奋生命活力、得享阔大生命空间、精神愉快、身体健康之类的生命欲求，有助于生命质量的提高。从文化功能看，文艺作品具有激发创造智慧、陶冶诗性情怀、提升人格境界都文化功能。因此，他提倡当前艺术家在进行创作时，应“以属于文学艺术本原思维方式的自由想象，以超越性的诗性视野，表现自己切实的生命感受，以及关于政治、历史、现实等方面的独特体悟。”[2]

田川流（山东艺术学院艺术文化学院教授）在《论俗文化的当代意义》一文中论述了当代俗文化存在的价值和意义。文章认为，在历代的文化传承中，俗文化与雅文化相互依存、相互补充，又可以相互转化。辨析雅文化与俗文化的不同功能是重要的。正是由于俗文化鲜活的具有感染力的表现形式，方获得大众的喜爱。其艺术表现体现出充分的平民化、生活化，显现出平民的智慧，成为大众集体创造的结晶。俗文化从来便具有一定积极的社会意义，是对于人民大众基本文化娱乐需求的满足，是文化产业的重要构成，是对主流文化的补充与完善，也能实现与精英文化的交汇与互补。无可讳言，俗文化具有一定的消极作用。首先，对社会的积极价值观具有一定的颠覆性；其次，具有对主流文化的消解性；再次，审美含量与文化品格的单薄。俗文化也是需要提升的，它会从各种文化属性中获取营养，从而使自身得到提升。认真对待俗文化在当代的社会存在的地位与作用，具有十分重要的当代性意义。[3]

张维青（山东艺术学院学报编辑部，教授）的论文《地域文化生态与艺术创作的研究视角和政府责任》，从“地域文化和艺术”、“研究理论和方法”、“政府保护与利用”三方面论述了地域文化生态与艺术创作问题，认为研究地域文化生态与艺术创作应考察其生成的历史和面临的处境，应有宏阔的学术视野和具体的操作方法。对地域文化的保护和利用，政府的责任就尤为重要。它一定要对本地有着全面的了解，善于听从专家的良好建议，从维护国家的大局出发，尊重所在区域人民的根本利益，在继承传统的基础上发展经济，在经济增长的过程中坚守人文理想，使“理想的家园”可以“诗意的栖居”。[4]

陈炎的《文学艺术与语言符号的区别与联系》一文根据索绪尔的观点，包括语言在内的符号系统是由可供辨识的“能指”和具有意义的“所指”组成的。而“能指”和“所指”之间的关系又是任意的，是作为特定社会群体的人们“约定俗成”的。按照这一标准，艺术作品虽然具有可供辨识的形式特征，而且这些形式也要承载一定的意义，但其“形式”和“意义”之间的关系却不是任意的，也不是“约定俗成”的。正是由于艺术作品并非严格意义上的符号，所以在欣赏中往往会产生解释不清的意义纠纷，与此同时又可能获得超越民族的情感共鸣。作为一种特殊的艺术门类，文学恰恰是以语言符号为载体的，文学的这一符号特征使之比其他艺术门类有着更多的传达社会信息的可能性，与此同时也限定了其跨越民族语言而进行传播和欣赏的可能性。更为重要的是，文学之所以能够成为艺术的一个门类，是由于其具有借助语言而超越语言、借助符号而超越符号的特殊意义。[5]

凌晨光（山东大学文艺美学研究中心教授）的论文《艺术作为话语分析的对象》认为，艺术是一种话语，一种表达和建构性的活动。艺术活动完成了思想的外显，情感的抒发，促成一种形象化的转换。艺术中的这种形象转换具有视觉化特征，视觉化就是把原本看不到的东西或原本非视觉的东西变成视觉的对象。对艺术的话语分析，就是综合运用符号学、阐释学、接受理论等方面的知识对艺术话语文本的意义结构和形成条件进行分析，探讨艺术话语的结构特征与其意义表达方式之间的关系，研究艺术话语的意义表达与社会历史和文化环境的关系，从而回答艺术话语以何种方式发挥其效力的问题。[6]

二、艺术史研究

张维青的《魏晋玄学对审美观念与艺术创作的启悟导引》分析了魏晋玄学对中国审美观念与艺术创作的影响。他认为，在中国文化史上，魏晋南北朝是一个玄学主流而征象迷幻的时代。玄学作为把握世界的一种思维方式，将大千世界的所有关系重新诠释。魏晋南北朝时期，人们的审美意识发生了重要转折，融会着传统思想中的天人合一观念以及时代叛逆精神，从而出现了新的艺术追求和新的表达方式，给人带来深层的价值辨析和终极追问。[7]

张维青在其另一论文《龙：原型、符号及记忆》中认为，龙是原始感知、形象思维和智慧创造的产物，作为中华民族的原型创造，龙是众多文化元素的聚集凝含，在这一历史符号的发展衍变中，承继着原始思维也得到更新阐释，深深地沉潜在集体记忆中，并在新的境遇中常被唤起。它寄寓着对生命意义的追寻，对自然现象的探讨，对祖先英灵的景仰，具有特殊神秘的意味和综合显现的征象，表达着对生存境遇既敬畏顺应又欲和谐发展的情结。龙的文化反映了中华民族天人合一的宏约观念，其涵盖的丰富意蕴有着历久弥新的价值和启示。[8]

三、艺术批评研究

2012年，田川流主编推出了《艺术批评学》（东南大学出版社），该书是作者多年理论研究与教学实践的结晶，在体系上具有鲜明的特点。该书在绪论中阐释了艺术批评的理论意义和社会实践意义，以及建立科学的艺术批评学的必要性及其应具有的特点。正文共分为七章：第一章，中西艺术批评概观；第二章，艺术批评本体阐释；第三章，艺术批评主体；第四章，艺术批评客体；第五章，艺术批评标准；第六章，艺术批评方法；第七章，艺术批评文体与写作。该著作是我国较早和较规范的艺术批评学著述，可作为大学艺术理论类学科的专业教材，同时为广大艺术工作者提供艺术批评活动及其研究的理论参照。[9]

凌晨光的论文《艺术批评话语与视觉性隐喻》认为，在艺术批评领域，视觉艺术批评占据中心位置，艺术批评话语往往围绕视觉性主题展开。主要表现在两方面：一是观看与阐释的关系，探讨从“观看”到“说出”的内在转换机制。二是看与被看的关系，揭示视觉活动如何促成了主体自我意识的形成和主体间性的显现。艺术批评的传达无法回避如何将视觉对象转译为话语表述的问题，此问题又以两个相连层面的形式出现，一是思想的图像化，二是图像的语言化。其结果是，思想借助图像通过隐喻的转换在语言符号层面上转化为阐释性话语。视觉在人的诸感觉能力中的突出地位一直以来受到强调，当视觉性的重要地位无限放大，以至于遮蔽和忽视了人的其他感觉能力和与之相应的表述逻辑的时候，就会形成视觉中心主义，它对于我们力图全面综合地进行艺术经验的转换和批评话语的表达有害无益。因此，用听觉等其他人类感觉以平衡与中和视觉的中心地位，将会使人的全部感受力得到全面唤醒和发展。[10]

四、艺术教育研究

2011 年，艺术学升格为独立门类，为当代艺术教育造成良好的契机，同时也为所属学科、专业的设置与实际发展带来一系列问题，使得艺术学及其一级学科艺术学理论的学科与专业建设研究成为热门话题，李丕宇（山东艺术学院科研处处长，教授）在其论文《论艺术学门类的内涵学科、专业目录设置》中认为，艺术的特性决定了艺术学门类的独立性和综合性，也决定了艺术学专业教育的学科性质。艺术学门类的独立，必然带来下属学科的设置与实际发展中的一系列问题，这既是一个严肃的学科范畴和学科逻辑建构的学术问题，也是一个面向现实需要搭建艺术人才培养目标体系的系统工程，同时，还是引导艺术教育和艺术学发展的指导性纲领。新颁行的《学位授予和人才培养学科目录（2011 年）》将艺术学从文学门类中分离出来。但其中存在的逻辑和口径不一、学科含量的人为失衡等情况，这将会造成学科建设和教育发展理念的混乱，激化学科分立，造成一级学科的名合实分的发展尴尬和无实效建设，以及弱化学科发展，造成原有优势学科和弱势学科同时受到削弱的局面。此外，还会导致艺术专业院系的新一轮扩充和合并潮，为学科发展带来种种问题。[11]

美国视觉艺术教育一直在为美国社会、文化与教育的发展做着独特与卓越的贡献，对我国当前学校教育中的视觉艺术教育发展有重要启示。王伟（山东艺术学院艺术文化学院副教授）的论文《从现代到后现代：20 世纪美国视觉艺术教育的模式变迁》认为 20 世纪的美国视觉艺术教育先后经历五种模式的变迁与更替：注重设计的视觉艺术教育，创造性自我表现视觉艺术教育，以日常生活为核心的视觉艺术教育，以学科为基础的艺术教育，视觉文化艺术教育。这五种模式的更替展现了 20 世纪美国视觉艺术教育从现代主义走向后现代主义的发展脉络。但现代主义与后现代主义之间并没有一个严格的交替界线，同时它们对美国视觉艺术教育领域的影响并不是即时发生的，总是呈现“迟到”的现象。[12]

五、艺术管理与产业研究

近年来，艺术管理及其艺术产业研究已经成为艺术学理论研究的重心之一。田川流在《艺术管理的当代使命与基本原则》一文中指出，当代，艺术管理担负着重要的时代的使命。同时，人们在履行自身的管理职责时，又应当坚持和遵循既定的原则，使得当代艺术管理既呈现出科学性与创造性，又具有十分突出的时代性特征。艺术管理担负着重要的使命和任务，包括创造良好的机制与环境，推进艺术创作的繁荣；发展艺术产业，推动艺术生产力的增长；发展公益性与公共性艺术，保障人民大众的文化利益；以可持续发展为准则、保护和科学利用艺术资源与艺术遗产。艺术管理的基本原则是：和谐共存的原则，可持续发展的原则，艺术生态平衡的原则，创造最佳效益的原则，创意为先的原则等。[13]

艺术管理人才培养模式引起学者们广泛的关注。高迎刚（山东大学艺术学院教授）的论文《欧美国家艺术管理人才培养模式及其对当代中国的借鉴意义》专门研究了欧美国家艺术管理人才的培养模式。他认为欧美艺术管理人才培养模式的基本特征表现为：首先，培养目标明确，在学士、硕士和博士各层次之间有不同分工；其次，讲求实效，注重功用；第三，宽进严出，重视教学质量。他还认为，相对于欧美较为成熟的人才培养模式，我国该领域的人才培养还有很多不足之处。虽因国情差异，我们不可能完全照搬欧美国家相对成功的模式，但有所借鉴。[14]

马峰、陈凌（山东艺术学院艺术文化学院讲师）则将研究视角对准了国内，其论文《浅析综合性艺术院校艺术管理人才培养的构建》探讨了以山东艺术学院为代表的国内综合性艺术院校艺术管理人才培养模式，认为应重点围绕构建人才的“金字塔”式能力结构展开，即以夯实和不断扩展专业知识、综合素养为基础，以专业知识学习与实践为主导，逐渐形成具备自主创新思维、较高管理运作能力，较强专业适应能力的人才培养模式。[15]

田川流在《论艺术品与艺术商品的价值》一文中论述了当代艺术品向艺术商品转换中出现的中水问题，认为艺术品与艺术商品是相近且又相异的范畴，具有各自鲜明的特征。艺术品成为商品，对于社会经济、文化与人的发展均具有积极的意义。但同时，当艺术生产进入商品生产领域，其作为商品所固有的特性开始显现，与之相关的弊端也逐渐产生。由艺术品转化为艺术商品，须经由不同的渠道，呈现出十分复杂的景象。对于艺术品及艺术商品价值的判定，不同于一般物质产品，应以其内在的审美价值与文化价值为基本依据。在市场经济时代，艺术商品实现其价值，还会受到多种因素的制约。准确地把握艺术商品的特质，在各个环节努力创造和实现艺术商品的价值，是推动艺术创作和繁荣艺术市场的应有之义。[16]

伴随艺术产业与市场的深入发展，艺术市场管理法规研究成为艺术管理研究的重要构成。杨丽娅（山东艺术学院艺术文化学院教授）的论文《艺术市场管理法构建中的问题及建议》强调了艺术市场管理法的重要作用，认为“艺术市场管理法的制定是我国艺术市场有序发展的必然要求，它有利于将艺术市场的一切活动都纳入到法制的轨道进行调整，有助于保障艺术市场有序发展的效果”。随后分析了我国艺术市场法律制度中暴露出的诸如统一的艺术市场管理法缺位、现行法规规章缺乏协调性、文化安全战略立法意识缺失、现行法规规章效力层次较低、执法存在难题等问题，最后提出了针对性的建议：确立艺术市场管理法的立法宗旨、构建艺术市场管理法的体系框架、注重艺术市场管理法的定位与其他法律法规的协调性、艺术市场管理法的制定应融入国家文化安全战略的条款、强化艺术市场管理法中执法与监督并重的机制。[17]

数字艺术的管理是艺术管理研究的新维度。马立新（山东师范大学传媒学院教授）的论文《数字艺术公共安全机制引论》一文对数字艺术的公共安全机制进行了探讨。他认为，网络游戏致瘾问题、数字艺术低俗化问题和数字艺术知识产权保护问题是数字艺术在公共安全方面迄今被诟病最多的地方。而数字化生存给社会和人类自身安全带来的潜在负面影响虽不明显，但却是一个关系到人类进化路径和方向的极为重大的人类学、生物学和哲学命题。虽然，数字化生存未来所造就的有可能是一条低碳化的人类生存方式，但低碳化是否就意味着健康化，我们仍不敢断言；同时数字生存极有可能在改变人类的生理结构和功能的同时，同步异化人类的情感世界。因此，关于上述问题，相应的认定、甄别、预警与防控程序与策略研究也必须尽快提上日程。[18]

刘昂（山东艺术学院传媒学院副教授）在其论文《民间艺术资源开发价值的综合评估研究》中认为，民间艺术作为重要的文化资源，由于其本身具有的不确定性等因素，目前尚缺乏针对民间艺术资源综合评估的相关研究。民间艺术资源转化为文化产业资源，为现代文化产业发展服务，必须对民间艺术资源的开发价值进行科学评估。根据文化资源的共性和民间艺术资源的个性，文章从民间艺术自身价值、文化价值和经济价值三个基本方面进行指标选择，构建民间艺术资源开发价值综合评估体系，并以山东17市为资源地，对山东民间艺术资源开发价值进行实证研究，力求为民间艺术产业开发提供科学的数据资料。[19]

2012年6月16日至19日，全国艺术学学会艺术管理专业委员会第一届年会暨“文化遗产保护与资源利用”学术研讨会在山东济南召开。本届年会由山东艺术学院、艺术管理专业委员会主办，《艺术百家》杂志社与山东艺术学院艺术文化学院联合承办。来自全国31所院校的80余名与会嘉宾深入地研究了当前艺术管理学科与专业建设及其重要的理论问题，同时表现出对于文化遗产保护与资源利用的高度关注。年会将文化遗产保护与资源利用引入艺术管理理论探索的范围，与艺术管理学科建设进行了交叉性研究。许多专家学者指出：加强艺术管理学科建设，是当代文化大发展大繁荣的需要，也是发展地域文化、民族性文化的需要；应当充分借鉴西方现代艺术管理专业发展经验，以它山之石促进我国艺术管理专业建设；应明确艺术管理专业建设与人才培养目标，为当代社会文化建设服务；应将教学与社会实践相结合，建设艺术管理专业教学实践平台。[20]

六、文化遗产保护研究

田川流的《论非物质文化遗产的传承与变异》一文对非遗样态的变异问题予以辨析，认为非物质文化遗产的核心是文学和艺术，它既具有传承性，也具有变异性，在人为的因素作用下，其传承与变异均会受到重要影响。当代人们对于传承与变异的重视，旨在使其能够获得更为长久的生命力，为人类文化的持续发展提供源源不绝的质素。认识非物质文化遗产传承与变异的特有规律，正是为人们实施保护与利用提供充分的依据。而在当代文化产业的驱动下，不免出现对非物质文化遗产重开发轻保护的现象，不仅对非物质文化遗产致成损害，同时不利于当代和未来的文化发展。为了防止非物质文化遗产的较快和较大变异，在对其实施保护中，应当处理好保护与利用、特别是与创新和开发的关系。[21]

文化遗产管理是文化管理的一个重要分支，很有研究的价值。张斌（山东艺术学院艺术文化学院副教授）在其论文《文化遗产的价值评判研究》中指出，文化遗产是不但具有艺术价值，而且具有经济价值。同自然资源类似的是，文化遗产也存在着一个合理利用和可持续发展的问题，为此需要科学地确定文化遗产的经济价值，以便使其消耗能及时得到补偿，这对文化旅游业的发展尤其重要。他对文化遗产的价值评判原则和方法进行了深入探讨，分析了资产特征价格法、旅行成本法、意愿评估法等三种文化遗产经济价值评估的方法，其中意愿评估法最受欢迎。他认为上述的各种方法均有自己的优劣之处，都只能反映一个大体上的估价。不同的测量方法只要得出大致相似的、符合实际的结论，就可以认为是合理的，可以为旅游开发决策提供定量的参考依据。[22]

在全国艺术学学会艺术管理专业委员会第一届年会暨“文化遗产保护与资源利用”学术研讨会上，与会者普遍认为，将文化艺术保护与资源利用的问题与艺术管理学科紧紧联系于一体，既符合学理规范，同时有利于对其管理和学科及专业建设。可以增进文化遗产保护与资源利用的文化自觉，进一步拓展其文化内涵；科学把握文化遗产保护与利用的关系，促进其可持续发展；以开阔的视野，全面观照全国不同地域与民族的文化遗产与资源利用的现实，做好各方面研究、保护与利用的工作。[23]

参考文献：

[1]陈炎：《论艺术表现的形式与情感特征》，《文学评论》2012 年第 10 期。

[2]杨守森：《文学艺术与人类生活》，《山东社会科学》2012 年第 10 期。

[3]田川流：《论俗文化的当代意义》，《艺术百家》2012 年第 3 期。

[4]张维青：《地域文化生态与艺术创作的研究视角和政府责任》，《东岳论丛》2012 年第 3 期。

[5]陈炎：《文学艺术与语言符号的区别与联系》，《河北学刊》2012 年第 9 期。

[6]凌晨光：《艺术作为话语分析的对象》，《天津社会科学》2012 年第 11 期。

[7]张维青：《魏晋玄学对审美观念与艺术创作的启悟导引》，《云南艺术学院学报》2012 年第 2 期。

[8]张维青：《龙：原型、符号及记忆》，《齐鲁艺苑》2012 年第 2 期。

[9]田川流主编：《艺术批评学》，东南大学出版社 2012 年 10 月版。

[10]凌晨光：《艺术批评话语与视觉性隐喻》，《文艺理论研究》2012 年第 3 期。

[11]李丕宇：《论艺术学门类的内涵与学科、专业目录设置》，《艺术探索》2012 年第 1 期。

[12]王伟：《从现代到后现代：20 世纪美国视觉艺术教育的模式变迁》，《美育学刊》2012 年第 6 期。

[13]田川流：《艺术管理的当代使命与基本原则》，《汕头大学学报》2012 年第 1 期。

[14]高迎刚：《欧美国家艺术管理人才培养模式及其对当代中国的借鉴意义》，《艺术百家》2012 年第 3 期。

[15]马峰、陈凌：《浅析综合性艺术院校艺术管理人才培养的构建》，《齐鲁艺苑》2012 年第 5 期。

[16]田川流：《论艺术品与艺术商品的价值》，《山东师范大学学报》2012 年第 6 期。

[17]杨丽娅：《艺术市场管理法构建中的问题及建议》，《齐鲁艺苑》2012 年第 5 期。

[18]马立新：《数字艺术公共安全机制引论》，《山东师范大学学报》2012 年第 3 期。

[19]刘昂：《民间艺术资源开发价值的综合评估研究》，《齐鲁艺苑》2012 年第 2 期。

[20][23]田川流、刘家亮：《推进我国艺术管理学科建设的深化与拓展》，全国艺术学学会艺术管理专业委员会第一届年会暨“文化遗产保护与资源利用”学术研讨会综述，《齐鲁艺苑》2012 年第 4 期。

[21]田川流：《论非物质文化遗产的传承与变异》，《齐鲁艺苑》2012 年第 1 期。

[22]张斌：《文化遗产的价值评判研究》，《绥化学院学报》2012 年第 1 期。

（作者：田川流，山东艺术学院艺术文化学院教授；刘家亮，山东艺术学院艺术文化学院副教授）

广播电视艺术学研究

牛光夏

面临新媒体的强力冲击，在传媒生态环境加速变化的情况下，2012年广播电视业奋力前行，巩固传统优势、开掘自身潜力，努力探索新颖的节目内容和形态，一些好节目、好作品的播出引起全社会的关注和热议，特别是《中国好声音》、《中国达人秀》等真人秀节目和《谢天谢地你来啦》等新型娱乐节目、《舌尖上的中国》等纪录片；由山东省委宣传部、山东省广播电影电视局、山东影视集团摄制的45集电视连续剧《知青》，于5月29日亮相中央电视台一套黄金剧场；由山东广播电视台摄制的纪录片《本色》获得中广协第十一届全国电视文艺“百家奖”专题类节目一等奖和第十八届中国电视纪录片十佳短片，可谓是热点纷呈。这极大地激发了广播电视艺术理论研究的热情和兴趣，山东省广播电视艺术研究也呈繁荣之势，并有一些研究是立足本土，从自身的媒体实践出发来探讨地方广电媒体的发展之道。

一、2012年度山东广播电视艺术学研究概况

2012年，山东省的广播电视艺术学研究呈现出相关研究论文总量大、涉及面广、参与人员多的特点。据不完全统计，相关论文有300多篇，涵盖广播电视行业的各个方面。参与人员有广电行业从业人员、各级大中专院校专业教师、研究者和在校生，其中犹以广电业内人士居多。这些论文从广播电视行业组织管理、产业发展、节目研发及创新、节目分析批评、受众心理接受、文化审美、社会价值、哲学思考等若干层面展开，有基于某一传播理论的探讨，有对某一广播电视作品的理性批评，也有结合执笔者所在机构传播实践的经验总结和思索。与过去的研究相比，同新的媒介环境相契合，2012年出现了一些从全媒体、媒介融合、与新媒体的互动、跨媒体等新的角度对广电媒体进行的研究。

在学术活动方面，8月31日上午，“山东广播电视文化产业发展论坛”在山东大厦举行，这次论坛由第四届山东文化创意产业博览交易会组委会办公室和山东广播电视台主办，论坛邀请国内知名专家和学者，围绕本届展会“创意、融合、发展”的主题，针对山东广播电视文化产业发展现状及趋势、文化产业发展面临的挑战与机遇等作了精彩演讲，为山东广播电视如何推进文化产业、如何进行内容创新等献计献策。同时，与会专家和学者也充分肯定了山东广播电视文化产业的发展成绩，为推动山东文化产业的发展繁荣提出了宝贵的意见和建议。

山东省影视文化学会举办了第一届山东省“星光影视奖”影视文化论文评奖活动，以此推动省内影视文化研究的开展。

二、主要研究问题及观点综述

2012年度，我省广播电视艺术学研究关注问题多、涉及面广，大致可归纳为：广电媒体管理及创新发展、电视栏目、电视剧、纪录片、节目主持人、广播媒体发展和广播节目、广告、动漫等8个方面。

（一）广电媒体管理及发展研究

2012年，是“十二五”时期具有转折意义的一年，也是电视产业发展的关键之年。伴随着文化产业的空前发展，电视产业迎来了空前的机遇。同时，3D频道的开播，网络媒体的迅速崛起以及三网融合的继续推进，使得电视产业在纷繁复杂的媒介生态环境中面临着巨大的挑战。这使得更多的学者把目光投向新媒体环境下电视产业的品牌建设，运营管理和营销策略、节目创新、受众研究等问题的研究上。

面对新媒体的冲击以及媒介融合的整体趋势，相关学者也从各自领域对电视媒体的发展进行了探讨。枣庄学院传媒学院乔瑞华的《融媒体格局下广电传媒的现状与发展之路》（《中国传媒科技》第7期）对于电视传媒在各种媒体融合背景下的现状和发展趋势作了分析。淄博市淄川区广播电视局吴祥启的《区县级广播电视应对新媒体冲击的思考》（《中国传媒科技》2012年第12期）从新媒体所带来的信息传播方式变革的角度上阐述了区县级广播电视台所面临的冲击及应对措施。山东师范大学王妍妍的《新媒体环境下央视特约评论员队伍研究》（硕士论文）从更为具体的角度对央视特约评论员在新媒体环境下的选题内容评论视角等内容进行的分析。青岛广播电视台袁德春《广播媒体的“跨媒体”运营》（《青年记者》2012年第20期）分析指出了传统媒体尤其是已成弱势的广播媒体，要吸引并发展受众，在传播手段、内容和形式以及对受众的分析选择上所需要作出的相应的跟进、调整与变革。

网络是继报纸、广播、电视之后出现的第四媒体，它进一步打破了思想创造的壁垒，使生产和传播思想文化不再是少数精英阶层的特权。网络媒体还使大众参与到媒介的生产和消费中来，电视与网络的互动是媒介融合时代的必然。潍坊广播电视台

杨效春、宋红旗的《网络与电视各自的优势及互动》（《青年记者》2012年第14期）从电视自身的媒介特征出发，探讨了网络与电视各自的优势及互动，并在此基础上提出了新的关于网络媒体建设的新课题。

在广电媒体的受众研究方面，枣庄电视台徐峰的《新传播形势下电视的“互动”发展》（《青年记者》2012年第8期）则从信息传播的角度对于受众与电视媒体之间的互动进行了深入研究，并且进一步阐释了新传播形势下电视受众的基本特征。山东广播电视台总编室王长涛的《电视媒体如何“瞄准”老年受众市场》（《青年记者》2012年第30期）探讨了广电媒体在老龄化社会背景下对于老年受众市场把握的必要性，并提出了合理化建议。

电视频道品牌是电视频道在长期运营过程中形成的一种高附加值的无形资产，对于电视台的发展具有重要意义。山东大学邵明华的《电视频道品牌的维系与提升策略研究——以山东齐鲁电视台为例》（《中国电视》2012年第5期）结合相关理论，从品牌定位与重新定位、创新产品和品牌延伸、识别细分市场、推行公益营销等方面对于齐鲁电视台的品牌建设进行了详尽分析。山东省烟台广播电视台刘国云的《建设广电媒体品牌文化的要素分析》（《中国广播》2012年第7期）分析了品牌文化的重要性，并着重阐述广电媒体品牌文化形成的几大要素，即先进的节目，节目生产力与生产关系的先进性，生产方式的先进性和保持节目传播的先进性。山东青岛广播电视台总编室祝洪珍的《解读典型故事演绎人间真情——青岛电台的公益引领与实践探索》（《中国广播电视学刊》2012年第5期）用三个关键词“红飘带”、“微尘”、“媒体责任”串起青岛“红飘带”的故事和“微尘”的故事，以及青岛电台执着媒体责任，挖掘和培育城市公益品牌的故事。

创新是永葆媒体生命力及影响力的关键。中国人民大学新闻学院周小普、山东大学文学与新闻传播学院周树雨的《从央视〈走基层〉看电视节目的创新实践》（《电视研究》2012年第7期）重点从对节目定位的深入把握、对电视优秀传统的继承、对多元化传播特质的融合等方面，对品牌创新及品牌影响力等内容展开探讨。随着电视行业竞争的日趋激烈，电视节目研发越来越受到重视，但是研发的边界在哪，怎样进行有效研发，却是行业性难题。山东广播电视台品牌创意中心电视节目研发部刘何雁的《电视节目研发的“1234”》（《青年记者》2012年第18期）一文，结合实践提出电视节目研发的“1234”。即：把节目研发当作“一把手工程”、“台领导工程”、电视媒体的研发费用应占其销售额的2%、建立“三级节目研发体系”、处理好关于自身定位的4个辩证关系。山东师范大学董晓辉《媒介融合背景下新闻作品生产的创新形态研究》（硕士论文）集中研究融合现状明显的网络媒体、手机媒体、电视媒体和融合型人才培养，从纵向的维度展开对电视新闻生产的新形态、新系统、新模式的研究。

在广电产业的运营管理方面，山东省日照广播电视台李世成、曲阜师范大学张雨的《我国电视娱乐节目监管探析》（《当代电视》2012年第1期）分析了近年来我国电视娱乐节目制作和播出过程中所出现问题的原因，并对娱乐节目的监管提出了合理化建议。青岛广播电视台袁德春的《广播媒体的“跨媒体”运营》（《青年记者》2012年第20期）站在“跨媒体”的角度上对广播媒体的传播手段、内容和形式以及对受众的选择进行了有益探讨。曲阜师范大学何雨朔、董从斌的《城市电视台产业链发展策略研究》（《电影评介》2012年第14期）提出，在新媒体环境下，在激烈的媒体竞争中，城市电视台的产业链应立足本市，服务区域经济和文化建设，把城市电视媒体作为反射器，变阻力为推力，变压力为源动力，形成上中下游无缝的产业链。

山东广播电视台魏颖的《新规制下省级卫视突围策略》（《现代视听》2012年第9期）对2012年省级卫视的节目编排趋势进行分析，对“限娱”、“限广”下省级卫视的突围策略进行了探讨，并提出在新规制下，各卫视应对激烈竞争，需强调节目创新的地位，依靠独占性的资源或独特的传播方式打造核心竞争力，从而突破发展道路上的瓶颈。近年来，许多省级卫视不断扩大节目覆盖范围，但忽视了其内在质量的提高，山东广播电视台尹洪伟的《卫视节目覆盖效果和质量的关系》（《现代视听》2012年第9期）则呼吁从业者应辩证处理节目覆盖效果与质量之间的关系。

在信息碎片化、受众分化和媒介融合的时代背景下，微博具有实时分享短消息、互动交流便捷、传播范围广等优势，已经成为电视媒体提升知名度、打造品牌形象的重要营销平台。山东艺术学院李冬梅、北京大兴区广播电视台李岭涛的《电视媒体的微博营销分析》（《当代电视》2012年第6期）一文，以新浪官方认证的电视频道和电视栏目的微博为例，分析目前电视媒体微博营销的不足，结合品牌接触点理论探讨其微博的营销策略。

山东日照广播电视台焦见增的《地市级电视台生存发展策略研究》（《新闻传播》2012年第11期）分析了在央视、省级卫视以及网络媒体的挤压之下，地方电视台如何站稳脚跟、占据一席之地、作出百姓喜闻乐见的节目路径，指出了地市级电视台深刻挖掘自身特色，独辟蹊径创办品牌栏目的特殊意义。烟台广播电视台姜燕的《地方广播如何加强经营管理》（《新闻前哨》2012年第7期）详尽分析了地方广播的发展特点及其优势对于如何将强经营管理提出了合理化建议。

曲阜师范大学信息技术与传播学院汪琦、山东省日照广播电视台李世成的《美国电视节目运营机制对我国制播分离改革的启示》（《东南传播》2012年第4期）阐述了借鉴其他国家电视产业化成功的经验，对我国制播分离制度改革有重要意义。他对美国电视节目的运营机制进行了研究，并提出了其对我国制播分离制度改革的启示。山东潍坊滨海经济技术开发区电视台于彬的《广电传媒体制创新的路径与走势探析》（《新闻传播》2012年第2期）在电视产业越发成熟的背景下分析了广电传媒体质创新所呈现出的个性特征并针对广电传媒体制的创新路径以及走势进行了探究分析。

山东教育电视台刘中枢的《谈教育电视传媒的发展趋势》（《现代视听》2012年第5期）回顾了教育电视台的发展历史，结合电视传媒新技术的发展和应用，提出当前教育电视传媒发展的建议，对教育电视传媒的发展起到很好的参考作用。

山东师范大学传媒学院的张冠文的《在泛化与控制之间——从“限娱令”看中国电视调控体系的不足》（《编辑之友》2012年第4期）分析了“限娱令”的颁布对遏制电视荧屏的过度娱乐所起到的重要作用，及其所暴露出的中国电视调控体系的不足：媒介规制对电视的属性定位不明确、电视功能的发挥失调、评价体系不健全、受众对传媒的监督权的行使不到位、版权保护不完备，并进一步阐述了应对措施。

（二）电视栏目研究

电视媒体的发展及观众需求的多样性，促进电视栏目不断地推陈出新，内容和形式的多元化丰富了电视的荧屏，也带了一些值得研究和探讨的问题。

1. 娱乐类栏目

在这样一个娱乐经济时代，电视媒体中的娱乐节目不断地推陈出新，内容和形式也日益丰富。2012年关于娱乐类栏目的研究有关注当下热点娱乐节目和真人秀节目的；有关注其所存在的问题和发展道路的；有在哲学层面思考其存在价值和意义的。

《中国好声音》自2012年7月年开播以来，一路掀起收视高峰，引发全民关注的热潮。山东广播电视台肖辉馨的《逻辑推理与经验选择：探析〈中国好声音〉》（《现代视听》2012年第9期）一文对《中国好声音》中的对赌协议和产业链条的开发进行了分析。而山东师范大学传媒学院硕士研究生任树燕《〈中国好声音〉的成功之道》（《今传媒》2012年第12期）则从节目制作、主体性、情感因素及微博营销等四个角度分析该节目的成功之道。

对中国另一档成功的平民选秀节目《中国达人秀》的关注也见诸于研究文章中。青岛广播电视台夏婧的《〈中国达人秀〉的成功之道》（《青年记者》2012年第14期）一文从这档栏目的模式、风格、节目定位、媒体宣传等多个角度分析了其受热捧的原因。青岛农业大学逄格炜、鲁东大学何志钧的《〈中国达人秀〉的消费主义批判》（《现代视听》2012年第1期）一文认为，从本质上讲，《中国达人秀》是消费主义的，尤为突出地表现在对仪式、故事、梦想、情感等元素的消费上。因为这些元素都被编入了作为文化产业的电视工业生产体系，成为创作者、播出方最大限度地提高收视率的手段，所以无可避免地带上了铜臭气。

其他如山东师范大学传播学院研究生庞胜楠的《平民的狂欢——以〈智勇大冲关〉为例浅析真人秀节目热播原因》（《今传媒》2012年第8期）一文也是以个案分析法来分析真人秀节目的热播原因。

山东电视台胡晓锐、中国传媒大学受众研究中心李翔、《济南日报》社牟明善的《喧嚣、沉寂与突围——泛娱乐化语境下中国电视真人秀节目研究》（《南方电视学刊》2012年第2期）则深入分析了当下电视真人秀节目的困境，指出在泛娱乐化的语境下，中国电视真人秀节目经历了由喧嚣到沉寂的蜕变：K歌秀迷失于全民卡拉OK的滑稽、体育娱乐竞技秀陷入到审丑的迷惑、音乐选秀遭逢政策滑铁卢、家庭秀有创新无热点、婚恋交友秀难逃后情感主义的怪圈。浮躁终将导致消歇，喧嚣毕竟归于沉寂——先天不足的中国电视真人秀节目，在泛娱乐化和后情感主义的当下语境，深陷泥潭。就中国电视真人秀节目沉疴不起的症结何在、如何冲出重围给出了自己的解答。

《谢天谢地，你来啦》为央视于2012年新推出的一档娱乐节目。作为娱乐节目的革新之作，《谢天谢地》成了“限娱令”之后中国娱乐节目制作的风向标。山东师范大学传媒学院研究生梁培培的《关于〈谢天谢地，你来啦〉的价值批判》（《今传媒》2012年第12期）和山东师范大学马伟瀚、济南广播电视台刘伟敬的《限娱时代新型娱乐节目解析——以央视〈谢天谢地你来啦〉为例》（《青年记者》2012年第20期）都对这档节目进行了分析，从节目呈现样态、内容架构、文化诉求等不同角度进行研究，以期了解、调控或引导国内娱乐节目发展新方向。

作为山东卫视全新打造的一档明星真人秀综艺节目，《歌声传奇》由歌坛传奇偶像全新演绎经典歌曲。对这档栏目的研究见诸于山东广播电视台张玉红的《〈歌声传奇〉品牌化提升的思考》（《现代视听》2012年第10期）一文，作者从节目编导、策划的角度，对《歌声传奇》的进一步发展方向和品牌化建设提出了一些思路和建议。

电视娱乐节目繁荣表象的背后存在的低俗化、同质化等弊端引起了研究者的关注。山东大学文学与新闻传播学院王华的《从传播学走向多学科融合：欧美真实电视研究路径与启示》（《新闻大学》2012年第1期）一文认为从20世纪最后10年开始，以参与者在规定情境中表达和体验为特征的真实电视节目逐渐改变了全球电视版图和娱乐景观。在此过程中，愈来越多的学术研究一直在严肃地关注着这一电视类型。本文认为欧美真实电视研究涉及节目本体、跨国扩散、政治文化、产业结构、受众研究和社会关联考察等路径，逐步从新闻传播学迈入了社会学视域，它对深入认识和参与当下国内真实电视讨论颇有启示。鄄城县广播电视局刘善杰的《电视娱乐节目存在的问题与出路》（《青年记者》2012年第20期）一文认为，娱乐节目发展到一定阶段进入瓶颈期，要实现瓶颈的突破，就要走平民化道路、与受众互动、打造精品娱乐节目。娱乐节目只有绿色、健康、和谐，才能不断拓宽生存空间。枣庄学院传媒学院郑亚鹏的论文《探析新媒体语境下娱乐节目的发展》（《编辑之友》2012年第02期）运用传播学理论，从媒介转变的角度对新媒体语境下娱乐节目的传播方式及效果进行研究。山东广播电视台电视影视频道吴莺的《提升电视选秀节目的情感力量》（《青年记者》2012年第30期）一文则结合目前我国电视选秀节目的发展现状，就提升电视选秀节目的情感力量进行论述。山东理工大学文学与新闻传播学院马冲的《新生代益智类节目〈非常了得〉传播特点探析》（《新闻知识》2012年第9期）一文，从传播学的角度出发，对江苏卫视推出的益智类节目《非常了得》的特点进行梳理总结，以期为我国娱乐节目尤其是益智类节目的发展提供有益的启示。山东大学文学与新闻传播学院孔令顺的《论电视娱乐节目的逻辑起点》（《现代传播》2012年第5期）从哲学层面对电视娱乐节目的逻辑起点进行分析，认为娱乐不仅是手段，更是目的；电视不仅是视窗，更是镜像；受众不仅是看客，更是主角。这三个层面基本构成了电视娱乐节目的逻辑起点。

2. 其他电视栏目研究

其他如法制类节目、相亲类节目、科教类节目也进入了研究的视野。

山东烟台电视台赵琪、张芳的《正确把握法制节目的情感因素》（《当代电视》2012年第4期）从一期获奖法制节目入手，提示出目前法制节目记者应该思考的一个问题，那就是如何在严谨、刻板的法制节目报道中发掘出在法律后面的情感因素，使法制宣传更富有人情味，让生硬的法律条文更能被百姓接受和理解。

日照电视台严晓华的《从电视组织管理角度看相亲类电视栏目的发展与前景》（《新闻传播》2012年第5期）一文，从相亲类电视栏目的发展历程入手，以安徽卫视的《非诚勿扰》栏目为例分析相亲类电视栏目火爆的原因及其火爆背后存在的问题，并从电视组织管理的角度给出相应的解决方案。

山东师范大学薛国梅的《科教类电视节目的叙事特色——以〈走近科学〉为例》（《现代视听》2012年第10期）一文，以《走进科学》为例，对科教类电视节目的叙事特色进行探索，重点从叙事主题、叙事方式、叙事话语平民化等几个方面来具体分析此类电视节目的叙事艺术。

青岛市广播电视台邓晨华的《美食节目如何走自己的路》（《青年记者》2012年第5期）一文指出了美食节目的发展之路，即不断更新节目形式，力求多样化，给观众新鲜感；搭建更广阔的交流平台，拉近与观众的距离，增强节目的互动性；运用电视的表现手段，提倡实用、时尚的饮食观念；树立自己的品牌，挖掘市场潜力。

近年来各地帮忙类节目异军突起，如日照台的《民生帮办》、齐鲁台的《小溪办事》、安徽台的《帮女郎帮你忙》等等，在当地都取得了不错的口碑和较高的收视率。然而自这类节目诞生之日起，就引起不少业界人士的质疑。有人认为帮忙记者介入性报道是越俎代庖，极易造成记者角色的错位和媒体职能的越位，并且认为老百姓的困难事、烦恼事终归需要政府部门和社会各界去解决，媒体根本的职责还是通过新闻报道进行舆论监督。也有论者对当下帮忙类节目涉及个人隐私、帮倒忙等缺陷提出了批评。山东日照广播电视台商光锋、刘媛媛的《电视帮忙类节目刍议》（《新闻窗》2012年第6期）一文就帮忙类节目是否该办及如何办好两个问题进行了探讨。

（三）电视剧研究

由山东省委宣传部、山东省广播电影电视局、山东影视集团摄制的45集青春励志型电视连续剧《知青》播出后，以高收视率成为同时段收视冠军并以其题材的独特性、话题性引发了社会各界的广泛关注和无数人的热议。浓郁的历史质感、清新的画面也唤起了很多当年亲历者的青春记忆。全景式展现特殊年代下“知青”这一群体生存状态的电视剧《知青》，以充沛浓烈而不失细腻动人的情感、理性思辨而又不乏浪漫情怀的笔触，传神地表现出特定历史时期内知青们的青春与理想、热忱与真诚、奋进与困惑、痛苦与欢乐。山东师范大学李掖平的《辉映着人性光彩的悲壮与崇高——评电视剧〈知青〉》（《中国电视》2012年10期）一文，对电视剧《知青》既回荡着历史的涛声，又洋溢着青春的舞曲；既吹响了英雄主义的号角，又律动着人性脉搏的跳跃给予高度赞赏，认为该剧为真实还原和艺术表现知青岁月的历史风貌，提供了一种崭新的可能。

对电视屏幕上出现的其他类型电视剧，研究者也从不同的角度给予了关注。山东大学文学与新闻传播学院孔令顺的《现实题材电视剧的困惑与突围——以电视剧〈人到四十〉为例》（《中国电视》2012年第10期），以《人到四十》为例来分析当前现实题材电视剧面临的诸多困惑与纠结。山东理工大学文学与新闻传播学院马冲的《青春偶像剧持续火爆荧屏原因探析——“使用与满足”理论的电视媒介应用》（《新闻爱好者》2012年第12期）以传播学的“使用与满足”理论为根据，试图解析偶像剧盛行的社会根源与各种内在因素。山东师范大学传媒学院研究生邵贵媛的《80后婚恋题材电视剧的现实意义》（《青年记者》2012年第35期）认为80后婚恋题材电视剧反映了社会上80后闪婚、离婚率高、难婚等种种现实，是社会生活的一个缩影，具有很强的现实意义。

作为近年来热播荧屏较为成熟的主要类型之一，谍战剧叙事已进入“向内寻求突破”的发展阶段，信仰、情感、人性等成为叙事创新的关键。枣庄学院卢衍鹏的《谍战叙事的伦理建构与伦理正义的多元表达——论电视剧〈誓言今生〉的叙事策略》（《中国电视》2012年第5期）一文，认为电视剧《誓言今生》以宏微互补的叙事结构，建构谍战叙事的伦理维度；以伦理正义的信仰价值凸显谍战叙事的情感元素；以谍战叙事的日常伦理展开多元的人文反思。当然，伦理建构只是谍战剧对类型融合和多元解构的初步尝试，仍需更多视角的深入挖掘和精心打造。只有紧扣信仰、人性、伦理、价值等核心元素，才能真正实现电视艺术的叙事创新。

新时期以来的农村题材电视剧塑造了大量的乡村女性形象，不少作品更直接以乡村女性作为表现的主体。山东师范大学传媒学院张新英的《农村题材电视剧中的女性形象类型及其文化意义》（《山东师范大学学报》（人文社会科学版）2012年第4期）认为，这些女性群像基本可以归入苦难女性、女强人、道德女性和落后女性这四类范畴。借助这些乡村女性形象在时代中的审美衍变，通过对她们的婚恋情感、人生命运及未来出路的展示和思考，农村题材电视剧对中国乡村传统、乡村现实和乡村文化进行了全面探索与考察，完整地勾勒出一幅中国乡村社会文化变迁的历史图景，拓宽了中国电视剧艺术的表现空间。

与《急诊室的故事》、《实习医生格蕾》、《白色巨塔》等西方医疗剧相比，中国医疗剧还处于起步阶段，甚至可以说是严重缺位。枣庄学院曹新伟的《中国医疗剧的伦理反思、信仰价值与意义生产——以电视剧〈心术〉为例》（《创作与评论》2012年第9期）认为电视剧《心术》以直面精神危机与伦理规范的姿态展开医疗叙事，以仁心、仁爱、仁术的博弈进行形象塑造，以价值分歧中的道德秩序重建为核心进行意义生产，为中国医疗剧开拓了伦理反思空间，提供了一种道德秩序重建的可能。山东师范大学传媒学院张新英的《〈心术〉：多种元素混搭而成的另类医疗剧》（《中国电视》2012年第8期）也对这部电视剧作了理论探讨。

犯罪剧是美国电视剧的重要类型，数量众多并占有可观的收视份额，在全球文化市场产生了较为广泛的影响。山东师范大学苗元华的《美国犯罪剧的叙事形态与特征》（《现代传播》2012年第3期）一文认为，美国犯罪剧具有多元化的叙事形态，其叙事重点和价值观念导向也存在差异。全面审视和把握犯罪剧的诸多形态与特点，有助于我们有针对性地加以选择并进行客观评价。

近年来，军事题材电视剧凭借不断拓展的类型样式和日趋成熟的叙事艺术，成为新世纪电视荧屏中持续引发关注的文化现象。山东师范大学苗元华的《军事题材电视剧的精神昭示与叙事艺术——兼评电视剧〈夺粮剿匪记〉》（《电视研究》2012年第1期）一文认为，央视电视剧频道播出的《夺粮剿匪记》作为一部以新中国成立前夕革命历史为叙事背景的军事剧，其所凸显的在严峻激烈的敌我殊死斗争中忠诚执著的革命信念和情怀颇具有艺术感染力。

山东大学威海分校新闻传播学院周怡的《中国历史题材影视剧的文学渊源与继承关系》（《山东社会科学》2012年第4期）一文认为，历史题材影视剧创作的源头可以追溯到《史记》和宋代的“说话”，以人物为核心来叙述历史成为中国叙事文学的一个特色，“说话”中的“讲史”是历史纪录的民间形式，也是历史与民间艺术的结合。以二月河历史小说改编的帝王系列历史剧以及以毛泽东等领袖人物为中心的现代革命历史剧继承了这个传统。从历史的发展线索来看，说话之“讲史”直接导致了历史演义小说的产生，而历史演义小说对于历史题材的影视剧就发生了比较明显的继承关系。从艺术形式的生存意义上理解，是通俗艺术向主流意识形态文艺靠拢，传统礼乐文化发挥着推动作用。从艺术形式的表现上看，历史题材影视剧的结构章法、叙事视角、语言风格，都在这个传统的延续中有所发展。

从《渴望》开始，中国家庭伦理剧从无类型意识，到有类型意识，再到类型成熟，是产业化、艺术化等多重因素发展的必然结果。枣庄学院卢衍鹏的《家庭伦理剧的类型融合与文化诉求——论电视剧〈咱家那些事〉的叙事策略》（《创作与评论》2012 年第 5 期）一文认为，电视剧《咱家那些事》以叙事策略完成类型突破，通过喜剧化型塑造了日常生活的理想色彩与智慧空间，通过戏剧化表现平庸惯常的悖反伦理与人性限度，通过多元化实现了家庭伦理的类型融合与文化诉求。

公安题材影视创作进入新世纪后伴随着改革开放向更深层面发展，全面深入地表现复杂的现实生活，表现人物性格的多样性。在艺术表现上，努力寻找新的叙事方式与表现手段，探索新颖的结构模式和叙事方法。聊城大学朱印海的《论当代公安题材影视创作美学观念的转变和多样性发展》（《文艺理论与批评》2012 年第 3 期）一文就中国公安题材影视创作的内容题材、艺术语言、文本结构、作品传播方式和市场化运作等方面进行了深入的探索。

济南大学历史与文化产业学院张波的《国内网络自制剧类型及代表作品探析》（《南方电视学刊》2012 年第 5 期）指出，当下国内网络自制剧蓬勃发展，已经涌现出多种剧集类型。从网络剧中的都市情感剧、情景喜剧、偶像剧等范畴来看，一方面，对青年人群体的受众定位是其鲜明的生产特征和叙事策略；另一方面，在已涌现的网络剧集中，对相似电视剧集国外同类节目的借鉴成为常态。已有电视剧类型与新媒体生产及传播平台发生对接，原有的叙事特质和类型元素和都市文化、青年群体影响消费习惯彼此互动，形塑了网络自制剧的丰富样貌。

由山东影视集团、山东电影电视剧制作中心、枣庄电视台、徐州电视台联合出品的 28 集电视连续剧《小小飞虎队》2012 年获得第十二届精神文明建设“五个一工程”奖，山东电影制片厂尚铁龙的《少儿剧成功范式之探微——以电视剧〈小小飞虎队〉为例》（《戏剧丛刊》2012 年第 5 期）分析了儿童战争题材类电视剧《小小飞虎队》的成功之道。

除了针对类型电视剧的研究，对电视编剧及叙事艺术的研究也是电视剧研究中的重要分支。山东师范大学文学院孙书文的《主旋律影视的大众文化认同——论“赵冬苓编剧”》（《东岳论丛》2012 年第 2 期）一文认为，编剧困境是影响中国主旋律影视发展的一个因素。赵冬苓成功地打造了一个主旋律影视编剧品牌。“赵冬苓编剧”体现出三个特征：“文化民间主义”的特质，增强了大众文化认同的亲和力；简洁有力的主题，赋予大众文化认同以明确的指向性；坚实的戏剧内核，赋予大众文化认同以强大的驱动力。这一影视编剧品牌的成功富有启示意义：营造大众性的文化认同的符码，是主旋律影视作品进入受众内心的锁钥。潍坊学院王恒升、郭金娥的《略论〈小姨多鹤〉由小说到电视剧的改编艺术》（《名作欣赏》2012 年第 26 期）通过电视剧《小姨多鹤》和严歌苓的同名长篇小说的对比性艺术考察，探讨小说和电视剧两种不同艺术形式的艺术特征。

山东师范大学苗元华的《消费主义时代中影视艺术情感叙事的审美缺失与价值实现》（《文艺评论》2012 年第 5 期）则探讨在消费主义观念盛行的时代，电影艺术的情感叙事容易陷入仅仅满足情感宣泄和幻觉体验的单一化局面。具有人文关怀的审美情感表现应当推动人与人之间以及人自身的对话，有益于人在现实生存中精世界的丰富和完善。本文通过对消费时代下多方面的阐述，从而总结出影视艺术中的审美情感具有多元、丰富的审美价值，但在消费主义文化语境中大多数作品偏重心理疏导、情感宣泄这一基本功能的实现。

还有的研究者则对某一具体电视剧的人物形象塑造或整体艺术构思等方面进行理论探讨，如山东青岛广播电视台汤沐霖的《析电视剧〈阳光路上〉柳春香的艺术形象》（《当代电视》2012 年第 7 期）、山东师范大学传媒学院张新英的《母性的颂歌，平民的史诗——评电视连续剧〈叶落长安〉》（《中国电视》2012 年第 9 期）、山东师范大学传媒学院李韦儒的《从接受美学角度看〈乡村爱情〉的得失》（《影视艺术》2012 年第 03 期）等。

（四）电视纪录片研究

由于近两年国家对纪录片的重视，相关的政策扶持和产业促进措施的出台，中国纪录片在 2012 年不论是央视还是地方频道，不论是官方还是民间，都展示出新鲜的气象，出现了《舌尖上的中国》、《超级工程》等引起全社会关注的纪录片，《舌尖上的中国》甚至成为年度文化现象。山东电视台的纪录片《本色》也获得了多项大奖。对纪录片的关注和研究渐成热点，从对具体纪录片的个案研究到纪录片创作手法、传播策略的研究，丰富了纪录片的有关理论。

山东艺术学院传媒学院牛光夏、雷田田的《2012年度中国纪录片盘点》（《中国电视（纪录）》2012年第12期）从央视的国际化的尝试、民族化和个性化的突破、对科技的关注、走向世界；省级卫视的题材的地域性和风格的多样、对逝去历史的别样关注；纪录片产业化和网络化的奋进之路三个方面对2012年的中国纪录片进行了精心盘点。

随着《舌尖上的中国》的热播，对于这部引发广泛关注的纪录片的研究也见诸很多传播类杂志，研究者从不同的角度和层面对其进行探讨。淄博市淄川区广播电视局程文英的《细节的魅力——谈〈舌尖上的中国〉》的细节描写（《青年记者》2012年第23期）、山东旅游职业学院基础部讲师许玉庆《关注人文色彩，还原艺术光晕——从〈舌尖上的中国〉看文化纪录片艺术光晕的还原》（《电影评介》2012年第18期）、山东大学文学与新闻传播学院张宝砚的《电视唤起文化记忆——从〈舌尖上的中国〉的热播探析电视文化传播策略》（《现代视听》2012年第8期）、曲阜师范大学信息技术与传播学院周春慧的《写意与传情：视听语言传达纪录性美学特质——以美食纪录片〈舌尖上的中国〉为例》（《电影评介》2012年第19期）4篇论文分别从纪录片《舌尖上的中国》的细节描写、人文关怀色彩、文化传播策略、视听语言进行了研究。

山东卫视摄制的纪录片《本色》在获得业界肯定和奖励的同时，《电视研究》刊发了两篇对这部纪录片的理论探讨文章。山东广播电视台刘继锐的《主流价值观的本色化表达——解读纪录片〈本色〉的导向意义》（《电视研究》2012年第3期）一文认为，导向就是作品所体现的核心价值观念。纪录片《本色》的成功，源于对主流价值观的挖掘和呈现，也源于主创人员的本色化表达。山东广播电视台李玉的《〈本色〉：主旋律纪录片的创新探索》（《电视研究》2013年第3期）从讲述视角创新、故事架构创新、拍摄思路创新三个方面，论述了影像与照片的完美结合、细微处见真情、抢救性拍摄三种创作方法的探索。

青岛电视台制作的6集大型系列音乐艺术片《心旋》之《经典之魂》荣获中广协第十一届全国电视文艺“百家奖”一等奖。作为该片的音乐编辑青岛电视台，杨晶晶的《〈经典之魂〉——音乐的力量》（2012年第3期《电视研究》）从音乐运用的角度对该片进行了解读。

山东大学文学与新闻传播学院王华的《民族影像与现代化加冕礼——少数民族题材纪录片历史及其评价（1949—1978）》（《新闻大学》2012年第6期）《中国少数民族题材纪录片概念建构与考察价值》（《西南交通大学学报（社会科学版）》2012年第2期）两篇文章较为系统地？对少数民族题材纪录片进行了研究。

山东师范大学苗元华的《视觉文化语境中纪录片创作的影像思维》（《新闻知识》2012年第6期）一文认为，在全球化传播格局和视觉文化占据主导的时代背景中，纪录片的影像表现力关系到跨文化交流与对话的效果。纪录片创作的影像思维体现为以长镜头为主进行忠实记录，以真人扮演或虚拟现实技术进行情景再现，以及通过视觉造型实现表情达意。

城市形象片作为一座城市对外宣传的名片，起着介绍自己和吸引别人的重要作用。它对城市方方面面的呈现，绝不是不做加工处理的照搬，更不是矫揉、粉饰之后的呈现。而是运用美学的思维和艺术创作的理念，对现实的精华成分进行提取和重组而成。青岛科技大学传播与动漫学院单娟的《探究“城市形象片”的“真实性”问题》（《今传媒》2012年第12期）一文，提出城市形象片中的真实性原则，并指出目前存在的几个误区，从而对城市形象片的现状和创新思路形成有益的指导。

有多篇论文关注纪录片的艺术创作手法和理念问题，如莒县电视台张海燕、莒县电视台何爱东的《细节：纪录片的魅力所在》（《青年记者》2012年第20期）；日照广播电视台马全、日照广播电视台杨光《用心捕捉画面，打好“遭遇战”——谈人物纪录片的摄像技巧》（《青年记者》2012年第17期）；章丘电视台单艳秀的《长镜头在纪录片中的运用与发展》（《现代视听》2012年第2期）青岛电视台；刘春华、鞠勇、李梦琳的《纪录片的故事化创作——纪录片进入电视栏目后的新特点》（《青年记者》2012年26期）；青岛广播电视局关惠卿的《纪实类电视艺术的思维方式——以北京电视台〈第七日〉为例》（《青年记者》2012年第5期）等。

（五）节目主持人研究

主持人是广播电视节目和受众之间的桥梁和纽带，也是节目成败的核心与关键。对节目主持艺术的研究体现在多篇研究者的论文中。

山东青年政治学院文化传播学院王海燕在《浅议网络语言对广播电视语言的影响》（《中国广播电视学刊》2012年第10期）一文中，认为网络语言对广播电视语言产生了积极和消极两个方面的影响，一方面广播电视媒体的播音员、主持人不能片面禁止网络语言在广播电视媒体中的使用，或无视网络语言的流行和普及，应适当吸收、灵活运用已为大多数人接受的网络语言，为节目增添时代性、贴近性和亲和力。另一方面对网络语言要谨慎使用，防止因滥用网络语言而使广播电视语言背离语言规范，陷入戏谑、调侃之中。

山东青年政治学院文化传播学院武传涛的《播音员主持人语音不规范现象浅析》（《语言文字应用》2012年第2期）一文就播音员主持人语音不规范现象进行归纳，分别对因方音影响而失范、因多音字词而失范、因字形干扰而失范、因盲目从俗而失范和因音变不当而失范五种情况进行了简要的分析。

平度广播电视台尚茉琳的《现场主持和提问应注意的事项》（《青年记者》2012年第17期）从自己的从业经验出发，论述了电视专题节目现场主持和采访提问应注意的几个事项。山东青年政治学院文化传播学院尹航在《主持人的情感表现及其审美作用》（《今传媒》2012年第5期）一文中认为，当今节目主持传播的类人际性特点决定了主持人情感表现的必要性和重要性。而主持传播活动的大众公益性本质又要求主持人从表现内容、程度、方式、场合和时机等方面对内心情感的表现加以适当的控制。在当前的大众传媒语境下，主持人的情感表现具有十分重要的审美作用，具体体现在塑造主持人审美形象、激发受众情感共鸣和升华受众审美情操三个方面。

关于主持人定位，不同的节目性质有不同的要求。山东广播电视台张帆的《论电视娱乐类节目主持人的定位》（《现代视听》2012年第5期）一文认为娱乐类节目主持人应明确自己的角色、形象和风格定位，不断丰富自己的文化知识，增长阅历，做到寓教于乐，既让受众喜欢节目，又不致流于低俗。淄博市沂源县广播电视局侯华的《电视节目主持人的两个现场定位》（《青年记者》2012年第14期）则就“形象设计定位”、“主持风格定位”这两个方面展开分析，从而总结出电视节目主持人的必修之道。

青岛广播电视台孙丽洁的《电视主持人的化妆造型设计》（《青年记者》2012年第20期）一文认为，在当今越来越注重视觉效果的电视行业，电视主持人的化妆造型设计起着越来越重要的作用。电视化妆造型是电视艺术创作的重要组成部分，是构成电视节目风格的重要因素，塑造完美的电视节目主持人形象，摄像、灯光与化妆师的审美目的是一致的，也是互相依存的。

（六）广播媒体发展与广播节目研究

在传统的四大媒体中，广播被称为“弱势媒体”。在媒介形式日新月异的“新媒体时代”，广播更是受到了猛烈的冲击。在当前复杂的媒介飞速发展时期，广播媒体能否清醒地认识自身的优势和劣势，能否充分借鉴其他媒体的长处，扬长避短，与新媒体融合共进，寻求跨媒体协作发展是广播能否可持续发展的关键。烟台广播电视台张斐斐和姜燕分别在《城市广播在新媒体时代的发展》（《青年记者》第17期）、《新媒体环境下城市广播电台的发展策略》（《新闻传播》第6期）两篇文章中对城市广播在新媒体时代的发展进行了论述。山东科技大学文法学院李晓梅的《媒介融合视角下地方广播的突围之路》（《新闻知识》第12期）和即墨电视台王晓丽、周明明的《县级广播电台的现状与出路》（《青年记者》第5期）则分别描绘了在当前的媒介生态环境下地方广播的发展路径。前者认为地方广播可从技术创新、融合传播形态、发挥本土化优势和反地域化合作等四个方面突破困局。后者认为县级电台必须在突出地方服务特色，走“本土化”之路；不断创新形式，提高亲和力、收听率；打造名牌节目，培养有影响力和亲和力的节目主持人；运用新科技，打造数字广播四个方面下工夫。

“一日之计在于晨”，人们希望在新的一天开始之际获知当天的最新信息。而有车族移动收听群体成为中坚力量，与此同时，这部分人也是广播收益的最主要来源，因此针对这部分人群的需求分析，成为广播媒体需要长期进行的重要工作。青岛广播电视台毕小璇的《广播早间节目移动受众需求分析》（《青年记者》第14期）一文从“目标受众”的角度分析了广播早间节目的“移动”受众最需要的节目内容，并对广播早间节目发展提出了合理化的建议。

个案研究法是传播学研究的主要方法之一。中国计量学院李闯、山东电视台综艺频道范昕的《内容为王的媒体标杆——杭州交通经济广播频率节目分析》（《中国广播电视学刊》第9期）一文通过对杭州交通经济广播（交通91.8）全天节目进行内容分析，探究它“内容为王”的媒体理念。

广播中的人物节目是一种能充分彰显广播声音特点、发挥广播自身优势的节目样式。青岛市广播电视台袁丹的《人物广播节目创作初探》（《中国广播》第7期）一文中认为优秀的广播人物节目一要坚守“新闻性”，永葆源泉活水；二要善于描绘“音外画”，展现大千世界；三要践行“贴近性”，走进人物内心世界；四要以情感人，张扬人性光辉。

（七）广告研究

广告现已成为广播电视节目的重要组成部分，对广告的研究也成为广播电视艺术学的有机构成之一。山东省农业管理干部学院魏向昕、施郭森的《电视广告风格和功能的新变化探究》（《产业与科技论坛》第14期）一文结合一些优秀的电视广告，对其在艺术风格和艺术功能的新变化进行了论述。认为电视广告以独特的技巧，特定的情节和构思，集声音、色彩、图像等特性一体化，具有独特的艺术品格。

按照接受美学的理论，我们从广告学的角度可以将文本分为作者文本、传播文本、受众文本。文本缝隙存在于文本传递的不同阶段，电视广告的文本缝隙是指电视广告的策略性中断。山东理工大学文学与新闻传播学院于志强在《电视广告文本缝隙的释读》（《新闻界》第17期）一文中认为它的存在促使电视广告与受众之间建立起了密切的关系，从而提高了电视广告的收视率，扩大了广告的传播范围。

近年来，在电视剧、电视节目、电影中植入广告越来越多，植入生硬，少有不被人诟病的。为了探讨这一问题，济南日报报业集团马敏的《植入式广告的美学营销策略》（《青年记者》第5期）一文从植入式广告成未来广告发展新趋势、植入式广告陷入“创新陷阱”、美学营销原则是植入式广告的生命线三个大的方面论述了植入式广告的发展历程，并向业内人士提出了植入式广告的未来策略。潍坊职业学院李华勇的《植入广告发展的转型策略研究》（《中国传媒科技》第10期）一文认为植入广告的社会环境和市场环境日渐成熟，面对政策机遇与新媒体时代带来的发展机遇，把握好植入广告的发展转型策略，实现植入广告的科学化、规范化，才能保证其健康有序发展。中国海洋大学文学与新闻传播学院余佳维在《“广告是一种符号暴力”分析》（《青年记者》第17期）这篇文章中在法国著名的哲学家和社会学家布尔迪厄关于“电视是一种符号暴力，它有两个基本功能，反民主性和受商业逻辑制约的他律性”的观点的基础上，结合当前广告行业的现状，得这样一个推论：“广告更是一种符号暴力”。

电视广告对幼儿的身心发展会产生怎样的影响早已引起研究人士的关注。目前的研究中大多是对其消极影响进行分析并提出相应对策。淄博师范高等专科学校教育科学研究中心孙霜则在《浅析电视广告对幼儿心理发展的积极影响》（《群文天地》第4期）一文中结合具体的广告案例进行分析，认为虽然电视广告确实有诸多消极影响，但是其对幼儿心理发展的积极影响也不容忽视。

在现代社会里，电视广告具有“感性”、“强冲击力”的媒介特性。作为山东社会科学规划研究项目“西方社会文化思潮与中国当代文化走向研究”研究成果，山东科技大学文法学院南长全的《浅谈中国电视广告创意的后现代趋势》（《法制与经济（上旬）》第3期）一文认为，当下中国电视广告创意呈现出诉求表现从群体走向自我、认知从理性走向感性、内涵由明确转向模糊等一些后现代趋势，合理地引导和利用电视广告的这些后现代创意表达方式，才能使其取得更好的发展。

（八）*动画研究*

影视动画作为当代电视艺术的一种特色化表达手段，其传播功能和市场潜力巨大，因而，对其在电视传播中的艺术价值和产业发展模式的研究也日渐进入人们的视野。曲阜师范大学赵阳磊在《动画在影视中的应用现状探究》（《电影评介》第3期）一文中认为动画运用到影视之中，使影视作品更加凸显人物性格，起到强调剧情的作用等，不同类型的动画参与，使影片也散发出不同的魅力。动画的加入拓展了影视作品的表现空间，在一定程度上强化了影视中时间和空间表现效果。作为山东省艺术科学重点课题“山东动漫衍生品文化产业现状与发展研究”阶段性成果之一，山东青年政治学院设计艺术学院宋瑞波的《我国电视媒介特征与动漫产业发展》（《当代传播》第4期）一文对我国电视媒介的特征与动漫产业发展的关系进行了论述，认为数字媒体时代的电视媒介呈现了新的特点，对动漫产业的发展产生了深刻的影响。动漫产业的发展要依托电视媒介，结合电视媒介的新特点，互动为先，设立开放式动漫产业互动平台，建立全新的动漫产业发展模式，开启数字虚拟生活新方式。

中国动画艺术有着近百年的历史，而其理论研究却相对滞后，随着它的日益兴盛，学界也逐渐开始对其进行系统全面的研究。山东大学文学与新闻传播学院博士后李真真的《中国动画艺术研究综述》（《浙江艺术职业学院学报》第3期）一文，从动画定义、动画的本质与特征、片种与分类及其创作要素等方面进行了系统梳理，勾勒出了当前动画艺术研究的重点所在与发展趋势，为处于转型之际的中国动画提供了一份借鉴与参照。

他山之石，可以攻玉。日本动画产业从无到有，从弱到强，从模仿到独创，从被动到主动，在近100年内跻身于世界动画产业的领先地位。山东艺术学院刘甲南、山东财经大学蔡亚南的《日本动画产业的历史阶段特征分析》（《电影评介》第18期）对日本动画产业的成长演变与时代特征、成功经验进行了研究介绍，以期对正在成长的中国动画产业起到提供借鉴。

三、总结与展望

这些研究成果散见于各期刊或集中体现于某一专著，是我省广播电视业界和学界人士一年来积极思考、辛勤笔耕的体现和结晶，这些研究是对广播电视艺术学学科理论的丰富，它们为本专业学科发展的提供了大量鲜活的事实依据和案例分析，也提供了广播电视艺术在发展过程中亲历者的感受及思考，这一切勾画了广播电视艺术学在2012年的历史轨迹。

但从整体的学术研究角度看，在2012年度中山东省广播电视艺术学研究的总体状况是：论文多而专著少，行业从业者参与的多而专业研究者参与的少，论文中对广播电视媒介现象的描述和浅层解析多而有独特理论建树的少，单向层面感受多而交叉层面的对比研究少。

广播电视艺术的发展处在永动之中，媒介技术的日新月异给我们带来了艺术传播手段的拓展和思维方式的变化，同时，传媒市场，尤其是“新新媒介”引入后的竞争压力，迫使广播电视节目形态需要不断地推陈出新。因此，对于节目形态的艺术处理与创新研究，对传媒新技术条件下艺术传播的对象、方法与效果的研究，对广播电视艺术与新新媒介的互动研究，以及对传媒伦理与规制的研究等，已是广播电视艺术学无法回避的课题。我们呼吁有关专家学者关注这些方面的课题研究，希望有新鲜的理论专著和译著出现，不断丰富我省广播电视艺术学的理论研究成果。

（作者：牛光夏，山东艺术学院传媒学院副教授）

舞 蹈 学

孟 梦

被誉为“艺术之母”的舞蹈艺术，由于她“转瞬即逝”的特点，造成了在历史发展长河中“文本”参照的缺失。虽说我国舞蹈学的研究早先在古代诸子百家的文论学说就有所提及，到了明代更有朱载堉先生专门提出了“舞学”的概念，但是针对舞蹈本体的研究也不过近十几年光景，舞蹈学科的建设更是处在“成长期”，呈现出以北京等文化中心城市为聚集点并逐渐过渡到全国各省市地区的态势，各省市地区以当地综合及艺术高校、研究机构等单位为中坚力量并将研究重点指向了具有地域文化特色的舞蹈现象。

一、2012年度山东舞蹈学研究概况

乘着筹办“第十届中国艺术节”的东风，2012年山东省舞蹈学研究较比以往呈现良好态势，出现了一批凸显齐鲁文化底蕴、关注民间舞蹈传承保护以及教学的学术成果，学术关注面较广，新兴的交叉学科也有所涉及，但大部分成果学理研究的深度和广度有待提升，相对于其他学科来讲，尤其根植于“齐鲁文化”的著述需要进一步深入和丰富。此外，探讨舞蹈学与当下社会发展联系的著述还不能满足于指引舞蹈创作发展的方向。总体来讲，关于山东民间舞发展传承及现状的研究成为2012年山东省舞蹈学研究的热点和亮点。其中，刘晓真以山东鼓子秧歌为例，对于中国民间舞蹈在政治与文化格局变化中的生存状态的研究；张荫松、田露对于山东海阳秧歌教学的研究，分别立体呈现了山东民间舞“从田野到剧场”和“从田野到课堂”的两个维度的发展态势以及需要应对和解决的问题。其他散见于《舞蹈》、《北京舞蹈学院学报》等国内核心及省级期刊的山东舞蹈学研究主要以山东民间舞蹈研究为主，还包括舞蹈多媒体、当代舞蹈创作、舞蹈历史等方面的研究。下面将按照不同的研究方向进行说明。

二、主要研究问题及观点综述

（一）民间舞蹈传承发展研究

民间舞蹈是反映人民生活的一种重要艺术形式，作为歌、舞、乐三者为一体的综合艺术形式，民间歌舞有着悠久的历史与多样的表现形式，承载着多元的社会文化内涵，而秧歌便是民间舞蹈中最具代表性的形式之一，鼓子秧歌、海阳秧歌和胶州秧歌作为山东三大秧歌更是在中国民间舞表演和教学中占有重要地位。因此，山东民间舞蹈的传承与发展的课题自然成为研究者们所关注的焦点。

在鼓子秧歌的研究中，刘晓真（中国艺术研究院舞蹈研究所）《从田野到课堂——鼓子秧歌、二老艺人和北京舞蹈学院》（《北京舞蹈学院学报》第2期）一文以采访口述、实地考察的资料为基础，客观描述了新中国成立之后，山东鼓子秧歌如何通过二老艺人——新文艺工作者进入北京舞蹈学院的课堂教学，并展现和阐释了这个过程中所碰触到的社会历史背景和艺术问题。而在刘晓真（中国艺术研究院舞蹈研究所）《走向剧场的乡土身影——从一个秧歌看当代中国民间舞蹈》（上海音乐出版社3月版）一书中则更加系统的以1949年新中国成立为时间起点，对田野中和舞台上的当代中国民间舞蹈的历史和现状都给与了关注。本专著在田野考察材料基础上，论述和探究当代中国民间舞蹈文化风貌的发展脉络、传承与变迁问题，涉及到民族民间舞蹈

的原生形态、教学形态、舞台形态三个方面。同时，分析了民间舞蹈文化风貌的历史成因和当代处境。书中提出中国历史从未有哪个政权对民间艺术有过如此注重的程度，以秧歌为象征的民间舞蹈成为革命的号角，新的思想意识形态伴随它左右从乡土田野走向都市剧场。民间舞蹈在会演比赛、学校教育、政府搜集整理等活动中越来越多地被纳入一体化的社会生活，趋向同质化的精神。在舞台创作改造、重塑肉身的韵律和节奏之时，和政治制度、革命思想同步发展起来的文化内涵，使包括民间舞蹈在内的民间艺术放弃了曾经的身体记忆，在新的时代语境里，重获新的精神内容，成为后世可资召唤的另一重记忆。张素琴（南京艺术学院舞蹈学院，中国艺术研究院舞蹈学专业博士在读）还在《关于当代中国民间舞蹈“走向”的思考——读刘晓真〈走向剧场的乡土身影〉》（《民俗研究》第4期）一文中指出，刘晓真的《走向剧场的乡土身影——从一个秧歌看当代中国民间舞蹈》对以鼓子秧歌为代表的当代中国民间舞蹈风貌作了细致的历史探究和发展论述。它并未耽于线性的考察与民间舞蹈“知识性”描摹与梳理，而是从一个较为宏观的角度，对当代中国民间舞蹈在政治与文化格局变化中的生存境遇选择，在经济冲击与信仰衰落之中的身体变化，在面对非遗时形态“新”与“旧”的价值迷茫作了深入的思考和理性的阐述。

此外，朱清泉、梁莹莹（聊城大学音乐学院）的《山东鼓子秧歌的艺术形态及其传承、发展与保护》（《前沿》第6期）一文从山东鼓子秧歌的艺术形式、形态出发，阐述了山东鼓子秧歌的表演形式与程序，角色、服饰及队形，演唱及伴奏、艺术特点等，并对山东鼓子秧歌的传承、发展与保护提出应借鉴“传统音乐社会化保存”的相关措施。

还有多篇论文是对海阳秧歌和胶州秧歌发展中的不同研究视角的探讨，李黎（山东省艺术研究所）《生命形象的动态展示——海阳渔民祭海活动寻根》（《戏剧丛刊》第2期）一文从海阳的地域文化入手分析了海阳秧歌的发展与海阳地区祭海活动的关系，并分析了海洋秧歌的祭祀性特征。胶州秧歌是流行于山东半岛胶州湾一带的传统民间艺术形式，有若干篇关于胶州秧歌发展与传承的论文，王静怡、周甬琴（青岛大学音乐学院）的《胶州秧歌城乡传承体系之比较——以胶州秧歌艺术团和东小屯村秧歌队为个案》（《齐鲁艺苑》第5期）一文以个案研究的方法和视角，选择专业秧歌艺术团与民间秧歌队两大传承方式为研究对象，比较两者之间在管理模式、人员情况、传承方式、传承内容以及经济运营模式等方面的不同，揭示不同体制下这两大传承体系的生存状态和发展机制，并提出了“从教育入手”、“依托新民俗”和“提高艺人素质”等有关胶州秧歌传承发展的尝试性对策和意见。赵娜（山东科技大学艺术与设计学院）《山东胶州秧歌的早期形态及发展》（《美与时代（下）》第6期）一文则是对胶州秧歌的发展源流及过程进行了梳理。

在山东三大秧歌综合研究中，庞蓉（山西师范大学音乐学院舞蹈系）在《山东三大秧歌的文化性特征解读》（《舞蹈》第11期）一文中分别从儒家思想与鼓子秧歌、齐文化与胶州秧歌以及多文化交融的海阳秧歌来解读山东三大秧歌的文化内涵。

在民间舞蹈研究方面除了山东三大秧歌以外，王福银（山东理工大学音乐学院舞蹈教研室）的《车子灯的艺术特色及美学特征》（《民族艺术》第3期）一文对流传于鲁中淄博地区的民间舞蹈“车子灯”进行描述，讨论其民俗特征。刘成学（山东临沂大学文学院）的《沂蒙民间乐舞“扑蝴蝶”探究》（《华夏文化》第2期）一文从名称起源、历史传承、艺术形式都方面，对沂蒙民间广为流传的“扑蝴蝶”乐舞进行分析，具有一定的参考价值。

（二）舞蹈表演与创作研究

流传于山东省的鼓子秧歌、海阳秧歌和胶州秧歌，作为中国北方汉族民间舞蹈形式，以其特有的民间风格和汉族舞蹈审美情趣而成为汉族舞蹈的典范之作。作为以山东民间舞蹈元素提炼和创作的舞蹈作品，同样也以其广泛的受众性和独特的艺术风格，以及独具匠心的艺术形象深受广大舞蹈工作者和普通群众的喜爱。傅小青（山东青年政治学院舞蹈学院）的《山东民间舞元素创作发展浅析与思考》（《舞蹈》第5期）一文梳理了近年来山东民间舞元素舞蹈创作的发展脉络，并提出了中国汉族民间舞蹈创作发展的特点及规律，针对目前学术界所热议的民间舞“创新”问题上提出了三个“尊重”，即尊重其自身所带给人们和社会所产生的积极因素和效应，尊重其自身特点和风俗，尊重其历史文化背景传统的价值观。

还有的论文从某一个舞种或舞作来分析民间舞的创作及表演。刘桂丽（山东青年政治学院）的《海阳秧歌元素的提炼与应用》（《艺术教育》第9期）一文从民间舞蹈素材的元素提炼入手，对海阳秧歌的动作元素在舞蹈课堂教学及艺术创作中的应用进行分析与总结。吴芳（星海音乐学院）的《从〈翠狐〉看民间舞舞台形态的特征》（《艺术研究》第1期）一文以一部典型的民间舞舞台作品为研究对象，通过海阳秧歌的风格特征的把握分析其题材表现、体裁运用等特点。

中国古典舞的发生流传、流派属性及创作走向等问题，一直备受关注，国内学者各抒己见，持有不同的观点，对于这个具有中国文化“和”品格的舞种，以剧目为传播形式的本体研究尤为重要，马翱（山东艺术学院舞蹈学院）的《当代中国古典舞剧目发展的走向解析》（《齐鲁艺苑》第2期）一文从中国古典舞剧目发展的走向着手，总结中国古典舞剧目创作中出现的问题，剖析其发展的规律，探讨中国古典舞剧目创作中的走向，对于中国古典舞剧目的发展和创作具有一定参考价值。

在东方舞的研究领域中，崔晔（山东艺术学院舞蹈学院）的《韩国传统舞蹈的审美特点与动律特征》（《齐鲁艺苑》第1期）一文从微观研究的视角着手对韩国传统舞蹈进行了动律特点和审美特征的分析。任彦（山东艺术学院舞蹈学院）的《印度古典舞蹈与中国戏曲及民间舞蹈“肢体韵律”表达方式的比较》（《齐鲁艺苑》第1期）一文从文化背景、肢体语言等方面对比分析了印度古典舞与中国戏曲及民族民间舞的差异。

（三）舞蹈教学研究

在山东民间舞教学方面，张荫松（山东省舞蹈家协会名誉主席、原烟台市群众艺术馆馆长）、田露（北京舞蹈学院中国民族民间舞系）合著的《山东海阳秧歌教程》（上海音乐出版社2012年9月出版）一书以海阳秧歌的历史文化为主线，对海阳秧歌的传统文化与动态特征进行了全方位、多层次的介绍，并用图、文、谱、影像相结合的方式，生动形象地分析讲解动作特点、课堂教学组合、角色个性组合以及传统短句，打破了传统舞蹈教材的体例和编写模式，展示了海阳秧歌舞蹈艺术的历史性、知识性、艺术性，是一本将中国民间舞蹈文化知识和身体艺术训练构成一体的艺术教材。

在民间舞教学方法和理念的研究中，刘琳（中国海洋大学艺术系）的《为生命而舞——普通高校教育中必不可少的价值尺度》（《舞蹈》第10期）一文针对目前普通高校中舞蹈教育存在的问题提出了若干建议，认为舞蹈教育以身体的、艺术的教育方式，使得受教育者以全部身体的，能量的，心灵的精神卷入接受教育的影响，从而以身心一体化的健康去承受新世纪赋予生命的重压。崔烨（山东艺术学院舞蹈学院）的《修炼有道——朝鲜族舞蹈教学方式探析》一文针对目前朝鲜族舞蹈目前的教学现状结合自身的教学经验提出了“以舞带舞”和“分析解剖”式的学习模式。魏燕宁（山东青年政治学院舞蹈学院）的《胶州秧歌课堂教学的新尝试》（《艺术教育》第9期）一文从舞蹈教学的特点出发对胶州秧歌的课堂教学提出若干尝试性的措施。

（四）舞蹈多媒体研究

随着影视技术日新月异的发展，无论是舞蹈电影、舞蹈电视艺术片，还是以舞台记录为目的的舞蹈录像或实况转播，影视舞蹈艺术的创作总是在“动与静”间寻找着属于这门新兴交叉学科的“应许之地”，这使得作为影视与舞蹈交叉研究的舞蹈多媒体课题成为热点。孟梦（山东艺术学院舞蹈学院）的《影视舞蹈镜头语言探究》（《北京舞蹈学院学报》第3期）一文从舞蹈语言和影视镜头语言的关系出发，围绕两种艺术所具有的运动特性进行探讨，结合多种形式的舞蹈影像个案，对它们结合后所产生的新的话语方式进行解析，揭示了影视舞蹈艺术创作的规律所在；其《舞蹈镜头语言的组接运动研究》（《洛阳师范学院学报》第10期）一文围绕不同的镜头组接方式结合舞蹈影像创作个案探讨了舞蹈与镜头运动之间规律。赵磊（山东艺术学院舞蹈学院舞蹈学专业硕士，中国艺术研究院舞蹈学专业博士在读）的《多媒体在舞蹈中的运用及影响》（《洛阳师范学院学报》第10期）一文在当下舞蹈创作的背景下，针对多媒体在舞蹈传播过程中的作用和影响进行了论述。

（五）舞蹈人物及作品研究

作为20世纪初在西方兴起的一种以“自由”为信仰的艺术形式——现代舞，自传入中国后，其鲜明的艺术个性和独特的创作理念一直影响着中国舞蹈的发展，在现代舞研究方面，朱济光（山东师范大学音乐学院）的《林怀民舞蹈作品中的人文情怀探析》（《齐鲁艺苑》第2期）透过台湾“现代舞之父”、“云门舞集”的创始人林怀民先生的作品，分析了在舞蹈艺术中个人独有的意识观念。高原（山东艺术学院舞蹈学院舞蹈学专业硕士）的《邓肯、林怀民和杨丽萍舞蹈中的人文与艺术追求异同比较》（《齐鲁艺苑》第3期）一文从邓肯、林怀民和杨丽萍三位舞蹈家的人文与艺术追求角度出发，探索三位艺术家精神气质、艺术品格、文化自觉、舞蹈语汇等方面的异同，凸显舞蹈家的成功与艺术发展规律和时代潮流的契合，探讨三位舞蹈家各自独特的个性、经历和艺术风格支撑下的艺术创造与文化呈现。孟梦（山东艺术学院舞蹈学院）的《在雨中漫步的舞王——纪念美国著名歌舞片演员金·凯利诞辰100周年》（《舞蹈》第8期）一文将美国著名歌舞片演员金·凯利的艺术经历和成就划分为三个阶段，并分析其经典代表作的艺术特色以及对美国歌舞片发展历程的重要意义和价值。

在作品研究方面，有多篇对具有齐鲁文化特色山东原创舞蹈作品的分析和探讨，子羽（山东省艺术研究所）的《一部内容丰富的舞剧——试读〈东厢记〉》（《戏剧丛刊》第6期）一文分别从“情节与场景”、“人物与舞蹈”等方面对舞剧《东厢记》进行了评述，分析其艺术特色。傅小青（山东青年政治学院舞蹈学院）的《谈舞蹈〈喜鹊喳喳喳〉的创作》一文从创作者的角度分析了女子群舞《喜鹊喳喳喳》选材视角、编排思路等方面的创作特点。孙志鸿（山东艺术学院）的《生动的民族意蕴丰富的戏剧内涵——历史歌舞剧〈大舜〉音乐创作的艺术特色》一文从音乐创作的视角对历史歌舞剧《大舜》进行了综合评析。

三、总结与展望

建国以来，随着各大艺术类院校以及综合类院校舞蹈专业和相关艺术研究机构的建立，中国当代舞蹈学科的建设逐渐开始起步。随后几十年舞剧、舞蹈创作方面和教育方面的突出成果，为舞蹈学术理论的发展提供了“本文”参照。几十年走来，尽管已有不少可引以为豪的学术成果，但相对于其他艺术学科，舞蹈学科的理论文化基础依旧相对薄弱，前一个历史阶段，基本上是“跑马占荒”而已，不仅眼前还有诸多处女地有待开垦，已经涉足和被研究的领域也需要向更深入、更高远的境界攀升。

回首2012年度山东省舞蹈学学研究，整体呈现为论文数量较多但含金量不高，专著数量较少，大多著述的研究方向主要以山东地域文化特色的舞蹈为主，缺乏学术力作的特点。另一方面，还未开掘的学术领域无人问津，呈现出研究对象过于集中但又不够深入的现状。大部分著述欠缺科学的研究方法支撑，针对不同舞蹈种类、舞蹈现象、舞蹈家以及舞蹈作品的微观研究占多数，基于当代艺术思潮、社会现实和人文关怀的宏观思考较少。2013年，山东将迎来第十届中国艺术节，伴随着这一盛会为我省带来的艺术发展契机，必将成为我省舞蹈学研究发展的全新转折点。

（作者：孟梦，山东艺术学院舞蹈学院讲师）

山东电影学

田川流　王　颖

2012年，山东电影研究保持了持续发展的势头，研究内容主要分为当代电影研究、电影史研究、电影理论研究、电影批评研究等几个方面，其中，主旋律电影、主流电影研究和女性电影研究成为热点，以往比较薄弱的电影史研究也有所突破。

一、当代电影研究

电影研究关注当下、关注创作是题中之义。2012年山东当代电影研究面对的主要对象有主旋律和主流电影、女性电影、国外电影等。

（一）主旋律电影和主流电影研究

“主流电影”是近期当代电影研究的热点之一，尹鸿、陈旭光等著名学者都曾就此发表文章和观点。田川流（山东艺术学院艺术文化学院教授）的《当代中国的主旋律艺术与主流电影》是主流电影大讨论中的一篇重要文章。文章首先对“主流电影”的概念进行了辨析和界定，认为“只有在社会的电影文化中居于主流地位的电影样式或类型，方可称之为主流电影”，并且，主流电影应该兼具“社会效益和精神作用”、“艺术和审美价值”、“市场和经济效益”。因此，主流电影与之前业已形成的主旋律电影、艺术电影、商业电影联系密切又有所区别，前者是对后三者的提升和拓展。然后，文章着力于探讨“主旋律”所具有的“模糊性”的特点，从“主旋律”这个音乐术语出发，整理了“主旋律”的概念进入艺术活动以及电影活动的历史，认为主旋律和多样化是相辅相成的关系，“用主旋律压倒多样化，必然出现文化专制和封闭；用多样化抵制主旋律，必然出现文化的无主流化和极端个性化的泛滥，导致艺术领域的混乱。”再者，文章探讨了主旋律电影和主流电影之间的关系，认为当下的主旋律电影在人物塑造和思想内涵上还存在着许多问题，因此很难获得社会效益和市场的双赢。但是，有一些优秀的主旋律电影注意在作品中增添审美元素和娱乐性元素，使作品在保持社会精神主导性的基础上，又能够获得较大的社会关注度和市场份额，从而进入主流电影的行列。文章认为主旋律电影只有做到“提升审美品位”、“增强娱乐化元素”、“融入科技因素”才能够完成向主流电影的嬗变。同时，文章认为，艺术电影、商业电影也可以提升、转化为主流电影。艺术电影只要能够在精神理念上向大众靠拢，并且增加一定的娱乐性元素，就能够提升为主流电影；而商业电影只要增强精神内涵和审美色彩，也能够进入主流电影的序列。最后，文章特别提出，尽管主旋律电影、艺术电影和商业电影是主流电影的主要源头，但是“由于社会和不同受众的多样性需求，以及艺术活动所具有的丰富和多样的功能，所以不可能要求所有的主旋律电影、艺术电影和商业电影都成为主流电影”。只有既保持多样化、又强调主流电影的主导倾向，才能使当代电影艺术保持良好、健康的发展态势。[1]

在电影研究中，编剧研究向来是一个较弱的领域。作为主旋律影视编剧，赵冬苓是公认的山东编剧界“第一支笔”，在全国也有重要的影响，但是关于她的编剧创作的研究显然与其影响不相符。孙书文（山东师范大学文学院教授）的《主旋律影视的大众文化认同——论“赵冬苓编剧”》则填补了这一空缺。文章认为，新形势下文化强国战略的提出，显然给国内影视文化的发展提供了契机，但是各种文化形式也都渐次显露了发展中的困境。对于电影来说，最薄弱的环节当属编剧，而编剧困境在主旋律电影的创作中更为凸显。因此，对赵冬苓这个已经形成了自己的品牌的成功编剧的研究非常有必要。文章认为赵东苓成功的要诀在于其“文化民间主义”的立场、简洁有力的主题以及坚实的戏剧内核。赵冬苓在创作时，总是坚持“以普通大众的视角切入大事件，立足于普通大众的心态书写主流文化”，表现出鲜明的“文化民间主义”的立场，从而更易为大众所接受；从主题上看，赵冬苓从来都是“一剧一主题”，从不贪大贪玄空，更兼有力而深刻，直达人心；再者，她擅长营造激烈的戏剧冲突，常用戏剧冲突来推进人物的成长，并用生动细腻的细节来使得冲突更为真实、富有质感。最后，文章提出，赵冬苓编剧成功的核心启示意义在于：“大众性的文化认同，是主旋律影视赢得受众的一条有效途径。”[2]

（二）女性电影研究

女性主义电影批评也是当下中国电影研究的一个热点。在中国当代电影中，《观音山》是一部重要的女性主义电影，陈凌（山东艺术学院艺术文化学院讲师）的《电影〈观音山〉的女性主义美学表达》围绕着“困惑”的主题，从“两性形象和两性关系”、“家的意义”、“女性的生命价值”三方面论述了导演李玉放置在《观音山》中的女性主义美学思想。在电影中，男性角色并未如传统角色设置那样保护和爱护女性，反而，女性在两性关系中是保护者和主导者；而且，“家”作为传统女性的归属，在电影中却是残缺和灰暗的，“家”已经不再是女性的精神家园；不管生或者死，成功或者失败，女性生命的价值在于寻找精神的自由。[3]

在中国当代女性导演中，彭小莲是极具特点和实力的一位。王颖（山东艺术学院传媒学院副教授）的论文《上海，彭小莲的邮票——论彭小莲电影中的“上海性”与“普遍人性”》是对彭小莲多年创作的一次较为完整和深入的解读。文章不但总结了彭小莲独特的具有上海风格的丰富的电影语言的使用，更有价值的是指出了彭小莲在电影中力图表现的奠基在“上海性”之上的“普遍人性”和观众的认知与理解常常大有偏差的深层原因。彭小莲偏爱其作品中的第一代女性，憎恶其作品中的第三代女性，而观众对角色的好恶却是完全相反。文章从这一奇特的现象深入下去，挖掘出了特殊的身世和经历所带给创作者的“原罪感”，而这一无法卸下的时代和血缘的重负在暗中已经悲剧性地改变和决定了她的创作风格。[4]

（三）国外电影研究

刘志（山东艺术学院艺术文化学院副教授）的论文《超越性与固有性的变奏——论三部影片中的文化模式与价值诉求》，运用皮尔森规划人类生活的文化模式三分说——神话思维、本体论思维、功能性思维分析了三部分别代表其三个阶段的影片《启示》、《再见，列宁》、《浪潮》，同时结合杜威的审美经验思想，指出“每一阶段都包含着超越性和固有性力量之间的冲突”，“文化的演进也体现在这两种力量之间的矛盾变奏之中。”而“文化的超越性突破其固有性，是由每一个拥有思考能力和价值判断的个体实现的”，因此，“艺术的电影正是通过张扬这些理想性的价值诉求，才成为超越文化固有性最为活跃的力量”[5]。

好莱坞电影研究始终是国外电影研究的重中之重。马立新教授（山东师范大学传媒学院）带领研究生所做的一系列奥斯卡获奖电影研究论文分别从视觉、声音、表演、时间、空间等方面研究了奥斯卡电影的成功之处，指出其高度的直觉真实、成功的表演、所使用的连续而通达的视觉空间和生动而逼真的声音空间等是使观众得到审美满足的主要元素。[6]

（四）述评

宋法刚（山东艺术学院传媒学院副教授）、李国馨对 2012 年 5 月 17 日由北京大学影视戏剧研究中心和电影艺术杂志社联合举办的“北大首映之《赛德克·巴莱》学术研讨暨导演专家对话会”作了述评。魏德圣导演介绍了影片的源起和创作过程，各位专家也从学术和电影史的角度，对这部富有诚意却票房失意的史诗性作品作出了中肯的评价和定位，从而达到了吴冠平主编所说的电影研讨会的目的：“讨论会的价值就是把影片的意义彰显出来，让票房归票房，电影归电影。”[7]

二、电影史研究

由于史料的欠缺，在山东电影研究中，有关“史”的研究一直是比较弱的，而在 2012 年的山东电影研究中，电影史研究获得了一定的突破。

（一）早期中国电影史研究

在当下的电影市场格局中，如何让中国电影走出去，实现电影的输出是一个格外令人关注的问题。卢琳（山东艺术学院传媒学院讲师）的《1920—1932 年代中国电影海外传播的立场、路径与策略》以史为鉴，通过对中国电影早期海外传播的史料分析，给当下的中国电影海外推广提供了思路和借鉴。文章认为，从 1920 年中国最早的自资电影机构商务印书馆活动影戏部成立，到 1932 年承担着抗日救国责任的新兴电影运动拉开帷幕，这一段历史时期是中国电影的初期发展阶段，“期间中国电影的海外传播，是发生于自由竞争电影市场环境中的自觉商业行为”，“海外传播状况的脉络清晰”，因此，对这段历史中电影海外传播的研究，同时具有史学和现实的意义。通过翔实的史料分析，文章指出，中国电影最早寻求海外发展的动力，在于“当时中国的影院数量不多，发行放映业的发展速度跟不上急速发展的制片业”。中国电影最大的海外市场是南洋，最主要的接受群体是南洋华侨，盖因中国电影已经成为“南洋华侨寄托思乡之情的重要娱乐方式和寻求民族认同的文化载体”。因此，输出海外的电影只有在类型、倾向、艺术风格等方面适应南洋华侨的审美趣味，才能具有足够的市场潜力。文章指出，今天的中国电影可以从早期的中国电影海外传播总结经验与教训，比如着力培养针对海外市场的营销人才、进行市场细分和市场调研，从而使外销影片的营销策略更有针对性。[8]

（二）谢晋电影研究

在中国 20 世纪八九十年代的电影研究中，谢晋研究一直是一个热点，而在新世纪尤其是 2008 年谢晋逝世之后，有关谢晋的研究已经逐渐被第五代、第六代的导演研究所替代。李宗刚（山东师范大学文学院教授）、杜永康、李宁的《八〇后文化视域中的谢晋电影》则独辟蹊径，记录了一批“80 后”青年学生围绕谢晋作品所进行的争鸣和交流。他们认为谢晋是当之无愧的现实主义艺术大师，谢晋电影的艺术魅力不仅来自其现实主义风格，更因为其能够深入挖掘人性、以情动人；他们普遍认为“谢晋模式”的提出对谢晋创作是不合理的总结，将“模式”变为“风格”更为合适；他们对谢晋代表作《芙蓉镇》进行了重新解读，肯定了其对时代的深刻批判；他们对谢晋电影中是否存在男权思想进行了争鸣，普遍认为 90 年代谢晋电影的转型虽然以失败告终，但在主题上的开拓和艺术上的创新都值得肯定。[9]

三、电影理论研究

电影理论研究是电影研究的方法论基石。

艺术与科技的关系是电影理论的经典命题之一，陈旭光、刘志的《论数字技术的发展对电影理论的挑战——兼及艺术与科技关系的美学思考》借用艾伯拉姆斯的“作品”、“世界”、“艺术家”、“接受者”的“艺术四要素”原理分析数字技术背景下的电影这一艺术类型，发现其四要素都已经因为技术的发展而发生了很大的变化。创作者的主体地位被降低；作品可以被无限制复制，但却失去了传统艺术所具有的审美感性意味；在接受方面，更深、更广、更便捷的传播使日常生活审美化，但也让欣赏艺术的神圣感不复存在；传统艺术与世界的双向辩证关系已经被颠覆，影像可以是完全虚拟的，和现实世界毫无关系。面对这种技术带来的艺术形式的变化，一方面，传统的艺术和美学理论要为之作出调整和适应，另一方面，批评家应该秉持人文的批判立场，“在人文价值和科学价值之间寻找张力中的平衡”。[10]

刘志的《论艺术电影的隐喻性特征》一文认为，艺术电影的审美属性是隐喻性的，而且，这种隐喻性特征“主要是宏隐喻意义上的。”电影中的局部隐喻又可分为镜头内容隐喻和镜头形式隐喻，文章从人物局部的特写、空镜头、道具、声光色等方面探讨了镜头内容隐喻的使用，又从景别、拍摄内容、拍摄方法等方面探讨了镜头形式隐喻的使用，指出局部隐喻使用的要义在于“既要充满想象力”，又要“适可而止”，隐喻必须要“融入到整部影片的人物塑造、故事展开、主题揭示之中”。艺术电影的整体隐喻则可分为叙事隐喻、主旨隐喻和人物形象隐喻，三者在审美语义生成上是紧密相关的，是一种“毁誉与共”的关系。最后，文章指出，对艺术电影的隐喻属性进行分析，目的并不是要规范和同一艺术电影的趣味，而是用于甄别艺术电影的艺术价值。[11]

四、电影批评研究

在电影研究中，关于电影批评的研究也始终占有一席之地。在当下传统媒体和新媒体互相融合的全媒体时代，电影批评和传统的电影批评相比发生了很多变化。刘强（山东艺术学院传媒学院副教授）的两篇文章——《全媒体时代电影批评的新特性》和《全媒体时代电影批评主体的迷失和重建》分别从两个角度分析了新环境下电影批评的特点以及存在的问题。

在《全媒体时代电影批评的新特性》中，作者指出，由于网络成为开展和发表电影批评的主要的终端介质之一，网络影评成为全媒体时代的主要影评样式，由此使得电影批评出现了许多新特性。首先，由于批评者能够自由参与、畅所欲言，没有内容的限定，心灵是完全自由的，因此使得批评具有一定的开放性和自由度；再者，网络的虚拟性和匿名性，使电影批评无论在评论态度和评论内容上都变得更为真实，评论语言也更为朴素和个性化；最后，由于网络的信息丰富，且发布和传递信息几乎都是即时性的，没有时间差，从而使网络影评具有传统影评所不可能具有的快捷性，大大地提升了影评的存在价值。[12]

在《全媒体时代电影批评主体的迷失和重建》中，作者指出，传统电影批评主要由从事电影教学的学院派专家、在一线的电影创作者以及媒体从业人员构成，进入全媒体时代之后，网络影评人成为影评的中坚力量，他们构成复杂，但大部分为“非专业人士”。在市场经济的大环境下，各个阶层的电影批评主体都存在一些问题，首先表现在其主体意识的迷失，具体表现为学院派批评家脱离实际、坐而论道；电影艺术家的批评过于感性随意；媒体从业人员被“豢养”成为专业吹鼓手；而网络“草根”批评者则往往失于主观和粗陋。再者表现为其价值取向的错位。电影批评主体常常不能够保持电影批评的独立性与客观性，而沦为经济和金钱的附庸，失去了应有的价值立场，批评标准也变得混乱。而要想使批评主体的功能得到重建，必须要提高电影批评主体的文化修养和专业素质，才能使得电影批评保持独立的品格和清醒的价值判断、正确的价值取向。

2012 年，山东省较多作者对国内外电影现象进行了大量评论，其中包括对电影作品、电影活动、电影艺术家、电影产业和市场等多方面的批评，较多文章能够从某个角度对电影现象或作品予以深度分析，显现出作者对电影活动的深切关注和研究潜力。他们的批评实践，不仅是对当代电影活动及其发展的积极推进，同时，不少批评文章在对具体现象和作品的评论中，渗透着自身在电影理论和电影批评方面的独到见解，其中一些理论表述和批评方法呈现出鲜活的气象，为电影批评理论建设增添了新的元素。

参考文献：

[1]田川流：《当代中国的主旋律艺术与主流电影》，《艺术百家》2012 年第 1 期。

[2]孙书文：《主旋律影视的大众文化认同——论“赵冬苓编剧”》，《东岳论丛》2012 年第 2 期。

[3]陈凌：《电影〈观音山〉的女性主义美学表达》，《齐鲁艺苑》2012 年第 2 期。

[4]王颖：《上海，彭小莲的邮票——论彭小莲电影中的“上海性”与“普遍人性”》，《云南艺术学院学报》2012 年第 1 期。

[5]刘志：《超越性与固有性的变奏——论三部影片中的文化模式与价值诉求》，《齐鲁艺苑》2012 年第 1 期。

[6]见苏月奂、马立新：《美的表演，兼论奥斯卡影像演员的表演机制》，《山西师大学报》2012 年第 4 期等。

[7]宋法刚、李国馨：《〈赛德克·巴莱〉学术研讨暨导演专家对话会综述》，《电影艺术》2012 年第 4 期。

[8]卢琳：《1920—1932 年代中国电影海外传播的立场、路径与策略》，《科技信息》2012 年第 36 期。

[9]李宗刚、杜永康、李宁：《八０后文化视域中的谢晋电影》，《菏泽学院学报》2012 年第 6 期。

[10]陈旭光、刘志：《论数字技术的发展对电影理论的挑战——兼及艺术与科技关系的美学思考》，《当代电影》2012 年第 1 期。

[11]刘志：《论艺术电影的隐喻性特征》，《新疆艺术学院学报》2012 年第 3 期。

[12]刘强：《全媒体时代电影批评的新特性》，《青年记者》2012 年第 11 期。

[13]刘强：《全媒体时代电影批评主体的迷失和重建》，《齐鲁艺苑》2012 年第 5 期。

（作者：田川流，山东艺术学院艺文学院教授；王颖，山东艺术学院传媒学院副教授）

戏剧戏曲学

吕双燕　常金莲

一、2012 年度山东戏剧戏曲学研究概况

2012 年，山东省戏剧戏曲学研究总体上持续与以往大致相同的状态，在山东地方戏、戏剧理论等专题研究上，显示出特色。据不完全统计，2012 年度内我省戏剧戏曲学研究，公开出版相关专著（包括论文集）6 部，发表学术论文近 400 余篇，学术成果较丰硕。2012 年山东戏剧戏曲学科建设的最大亮点是：

第一，山东省委、省政府重视戏剧戏曲人才培养，在健全戏曲人才培养机制上下工夫，在营造人才成长环境上出实招，全面加强戏曲人才队伍建设。2012 年，山东省电影学校正式更名为山东省文化艺术学校，作为培养戏曲人才的专门学校，其专业设置和人才培养目标都作了相应调整完善。从娃娃抓

起，培养更多优秀戏曲人才，成为转型后学校的办学目标。学校目前已经开设了京剧、吕剧、柳子戏等专业，为省内外戏曲院团培养输送一批戏曲新生力量，许多优秀学员在各自行当开始崭露头角。山东艺术学院戏曲学院也根据需要开设了戏曲表演、戏曲音乐伴奏、戏曲文化传播等专业，十分契合省内地方戏发展的实际，学院正在筹建的戏曲创作工作室也将成为戏曲人才培养的重要平台。戏曲学校已经成为培养戏曲人才后备力量的重要阵地。2012年，为期一个月的山东地方戏曲音乐创作培训班在山东艺术学院培训基地成功举办，部分省内戏曲院团的创作骨干参加了培训。2012 年下半年举办的首期京胡演奏员培训班则在突出培训的特色、提升培训效果方面作了成功尝试。

第二，山东省委、省政府高度重视地方戏曲振兴工作，把振兴山东地方戏曲写入省第十次党代会和2013 年省政府工作报告，进行全面部署，为戏曲人才后备力量培养提供了积极的政策环境。2012 年举办了首届山东地方戏新创作小戏展演，山东广播电视台开办的《每周一台戏》、《戏迷时间》栏目，2012 年，山东卫视又倾力打造大型戏曲栏目《金声玉振》。通过这些手段为宣传推介山东地方戏曲和演员创造了条件，使地方戏的普及程度得到提高，演员的知名度也在提升。2012 年，山东省戏曲艺术发展促进会正式成立。该促进会成立以来，发动社会力量扶持戏曲事业的发展，先后举办了“联通杯”地方戏新创作小戏展演等活动。在山东省委、省政府实施振兴山东地方戏工程的扶持下，部分濒临灭绝的剧种喜获新生，山东地方戏曲在经历一段时间的沉寂后，又再度呈现蓬勃发展的喜人态势：以莱芜梆子《儿行千里》为代表的一批优秀地方戏剧目涌现出来，一批优秀青年演员脱颖而出，山东地方戏曲振兴发展的春天已经来临。

第三，在学术活动方面，本年度 4 月 27 日，“繁荣发展山东地方戏曲研讨会”在济南召开。中国剧协顾问、中国戏曲学会会长薛若琳，安徽省戏剧家协会常务副主席侯露，省剧协常务副主席王华莹，省吕剧院名誉院长、著名吕剧表演艺术家郎咸芬等专家，以及本届小戏展演获奖剧种剧目主创人员等40 余人参加了研讨。与会者对我省近年来振兴地方戏曲的举措和成就给予充分肯定，认为多方面的成功实践都具有样本意义和推广价值，在山东继续创新工作推动下，山东地方戏必将在艺术发展和服务群众方面有更新更大的作为。

另外，在2012 年政府主办的戏剧活动中，第五届中国昆剧节令人瞩目。山东备受关注的作品是山东柳子戏剧团极其别致的《富春梦》。这部戏由画家陈平编剧，完全按照杂剧体制撰写，导演于少非则力图仿照宋元杂剧的舞台形制，戏剧人物的上下场、乐队的位置以及音乐的配置、剧情间歇的演奏等部分，都让人依稀感到宋元时代的古意。该剧重视传统剧目的整理研究、改编与演出，昆曲面貌得到更加全面和多层次呈现，在我省戏剧戏曲学研究方面独出新意，国内反响较大。

第四，十艺节山东省筹委会、中共山东省委宣传部、山东省文化厅主办的“喜迎十八大，相约十艺节”2012 年山东省优秀舞台剧目展演，于 9 月 26 日至 10 月 24 日在美丽的泉城隆重举行。整个展演，以“喜迎十八大，相约十艺节”为主题，姹紫嫣红，精彩纷呈。期间，来自省直及各地市的 28 家艺术院团、2 家艺术高校的 33 台优秀剧目，共计演出 56 场，现场观众 5 万余人。参演剧目题材多样、力求创新，关注现实、贴近群众，其数量之多、质量之高、观众人数之多、影响层面之大，都是近几年少有的。可以说，此次展演是一次对全省艺术创作的大检阅，集中展示了我省近年来文化艺术工作的新成果、新人才、新风貌，全面检阅了我省为备战第十届中国艺术节艺术创作所取得的新成绩，推动了十艺节精品剧目创作，促进了我省舞台艺术繁荣发展。

二、主要研究问题及观点综述

2012 年度，我省戏剧戏曲学研究大致包括中国戏曲艺术研究、中国话剧研究、外国戏剧、戏剧戏曲理论、山东地方戏、戏剧教育等方面。

（一）中国戏曲研究

戏曲艺术在社会娱乐体系中属于边缘艺术门类，而且当前的戏曲艺术教育在艺术教育体系中也属于弱势专业，但是针对戏曲艺术的理论研究在 2012 年度却呈现出可喜的收获。据大致统计，2012 年度山东省正式发表的戏曲理论研究论文达 110 余篇、正式出版的著作（包括教材）6 部，完成重要调研报告 1 项，学术成果丰硕。综观 2012 年度山东省的戏曲学科研究成果，绝大部分来自山东省高校和艺术科研院所，研究领域主要集中于古典戏曲名家名著研究、戏曲表演和音乐艺术研究、当代戏曲表演艺术家和剧作家研究、戏曲教育理论研究、山东地方戏曲研究、戏曲综合理论研究等方面，特别是有关山东地方戏曲的研究成绩显著。

1. 古典戏曲名家名著研究

对于古典戏曲名家名著的研究一直是戏曲学科的重要研究课题，古代的经典在现代理论视野下的意义延伸正是依靠研究者一贯的学术关注。于学剑（山东省艺术研究所）发表的 7 篇系列论文，如《高文秀杂剧：铁干硬枝、盘旋多姿》（《戏剧丛刊》第

1期)、《关汉卿杂剧：现实主义杰作》(《戏剧丛刊》第2期)、《关汉卿杂剧：现实主义杰作（二）》(《戏剧丛刊》第3期)、《关汉卿杂剧：现实主义杰作（三）》(《戏剧丛刊》第4期)、《马致远杂剧：放逸酌奇、拔俗取安（上）》(《戏剧丛刊》第5期)、《马致远杂剧：放逸酌奇、拔俗取安（下）》(《戏剧丛刊》第6期）以及《关汉卿戏剧概观：元杂剧剧作赏析之一》(《济南市委党校学报》第2期)，针对元代杂剧的三位杰出剧作家及其剧作进行了细致地论述与分析，涉及剧作的人物塑造、结构艺术和创作手法等内容，而且不仅分析其最具代表性的名剧，对于其他成就颇高而受关注较少的剧作也有切实的论析。这些理论文章有利于深入、全面地理解上述剧作家的创作成就及其对当代戏剧创作的借鉴意义。朱仰东（山东师范大学文学院）关于明初杂剧作家朱有燉的系列论文，如《朱有燉杂剧有无分“折”论：兼与赵晓红博士商榷》(《聊城大学学报》第5期)、《朱有燉“当代戏”初探》(《戏剧文学》第4期)、《〈诚斋乐府〉为朱有燉杂剧集再辩》(《戏曲艺术》第2期)、《水浒文化流变视阈下朱有燉水浒戏价值初探》(《中国石油大学学报》第3期)，对朱有燉杂剧创作的艺术成就与价值以及存在争议的问题进行了多方面的探讨和考辨。黄昉（山东艺术学院）的专著《中国古典戏曲精读》(齐鲁书社2012年版）将古典名剧赏析与中国戏曲简史结合，使古典名剧宛如穿线之珠，凸现了元代以后诸时期各大名剧的艺术成就。此外，王军明（山东大学文学与新闻传播学院）的《〈宝剑记〉在明代的传播》(《山西大学学报》第1期)，从接收美学角度研究了明代传奇《宝剑记》的传播与接受；王晓家、王鲁鲁（济南市吕剧院）的《施君美与〈幽闺记〉》(《戏剧丛刊》第1期)，探讨了施君美的南戏《幽闺记》与关汉卿的杂剧《拜月亭》之关系以及《幽闺记》的艺术成就；等等。这些研究成果对于进一步理解古典名家名剧、古为今用具有重要意义。

2. 戏曲表演和音乐艺术研究

对戏曲表演和音乐艺术的研究主要集中于京剧和山东地方戏曲。山东艺术学院研究生戴谨忆的硕士学位论文《京剧老旦表演艺术研究》从老旦的行当由来、流派艺术与传承、唱腔特点与技巧和美学价值等方面对京剧老旦表演艺术进行了全面深入地探讨，被论文答辩委员会评为优秀硕士论文。李卢（山东艺术学院）的《唱腔情真意自深——论老旦“以情驭声”的声腔艺术原理》(《戏剧之家》第5期)、王素雅（山东英才学院）的《浅谈张派唱腔的艺术特点》(《戏剧丛刊》第5期)、孙大鹏（山东艺术学院）的《浅谈京剧〈吕布与貂蝉〉表演认知与理解》(《新校园理论》第3期)、王奎文（山东艺术学院）的《锣鼓点亮人物——京剧〈古城会〉》(《戏剧之家》第3期)、孙新的（山东艺术学院）的《五音戏基本板式的艺术特色》(《大众文艺》第6期）等论文，从京剧流派表演艺术、京剧锣鼓的特点与意义、山东地方戏音乐的特点等方面作出了有益的探讨，对于深化理解戏曲表演与音乐艺术、传播戏曲文化具有现实意义。

3. 当代戏曲表演艺术家和剧作家研究

当代的戏曲表演艺术家和剧作家，是使传统戏曲艺术鲜活、生动地继承与创新的主要力量，对于他们的研究具有重要的现实意义。比较有代表性的学术成果有：刘启武（山东省柳子剧团）的《一生挚爱“柳子”情——记著名柳子戏表演艺术家黄遵宪》(《戏剧丛刊》第1期）对柳子戏表演艺术家黄遵宪的艺术成就作了系统阐述；沈达人的《张继青的昆剧表演艺术征程》(《戏剧丛刊》第2期）对昆曲表演艺术家张继青的从艺经历和表演特色进行了全面的论述；曲润海（中国艺术研究院）的《刘桂成的剧论与剧作》(《戏剧丛刊》第3期）从戏剧创作理论与实践两方面论述了著名剧作家刘桂成的戏剧贡献与成就；亓昌平（济南市艺术创作研究院）的《李寿山：一位德艺双馨的文艺老兵——怀念曲艺家、戏剧家李寿山同志》(《戏剧丛刊》第3期）梳理了艺术家李寿山的从艺经历，并详细阐明了其对山东地方戏曲的贡献；赵峰（《戏剧丛刊》编辑部）的《三湘才女、国剧写家——专访剧作家邹忆青》(《戏剧丛刊》第5期）对剧作家邹忆青的京剧创作和电视剧创作成就进行了论述。对于当代戏曲表演艺术家和剧作家的研究相对较为薄弱，今后应进一步加强。

4. 戏曲教育理论研究

戏曲教育方面的理论研究着重于戏曲教育规律与存在问题的探讨和戏曲教育教材的编纂，成果主要集中于山东艺术学院。2012年5月至7月，山东艺术学院受山东省委宣传部委托，对省内具有代表性的10个戏曲院团的人才培养状况进行细致调研，并撰写了《山东艺术学院关于全省戏曲人才培养情况的调研报告》，从人才队伍现状、人才培养存在的问题以及解决问题的对策三方面作出了翔实的论述，受到省委宣传部的好评，部分建议被政府相关部门采纳。于潇（山东艺术学院）《从传统戏曲人才的培养看中国戏曲的特征》(《戏剧丛刊》第2期）从一个新的角度即戏曲人才培养的模式来分析中国戏曲的特征，令人耳目一新；萧潇（山东艺术学院）《吴炳璋先生京胡教学研究成果初探》(《新校园理论》第3期）分析了著名京剧教育家吴炳璋先生的教育成就和教学经验，对于今天的京剧音乐教学具有重要的指导意义；谭浩中（山东艺术学院）的《浅析戏曲基本功中的无实物表演训练》（《戏剧丛刊》第4期）与孙洁（山东艺术学院）的《漫谈学习京剧二胡应注意的几个问题》（《戏剧丛刊》第4期）分别就戏曲基本功训练和京二胡学习的技巧与方法作了探讨，对于当下的戏曲教育十分有价值。此外，戏曲教育专业教材也有不小的收获，王文清（山东艺术学院）的《戏曲基础知识》（山东大学出版社2012年版）是一部全面系统地介绍戏曲艺术基础理论的教材；常金莲、陈德俊（山东艺术学院）的《京剧老生唱腔教程》（山东教育出版社2012年版）等教材对山东戏曲教育教材的规范化建设具有一定的意义。

5. 山东地方戏曲研究

山东地方戏曲研究的学术成果比较丰富，主要包括山东地方戏的特色与成就、当代地方戏剧作的评论、地方戏的发展对策研究等内容，这一专题的研究成果可以说是2012年戏曲学科的理论亮点和重要收获。

（1）对山东地方戏的特色与成就的相关研究，主要有：周秀梅（中山大学南方学院）的《近二十年山东茂腔研究述评》（《南昌教育学院学报》第2期）、张永杰（东华理工大学）的《新世纪以来山东吕剧研究综述》（《安徽文学》第8期）分别对近些年来山东茂腔、吕剧的学术研究成果进行了梳理，具有重要的文献价值；于晓楠（山东艺术学院）的《无形之于有形：山东地方戏中的符号形态》（《戏剧之家》第7期）从符号学角度阐释山东地方戏的特点；顾青倩（淄博职业学院）的《鹧鸪戏："非遗"语境下的地方戏剧》（《山东理工大学学报》第5期）对流传范围较小的山东小戏鹧鸪戏作了较为细致地介绍；李玉辉（山东省杂剧团）的《论山东地方戏曲的形体表现》（《戏剧丛刊》第3期）和赵雪梅（青岛职业技术学院）的《从"打诨"技法看柳腔语言的本色艺术》（《戏剧丛刊》第5期）则分别从形体表现和语言艺术等方面分析山东地方戏的特色。此外还有许多介绍和研究山东地方戏的论文，这些成果对于全面了解山东地方戏的艺术和成就、保存等方戏曲资料具有较大意义。

（2）当代山东地方戏剧作的评论文章比较多见。围绕"山东地方戏新创作小戏展演"涌现了一批相关研究成果，既有总论性的也有专论性的文章。总论性文章，如《戏剧丛刊》第3期所刊发钱欢青（济南日报社）的《鲜活浓郁的"民间"与俗套狭隘的题材——试论首届山东地方戏新创作小戏的得与失》、孟璇（山东省京剧院）的《小戏不"小"——观首届山东地方戏新创作小戏展演有感》、夏成方（泰安市文联）的《地方小戏的价值判断——山东地方戏新创作小戏展演综评》等文章，以及郑凯的《小戏作出大文章："首届山东地方戏新创作小戏展演"之思考》（《当代戏剧》第4期）等，对"首届山东地方戏新创作小戏展演"的剧作进行了整体性的评价；专论性的文章则对于参加本次展演的某个剧作进行详细评论，如《戏剧丛刊》第3期所刊发姜慧（山东省艺术研究所）的《渔鼓戏〈打板桥〉的价值判断》、王春燕（山东省吕剧院）的《墙头、砖头异曲同工——观小吕剧〈砖头记〉有感》、臧杰（青岛日报社）的《戏剧魅力是小戏的"命根"——从评奖和山东梆子〈乡里乡亲〉说起》等评论文章。此外，马瑞芳（山东大学文学与新闻传播学院）的《我看吕剧〈大唐黜官记〉》（《戏剧文学》第2期）以欲扬先抑的手法对吕剧《大唐黜官记》的场面调度、服饰舞美、唱腔旋律、题材处理等方面分析了"土里土气"的传统吕剧的"华美转身和'变脸'"，进而引申出"传统戏曲若想振兴，先要做到'好玩'。要有趣、吸引人，才有可能争取到更多的观众，戏曲才有可能传承"。王华莹（山东省戏剧家协会）的《寓情于理、以古鉴今——吕剧〈大唐黜官记〉观后感》（《戏剧文学》第2期）认为："该剧以漫画式的戏剧结构，幽默犀利的笔触，轻松地演绎厚重的历史故事，给人以思考，给人以启迪。"王蕴明的《由吕剧〈大唐黜官记〉言及新编历史剧创作》（《戏剧文学》第4期）由分析吕剧《大唐黜官记》的艺术成就入手探讨新编历史剧创作的问题与发展思路。这三者都是有关吕剧《大唐黜官记》一剧较为出色的评论文章。还有，王华莹的《经典在先、贵在创新——看新版吕剧〈李二嫂改嫁〉有感》（《戏剧丛刊》第5期）等评论。由以上评论性文章可以看出，剧作的理论批评已经和戏曲舞台演出之间形成了良性的互动，成为传播当代戏曲艺术、提高观众审美水平、繁荣当代戏曲创作欲演出的重要途径。

（3）地方戏的发展对策研究

在当前的文化大繁荣、大发展形势下，在振兴山东地方戏曲的社会氛围下，作为传统优秀文化的山东地方戏曲应该如何脱出困境、走可持续发展的道路，是一个无法回避的社会问题和理论课题。研究者对此给予了高度关注。宋希芝（临沂大学）的《山东柳琴戏发展传承与振兴研究》（《戏曲艺术》第2期）、鹿建柱（山东理工大学音乐学院）的《"非遗"视野下村落生态剧种鹧鸪戏的保护与传承》（《戏剧文学》第10期）、刘阳（中国戏剧文化管理协同创新中心）的《山东茂腔剧目建设与剧种生存关系初探》(《戏曲研究》第3期)、安啸梅(山东省艺术研究所)的《山东戏曲生态现状研究》(《戏剧丛刊》第1期)、曲润海(中国艺术研究院)的《关于柳琴戏的保护创新传承》(《戏剧丛刊》第2期)、张洪浩(《威海文艺》编辑部)《地方小戏的魅力与危机》(《戏剧丛刊》第3期)、刘红艳、杨建刚(山东大学文学与新闻传播学院)的《山东吕剧艺术发展咨询报告》(《戏剧丛刊》第6期)、杨玉芹(山东艺术学院)的《柳琴戏音乐文化的传承研究》(《戏剧丛刊》第6期),以及《支部生活》第10期刊发的关于"政策给力,让地方戏曲'唱'起来"系列文章——《我省振兴地方戏曲探索与实践报道之一》、《社会参与,让地方戏曲"热"起来:我省振兴地方戏曲探索与实践报道之五》、《打造精品,让地方戏曲"靓"起来:我省振兴地方戏曲探索与实践报道之三》、《培养人才,让地方戏曲"传"下去:我省振兴地方戏曲探索与实践报道之四》、《体制创新,让地方戏曲"活"起来:我省振兴地方戏曲探索与实践报道之二》等,或从山东地方戏的整体状况出发,或专注于某一地方剧种的发展,在理论研究、政策制定、实践操作等方面对山东地方戏的传承与发展进行了细致深入地探讨,具有较高的理论价值和现实意义。

6. 戏曲综合理论研究

这一专题的研究以周爱华(山东艺术学院)的专著《戏曲美学导论》较为突出,该著作从戏曲剧本、戏曲表演、戏曲观众三个层次阐述了戏曲艺术的美学内涵,是戏曲理论研究领域的重要收获。

综上所述,2012年度山东戏曲学科的学术成果是丰富的,而且山东艺术学院和省内艺术科研院所是戏曲理论研究的主要力量,《戏剧丛刊》已经成为山东戏曲理论研究的重要阵地。但是也存在一些问题:古典戏曲研究、戏曲教育理论研究和戏曲综合研究成果较为薄弱;对地方性发展趋势的研究成果存在同质化现象;高水平的、具有全国性影响的研究成果比较缺乏,这一问题是今后需要着力解决的。

(二)中国话剧研究

1. 话剧剧作研究

主要集中在关于现代话剧中曹禺、田汉、胡适等人的剧作研究。曹禺剧作《雷雨》,依旧是研究最多的作品,特别是关于周朴园性格与形象的研究有多篇文章。李听皓(山东大学文学与新闻传播学院)的论文《由缺失带来的思考:从〈终身大事〉并结合鲁迅〈娜拉走后怎样〉谈对五四"个性解放"的认识》(《名作欣赏》第5期),对五四的个性解放作了一些思考。从"个性解放"本身思路上对于物质和精神的缺失谈起,推及到由此缺失使其在整个文学革命"社会—人生—社会"母题转换中具有担当中间环节的历史必然性以及从中反映出五四时代"个性解放"思想青年主体的特质,力图还原在个性解放的年代,社会各个阶层对于新思潮的不同态度与作用。包括关于戏剧闹剧体裁对于个性解放思潮的独特贡献的思考,以及各方面多层次地对五四个性解放新的认识。

2. 话剧艺术理论研究

话剧艺术理论的研究涉及话剧表演、导演、剧本创作、舞台美术、话剧教学与基础理论等方面。

(1)表演艺术研究:丁建军(山东艺术学院戏剧影视学院)在"第七届亚洲戏剧教育研究国际论坛"(北京,5月18日—5月23日)上发表论文:《形体美性格美气质美—表演艺术的"人学"特性》,论述了作为"人学"工作的表演艺术创作实践中的复杂性,演员表演艺术创造的美学原理与审美境界。孙德成(山东艺术学院戏剧影视学院)的《互动中的"自我"呈现:互动表演论的核心理念分析》(《齐鲁艺苑》第4期)认为,角色互动观的产生使表演学研究的重心从演者的自我修养与角色塑造转向了观者及其接受活动。表演是一种实在的生活方式,不应该"向生活学习",而应该"就是生活的一部分",应该重新定位"表演",将表演推下情境,推广到日常生活中去。龚树欣(山东艺术学院戏剧影视学院)的《解决演员紧张的新方法:瑜伽训练》(《文艺生活》第9期)探讨了解决演员紧张的瑜伽训练法。李钦君(山东艺术学院戏剧影视学院)的《单人剧表演的特点探析》(《齐鲁艺苑》第6期)探讨了单人剧表演特点。

另外,涂文蓓(山东艺术学院戏剧影视学院)的《浅谈当代戏剧语境下表演艺术发展的新特征——论彼得·布鲁克对"能量系统"的找寻和对"即时戏剧"的探索》(《山东青年》第10期),陈明宏、陈昊(吉林师范大学;山东大学文学与新闻传播学院)的《戏拟性表演体系:二人转文化现象的新发现》(《戏剧文学》2012年第5期)等成果涉及了表演艺术课题的新探索。

(2)导演艺术研究:吕双燕(山东艺术学院戏剧影视学院)的《中国话剧导演艺术史研究述论》(《齐鲁艺苑》第3期)对国内中国话剧导演艺术史的研究情况作了综述,提炼了中国话剧导演艺术史研究的主要内容,并指出,在中国话剧艺术获得突破性发展的每个阶段,导演艺术观念与实践都发挥了关键性作用。导演意识的觉醒和导排演制度的建立,导演理念与艺术的自觉和成熟,导演艺术观念与风格流派的多元等等因素,与中国现代话剧艺术的形成、成熟、辉煌与繁荣有直接而深刻的关系。

陈晓明（山东省艺术研究所）的《浅析林兆华的导演艺术风格》（《音乐大观》第6期）认为，林兆华作为中国当代著名的实验话剧导演、中国当代小剧场戏剧的开先河者，和20世纪80年代“探索剧”的突出代表人物，其导演作品一直在中国戏剧舞台产生着影响，他本人也是1976年以后的中国第一批实验戏剧导演中，目前仍活跃于戏剧舞台的人物。该文通过对林兆华导演的代表剧目的分析，探索其导演艺术风格特点。

（3）剧本创作理论研究：王超（山东艺术学院戏剧影视学院）的《戏剧创作中的观演关系》（《剧影月报》第3期）从观演关系入手，分析戏剧剧本创作应关注的重要问题。王超（山东艺术学院戏剧影视学院）的《话剧剧本创作与影视剧本创作的异同》（《艺术百家》第S1期）进一步比较分析话剧剧本创作与影视剧剧本创作中的深层规律。吕双燕（山东艺术学院戏剧影视学院）的《“佳构”与“宏篇”：〈闯关东〉的构思与结构艺术》（《中共济南市委党校学报》第1期）分析了山东电影电视剧制作中心的电视剧《闯关东》匠心独运、引人入胜、融史诗性、戏剧性、传奇性融为一体的叙事艺术。

另外，还有刘海燕、刘洋、曹磊（天津大学建筑学院；山东财经大学艺术学院；中央戏剧学院舞台美术系）的《多媒体对舞台幻觉艺术的创设与呈现》（《中国戏剧》第3期）等对戏剧舞台美术作了研究。

（三）外国戏剧研究

2012年山东学术界关于外国戏剧的研究论题涉及莎士比亚、奥斯特洛夫斯基、契诃夫、奥尼尔、阿瑟·米勒、田纳西·威廉斯等名家的作品。

1. 英国戏剧研究

邹广胜（浙江大学中文系）、穆宝清（山东大学外国语学院）的《圣徒与国王之间：〈亨利六世〉的宗教伦理》（《外国文学研究》第5期）认为，上、中、下三部的《亨利六世》是莎士比亚戏剧中最长的，也是最优秀的剧作之一，然而这部剧作却常常被莎学家们忽略，特别是亨利六世这位被描写成以宗教原则来处理政事的国王也同样受到误解。但《亨利六世》对历史深邃的理解、对民族强烈的热爱、对人性深刻的洞察，特别是以宗教伦理原则对王位的反思更是让今日的读者产生无限的沉思与遐想。另外还有马冉冉（临沂大学文学院）的《〈哈姆雷特〉：人文主义精神的集中体现》（《祖国（建设版）》第11期）、付丽娟（山东轻工业学院外语学院）的《普洛斯帕罗：典型的东方主义者形象：〈暴风雨〉后殖民主义解读》（《作家》第14期）、鲍思学（山东大学威海分校新闻传播学院）的《莎士比亚〈威尼斯商人〉中的“笑”》（《名作欣赏》第24期）等研究莎士比亚作品的文章。

2. 俄罗斯戏剧研究

主要有朱晓琳（山东师范大学外国语学院）的《浅析〈大雷雨〉中卡捷琳娜的悲剧与其性格的关系》（《群文天地（下半月）》第6期）、于利平（山东艺术学院戏剧影视学院）的《契诃夫独幕剧与多幕剧比较研究探略》（《齐鲁艺苑》第6期）、胡明华（山东大学文学与新闻传播学院）的《论契诃夫〈海鸥〉的角色塑造》（《艺术探索》第2期）等几篇论文。

3. 美国戏剧研究

郭继德（山东大学外国语学院）的《奥尼尔戏剧在中国的接受与影响》（《山东外语教学》第3期）指出，尤金·奥尼尔是美国现代戏剧的奠基人和缔造者，从他的戏剧一问世就对中国产生较大影响，20世纪20年代至40年代是中国奥尼尔戏剧研究的第一次高潮，他的不少剧作被译成中文，得到上演，受到研究界的重视；解放后的头30年，奥尼尔戏剧研究处于沉默状态，几乎停滞；改革开放后的30年我国的奥尼尔研究出现了新高潮，评论文章迭出，研究专著也越来越多，影响日益扩大。郭继德（山东大学外国语学院）的《20世纪末期以来的美国戏剧》（《英美文学研究论丛》第1期）认为，20世纪末期的美国戏剧基本上是沿着前30年的轨迹发展的。以阿瑟·密勒为首的现实主义剧作家新作不断；萨姆·谢泼德、戴维·马麦特等地方剧作家迅速崛起；实验戏剧盛行；女权主义剧作家梅根·特里、玛莎·诺曼等佳作迭出，影响增大；少数族裔戏剧很活跃，包括犹太戏剧、非裔戏剧、华裔戏剧、西语裔戏剧、意大利语裔戏剧等；以尼尔·西蒙为首的喜剧作家依然活跃；新现实主义戏剧萌生。另外还有王群（山东科技大学外国语学院）的《田纳西·威廉斯〈玻璃动物园〉的女性主义解读》（《安徽文学（下半月）》第1期），周海燕（吉林艺术学院基础部）、刘悦（滨州学院外语系）的《试析〈推销员之死〉》（《戏剧文学》第3期），岑玮（山东师大外语学院）、马腾（山东师大外语学院）的《普利策戏剧奖女性获奖作品评介》（《戏剧文学》第9期）等美国戏剧研究成果。

其他还有陈晓红（曲阜师范大学图书馆）的《试探古希腊戏剧中的“预叙”艺术》（《文学界（理论版）》2012第1期），马慧（山东师范大学文学院）的《爱尔兰民族戏剧运动与中国国剧运动》（《江西社会科学》第7期），戴琳剑（山东大学韩国学院朝鲜语系）的《韩国假面剧与日本能剧的异同：从表现技法角度分析》（《神州》第20期）等外国戏剧研究成果。

三、总结

研究视野不够宽阔。2012 年山东戏剧戏曲研究虽然论文较多，但研究视野比较狭窄。一半以上的文章都是对中国戏曲，特别是山东地方戏的研究，而对话剧等其他戏剧样式研究严重不足，对世界范围的当代戏剧研究更是非常缺乏，这显示出山东戏剧戏曲研究学术视野的严重局限，需引起重视。

学术高度不够。2012 年山东戏剧戏曲研究专著很少，且大多是基础类、普及类著作；很多论文学术分量不足，发表在核心期刊和 CSSCI 期刊的文章太少，反映出山东戏剧戏曲研究的学术水平亟待提升。

创新性研究不足。处个别成果外，大多数研究成果止于一般研究，甚至是重复性研究，缺乏创新意识与创新研究能力，所以引起较大反响的成果不多。

2012 年山东戏剧戏曲研究在山东地方戏研究、演剧理论研究方面还是取得了较有特色的成就，但总起来看，还需切实加大力度，在研究视野、学术水平、创新性等方面迈出更大更快的步伐。

（作者：吕双燕，山东艺术学院戏剧影视学院教授；常金莲，山东艺术学院戏剧影视学院副教授）

设　计　学

荆　雷

2012 年度是设计学升级为一级学科的开局第一年。国务院学位委员会发布的《学位授予和人才培养学科目录（2011 年）》中，新增艺术学为第 13 个学科门类，设计学（1305）为下设一级学科，并由于跨学科交叉的缘故，可授予艺术学、工学学位。2012 年 9 月，教育部颁布了《普通高等学校本科专业目录（2012 年）》，设计学专业类下设 8 个专业及 1 个特设专业。在《2012 年度经教育部审批同意设置的普通高等学校本科新专业名单》中，由景德镇陶瓷学院申报设立陶瓷艺术设计（130510TK），成为设计学专业类的第 10 个专业。学科目录及专业类的升级与调整，更加凸显了设计学科及专业发展的创新性、应用性以及学科交叉的主要特征。

近几年，设计学界所关注的主要问题，涉及在信息化、城市化、生态文明以及文化产业发展的社会背景下，中国传统设计观念及设计元素在现代设计中的应用，非物质文化遗产中传统手工艺的创新与发展以及生态设计、人机交互设计、体验设计、城市人文景观设计、设计管理、设计产业等方面的诸多内容，并体现出跨学科交叉协同创新研究的发展态势，同时，也推动着与之密切相关的高等设计教育在观念和教学模式上的改革实践。

2012 年我省设计学研究成果呈现出快速增长的良好态势，申报或在研的各类课题项目增多，尤其是关于高等设计教育实践教学改革的相关研究成果较多。同时，由于设计学科实践性与应用性强的学科特点，在研究成果方面呈现出力作匮乏，学理研究水平有待提高，浅显、重复性研究内容较多的缺憾。

以下将从研究概况、主要研究问题及观点综述两个方面进行总结和分析。

一、2012 年度山东设计学研究概况

2012 年度，山东省设计学研究在设计历史、设计应用理论、设计教育以及设计为社会服务等方面取得了较为丰富的研究成果。

据不完全统计，2012 年度我省设计学界研究人员（包括省内各高校研究生）公开出版相关专著 8 部（教材类著作），专业教材 26 部，发表学术论文 200 余篇，学术成果丰硕。

从项目研究成果角度，薛娟（山东建筑大学）等承担的教育部人文社会科学研究青年基金项目“中国近现代环境艺术设计史”（项目编号：09YJC760030）、徐磊、唐家路等承担的教育部人文社会科学研究基金青年项目“民间艺术审美心理研究”（项目编号 12YJC760098）、陈玉、韩波（济南大学美术学院）承担的山东省社会科学规划研究项目“鲁锦产品开发应用与生产性保护研究”（项目编号 11DWYJ03）、王东辉主持的山东省高校人文社科研究计划课题“山东胶东地区新农村规划设计理论”（项目编号 J11WJ11）以及唐家路主持的山东省研究生教育创新计划项目“设计艺术学硕士研究生工作室建设”（项目编号 SOYYO7O87）在本年度均已形成阶段性成果。另外，山东工艺美术学院数字艺术实验中心作为山东省“十一五”国家级实验教学示范中心（建设单位）达到预期建设目标于本年度通过验收。

在学术活动方面，“公共艺术”成为本年度设计界关注的热点。12 月 19 日，由中国国家画院公共艺术院、中国艺术研究院设计艺术院主办，住房和城市建设部园林公共艺术学会、中国美术家协会艺术委员会、全国艺术硕士专业学位教育指导委员会、山东省文学艺术界联合会、山东省美术家协会提供学术支持，由山东工艺美术学院、山东济南西城投资开发集团承办的“2012 城市公共艺术论坛”在山东工艺美术学院开幕。来自全国各类艺术院校和研究院所的 20 余位专家学者围绕“基于城市视野的公共艺术、公共艺术的人文价值、新媒介与公共艺术、大学公共艺术教育的思考”等议题进行了主题演讲和学术研讨。中国国家画院公共艺术院执行院长杜大恺教授宣读了由与会专家共同签名的《繁荣我国城市公共艺术宣言》。

二、主要研究问题及观点综述

2012 年度，我省设计学研究人员关注的问题主要包括设计史、设计应用理论、设计教育以及设计为社会服务等方面。

（一）设计史研究

本年度设计史研究主要涉及中国传统造物思想、中国近现代设计史以及西方现代设计史三个领域。

1. 中国传统造物思想研究

对于中国传统造物思想的研究，是面对全球化对文化的影响而逐步兴起的国家文化自觉意识的体现，近年来成为国内设计学界的研究热点。赵鹏、江南的《“制器尚象”对中国宗教文化识别传播的影响及表现特征》（《山东社会科学》第 6 期，山东大学艺术学院）以郑樵的“制器尚象”的造物思想分析，阐述作为宗教文化视觉形象传播重要载体的“器”，在造型、装饰、色彩等视觉元素方面的“拟人性”、“吉祥性”、“象征性”、“直观性”表现特征，系统解读了传统造物思想中“器”与“象”的内在联系。

张越的《齐国青铜艺术新探》（《东岳论丛》第 10 期，山东理工大学《管子学刊》编辑部）基于考古资料研究，对各个历史时期的齐国青铜艺术从造型、装饰角度进行了细致的梳理分析，并结合齐国的礼制规范和习俗，提出齐国青铜艺术独特的地域特色和艺术风格特征，为了解青铜艺术所承载的文化内涵提供了翔实的研究资料。远宏（山东艺术学院设计学院）的《论黑陶文化的审美价值》（《2012 中国陶瓷艺术高等教育研讨会论文集》，中国美术学院出版社 2012 年版），认为龙山黑陶文化是一种多元文明信息的载体，其实用功能与审美意蕴，艺术创造与工艺创新，造型与装饰以及文字与图像的并存共生，构成了龙山黑陶文化独特的审美价值。

基于器物外在的造型、装饰表现等艺术特征，研究探寻其所承载的文化内涵及相互之间的内在联系，成为传统造物思想研究的主要范式。

2. 中国近代设计史研究

对于国内设计学界普遍关注的中国近代设计发展状况的研究，省内学者从不同角度给予了论述。薛娟、袁越（山东建筑大学艺术学院）在《论中国近代西方设计观念对传统设计观念的冲击》（《东岳论丛》第 11 期）一文中详细阐述了西方设计观念冲击影响下，中国近代设计观念在“道器观”、“夷夏观”、“人才观”及传统价值观方面的变化形态，认为传统设计发生变革的主要动因在于价值观的变化，为解读中国近代设计观念的变化提供了理论依据。徐磊（山东工艺美术学院人文艺术学院）的《论鲁迅在书籍装帧实践中的艺术设计思想》（《包装工程》第 10 期）、谢如红（山东女子学院）的《传统文化精神与现代装帧理念的碰撞与交流——论鲁迅的书籍装帧艺术观》（《时代文学》第 4 期）则从个案角度，分别对鲁迅在书籍装帧实践中所呈现的设计思想和艺术观进行了探讨。徐磊认为，鲁迅作为我国现代书籍装帧设计的开创者之一，作品表现出的“现代意识”与其文学艺术观相一致，对我国现代书籍装帧设计风格的发展产生了深远影响。

3. 西方现代设计史研究

董占军（山东工艺美术学院）的《20 世纪欧美设计主要发展历史分期》（《（山东工艺美术学院学报）》第 5 期）中，简要呈现了各种观念、思潮、风格、运动、流派以及设计公司与设计机构的理论探索与实践，将繁杂、多样的设计现象分析，纳入到不同时期社会发展变化的背景中进行了归纳总结。郑艳、唐济川的《现代主义思潮与西方现代设计——兼论“有意味的形式”》（《安徽文学》第 3 期）则以“有意味的形式”作为切入点，结合立体主义、未来主义、表现主义等流派的形式语言和艺术观念分析，探讨了对现代主义设计的影响。

（二）设计应用理论研究

本年度的设计应用理论研究主要围绕着设计各专业领域的语言要素和表现技法、传统元素在现代设计中的应用以及生态设计等方面，涉及面广泛，成果数量较多，居于“浅谈”、“浅析”层面的论证较为普遍。同时，在设计方法、公共艺术及民间手工艺研究领域也有所推进。

1. 设计语言要素与表现技法研究

这一方面的研究主要集中在视觉传达设计专业领域。图形、文字、色彩、肌理、材质等语言要素在包装设计、平面设计、标志设计、书籍设计以及展示设计等方面的创意表现及应用，在成果中占有较大比重。其中，韦国（山东青年政治学院设计艺术学院）的《汉字设计的形质论》（《美术观察》第 8 期）在分析了汉字独特的构成形式基础上，运用西方的形质理论结合中国传统“形神一体”理论，提出汉字设计作为一种“形”的传播符号，所承载的主体意象和文化精神，促进了汉字设计研究的理论思考。王文灏（山东大学艺术学院）的《浅析书籍装帧设计的材料语言》（《美术观察》第3期）则立足于材料语言的角度，分析了书籍纸质的肌理、质感带给读者特殊的审美体验，并从设计创意主体和材料的综合运用层面，提出材料语言对现代书籍装帧设计的重要意义。高振堂（山东工艺美术学院）的《图形创意新方法》（《美术观察》第7期）把握图形意念表达和图形创意构思，探讨了图形的传统元素转化以及与新媒体艺术结合的创意方法。

另外，综合材料在装饰艺术、陶瓷艺术中的语言特征及应用研究方面，也有所推进。

2. 中国传统元素在现代设计中的应用研究

有少量研究者关注到中国传统设计思想对现代设计观念的启示，而大部分成果集中在传统图案或民间艺术表现形式的运用方面。

孟光伟（山东轻工业学院艺术学院）的《“天人合一”思想对现代包装设计的启示》（《文艺研究》第8期）一文立足于“文质彬彬”和与自然和谐的“质朴之美”两个角度，探讨了在包装设计中“诚信”所要求的“文”与“质”的统一以及“崇尚自然”的环保意识等观念对现代包装设计的启示，推动了对包装设计设计伦理观念的应用研究。刘雅莉的《中国传统元素在平面设计中的运用研究》（《大舞台》第7期）则认为，中国现代设计与西方设计的本质差异在于中国传统视觉元素的应用，提出开创传统元素新的内在精神，结合现代设计理念和视觉语言表现形式以获得创新“中国风”的设想。

更多研究者围绕传统陶瓷、服饰、家具的图案或剪纸、蜡染、年画、皮影等艺术形式在现代设计中的应用方式进行了探讨。

3. 生态设计研究

这一方面的研究成果体现在包装设计的环保意识及对过度包装的设计伦理批评方面。由于环境设计与生态环保方面的密切联系，因此，在环境设计应用理论研究方面，较多以生态观念、绿色设计以及环保节能等角度切入生态设计研究。

郑建鹏（山东工艺美术学院视觉传达设计学院）的《人本设计与生态设计的多维思考》（《设计艺术研究》第5期）基于马克思主义哲学中人与自然关系的理论，从“人化自然”对于设计的意义，引申“设计自然观——设计的人本主义理念”以及“自然的设计观—设计的生态主义理念”，强调了人本设计及生态设计居于社会总体发展系统的多维度影响因素，对生态设计提出了理论思考。李煜的《论环境艺术设计的生态观》（《现代装饰（理论）》第12期）认为在环境设计过程中生态观的确立具有重要的社会意义。周长亮的《环境节能设计的理念思维》（《四川建筑科学研究》第3期，山东师范大学）立足于空间构造技术与艺术创意综合运用的思考，探讨了环境节能设计的实现方式。

4. 设计方法研究

孙继国、孙婷婷、李妍（山东建筑大学艺术学院）的《近年来环境艺术设计方法的研究与进程》（《中华民居》第1期）一文中，强调了设计方法研究的重要性以及设计作为交叉学科的特点，结合当代设计方法论在生态化、智能化方面的拓展，探讨了环境艺术设计方法的发展趋向。吕学海、邹渊（山东工艺美术学院）的《从量体裁衣到系统设计—关于服装设计研究方向的理论思考》（《设计艺术》第5期）认为服装已经成为一种新型的文化产物，受到来自社会政治、经济、文化等多元化因素的影响，服装设计也呈现出多学科共同作用的形态，应以系统设计的方法来认识并指导服装设计的实践。

从设计方法运用角度，张岚（山东艺术学院设计学院）的《跨文化设计》（《南京艺术学院学报（美术与设计版）》第3期）通过对跨文化设计如何实现沟通与交流的思考，结合系列案例，探讨了设计在不同文化交流过程中表达形式与表达寓意之间的关系，以及实现跨越文化屏障达到“相称、相匹配”的方式。张婧婕（山东工艺美术学院）《创意面料的破坏性设计》（《装饰》第5期）对“破坏性设计”在服装设计中的应用意义和方法进行了分析。作为面料的二次创意手法，创造性地破坏、解构或混搭，以自由随意或不完整的表象破坏，取得截然不同于传统美学要求的创新变化，展现出当代艺术思潮对创意设计方法产生的积极影响。

5. 公共艺术研究

杨光（山东师范大学文学院）的《“公共性”的产生与“介入性”问题——从〈泼水节——生命的赞歌〉说开去》（《艺术评论》第10期）将《泼水节——生命的赞歌》作为中国公共艺术的开端之作，并以此为基础探讨了公共艺术的“公共性”与“介入性”之间的关系，提出介入性与自律性辨证共存的内在关联性作为公共艺术的自主意识而存在；另外，探讨了公共艺术作为艺术活动“介入”到历史社会语境方式的特殊性，并对现代媒介化社会中公共艺术对观众感知重构“介入”的意义进行了分析。刘光文（山东艺术学院美术学院）的《公共环境陶艺研究》（《美术教育研究》第17期）中认为获得公共艺术特征的陶艺，不仅应关注进入公共环境时与周围的物质、文化特征等外在因素的契合性，还应对陶艺自身的个性特征、装饰语言和技术特点，结合公共空间的塑造要求进行系统考量。

6. 民间手工艺研究

民间手工艺是我国设计学界近年来的一个研究重点。从非物质文化遗产中民间手工艺的保护、传承与创新发展角度，尤其是对具有我省地域文化特色的品种，研究者给予了较多关注。潘鲁生（山东工艺美术学院）在《民间手工艺的知识产权保护与文化传承问题》（《民间文化论坛》第3期）一文中，系统分析了民间手工艺的文化特点与生存现状，比对发达国家对民间手工艺的保护与发展经验，针对性地提出手工艺设计创新、品牌塑造以及工艺美术教育等方面的发展建议。其中，就民间手工艺知识产权保护而形成的“产权银行”运行策略，对推动民间手工艺的发展具有较为切实的可操作意义。

鲁锦是我省独有的一种具有鲜明地域文化特色的纯棉手工纺织品。2008年，鲁锦织造技艺列入第二批国家级非物质文化遗产保护名录。对于鲁锦的考察、研究和开发，始于20世纪80年代中期，山东艺术学院的李百钧经过对菏泽、济宁、聊城、德州等地的调研考察，撰写了《关于开发鲁西南织锦，引进现代生活的可行性报告》，1986年举办了“鲁西南织锦与现代生活”的展览，并定名为“鲁锦”。20多年间，在山东艺术学院成立了我省第一所鲁锦艺术研究所和鲁锦艺术展览馆，并围绕鲁锦织造技艺的保护与研发创新形成了多项研究成果。基于此背景，2012年4月，山东艺术学院艺术设计专业学位硕士研究生邵未的“手工艺之家”作品展在青岛国际会展中心展出，以鲁锦结合榆木家具、珐琅彩镶嵌、柳编、刺绣等工艺，适应现代生活需求的系列设计，展现了对民间手工艺保护性开发创新研究的成果。陈玉、韩波（济南大学美术学院）在《鲁锦产品的开发与手工技艺生产性保护》（《山东社会科学》第5期）一文中，对鲁锦工艺进行了细致的梳理分析，并提出了产品设计研发、品牌化运营及管理的生产性保护策略。

（三）设计教育研究

根据国务院学位委员会和教育部的相关要求，山东省各类高校进行了设计学科、专业的对应调整。截止到2012年4月，我省开设设计学相关专业的普通高校中，本科院校有37所，专科院校有45所，占普通高校总数的66%。我省招收设计艺术学研究生的高等院校有9所，拥有艺术设计专业学位（MFA）硕士研究生授权单位有4所，为山东艺术学院（2005年首批试点单位），2009年增设山东建筑大学、山东轻工业学院、山东工艺美术学院。

本年度我省的设计教育研究集中在高等设计教育的发展趋向及教学改革方面，尤其是对于实践教学模式改革的探讨，涵盖了硕士研究生、本科生及高职高专各个培养层面，体现出设计教育的应用型学科特质。

1. 设计教育发展趋向研究

面对我国经济转型与文化发展的一系列改革进程，成为一级学科的设计学科在教育观念和教学模式方面发生变化。荆雷（山东艺术学院设计学院）在《从分化趋向整合：当代设计教育观念的转变》（《中国成人教育》第8期）中提出以物质载体为基础的专业细分化机制正逐步趋向以解决综合社会问题为目标的整合；对传统与现代的关系认识从分化或割裂趋向整合；以互联网及数字技术为支撑整合了设计表现与传播方式，进而推动了当代设计教育观念的转变。伊卫东（山东交通学院）的《艺术设计专业建设如何适应时代发展要求》（《中国成人教育》第12期）立足于分析高等艺术设计专业发展存在的问题，提出“突出专业特色”和强化“双师型”师资队伍建设的有关措施，以适应艺术设计教育由精英教育向大众教育转变的发展需求。李辉（山东省工会管理干部学院）的《对高职院校艺术设计教育的思考》（《中国成人教育》第10期）则针对高职院校艺术设计专业学生的自身特点，提出进一步明确高职培养定位，加强与社会需求的有效结合，将实训、实践教学贯穿始终的教学改革思路。

2. “工作室制”实践教学方式研究

对设计类专业“工作室制”教学方式的探讨，成为本年度高等设计教育研究的热点，并涵盖了研究生、本科生以及高职高专不同培养层次。同时，从其研究内容角度，也存在着针对不同培养层次缺乏差异性和针对性的缺憾。

张爱红（山东工艺美术学院人文艺术学院）的《近代上海土山湾美术工艺所工艺教学评述》（《装饰》第7期）认为近代上海土山湾美术工艺所的工艺教学表现出由“师徒制”向集体授课“工徒制”的教学模式转化，在教学方法中引进了以技术辅以艺术的“工作间”方式，是设计教育“工作室制”教学模式的雏形，对中国早期工艺教育起到了启蒙和催化作用。唐家路（山东工艺美术学院）的《设计艺术学硕士研究生工作室教学方式探讨》（《设计艺术·山东工艺美术学院学报》第1期）就硕士研究生工作室教学模式建设的意义和方式进行了探讨。他认为，工作室教学模式是形成兼具学习、研究、设计、开发于一体的师资和学生教学研究团队的有效途径，能够为师生提供开放的教学、科研和社会服务环境。同时，“工作室”的运行需要行政管理、教学机构、分配制度等一系列配套机制给予支撑。张剑、隋艳晖、郑阳（山东大学威海分校）在上海召开的“创新教育国际学术会议”中发表《项目化教学法在艺术院校景观设计教学中的应用研究》一文，分析了艺术院校景观设计专业在生源、师资队伍、教学方式等方面存在的问题，提出以结合实际景观工程的“项目化教学法”激发学生的学习兴趣，培养锻炼学生的专业技能和实践能力。张鸿（山东商业职业技术学院）的《校企一体化下的艺术设计类课程教学模式改革》（《大家》第4期）探讨了高等职业艺术设计教育“校企一体化”的工作室教学模式，将企业实战项目及企业专业人员的评价引入工作室教学过程中，实现高职教育与社会需求的有效结合。

3. 专业教学改革研究

在专业教学改革研究方面，主要围绕着艺术设计创新型人才培养模式、课程系统化以及基础课程教学方法改革等方面展开。

李文华（山东工艺美术学院）的《环境艺术设计方向研究生创新培养模式探索》（《设计艺术》第3期）针对环境艺术设计方向研究生教育中存在的教学方式单一、陈旧，研究生专业知识肤浅、落伍，专业知识覆盖面窄，发展空间受限，实践经验匮乏，创新意识和创新能力不强等等问题，提出教学方式多元化，人才培养模式走向开放，注重诚信教育，并强调独立的学术精神、思辨能力，注重创新型团队建设等建议。崔晨耕（山东艺术学院设计学院）的《环境艺术专业教学中如何培养学生的兴趣——对环艺专业课程立体化教学模式的体会和认识》（《齐鲁艺苑》第4期）则从复合型人才培养的角度，探讨了环境设计专业课程立体化教学模式运行过程中，以系统学习和系列化讨论激发学生主动学习的兴趣和积极性，并将此作为立体化教学模式中思维转换的关键。潘慧锦、姜玲（山东建筑大学艺术学院）的《艺术设计专业课程教学系统化改革研究——以环境艺术设计方向课程群为例》（《山东建筑大学学报》第6期）对环境艺术设计结合开放型项目式教学的课程模块设置进行了探讨，强调了思维方法训练、理论结合实践以及课程考核体系的相互关系，以及提高学生综合实践能力的具体方式。王东辉（山东轻工业学院艺术学院）的《省属高校艺术设计专业的课程设置与就业对接策略探讨》（《艺术教育》第2期）则根据几年来对山东省属高校艺术设计专业的跟踪调研，提出省属高校的课程设置应根据各自的生源素质和特点来进行课程设置定位，并加大实习课程和社会实际课题的比例，在毕业设计、毕业答辩和毕业应聘环节引入企业技术负责人的全程参与，增强专业学生与社会需求的就业对接。

在基础课程教学改革的研究方面，周长亮（山东师范大学美术学院）的《环境艺术设计基础课程应用教改研究》（《美术教育研究》第4期）中对环境设计专业的基础课程《建筑室内外装修材料与构造》的课程性质、教学模式进行了系统的探讨，并强调着眼于建筑技术与艺术设计结合的角度，探索基于学科交叉基础上的综合创意能力、审美能力和应用能力的培养。

石增泉（山东工艺美术学院）的《行为引导型教学法的教学理念与方法》（《包装世界》第3期）分别对教师、学生在“行为引导型”教学法中的角色和要求进行了分析，探讨了以团队形式组织教学的社会性教学模式和教学观念的转变，以突出学生社会综合能力的培养和提升。

4. 教学研究项目的申报与获批

从本年度申报获批的省级设计教育研究课题角度，注重实践教学成果转化以服务于社会发展以及创新型人才培养模式的教学改革成为教学研究的重点。

潘鲁生主持的“非物质文化遗产资源应用及创意设计”人才培养创新实验区（山东工艺美术学院）被评为山东省高等学校人才培养模式创新实验区；唐济川主持的《艺术设计实践教学成果的产品化运行模式研究》（山东轻工业学院）、王大海主持的《以“齐鲁文化产品创新设计”为主题的多专业交互教学模式研究》（山东艺术学院）、彭冬梅主持的《基于山东产业现状的工业设计专业方向和课程定位研究》（山东工艺美术学院）等被评为省高等学校教学改革项目。

在人才培养模式的教学改革方面，唐家路主持的《文化创意产业背景下的设计艺术人才培养模式改革》（山东工艺美术学院）获批为省高等学校教学改革重点项目；山东工艺美术学院另有孙磊主持的《艺术设计专业教学模式改革与实践》、耿大海主持的《陶瓷艺术课程教学模式改革与实践》以及张伟主持的《以艺术与设计类学科建设为平台构建实践教学体系研究》获批省级教改项目。

（四）设计服务于社会文化经济建设的研究

我省研究者基于山东省经济文化发展的规划战略，结合设计创新、设计战略对推动总体产业转型与升级方面所应有的积极作用展开研究，并提出了相关建议和措施。

潘鲁生（山东工艺美术学院）的《蓝色文化产业的发展路径——关于山东半岛蓝色经济区文化产业发展的战略思考》（《山东社会科学》第12期）立足于《山东半岛蓝色经济区发展规划》的要求，提出从新型文化产业业态、工业设计产业、创意商贸产业、创意生活产业四个板块发展蓝色文化产业的路径，以设计创新带动具有高端、跨界、综合、前沿等特点的文化产业格局。殷波（山东工艺美术学院）的《山东省设计战略与产业发展评述》（《山东社会科学》第2期）在分析了我省产业规模、结构及发展现状的基础上，提出设计创新将成为促进产业优化发展的重要环节和核心力量。高蓬（山东工艺美术学院）的《成长型品牌形象设计》（《南京艺术学院学报（美术与设计版）》第3期）则基于设计管理角度，针对中小企业品牌形象建设的现状和存在的问题进行了分析，提出适合中小企业品牌建设的“初级阶段方案＋周期性调整＋日常维护”的渐进型设计策略。王东辉、于海龙（山东轻工业学院艺术学院）的《山东胶东地区新农村规划设计理论初探》（《现代装饰（理论）》第10期）通过对我省胶东地区新农村规划建设的实地调研，探讨了新农村景观建设规划的原则与设计理念。

12月30日，“山东省艺术与设计产业创新战略联盟”正式成立，对于建构设计创新的协作平台，推动艺术与设计创新成果转化，建设高层次设计人才智库切实促进设计服务于社会经济文化建设将起到积极的作用。

三、总结与展望

一是设计史、设计基础理论研究的薄弱，尤其是学理研究缺乏深度，大多流于资料的梳理、分析与总结层面。值得注意的是，来自于哲学、社会学、文学领域的研究者，从造物活动的物质载体或观念入手，展开对中国传统造物文化的研究，为设计史和基础理论研究提供了一种新的途径。

二是应用性研究中有部分研究者开始立足于设计交叉学科的特质，结合其他学科的研究方法或前沿成果，探讨设计与数字媒体技术、设计与生态文明、设计与非物质文化遗产保护等方面的关系，但总体研究水平还局限在描述性论证层面，缺乏跨学科理论体系的支撑。

三是在高等设计教育研究方面，对于设计升级为一级学科之后的改革与发展，在研究领域尚缺乏及时的反应。教学模式改革的探讨也趋向雷同，缺乏针对不同类型院校的特色而形成的系统研究，从而展现出我省高等设计教育在观念转变过程中的迟滞现象。

（作者：荆雷，山东艺术学院设计学院教授，澳大利亚格里菲斯大学博士生导师）

音　乐　学

彭　丽

音乐文化是任何一段历史时期、民族、地域文化的重要组成部分，也是体现文化差异的重要因素。作为文化大省、文物出土大省的山东，在音乐研究方面既有着深厚的历史积淀，又有着丰富的资源。2012年山东地区音乐研究的成果包含了山东省内学者关于音乐研究的成果以及全国有关山东音乐文化的研究成果两个方面，共约有200余篇文章。从内容来看，主要涉及中国传统音乐、民族音乐学、中国音乐史、西方音乐史、音乐美学、作曲与作曲技术理论研究等领域。研究方法涉及到文献学、考古学、田野调查等等。总体来说研究成果丰硕，视野广泛，同时也突出了地域音乐文化的研究特色。

一、2012年度中国传统音乐与民族音乐学研究

近年来，我国音乐学各分支学科在研究方法上日益显现出边缘化、交叉共生的发展态势。传统音乐和民族音乐学，更因二者在我国发展过程中的“特殊承继”关系，表现出研究对象趋同——我国丰厚的传统音乐蕴藏，研究方法各有侧重又互通借鉴的典型特征。纵观整个2012年两方面的学术动态，这一特征尤其明显。

（一）研究概况

本年度，传统音乐、民族音乐学研究依然延续了上一年的活跃势头，以山东民间音乐为研究对象的学术成果频现。其中，硕士学位论文32篇、学术论文29篇、专著2部、新闻报道5篇。内容涉及民间歌曲、民间歌舞、说唱音乐、戏曲音乐、民间器乐等多方面，涵盖了民间音乐所有类别，总体呈现涉猎乐种广泛、研究方法多样、兼顾研究与教学的明显特征。

本年度递交的硕士学位论文，研究对象囊括了船渔号子、小调、秧歌、山东琴书、吕剧、两夹弦、茂腔、山东梆子、五音戏、四平调、鲁西南鼓吹乐等10多个民间乐种，横跨民间音乐五大类。虽各项调查、研究在乐种存活、音乐形态变迁、文化民俗方面有不同程度的强调与侧重，研究方法与视角亦有“传统音乐研究”、“民族音乐学”、“民族学”的细致差别，但关注山东“非遗”项目，注意对乐种做“历时”与“共时”的多维观照，成为诸多学位论文的共性特征。但同时，研究思路僵化，论文模式化、类型化的倾向亦十分明显。

学术论文方面，2012 年学界共发表论文近 30 篇，依旧涵盖民间音乐五大类别，但学术热点分布已由先前学位论文中的“平分天下”转为“民歌、歌舞、戏曲三分天下”的局面。黄河硪号、淄博民歌、鲁南五大调、胶州秧歌、鼓子秧歌、茂腔、吕剧、柳琴戏等民间音乐品种备受关注。

2012 年出版专著 2 部。一部是《山东梆子》（田和灵，叶健，赵燕喜编著，山东友谊出版社），属概述性质。内容包括：剧种介绍、艺术特色、优秀唱段、剧目、演出团体与剧种人物、古老班社情况表等。另一部是《中国传统古筝曲大全》系列，（李萌编选，人民音乐出版社）。全书收录的乐曲基本按各流派传人传谱的脉络来安排，同时辅有部分流派、人物的简要介绍。

另有 5 篇新闻评论，旨在讨论山东戏曲文化的存活、保护、传承、传播等问题，具有一定的现实意义。

（二）主要研究热点综述

民间音乐在我国漫长的农业社会形成、沉淀，在中华民族长河中历代传承、流变，一代代致力于将中国人固有之音乐血液重新沸腾的民族音乐工作者，怀揣着齐鲁人的音乐梦想，兴酣落笔，薪火相传。

1. 民间歌曲研究

民歌是一切民间音乐的母体，对于山东民间歌曲的研究一直备受传统音乐理论工作者的关注。本年度学界对于民歌的研究涉及号子、小调多个体裁，既有对某一歌种的系统调查，亦有对某一地区民歌的普查性研究。

劳动号子研究方面。山东的胶东地区多面临海，船渔业发达，特殊的地理位置，为船渔号子的产生、流传提供了天然的土壤。号子作为海上船渔作业的伴生物，成为当地民俗文化、海洋渔业文化的重要组成。张姣阳的《山东荣成渔民号子研究》（山东大学音乐学）是一篇建立在大量实地考察工作基础上的硕士学位论文。作者在全面介绍荣成渔号产生背景、发展脉络、地域分布、艺术特征、价值影响等基本情况之余，还对流传于荣成南北的号子所显现出的不同特征，优点与不足进行了比较与归纳，并从潮汐、船具、用词、方言等方面分析了成因。张逸筠则将关注视角移向了另一个极具特色的号子种类——工程号子，其在《浅析山东黄河硪号》一文中（《黄河之声》第 15 期），对黄河硪号的产生及历史发展、音乐的唱词特征及实用价值进行了较为全面的梳理。

小调方面，乔贞伟的《山东临沂民歌的探索与发现——以〈沂蒙山小调〉为例》（河北师范大学音乐教育）是一篇专题性研究的学位论文。全文以“沂蒙山小调”为主要关注对象，论述了沂蒙地区小调存活的文化生态和地域音乐特征。刘青的《山东民歌鲁南五大调繁盛的文化阐释》（《艺术百家》第 3 期），是一篇采用民族音乐学理念与方法，对清末民初之际盛行于郯城、日照等地大型民歌套曲鲁南五大调的存活环境和音乐创作的人文条件进行深入剖析的学术论文，揭示出这一艺术品种由盛到衰的发展规律。李群的《非物质文化遗产语境下聊斋俚曲的演唱与传承发展》（《中国音乐》第 3 期）中阐述了民歌由传说故事演变过来，与当地的地域文化相交融后所反映出的当地人的情感、生活和社会现实。张小月《淄博民歌初探》（《大众文艺》第 10 期）、李群的《从孟姜女传说到淄博民歌〈哭长城〉》（《大众文艺》第 14 期）虽同样关注了山东淄博境内的民歌，但二者侧重不同。前者着眼于宏观，涵盖了淄博民歌的发展历程、民歌的蕴藏情况、音乐基本特征，民歌歌手及地方研究人员情况等多方信息。后者则从微观入手，以山东淄博境内的民间传说“孟姜女传说”为切入点，介绍了该故事产生的社会背景、流传、演变情况，对以此为题材的曲目《哭长城》做以调式、旋律、曲式结构、歌词情感等方面的分析，进而揭示民歌与地域文化的关系。

其他方面，刘青在其论文《关于山东民歌“集成后”的思考》（《西安音乐学院学报》第 2 期）中，率先肯定《集成》所取得重要历史价值，而后又客观提出该论著存在的艺人资料不完全、音像资料匮乏等不足之处。作者指出在后集成时代，应尽快对其进行完善与补充，才能为山东民歌的传承与发展提供更好的文献支撑。于红的《鲁韵新声》（《乐器》第 1 期），以据山东民歌为素材的钢琴改编曲为研究对象，从民歌曲调借鉴、对民间歌舞的表现、方言语调、民间乐器模仿四方面，挖掘蕴藏在这些作品中的地域音乐特色和清新的艺术格调，以达到推广、发展中国钢琴音乐，保护、宣传传统音乐的双重目的。

2. 民间歌舞研究

对于山东民间歌舞的研究一直以来主要集中在秧歌音乐的研究方面，且学位论文居多。山东秧歌具有鲜明的地域性，从分布情况看，以鲁西、鲁北和胶东半岛最盛。但尤以胶州秧歌和海阳秧歌影响最大。苏榕《山东胶东地区秧歌音乐研究》（延边大学音乐学），以胶州秧歌、海阳秧歌为研究对象，在论及胶东地区秧歌产生的历史、发展现状的基础上，以收集到的秧歌曲目为依据，从音乐本体出发，将胶东地区秧歌音乐分为“器乐类秧歌音乐”、“声乐类秧歌音乐”和“新编秧歌音乐”三类，总结出各自音乐特点，把握胶东地区秧歌的音乐特质。姜峻（上海音乐学院）的《略论胶州秧歌的特征、发展及保护》，则分别从“秧歌演变”和“秧歌特征”两方面分别探讨了秧歌特殊的发展规律及显现出的民族文化特性，并对二者成因给予了进一步探究。周甬琴、王静怡的《胶州秧歌城乡传承体系之比较——以胶州秧歌艺术团和东小屯村秧歌队为个案》（《齐鲁艺苑》第5期），依然关注的是胶州秧歌的发展，所不同的是笔者将切入点选至专业秧歌艺术团与民间秧歌队。通过作者多次田野考察，比较两者之间在管理模式、人员情况、传承方式、传承内容及经济运营模式等方面的不同，揭示不同体制下这两大传承体系的生存状态和发展机制，以求在社会转型时期的今天，为非物质文化遗产保护和发展，提供一定的建议和参考。

张雯（山西师范学院）的《山东海阳秧歌调查与研究》一文，主要对流传于胶东半岛海阳、乳山（今属威海市）一带的海阳秧歌作了专项研究。作者在前辈研究的基础上，结合地方文献和田野调查所获得的口头资料，对海阳秧歌的生存环境、形成发展、艺术特色、剧目剧本及当代生存状况等作了较为全面的观照。王媛（青岛大学）的《辛安村音乐文化的调查与研究》以胶州海阳地区文化村落辛安村为考察范围，搜集了大量文献资料和村民口述资料，力求对该区域内存活的音乐种类做全局性的关注。文章以“小架子”秧歌为主要研究对象，将其锣鼓鼓点、伴奏音乐与“共时性”乐种京剧、道教音乐等做横向比较后发现，辛安村“小架子秧歌”的出现并非偶然。此外，作者还对辛安村的京剧活动和道教仪式进行了复原式的考证，同时论及集会、祭祀、拜庙等社区音乐活动自娱、娱人、娱神的三项社会功能，“民族音乐学”研究倾向明显。

郭凌燕（山东大学）的《经历非遗》以流行于鲁中莱芜市颜庄一带的民间舞蹈——“花鼓锣子”为研究对象，从村落社会生活的整体语境出发，探究这一乡民艺术在经历非物质文化遗产社会运动中一些富有意味的变化，观察这种变化的意义和影响。并在更广泛的意义上对乡民艺术与村落社会生活之间的互动关系进行分析。全文民俗学研究的视野，可以为音乐学研究提供良好的借鉴。

3. 说唱音乐研究

纵观2012年的说唱音乐研究，山东琴书无疑是学界关注的一个热点。琴书艺术在山东有着悠久的历史，伴随艺人的流动及各地民风民俗的演变，先后形成南路、北路、东路几个不同流派。进而各流派间的共生、对比及三者间的关联性研究自然也是学界常常探讨的问题。

刘强（青岛大学）的《山东琴书三大流派生存现状调查研究》以山东琴书三大流派为研究对象，采用民族音乐学视角，以田野考察为依据，分“山东琴书及其三大流派的形成”、“山东琴书三大流派的生存现状”、“山东琴书三大流派发展变迁研究与根源挖掘”三章，整体介绍了这一曲种的生存现状。其中分析和比较三大流派的传承与创新，梳理澄清三大流派各自的传承体系是文章中的重点与贡献。董刚德（山西师范大学）的《南路山东琴书调查与研究》，是一篇能够全面反应南路山东琴书存活现状的学位论文。文章论及南路山东琴书的发展历程、曲目与曲本、体制与表演特色、艺术特色、戏班与艺人、保护和利用的思考6个方面。同样是对“南路”山东琴书的研究，开万贺（河南大学）的《李巧莲琴书艺术研究》则将目光投向了此项技艺的传承人李巧莲。全文以李巧莲的唱腔艺术作为研究对象，分为“李巧莲的艺术生涯”、“李巧莲的唱腔”、“李巧莲的演唱”、“李巧莲对琴书的影响和贡献”四个部分展开，从多个角度对李巧莲的唱腔进行了分析，以凸显李巧莲的唱腔艺术特征。杨昭君（南京艺术学院）的《“北路”山东琴书中的扬琴器乐演奏艺术研究》以“北路”山东琴书的主要伴奏乐器——扬琴为切入点，通过对扬琴在“北路”山东琴书中的器乐形制演变、演奏技巧、伴奏方式的变化分析得出扬琴器乐与说唱音乐之间的共融关系，即扬琴传入中国在说唱音乐中担当伴奏的过程，也是其自身成长演变为中国传统器乐的过程。并以作品——《琴书吟》为例，进一步阐述了当代说唱音乐为适应社会审美所应作出的调整与调试，丰富与开拓“北路”山东琴书中扬琴器乐演奏的艺术魅力等个人见解。张炫的《山东琴书在济南的保护与发展综述》（《大众文艺》第20期）一文，分“建国前以济南为中心的北路琴书发展状况”、“建国后山东琴书在济南的发展与保护”两部分梳理、回顾了这一曲艺形式的发展、保护状况。

聊斋俚曲是本年度学者重点关注的另一曲种。周琦《聊斋俚曲曲牌音乐要素研究》（燕山大学，音乐学）一文，主要从“聊斋俚曲概况”、“聊斋俚曲重点曲牌音乐要素分析”、“聊斋俚曲曲牌音乐结构特点及音乐要素特点”三部分展开论述，总结出聊斋俚曲曲牌的音乐结构和特点。

4. 戏曲音乐研究

古老悠远的历史造就了齐鲁文化的深厚积淀，滋养着色彩斑斓的山东地方戏曲音乐，但戏曲在当今社会的发展举步维艰，对其的传承发展和深入研究亟待学界的关注。2012年度，学界对于吕剧、山东梆子、五音戏、柳琴戏、茂腔等“非遗”剧种的关注热度依然未减，而四平调、两夹弦等素来少被论及的剧种，也逐步走进学者的视线。

吕剧作为山东的代表性剧种，在山东全省乃至全国都具有相当的影响和知名度。自20世纪以来，吕剧就一直备受青睐，研究成果丰硕。张永杰的《新世纪以来山东吕剧研究综述》（《安徽文学（下半月）》第8期）一文，分“吕剧的文献资料整理”、“关于吕剧的来源名称及发祥地辨析”、“吕剧的文化价值研究”、“吕剧现代戏研究”、“吕剧发展与创新研究”五方面，梳理了2000年后山东吕剧的学术研究情况，以求为其后续的研究提供学术参考和新的思路。刘红艳、杨建刚在《山东吕剧艺术发展咨询报告》（上、下）（《戏剧丛刊》第6期）一文中，率先对当代吕剧生存的现实状况及所面临的生存危机做以如实的说明，在分析危机的成因之后，作者又进一步阐述了吕剧的多元价值及吕剧文化生态重建的重要观点和实施方案。苏远尚（山西师范大学）的《山东吕剧调查与研究》一文，是一篇立足于实地调查，对吕剧的起源与定名问题、母体——山东琴书的渊源流变、吕剧艺术特色、历史状态探析、吕剧演出团体和演艺人员、吕剧生存状态透析、吕剧艺术的保护、传承与发展进行全面概述性的学位论文。全文论及问题宽泛，考察工作扎实、详尽。作者在学术界至今仍存在争论的吕剧起源诸问题、吕剧艺术的发展脉络的梳理、各吕剧团的生存状况调查时倾注了大量心血。全文图文并茂，考察资料与已有文献资料紧密结合，是一篇调查范围广泛、调查内容深入的考察报告。

茂腔是山东特有的地方戏曲品种，属“肘鼓子”系统，2006年被列为首批国家非物质文化遗产。茂腔在山东主要流布于五莲、青岛等地。周秀梅的《近二十年山东茂腔研究述评》（《南昌教育学院学报》第5期），率先从“文献资料和研究成果概述”、“茂腔戏多角度研究分析”两方面，为我们展现了近20年茂腔研究中的重要成果。作者还在结尾处给出目前学界对茂腔关注度不高，研究中缺乏艺术审美层面的分析等客观评价。古全敏的《山东五莲茂腔调查研究》（新疆师范大学音乐学），以五莲茂腔为考察对象，分“五莲茂腔产生的环境及发展”、“五莲茂腔的艺术特征”、“五莲茂腔的本体研究”、“五莲茂腔的现状调查与分析”四部分，描述了这一剧种大致面貌。作者借助田野调查及文献分析，展现了五莲县专业茂腔剧团和业余戏班的发展状况，分析五莲茂腔逐渐衰落的原因，并对五莲茂腔今后的发展提出了从静态到动态的保护意见与措施。李慧玲（河北师范大学）的《山东茂腔戏曲音乐发展研究》和罗艺丹（上海音乐学院）的《青岛茂腔剧团的发展与继承研究》均将学术目光投向了青岛茂腔。两篇论文均采用实地考察、音乐本体分析的常用方法，但因二位作者不同的研究方向，侧重亦有所不同。前者继承了传统音乐研究重视音乐分析的一贯传统，在介绍“茂腔概述”、“茂腔传承”之余，将更多的精力置于“茂腔的音乐及板式”、“乐器伴奏及其曲牌”、“艺术特征”中。围绕茂腔这一地方戏曲的独特之处如曲调唱腔、乐器选择、地方方言等方面作了分析说明和乐谱举例。而后一篇，则以“青岛茂腔剧团”为线索组织全文，民族音乐学的学习研究背景，使作者关注人、社会和文化关系，注意从“历时”和“共时”两个维度观察该剧团存活的环境。

柳琴戏研究是本年度戏曲研究中的另一热点之一。宋希芝的《山东柳琴戏发展传承与振兴研究》（《戏曲艺术》第2期）一文，从“柳琴戏的起源流布”、“柳琴戏的发展传承”、“柳琴戏的现实处境”、“柳琴戏的振兴之路”四部分为我们大致描述了柳琴戏在山东地区的流布、各发展演变阶段，剧种所面临的现实困境。论文如何振兴柳琴戏的，作者提出了四大举措。杨玉芹的《柳琴戏音乐文化的传承研究》（《戏剧丛刊》第6期）主要关注了柳琴戏的传承问题。文章认为身怀绝技的柳琴戏艺人多已年老体衰，后继无人，保护和传承柳琴戏音乐是当务之急的大事。闫辉在论文《非物质文化遗产柳琴戏的保护与传承》（《四川民族学院学报》第3期）中，梳理并介绍了柳琴戏的历史起源、唱腔特点和代表剧目等。通过对柳琴戏发展历史、文化变迁的研究，深度挖掘了柳琴戏蕴涵的社会文化意义。在着重剖析导致柳琴戏日渐式微的诸多现实因素及制约其发展的瓶颈所在的同时，对柳琴戏如何有效地保护与传承提出了对策。

五音戏，原名“周姑子”，是流行于鲁中地带的民间小戏。唱腔酸甜柔美，有“北方越剧”之称。梁莹莹（福建师范大学）的《五音戏中的女性情结》一文，以独特的“女性”视角出发，讨论了五音戏在曲种来源、行当排位、唱词韵味、剧目内涵、戏台呈现、看戏观戏及演员性别（男—中—女）回归等方面所折射出的阴性之美及与当地女性特质之间的关联。众多阴柔特质的体现与回归，也透析出了引起诸多变化的深层次社会意识与经济因素。

高伟（江西师范大学）的学位论文《论区域性大众艺术审美观对山东梆子演唱艺术及历史传承的影响》一文，着重讨论了区域性大众审美对山东梆子的表现内容、演唱板式、行当唱腔特色上的影响，进而进一步反思山东梆子如何生存等现实问题。朱路阳（曲阜师范大学）的论文《山东两夹弦的生态现状调查与保护对策研究》，关注的是流行于菏泽地区、极尽濒临的戏曲剧种“两夹弦”的生存问题。全文力求通过对“两夹弦”生存现状实地考察后的客观论述，显现这类“边缘剧种”、“非主流剧种”传承问题上所面临的困境，进而阐述保护剧种的必要性和重要性。在讨论现有及诸多可行性措施的同时，提出鼓励农村留守儿童学习、传承“两夹弦”的个人观点。

流行于山东、江苏、河南、安徽等省地方戏曲剧种“四平调”，2006年被国务院批准入选首批国家级非物质文化遗产。周蕊的《山东金乡县四平调的传承与发展研究》（延边大学音乐与舞蹈学）即以金乡四平调为研究对象，在梳理当地四平调起源、发展脉络的同时，亦对剧团由兴起、发展到衰落、解散的轨迹进行了回顾。面对剧种入选国家“非遗”项目后境况，作者对剧种前途作出了反思与展望。

此外，李德静的《对民间戏曲“一勾勾”的调查与思考》（《星海音乐学院学报》第1期）以流行于鲁西临邑一带的剧种“一勾勾”为对象，介绍了“一勾勾产生之文化背景”、“一勾勾的历史渊源与发展”、“一勾勾的音乐本体部分”，着重阐述其由民间歌舞打花鼓演变成地方戏曲形式这一演变，与地理位置、生产方式、黄河农耕文化与运河文化并存的文化特征等诸多因素有着的密切关系。刘芳（陕西师范大学）的《聊斋戏研究》将目光投向了较少被学界注意的以《聊斋志异》为题材的戏曲剧目。论文按照时间顺序，整理清代聊斋戏和清代以后聊斋戏改编剧目，借助具体篇目的列举，得出聊斋戏从《聊斋志异》中选材的特点和聊斋戏的改编方式，同时关注了聊斋戏的舞台设计、人物造型、表演手法以及对各地方戏表演系统的影响。文章最后指出，聊斋戏的不断创新正是其不断发展的巨大推动力，新科技的加入会使得聊斋戏有更大的表现空间，发展前景广阔。

安啸梅的《山东戏曲生态现状研究》（《戏剧丛刊》第1期）一文，通过对沿海城市青岛和内陆城市菏泽戏曲实例的调查走访，发现由于地域、经济的发展程度不同，两地戏曲发展生态现状差异巨大。文章从戏曲生态现状调查情况、当前山东戏曲生态状况、山东戏曲生态良性发展的建议，分别介绍了两地戏曲专业团体和非职业剧团的生态现状以及目前两地区戏曲剧团、剧种、曲创作及理论研究的存活发展情况，并在此基础上提出了利于戏曲生态良性发展的个人建议。

5. 民族器乐研究

民间艺人、表演艺术家的出现，表演流派的形成与传习，班社的组织与维系，曲目的创作、传承与创作，乐器的配置与演奏方式的规范化往往是一个民间乐种诞生、生存、发展之必要条件。也正是鉴于这些要素的不可缺失性，学界也常常它们作为民间器乐研究的切入点。

宋晓辉的《任同祥唢呐名曲〈百鸟朝凤〉演奏艺术研究》（上海音乐学院音乐表演）一文，以我国著名的唢呐演奏家任同祥及其代表作《百鸟朝凤》为研究对象，深入分析了作品的背景、演奏技巧和音乐艺术特点。全文在尽显作者专业优势的同时，确实体现出理论研究对艺术实践的指导意义。高莹莹（上海音乐学院）的《牟善平笙演奏艺术研究》，以山东风格笙的代表人物牟善平为研究对象，以笙演奏技艺为核心展开全文。

康宁（延边大学）的《鲁西南张氏鼓吹班研究》是一篇运用民族音乐学理念进行研究的学位论文。论文以流行于菏泽地区的张氏鼓吹班为实地考察对象，采用个案分析法，对其历史渊源、传承方式、曲目系统来源、乐器使用及编制、音乐特点等进行了总结归纳。在讨论班社的社会功用时，作者充分考量了音乐事项和民俗礼仪生活的互动关系。周方圆（西北民族大学）的《南阳民间鼓吹乐班的民俗学解析》一文，全面展现了民族学的研究视角。文章率先通过对乐班的组建、技艺的传承、乐器配置、演奏形式、演奏曲目的描述，勾勒出南阳民间鼓吹乐班的概貌。而后以鼓吹乐班最常参与的民俗事件——民间丧葬为例，详细记述乐班在一次田野个案中的具体活动，并以此为基础探讨其文化内涵与功能。此外，作者在文中亦尝试对民间鼓吹乐班进行民俗学学科角度的“再认识”。其将鼓吹乐班的演奏视为一种听觉的民俗符号，认为丧葬仪式这类的民间礼俗对鼓吹乐班的需求是“俗民”对习俗规则的自觉遵守，乐手在同一民俗事件中“扮演”着不同的角色。王东涛的《以两乐班为例对鲁中南鼓吹乐的本体分析》（《齐鲁艺苑》第4期）着力于对“鲁中南鼓吹乐”的个案调查，针对乐班在民俗事象中的应用情况、乐队编制、演奏行为、乐器定调、常用乐曲、曲调来源、旋法规律等一系列问题进行音乐本体研究。

民间器乐为民间音乐的其他分支甘当绿叶承担伴奏的同时，也有大量纯器乐的乐种异彩纷呈，对山东民间器乐的研究涉猎面也比较广泛。如何清涛的《挫琴曲牌结构流变撷要》（《齐鲁艺苑》第5期），通过对挫琴这件被称之为“化石乐器”的部分代表性曲牌的分析研究，揭示出挫琴曲牌结构所显现出的独特风格及其发展中的流变。陈凌的《山东筝派演奏技法的教学研究》（《乐器》第6期）一文，阐述山东筝派与山东琴书和山东琴曲相互借鉴融合，在发展过程中，形成了自己独特的演奏技法，从具体乐曲入手对山东筝曲演奏技法的教学研究展开述评。马立婧的《山东筝乐弹奏特点在教学中的运用》（《乐器》第4期）一文，重点从右手大指的运指、左手的技巧及双手弹奏等基本技法在教学中运用谈起，使人们更准确地认识授山东筝派特点的弹奏方法，努力使山东筝派在全国大放异彩、扩大影响。王韵的《坠琴艺术漫谈》（《戏剧丛刊》第2期）主要关注了坠琴这一极具山东特色的拉弦乐器。文章回顾了坠琴产生和演化历程，介绍了坠琴的构造和分类，并归纳出这件乐器的艺术表现特色。

每个人对置身于其中的环境总是更加了解，尤其是从小就生活的地方，耳濡目染，情牵梦绕。就这近百篇研究山东民间音乐的论文而言，从篇幅上可以看出，山东本土的学者研究成果篇幅较长，并有大量硕士、博士学位论文对山东民间音乐品种进行了细致的分析与介绍，并且在阅读、借鉴和切入点等方面也都有明显的差异。不管是故乡也好，异乡也罢，能够了解山东的民间文化，并将其传承下去，都乃我辈之幸事。同时也应当看到，2012年度，对山东民间音乐的研究成果数量可观，但缺乏核心力作，对于一些濒临灭绝、少人问津的民间音乐品种缺乏深入挖掘和抢救整理；较多研究局限于历史背景、音乐本体分析等方面的阐述。

民间音乐是乡土社会有机的组成部分，生硬地将民间音乐从人文、社会、历史环境中剥离出来，无益于对于文化整体的认知。业界也越来越希冀政府在财政上支持文化建设的同时，给予其自由的发展空间，并充分认识到决定着民间音乐文化生死存亡的将是经济运作、艺术水准、道德信誉和职业操守，而不是来自意识形态领域的挤压。

二、2012年度中国音乐史研究

2012年山东学者在中国音乐史研究方面发表的文章共计25篇，包括中国古代音乐史13篇和中国近现代音乐史12篇，虽数量不多，但研究内容涉及面较广，角度新颖。其中古代音乐史的研究主要涉及音乐思想、乐器、明清音乐等内容，而对挫琴的研究是本年度山东音乐研究的热点。在中国漫长的音乐文化发展历史中，近现代音乐起着承前启后的关键作用，作为中国重要的大变革历史时期，近现代音乐承接古代与现代、传统文化与外来文化的交锋与融合。经过数十年历史文化的积累沉淀，于当今文化环境视角对近现代音乐进行多角度的探究总结，仍然是近现代音乐史工作的重点。文章主要涉及社会变革与音乐文化、现当代音乐作品研究等。

（一）主要研究观点综述

1. 乐器与器乐的研究

挫琴，流传于古青州辖域的益都、寿光、广饶、临淄一带的一种形制奇特、古老而独特的拉奏乐器。目前对于挫琴的研究并不多，其最主要观点认为，它是中国乃至世界历史上最早的击弦乐器“筑”的沿革，因此又被称作“乐器中的活化石”。挫琴起源及发展的研究涉及到中国拉弦乐的起源甚至是世界拉弦乐的起源，对于研究古代音乐的发展沿革有着较高的历史价值。自20世纪50年代在国家有关政策的影响下，挫琴便被几代音乐人纳入持续不断的学术关注之中。2012年山东的周明、何清涛分别对挫琴的历史传承和曲牌结构流变进行了研究。周明的文章《挫琴：一件古老乐器的历史传承与“旗城效应”的文化解读》（《齐鲁艺苑》第6期），通过对青州文化生态境况和青州文化生态境况的文化传承两个方面分析了青州北城独特的地理、历史文化环境，成为致使挫琴只存留古青州北城的原因。周明的另一篇文章《青州旗城——一件乐器的存续环境》（《艺术教育》第1期）主要通过挫琴的发展阐述了一个学界一直在探究和追问的命题，即一件离开宫廷、舞台或主流传播渠道的乐器，怎样隐身于一片偏离主流城市、主流社会的城区？一件业已消失的乐器，何以会在某地传承绝响、继续存活？这个话题背后，一定隐藏着某种需要解读的密码和信息。获知信息，追根溯源，才能获得破解他们得以传承不衰的钥匙。关于乐器的研究还有石蔚的《先秦器乐演奏文化功能浅议》（《管子学刊》第1期）一文，作者指出先秦时期的器乐演奏，作为一种音乐文化现象，在当时的社会生活中发挥了重要作用；器乐演奏作为一种声音形态，结合歌舞传递着各种信息，实现对人的教化。器乐演奏本身所具有的审美属性，又使器乐演奏逐步成为独立的音乐形式，表现出器乐演奏的社会文化功能及那个时代人们的审美意识。

中国笛子历史非常久远，最早可追溯到九千多年前的河南贾湖骨笛，是中国音乐史最早的实物见证。中国戏曲被称为世界三大最古老的戏剧文化之一，和其并称的古希腊悲喜剧和印度梵剧都不复存在了，而中国的戏曲却形成了一个博大精深的艺术表演体系，成为举世闻名的最富民族特色的艺术形式之一，至今依然争艳于世界民族文化之林。它们两者之间有关系吗？姜伟强在《戏曲元素对笛曲创作、演奏之影响》（《戏剧丛刊》第1期）中就针对这两者进行了说明，并指出戏曲对笛曲的影响。

2. 中国古代音乐美学思想研究

山东可谓文化聚集之地，儒家思想在此产生，并对中华民族传统思想产生了深远的影响。距今两千多年的孔孟思想对今天的我们又有怎样的意义，贾剑蕾的《孟子音乐思想探析》（《管子学刊》第1期）和丁庆的《论儒家乐教思想与学校音乐教育的文化意蕴》（《黑河学刊》第9期）就以古看今的方式提出了自己的见解。前者指出孟子首次从感官生理的角度肯定了音乐美感存在的共同性。孟子的音乐思想在中国古代音乐发展史上产生过重要影响，同样对当代音乐实践活动也具有积极的指导意义。后者从儒家乐教思想的核心要旨和文化意义出发，认为学校教育应自觉地将儒家乐教思想纳入教育过程，重视音乐教育的文化内涵。既要重视音乐教育的社会作用，又要重视音乐教育的传承与创新。中国文化的艺术精神极大地体现在孔子的音乐教育思想中，中国国民音乐教育的实施与落实也会从孔子音乐教育思想中得到很好的启迪。

魏晋时期的音乐美学思想一直是学者研究音乐思想上研究的其中一块领域。《魏晋文人音乐中“生命体验”的构筑与表达》（《音乐研究》第4期）是程乾关于魏晋时期文人音乐的思考与分析。她指出观念作为音乐形式与行为的“引渡者”，沉潜于实践过程的始终，酝酿出充满感性活力与文人气质的生命体验。

3. 明清音乐研究

明朝朱载堉是我们熟知的律学家。他计算出了十二平均律。朱载堉在《律学新说》中论证了理论计算的音高数据与音乐实践之间的某种不对应关系，以及在音乐实践中，一个音的音高具有运动、圆转多变的特性。当今许多学者也以不同形式论述过这些问题，指出律学计算与音乐实践脱节的现象。陈欣在《律学计算与音乐实践的关系及音高选样测量的初步论证》（《黄钟》第4期）一文中选用几种计算机软件，对部分艺术院校学生和知名演奏家的演奏音响，作了“定音音高”和“旋律音高”的测量，得出一些能够反映音乐实践和理论计算之间关系的数据，并对成因的作了初步的分析。

4. 社会变革与音乐文化

中国近现代音乐的发展与中国历史的改革变迁进程是密不可分的。从近现代音乐中我们可以看到时代大变革大发展的缩影。

冯长春、冯春玲的《豪情壮志的音乐年代——“大跃进”时期的音乐文化》（《音乐研究》第3期）以1958年“大跃进”运动为历史背景，分析当时的在新口号、新要求、新目标的社会大潮冲击下产生的近代音乐特征及大跃进音乐文化对当时社会的影响。曹成竹的《关于歌谣的政治美学——文化领导权视域下的“红色歌谣”》一文，剖析了红色歌曲等一系列以中国革命建设主旋律为内容的文化产业繁荣发展对中国政治文化及思想领导的带动作用。吴鹰的《洋务运动、戊戌变法与学堂乐歌对中国声乐教育的启蒙》（《黄河之声》第6期）认为，洋务运动和戊戌变法引发了旧中国教育体制的变革，产生了学堂乐歌的启蒙进而奠定了今天系统的声乐教育，文章解读了历史变革运动对中国声乐教育的影响意义。

5. 现当代音乐研究

音乐特征的解读离不开对音乐作品的剖析，音乐时代性的发展同样会影响不同时期音乐创作的表现手法和创作风格。2012年度，不乏对音乐创作及作品进行探讨分析的文章。如李美丽的《中国当代音乐创作浅析》（《大众文艺》第9期）以中国当代音乐创作的发展趋势为切入点，简要论述了音乐创作体现出的特点及创作中普遍存在的弊端，认为中国当代音乐的创作在当今社会日新月异的发展潮流中，体现出别具一格的创作要素及理念。以其特有的民族风格和独特的魅力呈现出现代化与多元化的发展趋势。希望对我们繁荣音乐创作和促进音乐教育起到些许积极的借鉴意义。杜桂玲的《歌曲〈黄水谣〉歌词的文学性》（时代文学（下半月）第1期）从文学性和艺术性的角度理解《黄水谣》的歌词。认为歌词的文学性和艺术性结合的天衣无缝使歌曲经久不衰传唱至今，歌词生动形象更赋文学性，使歌者置身于歌词的意境中，感人至深。程晓婵的《施光南〈瑞丽江边〉述评》（《大众文艺》第2期）以施光南的作品《瑞丽江边》为研究对象，通过对音乐意境、音乐表现内容、音乐结构及曲式变化、音乐语言、演奏技巧、艺术价值等几个方面进行分析，便于深入了解此曲的音乐创作魅力及作曲家丰富情感如何在创作中体现。

近年来，民族管弦乐艺术的发展已显衰退迹象，创作领域佳品难觅，舞台演出平淡沉闷，如何在原有基础上另辟蹊径，是一个迫切的、值得探讨的问题。济南军区前卫文工团在这方面做了大胆尝试，推出了大型民族交响音画《春江花月夜》。彭丽的文章《何处春江无明月》（《人民音乐》第9期）结合唐代诗人张若虚的同名诗作之诗意，解读了这一大型音乐作品，认为其在内容上以中国传统文化为核心，舞台上充分调动多媒体手段，以全新的创作理念和演奏形式，集中反映出原诗的文化内涵和人文精神。

此外，刘冬云、刘再生的《中国钢琴乐派的起步点——齐尔品举办“征求有中国风味的钢琴曲”创作评奖之作品分析与历史意义》（《中国音乐学》第4期）一文提出“中国钢琴乐派”的概念并加以定位，将中国钢琴艺术发展的梳理置于近现代音乐历史语境之中。文章回顾了“征求有中国风味的钢琴曲”创作评奖的经过，对齐尔品之于“中国钢琴乐派”的历史贡献予以总结与评价，并就“失踪”

的获奖者之一俞便民的生平，作了初步的史料搜集与探讨。

6. 道教音乐文化研究

儒家、道家、墨家等重要思想是中国传统文化的精髓，在几千年的流传发展过程中，也都会透露音乐文化在社会文明中的关键作用，诸多重要思想家都对音乐有着自身独到的见解。宗教音乐也是近现代音乐的重要组成部分，而在齐鲁大地上，道教音乐的地位显得尤为重要。本年度对道教音乐的研究成为最大的热点。

杜晓峰在《论道教文化的艺术特色——以崂山道教音乐为例》（《戏剧之家（上半月）》第5期）中对崂山道教音乐所涵盖的文人内涵及历史情趣进行深入详解，探求其浓郁的传统文化韵味，对当今道教发展的深远意义。张华信的《道家、道教思想对中国传统音乐文化的影响》（《齐鲁艺苑》第4期）从道家、道教思想对中国传统音乐真实论、想象论和形态论三个方面的影响，来探讨中国传统音乐美学思想体系的基本面貌。此外，匡传英有两篇有关崂山道教科仪音乐研究的文章。《论崂山道教科仪音乐分类及功能》（《音乐时空（理论版）》第3期）一文，从崂山道教科仪音乐的分类与功能出发，对其分类和崂山道教科仪音乐在仪式中的作用进行了分析，旨在认清崂山道教科仪音乐的实质和价值，并为在当今环境下继承和发展崂山道教科仪音乐，全面深入地研究中国传统音乐文化，尽到微薄之力。《崂山道教科仪音乐的文化特质探析》一文，从崂山道教音乐文化特质的角度进行解读：崂山独特的地理位置以及崂山道人的开放精神，使民间音乐、戏曲、宫廷音乐、佛教音乐，儒家唱颂等音乐元素融合在一起，形成了其音乐多元性的特点。因为有着多方音乐的融入，崂山道教音乐一直保持着兴旺势头，体现了始终如一的连续性。提出在当今环境下继承和发展崂山道教科仪音乐，是全面深入地研究中国传统音乐文化的一个重要环节。

从以上的研究成果不难发现，本年度对于中国音乐的研究不乏精品之作，也有新颖题材的介入，但总体来说精品数量不多，缺乏对研究的细致和深入。

三、西方音乐研究与音乐美学研究

有关西方音乐史、作曲家与作品、创作技法以及音乐美学方面的相关研究一直是我国音乐理论研究的重要组成部分。2012年，仅核心期刊及各类专业院校刊物中刊载的此类文章就多达160余篇。可见2012年山东省西方音乐研究与音乐美学研究同样呈现出学术活动活跃、参与学者众多、学术关注面广、学术成果数量较多的特点。大致说来，2012年该方面的研究热点还集中在作曲家与作品研究方向，但同时，也反映出研究角度单一化、研究方法与思维老化、僵化以及研究深度不够的问题。

（一）研究概况

2012年，山东省有关西方音乐、音乐美学研究的期刊论文约40余篇，学位论文30余篇。其中西方音乐最主要的研究中心在作曲家与作品相关研究，包括历史研究、文化意蕴研究及诠释学研究。此外还有围绕作曲家创作或具体作品中应用的创作技法进行分析解读的文章。音乐美学研究的重心则体现在“接受美学”方面。另外，博、硕士论文与期刊论文呈现出明显的断代分化。在发表的期刊论文中，各研究者针对20世纪作曲家的关注明显较其他断代更多，而对于浪漫时期作曲家的相关研究只有三篇，关于古典时期音乐家的研究、中世纪至文艺复兴时期的研究各仅有两篇。而在学位论文中，从目前资料来看，众多音乐表演方向的研究生撰写的此类论文主要集中于古典、浪漫主义时期，研究层次较为浅显，多为音乐表演方面的经验诠释。

（二）主要研究问题及观点综述

2012年度，我省西方音乐研究—音乐美学研究的关注问题及涉及面大致可分为音乐意义解读研究、创作技法相关研究、音乐体裁研究、音乐美学研究、音乐表演诠释研究五个方面。

1. 音乐意义解读及历史性研究

音乐意义解读研究最典型的例子是邹彦的论文《贝多芬d小调钢琴奏鸣曲，op. 31之2的标题性内涵》（《中国音乐学》2012年第3期）。此文针对学界一直争论的“音乐作品标题性”问题入手，讨论在浪漫主义标题音乐概念提出之前，在古典时期的贝多芬奏鸣曲创作中已经出现了标题化的创作倾向。文章针对该奏鸣曲第一乐章主部主题的特殊性展开讨论，结合莎士比亚戏剧《暴风雨》内容以及康德关于崇高感和优美感的论述，对这部奏鸣曲的文学及哲学内涵进行了解读。认为这部奏鸣曲的第一乐章体现的是音乐与文学的关系，第二乐章体现的则是哲学/美学的关系。而第三乐章则是某个‘永恒’问题的音乐表象。而这种设置正是贝多芬心中充盈的经历了自然界和内心世界的暴风雨之后永恒的“宽恕”主题。通过这种分析完成了对作品的标题性内涵诠释。上海音乐学院孙丝丝的博士学位论文《世纪末的心灵探寻—马勒三首中期交响曲研究》，通过19世纪欧洲“世纪末”的社会—文化状况等历史语境入手，引入对马勒《第五交响曲》、《第六交响曲》、《第七交响曲》的具体分析，展示出马勒这一阶段创作中的“悲剧意识”，论述了世纪末的重要精神产物“颓废”以及这一精神产物的重要表现形式“碎裂”在三部作品中的展现，从而揭示了这一阶段交响曲的艺术价值和哲理蕴含。

宋莉莉的《20世纪西方的“超音乐”观念》（《齐鲁艺苑》2012年第5期）从历史角度论述20世纪的音乐观念变化。认为20世纪的西方音乐家们开辟了多元化的创作理念，探索了更加宽广的创作思路，其中“超音乐”的观念以更多非音乐的手段丰富音乐的创作，强调音乐创作的独创性、标新性、模糊性、非理性，倾向于音乐作品的个性化、多元化、直觉化、实验化。“超音乐”观念的作曲家们用自己特殊的印记留下了自己时代的音乐符号，为20世纪的音乐创作提供了一种新的视角，为我们思考新时期的音乐发展提供了饶有价值的启示。

2. 创作技法相关研究

针对音乐作品中采用的创作技法进行研究是2012年学者们关注的重点，不论是在期刊论文还是学位论文中都有大量的成果。可以按照研究对象的断代对此类文章进行划分梳理。

针对古典—浪漫时期的和声、复调等创作技法为对象进行研究的学位论文首先是上海音乐学院韦辉的博士论文《布鲁克纳交响曲主题复调形态与技法研究》。文章以晚期浪漫主义音乐时期代表作曲家布鲁克纳的九部交响曲为研究对象，对作品中呈现的主要复调音乐织体形态及其所涉及的对位技法进行了较为全面、系统的分析；并根据布鲁克纳交响曲中对位技法运用的一般特点，着重对作品主题的呈示、展开，以及再现过程中的不同变化形态进行研究；同时也据此来探讨复调思维在作曲家进行交响曲创作中的运用规律和体现原则。而布鲁克纳等晚期浪漫主义作曲家对复调艺术精神的传承延续和复调技法的继承发展发挥了具有历史意义的不容忽视的重要作用。山东师范大学李月颖的硕士论文《柴可夫斯基〈天鹅湖〉音乐和声技法研究》主要从和弦材料、和声进行、调式调性、和弦外音及终止式五个方面进行论证，并探讨和声对塑造人物形象的作用。另外类似学术论文还有山东大学刘钰源的硕士论文《舒伯特〈阿佩乔尼奏鸣曲〉的音乐学分析》。期刊文章中主要有宫富艺的《音乐作品中调内和弦的辨析》（《齐鲁艺苑》第5期），文章对基础和弦分析理论方法进行了探讨，着重阐释了和弦的标记、构成、连接进行以及和弦织体，指出在分析过程中，还要结合时代风格甚至创作背景，才能更好地理解作品的内涵。姜音的《肖邦21首〈夜曲〉中的和声色彩性表现》（《齐鲁艺苑》第1期）主要对肖邦夜曲中的色彩性和声风格进行分析，认为肖邦作品中的和声结构开始趋于横向线条化发展及纵向复杂化发展的双重特征，这些繁杂的音响结构掩藏了更加简单的和声关系。王瑞年的《轴心对称主题贯穿——钢琴套曲〈图画展览会〉整体结构探析》（《音乐艺术》第4期）则以俄罗斯作曲家穆索尔斯基最具代表性的音乐作品——钢琴套曲《图画展览会》为对象，从乐章关系、调性布局、《漫步》主题的贯穿发展、整体曲式类型界定四个方面对《图画展览会》整体结构进行分析，并以“轴心对称、主题贯穿”为结论概括该作品的整体结构特点，从宏观角度探索了这部伟大作品的艺术独创性。

针对20世纪作品技法研究的文章相对较多。主要集中在德彪西、巴托克、布里顿、蒂皮特等20世纪较为典型的作曲家与作品方面。吴珺的《德彪西管弦乐配器语言的音色运用》（《齐鲁艺苑》第2期）以德彪西的三首管弦乐作品《牧神午后》、《夜曲》、《大海》为观察对象，探讨德彪西管弦乐配器语言的特性手法。尤其是其对于木管乐器组音色的运用，从而达到利用乐队的音响来营造不同的光线及色彩的变化的创作目的。郭建勇的《巴托克交响诗〈柯树特〉的音乐结构》（《齐鲁艺苑》第6期）以巴托克早期作品交响诗《柯树特》为对象，对作品的结构进行的分析。同时关注了交响诗体裁以及其中“主题变形”的手法应用。葛爱新的《巴托克〈野蛮的快板〉中三全音的结构力作用》（《齐鲁艺苑》第2期）则主要关注巴托克这部最重要的作品中三全音的使用状况。全文从纵向和横向两方面寻找作品之中三全音的结构力作用，认为三全音结构在作品纵向结构力方面体现出一定的音响意义和结构意义，而在横向结构力方面体现出对作品的结构控制力以及旋律推动力的功能。因此三全音在《快板》中的运用使巴托克这部植根于民间音乐的作品富于现代气息。孙志鸿的《不固定的“固定低音”——布里顿歌剧〈旋转的螺丝〉第二幕固定低音研究》（《人民音乐》第10期）主要讨论固定低音创作技术与歌剧戏剧性的不断紧张化之间的关系。这种具备独特构思的固定低音，结合了形象化对位技术，将歌剧推向最后的悲剧性高潮。而这种手法也体现了布里顿对这种戏剧性复调形式的发展与创新。

李如春的《迈克尔·蒂皮特的核心节奏语汇——以交响曲的节奏分析为例》（《天籁》第4期）研究了迈克尔·蒂皮特四部交响曲中的重要节奏形态，分析了具有代表性的核心节奏语汇，通过研究论证，认为这些节奏语汇对于蒂皮特音乐风格特性的形成有基础性的重要作用。刘瑾的《浪漫精神与现代技法的完美结合——新浪漫主义作曲家斯蒂芬·艾伯特的创作特征》（《人民音乐》第9期）对新浪漫主义作曲家艾伯特的特殊创作风格：植根于调性思维、清晰的旋律、可辨的曲式结构、充盈的情感表现与交流等特征进行了详细的分析论述。而这正是新浪漫主义的典型特征，即在20世纪的诸多作曲家回避情感表现、反叛旧有经典之际，新浪漫主义作曲家们反而将目光投向了过去，大胆地追求浪漫主义音乐精神，并与现代创作技法完美地结合，创作出了大量优秀的作品。

3. 音乐美学相关研究

山东籍研究者在美学研究方面的论文在2012年度共有5篇。其中有两篇是关于“接受美学”的探讨。上海音乐学院邹彦的论文《接受美学对音乐学研究的几点启示》（《中国音乐》第1期）主要以接受美学的理论为依托，从中阐发了几个与音乐学研究相关的问题。文章认为：对审美客体，即音乐的接受者的研究亦应为音乐学研究所关注。崔学荣的《接受美学视域下中国传统音乐文化教学优化策略》（《黄钟》第2期）同样以接受美学为理论支点，提出研究应从接受者出发，借鉴接受美学中的“游移视点”、“空白召唤”、“恰当的具体化”、“视界融合”、“期待视野”、“效果历史”等理论，构建中国传统音乐文化教学优化策略，以期待接受者能更好地接受和传承中国传统音乐文化。

除了对“接受美学”理论的关注外，郑铁民的《关于音乐思维历史逻辑的“形而上”思考》（《齐鲁艺苑》第6期）主要关注西方音乐的美学特质，作者在文中讨论了西方音乐思维创作过程中思维方式的转变与审美逻辑的变更之间的一致性。而冯长春的《社会主义现实主义——新中国初期音乐创作的美学原则》则围绕中国近代音乐创作美学原则探讨与反思中国建国后音乐发展过程中与政治的交融与分离，以及随之产生的创作思维变化。张华信的《道家、道教思想对中国传统音乐文化的影响》（《齐鲁艺苑》第4期）则主要从道家、道教思想对中国传统音乐真实论、想象论和形态论三个方面的影响，来探讨中国传统音乐美学思想体系的基本面貌。

4. 音乐表演诠释研究

表演诠释方面的文章主要是从事音乐表演的学术群体所做的研究，数量众多。如姚传松的论文《论舒曼钢琴音乐中的双重性格特征》（《南京艺术学院学报》第4期）以舒曼钢琴套曲《童年情景》为切入点，讨论作曲家的双重性格对作品创作产生的影响。丁大水的《德彪西〈月光〉的创作特点与演奏要意》（《齐鲁艺苑》第2期）主要对德彪西《贝加莫组曲》中《月光》一曲中的节拍、织体、和声、结构等方面进行分析并对演奏中需要关注的风格、触键、踏板、音色等问题进行了提示。赵大力的《德彪西印象主义音乐风格的具体体现——以德彪西〈萨克斯管与乐队的狂想曲〉为例》（《齐鲁艺苑》第4期）讨论了作品的风格及相关演奏提示。丁相杰的《圣桑〈a小调第一大提琴协奏曲〉的浪漫赞意》（《齐鲁艺苑》第6期）通过这首协奏曲作品，从不同视角对浪漫主义音乐学派的音乐特性，以及圣·桑在这部作品中的创作手法和浪漫主义色彩进行分析，对浪漫主义音乐学派的风格特性作了进一步的思考和探究。此外，关于音乐表演诠释的学位论文则数量庞大，内容涉及广泛。

5. 其他研究

在2012年的西方音乐研究中，研究者们对体裁及题材理论的关注度增强，范围几乎囊括了音乐创作体裁的所有类型。而其中对于戏剧体裁的关注尤为突出。如范洪涛的硕士论文《音乐剧〈西贡小姐〉主要人物的音乐形象研究》（山东师范大学），从戏剧结构角度分析音乐剧中的人物形象及音乐构建。包括对人物音乐形象的旋律节奏分析、和声配齐分析完成了戏剧之中的人物音乐形象定位。同时在音乐剧分析方面，提出了一种新的概念“唱段引入机制”、“唱段结束机制”并兼及讨论了音乐剧的舞台设计、灯光调度、演出道具等于戏剧本身的关联。全文对于音乐剧的分析较为精到。且针对这一体裁的研究在国内尚属少数。刘雅菲的硕士论文《歌剧〈格诺费娃〉的音乐学分析》（山东大学）借用目前音乐学界较为流行的“音乐学分析”模式，对舒曼的歌剧《格诺费娃》进行了历史分析与本体分析。并探讨其中所体现出的艺术价值以及民族价值。

此外，在2012年《音乐生活》中连续刊载王晶撰写的12篇介绍西洋歌剧的文章。他以《歌剧与爱情》为题，选取12部歌剧进行分析与评价，借用文学批评理论中诺斯罗普·弗莱的“原型”批评理论对歌剧体裁之中的“爱情”原型下移及在下移过程中所体现出的体裁变化及音乐语言变化进行分析。同时针对歌剧中“女性”原型的变化，借用女性主义的批评视角对12部作品进行了诠释解读。

回顾2012年度我省西方音乐研究一音乐美学研究，在肯定成绩的同时，也应注意问题。在此基础上进一步加强学术训练，增强学术互动，更敏锐地关注现实、引入更新的理论，并在研究中更好地与实践相结合。促进我省西方音乐与音乐美学研究更加蓬勃发展、早出多出力作精品的有力保障。

四、总结

随着高校专业音乐教育模式的建立，学位授予机制的发展以及年轻一代学者的成熟。我省的音乐学研究也在迅速发展。在2012年度取得了几方面成果：一是数量上的庞大。在全国范围内的学位论文中，山东高校及山东籍研究者的论文占据大概全国成果总数的四分之一，这是其他地区难以企及的。

二是质量上的提高。在国家级主要的核心期刊以及各大学院学报上均有山东高校教师及山东籍研究者的论文成果。学位论文方面，不管是博士论文还是数量庞大的硕士论文之中均有学术含量极高，值得关注的新成果问世。三是研究方法的创新，在2012年度的众多论文中不乏看到精彩的、带有创建性的成果。目前国内外各种前沿的分析理论、观察视角、诠释理论、批评理论基本都能够被及时的借鉴到研究之中，并指导研究及运用于实践。

在取得成果的同时也存在着问题。虽然研究成果在数量上较为显著，但不可忽视的是，在拥有众多优秀成果的同时，也存在大量重复性、粗制滥造的低档次论文。此外，在众多创新性成果被引入研究的同时，也同样可以看到在大量的学术论文及学位论文中存在研究方法僵化、学术意识陈旧，甚至众多论文“千文一面”的情况。

（作者：彭丽，山东艺术学院音乐学院教授）

美 术 学

李丕宇

美术学是艺术学门类中的重要学科之一。“美术”作为人类文明史中历史最悠久的艺术创造行为和形式之一，经久不息，历久弥新，不断创造和丰富着人类的视觉审美对象，引领和深化着社会的视觉审美文化。集中致力于“美术”的研究、传承、教育和创新的“美术学”学科，也有着自身久远的历史，不仅形成了自身的高等专业教育体系，也形成了不断丰富的学术成果体系。

综观2012年度山东省的美术学学科发展状况，可以用高等专业教育普及、学术成果丰富多样来概括。本文主要从我省高等美术学术研究领域和成果方面，对我省2012年度的美术学学科做综述。

为保证综述的完整性和代表性，我们围绕三个关键限制：2012年、山东作者、美术，“圈选”了检索范围。我们认为检索的首要标准是“代表性”，因此圈选的范围是：CSSCI期刊中的全部综合性社科刊物、高校社科版学报，CSSCI期刊和“全国中文核心期刊”中的全部“美术”类刊物和部分有代表性文艺理论、艺术学、民间艺术类刊物，教育部公布的31所专业艺术院校中和“美术学”相关的学报，部分影响较大的非核心期刊中的美术类重要刊物和艺术类集刊，山东省内重要的社科类和高校社科学报等。这样的范围已经包含了不少于240种代表性刊物，足以保证综述的完整性和代表性。

经检索，共得到山东作者的美术学研究成果111篇。综观这些成果，研究的领域涉及美术创作谈（7篇）、美术技法理论（9篇）、美术评论（22篇）、美术史（18篇）、美术理论（26篇）、美术教育（8篇）、民间美术（18篇）、美术市场（3篇）等8大领域。可以看出，数量最多的研究成果集中在美术理论、美术评论、美术史、民间美术领域，共计84篇，约占全部文章总数的75.7%。美术的史、论、评正是美术学研究的核心领域，民间美术研究成为热点则与近年来文化遗产保护热潮相呼应。另外，美术教育、美术技法理论、美术创作谈也是成果相对较多的领域，共计24篇，约占21.6%。下面主要按照研究“问题”的相关性归纳文章，不完全受“领域”的局限，将2012年度美术学研究成果择要、集中综述如下：

（一）当代美术创作的精神性追求研究

当代美术创作，无疑是时代美术最鲜活的表现，承载着中国当代的精神追求和审美理想。关注当代美术创作中的精神追求和变化，研究其中的经验和问题，是美术批评的使命所系。在这方面，山东美术界的画家和理论工作者都给予了积极的关注，上至省文联、省美协领导，下至普通教师和画家，都有自己的思考。

在当代艺术创作或艺术文化活动中，关注时代精神并表达时代精神，或者重视地域文化精神的创造性表达，无疑是当代美术活动和批评中的热点话题。张志民（山东艺术学院）的《山水画创作与时代精神》（《美术报》3月3日第8版）一文认为，艺术创作应该是有时代痕迹的，作为生活在当代的山水画家，对自然的钟爱和关注，对时代和社会具有责任感和使命感是至关重要的。当代山水画家不但要为山河立传，还要为祖国的山河呐喊。要用创作为这个时代产生它的文化功能。潘鲁生（山东工艺美术学院）的《关于推动形成“齐鲁画派”的思考》（《山东社会科学》第12期）则将目光集中于地域文化精神的张扬。认为推动形成“齐鲁画派”既是传统文脉的延续，也是当代创新文化命题的探索。同时认为，画派的形成需要创作理念上达成广泛的共识，艺术表现手段上具有相似的风格特征，并有相对稳定的艺术家群体为支撑，以及能使创作理念得到传承延续发展的机制。因此，推动形成“齐鲁画派”是一项长期浩大的文化工程，应该从历史角度审视，从画家创作着眼，从艺术风格研究，从美术作品出发，进行全面探讨，达成当代意义上的认同与共鸣，共同探求推动形成齐鲁画派的思路与策略。

讨论当代美术创作及其精神性表达，绕不过“当代艺术”、“当代性”、“现代性”等概念。刘德卿（山东艺术学院学报编辑部）在论文《精神何在：“当代艺术”抑或当代艺术》（《齐鲁艺苑》第4期）中，质疑所谓“当代艺术”的三新标志，认为这只是一种天真的理想和迫切求新的愿望，并不存在“当代艺术”这样一种观念和流派，只有是否具有当代性的艺术。认为当代性是每个时代主导性的精神和情绪，在具有当代性的美术中，这种精神的作用体现在一方面对于社会现实题材的艰难表达——通过一种凝视与放大成为我们时代的视觉方式；另一方面对于艺术作品意境的建构——在当代显现为历经沉疴困顿之后又傲立于世的雄浑之境。与立足“当代性”的视角相反，郭兴旺（山东艺术学院美术学院）则立足回归本源来反思“中国画的现代性”。他在《当代中国画艺术创作：如何面对现代性的尴尬》（《艺术百家》第3期）一文中，认为20世纪中国画所遭遇的三次大冲击，损伤了中国画的内在精神，导致与传统断裂；中国画的现代化演进必须在真正回归它综合性与精神性的本源的基础上才能成功，同时对传统的回归同样要避免其新形式化的陷阱。由此，中国画才能将传统与现代真正联接，将其博大精深的艺术内涵真正展示在世人面前。

对于当代美术创作及其精神内涵的讨论，“时尚”、“文化”等概念也是一种或褒或贬的视角。杨光（山东师范大学文学院）在题为《时尚与艺术：共享逻辑及其崩溃》（《文艺争鸣》第11期）的论文中，借由“时尚与艺术”的关系，从美学理论的高度探讨现代性与晚期现代性（后现代性）、审美现代性与工具理性、现代艺术与后现代艺术之间的差异。指出现代时尚和现代艺术之间具有孪生关系，共享着同一的“变化”和“多样性”的逻辑，且两者“变化”的依据都具有相对独立性。但是在晚期现代社会中“时尚”的壮大和弥漫瓦解了现代美学建构的支撑逻辑——现代美学张扬的“变化与多样性”的审美价值逻辑，其现实合法性在20世纪的艺术时尚化和时尚艺术化这一双向运动中，随着晚期现代社会中时尚“流变循环”的崩溃而丧失了。而后现代艺术作品更倾向于借用时尚的力量获得更为广泛的关注。谢如红（山东女子学院文化艺术学院）则从“文化”的视角探讨现实中的城市雕塑。在《城市生态雕塑艺术的“文化味”》（《艺术评论》第4期）一文，选择不同于一般城市雕塑的生态雕塑为对象，认为它不仅具有装饰和美化环境的特征，还具有生态观念和文化特征，因此具有浓郁的文化特色和内涵，能为城市环境增加“文化味”。认为生态雕塑的“文化味”可以从自然生态、人文关怀、城市文化、文化传承与创新等方面来表达。

（二）中国美术中的“国家形象”研究

当代中国美术与“国家形象”研究，是与21世纪中国美术“走出去”文化发展规划相联系的新课题，也是一个对中国美术文化建设具有鲜明时代现实意义和长远文化建设理想阐释意义的大课题。全国艺术科学规划项目《当代中国美术与国家形象塑造研究》，是这方面的重要研究，作为该项目的阶段性研究成果，已有两篇论文公开发表。

在《视角·历史·方法——当代中国美术与“国家形象”研究》（《文艺研究》第11期）一文中，作者孔新苗（山东师范大学美术学院）、马菁汝（中央美术学院美术教育研究中心）首先指出20世纪曾经在一段时间中主导了对中国形象的自觉与塑造实践的三种观念体系（叙述框架），已难以概括21世纪全球化处境下日益深度参与国际对话的现代中国形象。因此，当代美术与“国家形象”塑造研究课题组，力求从历史现象反思和理论视角更新中，探索中国当代美术与“国家形象”的关系，并认为这一工作的关键环节，在于研究视角与方法的定位。论文分为四部分：（1）视角：关于形象研究的两个基本范式；（2）历史：中西互视的三组形象类型及其启示；（3）镜像：多维视角与方法自觉；（4）方法：作为叙述逻辑与策略的“二项对立”，全面阐释了课题研究的范式和策略：“形象表现研究”和“形象效应研究”作为两种形象研究范式，力求立体地展开对美术与“国家形象”塑造、传播、批评、识读关系的历史考察，再现创作的历史语境与解读的意识形态话语实践。“二项对立”则是建构这一叙述构架的逻辑策略。将美术对国家形象塑造的理念、过程与现象演变置于历史情境中把握，力求揭示其中丰富的实践效应，是研究方法选择与工作目标的核心关注。

杨力（中央美术学院）、孔新苗（山东师范大学美术学院）在《20世纪中国美术中的“国家形象”——作为方法的二项对立考察》（《美术研究》第1期）中认为，“形象”作为表征，是意识形态实现自身合法性的文化实践方式，同时，任何形象的表征又可以看作是一个文本或符号系统。因此，形象研究最终所要突显的，是“形象”所承载的时代中人的话语实践。意识形态与形象话语实践，构成了“形象”研究的两大基本要素，也构成了从视觉文化研究角度把握主体与他者、中国与世界关系问题的基本路径。论文分为四部分：（1）天下/世界——断裂：从文化的“天下”到地理的“世界”；（2）“社/资”对立——建构：再现“新中国”的观念与实践；（3）现在/现代——想象：现代派——现代性与遗忘“十七年”；（4）国族/全球——新实践：超越二项对立，尝试以一组二项对立展开对20世纪中国美术中“国家形象”的考察，力求以针对问题的方法选择，在中国现代性变革进程与新中国从诞生到强盛的历史线索中，考察20世纪中国美术在表征国家形象过程中，所呈现出的建构与凝视、理想与他塑、想象与实践间的互动关系。在中国与世界的互视、对话中解读形象生产的实践情境，以拓展对相关问题阐释的新视域。进而论及新世纪在全球后现代文化语境中突破“西方中心”的实践策略。

（三）中国20世纪美术的反思

20世纪的中国美术发展，无疑经历了诸多的变革、借鉴和探索，因此，对20世纪或者当代中国美术的研究、反思，也是美术学研究的重要领域。2012年度的研究，有对中国画和油画的研究，也有对风格特征或美术思潮的研究，还有对公共艺术领域的研究。

将目光放眼于世纪百年中，观照整个中国画领域的发展，《20世纪中国画之流变》（《齐鲁艺苑》第1期）的作者甘超存（山东艺术学院美术学院），以代表人物为点，概括梳理了画家们在世纪的风云变幻之中所做的种种改革中国画的尝试。认为无论是借洋兴中、自外于内的路，还是自内于外、借古开今的路，以及将水墨推至纯抽象世界的探索，其目的都是试图弃旧迎新，找到适合时代的绘画语言和风貌。这无疑使得20世纪中国画与传统绘画拉开了相当的距离，无论从形式还是画面中的精神都出现了诸多的不同。与传统文人画的隐逸、高雅、单一相比，20世纪的中国画在向入世、通俗、多元上发展。

将目光集中于特定时间段和特定问题领域，无疑是一种专题的视角。周国柱（山东艺术学院老教协）将将视角集中于的抗日战争时期桂林美术家的理论认识问题。《桂林抗战美术理论涉及的问题》（《艺术探索》第1期）一文，就桂林美术家曾对创作的题材内容和具体艺术形式的讨论中所涉及美术的主要功能、美术家的使命、艺术大众化、艺术的民族形式等命题展开研究。作者认为，桂林抗战美术运动中的各种美术理论思潮是特定社会历史、政治、文化背景下的产物，在抗战救国的社会现实中具有其时代的特殊性和进步性。同时，我们也应该清醒地认识到这些理论形成的特殊时代背景及其历史局限性。赵大军（临沂大学美术学院）则将视角定位于新中国前17年的美术研究，其《见物为先——简评新中国17年工业题材美术作品的风格特征》（《齐鲁艺苑》第1期）一文，以17年间主流美术作品的重要表现题材——工业题材作为专题，通过对新年画、国画、油画、版画等代表性作品的分析，集中于这类作品的风格特征研究。认为这类作品整体呈现出“见物为先”的风格特征，具体表现为在以描绘近、中景为主的“以物衬人”的作品中通过“工业之物”衬托出人物的身份特征、阶级特征和性别特征；在表现远景为主的“以景托物”中则通过视觉构景布局表现出“工业之物”的政治属性、行业属性和现代属性等精神指向和审美价值。

在中国当代美术史上，伤痕美术无疑占有显著的地位。《论伤痕美术的现实主义与理性反思精神》（《苏州工艺美术职业技术学院学报》第2期）的作者张康（山东工艺美术学院）以代表画家高小华、何多苓、罗中立的作品为例，分析了伤痕美术的特点和它可贵的理性反思精神。认为伤痕美术是中国当代艺术发端前的一段暗流涌动，是中国艺术史链条上不可或缺的一环。它不仅表现出了那个时代的精神状态，而且建立于理性思考的基础之上，这对于我们如何看待当代艺术具有一定的指导意义。

新具象表现性油画是当代中国油画的重要画风之一。刘卫华（济宁学院美术系）的论文《新具象表现性油画产生的主客观因素》（《济宁学院学报》第2期），从哲学思想、社会环境即主客观两个方面的分析入手，论证了新具象表现性油画在中国的产生是必然的。认为中国新具象油画在前卫艺术抛弃形象的时候，明智地保留了“形象”这个艺术与观众的连接点，拉近了艺术与观众的距离；在各个流派互相排挤互不兼容的时候，又能冷静地吸收各大派别的营养，既不割断与传统的联系，又能与时俱进。同时，新具象艺术家还时刻注重绘画语言本身的探索，包括多种材质的运用，笔触、色彩、造型等元素的研究，最重要的是现代艺术观念的融入，从一个全新角度诠释和表达内心感情，达到了一种主观的真实。

壁画、公共艺术在我国的城市建设过程中发挥了重要作用，它们在当代中国美术中曾急速发展，在短时间内就取得了令人羡慕的成就。同时，也由于急促的发展而存在诸多问题。论文《“公共性”的产生与“介入性”问题——从〈泼水节——生命的赞歌〉说开去》（《艺术评论》第10期）的作者杨光（山东师范大学文学院），针对当代中国的公共艺术实践中存在大量的“伪”公共艺术作品，公共艺术所本应具有的艺术理念和社会功用在其中消失得无影无踪，公共艺术自身的特殊价值难以彰显的问题展开反思，认为“介入性”是公共艺术之“公共性”价值产生的重要维度。只有公共艺术的艺术实践具有明确的介入性品格、意识和行为时，公共艺术的“公共性”特征及其体现才有可能出现。同时，公共艺术作品只有坚持自身的艺术自律性，尊重自身艺术特质和规律，才能够获得“介入”的空间和距离，其“介入”才能成为可能。如果对这一根本问题没有深入的思考，并将思考的结果纳入具体的艺术实践中去，那么当代中国公共艺术的发展后劲就令人颇为担忧。

在《壁画创作与建筑的关系分析》（《美术研究》第4期）一文中，王岩松（烟台大学建筑学院）针对近10年壁画创作的学术性被市场化削弱，壁画的社会价值被人为破坏的问题，试图通过分析建筑与壁画的关系，以此来探索如何解决当前壁画创作过程中面临的问题，以及壁画在城市化进程中如何扮演好自己的角色。认为现代壁画不再是建筑的“附属品”，它和建筑一起在创造城市形象和城市风景，壁画已经在以公共艺术的身份为城市带来连带经济效益，回报城市的投入，让城市更具活力。因此，壁画创作环境的改善是壁画健康发展的外部因素；提高壁画家及建筑师的职业素养是壁画发展的内因；立足地域建筑环境，是壁画创作和健康发展的文化基石；强调创新创优，是当代壁画发展的思想保证；同时，市民自觉的艺术追求也是影响壁画创作的关键因素。

（四）美术家评论与美术创作谈

对当代美术家的回忆、评价或对其艺术创作、艺术思想的评论，或者是美术家就自己的创作、思考所写的“创作谈”、“感言”等，通常是美术研究文章中数量较多的一类，或具有史料价值，或具有认识意义。2012年山东作者所写评论较多，本文不一一综述，仅列出作者和文章题目，还请各位方家海涵不咎。

属于对美术家评论的相关文章有：李晓晖（山东艺术学院美术学院）的《高山仰止——水彩画大师吕品先生的画风与师道》（《齐鲁艺苑》第1期），张丽华（山东艺术学院美术学院）的《眼睛与心灵——从路璋的油画艺术说起》（《齐鲁艺苑》第3期），谭逸冰、王文（山东艺术学院）的《谈李可染的艺术创作论》（《齐鲁艺苑》第3期），唐家路（山东工艺美术学院）的《浑朴自然一以贯之——记赵庆元先生的花鸟画》（《美术报》6月2日第34版），潘鲁生（山东省文联，山东工艺美术学院）的《生命意趣——评冯小红水墨人物画》（《设计艺术》第4期），张萌萌（山东美术出版社）的《惊蛰过后——赏析〈惊蛰——闫平油画艺术探究〉》（《临沂大学学报》第4期），谭英林（山东艺术学院）的《泰山岩岩云霞洗眼——忆老友徐金堤先生》（《齐鲁艺苑》第5期），张雁（山东理工大学美术学院）的《黄胄〈黄泛区写生〉的速写性与创作性》（《美术观察》第11期）等。

属于画家自述性的“创作谈”文章有：商长虹（山东工艺美术学院）的《天地合·万物生——“梵花”系列作品创作感悟》（《设计艺术》第3期），徐晓伟（菏泽学院美术学院）的《性灵的归属——关于“假日系列”油画创作》（《美术研究》第3期），孙营（山东师范大学美术学院）的《“写实”》（《美术观察》第7期），吴磊（山东师范大学美术学院）《把握工笔画创作中的工写关系》（《美术观察》第7期），张勇（枣庄学院美术与艺术设计学院）的《“感性”的言说》（《美术观察》第8期）和王鹏（山东工艺美术学院造型艺术学院）的《青春虚无主义》（《美术观察》第11期）等。

（五）中国古代美术思想研究

中国传统的美术思想、美学思想，历来是美术理论研究的重要领域，也是成果颇丰的学术阵地。2012年度在这方面的研究，主要集中于传统文人画审美观念和美学取向方面，既有集中于代表人物的艺术思想研究，也有对一个时代艺术美学思想的整体审视。

1. 对历史时期艺术美学思想的研究

集中于对一个时代艺术美学思想的整体审视的论文，主要有3篇。其中，对于魏晋和元代文人画审美观念、审美思想的研究的两篇论文，均出自刘华（济南大学历史与文化产业学院）之手。论文《魏晋画论中的文人画审美观念》（《艺术百家》第5期）通过分析顾恺之、谢赫、宗炳、王微等人画论中的审美观念，认为魏晋时期是个人精神意识觉醒的时代，书画艺术开始注重对个体思想情感的表达，相对于魏晋以前的“礼仪中的美术”而言，魏晋时期的美术是“艺术家的艺术”，其中体现的文人画审美观念已经趋于成熟。从文人画审美意识存在的必然性到文人画作为绘画门类出现的偶然性，可以看出魏晋画论所取得的成就，从后世历代画论的发展中，更能体会其原点性与丰富性。

《元代绘画与体用思想》（《社会科学研究》第4期）一文，则从元代独特的学术、思想氛围和画家的整体思想倾向出发，从体用思想入手来认识元代绘画。认为中国古典美学本身便是“即体即用”、“道器不二”的自洽系统，体用思想表现为古人在“天人合一”语境下的审美活动过程中对人与己、人与人及人与自然关系的建构。元代士人及画家正是从哲学本体论的层面展开对画学的思考，使得绘画尤其是文人画朝着追求天理流行的妙韵，追求内心和精神合于大道、同于大道的境界发展。这其中，“体用一元，显微无间”的思想使得绘画逐渐被确立为“发明本心、陶淑心性”之工具，产生了元代绘画直指人心的向度。

张传友（青岛科技大学艺术学院）以清代艺术美学为例，在《人品、诗心与艺品——以清代艺术美学为例》（《齐鲁艺苑》第6期）一文中，探讨在传统文化、艺术语境中，清人如何面对这一性与情、美与丑、心与物的伦理、审美与哲学的纠结。认为虽然艺品、文品不同于人品，二者间并不完全存在逻辑的对应关系，但人品关乎艺品、文品，当代艺术教育尤须重视艺品与人品统一的培养。

2. 对代表人物艺术美学思想的研究

集中于代表人物的艺术思想研究研究的论文，主要有四篇，分别对明中后期的徐渭、明末清初的龚贤、李渔等人进行研究。徐渭是明中后期书画家、美学思想家，傅合远（山东大学儒学高等研究院）在《论徐渭的艺术美学取向》（《山东大学学报（哲社版）》第4期）中，集中对徐渭的艺术美学取向问题作深入而系统的探讨。论文从以情为本的表现意识，“本色”、“出于己”的个性创造理论，奇伟狂逸的审美境界三个方面逐层分析，认为徐渭突破了儒家重伦理教化的艺术局限，深刻发掘了“本色”的理论价值，突破了传统简淡闲雅、和谐优美的审美风尚，他重情感表现，尚个性创造，追求狂逸奇伟艺术境界的美学取向，具有鲜明的时代特征，对于中国古典艺术及美学思想向近代的历史深化与发展，具有启蒙、引领和推进的意义。

对明末清初美术思想的研究，集中在遗民艺术家身上。张卉（山东师范大学美术学院）在她的两篇论文中，集中于画家龚贤的遗民情感问题和艺术教育思想的研究。论文《龚贤遗民情感问题研究》（《美术与设计》第3期），一方面将龚贤的遗民思想放到其一生思想发展的过程中，从可靠的资料中尝试还原其历史情境，从而理出其遗民思想发展的内在脉络；另一方面对龚贤研究中有关遗民情感的诸方面问题进行辨析。认为：（1）此际遗民艺术家都经历了政治动荡带来的家国之痛，这是伴随他们一生的思想，是导致他们在压抑中度过一生的根源所在。龚贤作品中常有的冷寂和感伤，或与这样的情感经历有关。（2）“家国之痛”因遗民而产生，也伴随他们的遗民人生调整和推移，艺术是对这种深层伤痛的一种反应态度。比如，龚贤的早年作品较幽淡含蓄，之后重直露，晚年重寄托。论文《龚贤艺术教育思想的人文价值》（《美术观察》第2期），通过深入理解龚贤的诗画发现，艺术教育思想中所潜藏的遗民气质，是龚贤艺术的重要特征之一。对此论文试图说明三个问题：（1）遗民情感伴随龚贤一生，他晚年在课徒教学中表达着对传统的反思，便与这样的情感经历有关。（2）龚贤在他的艺术教育中，把作画与做人一起看，所论艺术的规范实为做人的风骨气节。所以，他的艺术教育也是人格教育，重在内在的修养和境界的提升，他以艺术表达着对现世的关怀。（3）他的教学方法深入浅出，淡化教授者的角色，知识与体验并重是他的教学特色。认为这些思想对我们今天的艺术教育，依然有着重要的价值。

刘玉梅（聊城大学美术学院）的论文《李渔生活审美之辩证审美观》（《青岛大学师范学院学报》第3期），以明末清初的文学家、戏剧家李渔的生活审美思想为中心，从实用与审美结合、自然与创新统一、高雅与通俗共赏、创造与欣赏并重四个方面论证了他的辩证审美观及其表现，认为李渔基于生活审美的辩证审美观，对于我们当代人的生活审美实践具有重要启发意义。

（六）中国古代画家人格建构研究

艺术家无疑是创造社会文化与民族精神的主力军之一，优秀艺术家的人格建构的精神目标、建构策略及其活动对本民族、对人类的人格建构也会产生重要影响。因此，从当代的视角，研究中国古代画家的人格建构问题，对于当代艺术家乃至当代人的人格建设无疑具有积极的启示意义。这方面有两篇集中探讨的文章。

苏琪（山东财经大学文学与新闻传播学院）的《中国古代山水画家人格建构策略的现代意义》（《烟台大学学报（哲社版）》第3期）一文，对古代山水画家人格建构策略的特征进行了深入探讨，认为他们的人格建构策略及其活动不仅具有独特的画学价值，也是我国人格心理学研究的宝贵资源。论文从“中国古代文人的人格矛盾与艺术需要”、“中国古代山水画家人格建构策略的特征及意义”两方面展开，认为中国古代山水画家的人格活动实践启示我们，生命存在与发展的基本需要决定了人不可能没有世俗的功利欲望，但人毕竟是一个拥有独立人格和自由精神的生命个体，他的心理属性和人性特点决定了其最高级的快乐与幸福源自其对人性精神的追求和享受，他有权利、也必须在与社会互动过程中实现对自己、对人类、对生命意志的“言行听命于心”的关爱和探索。

在论文《中国古代文人画家人格建构研究的现代意义及启示》（《山东女子学院学报》第3期）中，

白琨（山东女子学院）认为中国古代文人画家以艺术的方式积极地整合平衡自我身心能量的人格活动方式，是一种合理又有价值的人格自我完善方式。古代文人画家绘画理论中蕴含了相当丰富的颐养心性的思想，这些思想对当代艺术家以及当代人的精神建设是有较高价值的。不仅古代文人画家在艺术创作中虚静的心态及对理想人格执着地追求值得当代艺术家学习借鉴，同时古代文人画家致力于自由、超脱、自我完善的人格建构的精神，追求本真与自由的人生境界对现代人的人格建设也很有启迪意义。

（七）中国古代美术史研究

中国古代美术史研究一向是美术史论研究的重点领域，成果丰富。2012 年山东学人的研究可谓涉及领域、朝代、问题多样。从朝代看，涉及汉、十六国、唐、宋、元、明等；从品种看，涉及陶俑、壁画、绘画、插图、刻经、浮雕等；从问题看，则可概括为民间艺事、院体绘画、佛教艺术等三个领域；研究视点和方法上则既有专一研究，也有比较研究。

1. 古代民间艺事研究

侧重于古代社会生活中民俗、民间艺术活动研究的，主要有对汉代墓葬陶俑、宋代墓葬装饰、明代书籍插图、明清狮雕的研究。董洲（山东工艺美术学院）就《汉代陶制人物俑造型中的意象精神》（《设计艺术》第 2 期）展开论述，认为汉代人物俑造型概括、流畅，在真实和意象中追寻三维形状的意象结果，有着审美与理念的较强反差，很好地表现了汉代大美的造型内涵及汉文化的自信心。作为汉代视死如生理念的象征祭品，其意象形态又明确地表现了汉代的人文精伸，寄喻着生生不息的人生理想。即汉人物俑意象的形象充分表达着汉代儒家文化中庸和谐的文化向度，蕴涵着一种意识和责任，因此，每尊陶俑被赋予着生命的寄托，承载着汉代人幸福观、生死观的文化认同。与艺术意象研究不同，从地下墓葬建筑装饰入手研究古人的日常生活和家居陈设风尚，则是一种考古研究。陈章龙（山东大学东方考古研究中心）的《宋墓装饰映射的宋代家庭陈设风尚》（《民俗研究》第 3 期）一文，根据中国古人“事死如事生”的观念，以及宋墓装饰内容较为丰富，世俗意味较为醇厚，部分题材是借壁画器物或砖雕器物来代替实物的现象，以部分考古出土宋代墓葬材料为基础，通过其墓壁装饰内容，探究其所反映的宋代社会厅堂陈设、内寝陈设、书房陈设以及兵器架陈设四个方面的日常家庭陈设风尚。并认为，这些墓葬装饰内容虽然反映的只是社会生活中的一小部分内容，但是我们可以管中窥豹、补史之缺。

董传超、田雪梅（济南大学艺术学院）在《秀隽健美雅俗共赏——论明代晚期的书籍插图艺术》（《设计艺术》第 1 期）一文中，就明代晚期书籍插图艺术的变化和特点展开研究，认为因地区不同虽有不同的风格特点，但整体插图风格由之前的粗率古拙向精致工整、婉约纤丽的风格转变，插图艺术在总体上呈现出一种文人“雅”趣与民众“俗”味的交互与融合，最终促使明代书籍插图艺术得以“雅俗共赏”，从而获得了更为广阔的阅读空间和更大的读者群。究其原因，不仅由于受文人画派和民间美术的双重影响，同时，明代晚期商品经济的发展和激烈的市场竞争，也促使各个书坊为了吸引更多的读者而不断地在刻印技艺和书籍插图上求得突破，从而有力地推动了我国插图艺术的兴盛和革新。吴禾（泰山学院美术学院）通过《中西狮雕艺术的文化内涵和造型特点比较——以泰山狮雕为例》（《泰山学院学报》第 5 期），将泰山狮雕艺术与西方著名文化遗址中的代表性狮雕艺术进行横向比较，从中解析中西狮雕文化内涵及造型特点的差异。论文认为，尽管中西狮雕作品有许多共同的艺术特征，但由于历史与文化背景的不同，又各自表现出众多风格差异。中国狮雕艺术凸显以下几个特点：造型形象逐步趋向程式化、象征涵义更加世俗功利化、设置摆放追求对称和谐美。

2. 宋代院体绘画研究

院体绘画作为中国传统绘画中的“宫廷样式”，在宋代获得了高度发展，达到了繁盛的顶峰。虽然在后世文人画家语境中饱受诟病，但它的价值和影响仍是中国绘画传统中的一脉。宋昌林、宋力（山东理工大学美术学院）通过《管窥宋代院体绘画写实风格产生的原因》（《山东省工会管理干部学院学报》第 1 期），认为宋代院体画以精妙的写实技巧及其审美追求，充分体现出中国古代绘画极具包容性的艺术传统。宋代“崇文抑武”的“右文”政策、理学唯上的“格物”精神和艺术自身发展规律相互作用，是写实性艺术风格产生的主要原因。同时认为，宋代院体绘画所蕴涵的对艺术一丝不苟、精益求精的写实风格，以及其体现出来的人生价值与美学价值对后世的绘画乃至美术的发展有着极为深刻的影响。在论文《宋元界画表现技法的发展与演变》（《山东省工会管理干部学院学报》第 2 期）中，张倩倩、宋力（山东理工大学美术学院）从题材、透视、构图及笔法用色四个方面分析宋元时期界画表现技法的发展与演变，认为多彩的市民文化的兴起、建筑业的繁荣、鉴藏之风的兴盛，都从不同的角度推动了界画艺术的发展。宋元界画的发展和演变，既体现着那段历史时期建筑艺术的审美风貌，更以一种反映整个社会审美情趣的视觉载体体现着宋元绘画艺术表现题材、表现手法及相应的形式语言和审美追求方面的变化和发展，以其特有的直观性、形象性、丰富性，成为人类绘画史上的一个典范。

3. 中国佛教美术研究

佛教美术作为一种源自印度的造型样式，自东汉传入中国后不断发展、融合，逐渐成为极富中国特色的传统美术一脉。对于佛教美术在中国的演变、发展的研究，始终是学术研究的重要领域，涉及佛窟艺术、摩崖刻经、寺塔艺术等等，比较的方法则是有效的研究手段之一。聂涛（中国石油大学胜利学院美术系）在《早期佛教绘画与武氏祠画像石叙事性绘画构图形式比较》（《中国石油大学胜利学院学报》第3期）中，以叙事性绘画构图为例，通过对早期佛教绘画遗址克孜尔石窟壁画、敦煌石窟中南北朝时九色鹿经图、唐代《观无量寿经变》两侧未生怨与十六观壁画，与代表中国本土绘画形式的武氏祠画像石的分析对比，印证佛教绘画在中国传播过程中通过传统和新需要相结合，获取了更大的发展空间。在构图形式上，佛教绘画带来的新样式，丰富了中国绘画构图形式，同时，九色鹿经图等壁画同我国本土绘图也有明显的联系。由此可见，佛教绘画本身也在不断调整，以适应中国本土化要求。在石窟壁画研究中，敦煌飞天一直是艺术家们深入研究的热点之一。张鹏（山东工艺美术学院数字艺术与传媒学院）通过《神游的飞天——敦煌飞天的“飞动美感”研究》（《齐鲁艺苑》第6期），从敦煌飞天视觉形象上的特点来研究影响其“飞动美感”的视觉特点和演变成因。文中总结飞天“飞动美感”的视觉形式特点为圆、流、韵，美学特点为优美、灵动，认为中国原始艺术、传统艺术精神和舞蹈艺术都给飞天的形成提供了丰厚的营养，“以线绘画”的艺术创作形式给予了飞天飞动之美更多的灵感。论文试图结合中国传统绘画艺术观念、审美文化与敦煌飞天“飞动美感”的演变和形成，进一步说明敦煌飞天的飞动之美是中国艺术之精神的完美体现。

佛教艺术在雕刻方面的成就更为突出和醒目，这方面涉及造像、碑刻、摩崖刻石等等，几乎遍布中国的名胜之地。朱宏伟（泰山管委竹林寺景区）将视角集中于泰山的佛教文化方面，在《泰山周围的北朝佛教摩崖刻经探》（《泰山学院学报》第5期）一文中指出，在十六国前秦时期，泰山便成了山东最初的佛教中心。论文以泰山为中心，梳理了周围地区一些重要的佛教造像刻经遗址遗迹，尤其是僧安道壹在山东境内的佛经刊刻活动的遗迹，认为北朝佛教摩崖刻经虽是社会尊佛崇佛和佛教徒弘法、护法的产物，却给后人留下了一批罕见的石刻精品，不仅是研究北朝镌刻艺术的宝贵资料，更为研究佛学、书学者提供了弥足珍贵的实物遗存。马伟丽（山东师范大学美术学院）的论文《山东长清灵岩寺辟支塔塔基浮雕艺术》（《齐鲁艺苑》第4期），将视点集中于寺内修建于北宋时期的辟支塔的浮雕艺术，论文从中国美术史的角度对37幅浮雕内容做进一步的考察，并从其浮雕艺术语言的中国化特色入手，分析其独特的文化艺术价值。不同于已有研究停留于浮雕的阿育王传说、浮雕图释，本文集中于从艺术语言中国化特色这一个视角来解读这些浮雕。

（八）书法相关问题研究

书法既是中国传统艺术的表达形式之一，也是中国传统文化的承载形式之一，同时又是当代广受重视的艺术品种之一。因此，对于书法创作、书法艺术、书法文化、书法历史等方面的研究，历来是美术研究领域的重镇。2012年山东学人关于书法方面的研究成果颇多，大致涉及书法思想、书法史、书法教育、书法评论等方面。

1. 书法观和书法思想研究

涉及书法观和书法思想的论文主要有3篇，分别研究了古代书法家、书法史家、经学家对书法的不同认识。傅合远（山东大学儒学高等研究院）在论文《要之皆一戏，不当问拙工——米芾书法美学思想略论》（《山东社会科学》第10期）中，集中对北宋书画家米芾的书法美学思想特征作系统而深入的探析。认为米芾“得趣”的审美内涵，带有一定超文化理性与社会伦理、功利和“游”、“玩”、“戏”的特点，它所要表现的是人的本真性灵与情感意绪；由“集古字”到“不知以何为祖”的艺术创造道路，显示了米芾高度自觉的艺术创新精神；“无刻意做作乃佳”的审美理想，则是米芾所追求的乘兴而为、不思而制、天真自然、意趣横生的艺术境界的体现。与北宋米芾自抒性灵的书法美学观不同，南宋董史则体现着“书因人贵”书法史观及书学思想。于宁（青岛农业大学艺术与传媒学院）、王淑俊（青岛农业大学海都学院）的《从〈皇宋书录〉看董史的书法史观及书学思想》（《青岛农业大学学报（社科版）》第2期），对南宋晚期儒者董史撰述的一部专门记载宋代书家及诸多书法史问题的重要书学文献《皇宋书录》进行研究。认为从其体例和内容来看，《皇宋书录》体现了董史的“崇帝王、重四家、轻其他书家”的宋代大书法史观和“书因人贵”与“因人废书”的书学思想；书中还记录了释家书法及女书家，具有重要的书法史研究价值。与董史书法史家的观点不同，清代乾嘉学者则视书法为“点画”之学。在《论乾嘉学者的书法观——以凌廷堪等学者为例》（《首都师范大学学报（社科版）》

第3期）一文中，朱乐朋（山东大学）借助于第一手文献资料，考察书法在凌廷堪等乾嘉学者学术视野中的地位。乾嘉学者以学术研究为职志，主张以艺为末，以道为本，对于书法一艺表示不屑。书法在他们眼里，至多是一种学问之余用以颐养性情的“小道”、“薄技”而已。论文认为，清代乾嘉学者是中国学术史上一个非常重要的学术群体，他们在各自的研究领域都取得了超古迈今的成就，站在了中国文化金字塔的顶端。所以，当他们高屋建瓴地审视中国书法这门技艺的时候，他们有关书法的论述，也就有了极大的代表意义。因而，认真思考这些著名学者关于书法的见解，对于我们今人全面理解和把握书法艺术在古人心中的地位，是非常重要的。

2. 书法史方面的研究

属于书法史方面的研究论文主要有四篇。刘凤君（山东大学历史文化学院）的《中国早期文字骨刻文的释读方法》（《山东大学学报（哲社版）》第6期），集中对中国早期的一种文字，即大汶口文化晚期至商代中期（距今约3300—4600年）的骨刻文进行释读。认为骨刻文是甲骨文的主要源头。目前已发现近3000个字符，其字体造型可分为写实物象型、主干分枝型和中心圆型或近似圆型三大类。释读骨刻文的方法主要有考古类比直读图像解形法、历史考据法、指事组合破译法、与甲骨文金文比较顺读法、与彝文比较释读法五种。第二篇是徐学标（山东大学历史文化学院，山东工艺美术学院造型艺术学院）的论文《从中国书法发展中“飞白书”的兴衰流变看杂体书的历史宿命》（《艺术百家》第3期），对书法史上第一杂体书——“飞白书”的兴衰流变及其原因进行了综合研究。认为虽然“杂体书”是有鲜明特色的装饰性书体，它笔法新颖、结构奇巧，无疑是智慧的体现，创新精神的闪烁。因此，各个时代都有人倾情于其中，甚至不遗余力。但是，综观中国书法艺术的历史发展，书法艺术的创新必须遵循其固有的规律，“巧涉丹青，功亏翰墨”，“异夫楷式”，背离“书写性”的一味求新，尽管能博一时之誉，但最终难逃昙花一现的凄凉结局。第三篇是张华（山东艺术学院）的论文《浅析徐悲鸿书法艺术成就被掩盖之原因》（《吉林艺术学院学报》第4期）。徐悲鸿是中国现代著名的画家和美术教育家，他诗、文、画、书、印无所不能，但他的书法秉赋却被其画名所遮蔽。论文既论述了徐悲鸿在碑帖结合的探索、在碑体行草书的贡献方面取得的卓越成就，也分析了长期以来其书名被掩盖的原因：从时代背景、大众审美接受过程、近代书家身份变化等几个方面进行了探究。认为时代背景和其人格选择等是深层次的原因，其书法创作不具有时代的代表性是重要原因；他的画和书传人的不同步性、去世较早、大众接受滞后等也影响到其书名的高度。

3. 关于书法的其他研究

涉及书法文化的研究有邵吉志（青岛科技大学传播与动漫学院）的论文《中国书法艺术的和文化内涵刍议》（《青岛科技大学学报（社科版）》第4期），着重对“和”文化在书法艺术中的内涵做专题研究。主要分析了7个方面的意义，包括书法本体论的意义、书法艺术语言各要素之间的和谐统一、书法艺术辩证法中异质因素的和谐统一、书法作品整体审美风格的和谐统一、审美情境与书法意境的和谐统一、书法艺术与社会的和谐统一以及书法审美范畴的具体形态等。认为书法艺术里的“和”，既具有艺术辩证法的意义，也具有“天人合一”的哲学意义，书法艺术能帮助我们在新的时代下理解和文化，并将我们导入“和”的境界。

关于书法教育方面的研究，有杨金国（山东艺术学院）的论文《世间物论未应偏——沈尹默的书法教育及其影响》（《吉林艺术学院学报》第4期），集中对在近现代书法史上成就非凡的书法家沈尹默的书法教育及其影响进行研究。通过对沈尹默的书法教育活动、书法教育观、书法教育的性质和实质、书法教育的影响等问题的分别研究，认为他一生在各方面建树颇多，不仅其书法创作和理论研究的成就已被世人公认，他在书法普及教育、创办发展书法社团方面成果也相当丰厚：培养了大量的书法人才，传承了书法艺术薪火，对今天的书法教育产生了重大的影响，也促进了新时期书法热潮的到来。

此外，涉及书法真伪考证的论文有《〈倪宽赞〉真伪问题之我见》（侯颖慧，曲阜师范大学，《中国美术馆》第12期），涉及对书家的研究或评论的文章有《邢慈静书法艺术初探》（王学军，山东省临邑师范学校，《德州学院学报》第3期）、《刘正成与当代书坛》（于明诠，山东艺术学院美术学院，《北方美术》第1期）等等。

（九）外国美术相关问题研究

对于外国美术的关注和研究，自近代以来一直是中国美术界一个重要的视域，也是中国美术比较和自省的一个观照对象。2012年山东学人对于外国美术的研究，涉及的范围广泛、选题多样，美术事件、美术理论、美术家、美术史甚至国外研究成果译介等等，构成了对于外国美术研究的学术景观。

1. 外国美术家相关研究

涉及对外国美术家的研究，视角较为多样，有的侧重于从美术事件中看美术家，也有的集中于美术家的影响或色彩比较研究。唐鸣岳、段锴（山东艺术学院美术学院）的论文《在洛克菲勒中心消失的壁画——迭戈·里维拉〈十字路口的人类〉始末》（《山东社会科学》第4期），围绕迭戈·里维拉1932年受洛克菲勒家族的邀请，为洛克菲勒中心绘制壁画《十字路口的人类》引起争议和被毁事件，进行了多方面的梳理和分析。这幅具有马克思主义思想内涵的壁画，因有列宁头像而引起了双方的争议，无法达成共识，最终在1934年被销毁。壁画事件引起了当时社会的广泛关注和争论，并上升到了对于艺术的功能、艺术家的权利、社会制度的选择等诸多方面的思考，委托者与作者、支持者与参与者双方形成对立的两大阵营。论文认为在多极化、多元化、复杂化的当今世界，这些疑问依然存在。不管是在经济、政治，还是艺术、宗教方面，不同的坚持与斗争依然此起彼伏。就《杰克逊·波洛克对美国20世纪美术的影响》（《临沂大学学报》第3期）问题，马铁骊（临沂大学美术学院）通过对抽象表现主义艺术的代表人物波洛克绘画风格的探索及其演变进行研究，认为抽象表现主义并非是一种完全脱离了既有的艺术传统而出现的现代流派，而是在综合了二战前西方几大重要艺术流派（尤其是超现实主义和立体主义）的基础上形成的。作为抽象表现主义的中流砥柱，波洛克以其独特的美学观点与创作手法在西方艺术史上留下了极富个人特色的一笔。抽象表现主义对美国艺术乃至整个西方艺术在20世纪的发展产生了难以忽视的影响。在《鲁本斯与伦勃朗色彩艺术比较》（《齐鲁艺苑》第6期）一文中，孙锡祝（职业艺术家）通过光色观念和表现形式、画面色彩结构、色彩材料与技法等3个方面，比较分析了鲁本斯与伦勃朗这两个在南北各领风骚、同为17世纪尼德兰画派的代表画家在色彩方面的差异。通过对二者作品整体面貌和渊源分析，对二位大师在色彩语言的理解、运用方面的差异进行对照研究。进而从内部与外部的影响、个人的气质与人生境遇两个小点，对形成两人色彩差异的因素进行了试析。

2. 西方美术理论研究

关注西方美术理论研究的论文有两篇，一篇关注西方美术的理论源头古希腊，一篇专注于西方美术的现代理论阐释。刘德卿（山东艺术学院学报编辑部）在《模仿与和谐：古希腊美术的观念》（《艺术探索》第4期）一文中，比较细致地分析研究了古希腊艺术理论中的两个关键范畴：模仿、和谐。认为在古希腊，技艺广泛而普通，以由仿神而仿物而仿真的模仿为手段，认知而创造，追求一种富有活力而纯一的理想状态——和谐。这即是古代希腊美术的内在脉络与观念。在论文《绘画：可见与可述——从绘画看福柯的艺术哲学》（《文艺理论研究》第5期）中，张中［山东大学（威海）新闻传播学院］通过福柯对三幅绘画的解读，分析了他对绘画艺术的哲学思考。在其名著《词与物》中，福柯揭示了古典时期实在（物）与语言（词）之间的“断裂”——也即图像与文字（语言）的断裂。福柯对前两幅绘画的解读都承续了这一思想。而在《马奈的绘画》一书中，福柯却发现了一种别样的“目光”。这种“看”与“说”、“可见”与“可述”裂隙之处的目光，既让马奈的画成为一种创造，也使福柯发现了一种“自由空间”生成的可能性。论文认为，究极而言，福柯的绘画论实际体现了他的这样一个观点：“不可见性是可见的。”换句话说，福柯的艺术哲学核心就是，他要寻找这种关于“目视”的真理——它既是一种考古学，也是一种外界思想——它是自由精神的写照。

3. 西方美术研究成果译介

对于西方美术研究成果的译介，也有两篇有价值的译文。一篇以比较宏阔的视野来研究社会结构中的民间美术，一篇以较为专一的视角研究当代“卡拉瓦乔热”的美术现象。著名艺术人类学家［英］罗伯特莱顿的论文《艺术：社会人类学的视角》（刘翔宇译，山东艺术学院科研处，《齐鲁艺苑》第2期），扼要介绍社会人类学的几种定义，通过对比作为比较社会学的人类学和作为文化平移的社会人类学对“艺术”研究的不同方法，揭示“艺术”在人类学中的意义，提示人类学田野调查的基本规则。值得重视的是，罗伯特·莱顿在文中针对他所调查的山东民间美术案例，作出了清晰的人类学分析。《艺术新闻》特约编辑［美］安·兰迪的《卡拉瓦乔的用色构图对当代艺术的影响——以“卡拉瓦乔热”为例》（张康译，山东工艺美术学院，《设计艺术》第5期）一文，对近半个世纪来“卡拉瓦乔热”兴起的过程和原因进行了梳理，并对卡拉瓦乔的艺术在对主题事件的选择方法、戏剧性效果、明暗对照法（光的运用）、立体感、构图等方面对当代艺术的影响进行了概述。文章大量引用他人的评价来证明卡拉瓦乔对当代艺术影响的广泛性，涉及绘画、电影和多媒体艺术领域。

（十）艺术理论问题研究

美术理论研究是2012年山东学人成果最丰富的领域。除了已将作为专题综述的中国古代美术思想研究、书法观和书法思想研究、西方美术理论研究、民间美术的理论研究等部分外，还有一些比较“纯粹”的美术理论方面的研究成果，大致归纳为艺术表现问题和艺术批评问题两方面。

1. 艺术表现问题的理论研究

“艺术表现”问题是艺术理论探讨中的中心为题

之一，艺术表现与客观现实的关系、艺术表现与情感的关系等问题，也是美术理论中一个探讨不尽的基本问题。在这方面，可以看到两篇有见地的论文。

对《艺术表现与客观现实的关系》（《美术观察》第5期）问题，孙珍珍（临沂大学美术学院）认为：在艺术史中，艺术表现和客观现实之间的关系，从来不是一个平行的线性发展状态。不同历史阶段的意识形态和美学观念，对两者之间关系的规定性作用是不同的，所引起的变化是纷繁复杂的。她概括地分析了印象派对西方传统艺术表现形式的分化和瓦解，及其所带来的艺术观念、艺术语言等变革，论证了随着艺术、美学、社会观念的变迁，艺术家对“客观现实”的理解会不断修正，但艺术表现“客观现实”是不会被怀疑的，因为人们对“客观现实”的理解是动态和变化的，艺术家在艺术表现与客观现实两者之间所进行的一切探索，都将反映在他们的作品之中。正应为如此，艺术才会在对传统的不断继承和反叛中得以创新，艺术家也得以表现他们真正所要表达的东西。

李广元（山东艺术学院美术学院）的论文《现代艺术情感形式返本表现》（《齐鲁艺苑》第6期），从心象原型形式直观展开论述，指明现代艺术情感的返本独化表现促进了艺术灵性生成，有效缓解了现代社会人的情、理分裂。现代艺术家以个性情感形式内外通观，直接贯通了被知觉虚妄分离的心象本能同一。论文认为以情感表现为特征的现代艺术形式，内合人类生命情感本能，外联情感本质无限外衍的灵性形式变化，在艺术发展史上，实现人本体生命情感与个性情感形式律动相映生辉的现代艺术形态。现代个性情感表现形式返本外显，象征着现代艺术家实现从史前至今人类全部艺术灵性感觉的自由贯通。即艺术家为生命原型情感本能找到本体自由转化的艺术个性情感形式。

2. 艺术批评问题的理论研究

美术批评的理论研究或对美术批评自身的理性研究，是建构美术学完整体系的重要部分。如果能不局限于美术领域而从更宏阔的艺术视域来反思艺术批评，则更是美术学的幸事。这方面的研究，既需要更大的勇气，也需要更多的学识。

凌晨光（山东大学文艺美学研究中心）的《艺术批评话语与视觉性隐喻》（《文艺理论研究》第2期）研究，一方面肯定了视觉艺术批评的突出地位，另一方面又看到了视觉中心主义的危害。认为在艺术批评领域视觉艺术批评占据中心位置，艺术批评话语往往围绕视觉性主题展开。主要表现在两方面：一是观看与阐释的关系，探讨从“观看”到“说出”的内在转换机制。二是看与被看的关系，揭示视觉活动如何促成了主体自我意识的形成和主体间性的显现。艺术批评的传达无法回避如何将视觉对象转译为话语表述的问题，此问题又以两个相连层面的形式出现，一是思想的图像化，二是图像的语言化。其结果是，思想借助图像通过隐喻的转换在语言符号层面上转化为阐释性话语。视觉在人的诸感觉能力中的突出地位一直以来受到强调，视觉经验成为整理和理解人的其他经验的标尺，视觉性的话语表述因此而成为标准的表述模式。当视觉性的重要地位无限放大，以至于遮蔽和忽视了人的其他感觉能力和与之相应的表述逻辑的时候，就会形成视觉中心主义，它对于我们力图全面综合地进行艺术经验的转换和批评话语的表达有害无益。因此，用听觉等其他人类感觉以平衡与中和视觉的中心地位，将会使人的全部感受力得到全面唤醒和发展。

孔新苗（山东师范大学美术学院）在论文《“画派”三辩》（《美术》第12期）中，通过辨析“称谓的”与“艺术的”、“自觉”与“选择”、“语境”与“合法性”，来认识画派生成的生命基因和核心要素，认为一个真正的画派不可“省略”它的灵魂——开派人物及其作品成就，这是艺术之为“艺术”的人文特点。艺术创作在时代语境中凸显的独特特点与批评理论的总结提炼，构成了画派生成的两个互为因果的基础实践环节。其艺术的、文化的、历史的“合法性”，建立于画派特点与时代风潮、趣味的“互动关系”、画派艺术特点与批评理论的“互动建构”。离开这两点，画派难于获得文化与社会的“合法性”。当下的画派建构与解读，缺少的正是这两点。

（十一）民间美术相关问题研究

民间美术涉及的事项丰富多样，几乎涉及民众生活的方方面面，年节婚丧、风俗信仰；传统民间美术又与手工作品紧密相连，林林总总、不胜枚举；同时，由于地区差异、民族信仰、工艺特点和使用材质的不同，形式和形象更是千姿百态、目不暇接。对于民间美术的研究，自然存在着选择对象、研究视角和视野的诸多差异。下面大致归类综述一些重要的研究成果。

1. 民间美术事项研究

民间美术事项的研究，通常会集中于具体的艺术品种和具体的地域，而跳出地域局限的广阔视野研究则尤见积累和功力。

在《一块泥巴一支笔——高密聂家庄泥塑的艺术特征》（《美术》第1期）一文中，赵圣龄（山东轻工业学院艺术学院）、崔研因（潍坊职业学院）对“高密聂家庄泥塑的技艺特点”、“高密聂家庄泥塑的艺术特征”进行了集中研究，一方面通过对材料、工具、工序、结构、发声原理等技艺的分析，概括了它虽有11道工序却物美价廉的原因；另一方面通过对吉祥喜庆的题材寓意、概括夸张的造型、明快艳丽的色彩等特征的分析，说明了它历经约400年仍广受欢迎、久盛不衰的特色优势。

通过《略说范县扇面画》（《年画》集刊第1期），孙芳（山东博物馆）集中对迥异于文人雅士扇面画的民间美术形式——范县扇面画进行研究，经过浓缩而精彩的实用艺术、交流与融合的文化空间两小节，结合扇面画作品、画店作坊进行分析，认为范县扇面画产地所特有的运河与黄河文化的交流与融合，对其发展产生了深远的影响：京杭大运河在范县扇面画的生产、传播过程中发挥了重要的纽带作用，黄河的文化环境对其发展产生了积极的促进作用，文化的互动正是范县扇面画传承的内在动力之一。

刘进（菏泽学院美术系）的《鲁西南纸扎与丧俗研究》（《菏泽学院学报》第1期）一文，将主要应用于丧俗活动中的民间纸扎艺术，还原于丧俗文化研究。认为鲁西南地区的纸扎艺术在表现样式、表现手法上丰富多样，在实际殡葬活动中有着多种内涵和功用，虽然依然保留有原始宗教的成分，但也是传统孝道文化和生者情感宣泄的重要表达方式。纸扎艺术是一种富有中国特色的民间丧俗文化，是生存于民间社会的“活化石”，其长流不息的现象，值得人们不断地以科学的观点和视角进行探讨研究。

鲁汉（山东省民俗学会）、刘天勇（青岛大学纺织服装学院）夫妇在《龙图腾》（《装饰》第1期）一文中，依托他们关于“龙”的丰富百态的民艺藏品及实地民艺采风拍摄的实例，并撷取最具代表性的几种工艺形式予以简介。文章通过真龙天子、龙生九子、正月里舞龙灯、二月二龙抬头、龙凤呈祥、端阳节赛龙舟、秃尾巴老李闯关东、龙与民艺等小节，从历史、文化、宗教、传说、民俗、民艺等方面作了精要的概括，希望对大家从传统民间手工艺这个视角了解源远流长的中华龙图腾有所助益。认为与百姓生活息息相关的民间艺术正是中华民族的文化基因，期冀博大的龙文化能够得到进一步的保护与传承。

其他的研究文章还有《传统青花装饰的空白研究》（刘光文，山东艺术学院美术学院；王秀珍，济南市园林质监站，《齐鲁艺苑》第5期）、《浅谈吉祥图案中“数”的寓意》（徐丽慧，山东艺术学院戏剧影视学院，《齐鲁艺苑》第5期）等。

2. 民间建筑装饰研究

中国传统建筑中的装饰艺术，是最集中体现传统吉祥文化、建筑文化的视觉图像，并且是民间文化、民间美术渗透较为集中的领域，因此成为研究的“热点”。

张勇（山东艺术学院设计学院）在论文《山东老牌坊考论》（《齐鲁艺苑》第3期）中，认为老牌坊不仅是封建礼制的一种象征，也是传统民俗文化与艺术的特殊载体。论文通过对山东老牌坊的考证，分析了山东省内牌坊的现状和基本类型特征，并选择有代表性的牌坊类型来做示例论证，如单县百狮坊和百寿坊、安丘庵上坊、泰安萧大公墓石牌坊、桓台四世宫保牌坊等，主要从民俗性与艺术性的角度对老牌坊的内容和形式等进行深入的探索、研究，从一个侧面揭示了山东老牌坊所具有的丰富、独特的文化艺术内涵。

王文灏（山东大学艺术学院）有两篇集中研究这一领域的论文。《吉祥装饰纹样在中国传统建筑中的应用及其儒家思想内涵探析》（《民俗研究》第3期）一文认为，作为中华民族民俗文化重要组成部分的吉祥装饰纹样，其形式的发展演变，反映和记录了中华民族对美好生活的向往和追求。这种艺术形式也折射出当时的时代背景、社会心态、民族心理和审美情趣，反映了中华民族丰厚的历史文化底蕴。论文通过对吉祥装饰纹样的解读，分析吉祥装饰纹样的历史起源、美感形式、寓意表现以及其在传统建筑装饰中的应用范畴，阐述了其背后所蕴含的深厚文化底蕴与传统儒家思想内涵。在《曲阜孔庙建筑装饰制式的民间审美体现》（《民俗研究》，第6期）一文中，他选取中国建筑史上典型的庙宇殿堂建筑形式——曲阜孔庙，针对其建筑装饰形制的充满无穷意蕴展开研究。通过对曲阜孔庙的各部分建筑装饰制式的形式分析，以及装饰制式中所应用的视觉图像的解析，挖掘其装饰制式的民间审美形式与意蕴。认为曲阜孔庙作为中华历史文化中孔子文化思想的延伸与传承的标志和载体，其建筑装饰制式中民间象征符号的应用，反映了当时社会背景与文化现象。曲阜孔庙的建筑装饰在中国视觉艺术的发展过程中处于一个承前启后的重要时期，其建筑形式里的民间审美意识，作为中国传统装饰制式的具体体现，值得深入分析与研究。

3. 民间美术的理论研究

对于民间艺术自身的艺术理论、美学理论、文化理论等方面的探讨和建设，在近30年间不断有成果问世，成为民间艺术研究领域的重要领域。

徐磊、唐家路（山东工艺美术学院人文艺术学院）在《论民间艺术审美形式感的有象性》（《美术与设计》第2期）一文中认为，民间艺术的审美形式感研究，绕不开民间艺术事象的形象以及审美心理问题。凡民间艺术事象都是在观察感知、想象、体验、思考活动中出现的事象，一切映像、心象与虚象都与感情活动相联系，具有感情活动的色彩。故而可以民间艺术事象的形象为核心，从物质世界、人的活动与实践中去寻找民间艺术美的根源、节律秩序，以及由形象与形式节律功能体现出的民间艺术审美价值，进而认识民间艺术的事象世界及其形象。在《论民间艺术审美形式感的有序性》（《山东社会科学》第8期）一文中，徐磊（山东工艺美术学院人文艺术学院）认为，今天我们在审视民间艺术时，面临的一个重大课题就是如何全面而公允地作出审美价值判断。民间艺术的审美心理研究，就是要把民间艺术美的问题转化为审美问题，进而转化为审美心理活动中的问题。实践证明，系统学、秩序论等是民间艺术心理美学行之有效的研究方法。以此为基础，秩序与节律、民艺审美形式感中的节律、民艺形式节律的创造以及艺术符号中的形式节律等，就成为民间艺术审美形式感有序性研究的重要视角。

张维青（山东艺术学院学报编辑部）的论文《龙：原型、符号及记忆》（《齐鲁艺苑》第2期），对“龙”这一中华民族的文化创造，借用原型说、符号学、集体记忆等理论进行了深入的剖析。认为中国的龙是世界东方一个古老民族文化的凝聚和象征，作为原型、符号、记忆，在历史的缘起和承传的推衍中于当今存续着。它是原始感知、形象思维和智慧创造的产物，寄寓着对生命意义的追寻，对自然现象的探讨，对祖先英灵的景仰，具有特殊神秘的意味和综合显现的征象，表达着对生存境遇既敬畏顺应又欲和谐发展的情结。龙的文化反映了中华民族天人合一的宏约观念，其涵盖的丰富意蕴有着历久弥新的价值和启示。

4. 民间艺术保护与资源开发方面研究

作为非物质文化遗产重要内涵的民间艺术，在当代的保护、传承和发展问题，一直是困扰民间艺术研究领域的核心问题和热点问题。民间艺术，作为一种技艺和方式如何活态保护和传承，作为一种记忆和文化如何原生态传承和弘扬，作为一种遗产和资源如何实现发展和利用，作为一种行当和行业如何在产业中生存和壮大等等，都成为争论的焦点。

在《非物质文化遗产保护的田野思考——中国北方民间布老虎现状反思》（《民俗研究》第4期）一文中，马知遥（山东艺术学院艺术研究所）通过对山东、山西、河南三省布老虎田野调查，就布老虎文化的现状进行反思并寻求解决之道。论文认为在当前看似热闹的“非遗”保护背后却隐藏着对文化的无视甚至无知。作为广泛地存在于中国北方的布老虎文化，作为原始图腾文化的一部分，其蕴含的文化内涵正随着市场化和产业化的诱惑而遭到破坏，其本源的民俗文化内容和手工制作技艺不断遭到削弱。非物质文化遗产调查的行动不仅仅是一场文化寻根，更重要的是试图通过对文化源头的记录，为民族文化的传承保护寻找一种有效的工作框架。抢救和保护不能忽视文化本源，对于精神文化的源头记录已成为当务之急。

对于民间艺术资源的产业化开发问题，刘昂（山东艺术学院传媒学院）有两篇集中讨论的论文。《文化产业视域下的民间艺术产业开发研究》（《民俗研究》第3期），通过对民间艺术相关理论与产业发展研究、民间艺术的经济文化意义、民间艺术产业开发是对民间艺术价值的重构、民间艺术产业开发的几个问题等方面的研究，意在论证在乡土语境已发生深刻变化，民间艺术出现了整体式微甚至消失状态的现代社会，现代文化产业视域下的民间艺术产业开发理论和实践，是对民间艺术这一民族遗传密码保护和提升的重要手段。认为在当代文化遗产保护的热潮中，部分民间艺术的商品化也作为民间艺术发展的一种重要途径呈现在世人面前。民间艺术产业开发，不仅能够实现民间艺术本身在现代社会的生存，更重要的是民间艺术所承载的精神财富得以继续传承。所以必须在对民间艺术保护、合理利用的基础上，进行资源整合，创意研发，从而真正实现民间艺术的可持续发展。论文《民间艺术资源开发价值的综合评估研究》（《齐鲁艺苑》第2期）认为，要将民间艺术资源转化为文化产业资源，进行产业开发，必须对民间艺术资源的开发价值进行科学评估。文章从民间艺术资源价值综合评估的必要性和影响因素、民间艺术资源开发价值综合评估体系的建构、民间艺术资源开发价值评估指标体系的应用、民间艺术资源开发价值综合评估的实证分析等四个问题展开研究，针对目前尚缺乏对民间艺术资源综合评估研究的现状，根据文化资源的共性和民间艺术资源的个性，从民间艺术自身价值、文化价值和经济价值三个基本方面进行指标选择，构建民间艺术资源开发价值综合评估体系，并以山东17市为资源地，对山东民间艺术资源开发价值进行实证研究，力求为民间艺术产业开发提供科学的数据资料。

（十二）美术教育相关问题研究

美术教育研究一向是美术学研究的重要领域，涉及的问题方面也较多，诸如美术教育史、教育观念、教育思想、教育方法、教学论、教学范式、技法教学等等。除了在别处已经介绍过的相关论文，如张卉（山东师范大学美术学院）的《龚贤艺术教育思想的人文价值》（《美术观察》第2期），杨金国

（山东艺术学院）的《世间物论未应偏——沈尹默的书法教育及其影响》（《吉林艺术学院学报》第4期）外，相关的论文还有：

涉及美术教育史研究的论文有张爱红（山东工艺美术学院人文艺术学院）的《近代上海土山湾美术工艺所工艺教学评述》（《装饰》第7期）。论文以19世纪末20世纪初西方传教士建立的教学机构为研究对象，通过对它以西方传教士文化为载体、在当时“中体西用”的半开放氛围中，建立了适于自身长期发展的运营模式，并以技能培养为主的教学模式、教学方法及教学内容等方面的分析，认为土山湾美术工艺所的教学场景虽然仍是手工艺作坊的师徒相授形式的延续，并没有完全实现“理论化”、“系统化”，而是采取“技术”辅以“艺术”课程的方式，但是它对工艺教学的形式、内容及方法等问题的探索和实践，明显带有了现代工艺美术教育体系的特征，客观上对中国早期的工艺教育起了启蒙和催化作用。

涉及美术教育理念的论文有刘斐（山东师范大学美术学院）的《当代高校美术教育中创作理念的合理转变刍议》（《中国成人教育》第16期）。认为现实主义创作理念一直以来主导着我国的高校美术教育体系，各大美术院校都非常注重写实能力的培养。但当代艺术教育者已经开始质疑这种单一化的创作教学模式，并进行了各种革新尝试。论文从传统现实主义教育模式出发，重新探究现实主义的“真实性”与“典型性”的本质，并引入当代艺术创作中“近距离”艺术实践的启示，主张在创作教学中引导学生运用传统写实手法来观照当下自己最为熟悉的生活状态，对艺术创作的内容与形式进行重新组合。试图以此为当代高校美术教育提供新的思路，来实现当代高校美术教育创作理念的合理转变。

梅玉洁（淄博师范高等专科学校）的论文《美术教育专业学生向基础教育美术教师转化问题的思考》（《中国成人教育》第16期），则从多年指导美术教育专业学生实习、见习以及指导青年教师教育教学工作的经验思考出发，就美术教育专业学生如何夯实基础，充分发挥专业优势提出了“提升人文素养，夯实专业素质，锻炼交流交往能力”三个建议，以期对美术教育专业学生能在教师招考中占据优势，又能更好更快地适应小学美术教师岗位提供帮助。

涉及美术教育中具体教学问题的论文较多，如李雪松（山东理工大学美术学院）的《外师造化，中得心源——谈油画风景写生教学》（《山东理工大学学报（社科版）》第3期），张璐（菏泽学院美术系）的《论光感因素在中国画教学中的应用》（《菏泽学院学报》第4期），吴磊（山东师范大学美术学院）的《高等美术院校工笔画教学范式探讨》（《中国成人教育》第19期），张鸣（枣庄学院美术与艺术设计学院）的《工笔重彩画教学简论》（《齐鲁艺苑》第6期）等。

（十三）美术技法理论研究

绘画的形式语言和技法问题，自然是美术创作无法回避的研究课题，无论是中国画的笔与墨，还是油画的线与色，亦或是构图、空间、形态、材料、肌理等等技法、语言问题，都是因探索而异、常说常新的问题。下面大致分为绘画空间问题、形式语言问题两大类就重要文章作综述。

1. 绘画空间问题研究

秦红卫（山东省工会管理干部学院）的论文《绘画空间的表现形式》（《美术观察》第8期），归纳介绍了无序空间表达法、有序空间表达法、二维半空间表达法、焦点透视法、剖面透视法、多视点透视法、渐变表现空间法、矛盾空间表达法、四维空间的表现法等表现形式，认为绘画艺术的空间美学经历由原来的外在性、模拟性、客观性等表层向内在性、表现性、主观性等深层开掘，更加注重人类精神的探索，从而消除外在层面的空间形式。也就是说审美空间的内涵经历由表层到深层、由写实到写意的转换，以实现绘画空间的境界。

在《山水画的笔墨空间刍议》（《美术观察》第10期）中，刘明波（山东师范大学美术学院）通过对自然空间与图式空间、中国山水画的心理空间认知、笔墨的结构空间等问题的概述，意在说明绘画艺术是将表现的自然空间转化为平面的图式空间、视觉空间并融入了个体生命的心性空间的创作，在这里，首先是自然空间、画面空间、心理空间的三者关系。显然中国山水画主要表现的是其“笔墨结构空间”，但在这个空间中，“笔墨”通过规律性的组合而成“象”，一种客观的“景象”，一种人文的“气象”，一种艺术的“形象”。

赵胜龄（山东轻工业学院）在论文《山水画空间的演变》（《云南艺术学院学报》第1期）中，以传统山水画空间表现方式的发展、演变为线索，探索山水画的空间意识和表现形式。认为绘画中的空间一直是艺术家们表达自己思想情感的重要载体，尤其是山水画空间以中国人独有的空间意识展现出独特的精神空间，在不同时代的发展中涌现出“畅神”、“卧游”、“经营位置”、“三远”、“意境”等表达山水画的空间结构和绘画形式等美学命题，形成了独特的民族风格，展现了中国艺术独特的魅力。

2. 绘画形式语言问题研究

刘翔鹏（山东师范大学美术学院）的论文《“墨

非蒙养不灵，笔非生活不神”——中国画之笔墨境界》（《文艺研究》第12期），以石涛的笔墨论为主要依托展开研究，关于墨和笔——见山是山的感性认知、关于蒙养和生活——见山不是山的理性认知、关于神和灵——见山只是山的哲理认知，通过上述三节分析，认为石涛赋予笔墨的深远意味不单单是笔墨本身，它还包含着蒙养和生活的历练，更重要的是赋予笔墨更具有生机的哲理气息。当前中国画坛对笔墨的认识和运用多数停留在笔墨本身这个层面上，对生活积累的重视程度远远不够，哲理认知这个境界更是少有人能够企及。这种对笔墨技巧的过多追求，因缺乏对传统绘画原理的理性分析和对传统文化的传承，使得中国画的气息缺乏文人气。

与研究中国画笔墨问题不同，廉一明（山东省工会管理干部学院文化艺术学院）就油画的用线问题，结合西方现当代画家的探索进行研究。在《线的处理使艺术个性走向充分的自由》（《山东省工会管理干部学院学报》第1期）一文中，通过对乔治·卢奥、里希特、巴塞利兹绘画中的用线特征与情感表达的分析，认为线的处理是一种个性化艺术语言和艺术风格的标志性符号。不同的线的处理足以体现出不同的绘画个性；同时，线的处理的不同亦足以体现出画面中诸般物象的形体、结构、层次、虚实、远近、强弱等因素，从而也对画面主题的表达起到重要的作用，并对形成艺术审美品质与风格产生重大影响与帮助。

近年来，中国现代工笔画在色彩表现、颜料研制、开发等方面，部分地借鉴和吸收了日本画的相关色彩元素，使中国工笔绘画的色彩表现能力得以丰富和提高，成为当今中国画坛引人注目的重要现象之一。信苏珊、唐秀玲（山东理工大学美术学院）的论文《论中国工笔画对日本画色彩元素的借鉴》（《山东理工大学学报（社科版）》第3期），从中国工笔画吸纳日本色彩元素的启示、日本画色彩从传统到现代的演变进程、中国工笔画对近代日本画色彩元素的借鉴三个方面，针对这一现象展开研究。认为要从根本上解决中国工笔画色彩表现方面现存的问题，有必要对中日两国的美术发展史作更为深入的研究，在相互比较中提炼出更适宜当代中国文化环境和民族精神诉求的绘画要素和语言形式，更深入地认识色彩在中国工笔画中的美学价值，建立和完善现代中国工笔绘画的色彩新体系，催生中国工笔画在审美追求、形式构成、意境塑造等方面的新思维、新表现、新空间，加速中国绘画由传统样式向现代转型。

其他的相关文章还有《肌理与艺术表现》（高振堂，山东工艺美术学院造型艺术学院，《美术观察》第3期），《材料的特性与语言价值》（周森，山东艺术学院传媒学院，《齐鲁艺苑》第4期），《试论影像形态与绘画情境表述的指向性》（王法进，山东艺术学院职业学院，《齐鲁艺苑》第5期），《书画装裱与修复的形式美》（李峰，山东艺术学院职业学院，《齐鲁艺苑》第6期）等。

（十四）新媒体（数字）艺术相关问题研究

当代新媒体艺术方兴未艾，已渐成“显学”。新媒体艺术在艺术院校大多被设置在美术学院或设计学院，被视作一种新型的“视觉艺术”。其实，它是一种名符其实的多媒体、多手段、多形式的综合艺术，它以科技发展和新传媒技术为基础，利用视觉艺术、影音艺术与计算机、网络和数字技术相结合，来实现艺术创作的一种新型艺术形态。正因为其新，涉及的问题也较多，不免分散。

马立新（山东师范大学传媒学院）从艺术的社会功用视角切入，研讨数字艺术的公共安全问题。他的《数字艺术公共安全机制引论》（《山东师范大学学报（人文社科版）》第3期）认为，当下数字艺术的产生和迅速崛起从根本上改变了原子艺术长期以来建构起来的艺术生态和艺术秩序，引发了某些引起人们重大关切的社会公共安全问题。其中显在的有网瘾问题、网络文化低俗化问题、数字艺术知识产权保护问题等；潜在的有数字艺术催生的数字生存方式对人类生理和心理健康的影响等。虽然数字艺术尚处在发展的初级阶段，我们对它的公共安全机制的了解还非常有限，但是，研究和阐明这些问题的技术机制和艺术机制将有助于数字艺术的健康可持续发展。值得注意的是，他在论文中引入了“原子艺术”概念，用以概括与“数字艺术”相对立的传统艺术世界。

杜娟（山东艺术学院学报编辑部）认为新媒体艺术作为一种新型艺术形态已成为牵动社会文化的独特风景，在《新媒体艺术之审美范式论析》（《艺术探索》第1期）一文中，认为新媒体艺术鲜明的审美范式主要体现在审美交互主体性、审美客体的虚拟性及审美创作中科技与艺术互融三个层面。它通过审美的交互主体性，实现了创作者与欣赏者之间的互动对话；借助精心营造的“虚拟世界”，让欣赏者在沉浸中体验艺术的创意；科技与艺术的互融，带来丰富多彩的审美创作形态。新媒体艺术所具有的审美范式融入了人们的“数字化生存”理念，赋予艺术全新的审美价值，正书写着新媒体时代艺术的传奇。

张春波（山东工艺美术学院）则从一种理论的视角，研究充斥于我们生活各个角落的拟像现象。《现当代社会下的视觉艺术拟像》（《设计艺术》第3

期）一文，将博德里亚的社会哲学的“拟像”概念用于艺术图像的研究：模拟的不间断再模拟使得模拟上升为非模拟的拟像，它是艺术图像与真实世界的区别界限不间断消融、混淆的结果。认为视觉艺术图像从自然物向人为设计的符号深刻地转变，形成了人类视觉文化的新的逻辑。拟像成为符号本身，人们越来越生活在虚拟的世界中。文章举例分析了绘画、新媒体艺术等的符号化和虚拟性，指出数字化电子媒体已经成为当代生活中不可或缺的信息媒介体，媒材之间的交互或结合使用已经将视觉艺术带入多媒体之间相互媒合运用的新纪元。视像、音讯、动态、官能刺激、虚拟实境之间的联动与结合，使得当代视觉艺术远远超出了传统视像与空间的具体范畴，艺术拟像与现实拟像和真实之间的界限越来越模糊。

（十五）美术市场相关问题研究

艺术市场相关问题的研究，是上世纪90年代以来渐成热点的研究领域之一。这方面的研究也涉及诸多领域和问题，一方面与艺术市场的热买点、版权争议、书画拍卖价格甚至金融风波等等紧密相关，另一方面理性的分析、研究论文也渐多。不过，这类理论性研究论文多比较宏观，并非单纯与美术相结合的研究文章，故不在这里一一概述。

2012年，山东学人的相关重要论文有：刘翔宇（山东艺术学院科研处）的《我国艺术品市场金融化趋向及艺术品金融特点分析》（《东岳论丛》第5期）和《基于PEST模型的艺术品市场分析》（《齐鲁艺苑》第6期），杨丽娅（山东艺术学院艺术文化学院）的《艺术市场管理法构建中的问题及建议》（《齐鲁艺苑》第5期）等。

（作者：李丕宇，山东艺术学院教授）

历史学

史学理论及史学史

王学典　陈　峰

史学理论及史学史是关涉历史学发展的全局和方向的一个重要分支，位于历史学学科体系的前沿，最能突出反映历史学发展的水平。2012年山东学者在史学理论及史学史领域取得了较大创获，对史学方法论、中国古代史学史、中国近现代史学史、西方史学史等方面的问题皆有关注和探讨，在某些方向上居于全国领先水平。下面分别予以梳理论列。

一、史学方法论

针对目前史学研究中存在的碎片化问题，山东大学王学典、郭震旦在《近代史研究》杂志组织的一组笔谈中指出：近二三十年间，在后现代史学的冲击下，宏大叙事的历史备受质疑，微观史却独领风骚。改革开放后，从结构和整体上重建从西方话语中拯救出来的中国历史，是中国史学面临的最重大和最急迫的使命，而要完成这一历史性的任务，必须克服当前的“碎片化”倾向，加强宏观史研究，重构中国史叙事的宏大体系。今日呼吁重返宏大叙事并不是要重蹈已被推倒的宏大叙事的覆辙，这种宏大叙事不再以西方为蓝本，不再以西方为中心。它将着力于中国历史进程本身固有的结构和动力，搭建符合中国历史道路的新结构和新框架。它也不排斥微观历史，而是将牢固地依托于那些差异化的历史主体。[1]此文有的放矢，直指学界弊端，对当前的学术风气具有引导作用。

在全球化浪潮中，重新认识历史学功能，发挥其在延续民族文化血脉，传承民族传统方面的作用具有重要的现实意义。山东大学赵学妮从培养爱国情操，增强文化认同感等方面阐述历史学在新形势下的功能。[2]

关于史学概论课程，山东大学张光华指出：史学概论课程应把握“史学”这一中心，历史哲学、唯物史观、史学史不应成为课程主体。在讲授时，应淡化理论色彩，重视培养实际能力，同时借鉴中学历史教师的教学方法，提高课堂效率。如果教师能结合自己的研究实践，阐明理论在实际中的应用，则更能起到化难为易的良好效果。[3]

二、中国古代史学史

关于中国古代史评的研究相对集中。山东师范大学阎静对中国古代史学批评早期发展的路径进行了考察。她指出：先秦、秦汉时期是中国古代史学批评的早期发展时期。这一时期的史学批评已经取得了一些成就，为后世史学批评的发展积累了思想资料，并初步奠定了史学批评发展的三条路径：一是对史家素养及职责的认识，二是对史学社会功用的认识，三是对史学发展与时代变迁之关系的认识。[4]

山东大学于瑞桓、孟德楷就明清实学的启蒙精神对史评类著作的影响作了探讨。他们认为这种影响主要表现在三个方面：一是突出强调史评标准的独立性和史家的独立性，反对把“仲尼褒贬之法”作为最高准则；二是对传统史评中的君臣大义重新思考和定义，表现出强烈的批判精神；三是彻底颠覆了传统的经史关系，由“六经皆史”发展为“欲知大道，必先为史”。[5]

菏泽学院潘守皎则对北宋晁补之的史评作了个案剖析。她认为：晁补之在《唐旧书杂论》中，以史学家认真严肃的态度指出了唐代君臣的是非功过。甚至于对受到人们一再褒扬的太宗皇帝和他的贤臣魏征、马周等，晁补之都毫不留情地直揭其短。这些富于激情的议论，表现出作为一个正统的儒家知识分子对于社会和历史的看法，也体现了一个知识分子积极入世的情怀。[6]

此外，鲁东大学韦春喜从文史结合的角度对宋代的史学与咏史诗的关联进行了深入探究。他论及南宋理学史学观与史论诗时指出：因以史经世、探究治乱的理学史学观有其独特性，南宋史论诗多以道观史，行道则兴，废道则衰，成为基本的史论立场，呈现出一种“道理”品格；史论诗掀起了评论上古历史、圣君的潮流，而对三代以降的君主持法甚严，形成了强烈的历史批判思潮。本着识统察机、以心论史的史学观，史论诗既注重历史态势的总体把握，更强调从幾微之处、人的心理意识等方面探讨历史发展，表现出深邃的历史洞察力和新的历史探索视角。受义理史学观影响，史论诗形成了儒学义理化、道德化特征，同时扩大了历史人物关注层面，鸿德大隐特别是社会底层人物成为关注对象，反映了史学从政治性史学向社会文化史学的性质转变。在注重正统的史学观影响下，史论诗很少涉及少数民族政权，促成了以三国题材为关注点的史论热潮，以民族英雄作为史论对象，体现出鲜明的民族主义意识。[7]

韦春喜的另一篇文章专论宋代史学精神与史论诗。他指出：受以史为鉴、探求治道的史学精神影响，宋代史论诗体现出强烈的史鉴意识，重视人在历史活动中的作用，尤其强调从君主角度探寻兴亡之因。疑经辨伪、不拘成说的史学精神，使史论诗敢于怀疑传统经史之义，注重历史的细致辨析，表达己见，促成了翻案体的盛行。适应重建思想秩序的时代要求，伴随着新儒学的建构，宋代史学完成了指导思想的儒家化，以理观史成为宋代士子的着眼点，史论诗的内蕴也因此上升到哲学层面，体现出鲜明的历史哲学性质；多从义理角度评价人物，发明史义，在历史认知上有鲜明的道德化、义理化倾向；褒儒颂隐成为基本的题材倾向，特别是在探求义理时，始终以尊王为本，具有鲜明的正统意识，形成了强烈的褒贬之风。[8]

史书编纂和史书体裁是古代史学史研究的一项重要内容。山东大学葛焕礼对纪事本末体的创制和发端进行了独到的辨析，一反前人成说。他指出：关于纪事本末体之创始，传统观点多归于南宋袁枢撰著《通鉴纪事本末》，但史学界还存在着几种未经深入辨正的说法。不可忽略的是，“纪事本末”被确立为独立史书体例的标志，是清修《四库全书》“纪事本末”类目的设立。据四库馆臣所认知的“纪事本末”类史书之基本特征辨正诸说，其中属纪事本末体者只有《通鉴纪事本末》和徐梦莘《三朝北盟会编》。后者实先于前者而撰作，故虽然主要靠《通鉴纪事本末》及其效仿者而确立起纪事本末体，但其创始之作，当归于《三朝北盟会编》。[9]

山东大学屈宁则就明中后期历史编纂思想领域的新变化作了考察。他指出：就明代史学发展的历程而言，自正德、嘉靖迄至明末是一个极为重要的时期，不仅史学风气渐盛，私修当代史成就显著，而且史家在历史编纂思想领域不断探索，在论述史学功用、史家素养、撰史方法等方面，提出了不少创见，有些认识更是被直接施用于实践而取得了巨大成功，甚至为清代学者所直接继承。[10]

临沂大学左桂秋专门就明代纲鉴史书的普及功能进行了讨论。她指出：纲鉴史书兴起于隆庆年间，盛行于万历年间。适应科举需要而产生的纲鉴史书具有浓厚的商业色彩和明确的为科举服务的主旨。它在明中叶以后有着较大的社会影响。其影响上至帝王大臣，下至百工村妇，甚至还流传至国外。同时，纲鉴史书的内容还被其他书籍所引用、论证。纲鉴史书的这种影响力典型地体现出它的史学普及功用。[11]此文体现出古代史学史研究中的一种新颖视角。

三、中国近现代史学史

近现代史学史是中国史学史、学术史研究中的一个热点区域，山东学者在这方面成果密集，新见迭出。

在民国史坛乃至中国近代史学史上，社会经济史具有非同一般的地位和意义。它构成了中国现代史学的核心和主干，是20世纪新潮流和新方向的表征。而如何从事社会经济史这一新领域的研究，是当时面临的一个首要问题。山东大学陈峰即对民国学界关于中国经济史研究方法的探索进行专门考察，主要围绕唯物史观和实验主义两种基本取向的竞争互动而展开。[12]此文深化了对现代中国经济史学发展脉络的认识，并探讨了理论与史料的关系等重要问题。

陈峰在另一篇文章中，以李季为个案考察了唯物史观史学与实验主义史学的早期冲突。他指出：李季撰著《胡适中国哲学史大纲批判》一书，对胡适的思想史研究发动系统清算，开启了马克思主义的思想史研究路径。李季的《古史辨的解毒剂》等系列文章对以顾颉刚为首的“古史辨”派的学术路向进行反思和纠偏，为古史与社会史汇流推波助澜。具有托派背景的李季的上述作为，显示了1949年前唯物史观史学构成的复杂性。[13]此文扭转了学术界对李季一笔抹杀的做法，对其在唯物史观派史学形成中的贡献做了还原。

马克思主义史学家是近现代史学群体中的主力之一。山东大学黄广友、孙宜山研究了马克思主义学者华岗的史学观念。他们指出：华岗极深地参与了中国马克思主义史学的创造，是中国近代史研究中革命史范式的主要缔造者之一。华岗革命史学观念的形成，与他生活在以“革命”为时代主题的历史环境、与他作为职业革命家的政治使命、与20世纪三四十年代中国马克思主义史学同各种非马克思主义史学流派的斗争密切相关。华岗革命史学观念深刻反映了他对史学的革命性、科学性及其本身的认知，既是他那一代马克思主义史学家的突出代表，又带有来自国统区的马克思主义学者所特有的精神气质。[14]

除马克思主义学者外，还有一些关于其他学派史家史学思想的研究。山东师范大学陈伟从中外关系史研究的角度切入对梁启超三世说的合理性和不足之处进行探讨。[15]

山东大学张光华则围绕萧一山的民族革命史观展开评析。他认为，公羊学说的熏染、近代社会的民族色彩和特殊的政教生涯造就了萧一山的民族革命史观。该史观以民族革命为近代历史发展的主线，以“三个阶段，两个时期”为民族革命成功的途径，以实现三民主义为民族革命的归宿，成为萧一山追求会通、经世的理论结晶。民族革命史观主要缺陷在于对某些重大政治事件和经济、文化进程不能合理地解释。[16]

山东大学丁培卫对张维华的史学成就进行了总结。他指出，张维华执教于山东大学，不仅为该校在史学界赢得了重要位置，而且也为山东大学在古史研究和中西交通史研究方向奠定了坚实基础，其研究领域广阔，取得了丰硕成果，在国内外学术界产生了重大影响。[17]

山东工商学院邓云对徐炳昶和斯文赫定的领导下的中瑞西北科学考察团在在历史学方面取得的丰硕成就作了评述。他指出：徐炳昶根据实际考察与文献记载，认为阻卜非鞑靼，否定了王国维的阻卜即鞑靼的观点。黄文弼对吐鲁番作了两次考察，收获颇丰，不仅开创了吐鲁番学，还对高昌史的研究作出了重大贡献，他根据所得墓志对高昌麹氏纪年进行考证，描绘出了清晰的高昌历史。[18]

西学特别是西方史学的输入对中国近现代史学的发展发挥了重要影响。聊城大学赵少峰撰文分析了“西学启蒙丛书”中的西方史学作品在中国学界的传播情况。他指出：西学启蒙丛书中的历史初级读本是当时对希腊史、罗马史、欧洲史及西方史学叙述最系统、最完整的史书。艾约瑟编纂的《西学略述》概述西学源流，详细论述了西方学术的发展及沿革。这几部书在晚清学界产生了积极影响，成为沟通19世纪中外史学交流的组成部分，推动了近代中国思想发展和史学变革。[19]

赵少峰还对晚清西方传教士出版的历史期刊中出现的关于古典史学的内容及其对中国学者的影响作了探析。他认为，荷马、希罗多德、修昔底德等一批史学家及其著作被介绍过来，对宋恕、康有为、梁启超等晚清学者产生了重要影响。传教士将古典史学译介过来，是为了证明西方也有可以和中国相媲美的历史和文化，具有一定的政治目的。[20]

四、西方史学史

关于西方史学史学科的未来发展，山东大学郑群指出了一个可供选择的方向，即拓宽跨学科的视野并关注历史学与其他学科的关系。在他看来，在20世纪西方史学跨学科研究的趋势中，历史学与人类学的互动、历史学与社会学的互动以及历史学与自然科学的互动尤其引人注目。对于西方史学史的研究、编纂和教学来说，历史学与其他学科的这种互动关系是非常重要的。缺少了对这些跨学科互动内容的探讨和描述，我们几乎不可能完整地说明近代以来西方史学的变革和发展。需要强调的是，拓宽西方史学史学科的跨学科视野不仅表现在研究对象的多样化上，而且表现在借用其他学科的理论和方法对西方史学史学科本身进行探讨和重构上。[21]

鲁滨逊“新史学”是20世纪西方史学的一个代表性流派，山东师范大学王文锋对其是非得失进行了评述。他指出：现代美国的社会变化是鲁滨逊“新史学”思想产生的土壤。其史学观点之“新”突出表现在：应当大大开扩历史研究的范围；必须引进和借鉴其他多种学科的理论和方法来研究历史；历史研究应当追求实用价值；应当用进化论来考察历史。鲁滨逊的“新史学”思想突破了西方传统史学裹足不前的陈旧樊篱，顺应了西方史学史发展的整体趋势。但他把进化论视作“新史学许多重要方面的基石”却是不恰当的。[22]

德州学院刘淑清则对以往西方史学研究中较少涉及的一个专门领域猎巫史学进行了介绍。她指出：欧洲近代早期的猎巫运动源于欧洲人自古以来对人性恶的认识。它反映了人类深层次的焦虑与渴望，展示了当时欧洲人精神世界中最隐秘的部分。该问题几百年来一直受到学术界内外的关注，其史学研究呈现出鲜明的历史性特征，人文主义、理性主义以及20世纪以来的各种社会思潮都在该问题研究中留下了烙印，其演变基本上反映了西方近代史学的发展轨迹和趋势。[23]

“欧洲中心论”对中西方学术都产生过笼罩性影响，青岛大学潘娜娜对这一概念的形成和演变作了一番梳理。他指出：“欧洲中心论”这个词语在20世纪才被杜撰出来，然而这一概念的萌芽却可以追溯到古希腊时期。古希腊和古罗马学者率先从政治、气候、环境等方面将古希腊罗马同其他地方区分开来。16、17世纪欧洲各派思想家则把欧洲视为历史发展的高级阶段，已具有用他们的文明去征服世界的思想意识，经过18世纪西欧各派思想家的研究和论述，欧洲中心论初步成型，成为一个包括政治制度、民俗文化传统、社会经济形态等各方面特点的复杂的概念。到19世纪，通过历史哲学、历史学、人类学、社会学和经济学等领域的“社会科学家”的“科学论证”，欧洲中心论成为欧洲乃至全世界社会广泛使用的一种“科学”术语，其理论内涵显得更为系统、更加规范。20世纪反欧洲中心论讨论中赋予了这一概念新的内涵。[24]

山东大学陈姝君从中西史学比较研究的角度，分析了班固、李维天人观的异同。她指出：天人关系是历史学中的一大关节点，归根到底是对历史本原的认识。班固与李维作为中西方古典史学的代表人物，都用天人二元论对此进行了回答，但这种相似性的背后也隐藏着许多差异，这种差异可以从地理环境以及政治、文化层面找到答案。[25]

除上述几个方向的专题研究外，一些关于史学理论及史学论著的书评也值得一提。如山东大学王坚的《跨学科的前景及其深层推进——读〈梁启超与中国近现代史学：以跨学科为中心的分析〉》（《聊城大学学报》2012年第2期），山东大学张光华的《新理念新体系新视野——评乔治忠著〈中国史学史〉》（《史学月刊》2012年第9期）。这些对新近出版的作品的批评议论也从一定角度折射出当前史学理论及史学研究的进展和水准。

总之，2012年山东学者在史学理论及史学史研究上取得了较显著的成绩。中国古代史学史研究平实稳健，点滴推进；中国近现代史学史独树一帜，形成了自身的特色和优势，与北京、上海等地鼎足而立；西方史学史研究则相对薄弱，尚有不小的提升空间。

参考文献：

[1]王学典、郭震旦：《重建史学的宏大叙事》，《近代史研究》2012年第5期。

[2]赵学妮：《全球化趋势下历史学功能的再认识》，《黑龙江史志》2012年第9期。

[3]张光华：《关于〈史学概论〉课程的反思》，《赤峰学院学报》2012年第12期。

[4]阎静：《在史学批评中认识史学——试论中国古代史学批评早期发展的路径》，《学习与探索》2012年第2期。

[5]于瑞桓、孟德楷：《明清实学的启蒙精神对史评类著作的影响》，《理论学刊》2012年第12期。

[6]潘守皎：《晁补之史评的识与见——以〈唐旧书杂论〉为例》，《山东大学学报》2012年第5期。

[7]韦春喜：《南宋理学史学观与史论诗》，《文史哲》2012年第6期。

[8]韦春喜：《宋代史学精神与史论诗》，《山东大学学报》2012年第3期。

[9]葛焕礼：《纪事本末体创始说辨正》，《文史哲》2012年第2期。

[10]屈宁：《明中后期历史编纂思想领域的新进展》，《淮北师范学院学报》2012年第3期。

[11]左桂秋：《科举功能下的史学普及：析明代纲鉴史书》，《山东社会科学》2012年第7期。

[12]陈峰：《唯物史观与实验主义——民国学界关于中国经济史研究方法的探索》，《齐鲁学刊》2012年第5期。

[13]陈峰：《唯物史观史学与实验主义史学的冲突——以李季为个案的考察》，《中共党史研究》2012年第12期。

[14]黄广友、孙宜山：《政治、科学与历史：华岗革命史学观念研究》，《中共党史研究》2012年第12期。

[15]陈伟：《梁启超“三世说”与中外关系史研究》，《群文天地》2012年第6期。

[16]张光华：《“因革原理”与“经纶大法”——萧一山民族革命史观评析》，《新疆大学学报》2012年第5期。

[17]丁培卫：《张维华教授史学成就述略》，《文史月刊》2012年第8期。

[18]邓云、张杰：《中瑞西北科学考察团在历史学方面的成就》，《产业与科技论坛》2012年第1期。

[19]赵少峰：《“西学启蒙丛书”中的西方史学及学界回应》，《聊城大学学报》2012年第2期。

[20]赵少峰、陈德正：《晚清西方古典史学的译介与反响》，《前沿》2012年第9期。

[21]郑群：《拓宽西方史学史学科的跨学科视野》，《史学月刊》2012年第10期。

[22]王文锋：《鲁滨逊“新史学”思想述评》，《社科纵横》2012年第7期。

[23]刘淑清：《论欧洲猎巫史学的演变》，《甘肃社会科学》2012年第2期。

[24]潘娜娜：《“欧洲中心论”概念的历史考察》，《山东社会科学》2012年第5期。

[25]陈姝君：《中西古典史学中天人观的异同——以班固、李维为例》，《求索》2012年第5期。

（作者：王学典，山东大学儒学高等研究院教授；陈峰，山东大学儒学高等研究院讲师）

先秦两汉史学

江林昌

2012年山东省学者在先秦两汉历史文化研究方面笔耕不辍，据不完全统计，公开发表先秦史论文50余篇，秦汉史论文30余篇。另有专著、论文集多部，召开相关学术会议，成立相关学术机构，呈现出一种积极进取的气象。兹按先秦史与秦汉史两段分别介绍。

一、先秦史研究

（一）文明史研究方面

近几十年来，随着经济建设的快速发展，我国的国际地位不断提升。与此同时，推进中华民族的文化自觉与文化自信，越来越成为历史学工作者的自觉认识。山东学者与全国同行一起，肩负起时代的使命，在中华古代文明起源及早期发展方面，作出了积极的探索。总体来看，学者们首先是从全国范围内的文明史问题作出深入思考。其次是就齐鲁文明作了一些专题研究，兹分别简介。

1. 中华文明史研究

中华文明起源于农耕生产，因此有许多关于农耕生产的氏族英雄传说。对这些农耕氏族英雄传说人物的考辨，有利于对中华文明起源方位与时间、部族与部族关系等问题的认识。李桂民发表《神农氏、烈山氏、炎帝的纠葛与远古传说的认识问题》一文，指出在早期文献中，神农氏、烈山氏和炎帝事迹各不相涉，《世本》最先把炎帝和神农氏合一，郑玄则明确把二者合一。神农氏、烈山氏和炎帝的传说反映了农业文明在称谓上的影响，火和农业的联系也成为三者称谓合一获得认同的重要原因。神农时代早于黄帝的认识固化，炎帝神农合户后世系的追溯建构起了中国远古史的基本框架，这不仅表现为地域和文化的认同，而且也是先民历史意识和文化自觉精神的反映。[1]马兴在《尧舜时代社会组织探析》中，认为无论从文献资料还是从考古资料来看，族邦是尧舜时代的基层组织，其内部体现为家族——宗族式组织结构；族邦联合体是在族邦基础上产生的更高一级的组织，是尧舜时代的社会组织。尧舜时代是一个族邦林立的时代，可以将其称为族邦时代或族邦社会；族邦社会出现了不平等和社会分层现象，产生了金字塔式的社会等级结构。以上特征表明尧舜时代已处于国家产生的前夜。结合我国的实际情况，酋邦理论比古典文化理论更能反映尧舜时代的特征，尧舜时代已处于酋邦晚期，但将尧舜时代称为族邦社会更符合中国的实情。[2]在《论洪水在中国文明起源中的重要作用》一文中指出，尧舜时代的洪水对中原地区文明起源产生了积极影响。洪水促使不同族邦迁徙于黄河中游地区，从而形成了社会高级政治组织；高级政治组织的形成推动了社会公共事务管理机构的广泛设立；治水导致社会财富集中，并进一步加深了社会分层，催生出特权阶层。禹治水成功，中国早期国家得以建立。[3]另一篇论文《古代祭祀尧舜的种类及其特点略论》，则将古代尧舜祭祀分祖先祭祀、天帝祭祀、帝王祭祀和圣师祭祀四种类型。不同时期，古代祭祀尧舜有不同特点。古代祭祀尧舜活动主要由国家举行，国家制定了祭祀尧舜的有关礼仪，属于国家祭典性质的活动。[4]

江林昌的《由甲骨文“周祭”“贡典祭”论上甲六示为商族信史时代的开始》一文，认为甲骨文所见“周祭”与“贡典祭”中，均以商族先公上甲开始，依次为报乙、报丙、报丁、示壬、示癸，即所谓上甲三报二示。这说明商族的信史记载从上甲时代就开始了。在“贡典祭”里，往往将载有商王世系名号的典册供奉堂上，然后依次祭祀，可见

“典册”原是用于祭礼，具有宗教神圣性，以后的“祝册”、“史册”等王官即由此演化而来。[5]江林昌、孙进的《清华简〈楚居〉“胁生”神话及其所反映的楚文化源流》一文，通过与文献所见胁生传说对比，认为丽季“胁生而产”的故事为《楚居》首见，而“胁生”神话则是荆楚族的传统，是楚人关于自己民族起源发展的重要记忆，是了解楚族宗教信仰的关键。甘肃马家窑彩陶X光人骨图、秦安大地湾地画、河南濮阳西水坡45号墓有关人骨的考古遗迹或能反映楚民族的起源、发展的路线问题。[6]代生、江林昌的《出土文献与〈天问〉所见商末周初史事》利用新出土资料，探讨了《楚辞·天问》中有关商末周初的史事：文王被封西伯，“号衰”以行九邦；商纣俎醢梅伯以与文王等诸侯盟誓，巩固自身统治；周人迁岐社社主为军社，开始征商历程；周公“不嘉”武王对殷纣的猛力射杀，在他制礼作乐时取消了以人为牲的习俗。[7]

张金光的《战国及秦：国家索取制度的形成与定型化》认为，战国及秦的官社时代是中国传统赋税制度的形成和定型时期。以租赋徭役为主要形式和内容的中国传统赋税制度——国家索取制度，并不能简单地以近、现代国家财政税收理论去观察、认知，而应认识到其本质属性乃是国家以土地国有权制度、国家权力、政治暴力统治为基础建立起来的国家体制式社会生产关系。[8]马新的《论战国农民之特质——战国与两汉农民的比较研究》一文探讨了战国农民的特质，认为战国时代既是一个转折时期，又是一个相对完整、独具特色的发展阶段，这一时期的农民较之两汉也具有鲜明的特色。他们在土地关系、社会关系以及劳动关系各方面所表现出的种种的不同，可以归纳为三个突出特征：一是公有性，二是均平性，三是强制性。上述特征对中国古代社会产生了深远影响，在一定意义上制约和影响了中国传统社会的走向。[9]

2. 齐鲁文明研究

东夷文明是中华文明多源头并起过程中的重要一源，之后的齐鲁文明又是中国早期文明发展过程中的重要一支。因此，山东学者对齐鲁文明的探讨有义不容辞的责任。这方面的代表成果是2012年6月27日发布的《山东区域文化通览》。《山东区域文化通览》是由政协山东省委组织，历时两年多的集体结晶，以山东省各市区域文化研究为主线，纵贯5000年，涵盖历史、文化、社会、军事、政治、经济等多个方面的内容，共分18卷，其中总览1卷，17市每市1卷，共约1200万字。分区域编纂《山东区域文化通览》是改革开放30多年来山东省政协组织的规模最大、参与人员最多、学术力量最强的重大文化建设工程。既填补了山东文化研究中以区域研究成果缺乏的空白，又在总体格局上解决山东文化研究的上述偏颇和缺憾。

王志民的《从文化重心到人文圣地——齐鲁文化在中华文明发展中历史地位的演变》[10]一文，认为齐鲁文化在中华文明发展史上具有特殊地位，在周秦两汉时期是中华文明的“重心”所在，为孔子及儒家思想的形成发展、诸子百家之学的兴起、秦汉大一统帝国的建立及汉代经学的繁荣作出了独特贡献；汉代以后两千余年，齐鲁文化以“圣地”的文化气象，成为民族文化认同的标志、维护国家统一的精神支柱、历代中国人向往的精神家园以及传统道德文明的示范之乡，深深影响了中国文化的发展和民族精神的传承。李桂民《伊尹与莘县伊尹遗迹考论》认为伊尹作为商代元老重臣可能来自外族。各地伊尹祠墓和伊尹耕莘等诸多遗迹，并不能以后世附会所能简单解释，而是族众分蘖繁衍的结果，都有着历史的根据。[11]

杨朝明的《邾鲁关系·邾国文化·邹鲁文化》一文从探讨了政治与文化的冲突与交流问题，认为武王克商后把服从于周朝的诸侯国纳入自己的统治体系，在今山东邹城一带的邾国也被承认。分封后，邾国成为鲁的附庸。文化等方面存在的较大差异使得两国之间时有争战，由于鲁对邾的侵夺，邾的边境逐渐南移，邾国也受到鲁文化的濡染。子思曾到邹地讲学，尤其孟子迁居于邹，使这里名声大震，形成了“邹鲁文化”的称呼，邹、鲁连称，且由于孟子的原因，邹在鲁前，一般是从儒学的角度而言。[12]张富祥的《〈管子〉书中的“幼官”和有关节气问题》[13]指出，《管子》书中的“幼官”本指祭官，“幼官图”就是为官方四时祭祀及相关生产、政教活动而绘制的图式。《幼官》和《幼官图》是四时节令制度与五行学说相结合的产物，即所谓“播阴阳五行于四时”。综合考察《管子》书中的时令诸篇及其他载籍中的时令文献，可以考见古代四时节气制度的变化。

代生的《齐侯壶新研》从齐侯壶铭文入手，探讨了上古历史文化的交流问题：齐侯壶记载了齐侯越礼而为陈氏服丧的事情，其礼直比诸侯。山东海阳嘴子前遗址是陈氏墓葬，有了齐侯的“恩赐”，所以在嘴子前墓葬中陈氏使用七鼎殉葬。铭文中的“二天子”，与楚简中“二天子”相同，指舜二妃，都与陈国祭祀有关。但由于陈与齐、陈与楚的政治、文化交往，尤其陈公子完奔齐，陈氏保留了诸多陈文化的因素，所以齐侯壶记载了齐侯僭越礼制而祭祀“二天子”的事情。正是受到陈文化的影响，黄老学说才能够在齐国与楚国得到重视和发展。[14]邱文山的《先秦齐地“方士文化”及其价值判断》[15]指出，方仙道是在古老的“长生说”和海外仙境说的影响下形成的，以追求长生、得道成仙为目的的宗教形态。那些自称有长生术和神异术的人士，被称为“方士”；他们所从事的长生术和神异术，被称为“方术”。春秋战国时期，在燕齐一带逐渐形成了以追求神仙不死为目的的方士集团，他们以此作为谋生手段。从战国中后期到汉武帝时，神仙家与帝王相互鼓动，掀起中国史上有名的人海求不死药的狂潮。李华、曾振宇的《试论邹衍五德终始说中五德与帝王的配置关系》[16]认为，邹衍综合战国时期所流行的五行、德、天命等重要思想，结合所处时代的特征，以周代为起点向上逆推，并以土、木、金、火、水五德分别与黄帝、夏禹、商汤、周文王及未来朝代的新帝王相配置，安排了一个表面看来似乎不为人力所能扭转的五德与帝王配置图式，其实质就在于为新帝王的继起提供理论依据。

（二）*学术史研究方面*

先秦时期的学术史研究主要围绕着对后世影响较大的齐、鲁文化，及其主要代表人物、经典文献的探讨而展开的，其中又以孔子为代表的儒家文化为研究的重点。

《论语》是孔子及儒家的主要经典文献，学者们从不同的角度对其加以探讨。杨朝明的《〈论语〉的读法》[17]对今人如何解读《论语》作了简单介绍。王钧林《〈论语〉章句学诠释——以“君子不重则不威”章为例的讨论》[18]从章句学的角度对《论语·学而》篇“君子不重则不威”一句的分章、句读、文字训释等方面作了全新的探讨，并以此为例对章句学与考据学的差异作了具体总结。孔子是儒家文化的创始人，学者们对其思想多有研究。王京龙的《从〈论语〉看孔子的体育思想观念》[19]从体育学的角度对孔子的思想作深入研究。他认为，《论语》中孔子的体育思想突出表现在四个方面：一是提出了“成人”教育的体育主张；二是形成了“友谊第一，比赛第二”的竞技观念；三是提出了“劳逸结合”的运动理念；四是提出了“仁者寿”和“食不厌精”的保健观点。这些思想观念所张扬出来的基本精神，便是以人为本，以仁为纲，以礼为准。由于孔子在中国思想文化发展史上的巨大贡献，他的这一思想在中国古代体育思想史上占据了极其重要的里程碑位置。今天看来，这些体育思想仍然有着突出的理论指导意义和现实借鉴价值，为中华民族的现代体育发展提供着丰富的精神营养。蔡先金的《孔子人生哲学要解》[20]对孔子的人生哲学体系作了详细的勾勒。他认为在哲学语境下，我们需要不断地认识与发现“孔学”，以便揭开遮蔽，让“孔学”显现于当下的世界，即孔子哲学之研究仍需时人之努力。孔子关注人及人类社会，并不断地进行追问，试图寻找出自己的答案。现在大抵可以简单地勾勒出孔子围绕“人”展开的“追问—回答”结构图：首先，追问“我是谁”，即在“知人”层面回答人的“类”特性；其次，追问“我应该向何处去”，然后回答人应该作为君子向人性的高处——“仁”走去；再次，追问“我们到底应该如何生存”，然后回答人应该在一个现实化的理想图景中获得理想化的现实境遇。这种“追问”与“回答”就自然构成了孔子的人生哲学结构体系。宋立林的《孔子“易教”思想发微》[21]对孔子的易教思想作深入研究，认为《周易》以其“卜筮其表，哲理其里”的特殊性质，一开始就具有了教化的功用。因其与儒家的特质相契合，所以孔子老而好《易》，并将之纳入其经典体系，继承并发展了“易教”传统，阐发了大量“易教”思想，开创了人文易学的新传统。孔子“易教”属于“六经之教”的范畴，在本质上仍是其王道教化思想的重要组成部分，并为孔子的整个思想体系提供了根据；但与其他五经之教相比，也具有其独特性，即“易教”还具有“宗教性”的层面。孔子“易教”建立在“天人合一”思想的基础上，他对不同阶层分别强调了“观其德义”和“神道设教”的不同教化方式；孔子把“易教”目的和效果概括为“洁静精微而不贼”，这些都是《易》本身特点决定的。

孔子和《论语》外的其他儒家经典和代表人物也是学者关注的焦点。廖群的《楚简〈缁衣〉、子思子与引〈诗〉证说》[22]通过新出郭店楚简《缁衣》篇的研究，对子思子的引《诗》特点作了探讨，并指出引《诗》证说是《诗经》特有的传播现象之一，这一现象在儒家和经学著述中尤为突出。郭店楚墓竹简《缁衣》显示，子思子在引《诗》证说这一著述模式的形成和强化过程中起到了至为关键的作用。宋立林《仲弓之儒的思想特征及学术史地位》[23]一文，通过上海博物馆所出竹简《仲弓》篇与传世文献内容的对比，对儒家另一位大儒仲弓的学术特点、政治思想和德刑观念作了深入研究，并认为从学术流传上言，仲弓之儒应该是荀子一派的学术渊源所自。黄怀信的《从清华简〈伊诰〉看古文尚书》[24]认为，清华简《尹诰》首句“惟尹既及汤咸有一德”，《尚书·咸有一德》及《礼记·缁衣》和郭店楚简《缁衣》所引《尹诰》均作“惟尹躬暨汤咸有一德”。该句作为《咸有一德》全篇的核心，前后文逻辑严密，具有原创性。而简书《尹诰》则既去“躬”字，又衍“及”字，且只独立一句，与下文没有逻辑联系，应是取用。所以《咸有一德》当不晚于简书所出之公元前305±30年，不可能是魏晋之人伪造。如此，则《古文尚书》（不必全部）之时代，当不晚于清华简。他的另一篇文章《清华简〈耆夜〉句解》[25]利用新出清华简《耆夜》篇与传世《尚书》、《诗经》等儒家经典作对比研究，并指出清华简《耆夜（音舍）》记"武王八年"戡耆（黎）还归，在"文大（太）室"举行饮至礼的情景，既明《尚书》"西伯戡黎"的具体时间，又补文献相关典礼之阙，有重要的史料与研究价值。文中出现的五首诗皆有明确作者，是珍贵的周代诗歌，对研究《诗经》有重要参考价值；尤其是以《蟋蟀》诗与今本对读后，可知今本经由后人改造，今本不仅整齐文句，改变内容，而且改易章节次第，对于认识《诗经》即古籍流传有重要意义。在《八卦名义说》[26]一文中，他对周易八卦和各卦名称作了深入的研究，从而认为正确理解八卦名义，有助于理解《易》本义，有助于深入发掘中国早期哲学。八卦之"乾"字本有向上、上达、刚健、不息之义，与"健"同，故曰"乾，健也"；"坤"从申声，象地，其德当为厚，而不得曰"坤，顺也"；"坎"谓地面低陷处，水之所在，故以代水，其德当为入，不得曰"坎，陷也"；"离"借为"丽"，取明丽义，而非附丽义；"巽"为卦名专字，其德当为顺，不得曰"巽，入也"；"艮"借为"限"而有止义，本当音限；"兑"为"悦"古字，本当读"悦"。

杨朝明发表了一系列文章，对孔子思想和儒家文化作了整体的思考。在《儒学普及切忌虚华不实》[27]中，他对当今社会上从事儒学普及与孔子文化活动中所暴露出的种种问题给予了关注，并对这种现象产生的原因和解觉方法提出了自己的观点。在接受中华读书报陈菁霞采访后作的《从近代学者心路历程理解儒学命运》[28]一文中，又对儒学在近代社会的发展历程作了充分探讨。在《山东精神：公、信、仁、和——基于孔子"大同"社会理想研究的思考》[29]中，他从整体的理论高度，对作为区域文化的齐鲁文化与中华民族共同文化精神的高度一致性作了具体说明，并认为两者不仅仅是包含与被包含的关系，而且在内在、本质上都有着紧密的共通性。在《"清华简"　〈保训〉与"文武之政"》[30]中，他通过新出清华简《保训》篇，对孔子数次称道西周时期的"文武之政"作了探讨，并指出周代的政治典章在孔子的时代仍有存留，清华简《保训》关于"中"的论证，正印证了儒家中道思想的源流及其对"周政"的极大影响，说明孔子儒家思想与"文武之政"的确一脉相承。

除儒家文化外，曾振宇的《楚简〈鬼神之明〉平议》还对上博楚简《鬼神之明》篇是否属于墨家作品作了辨析，他通过对简文中体现的"鬼神观念"、"赏善罚恶"等内容的考证，认为"就楚简《鬼神之明》全篇思想主题而论，断定其为墨家文献有方凿圆枘之嫌。"[31]

（三）相关学术会议的召开和学术机构的建立

2012年9月28日，莒文化高层论坛在济南举办。论坛由中国先秦史学会、中国社会科学院古代文明研究中心、山东省文化厅、山东省社科联、山东师范大学、日照市人民政府主办，山东师范大学莒文化研究中心、日照市社科联、中共莒县县委、莒县人民政府、莒文化研究院（筹）承办。中国先秦史学会顾问、河北师范大学历史文化学院教授沈长云，中国社会科学院考古研究所信息中心主任、古代文明研究中心秘书长、《中国考古学年鉴》执行主编、研究员朱乃诚，中国先秦史学会顾问、洛阳市文物考古研究院研究员蔡运章等50余名专家学者参加了本次论坛。论坛围绕莒文化这个中心主题，探讨莒文化之历史源流、精神内涵与特点特色；莒文化在中华文明多元一体构成格局中的地位和影响；莒文化重大考古发现的回顾与意义；莒文化与齐、鲁文化等比较研究；莒文化与旅游经济融合开发等相关议题。

2012年2月16日，山东大学儒学高等研究院整合组建。山东大学儒学高等研究院成立于2010年4月21日，为山东省人民政府与山东大学合作共建。2012年元月，山东大学将原儒学高等研究院、儒学研究中心、文史哲研究院和《文史哲》编辑部进行整合，组建了新的儒学高等研究院。

2012年9月27日至29日，由中国文化部、省政府联合主办，中国艺术研究院、省文化厅、济宁市政府、山东大学儒学高等研究院、中国孔子基金会、国际儒学联合会、孔子研究院共同承办的"第五届世界儒学大会暨2012年度孔子文化奖颁奖典礼"在曲阜孔子研究所召开，有美国、奥地利、加拿大、日本、韩国、新加坡、越南、中国及中国香港、澳门、台湾等10余个国家和地区的100多位专家学者前来参会，大会以"儒家思想的当代意义"为主题，下设"儒家伦理与市场伦理"、"中华元典与现代文明"以及"儒学与国民教育"三项议题。在与会学者的激烈讨论中，儒家文化的深刻内涵与现代价值得到了充分的体现。

二、秦汉史研究

2012年山东学者在秦汉史领域的研究也取得了新的进展，内容涵盖经济、思想、文化教育、人物、地理等各个方面。

（一）汉代经济研究

赵梦涵对汉代农业政策进行了研究，其论文

《西汉前期的农本思想与农税政策分析》分析了西汉前期采取农本思想与农税政策的思想来源及其成效在中国历史上的深远影响；这一思想与政策充分发挥了财税杠杆对农业的激励作用，调动了农民的生产积极性，极大地促进了农业的恢复与发展。[32]王爱清、化涛则以授田制为视角，研究了汉初农民受田与土地流移的状况。[33]张金光的《"均平第一"：官社土地资源配置与产品分配中的道德铁律——战国、秦官社经济体制下的农民道德政治经济学及赋税原理研究之三》[34]一文，论述了在土地国有制及其国家普遍授田制之下所成立的官社体制中，土地产品要在土地所有者——国家和耕种者之间进行分配的分配法则是"均平论"和综合（空间上是远迩）平衡论；这种分配法则是道德政治经济学的主要任务和核心内容。作者在此基础上，论证了战国及秦的官社时代是中国传统赋税制度的形成和定型时期，以租赋徭役为主要形式和内容的中国传统赋税制度——国家索取制度形成，这种索取制度本质是国家以土地国有权制度、国家权力、政治暴力统治为基础建立起来的国家体制式社会生产关系。[35]汉代的工商业政策研究也是学者关注的一个领域，刘甲朋在《西汉盐铁会议对工商官营政策的批判》[36]中讨论了汉代贤良文学们对工商官营政策进行的尖锐批判及工商官营政策的消极作用。韩英、李晨以出土文献为资料，从载体、形制、内容三个方面考察了汉唐间户籍档案的变迁。[37]

（二）汉代思想、文化教育研究

庄庭兰研究了荀子对王符政治思想的影响，他指出王符继承和发展了荀子学说，这种传承不仅是学术理论上，在很大程度上也是时势使然。[38]汉代神仙思想也是大家关注的一个问题。韩吉绍、张鲁君分析了汉代尸解思想的缘起原因及其特征和发生形式。[39]孟祥才的《论秦皇汉武的齐鲁文化情结》[40]论证了秦皇汉武二帝都有浓厚的齐鲁文化情结，但二人后来对儒学的态度却绝然迥异：秦始皇制造了惨烈的"焚书坑儒"，汉武帝却推出了"罢黜百家，独尊儒术"的思想文化政策。作者指出，两者儒学态度的不同根源于时代条件的差异和他们各自的不同应对之策。韩仲秋对汉代教育进行了研究，他指出汉代皇族上层、中层成员的教育事宜由专职人员负责，皇族下层成员教育由各宗支独立进行，缺乏统一的机构和制度规范。汉代皇族教育对皇族成员素质和能力的养成有直接影响，也影响着汉代社会历史文化的发展。[41]同时，韩仲秋指出了汉代皇族教育存在"禽兽行，乱人伦"、残忍好杀、家庭不和等现象，论述了汉代皇族教育的历史缺陷及造成这种局面的原因。[42]董桂超对东汉私学进行了研究，《东汉私学与豪强世族化》[43]认为东汉的私学空前繁荣，并一度超越官学，成为重要的人才培养模式；东汉私学繁盛对当时社会产生重要影响，其中最为重要的影响就是豪强地主通过私学不断接受经学并最终完成世族化。张秀芹则考察了秦代山东民间具有代表性的两次藏书活动，即济南伏生藏《尚书》的活动和孔宅的藏书活动，并论述了两次藏书活动的意义。[44]

（三）汉代经学研究

王洲明从《汉书·艺文志》称《诗》入手，探讨了西汉《诗》（特别是《毛诗》）的传本状况，并对纷争不休的《毛诗序》形成问题提出了新的看法。[45]陈居渊对"易象"作了新的解读，认为"易象"仅是当时《周易》的另一种称谓，与今本《象传》没有直接联系；《象传》"演德"，"易象""尊礼尚施"，至汉代仍保存有以古礼诠释《周易》的传统；古代《周易》原有《象经》，或以《卦下易经》当之，惜已不传；但在清人的《易》著中，至今仍可见其传承的轨迹。[46]金禹彤则对《周易》东传及其影响作了研究，他撰文指出汉代时《周易》于已东传至朝鲜半岛，并在其"三国"时被确立为国学教育体系中的重要学习内容；在吸取中国易学的基础上，李氏朝鲜时建构了自身的易学体系，成为域外易学的重要组成部分；随着《周易》思想及易学研究在朝鲜半岛的不断深化，其阴阳说也逐步渗透至天文地理、政治思想与社会文化等领域中，最终对朝鲜半岛哲学思想的发展及民族思维的建构产生了深刻的影响。[47]俞林波在《论谶纬在东汉的禁毁》中论证了"汉时禁纬之说"是成立的，谶纬在东汉确实曾遭到禁毁。[48]

（四）秦汉人物研究

王克奇对项羽进行了研究，他指出，项羽是中国历史上的最后一个贵族。项羽的命运是其所代表的那个阶级命运的反映。项羽的性格，集传统贵族阶级所有的优点和缺点于一身，是中国旧贵族群体性格的典型。"贵族"群体性格的内在矛盾性，造就了项羽个人形象的复杂性，铸成了他悲剧性的命运。项羽的败亡，昭示着贵族时代的终结。贵族文化的缺失，使得中国传统文化的发展走上了一条迥异于西方的道路，并对古代政治文化的塑造产生了深刻影响。同时，贵族文化的影响并未消失，通过不断变形复制，成为我们民族一以贯之的价值观念的载体。[49]梁晨对西汉经学大师孔安国的生卒时间及生平事迹作了考察。[50]

（五）秦汉地名研究

王子今在《东海的"琅邪"和南海的"琅邪"》中考察了战国秦汉时期东海"琅邪"在政治、文化交流方面的重要作用及南海移用“琅邪”的意义。[51]贾文丽在《汉代酒泉郡的交通及其军事战略地位》中指出汉代酒泉郡地处河西走廊的腹心地带，是多条交通道路的交汇地，对两汉时期的汉匈战争具有举足轻重的影响。从汉初的匈奴威胁关中、掌控西域，到汉朝争夺西域、北伐匈奴，战争的焦点主要集中在以酒泉郡为中心的四条交通干线上。对这些道路的开发并充分挖掘它的军事价值，其利用频率之高则进一步彰显了酒泉郡军事战略地位的重要性。[52]

参考文献：

[1]李桂民：《神农氏、烈山氏、炎帝的纠葛与远古传说的认识问题》，《理论学刊》2012 年第3 期。

[2]马兴：《尧舜时代社会组织探析》，《烟台大学学报》2012 年第 2 期。

[3]马兴：《论洪水在中国文明起源中的重要作用》，《东岳论丛》2012 年第3 期。

[4]马兴：《古代祭祀尧舜的种类及其特点略论》，《重庆文理学院学报》2012 年第 2 期。

[5]江林昌：《由甲骨文“周祭”“贡典祭”论上甲六示为商族信史时代的开始》，《烟台大学学报》2012 年第3 期。

[6]江林昌、孙进：《清华简〈楚居〉“胁生”神话及其所反映的楚文化源流》，《纪年孙作云教授百年诞辰暨古代中国历史与文化国际学术研讨会论文集》，河南大学 2012 年 11 月印。

[7]代生、江林昌：《出土文献与〈天问〉所见商末周初史事》，《四川师范大学学报》2012 年第 1 期。

[8]张金光：《战国及秦：国家索取制度的形成与定型化》，《西安财经学院学报》2012 年第5 期。

[9]马新：《论战国农民之特质》，《东岳论丛》2012 年第 1 期。

[10]王志民：《从文化重心到人文圣地——齐鲁文化在中华文明发展中历史地位的演变》，《山东师范大学学报》2012 年第 1 期。

[11]李桂民：《伊尹与莘县伊尹遗迹考论》，《聊城大学学报》2012 年第 3 期。

[12]杨朝明：《郲鲁文化·郲国文化·邹鲁文化》，《齐鲁师范学院学报》2012 年第 4 期。

[13]张富祥：《〈管子〉书中的“幼官”和有关节气问题》，《民俗研究》2012 年第 5 期。

[14]代生：《齐侯壶新研》，《考古与文物》2012 年第 2 期。

[15]邱文山：《先秦齐地“方士文化”及其价值判断》，《管子学刊》2012 年第 2 期。

[16]李华、曾振宇：《试论邹衍五德终始说中五德与帝王的配置关系》，《理论学刊》2012 年第 8 期。

[17]杨朝明：《〈论语〉的读法》，《衡水学院学报》2012 年第 5 期。

[18]王钧林：《〈论语〉章句学诠释——以“君子不重则不威”章为例的讨论》，《社会科学战线》2012 年第 4 期。

[19]王京龙：《从〈论语〉看孔子的体育思想观念》，《体育科学》2012 年第 1 期。

[20]蔡先金：《孔子人生哲学要解》，《孔子研究》2012 年第 4 期。

[21]宋立林：《孔子“易教”思想发微》，《燕山大学学报》2012 年第 3 期。

[22]廖群：《楚简〈缁衣〉、子思子与引〈诗〉证说》，《中国文化研究》2012 年第 1 期。

[23]宋立林：《仲弓之儒的思想特征及学术史地位》，《现代哲学》2012 年第 3 期。

[24]黄怀信：《从清华简〈伊诰〉看古文尚书》，《文物》2012 年第 1 期。

[25]黄怀信：《清华简〈耆夜〉句解》，《鲁东大学学报》2012 年第 6 期。

[26]黄怀信：《八卦名义说》，《齐鲁学刊》2012 年第 4 期。

[27]杨朝明：《儒学普及切忌虚华不实》，《衡水学院学报》2012 年第 3 期。

[28]杨朝明：《从近代学者心路历程理解儒学命运》，《中华读书报》2012 年 2 月 15 日。

[29]杨朝明：《山东精神：公、信、仁、和——基于孔子“大同”社会理想研究的思考》，《孔子研究》2012 年第 5 期。

[30]杨朝明：《“清华简”〈保训〉与“文武之政”》，《管子学刊》2012 年第 2 期。

[31]曾振宇：《楚简〈鬼神之明〉平议》，《东岳论丛》2012 年第 2 期。

[32]赵梦涵：《西汉前期的农本思想与农税政策分析》，《河北经贸大学学报》2012 年第 2 期。

[33]王爱清、化涛：《汉初的农民受田与土地流移——以授田制为视角》，《广西社会科学》2012 年第 4 期。

[34]张金光：《“均平第一”：官社土地资源配置与产品分配中的道德铁律——战国、秦官社经济体制下的农民道德政治经济学及赋税原理研究之三》，《西安财经学院学报》2012 年第 3 期。

[35]张金光：《战国及秦：国家索取制度的形成与定型化》，《西安财经学院学报》2012 年第 5 期。

[36]刘甲朋：《西汉盐铁会议对工商官营政策的批判》，《重庆工商大学学报》2012 年第 4 期。

[37]韩英、李晨：《从出土材料看汉唐间户籍档

案的变迁》，《档案学通讯》2012 年第 6 期。

[38]庄庭兰：《论荀子对王符政治思想的影响》，《齐鲁学刊》2012 年第 5 期。

[39]韩吉绍、张鲁君：《试论汉代尸解信仰的思想缘起》，《宗教学研究》2012 年第 2 期。

[40]孟祥才：《论秦皇汉武的齐鲁文化情结》，《西安财经学院学报》2012 年第 6 期。

[41]韩仲秋：《论汉代皇族教育》，《兰台世界》2012 年第 33 期。

[42]韩仲秋：《论汉代皇族教育的历史缺陷》，《求索》2012 年第 11 期。

[43]董桂超：《东汉私学与豪强世族化》，《群文天地》2012 年第 22 期。

[44]张秀芹：《秦代山东民间藏书活动考略》，《图书馆工作与研究》2012 年第 9 期。

[45]王洲明：《从〈汉书·艺文志〉称〈诗〉，看〈诗〉在西汉的传本》，《衡水学院学报》2012 年第 2 期。

[46]陈居渊：《“易象”新说——兼论〈周易〉原有〈象经〉问题》，《周易研究》2012 年第 1 期。

[47]金禹彤：《〈周易〉东传与古代朝鲜半岛阴阳说》，《周易研究》2012 年第 2 期。

[48]俞林波：《论谶纬在东汉的禁毁》，《福州大学学报（哲学社会科学版）》2012 年第 1 期。

[49]王克奇：《中国历史上最后一个贵族——项羽论》，《文史哲》2012 年第 5 期。

[50]梁晨：《孔安国生卒时间及生平事迹考》，《群文天地》2012 年第 20 期。

[51]王子今：《东海的“琅邪”和南海的“琅邪”》，《文史哲》2012 年第 1 期。

[52]贾文丽：《汉代酒泉郡的交通及其军事战略地位》，《内蒙古社会科学》（汉文版）2012 年第 1 期。

（作者：江林昌，烟台大学中国学术研究所教授）

元明清史

王育济

从总体上来看，2012 年山东的元明清史研究取得了比较可观的成绩，出版专著 10 种左右，发表各类论文 200 余篇，虽然这些研究基本上都是学者单独进行的，但形成了一些比较集中的议题，或可反映山东学界的一些优势研究方向，值得关注。

2012 年 12 月 28 日，山东大学举办了 70 多位学者参加的“齐鲁文化高层论坛——明清时期的山左学术”研讨会。会议围绕明清时期山东学术成就及其在全国的地位这一主题，分别就明清时期山东经学、史学、文学、金石学、文字学、文献学、民间文学、民间宗教、目录学等进行了深入探讨；一致认为明清时期山东人才辈出，在多个领域都成就斐然，可与同一时期的江苏、浙江等学术中心并驾齐驱。

本年度山东学者还承担了数项关于元明清史的国家社科基金项目，主要有朱亚非的“明清仕宦家族与基层社会研究”、李泉的“京杭运河与明清时期区域农业开发研究”、王巨新的“清代中缅关系与西南边疆”、杨朝亮的“清代陆王心学发展史”等；谭景玉的“10—14 世纪的华北宗族研究”则以金元时期的华北宗族为主要研究对象。

下面就对本年度的主要成果作一简要评述。

元史研究方面，由于山东仅有个别学者以蒙元史为主要研究方向，即使加上不同学科学者发表的成果，也只不过 10 余篇论文，选题比较分散，其中较重要的有：赵文坦考证了孔氏南宗“让爵”的经过，认为孔洙让爵故事之演变跟南宗争取特殊待遇有关。[1]他还考证了蒙元时期六任衍圣公袭封的经过，指出蒙元统治 143 年间，衍圣公空缺的时间累计长达 69 年，认为曲阜圣裔得以袭爵，朝廷中儒臣的助力至为关键，跟皇帝对儒学的态度、孔氏族人的拥戴乃至孔氏族谱也有关系。[2]张斌探讨了黑水城汉文文书中反映的元代地方社会民事纠纷的解决机制。[3]尹雁等探讨了元代特有的佛教管理部门广教总管府的职责、设置、分布特点和影响。[4]谭景玉论述了金元时期济南全真道的发展。[5]

明清史方面，成果比较多，并形成了一些比较集中的议题，主要表现在以下几个方面：

第一，中外关系史在多个议题上有所进展。这一领域有两部专著推出：一是晁中辰的《明代海外贸易研究》。该书以海禁政策为中心，论述了这一政策或弛或严的演变过程及其影响下的明代海外贸易的发展。[6]作者从上个世纪 80 年代就关注这一议题，历经 20 多年完成的这一著作无疑具有重要的学术价值。二是王巨新的《清朝前期涉外法律研究》。该书采用案例分析、互证研究、比较研究的方法，深入探讨了清朝前期针对广东地区来华外国人的涉外经济法律、涉外民商法律、涉外刑事法律、涉外诉讼法律等，总结了清朝前期涉外法律的总体特征，最后指出：从中西方法律文化比较看，中国古代涉外法律与西方法律的区别与冲突并不在于形式，而在于基本的价值理念。[7]

中朝关系及相关问题颇受关注。陈尚胜分析了壬辰御倭战争初期的军队粮草问题，对韩国学者的认识提出了商榷意见。[8]张献忠探讨了高丽辛禑王朝在明朝和北元之间摇摆的“骑墙”外交政策，指出其实质上是亲元外交，认为这种政策是高丽、明朝和北元三方各种因素共同作用的结果，对高丽王朝的政治、经济、军事乃至文化产生了重大影响。[9]石少颖对后金与朝鲜之间的“丁卯之役”及双方的谈判进行了探讨。[10]马晓菲探讨了明朝对朝鲜半岛政权的赐服制度及其影响。[11]赵树国则论述了邢玠在援朝御倭战争中为与朝鲜战场相互策应而加强了对中国海防的经营。[12]

除中朝关系外，还有一些论文值得关注，如：王巨新将清前期对东南亚的贸易政策分为朝贡贸易政策、海洋贸易政策、陆路沿边贸易政策三部分，认为清前期从维系与重建封贡秩序的目的出发，对东南亚一直实行较为友好稳定的开放贸易政策。[13]付伟论述了清代北京琉球人的情况。[14]修斌等论述了清代山东对琉球飘风难民的救助和抚恤。[15]袁晓春探讨了郑和下西洋与古登州港（蓬莱水城）发现的永乐年间紫檀木舵杆的关系问题。[16]

第二，宗族史和家族史受到持续关注。继2011年底山东师范大学齐鲁文化研究中心主办的《齐鲁文化研究》第11辑推出“山东文化世家研究专辑”[17]后，宗族与家族史持续受到关注。在当前宗族或家族史（尤其是个案）研究陷入教条化的困境下，相关研究或努力寻求区域宗族的独特特征，或努力发掘以往宗族史研究中关注较少的问题。前者如吴欣从宗族与地域契合的角度探讨了明清时期运河区域的宗族社会，认为山东运河区域的地理性空间维度及其所蕴含的文化、水利、商业因素，在一定程度上决定了村落宗族凝聚纽带的变迁和村落社会关系的构成；[18]韩朝建以山西代县为例，认为由祖像“影”和神主牌演变而成的“容”在清代地方社会变动以及宗族庶民化的催生下得以流行，并最终成为华北宗族的重要表征。[19]后者如常建华以明代山东青州邢玠家族为例，探讨了宗族组织对改良社会风气、稳定社会秩序的作用及士大夫阶层为移风易俗作出的努力；[20]朱亚非探讨了明清时期山东仕宦家族的文化及其时代价值；[21]赵红卫以安丘曹氏为例讨论了母教与文化世家兴衰的密切关系；[22]周潇探讨了明清博山四大望族对工商业发达的城镇博山的文化所作出的贡献；[23]翟广顺则探讨了华阳书院在即墨蓝氏家族文化传承中的作用。[24]

第三，传统的政治史、经济史与思想文化史也有若干值得关注的成果。政治史方面，李绍强讨论了晚明张居正和宦冯保所代表的儒臣与宦官两个政治集团的联合及其对明代政局的影响。[25]李为香颇有新意地讨论了明代廷杖作为一种仪式的意义，认为其承载着维护皇权的政治功能，是朝廷权力走向的一种“控制仪式”：就整个仪式原由和过程来看，廷杖是“重建”受到挑战的皇权的仪式；从仪式的终极性意义来看，廷杖处罚是受杖士人实现其人生终极意义的道德场域。[26]刘涛集中关注明代的吏员参充制度。[27]单卫华集中讨论清代的廉政建设。[28]

经济史方面，对明清时期气候及人与自然关系问题的研究颇值得关注。刘炳涛等通过对《味水轩日记》中降雪率、初终雪日期、河流初冰日期、红梅始花日期、初雷日期以及一些感应记录等证据进行分析，指出1609—1616年间长江下游地区的冬半年气温较为温暖，略微高于现代（1951—1980年）气温。[29]田立中等基于沂沭河流域近600年历史洪水资料的搜集、整理和分析，对该流域洪涝灾害发生的时空分布特征以及形成原因进行了研究。[30]王宝卿等讨论了明清以来山东的自然灾害及其影响。[31]李德楠认为明代漕运最终由海洋走向运河，是自然与社会环境共同作用的结果，体现了运河自身条件的变化以及人类征服自然能力与技术水平的增强。[32]

思想文化史方面，丁延峰对海源阁藏书的收集、保藏、编目、鉴定、抄刻、利用、亡佚情况作了较为全面、系统、深入的研究，完成的专著《海源阁藏书研究》被收入“国家哲学社会科学成果文库”。[33]张献忠讨论了阳明心学、佛学对明中后期科举考试的影响。[34]孟德楷、于瑞桓则探讨了明清时期的实学思潮对明清野史及史评类著作的影响。[35]

参考文献：

[1]赵文坦：《孔氏南宗“让爵”考》，《史学月刊》2012年第3期。

[2]赵文坦：《蒙元时期衍圣公袭封考》，《孔子研究》2012年第2期。

[3]张斌：《从黑城汉文书看元代地方社会民事纠纷的解决机制》，《青海社会科学》2012年第1期。

[4]尹雁、吕岩：《元代广教总管府探析》，《宗教学研究》2012年第3期。

[5]谭景玉：《金元时期济南全真道初探》，载张华松主编《济南文化论丛》第1辑，济南出版社2012年版。

[6]晁中辰：《明代海外贸易研究》，紫禁城出版社2012年版。

[7]王巨新：《清朝前期涉外法律研究》，人民出

版社 2012 年版。

[8]陈尚胜：《壬辰御倭战争初期粮草问题初探》，《社会科学辑刊》2012 年第 4 期。

[9]张献忠：《试论高丽辛禑王朝对明朝和北元的“骑墙”外交》，《南开学报》2012 年第 3 期。

[10]石少颖：《和约背后的制衡——对“丁卯之役”及金鲜谈判的再探讨》，《历史教学（下半月刊)》2012 年第 7 期。

[11]马晓菲：《明朝对朝鲜半岛政权的赐服探析》，《求索》2012 年第 2 期。

[12]赵树国：《论邢玠在援朝御倭战争中对中国海防的经营》，《山东青年政治学院学报》2012 年第 3 期。

[13]王巨新：《论清朝前期对东南亚的贸易政策》，《社会科学辑刊》2012 年第 2 期。

[14]付伟：《清代北京的琉球人》，《北京档案》2012 年第 5 期。

[15]修斌、臧文文：《清代山东对琉球飘风难民的救助和抚恤》，《中国海洋大学学报（社会科学版)》2012 年第 1 期。

[16]袁晓春：《郑和下西洋与蓬莱紫檀木舵杆解析》，《海交史研究》2012 年第 2 期。

[17]王志民主编：《齐鲁文化研究》第 11 辑，泰山出版社 2011 年版。

[18]吴欣：《村落与宗族：明清山东运河区域宗族社会研究》，《文史哲》2012 年第 3 期。

[19]韩朝建：《华北的容与宗族——以山西代县为中心》，《民俗研究》2012 年第 5 期。

[20]常建华：《明后期社会风气与士大夫家族移风易俗——以山东青州邢玠家族为例》，《安徽大学学报（哲学社会科学版)》2012 年第 4 期。

[21]朱亚非：《明清山东仕宦家族文化及其时代价值》，《齐鲁学刊》2012 年第 3 期。

[22]赵红卫：《明清时期山东文化世家之母教研究——以安丘曹氏为中心的考察》，《理论学刊》2012 年第 3 期。

[23]周潇：《明清山东博山四大望族与博山文化》，《青岛大学师范学院学报》2012 年第 1 期。

[24]翟广顺：《从华阳书院看即墨蓝氏家族文化的代际传承》，《东方论坛》2012 年第 3 期。

[25]李绍强：《再论张居正与宦官冯保的联合》，《西北师大学报（社会科学版)》2012 年第 6 期。

[26]李为香：《关于明代廷杖的仪式解读》，《求是学刊》2012 年第 3 期。

[27]刘涛：《明代吏员的候参与指参》，《史学月刊》2012 年第 1 期；《明代吏员的参充及指参——以〈盟水斋存牍〉为考察中心》，《西南大学学报（社会科学版)》2012 年第 3 期。

[28]单卫华：《康雍乾廉政建设的特色及演进》，《云南大学学报（社会科学版)》2012 年第 4 期；《论清初的廉政建设》，《东岳论丛》2012 年第 7 期。

[29]刘炳涛、满志敏：《〈味水轩日记〉所反映长江下游地区 1609—1616 年间气候冷暖分析》，《中国历史地理论丛》2012 年第 3 期。

[30]田立中、申洪源、潘正松：《山东沂沭河流域近 600 年洪涝灾害研究》，《鲁东大学学报（自然科学版)》2012 年第 3 期。

[31]王宝卿、宋丽萍、孙宁波：《明清以来自然灾害及其影响研究——以山东为例》，《青岛农业大学学报（社会科学版)》2012 年第 4 期。

[32]李德楠：《从海洋走向运河：明代漕运方式的嬗变》，《聊城大学学报（社会科学版)》2012 年第 1 期。

[33]丁延峰：《海源阁藏书研究》，商务印书馆 2012 年版。

[34]张献忠：《阳明心学、佛学对明中后期科举考试的影响》，《中国社会科学院研究生院学报》2012 年第 5 期。

[35]孟德楷、于瑞桓：《简论实学思潮对明清野史的影响》，《东岳论丛》2012 年第 12 期；于瑞桓、孟德楷《明清实学的启蒙精神对史评类著作的影响》，《理论学刊》2012 年第 12 期。

（作者：王育济，山东大学历史文化学院教授）

世界史

赵卓然　陶　芳　顾銮斋

世界史是历史学的重要组成部分，也是人文社会科学的重要基础。2011 年我国世界史学科成为一级学科，这是世界史学科建设中一件令人瞩目的大事，极大地促进了我省世界史学科的发展。2012 年度，我省世界史学科继续稳步前进，举办了两次高水平的学术会议，个人著述也取得了显著的成绩，表现了我省世界史学者的学术实力，现分述如下。

一、学术会议

2012年9月14至16日，中国德国史研究会2012年年会暨“德国历史：宗教与社会”学术研讨会在山东大学中心校区举行。来自中国社会科学院、北京大学、中国人民大学、复旦大学、北京师范大学、华中师范大学、上海外国语学院、山东大学以及国家海洋信息中心、人民出版社等全国各高校和科研机构的70余位学者萃聚一堂。与会学者分别围绕“宗教与政治”、“史学研究与文化”、“马丁·路德研究”、“德国农村和城市建设”、“德国对外关系和社会政策”等分会主题进行了深入交流，提出了诸多前沿观点。

2012年11月24日至26日，世界史学术研讨会暨山东省世界史专业委员会第七届年会在泰安丽景嘉华酒店举行。与会学者畅谈西方古今历史，论题涉及政治、经济、文化、社会、史学理论等方方面面的问题。既有《大宪章的重读与思考》这类对具体历史问题的分析，又有《世界历史进程的悖论：整合与碎裂》这类对史学理论的探讨。既有如《古代埃及棺的神学意蕴》这类以小见大的研究，又有《中世纪欧洲大学与社会进步初论》这类的宏大叙事。既有《政治制度与城邦兴衰》这类对古典历史的讨论，又有《金融监管视角下的“占领华尔街”运动》这类对时下焦点的热议。同时，会议还体现了史学的跨学科趋势，如《从性格角度比较尼米兹和麦克阿瑟军事指挥艺术》，《环境史与当前中国世界史学的发展》就分别体现了历史学与心理学，历史学与自然科学的交错。总之，此次会议群贤云集，异彩纷呈。

二、古代中世纪史研究

本年度，山东省史学界发表了一批关于古希腊罗马史与中世纪史的学术论文和著作，体现了山东学者对这一领域的学术贡献。政治史领域的成果尤为丰富。曲阜师范大学的王振霞对晚期罗马帝国集权体制下吏治的腐败进行了具体的探讨，认为在晚期罗马帝国，全部权力集中到皇帝和以皇帝为首的等级森严的官僚机构中，并且由于官僚体制的权力非常大，不受国家基本成员所实行的任何监督，从而变得腐化和庸劣无能，以及经济腐败、军队腐败和司法腐败等，最终成为导致罗马帝国衰亡的重要因素。[1]泰山学院的张日元对中世纪后期的英国村庄普遍实行自治的原因和特点进行了考察，作者认为其成因是农业耕作制度和土地占有方式，国王对地方管理的薄弱以及共同的宗教信仰。而在上述历史现实条件下形成的英国村庄自治又具有以下特点，即合作互助，“一致同意”原则和对村庄共同体权利的维护。[2]鲁东大学的张淑清分析了中世纪西欧犹太社团的情况及其历史作用，作者指出社团是中世纪西欧各国犹太人生活的重要载体。它对外协调同统治者的关系，充当所在国家对犹太人税收的代理人；对内实行自治管理，保护犹太人的基本利益，从而犹太人能够在基督教文化处于强势地位的政治环境中，将自身独特的民族文化文本保留了下来。[3]

经济史方面，潍坊学院的于民则考察了中世纪和近代早期英国关税的演变，认为英国关税性质在中世纪和近代早期发生了根本变化，从国王的一种特权税，逐渐演变为处于议会严格控制下的议会间接税。[4]而他所著的《坚守与改革——英国财政史专题研究》一书以“坚守与改革”为论述的逻辑线索，对1066年至19世纪后期的英国财政史作了专题研究。本书认为，英国财政体制从“王室财政”体制向议会财政体制的转变，关税性质从国王“特权税”向处于议会严格控制下的议会间接税的演变等方面，都是在“坚守中的改革”和“改革中的坚守”中完成的。[5]

宗教史方面，山东大学的朱毅璋则关注了宗教神话及相关问题的研究，分析了荷马史诗中的波塞冬形象，既展现出“神”的一面，更反映其“人”的一面，其中前者反映在神明职能上，后者反映在外貌特征、性格特点、家庭角色和权力地位等4个方面上。通过分析总结，作者认为波塞冬的故事原型其实是一个拥有自己领地、势力仅次于盟主并受其宠信、喜欢干涉自身领地之外的事务、希望能为所欲为、关心子孙、心胸狭窄且爱好虚荣的一方统治者。[6]另外，泰山学院的张日元参与翻译了罗伯特? 斯旺森编著的《欧洲的宗教与虔诚》，有助于我国学者进一步了解研究中世纪信仰。[7]

三、世界近代史研究

世界近代史的研究成果依然比较集中在政治史领域。潍坊学院的于民围绕1690年英国财政解决的宪政意义，从财政权规制的视角对英国的宪政问题进行了研究。作者认为议会利用财政权规制，逐渐控制了中央行政权力机构，实现了权力向议会的重大转移，把从王权及其政府拉入了其划定的宪政轨道，使英国政治制度发生了根本性变化。对于学术界关于1690年英国财政解决性质和意义看法比较混乱的问题，作者的观点非常明确，即英国财政问题难以解决究其根本是英国财政解决所建立的财政权规制的作用和结果，得到业内学者的高度认可。[8]山东大学的孙一萍专门分析了法兰西第三共和国时期的公民投票理论。作者在文章中指出法兰西第三共和国时期，几乎所有的政治派别都反对公民投票制度。在此情况之下，共和党人卡雷·德·马尔伯尔重新提出公民投票理论，认为公民投票是代议制发展的必然结果，所以卡雷·德·马尔伯尔的观点具有重要的理论意义，是对第三共和国时期绝对议会主义的审慎反思，但这一理论缺乏现实维度的思考，因而无法付诸实践。[9]孙一萍还对法国18世纪中期以后的宫廷礼仪作了深入研究。作者认为，宫廷礼仪的演变与国王肖像的普遍使用，是两个不可忽视的方面。宫廷礼仪的公共性不断加强，它所代表的王权逐渐被模糊化。在宫廷建筑与艺术创作中普遍使用国王的肖像，说明“显示权力的方式”发生了重要转变，破坏了长期以来所建立的国王的神秘性与神圣性。这样君主制的基础也随之动摇。[10]同时，孙一萍还参编了的《欧洲近代政治思想史论》，详细论述了启蒙运动的概念，孟德斯鸠的“三权分立”的政治及卢梭的平等与主权的政治理想。[11]山东大学的白雪峰则对美国的《权利法案》联邦化的分析，作者在文章中指出《权利法案》的法律效力逐渐扩展到整个联邦的法律发展过程，是美国公民权利保护的重要组成部分。在这一过程中，联邦最高法院从最初否认《权利法案》联邦化的合宪性，逐渐发展为积极推进《权利法案》联邦化进程。[12]

在外交史方面，王静的两篇论文较为突出。一篇探讨美国内战时期外交政策问题。“特伦特号”事件是美国内战期间联邦政府面对的一次重大外交危机，作者分析了主持日常外交活动的美国国务卿威廉·亨利·西沃德在该事件的过程中的活动，认为他采取了灵活机动的外交策略，说服林肯以及内阁成员接受了英国提出的释放南部同盟特使的要求，在和平解决“特伦特号”事件的过程中发挥了重要的作用，为联邦政府取得内战的最终胜利提供了良好的国际环境，并对英国的海上优势和先前制定的国际法提出了挑战。[13]在另一篇文章中，作者详细论述了美国的“青年美国”思潮。“青年美国”主张向海外输出美国民主制度，倡导美国积极关注和参与世界事务。“青年美国”虽然没有形成系统的、完整的海外扩张的理论，但为19世纪末美国扩张指明了方向由于各方面的原因，国内学者多关注同时代的大陆扩张的号角—“天定命运”思潮，对“青年美国”思潮缺乏应有的重视，该文在一定程度上弥补了这一缺憾。[14]

经济史方面，山东财经大学的滕淑娜考察了都铎王朝、斯图亚特王朝和光荣革命以后的议会和赋税来源及使用等情况，作者认为英国自都铎王朝以来税制不断完善，随着英国由封建社会向近代社会的转型，由于建立了较为完备和现代化的赋税体制，故而保障了国家的财政收入及社会的平稳前进。这些分析对于理解英国近代赋税的情况及政治向近代化转型有着重要意义。[15]滕淑娜还研究了17世纪至20世纪出英国政府济贫观念的变迁，作者指出近代以来，英国政府的济贫理念经历了由重商主义到自由放任主义再到费边主义和新自由主义的演变，其济贫措施经历了由惩贫、救济向防贫、福利的转变。在政府的济贫观念影响下，英国济贫法及济贫政策呈现出不同的阶段性特征。本文对现代政府应时刻注意协调好经济发展中的公平与效率问题具有启示意义。[16]

文化史方面，聊城大学的陈德正分析了英国伦敦会传教士艾约瑟在西方古典文化引入中国进程中发挥的重要作用。他通过创办现代出版机构，在《六合丛谈》等杂志发表普及文章，编译出版《欧洲史略》（History of Europe）、《希腊志略》（History of Greece）、《罗马志略》（History of Rome）等西方学校教科书，向国人介绍了较为系统丰富的古希腊罗马历史知识以及古典时代一些重要的文学家、哲学家、史学家、科学家的生平贡献。[17]德州学院刘淑青的两篇文章则分别对欧洲猎巫史学和近代巫术观念作了深入探讨。在《论欧洲猎巫史学的演变》一文中作者指出，欧洲近代早期的猎巫运动源于欧洲人自古以来对人性恶的认识。它反映了人类深层次的焦虑与渴望，展示了当时欧洲人精神世界中最隐秘的部分。该问题几百年来一直受到学术界内外的关注。[18]在另一篇《欧洲近代巫术观念的文化解读》的文章中，作者分析欧洲近代巫术观念是当时欧洲人对罪恶和消极价值进行想象的文化产物，它是基于颠倒原则，按照积极价值信念的反面而构建的。作为一种文化现象，它是欧洲历史上久远的人性本恶观念长期发展的结果，同时也是基督教性压抑态度的体现。近代巫术观念蕴涵着丰富的文化含义。近代巫术观念表面上看起来荒诞不经，但是它在一定程度上反映了当时的社会现实，以及对社会现实的一种扭曲认识。[19]

史学理论方面，由山东大学的郑群担任副主编的《外国史学名著评介》，集中评介了204部史学著作。其中山东师范大学的邢佳佳对《19世纪历史学与历史学家》的内容和特点进行了系统的评价。[20]

四、世界现当代史

本年度，省内学界关于现当代史方面的学术论文和著作较多，涉及到国际关系、政治制度、经济、社会文化等多个方面的内容。国际关系领域上的成果尤其丰富。山东师范大学的孙若彦在《拉丁洲反美主义的发展阶段和内容》一文中分析了拉美反美主义经历的几大阶段，并总结了拉美反美主义的一些特点，包括非直线式、多样性和矛盾性。[21]面对学界关于二战前纳粹德国武装干涉西班牙决策战略得失的争论，聊城大学的倪学德在《论纳粹德国对西班牙内战的干涉》中指出：在与意大利结盟和试验德军新的战略战术方面，希特勒基本上达到了目的，但在劝说西班牙参战这一关键问题上却一无所获。因此，从政治军事战略的角度来看，德国的干涉可谓输赢互见，得失参半。[22] 鲁东大学的刘丹则在《论苏联时期中亚与中国新疆的关系》中考察了苏联成立之初、新中国建立、60年代中苏关系破裂后，以及苏联解体后中亚与中国新疆的关系问题。众所周知，石油是当今世界各国必不可少的生存资源，石油问题自然成为学界的热点。[23] 曲阜师范大学的刘合波和南开大学的王黎在《生存资源与国际危机：第一次石油危机探析》中分析了1973年第一次石油危机期间美国与中东各国的纵横捭阖和这场危机带来的影响。[24] 曲阜师范大学的孟凡礼在《协定贸易时期日本经济界的对华观》中介绍了战后中日关系发展的背景，日本经济界各阶层对中国的认知及由此对中日两国关系产生的影响。并指出：通过经济层面交流的扩大，促使双方之间的交往日益增多进而“校正”双方间的相互认知，不失为一个重要的途径。文章紧扣时下主题，具有很强的现实意义。[25] 此外，赵文亮对《反法西斯战争时期的中国与世界研究》一书的评论，[26] 曲阜师范大学的王昌沛对《现代国际关系史：世界体系的视阈》一书的评论也是国际关系史研究方面的重要成果。[27] 鲁东大学的张淑清翻译的史蒂夫·霍克施塔特（Steve Hochstadt）的《上海：犹太人的绝处逢生之地》也应引起学者的关注。[28]

在政治史方面，德州学院的王彦敏在《论以色列沙斯党的崛起和发展》一文中分析了代表赛法拉迪族利益的正统犹太教政党以色列沙斯党的崛起原因，包括以色列政党政治的演变，政治上日益觉醒的赛法拉迪人的支持，以及沙斯党人实用主义的策略。[29] 山东大学的李巍在《从加拿大收回宪法看联邦制的效能》指出，尽管1931年加拿大就在法律上获得主权国家的地位，但直到1982年才从英国手中收回宪法，其原因就在于联邦与各省在确立修宪程序以及宪法修改事宜上长期未能达成一致。这一过程和结果表明，联邦制在解决少数民族问题和协调地方政府之间的关系上效率低下，而在处理国家与地方的关系方面则表现出较的功效。[30] 泰山学院的万昌华在《德国建设宪政统一国家过程中两种体制思想的博弈》一文中指出了在德国建设文明统一国家过程中，对是否实行宪政、亦即是否实行自由民主与小政府大社会的体制问题上，其民族内部曾长期存在着两种思想与主张的博弈。通过对这两种博弈的分析作者还对中国建设自由民主宪政统一国家提出了几点启示，使文章具有现实关怀。[31] 山东大学的孙一萍概述了欧美学界对公民投票制度的研究，认为欧美学界关于公民投票制度的研究围绕以下问题展开：人民主权与国家主权关系理论、公民投票对各国政治生活的影响、公民投票制度与代议制和民意表达及个人政治权力的关系等。这些研究大都从政治学与法学的视角出发，比较关注实证性问题，甚至仅仅服务于现实的政治目的。从历史学角度研究公民投票制度，无论在欧美学界还是在我国都应得到加强。[32] 此外，山东师范大学的孙超的《国外学术界有关1935年美国联邦储备体系改革的研究述评》总结了自20世纪60年代以来，国外学者对1935年联邦储备体系改革的探究，并指出了贡献与不足。[33]

在社会史方面，鲁东大学的高春常在《LSD滥用与富裕社会的精神困惑》一文中分析了20世纪60年代，一种以LSD为核心的致幻毒品文化在美国形成的原因，对滥用现象所昭示的社会病理问题的反思使文章具有很强的现实价值。[34] 临沂大学的魏秀春的《牛奶安全与婴儿健康——20世纪上半叶英国社会的反思和对策》回顾了20世纪上半叶英国政府冲破牛奶业的重重阻挠，不断强化牛奶监管，使维护牛奶安全和保护婴儿健康成为英国建立现代福利国家的重要内容。这对于我国目前的食品安全监管也具有借鉴意义。[35]

在文化史方面，潍坊学院的王俊芳在《加拿大多元文化主义政策的发展》一文指出，1971年加拿大联邦政府颁行了多元文化主义政策。在实施过程中，多元文化主义政策本身也获得了多方面的发展。这些发展突出表现在：政策逐步走向了法制化轨道，其重心也发生了更为理性的转移；同时，多元文化主义思想逐步完善。[36] 此外，王俊芳还出版了《多元文化研究：以加拿大为例》一书，探讨了加拿大多元文化主义从产生到现在，经历的长期发展过程。

在史学理论方面，郑群在《拓宽西方史学史学科的跨学科视野》一文中指出，同其他学科相比，历史学具有更多的综合性和跨学科性。文章着重分析了在20世纪西方史中，历史学与人类学、社会学及自然科学的互动。作者认为运用跨学科的视角以及跨学科的理论与方法会进一步拓展西方史学史学科的内涵和外延，写出21世纪更加崭新的西方史学史。[37] 聊城大学的吕桂霞、王作成、孙雪岩参编了《世界文明史》（第六卷）。[38]

总之，2012年我省世界史学科的蓬勃发展使历史学的学科结构更加合理，对我国人文社会学科的发展有极其深远的意义。同时适应了“教育要面向世界，面向未来，面向现代化”的总方针。更有助于增强国家的软实力，更好地为我国的现代化大业服务。

参考文献：

[1]王振霞：《晚期罗马帝国的集权体制和吏治腐败》，《齐鲁学刊》2012 年第 3 期。

[2]张日元：《中世纪后期英国村庄自治成因及特点》，《安庆师范学院学报（社会科学版）》2012 年 4 月。

[3]张淑清：《中世纪西欧犹太社团及其历史作用探析》，载宋立宏主编《从西奈到中国》，生活·读书·新知三联书店 2012 年版。

[4]于民：《中世纪和近代早期英国关税性质的演变》，《安徽史学》2012 年第 1 期。

[5]于民：《坚守与改革——英国财政史专题研究》，中国社会科学出版社 2012 年版。

[6]朱毅璋：《论荷马史诗中的波塞冬形象》，《古代文明》2012 年第 4 期。

[7][英]罗伯特·斯旺森：《欧洲的宗教与虔诚》，龙秀清、张日元译，上海三联书店 2012 年。

[8]于民：《财政权规制视域下的英国宪政——1690 年英国财政解决的宪政意义》，《文史哲》2012 年第 4 期。

[9]孙一萍：《法兰西第三共和国时期的公民投票理论》，《湖南师范大学学报》（哲社版）2012 年第 12 期。

[10]孙一萍：《宫廷礼仪、国王肖像与 18 世纪法国王权的去神圣化》，《世界近现代史研究》2012 年第 1 期。

[11]孙一萍：《18 世纪法国的启蒙运动》（第 3 章），载李宏图主编《欧洲近代政治思想史论》，天津人民出版社 2012 年版。

[12]白雪峰：《美国联邦最高法院与〈权利法案〉联邦化》，《文史哲》2012 年第 1 期。

[13]王静：《威廉·亨利·西沃德与“特伦特”号事件》，《山东师范大学学报》2012 年第 1 期。

[14]王静：《走向海外世界的“青年美国”》，《理论学刊》2012 年第 7 期。

[15]滕淑娜：《英国近代赋税的来源与用途》，载侯建新主编《经济—社会史评论》（第 6 辑），生活·读书·新知三联书店 2012 年版。

[16]滕淑娜：《近代英国政府济贫观念变迁及对济贫法的影响》，近代史研究所网站——http：//jds. cass. cn/ltem/22610. aspx，2012. 11。

[17]陈德正：《艾约瑟对西方古典文化的引介和传播》，载《新史学》第 10 辑，大象出版社 2012 年版。

[18]刘淑青：《论欧洲猎巫史学的演变》，《甘肃社会科学》2012 年第 2 期。

[19]刘淑青、刘敏：《欧洲近代巫术观念的文化解读》，《山东社会科学》2012 年第 5 期。

[20]刘明翰主编，郑群、申晓若副主编：《外国史学名著评介》（五卷），山东教育出版社 2012 年版。

[21]孙若彦：《拉丁洲反美主义的发展阶段和内容》，《山东师大学报》2012 年第 6 期。

[22]倪学德：《论纳粹德国对西班牙内战的干涉》，《历史教学问题》2012 年第 5 期。

[23]刘丹：《论苏联时期中亚与中国新疆的关系》，《新疆社会科学》2012 年第 1 期。

[24]刘合波、王黎：《生存资源与国际危机：第一次石油危机探析》，《国际论坛》2012 年第 4 期。

[25]孟凡礼：《协定贸易时期日本经济界的对华观》，《南都学坛》2012 年 3 月。

[26]赵文亮：《反法西斯战争时期的中国与世界研究》，《世界历史》2012 年第 4 期。

[27]王昌沛：《一部异质的国际关系史新作》，《山东社会科学》2012 年第 8 期。

[28]史蒂夫·霍克施塔特：《上海：犹太人的绝处逢生之地》，张淑清译，载宋立宏主编《从西奈到中国》，生活·读书·新知三联书店出版社 2012 年版。

[29]王彦敏：《论以色列沙斯党的崛起和发展》，《理论学刊》2012 年第 11 期。

[30]李巍：《从加拿大收回宪法看联邦制的效能》，《文史哲》2012 年第 1 期。

[31]万昌华：《德国建设宪政统一国家过程中两种体制思想的博弈》，《泰山学院学报》2012 年第 5 期。

[32]孙一萍：《欧美学界对公民投票制度的研究》，《史学理论研究》2012 年第 1 期。

[33]孙超：《国外学术界有关 1935 年美国联邦储备体系改革的研究述评》，《世界历史》2012 年第 2 期。

[34]高春常：《LSD 滥用与富裕社会的精神困惑》，《鲁东大学学报》2012 年第 5 期。

[35]魏秀春：《牛奶安全与婴儿健康——20 世纪上半叶英国社会的反思和对策》，《光明日报》2012 年 4 月 19 日。

[36]王俊芳：《加拿大多元文化主义政策的发展》，载原一川主编《中国—加拿大民族与文化多元性比较研究》，上海交通大学出版社 2012 年 5 月。

[37]王俊芳：《多元文化研究：以加拿大为例》，中国书籍出版社 2012 年版。

[38]吕桂霞、王作成、孙雪岩参编：《世界文明史》（第 6 卷），江西人民出版社 2012 年版。

（作者：赵卓然、陶芳，山东大学历史文化学院、博士研究生；顾銮斋，山东大学历史文化学院教授）

中国共产党历史

乔士华

2012年，山东党史界的中国共产党历史研究呈现活跃态势。全省中共党史研究人员全面落实《中共中央关于加强和改进新形势下党史工作的意见》(中发[2010]10号文件)、《中共山东省委关于加强和改进新形势下党史工作的意见》（鲁发[2010]19号文件）和全国、全省党史工作会议的各项部署，以资政育人为根本任务，以迎接、学习、贯彻党的十八大和省十次党代会为主线，深化党史研究。这一年也是罗荣桓同志诞辰110周年，白如冰同志、赵健民同志诞辰100周年，山东举行了各种形式的学术纪念活动。全省的中共党史研究在许多领域取得新的成果。

一、主要学术活动

（一）全国党史资料征集工作座谈会

5月5日至6日，全国党史资料征集工作座谈会在中国延安干部学院召开。中共中央党史研究室主任欧阳淞出席会议并讲话。会议指出，党史资料征编工作是党史工作的重要方面，是编写党史、进行党史研究和宣传教育的重要基础，是党史工作科学发展的重要条件。党史资料征集工作关系着党史研究水平、关系着党史资政育人、关系着为党和国家工作大局服务。会议要求抓紧征集领导干部个人留存的党史资料，特别是向老同志征集口述史料和回忆录等资料，做到“五个必须”：必须坚持广泛征集与重点征集相结合的原则；必须坚持以专题研究带动党史资料的征集；必须借助社会各方面的力量，充分发挥老干部、老同志的作用；必须坚持实事求是的原则；必须走征集、整理、研究、保管、展示、利用于一体的路子。山东省委党史研究室派代表参加了会议，并介绍了编辑《山东党史资料文库》的做法和经验。

（二）全国党史资政工作交流会

6月12日至13日，全国党史部门党史资政工作经验交流会在南京召开。中共中央党史研究室主任欧阳淞出席会议并讲话。会议要求各级党史部门深入贯彻《中共中央关于加强和改进新形势下党史工作的意见》以及中央领导同志关于党史工作的一系列重要指示精神，进一步深化对党史资政工作规律性的认识，真正做到“党有所需、‘史’有所为”，更好地发挥资政成果对理论创新的借鉴作用、对党委和政府决策制定的参谋作用、对组织群众动员群众实施决策的助手作用、对经济社会发展的促进作用。山东省委党史研究室派代表参加了会议，并介绍了编辑《中共山东年鉴》的做法和经验。

（三）山东抗日根据地的文化建设暨党史文化论坛专题研讨会

6月，山东抗日根据地的文化建设暨党史文化论坛专题研讨会在济南举行。以举办论坛的方式研讨党史文化问题，在党史研究领域是第一次。研讨会共收到论文43篇。与会人员以党史为主线，以文化为内涵，以其他文化为相关内容，从不同地区探讨了山东抗日根据地核心区（沂蒙山区）、滨海区、鲁中区、鲁南区、胶东区、渤海区、鲁西区、冀鲁边区等抗日根据地文化建设的历程、经验和启示。一致认为，将党的历史特别是山东抗日根据地的文化建设作为一种文化现象来研究，开辟了一个新的视角和领域，无论对深化党史研究，还是对于推动社会主义先进文化建设，都具有积极的推动作用。

（四）赵健民同志诞辰100周年纪念活动

6月24日，赵健民同志诞辰100周年纪念活动在山东聊城天沐国际会展中心举行。赵健民亲属、生前工作单位有关同志、党史研究专家学者共计60余人参加活动。参加人员深情缅怀了赵健民不平凡的一生，回顾了他艰苦卓绝的奋斗历程，从不同侧面对赵健民舍生取义、实事求是、勇于担当的精神和艰苦奋斗、无私奉献、刚正不阿的品格给予了高度评价。

（五）南下干部历史贡献理论研讨会

6月28至29日，南下干部历史贡献理论研讨会在济南召开。来自中共中央党校，中共中央文献研究室，有关省市档案馆局、党史研究室、党校，有关南下团史研究会的专家学者以及南下老干部60余人参加了会议。全国人大常委会原副委员长田纪云作为山东南下干部中最杰出最优秀的代表，对研讨会予以高度评价，撰写了回忆文章《回忆渡江南下和进军大西南》，并专门为研讨会作了“南下精神永放光彩”的题词。中共山东省委常委、秘书长雷建国出席会议并讲话。会议指出，山东南下干部代表着一个杰出的英雄群体，充分体现了山东各级党组织的奉献意识和全局观念，展现了齐鲁儿女志在四方的革命豪情，在中国革命史上留下了光辉的一页。顾全大局、艰苦奋斗、勇于牺牲、乐于奉献的“南下精神”，作为齐鲁文化与革命文化相互融合的结晶，传承至今，永放光彩，激励着一代又一代人奋勇向前。

（六）中国国际共运史学会2012年年会暨“当今世界变化中的资本主义与社会主义”学术研讨会

11月23日至25日，中国国际共运史学会2012年年会暨“当今世界变化中的资本主义与社会主义”学术研讨会在青岛农业大学举行。来自中央编译局、中央对外联络部、中央党校、北京大学、中国人民大学等国内各相关科研机构和高等院校的近200余名国际共运史学界的代表参加了会议。与会代表本着勇于探索、求真务实的精神，围绕资本主义体制困境与发展模式调整、世界左翼政治运动的形势与特点、社会转型与改革、中国特色社会主义的理论与实践、执政党建设问题、国际共运史研究方法与范畴等6个方面的问题进行了探讨交流。

二、主要党史著作概述

（一）在党史通史方面

山东地方党史通史撰写2012年又出了一批成果。泰安市委党史办编著的《中共泰安地方史（1926—2008）》（中央文献出版社），分3卷、11编、60章记载了中共泰安党组织80多年来的发展历程，首次详述了新中国成立至2008年间的泰安发展史。《中国共产党济南市市中区历史（1949.10—1978.12）》（中共党史出版社）、《中共济南市长清区历史（1949.10—1978.12）》（中共党史出版社）、《中共章丘历史（1949.10—1978.12）》（中共党史出版社）、《中国共产党峄城地方史》（第2卷）（线装书局）、《中共邹城地方史》（第2卷）（中共党史出版社）、《中国共产党莒县历史（1949—1978）》（中国方志出版社）、《中共五莲地方史（1949—1978）》（中共党史出版社）等著作，系统论述了当地地方党组织在社会主义革命和建设时期的历史。

国家出版基金资助项目、万福义主编的《党鉴——共产党历史发展与执政规律研究》（山东人民出版社），系统研究和深刻论述了马克思主义建党理论的历史发展及其在实践中的基本经验和教训；历史地、发展地评述了苏东社会主义国家共产党，特别是苏联共产党执政失败的历史轨迹和教训；全面、深入地论述了现行社会主义国家共产党坚持马克思主义，特别是中国共产党把马克思主义同当代中国实际结合起来，坚持走中国特色社会主义道路，为在新的历史条件下加强执政党自身建设，不断提高党的执政能力和水平，巩固和发展社会主义制度，树起了一面鲜明的旗帜。

（二）在党史专史方面

1. 关于党代会研究。中共中央党史研究室宣传教育局编的《回顾辉煌历程喜迎党的十八大——党的历次全国代表大会知识读本》，依据档案文献，准确、简洁、生动、具体地反映历次党代会的历史背景、主要内容和历史地位。张静如主编的《中国共产党历届代表大会——一大到十八大》（河北人民出版社）和《中国共产党全国代表大会史丛书——从一大到十七大（图文版）》（万卷出版公司），从会议背景、会议过程、会议成就、当选领导、历史文献、历史评说、当事人回忆等方面系统、详细介绍了党的历次全国代表大会。

在资料整理基础上，党史界专家学者精心编写了《中国共产党代表大会史》（新华出版社）。全书按照历次党代会的召开顺序，共分为17章，全景式展现中共历次党代会的基本面貌，详细披露重大会议决策形成的前因后果，准确记录当事人的亲历感悟，生动描述会内会外的珍闻趣事。黄一兵等编著的《大决策——中国共产党历次全国代表大会探踪》（人民出版社），根据新版《中国共产党历史》第1、2卷，以及最新党史研究成果，对党的历次全国代表大会的历史作了全新解读，全面记述了党的历次全国代表大会决策者和亲历者的回忆，以及党的历次全国代表大会述评、历次中央全会聚焦、党的历次全国代表大会焦点解读等内容。

山东地方组织的党代会也成为研究者关注的焦点。《中国共产党济南市历次代表大会重要文献汇编（1949—2012）》、《中国共产党青岛市历次代表大会文献汇编》、《中国共产党青岛市黄岛区历次代表大会文献汇编》、《中国共产党胶南市历次代表大会文献汇编（1956—2012）》、《旗帜——中国共产党枣庄市山亭区历次代表大会文献选集》、《红色历程——中国共产党无棣县历次代表大会概略》等先后出版。山东电视台制作了《光辉的足迹——山东历次党代会回顾》专题片，《山东通讯》推出了《山东历次党代会》专栏，《联合日报》推出《山东历次党代会回顾》专栏。这些专栏、专题有力促进了全省党代会研究的深入。

2. 关于政治史研究。党的执政史研究成为政治史研究的一个热点。《新山东——科学发展面面观》（山东人民出版社），围绕省委省政府推进科学发展的重大决策、重大战略、重点工作以及山东经济社会发展所取得的成就进行了系统总结，重点突出十个方面的内容：科学发展新思路、区域发展新战略、结构调整新进展、城乡统筹新面貌、民生改善新气象、文化强省新优势、创新驱动新突破、生态文明新篇章、改革开放新格局、党的建设新成就。

山东是革命老区。在长期的革命斗争中，山东地方党组织领导山东人民为民族独立和人民解放而英勇奋斗，留下了许多宝贵的革命遗址。这些革命遗址引起了研究者的关注。济宁市委党史研究室编写的《红色足迹—济宁革命遗址概览》、栖霞市委党史研究室编写的《见证——栖霞革命遗址通览》（中国古籍文物出版社）、诸城市委党史研究室编写的《红色丰碑——诸城市革命遗址普查汇编》（吉林文史出版社）、肥城市委党史办编写的《肥城红色遗迹概览》（中国图书出版社）、东平县委党史办编写的《神奇的热土——东平县红色旅游概览》（中国文化出版社），这些著作在开展全面革命遗址普查的基础上，按行政区划采取图文并茂的形式，集中反映了当地革命遗址的简介、历史与现状。

3. 关于经济史研究。张华著的《山东省转变经济发展方式的路径与对策研究》（山东人民出版社），以山东省区域发展战略与经济发展方式转变大局的融合为具体研究对象，在理论分析支持和国际经验借鉴的基础上，深入探讨山东省转变经济发展方式的现实基础、思路与重点以及重大对策与措施，为山东省转变经济发展方式的路径和对策提供有力支撑和具体建议。

毕宇珠编的《中德城乡发展与土地利用比较研究——以山东省和巴伐利亚州为例》（中国农业出版社），结合山东省和巴伐利亚州近10年城乡发展历程，尝试从社会公平性、经济可行性和生态安全性三个层面构建一套具有一定普适性的用以评价城乡土地利用协调度指标体系，运用模糊AHP法评价并比较中国山东省与德国巴伐利亚州的土地利用状况是否符合城乡关系协调发展及其符合程度。

郭训成编的《科学谋划服务决策——2011年山东省宏观经济调研报告》（山东大学出版社），对事关山东发展全局的重大问题和经济社会发展中的热点、难点问题进行了调查研究，并提出了对策建议。

4. 关于党的建设史研究。在整体性研究方面，杨向荣著的《十六大以来中国共产党党建思想研究》（青岛出版社）是山东省社会科学规划研究项目的成果。该书全面系统地研究和论述了中共十六大以来党建思想，主要内容包括以党的执政能力建设和先进性建设为主线全面加强党的建设、以坚定理想信念为重点加强思想理论建设、以造就高素质党员干部队伍建设为重点加强组织建设、以健全民主集中制为重点加强制度建设、以保持党同人民群众的血肉联系为重点加强党的作风建设、以完善惩治和预防腐败体系为重点加强党的反腐倡廉建设。

组织史研究进一步深入。《中共济南市长清区村级组织史资料》、《中国共产党兰山区村（社区）级组织史（1995.3—2010.10）》（黄海数字出版社）等书，在广泛征集材料、深入调研的基础上，全面系统地记述了当地农村党组织、政权组织和群团组织的机构沿革情况及任职名录等史料。

5. 关于党史人物研究。王建华、谢一彪著《舒同传》（中共中央党校出版社），翔实而又客观地叙述了舒同革命加书法的一生，真实地为社会和广大书法爱好者展现了舒同一生丰富多彩、跌宕多姿的生平与事迹。该书的第15章、第16章和第17章，主要叙述舒同主政山东期间的人生经历，对于舒同错误地估计形势，造成山东“反右”斗争严重扩大化，忽视客观经济规律，开展“大跃进”运动和人民公社化运动，酿成经济建设中的急躁冒进，使山东形成大面积的粮荒等过错，都进行了深入的描写，并深入分析了舒同卷入这些运动洪流的身不由己以及“左”倾思想的危害性。

陈保亚等编的《情系山东五十年——苏毅然山东工作纪实》（山东人民出版社），从苏毅然自述、访谈录、重要会议活动、文稿选编等方面，多角度、全方位反映了苏毅然坚定的革命信念、卓越的领导才能和富有传奇色彩的人生。

谭启龙著的《缅怀老一辈革命家》（山东人民出版社），收录了作者1984年8月至1995年5月在各党史、人物类期刊和出版物上陆续发表的纪念老一辈革命家文章8篇，从不同的角度、不同的时期深情缅怀了老一辈革命建立的丰功伟绩，具有很高的史料价值。

徐畅编的《战士品行学者风范——山东大学校长华岗》（山东教育出版社），在充分参考、吸收诸多学者的研究成果和海内外山大校友著述和回忆文章的基础上，对华岗的生平进行了研究。

淄博市周村区委党史工作办公室编辑的《抗日先驱马耀南——纪念马耀南诞辰110周年文集》（中共党史出版社），分序言、回忆访谈录、理论研讨会征文、历史文献档案资料等4个部分，全面回顾了马耀南烈士的生平业绩，着重记录了马耀南在中国共产党的领导下，依靠中共地下党员的支持帮助，组织发动黑铁山起义的壮举，首次编撰整理了《马耀南年谱》，收录了电视文献纪录片《黑铁山起义》解说词、烈士纪念碑碑文和缅怀马耀南烈士题词、图片等历史文献资料，真实、全面、多角度地展现了马耀南烈士光辉的一生。

宁阳县委党史办编的《百名老人革命史》（中国文化出版社），通过寻访居住于宁阳县境内，参加过抗日战争、解放战争和抗美援朝战争，为我国的革命建设事业作出贡献的老党员、老同志革命老人140余名，整理编纂回忆文章118篇，为研究宁阳革命、建设史留下了丰富的口述史料。

6. 关于地方党史资料编辑出版。《山东省志民政志》、《山东省志海事志1861—2005》（山东人民出版社）为研究山东民政工作和海事工作方面提供了翔实的资料。赵维东、张建昂、徐友礼主编的《山东革命老区知识读本》（山东人民出版社）选择了200个问题，以问答形式介绍了什么是革命老区和山东革命老区的有关情况，回答了人们对老区的一些模糊认识和一些疑难问题。王志东主编的《新时期沂蒙精神研究》（山东人民出版社），全面系统地探讨了沂蒙精神的丰富内涵及对当代社会的影响。中共山东省委主办的《中共山东年鉴（2012年卷）》（黄河出版社），全面反映了山东各级党组织2011年度工作情况和自身建设经验。

淄博市临淄区委党史办编的《光辉历程——中共临淄党史画册》（第1卷）（山东画报出版社）、烟台市芝罘区委党史研究室编的《巍巍丰碑——中共烟台市芝罘区历史图集（1921—1949）》（黄海数字出版社），以图文并茂的形式，从不同历史视角，再现了当地党组织领导人民走过的艰难曲折的革命道路。许多照片是第一次公开发表，具有较高的史料价值。

日照市委党史研究室编的《中共日照历史大事纪略（1921—2011）》（中共党史出版社），以专题资料形式记述90年来日照党史上发生的重要事件，全面展示党领导人民进行革命、建设、改革的光辉历程。济阳县委党史研究室编的《中共济阳历史大事记》（1990—2011）（济南出版社）、中共沂水县委党史研究室编的《中共沂水历史大事记（1996—2009）》（黄海数字出版社），为查阅地方历史和研究地方党史提供了基本线索和可靠资料。

三、主要学术观点

（一）关于山东党史人物研究

有研究者综合分析王尽美思想发展渊源，从时代背景、地域文化、社会环境、家庭环境、人生际遇、个人品质因素等方面考察了影响王尽美思想发展的种种因素，把王尽美的研究纳入到当时的历史环境中，展现王尽美在时代青年中脱颖而出，最终成为一名马克思主义者的真正原因。在此基础上进一步探究了王尽美思想发展的以下特点：孜孜以求、不甘平庸的探索性；思想敏锐、辨伪存真的唯实性；激情澎湃、百折不挠的坚定性；甘洒热血、取义成仁的献身性。同时分析了王尽美的思想个性和理论特色：爱国救亡是王尽美思想的主旨、务实求真是王尽美思想的动力、沉毅笃行是王尽美思想的体现、破枷解放是王尽美思想的最终归结、灵活表达是王尽美思想的呈现形式。[1]有研究者通过分析王尽美思想的发展历程，得出现实启示：学习王尽美，把个人成长与国家命运相结合；学习王尽美，把热血奋斗与时代精神相融合；学习王尽美，把理想信念与科学理论相契合。[2]也有学者对王尽美对山东早期马克思主义传播的重要贡献作了专门论述：通过创办报刊帮助人民群众认知马克思主义；通过形象化、通俗化的宣传让人民群众接受马克思主义；通过理论指导实践使人民掌握马克思主义。[3]

有研究者对罗荣桓在山东进行了研究，认为：在艰苦卓绝的敌后抗日斗争中，罗荣桓贯彻执行党中央和毛泽东制定的战略方针，紧紧依靠人民群众，积极发展抗日武装，创建、巩固和扩大抗日民主根据地，领导建立了全国唯一以一省区为主体的山东抗日民主根据地，使之成为党和人民军队南下北上的重要战略基地，为民族独立和人民解放事业作出了重大贡献。[4]

有研究者对白如冰生平进行了研究，认为：在近70年的革命生涯中，白如冰始终抱有坚定的共产主义信念，并为之奋斗终生，孜孜以求。他忠诚于党和人民的事业，具有强烈的革命事业心。在长期担任中共山东省委主要领导职务中，具有很高的领导水平和丰富的领导经验，善于总揽全局、处理各种复杂矛盾和问题；善于把中央指示与山东实际紧密结合，创造性开展工作；善于思考问题、研究问题，提出了许多重要的发展思路和指导性意见，为推进山东社会主义建设和改革开放作出了重要贡献。[5]

有研究者对赵健民为山东革命和建设事业的贡献进行了研究，认为：在山东党组织遭受严重破坏的危难之际，赵健民挺身而出，顽强战斗，为党组织的恢复和发展作出了突出的贡献；抗日战争时期，赵健民响应党组织号召，奔赴抗日前线，组织抗日武装，发动抗日起义，参与创建了鲁西北抗日根据地，在硝烟弥漫的抗日战场上，率部驰骋于鲁西北平原屡立战功；在人民解放战争中，赵健民转战千里，率部参加了淮海战役、渡江战役，并进军大西南，为解放全中国作出了卓越贡献。建国后，作为山东省省长，赵健民贯彻中央和省委精神，组织开展社会主义三大改造、全面实施第一个五年计划、大力发展工农业生产，为山东经济社会发展作出了突出贡献。坚持真理，实事求是，对一些“左”的错误做法敢于批评抵制，但也因此受到了错误批判。在受批判过程中，他对党和人民的事业依然无限忠诚。晚年赵健民依然关心、支持山东的经济文化等各项建设，为传承中国传统优秀文化和红色文化作出了积极贡献。[6]

（二）关于山东抗日根据地的研究

有研究者对抗战时期山东地区人口迁移进行了研究，认为山东作为日本占领较早的区域，为躲避日军的烧杀淫掳，大批难民自发性地举家迁移。因受战局演变的影响，山东难民的自发迁移呈现出时段性。由于没有专门的组织，其迁移流向和地域分布都较为广泛，除省内各县市互避外，迁往东北的人数最多，其次是迁往西南、西北大后方者，另有部分难民流落南方各省。在人口迁移中，以劳工为主体的强制迁移的人数也相当惊人。日伪通过骗招、抓捕、强征以及使用“特殊工人”等手段大量掳掠山东劳工。被掠劳工的去向，也随着日本所谓“产业开发计划”的调整而变化。抗战时期山东地区的人口迁移带来的积极影响是：提高了民众的民族和国家意识；一定程度上削弱了日军的侵略势力，支援了抗日战争；推动了迁入地经济的开发。人口迁移带来的消极影响是：导致了许多“无人区”的出现；影响了各地的正常生产；加剧了疾病的流行等。[7]

有研究者对山东抗日根据地土地政策及立法进行了研究，认为：山东抗日根据地执行党的土地政策的过程就是紧紧抓住土地问题，将解决土地问题作为一切工作的中心，在政策的执行中根据具体情况的变化不断进行调整，克服其存在的缺陷与不足，并出台相关法令与政策性指导文件，为减租减息提供法律保障的过程。以土地立法建设推动减租减息工作的开展，以新的法令打破旧的封建法律，用法规巩固减租减息的成果。[8]

有研究者对山东抗日根据地的小学教师进行了研究，认为：抗战时期，中共在山东陆续开辟的大量敌后抗日根据地，是中共积极探索乡村治理模式的“民主实验场”。小学教师作为农村中仅有的知识分子，既能懂得政府政策，又能接近广大人民群众，成为根据地政府培养的主要对象。针对他们都只接受过私塾教育或高小毕业的实际，对小学教师进行了培训和改造，使得小学教师不仅从知识水平上得到提高，更重要的是从思想上确立了群众观念、劳动观念，积极参加农村社会活动。经过改造后的乡村小学教师在农村公共事务中发挥了很大的作用：参与了根据地的社会文化活动和政治活动，并在其中起了重要的组织和指导作用，尤其是在社会公共领域的参与能力得到很大的加强。后来随着根据地新的农村权威（劳模英雄）的树立，旧有小学教师群体也分化瓦解，很大一部分上升为党政机关干部。[9]

山东抗日根据地的灾荒治理也成为研究者关注的对象。总结出的山东抗日根据地成功治理灾荒的经验是：利用报刊等新闻传媒，进行救灾信息的传递；加强宣传教育提高民众防灾救灾的意识；密切联系群众，借用民间救灾经验；加强经济建设和科技投入，保障救灾工作的有效开展；重视群众工作，团结群众，发动群众；“开源节流”，保障物资供应；正确处理人与自然的关系，重视生态平衡。[10]

山东抗日根据地的《人权保障条例》引起了研究者的关注。作者认为：抗日战争时期山东抗日根据地的《人权保障条例》是中国历史上第一部专门的人权保障条例，也是中国共产党组织领导制定并公开发表的第一个人权保障条例。其产生的直接原因是山东抗日根据地发生的湖西“肃托”事件。《人权保障条例》具有很高的理论与实践价值，但带有明显的政策性、工具性色彩，而且缺乏配套的具体法律法规。[11]

有学者考察了国立山东大学抗日救亡运动及其特点，认为：国立山东大学抗日救亡运动是山东抗日救亡运动的重要组成部分，是青岛抗日救亡运动的重要力量；国立山东大学的抗日救亡运动始终是在中国共产党的领导下，根据形势的发展，有计划、有组织地来进行的，是全国抗日救亡运动的重要组成部分；抗日救亡运动和左翼文化运动相结合。[12]

有研究者从乡村民众的视角，对土改前山东根据地农民互助状况进行了考察，认为：近代山东农村的“封闭性”，有助于农民之间建立稳固的人际关系，与他人展开互助合作便成为许多农民的选择；近代山东大部分村落的家族势力不强，宗族组织松散，亲缘认同观念有淡化的趋势，限制了亲缘关系对农民互助活动的影响，凸显了地域关系及因业缘而生的各种后天性私人关系在农民互助中的重要性。通过对互助中“结合力”的探讨，认为互助是农民“生态理性”的产物，反映了传统农村社会人际关系的“差序格局”，同时其中也普遍存在着“按阶层划分的纵向界限”。20 世纪 40 年代，中共在山东领导的农民互助合作运动具有解放生产力和改造社会关系的双重意义。[13]

有研究者对谁打响“山东抗日第一枪”问题进行了探讨，认为“山东抗日第一枪”发生在“1937 年 10 月 10 日阳信县流坡坞阻击战”或者“1938 年 1 月徂徕山起义”等说法都是错误的。真正打响山东抗日第一枪的，是国民党军队，而不是中国共产党军队。国民党军陈延年部 485 团的将士们发起的于庄战斗，打响了“山东抗日第一枪”；赵明新及其乡农学校战士们发起的流坡坞阻击战，打响了“山东共产党抗日第一枪”。[14]

有学者通过系统梳理北海银行的设立、发展历程，阐述了山东抗日根据地的货币政策：由维护法币法定货币地位，向逐渐排挤、驱逐、停用法币的转变，北海币从分区独立发行的辅币逐渐过渡为统一的法定货币。在推行北海币的过程中，中共提出了独特的“物资本位论”，并善于运用经济法则和政治力量，使北海币保持了币值和物价的稳定，取得了对法币和伪币斗争的胜利。北海银行及中共在山东抗日根据地推行的货币政策，不仅为山东抗日军民提供了资金融通之便，保障了军需民用，而且发展了生产，改善了群众生活，使中共领导的山东抗日武装获得了广泛的群众基础和坚实的物质保障，对山东抗日根据地的巩固与发展，作出了巨大贡献。[15]

（三）山东解放区研究

有研究者对1945—1947年山东解放区的锄特斗争进行了研究，认为山东解放区锄特斗争具有如下特点：山东的锄特斗争与土改运动紧密相连；山东解放区开展的是基层锄特斗争；山东解放区锄特斗争的复杂性。留下了如下经验：深入群众进行反特教育，同时纠正过去执行政策上的偏差；争取主动，在国民党进攻的地方争取主动的镇压特务活动。得到如下启示：政权上的稳定，领导机构的完善，是开展锄特活动的前提；人民群众的支持，是实现战争胜利的重要保障；在政权建设方面，党员要发挥先锋作用。[16]

有学者研究了山东解放区的戏剧，认为：抗战爆发以后，随着山东的沦陷，山东的大批文化人流亡到大后方，这造成山东文艺战线人才匮乏的局面。此时，一批土生土长的农村知识青年和部队中有文化的战士在对敌斗争中涌现出来，他们及时地担当了创作文艺作品、开展农村文化活动、宣传组织群众的重任。山东解放区的戏剧创作持续了十余年，呈现出多方面的特征：歌剧创作在所有戏剧形式当中一枝独秀；在结构上具有很强的民族特色；地域性特征也十分明显。山东解放区戏剧取得很大成绩的同时，还是存在诸多不足：创作方法上的拟写实主义特征；戏剧批评缺席、戏剧理论匮乏；剧作情节不符合逻辑，一些人物语言不合常理。[17]

解放区的土地改革历来是研究者关注的。有学者对解放战争时期山东土地改革的法律和政策进行了研究，认为山东解放区的土改立法具有如下特点：结合自身实际，细化中央土改立法的操作性规定；根据实际情况，补充中央土改立法的未尽事宜；更加注重依靠法规、法令来指导土地改革；前期土地政策较为温和；土地征购政策未能很好地发挥。[18]

解放区的支前工作也是研究者经常关注的对象。有研究者对临沂的支前民夫管理教育进行了研究，认为：在支前过程中建立的民夫组织与管理体制是临沂支前民夫能够完成任务的重要保障。在各级支前委员会的领导下，临沂各地建立起了一整套的省、区、县、乡支前领导机构，并根据战争需要不断地调整民夫编制，同时还在民夫队伍中建立起了严密的组织团体和生活管理制度。这些措施有效地巩固了民夫队伍，保证了支前任务的完成。民夫的思想教育工作是整个民夫管理工作的核心。针对民夫中存在的各种思想问题，中共方面先后通过时事思想教育活动、立功运动、反特锄奸运动等教育活动，对支前民夫开展了积极有效的思想教育工作，为支前任务的完成提供了重要的思想保证。[19]

（四）建国后山东党史研究

人民公社化运动是研究者比较关注的一个研究对象。有学者个案考察了山东大学人民公社，认为随着全国“大跃进”的发展，1958年中央提出下放高校教育管理权限，推动了全国高校走上城市人民公社化的自主道路。伴随着这一决策，山东大学由青岛迁到济南办学，并且建立了人民公社——这一知识分子的理想蓝图。该公社从建立、试办到高潮与国家的政策和全国的形势是高度一致、步调相同的。山东大学办社模式是这一时代的缩影，形成了一种特殊的教学模式：即在中国共产党的领导下，教育为无产阶级政治服务；教育与生产劳动相结合；寓工、农、商、学、兵于一体；公共生活集体化。山东大学随之成为既是学校、又是工厂，既是知识分子、又是工农劳动者的“共产主义大学”。这一性质大学的出现违背了“经济基础决定上层建筑”的原理，也违背了党的“解放思想，实事求是”的原则，因此，高潮之后便悄无声息地退出了历史舞台。[20]

和人民公社化运动一样，合作化运动也受到研究者的关注。有研究者对山东的农业合作化与1950年代的山东耕作制度进行了研究，认为：1949年后，国家期望通过增产获得更多的粮食和工业化原始资本，其增产措施与农民家庭生产的分散性产生了矛盾。国家通过互助合作的方式将农民组织起来。1953年之前，国家积极推动互助合作运动的措施遭到了农民的抵制，两者之间的紧张关系在1953年的粮食减产和政策调整中有所缓和。农业合作社建立后，各级政府着手调整耕作制度。深耕、密植和多施肥政策的实施，造成了更为紧张的肥料短缺问题。在保证小麦增产和维持农民生活之间，政府加大了小麦的增产力度，但却并没有收到良好效果，反而导致了粮食的减产。在小麦优先施肥的措施下，那些耗肥的秸秆作物的播种面积减少，遂使节约肥料的番薯成为政府推广的对象。为了积累更多肥料，各级政府广泛开展积肥运动。这个运动没有提高作物的单位面积产量，但却打破了原本脆弱的农业生态平衡，导致“三料危机”更趋严重。当政府将三者均作为政治问题处理时，它们之间的矛盾更为突出，甚至演变为生态危机。1959—1961年的农业危机就是在这种背景下发生的。[21]

家庭联产承包制一直是学界研究的对象。但是，20世纪80年代初，当家庭联产承包制作为一种行之有效的制度，在全国大部分农村迅速推行时，山东龙口县（原黄县）下丁家村却坚定地延续了集体化经营体制。为什么下丁家村当时作出了与大多数村庄相悖的选择，有学者对此进行了考察。作者认为：集体经济发达的村庄有可能凭借过去积累的经济力量和政治权威，对集体经营的具体方式加以改进，发挥规模经济的收益，为农民提供可信的利益预期，交易农民的土地使用权，维持农地集体经营的合法性。在集体经济继续壮大的过程中，通过为农民提供较高的经济收入和福利水平，满足农民的利益，并将农民纳入到一个基层党组织、村民自治组织、生产经营组织合一的高度集权的组织中去，形成了集体吸纳农民的关系，加强了对农民的控制，建立了村庄治理的“命令—服从”秩序。随着市场经济的发展，农民拥有了广阔的行动空间，对集体形成的退出权不断扩大。一旦集体经济在经营中出现衰落，不能满足农民的利益要求，农民就会使用退出的行动策略，向集体要求土地使用权。当农民获得土地使用权时，也就获得了自由决策权、产品的剩余索取权、农地的处置权，农地产权的界定走向清晰化，产权流转走向顺畅化，农民的权利走向扩大化，农民与集体的关系趋于平等化。[22]

参考文献：

[1]张丽：《王尽美思想发展研究：兼论王尽美成为山东早期马克思主义者的历史原因及启示》，山东理工大学，2012年硕士论文。

[2]张丽、耿国华：《浅谈王尽美思想的发展历程及现实启示》，《法制与经济》2012年第6期。

[3]孙念超：《王尽美与山东早期马克思主义的传播》，《兰台世界》2012年第1期。

[4]中共山东省委党史研究室：《耿耿丹心昭日月 齐鲁抗战铸辉煌——纪念罗荣桓同志诞辰110周年》，《大众日报》2012年11月28日。

[5]中共山东省委党史研究室：《心血洒齐鲁奋斗为人民——纪念白如冰同志诞辰100周年》，《大众日报》2012年3月31日。

[6]中共山东省委党史研究室：《功绩垂青史 风范励后人——纪念赵健民同志诞辰100周年》，《大众日报》2012年6月30日。

[7]侯晓：《抗战时期山东地区人口迁移研究》，曲阜师范大学，2012年硕士论文。

[8]王伟：《山东抗日根据地时期土地政策及立法研究》，山东大学，2012年硕士论文。

[9]王彦：《抗战时期山东抗日根据地小学教师研究》，山东大学，2012年硕士论文。

[10]武盼：《山东抗日根据地对灾荒的治理及启示》，天津商业大学，2012年硕士论文。

[11]武阳：《人权的革命表达：重读山东抗日根据地的〈人权保障条例〉》，《甘肃政法学院学报》2012年第6期。

[12]杨洪勋：《国立山东大学抗日救亡运动及其特点》，《兰台世界》2012年第22期。

[13]周婷婷：《20世纪上半期山东乡村互助研究》，山东大学，2012年博士论文。

[14]闫化川、李丹莹：《中国共产党打响“山东抗日第一枪”问题的再探讨》，《日本问题研究》2012年第2期。

[15]王士花：《北海银行与山东抗日根据地的货币政策》，《史学月刊》2012年第1期。

[16]赵开楠：《1945—1947年山东解放区的锄特斗争研究》，河北大学，2012年硕士论文。

[17]贾冀川、郭海洋：《山东解放区的戏剧世界》，《重庆师范大学学报（哲学社会科学版）》2012年第9期。

[18]赵新辰：《解放战争时期山东土地改革的法律和政策研究》，山东大学，2012年硕士论文。

[19]夏纪明：《解放战争时期山东临沂支前民夫管理教育研究》，河北大学，2012年硕士论文。

[20]景丽萍：《大学的乌托邦：1958—1962年山东大学人民公社》，山东大学，2012年硕士论文。

[21]王保宁：《增产与减产：农业合作化与1950年代的山东耕作制度》，《科学与管理》2012年第5期。

[22]万磊：《守不住的集体：一个农地产权制度变迁个案：基于山东省下丁家村的研究》，华中师范大学，2012硕士论文。

（作者：乔士华，省委党史研究室研究员）

管 理 学

企业管理（工商管理）

杨蕙馨　赵宵丽　易子英

一、引言

企业管理（工商管理）学科是一门应用性强的多学科交叉的综合性学科。企业管理（工商管理）学科于上世纪80年代在我国兴起，很早就引入到山东省内的各大高校及科研单位进行教学研究。本文综述山东省内企业管理（工商管理）学科发展和相关研究的主要进展和动态，文献检索时间以2012年1月1日至12月31日为界，主要包括企业战略管理、人力资源管理和市场营销管理三大研究方向山东省作者出版发表的具有重要影响的相关学术专著和论文。

二、2012年度企业管理（工商管理）学科发展概况

（一）总体概况

2012年山东省企业管理（工商管理）学科发展成果丰硕。整体来看，我省企业管理学科共有200余篇学术论文发表在中文社会科学引文索引（CSSCI）期刊上，承办有数场国际和国内学术会议，出版各个方向的学术专著数本，各个前沿方向及热点领域均有深入研究成果，提出新的、具有重要理论与实践价值的学术观点。从个体来看，既有我省学者在国际一流管理类SSCI期刊发表了数篇高质量的学术论文，也有我省学者领衔的国家软科学计划重点项目顺利通过验收。

（二）突出成果

课题研究方面，由山东大学杨蕙馨和山东省科技厅翟鲁宁负责的国家软科学计划重点项目“山东省依靠科技进步推动经济结构调整研究”顺利通过国家科技部办公厅调研室和战略研究院的验收。这是“十一五”期间我省学者首次承担国家软科学重点项目。该项目主要研究了山东省经济结构和科技进步现状与存在的问题、科技进步的溢出效应、阻碍依靠科技进步推动经济结构调整的因素、经济结构调整的思路和依靠科技进步推动经济结构调整的政策建议等五个方面，提出山东省经济结构调整优化的整体思路为在保证山东省经济稳定健康发展的前提下，促进那些能够优先解决就业、节约资源、降低碳排放、提高经济效率的产业发展。

学术论文发表方面，以山东大学张鸿萍为第一作者的论文《核心自我评价对不当督导——员工创新力关系的影响》（High Core Self - Evaluators Maintain Creativity：A Motivational Model of Abusive Supervision）被一流管理类SSCI期刊《管理学报》（Journal of Management，IF：4.595）接收并已在期刊网站刊登。该论文基于多来源数据探讨管理者的不当督导对员工创新力的影响，认为内生动机是不当督导对员工创新力负面作用的中介变量，核心自我评价对不当督导和内生动机的关系有调节作用，核心自我评价对内生动机对不当督导——员工创新力关系的中介作用有调节效应[1]。此外，张鸿萍与人合作的关于股权结构对高科技中小企业组织双元性影响的论文被SSCI期刊《企业创业杂志》（Journal of Business Venturing，IF：3.062）收录[2]。

（三）中文社会科学引文索引（CSSCI）期刊文献分布

检索数据库选用中国知网（CNKI）的中国学术期刊网络出版总库（CAJD）中的经济与管理科学专辑，文献来源全部选自中文社会科学引文索引（CSSCI）期刊，发表时间从2012年1月1日至12月31日。在检索出的近千篇文献中主要筛选出包括企业战略管理、人力资源管理和市场营销管理3个研究方向的221篇论文。检索日期为2012年3月20日，经济与管理科学专辑内具体专业检索语法表达式如下：

“机构 = 山东 or 机构% 济南 or 机构% 青岛 or 机构% 聊城 or 机构% 曲阜 or 机构% 德州 or 机构% 滨州 or 机构% 鲁东 or 机构% 中国海洋大学 or 机构% 中国石油大学华东 and 专题子栏目代码 = J and 年 = 2012（模糊匹配）”

1. 文献作者机构分布

对检索到的文献第一作者所处机构进行汇总统计，共得221项，分布如图1。省内各大高校在企业管理学科领域都取得了不俗的成绩，学科发展整体态势良好，除山东大学成果较为突出外，其他各校比较平均。

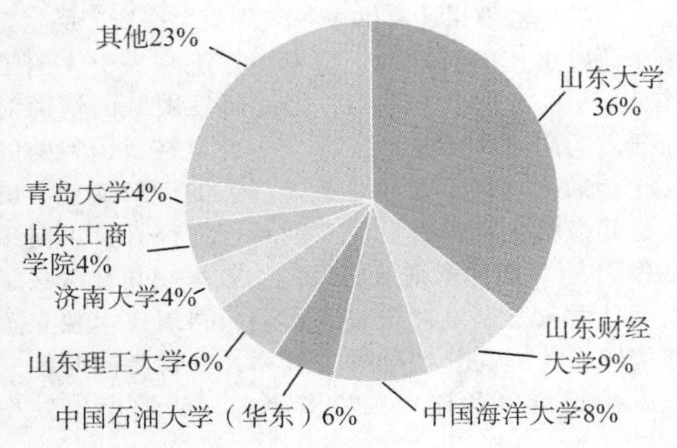

图 1　CSSCI 期刊文献第一作者机构分布

对所有文献的全部作者所处机构进行汇总统计，共得到 321 项，其中省外机构 43 项，省内 278 项，即平均每 5 篇文献就有 1 篇是与省外高校研究机构合作的成果。在企业管理学科领域内，我省学者合作研究意识强，与其他学者交流充分，不仅省内不同机构单位间有紧密的合作，还与许多省外机构甚至国外机构学者合作研究，极大提升了企业管理学科发展的多样性和前沿性。

2. 文献来源分布

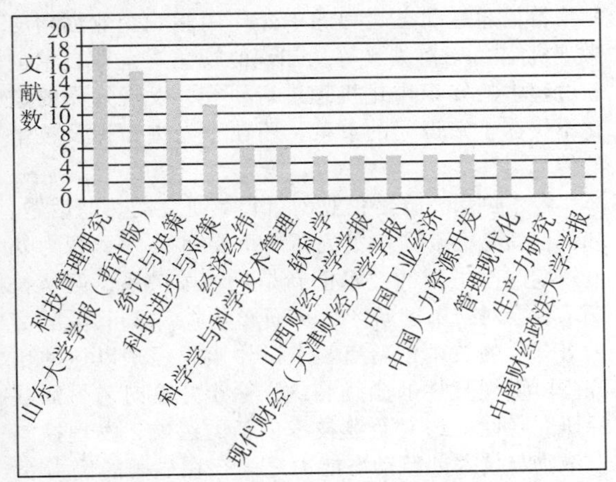

图 2　CSSCI 期刊文献来源分布

对检索出的所有文献的来源进行统计，共有 221 项，源自 82 种不同的 CSSCI 期刊。发表篇次最多的前 14 本期刊共刊发了 107 篇，约占所检索出文献数量的一半左右，如图 2。这说明文献来源较为集中，不少文献来源于企业战略管理中的创新管理研究领域，反映了 2012 年度我省学者对创新领域关注较多，这与当前我国经济转方式调结构、企业重视创新的现实相吻合。值得注意的是，从文献来源层次看，影响因子最高的几本期刊的文献数量依然很少，说明研究的水平和深度、文献发表的质量仍待提高。

3. 支持基金分布

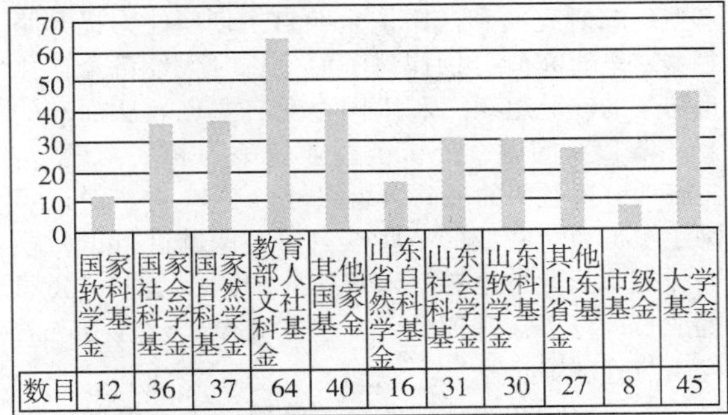

	国家软科学基金	国家社会科学基金	国家自然科学基金	教育部人文社科基金	其他国家基金	山东省自然科学基金	山东社会科学基金	山东软科学基金	其他山东省基金	市级基金	大学基金
数目	12	36	37	64	40	16	31	30	27	8	45

图 3　CSSCI 期刊文献支持基金分布

图 3 说明所有 CSSCI 期刊文献所获基金支持的情况。221 篇文献共获得各类基金支持 346 项次。其中国家级各类基金共支持了 189 项次，山东省各类基金共支持了 104 项次。这说明企业管理学科研究越来越受到国家各级部门研究基金的重视。同时应指出的是，由企业或横向项目基金支持的高水平研究仍很少，几乎没有高质量研究成果发表，市级基金和大学基金对于高水平研究的支持力度仍需提高。横向研究项目往往更能贴近研究对象，在解决实际问题的同时也会有新观点和新理论涌现，希望未来我省学者在横向项目研究方面更加深入。

（四）其他相关文献及学术活动

1. 学术会议

2012 年各高校及科研机构在我省举办了不同层次的企业管理学科领域内国内外学术会议或讲座活动，极大促进了学术交流并扩大了学术影响，有助我省学者及研究生紧跟国内外学术前沿。其中较有代表性的国际性学术活动有在青岛举办的“第二届（2012）国际软实力学术研讨会”和“2012（第八届）欧亚企业社会责任和可持续发展青岛国际会议”。前一个会议探讨了行业软实力、企业软实力等的理论和测度、资源开发、提升路径、建设经验等相关问题。后一会议则探讨了企业管理与循环经济、环境管理、社会责任和可持续发展等问题。其他比较有代表性的全国性会议包括：“2012 中国商业文化与管理学术会议”讨论了新儒商文化与中国式管理；“第十四届中国管理科学学术年会”讨论了包括企业管理在内的不同管理的统筹优化与协同创新；“中国企业运筹学第七届学术年会”讨论了包括企业战略管理在内的企业运筹等相关问题。

2. 学术著作

2012 年度我省学者有不少优秀学术著作出版，如徐向艺等撰写的《公司治理前沿问题研究》探讨了当下公司治理领域所面临的新问题及各方面的理论观点[3]。杨蕙馨等人撰写的《经济全球化条件下产业组织研究》和《中国企业自主创新能力提升路径与对策研究》分别探讨了后危机时代经济全球化形势下的产业组织[4]和中国企业自主创新所面对的新环境和新问题，分析了企业竞争等相关问题[5]。王怀明、王益明的《高级组织行为学10讲》对近年来组织行为学领域的一些热点研究课题进行了回顾与梳理[6]。此外还有学术著作对中国中小上市公司的成长进行了梳理评价[7]，研究高校经营性资产的经营与管理等问题[8]。

三、2012年度山东省企业管理（工商管理）学科研究现状评述

根据检索的文献与学术著作，对其关键词进行词频统计，发现2012年度我省学者研究方向主要集中在创新及其管理、公司治理、人力资源管理、市场营销及其他如企业并购、企业战略、企业低碳管理和劳动力就业等热点领域。

（一）创新及其管理

创新及其管理是近年来企业管理研究的重要领域。文献检索发现与创新相关的CSSCI文献共44篇，其中博士论文6篇，主要集中在企业创新的外部影响因素、研发对企业创新的影响、专利知识及技术创新、创新组织模式及产品创新、创业企业以及高新技术产业的发展等相关热点。

1. 企业创新的外部影响因素

在后金融危机的今天，面对着全球范围内掀起的又一轮技术创新浪潮，我国企业必须正确认识国际国内环境，立足全球化的背景来思考自主创新之路[9]，在新一轮的国际服务业转移中实现产业升级[10]。但在发展中还要考虑到我国现实的经济文化问题，李建民等指出经济文化是影响科技发展的重要因素，培育创新文化是实现科学发展、转变经济发展方式的必由之路[11]。企业是创新的主体，但是单纯依靠企业来进行创新，未免会发生“市场失灵”的状况。这就需要政府进行适度的干预，从而在一定程度上弥补“市场失灵”带来的缺陷[12]。目前我国经济建设取得显著成效，但在发展中依然存在诸多问题，其中之一就是收入差距拉大。李平等研究发现，收入差距与企业创新之间存在着倒“U”型关系，适当的收入差距可以提高企业的自主创新能力[13]。

2. 研发对企业创新的影响

在企业创新领域，研发一直是研究的主要热点之一。外商研发投资对区域创新体系具有重要影响，其中对技术创新环境和知识获取能力的正效应强于国内企业研发投资，对企业技术创新能力和创新绩效的正效应弱于国内企业研发投资[14]，同时外资研发产生的外溢效果还有助于各类厂商生产新产品[15]。由于研发工作的特殊性，研发往往不是一个人的工作，而是一个团队的项目，因此研发团队的情商对于研发的产出具有重要影响[16]。并且在我国特殊的文化背景下，直属领导对下属员工的创新期望、员工之间横向交换对研发员工创新行为都具有正向预测作用[17]。胡元木则从研发产出效率视角，考察了技术独立董事制度对研发的影响，聘请技术独立董事能够显著提高公司的研发效率，并且当同时设立技术执行董事和技术独立董事时，研发产出效率更高[18]。

3. 专利知识以及技术创新

在当今知识经济时代，合理配置专利信息资源对企业发展及创新型国家建设具有至关重要的作用[19]。目前我国的专利技术申请及授权虽然数量庞大，但是技术含量不高，且有效专利数量比例较低[20]。由于受到经济基础、研发经费投入和开放度等因素的影响，我国的专利授权存在明显的地区差异[21]。同时知识创新与知识管理对企业的发展同样具有不可替代的作用，辛晴、杨蕙馨从动态能力视角，对知识网络影响企业创新进行实证研究，发现网络特征通过动态能力的中介作用影响企业创新的微观机制[22]。陈浩义等从知识流视角对企业技术创新过程中的知识进化机理进行研究，发现知识的进化不仅在于知识元的重构，还在于先进知识及技术的传承[23]。

技术创新一直是企业创新领域研究的热门话题。知识创新是突破性技术创新的重要前提[24]，智力外流短期内与中国的技术创新是正相关关系，但从长期来看会对技术创新产生负面影响[25]。高管激励契约对企业的技术创新有显著的影响，但是以往的研究主要重视显性的激励契约，徐宁、徐向艺另辟蹊径研究隐性契约对企业技术创新的影响，发现控制权激励与技术创新动态能力之间存在显著的倒U型关系，保持适度的控制权激励力度、并对显性激励与隐性激励进行合理配置是提升上市公司技术创新动态能力的理性选择[26]。杨蕙馨、陈庆江也曾提出在国际服务外包中要特别注意隐性知识的转移与利用，提升企业的技术创新能力[27]。李平等从国际文献引用角度研究国际文献引用中知识扩散对中国的技术创新作用为正，并且高于FDI以及研发的效率[28]。

4. 创新组织模式及产品创新

创新需要企业、大学、研究机构、政府和用户等多个创新主体的共同参与才能实现，袭著燕等探索性构建了金融介入的政产学研用技术创新协同模式[29]。李星洲等提出了区域创新三螺旋模式，并以临沂市科学技术合作与应用研究院为例研究了政产学研结合的新型创新模式对经济欠发达地区企业发展的影响与作用[30]。在知识经济时代，模块化创新可以有效地连接与整合全球创新资源，增强全球竞争力和创新力[31]。

新产品是衡量企业研发产出的重要指标[32]，也是企业在竞争中获胜的关键因素[33]。新产品是否采用合作研发战略、高校邻近、同业邻近以及外溢技术的调整作用等都对创新绩效产生显著影响[34]。

5. 创业企业及高新技术产业的发展

创业及高新技术产业的发展近年来一直是国家大力提倡的，也是研究的热点之一。梁军等认为创业板对创新型企业的吸聚效应十分明显，但培育效应并不理想[35]。创新型中小企业融资难由来已久，梁益琳等从博弈论的视角，研究了创新型中小企业与商业银行的关系[36]。高新技术企业是技术创新的源头和科技成果转化的直接载体，借鉴发达国家高新技术产业发展的经验教训，可以为我国高新技术企业和产业的发展提供政策建议[37]。

（二）公司治理

公司治理是近年研究的热点之一，筛选出35篇文献，包括31篇CSSCI期刊文献和4篇博士论文。通过这些文献的梳理，我省学者在此方向的研究主要集中在董事会与管理层治理、上市融资与信息披露、集团管控与其他热点等几个领域。

1. 董事会与管理层治理

作为内部治理的重要组成部分，董事会与管理层一直是公司治理领域的研究热点。新的研究克服了以往用董事网络指标代替公司网络指标和未剔除关系网络中冗余联系的缺陷，从薪酬激励的角度验证了连锁董事的构建目的和董事网络对公司绩效的作用机理[38]。还有研究从嵌入性视角研究连锁董事网络发现嵌入机理是连锁董事的社会资本到企业的社会资本，嵌入效应是治理与战略的整合作用[39]。董事会中的独立董事一职由于近来各种负面新闻为社会所关注，研究发现董事的市场供给影响并决定董事会结构，本地和辐射中心的董事供给市场均对上市公司董事会独立性产生正向作用，但是董事选聘的市场化并不非常显著[40]。

管理层治理研究集中在薪酬激励问题上。通过对国内部分实施股权激励公司的研究发现，管理层利用股权激励牟取暴利的寻租行为非常常见，在资本市场有效性程度低、上市公司治理不规范的情况下，不宜大规模推广股权激励制度[41]。面向管理层和监事的股权激励也是近年来新的研究热点，徐宁、徐向艺从公司治理整合视角利用面板数据对监事股权激励效应进行了实证检验，发现在债权融资约束与独立董事监督的调节作用下，监事股权激励抑制了监事与代理人之间的合谋倾向，并且在股权制衡度的调节作用下抑制了监事与委托人之间的合谋倾向[42]，同样也有研究表明CEO任期与薪酬激励之间具有动态调整关系[43]。在董事会与管理层交互方面有研究从具有权力关联资源CEO的强制变更角度实证研究了上市公司的董事会治理效率，发现上市公司董事会在具有权力关系资源的CEO面前缺乏应有治理效率[44]。

2. 上市融资与信息披露

伴随着中国股市的发展，上市公司融资也逐渐成为学者的研究热点，黄少安等在早期关于股权融资偏好形成的研究基础上进一步提出并论证了股权融资成本软约束假说，认为股权融资偏好的第一层动因是由于构成股权融资成本各因素约束力的差异造成股权融资成本低于债权融资成本，第二层动因是由于中国公司治理与资本市场存在的诸多制度缺陷导致股权融资成本对企业内部人的融资决策缺乏约束力，使融资人以最大化个人效用函数为目标选择融资方式[45]。还有研究发现跨境上市会冲击母国证券市场流动性，影响流动性冲击方向的主要因素包括母国市场散户投资者数量，市场透明度和市场间信息关联度，时区差异、佣金费率和母国资本市场发展程度，政府资金管制以及市场间证券报酬率的相关性等5个方面[46]。

张宁、刘春林在其系列文章中研究了上市公司对传闻的澄清问题，分析了澄清公告对市场传闻和估计的影响[47]，探讨了企业回应方式和停牌策略的作用[48]，发现否认措辞将对澄清效果产生影响，并且两者的关系同时受到企业声誉和媒体权威性的调节作用[49]。

3. 集团管控

陈志军探讨了外部环境、母公司对子公司的管控程度以及子公司绩效之间的关系[50]，从母子公司文化控制的内涵、功能、影响因素、度量指标四个方面对国内外相关研究成果进行了系统梳理和评析[51]，并建立了母子公司研发协同量化评价模型[52]，同样也有实证研究探索了集团的研发协同与研发绩效[53]。潘爱玲等则从股权控制方面研究了母子公司问题，从静态和动态两个角度分析了企业集团股权控制行为的影响因素[54]。此外，集团的网络化演变[55]和集团战略异质性也是学者研究的热点[56]。

4. 其他公司治理问题

外部治理也是公司治理的重要研究领域。有研究利用联立方程模型研究了外部治理环境对我国上市公司债权人治理效率的影响，并深入分析了我国商业银行系统风险提高和上市公司代理问题激化的原因[57]。关联交易领域不仅有从政府监管的角度研究其治理问题的研究[58]，也有利用实证研究手段，以机构投资者的不同持股特征为切入点，检验了机构投资者对我国上市公司关联交易产生影响的研究[59]。还有学者基于权力视角对公司治理理论整合与优化，构造公司权力理论模型[60]，总结并评价了近30年公司治理研究的演进路径与重点突破，从研究脉络、研究主题、研究逻辑等方面进行了回顾[61]。

（三）人力资源管理

在当今知识经济时代，知识成为经济增长的关键因素，生产和传播知识的人力资源取代物质资源成为企业最重要的战略性资源[62]。通过检索与筛选发现，2012年我省学者对人力资源管理方向的研究共有51篇文献，其中3篇博士论文，1篇会议发言，主要集中在组织行为、薪酬福利管理等方面，而招聘与配置、职业生涯管理、绩效考核等人力资源管理的重要方面却几乎没有研究。

1. 组织行为

组织行为一直是学者们研究的热点，2012年我省学者的研究主要集中在胜任特征、组织支持感受等方面，而对诸如心理契约、心理资本、工作满意、组织承诺几乎没有研究，说明我省学者对于组织行为的研究还不够全面深入。

对于胜任特征研究经过半个多世纪的发展已逐步成熟，成为国内人力资源管理近20年来的研究热点之一[63]，但学术界对于胜任特征还没有统一的定义，学者们从不同的角度进行理解。王怀明等采用王重鸣对胜任素质的定义，认为胜任素质是指导致管理者高绩效的知识、技能、能力以及价值观、个性、动机等特征[64]。而查龙则将胜任力定义为：能够把某类工作中表现优秀者和表现一般者区分开的个体潜在的、持久的行为特征，并在此基础上，从组织战略的新视角构建胜任力模型[65]。针对目前大学生就业难的现实，杜岩等从胜任力视角研究了工商管理类大学生提高职业胜任力的问题，提出构建以提升职业胜任力为核心的实践教学体系[66]。

组织学习是近年来学者们较为关注的话题，但以往的研究大多重视组织内部的学习，对由合作产生的组织间学习关注很少，合作中企业会与外部伙伴在个体层、团队层和组织层产生知识流动，随后在其内部通过知识跨层次转移来实现能力提升[67]。孙卫敏等通过实证研究分析了组织支持感与员工敬业度的关系，发现员工敬业度在不同人口特征变量上，如年龄、婚姻状况、性别和企业性质上存在差异，并且组织支持感在其前因变量——程序公平、上级支持、组织报酬与员工敬业度之间的关系中具有较强的中介作用[68]。

2. 薪酬福利管理

2012年我省学者主要研究了高管的薪酬激励。位华采用92家城市商业银行2001—2010年的非平衡面板数据，发现CEO的股权薪酬显著增加了商业银行的风险承担，而CEO的货币薪酬显著降低了商业银行的风险承担[69]；同时CEO任期与货币薪酬、股权激励及薪酬差距之间均呈倒U型关系[70]。曹廷求则另辟蹊径，从董事社会关系的角度研究，认为董事对公司绩效的正向影响是在个人目的达到之后产生的溢出效应或激励后效，给予结交更多“朋友的朋友”的董事更多薪酬会显著增加未来绩效[71]。

（四）市场营销

2012年我省学者对市场营销方向的研究大致有35篇文献，其中6篇博士论文，研究的热点集中在品牌、消费者行为、顾客关系管理及其他方面。

1. 品牌

品牌一直是市场营销研究的重点。有研究利用世界品牌实验室的数据，采用基尼系数方法得出了目前我国品牌分布存在明显的地域差异[72]。其他研究也表明上榜品牌总价值和上榜品牌多样性与区域人均GDP有显著的正相关关系，区域上榜品牌丰裕度与区域人均GDP呈现弱的负相关关系[73]。同时社会研发投入和开放程度对品牌分布具有重要影响[74]。辛杰则从消费者企业社会责任（CSR）感知的视角和消费者期望与动机的作用角度进行实证研究，并以CSR感知质量[75]、CSR期望一致性为中介变量，感知动机为调节变量[76]，研究企业社会责任表现、消费者感知的企业社会责任以及企业品牌资产建立的关系，为企业从社会责任视角提升品牌价值提供依据[77]。品牌的建立不能仅仅从单个企业、单个品牌入手，顾立汉、王兴元从理论的角度论述了服务品牌集群生态圈核心层结构以及不同结构在功能方面的差异[78]，王启万、王兴元通过焦点小组访谈法建立了产业集群领导品牌生态位结构体系，并应用这一体系对徐工集团进行了案例分析[79]。

2. 消费者行为

随着“顾客是上帝”的观念日益深入人心，对消费者行为的研究也成为理论界研究的热点。赵炳新等通过理论研究提出消费者决策的概念与相关问题[80]，徐国伟通过实证研究考察了产品卷入度、感知风险、顾客忠诚之间的关系以及每一个构念是如何影响消费者产生不同的消费行为[81]。还有学者通过构建结构方程模型研究消费者对于特定的产品和服务的消费行为，并基于感知价值理论及网络外部性理论，对近距离移动支付的消费者用户接受行为进行研究[82]，同时还有学者对城市居民对转基因食品的认知与消费行为进行了调研，发现消费者对转基因食品接受程度较高，但购买意愿不高，实际购买行为和人们的想象有出入[83]。

3. 顾客关系管理及其他

顾客关系管理是市场营销研究的重要领域，建立良好的顾客关系是企业基业永葆长青的长久之计。服务业员工—顾客间互动行为对顾客满意感有显著影响，但导致顾客满意和顾客不满的行为成因并不完全一致：引发顾客满意的主要影响因素是服务人员自发主动的行为；导致顾客不满的主要行为成因有负面的员工自发行为和服务系统出错时员工不恰当的补救反应[84]。有学者对保险公司的交叉销售进行聚类分析，得出市场人员根据客户分群和特征业务项提取的结果，就可以很明确地确定各客户待推荐的业务，从而大大提高业务推广活动和主动营销的响应率[85]。针对银行全球化营销的发展趋势，刘侠构建了银行全球营销战略新维度及一套测度量表，并通过66家在华跨国银行的调研数据验证了量表的信度和效度，为后续学者的研究提供了良好的平台，为银行如何构建全球营销战略和提高全球经营绩效提供了借鉴[86]。

（五）其他

除以上几个提到的研究热点之外，2012年我省学者也对企业并购、企业战略、企业低碳管理策略、劳动力就业等问题进行了研究。其中企业并购方面文献共有13篇，包含1篇博士论文，战略及其他方向的文献共19篇。

1. 企业并购

企业并购方面的研究主要集中在跨国并购企业文化整合，横向并购效率抗辩、评估审查以及发展路径等方面。

随着我国企业国际化的不断发展，跨国并购事件频出。但我国企业在跨国并购中对企业文化整合的重视程度不够，影响了并购的效果，张汝根、杨蕙馨分析了我国企业跨国并购中文化整合效果不佳的原因，并设计出了我国跨国并购企业文化整合方案[87]。余东华分析了横向并购效率抗辩以及并购评估审查问题，并从价格下降的视角分析了最低要求效率[88]；以Cournot模型为基础，从成本节约不确定性的角度系统分析了横向并购中的效率抗辩问题[89]，同时还对横向并购中反垄断控制的福利标准进行了研究[90]。横向并购有利于扩大企业的市场份额，但是并购后也可能会产生一系列的问题，杨蕙馨等在分析了房地产业集中度变化的基础上，探讨了房地产业实现良性发展的路径[91]。

2. 企业战略

企业战略方面的研究除了前面提到的创新战略、营销战略等之外，还有学者对国家科技发展战略进行了研究。中国在科技发展方面应走自己的路，应注重于自身的发展，认真处理与美国及其他科技发达国家的竞争与合作[92]；周乔等对欧盟的能源战略进行了解析，并提出了俄美中对其的意见以及应对策略[93]；针对我国烟草企业面临的困境，对比国外烟草公司的成功经验，汪立军指出采取大规模跨国并购和联盟战略才是烟草企业突破困局的出路所在[94]。

3. 企业低碳管理策略

2012年《京都议定书》到期，国际社会正式步入后京都时代，向低碳型社会转变是势在必行的[95]。朱瑾、王兴元根据我国企业所处的低碳环境，提出了我国企业应关注低碳法规政策、重视低碳技术研发、引领低碳消费新观念的企业低碳管理再造策略[96]。建立低碳生态城市不仅需要政府激励政策、配套扶持政策、自愿性政策等，还需要在生态产业政策、绿色财政政策、金融政策、技术创新政策、价格调控机制、生态保护政策和统计监测制度建设等方面进一步完善和创新[97]。

4. 劳动力就业及其他

在城镇化快速发展的今天，农村劳动力非农化现象日益凸显。研究发现在劳动者个人因素中，对农村劳动力非农化程度影响力最大的前三位因素是：是否有技术特长，是否接受过职业培训，以及年龄大小；而在劳动者家庭因素中，家庭人均耕地面积的影响力最大[98]。随着技术的不断发展，一些传统的劳动力密集型产业逐渐被技术密集型产业所取代。有研究表明技术进步对各地区就业产生负向影响[99]，但我们不能因为技术进步对就业具有负面影响就选择不进行技术开发，必须在技术进步与促进就业之间找到合理的平衡。

四、总结与展望

总体而言，2012年我省企业管理（工商管理）学科发展成果显著，一批年轻的学者崭露头角，研究热点层出不穷。结合本文的综述和国际上企业管理学科研究的前沿问题，当前我省企业管理学科研究的热点主要集中在创新、公司治理、组织行为、品牌生态、并购等领域，这也与我省乃至全国的经济社会发展趋势相吻合，与我省企业和产业发展面临的实际问题相贴切。

就研究对象与趋势而言，我国正在以创新驱动战略加快转变经济发展方式，我省正在实施“一蓝一黄”发展战略，这给我们未来的研究方向以启示。在创新领域，我省企业管理学科的未来研究方向应关注创新理论、管理创新、技术创新管理等方面，深入研究我省企业在全球化浪潮下技术改造升级、效率提高等方面。企业创新非一日之功，创新问题仍是未来学科研究的热点。在公司治理领域，应关注有中国特色的公司治理问题，近年中国上市公司骤增，出现了很多治理新问题，为公司治理领域研究提供了丰富的案例材料，董事会与管理层的交互、集团内部管控和外部治理等问题都应是未来的研究方向。在人力资源管理领域，组织学习与创新、组织行为与文化都是未来关注的重点，还有与公司治理相交叉的股权激励等问题，都是企业面临的新问题，组织行为问题由于研究涉及数据收集难度大是我省研究的薄弱环节之一。这一系列研究热点与难点，都值得我省学者在未来深入研究。

参考文献：

[1]Zhang, H., Kwan, K. H., Zhang, X., Wu, L. Z.. High Core Self-Evaluators Maintain Creativity: A Motivational Model of Abusive Supervision. Journal of Management, December 2012.

[2]Gedajlovic, E., Cao Q., Zhang H.. Corporate shareholdings and organizational ambidexterity in high-tech SMEs: Evidence from a transitional economy. Journal of Business Venturing, November 2012.

[3]徐向艺：《公司治理前沿问题研究》，经济管理出版社2012年版。

[4]杨蕙馨等：《经济全球化条件下产业组织研究》，中国人民大学出版社2012年版。

[5]杨蕙馨、李国锋等：《中国企业自主创新能力提升路径与对策研究》，经济科学出版社2012年版。

[6]王怀明、王益明：《高级组织行为学10讲》，华东师范大学出版社2012年版。

[7]张玉明等：《中国中小上市公司成长报告(2012年度)》，山东人民出版社2012年版。

[8]张晓峰、徐向艺：《高校经营性资产的经营与管理研究》，经济科学出版社2012年版。

[9]许艳华：《全球化视域下我国科技自主创新的历程和战略思考》，《科技管理研究》2012年第10期。

[10]鞠姗：《承接服务业国际转移与产业结构升级研究——基于山东省1990—2009年数据》，《开发研究》2012年第8期。

[11]李建民、张海伟：《经济文化与中国科技发展问题分析》，《新视野》2012年第5期。

[12]王春晖、李平：《政府扶持企业技术创新的政策效应分析》，《科技进步与对策》2012第2期。

[13]李平、李淑云、许家云：《收入差距、有效需求与自主创新》，《财经研究》2012第2期。

[14]刘晓宁：《外商研发投资对我国区域创新体系的影响——基于1999年—2008年省际面板数据的实证检验》，《经济经纬》2012年第1期。

[15]高建刚：《研发外溢、企业产权结构与研发效率关系研究》，《科学学与科学技术管理》2012年第8期。

[16]韩景梅、毛荐其：《研发团队的情商培育》，《科技管理研究》2012年第2期。

[17]孙锐、张文勤、陈许亚：《R&D员工领导创新期望、内部动机与创新行为研究》，《管理工程学报》2012年第2期。

[18]胡元木：《技术独立董事可以提高R&D产出效率吗？——来自中国证券市场的研究》，《南开管理评论》2012年第2期。

[19]吴红、常飞：《企业专利信息资源配置研究》，《科技管理研究》2012年第14期。

[20]同[19]。

[21]于伟、张鹏：《我国省域专利授权分布及影响因素的空间计量分析——基于2007—2009年统计数据的实证研究》，《宏观经济研究》2012年第6期。

[22]辛晴、杨蕙馨：《知识网络如何影响企业创新——动态能力视角的实证研究》，《研究与发展管理》2012年第6期。

[23]陈浩义、王敏、王文彦：《基于知识流视角的企业技术创新过程中知识进化机理研究》，《情报科学》2012年第10期。

[24]阮国祥、阮平南、于淑俐：《基于知识观的突破性创新网络组织模式研究》，《情报杂志》2012年第10期。

[25]朱敏、高越：《智力外流对中国技术创新的影响——基于地区差异的实证研究》，《科学学与科学技术管理》2012年第10期。

[26]徐宁、徐向艺：《控制权激励双重性与技术创新动态能力——基于高科技上市公司面板数据的实证分析》，《中国工业经济》2012年第10期。

[27]杨蕙馨、陈庆江：《国际服务外包中知识转移对接包企业技术能力的影响》，《山东大学学报(哲学社会科学版)》2012年第2期。

[28]李平、宫旭红、齐丹丹：《国际文献引用、技术知识扩散与中国的技术创新》，《世界经济研究》2012年第1期。

[29]袭著燕、李星洲、迟考勋：《金融介入的政产学研用技术协同创新模式构建研究》，《科技进步与对策》2012年第22期。

[30]李星洲、李海波、沈如茂、孙长高、甄守业：《我国政产学研合作的新型组织模式研究——以山东省临沂市科学技术合作与应用研究院为例》，《科技进步与对策》2012年第22期。

[31]夏辉、薛求知：《论服务型跨国公司全球价值网络模块化——以跨国银行为例的实证检验》，《复旦学报（社会科学版）》2012年第6期。

[32]同[15]。

[33]刘芳、苗旺：《两种竞争性创新产品扩散的建模》，《统计与决策》2012年第6期。

[34]王涛：《新产品合作研发战略与创业型企业创新绩效研究》，《山东大学学报（哲学社会科学版）》2012年第3期。

[35]梁军、周扬：《创业板对创新型企业的吸聚效应和培育功能》，《现代财经（天津财经大学学报）》2012年第10期。

[36]梁益琳、张玉明：《创新型中小企业与商业银行的演化博弈及信贷稳定策略研究》，《经济评论》2012年第1期。

[37]刘文俭、倪庆东、朱炜：《推进高新技术企业发展的国内外经验与启示》，《科技管理研究》2012年第4期。

[38]曹廷求、王营、张蕾：《董事网络位置及其溢出效应：为关系支付薪酬?》，《财经研究》2012年第10期。

[39]郑方：《董事市场供给会影响董事会独立性吗？——基于中国上市公司的实证分析》，山东大学博士论文，2012。

[40]曹廷求、王营、张蕾：《董事市场供给会影响董事会独立性吗？——基于中国上市公司的实证分析》，《中国工业经济》2012年第5期。

[41]宫玉松：《上市公司股权激励问题探析》，《经济理论与经济管理》2012年第11期。

[42]徐宁、徐向艺：《监事股权激励、合谋倾向与公司治理约束——基于中国上市公司面板数据的实证研究》，《经济管理》2012年第1期。

[43]王营，曹廷求：《CEO任期、继任来源与管理层激励的动态调整》，《上海经济研究》2012年第11期。

[44]庞金勇：《上市公司董事会对权力关联CEO的监管效率研究——以CEO职位强制变更为视角》，《科学经济社会》2012年第3期。

[45]黄少安、钟卫东：《股权融资成本软约束与股权融资偏好——对中国公司股权融资偏好的进一步解释》，《财经问题研究》2012年第12期。

[46]陈学胜、覃家琦：《跨境上市与证券市场流动性之争研究述评》，《经济评论》2012年第1期。

[47]张宁、刘春林：《传闻澄清的市场反应研究——澄清公告详细性的作用》，《财贸经济》2012年第3期。

[48]张宁、刘春林：《澄清公告的市场反应研究——上市公司传闻响应因素的作用》，《证券市场导报》2012年第7期。

[49]张宁、刘春林：《企业声誉与媒体权威性在证券市场传闻澄清中的作用——关于上市公司应对证券市场传闻的实证研究》2012年第6期。

[50]陈志军、谢明磊：《外部环境、管控程度与子公司绩效》，《科学学与科学》2012年第9期。

[51]陈志军、王晓静：《母子公司文化控制研究述评与展望》，《东岳论丛》2012年第3期。

[52]陈志军、闫维波，王晓静：《母子公司研发协同评价模型的构建》，《科学学与科学技术管理》2012年第12期。

[53]王晓静：《企业集团研发协同与研发绩效的实证研究》，山东大学博士论文，2012。

[54]潘爱玲、李香梅：《基于双重视角的股权控制行为影响因素分析》，《广东社会科学》2012年第1期。

[55]李彬：《企业集团网络化演变路径及其组织属性分析》，《贵州社会科学》2012年第10期。

[56]刘素、陈志军：《集团战略异质性与控制权配置的关系分析》，《现代财经（天津财经大学学报）》2012年第6期。

[57]王贞洁、沈维涛：《外部治理环境与上市公司债权人治理效率》，《山西财经大学学报》2012年第3期。

[58]李莉：《中国上市公司关联交易监管制度研究》，山东大学博士论文，2012。

[59]高培涛、王永泉：《机构持股对上市公司关联交易影响的实证研究》，《山东大学学报（哲学社会科学版）》2012年第4期。

[60]张晓峰：《基于权力视角的公司治理理论整合与优化》，《山东大学学报（哲学社会科学版）》2012年第5期。

[61]曹廷求：《近30年公司治理研究的演进路径与重点突破》，《经济学动态》2012年第4期。

[62]刘琪、周家娟：《知识经济时代下人力资源价值评估》，《山东大学学报（哲学社会科学版）》2012年第1期。

[63]查龙：《基于战略前瞻性视角的胜任力研究》，《商品与质量》2012年第S5期。

[64]王重鸣：《心理学研究方法》，人民教育出版社1998年版。

[65]同[63]。

[66]杜岩、王鹏：《工商管理类专业大学生职业胜任力问题研究》，《大学教育》2012年第9期。

[67]任荣、王涛：《合作条件下企业能力提升的路径分析——基于组织学习模式的实证研究》，《软

科学》2012 年第 5 期。

[68]孙卫敏、吕翠：《组织支持感与员工敬业度关系》，《北京理工大学学报（社会科学版）》2012 年第 4 期。

[69]位华：《CEO 权力、薪酬激励和城市商业银行风险承担》，《金融论坛》2012 年第 9 期。

[70]同[43]。

[71]同[38]。

[72]刘华军、赵浩、杨骞：《中国品牌经济发展的地区差距与影响因素——基于 Dagum 基尼系数分解方法与中国品牌 500 强数据的实证研究》，《经济评论》2012 年第 3 期。

[73]顾立汉、王兴元：《品牌分布形态与区域经济发展关系实证研究》，《软科学》2012 年第 8 期。

[74]倪慧君、于伟：《中国驰名商标分布影响因素的空间计量研究》，《科技管理研究》2012 年第 14 期。

[75]辛杰：《论企业社会责任对品牌资产的影响——基于消费者 CSR 感知的视角》，《深圳大学学报（人文社会科学版）》2012 年第 6 期。

[76]辛杰：《企业社会责任对品牌资产的影响：消费者期望与动机的作用》，《当代财经》2012 年第 10 期。

[77]同[75]、[76]。

[78]顾立汉、王兴元：《服务品牌集群生态圈结构及功能分析》，《管理现代化》2012 年期 2 期。

[79]王启万、王兴元：《产业集群领导品牌的生态位识别研究》，《管理现代化》2012 年第 4 期。

[80]赵炳新、周彦莉：《消费者决策网络：概念与相关问题研究》，《山东大学学报（哲学社会科学版）》2012 年第 3 期。

[81]徐国伟：《产品卷入度与感知风险下顾客忠诚研究》，《软科学》2012 年第 2 期。

[82]杨永清、张金隆、李楠、杨光：《近距离移动支付用户接受行为研究：基于消费者视角》，《图书情报工作》2012 年第 2 期。

[83]张秀芳、张宪省：《城市居民对转基因食品的认知与消费：鲁省调查》，《改革》2012 年第 7 期。

[84]吕艳玲、王兴元：《服务互动及其对顾客满意影响的实证研究》，《山东大学学报（哲学社会科学版）》2012 年第 6 期。

[85]王新军、胡曼：《寿险交叉销售的聚类技术实务分析》，《保险研究》2012 年第 1 期。

[86]刘佚：《银行全球营销战略的量表开发与实证检验》，《统计与决策》2012 年第 16 期。

[87]张汝根、杨蕙馨：《跨国并购中的企业文化整合探讨》，《经济纵横》2012 年第 10 期。

[88]余东华：《横向并购效率抗辩中的最低要求效率研究》，《中国工业经济》2012 第 9 期。

[89]余东华、马路萌：《成本节约的不确定性、效率抗辩与并购评估审查》，《上海经济研究》2012 年第 8 期。

[90]余东华：《横向并购反垄断控制的福利标准选择研究》，《复旦学报（社会科学版）2012 年第 6 期。

[91]杨蕙馨、王继东、徐召红：《横向并购：我国房地产业集中度演变与发展路径研究》，《经济学动态》2012 年第 4 期。

[92]孙波：《中美国家当代科技发展战略比较与分析》，《生产力研究》2012 年第 9 期。

[93]周乔、李海龙：《在利益与价值间寻求平衡——欧盟的中亚能源战略解析》，《世界经济与政治论坛》2012 年第 5 期。

[94]汪立军：《中国烟草：突破“走出去”瓶颈》，《国际经济合作》2012 年第 4 期。

[95]魏东、王璟珉、聂利彬：《低碳经济研究学术报告（2011）》，《山东大学学报（哲学社会科学版）》2012 年第 3 期。

[96]朱瑾、王兴元：《中国企业低碳环境与低碳管理再造》，《中国人口、资源与环境》2012 年第 6 期。

[97]郭强、管瑞龙：《构建低碳生态城市的政策体系探讨》，《经济纵横》2012 年第 7 期。

[98]张务伟、张福明、杨学成：《农村劳动力非农化程度微观影响因素的实证研究》，《统计研究》2012 年第 1 期。

[99]赵利、潘志远：《技术进步影响地区就业结构的实证分析》，《中南财经政法大学学报》2012 年第 6 期。

（作者：杨蕙馨，山东大学管理学院教授；赵宵丽、易子英，山东大学管理学院硕士研究生）

会 计 学

潘爱玲

一、2012 年度山东省高校会计学科研究概况

随着经济的运行和发展，会计在市场经济中的地位将更加突出并发挥其更为重要的作用，它是保证经济活动正常有序运行的一个重要“关口”。实践证明：经济离不开会计，经济越发展，会计越重要。2012 年，中国经济运行缓中趋稳，主要经济指标增长速度回落幅度收窄，经济预期指标开始回暖，产业结构正在升级，经济发展方式正在转变。

在此背景下，作为山东省“十二五”强化建设的特色重点学科，山东省高校会计学科围绕会计基本理论发展与创新、公司财务管理及资本市场、审计与内部控制、政府与非营利组织会计等特色研究方向，进一步加强研究团队建设和合作研究，培育精品力作和重大标志性成果，开展了 40 余项国家级及省级课题研究，在《中国工业经济》、《会计研究》、《审计研究》、《中国管理科学》等重点学术核心权威刊物发表论文 60 余篇。

山东省高校会计学科成功举办了多次富有影响的学术活动。山东大学师生与南开大学周晓苏教授关于“财务报告透明度与投资者保护”进行了学术交流；东吴大学商学院院长就“会计数量研究之探讨——DEA and HIROSE Model”进行交流和研讨。

中国海洋大学会计学科成功举办了以“营运资金管理与财务风险评估”为主题的“2012 营运资金管理高峰论坛”，专辑出版了《2012 营运资金管理高峰论坛论文集》。论坛同时设置了“企业高峰论坛”和“学界高端研讨”两个分论坛进行了交流和研讨。论坛举行了财政部企业司、中国会计学会、中国海洋大学等九家单位共建中国企业营运资金管理研究中心揭牌仪式。

山东财经大学会计学科成功举办了“财务管理学科建设论坛”，通过了自主设置财务管理、审计学硕士点的审核和招收工作，完成了会计学博士点的申报和验收工作。

此外，山东社会科学院、山东科技大学、山东师范大学等高校和科研机构也举办了若干学术交流活动，对会计理论的发展作出了贡献。

二、2012 年度山东省高校会计学科研究中的主要学术问题和学术观点

（一）会计基本理论研究方向

2012 年，山东省高校会计研究学术团队对该方向进行了深入研究，立项了 9 项教育部及山东省社科项目等，围绕会计准则、信息披露、分学科会计及文化对会计的影响等领域进行了探讨，重点集中于山东大学、中国海洋大学、山东财经大学会计学术团队。该方向研究成果如下：

1. 会计准则与信息披露研究方向

在会计准则及信息披露研究方面，山东省研究人员重点对公允价值会计的经济后果、信息披露与监管进行了研究，并取得显著成果，该方面的研究成果主要有：

刘慧凤教授在《会计研究》发表了《会计在实体经济与虚拟经济互动中的传导作用》一文，认为实体经济与虚拟经济基于二者之间的价值联系而互动，会计是实体经济与虚拟经济互动运行中的信号传导机制，经济发展的波动性和周期性是循环因果累计过程的结果，从宏观视角认识会计的经济角色，解读会计与经济周期性波动的关系，并推演出会计信息披露和信息使用的改革方向[1]。同时，进一步对公允价值计量改革对公司利润分配的影响进行分析，认为公允价值计量属性的引入，改变了营业利润的构成，也改变了净利润的计量方法，而未实现的公允价值变动损益和资产减值损失不具备可分配利润的特点，不能直接以净利润减公允价值变动收益作为利润分配的基数，需考虑递延所得税的影响，因此，研究分析了改革公司利润分配法案的必要性，并对公司利润分配提出建设性意见[2]。此方向实证检验新会计准则引入的公允价值会计信息对银行贷款契约的有用性，研究结果揭示了会计信息在债务契约中的应用特点[3]。

刘海英教授针对旅游上市公司对该方向提供经验证据，研究表明，我国旅游上市公司自愿性信息披露水平整体较低；景点类公司自愿性信息披露水平显著高于其他旅游上市公司；自愿性信息披露越多，越有利于公众正确决策，也越有利于市场通过有效配置资源而变得更加有效，验证了市场信号理论；由于某些宏观因素的影响，詹森指数未能成功地反映出旅游上市公司的市场业绩，也就未表现出与资源信息披露的显著相关性[4]。

王守海教授在《会计研究》发表文章《非活跃市场环境下公允价值计量国际经验与研究启示》，认为目前会计准则对非活跃市场环境下公允价值计量仅作出原则性规定，没有提供可操作性的指导，研究将内部风险计量和评价技术与公允价值计量协调

起来，建立公允价值计量整体框架，并构建公允价值计量可靠性保障机制，以期为非活跃市场环境下公允价值计量提供具体指导[5]。

高芳、傅仁辉则实证研究了会计准则改革的资本市场效应，研究发现会计准则改革显著提高了A股公司的股票流动性，降低了权益资本成本，进而提高了企业价值[6]。

2. 分学科基础会计研究方向

伴随着中国经济发展，各项经济理论逐渐提出并完善，相应会计理论也逐步发展，2012年，山东省研究人员重点开展了利益相关者会计、人力资本会计、技术资本会计、碳会计等的研究。

王竹泉教授在《中国工业经济》发表了《利益相关者视角的企业形成逻辑与企业边界分析》，提出了“利益相关者集体选择企业理论”，认为两个层次的集体选择共同决定了企业的所有权边界，而企业与利益相关者签订的交易契约则界定了企业的经营边界，动态变化是企业所有权边界和经营边界的基本特征[7]。王贞洁、沈维涛等通过对债权人治理问题的研究发现，政府干预是导致我国债权人治理低效的重要原因，而债权人治理低效激化了公司的过度投资和利益输送问题。随着政府干预的降低，商业银行对于上市公司（特别是国有上市公司）长期债务的治理效率有所提高，债权人风险得到控制[9]。我国良好的金融生态环境以及外部审计监督有助于增强债务融资的市场化定价，提高信贷资源的配置效率[10]。

罗新华对人力资本与人力资源会计诸问题的现存研究进行了综述，总结了人力资本概念的提出、“内生增长理论”的崛起、企业组织的人力资本理论，并在该理论基础上形成了一套人力资源“成本与价值”会计体系；梳理了人力资本确认的两种观点：“不可确认论”与“可确认论”；进而从价值计量时间、价值计量对象、计量精确性等角度总结了人力资本的计量[11]。

徐国君、胡春晖等提出建构“人本管理会计”，即以人为中心、为根本的价值创造的支持决策与管理控制系统，认为通过仿生学设计和构建三个相互联系的时间维、逻辑维和知识维（或空间维）的立体结构的分析范式可以为人本管理会计系统提供基础性方法体系[12]。马广林、王康、杨扬则基于人力资本固有的无形性、依附性、隐蔽性和输出不确定性特点，提出了构建“资”、“权”、“责”、“利”对等的动态人力资本产权激励机制的设想，从根本上调动人力资本所有者价值创造积极性，释放人力资本价值创造潜能，驱动企业价值高效提升[13]。

罗福凯、永胜等对技术资本进行探讨，研究表明，技术资本是我国战略性新兴产业的核心资本；企业技术替代人力的程度远大于机器设备替代人力的程度，技术资产的占有额大小与员工数量呈负相关关系[14]。

鉴于全球气候问题的性质和建立类似商品市场联系的历史经验，发展碳交易市场，建立全球温室气体排放的有效市场将可能实现，相应的“碳会计”研究也成为会计学术领域的研究热点。张玉明基于区域低碳技术创新系统特征，通过理论遴选以及运用专家咨询法、隶属度法、相关分析法和鉴别力法等多轮实证筛选，构建了区域低碳技术创新能力评价模型，模型表明，显性的低碳技术创新投入和产出能力与隐性的低碳技术创新支撑能力三者之间的相互配合与协调是实现区域低碳技术创新能力持续提升的前提和保障[15]。曲国霞等研究了企业减排与绩效的关系，研究提出，企业进行减排可以为企业积累有形资源、人力资源与组织能力、无形资源等异质性资源，而这些资源是企业绩效和竞争优势的来源，因此，企业减排有利于绩效的提升，且这种积极影响存在滞后性。研究通过实证结果也验证了此分析[16]。

王爱国教授带领学术团队深入研究了与环境会计紧密相关的“碳会计、碳审计和社会责任会计”等问题，先后在《会计研究》、《审计研究》等CSSCI期刊上发表《我的碳会计观》[17]、《碳会计问题的新发展》、《碳减排政策的国际比较及其对中国的启示》[18]和《国外的碳审计及其对我国的启示》[19]等相关论文近20篇，出版著作2部，该项研究为在碳会计与碳审计研究领域具备深刻的理论意义。

3. 文化对会计的影响方面

2012年，会计基本理论的创新性研究重点集中在山东大学以潘爱玲教授为主的学术团队中，该学术团队在《会计研究》发表了《文化对会计的影响：文献述评及未来研究展望》。认为文化作为区别不同民族成员的集体心理模式，对各国会计准则和会计实践都具有重要影响。通过对该领域的国内外文献进行系统梳理，研究发现，在会计稳健性方面，国外学者的实证检验基本上证明了一个国家的不确定性规避水平与会计的稳健性显著正相关；在财务信息披露方面，文化要素对财务披露的作用效果方面未能达成共识；在会计准则趋同方面，学者们肯定了文化对国际会计准则被接受与被采用程度的显著影响，也指出会计实践的可能差异性。研究对文化对会计的影响研究成果进行了简要评论，并指出Hoofs tede - Gray框架的适度修正及其适应性检验、文化融合与会计准则国际趋同间的互动关系、东方特色文化对会计行为的深层次影响等未来研究方向与重要议题[20]。

（二）财务管理与资本市场研究方向

2012年，山东省高校会计研究学术团队就该方向重点探讨了集团财务管控、盈余管理、财务治理及资本市场等领域，开展了“合作网络范式下的企业集团管理控制研究”、“企业集团内部资本市场的构建及运行机理研究——组织间关系视角的引入”等10余项课题，取得的研究成果如下：

1. 企业集团财务管控方面

潘爱玲教授带领学术团队对该方向进行深入研究，在《广东社会科学》发表了《基于双重视角的股权控制行为影响因素分析》一文，对企业集团股权控制行为从静态和动态双重层面进行研究，提出了“股权控制行为的三层次分析框架”，主要分析了8个重要影响因素：母公司层面主要分析母公司的控制性因素；母子公司融合层面主要分析决定子公司所执行活动与母公司协调程度的业务关联度及文化融合度因素；子公司层面主要分析影响子公司独立性的因素。通过对股权控制影响因素的层层分析表明，只有从静态和动态双重视角下对股权控制行为影响因素研究，才能有效解决集团内股权控制力耗散严重的现象，提高企业集团的股权控制效率[21]。

李彬对企业集团网络化演变路径及其组织属性进行了分析。研究将企业集团网络化演变路径总结为“两个动因、三个条件与一个成果”。在系统还原企业集团网络化演变路径的基础上，重点剖析了企业集团合作网络的双重性与稳定性问题[22]。

2. 营运资金管理与盈余管理方面

2012年，中国海洋大学王竹泉教授对营运资金管理进行了探讨，在《会计研究》发表了《中国上市公司营运资金管理调查：2011》，通过行业总体分析、行业趋势分析、地区比较分析和专题分析（外向型行业分析、战略性新兴产业分析），得出了“上市公司营运资金整体占用水平持续增高，营运资金管理绩效降低较为普遍”、“上市公司营运资金要素管理水平较为成熟，但渠道管理意识有待加强”、“上市公司对商业信用的依赖度较强、短期借款和供应链依赖度较为稳定”、“高度外向型行业营运资金管理绩效较低或有较大幅度的降低、战略性新兴产业营运资金管理绩效全面下滑”等研究结论[23]。另外，该研究方向还发表了《中部地区上市公司营运资金管理调查总体分析》[24]、《营运资金与企业价值的情境研究》[25]等重要论文，并在2011年出版的首部营运资金管理发展报告——《营运资金管理发展报告2011》基础上，又出版了《营运资金管理发展报告2008—2010》[25]和《营运资金管理发展报告2012》[26]。

武恒光则以我国上市商业银行为研究对象，基于我国特定的银行治理特征和环境，研究了高管薪酬对盈余管理的影响及作用机制。研究结果表明，行政干预的银行特征及其引致的弱治理环境，是高管薪酬代理成本增加效应存在的关键推动因素。行政干预影响甚至改变了高管薪酬的作用机制，弱化了市场调节功能[27]。韩鹏等在对高新技术企业研发投资行为的研究方面，于《财经问题研究》上发表题为《融资约束、现金持有与研发平滑》[28]的文章，考察高新技术企业研发平滑行为的存在性及影响因素，该研究发现面临融资约束企业的研发平滑动机要强于非融资约束企业，但效果不显著。

3. 公司财务治理方面

潘爱玲教授带领团队，在该研究方向开展了山东省自然科学基金项目“循环经济下财务创新”的研究。结合我国当前经济转轨导向，引入循环经济理念，对企业财务治理进行创新研究，研究提出，循环经济型企业财务治理在财权分配过程中充分考虑环境、生态因素以及资源的循环高效利用，实现全体利益相关者的利益均衡。在治理中，需体现“共同治理”的两个特征：扩展性及多元性，即参与主体的扩展、治理机制的多元[29]。鞠雪芹则构建模型，研究两权分离对企业价值的影响，研究发现，较高的控制权、较低的现金流权及控制链的加长，使得两权分离程度高；自然人控股公司中，两权分离度较高，将降低企业价值；国资委控股公司中，两权分离度与企业价值间呈现微弱的U型关系[30]。王爱国则对实际控制人对上市公司的现金股利分配进行了研究，探讨了上市公司控制权获得方式与现金股利的相关关系[31]。

该方向对高管更替、高管薪酬及独立董事进行了研究，以上市公司高管更替数据为研究样本，引入了高管团队重组和战略连续性作为中介变量，探讨了不同高管更替模式对企业绩效的影响路径[32]。而高管薪酬的公平性则可以促进组织功能的发挥，提高组织中高管和员工的积极感受与行为；会促进社会的和谐发展，为将来的量化研究提供参考[33]。在董事会研究领域，胡元木、王伟红等分别就《萨班斯法案》对董事会的影响及技术独立董事的引入进行了研究。《萨班斯法案》关于审计委员会方面的明文规定加速了公司董事会的变化，使得公司治理改革超越了法律的既定要求；聘请技术独立董事的公司能够提升RD产出效率，并且当上市公司同时设置技术执行董事和技术独立董事时，RD产出效率更高，但没有发现技术独立董事薪酬对RD产出效率起到激励作用[34,35]。

4. 资本市场研究方面

于忠伯、田高良等从盈余信息市场反应的角度，进一步解释了市场压力的来源以及对管理者行为的影响[36]。刘春林、张宁等对传闻澄清对资本市场的影响进行了系列研究，研究发现，有效市场假说在传闻澄清问题上没有得到支持，投资者对澄清公告反应不足，内容详细的澄清公告有助于消除传闻影响，股价在公告后30日内得以恢复，内容简略的澄清公告则可能造成无法挽回的后果，公告后60日内股价下跌幅度依然保持在4%的水平[37]；澄清公告效果一定程度上依赖于公司的澄清方式，模糊澄清非但达不到效果，而且进一步加剧了传闻的影响，产生"澄清公告澄不清"的现象，澄清效果不仅与澄清方式有显著关系，而且还受到公司声誉、停牌等因素的影响[38]；否认措辞（信息内部）将对澄清效果产生影响，并且两者的关系同时受到企业声誉和媒体权威性（信息来源）的调节作用，企业声誉越差，媒体权威性越高，否认措辞对澄清效果的影响越大[39]；企业"回应方式"和"停牌策略"两因素对澄清公告的市场反应产生影响，但两者在不同性质传闻样本中的作用并不一致[40]。

（三）审计与内部控制研究方向

审计相关研究已有丰富的研究成果，而随着经济发展，其研究仍是热点之一，2012年山东省高校学术团队的研究成果主要有：

房巧玲提出了"环境审计'去审计化'"的观点，认为环境审计发展到今天，无论在理论研究层面还是实践层面，都大大突破了传统审计框架的范围，呈现出典型的"去审计化"特征。这一特征与其历史渊源和现实背景密切相关，有其存在的客观合理性[41]。

武恒光对审计质量及审计独立性进行探讨，研究结果表明，相对于非政府控制的商业银行，政府控制的商业银行支付给审计师的经济利益越大，盈余管理程度更高；审计质量并非在任何情形下都会随着经济利益的增加而降低，审计师在为政府控制的商业银行提供业务情形中，过高的经济利益，促使其接受了客户的盈余管理偏好，审计质量受到损害，而在为非政府控制的商业银行提供业务情形中，审计质量并未随着经济利益的增加而受损[42]；而审计师在为上市商业银行提供业务过程中，过高的经济依赖，促使其接受了客户的盈余管理偏好，审计独立性受到损害[43]；当公司管理层没有涉入董事任命时，审计委员会独立性能够发挥较好的监控作用，但是，一旦公司管理层涉入董事任命，审计委员会独立性的监控作用将被削弱[44]。

张杰、孙曰瑶对金融工具的风险预测进行探讨，结果表明，基于AdaBoost组合算法的衍生金融工具风险预测模型可以对公司衍生金融工具风险进有效的预测[45]。王冬梅则探讨了资本充足监管对商业银行风险的影响，结果表明实施资本充足监管可以在一定程度上降低银行信贷风险，但这种影响是短期和不连续的，资本充足率和银行风险之间的长期均衡关系和相互因果关系都不明显，资本充足监管的长期有效性明显不足[46]。

周洋等对内部控制效率进行了研究，研究发现，基于SVM的金融工具计量方法和内部会计控制效率评价方法是有效的，从而实现了金融企业内部会计控制效率量化分析和综合评价的新途径[47]。

（四）政府与非盈利组织会计研究方向

随着我国宏观与微观制度的变迁，对政府与非盈利组织会计也提出了新的要求，2012年山东省内高校学术团队的研究成果主要如下：路军伟于《会计研究》发表《政府会计改革的动力机制与分析模型——基于制度变迁的理论视角》一文，重点基于制度变迁的理论视角，对政府会计改革进行了研究，研究以在政府会计改革动力机制分析的基础上，引入"改革策略"变量，并构建"政府会计改革动力"与"改革策略"之间关系的理论分析模型，分析结果表明，在短期内，假设环境因素为常量的情况下，政府会计改革的动力主要取决于改革策略的选择[48]。

中国海洋大学以姜宏青为首的学术团队对非营利组织绩效会计进行了系列研究，指出：非营利组织绩效会计是以信息为手段的绩效控制系统，通过向会计信息使用者披露组织绩效以及绩效控制信息，以解脱公共受托责任，为会计信息使用者提供决策服务，因而需要将非营利组织运营管理活动转换成绩效会计的语言，以资源、负债、资源剩余、投入、产出和效果为会计要素，以资源存量表、运营绩效表和综合绩效表等为主要报表，旨在通过会计途径全面整合和披露非营利组织绩效信息，以提升非营利组织管理水平和社会公信力[49][50][51]。此外，该研究方向还对地方政府债务管理制度进行了研究，提出：地方政府作为提供区域公共产品的主体，应该具有筹措资金包括债务融资的权利和能力[52]。

王爱华主要探讨了政府统计的成本问题，从时间维度和空间维度研究政府统计成本问题，分别给出了政府统计时间成本和空间成本的定义，并将政府统计时间成本划分为事前时间成本、事中时间成本、事后时间成本（包括事后内部损失时间成本和事后外部损失时间成本），将政府统计空间成本划分为内部组织成本、委托代理成本、空间信息交易成本、人员空间配置成本，并且分别具体分析了政府统计时间成本、政府统计空间成本控制存在的问题，提出了相应的控制策略。[53][54]

刘福东等发表《公共危机情境下政府会计的技术改进——基于“事项法”会计的探讨》[55]，认为在危机状态下传统“价值法”会计应用会面临一些困难，可以通过引入“事项法”会计进行局部改进。基于公共危机特性，政府会计应该关注危机状态下会计对象的变化特点，建立基于事项的会计信息整合方式，追溯反映危机下的资源流转过程，协调处理政府财务报告方式，综合应用各种技术提高危机事件中政府的决策质量。刘慧芳则对权责发生制在该方向的作用进行研究，指出：权责发生制可以提供管理财政风险所需的反映政府真实财务状况的政府资产信息和政府债务信息，而现行预算会计体系的收付实现制会计基础无法提供，因此出于财政风险管理的目的，我国的政府会计基础应改为权责发生制[56]。

（五）其他研究方向

此外，山东财经大学学术团队对农业会计进行了深入研究，开展了国家自科课题和省部级课题“农业活动会计收益的计量方法及披露模式研究”的研究。以綦好东教授为带头人的学术团队，从2003年开始针对农业会计改革、农业会计准则和生物资产准则等农业会计的热点难点问题展开了系统研究，先后在CSSCI期刊上发表相关论文20余篇，2012年该项研究仍在继续。

刘丽娜等在会计教学研究方面，在《山东社会科学》上发表题为《社会网络视域下会计人才培养模式探讨》[57]的文章，认为在对会计人才的培养上应基于社会网络，充分利用社会兼职导师、家族式企业关系性嵌入和教师社会兼职等方式，提高会计学专业学生的实践能力。

参考文献：

[1]刘慧凤：《论会计在实体经济与虚拟经济互动中的传导作用》，《会计研究》2012年第6期。

[2]刘慧凤：《公允价值级联改革对公司利润分配的影响》，《证券市场导报》2012年第9期。

[3]刘慧凤、杨扬：《公允价值会计信息对银行贷款契约有用吗？——基于上市公司数据的实证检验》，《财贸经济》2012年第1期。

[4]刘海英：《旅游上市公司自愿性信息披露与业绩相关性研究》，《旅游科学》2012年第4期。

[5]王守海等：《非活跃市场环境下公允价值计量国际经验与研究启示》，《会计研究》2012年第12期。

[6]高芳、傅仁辉：《会计准则改革、股票流动性与权益资本成本——来自中国A股上市公司的经验证据》，《中国管理科学》2012年第4期。

[7]王竹泉、杜媛：《利益相关者视角的企业形成逻辑与企业边界分析》，《中国工业经济》2012年第3期。

[8]王贞洁、沈维涛：《外部治理环境与上市公司债权人治理效率》，《山西财经大学学报》2012年第3期。

[9]魏志华、王贞洁等：《金融生态环境、审计意见与债务融资成本》，《审计研究》2012年第3期。

[10]罗新华：《人力资源会计确认与计量研究综述》，《山东大学学报》2012年第2期。

[11]徐国君、胡春晖：《基于仿生学原理的人本管理会计工艺的构建—— 一个三维立体结构分析范式》，《审计与经济研究》2012年第5期。

[12]马广林、王康、杨扬：《动态人力资本产权激励机制研究》，《中国海洋大学学报（社科版）》2012年第3期。

[13]罗福凯、永胜，《技术资本：战略性新兴产业的核心资本选择》，《科学管理研究》2012年第2期。

[14]张玉明、段升森：《区域低碳技术创新能力评价模型研究》，《统计与信息论坛》2012年第9期。

[15]曲国霞、程瑶：《企业减排与绩效的关系研究》2012年第6期。

[16]王爱国：《我的碳会计观》，《会计研究》2012年第5期。

[17]王爱国：《国外的碳审计及其对我国的启示》，《审计研究》2012年第5期。

[18]王爱国等：《碳减排政策的国际比较及其对中国的启示》，《江西财经大学学报》2012年第5期。

[19]潘爱玲、李彬、林亚囡、宿伟娜：《文化对会计的影响：文献述评及未来研究展望》，《会计研究》2012年第4期。

[20]潘爱玲、李香梅：《基于双重视角的股权控制行为影响因素分析》，《广东社会科学》2012年第1期。

[21]李彬：《企业集团网络化演变路径及其组织属性分析》，《贵州社会科学》2012年第10期。

[22]王竹泉、孙莹、王秀华、张先敏、王贞洁等：《中国上市公司营运资金管理调查：2011》，《会计研究》2012年第12期。

[23]孙建强、李晓、闫云格：《中部地区上市公司营运资金管理调查总体分析》，《华东经济管理》2012年第6期。

[24]王秀华、王竹泉：《营运资金与企业价值的情境研究—— 一项基于资源冗余视角的经验性证据》，《山西财经大学学报》2012年第6期。

[25]王竹泉、刘文静等：《营运资金管理发展报告2008—2010》，中国财政经济出版社2012年1

月版。

[26]王竹泉、孙莹、孙建强等：《营运资金管理发展报告2012》，中国财政经济出版社2012年11月版。

[27]武恒光等：《行政干预、高管薪酬与盈余管理》，《山西财经大学学报》2012年第8期。

[28]韩鹏、唐家海：《融资约束、现金持有与研发平滑》，《财经问题研究》2012年第10期。

[29]潘爱玲、刘颜颜：《循环经济型企业财务治理的创新研究》，《山东社会科学》2012年第8期。

[30]鞠雪芹：《控制权与现金流权分离及其对企业价值的影响——自然人控股公司与国资委控股公司的对比分析》，《东岳论丛》2012年第9期。

[31]王爱国等：《民营上市公司实际控制人与现金股利研究》，《管理评论》2012年第2期。

[32]刘新民、王垒：《上市公司高管更替模式对企业绩效的影响》，《南开管理评论》2012年第2期。

[33]王莉等：《高管薪酬公平性问题研究》，《山东社会科学》2012年第6期。

[34]王伟红：《〈萨班斯法案〉对美国公司董事会影响的分析》，《管理评论》2012年第8期。

[35]胡元木：《技术独立董事可以提高R&D产出效率吗》，《南开管理评论》2012年第4期。

[36]于忠伯、田高良、张咏梅：《媒体关注、制度环境与盈余信息市场反应——对市场压力假设的再检验》，《会计研究》2012年第9期。

[37]张宁、刘春林：《传闻澄清的市场反应研究——澄清公告详细性的作用》，《财贸经济》2012年第3期。

[38]刘春林、张宁：《上市公司传闻的澄清效果研究——来自中国证券市场的证据》，《管理科学学报》2012年第5期。

[39]张宁、刘春林：《企业声誉与媒体权威性在证券市场传闻澄清中的作用——关于上市公司应对证券市场传闻的实证研究》，《商业经济与管理》2012年第6期。

[40]张宁、刘春林：《澄清公告的市场反应研究——上市公司传闻响应因素的作用》，《证券市场导报》2012年第7期。

[41]房巧玲：《环境审计“去审计化”：现实冲突与概念重构》，《中国海洋大学学报（社会科学版）》2012年第6期。

[42]武恒光等：《经济利益损害审计质量吗》，《财政研究》2012年第9期。

[43]武恒光等：《经济依赖度、盈余管理水平与审计独立性》，《财经理论与实践》2012年第7期。

[44]王守海等：《管理层干预、审计委员会独立性与盈余管理》，《审计研究》2012年第4期。

[45]张杰、孙曰瑶：《基于AdaBoost组合算法的衍生金融工具风险预测》，《统计与决策》2012年第7期。

[46]王冬梅等：《基于风险视角的商业银行资本充足监管有效性研究》，《中国软科学》2012年第3期。

[47]周洋、沈传河：《基于SVM的金融企业内部会计控制效率的评价》，《统计与决策》2012年第17期。

[48]路军伟：《政府会计改革的动力机制与分析模型——基于制度变迁的理论视角》，《会计研究》2012年第2期。

[49]姜宏青：《非营利组织透明信息的机理和途经分析》，《山东社会科学》2012年第2期。

[50]姜宏青、王玉莲：《非营利组织绩效会计的基础理论研究》，《山东大学学报（哲学社会科学版）》2012年第5期。

[51]姜宏青：《我国非营利组织绩效会计相关问题研究》，《会计研究》2012年第7期。

[52]姜宏青、王硕：《我国地方政府债务管理制度实证研究》，《华东经济管理》2012年第10期。

[53]王爱华、吴夫娟：《政府统计时间成本研究》，《统计研究》2012年第1期。

[54]王爱华、吴夫娟：《政府统计空间成本初探》，《统计与决策》2012年第1期。

[55]刘福东、李建发：《公共危机情境下政府会计的技术改进——基于“事项法”会计的探讨》，《当代财经》2012年第11期。

[56]刘慧芳：《论权责发生制在我国政府会计中的应用——基于财政风险管理视角的分析》，《河北经贸大学学报（综合版）》2012年第4期。

[57]刘丽娜、吴晓静、王成亮：《社会网络视域下会计人才培养模式探讨》，《山东社会科学》2012年第11期。

（作者：潘爱玲，山东大学管理学院教授）

学术活动

2012山东社科论坛启动仪式暨人文关怀与推动文化大发展大繁荣学术研讨会召开 5月5日，山东社科论坛启动仪式暨人文关怀与推动文化大发展大繁荣学术研讨会在山东师范大学举行。全国政协常委、中央党校原副校长、研究员、中央直属机关侨联主席李君如出席论坛并作学术报告；省委常委、宣传部长、省社科联主席孙守刚出席论坛启仪式并讲话；省社科联党组书记、副主席杨瑛代表主办方致辞；山东师范大学党委书记商志晓代表承办方致辞。省委宣传部副部长、省文明办主任刘宝莅，大众报业集团党委书记、董事长傅绍万，山东广播电视台党委书记魏绍水，山东师范大学副校长张文新，省政府原副秘书长、省人文自然遗产保护与开发促进会会长王玉芬出席论坛启动仪式。省社科联副主席、党组成员周忠高主持论坛启动仪式和李君如学术报告并作论坛总结讲话。

李君如作了《关于推动文化大发展大繁荣的几个问题》的精彩学术报告。他从文化自觉、文化自信、文化自强与建设社会主义文化强国、文化基本属性与文化体制改革、文化建设与构建社会主义核心价值观、文化大发展大繁荣与城乡文化统筹发展、提高国家软实力与建设文化强国等五个方面，深刻阐述了推动文化大发展大繁荣的重大问题。

李君如指出，在提高文化自觉方面，根据马克思主义关于人的追求的特定规定性，社会发展就是要追求自由发展从必然王国到自由王国，形成自由人的联合体。这个自由追求至少要经过从自在到自觉，从自觉到自愿，从自觉自愿到自由等一系列阶段。在实践中，应通过探寻文化的特点、属性和本质等规律认识，并根据这些规律认识去改造文化观念，从而形成文化自觉。在深化文化体制改革方面，应重点厘清文化的属性，将产业属性和意识形态属性区分开来，既要搞好文化的社会效益，也要搞好经济效益，做好结合文章，这就应深刻把握文化体制改革的目标和方针，着力把培育“四有”社会公民放在首要位置，切实提高公民意识和公民素质。

李君如强调，构建社会主义核心价值观是推动社会主义文化大发展大繁荣的根本要求，要认真考虑传统价值观与五四以来民族解放、彰显个性自由的价值观，个人与社会关系、义和利、信与用的关系，提炼概括社会主义核心价值观，使之真正成为人们的普适价值遵循。在统筹城乡文化发展方面，要清醒地认识文化发展的差距导致经济发展和现代化水平的差距这个重要因素，缩小城乡文化发展的差距，最终要表现为由传统的农民转化为村民，并要转化为市民。目前统筹城乡发展最难的问题就是社会主义价值观去引领城乡文化发展，要高度重视当前统筹城乡中自我显现并相应发展的三个动态特点：一是实现传统文化与现代文化相结合；二是实现公共文化服务体系与市场文化体系相结合，并与中国特色文化体系相结合；三是实现集体利益和个体利益相结合。要从我国社会主义初级阶段这个现实出发，在制定正确的方针政策基础上，以增加农村文化服务总量作为工作重点，大力保护和挖掘乡村文化元素，弘扬优秀农村文化，发展农村先进文化。在提高文化软实力方面，要着重在增加中国民族文化的凝聚力、提高我国的文化信誉和感染力、大幅度提高我国文化的传播能力、坚持走和平崛起道路、提高文化认同等几个方面上下工夫，不断提升中国文化的影响力和知名度。

孙守刚在讲话中充分肯定了近年来山东社科理论研究特别是山东社科论坛取得的成绩，并就进一步推动社会科学繁荣发展提出了要求。他指出，近年来，全省社科界认真贯彻落实中央和省委、省政府决策部署，坚持以科学发展观为统领，坚持“二为”方向和“双百”方针，围绕中心、服务大局，深入开展重大理论和现实问题研究，推进学术研究创新，为加快经济文化强省建设提供了有力的理论服务和智力支持。山东社科论坛作为公共学术交流平台，集聚优势力量，深化学术研讨，促进成果转化，取得了一大批有价值的研究成果，推出了一批中青年学者新秀，在引领学术发展、加强学科建设、培养学术人才等方面发挥了重要作用。

孙守刚强调，当前我省社会科学工作面临着难得发展机遇和有利条件，十七届六中全会把繁荣发展哲学社会科学作为建设社会主义文化强国、推动社会主义文化大发展大繁荣的重要组成部分，强调建设具有中国特色、中国风格、中国气派的哲学社会科学。省委九届十三次全体会议专题研究部署文化强省建设，把社会科学摆在与自然科学同等重要的位置，对繁荣发展社会科学作出新部署新要求，强调要“办好山东社科论坛”。社会科学工作责任重大、舞台广阔、使命光荣。

孙守刚要求，全省广大社科理论工作者要认真贯彻中央和省委决策部署，进一步增强机遇意识、责任意识、担当意识，切实增强推动社会科学繁荣发展的责任感和紧迫感，进一步提高服务经济社会发展全局的能力和水平。要始终坚持马克思主义指导地位不动摇，牢牢把握正确的政治方向和研究导向，用发展着的马克思主义指导研究工作。要加强重大理论和现实问题研究，深化党的理论创新成果研究，深化社会主义核心价值体系研究，深化改革发展稳定重大问题研究，深化省委省政府发展战略研究，推出更多高水平的研究成果。要注重推动成果转化，广泛开展社会科学宣传普及活动，着力推进马克思主义大众化，积极回答社会普遍关注的热点难点问题。要深入实施哲学社会科学创新工程，推进研究体系创新、学术话语体系创新、科研组织管理体系创新，进一步提高工作科学化水平。要大力倡导理论联系实际的马克思主义学风，不断完善以现实问题为中心的研究机制，增强理论研究的针对性实效性，推动形成关注现实、崇尚精品、讲求责任、注重诚信的学术风气。要加强山东社科论坛制度化规范化建设，增强权威性和影响力，努力把论坛打造成为整合社科资源、推动学术创新的品牌载体，成为多出社科成果、多出优秀人才的良好平台。

杨瑛在致辞中介绍了近年来山东社科论坛建设与发展的有关情况，并就搞好本次论坛研讨提出了要求。他指出，在整合社科资源、繁荣学术研究的过程中，省社科联联合有关单位，共同打造形成了山东社科论坛这样一个汇聚思想智慧、引领学科发展、服务科学发展的重要思想文化阵地。论坛紧紧围绕经济社会发展中的重大理论和实践问题、省委省政府的中心工作和人民群众关心的社会热点难点问题开展研讨，推动了学术研究和学科建设。共举办论坛23次，收到学术论文1300多篇，评选出优秀论文200篇，表彰学术活动先进单位47个，编发的《山东社科成果》受到省领导批示30多次，在全省社科界乃至其他社会各界产生良好影响。

杨瑛强调，今后要认真贯彻落实省委的部署要求，认真总结经验，创新思路方法，切实将山东社科论坛打造成为发挥社科界思想库和智囊团作用、服务经济文化强省建设的重要平台。要认真探索山东社科论坛发展机制，精心确定研讨方向和内容，提高研讨质量和水平，规范完善论坛运作方式，增强论坛的吸引力影响力，努力使山东社科论坛成为全省乃至全国标志性、权威性的重要文化品牌。

杨瑛要求，全省社科界要以本次论坛主题“人文关怀与推动文化大发展大繁荣”为研讨方向，紧密结合实际，深入探讨中国特色社会主义文化发展中的规律和问题，认真总结我省文化强省建设的经验和做法，深刻分析我省文化建设中的问题及制约因素，着力研究加快文化强省建设、推动文化大发展大繁荣的思路和措施，努力提出更多有价值有深度的观点和建议。

商志晓发表了热情洋溢的致辞。他首先对各位领导和专家学者的到来表示热烈欢迎，对山东社科论坛由山东师范大学承办表示荣幸和感谢，并介绍了近年来山东师范大学发展基本状况。他说，山东师范大学根植齐鲁文化沃土，汲取泉城人文灵韵，人文社会科学研究基础扎实、实力雄厚。一大批知名学者潜心学术、奖掖后学，为学校人文社会科学发展奠定了坚实的研究基础，形成了优良的学术传统。学校现有的10大学科门类中，人文社科占8个，23个学院中属文科或文理兼容的有17个。特别是近年来，学校进一步突出哲学社会科学研究地位，积极整合哲学社会科学教学、科研和社会服务资源，以教育部、山东省人文社科研究基地为平台，汇聚科研人才，打造创新团队，凝练研究方向，哲学社会科学研究工作取得较大发展，在承担高层次项目，产出高质量成果，获得高级别奖励等方面取得较大成绩，对提升学校教书育人水平，提高社会服务能力，推进文化传承创新作出了积极贡献。

商志晓表示，作为会议承办单位，将以此次研讨会为契机，认真学习省委领导特别是孙部长的重要讲话精神，进一步提高思想认识，推动社科理论队伍建设取得新进展，推动社科理论工作迈上新台阶，更好地发挥认识世界、传承文明、创新理论、咨政育人、服务社会的重要功能。面对新形势新任务新要求，山东师范大学将深入贯彻落实党的十七届六中全会精神，加快推进“十二五”发展规划实施，进一步凝聚发展合力，进一步彰显办学特色，突出内涵发展，强调质量提升，拓展文化繁荣发展新境界，开创文化建设新局面，努力为社会主义文化大发展大繁荣、为经济文化强省建设作出新的更大贡献。

周忠高在主持李君如校长的学术报告时指出，社会科学工作者是研究社会规律的重要力量，是给社会看病的医生，因此广大专家学者在深化学术研究时，要认真学习李校长这种关注社会发展、关心民众幸福的博大胸怀和学知渊博、勤奋严谨的治学态度及文风，积极投身现实研究，以中医号脉、开药的严谨态度研究社会问题，为建设社会主义文化强国服务。

周忠高在本次论坛总结讲话中指出，本次山东社科论坛特邀李君如出席并作学术报告，全省文化领域知名专家学者积极撰稿并发言，提交论文380多篇，是自创建以来规格最高、专家层次最高、一次性论坛提交论文最多、发言人数最多、发言效果最好的一次论坛。论坛实行分专题分阶段研讨，每个专题都实行专家主题发言、主持人点评、学者自由发言相结合，紧紧围绕四个专题交流交锋、碰撞争鸣，呈现出观点辩论、碰撞、争鸣的热烈场面，有效地深化了学术研究，提高了研讨效果，达到了预期目的，这种研讨风气要不断发扬。

周忠高指出了本次研讨会的重要意义，他强调，党的十七大报告第一次提出“注重人文关怀和心理疏导”的重要要求。党的十七届六中全会重申，要“加强人文关怀和心理疏导”。以人文关怀为研讨主题，是深入贯彻落实科学发展观的根本要求，也是与“二为”方向和“双百”方针的要求相适应、相一致的。要做到人文关怀，就必须继承我国人文关怀的历史传统，借鉴国外有益文明成果，把人文关怀的理念贯穿到文化强省建设的全过程，落实到推动文化大发展大繁荣的每个方面。

本次论坛，30多位省内文化研究方面的知名专家、学科带头人紧紧围绕“人文关怀与推动文化大发展大繁荣”这个主题，开展深入研讨，为加快文化强省建设提出了许多有价值的意见和建议。

来自全省各地的专家学者200余人参加论坛。

省社科联组团赴韩国参加中韩饮食文化交流活动取得圆满成功 6月4日，由山东省社会科学界联合会与韩国世界饮食文化研究院共同主办的“2012中韩饮食文化交流活动”在韩国首尔落下帷幕。代表团一行31人，赴韩国进行了为期6天的交流访问。这是省社科联与韩国世界饮食文化研究院于2010年签署第二轮双向交流协议后，中方赴韩进行的第三次考察访问。

5月31日韩方举行欢迎宴会，韩国国会议员全贤姬、韩国世界饮食文化研究院理事长梁香子分别致辞，积极评价中韩饮食文化交流活动在推动两国友好交流中所发挥的作用，高度赞赏山东省社会科学界联合会在促进中韩饮食文化交流方面作出的积极努力和突出贡献，表示愿意继续为推进活动持续深入开展营造良好氛围，提供积极支持。希望中韩双方在此前的基础上继续扩大交流、拓宽领域、丰富内容，进一步加深中韩双方的友谊。中方负责人在致辞中说，中国的饮食文化历史悠久、内涵丰富，齐鲁饮食文化兼容中国南北饮食文化之精髓，在中国饮食文化中地位显著，作用突出。韩国的饮食文化与中国的饮食文化有着久远的历史渊源。近年来，随着“中韩饮食文化交流活动”的深入开展，中韩饮食文化在两国民间广为传播。继续开展好中韩饮食文化交流活动，借助这个平台加强两国文化交流，相互学习，对于弘扬两国饮食文化、促进中韩文化交流，加强两国文化、经贸等方面的交流与合作，具有重要的意义。

此次中韩饮食文化交流活动除了双方举办饮食文化展示外，还进行了国际学术交流和民间艺术展演。山东大学教授张晓梅、潍坊学院教授王维志、济南大学教授汤卫东在论坛上作了主讲发言。张晓梅主讲的《端午节的起源与习俗》，从端午节的起源、内容、习俗等深刻论述了端午节对各国、各民族民众生活所发生的重大影响。山东吕剧院国家一级演员李红表演的传统曲艺《姊妹易嫁》节目赢得了现场观众的热烈掌声。山东省社科联在活动中积极为中韩双方商贸企业、学校搭建文化交流合作平台，促使韩国世界饮食文化研究院与济南大学酒店管理学院达成饮食文化合作协议，使文化艺术交流活动内涵进一步丰富，交流渠道进一步加深，领域进一步拓展，影响进一步扩大。

我省部分高等院校、文化团体、新闻媒体、民俗研究机构、文化企业等单位参加了本次活动。

山东社科论坛——学习省第十次党代会精神暨体制改革与社会管理学术研讨会召开 6月6日，由省社科联、大众报业集团、山东广播电视台主办，山东轻工业学院承办，省企业信用与社会责任协会和省行为科学学会协办的山东社科论坛——学习省第十次党代会精神暨体制改革与社会管理学术研讨会在山东轻工业学院召开，来自教育部、中国社会科学院和省内专家学者，紧紧围绕省党代会精神和体制改革与社会建设这个主题进行了深入研讨，提出了许多有价值有深度的观点和建议。

开幕式上，省社科联党组书记、副主席杨瑛代表主办单位致辞，对切实发挥社会科学在服务经济文化强省建设中的重大作用提出了要求。他指出，社会科学的研究能力和发展水平，体现了一个国家和地区的软实力和竞争力，在党和国家事业发展全局中具有十分重要的地位。当前，我省正处于全面建设小康社会、推进经济文化强省建设的关键时期和深化改革开放、加快转变经济发展方式的攻坚时期，经济文化强省建设的伟大实践为繁荣发展社会科学提供了广阔舞台和难得机遇。巩固全省人民团结奋斗的共同思想基础、牢牢把握主题主线，实现由经济大省向经济强省转变、推动文化大发展大繁荣，加快由文化大省向文化强省迈进、顺应人民群众新期待，加快以改善民生为重点的社会建设、推进民主法治建设，维护人民权益和社会公正、提供能力强基固本，提高党的建设科学化水平，都需要社会科学不断提供理论成果和智力服务。省第十次党代会明确提出要“重视繁荣发展哲学社会科学，实施哲学社会科学创新工程，办好山东社科论坛和齐鲁大讲坛。”这为繁荣社会科学指明了方向。省广大社科工作者要充分认识社会科学在加快建设经济文化强省中的重要作用和难得机遇，积极投身经济文化强省建设，努力推出更多有深度、有影响的优秀成果。

杨瑛强调，全省广大社科工作者要紧紧围绕党代会精神，以党委政府的中心工作、人民群众关注的社会热点难点问题和经济社会发展的重大理论和实践问题为主攻方向，深入开展社科研究和普及，真正在经济文化强省建设中有所作为。要始终坚持正确导向，坚持社会主义先进文化的前进方向，用一元化的指导思想引领多元化的社会思潮，不断增强广大社科工作者走中国特色社会主义的自觉性和坚定性。要加强对中国特色社会主义理论的研究宣传，积极推进社会主义核心价值体系建设，推动马克思主义的中国化、时代化、大众化。要深化中国特色社会主义理论体系的研究，不断开辟马克思主义研究的新境界。要围绕中心工作开展研究，紧紧围绕省党代会中提出的“一个提前，六个更加”奋斗目标、六个新优势以及经济建设、社会建设、政治建设、文化建设、生态文明建设和党的建设方面的研究，提出创新性的观点、思路和措施，为经济文化强省建设服务。要加大社科宣传普及力度，找准理论和实践的结合点，创新方式方法，提高普及功能，切实把今后五年我省经济文化强省建设的宏伟蓝图、政策措施宣传普及到全省广大人民群众中去。

杨瑛指出，要进一步完善山东社科论坛机制和功能，不断增强服务经济文化强省建设的能力和水平。要明确定位，提高水准，努力把山东社科论坛打造成为社科强省建设的重点工程；要整合资源，形成合力，努力把山东社科论坛构建成为联合攻关的学术高地；健全机制，扩大影响，努力把山东社科论坛培植成为服务社会的强势品牌。

山东轻工业学院党委书记徐同文代表承办方致辞。他对各位专家学者表示热烈欢迎，并介绍了近年来山东轻工业学院教育事业发展的情况。他指出，山东社科论坛是由山东省社会科学界联合会发起创办的常规化、标志性、高层次的大型公共学术交流平台，自创办以来在活跃学术氛围，推动理论创新，优化社科资源，繁荣我省社科研究等方面发挥了重要作用，推出了一大批优秀学术成果和中青年学术骨干，为我省经济社会文化发展提供了积极的理论支持与智力服务。山东轻工业学院承办本次论坛，既是深入学习贯彻省第十次党代会精神的具体行动，也是加强学科建设和推动学术研究的重要举措。要精心组织办好论坛，进一步提升学校学科发展和社科繁荣。

徐同文指出，作为一所以工科为主的高校，近年来人文社会科学研究取得了长足发展，省级重点学科和省人文社科研究基地建设不断增强。主持承担各类人文社科项目200多项，省级以上人文社科研究项目近百项。加快人文社会科学研究已经成为学校科研工作的重要目标和发展方向。下一步将以此次研讨为契机，紧贴我省经济社会发展需要，依托重点学科和研究基地，集聚研究力量，提高研究水平，推动人文社科研究工作取得更大更快发展。

教育部社科司副司长张东刚作关于推动哲学社会科学繁荣发展与加强科研管理的精彩学术报告。30多位省内社会管理领域的知名专家、学科带头人紧紧围绕主题，采取主题发言、专家点评和自由发言的形式，围绕省第十次党代会精神、体制改革与社会管理创新、企业社会责任建设与社会管理创新、社会稳定与应急管理等方面的内容进行了交流交锋。

省社科联副主席、党组成员周忠高主持论坛开幕式并作论坛总结发言。周忠高指出，本次论坛既是一次深入学习贯彻省第十次党代会精神的具体行动，也是一次以党代会精神为指导，紧紧围绕社会管理问题深入研讨，努力提出具有实际应用价值和服务决策咨询的重要举措。体制改革和社会管理是一个相辅相成、紧密关联的课题，是随着经济体制改革、政治体制改革、文化体制改革等的推进而不断深化研究的重要内容，本次论坛切合当前群众最关心的三个社会管理方面的问题，从不同角度进行了深入研讨，从学理逻辑上、实际探索上给我们开辟了研究的视角，希望广大社科工作者继续发挥自身优势，紧紧围绕经济文化强省建设的重大理论和实践问题，开展联合攻关，努力推出更多的优秀成果。

省社科联秘书长孙淑娜出席论坛。省委宣传部社科规划办、省行为科学学会负责同志出席论坛。来自全国各地的专家学者120余人参加论坛。

2012年山东社科论坛——转变经济发展方式与建设经济文化强省学术研讨会召开 8月21日，由省社科联、大众报业集团、山东广播电视台主办，聊城大学承办，省财政学会、省保险学会、省商业经济学会、聊城市社科联、聊城发展研究院协办的山东社科论坛——转变经济发展方式与建设经济文化强省学术研讨会在聊城大学举行。开幕式上，省社科联党组书记、副主席杨瑛代表主办方致辞，介绍了山东社科论坛的有关情况；国务院发展研究中心副主任侯云春作了关于转变经济发展方式的重要讲话；聊城市市长林峰海代表市委、市政府致辞，介绍了近年来聊城市经济社会发展情况；聊城大学党委书记李喆致介绍了近年来聊城大学发展状况；聊城发展研究院院长王志刚就如何深化聊城市社科研究提出了要求。论坛开幕式由省社科联副主席、党组成员周忠高主持。聊城大学校长马春林、副校长窦建民、省社科联秘书长孙淑娜等出席论坛。

杨瑛指出，近年来，省社科联在认真贯彻落实党的十七大、十七届六中全会和省委九届十三次全体会议，推动经济文化强省建设，繁荣发展社会科学的过程中，结合全省社科事业发展实际，积极探索学术繁荣和学科建设的新路子、新机制，联合大众报业集团、山东广播电视台和有关高等院校、党校、社科院所，共同打造形成了山东社科论坛这样一个汇集思想智慧、深化学术研究、服务中心工作、引领学科发展的重要学术交流阵地。论坛以加快社科事业繁荣发展、培育学术名家新人为宗旨，以理论创新和机制创新为动力，以整合社科资源为手段，着力发挥全省社科界广大专家学者的重要作用，紧紧围绕经济文化强省建设中的重大理论和现实问题、省委省政府的中心工作、人民群众关心的热点难点问题，开展联合攻关，加大研究力度，努力推出有价值、有深度的学术成果。自 2010 年创办以来，已成功举办 23 场大型专题论坛，为经济文化强省建设提供了有力支撑，在提高学术水平、培养优秀人才、服务决策咨询中发挥了积极作用，在全省社科界乃至其他社会各界产生了广泛影响，已经成为我省标志性、品牌性、高层次的大型学术活动平台。

杨瑛强调，这次论坛以“转变经济发展方式和建设经济文化强省”为主题，切中了我省经济社会发展的主线。广大专家学者要切实将学习贯彻胡锦涛在省部级主要领导干部专题研讨班上的重要讲话精神和省第十次党代会精神与这次论坛的主题紧密结合起来，紧紧围绕“蓝黄”经济战略与区域协调发展、山东经济运行与经济发展、山东产业升级与新兴产业发展这三个重点研讨内容，深入研究转方式、调结构的重大意义、本质内涵、发展规律，深入分析我省经济文化强省建设的阶段性特征，深刻把握转变经济发展方式与加快经济文化强省的重要关系，研究确定经济文化强省建设的策略路径，为加快经济文化强省建设提供有力的理论支撑和智力服务。

国务院发展研究中心副主任侯云春作了题为《转方式的关键在于转动力》的讲话。他指出，当前宏观经济的突出问题、突出矛盾主要是经济增速回升乏力和经济结构失衡加重。增速回升乏力的客观原因是市场需求低迷，大的科学技术创新浪潮尚未出现，主观原因是积极的财政政策退出过快，流动性回收过猛。经济结构失衡在城乡经济结构和区域经济结构方面有所改善，但在消费与投资结构、产业结构、实体经济与虚拟经济结构中失衡的情况更加严重。转方式的关键在于转动力。目前转方式存在的一个重要问题在于制度创新不够，也即过去支撑一个国家由低收入阶段向中等收入阶段发展的体制机制和政策措施不足以支撑一个国家由中等收入向高等收入国家迈进。要着力改革当前我国以增值税、营业税作为主体税种的间接税体制，探索能够实行平衡协调发展、绿色发展、低碳发展、科学发展的税收体制和财政分配体制，推动转方式取得新的更大发展，这是转方式过程中体制创新的关键所在。

中国人民大学经济学院教授方福前、泉林集团董事长李洪法、原山东省化工厅副厅长张东泉分别作题为《国内宏观经济形势》、《技术创新与企业升级》、《无机能源化工的新机遇》的学术报告。北京大学教授王在全及其省内各高校、党校、社科院所 100 余名专家学者参加论坛，紧紧围绕蓝黄“两区”经济战略与区域协调发展、山东经济运行与经济发展研究、山东产业升级与新兴产业发展等内容展开了深入研讨，提出了许多前瞻性、针对性和学术性较强的观点和建议。

2012 年山东社科论坛——公平正义与社会和谐学术研讨会召开　9 月 22 日，由省社科联、大众报业集团、山东广播电视台主办，山东交通学院承办，山东省社会学学会、山东省哲学学会协办的山东社科论坛——公平正义与社会和谐学术研讨会在山东交通学院举行。国务院法制办工交商事法制司副司长马森述，省社科联副主席、党组成员周忠高，山东交通学院党委副书记唐勇，中央党校社会学教研室主任吴忠民，山东交通学院副校长孙云早、省社科联秘书长孙淑娜、大众报业集团办公室主任姜克俭等出席论坛。开幕式上，周忠高代表论坛主办方就以山东社科论坛为主体深化学术研讨提出了要求；唐勇致欢迎辞并介绍了近年来山东交通学院发展状况。开幕式由姜克俭主持。

开幕式结束后，举行了论坛专场学术报告会。马森述和吴忠民分别作《努力提高立法质量，维护社会公平正义》和《转型期的社会公正问题研究》的精彩学术报告，深化了学术研讨内容，引导与会专家学者深入研讨。

马森述从立法角度对维护公平正义作了深刻阐释，他认为，人类历史发展证明，私有制是产生社会不公平不公正的经济基础和根源，废除私有制也是建立公平正义以及和谐社会的题中应有之义。公平正义是历史发展的生命脉搏和价值目标，社会主义发展的终究目标就是在于寻求公平正义。实现公平正义是一个相对发展过程，世界上不存在绝对的公平。建立一个科学合理的公平目标体系和衡量标准，是构建社会主义和谐社会的重要目标。公平正义包括机会公平、分配公平、规则公平，立法公平是规则公平的基础和前提。在立法工作中，要贯彻和体现公平正义的理念和价值，关键是提高立法质量，确保依法治国、依法行政。在行政立法中应重视行政管理、行政处罚的有效实施，行政管理要着力完善行政许可制度，将公平正义与行政许可制度设置结合起来，既要保证政府公信力的确立，也要推动行政管理的有效性、合理性。在行政处罚制度设置中，对于自由裁量权的使用一定要体现公平正义的要求，同时维系社会发展的公平正义有关做法必须加强社会监督，确保行政权力公平、公开、公正。

吴忠民在报告中详细阐释了民生问题的基本内容及含义，着重分析了中国目前存在的民生问题及解决的路径对策。他分析了民生问题缘何成为当今中国发展中最重大的主题之一，其中民生问题的逐渐增多、以人为本的基本理念深入人心、世俗化进的进程迅速推进、社会焦虑的影响在蔓延是重要原因。对于民生概念，他认为应该进行严格界定其内涵，社会保障、义务教育、公共卫生应该成为我国民生领域普遍认可的三大范畴。从社会结构看，当前我国贫富差距越来越大、弱势群体日益凸显，社会结构层面上出现了很大偏差。从基础层面上来看，凸显的民生问题是社会群体的弱势化现象；从较高阶层上来看，凸显的民生问题是经营群体之间利益结盟较为严重；从政策角度而言，就是要把重点放在如何校正公共投入有限顺序颠倒这一问题上。解决民生问题必须首先确定共享社会发展成果的基本理念，必须把藏富于民作为重要国策，必须着手建立初级民生保障体系，每年都使民生发展得到一定程度的提高。

来自全国各地的专家学者100余人参加了会议，专家们紧紧围绕公平正与社会和谐这个主题，从社会稳定与和谐发展、社会关于与体制机制创新、社会管理与法制保障、和谐发展与公平正义等4个方面提出了许多创新性、前瞻性、针对性较强的观点和建议。

以饮食为纽带，开展文化交流，增进中韩友谊——2012中韩文化交流活动在日照市揭开帷幕　9月22日上午，由山东省社会科学界联合会、韩国世界饮食文化研究院、日照市委宣传部主办；由日照市社会科学界联合会、日照市旅游局、日照职业技术学院承办的“2012中韩文化交流活动”在日照市开幕。

此次活动是山东省社会科学界联合会与韩国世界饮食文化研究院签署中韩饮食文化交流合作协议后，双方在中国举行的第七次交流活动。旨在中韩建交20周年之际，通过饮食文化交流、展示中韩饮食文化风采，促进两国传统文化、地域文化、民俗文化的交流，进一步拓展中韩双方在科研、教育、旅游、经贸等领域的交流与合作。增进两国人民友谊，共同谱写中韩友好合作新篇章。

出席开幕式的中方领导有：山东省社科联党组书记、副主席杨瑛，副主席、党组成员薛庆国，日照市委常委、宣传部长解世增，日照市政协副主席毛晖明，日照职业技术学院院长冯新广，日照市委宣传部副部长、市社科联主席庄乾坤；出席开幕式的韩方贵宾有韩国国会议员金春镇，韩国世界饮食文化研究院院长梁香子，韩国驻青岛领事馆领事金彰南及韩国有关媒体和企业界人士、专家学者和高校师生等500余人。

杨瑛、解世增与梁香子在开幕式上致辞。杨瑛和金春镇宣布2012中韩文化交流活动开幕。薛庆国、南容镇共同主持开幕式。

开幕式结束后，中韩双方出席活动的领导及社会各界代表1000多人参观了中韩饮食文化展演展示。同时还举办了饮食文化在现代文化中的发展与趋势、饮食文化与文化产业、饮食文化与养生保健的国际学术论坛。

2012中韩文化交流系列活动主要包括：中韩饮食文化交流展，中韩饮食文化国际学术论坛，韩国访问团考察体验山东文化设施和民俗文化等。

山东社科论坛——“生态山东：优美·自然·幸福”学术研讨会召开　9月27日，山东社科论坛——“生态山东：优美·自然·幸福”学术研讨会在山东建筑大学召开。省社科联副主席、党组成员周忠高，山东建筑大学党委书记王崇杰，中国工程院院士、长安大学教授、博士生导师、国际干旱半干旱地区水资源与环境研究培训中心主任李佩成，省住房和城乡建设厅副巡视员孙松青，省旅游局原局长、省旅游行业协会副会长李清德，省社科联秘书长孙淑娜及部分论文作者代表，有关高等院校、党校、社科院所科研处负责同志，省社科联部室负责同志，部分市地社科联代表500余人出席论坛开幕式。开幕式由山东建筑大学副校长范存礼主持。

开幕式上，周忠高代表主办单位致辞，他回顾了近年山东社科论坛的发展历程和取得的成绩，阐述了我省社会科学研究工作面临的形势和机遇，并对繁荣我省社科研究、以本次山东社科论坛为契机深化生态与环境建设学术研讨提出了要求。王崇杰致欢迎辞，并向与会专家学者介绍了近年来学校发展状况。孙松青在讲话指出本次论坛是贯彻落实省第十次党代会精神的重要会议，对加快生态山东建设研究、推动低碳城市与绿色建筑的研究具有重要意义。

会议第二阶段，中国工程院院士、长安大学教授、博士生导师、国际干旱半干旱地区水资源与环境研究培训中心主任李佩成作《论人与自然和谐相处》的学术报告，周忠高主持。报告分为6个部分：关于“自然”的界定、在历史的长河中人与自然和谐相处是主流、随着人类活动的激化人与自然的不和谐突出的表现出来、正确处理人与自然的关系、做到和谐相处是历史的必然和时代的需求、人与自然和谐相处的主要标志、如何实现人与自然和谐相处，报告脉络清晰、论述精到，为各位专家学者深化学术研讨提供了很好的启发和思路。

会议第三阶段是学术研讨交流，采取主题发言、自由发言、点评的形式进行，省内外专家学者、相关行业、部门专业技术人员及管理人员围绕“倡导生态文明，促进社会和谐”、“创建生态环境、建设美好家园”、“发展生态经济、主推经济转型”、“推广生态理念、打造生态建筑”4个主题，展开了深入探讨，对一些当前生态前沿问题、推动生态文明建设的有关观点和建议形成了共识。

本次论坛由省社科联、大众报业集团、山东广播电视台主办，山东建筑大学承办，山东省旅游行业协会、山东省生态文明研究会协办，论坛时间紧凑、内容丰富、发言质量高，为推动生态山东建设研究，加快经济文化强省建设提供了积极的理论支持和智力服务。

山东社科论坛——中国智库峰会暨革命老区科学发展研讨会召开 在公共服务日益社会化的时代背景下，作为协助决策的重要力量，智库业已引起政府包括学界在内的社会各界的高度重视，智库在社会主义政治、经济、文化决策中占据日益重要的位置。

11月24日，由省社科联、大众报业集团、山东广播电视台主办，山东鲁南经济发展研究院承办，上海社会科学院协办的2012山东社科论坛——中国智库峰会暨革命老区科学发展研讨会在临沂召开。本次论坛的主题是“贯彻十八大精神，发挥智库作用”。省委常委、常务副省长孙伟致贺信。国务院发展研究中心副主任卢中原，省政协副主席王志民，上海市政协原主席、上海社会科学院智库研究中心主任王荣华，河南省委研究室副主任白廷斌，临沂市委常委、常务副市长左沛廷出席论坛并致辞。王志民就发挥智库作用、推动经济社会发展提出了要求。论坛由省社科联副主席、党组成员周忠高主持。来自北京大学、上海市社会科学院等高校和科研机构的百余名专家学者，紧紧围绕党的十八大精神，就推动中国智库转型发展、发挥智库对政府决策和经济社会发展的引领作用、推动革命老区科学发展等问题展开了深入研讨，提出了许多有价值有深度的意见和建议。

“关于建设高水平智库”。中国社会经济发展开始逐步进入了知识产业大发展的时代。智库作为国家战略的主要思想来源，无论在中长期的战略设计，还是对现实问题的预案准备，或者是对教化国民的理念培养，都发挥着重要作用，建设一个高水平智库无疑具有重大现实意义。

智库也称“思想库”，即智囊机构、智囊团，是指由专家学者组成的多学科的、为决策者在处理社会、经济等各个领域重大问题上出谋划策，提供最佳理论、策略、方法、思想等的公共研究机构。国务院发展研究中心副主任卢中原表示，在“十二五”规划和“十八大报告”当中，国家都对思想库的建设提出了要求，国务院办事规则里明确提出重大决策之前都要进入国务院的论证，这套机制程序使得决策更加科学化、民主化，同时对高水平智库建设提出了更高要求。

上海市社会科学院智库研究中心主任王荣华表示，面对社会主义市场经济竞争和社会发展进步的大潮，当代中国各个层面和领域对决策咨询产生巨大需求，“随着经济快速发展和社会转型，社会问题涉及多元的利益主体，需要客观和专业的研究，增强决策的前瞻性和公正性；从更长远讲，社会问题背后体现了社会心理、社会价值观的变化，需要更加基本的社会科学研究。”王荣华认为，智库是国家软实力的重要组成部分，建设高水平智库是保证科学决策、民主决策、依法决策的现实需要。

山东省政协副主席王志民认为，随着经济全球化的不断加深，政府决策机制也逐渐发生了根本性的转变，智库在群众公共服务，服务政府决策中扮演着重要的角色，发挥着重要的作用。高水平智库为社会发展提供创新性的观点、公共理论和社会贡献，能够为政府决策提供参谋，影响政府政策的战略选择，把研究成果快速转化为公共政策，解决现实问题。

“关于中国智库应关注中国现实问题”。智库首要的功能就是为公共决策者提供新的政策主张、策略、政策研究方法等，为决策者提供多种可供选择的方案，并分析每种方案的优劣性和可行性。因此关注现实问题是智库的重要取向。

中国城市发展研究院副院长、北京大学教授彭真怀认为，问题导向是一个成功智库的必要条件，智库发挥影响的重要前提是关注有社会影响的重大问题，探析问题的深层原因，找到适当的理论和对策，解决现实问题。“智库成员不能对社会问题人云亦云，一定要有敏锐的眼光，对现实问题应该具有对策性、建设性和战略性视野，把理论研究和社会实践相结合，把解决问题放在核心位置。”

北京社会主义学院副院长陈剑认为，智库的研究必须具备现实性的品格，智库提出的观点、思想和主张要引起社会的关注，只有那些影响社会发展，或者是显示未来发展趋势的问题才是需要关注的，侧重于解决现实问题；同时智库的研究应当是以前瞻性、战略性、创新性为主要特点，这样其思想性才有深厚的基础。

王荣华认为，智库应该直面现实问题，对社会具有强烈的责任意识。“一个合格的智库，必须对社会发展担负起公共责任，要经得起历史的检验和实践的检验，智库的社会价值要担得起责任。”王荣华表示，智库决策的研究生命力在于知识创新，现代智库要做好决策智库研究，就要具有现实性、时效性、前瞻性。

“关于中国智库要具有世界视野”。随着中国融入国际化步伐加快，中国在国际舞台上承担的相应的国际责任也在加大。一个成功的智库，需要有全球视野、多领域、多学科进行综合性分析，智库的选题和研究领域也应越来越国际化。

彭真怀认为，智库研究应该注重国际性，全球性的重大问题。他表示，进入21世纪进入以后，政策研究的对象是越来越复杂，国内问题与国际问题相互交叉，需要有全球事业，多领域、多学科综合分析，全球性议题能够提高本国对全球和地区问题的影响。

“向世界传递中国声音。”福建省政府发展研究中心主任李闽榕认为，中国智库应该具有世界眼光，在国际评价上要有积极的作为，“中国的国际地位日益提高，但是中国智库仍然没有掌握话语权，中国智库应该不断参与国际合作，让世界聆听中国声音，扩大中国智库在世界范围内的影响力。”

王荣华表示，国际金融危机爆发以后，全球治理问题迅速上升到政策和战略的高度，中国作为一个新兴经济大国为危机后全球经济体系的恢复与重建，承担着更多的国际责任、信心和决心。作为智库，应当积极参与全球经济治理，积极推动文化交流，认真倾听、互相尊重，努力消除障碍和误解，更好地推进国际合作和发展。

山东社科论坛——学习贯彻党的十八大精神研讨会暨2012年山东省社会科学界学术年会召开 12月20日—21日，山东社科论坛—学习贯彻党的十八大精神研讨会暨2012年山东省社会科学界学术年会在德州学院召开。

全国党建研究会副会长、中央党校党建研究部原主任、教授卢先福，省社科联党组书记、副主席杨瑛，德州市委常委、宣传部长张传忠，德州市政府党组副书记、德州学院党委书记、教授李保海，山东社科院副院长、研究员郑贵斌，省委党校副校长、教授孙占元，德州学院校长、教授贺金玉，德州学院副校长、教授巩建闽，省社科联秘书长孙淑娜出席开幕式，山东省社科联副主席、党组成员周忠高主持开幕式并作论坛总结讲话。山东社科论坛论文获奖作者、2012年山东省社会科学学术活动先进单位负责同志，主办、承办、协办单位有关处室负责人，德州学院师生代表共计300多人参加论坛。

杨瑛代表主办方总结了一年来山东社科论坛举办的情况，并就开展好学术活动、提高学术研讨水平提出要求。他指出，山东社科论坛是我省社科界开展学术研讨、提高研究水平的学术平台。今年以来，以“新机遇 新挑战 新视野——人文社会科学与经济文化强省”为研讨主题，组织开展7场山东社科论坛，共收到论文1210篇，参加论坛主题报告会的达2000余人，180多人在论坛上进行发言交流，对推动全省社会科学繁荣发展起到很好的作用。他强调，学术活动是推动理论创新、繁荣社会科学的有力手段，是推动理论和实践密切结合、服务经济社会发展的桥梁和纽带。全省广大社科理论工作者一定要充分认识开展社会科学学术活动的重要性，切实增强责任感和使命感，要积极参与各类学术活动，在学术研讨中交流切磋、达成共识，在社会交流中展现自我、展示思想，努力推出更多有深度、有影响的成果，为建设经济文化强省服好务。他要求，开展学术研讨，就要紧紧围绕我国经济建设、政治建设、文化建设、社会建设、生态文明建设这“五位一体”的总布局设计研讨主题，紧紧围绕我省经济文化强省建设的重大理论和实践问题提炼研讨内容，紧紧围绕我省社会科学发展现状创新研讨方式，努力提高学术研讨的前瞻性、针对性和实效性，不断增强活动效果。特别要围绕十八大提出的目标任务以及重大理论和实践问题开展学术理论研究。杨瑛强调，全省广大社科工作者要切实把握正确的政治方向，端正学风，提高研讨活动组织水平，进一步营造良好的学术研讨氛围，不断提高学术活动的能力和水平，在繁荣发展社会科学中发挥更大作用。

张传忠在致辞中指出，这次山东社科论坛在德州召开，是推动德州市社科工作再上新水平的重大机遇，也是把德州市学习贯彻党的十八大精神引向深入的重要契机。要通过举办这次论坛，进一步总结经验，查找不足，努力开创德州社科工作的新局面。李保海代表承办方致欢迎辞，并介绍了德州学院近年来发展的基本情况特别是在社会科学研究方面取得的成果，指出，这次山东社科论坛为德州学院汲取高层次的研究成果、提升学校社科研究水平提供了难得机会，希望与会专家对学校多提宝贵意见和建议。郑贵斌在致辞中希望各位专家学者以高度的理论自觉和自信，结合十八大提出的一系列新理论、新观点，以及我省提出的富民强省新跨越的奋斗目标，发挥研究优势，更好地推动社会科学事业的发展，推动理论研究和学术交流。孙占元在致辞中要求各位专家学者紧紧围绕经济社会发展中的重大理论和实践问题，积极发挥思想库和智囊团作用，为党委政府决策服务。

周忠高宣读了《关于表彰2012年山东社科论坛优秀论文和山东省社会科学学术活动先进单位的决定》。与会领导为山东社科论坛优秀论文作者和省社科学术活动先进单位颁发了证书和奖牌。

开幕式结束后，卢先福教授就学习贯彻党的十八大精神作了主题报告，特别围绕科学发展观的历史地位和指导意义、坚持和发展中国特色社会主义、全面建成小康社会的目标主要任务、全面提高党的建设科学化水平等内容进行深刻阐述。青岛市工商局开发区分局工会主席李来忠就建设社会主义文化强国作报告。

研讨期间，与会人员从“五位一体”角度，就完善社会主义市场经济体制、深化政治体制改革、创新社会管理、建设社会主义文化强国、建设生态文明等主题进行了学术研讨，提出了许多有价值的观点和建议。

“管理者的行为学逻辑”学术报告 1月4日上午，我国知名管理学家、电子科技大学经济与管理学院副院长、教授、博士生导师井润田在山东师范大学教学三楼报告厅做题为“管理者的行为学逻辑”的学术报告。报告会由学院院长刘希玉主持，学院教师、工商管理硕士（MBA）全体学员等300余人参加报告会。

井润田围绕“行为理论”和“团队技能”两个主要问题展开。通过生动有趣的“传球游戏”启发大家思考“关键问题忽略了怎么办?”随后从哈佛商学院的经典案例及施乐、联想多个国内外知名企业的管理实践出发，结合自己多年的研究成果，从全新的视角就如何在迷乱中找到关键问题、创新者的悖论、环境影响人的行为、团队成功的法则、极端困境中领导力的来源等问题进行了深邃的剖析。整场报告形式新颖、气氛活跃，与会师生一致反映受益匪浅，不仅增长了见识，开阔了视野，而且增强了自身的专业兴趣和科研信心。

井润田长期从事组织变革方向的研究，是霍英东教育基金青年教师奖获得者，教育部“新世纪优秀人才支持计划”入选者，国家级精品课程《组织行为学》负责人。主持国家自然科学基金项目5项，在国内外权威期刊《Management and Organization Review》、《管理世界》等发表论文100多篇。

（山东师范大学社科处高景海、顾大伟供稿）

“高管激励”和“董事网络”金融学术讲座 1月6日上午，Tilburg University（荷兰蒂尔堡大学）金融学博士、Cardiff Business School（英国加的夫商学院）金融系讲师赵阳应邀出席山东大学经济学院第4期和第5期金融学讲座，并作题为“高管激励”和“董事网络”的学术报告。报告会由经济学院金融学系主任、教授、博士生导师曹廷求主持，金融学系部分师生听取报告。

在“高管激励”研究方面，赵阳分别从高管激励的理论基础、薪酬结构、内部监管和高管免职等方面进行了阐释。他首先介绍了理论基础方面的委托代理理论和竞争理论，并根据自身的研究的经历，分别介绍了薪酬中的工资、年费、奖金、股权激励等构成的概念和研究进展。在内部监管方面，赵阳重点强调了董事会监管和来自股东约束方面对高管薪酬的约束，最终提出了对高管的负面激励——高管免职的研究现状和研究难点。

在“董事网络”研究方面，赵阳从社会学中的“社会关系网络”入手，逐步引入对于董事网络的研究，并介绍了社会学中可以用于董事网络研究的方法。他主要从特征、历史、法规、意义等方面介绍了董事网络研究的两种类型：第一种以公司为个体，共同董事为联系；第二种以个人为个体，共同工作经历为联系。在可能的研究课题方面，赵阳认为可以从教育背景、组织机构成员身份、以往工作经历、荣誉身份和国籍等网络形成原因方面进行网络构建和分析。最后在拓展研究中，他认为今后的研究会关注于CEO任免、多种不同网络的组合、董事网络对其他公司政策影响等方面。

报告会后，赵阳还与在场的博士、硕士研究生进行互动交流，对同学们提出的疑问进行了解答。

（山东大学经济学院郁德玮供稿）

“不动产经济发展方案和未来展望”专题研讨会 1月9日，韩国釜山大学教授李讚浩率釜山大学不动产学院博士、硕士研究生一行16人到枣庄学院访问，与学校房地产专业的教师和部分学生作“不动产经济发展方案和未来展望”的专题研讨。李讚浩向与会人士作“城市的都市再生模式研究”的学术报告，学校唐承佳博士就中国房地产发展存在的问题提出了自己的见解。针对感兴趣的问题，双方师生进行充分交流。学校旅游与资源环境学院和釜山大学就建立校际间学术交流机制达成初步意向，国际合作与交流处参加交流。

（枣庄学院科技处汪涛供稿）

“后金正日时期的朝鲜半岛局势”学术报告 1月9日，韩国外交通商部外交安保研究院前副院长、教授朴斗福到山东大学政治学与公共管理学院和亚太研究所进行学术访问，并为国际政治系师生作“后金正日时期的朝鲜半岛局势”学术报告。报告会由山东大学亚太所所长教授、杨鲁慧主持，政管学院副院长、教授王学玉主持研讨互动。

朴斗福以一位韩国外交官和知名国际问题专家的视角，着重从当前朝鲜的政治基础、执政要素及国际地缘政治环境切入，对当前朝鲜国内和半岛局势的发展及未来走向进行深刻解读。朴斗福介绍了朝鲜相对稳定的国内政治体制。在外部国际环境方面，维护朝鲜半岛的稳定已达成东北亚大国的政治共识。其中中国的积极作为和外交斡旋发挥了重要作用，争取了外交战略的主动权与制控权。

报告会后，在座的师生与朴斗福就报告本身的内容和共同关注的朝鲜半岛局势、东亚地区安全环境变化以及中韩关系等问题进行了积极互动，朴斗福全面认真解答大家的疑问，并就此次山大之行表达对山东大学和政管学院的良好祝愿。

朴斗福，政治学博士，首席中国问题专家，山东大学政管学院国际政治系博士生合作导师，曾任韩国前总统金大中的东北亚问题政治顾问。

（山东大学政治学与公共管理学院杨鲁慧供稿）

山东社会科学院首届东北亚论坛 1月13日，山东社会科学院在多媒体会议室举办“山东社会科学院首届东北亚论坛”。院纪委书记姚东方主持会议，韩国统一研究院统一研究所所长朴钟喆，中韩友协副会长、启明大学教授田溶宪，社科院国际经济研究所、亚太研究中心、信息中心等单位专家学者，以及院外事办公室人员共30余人参加。

朴钟喆和山东社科院国际经济研究所研究员范振洪，分别作《朝鲜半岛局势与东北亚发展展望》、《后金融危机时期的中国山东与韩国经济合作展望》的主题发言。中韩两国学者围绕朝鲜半岛局势、朝鲜发展路线选择预测、朝鲜半岛南北关系化解、韩国总统选举结果预测，以及山东与韩国构建中韩自贸区先行合作区等问题进行了深入探讨和交流。会议在热情、友好、热烈的气氛中进行。双方学者一致认为，此次论坛开得非常成功，达到了预期的目的，并表达了进一步深化双方学术交流关系，定期举办东北亚论坛的愿望。

（山东社科院科研处崔凤祥供稿）

“中国国货复进口与外贸差额关系辨析”专题报告 2月21日下午，山东大学经济学院教授、博士生导师范爱军应邀做客第1期国际商务精品讲座，以“中国国货复进口与外贸差额关系辨析”为题作专题报告。

范爱军首先介绍了现阶段中国对外贸易的五大特点：第一，中国对外贸易发展速度增长较快；第二，前十大贸易伙伴有所变化，表现为印度出局，俄罗斯进入，日本下降，东盟上升；第三，外商投资企业依然是外贸主力军，但民营企业外贸发展较快；第四，我国重点进出口省市广东、江苏、上海、北京进出口额占外贸总额的62.6%；第五，一般贸易总体增长较快，加工贸易比重继续下降。随后，他从国货复进口的数量、原因、对国货复进口虚增贸易顺差的质疑及质疑分析四个方面对国货复进口与贸易顺差进行了讲解。范爱军介绍了国货复进口的定义，并用数据来说明了我国国货复进口数量巨大。他从避税、企业生产经营方式全球化、出口退货增多及保税区、出口加工区、保税物流中心等海关特殊监管区的增加方面详细分析了国货复进口的主要动因。针对一些学者“国货复进口虚增贸易顺差”的观点，范爱军讲述了自己的看法，并提出5种类型的复进口模式，认为复进口对进出口额的影响应该详细分析。最后，范爱军就目前国家发改委的“堵”和海关的“疏”两种对策进行分析并提出自己的见解。

（山东大学经济学院郁德玮供稿）

“制度与演化视角的现代经济学”系列讲座 2月23日—3月23日英国哈特福德大学（University of Hertfordshire）教授、制度经济学研究中心主任、山东大学“海外名师”Geoffrey M. Hodgeson在山东大学经济研究院召开八次有关“制度与演化视角的现代经济学”的系列讲座。每场讲座的主题分别为：1. Methodological individualism（方法论的个人主义）；2. Cooperation and Rationality（合作与理性）；3. The evolution of morality（道德的演化）；4. Morality and Cooperation in business（道德与商业合作）；5. The economics of corruption and the corruption of economics（关于腐败的经济学与经济学视角的腐败现象）；6. Perspectives on health economics（健康经济学前沿）；7. Perspectives on ecological economics（生态经济学前沿）；8. Institutional brakes on Chinese development（中国发展的制度性障碍）。

（山东大学经济研究院田川供稿）

“小企业银行融资问题分析”专题讲座 2月23日下午，中国建设银行山东省分行高级经济师林拥旗应邀做客山东大学经济学院第2期国际商务精品讲座，作题为“小企业银行融资问题分析”专题讲座。

林拥旗从4个方面讲解了小企业银行融资问题：第一，小企业的分类标准。随着时代的发展，分类标准也不断细化，并增加了微型企业，同时他还列举了其他国家对小企业的划分标准。第二，小企业的发展特点。山东省小企业数量不多，江浙一带数量较多，小企业地区发展不平衡，产业结群较多，小企业主要集中于制造行业以及低附加值的劳动密集型产业。第三，支持发展小企业融资的意义。支持小企业发展是社会和经济发展的需要，小企业有利于吸收就业，促进民生，是金融市场竞争的需要，小企业潜力大，关系银行未来发展战略，是我国金融市场改革的需要，银行利差收益逐步减少，中小企业业务收益逐步增加。第四，小企业的发展问题。制约小企业融资的障碍主要是小企业财务管理不规范、信用不足、缺乏有效的抵押担保、生产技术落后、对银行的政策不了解，而银行支持小企业融资过程中存在的问题有银行小企业业务发展不平衡、缺少专门的小企业服务体系、缺少针对小企业的专门政策、适合小企业的金融产品少。学术报告结束后，林拥旗与在座同学就小企业银行融资问题作了交流解答。

林拥旗，中国建设银行山东省分行高级经济师，银行从业经历20余年，从事信贷管理、信贷审批、风险管理和小企业业务的经营管理工作。

（山东大学经济学院郁德玮供稿）

推进医疗制度改革，建立现代医院绩效工资分配与绩效管理高层论坛 2月24日，省卫生经济协会在济南举办了“推进医疗制度改革，建立现代医院绩效工资分配与绩效管理高层论坛”，论坛邀请北京知名专家讲解了医改“十二五”规划下的医院岗位管理，360度绩效考核方法与技术、医院薪酬分配与国家医改政策接轨等内容，100多人参加了会议。

（山东省卫生经济协会供稿）

山东省文化艺术科学“十二五”重点学科建设工作会议召开 2月27日，山东省文化艺术科学“十二五”重点学科建设工作会议在滨州学院学苑会堂200人报告厅隆重召开。省政协常委、省文化厅副厅长李国琳出席会议并讲话，省文化厅文化科技和法规处处长田承河主持会议，省文化厅文化科技和法规处副处长、省艺术考级管理中心主任张钢宣读省文化艺术科学“十二五”重点学科和学科带头人名单，滨州市委常委、副市长祁维华，枣庄学院党委委员、副院长曹胜强，滨州学院党委副书记、院长纪洪波，党委副书记刘文烈，党委委员、副院长邹丽娜出席相关活动。

李国琳在讲话中指出，做好全省文化艺术科学“十二五”重点学科建设工作，对于全面落实科学发展观，构建社会主义和谐社会，建设创新型国家具有重要意义。她强调，要深入实施科教兴国战略和人才强国战略，加强高水平大学和重点学科建设，加快高层次创新人才培养，增强为经济建设和社会发展服务的能力，不断提高高等教育的创新能力和国际竞争力。祁维华、邹丽娜分别致辞。

会上，对省文化艺术科学“十二五”重点学科、学科带头人分别授牌和颁发证书；学科带头人代表作交流发言。来自全省24所高校和艺术研究机构的37个学科的70位学科带头人、专家学者代表，学科建设单位负责人、科研管理和学科管理部门的负责人参加会议。

（滨州学院科研处吕传笑供稿）

“Interim Performance Evaluation in Contract Design（合同设计中的中期考核）”学术报告 3月1日下午，香港大学经济学博士、中山大学商学院博士陈斌做客山东大学经济学院2012年第1期高级经济学讲座，作题为“Interim Performance Evaluation in Contract Design（合同设计中的中期考核）”的学术报告。

陈斌首先对合同设计中期考核的动机、特点、结果等方面作了介绍。他认为进行中期考核的主要目的是为了更有效地进行绩效反馈和薪酬管理。陈斌认为，在一个过程的两个阶段之间可以进行中期考核。中期考核分为客观的中期考核和主观的中期考核。假设两个阶段中的努力是相同连续的，中期考核是否合意取决于不同中期考核结果下有限责任的对比。进行中期考核的一个优点是代理人可以根据中期考核的结果来改变原本持续的行动，若不进行中期考核，就不能把这个过程进行中的反馈放入合同。陈斌随后利用模型对他的观点进行了阐述和分析，并由此延伸展开讨论。陈斌博士在报告中说，无论代理人还是委托人都不知道代理人的能力，若中期考核的结果是不合意的，可以选择重新再做第一阶段。

陈斌最后总结了中期考核的优点，阐明中期考核的两种潜在问题，着重提到了奖金在激励两种努力中所扮演的角色，并谈到了未来的研究方向——更丰富的信息假设、更少的契约性假设等。此外，陈斌还分析了他的观点与其他相关文献间观点的联系。与其他的文献观点不同的是，他将一个事的过程分为两个阶段，因为中期考核中信号估计的越准确，就越能降低成本。

（山东大学经济学院郁德玮供稿）

“谈中国经济发展走向”专题学术报告 3月1日上午，《改革》杂志社执行总编辑、社务委员会副主任、学术委员会副主任王佳宁应邀做客山东大学经济学院第8期金融学家讲坛，作题为“谈中国经济发展走向”的专题学术报告。经济学院常务副院长、教授、博士生导师胡金焱出席报告会，金融学系副教授徐涛主持报告。

王佳宁在报告中对2030年之前的中国经济发展趋势提出自己独到的见解，他深入分析了宏观调控、经济增长极、垄断产业改革、战略性新兴产业和政府转型等五大改革问题。王佳宁说，自2010年3月起，中国经济从房地产业开始了新的一轮宏观调控。随着调控范围的加大和调控力度的深入，引发了利率及存款准备金率的大幅波动，这对民众生活、国内资本市场流动、小企业的发展都产生了不小影响。据他预测，此次宏观调控将于今年第二季度至第三季度落下帷幕，而以上海浦东为内核的长三角、以广东省九大城市为内核的珠三角、以天津滨海新区和河北曹妃甸为内核的京津冀，作为中国三大经济增长极将会在新的时期加强交流、加深合作。针对以上情况，王佳宁提出，我国的垄断企业改革，应以金融业为首，现代服务业主打现代金融，深入进行金融体制改革，调节社会注入资本；政府转型属于我国的行政体制改革，主要是解决“三农”问题、农村金融和民间资本问题。

（山东大学经济学院郁德玮供稿）

“好客山东：放眼国际，从旅游服务管理谈学生生涯规划”报告 3月5日，山东大学管理学院举行“与未来同行”生涯导师高端论坛第2期。本期论坛邀请美国天普大学旅游与酒店管理学院的副教授、博士生导师胡中州为管理学院的师生们作主题为“好客山东：放眼国际，从旅游服务管理谈学生生涯规划”的报告。论坛中，胡中州重点剖析了中美高校的文化差异，建议中国学生应注重创新精神的培养和实践经验的积累，同时个人在职业生涯规划的培养方面也应更系统化、科学化，这样才能够以开放的视野，放眼于国际与整个社会，增强自身的创造力，为国为民做贡献。胡中州与山东大学管理学院本科及研究生的同学们进行了面对面的交流，畅谈了留学道路选择和职业生涯发展规划，为广大学生解除海外留学和职业选择等疑惑。通过与管理学院和旅游系领导及教师的座谈交流，双方均表达了通过合作办学、互派访问学者、交换学生及合作研究课题等意愿，为今后进一步国际合作的落实及开展奠定了良好的基础。

（山东大学管理学院张雅萌供稿）

“美国跨国公司与中国市场”的学术报告 3月8日下午，南开大学蒋殿春教授做客山东大学经济学院第2期高级经济学讲座，作题为“美国跨国公司与中国市场”的学术报告。

蒋殿春主要介绍了美国对华投资的现状并分析了原因。他以引力模型为基准，对比了近几年来的多组数据，得出了美国对华投资呈下滑趋势的结论。美国是世界上首屈一指的对外投资来源国，而中国又是世界领先的对外投资接受国。而且，中美两国之间的贸易关系是很接近的。在中美双边贸易发展非常迅速的这几年中，中国是美国的第三大出口市场，占2011年美国商品出口总量的7.5%。那么是什么原因导致了美国对华投资逐年下滑的现状呢？蒋殿春给出了自己的解释。他先分析了对外直接投资容易发生的原因：一是双方间的贸易成本低；二是东道国的市场规模大且市场成本低。此外，他还分析了两国间的GDP、地理距离、进口自由度、人均工资水平以及文化差异等因素对一国向另一国投资流量大小的影响。东道国的 GDP 越高，对外投资来源国对此国家的投资更为频繁。而谈及人均工资水平时，一国的人均工资水平越高，投资国对其的投资会越多。对此，蒋殿春表达了自己的看法：高人均工资水平意味着熟练的劳动力，也就意味着高的劳动生产率。随后，他从产业结构、竞争因素和国家政策方面分析了美国对华投资下滑的原因。第一，中美两国的产业结构差异较大。两国优势产业不同，对接潜力小。在资产集中的金融业与服务业中，美国对外投资主要是水平型；而在制造业、采矿业、零售业等产业中，以垂直型和混合型为主导。第二，竞争因素也产生很大的影响。当与其他跨国公司竞争垂直投资机会时，长距离和高昂的运费显然对美国不利，因此美国会将跨国公司转移到像墨西哥这样的邻近国家。除上面两个市场因素外，政策因素也至关重要。美国投资主要在金融业、服务业等附加值高的产业上，而中国政府在此类领域的政策壁垒较高。讲座结束后，蒋殿春教授与在场师生进行了互动交流。

蒋殿春，南开大学国际经济研究所所长、教授、博士生导师，在《经济研究》等重要学术期刊上发表论文若干篇，曾荣获第 11 届孙冶方经济科学奖。

（山东大学经济学院郁德玮供稿）

“先验论证的实质”讲座 3 月 8 日，第 28 期分析哲学论坛在山东大学中心校区知新楼举行，山东大学哲学系教授周志羿作题为“先验论证的实质”的讲座。主要内容为：笛卡尔式怀疑论（例如外在世界怀疑论、他心怀疑论、过去怀疑论等）给我们带来了挑战，而先验论证的支持者试图指出，怀疑论者所质疑的恰恰是她们必然要接受的，由此即可否决怀疑论，于是解除怀疑论威胁。但一些反对者认为这种指向世界的先验论证不可能成功，倒是指向信念的先验论证更值得重视，虽然不能决定性否决怀疑论但也能够解除怀疑论威胁。问题是，既然无法决定性否决怀疑论，又如何能解除怀疑论威胁？怀疑论者怎么会服气？这样的争论引导我们去追问先验论证的实质及其效力：究竟先验论证是如何起作用的（如果确实能起作用的话）？究竟先验论证能做什么，不能做什么？能反怀疑论吗？如果不能反怀疑论，甚至怀疑论可能是立于不败之地，先验论证能带给我们什么？

（山东大学哲学与社会发展学院荣立武供稿）

“全球化时代的经营——通过 ICT 的管理创新”学术报告 3 月 9 日上午，日本富士通综合研究所董事长佐藤正春做客山东大学经济学院 2012 年第 1 期海外论坛，作题为“全球化时代的经营——通过 ICT 的管理创新”的学术报告。报告由经济学院教授张乃丽主持。

佐藤正春首先分析了日本经营环境的变化，并与中国经营环境进行了对比，指出日本经营存在的六大难题：日元升值、高法人税、禁止向制造业派遣劳工、TPP 不透、环境对应、震后复兴和电力缺失。随后他重点介绍了 ICT 的情况，认为我们现在处于以人为中心的活用 ICT 时代，ICT 活用的领域主要包括基干业务、现场盈利业务和社会系统，并使用形象生动的事例介绍了 ICT 在农业领域和医疗服务领域的应用前景。应该如何利用 ICT 进行企业创新改革？佐藤正春指出：第一，建立双向沟通建立最高层意思的知识渗透；第二，通过实践知识驱使改革；第三，通过 benchmarking 获得竞争优势。企业必须制定自己未来的愿景，分析愿景与现实的差距，虽然我们不可能去设计 ICT 系统，但为了企业的发展我们必须活用 ICT 系统。

演讲结束之后，佐藤正春与现场的同学们进行了精彩的互动，共同探讨了日本企业财阀、震后恢复生产、名古屋事件、日本电脑企业如何应对美国苹果公司挑战等一系列问题，并对山东大学同学给予高度评价和美好期待。

（山东大学经济学院郁德玮供稿）

第三期齐鲁税务讲坛 3 月 9 日下午，毕马威企业咨询有限公司青岛分公司税务部经理房锡伟做客山东大学经济学院第 3 期齐鲁税务讲坛。经济学院副教授李华主持讲坛。

讲座伊始，房锡伟首先明确了税收协定的概念：税收协定因国际贸易的发展而产生，又促进了国际贸易的发展。对于个人而言，税收协定可以避免双重征税，提高企业利润水平；对于国家而言，则可以优化税源的分配，利于获得优先征税权。他以中国和新加坡之间的协定为例，详细讲解了税收协定中的三个关键概念——居民、常设机构和营业利润。居民是指在一国负有全面纳税义务的人，而其中的“人”又包括个人、公司和其他团体三个组成部分。常设机构则分为固定营业场所、与劳务活动有关的常设机构以及非独立代理人与签订合同、委派外籍员工等三个方面。关于营业利润，他主要谈了利润归属和利润分配两个重点。同时，房锡伟分析了在中新协定中须向两国之一缴纳所得税的情况，并特别提出了新加坡公司将常设机构设立于第三国的特殊情况。

随后，他对包括滥用税收协定案例、境外公司股份转让征税案例、税收协定中“受益所有人”的认定在内的六个案例进行了分析，使同学们对于国际税收协定条款有了更为深刻的理解。讲座结束后，他就相关问题与在场听众进行了学术交流与互动。

（山东大学经济学院郁德玮供稿）

《The Words are in the Alcohol：Ganqing，Market Rationality，and Masculine Ritual Violence in Luzhou》学术报告 3月13日下午，美国哥伦比亚大学人类学系博士韩志坚（Brian Duane Harmon）应邀来山东大学作题为《The Words are in the Alcohol：Ganqing，Market Rationality，and Masculine Ritual Violence in Luzhou》的报告。Brian于2005年在四川泸州进行过“四川省中小城市消费文化”学术考察及访问。他试图通过泸州的酒桌请客现象来讨论中国的道德政治形塑着中国城市的消费文化问题。讲座主要分为5个部分，China：Character to Personality，Irony and Public Style，Ritual，Masculinity，and Meaningful Violence，Can ritual Make Individuals ，Against the Coldness of the Rational。作者最后得出，酒桌的文化概念其实是不重要的，因为它只是人们对于违法结局的一种冷嘲式的操作——更狭义地说，它的积极作用在于通过酒桌上真男人的较量来创造某种团结，更广义上说，他们的这种联结是作为一种抵制市场渗透的更大的一种人类团结的道德地理。Brian相信，酒桌风俗的沿袭，男子汉气概的浪漫说法，以及相关的反理性概念比如关系，对于文化的意义形塑着现代中国产生了深远的影响。

（山东大学哲学与社会发展学院王昕供稿）

“神光《周易》——卜筮书为何成为大国经典”学术论坛 3月14日，枣庄学院文学院举办题为“神光《周易》——卜筮书为何成为大国经典”的学术论坛。论坛回溯中国历史文化，深层探求《周易》思维方式，揭示儒家在此基础之上对《周易》的改造提升，凸现儒家追求人性完美与德性智慧的至高境界，引导学生正确认识《周易》、正确理解国学经典的本质精神。2011年11月底，文学院尝试推出专题学术讲座，意在调整学术研究与教学思路，实现教师与学生的互动共进。选题来自课堂教学实践，由相关教师提出，定题后有计划地进行准备，定期为学生作专题学术讲座。第一期开讲后引起好评，文学院接受各方面意见，论坛从第2期正式更名为“九龙山学术论坛”。嘉惠后学，志在不舍。文学院积极推行教育教学改革，正在探索一条新的发展路径。

（枣庄学院科技处汪涛供稿）

“Spirit of the material 材料的精神”学术讲座 3月14日下午，由芬兰玻璃艺术家Riikka Latva－Somppi女士和Kirsti Taiviola女士主讲，山东工艺美术学院国际交流与合作处与山东工艺美术学院现代手工艺术学院共同主办的主题为“Spirit of the material 材料的精神”玻璃艺术讲座，在山东工艺美术学院长清校区综合楼第五合堂教室举行。讲座现代手工艺术学院副院长张红梅主持。

Riikka女士首先介绍赫尔辛基艺术设计大学的概况和背景，赫尔辛基艺术设计大学是世界上少数拥有设计学科艺术博士学位的大学。它也是国际艺术设计院校联合会的成员。赫尔辛基艺术设计大学注重前卫设计方向的探索和设计的艺术性与个性的发挥。而后Kirsti Taiviola展示了该学院玻璃镶嵌为主要形式的玻璃艺术创作，以及本人创作的吹制玻璃和玻璃装置作品。本次讲座内容丰富，思想交流活跃，在座的师生受益匪浅。

（山东工艺美术学院科研处任谢元供稿）

“应对气候变化的财政政策研究”和“中国开征碳税的方案设计”学术报告 3月14日至15日，财政部财政科学研究所副研究员、山东大学研究生合作导师王桂娟做客山东大学经济学院，并应邀担任第4期、第5期齐鲁税务讲坛主讲。

14日晚，王桂娟在第4期齐鲁税务讲坛作题为“应对气候变化的财政政策研究”的学术报告。她从气候变化与公共财政政策的由来讲起，结合气候变化对人类生活、国家政治经济等方面的影响，说明了应对气候变化问题的严重性和紧迫性。在谈到政府在应对气候变化问题中所起的作用时，她结合库兹涅茨曲线提出政府可通过行政控制的方法压低或提前曲线顶点的出现。随后，王桂娟立足于我国具体实际，对政府所采取的应对气候变化的财政政策及其实施情况进行了剖析。她说：“应对气候变化对中国可谓机遇与挑战并存，政府应当充分发挥财政政策的重要作用，利用国内国际两个维度，抓住机遇，迎接挑战。”针对国内维度，她主要介绍了中国在节能减排优惠政策、合同能源管理财政奖励政策、核电税收优惠政策等方面所做的努力，并重点介绍了税收在促进绿色增长中的积极作用。接下来，王桂娟谈到关于“未来中国财政政策应对气候变化的思路与原则”的展望，并提出了应对气候变化财政政策的几点建议。她认为，我国要坚持和贯彻可持续发展战略，立足于中国国情，通过借鉴国际经验等方法，实现经济与解决气候变化问题的协调发展。

15日上午，王桂娟做客第5期齐鲁税务讲坛，作题为“中国开征碳税的方案设计”的学术报告。

她首先分析了开征碳税的必要性，认为税收特别是环境税是环境保护措施的重要组成部分，开征碳税符合我国发展的长远利益。她借鉴国际上开征碳税的经验进行分析，总结认为发达国家碳税的主要共同特征包括四个方面：按含碳量进行征收；控制碳税的征管成本；事先预报，逐步提高碳税的税率水平；为保持本国产品的国际竞争力而设计优惠税率。在我国碳税的方案设计方面，王桂娟从纳税人、征税范围、计税依据、税率、税收优惠等不同方面给出了自己的观点和建议，同时结合我国经济和环境的现状，认为我们应该借鉴发达国家开征碳税过程中的经验和教训，将对经济的波动降低到最低程度，为碳税的开征指明了道路，给出了碳税方案实施的恰当时机。

讲座中，王桂娟与现场师生进行了积极互动，并对同学们提出的问题进行解答。让同学们丰富了知识，开阔了视野。

（山东大学经济学院郁德玮供稿）

“山东企业走出去面临的机遇和挑战”专题讲座 3月15日下午，山东省商务厅境外投资管理处处长张国亮应邀做客山东大学经济学院第4期国际商务精品讲座，并作题为“山东企业走出去面临的机遇和挑战”的专题讲座。经济学院副院长刘国亮听取讲座，并向张国亮颁发兼职教授聘书。

张国亮首先介绍了山东省实行“走出去”战略的总体情况。他介绍说，2011年山东省境外投资、对外承包工程完成营业额居全国第二位，外派劳务量居全国第一位。其中，山东省“走出去”战略受境外资源开发的“163”工程拉动明显，但风险与机遇并存；优势产能境外转移加快，转移对象主要分布在东南亚和非洲部分国家；对外工程承包层次提升，承揽工程从土建、维修向资金管理密集型与技术管理密集型相结合的高端工程发展；外派劳务规范发展，建立了劳务人员招选培训主渠道，更多的劳务人员通过正规合法途径出国务工。

随后，张国亮介绍了山东省实行“走出去”战略面临的新形势：一方面，企业的内生动力在增强；另一方面，中国影响力的增强、世界产业结构新一轮的重大调整、各国与我国投资合作意愿增强、国家外汇储备充足以及国家政策支持等因素为实行“走出去”战略创造了更多的机会。但同时他也表示，国际形势复杂多变，政治、投资、安全、社会等方面的风险也在不断增加。因此，在实行“走出去”战略时，应以大企业为龙头，发挥产业聚集功能，推动关联产业境外集群式发展。

讲座通过对山东省“走出去”战略各方面情况介绍，运用大量生动鲜活的实例，为书本的理论知识作了现实的注解，进一步开拓了同学们的视野和思维。

（山东大学经济学院郁德玮供稿）

“企业时序进入与兼并中的空间价格歧视”学术讲座 3月15日下午，中国人民大学汉青经济与金融高级研究员叶光亮做客山东大学经济学院第3期高级经济学讲座，并作题为“企业时序进入与兼并中的空间价格歧视”的学术讲座。

叶光亮分动机、事例和结论向在座听众展示其现阶段研究成果。首先，他介绍了合并悖论理论，主要内容包括三个方面：第一，一家企业只有兼并80%的同类企业才会从中获利；第二，两家企业之间的兼并是不会获利的；第三，兼并总是会降低社会福利。这三点是一直以来大家都认同的观点，被认为是关于企业兼并的经典理论。他结合图表对这三个观点进行了全面细致地分析，并提出了不同的观点。他认为，即兼并在很多时候都是盈利的，而且总是可以提供社会福利，私人企业在有公有企业参与的情况下兼并会更积极。接下来，叶光亮列举了美国历史上的五次兼并浪潮，并详细介绍了SPD（Spatial Price Discrimination 空间价格歧视）模型。他通过举例和图表分析的方式，仔细讲解了由同时进入到时序进入的过程，并提出 Merger effect（合并效果）和 Timing effect（时序效应）的概念，以便于大家对讲座内容有更加深刻的理解。

叶光亮，浙江苍南人，毕业于美国威斯康星大学密尔沃基分校，获经济学博士学位；中国人民大学汉青研究院副教授，之前曾任教于中山大学、西南财经大学，入选教育部新世纪优秀人才计划，人民大学“明德学者”；主要研究专长：应用微观经济学理论、产业组织、混合寡头垄断、空间模型等。

（山东大学经济学院郁德玮供稿）

横滨商科大学教授小滨哲博士讲学交流 3月16日，由枣庄市外国专家局推荐的日本专家横滨商科大学教授小滨哲博士来枣庄学院讲学并开展交流活动，副校长曾宪明出席了欢迎仪式。曾宪明向日本专家介绍了枣庄学院基本情况，宾主双方就开展交流的内容及下一步合作计划开展了讨论，曾宪明代表学校向小滨哲颁发了名誉教授聘书。欢迎仪式结束后，小滨哲到外国语学院及旅游学院开展了为期3天的交流活动。

（枣庄学院科技处汪涛供稿）

“中欧青年政策对话”项目 3月18日至23日，

省委党校科社教研部李海龙博士前往比利时首都布鲁塞尔参加“中欧青年政策对话”。李海龙应邀发表题为“未来中欧在气候变化和能源安全领域合作的分析”的报告，引起诸多官员、学者的浓厚兴趣，并给予高度评价。

“中欧青年政策对话”项目由欧盟教育和文化总司出资赞助，中国社科院欧洲研究所、光华基金会、欧盟委员会对外行动署、欧洲亚洲问题研究所等10多家中欧机构协办和参与，其主要目的是，在有志于改善中欧关系的中欧青年之间，建立一种建设性的政策对话渠道。除了中欧请年学者之外，与会人员包括中国驻欧盟使团公参李建民，欧盟教育和文化总司官员 Pascal Lejeune，欧洲议会议员、自由民主联盟领袖华生，欧盟能源委员会官员 Alexandra Sombsthay，中国欧洲学会会长周弘，欧洲亚洲问题研究所高级主管福大为等多位中欧官员和著名学者。

（省委党校科研处杨光供稿）

“法律方法及其案例解释”学术报告 3月19日下午，著名法学专家、山东大学威海分校副校长、教授、博士生导师陈金钊在滨州学院新理科楼学术报告厅作“法律方法及其案例解释”的学术报告。陈金钊把法律方法从法律专业的视角概括为法律思维、法律技能和一般的法律方法（如法律解释与法律论证等）。与此相联系，他着重提出法学专业培养卓越法律人才的目标，认为法学专业学生应提高逻辑思维能力、修辞论辩能力和法律解释的能力。陈金钊还以法律学者的法治理念和精神解读了现在司法实践中存在的一些问题，给师生们带来一场学术性和实践性兼具的精彩报告。随后，陈金钊就法学专业广大师生关心的法学研究和学习的有关问题进行了现场互动。滨州学院博士陈伟对学术报告进行点评，认为陈金钊的报告不仅对我们今后从事中国法理学的理论研究有着重要的指导意义，也对将要走向司法工作岗位的同学的司法实践有着现实的指导价值。

（滨州学院科研处吕传笑供稿）

“趋同或分化：美国与2012年大选（Coming Together or Coming Apart：America and the 2012 Election.）”讲座 3月19日，芝加哥大学社会科学学部院长、教授马克·汉森（Mark Hansen）访问山东大学政治学与公共管理学院，并作题为“趋同或分化：美国与2012年大选（Coming Together or Coming Apart：America and the 2012 Election.）”的讲座。本次活动是芝加哥大学——山东大学美国文化交流中心组织的首场活动，由政治学与公共管理学院副院长、教授王学玉主持。

马克·汉森首先通过具体的图表和数据向大家介绍了美国政治过程中的两极化趋向。马克·汉森指出，除了不同的政治倾向外，影响选举结果的主要因素还包括总统在上一任期的表现、任期的限制、选民的意识形态倾向以及候选者政治倾向。马克·汉森对奥巴马政府在2012年大选面临的问题和具有的优势进行了分析，并简单介绍了大选胜利后两党可能会采取的政策和两党的发展前景。马克·汉森指出，不管是斗争中的哪个政党执政，美国的大选都值得大家关注。

马克·汉森，芝加哥大学社会科学学院院长，政治学系高级教授，美国政治研究领域的顶尖学者之一。获耶鲁大学博士学位。1986年开始在芝加哥大学政治学系任教，曾任该系主任。

（山东大学政治学与公共管理学院李济时供稿）

“奥巴马政府对亚太与中美关系的重新定位：一个美籍华人的视角”学术讲座 3月19日到22日，美国丹佛大学国际关系学院教授、美中合作中心执行主任赵穗生到山东大学政治学与公共管理学院进行学术交流。访问期间，赵穗生在政管学院报告厅作题为“奥巴马政府对亚太与中美关系的重新定位：一个美籍华人的视角”的学术讲座。副院长杨光主持讲座。

赵穗生从宏观的视角，清晰地梳理了美国从小布什总统到奥巴马政府对亚太地区战略的调整轨迹，并深入分析了其利益考量，继而就中美关系提出了自己的见解。他认为，美国高度重视并在战略上“重返”亚太地区，不是针对该地区的威胁而来，而是为寻求机会进行转向。美国遏制不了中国，两国的繁荣发展是互利的事情。“中美两国需要合作而非对抗”。演讲结束后，赵穗生与现场同学进行了互动，详细回答了学生们提出的问题，深化了同学们对国际关系尤其是中美关系的认识。

赵穗生，1978年考入中国社会科学研究院、北京大学南亚研究所。1981年获得北京大学硕士学位，后赴美留学。现任美国丹佛大学国际关系学院教授，美中合作中心执行主任，《当代中国研究》期刊创办人、主编，美国亚太安全合作委员会理事会成员，美国美中关系委员会成员，哈佛大学费正清东亚研究中心合作研究者。

（山东大学政治学与公共管理学院何莉萍供稿）

著名刑事鉴定专家李昌钰来中国石油大学（华东）交流 3月20日，著名刑事鉴定专家、博士李昌钰莅临中国石油大学（华东），在逸夫楼举行了与文学院法学系的师生进行座谈交流，校党委副书记王勇、学生工作处处长李逸龙出席座谈会。

李昌钰，祖籍江苏省如皋，随母迁往台湾。通过个人努力，曾获晋升为台湾历史上最年轻的警长。现为美国警界职位最高的亚裔人士，世界著名刑事鉴定专家，美国纽海文大学校董，终身教授，被誉为“现实版的福尔摩斯”。李昌钰参与鉴识过8000多件重大刑事案件，比较著名的有：改变美国司法体系的橄榄球明星“辛普森案”、轰动全球的美国前中央情报局职员“锯木机杀妻案”、台湾地区陈水扁“三一九枪击案”，以及九一一恐怖袭击事件后的鉴识工作等，被称作“让全世界凶手睡不着觉的人”。中国石油大学（华东）聘请李昌钰为荣誉教授。

座谈会上，李昌钰结合自身经历与师生代表分享自己“成功的四大关键”。他认为成功者理应具备四种正确的人生观念：以诚信为本的价值观；多用功定比别人强的奋斗观；秉承3285小时的效率观；把玩作为工作境界的生活观。李昌钰还建议大家在注意积累知识的同时勤加锻炼身体，培养强健的体格。

（中国石油大学（华东）科技处顾明华供稿）

“中美对话的文化价值”学术报告 3月20日，著名宗教思想家、美国芝加哥大学教授霍普金斯（Prof. Dwight N. Hopkins）做客山东大学“名家讲坛”，作题为“中美对话的文化价值”的学术报告。本次报告也是芝加哥大学——山东大学美国文化交流中心组织的第二场讲座系列活动。报告会由犹太教与跨宗教研究中心主任、教授傅有德主持，百余名师生聆听讲座并参与讨论。

霍普金斯，著名宗教思想家，现任美国芝加哥大学教授，在基督教神学尤其是黑人解放神学领域成就卓著。2010年，曾应邀参加“首届尼山世界文明论坛”，与儒学名家、教授杜维明对话。

（山东大学犹太教与跨宗教研究中心齐晓东供稿）

“站在文化十字路口的美术教育”学术报告 3月26日，山东师范大学邀请著名美术教育专家钱初熹作“站在文化十字路口的美术教育”的学术报告。美术学院师生300余人参加报告会。

钱初熹，华东师范大学教授、博士生导师、华东师范大学艺术教育研究中心执行主任，教育部艺术教育委员会委员，教育部中小学教材审查委员会委员，全国教育科学规划重点课题审查委员会委员，全国课程教材研究所兼职研究员，InSEA日本美术教育联合会特别会员，华东师范大学博士生导师。

（山东师范大学社科处高景海、顾大伟供稿）

“Design of information and design by information”学术报告 3月27日，山东师范大学邀请日本名古屋市立大学设计与建筑学院信息设计系教授、博士生导师木本晴夫，作题为“Design of information and design by information”的学术报告，美术学院300余位师生参加报告会。

（山东师范大学社科处高景海、顾大伟供稿）

“战略管理（一）”学术报告 3月27日下午，美国蒙特雷国际研究院（Monterey Institute of International Studies）国际政策与管理学院院长、教授Yuwei Shi做客第5期国际商务精品讲座，并作题为“战略管理（一）”的学术报告。Yuwei Shi采取了一种哈佛公开课的形式，将同学们分成了四组，要求每个团队成员针对Neptune Gourmet Seafood公司案例讨论交流。经过半个小时的激烈讨论，每个小组写下了本组讨论的结果，主要针对Neptune Gourmet Seafood公司提出了以下问题：第一，过多的库存导致企业资金占用问题严重；第二，如何在创立大众品牌的同时不引起恶性价格竞争问题；第三，降价是否会使企业形象受损；第四，如何解决产品单一问题。另外，对于Neptune公司的大量库存问题到底是一种短期现象还是长期问题？他提出了两个观点，第一是为什么要建设大市场？第二是如何在不降价的前提下解决库存问题？Yuwei Shi循循善诱，启发同学们的思维。最后，他将四位知名教授的不同观点发给学生，让学生们课下思考，提出自己的见解。

（山东大学经济学院郗德玮供稿）

“创新与坚守”专题讲座 3月28日下午，山东艺术学院副院长王力克教授在长清校区图书馆报告厅举办题为“创新与坚守”的学术讲座。讲座由美术学院负责人主持，美术学院师生400余人聆听这场别开生面的讲座。

王力克首先向大家展示了近期的一些油画作品，并由画作本身谈及到艺术创作中“创新与坚守”的重要性。他引用康德的一句名言“头上的星空与内心的秩序”向大家形象而具体的阐述了他对“创新与坚守”的认识，把90年代中国写实绘画创作的停滞思考期到21世纪写实绘画创作思考实践期进行比较，并从焕发出活力的多元化的境况中，体味出中国的写实绘画仍需回归传统，只有建立在中国文化的基础上，才能不断进步。在坚守中思考，在坚守中创新，才能展现新风貌。在讲座中，王力克还对同学们提出了热切的期盼，希望同学们能够用正确积极的世界观、艺术观，建立内心的秩序，守护内心的美好，积累丰富的知识，认识艺术的本真。

（山东艺术学院科研处刘翔宇供稿）

“战略管理（二）”学术报告 3月28日上午，Yuwei Shi做客第6期国际商务精品讲座，并作题为“战略管理（二）”的学术报告。报告中，Yuwei Shi和同学们针对案例展开了讨论，引导学生思考分析案例的方法是否得当。他运用SWOT分析法，分析公司目前所处的环境。公司面临的环境主要有：市场需求旺盛，尤其是大众市场（区别于高端市场）；行业有长时间积压库存，供给过多，国内外竞争激烈；公司还面临着资金短缺的困境。然后，Yuwei Shi以“降价”这项策略为例，讲授如何对公司进行战略分析。对外部环境是否有趋利避害的作用，是衡量一项策略对公司是否有利的依据。随后，Yuwei Shi与学生进行互动，他将学生分为四组，发给大家解决案例公司的策略，安排学生对其进行总结阅读、小组讨论和策略展示。最后，他讲解了相关专家提出的解决方法，主要有：坚持原有高端市场，继续扩充销售渠道；开拓大众市场，建立新商标；“三明治策略”，同时运营发展大众市场与高端市场；作为私人品牌出售，或捐赠以获得税收减免。最后，Yuwei Shi为学生提供了其他战略管理分析模型，开拓学生知识面。

（山东大学经济学院郁德玮供稿）

“国际商务教育创新在美国”学术报告 3月28日下午，美国蒙特雷国际研究院（Monterey Institute of International Studies）国际政策与管理学院院长、教授Yuwei Shi做客第2期名家论坛，并作题为“国际商务教育创新在美国”的学术报告。首先，Yuwei Shi介绍了自己丰富的求学和工作经历。随后，他从“后危机时代”入手，提出当前世界进入了一个“停滞”阶段。他说，从过去二三十年开始，全球化飞速发展，跨国企业大量建立，随之而来的资本化、自由化的市场条件改变了原有人们的相互关系，也触及了许多环境问题、社会问题的底线，如当今世界环境问题、气候变化问题、收入差距等都十分严重，亟待解决。面对以上问题，Yuwei Shi提出了一些创新观点：第一，文化、界限和部门的三维交叉，不只局限在一个领域；第二，倾向于解决棘手问题，如以社会责任感教育取代单纯的捐助行为，以更彻底解决贫困问题；第三，解决方案的设计，鼓励学生大胆构想；第四，注重“沉浸式”的专业学习。整个报告过程生动有趣，师生互动较多，场面十分活跃。

最后，Yuwei Shi向大家介绍经济学院与蒙特雷国际研究院联合培养研究生项目和暑期夏令营项目，并就相关问题回答在场学生的提问。

（山东大学经济学院郁德玮供稿）

“真理信念与概率（论史密斯的信念理论）”讲座 3月29日，第29期分析哲学论坛在山东大学中心校区知新楼举行，台湾大学哲学系苏庆辉作题为“真理信念与概率（论史密斯的信念理论）”的讲座。主要内容为：对任何一个命题，我们会基于某些理由而对，有一定的相信程度（degrees of belief）。对史密斯（Smith）来说，我们对命题的相信程度会受到两个因素所影响：命题的为真程度（degrees of truth）与主观的认知状态（epistemic state）。据此，史密斯提议将对命题的相信程度看作是命题为真程度与主观认知态度的乘积。史密斯认为他的理论?仅可以解释一般的信念现象，也可以解释涉及含混性（vagueness）的信念现象。讲座旨在检视史密斯的信念理论，并指出史密斯理论的缺失之处，以及可能的发展。

（山东大学哲学与社会发展学院荣立武供稿）

第三届中韩海洋经济国际论坛 3月29日上午，第三届中韩海洋经济国际论坛在济南隆重召开。此次论坛由山东社会科学院和韩国海洋水产开发院共同举办，山东社会科学院海洋经济研究所承办。来自韩国海洋水产开发院、韩国海岸带管理协会、韩国海洋大学、中国海洋大学、中韩海洋科学共同研究中心、山东省人民政府办公厅、山东省海洋与渔业厅、青岛市社会科学院、济南市社会科学院、青岛市黄岛区委党校、走向世界杂志社和山东社科院海经所、国经所、金融所等单位的专家学者50余人出席会议。

张华和金学韶分别代表两院致欢迎词和开幕词。郑贵斌、孙吉亭、朴光绪、辛英泰等专家学者先后作了“山东海洋投资公司的设立与中韩合作”、“中国海洋新技术发展及中韩合作”、“海洋新技术在海洋开发中的作用与韩中合作”、“韩国水产观测制度”的专题发言。随后，专家学者围绕“加强海洋新技术合作，促进中韩海洋经济繁荣发展”这一主题进行了深入探讨和交流，为推进中韩海洋新技术的合作提出了许多好的方案和建议，为中韩两国在海洋领域的研究提供了新鲜资料、丰富素材和思想资源。本次论坛准备充分、学术氛围深厚、讨论深入，达到了预期目的。

（山东社科院科研处崔凤祥供稿）

“经济目标的改变与经济发展模型的比较”“近

代北京的劳动力市场——反思‘二元经济论’”学术报告 3月29日下午，河南大学经济学院副院长、副教授宋丙涛，彭凯翔博士做客山东大学第5期“高级经济学讲座”，分别作题为“经济目标的改变与经济发展模型的比较”“近代北京的劳动力市场——反思‘二元经济论’”的学术报告。

宋丙涛从4个部分作了讲解，分别为引言、发展经济学史与经济发展史、经济发展模型与公共产品结构以及经济发展起飞模型的比较。在引言部分，他谈到了发展经济学和市场经济学对转型经济不同的分析评价，认为市场经济学更为准确地解释了转型经济的问题。在第二部分，他首先提出两个主题——生存与人口的增长和发展、发展与人均GDP的增长。随着经济的发展，生存问题已基本解决，现代经济学的主要研究对象一般是后者，而忽视了对前者的关注，这就割裂了两个问题之间的关系。紧接着，他通过对二战后欧洲、北美及亚洲经济发展的分析，详细讲解了发展经济学史和经济发展史，认为对这两者之间关系的分析在学术界至今还没有本质性的突破。在讲解第三部分时，他分析了意识形态转型之难，并将原因归为主观和客观两个方面，还提到因为意识形态问题而经济转型失败的典型事例，如威尼斯、荷兰等。随后，他从发展的定义入手解析了经济发展模型与公共产品结构的关系。在第四部分中，他分析了经济转型的一些实例，包括独树一帜的英国、紧随其后的西欧和觉醒迅速的东亚。

彭凯翔在演讲中首先分析了劳动力市场形态，他以瓦木行为例，分析了市场主体和形态、雇佣的自由与不自由、同业议价与讨价还价等问题，并以图表形式展示了近代北京的钱计工资指数和近代北京及开滦的银计工资状况。随后，在讲工资变化的机制中，他分析了“二元经济”的问题，如工资只能维持在最低生活水平，实际工资近乎停滞的水平线以及“糊口经济”的具体表现等。他谈到，工资相对物价的变化趋势和调整形态是检验工资变化机制的标准，并引用图表分别列出了1829—1934年、1862—1934年的实际工价，1807—1934年的工资相对表价以及1841—1922年的工资变化来源。最后他从传统劳动力市场的形态、效率和动图三个方面对此次学术报告作总结。

（山东大学经济学院郁德玮供稿）

《当代中国国情与青年的历史责任》系列讲座 3月30日，为响应《关于举办〈当代中国国情与青年的历史责任〉系列讲座的通知》文件精神，加强对学生的理想、信念教育，枣庄学院经管学院教师及广大学生干部、班级学生代表在墨子楼3513室收看《当代中国国情与青年的历史责任》系列讲座。本次讲座由中央党校原教育长、博士生导师，第九、第十届全国政协委员，发展中国论坛执行主席，著名经济学家王瑞璞主讲。王瑞璞在报告中从全球视野看中国经济体制改革与崛起，他深刻分析了商品经济全球化和政治民主化的世界发展两大潮流，通过中西比较，揭示了中国崛起的历史过程和珍惜发展机遇的重要意义。王瑞璞认为中国经济体制改革的基本理论清晰而正确，改革循序渐进，成果瞩目，但中国虽已是经济大国却尚非经济强国，发展和改革的任务仍然艰巨。本次讲座旨在全面落实教育规划纲要，加强国情教育，继承和发扬先进知识分子热爱祖国、忠于人民，深入实际、深入工农，追求真理、锐意进取，艰苦奋斗、乐于奉献的精神，提高大学生服务国家服务人民的社会责任感，收到广大师生的一致好评。

（枣庄学院科技处汪涛供稿）

“危机与诠释：明清之际王夫之对儒家经典的解释”学术报告 3月30日下午，加拿大多伦多大学东亚系博士谭明冉做客山东大学哲学与社会发展学院，作题为“危机与诠释：明清之际王夫之对儒家经典的解释”的学术报告。

谭明冉1987年入北京大学哲学系，1993年于中国社会科学院师从蒙培元先生进行张载研究。2003年进入多伦多大学东亚系，师从沈青松教授，主要研究王夫之。

（山东大学哲学与社会发展学院荣立武供稿）

“The Mutual Relevance of Research on Language Transfer and Pedagogical Practices in Second Language Teaching”学术报告 4月5日，枣庄学院举行荣誉教授、Terence Odlin博士聘任仪式，副校长曹胜强出席聘任仪式，并颁发聘书。随后Terence Odlin作题为“The Mutual Relevance of Research on Language Transfer and Pedagogical Practices in Second Language Teaching”的学术报告。外国语学院和大学英语教学部师生近500人聆听报告。Odlin从语言迁移研究中的方法论入手，分析了当今语言迁移领域主要研究方法，他引用多国语言的词汇、句法的不同使用特征阐述了二语习得中语言迁移现象的本质。

Terence Odlin是美国俄亥俄州立大学英语及语言学教授，在各种国际权威期刊发表学术论文四十余篇，出版了权威专著《语言迁移——语言学习的语际影响》，是国际学术界公认的二语习得与语言迁移领域的权威专家。

（枣庄学院科技处汪涛供稿）

"Possibilities for an Educated Reader of Poetry"学术报告 4月5日下午，加利福尼亚大学河滨分校教授叶扬在山东大学外国语学院作题为"Possibilities for an Educated Reader of Poetry"的报告。

叶扬首先介绍了著名文学评论家M. H. Abrams在《镜与灯》中提到的文学研究的4个坐标，以及从此四个坐标中发散出来的各种文学流派。接着，他对文学研究流派之一现象学的发展历程进行了探讨，并介绍了诗歌与散文之间的区别。最后，叶扬针对诗歌解读中的具体问题，如诗歌主题、中西诗歌体裁、文本与语境之间的关系等，以大量文本为例进行了清晰而生动的解释。期间，叶扬多次强调文学是一门艺术，文学解读必须以文本为重心，并用生动的比喻来描写解读与文本之间的关系：文本解读就如放风筝，不管风筝飞得多远，文本永远是握在手中的线。

报告深入浅出，见解新颖，从研究视角和方法两方面给人以启迪。到场观众均被其幽默的语言、渊博的知识和对文学的感受力而折服。外语学院副院长、教授刘振前主持报告。

（山东大学外国语学院程殿梅供稿）

"韩国文化contents的研究动向及对问题点的哲学小考"学术讲座 4月5日，韩国成均馆大学教授朴商焕在山东大学知新楼1106报告厅作题为"韩国文化contents的研究动向及对问题点的哲学小考"的学术讲座。本次讲座由山东大学文艺美学研究中心、山东大学历史文化学院、山东大学中国文化产业研究中心主办，历史文化学院文化产业管理学系韩英主任主持，中心及学院教师、本科生及研究生参加了讲座。朴商焕以中国传统节日清明节与韩国文化的不同之处逐渐展开讲座内容，对韩国文化产业的定义、现状及建设性的批判作了具体阐述。并且从哲学的角度对文化产业领域内的文化商品进行解读，提出区别于"使用价值"和"交换价值"以外的"喜好（嗜好）价值"。

（山东大学历史文化学院代国玺供稿）

"台湾地区'政府改造'的理论与实际"专题讲座 4月5日下午，台湾世新大学副教授邱志淳访问山东大学政管学院，并与学院师生进行学术交流。邱至淳作题为"台湾地区'政府改造'的理论与实际"的专题讲座。学术交流活动由政管学院院长葛荃主持。

讲演现场，邱至淳运用古今中外的事例和经典说明制度的灵活性和适用性，提出"制度是成长的，而不是制造出来的"基本论点，并介绍了西方新公共管理的兴起、基本主张以及其与行政改革的密切关系。基于这些理论介绍，他又进一步阐述了台湾地区'政府'改造的"台湾经验"，从台湾地区"政府"改造的背景、台湾地区"政府"改造的历程和内容，以及台湾地区"政府"改造后所面临的新问题三个方面进行了论述。其中，重点论述了从1995年开始并延续至今的台湾地区第三波"政府"改造历程。他认为，台湾地区"政府"改造的目的与世界趋势是一致的，并且也取得了一定的成果，可以与大陆地区的改革开放互为借鉴。最后，邱至淳引导大家思考新公共服务精神的启发意义。

邱至淳，北京大学政府管理学院法学博士，现任台湾世新大学行政管理系专职副教授，并任台湾东海大学、淡江大学、逢甲大学、中华大学等多所院校兼职副教授，兼任台湾华夏行政学会理事兼两岸学术交流发言人，中华青年交流协会秘书长等职。主要研究方向为公共行政、危机管理、公共政策、两岸比较行政等，出版专著《权威与治理：中国大陆强县扩权与省管县体制改革》《行政学精义》《公共政策》等。

（山东大学政治学与公共管理学院何莉萍供稿）

"Collateralization, Bank Loan Rates and Monitoring"学术报告 4月5日下午，荷兰蒂尔堡大学教授Steven Ongena应邀做客第7期高级经济学讲座，作题为"Collateralization, Bank Loan Rates and Monitoring"的学术报告。之后，Steven Ongena作为流动岗教授为学院师生作国际银行业务和银行经济学系列学术讲座。

在题为"Collateralization, Bank Loan Rates and Monitoring"的报告中，Steven Ongena首先谈了他的研究动机，他说，抵押已经在全球范围内被用来刺激贷款的增长，虽然我们对运用抵押的理论动机有所了解，但尚未完全理解抵押如何影响信贷成本、利用率及银行行为。为何人们把"抵押"看得如此重要？Steven Ongena认为，这是因为抵押是债务合同的关键特征之一，由抵押自身的能力所激发的用途可以缓解债务人与债权人之间信息的不对称性，或者说，抵押是贷款机制的润滑剂。随后，Steven Ongena进一步介绍了抵押的影响力。他说，抵押品价值的波动可能生成信贷周期，影响债务能力和企业投资。此外，抵押已成为影响信贷获得与信贷成本的一种手段，从而影响事前债权人的借债选择及事后债权人的行为。Steven Ongena通过分析相关数据指出了抵押和贷款利率之间的正向关系。最后，他谈到，抵押也会对债权人的行为产生引导作用，并通过对债务人的甄别影响着银行的监管行为。Steven Ongena 指出，在由银行评估的企业抵押价值中存在恶化现象，这种恶化导致了优良的附属抵押品贷款中的可调条款的紧缩，增加了企业对银行的特定风险，并且减少了银行对企业贷款的意愿和银行负责的抵押品监管。

（山东大学经济学院郁德玮供稿）

“社会科学研究方法举隅”学术报告 4月6日下午，莱芜职业技术学院邀请周晶作题为“社会科学研究方法举隅”的学术报告。学院党委副书记、副院长李俊海出席会议并讲话。宣教办、研发办的负责同志以及社科研究学科组联系人参加会议。

周晶从文献研究、心理测量、社会调查、个案研究、行动研究等方面对社会科学研究方法进行了深入细致的剖析，对老师们课题的申报作了具体辅导，具有很强的针对性和实用性。

（莱芜职业技术学院社科联王慧供稿）

第三届两岸财务金融研讨会 4月6日，第三届两岸财务金融研讨会在山东大学举行。台湾政治大学财务管理系主任、教授周冠男和山东大学经济学院副院长、教授刘国亮分别在开幕式上致辞。山东大学经济学院金融学系主任、教授曹廷求主持研讨会。

会上，双方专家学者展开热烈的学术讨论。上午，台湾政治大学财务管理系教授姜尧民、山东大学金融系博士许云辉、台湾政治大学信义不动产研究发展中心主任副教授屠美亚、山东大学金融系博士高金窑分别作题为“初始收益率低于抑价”、“噪声交易风险的动态投资影响”、“购房动机对议价空间与利率关系的影响”、“奈特不确定性下的非流动性资产定价”的学术报告。下午，山东大学金融系博士高磊、教授周冠男、博士张德涛分别作题为“私募股权融资价值创造”、“收购中的投标人战略时机选择，头寸限额影响”和“闭市条件下公司投资和消费中最优证券组合”的学术报告。

两岸财务金融研讨会由山东大学金融系与台湾政治大学财务管理系共同发起，每年在海峡两岸高校易地举办，2010年4月在山东大学举办了第一届研讨会，台湾各大学有6位代表参加；2011年4月在台湾政治大学举办了第二届研讨会，山东大学经济学院教授曹廷求、秦凤鸣、副教授陈晓莉参加。

（山东大学经济学院郁德玮供稿）

“王水泊数字艺术”学术讲座 山东工艺美术学院特邀请加拿大著名华人电影导演、奥斯卡提名奖获得者、古根汉姆学者奖获得者、中央美术学院客座教授王水泊4月6日来学校进行学术交流与研讨活动，面向学生开展专业讲座，指导学生创作和对艺术的理解等。

本次讲座王水泊教授改变单一的讲授方式，更注重与学生交流、互动，通过播放其获奥斯卡提名奖的作品《大水河》，以及其所带研究生的优秀作品，全方位地展示了电影艺术的魅力，阐明拍电影要展现自己内心里的真实感受，不带有任何虚假感情。同时，在讲座过程中与同学进行现场互动交流，为同学们解答在学习过程中遇到的疑惑。本次报告深入浅出、具有很强的学术性和艺术性，在老师和同学们之间引起了强烈的反响。

（山东工艺美术学院科研处任谢元供稿）

“当代中国的‘解放’：腐败、法律和民间宗教”学术报告 4月9日晚，挪威奥斯陆大学社会人类学系教授 Susanne Brandtstdter 女士在山东大学哲学与社会发展学院作题为“当代中国的‘解放’：腐败、法律和民间宗教”的学术报告。哲学与社会发展学院院长刘杰、人类学系副教授胡宗泽以及数十名师生聆听了讲座。讲座伊始，Susanne 介绍了其对中国南部福建沿海几个村落的调查概况。她从“后毛泽东时代”中国社会特别是中国农村出现的问题讲起，提出了“失败的农民主体”问题。接下来，Susanne 指出，这种过去一直被政府认作反理性、反法治的封建迷信残余事实上并非世俗主义的对立面，反而是中国世俗主义加强的表现。这种新型的民间宗教不同于以往封建社会的旧形式，而是以“庙管会”、“祠堂管理会”为自治中心，积极进行修桥修路、发展公益教育事业等公共事业建设。从另一个方面来看，村民积极地投入资金、“送给公家”，不仅仅是为了自己的好运祈求神灵，更重要的是履行自己对于小集体的责任以便享受应得的服务。Susanne 认为，庙管会在某种意义上模仿了毛时代的生产小组形式。因此，民间宗教的重新兴盛并不是政府管理的缺席和疏忽所致，反而恰恰是当前整个中国社会推行法治建设的大背景的影响和渗透。

（山东大学哲学与社会发展学院王昕供稿）

“税收优惠政策与风险管理”主题报告 4月10日，百丞税务咨询公司大客户部总经理、香港中文大学专业会计学硕士、注册税务师李丰收应邀做客山东大学经济学院第6期齐鲁税务讲坛，作题为“税收优惠政策与风险管理”的主题报告。

李丰收首先辩证地分析了税收筹划与纳税风险的关系，认为纳税风险控制与税收筹划是相辅相成的，如果税收筹划是革命的话，纳税风险控制就是身体，只有在控制好纳税风险的情况下才能做好税收筹划。李丰收随后介绍了增值税税收优惠政策、企业所得税税收优惠政策、个人所得税税收优惠政策，从理论与实践两个层面深入浅出地介绍了相关内容。他在讲解过程中使用了大量自己亲身经历过的案例与大家进行探讨，用生产流程、合同条款案例分析了增值税的税收优惠，用新旧衔接、股权稀释案例分析了企业所得税的税收优惠，用车改方案优化案例分析了个人所得税的税收优惠。李丰收最后通过一个设计题，与大家在互动中结束了报告会。

财政系副教授李华主持报告，对李丰收的报告进行了总结，并对同学们以后的学习中提出了期望，鼓励大家在学习好理论知识的同时更加关注实务研究，学以致用。

（山东大学经济学院郁德玮供稿）

“对话艺术”学术讲座　4月11日，山东工艺美术学院客座教授、意大利文化中心主席温琴佐·桑弗先生为师生作“对话艺术”的专题讲座。本次讲座由造型艺术学院院长雷家民主持，学校师生300余人及山东师范大学部分师生听取讲座。

温琴佐·桑弗先生从亲身经历讲起，多方面、广角度阐述了生活与艺术的关系，指出艺术具有广泛性和多样性的特点，并简要回顾了近代以来欧洲和西方艺术发展的进程，分析了中国当代艺术的发展现状和趋向，通过中西艺术的对比探讨中西艺术的异同。随后，桑弗先生和与会师生进行了热烈的交流，详细解答了师生关于中西艺术的异同、中国艺术发展趋向、传统与现代结合等问题，温琴佐·桑弗先生以独特的视角、客观的态度深层剖析了中西方艺术发展的现状，并对中西文化发展前景提出了自己独到的见解。

（山东工艺美术学院科研处任谢元供稿）

“文化自觉与跨文化交流”系列讲座之四“培养创意：中国信息社会的形成”　4月12日下午，哲社学院人类学系“文化自觉与跨文化交流”系列讲座之四——“培养创意：中国信息社会的形成”在知新楼A座1421室举行。主讲人是来自美国加利福尼亚大学博士 Silvia Lindtner，讲座由人类学系主任胡宗泽主持，哲学与社会发展学院部分师生聆听报告会。Lindtne 提出建设中国信息社会必须坚持“创意国家、创意城市、创意平台、创意公民”的理念。文化越来越成为民族凝聚力和创造力的重要源泉、越来越成为综合国力竞争的重要因素，提高国家文化软实力，使人民基本文化权益得到更好保障，使社会文化生活更加丰富多彩，使人民精神风貌更加昂扬向上。Lindtne 又以上海创意园区为例，讲解了“创意城市”的发展。建立创意平台，需要鼓励新单位合作共享空间。发展创意公民，坚持分享主义。分享主义是一场心灵革命，分享主义，是我们身处的资讯时代的信仰系统。它是透过自由及开放源代码软件的人际与技术网络所传播的哲学。它是每一则用户生成内容背后的动机。它是创作共用的宗旨，鼓励人们分享、重混，并给与文化创造更多的认同与肯定。分享主义召唤了日益精进的集体智慧的到来。乐于分享的人们获得了来自各种社群的敬意，社会资本因此得以不断地累积。

（山东大学哲学与社会发展学院王昕供稿）

“创新不足中的相机保护措施”学术讲座　4月12日下午，浙江大学经济学院副教授宋华盛应邀做客第8期高级经济学系列讲座，并作题为“创新不足中的相机保护措施”的学术讲座。

宋华盛重点讲解了反倾销问题、技术问题及其对利润的影响。首先，他讲了在不同阶段运用反倾销的国家的数量，他提到的以下事实：不同国家实行反倾销的主要目的是报复，而且多发生在发达国家与发展中国家之间，反倾销的行为主要集中在技术密集型产业中。其次，他运用了双边倾销模型、不考虑技术因素的多国家模型、考虑技术因素的南北国家模型等。他用具体的模型分析了不同的市场规模对企业利润的影响，并得出结论：一个企业如果市场规模较小就不会在相互反倾销的过程中获利。再次，他讲解了反倾销战争中的技术效应以及两个阶段的博弈和南北国家之间的三个不对称问题。最后，他得出以下结论：第一，工业国家的企业用反倾销来保护小公司因为它们可以在反倾销战中获胜；第二，在没有反倾销时尽管小企业能获利更多，但是反倾销能促进它们进行自我保护；第三，发达国家强制发展中国家实施知识产权保护是有问题的，因为有攻击性地实施反倾销的动机没有改变；第四，南方国家的创新效率提高之后更容易遭受北方国家的反倾销；第五，只有市场规模才是决定是否采取反倾销的关键因素。

（山东大学经济学院郁德玮供稿）

“Recognition and Social Justice（承认与社会正义）”讲座　4月12日，第30期分析哲学论坛在山东大学中心校区知新楼举行，山东大学哲学系陈晓旭作题为“Recognition and Social Justice（承认与社会正义）”的讲座。主要内容为：自由主义政治哲学家讨论社会正义问题大都以“再分配”（redistribution）为中心概念。通常社会正义问题这样被提出：

分配什么？以及如何分配？Iris Young（杨）和Nancy Fraser（弗雷泽）对自由主义正义观提出反对，认为正义问题更重要的是关于承认的问题，而非再分配的问题，并分别提出了各自的承认的概念。在报告中，陈晓旭检视了她们的承认的概念，分别提出批评，并论证她们对自由主义正义观的批评不能成立。最后，陈晓旭建议一个“承认的底线概念”（minimal conception of recognition），这个承认的概念仅在视野范围意义上（scope）与社会正义问题相关，因此并不挑战自由主义正义观的内容（content），并论证了这个承认概念比上述两个更能得到辩护。

（山东大学哲学与社会发展学院荣立武供稿）

“黄河三角洲大讲堂·县区长论坛：推进政产学研合作，提升高新区发展内涵”学术报告 4月13日下午，滨州学院邀请胡洪涛博士在学苑会堂200人学术报告厅作“黄河三角洲大讲堂·县区长论坛”首场学术报告。相关系（院、部）、校级科研机构和科研处师生140余人参加了本次活动。

胡洪涛，现任滨州高新技术产业开发区党工委委员、管委会副主任，滨州高新技术创业服务中心主任。2005年毕业于上海交通大学空天科学技术研究院，获得博士学位。毕业后作为选调生来滨州一直分管科技工作，熟悉基层情况，是滨州首家省级孵化器的主要负责人。本次学术报告题目为“推进政产学研合作，提升高新区发展内涵”，胡洪涛从高新区基本情况、发展规划，科技、人才、项目需求，对滨州学院人才培养、科学研究、服务社会的建议，有关合作方式思考等方面，深入阐述了全新的理念，对于提升滨州学院科研水平，更好地服务地方科学发展提出了很好的意见，广大师生受益匪浅。

（滨州学院科研处吕传笑供稿）

“从文化的记忆来看传统和近代”学术报告 4月13日下午，韩国成均馆大学东洋哲学系教授朴商焕在山东大学外语学院，为朝鲜语系师生作题为“从文化的记忆来看传统和近代”的讲座。

朴商焕旁征博引，深入浅出地为同学们讲解了“文化记忆”这一抽象概念。他强调“文化记忆”与“历史”不同，它更注重文化产生于个人与个人、个人与社会、社会与社会的关系之中，文化不能孤立地存在。同时文化也不是固有不变的，文化是文化原形在不同时代背景下不断变迁、延承，并且与其他文化相互交流、吸纳的过程。在对“文化记忆”进行阐述之后，朴商焕提出了看待文化的两种相对立视角——“文化本质主义”和“相互文化哲学”。与文化本质主义不同，基于“文化记忆”的“相互文化哲学”强调不同文化的共存和文化之间的相互交流。朴商焕教授表示，在当今世界各个国家积极发展文化产业的时代背景下，有必要在这一过程中从“文化记忆”的视角出发，促进多种文化之间的交流与发展。

朴商焕学贯中西，文化功底深厚、解说妙趣横生。

（山东大学外国语学院程殿梅供稿）

“世界银行报告：中国2030”学术报告 4月16日下午，加拿大达尔豪斯大学经济系教授Barry Lesser参加山东大学经济学院2012年第2期海外论坛，并以“世界银行报告：中国2030”为题作学术报告。报告由经济学院国际合作与交流办公室副主任、副教授丁言强主持。

报告中，Barry Lesser首先与同学们共同回顾了中国经济发展的过程，并分析了在未来的发展中，中国经济可能面临的问题。在过去的几十年里，中国的经济迅猛发展，取得了辉煌的成就，然而，中国也面临着环境污染、劳动力成本上升及人民币升值所带来的巨大压力。随后，结合中国经济发展面临的问题，Barry Lesser针对中国未来的发展与同学们分享了自己的见解。他建议在未来的发展中，鼓励私人企业创新，同时促进劳动力的自由流动等。

（山东大学经济学院郁德玮供稿）

“文化系统·文学研究·学术方法”学术报告 4月17日下午，应济南大学文学院邀请，山东大学教授、博士生导师郑杰文在济南大学第一学术报告厅作题为“文化系统·文学研究·学术方法”的学术报告。报告会由副校长蔡先金主持。社科处、文学院有关领导以及文学院部分研究生、本科生参加报告会。

郑杰文从上古文化两系统讲起，认为上古文化有“神守文化”与“公侯文化”的不同，有“黄河文化”和“长江文化”的地域差异，并进一步就文学产生的文化环境问题对上古文化与上古文学的关系作出了全新的阐释，认为《诗经》与《楚辞》艺术风格与文学精神方面的不同正是上述两大文化系统差异性的具体表现。最后，郑杰文结合自己丰富的治学经验，指出了今后文学文化研究的方向，他认为学术研究贵在创新，应挖掘新材料、探寻新方法、建构新理论。

此次讲座的成功举行，深化了师生对中国传统文化的认识，为济南大学人文社会科学研究的发展和学术交流营造了良好的氛围。

（济南大学社科处戴亮供稿）

“文化产业创意实践与思考”专题报告　4月18日，枣庄学院传媒学院邀请市委宣传部副部长，《枣庄日报》《枣庄晚报》总编辑王春在文科楼报告厅作题为“文化产业创意实践与思考”的专题报告。枣庄市摄影协会副会长孔令勤，国家级非物质文化遗产柳琴戏代表性传承人、中国戏曲家协会会员、国家一级演员邵小环与传媒学院全体师生参加报告会。报告会在王春现场书写的潇洒草书“创意”中拉开帷幕。浓厚的文化气息将同学们引入了文化产业创意的意境之中。报告中王春立足传媒行业的创意实践，结合枣庄文化特色，以典型的创意成功案例，启发学生开启创意之门。报告会气氛热烈，互动良好，掌声此起彼伏。王春主创、策划的柳琴戏《洋庄园落户山沟沟》的独特创意和柳琴戏表演艺术家邵小环的精彩表演，把整场报告推向高潮。传媒学院党总支书记张怒对报告做精彩点评。此次报告会，对于提高传媒学院学生的创新意识，提升创新能力有着重要意义。同学们纷纷表示受益匪浅，启发无限。

（枣庄学院科技处汪涛供稿）

“英汉语言对比与翻译技巧”学术报告　4月18日，应滨州学院外语系邀请，英国索尔福德大学（University of Salford）李赛红博士（Dr. Saihong Li－Rasmussen）在图书馆300人学术报告厅作“英汉语言对比与翻译技巧”学术报告。

李赛红现任英国索尔福德大学人文、语言和社会科学院副教授、博士生导师，科研审查委员会会长，本科教学负责人。2006—2009年就读于丹麦哥本哈根大学翻译及语言学系，获语言哲学博士学位。本次学术报告，李赛红从英汉语言的对比、翻译的概念、理论出发，重点介绍了笔译与口译的区别，中西方翻译理论、方法以及如何成为一名出色的译者等内容，并就翻译的方法、实践等问题回答了师生的提问。

外语系2009级本科生和教师共200余人参加本次活动。

（滨州学院科研处吕传笑供稿）

“现代管理科学中国学派研究”学术报告　应济南大学管理学院的邀请，暨南大学教授孙东川来济南大学进行学术交流。4月19日下午，济南大学管理学院召开学科建设研讨会，孙东川就济南大学管理学科建设问题进行了悉心指导，学科建设与发展处、社科处和管理学院的有关领导以及学院部分教授、博士参加了研讨和座谈。

4月20日下午，孙东川在第一学术报告厅作了一场题为“现代管理科学中国学派研究“的学术报告。副校长韩宏出席报告会，社科处、管理学院的有关领导及学院部分师生参加了报告会。报告会由管理学院副院长韩静轩主持。报告中，孙东川将现代管理科学中国学派的理论和基本思想等作了重要阐述，并将自己多年来潜心做学问的心得与大家进行了交流。报告结束后，孙东川与在场师生进行互动交流，并解答师生们的提问。报告会上，副校长韩宏为孙东川颁发聘书，聘任其为客座教授，孙东川将其学术专著赠送济南大学。

（济南大学社科处戴亮供稿）

省世界经济学会和省对外经济学会2012年联合年会　4月21日，山东省世界经济学会和山东省对外经济学会2012年联合年会在中国石油大学（华东）青岛校区召开。省社科联副主席薛庆国、中国石油大学（华东）副校长李兆敏、省民政厅民间组织管理局处长韩学斌、青岛市社科联副主席任银睦、省社科联学术部部长高璞、省社科规划办副主任张淑琴、省对外经济学会会长卢新德等出席开幕式并致辞。开幕式由中国石油大学经管学院院长李雷鸣教授主持，来自全省高校和科研院所的120余位专家学者参加了此次会议。会议共收到学术论文100余篇，评出获奖论文69篇。本次年会主题是：世界经济形势的新特点与中国（山东）开放型经济的新战略。

上午的学术交流活动由山东理工大学商学院院长、教授李平和山东大学经济学院国贸系主任、教授孔庆峰主持。共有7位专家进行了学术演讲，他们是：山东理工大学教授李平（当前世界经济形势及展望）；山东工商学院教授马宇（美国主权债务风险的演化机理、特殊性与影响）；山东大学教授范爱军（中国有巨额外汇储备，为何还要借外债）；济南大学教授孙国茂（结构转型与增长拐点：2012年中国宏观经济运行分析）；山东财经大学副教授朱启荣（中国外贸发展方式转变的实证研究）；山东财经大学教授方慧（基于动态钻石模型的中国文化贸易竞争力研究）；中国石油大学教授贾平（山东省流通经济发展方式的转变研究）。

下午的学术交流活动由山东财经大学国贸学院院长、教授王培志和济南大学经济学院副院长、教授陈学中主持。共有5位专家作了学术报告，他们是：青岛大学副教授陈晓文（蓝色经济战略下青岛结构调整与产业升级问题探讨）；山东大学教授孔庆峰（APEC贸易便利化进展和展望）；山东社科院助理研究员卢庆华（关于加快山东开发区转型升级的思考）；山东商职学院教授张晓云（教师创业促进国际商务实践教学和专业建设）；山东工商学院教授刘白玉（商务英语专业人才培养模式创新改革研究）。自由发言阶段，山东财经大学教授袁其刚进行学术报告。

山东省世界经济学会年会是社科研究的重要阵地，也是学界交流的重要平台。与会专家、学者紧紧围绕主题深入交流与探讨，深化了对世界经济新形势下的中国经济热点问题的认识和理解。

（山东省世界经济学会供稿）

“知识产权法理论体系构建”学术报告 4月22日，北京大学法学院副教授、硕士生导师刘银良做客烟台大学法学院“三元法学论坛”，为同学们带来题为“知识产权法理论体系构建”的学术报告，来自全校200多名同学聆听讲座。

报告伊始，刘银良通过提问问题的方式，将讲座的重点内容一一牵引而出。随后，他以详细的统计数据向大家展示了世界范围内知识产权的演化历史和知识产权与现代社会的关系。刘银良指出，随着思想观念的更新、实践经验的积累以及新一代法学家的成长，知识产权慢慢形成了完善的制度及制度创设原则，逐步走向成熟。同时，刘银良通过总结自己的教学体会和学习经验，向大家展示了知识产权应有的学科体系和教学内容。

（烟台大学科研处曹永智供稿）

“刑法学的基本范畴及其关系”讲座 4月22日下午2点，中国政法大学刑事司法学院院长、教授、博士生导师曲新久在烟台大学法学院二楼多媒体报告厅作“刑法学的基本范畴及其关系”的讲座。来自全校的近200名师生聆听了本场讲座。“每一门学科的学科架构图是最重要的，刑法学也不例外。”讲座伊始，曲新久向大家展示了一幅关于刑法体系的构架图，并围绕着这幅构架图，开始了论述。首先，曲新久强调了“基本概念”对于刑法学研究的重要意义，向大家提示了构建刑法体系的两种途径，进而引出刑法学中“刑罚”这一的中心概念。随后，曲新久围绕“刑罚”横向展开，解释了“犯罪”、“犯罪人”和“刑事责任”，他在解释刑法的这四大实体范畴（基本概念）的同时，结合引发社会热议的“许霆案”向大家说明了概念区分的重要性。随后，曲新久通过系统阐述“罪刑法定”、“罪刑相当”、“刑罚个别化”、“刑罚人道主义”四大关系范畴（基本原则）及其相互间的复杂关系，为大家展示了一个具有兼容性和开放性的刑法构架体系，并通过借鉴国内外已有的研究成果结合中国的立法与司法实践，验证了构架图的科学性。

（烟台大学科研处曹永智供稿）

“1928：中国文人的心态变迁”学术报告 4月22日，南开大学文学院李新宇教授应邀到滨州学院进行了为期两天的学术交流。

李新宇系南开大学文学院博士生导师，主要从事中国现当代文学的教学和研究，兼涉20世纪中国思想史和文化史研究。出版过《中国当代诗歌艺术演变史》、《中国当代诗歌潮流》、《走过荒原》、《大梦谁先觉》、《愧对鲁迅》、《鲁迅的选择》等学术专著，发表过《如何反思80年代》等近百篇学术论文，2011年主编的《鲁迅大全集》在学术界反响强烈。

两天时间里，李新宇深入了解滨州学院中文系教学科研情况，并作“1928：中国文人的心态变迁”学术报告。他认为，1926年开始的北伐和南京国民政府的建立导致的一系列矛盾，造成了当时文坛的分裂与组合，决定了以后20年文学发展的面貌。李新宇还对同学们提出的关于五四、鲁迅、考研等问题进行了深入细致的讲解。之后，李新宇在中文系会议室与中文系现当代教研室教师就教学、科研等问题进行座谈。

（滨州学院科研处吕传笑供稿）

“国际货币体系的演化”学术讲座 4月24日，英国萨里大学教授Graham Bird应邀为山东大学经济学院师生作题为“国际货币体系的演化”的学术讲座。此次作为山东大学流动岗位特聘教师，Graham Bird为学院师生讲解国际货币体系的演化、全球贸易平衡、欧债危机等当前国际货币金融领域的系列热点问题。

报告伊始，Graham Bird作了自我介绍，鼓励大家多提问题。Graham Bird围绕国际货币体系展开报告。他从一国经济调整运行机制入手，讲述了国际货币体系的构成要素以及当前国际货币金融组织；从金本位制、历史背景、经济原理等方面详细介绍了国际货币体系的演化过程，并对不同国际货币体系的优缺点进行了评述。他还指出了当前国际货币体系面临的问题及其改革方向。在报告中，Graham Bird引用大家熟悉的事例，深入浅出地阐明了相关金融学原理，让同学们获益匪浅。Graham Bird还鼓励大家注重利用网络资源，提出自己的见解。

Graham Bird，英国剑桥大学经济学硕士，萨里大学经济学博士，英国萨里大学经济学教授；现为美国卡莱门麦肯纳学院（Claremont McKenna College）、克莱蒙研究大学（Claremont Graduate University）客座教授。Graham Bird 教授主要致力于发展中国家的国际金融问题研究，研究成果丰硕，在国际期刊发表论文百余篇，其中多篇被知名国际期刊采用。

（山东大学经济学院郁德玮供稿）

“集团企业纳税风险管理指引”学术报告 4月24日下午，山东百丞税务咨询有限公司总经理朱自永应邀做客山东大学第7期齐鲁税务讲坛，作题为“集团企业纳税风险管理指引”的学术报告。

首先，朱自永从风险的概念讲起，结合有关固定资产抵扣增值税的具体实例说明了风险伴随着企业成长发展的全过程，进而说明了研究和把握风险如何形成，如何管理风险所具有的重要意义。他谈到，风险偏好在税务风险选择中起着重要的作用，而企业的涉税行为包括遵从、核算、筹划三个方面，税务问题与这三个方面息息相关，并对企业的经营生产产生了深远的影响。同时，不同的销售行为又会产生不同的税务行为，进而对利润产生进一步的影响。

其次，他对税务问题产生的原因及其影响进行了总结，认为企业纳税风险的来源由交易、核算、遵从、员工、声誉等几个方面构成。他说，税收已经嵌入到了企业经营管理的各个环节，非税务部门已经成为税收问题的高发部门。当讲到纳税负担问题时，他与在场的老师和同学们就纳税负担在经济发达程度不同的地域之间差异问题进行了探讨。他还从纳税的产出回报比方面对该问题进行了论述，就目前引起社会广泛争论的“税负痛苦指数”问题发表了自己的观点。

最后，他结合企业纳税风险管理体系的相关实例，就如何管理纳税风险提出合理化建议。他认为纳税风险的管理对一个企业的长期生产发展起至关重要的作用，具体的管理措施需要在严格遵守税法规定的前提下，基于纳税风险来源而有针对性地提出，具体可以包括管理组织，税务申报，税务分管，员工监管，交流沟通等多个方面。通过对具体案例的分析，原本抽象的税务制度变得充实而灵活，不仅加深了同学们对税务具体实践过程的理解，也对同学们对税收制度设定整体的眼界的开阔起到了积极的引导作用。

朱自永，山东百丞税务咨询有限公司总经理，香港中文大学专业会计学硕士，厦门大学税务专业经济学学士，中国注册税务师协会特聘专家，中税网校授课专家。

（山东大学经济学院郁德玮供稿）

“软实力与儒学”学术讲座 4月25日上午，哈佛大学肯尼迪政府学院教授约瑟夫·奈在山东大学科学会堂作题为“软实力与儒学”的讲座。约瑟夫·奈是国际关系理论中新自由主义学派的代表人物，以最早提出“软实力”（Soft Power）概念而闻名。

讲座中，约瑟夫·奈首先对“软实力”概念进行了阐述：软实力是指通过自身的吸引力而非强制力来影响他人，从而达到自身目标的一种能力。他指出，这个概念虽然是新的，但行为却早已存在，并列举了在欧洲以及美国软实力发生作用的例子。他认为中国的传统文化中也包含着软实力的因素，例如老子的“无为而治”及儒家的价值观念对东亚地区所产生的影响都是软实力的表现。约瑟夫·奈表示，中国软实力还有很大的发展潜力和空间，希望中国政府未来在提升文化软实力方面能够取得更多的成果，使中国和其他国家都能从中受益。

此次讲座由山东大学儒学高等研究院和政治学与公共管理学院共同举办，儒学高等研究院执行副院长、教授王学典主持讲座。讲座结束后，中国软实力研究中心教授张国祚和清华大学教授贝淡宁对报告作解读和点评。互动环节中，同学们结合世界形势就文化软实力展开提问，约瑟夫·奈从不同角度作精彩解答。大家纷纷表示很受启发，并对国际关系问题及中国传统文化有了新的思考。

（山东大学儒学高等研究院刘丽丽供稿）

“社群主义与儒家政治哲学”学术讲座 4月25日下午，清华大学教授贝淡宁访问山东大学政管学院，并在学院报告厅举办题为“社群主义与儒家政治哲学”的学术讲座。讲座由政管学院副院长王学玉主持。

贝淡宁首先对社群主义的产生、发展和基本观点进行了简要的介绍，然后讲述了普遍主义与特殊主义的交流、讨论和回应；他从三个角度分析了文化因素对权利、政治实践和政治机构的影响；讲述了社群主义和自由主义关于自我问题的争论；又从三类主要的社群生活形式出发探讨了社群的政治学这一议题。最后贝淡宁深入分析了西方社群主义及东亚社群主义的基本观点和存在的主要问题。在现场互动阶段，贝淡宁就同学们关心的学术和现实问题进行了深入的交流和讨论。

讲座中，贝淡宁平实简洁的演讲风格以及独到深刻的思想观点，充分展现了他深厚的学术底蕴和严谨的学术态度，令在场师生获益良多。

贝淡宁，生于加拿大，1991年获牛津大学哲学博士学位。贝淡宁教授曾先后于新加坡国立大学、美国普林斯顿大学、香港大学、香港城市大学、美国斯坦福大学等世界著名大学任教或进行学术研究。自2006年至今在清华大学任教，现为该校哲学系教授，博士生导师。主要研究领域为比较政治哲学、社群主义和儒家文化，代表作有《社群主义及其批评者》、《自由民主之外：东亚背景下的政治思考》等。

（山东大学政治学与公共管理学院何莉萍供稿）

“关于文化软实力几个问题”学术报告 4月25日下午，中宣部理论局原副局长，中国文化软实力研究中心主任、教授张国祚应邀做客山东大学马克思主义学院“主义与问题论坛”，在学院报告厅为全院师生作题为“关于文化软实力几个问题”的精彩报告。报告会由马克思主义学院副院长、教授徐艳玲主持。

（山东大学马克思主义学院仲欣供稿）

“效用主义：幸福与终极价值”学术报告 4月25日晚，著名学者、教授彼得·辛格做客山东大学哲学与社会发展学院，带来题为“效用主义：幸福与终极价值”的专题报告。报告内容主要是介绍效用主义的核心观点、常见的反对意见及辛格的回应。4月26日下午，辛格做客大家讲坛（山东大学趵突泉校区），带来题为“医疗中生死决断的伦理基础”的专题报告。当日晚，辛格再次为山东大学大家讲坛（山东大学中心校区），带来题为“极度贫困、富裕者的义务及过分要求论”的精彩报告。彼得·辛格，世界著名哲学家、生命伦理学家、公共知识分子、动物解放运动精神领袖，美国普林斯顿大学生命伦理学教授、澳大利亚墨尔本大学应用哲学与公共伦理中心终身教授。

（山东大学哲学与社会发展学院荣立武供稿）

“科技创新与知识产权保护”专题报告会 4月26日是“世界知识产权日”。为了提高师生创造、利用和保护知识产权的意识，推动科技创新能力的提高，4月25日，曲阜师范大学科研处邀请有关专家，举办“保护知识宣传周”启动仪式暨“科技创新与知识产权保护”专题报告会。济南市知识产权研究会副理事长、副教授侯中华全面阐释了知识产权的内涵和外延，深入解读了国家实施知识产权战略的目的和意义。他结合实例，就如何规避、防范知识产权的法律风险，以及保护知识产权对于促进高校科技创新的重要意义，作了深刻全面的阐述。

科研处处长刘立山主持了会议。济宁市知识产权局、曲阜市知识产权局负责人应邀出席并致辞。

（曲阜师范大学社科处蔡佳辰供稿）

“非赢利公益组织的建设”讲座 4月26日，第31期分析哲学论坛在山东大学中心校区知新楼举行，乐施会（OXFAM）美国纽约委员会主席瑞纳塔·辛格作题为“非赢利公益组织的建设”的讲座。主要内容为：建立非赢利公益组织必不可少的三个元素：灵感、满足特定需要和法律管理框架。以Oxfam、The EMC（Ecumenical Migration Centre）、Fitted for Work等三个组织为例，组织的建立基于特定的目标即灵感，认为大部分人的幸福感需要通过工作来满足，强调在不同国家非营利组织的建立需遵循该国家的法律规程，并获得在该国免税的资格。当前非营利组织面临着各种挑战，因此它们应该实现两个转变，即从紧急性工作向倡导性工作的转变和由传统的集资方式向社会企业模式的转变，指出非营利型组织应该通过增强自身的适应性来适应多变的局势。

（山东大学哲学与社会发展学院荣立武供稿）

“在线产品评分的社会性偏差”报告 4月26日下午，香港科技大学助理教授、博士张晓泉做客山东大学2012年第9期高级经济学讲座，并作题为“在线产品评分的社会性偏差”的报告。

讲座中，张晓泉首先以“yelp”、“trip adviser”等网站为例，提出社会关系网络特别是朋友关系会影响顾客对在线产品的评分，造成评分与顾客真实的产品体验效果有偏差。他详细阐述了如何通过建立模型、分析变量、设计随机实验等步骤，来检验朋友评分对目标顾客最终评分是否有影响，并探讨其影响程度。在此过程中，他重点强调了随机对照实验法的使用，同时也讲解了在不同假设条件下的变量控制方法。最后，他通过对实验数据的分析，得出结论——朋友评分确实会对目标顾客评分产生影响，不同假设前提下影响程度不同。

张晓泉（Michael Zhang），香港科技大学资讯、商业统计及运营学系助理教授。他于2006年在美国麻省理工学院获得管理学博士学位，此前在清华大学获得管理学硕士（技术经济）、工学学士（计算机科学与技术）和文学学士（英语语言文学）学位。他担任投资银行分析师、高科技公司国际市场部经理和证券公司分析顾问等。

（山东大学经济学院郁德玮供稿）

“经济学漫谈”专题讲座 4月26日晚，“泰山学者”特聘教授、山东大学产业经济学研究所（消费与发展研究所）所长臧旭恒做客山东大学第三届经济学文化节，作题为“经济学漫谈”的专题讲座。

臧旭恒以4张照片开始报告，第一张《秃鹰与饥饿的孩子》折射出贫困问题，第二张《生命诞生》代表着希望与梦想，第三张《地球升起》展现了地球的美丽与独特，第四张《月球行走》展现了科技进步带来的巨大变化。经济学是什么、怎样看待经济学家、经济学的发展、经济学地图、中国经济学的崛起等一连串问题的提出激起听众浓烈的兴趣。臧旭恒娓娓道来，用聊天式的报告方式把大家带入经济学世界。报告中，他还穿插讲述了一些经典笑话和经济学大师的趣味故事，引发大家去真正地进行思考，深入经济世界，反思自己，反思治学之道。

此次活动由经济学院经济爱好者协会主办，是山东大学社团文化节系列活动之一。

（山东大学经济学院郝德玮供稿）

“敦煌的历史与艺术”学术讲座 4月27日下午，省委宣传部、省社科界联合会与山东艺术学院联合主办的“齐鲁大讲坛·文化艺术分坛”活动2012年度首场讲座“敦煌的历史与艺术”在艺术文化学院报告厅举行。讲座特邀敦煌研究院敦煌文献研究所所长马德研究员主讲，艺术文化学院约170余名学生聆听讲座。

马德结合自己多年来的研究认识和对敦煌研究（敦煌学）领域进展的全面了解，从敦煌研究的“概念和范围”入手，借由敦煌地区现存的从春秋战国岩画到唐代六大石窟等历代考古遗址勾勒了敦煌的历史，进而引转入对敦煌艺术的研究问题。他由“敦煌艺术的类别”展开，结合大量精彩图片对敦煌艺术研究领域进行了全方位介绍，特别是对近年来新增研究领域、应增研究领域进行了概括和提示；围绕“藏经洞文物研究”介绍了敦煌文献研究领域的进展和成就，着重指出了它在敦煌艺术研究方面的开拓价值；最后就“敦煌艺术研究及其价值意义”问题进行了集中阐释，其中尤其对今后进一步研究的内容和方法、创新研究问题、敦煌研究者的历史使命等问题，结合自己的体会谈了认识和期望。

（山东艺术学院科研处刘翔宇供稿）

“文化遗产：寄托祖先灵魂的记忆”学术讲座 5月4日下午，齐鲁大讲坛文化艺术分坛第二场讲座“文化遗产：寄托祖先灵魂的记忆”，在山东艺术学院长清校区图书馆报告厅举行。讲座特邀浙江师范大学文化创意与传播学院院长陈华文教授主讲，学校艺文学院、美术学院、设计学院、戏曲学院的400多名学生聆听讲座。

陈华文结合自己多年的研究认识和丰富的调研阅历，集中阐述了五个问题：一是文化遗产的形式，二是非物质文化遗产的价值，三是活态性：非物质文化遗产传承的基石，四是传承性：凝聚民族特色的载体，五是生活性：寄托祖先灵魂的记忆。他的讲座将非物质文化遗产的有关知识与生动的事例相结合，通过非物质文化遗产有趣的差异性现象引出严谨的理性思考和认识，富有极强的感染力和智识魅力，受到了同学们的欢迎。

（山东艺术学院科研处刘翔宇供稿）

第三届中蒙语言、哲学与社会学论坛 5月7日，第三届中蒙语言、哲学与社会学论坛在山东大学举行，共有来自蒙古国国立大学，北京大学、山东大学、内蒙古大学的37位专家学者出席了论坛，并围绕“中蒙语言、哲学与社会学研究”这一主题进行学术探讨。山东大学党委副书记方宏建、中国驻蒙古国大使馆前文化参赞吴新英、蒙古国国立大学副校长仁钦巴扎尔、哲社学院院长刘杰等出席论坛并致辞。本次论坛开辟“中蒙哲学社会学”以及“中蒙语言文化”两个分论坛。山东大学犹太教与跨宗教研究中心主任、山东省“泰山学者”特聘教授傅有德，蒙古国立大学社会学院院长额尔登巴雅尔，北京大学蒙古学研究中心姚克成等两国专家教授交流了在该领域的研究成果，并进行了学术讨论。论坛由蒙古国立大学孔子学院和山东大学哲学与社会发展学院联合主办，孔子学院工作办公室协办，国际教育学院院长、孔子学院工作办公室主任宁继鸣，哲社学院副院长王新春，蒙古国立大学孔子学院中方院长于健等出席论坛开幕式。哲社学院刘陆鹏、傅永军、程胜利、吴愈晓、王华平、胡宗泽、陈晓旭等老师参加论坛并作主题发言。

（山东大学哲学与社会发展学院荣立武供稿）

“戏曲音乐美学的几个问题”学术讲座 5月7日下午，“齐鲁大讲坛·文化艺术分坛”第三场讲座“戏曲音乐美学的几个问题”在山东艺术学院文东校区音乐厅举行。讲座由山东艺术学院科研处主办，特邀中国戏曲音乐学会副会长、文化部民族民间文艺发展中心副主任、副研究员张刚博士主讲。整场讲座持续了两个多小时，张刚深入浅出地从不同侧面讲解了戏曲音乐的特征：戏曲音乐在某种程度上代表了中国音乐（主要是汉族）的最高水平，兼具民间音乐和专业音乐的双重性格，以及流行与经典、高雅与通俗的双重品格，是中国人的理想、生活、审美观念的戏剧化表现。讲座主要从物感说影响下的审美价值取向、程式性的思维方式、艺术化的时空观念、字主腔从的旋律发展模式、感情表现基础上的音调体系、对象的艺术等九个方面对戏曲音乐美学展开了系统而有深度的阐述。他的讲解和戏曲音乐的片段展示，使同学们对戏曲音乐的有了全新的认识。他在学术上的认真态度和严谨作风，也启发了在场同学们的思维。音乐学院与音乐教育学院300余名学生聆听这场文化盛宴。

（山东艺术学院科研处刘翔宇供稿）

“唐明皇故事的叙事文化学研究”学术讲座 5月8日，枣庄学院文学院举办第三期“九龙山学术论坛”，李春燕为同学们作题为“唐明皇故事的叙事文化学研究”的学术讲座。此次讲座旨在引导学生接触与学习学术研究的思想与方法。李春燕由解释题目入手，引进了叙事文化学这一新的研究方法，关联西方主题学研究的探讨，为学生打开了一片新的天空。然后以唐明皇故事为个案，详细剖析明皇故事从母体文本产生到唐元明清各期的滋衍发展，就本论题之选择定题、网罗材料、分类整理、故事叙述的发展变化分析等问题逐层分解，既有各类故事的具体讲述，又展现出其叙述发展的大致脉络。讲故事，意趣横生；谈学术，富含学理。一席长谈，诸生享饴，最终报以热烈的掌声。

（枣庄学科技处汪涛供稿）

“中日钓鱼岛争端的历史由来”报告 5月9日，枣庄学院政治与社会发展学院系列学术报告会——“博雅讲座”在综合楼1414开始第一讲。博士朱法武作题为《中日“钓鱼岛”争端的历史由来》的精彩报告，副院长郭震旦主持报告会。报告会上，郭震旦强调，大学生听取学术报告，能够及时了解学术界的前沿成果和最新动态，对提高自身综合素质、培塑学术能力有重要意义。他希望同学们珍惜学院创造的宝贵机会，认真听讲，做到听有所思，学有所获。朱法武的报告针对当前国内国际比较关注的“钓鱼岛”热点问题，从钓鱼岛特殊的地理位置、中日史料对钓鱼岛的相关记载、中日关于钓鱼岛争端的历史由来等几个方面，批驳了钓鱼岛属于日本的错误观点，在充分吸收学术界最新成果的基础上，论证了钓鱼岛自古就是我国神圣领土不可分割的一部分。朱法武的报告引用史料充分、坚实，论证严谨缜密，具有极强的学术说服力。报告结束后，朱法武又与同学们进行热烈的互动，耐心回答了同学们提出的问题。

（枣庄学院科技处汪涛供稿）

山东大学第10期高级经济学系列讲座 5月10日至11日，山东大学经济学院邀请知名专家为学院师生作了一系列高端学术讲座，受到了师生的热烈欢迎。

上海交通大学安泰经济与管理学院教授陈宏民应邀做客第10期高级经济学系列讲座并作题为“双边市场理论及其在管理研究中的应用”的学术报告。报告由经济学院教授、博士生导师李长英主持。陈宏民着重讲解了网络拍卖这一双边市场在经济管理中的应用。电子商务日益繁忙，导致网络拍卖作为网络交易的一种重要形式也得到了蓬勃发展。他分析了网络拍卖研究中存在的问题：人们把网络拍卖视作拍卖行为在网络上的延伸，而不是网络交易的一种特殊方式；网络拍卖也被看作买卖双方的博弈行为，忽视了拍卖交易平台的中介作用。演讲结束后，陈宏民回答了在座师生的问题，并进行相关探讨。

英国班戈大学法学院教授荆真应邀做客第6期国际商务精品讲座并作题为“国际贸易法”的专题讲座。她首先介绍了国际贸易法的定义和内容。接着她讲解了国际贸易中的关键环节：三种主要的合同以及两项协议，即销售合同、运输合同、保险合同以及支付协议和争端解决协议。关于销售合同，她主要介绍了销售合同里的明示条款，她列举了香港F. I. R航运有限公司与川崎公司的案例来详细讲解。她还介绍了有关国际货物销售的法律以及相应的国际公约，着重介绍了FOB合同和CIF合同以及在相应合同下买者和卖者的职责和义务。

英国阿伯丁大学经济学院教授Haminder Battu应邀做客2012年第3期海外论坛并作题为“劳动力市场的不匹配：以马来西亚为例”的学术报告。报告由经济学院国际交流办公室副主任丁言强副教授主持。Haminder Battu向大家简要介绍了阿伯丁大学的基本概况，让同学们感受到了悠久的历史和厚重的文化底蕴。报告中他简要介绍了当今社会存在的劳动者受教育水平与工作报酬、社会地位不尽匹配的问题，并从“现实状况、情况分析、后果预计”三个方面分层次介绍了有关教育过度、能力过度与就业状况的相关问题。他列举了大量的具体调查数据，并对过度教育、过度能力和就业状况进行回归分析，对过度教育所导致的就业不匹配问题进行了阐释。Haminder Battu认为，没有充分的迹象表明上述就业不匹配现象会随着时间的推移和社会的进步而趋于优化，他也对就业不匹配现象所带来的社会实际平均工资水平下降、离职率上升和劳动生产率下降等消极影响进行了预测与分析。

瑞典隆德大学教授Lars Hansson为学院师生作题为“如何将环境价值转化成货币价值”的学术报告。Lars Hasson介绍了将环境价值转化成货币价值的必要性。他列举了美国和中国应对经济环境问题方面的举措进行了对比分析。他提到，近几年中国经济迅猛发展，但是环境问题成为中国经济发展的一个不容忽视的问题，其中空气污染和水污染每年带来的环境损失很大。此外，Lars Hasson 介绍了如何将环境价值转化成货币价值。他在论述政府应在经济利益和环境利益之间做好权衡取舍，实现经济和环境的双赢这一命题时，引用了中国古典阴阳理论，深入浅出、生动形象地诠释了经济和环境的相关性。同时，他提出了实现经济和环境双赢的措施：征收碳排放税、允许碳排放许可证进行市场交易等。他还列举了成功的案例，如洗煤技术的应用，不仅提高了煤炭的利用率，同时也保护了环境。

山东大学经济学院系列高端讲座增进了学院与其他大学经济学院的学术交流，开拓了师生的学术研究视野，使大家受益匪浅。

（山东大学经济学院郗德玮供稿）

“钢琴即兴伴奏原理与实践”和“高校音乐艺术人才培养模式的改革与创新”学术讲座 5月11日，浙江省湖州师范学院艺术学院学术委员会主任、教授张飞龙、湖州师范学院艺术学院音乐学研究所所长、教授张建国应邀在枣庄学院音乐与舞蹈学院音乐厅，举行两场专题学术讲座。副院长郑发奋主持了讲座。音乐与舞蹈学院院长李永、党总支书记邓兴珍等师生参加了讲座。张建国作题为“钢琴即兴伴奏原理与实践”的讲座，他提出即兴伴奏设计中的“三步走”习程路径，即：选配和弦、设计织体和处理细节。要求弹奏者要必须从艺术的角度，通过各种实用而新颖的研究方法，从歌曲的分析、和声的应用、音型织体的采用、情绪的深化、钢琴的弹奏与演唱的和谐统一上进行探索，将钢琴演奏技术、和声配置、曲式分析、听觉辨析、复调和旋律创作、声乐演唱等方面的知识及技能进行综合运用。张飞龙作题为“高校音乐艺术人才培养模式的改革与创新”的报告，他从一本名为《对大学说“不”》的书籍谈起，谈到当今大学的现状和发展，在面临大学危机感的时候，大学的办学使命就是把“危机”转化为“机遇”，强调音乐教育改革的培养目标必须围绕“学生创造性思维的培养，人文精神的培养”这一中心开展，努力培养“三型”（即全面发展型、综合型、创新型）的音乐专业人才。

（枣庄学院科技处汪涛供稿）

“中国密教艺术”学术讲座 5月11日下午，学术讲座“中国密教艺术”在山东艺术学院长清校区图书馆报告厅举办。作为“齐鲁大讲坛·文化艺术分坛”的第四场讲座，特邀中国国家博物馆研究员李翎博士主讲。讲座活动由科研处组织，美术学院和设计学院的300余名学生聆听讲座。

作为中国传统文化的一部分，密教艺术是佛教文化和佛教艺术中的重要一脉，流传的历史较长、地域也较广，特别是流行于西南少数民族地区。李翎的讲座，分为佛教的传入和分类，佛教艺术的产生和传布，密教艺术实物欣赏和中国密教艺术的特征四部分，集中介绍了佛教和佛教艺术的历史知识，中国密教艺术的分类和特色，并结合大量的图片分别赏析了汉地密教艺术、西藏密教艺术、云南密教艺术、西夏密教艺术，以及日本密教艺术的特色。最后总结了中国密教艺术的四个显著特征：形象多为多面多臂多足或双身的造像，密教造像遵循经典仪轨严格，流行造像与流传经典之间存在区域差异现象，造像多有组合关系构成一组“成就法像”。讲座使学生们对佛教密教艺术、特别是藏传佛教艺术有了直观的了解，增进了关注传统艺术的兴趣。

（山东艺术学院科研处刘翔宇供稿）

省委党校第二届“期货市场与现代经济发展”高层论坛 5月15日，由省委党校、省金融办、郑州商品交易所、鲁证期货有限公司联合举办的第二届“期货市场与现代经济发展高层论坛”在省委党校举行。论坛由副校长李永清主持，省金融办副主任孙宪青出席本次论坛并致辞。

孙宪青在致辞中，对“期货市场与现代经济发展”高层论坛的举办表示祝贺，对期货市场在国民经济发展中的重要作用作了介绍，重点指出了我省的期货市场与江苏、浙江等东部沿海省份存在的较大差距。鲁证期货有限公司董事长陈方、郑州商品交易所市场部总监施利敏分别以“期货、金融衍生品与现代经济发展”和“农产品期货与现代农业发展”为主题作了报告。

省委党校第36期市厅级领导干部班、第22期中青班共150多人参加了论坛。

（省委党校科研处杨光供稿）

“日、汉语修辞在文化内涵上的异同”学术讲座 5月15日下午，南京国际关系学院教授揭侠在山东大学外语学院以“日、汉语修辞在文化内涵上的异同”为题作学术讲座。日语系系主任、教授邢永凤主持讲座。

讲座伊始，揭侠以幽默的自我介绍博得师生们阵阵热烈掌声。揭侠从人们对于修辞的认识讲起，结合同学们的日常学习和生活实际，配合具体事例，详细分析了日汉语在修辞上的共性、日汉语的特点和文化内涵，提出了汉语修辞的几大特点，其一是循环思想和天人合一的整体把握，其二是阴阳相对的思想，其三是喜爱夸张的修辞习惯，其四是民以食为天的现世观，其五是喜爱形象化思维，其六是结构独特的表达形式。随后，揭侠分析了日语修辞的特点及文化内涵，包括日语的粘着性特点与日本人的集体意识、高度注重语言对人际关系的影响、喜爱提喻式表达及对“点的”追求。

在互动环节中，揭侠耐心地解答同学们提出的问题，分析了语言对人际关系的影响及日本人的自然观等。揭侠长期从事日语教学与研究工作，教学研究经验丰富，著述颇丰。同学们纷纷表示深受启发，受益匪浅。

揭侠，南京国际关系学院教授、硕士研究生导师。南京大学、东南大学兼职教授，长期从事日语教学与研究工作，担任中国日语教学研究会江苏分会名誉会长、中国日语教学研究会常务理事、中日比较文学研究会常务理事。先后发表了《夏目漱石的中国观》等30余篇学术论文，出版专著《日语修辞研究》，编著《每日赠言》，译作《假面的告白》等百余万字，2007年荣获江苏省社科成果二等奖。

（山东大学外国语学院程殿梅供稿）

“后经济危机时代的中国机会”专题报告 5月15日下午，济南天齐特种平带有限公司总经理王兰喜应邀做客山东大学第7期国际商务精品讲座，作题为“后经济危机时代的中国机会”的专题报告。经济学院党委书记陈宏伟向王兰喜颁发了山东大学国际商务专业学位研究生合作导师聘书。报告由经济学院国际经济与贸易系副教授王美玲主持。

王兰喜在报告中首先对2012年以来的中国经济形势发表看法，并以欧债危机为切入点，重点对进出口业务方面的相关数据进行分析说明。对于后危机时代的中国环境，王兰喜就外资、民营与国企的关系与同学们进行了深层次探讨。其次，他具体分析了棉纺织业的发展，认为棉农、棉纺厂和产业工人三者之间的利益平衡是其中的关键问题，并结合国际贸易实务对棉花配额问题进行了相关阐述。最后，他针对国际贸易中的国际贸易结算方式以及商务谈判等具体操作问题进行了经验分享，并提出D/P、D/A变形等实际操作中经常用到的结算方式。在回答学生的提问时，王兰喜以菲律宾为例就政策风险问题进行了认真深入地阐述。

（山东大学经济学院郁德玮供稿）

“法律文化及其前沿：法律人类学介绍”报告 5月15日晚，山东大学哲学与社会发展学院人类学系“文化自觉与跨文化交流”系列讲座第八讲成功举行，毕业于剑桥大学的博士 Konstantinos Zorbas 作题为“法律文化及其前沿：法律人类学介绍”的报告，讲座由人类学系主任、副教授胡宗泽主持，数十名师生到场聆听讲座。Zorbas 主要介绍了自己近年来在西伯利亚地区 Tuva Republic 做田野的经历与科研成果，向大家详细介绍了当地的萨满教文化与宗教治疗仪式。他认为，法律人类学主要研究如何维持社会秩序避免社会解体或崩溃的问题。在 Tuva，当地人遇到法律问题时会经常主动寻求处于常规法律体系之外的萨满巫师的帮助，借此来维护社会公正，保持稳定的社会秩序。同时，他还举了中南非洲赞比亚恩登布人的巫术文化、西太平洋新几内亚岛东南所罗门海特罗布里恩群岛的“互贿”与“面子”文化和巴布里亚新几内亚地区的“仪式化暴力”等典型事例，借此说明非常规法律的风俗文化对维护社会公正的作用。此外，Zorbas 还谈起 Tuva 当地的萨满教风俗，以图片的形式向大家展示当地人的生活，增添了报告的趣味性。

（山东大学哲学与社会发展学院王昕供稿）

“破碎的互惠链：从手足关系看打工后的家庭动力”报告 5月16日晚，人类学系“文化自觉与跨文化交流”系列讲座第九讲在山东大学中心校区知新楼顺利举行，英国伦敦大学政治经济学院社会人类学博士方怡洁作题为“破碎的互惠链：从手足关系看打工后的家庭动力”的报告，讲座由人类学系主任、副教授胡宗泽主持，数十名师生到场聆听此次讲座。方怡洁主要介绍了自己近年来在深圳和湖北做田野的经历与科研成果，向大家介绍了新生代的农民工在融入城市生活过程中所经历的思想碰撞。她指出，对于新生代的农民工来说外出务工不仅仅是从事一份工作，新生代的农民工希望通过打工来看世界、见世面。在这种思想的影响下，农民工的跳槽就不可避免了。工作对于他们来说就是一种人生的旅行，但是旅行的终点在哪里？在乡土观念日渐淡薄的当今，农民工对家的概念发生改变了吗？承接以上问题，方怡洁详细介绍了一个她做田野调查的个案，讨论了市场经济与道德经济的互动和关系。

（山东大学哲学与社会发展学院王昕供稿）

“泰山封禅与中国文化”的学术报告 5月16日下午，山东师范大学特聘教授魏建应邀到“济大论坛”作题为“泰山封禅与中国文化”的学术报告。报告由教务处、文学院主办，文学院、历史与文化产业学院等260余位师生聆听报告。

魏建从关于泰山的俗语开始说起，指出泰山文化博大精深，是中华文化史的一个局部缩影。魏建列举了秦始皇、汉武帝封禅的例子，指出封禅是历代帝王借助神权巩固皇权、政权的重要手段。魏建还就“泰山与中国传统文化的联系”发表了自己的见解，并提出对待古代文化遗产的三种态度：好古、续古，利用、开发，以古鉴今。报告会上，魏建独特的见解、幽默的语言赢得了在场师生的热烈掌声。报告最后，同学们与魏建就有关泰山与中国传统文化做了互动和交流。

（济南大学社科处戴亮供稿）

传统文化报告 5月17日下午，中华传统文化公益论坛讲师武学云到莱芜职业技术学院作传统文化报告。党委副书记、副院长李俊海及莱芜市社科联、市传统文化协会相关负责同志出席报告会，机电工程系近500名师生代表在图书信息楼报告厅认真聆听了报告。

报告指出，中华传统文化博大精深、源远流长，不仅体现了崇高的民族精神、民族气节，而且涵盖了哲学、社会科学、自然科学、文化艺术等诸多领域。在校园文化中继承发扬中华传统，使传统文化在校园文化建设中发挥其应有的作用，对于学生培养具有十分重要的现实意义和历史意义。报告围绕《弟子规》，引经据典，博古论今，现场师生深切感悟到传统文化的厚重与人生的真谛。

（莱芜职业技术学院社科联王慧供稿）

“Aristotle on the Epistemic Nature of Metaphysics（亚里士多德论形而上学的认识）”讲座 5月17日，山东大学第32期分析哲学论坛在中心校区知新楼举行，山东大学长江学者讲座教授，美国纽约州立大学布法罗分校哲学系教授余纪元作题为“Aristotle on the Epistemic Nature of Metaphysics（亚里士多德论形而上学的认识）”的讲座。讲座主要内容为：伦理学和数学的本质是不同的，后者要求严格的精确性，而我们却不可能对前者寻求同样精确的说明。如果伦理学和数学的界限是分明的，那么形而上学将处于哪个阵营呢？一方面，形而上学和数学同属理论学科，它们的目的都是为了达到精确的知识，因此它不同于伦理学这样的实践性学科；另一方面，形而上学与数学不一样，它不是论证性的（demonstrative）科学，而是和伦理学一样是一门批判性的（dialectic）学科。到底亚里士多德的形而上学是一种什么样的学科呢？

（山东大学哲学与社会发展学院荣立武供稿）

“从天王圣明说思想权威——兼评儒学复兴运动”报告 5月17日上午，由山东大学儒学高等研究院、政治学与公共管理学院、研究生院联合主办的稷下风研究生学术论坛2012年第16期（总第324期）举行。著名学者、南开大学历史系前主任、教育部重点基地“中国社会史研究中心”前主任、教授刘泽华在邵馆第二会议室为广大师生作题为“从天王圣明说思想权威——兼评儒学复兴运动”的报告。报告由儒学高等研究院执行副院长、教授、《文史哲》主编王学典主持。政治学与公共管理学院院长、教授葛荃、研究生院副教授薛南青及相关院系研究生参加此次报告会。

刘泽华指出，“天王圣明”在古代社会的普遍接受，必然导致人们集体无意识地把“天王”视为最高的思想权威。接着，刘泽华就当前儒学发展的情况表明了自身的看法。他表示自己并不反对并且支持对儒学的研究，因为作为中国历史上巨大影响的思想流派，儒学应该有自身的历史地位；但对当前儒学发展过程中过分拔高儒学的倾向表示反对。最后，他指出，现代社会是从“臣民文化”走向“公民文化”的转型期，因此必须强调普世文化，在此过程中，儒家在现代社会公民文化中是一种重要的思想资源，是“富矿”。

论坛最后，王学典就思想与权威的关系、现代版“天王圣明”的弊端、学术研究中提炼思想概念与命题的方法及其意义等方面作了评论。

（山东大学儒学高等研究院刘丽丽供稿）

“合唱艺术”专题讲座 5月18日下午，一场合唱艺术专题讲座在山东艺术学院音乐教育学院排练厅举办。讲座由音乐教育学院主办，特邀中国电影乐团国家一级指挥、中国音协合唱联盟副主席高伟先生主讲。音乐教育学院部分师生及合唱团成员聆听了此次讲座。

高伟结合不同的音乐作品阐述了其对合唱艺术的理解，重点讲解了合唱艺术中对作品的感知能力和声音的认识。从对作品的结构、和声、复调的把握到了解作品的历史、准确定位声音形象，从音色控制的技巧到积累各种不同音质的演唱效果，高先生有针对性地结合音乐教育学院合唱团演唱的作品进行了系统而有深度的阐述和点评，使同学们对合唱艺术有了更深的认识。高伟扎实、严谨的学术作风使每一位师生受益匪浅。讲座持续3个小时。

（山东艺术学院科研处刘翔宇供稿）

“中国出口波动的地区差异及其成因”和“生产者服务业国际转移的区位选择影响因素分析”学术报告 5月18日晚，厦门大学经济学院国际经济与贸易系副主任、教授、博士生导师张明志，厦门大学经济学院副院长、教授、博士生导师黄建忠应邀做客山东大学第21期、第22期国际经贸论坛，并分别作题为“中国出口波动的地区差异及其成因”和“生产者服务业国际转移的区位选择影响因素分析”的学术报告。

张明志在报告中首先指出了中国出口波动存在地区差异性，东部与中西部地区的出口贸易的增长之间的差距在不断拉大的问题。他说，总体上看，中西部地区的出口波动性明显高于东部地区，在遭受金融危机冲击的背景下，东部地区的出口贸易表现出比中西部地区更强的稳定性，在两次金融危机之间，中西部地区的“V”型波动特征更具有典型性。随后，张明志从经济发展水平、出口商品集中度、出口产品结构和贸易开放程度几个方面对出口波动的地区差异进行了成因分析，并对其成因进行了实证检验。检验结果与分析如下：出口商品集中度对出口波动存在正向效应、贸易开放度对出口波动的影响存在正向效应、机电产品出口占比对出口波动存在抑制作用、经济发展水平对东部和中西部地区出口波动的影响作用是相反的。可能的原因是：经济发展水平与出口波动存在倒U型的关系。最后，他根据研究结论提出以下政策启示：第一，出口商品集中度是导致东部地区和中西部地区出口波动的原因，在东部地区推行出口商品多样化政策正当其时，既可以增强出口贸易发展的稳定性，又可以进一步夯实经济发展的基础，在中西部地区需要考虑通过推行出口商品多样化来降低出口不稳定性的成本；第二，机电产品出口占比的提高有助于降低出口波动性，产业结构升级在一定程度上已经实现平抑出口波动的目标，对于缩小中西部地区与东部地区经济发展水平的差距具有重要的影响作用；第三，贸易开放度是影响中西部地区出口波动最重要的因素，中西部地区进一步加大对外开放的力度，再次提升经济发展水平，由此有可能实现经济持续增长与出口稳定发展的良性循环效应 。经济学院教授范爱军主持了报告。

黄建忠在报告中首先讲述了研究背景，即国际投资与跨国资本流动的重心日益向服务业转移；中国入世十周年，服务贸易总额和排位不断提高，服务业开放的过渡期基本结束；扩大内需政策取向与沿海地区加快产业升级进程；“十二五”强调发展现代服务业；制造业信息化与现代化；商务部多次批准设立“服务外包基地”。随后，他详细介绍了所用到的理论的含义。最后，他选取中国沿海四省（江苏省、浙江省、福建省、广东省）2006—2009年的数据进行实证分析，并得出以下结论及政策建议：第一，制造业跨国转移会形成对生产者服务业跨国转移的吸引；第二，市场容量越大，越能吸引生产者服务业跨国转移；第三，生产者服务业在某地区集聚程度愈高，愈趋向在空间布局时锁定该地区；第四，已有的生产者服务业跨国转移会带来更多的转移；第五，大量廉价的人力资本和先进的基础通信设施会吸引生产者服务业跨国转移。经济学院国际经济与贸易系主任、教授孔庆峰主持了报告。

（山东大学经济学院郗德玮供稿）

“原产地证的电子化发展趋势——基于APEC的经验”学术报告 5月18日上午，山东师范大学“社科大讲坛”第30讲暨经济学院“博约讲堂”第一讲在长清校区154报告厅隆重开讲，山东大学经济学教授、博士生导师、山东省对外经济学会副会长孔庆锋应邀作题为“原产地证的电子化发展趋势——基于APEC的经验”的学术报告，近400名师生聆听了报告，经济学院副院长、教授张宗斌主持了报告会。

孔庆锋阐述了贸易理论的发展历程，并以世贸组织成立之初的多哈谈判为例，解释目前贸易保护措施的分化问题，从贸易自由化受阻层面阐明了贸易便利化的必然性。孔庆锋由贸易便利化问题层层深入，阐述了原产地证电子化趋势的深层原因，重点阐释了原产地规则及原产地证的种类和作用，并基于APEC原产地证的电子化发展成果及趋势，从现实出发综述了其实施阶段及对于贸易企业的有利作用。孔庆锋教授总结了贸易理论与贸易实务、国际贸易与国际投资的关系，并针对大学生读书与思考等问题发表了自己的意见。

这场报告会加深了师生对国际贸易相关理论和现状的了解，进一步提高了山东师范大学学子的专业素养，对于加强学校学风建设具有重要作用。

（山东师范大学社科处高景海、顾大伟供稿）

跨宗教对话学术讲座 5月18日，著名宗教思想家、加拿大滑铁卢大学宗教与文化专业教授布莱恩特（Dr. M. Darrol Bryant）做客山东大学犹太教与跨宗教研究中心并带来关于跨宗教对话学术讲座。讲座在知新楼1721教室进行，由研究中心主任、教授傅有德主持，宗教学部分硕士博士参加。Bryant认为，西方传统的宗教观念过于狭隘，更适应于体制化的基督教模式，而并不适合研究东方的很多宗教，尤其不适合研究多宗教群体和谐共存的印度宗教。在Bryant看来，印度教更适合用灵修（spirituality）来定义，因为灵修对于人的精神世界有着更深入的探求。Bryant教授倾向于从不同宗教群体接近他们的“绝对神（Absolute）”的方式，从他们的传统入手进行跨宗教研究。

（山东大学犹太教与跨宗教研究中心齐晓东供稿）

第一届中国公司金融论坛 5月19日，由山东省金融工作办公室和济南大学联合举办，济南大学公司金融研究中心承办、威海商业银行协办的第一届中国公司金融论坛在济南大学第一学术报告厅举行。济南大学党委书记范跃进、山东省政府金融办主任李永健分别在论坛开幕式上致辞，论坛开幕式由济南大学校长程新主持。

国务院参事、国务院发展研究中心金融所原所长、央行货币委员会原委员、教授夏斌，中央财经大学金融期货研究所所长、教授、博士生导师贺强，威海商业银行博士王春平，银河证券首席顾问左小蕾女士，国泰君安证券首席经济学家林采宜女士，上海证券交易所研究中心主任胡汝银等旨做主题演讲。

本次论坛是在加快推进我国金融综合改革和金融体系建设，鼓励和引导民间资本进入金融服务领域，进一步促进金融在实体经济发展中的作用大背景下召开的一次金融领域的盛会。来自国内高校与科研部门的专家学者、政府部门领导、金融机构从业人员、企业界人士、新闻媒体、济南大学有关部门负责同志及经济学院师生近400人共聚一堂，展示与交流了最新公司金融领域研究成果，为我国金融改革和经济发展献计献策。

本次会议得到《中国经济时报》、《中国企业报》、《中国证券报》、《上海证券报》、《证券时报》、《投资与理财》、《经济导报》等财经类报刊及省内相关媒体的大力支持。

（济南大学社科处戴亮供稿）

沂蒙精神与社会主义核心价值体系建设研讨会 5月19日，由光明日报社、临沂大学共同主办的沂蒙精神与社会主义核心价值体系建设研讨会在临沂大学举行，来自中央党史研究室、中央党校、中国社科院、中央文献出版社、人民日报社、光明日报社、山东省委高校工委、山东社科院、人民大学、山东大学、山东师范大学等全国各地的专家100多人出席大会。

会议对沂蒙精神与社会主义核心价值体系建设之间的关系进行了研究探讨。会议认为，沂蒙精神是革命战争年代，由沂蒙人民与党政军共同创造的感天动地的红色文化，沂蒙精神不但是山东的，而且也是民族的，是我们党领导人民创造的中国革命史的重要载体之一，是社会主义核心价值体系的重要组成部分，具有理想信念的导向功能、高尚道德的教化功能、健康情感的陶冶功能、创新素质的锻造功能。深入挖掘沂蒙精神以及红色文化的深刻内涵，对落实十七届六中全会精神，把社会主义核心价值体系有效地融入国民教育、精神文明建设和党的建设全过程具有重要现实意义。

（临沂大学科技处连振娟供稿）

“儒学的现代命运”学术报告 5月19日晚，清华大学国学研究院院长、清华大学学术委员会副主任、教授、著名哲学史家陈来在山东大学邵馆报告厅为儒学高等研究院及相关院系师生作题为“儒学的现代命运”的报告。报告由儒学高等研究院执行副院长、教授、《文史哲》主编王学典主持。

演讲分为三大部分。开场，他首先提出中国的每一次复兴，都与传统有关。孔子的地位是历史积淀下来的，在21世纪需把孔子放在复杂变化的世界与当前国家的处境中再审视。第二部分，陈来认为在遭受冲击过程中，儒家也顺次进行了四次回应。第三部分，陈来强调自1990年代以来当代新儒学的牵引与在场，认为不能把儒学的存在只看成儒学家和儒学体系的存在，要在学术儒学、文化儒学之外重视作为“百姓日用而不知”的日常儒学。他提出现在儒学复兴的两大原因：第一，执政党的再中国化，更加自觉地运用传统文化资源；第二，国家初步现代化的成功恢复了一些民族自尊心。他认为儒学的复兴不能脱离中华民族的复兴与崛起，期间政府的支持不可或缺。随后，陈来就政府推动与儒学发展、文革与儒学、儒学在现代社会中地位、生活儒学等问题进行交流。

最后，王学典进行了精彩点评，他特别指出在现代中国思想境况下，作为新保守主义的代表，陈来在报告中对儒学的现代命运进行了全面阐述，陈来对1950年代队为基础、三级管理的乡村重建彻底铲除了儒学存在基础的注意，尤具有启发意义。

（山东大学儒学高等研究院刘丽丽供稿）

“活在当下vs仰望星空”大学生心理健康教育报告 5月20日晚，华东师范大学心理学博士生导师耿文秀教授在滨州学院大学生活动中心为“黄河三角洲大讲堂”作了“活在当下vs仰望星空”大学生心理健康教育报告。

耿文秀从大学生“活在当下”面对的诸多困惑引题，对大学生如何根据自身状态积极进行心理调适，不断修正认知偏差，树立正确的世界观、人生观和价值观，从而成长为既脚踏实地注重实践，又胸怀大志仰望星空的有用之才等作了深入浅出、独到丰富的讲解。耿文秀教育部第一届应急管理咨询专家组22名专家之一，主要参与重大或特别重大教育突发公共安全事件的预测、研究和处置工作。

科研处、学工处相关人员以及全体辅导员与学生代表共计450余人参加报告会。

（滨州学院科研处吕传笑供稿）

“发挥黄河三角洲文化优势，提升黄蓝两区开发建设水平”学术报告 5月21日，滨州市服务业发展局副局长张丽江在黄河三角洲高效生态经济发展研究院会议室作“发挥黄河三角洲文化优势，提升黄蓝两区开发建设水平”学术报告。滨州学院经济与管理系、黄河三角文化研究所、孙子研究院和经济研究中心的近100名师生参加了报告会。

张丽江分析了黄河三角洲在国家、省市战略规划中的产业布局，解读了滨州市“49”字工作方针和“123456”发展战略；探讨了黄河三角洲文化的内涵与特征，分析了在引领滨州“中心名城”建设和助推滨州经济社会发展中的作用。报告深入浅出，图文并茂，极大地鼓舞了师生在黄河三角洲干事创业的热情。

（滨州学院科研处吕传笑供稿）

2012年“中欧比较私法学术活动周” 5月21日，烟台大学法学院“中欧比较私法学术活动周”正式拉开帷幕，本次学术活动周邀请了来自欧洲、中国大陆以及台湾和香港地区的多位著名学者，带来了7场精彩的学术讲座和2场沙龙交流活动。“学术周”共历时9天，于5月29日结束。

5月21日，中国社会科学院法学研究所研究员、日本名古屋大学法学博士于敏给大家带来题为“侵权损害赔偿制度的社会功用与侵权损害赔偿立法”的学术讲座。于敏侧重分析了欧洲侵权法在损害赔偿机制的多元化、动态系统论的立法技术、原则的精确化、对人格权保护的加强、对严格责任限定、不作为侵权以及司法适用的灵活性等方面所表现出来的趋势。

5月22日，奥地利国家科学院院士、欧洲侵权法研究院创始院长、欧洲侵权法和保险法研究中心主任、维也纳大学法学教授Helmut Koziol以“民法方法论之动态系统论”为题为法学院师生带来了一场精彩的学术讲座。Koziol以其独特的思维、生动的语言，融合外国学者特有的风格，有所侧重地介绍了民法学领域的方法论问题，并就其中颇为重要的动态系统论这一研究方法和技术作出深刻解析，引起同学们的极大兴趣，并与Koziol热切交流，共同探讨。

在随后的3天中，Koziol和德国法兰克福大学法学院、东亚研究中心研究员Gabeiele Koziol以“奥地利私法概论”为主题为法学院研究生作了3场主题性学术讲座，通过对不同案例的生动解析和各国民法的比较分析，详细阐述了奥地利合同法、不当得利问题、侵权行为法、财产法、婚姻法以及继承法的体系概况、独特设置和应用理解，并就奥地利民法与中国民法的不同和同学们进行了深入的学术探讨。在交流和提问环节，同学们纷纷针对自己的疑惑和兴趣向学者提问，两位学者精妙作答，结合奥地利民法和中国法的情况畅谈自己的见解。

5月26日晚，台湾东吴大学法学院法律系主任、教授、烟台大学“泰山学者”郑冠宇结合台湾地区的最新研究动态，为法学院师生作题为“侵权法和物权法关系”的学术报告。他从所有权、用益物权、担保物权和占有等方面介绍了与物权法相关的侵权法律问题，对物权与侵权竞合这一学术难题进行了深刻剖析。香港城市大学法学院博士陈磊从英美法中的相邻关系、添附制度等角度对郑冠宇的讲座作精彩点评。

5月27日下午，法学院2002级校友，美国印第安纳大学法学院国际法博士陈颖以“百年移民梦——美国移民法案与政策研究”为题与法学院部分师生举行了别开生面的学术沙龙活动，陈颖围绕移民问题对美国移民法案及相关政策进行了深入剖析，其独特的研究视角和深刻的剖析给大家留下了深刻印象。最后，陈颖就海外求学、移民、就业等方面的问题与大家进行了深入的交流。

5月29日晚，Koziol为法学院师生奉献了题为“侵权的预防”的告别讲座。Koziol从日常生活中的侵权事件入手，讨论了经济、社会等各领域的种种侵权现象，见微知著，发人深省，引起在场观众的高度关注。Koziol从哲理的辩证思维的角度，就如何进行侵权的预防做了详细论述，并对奥地利侵权法与我国侵权法进行比较，进而展望未来侵权预防的发展趋势。

本次“中欧比较私法学术活动周”是烟台大学法学院举办的一场学术盛宴，为法学院师生带来了国外最新法学研究成果和先进法学理念，拓展了学术视野和思维空间。同时，学术活动周对于深化对外学术交流，推动学科建设也将起到积极的促进作用。

（烟台大学科研处曹永智供稿）

第二届尼山世界文明论坛 以中国古代伟大的思想家、教育家孔子诞生地尼山命名的论坛——第二届尼山世界文明论坛，5月21日上午在济宁市泗水尼山圣源书院隆重开幕。第九届、第十届全国人大常委会副委员长、尼山论坛组委会主席许嘉璐宣布论坛开幕并致辞。山东大学校长、尼山论坛组委会副主席徐显明主持开幕式。省委副书记、省长姜大明，文化部副部长、国家文物局局长励小捷，省委常委、宣传部长孙守刚、国家文物局副局长童明康、省政府秘书长、办公厅主任蒿峰，尼山论坛组委会副主席，以及来自世界五大洲22个国家和地区的嘉宾和专家学者出席开幕式。姜大明、墨西哥前总统福克斯、联合国教科文组织助理总干事汉斯·道维勒、联合国文明联盟高级顾问克里斯托弗·贝斯先后致辞。

许嘉璐在致辞中说，本届尼山论坛于5月21日举办，恰逢联合国世界文明对话日（2002—2012）10周年。这给了本届论坛回顾、总结、展望文明对话难得的历史机遇。把“信仰·道德·尊重·友爱”作为主题，借此向世界发出“要对话不要对抗”的尼山声音。当前，不同信仰、不同文明的冲突在一些国家和地区继续上演，强权政治、排他扩张迫切需要文化的对话与包容。第二届尼山论坛是更加关注当下、回应现实的一届论坛。论坛设计的分论题，都是从思想文化层面对人类目前面临共同的安全问题、不同文明冲突问题、环境和能源问题的积极回应。

姜大明说，尼山论坛在孔子诞生地举行，意在秉承孔子精神，发挥孔孟儒家文化独特资源优势，为推动世界文明对话提供平台、作出贡献。第二届尼山世界文明论坛，通过开展多层次、多形式的对话交流活动，对于促进世界文化交流与合作，推动人类和平与发展，必将发挥重要作用。当前，山东正处于推进经济文化大省向经济文化强省跨越的历史征程中，文化发展进入了崭新阶段。山东将一如既往全力支持办好尼山论坛，打造中外文化交流融汇的平台，促进世界不同文明交流合作，彰显了中国开展文明对话的自觉、自信和自强，推动齐鲁文化绽放出更加璀璨夺目的光彩。

本届尼山论坛以“和而不同与和谐世界：信仰·道德·尊重·友爱”为论坛主旨。将举行开、闭幕式，高端对话、专题演讲、学术分会全会、博士生论坛活动，召开文明古国文化遗产保护与促进文明对话国际研讨会，举行国家大遗址保护曲阜片区暨山东省文物保护88项重点工程开工仪式等，共计30多场次丰富多彩的活动。是一届学术性与民间性、国际性与开放性相结合的国际文化学术交流盛会。论坛面向世界，面向未来，为维护世界文化的多样性，增进各国人民在文化上的相互理解、相互尊重、和睦相处和共同发展作出努力。时隔两年，尼山世界文明论坛的再次举办，是中国积极参与和推动开展世界文明对话的重要举措，凝结着中华民族与世界各民族携手并肩、共同建设美好家园，促进世界不同文明之间对话交流、推动建设和谐世界美好的愿望。

开幕式举行之前，还举行了“文明对话纪事鼎”揭幕暨联合国文明联盟与尼山论坛组委会“为多样性和包容性做一件事”尼山发起仪式。

（据人民网“山东频道”）

第二届尼山论坛学术分会 5月22日，第二届尼山世界文明论坛学术分会在曲阜师范大学举行。在孔子会堂，清华大学国学院院长陈来，台湾大学文学院教授叶国良，复旦大学教授白彤东，日本明治大学讲师清水则夫，山东大学教授、蒙古国立大学孔子学院中方院长于建先后围绕“对话视野下的东亚儒学发展”的主题发表演讲并与在场师生展开交流与对话。副校长康淑敏主持会议。

在科技实验大楼二楼报告厅，中国人民大学副校长杨慧林，英国爱丁堡大学教授拉瑞·荷塔多，美国夏威夷大学教授成中英，武汉大学国学院院长、教授郭齐勇，美国圣母大学教授弗莱德·达梅尔，新加坡南洋理工大学哲学系教授李晨阳，台湾虎尾科技大学财务金融系所教授兼所长吴进安，台湾虎尾科技大学财务金融系所副教授张丽娟，中央民族大学哲学与宗教学院教授牟钟鉴，中国社会科学院世界宗教研究所所长、教授卓新平，山东大学儒学高等研究院副院长颜炳罡，美国拜舍尔大学教授梅尔·斯图尔特，加拿大滑铁卢大学教授达罗·布莱恩特，尼山圣源书院名誉院长、香港浸会大学社会科学院客座教授郭少棠，美国纽约大学教授熊玠，华中师范大学教授张三夕，美国宾州库茨敦大学教授黄勇先后围绕“文化边际的冲突与融合”、“儒家传统与文明对话”与“美美与共与天下大同——文明的主体性与多样性”等主题发表演讲并与在场师生展开交流与对话。山东大学儒学高等研究院执行副院长、《文史哲》杂志主编王学典，清华大学国学院院长陈来，中国人民大学副校长杨慧林与武汉大学国学院院长郭齐勇分别主持会议。

（曲阜师范大学社科处蔡佳辰供稿）

“意大利艺术设计理念与艺术设计教育”讲座 5月23日，潍坊学院美术学院举办意大利佛罗伦萨美术学院教授、意大利著名雕塑家、服装设计师安琪拉和爱德华·马拉齐齐题为“意大利艺术设计理念与艺术设计教育”的学术讲座。两位教授的主讲内容为设计生产塑料设计、舞台布景造型设计。安琪拉是生态艺术实验室的创造者，她使用工业垃圾变废为宝制作服装，并使用纸、轮胎等作为制作原料。讲座中，她和与会听众重点讨论了意大利的艺术设计理念与艺术设计教育，展现了国际当代艺术大展上新颖的设计理念。

（潍坊学院科研处赵文亮供稿）

“泡沫与经验”学术报告 5月23日，新加坡南洋理工大学助理教授、博士张吉鹏应邀参加山东大学第11期高级经济学系列讲座，并作题为“泡沫与经验”的学术报告。

报告中，张吉鹏详细介绍了其创新的实验经济学方法，并用之研究资产泡沫现象。他谈到，资产泡沫往往是经济危机的导火线，因此非常有必要做详细研究。他假定每一组参与者都是不同的人，试验中的市场为完美市场，即参与者知道所有的信息，并且知道会出现泡沫。通过实验，他和合作者发现当有新的进入者时，泡沫更容易出现。经验会在实验中产生负影响，因为经验会在有新投资人的时候助长作出不正确决策。最后，他强调，经验研究与金融市场是相匹配的，并表示对试验研究很有信心。

张吉鹏，新加坡南洋理工大学助理教授，主要研究领域为公共经济学、经济地理学等。

（山东大学经济学院郁德玮供稿）

“齐鲁文化对中国人的精神引力”学术讲座 5月23日下午，山东艺术学院科研处承办的“齐鲁大讲坛·文化艺术分坛”特邀山东师范大学副校长、博士生导师王志民教授，举办题为“齐鲁文化对中国人的精神引力”的学术讲座。讲座由艺术学院院长张志民教授主持，艺术文化学院300余名学生聆听讲座。

王志民的讲座从中华文明的寻根之所、“轴心时代”的文化“重心”、民族共仰的人文“圣地”等三个大的方面展开，既高屋建瓴又条分缕析地论证了齐鲁文化在中国文明史发展中的所具有的“民族之根”、“文化之源”、“信仰圣地”的地位，和对中国人精神文化的引领作用。讲座旁征博引、纵横联系，从夷夏文化的关系讲到龙山文化、泰山封禅的地位，从世界文明的“轴心时代”讲到中国春秋战国时代的“五霸”之首、儒墨“显学”、四书五经、稷下学宫，从孔子的“圣人”地位、曲阜的“圣地”地位讲到人文信仰与文明传播等等，显示了深厚的学术功力、开阔的文化视野和高度的文化自觉。他认为民族的振兴根本上是文化的振兴，民族的消亡实质上是文化的消亡。因此，在当代全球化背景下民族文化的传承、弘扬和创新发展尤为根本任务。

（山东艺术学院科研处刘翔宇供稿）

“地方领导人与经济增长：来自中国城市数据的证据”学术报告 5月24日，北京大学中国经济研究中心主任、教授姚洋应邀做客山东大学第12期高级经济学系列讲座，并作了题为“地方领导人与经济增长：来自中国城市数据的证据”的学术报告。报告中，姚洋通过利用1994至2008年间中国18个省241个城市共1671位书记和市长与城市的匹配数据，向大家展示了样本城市范围、数据来源，领导人来源、任期分布、升迁的年龄分布等数据图表，分析了地方官员对地方经济增长的贡献。城市间的官员调动可将其个人对地方经济增长的贡献进行比较，并产生城市间联通的集合。他通过这两种模型设定来估计官员的相对个人效应，由此发现个人效应具有整体显著性，即地方官员对经济增长具有显著作用。

（山东大学经济学院郁德玮供稿）

“面向问题，参与哲学的当代建构”讲座 5月24日，山东大学第33期分析哲学论坛在中心校区知新楼举行，北京大学哲学系陈波作题为“面向问题，参与哲学的当代建构”的讲座。主要内容为：中国哲学家，至少是一部分中国哲学家，要去面对真正的哲学问题，去做创造性的哲学思考，提出一些带有原创性的哲学观点和理论，参与到哲学的当代建构中去。这一主题被依次展开为下述命题：哲学并不就是哲学史，哲学研究并不等于哲学史研究；哲学的源头活水永远是问题，真正的问题；哲学问题的细化导致哲学研究的专门化，并导致新的哲学分支的出现；哲学探索的原则：自由的探讨，严肃的批判；哲学探索的方法论：论证，以学术的方式言说，等等。

（山东大学哲学与社会发展学院荣立武供稿）

纪念毛泽东《在延安文艺座谈会上的讲话》发表70周年暨齐鲁风格音乐创作高端论坛 5月24日，纪念毛泽东《在延安文艺座谈会上的讲话》发表70周年暨齐鲁风格音乐创作高端论坛在济南大学音乐学院举行。本次论坛由中国第十届艺术节学术研讨基地主办，济南大学音乐学院承办。济南大学副校长蔡先金，省文化厅原副厅长周艺，中央音乐学院作曲系教授、著名作曲家刘湲，山东歌舞剧院名誉院长、作曲家曲祥，省广播电台一级编审、词作家郑广文，济南大学党委宣传部、社科处负责同志以及音乐学院领导出席了本次论坛。

论坛针对齐鲁风格音乐创作的历史与现状，齐鲁风格音乐创作的社会意义等五个议题进行讨论。与会专家学者都从各自不同的视角畅谈了自己对毛泽东《在延安文艺座谈会上的讲话》精神的理解和致力于齐鲁音乐创作的热情。蔡先金围绕对毛泽东《在延安文艺座谈会上的讲话》精神的理解，对如何传承和发展齐鲁音乐文化发表讲话，并希望通过这次高端论坛能更加有力地推动济南大学音乐学院的快速发展。周艺谈到了儒家思想是齐鲁文化的根本，齐鲁风格的音乐创作要突出表现独特的齐鲁文化内涵。刘湲谈及要从世界音乐文化视角审视和影响齐鲁音乐创作，让齐鲁风格音乐走向世界。曲祥回顾了多年从事齐鲁音乐创作和表演的经历，表达了自己为弘扬齐鲁音乐文化做贡献的真挚愿望。

（济南大学社科处戴亮供稿）

“面向问题，参与哲学的当代建构”讲座 5月24日下午，台湾大学中国文学系博士、台湾大学、山东大学特聘教授叶国良在齐鲁师范学院章丘校区学术报告厅作题为“面向问题，参与哲学的当代建构”的讲座。报告由院长李清民主持，教务处、科研处、学生处、马克思主义研究中心、文学院、政治系、教师教育学院负责人；文学院、政治系、教师教育学院教师及本科学生听取了报告。叶国良的报告分别在礼俗、宗教、思想三方面各举一例，“从蒙古包到百子图”、“从鬼子母到送子娘娘”、“睡莲——从佛教的象征到君子的象征”诙谐生动地说明人类是如何融合异文化并予以转化。从现代社会现象反省，认为本民族对本身的文化如果够了解也够坚持，那么即使异民族文化在强势政经力量的影响之下而融合入本民族文化，只要经过一定时间，将被转化，甚至难以辨认原貌，而成为本民族文化，对本民族而言，这也是丰富文化内涵的方式，并非坏事。但是如果对本民族文化不够了解和坚持，盲目接受异族文化，那就谈不上融合，更不会转化，而是被同化，本民族文化将成为历史，而变成另外一个民族。叶国良还将这一概念延伸到教育，认为在全球化的风潮下，加深对本民族文化的了解，应该是教育的重要课题之一。

（齐鲁师范学院科研处陈婷供稿）

“基于黄河三角洲区域经济理论创新研究”学术报告 5月25日，中国石油大学（华东）经济与管理学院、教授周德田在滨州学院2号教学楼310教室作“基于黄河三角洲区域经济理论创新研究”的学术报告。黄河三角洲经济研究中心专兼职研究人员以及经济与管理系师生共100余人参加了学术报告会。

周德田结合黄河三角洲发展实际，对高效生态经济的内涵与特征进行了系统阐释，对黄河三角洲今后发展高效生态经济遇到的重大理论与实践问题进行了分析；从宏观和微观层面对当前我国区域经济发展理论进行了概括分析，重点针对黄河三角洲具体情况，围绕产业集群战略、梯度理论与发展战略、区域统筹战略等内容进行了探究性说明。报告结合黄河三角洲开发建设实际，紧扣学科前沿，具有很强的学术针对性，对滨州学院开展黄河三角洲区域经济研究具有重要的指导意义。

（滨州学院科研处吕传笑供稿）

“宽带市场反垄断与规制改革研究”和“中国市场经济发育中的挤出效应研究”学术报告 5月26日下午，中国社科院规制与竞争研究中心主任、教授张昕竹和首都经济贸易大学校长助理、教授戚聿东做客山东大学第14、15期反垄断与规制经济学系列学术报告会，分别作题为“宽带市场反垄断与规制改革研究”和“中国市场经济发育中的挤出效应研究”的报告。报告由经济学院教授于良春主持。张昕竹从反垄断和宽带市场改革两个角度，详细解释了2011年11月发生的“中国电信和中国联通涉嫌垄断”事件的前因后果和内在矛盾，并针对此案中相关市场界定和市场支配率判定等问题进行深入探讨。戚聿东从内涵、基本理念、分类等角度深度剖析了中国市场经济现状。他将中国经济的挤出效应分为政府对市场的挤出、国有对民营的挤出、中央对地方的挤出和垄断对竞争的挤出四种，并对分别对其作了详细讲解。

（山东大学经济学院郁德玮供稿）

“侵权法和物权法关系”学术报告 5月26日，台湾东吴大学法学院法律系主任、教授、烟台大学“泰山学者”郑冠宇结合台湾地区的最新研究动态，为烟台大学法学院200多名师生作了题为“侵权法和物权法关系”的学术报告。郑冠宇从所有权、用益物权、担保物权和占有等方面介绍了与物权法相关的侵权法律问题，对物权与侵权竞合这一学术难题进行了深刻剖析。香港城市大学法学院陈磊博士从英美法中的相邻关系、添附制度等角度对郑冠宇的讲座作精彩点评。

（烟台大学科研处曹永智供稿）

第二届中国国际贸易研究会年会 5月26日至27日，第二届中国国际贸易研究会年会在山东大学举行。山东大学本科生院常务副院长、经济学院常务副院长、教授胡金焱，中国国际贸易研究会会长、香港大学终身教授、上海财经大学丘东晓教授出席开幕式并致辞。开幕式由山东大学国际经济与产业组织研究所所长、教授李长英主持。

研讨会分别由上海财经大学助理教授陈波、山东大学副教授孙淑琴、上海财经大学助理教授陈伟智和山东大学教授孔庆峰主持。加拿大西蒙弗雷泽大学教授 Nicolas Schmitt，台湾研究院助理研究员 ShiShu Peng，教授丘东晓，北京大学光华管理学院助理教授马捷，新加坡国立大学教授 Yi Lu，山东大学副教授孙淑琴，清华大学助理教授马弘，对外经济贸易大学助理教授刘青，对外经济贸易大学副教授殷晓鹏，加拿大卡尔顿大学终身副教授郁志豪，北京大学中国经济研究中心副教授余淼杰，香港科技大学助理教授 Yao Amber Li，上海财经大学助理教授朱林可，对外经济贸易大学教授卢进勇，中南财经政法大学助理教授陈勇兵，中央财经大学助理教授张艳，上海财经大学博士研究生史青，山东大学博士随洪光，天津财经大学助理教授施炳展分别作题为“全球化经济条件下的制造商与零售商”、“人民币的价值重估与中国贸易：人民币对中国贸易顺差作用有限?”、“劳动力培训与对外直接投资”、“多产品跨国公司的竞标”、“出口商如何应对反倾销调查”、“城市污染与哈里斯·托达罗模型”、“汇率变动如何影响中国的出口——企业层面的调查”、“对外直接投资组织形式”、“内生性出口决策”、“持续贸易顺差与 GDP 高速增长”、“出口密集度、垂直和双边自由贸易”、“信用约束，生产能力与出口价格”、“比较优势、多产品企业与贸易自由化”、“产品内分工组织模式选择的区域因素分析——中国省际面板数据模型”、“外资参与、融资约束与企业生存”、“中国出口企业生产率悖论：基于国内分割的解释”、“外商直接投资、环境规制与环境污染——基于联立方程模型的分析”、“外商直接投资对中国经济增长质量的影响——兼论政府行为的作用”、“补贴对中国企业出口模式的影响：数量还是价格?”的学术报告。

本届年会由中国国际贸易研究会（CTRG）主办，山东大学经济学院承办，上海财经大学国际工商管理学院和香港大学经济及商业策略研究所主持。胡金焱担任本届年会顾问，李长英担任年会副主席。来自加拿大西蒙弗雷泽大学、加拿大卡尔顿大学、北京大学、清华大学、香港大学、香港科技大学、上海财经大学、对外经贸大学、中央财经大学、中南财经大学、台湾研究院和山东大学等著名高校和研究机构的40多位专家学者参加了年会。

中国国际贸易研究会旨在促进我国国际贸易与投资的研究和发展，为这一领域的学术培训及研讨提供良好的交流平台。学会的建立得到了国内外顶尖贸易学家们的热情支持和参与，在其举办的四届全国暑期国际贸易研讨会及培训中，邀请到了哈佛大学教授 Elhanan Helpman、科罗拉多大学教授 James Markusen、卡尔顿大学教授郁志豪、密歇根州立大学教授祝淳、俄克拉荷马大学教授鞠建东和中欧国际工商学院教授许斌等国际知名学者。

（山东大学社科处张荣林供稿）

“保险研究与规范”学术报告 5月26日上午，《保险研究》杂志社主编兼编辑部主任、中国保险学会秘书长张文渊做客山东大学第3期保险论坛，作题为“保险研究与规范”的学术报告。学院风险管理与保险学系主任、教授任燕燕等师生参加，山大保险学研究所所长、教授王新军主持讲座。张文渊首先总体阐述了《保险研究》，分析了目前保险研究的情况，并追溯了其发展历程。随后，他展望了《保险研究》的未来发展，详细说明了其发稿标准和原则。最后，他谈到保险研究不应该局限于商业保险，而应在实践中不断探索，拓宽研究方向，新颖选题，兼顾学术本身与学术品行，集研究价值、内容深入于一体。

（山东大学经济学院郁德玮供稿）

“民国人物研究漫谈”学术讲座 5月27日，著名民国史学者、南京大学教授张宪文在山东大学历史文化学院学术报告厅作题为“民国人物研究漫谈”的精彩学术讲座。本次讲座由历史文化学院院长、教授王育济主持，中国社科院近代史研究所研究员于化民、山东大学档案馆馆长、教授刘培平、山东画报出版社总编傅光中、山东大学出版社研究员王桂琴、历史文化学院刘平、徐畅、赵兴胜、朱修春、贾国静等老师，以及学院博士生、硕士生40余人参加此次讲坛。

张宪文回顾了新中国成立后以至“文化大革命”期间极左思潮影响下对历史人物特别是民国人物的研究状况，特别是其造成的各种负面影响，进而提出：政治研究和历史研究不能混为一谈，更不能以政治研究取代历史研究，对历史人物的评价应该主要看他对人类的贡献、对民族国家、对人民的贡献。张宪文以新发现的历史资料为基础，分别以孙中山、汪精卫、袁世凯、冯玉祥、蒋介石为例进行了逐一评述和剖析，既指出其在不同历史时期的历史贡献，也指出了各自的历史局限性，对上述历史人物都提出了令听众耳目一新的新观点、新认识。

（山东大学历史文化学院代国玺供稿）

“会计论文的实证研究”学术报告 5月27日，北京大学光华管理学院副院长、教授吴联生做客山东大学管理学院，为管理学院师生作题为“会计论文的实证研究”的主题报告。期间，吴联生分享了自己从事学术研究的体会，分析了高质量会计研究成果的要求、所具备的基本特点和形成过程；同时结合自身体会特别强调了学术研究上的合作对提高学术成果质量的作用。此外，吴联生以一篇在国际期刊上发表的重要论文为例，阐述在研究选题、研究方法等方面的独到见解及心得，比较详尽地剖析了每篇实证研究论文的基本结构，强调了论文观点创新、采用实证方法的重要性，并对参加报告会的师生在论文写作方面提出了宝贵的建议。吴联生还与在座师生就相关学术问题进行了交流，气氛热烈融洽，大家均表示受益匪浅。

（山东大学管理学院张雅萌供稿）

“孙本文对中国社会学巨大贡献的再认识”学术报告　5月28日上午，著名社会学家、中国人民大学教授郑杭生学术报告会暨兼职教授聘任仪式在山东大学中心校区知新楼顺利举行。郑杭生作题为“孙本文对中国社会学巨大贡献的再认识”的专题报告，并接受哲学与社会发展学院兼职教授聘任。仪式由哲社学院院长、教授刘杰主持，学院师生聆听报告。报告伊始，郑杭生提出，正确评价前辈社会学家对于中国社会学发展的贡献是十分重要的。作为中国社会学综合学派的代表人物，孙本文先生是中国社会学早期发展的领军人物；在中国社会学的发展中起到难以替代的历史作用。郑杭生指出，孙本文先生对中国社会学作出了三大贡献：第一，构建了综合性的理论体系：孙本文先生以“社会行为”为社会学的研究对象和切入点，发展出综合性的社会理论；第二，推进社会学的学科发展：孙本文先生为社会学的合法性积极辩护，在界定了社会学研究对象的基础上，致力于“社会学的中国化”，关注、研究重大的社会现实问题，体现社会学的应用价值；第三，孙本文先生一生致力于推动社会发展进步，是体现社会学学科精神的代表性人物。郑杭生指出孙本文先生一生提倡并实践的勤奋治学、报国为民、促进社会进步、学派之间平等争鸣的学术精神，值得后辈学人学习、发扬。

（山东大学社科处张荣林供稿）

“中国特色社会主义理论前沿问题研究”学术报告　5月28日下午，中国人民大学马克思主义学院院长、博士生导师秦宣应邀来山东大学马克思主义学院作题为“中国特色社会主义理论前沿问题研究”的专题报告。党委书记刘明芝主持报告会，副院长朱贵昌，学院部分教师、全体研究生一并参加了报告会。

（山东大学马克思主义学院仲欣供稿）

“当前中国社会建设与社会管理创新——现状趋势和应对”学术报告　5月28日上午，应济南大学政治与公共管理学院邀请，中国社会学会名誉会长、中国人民大学一级教授郑杭生在第一学术报告厅作题为“当前中国社会建设与社会管理创新——现状趋势和应对”的学术报告。副校长韩宏、政治与公共管理学院院长包心鉴等出席报告会，政管学院300余名师生聆听报告。

报告会上，郑杭生报告内容主要包括“加强社会建设和管理的时代内容”、“加强社会管理创新的现实趋势之坚持系统的实地调查”、“加强社会管理创新的现实趋势之提高社会管理科学化水平”及“聚焦社会管理创新的深层目标：探索新型的社会——国家关系”四个方面。郑杭生引用大量中西方学者在社会建设方面的思想，论证了在新时代背景下社会建设与管理是时代发展的必须。他结合自身研究成果，从中国经验的三个层次和社会管理科学化对坚持系统的实地调查、提高社会管理科学化水平的方法进行了详细论述，并结合我国社会现状阐述了提高社会管理科学化水平应当注意解决的基本问题。郑杭生还结合社会学理论强调了“国家和社会”关系问题的重要性，分析比较了中西方不同国家与社会关系的差异，探索了新型社会——国家关系发展新途径。

（济南大学社科处戴亮供稿）

“孙子兵法与企业管理”学术报告　5月28日，滨州孙子研究会秘书长扈光珉在滨州学院2号教学楼113教室作“孙子兵法与企业管理”的学术报告。滨州学院孙子研究院全体成员，历史与社会学系、经济管理系近100名师生参加学术报告会。

扈光珉首先从中国文化的角度介绍了孙子其人其书，进而从孙子是如何决策、如何识人用人、如何做人的工作三个方面详细阐述了《孙子兵法》与企业管理的关系，认为孙子基于全胜、庙算、全知、利害取舍、奇胜、神变和信息捕捉的科学决策，爱才之心、用才之能、容才之量、护才之德的识人用人能力和有情、有理、有章、有形、有利的思想工作对现代企业管理具有重要启示。同时他还就师生关心的诸多问题进行了解答。报告结合黄河三角洲高效生态经济区企业发展面临的现实问题和需求，内容深入浅出，逻辑严谨，紧密联系实际，对广大师生具有很强的启示意义。

（滨州学院科研处吕传笑供稿）

“语言与基因”学术报告 5月28日，潍坊学院邀请南京师范大学教授、博士生导师倪传斌来校作题为“语言与基因”的学术报告。报告论述了有关人类语言的起源问题的几个假说，认为如果“个体发生学概述了种系发生史”这个理论，对语言和人类其他方面的发展可成立的话，那么，对一个孩童如何获得语言能力了解得越多，就越能对人类语言之起源提出更精确的假设。这是目前语言学家、心理学家及脑部研究的学者所致力研究的目标。

（潍坊学院科研处赵文亮供稿）

“中国当代文化产业发展前沿”学术报告 5月29日上午，“中国当代文化产业发展前沿”学术报告在山东艺术学院艺文学院报告厅举行。主讲人胡惠林教授是上海交通大学博士生导师，国家文化产业创新与发展研究基地办公室主任，上海交通大学媒体与设计学院文化产业与管理系主任。报告会由艺术文化学院和研究生处主办，艺术文化学院田川流教授主持。

报告中，胡惠林通过源流梳理和举例说明，系统地阐述了我国文化产业的发展阶段、发展要素、时代特征，着重谈论了文化产业策划中的“地域文化表述”，提出了文化产业发展的四大前沿趋势，即社会改革、经济转型、国际化、文化建设，文化产业的三大发展阶段，即以农耕文明为基础以手工制造业为主体的古代阶段、以工业文明为基础以大规模机械制造业为主体的现代阶段、以信息文明为背景以计算机互联网为生产传播媒介的后现代阶段，并就目前学术研究中的一些误区和细节进行了纠正和说明。最后，他勉励大家努力培养和提高理论水平和理论素质，多动笔，勤思考，广阅读，善观察，在目前我国文化产业研究高潮迭起的情形下，能够在思维意识、观察角度和研究方法等层面独辟蹊径，努力挖掘，使“理论”和“实践”这一对翅膀能够平衡互促，比翼齐飞，有所创新。

（山东艺术学院科研处刘翔宇供稿）

专家治学经验系列讲座 为进一步活跃学术气氛，发挥知名专家传帮带作用，促进青年科研人员成长，山东社科院2012年启动了“专家治学经验系列讲座”。5月29日，专家治学经验讲座第一讲在十楼多媒体会议室举行。山东社科院调研员、研究员韩民青作题为“人类：宇宙的DNA——我们一起探寻人类的来龙去脉”的讲座。讲座由科研处处长杨金卫主持，副院长郑贵斌作总结讲话，来自各研究所的科研人员50余人出席。

韩民青1978年进院工作，长期从事哲学研究、新工业化研究和发展战略研究，曾担任哲学研究所所长、副院长，享受国务院政府特殊津贴，先后被评为山东省专业技术拔尖人才，山东省有突出贡献的中青年专家，1989年被国务院授予全国先进工作者称号，共获得省社科优秀成果一等奖5项，多项成果被中央和省领导作出肯定性批示并进入决策。

韩民青回顾了33年以来在社科院从事科研工作的学术历程，结合自己对宇宙的认识，在讲座中深入浅出，对人类的地位和作用、人类的历史使命进行了全面阐述，就自己的学术核心成果、心得体会与青年科研人员进行了交流。

郑贵斌在总结讲话中指出，今天的讲座是第一讲，开得很成功，韩民青把自己的学术观点、著述、治学经验和青年科研人员分享，使大家受益匪浅。他要求，中青年科研人员大家要好好体会消化报告精髓，科学规划科研人生，选准研究主攻方向，更好地承担起研究任务。今后专家治学经验系列讲座将继续办下去，在安排名家讲治学经验的同时，也安排中青年专家结合课题研究，讲自己的科研心得体会，相互启发，共同提高，为出精品力作打下良好的基础。

（山东社科院科研处崔凤祥供稿）

第一届中韩海洋发展国际论坛 5月29日，2012第一届中韩海洋发展国际论坛在青岛举办。此次论坛由山东社会科学院海洋经济研究所与大韩民国庆南发展研究院共同主办。来自庆南发展研究院、中国海洋大学、青岛黄岛区区委党校和山东社科院外事办公室、海洋经济研究所等单位的30余位专家学者出席会议。

本次论坛由海洋经济研究所所长孙吉亭主持，院纪委书记姚东方和大韩民国庆南发展研究院院长李殷珍分别代表两院向本次论坛致词。海洋经济研究所赵玉杰，庆南发展研究院孙相洛、蔡东烈等学者围绕着“蓝色经济发展与中韩合作”这一主题进行了主题发言，并对山东蓝色经济发展和庆尚南道海洋经济发展与中韩合作前景等问题进行了深入探讨与交流，就推动中韩海洋经济合作，促进中韩海洋经济发展，提出了许多好的方案和建议。本次论坛准备充分、学术氛围深厚、讨论深入，达到了预期目的。

（山东社科院科研处崔凤祥供稿）

“关于结构性减税的几个问题”学术报告 5月29日，山东大学人文社科特聘一级教授安体富聘任仪式暨学术报告会在经济学院举行。山东大学副校长娄红祥出席仪式并为安体富颁发山东大学人文社科特聘一级教授聘书。仪式由经济学院教授李齐云主持。学校办公室主任井海明，人事部有关负责人参加了聘任仪式。

仪式后，安体富作题为“关于结构性减税的几个问题”的学术报告，他向大家介绍了结构性减税与关注民生的重要性，提出了“什么是结构性减税”、“结构性减税通过哪些税种来实现”、“我国2011年继续实行结构性减税的必要性”、“结构性减税与中长期税制改革目标如何实现协调”等问题。他还就结构性减税与优化税制结构的关系发表了自己的观点。此外，安体富还与财政学系教师进行了专题座谈，共同研讨山东大学财政学科的发展思路和规划。

（山东大学经济学院郁德玮供稿）

“维护我国发展权视角下的国际碳博弈策略选择研究”主题报告 5月29日下午，吉林大学经济学院纪玉山教授应邀做客山东大学经济学论坛，并作题为“维护我国发展权视角下的国际碳博弈策略选择研究”主题报告。经济学院教授、博士生导师张东辉主持报告。报告中，纪玉山逐一讲解了世界各国在碳排放空间、碳排放权分配和碳交易三方面的博弈，并对中国如何在国际碳博弈中取得有利地位提出相应政策建议。他建立了一个关于兼顾经济稳定增长与实现碳减排目标的优化模型，研究得出：如果措施得当，短期内中国也完全可以实现经济稳定增长与碳排放逐步下降的双重目标；长期内，他建议中国着力转变经济发展方式，大力发展战略性新兴产业和低碳经济，加快技术创新步伐，从根本上突破经济发展瓶颈，实现经济的结构优化和稳定增长。

（山东大学经济学院郁德玮供稿）

“经济结构调整与投资策略”学术报告 5月29日下午，山东大学国际商务专业学位研究生合作导师、山东天诚控股股份有限公司董事长于新伟应邀做客山东大学第9期国际商务精品讲座，并作题为“经济结构调整与投资策略”的学术报告。于新伟首先深入浅出地阐释了投资活动的基本原理，并结合自身经历的实际投资活动让大家了解一个投资决策在实际运作中是如何作出的，揭开了投资活动的神秘面纱。随后，他分析了相关专业课程与实际投资活动的联系，为从事投资业务提供了很好的职业规划。最后，于新伟分析了我国目前的经济形势，明确了当前投资活动所面临的困难和机遇。

经济学院系列高端论坛增进了学院与其他高校经济学院的学术交流，开拓了师生的学术研究视野，使大家受益匪浅。

（山东大学经济学院郁德玮供稿）

“当中国人遇到日本语——近代日语学习史序说”学术讲座 5月30日上午，日本关西大学教授沈国威为山东大学外语学院师生作题为“当中国人遇到日本语——近代日语学习史序说”的学术讲座。讲座由日语系主任、教授邢永凤主持。

沈国威通过学习史的视角、近代以前中国人的日语体验、明治前后中国人的日语体验这三个部分，和在场的广大师生一起回顾了中国人的日语学习史。在“学习史的视角”这一板块中，沈国威又分别从“学习者方面的原因”、“学习内容的原因”和“教授者的原因”三个方面分析了影响日语学习的因素。

沈国威的讲座与其说是在传播知识，倒不如说是为日语学习及研究提供了新的方向和视角。通过沈国威深入浅出的讲解，同学们不仅对中国人的日语学习史有所了解，更主要的是开拓了国际视野。通过对当时中国人为什么学习日语，怎么学习日语的讲解，沈国威更希望让大家明白：语言不只是一种语言，我们必须把语言作为工具，融合其他学科的知识，放眼世界，将外语学习作为一种手段，才能通向更宽更广的路。沈国威学贯古今，立意之深，学术视野之开阔都让在场的师生深受启发。

沈国威，日本关西大学外语学部教授，日本关西大学东西学术研究所、亚洲文化交流研究中心研究员。1981年于北京外国语学院研究生班毕业后，在北京语言学院任职至1985年。1985年作为公费留学生赴日本留学，先后在大阪外国语大学、大阪大学学习。1991年起在日本的大学任教至今。主要论著有：《近代日中语汇交流史》(1994)、《新尔雅及其词汇》(1995)、《近代中日词汇交流研究》(2010)等，曾编著《六合丛谈研究》、《遐迩贯珍研究》等书。

（山东大学外国语学院程殿梅供稿）

“‘述而不作’何以成就孔子?”学术报告 2012年，山东大学犹太教与跨宗教研究中心继续主办高端人文讲座“天人讲堂”11讲，来自中国社科院、芝加哥大学、纽约州立大学、中国政法大学、以色列特拉维夫大学、陕西师范大学、新西兰大学的11位知名学者分别带来了数场精彩报告。内容涉及国际政治、中国传统文化、宗教与文学等主题，受到校内外听众的一致好评。

5月30日晚，著名学者、纽约州立大学布法罗分校哲学系教授、山东大学“长江学者”讲座教授余纪元做客“天人讲堂”第44讲，带来题为“‘述而不作’何以成就孔子?”的报告。本次报告由犹太教与跨宗教研究中心主任、教授傅有德主持，哲学与社会发展学院教授傅永军、谢文郁、马广海、牛建科、赵杰等参加讲座。

余纪元的报告分为三大部分，主要观点是“述而不作”体现出孔子对自己哲学活动的反思，是对天和传统的“孝”，而这种框架其实是一种德性伦理学的框架，因而孔子的学问是哲学。在第一部分，余纪元分析了“述与孝”的关系。他引用了《中庸》和《论语》等著作中“夫孝者，善继人之志，善述人之事者也”和“知我者其天乎”等论断，说明孔子的述实际上是传承了天道和传统，述与作是一种承继关系。实际上是天作，夫子既述又作，夫子弟子述。同时，他引证了“孝”在西方哲学上的传统：苏格拉底的哲学活动是对神的“孝”，亚里士多德的哲学活动是对真理的“孝”。于是，哲学“philo－sophia”的结果和“述—作”的结构一致。第二部分，余纪元反思了“述与经典”的关系，他指出，述与作同经典是联系在一起的，虽然难以找到可靠证据证明孔子如何具体编著经典，但是必须承认一点，即孔子在于述道而不是编写经典本身。最后一部分，余纪元教授谈到了“述与《论语》本身”，他认为，孔子在《论语》中不仅述“经典”以体现天道，而且将天道进行了进一步阐明。他用天道、德、仁和君子四个概念的内在逻辑关系论证了这一点。最后，他指出，孔子述与作的框架体现了对天道的重视和回归，同德性伦理学的框架是一致的，而在德性伦理学在西方重新得到重视的今天，孔子的思想具有更为重要的现代意义。

最后，傅有德对讲座进行了点评并提出了自己的观点与主讲人交流，谢文郁以及其他听众也发表了自己的看法，并提出问题。余纪元就相关问题悉心进行了回应。

余纪元，著名学者、纽约州立大学布法罗分校哲学系教授、山东大学“长江学者”讲座教授、中国人民大学讲座教授。国际著名古希腊哲学研究专家，学术研究涉及古希腊哲学、中西比较哲学和伦理学。现任国际中国哲学学会主席，美国哲学学会顾问委员会委员、美国《哲学史季刊》编委、美国《中国哲学杂志》编委、中英美暑期哲学学院美方委员会委员。曾任英国牛津大学 Wolfson 学院及中国研究所研究员（1994—1997），美国国家人文学科学中心研究员（2003—2004）。

（山东大学犹太教与跨宗教研究中心齐晓东供稿）

山东经济社会形势分析暨2012山东系列蓝皮书发布会　为认真学习贯彻省第十次党代会精神，5月30日，由山东社会科学院主办的“山东经济社会形势分析暨2012山东系列蓝皮书发布会”在济南召开。发布会由科研处处长杨金卫主持，副院长郑贵斌作总结讲话。《山东社会蓝皮书》主编、研究员李善峰，《山东文化蓝皮书》主编、研究员涂可国，《山东经济蓝皮书》副主编、研究员王向阳结合学习省十次党代会报告的体会，对山东经济社会形势进行了深入分析与预测展望。来自社科院和省内高校、科研院所、新闻媒体的专家学者、记者50余人参加发布会。

山东系列蓝皮书是山东社会科学院多年来重点打造的知名学术品牌，自1999年开始，已出版3个系列，共30本蓝皮书。2012山东系列蓝皮书包括《山东经济蓝皮书》、《山东社会蓝皮书》、《山东文化蓝皮书》，分别围绕“高效生态经济赢取未来”、“加强与创新社会管理”、“文化改革助推强省建设”等主题进行分析和预测，内容集战略性、前瞻性、宏观性、学术性和权威性为一体，旨在深入系统地分析山东经济社会文化发展的现状，准确评估发展成效，预测发展趋势。为全省学习贯彻省第十次党代会精神，实现山东经济文化强省建设新跨越提供了理论支撑。

本次发布会受到了媒体的极大关注，共有《人民日报》、新华社、《经济日报》、《中国社会科学报》、《大众日报》、山东电视台、《齐鲁晚报》、《经济导报》等10多家媒体记者参加发布会并对发布会进行了报道，人民网、新华网、新浪网、网易、搜狐网、中国广播网等100余家网络媒体进行了转载报道。

（山东社科院科研处崔凤祥供稿）

“企业文化与用人之道”学术报告　5月31日，山东京博控股股份有限公司党委书记、董事长马韵升来滨州学院作学术交流，并在大学生活动中心作“企业文化与用人之道”学术报告。各系（院、部）、科研机构和部门的450余名师生参加了报告会。

马韵升先生“企业家论坛”学术报告，从个人成长悟道和17年企业经营之道两个维度，结合京博控股的人生观、价值观、企业训导和愿景等，对企业文化进行了详细解读；运用具体鲜活的案例、身临其境的身心体验将“企业文化与人生感悟”与大家共剖析、齐分享；引经据典，上升到国学高度，从“选、育、用、留”等方面深刻解读了“眼力、能力、魄力、魅力”等用人之道的深刻内涵。马韵升先生还就师生关注的诸如文化与产业的关系、西学东渐对国人价值观的影响等问题进行了独到分析。

（滨州学院科研处吕传笑供稿）

第二届食品经济与管理论坛 5月31日—6月2日，由山东省食品工业协会主办、德州学院经济管理系承办，第二届食品经济与管理论坛在德州学院召开。王伟、缪建平、尤其、平瑛、胡继连等知名学者与会。

论坛以“我国食品工业‘十二五’发展趋势”、“食品工业经营体制机制创新”和“食品经济管理学科‘十二五’研究重点”为主题，与会专家和学者围绕现代食品企业管理、食品质量安全、食品产业发展、食品工业经营体制创新等热点和重点问题，进行了深入的研讨和交流。

（德州学院社科处刘淑青供稿）

“重新崛起——后危机时代俄罗斯经济发展与转型”报告 6月1日下午，中国人民大学教授关雪凌做客山东大学第23期国际经贸论坛并作题为“重新崛起——后危机时代俄罗斯经济发展与转型”的报告。报告由经济学院国际经济与贸易系主任、教授孔庆峰主持。关雪凌围绕“后危机时代俄罗斯经济发展与转型”这一主题，从问题的提出、危机冲击、复苏亮点、现实挑战、深层问题、研究成果等6个方面进行了具体阐释。其中，她详细地谈到了国际金融危机对俄罗斯金融体系与实体经济的冲击，指出了近期俄罗斯经济复苏中的亮点以及其面临的现实挑战，深入剖析了其中存在的一些深层问题。她提出俄罗斯经济需要进行一系列根本性的改革，并不断完善市场经济体制，才能成为全球经济的一个可靠参与者和新兴市场的一支重要力量。结束后，经济学院国际经济与贸易系教授范爱军对报告进行了简评，并引导同学们树立踏实稳重的学术态度。

（山东大学经济学院郁德玮供稿）

第三届“华人公共管理学者论坛” 6月2日至3日，由我国公共管理学界泰斗夏书章先生提议，中山大学、西安交大和中国留美公共管理学会共同发起，山东大学政治学与公共管理学院、山东大学城市发展与公共政策研究中心承办的第三届“华人公共管理学者论坛”在山东大学举行。本次论坛主题为“公共治理与政府创新”。

山东大学党委副书记方宏建出席开幕式并致辞。美国公共管理学会会长刘国材，中国行政管理学会执行副会长兼秘书长高小平分别代表美、中行政管理学会对论坛的召开表示祝贺。论坛主题讲演由东北大学原副校长、教授娄成武和中国人民大学公共管理学院院长、全国MPA教学指导委员会秘书长、教授董克用分别主持。来自美国中佛罗里达大学、旧金山大学、堪萨斯大学和香港城市大学、澳门理工学院、台湾暨南大学，中山大学、复旦大学、浙江大学及山东大学的多位知名学者作精彩发言，展示了当前国际和国内公共管理研究的聚焦点和理论前沿，引起与会者的极大兴趣和关注。大会还设置了“政府管理体制和公共服务供给”、“合作治理与公民参与”、“城市治理与区域公共管理”、“社会冲突与社会管理”等四个分论坛，多角度、多视野地展现了海内外学术界对于中国公共管理问题的研究成果，全方位反映出这一学术领域的最新进展。闭幕式上，中国行政管理学会副秘书长、山东省法制办副主任鲍静，中山大学政治与公共事务学院院长马骏，山东大学政治学与公共管理学院院长葛荃分别致辞。来自中国大陆、港澳台地区和美国、荷兰、新加坡等国80多所大学、科研机构、学术团体的150余位公共管理专家学者齐聚一堂，交流学术，启迪思想。此次论坛成为全球华人公共管理学者展示成果、交流思想、凝聚智慧、探讨未来的重要学术平台。

此次会议实现了美国公共管理学会、旅美公共管理学会、中国行政管理学会和中国政治学会四个学会在山东大学的聚合，扩大了山东大学行政管理及公共管理学科的学术影响与知名度。

北京工商大学经济学院教授冯越中，中国社科院数量经济与技术经济研究所博士王磊，香港岭南大学、山东大学经济学院产业经济学专业教授、博士生导师、山东大学博弈论与经济行为研究中心林平分别担任第65期、第66期和第67期山东大学产经论坛主讲人。

（山东大学政治学与公共管理学院楼苏萍供稿）

第65期山东大学产经论坛 北京工商大学经济学院教授冯越中做客第65期山东大学产经论坛，就流通加价问题、减少流通环节的措施、产销信息不对称情况及相应的政府职责等问题与经济学院、管理学院的同学们进行交流。冯越中首先阐释了流通加价问题的核心概念，即农产品流通的“最后一公里”，他说，该概念只存在于农产品从批发到零售的环节，因此流通加价问题也应只存在于此阶段。随后，冯越中深入剖析了“农超对接”这一减少流通环节的最热门办法，捋清了其中易混淆的纵向约束与纵向兼并两个概念，分析得出对接之后由于存在损耗转移的情况，结果并不一定符合人们期望的结论。冯越中从农产品生产的非标准、非规模化角度解释了农产品价格大幅波动的原因，并提到，由于农户小规模生产会存在品质提高缓慢、安全追溯能力弱等问题，因此农业合作社是农产品生产流通的未来发展方向。此外，冯中越教授还介绍了合约在农产品流通中的作用。最后，冯越中从农产品的准公益性角度出发，建议政府应该从政府储备、物价补贴、建立安全追溯机制等方面保证这一特性，保障民生。

（山东大学经济学院郁德玮供稿）

第66期山东大学产经论坛 中国社科院数量经济与技术经济研究所博士王磊做客第66期山东大学产经论坛，从搜索引擎的反垄断浪潮兴起、商业模式、市场结构特征、市场竞争、竞争政策等方面展开讲座。王磊从产业组织与竞争方面，结合国内外常用搜索引擎的案例进行了分析，列举了涉及搜索引擎的反垄断诉讼与审查所关注的四类滥用行为，解释了搜索引擎成为互联网反垄断审查的新焦点的原因。王磊还引用了大量的数据和图表，展示了搜索引擎的市场结构特征。王磊把搜索引擎市场的竞争分为搜索引擎之间的竞争及搜索引擎与广告支持型平台之间的竞争两类，其中搜索引擎之间的竞争又根据视角的不同分为垂直关系视角和平台竞争视角，而与广告支持型平台的竞争又出现了替代、互补和相互独立三种竞争关系。王磊还提到了搜索引擎的产业组织与反垄断问题及其创新模式的研究等问题，供大家继续思考。

（山东大学经济学院郁德玮供稿）

第67期山东大学产经论坛 香港岭南大学、山东大学经济学院产业经济学专业教授、博士生导师、山东大学博弈论与经济行为研究中心林平做客第67期山东大学产经论坛，山东大学国际经济与产业组织研究所所长、教授李长英，山东大学经济学院副教授乔岳、尹莉，博士王哲伟、尹振东等一同参加论坛。林平引用奇虎360与腾讯QQ之争，论述了当前中国大陆在反垄断执法过程中存在的四大难题，包括界定相关市场、被告是否具有市场支配地位、被告是否滥用其市场支配地位、确定法律责任及罚款数目等问题，认为在当前中国大陆的反垄断实践中，产业经济理论的运用越来越受到执法者的重视。随后，林平界定了中国反垄断法规界定的六种滥用市场支配地位的行为，例如掠夺性定价、不公平高价销售、拒绝交易、搭售等。最后，林平结合中国经济的发展改革历程，介绍了发改委对企业进行“价格约谈”制度的形成过程及法律基础。林平认为，“价格约谈”虽然有一定的合法性，但由于对企业定价进行了直接干预，干扰了价格信号，也会带来一系列负面效果。此外，企业对“价格约谈”的对策也可能使其偏离预期效果。“价格约谈”涉及到效率与公平的矛盾和竞争政策与其他宏观经济政策的矛盾这两大深层次问题。

此次系列论坛是庆祝《产业经济评论》创刊十周年学术活动，由山东大学经济学院、山东大学产业经济研究所和《产业经济评论》编辑部联合举办。《产业经济评论》编辑部主任、山东大学经济学院教授曲创主持论坛。

（山东大学经济学院郁德玮供稿）

“文学经验与文学历史”讲座 6月，首都师范大学文学院院长、教授左东岭来到青岛大学文学院东亚中心讲学，本次讲座以“文学经验与文学历史”为题。东亚中心主任、教授刘怀荣主持本次讲座，青岛大学部分老师及40余名研究生参加此次座谈会。

左东岭首先讲了文学经验范畴提出的理由。目前大陆学者大多是站在现代人的立场上，用西方进化理论来研究古代文学，认为文体是相互替代的，由此构成了文学史研究的两个支点：一是以探索文学史研究规律为目的，二是文本为叙述中心的基本格局。这种研究方法存在重大缺陷，比如“规律”很难运用于人文学科的研究，因为文学不具备规律的两大基本特征，即可检验性和可重复性。因此，左东岭提出了文学经验范畴。在他看来，文本是文学经验的一个重要环节，但不是文学经验的全部。左东岭还讲了文学经验的两大内涵，一是文学现象的整体性和复杂性。二是文学外部的关联性，即文学与政治、历史、经济等的关系。

（青岛大学社科处高玉珍供稿）

农牧经济发展与文化建设高层论坛 6月3日，由青岛农业大学和农牧业界根源文化联谊会联合主办的农牧经济发展与文化建设高层论坛在青岛农业大学学术会馆举行，来自国内有关高校的知名专家学者和农牧企业家就“农牧经济发展与文化建设”这一主题，博采众家所长，展望发展愿景。青岛农业大学校长李宝笃，副校长戴洪义、宋希云，山东科技大学副校长刘新民，中国人民大学教授彭剑锋，中国农业大学教授付文阁，山东亚太中慧集团创始人张唐之，山东六和集团有限公司总裁陶煦、华西希望集团、新疆泰昆集团、河南后羿集团、山东太合集团、江西正邦集团、山东春雪集团等国内大型企业的企业家，以及南京农业大学、江西农业大学、山东农业大学的有关专家参加了本次论坛。会议由山东亚太中慧集团董事长兼总裁尉安宁主持。与会专家、学者、教授、企业家等就企业的社会责任、我国农牧产业的发展态势、行业人才的需求与培养和团队的建设等方面展开了发言，通过交流沟通和思想碰撞，分别阐述了自己的观点和举措，在观点碰撞和争鸣中形成广泛共识，增进了相互了解和联系，为我国农牧行业的文化建设与发展打下了基础。

（青岛农业大学社科处辛力克供稿）

中国北方村落文化遗产保护工作论坛 论坛由中国民间文艺家协会与中国文学艺术基金会、山东省文学艺术界联合会共同主办，由山东工艺美术学院、山东省民间文艺家协会、章丘市人民政府、威海市文学艺术界联合会承办。6月5日，“中国北方村落文化遗产保护工作论坛”开幕式在山东工艺美术学院隆重举行。

中国文联副主席、中国民协主席冯骥才，中共山东省委宣传部副部长刘为民，中国民协分党组书记、驻会副主席罗杨，山东省文联主席、山东工艺美术学院院长、中国民协副主席潘鲁生，山东省文联副主席、党组书记于钦彦，中国民协顾问、河北省文联副主席、河北省民协主席郑一民，中国民协顾问、河南省文联副主席、河南省民协主席夏挽群，中国民协分党组成员、副秘书长周燕屏出席开幕式。山东工艺美术学院副院长李新、苗登宇，院长助理、办公室主任王立果以及来自全国历史学、民俗学、人类学、建筑学、艺术学等不同专业领域的近20位知名专家学者参加本次论坛，共同围绕现代社会语境下中国北方村落文化遗产保护这一主题，就如何保护村落历史性建筑物，如何保护村落文化空间所承载的传统文化与精神信仰，如何处理古村落保护与新农村建设及旅游开发之间的关系等问题，进行全面、深入的交流与研讨，介绍相关研究成果、成功案例及个人观点等，为我国北方村落文化遗产保护工作的科学开展提供重要启示与指导。开幕式由罗杨主持。

村落是民族文化重要组成部分，保存着传统文化的深刻记忆，山东作为文化大省，历史文化资源非常丰富，近年来，山东省不断加大历史文化遗产保护力度，一些古村落得到了有效的抢救和保护。本次“中国北方村落文化遗产保护工作论坛”的举行，对于推进山东省文化遗产保护工作具有重要意义。

（山东工艺美术学院科研处任谢元供稿）

“朝鲜政局动态及未来政策走向”专题报告 6月5日下午，山东社会科学院在办公楼10楼多媒体会议室举办东北亚论坛第三场报告会。韩国国防研究院研究委员，原韩国国防部政策室室长、教授白承周，应邀来社科院作“朝鲜政局动态及未来政策走向”的专题报告。来自社科院国际经济研究所、政治学研究所、社会学研究所、人口学研究所、国际问题研究中心、科研组织处以及山东省东亚研究所、山东大学等单位的专家学者30余人到会交流。社科院院党委副书记王希军、纪委书记姚东方出席报告会。报告会由姚东方主持。

白承周长期从事东北亚问题的研究，特别是在朝鲜问题研究方面有较深入的研究。白承周在报告中详细介绍了金正日去世后朝鲜政局的变化、东北亚安保体系和朝鲜未来政策走向等方面的最新研究成果。报告会上，白承周还就相关问题与参会学者进行了讨论交流。此次报告会是山东社科院东北亚论坛系列讲座的第三讲，报告会准备充分，气氛热烈，互动良好，达到了预期目的。

（山东社科院科研处崔凤祥供稿）

“港口、国际贸易及国际结算——以青岛港及其保税区为例”学术报告 6月5日下午，青岛大学国际商学院教授徐修德应邀做客山东大学第10期国际商务精品讲座，并作题为“港口、国际贸易及国际结算——以青岛港及其保税区为例”的学术报告。报告中，徐修德首先介绍了港口与国际贸易的关系，着重强调了上海、深圳、宁波、青岛四大港口对当地经济的促进作用。随后，他又讲解了海关特殊监管区域的相关知识，并以青岛港为例，介绍了保税区、出口加工区、保税物流园区的具体情况。最后，徐修德介绍了国际贸易结算中的风险规避问题，并对国际贸易贸易的模式创新作了展望。报告由国际经济与贸易系教授张乃丽主持，经济学院副院长、教授刘国亮为徐修德颁发山东大学国际商务专业学位研究生合作导师证书。

（山东大学经济学院郁德玮供稿）

“技术许可研发和福利”学术报告 6月6日下午，台湾大学教授黄鸿应邀参加山东大学第13期高级经济学系列讲座，并作题为“技术许可研发和福利”的学术报告。报告中，黄鸿首先介绍了研究的目的是技术许可如何影响公司创新的激励机制，并主要从成本节约型研发机制不仅可以使公司内部创新者更具有竞争力，而且可以通过以技术许可来控制研发从而达到增加公司收入的目的和技术许可促进了研发两方面展开讲解。此外，他具体阐述了当公司研发效率高时，有效技术许可实质上会抑制研发的投资活动，并通过技术溢出效应、生产分工、垄断厂商和研发附加效应等四个方面解释了这一现象。同时，他指出技术许可会降低公司的福利，通过对1994—2010年技术许可降低福利的观点进行综述，向大家展示了技术许可会降低公司福利的原因。最后，黄鸿通过实证分析论证了当公司存在高的研发效率时，技术许可会抑制公司内部创新者技术研发，同时降低公司的福利。

（山东大学经济学院郗德玮供稿）

“贸易壁垒中的专利许可”学术报告 6月6日下午，台湾东华大学经济系主任、教授梁文荣应邀参加山东大学第14期高级经济学系列讲座，并作题为“贸易壁垒中的专利许可”的学术报告。报告中，他首先通过两个国家寡头垄断模型和贸易壁垒来分析外部专利权人的最佳许可合同。他重点讲解了由于贸易成本产生的租金带来的影响，并成功地解释了非排他性固定费用许可，这是其他学者所没有解决的。一些工厂生产了一种同质商品，他们在不同市场面临着“波特兰竞争”，报告显示，在“波特兰竞争”模型中，对于外部专利权人，非排他性的固定费用许可优于专利许可。同时，他又得出另一结论，在“波特兰竞争”模型中，如果交易成本小，创新规模不大，那么专利许可是最理想选择；在创新规模足够大时，排他性固定费用许可是最理想选择。

（山东大学经济学院郗德玮供稿）

山东新城市发展论坛 6月16日，由省宏观经济研究院、省宏观经济学会主办、山东房地产网承办的山东新城市发展论坛在济南南郊宾馆举行。省宏观经济研究院党委书记、省宏观经济学会秘书长郭训成致开幕辞，论坛由省宏观经济研究院院长、常务副秘书长刘冰主持。山东大学经济研究院院长、教授黄少安，中国房地产及住宅研究会副会长、教授顾云昌和国家发改委宏观经济研究院投资所副所长、研究员杨萍分别作主题演讲。山东省宏观经济学会理事单位、山房网理事单位和全省党委系统政策研究研讨班成员共300多人参加论坛。本次论坛主题为“宏观调控下的山东房地产走势”。与会专家学者从宏观到微观，以大量科学翔实的数据，图文并茂，深入浅出地分析了宏观经济形势和房地产走势，生动阐述了2012年房地产业与稳增长的深刻内涵。

（山东宏观经济学会供稿）

“Inverted Earth Revisited（重新思考反转地球）”讲座 6月6日，山东大学第34期分析哲学论坛在中心校区知新楼举行，浙江大学语言与认知中心任会明作题为“Inverted Earth Revisited（重新思考反转地球）”的讲座。主要内容为：反转地球思维实验试图对关于现象意识的表征主义进行挑战，而表征主义者也在尝试着用这样或那样的方法来迎接这种挑战。然而，这样的挑战是否可以得到处理仍然是一个充满争议的问题，事实上我们将显示这里不存在有真正意义上的挑战。

（山东大学哲学与社会发展学院荣立武供稿）

“金融研究理论前沿与方法”的学术报告 6月7日下午，中国人民银行《金融研究》编辑部主任、研究员张雪春应邀做客山东大学第6期金融学讲座，并作题为“金融研究理论前沿与方法”的学术报告。报告中，张雪春就金融理论方法与前沿作了详细介绍，对未来研究发展的选题与概括作了细致分析，并剖析了如何选用文章数据与计量方法。同时，她详细介绍了《金融研究》的相关状况，包括《金融研究》的定位、宗旨和目标，着重强调了研究的思想性、原创性和规范性。她还就文章的研究领域、研究方法、模型选用以及工作论文几大禁区等问题展开了详细的分析。此外，她介绍了近几年《金融研究》刊登文章的作者结构及其地区分布，《金融研究》的近期发展和下一步的计划。在向师生介绍《金融研究》杂志的同时，她还为大家搭建了研究著述的规范框架——“规范研究、严谨著述”。经济学院金融学系主任、教授曹廷求主持了讲座。

（山东大学经济学院郗德玮供稿）

“潮州基督教一百年：福音传播，灾害管理与认同形成”学术报告 6月7日至12日，美国佩斯大学历史系教授李榭熙（Joseph Tse－Hei Lee）应邀在山东大学历史文化学院进行学术交流活动。期间，李榭熙为山大师生作了题为“潮州基督教一百年：福音传播，灾害管理与认同形成”的学术报告，并与历史学院部分教授学者进行以“近代基督教在华传播的本土化”为主题的高端对话。

李榭熙以潮州作为研究个案，分析了19世纪潮州的人文地理环境和长期的移民历史，并用具体案例分析了近代潮州返乡移民在基督教传播过程中所扮演的重要角色。

（山东大学历史文化学院代国玺供稿）

“论工业设计师创新素质的培养”学术讲座 6月8日下午，山东工艺美术学院邀请山东大学教授赵英新为学校师生作了“论工业设计师创新素质的培养”讲座。讲座在学校长清校区综合楼阶梯一举行。工业设计学院院长彭冬梅主持本次讲座。

讲座伊始，赵英新教授向同学们讲述了工业设计的概念与内涵，并指出在当今社会上工业设计已成为了最具朝气的专业之一，而工业设计在中国所面临的困境就是缺乏创新意识，所以在设计界必须引起对全新理念、全新思维的高度重视。为了让同学们更好的明白作为设计师应该拥有的素质，赵英新教授从知识、能力、素质和观察4个方面，对设计师创新素质的培养进行了深刻的剖析讲解，他强调要想成为一名优秀的设计师就应具备强烈的责任感、熟练地工程技术能力、敏锐的洞察力和强烈的创新欲望等素质。接着，赵英新教授还展示了他过去设计的产品以及设计方案，并向我们介绍了产品的用途及设计的灵感来源。最后，赵英新教授对同学们提出的问题一一作了详细的解答。

（山东工艺美术学院科研处任谢元供稿）

“2012《刑事诉讼法》修正案”专题学术讲座 为促进山东警察学院师生对2012年《刑事诉讼法》修正案的学习和理解，6月8日下午，中国社会科学院法学所教授冀祥德应邀来学院作“2012《刑事诉讼法》修正案”专题学术讲座。

在近3个小时的讲座中，冀祥德围绕刑诉法的修改背景、立法意义和法案的主要修正内容做了全面诠释，特别是对涉及到公安机关执法的重大变化、具体条款，以及如何应对《刑诉法》的修订，进一步强化执法规范化建设等提出了独到见解。

通过专题讲座，大家对刑诉法的修改有了更全面的认识，为今后的课堂教学和公安实践工作奠定了良好的基础。学院部分教师、在校学生和在校学习的全国局长政委培训班和全省青年干部培训班学员，以及历下分局的部分民警共300人参加讲座。

冀祥德是山东警察学院八三级毕业生，北京大学法学博士，中国社会科学院法学博士后，现就职于中国社会科学院法学所，任所长助理、法学系常务副主任、教授。曾获“全国优秀教师”和“全国优秀辩护律师”等称号，第二届中国法学优秀成果专著类一等奖等重大奖项。

（山东警察学院科研处李川供稿）

“城市发展与文化景观理论”讲座 6月9日，芝加哥大学文化政策研究中心主任、博士劳伦斯·罗斯菲尔德做客山东大学政管学院，作题为“城市发展与文化景观理论”的讲座，并与相关研究人员进行了座谈，学院副院长、教授曹现强主持了报告会。这次学术活动是芝加哥大学—山东大学美国文化交流中心系列活动之五。芝加哥大学北京中心和山东大学国际处的工作人员陪同罗斯菲尔德到访政管学院。

劳伦斯·罗斯菲尔德首先集中阐释了文化景观理论的内涵，介绍了其发展过程和现状，并分析了文化景观理论对城市发展的意义。随后，他依托丰富的数据，通过个案的比较揭示了不同的文化景观因素在城市发展中的作用。劳伦斯·罗斯菲尔德认为，不同城市间在文化景观因素上是存在差异的，了解这些差异并进一步凸显和丰富其文化个性对城市发展十分重要。劳伦斯·罗斯菲尔德着重讲解了文化价值的三个维度：戏剧性（Theatricality）、真实性（Authenticity）、合理性（Legitimacy）。劳伦斯·罗斯菲尔德的报告主题新颖、内容充实、材料丰富，为在座师生对城市文化的理解增添了一个新的视角。

济南市规划局有关人员以及山东大学相关专业师生共50余人参加报告会。报告会后，劳伦斯·罗斯菲尔德与相关人员进行了深入座谈。座谈主要围绕文化景观理论的实际运用，尤其是在济南城市规划与发展过程中如何更好地发挥文化的功能而展开。

（山东大学政治学与公共管理学院何莉萍供稿）

山东大学经济学院客座教授聘任 6月12日，山东大学经济学院客座教授聘任仪式举行，山东大学本科生院常务副院长、经济学院常务副院长、教授胡金焱为美国索尔兹伯里大学（Salisbury University）终身教授吴鹰、姚红两位博士颁发山东大学客座教授聘书。经济学院教授侯风云、张丽娟分别介绍了姚红和吴鹰博士的学术成就，仪式由李长英教授主持。

吴鹰和姚红两位博士在山东大学期间为经济学院师生作了系列学术报告，并召开座谈会。6月11日，姚红应邀作题为“专业写作”学术报告，并与大家分享了论文选题方面的经验心得，鼓励大家论文选题要具体，要由小见大。报告结束后，在座师生就论文写作中的相关问题与姚红博士进行了交流。报告由张丽娟主持。6月12日上午，姚红作题为“美国劳动力市场研究”的学术报告，报告由侯风云主持。

6月12日下午，吴鹰作题为“2000年以来中国的货币和汇率政策”学术报告。他利用Krugman－Maurice模型及其他计量方法，从理论和时间两个方面对中国货币汇率政策进行了分析，并就相关问题和在座师生进行了深入探讨。6月13日，吴鹰与世界经济专业研究生开展题为“美国经济和贸易政策”的对话和座谈。在座师生就奥巴马政府的货币政策、美国国债限额、美国与墨西哥农产品贸易、美国金融创新、欧债危机及欧元区国家货币一体化、美国失业率问题、美国经济结构、人民币与美元汇率博弈、中美两国资本市场的政策比较等问题进行了细致全面的交流。最后，吴鹰期望大家不断提高自己的学术研究水平和写作能力，并对采取的“美国式”课堂教学计划和鼓励学生参与讨论的课堂形式表示了肯定和支持。张丽娟主持对话和座谈。

姚红和吴鹰两位博士还分别与经济学系师生和经济学院部分教师进行了题为“美国劳工管理与工会”和“美国经济政策”的对话和座谈。

（山东大学经济学院郗德玮供稿）

“作为生态文明仆从的科学与宗教”讲座 6月12日晚，由山东大学哲学与社会发展学院举办的第14期朱雀讲坛在知新楼顺利举行，美国克莱蒙林肯大学教授Philip Clayton作题为“作为生态文明仆从的科学与宗教”的讲座，报告会由哲社学院院长、教授刘杰主持，人类学系副教授胡宗泽以及哲社学院部分师生聆听此次报告。

（山东大学哲学与社会发展学院荣立武供稿）

中韩第六次国际学术研讨会 6月14日，中韩第六次国际学术研讨会在山东师范大学齐鲁文化研究中心报告厅举行，会议主题为：合作·发展·共赢：庆祝中韩建交20周年。参会人员有山东师范大学与韩国又石大学两校学者，以及山东师大国际政治和国际关系等专业的研究生共约40余人。山东师范大学副校长于涛首先致辞，他指出，在中韩建交20年的发展进程中，两国本着合作、发展、共赢的精神，在政治、经济、文化等各方面都保持了良好的双边关系。山东师范大学与又石大学在学生培养、学术交流与学校管理等各方面，开展了卓有成效合作。这次学术交流会将会促进双方的有好合作关系更好的发展。随后，韩国又石大学副校长徐智银致辞，也肯定了加强两校学术交流的重要意义，表达了进一步加强两校合作的愿望。会上，中方学者、教授李爱华作“互信互利：中韩关系良好发展的基础”，朱亚非作“从历史看未来：朝鲜半岛局势与中国外交对策分析”，副教授安秀伟作“软实力视角下的中韩战略合作伙伴关系”的重要发言。韩方学者、又石大学教授全弘哲作“中韩文化交流20年现状与展望”，李鹤圭作“中韩经济交流20年现状与展望”的重点发言。山东师大国际政治和国际关系院长、教授马永庆，副院长、教授高继文，国际关系专业硕士学位点负责人、教授王慧媞；又石大学孔子学院中方院长、教授刘钻扩，韩方院长、教授李海雨等都参与了相关问题的研讨。最后，山东师范大学社科处处长、教授万光侠作会议总结。他认为，这次学术交流，增进了中韩两国学者对东北亚合作发展问题尤其是中韩关系问题的共识，增进了山东师大和又石大学两校的合作友谊，取得了圆满的效果。

（山东师范大学社科处高景海、顾大伟供稿）

“‘Method’ in Psychoanalysis and philosophy. On Wittgenstein and Freud”讲座 6月14日，山东大学第35期分析哲学论坛在中心校区知新楼举行，德国卡塞尔大学艺术学院教授Majetschak作题为“‘Method’ in Psychoanalysis and philosophy. On Wittgenstein and Freud”的讲座。讲座主要内容为：分析哲学是一种哲学方法，它主要是通过对哲学话语进行逻辑或语义分析，维特根斯坦是分析语言哲学的奠基者。但是，维特根斯坦是否认为哲学的方法就只能是逻辑或语义分析呢？我们将展示，至少在20世纪30年代维特根斯坦曾经考虑过利用弗洛伊德的精神分析的观念来解决哲学问题，因此维特根斯坦和弗洛伊德之间的观点并不如人们所想的那样是相互否定的。

（山东大学哲学与社会发展学院荣立武供稿）

2012中蒙经济文化国际学术研讨会 6月14—15日，2012中蒙经济文化国际学术研讨会在中国石油大学（华东）举行。蒙古国国家行政学院代表团一行10人，石油大学相关学者40余人参加会议。副校长查明出席开幕式并致辞。与会代表围绕“中蒙经济文化”这一主题发表学术见解，分别就中国和蒙古国的经济、文化、教育、工业竞争力等问题展开研讨。其中，蒙古国国家行政学院教授恩和巴雅尔所作题为“蒙古国经济发展现状”、巴音孟克所作题为“蒙古国文化教育发展现状”，中国石油大学（华东）经济管理学院副教授李宁所作题为“中国经济管理发展概况”、文学院副教授潘俊杰所作题为“中国文化智慧之：爱”、国际教育学院院长栾凤池所作题为“论有质量的教育政策研究”、国际教育学院罗蕾所作题为“文化导入：中国石油大学（华东）与黄河文化研究”的报告引起与会代表的广泛讨论。会上，学者们提出了许多对两国双方经济文化发展极富建设性的见解。

中蒙国际学术研讨会是经两国政府批准，主要由中国石油大学（华东）和蒙古国国家行政学院为主办方，多方参与，且已形成固定交流机制的国际性学术会议。

（中国石油大学（华东）科技处顾明华供稿）

“科学、文化以及人生的意义”学术报告 6月15日下午，国学大师、教授曾仕强应邀来齐鲁师范学院作学术报告，校领导、全体处科级干部、教授，部分学生代表共计约400人听取报告，整个学术报告厅座无虚席，洋溢着浓厚的学习气氛。曾仕强结合自己60年的工作学习经历和体会，从教育话题作为切入点，就科学、文化以及人生的意义等问题谈了自己的看法。关于人生的意义，曾仕强认为，人来到这个世界上是为了尽责任。关于科学，曾教授认为，科学无法给人类带来全部真相，科学是一条渐近线。曾仕强还认为，科学利用不当也会给人类带来灾难。文化是曾教授谈论最多的话题，曾仕强认为，和生物多样性一样，文化也应该是多元的，文化不能整合。曾仕强还认为，第三次世界大战将是文化战，21世纪是全球化与本土化的较量。曾仕强还结合易经谈了很多人生的道理。

（齐鲁师范学院科研处郭百灵供稿）

“心灵深处的‘剖析’——经典精神分析理论解读”学术报告 6月15日，为拓宽学生视野，激发学生对不同学科知识的求知动力，枣庄学院文学院邀请华南理工大学特聘教授、曲阜师范大学心理科学研究所所长宋广文，在文科楼319室作题为“心灵深处的‘剖析’——经典精神分析理论解读”的学术报告，200余名师生聆听报告。宋广文首先从西方心理学角度出发对西方文化进行宏观解读，并以中西方读者对文学名著《哈姆雷特》的理解差异为切入点，诠释了“西方精神分析”流派的基本主张。接着，宋广文详细讲述了“西方精神分析”理论的内涵、发展流变及其当下价值。最后，他还结合大学生学习现状讲解了“知理悟道，智者自生，知人善道，智者同行，知慧施道，智高达远”的求学理念和修身法则。近3个小时的报告会中，宋广文以其深厚的学术功底和深入浅出的言说方式，引发了学生对心理学知识的思考与兴趣。报告会在文学院副院长李吉东的精彩总结、点评中结束。

（枣庄学院科技处汪涛供稿）

魏东参加联合国可持续发展大会 6月15日至22日，省委党校管理学教研部副主任、博士魏东应邀前往巴西里约热内卢参加联合国可持续发展大会。联合国可持续发展大会是自1992年联合国环境与发展大会和2002年可持续发展世界首脑会议后，在可持续发展领域举行的又一次大规模、高级别的国际会议。出席会议的5万名代表来自190多个国家和地区，其中包括上百名国家元首或政府首脑。

魏东作为中国非政府代表团代表参加联合国可持续发展大会“资源环境与可持续发展论坛”并做主题发言。他结合自己的研究从加大资金支持力度、实行税收扶持政策、完善相关会计制度、改善金融服务、加强第三方审计等5个方面阐述了中国在推进合同能源管理发展方面所作出的努力。

会议期间，魏东还积极参与了联合国可持续发展大会的系列活动，和各国与会代表进行了积极互动与交流。

（省委党校科研处杨光供稿）

成立警察心理研究所 为进一步发挥学院心理研究团队的优势，提升学院师生及全省公安民警心理健康工作水平，山东警察学院成立山东警察学院警察心理研究所。该研究所由专业基础教研部主办，依托心理学教研室并以已考取心理咨询师执照的9名教师为主要成员开展工作。研究所的主要职责和任务，包括开展全院师生及全省公安民警心理健康调查研究、知识普及、咨询服务、心理训练、心理素质测评、危机干预、心理管理方法研究等。

（山东警察学院科技处李川供稿）

全国艺术学学会艺术管理专业委员会第一届年会暨“文化遗产保护与资源利用”学术研讨会 6月16—17日，全国艺术学学会艺术管理专业委员会第一届年会暨“文化遗产保护与资源利用”学术研讨会在山东艺术学院举行。大会由全国艺术学学会艺术管理专业委员会与山东艺术学院艺术文化学院联合主办，全国艺术学学会副会长、北京大学教授彭吉象，全国艺术学学会秘书长、杭州师范大学教授李荣有，全国艺术学学会常务理事、南京艺术学院教授刘承华等来自全国30余所高等院校的近百余位专家学者，齐聚一堂。会议分别就“文化遗产保护与资源利用”和“艺术管理教育与理论研究”两大主题进行专题研讨，同时举办全国“前沿杯”艺术管理类专业学生创意与策划方案大赛。

在全国艺术学学会下设立艺术管理专业委员会并举办学术年会，有着十分重要的意义。对此，全国艺术学学会副会长、北京大学博士生导师、著名艺术理论家彭吉象教授总结道：一是推动社会主义文化大发展、大繁荣的需要；二是推动艺术学学科发展的需要，艺术管理既是社会急需的专业又是较为薄弱的专业，专业委员会的成立有利于加强艺术管理的专业发展和学科建设；三是有利于培养大量既懂艺术又懂管理、既懂市场又懂经营的复合型人才，进而更好地满足社会需求。全国艺术学学会艺术管理专业委员会学术召集人、山东艺术学院艺术文化学院田川流教授进行了会议工作总结。他肯定了此次年会所达到的目标和成果，对与会专家在交流过程中进行的思想碰撞、心灵沟通和学术热情表示感动和钦佩，对下一届年会的召开提出了自己的设想和期待。

（山东艺术学院科研处刘翔宇供稿）

烟台大学“教授讲堂” 6月18日至20日，北京外国语大学资深专家、教授梅仁毅、杨立民、王立礼、吴一安、陆培敏、徐克容等做客烟台大学“教授讲堂”，烟威地区各高校的外国语学院院长和大学英语教学负责人、烟台大学外国语学院党政领导及部分教师和学生代表100余人参加了座谈会与学术报告。

座谈会围绕英语专业教学改革、课程建设、人才培养等问题进行了热烈的讨论。北外专家团充分肯定了烟台大学外国语学院的人才培养定位，剖析了目前高校英语教学面临的机遇和挑战，指出不管市场如何变化，加强学生的基本功训练不能丝毫松懈，教师的知识素养和人格魅力是教学质量得以保障的根本。

座谈会之后，梅仁毅和杨立民做客“教授讲堂”，分别作题为“外语教学中的人文关怀与批判性思维”和“美国的创新精神与文化”的学术报告。杨立民强调批判性思维在外语教学以及中西方文化交流中的重要性。梅仁毅的讲座主要探讨了从美国创新看美国是否已经衰弱。

通过交流，广大老师开阔了学术视野，明确了未来教学改革方向与责任。

（烟台大学科研处曹永智供稿）

“南海风云再起——美国重返亚洲之分析”学术报告 6月18日上午，台湾中山大学中国与亚太区域研究所所长、教授顾长永做客山东大学“稷下风”讲坛，在洪家楼校区3号楼222教室为国际政治专业的老师和研究生们作题为“南海风云再起——美国重返亚洲之分析”的学术报告，报告会由山东大学亚太研究所所长、教授杨鲁慧主持。

“稷下风”讲坛由山东大学研究生院和党委研究生工作部主办、政治学与公共管理学院承办。讲座中，顾长永首先对当前学界所说的“重返”议题进行了解析，随后，顾长永分别从美国的作为、中国的回应以及东南亚国家的反应等三个层面对美国重返亚洲政策调整的进程进行了翔实的回顾和总结。美国重返亚洲与南中国海问题之间可以说是错综复杂、盘根错节，并贯穿着不同大国的战略利益诉求。在此基础上，顾长永以建构主义的视角，从理论高度对南海风云变幻的现状进行了着重分析。

顾长永独到的视角和形象化的案例激发了听众对这一问题的深层次思考。在互动阶段，顾长永与在座师生就南海问题中最为突出的中菲、中越关系以及南海局势的未来发展、中国崛起与美国重返亚洲之间的关系、东南亚的政治民主发展进程、大陆与台湾之间的相互认知以及政治学与国际关系研究范式的理论内涵等话题进行了积极而热烈的交流。顾长永妙语连珠的精彩回答和富有亲和力的幽默感赢得了大家的阵阵掌声。

（山东大学政治学与公共管理学院杨鲁慧供稿）

“信仰的经济学分析”学术报告 6月19日，山东社会科学院专家治学经验系列讲座第二讲在办公楼10楼多媒体会议室举行。农村发展研究所所长、研究员张清津作了、题为“信仰的经济学分析”的讲座。院党委副书记王希军、副院长郑贵斌、院纪委书记姚东方出席，郑贵斌主持并作总结讲话，来自各研究所的科研人员60余人参加报告会。

张清津长期从事制度经济学研究，多次作为访问学者赴美国、澳大利亚等国家进行访学，在有影响的学术期刊上刊文介绍国外宗教经济学的研究最新动态。

张清津对宗教经济学的发展历程进行了系统梳理，对宗教与灵性资本、宗教市场、宗教的社会效应进行了全方位的阐释，并结合自己在宗教经济学方面研究的心得体会与青年科研人员进行了交流。

郑贵斌在总结讲话中指出，今天的讲座是一个比较新颖的讲座。经济学的发展迅速广泛，从宗教经济学发展历程可以更好地借鉴一个学科的发展规律、研究方法，张清津把自己的学术观点、治学经验和青年科研人员分享，使大家能够开拓学术视野，更好地推动自己科研工作的开展。

（山东社科院科研处崔凤祥供稿）

2012公司治理前沿问题研讨会 由山东省宏观经济研究院、山东省宏观经济学会与山东工商学院、首都经济贸易大学联合主办的“2012公司治理前沿问题研讨会”于6月20日在烟台市举办。本次研讨会的主题为“比较视野下的公司治理研究”。来自国内公司治理领域的有关专家学者及部分高校师生300多人参加了研讨会。研讨会上，省宏观经济研究院院长、省宏观经济学会常务副秘书长刘冰、天津财经大学副校长于立、中国社会科学院工业经济研究所副所长、中国企业管理研究会理事长黄速建、中国社科院工业经济研究所企业管理室主任王钦、《管理世界》副主编蒋东生等专家学者分别就公司治理有关问题作了学术报告。研讨会由国务院学位评议组成员、教育部工商管理专业教学指导委员会委员高闯主持。刘冰在题为“公司治理的三个问题”的报告中，从公司治理的根本性问题出发，结合学术理论和实际问题，深入剖析了公司治理的目的、最佳模式和如何看待公司治理的技术属性和艺术属性等问题。通过公司治理，保护弱者，达到众多利益相关者之间的权利平衡是公司治理的根本目的，不同治理模式尽管有其产生的特殊背景，但在各模式之间存在着互补性，突出成本最小化与效益最大化是最佳公司治理模式的本质要求。于立以“国有企业的特殊法人治理思路”为题，通过对国有企业特殊性的分析，从企业治理角度论述了当前国有企业改革的难点和改革的方向，阐明了特殊法人治理机制在国有企业管理中的必要性、可行性和重要意义。公共服务领域的国有企业在组织形式和治理形式上具有特殊性，在市场经济的条件下与现行法律法规存在着一定的矛盾和冲突，只有采取特殊法人治理机制，使其区别于普通企业，才能从根本上解决国有企业未来发展的体制性问题。王钦在题为“当前企业管理研究的几个热点问题”的报告中，就第三次工业革命的新增长点、中国在企业管理中存在的“空心化”问题、企业在核心技术孕育过程中的地位与作用、劳资关系中的新问题等作了深入解析。蒋东生在报告中围绕企业的本质属性及企业产生的内在原因等核心问题作了深入分析。

（山东省宏观经济学会供稿）

《虞舜大典·近现代文献卷》首发式暨虞舜文化研究座谈会 6月20日，山东省大舜文化研究会应邀派副会长孟祥才率队赴湖南长沙参加了“《虞舜大典·近现代文献卷》首发式暨虞舜文化研究座谈会”。本次座谈会由大舜文化研究会与湖南省社会科学院、湖南省舜文化研究会、湖南科技学院、湖南省舜文化研究基地联合举办，共有五十余位专家学者参加了会议。与会专家就该书出版发行的重要意义和价值、舜文化的内涵与研究对构建社会主义核心价值观的意义与作用等问题进行了讨论，并对研究会在该书编辑出版过程作出的贡献给予充分肯定。

（山东省大舜文化研究会供稿）

2012博弈论与经济行为国际研讨会 6月23日至24日，“2012博弈论与经济行为国际研讨会”在青岛举行。山东大学博弈论与经济行为研究中心主任、“千人计划”国家特聘教授、美国加州大学圣巴巴拉分校终身教授秦承忠主持会议开幕式，并简要介绍了山大博弈论与经济行为研究中心的情况。

中国社会科学院经济研究所所长、研究员、《经济研究》主编裴长洪作题为“中国宏观经济走势”的主题发言，对全球复杂背景下的中国宏观经济形势进行了简明独到的解读。本次会议由山东大学博弈论与经济行为研究中心、山大产业经济研究所、《经济研究》编辑部、《产业经济评论》编辑部、《山东大学学报（哲社版）》编辑部、山大经济学院、中国海洋大学经济学院联合主办，是山大博弈论与经济行为研究中心举办的系列高水准大型学术活动之一。来自美国、英国、德国、法国、韩国、日本、新加坡、中国香港等国家和地区的40多位博弈论领域的专家学者参加会议。

（山东大学经济学院郝德玮供稿）

第十届中国法经济学论坛 6月23日至24日，第十届中国法经济学论坛在重庆举行，浙江大学经济学院、山东大学经济研究院和《经济研究》编辑部主办。《经济研究》杂志社社长、教授、副主编王诚，西南政法大学党委副书记王建华，山东大学经济研究院院长、教授黄少安，山东大学经济研究院教授魏建，台湾大学经济系教授熊秉元，西南政法大学经济学院教授李树，荷兰Eramus大学博士胡伟强，中山大学法学院教授周林彬，浙江大学经济学院博士王婷等约100人参加会议。

熊秉元、黄少安、魏建、李树、胡伟强、周林彬和王婷在会上发表“公地、逆式公地和两者之间”“‘租税替代’、财政收入与政府的房地产政策”、“地方政治结构与经济增长方式调整”、“环境管制与生产率增长：以APPCL2000的修订为例”、“反思《侵权责任法》第35条第1款之规定”、“法律规避的法律经济学新探”、“社会网络与非正式金融制度”的主题演讲。随后论坛分为理论与历史、财产与合同、侵权与犯罪、公司与金融、政府与规制五个专题进五个小组进行了专题讨论，学者们围绕着法经济学的基本理论和发展以及中国现实的立法、司法和法律制度等相关问题进行了深入的讨论和交流。从2003年首届中国法经济学论坛在山东大学举行以来，每年一届，已经连续举办了10届，对推动中国法经济学的发展、促进经济学和法学的交叉融合起了重要作用。

（山东大学经济研究院田川供稿）

“儒学与世界文化秩序的重建”学术报告 6月25日下午，美国著名汉学家、夏威夷大学哲学系教授安乐哲（Roger T. Ames）在山东大学中心校区邵馆一楼报告厅作了一场题为“儒学与世界文化秩序的重建”的学术报告。报告由儒学高等研究院副院长、教授黄玉顺主持，北京外国语大学美籍专家、教授田辰山对报告作补充讲解。

报告中，安乐哲首先谈到了21世纪人类面临的诸多全球化问题，如气候变暖、环境污染、恐怖主义、能源短缺等，这些问题的解决需要充分的文化资源，儒学在这方面具有重要借鉴意义。随后，安乐哲以自己的亲身经历说明了近30年来中国发生的巨大变化，认为整个世界在经历政治、经济新秩序的重构之后，世界文化新秩序也将逐步建立，而儒学必将在其中发挥重要的作用。安乐哲介绍了儒学在欧美等国的发展状况和处境，指出，世界需要重新认识中国和儒学。最后安乐哲谈到儒学对世界的贡献，认为儒学提供了西方伦理学传统之外的另一选择，特别是其角色伦理学思想，不同于西方的个人主义，强调“关系”和“共生”，这对于缓解人与人、国与国之间的紧张状况，使竞争性的“有限游戏”转变为互利双赢的“无限游戏”具有重要意义。

报告结束后，安乐哲还与到场的师生进行了互动交流。儒学高等研究院及部分外院师生近200人参加本次报告会。

（山东大学儒学高等研究院刘丽丽供稿）

“品牌致胜”报告 6月25日下午，山东师范大学美术学院邀请亚洲著名企业形象品牌文化策略人、教授、著名设计艺术家魏正，作题为“品牌致胜”的报告，美术学院等300余名师生参加了报告会。

（山东师范大学社科处高景海、顾大伟供稿）

“视觉经验的内容”讲座 6月25日，山东大学第36期分析哲学论坛在中心校区知新楼举行，美国迈阿密大学哲学博士Kristjan Laasik作了题为“视觉经验的内容”的讲座。主要内容为：Susanna Siegel在《视觉经验的内容》一书中论证了，视觉经验的内容应该根据准确性条件来理解，也就是说，说明经验是如何与实在的部分或某个方面相符合的。她还论证了，知觉内容是丰富的：知觉经验表征了多种属性，除颜色和形状之外，还有种属性。由于Siegel没有对知觉经验的内容的本性给出恰当说明，所以她并没有证明视觉经验的表征中有种属性。对于知觉经验的内容，我们应该采纳一种胡塞尔式的观点，而不是像Siegel一样认为内容就是准确性条件。

（山东大学哲学与社会发展学院荣立武供稿）

“守望中国电视的核心价值”学术报告 6月26日，枣庄学院传媒学院邀请中国社会科学院新闻与传播研究所研究员、中国新闻事业研究室主任时统宇，在综合楼学术报告厅作题为“守望中国电视的核心价值”的学术报告。传媒学院院长于瑞华主持报告会。会上，时统宇先生针对当下的“走、转、改”（即：走基层、转作风，改文风），“限娱令”、“中国红”等热门现象进行了分析评论。他说，“走、转、改”是对电视新闻节目低俗化、过度娱乐化、贵族化等怪现象的正本清源。他提议电视应走进基层，贴近实际、贴近生活、贴近群众；“限娱令”是针对电视节目形态过度娱乐化、电视节目错误价值观的一次拨乱反正，他提议通过在黄金时间段缩减“电视剧节目”、“综艺节目”两大类节目播出时间，增加“新闻类节目”、“社教类节目”两大类节目播出时间来进行扩大电视节目对社会的正面积极意义；在“中国红”议题中，他提出电视新闻节目应当坚持主流价值观，并倡导电视新闻类节目向“端庄、诚恳、沉稳”方向发展。最后，他通过具体的不同风格的电视节目为实例，并总结出电视人应“重在引领、贵在自觉”，引领电视文化向“真、善、美”的方向发展，自觉用镜头表达电视人的人文关怀。

（枣庄学院科技处汪涛供稿）

“中国文化的再展开”讲座 6月26日上午，山东社会科学院文化研究所举办第7期“舜耕文化讲坛”。本期讲坛由文化所研究员石永之副主讲，题目是“中国文化的再展开”。石永之梳理了儒家文化在中国文化中地位的演变历程，针对近代以来中国文化受西方文化的磨砺，提出儒学应该适应时代的发展，在建构中国人的道德信仰方面体现出自己的价值，稳住中国文化的主导地位，是为中国文化的再展开。

讲坛结束后，文化所科研人员围绕着宗教信仰、儒家的正义思想、儒家与儒教的关系、反理性主义等问题进行了热烈和深入的研讨。文化所所长、研究员涂可国主持本次讲坛。

“舜耕文化讲坛”是文化所举办的连续性讲坛，旨在提升文化所科研人员的科研能力和语言表达能力，增强为省委、省政府决策服务的能力，至今已举办了7期。

（山东社科院科研处崔凤祥供稿）

第七届产业经济学与经济理论国际研讨会(IEET07) 6月27日至28日，“第七届产业经济学与经济理论国际研讨会（IEET07）”在山东大学举行。山东大学副校长张永兵，《中国工业经济》副主编、编辑部主任李海舰出席开幕式并致辞。

本次研讨会由山大博弈论与经济行为研究中心、山大产业经济研究所、《中国工业经济》编辑部、山大经济学院、《产业经济评论》编辑部、《山东大学学报（哲社版）》编辑部等联合主办。研讨会主题为产业经济理论与政策、反垄断理论与实证、商业战略与战略竞争、行为及实验经济学、其他相关理论和案例研究等。研讨会开幕式由山大产业经济研究所所长、教授、《产业经济评论》主编、《山东大学学报（哲社版）》主编臧旭恒主持。来自美国加州大学、英国约克大学、美国科罗拉多大学、美国伊利诺斯大学、新加坡国立大学、韩国首尔大学、日本筑波大学、香港城市大学、香港岭南大学、复旦大学、南开大学、中国人民大学、南京大学、上海财经大学、台湾研究院、天津财经大学、山大和《中国工业经济》杂志社等专家学者60余人参加研讨会。

“产业经济学与经济理论国际研讨会（IEET）”迄今已连续举办七届，以其较高的学术水准和平等融洽的学术氛围得到了同行的广泛认可，成为国内外产经领域的年度盛事。

（山东大学经济学院郁德玮供稿）

“Sellars and Inner Episodes：Revisiting the Myth of Jones”讲座 6月28日，山东大学第37期分析哲学论坛在中心校区知新楼举行，美国南佛罗里达大学哲学博士Peter Olen作题为“Sellars and Inner Episodes：Revisiting the Myth of Jones”的讲座。主要内容为：If the analogy from overt speech to inner episodes is extended to include episodes of physical action, then it would seem as if Sellars's reconstruction of inner episodes as theoretical entities can avoid running afoul of his own requirements. This is to define verbal behavior as encompassing linguistic episodes as well as physical action or movement. This is not to deny that linguistic episodes qua speech play their role in the creation of mental predicates, but that they are not able to wholly account for the roles and characterizations of mental predicates writ large. Instead, one can think of verbal behavior as embodying both the necessary and sufficient conditions for the introduction of inner episodes because it expands the field of possible models to include physical action or events.

（山东大学哲学与社会发展学院荣立武供稿）

“弘扬孙子兵学，发展先进军事文化”研讨会 6月29日，山东孙子研究会结合第二次会长会议，举行“弘扬孙子兵学，发展先进军事文化”研讨会。原济南军区政委、上将宋清渭向大会发了贺电；山东孙子研究会会长赵承凤主持会议；执行会长南兵军讲话；山东孙子研究会副会长张明友等军地领导和来自全省各地的专家学者共70余人出席会议。本次研讨会共收到论文50余篇，10位作者作了口头发言。苏州、天津孙子兵学研究机构派人参加了会议。会后，组织21位评委对论文进行评审，共评出一等奖3个、二等奖6个、三等奖15个、优秀论文入围奖10个。

（山东孙子研究会供稿）

山东省应用金融理论与政策研究基地成立三周年汇报会暨学术报告会 6月29日，山东省应用金融理论与政策研究基地成立三周年汇报会暨学术报告会在山东大学知新楼举行。山东大学副校长樊丽明、山东省社科联副主席、党组成员薛庆国、山东哲学社会科学规划办公室主任刘兵出席会议并致辞。山东大学本科生院常务副院长、经济学院常务副院长、教授、山东省应用金融理论与政策研究基地主任胡金焱作基地工作汇报。会议由山大经济学院党委书记陈宏伟主持。

山东证监局副局长陈家琰、邮储银行山东分行行长韩广岳、交通银行济南分行行长王锋以及来自国家开发银行山东省分行、中国工商银行山东省分行、中国建设银行山东省分行、中国农业银行山东省分行、山东省农村信用社联合社、华夏银行济南分行、招商银行济南分行、光大银行济南分行、浦发银行济南分行等银行机构9位副行长、人民银行济南分行相关部门负责人、山东社科院副院长袁红英、济南大学公司金融研究中心主任、教授孙国茂参加会议。

成立三年来，基地取得了一批标志性的成果：金融数学与金融工程基地入选教育部“人才培养模式创新实验区”；金融工程专业获批教育部（第四批）高校特色专业建设点；《金融投资学》被评为国家级精品课程；1人被评为山东省教学名师；2人入选教育部“新世纪优秀人才支持计划”；金融学专业教学团队入选国家级教学团队；金融学被评为山东省“十二五”重点学科。此外，基地成员在国内外高水平学术期刊上发表优秀论文39篇（其中《经济研究》6篇、SCI或SSCI论文18篇），承担国家社科基金等省部级课题15项，举办第八届中国金融学年会等9次大型学术研讨会以及12期金融（学）家讲坛，出版学术著（译）作12部，获得第六届高等教育国家级教学成果二等奖等6项奖励，承担服务地方项目8项。

（山东大学经济学院郁德玮供稿）

山东大学管理学院EDP中心第二届名家讲坛 6月30日，山东大学管理学院在知新楼思源报告厅举办“山东大学管理学院EDP中心第二届名家讲坛”。管理学院党委副书记、副教授、山东大学MBA/EMBA中心副主任王德胜出席本次名家讲坛。本次名家讲坛参加人数约200名，汇集省内各不同地区、不同行业的管理者、政府领导，校内管院研修班的新老学员。其中，中山大学教授、博士生导师，EDP中心主任李孔岳作《全球化背景下的企业战略》的精彩讲座，他从全球化角度分析了中国的经济形势以及竞争力提升的战略机遇，深入浅出，受到学员们的热烈欢迎。

（山东大学管理学院张雅萌供稿）

“大易之道与道家文化简述”与“从《自诔》看刘子衡先生易道观”学术报告会 在2012年社科普及周活动中，山东周易研究会于5月19日举办“大易之道与道家文化简述”学术报告会，主讲人分别对道，大易之道，道家文化的产生、发展和现实意义等问题进行阐述和介绍。并于6月30日举办“从《自诔》看刘子衡先生易道观”学术报告会。

（山东周易研究所供稿）

青岛西海岸经济新区行政管理体制创新研究 2012年，山东省行政管理学会与中国行政管理学会组织专家和实际工作者成立“青岛西海岸经济新区行政管理体制创新研究”课题组，由省政府秘书长蒿峰担任课题总负责人。从7月到10月，用3个多月时间，对青岛西海岸经济新区行政管理体制创新问题进行了深入的调查研究，形成了课题报告《青岛西海岸经济新区行政管理体制创新研究》，课题得到了省委常委、青岛市委书记李群同志的高度重视并作出重要批示。

（山东省行政管理学会供稿）

“Microeconometrics 前沿系列”讲座 7月2日至4日，计量经济协会院士、美国波士顿学院教授 Arthur Lewbel 在山东大学经济研究院作“Microeconometrics 前沿系列”讲座。

Arthur Lewbel 的微观经济学前沿讲座包括3次的课程。第一节课的主题是“Binary Choice With Endogenous or Mismeasured Regressors”，在这堂课中，Arthur Lewbel 先介绍了模型和标准化，然后讲解了参数和半参数估计量的对比。第二节课中，Arthur Lewbel 讲解了何为非参数、半参数估计量以及何时使用此类估计量。最后一堂课主要是一些扩展应用，包括收敛的类型、多元密度估计等以及其他非参数的回归估计。最后介绍了一个半参数的例子：指数模型估计以及它的优缺点。

（山东大学经济学院郝德玮供稿）

山东社会科学院第一期高层学术论坛 为进一步拓展学术视野，把握学术前沿，加快推动新型智库建设，山东社科院决定启动高层学术论坛，邀请高层次专家来院作学术报告。7月3日，山东社会科学院第一期高层学术论坛在中型会议室举办。院党委副书记王希军，副院长郑贵斌、刘贤明、曲永义，院纪委书记姚东方，副院长王志东出席论坛。论坛由副院长郑贵斌主持，邀请国家发改委对外经济研究所国际经济合作室主任、研究员张建平和山东省蓝黄办规划处处长王智勇作学术报告。来自社科院各研究所科研人员80余人参加论坛。

张建平作题为“山东半岛蓝色经济区构建中日韩区域经济合作试验区的思路和政策”的专题报告。张建平围绕东亚区域经济一体化进程，分析了山东半岛蓝色经济区构建中日韩区域经济合作试验区的战略意义和定位，对国内国际开展自由贸易区建设的经验进行了总结，对中日韩区域经济合作试验区主导产业对接模式、运营合作模式、保障措施进行了分析，并提出了政策建议。

王智勇结合蓝黄两区国家战略的战略定位、空间布局、重点任务，两区建设取得的成就和突破，介绍了蓝黄两大国家战略规划实施新进展。

（山东社科院科研处崔凤祥供稿）

曲阜与“中国文化特区”建设研讨会 7月4日下午，“曲阜与‘中国文化特区’建设研讨会”在山东大学举行。山东省内有关高校和人文社科研究机构的近20位专家学者与会，围绕“文化特区，‘特’在何处?”这一主题进行热烈、深入的探讨，并从学术层面就关涉“曲阜‘中国文化特区’”建设的系列问题尝试着给予解答。

山东省文物局副局长高述群；济南市政协副主席崔大庸；孔子研究院院长、教授杨朝明；山东师范大学齐鲁文化研究中心、教授王钧林、仝晰纲；曲阜市人大副主任马磊；山东大学儒学高等研究院教授颜炳罡、杜泽逊、黄玉顺、张士闪，哲学与社会发展学院教授苗润田，山东大学文化产业研究中心常务副主任昝胜峰等与会专家、学者在研讨时，分别结合学术专长，坦率真诚地就为何建设“曲阜‘中国文化特区’”、“曲阜‘中国文化特区’”“特”在何处、建设“曲阜‘中国文化特区’”的重大意义等问题阐述了观点。

研讨会由山东大学儒学高等研究院执行副院长王学典主持，儒学高等研究院教授曾振宇介绍了关于“曲阜与‘中国文化特区’建设”山东省政协会议提案的情况。山东大学党委宣传部部长李平生、儒学高等研究院党委书记巴金文等参加研讨会。本次研讨会由山东大学儒学高等研究院承办。

（山东大学儒学高等研究院刘丽丽供稿）

韩国农业协同组合（农业合作社）发展学术报告 7月5日，韩国农协中央会驻北京办事处首席代表申五星在青岛农业大学学术会馆第一报告厅为合作社学院师生作有关韩国农业协同组合（农业合作社）发展方面的学术报告会。申五星重点介绍了韩国的农业农村现状、农协的流通事业、农作物灾害保险事业、韩国新农协法以及农协的未来发展等。申五星，早年毕业于韩国著名学府首尔大学，自1990年起一直在韩国农协中央会任职，曾任韩国农协中央会驻东京代表处首席代表，现任韩国农协中央会驻北京代表处首席代表，所长。申五星在农业合作社营销、流通、国际合作等领域有较深入的研究，具有很高的理论造诣和丰富的实践经验，对中韩两国三农问题有着独到的学术见解，先后多次在我国重要研究机构及高等学校讲学。

（青岛农业大学社科处辛力克供稿）

“Evaluation Internal Resources Waste in Supply Chair”讲座 7月5日，香港理工大学教授阎洪访问中国石油大学（华东），作题为“Evaluation Internal Resources Waste in Supply Chair”的讲座。阎洪结合自身经验，运用大量生动的事例和极富感染力的语言，针对科研、教学等方面进行详细论述。

阎洪本科毕业于四川大学数学系，并先后于日本取得信息管理硕士学位，于美国取得博士学位。现为香港理工大学物流及航运系教授，同时兼任内地多所学校的客座教授并担任居港大陆海外学人联合会会长等职。

（中国石油大学（华东）科技处顾明华供稿）

全国社科院系统中国特色社会主义理论体系研究中心年会暨理论研讨会在太原召开 7月7日，由中国社科院中国特色社会主义理论体系研究中心、山西省社科院共同主办的“全国社科院系统中国特色社会主义理论体系研究中心第十七届年会暨理论研讨会”在太原召开。来自全国27个省市区社科院的100多位专家学者参加会议。中国社科院常务副院长王伟光，山西省委常委、宣传部长胡苏平出席会议并讲话，山西省人大常委会副主任安焕晓、中国社科院中特研究中心主任尹韵公等出席。

本次会议的主题是“文化建设与中国发展道路”，与会代表围绕“中国特色社会主义理论体系与中国发展道路”、“文化建设与转型发展”、“文化建设与区域协调发展”、“文化体制改革与文化繁荣发展”等专题展开热烈讨论。山东社科院科研组织处处长杨金卫、中国特色社会主义理论研究中心主任王立行提交论文并参加会议。

（山东社科院科研处崔凤祥供稿）

2012山东大学“海右”全国公共经济学博士生论坛 7月9日上午，2012山东大学“海右”全国公共经济学博士生论坛在山东大学中心校区知新楼开幕。中国人民大学博士生导师、山东大学人文社科特聘一级教授安体富，山东大学副校长陈炎出席开幕式。

开幕式由经济学院财政学系主任李齐云主持。山东大学党委研究生工作部部长桑晓旻、经济学院党委书记陈宏伟，经济学院有关负责人及经济学院财政学系教师及研究生等参加开幕式。

本次论坛由山东大学研究生院、研究生工作部、经济学院、公共经济与公共政策研究中心共同主办。来自厦门大学、上海财经大学、南京大学、武汉大学、中南财经政法大学等15所国内知名高校的30多名公共经济学博士研究生、博士后和青年教师参加论坛。论坛旨在鼓励博士生进行自主性、前沿性的学术探索，鼓励跨学科交叉研究，促进思想碰撞，激发创新思维，形成创新思路，提高博士生的创新意识和科研能力。2010年7月，山东大学曾举办以“经济社会发展转型的公共政策”为主题的第一届“海右”全国公共经济学博士生论坛。

（山东大学经济学院郗德玮供稿）

文化创意产业园区建设与高校资源高层论坛 7月9日，“文化创意产业园区建设与高校资源高层论坛”在山东艺术学院举行，国际文化创意产业著名学者贾斯汀·欧康纳教授、山东社会科学院副院长王志东、驻济高校及研究机构文化创意产业学者、中国文化创意产业网负责人等共30余人参加会议，会议由山东艺术学院艺术文化学院、全国艺术学学会艺术管理专业委员会和中国文化创意产业网共同主办，校科研处负责人、艺术文化学院负责人先后主持会议。

会议分为两个阶段。在会议的第一阶段，校党委书记任运河代表学校，首先向贾斯汀·欧康纳教授颁发聘书，聘请贾斯汀教授为我校名誉教授。随后，艺术文化学院负责人与中国文化创意产业网负责人签署了合作协议，双方并为山东艺术学院在中国文化创意产业网的“教学与科研实践基地”、中国文化创意产业网“山东文化产业数据监测中心”揭牌。

会议的第二阶段是“文化创意产业园区与高校资源高层论坛”研讨会。会上，贾斯汀·欧康纳教授和来自中国文化创意产业网、山东社会科学院、山东大学、山东师范大学、山东财经大学、山东艺术学院的专家学者先后发言，围绕“文化创意产业园区发展现状”、“高校在文化创意产业发展中的社会功能”、“文化产业发展状况统计指标”、“高校文化产业人才培养”等议题，阐明各种学术观点，并进行热烈讨论。

（山东艺术学院科研处刘翔宇供稿）

第八届亚洲法经济学会年会 7月11日至12日，由亚洲法经济学会与山东大学经济学院主办的第八届亚洲法经济学会年会在山东大学中心校区召开，来自15个国家和地区的70余位学者参加大会并宣读了论文。山东大学党委副书记方宏建出席开幕式并致辞。开幕式由山东大学威海校区商学院院长、教授张东辉主持。

亚洲法经济学会于2004年成立，是亚洲地区最重要的法经济学学术组织，该学会年会已经成为法经济学领域重要国际性学术会议。大会期间，经济学院成立了“法律、经济与组织研究中心”。该中心以推动中国的法经济学研究为主旨。中心聘请亚洲法经济学会前主席、韩国庆熙大学教授 Jeongyoo Kim、美国印第安纳州立大学副教授刘智勇任外方主任，山东大学经济学院泰岳经济研究中心、副教授乔岳担任中方主任。

（山东大学经济学院郁德玮供稿）

宗教与文化发展高层论坛暨2012年中国宗教学会年会 7月11日至15日，山东大学犹太教与跨宗教研究中心主任、教授傅有德参加了“宗教与文化发展高层论坛暨2012年中国宗教学会年会”。该论坛及年会是由中国宗教学会、中国社会科学院世界宗教研究所、四川大学道教与宗教文化研究所联合在成都举办的。来自全国各高校、科院院所以及政府部门和宗教机构的80多名学者出席了会议。傅有德主持12日的专题研讨会，并作“《犹大福音》与犹大形象”的发言。他回顾了《犹大福音》科普特文本发现整理出版的曲折过程，介绍了该福音书的主要内容，尤其是犹大接受耶稣的指令“出卖”基督的内容，同时阐述了西方基督宗教世界与学术界对于《犹大福音》所揭示的犹大新形象的各种态度，分析了该福音书在基督教发展历史中的地位和影响。傅有德的发言引起与会学者的高度关注和热烈的讨论。

（山东大学犹太教与跨宗教研究中心齐晓东供稿）

全省党校系统思想库建设优秀成果交流会在临沂召开 为进一步发挥党校“党的哲学社会科学研究机构”和“为党委政府决策服务的思想库”作用，7月16日—17日，省委党校在临沂市召开全省党校系统思想库建设优秀成果交流会。副校长王延超主持会议开幕式并作总结讲话，临沂市委副书记李峰出席会议开幕式并致辞，临沂市委党校常务副校长王举生出席会议并作主题发言，平邑县及有关部门负责同志出席会议开幕式，科研处处长张云汉主持会议交流发言。

王延超对会议召开的总体情况作了高度评价。她说，全省党校系统思想库建设优秀成果交流会主题定位明确，准备精细，要件齐全；所有交流发言都作了认真的准备，下了很大工夫；所有与会代表严谨细致，严肃认真，体现了党校理论工作者的良好精神风貌。围绕当前及今后时期如何进一步加强党校思想库建设，她重点强调了五个方面的问题。一是认真总结经验，进一步明确工作重点。加强党校思想库建设，领导重视是前提，队伍建设是关键，课题调研是基础，制度建设是导向，专业技能是保障。二是转变观念，进一步理清工作思路。加强思想库建设，是党校义不容辞的神圣职责，思想库必须有思想，必须能成为“库”，能够吸引领导干部的注意，进而转化为决策。三是要培养造就一支热爱党校科研工作，淡泊名利，甘于奉献的人才队伍。加强党校思想库建设，人才队伍是关键，要特别加强对人才甘于奉献精神的培养和激励，体现党校姓党原则，体现党校理论工作者特有的精、气、神。四是注重成果转化，成果只有被采纳才能真正发挥价值。加强党校思想库建设，要注重研究产生成果的基础和要件，进一步打牢理论功底，选题要具有实践意义，精细策划，提出的对策、建议要有深度和广度，要有可行性。五是切实把握思想库建设的精髓，力求推出精品力作。加强党校思想库建设，要熟悉思想库建设的特点；要采取适当的激励和待遇倾斜，积极为加强思想库建设创造条件，克服等、靠、要的思想；要注意人才队伍的整体提升，形成优秀人才的聚集群体；要从长计议，做好规划，打造党校思想库建设的金字招牌。

参加会议的各市、大企业党校，省直分校分管科研的副校长或科研处长围绕加强党校思想库建设的会议主题，系统介绍了本单位的经验做法、存在问题和下一步工作打算。部分参加会议的优秀研究报告作者介绍了自己围绕思想库建设开展研究的心得体会和具体做法。

各市、大企业党校，省直分校分管科研的副校长、科研处长和本单位推荐的优秀研究报告作者以及省委党校各教研部门推荐的优秀研究报告作者、科研处全体人员等90余人参加了会议。

（省委党校科研处杨光供稿）

"新形势下的文化营销"高峰论坛 7月17日—19日，山东省市场学会2012年年会暨"新形势下的文化营销"高峰论坛在中国石油大学（华东）成功举行。本次年会由山东省市场学会主办，中国石油大学（华东）经济管理学院承办。校党委副书记王勇出席开幕式并致辞。山东省市场学会会长、山东大学管理学院市场营销研究所所长胡正明作重要讲话。市场学会副会长、济南南湖玉露茶业科技开发有限公司董事长秦旭昌，市场学会副会长、山东大学管理学院国际商务研究所所长张喜民，部分高校、企业学会成员代表参与此次年会并做主题演讲。

本次年会共有来自全省20余所高等院校、科研机构和企事业单位的近50名代表参加，是经济管理学院承办的又一次学术盛会，更是山东省市场学界同仁们交流经验、交流情感、增进合作与友谊的盛会。学会的成功举行促进了学校营销、管理乃至整个经济管理类学科的建设，并为山东省文化营销的进一步发展贡献了力量。

（中国石油大学（华东）科技处顾明华供稿）

蓝色硅谷中青岛市民营企业发展研讨会 7月19日，由青岛市社科联、青岛市民营经济研究会和青岛市品牌文化研究会共同主办的"蓝色硅谷中青岛市民营企业发展研讨会"在青岛市委党校举行。来自青岛市民营研究领域的6位专家在客观分析青岛市民营企业发展环境的基础上，深刻剖析了青岛市民营企业在发展环境、发展途径、发展方式转变等方面存在的主要问题及难题，探索加快民营企业发展，改善发展软环境、加快体制机制创新的突破点与切入点，为壮大民营经济实力，提升民营经济竞争力提供了很好的依据。3位企业家在会上作典型发言，并通过这次研讨会进一步了解"蓝色硅谷"中促进产业发展的金融、财政等相关政策，并对各自企业发展思路、国内外发展环境等与专家进行了咨询和交流，企业收获很大。会议共收到论文33篇，到会学者、专家和企业代表50余人。青岛市社科联副主席任银睦出席会议并讲话。

（青岛市社科联供稿）

中国保险与风险管理国际年会 7月19日到21日，青岛大学经济学院与清华大学中国保险与风险管理研究中心、伦敦城市大学卡斯商学院共同举办2012中国保险与风险管理国际年会（2012 China International Conference on Insurance and Risk Management，2012 CICIRM）。大会开幕式由清华大学教授陈秉正主持，青岛大学党委书记、教授夏临华、青岛市金融办主任白光昭、青岛市保监局副局长曹光中以及清华大学教授、中国保险与风险管理研究中心学术委员会主席Powers，Michael R. 应邀出席开幕式并致辞。美国德克萨斯大学奥斯汀分校教授Patrick Brockett、伊利诺斯州立大学教授Richard MacMinn、台湾政治大学教授王丽玲、新华人寿保险股份有限公司董事长康典等到会做主题演讲，加拿大西安大略大学、滑铁卢大学、南开大学、复旦大学、对外经贸大学、青岛大学等院校150多位学者专家参加本次大会。

本次会议的主题为"面向未来社会的风险与保险"，对中国人口老龄化条件下长寿风险与社会养老保险的财务可持续发展问题、护理保险、社会保险与商业保险相互影响效应、保险市场的发展与监管问题以及农业保险等问题进行了充分的讨论。大会共收到相关论文领域150余篇。

（青岛大学社科处高玉珍供稿）

山东省中国特色社会主义经济研究会、山东省重大经济理论与经济发展研究基地2012年度学术研讨会 山东省中国特色社会主义经济研究会、山东省重大经济理论与经济发展研究基地联合召开的2012年度学术研讨会于7月20日至22日在青岛崂山区委党校召开。来自全省党校、系统的80多位专家学者参加了大会。省委党校副校长王延超出席会议并致辞。崂山区、青岛市委党校及省委党校有关部门负责人出席会议。王延超在致辞中对大会的召开表示祝贺，希望与会的专家学者能够认真研究总结山东省经济理论与经济发展的成功经验与做法，凝聚智慧，拿出高层次、高水平的研究成果。

本次学术研讨会的主题是深化经济体制改革、推动经济理论创新和山东蓝色经济发展。与会的专家、学者紧紧围绕大会主题交流和阐述自己的观点和研究成果。在集中研讨交流的基础上，与会代表对崂山科技城、特锐德、海尔等高新技术企业进行实地调研，了解了崂山区高新技术产业发展情况，实地感受了崂山区经济社会发展取得的成就。

大会邀请同济大学教授、博士生导师卢新生作"货币政策的金融市场效应——理论与实证分析"的学术报告，评出优秀论文一、二、三等奖，顺利完成了山东省中国特色社会主义经济研究会的换届工作。

（省委党校科研处杨光供稿）

"中国政治思想史学科建设与创新"学术研讨会 7月23日—25日，由山东大学政治学与公共管理学院、南开大学周恩来政府管理学院联合主办并承办，山东大学威海分校法学院协办的“中国政治思想史学科建设与创新”学术研讨会在山东大学威海校区学术交流中心召开。山东大学（威海）副校长、教授陈金钊、中国社会科学院政治学研究所副所长暨中国政治学会副会长兼秘书长、教授杨海蛟、山东大学政治学与公共管理学院院长、教授葛荃出席开幕式并致辞；开幕式由南开大学周恩来政府管理学院教授孙晓春主持。

本次研讨会是全国近年来首次大规模的以中国政治思想史研究为对象召开的学术会议，会议共收到近30篇参会论文，有50多位专家学者参加了会议，参会人员主要来自山东大学、南开大学、中国人民大学、吉林大学、武汉大学、中国传媒大学、西安交通大学、中山大学、北京师范大学、厦门大学、中国政法大学、西北大学、西北政法大学、东北大学、辽宁大学等40多所高校和科研机构。另外，《东岳论丛》等学术期刊编辑部也派代表参加了本次学术会议。

本次会议的成功召开是当代中国政治思想史学科建设上的重大事件，标志着改革开放30多年来，中国政治学研究上的拿来主义已经被人们所正视，对于推动政治学理论形成本土化的话语体系具有积极的促进意义。同时也有助于山东大学政治学学科特色的进一步凝练与突显，以推进学科建设与发展。

（山东大学政治学与公共管理学院钟诚供稿）

《人民日报》、《光明日报》刊发副校长孙占元接受采访内容 胡锦涛总书记“7.23”重要讲话鼓舞人心，催人奋进，在全体党员干部中引起了广泛反响，掀起了学习、领会、解读、宣传讲话精神的高潮。省委党校副校长孙占元教授就解读讲话精神接受了新华社专访，相关内容刊发于7月27日《人民日报》和《光明日报》第一版《各地党员干部认真学习胡锦涛总书记重要讲话》一文。孙占元认为，十六大报告提出“全面建设小康社会”，十七大提出“夺取全面建设小康社会的新胜利”，这一次总书记提出“坚定不移沿着中国特色社会主义道路前进，为全面建成小康社会而奋斗”，说明党坚持中国特色社会主义道路的目标非常明确，行动纲领更加具体，全面建设小康社会的信心更加坚定，体现了一个政党的自信和决心。

（省委党校科研处杨光供稿）

大学课程创新学术研讨会暨第七届大学经营国际论坛 7月27日—29日，大学课程创新学术研讨会暨第七届大学经营国际论坛在山东轻工业学院隆重召开。大会由中国高教管理研究会主办，山东轻工业学院承办，中国教育学会会长、北京师范大学原校长钟秉林，国家教育发展研究中心主任张力，中国高教管理研究会副理事长、国家教育行政学院原副书记庄益群，山东省教育厅副厅长郭建磊，光明日报社教育部主任汪大勇，教育部评估中心院校评估处处长刘振天，山东轻工业学院党委书记徐同文，校长陈嘉川，美国圣托马斯大学博士 David Engberg，新西兰国际太平洋学院博士 Gill Claridge 等出席开幕式，国内外50余家高校、教育研究和教育行政机构的110名代表参加了研讨会。会议围绕提高质量与人才培养、教育政策的走向、大学课程改革、大学品牌建设进行了研讨，钟秉林、张力、刘振天、眭依凡、徐同文、巩建闽、汪大勇等专家分别作了主题发言。

会议期间，山东轻工业学院、临沂大学、遵义师范学院、陕西中医学院、贺州学院、合肥师范学院、宜宾学院、盐城师范学院等8所地方院校共同签署《地方高校课程协作创新与资源共享意向协议书》，联合成立地方院校大学课程共建共享联盟，探索课程共享、协作创新，主讲教授交流以及学生学分跨校互认等内容。

（山东轻工业学院发展规划处房保俊供稿）

青岛动漫产业发展高层专家研讨会 7月31日至8月2日，“打造青岛动画电影精品、推进青岛动漫产业发展”高层专家研讨会在青岛举行。会议以贯彻落实《“十二五”时期国家动漫产业发展规划》为目的，着重分析研讨青岛市动漫产业发展模式，探索适于青岛动漫产业发展的道路。本次会议由青岛市委宣传部文化体制改革办公室主办，青岛数码动漫研究院承办。青岛市委宣传部副部长魏永全，青岛市文广新局副局长殷庆威，青岛市委宣传部文改办主任周连坤，青岛市动漫协会会长孙百刚，青岛农业大学副校长李欣章等领导，上海美术电影制片厂原厂长、导演严定宪，上海美术电影制片厂原副厂长、导演常光希，中国动画学会副会长、秘书长贡建英，中国动画学会动画教育专业委会主任、教授邢国金，北京大学教授、中国学院奖组委会秘书长王易，青岛数码动漫研究院院长、青岛农业大学动漫与传媒学院院长、教授赵晓春，北京电影学院动画学院院长、教授李剑平，上海美术电影制片厂一级导演林文肖等国内知名动画电影专家参加了会议。与会专家围绕青岛市原创动画电影《C9回家》的剧本及美术设计进行了研讨。

（青岛农业大学社科处辛力克供稿）

宗教哲学2012威海论坛 8月3日至5日，由中国社会科学院世界宗教研究所和山东大学犹太教与跨宗教研究中心以及中国宗教学会联合主办的“宗教哲学2012威海论坛”在山东大学威海校区举行。全国人大常委、中国社会科学院学部委员、世界宗教研究所所长、研究员、中国宗教学学会会长卓新平，山东大学党委常务副书记、教授李建军，中国社科院世界宗教研究所党委书记曹中建、副所长金泽，教育部社科司处长何建，山东大学学术研究部人文社会科学处副处长张荣林，山东大学犹太教与跨宗教研究中心主任、教授傅有德，以及来自北京大学、中国人民大学、清华大学、复旦大学、南京大学、山东大学以及台湾慈济大学等高校和研究机构的30位著名学者参加了论坛。

宗教哲学2012威海论坛以“传统宗教与哲学”为主旨，围绕“宗教哲学”、“宗教与哲学”、“宗教研究”3个专题展开研讨。宗教哲学论坛立足宗教哲学，坚持跨哲学、跨宗教的对话与交流，参会学者就有关论题进行了深入探讨，无论是会议论文还是有关研讨都体现出较高的学术水准，是推进国内宗教哲学研究的有益尝试。

（山东大学犹太教与跨宗教研究中心齐晓东供稿）

第三届中国语言经济学论坛 8月3日至4日由山东大学经济研究院、山东大学语言经济研究中心、南京大学中国语言战略研究中心和北京航空航天大学外国语学院共同主办、新疆大学经济与管理学院承办的“第三届中国语言经济学论坛”在乌鲁木齐举行。近40余名专家学者参加本次论坛。

山东大学经济研究院教授黄少安、山东大学语言经济研究中心教授张卫国、北京航空航天大学外国语学院教授向明友分别发表“语言经济学与中国语言产业战略”、“中国人学习外语的回报率”及“博弈论与语用学的新进展”的主题演讲。其他与会代表在大会宣讲了论文，介绍最近的科研成果，围绕语言经济学的基本理论、语言产业、语言消费、语言服务、少数民族语言开发与保护和语言生活中的若干重大问题展开了深入的交流和讨论。会上通过了关于成立“中国语言经济学论坛”理事会的决议。会议推选出黄少安任理事会理事长，张卫国任秘书长。

中国语言经济学论坛是由山东大学经济研究院联合南京大学中国语言战略研究中心、北京航空航天大学外国语学院等兄弟院校于2009年共同发起举办的。该论坛旨在促进经济学和语言学的学科交叉融合、促进学术创新，推动语言经济的发展。

（山东大学经济研究院田川供稿）

“21世纪的文艺理论：国际视域与中国问题”国际学术研讨会暨中国中外文艺理论学会第九届年会 8月8日—11日，由中国中外文艺理论学会、山东师范大学文学院与中国社会科学院文学所文艺理论研究室主办，山东师范大学文艺学省级重点学科承办的“21世纪的文艺理论：国际视域与中国问题”国际学术研讨会暨中国中外文艺理论学会第九届年会开幕式在山东师范大学教学三楼报告厅召开。知名专家学者童庆炳、曾繁仁、陈炎、王先霈、周宪、姚文放、王岳川、高建平、王宁、党圣元、李春青、高楠，山东师范大学副校长戚万学、中国中外文论学会秘书长高建平出席会议，来自全国各地的文艺理论专家学者、相关杂志的编辑300余人参加会议。开幕式由山东师范大学省级重点学科文艺学带头人杨守森主持。会议期间，与会代表围绕着21世纪中外文学理论的新趋向、新问题；中国特色文艺理论的研究与生成；古代文论研究的挑战与机遇；国外文论与中国文艺理论研究；新媒体、文化生产与文化研究；美学研究与当代社会等专题进行了深入的交流探讨。

（山东师范大学社科处高景海、顾大伟供稿）

李清照辛弃疾研究与当代文化建设学术研讨会 8月15日—18日，由中国李清照辛弃疾学会主办，潍坊学院承办的“李清照辛弃疾研究与当代文化建设学术研讨会”召开。来自全国高校和科研院所的近60名专家学者参加会议。李清照和辛弃疾皆为词坛巨擘，他们在词坛乃至整个中国文学史上具有崇高的地位。中国李清照辛弃疾学会是在民政部登记注册的全国性学术社团，国家一级学会。本次研讨会期间，建立了“李清照辛弃疾学会潍坊学院研究基地”，是该学会首个研究基地。中国李清照辛弃疾学会常务副会长、教授荣斌与潍坊学院院长王守伦共同为基地揭牌。李清照跟潍坊有不解之缘，在潍坊召开“二安”学术研讨会，既是国内研究李清照辛弃疾的一次学术盛会，也是对李清照的一次很有意义的纪念。中国李清照辛弃疾学会潍坊学院研究基地的挂牌，标志着潍坊学院与“二安”学会的合作步入一个新的发展阶段。本次学术研讨会举行了专家主题报告会、大会交流和分组研讨等活动。与会专家学者到青州李清照故居和潍坊学院的名人馆、校史馆、古籍馆进行了参观考察。

（潍坊学院科研处赵文亮供稿）

第九届“诠释学与中国经典诠释”国际学术研讨会 8月15日至17日，由大连理工大学外国语学院主办，山东大学中国诠释学研究中心协办的第九届“诠释学与中国经典诠释”国际学术研讨会（2012年）在大连理工大学举行。大会主题为：西方修辞学、想象力的历史及其发展；修辞学、想象力与诠释学的关系；修辞学、想象力与现象学、社会批判理论、后现代理论、实用主义、当代民主政治理论等；修辞学、想象力与其他一般人文社会科学以及自然科学的关系；中国和东方历史上的修辞学、想象力研究及其运用；修辞学、想象力以及诠释学的东西方比较研究；文学、诠释与修辞；翻译、诠释与修辞；其他跨领域研究中的修辞学、想象力和诠释学问题。山东大学中国诠释学研究中心的洪汉鼎、傅勇军教授以及来自韩国、马来西亚和中国台湾、香港地区和内地各高校的学者20多位参加了会议。

（山东大学文学与新闻传播学院高新华供稿）

第十一届国际汉语教学研讨会　8月15日至17日，由国家汉办与世界汉语教学学会主办的第十一届国际汉语教学研讨会在西安召开。研讨会主题为“创新与发展：国际汉语教师培养培训”。第九届、第十届全国人大常委会副委员长、世界汉语教学学会会长许嘉璐，国务院参事、国家汉办主任、孔子学院总部总干事许琳，陕西省有关领导出席会议并致辞。来自47个国家和地区的500余位代表与会。山东大学国际教育学院宁继鸣院长率团参会，并作为专题研讨会召集人在闭幕式上进行总结报告。会议期间，世界汉语教学学会选举产生了第九届理事会常务理事和理事，宁继鸣连任第九届理事会常务理事。

（山东大学文学与新闻传播学院高新华供稿）

中国经济分析与预测理论研讨会　8月16日下午，山东省宏观经济研究院、山东省宏观经济学会举办了中国经济分析与预测理论研讨会。美国雪城大学教授陈江作名为“中国经济分析与预测”的专题讲座，并就有关经济分析与预测方面的理论和实证研究问题，与山东省人员进行了深入的讨论。专题讲座后，与会人员还就“经济分析模型用于省级经济预测有哪些差异”，“国际评估机构对中国经济评价的区别”，以及“2012年中国经济增速回落的主要原因”等问题进行了探讨。研讨会通过陈江深入浅出的分析讲授及参会人员的学术探讨，使大家更加明确了用科学的方法进行经济分析的重要性，对经济研究方法有了更多、更新的了解。在当年宏观经济形势不明朗，宏观调控政策渐趋复杂的情况下，景气分析前景分析法和重大政策、事件分析法为山东的经济研究工作提供了强大的理论和数据支撑，有助于增强山东省宏观经济研究院对经济形势的敏感性、科学性、预见性，提高政策研究的前瞻性、针对性和可操作性，对全面提升山东省宏观经济研究院的整体科研水平，打造一支高素质的研究团队有重要意义。

（山东宏观经济学会供稿）

《中国古代心战》研讨会　8月18日，山东孙子研究会与中国心理学会军事心理学专业委员会在北京联合主办了中国古代心战研讨会。来自全国军事科学、心理学、历史学领域的45位专家学者，围绕中国古代心战及苗枫林所著《中国古代心战》一书的历史价值、当代意义进行了高水平的研讨，30多家新闻媒体对此次研讨会作了报道。

（山东孙子研究会供稿）

中国公司治理高层论坛　8月18日，中国公司治理高层论坛在威海召开，此次会议由中国管理现代化研究会“公司治理专业委员会”（CACG）主办、理事单位山东大学承办。高层论坛主题为“后转轨时期公司治理创新”。来自清华大学、北京大学、厦门大学、中山大学、南开大学、日本帝京大学、《经济研究》编辑部、海信集团等20余家高校和相关单位的60余名知名专家学者和部分企业家代表参加会议。论坛主题报告包括“国内公司治理研究：综述与展望”、“银行治理的国际进展”等，专题报告分两个会场进行，与会学者分别就各自提交的论文做主题发言。闭幕式上，国内知名管理学家、东北财经大学校长、教授李维安高度评价了本次活动，认为这是公司治理专业委员会的一次成功尝试，并对近20年来国内公司治理的研究情况进行了高屋建瓴的反思和总结。

（山东大学管理学院张雅萌供稿）

易学与宋明理学的形成与发展学术研讨会　8月18日至19日，“易学与宋明理学的形成与发展学术研讨会”在山东大学知新楼举行。本次会议由山东大学易学与中国古代哲学研究中心、中国周易学会主办，出席会议的有山东大学易学与中国古代哲学中心主任、教授刘大钧、复旦大学教授陈居渊、武汉大学教授丁四新、中国社会科学院教授周齐，以及来自华中科技大学、山东大学、齐鲁师范学院、山东社会科学院等十余所高校及研究机构的专家学者40余人。山东大学终身教授、中国周易学会会长刘大钧致开幕词欢迎来自国内各高校的专家学者，并就大会主题作简要的发言。大会共收录论文24篇，围绕易学与理学的形成与发展及其他相关问题，展开了深入讨论。与会学者主要就易学与理学本体论、周敦颐哲学与易学、二程学说与易学天人之学、邵雍思想的意义与价值、朱熹易学与理学、明代心学与易学、清初易学的转向与乾嘉易学研究、易学与佛学等问题发表了看法，并进行了积极的讨论，充分展现了《周易》作为传统经典的学术活力，以及其对于中国文化的重要影响。这次学术会议的召开，对于推动对易学与宋明理学的问题的研究，增进国内学者的交流起到了重要的作用。

（山东大学易学与中国古代哲学研究中心董春供稿）

登州文会馆与近代中国教育文化事业学术研讨会 8月24至25日，由山东大学历史文化学院、山东师范大学、蓬莱市人民政府、山东省历史学会联合主办的“登州文会馆与近代中国教育文化事业学术研讨会”，在济南大学泉城学院（蓬莱校区）举行，来自中国社会科学院、北京大学、清华大学等高校和科研院所的专家学者及当地党政机关、文化教育事业的代表共近百人出席会议。与会学者围绕登州文会馆历史、教学模式及其经验教训，登州文会馆教育水平与同时代其他中国高等教育水平比较，登州文会馆学生与近代中国社会转型，狄考文、赫士等登州文会馆教员与中国教育现代化、教会学校学生的民族情感与爱国行为、登州文会馆历史文化资源的发掘整理和利用等问题，进行了大会主题发言和小组报告讨论。

（山东大学历史文化学院代国玺供稿）

“知识与论证”第八届全国分析哲学研讨会 8月25日至27日，“知识与论证”第八届全国分析哲学研讨会在山东大学中心校区举行。会议由中国现代外国哲学学会分析哲学专业委员会、山东大学哲学与社会发展学院主办。开幕式上，举行了第二届洪谦优秀论文奖颁奖仪式。

哲学与社会发展学院院长、教授刘杰和中国现代外国哲学学会分析哲学专业委员会会长、北京师范大学教授江怡分别主持大会主题报告。中山大学教授鞠实儿主要探讨了中国逻辑史研究的新途径问题，认为不同的文化有不同的逻辑，不能根据西方逻辑来研究中国古代逻辑；台湾阳明大学教授洪裕宏主要介绍了自我的统合历程理论，认为自我意识是一种递回能力或自我指称能力，这与自我作为动态统合历程是不同的；世界著名哲学家克里普克的“空名和虚构的存在”一文力图表明，对于名称，更重要的不在于它们的内涵，而在于它们的指称，空名或虚构名称并不具有指示对象，只是假装有指示对象。

会议期间，国内外学者针对分析哲学的热点问题，围绕心灵哲学、知识论、认知科学哲学、逻辑哲学、科学哲学、语言哲学、伦理学、宗教哲学与分析哲学的历史等6个主题进行了分组讨论。大会还开设了知识论、科学哲学与逻辑哲学、心灵哲学与道德哲学、语言哲学四个主题的研究生分会场。世界著名哲学家索尔·克里普克教授作为特邀嘉宾出席会议。来自纽约城市大学、匹兹堡大学、俄亥俄州立大学、爱丁堡大学、台湾阳明大学、香港岭南大学以及北京大学、清华大学、中国社科院、复旦大学、浙江大学、中山大学、武汉大学、山东大学等国内外60多所院校和研究机构的近130位哲学界的专家学者共聚一堂。本次大会开创了分析哲学大会召开以来参会人数最多、参会学者国别最多的记录，是对促进分析哲学研究发展非常有意义的规模宏大的学术盛会。

（山东大学哲学与社会发展学院荣立武供稿）

海峡两岸气候变化立法热点问题研讨会 8月28日，海峡两岸气候变化立法热点问题研讨会在山东科技大学召开。来自东海大学、中正大学、中华经济研究院的专家学者及北京师范大学、山东大学、中国石油大学、山东理工大学、山东科技大学的师生代表参加会议。本次研讨会由山东科技大学文法学院主办、北京师范大学法学院协办，山东科技大学文法学院副院长孙法柏主持了开幕式。

海峡两岸气候变化法律问题研讨会是由海峡两岸气候变化法律专家学者共同发起的学术交流活动，每年分别在大陆和台湾各举行一次。本次研讨会专门针对气候变化立法问题进行探讨，以“气候变化立法热点问题研究”为主题，采取主题发言、点评人点评和自由讨论的方式，针对气候变化的责任分担与国际社会化、碳排放配额的公平分配、碳市场的法律规制、绿色建筑议题和二氧化碳封存、气候条约的履约机制等议题进行了深入探讨和交流。

（山东科技大学科研处孙江文供稿）

《周易》的全球化与在地化——第二届国际《周易》学术大会 8月29日至31日，山东大学易学与中国古代哲学研究中心副主任、教授林忠军，教授王新春、李尚信赴韩参加“《周易》的全球化与在地化——第二届国际《周易》学术大会”，大会由韩国周易学会、岭南大学民族文化研究所、山东大学易学与中国古代哲学研究中心、中国周易学会、德国埃尔兰根—纽伦堡大学国际人文学研究院联合举办。林忠军发表了《论黄宗炎易学思想、方法及意义》的报告，阐述了黄宗炎易学的特色，对黄宗炎易学的观点和方法进行了评价，认为黄宗炎的易学方法和观点在今天看来未必完全正确，但是黄宗炎能从清初辨伪之学中自觉开显出富于思想性和思辨性的易学，对于清中期汉易复兴和易学的重建具有重要意义。李尚信作“睽而知其类，异而知其通——《周易》睽卦卦爻辞新释”的报告，用生活中的事例与义理结合来解释睽卦的卦爻辞。这次会议不仅推进了韩国学者对本国易学的研究，还加强了各国易学研究的对话与交流，整合了世界各国各地区的研究力量，进而促进世界易学研究的向前发展。

（山东大学易学与中国古代哲学研究中心董春供稿）

“全息舞台意象《大易》”项目第三次研讨会 2012年，由山东大学易学与中国古代哲学研究中心与山东国际文化发展研究交流中心合作的“全息舞台意象《大易》”项目，举行三次研讨会。“全息舞台意象《大易》”项目是山东大学易学与中国古代哲学研究中心与省艺术研究所合作，旨在传播、传承中国易经文化，将易经文化搬上舞台，用艺术化的语言阐述中国博大精深的易经智慧，弘扬中华民族特有的文化精神。本项目是结合山东省文化发展“十二五”规划和省文化厅工作重点，积极打造齐鲁地域文化品牌，推动传统演出形式创新的一次尝试，项目力求把学术语言转化成形象语言和艺术语言，从而表现出易学文化的博大精深。目的是让更多的国人了解易学的文化内涵，通过艺术审美的视角向世界展现中国智慧。此项目创意舞台表现形式将采用当今世界最为前沿的全息技术作为舞美的主要艺术形式，达到虚实互动、人境互动、人影互动，舞台空间宏大，具有灵动玄妙之感，给观众带来全新的视觉享受。易学与中国古代哲学研究中心将以《大易》项目的开展为契机，探索易学与现代美学、艺术及科技相结合的新路径，推动理论与实践的紧密结合，积极配合省艺术研究所发展文化产业项目，为传统文化的复兴寻求新途径，为文化强省建设作出应有的贡献。

（山东大学易学与中国古代哲学研究中心董春供稿）

文化创意产业融资论坛 作为第四届山东省文化创意产业博览会的重要活动，8月31日下午，由山东社会科学院主办的“文化创意产业融资论坛”在济南召开。院党委书记、院长张华主持论坛并作总结讲话。来自省内外从事文化创意产业投融资研究的专家学者、相关企业代表50余人出席论坛。

本次论坛的主旨是研讨文化创意产业融资问题。山东艺术学院文化艺术学院教授田川流、山东社科院副院长、研究员王志东、山东发展研究中心副主任、副研究员任继明分别作题为“论艺术品与艺术商品的价值”、“关于山东文化产业融资的思考”、“文化产业投融资实例分析”的专题报告。山东世纪金榜、山东海洋投资中心等相关文化企业和投资机构代表进行了典型发言。

论坛研讨气氛热烈，互动频繁，与会专家和企业代表围绕文化产业投融资建设在推动文化产业发展、促进文化强省建设中的地位和作用，通过对文化创意产业投融资实例的分析，对文化产业与金融产业互动发展、合作共赢模式进行了研讨，对当前山东文化创意产业在投融资领域存在的问题进行了深入剖析并提出了切实可行的解决对策。

（山东社科院科研处崔凤祥供稿）

中国音乐史学会第十二届年会暨第七届全国高校学生中国音乐史论文评选“徐小平奖”颁奖大会 德州学院音乐系教授段文参加了9月在辽宁省沈阳市沈阳音乐学院召开“中国音乐史学会第十二届年会暨第七届全国高校学生中国音乐史论文评选‘徐小平奖’颁奖大会”，并作主题发言。

会议宣布了新一届中国音乐史学会会长、副会长及常务理事的名单；新一届中国音乐史学会会长、中央音乐学院音乐学研究所所长、教授戴嘉枋（会长连任）对本届年会作了总结。来自全国各地及台湾和海外的专家、学者齐聚一堂，就会议的议题开展了积极和广泛的发言与讨论。最后，戴嘉枋结合本届年会的成果，重点谈了中国音乐史学会在未来一段时期的研究工作设想，指出在下一届年会期间将重点开展中国音乐史学在高校教学方面的研究，同时还将开展各位代表所在地的地方性音乐史的研究。另外，戴嘉枋对青年学者以及学生在学术研究方面的成长提出了殷切的希望。段文以“原始佛教音乐的分类及划分意义”为题作了主题发言，取得良好效果。

（德州学院社科处刘淑青供稿）

第二届东方行政论坛·行政程序与依法行政研讨会 9月2日，山东省行政管理学会会同中国行政管理学会、中国行政法学研究会和省政府法制学会在聊城举办了第二届东方行政论坛·行政程序与依法行政研讨会。来自中国政法大学等27所高校以及10多家社会科研单位的专家学者和省内外政府系统办公室、研究室、法制办等部门的负责同志共150多人与会。中国行政管理学会会长王澜明、副省长张超超以及国务院法制办的有关领导出席会议并讲话，全国人大法工委行政立法研究组副组长、中国政法大学终身教授、中国行政法学研究会会长应松年等知名专家学者到会作学术报告，湖南省政府法制办负责人到会介绍了行政程序建设方面的经验做法，省政府秘书长蒿峰主持会议。与会人员针对依法行政和法治政府建设中存在的亟须研究解决的新情况、新问题，需要破解的新矛盾，从行政法学和行政管理学层面，结合依法行政实践进行了深入研讨，集中在树立正确的行政程序意识，尽快出台全国统一的行政程序法，用法律的形式规范和制约行政行为；正确处理行政程序与行政效率的关系；科学合理设定行政程序，依法规范程序、精简程序、优化程序；严格程序执法问责、追究制度，建立健全监督制约机制，防止程序腐败等方面，产生了一批参考价值较高的理论成果。这次研讨会抓住了建设法制政府在当前遇到的主要问题，对以行政程序建设为抓手进一步规范政府执法行为，全面推进依法行政，为经济社会发展提供有力的法制保障都具有重要意义。省人大常委会副主任国家森对上报会议成果综述充分肯定并作出重要批示，要求省人大法制委和法工委进行立法论证和调研。此次论坛对全省开展行政程序年活动是一次强有力的促进，使规范行政行为的政府规章上升到人大立法的渠道，同时对全国统一的行政程序立法也起到了很好的理论支持和推动作用。《人民日报》、《大众日报》、《中国社会科学报》和人民网、新华网、光明网等主流媒体均进行了宣传报道。

（山东省行政管理学会供稿）

中俄北极合作论坛 9月3日，由中国海洋大学承办、中国国家海洋局极地考察办公室资助的首届“中俄北极合作论坛”在青岛蓝海大饭店成功举办。来自国立莫斯科国际关系学院（MGIMO University）、俄罗斯科学院和经济开发部生产力研究中心、俄罗斯国家经济与公共管理学院以及圣彼得堡国立大学的五位俄罗斯学者参会。中国国家海洋局极地考察办公室各处室、国家海洋局海洋战略研究所、中国极地研究中心、上海国际问题研究院、中国石油天然气集团公司、国际海洋局第一海洋研究所、中国地质科学院地质力学研究所的领导和研究人员，以及全国高校中从事北极问题研究者与会。此次会议搭建起机制化的交流渠道，通过双方学生和教师的交流机制，可以为我国北极研究培养后备人才。

（中国海洋大学社科处金天宇供稿）

孙子兵法与文化创意产业高层论坛 9月4日至5日，由山东孙子研究会、山东省社科联、山东省史志办主办，山东省考古学会、山东省旅游行业协会、深圳市孙子兵法研究会、美中国际交流合作协会、马来西亚孙子兵法学会、新加坡孙子兵法国际沙龙协会协办，淮海建设集团有限公司、山东福缘来装饰有限公司、山东华埠特克智能机电工程有限公司承办的“孙子兵法与文化创意产业高层论坛”举行。本次论坛是第四届山东文化创意产业博览交易会的十大论坛之一，6位中外资深专家学者作了演讲。省委常委、宣传部长孙守刚接见了论坛嘉宾。山东孙子研究会会长赵承凤，执行会长南兵军，副会长张明友、王长根等出席了论坛。王长根副会长主持了论坛学术报告。来自全省各地的近300名孙子兵学专家和企业家参加了听讲。

（山东孙子研究会供稿）

中美儒学论坛2012 9月5日，“中美儒学论坛2012”（China - U. S. Forum on Confucianism 2012）国际学术研讨会开幕式在山东大学知新楼校董厅举行。山东大学副校长、教授陈炎、夏威夷大学亚洲与太平洋研究学院院长、教授薛敬德（Edward J. Shultz）在开幕式上致辞，并一同为“山东大学中美儒学研究中心”（China - U. S. Confucianism Research Center of Shandong University）揭牌。夏威夷大学中国研究中心主任、教授刘长江（Frederick Lau）和山东大学儒学高等研究院副院长、教授颜炳罡一同为“夏威夷大学美中儒学研究中心”（U. S. - China Confucianism Research Center of the University of Hawai ‘i at Mānoa）揭牌。开幕式由山东大学儒学高等研究院副院长、教授黄玉顺主持。

陈炎在致辞中介绍了山东大学悠久的历史、“文史见长”的传统。他说，山东大学将以儒学高等研究院为主要基地，建成中华文化传承、研究和体验方面最有代表性的大学。新的山东大学儒学高等研究院是在原儒学高等研究院、文史哲研究院、儒学研究中心和《文史哲》编辑部的基础上重新整合组建的，致力于儒学传统的现代转化和中华文化的全面复兴，面向国内外开展广泛的合作与交流。薛敬德在致辞中表示，山东是孔子的故乡，在山东大学举办“中美儒学论坛”意义重大。

本次研讨会的主题“儒家思想和社会正义”是一个特别值得探讨的议题，希望学者们通过演讲与讨论，激发新的问题意识，发现新的研究思路，取得新的研究成果。

（山东大学儒学高等研究院刘丽丽供稿）

“抽象与具体事物的区分”报告 9月6日，山东大学第38期分析哲学论坛在中心校区知新楼举行，台湾阳明大学心智哲学研究所王文方作题为“抽象与具体事物的区分”的报告。主要内容为：大多数哲学家认为，这个世界里的事物可以被互相排斥而共同穷举地区分成为具体的（concrete）事物和抽象的（abstract）事物两个类。问题是：这两类事物之间的区别究竟何在？Hoffman 与 Rosenkrantz 论证说，常见的、对于抽象/具体事物的区分方式存在一些明显的问题，而他们主张以一种新颖的、在他们看来没问题的方式去作出这两类事物之间的区别。

（山东大学哲学与社会发展学院荣立武供稿）

山东大学产经系列论坛 9月6日至10月31日，台湾研究院研究员、山东大学博弈论与经济行为研究中心博士杨春雷、浙江财经学院政府管制研究院常务副院长、教授唐要家应邀担任主讲人，“千人计划”国家特聘教授、山东大学博弈论与经济行为研究中心主任秦承忠，山东大学产业经济研究所所长、教授、《山东大学学报（哲社版）》主编臧旭恒与经济学院部分师生一同参加了论坛。论坛由《产业经济评论》编辑部主任、山东大学经济学院教授曲创主持。

在第68期产经论坛上，杨春雷介绍了本次讲座的核心概念——合作，研究围绕自愿分离的囚徒困境展开，并试图探究有效率的合作方式。

在第69期产经论坛上，杨春雷对于囚徒困境模型下自愿分离的合作情况进行了从实验到理论层面的分析。

在第70期产经论坛上，唐要家通过国家发改委近期对中国电信和中国联通在固网宽带业务上，对与其宽带运营商直联和向网站等内容提供商提供接入业务、实行价格歧视的行为展开反垄断调查这一案例，引出了讲座主题——电信主导运营商价格压榨行为的竞争效应。

（山东大学经济学院郁德玮供稿）

第二届中国非物质文化遗产博览会“手艺山东”展 9月6日，由文化部和山东省人民政府共同主办的“促进非遗保护·共建精神家园——第二届中国非物质文化遗产博览会”在枣庄开幕。“手艺山东”展，由山东工艺美术学院社会服务办公室牵头，中国民艺研究所担纲主题创意和展品征集。“手艺山东”展由“往日重现”、“盛世春晖”、“化茧成蝶”三大展区组成。项目以山东工艺美术学院“山东农村文化产业调研”项目为基础，以镟、缝、捏、搏、拼、插、印、烙、编等手工技艺形式，通过现场手艺演示、实物陈列、多媒体演示等多种展示手段，立体化展示了山东省17地市手工技艺传承发展成果以及山东工艺美术学院以传统手工技艺为基础创意的现代手工艺设计项目共计40余项。“往日重现”区主要展示山东手艺作为非物质文化遗产的本真性保护成果，再现原生态保护基础上的传统手艺精品。

除了“手艺山东”展，山东工艺美术学院设计团队还担纲设计了第二届中国非物质文化遗产博览会的会标、吉祥物和礼仪专用服装三大设计项目，成为本届非遗展的一大亮点。

（山东工艺美术学院科研处任谢元供稿）

“孙子兵法·精神生产力”、“兵无常势，水无常形——论新加坡教育模式的优劣”学术报告 9月7日，马来西亚孙子兵法学会、新加坡商联总会会长吕罗拔，新加坡国立大学文学及社会科学院语言中心博士、副教授陈桂月应邀来滨州学院，在学苑会堂200人报告厅分别作题为“孙子兵法·精神生产力”、“兵无常势，水无常形——论新加坡教育模式的优劣”的学术报告。学院党委副书记、院长纪洪波主持报告会。

报告中，吕罗拔列举了孙子兵法在许多国家军事、企业管理、人际交往等领域的应用实例，并结合时事和丰富经典的现实案例，以国际化的视野对孙子兵法作了深入浅出的诠释；陈桂月运用孙子兵法中的“变中求胜”、“兵贵神速”、“‘智信严仁勇’为将五德”等理论，结合具体事例，阐释了新加坡教育模式的变、快、严等特点。两位专家的报告开阔了师生视野，增进了师生与国外的学术交流，对于学院的孙子兵法研究以及青年学子的人生发展具有很好的借鉴意义。

历史与社会学系师生以及孙子兵法爱好者200余人聆听报告。

（滨州学院科研处吕传笑供稿）

“谁写了《参同契》？”学术讲座 9月10日，德国埃尔朗根—纽伦堡大学人文研究中心副主任、教授 Klaus Herbers 率团访问山东大学易学与中国古代哲学研究中心，并在知新楼A座1708室进行学术讲座。讲座由山东大学易学与中国古代哲学研究中心副主任、教授林忠军主持。博士 Fabrizio Pregadio（宋玄英）首先为在座的各位老师和学生们作了题为“谁写了《参同契》?”的学术报告。他认为《周易参同契》一书徐从事作《参同契》宇宙观部分、魏伯阳作《参同契》黄老部分，并得出魏伯阳是一个集体作者的代名词的结论。接下来，Katrin bauer 作题为“作为占星师的约翰·开普勒”的学术报告。她的演讲包括两方面的内容：一是介绍中世纪到现代早期占星学的主要发展过程。这部分涉及占星学和天文学的区分、数术框架中占星学的预测作用以及文艺复兴和巴洛克时期占星学技术的特殊发展。

二是对开普勒的占星师身份解读，包括开普勒的生平，他对占星学问题所作出的科学尝试以及他对传统占星学所作的改革建议的影响。最后，Erik Niblaeus 作题为“拉丁语基督教会教父对占卜的谴责”的学术报告。他指出《圣经》中包含一些排斥占卜的激烈言辞，同时还含有一些通过解释梦境、星象和掷色子来预测未来的内容。早期基督教作家们，像特图里安、叶里诺和奥古斯丁都在谴责占卜问题。他通过教父对占卜的谴责，得出“占卜术危害了基督教新徒这个整体”的结论。

（山东大学易学与中国古代哲学研究中心董春供稿）

第三届海峡（滨州）青年学生孙子兵法友谊辩论赛和第四届海峡两岸（滨州）孙子文化论坛 9月10日至9月13日，山东孙子研究会和滨州市人民政府联合主办了第三届海峡（滨州）青年学生孙子兵法友谊辩论赛和第四届海峡两岸（滨州）孙子文化论坛。来自台湾政治大学、台湾复旦高中、滨州学院、惠民一中四所院校的辩手就“义与利”、“奇与正”进行了精彩辩论。来自台湾、香港、苏州、深圳等地的专家学者100多人参加了论坛。15位专家学者围绕“孙子兵学与民族复兴”阐发了见解。山东孙子研究会会长赵承凤、执行会长南兵军出席会议并讲话，副会长王长根、刘庆俊、薛宁东、荆强到会，刘庆俊主持了论坛。

（山东孙子研究会供稿）

山东大学国学艺术讲座 9月11日晚，《中国当代名家·吴传麟遗作展》系列活动之山东大学国学艺术讲座举行。中央编译出版社特约编审、出版顾问，中央电视台书画频道主讲专家任德山担任主讲嘉宾。

（山东大学艺术学院张擎供稿）

《齐民要术》研究高层论坛 由山东农业历史学会、临淄第九届国际齐文化旅游节领导小组主办，山东农业大学农业历史与文化研究中心，临淄区委宣传部、临淄齐文化研究中心、山东巧媳妇食品集团有限公司承办的《齐民要术》研究高层论坛，9月12日至13日在临淄举办，参会人员80余人，省政协副主席、山东师范大学齐鲁文化研究中心主任王志民对论坛的举办表示祝贺，山东农业大学党委书记邢善萍介绍了学校的基本情况，中国农业博物馆学术委员会常务副主任、研究员曹幸穗，南京农业大学中华农业文明研究院院长、教授王思明，韩国釜山大学人文学院学科长、教授崔德卿，山东农业大学文法学院副院长、教授孙金荣等国内外专家，分别就农史研究及《齐民要术》研究的前沿课题作了精彩的学术报告，与会代表就本次论坛的相关议题作了深入而细致的讨论。

（山东农业大学科研处王永军供稿）

中国德国史研究会2012年年会暨“德国历史：宗教与社会”学术研讨会 9月13日至9月16日，中国德国史研究会2012年年会暨“德国历史：宗教与社会”学术研讨会在山东大学中心校区举行。来自中国社会科学院、北京大学、中国人民大学、复旦大学、北京师范大学、华东师范大学、华中师范大学、天津师范大学、上海外国语学院、山东大学以及国家海洋信息中心、人民出版社等全国各高校和科研机构的70余位学者萃聚一堂，围绕“德国历史：宗教与社会”主题进行了深入交流与探讨。会议由中国德国史研究会和山东大学犹太教与跨宗教研究中心联合主办，山东大学哲学与社会发展学院和历史文化学院协办，共收到论文37篇，德国历史新地图2幅。会议期间，与会学者围绕“德国的宗教与政治”、“中德史学与文化研究”、“马丁·路德与宗教改革运动”、“德国经济建设及社会问题”、“现代德国对外关系和社会政策”等五大主题进行了成果交流和进一步的探讨，提出了许多前沿性观点。中国德国史年会的召集人分别主持各场报告。

（山东大学犹太教与跨宗教研究中心齐晓东供稿）

“‘启蒙之罪’的修辞论证——隐喻与《启蒙辩证法》”讲座 9月13日，山东大学第39期分析哲学论坛在中心校区知新楼举行，山东大学哲学系傅永军作题为“‘启蒙之罪’的修辞论证——隐喻与《启蒙辩证法》”的讲座。主要内容为：启蒙的主旨之一就是祛昧，它声称由理性带来的知识将代替由蒙昧带来的神话。启蒙运动塑造了现代社会的观念基础，然而，自其伊始，对启蒙的批判和质疑就没有停止过。报告者通过深入诠释《启蒙辩证法》中的几个神话和故事，试图表明：启蒙本质上是与神话同构的，它所宣扬的理性亦具有极权主义性质。

（山东大学哲学与社会发展学院荣立武供稿）

EMBA－卡内基训练总裁论坛暨山东省优秀企业家国际论坛 9月13日，由山东大学管理学院、山东大学EMBA教育中心、济南日报、山东电广文化传媒有限公司联合举办，美国卡内基训练承办的EMBA－卡内基训练总裁论坛暨山东省优秀企业家国际论坛在中心校区知新楼举行，美国卡内基国际机构董事长兼总裁、教授Peter Handal先生担任论坛主讲人，百余名企业界、媒体界知名人士参加了论坛。

山东大学研究生院副院长、教授刘国亮、EMBA教育中心办公室教授刘冰出席论坛并致辞，文学与新闻传播学院副院长刘悦坦主持论坛。围绕“改变”这一核心词对公司和对员工的影响，Handal通过金融危机的蔓延、苹果公司的起死回生等一些著名案例，向观众介绍改变的重要性。此外，Handal强调了改变的必要性，同时提出了自己对企业如何改变的建议，即创造一个善于改变的企业文化，拥有开放的心态，学会聆听，聆听自己、聆听员工、聆听顾客，同时也要聆听竞争，在对错误的包容和改变中，实现企业的发展和员工的成长。此次论坛就“努力工作和快乐工作的关系”、“如何构建一种能够适应快速变化环境的企业文化”以及“年轻人创业应着重把握的方向”等问题进行了深入交流，获得良好效果。

（山东大学管理学院张雅萌供稿）

国际形势与国际热点问题讲座　9月13日下午，由山东大学研究生院、党委研究生工作部主办，政治学与公共管理学院承办的“稷下风”研究生学术讲坛第29期（总337期）在中心校区邵馆报告厅举行。本次讲坛邀请前外交部发言人、资深外交官孙玉玺为学校师生就国际形势与国际热点问题进行解析。政管学院副院长、教授王学玉主持本次讲坛。

讲坛一开始，孙玉玺首先通过翔实的数据和丰富的材料向大家解读了欧洲主权债务危机，随后，孙玉玺就西亚北非乱局进行了阐述，分析了西亚北非政治动荡的内因和外因。孙玉玺在同学们全面地分析了当前中国面临的周边环境时表示，全面地看来当前对我国总体有利的周边环境仍然存在，我国的周边环境也在不断改善，我国已不再处于面临大规模外敌入侵危险的时期。然而，维护和平稳定的周边环境，是我国和平发展的基本前提，对一时难以解决的问题，还是要妥善应对，稳中求进，以时间换空间，积小胜为大胜，推动周边形势不断朝有利于我的方向发展。最后，孙玉玺从政治、经济、科技等方面总结了新兴市场和发展中国家崛起。在讲座结束前，孙玉玺还回答了同学们的提问，认真细致地回答了有关我国外交问题和国际环境等问题。

讲坛现场，孙玉玺结合自己在外交部工作35年的经历，对我国外交战略和决策、对当前国际形势以及一些大家关心的热点问题，进行了深入浅出、细致生动的解说。

（山东大学政治学与公共管理学院何莉萍供稿）

“基于语料库的翻译研究新探”学术报告　9月14日下午，北京外国语大学教授、《外语教学与研究》主编、中国外语教育研究中心常务副主任王克非做客山东师范大学社科大讲坛第42讲，为学校师生作题为“基于语料库的翻译研究新探”的学术报告。外国语学院院长、教授胡学星主持报告会，社科处、《山东外语教学》编辑部相关负责同志及外国语学院的广大师生近300人聆听了报告。

王克非首先指出语料库与翻译的结合兴起于上世纪90年代，用于翻译研究的语料库主要有三种：一是平行语料库，二是类比语料库，三是译文语料库，其中平行语料库与翻译实践结合最为紧密。然后，王教授着重从双语平行语料库、译语与母语的差异、翻译的显化现象以及翻译显化发生之因四个方面以丰富的实例，深入浅出地探讨了语料库在翻译实践中的应用。指出双语语料库在语言对比、翻译教学和词典编纂等方面具有特殊功用。

（山东师范大学社科处高景海、顾大伟供稿）

“案例——审判；形势——使命”专题讲座　9月14日，由烟台大学法学院主办，北京魏汝久律师事务所赞助的“郭明瑞法学名家系列讲座”第一期，在烟台大学法学院模拟法庭召开。主讲嘉宾、中国律师界泰斗张思之先生发表题为“案例——审判；形势——使命”的专题讲座。北京大学法学院教授贺卫方老师担任讲座评议人，原烟台大学校长、教授郭明瑞担任主持人。烟台大学纪委书记张伟，法学院各领导和老师出席了讲座。张思之用案例教学的方法，引导大家从刑事诉讼的角度深入透析案件。其由浅入深，由简到繁，层次细密，逻辑严谨的剖析，博得在场同学的阵阵掌声。期间，张思之还积极与在场同学交流。对大家提出的问题，他耐心细致地一一作了解答。

张思之，中国著名公共知识分子，中国律师界的泰斗。“林彪、江青案”辩护组组长，德国佩特拉—凯莉奖获得者，中华全国律师协会宪法与人权专业委员会顾问，《中国律师》杂志创办人、中央财经大学法学院兼职教授。

（烟台大学科研处曹永智供稿）

中国建筑学会工程管理研究分会2012年年会　9月15—16日，由中国建筑学会工程管理研究分会主办，山东建筑大学管理工程学院承办的中国建筑学会工程管理研究分会2012年年会在济南书香世家会所酒店举办。会议继续秉承务实与创新的理念，邀请国内外专业人士共同研讨“城市发展与工程管理”——转型、变革、创新问题，促进工程管理科研、生产、教学各领域的交流。大会研讨的主题有：工程管理行业发展、城市建设与工程管理、重大工程项目工程管理实践、数字化工程管理、会议针对工程管理的“转型、变革与创新”问题，为国内外工程管理专家、学者和企业界专业人士提供学术交流平台。

（山东建筑大学科技处李琳琳供稿）

《外国史学名著评介》出版研讨会 9月15日下午，由山东大学历史文化学院主办的《外国史学名著评介》出版研讨会在山大知新楼第三会议室举行，来自全国学术界、出版界和新闻媒体的20多位专家、编辑和记者参加了座谈会。

座谈会由教授郑群主持，他介绍了本书概况、撰写缘起、选题原则、编写体例、书稿作者和编写意义。中国青年政治学院教授、山东大学兼职教授刘明翰，山东大学教授袁世硕、乔幼梅、董伯先、顾銮斋、刘新利，北京大学教授朱孝远，中国社会科学院世界历史研究所研究员景德祥、博士孙泓，北京师范大学教授孙立新，山东师范大学教授王玮、陈海宏、邢佳佳，湖北大学教授王扬，中央财经大学教授申晓若，山东教育出版社副总编辑、编审陆炎和本书责任编辑、编审温玉川，人民出版社编审杨美艳，《齐鲁晚报》记者师文静发表了对该书介绍和评论。

与会专家一致认为，《外国史学名著评介》是一部兼具学术价值和工具书性质的史学著作，此类著作是历史教学和学习的必备参考书，具有不可或缺的应用价值。

（山东大学历史文化学院代国玺供稿）

董治安先生学术研讨会 9月15至16日，已故山东大学教授、著名文史学家董治安先生学术研讨会在山东大学举行。

方宏建、杨忠、王长华、郑春、张晓雨、沙志利等先生先后发言，他们充分肯定了董先生对山东大学中文学科、古典文献学科的建设和发展所作出的突出贡献，高度赞扬了他在古典学术研究和人才培养方面所作出的巨大贡献。开幕式由巴金文书记主持。

开幕式结束后相继举行了五场研讨会。研讨会上，董先生生前同事、故交周立升、袁世硕、张可礼、严佐之、姜小青、宫晓卫等深情讲述了与董治安先生合作的往事，高度称赞了他在为人为学为事等方面所体现出的君子风度和醇儒气象。董先生的弟子王洲明、王培元、郑杰文、王承略、谢明仁、吴明贤、马庆洲、胡长青等纷纷回忆、讲述了跟随董治安先生时的点点滴滴，对先生的因材施教、育人有方、对待学生如同子女一般的关爱表达了衷心感谢，对先生的文章学术、高风亮节表示了由衷敬仰，对先生的治学精神与研究方法进行了全面总结。

9月16日中午，会议举行闭幕式，陈炎副校长致闭幕辞。王培元主持闭幕式。本次研讨会有来自全国各地的学者近百人汇聚一堂。会议由山东大学学术研究部、儒学高等研究院、文学与新闻传播学院共同主办。

（山东大学社科处张荣林供稿）

首届孙子兵法国际网络论坛“泉城论剑”高端峰会 9月16日，由山东国际孙子兵法研究交流中心、山东孙子研究会、山东商报社共同举办的首届孙子兵法国际网络论坛“泉城论剑”高端峰会在济南隆重举行。来自中国北京、天津、广州、湖北、吉林、成都、山东、山西、江西、深圳、石家庄、香港、台湾及美国等14个国家和地区的近百名专家、学者参加了论坛。首届孙子兵法国际网络论坛，旨在弘扬孙子兵学文化，更好地吸取孙子兵法思想精华和战略智慧，探讨兵法今用的思路和对策，让战争智慧走出战争，把战争智慧变为社会智慧，目的是加强和扩大孙子文化的研究交流，为国内外孙子文化爱好者、研究者、应用者搭建高端学术研究交流平台，将兵学文化研究引向更高理论层次和更广阔的应用领域，促进和谐社会建设。论坛自3月份开办在网上发起征文以来，至8月底共收到论文49篇，评选出优秀论文20篇、提名奖论文10篇。

在这次高端峰会上，《孙子兵法对两岸及世界和平发展的战略功能》、《孙子兵法的七大军事价值历史与现实作用的研究》、《简论军事理论家孙子学说的思想价值》、《从孙子兵法探讨企业文化与经营理念》、《孙子兵法的趋利避害观》等10多篇论文进行了大会交流。论坛期间，中心还组织与会代表赴枣庄实地参观了台儿庄战役纪念馆。

（山东国际孙子兵法研究交流中心供稿）

2012年中国酒店人力资源与人才教育论坛 9月16日，2012年中国酒店人力资源与人才教育论坛在济南大学舜耕校区报告厅举行，本次会议由济南大学酒店管理学院、酒店职业经理人杂志社、美国饭店协会教育学院主办。济南大学副校长韩宏、中国饭店协会副秘书长李建军、美国饭店协会教育学院中国区总经理杨卫权等为论坛致辞。酒店管理学院酒店管理专业教师及部分学生参加了论坛。

论坛上，酒店管理学院副院长张志全作了题为“聚焦酒店高等教育 共谋酒店业美好明天”的主题演讲。在嘉宾对话环节，嘉宾分别以如何应对酒店业人才危机、如何做好职业规划、酒店人才培养面临的问题与对策为主题，嘉宾深入交流了各自的观点与看法，并就自己所在的企业当前的状况作了多方面的分享，给论坛带来了酒店人力资源管理的实践性参考案例。

本届论坛以“酒店人力资源培养及如何应对人才危机”为主题，山东饭店行业协会、辽宁饭店行业协会及多家知名酒店集团的高层以及优秀企业代表亮相论坛。本次论坛得到了中华工商时报、新浪商业地产、搜狐酒店、迈点网等新闻媒体的大力支持。

（济南大学社科处戴亮供稿）

“全球伦理”专题讲座 9月17日，国际著名学者、美国天普大学教授列奥纳德·斯维德勒（Prof. Leonard J. Swidler）做客山东大学“天人讲堂”第45讲，作题为“全球伦理”的专题讲座。

列奥纳德·斯维德勒（1929年—），国际著名学者，美国天普大学宗教系天主教思想和跨宗教交流专业教授。《普世研究杂志》主编，先后参与发起和创办了跨宗教、跨文化、跨国际对话研究所（1978）、争取天主教徒在教堂中权利协会（1980）、全球对话研究所（1993），并担任这些研究机构的所长、主席等重要职务。斯维德勒教授是全球伦理、跨宗教对话的积极倡导者和实践者，已经出版相关著作80余部，论文200余篇，并在全球数十个国家和地区发表过相关主题演讲。

（山东大学犹太教与跨宗教研究中心齐晓东供稿）

“思想语与私有语言”讲座 9月20日，山东大学第40期分析哲学论坛在中心校区知新楼举行，首都师范大学哲学系陈嘉映作了题为“思想语与私有语言”的讲座。主要内容为：用语言“表达思想”，是自我领会着的，有标的有控制的活动。“自我领会”不等于通常所说的“自我意识”或反省。在这个关节点上，我们要区分自动本能行为，自发行为和反思行为。由此，我们可以讨论动物的“语言”与人类语言的基本区别，以及“形象思维”等多个常见提法，尤其有助于讨论私有语言和思想语等语言哲学中的热门话题。

（山东大学哲学与社会发展学院荣立武供稿）

徐青峰学术报告会 9月20日，枣庄学院美术与艺术设计学院邀请山东省美术馆馆长徐青峰作学术报告。徐青峰先由蔡元培先生的“以美育代宗教”引入主题，向同学们解释了艺术的重要性，在报告的第二部分“艺术的时代性”中，带领同学们欣赏分析了我国近代绘画大师的作品，并用自己创作《我静静的喘息》、《天空》等作品的经历告诉同学们在欣赏和创造艺术的同时要与社会文化背景相结合，并弄清自己、看清世界。报告的第三部分为“用自己的眼睛看世界”，徐青峰通过对毕加索、梵高等西方绘画大师的作品分析呼吁同学们要再学习西方的优秀文化同时，更要注重中国自己的文化，并用自己《血战台儿庄》的创作经历鼓励同学们，要相信自己，并且把自己应该做的事做好，就一定会获得成功。在场师生纷纷表示，演讲为他们作了一次很好的艺术知识讲座和职业生涯的教育，加深了大家对艺术与生活的认知，带给大家诸多启迪。会上，美术与艺术设计学院院长李鲁祥为徐青峰颁发了特聘教授证书。会后，徐青峰还到美术与艺术设计学院参观油画教师作品展并与师生进行了广泛深入的交流。

（枣庄学院科技处汪涛供稿）

2012年中韩文化交流活动 9月22日上午，首届日照文博会重要内容之一的2012中韩文化交流活动在日照职业技术学院开幕。省社科联党组书记、副主席杨瑛，日照市委常委、宣传部长解世增出席开幕仪式并分别致辞。韩国国会议员金春镇，日照市政协副主席毛晖明出席开幕式。此次活动由山东省社会科学界联合会、韩国世界饮食文化研究院、日照市委宣传部联合主办，日照市社科联、市文联、市旅游局承办。该活动是中韩双方落实国家领导人关于加强两国文化交流的讲话精神，根据签署的相关合作协议在中国开展的第七次交流活动。活动包括中韩饮食文化交流展、中韩饮食文化国际学术论坛、韩国访问团考察体验山东文化设施和民俗文化等内容。

（日照市社科联供稿）

第九届中国（广饶）孙子国际论坛 9月22日，第九届中国（广饶）孙子国际论坛在东营孙武湖成功拉开帷幕。由山东国际孙子兵法研究交流中心、山东孙子研究会与广饶县政府、广饶县孙子研究中心一起，积极邀请相关专家学者以及兵学爱好者100余人参加会议。第九届中国（广饶）孙子国际论坛的主题是《孙子兵法》与现代国防。论坛主旨报告由山东孙子研究会会长、山东国际孙子兵法研究交流中心主任赵承风主持，共安排三场主旨报告：一是国防大学战役教研部教授黄祖海主讲“海洋维权斗争与国家安全”；二是中国孙子兵法研究会研究员刘庆主讲“《孙子兵法》与当代国防”；三是山东孙子研究会副会长兼秘书长曹永孚主讲“孙子兵学思想对现代国防观的深远影响”。与会人员围绕本届论坛主题进行了深入探讨。会上，赵承凤作总结点评，会议取得了圆满成功。

（山东国际孙子兵法研究交流中心供稿）

“延安文艺的几个问题”学术报告 9月22日上午，人民文学出版社王培元来到青岛大学文学院东亚文学与文化研究中心，为中国现当代文学专业的研究生作了一场关于“延安文艺的几个问题”的学术报告。

王培元详细地介绍了延安文艺座谈会召开的历史背景，以翔实的采访和文献资料为基础，突破了前人的认识偏差，提出了一些富有启发性的学术新见。王先生善于拨开迷雾，用当下的视角和视野反观历史，广泛涉及到“历史的当代性”、“现代知识分子”、“学术研究的资料基础”等话题，讲座之后回答了学生的提问，其严谨的治学态度给大家留下了深刻的印象。部分老师及30余名研究生参加此次座谈会。

王培元，现任人民文学出版社现代文学与文化编辑室主任，长期致力于中国现代文学研究和图书编辑工作，出版有《延安鲁艺风云录》、《永远的朝内166号：与前辈魂灵相遇》等；曾策划编辑“猫头鹰学术文丛”、“中国现代作家作品新编丛书”、“人与岁月丛书”等有影响的图书。担任中国现代文学研究会理事、中国鲁迅研究会理事、《中国现代文学研究丛刊》编委等学术职务。

（青岛大学社科处高玉珍供稿）

青岛大学人文社会科学大会 9月22日，青岛大学召开人文社会科学大会。大会全面回顾总结了学校人文社会科学工作取得的主要成绩，提出了今后人文社会科学工作目标和思路，部署了今后人文社会科学工作重点任务。教育部社科司司长杨光，山东省教育厅巡视员陈光华出席大会并作重要讲话。大会由校党委副书记、校长王安民主持，校党委书记夏临华作重要讲话。校部机关各部门负责人，各学院党政主要负责人，各学院（教学部）分管教学和学生工作的负责人，各学院教学科研工作管理干部，部分教师和学生代表等参加了大会。

（青岛大学社科处高玉珍供稿）

“卫生政策报告会——深化医药卫生体制改革” 9月22日，由山东大学卫生管理与政策研究中心主办的“卫生政策报告会——深化医药卫生体制改革”在山东大学趵突泉校区举行。山东大学校友、卫生部妇幼保健与社区卫生司司长秦怀金，卫生部政策法规司副司长陈宁珊，北京市卫生局副局长雷海潮，省卫生厅副厅长仇冰玉，以及来自海内外的200余名山东大学社会医学与卫生事业管理专业毕业的硕士和博士研究生参加。山东大学社会医学与卫生管理学专业创始人、教授王均乐、刘兴柱出席会议。本次学术研讨会旨在回顾卫生事业管理专业的发展历史，探讨目前卫生体制改革的热点问题。秦怀金结合新阶段医药卫生体制改革介绍了基本公共卫生服务的制度设计、进展、存在的问题以及下一步需要研究的问题；陈宁珊介绍了深化医药卫生体制改革进展以及“十二五”期间的重点任务；雷海潮介绍了医疗服务市场化研究成果；澳门大学中华医药研究院教授卞鹰介绍了基本药物制度在提高中国农村地区药品可及性方面的作用研究。通过讨论，与会代表对中国卫生体制改革提出了建设性意见，同时认为学校研究机构应该进一步服务国家和地方卫生改革与发展，更好地培养卫生领域领军人才。

（山东大学卫生管理与政策研究中心李慧供稿）

青岛市新型农村社区建设座谈会 9月24日，由青岛农业大学中国农村发展研究院主办的青岛市新型农村社区建设座谈会在青岛农业大学召开，科技部中国农村技术开发中心主任贾敬敦、国务院研究室农村司巡视员董忠、国务院发展研究中心研究员张忠法、中国农业科学院农业经济与发展研究所研究员吴敬学，科技部中国农村技术开发中心调研室副主任、中国农村科技杂志社社长袁学国等学校兼职教授、中国农村发展研究院兼职研究员，青岛城乡社区建设投资（集团）有限公司总经理姜民秀，青岛城乡担保集团总经理李青阳，青岛市统筹城乡发展工作领导办公室处长周江杰、张金明等出席座谈会。与会专家学者就我国新型农村社区建设和青岛市新型农村社区建设的有关问题，从不同的角度对新型农村社区建设与社会主义新农村建设的关系、当前我国农村社区建设中存在的问题和应对的措施以及在农村社区建设中农民权益的维护和保障等问题，进行了广泛交流。

本次座谈会是在全国各地积极探索新型农村社区建设途径的大背景下召开的，参与中央和国家农业相关政策制订的领导、长期从事“三农”问题研究的专家学者以及长期从事农村发展建设方面的专家为青岛市新型农村社区建设建言献策，对于青岛市新型农村社区建设绘制出具有超前性、针对性和可行性的高水平、高质量的发展蓝图和探索出具有青岛特色的新型农村社区建设模式有重要意义。

（青岛农业大学社科处辛力克供稿）

“比较文学的几个关键词”报告 9月24日，天津师范大学教授、博士生导师黎跃进在枣庄学院文科楼报告厅为文学院学生作题为“比较文学的几个关键词”的报告，报告会由文学院院长、教授董业明主持。报告会上，黎跃进首先详细阐述了“什么是比较文学?”，对有关比较文学的几种误解进行纠正。接着，以几个关键词入手对比较文学的定义进行解读。他认为，跨文化是比较文学的实质，对话是比较文学的方法论基础，汇通是比较文学的学术要求，比较是比较文学的本体性质。随后，黎跃进还介绍了天津师大比较文学专业考研情况，并和学生进行了互动交流。最后，董业明高度评价了讲座内容，认为黎跃进底蕴深厚，视野开阔，观点深刻，理据翔实，显现出学者的高度、广度和深度。

（枣庄学院科技处汪涛供稿）

“曲阜祭孔音乐”学术讲座 9月25日上午，山东艺术学院成慧青教授应邀在美国亚利桑那大学举办题为“曲阜祭孔音乐”的专场讲座。这是第一位中国访问学者在亚利桑那大学的专题讲座。讲座是亚利桑那大学孔子学院策划主办的图桑市首届中国文化节的首场专题音乐讲座，小提琴演奏家郎晓明博士协助翻译。来自该校音乐系的学生及部分中国音乐爱好者200余人听取讲座。

成慧青在讲座中详细介绍了曲阜祭孔音乐的历史、表演形式、乐队配置及其演变。成慧青认为，在2000多年前的孔子时代，中国的传统文化和传统音乐相生相伴、相互融合，谱写了中华民族璀璨历史的文化史诗。祭孔音乐就是在现代形式上对传统经典音乐的传承和光大。讲座结束时，成慧青即兴演奏了多首中国传统音乐名曲。深情悠扬的琴声令到场的美国听众陶醉其中，更唤起了在场华人的思乡之情。

（山东艺术学院科研处刘翔宇供稿）

“村上春树和中国”讲座 9月26日下午，应山东师范大学暨山东省日本学研究中心的邀请，东京大学文学院教授藤井省三到外国语学院举办题为“村上春树和中国”的讲座。藤井省三是日本著名的比较文学研究专家，近年专注于村上春树文学研究。在国内外有着广泛的学术影响力。

此次讲座主要分为两个部分。第一部分主要依据村上文学在中国的翻译传播情况，总结出中国接受村上文学的四个规律，即“时钟旋转”、“经济拐点”、“后民主化”及“森高羊低”，并阐述了村上文学对中国电影和当代文学的影响；第二部分则主要考证了鲁迅文学、日本侵华历史等对村上春树文学的影响。藤井教授围绕“村上春树”和“中国”两个关键词，深入浅出地论述了日本当代文学中所折射出的后现代文化、在东亚范围内所处的时间和空间位置等。

山东轻工业学院、济南大学、山东女子学院、山东青年政治学院等多所驻济高校的教师以及外国语学院日语系全体研究生、部分本科生聆听了讲座，并就有关问题与藤井展开讨论。

（山东师范大学社科处高景海、顾大伟供稿）

“当前经济形势与经济热点分析”学术报告 9月27日下午，山东师范大学“社科大讲坛”第43讲在长清校区C－154报告厅举行。我国著名金融证券专家、复旦大学金融与资本市场研究中心主任、教授、博士生导师谢百三应邀作题为“当前经济形势与经济热点分析”的学术报告。报告由经济学院副院长张宗斌主持，山东师范大学经济学院等300余名师生共同聆听了报告。

报告中，谢百三结合自己的工作经验和个人经历透彻分析了中国当前的经济形势与经济状况。他表示，现在中国社会不论是经济水平还是国际地位都达到了一定的高度，我们要乐观看待中国经济，不要因为小的不足就否定了经济发展的主流。接着，他根据自己在投资界的实际操作经验系统介绍了投资理财的方法及注意事项，并讲解了股票市场的走势及选择股票的方法。最后，谢百三与学生代表进行了座谈交流，针对同学们在价值投资、物价上涨和考研、就业等方面的问题作了详细指导。

报告会加深了师生对当前经济形势和经济热点问题的了解。

（山东师范大学社科处高景海、顾大伟供稿）

“建设蓝色文化，推进威海经济发展战略”研讨会 9月27日至29日，由教育部人文社科重点研究基地山东师范大学齐鲁文化研究中心、威海市委宣传部和威海市社会科学界联合会联合主办的“建设蓝色文化，推进威海蓝色经济发展战略研讨会”在山东威海召开，70多位专家学者参加研讨。会议围绕蓝色文化的内涵与基本特征、山东半岛蓝色文化建设的机制与途径、半岛及威海文化产业发展战略规划、威海文化资源开发与保护等问题展开了深入研讨。省政协副主席王志民、省委宣传部副部长刘宝莅、省社科联党组书记、副主席杨瑛、山东社科院党委副书记王希军等出席。中央人民广播电台、《光明日报》、《大众日报》、山东卫视、山东人民广播电台、《齐鲁晚报》、新华网、人民网、中国经济网、新浪网、搜狐网、网易网等60多家中央、省及市外各类媒体，对会议及专家观点等进行了不同方式的报道。

（山东师范大学社科处高景海、顾大伟供稿）

中国第四届大舜文化研讨会 9月27日，由山东省大舜文化研究会和湖南省舜文化研究会联合主办的中国第四届大舜文化研讨会在湖南宁远召开，主题是“虞舜与九嶷”，来自中国社会科学院、复旦大学、山东大学、山东师范大学、广西师范学院、湖南科技学院等高等院校和科研机构的70余位专家学者参加了会议。共提交论文近60篇，与会专家学者在研讨中达成诸多共识，认为舜文化的核心就是“德孝”，舜文化研究的大义所在就是促进了民族的大团结，以及寻求民族的历史渊源，促进民族融合的文化研究，是寻找虞舜道德文化中的民族生存智慧，对构建社会主义和谐社会具有重大意义。

研讨会期间，研究会会长谢玉堂还率团在湖南宁远九嶷山舜帝陵举行了祭舜大典和大舜赋碑揭碑仪式。谢玉堂作为主祭人率山东代表在舜帝陵隆重地祭祀了舜帝并在舜帝陵植树以表纪念。随后，谢玉堂与唐之享共同为“大舜赋碑”揭碑，该碑以山东省大舜文化研究会的名义建立，由谢玉堂撰写碑文，不仅向世人证明了因舜结缘的鲁湘两省之间的深厚文化渊源，更为两省携手共同弘扬舜德文化、凝聚民族情感、加强社会主义精神文明建设以及和谐社会建设起到了推动作用。

（山东省大舜文化研究会供稿）

“京杭运河通航与山东”研讨会 经省政协原副主席李殿魁提议，9月27日至28日，山东省人文自然遗产保护与开发促进会和枣庄市政府在枣庄市联合举办了“京杭运河通航与山东”研讨会，旨在推动实现京杭运河通水复航，保护弘扬运河文化，完善综合交通运输体系，带动沿运地区经济社会发展，为运河“申遗”创造条件。交通运输部水运科学研究院副总工程师乔冰、华夏文化纽带工程执委会专家委员会秘书长顾祚华等领导专门来山东参加会议，在会上讲话并听取意见建议。省人大原副主任苗枫林亲自到会并作重要讲话。省政协原副主席李殿魁在会上作“抓住机遇，拨乱反正，发挥山东推动京杭运河复航的关键作用”主题发言。枣庄市委、市政府主要负责同志，省直港航、南水北调、黄河河务、文物、旅游等有关部门和运河沿线德州、聊城、济宁、枣庄、东平、梁山等地政府部门、人文社团、专家学者作了交流发言，对京杭运河的通水复航、遗产保护、旅游开发等工作建言献策。会议对通水复航的水源补充、线路走向、穿越黄河的地点和方式等关键环节进行了论证和探讨，进一步坚定了对京杭运河通水复航的信心，为交通运输部水运科学研究院加快京杭运河黄河以北段复航研究提供了重要的参考意见和依据。

（山东省人文自然遗产保护与开发促进会供稿）

第五届中国体育工程学术会议 第五届中国体育工程学术会议9月28日至29日在聊城大学召开。会议由中国体育科学学会体育仪器器材分会主办、聊城大学体育学院承办、中国系统仿真学会体育系统仿真专业委员会协办。本次会议的主题为“科技 运动 创意”，共收到来自全国46个高校与科研院所的130余篇论文，通过专家评审，入选论文97篇，其中大会主题报告4篇，专题报告56篇，书面交流37篇，并特邀山东体育学院副院长谷忠德、中国电子系统过程研究所主任陈桂生、南京师范大学体育学院博士生导师孙庆祝等参加会议。来自全国体育工程的专家学者进行广泛交流与研讨，了解了体育工程学科与研究的最新动态，相互学习体育工程研究的新方法新思路，增进了友谊。同时交流学习了体育装备工程专业建设的经验，也极大地促进了与全国体育工程专家学者的联系与交流，推动了聊城大学体育工程学科的发展。

（聊城大学社科处张兆林供稿）

“作为当代精神资源的鲁迅遗产——以余华与鲁迅为中心”学术报告 9月29日上午，兰州大学文学院教授、博士生导师吴小美做客青岛大学文学院东亚文学与文化研究中心，为文学院研究生作题为“作为当代精神资源的鲁迅遗产——以余华与鲁迅为中心”的学术报告。吴小美注重探寻作家之间跨越时空的精神联系，她以当代作家余华为个案，以精神传承、精神纽带为主线阐述了当代作家与鲁迅的承传关系。通过对余华三部长篇小说《活着》、《许三观卖血记》和《兄弟》的独特解读，采用比较方法分析余华与鲁迅在艺术风格、语言风格及写作方式上的相近性。讲座熔铸了吴先生多年的学术积累与人生体验，使学生深受启发。学校部分老师及30余名研究生参加了此次座谈会。

吴小美，1954年毕业于北京大学中文系，分配到兰州大学任教。历任中国现代文学研究会常务理事、中国鲁迅研究会理事、中国比较文学研究会名誉理事。长期担任中国老舍研究会会长，现任中国老舍研究会名誉会长。著有《虚室集》（鲁迅研究）、《中国现代作家与东西方化》、《老舍的小说世界与东西方文化》、《鲁迅与东西方文化》、《老舍与中国革命》、《老舍与中国新文化建设》等；发表学术论文50多篇，担任大型电视文献纪录片《先生鲁迅》顾问，3 次参与部（教育部）颁教材的编定工作，承担国家社科基金研究项目和教育部社科研究基金项目多项。

（青岛大学社科处高玉珍供稿）

“青岛人口与经济社会发展学术研讨会” 9 月 28 日，由青岛市社科联、青岛市统计学会共同举办的“青岛人口与经济社会发展学术研讨会”在青岛市彰化路海滨花园举行。青岛市统计局副局长周善忠主持会议，市统计局总统计师于春涛、市社科联副主席任银睦出席会议并讲话。来自全市高校、党校、社科研究机构的专家从经济学、社会学、人口学等多学科角度，围绕青岛市劳动力资源、人口素质、人口城镇化、人口和经济发展协同性等问题进行了深入探讨，对青岛市的农村劳动力转移、中长期人口总量及人口机构、人口老龄化和人口均衡度等问题展开了讨论。会议理论联系实际，服务于青岛民生和经济社会发展。到会学者、专家 40 余人，共收到论文 27 篇。

（青岛社科联供稿）

“青岛市文化产业特色发展战略理论研讨会” 9 月 29 日，由青岛市社科联、青岛市市场经济研究会共同举办的“青岛市文化产业特色发展战略理论研讨会”在青岛市委党校举行。会议围绕青岛市第 11 次党代会提出的“优化产业布局，提升文化产业在全市经济中的支柱产业地位”的目标，围绕蓝色文化主题，以高度的文化自觉和文化自信，在更广视野、更高起点、更高层次上推进文化产业大发展，推动青岛市经济结构的战略性调整进行了研讨，进一步加深了对“文化青岛”建设战略目标和青岛市发展文化特色产业的理解，为推动青岛经济社会文化的全面发展提供了智力支持。到会学者、专家 40 余人，共收到论文 44 篇。青岛市委党校副校长王振海、市社科联副主席任银睦出席会议并讲话。

（青岛社科联供稿）

“书法课的意义”专题讲座 淄博师范专科学校继续积极推进开放式办学，与中央美术学院、山东师范大学、山东理工大学等国内外知名高校开展了合作办学，并先后与英国联程教育协会、澳大利亚集团学院等六所国外高校或教育机构签订友好协议，就合作办学、师生互派等方面展开务实探讨，10 月“奂山讲坛”开讲。我国著名学者、书法家、书法教育家，首都师范大学教授、博士后博士生导师欧阳中石先生作题为“书法课的意义”专题讲座。

（淄博师范高等专科学校科研处褚宏祥供稿）

2012 海峡两岸租税学术研讨会 10 月 5 日，“2012 海峡两岸租税学术研讨会”在台湾逢甲大学举行。山东大学经济学院财政学系 7 位教师参加会议进行发言，副院长李文教授出席开幕式并致辞。

教授李文、陈东、李一花、李华，副教授苏春红、汤玉刚、石绍宾分别在小组讨论中就“我国地方政府间税收竞争对资本流动效应的实证分析”、“新型农村合作医疗的农户满意度调查与检验”、“基于中国县级数据的财政转移支付制度均等化效果实证分析”、“中国省级税制结构优化：效率与公平的双重红利”、“人口老龄化与大陆弹性延迟退休年龄的研究”、“分权、土地财政与城市基础设施”、“邻避物品供给困境分析”等主题进行发言。

研讨会由逢甲大学和厦门大学共同主办，岭东科技大学、山东大学和西南财经大学共同协办。来自中国人民大学、中央财经大学、政治大学、国家税务总局等单位的 50 余位专家学者，围绕“租税制度与税制改革”、“租税优惠与重复课税”、“租税负担与所得分配”、“财政收支与地方财政”等议题进行了热烈研讨。

海峡两岸租税学术研讨会最早于 1997 年由厦门大学和逢甲大学发起并共同主办，至今已成功举办 11 届。山东大学曾于 2006 年和 2010 年主办过两届。该研讨会参会人员主要来自大陆和台湾地区的高校及科研机构，目前已成为海峡两岸财税理论交流的重要纽带，在学术界形成较大影响。

（山东大学经济学院郗德玮供稿）

2012 青岛经济管理学科发展高层论坛 10 月 7 日，青岛地区“经济与管理学科发展高层论坛”在山东科技大学举行。青岛市社科联副主席任银睦、青岛市委党校副校长王振海、青岛科技大学副校长罗公利、青岛农业大学副校长王伟、山东科技大学副校长刘新民、张士强以及来自中国海洋大学、中国石油大学（华东）、山东科技大学、青岛大学、青岛科技大学、青岛理工大学、青岛农业大学的经济与管理学科的院系负责人参加此次论坛。山东科技大学经管学院院长王新华主持论坛。

论坛上，各位专家结合各自的实际，就经济与管理学科的发展、科学研究、队伍建设、人才培养等方面话题展开了讨论。大家认为，近几年各学校经济与管理学科都有了不同程度的发展，招生规模扩大了、生源质量好转了、学科平台不断完善、学术水平逐渐提高。同时还存在许多问题，如各学校学科特色不够鲜明、师资力量不足、师生比失调、教学投入不够、人才培养质量有待于进一步提高等。

经济与管理学科要想做好做强，必须实施工作的重心转移，在内涵建设上下工夫，更加重视教育教学、重视师德建设、重视人才培养质量。

（山东科技大学科研处孙江文供稿）

“如何掌握好美式英文发音”讲座 10月8日，美国加州米慎学院（Mission College）教授、ESL教学专家陈美玲（Marsha Chan）做客山东大学外国语学院，作题为“如何掌握好美式英文发音”的讲座，并与学院教师代表进行深入座谈。副院长刘振前主持座谈与讲座。

座谈主要围绕英文教学法展开。陈美玲关心英语系学生目前在中国的就业前景，并传授了她多年来的教学心得，突出强调师生间和学生间互动（interaction）与合作（collaboration）的重要性，并就如何鼓励内向学生积极发言和如何合理纠正学生的不标准发音等问题进行了交流与探讨。

座谈后，陈美玲以“Stress，Intonation，Rhythm and Linking in Dialogs”为题作了讲座。她首先与在座师生一起进行拍掌互动，作为发音预热练习。然后，她从三个方面分别阐释了美式英文发音技巧：关键词的重读（stress the key words）、语调的音高变化（intonation - pitch change）和词汇连读（linking）。随后，她播放自制视频“Kathy's Busy Month of May”，并以此为实例巩固上述发音技巧。陈美玲教授的讲座主题新颖、内容充实、材料丰富、寓教于乐，一解外语学院学生长期以来在美式英文发音方面的个人困惑。外语学院师生共190余人参加了讲座。

陈美玲出生于美国加利福尼亚州旧金山市，在斯坦福大学完成硕士学位，现为美国加州米慎学院（Mission College）英语作为第二语言（ESL）教授。此外，她还是旭日媒体（Sunburst Media）的创始人和总裁。除了面对面授课，陈美玲教授还是在线和远程授课的领导者和倡议者。她所创建的发音医生频道（Pronunciation Doctor's channel）受到世界各地英语学习者和教育者的推崇，她本人也被尊称为“发音医生”。

（山东大学外国语学院程殿梅供稿）

“艺术家如何面对艺术市场”专题讲座 10月9日下午，台湾长流美术馆馆长黄承志在山东艺术学院图书馆报告厅，为美术学院师生作题为“艺术家如何面对艺术市场”的讲座。讲座开始前，美术学院特聘黄承志馆长为客座教授。美术学院负责人和近400名师生聆听讲座。

黄承志在讲座中讲到，艺术家、经纪人、收藏家构成了艺术市场的三大元素，三者之间相互配合才能达到互利圆满。他从认识艺术市场、艺术市场的种类、知名度等于画价、利益分配之合理、画价订定之原则、艺术投资获利探讨和艺术工作者应有之心态等7个方面，详细谈了艺术市场的有关情况和艺术家如何面对艺术市场。最后总结道，艺术工作者与经纪人密切合作，专业分工是最好的方法。

（山东艺术学院科研处刘翔宇供稿）

青岛市食品安全与健康生活科普系列活动 10月11日，青岛市社科联2012年重点科普活动——“青岛市食品安全与健康生活科普系列活动”在青岛农业大学启动。该项活动由青岛市社会科学联合会主办，青岛市传播学会承办，青岛农业大学协办，青岛市社科联副主席任银睦，青岛市传播学会会长、青岛农业大学副校长王伟，青岛市社科联主任姚志刚出席启动仪式，启动仪式由青岛市传播学会副会长及秘书长、青岛农业大学动漫与传媒学院院长赵晓春主持。本次科普活动充分利用青岛农业大学的优势，围绕人们在日常生活中遇到的食品安全问题，选择公众关注的社会热点问题，结合不同社会群体的需求，有针对性地精心策划和完成了“食品安全”、“健康生活”等重点活动项目，通过多种形式开展科普宣传，普及安全知识。本次活动共组织食品专家举办大型报告会两场，组织十余名农大食品专家开展安全健康教育和咨询。约有1000余名大学生积极参与了本次活动。青岛农业大学新闻网、大学生在线等媒体对本次活动进行了采访报道。

（青岛农业大学社科处辛力克供稿）

“人权的司法保护”学术报告 10月11日，山东理工大学法学院邀请国家社科基金法学评议组专家、山东大学法学院院长、教授、博士生导师齐延平作题为“人权的司法保护”的学术报告会。齐延平的学术报告主要围绕我国人权保护的现状、存在的问题以及司法保障等方面展开。他认为，司法权是一项被动行使的权利，具有中立性、裁判性、终极性等特点，只可以接受监督，而不能接受命令。基于以上特点，只有建立独立的司法机关，人权才能有更好的保障。讲座使学校师生对人权保护有了更深刻的了解，增强了维权意识，进一步明确了法律的价值和意义，为今后的学习和研究打下了更好的基础。

（山东理工大学社科处南爱华供稿）

法国现代舞专题讲座 10月11日，山东体育学院体育艺术系邀请法国著名舞蹈家、编舞家、舞蹈教育家Myriam Herve - Gil作法国现代舞专题讲座，艺术系师生约240人参加。Myriam Herve - Gil 通过角色定位演示法、模拟与游戏法、角色扮演法、分组讨论法、视听教育法等与学生互动，她专注于发展每位听课者的创造性，她善于开发和细化肢体语言的表意性以及发展每位听课者的观察力和想象力，让我们时时感受到自己身体的每一个部位的存在，从而发挥肢体在技术上与表现力上最大的精确性。在短短的半天里，将尼古拉伊斯现代舞体系作了一个概要的介绍。师生们对法国现代舞的发展趋势有了最基本的了解，开阔了视野。

（山东体育学院科研处章岚供稿）

“好好地活与活得好：孔子和柏拉图哲学中正义的层级问题及其根本动力”讲座 10月11日，山东大学第41期分析哲学论坛在中心校区知新楼举行，山东大学哲学系陈治国作题为“好好地活与活得好：孔子和柏拉图哲学中正义的层级问题及其根本动力”的讲座。主要内容为：作为中西古典社会正义论的各自代表，孔子和柏拉图的哲学要求经由个人的德性正义通向国家层面的社会正义。在柏拉图那里，在这前两种正义之上还有一种处于最高等级的存在论正义。存在论的正义既是前两种正义层级的根源，同时也与它们之间具有一种紧张关系，这就导致对于正义的追求必然是悲剧性的。这种悲剧性与柏拉图那种“人如何活得好”的哲学议题是密切相关的。而在孔子那里，没有任何对存在论正义的真正探究，他对社会正义的追求虽然也并非持有一种完全乐观的态度，但是，伴随着这种追求的信念不是“人如何活得好”，而是“人如何好好活”。

（山东大学哲学与社会发展学院荣立武供稿）

青岛科技编辑学会第十一届学术年会 10月12日，青岛科技编辑学会第十一届学术年会在山东科技大学召开。青岛市科协副主席吕祖利、山东科技大学副校长王少鹏、青岛科技编辑学会副理事长张光威出席会议，学会代表近100人参加了会议。年会以“科技期刊的创新与科技支撑”为主题，总结了2012年学会的工作并进行学术交流。年会由青岛科技编辑学会副理事长兼秘书长梁德海主持。

与会代表听取了中国海洋大学法学院教授马英杰有关《海洋法》的专题报告，来自《海洋与湖沼学报》，《青岛职业技术学院学报》和《山东科技大学学报》编辑部的代表作了学术出版中有关国际化建设实践、出版流程优化、期刊学术影响力统计分析等方面的研究报告。学术报告会由山东科技大学学报编辑部主任黄仕军主持。

（山东科技大学科研处孙江文供稿）

第九届全国高校文化管理类学科建设联席会议 10月12日，由济南大学承办的第九届全国高校文化管理类学科建设联席会议在济南舜德大厦开幕。省文化厅副厅长李国琳、省社科联副巡视员武卫华、济南大学党委书记范跃进、副校长张硕秋等出席会议。来自全国50余所高校的近120余名专家学者参加会议。

范跃进在讲话中认为，随着宏观层面政府文化管理职能转变和微观层面传统文化单位“事改企”机制转换步伐的加快，文化体制改革取得了重大的实质性突破；而在破除人才制约瓶颈方面尚任重道远，加快文化经营管理人才培养成为高等学校义不容辞的历史使命。这次联席会议将就各高校文化管理学科专业建设的新进展、新经验和新情况进行深入交流，进一步探讨学科专业建设和办学路径等问题。

全国文化管理类学科建设联席会议是旨在加强高校文化管理学科专业建设的学术会议，每年召开一次。9年来，联席会议在推动文化管理学科专业建设、提高师资专业水准、加速扩大文化产业后备人才培养、交流互通办学经验等方面，作出了重要贡献。

（济南大学社科处戴亮供稿）

“转变经济发展方式下的社会政策问题”学术报告 10月12日，山东理工大学法学院在3号教学楼报告厅邀请国家学科评议组成员、国家社会科学基金评委、南开大学社会建设与管理研究院院长、教授、博士生导师关信平作题为“转变经济发展方式下的社会政策问题”的学术报告。关信平通过阐述社会政策的基本问题拉开序幕。他首先就社会政策从其主体、对象、运行机制等方面进行了清晰的界定。针对“转变经济发展方式下的社会政策问题”的主题，主要阐述了三个方面的问题：第一，20世纪80年代至90年代中国社会政策的发展历程及其影响因素。第二，中国新的经济转型及其对社会政策的影响。第三，社会政策面临的新挑战等。

（山东理工大学社科处南爱华供稿）

“把想象变成现实——CGI在广告摄影中的功能”系列学术讲座 10月12日下午，第四届中国济南国际摄影双年展系列讲座分别在山东工艺美术学院长清校区第一、二、三合堂举行。主讲人分别是国际著名摄影师克林特·克莱门斯、肯伯丽·哈肯斯、卡洛斯·克劳迪奥、泰穆尔·易卜拉欣·比伦特、梅特扎基斯·马诺利斯、班纳吉·德比达斯。

克林特·克莱门斯以“把想象变成现实——CGI在广告摄影中的功能”为主题，通过幻灯片的形式讲解了CGI技术在摄影中的运用、怎样运用计算机合成来表达创新型的视觉效果等，并对一些作品的主题、意义和传达的感情作了详细的讲解。他认为，在摄影器材的功能和质量空前提高的情况下，怎样使拍摄的图像给大家留下一个深刻的印象，突出自己的特点，是我们需要考虑的问题，而且CGI电脑技术具有一定的难度，需要用心地去学习。

肯伯丽·哈肯斯从灯光、构图等不同角度为我们阐述了摄影艺术创作的奥秘，并以幻灯片的形式给观众展示了不同主题的摄影作品，她认为，作为一个合格的摄影师，要学会理解光源关系，通过光源和背景的完美结合创作有个人思想理念的作品。

卡洛斯·克劳迪奥强调现实摄影是美的，他认为不经过处理的照片是真实的照片，摄影作为展示日常生活的一种方式，是对生活真实性的一种反应。他强调艺术来源于创造力，艺术是有创造力的摄影师通过对工具的使用来反映现实，再造现实，并传达出一种观念。艺术品的价值取决于是否可以和观众取得沟通，故而从真实的摄影中可以得到艺术，而现实摄影和艺术摄影这两种摄影方式完全可以和平共处，生活就是艺术。

泰穆尔·易卜拉欣·比伦特通过播放一系列作品，让观众深切体会到了土耳其摄影的特色与风格。照片通过亮丽的色彩，强烈的对比，给观众带来强烈的视觉冲击力。在Nature details作品系列中，通过细节的刻画和原生态生命力的坚强美丽，都给人一种强烈的视觉冲击和心灵震撼。

梅特扎基斯·马诺斯利从历史角度介绍了克里特摄影风格，从感光、灯光、焦距、光圈、构图等方面总结了摄影在科学技术方面的应用，并且重点强调了深黑色背景、镜头高低、镜头离模特、背景离模特的摄影技巧。

班纳吉·德比达斯将观察、形象化、构图概括为理论方法，将选择、隔离、消除、组织概括为实际方法来阐明摄影作品的制作技巧，并对初学者提出摄影时要突出物体、遵守摄影三分原则、删除场景内的不必要物体、适当放入辅助物品等建议。

（山东工艺美术学院科研处任谢元供稿）

第二届（2012）国际软实力学术研讨会 10月12日—15日，“第二届（2012）国际软实力学术研讨会”在济南大学召开。本届会议由中国文化软实力研究中心、济南大学、中国国际投资促进会文化创意产业联盟、Canadian Research & Development Center of Sciences and Cultures、Aussino Academic Publishing House共同主办，由济南大学软实力研究中心、管理学院、济南数量经济与技术经济学会具体承办，《东岳论丛》杂志社及国外有关期刊协办。中央文献研究室副主任张宏志，中国科学院纪委书记王庭大，本届大会主席、中国文化软实力研究中心主任、全国哲学社会科学规划办公室原主任张国祚，省社科联党组书记、副主席杨瑛，以及《求是》、《人民日报》、《光明日报》、《人民网》的有关同志出席大会开幕式。300多名国内外专家、学者参加会议。济南大学党委书记范跃进在大会开幕式上致辞，副校长韩宏主持开幕式。

本届会议围绕软实力理论与实践问题尤其是国家软实力、区域软实力（包括城市软实力）、行业软实力、组织软实力（主要指企业软实力）、个人软实力等的理论和测度方法、软实力资源开发、软实力提升路径、软实力建设经验等相关问题的最新动态和前沿信息进行深入、热烈地探讨，并就最新的研究成果、应用进展以及业界需求进行了广泛交流。

（济南大学社科处戴亮供稿）

“对外汉语语法教学的设计与方法”报告 10月12日，山东师范大学国际交流学院邀请北京大学对外汉语教育学院教授、博士生导师、《汉语教学学刊》主编、中文教学现代化学会会长、中国对外汉语教学学会理事、世界汉语教学学会常务理事、“北京大学汉语口语自动化考试”项目负责人李晓琪作题为“对外汉语语法教学的设计与方法”的学术报告。李晓琪多次赴国外和中国香港、台湾等地任教，研究领域为现代汉语语法和对外汉语教学。发表论文、出版专著、主编教材及工具书成果丰硕，其中《快乐汉语》获中国国家汉办2010年“优秀国际汉语教材”奖，已译为43种文字向全球推广，《博雅汉语》在国内外广泛使用，取得了很好的社会反响。

（山东师范大学社科处高景海、顾大伟供稿）

“文化教学原则与文化内容呈现方式”学术报告 10月13日，山东师范大学国际交流学院邀请中国人民大学语言学博士，文学院教授、博士研究生导师、校学术委员会委员李泉作题为“文化教学原则与文化内容呈现方式”的学术报告。李泉是世界汉语教学学会理事，《世界汉语教学》《华文教学与研究》等编委，首届国务院学位办全国汉语国际教育硕士专业学位教育指导委员会委员，国家社会科学基金项目通讯评委，多次应邀赴美国、德国、法国、英国、等十几个国家任教、短期讲学。获得过全国优秀对外汉语教学奖，全国优秀对外汉语教师奖，北京市第九届哲学社会科学优秀成果奖。出版专著

《汉语语法考察与分析》《对外汉语教学理论思考》《对外汉语教材通论》；主编文集和对外汉语教材多部，发表学术论文近80篇。

（山东师范大学社科处高景海、顾大伟供稿）

词汇学国际学术会议暨第九届全国汉语词汇学学术研讨会 10月13日，作为校庆111周年系列学术活动之一，由山东大学文学与新闻传播学院主办、商务印书馆和广西百色学院协办的“词汇学国际学术会议暨第九届全国汉语词汇学学术研讨会”在山东大学中心校区科学会堂举行。山东大学副校长陈炎，中国社会科学院原副院长、文史哲学部主任江蓝生，教育部语言文字应用研究所研究员、中国社会科学院教授李行健，香港岭南大学教授田小琳，北京大学教授符淮青，山东大学教授葛本仪，文学院院长郑春等出席会议并在主席台就座。来自韩国、新加坡、中国大陆和港澳台专家学者近200人汇聚一堂，山东大学学术研究部、文学院、国际教育学院有关负责人参加了此次会议。会议由文学院教授唐子恒主持。

会议为期两天，分别进行了会议发言和分组讨论。李行健在发言中肯定了全国汉语词汇学学术研讨会对词汇学发展的贡献，并希望该平台能够秉承“百花齐放、百家争鸣”的精神，培养出更多的年轻学者，为汉语词汇学发展作出更多贡献。江蓝生、符淮青、华中师范大学博士生导师周光庆等专家先后作精彩报告，与参会代表讨论词汇学学科发展的相关事宜。

“一个时代有一个时代的学术”，词汇学研究在全球化浪潮中继承中国传统文化精华，汲取世界文化百家之长，砥砺创新、稳步发展。本次研讨会的成功召开，不但在词汇学领域具有重要的意义，在人文社会科学的相关领域，也一定会发挥积极而重要的作用。

（山东大学文学与新闻传播学院高新华供稿）

“图像正史——新华典藏影像”学术讲座 10月13日下午，新华社领衔编辑、著名摄影评论家陈小波，在山东工艺美术学院长清校区第一会议室举办“图像正史——新华典藏影像”讲座。通过幻灯片展示了作为新华典藏的部分影像。通过展示40年代到90年代的影像资料，详细地介绍了新华社摄影历史。她认为：“每个人生活的当下都是值得记录的，而新华典藏所选用影像是采取不剪裁原理进行筛选，它向我们真实再现了当时的生活，具有很高的历史价值。”

（山东工艺美术学院科研处任谢元供稿）

“探寻熟悉的陌生人”学术讲座 10月13日下午，《照 & 相》杂志主编、摄影评论家潘科举办“探寻熟悉的陌生人”讲座，展示了著名摄影家侯登科的影像成就，介绍了侯登科对于摄影的独特见解，用最真实、不经过剪裁的图片再现了上世纪五六十年代的生活。潘科还从摄影评论家的角度对侯登科的作品进行了点评。

（山东工艺美术学院科研处任谢元供稿）

“聚居型多民族国家的政治民主化问题”研讨会 10月13日至14日，由山东大学当代社会主义研究所所承办的2012年学术年会在泰安召开，本次研讨会以“聚居型多民族国家的政治民主化问题”为题，来自北京大学、华中师范大学、华东政法大学、云南大学、新疆大学、《社会科学》杂志社、山东大学等高校和学术机构的30余位学者参与研讨。山东大学终身教授赵明义和山东大学当代社会主义研究所所长、教授王建民共同主持了研讨会。

（山东大学当代社会主义研究所金淑霞供稿）

“管理层薪金决定因素：代理理论适用中国的上市公司吗?”学术报告 10月15日，英国萨利大学副校长、教授陈靖涵到山东大学经济学院参加第9期金融学讲座，并作题为“管理层薪金决定因素：代理理论适用中国的上市公司吗?”的学术报告。

首先，陈靖涵说，代理理论在阐释“经济危机下金融企业效益下滑，管理层薪金却并未减少”这一现象时不能自圆其说，中国环境与薪酬设置、代理理论的大本营——欧美市场也存在差异，且同期对此课题的研究较少，即便是进行的研究也只是机械套用西方模式，或者囿于代理理论自身的局限，没有考虑到中国国情。

其次，陈靖涵讲到，与西方相比，中国的上市企业受到政府的干预较多，相当一部分公司为国有控股。同时，中国市场与以中小股东为主的完全私有制的西方市场存在显著差别，还有可能造成管理层与大股东为主的董事会联合滥用权力，损害公司及小股东权利的问题，因而，她作出了以下假设：高管的权利较大，监管不力，对管理层予以股票奖励并不会产生太多激励作用。她通过对上市公司年报和管理层薪金的回归分析，结果与假设很好地契合。她还提到，也不能说代理理论完全不适合中国的国情：一是虽然中国的有关规定还较为粗略，但是中国正在进步过程中；二是西方投资者会自觉或不自觉地将西方的制度介绍到中国。

最后，陈靖涵就师生提出的相关问题一一进行解答，并与同学们就该课题的细节问题进行深入讨论。

（山东大学经济学院郁德玮供稿）

“中国当代文学前沿问题研究”学术报告 10月16日，山东理工大学文学与新闻传播学院邀请国家社会科学基金中国文学学科召集人，中国人民大学文学院教授、博士生导师、文艺思潮研究所所长陆贵山作题为“中国当代文学前沿问题研究”的学术报告。陆贵山结合自己的学术研究历程，宏观概述了我国建国以来文艺学的发展历程，并细致分析自己学术过程中关涉的文学理论研究，马列文论研究、美学理论研究，人学与文学的关系问题研究等，历史性地分析了国内文艺学热点问题、文艺批评以及文艺应用研究等问题。陆贵山还系统阐释了文艺学三大学理体系，即史学的观点、人学的观点和美学的观点，三种维度又分别对应文艺学的三种精神，即历史（时代、社会）的精神、人文的精神和美学的精神；充分肯定及客观评价了国内外文艺学研究中的生态热、文学内部研究热及文化研究热。陆贵山希望在座的老师和学生在学术研究的方法上要进行宏观的、综合的、网络的研究，要形成纵向的研究、横向的研究、动向的研究和环向的研究等四个研究向度。

（山东理工大学社科处南爱华供稿）

“后新儒学与‘存有三态论’的基本构成”讲座 10月16日，山东大学第42期分析哲学论坛在中心校区知新楼举行，台湾慈济大学宗教与人文研究所林安梧作了题为“后新儒学与‘存有三态论’的基本构成”的讲座。主要内容为：“存有”不是西方概念意义上的理解，而是就“体”而言，称为“存有”。“存有三态论”主要指：“存有”的根源、“存有”的彰显及“存有”的执定。他引用老子的一句话来加以说明：“道生一，一生二，二生三，三生万物”。对于这句话中的，“道”、“一”、“二”、“三”、“万物”，相应他提出了“隐”、“显”、“分”、“定”、“执”。“存有”的根源是道是隐，具有不可说不可名，但同时也具有必说必名的倾向。“存有”的彰显是“一”，是“二”，即“显”、“分”。“存有”的执定是“三”，是“万物”。他主张要儒道互补，不仅要发挥儒家积极开启创新之功，也要学习老子道家的返本归元之道。

（山东大学哲学与社会发展学院荣立武供稿）

“东北亚地区危机与共同治理方案”研讨会 10月17日至21日，山东大学亚太研究所所长、教授杨鲁慧率研究所一行6人访问韩国昌原大学，并参加山东大学亚太研究所与昌原大学社会科学研究所共同举办的第十二届国际学术研讨会。

研讨会前，昌原大学校长、教授李赞揆，社会科学研究院院长、教授李成哲及社会科学研究所所长、教授许进与山东大学亚太研究所代表团全体成员进行了座谈。分别交流两校两所近年来的情况，期望昌原大学和山东大学两个友好学校能继续加深友谊、深化两校的交流合作和学术研讨。

本次研讨的会议主题为“东北亚地区危机与共同治理方案”，韩国昌原大学校校长李赞揆教授在会议开幕式上致辞。研讨会上两国学者围绕东北亚地区面临的危机与治理这一新的地缘政治现实，分别从法学、政治安全、经济合作、社会管理及文化传播的多维视角畅所欲言，进行广泛深入的学术研讨。并根据东北亚政治安全危机背景下出现的新课题、新情况，积极探索了区域性综合治理和共同合作发展的可行性之路。山东大学法学院院长、教授齐延平，杨鲁慧，威海校区副校长、教授赵玉璞分别在会议上作题为“从建立人权基础上的亚洲合作与发展”、“地区安全公共产品视角下的东北亚大国共同治理”、“东北亚区域经济一体化面临的新课题”的会议演讲报告，引发了参会者的关注及兴趣，并在会上产生积极反响，取得了丰富的学术成果。

（山东大学政治学与公共管理学院杨鲁慧供稿）

中国黑陶文化与产业发展研讨会 为传承弘扬黑陶文化，促进黑陶产业发展，10月11日至12日，山东省人文自然遗产保护与开发促进会联合日照市人文与自然遗产保护开发促进会、中国民间文艺家协会黑陶艺术委员会和中国陶瓷工业协会黑陶艺术专业委员会，在“中国黑陶文化之乡”日照市首次成功举办“中国黑陶文化与产业发展研讨会”。省政协原副主席齐乃贵等老领导和省直经信、旅游、文联、社科联等有关部门负责人、日照市主要领导出席这次会议，会议还邀请了中国民间文艺家协会交流中心主任杨吉星和清华大学教授王连海，来自黑龙江、陕西、河北、江苏以及省内和日照市当地50多家黑陶企业的艺术家踊跃参加。与会人员通过参观日照市黑陶企业，听取清华大学教授讲座，会议发言交流研讨，以及对与会企业黑陶产品评比颁奖、联名发布倡议书等实际有效的活动，生动形象地展示宣传了黑陶文化，促进了省内外黑陶艺术家切磋技艺、互相借鉴、共同提高。

（山东省人文自然遗产保护与开发促进会供稿）

法国建筑文化保护学术讲座 10月18日，山东建筑大学副教授姜波在图书馆200人报告厅作关于法国建筑文化保护的学术讲座，参加讲座的教师和学生有200多人。姜波暑假期间受邀去法国库西古城交流学习，两个小时的讲座，师生们感受了对比法国历史遗产的保护经验做法，我国在保护遗产工作方面的差距与不足，对我国的建筑历史遗产保护提出了自己的思考；他同时指出了怎样借鉴西方发达国家保护遗产建筑的先进经验而作用于我国博大精深的历史遗留建筑，培养了师生们对建筑历史遗产保护的兴趣。讲座图文并茂，语言生动，内容丰富。建筑大学艺术学院的系列学术讲座，是增强学院学术氛围开阔师生视野的重要举措。

（山东建筑大学科技处李琳琳供稿）

“经济与金融学名家论坛”　10月18日下午，中国世界经济学会演讲会暨中央财经大学金融学院“经济与金融学名家论坛”在中央财经大学举行，会议由中央财经大学金融学院院长、教授张礼卿主持，国际货币基金组织副总裁、中国世界经济学会副会长、博士朱民作“变化中的世界”主题演讲。山东世界经济学会副秘书长、教授陈学中，理事、博士安同信和刘祥霞参加会议。

朱民在演讲中指出，经过20年的全球化，特别是最近4年的经济危机，世界格局正在发生巨大改变。这个改变一定会涉及到在座所有人的方方面面，而主导这个世界格局的是三个趋势。第一个是全球的关联性，以及关联性引起的全球经济格局的深刻的变化。他认为我们正在面临着全球经济一个前所未有的结构性变化，这个变化对所有人都是很重要的。第二个大的变化就是全球整个的经济增长的重心发生转移。今年是第一次，今年年底全球的新兴经济体低收入国家占全球GDP的总值，第一次超过了全球GDP中的50%，这是人类几百年的经济史上从来没有发生过的事情，第一次把全世界的经济增长的重心转移过来，这是一个巨大的变化。发达经济是10亿人口，新兴经济和低收入国家是60亿人口，所以当整个经济的重心在一半的时候，60亿人口的需求正在改变整个世界的需求结构，这是一个巨大的变化。第三个变化是去杠杆化，对我们经济增长的影响，它不是一个短期的而是一个中长期的影响。所以他认为这三个趋势将会主导未来至少5到10年全球经济金融发展的根本的格局。

（山东省世界经济学会供稿）

“日语音变的研究及其应用”专题讲座　10月18日下午，武汉大学日文系教授李国胜做客山东大学外国语学院，为研究生们作题为“日语音变的研究及其应用”的专题讲座，并与大家就研究生学习生活等进行了一系列探讨。

讲座中，李国胜谈到日语音变研究及其应用的必要性及其价值，并指出当今中国社会同样需要对于作为非物质遗产重要组成部分的语言本身的关注和保护。他表示，在日本，关注吴音、唐音的学者不在少数，而在中国作为古汉语现象的“入声”已经鲜为人知，这引发了在座师生的沉思。在讲座主体部分，李国胜通过PPT的方式对日语音变的规律及其具体应用进行了讲解。国内外已有不少学者从事对于该项课题的研究，李国胜以其深厚的日本古典文学功底和独特的视角在此领域独树一帜。讲座结束后，李国胜悉心解答了在场师生提出的问题，并就有关问题与师生们进行了深入探讨。讲座由外语学院日语系主任邢永凤主持。

（山东大学外国语学院程殿梅供稿）

“国际金融危机对现代经济学的挑战”学术报告　10月18日下午，中国社会科学院经济研究所研究员、教授、中国经济思想史学会常务副会长钱津应邀做客山东大学第22期高级经济学讲座，作题为“国际金融危机对现代经济学的挑战”的学术报告。经济学院教授陈强主持报告。钱津在报告中指出，国际金融危机暴露了现代经济学基础理论研究的停滞性，对经济学研究基础构成了挑战。现代经济学的基础理论研究迫切需要从基本范畴的界定做起，进入国民经济宏观运行和宏观调控的层面，加深对虚拟经济的理解和认识。他呼吁现代经济学对于虚拟性货币的认识必须符合现代市场经济条件下的客观事实。在经济高度虚拟化的现代社会，钱津认为国家宏观调控应该扩大调控面，不仅涉及实体经济，还应抵达虚拟经济领域。

（山东大学经济学院郝德玮供稿）

第三届出土文献与中国文学研究学术研讨会暨山东省古典文学学会2012年会　10月19日，由山东省古典文学学会与济南大学共同主办，济南大学文学院以及济南大学出土文献与文学研究中心承办的“第三届出土文献与中国文学研究学术研讨会暨山东省古典文学学会2012年年会”召开。山东省古典文学学会会长、山东大学终身教授袁世硕，省政协副主席、山东师范大学齐鲁文化研究中心主任王志民，济南大学党委书记范跃进，百余位来自省内外47所高校和科研单位的专家学者以及《光明日报》、上海古籍出版社等新闻出版机构的相关同志出席会议。大会开幕式由山东省古典文学学会副会长，济南大学副校长、教授蔡先金主持。

开幕式上，袁世硕先生回忆了自己对济南大学初创时期的印象，对济南大学近几年的迅速发展表示赞赏，并预祝此次会议圆满成功。王志民指出，出土文献与中国文学的结合研究具有很大的发展前景，鼓励更多的学者能够参与其中，多出创新性成果。中国传媒大学教授姚小鸥先生指出，本次会议将在延续出土文献研究传统和开拓新的研究领域方面具有重要的示范意义。大会期间，来自清华大学、中国传媒大学、斯里兰卡佛教比丘大学、华中师范大学、台湾清华大学、日本大东文化大学等高校的数十位知名学者作了精彩的主题报告。

（济南大学社科处戴亮供稿）

儒学与中华文化复兴协同创新中心运行机制研讨会暨揭牌仪式 10月19日上午，山东大学主办的儒学与中华文化复兴协同创新中心运行机制研讨会暨揭牌仪式在北京举行。教育部副部长李卫红、山东大学校长徐显明、教育部社会科学司司长杨光、教育部社会科学司副司长张东刚、清华大学副校长谢维和以及协同创新中心部分首席科学家出席仪式。仪式由山东大学副校长娄红祥主持。

李卫红在揭牌仪式上致辞。她表示，当前高校社科战线深入贯彻落实中央有关高等教育的系列文件精神，大力提高高等教育质量，全面推进改革创新，各项工作取得了显著进展。她还就推进中心建设和发展谈了几点意见。一是要以服务中华文化复兴为目标，大力推进优秀传统文化的研究与宣传。二是要以体制、机制改革为重点，大力提升创新能力和服务水平。三是要以人才培养为核心，大力推进人才培养模式创新。

徐显明在致辞中感谢教育部、清华大学与北京师范大学对儒学与中华文化复兴协同创新中心建设的支持。他认为，该中心成立符合“天时、地利、人和”。当前国际、国内的环境与学术氛围是该中心成立的有利时机。徐显明表示山东大学一定会认真完成协同创新中心的任务与使命。

研讨会上，山东大学儒学高等研究院执行副院长王学典对协同创新的实施方案进行了介绍。清华大学教授陈来、仲伟民，北京师范大学教授朱小健，山东大学教授刘大钧等对中心成立表示祝贺并发表各自见解。

（山东大学社科处张荣林供稿）

山东大学“海右”暨全国首届政党理论博士生学术论坛 10月19日，山东大学“海右”暨全国首届政党理论博士生学术论坛在山东大学举行。本次论坛由山东大学、北京大学、中国人民大学、清华大学、北京师范大学、复旦大学、南开大学、中央党校共同发起，山东大学研究生院、山东大学党委研究生学生工作部、山东大学政治学与公共管理学院、山东大学政党研究所主办。北京大学政党研究中心主任、教授金安平任论坛学术指导委员会主任，山东大学政党研究所副所长、教授崔桂田出任论坛学术指导委员会委员。

山东大学党委副书记、研究员方宏建，山东大学党委研究生工作部部长、研究员王君松，山东大学政治学与公共管理学院教授葛荃等出席开幕式。山东大学政党研究所所长、教授王韶兴主持开幕式。方宏建在致辞中希望通过论坛讨论总结出国内外政党建设发展中的相关经验，进一步加强政党领域专门人才的培养。金安平在致辞中谈到，本次论坛是政党研究的起步，山东大学举办的这次论坛为青年博士生提供了畅所欲言的平台。葛荃在发言中介绍了学院概况、学科特色、发展畅想等相关情况，并希望与会博士生能加入到山东大学的人才队伍中，为政党政治学科持续发展注入新生活力。

60余位专家学者及博士研究生参加了论坛，来自北京大学等8所院校的博士生分别作了题为“政党角色、地方组织与国家能力”、“新中国政党制度建设与社会稳定关系探析”、“中国共产党执政软实力问题的若干思考”、“困境与出路——中国政党法治建设探究”、“国民党权力结构变化对台湾地方自治制度变迁的影响”、“谁才是真正的Chinese Nationalist Party?”、“政治体制改革视野下的选人用人问题探析”、“冷战后国外政党执政的经验教训及其对中国的启示”、“网络监督在反腐倡廉建设中的建构——价值和可能”、“论政党的桥梁作用——基于西方政党经验的思考”、“关于西方政党变革研究不同流派的审视及评介”、“美国政党制度研究——内容、路径和议题”等16个学术报告，并接受论坛学术指导委员会委员及与会代表的点评。

作为本领域的首届博士生论坛，在学界引起较大反响。

（山东大学政治学与公共管理学院何莉萍供稿）

“漆艺作为学科的时间维度”学术讲座 10月19日上午，山东工艺美术学院特邀中国漆艺专业委员会副主任、中国美术学院漆艺艺术研究中心研究员陈勤群教授在学校长清校区阶梯二教室举行漆艺专题讲座。讲座由现代手工艺术学院副院长张红梅主持。

讲座针对漆艺的内容与形式，播放大量的图片进行解说，并对漆艺作为“肽”字专业的时间进行介绍，从春秋开始到明清时期“肽”体、金属、陶、胚、金属文化以及分布。特别指出漆与陶的最大区别是从原始到丰富的一个修饰过程。陈教授希望同学们要扎实基本功，提高理论知识的学习兴趣，发散思维，勇于创新，在漆艺界能够创造辉煌。

（山东工艺美术学院科研处任谢元供稿）

第四届中国政党论坛 10月20日至21日，第四届中国政党论坛在山东大学举行。该论坛由中央社会主义研究院中国政党制度研究中心、北京大学政党研究中心、民进中央参政党建设理论研究中心和山东大学政党研究所联合主办，山东大学政治学与公共管理学院、山东大学政党研究所承办。

全国人大常委、民进中央副主席王佐书，省政协副主席、民进山东省委主委栗甲，中央社会主义学院中国政党制度研究中心副主任兼秘书长李金河，国家行政学院科研部主任许耀桐，山东大学终身教授赵明义，山东大学党委副书记尹作升，中共中央对外联络部研究室副主任周余云，省委统战部副部长曲涛，北京大学政党研究中心主任、教授金安平，山东大学统战部部长、研究员戴智章，山东大学政治学与公共管理学院教授葛荃等出席开幕式。山东大学政党研究所长、教授王韶兴主持开幕式。

中央国家机关和民进中央，中央党校及部分省（市）委党校，中央社会主义学院和部分省（市）社会主义学院，北京大学、清华大学、中国人民大学、复旦大学、北京师范大学、南开大学、华东政法大学、上海师范大学和山东大学等共52个单位的120余位代表参加本届论坛。本届论坛收到学术论文80余篇，有27名代表在大会上发言。参加本届中国政党论坛代表的发言和提交的论文，围绕“政党制度与国家政治建设”这一主题，就“政党政治的理论和比较”、“中国政党制度与国家政治建设”、“国外政党制度与国家政治发展”等问题，进行了深入研究和讨论。与会学者认为，对政党制度与国家政治建设等问题进行争鸣，探索解决政党政治发展中问题的办法，有助于坚持完善中国特色的社会主义政党制度和推进中国政治改革的发展。

总的来看，本次论坛探讨的问题多，研究视域广，提出了很多新资料、新思路和新观点，提升了山东大学政党理论研究的知名度，对于下一步整合政治学理论研究具有很明显的推动作用。

（山东大学政治学与公共管理学院何莉萍供稿）

“体育科学的视野与方向”学术报告 10月20日，山东理工大学体育学院在鸿远楼一楼报告厅，邀请国家社科基金通信评审组成员、全国高等院校体育教学指导委员会技术学科组副组长、国家体育社会科学重点研究基地负责人、教授、博士生导师王家宏作题为“体育科学的视野与方向”的学术报告。王家宏从以健身、益智为主要作用的生物效能和以教育、娱乐等为主要作用的社会效能两方面全面分析体育在生活的应用，提出体育作为一个与实践紧密结合的产物，要求必须从生活实践出发。

“无论是高水平运动员还是普通青少年，都要掌握科学的体能康复方法。”他从细微入手，通过可乐易引起青少年骨质疏等事例，阐述体能康复要与运动营养、体能问题预防及防治等进行整合研究的观点。“消除心理阴影是非常困难的，心理调节非常重要！”他以我国著名女子射击运动员杜丽为例，讲解这位雅典奥运会上的射击冠军因心理上不堪重负而在北京奥运会上与奖牌无缘的深层原因，以此论述心理调节的重要性。

王家宏指出科技创新在体育方面的重要性，阐述各国运动器材的科技发展趋势。“通过比较才能发现问题”，他简述国外的体育分类，强调运动医学的重要性及保健康复意识加强的紧迫性，对此要“重视，关注，投入”。

（山东理工大学社科处南爱华供稿）

济南大学泉城大讲堂——乌丙安学术报告会举行 10月20日下午，我国著名民俗学家、国家非物质文化遗产保护工作专家委员会副主任、中国民俗学会名誉理事长乌丙安先生来到济南大学“泉城大讲堂”，作“刨根问底话民俗”的学术报告。国内30余位民俗专家、学者及学校社科处、校团委的相关负责同志，以及300余名师生一起聆听了报告会。报告会由副校长张硕秋主持。

乌丙安的报告主要从民俗文化的根基谈民俗在人类社会发展中的重大意义和价值。乌丙安用生动形象的故事阐述了民俗无时不在、无处不在，它来自于人民，传承于人民，规范于人民，又深藏在人民的行为、语言和心理中，与我们的生产生活密不可分，是我们与生俱来、根深蒂固的文化传统，是生命力最强，影响力最大，最能体现民族历史及发展的文化。同时，乌丙安还运用大量翔实的图片、幽默诙谐的语言解释了民间信仰不是迷信，而是人们对大自然现象不断认知过程中产生的文化体认；分析了当今戏说民俗文化中出现的歪曲、错位等现象，以此说明民俗文化的魅力和价值就是其内涵的本真性，本真性的民俗文化才具有强劲的生命力。

（济南大学社科处戴亮供稿）

山东省民俗学会成立25周年学术年会暨山东民俗文化陈列馆揭牌仪式 10月20日，山东省民俗学会成立25周年学术年会开幕式暨山东民俗文化陈列馆揭牌仪式举行。参加仪式的主要领导有：省人大常委会副主任国家森，省政协副主席王志民，省委宣传部副部长、省文明办主任刘宝莅，省社科联党组书记、副主席杨瑛等；济南大学党委书记范跃进、校长程新、副校长韩宏到会并祝贺。省内外其他相关部门领导、专家学者及山东省民俗学会学术年会与会人员约100余人。

揭牌仪式上，山东省民俗学会会长刘德龙介绍了山东省民俗学会25年的发展历程，山东民俗文化陈列馆的创建过程和今后的工作设想；山东民俗文化陈列馆的建设与面向社会开放，是众人添柴，群策群力的结果，感谢各级各部门领导和专家的大力支持。

程新在致辞中介绍了济南大学发展和建设的基本情况以及人文社会科学的发展现状，山东省民俗学会的山东民俗文化陈列馆落户济南大学，将在济南大学与山东省民俗学会之间架起紧密联系的桥梁，希望双方进一步整合资源，发挥优势，在山东省非物质文化遗产的普查与保护、各地民间工艺品的抢救与保护等方面携手开展工作，为山东省民俗事业作出更多更大的贡献。

国家森、王志民等一起为山东民俗文化陈列馆开馆揭牌。

（济南大学社科处戴亮供稿）

中国经济思想史学会第十五届年会 10月20日至21日，中国经济思想史学会第十五届年会在山东大学举行。山东大学总会计师曹升元出席年会并致辞。

中国经济史学会名誉会长董志凯、中国经济思想史学会副会长唐任伍，山东大学本科生院常务副院长、经济学院常务副院长胡金焱出席开幕式并致辞。中国经济思想史学会会长严清华作了年会工作报告，复旦大学经济学院教授叶世昌作题为“钟天纬《扩充商务十条》著作年代的争论”的学术报告。常务副会长钱津主持开幕式。在20日上午举行的主题报告会上，上海财经大学教授程霖从变迁的目标、动力、条件、模式和结果等五个方面分析了近代以来中国经济思想的变迁路径，山东大学教授赵梦涵讲解了齐鲁文化经济思想的变迁与本土化、国际化发展趋势。20日下午，与会专家学者进行了分组讨论。在21日的大会发言阶段，中南财经政法大学教授邹进文、复旦大学教授马涛、中央财经大学教授王文素等17位专家学者分别作学术报告。

大会还进行了中国经济思想史学会第七届优秀科研成果奖的颁奖仪式，并召开了学会理事会议。赵梦涵当选为学会副会长，李维林连任常务理事，刘玉峰、陈新岗和马驰骋当选为理事。来自中国社会科学院、北京大学、清华大学、复旦大学、南京大学、武汉大学、中国政法大学、北京师范大学、中央财经大学、上海财经大学、中南财经政法大学、《贵州财经大学学报》、《河北经贸大学学报》等单位的专家学者和学生共计200余人参加了年会。

（山东大学经济学院郁德玮供稿）

“周易的当代价值”学术年会 10月20日，山东周易研究会举办了“周易的当代价值”学术年会，共有8名同志结合实际，从不同侧面阐述了大易之道对中华民族复兴的重要作用。大家一致认为，这次年会立意高、专业性强，社会影响良好，充分反映了研究会在不断提高理论创新能力、学术研究工作坚持与时俱进方面，又迈出了新的一步。

（山东周易研究会供稿）

管理科学与工程学会2012年年会暨第十届管理科学论坛 10月21日，管理科学与工程学会2012年年会暨第十届中国管理科学与工程论坛在烟台大学举行。本次年会暨论坛由中国管理科学与工程学会和管理科学与工程论坛组委会主办，烟台大学承办。

中国管理科学与工程学会理事长、院士李京文，国家自然科学基金委管理科学部主任、院士郭重庆，国家自然科学基金委管理科学部常务副主任李一军，烟台市副市长张广波，烟台大学党委书记崔明德、副校长郭善利，中国管理科学与工程学会常务副理事长马庆国，以及国内150所高校、科研院所的专家、学者、博士生、硕士生等500余人参加。烟台大学经济管理学院院长王淑云主持开幕式。

李京文指出，当前管理科学与工程学科正面临着新的转折点，要根据教育部要求重新研究本学科的发展方向。张广波指出，本次会议必将对烟台市管理科学与工程研究和发展产生重大而深远的影响。崔明德表示烟台大学能够承办本次年会，对提高人才培养质量、提升学校的学术水平，都具有重要意义。

会议围绕“应对多质大数据的挑战”的主题，探讨“十二五”时期中国社会与经济发展即将面临的新机遇和新挑战，研究新型管理方式、创新方法，为学科前沿发展如何服务于社会变革与进步共谋蓝图。

（烟台大学科研处曹永智供稿）

青岛市统筹城乡发展规划编制调研座谈会 10月22日，由青岛市统筹城乡发展工作领导小组和青岛农业大学中国农村发展研究院共同举办的青岛市统筹城乡发展规划编制调研座谈会在青岛农业大学举行，副校长王伟出席会议。

青岛市发改委副主任张旭东，市统筹城乡发展工作领导小组办公室副主任周江杰，青岛市发改委节能办处长张金明，青岛市社科院副院长任银睦，青岛市委党校、中国海洋大学、青岛科技大学和青岛农业大学相关部门、学院人员参加会议。与会专家分别发言，就户籍制度的改革，统筹城乡劳动力转移、促进剩余劳动力合理流动，统筹城乡社会保障体系建设、提高农村社会保障水平等方面的问题进行了讨论。

（青岛农业大学社科处辛力克供稿）

“基督教神学的未来”和“经典辩读”专题讲座 10月22日，国际知名学者、剑桥大学教授大卫·福特（David F. Ford）应犹太教与跨宗教研究中心主任、教授傅有德之邀来到山东大学，作题为“基督教神学的未来”和“经典辩读”两场专题讲座。

（山东大学犹太教与跨宗教研究中心齐晓东供稿）

王汝涛学术思想研讨会 10月23日，由临沂大学主办、临沂大学文学院和沂蒙文化研究院承办王汝涛学术思想研讨会。原临沂市政协副主席刘家骥、著名书法家孙洵、省史志办公室研究员薛宁东、临沂市史志办公室总编辑王瑞柱、临沂市社科联副主席乔丽萍和清华大学、中央美术学院、南京航空航天大学、山东师范大学、曲阜师范大学等省内外的专家学者以及临沂市与临沂大学的相关专家学者50余人出席研讨会。

会议期间共收到兰州大学教授张崇琛、中国青年政治学院教授王大良、中国艺术研究院研究员王玉池、山东社会科学院研究员谢祥皓、山东省艺术研究所教授王晓家等许多专家学者发来的论文30篇。会议遴选26篇论文编纂了《王汝涛学术思想研讨会论文选集》。

研讨会围绕王汝授的史学成就、文学成就和学术思想进行了深入探讨，认为王汝涛文史兼通、治学严谨、树德建言、目标执着，尤其是围绕沂蒙区域文化进行的研究，取得了可喜成果，其对王羲之、诸葛亮、颜真卿、马陵之战战址的研究，都有深入独到的见解。王汝涛学术思想主要体现在三个方面：一是在坚持求实原则方面，注重材料的搜集，重视材料的考证鉴别。二是坚持经世致用的原则与方法。三是在学术研究中努力追求创新和完美。其学术思想是对我国传统的实事求是原则的继承和发扬。同时，王汝涛追求真理，淡泊名利，为人正派，耿直公道，倾其一生铸就的高尚道德品格和丰厚学术成果，也向世人展示了人生的境界、价值、追求和风采，堪称一代大师。

（临沂大学社科处连振娟供稿）

“法国当代艺术与教育”学术讲座 10月23日下午，山东建筑大学艺术学院成功举办题为“法国当代艺术与教育”的学术讲座。讲座在图书馆200人报告厅举行，艺术学院院长、教授陈华新主持，学院教师及研究生200多人参加。法国布列塔尼欧洲高等艺术学院院长哈迪·菲利普先生介绍了布列塔尼欧洲高等艺术学院的艺术教学现状，法国坎佩尔高等艺术学院教授拉伯赞克·伊万先生作法国当代艺术创作理念及其在当代教学中的拓展的报告。法国专家通过大量的照片，介绍了法国高等艺术类院校的艺术教学现状和法国当代艺术创作理念。通过本次讲座，让艺术学院师生对欧洲高等艺术类院校的教育教学现状和法国艺术与设计的理念和教学模式有个整体的了解，使学生对中西方艺术的发展和差异有了更直观的把握，既增长了知识，又开阔了视野。

（山东建筑大学科技处李琳琳供稿）

“高效生态经济数量分析前瞻”学术报告 10月23日下午，山东社会科学院经济研究所所长、教授、山东社会科学院高校生态经济研究泰山学者张卫国受聘为山东大学博士研究生合作指导教师，山东大学本科生院常务副院长、教授胡金焱向张卫国颁发聘任证书。聘任仪式后，张卫国作题为“高效生态经济数量分析前瞻”的学术报告。张卫国首先介绍了高效生态经济数量分析的意义。他说，高效生态经济是具有最典型生态经济系统特征的发展模式，最终表现为生态经济体系高效运转，生态系统与经济系统有机统一和经济文明、社会文明、政治文明、生态文明协调发展。在高效生态经济数量分析路线方面，他讲到，生态经济数量分析最早可以追溯到1970年美国经济学家 Wassily Leontief 对环境保护与经济发展关系的研究。此后几十年中，随着数量经济学的进展，生态经济数量分析成为生态经济研究热点领域。近年来该领域的发展趋势是综合借鉴其他学科理论，不断引入和创新模型，对生态环境与经济发展的关联影响进行深入探索。

（山东大学经济学院郝德玮供稿）

“紫砂艺术的传承与发展”学术报告 10月24日下午，“济大论坛”邀请我国陶瓷设计艺术大师、我国陶瓷文化研究所紫砂文化研究中心主任、教授葛军在济南大学作题为“紫砂艺术的传承与发展”学术报告。党委副书记朱德强出席报告会。本次报告会由教务处、宣传部主办，美术学院承办。美术学院200余名师生参加报告会。

葛军从紫砂原料、原料性能、探测与开采，紫砂壶的造型工艺等方面对传统的紫砂艺术作了精到的分析和阐述。尤其是葛军通过对自己独创作品的讲解和展示，使师生们更加形象而深刻地感受到其作品手法细腻、设计巧妙，造型独特，色泽多样，创意多变，蕴含着深厚的思想文化内涵，具有极高的艺术鉴赏价值和极强的现代实用性，其作品无不体现着对紫砂传统理念、技法和工艺的大胆实践和创新。报告会上，葛军还与现场师生展开互动，让大家对紫砂壶、对宜兴紫砂产生了更加浓厚的兴趣和更加深入的了解。

（济南大学社科处戴亮供稿）

“中国文学精神”学术报告 10月24日，枣庄学院文学院本学期九龙山学术讲坛开讲，博士李吉东在文科楼217室作题为“中国文学精神”的学术报告。李吉东以多年研究中国古籍文献的深厚功底，拓开历史的厚重积淀，对中国文学的精神内涵追根溯源：从刘勰的《文心雕龙》中对“文”的解说为发端，向上溯源至中国文化的内核——《诗经》等五经，向下直贯中国现代历史学家钱穆等学者思想，对“文学”这一概念的内涵及嬗变加以廓清与梳理；同时，又以西方“文学”的含义作对照，将中国的“文学”含义作了深入浅出、精微细致的阐释。在中国传统文化的大背景下，以具体的文学作品，解说了中国文学“雅”的特征以及陶冶性情、成就自我、关注社会与人生、关注婚姻责任的精神。

（枣庄学院科技处汪涛供稿）

“钓鱼岛问题与中日关系”学术报告会 10月24日，为帮助师生正确认识“钓鱼岛问题”的历史由来，了解党和政府在“钓鱼岛问题”上的严正立场和对日采取的反制措施，切实把思想和行动统一到党和政府的正确领导上来，枣庄学院政治与社会发展学院在综合楼1414举办“钓鱼岛问题与中日关系”学术报告会。博士朱法武从历史、地理、政治、经济、军事等多角度，向师生深刻阐述了“钓鱼岛自古就是中国的领土”，揭露了日本非法“购岛”的狼子野心，充分彰显了中国政府和人民的严正立场和爱国热情。并就“理性爱国”问题为现场师生进行了解析。他希望广大师生将高涨的爱国主义热情转化为一种推动社会进步的力量，让爱国精神转化为民智、民力，使其为国家富强、人民幸福发挥真正的作用。

（枣庄学院科技处汪涛供稿）

“生态文明建设”学术考察 10月24日至27日，以中国社科院国际合作局副局长周云帆为组长的中国社科院国情考察组一行8人到青岛、寿光、济南等地就“生态文明建设”进行学术考察。

25日考察组访问了青岛社科院，与有关专家学者进行座谈，青岛社科院院长徐万珉介绍了胶东半岛蓝色经济区建设情况；并考察了青岛中德生态园，中德生态园管理委员会副主任郭继山详细介绍了园区建设情况和发展前景。26日考察组听取了寿光市生态农业建设情况并参观寿光高效农业生态园和全国冬暖式蔬菜大棚发祥地寿光市孙家集街道三元朱村。27日考察组一行与山东社科院专家学者进行座谈，院纪委书记姚东方参加座谈会并代表院党委对考察组一行的来访表示欢迎，经济研究所所长张卫国专题介绍了山东高效生态经济发展的理论与实践，国际经济研究所所长李广杰、科研处、外事办公室相关人员参加座谈会。通过座谈考察，考察组一行对山东省生态文明建设有了深入的了解，对山东省充分利用蓝黄两区开发建设上升为国家战略的有利时机，大力发展高效、生态经济而采取的有力措施，给予高度评价。同时，考察组对山东的生态文明建设提出很好的建设性意见。

（山东社科院科研处崔凤祥供稿）

“读书养性，写作练脑”讲座 10月25日下午，应济南大学文学院和“济大论坛”邀请，北京大学中文系原主任、山东大学一级教授、著名文学史家温儒敏在11J6102作题为“读书养性，写作练脑”的讲座。报告会由文学院院长刘传霞主持，文学院相关专业教师，全校200余名研究生、本科生聆听了讲座。

温儒敏理论阐释与现实解读并重，围绕读书与写作两个主题，阐述了读书养性和写作练脑的定义，即读书养性就是以读书涵养来抵抗低俗的风气，有读书的习惯，才能形成内在的博雅的气质；通过写作学习可以让我们的脑子更清晰，更有深度，更有创意。在谈及网络时代的读书写作以及现有课程设置时，儒敏温教授深刻地指出了其中存在的一些问题，并就此给出了自己的建议：提高国民素质、形成读书风尚，绕着三个圆圈读书以及阅读通识教育最基本的书目。

（济南大学社科处戴亮供稿）

“偶态形而上学：语言和历史”讲座 10月25

日，山东大学第43期分析哲学论坛在中心校区知新楼举行，山东大学哲学系谢文郁作题为“偶态形而上学：语言和历史”的讲座。主要内容为：情态句涉及逻辑问题、认识论问题、存在论（形而上学）问题和生存论问题四方面。在西塞罗的《论命运》里提到的斯多亚学派的克里西普和迪奥多罗关于涉及情态句的三段论的不同论述，报告者指出他们的分歧和古罗马的命运观有关。不同于马瑟林以现实世界为基础谈论可能世界的方式，奥古斯丁脱离现实经验世界谈论可能世界，这种偶态形而上学引导了一种以信仰为特征的生存方式。

（山东大学哲学与社会发展学院荣立武供稿）

“经济增长和制度演变”学术报告 10月25日下午，华东理工大学副教授沈凌应邀做客山东大学第23期高级经济学系列讲座，并作题为“经济增长和制度演变”的学术报告。

首先，沈凌提出了经济增长和制度演变相互促进相互进步的概念，并建立模型证实了这一观点。他就“建立法制以发展经济市场”、“政府逐渐让位于市场”、“市场化配置优于计划调控”等理念作出了分析。随后，他对“政府为国有企业提供信用担保来推动国有化进程”作出评论，并提出了政策建议：政府通过管控金融部门来保护国有企业。最后，他认为社会借贷能力取决于社会法制和个人收入水平，并根据公式印证了其分析。

沈凌，德国波恩大学经济学博士，华东理工大学商学院宏观经济学教研室主任，主要研究领域：发展经济学和新制度经济学。

（山东大学经济学院郝德玮供稿）

“《梁祝》音乐创作　越剧《莫愁女》音乐创作”专题讲座 50年前，一首小提琴协奏曲《梁山伯与祝英台》蜚声中外。10月25日，《梁祝》的作者——何占豪教授做客山东艺术学院，在戏曲学院多媒体教室举行以“《梁祝》音乐创作，越剧《莫愁女》音乐创作”为主题的精彩讲座。

何占豪现为上海音乐学院教授，国家一级作曲。本次讲座是应山东省委宣传部邀请，参加由省宣传部、省文化厅、省戏曲艺术发展促进会主办，山东艺术学院承办的“2012山东地方戏曲音乐创作培训班”，为培训班开设的专题讲座。在上、下午近6个小时的讲座过程中，何占豪深刻细腻地阐释了《梁祝》和《莫愁女》的创作来源、创作手法以及两部作品的创新点，并以此为例，强调了音乐创作与情感表达之间的密切关系。除此之外，何占豪还深入探讨了地方戏曲音乐创作中的现代性问题，并鼓励戏曲音乐从民歌、民调中汲取灵感，积极创作出触动听众情感、百姓喜闻乐见的音乐作品。

讲座原定为上午3个小时，下午何老以80岁的高龄，继续以饱满的热情为大家作讲座。本次讲座，延续了何占豪一贯主张的“外来形式民族化，民族音乐现代化”的创作理念，深入透析了戏曲音乐中“紧拉慢唱”的创作手法，为地方戏曲的发展、创作提供了宝贵经验，也对在场的25位学员进行了一次诚挚恳切的音乐启发。学员们在钦佩何老的高深艺术造诣的同时，也被老艺术家高尚的人格魅力所深深感染。戏曲学院教师、研究生，以及兄弟院系的同仁一起聆听了大师的精彩讲座。

（山东艺术学院科研处刘翔宇供稿）

“博物馆漫谈”学术讲座 10月25日下午，山东省博物馆馆长、中国博物馆协会常务理事鲁文生研究员莅临山东艺术学院，在长清校区图书馆报告厅举行了题为“博物馆漫谈”的学术讲座。讲座是今年“齐鲁大讲坛·文化艺术分坛”系列讲座之一，由科研处李丕宇教授主持，艺术文化学院、美术学院、设计学院、传媒学院约400名师生聆听讲座。

鲁文生的讲座，好似对博物馆行业的精彩巡礼。他从系统梳理博物馆的概念入手，又通过具体事例介绍中外博物馆的发展简史，特别是针对中国博物馆业的发展状况进行了分阶段的详细阐述。接下来又集中介绍了博物馆的分类，着重向大家介绍了世界四大博物馆的状况、中国各地具有代表性的博物馆，并对不同类型的博物馆一一举例加以说明。在此基础上，又精要地概括了博物馆的社会地位和作用以及博物馆工作，引起了同学们的极大兴趣。在谈及对文物研究和保护问题时，他特别强调了艺术和科学在博物馆工作中的作用，同时指出博物馆提供给人们的不仅是一种实物性的汇集与并置，同时也是一种精神性的集聚空间，博物馆是民族文化的象征体，也是人类智慧的汇聚地。

（山东艺术学院科研处刘翔宇供稿）

“现代中国文学史编写”高层论坛 山东师范大学中国现当代文学国家重点学科主办的“现代中国文学史编写”高层论坛10月26日至28日在济南举行。山东师范大学副校长王少华出席会议并致欢迎辞，一批研究中国现当代文学史的著名专家出席论坛。这次论坛以“总结现代中国文学史编写历史经验，探索现代中国文学史编写发展之路”为主题，围绕现代中国文学史编写的历史经验、现代中国文学史编写的理论问题、近年来出版的现代中国文学史著作、田仲济与中国现代文学史编写、现代中国文学史编写的发展方向等专题进行了深入的研讨。一批著名文学史家的论文和发言给与会者留下了深刻的印象，中国现代文学研究会原副会长、中山大学教授黄修己，中国现代文学研究会会长、北京大学和山东大学教授温儒敏，中国现代文学研究会副会长、复旦大学教授陈思和，中国现代文学研究会副会长、南京大学教授丁帆等，都为这次论坛提交了他们关于现代中国文学史编写问题的前沿成果。

（山东师范大学社科处高景海、顾大伟供稿）

清华大学博士后2012年秋季联谊会 10月27日，德州学院举办清华大学经济管理学院博士后联谊会2012年秋季联谊会，欧阳桃花、尚会永、房四海、许宏强等博士参加了联谊会。与会嘉宾先后作"如何从事案例教学与案例研究"、"经济危机以来我国促进中小企业的政策"、"金融危机五周年及2013年中国宏观展望"、"西方文化视野下的自我管理"、"中国对外开放形式分析"、"增值税扩围改革对中国经济的影响"等学术报告，并与参会人员进行了互动交流。

（德州学院社科处刘淑青供稿）

2012**中国商业文化与管理学术研讨会** 10月27日至28日，2012中国商业文化与管理学术研讨会在山东大学举行。会议由山东大学管理学院、山东大学商业文化与管理研究中心和济南管理科学研究会主办，Journal of Chinese Business Culture 、Asian Journal of Business Research 和 MAG Scholar 协办。来自山东大学、中国社科院儒学研究中心、香港城市大学、清华大学、南开大学、中央财经大学、西南财经大学、对外经济贸易大学、中国矿业大学、中国科学技术大学、武汉理工大学、西安理工大学、浙江工商大学、济南大学、山东工艺美院、湖北经济学院、南京中医药大学、济南市科学技术协会、湖北经济学院和东阿阿胶股份有限公司等高校及行业技术协会代表参加了会议。会议期间，与会专家学者及嘉宾听取了山东大学教授林忠军的"易经与管理"、中国社会科学院教授赵法生的"以儒家义利之辩为基础重塑中国商业伦理"、山东大学教授王兴元的"儒商文化：测量、评价及规范"、中国科技大学教授刘志迎的"企业文化场的形成与固化"、东阿阿胶股份公司副总裁冯启若的"阿胶文化创新"等10余场专题报告。同时，会议还举办了"新儒商文化与中国式管理"圆桌会议，与会专家纷纷发表了关于中国商业文化与管理领域的精辟见解，引发了热烈的讨论。

（山东大学管理学院张雅萌供稿）

山东大学博弈论与经济行为研究中心（RCGEB）秋季国际研讨会 10月27日至28日，山东大学博弈论与经济行为研究中心（RCGEB）秋季国际研讨会举行。本届研讨会的主题是"博弈论理论与应用"，山东大学博弈论与经济行为研究中心主任、"千人计划"国家特聘教授、美国加州大学圣巴巴拉分校终身教授秦承忠主持研讨会开幕式，并介绍了RCGEB近期的研究工作进展。

研讨会分6个阶段由山东大学博弈论与经济行为研究中心、德国比勒费尔德大学（University of Bielefeld）教授 Walter Trockel、新加坡国立大学（National University of Singapore）教授罗晓、台湾"中央研究院"、山东大学博弈论与经济行为研究中心研究员杨春雷、中国科学院数学所助理研究员曹志刚、北京大学光华管理学院博士翁翕、荷兰马斯特里赫特大学（Maastricht University）教授 Hans Peters、中国科学院赵琳助理研究员、北京大学光华管理学院翁翕博士、香港金融管理局（Hong Kong Monetary Authority）研究员于向荣、美国加州大学河滨分校（University of California at Riverside）教授 David A. Malueg 等参与讨论。

本次研讨会由山东大学博弈论与经济行为研究中心、山东大学产业经济研究所、《产业经济评论》编辑部、《山东大学学报（哲社版）》编辑部、山东大学经济学院联合主办，是山东大学博弈论与经济行为研究中心举办的系列高水准大型学术活动之一，来自中国、美国、德国、荷兰、新加坡、中国台湾等国家和地区的十几位博弈论领域的专家学者参加研讨会。

（山东大学经济学院郁德玮供稿）

第五届中国演化经济学年会 10月27日至28日，第五届中国演化经济学年会在山东大学举行，年会由山东大学经济研究院主办。山东大学党委常委、教授、总会计师曹升元，山东大学经济研究院院长、教授黄少安，山东大学经济研究院教授黄凯南，Journal of Institutional Economics 主编、教授、国际著名制度演化经济学家 Geoffrey M. Hodgson，瑞士弗里堡大学教授张翼成，中国人民大学经济学院教授贾根良，复旦大学教授陈平，浙江大学公共管理学院教授陈劲和100余人参会。

Geoffrey M. Hodgson、张翼成、黄少安、陈平、陈劲、贾根良分别作题为"Major Information Transitions in Social Evolution"、"The role of Information in Evolutionary Economics"、"海洋主权、海洋产权与海权维护"、"金融危机的谜团与经济学理论的变革"、

“熊彼特创新理论评述”、“演化经济学与第三次工业革命”的报告。主题报告会后，年会分为4个小组进行了讨论：制度与演化经济学、熊彼特主义与创新经济学、方法论、模型与跨学科研究、企业演化、产业动态与经济发展。年会为中国演化经济学学术研究与教学的发展起到了推动作用，创造并促进中国演化经济学与国际学界同步发展的机遇，让更多的学者了解和理解演化经济学。

（山东大学经济研究院田川供稿）

2012年鲁豫皖民商法学研究会年会暨论坛 10月27日至28日，由山东省法学会民商法学研究会、河南省法学会民商法学研究会、安徽省法学会民商法学研究会主办的“2012年鲁豫皖民商法学研究会年会暨论坛”在山东教育大厦召开，本次会议由山东大学法学院和山东政法学院承办，济南市中级人民法院和烟台大学法学院协办。山东、河南、安徽三省法学会领导到会祝贺，鲁豫皖三省高校及法院等实务部门120余位代表出席大会，驻济高校的部分研究生参加了大会，大会收到论文80余篇。

中国社会科学院法学研究所教授梁慧星就我国侵权法与合同法中的4个问题在大会上作专题发言，山东大学一级教授郭明瑞在大会上作“遗嘱形式瑕疵对遗嘱效力的影响”的专题报告。全体与会代表围绕民法典体系结构问题、民法典总则问题、商法总则立法及理论问题、继承法修改问题及票据法修改问题进行了热烈讨论，对我国民商事立法与实务中的许多热点与疑难问题提出了有价值的观点，并形成了相当的共识。大会秘书处将在会后对提交大会的论文择优结集出版《民商法评论》第5卷。

山东大学法学院副院长、教授林明出席了大会，并在大会开幕式上致辞。

（山东大学法学院潘林供稿）

“泼墨的世界”学术报告 10月27日下午，当代中国书画大师、著名国学家、诗人、山东大学艺术学院名誉院长范曾先生做客山东大学“大家讲坛”，为山大师生献上一场题为“泼墨的世界”的学术报告。

（山东大学艺术学院张擎供稿）

胡春惠系列讲座 10月28日至11月3日，著名中国近现代史学者胡春惠先生，作为山东大学流动特聘岗教授，访问了山东大学历史文化学院，并为全院青年教师及本科生、研究生先后举办了“从民国制宪史上看孙中山的‘五权宪法’”、“民初的国会与政党”、“帝制前袁世凯与地方分权之争”、“韩国临时政府在中国”等系列学术讲座。民国时代特别是民国初年是近代中国社会转型最激烈的时期之一，各种政治力量、政治理念冲突激烈、此伏彼起、错综复杂；同时期的东亚地区在政治上也表现出同样的复杂性，一方面是新旧帝国主义势力为争夺殖民地而发生的激烈冲突乃至大规模战争，另一方面是殖民地半殖民地人民的风起云涌的民族解放运动。因此，上述问题的研究，一向被学术界视为畏途。胡春惠以丰富的史料为基础、以轻松的语言、对上述问题进行了深入梳理与分析，并对老师和同学们提出的诸多问题进行了耐心细致的解答。

访问期间，胡春惠还与历史文化学院商讨了联合举办2013年两岸四地历史学研究生学术论坛事宜。学院党委书记、教授赵爱国，副院长、教授赵兴胜，以及徐畅、曲春梅、贾国静等参加上述报告会和座谈会。

（山东大学历史文化学院代国玺供稿）

第十六届全国区域旅游开发学术研讨会暨国际乡村旅游论坛 10月28日，由中国区域科学协会区域旅游开发专业委员会联合荆门市政府、湖北省旅游局、湖北省农业厅、湖北经济学院共同主办、青岛大学旅游学院参与协办的第十六届全国区域旅游开发学术研讨会暨国际乡村旅游论坛在湖北荆门市彭墩乡村世界闭幕。

本次会议的主题为“休闲农业与乡村旅游：理念、模式与实践”，主要议题包括休闲农业与乡村旅游的国内外比较研究、乡村旅游与三农问题、乡村旅游规划的理念与实践、乡村旅游的产业促进、中国农谷休闲农业发展以及武汉城市圈乡村休闲旅游发展研究等。来自荷兰、韩国和中国台湾及内地40多所高等院校、科研院所的110余名专家学者、研究生，以及来自国家旅游局、湖北省各级地方政府、旅游企业、新闻单位的代表180余人出席会议，共提交会议论文60余篇。

（青岛大学社科处高玉珍供稿）

著名民法学家梁慧星教授做客“郭明瑞法学名家系列讲座” 10月29日，中国社会科学院教授、博士生导师、著名民法专家梁慧星做客“郭明瑞法学名家系列讲座”，解读与评论“最高法院买卖合同解释”，法学院800余名师生聆听了讲座。法学院副院长、教授张平华主持本场讲座。梁慧星以敏锐的眼光，以法院的解释条文为依据，以渊博的法理为保障，对最高法院关于买卖合同的解释进行了深刻的学理剖析和法律阐述。在讲解过程中，梁慧星围绕“买卖预约合同”、“买卖合同特别效力规则”、

"违约责任过失相抵"等方面，结合立法历程将合同法的发展进行今昔对比。同时，结合不同法系将合同法与德、日立法差异进行对照，指出新颁布的最高法院买卖合同解释上的创新点。另外，梁慧星还深入浅出地对最高法院的合同法解释新规则加以阐释，紧紧抓住最高法院买卖合同解释的脉搏，以平实而严谨的语言，使现场学子更好地理解合同法立法精神和立法本意。法制建设的日臻完善，离不开千千万万法律人的共同努力。正如张平华最后所述："我们将带着希冀，在法律的道路上越走越远，为中国的法制建设贡献自己的一份力量。法律星空，定会光芒璀璨!"

（烟台大学科研处曹永智供稿）

"宏观经济因素与微观企业行为"学术报告 10月29日，北京大学研究生院副院长、教授、光华管理学院会计系副主任姜国华来山东大学经济研究院开展学术交流，并作题为"宏观经济因素与微观企业行为"的报告。

姜国华从传统的会计学研究脉络讲起，指出过去财务报表研究没有反映非财务因素对未来报表的影响，且部分宏观报道和判断往往存在失实之处，认为当前的经济学研究与微观企业研究存在脱离现象，主张在研究的过程中实现经济学与会计学的结合。他以"货币政策与企业行为"和"汇率变动与企业行为"两个研究成果为讨论基础，进一步论证了量化宏观经济因素对企业行为影响的可能性。在报告中，姜国华强调要把对宏观经济的研究拓展到微观企业层面，在研究微观企业行为的过程中，将宏观经济因素对企业行为的影响纳入考察，而不是单单从传统财务报表角度对企业进行估值。同时，姜国华指出，宏观经济政策的制定者也要考虑到政策推出下企业可能的应对措施，以保证政策的有效性。最后，姜国华提出，希望在下一步的研究过程中，增加宏观经济学与会计学结合的学术成果。在报告结束后的提问环节，姜国华与学院师生展开了良好的互动，进一步丰富了本次学术交流的内容。

（山东大学经济研究院田川供稿）

山东省宏观经济研究院和韩国首尔研究院签订战略合作协议 10月29日上午，山东省宏观经济研究院和韩国首尔研究院战略合作协议签约仪式在山东大厦举行。签约仪式由山东省人民政府新闻办组织，副省长、省发展改革委党组书记、主任张超超，省发展改革委党组副书记、副主任薛克，省宏观经济研究院党委书记郭训成，省宏观经济研究院院长刘冰，韩国首尔研究院院长李昌炫等出席签约仪式。

根据协议，双方将在4个方面展开全方位、多层次的合作。一是重大课题联合攻关。重点围绕山东省与首尔之间经贸文化交流合作、环黄海经济圈合作开发、中韩自由贸易区建设、海洋经济研究、低碳经济与应对气候变化、社会管理创新等领域展开联合研究。二是举办学术交流活动。每年定期或不定期举办高层论坛、学术研讨会等交流活动。三是共享研究资源。在相关法律法规及保密条例范围内，积极开展信息共享与成果交流。四是建立互访制度。探索建立高层互访、研究人员互访制度，开展专业技术人员短期培训与实地考察等多种形式的交流活动，共同提升科研与管理水平。

（山东省宏观经济研究院供稿）

国际音理会亚大地区音乐学会首届学术研讨会、亚太民族音乐学会第十七届国际学术研讨会、泰山学术论坛 10月30日至11月1日，由国际音理会亚洲大洋洲地区音乐学会、亚太民族音乐学会、山东省教育厅、山东艺术学院主办，山东艺术学院承办的"国际音理会亚洲大洋洲地区音乐学会首届学术研讨会、亚太民族音乐学会第十七届国际学术研讨会、泰山学术论坛"（简称"两会一坛"）在济南珍珠泉人民会堂隆重召开。来自德国、荷兰、澳大利亚、新西兰、韩国、柬埔寨、缅甸等国家以及国内音乐界专家、学者100余人汇聚一堂，共享这一学术盛会。本次"两会一坛"旨在更好地开展亚洲大洋洲地区音乐学术研究、亚太地区民族音乐学学术研究，增进亚洲大洋洲各国之间的音乐交流合作、亚太地区民族音乐学界的交流与合作。

与会的知名音乐学家有国际音理会主席 Frans de Ruiter（弗朗斯·德·瑞特）、国际音理会秘书长希尔亚·菲舍尔（silja Fischer）、国际音理会亚洲大洋洲地区音乐学会会长海伦·兰卡斯特（Helen Lancaster）、国际音理会亚洲大洋洲地区音乐学会理事朱莉·斯佩琳、迈克尔·索利斯；亚太民族音乐学会会长王耀华、亚太民族音乐学会副会长萨姆昂·萨姆（Sam－Ang Sam）、亚太民族音乐学会理事权五圣、苏伯尼·勒邦克，亚太民族音乐学会秘书长毛继增、副秘书长林志达；原上海音乐学院院长江明惇、中央民族乐团副团长张振涛、中国音协外联部主任张锡海等人。

3天的会议期间，与会专家围绕亚洲、大洋洲、太平洋地区民族之间的音乐传播与交流，构建适合于亚洲、大洋洲、太平洋地区，各自国家民族的传统音乐理论体系，区域音乐的传承研究，山东民间音乐文化研究等议题进行主题发言和广泛而深入的交流与探讨。大会收到论文50余篇，主题集中在5

个方面：首先，关于亚洲大洋洲地区音乐学会和亚太民族音乐学会的发展与建设问题。其次，关于区域音乐的保护、传承及其文本研究，是本次会议的重头戏。其三，关于亚洲、太平洋地区民族音乐的传播与交流，自然成为本次学术会议的主题。其四，关于山东民间音乐文化研究的发言，在数量和质量上都较为突出，显示了国内外学者的关注和重视。其五，其他新的研究成果。本次会议的丰硕成果，将在国内乃至国际民族音乐学领域，产生强大而持续的影响。

（山东艺术学院科研处刘翔宇供稿）

“东洋特有的艺术形式——文人画”讲座 10月31日，枣庄学院美术与艺术设计学院邀请留日博士刘东红在美术楼5110合堂教室举办“东洋特有的艺术形式——文人画”讲座。刘东红对东洋特有的艺术形式——文人画进行了梳理，从文人的概念、文人画的发展演变传承及划类，以及中日文人画的异同、影响借鉴等方面进行了全方位阐释，并从古代文人的自然观、人格形成、人品、学问、才情、思想等方面强调了绘画的教育功能和美学意义。讲座由美术与艺术设计学院李鲁祥院长主持，美术学专业近200名师生代表参加了活动。

（枣庄学院科技处汪涛供稿）

山东社科院与韩国首尔研究院签订友好合作协议 10月31日，韩国首尔研究院院长李昌炫一行访问山东社科院，山东社科院党委书记张华对李昌炫一行来访表示热烈欢迎。两院领导分别介绍了本院的发展状况、机构设置、人员结构、研究领域、服务职能和科研情况，并就双方开展深层次交流与合作的前景、领域、内容、途径进行了探讨和交流。随后两院领导签订了友好合作协议书。院纪委书记姚东方主持签字仪式，省政府外事办公室亚洲处调研员徐晓春，首尔研究院政策协力局局长庾光凤、世界都市研究中心所长弘锡基、对外协力课长李元荣和社科院国际经济研究所所长李广杰、科研组织处副处长孙晶及外事办公室负责人参加签字仪式。

韩国首尔研究院是韩国首尔市的综合研究机构，该院以“与市民共同创造首尔的未来”为核心价值，其主要任务是研究首尔市中长期发展战略、社会福利、文化、教育、产业、城市企划、交通、环境等，为首尔市政府决策提供咨询。此次两院友好合作协议的签订，将进一步密切彼此的学术交流与合作，为山东省与首尔市的合作发展提供更好的决策咨询服务。

（山东社科院科研处崔凤祥供稿）

“山东省教师教育综合改革动态”专题报告 11月，临沂大学教育学院教授、博士李中国应淄博师专邀请作“山东省教师教育综合改革动态”的专题报告。李中国从教师教育综合改革背景、目标、内容及最新进展等方面介绍了山东省教师教育综合改革的动态，并就调整教师培养层次和规模、恢复与重建教师教育体系、创新教师培养模式、完善教师继续教育制度、建立教师教育保障制度等问题谈了自己的一些卓有见地的认识。本次报告对促进教师的专业成长，提升学校的内涵建设有重要指导意义。

2011年12月，淄博师专附属小学校长郭先星应邀作“国际交流，助推学校发展”的主旨演讲。郭先星从教育国际交流与合作工作主要做法、教育国际交流与合作工作经验和反思、教育国际交流与合作工作收获与成效三个方面具体介绍了我校加强国际交流，推动学校发展的办学经验。

（淄博师范高等专科学校科研处褚宏祥供稿）

“当代社会诚信建设”学术报告 11月1日，山东理工大学法学院邀请南开大学社会学教授王处辉作题为“当代社会诚信建设”的学术报告。王处辉以新中国建立至今的诚信状况为例，就社会诚信缺失问题的现象，社会诚信建设的社会条件与要素，当下中国社会诚信缺失的成因及诚信社会如何建立等问题展开了概述。他引经据典，用中国五千年的社会诚信底蕴以及党中央在十七届六中全会中提出“把诚信建设摆在突出位置，建立健全覆盖全社会的诚信系统”的例子，向同学们证明诚信缺乏的严重程度还不足以影响到社会整体秩序的良性运行。最后，王处辉对如何重建社会诚信给出了几点建议：抓紧建立健全覆盖全社会的诚信系统；加大对诚信缺失行为的惩戒力度；提高对见义勇为者的保护力度；建立中华民族共有的精神家园，融合中西方优秀的、适合中国当下诚信建设的思想与社会价值观，构建中国特色的诚信文化。王处辉的报告会开拓了学校师生的学术视野，加深了对诚信问题的深刻认识。

（山东理工大学社科处南爱华供稿）

泰山学术论坛“冀中学案”专题学术讲座 11月1日下午，山东艺术学院泰山学术论坛专题学术讲座在艺术剧场音乐厅举行，来自北京的杰出校友——中央民族乐团副团长、中国艺术研究院音乐研究所兼职研究员、博士生导师张振涛先生作题为“冀中学案”的讲座。讲座由山东艺术学院副院长刘晓静教授主持，音乐学院、音乐教育学院的师生聆听这场精彩的学术报告。

讲座围绕20世纪90年代中期中国艺术研究院音乐研究所对冀中音乐会的调查研究展开，详细介绍了冀中音乐会的渊源、组织方式、活动情况、生存模式以及音乐本体分析，通过对我国最著名的民间乐社之一——“屈家营”音乐会的解读，指出挖掘民间优秀文化遗产的重要性，并为在座师生带来了珍贵的田野工作经验，对他们今后在民族音乐方面的研究带来了深刻启示。

（山东艺术学院科研处刘翔宇供稿）

“美食的哲学”讲座 11月2日，山东大学分析哲学论坛之特别讲座在中心校区知新楼举行，法国南特大学哲学系主任 Pascal Taranto 作题为“美食的哲学”的讲座。为什么 Vauvenargues 说“人们对哲学不感兴趣：是因为哲学家谈论的事情都远离生活。”社会学、历史、人类学可以就食品、味道和烹饪进行充满智慧的介绍，告诉我们一些不知道的事情。例如，你告诉我你从哪里来，我就能说出你吃什么；告诉我你吃些什么，我就能说出你是怎样的人。而哲学家则拿着叉子俯身在他的盘子里寻找更深层的东西，就像希腊哲学家 Diogène 提着灯笼做的那样。他们不会拘泥于具体行为，而是去寻求更深刻的规则，“为什么人类需要烹饪之后再进食，而不会是像动物那样”。

（山东大学哲学与社会发展学院荣立武供稿）

“农业科技创新与青岛农业发展研讨会” 11月2日，由青岛市社科联、青岛农业大学、青岛市农委主办，青岛农业大学学报编辑部、青岛市农技站和青岛农业大学中国农村发展研究院承办的“农业科技创新与青岛农业发展研讨会”在青岛农业大学举行。青岛农业大学校长李宝笃、青岛市社科联副主席任银睦、青岛市农委科教处长于培贞出席会议并讲话。会议依托《青岛农业大学学报（社会科学版）》的特色栏目，邀请社科研究机构、驻青高校的农业和区域经济方面的专家教授，涉农领域的党政机关领导，以及在推动农业发展的一线上工作的农业技术推广站技术推广人员30余人参会，共收到会议论文34篇。会议形式以学术报告为主，专家点评、学者座谈为辅。围绕现代农业发展思路与途径、发展农民专业合作、创新农业推广体系等问题进行了深入研讨。此次会议由自然科学研究者、社会科学研究者以及实际工作者的共同参与，打破了部门、学科界限，部分研究者从自然科学的理论视角出发对会议主题进行了研究，自然科学研究方法与社会科学研究方法进行了碰撞，是一次多学科、交叉学科、综合学科研究的良好尝试，与以往单一的社会科学研究领域的理论研讨有很大的不同，给问题研究以良好的启示。

（青岛农业大学社科处辛力克供稿）

第十四届中国管理科学学术年会 11月2日至5日，由中国优选法统筹法与经济数学研究会、山东大学、《中国管理科学》编辑部、中国科学院科技政策与管理科学研究所主办的“第十四届中国管理科学学术年会”在山东大学中心校区举行。来自中国科学院、北京大学、清华大学等全国80多所高校及中国优选法统筹法与经济数学研究会的领导及会员等近300余位专家学者出席了本届学术年会。本届年会以“统筹优化与协调创新”为主题，针对当前管理科学领域研究的热点问题和我国经济科技社会发展中所面临的新问题进行交流研讨，为专家、学者以及业界同行提供了一个前沿高端的学术交流平台。本次会议共收到论文300余篇，其中27篇论文获得优秀论文报告奖。山东大学共有4篇论文被录用，其中副教授张江华和博士生周彦莉的论文获奖。获奖论文将在由国家自然科学基金委管理科学部认定的A类权威期刊《中国管理科学》上发表。

（山东大学管理学院张雅萌供稿）

青岛西海岸经济新区行政管理体制创新研讨会 11月2日，山东省行政管理学会与中国行政管理学会举办“青岛西海岸经济新区行政管理体制创新研讨会”，会议由青岛西海岸经济新区管委会承办。中国行政管理学会会长、中编办原副主任王澜明通知出席会议并作重要讲话。青岛市委常委、常务副市长牛宪俊，市委常委、青岛西海岸经济新区党工委书脊、管委会主任张大勇出席会议并致辞。会议由山东省行政管理学会副会长兼秘书长、省政府原副秘书长张俊和《中国行政管理》杂志社社长兼主编，省政府法制办副主任（挂职）鲍静主持。来自中编办，国务院相关部委，山东省、青岛市相关部门领导，高等院校、科研机构知名专家学者，山东省国家级经济技术开发区和高新区的负责同志，以及特邀嘉宾天津滨海新区有关领导与会，规模80多人。与会专家学者和政府部门领导围绕“新区行政管理创新”这一主题，站在实施蓝色经济发展战略，以新区引领和带动山东半岛蓝色经济区乃至全省经济社会发展的高度，抓住经济新区行政管理体制的主要特点，以新区在率先发展建设中涉及到的行政管理体制迫切需要解决的问题作为研究的中心内容，运用行政管理理论，认真分析、深入研讨，借鉴国内新区建设的经验，提出了新区在山东半岛蓝色经济区乃至全国的地位与功能定位，帮助设计了构建新区行政管理体制的基本思路，对建立区域一体化合作发展机制，放大青岛西海岸经济新区的辐射带动作用，以及争取成为中日韩自由贸易区框架下的三国地方经济合作示范区、加快推进中德生态园建设、青岛前湾港保税区应借势加快转型升级等方面积极建言献策，提出了不少很有决策参考价值的意见建议。同时以体制机制创新为基础，为青岛西海岸经济新区尽快创造条件上升为国家级经济新区，增强其在全国新区建设中的政策竞争力提供理论支撑。

（山东省行政管理学会供稿）

行政管理课题研究 2012年度，山东省行政管理学会协调省政府办公厅各处室，结合全省经济社会发展重大现实问题对行政管理提出的新要求，确定了9个重点课题："严格执行行政程序，积极推进法治政府建设"；"强化政府社会管理职能，提高行政管理科学化水平"；"完善海洋环境监管体制，加强海洋环境保护"；"强化政府管理，健全食品安全长效机制"；"关于强化行政管理和政府引导推进自主品牌国际化的调研报告"；"政府在推动外贸转方式调结构中的作用研究"；"完善山东省社会保障体制机制研究报告"；"关于加强安全文化建设的思考"；"完善体制机制，推动高新区创新发展"组织专家学者和有关政府部门的实际工作者开展研讨。目前，9个课题已全部完成，并上报省委省政府领导。已有5个课题分别被王军民、贾万志、张建国、王随莲、孙绍骋等省委省政府领导批示，并给予了高度评价，有的意见建议已经被相关部门采纳应用。

（山东省行政管理学会供稿）

第七届东方音乐学会国际学术研讨会 11月3日，由中国东方音乐学会主办、宁波大学艺术学院承办、宁波市中华文化促进会协办的"第七届东方音乐学会国际学术研讨会"在宁波饭店开幕。国际传统音乐学会副会长Stephen Wild等出席了开幕式。来自美国、澳大利亚、委内瑞拉、越南、印尼等国和中国大陆以及台湾地区的近50位专家学者参加了研讨会。在为期3天的会议中，中外学者们就"东方音乐的结构形态"、"面向21世纪东方音乐的发展"等问题展开了广泛而深入的学术研讨，内容涉及亚洲和世界其他民族的古代传统音乐、乐律学、原住民音乐、民族音乐学方法论等研究领域。德州学院音乐系教授段文作"德州李氏陶埙的传承与发展"主题发言，引起了国内外专家学者的兴趣和热烈讨论。

（德州学院社科处刘淑青供稿）

"学术职业与教学改革"报告会 11月3日上午，济南大学教育与心理科学学院联合管理学院邀请华中科技大学教授别敦荣在十教第五学术报告厅作以"学术职业与教学改革"为题的报告会。教育与心理科学学院党委书记王希普，主持工作副院长宋尚桂以及教育与心理科学学院多名教师参加此次报告会。

报告会上，别敦荣分别从学术职业的价值精神、学术职业的生命力和教学改革的方向这三个方面展开论述。他强调了本科教育的基础性和教育性，把学术职业发展转变过程分为适应期、转型期、成熟期三个阶段，并指出成熟期是学术职业的最好境界。他强调，学校和广大教育工作者的发展前景充满机遇和挑战，希望教育工作者能够与时俱进，发扬创新精神。同时，别敦荣提出了新世纪教学改革的框架，并进一步提出教学改革的方向及高校奋斗目标。

（济南大学社科处戴亮供稿）

第四期民法典青年沙龙"民法典起草背景下的消费者权益保护法修订" 由烟台大学法学院、中国人民大学民商事法律科学研究中心联合主办的第4期青年民法典沙龙"民法典起草背景下的消费者权益保护法修订"于11月3日—4日上午在法学院举办。校长房绍坤、法学院院长金福海、教授郭明瑞出席开幕式并致辞。来自中国人民大学法学院、上海社会科学院法学所、吉林大学法学院、华东政法大学法学院、浙江大学光华法学院、西南政法大学应用法学院、烟台大学法学院、鲁东大学法学院的20余位学者就《消费者权益保护法》的修订问题展开深入研讨。郭明瑞、关涛全程参与会议讨论。张平华、于海防分别在会议第一、三单元做主题发言，王洪平副、张洪波、刘经靖、王圣礼、张玉东分别担任第一、二、三单元的评议人。

民法典青年沙龙旨在推动青年学者更多关注我国民法典制定过程中的相关问题并进行深入探讨，之前三期分别于中南财经政法大学、山东大学及四川大学举办。

（烟台大学科研处曹永智供稿）

"经济学在环境政策分析中的作用"学术讲座 11月3日，山东大学流动岗特聘教授、瑞典隆德大学国际工业环境经济学院（IIIEE）博士Lars Hansson应邀为山东大学经济学院2012级全英文教学班作题为"经济学在环境政策分析中的作用"的学术讲座。

讲座中，Lars Hansson介绍了IIIEE多学科交叉的学术氛围和防胜于治的环保理念，而后阐述了费用效益分析（CBA）和环境外部性理论在环境经济政策制定中的应用。Lars Hansson 还介绍了行为导向、财政中性、基于市场的各类环境经济政策。对于一年级新生来说，环境经济学的专门理论与政策还较为陌生，但 Lars Hansson 讲解深入浅出，结合实例，具体生动，同学们不时提问，师生双方进行了良好的互动。同学们严谨的求学精神、积极的学习态度、敏捷的学术思维、良好的英语理解表达能力以及开放向上的心态给 Lars Hansson 留下了深刻的印象。最后，他期待同学们努力学习，祝愿前程似锦。

Lars Hansson 是瑞典环境经济与政策专家，多年来已有 20 余次来山东大学进行学术交流和授课。

（山东大学经济学院郁德玮供稿）

2012 年度港澳基本法研究优秀成果交流研讨会 11 月 4 日至 6 日，由全国人大常委会港澳基本法委办公室主办、山东大学法学院承办的 2012 年度港澳基本法研究优秀成果交流研讨会在济南召开。全国人大常委会副秘书长、香港基本法委员会、澳门基本法委员会主任乔晓阳，全国人大常委会香港基本法委员会、澳门基本法委员会副主任、法制工作委员会副主任李飞，全国政协港澳台侨委副主任、原香港中联办副主任王凤超，省人大常委会副主任连承敏，全国人大常委会委员、山东大学校长徐显明，原北京市政协副主席、原新华社香港分社副社长朱育诚等出席会议。乔晓阳主持会议并作总结讲话。徐显明在致辞中对与会领导和专家的到来表示欢迎，并介绍了山东大学和山东大学法学学科的历史和发展概况。李飞在致辞中对山东省人大常委会和山东大学对港澳基本法研究工作的支持表示感谢，并介绍了此次会议召开的背景、目的和具体安排。上海大学教授徐静琳等 7 位承担基本法研究课题的学者作主题发言，与会人员围绕港澳基本法实施中的有关问题进行了深入研讨和交流。乔晓阳在总结讲话中指出，此次会议的交流研讨反映了基本法理论研究项目的进展情况，与会专家学者对港澳工作也提出了很多的意见和建议，实现了交流研讨的预期目标。

基本法研究工作领导小组成员，承担基本法研究课题的学者，港澳工作实务部门的代表，全国人大常委会港澳基本法委办公室有关人员等 60 余人出席会议。山东大学法学院院长齐延平，山东大学人文社科一级教授杨海坤及相关教师代表参加会议。

（山东大学法学院潘林供稿）

第三届 EDP 中心名家讲坛 11 月 4 日，由山东大学管理学院、山东大学 EDP 中心、EDP 中心校友会主办的管理学院第三届 EDP 中心名家讲坛在山东大学中心校区知新楼思源报告厅举行，本次报告的主题为：中国宏观经济政策和走势解读。主讲嘉宾是中国人民大学经济学院院长，中国人民大学校务委员、学术委员会委员、中国社科院美国所、亚太所学术委员会委员、教授黄卫平。期间，黄卫平回顾了 2012 年世界与中国的经济环境，以 SONY 公司的战略失误为例，强调了对企业而言战略的决策的意义远大于细节的精细程度，体现了 EDP 对于企业的重要性。之后，黄卫平又就索罗斯、乔治弗里曼和惠誉评论的观点、城镇化问题、扶贫问题及收入与物价问题阐述了自己对中国经济独到的看法。此次论坛的成功举办推动了管理学院的学术交流，就宏观经济政策问题作出深入探讨。

（山东大学管理学院张雅萌供稿）

“财务思维对企业管理的影响探索”学术报告 11 月 5 日下午，应济南大学管理学院和“济大论坛”邀请，山东黄金科技公司党委副书记、副总经理、博士李康昱客座教授聘任仪式暨学术报告会在舜耕校区实验楼报告厅举行。学校党委书记范跃进为李康昱颁发了聘书，管理学院领导班子以及学院师生共同参加了活动。此次聘任仪式由管理学院院长韩静轩主持。聘任仪式结束后，李康昱作题为“财务思维对企业管理的影响探索”的学术报告。管理学院教师及学生代表 300 余人聆听了报告会。

李康昱以经济危机作为引例，从经济大环境和百姓寻常生活的角度概述了财务管理的作用以及影响。之后，李康昱分别从财务管理的历史沿革、财务思维对企业管理的影响等方面进行了系统分析，深入浅出地介绍了财务管理的相关知识，内容翔实，讲解生动，语言风趣幽默，实例丰富并且紧跟当前形势，引起了在座师生们的广泛关注和兴趣。报告会上，李康昱还认真回答了师生的提问。

（济南大学社科处戴亮供稿）

“日本传统染色工艺”学术讲座 11 月 5 日下午，山东工艺美术学院现代手工艺术学院特邀清华大学美术学院染织服装艺术设计系杨建军老师举办日本传统染色工艺主题讲座。讲座由现代手工艺术学院染织纤维教研室张靖婕老师主持。

讲座主要从三大方面对日本传统染色工艺进行说明。首先，介绍了日本绞染工艺，其主要分为京绞和有松鸣海绞两大类，并且着重介绍了绞加工，列举了缝绞，杠目绞，唐松绞，筋绞等其他绞加工方式，详细的叙述了他们的起源，加工过程和特点，并进行了一些相关的艺术作品展览。接着，通过图片让同学们领略到了由江户时代宫崎友禅斋创造的日本友禅染工艺的风采，并说明了友禅染防染糊的制造原料和制造步骤，并且带领同学们欣赏了第59回日本传统工艺展和日本东京艺术大学的一些相关作品。最后，介绍了日本型染工艺，并把它分了三个种类，具体介绍了其中红型的型染步骤和型染防染糊的制作方法，并进行了作品欣赏。

（山东工艺美术学院科研处任谢元供稿）

"沂蒙革命老区发展规划"等九项课题论证会 11月6日，山东省宏观经济研究院、山东宏观经济学会受国家开发银行山东省分行委托，所承担的"沂蒙革命老区发展规划"等九项课题通过省内专家论证。参加论证会的有国家开发银行有关领导，国家开发银行山东省分行副行长于丕涛，山东省宏观经济研究院党委书记、山东省宏观经济学会秘书长郭训成、山东省宏观经济研究院院长、常务副秘书长刘冰，国家开发银行山东省分行规划处，山东省小城镇建设研究会会长、省住建厅村镇建设处、山东大学经济学院副院长李铁岗等。本次论证会邀请省社科联副主席、党组成员薛庆国，山东省城乡规划设计研究院总规划师刘仁忠、山东大学经济研究院教授王凤荣、国家开发银行山东省分行有关专家组成专家评审组。会议由国家开发银行山东省分行于丕涛副行长主持。经过专家评审组评议，与会专家对山东省宏观经济研究、省宏观经济学会承担的九项课题给予高度评价，认为课题研究抓住了经济发展的重点、热点问题，针对性强，具有较高的水平，一致同意通过省内专家论证。国家开发银行有领导在总结讲话中提到，近年来山东开行规划工作成效显著，得益于山东省宏观经济研究院等合作机构较强的科研实力，研究成果具有指导性、前瞻性和可操作性，建议规。划及时把握国家和地方发展的热点难点，提高智力支持的时效性，努力推动地方战略上升为国家战略。国家开发银行山东省分行于丕涛副行长重点强调要做好国际规划，支持山东省企业"走出去"，并就结合十八大进行规划课题选题、建立与科研机构合作长效机制、发挥财政资金撬动作用、支持小城镇建设等方面提出了建议和要求。

（山东宏观经济学会供稿）

"泰山神画——黄可华摄影展"学术研讨会 11月7日上午，"泰山神画——黄可华摄影展"学术研讨会在山东工艺美术学院长清校区美术馆国际会议厅举行。本次展览由省文联、山东工艺美术学院、齐鲁摄影学会主办，省委宣传部、新华社山东分社、泰安市人民政府、意大利文化艺术中心、人民摄影报为支持单位。原副省长、齐鲁摄影学会名誉主席黄可华先生出席研讨会，会议由省文联主席、山东工艺美术学院院长、齐鲁摄影学会主席潘鲁生主持。

出席研讨会的专家有省政府原党组成员、省政协常委、齐鲁摄影学会名誉主席费云良，济南军区空军原司令员、齐鲁摄影学会名誉主席朱远斌，新华社山东分社社长、齐鲁摄影学会主席团成员徐金鹏等齐鲁摄影学会领导，以及意大利文化艺术中心主席温琴佐·桑弗，著名陶瓷艺术家西瓦娜·桑弗，中国摄影家协会副主席、中国艺术摄影学会执行主席朱宪民，上海同济大学教授、德中文化交流中心主席黄风祝，著名摄影评论家藏策，山东文艺评论家协会副主席、山东省著名文艺学家、山东大学教授谭好哲，著名摄影家、策展人、中国摄影家协会原国际部主任王征，中国摄影著作权协会总干事、中国摄影家协会副秘书长解海龙，《中国摄影家》杂志艺术总监、著名摄影理论家蔡焕松，《人民摄影》报社社长、总编辑霍玮，中国民族摄影艺术出版社社长殷德俭，《摄影与摄像》社长、总编辑温宁，著名文艺评论家施小安，新华社《摄影世界》杂志编辑部主任朱南，山东省艺术协会摄影主席李华文等山东省内外文化艺术界专家学者和摄影界代表。

黄可华的作品有着强烈的个人风格，自然意象是黄可华摄影独到的切入点，从灵动的天鹅、凝重而诗意的残荷、光影交织的水纹，到今天浑厚坚实、粗粒威严的泰山神石，延续了关于意象摄影的美学追求，颠覆了中国几十年的传统摄影风格，表现出他对艺术内在的领悟和对艺术坚定不移的追求。黄可华先生在创作手法上将中国传统山水画以及西方现代主义绘画巧妙地结合起来，展现出其对艺术最本真的追求，为摄影界未来的探索提供了一个全新的方向。同时，他的摄影作品也表现出他对艺术独特的洞察力，表达了艺术与自然碰撞后一种"大美"的艺术形态。黄可华先生用他独特的天赋、灵感和自身的勤奋、努力，以及对艺术的执着追求，为我们创造了一个个影像世界中神奇的"意象瞬间"。

（山东工艺美术学院科研处任谢元供稿）

"阴阳五行揭秘"专题报告 11月7日，枣庄学院文学院九龙山学术论坛在文科楼319室开讲，博士刘宗棠作"阴阳五行揭秘"的专题报告。讲座中，刘宗棠认为阴阳五行是中国传统文化中既神秘又普遍的一个问题。他以朴实平易的风格，从学生日常生活入手逐渐深入到传统文化解读，以中国国学要籍《周易》为研究对象，详细剖析了阴阳五行的内涵及各方面表征，使学生认识到阴阳五行并非神秘主义或迷信思想，而是与生活息息相关的有着深刻文化内涵的哲学典论。此次讲座是刘宗棠在讲授《国学要籍精讲》课程的过程中提炼出的一个课题，通过讲座旨在揭秘阴阳五行理论，帮助学生正确理解中国传统文化精髓。

（枣庄学院科技处汪涛供稿）

“香港社会工作专业课程设置和国际认证”学术报告 11月7日，香港中文大学社会工作系系主任、教授马丽庄做客山东大学哲学与社会发展学院，并在中心校区知新楼A座15楼报告厅作题为“香港社会工作专业课程设置和国际认证”的报告，报告由哲学与社会发展学院社会工作系系主任、教授高鉴国主持，程胜利、泥安儒、张洪英等出席。在报告中，马丽庄对香港中文大学社会工作系的历史概况、研究生部的师资规模、课程设置、教学理念等作了简要的说明。首先，香港中文大学鼓励学生走出校园，通过与外面的世界进行接触，来提升自我，增强实践能力，会安排了一系列的学术交流活动；其次，本地及出境实习，学生可以根据自己的实际情况选择实习地点，比如到加拿大、新加坡等地进行实习；第三，学生交流和高校教授互访交流也非常频繁。随后，马丽庄还就香港中文大学社会工作系的课程设置作了详细的介绍，本科生和硕士生毕业都可以申请，其中既有适合本科非社工专业的社会工作科学硕士课程，又有硕博连读的社会福利哲学硕士博士衔接课程，课程分研究式及修课式两种，对学生的要求及奖学金设置也有所不同。此外，马丽庄对大家比较关心的毕业生就业去向、平均薪资水平及每年招生的报名日期和报名方法等给出了介绍。

（山东大学哲学与社会发展学院王昕供稿）

“中以学术对话：传统与现代”学术报告 11月7日晚，中国现代史研究专家、以色列特拉维夫大学执行校长、教授谢爱伦（Aron Shai），犹太学研究专家、特拉维夫大学教授张平一同做客山东大学“天人讲堂”第48讲，围绕“中以学术对话：传统与现代”的主题，分别带来三场学术报告。

谢爱伦主讲首场报告，报告题目是“张学良研究”。他认为该项研究主要有两项创新之处，其一是分析了西安事变之后蒋介石软禁而非处死张学良的目的，这是蒋介石意图让张学良亲自见证自己决策的正确性；其二是揭示了张学良与宋美龄之间的关系，以及这种关系对于张学良命运的影响。他认为解开张学良的神秘面纱将有助于更好地理解20世纪的中国和今天的中国。

第二场报告是谢爱伦讲“中东和中以关系：现状与前景”。报告中，谢爱伦首先表示，中国正处于关键的转折期，改革开放以来的经济成就正在转化为全球外交影响力。接下来，他回顾了中以两国之间关系的发展历史，以色列是最早承认新中国的国家之一，此后虽然由于种种历史原因而出现曲折，但是自1992年中以正式建交以来，尤其是近年来两国关系总体呈现良好的态势。最后，他展望了中以两国双方在中东和平进程、伊朗和朝核问题等当前国际现实因素影响下可能出现的新状况。

张平主讲第三场报告，报告题目是“中文版《密释纳》——渐入佳境的中犹传统间对话”。报告中，张平重点介绍了《密释纳》一书之于犹太教的重要性，以及此书的汉译将对中国与犹太传统之间的交流、对话带来的积极影响。他说，《密释纳》处于犹太教主流经典《希伯来圣经》和《塔木德》之间具有承上启下的重要作用。张平还分析了《密释纳》一书中表现出来的“求经”思维方式，并与古希腊的“求真”以及中国儒家的“求道”思维方式作了比较。在他看来，正是内容巨细无遗地涵盖犹太人生活的《密释纳》及其中呈现的思维方式深刻地影响了犹太人，成为塑造犹太人特性的主要因素。

犹太教与跨宗教研究中心主任、教授傅有德主持并点评了以上三场报告，全校100多名师生聆听报告，并就张学良在抗战中的角色、西亚局势对中以关系的影响以及犹太文明对中华文化的启示等问题与主讲人进行了热烈而深入的交流。

Aron Shai，中文名谢爱伦，中国现代史研究专家，现任以色列特拉维夫大学执行校长，特拉维夫大学历史与东亚研究系教授、艾森伯格东亚事务专职教席主任。他著有多部有关中国现代史学术著作，著作在英国、美国、中国和以色列出版，如《东方战争的起源：英国、中国、日本1937—1939年》（1976）、《英国与中国1941—1947年：大英帝国的动力》（1984）、《中国：从鸦片战争到毛泽东的继承人》（1990）、《二十世纪的中国》（1998、2005）、《被监押的帝国主义：英法在华企业的命运》（中国社会科学出版社出版）等；目前他正在撰写一部有关中以关系的专著；此外，他还出版了两本历史小说：《外人之子本·哈扎尔》（Benhazar）（1990）和《昵称玛诺》（She Used to Call him Mano）（1998）。其近著《被软禁的将军张学良》于2012年4月被译成中文在中国出版。

张平，犹太学研究专家，哲学博士，现任特拉维夫大学教授，山东大学合作博士生导师，主要研究领域为中国与犹太传统之间的跨宗教对话以及拉比犹太教经典的翻译与研究。已出版《阿伯特——

犹太智慧书》（中国社会科学出版社，1996 年）、《天下通道精义篇——犹太处世书》（北京大学出版社，2003 年）以及《密释纳第一部·种子》等著作多部。他同时也是一位高产的专栏作家，在《中国企业家》、《走遍世界》等刊物长期开设与犹太文化及以色列相关的写作专栏。

（山东大学犹太教与跨宗教研究中心齐晓东供稿）

“审计实证研究之架构与重要主题：ICOFR”学术报告 11 月 8 日台湾东吴大学教授苏裕惠在山东大学知新楼 B 座 218 室为管理学院研究生作题为“审计实证研究之架构与重要主题：ICOFR”的学术报告。苏裕惠根据当前审计的研究动态将审计研究方向分为总体市场研究、个别判断研究和鉴证技术研究，从有限理性理论、透支模式架构理论、惯用法与偏差架构及权宜决策行为四个方面对个人决策行为会计学研究进行了深入的介绍。另外，苏裕惠还介绍了美国审计市场实证研究发展的重要推力和发展历史，美国安隆公司的财经弊案的发生使得国会对财务报告质量和审计功能进行改革，要求会计师具有专业自律能力。最后，指出审计的策略目标包括营运有效、财务真实及符合法律法规，审计人员要保持充分的独立性并需要定期进行轮调，内部控制报告与公司股价存在一定的相关性，需要进行进一步的实证研究。此次交流就建立东吴大学与山东大学建立学生交流学习的合作项目进行了探讨并取得了一致性的结论，为今后双方学校进行合作及扩展学生的校园经历建立了良好的基础。

（山东大学管理学院张雅萌供稿）

“韩国服装设计教育现状”学术讲座 11 月 9 日上午，应山东工艺美术学院服装学院邀请，韩国启明大学服装学院教授李俊和在长清校区第一阶梯教室举办“韩国服装设计教育现状”讲座。讲座由服装学院副院长杜莹副教授主持。

讲座就韩国服装产业以及韩国服装教育现状进行了介绍，对海外服装动向以及对海外的服装专业发展进行了分析，之后对韩国国家产学研结合的现状及特色进行了介绍。同时，李俊和还对韩国启明大学服装专业进行了介绍，包括校园文化，服装专业的课程以及启明大学的学生毕业展作品。

（山东工艺美术学院科研处任谢元供稿）

“王守仁生平及其思想”学术报告会 11 月 9 日，枣庄学院政治与社会发展学院在综合楼 1414 教室举行“王守仁生平及其思想”的学术报告会，报告会由历史学博士蒋威主讲。蒋威紧紧围绕王阳明的“知行合一”和“致良知”的重要思想，结合大量历史材料，就广大同学如何实践能力和自觉精神作了重点讲解。整个报告会哲理深刻而又妙趣横生，创新案例丰富而又通俗易懂。蒋威希望同学们在今后的学习和生活中，在学习知识的同时要不断加强自身实践能力和道德修养的提升，善于吸收实践知识的营养、学会观察生活并增强社会责任感和使命感。

（枣庄学院科技处汪涛供稿）

“山东蓝黄战略思路与发展对策”学术报告 11 月 9 日，省发改委副主任宋军继受聘为山东大学兼职教授，并为山东大学经济学院学生作报告。山东大学总会计师曹升元为宋军继颁发了聘任证书。仪式由经济学院党委书记陈宏伟主持。

仪式后，宋军继作题为“山东蓝黄战略思路与发展对策”的学术报告。报告中，他对山东蓝黄战略进行了全面解读。他说，实施蓝黄发展战略，是实现区域均衡发展的重要举措，符合经济发展的规律，符合当下大环境的总体要求，为此需要引领出一种具有山东特色的发展模式，并要坚持不懈，狠抓落实。山东省地处黄河入海口，具有海洋资源丰富、科技力量集中、产业基础好、基础设施完善、对外开放显著等一系列区位优势，在“一核、两级、三带、三组团”的总体开发框架下，“蓝海战略”会促进整个地区的联动发展，实现山东省构建现代海洋产业体系的目标。如果说“蓝海战略”是中央的“命题作文”，那么“黄三角发展战略”就是山东省的“自主命题作文”，黄三角地区的定位是高效生态经济区，将来在环境保护、生态农业、清洁产业、现代服务业等方面都会体现山东特色。最后，他展示了“蓝黄战略”取得的一系列阶段性成果，并希望与山东大学展开相关合作，为蓝黄战略提供动力引擎。

（山东大学经济学院郝德玮供稿）

第四届山东省地方社科院科研联席会议暨山东社科院调研基地座谈会 11 月 9 日至 10 日，由山东社科院和青岛市社科院共同主办的第四届山东省地方社科院科研联席会议暨山东社科院调研基地座谈会在青岛召开。来自省内各社科院和山东社科院各调研基地代表与会。山东社科院党委书记张华，党委副书记、院长唐洲雁，副院长郑贵斌，青岛市委常委、宣传部长胡绍军出席会议。全省各社科院科研处处长、办公室主任，各调研基地负责人等 80 余人参加会议。

本次会议由青岛市社科院院长徐万珉主持，主题是“学习贯彻党的十八大精神，推进社会科学创新”。张华宣布会议开幕并发表讲话。张华在讲话中指出，本次会议是在党的十八大隆重开幕之际召开的，与会代表畅谈十八大精神学习体会，共商社会科学发展大计，意义重大。胡锦涛总书记所作的报告立意高远，内容丰富，思想深刻，论述精辟。认真学习领会胡锦涛总书记的报告，对于我们深入学习贯彻十八大精神，用发展着的马克思主义指导新的实践，开创建设中国特色社会主义事业新局面，具有重大而深远的指导意义。2012年，山东省各地方社科院认真贯彻落实党的十七大和十七届六中全会精神，立足自身实际，在改革科研管理体制、运行机制，深化科研交流与合作，服务地方经济社会发展等方面积极探索，勇于创新，取得了很好的成效。召开本次联席会议对于认真贯彻落实十八大精神，更好地适应形势发展需要。

加强各兄弟社科院之间的交流与合作，提高服务地方经济社会发展的能力和水平具有重要意义。近年来，山东社科院加大了调研基地建设和省情调研工作的力度，设立了基地合作研究课题，选题更加贴近基地实际，开展联合攻关后取得的成果针对性更强，对地方实际工作起到了更大的推动作用。

唐洲雁、徐万珉、济南社科院院长马军远、东营市社科院副院长王斌、潍坊市社科院副院长李启胜、日照市社科院院长庄乾坤、临沂市社科院副院长乔丽萍、聊城市社科院院长刘全来分别围绕学习贯彻十八大精神，改革科研管理体制机制，服务地方经济社会发展等在地方社科院科研联席会议上发言交流。徐万珉作总结讲话。

山东社科院调研基地座谈会由郑贵斌主持，科研处处长杨金卫简要介绍了近年来山东社科院科研和调研基地建设情况。淄博市政府调研室副主任李树博、滨州市政府调研室副主任张志勇、菏泽市委党校副校长仝兴华、青岛开发区工委党校常务副校长陈桓辉、金乡县委政研室主任张剑、山东贝亿集团董事长吕胜军等分别在座谈会上发言。郑贵斌在总结讲话中高度评价了各调研基地的工作，并就下一步完善合作机制，加强沟通与交流，探索双方共赢模式等提出了意见。

通过这次会议，各地方社科院和调研基地对于认真学习贯彻党的十八大精神、推进社会科学创新取得了共识，召开本次会议对于深化各地方社科院之间的合作，完善山东社科院调研基地平台建设，更好地服务地方经济社会发展有极大的促进作用。

（山东社科院科研处崔凤祥供稿）

莫言文学创作学术研讨会　11月10日，由山东大学文学院主办的莫言文学创作学术研讨会在中心校区举行。会议特邀莫言长兄、原高密一中副校长管谟贤参加，山东大学副校长陈炎出席会议并致辞。研讨会由文学院院长郑春主持，来自首都师范大学、复旦大学、山东大学、山东师范大学、曲阜师范大学、山东省作协、山东社科院的专家教授及学界同仁40余人参加研讨会并发言。《中华读书报》、《文汇报》、《东岳论丛》、《大众日报》、《齐鲁晚报》、《山东商报》、《济南时报》、《生活日报》等多家媒体记者出席。

专家学者们紧紧围绕莫言作品的价值和意义、莫言获诺贝尔文学奖对中国现当代文学的意义以及对高校现当代文学教学带来的启迪等问题展开深入研讨。山东大学人文社科一级教授温儒敏在致辞中指出莫言获奖对当代文学创作和评论必将产生重要影响，我院举办本次会议是学术界对莫言获得诺奖的一个反应。他畅谈了自己对了莫言获奖的七大猜想，评价莫言是最杰出的少数当代作家之一，其作品获奖必然是中国当代文学史上一件标志性的大事，使沉滞的当代中国文坛有了新话题，并将在一定程度上改变人们对当代文学素质的看法，促使更多人关注纯文学。首都师范大学教授张志忠说，纵观莫言30年的创作脉络，从《透明的红萝卜》到《蛙》，莫言小说表现了基于农民文化的英雄主义、理想主义。山大文学院教授牛运清、黄万华，山东作协副主席李掖平、复旦大学教授栾梅健等都从不同角度阐发了各自对莫言小说和莫言获奖的看法。

郑春宣布，在本次会议的基础上，学院计划于2013年春季，邀请海内外一流的专家学者，组织一次高水平、高规格的莫言文学创作国际研讨会，有力拓展当代中国文学的学术研究。据悉，本次会议是莫言获得诺贝尔文学奖后，山东学界召开的首次莫言文学创作学术研讨会。

（山东大学文学与新闻传播学院高新华供稿）

第七届山东经济学年会暨区域经济研讨会　11月10日，第七届山东经济学年会暨区域经济研讨会在鲁东大学商学院举行。山东经济学年会理事长、“泰山学者”特聘教授、山东大学产业经济研究所所长、《山东大学学报（哲社版）》主编臧旭恒，山东经济学年会秘书长、山东大学研究生院副院长、教授刘国亮，鲁东大学副校长李德民，山东省宏观经济研究院院长、教授刘冰，山东省企业信用与社会责任协会会长、教授王天仁，山东大学经济学院教授范爱军出席大会开幕式。开幕式由鲁东大学商学院院长、教授孟祥华主持。

刘国亮，哈尔滨工业大学（威海）管理学院院长、教授韩东萍，山东理工大学商学院院长、教授李平，烟台大学经济与工商管理学院院长、教授王淑云分别主持四个阶段的大会发言。山东科技大学经济管理学院院长、教授王新华，鲁东大学商学院副院长、教授马文军，山东财经大学经济学院院长、教授董长瑞，哈尔滨理工大学荣成校区经济管理系系主任、教授孙明琦，山东女子学院经济管理学院院长、教授张可成，山东大学（威海）商学院副院长、教授罗润东，青岛农业大学经济与管理学院副院长、教授王宝海，山东工商学院经济学院院长、教授李中东分别对大会各主题发言给予精彩点评。

第七届山东经济学年会闭幕式由山东大学经济学院、教授李长英主持，教授孟祥华对各位参会代表对年会的支持表示感谢。临沂大学商学院副院长、教授朱孔山代表第八届山东经济学年会的承办方向大家发出热情邀请，期待各位代表2013年在临沂再次相聚。本届年会由山东经济学年会秘书处主办，山东大学经济学院和鲁东大学商学院共同承办，有61篇论文经过评审入选参会，省内外20多所院校的100余位专家学者参加了本次年会。

此外，11月9日，第七届山东经济学年会院长（主任）联席会在鲁东大学商学院举行，省内各高等院校和科研单位的经济管理类学院、系、所的30多位院长（主任）出席会议。会议新增哈尔滨理工大学荣成校区经济管理系为山东经济学年会理事单位，决定2013年第八届“山东经济学年会”由临沂大学商学院承办。

（山东大学经济学院郁德玮供稿）

“经济学在环境政策分析中的作用”学术讲座 11月11日，北京奥运会奖牌主创设计师、中央美术学院教授肖勇在山东大学艺术楼309教室举办题为《视觉设计与实践》的专题讲座。

（山东大学艺术学院张擎供稿）

“中欧政治经济演变”学术报告 11月12日，法国昂热高等商学院副校长沈伟访问山东大学经济学院，作题为“中欧政治经济演变”的学术报告。报告由国际合作办公室副主任丁言强主持。

学术报告中，沈伟将中欧关系大致分为四个时间段：一是1500年至1800年间；二是1800年至20世纪早期；三是1949年至1989年间；四是冷战之后。他运用大量数据，从投资地域、投资方、投资行业及技术含量等方面详细分析了金融危机下当代中国在欧洲的投资形势。在提问环节中，沈伟就大家提出的“欧元危机出现的关键是什么”等具体问题进行耐心解答。

随后，沈伟介绍了法国昂热高等商学院和山东大学经济学院“3+2本硕联读合作项目”，从地理位置、学术研究、学生培养等方面全面介绍了昂热高等商学院，又介绍了欧洲的主要科研项目，希望大家能够积极申请。

法国昂热高等商学院（ESSCA）创办于1909年，是法国最知名、成立时间最早的私立高等商学院之一。该学院位于昂热市，坐落于联合国教科文组织承认的世界遗产Loire山区，现已发展成为法国颇具声望的高等精英学校之一，是培育商界精英的摇篮。

（山东大学经济学院郁德玮供稿）

“中国证券市场创新业务发展形势”学术报告 11月12日，山东大学校董、齐鲁证券有限公司董事长李玮受聘为山东大学兼职教授。山东大学总会计师曹升元为李玮颁发了聘任证书。山东大学本科生院常务副院长、经济学院常务副院长胡金焱出席仪式，经济学院党委书记陈宏伟主持聘任仪式，经济学院教授李长英、曹廷求，齐鲁证券办公室主任张云伟参加仪式。

聘任仪式后，李玮作题为“中国证券市场创新业务发展形势”的学术报告。他讲到，中国资本市场面临有史以来力度最大的创新，对中国资本市场发展具有深刻与长远意义。他介绍了资本市场创新的背景以及了资本市场创新的重点内容。李玮还从机构设置、人才队伍建设、业务发展等方面对齐鲁证券有限公司作了介绍。他提出，人才、机制和信息对证券行业来说有着至关重要的作用，并期望大家积极加入到证券行业中，实现自身的价值。

11月12日下午，中国建设银行山东省分行行长薛峰受聘为山东大学兼职教授。山东大学总会计师曹升元为薛峰颁发了聘任证书。

山东大学本科生院常务副院长、经济学院常务副院长胡金焱从学科建设、师资水平和科学研究等方面介绍了学院的基本情况，并回顾了自上世纪80年代以来双方建立的长期合作关系。经济学院党委书记陈宏伟主持聘任仪式，经济学院教授李长英、曹廷求，中国建设银行山东省分行投资银行部总经理周荣江参加了聘任仪式。

聘任仪式后，经济学院师生就高端金融人才培养、社会实践基地、校园招聘、大学生职业生涯规划等问题与薛峰进行了座谈。

（山东大学经济学院郁德玮供稿）

“银行治理与金融风险”研讨会 11月13日，山东大学经济学院在会议室举办“银行治理与金融风险”研讨会。台湾政治大学财务管理系主任、教授周冠男出席研讨会并作题为“行为金融与金融风险防范技术创新”的主题报告。研讨会由金融学系主任、教授曹廷求主持。

主题报告上，周冠男和在座师生分享了其在“行为金融”方面的研究成果。首先，他结合实例分析了传统预期效用理论在现实中的不足，有必要展开在预期理论、心理账户、风险规避与寻租等方面的研究。其次，他从行为金融学的角度展开了对股票市场有效性的研究。最后，他介绍了模糊规避、代表性偏误、赌徒偏误、定锚理论等前沿性的概念和观点。

山东大学博士生郭峰、副教授李颖、博士高金窑，南开大学博士生钱先航，中国人民大学博士生张光利，山东大学博士生朱博文分别作题为“新兴股票市场上的金融震荡和非对称效应分析”、“人民币升值和名义工资增长是可以权衡的么?”、“我国证券投资基金的流动性选择能力研究”、“官员更替、政治身份与民营上市公司的风险承担”、“银行治理与风险承担”、“银行治理与商业银行的货币政策传导机制”的学术报告。

（山东大学经济学院郁德玮供稿）

“跨界：中国现代陶艺发展之现象”学术讲座

11月13日下午，由山东艺术学院科研处主办的2012年度“文化艺术博士谈”系列讲座之一“跨界：中国现代陶艺发展之现象”在美术学院多媒体教室举行。讲座由设计学院教授远宏博士主讲，雕塑、美术教育专业的师生聆听讲座。整个讲座将“跨界”作为主题，以陶瓷媒介作为悟性的载体，“以跨越边界的当代艺术精神与学术情怀诠释特有的审美意味和人文品格”为旨归，通过展示2010年在园博园举行的“界·尚——中国当代陶艺实验作品邀请展”作品，突出了国画家、油画家、雕塑家、服装设计师以及平面设计师的跨界陶瓷作品，介绍他们立足于各自的专业修养、通过角色转换和自身努力在不同艺术语言上的成功探索。远宏教授认为，如今艺术教育的专业分类过细，导致学生的学术视野过于狭窄。如何为学生们搭建一个基础宽泛的学习平台，已成为当下教育工作者面临的一个重要课题。“跨界”的目的就是要通过学科交叉激发学生的创造性和想象力。

（山东艺术学院科研处刘翔宇供稿）

“仁慈与自由——儒家与基督教价值观的比较”学术报告　11月14日晚，由山东大学研究生院、党委研究生工作部主办，儒学高等研究院承办的第40期（总第348期）“稷下风”研究生学术讲坛在山东大学中心校区邵馆报告厅举行教授。盛洪做客此次讲坛，讲述的主题为“仁慈与自由——儒家与基督教价值观的比较”。

本次讲坛由儒学高等研究院执行副院长、教授王学典主持，相关院系师生200多人出席了此次学术论坛。盛洪的报告共分为两大部分。第一部分，盛洪首先对儒家的“仁”与基督教的“自由”两个概念进行了制度经济学上的分析。第二部分，盛洪就仁慈与自由的重叠与互补关系进行了集中阐释。他指出，一方面，二者呈现出重叠。自由与秩序是一个硬币的两面。仁慈是说自由的边界在哪里，而自由是说仁慈界内的自由空间有多大；另一方面，二者又是不同。

在互动环节中，在座师生积极思考，就自由在基督教中的地位、市场经济中的“真儒学”与“伪儒学”、各种文明融合的途径、东亚其他地区儒学与基督教融合对中国的借鉴、家庭内的冲突与“家庭主义”、中国人“过度自由”、今后中国体制改革的路径和主要方面等问题，踊跃提问。盛洪对相关问题作了详尽深刻的解答，大家受益匪浅。最后，王学典对盛洪的报告作了高度的点评。在点评中，王学典就借用经济学对中国传统文化和儒家核心概念的阐发、经济学的中国文化自觉及儒家与市场经济的关系等角度进行了总结。

（山东大学儒学高等研究院刘丽丽供稿）

“中韩战略合作伙伴关系的结构特色和发展模式”讲座　11月15日，复旦大学教授石源华来到山东大学外国语学院，为朝鲜语系的师生作题为“中韩战略合作伙伴关系的结构特色和发展模式”的讲座。该讲座是“韩国学高层论坛暨朝鲜语系成立20周年”专场讲座之一。

石源华从目前已近白热化的2012年韩国总统大选出发，对韩国总统大选进行了分析和前瞻，指出新总统上任后的对华政策将深受关注。石源华从韩美关系、中美关系、中朝关系、朝韩关系等宏观国际关系背景中对中韩关系进行了详细解读，指出中韩两国在政治、安保、经济、社会等四大领域所存在的共同之处成为中韩关系持续、快速发展的动力。同时，中韩两国关系中所存在的内在结构性矛盾又在某种程度上牵制着中韩关系的发展。石源华继而指出，中韩战略性伙伴关系的发展道路不能照搬其他国家间战略性伙伴关系的发展模式，而是应该走逐步扩展、深化，由易到难，以达到中韩两国在各领域中成为战略合作伙伴关系的道路。

讲座中，石源华通过中韩关系发展过程中的许多具体事件和事例，用生动易懂的语言，向同学们深入浅出地讲解了中韩关系这一较为复杂的主题，并在讲座后亲切回答了同学们的提问，与同学们进行了互动。

石源华，现任复旦大学国际问题研究院学术委员会主任、教授、博士生导师、韩国研究中心主任，兼任中国中外关系史学会副会长，中国朝鲜史研究会副会长，韩国韩中文化协会名誉理事、韩国国会图书馆咨询委员、韩国国史编纂委员会特聘研究委员，韩国国家报勋处特聘研究委员、韩中文化协会名誉理事、日本岛根县立大学东北亚研究中心客座研究员等。著有《中华民国外交史》等30余种著作和论丛24辑，发表论文140余篇。曾5次获上海市哲学社会科学优秀著作奖。主要研究方向：中国与周边国家关系、朝鲜半岛与东北亚国际关系、韩国独立运动与中韩关系等。

（山东大学外国语学院程殿梅供稿）

“雪域高原——美丽的西藏”报告 11月15日—16日，应枣庄学院传媒学院的邀请，山东工艺美术学院数字艺术与传媒学院院长、教授王传东莅临传媒学院讲学指导。11月15日下午，在综合楼学术报告厅，副校长李进京为王传东颁发特聘教授聘书。随后，王传东为传媒学院全体师生作题为“雪域高原——美丽的西藏”的精彩报告。在报告中，王传东结合自己三次进藏的体验，通过生动的语言和一幅幅精美的图片，引领大家走进了如诗如画的大美西藏、神奇神秘的人文西藏，领略了雄伟壮观、美妙瑰丽的自然风光和历史悠久、丰富灿烂的民族文化。同时穿插富有情趣的故事，告诫同学们学习及积累的重要性。报告理论联系实际，情真意切，语言朴素，幽默风趣，娓娓道来，使大家在轻松的气氛中，不仅学到了专业知识，而且享受了别具风味的艺术大餐。16日上午，在与传媒学院部分教师的座谈会上，王传东简要介绍了山东工艺美院数字艺术与传媒学院的基本情况；围绕“如何提高课堂教学质量及科研能力”，他对青年教师们提出了许多切实可行的建议。

（枣庄学院科技处汪涛供稿）

首届泉城规划论坛 11月15日，由济南市规划局、山东大学城市发展与公共政策研究中心、山东建筑大学联合发起的2012年首届泉城规划论坛暨开幕大会在山东大学中心校区举行。济南市委副书记、市长杨鲁豫为论坛发来贺信祝贺，校党委副书记尹作升出席活动并致辞。

杨鲁豫在贺信中对泉城规划论坛的举办给予了充分肯定，希望通过举办论坛，全面提升省城规划建设管理水平，营造全民参与美丽泉城规划建设的浓厚氛围。尹作升代表山东大学对论坛开幕表示祝贺，并重点围绕山大与济南、城市化与城市规划、大学与城市的关系进行了阐述。尹作升表示，大学与城市之间是一种紧密的共生共存关系，此次论坛就是大学与城市良性互动的创新之举，希望论坛能发展成为架起科研机构、政府机构、企业和社会组织联系沟通的桥梁，为山大服务社会、服务公众搭建新平台，形成新机制。

论坛上，中国城市规划设计研究院副院长杨保军作题为《规划让生活更美好》的精彩演讲，全面分析了我国当前城市建设的时代背景和现实状况，系统提出了促进城市规划建设的重要标准，表示城市建设要突出城市规划的作用。阿特金斯首席规划师Mark Harrison先生作了题为《创新城市》的专题演讲，从城市创新的普遍性出发，指出城市创新对当前济南的发展具有至关重要的意义，并论证了济南市进行城市规划创新的可行性。

来自山东大学、济南市规划局、山东建筑大学、32家论坛成员单位及科研设计机构、开发建设企业、新闻媒体的近500人参加了论坛开幕式。在场听众纷纷表示，泉城规划论坛使自己进一步加深了对城市规划建设的认识，更新了规划理念，拓展了规划视野，为更深入地探究当前我国城市规划建设问题打开了思路。

“泉城规划”论坛由山东大学、济南市规划局、山东建筑大学联合发起，相关科研及设计机构、开发建设单位共同参与，是旨在加强城市规划学术交流，传播城市发展先进理念和前沿理论，推进城市规划和发展水平提升的学术交流平台。论坛每年举办两次，邀请国内外城市与区域发展、城市管理、城市规划、产业经济、城市交通、生态环保、建筑设计及相关领域的知名专家学者，就城市发展与规划的最新研究成果与经验、当代城市规划与城市发展中的核心问题和难点问题等作公开演讲和交流，力争发展成在国内有较大影响的城市规划与城市发展的学术交流阵地。

（山东大学政治学与公共管理学院楼苏萍供稿）

“道德运气与健全行动者”讲座 11月15日，山东大学第44期分析哲学论坛在中心校区知新楼举行，哲学系吴童立作题为“道德运气与健全行动者”的讲座。主要内容为：假设有一个没有按时检查刹车的司机，要么因为刹车失灵撞到了一个孩子，要么没有撞到孩子。在这两种情况下，司机的疏忽是等同的，但是孩子是否跑到他的行车道上则是出于运气，那么司机应该在道德上受到同样的谴责吗？

根据日常的观点，我们似乎接受两种彼此冲突的直觉：一是运气不应该造成道德上的差别；二是运气的确造成道德上的差别。这就是道德运气悖论，它是真实的吗？运气应当进入道德评价吗？我们将探讨这一问题，由此提出一个“健全行动者”的概念，并力图表明：它会让我们在追问“我是谁”“我应当如何生活”这些问题的时候具有一种更恰当的思考方式。

（山东大学哲学与社会发展学院荣立武供稿）

“中国民间文艺知识产权保护的现状、问题及对策”和“民俗研究与当代社会发展”的学术报告 11月15日下午，文化部民族民间文艺发展中心博士、副研究员王学文和山东大学教授、博士生导师张士闪，应邀来到滨州学院黄河三角洲文化研究所，在黄河三角洲高效生态经济发展研究院会议室分别作题为“中国民间文艺知识产权保护的现状、问题及对策”和“民俗研究与当代社会发展”的学术报告。滨州学院科研处处长、李靖莉研究员主持报告会。

报告中，王学文结合自身工作实践和研究心得，分析了民间文艺与知识产权的联系，探讨了中国民间文艺知识产权保护的现状、面临的问题和对策。张士闪阐释了民俗研究通过以小见大的个案研究和参与国家重大问题研究等方式参与社会发展的问题。两位专家的报告既有理论高度，又有案例分析，让聆听者开阔了视野，增长了见识，对我校开展黄河三角洲文化研究具有很强的指导性。

经济与管理系、黄河三角洲文化研究所、黄河三角洲经济研究中心、安全文化研究中心的部分专兼职研究人员以及历史与社会学系部分学生聆听报告。

（滨州学院黄河三角洲文化研究所供稿）

青岛主权回归与1920年代的中国学术研讨会 为深入挖掘城市历史文化资源、丰厚文化底蕴，青岛市社科联、青岛市档案馆、青岛市历史学会于11月16日在青岛市社科联会议室，共同举办“青岛主权回归与1920年代的中国学术研讨会”。来自全市党校、高校、社科研究机构的历史学研究者，档案、图书馆等工作部分的实际工作者，以及中学、报社等单位的史学爱好者共40余人出席会议。会上，青岛市档案馆副馆长杨来青介绍了青岛市档案馆的馆藏资料与近期研究成果；12位论文作者围绕1920年代的青岛主权回归，日占青岛时期的经济社会文化境况，该时期的民间信仰、乡土观念和市民意识等问题进行了主题发言和分析点评，系统梳理了中国收回青岛主权的艰辛历程，深入分析了围绕青岛主权收回进行的外交斗争及其对中国外交、西太平洋地区国际格局的影响，深刻勾画了1920年代日占青岛时期地区经济社会文化以及人民思想意识的变化发展情况，对于明确青岛在近代中国乃至世界历史进程中的地位、作用和影响，探究殖民管理对于青岛城市发展影响具有重要意义。会议共收到论文21篇。青岛市历史学会会长吕明灼、青岛市社科联副主席任银睦出席会议并讲话。

（青岛社科联供稿）

山东省法学会宪法学研究会2012年年会暨“八二宪法三十年：回顾与展望”学术研讨会 为纪念我国1982年宪法颁布实施30周年，11月17日，由山东省宪法学研究会、省委党校政法部主办的山东省宪法学研究会2012年年会暨“八二宪法三十年：回顾与展望”学术研讨会在省委党校召开。副校长孙占元致辞。山东省宪法学研究会会长、省人大常委会副秘书长、办公厅主任赵瑞林代表研究会致辞。省法学会副会长、山东大学教授、博士生导师肖金明，山东省宪法学研究会副会长、省委党校原副校长李永清，山东省宪法学研究会副会长、济南市人大常委会副秘书长、研究室主任刘民，山东省宪法学研究会副会长兼秘书长、省人大常委会信访局副局长魏兴荣，省委党校校委委员、科研处处长张云汉，山东省宪法学研究会副会长、山东大学法学院教授、博士生导师王德志等出席会议。来自省内各高校和实务部门的专家学者共50余人参加了会议。省委党校政法部主任赵泉教授主持了开幕式。与会代表围绕“八二宪法三十年：回顾与展望”这一主题展开了热烈讨论。

（省委党校科研处杨光供稿）

“互相点燃，共同燃烧”报告 11月17日上午，由中文系承办的德州学院“中南大讲堂”第五讲“当代著名诗人桑恒昌走进德院”在德州学院理科公教楼4009多功能报告厅举行。讲座由中文系姜山秀主任主持，桑恒昌先生为现场300余名师生作题为“互相点燃，共同燃烧”的报告，其间穿插济南电视台主任播音员贺华女士声情并茂的桑老怀亲诗作朗诵。

桑恒昌的报告回顾了其独特的人生成长经历与体验，讲述了他对亲情、友情、乡情和爱国之情的解读，加之贺华老师的朗诵极富感染力，台下的众师生被深深感动着、震撼着。桑恒昌的诗是他长期沉积在心头的感情的爆发，构思奇特而又情深意切，他强调诗写作中的“情”，强调诗人与阅读者的“疼痛”感。在谈及自己在当代文坛备受推崇的怀亲诗时，他说他之所以能够写出大量的怀亲诗，首先源于对父母强烈的真爱和挚情，他要用他的怀亲诗告诉那些还享受着父母之爱的人们：要珍惜和抓紧时间报答双亲。会后桑恒昌详细解答了德州学院鉴塘诗社同学们对于诗歌、对于文学的种种问题，并向他们表达了自己殷切的希望。最后，德州学院副校长、教授季桂起进行了点评，他高度评价了桑恒昌的诗歌，并以自己富有诗意的朗诵结束了此次讲座。

（德州学院社科处刘淑青供稿）

第十二届中国制度经济学年会 11 月 17 日至 18 日，第十二届中国制度经济学年会在山东大学举行。年会由山东大学经济研究院主办，约 200 人参会。Journal of Institutional Economics 主编、国际著名制度演化经济学家、教授 Geoffrey M. Hodgson，浙江大学经济学院院长、教授史晋川，山东大学经济研究院院长、教授黄少安，广东省社会科学院副院长、教授王珺，山东大学经济研究院教授盛洪，中国社会科学院经济研究所研究员、北京天则经济研究所学术委员会主席张曙光，山东大学经济研究院教授黄凯南，香港中文大学博士柯荣住等参加年会。

Geoffrey M. Hodgson、史晋川、黄少安、王珺、盛洪和柯荣住分别作题为“Varieties of Capitalism and their Common Essence”、“金融市场合约执行机制与金融风险：以浙江温州民间金融为例”、“中国工业化和城市化背景下的征地补偿问题”、“城市化、结构转换与制度变革”、“视野与计算”、“Rosca：a mutual insurance mechanism under privately known shock”的演讲。在主题演讲后，大会进行了小组讨论活动，年会分为 6 个小组，与会专家学者进行深入的研讨。本次年会共评出 6 篇优秀论文。中国制度经济学年会是我国制度经济学界的盛会，目前已经成功举办了 12 届，成为我国制度经济学领域学者相互交流的重要平台，在整个经济学界有较大影响力。

（山东大学经济研究院田川供稿）

“阴阳五行揭秘”系列专题讲座之二 11 月 18 日，枣庄学院文学院“九龙山学术论坛”于文科楼 217 室开讲。此次讲座是刘宗棠专题系列“阴阳五行揭秘”之二。继上次讲座之后，刘宗棠重点以命相算法为例，演示阴阳五行相关理论的具体运用，细细剥开其中之秘密，让同学们破除迷信，树立正确人生观。命相算法涉及到十天干与十二地支，刘宗棠首先将它们之间的相生相合的各种组合关系细细演示给大家，然后以具体例子，一一进行分析，使这些基本的原理逐步呈现出来，并且联系同学们的生活常识，说明其中的道理，真正让同学们看到，这里面没有什么秘密，更不存在什么迷信。刘宗棠依然是朴实讲解，娓娓道来，同学们听得津津有味，深受启发。一堂讲座带来新思，同学们感到很有收获，既从实践当中领悟到了中国传统文化的精深，也改变了自己从前的对于阴阳五行的不正确的认识。

（枣庄学院科技处汪涛供稿）

“对美国艺术教育观念与实践的见闻与理解”学术讲座 11 月 19 日下午，山东艺术学院科研处主办的 2012 年度“国外艺术学新视野”系列讲座之一“对美国艺术教育观念与实践的见闻与理解”在美术学院多媒体教室举行。讲座由艺术文化学院院长刘家亮博士主讲，美术教育、美术评论专业的师生聆听讲座。刘家亮的讲座围绕美国艺术教育的观念与实践展开，从对美国艺术教育方面的课程设置、课堂教学、艺术实践以及论文写作等方面的见闻入手，围绕杜威的实用主义教育思想，着重介绍美国艺术教育思想的主导观念，并对杜威著述《艺术即经验》的主要命题进行了具体阐述。还结合关于毕加索作品《格尔尼卡》的艺术评论，以示例方式进行分析。

（山东艺术学院科研处刘翔宇供稿）

“马克思主义与当代国外社会思潮”学术报告 11 月 21 日，枣庄学院政治与社会发展学院在综合楼 1414 教室组织了“马克思主义与当代国外社会思潮”的学术报告会，报告会由博士董嫱嫱主讲。董蔷蔷首先介绍了当前国外的几种主要的社会思潮，如未来主义、后现代主义、后殖民主义、生态社会主义及市场社会主义，并就其中几个主要社会思潮进行了详细评述，接着又指出了当前学术研究中的一些不良倾向，诸如理论原创不足、学术研究中的碎片化倾向、学风浮躁现象以及理论脱离实际等倾向。针对这些问题，董蔷蔷进一步指出了学术研究中应该努力的方向和学生应该以怎样的立场来辨别是非，更好地掌握马克思主义理论的基本立场、观点和方法，使师生接受了一场马克思主义基本理论教育。

（枣庄学院科技处汪涛供稿）

“加强教学管理，提高教学质量”报告 11 月 21 日，枣庄学院初等教育学院邀请教务处处长、教授刘书银为全院教师作题为“加强教学管理，提高教学质量”的报告。刘书银首先肯定了初等教育学院前身在师范教育上的优良传统和为枣庄教育工作的贡献，重点围绕“为什么要提高教育教学质量，以及如何转变观念与身份成为一名合格的高校教师”和老师们进行了交流。刘书银结合学校教学工作基本情况，与老师们交流了学校教育教学质量保障工作发展历程，并结合即将迎接的本科教学合格评估和高等教育发展面临的问题，指出提高教育教学质量是社会和学校发展的必然要求，希望老师们找准个人位置和发展方向，以主人翁精神积极参与学校的教学改革和建设，为学校的发展献计献策，努力推进学校教育工作再上新台阶。刘书银的报告立意深远，内容丰富，情真意切，语重心长，解答了老师们在教育教学环节的一些困惑。

（枣庄学院科技处汪涛供稿）

“保险业发展与人才需求”座谈会 11月22日，“保险业发展与人才需求”座谈会在山东大学经济学院会议室举行。与会人员就当前保险业发展状况和人才需求状况进行了深入探讨。经济学院党委书记陈宏伟、副院长石绍宾、保险学研究所所长王新军，山东保监局办公室主任赵文和、产险处副处长蒋河出席座谈会。

首先，山东保监局统研处处长助理陈福锋介绍了目前保险市场在我省以及全国的发展情况。他说，近几年，山东省保险行业持续快速发展，市场体系不断完善，发展质量不断提高，保险监管工作也不断加强。然而在全国范围内，保险业务发展普遍放缓，产险盈利能力持续下降，偿付能力仍面临较大压力，保险行业内能出现了非理性竞争，退保难等问题。但总体来看，山东省的保险业务平稳增长，增速明显高于全国水平，保险监管体系也在逐步健全。当前，经济增长放缓的形势对保险监管机构提出了新的要求，总结起来就是：抓服务，严监管，防风险，促发展。他还介绍了目前保险行业的人才需求情况：保险公司亟需各类管理人才，技术人才，营销人才和监管人才。随后，有的研究生谈了目前就业形势，并询问了保险公司和保险监管机构招聘的具体要求。有的本科生询问了如何防范营销员销售误导以及保险中介机构的发展状况和车险改革等问题。最后，王新军作总结。他肯定了保险业发展的光明前景和就业状况，鼓励大家积极投身保险业，共同完善当前的保险市场。同时，他希望山东保监局更多地关注山东大学保险专业的同学们，并为他们提供更多的锻炼机会。

座谈会由经济学院风险管理与保险系主任、教授任燕燕主持，山东保监局寿险处处长助理李东生、中介处处长助理刘光尧参加了座谈会。

（山东大学经济学院郁德玮供稿）

《联合国海洋法公约》签署30周年国际学术研讨会 11月22日至24日，经教育部批准，被列入中国海洋大学“985”三期发展规划学术研讨会项目，由中国海洋大学法政学院主办的主题为“中国与海洋法”——《联合国海洋法公约》签署30周年国际学术研讨会在青岛召开。为期两天的国际学术研讨会增进了各国学者对《公约》的理解。自《公约》签字以来30载，各国在其国家实践和对《公约》本身的实施中积累了一定的经验和认识，此次会议为各国学者提供了交流经验、彼此借鉴和学习的机会。会议涉及议题广泛、国际海洋法专家参会并发言的热情高涨。与会学者对此次会议给予高度评价，对中国海洋大学海洋法学科的发展给予充分肯定。

（中国海洋大学社科处金天宇供稿）

中国国际共运史学会2012年年会暨学术研讨会 11月22日—26日，由中国国际共运史学会和山东省国际政治与国际共运学会主办，聊城大学世界共运研究所和青岛农业大学人文社科学院承办的中国国际共运史学会2012年年会暨学术研讨会在青岛召开。来自中共中央编译局、中共中央党校、中央党史研究室、中联部、北京大学、中国人民大学等全国各相关党政机构、科研院所、高等学校的200名专家学者参加了本次会议，省社科联副主席、党组成员李海萍和青岛市委副书记王军分别代表山东省社科联、青岛市委致辞，对会议的召开表示祝贺。本次年会暨学术研讨会的主题为“当今世界变化中的资本主义与社会主义”。中央党史研究室副主任、教授李忠杰作题为“从国际共运视域看党的十八大”的主题发言。研讨会采用大会主题发言和分组讨论相结合的方式进行。与会代表将本着勇于探索、求真务实的精神，围绕资本主义体制困境与发展模式调整、世界左翼政治运动的形势与特点、社会转型与改革、中国特色社会主义的理论与实践、执政党建设问题、国际共运史研究方法与范畴等六个方面的问题进行探讨，并就个人的研究成果进行交流，提出了从国际共运视域审视十八大、加强中国特色社会主义文化建设途径等新观点，介绍了欧洲政党政治发展与苏东问题研究的新动向。青岛日报、半岛都市报、山东省社科联网站、《当代世界与社会主义》杂志等媒体给予了报道。

（聊城大学社科处张兆林、青岛农业大学社科处辛力克供稿）

“旅游产业发展趋势”学术报告 11月23日，枣庄学院兼职教授张宪依聘任仪式暨学术报告会在综合楼学术报告厅举行。副校长、教授曹胜强出席活动并为张宪依颁发兼职教授聘书，张宪依作题为

“旅游产业发展趋势”的学术报告，旅游与资源环境学院400余名师生参加报告会。报告从旅游的总体概论、发展前景、枣庄旅游产业总论等方面进行了阐述和解读，强调了旅游产业关联度高、带动大，前景好、可持续强，符合发展方向，是典型的绿色富民产业。在分析枣庄旅游产业发展的趋势时，张宪依认为，旅游产业前途的广阔性对枣庄市能源枯竭型城市转型将起到重要作用，枣庄市旅游产业在景区的打造上要“规划高起点，投资大手笔，促销范围广度大，景区管理精细化”，真正把景区做成精品，使旅游服务产业向生活休闲体验产业发展。

（枣庄学院科技处汪涛供稿）

“语言之功和文学之用：外国语言文学研究所面临的危机”学术报告 11月23日下午，山东大学外语学院在外语楼举办题为“语言之功和文学之用：外国语言文学研究所面临的危机”的学术报告，此次报告会由学院副院长李建刚主持。

首都师范大学教授、博士生导师林精华应学院邀请担任此次报告的主讲，学院部分老师和研究生聆听报告。在报告中，林精华从“语言是工具”和“师夷长技以制夷”谈起，详细解读外语教学、外国文学研究所面临的问题和困境。林精华指出，鸦片战争后西方文化的大量译介与传播带来意想不到的结果——“主体性”的缺失，“宗经征圣”于欧洲思想模式和学术定见。外语教学、外国文学研究、乃至中西方文化的“现代性”相遇要在传统承继的基础上发出自己的声音与观点；要用正确的方法和态度去运用知识，而不是为了个人或社会的短期利益，他鼓励各位研究生在今后的学习研究中要谨记于心。

整场报告中，林精华引用各种实例，勾勒出中国视角“传统承继和现代性”之间的矛盾，突显了外语学习、外国文学研究和“研究主体性”之间的复杂关系，警醒同学们在语言学习、学术研究和文化传播等方方面面都要以自己的方式进行反思。最后同学们就自己的感受和体会进行了提问，林精华一一作了解答。

（山东大学外国语学院程殿梅供稿）

第十一期齐鲁税务讲坛 11月23日，由山东大学经济学院和山东大学税务硕士教育中心主办的第十一期齐鲁税务讲坛在山东大学中心校区举办。中汇会计师事务所合伙人、中国注册会计师、律师、美国特许金融分析师赵岩担任主讲，经济学院教授李华担任讲坛主持人。

讲坛中，赵岩分别从非货币性资产出资、留存收益增资、扩大规模（合并、收购）、缩减规模（清算、减资、分立）、股息红利、股权转让、股权激励等七大角度分析了企业上市重组的税务问题。他谈到了当前我国税制改革的各个新方向，并从税制发展历程、调整动因等多个方面对企业重组进行了详细的阐述。随后，通过图表，赵岩向大家展示了各税种的税务处理方法，涉及个人所得税、营业税、增值税、土地增值税、契税、印花税、企业所得税等税种。他还从实际出发引用多个法律意见书中“YES”和“NO”案例分析理论，作了仔细剖析，使明晰化。最后，赵岩结合实际工作经验向在座师生讲述了我国税制改革的历程、现状和调整动因以及对企业重组的影响，并就营业税、企业所得税等问题进行了深入沟通和探讨，使大家对我国税收界的最新研究成果以及税收政策的趋势有了进一步的了解。

（山东大学经济学院郝德玮供稿）

“国际公共品及其供给问题研究”、“我国近期税制改革热点问题研究”的学术报告 11月24日，上海财经大学校长、教授樊丽明，中国人民大学教授朱青应邀做客山东大学第6期、第7期公共经济与公共政策专家论坛，并分别作题为“国际公共品及其供给问题研究”、“我国近期税制改革热点问题研究”的学术报告。报告由经济学院财政学系主任、教授李齐云，副院长、副教授石绍宾主持。经济学院财政系师生参加论坛。

樊丽明介绍了国际公共品的两大研究主线，并就国际公共品及其供给问题研究的重要性进行了阐述。接下来，她围绕国际公共品的界定与分类、国际公共品的供给方式、国际公共品的供给困境及解决、国际公共品供给的资金来源和预算等四个方面作了具体的讲解。她对国际公共品的相对完整性定义以及不同的分类方法进行了阐述，并对国际公共品的供给方式进行了分类介绍，强调国际公共品供给、消费的关键是国际间合作与协调。她表示国际公共品的供给面临着“供给不足、消费过度”的困境，并对困境产生的原因作了进一步分析，提出了解决困境的一系列方法。针对国际公共品供给的资金来源和预算问题，樊丽明介绍了官方发展援助、可能的新来源以及建立国别的预算配置机制等方面的内容。

朱青对当前宏观经济形势作了概述，他引用国内外大量税制案例和相关数据剖析了“是否应该减税”议题。他结合党的十八大报告介绍了我国的税制改革方向，从国情出发着重讲解和分析了个人所得税、资源税、房产税和营业税改征增值税的改革方向以及实施情况。朱青对中国税制改革的前景进行了预测，对同学们所关心的就业问题作了解答。他独到的观点、精辟的论述给现场师生留下了深刻印象，获得了阵阵掌声。

（山东大学经济学院郁德玮供稿）

“艺术品鉴赏与投资”专题讲座 11月24日，枣庄学院美术与艺术设计学院组织师生代表近200人，在枣庄市图书馆参加齐鲁大讲坛·枣庄市民大讲堂，中国民族文化研究院研究员、鉴定委员会委员皮学齐先生作“艺术品鉴赏与投资”的专题讲座。讲座中，皮学齐首先给听众讲述了艺术品鉴赏与投资的发展前景和当今社会中的价值，接着对如何鉴赏艺术品、如何认识和收藏有价值的艺术品、如何进行艺术品投资等作了详细的阐述，最后他把自己收藏的部分艺术品让听众欣赏、观摩。

（枣庄学院科技处汪涛供稿）

山东省外国文学学会第八届年会 11月24日，由山东外国文学学会主办、济南大学外国语学院承办、《山东外语教学》协办的山东省外国文学学会第八届年会在济南大学召开。中国社会科学院荣誉学部委员吴元迈、济南大学党委书记范跃进、济南大学副校长韩宏等出席会议，来自全省40余所高校的100余位从事外国文学研究的专家学者以及《中国社会科学报》、外语教学与研究出版社等媒体和出版社的负责同志参会。开幕式由外国语学院院长李常磊主持。范跃进介绍了济南大学的学科发展和外国文学研究所取得的成绩，希望与会专家围绕共同关心的问题深入交流，相互学习、相互借鉴，共享经验、共同提高，共同推动外国文学相关研究的开展。山东省外国文学学会会长郭继德先生回顾了我省外国文学研究的历史，总结和分析了目前存在的问题，指出了今后努力的方向。

开幕式后，中国社会科学院荣誉学部委员、教授吴元迈作题为《运动中、行进中的外国文学研究》的主旨报告，对我国20世纪文学研究进行了认真总结与深刻反思。山东大学外国语学院副院长、教授申富英，济南大学外国语学院院长、教授李常磊分别作了题为“论《尤利西斯》的幽灵美学”、“镜像视野下威廉·福克纳时间艺术研究”的报告。24日下午，与会代表在三个分会场就相关主题进行了热烈研讨，46名代表宣读论文。

（济南大学社科处戴亮供稿）

“关于经济学高质量学术论文撰写的若干问题探讨”学术报告 11月24日，上海财经大学《财经研究》编辑部主任、教授施祖辉应邀做客第4期山东大学保险论坛，在山东大学中心校区经济学院作题为“关于经济学高质量学术论文撰写的若干问题探讨”的学术报告。论坛由保险学研究所所长、教授王新军主持。风险管理与保险系主任、教授任燕燕等师生参加了论坛。

施祖辉首先介绍了《财经研究》等系列在国内学术界举足轻重的学术刊物，并指出此类刊物研究外国经济管理方面具有独特的视角，例如以经济视角解读“文史哲法”等学科领域。接下来，他就学术论文的写作提出三点建议：一要注重选题，力求新意，最好能用通俗的语言构建大纲，提出猜想并进行证实，观点应具有独创性，在文中明确可见，切忌用复杂方法论证众所周知的问题；二是要扩大阅读，自我创新，在有相当充足的阅读量的前提下，通过研究前人高度归纳总结的理论，找出空白缝隙和疑点，自己进行研究创新，也就是“要站在巨人的肩膀上”；三是要总揽全局，井然有序，可以按照“背景—基础—基本理论运用—模型/方法/数据—理论/实证—结论—政治含义—学科发展前景”的模式写作，以确保文章中精彩的环节不被遗漏。

最后，施祖辉提出文章的每一个环节都应仔细推敲反复修改，保证行文流畅，论题、假设、论证、论据和结论五点一线一一对应，经济学注释要贴切到位，善于运用经济学研究参数进行写作等宝贵意见。

（山东大学经济学院郁德玮供稿）

“理解产业成长与经济绩效的动力基础——租金分析范式演变的文本语源和语义考察”报告 11月26日，“庆祝《产业经济评论》创刊10周年”系列学术活动暨第71期“山东大学产经论坛”在山东大学中心校区举行，北京工商大学经济学院教授孟昌作题为“理解产业成长与经济绩效的动力基础——租金分析范式演变的文本语源和语义考察”的报告。

报告中，孟昌指出，租金研究文献之庞杂与中国学者对西方文献的曲解与不当引用，引起了一些重要的经济学研究误区，认为有必要对租金分析范式的演变、租金及其衍生概念术语做全面的文本源流考证。他从三个方面介绍了租金分析范式的起源与演变，即租金分析的起源，租金分析的新政治经济学范式及其实证研究转向，委托—代理视角的租金分析。孟昌从租金及其衍生概念，非生产与生产性租金寻求，从“设租”语义看租金的外生性和内生性，三个方面对相关概念进行了文本考察，并指出当经济中存在由固定成本或规模报酬递增导致的技术非凸性、信息优势、创新等各种结构性因素，或者存在对市场的人为干预或管制等行政性因素时都将产生生产性租金，会诱使经济行为人展开对租金的寻求活动，同时孟昌就寻租与寻利的区别进行了分析。孟昌还就租金的竞争性寻求结果进行了介绍，认为租金耗散分为生产性租金耗散和非生产性租金耗散，并分别从为什么有时候腐败会导致经济长、对中国经济增长与腐败共生之谜的解释两个方面介绍了抽租、人力资源配置、经济绩效之间的关系。孟昌还介绍了寻租与不合意的经济行为、腐败、不正当行为之间的关系。

讲座最后，孟昌对部分师生的问题耐心地进行了解答。论坛由《产业经济评论》编辑部主任、山东大学经济学院教授曲创主持，经济学院部分师生参加了论坛。

（山东大学经济学院郁德玮供稿）

吴元迈“外国文学研究”专题讲座　11月26日下午，九届全国政协委员、中国社科院荣誉学部委员、中国社科院外国文学所原所长、研究员、国家社科基金外国文学评审组长、全国马列文论研究会会长吴元迈做客山东大学外国语学院，并围绕“外国文学研究”为主题作引人入胜的讲座。

吴元迈研先以“运动中或行进中的外国文学研究”为观点总结20世纪丰富多彩的外国文学研究经验，提出外国文学研究虽然利用自然科学、人类学、心理学等学科的研究成果而得以丰富和发展，然而归根到底，外国文学研究还需重新思考、重新定义。

继而，吴元迈以现实主义为切入点，探讨现实主义文学在现代主义文学、后现代主义文学如意识流文学、荒诞派文学、表现主义文学和存在主义文学中的“变形”，并以俄国、苏联、德国、法国等国别文学中代表作品为实例，旁征博引，旨在阐释在文学发展过程中“不是现实主义死亡，而是现实主义的定义死亡”的观点。现实主义在“变形”中得到延伸及发展，然而，现实主义文学作品又有别于现实主义在运用不同的形式“变形荒诞”后的文学作品，而判断标准有二，即综合性运用文本及作品总体倾向。

最后，吴元迈对文学作品及文本的内涵进行阐释，并就两者之间的相互关系进行了详细的解读。他对外国文学研究界影响较大的三种观点进行一一阐释：文学作品和文本是同义词；文本代替文学作品；文本是文学作品的组成部分之一。最后指出，国内学界对该领域的研究不够，仍有待深入。

本次讲座历时两个小时，其间，在场的青年教师、博士研究社和硕士研究生认真聆听讲座，并在互动环节积极踊跃发言，就各自相关研究中的疑惑求教于吴元迈。本次讲座由外国语学院原院长、教授郭继德主持，外国语学院副院长申富英、李建刚等出席本次讲座。

（山东大学外国语学院程殿梅供稿）

黄可华摄影艺术学术研讨会　11月27日，“黄可华摄影艺术学术研讨会”在山东工艺美术学院举办。研讨会由山东省文联主席、山东工艺美术学院院长、教授潘鲁生主持，齐鲁摄影学会名誉会长、名誉主席黄可华，齐鲁摄影学会名誉主席费云良，来自全国各地的摄影家、艺术评论家、媒体界人士以及山东工艺美术学院的大学生近百人出席了活动。

山东省文艺评论家、副秘书长孙建章等就黄可华“泰山石”主题摄影作品的文化内涵、艺术理念和创作技法等多角度进行了解读。潘鲁生在总结中认为，“泰山神画”专题展的举办具有特殊意义。黄可华先生以艺术家的敏锐眼光观察泰山石，从微观视角展现了齐鲁文化的本质内涵。潘鲁生认为，山东文化艺术界对齐鲁文化的研究，要文本研究和创作实践研究同步进行，注意对文艺创作实践中的新现象进行及时的总结和分析。

（山东工艺美术学院科研处任谢元供稿）

“融汇与贯通：从出土文物看北朝艺术与设计”学术讲座　11月28日下午，由山东艺术学院科研处主办的2012年度“文化艺术博士谈”系列讲座之一“融汇与贯通：从出土文物看北朝艺术与设”在设计学院多媒体教室举行。讲座由美术学院美术史论系宋丙玲博士主讲、设计学院荆雷教授主持。设计学院艺术设计学、艺术设计专业的学生约200人聆听讲座。

宋丙玲运用大量的史料图片，从北朝拓跋鲜卑族的崛起、北朝时期的佛教艺术、北朝时期的墓葬艺术、瓷器发展史上的技术革命、中西交通背景下的北朝器物、胡风入华的北朝服饰等6个角度，系统介绍了在我国文化艺术历史上往往被轻视的北朝艺术。她认为，北朝时期的艺术与设计是中国古代文化的重要组成部分，并具有举足轻重地位：北朝时期的鲜卑文化与汉文化、西域文化的融汇与贯通，为唐代建立多元一体的艺术、设计文化打下了坚实的基础。讲座不仅向大家展示了北朝时期艺术、设计的基本概貌，更让大家全面了解北朝艺术和设计生成的文化背景，为设计专业的同学们打开了新的学习与研究视野。

（山东艺术学院科研处刘翔宇供稿）

“所谓所与神话”的讲座　11月29日，山东大学第45期分析哲学论坛在中心校区知新楼举行，中国科学院大学人文学院胡志强作题为“所谓所与神话”的讲座。讲座主要介绍了经典基础主义的思路、塞拉斯对经典基础主义的批判（所与神话）、上个世纪90年代以来经典基础主义的复兴和对塞拉斯诘难的消解。

（山东大学哲学与社会发展学院荣立武供稿）

“句首空间附加语的语篇功能研究”学术报告

11月30日晚，山东大学外语学院在公教楼307教室举办题为“句首空间附加语的语篇功能研究”的学术报告。报告会由外国语学院副院长、教授刘振前主持。

河南大学教授、博士生导师张克定应学院邀请担任此次报告的主讲，校内外老师和研究生近百人聆听了报告。整场报告中，张克定主要从三个方面（句首空间附加语的界定、其作为有标记主位的地位及其语篇功能）讲述了句首空间附加语在语篇构建中的功能。张克定首先讲述了Biber，Halliday等语言学家对“附加语”（即状语）的分类，接着从语义和语序上界定了句首空间附加语的意义，即具有空间意义且出现在小句之首的附加语。句首空间附加语作为有标记的主位，给述位提供了进一步发展的空间方位，即具有空间设定功能，不仅为后文提供空间位置，也提供起点和路径。此外，句首空间附加语还具有语篇衔接与新话题引入的双重功能；连续使用的句首空间附加语则具有信息对比功能，其引入的新话题之间就有了对比意义。

在结语部分，张克定指出，句首空间附加语在语篇构建中的这几个功能通常是共同作用以促进语篇发展的。最后，同学们就自己的感受和体会进行了提问，张克定一一作了解答，报告持续一个半小时。

（山东大学外国语学院程殿梅供稿）

“省会城市群经济圈”学术论坛　省宏观经济研究院、省宏观经济学会“省会城市群经济圈”学术论坛于11月30日、12月27日分两阶段进行，论坛由山东省宏观经济研究院院长、山东省宏观经济学会常务理事、常务副秘书长刘冰主持，省宏观经济研究院全体干部职工与部分学会理事会成员参加论坛。山东省会城市群经济圈课题组分别从“关于省会城市群经济圈的几点认识”、“中国城市群发展的现状与趋势”、“建立省会城市群经济圈战略意义”、“城市群视角下的现代服务业发展研究”、“城市群发展模式及选择”等方面对建设和发展省会城市群经济圈的意义、内涵及路径进行了深刻阐述，与会人员与课题组成员进行了交流互动，探讨了省会城市群经济圈的发展趋势，刘冰作点评。此次论坛的成功举办，标志着山东省宏观经济研究院2012年度学术交流活动取得圆满成功。论坛结束时，刘冰就2013年学术交流及科研工作提出了具体要求：一是要继续扩大学术论坛的范围，内容要更加丰富，让更多的人参与到论坛中，通过学术论坛学习先进的研究方法和思路，不断完善、提高科研水平；二是要提高选题的针对性，研究内容要“顶天、立地”，运用现代经济研究方法，进一步发现和掌握规律性的东西；三是要认真学习和运用调研方法，做实调查研，在省宏观经济研究院在委党组的坚强领导下，团结一致，积极进取，加强学习，不断壮大人才队伍，提升科研能力。到当年11月为止，研究院共承担各类国家、省级、横向合作课题以及省发改委重大研究课题47项，在争取国家及省级重点课题立项方面取得丰硕成究，努力提高研究水平和研究质量。

（山东宏观经济学会供稿）

山东师范大学齐鲁文化研究中心“学术报告月”

山东师范大学齐鲁文化研究中心11中旬到12月中旬与社科处联合举办第三届“学术报告月”活动。共举办8场学术讲座，《中国哲学史》杂志副主编、首都师范大学教授白奚，中国孔子基金会副会长、尼山圣源书院执行院长、教授刘示范，中国社科院特约研究员、湖南省长沙洗心禅寺首座妙华法师，齐鲁文化研究中心教授王钧林等校内外知名专家学者受邀来中心或到长清校区作学术报告，活跃了学校学术气氛，提高了中心学术影响。

（山东师范大学社科处高景海、顾大伟供稿）

2012营运资金管理高峰论坛　12月1日，由中国会计学会、中国海洋大学等单位共同主办的“2012营运资金管理高峰论坛”在青岛海景花园酒店隆重举行，论坛的主题为“营运资金管理与财务风险评估”，国内营运资金管理领域的专家学者和企业界财务高管和精英共150多人参加。中国企业营运资金管理研究中心主任王竹泉教授代表中国企业营运资金管理研究中心发布了《营运资金管理发展报告2012》及“2011年度中国上市公司营运资金管理绩效排行榜”。财政部企业司刘玉廷司长在论坛作题为“我国企业财务管理评估制度的建立与实施”的主题演讲。中国会计学会副会长、中国内部控制研究中心主任、教授刘永泽，中国社会科学院《中国工业经济》杂志社社长李海舰，南京大学财务与会计研究院副院长、教授李心合，中国社会科学院中国工业经济研究所研究员张金昌、海尔电器集团有限公司财务总监彭家钧分别在主论坛作专题报告。

论坛同时设置了“企业高峰论坛”和“学界高端研讨”两个分论坛进行交流和研讨。

在本次论坛上，中国企业营运资金管理研究中心在前期由中国会计学会、中国海洋大学共建的基础上，又新增财政部企业司、青岛市财政局、山东省会计学会、青岛市国资委、大唐电信科技产业集团、青岛银行、中国煤炭科工集团有限公司等7家单位作为共建单位，财政部企业司司长刘玉廷、中国海洋大学党委书记、教授于志刚，中国会计学会副会长、教授刘永泽，大唐电信科技产业集团总会计师高永岗等代表共建单位为中国企业营运资金管理研究中心共建揭牌，这标志着“政、产、学、研”协同创新的营运资金管理研究模式初步形成。

（中国海洋大学社科处金天宇供稿）

“青岛文化名人与青岛近代文学学术研讨会” 12月1日，由青岛市社科联、青岛市古典文学研究会共同举办的“青岛文化名人与青岛近代文学学术研讨会”在青岛市胶州北关街道办事处举行。青岛市古典文学研究会秘书长宫泉久主持会议，青岛市社科联副主席任银睦、胶州市政协副主席陆君玉、青岛市古典文学研究会会长刘怀荣出席会议并讲话。来自全市高校、党校、社科研究机构的专家学者及古典文学爱好者近40人出席会议。会议分两部分进行：来自青岛大学、青岛农业大学、中国海洋大学的3位专家围绕青岛胶州文化名人张谦宜的生平考证和学术思想，以及近代旅青文化名人梁实秋的教学和创作进行了主题发言；专家学者分小组进行了学术研讨，分享个人学术研究观点，进行论点探析交流，进一步推动了青岛文学与文化的研究工作。会议共收到论文25篇。

（青岛社科联供稿）

“党的十八大与中国特色社会主义理论体系学术研讨会” 12月2日，由青岛市社科联、青岛市科学社会主义学会共同举办的“党的十八大与中国特色社会主义理论体系学术研讨会”在青岛市委党校举行。来自全市高校、党校、社科研究机构的专家学者50余人出席会议，共提交与会文章47篇。会议通过与会学者代表重点发言、专家点评等形式，围绕年内召开的中共十八大会议精神进行理论解析和宣讲，进一步弘扬主旋律，强化与会者对中共十八大精神的领会与把握，强化社科理论工作者对中国特色社会主义体系的深入研究。青岛市委党校副校长王振海出席会议并讲话。

（青岛社科联供稿）

“从民俗事项看民俗特质”学术报告 12月2日，枣庄学院文学院副教授李思华在文科楼319室作题为“从民俗事项看民俗特质”的学术报告。报告中，李思华凭借扎实的民俗学研究功底，在借鉴吸收民俗学最新研究成果的基础上，向学生介绍了民俗与人的生活的密切关系，民俗与法律、道德、纪律的区别，重点介绍了民俗的集体性、民族性、传承性、多元性、变异性、符号性、象征性、神秘性与实用性等特征。报告内容结合中国学代续存的大量优良民俗案例进行讲解，丰富多彩、新颖鲜活，既有深度又有广度，深深吸引了在场学生。通过报告，同学们认识到民俗文化的重要价值，增强了对民俗文化的兴趣，为学习、研究民俗文化提供了新的思路。

（枣庄学院科技处汪涛供稿）

山东大学人类学系成立一周年座谈会 12月2日，正值山东大学人类学系成立一周年之际，哲社学院特举办小型座谈会以示庆祝。除本系的7位人类学系教师外，还邀请了当代著名人类学家、教授金光亿参加研讨。金光亿抛砖引玉，提出人类学研究中关于国家—社会关系的一些思考，他强调国家—社会间的文化实践，既存在文化竞争，也存在共谋和妥协。Brian Harmon和大家分享了他最近进行的一个研究项目的纲要：在济南的公共空间里社会交际中的眼神接触、陌生人和相关特征。胡宗泽作了“对谁的正义和使用何种‘武器’：在中国北方村子的请愿、灵魂和祷告”报告。他从崛起的“公民权利意识”、“法律多元”讲起，以十里店为例，介绍了那里的基本的历史、统计和村委会，接着切入主题——正义追求：请愿，灵魂，和祈祷，最后就多种武器和“规则意识”两方面进行总结。Konstantinos Zorbas讲的是“城市中的正义”：在西伯利亚里柏拉图的“共和国”和萨满的调解，他想要通过在北亚社会的民族志研究为经典的话题提供一些新的视角。Chris Tan采用现身说法，介绍了“‘回家吧，男同!’或者为什么新加坡同性恋男子选择‘回家’而不是‘出来’?”的情况。舒萍介绍了“全球性文化概念和地方性知识：‘绿色’对一个中国茶叶培育村庄的影响”。陶冶讲述了“在中国西南部苗族社会的基督教运动”。苏敏谈到“做现代穆斯林妈妈：教育理念，儿童养育与当代中国回民女性的母职体验”。

（山东大学哲学与社会发展学院王昕供稿）

“人类学对文化政治的研究：重新考察当代中国的宗族现状”学术报告 12月3日，当代国际著名人类学家、教授金光亿做客山东大学哲社学院，作题为“人类学对文化政治的研究：重新考察当代中国的宗族现状”的报告，由胡宗泽主持。讲座主要分为五部分：当代中国宗族研究的意义和范式、文化政治、中国研究和国家—社会框架、当代中国宗族研究和方法论的问题。金光亿提到，通常人们认为国家是公共的、合理的、理性的，而社会是私人的、不合理的、情感的，而公共领域实际上是不断被非正式和非政府方面建构着的，在现代社会中，还有大众文化、大众媒体、跨国组、非公益组织等非官方的影响。金光亿强调了国家—社会框架的有用性，随着世纪体制变革、市场经济的发展，有学者认为人民的声音已经足够大，提出诸如抵抗论这样的理论，但是从国家—社会视角下，它们实际上是文化竞争关系，但是，也存在着共谋和妥协。金光亿认为，宗族组织及其文化的再活，是国家和人民之间的文化政治，他使用深描方法从七个维度来解释这种宗族（再）生产。最后，金光亿指出了一些方法论上的问题，像国家对于社会与人民分类评价定义、多重身份的群体、国家对于社会与人民分类评价定义等。他着重强调了时间上的持续性和描写的深度、厚度。

（山东大学哲学与社会发展学院王昕供稿）

“青岛与东北亚经济文化关系研讨会” 12月3日，由青岛市社科联、青岛市国际关系学会祝办，青岛市国际观学会、青岛亚太经济文化促进中心承办的“青岛与东北亚经济文化关系研讨会”在青岛市社科联举行。来自中国海洋大学、青岛大学等多所高等院校和社科研究机构的国际关系研究专家学者30余人参会，提交会议论文19篇。会议围绕青岛在近代中国外交中的地位与作用、青岛在中韩关系中的地位和作用、青岛与东北亚地区的文化交流发展等问题进行了研讨，总结了青岛在与东北亚地区国家的经济社会文化交流和外交发展中的成功经验，为有效推动青岛未来与东北亚各国的对外交往和经济文化社会方面友好合作提供理论支持。会议由青岛市国际关系学会副会长孔庆峒主持，青岛市社科联副主席任银睦出席会议并讲话。

（青岛社科联供稿）

“从《美国往事》谈电影创作的方法与技巧”学术讲座 12月3日下午，在山东艺术学院长清校区图书馆报告厅，广东电视台制片人、导演张建中做客“齐鲁大讲坛·文化艺术分坛”，为戏剧影视学院、传媒学院近400名学生带来了一场关于电影创作的盛宴。讲座由戏剧影视学院相关负责同志主持。

张建中在讲座中指出，如今我们的专业学生对于电影的评价过于笼统，更像观后感。那么如何专业地评论一部影片？他强调，要从每一个镜头开始，做视听语言分析。在近3个小时的讲座中，他通过意大利导演瑟吉欧·莱昂的电影《美国往事》这部经典之作，为同学们讲解分析了电影创作的方法与技巧。他特别强调，大师的手法和镜头都是有设计的、有道理的，镜头之间的转换是有机的，学习戏剧、电影的专业学生，一定要认真分析经典作品，从中学习方法和技术。他希望，在今后的戏剧电影学习道路上，大家要专注于创作，真正去写，去拍。

（山东艺术学院科研处刘翔宇供稿）

银雀山汉墓竹简出土40周年纪念大会暨孙子兵学文化论坛 12月3日至4日，山东孙子研究会与中国孙子兵法研究会、临沂市人民政府共同主办了银雀山汉墓竹简出土40周年纪念大会暨孙子兵学文化论坛。来自全国各地的20多位将军和数百名兵学专家、企业家及各界代表欢聚一堂，回顾总结40年来研究、宣传、开发和利用银雀山兵学文化的成功经验，探讨兵学文化在当今军事、经济、政治、文化和社会生活等领域的应用问题。山东孙子研究会会长赵承凤、执行会长南兵军、副会长张明友及张秋波、赖征宇、刘庆俊、薛宁东、荆强、曹永孚、周传立、王东方等领导出席了会议。刘庆俊主持了论坛。南兵军和林国华、韩明林、陈国忠、胡波5位领导和专家，围绕“孙子兵学与沂蒙精神”这一主题，作了演讲，中国孙子研究会的领导和专家谢国良、姚有志、傅立群、吴九龙等作了即席发言。会议期间，还举行了临沂孙子兵法研究会揭牌仪式，参观考察了银雀山汉墓竹简博物馆、在建的中国兵学城一期工程现场、沂蒙精神纪念馆、书法广场、城市规划展、物流中心等，观看了现代柳琴戏《沂蒙情》。资深专家吴如嵩在临沂大学作学术报告。

（山东孙子研究会供稿）

学习贯彻党的十八大精神科研工作策划会 12月4日，省委党校召开学习贯彻党的十八大精神科研工作策划会，副校长孙占元出席并讲话。校委委员、科研处处长张云汉对2012年科研工作进行了总结并提出明年的工作打算。校委委员、文史教研部主任孙建昌，校委委员、干部业余教育学院常务副院长张朝谱出席。

孙占元在讲话中指出，科研策划会总结回顾工作，各教研部门努力工作，求真务实，思路清晰，取得了很好的成效。他对下一步科研工作提出四点要求：一是抓好党的十八大精神的学习和研究。要按照校委的部署，把党的十八大精神的研究作为首要政治任务，开展多种形式的科研活动。对十八大提出的重大理论问题和重大现实问题，人们普遍关心的热点、难点问题，列出选题，组织专家深入研究，推出一批有深度的研究成果。二是做好国家社科基金项目申报工作。2013年度国家社科基金项目申报在即，要把国家社科基金项目申报作为科研工作的重中之重，认真消化吸收各教研部门提出的意见和建议，在原有规划基础上进一步充实规划，切实抓紧抓好。三是继续强化服务意识，促进科研工作再上新台阶。四是推进科研人才队伍建设。围绕国家社科基金规划项目、省社科基金规划项目的申报和研究，设立校重点调研课题，通过校重点调研课题的立项申报，积极推进科研人才队伍建设。

各教研部门与会的负责同志结合今年科研工作和明年打算，围绕科研出精品力作、搭建科研平台、做好科研规划和导向进行了深入讨论，就深入学习、研究和贯彻落实十八大精神做好2013年科研工作谈了意见和建议。各教研部主任和分管科研的副主任，相关教研部门的负责同志和科研处全体人员共40余人参加了会议

（省委党校科研处杨光供稿）

“网络媒体与高校思想政治教育理论研讨会”

12月5日，由青岛市社科联、青岛高校工委、青岛高校思想政治教育研究会共同举办的“网络媒体与高校思想政治教育理论研讨会”在青岛职业技术学院举行。青岛职业技术学院党委书记刘鹏照、青岛市社科联副主席任银睦、青岛市高校工委副书记李岷出席会议并讲话。来自中国海洋大学、中国石油大学（华东）、山东科技大学、青岛大学、青岛农业大学、青岛理工大学、青岛科技大学、山东外贸职业学院、青岛广播电视大学、青岛职业技术学院、青岛酒店管理职业技术学院、青岛远洋船员职业学院等多所驻青高校的专家学者40余人出席会议，共提交会议论文40篇。与会专家围绕网络媒体环境发展带来的变化，深入探讨了新时期高等院校师生中存在心理指导、就业指导、理想信念引导等思想政治教育问题，专家对思政教育中出现的辅导员博客、思政微博、网络思政问题互动解答等高校思想政治教育新形式在调研和实证分析的基础上给予了肯定，为青岛市高校思政教育的发展提出了新思路。

（青岛社科联供稿）

“菲舍尔与济南老火车站暨山东建筑大学传承建筑历史文化实践”图片展　12月5日上午，在津浦铁路济南火车站建成100周年之际，，由山东建筑大学、济南市档案局（馆）、《老照片》编辑部等单位联合主办的“菲舍尔与济南老火车站暨山东建筑大学传承建筑历史文化实践”图片展在图书馆一层大厅举行。西维亚女士、济南市政协副主席张辉、山东建筑大学校长靳奉祥、济南市档案局局长王玉玲、齐鲁晚报副总编辑李艳、济南市千佛山园林工程有限公司董事长宫进军，共同为“菲舍尔与济南老火车站暨山东建筑大学传承建筑历史文化实践”图片展剪彩。出席剪裁仪式的还有副校长韩锋、济南市档案局有关领导、各新闻媒体的记者及师生代表。

仪式上，靳奉祥首先致辞，指出菲舍尔先生和其设计的济南老火车站，已深深地留存于泉城市民的记忆中。这次展览得益于西维亚女士的宝贵支持和多年来对祖父菲舍尔工作生活经历的收集与研究。此次展览分为，“费舍尔与济南老火车站”、“济南老火车站历史影响”和“山东建筑大学历史建筑保护”三部分，其中展出的大量记录赫尔曼·菲舍尔家族在济南工作、生活时的照片，这些照片由菲舍尔的孙女西维亚·弗里德里希米德提供。数张津浦铁路济南火车站早年珍贵照片，为其设计师赫尔曼·菲舍尔于百年前拍摄，由菲舍尔的后人几经查询，最终在德国慕尼黑档案馆获得。

举办“菲舍尔与济南老火车站暨山东建筑大学传承建筑历史文化实践”图片展的主旨，是共同缅怀菲舍尔先生，共同传承铁路文明，共同感知建筑文化的底蕴。

（山东建筑大学科技处李琳琳供稿）

“司法理念引领下的刑事司法艺术”学术讲座

12月5日，北京市人民检察院副检察长苗生明受邀做客郭明瑞法学名家系列讲座，该讲座由烟台大学法学院主办。苗生明围绕“司法理念引领下的刑事司法艺术”为在场近500名师生作精彩演讲。讲座同时吸引了包括烟台市人民检察院、烟台市中级人民法院的多名检察官、法官及周边几所高校的在校生。烟台大学校长、教授房绍坤出席讲座并向苗生明颁发“烟台大学客座教授聘书”。在讲座中，苗生明为现场听众详细阐释了“司法理念”、“办案效果”、“执法层次”三个名词的实际含义。同时从敬法护法、形势政策、公平公正、保障人权四个方面深入解析刑事司法实务现状，并总结自己作为检察官以来多年的实践经验及体会，列举出许多真正翔实的案例，让现场听众领悟到司法理念引导下正确从事司法实务的方法。苗生明深入浅出地剖析了刑事司法实务中所暴露出的问题。苗生明言辞犀利同时又富有哲理，对于在校生实现理论与实践的接轨无疑有着莫大的帮助，在讲座最后表达了对即将迈向司法实务工作一线的在校生的厚望。

（烟台大学科研处曹永智供稿）

"'中国模式'的是与非"学术报告 12月5日，枣庄学院政治与社会发展学院在综合楼1414教室组织了"'中国模式'的是与非"学术报告会，报告会由教授隋保禄主讲，政治与社会发展院长徐玲主持，学院部分师生听取报告。隋保禄首先介绍了"中国模式"的提出和背景，并根据现今国内外各种观点阐述了"中国模式"的有无问题，"中国模式"的内涵和特征，"中国模式"的贡献与意义及其存在的问题与挑战。本次学术讲座提高了同学们对"中国模式"的认识与了解，丰富了同学们的专业文化知识。隋保禄严谨求实的治学精神、坦率真诚的为人风格、幽默风趣的语言，深深打动了在场的师生。

（枣庄学院科技处汪涛供稿）

"项目管理中的系统工程与风险管理研究（Aspects of Systems Engineering and Risk Management in Project Management）"学术报告 12月5日，教授Leon Pretorius在山东大学管理学院会议室为硕士及博士研究生作题为"项目管理中的系统工程与风险管理研究（Aspects of Systems Engineering and Risk Management in Project Management）"的学术报告。Leon针对和国际社会现状和社会需求，对项目经理和系统工程师职业作了职业分析和前景展望，并对同学们的职业规划给出了自己的建议。随后，就人机系统、房屋系统等大量现实生活中的事例和项目系统中的原理作了对比讲解，探讨了两次金融危机背景之下的金融系统工程、风险管理、金融创新及金融监管中的最新学术成果与创新实践。针对中非的文化差异和商业隔阂等问题，他详细介绍了风险管理的适应性和不同国家对于风险管理的采取的政策。此次学术报告与座谈活动谈论了南非项目管理的现状与南非项目文化与中国项目文化的异同，并通过与管理学院相关领导与教师的座谈，双方建立了详细的合作计划框架与具体形式，为马上开展学术、项目合作奠定了良好的基础。

（山东大学管理学院张雅萌供稿）

"国外电影教育见闻"学术讲座 12月5日下午，山东艺术学院科研处主办的"国外艺术学新视野"系列讲座在戏剧影视学院举办专场讲座，邀请学校留学澳大利亚格里菲斯大学电影学院的视觉艺术博士舒畅老师，做题为"国外电影教育见闻"学术讲座。舒畅现任教于山东艺术学院传媒学院广播电视编导系。曾参与主办2010年布里斯班中国独立记录电影展，博士论文和纪录片作品入选2012澳大利亚"可见的记录"电影节。讲座中，她以电影编剧为例，对比了中外电影教育的课程设置、实践方式等教学体系的各个方面，并对电影产业与电影艺术进行了综合性分析，对电影本体作出了精辟的阐述。

（山东艺术学院科研处刘翔宇供稿）

"先锋派：理论与实践"专题讲座 12月6日，上海外国语大学英美文学研究中心副主任、《英美文学研究论丛》副主编、英国诺丁汉大学特聘客座讲师、中国外语界面研究学会副会长、英国Leverhulme Trust项目的获得者、英国莱斯特大学访问教授Leverhulme Trust，上海外国语大学英语学院教授、博士生导师乔国强做客山东大学外国语学院，并以"先锋派：理论与实践"为题举行精彩的讲座。

乔国强首先讲解了先锋派这个术语的来源和发展，指出已有的先锋理论还有许多值得商榷的地方。接着，乔国强介绍了几种已有的观点：第一种观点认为先锋理论是后世发现的一种理论，而不是指创作；第二种观点认为先锋理论首先被创造出来，然后帮助读者去甄别、判断某些作品是否是先锋的；还有一种观点认为先锋理论是一种有关先锋的话语文本，认为只要出现了"technical innovation"就是先锋的。乔国强从唯物主义历史观出发，以垮掉的一代、纽约诗派、视觉艺术等为例，对上述各种观点进行了评析，并对先锋理论进行了重新定义，认为先锋理论实际上是来源于实践的——由于历史背景的不同，先锋派作品的表现手法、主题和本质都会有所不同。最后，乔国强指出，先锋理论对艺术作品的最终结果是商业化，先锋作品的起点可以是反主流的，但终点未必是反主流的。乔国强还提醒大家重新思考如何去定位理论与实践的关系的问题。

在互动环节中，乔国强结合本次讲座的内容，对在场的青年教师、博士研究生和硕士研究生的各种提问作出了详细的解答。讲座历时一个半小时，外国语学院原院长、教授郭继德主持本次讲座。

（山东大学外国语学院程殿梅供稿）

青岛高校心理健康教育研究会2012年年会 12月7日，青岛高校心理健康教育研究会2012年年会在青岛农业大学召开。年会由中共青岛市委高校工委、青岛高校心理健康教育研究会主办，青岛农业大学承办。青岛市教育局副巡视员梁永东，青岛大学副校长、青岛高校心理健康教育研究会副会长张铁柱，山东科技大学副校长、青岛高校心理健康教育研究会副会长王志刚，青岛市市立医院副院长，青岛高校心理健康教育研究会副会长王冠军出席会议。由山东省大学生心理健康教育专业委员会副主任委员、青岛高校心理健康教育研究会会长、青岛农业大学党委副书记刘国秋作《青岛高校心理健康教育研究会2011—2012年工作报告》。

（青岛农业大学社科处辛力克供稿）

提升期刊学术影响力研讨会 为深入贯彻落实十八大精神，探讨人文社会科学综合性期刊如何保持办刊质量与学术品位，不断提升自身的学术影响力，山东社科院《东岳论丛》编辑部以“高度·深度·广度·角度·厚度”为主题，于12月8日在北京举办提升期刊学术影响力研讨会。山东社科院院长唐洲雁出席并介绍山东社会科学院的科研概况及目前的研究工作重点，副院长王志东主持研讨会，《东岳论丛》主编李然忠对刊物的办刊思路和发展规划作了介绍。新闻出版总署新闻报刊司、人民日报、求是杂志社、光明日报、新华文摘杂志社、中国人民大学书报资料中心、中国社会科学杂志社、中国社会科学院数据库部和清华大学图书馆等单位的专家、学者应邀出席研讨会，就人文社会科学综合性期刊在学术发展中的定位与作用，期刊进一步发展的当下困境与可行性对策，以及期刊提升学术影响力的多元化途径等问题展开了深入而热烈的探讨。

研讨会上，诸位专家、学者指出，想要提升自身的学术影响力，人文社科综合性期刊就应坚持弘扬学术创新精神，关注当下热点研究领域和问题，建立并巩固高端的专家作者群体，加强编辑队伍整体素质建设，不断提升刊物的学术品位。同时也强调，人文社科综合性期刊在今后的发展中，仍要紧紧抓住学术这一核心，具有国家观念、世界视野、前瞻性眼光，切实遵循学术规范，求真务实，开拓创新，真正发挥学术期刊反映学术动态、呈现学术成果、引领学术风气的作用。

（山东社科院科研处崔凤祥供稿）

“新结构经济学：反思发展理论和政策的框架”学术报告 12月8日，北京大学国家发展研究院名誉院长、前世界银行首席经济学家、教授林毅夫受邀在第十二届中国经济学年会上发表“新结构经济学：反思发展理论和政策的框架”的学术报告。演讲由山东大学本科生院常务副院长、教授胡金焱主持。

在发展中国家如何通过产业升级和技术变迁赶超发达国家这一问题上，林毅夫认为，发展中国家赶上发达国家，表面上是收入赶上发达经济，深层上是产业结构赶上发达经济，更深一层是要素禀赋及其结构必须赶上发达经济。在发展和结构变化过程中，不仅是产业与技术变迁，还有各种基础设施亟待改善。因此，新结构经济学为经济发展问题开出的药方是，以市场经济为主导发展比较优势产业；同时需要政府为经济发展提供便利，具体体现为“增长识别与协调”六大步骤：第一步是找出与自身产业结构类似、且人均收入约为其两倍的、发展迅速的国家作为参照模型；第二步是如果参照国里已有民营企业进入上述产业（不管这些产业是已经出现的，还是正在出现的），政府应识别造成这些企业无法良性发展或者阻碍后来者进入该产业的障碍，采取措施消除这些障碍；第三步是如果参照国中没有民营企业进入上述已经在被参照国发展迅速的产业，政府应采取措施吸引外资进入这些产业，这些外资应该来源于第一步中已经识别的被参照国，也可以在这些产业中培育本国新企业；第四步是除了培育上述被参照国内发展迅速的产业，政府也应该注意识别本国民营经济体在新产业里的成功创新，支持它们发展壮大；第五步是在基础设施落后、商业环境不够友好的国家里，经济特区和工业园可以用来消除企业进入的障碍、吸引外资和形成产业集群；第六步是政府应当为已经识别的上述“先锋式”企业提供限定期限的税收优惠、直接信贷投资和外汇支持。新结构经济学家们希望通过以上措施建立开放性的利用后发优势的经济体和具有竞争力和强大的外部性支持、包括强大的财政账目、更少的内生性危机和可以为反周期操作提供更大空间的财政政策，从而达到较大的经济盈余，较高的投资回报，较高的储蓄和投资等目标。

最后，林毅夫提到，如果能充分利用其比较优势，挖掘后发优势，任何一个发展中国家的产业升级速度都会比发达国家更快，都应该有潜力维持每年8%左右的经济增长20—30—40年。经过一代或两代人，从低收入国家变成中等收入国家甚至高收入国家。

（山东大学社科处张荣林供稿）

“发展与改革：未来中国经济展望”第十二届中国经济学年会 12月8日至9日，以“发展与改革：未来中国经济展望”为主题的第十二届中国经济学年会在山东大学举行。山东大学党委书记李守信，北京大学副校长、中国经济学年会理事长海闻，中国经济学年会秘书长、北京大学国家发展研究院教授巫和懋等专家学者出席年会。山东大学副校长陈炎主持了开幕式。

北京大学国家发展研究院名誉院长、教授\前世界银行首席经济学家林毅夫作题为“新结构经济学：反思发展理论和政策的框架”的报告，在主题论坛上，国务院参事、友成企业家扶贫基金会常务副理事长汤敏，中国科学院院士、山东大学金融研究院院长、教授彭实戈，浙江大学经济学院院长、浙江大学社会科学学部主任、教授史晋川分别作题为“如何实现十八大报告中的两个翻一番”、“金融风险定量计算，奈特不确定性和非线性期望”和“区域经济发展问题”的演讲。在名家论坛上，中国人民大学经济学院院长、教授杨瑞龙，对外经济贸易大学副校长、教授林桂军，中组部千人计划专家、山东大学博弈论与经济行为研究中心主任、教授秦承忠，南京农业大学教授钟甫宁分别作题为“超越分配关系的收入分配制度改革”、“中国与俄罗斯入世承诺的比较”、“讨价还价问题的一个统一解决方案”和“经济增长与人口变迁”的演讲。在学术论坛上，南开大学副校长、教授佟家栋，中组部千人计划专家、北京大学国家发展研究院教授张晓波，北京大学经济学院院长、教授孙祁祥，山东大学本科生院常务副院长、教授胡金焱分别作了题为“国际保护主义与全球化调整期”、“中国产业集群的演化与发展”、“结构调整、市场化与政治体制改革”和“走出低谷的中国经济？——当前经济金融形势与政策的几点判断”的演讲。

年会共收到应征论文1000余篇，经过专家匿名评审共入选论文290余篇。在为期一天半的会议中，600多名专家学者围绕宏观经济、金融证券、企业管理、国际经济、农业经济以及制度经济学、卫生经济学、国防经济学等25个领域相关的入选论文，分71个专题分会场展开了深入的交流和讨论，深入剖析中国发展和改革中所面临的问题，展望未来中国经济。闭幕式上，海闻和西南财经大学经济学院院长刘方健作了大会总结和发言。山东大学总会计师曹升元致闭幕辞。

年会期间，还举办了新闻发布会、全国高校经济学院院长（主任）联席会议、女经济学者午餐会、《经济学（季刊）》、《China Economic Journal（CEJ）》主编见面会、“海闻教授主题报告会”以及经济管理类图书展等系列活动。

中国经济学年会每年举办一次，是国内经济学领域级别最高、影响力最强、覆盖范围最广、最具前瞻性的学术会议。本届年会由中国经济学年会秘书处和山东大学主办，山东大学经济学院承办。年会旨在加强中国高等院校经济类院系以及国内外其他经济学科研、教学机构之间的交流与合作，为广大从事经济学教学科研的中国师生搭建一个开放的、互动的平台，以促进中国经济学教学与学术研究水平的提高，推动中国经济学界自由开放、严谨务实的学术环境发展，为中国的经济改革和发展作出应有的贡献。

（山东大学社科处张荣林供稿）

“经济增长与人口变迁”学术报告 12月9日，南京农业大学教授钟甫宁学做客山东理工大学商学院，作题为经济增长与人口变迁”的学术报告。钟甫宁围绕“人口增长与经济增长的关系”，结合中国的实际情况，深入浅出地对现代经济与中国形势发展展开了分析。他通过图像和调查研究详细剖析了人口增长与经济增长的关系。最后，他得出了社会矛盾将逐步尖锐，要大力支持第三产业发展等的初步结论。随后进行的互动环节中，钟甫宁针对同学们的提问进行了细致的解答。

讲座从最简单的命题出发，内容翔实，分析透彻，充满人文关怀，以严谨的态度应对所有的问题。报告会为推进学校师生共同探讨学术问题，进一步营造学院良好的学术氛围，获得更大的学术成就，促进学院的学术水平提升起到了推动作用。

（山东理工大学社科处南爱华供稿）

“衍生品的最新发展和机会”报告 12月10日，山东大学第7期海外论坛在经济学院举行，美国特许金融分析师、博士张惠岩应邀作了、题为“衍生品的最新发展和机会”的报告。张惠岩从宏观经济与大宗商品联动关系入手，以美国不同党派执政时期全美经济状况差异为例，通过分析大宗商品与股市、通胀、经济周期等统计数据，生动、形象、准确地指出了大宗商品及其衍生品对现代经济的重要影响。随后，他进一步介绍了五大金融市场及其衍生产品的运作机制及发展现状。他结合自身丰富业界经验，引入大量实务案例，细致而深刻地阐述了金融衍生品市场开放而又残酷的游戏规则。学术报告之后，他向大家介绍了上海期货交易所博士后流动站的情况，并就在场师生较为关注的招生、课题、待遇、就业等问题给予详细说明。报告由经济学院副教授丁言强主持。

（山东大学经济学院郝德玮供稿）

省委党校荣获全国党校系统优秀科研工作组织奖荣誉称号 “全国党校系统学习贯彻党的十八大精神理论研讨会暨第九届科研评奖颁奖会”12月10日—11日在四川省委党校召开。山东省委党校副校长孙占元，校委委员、科研处处长张云汉参加会议。

大会对荣获全国党校系统第九届优秀科研工作组织奖、优秀科研成果奖、优秀科研管理工作者等获奖单位和个人进行了表彰。

山东省委党校荣获全国党校系统优秀科研工作组织奖荣誉称号，副校长王延超，校委委员、科研处处长张云汉被授予全国党校系统优秀科研管理工作者荣誉称号。科社教研部主任、教授张传鹤向会议提交的征文通过了中央党校科研部组织的相关专家评审，以入选会议论文作者的身份参加了会议。

（省委党校科研处杨光供稿）

中国海洋大学海洋发展研究院2012年第二次学术会议 12月11日，教育部人文社会科学重点研究基地中国海洋大学海洋发展研究院2012年第二次学术会议在崂山校区图书馆第一会议室举行。会议内容包括曲金良教授国家社科基金重大项目“中国海洋文化理论体系研究”开题报告、教育部发展报告项目“中国海洋文化发展报告”进展情况报告、陈尚胜作学术报告。

副校长闫菊出席会议并致辞，她首先向曲金良获批国家社科基金重大项目表示祝贺，代表学校向各位专家对学校文科发展提供的支持和帮助表示感谢，同时希望与会专家能够继续贡献智慧，帮助曲金良高质量地完成课题研究，发挥好重大项目的带动作用。

曲金良在开题报告中首先回顾了海洋大学海洋文化研究从1995年到现在的发展历程，感谢学校给予项目组和他本人的大力支持。接下来从研究定位、总体框架、研究方法、重点难点、任务分工五个方面对“中国海洋文化理论体系研究”进行了介绍。与会专家从课题框架设计、加强实证研究、突出问题意识、如何重点突破、如何契合十八大精神等方面提出了意见和建议，并与课题组展开热烈的讨论。下午，曲金良介绍了教育部发展报告项目“中国海洋文化发展报告”进展情况，并同与会专家进行了深入交流。最后，海洋发展研究院学术委员会副主任、教授陈尚胜作题为“唐朝登州港与古代东亚地区关形态的转型”的学术报告，并与到会的师生进行了互动。

会议先后由文科处副处长金天宇、教授权锡鉴、徐祥民主持。参加会议的还有曲金良课题组主要成员、“985工程”办公室负责人，文科相关单位的教师和同学等。

（中国海洋大学社科处金天宇供稿）

“公平与质量——我国教育政策的两个基本问题”的学术报告 12月12日，中国教育学会教育政策与法律研究分会副理事长、《中国教师》杂志社社长、北京师范大学教授、博士生导师刘复兴应济南大学教育与心理科学学院邀请，作题为“公平与质量——我国教育政策的两个基本问题”的学术报告。近300名师生聆听了报告。

报告中，刘复兴基于近两年对公平与质量的持续研究，着重从为什么把促进公平和保证质量作为国家的基本教育政策、如何科学全面地理解教育公平和教育质量、促进教育公平和保证教育质量的政策选择三个方面阐发自己的研究成果与心得。

刘复兴与济南大学教育与心理科学学院教师就当前社会普遍关注的异地高考政策问题、学校的教化功能问题、公平的同质性与差异性关系问题、本科教学质量评估、高校自主招生等问题进行了广泛、深入的探讨和交流。

（济南大学社科处戴亮供稿）

“生物科技发展中患者权利保护”国际学术研讨会 12月12日，由山东大学法学院和法国图卢兹第三大学共同组织的国际研讨会在山东大学法学院举行。来自图卢兹第三大学、山东大学、济南大学、山东政法学院的学者和法学院部分研究生参见研讨会。

会议以生物科技发展中患者权利保护为主题，对法律应如何在促进科学发展的同时保障人的生命、财产和尊严进行了深入的探讨。来自法国图卢兹第三大学的教授Anne-Marie Duguet、博士Gautier Chassang、博士Aurelie Mathalachimy分别就“欧洲与法国对基因信息的保护”、“医学基因检测中的患者权利保护”和“人类干细胞研究中的法律挑战”作专题报告。法学院副教授侯艳芳、李忠夏、张海燕、满洪杰和博士生韩旭，报告了各自对于“非法人体试验的刑事责任”、“科技与人权”、“中国器官移植立法”、“黄金大米试验的伦理和法律问题”以及“台湾关于克隆问题的法学争论”等领域的最新研究成果。法学院教师郑智航、石莹、崔丹等参加讨论。

此次研讨会，是由山东大学法学院与图卢兹第三大学共同承担的2012中国教育部与法国高等教育和科学部蔡元培项目“基因、生物科技及公共卫生中医事法律和伦理的中法比较研究”和2012中国教育部与法国高等教育和科学部徐光启项目“患者权利与基因测试——中欧比较研究”的重要组成部分。

（山东大学法学院潘林供稿）

“中国歌曲100年”学术报告 12月12日，著名词作家、文化部原副部长、中国文联副主席、第十一届全国政协教科文卫体委员会副主任陈晓光访问山东大学并在邵逸夫科学馆报告厅作题为“中国歌曲100年”的学术报告。

（山东大学艺术学院张擎供稿）

“公理V与休谟原则”讲座 12月13日，山东大学第46期分析哲学论坛在中心校区知新楼举行，北京大学哲学系刘靖贤作题为“公理V与休谟原则”的讲座。主要内容为：罗素悖论根源于公理V和二阶逻辑的不一致。新弗雷格主义者则认为，如果用休谟原则替换公理V，那么有可能在某种程度上重建弗雷格的逻辑主义。而且休谟原则与二阶逻辑是一致的，并且从它们可以推出算术公理。然而，由于恺撒问题，弗雷格放弃了休谟原则转而诉诸于公理V。本次报告系统地考察了凯塞问题背后的深层原因，在此基础上说明，虽然休谟原则面临凯塞问题的反驳，但是公理V并不面临这一反驳。

（山东大学哲学与社会发展学院荣立武供稿）

“济南工艺美术史”学术讲座 12月13日晚，应山东工艺美术学院视觉传达设计学院邀请，校友张冰在山东工艺美术学院长清校区第一阶梯教室举办“济南工艺美术史”专题讲座。讲座由学校图书馆馆长赵进主持。

讲座通过幻灯片的形式向同学们展现了济南历史悠久的工艺美术珍品图片。他以原始时代至今的济南工艺美术为纵向视角，以各时期社会背景和工艺美术技艺、品类、风格为横向视角，阐述了济南工艺美术的漫长历程。

（山东工艺美术学院科研处任谢元供稿）

“公共产品新论——从新医改说起”的学术报告 12月14日，山东大学第8期公共经济与公共政策专家论坛在经济学院举行，国家行政学院教授冯俏彬应邀作了题为“公共产品新论——从新医改说起”的学术报告。冯俏彬指出，以本坎南为代表的强调一种扩展的公共产品定义，即凡是通过集体或者组织提供的劳务都属于公共产品，比较符合现实，能够沟通起现实和教科书。她说这种新型的公共产品可能既没有绝对的非排他性，也没有绝对的非竞争性，但却是社会需要的，政府不得不提供的。而政府提供的依据则是政治伦理，在现代社会这种伦理就表现为对弱势群体的权利的保护。这种公共产品应该兼顾公平与效率的原则，同时应该要注意几个问题：一是只由私人提供是否会数量不够？二是公共产品定价的核心难题是垄断，应如何解决？三是要澄清并不是政府提供的产品就有公益性，私人产品在一定条件下也可以做到。报告由经济学院李华教授主持。报告前，经济学院院长李长英为冯俏彬颁发山东大学兼职教授聘书，仪式由学院党委书记陈宏伟主持。

（山东大学经济学院郁德玮供稿）

新形势下民办教育发展趋向与对策研讨会暨山东省民办教育协会学术委员会年会 12月14日，新形势下民办教育发展趋向与对策研讨会暨山东省民办教育协会学术委员会年会召开，教育部教育发展研究中心副主任韩民研究员、山东省民办教育协会秘书长、山东省职业教育与成人教育研究所所长尚志平、山东省职业教育与成人教育研究所副所长于龙斌和省民办教育协会学术委员会委员等到会。会议认为，民办教育已成为中国教育体系中的重要力量，对满足群众多样化的教育需求发挥着重要作用，民办教育正从扩张期进入内涵建设期，尤其是民办高等教育，“大众化红利”已接近尾声，民办学校面临的生源压力将增大，因此，加强内涵建设已成为今后民办教育发展的趋势和主要任务。

代表们对2013年拟开展的课题中期检查和优秀科研成果评选奖励工作一致认可，并认为学术委员会努力工作、开拓进取、热情地为会员单位提供学术交流和沟通的平台，为我省的民办教育持续和健康发展作出了积极的贡献。

（山东英才学院科研处迟萍萍供稿）

省青年世界语协会2012年年会暨纪念世界语创始人柴门霍夫博士诞辰153周年座谈会 12月14日，省青年世界语协会2012年年会暨纪念世界语创始人柴门霍夫博士诞辰153周年座谈会在枣庄学院召开，省青年世界语协会会员及来宾共39人参加了年会，国际世界语协会亚洲委员会主席、教授佐佐木，韩国外国语大学教授、韩国世界语博物馆副馆长、博士文贤珠，尼泊尔留学生爱琳卡小姐等来宾参加座谈会。会议表彰了省青年世界语协会2012年度优秀会员，学校有四名学生被评选为优秀会员。中华全国世界语协会、中国青年世界语协会、日本和歌山世界语组织等为大会发来了贺信。

（枣庄学院科技处汪涛供稿）

“中国特色社会主义的基本规律和当代价值”学术研讨会 12月15日，山东省科学社会主义学会、山东省政治学研究会2012年年会暨“中国特色社会主义的基本规律和当代价值”学术研讨会在中国石油大学（华东）举行。100余名专家学者参加了会议。青岛市委宣传部常务副部长吕振宇、中国石油大学（华东）副校长李兆敏、济南大学副校长韩宏出席开幕式并致辞，青岛市社科联主席徐万珉、青岛市委党校副校长王振海参加会议。会议紧密结合党的十八大精神，重点围绕中国特色社会主义的基本规律和当代价值进行深入研讨，主要内容包括：中国特色社会主义与科学社会主义；中国特色社会主义理论体系与马列主义、毛泽东思想；中国特色社会主义道路与后发国家现代化道路的选择；中国特色社会主义制度的本质、特征和主要内容；中国特色社会主义理论体系、道路、制度之间的逻辑关系等。

20多位学者进行大会发言，其中山东大学终身教授、山东省科学社会主义学会名誉会长赵明义所作题为《论中国特色社会主义制度是一个独立的社会形态》和山东省科学社会主义学会会长、政治学研究会会长包心鉴所作题为《提炼与升华：对中国特色社会主义规律的认识》的主题报告引起与会代表广泛讨论。

（中国石油大学（华东）科技处顾明华供稿）

收入分配改革与财税政策学术研讨会 12月15日，“收入分配改革与财税政策学术研讨会”在山东大学中心校区举行。上海财经大学校长、山东省公共经济与公共政策研究基地主任、教授樊丽明作工作报告，汇报了基地6年的建设成效。山东大学经济学院院长、教授李长英，山东省哲学社会科学规划办公室主任刘兵出席会议并致辞。研讨会开幕式由经济学院财政系主任、教授李齐云主持。

主题报告的第一阶段，财政部财政科学研究所副所长刘尚希研究员和山东大学人文社科特聘一级教授安体富分别作题为“关于分配问题的两个视角”和“关于居民收入分配的几个问题”的主题报告，国家税务总局税收研究所副所长、山东大学税务专业首席专家靳东升主持并点评。

报告第二阶段，靳东升研究员作题为“重新认识国民收入中的政府与居民税收分配关系”的专题报告。中国社会科学院财经战略研究院研究员杨志勇以“中国财税改革的逻辑”为题，就全方位的财税改革、财政透明度、国家财富管理等问题展开讨论。山东大学教授解垩则以“贫困、不平等与私人转移支付”分析了私人转移支付的决定因素及福利影响，并得出私人转移支付对生活水平有不平等影响的结论。经济学院财政学博士研究生葛玉御作题为“是什么影响了收入分配差距”的主题报告。李齐云主持这一阶段的报告并作点评。会议由山东大学公共经济与公共政策研究中心、经济学院，山东省公共经济与公共政策研究基地联合举办。

（山东大学经济学院郁德玮供稿）

中韩友好交流历史与东北亚前景展望国际学术研讨会 12月16—18日，中韩友好交流历史与东北亚前景展望国际学术研讨会（即“中韩建交20周年——中韩友好交流历史与东北亚前景展望”国际学术研讨会）在烟台举办。本次研讨会由烟台大学（山东省历史学会副理事长单位、团体会员单位）、北京大学、清华大学和韩国东北亚历史财团（韩国国家级财团）共同举办。来自三校、中国国际问题研究所、烟台市博物馆和韩国的有关专家、学者30余人共聚一堂，就有关议题进行了研讨。烟台大学副校长、教授、博士生导师江林昌，韩国东北亚历史财团事务总长石东演先生出席研讨会并分别致开幕词。烟台大学人文学院副院长、东亚研究所所长、教授孟庆义主持会议。

与会代表围绕“朝鲜核问题与朝鲜半岛南北关系”、“中国的韩半岛政策”、“中日关系”等热点议题从不同角度、不同层面展开热烈而严肃的研讨，提出很多独创性的观点。与会代表还就部分中韩学者所提出的“东夷文字系属与语言接触问题”、“汉字起源发展与周边文化”、“《使朝鲜录》韩文出版及韩中关系研究”、“胶东半岛与韩中古代海上交通”、“考古视野下的山东半岛和朝鲜半岛”、“近现代韩中友好交流”等议题进行广泛交流。

本次研讨会旨在促进中韩关系研究领域的学术交流与合作，得到了有关高校、研究院所和韩方的高度重视和大力支持。

（烟台大学科研处、山东省历史学会供稿）

“在国内进行与艾滋病相关的研究：12年的探索之旅”专场报告 12月17日，美国韦恩州立大学医学院儿科学系预防研究中心主任、教授李晓铭在山东大学哲学与社会发展学院作题为“在国内进行与艾滋病相关的研究：12年的探索之旅”的专场报告。报告回顾了李晓铭及其团队在中国进行艾滋病研究的基本脉络、研究所得和深度感悟，报告由社会学系王昕老师主持。程胜利、吴愈晓、郭鹏、陈晓旭等学院师生聆听报告。李晓铭介绍了在过去12年中的合作者和研究资助机构。他的研究受到世界艾滋病基金会（WAF）、美国国立卫生研究院（NIH）等机构的资助，就艾滋病问题在中国进行了12年持续不断的研究。从过去12年在中国进行的9项艾滋病研究中，李晓铭总结出：对艾滋病的研究和关注，需要聚焦于艾滋病的高危人群；同时，艾滋病预防干预与精神健康的维护密不可分，诸如流动人口的社会适应、受艾滋病影响儿童的心理干预以及艾滋病感染者的生活困境需要得到充分重视。其次，干预的内容和方式需要在不同的文化、地域和具体空间中不断摸索和总结；对艾滋病的研究及其干预可以从具体行为扩展到对生活环境、精神健康、生殖健康、亚文化等层面，也就是说，在艾滋病研究中，对具体个人行为的研究已经远远不能满足研究发展的需要，将生活环境、社会因素、文化因素纳入研究和讨论的视野，是十分重要的。这就需要社会学、人类学等学科的知识、理论和方法。

（山东大学哲学与社会发展学院王昕供稿）

“《孙子兵法》与兵家管理之道”学术报告　12月17日下午，中国人民大学国学院执行院长、教授黄朴民在山东大学中心校区邵馆报告厅作题为“《孙子兵法》与兵家管理之道”的报告。报告由山东大学儒学高等研究院执行副院长、教授王学典主持。

黄朴民首先向大家介绍了什么是《孙子兵法》，他认为《孙子兵法》不仅是中国历史上现存的第一部最系统最完整的兵书，也是古兵书中最好的一部兵书，反映了中国古典兵学文化的最高成就。随后，黄朴民通过对三国、汉唐时期历史事件的分析以及自己的切身经历，向大家生动地阐述了《孙子兵法》中所蕴含的竞争之道、战略之道和将帅之道。最后，黄朴民简单总结出《孙子兵法》中透过现象看本质、善于双向思维的特点，并鼓励同学们不断地丰富自己的生活体验，摆脱单向思维的桎梏，在学习中找准定位，学有所成。黄朴民的报告不仅充分展示了《孙子兵法》中的生存智慧和生命哲学，更让同学们领略到了知名学者的大家风范。

互动环节中，同学们就自己感兴趣的话题纷纷提问。此次报告为儒学高等研究院精心策划的高端学术报告系列“尼山国学大讲堂”的第一讲。“尼山国学大讲堂”旨在通过展示知名学者的学术素养及其研究成果，推动古典学术的研究与传播。“国学大讲堂”将陆续邀请海内外国学名家，为全校师生奉献上一场场精彩的学术报告。

（山东大学儒学高等研究院刘丽丽供稿）

济南大学金融研究中心成立一周年暨曹建海教授学术报告会举行　12月18日，“济南大学金融研究中心成立一周年暨曹建海教授学术报告会”在济南大学经济学院举行。来自中国社会科学院工业经济研究所研究员、教授、博士生导师曹建海作长达两个多小时的学术报告，济南大学经济学院、管理学院的师生以及济南市企业界代表共200余名聆听报告。

曹建海围绕党的十八大精神、中央经济工作会议确定的六项工作任务和我国房地产市场走势的一系列重大问题为与会人员提供了独特的观察视角和精辟的学术观点。曹建海认为，我国房地产行业存在的问题是若干行业问题的集中表现，不能简单地从房地产行业寻找解决办法；制造业是一个国家竞争力的体现；要想真正实现经济的有效增长，就必须扩大消费；扩大消费的途径要从改变国民收入分配开始，限制和减少政府和企业支出。此次曹建海学术报告会是经济学院学习贯彻十八大精神系列学术讲座活动内容之一。

（济南大学社科处戴亮供稿）

2012城市公共艺术论坛　由中国国家画院公共艺术院、中国艺术研究院设计艺术院主办，山东工艺美术学院、山东济南西城投资开发集团承办的“2012城市公共艺术论坛”于12月19日在山东工艺美术学院举行。论坛以“公共艺术与城市生态”为主题词，包括城市公共艺术论坛、国际城市公共艺术作品（图片）展等内容。论坛期间，国内该领域专家、学者30余人围绕“基于城市视野的公共艺术”、“公共艺术的人文价值”、“新媒介与公共艺术”、“大学公共艺术教育的思考”等议题展开主题演讲与研讨交流，并联合发表《2012繁荣我国公共艺术——宣言》。

（山东工艺美术学院科研处任谢元供稿）

“音乐评论的写作及其他”学术报告　12月19日下午，著名音乐评论家、《人民音乐》原副主编于庆新先生访问山东大学艺术学院，并为学院师生作题为“音乐评论的写作及其他”的专场学术报告。

（山东大学艺术学院张擎供稿）

“当前我国政府、企业和居民收入分配”学术报告　12月15日，山东大学第9期公共经济与公共政策专家论坛在经济学院举行，国家统计局国民经济核算司社会资金处处长施发启应邀作题为“当前我国政府、企业和居民收入分配”的学术报告。施发启谈到，政府、企业和居民收入分配是最重要的分配关系，搞清这三者收入分配的现状、问题及成因是制定各项有针对性的收入分配政策的前提和基础。他围绕我国三者收入分配格局的变化成因及国际比较、对当前三者收入分配格局合理性的基本判断、我国宏观收入分配中存在的主要问题和改善三者收入分配关系的政策建议等方面作了具体的讲解。山东大学人文社科特聘一级教授安体富等师生参加了报告会。报告会由财政学系主任、教授李齐云主持。

（山东大学经济学院郁德玮供稿）

“中国审美文化漫谈”专题报告　12月20日，应济南大学教务处和文学院邀请，山东大学文学院教授、博士生导师王小舒做客“济大论坛”，作题为“中国审美文化漫谈”的专题报告。近200名师生聆听此次报告。

王小舒沿着中华文明发展的脉络，以中国的历史发展进程为线索介绍了审美文化的魅力，从新石器时代的彩陶玉器到魏晋时期的绘画书法，将中华文明各个历史时期的审美特点和美学追求展现在同学们的眼前。讲座结束后，王小舒与同学们进行热烈的讨论和互动，同学们纷纷表示，这样的讲座让他们对中国审美文化有了一个全新的认识，对于他们审美能力的提高有着极大的帮助。

（济南大学社科处戴亮供稿）

“双边市场研究现状及未来拓展方向”学术报告 12月19日，山东大学第63期产经论坛在中心校区举行，上海理工大学管理学院纪汉霖作题为“双边市场研究现状及未来拓展方向”的学术报告。《产业经济评论》编辑部主任、教授、山东大学经济学院曲创主持论坛，经济学院部分师生参加了、论坛。该论坛为“庆祝《产业经济评论》创刊十周年”系列学术活动之一。

纪汉霖首先介绍了本次讲座的内容：先从双边市场的概念、研究问题、研究方法和研究不足来分析说明双边市场的研究现状，继而讨论双边市场领域未来的研究拓展路径。其次，纪汉霖对双边市场的研究现状作了详细的讲述，先是从理论和现实案例两方面对双边市场的概念加以解释，再通过讲述双边市场的特征、双边市场中三种市场类型的对比、市场中“归属”重要概念的解释以及主要的研究领域来帮助师生加深对双边市场的认识。他认为，双边市场的研究主题包括定价、差别化、纵向一体化、平台互联互通、市场进入、福利效应和规制等方面，并通过案例分别给予详细解释，而双边市场领域的研究方法则可分为模型分析和实证文献研究两大类。纪汉霖对双边市场领域的研究目前存在的不足作了总结——“不上天”，即真正基础研究的文献较少，真正可以作为模型标杆的文献不多；“不落地”，即和行业热点，焦点及难点问题相结合的研究比较少、“强假设”即假设过于简单绝对化的研究较多。最后，纪汉霖为大家介绍了双边市场研究拓展的一般路径，分为部分创新和完全创新两类。他分别从放宽假设、多层次博弈、从静态分析到动态分析、从理论研究到实证研究和全新的分析框架等方面对部分创新给予展望，更从双边匹配理论和双边市场理论的融合发展对完全创新指出拓展方向。

报告结束后，纪汉霖还就此次讲座的相关问题与在场听众进行学术交流与互动。

（山东大学经济学院郁德玮供稿）

“弩在唐宋之间：唐宋战争的战略战术分析”讲座 12月20日，由山东大学研究生院、党委研究生工作部主办，历史文化学院研究生会学术部承办的山东大学第54期“海右”博士生学术论坛在中心校区知新楼A1106报告厅举行。历史文化学院中国古代史专业2011级博士研究生陈乐保担任主讲人，围绕“弩在唐宋之间：唐宋战争的战略战术分析”这一主题展开，主要从弩的概说，唐弩的使用情况，宋弩的革新与弩战情况，宋朝重视弩战的原因以及东西方弩的比较五个部分进行阐述。历史文化学院教授，博士生导师刘玉峰作为点评嘉宾出席活动。

（山东大学历史文化学院代国玺供稿）

“文化自我、自我文化与档案文化服务”学术报告 12月20日下午，省档案局（馆）局（馆）长、党组书记唐传喜到山东大学进行学术访问，并在知新楼A座三楼报告厅作题为“文化自我、自我文化与档案文化服务”的学术报告。校党委常务副书记、教授李建军会见唐传喜一行，并就校地合作继续加强档案专业建设和人才培养，为中国特色社会主义文化建设作出贡献等问题进行深入交流。历史文化学院党委书记兼副院长赵爱国教授主持报告会，并代表学院向唐传喜颁发兼职教授聘书。省档案局办公室主任张志刚、教育培训处处长朱瑞英，山东大学档案馆馆长刘培平，历史文化学院党委副书记董雪梅、朱伟，办公室主任薛辰兵，档案系主任刘旭光、曲春梅、毕牧、谭必勇和档案专业研究生、本科生100余人参加本次报告会。

（山东大学历史文化学院代国玺供稿）

“普通商品金融化与新型通货膨胀形成机制研究”学术报告 12月21日，山东大学第28期高级经济学系列讲座举行，中国人民大学财政金融学院教授张成思应邀作题为“普通商品金融化与新型通货膨胀形成机制研究”的学术报告。张成思介绍了科研思路以及目前的研究方向，着重介绍了不同行业的产品价格高位频现但总体通胀率水平比较平稳的课题研究背景。他在研究中采用了主成分分析法，通过理论模型、数据获得、实证研究和敏感性测试四个部分来阐述问题。他将交易标的分为金融产品和商品两大类，而商品有进一步分为资本品和普通商品两类。在如何定义商品金融化问题上，他认为商品金融化就是商品的价格波动与金融产品价格波动模式相似和相关度高的现象。互动环节中，在座师生展开了激烈的讨论。有的学生对商品金融化的界定提出了疑问，并认为在严格界定金融化的情况下主成分分析的可行性有待于进一步探讨。另一位同学认为此课题所研究的诸如农产品的商品占CPI的比重较小，所以用这些商品与大宗商品相比较不具有代表性。张成思给出了详细的解答并吸取了可行性建议。报告由经济学院教授陈强主持。

（山东大学经济学院郁德玮供稿）

“从礼乐看中国音乐文化的功能性意义”学术报告 12月24日，枣庄学院音乐与舞蹈学院邀请音乐界著名学者、中国艺术研究院研究员、博士生导师项阳作学术报告。项阳学术报告的题目是“从礼乐看中国音乐文化的功能性意义”，他主要围绕中国礼乐制度在宫廷的作用，民间接衔和现代社会的传承等方面，生动讲解了中国音乐文化的博大精深。项阳先生不时地将所讲到的知识点与山东本土音乐文化相结合，深入浅出。他鼓励当下的大学生们要博览群书，广泛涉猎各门学科知识，用全面的知识结构武装自己，做一个全面的音乐文化人。报告会后项阳先生又与教师进行了学术座谈会。项阳先生在座谈会上针对提问，围绕他研究多年的中国传统音乐文化展开了他独到的见解。他还从枣庄的传统音乐的实际出发，开拓性地提出了可作为、能作为的研究点，为枣庄的地方音乐的挖掘、整理、研究提供了明确的方向。座谈会历时两个多小时，使老师们开阔了学术视野，明确了科研方向，项阳提醒大家要打下良好的知识基础，要立足本土音乐文化，要有敏锐的学术眼光，要有历史责任感，将传统的精华发扬光大。

（枣庄学院科技处汪涛供稿）

青岛大学文科综合实验教学中心通过验收 12月24日至26日，国家级实验教学示范中心验收专家组一行8人对青岛大学文科综合实验教学中心立项建设国家级实验教学示范中心（建设单位）进行了验收。专家组一致认为，中心建设思路清晰、规划科学、定位准确、成效显著，在资源整合和运行机制方面形成了特色，发挥了示范辐射作用，实现了国家级实验教学示范中心建设的预期目标，同意通过验收。

青岛大学文科综合实验教学中心先后于2009年6月和2009年11月获批为山东省普通高等学校实验教学示范中心和国家级实验教学示范中心（建设单位），中心由经济学院牵头，整合了经济学院、国际商学院、文学院、旅游学院的实验教学资源，共有17个高水平的实验室，承担26个本科专业，5000多名本科生的实验教学任务，青岛大学文科中心是教育部批准的11个国家级实验教学示范中心之一，也是山东省唯一一家文科类国家级实验教学示范中心。

（青岛大学社科处高玉珍供稿）

全省党校系统学习贯彻党的十八大精神暨科研工作会议 12月25日，全省党校系统学习贯彻党的十八大精神暨科研工作会议在省委党校召开，省委党校常务副校长安世银出席会议并讲话。安世银在讲话中指出，认真学习好、宣传好、贯彻落实好十八大精神，是当前和今后一个时期首要的政治任务。要按照中央和省委的部署，在七个“深刻领会”上狠下工夫、深入研究探讨。要充分发挥党校的理论优势和人才优势，在学习研究宣传贯彻党的十八大精神中率先学习、学深一步，走在前面、落到实处。

安世银强调，要以党的十八大为契机，抓住机遇，深入研究十八大对全面提高党的建设科学化水平、加强干部队伍建设提出的新要求，深入思考研究十八大报告中的重点问题，在电视、广播、报纸、报刊等各种媒体发出党校的声音，更好地为推进党的理论创新和党委政府决策服务。要做到“五个进一步”：即进一步深化对科研基础作用的认识、进一步强化质量立校的理念、进一步发挥党校系统科研的整体优势、进一步加强和改进学风文风、进一步把人才建设作为科研工作的重要支撑。

王延超、孙占元分别主持开幕式和作总结讲话，孙建昌、张云汉出席会议。会议表彰了2010—2011年度全省党校系统科研工作先进集体和个人，济南市委党校刘晓钟等9名同志作了交流发言。各市、大企业党校、省直分校分管科研的副校长、科研处长，省委党校各教研部门的主任和分管科研的副主任，受表彰的县（市、区）委党校负责同志等共计110人参加了会议。

（省委党校科研处杨光供稿）

国家社科基金特别委托项目“马克思主义与儒学”子课题方案交流暨学术研讨会 12月25日，国家社科基金特别委托项目“马克思主义与儒学”子课题方案交流暨学术研讨会在山东大学知新楼21层会议室举行。会议由黄玉顺主持。各子课题负责人及课题组部分成员、来自山东大学、北京师范大学、曲阜师范大学、天津市委党校、《光明日报》等单位的专家学者与会。

全国人大常委会原副委员长、山东大学儒学高等研究院院长许嘉璐先生发表主旨讲话，各子课题负责人何中华、杨朝明、颜炳罡、黄玉顺和沈顺福分别汇报各自负责的子课题的实施方案，与会学者发表了自己的相关研究成果。许嘉璐逐一进行细致的点评与有针对性的指导。

最后，许嘉璐先生发表总结讲话。他指出，“马克思主义与儒学”这个课题是要解决当今中国在走向新的历史发展阶段时所面临的一个重大的现实和理论问题——马克思主义中国化问题；这个问题既需要对马克思主义理论有准确把握，又需要对中华传统文化有深邃见解，需要用哲学的眼光、历史的眼光来洞察近百年的革命实践和建设实践，需要一定的胆略。许嘉璐鼓励学者们拿出好的研究成果发表在《文史哲》、《光明日报》国学版等重要报刊上，以激发起学术界的兴趣、关注与热议。最后，许嘉璐敦促各位专家学者将这个课题作为自己本职内的重要任务来进行，确保整个课题按时、保质保量完成。

（山东大学儒学高等研究院刘丽丽供稿）

“法学的经济思维”学术报告　12月25日，著名法律经济学家、台湾大学经济系教授熊秉元与山东大学经济研究院法经济学研究团队就“法经济学前沿理论研究”展开研讨。熊秉元作题为“法学的经济思维”的学术报告。

熊秉元用具体的例子和简明的语言讲解了经济思想是如何影响法学以及如何用经济学的思想来解决法律问题。他首先用两个生动的案例提出了“最小成本防范原则”，然后用中国大陆近期发生的事件说明了法律意义上的公平正义未必达到了经济本质上的公平正义，最后提出“假设性思维”的方法，并以此说明法律应更加注重社会财富极大化而非正义极大化或者人权极大化。本次报告内容丰富，熊秉元风格与众不同，用简洁的板书和生动的案例来说明其思想，所提出的案例既新颖又很有启发性，思想交流十分活跃，在座的师生受益匪浅。报告收到了很好的效果。

（山东大学经济研究院田川供稿）

“Recent Development in Time Series Econometrics”学术报告　12月26日，国际知名计量经济学家、国家“千人计划”、美国波士顿学院教授肖志杰在山东大学经济研究院作题为“Recent Development in Time Series Econometrics”的报告。

肖志杰首先对时间序列在计量经济学中的发展进行了一个总体性的概括，随后从Time Series Econometrics的四个特征（即：Flexible、Structual、Global、Distribution）展开论述。接着，他从Traditional Time Series Methods and Models入手，介绍了传统时间序列分析的方法和模型。在报告的间隙，肖志杰介绍了经济学和传统自然学科的区别，他用经济学中一个经典的“找钥匙”的例子生动地阐述了经济社会思维和传统自然科学思维的差异，并指出经济社会最突出的特点就是假设模型过多，经济学科以后的发展方向主要是要往“灯光照不到钥匙”的方向发展。通过本次学术报告，全院师生进一步了解了计量经济学的最新前沿发展。在报告结束后的互动环节，肖志杰与学院师生展开良好的互动，进一步丰富了本次学术交流的内容。

（山东大学经济研究院田川供稿）

“语言与脑”学术讲座　12月26日，枣庄学院心理与教育科学学院在理工楼2317举行了主题为“语言与脑”的学术讲座。该讲座由北京师范大学博士、心理与教育科学学院邹丽娟老师主讲，心理学教研室全体老师及学生120余人参加了本次学术讲座。邹老师首先介绍了有关语言和脑研究发展的概况与趋势，提出当今脑科学时代的使命是认识脑、保护脑和创造脑，并具体阐述了语言在认识脑的过程中的重要性，是研究人类心智的一个重要突破口；其次，邹老师又详细介绍了语言脑机制的发展历史，展示了各个时期的主要研究成果和理论贡献。最后，邹老师就双语学习可促进脑的重塑展开讲解，并将讲座推向了高潮。讲座过程中同学们全神贯注，认真思考，积极讨论。本次学术报告的召开，促进了老师间的学术交流，巩固了学生的专业知识，并启发学生拓展新的思考视角，对培养学生刻苦钻研和积极进取的精神起到了良好的推动作用。

（枣庄学院科技处汪涛供稿）

“韩语教育中文学的地位”讲座　12月26日，中韩人文学会会长、韩国江陵原州大学教授崔炳宇博士到山东大学外语学院，为朝鲜语系研究生和本科生作题为“韩语教育中文学的地位”的讲座。

崔炳宇从外语教育特别是韩语教育的本质、对现行韩语教学体制的反省和对韩国文化的理解等几个方面进行了详细的讲解。崔炳宇最后指出，韩语教育并不只是教师应注意的问题，学生自身也应该不断学习，提高自己的语言应用能力。

讲座中，崔炳宇给学生们讲述了很多有意思的韩语学习故事。讲座使学生们深刻认识到文化以及文学对语言学习的重要性，并明白了治学严谨的重要性，树立了长远的学术发展目标和信心。

崔炳宇，韩国江陵原州大学国语国文系教授，多年从事韩国文学的研究，熟悉韩中日文学历史发展，在韩国当代文学研究领域享有盛誉。

（山东大学外国语学院程殿梅供稿）

人文知识与素养专题和对外汉语教学专题系列讲座　3月至12月，山东大学国际教育学院举办人文知识与素养专题和对外汉语教学专题系列讲座。讲座先后邀请中国人民大学教授李泉、华东师范大学教授张建民、山东大学教授王俊菊、香港理工大学教授石定栩、山东大学教授刘杰、山东大学教授张树铮、法国雷恩第二大学教授安雄、台湾政治大学教授周惠民、北京语言大学教授张旺熹和程娟、山东大学副校长、教授陈炎等11位教授来院作讲座，全院师生参加。

（山东大学国际教育学院王海兰供稿）

“舜与死刑”学术报告 12月26日晚，著名学者、新西兰大学教授伍晓明做客山东大学“天人讲堂”第50讲，作题为“舜与死刑”的学术报告。

本次讲座围绕《孟子·尽心上》中关于“舜窃父而逃”的一段文字展开。本次讲座的主旨是“设想舜欲废除死刑”。首先，伍晓明认为理解这段材料，应该先厘清这段文本的作者究竟是谁。他认为，细致分析孟子的回答可以发现，孟子在回答的口气上并非全然认真，他认为孟子似乎是在意欲摆脱这样的伦理困境而仓促作答的，因为孟子深知在此种假设条件下舜的无奈。

接着，伍晓明用列维纳斯的思想来解读舜所面临的假设的伦理困境。他认为无论如何舜都背负着他人的过错和痛苦，对于舜来说是不公平的，作为圣人和立法者的舜是否有更好的选择呢?

最后，伍晓明大胆设想，舜可以尝试废除死刑。瞽瞍杀人，作为立法者的舜被迫思考“我有权批准杀人吗?”，问题的提出就涉及对死刑的重新思考。以公平正义为原则的法律本身就是建构的，不断完善的。伍晓明认为，公平正义是对他人来说的，每个他人都需要公平正义，每一个他者都是独一无二的，甚至公平正义会被要求出现在不同的语境中，所以没有普遍的公平正义，解决这样的伦理困境是不可能的任务，也正是在这样极端的情况下才可能推动舜去完善法律，试图更加公正的立法。

本次报告由犹太教与跨宗教研究中心主任、教授傅有德主持。

伍晓明，复旦大学文学学士（1982），北京大学文学硕士（1986），英国萨塞克斯大学哲学博士（1996）。现任新西兰坎特伯雷大学语言文化学院中文系资深高级讲师（1997至今）、北京大学高等人文研究院访问教授。目前研究方向为中国思想传统及比较哲学。中文著作包括《吾道一以贯之：重读孔子》（2003），《有（与）存在：通过“存在”而重读中国传统之“形而上”者》（2005），《“天命：之谓性!”——片读中庸》（2009），《文本之“间”——从孔子到鲁迅》（2012），并有其他论文和译著多种。

（山东大学犹太教与跨宗教研究中心齐晓东供稿）

“《周易》革卦哲学思想与坚持改革开放”学术研讨会 12月27日，山东周易研究会举办“《周易》革卦哲学思想与坚持改革开放”学术研讨会。通过研讨，大家一致认为：革卦反映了《周易》随时应变、坚持改革的基本思想。它指出了，世界上没有一成不变的事物，当其发展与客观规律不相适应的时候，就要把握时机并根据民众的心理和实际承受能力，大胆稳妥地实行变革。我们要按照党的十八大精神，坚持改革开放的正确方向，不断提高改革开放的科学化水平，着力构建充满活力、富有效率、有利于科学发展的体制机制，在新的历史起点上把改革开放事业推向前进。

（山东周易研究会供稿）

“深刻领会党的十八大精神 努力办好人民满意的高等教育”辅导报告 12月28日，全省高校党的十八大精神宣讲报告会在枣庄学院综合楼报告厅举行。省宣讲团成员、临沂大学校长、教授韩延明作题为《深刻领会党的十八大精神 努力办好人民满意的高等教育》的专题辅导报告。枣庄学院校领导胡小林、李进京、颜世昌出席报告会。韩延明首先从十个方面阐述了十八大报告的“十大创新点”：一是使科学发展观的理论地位和指导作用有了新提升；二是对过去五年工作和十年历史作了新总结；三是对中国特色社会主义内涵有了新认定；四是明确了全面建成小康社会这一既鼓舞人心又切实可行的新目标；五是扩展了我国现代化道路内涵的新论述；六是提出了积极稳妥地推进政治体制改革的新思路；七是提出了社会主义核心价值观的新理念；八是提出了在“改善民生和创新管理中加强社会建设”的新境界；九是提出了“五位一体”的新布局；十是提出了党的建设科学化的新要求。随后，韩延明对十八大提出的“努力办好人民满意的教育”进行了深入讲解。他指出，要办好人民满意的高等教育，一要紧紧把握高等教育发展的战略机遇；二要努力提升创新人才的培养水平；三要大力加强教师队伍建设；四要加快建设现代大学制度；五要铸就和坚守大学精神。校长胡小林主持报告会。

（枣庄学院科技处汪涛供稿）

“齐鲁文化高层论坛之一：明清时期的山左学术” 12月28日，由山东人文社科研究协作体主办、山东大学儒学高等研究院承办的“齐鲁文化高层论坛之一：明清时期的山左学术”在山东大学举行。山东各大高校文、史学院的院长及研究齐鲁文化最具代表性的学者70余人云集此次高层论坛。省政协副主席、山东师范大学齐鲁文化研究中心首席专家王志民，省文物局副局长、山东人文社科研究协作体办公室副主任高述群，山东大学副校长陈炎出席会议。

论坛共分为三阶段进行。上午的论坛开幕式由高述群主持，陈炎致开幕词。开幕式后，进入大会发言环节。王志民、山东师范大学历史文化学院教授安作璋、山东大学文学与新闻传播学院终身教授袁世硕、烟台大学副校长江林昌、山东大学儒学高等研究院中国史学研究所所长张富祥、山东大学儒学高等研究院经学与小学研究所所长冯春田、山东大学文学与新闻传播学院教授邹宗良、山东大学儒学高等研究院副院长杜泽逊等专家学者先后作报告。下午是小组讨论环节。与会学者围绕明清时代山东学术成就及其在全国的地位这一主题，分别就明清时代山东经学、史学、文学、金石学、文字学、文献学、民间文学、民间宗教、目录学等问题进行深入探讨。

最后，在大会讨论与小组发言的基础上，山东大学儒学高等研究院执行副院长、《文史哲》主编、山东人文社科研究协作体办公室常务副主任、教授王学典致闭幕词。王学典认为，作为山东省第一次跨文、史、哲诸学科的人文社科高端论坛，最有代表性的齐鲁文化学者汇集一堂，畅所欲言，既全面探讨了明清时代的山东学术，又以中国古典学术真面目来研究其本身，纠正了近代以来以西方学术分类分割中国传统学术的误区。

（山东大学儒学高等研究院刘丽丽供稿）

参加“Asian Perceptions of the EU”项目 12月至2013年2月，省委党校科社教研部李海龙博士应邀前往德国柏林，参加由德国联邦教育及研究部出资、柏林自由大学主持的“Asian Perceptions of the EU”项目。在此期间，李海龙结合项目组课题，撰写了题为“中国对欧盟认知——以中国学术界观点为例”的研究报告。

“Asian Perceptions of the EU”项目获得来自德国联邦教育及研究部的资金赞助，由柏林自由大学主办，并有中国、印度、巴基斯坦等多个国家的大学和研究机构参与。其主要目的是探讨外界对欧盟发展的认知，特别是以中国、印度等主要亚洲大国对欧盟的评价。总结外界对欧盟的印象，分析不同认知产生的原因，并寻求改善欧盟印象的路径等等。项目将关注点放在欧盟自我认知和外界评价的差别之上，研究观点新颖。到目前为止，已取得多个可圈可点的研究成果。

（省委党校科研处杨光供稿）

山东省中小学课堂教学改革调研 受山东省教育厅委托，教育部山东师范大学基础教育课程研究中心，从2012年12月开始，对山东省17地市中小学课堂教学改革状况进行实地调研，调研工作预计在2013年6月底完成。中心主任徐继存表示，此次调研主要是全面了解山东省中小学课堂教学改革的现状，为提高中小学课堂教学改革质量提供对策性建议。调研包括课堂教学改革的思想基础和价值观念；课堂教学改革的政策和制度；课堂教学改革模式和操作策略；课堂教学改革效果和社会反映等四个方面的内容。为深入了解各个学校的课堂教学改革状况，调研人员一方面要填写《山东省中小学课堂教学改革观察记录表》，另一方面将严格按照提纲进行访谈，发放并收集教师和学生问卷。此外，调研人员还需要收集听课录像和学校课堂教学改革相应的规章制度文件及课堂教学改革反响的相关材料。调研组自2012年12月26日至今，分阶段分批次对泰安、淄博、滨州、枣庄、临沂、德州等地级市进行了调研，并就各地中小学教学工作的有关情况进行分析汇总。实地调研完成后，调研组将就调研内容形成关于山东省中小学课堂教学改革现状、问题与对策的调研报告，全面评估全省课堂教学改革现状，为进一步推进山东省中小学课堂教学改革提供理论支撑和合理对策。

（山东师范大学社科处高景海、顾大伟供稿）

“学校文化与特色建设重点研究基地”创建与实践 为了进一步拓展学校文化建设的研究成果，山东学校文化研究院积极进行“学校文化与特色建设重点研究基地”的创建与实践。目前，研究院已建立了学校文化重点研究基地600余处，各项实验工作陆续展开，集结了丰富的优秀学校文化建设成果与方法，有力地推动了研究成果的转化，将理论研究与实践建设结合起来，为促进学校向名校发展打下了良好的基础。截至2012年底，研究院已成功举办了四届“全国中小学‘推动学校文化建设，打造特色名牌学校’实施战略研讨会”，研讨会的成功举办为广大学校进行交流学习提供了广阔的平台，将学校文化最新研究成果与国内一线学校和科研单位进行交流与共享，进一步推动了研究院科研成果的研发并加快了成果的普及，助推了全省乃至全国学校文化建设的创新发展。

（山东省学校文化研究院供稿）

其他社科活动

2010年度潍坊市社会科学规划重点研究课题评审鉴定 1月12日，潍坊市社科联组织召开潍坊市社会科学规划重点研究课题评审鉴定会议，对110项2010年度潍坊市社会科学规划重点研究课题进行结题评审，共有95项课题通过鉴定。其中21项被评为优秀课题，3项被重新列入财政资助课题，6项被评为呈报课题。

（潍坊社科联供稿）

2012年山东公众十大关注问题调查 本次调查是在以往山东省相关调查的基础上进行的深入调查研究，调查所涉及的问题涵盖“制度建设、民生、经济、社会及国际关系”五大方面。调查结果表明，2012年最受公众关注的十大热点问题依次为：限购令与房价、居民消费价格指数与物价、食品药品安全、重大事故频发和安全生产、看病难看病贵、特权腐败与廉政建设、社会保障和社会救助体系建设、拉不动的内需、就业难、出行与校车安全。

（山东大明经济发展研究中心供稿）

山东师范大学莱钢心理疏导中心启用 2月10日，山东师范大学心理学院莱钢焦化厂教学研究基地暨焦化厂心理疏导中心启用仪式在焦化厂志学堂举行。莱钢集团公司党委副书记魏兴文，党委常委、宣传部长李淑华，山东师范大学心理学院党委书记李效宽出席仪式并揭牌。这是山东师范大学心理学院开设的首家企业心理疏导教学研究基地。目前，炼钢厂、特钢事业部、焦化厂三家莱钢心理疏导试点单位的心理疏导中心全部投入运行。

（莱钢社科联供稿）

省宏观经济研究院与国家开发银行战略合作协议签约暨沂蒙革命老区融资规划启动仪式新闻发布会 2月17日，山东省宏观经济研究院与国家开发银行战略合作协议签约暨沂蒙革命老区融资规划启动仪式新闻发布会在济南南郊宾馆举行。国家开发银行行务委员、专家委员会常务副主任汪子章，省发展改革委党组副书记、副主任薛克，国家开发银行山东省分行行长于泽水，国家开发银行山东省分行副行长朱慧珏，省宏观经济研究院党委书记郭训成，省宏观经济研究院院长刘冰等同志出席新闻发布会。

根据协议，双方将在4个方面展开全方位、多层次的合作。一是在国家规划咨询方面，山东省宏观经济研究院负责组织宏观经济领域的专家团队，承担国家开发银行委托的国家规划咨询业务。二是在专家资源共享方面，山东省宏观经济研究院负责推荐宏观经济领域的专家人才，为国家开发银行的规划编制、项目开发、项目评审等业务发展提供专家咨询服务；国家开发银行根据山东省宏观经济研究院的需要推荐行内专家为其提供服务。三是在规划课题研究方面，国家开发银行围绕中心业务，确定重大研究项目，以课题的形式委托山东省宏观经济研究院一起进行研究。四是在行业动态信息交流方面，双方就宏观经济领域发展中的重要或重大事项、问题和政策技术等信息定期或不定期进行互动交流。

（山东省宏观经济研究院供稿）

2012年度潍坊市社会科学规划重点研究课题立项 3月，潍坊市社科联印发《关于申报2012年度潍坊市社会科学规划重点研究课题的通知》，并在各大新闻媒体刊发消息，广泛组织发动社科理论工作者和实际工作部门的同志，申报课题，开展研究。全市申报课题467项。经过专家评审，学术委员会研究批准，确定立项课题180项，其中资助课题15项。

（潍坊社科联供稿）

潍坊市社会科学普及读物出版资助项目启动 3月，潍坊市社科联下发通知，征集申报潍坊市社会科学普及读物出版资助项目。全市共申报候选项目33项，经过专家评审，决定对《以经济学思维看世界》等5本科普读物给予每项15000元的资助。

（潍坊社科联供稿）

潍坊市社科联完成重大课题研究和咨询 一是根据《潍坊市人民政府办公室关于印发〈2012年全市重点调研课题〉的通知》要求，潍坊市社科联牵头完成课题《关于推进社会管理转型的研究》的研究工作。二是完成省委重大理论与实践问题研究课题、省社科规划研究项目《和谐社会建设评价指标体系研究——基于潍坊市社会“和谐度”评价》，并通过省社科规划办组织的鉴定委员会的鉴定，得到评审专家一致好评。三是根据市政府主要领导同志指示，与潍坊学院、市委党校的有关人员组成专家组，参与2013年市政府工作报告的起草和讨论工作。

（潍坊社科联供稿）

“山东省伦理学与精神文明建设研究基地”2012年度工作筹划会议 3月2日下午，“山东省伦理学与精神文明建设基地”召开2012年度工作筹划会议。省委党校巡视员、教授、山东省伦理学与精神文明建设研究基地首席专家衣芳出席会议并讲话。

衣芳要求，贯彻十七届六中全会关于推动社会主义文化大发展大繁荣的要求，紧紧围绕建设“社会主义核心价值观体系”，伦理学基地应当有所作为，我们应当在前段工作基础上充分利用“山东省伦理学与精神文明建设研究基地”平台，进一步加强伦理学与思想道德建设学术研究。衣芳对2012年度伦理学基地的工作计划作了具体阐述：第一，围绕“社会主义核心价值观”，举办一次理论研讨会，会后对现实热点问题进行实地考察、研究分析；第二，伦理学基地借鉴以前的成功经验，继续以“以书代刊”的形式与更高档次的出版社合作发表高质量的论文集；第三，建设“山东理论学与精神文明建设研究基地”网站，并与国内相关网站链接，全面、实时报道伦理学基地研究人员、研究成果、研究动态等情况、建立完善理论阵地，增强山东伦理学与精神文明建设研究基地的社会影响力；第四，伦理学基地将通过成员申报、评选和签订协议的形式，继续推选、资助出版有价值的伦理学丛书；第五，伦理学基地将加强内部交流，不定期在党校内部召开论坛会，加强骨干人员的学术交流和资源共享。

衣芳强调要进一步突出基地的研究强项和研究特色；出版的论文、丛书要严把质量关、做到宁缺毋滥；理论研究要重视学术积累与传承，同时，研究还要更多地关注现实，多出高质量的调研报告。

伦理学基地办公室主任贾英健介绍了基地近年来的工作情况。基地学术带头人、学术骨干、科研处负责人等22人参加会议并就本年度的工作安排交换了看法。

（省委党校科研处杨光供稿）

软科学项目研究学术报告会 为进一步提高省委党校软科学项目研究的质量和水平，更好的发挥为党委和政府决策服务的有效性和针对性，3月7日上午，省委党校召开软科学项目研究学术报告会，省科技厅软科学办公室主任王建国应邀作软科学项目研究学术报告。副校长王延超出席报告会并就省委党校软科学项目研究工作提出了要求，科研处处长张云汉主持报告会。王建国在报告中重点介绍了软科学项目的特点和规律及其与社科规划项目的联系与区别，对软科学项目研究的应用领域和范围、服务重点、管理体系和管理流程等进行了细致的讲解。王建国的报告密切联系实际，针对性强，受到了与会同志的普遍好评。省委党校各专业技术部门部分负责同志和教研人员及科研处全体人员50余人参加了报告会。

（省委党校科研处杨光供稿）

“论文与课题论证设计的思路与方法”专题座谈 3月23日，曲阜师范大学教授孙晋海到山东体育学院济南校区，与学院的教授、副教授、博士硕士等约50人进行专题座谈，孙晋海主要针对各级各类课题的申报指南，详细解读了论证的设计思路及申报办法。本次座谈对于部分闭门造车寻找课题的研究者来说具有深刻的启发作用。

（山东体育学院科研处章岚供稿）

山东老区建设促进会科研成果进入省有关部门决策程序 山东老区建设促进会承担的省级科研项目“依靠科技进步加快山东革命老区发展的战略研究”（省科技厅2010年7月立项），经过近一年的调查研究，写出3万多字的研究报告，于2011年上半年结题并通过专家评审。报告通过汇集分析大量的数据和实地调查资料，抓住核心问题提出创建鲁南红色高新经济区的构想和对策。在2012年3月召开的山东省政协第十届五次会议上，省政协常委宋传杰以该课题成果内容为素材，作题为“创新发展鲁南红色经济区，打造山东经济新格局”的发言，得到与会代表的称赞。同时，民进山东省委以该课题研究成果报告为内容形成《创建鲁南红色经济区，形成红、黄、蓝三区并举的经济发展新格局》提案。该提案被省政协提案委员会列为重点提案（案号：第10050405号），3月22日，省委副书记、省政协主席刘伟对该提案作出批示：“请发改委牵头，商有关部门研究办理。”10月，获得省政协优秀提案奖。2012年《省委调查与研究》（第4期）刊登了反映这一研究成果内容的文章《依靠科技进步，加快鲁南红色经济区发展》。该课题为国家和我省加大对沂蒙革命老区扶持力度、政策倾斜提供了理论和实践依据，得到省领导肯定和中国老区建设促进会领导的高度评价。

（山东老区建设促进会供稿）

枣庄文化访问团赴台湾进行文化交流 3月23日至30日，由枣庄学院和台儿庄古城管委会有关人员组成的文化访问团对台湾进行文化交流访问活动。文化访问团参加了台湾每年一度的台中大甲镇镇澜宫妈祖绕境进香活动。台儿庄古城天后宫妈祖是2011年10月从台中大甲镇镇澜宫分灵安坐于此的，此次绕境进香活动是应大甲镇镇澜宫之邀，台儿庄古城天后宫的妈祖回“娘家”。200年来历久弥新的台湾大甲妈祖绕境进香与麦加朝圣、印度恒河洗礼并列世界三大宗教盛事，台儿庄古城天后宫的妈祖文化交流团参加此项活动在台湾引起轰动。文化访问团还参观了台湾的博物馆、文化产业园，并与业内人士进行座谈交流，详细了解台湾博物馆的设计、管理、运行及经营情况，与有关公司达成了初步合作意向。访问团向台湾民众介绍了台儿庄古城的建设情况，台湾民众对台儿庄古城充满了向往。此次交流活动对于岛内民众进一步了解台儿庄古城，叫响台儿庄古城品牌，提高台儿庄古城的知名度和影响力起到了积极的推动作用。

（枣庄学院科技处汪涛供稿）

海峡两岸书画作品联展 3月24日，枣庄学院和台湾“中国文艺协会”合办的海峡两岸书画作品联展，在台儿庄古城隆重开幕。校长胡小林出席开幕仪式并致辞。台湾“中国文艺协会”理事长王吉隆，“中国文化大学”、元智大学教授洪安峰，资深画家高好礼，东吴大学中文系教授陈素英、散文作家官有位和枣庄市有关领导以及枣庄学院师生代表100多人参加开幕式。胡小林在致辞中指出，这次作品联展，是两岸文化交流活动的初步尝试，是在更加广阔领域进行合作交流的开端。此次联展共展出书画作品150幅。作品内容丰富，品类多样，风格各异，或翻云泼墨，大气磅礴；或工笔细雕，娟秀雅致；或厚重朴拙，传承古意；或灵动豪爽，清新现代。每幅作品都体现出作者的艺术功底和对艺术的执著追求，不仅抒发了两地互相促进、共创未来的美好愿望，还集中体现了两地一脉相承而又各具特色的文化艺术。

（枣庄学院科技处汪涛供稿）

2012中国人力资源发展与管理论坛暨山东地区最佳雇主颁奖典礼 3月24日，2012中国人力资源发展与管理论坛暨山东地区最佳雇主颁奖典礼在山东大学中心校区举行。活动的主题是“人力资源管理的转型与升级”。论坛由山东大学MBA/EMBA教育中心、正略钧策管理咨询公司和山东商报联合主办，山东大学人力资源研究所所长王益明以及百余名国内知名企业代表参加论坛。王益明、杨丹分别作题为“心理学运用如何助推人力资源管理的升级”和“打造管理者的领导力”的主题报告，从理论及实践两个层面探讨了新时期人力资源管理的方向。获奖企业代表宋磊和迟小就“如何提升员工的企业归属感”这一主题展开对话，分享自己所在企业的人力资源管理现状以及成功的实践经验。正略钧策管理咨询公司发布“2012年中国薪酬白皮书山东区域调研数据”，并围绕新发布的数据与参会企业代表展开热烈讨论。此次论坛的成果举办为国内人力资源行业的发展提供良好的平台。

（山东大学社科处张荣林供稿）

台湾文艺界访问团作学术报告 3月26日，由枣庄学院荣誉教授、台湾“中国文艺协会”理事长、著名诗人王吉隆（笔名绿蒂）带领的台湾文艺界访问团一行来枣庄学院作学术报告。

报告会分三个会场同时进行。在综合楼学术报告厅，校长胡小林主持报告会。胡小林说，两岸文学，同根同源。两岸文学的具体发展历程和各自彰显的风格，值得相互观摩和借鉴。作为文学院的师生，仅仅读书解经是不够的，必须在继承前人创造成果的基础上，创造出新的成果，使民族文学保持生命活力。他指出，有品格的作家守望人类精神高地，顽强坚守灵魂城堡，高扬理想旗帜，为世人指点仰望的目标，让精神抗拒物化，踏实工作的同时“诗意地栖居”。学术报告分为三个主题，分别是著名诗人绿蒂的“诗歌与诗意人生”，著名散文作家官有位（笔名龙影）的“散文写作浅说”、东吴大学教授陈素英（笔名墨韵）的“追寻生命光影——由桐城姚鼐说到印象派莫内”。

在音乐厅，台湾资深画家高好礼作题为“浅谈张大千与毕加索”的学术报告，副校长曹胜强出席报告会并向高好礼颁发荣誉教授证书，报告会由美术与艺术设计学院院长、教授李鲁祥主持。高好礼从张大千艺术的三个阶段和毕加索艺术发展的九个阶段入手，对东西方两位艺术大师的艺术生涯、创作特点、时代背景以及对后人的影响作精彩点评。会后，高好礼还到美术与艺术设计学院与师生进行了广泛深入的交流。

在理工楼205室，台湾“中国文化大学”、元智大学教授洪安峰博士作题为“心道——幸福之生命工程体系”的学术报告。生命科学学院院长、教授王洪凯主持报告会。洪安峰结合个人的职业经历和人生感悟，围绕幸福的生命工程体系和大家分享了自己的宇宙观、人生观、命运观和价值观，洪安峰强调要进行生命历程的“三育”即个人发展的规划

（预）、管理（御）和完善（愈），提出动以养身、静以养心和静心则专、静思则通、静居则安、静默则熟的理念，启示我们生命工程探究同样要相信科学、学习科学、运用科学并做到点线面的有机统一。报告结束后洪安峰还与师生代表就道地药用植物发展、健康养生与艺术修行等内容进行交流座谈。

（枣庄学院科技处汪涛供稿）

美国平面设计协会年度优秀作品中国巡展济南站 3月28日，AIGA365美国平面设计协会年度最佳作品展在山东工艺美术学院长清校区美术馆开展。本次展览是学校视觉传达设计学院搭建平台，促进教学的一次良好尝试，要在引进来、走出去的高度，通过交流促进与提升本校教学。

通过展览来加强对学生设计理念的培养和设计视野的开拓，力求打造学生国际化的设计观念和设计方法体系，尤其是积极拓展课内外教学资源，通过将国外优秀课程、优秀展览、优秀教师引入课堂的方法，加强同国外设计院校和行业组织的课题互动、课程互动以及人员互动，进一步拓展学生设计素质和国际化视野。

本次展览包括了两场竞赛的评选结果。“AIGA年度设计竞赛”的评委从超过4700件作品中选择了155件佳作。而“AIGA50本书/50封面”的入选作品更是从多达900件参评作品中筛选出来的。这些作品生动有趣、内容充实。每件获奖作品都伴有一段设计师本人的陈述，通过作品及其陈述，参观者可以亲身体验设计过程中的客户关系、设计与制作的挑战等成就一件优秀设计作品背后的动人的故事。

（山东工艺美术学院科研处任谢元供稿）

山东社会科学院与韩国海洋水产开发院签订学术交流协议 3月28日，韩国水产开发院金学韶院长率团访问山东社科院，两院签署学术交流合作谅解备忘录。山东社科院院长张华对金学韶一行来访表示欢迎，双方就深入开展两院合作交换意见。郑贵斌、刘贤明、姚东方和海洋经济研究所、科研处、外事办公室等有关部门负责人参加签字仪式和会谈。

韩国海洋水产开发院成立于1997年（前身为海运研究院），隶属于韩国国务内阁直属的专门从事海洋（包括海运港口、海洋资源开发、海洋环境保护等）政策及其他涉海领域研究的国家研究机构，对韩国政府在制订相关领域的政策中有较大的影响。

此次两院学术交流协议的签订是双方学术交流活动的延续和提升。2010年6月，韩国海洋水产开发院全球未来战略研究本部部长崔载先访问山东社科院海洋经济研究所，双方达成交流合作关系的共识，并共同举办了两届“海洋经济国际论坛”。此次签约，由原来的部所间交流关系，上升到两院间的合作与交流，是促进双方交流合作关系规范化、常态化的重要举措。

签约仪式结束后，韩方应邀介绍了该院近年来的十大革新措施，双方学者进行了深入的交谈，均认为应当以此次合作交流协议的签订为契机，密切彼此的学术交流与合作，切实贯彻履行协议的具体内容，推动学术事业的进一步发展。

（山东社科院科研处崔凤翔供稿）

第十届中国大学生广告艺术节“学院奖”·济南站巡讲 3月28日下午，由中国广告协会主办，广告人杂志社承办的第十届中国大学生广告艺术节“学院奖”·济南站巡讲，在山东建筑大学500人报告厅隆重举行。山东建筑大学纪委书记张宁出席活动。来自山东大学、济南大学、青岛农业大学、山东建筑大学、山东财经大学、山东师范大学、山东艺术学院、山东女子学院、山东轻工业学院等10多所广告及相关专业院校的师生参加本站巡讲活动。

中国大学生广告艺术节“学院奖”作为由国家工商管理总局批准、中国广告协会主办的面向大学生的专业广告创意和策划比赛，将企业（命题单位）、院校（组织单位）与实务界（评委机构）搭建为统一的平台，已成为专业院校广告教育的有益补充，赢得广泛参与。山东建筑大学广告学专业在历届“学院奖”中成绩斐然，在获奖数量和质量上居全国高校前列，本次宣讲拉开了建筑大学“学院奖”参赛的大幕。

（山东建筑大学科技处李琳琳供稿）

《产业经济评论》创刊10周年座谈会暨第二届学术委员会第一次会议 3月31日，《产业经济评论》创刊10周年座谈会暨第二届学术委员会第一次会议在北京举行。《产业经济评论》主编、山东大学产业经济研究所所长、教授臧旭恒，山东大学经济学院副院长、教授刘国亮，《产业经济评论》编辑部主任、教授曲创代表《产业经济评论》编辑部和山东大学经济学院参加座谈会。

本次座谈会由《产业经济评论》编辑部和经济科学出版社共同主办，分“《产业经济评论》创刊10周年纪念与研讨”、“致辞及主题研讨”和“《产业经济评论》工作座谈”三个阶段。臧旭恒介绍了10年来《产业经济评论》的编辑与出版工作，对学界同仁们长期以来的大力支持表示衷心感谢。经济科学出版社社长郭兆旭、国务院研究室宏观经济研究司司长郭克莎和中国社会科学院工业经济研究所所长研究员、吕政分别致辞。郭兆旭对《产业经济评论》连续入选“中文社会科学引文索引（CSSCI）来源集刊”表示祝贺，为有幸出版以《产业经济评论》为代表的学术集刊而感到荣幸。吕政研在致辞中建议《产业经济评论》在今后既要坚持原来的定位、风格，同时要进一步加强对一些重大产业经济发展改革方面现实问题的探讨。郭克莎认为，受各种因素的制约，一份纯学术性的集刊能够坚持10年之久并保持了较高的专业水准是难能可贵的，希望《产业经济评论》能够越办越好。

座谈会上，各位专家学者围绕产业经济学科的发展和《产业经济评论》的定位各抒己见，进行热烈的讨论，对《产业经济评论》的选题、稿源组织、定位、发展方向、国际化等给出建议。中国知网（CNKI）期刊采编中心入编部副主任黄萌在发言中介绍，《产业经济评论》自2008年开始被中国知网全刊全文收录，短短3年多的时间里《产业经济评论》所发表的文章已经被下载46556次，对于一份学术集刊来说这是一个很了不起的成就，中国知网愿意为《产业经济评论》的继续成长出一份力，推动学术文献的传播。刘国亮代表山东大学经济学院对前来参会的各位学术委员和专家学者、经济科学出版社表示衷心感谢，表示《产业经济评论》能够坚持10年，离不开大家的开创精神和过人胆略；同时也对臧旭恒和《产业经济评论》编辑部长期不懈的努力工作致意。

应邀参加本次座谈会的还有，经济科学出版社总编吕萍，中国社会科学院工业经济研究所所长、研究员金碚，教育部长江学者特聘教授、南京大学教授刘志彪，吉林财经大学校长、教授宋冬林，《经济研究》副主编郑红亮，天津财经大学副校长于立教授，《中国工业经济》副主编兼编辑部主任、研究员李海舰，北京交通大学荣朝和教授，西安交通大学经济与金融学院院长冯根福教授，大连理工大学教授原毅军，南开大学经济学院教授周立群等20余位专家学者。《产业经济评论》合作主编、美国加州大学圣巴巴拉分校终身教授、山东大学博弈论与经济行为研究中心主任秦承忠和北京大学光华管理学院教授武常岐出席座谈会。

（山东大学社科处张荣林供稿）

山东省保险学会积极开展市场调研，为行业发展建言献策　3月和10月，山东省保险学会先后组织有关方面人员，深入到潍坊、烟台、东营、济宁、临沂、德州、泰安、济南等8个市基层一线，重点以如何有效治理车险理赔难、寿险销售误导，切实维护消费者权益为主要内容展开调研。调研期间，共召开各类座谈会27次；听取各级人员情况介绍400多人次。每次调研结束后，分别向监管部门和会员公司提交调研报告2万余字，报告中提出的对策建议，实事求是、简明扼要，具有针对性和可操作性。

（山东省保险学会供稿）

2012山东民办高校公众满意度调查　山东大明经济发展研究中心3月—5月进行的2012山东民办高校公众满意度调查，是在过去两年“山东民办高校公众满意度调查”课题基础上的跟踪研究。此次调查细化完善了评价指标，并以学生评价与专家评价相结合的方式进行，选择省内规模大、公信力高、办学条件成熟的23所民办高校作为样本学校，以调查问卷、座谈会等形式展开。通过调查得知，2012年山东民办高校总体满意度得分65.18分，比上年降低了0.59分，其中，公众对本科院校的满意度得分为72.45分，对高职院校的满意度得分为62.61分。本科院校中公众对山东英才学院的总体评价最高，高职院校中公众对山东杏林科技职业学院的总体评价最高。

（山东大明经济发展研究中心供稿）

济南市公安局历下分局亲民警务机制调研　4月，省行政管理学会对济南市公安局历下分局亲民警务做法，进行实地调研，撰写调研报告上报省领导决策参考。夏耕副省长作出批示：“机制是对社会管理创新的积极探索。历下分局的经验值得大力推广，形成和谐的警民关系，促进和谐社会建设。各地公安机关和基层干警有许多好的做法，要注意及时总结，积极推广。带有普遍性意义的成功经验，条件成熟后可以充实完善到有关行政法规中，健全相关制度，形成长效机制。”省政府办公厅《内部情况通报》第28期全文刊登调研报告。《大众日报》等媒体也对“亲民警务”机制进行了宣传报道。

（山东省行政管理学会供稿）

“农业历史与文化研究中心”揭牌暨高校社会科学研究发展报告会　4月11日，山东农业大学举行“农业历史与文化研究中心”揭牌暨高校社会科学研究发展报告会。教育部高等学校社会科学发展研究中心主任、研究员冯刚在文理大楼学术报告厅为学校师生作专题报告。山东农业大学校长温孚江、副校长张宪省，学校有关部门负责同志和各学院主要负责人，各学院党委副书记、全体政治辅导员、专职团干部，经管学院、文法学院、马克思主义学院全体教师和研究生参加。冯刚和温孚江共同为“农业历史与文化研究中心”成立揭牌。

（山东农业大学科研处王永军供稿）

省委党校泰山学者岗位管理期满考核座谈会 4月13日，省委党校召开泰山学者岗位管理期满考核座谈会，对泰山学者岗位管理期内工作进行总结，对科研团队成员工作进行期满考核，常务副校长安世银出席会议并讲话。副校长王延超主持会议。

安世银对泰山学者岗位建设5年来的工作给予了充分肯定，并对做好今后工作提出要求。他指出，泰山学者岗位建设5年来，特聘专家带领团队成员开展了卓有成效的工作，取得了可喜成绩，成绩的取得主要得益于把握好了三个方面：一是目标定位高，研究方向明确。深刻理解和把握了岗位设置原则和目的，立足于形成党的建设和执政能力建设较完整的理论体系这一目标开展了工作，为推动我省党的建设研究理论的丰富发展作出了贡献；研究目标定位高，集中攻关，取得了一批高层次研究成果，在全国产生较大影响；研究方向系统明确，立足基础理论，面向现实发展，突出重点和热点，形成了比较完整的研究体系，保证了最终研究成果的高水平、高层次和社会效益的最大化。二是服务意识到位，推动了实际工作。全面总结了各战线党建先进单位的典型经验，有力宣传了我省党建工作的成绩和经验，促进和推动了我省党建工作；突出对党建重大现实问题的研究，为各级党委决策，为党建实践提供了很好的理论指导；在丰富党员领导干部思想方面做了大量工作，积极宣讲，送教下基层，得到了各级党委的好评，扩大了党校影响。三是影响辐射广，人才培养力度大。核心成员在广泛参与岗位建设各项研究工作，取得了很大成绩，提升了水平和能力；广泛吸收团队成员以外校内教师参加研究，为党校人才的发展成长提供了很好的机会；立足于全省党建人才的培养，吸纳了一批校外党建理论研究人才参与，取得了积极效果。

他要求，要对泰山学者岗位建设工作中的好经验、好做法认真思考、提炼，充分利用起来。特别是教研部门的主要负责同志，要重点学习好、总结好、传达好、吸收利用好。要通过学习总结泰山学者岗位建设工作中的经验做法，进一步推动我校教学科研水平的提高。科研团队成员要一如既往地发挥主动性、自觉性，做到思想不散、工作不断，继续加强党建理论研究，争取多出成果，出精品力作。

会上，泰山学者特聘专家、教授李新泰对泰山学者岗位建设5年来的工作进行了全面总结回顾。

省委党校组织处、教务处、科研处和各教研部门主要负责人作为考核小组成员参加了会议。

（省委党校科研处杨光供稿）

东营黄河文化博物馆展陈工程高端研讨会 4月14日，山东省东营市人民政府、山东博物馆、山东大学中国文化产业研究中心、山东大学黄河文化研究中心共同召集的“东营黄河文化博物馆展陈工程高端研讨会”在东营宾馆召开，山东大学历史文化学院院长、山东大学中国文化产业研究中心主任、教授王育济，山东大学中国文化产业研究中心常务副主任昝胜锋，山东省文物局局长谢治秀，中国人民大学文化创意产业研究中心主任金元浦，北京大学考古文博学院副院长杭侃，复旦大学文博学院兼职教授、上海博物馆教育部主任郭青生等出席会议。与会专家提出很多建设性建议，为黄河文化博物馆建设与规划的顺利进行提供了有效的保障。

（山东大学社科处张荣林供稿）

迈蒙尼德研讨班 4月18日，由芝加哥大学犹太研究中心主办、山东大学犹太教与跨宗教研究中心协办的迈蒙尼德研讨班在芝加哥大学北京中心举行。美国芝加哥大学犹太研究中心主任、教授斯特恩（Josef Stern），山东大学犹太文化研究中心教授傅有德，以及南京大学、复旦大学、华东师范大学、天津师范大学、鲁东大学和山东大学的青年教师和博士研究生，在京的以色列、美国的数位学者达20余人参加研讨班。

（山东大学社科处张荣林供稿）

“综合类人文社会科学期刊学术论文选题策划写作要领和投稿技巧”专题讲座 4月19日下午，《青海社会科学》编辑部主任、常务副主编徐明研究员受山东艺术学院研究生处和艺术文化学院之邀，在长清校区图书馆讲座厅作了题为“综合类人文社会科学期刊学术论文选题策划写作要领和投稿技巧”的专题讲座。本次讲座由艺术文化学院负责同志主持，长清校区部分教师和研究生聆听了讲座。

徐明研究员结合自己多年来从事写作和编辑工作的丰富经验和深厚的学术底蕴，从选题策划、写作要领和投稿技巧三个方面讲述了人文社科学术论文的创作和发表。讲到综合类人文社会科学期刊学术论文选题策划时，提出了应注意的四个问题：一是贵有新意，二是趋冷避热，三是做到小题大做，四是做到与时俱进。他还谈到了学术论文的写作要领以及投稿的一般进程。本次讲座既有理论探讨，又有实例分析，既提出了系统的规范和理念，又介绍了简单实用的方法要领，深受大家欢迎。

（山东艺术学院科研处刘翔宇供稿）

首届日照园林文化节 由日照市委宣传部、市住建委主办，市社科联、市文联、市园林局承办，以“园林，让生活更美好”为主题的日照市首届园林文化节4月22日上午在市植物园启动。日照市委常委、宣传部长解世增，市人大常委会副主任梁云爱，市政协副主席许传东出席启动仪式。首届园林文化节运用市场化手段，安排了郁金香花展、盆景展、赏石根雕展、书画展9项主题活动。整个文化节持续到了5月底，期间，陆续举办园林科普知识讲座、书画联谊笔会、少儿现场绘画等活动，让市民在休闲娱乐的同时，了解园林、体味园林，并增长园林科普知识。

（日照市社科联供稿）

季茂春个人独唱音乐会 4月23日，枣庄学院音乐与舞蹈学院邀请山东艺术学院声乐教师、男高音歌唱家季茂春举行个人独唱音乐会。季茂春以饱满的热情演唱了10首美声歌曲，从《绿树成荫》到《祖国，慈祥的母亲》，从《多么幸福赞美你》到《负心人》，一气呵成的演唱充分显示了功底和实力。他舞台表演潇洒大方，气质典雅，以真挚的感情打动了在场的每一位观众，每一曲结束后，现场都响起雷鸣般的掌声和喝彩声。山东艺术学院著名钢琴艺术指导唐庆担任钢琴伴奏，两位青年学生担任嘉宾。季茂春个人独唱音乐会为音乐与舞蹈学院学生上了一堂生动的艺术实践课。

（枣庄学院科技处汪涛供稿）

山东大学终身教授赵明义先生八十寿辰庆典暨学术贡献研讨会 4月30日上午，由赵明义教授的学生们共同筹办的“山东大学终身教授赵明义先生八十寿辰庆典暨学术贡献研讨会”在济南隆重举行。

赵明义指导的博士生、硕士生共52人全部与会。山东大学科学社会主义系1979—1983级的部分学生以及全体在校学生与会。赵明义所在的工作单位山东大学政治学与公共管理学院、教育部人文社科重点研究基地当代社会主义研究所的领导和部分同事与会。山东大学党委副书记李建军在会前接见了部分与会外地代表。

会议由赵明义指导的首届博士生、山东大学教授刘玉安主持。山东大学副校长、教授樊丽明，山东省科学社会主义学会会长、教授包心鉴到会祝贺并致辞。参加会议的还有省内学界同仁、兄弟院校代表，山东大学校部机关和有关院系代表，以及赵明义的亲友代表等共计160余人。中国人民大学著名教授高放，省委常委、副省长王军民，原副省长郭兆信同志等学界同仁和学生也发来贺电、贺信和邮件，以不同的方式表达对赵明义的敬意与祝贺。

赵明义对大家的光临和祝贺表示感谢。他强调指出，这次会议表达了大家对老一代理论工作者、老教育工作者的共同祝愿。山东大学科学社会主义学科能有今天的成就，是几代人几十年共同努力的结果。他表示，将在有生之年一如既往地为山东大学和科学社会主义学科的发展贡献自己的力量。

（山东大学社科处张荣林供稿）

山东三甲医院患者满意度调查 为了全面了解山东公众对我省三甲医院医疗服务的满意程度，了解公众对当前医患矛盾、医疗体制改革、用血荒等问题的看法和建议，促进我省医疗卫生事业持续、快速、健康发展，推动山东和谐社会建设，4—6月，山东大明经济发展研究中心特地开展本次调查。调查选取济南区域13家三甲医院为样本，从“服务态度”、“服务质量”、“环境设施”、“医疗价格”、“医德医风”等5个方面对患者进行问卷调查。通过调查，我省三甲医院的患者总体满意度得分为77.62分，其中满意度得分最高的是山东省千佛山医院，满意度得分为84.13分。

（山东大明经济发展研究中心供稿）

邢占军团队入选“中国综合调查项目（Chinese General Social Survey）”2012年度调查主题模块 5月，中国人民大学中国调查与数据中心传来消息，由该中心牵头、国内多所高校参与的“中国综合调查项目（Chinese General Social Survey，缩写为CGSS）”2012年度调查主题模块，经专家投票正式确定国内三家985高校的三个研究团队的项目入选，山东大学政治学与公共管理学院教授邢占军团队位列其中，另外两个入选团队分别来自清华大学和中山大学。

CGSS是中国第一个全国性、综合性、连续性的大型社会调查项目。从2003年开始每年一次，对全国范围内的10000多户家庭中的个人进行调查。通过定期、系统地收集中国人与中国社会各个方面的数据，总结社会变迁的长期趋势，探讨具有重大理论和现实意义的社会议题，推动国内社会科学研究的开放性与共享性，为国际比较研究提供数据资料。

CGSS调查数据及其他调查资料向全社会完全开放，在国内外已产生了重大影响，被视作研究中国最重要的数据来源之一。CGSS于2007年被国际社会调查合作组织（International Social Survey Programme，ISSP）接纳为代表中国大陆的会员单位。每年一次，与全球近50个主要国家一起，对某个重要的社会议题进行共同调查。2006年，CGSS与日本JGSS、韩国KGSS、中国台湾TSCS一起，共同发起了东亚社会调查（East Asian Social Survey，EASS）。该调查项目每两年就一个共同模块进行一次调查，至2010年已进行了3次。到目前为止，CGSS是我国第一个完全开放的大型、权威、科学的社会调查项目，有力地促进了我国社会科学调查及相关研究的发展，成为我国社会科学调查事业对外交流与合作的重要平台。

近年来，邢占军学术团队在生活质量与公共政策研究领域取得一系列突出的研究成果，有关国民幸福感的研究在国内处于前沿，在国际上也产生一定的影响。本次入选的项目就是他们自主研发的“中国民众幸福感量表”。入选CGSS平台，必将有力推动山东大学生活质量与公共政策相关领域的研究。

（山东大学社科处张荣林供稿）

省委党校9人入选全省社科界理论人才“百人工程”　省委宣传部办公室下发了《关于公布理论人才“百人工程”入选人员名单的通知》，省委党校9名同志榜上有名，成功入选理论人才“百人工程”，他们是：王军、王格芳、乔翠霞、孙建昌、张传鹤、林学启、郝良华、戚汝庆、谭建（排名依照《关于公布理论人才“百人工程”入选人员名单的通知》按姓氏笔画为序）。

理论人才“百人工程”由省委宣传部1999年开始组织实施，目的是加强理论人才队伍建设，培养和造就一大批优秀中青年社科理论人才。工程自实施以来，在营造良好的育人用人环境、开展理论与实践问题研究、推动理论精品创作生产等方面发挥了积极作用。省委党校的这9名同志，是由“百人工程”评选委员会按照修订后的评选标准和原则，在对推荐人员进行认真评选的基础上人选理论人才“百人工程”的。他们的成功入选，标志着省委党校科研工作在出精品、出人才、出力作的道路上又迈出坚实的一步。

（省委党校科研处杨光供稿）

中国海洋大学海洋发展研究院第二届学术委员会第一次会议暨学术报告会　教育部人文社会科学重点研究基地中国海洋大学海洋发展研究院第二届学术委员会第一次会议暨学术报告会于5月5日在崂山校区图书馆第一会议室举行。原国家海洋局局长王曙光，海洋大学党委书记于志刚，副校长闫菊出席会议。闫菊在致辞中感谢各位专家能够在百忙之中光临中国海洋大学，希望能指出基地目前存在的问题，特别是在基地的定位、研究方向等方面给以指导。会上举行了新一届学术委员会委员聘任仪式，于志刚向与会委员颁发聘书。聘任蔡程瑛为特别顾问，娄成武为第二届学术委员会主任，陈尚胜、徐祥民为副主任，杨金森等12名教授受聘为委员会委员。

仪式结束后，蔡程瑛和娄成武代表新一届委员先后发言，表示会努力为基地的发展建言献策。王曙光在讲话中认为，这次会议的召开预示着学校社会科学大发展的到来。海洋发展研究院副院长刘曙光从海洋发展研究院的发展历程、组织结构、建设成就、研究力量、研究方向、近期选题、发展对策7个方面进行了工作汇报。然后，委员们就基地今后发展思路、人才培养、队伍建设、科研方向和体制机制等方面进行了发言和讨论。下午，与会委员庞中英、蔡程瑛、杨金森分别作精彩的学术报告。中国海洋大学经济学院金融系主任殷克东介绍了《中国海洋经济蓝皮书》编写基本情况，教育部发展报告培育项目负责人徐祥民、曲金良分别介绍了项目的进展情况，并同与会委员进行了深入讨论。会议先后由文科处副处长金天宇和娄成武主持。出席会议的还有校文科处、“985工程”、“211工程”办公室负责人，文科相关单位的教师和同学。

（中国海洋大学社科处金天宇供稿）

微时代——全球字体设计展　5月7日，由山东工艺美术学院视觉传达设计学院主办的“微时代——全球字体设计展”在学校美术馆举办，展览共展出来自全球各地设计师的优秀字体设计作品140余件。本展览也是为（ICOGRADA）庆祝国际平面设计日而举办的。山东工艺美术学院党委书记于茂阳，院长潘鲁生，党委副书记、纪委书记裴新峰，副院长张云龙、苗登宇等参观指导。

“微时代——全球字体设计展”是国际平面设计协会联合会（ICOGRADA）世界平面设计日（World Graphics Day）的分支活动。新媒体时代，“微”是一种生活方式与社会态度，从邮件到短信，从微博到微信，“微”是这个时代最时尚的关键词。21世纪“微时代”设计应如何调适与应对，让我们从字体做起。展出作品传达了中国新一代平面设计师积极面对社会问题，通过设计创造更美好世界的良好意愿。这是中国平面设计师首次与全世界的同行一起，庆祝世界平面设计日。

本次展览所有作品均通过网络平台邀请和征集，共征集国内外作品600余件，展出作品140件，参加者多为国内外新锐设计师，丰富的设计语言，深刻诠释了新媒介影响下的视觉传达设计文化的变化之势。

（山东工艺美术学院科研处任谢元供稿）

省委党校科研工作会议　5月7日下午，省委党校召开科研工作会议，邀请省委党校参加2012年度国家社科基金项目通讯评审的专家作报告，安排部署科研成果管理系统的应用。副校长王延超出席会议，副校长孙占元、副巡视员魏恩政出席会议，科研处处长张云汉主持会议。

孙占元、魏恩政、迟树功三位教授作为参加2012年度国家社科基金项目通讯评审的专家，分别结合自身通讯评审的工作实际，立足不同的角度，从项目选题、课题论证、观点提出、前期成果积累、参考文献选择、深度了解课题申报指南、重视研究团队合作等多个方面作专题辅导报告。三位专家的辅导报告，引经据典，分析透彻，讲解深入，既有很强的理论性，又有较高的针对性，将对提高省委党校国家社科基金项目申报的水平和质量起到积极的推动作用。

张云汉对省委党校2012年度国家社科基金项目申报工作进行了简要回顾和总结，对科研成果管理系统的开发作了说明，对科研成果管理系统的应用和科研成果的申报录入提出要求。科研成果管理系统开发方对系统的应用进行了全面演示。

各专业技术部门部分教研人员和科研处人员参加了会议。

（省委党校科研处杨光供稿）

国际世界语博物馆筹备会 5月7日，枣庄学院国际世界语博物馆筹备会在中国报道杂志社会议室召开，全国政协常委、全国世协会长陈昊苏，北京市社科联党组书记、全国世协副会长史秋秋，国际广播电台首席世界语播音员、全国世协副会长赵建平，中国报道杂志社原副社长、全国世协常务理事王锡符，中国报道杂志社副总编辑、全国世协常务理事赵珺，辽宁省世协会长、全国世协常务理事刘正坤，北京市社科联巡视员、全国世协常务理事王彦京，北京师范大学教授、北京世协副会长周流溪，中国报道杂志社及全协工作人员，资深世界语者李士俊、侯志平、刘玲、祝明义，枣庄学院校长胡小林、副校长曹胜强、办公室主任张宗海、国际处处长巴岩、科技处长明清河等40余人参加会议。会议由中国报道杂志社副总编辑，全国世协常务理事赵珺主持，会议就学校创建国际世界语博物馆进行了论证座谈，胡小林在会上介绍了博物馆建设动议及筹备工作设想，资深世界语者侯志平、李士俊、刘玲、祝明义先后发言，肯定创办世界语博物馆的必要性及紧迫感，同时呼吁老世界语们踊跃支持国际世界语博物馆的建设。资深世界语者侯志平捐出图书12箱及珍贵世界语史料14包。

（枣庄学院科技处汪涛供稿）

山东社科院高效生态经济研究泰山学者岗位院士（学部委员）工作室揭牌仪式 为加快落实高效生态经济泰山学者岗位建设的目标任务，大力推进高效生态经济产学研政联系，5月9日上午，由山东社科院高效生态经济研究岗位泰山学者岗位建设团队与山东蓝伞国际科技开发有限公司举办的“山东社会科学院高效生态经济研究岗位泰山学者岗位院士（学部委员）工作室”揭牌仪式在济南市产学研基地举行。来自省委统战部、山东社科院和蓝伞国际的30多人参加了揭牌仪式，省委统战部副部长王晓炜和山东社科院副院长郑贵斌出席仪式。高效生态经济研究泰山学者特聘专家张卫国研究员对工作室有关情况进行了介绍，蓝伞国际董事长兼总经理宋霄飞先生致欢迎辞，对工作室落户蓝伞国际表示热烈欢迎。

王晓炜代表工作室特邀专家，对工作室的正式成立表示祝贺，强调要充分发挥特邀专家的作用，相互学习、相互促进，为加快推进经济文化强省建设而共同努力。

郑贵斌在总结讲话中指出，工作室的成立意味着山东社科院高效生态经济研究岗位泰山学者岗位和创业创造创新型企业这一“岗企合作”模式有了良好的开端，相信今后在双方的共同努力下，在科研和企业发展等方面都会有新的创举，从而实现互利共赢，为加快科学发展和推进经济文化强省建设作出更大贡献。

（山东社科院科研处崔凤翔供稿）

县级医院薪酬分配与绩效管理高层论坛 为深入贯彻国务院办公厅《关于县级公立医院综合改革试点的意见》文件精神，探讨县级医院绩效考核与分配制度的先进模式，积极推进医院管理体制机制的改革，省卫生经济协会5月10日在沂源举办“县级医院薪酬分配与绩效管理高层论坛”，邀请国家有关专家进行讲座，80多人参加培训。

（山东省卫生经济协会供稿）

全国民办本科院校创新发展论坛 5月12—13日，由中国民办教育协会高等教育专业委员会主办、中国民主促进会山东省委员会协办、山东英才学院承办的全国民办本科院校创新发展论坛在山东英才学院举行。中国民办教育协会会长王佐书、北京师范大学校长钟秉林、教育部发展研究中心副主任韩民、教育部考试中心处长王建民、陕西省教育厅副巡视员李维民、厦门大学教育研究院教授别敦荣和台湾“建国科技大学”校长黄燕飞等出席论坛。论坛围绕“改革创新，提高质量，引领民办高校内涵发展”这一主题交流了8所民办本科院校的先进办学经验和管理经验，对于民办院校创新发展的意义、目标、策略和途径等进行了深入的理论探讨和直观的案例呈现。

本次论坛适时地研讨了民办本科院校在新形势、新阶段下面临的新机遇和新挑战，对于民办本科院校认清目标、改革创新、提高质量、争创高水平民办大学提供了信息交流平台，有利于夯实民办本科院校的重要地位，更好地争取国家政策的倾斜和支持，开创民办本科教育创新发展的新局面。

（山东英才学院科研处迟萍萍供稿）

第三届全国艺术院校思想政治理论课教学研讨会　5月14日，由全国艺术院校思想政治理论课教学研究会主办、山东工艺美术学院承办的第三届全国艺术院校思想政治理论课教学研讨会在山东工艺美术学院长清校区数字演播大厅隆重开幕，山东工艺美术学院党委副书记杨新力主持开幕式。中共山东省委高校工委副书记黄琦、宣教处处长刘欣堂，全国艺术院校思想政治理论课教学研究会会长、中国戏曲学院副院长巴图，全国艺术院校思想政治理论课教学研究会副会长、广西艺术学院党委副书记、纪委书记邓军，全国艺术院校思想政治理论课教学研究会副会长、星海音乐学院党委副书记黄俊强出席开幕式。山东工艺美术学院党委书记于茂阳，院长潘鲁生，党委副书记杨新力，副院长苗登宇，院长助理、办公室主任王立果出席开幕式。

多年来，研究会依托全国艺术院校的资源，通过开展学术交流、出版论文、申报课题等工作，促进艺术院校思政课教学工作的提升。本次研讨会重点围绕思政课教学针对性和实效性等问题展开探讨，取得有益的研究成果。

第三届全国艺术院校思想政治理论课教学研讨会分组讨论分别由中国戏曲学院基础部主任梁建明、山东工艺美术学院公共课教学部主任徐思民主持。来自全国18所艺术院校的50余位专家和教师代表从新形势下艺术院校思政课改革与建设的角度，围绕艺术类专业学生思想特征及思政课教学针对性和实效性等问题展开积极研讨。与会人员广开思路，既各抒己见，又达成共识，取得了积极成果。

（山东工艺美术学院科研处任谢元供稿）

高校哲学社会科学成果评价体系建设专题研讨工作会议　高校哲学社会科学成果评价体系建设专题研讨工作会议5月14日在青岛举行。本次研讨工作会议是为进一步贯彻落实《高校哲学社会科学繁荣计划》（2011—2020）和高校哲学社会科学全国工作会议精神，完善以创新和质量为导向的科研评价制度，由全国高校社会科学科研管理研究会青年委员会主办，中国海洋大学承办的一次专题研修会议。教育部社会科学司成果处处长魏贻恒、中国海洋大学副校长闫菊出席会议，高校社科评价中心主任李建平主持会议。来自全国15所高校的科研管理系统的20余位代表参加会议。

来自华南理工大学、武汉大学、中山大学、广东外语外贸大学、东北师范大学的代表分别介绍了各自学校在社会科学成果评价体系方面的主要做法、基本经验。魏贻恒作“改进和完善高校学术评价机制的几点思考”的专题报告，对新形势下改进和完善高校科研评价机制的重要性、高校学术评价机制存在的问题和不利影响、如何改进和完善高校学术评价机制作了介绍，并以项目评审和评奖为例介绍了社科司在改进和完善学术评价机制方面的具体实践。魏贻恒认为，教育部高度重视社科评价工作，应着眼于立足创新、提高质量，不断提高评价工作的水平。有很多高校在社科成果评价体系建设方面做了大量开拓性的工作，取得一定的成效，希望各个高校积极探索社科评价的有效途径，为进一步改进评价工作提供参考。

中国海洋大学文科处副处长金天宇汇报了海洋大学文章评价体系建设情况，并就期刊的目录制定标准、小语种刊物、动态调整、与职称评聘挂钩、人事考核、时效追溯等问题与代表进行了交流。

（中国海洋大学社科处金天宇供稿）

山东兵学文化开发应用座谈会　5月15日，山东孙子研究会在山东大学举办了“山东兵学文化开发应用座谈会”，山东省旅游规划设计研究院院长陈国忠和临沂银雀山汉墓竹简博物馆研究员杨玲两位专家分别讲述“孙子兵学与旅游开发”和“考古大发现”；山东华信装饰工程有限公司董事长边俊祥介绍了“学兵法，悟商道，兴企业”的经验体会。山东孙子研究会执行会长南兵军主持座谈会。会长赵承凤，副会长王长根、刘庆俊、薛宁东、曹永孚、周传立等出席，专家及山大师生50余人参加了座谈会。

（山东孙子研究会供稿）

曲阜师范大学第九届“情暖生命·心悟成长”主题心理健康教育活动　5月17日下午，曲阜师范大学第九届“情暖生命·心悟成长”主题心理健康教育活动月启动。副校长康淑敏出席活动开幕式并讲话，学生工作部、团委、科研处、教育科学学院等单位负责人出席活动。

康淑敏在讲话中指出，学校高度重视大学生心理健康教育工作，一直把加强人文关怀和心理疏导，塑造积极向上的心态，引导大学生健康成长，作为学校工作的一项重要内容。学校坚持以科学发展观为指导，每年开展的大学生心理健康教育活动，切实为学生心理健康水平的提高、为学生的成长成才，为促进和谐校园的文化建设发挥了积极的作用。

启动仪式上，教育科学学院教授徐瑞作题为“生命与生命健康教育——基于存在主义哲学的几点思考”的主题报告。本届心理健康教育活动月由学工部、团委、科研处、教育科学学院团总支主办，大学生心理健康教育中心承办。

（曲阜师范大学社科处蔡佳辰供稿）

第八届中国（深圳）国际文化产业博览交易会山东展区 5月18日，由山东工艺美术学院承担整体策划、设计和运营任务的深圳文博会山东展区荣获组委会颁发的第八届中国（深圳）国际文化产业博览交易会“优秀展示奖”和“优秀组织奖”两项大奖。

第八届中国（深圳）国际文化产业博览交易会山东展区的参展工作，由山东省委宣传部牵头，山东工艺美术学院负责整体策划、设计、施工和运营，中国孔子基金会、浪潮集团、山东鲁信影城等15家企业事业单位通力合作完成。在项目理念创意、设计施工、开馆运营三个阶段的工作过程中，学校先后有包括本科生和研究生在内的40余名师生参与了策划、设计、施工、运营工作，项目在展示山东在科技助推文化大发展大繁荣过程中所取得的成果同时。山东展区集合了高校和企业力量，以创造和谐新生活为主线，通过新科技、新产品、新业态的集中展示，取得了丰硕成果。

（山东工艺美术学院科研处任谢元供稿）

《事业单位财务规则》培训班 5月30日，为认真贯彻国家财政部办公厅财教〔2012〕9号关于学习贯彻《事业单位财务规则》有关要求的通知精神，全面推进事业单位精细化管理，省卫生经济协会在蓬莱举办厅直预算单位《事业单位财务规则》培训班。卫生厅规财处的负责同志讲解了学习、贯彻国家财政部《事业单位财务规则》的全部内容，110多人参加培训。

（山东省卫生经济协会供稿）

“怎样撰写课题研究报告”辅导讲座 6月13日下午，莱芜职业学院邀请莱芜市社科联秘书长井润峰来学院为全体科研课题组成员作“怎样撰写课题研究报告”的辅导讲座。党委副书记、副院长、学院社科联主席李俊海出席会议，宣教办主任、学院社科联秘书长王元河主持会议。

井润峰结合自己的工作经验，从“搜集材料、了解形势、提炼观点、谋篇布局、修改完成”等5个方面对怎样撰写课题研究报告进行分析讲解。他强调，要写好调研报告，提高课题质量，工夫一定要下在平时，一定要多读、多写、多思考、多交流和能吃苦。整场报告内容丰富，语言平实，与会同志受益匪浅。

（莱芜职业技术学院社科联王慧供稿）

“青春在校园闪光”报告会 6月13日，枣庄学院邀请济宁学院党委副书记、教授谢安庆为师生作题为“青春在校园闪光”的报告会。报告会由校纪委书记高庆喜主持，学校相关部门、各二级学院党总支负责人、团总支书记、辅导员及师生代表聆听报告。报告共分三部分：憧憬篇、青春篇和感悟篇。谢安庆首先从自己对大学的憧憬谈起，谈到了自己求学的经历和成长的历程。字字珠玑，流露出他对亲人的眷恋，对家乡的热爱。一曲《村头柳》打动了在场所有人的心。在青春篇中，谢安庆用诗人的情怀和一名高校教育工作者人的视角，以一曲曲动人的旋律、一篇篇脍炙人口的诗句以及一个个生动鲜活的实例，深深感动着每一个人，带领着大家在青春的乐园里徜徉，从一个全新的角度诠释了“怎么度过大学的时光”。在感悟篇中，谢安庆以“一个已经经历过的人与一些正在经历的人”对话的形式，告诉每一个在校大学生要学会珍惜、学会感恩、学会掌控、学会积累、学会应对、学会成败、学会察微和学会快乐，从而拥有一个美丽人生。

（枣庄学院科技处汪涛供稿）

“优秀成功女性进高校”活动启动仪式暨“放飞梦想，扬帆启航”首场报告会 6月26日，由枣庄学院和枣庄市市委宣传部、枣庄市教育局、枣庄市妇联联合举办的“优秀成功女性进高校”活动启动仪式暨“放飞梦想，扬帆启航”首场报告会在校音乐厅举行，来自各学院的200余名女大学生代表参加报告会。校纪委书记高庆喜致辞。枣庄市张山子镇派出所所长、全省政法系统优秀党员民警、枣庄政法系统“感动枣庄十佳人物”、“五一劳动奖章”获得者孙启艳和市残疾人康复医院院长黄哲分别用质朴的语言，生动的事例，引导女大学生增强自主创业意识，在基层的艰苦环境中锻炼自己，实现自我价值，做一名知恩感恩、自立自强的新时代女性。

（枣庄学院科技处汪涛供稿）

第四届海峡两岸大学生创意设计作品巡回展 6月26日，由济南市科学技术协会和山东工艺美术学院联合主办、济南影视传媒协会承办、台湾中华创意发展协会协办的“第四届海峡两岸大学生创意设计作品巡回展暨齐鲁（国际）动漫创意大赛启动仪式”，在山东工艺美院图书馆展厅举行。

来自省内院校的教师、学生和动漫企业代表300余人参加了启动仪式。第四届齐鲁（国际）动漫创意大赛，面向国内外高校教师学生和文化创意产业领域从业人员征集动漫影视短片和平面设计、动漫产品造型设计类参赛作品。同时还将优秀作品推荐参加“海峡两岸大学生创意作品设计巡回展”和“海峡两岸版权（创意）博览会”。举办巡展活动和动漫大赛，旨在为国（境）内外高校与动漫企业搭建交流合作平台，为大学生和动漫从业人员展示实力水平、创业就业提供新途径，为动漫企业展注入新活力，促进院校教学改革、大学生创业就业和经济社会发展。

（山东工艺美术学院科研处任谢元供稿）

临床路径管理研修班 为了深入推进临床路径管理工作，及时总结经验，交流试点工作中好的做法，6月29日，省卫生经济协会在青岛举办“临床路径管理研修班”。邀请全国取得先进经验的知名院长，资深专家讲解，介绍相关知识和经验，100多人参加培训。

（山东省卫生经济协会供稿）

2012外省驻鲁商会活动状况及诉求调查 为了解外地驻鲁商会活动状况，以及他们对山东市场的评价，对山东经商投资环境的诉求，维护外地驻鲁商会合法权益，促进商会原籍地与山东经济合作交流，6—8月，山东大明经济发展研究中心在13家外省驻鲁商会中进行了问卷调查。调查结果显示，驻鲁商会目前普遍能维持活动，四成多生存状况良好；七成商会认为山东市场很好，充满活力，但也有1/3的商会认为山东市场小、生意难做；他们最不满意的是司法部门的地方保护主义；对子女入学等实际困难也反映强烈。

（山东大明经济发展研究中心供稿）

2012年山东九大公共服务业公众满意度调查 6—8月，山东大明经济发展研究中心以供电、供暖、有线电视、供油、电讯、银行业、高速公路、旅游业及广告会展业等九大公共服务行业为研究对象，选取济南、滨州、临沂、东营、莱芜5市作为样本城市进行实地问卷调查，研究围绕“服务质量、服务态度、服务环境、服务创新、政风行风”五个方面展开，指出各行业存在的问题并提出建设性意见。根据调查，山东九大公共服务行业的总体满意度平均得分为72.56分，与上年相比提高了3.12分；样本城市中，临沂市居民对本市公共服务业的评价最高，得分为74.52分；山东公众对供电业总体评价最高，满意度得分为79.05分，比上年提高了3.02分；这是供电业连续4年获得我省公众最高评价。

（山东大明经济发展研究中心供稿）

山东省基础教育状况及城乡差异调查研究 为掌握山东省基础教育的发展状况，探究提高基础教育质量的策略途径，更好地把握山东省基础教育改革未来发展方向，并为教育部基础教育司和山东省教育厅有关部门制定相关的政策制度和下一步的发展规划提供必要的决策依据。6月至9月间，山东师范大学基础教育课程研究中心在主任、教授徐继存的带领下，以“山东省基础教育状况及其城乡差距比较研究”为主题，在山东省抽取了6个地区34所学校的部分师生进行了以问卷调查为主、访谈为辅的实地调查研究。

调查由徐继存组织专门团队完成问卷的设计、实地调研、数据录入、统计分析和调研报告的撰写工作。为尽可能真实全面地了解山东省教育状况和城乡差异，调查采用分类别分层次抽样的方法，分别从山东省东部、中部和西部，随机抽取两个地市的城市、乡村小学、初中、高中学校各一所，采用课题组专门设计编制的《山东省基础教育城乡差异现状教师调查问卷》和《山东省基础教育阶段学生基本情况调查问卷》进行实地问卷调查。通过调查，课题组分析总结了山东省基础教育的基本现状和城乡差异的主要表现，并为提高山东省基础教育质量、缩小城乡教育差异提出了针对性建议。

（山东师范大学社科处高景海、顾大伟供稿）

欧美澳新华文学校校长培训活动 7月，山东师范大学国际交流学院承办了国务院侨办主办的“2012华文教育·校长研习欧美澳新班”，来自欧洲、美洲和大洋洲的20个国家的70名华文学校校长参加了培训。培训活动受到国侨办和省侨办的充分肯定，也得到华校校长的普遍赞誉。活动不仅为海外华文教育事业作出贡献，也展示了山师大的办学实力，宣传了山东省经济社会发展水平。

（山东师范大学社科处高景海、顾大伟供稿）

浙江上虞市虞舜文化研究会来访 7月4日，经中国社会科学院考古历史研究所介绍，浙江上虞市虞舜文化研究会一行7人在上虞副市长方静的率领下，对山东省大舜文化研究会进行访问。考察团与研究会领导和专家进行座谈交流，并对山东济南和诸城两地的相关舜文化遗迹进行实地考察。11月10日，研究会会长谢玉堂应邀赴浙江上虞参加了祭舜大典。

（山东省大舜文化研究会供稿）

庆“八一”书画笔会暨艺术家联谊会 7月29日下午，由山东国际孙子兵法研究交流中心和山东孙子研究会、山东国际文化发展研究交流中心、山东扳倒井酒集团联合举办庆“八一”书画笔会暨艺术家联谊会，以书画、艺术与文艺演唱等多种艺术形式，抒发对党、对祖国、对人民军队的赞美热爱之情，弘扬孙子兵学，增强国防观念，大力发展传播先进军事文化，为建军节献上了一份厚礼。来自全省70多名军地书画艺术名家在济南舜耕山庄重华堂尽情欢歌，挥毫泼墨，共庆中国人民解放军建军85周年，迎接党的十八大胜利召开。

参加笔会的书法家、艺术家们用那种金戈铁马的飒爽与豪迈，气势磅礴、恢弘雄强的将军书风、老道遒劲的深厚艺术功底、墨香情怀的儒雅风骨，在龙飞凤舞的笔墨和高山流水的音律中创造出意境高远、震撼人心的精品佳作与天籁之音，使与会者受到美的艺术享受和熏陶。笔会上还展出了由赵承凤创作、著名书法家张国安书写的《兵圣孙武三字经》38米书法长卷。

（山东孙子研究会、山东国际孙子兵法研究交流中心供稿）

2012山东省电力用户管理咨询报告（委托课题） 7—10月，在2011年调查的基础上，山东大明经济发展研究中心跟踪研究，选取济南市、临沂市、东营市、滨州市及莱芜市作为样本城市，采用了入户、拦访、电话、座谈会及深度访谈等多种形式相结合；样本涵盖了不同年龄，不同性别、不同职业的人群。根据用户的性质不同，本次调查分为居民用户和非居民用户；居民用户又分为城市居民用户和农村居民用户；非居民用户分为企业用户、商业低压散户及党政事业单位用户。通过调查，山东省电力居民用户满意度得分为74.31分，比2011年提高了1.82分；非居民用户满意度得分为76.47分，比2011年提高了3.40分。

（山东大明经济发展研究中心供稿）

世博再出发——“2012韩国丽水世博会山东活动周”展 8月3日“2012韩国丽水世博会山东活动周”正式开幕。山东工艺美术学院承担本次世博会“山东活动周”展览展示工作，这也是继“2010上海世博会”山东馆项目后，又一次世博平台上的设计之旅，是学校设计科研和社会服务实力的国际展示。

本次世博展览展示项目于2012年2月启动，在省政府部署指导下，成立省“2012韩国丽水世博会山东活动周”工作组，经过主题策划、创意设计、展示论证等阶段，形成“岱青海蓝，好客山东”的展览展示主题，确立了“传播山东海洋文化，展示海洋科技成果，宣传海洋经济优势，深化鲁韩文化交流与经贸合作，拓展国际交流与合作空间，推进蓝色经济战略”的展览展示目标，并具体围绕“省宝”展示、山东非物质文化遗产展示、“海岸线文化长廊”展示等版块进行创意设计和制作实施，完成了展示空间设计、宣传视频和主题动漫设计及制作、“非物质文化遗产”展示内容设计和展演组织，以及“山东活动周”会徽、纪念品等形象系统设计。活动历时6个月，是学校再一次全面系统地参与和完成世博展示项目，并走出国门，通过设计实践塑造山东文化形象，传播山东发展讯息，也是学校科研和服务实力又一次锻炼、提升和展示。

（山东工艺美术学院科研处任谢元供稿）

济南市规划局城市规划管理工作社会调查 8月6日，山东大学城市发展与公共政策研究中心承担的济南市规划局城市规划管理工作社会调查项目正式启动。

此次社会调查活动以系统收集社会各界对城市规划管理与服务的需求、评价、意见及建议为直接目的，服务于济南市规划局准确把握规划管理服务工作的现状，强化与社会各界的沟通和联系，增进其对规划工作的理解与支持，主动寻找工作中存在的薄弱环节和不足，积极吸纳合理化建议，为下一步城市发展及规划水平提升提供决策支持。

根据调查目的的要求，本次调查主要分为两大部分：一是针对间接服务对象——普通公众的调查。调查内容侧重于公众对规划部门及规划管理服务工作的认知程度、需求与评价，对济南市未来发展的期盼，以及对济南市规划工作的建议，采用调查问卷方式，对随机抽样的3000名市民开展。二是针对直接服务对象—各政府职能部门、平台机构、开发/建设企业等的调查。调查内容侧重于对城市规划管理服务的效能评价与提升策略，对济南市城市规划发展的建议等，调查方式为问卷调查与访谈相结合。

此部分调查将涉及50家纵向涵盖省、市、区三级人大、政协、政府及其职能部门，横向覆盖各投融资平台的公共部门及50家企业单位。

省委常委、济南市委书记王敏对此次开展城市规划管理工作社会调查活动给予了充分肯定，两次作出重要批示。

（山东大学社科处张荣林供稿）

全国革命老区民生建设座谈会 8月10日至12日，全国革命老区民生建设座谈会在临沂举行。会议以“发扬光荣传统、建设幸福老区、共享美好生活”为主题，共商老区发展大计，共谋老区民生建设。中央党校副校长徐伟新，国家民政部副部长窦玉沛，国家公务员局副局长杨春光，全国老促会名誉副会长桓玉珊，副省长孙绍骋出席开幕式并讲话。省委副书记、省长姜大明发来贺信。临沂市委书记、市人大常委会主任张少军，市委副书记、市长张务锋参加开幕式。中央部委领导，专家学者，兄弟省市的代表参加会议。山东老区建设促进会常务副会长徐振基等参加会议并发言。徐伟新在发言中指出：“三个代表”重要思想、科学发展观更加鲜明地指出，新的时代条件下，中国共产党执政的核心目的，就是以人为本，关心人的生活，实现人的利益，推进人的发展。因此，无论情况如何改变，无论我们的工作有多少创新，也无论我们面临多大多么复杂的困难，人民的福祉始终是我们不懈追求的目标，为人民服务始终是我们义不容辞的责任和义务。

（山东老区促进会供稿）

山东省“德耀齐鲁”道德示范基地建设活动启动 8月10日为弘扬中华民族传统美德，深入贯彻《公民道德建设实施纲要》，促进公民思想道德建设和社会主义精神文明建设，提升公民的文明素质，把社会主义核心价值体系融入到国民教育、思想道德建设和群众性精神文明创建活动的全过程，由省社科联、省高等学校工作委员会、省老龄委、省教育厅、省总工会、省广播电影电视局、团省委、省妇联、大众报业集团（大众日报社）等9家省直单位联合发起，在全省范围内广泛开展的“德耀齐鲁”道德示范基地建设活动启动仪式在济南举行。

省社科联副主席、党组成员李海萍，党组成员、纪检组长高航，省老龄办副主任于振业，省教育厅副厅长张志勇，省广播电影电视局副局长吉保邦，团省委副书记任海涛，省妇联副主席范晓丽，大众报业集团（大众日报社）副总编辑王修滋等主办单位有关领导同志出席会议。

启动仪式上，“德耀齐鲁”道德示范基地建设活动办公室揭牌、同时《德耀齐鲁》杂志社揭牌，大众网“德耀齐鲁”频道揭牌运行。该活动由省孝老爱亲文化研究中心承办。全省17市社科联负责人参加了此次启动仪式。山东广播电视台《新闻联播》、山东广播电视台齐鲁频道《每日新闻》、《大众日报》、《齐鲁晚报》、中央人民广播电台、《中国日报》等几十家媒体进行了报道。

（山东省孝老爱亲文化研究中心供稿）

“兰台nines”专题调研 8月13日，山东大学历史学院2011级硕士研究生团支部“兰台nines”专题调研团赴山东省档案馆，对省档案馆非遗档案的征集、管理和开发利用现状进行专题调研。省档案馆档案保管处副处长马奎国接待团队一行，并向大家介绍了省档案馆的目前的馆藏状况，对大家提出的非遗档案的保管和开发利用等问题给予详尽的解答。

8月15—16日，“兰台nines”团队赴青岛市档案馆和青岛市非物质文化遗产保护中心进行实地调研，青岛市档案局副局长韩晓麟、档案收集处处长于立华，青岛市非物质文化遗产保护中心负责人李峰对团队围绕实践课题提出的问题给予详细的解答。8月17日，“兰台nines”专题调研团赴潍坊市档案馆对当地档案馆征集、管理与利用非遗档案的现状等展开专题调研。潍坊市档案局调研员李凤勇、档案管理科科长郑学俊对此次调研活动给予了充分的支持。

经过在青岛、潍坊的调研，团队对青岛、潍坊市的非遗和非遗档案的保护工作有了比较全面的了解，为进一步开展非遗档案的开发利用工作有了更为直观的认识。

（山东大学社科处张荣林供稿）

山东省宏观经济研究院省宏观经济学会——首尔研究院战略合作座谈会 8月22日下午，山东省宏观经济研究院省宏观经济学会——首尔研究院战略合作座谈会在舜德大厦举行。会议由山东省宏观经济院院长、山东省宏观经济学会常务副秘书长刘冰主持。省宏观院党委书记、省宏观经济学会秘书长郭训成、首尔研究院政策协力局局长庚光凤出席座谈会，省宏观院领导班子成员、各所办部主要负责同志参加会议。双方本着平等互利、合作共赢的原则，对战略合作的美好前景进行了展望。首尔研究院庚光凤表示，2012年是中韩建交20周年，7月31日姜大明省长率山东省代表团访问首尔市，对首尔研究院与山东省宏观经济研究院、省宏观经济学会的合作给予积极评价，首尔市长也对此高度重视。

首尔研究院隶属首尔市政府，在韩国是仅次于韩国开发研究院的综合性研究机构。首尔研究院是韩国重要的科研机构，具有雄厚的科研实力和成功的管理模式，非常值得宏观院认真学习借鉴。希望双方合作不断向更深层次发展，并以此为平台、为桥梁、为纽带，共同推动山东省与首尔市在经贸合作、技术交流、人才培养等方面开展更为紧密的、全方位的交流合作。

首尔研究院院长李昌炫于10月下旬来山东访问，并与山东签订战略合作协议。协议主要内容包括：一是重大课题联合攻关。重点围绕首尔与山东省之间未来省市基本计划比较研究、黄海圈中首尔与山东省间贸易扩大方案、全球化城市信息智能化战略比较研究、与气候环境有关的水与空气质量等管理方案、中日韩自由贸易区建设研究、山东半岛蓝色经济区与首尔经济圈发展合作研究、环黄海经济区战略合作研究等方向，展开联合研究；二是举办学术交流活动。确定每年定期或不定期举办高层论坛、学术研讨会等交流活动；三是共享研究资源。在相关法律法规及保密条例范围内，积极开展信息共享与成果交流；四是建立互访制度。探索建立高层互访、研究人员互访制度，开展专业技术人员短期培训与实地考察等多种形式的交流活动；五是由双方协商确定的其他事项。

（山东宏观经济学会供稿）

山东工艺美术学院文博会创意设计展　8月30日，第四届山东文化创意产业博览交易会上在济南国际会展中心拉开帷幕的山东工艺美术学院创意展区以“设计·生活”为展览主题，以“家”为概念原型，整个展场搭建了贴近“生活味道”的展示空间。

在展示上接近人们日常居住生活空间（居室）；“家”中的楼梯是高低起伏的展演舞台，贯穿了大部分展场，“家”四周的墙壁为开放通透设计，利于现场演示与内外围观欣赏、互动。展板打破常规展示形式，创意的采用“入门”的形式，引导着观众打开创意之门，步入创意殿堂。在实物展示上，结合“生活空间”放置了学校师生以及大师设计的家居用品、饰品，精确传达出创意设计与生活的关系。在展览的材料上使用了较为单纯和廉价的中密度板，使空间更加纯粹和贴近生活。

在展示内容上，以创意时尚展演、cosplay展示、服装设计、创意化妆彩绘等动态展演内容以及近两年来学校重大社会服务成果为主要展示内容，全程展示创意设计与文化产业、出版业、影视制作、数字内容、时尚产业、工艺美术等业态交融发展的产业趋势，以及产学研服务社会生活的重要项目。

（山东工艺美术学院科研处任谢元供稿）

基层医疗卫生机构基本公共卫生服务项目补助资金管理暨新财务会计制度实务操作培训班　为了更好地执行《基层医疗机构财务制度》和《基层医疗机构会计制度》，省卫生经济协会9月在蓬莱举办了“基层医疗卫生机构基本公共卫生服务项目补助资金管理暨新财务会计制度实务操作培训班”，邀请省内专家、学者对预算管理办法、资产核算、负债核算、净资产核算、收入支出核算等问题进行讲解，750多人参加培训。

（山东省卫生经济协会供稿）

“尚境”山东省高校青年画家油画作品五人展　9月6日，由枣庄学院主办的“尚境”山东省高校青年画家油画作品五人展在台儿庄古城海峡两岸艺术交流基地开幕。画展展出了山东艺术学院、山东工艺美术学院、山东大学艺术学院的五名青年教师的28幅作品，画家们以独特的艺术视角、高雅的艺术品位，博得观众的一致好评。画展期间，参展画家宋海永、刘宁、王文灏应邀为学校美术学专业师生作学术报告。报告中，宋海永诠释了绘画色彩的应用与情感体现；刘宁结合自己在俄罗斯皇家美术学院访学的亲身经历，阐述了中国当代油画与世界传统油画的传承与发展；王文灏讲解了传统绘画与数字艺术的发展变迁。他们还就“主观色彩的应用、构图的技巧、基础造型的训练、大师作品的欣赏”等提问作了解答。

（枣庄学院科技处汪涛供稿）

第二届中国非物质文化遗产博览会“手艺山东”展　9月6日，由文化部和山东省人民政府共同主办的“促进非遗保护·共建精神家园——第二届中国非物质文化遗产博览会”在枣庄开幕。“手艺山东”展，由山东工艺美术学院社会服务办公室牵头，中国民艺研究所担纲主题创意和展品征集。“手艺山东”展由“往日重现”、“盛世春晖”、“化茧成蝶”三大展区组成。项目以山东工艺美术学院“山东农村文化产业调研”项目为基础，以镟、缝、捏、搏、拼、插、印、烙、编等手工技艺形式，通过现场手艺演示、实物陈列、多媒体演示等多种展示手段，立体化展示了山东省17地市手工技艺传承发展成果以及山东工艺美术学院以传统手工技艺为基础创意的现代手工艺设计项目共计40余项。“往日重现”区主要展示山东手艺作为非物质文化遗产的本真性保护成果，再现原生态保护基础上的传统手艺精品。

除了“手艺山东”展，山东工艺美术学院设计团队还担纲设计了第二届中国非物质文化遗产博览会的会标、吉祥物和礼仪专用服装三大设计项目，成为本届非遗展的一大亮点。

（山东工艺美术学院科研处任谢元供稿）

刘世生在山东师范大学外国语学院作报告 9月16日下午，清华大学人文学院副院长、外文系主任、教授、博士生导师，原山东师范大学外国语学院院长刘世生应邀做客山东师大外国语学院，并为师生带来精彩报告。讲座中，刘世生回顾了自己在山东师范大学外国语学院工作学习的经历，并结合自己在国外学习和在清华大学的任教经验，讲述了自己一直以一种敬畏、感恩、正面的态度来治学和研究。他的这种严谨、求实、奋进、拼搏的精神，深深地鼓舞和激励着大家。

刘世生还就文体学、大学外语教学、教学改革、年轻教师发展以及研究生学习就业规划等相关问题和师生们进行热烈讨论。

（山东师范大学社科处高景海、顾大伟供稿）

第三届山东省大学生书画艺术大赛优秀作品展 9月22日，由山东省委高校工委和山东省文联主办、山东建筑大学承办的“安博杯”第三届山东省大学生书画艺术大赛优秀作品展开幕式在图书馆举行。此次展览是山东省委宣传部、省文联主办的第五届山东国际大众艺术节的重要活动之一。

省委高校工委纪工委书记张圣中，山东建筑大学党委书记王崇杰，省文联副主席、党组成员、省音协主席张桂林，省文联副主席、党组成员、省书协主席顾亚龙，省委宣传部文艺处处长葛长伟，省委高校工委宣教处处长刘欣堂，省美协驻会常务副主席朱全增，省文联组联部主任王德斌等出席开幕式。开幕式由校党委副书记张书明主持。

这是山东建筑大学连续第三次承办山东省大学生书画艺术大赛，结合学校文化塑校工程，充分展示了建筑大学学生的艺术风采，提高了学生的文化艺术修养，丰富了校园文化。

（山东建筑大学科技处李琳琳供稿）

“现代医院品牌塑造及文化建设”研修班 9月22日，省卫生经济协会在泰安举办“现代医院品牌塑造及文化建设”研修班。邀请全国医疗卫生行业文化建设和服务管理知名院长、专家对医院品牌与医院文化等内容进行授课。80多人参加培训。

（山东省卫生经济协会供稿）

第四届中国（济南）国际摄影双年展暨齐鲁国际摄影周 10月12日，第四届中国（济南）国际摄影双年展暨齐鲁国际摄影周开幕式在山东工艺美术学院隆重举行。本次活动以“回顾与展望——从影像本体出发”为主题，将作品展示、学术交流与研究成果汇集成为彼此关联的“三位一体”，开创了一个影展模式的全新格局。本届展览得到了国际摄影大师和中国摄影名家的积极参与，共收到来自30多个国家和地区的摄影作品4万余件。

中国摄影家协会副主席、中国艺术摄影学会执行主席朱宪民致辞，他表示在当下的新媒体时代，摄影已经成为大众文化传播的重要工具、全民参与的文化活动，摄影未来的发展值得思考。本次摄影展从探讨摄影未来发展走向的高度，汇聚了世界各地的摄影大师，是一次高端的摄影盛会。当前，摄影处在历史的转折点，在回顾总结发展历程的基础上，我们应强调展示与学术交流和理论研究的统一，凸显本次活动的学术性，从而实现历史性跨越。他还指出，本次活动的青年摄影师帮助计划体现出对摄影未来发展的关怀和深远思考，我们应付出更多努力支持青年人才，以保证摄影事业在未来的发展。

10月13日，第四届中国济南国际摄影双年展之“回顾与展望——从影像本体出发”研讨会在山东工艺美术学院长清校区博物馆四楼国际会议厅举行。南开大学外语学院法语教授、法兰西棕榈叶文化教育骑士勋章获得者张智庭，天津师范大学文学院教授、博士生导师高恒文，著名文化学者、原北京大学历史人物研究中心研究员金纲，中南财经政法大学法学院教授、博导张斌峰，著名摄影理论家、策展人藏策出席会议。研讨会主要论述了当代摄影的发展方向及发展之道。会议由著名摄影理论家、策展人藏策主持。

（山东工艺美术学院科研处任谢元供稿）

山东省会计学会会计教育专业委员会2012年年会暨第十三届高校会计教师联谊会在德州学院召开 10月20日—10月21日，由山东省会计学会主办，德州学院经济管理系承办，山东省会计学会会计教育专业委员会2012年年会暨第十三届高校会计教师联谊会在德州学院召开，綦好东、曲吉林、潘爱玲、张德升等学者出席了会议。此次年会的主题是“新形势下的会计与财务问题研究”。会议期间，举办了多场专题报告，与会人员围绕“会计理论与制度创新问题”“内部控制规范实施与效果调研问题”“会计信息化建设中XBRL的推广应用问题”“政府与非营利组织会计改革问题”“资本市场会计与财务问题”“管理会计理论与方法创新”“会计人才培养与教育改革问题”等主要议题进行深入的交流与研讨，形成了大量的新成果，为山东省会计学界的学术研究和人才培养提供了有益的指导。

（德州学院社科处刘淑青供稿）

中国石油大学（华东）文科科研工作交流研讨会 11月14日，中国石油大学（华东）召开文科科研工作交流研讨会，分析文科科研现状，总结文科科研工作，明确今后努力方向，为文科科研人员搭建沟通、交流、互相学习的平台，借以推动学校文科科研工作取得又好又快发展。会议由副校长李兆敏主持，校机关相关部门负责人、各学院负责人、分管科研工作管理干部、部分科研人员代表等参加了大会。

（中国石油大学（华东）科技处顾明华供稿）

山东省“德耀齐鲁”道德示范基地建设活动领导小组第二次工作会议召开 11月30日，山东省“德耀齐鲁”道德示范基地建设活动领导小组第二次工作会议在济南召开。省社科联党组书记、副主席杨瑛，党组成员、纪检组长高航，省老龄办副主任于振业，省总工会副主席王星海，团省委副书记任海涛，省妇联副主席范晓丽，省教育厅、省高校工委等主办单位有关领导同志出席会议。全省部分市“德耀齐鲁”道德示范基地领导小组办公室主要负责同志参加会议。

杨瑛在总结讲话中指出，开展“德耀齐鲁”道德示范基地建设活动，是宣传贯彻党的十八大精神，新形势下加强公民道德建设，构建社会主义核心价值体系文化建设的探索之举，也是具体实施建设文化强省的创新举措，对于在全社会弘扬中华民族优秀传统美德、倡导和树立社会主义文明新风尚具有十分重要的现实意义。这一活动的积极扎实的实施，必将对“德耀齐鲁”文化品牌的建设起到重要的推动作用。

高航传达了中共山东省委《关于认真学习宣传贯彻党的十八大精神的通知》；于振业通报了全省“德耀齐鲁”道德示范基地建设活动进展的情况，部署了下一阶段全省“德耀齐鲁”道德示范基地建设活动任务。会上对济宁市、枣庄市、莱芜市、德州市、聊城市、滨州市等市“德耀齐鲁”道德示范基地建设活动办公室举行授牌仪式。《大众日报》、《齐鲁晚报》、山东卫视《新闻联播》、齐鲁电视台《每日新闻》等几十家媒体对活动进行报道。

（山东省孝老爱亲文化研究中心供稿）

世界黄氏恳亲大会 应世界黄氏宗亲总会及柬埔寨王国国务部长黄裕德虎的邀请，12月4日，黄巢研究学者、菏泽市社科联秘书长、曹州历史文化研究所所长荣海生赴柬埔寨参加世界黄氏宗亲会第十一届第二次恳亲大会，并作题为“黄巢点将台与黄泛文化”的学术报告。

会议期间，荣海生分别向黄裕德虎、世界黄氏总商会会长黄明顶、美国休斯敦中华公所主席黄仕远、印尼中华总商会会长黄德新等人介绍了黄巢点将台的有关情况，并向他们及与会其他各国代表团赠送了《黄巢点将台》专题片。曹州历史文化研究所在大会上被纳入了黄氏文化研究组织，印发世界各地。

恳亲大会后，应香港信铭集团董事长、安徽黄氏宗亲会会长黄信铭的邀请，荣海生又到安徽六安市霍邱县和河南南阳进行了文化交流。并就下一步的文化合作，特别是黄巢文化的挖掘和开发达成了一致意见。

（菏泽市社科联供稿）

滨州学院国家体育总局体育文化研究基地召开年度工作会议 12月7日，滨州学院国家体育总局体育文化研究基地2012年工作会议在体育系会议室召开。会议宣读了基地科研管理制度与兼职研究人员科研奖励办法，总结了基地成立一年来的建设情况，就下一步如何更好地发挥基地优势，服务教学与地方体育事业发展进行了讨论交流。科研处、图书馆、黄河三角洲文化研究所、孙子研究院、体育系等单位相关人员参加会议。

（滨州学院科研处吕传笑供稿）

“纪念罗荣桓元帅诞辰110周年书画笔会” 12月12日，由中国将军书画院、山东孙子研究会、山东国际孙子兵法研究交流中心、山东省老区经济文化建设促进会、山东将军书画院、山东书刻艺术家协会、山东老战士纪念广场、临沂市委宣传部等九个单位联合主办的“纪念罗荣桓元帅诞辰110周年书画笔会”在济南举行。来自中国将军书画院和山东的50余名共和国将军与知名书画家挥毫抒深情，泼墨颂元勋。山东孙子研究会会长、山东国际孙子兵法研究交流中心主任赵承凤主持，山东孙子研究会执行会长南兵军、中国将军书画院执行院长黄万荣致辞。山东孙子研究会名誉会长、济南军区原政委宋清渭亲笔题写“浩然正气”书法作品，山东国际孙子兵法研究交流中心副主任刘隆彬将军向临沂银雀山汉墓竹简博物馆赠送毛主席书体《孙子兵法》长卷。武警森林指挥部原政委尹成富少将分别向银雀山汉墓竹简博物馆和山东老战士纪念广场赠送他由人民美术出版社出版的《楷书恭录·行书今译孙子兵法》。

（山东孙子研究会、山东国际孙子兵法研究交流中心供稿）

潘鲁生“国瓷彩墨”巡回展首展 由中国美术家协会、中国国家画院主办，中国美术家协会工艺美术艺委会、中国艺术研究院中国设计艺术院协办，山东工艺美术学院、山东福泰陶瓷有限公司、山东德艺伟业文化传播公司承办的“潘鲁生当代艺术巡回展——国瓷彩墨”首展，12 月 12 日在山东博物馆举办，展出潘鲁生新近以陶瓷为媒介创作的彩墨作品 122 件，这些作品是艺术家探索将当代彩墨语言与传统陶瓷形制相融合的创作成果，展览持续至 12 月 20 日。省委常委、宣传部部长孙守刚，原副省长、齐鲁摄影学会名誉主席黄可华，意大利文化中心主席桑弗·温琴佐，省政府原党组成员、省政协常委费云良，省侨办主任刘方会，省文联党组书记于钦彦，新华社山东分社社长徐金鹏、中国美术学院教授顾黎明、深圳关山月美术馆副馆长颜为昕等领导、艺术家以及山东工艺美术学院校领导于茂阳、杨新力、裴新锋、刁在祥、张云龙、苗登宇、院长助理王立果参观了展览。与该展览相配套的“潘鲁生彩墨艺术展”和“手艺农村展”分别在山东工艺美术学院美术馆和莱芜雪野农博园同时展出。

“国瓷彩墨”创作在彩墨样式和绘画媒介上进行大胆的超越与突破，以富有想象力的个性化图式，呈现了天趣盎然的艺术之美。在创作过程中，潘鲁生在传统陶瓷艺术的制式美感之外寻求当代艺术的表达，并在陶土、瓷质、釉色、烧制等新的材质与生成过程里，探索中国彩墨表达新的形态和可能。这些作品创作题材广泛，在抽取天地万物形式美要素基础上，进行了彰显心性自由的创造性表达。

（山东工艺美术学院科研处任谢元供稿）

国际城市公共艺术作品（图片）展 12 月 19 日，国际城市公共艺术作品展开幕式在山东工艺美术学院长清校区美术馆举行。此次展览内容主要为国内外公共艺术优秀作品，展览形式为图片及相应文字。本次活动旨在使观众对公共艺术有一个较为直观的了解和认识，从而引发大家对公共艺术的关注、对当下艺术发展走向的思考，尤其是对公共艺术在城市建设与发展中的价值与意义的积极探索。

（山东工艺美术学院科研处任谢元供稿）

山东省第二十六次社会科学优秀成果奖获奖名单

（本次社科优秀成果奖获奖名单的编排体例是：成果按获奖等次排列，每个等次中按经济学、管理学、哲学社会学、政治学、法学、文学语言学、文化学、教育学、历史学、应用与普及成果排列，每学科中分著作与文章两类。同等次奖成果排名不分先后）

重大成果奖

经济学

我国县域经济推进中现代农业建设模式设计
项目负责人：高焕喜（山东行政学院）
全国社科规划办 2010 年 2 月

一等奖

经济学

基层政府公共服务能力研究
——基于完善省以下财政体制的视角
作者：王玉华（山东财经大学）
中国财政经济出版社 2010 年 6 月

中国行业性行政垄断的强度与效率损失研究
作者：于良春（山东大学）
《经济研究》 2010 年 3 月

国际生产分割的生产率效应
作者：刘庆林（山东大学）
《经济研究》 2010 年 2 月

管理学

资源投入有效性研究
——高校学生创新能力管理视角
作者：李光红（济南大学）
山东人民出版社 2010 年 4 月

强化企业社会责任问题的会计问题研究
项目负责人：王爱国（山东财经大学）
全国社科规划办 2010 年 12 月

产权结构、公司治理、社会保障与国企改革
——基于 Cournot 竞争的系统分析
作者：孟庆春（山东大学）
《中国管理科学》 2010 年 12 月

政治学

公共职位数量规模分析与合理配置研究
项目负责人：王振海（青岛市委党校）
全国社科规划办 2010 年 7 月

法　学

当代法律文化本土资源的法理透视
作者：汤　唯（烟台大学）
人民出版社 2010 年 12 月

我国农村土地流转若干问题研究
作者：张宗亮（山东警察学院）
《山东社会科学》 2010 年 4 月

哲学社会学

解析与建构：当代中国思想政治教育的哲学反思
作者：李合亮（聊城大学）
人民出版社 2010 年 8 月

20 世纪中国哲学研究话语体系范式转换之得失及未来走向
作者：颜炳罡（山东大学）
《文史哲》 2010 年 1 月

文学语言学

汉语官话方言研究
作者：钱曾怡（山东大学）
齐鲁书社 2010 年 11 月

魏晋南北朝乐府制度与歌诗研究
作者：刘怀荣（青岛大学）
商务印书馆 2010 年 8 月

郭沫若佚作与《郭沫若全集》
作者：魏　建（山东师范大学）
《文学评论》 2010 年 3 月

诗的源起及其早期发展变化
——兼论中国古代巫术与宗教有关问题
作者：江林昌（烟台大学）
《中国社会科学》 2010 年 7 月

文化学

山东民间艺术志
主编：李新华（山东艺术学院）
山东大学出版社 2010 年 12 月

数字艺术与数字美学研究
项目负责人：马立新（山东师范大学）
教育部社科司　2010 年 10 月

教育学

高校社会资本研究
项目负责人：胡钦晓（曲阜师范大学）
全国教育规划办　2010 年 3 月

山东省义务教育管理体制改革与创新研究
项目负责人：张茂聪（山东师范大学）
省社科规划办　2010 年 12 月

历史学

隋唐民族关系思想史
作者：崔明德（烟台大学）
　　　马晓丽（烟台大学）
人民出版社　2010 年 12 月

从严复到胡适：近代自由主义思潮的传承与调适
作者：赵慧峰（鲁东大学）
　　　俞祖华（鲁东大学）
《文史哲》　2010 年 11 月

应用与普及

小农经济整合路径与制度创新研究
项目负责人：许锦英（山东社会科学院）
全国社科规划办　2010 年 9 月

二等奖

经济学

对外贸易与地区差距：中国的经验研究
作者：张红霞（山东理工大学）
经济科学出版社　2010 年 6 月

产业集群租金与集群演进研究
作者：何青松［哈尔滨工业大学（威海）］
经济科学出版社　2010 年 1 月

宏观经济系统分析方法研究
作者：陈晓兰（山东财经大学）
中国财政经济出版社　2010 年 6 月

公共物品供给与竞争嵌入
作者：吕振宇（青岛市社会主义理论体系研究中心）
经济科学出版社　2010 年 1 月

交易费用计量测度的理论与方法研究
项目负责人：金玉国（山东财经大学）
全国社科规划办　2010 年 10 月

城乡人力资本“均化”与居民收入差距的变动与收敛
项目负责人：李勋来（青岛科技大学）
全国社科规划办　2010 年 6 月

主观博弈论与制度内生演化
作者：黄凯南（山东大学）
《经济研究》　2010 年 4 月

城乡基本公共服务均等化：基本理论与实证分析
作者：樊丽明（山东大学）
全国社科规划办　2010 年 8 月

纳入公平偏好的经济学研究：理论与实证
作者：韦　倩（山东大学）
《经济研究》　2010 年 9 月

税权的跨区、跨期交易与税收制度规范化
作者：汤玉刚（山东大学）
《经济研究》　2010 年 9 月

对劳动密集型战略的理论质疑
作者：俞宪忠（济南大学）
《财经科学》　2010 年 4 月

低碳经济模式下的碳排放权效率探析
作者：魏　东（省委党校）
《山东社会科学》　2010 年 8 月

煤电纵向关系：决定因素与选择逻辑
作者：刘　冰（省宏观经济研究院）
《中国工业经济》　2010 年 4 月

管理学

集团公司管理
——基于三种管控模式
作者：陈志军（山东大学）
经济科学出版社　2010 年 8 月

中国高校人力资源管理制度研究
作者：赵普光（青岛大学）
社会科学文献出版社　2010 年 8 月

农业会计收益探论
作者：王乐锦（山东财经大学）
经济科学出版社　2010 年 9 月

我国政策性农业保险的运行情况与发展对策
主编：陈盛伟（山东农业大学）
《农业经济问题》　2010 年 3 月

企业家社会资本对组织动态能力的影响
——以组织宽裕为调节变量
作者：耿　新（山东财经大学）
《管理世界》　2010 年 6 月

企业知识网络能力的理论架构和提升路径
作者：李　贞（山东财经大学）
《中国工业经济》　2010 年 10 月

权力结构、信任机制与企业治理模式的演进
作者：李东升（山东工商学院）
《经济学家》　2010 年 11 月

基于复杂适应系统理论视角的孙子作战思想研究
作者：纪洪波（滨州学院）

《军事历史研究》 2010年9月

两权分离度与公司治理绩效实证研究

作者：马 磊（山东大学）

《中国工业经济》 2010年12月

山东省文化创意产业集群化与可持续发展研究

项目负责人：张振鹏（济南大学）

省科学技术厅 2010年9月

提高新型农村合作医疗筹资水平与补偿比例研究

项目负责人：秦庆武（山东社会科学院）

全国社科规划办 2010年12月

地方高校科研服务于区域经济建设实践研究

项目负责人：王守伦（潍坊学院）

省社科联 2010年10月

高速公路市场化融资体系创建研究

项目负责人：刘瑞波（山东财经大学）

教育部社科司 2010年7月

政治学

中国式网络问政

作者：邓兆安（烟台广播电视台）

张 涛（烟台广播电视台）

南方日报出版社 2010年11月

地方政府行政能力研究

作者：方 雷（山东大学）

山东大学出版社 2010年3月

社会主义与资本主义两制关系研究

作者：臧秀玲（山东大学）

山东大学出版社 2010年12月

改革开放以来中国特色农村政治发展模式的选择与优化研究

项目负责人：季丽新（山东工商学院）

全国社科规划办 2010年9月

环境外交中的国家意志与公共政策协调

作者：杨鲁慧（山东大学）

《世界经济与政治》 2010年6月

列宁“民族自决权”思想缘起探析

作者：张祥云（聊城大学）

《当代世界社会主义问题》 2010年12月

英国工党性质的三维解读

作者：李华锋（聊城大学）

《理论导刊》 2010年7月

法 学

通往自然之路

——人与自然关系和谐化的法律规制

作者：张 锋（山东师范大学）

中国环境科学出版社 2010年9月

中国传统官僚政治中的权力制约机制

作者：孙季萍（烟台大学）

北京大学出版社 2010年3月

后代人权利理论批判

作者：刘卫先（中国海洋大学）

《法学研究》 2010年11月

论被迫行为的刑法规及其体系性地位的重构

作者：柳忠卫（山东大学）

《中国法学》 2010年4月

浅析职务犯罪预防教育的现状和对策

作者：袁兆春（曲阜师范大学）

《齐鲁学刊》 2010年9月

哲学社会学

新工业论

——工业危机与新工业革命

作者：韩民青（山东社会科学院）

山东人民出版社 2010年7月

生活于共同体之中

——查尔斯·泰勒的政治哲学

作者：韩 升（鲁东大学）

中国社会科学出版社 2010年5月

从博弈问题到方法论学科

作者：徐传胜（临沂大学）

科学出版社 2010年7月

重新诠释唯物主义辩证法

作者：郝立忠（山东社会科学院）

《马克思主义研究》 2010年7月

企业家创新精神原动力研究

作者：赵 薇（济南大学）

《山东社会科学》 2010年7月

CHRM2基因rs1824024多态性与青少年早期抑郁的关系

作者：王美萍（山东师范大学）

《心理学报》 2010年8月

中国特色市民社会成长之相及其出路

作者：杨巧蓉（省委党校）

《东岳论丛》 2010年11月

文学语言学

淮南子中英文对译

译：翟江月（鲁东大学）

广西师范大学出版社 2010年5月

明清敬谦语研究

作者：刘宏丽（山东警察学院）

中国社会科学出版社 2010年8月

中国高校英语专业写作测试效度检验研究

作者：修旭东（鲁东大学）

上海外语教育出版社 2010年12月

传统与现代的对话：威廉·福克纳创作艺术研究
作者：李常磊（济南大学）
外语教学与研究出版社　2010年8月
儒学与中国古代小说关系论稿
作者：刘相雨（曲阜师范大学）
中国社会科学出版社　2010年10月
论老舍的城市底层叙述
作者：张丽军（山东师范大学）
《文学评论》　2010年5月
试说泰山别称“太行山”
——兼及若干小说戏曲之读误
作者：杜贵晨（山东师范大学）
《文学遗产》　2010年11月
“融会异同　混合古今”
——庾信用典艺术发覆
作者：周广璜（山东大学）
《文史哲》　2010年9月
中国现代歌诗概念初探
作者：刘东方（聊城大学）
《文学评论》　2010年12月
刘向、刘歆赋学批评发微
作者：冷卫国（中国海洋大学）
《文学遗产》　2010年3月
审美乌托邦研究刍论
作者：周均平（山东师范大学）
《文学评论》　2010年5月
想象的本邦
——《阿丽思中国游记》《猫城记》《鬼土日记》《八十一梦》合论
作者：马　兵（山东大学）
《文学评论》　2010年11月

文化学

山东文化蓝皮书2010年：山东文化强省建设报告
主编：涂可国（山东社会科学院）
山东人民出版社　2010年3月
当代建筑思潮与流派
主编：邓庆坦（山东建筑大学）
邓庆尧（中国石油大学（华东））
华中科技大学出版社　2010年8月
《德州地域文化研究丛书》第一辑
作者：季桂起（德州学院）
梁国楹（德州学院）
王守栋（德州学院）
线装书局　2010年6月
英语教育与中国优秀传统文化传播
作者：赵彩红（山东师范大学）
山东友谊出版社　2010年12月
中国钢琴艺术史研究
项目负责人：常爱玲（齐鲁师范学院）
省社科规划办　2010年8月
文化体制改革中的艺术院团市场营销创新研究
项目负责人：姜　锐（山东社会科学院）
省社科规划办　2010年11月
民俗体育文化的保护与传承
项目负责人：付玉坤（山东财经大学）
省科技厅　2010年10月
非遗保护的困惑与探索
作者：马知遥（山东艺术学院）
《民俗研究》　2010年11月
基于社会舆情调控视域下的网络道德体系构建研究
作者：马　滕（山东财经大学）
省社科规划办　2010年6月
杂居区少数民族民歌分类新构想
作者：祁慧民（青岛大学）
《音乐研究》　2010年9月
中国美声唱法与民族唱法的字声问题及审美差异
作者：张旭东（鲁东大学）
《人民音乐》　2010年1月
《乐经》考论
作者：李婷婷（聊城大学）
《中国文化研究》　2010年5月

教育学

国际视野中的高中技术教育
——基于课程与史实的研究
作者：马开剑（聊城大学）
科学出版社　2010年9月
20世纪西方社会思潮与道德教育
作者：唐爱民（曲阜师范大学）
山东人民出版社　2010年9月
回归生活：残疾人体育价值引论
作者：于　军（鲁东大学）
程卫波（鲁东大学）
高等教育出版社　2010年1月
体育专业大学生思维方式的理论及实证研究
项目负责人：房　蕊（曲阜师范大学）
省社科规划办　2010年12月
教学论的本性与追求
作者：徐继存（山东师范大学）
《教育研究》　2010年1月
对话教育论
作者：王向华（山东师范大学）
《教育研究》　2010年9月
科学课教师培养的问题与对策建议

作者：李中国（临沂大学）
《教育研究》 2010年3月

外语教育中的文化意识培养

作者：康淑敏（曲阜师范大学）
《教育研究》 2010年8月

自闭症儿童体育游戏干预个案研究

作者：张志勇（山东师范大学）
邓淑红（山东师范大学）
《体育科学》 2010年8月

不同认知方式个体在语篇阅读中抑制外部干扰的眼动研究

作者：李寿欣（山东师范大学）
徐增杰（山东师范大学）
陈慧媛（山东师范大学）
《心理学报》 2010年5月

历史学

尚书古文疏证（附：古文尚书冤词）

校点：黄怀信（曲阜师范大学）
吕翊欣（陕西省教育学院）
上海古籍出版社 2010年12月

梁启超与中国现代史学：以跨学科为中心的分析

作者：石莹丽（聊城大学）
中国社会科学出版社 2010年12月

汉代田庄研究

作者：杜庆余（山东社会科学院）
山东大学出版社 2010年8月

中国酒史

作者：王赛时（山东社会科学院）
山东大学出版社 2010年9月

清朝前期涉外法律研究

——以广东地区来华外国人管理为中心
项目负责人：王巨新（省委党校）
全国社科规划办 2010年9月

唯物史观与二十世纪中国古代铁器研究

作者：陈 峰（山东大学）
《历史研究》 2010年12月

阎宗临的世界古代史教学与研究

作者：陈德正（聊城大学）
郭小凌（北京师范大学）
《古代文明》 2010年7月

"文化大革命"后期曲阜的"批林批孔"运动及其影响

——兼论当地民众的思想态度
作者：李先明（曲阜师范大学）
《中国党史研究》 2010年6月

应用与普及

文化产业一本通

主编：王志东（山东社会科学院）
山东人民出版社 2010年12月

生活中的儒家伦理

主编：傅永聚（曲阜师范大学）
山东文艺出版社 2010年4月

另一半中国史

作者：高洪雷（省煤田地质局）
文化艺术出版社 2010年4月

城市与区域循环经济发展研究

作者：慈福义（山东轻工业学院）
中国经济出版社 2010年6月

后双层经营体制

——中国农村经营制度设计
作者：姚鸿健（威海市委办公室）
山东大学出版社 2010年5月

基于模糊与优化理论的社会主义新农村建设评价方法研究

项目负责人：刘培德（山东财经大学）
省社科规划办 2010年12月

植物品种权交易制度创新研究

项目负责人：周衍平（山东科技大学）
全国社科规划办 2010年8月

促进山东省节能减排的财税对策研究

项目负责人：张 文（山东社会科学院）
省社科规划办 2010年12月

推动新农村建设的县域经济发展模式创新研究

项目负责人：王 环（山东理工大学）
省社科规划办 2010年12月

山东省创新药物科技及产业发展战略研究

项目负责人：马鲁豫（省医学科学院）
省科技厅 2010年3月

山东省县域经济发展存在的主要问题及解决对策

作者：朱孔来（济南大学）
马宗国（济南大学）
《山东社会科学》 2010年12月

地方政府投资行为对经济长期增长的影响

——来自中国经济转型的证据
作者：张卫国（山东社会科学院）
任燕燕（山东大学）
侯永健（招商银行）
《中国工业经济》 2010年8月

基于系统动力学的我国竞技体育可持续发展能力研究

作者：邵桂华（山东大学）
《体育科学》 2010年1月

基于DMI模型的我国产业集群升级

作者：马中东（聊城大学）

《经济管理》　2010 年 6 月

聚集健康生活系列

——癌症，竟成过度医疗重灾区

作者：王　凯（大众日报）

《大众日报》　2010 年 6 月

三等奖

经济学

公用事业：放松规制与市场支配力的防范

作者：郭　磊（山东财经大学）

上海三联书店　2010 年 7 月

中国农户借贷行为研究

作者：李延敏（中国海洋大学）

人民出版社　2010 年 4 月

国有控股上市公司股权激励效用研究

作者：刘中文（山东女子学院）

内蒙古科学技术出版社　2010 年 7 月

中国石油工业控制力和国际竞争力

作者：李宏勋［中国石油大学（华东）］

石油工业出版社　2010 年 4 月

城市扩展过程中生态与人居环境研究

作者：王志宪（青岛科技大学）

经济科学出版社　2010 年 11 月

生态税制理论与应用

作者：刘普照（淄博市国税局）

经济科学出版社　2010 年 9 月

中国农村金融体系构建研究

——基于“三农”实证视角

作者：雷启振（聊城大学）

中国社会科学出版社　2010 年 1 月

中国转轨经济中的金融低效与经济高增长悖论解析

——基于金融非正规漏损视角

作者：安强身（济南大学）

《现代经济探讨》　2010 年 10 月

中国信用卡竞争的理论与实证分析

——基于有效差异化的品牌经济模型

作者：沈　丽（山东财经大学）

《金融研究》　2010 年 4 月

农民消费综合模型的构建及实证检验

作者：徐会奇（青岛大学）

《经济科学》　2010 年 2 月

中国出口贸易中的 CO_2 排放问题研究

作者：朱启荣（山东财经大学）

《中国工业经济》　2010 年 1 月

中国经济发展方式转变中的动力缺失及对策

作者：孔祥敏（济南市委党校）

《北京行政学院学报》　2010 年 12 月

2020 年中国人粮关系情景分析

作者：张　晶（德州学院）

《经济地理》　2010 年 12 月

我国国货复进口成因的理论解析

作者：刘　强（潍坊学院）

《国际贸易》　2010 年 11 月

农户信贷需求的调查与评析：以山东省为例

作者：周宗安（山东财经大学）

《金融研究》　2010 年 2 月

寻租理论的发展流变及其方向瞻望

——兼论隐匿权威寻租的源起与治理

作者：杨宏力（聊城大学）

《经济学家》　2010 年 8 月

山东省上市公司资本结构与绩效的关系研究

项目负责人：乐菲菲（济南大学）

省科技厅　2010 年 12 月

物业税功用及风险规避：观照美国与韩国

作者：石子印（聊城大学）

《改革》　2010 年 4 月

我国统计管理体制与企业统计改革的研究

项目负责人：吴风庆（山东工商学院）

教育部社会科学司　2010 年 7 月

搜寻匹配理论与中国劳动力市场

作者：石　莹（山东大学）

《经济学动态》　2010 年 12 月

马克思经济发展理论硬核回归与范式重生

——“技术—分工—交换—制度”框架的构建

作者：刘　刚（曲阜师范大学）

《马克思主义研究》　2010 年 5 月

我国城市房价上涨的深层原因与对策

作者：吴锦华（鲁东大学）

《经济管理》　2010 年 4 月

科技投入与经济增长：基于我国沿海三大经济区域的实证分析

作者：王立成（山东工商学院）

《中国软科学》　2010 年 8 月

金融促进节能减排市场化工具运行的机制研究

作者：彭江波（中国人民银行）

《经济学动态》　2010 年 3 月

管理学

教育每天从零开始

作者：赵福庆（莱州市双语学校）

高等教育出版社　2010 年 1 月

企业社会责任研究

——一个新的理论框架与实证分析

作者：辛　杰（山东大学）

经济科学出版社　2010 年 1 月
多维视角下的旅游业影响因素与评价
作者：来逢波（山东交通学院）
黄河出版社　2010 年 11 月
公司财务监督系统重构研究
作者：范英杰（青岛大学）
经济管理出版社　2010 年 4 月
柜台市场会计研究
作者：崔志娟（山东财经大学）
中国财政经济出版社　2010 年 3 月
知识产权资本化研究
作者：王吉法（烟台大学）
山东大学出版社　2010 年 4 月
期权理论视角下的企业内部碳交易机制定价策略研究
作者：王璟珉（山东财经大学）
《山东大学学报》　2010 年 2 月
整体性政府与大部门体制：行政改革的理念辨析
作者：王佃利（山东大学）
《中国行政管理》　2010 年 1 月
我国政府会计改革取向定位与改革路径设计
——基于多重理论视角
作者：路军伟（山东大学）
《会计研究》　2010 年 8 月
济南市水生态环境的规划与整治管理研究
项目负责人：孙录宝（省创新管理研究院）
《领导签批》　2010 年 8 月
规范行政立法行为 促进服务型政府建设
作者：高学栋（山东行政学院）
《行政论坛》　2010 年 11 月
项目干系人影响项目型企业经营绩效的研究
——基于中国房地产上市公司的经验数据
作者：纪建悦（中国海洋大学）
《科研管理》　2010 年 9 月
基于流程的企业核心知识管理研究
作者：司　强（山东行政学院）
《山东社会科学》　2010 年 1 月
企业文化、人力资源与中小型科技企业成长研究
作者：张玉明（山东大学）
《科技进步与对策》　2010 年 5 月
孔孟故里传统文化旅游资源整合开发机制研究
项目负责人：王昌沛（曲阜师范大学）
省科技厅　2010 年 7 月
人民币升值对我国产品出口价格影响的实证分析
——以对美纺织品出口为例
作者：徐鹏杰（聊城大学）
《价格理论与实践》　2010 年 11 月
企业科研团队知识存量的相对度量研究
作者：吴　彬（山东财经大学）
《经济管理》　2010 年 5 月
网络直复营销目标客户的优化模型
——基于马尔代夫链的一种尝试
作者：郑　浩（山东财经大学）
《经济管理》　2010 年 12 月
基于财务视角的投资者关系管理研究评述与启示
作者：万晓文（山东财经大学）
《会计研究》　2010 年 9 月
基于 RMP 分析的潍坊入境旅游市场的开拓研究
项目负责人：刘泓蔚（潍坊职业学院）
《省社科规划办》　2010 年 12 月
山东地域文化资源评估研究
项目负责人：肖建红（青岛大学）
《省社科联》　2010 年 10 月

政治学

从民主社会主义到社会民主主义
——当代欧洲社会民主党的理论与实践
作者：刘玉安（山东大学）
　　　蒋　锐（山东大学）
人民出版社　2010 年 10 月
共和主义公民身份与当代中国政治发展
作者：张昌林（枣庄学院）
山东大学出版社　2010 年 7 月
变迁、分化与整合：当代中国政治文化实证研究
作者：楚成亚（山东大学）
　　　徐艳玲（山东大学）
山东大学出版社　2010 年 12 月
山东省城乡结合部社区建设调查
作者：张　俊（省政府办公厅）
　　　侯小伏（山东社会科学院）
《中国行政管理》　2010 年 7 月
建立马克思主义传播学初探
作者：徐艳玲（山东大学）
　　　李建柱（山东大学）
《当代世界与社会主义》　2010 年 12 月
印度的南中国海政策：意图及影响
作者：王传剑（山东建筑大学）
《外交评论》　2010 年 6 月
论建立党委新闻发言人制度
作者：张书林（省委党校）
《探索》　2010 年 2 月
萌动与选择：20 世纪 30 年代中国社会的现代化走向
作者：秦正为（聊城大学）
《党的文献》　2010 年 8 月
社会稳定的科学评估体系研究

项目负责人：姚成林（省委政法委）
魏金陵（山东工商学院）
刘尚华（山东政法学院）
省社科规划办　2010 年 12 月

建国以来中国共产党文化领导权建设史论
作者：张士海（山东大学）
《云南社会科学》　2010 年 1 月

基于中央选择性控制的试验
——中国改革“实践”机制的一种新解释
作者：刘培伟（山东农业大学）
《开放时代》　2010 年 4 月

公共政策的非公共性：问题意识与风险规避
作者：陈洪连（青岛大学）
《华东师范大学学报》　2010 年 1 月

社会主义新农村建设的路径选择：基于乡村建设史的考察
作者：孙文亮（曲阜师范大学）
当代世界与社会主义　2010 年 4 月

法　学

法律解释的范式批判
作者：姜福东（青岛科技大学）
山东人民出版社　2010 年 8 月

自然权利制度化研究
作者：钟丽娟（省委党校）
山东人民出版社　2010 年 12 月

国际结算担保法律问题研究
作者：李珂丽（山东政法学院）
山东大学出版社　2010 年 10 月

我国隐私权的宪法保护研究
项目负责人：王秀哲（山东工商学院）
全国社科规划办　2010 年 1 月

2009 年我国重大群体性事件跟踪研究
项目负责人：张传鹤（省委党校）
省社科规划办　2010 年 12 月

Emission Trading Control 中国的碳排放交易与环境法
作者：张晏玱（山东大学）
Energy policy（ISSN0301—4215）　2010 年 7 月

我国宪法人权条款之实施
——从美国宪法“保留权利条款”生效方式说起
作者：夏泽祥（山东师范大学）
《法学》　2010 年 12 月

我国台湾地区乡镇市调解走势之研究
——以民案调解为中心
作者：史长青（烟台大学）
《法学评论》　2010 年 1 月

临沂物流市场法律问题研究
项目负责人：薛　丽（临沂大学）
省科技厅　2010 年 7 月

家庭伦理背景下的亲属相盗立法原理刍议
作者：鲁　昕（曲阜师范大学）
《中国青年政治学院学报》　2010 年 11 月

哲学社会学

现代性视阈下民国政府宗教政策研究
作者：马　莉（聊城大学）
中国社会科学出版社　2010 年 10 月

荀子与儒家哲学
作者：路德斌（山东社会科学院）
齐鲁书社　2010 年 1 月

人口大省转变到人力资源强省战略研究
作者：鹿　立（山东社会科学院）
周德禄（山东社会科学院）
山东人民出版社　2010 年 12 月

巴布宗教思想研究
作者：许　宏（德州学院）
人民出版社　2010 年 10 月

生活文化合法性研究
项目负责人：杨明堂（山东建筑大学）
省社科规划办　2010 年 8 月

民俗镜语与影像建构
——民俗在影视艺术中的运用及其审美价值
作者：张玉霞（山东理工大学）
《民俗研究》　2010 年 3 月

20 世纪上半叶欧洲移民的海外迁移
——以德国和西班牙为例
作者：宋全成（山东大学）
《山东社会科学》　2010 年 11 月

村落精英与社区整合
作者：龚晓洁（济南大学）
丛晓峰（济南大学）
赵宝爱（济南大学）
《山东社会科学》　2010 年 3 月

中国人口政策与社会可持续发展
作者：陈岱云（济南大学）
《齐鲁学刊》　2010 年 1 月

张栻论语解的理学特色
作者：唐明贵（聊城大学）
《哲学动态》　2010 年 8 月

齐物方可达道 无言最是逍遥
——论庄子“齐物论”思想中“齐物”、“齐论”和“齐语言”的先后之辨
作者：王永豪［中国石油大学（华东）］
《社会科学研究》　2010 年 6 月

文学语言学

文化悖论与文学创新
——世纪末文化转型中的王小波研究
作者：房　伟（山东师范大学）
上海三联书店　2010 年 7 月

台湾当代散文艺术流变史
作者：张清芳（鲁东大学）
　　　陈爱强（鲁东大学）
人民出版社　2010 年 12 月

黑格尔悲剧理论研究
作者：孙云宽（青岛农业大学）
上海三联书店　2010 年 8 月

话语转型与诗学对话
——泰戈尔诗学比较研究
作者：侯传文（青岛大学）
中国社会科学出版社　2010 年 5 月

东亚汉文学关系研究
作者：高文汉（山东大学）
中国社会科学出版社　2010 年 3 月

礼记乐记研究
作者：薛永武（中国海洋大学）
光明日报出版社　2010 年 6 月

中国当代文学的艺术探索
作者：张学军（山东大学）
人民文学出版社　2010 年 8 月

宋前咏史诗史
作者：韦春喜（鲁东大学）
中国社会科学出版社　2010 年 2 月

晚唐骈文研究
作者：翟景运（青岛大学）
商务印书馆　2010 年 8 月

越南汉文小说研究
作者：任明华（曲阜师范大学）
上海古籍出版社　2010 年 8 月

文学与文化联姻：文化研究及其权力流转
作者：卢衍鹏（枣庄学院）
《学术论坛》　2010 年 4 月

一种新形态的中国古代文学研究的研究：研究综述
作者：张可礼（山东大学）
《文史哲》　2010 年 7 月

论《喧哗与骚动》神话世界的诗意建构
作者：张　岩（山东外事翻译职业学院）
《同济大学学报》　2010 年 9 月

文本与意识形态
——马克思主义与形式主义对话中的一个关键问题
作者：杨建刚（山东大学）
《文艺研究》　2010 年 1 月

郭沫若早期叙事中创伤体验的自我感知、体认与展现
作者：贾振勇（山东师范大学）
《东岳论丛》　2010 年 11 月

新世纪 10 年海外华文文学的发展及其趋势
作者：黄万华（山东大学）
《天津师范大学学报》　2010 年 1 月

“诗法禅机，悟同而道别”
——谢榛与佛教
作者：赵　伟（青岛大学）
《文学遗产》　2010 年 3 月

两汉政治与三家《诗》的命运
作者：俞艳庭（济南大学）
《清华大学学报》　2010 年 9 月

基于多译本语料库的译文对比研究
——对《傲慢与偏见》三译本的对比分析
作者：徐　欣（山东财经大学）
《外国语》　2010 年 3 月

通过概念“辞屏”透视伯克的语言哲学观
作者：鞠玉梅（曲阜师范大学）
《现代外语》　2010 年 2 月

语料库文体学：文学文体学研究的新途径
作者：卢卫中（曲阜师范大学）
　　　夏　云（曲阜师范大学）
《外国语》　2010 年 1 月

贾至中书制诰与唐代古文运动
作者：鞠　岩（中国海洋大学）
《北京大学学报》　2010 年 7 月

文化学

现代设计文化理念
作者：田　原（山东建筑大学）
泰山出版社　2010 年 6 月

新时期中国电影的现代性、后现代性研究
作者：宋　彦（山东轻工业学院）
山东人民出版社　2010 年 3 月

居以养体
主编：薛　娟（山东建筑大学）
齐鲁书社　2010 年 1 月

视觉文化时代的艺术
作者：魏毅东（山东工艺美术学院）
上海文艺出版社　2010 年 4 月

社会科学创新中的文献信息服务
作者：查　炜（山东社会科学院）
山东人民出版社　2010 年 12 月

汉代人性论史
作者：李沈阳（滨州学院）
齐鲁书社　2010 年 9 月

德国历史中的文化诱惑
作者：刘春芳（山东工商学院）
译林出版社　2010年5月
山东海洋文化特征的形成与发展研究
作者：卜建华（滨州医学院）
　　　翟　新（滨州医学院）
　　　李龙森（滨州医学院）
西南交通大学出版社　2010年11月
比较优势理论视角下临淄文化产业发展研究
作者：王　玉（济南大学）
　　　张　伟（山东大学）
《山东社会科学》　2010年6月
元素移植与语境重建
——论赵晓生钢琴练习曲中的“中国钢琴语境”
作者：窦　青（潍坊学院）
《音乐研究》　2010年11月
产业化语境中的当代大众文化镜像重构
作者：李秀金（山东财经大学）
　　　吴学丽（省委党校）
《社会科学辑刊》　2010年3月
用社会主义核心价值体系引领社会思潮应把握的几个重点问题
作者：王春华（山东师范大学）
《东岳论丛》　2010年12月
当代民间工艺的语境认知与生态保护
——以山东惠民河南张泥玩具为个案
作者：张士闪（山东大学）
《山东社会科学》　2010年1月
论文化多元化的特点、实质和意义
作者：张红霞［中国石油大学（华东）］
《国外社会科学》　2010年7月
关于“经营文化”的思考与探索
作者：丁凤云（临沂大学）
《理论学习》　2010年2月
魏晋时期琅邪颜氏家族文化研究
——以颜含为中心
作者：常　昭（济南大学）
《山东大学学报》　2010年10月
林德伯格“踏板旋律”技法研究
——以两部管弦乐作品《坎蒂加》、《湿壁画》为例
作者：郑　刚（山东师范大学）
《中央音乐学院学报》　2010年8月
葫芦民俗及葫芦文化产业发展研究
项目负责人：扈庆学（曲阜师范大学）
省社科规划办　2010年10月
网络出版现行审校制度适用性探析
作者：孙艳华（青岛科技大学）
《中国编辑》　2010年8月
黄河口旅游文化研究
项目负责人：呼立花（东营职业学院）
省社科联　2010年10月

教育学

合作学习的伦理审思
作者：刘玉静（山东财经大学）
中国石油大学出版社　2010年9月
青岛教育纪事长编
作者：翟广顺（青岛市教育科学研究所）
中国档案出版社　2010年8月
高职大学生心理健康教育体系整体构建研究
作者：巩汝训（东营职业学院）
山东大学出版社　2010年12月
高职教育课程开发理论与实践
作者：姜义林（淄博职业学院）
高等教育出版社　2010年9月
Teaching as Game Playing
作者：潘庆玉（山东师范大学）
Cambridge Scholars Publishing　2010年1月
开放式教育：创新型人才培养的新视角
作者：乔万敏（鲁东大学）
　　　邢　亮（鲁东大学）
《教育研究》　2010年10月
Exploring the learning mechanism of web—based question - answering systems and their design
作者：张　银（中国海洋大学）
British Journal of Educational Technolgy　2010年7月
国内外高等职业院校科研服务于实践的研究
项目负责人：石　忠（滨州职业学院）
省社科联　2010年10月
新加坡现代教育技术公共课教学带给我们的启示
作者：刘　梅（临沂大学）
《中国电化教育》　2010年11月
中文阅读中副中央凹与中央凹相互影响的眼动实验
作者：崔　磊（济宁学院）
　　　王穗苹（济宁学院）
　　　闫国利（济宁学院）
　　　白学军（济宁学院）
《心理学报》　2010年5月
第11届全运会对举办省山东体育发展的影响研究
作者：韩春利（曲阜师范大学）
　　　王秋华（曲阜师范大学）
　　　孙晋海（曲阜师范大学）
　　　曹　莉（曲阜师范大学）
《北京体育大学学报》　2010年6月
奥林匹克教育与我国社会教育发展关系的思考

作者：孟祥新（临沂大学）
《体育与科学》 2010年1月
我国竞技体育竞争优势理论与实践研究
项目负责人：程静静（省体育局）
省社科规划办 2010年12月
论国家伦理意识与学校道德教育权威的重塑
作者：刘丙元（山东青年政治学院）
《教育学术月刊》 2010年12月
“新世纪素质教育工程”理论与实践研究
项目负责人：王 维（齐鲁师范学院）
省社科规划办 2010年12月
论斯克里亚宾的晚期音乐的理念
作者：宋莉莉（山东师范大学）
《黄钟》 2010年3月
CoPs理念与大学英语教师发展的相关性研究
——以博客共享模式为例
作者：刘金侠（临沂大学）
《中国电化教育》 2010年12月
大学生业余时间管理的结构与特征研究
作者：余 鹏（济南大学）
李建伟（济南大学）
《心理科学》 2010年3月

历史学

山东半岛与古代中韩关系
作者：刘凤鸣（鲁东大学）
中华书局 2010年12月
中心与边缘：明清以来江南市镇经济社会转型研究
——以金山县市镇为中心的考察
作者：安 涛（枣庄学院）
上海人民出版社 2010年8月
登科记考再补正
作者：王洪军（曲阜师范大学）
广西师范大学出版社 2010年1月
经学传统与中国古代学术文化形态
作者：边家珍（山东大学）
人民出版社 2010年8月
宋代乡村组织研究
作者：谭景玉（山东大学）
山东大学出版社 2010年4月
近代学人与中西交通史研究
作者：修彩波（青岛农业大学）
光明日报出版社 2010年9月
礼记解读
作者：丁 鼎（山东师范大学）
中国人民大学出版社 2010年10月
泰山与中华文化
作者：周 郢（泰山学院）
山东友谊出版社 2010年4月
信息传递与五四运动
作者：董振平（山东师范大学）
《齐鲁学刊》 2010年3月
档案意识与高校档案工作可持续发展
作者：訾娉娉（济南职业学院）
史宏捷（北京大学）
《中国成人教育》 2010年10月
新版《李大钊全集》疏证
项目负责人：李继华（滨州学院）
全国社科规划办 2010年2月
民国时期的政党意识形态研究
项目负责人：徐舒映（山东轻工业学院）
省社科规划办 2010年8月
朝鲜战争与东北亚格局
作者：夏季亭（山东英才学院）
齐廉允（山东英才学院）
《太平洋学报》 2010年10月
抗战时期山东北海币与法币的关系述论
作者：刘卫东（聊城大学）
《中国经济史研究》 2010年9月

应用与普及

职业资格与就业准备
作者：孙戈力（省职业技术培训研究室）
尚志平（山东职业教育与成人教育研究所）
外语教学与研究出版社 2010年8月
安全教育第一课
作者：许福源（省学校文化研究院）
中央广播电视大学出版社 2010年10月
走科学发展之路
作者：孙占元（省委党校）
济南出版社 2010年6月
高校教师胜任力研究与应用
作者：林立杰（烟台大学）
中国物资出版社 2010年6月
我国企业社会资本与智力资本关系实证研究
作者：任俊义（烟台大学）
经济科学出版社 2010年12月
观形势 讲政策
作者：杨先永（山东建筑大学）
胡 宁（山东建筑大学）
陈秀元（山东建筑大学）
山东人民出版社 2010年9月
室内环境设计
作者：周长亮（山东师范大学）
北京科学出版社 2010年9月
新闻立网、服务强网的路径优化

作者：朱德泉（大众报业集团）
《青年记者》 2010 年 10 月

整合网络文化资源　助推文化强省建设

作者：王守光（省委党校）
《理论学刊》 2010 年 9 月

关于加快我省文化与旅游融合发展的调查与建议

作者：文化与旅游融合发展课题组（山东省决策咨询培训中心）
中共山东省委政策研究室 2010 年 5 月

关于在山东建立期货交易所的建议

作者：乔翠霞（省委党校）
领导签批 2010 年 5 月

推进山东社会主义新农村建设：基于经济文化的研究

项目负责人：王传荣（山东财经大学）
省社科规划办 2010 年 4 月

网络信息技术在社会科学普及中的应用研究

作者：贾斌昌（省社科联）
　　　李晓磊（省工会管理干部学院）
《山东社会科学》 2010 年 12 月

大力发展城市外事推动地方外事实现新突破

作者：石兆宏（济南社会科学院）
　　　李　敏（济南市外事办公室）
　　　曹　峰（清华大学）
　　　高　斌（济南市外事办公室）
　　　傅　琳（济南市外事办公室）
　　　张志国（济南市外事办公室）
　　　祝　蓉（济南市外事办公室）
领导签批 2010 年 11 月

城市园林绿化的预测分析与政策取向研究

——以山东省为例
作者：孙秀丽（山东女子学院）
《东岳论丛》 2010 年 12 月

关爱生命　崇尚法治

——威海凤林学校生命安全教育基地的特色及法治意义
作者：赵　泉（省委党校）
领导签批 2010 年 5 月

山东半岛城市旅游空间结构分析

项目负责人：秦瑞鸿（潍坊学院）
省社科规划办 2010 年 9 月

统筹城乡党建资源构建城乡一体大党建格局

——寿光市推进城乡党建一体化的探索与启示
项目负责人：省委党校、寿光市委党校课题组
领导签批 2010 年 11 月

网络文化对大学生读者思想道德影响及对策研究

项目负责人：王翠柳（山东建筑大学）
省社科规划办 2010 年 12 月

农业生态系统可持续性评价研究进展

作者：翟　胜（聊城大学）
　　　王巨媛（聊城大学）
　　　张二勋（聊城大学）
《地域研究与开发》 2010 年 2 月

青岛市社科类社团发展状况调查

项目负责人：任银睦（青岛市社科联）
省社科联 2010 年 10 月

重大成果奖简介

我国县域经济推进中现代农业建设模式设计

项目负责人：高焕喜（山东行政学院）
全国社科规划办 2010 年 2 月

该成果立足国情，在广泛调研，深入展开相关理论研究的基础上，以独特的视角，鲜明的实例，清晰的思路，严密的逻辑，系统而简要地阐述了县域经济与现代农业的基本理论问题，深入剖析了我国县域经济推进中现代农业建设的制约因素及其深层原因；分析界定了现代农业的中国化或称中国特色的现代农业的概念和特征；总结概括了现代农业建设的模式及其改造要点；设计描述了现代农业建设的八大主要模式，即城郊精品特色型、山区林果畜牧复合型、平原粮棉优质高产型、科研示范基地型、原料加工出口型、特产名产基地型、生态观光旅游型和寿光“培育市场”的经验模式，设计提出了县域经济推进中加快现代农业建设的十大对策，即加快推进农民知识化、农业企业化、土地集约化、布局优质化、服务社会化、产品名优化、市场国际化、环境生态化、管理智能化和政府高效化。

成果的创新之处主要有：(1) 及时理解中央文件精神，创造性地设计了适合中国国情实际、现实迫切需要的选题；(2) 对中国特色现代农业作了系统科学的描述；(3) 提炼概括了县域经济推进中农业发展现状及制约现代农业建设的基本因素；(4) 首次创造性地总结提炼了现代农业建设的不同模式；(5) 设计提出了现代农业建设的十大对策。

成果对于贯彻落实科学发展观和有关中央文件精神，促进现代农业扎实有效的加快发展，完善县域经济理论，创建我国的现代农业理论，优化具有中国特色的现代农业建设模式设计，推进中国特色现代农业建设尤其是县域现代农业建设等均有着重要的理论价值和积极的实践意义。

一等奖成果简介

经济学

基层政府公共服务能力研究
——基于完善省以下财政体制的视角

作者：王玉华（山东财经大学）

中国财政经济出版社　2010 年 6 月

一、主要内容

成果包括七大组成部分：(1) 导论；(2) 基层政府公共服务能力的基本理论分析；(3) 我国基层政府公共服务能力的状况；(4) 财政体制对基层政府公共服务能力的影响；(5) 基层政府公共服务能力弱化的症结分析；(6) 强化基层政府公共服务能力的国际经验借鉴；(7) 强化基层政府公共服务能力的对策。

二、创新之处

一是阐明了基层政府的“逻辑先在性”。成果借助交易成本概念和制度经济学的分析方法解释政府级次化的形成机理，在此基础上说明了基层政府的“逻辑现在性”。

二是指出了我国基层政府公共服务能力弱化的症结。成果认为，划分政府间财政管理权限应该采取“自下而上”授权的思路而不应采取“自上而下”分权的思路，但我国“应然”与“实然”之间尖锐的对立和冲突，导致了我国基层政府公共服务能力弱化。

三是指出了强化基层政府公共服务能力的根本出路。成果认为，实现基层政府公共服务能力的强化，需要采取标本兼治的对策。治标的对策可以缓解基层政府公共服务能力弱化的严重程度，但不能从根本上解决问题。指出了解决问题的根本出路：实现“自上而下”分权向“自下而上”授权的制度变迁，并指出了实现这样的制度变迁的两种路径：被动式的制度变迁和主动式的制度变迁。

三、理论和实践意义

理论意义：成果对我国基层政府公共服务能力弱化形成机理的解释则有助于阐明制约我国基层政府公共服务能力因素的特殊性，有助于我们对基层政府公共服务能力问题进行深入的理性思考。

实践意义：从政治角度看，该成果有助于基层政府构建和谐社会、落实科学发展观；有助于基层政府转变政府职能、构建服务型政府；有助于基层政府巩固群众基础、增强执政能力。从经济角度看，该成果有助于解决现实中的基层财政困难，实现公共服务均等化；有助于完善政府体系，有效解决“三农”问题。

中国行业性行政垄断的强度与效率损失研究

作者：于良春（山东大学）

《经济研究》　2010 年 3 月

一、主要内容

本成果针对转轨经济条件下中国行业性行政垄断的强度及其在资源配置效率方面所造成的损失进行研究。成果构建了对转轨经济条件下行业性行政垄断问题进行分析的 ISCP 分析框架，考察了行业性行政垄断的维持及传导机制，并形成了对行业内行政垄断强度及其效率影响进行测算的指标体系。使用统计年鉴及实际调查所采集的数据，本成果对电力、电信、石油及铁路等四个典型的行政垄断行业中行政垄断的强度进行了实际的测算，对行政垄断所导致的资源配置效率降低的程度进行了估算。通过分析发现，行业性行政垄断在各个层面上均造成了较大的效率损失。成果共有五个部分构成，第一部分为引言，对行业竞争中的行政垄断进行了描述并对以往文献中对行政垄断的研究进行了评论性总结及回顾。成果第二部分中介绍对行业性行政垄断进行研究的 ISCP 分析框架的形成并分析行业性行政垄断的维持机制；第三部分中，使用行业统计数据及调查数据对典型行业中的行政垄断强度进行了测算；第四部分对行政垄断在典型行业中所造成的效率损失分别从微观层面、产业层面及宏观层面上进行了研究；第五部分中，分析哪些因素导致了行业性行政垄断及其经济影响的变化，并由此得到解决行业性行政垄断问题的政策设计。

二、创新之处

1. 本成果将制度、制度变迁的研究引入对行政垄断的分析中，明确地将行业性行政垄断作为模型的内生变量，并讨论它和参与市场竞争主体之间的相互影响，这是一种将制度及制度变迁理论引入产业组织理论的尝试。

2. 成果构建了 ISCP 分析框架，这一分析框架是在考虑中国转轨期制度因素、产权结构和行政垄断行为等特定现象构建起来的，在 ISCP 分析框架中，I 表示行政垄断得以形成和持续的制度性因素；S 表示反映行业性行政垄断的市场结构和产权结构；C 表示政府和厂商的行政垄断行为；P 为有行政垄断特征行业的绩效，包括微观层面效率、产业层面效率和宏观层面的效率。由 ISCP 分析框架，本成果对行政垄断的传导机制进行了分析，并以此为基础形成了对行政垄断强度进行测算的基本框架。

3. 成果根据ISCP分析框架设置了转型时期中国行业性行政垄断程度测度的三级指标体系，这一指标体系由4个一级指标、12个二级指标及31个三级指标构成，能够覆盖行业性行政垄断的各个特征。并使用2006年的数据对典型行业中行政垄断存在的强度进行了测算，结果显示电力行业发电环节行政垄断强度为63.1%，输配售环节行政垄断强度为78.1%；电信行业行政垄断强度为78.4%；石油行业中的上游石油开采领域中行政垄断强度为88.3%，而石油炼化领域中行政垄断强度为62.1%；铁路行业行政垄断强度为87.8%。

4. 成果在微观效率、产业效率以及宏观效率三个层面上对行政垄断造成的资源配置效率损失进行了测算，设置了微观效率、产业效率以及宏观效率三个一级指标。测算结果显示，在2001—2006年间，行政垄断在电力行业中平均每年造成了约4804.4亿元的损失，而且损失额占当年GDP比例有逐年上升的趋势。电信、石油、铁路行业在同样的时间区间内的效率损失总额分别为13184亿元、41619亿元以及4759亿元。这一分析显示行政垄断强度与行政垄断造成的效率损失之间并不存在简单的线性正相关关系。

三、成果在理论和实践上的意义

成果发表之后引起了学术界以及相关政策部门的极大兴趣，被人大报刊复印资料全文转载，已被14篇学术研究论文引用，同时被11篇博士及硕士论文所引用，目前本成果已经成为研究转轨时期中国行业性行政垄断所参考的重要文献。

国际生产分割的生产率效应

作者：刘庆林（山东大学）

《经济研究》 2010年2月

一、成果主要内容

国际生产分割对参与国的生产率产生了重要影响。成果使用符合中国特点的生产分割指标，医药管理局考察了中国参与国际生产分割对于工业行业生产率的影响。研究结果表明：中国参与生产分割有利于生产率的提高；非加工贸易形式的生产分割对生产率的提升作用要高于加工贸易形式的生产分割；生产分割提高生产率的效果对不同行业是不同的，中低技术行业最为明显，其次是高技术行业，最低为初级产品、劳动和资源密集部门；从发达国家承接的生产分割对生产率的提升作用要大于从非发达国家承接的生产分割。

二、成果的创新之处

第一，传统的计算生产分割发展程度的指标对中国是不合适的，本文在修正和改进前人模型的基础上，建立了适合我国特点的计量模型，并用该模型度量了我国参入国际生产分割的现状。

第二，中国作为发展中国家，既与发达国家也与发展中国家进行生产分割活动，本文首次考察了这两种生产分割活动对中国行业生产率影响的差异。

第三，生产分割对行业生产率的作用受行业特点的影响，因此本文首次考察了初级产品与劳动和资源密集部门、中低技术部门、高技术部门参与生产分割的生产率效应是否有差异。

第四，成果的计量模型使用了个体固定效应和双因素固定效应模型等，并把研发投入和贸易开放度作为控制变量，以避免高估生产分割的影响。在国内的研究中也是首次采用此方法。

三、成果的理论和实践意义

在过去几十年里，生产分割成为越来越普遍的现象，该问题的相关理论与实证研究成为国际贸易领域研究的热点问题之一，对中国参与国际生产分割的研究具有重要的理论意义。成果的研究有助于进一步深化对我国参与生产分割对各工业行业生产率提升机制和特点的认识，为制定相关的贸易政策提供了理论参考和依据，具有重要的实践指导意义。

管理学

资源投入有效性研究

——高校学生创新能力管理视角

作者：李光红（济南大学）

山东人民出版社 2010年4月

一、主要内容

成果在述评国内外相关研究的基础上，以创新理论、能力理论、管理理论等相关知识为理论基础，对高校学生创新能力管理资源投入的有效性进行了理论探索；对资源投入和学生创新能力管理进行了关联分析；提出了高校学生创新能力管理资源投入指标体系；进而运用ANP法和SD软件为各指标赋予权重，对高校学生创新能力管理资源投入加以测评；之后，对高校学生创新能力管理资源投入进行了物元分析，结合指标权重找出影响资源投入有效性的关键因素；最后提出了提高资源投入有效性的对策。

二、创新之处

一是从理论上界定了学生创新能力、学生创新能力管理资源投入和学生创新能力管理有效性等概念，并定性分析了学生创新能力管理与资源投入的关联性。

二是构建了高校学生创新能力管理资源投入指

标体系。通过设计高校学生创新能力管理资源投入影响因素调查问卷，筛选出影响学生创新能力管理资源投入有效性的基本因素，然后通过 SPSS11.0 进行聚类分析，凝练二级指标；最后利用 ANP 赋予各指标权重。

三是利用物元分析法，确定了影响资源投入有效性的关键因素，并对高校创新资源投入的相对有效性进行了分析。

三、理论意义和实践意义

理论意义：一方面，对学生创新能力管理资源投入有效性予以研究；阐晰了资源投入与学生创新能力管理的关联性，使投入、运行、产出三者相耦合。另一方面，将 ANP 方法创新性的运用于复杂问题的决策中，构建了高校学生创新能力管理资源投入的指标体系及评价模型，对制定高校学生创新能力管理资源投入有效性提升策略有针对性极强的学术意义。

实践意义：从“社会便利”理论的观点来看，成果构建的学生创新能力管理资源投入有效性指标体系能够有效地考核学校对学生创新能力管理资源投入的状况，对资源投入有效性作出公正评价；对社会来说，高校学生创新能力的提升，一方面可以为创建创新型国家提供智力支撑；另一方面也可为高校拓宽就业渠道，提高就业率。

强化企业社会责任问题的会计问题研究

项目负责人：王爱国（山东财经大学）

全国社科规划办　2010 年 12 月

1. 提出了蕴含中国元素的企业社会责任概念。认为企业社会责任应该包括营利责任、法律责任、道德责任、慈善责任、环境责任和发展责任等 6 个方面，尤其是环境责任和发展责任的提出，在一定意义上发展了卡罗尔的 CSR。

2. 规范了利益相关者的具体内容。借鉴利益相关者理论将企业对社会的责任具体化为企业对利益相关者的责任，并把企业社会责任的具体客体归纳为 10 个方面，其中明确当下最为重要的企业社会责任客体是员工、股东、消费者和自然环境。

3. 构建了强化企业社会责任的会计管理模式。提出了在企业愿景、使命和核心价值观指导下的“四维（战略与文化、会计过程、会计控制和会计评价）四面（会计确认、会计计量、会计记录和会计报告）”的强化企业社会责任的会计管理模式，将企业社会责任问题纳入企业的整体战略管理系统。

4. 提出了强化企业社会责任的理想会计报告模式。将企业社会责任作为会计要素融入整个会计核算过程构建理想的报告模式——全过程的报告模式。

5. 设计了强化企业社会责任绩效的综合会计评价指标及体系。从企业社会责任的 6 个价值维度、结合 10 个利益相关者方面，设计了 38 个综合评价指标，利用网络层次分析法构建了强化企业社会责任绩效的模糊综合评价模型。

6. 丰富了强化企业社会责任的会计目标、会计要素、会计确认和会计计量的基本内容，实现了企业社会责任管理的内部化、战略化和会计化。同时，较为系统地研究了强化企业社会责任报告的外部审计、认证和第三方评论问题，并对相关理论观点和模型进行了实证分析，验证或修正了相关研究结论。

该成果系统提出了“本土化”的企业社会责任理论结构和强化企业社会责任的会计管理模式，尤其是以山东省国有资产监督管理委员会所属的 27 家大型企业为例，形成了具有齐鲁文化特色的、可持续改进的企业社会责任管理体系，对我省企业社会责任运动的深入开展具有极为重要的指导意义。从推广情况看效果明显，具有很重要的决策参考价值。

产权结构、公司治理、社会保障与国企改革

——基于 Cournot 竞争的系统分析

作者：孟庆春（山东大学）

《中国管理科学》　2010 年 12 月

国企改革是我国经济体制改革的核心环节，引起了学界的高度关注，但现有研究基本是着眼于其某个特定侧面，忽略了国企改革系统工程的本质特征。考虑到我国经济转轨时期的特点，应用 Cournot 模型构建了关于国企改革的系统分析框架，使其涵盖了产权结构、公司治理、市场竞争、社会保障等重要影响因素，在此基础上借助最优性分析和比较静态分析方法讨论了各种产权形式、公司治理状况及其社会保障建设程度与混合产权国企的产出、收益、利润以及社会福利间的关系，获得了一些有益的结论，最后通过一个具体数例验证了模型的有效性，凸显了系统研究的优势。

成果的创新之处主要有：（1）初步建立起关于国企改革的系统分析框架，使其涵盖产权结构、公司治理、市场竞争、社会保障等近乎所有重要影响因素，彰显国企改革系统工程的本质特征，有效克服原有研究在考察角度和研究方法等方面的局限性；（2）将管理层收购（MBO）、员工持股计划（ESOP）等涉及产权改革的各种具体实现形式整合在一起，并将其置于市场竞争的大背景下进行考虑，由此可对产权改革获得更为全面而又深刻地认识，并就当前颇有争议的一些焦点问题如 MBO、ESOP 的实施

等，在严谨逻辑基础上给出科学正确的答案；（3）所得结论，包括各个影响因素与国企业绩及其社会福利等之间的内在机理关系，国企的最优产权结构及其公司治理结构等等，可为当前的国企改革提供坚实的理论支撑。

成果理论研究意义在于不仅能够丰富已有的国企改革研究的理论宝库，为国企改革提供新的视角和思路，而且对处于转轨时期其他国家的国企改革也具有重要的借鉴作用。实践意义包括两个方面，一是在微观层面上，可为处于不同行业和具有不同规模的国有企业的自身改革指明方向，如企业所应有的最优产权结构、公司治理结构等；在宏观层面上，可为各级政府的国资管理部门就本行政区划内的国企改革如何进行提供坚实的理论依据，如行业中国有企业所占比重、国有资本的进退等。

政治学

公共职位数量规模分析与合理配置研究

项目负责人：王振海（青岛市委党校）

全国社科规划办　2010 年 7 月

一、主要内容

成果分为五部分：（1）界定公共职位数量规模的学理边界、研究视角、逻辑思路。（2）进行公共职位数量规模的古今中外比较，选择我国几个朝代和西方发达国家，从官民比、财政支出额度、单位 GDP 的公务员人数等方面进行比较分析。（3）以数据为支撑，分析公共职位数量规模的发展现状、存在问题及原因。（4）提出实现公共职位数量规模有效配置的对策建议。（5）个案研究，以省级政府为蓝本，以数据包络分析（DEA）为方法，提出配置数学模型，对其适用性、有效性进行科学测度与界定。

二、成果的创新点

成果特色为：（1）结项鉴定为优秀，成果在社科规划办网站“成果选介”中选介。（2）相关论文在《政治学研究》等高层次期刊发表，被《新华文摘》、人大报刊资料等转载。（3）主报告由社科文献出版社出版，《人民日报》、《中国行政管理》等发表多篇书评。

创新观点为：（1）公共职位数量规模增长是全球大趋势，我国公共职位数量规模绝对量并不大，问题在于结构和功能配置失衡；（2）公共职位数量规模配置事关行政体制改革的成败，以此为视角设计改革思路能找到跳出机构改革怪圈之路；（3）公共职位数量规模配置均衡点在于政府效能、适者适位、社会公平和规模适度；（4）判断一个国家公共职位数量规模配置是否优化，必须运用现代科学方法，对影响因子加以系统分析。

相比于同类研究，特点为：一是注重对比分析，对比的范围涉及古今中外，可信度高。二是把规范性研究与实证性研究有机结合，注重实地调研和数据分析。三是把管理学界较为前沿的数据包络分析法用于地方政府公共职位数量规模的有效性分析，使研究建立在科学的基础上。

三、成果的理论和实践意义

我国公务员报考热持续升温，行政成本越来越引起社会关注，公共职位数量规模越来越引起学界重视。该项成果有助于推进公共职位数量规模方面的学术研究，提出的配置模型与政策建议对改革实践有指导意义。

法学

当代法律文化本土资源的法理透视

作者：汤　唯（烟台大学）

人民出版社　2010 年 12 月

一、主要内容

1. 文化观。提出法律文化是涵盖法律思想、制度、传统、模式、经验和技术的综合性范畴。

2. 本土观。法律文化在本国法律发展中具有主体地位，研究意义在于解决“中国问题”。

3. 价值观。法文化学的任务重在洞察各种本土资源的价值、功能、属性、改革和趋向。

4. 国情观。将法律文化放置于政治、经济、文化、社会背景中加以考察。

5. 特色观。探讨法律文化的继承性、稳定性、连续性、地域性、民族性、心理性等要素。

6. 多元观。多元主义已渗透于制定法、习惯法、社会法、伦理法、民族法等学说之中。

7. 进化观。中国法律与法学明显带有城市化、市场化、知识经济化、国际一体化的时代特性。

8. 共识观。消解历史传统和现代文明、民间规则和国家立法、内生文化和外来文化的对立。

9. 整合观。通过系统论、功能论、工具论和比较法的运用，进行法律制度资源和法学学术资源的范式整合。

二、理论创新

1. 研究视野的独特性。（1）聚焦当代，重点分析当代有哪些本土法律资源；（2）立足中国，从关注西方向关注中国自身发展；（3）突出共性，在法律文化的契合中寻求我国法治发展的道路。

2. 研究内涵的丰富性。本研究具有时空跨度和学科跨度，紧紧围绕历史资源与现代资源、思想资源与制度资源、共性资源与特色资源、本土资源与外来资源、国家资源与民间资源等展开论证。

3. 研究立论的体系性。从法律规则、民间习俗、社会成因、法制改革、法治道路等方面洞察法律文化的诸多表征，阐释多元主义、民本主义、社群主义、调和主义、经验主义等法律主旨。

4. 研究结论的创新性。强调法律文化研究要坚持价值和规范、社会和文化、法治和法学、理论和实践的双向结合，以填补当代法律文化本土资源研究领域的空白。

三、实践意义

1. 为立法、执法、司法活动提供参阅性意见。

2. 为法理学研究提供法文化学、法社会学指导。

3. 为部门法研究提供比较法学的方法论。

我国农村土地流转若干问题研究

作者：张宗亮（山东警察学院）

《山东社会科学》　2010 年 4 月

一、主要内容

农村土地承包经营权流转，是合理配置农地资源，实现土地适度规模经营，发展现代化农业的重要条件。尽管中央和地方政府部门始终支持和鼓励土地流转。但长期以来，由于农地产权制度固有的缺陷、农业比较收益较低和我国城市化水平严重滞后等因素的存在，严重制约了农村土地流转的进程，使我国并没有出现预期的大规模流转的局面。同时，在农村土地流转过程中还存在侵害农民土地承包权益、违背农民意愿强迫或诱导流转、土地流转规范化程度低，以及农地的“非粮化流转和非农化流转”现象等不容忽视的问题，影响了土地流转的健康发展。要有序推进我国农村土地流转，必须完善农村土地产权制度，确立农民土地承包经营权流转的主体地位；建立健全中介服务组织，完善土地流转的市场化服务；准确定位政府在土地流转中的角色，明确各部门的管理和服务职能；完善农村土地流转的配套措施，为农地流转创造良好外部环境。

二、创新之处

一是对造成我国农村土地流转缓慢的障碍因素到底有哪些，本文将其放在社会经济发展的大背景下，从农地产权制度、农业收益、城市化水平等方面，全方位多视角地进行了系统研究；二是对制约我国农村土地流转的制度和体制性障碍因素及实践层面存在的问题进行了全面的概括；三是对如何保证农村土地流转健康有序地稳步推进，提出了消除制约农村土地流转的障碍性因素和解决好影响农村土地流转存在问题的具体对策。

三、理论和实践意义

近几年来，我国农村土地流转问题一直是国内外关注的焦点问题。成果一是从理论上进一步理清了我国农村土地流转何以如此缓慢的原因，二是从实践上深刻揭示了我国农村土地流转存在的主要问题，三是提出了富有建设性的对策建议。这既深化了我国农村土地流转问题的理论研究，也为政府部门制定相关政策推动我国农村土地流转健康发展提供了重要的参考价值。

哲学社会学

解析与建构：当代中国思想政治教育的哲学反思

作者：李合亮（聊城大学）

人民出版社　2010 年 8 月

一、主要观点

破解思想政治教育之困境，解决实效性不强之难题，需要运用马克思主义的基本理论与方法，从解析当代中国思想政治教育存在的问题入手，揭示主体、客体、本质、价值在思想政治教育中的特性，进而科学地认识思想政治教育的本性。

1. 思想政治教育的主体主要有三大类：国家等群体组织是实质主体；思想政治教育者是实践主体；教育对象（受教育者）是自我教育主体。对于客体，一般来说，人人都可以成为教育客体，但从社会教育角度来看，社会个体与群体是教育客体，而具体到思想政治教育而言，人（人的精神、思想）才是真正的客体。

2. 思想政治教育具有工具性与目的性本质。工具性是指思想政治教育是维护阶级统治、维系社会生存、促进社会发展、实现社会有效管理的重要手段；目的性是指思想政治教育因人的政治化需要而产生，它引导人们正确认识个人与社会的关系，提升人性，促进人的全面发展。

3. 思想政治教育价值是指思想政治教育及其相关因素对于主体发展需要的一种积极意义，涉及思想政治教育对人与社会的有效性，涉及思想政治教育的存在意义，涉及人们对思想政治教育的态度问题。

二、创新之处

1. 以哲学反思为逻辑起点，运用哲学之思维、哲学之方法去认识与理解思想政治教育。

2. 思想政治教育概念的新界定，揭示了主体、客体、本质、价值等相关称谓在思想政治教育中的独特地位与价值。

3. 大胆突破，提出三类主体说，界定了思想政治教育主体的范围，并对思想政治教育的本质进行“层次性界定”。

三、理论与实践意义

对思想政治教育的基本问题进行反思与探讨，可以为马克思主义理论教育提供借鉴，对于进一步加强马克思主义理论研究具有一定的理论借鉴。同时，对思想政治教育问题的剖析，有利于实现研究与客观实践的良性互动，推动思想政治教育研究的“软着陆”，既赋予现代思想政治教育鲜活的现实意义和时代特色，又能为思想政治教育实践提供一定的指导。

20世纪中国哲学研究话语体系范式转换之得失及未来走向

作者：颜炳罡（山东大学）

《文史哲》　2010年1月

一、主要内容

成果从对“中国哲学合法性危机”的分析出发，在第一部分中指出：所谓的“中国哲学合法性危机”并非是实体性的、存在意义上的危机，而是“表述”上的危机，是用西方哲学的言说方式来表述中国哲学而导致的危机。

在此基础上，成果的第二部分分析了依靠西方哲学的话语体系范式来研究中国哲学的危害，包括：砍掉了中国哲学的原典时代；分解打碎了中国哲学固有的整体性；造成了中国哲学自我主体性的集体失忆。

在最后一部分中，成果指出，21世纪的中国哲学研究将会摆脱对于西方哲学范式的依赖，走向主体自觉，回归其自身；并对中国哲学研究的回归自身、回归主体性与盲目的排外主义进行了理论上的分辨。

二、创新点

1. 成果对20世纪中国哲学研究者依傍西方哲学话语体系范式的目的进行了剖析，指出这种行为是出于文明自卫的本能，是为了通过与强势文明的通约来寻求对方对自己的理解。通过这种剖析，本文实现了对于20世纪中国哲学研究者客观而同情的理解，显示了与简单否定“汉化胡说”之思路的不同。

2. 成果指出：与西方不同，中国文明早期的思想史实保存得颇为完好，不能按照西方哲学的范式将以六经为代表的元典时代从哲学史中删去；同时，任何思想都是有机发展的整体，按照西方的观念范式对中国哲学进行肢解，然后重新拼凑组装，无法反映中国哲学的本来面目。这些论断的提出，并未以中国哲学的特殊性为借口，而是从思想史研究必须遵循的客观性原则出发，以中西文明的比较为基础，将对“汉意胡表”的反思提升至一个新的高度。

3. 成果指出：用西方话语讲中国哲学，本是出于对自身文明的保护，结果却加速了自身文明的解体。这一论断，是从整个民族前途的角度提出的，相较于近年来的反思性文章，对于中国哲学主体性丧失的危害，其认识更加深刻。

三、理论和实践意义

成果通过对于“汉意胡表”危害的分析，为所谓的“中国哲学合法性问题”提供了一种较为圆满的解决，充分地论证了中国哲学摆脱西方哲学话语体系范式而回归自身的必要性。

文学语言学

汉语官话方言研究

作者：钱曾怡（山东大学）

齐鲁书社　2010年11月

一、主要内容

全书包括前言、正文10章和附录，可概括为总论和分论两大部分。

总论部分包括前言、第1章概述、第10章音变现象述要和附录。阐述了官话方言的内涵、分布地区、形成历史以及在汉语方言中的重要地位和影响，并说明官话方言研究的重要意义。集中讨论了官话方言中重要的语音、词汇、语法特点，归纳了官话方言变调、轻声、儿化的不同类型，并列表汇集了官话8区42片方言1026个音系基础字的字音。

分论部分包括第2章到第9章。详细描写了北京官话、胶辽官话、冀鲁官话、中原官话、兰银官话、西南官话、江淮官话、晋语等8区的方言现状，分章对各区方言的分布区域、分片情况、形成历史以及共同特点和内部差异等问题进行了系统梳理和总结，并在语言演变的历史规律等许多问题上进行了理论探讨。

二、创新之处

1. 充分利用考古学发掘的研究成果，来说明方言区的形成及历史渊源，将现代方言分区与古文化类型结合起来进行研究，这是多学科结合研究方法的一次积极尝试。

2. 首次在方言的分区问题上引入高频词比较的内容，并将分析结论用于现代汉民族共同语基础方言的界定，这在理论和方法上都是一种创新。

3. 以汉民族共同语基础方言为切入点，结合最新调查研究成果，对官话方言的内涵和分区进行了重新划定，将官话方言分为8区42片。

4. 全面、系统地勾勒出官话方言的总体面貌，填补了汉语官话方言整体、系统研究的空白。

5. 汇集了大量官话方言语料和研究成果，既是一个庞大的官话方言语料库，也是汉语官话方言研究的集大成。

三、理论和实践意义

该成果是我国方言学研究史上第一次对官话方言的大型综合性研究，是官话方言研究的一项总结性、创新性和标志性的成果。它对探讨汉语发展的历史、丰富普通语言学的理论、制定我国当前的语言文字政策等，都有极为重要的意义。成果可直接用作“汉语方言学”课程官话方言部分的教材，充实“现代汉语”、“汉语史”、“普通语言学”等课程的教学内容，可为寻求方言与普通话的语音对应规律提供方便，对汉语规范化有应用价值。

魏晋南北朝乐府制度与歌诗研究

作者：刘怀荣（青岛大学）

商务印书馆　2010年8月

一、主要内容

全书分为上、中、下三编，共16章，31万字。上编7章，主要探讨乐府官署对歌诗的促进和影响，考察这一历史时期歌诗艺术生产和消费的实际状况和文学史上一些长期被忽略的问题。中编4章，从时代风尚、帝王的推动、礼制的需求及经济的促进等方面，对歌诗及相关问题进行个案研究，力求在某些问题上有所深入。下编5章，立足歌诗文本，对魏晋南北朝时期的音乐、表演活动与歌诗关系进行尝试性探讨。

二、与同类成果的主要不同和创新之处

1. 首次以全新的思路对歌诗艺术作了深入的研究。与以往把歌诗等同于诗歌的做法不同，本书从表演艺术的角度对歌诗所做的研究，迄今为止仍是一个少有人问津的空白点。全书从史料的耙梳，到理论的探讨都属于拓荒性的工作，具有鲜明的开创性。

2. 首次对建安文学提出新的看法。关于建安文学“慷慨悲凉”的特点，传统的解说主要从战乱的角度来解释其形成原因，成果首次指出，建安时期的宴集活动及凄唳慷慨的流行歌诗——清商曲辞，是造成建安文学“慷慨悲凉”审美特征的音乐与表演方面的重要原因。

3. 对歌诗研究新领域的开拓。把乐府制度、胡乐和乐器等，特别是乐器，纳入到研究视野中，探讨它们对歌诗艺术特征形成的影响，有效地拓展了研究领域。

三、在理论和实践上的意义

1. 对传统文学动力说的重新思考。朝廷礼乐需求、帝王、贵族、文人创作、艺人参与、胡乐的渗透，是影响歌诗艺术发展的六大要素，特别是前三个要素，是歌诗艺术发展不可缺少的动力。

2. 对说唱文学和戏曲起源的重新解读。对说唱文学和戏曲的抒情特质，以往多以为是受早熟的诗歌影响所致，本书认为，歌诗是这种影响得以实现的直接途径。这在以往的研究中尚未有人注意。

3. 对娱乐与文学关系的重新认识。大分裂的魏晋南北朝时期，歌诗却得到了全面发展，这与社会各阶层普遍的娱乐需求是分不开的。这启示我们在文学研究中，需要引入重视娱乐的研究思路和方法。

郭沫若佚作与《郭沫若全集》

作者：魏　建（山东师范大学）

《文学评论》　2010年3月

论文作者在长期辑佚郭沫若作品的基础上发现：郭沫若的佚作至少有1600多篇没有收入《郭沫若全集》“文学编”，多达数百万字。论文的学术发现是以扎实的史料考证为基础的。通过查阅原始文献，回答了数百万字的郭沫若作品散佚在《郭沫若全集》之外的深层原因。首先，《郭沫若全集》在酝酿时期对编辑方案就出现了“全集可以不全”的主流意见。这与郭沫若本人在历次政治运动（尤其是“文革”中）的一些不良文字有关，也与当时的主流意识形态和《郭沫若全集》编委会中资深左翼文人要树立郭沫若这面旗帜有关。此后，编委会似乎想编完整的“全集”，但由于本文探究的一些原因，推迟了近20年直到《郭沫若全集》宣布竣工，大量郭沫若佚作消失在学者和读者视线之外。成果的创新更表现在，没有满足于实证研究所回答问题究竟“是什么”，而是进一步在理论上探讨问题背后的“为什么”。论文提出《郭沫若全集》严重不全的问题不是一个偶然、孤立的现象，而是上世纪八九十年代中国带有共性的文化现象。为此，论文对这一现象进行了文化分析。分析结果表明，郭沫若和郭沫若的著作已经被1980年代以后的中国读书界逐渐冷落了。《郭沫若全集》的编辑出版，不仅与编委会有关，还与出版方有关；而出版社出书，不仅与图书市场有关，还与变化的接受背景密切相关。郭沫若逝世后，这面左翼文人旗帜升起之时，也是他受社会冷落之始。这一现象此后越发突出。“体制内”作家及作品与“体制外”作家及作品，形成截然相反的接受命运。论文以《郭沫若全集》与《沈从文全集》的对比，说明了这一问题。通过对以郭沫若为代表的“体制内”文人近30年的接受命运的文化分析，进而揭示了从“拨乱反正”时代到市场经济时代的中国学术研究以及这一时期中国社会价值取向的历史转变。

诗的源起及其早期发展变化

——兼论中国古代巫术与宗教有关问题

作者：江林昌（烟台大学）

《中国社会科学》 2010年7月

一、主要内容

中国古代诗歌起源于原始巫术咒语。咒语也可称为巫诗。巫诗盛行于五帝时代早期及其之前。到五帝时代中期，由于生产力发展，剩余产品出现，有了阶层分化，原始巫术中通天神的仪式和巫诗开始被少数氏族贵族阶层垄断，并成为其统治社会的政治工具而发展为宗教与史诗。这种现象一直延续到夏商西周。在这两千多年中，中原各民族的史诗，由世代口耳相传到逐步写成文本，形成了“史诗传统”。史诗既是各氏族早期历史的载体，也是中国古代诗歌早期发展的特殊形式，更是夏商周三代王官之学的集中体现。春秋战国时期，社会再次出现大变革，“史诗传统”也随之出现变化，即“王者之迹熄而诗亡，诗亡然后春秋作”。所谓“诗亡”只是史诗形式的终结，而史诗精神却在当时新起的文献体式中获得了继承与升华。

二、与同类成果的主要不同和创新之处

1. 内容创新：一是将诗的起源与文明的起源、诗的转型与文明的转型结合起来进行考察；二是揭示了诗的起源、发展和变化与中国原始宗教的产生、发展和变化互动关系；三是概括总结史诗的精神原则并揭示了中国传统文化的核心内容；四是通过史诗在春秋战国时期的变化这一独特视角，揭示了《诗经》、《楚辞》两大民族经典的内涵组成与形式变化；五是通过史诗经春秋战国时期而在内容与功能上的变化，揭示了中国轴心文明对上古文化的突破与承续。

2. 方法创新：成果的研究方法是多学科相结合，微观、宏观综合运用。即以文化人类学理论为指导，以考古学为重要依据，以文艺学为主要线索，以文字与训诂为分析手段，以文明史、宗教学为考察背景，以文艺学、思想史为研究对象。以上各学科都是综合运用，所有的分析都以具体细密的考证为基础，最终上升到义理规律性的总结归纳。

三、理论与实践意义

理论意义：揭示了研究中国早期文学只有与历史学、考古学、宗教学、文化学等多学科的结合，才能把握全局，认识规律。实践意义：通过揭示史诗的公平、公正原则，有利于当今和谐社会的构建，具有现实指导意义。

文化学

山东民间艺术志

主编：李新华（山东艺术学院）

山东大学出版社 2010年12月

成果以山东地区民间艺术形式为主要的研究对象，涵盖民间美术、工艺、戏曲、曲艺、音乐、传统舞蹈、民间文学7大类，对山东地区的民间艺术形式作出实际性研究考证和资料整理。本书站在历史的高度，以客观、科学的治学精神对其中的54小类艺术形式作出详细的论证引述，通过对山东地区民间艺术形式的多样性考察，梳理出齐鲁文化的地域分布及影响。

该项成果以实地考察为治学方式，采用“志”的行文体例，对山东省不同地区的民风、民俗和民间工艺进行资料梳理整合。本书在沿用传统民俗研究理论的基础上，编者亲身到基层考证，对山东民间艺术的各个涵盖面进行了总体概述。本书所采用的体例及收录内容之多、范围之广，在山东省本学科研究领域，尚属首例，可谓山东民间艺术的大百科全书。

成果将传统民俗理论、研究方式与实际地域艺术形式紧密结合在一起，本着科学严谨的研究态度，把“田野学问落实到实处”，从民间艺人那里学习知识，从民风民俗中感受山东齐鲁文化。不仅可以对一些濒临消失的民间艺术进行补救性记录与梳理，而且可以丰富现有民间艺术研究范围，为后来研究山东地区地域文化提供第一手资料。该项成果肯定了积极的艺术活动，摒弃了消极甚至是迷信的民众活动，给广大受众提供了一种正确价值观的取向标，从而更好地发展和传承艺术的精髓，使齐鲁文化在传承有序中得以发展繁荣。

数字艺术与数字美学研究

项目负责人：马立新（山东师范大学）

教育部社科司 2010年10月

本项成果包括在学理上具有密切逻辑关系、在结构上具有层次递进关系、在实践具有重要应用价值的五大部分，它们共同构成关于数字艺术的系统完整的理论体系：

第一，首次阐明了数字艺术的基本谱系。从人类艺术发生学上，追溯了技术与艺术的内在辩证关系，揭示了数字技术与数字媒介和原子技术与原子媒介在建构人类社会现实中的不同特征，国内外首次提出了数字艺术和数字美学的基本理念，构建了数字艺术的基本谱系。

第二，首次提出并阐明了数字艺术的本质在于数字美学。构建了艺术领域内的原子美学和数字美学的二元审美范式学说，系统论证了两种审美范式之于艺术主体和客体的不同特征，揭示了数字艺术较之原子艺术能够激发更强烈自由情感的美学特征。这一发现是国内外数字艺术研究领域的重大开创性成果，填补了该领域的空白，具有极其重大的原创理论价值。这也是本项成果中的主要创新之处。

第三，系统阐明了数字艺术生产和传播规律。这些成果大大提升了国内外同类研究的理论深度，其中多数都属于原创性发现，对于数字艺术生产与传播具有重要应用价值。

第四，深刻揭示了数字艺术在人类社会现实建构和思想情感表达中的独特功能。分析了数字艺术更能实现体现人类的心理现实，更逼近人类的本真审美诉求，更能营造出真实的人本化的社会现实的内在原因，这一发现在国内外未见报道。

第五，探讨了我国数字艺术发展策略。站在构建中国特色社会主义先进文化和加快发展中国文化产业的双重战略高度提出了今后我国数字艺术生产与传播的指导思想、美学原则、主要步骤、具体策略和注意问题。

以上研究在国内外首次构建起一个系统而独立的数字艺术理论体系，所提出的一系列学术观点具有开创性、前瞻性和实践性，不仅增加了这一前沿学科的知识储备，而且对我国文化创意产业的健康可持续发展具有重要的指导意义。

教育学

高校社会资本研究

项目负责人：胡钦晓（曲阜师范大学）

全国教育规划办　2010 年 3 月

该研究报告为全国教育科学“十五”规划重点课题（编号：ELA050215）结项成果。

一、内容提要

在前人研究的基础上，结合“社会”一词的辞源学考察，提出了社会资本与高校社会资本的内涵、构成及特点。从高校社会资本的网络关系视角与非正式制度视角出发，考察了中西方高校社会资本的演进历程。高校社会资本对于人才培养、发展科学、服务社会、外部融资、内部和谐等，都有着不可替代的作用。高校社会资本的积累是一个复杂的过程，它需要高校自治、正式制度、学术自由、学术责任、高校校长和社团组织等诸多因素的共同参与。

研究最后将视野回归到当下我国高等教育改革与发展的现实与实践之中，认为积累与运营高校社会资本不但是必要的，而且是可行的。首先，我们将对我国积累与运营高校社会资本的可行性进行分析，离析出中国传统文化中的“关系”、“礼治”倾向，“尊师”、“重教”品格，“同窗”、“母校”情结等，都为中国当代高校社会资本的积累和运营提供了丰厚的土壤。而后，我们将对我国高校社会资本积累与运营的路径进行分析，提出要加强高校外部关系的链合，促进高校内部关系的整合，在制度构建中实现正式制度和非正式制度的均衡发展，充分发挥高校社会资本在中国高等教育发展中的重要作用。

二、理论创新

1. 大学不但应当注重有形的物质和人力资本的积累和运营，而且更应当注重无形的社会资本的积累和运营。

2. 大学社会资本的概念界定创新。广州金融学院副教授刘艳博士撰文指出：“现有文献中有关探讨高校社会资本概念的研究较为缺乏，目前国内唯一对‘高校社会资本’概念作出界定的是南京师范大学的胡钦晓博士”（参见刘艳：《高校社会资本影响办学绩效的机理》，《高教探索》2009 年第 4 期）。

3. 大学社会资本的历史发展梳理。

4. 大学社会资本的功能和积累。

三、实践意义

1. 大学应当加强外部关系的链合。

2. 大学应当注重内部关系的整合。

3. 大学应当注重制度构建的均衡。

山东省义务教育管理体制改革与创新研究

项目负责人：张茂聪（山东师范大学）

省社科规划办　2010 年 12 月

义务教育管理体制的确立，是一个国家教育发展和社会进步的重要标志，在教育史上具有里程碑式的意义。完善义务教育管理体制，是党中央、国务院在认真总结义务教育发展实际，科学分析经济和社会发展形势，特别是针对义务教育存在的困难和问题作出的一项重大决策。

该成果着重通过对制约和影响我省义务教育管

理体制改革的义务教育公共服务体系、教育投入及保障机制、县域教师流动制度、科学的课程管理体制、义务教育学校与社区互动机制以及合理学校内部管理制度等六项核心内容进行研究，创新性提出山东省义务教育管理体制改革的六项措施：（1）转变政府管理职能，创新义务教育公共服务体系，促进教育观念的改革与创新。（2）建立新型的义务教育经费投入体制，保障义务教育公平与均衡发展。（3）提高义务教育县域课程政策执行力，构建科学的义务教育课程管理体制，保证课程设置的系统与综合。（4）合理构建学校内部管理制度创新，完善学校目标管理和绩效管理制度，保证学校管理的综合与协调发展。（5）改革现行义务教育教师流动机制，革新县域教师交流制度，实现教师资源的互补与共享。（6）创新义务教育学校与社区互动机制，促进优质教育资源的开放与互动。

成果诸多建议为相关的教育行政部门提供了决策理论依据，特别是提出的管理体制改革措施建议，在研制《山东省中长期教育改革和发展规划纲要（2010—2020）》、《山东省教育体制改革推进计划（2011—2015年）》时，发挥了重要作用。一些改革创新模式给部分教育行政部门以及义务教育学校提供了决策参考。

本成果得到教育部和省教育厅领导的高度重视。其中在《教育研究》《中国教育学刊》等多家重要期刊发表系列研究论文16篇，其中CSSCI来源期刊11篇，CSSCI来源扩展期刊5篇，专著《义务教育管理体制改革与创新研究》1部。系列研究成果被《教育学》等转载13次，引用33次，在全国产生较大影响。

历史学

隋唐民族关系思想史

作者：崔明德（烟台大学）

马晓丽（烟台大学）

人民出版社　2010年12月

成果为国家社会科学基金项目结题成果，鉴定等级为“优秀”，国家社会科学规划办组织的鉴定结论是：“该成果是国内外第一部系统梳理和全面研究隋唐时期民族关系思想的学术专著，具有填补空白的意义。鉴定专家认为，该成果‘是一部民族理论和民族关系研究的力作’，‘将我国古代民族史和思想史的相关研究大大推进了一步’”，并入选国家社会科学规划办优秀“成果选介”。

一、主要内容

全书共16章，55万字。“绪论”主要构建民族关系思想的理论框架和研究框架，第1至15章全面系统论述了各个阶段、各个民族、各类人物的民族关系思想，第16章对隋唐时期民族关系思想相关著作及作者进行了比较细致地考证和分析。全书完整再现了隋唐时期民族关系思想的全貌，丰富了中国民族理论和中国思想史的研究内容。

二、该成果与同类成果的主要不同和创新之处

1. 本成果是国内外第一部系统梳理和全面研究隋唐时期民族关系思想的学术专著，填补了学术空白。

2. 以往学界只关注汉族人物的民族关系思想，本成果以5章的篇幅探讨少数民族历史人物的民族关系思想，开辟了新的研究领域。

3. 将民族史和思想史的研究紧密结合起来，为民族史学理论研究开拓了新的领域。

4. 对许多疑难问题进行认真考证和较有说服力的辨析，提出了创新性观点。

三、该成果在理论和实践上的意义

1. 本成果有助于解决和进一步完善隋唐时期民族史及民族关系研究中的一些重要理论问题。

2. 关注和研究隋唐时期的民族关系思想，有助于应对国内外学术界正在兴起的“民族主义”和“民族主义思想”的研究热潮，正确把握这一研究热潮的发展趋势。

3. 隋唐时期的民族关系思想对当时多民族国家的统一、巩固及发展起到了一定的积极作用。因此，本成果对进一步加强民族团结、建立和谐的民族关系具有较强的现实意义。

从严复到胡适：近代自由主义思潮的传承与调适

作者：赵慧峰（鲁东大学）

俞祖华（鲁东大学）

《文史哲》　2010年11月

严复、胡适是近代中国自由主义思潮发展史上的旗帜性人物。从严复到胡适，自由主义思潮既一脉相承、薪火相传而又不断发展、不断调整：

严复与胡适的自由主义思想均主要来源于西方，但也均从传统文化的基线出发对自由主义与本土资源进行了沟通。由于严、两氏的生活经历、教育背景有别，他们据以解读西方现代性的视角包括进入其视野的自由主义知识背景不尽一致，因而两氏对自由主义的移植与解读有着明显的个性风格与阶段性特征。

严复较多关注了“个体与群”这对矛盾中的群体一端，胡适则比较倾向、认同西方文化的个体本

位传统。两氏均主张渐进主义，反对急进而骤变的革命，赞同渐进而温和的改革，但严复强调自由为体、自由为先、自由为本，反对将民主宪政作为即时目标，反对遽行民主，主张先行自由思想的启蒙；胡适以自由与民主并重甚至更彰显民主，提出了“幼稚园民主说”，认为民主宪政并非高不可攀，在迈上“宪政”的起始之处宪政即可开始。

成果“以严复、胡适为代表，分析了从第一代到第二代自由主义知识分子自由思想的演进格局，更多地剖析了他们关于自由主义的本体解释和对自由经济主义的解析方面的区别与不同。”

成果“加深了我们对自由主义和自由思想的理解，对构建符合我国国情的与时俱进的主流意识形态具有较强的借鉴和指导意义，创新指数较高。”

该成果及其相关成果共被引用16次，被转载62次，其中：

1. 《新华文摘》2011年第4期全文转载；
2. 《光明日报》“理论周刊”2010年12月14日摘要；
3. 《中国社会科学文摘》2011年第3期摘要；
4. 《高等学校文科学术文摘》2011年第1期摘要；
5. 《中国近代史》人大复印资料2011年第2期全文转载；
6. 获烟台市社会科学优秀成果一等奖。

应用与普及

小农经济整合路径与制度创新研究

项目负责人：许锦英（山东社会科学院）

全国社科规划办　2010年9月

课题研究意在证明一种可以在小农家庭经营的基础上，通过农业分工专业化获得一种兼顾公平与效率、兼容小农经济与现代农业大生产的新路径与制度。证明这个创新路径的客观存在及其可行性、合规律性以及创新制度的必要性。

结论是：

一是农业的分工专业化是我国农民自发的选择，是继家庭联产承包责任制、自主举办村镇企业、农民专业合作以来的第四次伟大创举。

二是扩大土地经营规模不是整合小农和效益递增的唯一途径，土地使用权的流转集中和农业规模经济的可持续增长应当是也可以是分工、专业化的结果，其资源配置效率甚至可以更高。

三是分工专业化基础上的合作是粮食生产合作组织的解，也是小农经济整合路径与制度创新的解。

四是农民自主创新的“专业化服务+农户”和“专业化服务+分工的小农+合作社”的路径与制度，完全能够突破小农经济的规模和体制对现代农业发展的约束，使小农经济与机械化、现代化大生产并行不悖。

五是发达国家现代农业发展路径与制度差别的主导因素是制度，本质区别是农业产中的分工专业化水平。

六是包含分工专业化因素的生产函数得到了初步的验证。

研究主要创新点在于：

一是发现并证明了我国农民自主创新的农业资本技术服务主体与土地经营主体分工专业化，以及在此基础上的合作化，是整合我国小农经济交易成本最低，资源配置效率最高，农民、企业、国家共赢，可操作性最强的帕累托最优制度改进；

二是提出了“专业化服务+分工的小农+合作社”的路径与制度，完全能够突破小农经济的规模和体制对现代农业发展的约束，使小农经济与机械化、现代化大生产并行不悖，形成比土地集中规模经营效益更高、制度变迁成本更低、可持续发展后劲更强的现代农业大生产的生产能力，最终能以“明确产权，模糊地界，多数人做地主，少数人种田”的方式，平稳变革传统农业的生产方式。

三是初步验证了包含分工专业化因素的生产函数，并得出对结论有力的支持数据。

二等奖成果简介

经济学

对外贸易与地区差距：中国的经验研究

作者：张红霞（山东理工大学）

经济科学出版社　2010年6月

一、主要内容

成果选取中国大陆31个省份在1994—2006年间包括进出口贸易总额在内的22个变量建立综合指标体系，采用因子分析法对各地区对外贸易发展水平进行了度量，并以变异系数为衡量指标对31省份、四大地带、四大地带内部的对外贸易差异进行了计算，在此基础上，采用标准对数单位模型，对对外开放政策、外商直接投资、人力资本、经济性基础设施、国内投资和地理区位等六因素与地区对外贸易收敛性的关系进行了检验，结果发现，上述六因素与地区对外贸易收敛存在显著的线性关系，在所有的研究变量中，道路里程数对于缩小省际外贸差异发挥的作用最大，其次是外商直接投资。成果结论是：提高侧重于道路交通建设的基础设施建设水平、适度提高中央与地方的分权水平、扩大投资规模包括国内投资和外商直接投资规模、改善人力资本状况、提高通讯水平和加强省际外贸合作，都会有助于在实践中促进地区对外贸易向较为均衡的方向发展。

二、创新之处

1. 目前关于经济增长影响因素的研究很多，但多限于固定研究框架，而从区域对外贸易差异入手，研究地区经济差异与地区经济协调发展问题，是一个尝试性的突破，突破了传统意义上关于贸易与增长问题研究思路的局限。

2. 目前关于中国整体对外贸易发展的研究文献较多，但关于不同地区对外贸易发展差异的研究则较缺乏，成果的研究在地区对外贸易差距的衡量、地区对外贸易发展差异的成因及地区对外贸易收敛路径方面，是对现有中国对外贸易发展问题研究的有益补充。

3. 目前国内关于对外贸易与地区差距传导机制的研究尚不多见，成果的研究在填补空白的基础上，对贸易与增长关系的研究也是一种有益的补充。

三、理论与实践意义

1. 基于中国经验的对外贸易与地区差距的研究，是对贸易理论与区域经济增长理论交汇发展进行检验的有效尝试，是从对外贸易差异与地区差距的角度对对外贸易与经济发展二者间关系所进行的重新审视。

2. 地区发展不平衡已经成为当前中国经济发展中急需解决的一个重要问题，本成果对中国 30 年来经济发展与对外贸易发展在时间上和空间上的结构性变化、对外贸易对不同地区经济增长的作用及其与地区差距形成间的机理的研究。

产业集群租金与集群演进研究

作者：何青松［哈尔滨工业大学（威海）］

经济科学出版社　2010 年 1 月

国内外系统研究集群演进过程的文献很少，如果对产业集群各个演进阶段的主要特征以及支配集群发展变化的规律没有清晰的认识，政府就难以根据集群生命周期的不同阶段有针对性地制定正确的政策措施。成果将产业集群的演进确立为研究对象，具有较大的理论意义与应用价值。

成果从“租金”的视角解释集群的演进。企业通过地理上的邻近、组织上的接近和社会关系的亲近实现更大的生产力，并获得租金，企业对租金的追逐成为集群形成的历史起点，研究集群演进的逻辑起点也由此展开。就集群演进各个阶段与地理租金、产业租金与组织租金之间的关系，成果得出以下结论：一是生产要素对集群租金的追逐是集群萌芽的动因。二是随着集群租金主要来源由地理租金或产业租金向组织租金变化，萌芽初期的非正式集群逐渐成长为兴盛时期的有组织的集群。三是当集群租金耗散的时候，集群如果难以通过创新走出发展的低谷，集群也终将消亡。四是创新、尤其是革命性的创新，是改变产业集群生命周期的重要路径。

成果进一步分析了中国在发展产业集群过程中所存在的一些误区。各个地区发展产业集群必须与当地社会经济条件有机结合，重视地理租金的作用，同时要积极促进组织租金发挥作用，并引导产业集群向创新型集群演进。此外，中国还有一些地方政府在狭窄的行政区划内规划出多个相关性不大的产业集群，这种发展思路是不科学的。

成果的创新体现为三方面：一是基于租金的视角建立研究产业集群演进的理论框架，为 LynnMytelka 与 FulviaFarinelli 提出的集群分类建立了理论依据。二是从地理租金与产业租金不同的角度分析了集群萌芽的两种模式，后者是被理论界遗漏的一种集聚方式。三是比较全面地分析了产业集群的衰败。

宏观经济系统分析方法研究

作者：陈晓兰（山东财经大学）

中国财政经济出版社　2010 年 6 月

成果以经济学方法论的发展演化及均衡分析为研究主线，延续上世纪 80 年代中期著名数学家华罗庚对宏观经济系统的分析，从多部门角度丰富了“正特征矢量法”的研究内容，对山东省宏观经济的总体运行状况进行了系统分析。成果定义了直接消耗系数矩阵的标准幂极限并探讨了其不可约性、本原性、标准幂极限的存在性，揭示了多部门经济系统在平均意义下趋于均衡的极限特征，也是系统本身自组织性的体现；对于有时滞的动态经济系统，构建了动态宏观经济模型，给出了多部门经济系统投资结构优化与经济均衡增长之间的数量依存关系，给出了该经济系统不失平衡的充要条件，证明了华罗庚教授的“正特征矢量法”仍适用于本模型，并对模型作了进一步的推广；针对缩减模型，说明初始投入不一定是直接消耗系数矩阵的正特征矢量，在经济不出现危机的条件下，生产、投入和消费都将趋于直接消耗系数矩阵的正特征矢量，系统以稳定状态增长，系统呈现出大道性质。这是对华罗庚教授“正特征矢量法”的一个补充，也是一个理论上的一个创新点。

成果选题属于应用经济学研究范畴，围绕均衡展开对博弈论的研究，从博弈的演化将研究引入演化博弈，结合目前经济发展实际，对上述研究在经济中的应用作出细致的分析、梳理与总结。对于科学地把握宏观经济系统的运行特点，正确的决策提供了更加坚实的理论依据，具有一定的理论意义和实践意义。

公共物品供给与竞争嵌入

作者：吕振宇（青岛市社会主义理论体系研究中心）
经济科学出版社 2010年1月

成果是研究公共物品理论的经济学专著，分析了公共物品供给的效用目标，运用博弈论有关原理较详尽地刻画了政府在公共物品供给中面临的困境，揭示了政府垄断性公共物品供给模式的弊端。在国内学术界首次明确提出了技术性公共物品与制度性公共物品的概念。基于对公共物品供给特性及其与竞争之间关系的分析，提出了公共物品供给的新理念，即竞争嵌入及其基本模式。论证了规制对公共物品供给竞争嵌入的必要性及规制方式，特别从制度安排的角度讨论了我国公共物品供给的制度绩效，提出了我国公共物品供给制度创新的基本思路和部分设想。

成果的创新之处主要体现在三个方面：一是为了解释公共物品与竞争的关系，对公共物品的概念进行了再定义，提出了技术性公共物品和制度性公共物品的概念。即，公共物品不仅包括萨缪尔森定义的具有自然属性意义上的非排他性和非竞争性的物品，即技术性公共物品；还包括具有制度属性意义上的非排他性和非竞争性的物品，即制度性公共物品。二是作者以技术性公共物品和制度性公共物品对应概念的提出为契机，深化了公共物品供给领域嵌入竞争的学理分析。对于纯技术性公共物品而言，引入市场竞争的条件只在提供过程的纵向结构上存在，较为有限；但对于兼有技术性和制度性双重意义的公共物品，特别是对于制度性公共物品而言，引入市场竞争的逻辑条件和实际操作空间存在于提供过程的横向结构和纵向结构两个维度上，较为广泛。三是作者在对公共物品进行深度理论分析的新的逻辑基础上，提出了现实中公共物品供给机制改革创新的思路对策。特别是该书引入制度性公共物品的概念后，为传统的公共物品定义拓展了空间，在很大程度上化解了公共物品与竞争在理论上存在的悖论。

该成果是系统研究公共物品供给竞争问题的一次有益的开拓性尝试，对公共物品理论的丰富和发展具有积极的理论意义。关于建立扁平式复合型公共物品供给模式的建议，对我国公共物品供给制度的改革具有较强的理论针对性和实践指导价值。

交易费用计量测度的理论与方法研究

项目负责人：金玉国（山东财经大学）
全国社科规划办 2010年10月

一、主要内容

1. 交易费用计量测度的理论问题。因为交易费用可以分为宏观层次上的交易费用和微观层次上的交易费用，为了首先解决交易费用在概念定义以及变量性质上的差异问题，本课题将交易费用的测量分为两个层次，第一个层次是宏观交易费用，即制度或体制运行的交易费用；第二个层次是微观层次的交易费用，即在既定的体制下具体每项经济交易行为产生的费用。在此基础上，解决交易核算的理论问题。

2. 交易费用的宏观计量测度理论与方法。首先，在现行的国民经济核算体系（SNA）框架下，建立交易费用卫星账户对宏观层次的交易费用进行计量测度，使交易费用计量测度既与现行的国民经济核算内容紧密联系，又彼此相对独立地进行。具体包括：与交易费用核算相联系的国民经济中转换（生产）部门和交易部门的区分；不同部门交易费用的核算方法（如直接核算法和间接推算法，实际核算法和虚拟计算法）的设计；有关指标的相互对应和历史数据的衔接，等等。其次，综合应用现代计量经济学方法，建立反映交易费用数量决定、变动趋势及其影响的经济计量模型，用来研究交易费用与其他经济变量之间的关系，预测交易费用的变动及其对国民经济产生的各种影响，对宏观层次交易费用水平和效应进行全面的实证研究。

3. 交易费用的微观计量测度理论与方法。与作为“显变量”的宏观层次的交易费用不同，微观层次的交易费用是不能直接测量的是所谓的“潜变量”。而目前的微观交易费用的核算方法没有考虑潜变量的特殊性，而将交易费用作为一个显变量来使用，阻碍了研究的深入。为了克服这一缺陷，本项目拟采用专门处理潜变量问题的因子分析、结构方程模型（SEM）等方法完成对微观交易费用的核算分析，通过设置若干“观测指标”；作为交易费用这个潜变量的标识，用间接的手段去观测微观交易费用的大小，并通过建立处理潜变量之间关系的结构方程模型，测算交易费用水平及其效应。具体包括：设置各潜变量对应的观测变量，用来推断潜变量；对变量体系和数据进行信度和效度分析；进行探索性因子分析，检验观测指标的设定是否合理；理论模型设定；估计模型参数；对模型进行检验和优化，等等。

4. 交易费用计量测度体系的设计。由于指标属性不同，不同层次的交易费用的核算方法不同，但二者之间存在内在统一性。通过适当方法将宏观层面交易费用的计量测度方法与微观层面交易费用的计量测度方法协调起来，与形成一个既合理分工、又内在统一的交易费用计量测度体系，最终完成交易费用的计量测度理论和方法问题的研究。

二、创新之处

1. 明确划分两种不同层次的交易费用，指出二者的属性不同（宏观层次的交易费用属于显变量，微观层次的交易费用属于潜变量），根据其不同属性设计其计量测度方法；提出了两个层次交易费用核算方法的分工和相互衔接问题，建立了一个统一的交易费用计量测度体系，主张利用卫星账户方法将宏观层次的交易费用纳入国民经济核算体系之中，借以深化交易费用的研究并完善国民经济核算体系；明确了微观层次的交易费用的潜变量属性，利用潜变量模型方法对其进行测度分析；明确了两种测度方法的内在统一性完善了交易费用的测度理论和方法，在交易费用计量测度方面有所创新。

2. 借助现代数量经济学方法，对交易费用的动态机制、传导路径、成因和影响效应等进行了定量研究，将计量经济建模技术、实验经济学方法引入到传统上以定性研究为主的制度经济学和宏观经济管理的研究之中，具有重要的方法论意义。

三、理论和实践意义

作为一项应用经济学研究，成果将交易成本放在国民经济运行的大背景下进行研究，使得该研究具有独特视角，增强了研究的前瞻性，开拓了计量经济模型应用的新领域。通过进行定量分析和实证研究，可以独立出交易成本水平变化的影响因素，找到解决我国交易成本水平过高问题的新突破点。成果将交易成本与经济增长、社会变革相结合，借鉴国外经验，提出我国控制交易成本的政策建议。对策建议是在定量分析的基础上作出的，具有很强的针对性和可操作性，实用性强。在改善我国宏观经济管理、改革政府规制等方面有重要的应用价值。可供有关经济管理部门参考，对于宏观经济管理工作具有一定的指导意义。

城乡人力资本“均化”与居民收入差距的变动与收敛

项目负责人：李勋来（青岛科技大学）

全国社科规划办　2010 年 6 月

成果构建了以人力资本为视角的城乡收入差距形成机理的统一分析框架，探求城乡收入差距的形成根源与平抑机制。理论与实证研究发现：（1）缩小城乡人力资本差距，促进城乡人力资本“均化”，可以促进城乡收入差距的收敛。城乡人力资本差距是形成城乡收入差距的最根本的原因。（2）农村人力资本积累是加快农村发展的基石。农民素质的提高，农村人力资本积累量的增加，有利于增强农村自身的“造血”机能，成为农村经济起飞的“发动机”。（3）农村人力资本积累是农村劳动力转移的重要支点。增加农村人力资本存量可以为农村劳动力转移储备“素质能力”，打破城市就业门槛。（4）人力资本乡城流动引致的人力资本跃迁效应对我国经济增长具有显著的推动作用，并且促进城乡收入差距的缩小。（5）制度约束使得城乡人力资本差距难以得到有效缩减，城乡人力资本的“均化”急需新的制度安排与创新。

成果主要有以下创新：（1）以人力资本为城乡收入差距分析的切入点，构建城乡收入差距与城乡人力资本差距统一的理论分析框架和对策体系。（2）实证检验并否定了“农村人力资本陷阱”假说。现有部分研究表明，农村人力资本对农村经济增长的作用并不显著，而这种研究多使用横截面数据或短期的面板数据进行分析，较少考虑人力资本对经济增长作用的滞后性。本文运用 22 年的时间序列数据进行研究，结果表明，农村人力资本促进了农村经济增长，并与农村经济增长具有长期均衡关系。（3）利用 Chenery 模型测算了人力资本乡城间的跃迁效应。现有文献多采用规范分析论证劳动力向城市流动可以缩小城乡收入差距，缺乏定量测算。

成果研究的理论与实践价值在于：从人力资本的视角，构建城乡收入差距与城乡人力资本差距统一的理论分析框架，拓展了城乡协调发展的研究视野。在理论研究的基础上构建平抑城乡收入差距的长效机制，提出缩小城乡收入差距的对策体系，为城乡协调发展实践提供正确的理论指导。

主观博弈论与制度内生演化

作者：黄凯南（山东大学）

《经济研究》　2010 年 4 月

一、主要内容

成果分为五部分。第一部分是引言，主要是对制度博弈分析的文献综述，指出经典博弈论和演化博弈论在制度演化分析中的局限，阐释本研究的意义；第二部分是主观博弈论的基本分析结构。包括：（1）主观博弈论的个体假设和基本分析方法；（2）博弈中的博弈形式描述；（3）主观博弈过程的三个阶段，即参与者学习博弈场景知识的阶段、建立主观博弈模型的阶段和在既有主观博弈模型下进行博弈的阶段；（4）主观博弈均衡。第三部分是主观博弈视角下的制度。着重分析了两种类型的制度：作为共同主观博弈模型的制度和作为有关博弈如何进行的共同信念的制度，前者指参与者对其主观博弈场景拥有的共同知识，后者指当博弈存在多重均衡时，参与者之间对共同达至某一均衡所持有的共同预期；第四部分是制度内生演化的主观博弈论解释。首先阐释了制度稳定的内生因素，然后从主观博弈的视角分析制度内生演化。包括主观策略集合的扩展、主观博弈模型的演变和制度演化过程；第五部分是结论与展望。

二、创新之处

首次较为系统地研究主观博弈论的基本分析结构，并运用主观博弈论来考察制度内生演化，强调通过参与者主观博弈模型的演变来解释制度的内生演化，这有助于我们理解参与者认知在制度生成和变迁过程中的影响和作用。

三、理论意义

成果尝试将“均衡如何生成”以及“均衡如何内生演变”纳入统一分析框架中，有助于建立制度生成和演变的统一分析范式，进一步推动制度经济学基础理论的发展。

四、实践意义

文章对于解释中国制度变迁具有重要的指导意义。在中国经济转型过程中，许多博弈规则并不是外生给定的共同知识，而是内生于参与者之间的主观博弈或互动过程中，由于参与者对于具体的博弈场景可能拥有不同的主观模型，制度或共同知识的形成和演变将是比较复杂和漫长的过程，传统的制度变迁理论很难解释这种复杂的演变现象，而本项研究能够对此进行解释。

城乡基本公共服务均等化：基本理论与实证分析

作者：樊丽明（山东大学）

全国社科规划办　2010 年 8 月

成果分理论分析和实证研究两部分。理论分析主要探讨城乡基本公共服务及其均等化的概念，城乡基本公共服务均等化的实现条件、实现手段与法律保障等基础理论问题。实证研究以基础教育、医疗卫生服务、基础设施以及社会养老保险等四种基本公共服务为研究对象，分别分析其城乡供给的差异现状，差异根源，以及促进均等化供给的政策建议。

成果的主要创新之处在于：（1）首次系统分析了城乡基本公共服务及其均等化的内涵与特征，指出均等化不等于平均化，而是侧重于强调机会公平，为保证城市居民和农村居民都有相等的对基本公共服务的消费权利，向全体社会公众提供的最低水平的基本公共服务。其实质是一种“底线均等”。（2）结合西方发达国家均等化的实践经验，系统阐述了城乡基本公共服务均等化实现的前提条件，即经济发展、城市化、财力丰裕、责任明晰以及治理民主。（3）首次详细分析了基础教育、医疗卫生、基础设施、社会养老保险等四类基本公共服务城乡供给非均等的现实，及其制度原因。（4）明确提出了我国城乡基本公共服务均等化的目标选择和实现策略。

成果具有重要的理论与实践价值。一方面，本研究成果着眼于城乡基本公共服务均等化的实现，从机制上阐释均等化实现的前提、实现的手段和法律保障等内容，从而可以深化有关基本公共服务均等化的理论研究。另一方面，本研究成果对中国城乡基本公共服务均等化实现过程中的目标定位、实现手段以及制度建设等问题的分析，以及对基础教育、医疗卫生服务、基础设施以及社会养老保险等的系统分析，对于当前城乡基本公共服务均等化的实践也有一定的指导作用。

纳入公平偏好的经济学研究：理论与实证

作者：韦　倩（山东大学）

《经济研究》　2010 年 9 月

一、主要内容

传统经济理论假定人们完全追求一己之私利，但事实上并非如此，在许多情形下，公平意识会影响人的行为。近 10 多年来，随着实验经济学的兴起，一些学者尝试把公平偏好纳入经济学分析框架中，成果主要对行为实验中的公平偏好、公平偏好的生物学基础、纳入公平偏好的经济学模型等问题进行了系统的梳理和总结，并对纳入公平偏好的两类经济学模型进行了比较和评价，还从一个宽广的视角讨论了纳入公平偏好的经济学模型与其他他涉偏好模型之间的关系，最后，还对此类研究可能会引致统一人类行为科学的倾向进行了分析和讨论。

二、创新之处

一是基于生物学和脑科学的前沿研究为纳入公平偏好的经济学模型提供证据，这点在国内外文献综述中很少述及；二是对纳入公平偏好的经济学模型进行了客观的评价，并从宽广的视角讨论了纳入公平偏好的经济学模型与其他他涉偏好模型之间的关系，这对于理论的深入认识和后续拓展，具有非常重要的意义。三是从学科发展的高度讨论和预见了纳入公平偏好的经济学模型对整个行为科学产生的影响。

三、研究意义

成果为是一项跨学科基础理论研究，具有重要理论价值，能够为现代经济学提供更为广阔的学科发展平台和强劲的发展动力。成果虽然理论价值更加明显，但理论研究最终可以还原到现实中来，其实践意义也非常显著，对于我国企业管理、企业文化建设具有非常重要的指导意义。主要表现在：在企业经营管理中，公平动机是企业管理者需要高度重视的问题之一，比如雇主和雇员的关系、产品的定价等，如果处理不当，很容易形成囚徒困境的局面，而本文的研究对于促进雇员与雇主之间的合作、改进企业的定价策略，从而摆脱囚徒困境具有重要的指导意义。本研究已经应用在招商银行等国内外知名企业的管理制度设计中，产生良好经济、社会效益，被招商银行评为优秀研究成果一等奖。

税权的跨区、跨期交易与税收制度规范化

作者：汤玉刚（山东大学）

《经济研究》 2010 年 9 月

“税权交易”是中国的压力型体制下，税收制度规范化进程中政府间纵向财政竞争的结果。不同于经典的纵向税收竞争理论，以税收计划指标为依托的纵向税收竞争诱发了地区之间横向的非正式税收合作，这种合作改善了地方政府与上级的税收竞争地位，并使税权交易双方的福利同时得到改进。但这种福利改进是局部的，因为制度本身是次优的，交易只能是在现有的制度约束下改进福利。随着税收制度规范化程度提高，上级通过税收指标控制税收征管效率的收益递减，从而产生放松或放弃税收指标控制的激励，而内生于纵向指标化管理的税权交易也就将淡出历史舞台。由税权交易理论的分析逻辑，可以得到最优分税体制决定的基本原理：最优宏观税收既定的条件下，一个最优的政府间分税体制将使得政府间纵向竞争效率损失和横向竞争效率损失之和最小化，即最优分税体制的设计要同时考虑到横向和纵向税收互动的效率损失和经济负担。

成果的主要创新是：

1. 从政府间纵向财政竞争的角度解释了“税权交易”的成因和后果，为理解中国的压力型体制提供了一个生动案例；

2. 指出基层政府“税权交易”的均衡条件是生产率效应和财政收入效应的权衡；

3. 给出了一个最优政府间分税体制设计的效率原则。

对劳动密集型战略的理论质疑

作者：俞宪忠（济南大学）

《财经科学》 2010 年 4 月

一、主要观点

面对中国具有无限供给特征的劳动力资源，中国社会各界普遍具有劳动密集型的战略发展偏好。而本论文认为：

1. 劳动密集型战略面临着科技与效率的两大刚性约束，由此必定无法实现又快又好的中国经济发展方式转变；

2. 低质量人力粗放配置的劳动密集型战略具有诸多负面效应，必定导致人口现代化和就业现代化长期受阻；

3. 中国高就业压力持续的根源在于计划累积的存量原因、人口惯性的增量原因和劳动密集的制度原因，这一现象与科技进步和发展方式转变无关；

4. 科技集约型战略在既能够创造国际竞争优势的同时，更可以通过催生一系列新兴产业群而持续创造更多的新增就业机会。结论是：不是劳动密集型而是技术集约型战略，将能长期促进充分就业和提升中国经济竞争力。

二、创新之处

1. 普遍主张的劳动密集型发展战略，主要是侧重于对既有就业机会的封闭分析、边际分析、静态分析和短期分析；而本文所主张的科技集约型劳动发展战略，主要是侧重于对未来就业创造的比较分析、超边际分析、动态分析和长期分析。

2. 通过对劳动密集与技术集约两种劳动发展战略长期动态的比较分析和超边际分析，足以证明劳动密集型战略只能是一个有害无益的伪命题，也是一个无法实现的“充分就业幻觉”，更是一个由路径依赖循环而锁定的低质均衡陷阱。

3. 提升国家竞争力和实现高质量充分就业的唯一创新路径，就在于加速推进由劳动密集到技术集约的战略转轨，这是中国发展崛起的基本国策、首要选择或主导方略。

三、重要意义

中国是当今世界上人口规模最大和就业压力趋强的转轨发展国家，在全球化创新竞争日益加剧的国际背景下，中国宏观上采取何种劳动经济发展战略，将会关乎国家未来发展的机会成本和转轨命运。通过科学研究而重构中国未来的劳动发展战略，既会具有理性矫正、理论创新和理念升华的学术价值，

更会具有促进决策优化、发展崛起和卓越转轨的实践意义。

低碳经济模式下的碳排放权效率探析

作者：魏 东（省委党校）

《山东社会科学》 2010 年 8 月

一、主要内容

碳排放污染危机的解决，需要引入更多的经济学理论。产权经济学认为，产权制度是有效率的。成果在低碳经济发展新模式下研究碳排放权的效率问题。通过分析碳排放权的效率问题，文章提出，碳排放权问题的产生源于空间排放资源的稀缺性，根据交易费用理论，发现碳排放权制度存在效率问题。进而得出，要通过降低相关交易费用以提高排放权效率问题。通过分析碳排放权的功能与效率的关系，得出碳排放权明晰的基本路径，即排放权的私有化。但仅仅私有化仍然不能很好地解决问题。因为在碳排放权的交易与调整过程中，涉及到公平与效率的问题。而且，他们与技术创新和可持续发展之间又有着千丝万缕的联系。

二、主要不同和创新之处

成果从产权经济学角度提出，碳排放问题实际上是碳排放权问题。在已有的研究基础上，继续深入分析如何从产权角度治理碳排放污染问题，从而为碳交易机制建立一个理论框架和基础。产权分析工具是新制度经济理论范式重要组成部分。空间资源的稀缺性导致了空间产权的产生。具体到碳排放空间而言，碳排放同样是空间资源的一种，碳排放空间资源同样具有稀缺性。因此，碳排放权是环境产权的一种。基于这一逻辑推导得出，对于碳排放空间资源外部性而言，应当将外部性转变为产权问题，建立有效的产权制度，并同时降低交易费用，从而消除外部性。

三、理论和实践意义

文章提出的碳交易机制的产权理论框架和基础，不仅有利于我们厘清关于碳排放的本质思想认识，而且对于国内加快经济结构转型，节能减排工作的稳步推进，推动合同能源管理健康发展，都具有很好的借鉴意义。

煤电纵向关系：决定因素与选择逻辑

作者：刘 冰（省宏观经济研究院）

《中国工业经济》 2010 年 4 月

一、主要内容

本文重点讨论煤电纵向交易关系具体形式选择方法、选择标准和可能出现的选择模式。文章共分 4 部分。

1. 问题提出。通过分析指出煤电冲突实质上是利益冲突，本质上，是煤电纵向交易关系形式的选择和政府管制方式的变革。梳理了相关文献，提出了从均衡选择角度重点探讨煤、电企业纵向交易关系形式选择及动态演化问题。

2. 煤电纵向交易关系选择的基本模型。给出了纵向交易关系形式选择的基本理论模型，提出在分工和合作经济框架内，煤电纵向交易关系形式选择的基本原则，是基于纵向专业化经济基础之上的长期平均成本节约和基于纵向整合化经济基础之上的交易费用节约之间的综合权衡。并构建了专业化经济与长期平均成本节约以及整合化经济与交易费用节约的分析逻辑框架。

3. 中国煤、电企业纵向交易关系的动态演化。分别从长期平均成本和交易费用等变量角度分析了煤电纵向交易关系形式的动态选择问题；并分四种情景，分析了煤电纵向交易关系形式选择的产业决定，给出选择的基本标准；最后分析了选择决定的社会福利。

4. 结论与政策建议。采用长期平均成本曲线和交易费用节约曲线交叉选点的方法，寻找能给煤电纵向交易关系双方带来总成本节约最大的均衡点。从分析结果看，影响煤电纵向交易关系形式选择的关键变量，是煤、电企业产品的市场化程度，加深煤、电企业产品的市场化可以更有利于实现总成本节约的增加，是国家改革能源政策的应选方向。

二、与同类成果主要不同和创新之处

1. 同类成果大多是从策略行为角度探讨煤、电一体化与非一体化问题。本文试图从均衡选择角度重点探讨煤、电企业纵向交易关系形式选择及动态演化问题。

2. 本文借助杨小凯—黄有光模型和威廉姆森的交易费用经济学模式，但根据中国煤、电关系现状进行适当修订。

3. 通过分析得出电价受控和电价放开情况下不同状态有关煤电纵向交易关系形式选择的产业决定，为下一步理顺煤电关系提供了明确的改革路径。

管理学

集团公司管理——基于三种管控模式

作者：陈志军（山东大学）

经济科学出版社 2010 年 8 月

成果从战略管理、文化管理、知识管理、人力资源管理、品牌管理、财务管理、供应链管理、绩效管理等 8 个方面系统阐述集团公司管理的内容，并从战略层面到经营层面、从文化层面到产业层面，全面系统的对不同管控模式下的集团企业进行分析与论述。

成果研究成果与同类成果的主要不同和创新之处体现在：第一，构建了从集团公司定位—组织结构设计—集团公司部门职责—子公司治理—管理控制模式—子公司部门职责—主要工作流程的全新集团公司管理架构体系；第二，提出了权变管控、协同运作的集团管理理念，认为管控和协同对于母子公司的成长和发展缺一不可；第三，借鉴“夫妻相”的概念，创造性地提出了集团文化管理“组织相”的概念，将企业集团内文化的同质性与稳定性的水平定义为组织的“组织相”的一致性；第四，在理论演绎和归纳浪潮集团实践经验的基础上，对不同管控模式下母子公司部门职责作出了界定，并进一步梳理了集团公司各职能管理的控制点和协同点，针对不同管控模式下母子公司职责、管理流程进行了详细分析并绘制了大量流程图。

成果在理论研究的基础上，更加强调实践和应用，将理论与实践并重、创新与务实相结合，对于中国集团企业据依定位企业的管控模式，进一步建立与梳理合适的管理模式、组织架构、管理流程、战略、文化及各方面的职能管理，为集团管理的实践者提供了理论框架，为推动中国集团企业管理水平的提升都具有非常强的指导作用，成果述及的母子公司职能职责划分和工作流程可作为集团管理工具，真正做到了理论与实践结合。

中国高校人力资源管理制度研究

作者：赵普光（青岛大学）

社会科学文献出版社　2010 年 8 月

成果以新制度经济学、人力资本理论、高等教育理论、组织行为学理论等理论为基础，运用实证研究、规范研究、比较研究、案例研究等方法，对中国高校人力资源管理制度进行了系统的研究。

成果以山东省高校为例，对高校人力资源管理现状进行了实证研究。发现：高校缺乏教职工参与管理的制度，对教职工人文关怀不足；在资源配置、决策与监督机制、组织环境与效率以及人力资本产权保障制度等方面也存在不同程度的问题。

通过对美、日、德、英、法五国高校人力资源管理制度的研究，发现五国高校在保护学术自由、加强法制建设、注重参与管理、优化制度环境方面做得较好，值得借鉴。

为了弄清高校人力资源管理制度的内在机理、存在问题的成因，提出解决问题的对策，成果从交易成本、人力资本产权、制度变迁等几方面进行了深入研究，认为高校在人力资源管理中存在较大的交易成本；在招聘、绩效考核和激励中存在着交易不确定性和机会主义行为。为此，要从法律保障、契约保障和社会保障三大保障等方面保障人力资本的产权；要通过制度建设避免机会主义行为发生，保证教师和校方的合法权益。

成果结合相关理论和个案分析，得出结论：解决高校人力资源管理制度建设问题要把握好三个关键点，即：重塑“学术自由、传承创新、追求真理、引领文化”的大学精神；加强文化建设和法制建设。

成果在以下几个方面进行了创新：用实证的方法客观地揭示高校人力资源管理存在的问题；提出正确处理高校人力资源管理制度变迁模式关系的原则；注重研究制度环境；将大学精神作为高校人力资源管理制度建设的终极目标。

成果的理论意义在于：明确了高校人力资源制度建设的方向，阐述了中国高校人力资源管理制度建设的内在机理及总体框架，对于保证制度建设的正确性具有较大的指导意义。实践意义在于，有利于转变高校人力资源管理的理念，用正确的目标和方法构建现代中国高校人力资源管理制度。

农业会计收益探论

作者：王乐锦（山东财经大学）

经济科学出版社　2010 年 9 月

一、主要内容

1. 农业活动会计收益计量及信息披露重要概念辨析。认为收益源于企业的生产经营，是企业的经营成果而非单单是交易的结果。

2. 农业活动会计收益计量及信息披露的国内外会计标准分析评价。认为国际上大多数国家都采用公允价值对生物资产进行计量，生物资产增值作为农业活动会计收益的组成部分是一个世界潮流。但我国目前并不想大面积运用公允价值计量生物资产。

3. 农业活动会计收益计量及信息披露的国内外现状及其应有逻辑。认为国内外上市公司都存在着信息披露不充分、不规范等问题，且认为生物资产增值信息应在会计系统中披露。

4. 农业活动会计收益计量及信息披露具体模式探索和设计。包括：（1）生物资产价值计量模式；（2）农业活动成本流转程序及收益确定模式；（3）农业活动会计收益信息披露模式。

二、创新点

1. 建立了复合收益观思想。其核心在于以资产负债观为收益范围的确定理念，以收入费用观所倡导的收入费用配比方法作为收益的计算依据。

2. 对生物资产进行重新分类。先按生命周期将生物资产分为短期生物资产和长期生物资产两类，再将这两类生物资产进一步分为生产性生物资产和消耗性生物资产。

3. 设计了农业活动成本流转程序及收益确定模式。根据不同农业活动特点，分别以林木资产、育肥牛资产、果树资产、奶牛资产为例构建了经营不同类别生物资产农业活动的成本流转程序及收益确定模式。

4. 设计了农业活动会计收益信息披露模式。对农业活动会计收益信息披露涉及的资产负债表和利润表进行了创新设计。

三、理论及实践意义

农业是以有生命的生物资产为经营对象的特殊产业，其会计收益计量及信息披露不同于其他产业。我国是农业大国，目前农业类上市有60多家，且未来还会进一步增加，这迫切需要关于农业活动会计收益计量及信息披露的可操作性规范或指南。成果对此问题所进行的应用性基础研究，对于农业会计理论的发展和农业（生物资产）会计标准的完善，以及对农业会计实践都会产生积极作用。

我国政策性农业保险的运行情况与发展对策

主编：陈盛伟（山东农业大学）

《农业经济问题》 2010年3月

一、主要内容

自2003年年底以来，我国政策性农业保险试点以“政府引导、政策支持、市场运作、农民自愿”为原则取得了重要成绩。这些成绩表现为形成了具有明显特征的6种试点模式，经营农业保险的市场主体逐渐增多，农业保费收入迅速攀升。与此同时，政策性农业保险试点需要在制度层面上思考并解决许多问题，诸如保险公司的盈利空间问题，财政补贴保费的比例问题，行政力量的干预力度问题，巨灾风险化解机制问题，缺少法律保障的农业保险健康发展问题。

二、创新之处

准确总结了我国现行政策性农业保险试点的基本特征，即政府积极引导与强力推动，财政资金高比例补贴保费，保险公司市场化经营农业保险业务，农户自愿投保基本上得以贯彻，各地具体实施方案存在较大差异。深刻剖析了现阶段政策性农业保险发展面临的突出问题，即保险公司的盈亏空间与进出市场需要调控，防止再次出现农业保险市场“忽冷忽热”；政府干预农业保险市场的行政力度和财政补贴保费力度过大，把“政策性农业保险”变为“政府性农业保险”的色彩很浓；农业巨灾风险分摊机制还没建立，仍不可避免“十年盈利抵不上一年巨灾赔付”的局面；目前各地开展农业保险业务的依据是有关部门的红头文件，诸多解决问题的措施缺乏法律保障。在对策上，成果提出了设立国家、省两级农业保险（巨灾）风险基金，运用“共保体模式”化解农业巨灾风险，省级政府出台《政策性农业保险条例》以调控地区性农业保险市场，发展农业气象指数保险等具有创新性的建议。

三、成果意义

研究结论对于研判我国农业保险市场的特征与问题具有鲜明的理论意义。成果提出的发展我国农业保险的建议在建立农业保险巨灾风险基金、规范农业保险市场、借助非财政手段发展农业保险、创新农业保险产品等多个方面具有突出的实践意义。

企业家社会资本对组织动态能力的影响
——以组织宽裕为调节变量

作者：耿 新（山东财经大学）

《管理世界》 2010年6月

一、主要内容

本研究以小型民营科技企业为对象，考察了企业家社会资本与组织动态能力之间的逻辑关系，并探索了组织资源宽裕程度对该作用过程的影响。研究发现：企业家商业社会资本、技术社会资本的3个网络指标以及制度社会资本的网络强度，均会对组织的市场动态能力产生积极影响；而其制度社会资本对组织技术动态能力无任何显著影响。组织宽裕水平则调节着上述影响机制的某些方面，表明在多数情况下，企业家社会资本对组织动态能力的作用空间，会受到组织当前资源丰裕水平的制约。

二、主要创新

1. 将“功能主义”和“结构主义”视角的社会资本观点相结合，在测量上以网络结构特性考察不同网络成员类型的社会资本维度，提出了企业家社会资本测量的新方法，同时兼顾了企业家社会网络的资源潜力和社会资本的现实动员能力。

2. 以一手数据实证检验了企业家个体社会资本与组织动态能力积累之间的关系，丰富了组织动态能力“前置”影响因素的相关理论研究。

3. 提出以组织动态能力作为解析企业家社会资本影响作用的新被解释变量，为破解企业家社会资本——组织绩效二者间关系的理论“黑箱”提供了解决思路。

4. 引入情境因素考虑，对社会资本在什么情况下、以何种程度和何种方式发挥作用进行了初步探讨，指出了进一步研究的方向。

三、成果的意义

以实证结果表明，在资源较为丰裕的条件下，企业家与相关企业经理人、各类行业技术专家以及部分规制机构人员保持宽泛而紧密的私人关系，将有助于组织水平上市场拓展能力和研发能力的提升。另一方面，就政府而言，应进一步强化营造产学研之间的良好互动，充分促进组织间的跨疆界交流与沟通，通过培育知识、技术与产业三者的互动网络，推动企业与外部组织之间的信息、资源流动，这将更有助于中小企业尤其是技术型小企业自身动态能力的构建。

企业知识网络能力的理论架构和提升路径

作者：李　贞（山东财经大学）

《中国工业经济》　2010 年 10 月

中国工业的转型升级和实践中企业外部知识网络活动的频繁，对深入探索企业知识网络能力提出了新的要求。成果将停留在概念探讨阶段的企业知识网络能力，深化为具有理论架构、构成要素和测度体系的构念，具有重要的理论和实践意义。

一、主要内容

利用归纳式建构和演绎式建构相结合的方法，对企业知识网络能力的理论架构进行了探索研究；提出了“立足过程，兼顾网络和知识视角”的企业知识网络能力识别方法；借鉴模糊聚类算法思想构建了多维度的企业知识网络能力测度体系；在为企业知识网络能力的定性分析和定量测度提供工具的同时，得到企业知识网络能力的两种提升路径，即企业为主体的内部提升路径和政府为主体的外部提升路径，进而指出企业在实践中需要综合利用普遍性策略、特殊性策略和宏观经济政策来实现企业知识网络能力的提升。

二、主要创新

1. 突破了企业知识网络能力研究的瓶颈，将停留在概念探讨阶段的企业知识网络能力，深化为具有理论架构、构成要素和测度体系的构念，为企业知识网络能力研究向纵深方向发展和实证分析的开展奠定了基础。

2. 从“立足过程，兼顾网络和知识”的组合视角出发，提出企业知识网络能力的识别与测度方法，为企业在实践中识别知识网络能力的范围和发展水平提供了有效工具。

3. 立足企业知识网络能力与外部知识网络的互动演化，发掘企业知识网络能力提升的内部路径和外部路径，为差异化发展知识网络规划能力、管理能力、知识吸收和传送能力提供了具体的政策建议。

三、成果的意义

在跨组织合作日益频繁的知识经济中，外部知识网络是企业提高绩效和创新能力的重要渠道，然而迄今为止，关于促使企业成功构建和管理外部知识网络的能力还缺乏研究。成果不仅突破了该理论研究瓶颈，而且提供了在实践中识别、测度、提升企业知识网络能力的方法与策略，在深化网络理论的同时，对企业优化知识资源配置、提高经营绩效和创新能力、实现中国工业的转型升级等都具有重要的意义。

权力结构、信任机制与企业治理模式的演进

作者：李东升（山东工商学院）

《经济学家》　2010 年 11 月

一、主要内容

企业作为分工、协作的契约性经济组织，不同利益主体对专有、专用与通用性资源掌控决定了各自的博弈力量与权力分布，企业内部权力的配置由掌控关键性资源者主导，关键性资源和非关键性资源的逐步转化及其地位的升降过程中，实现了企业内部权力结构的动态调整。企业治理是协调企业不同利益主体关系的一组制度安排，制度环境作为外部约束力量最终影响甚至决定着企业治理模式的效用水平，外部制度环境变迁、内部关键性资源的变化引起权力结构变动，并导致企业治理模式的演进。企业内的信任机制是各企业长期积累学习的结果，具有价值性特征，各种形态企业治理的转型均是内在需求驱动与外在市场压力双重作用的结果，企业治理模式在渐进式的动态演进过程中呈现出路径依赖与自适应性的特性，遵循关键性资源、权力结构、治理环境与治理机制相匹配的演进路径，变迁路径可划分为：业主控制型古典企业治理模式、职业经理人控制型现代企业治理模式和控制权分享型后现代企业治理模式三个阶段。

二、创新之处

西方成熟市场经济国家对公司治理理论的研究由来已久，但由于治理问题的复杂性，对有效治理模式的理论研究尚未形成普遍共识。同时，在西方企业理论中，制度环境被认为是外生变量，几乎被排斥在企业治理模式研究外，且国内相关研究多侧重静态治理分析。成果选择从制度变迁、企业权力结构变动、信任机制选择与治理演进互动的视角，

探究制度环境与企业内部权力演化过程中企业治理动态演进与转型，寻找企业治理模式演进的一般规律，在研究的视角上具有创新性。在研究内容上成果构建了关键性资源、制度环境、权力结构、信任机制与企业治理模式互动关系的理论框架，并对业主控制型古典企业治理、职业经理人控制型现代企业治理和控制权分享型后现代企业治理三个阶段，企业权力结构变动、信任机制选择、治理模式演进的一般规律进行剖析。

三、理论与实践意义

从制度变迁、历史演进的视角分析制度环境、企业内部权力结构、治理转型内在关联性，剖析相互间的互动机理与一般规律，有助于深化企业理论、人力资本理论、公司治理相关理论，可为中国企业治理完善与深化提供理论参考与决策依据。

基于复杂适应系统理论视角的孙子作战思想研究

作者：纪洪波（滨州学院）

《军事历史研究》 2010 年 9 月

一、主要内容

复杂适应系统理论将系统中的主体命名为 Adaptive Agent，这些有适应能力的主体在表现出对外界环境有序性的适应的同时又能应对规律之外的无序性，谋求自身的持续发展，即主体为了生存下去，必须适应环境和其他主体，在适应中进化。这一理论具有比传统系统理论更具特色的新功能，其“复杂性造就适应性”的观点为我们将其引入战争领域，研究战争中如何适应瞬息万变的形势以取得胜利这一复杂过程提供了新思路。以《孙子兵法》为代表的中国兵学体系中，就蕴含着复杂适应系统的这一核心观点。《孙子兵法》在如何适应战场形势、适应对手等方面，进行了深刻的解答，提出了卓越的见解。

二、创新之处

本质上，战争是复杂适应系统之间的对抗。战争中任何一方都由众多的子系统组成，各子系统相互作用中具有非线性和不确定性的特点，导致战争的复杂性。战争中的复杂适应性表现在活力对抗中对战争环境及环境中其他作战主体的适应。将这一理论应用到对《孙子兵法》的分析中，系统地对其中的复杂自适应思想进行解读，在以往的研究中并未发现，无疑为研究《孙子兵法》提供了新的视角。研究视角独特，深化了《孙子兵法》研究，对现代战争具有借鉴和参考价值，创新指数较高。

三、成果意义

《孙子兵法》中蕴含着丰富的复杂自适应思想，以 CAS 中的复杂自适应特征分析其作战思想，不仅可以更好地理解这部兵书蕴含的深刻思想内涵，了解其之所以延续 2500 多年依然拥有强大生命力的原因，也可以更好地为指导现代战争提供有益的借鉴。《孙子兵法》中对战场和对手的适应，在现代战场上依然有着强劲的生命力，如协同作战、“知彼知己，知天知地”、指挥员的素质、军队建设等。

两权分离度与公司治理绩效实证研究

作者：马　磊（山东大学）

《中国工业经济》 2010 年 12 月

一、主要内容

论文采用灰色关联理论的实证方法，借鉴公司控制权理论关于控制权价值的研究思路，以中国民营上市公司为研究对象，通过追溯终极控制人，基于行业和控制方式两个维度系统考察终极股东所有权、控制权以及两权分离度的状况，进而考察两权分离度与公司治理绩效之间的关系。

二、创新之处

1. 实证研究方法上的创新。文章在实证研究方法上突破了目前同类研究成果研究方法比较单一的缺点，创新性地引入灰色关联理论的实证研究方法；而目前大多数同类研究成果所用的方法基本都是多元回归分析法，缺乏创新。

2. 理论研究视角上的创新。文章从上市公司终极控制股东所有权与控制权分离的角度考察终极控制人的两权偏离状况与公司治理绩效的关系，避免了目前大多数同类研究成果仅从表面上的第一大股东的角度考察公司治理状况的弊端，拓展了现有上市公司公司控制权的理论研究范畴。

三、理论和实践意义

1. 理论意义。终极控制股东两权偏离效应是中国证券市场上许多不规范问题的症结所在，然而国内大多数控制权理论的研究主要停留在表面大股东的层面，对于有终极控制股东的上市公司，其理论解释和应用价值存在一定的缺陷。文章从上市公司终极控制股东所有权与控制权分离的角度考察终极控制人的两权偏离状况与公司治理绩效的关系，拓展了现有公司控制权的研究范畴，无论在公司治理层面还是在政策监管层面都具有重要的理论意义。

2. 实践意义。通过层层追溯控制链辨认上市公司的终极控制人，了解终极控制人的特征及其拥有的现金流量权和表决权，有助于突破表面大股东的局限，正确理解上市公司最终控制人及其所有权和控制权与公司治理绩效之间的真正关系。

通过实证考察民营上市公司终极控制股东两权分离度与公司治理绩效的关系，进而提出相关政策建议，对于完善民营上市公司的所有权和控制权结构，促进终极控制股东效应的发挥，进而改善公司治理绩效，促进中国证券市场的健康发展具有重要的实践价值。

山东省文化创意产业集群化与可持续发展研究

项目负责人：张振鹏（济南大学）

省科学技术厅　2010 年 9 月

一、主要内容

成果以山东省文化创意产业集群发展模式与可持续发展策略为研究对象，从系统论的角度提出文化创意产业集群共性特征及影响因素，并分析产业集群形成机理。通过实地调研和资料整理，归纳山东省文化创意产业发展的优势资源与不足，提出产业集群化发展的七大策略，进而提出实现山东省文化创意产业集群可持续发展政策规制的对策建议。

二、创新之处

1. 成果注重不同学科理论的融合，综合运用文化创意产业、产业组织管理、区域经济、战略管理等相关理论，在理论的交叉中找结合点，探讨文化创意产业集群化发展模式，结合产业属性，提出文化创意产业集群的内生机理以及政策规制与产业集群发展的博弈关系。

2. 成果关于文化创意产业集群共性特征、影响因素与内生机理的总结和分析对产业集群发展实践具有启示作用；关于产业集群发展与政府制度安排之间关系的分析结论，以及针对山东省文化创意产业集群发展现状提出的可持续发展对策建议，为政府及相关管理部门提供理论参考和科学的决策支持。

三、实践意义及影响

成果对山东省文化创意产业发展资源的分析，既有数据资料又有文字分析，还有结论，可为政府主管部门、产业经营者和相关研究者了解山东省文化创意产业发展现状提供参考。成果提出政府作为促进文化创意产业集群形成的一种外部力量，应该采取因时因势而异的政策，即根据产业集群发展的不同阶段采取相应的对策。在文化创意产业集群形成初期阶段，以“放”为主，中期阶段主要是“助”，后期阶段主要靠“引”，并在此思路下针对山东省发展实践提出七大策略，对政府决策具有借鉴作用，对产业发展实践具有指导意义。

在课题研究中，发表论文 13 篇，其中 CSSCI 来源期刊及扩展版期刊 10 篇；成果先后获得济南市社会科学优秀成果一等奖；成果被《人大报刊复印资料》、《中国文化报》等报刊及期刊或博硕论文转载引用 40 多次。

提高新型农村合作医疗筹资水平与补偿比例研究

项目负责人：秦庆武（山东社会科学院）

全国社科规划办　2010 年 12 月

一、主要内容

1. 我国公共卫生资源配置的历史性回顾与新型农村合作医疗发展现状。

2. 筹资渠道与分摊比例。

3. 补偿模式的科学性与合理性。

4. 如何提高筹资水平与补偿比例。

5. 新农合制度如何与城镇居民医疗保险制度接轨。

6. 国外农村医疗保障及其启示。

二、成果的重点和创新之处

一是如何提高筹资水平，从而提高农民看病获得的补偿水平。二是如何确立一个科学合理的补偿模式和补偿比例，让农民更多受益。从而既解决好农民因大病致贫和返贫问题，又解决好农民小病不看，久拖成大病问题。对现有的新农合试点中存在的多种补偿模式给出了合理评价，并进一步探讨了低成本、高效率、农民受益更多的合理补偿模式。

三、成果意义

解决农民看不起病，和因病致贫、因病返贫问题是建立新农合制度的最大目标。评价这一目标的实现程度，主要取决于筹资水平和大病的补偿比例。筹资水平的高低，补偿体制的合理与否，决定了报销水平的高低，同时也决定了新农合政策目标的实现程度。因此，研究如何提高筹资水平，完善补偿模式，提高补偿比例，是实现新农合政策目标的关键。调查研究发现，新型农村合作医疗经过 7 年的试点，已取得了多方面进展。但目前最突出的矛盾，就是由于筹资水平较低，与城镇居民医疗保障水平差距较大；补偿模式不够合理，农民患病得到的补偿比例太低，2009 年全国平均农民住院补偿仅有 40% 左右，尚未达到新农合制度创立的政策目标。因此，成果不是笼统地研究新农合制度建设，而是针对筹资水平、筹资渠道、分摊比例、补偿模式、补偿水平等目前新农合试点中暴露出的突出问题，进行针对性强的深入研究，从而为达到新农合的政策目标寻找有益途径。成果既有助于丰富和完善新型农村合作医疗制度建设的理论体系，又能够为政府有关决策机构提供切实可行的对策建议。

地方高校科研服务于区域经济建设实践研究

项目负责人：王守伦（潍坊学院）

省社科联　2010 年 10 月

一、主要内容

依据高等院校教育学以及区域经济发展理论，综合运用文献搜集、基层访谈、比较分析等研究方法，从地方高校科研服务于区域经济建设实践中存在的问题着手，分析了国内外高校科研的基本发展状况，实证研究了地方高校科研的优势与劣势及其定位，在归纳总结了国内外高校科研服务于区域经济建设的实践经验和成功做法的基础上，系统提出了促进地方高校科研服务于区域经济建设的对策建议。

二、创新之处

阐明了地方高等教育与区域经济的良性运行和协调发展，是教育与经济关系的重要内容；做好地方高校科研定位、建设现代科研平台、培育特色学科、强化校企合作、争取政府支持等措施是提高地方高校科研服务于区域经济建设的主要途径；结合山东实际系统提出的促进地方高校科研服务于区域经济建设的对策措施，具有较强的针对性和应用性，尤其是阐明的科学构建高校科研社会评价体系及其建议具有新意，这对于完善高等教育发展理论体系，深化教育体制改革具有重要的理论价值和实践指导意义，可为国家教育部门制定相关政策提供理论依据。

三、理论和实践意义

理论上，通过借鉴和学习国内外的成功做法和实践经验，剖析我国地方高校科研现状，提出地方高校发展科研特色、走服务经济建设道路的设想；实践上，提出有效策略，有利于更好地引导地方政府、高校、企业间的良性互动，引导地方高校科研自觉服务于区域经济建设，促进区域经济又好又快地发展。

高速公路市场化融资体系创建研究

项目负责人：刘瑞波（山东财经大学）

教育部社科司　2010 年 7 月

一、成果的主要内容

项目主要是将数据包络分析法（DEA）引入高速公路上市公司股权融资效率评价体系中，以期通过计算并分析高速公路上市公司股权融资的总体技术效率、纯技术效率、规模效率，找到改善高速公路上市公司股权融资效率的有效办法，提高高速公路上市公司的融资效率。

二、成果的主要创新之处

1. 掌握现代化高速公路交通发展和公路建设与养护资金的运行规律，制定符合本国国情并与各个发展阶段相适应的高速公路资金筹措政策与战略。

2. 高速公路必须要有一个比较稳定的基金来源。在国家财政紧张的条件下，可以考虑将高速公路作为特殊商品，采用特许方式引进社会资金，进行企业化经营。

3. 我国高速公路上市公司股权融资效率还是低效的，其中有融资技术方面的原因，也有规模方面的原因。就纯融资技术方面来看，我国高速公路利用现有融资技术的能力还有待加强；就规模效率方面来看，我国部分高速公路上市公司的融资规模亦需要调整。

三、成果在理论和实践上的意义

根据国家高速公路网规划的预测，我国高速公路最佳规模在 10 万到 12 万公里之间。要建设规模如此巨大的高速公路，需要数额巨大的建设资金。通过本项目的研究，对于加快实现国家高速公路远景规划、推进工业化与城镇化进程、促进区域经济协调全面发展、增强国家综合竞争力等，具有重要的现实指导意义。

政治学

中国式网络问政

作者：邓兆安（烟台广播电视台）

张　涛（烟台广播电视台）

南方日报出版社　2010 年 11 月

《中国式网络问政》共 7 章。第一章简明扼要地阐述了当前中国社会的主要问题，指出了在社会转型大背景下，社会各阶层普遍产生的不适感。第二章从网络民意、网络诉求、网络暴力三个方面分析解读，挖掘网络民意的形成机制和传播特点。第三章对网络问政的历史与发展进行了全面回顾与透视，提出了“制度化网络问政”和“非制度化网络问政”概念，并重点介绍了人民网“地方领导留言版”栏目和“胡锦涛总书记同网友在线交流”经过。第四章首次详尽地、完整地揭示了“网上民声”的运作实践和经验，介绍了“记者追踪”、“嘉宾访谈”、“市长关注”等栏目的运作过程。第五章从民意伸张、舆论监督和解决问题三个层面分析网络问政平台的价值和作用。第六章进一步阐述了“执网能力”概念，深入分析了党和政府如何提高执网能力问题。第七章选编了部分网民、政府部门工作人员和“网上民声”编辑、记者的文章。

成果以第 19 届中国新闻奖一等奖作品“网上民声”为典型案例，以全国上百家网站在网络问政方面的探索和实践为基础，探究 10 多年来中国互联网领域产生的一系列政治现象，既有理论价值，又有实际指导意义。

成果是中国第一本对网络问政进行系统论述的著作，其中不仅有理论分析，也有很多生动案例。成果值得党政机关干部一读，有助于进一步提升对互联网的认识，积极参与网络问政，更好地把握网络民意，更有成效地提高执政能力。

地方政府行政能力研究

作者：方　雷（山东大学）

山东大学出版社　2010 年 3 月

一、主要内容

一是从政府形象塑造的角度论述地方政府的公信力。论述了地方政府公信力的评价标准、生成机制和价值功能，从制度、政策、行为、心理和技术层面分析了重塑政府形象的路径选择。二是从公共利益表达的角度论述地方政府的决策力。论述了地方政府决策力的运行机制、社会功用、影响因素，从目标、范围、程序、主体、机制分析了提升决策力的现实路径。三是从公共政策实现的角度论述地方政府的执行力。从权力配置、回应调整、绩效考评、问责监控和法律保障的角度论述了加强地方政府执行力的制度建设。四是从社会资源优化的角度论述地方政府的整合力。提出整合力的概念，从政治资源、经济资源、文化资源、社会资源和国际资源等方面论述了构建地方政府整合力途径。

从综合实力提升的角度论述地方政府的竞争力。从整体上概括地方政府竞争力的构成要素、内生基点，探讨了提升地方政府竞争力的对策建议。

二、理论创新

作为原创性的研究特别注意在以下几个方面的创新：一是重点把握从一般到特殊再到个别的逻辑关系，从历史到现实、从理论到实践，从国外到国内展开分析地方政府行政能力的特殊性。二是强调围绕地方政府行政能力“是什么”、“做什么”和“怎么做”的逻辑，沿着从结构到功能再到路径选择的思路分析地方政府行政能力的基本理论和运行机制。三是注重在全球化与当代地方治理运动兴起的宏观背景下展开主题，把行政能力与全球化、地方治理、地方制度和地方自治联系起来。四是重视探寻中国地方政府行政能力的活动规律、独特之处以及未来发展的基本趋势，联系实际分析中国地方政府改革与治理的方向、原则和途径，以期作出建设性的回答。

三、实践意义

有助于认识和了解地方政府及其运行机制的特点和规律；有助于比较各国地方政府管理的具体实践，提炼指导地方政府改革和发展的理论；有助于探索适合中国现实和未来发展需要的地方政府模式；有助于地方实务工作者树立先进理念，提高管理水平，提升政府效能，扩大社会效益。

社会主义与资本主义两制关系研究

作者：臧秀玲（山东大学）

山东大学出版社　2010 年 12 月

一、主要内容

成果深入研究了马克思主义经典作家关于两制关系的理论贡献，全面考察并总结了社会主义国家在处理两制关系上的经验教训，在科学分析当今世界两制关系新态势的基础上，从理论与实践的结合上阐明了处理两制关系的战略对策。

二、创新和特色之处

1. 研究视角和总体思路“新”。该著立足于两制关系的理论探究、历史经验考察、新世纪尤其是国际金融危机后两制关系新态势及其规律的归纳总结、战略对策选择等多视角、全方位进行探讨。

2. 资料挖掘“实”。成果具有扎实的研究基础和丰富的资料积淀，在占有翔实资料的基础上提出自己的观点，避免了人云亦云和无中生有。

3. 理论探讨“深”。首先，对两制关系理论内涵的新解读，成果从时间向度、空间向度和一个国家内部等三层面进行了分析，并从历史和逻辑的视角阐明了社会主义和资本主义存在着“对立关系”、“历史继承关系”、“借鉴与合作关系”、“共存与补充关系”、“替代关系”等；其次，对马克思主义创始人和继承发展者关于两制关系理论的一脉相承和与时俱进性作了系统的梳理和论证。再次，对两制关系新态势的深入分析，该著提出的关于两制关系“资攻社守、资强社弱”、“本质差别未消，根本对立依旧”、“经济交往与竞争剧增、政治冲突与博弈复杂化、文化融合与冲突并存、军事交流与较量增强、全球治理合作与纷争加深”等，具有一定的探索性。尤其对当下国际金融危机对社会主义和资本主义及两制关系的影响提出了新的看法。最后，结合我国国情阐明了应对两制关系新变化的战略对策，特别是该著所强调的“维护国家经济安全”、“树立新的安全观”、“提升文化软实力”、“必然代替”与“必须利用”有机统一等等，具有现实针对性。

三、理论和实践意义

成果在学术价值上进一步拓展了两制关系理论研究新领域；在应用价值上，对我国在新的历史起点上进一步走和平发展道路和处理好两制关系等都具有一定的现实指导意义。

改革开放以来中国特色农村政治发展模式的选择与优化研究

项目负责人：季丽新（山东工商学院）

全国社科规划办　2010 年 9 月

该研究报告是国家社会科学基金项目“改革开放以来中国特色农村政治发展模式的选择与优化研究”（08BZZ003）的最终成果。

一、成果的主要内容

改革开放以来我国农村已经形成了以“乡政村治”为主要标志的中国农村政治发展模式，但这一初级形态的农村政治发展模式已经暴露出严重的问题，农村政治发展陷入困境。要放弃固守“乡政村治”模式的政治思维，构建中国新型的农村民主自治模式，即以中国共产党领导下的村民自治制度、乡镇人民代表大会制度和乡镇民主自治制度为制度支撑，以农村公民社会和农村公民文化建设为社会和文化基础，把民主和自治两个价值目标融合起来。

二、创新之处

提出了改革开放以来中国特色农村政治发展模式的概念；提出了改革开放以来我国已经形成了以“乡政村治”为主要标志的中国特色农村政治发展模式；提出了中国农村政治发展模式的未来走向；通过农村社会调查考察了与现代化相联系的经济、文化和社会变迁等因素对政治参与的影响程度，得出了文化程度对政治参与的影响最强，经济收入与政治参与的相关性最弱；通过农民专业合作社调查提出：我国很多农民专业合作组织实际上是骗取国家政策支持的虚假农民组织；通过农民参与调查发现：在经济比较发达的村庄，大多数农民在利益的驱动下参与选举投票。

三、理论和实践意义

本课题为深化农村政治发展理论作出了可贵的探索，有利于进一步推动农村政治发展实践，进一步促进“三农”问题的解决，为提升中国政治发展水平尽微薄之力。课题形成了 5 篇比较有分量的研究报告，提出了一些建设性意见，得到了当地政府和有关部分的重视。

环境外交中的国家意志与公共政策协调

作者：杨鲁慧（山东大学）

《世界经济与政治》　2010 年 6 月

一、论文主要观点

1. 环境外交与国内政治的互动关系。环境外交的本质最终是体现为国家的集团利益与公共政策协调问题。如何构建国际和国家环境治理模式，实质上是一个外交政策与国内政策之间如何保持统一衔接与平衡张力的问题。

2. 当代环境外交的基本特点。（1）全球性、长期性、整体性是环境问题在时空上呈现的基本特性；（2）环境外交具有很强的扩展性和公益性；（3）环境外交与国内政治的相关性；（4）环境外交具有很强的科学技术属性。

3. 中国环境外交的国家意志。环境保护作为国家治理的生态领域，需要强大的国家意志与环境治理的刚性约束。其实质是环境外交和环境保护需要强化国家在环境治理中的责任和行动。

4. 环境外交与中国环境治理的公共政策协调。环境问题从政治学的角度看，更重要的还是公共利益与政府服务及公共政策问题。它关系到利益群体的角色定位，利益分配格局的配置，环境治理中有关部门的利益协调问题。

二、论文创新之处

1. 论文选题具有前沿性。本论文把环境外交与国家的公共政策协调结合起来还是一个新命题，接触学科前沿领域，能较深刻地把握未来国际政治格局的发展走向。

2. 论文观点和视角新颖。本文从理论层面上佐证了国际关系研究中的“反第二层面”理论，即外部国际制度力量势必影响甚至改变国内政治决策的变量及走向。

3. 论文研究思路的独特性。环境外交实质是国际环境制度逐步内化的过程。环境外交和环境治理需要强化国家意志在环境治理中的责任和行动，基本的环境质量是一种公共产品，是政府必须确保的公共服务。

三、选题意义

理论学术价值：全球正面临生态环境系统逐渐失衡乃至恶化的趋势，应对气候变化和环境治理已成为大国政治交锋的前沿，环境外交的兴起是国际关系新的研究领域。

实践意义：中国在崛起中如何应对国际社会越来越大的减排压力，在环境外交这一国际政治舞台上发挥积极建设性的作用，是我们急需解决的重要课题。

列宁“民族自决权”思想缘起探析

作者：张祥云（聊城大学）

《当代世界社会主义问题》　2010 年 12 月

一、主要内容

19 世纪末 20 世纪初，列宁在继承前人思想成果的基础上，结合帝国主义阶段的时代特征，基于俄国的国情与民族特点，为坚持和发展马克思主义民族理论，实现各国各民族的无产阶级在反对帝国主义的国际社会主义革命和争取民族解放、独立斗争中的团结与统一，对“民族自决权”思想进行了新的阐发与实践。

二、成果的主要创新之处

1. 结合当时的历史背景，依据马克思主义经典文本，对马克思、列宁的“民族自决权”思想的产生与发展过程、二者之间的关系等进行了全面翔实的阐述。据统计列宁有关民族自决权的文章共56篇，成果依据列宁在《论民族自决权》、《关于自决问题的争论总结》等一系列著作中的相关论述，阐释了列宁在自决权问题上对马克思主义民族理论的继承与发展。

2. 对列宁“民族自决权”思想的特点、实现途径、适用范围等作了创新性分析。如指出列宁认为“提出民族自决的口号同样必须同资本主义发展的帝国主义时代联系起来”；“民族自决问题的关键就在于各压迫民族的社会党人的行动如何”等。通过分析，对列宁重提并阐发民族自决权理论的重大意义与作用进行了恰当、有力的评析与定位。

三、理论与实践意义

1. 能够为党和国家处理民族问题提供鉴戒。列宁的民族自决权思想对推进俄国革命进程发挥了重要作用，后来苏联在处理民族问题上犯了诸多失误和错误，很大程度上是没有正确对待和认识列宁的民族自决权思想。中国也是一个多民族国家，处理好民族问题，对国家的稳定与团结具有重要的意义。因此，深入分析列宁的民族自决权思想，能够为党和国家处理民族问题提供有益的启迪。

2. 有助于深化对国际社会历史与现实的认识。列宁的民族自决权思想，不仅在推翻沙皇、创建苏联、建设苏联过程中起着重要的作用，而且促进了殖民地的民族解放运动。同时，当今国际社会中的许多重大事件与问题，都有着民族的因素。因此，深入研究和解读列宁的民族自决权思想，对于正确认识国际社会的重大现实与历史问题都是很有裨益的。

英国工党性质的三维解读

作者：李华锋（聊城大学）

《理论导刊》 2010年7月

一、主要内容

基本力量、政策取向与意识形态是考察政党性质的重要参数。历经百年的发展演变，英国工党在这三个方面都既有不变之处，也有变化之处。从阶段划分讲，工党原来是一个信奉民主社会主义，而非马克思主义的工人政党；革新后的工党是一个信奉社会民主主义，而非马克思主义的中左翼政党。从动态审视看，在英国政党政治谱系中，工党在由左向右移动，由左翼力量转变为中左力量；在世界社会主义政党谱系中，工党属于右翼力量，并且进一步向右移动。

二、成果的创新之处

1. 在研究视角上，在学术界第一次从“依靠谁”、“为了谁”、“信奉谁”三个维度全面动态地考察英国工党的性质，深化对工党的认识，避免对工党认识的简单化和静态化，从而更好地把握英国政治与民主社会主义政党。

2. 在研究观点上，关于英国工党性质，革命导师列宁曾经有一个经典的论述。本文没有拘泥于列宁的论述，而是在正确评价列宁观点的基础上，运用马克思主义的方法论，得出一个有说服力的结论。

三、理论与实践意义

1. 有助于深化对西方社会民主主义政党的认识，准确把握资本主义的历史发展趋势。英国工党是西方国家民主社会主义政党的典型代表，也是西方国家政党政治中左翼政党的主要代表，通过研究英国工党性质的发展变化，能够使我们更为客观全面地认识民主社会主义政党的历史变迁，正确认识资本主义社会发展的历史进程。

2. 能够为加强中国共产党的建设提供有益的鉴戒。英国工党性质变迁和继承的过程，也是英国社会不断发展变化的过程。在这一进程中，既有经验，也有教训。通过汲取经验，总结教训，有助于中国共产党与时俱进，加强和改进各方面的建设，更好地肩负起领导中国特色社会主义事业的重任。

法学

通往自然之路

——人与自然关系和谐化的法律规制

作者：张　锋（山东师范大学）

中国环境科学出版社 2010年9月

一、主要内容

成果是教育部人文社会科学研究青年基金项目《人与自然关系和谐化的法律规制——环境损害赔偿立法研究》（编号09YJC820067）的最终成果。

成果遵循从理论到实践、从道德到法律的逻辑规律，以人与自然关系的曲折进路为切入点，对人与自然关系的历史演变、发展趋势作了动态的分析，并从哲学、伦理学、法学等多维视角探究自然权利的正当性，阐述了自然权利的发现及其道德关怀、自然权利的法律关照。在深入考察自然权利面临的法律现实困境与缘由的基础上，指出实现人与自然关系和谐化的法律规制，必须既着眼于宏观方面人与自然和谐的环境法的构建，又着力于微观方面自然权利司法救济机制即环境公益诉讼制度的完善。本书对人与自然和谐关系法律化的实践提出了富有建设性的制度设想。

二、成果的创新之处

相比其他环境法学著作而言，《通往自然之路》是特色鲜明的：一是研究视角新颖。全书以“自然权利”为核心，探索以自然的属性为基础的自然观，证成自然权利法律化的正当性和可行性；二是论述方法独特，打破平铺式的论述和直线阅读模式，时间由远及近，内容时浅时深，理论和现实交相呼应，读来充满趣味而又令人印象深刻。

三、成果在理论和实践上的意义

本成果具有较大学术价值：一是完善环境法学理论。探讨人与自然关系法律化的现实路径，即通过对自然救济最重要的环境损害赔偿、环境公益诉讼机制，实现对自然的有效保护；二是对环境法制实践提出富有建设性的制度设想。对环境公益诉讼中原告资格问题、环境公益诉讼制度的诉讼范围与举证责任等问题提出了富有建设性的制度设想；三是推动其他部门法学之变革。环境法学的发展需要汲取其他部门法学的营养，同时，环境法学的发展往往也带动了其他部门法学的变革。成果不仅丰富了环境法自身的内容，也拓宽了其他部门法学的研究视野，使其从崭新的角度审视各自的理念和制度框架。

中国传统官僚政治中的权力制约机制

作者：孙季萍（烟台大学）

北京大学出版社　2010 年 3 月

一、主要观点

1. 不同历史文化背景和不同政治体制之下，政治运作的某些机理是相通的。现代权力制约机制与古代时期既有历史的联系，又有质的区别，从对传统政治的分析和透视中，我们可以对现代权力制约模式进行反思，并尝试构建现代权力制约体制的框架。

2. 中国古代权力制约存在其内在逻辑与理性基础。“吏清则民治”，这是中国古代帝王政治的共识。历史上的各个王朝都相当重视对官员的管束和约制，建立了多环节、多渠道的权力制约机制，防治结合，道德与法律交互作用。

3. 中国古代权力制约呈现多样化的面貌。制度化与非制度化、公开化与非公开化、程序化与非程序化并存，是中国古代权力制约的重要特点。

4. 在一元化的专制集权政治之下，权力制约机制无法奏效。专制政体中，权力制约呈现单线垂直、自上而下和内部自我制约监督的特点，难以发挥功效。另外，专制政治下，皇权是决定权力制约机制实际效能大小的关键。

二、创新之处

1. “还历史以本来面目”的研究初衷。在现代中国法学和政治学研究中，言及“权力制约”，学者们更多关注的是西方经验，而对中国政治史上的权力制约机制则大多简单否定。事实上，中国两千年帝制政治有着丰富的权力制约历史，其中有经验，亦有教训，可以为今天的相关机制建设提供良好资源。

2. 理论体系创新。中国传统官僚政治中的权力制约问题的研究至今未有专门论著问世，本书构建起中国传统政治权力制约理论与实践的基本体系和框架。

3. 观点创新。对中国传统官僚政治中权力制约的基本原理、体系结构、手段方法、特点及功能作用、实质和缺陷等进行总体分析和评价，对传统政治理论与实践的现代价值和转化进行理论探索，尝试揭示权力制约的普遍规律。

后代人权利理论批判

作者：刘卫先（中国海洋大学）

《法学研究》　2010 年 11 月

一、主要内容

全球性环境问题和各种环境保护思想为后代人权利理论提供了目的性的“环境”要素；二战以后自由主义思想的复兴直接为后代人权利理论提供了工具性的“权利”要素。在这两种要素结合的基础上，并在实用主义法律观念的影响下，后代人权利理论由美国当代著名哲学家约尔·范伯格于 1971 年首先提出。此后，后代人权利理论在环境危机的推波助澜下以及伴随着人们环境保护意识的增强得到了进一步的发展，并得到广大学者的认同。此外，后代人权利理论在全球环境危机的话语背景下，逐步从理论主张向实践领域延伸，获得了较为广泛的影响。一方面，一些学者极力主张在现行的西方代议制民主政治体制中要有后代人利益的代言人，并且部分国家也由此设立了后代人委员会之类的机构；另一方面，后代人权利理论也渗透到有关立法和司法实践中。一些规范性的国际法律文件、宣言等明确规定保护后代人的利益以及后代人的权利，国际法院的部分法官也极力主张保护后代人的权利，部分国家的法院甚至允许后代人作为原告而进行起诉。

后代人权利理论在国外的“兴起”也在我国产生了广泛影响。我国学者对后代人权利理论的接受是从环境法学领域开始，并逐步扩展到法哲学、政治哲学、应用伦理学等诸领域的。我国环境法学界对后代人权利理论的接受是在环境权理论与可持续发展理论以及代际平等理论的共同影响下实现的，后代人权利理论也正逐步渗入我国社会科学理论研究的各个领域之中，呈现出越来越“繁荣”的景象。

透过后代人权利理论的发展过程，我们可以发现其具有以下逻辑内涵：一是后代人权利理论是借后代人之名行保护环境之实；二是后代人权利理论把人与自然的关系定性为一种占有、拥有的支配控制关系；三是后代人权利理论把整个人类人为地分割成当代人与后代人这两个独立且相互对立的主体；四是后代人权利理论是权利主体扩展理论的组成部分和必然结果，其与自然体权利理论一脉相连。

但是，后代人权利论者用以支持“后代人权利”的各种证据，包括代际平等理论、代际契约理论、跨代共同体理论以及部分相关的立法和司法实践，都无法必然推出后代人享有权利这一结论。后代人权利理论的论证逻辑存在断裂。

后代人权利理论赖以成立的预设性前提也是不可靠的，是虚构的“客观事实”。人类只是大自然无私怀抱中的生存者，从来没有控制过而且永远也不可能控制大自然。在环境危机语境中，环境是整体的地球环境，人类是集合概念的人类。这种集合概念的人类不能够被人为地分割成当代人和后代人这两个相互独立且对立的主体。后代人权利理论本身就是建立在错误的假设基础之上的。

虽然自近代以来，传统权利的主体范围确实有所扩展，但这种扩展并非是随意的。权利主体范围的扩展应受到各种因素的制约而具有一定的限度。无论是从权利赖以存在的环境、权利的主体哲学、权利的主导价值，还是从利益转化为权利所具有的限度来看，权利都不可能扩展到后代人权利论者所说的“后代人”身上。

通过辩驳性分析，我们发现后代人权利理论是一种关于虚构的权利义务（后代人享有权利，当代人负有义务）关系的理论，是传统的权利理论在环境法领域的套用。虽然后代人权利理论不是一个科学合理的法律理论，但它追求的环境保护目的毫无疑问是正确的，只是该理论用以实现这一目的的“后代人权利”这一途径是行不通的。保护作为人类生存繁衍必要条件的地球环境只能依靠人们普遍承担保护环境的义务。而“后代人权利”追求，无论是在理论上，还是在实践上，给人们留下的都是实实在在的保护环境的义务。在这一点上，后代人权利论与环境义务论是不谋而合的。环境义务是后代人权利理论的本质，也是后代人权利理论的正确出路和归宿。

二、创新之处

通过对后代人权利理论的梳理和批判性分析，指出所谓的“后代人权利”只不过是一个理论的虚构，“后代人权利”的追求给社会留下的只是人们普遍承担的保护环境的义务。环境义务不仅是后代人权利理论的本质所在，也是后代人权利理论正确出路与归宿。人类要想实现可持续的发展，每个人必须切实承担起保护环境的义务。

三、理论意义

通过批判在当今世界环境法学、环境政治学、环境哲学、环境伦理学等领域具有广泛而深远影响的后代人权利理论，并指出其本质和出路，从而改变人们对其盲目赞同的态度；纠正“权利”思维模式在环境保护法律领域中的套用，使人们形成正确的解决环境问题之法律路径；使人们正确对待国外有关环境法理论与实践。

论被迫行为的刑法规及其体系性地位的重构

作者：柳忠卫（山东大学）

《中国法学》　2010 年 4 月

一、成果主要观点

1. 刑法中被迫行为的理论界定。刑法中的被迫行为是指行为人在受到胁迫的情况下实施的侵害法益的行为。被迫行为按行为人受胁迫的内容可以分为三类：第一类是重度胁迫下实施的行为，重度胁迫是指以杀害相威胁；第二类是中度胁迫下实施的行为，中度胁迫是指以伤害相威胁，包括以重伤与轻伤相威胁；第三类是轻度胁迫下实施的行为，轻度胁迫是指以损害财产或揭发隐私等相威胁。需要特别指出的是，必须区分胁迫行为与被迫行为。胁迫行为与被迫行为是相对应的行为，即没有胁迫行为就没有被迫行为，被迫行为是在胁迫行为的强制下实施的，因而不能混淆胁迫行为与被迫行为。由于胁迫者在一般情况下都会被以犯罪论处，而被胁迫者由于行为是在胁迫者的威胁下实施的，因而就存在一个被迫行为是否构成犯罪、是否负刑事责任以及负何种程度的刑事责任的问题，这才是我们讨论刑法中被迫行为的真正原因和目的所在。

2. 刑法中被迫行为体系性地位之辨正。在刑法中，讨论某个要素的体系性地位，实际上就是探讨该要素在犯罪构成中的哪个部分被评价的问题。虽然各国关于被迫行为体系性地位的刑事立法都有着各自的原因和理由，但存在并不意味着都是合理的，因而对于被迫行为的体系性地位，需要从犯罪构成体系的科学性、被迫行为体系性地位和合理性和现代刑法发展方向的角度，全面地予以审视，以便对被迫行为在犯罪论体系中的地位有一个准确的界定。关于被迫行为在犯罪论体系中的地位，本文的基本观点如下：首先，从犯罪论体系科学性的角度，应当区分违法阻却事由与责任阻却事由；其次，从被迫行为体系性地位合理性的角度，被迫行为应当是一种责任阻却事由而非违法阻却事由；最后，从现代刑法的发展方向的角度，被迫行为应当作为一种独立的责任阻却事由在刑法中作出明确规定。

3. 刑法中被迫行为体系性地位的中国命运。本文认为，中国刑法关于被迫行为刑事责任的规定存在以下问题：（1）将定罪问题与量刑问题颠倒，抹杀了被迫行为在犯罪论体系中的地位；（2）将胁从犯规定在共同犯罪中有损于共犯论体系的科学性。根据前文对中国刑事立法关于被迫行为体系性地位问题的分析，本文认为应当对中国共同犯罪人分类及被迫行为的体系地位做如下调整：（1）在共同犯罪人的分类体系上，变作用分类法为分工分类法，借鉴世界上大多数国家刑事立法关于共同犯罪人分类的方法，将共同犯罪人分为正犯、教唆犯和帮助犯。（2）对因受强制而实施侵害法益的行为的刑事责任问题单独作出规定。基于前文对被迫行为体系性地位的分析，本文认为被迫行为应当作为一种独立的责任阻却事由在刑法中作出单独而明确的规定，因而中国刑法关于被迫行为的刑事责任问题的刑事立法应当做以下调整：取消刑法第28条关于胁从犯的规定，将其合并到刑法第16条当中。具体内容可以设计为：刑法第16条原来内容保持不变，增加一款作为第2款："行为虽然造成了危害社会的结果，但该行为是在不可抗拒的强制或者威胁下实施的，不负刑事责任。行为虽然是在他人的强制或者威胁下实施的，但这种强制或者威胁并没有达到不可抗拒的程度的，应当负刑事责任，但是可以减轻或者免除处罚。"（3）在改革共同犯罪人的分类体系并将被迫行为规定为独立的免责事由以后，必须对现行的犯罪构成体系进行调整，在新的犯罪构成体系中，身体强制、环境强制、精神强制下实施的侵害法益的行为都由于行为人的自由意志受到不可抗拒的抑制而不符合主观有责性要件，因而在有责性阶段被排除犯罪性；而受到精神威胁的行为人在意志没有完全丧失的情况下实施的侵害法益的行为则不排除犯罪性，只是减轻或者免除刑事责任。这样一来，被迫行为的刑事立法与犯罪构成体系就达成了和谐的统一，实现了刑法典的协调性和犯罪构成体系的科学性。

二、成果的创新之处

该成果从比较法的视角考察了不同法系国家对被迫行为的刑法规制及其在犯罪构成体系中的地位，分析了中国刑事立法对于被迫行为刑事责任规定的缺陷和刑法理论对于被迫行为体系性地位的误读，并从现代刑法发展方向的角度将被迫行为的体系性地位界定为一种独立的责任阻却事由。

三、成果在理论和实践上的意义

该成果的理论意义在于重新界定了被迫行为在犯罪构成体系中的地位，对于中国犯罪构成体系改革具有重要的启发意义；其实践价值在于为立法者用刑法规制被迫行为提供新的思路，为我国共同犯罪体系的改革提供有益的参考。

浅析职务犯罪预防教育的现状和对策

作者：袁兆春（曲阜师范大学）

《齐鲁学刊》　2010年9月

一、主要内容

1. 职务犯罪的特点及其成因。

所谓职务犯罪，是公职人员滥用职权谋取私利，侵犯国家公共利益，腐蚀、破坏正常社会关系的行为的总称。

职务犯罪的主要特点有五：犯罪手段隐蔽化、智能化；犯罪所涉行业多样化；犯罪主体单位化；犯罪年龄年轻化；犯罪后果严重化。

职务犯罪的主要表现形式：权钱交易型；腐化堕落型；权力渎职型。

职务犯罪的成因：机制原因；法制原因；个人原因；消极思想的影响。

2. 职务犯罪预防教育的内容及存在问题。

职务犯罪预防教育的内容：普法教育；预防教育。

预防职务犯罪教育的载体：媒体教育；实地帮教。

犯罪预防教育中存在的问题：教育活动的被动性；教育涵盖面的狭窄性，致使犯罪预防宣传教育出现盲区；预防教育专业队伍的滞后性；年轻干部预防教育的空白性；要求标准与教育内容的错位性。

3. 预防教育的完善对策。

运用警示教育，增强教育的预防性和实效性；普及道德教育，实现预防教育的内化

强化法律知识教育，防范职务犯罪再发；利用

亲情教育，营造防范教育氛围；构建预防教育网络，扩展教育辐射面；加强预防教育队伍建设，增强预防工作战斗力

二、成果的创新之处

针对当前职务犯罪的特点、趋势，我们认为教育作为犯罪预防的重要手段，在职务犯罪预防中起着不可或缺的作用，应该特别加强。但当前预防教育存在着诸多问题，影响并制约着教育的实效。因此，预防教育工作应按照科学发展观的要求，以人为本，多策并举，强化教育在职务犯罪预防中的实效，从而使教育真正成为预防职务犯罪的一道坚实防线，以便检察机关高效服务于和谐社会建设。

三、成果在理论和实践上的意义

在理论方面，该成果对于教育在职务犯罪预防中的定位、作用、途径等进行了综合性研究，对于相关立法机关、检察机关具有指导性意义。

哲学社会学

新工业论——工业危机与新工业革命

作者：韩民青（山东社会科学院）

山东人民出版社 2010年7月

成果围绕深入探讨当代全球工业危机和新工业革命的问题，主要提出和阐述了如下原创性观点。一是关于人类文明演进规律的观点。人类文明的演进在本质上是由浅入深地不断推进对自然物质层次的认识与改造，不同文明形态的根本标志是不同层次的物质生产力和生产方式。二是关于工业文明的本质、局限和危机的观点。从物质层次上讲，工业化生产是一种“采掘和利用天然化学物质资源的生产”；从体制上讲，工业化生产是一种市场化、资本化、国际化的生产。工业化生产的本质决定了它的局限性。目前，全球范围的工业危机已经来临并日益严重。三是关于工业文明之后的新工业文明的观点。目前，一场新科技革命新产业革命正在全球兴起。综合起来看，新科技革命新产业革命正在形成物质生产方式的新变革新飞跃，一种比工业化更高级的物质生产方式正在形成，工业化之后的更高级的物质生产方式和文明新形态应称之为“新工业化”和“新工业文明”。四是关于中华民族复兴必须抓住新工业革命的历史契机的观点。历史表明，新产业革命往往成为落后国家后来居上的历史契机。新工业革命正是中华民族重新崛起的历史机遇。

生活于共同体之中
——查尔斯·泰勒的政治哲学

作者：韩　升（鲁东大学）

中国社会科学出版社 2010年5月

一、主要内容

查尔斯·泰勒是以身体力行地倡导共同体主义而闻名于世的著名政治哲学家、西方共同体主义的代表人物。在西方思想界泰勒堪于罗尔斯、哈贝马斯比肩且被罗蒂列入“当代世界正在创作的最重要的十二个哲学家”之中，但在我国国内学术界对泰勒思想的研究却起步较晚。“生活于共同体之中”是对查尔斯·泰勒政治哲学思想的集中概括，围绕这一主题，本成果主要阐释了如下内容：

1. 泰勒的政治哲学生成于当代自由主义思想语境之中，并与泰勒自身在加拿大魁北克政治运动中的积极实践密切相关，在理论的传承流变中则体现了对亚里士多德的城邦政治学、赫尔德的语言哲学、黑格尔的主奴辩证法思想、托克维尔的民主哲学等的批判继承。

2. 泰勒集中剖析了现代性存在的带有极度自恋色彩的自我实现的个人主义、工具理性的优先性、自由的丧失等方面的隐忧，指出当今西方的自由主义与共同体主义之争存在大量的答非所问现象，在回顾贡斯当、伯林之自由观分殊的基础上批判消极自由并提出了一种处境化的积极自由观，总结了政治原子主义的表现及其可能存在的社会后果。

3. 泰勒指出，人是一种“自我解释的动物”，任何政治行动背后都存在着需要加以表达的道德本体论，自由主义的权利政治模式需要进行伦理重构，针对“少数人群体”的承认要求我们需要集中构思一种注重对话与交流的“承认的政治”。

4. 泰勒认为，现代市民社会存在需要加以深入挖掘的复杂文化根源，现代公共领域是我们应对和化解个人主义民主危机的现实选择，现代性的自我拯救在于重新发现那些被掩盖的思想文化资源以恢复现代社会想象的广阔视野，社会世俗化以后的政治认同需要宗教文化和世俗文化的平衡中实现。

5. 我国素有重视整体的思想传统，在西方思想语境中孕育产生的泰勒的共同体政治哲学思想对于促进中西文化交流以真正实现我们的文化自觉具有重要意义。

二、与同类成果的不同和创新之处

1. 对查尔斯·泰勒思想进行系统研究的探索性开创：对查尔斯·泰勒思想的研究在我国起步较晚且成果有限，本书为当代汉语学界提供了第一部系

统研究查尔斯·泰勒思想的著作。

2. 理论观点上的创新：放弃学术界流行的以社群主义者来笼统对待泰勒的流行做法，深入挖掘泰勒思想的本真，通过“生活于共同体之中”使泰勒政治哲学的思想片段得以勾连并加以完整呈现。

3. 论述方式上的创新：行文表述力求避免简单发布独断性观点，努力通过思想史的追溯和经典文本的发掘来循序渐进地阐发，积极诱发展开批判性探究的冲动，努力营造一种意义得以生发、价值得以体现的哲学对话空间。

4. 研究方法上的创新：坚持“了解之同情”（即伽达默尔所谓的“视域融合”）展开研究；坚持事实研究与价值判断相结合，对泰勒政治哲学的阐释内涵着作者自身的价值判断，对自身观点的阐发展现着对泰勒政治哲学的观照；坚持概念史追溯与规范论证相统一，努力追踪自我、共同体等政治哲学关键词的概念史演变，同时结合现实社会生活进行规范论证。

三、本成果的理论意义和实践意义

本成果的理论意义：

（1）系统总结分析了国内学术界对查尔斯·泰勒的研究，并从全新角度展开深入剖析；（2）始终秉持问题意识，在阐释泰勒政治哲学思想过程中渗透着浓重的实践旨趣；（3）积极探求新的研究方法对泰勒及相关西方政治哲学思想展开探索性研究；（4）深度发掘政治哲学内涵的对话本质，并将之贯穿于整个分析阐释的过程之中。

本成果的实践意义：（1）泰勒的政治哲学具有重要的现实关怀和实践指向，有助于丰富我们对社会弱势群体、善治、服务型政府的建设等问题的认识与理解；（2）对泰勒政治哲学的系统阐释能够向教学实践转化，为培养高素质思想政治教育人才服务，实现教研相长；（3）对泰勒政治哲学话语的中国化转换能够向社会转化，为提高公民的人文素质服务。成果的社会反响：《中国社会科学报》2010年7月27日版、《社会科学战线》2010年第9期、《济南大学学报（社会科学版）》2011年第5期等报纸杂志有书评重点推介。

从博弈问题到方法论学科

作者：徐传胜（临沂大学）

科学出版社　2010年7月

一、主要内容

以吴文俊院士所倡导的“古证复原”为基本原则，从科学技术哲学角度，运用内史和外史相结合、学派整体和数学家相结合、史料考证和数据分析相结合、概率思想和文化背景相结合等方法综合考察并合理重构了概率论从博弈问题分析到严密公理化体系的发展历程，初步厘清了一些重要概率思想的源和流，并试图对概率论的本质提出更为合理的阐释和解读。除绪论外，全书分为8章。第1章主要探讨了概率论的创立和初步发展；第2章阐述了古典概率论的发展；第3章论述了拉普拉斯、泊松、比埃奈梅、高斯和勒让德的概率思想及其对概率论发展的贡献；第4章讨论了圣彼得堡数学学派对大数定理和中心极限定理理论的相关研究；第5章探究了马尔可夫的概率思想及马尔可夫链的创立；第6章厘清了概率论的公理化过程；第7章考察了概率论在中国的传播和发展；第8章介绍了概率论发展的新时代。

二、成果的创新之处

以“为什么概率”为研究切入点，相关研究大多注重于概率学者的研究成果，但尚未从“为什么”角度对问题进行系统考察和分析；注重不同学科间的交叉和融合，深入挖掘了概率论经典著作中所蕴含的具有旺盛生命力的思想和观点，尤其是那些被忽视的思想和观点，以系统、完整、准确地理解概率哲学思想；从现实生活中的一些重点、热点问题研究入手提升出一些新思想、新观念，用以指导社会实践，同时推进概率哲学理论的发展；从科学教育角度诠释概率思想，对一些概率公式的创立及演化作了较为细致地探索，复原了某些数学家的概率模型，还原了概率公式的生命活力；探索了中西方概率文化的融合模式，概率论诞生于西方，探索和寻找中国化的概率哲学新形式，使其具有中国风格和特色，方可使中国学者易于接受。

三、成果的理论和实践意义

提供了专门自然科学哲学研究成功案例，其研究方法可拓展到其他科学哲学分支；有助于理解概率论相关理论和基本方法，充分展示了概率论的人文内涵；推进了概率论与相关学科的融合，有些学者在变值模拟测量中，就参考了本著作一些结果；通过探索概率论发展的内在规律和演进方式，为当今概率论研究提供历史文化借鉴和学术理论支撑，科学预测概率论未来的发展重点和突破方向，为发展决策的制定提供科学选择依据；研究成果有助于系统建立我国概率论学科传承的基本脉络，探索概率人才的成长规律。

重新诠释唯物主义辩证法

作者：郝立忠（山东社会科学院）

《马克思主义研究》　2010年7月

传统马哲教科书习惯于把唯物主义辩证法表述

为三大规律和若干对范畴。因而在将唯物主义辩证法表述为三大规律时，不能很好地与黑格尔辩证法划清界限；将唯物主义辩证法理解为方法时，又无法与传统形而上学的概念推论划清界限。对马克思的整个哲学进行考察就会发现：传统马哲教科书的表述仅仅是抓住了唯物主义辩证法的一个方面，而且仅仅是一个次要的方面——认识世界方面。作为两大基本的哲学形态之一，唯物主义辩证法不同于一般的方法论，它具有自己的目的、对象、特征、功能、内容、范畴和作用，具备哲学形态的全部基本要素。唯物主义辩证法不仅是认识世界的方法，而且是改造世界的方法；不仅是认识世界和改造世界的方法论，更是一种与传统形而上学全面对立的全新的哲学形态。对于这个哲学形态，也许还可以用“历史唯物主义”或“实践唯物主义”等名称来称呼它，但不论怎么来称呼它，它的理论特征、基本要求、主要原则、主要内容以至表述方式，都应该是基本一致的，都必须与传统形而上学明显区别开来。成果作为《马克思主义研究》封面文章及“哲学与文化专栏”首篇发表，《中国社会科学文摘》“马克思主义理论”栏目作为首篇文章全文转载，《新华文摘》和《光明日报》论点摘编，在学术界引起了一定反响。

企业家创新精神原动力研究

作者：赵　薇（济南大学）

《山东社会科学》　2010 年 7 月

一、内容提要

该成果系澳大利亚政府亚洲企业家精神课题的阶段性研究成果。重点围绕企业家创新精神这一核心问题，从社会需求的视角探讨企业家创新精神形成和发展的动因和动力体系，提出社会需求是企业家创新精神的原动力。社会需求按其内在结构的层次性，分化出企业家创新精神的各个层次，其中包括创新目标与创新手段的矛盾，创新结果与创新设定的矛盾，创新理论与创新手段的矛盾等，这些矛盾推动企业家创新精神和创新实践的不断发展。

二、成果的创新之处

一是基于比较的视角对国内外企业家创新精神进行研究，提出企业家创新精神的原动力，即基于社会需求的企业家创新精神原动力研究。

二是从社会需求角度研究企业家创新精神原动力，深入剖析企业家创新精神原动力的来源及构成要素，构建了企业家创新精神原动力机制和体系。

三是从社会需求内在结构角度对企业家创新精神的动力体系进行分层，主要包括创新目标与创新手段的矛盾，创新结果与创新设定的矛盾，创新理论与创新手段的矛盾等等。这些矛盾推动企业家的创新精神和创新实践不断发展。

四是本文研究表明：企业家创新精神的动力体系是一个在原动力基础上形成的一个由抽象到具体的动力体系；这一体系来自这种创新精神生成和发育的社会系统的内部矛盾性，同时外部条件又给予一定的影响。

三、理论及实践意义

一是理论意义。企业家创新精神一直作为企业家精神的一个要素存在，没有单独对其进行细致的剖析和详尽的论述。成果第一次从社会需求视角研究企业家创新精神形成和发展的动因和动力体系，因此具有较高理论意义和学术价值。

二是实践意义。企业家作为国家经济的核心力量，是经济增长和经济发展的决定因素，是技术进步的推动者和组织者，对社会物质财富、精神财富都作出了巨大贡献。深入系统的研究企业家创新精神动力系统，对我国企业家创新实践的发展具有重要的应用价值和指导意义。

CHRM2 基因 rs1824024 多态性与青少年早期抑郁的关系

作者：王美萍（山东师范大学）

心理学报　2010 年 8 月

一、内容提要

抑郁是个体主要的情绪障碍和心理健康问题之一。探索抑郁的易感基因及其与环境的交互作用是当前抑郁研究的重要前沿课题。成果研究综合运用问卷法与 DNA 分型技术，以 127 名初中生为被试，考察 CHRM2 基因 rs1824024 多态性与青少年早期抑郁的关系，重点探讨负性生活事件、青少年性别与年级的调节作用。研究结果发现：CHRM2 基因 rs1824024 多态性对个体抑郁的效应具有性别特异性，该位点多态性与女青少年的抑郁显著关联，T 等位基因携带者患高抑郁的风险较低，但与男青少年的抑郁无关；此外，T 等位基因的保护作用只有在青少年的负性生活经历水平较低的情况下才能体现出来；CHRM2 基因多态性对青少年早期抑郁的效应具有稳定性。

二、主要创新

成果首次系统考察了中国正常人口群体中 CHRM2 基因多态性与青少年早期抑郁的关联，以及性别、年级与负性生活事件在其中的调节作用，在研究内容方面具有明显创新性。此外，研究获得了不同于“素质—压力模型”观点的新发现。按照“素质—压力模型”的理论观点（当个体处于应激或高压状态时，携带风险遗传素质的个体更容易发生心理与行为问题），应该是当负性生活事件水平较高时，GG型基因携带者患抑郁症的可能性更高。然而有趣的是，研究结果表明，当负性生活事件水平较高时，rs1824024多态性与青少年的抑郁相关并不显著，而当负性生活事件水平较低时，T等位基因携带者患高抑郁的可能性是GG型基因携带者的0.30倍。这说明T等位基因是个体发展的保护性因素，而且其保护作用只有在非消极环境下才体现出来。这是另一种类型的遗传与环境交互作用的表现形式，是对既有关于CHRM2基因多态性与抑郁关系研究发现的拓展。

三、理论与实践意义

成果立足抑郁研究的国际前沿，不仅确定了特定遗传基因和环境因素对青少年抑郁的影响，而且深入揭示了相关遗传基因与环境因素以何种方式相互作用影响抑郁的发生。这不仅有助于建构具有较高解释力的青少年抑郁发生的理论模型，而且在实践层面上能够为青少年早期抑郁的科学诊断与有效干预提供更为可靠的理论依据。

中国特色市民社会成长之相及其出路

作者：杨巧蓉（省委党校）

《东岳论丛》 2010年11月

一、主要内容

成果指出，市民社会的成长与市场经济的发展有着必然的关联，随着社会主义市场经济在中国逐步确立，中国特色市民社会应运而生。其表现在市民社会理论研究的兴起与热潮；第三部门的出现与快速发展；社会成员公民素质的提高、社会公民性的提升；社会新阶层的出现与被认定等几方面。就当前状况来看，理论研究中的分歧多，发展不平衡，第三部门发育不良以及市民社会与政治国家的关系较为混乱，造成了发育初期的中国特色市民社会的成长困境。推动中国特色市民社会健康发展，使其对当代中国社会转型贡献积极力量，成为当下社会建设的迫切任务。其健康发展应着力于四方面：深入发展社会主义市场经济，实现市场经济与市民社会的良性互动；深化政府体制改革、转变政府职能，充分激发中国特色市民社会活力；完善法律、法规建制，将其消极因素限制在最小范围；促进第三部门发展，使其在社会治理中发挥更加积极作用。

二、主要观点和创新之处

主要观点：（1）中国特色市民社会作为一个“历史范畴”，有其历史必然性。（2）快速健康发展的第三部门是改善政治国家与市民社会关系重要且有效的载体。（3）中国特色市民社会发展的不平衡性根源于中国当代社会经济发展的不平衡性。（4）中国特色市民社会的发展要批判地吸收西方国家经验，必须结合中国的国情和社会制度。（5）中国特色市民社会的发展与成熟必须以人的更加美好的生活为本，并努力融入到社会主义和谐社会的历史进程中。

创新之处：（1）不仅将中国当代社会转型作为中国特色市民社会的一个背景，而是始终将二者结合起来并放置在一个历史观的高度上来探讨。（2）着眼于中国的现实环境，从市场经济的发展、政府职能的转变、法律法规的建制以及第三部门的发展方向等多方面，探讨了中国特色市民社会的健康发展原则。

三、理论和实践意义

当前，我国改革开放进入攻坚阶段，要减少改革发展的阻力、避免矛盾的激化，揭示新兴的中国特色市民社会的现状、困境并探索其健康发展的原则，从理论上有助于厘清市民社会与市场经济的内在关联，从而全面辨析市民社会的历史意义及其历史局限；从实践层面有助于引导中国特色市民社会健康成长，并在一定意义上推动当代中国社会改革的深入。

文学语言学

淮南子中英文对译

译：翟江月（鲁东大学）

广西师范大学出版社 2010年5月

《淮南子中英文对译》是“大中华文库”重点书目之一。“大中华文库”是经国家新闻出版总署批准的列入国家规划并且得到国家财政支持的古籍整理和对外翻译的重大文化工程，主要是精选中国古代经典著作进行中英文翻译，并且以文言文、白话文、英文三种语言对应出版，目的是向世界译介中国文化的精华，并且在世界范围内公开发行。这个工程受到国家领导人的重视，国家总理温家宝同志曾经两次亲笔写信进行指示与鼓励。许多领导人和学者都对此作出很好评价。《人民日报》、《光明日报》和国、内外许多重要媒体都进行了重点报道。

《淮南子中英文对译》是在对原著进行大量研究基础上的古籍整理翻译工作，本书对于“淮南子”的所有章节进行完整翻译，其难度之大、工作量之多难以想见。尤其是本书的英文翻译是世界上迄今为止最早出现的英文全译本之一，译者所学专业为中国古代文学，有深厚国学基础，精通英语，译文能够准确传递原文的思想，在面向世界传播中华民族优秀传统文化方面作出了应有的贡献。

明清敬谦语研究

作者：刘宏丽（山东警察学院）

中国社会科学出版社　2010年8月

一、成果的主要内容：

成果在断代的基础上对明清敬谦语进行了以语言为主的多维研究：宏观和微观、共时和历时、静态和动态、语言和言语、有声和无声、语义和语用、归纳和演绎。除去绪论和结语部分，该项成果的正文包括5章的内容：（1）概述；（2）分类描写；（3）语义系统探究；（4）历时比较；（5）文化阐释。前4章是对敬谦语的本体研究，第5章是超越语言本体的文化探讨。第1章的概述，从命名到界说、到鉴别准则、再到特点分析，层层深入，对敬谦语进行了理论构筑，为后4章对明清敬谦语的研究奠定了基础。第2章的分类描写，构建在大量真实而生动语料上的分类体系，使明清敬谦语总貌得以呈现的同时，某些特色的单点也得以凸现。第3章在语义学的聚合系统和组合系统的理论框架下，对明清敬谦语的语义聚合和组合系统进行了探索，提出了明清敬谦语的6种聚合小系统和6条组合规则。第4章将明清敬谦语视为共时存在，与中古敬谦语、现代敬谦语进行广域的历时比较。敬谦语一方面是文化的载体，另一方面又从属于文化，对明清敬谦语与文化之间千丝万缕的关系，在第5章中从三个角度作了思考和阐释：敬谦语与礼文化、明清敬谦语的文化思维走势和文化特点。

二、成果的主要创新之处

一是阐述了敬谦语鉴定的4个主要标准，解析了敬谦语的7个特点。

二是建立了明清敬谦语的5级分类体系。

三是建构了敬谦语的6个组合规则。

四是阐释了明清敬谦语三方面的文化内涵。

三、该项成果在理论和实践上的意义

成果的主要理论意义，是填补了明清敬谦语研究的空白，对汉语敬谦语、汉语礼貌语言、语言应用、对外汉语教学的研究，都有重要的学术意义。其实践意义是为读者提供有关明清敬谦语的使用状况、构成系统、文化阐释等方面的知识，有效提升年轻读者正确运用敬谦雅语的能力。

中国高校英语专业写作测试效度检验研究

作者：修旭东（鲁东大学）

上海外语教育出版社　2010年12月

一、主要内容

成果从受试者特征、理论效度、内容效度、评分效度、试后效度和效标关联效度方面对我国高校英语专业八级测试写作项目和毕业论文（英语专业）评价的效度进行了检验。其参与者来自三所中国大学的学生和中国及英国多所不同大学或学院的专家和老师，研究工具包括：有声思维实验、问卷、个人访谈、小组访谈和日志。研究表明，尽管不同效度类型的效度证据表明两者的效度尚可，但仍需改进和提升，尤其是在内容效度、评分效度和试后效度方面。

二、创新之处

成果认为，要对该英语写作测试的效度进行检验，首先应研究和构建检验大规模英语写作测试效度的理论框架，这是检验效度的理论基础。然后根据该理论框架，开发和验证出经验性的、全面的、操作性强的衡量英语写作测试效度的工具。研究取得的实际性突破是在研究“效度”这个语言测试领域的永恒的话题中，开发和验证出了经验性的、全面的、操作性强的检验英语写作测试效度的工具，并把开发和验证后的工具运用到检验全国高校英语专业八级测试的写作项目和毕业论文评价的效度中去，为其在多大程度上有效提供了具有较强说服力的证据。同时，本研究还对两个重要测试进行了效度比较研究，这有助于验证其效度理论框架和检验效度工具本身在多大程度上有效，因此，研究证明对两个或两个以上测试进行研究不仅是必要的，也是可行的，但这在先前的研究中是少见的，因而这一思路也是该研究的重要的创新特征之一。

三、理论与实践意义

成果所开发的研究工具能对英语写作测试项目在多大程度上有效提供具有较强说服力的证据。这些工具不仅对检验八级测试的写作项目和毕业论文写作的评价在多大程度上有效（包括提出新的、或改进后的写作测试方案）具有重要意义，而且能为所有写作测试提供：具有理论性借鉴意义的检验其效度的工具；具有应用性借鉴意义的开发及验证衡量其效度的工具的方法。

传统与现代的对话：威廉·福克纳创作艺术研究

作者：李常磊（济南大学）

外语教学与研究出版社　2010年8月

一、主要内容

成果由导言、正文、结语和附录四部分组成。导言部分介绍了福克纳在世界文坛上的影响、对文学创作的执著追求、关注的主题及取得的主要艺术成就等。正文分为5章，分别分析了福克纳的创作思想、作品主题、作品的表现艺术、叙事和审美艺术、人物造型艺术、福克纳及其作品的对比研究等方面。结语部分重点分析了福克纳作为艺术家的社会责任。附录部分收集了“中国福克纳研究现状分析”和“美国精神分析视野下的福克纳研究”两篇文章以及“授予福克纳诺贝尔文学奖授奖词”和福克纳“接受诺贝尔文学奖致辞”两个致辞。

二、创新之处

成果采用当前文学批评的热点理论，结合福克纳具体的作品，重点把作家及其作品置于美国南方特定的历史时期、文化背景和世界文学发展思潮下，从形式到内容或从现象到本质对作家的创作思想、作品主题、作品的表现艺术、叙事和审美艺术、人物造型艺术、作家及其作品的对比研究等创作艺术进行较为全面的透视与分析，为广大读者提供一个新的视角和方法。

三、理论价值与实践意义

成果既包括宏观的理论研究，又包括微观的文本分析，提出了许多独到的观点，具有较高的理论价值。对福克纳作品中的“过去、现在和未来”的形式、性质、内容和作用以及三者之间的关系进行了探讨，在广度与深度方面都可以说对国内福克纳研究有极大的推进，具有重要的实践意义。

儒学与中国古代小说关系论稿

作者：刘相雨（曲阜师范大学）

中国社会科学出版社　2010年10月

一、主要内容

《儒学与中国古代小说关系论稿》全书分为7章。第1章是总论，主要从宏观上论述了儒学在古代小说发展演变过程中的作用，并从小说作品、小说家、小说的美学特质等不同的层面分析了其影响。其他6章则从具体的作品出发，分别论述了儒学与历史演义小说、英雄侠义小说、神怪小说、家庭小说、才子佳人小说等小说类型之间的关系。在每一类型的小说作品中，选择最有代表性的作品进行论述。

二、主要特点

1. 成果全面地论述了儒学与古代小说之间的关系。同类成果在论述两者的关系时，多以宋明理学或陆王心学与小说的关系作为论述的中心，而理学或心学只是儒学发展的一个阶段，不能够也不足以代表整个儒学。

2. 成果从大量的、具体的小说作品出发，深入小说作品的内部，细腻、深刻地论述了两者之间的关系。同类成果多以理学或心学为论述的中心，在理论框架内论述小说作品，有时为了适应理论而曲解作品。

三、理论创新

1. 深入探讨了儒学与中国古代小说之间的深层关系。本书不仅对儒学与古代小说关系的论述有许多新的启迪，而且可以矫正当代学者在看待儒学价值时的某些偏差。

2. 从小说题材类型生成与审美建构的新视角，深入研究了古代儒学体系与明清小说之间的内在关系，针对明清小说文类及其所处时代、文学史阶段本身的特点，根据不同题材类型的小说，而选取了不同角度和侧重点来展开论述。

3. 以文化视角统摄全书，重新审视了儒学对古代小说的影响。这不仅对我们重新把握古代小说大有裨益，而且可以让读者感受到传统文化的魅力。

四、实践意义

儒学作为一种文化类型，它对社会实践的影响是内在的、潜移默化的，不是一朝一夕完成的。当今社会，人们在大力提倡国学，国学中当然包括儒学。在提倡国学的同时，我们一定要注意分清其中的精华和糟粕，我们应该学习和发扬其精华，抛弃其中的糟粕。该书对对不同时期儒学的特点进行了分析，可以帮助人们保持清醒的头脑，有助于我们的文化建设。

论老舍的城市底层叙述

作者：张丽军（山东师范大学）

《文学评论》　2010年5月

在有关老舍的文学批评接受史中，老舍“写穷人、为穷人”的城市底层叙述一直处于遮蔽之中，仅见于一些散淡零星的提及。鲁迅的“乡镇底层叙述”、老舍的“城市底层叙述”、赵树理的“农村底层叙述”三者共同构成了乡土中国“底层叙述”风景。在老舍的城市底层文学世界中，他怀着对穷人和满族末世人的深厚体验和血肉相连的情感态度，通过“日常生活视域”的审美之门，深情描摹出了祥子、小福子、月牙儿母女俩等城市底层典型形象，撕裂城市现代性的华丽外衣，建构了一个被照亮了的城市底层“劳苦世界”群像。老舍“写穷人、为穷人”城市底层叙述的文学创作自觉，穿透被遮蔽的穷人幽暗世界，建够了一个被照亮了的底层穷人的“劳苦世界”群像，成为中国现代文学世界一道独特风景。

试说泰山别称“太行山”

——兼及若干小说戏曲之读误

作者：杜贵晨（山东师范大学）

《文学遗产》　2010年11月

“泰山”自古别称“太山”，而唐宋元明诸代又有称“太行山”、“泰行山”之俗；又太行山之“太行”又自古音训“泰行”或“泰杭”，后世或称“泰行山”。两山各称名多歧与交叉共名的现象，导致唐宋金元明长时期中主要是泰山别称“太行山”的混淆，并时或进入某些文献的应用。

泰山别称“太行山”在官书与正统诗文中较少，各类通俗文学特别是小说戏曲中时见。一般说来，泰山被作为褒扬的对象或与这类对象相联系时，往往直写为“泰山”、“东岳”或“太山”等，而在说唱有修辞上的需要如《二郎宝卷》、《泰山宝卷》以及有关黄巢、宋江等“盗贼”故事的作品中，往往因讳言泰山而代之以别称“太行”、“太行山”等。这时的“太行”、“太行山”等，不是太行山，而是东岳泰山。以往学者于“太行”、“太行山梁山泺”等的判读，及其推测中的所谓《水浒传》成书过程中“太行好汉”的“山林故事”与“太行山系统本”，基本上都是错误的。“太行山梁山泺”实即“泰山梁山泊”。

泰山别称“太行山”至晚始自南朝宋即有以“泰山”与“太行山”为相关之说，唐代诗歌中也有“太（泰）山”与“太行山”混淆的现象。元念常集《佛祖历代通载》、明代《二郎宝卷》等多书都有称泰山为“太行山”的文例。这一发现在泰山的多种异名之外增一新说，揭蔽了泰山是水浒文化背景的历史联系，同时发现泰山避讳的一个新例，对于泰山文化与水浒文化各自或共同的开发提供了理论上的支持。

“融会异同　混合古今”

——庾信用典艺术发覆

作者：周广璜（山东大学）

《文史哲》　2010 年 9 月

庾信用典灵活自然，“融会异同，混合古今”独具匠心，别有风致。

庾信用典的第一个特点是巧妙地借用古代人物及其故事来自比，既可以恰切地展现个人特定的处境，抒发一己之感怀，又能给人以清新隽永之致，增强作品的艺术感染力。庾信能够把这些人物和故事有机地凝和在一起，自然巧妙地绘就一幅凄惨伤心的去过离家、羁旅他乡的人物画廊。第二个特点是善于使用极为精炼的语言，精心描绘广阔的现实画卷，并且巧妙地利用典故与现实的暗合，亦即“古典”与“今典”的妙合无垠，给人以一种一唱三叹、回环复沓的艺术感受，从而达到自然贴切，“造句能新，使事无迹”的艺术效果。第三个特点是大量地运用古代成语成言亦即“用典”来描写现实、抒发感受，是庾信用典的又一个特点。有些成言成语一经庾信融化裁剪，进入他的作品里也就失去了他们原来的意义，从而变成一种新的词汇了，真正做到了“实事贵用之使活，熟语贵用之使新，语如己出，无斧凿痕，斯不受古人束缚”。第四个特点是善于选取富有形象性、故事性，既通俗易懂又颇具意象性的典故，给人以想象回味的余地。

庾信用典门目错综，方法甚多，笔力雄健，含蓄深远，可谓锻炼惊奇，迥出前代。撮其要者，主要有明用、暗用、正用、反用（翻用）、虚用、活用、化用、借用、正反合用、虚实合用、并列使用等等，使他尤其善于采用避实就虚之法，使用典不流于平直呆板，而显得灵活多变，婉转多姿。其用典之技巧，可谓达到了炉火纯青的地步。

中国现代歌诗概念初探

作者：刘东方（聊城大学）

《文学评论》　2010 年 12 月

一、主要内容

第一部分梳理古代诗歌的概念以及古代诗歌与歌诗的关系，由古代歌诗生成诗歌文体体式的规律进而认识现代诗歌与歌诗渐行渐远的现状。

第二部分论证了在中国现当代诗歌史上不少学者和诗人如康白情、鲁迅、闻一多、胡怀琛、郑敏等，已经认识到现代诗歌体系内部歌性与诗性分离的现象以及由此带来的问题。

第三部分主要厘定和廓清了中国现代歌诗的内涵和外延。

二、成果的创新之处

1. 在学术界首次提出并阐释了“现代歌诗”概念的内涵与外延。

2. 中国现代歌诗作为现代诗歌的诗体形式之一，是一种带有浓郁歌性功能的现代诗歌。这样就可初步解决学术界中诗歌与歌词异同的争论与纠缠。

3. 建构“大诗歌”观念，可以采取“现代诗歌”和“现代歌诗”两种平行称谓的方式，现代诗歌专指供默读的徒诗；现代歌诗，指可合乐而歌的现代诗歌与具有诗歌素质的歌词和剧词以及可供吟诵朗诵的歌谣体新诗。

4. 将中国现代“歌诗”纳入中国现代文学史和现代诗歌史的书写之中。

5. 对于改善当下诗歌的生存环境和生存空间，恢复诗歌的活力，具有较强的实践意义。

三、理论创新及实践意义

在中国现代诗歌近百年的发展历程中，逐渐呈现出诗性强歌性弱的趋向，存在着一个对中国现代歌诗遮蔽和忽略的问题。成果从中国现代歌诗的立场出发，考察了中国古代诵诗和歌诗相互支撑、共同繁荣的经验和规律，厘定和廓清了中国现代歌诗的内涵和外延。中国现代歌诗是以歌性为主要特征的诗歌文体样式，它包括两部分内容：继承古代歌诗的衣钵，可以配乐演唱的现代诗歌和部分具有诗歌元素的现代歌词和歌剧剧词；不能配乐演唱，具有民间歌谣的歌性元素，具有一定的颂唱韵律，便于吟诵和朗诵的歌谣体现代诗歌。从诗歌的现状和发展前景看，应通过现代歌诗这种特殊的诗歌形式，为中国的当下诗歌挹注新鲜活力，以期建构中国现代诗歌的良性发展机制，进一步拓展诗歌创作与研究的空间。

刘向、刘歆赋学批评发微

作者：冷卫国（中国海洋大学）

《文学遗产》 2010 年 3 月

本文分为 4 个部分：《别录》中的辞赋解题与赋学批评，《诗赋略》的辞赋分类，《诗赋略序》与刘向、刘歆重讽谏的辞赋观念，关于“不歌而诵”的文学史意义。

1. 论文第一次全面系统地论述了刘向、刘歆的赋学批评观念。尽管历来研究刘向、刘歆或研究《艺文志》的论著很多，但还没有系统论述刘向、刘歆赋学批评观念的研究成果。

2. 全面勾稽了《别录》中的赋学批评资料，特别是考证了“不歌而诵谓之赋，登高能赋可以为大夫”的来历。以往学界一般认为该句的出处系出自刘向。论文通过进一步考察“传曰”的辞例，指出该句实际上有更早的出处，从而更好地阐发了“不歌而诵谓之赋”的含义及其来历。

3. 论文坚持文学观念与文学创作相互印证的原则，通过详细的考辨，结合刘氏父子的辞赋创作，论证了刘向、刘歆的赋学批评观念。

4. 从《汉书》、《三国志》中找到了赋为口诵的全部例证，进一步证实了《诗赋略》诗与赋划疆分野的界限是“歌”与“诵”，赋是“不歌而诵”的，是不入乐的，在传播方式上，是不入乐的口诵。

5. 论文从音乐与文学的角度指出了从《诗经》到汉赋的演变规律：“从《诗经》到楚辞到汉赋，经历的恰好是一个由诗隐于乐到赋从音乐中独立出来并以口诵为其表现形态的过程。这一过程的展开，又是和作品篇幅的渐事扩张、文辞修饰色彩的增强互为表里的。”

总之，本文梳理了刘向、刘歆的赋学批评与《汉书·艺文志》的关系，指出“不歌而诵谓之赋”虽然出自刘向的《别录》，但实际上并非刘向的原创而是刘向据旧所传闻之言而传之，分析了《别录》中的辞赋解题与赋学批评、《诗赋略》赋分四类所透露出的文体观念、刘氏父子重讽谏的赋学价值观，同时指出了“不歌而诵”在文学史上的意义。

审美乌托邦研究刍论

作者：周均平（山东师范大学）

《文学评论》 2010 年 5 月

成果系国家社会科学基金项目《审美乌托邦研究》的阶段性成果，2011 年获山东高等学校优秀科研成果奖一等奖。

一、主要内容

审美乌托邦研究是既具有基本理论研究性质，又具有重要现实实践价值的前沿性美学课题。本成果在对国内外乌托邦研究、特别是审美乌托邦研究历史和现状系统梳理评价的基础上，概括阐明了对审美乌托邦研究的核心看法，实际具有论纲性质。本成果认为：审美乌托邦作为乌托邦最重要的表现形态，逐渐成为国内外学术研究的热点和新趋向。国外对其的研究主要表现在对审美乌托邦理论和文学艺术现象两方面。国内的研究也发展迅速，出现了前所未有的盛况。所以如此，有多重成因：从词源学分析，乌托邦原初就有“美好”之义；从表现形式或文体渊源审视，乌托邦经常是以乌托邦文学或乌托邦小说等文学艺术形式形象显现出来的；从研究现状考察，是弥补以往乌托邦研究薄弱环节的需要；从当下审美和文艺创造实践观照，是对乌托邦背离、消解和缺失的一种反拨；从本体论探讨，是由审美乌托邦不可替代的重要性质、内容、地位和价值决定的。

二、成果的创新之处

1. 在较全面地掌握国内外最新材料的基础上，系统梳理和评价了国内外乌托邦研究特别是审美乌托邦研究的历史和现状，指明了其发展趋势。

2. 拓展出审美乌托邦研究的新思路和新方法。

3. 提出了关于审美乌托邦的新界说。

4. 揭示了审美乌托邦研究兴盛的多重成因和重要意义。

5. 初步建构了应有形态的审美乌托邦理论的基本框架。

三、理论和实践意义

成果不仅对于全面辩证地认识乌托邦特别是审美乌托邦的性质、特点、内容、形态、地位、功能和意义，推动其理论研究，建构体现时代水平和应有形态的审美乌托邦理论具有重要的理论价值，而且对于自觉合理地发挥审美乌托邦的作用，活跃审美活动，推动审美创造，塑造完美人格，促进当代审美文化健康发展和尽善尽美的和谐理想社会的建设具有重要的实践意义。

想象的本邦——《阿丽思中国游记》《猫城记》《鬼土日记》《八十一梦》合论

作者：马　兵（山东大学）

《文学评论》　2010 年 11 月

沈从文的《阿丽思中国游记》、张天翼的《鬼土日记》、老舍的《猫城记》和张恨水的《八十一梦》这四部小说以讽喻性、幻想性和深蕴的忧虑而自成一格，其基本结构图式大致可以归纳为游历者在异域时空亲历种种令人称奇的反常事件。这种“虚构旅行”的讽刺小说模式在晚清时曾大行其道，但与诸如《老残游记》这样以游历者串联故事、抒怀义愤的传统型游记小说不同，四部小说叙事者的基本身份都是闯入奇境的陌生者，这种角色定位可以使他们充分领略“异国情调”，而这“异国情调”也都是清一色的是非混淆、价值颠倒。小说构想的种种奇遇，一言以蔽之，乃是对腐朽与沦丧的亲历。而正是这虚拟的奇境让几部小说摆脱了实录镜鉴的叙事成规，提供了公正透彻地看待人性与社会的隐蔽机会，在寓言的意义上大胆地呈现出时代诸般乱象，托言奇境，投射本邦。四部小说所师承的渊源、批判的视角各各不一。《猫城记》与《阿丽思中国游记》批判着的是一个负罪累累、积弊难返的古旧社会；张天翼则紧紧盯住官僚资本主义鬼土世界的幢幢魔影，发起对现有社会制度的猛烈抨击；张恨水在《八十一梦》中直揭战时大后方的丑闻秘幕。而这些小说虚拟奇境的修辞策略把作者忧心忡忡的内心掩藏起来，将颇为严肃深重的国民性主题或政治批判点染成充满笑谑和幽默的叙述。

论文引入“奇遇小说”、“怪诞”、“闹剧”等概念，对这四部并非代表作的小说重新予以观照，并借此探讨分属雅俗文化阵营、各居左翼文坛和自由主义之列的作家在处理同一母题时表现出的同与不同。四篇小说假托“异邦”的叙事外观在新文学史上的独特性在作者忧心忡忡的自我与他要使作品负担的批判价值之外，创造了一道合适的屏障，这层屏障的阻隔不但免于使它们由文学叙述升格为国家叙述，主体创作意识泯然为集体性倾诉的附庸，而且还别开生面地在主潮文学的边缘拓展了一方自在褒贬、谐趣盎然的天地，在历史与虚构、个人与社会、鞭挞与救赎等传统的二元领域间寻找到新的切入点，形成别具一格的修辞面貌和抒写情调。

文化学

山东文化蓝皮书 2010 年：山东文化强省建设报告

主编：涂可国（山东社会科学院）

山东人民出版社 2010 年 3 月

一、主要内容

根据省委省政府提出的由文化资源大省向文化强省跨越的重大发展战略要求，2008 年以来，我省文化强省建设取得了重大进展，不仅成果辉煌，而且有许多宝贵的经验，值得认真总结。本成果从多个方面围绕文化强省建设主题展开。

1. 总报告围绕山东文化强省建设，在广泛搜集资料的基础上，充分论证了山东建设文化强省不仅具有深厚的文化资源基础，还具有坚实的文化条件；同时，还分析了山东建设文化强省的各项指标体系，在肯定成绩的同时也找出了差距，指出努力方向，并提出了一些新的行之有效的对策措施。

2. 在精神文明篇、文化事业篇和文化产业篇中，围绕文化强省建设的各个领域，深入阐述了近年来我省文化建设取得的主要成绩、存在问题、发展趋势。

3. 在专题篇和案例篇中，一方面概括总结我省各地所取得的文化建设成绩，以提高对文化强省建设的针对性、实效性、协调性的认识，增强文化强省建设的危机感、紧迫感和责任感；另一方面，也注意从理论高度深入研究齐鲁文化资源、文化品牌、会展业、动漫业等同文化强省建设的关系，为加快山东文化强省建设提供理论指导和现实服务。

二、创新之处

1. 蓝皮书在占有大量第一手研究资料和案例的基础上，总结出山东文化强省建设的理论研究脉络，从而详尽说明了山东文化发展的演进趋势。

2. 通过定性和定量相结合的分析，从多角度对山东文化强省建设的状况、存在问题和解决路径进行了深入系统的剖析，从而使研究成果更具有实践针对性。

3. 提出了山东文化强省建设的具有可操作性的对策和建议。特别是其中的精神文明创建、文化品牌打造、文化投融资渠道的创新以及对加快文化体制改革推进文化产业发展等的论述都不乏创新之处。

成果全面分析、解读“山东文化强省”，拓宽了相关领域的研究视野，对于建立和发展山东文化强省建设理论体系具有一定的理论意义。在实践上也为加快山东文化强省建设为提供了有价值的决策参考，具有重要的现实意义。

当代建筑思潮与流派

主编：邓庆坦（山东建筑大学）
邓庆尧［中国石油大学（华东）］
华中科技大学出版社　2010年8月

一、成果主要内容

20世纪60年代以降，西方国家完成了经济复苏和城市重建，当代建筑的发展也进入了一个全新的历史时期。随着“国际式”的衰落，占据西方建筑思潮统治地位的正统现代主义理论受到了广泛质疑和批判，以后现代主义思潮的兴起为开端，西方当代建筑进入一个众声喧哗的多元化时代。建筑思潮与流派的更迭以一个前所未有的加速度展开。成果作为著者对西方当代建筑长期追踪与思考的成果，阐述了后现代主义、新现代主义、新理性主义、新地域主义、高技派、解构主义、生态建筑、建构、表皮等9种当代建筑思潮的设计思想和经典作品。

二、成果主要创新点

正确借鉴西方当代建筑的积极因素，有赖于对西方当代建筑思潮的源流、发展方向及其积极因素的深刻认识。成果力避高深玄虚的理论，在解析大量经典建筑设计案例的基础上，运用平实简明的语言，配以精美的插图，系统全面地阐释了20世纪80年代以来欧洲、美国、日本当代建筑的发展演变和最新动态。

三、主要理论与实践意义

当前中国建筑界对西方当代建筑思潮与流派的引进，往往流于形式层面的模仿和生吞活剥的抄袭，谈不上批判的借鉴和积极的创造。造成这种形式本位主义和“易操作”行为盛行的重要原因在于，对西方当代建筑思潮与流派引进工作的缺位与缺憾，具体表现为，缺乏对时代背景、发展演变、历史地位以及时代局限性等方面全方位系统的考察，零散片段的译介再加上来自源头的西方建筑师的商业包装，不可避免地导致了以讹传讹的过度阐释和故弄玄虚的理论炒作，这些缺位与缺憾不仅增加了读者准确理解西方当代建筑的难度，更带来了建筑理论的误读和建筑设计实践的误导。成果理论框架坚实、知识脉络清晰，内容翔实丰富。通过对当代建筑思潮与流派的代表性建筑师、建筑作品、设计思想和设计手法进行归纳分析，可以为工作在建筑设计一线的设计师、工程师以及在校建筑学专业学子建构一个理性认识西方当代建筑的理论平台和一部高水准的创作构思借鉴，从而全面有效地提高建筑设计创新能力。

《德州地域文化研究丛书》第1辑

作者：季桂起（德州学院）
梁国楹（德州学院）
王守栋（德州学院）
线装书局　2010年6月

一、成果的主要内容

《德州地域文化研究丛书》第1辑包括《德州地域文化概论》、《德州历代名人》、《德州重大历史事件》、《德州文物古迹》、《德州运河文化》、《德州饮食文化》、《德州民俗文化》、《苏禄王及其后裔》、《德州抗日斗争》、《德州黑陶文化》、《德州方言实录与研究》、《打造精品——地域文化产业研究》，共计12本，约300万字。

该丛书的研究，主要集中在以下四个方面：一是文化特性；二是世家名人；三是运河文化；四是饮食文化、宗教文化、民俗文化和交通文化。从“挖掘地域文化资源，丰富地域文化内涵，提升地域文化品位，为德州‘两个文明’建设和城乡经济社会文化发展服务”的宗旨出发，把文献资料收集、文物资料汇总、世家名人研究、运河文化研究、饮食文化研究、民风民俗研究、宗教文化研究、德州文学研究、重大事件研究作为一个整体进行综合、系统研究。

二、成果的主要不同和创新之处

地域文化研究是文化研究中一个极富生气的新兴学科。中国幅员辽阔，地域文化差异显著，不同地域的文化是中华文化综合特征的局部反映或某一特征的集中表现，是中华文化统一体的有机组成部分和多元支撑。目前，我国地域文化研究呈现出空前的繁荣局面，史学界、文学界、经济学界等，对各具特色的地域文化开展了广泛的、多层面、多角度的研究和探讨。

三、成果的理论和实践意义

2007年，德州市委、市政府提出“打造区域经济文化高地”的战略口号。市长吴翠云同志在德州市十五届人大六次会议上所作的《政府工作报告》中，把地域历史文化研究列入了德州文化建设的重要内容。成果对于挖掘德州地域文化资源、研究德州地域文化特征、丰富德州地域文化内涵、提升德州地域文化品位，对于市委、市政府制定区域经济、文化、社会发展规划具有重要的参考价值，对于激发全市人民热爱德州、建设德州，打造区域经济文化高地具有积极的推动作用。

英语教育与中国优秀传统文化传播

作者：赵彩红（山东师范大学）

山东友谊出版社　2010年12月

一、主要内容

本成果回顾了中国传统文化对外输出的历史及现状，分析了中国传统文化输出所面临的机遇和挑战，突出强调英语教育中对我国传统文化教育的忽视所带来的问题；通过对英语教育中中国传统文化知识方面在教材、教师、学生的现状分析，以及对山东省部分教师和大、中、小学生在中国传统文化英语表达方面的意识、知识等方面的调查和访谈，分析数据，发现问题；提出了大、中、小学英语教学中传统文化英语知识输入的一条龙方案，并撷取中国传统文化中富有代表性的、与现实生活密切相关的精华和闪光节点作为优秀传统文化的输入资料，辅以中英文对照。

二、创新之处

成果以加强英语教育中的传统文化为突破口，既回顾了中国文化输出的简要历程，指出中国文化的输出是时代赋予我们的光荣使命；又全面考察了当前教育中传统文化输入方面所存在的问题，突出强调在英语教育中进行传统文化教育的重要性和紧迫性；指出中国优秀传统文化的国际传播需要借助英语这一媒介，为了实现两者有机结合，避免英语的过度强调和传统文化的相对弱化，提出了“大、中、小学英语教学中传统文化英语知识输入一条龙方案”，把原本多用在对外汉语教学中的文化元素结合到了英语教学实践当中。

三、理论实践意义

英语是教育中延续时间最长，学生关注最多的课程。借助于这块最大的得天独厚的阵地，在不同阶段恰当地引入并比较中西文化，对内可增强优秀文化的濡化，对外能扩大中国文化的辐射带动力和影响力。

年轻人是西方“文化渗透”的对象，又是文化的主力传播者。如果能用英语准确地表达中国文化，为人师，则能培养学生的传统文化交际能力；对外交往，则向世界传播弘扬优秀的中国文化，此举可谓意义重大。

优秀传统文化的传播是一项系统工程。通过制定一条龙的传统文化英语教学计划，实现英语教育与中国传统文化教育的逐渐对接，以此来加强大众的文化交流能力，再结合孔子学院等的文化传播途径，如此的点面结合，必将会使传统文化再展芳华。

中国钢琴艺术史研究

项目负责人：常爱玲（齐鲁师范学院）

省社科规划办　2010年8月

一、内容提要

钢琴艺术起源于欧洲，至今已有300多年的历史。中国的钢琴艺术起步较晚，始于20世纪初，百余年来在借鉴欧洲钢琴艺术成就的同时，形成了具有鲜明民族特色的中国钢琴艺术。西方国家非常重视对钢琴艺术发展史的整理和研究，成果颇丰。这方面的论著，国内已编译的有《钢琴艺术三百年》（美）、《钢琴演奏史》（日）、《钢琴演奏法的变迁》（日）、《二十世纪的钢琴艺术》（苏）等。我国对钢琴艺术发展史的关注开始于上世纪80年代初，但研究专著、论文并不多，且大部分属于比较微观的研究。与同类成果相比较，该课题具有覆盖面广、时间跨度长、涉及内容多的特点。

二、主要创新之处

成果研究的是从萌生到1999年为止的中国钢琴艺术史。包括以下几个内容：钢琴艺术在中国传播、发展的原因，钢琴音乐创作、演奏、教学的特点及代表人物和代表作，外国钢琴学派对中国钢琴艺术的影响等。该研究以时间为序，把中国钢琴艺术的发展分为萌芽期、形成期、发展期、初步繁荣期、曲折发展期和全面发展期六个时期。以每一时期的社会历史为背景，结合中国钢琴艺术的主要资料，用史论结合的方式对中国钢琴艺术的发展进程及其规律进行了深入探讨和研究。

三、理论与实践意义

通过对钢琴音乐作品、音乐家的介绍及演奏与教学，梳理中国钢琴艺术风格的形成与发展脉络，总结其产生、形成、发展的原因。将中国钢琴艺术的各个方面综合为一个整体，对其产生与发展、成就与不足、传统与现代、政治经济与音乐文化等方面进行客观介绍，并予以阐释和评述。

文化体制改革中的艺术院团市场营销创新研究

项目负责人：姜　锐（山东社会科学院）

省社科规划办　2010年11月

一、主要内容

该成果是广泛借鉴国外文化产业发展的经验，立足国内及本省的发展现状，通过跟踪调查和案例研究，在艺术院团市场营销创新上作了理论层面的阐述及实践应用上的总结。一方面研究艺术院团于市场化转型中，作为文化消费市场的一个细分，其消费偏好、消费水平、潜在需求等因素的状况。一方面探索艺术院团的艺术创造，作为文化产品在产品组合、市场细分、营销渠道、营销策略的多方面可行性。在这个基础上，总结出艺术院团在改革中，从事业转型企业的政策制定和市场生存的应对策略。

二、创新之处

我国的文化体制改革是史无前例的，我国的文化产业发展的需求与形势也是史无前例的，相关的研究很多，大多处在进行中。选择引入市场营销的理论，作为研究艺术院团改制转型的切入点，这是一种理论与实践的创新。文化产业发展的内在动力是文化消费。推动文化产业发展的关键环节是文化体制改革。文化消费与文化体制改革的共同重点则是文化产品的市场营销。首先，以市场营销为切入点的艺术院团市场化生存的系统研究，至少在山东是一个学术空白。其次，本课题认为，文化体制改革的最大难点是艺术院团的生存能力太差，其原因又在于艺术院团缺少价值发现、市场变现的能力，而针对性的研究营销环节的问题，是解脱困局的最为可行的突破点。

三、理论和实践的意义

市场营销是艺术品走向市场的系统工程，是艺术产品的开发、生产、服务、定价、渠道等一系列商业行为的核心，艺术院团走向市场，从市场营销入手，是最具操作性的路线取向。另外，成果的研究对象首先针对山东的艺术院团，研究总结山东演出市场的营销策略，研究成果将为本地艺术院团营销人员提升营销水平提供理论支持，并将成功的营销策略向其他同行推介。如今在文化强国及文化强省建设的新形势下，创新文化产品的市场营销，扩大文化消费，促进文化产业发展仍具有十分重要的理论价值和实践意义。

民俗体育文化的保护与传承

项目负责人：付玉坤（山东财经大学）

省科技厅　2010年10月

一、主要内容

民俗体育作为民族文化凝结着的历史，成果对其的理解和把握建立在“生命”语境中，始终强调的是民俗体育的生命活力，突出了民俗体育的生命特征。成果将民俗体育作为一个复杂的生命系统，从系统学的研究视角，以民俗体育文化演进为研究的切入点，以民俗体育运动具有生命色彩的成长、发展历程为主线，试图全面的把握民俗体育运动的发展规律，从而有效地保护和传承民俗体育这一古老的体育文化形式。

二、创新之处

第一，对民俗体育文化的保护与传承手段、方式的创新。成果积极运用现代信息技术对民俗体育文化进行数字化保护和传承，建立了相关的网站和数据库，以此给予访问者民俗体育运动的相关指导，从实践上给予民俗体育文化最大限度的传承。

第二，民俗体育动漫的研发具有积极的创新意义。将动漫技术运用于民俗体育文化的保护和传承将会吸引更多人群（主要是青少年）的关注。同时，民俗体育动漫的研发将会为我省文化产业的布局提供新的思路，从而部分带动我省文化产业的建设。

第三，民俗体育校本课程的研发借助于广阔的教育资源平台，一方面让学生了解我国优秀的民族传统文化，另一方面又极大地促进了民俗体育文化的保护与传承，这应该是目前阶段我国、我省保护和传承民俗体育文化的一条重要途径。

第四，理论研究综合运用文化学、系统科学、体育学等相关学科对民俗体育的理论体系进行了系统的研究，既扩大了民俗体育的横向研究体系，又将民俗体育理论研究向纵向发展，增加了研究的厚度。

三、理论与实践意义

第一，成果在大量实地调研工作基础上，认真系统整理了当前山东省民俗体育运动项目，并进行了具体的分类，建立了相关的研究网站和数据库，为进一步保护和传承民俗体育文化奠定了基础。

第二，成果的校本课程具有一定的可操作性和实用性，目前授课效果良好，如果能够借助教育平台的广大资源进一步进行推广和普及，将对民俗体育文化的保护和传承起到非常关键的作用。

非遗保护的困惑与探索

作者：马知遥（山东艺术学院）

民俗研究　2010年11月

一、主要内容

要复原或者再现濒临危险的非物质文化我们还必须保护那些传承人，尤其是保护传承人的艺术精神，而这些艺术精神必须让表演者体验并生活在原初的环境中。但仅仅圈地或者通过音像和文字的记录以及专家学者的研究就能抢救和保护文化遗产吗？如何才能让非物质文化遗产获得长久的生命力？本文认为：非物质文化遗产保护工作的最终目的是要从非物质文化遗产中获得传统文化优秀的品质，获得可以让当代人领悟和鼓舞的人文精神，更重要的是在此项工作的开展中唤起全民对本民族优秀文化的自豪和认同感，唤起公众对我们伟大传统的热爱和尊重，认识到真正文化遗产的价值，摈弃文化糟粕。

二、成果的主要不同和创新之处

当前关于非物质文化遗产保护的论文很多，大多从保护的方法和保护的积极成果来阐释，有的直接从国外的理论解释当前中国实际发生中的非物质文化遗产现象。而该文从非遗保护的现象出发，指出非遗保护的实质是唤醒文化自觉，鼓舞国民精神的思考比较深入。

三、成果在理论和实践上的意义

文中针对非遗保护中的弊端提出的解决办法值得提倡和推广。成果来源于田野调查，通过实证发现问题、分析问题、解决问题，有一定的实践指导性和学术反思性。

基于社会舆情调控视域下的网络道德体系构建研究

作者：马　滕（山东财经大学）

省社科规划办　2010年6月

一、主要内容

成果主要是基于社会舆情调控视域，探索现代网络对青少年思想道德影响及网络道德建构的应对策略。

1. 评述国内外研究现状，明确研究在青年一代建构网络道德的现实意义。

2. 分析现代网络对青少年思想道德影响。基于社会舆情调控，提出加强道德引导，提高青少年的网络行为自律能力的对策。注重思想引导，进行励志教育；帮助青少年明确网络道德标准，树立正确的“网络观”；适应网络时代特点，创新青少年思想教育模式；积极做好上网青少年的心理疏导工作，指导他们合理安排网络生活，保持身心健康；

3. 从技术、社会管理和网络环境方面，提出构建“三位一体”的、全方位的网络道德教育格局。青少年网络道德建设是长远的系统工程，必须在建立健全网络法律法规的基础上，进行网络技术创新，对青少年的网上行为进行强制性约束，来堵截“网络污染”；加强网络行业管理，进行网络行为的自律教育；建设一批健康、文明、尤其是能对青少年起正确导向作用且富有吸引力的“优质”网站，占领网上思想教育的阵地。

二、创新之处

1. 系统分析现代网络对青少年思想道德的影响，揭示了社会舆情调控与网络道德建设关系。

2. 综合运用伦理学、法学、传播学等领域理论，全面分析网络道德与现实社会道德相关联系。

3. 探索“应对”。研究以寻找应对策略为中心，尽可能探索出若干适应网络时代特点、具有实际意义的、有效的应对策略，提出解决网络道德问题的若干建议。

三、理论和实践上的意义

加强青少年网络道德建设，消除网络的负面影响，已经成为家庭、学校、社会长期以来共同的心声。目前，虽有部分学者就此问题进行了零星探讨，但散见于边缘期刊，系统、全面对网络道德建构进行研究的高端论文还很少，更未形成系统的研究报告或专著。分析网络对青少年品德建设的影响，寻找网络道德建构策略，具有十分重要的理论和现实意义。

杂居区少数民族民歌分类新构想

作者：祁慧民（青岛大学）

《音乐研究》　2010年9月

一、内容提要

成果从我国境内杂居区少数民族民歌在辞、书中的分类和现行教材中分类的已有研究成果入手，在分析总结的基础上得出。对于民歌的分类历来学者们持有不同的观点，少数民族民歌的分类由于其涉及面的广泛性和多样性更是众人说法不一。根据“语言是民歌的载体”的观点，对杂居区少数民族民歌按照母语和受其周边它民族影响的语言为参照，从文化认同的角度按照母语歌、外来语歌、融合语歌进行分析的基础上，认为由于在民族融合的同时会带来民族语言的融合，而语言从渐变到融合这一歌唱载体的变化即可导致歌唱之音乐语言的变化。因此，民族之间的相互吸收和融合不仅是杂居区民族的显著特征而且也是不同民族处于社会动荡时期的共同特征。本文即以这种共同特征作为切入点，以语言使用为标准，对我国杂居区少数民族民歌重新勾勒出分类的框架，即母语民歌、外来语＋母语民歌、融合语民歌。

二、理论创新

以歌唱语言受周边民族影响作为民歌分类的原则，是对“音地关系”理论创建性的延伸。本文的观点是对杂居区少数民族民歌分类的一种创新，它为中国民歌分类特别是浩瀚如烟的少数民族民歌的分类，提供了宏观把握的新视角。

三、理论和实践意义

根据语言是民歌的载体的观点，对杂居区少数民族民歌按照母语和受其周边它民族影响的语言为标准进行分类，应视为借用交叉学科进行研究的一种尝试，笔者前期对少数民族民歌进行深入研究。如《论互助土族民歌中的“风搅雪”结构》、《从采借到融合》等即是该理论研究形成的实践证明。这些成果说明，按照母语和受其周边它民族影响的语言为标准对杂居区少数民族民歌进行的分类，是一种可行的分类新方法。它为我国境内少数民族民间音乐的研究提供了新思路、新方法。

中国美声唱法与民族唱法的字声问题及审美差异

作者：张旭东（鲁东大学）

《人民音乐》 2010年1月

一、主要内容

中国美声和民族唱法，虽然都是用汉语言演唱，但两者的字声关系和处理技法却有很大差异。该研究运用比较学方法，从中国美声唱法与民族唱法的“字声”关系理论、“字韵”处理技术和艺术特征、审美取向方面论述了中国美声与民族声乐的技术理论和审美差异。阐明了中国美声风格“依声唱字”而民族唱法“依字行腔”的不同字声关系；构建了民族唱法“字韵声腔”、中国美声则“字韵微调”的字声结合技法和教学理论；创新性提出了中国美声“字圆腔正”的审美理论，与民族唱法“字正腔圆”的传统理论形成了区分和对比；从而明确地界定和区分了该两种唱法的声乐理论体系。创造性地提出了汉语言在两种唱法中的多元性表现新理论。

二、创新点

1. 建树性提出了中国美声中“依声唱字”—“字韵微调”—“字圆腔正”的字声关系、字声混合技术与审美特征完整体系，阐述了其与中国民族声乐“依字行腔”—“字韵声腔”—“字正腔圆”民族声乐体系的差异。

2. 提出并界定了中国美声唱法“字圆腔正”的审美新理念，与民族唱法“字正腔圆”之传统艺术审美理念形成对比。

3. 从“声母、韵母时值、韵声共鸣位置和口形调整处理”方面，阐明了汉语发声与美声声腔状态的结合方法，提出了中国美声唱法“字韵微调”而民族唱法“字韵声腔”的行腔理论和教学理论。

三、理论与实践意义

成果在中国美声艺术与民族唱法的审美方面提出了新理论。这对于正确认识中国美声和民族声乐有别的字声理论及审美取向、确立中国美声声乐理论体系以及在教学和学科发展中具有重要的理论和实践意义。

《乐经》考论

作者：李婷婷（聊城大学）

《中国文化研究》 2010年5月

秦汉之际，“六经”之一的《乐经》竟然失传了，实为一大憾事。自汉迄清，古人总想破解《乐经》一系列谜团，但进入现、当代，人们对其却罕于问津。鉴于此，笔者2007年4月被“中国学位论文数据库”收入的《诗经与器乐》之第一章即专门对《乐经》进行了探讨。参评的《乐经考论》，即是对拙学位论文第一章的进一步修订、充实而数易其稿发表的。可以说，笔者在这方面的研讨，开风气之先，颇具开拓性和原创性。继笔者之后，直至2008年6月才有人陆续发表文章展开探讨。

成果主要观点和创新：

1. 征引先秦传世典籍和出土的先秦文物，以二重证据法确认本有一部《乐经》，并驳斥了不顾事实，断言“先秦史书与诸子无一言及《乐经》之书”、“先秦只有五经而并无《乐经》”等等说法。

2. 首次明确确认《乐经》其实只是一部《诗经》的曲谱，供歌唱和演奏而已；其演奏方法就寓于曲谱之中，无需什么文字说明。指出《诗经》之曲谱集，是由西周至春秋中叶的乐师们搜集、整理、谱写，一代又一代累积而成的。

3. 阐述了《乐经》亡佚，是多方面的原因促成的。指出秦始皇焚书坑儒对先秦典籍文献的破坏是严重的，不应低估，但秦火之外，《乐经》亡佚还与“列国纷争，礼崩乐坏”、“郑卫之声的冲击”、“关注《诗经》的视角发生了转移”等方面密切相关。这较前哲时贤往往局限于单一的旁及、涉猎要深刻、具体、全面得多。

4. 考证并指出了历来“以《大司乐》为《乐经》”、“以《乐记》为《乐经》”、“以律吕声音为《乐经》”、“以杂采诸言乐之文为《乐经》”、“以新编的雅乐为《乐经》”、“将十二律衍为十二月令为《乐经》”等等说法皆牵强附会，不足为信。这是前哲时贤尚未系统全面地涉猎过的。

5. 考证并指出了历代典籍、文献中出现的6种所谓《乐经》的佚文，均非出自古《乐经》。这也是前哲时贤尚未系统全面地涉猎过的。

成果集中论述的诸问题，开现当代以来风气之先，有裨于先秦音乐学、《诗经》与音乐的关系乃至经学等探讨研究的深入和拓展。

教育学

国际视野中的高中技术教育
——基于课程与史实的研究

作者：马开剑（聊城大学）

科学出版社 2010年9月

一、成果主要内容

成果站在国际视野的背景下，基于现阶段我国高中课程改革的现实情境和技术教育的历史发展这两个维度，探讨了技术教育的本质，回溯了国际高中技术教育的历史变迁，突破了“劳动技术教育”和“科学教育”概念樊篱，论证了“技术”进入普通高中课程结构的合理性，探索了技术教育的课程构建模式，并研究了高中技术课程的实施路径和实践形态。

二、成果的创新之处

与职业技术教育和科学教育显然不同，也不同于基于上世纪80年代背景的劳动技术教育，本书研究的是新课程背景下的普通高中的技术教育。有较多的创新之处：

其一，研究视角新，国际比较视野、历史线索与课改现实背景，成就了本研究的独特视角；

其二，学术观点新。本书提出技术是一种知识，是行动性知识；技术教育可以看作是一个教育领域而非仅是一种教育类型；高中技术教育可以与学科教学改革、与综合实践活动、与校本课程开发整合起来；普通高中并不是一般意义上的基础教育而是一个特殊的学段等观点，受到学界关注；

其三，很强的实践指向性，本书选题源自高中新课程，所研究的技术课程实践模式对于高中实施与创新技术教育具有很强的指导性。

三、成果在理论和实践上的意义

成果不仅创立了研究高中技术教育的完整框架，而且提出技术教育首先表现为一种价值判断，技术是独特的知识融合与智慧统整的大熔炉，它代表了与传统学科的学术品性相对应的另一种课程品性—实践与行动品性等，不仅创新了技术教育的理论体系，而且对于课程与教学论学科也具有拓宽、加深和创新的意义。

成果选题直接针对高中课程改革实践，研究了高中技术教育的课程内容和课程模式，创新和拓宽了技术教育的实施模式，直接引领和影响了我国高中技术教育的实践创新。正如著名专家的评论，认为本书为“当前我国普通高中技术课程改革的理论研究和实践诊断提供了崭新的视野，它的出版将为我国高中技术课程改革送去启发与指导的‘及时雨’”。

20世纪西方社会思潮与道德教育

作者：唐爱民（曲阜师范大学）

山东人民出版社 2010年9月

本专著是“十一五”国家重点图书出版规划项目、山东省社科规划研究重点项目（批准号：07BJYJ07）的核心研究成果，是国内本领域中第一部具有原创性的系统研究成果。

一、成果的主要内容

成果共45万字，除绪论外，凡九章，循序研究了自由主义思潮、保守主义思潮、人本主义思潮、科学主义思潮、实用主义思潮、批判主义思潮、新托马斯主义思潮、全球化思潮、后现代主义思潮等9个当代西方主要社会思潮之于道德教育思想变革与实践改革关系的客观图景。本专著自始至终遵循历史与逻辑统一的方法论原则，在历史逻辑的演绎中寻觅西方道德思想演进的历史动因与价值得失，客观而系统地阐释了20世纪西方主要社会思潮之于道德教育流派或模式的历史逻辑、思想根基与实践启示。

二、成果的创新之处

1. 突破了以往相关研究单纯引介当代西方道德教育思潮的局限，运用历史演绎与逻辑承接的研究范式，在思想根基的缜密梳理中探究西方道德教育与社会思潮之历史与逻辑的关系；

2. 在辩证思维的统摄下，对不同道德教育思潮的理论贡献与历史局限作了确当而中肯的论解，有助于人们在思想得失的张力中获得正反两方面的启示；

3. 敢于触碰一些敏感话题（如自由主义、保守主义思潮），不躲避问题（如对新托马斯主义思潮、后现代思潮的缜密推究），也不回避矛盾，对一些有争议性或研究难度较大的道德教育思潮作了系统归纳。

三、成果在理论和实践上的意义

1. 为深化我国的西方道德教育思想研究、优化道德教育实践提供了重要的方法论借镜；

2. 为构建中国特色的道德教育理论与实践体系，实现“洋为中用”、“为我所用”的目的，提供了价值观与方法论的双重启蕴；

3. 为我国的学校道德教育实践及公民道德教育实践提供了域外启示；

4. 为德育原理专业的研究者与学习者在理论学习的同时，自觉地介入并服务于我国的学校道德教育实践，提供了德育模式、德育方法、德育评价等方面的启示。

回归生活：残疾人体育价值引论

作者：于　军（鲁东大学）

程卫波（鲁东大学）

高等教育出版社 2010年1月

一、成果的主要内容

体育源自于生活，二者本身亦有不可分割的内在逻辑关联。针对残疾人体育疏远和割裂生活的现状，该著作将回归生活作为残疾人体育价值分析的逻辑路向，号召人们共同关注残疾人的生活，凸显残疾人体育的生活价值。残疾人体育回归生活，不仅是理论的使然，而且也是现实的呼唤。基于此，本专著从生活视域入手，对残疾人体育的价值作了一次学理上的探讨。回答了“生活是什么，生活缘何成为残疾人体育价值的逻辑起点，残疾人体育为何具有生活的品性，回归生活为何成为残疾人体育发展的内在诉求”等问题。毋庸置疑，这些主张对于体育真正融入残疾人的生活，促进残疾人全面平等参与社会生活，实现残疾人体育回归生活，具有极其深远的价值和意义。

二、成果的创新之处

1. 成果所涉及的问题是对残疾人体育的价值透视问题，而且是结合目前残疾人体育存在的实际问题进行的理论探索，用“价值”的追问代替了“技能知识”的灌输与传授，进而为残疾人体育的良性发展提供可资借鉴的建议。

2. 回归生活是对残疾人体育的认识缺陷和对残疾人的生存危机进行深刻反思的结果。本著作没有流于对残疾人体育价值的通俗解读，而是采用教育学、伦理学、解释学等研究方法，对残疾人体育的价值作了一种全新的学理性探索。

三、成果的理论和实践意义

生活是残疾人体育的现实基础和意义之源。在这个技术宰制一切的时代中，残疾人体育封闭了通向生活的大门。对功利的无节制追求使其迷失了方向，越来越远离残疾人生活的原点。一个以人为本时代的到来，呼唤残疾人体育回归生活的本真。基于此，成果对当前残疾人体育的功利化、标准化、工具化、庸俗化和非人化作了深刻地检讨和批判，提出了向生活回归的价值取向，拓宽了残疾人体育研究的视域，深化了残疾人体育研究的层次和境界，对于推进当下残疾人体育健康持续发展具有重要的理论和现实意义。

体育专业大学生思维方式的理论及实证研究

项目负责人：房　蕊（曲阜师范大学）

省社科规划办　2010年12月

一、成果的主要内容

该成果将文化心理学研究思维方式的思路与方法引入体育心理学，从理论和实证的角度考察了体育文化对思维方式的影响。通过问卷调查、访谈、专家咨询等途径，全面分析了体育专业大学生的思维方式特点，并采用质的研究范式初步探讨了体育专业大学生思维方式的结构维度，从思维方式的角度解释体育专业大学生的心理和行为，以独特的研究视角，严谨的研究方法，系统的逻辑分析，科学的归纳提炼，揭示了体育专业大学生思维方式的影响机制，立足思维方式八要素学说，提出了从拓展知识、更新观念、注重方法、丰富语言、提升智力、历练意志、增加积极的情感体验以及培养好的思维习惯，克服思维定势等方面对体育专业大学生思维方式进行优化的策略方案，具有较高的理论指导和现实应用价值。

二、成果的创新之处及理论和实践意义

1. 该成果选取体育专业大学生作为研究对象，通过探讨体育专业大学生思维方式的影响机制，在研究思维方式现状及特点的基础上，进一步研究了思维方式对健康行为、决策行为、人际行为等的影响，有助于真正理解体育专业大学生的思维特性在行为产生和行为控制中的作用，从而为通过思维训练改善应对方式，促进身心健康，形成行为自觉提供依据。

2. 该成果将文化心理学研究思维方式的思路与方法引入体育心理学，从理论和实证的角度考察了体育文化对思维方式的影响，采用质的研究与量化研究相结合的范式，对体育专业大学生思维方式的结构进行构建，从思维方式的角度解释体育专业大学生的心理和行为，揭示了体育专业大学生思维方式的影响机制，提出了体育专业大学生思维方式优化策略及干预措施。目前该领域的相关研究国内还刚刚起步，研究成果尚不多见，此研究成果可为高校体育教育和管理工作及运动训练与竞赛工作提供科学的理论和决策依据，从而根本上提高心理健康教育和运动竞赛心理辅导的针对性和有效性，对于促进体育专业大学生的健康成长成才具有重要的现实指导意义。

教学论的本性与追求

作者：徐继存（山东师范大学）

《教育研究》　2010年1月

一、成果的主要内容

1. 我们应当按照教学论自身的本性来对待和理解教学论，克服以科学或政治标准为尺度来衡量和评价教学论的观点和看法。

2. 面对众说纷纭的教学论观念，我们不能盲从，也不应当简单地模仿，应该学会运用自己的头脑去思考自己的教学论问题，创造自己的教学论。

3. 作为一门学问，教学论当然要提供知识，但教学论更应该提供思想。纯粹的知识之路无疑误解并妨碍教学论的正常发展。

4. 教学论作为一门思想性质的学问，不仅是一种知识、一种能力、一种智慧，而且是一种境界、一种品格、一种人格。

5. 教学论研究不仅仅是一种抽象的思想或学说或概念的分析，而且更应当是教学论研究者的一种生活方式或生活实践。可见，教学论不仅是悟道之学，而且是践履之学。

6. 创造具有中国气派、中国风格的教学论，必须按照教学论的本性，通过教学论研究者的个性化活动才能实现，这是当代中国教学论研究者的历史责任。

二、成果创新之处

1. 澄清了长期以来人们对教学论本性认识的一些错误观念和认识误区。

2. 创造性地提出对教学论本性的新认识，为教学论研究提供新认识论视角和方法论借鉴。

3. 有助于人们认清教学理论的真正价值和意义，廓清教育理论与教育实践的关系，从而进一步拓展和丰富了当前教学论研究。

三、实践意义

1. 有利于广大教学理论工作者认清自身的角色和使命，形成正确的教学论认识，形成正确的教学论研究方式。

2. 有助于教学论研究者更好地对教学理论进行改造，使教学理论更好地服务于教学实践。

3. 有助于帮助教育实践工作者挖掘自身教育思想与智慧，提升教学理论水平，促进自身的专业成长。

对话教育论

作者：王向华（山东师范大学）

《教育研究》 2010 年 9 月

该成果是作者主持的山东省社科规划重点研究项目《对话教育研究》（04BZZ06）的重要成果之一，也是作者集多年对话教育研究的代表性成果。

一、成果的主要内容

进入 21 世纪以来，对话被赋予了全新的内涵，不仅已经成为一种新的时代精神，而且逐渐成为人们的生存方式和生存状态。从对话哲学的角度研究作为对话的教育，探讨对话及其教育意蕴具有重要意义。首先，本论文在阐释对话内涵的基础上，尝试从本体性和非本体性、理想性和描述性等不同的角度概括对话的主要特征，而其中与理想性密切相关的伦理性特征对思考教育问题尤其重要。其次，基于对话是平等者之间一种共生的交往关系，分别从教育目的、教学、学习、师生关系等方面系统地探讨了对话的教育意蕴。教育若要促进人的全面发展，增进人与人、人与社会、人与自然的和谐，重塑一个以对话为特征的教育世界理应成为人类教育发展的一种追求。

二、成果的主要创新之处

成果超越了语言学的视界，更多关注对话在现实社会生活中的社会和文化的意义。不同于国内学者把对话仅仅看作是达到沟通的一种手段，而是认为对话不仅是手段，对话本身就是目的。对话不仅仅是交往的主要形式，对话是人类存在的一种方式。对话不仅强调真理解和共识，而且强调新事物的生成。成果的创新之处在于从不同的角度概括了对话的特征，并从哲学本体论的视角，就对话与教育目的、对话与教学、对话与学习以及对话与师生关系作了较为系统的探讨。

三、成果的理论意义和实践意义

成果从对话哲学的角度研究作为对话的教育，既丰富了当前的对话教育理论，也为教育研究者思考教育理论提供了新的视角。在当前的学校教育现实中，从形式上看，对话使用比较频繁，但事实上只是被当作一种达到目的的手段或背景。教育中这种对对话认识的偏差，不可避免地造成对话交往的实质性缺失。成果在一定程度上能够矫正这种认识偏差，对当前的教育改革和教育实践具有重要参考价值。

科学课教师培养的问题与对策建议

作者：李中国（临沂大学）

《教育研究》 2010 年 3 月

该成果采用普查与重点调查相结合的方式，对国内设置科学教育专业的 65 所高校进行调研，然后采取分层随机抽样的方式，按 20% 的比例，对抽取的 13 所高校进行重点调查，以发现科学课教师培养中的问题，并提出对策建议。

一、科学课教师培养存在的问题

专业设置的无序性；目标定位的宽泛性；课程设计的杂乱性；组织运行的低效性。

科学课教师培养之建议：加强法律规制，加大宏观调控，创设科学课教师培养的优质环境；发挥学团作用，立足专题研究，提高专业建设指导的针对性和实效性；坚持目标导向，突显探究特色，以实践创新提升培养质量。

二、成果创新之处

1. 方法新。突破传统教师培养研究的经验和思辨范式，将数据统计分析作为主要工具，增强研究的科学性，使研究结论更具说服力和代表性。

2. 问题新。本研究瞄准目前科学教师培养中的主要症结，厘清了专业设置、目标定位、课程设计和组织运行中存在的主要问题，解析了问题的根源，为后续研究提供了新的思路和平台。

3. 对策新。本研究创造性提出科学课教师培养所涉及的体制机制、课程模式、教育教学等相关层面的政策建议，为实践改革提供了有力支撑。

三、成果理论与实践意义

1. 理论价值。针对我国尚无权威性的科学课教师培养指导性意见这一研究现实，本研究在实证研究的基础上，从问题入手展开研究并提出有力对策，从理论上开拓、扩展、深化了科学课教师培养的研究。

2. 实践意义。一是可以为开设科学课教师教育的高校提供科学课教师职前培养提供建议。二是可以为各级教育行政部门、科研机构及相关社会团体实施的科学课教师的职后培训提供决策和实施参考。三是本研究提出的加强“法律规制”的问题解决思路、建设专业学术团体的设计方案、“教务主导—独立型”的组织管理模式等，对科学课教师培养具有直接指导作用。

外语教育中的文化意识培养

作者：康淑敏（曲阜师范大学）

《教育研究》 2010 年 8 月

一、内容提要

成果以中西文化为例，针对外语教育中文化意识培养问题进行了深入的探讨。

1. 从语言与文化的关系和文化因素对跨文化交际的影响角度论述了外语教育中渗透文化意识培养的必要性和重要性，认为外语学习过程，不仅是一种认知的心理语言行为，而且是一种进入他族文化的社会交流活动。不了解文化或缺乏文化的敏感性，就难以理解语言所蕴含的社会文化意义。

2. 从文化内涵和深层文化特征阐述了文化意识培养的思路，强调从文化表征切入理解文化内涵，从文化特质解析理解不同文明的表现形式，从深层文化分析理解文化间的差异，从交际文化视域培养跨文化意识。

3. 从外语教育过程论证了文化教育融入理念，强调在通晓本族文化的基础上学会理解和包容他族文化，引导学生突破单一文化的樊篱、有效地传递和理解文化信息。

二、成果的创新点

1. 文化意识培养理据的确立。成果认为，语言文本和话语结构不是一个意义自足的有机体，而是多维信息的汇合体。不了解体现民族本体特质的文化要素，就难以理解语言符号所指涉的内容，难以从修辞、心理、意境层面复原话语信息。

2. 文化意识培养理念的创建。成果指出，外语教育、外语学习的过程就是接触和认识他族文化的过程，是在与目的语民族进行隐性对话的言语活动或跨文化交流。因此外语教育必须注重人文性与工具性的统一，探索内在文化元素与外在表现形式的契合点及培养途径，以培育本族文化自觉为基础，以培养跨文化意识为重点，将文化教育融入外语教学过程，培养具有开放包容精神的高品位外语人才。

成果提出了外语教育中文化意识培养的理念，建构了实践框架，可为我国的外语教育提供可资参考的理论依据和实践参照，具有一定的现实意义和实践价值。

自闭症儿童体育游戏干预个案研究

作者：张志勇（山东师范大学）
邓淑红（山东师范大学）

《体育科学》 2010 年 8 月

一、主要内容

自闭症是一种广泛性发育障碍，其典型特征为：在社会相互作用上存在质的障碍；在言语和非言语的交流以及想象活动中存在质的障碍；活动和兴趣的范围存在明显的局限性。

由于自闭症儿童的身心特征，一般体育课上的活动及难度较大的运动技术往往对其并不适合，也很难引起其运动兴趣。体育游戏具有趣味性、无特定技术要求、简单可变，可促进身心健康等特性，比较适应自闭症儿童的特点。基于此，成果主要探讨体育游戏干预对自闭症儿童的影响。研究以两名自闭症儿童为被试，采用文献法、观察法、访谈法、实验法进行研究，干预措施为在自闭儿童原属班集体中开展体育游戏教学，体育游戏进行了精心设计，适合被试身心特点，并在运动同时着重于促进沟通、交流、合作。结果表明，经过 3 个月的大量密集干预，两名自闭症儿童在人际交往、语言交流方面均出现较明显的进步，大部分基本沟通行为有所促进，问题行为中不服从不合作行为和退缩行为减少。

二、创新之处

在自闭症儿童的干预研究中，体育干预研究很少，而精心设计的针对性的体育游戏干预几乎没有，本研究丰富了自闭儿童的干预理论，也拓宽了体育心理学的研究对象范围，具有一定的创新性。

三、理论及实践的意义

成果探讨了自闭儿童干预研究的新方向，本研究可以指导自闭儿童的体育游戏干预，促进自闭症儿童的积极发展。通过所设计的体育游戏干预，促进自闭症儿童认知、情感、社会性等心理的发展，提高了自闭症儿童的运动兴趣，促进运动参与，克服运动缺乏的问题，使自闭症儿童在人际交往、语言交流方面均出现较明显的进步，大部分基本沟通行为有所促进，问题行为中不服从不合作行为和退缩行为减少，效果显著。

不同认知方式个体在语篇阅读中抑制外部干扰的眼动研究

作者：李寿欣（山东师范大学）
徐增杰（山东师范大学）
陈慧媛（山东师范大学）

《心理学报》 2010 年 5 月

一、主要内容

语篇阅读是人们最常见、最自然的一种阅读行为，但人们在阅读过程中常受到各种信息的干扰，其中来自篇章内容以外信息的干扰是一种重要的干扰形式，被称之为外部干扰。研究设计了两个实验，采用眼动追踪技术，探讨了当干扰材料的意义性不同和干扰材料位置可预测性不同时，不同认知方式个体在语篇阅读中抑制外来无关干扰的特点。实验一，采用个体认知方式（场依存型、场独立型）与干扰材料类型（真词干扰、假字对干扰、无干扰）二因素混合设计，通过分析实验者的阅读效率以及阅读过程的眼动指标（注视次数），探讨干扰材料的是否有意义对阅读效果的影响，并进一步分析不同认知方式个体对意义性不同干扰材料的抑制机制；实验二，采用个体认知方式（场依存型、场独立型）与干扰材料的位置（随机位置干扰、固定位置干扰、无干扰）二因素混合设计，通过分析实验者的阅读效率和眼动指标，探讨干扰材料位置的变化对阅读效果的影响，并进一步分析了不同认知方式个体对位置不同干扰材料的抑制机制。研究结果表明，场独立个体抑制外部干扰能力好于场依存者，这种差异发生在抑制加工的后作用过程；干扰材料的意义性和干扰材料位置的可预测性对抑制均有影响。相对于无意义材料，有意义材料的干扰更难于被抑制；相对于可预测位置的干扰，不可预测位置的干扰更难于被抑制。

二、创新与特色

1. 理论上的创新。（1）发现了场独立与场依存者个体在抑制外部干扰能力的差异发生在抑制加工的后作用过程。以往的研究发现，从词汇和句子加工水平上，场独立者抑制干扰能力好于场依存者，本研究不仅发现在语篇水平上，场独立者抑制干扰能力好于场依存者，而且进一步证明了这一差异是发生在抑制加工的后作用过程。（2）发现了干扰材料的意义性和位置的可预测性对抑制效果有不同的影响。

2. 方法上的创新。以往关于这一领域的研究大多采用行为实验，以反应时为指标，研究中以实验者的阅读效率为指标，结合阅读过程中实时记录的眼动数据，将阅读过程和阅读效果联系起来分析问题，对问题的分析更具说服力。

三、理论与实践意义

理论上为认知加工过程中抑制机制的理论提供了新证据。关于抑制的认知理论认为，抑制是阻止无关信息进入工作记忆或把无关信息从工作记忆中清除出去，它主要有三种功能：阻止通达、清除与限制。阻止通达的功能在干扰信息被激活之前就起作用，使干扰信息在工作记忆中不被激活或更难以被激活，可称为抑制加工的前作用过程；清除与限制的功能主要在干扰信息被激活后起作用，使已激活的干扰信息去激活，或限制干扰信息的优势反应倾向，可称为抑制加工的后作用过程。通过分析场依存者、场独立者抑制过程发现，两者在抑制加工的前作用过程即在阻止干扰信息的激活方面不存在差异，而在干扰信息进入工作记忆后的清除与限制过程中出现差异，这进一步证明了将抑制加工过程分为两阶段是合理的。

实践上成果为教育工作者更好的指导不同认知方式学生阅读提供了依据。针对场依存者抑制无关信息能力弱的特点，教育者在为这一类学生提供阅读材料时应尽量去除无关信息，提出更明确的目标要求；同时，也为教材编写者提供指导。在编写学生教材时应准确区分目标信息和无关信息，尽量防止无关信息进入教材。

历史学

尚书古文疏证（附：古文尚书冤词）

校点：黄怀信（曲阜师范大学）
吕翊欣（陕西省教育学院）

上海古籍出版社 2010 年 12 月

一、成果的主要内容

本成果是对清人阎若璩的《尚书古文疏证》和毛奇龄的《古文尚书冤词》二书进行校点整理，内容包括对两书全文的校勘、断句、标点，以及接近 4 万字的两篇导读性的《前言》。

二、成果的创新之处

成果是第一次对二书进行校点整理，其校勘与标点、断句本身含有大量创新成分。对二书作导读性的长篇《前言》，是学术史上第一次；分别对二书进行逐条辨析，指明其正误，也是第一次。成果发现阎书现存九十九条中，大多数证据经不住推敲，不能最终成立，或者与辨伪无关，这是前所未有的重要发现。

成果发现，阎书中确有几条能够成立的证据，但只能证明个别篇章有问题，或者《孔传》中有晚出的成分，而不能证明原书全伪或晚出。所以又提出："如果不将二十五篇（古文）作为一个整体看待，不把《孔传》视为一人手笔，问题恐怕就容易解决。"也是重要的学术创见。

成果发现，阎氏先从主观上认定"二十五篇"及孔传是伪作，然后再千方百计寻找证据，走了一条反方向的路，所以也就难免在举证方面不够严谨，是其失误的根本原因。而毛说虽有明显错误的地方，但整体上还是合理可信者居多，从而推翻了《四库全书总目》以来的错误评价。

三、成果在理论和实践上的意义

成果使本属难读的二书变得人人可读，本身对促进《古文尚书》问题的深入研究有重要意义。《前言》部分的创获，等于从根本上推翻了《古文尚书》为魏晋人伪造说的证据，使其失去了根基。成果提出不将二十五篇古文作为一个整体，不把孔传视为一人手笔，为解决问题指明了方向。发现阎氏研究方法之误，等于找出了问题的症结，有助于从根本上推翻魏晋伪造说。成果对毛书的部分肯定，有助于对"伪古文"的正确认识。总之，成果为《古文尚书》问题的最终解决创造了条件，奠定了基础。

梁启超与中国现代史学：以跨学科为中心的分析

作者：石莹丽（聊城大学）

中国社会科学出版社　2010 年 12 月

梁启超于20世纪初揭起"新史学"大旗，在史学理论上倡导进化论，在史学内容上倡导国民史学，在史学方法上倡导跨学科研究，尤其是他倡导并实践援用各种自然科学和社会科学方法研治历史，对于整个20世纪中国历史学产生重要影响。成果即把梁启超放在中国现代学术史的框架中，将中国现代历史学与社会科学研究方法结合起来，从二者的交叉点上考察和审视梁启超的跨学科研究，主要是他对地理史学、社会史学、经济史学、心理史学和历史统计学的拓荒之功，从而重新界定梁启超在中国现代学术史上的地位和贡献。

当然，不可否认的是新史学问世的初衷是救国，但当迫在眉睫的危机过后，其后续影响则主要体现在方法论层面上，即总体史的著史范式和跨学科的研究方法。在梁启超新史学方法的影响下，一批通史性著作诞生，在许多历史哲学论著中也都为跨学科留有一席之地，而且它直接催生了唯物史观派的成长壮大和史学研究会的成立。

如今看来，跨学科方法有其局限性并且面临挑战。援用社会科学方法治史有其弊病所在，如果把握协调不利，很可能使社会科学反客为主，淹没了历史学，使史学的自主性丧失，沦为社会科学的附庸，造成只见结构不见人的局面。这就要求史学工作者保持高度的警惕性，在史学研究中始终以人为本，注重考察时间、变化，关注历史事件的独特性和人的独特性，尤其是人类的精神层面和文化生活。因此，本书在对梁启超运用多学科方法进行学术史考察的基础上，结合当前学界对社会科学化史学的反思，重点澄清有关史学研究模式和方法的误解，肯定并阐明社会科学入史的价值和意义，进而对今后史学的发展趋向提供一种前瞻性思考。

汉代田庄研究

作者：杜庆余（山东社会科学院）

山东大学出版社　2010 年 8 月

学界对汉代田庄问题的认识存在诸多分歧，即使对其中的某个小问题也聚讼纷纭。本成果在对有关文献和考古资料及前人研究成果全面梳理和研判的基础上对这一问题进行了全方位的新探索，以七章30多万字的篇幅，将田庄的产生、田庄的类型与建筑、田庄的生产经营、田庄的生活、田庄居民关系及其社会地位、田庄内的公共活动、田庄的历史地位等有关汉代田庄的重要问题一一展示出来。

以往学者对汉代田庄的研究多集中于田庄的生产经营、阶级状况等方面，且分析较简略，意见也不一致。成果转换了研究理论与思路，采用经济结构与社会结构的双向分析模式，对汉代田庄问题进行探索。借鉴政治学、经济学和社会学的理论，从政治、经济与社会的视角审视汉代田庄的历史发展，从中发现了一些为前人所忽视的新现象、新问题，提出许多自己的见解。如针对田庄自给自足、很少与外界交换的传统主流观点，本成果通过分析田庄的生产经营和汉代的国家政策，提出田庄存在内部市场和外部市场两个并行的、关系紧密的市场的观点。针对学界关于田庄依附人口是否在国家掌控范围内等问题上的不同看法且多缺乏具体分析的情况，成果通过对有关史料的解读，分析汉政府政策的影响和田庄主自身的利害考量，认为田庄中的依附人口除奴婢外都是国家的编户齐民，须承担国家的徭役和赋税，一定程度上澄清了以往偏于一端的认识。对于以前不少学者对田庄作用多持负面评价的情况，成果指出汉代田庄在一定程度上促进了社会经济的发展，田庄如何发挥作用取决于当时的社会状况和国家控制力的大小。

田庄是汉代经济史与乡村社会史研究中的重要内容，正确认识汉代田庄对于剖析汉代社会状况，把握汉代经济和社会的真实面貌与发展规律，具有重要的理论意义和实际价值，对于汉代经济史与社会史研究的深化有积极的推进作用。就现实而言，研究汉代田庄可以为我国转型时期更好地进行乡村社会治理、促进社会发展以维护国家稳定的问题提供有益的借鉴和启迪。

中国酒史

作者：王赛时（山东社会科学院）

山东大学出版社　2010 年 9 月

一、成果的主要内容

成果沿着历史发展的规律来解读中国酒的起因与变化过程，上起史前遗迹，下及晚清结束，时代跨度长达五千年，全部采用第一手历史资料来考证中国古代的酒产品和酒生活，分时段、分朝代解读了中国酒历史的发展走向和文化要素，考证了历代酒产业的生产规模，阐述了饮酒风俗的由来，同时对于中国历史上出现的各种酒进行了起源考证和定位、定质分析，从而把中国酒的历史起源与发展过程完整地展示出来，是中国有史以来第一部研究“酒”的史学专著，以前没有这样的学术专著，因此，本成果填补了历史学界对中国酒在学术研究方面的空白。

二、成果的创新之处

一是从社会经济产业的范畴来解读酒业生产在中国历朝历代中的经济地位；二是从历代国家政策取向、社会生活风习、人们的情操与价值取向、社会发展变迁趋势等诸方面，深入剖析中国酒历史和酒文化的丰富内涵。本成果不仅详尽阐述了各个时代饮酒的方式、礼仪、风习、特色，而且以相当多的篇幅考证了中国古代酒的酿造工艺流程，以及各类酒产品的产地、产源、产品属性和特征，在酿酒科技方面也同时具有重大突破。

三、成果在理论和实践上的意义

成果研究中国酒的发展历史，解说中国人饮酒生活的文化内核，对于中华文明成果的回顾与发掘，对于现代饮食生活与理解于感受，都会有着很深厚的意义。尽管成果的大系锁定于古代范畴，然而脉络所延、承继所至，对于当代中国酒产业的发展也同样具有借鉴意义。

清朝前期涉外法律研究

——以广东地区来华外国人管理为中心

项目负责人：王巨新（省委党校）

全国社科规划办　2010 年 9 月

成果主要研究清朝前期针对广东地区来华外国人制定实施的涉外法律。课题以各部门法为中心，以历史发展为走向，加以横纵剖析和比较研究，多角度探讨清朝前期涉外法律问题，给今人提供了一个关于清朝前期涉外法律的完整清晰的纲目和轮廓。

清朝前期是中国古代涉外法律的成熟时代。这一时期随着中外交往和冲突的增多，清政府调整规范中外关系的法律制度也由简单到系统、由缺漏到完备，逐渐形成了包括朝贡法律制度、涉外经济、民商、刑事、诉讼、宗教管理法律等在内的涉外法律体系。总体上看，清朝前期涉外法律既表现出历史发展的阶段性和部门法发展的不平衡性，又表现出强烈的国别和地区差异性特征；既表现出对来华外国人优惠和宽容的基本倾向——“怀柔远人”，又表现出限制中外官民密切接触的基本倾向——“夷夏之防”。来华外国人之所以逃避并抵制中国的司法管辖，并不是因为中国法律更为严苛，而是因为他们已经习惯于逃避东方国家的司法管辖。

涉外法律史研究属跨学科研究，它涉及中国法律史和中外关系史两个学科，历来为学界所忽略。在清朝前期涉外法律研究方面，虽有若干研究成果，如强磊《论清代涉外案件的司法管辖》、刘景莲《明清澳门涉外案件司法审判制度研究》、唐伟华、黄玉《清代广州涉外司法问题研究》等专著及诸多论文，但缺乏整体、全面之研究。成果一定程度上可填补中国古代涉外法律研究领域空白，并可促进中国法律史和中外关系史之研究。

另一方面，我国涉外法律正经历由缺乏到完备、由与国际法和国际惯例相脱轨到与国际法律规范相契合的过程。特别我国是加入世贸组织后，需要大大加快涉外法律建设步伐。以史为鉴，可知兴替。本课题对中国传统涉外法律经验和价值的总结探讨，对于今天加快涉外法律建设具有深刻的现实意义。

唯物史观与二十世纪中国古代铁器研究

作者：陈　峰（山东大学）

《历史研究》　2010 年 12 月

中国古代历史上铁器的制造和使用是中国史学

研究中的一个关键问题。近百年来的铁器史研究可分为三个阶段：1920年代为第一阶段，这一阶段是在古器物学的视野下研究铁器史，以1921年章鸿钊的《中国铜器铁器时代沿革考》和1925年章太炎的《铜器铁器变迁考》两文为代表；1930年代至1949年为第二阶段，这一阶段的特征是从社会经济史的角度考察铁器问题，发端于1930年郭沫若的《中国古代社会研究》一书；第三阶段是1949年以后至20世纪末，古代铁器研究进入了唯物史观主导下多途发展的时期。

铁器研究从古器物学过渡到社会经济史，唯物史观在这种转换过程中起到了关键性作用，使铁器研究与社会经济变动的研究连接起来，达到一个新的境界和气度，铁器问题也成为古代史领域的一个重要论题，取得丰硕的成果。这种局面与唯物史观出现以前不可同日而语。正是由于唯物史观的启导，才增加、扩展了铁器史研究的向度和内容，而且极大地提升了其理论素质。特别是在古史分期说的带动下，关于古代铁器问题的研究，已经不限于一般的经济史探讨，而与生产力和生产关系等社会历史发展的基本理论命题相贯通，其深度是此前所不能比拟的。20世纪铁器史为证明唯物史观的学术价值提供了一个具体而微的实例。

成果最重要的创新之处即在于为中国马克思主义史学史研究开辟出一种新路径。既有的马克思主义史学史研究往往以人物（如郭沫若、范文澜、翦伯赞等）或作品（如《中国古代社会研究》、《中国通史简编》、《中国史纲》等）为中心，已呈人云亦云、陈陈相因之态，难以取得实质性突破。本文则采用学术史的视野和方法，从专题研究的角度切入，就马克思主义的理论方法对某一领域、某一问题的推进进行具体细致的考察，以展示马克思主义史学的学术优势之所在。这种新的思路方法对深化、细化当前的中国马克思主义史学史研究具有积极意义。

阎宗临的世界古代史教学与研究

作者：陈德正（聊城大学）
郭小凌（北京师范大学）
《古代文明》　2010年7月

成果全面介绍论述了我国世界史研究的先行者之一阎宗临先生的学术生平、研究成果以及他对中国世界史学科尤其是世界古代史学科发展和世界史学人才培养所作出的杰出贡献。阎宗临早年留学瑞士，攻读世界史博士学位，回国后在多所高校从事世界古代史的教学与研究，著有《世界古代中世纪史》、《罗马史》、《欧洲文化史论》、《希腊罗马史稿》、《欧洲史要义》等。阎宗临的世界古代史研究主要集中于西亚、中亚古史和古希腊罗马史。其对西亚中亚古史所作的专题研究，涉及以往很少有人注意到的赫梯、巴克特里亚等古国，具有填补空白的学术意义；他撰著的古希腊史和罗马史论著至今读来仍有特色和新意，其中对古希腊文化优长与不足的分析、对罗马帝国兴衰原因的论述、军人对罗马文化传播的作用等观点更占据国内世界史学研究的学术前沿。在上世纪50、60年代的社会政治背景下，受西方史学思想和方法较深的阎宗临不能充分运用他擅长的文化史观和多元比较法从事学术研究，加之中国世界古代史学界以俄为师，对西方国家的学术动态及西文的历史资料了解、引进很少，他精通拉丁文、拉丁文、法文、德文的语言优势无用武之地，只能转向从事中外关系史研究。阎宗临学术研究取向的无奈转变，对中国世界古代史学而言无疑是不小的损失。

成果主要特色和创新之处：

1. 以近16000字的篇幅，第一次对上世纪30年代归国留欧学人的典型代表阎宗临先生的学术生平、主要研究成果及教育教学活动进行了系统评介，对其两次学术转型的原因进行了深入剖析，进而阐述了学术繁荣的必备条件和内外环境；

2. 史料有新挖掘，征引材料宏富入微，直到阎宗临先生手稿及其后人口述资料。全文引用资料50余种，包括阎宗临先生上世纪三四十年代的论文著作及未刊手稿，对其哲嗣著名史学家、首都师范大学博士生导师阎守诚教授进行了学术访谈，搜集到了部分珍贵口述史料，尽量做到“无一句无出处”，为全文立论奠定了坚实的史料基础；

3. 学术界对阎宗临的研究多集中在其文化史、史学史、中外关系史的著述与贡献。本文则对其世界古代史的教学与研究活动进行了深入探析，总结概括了阎宗临在中国世界史尤其是世界古代史学科发展史上的地位和贡献，填补了学界空白，拓展了阎氏研究领域。

“文化大革命”后期曲阜的“批林批孔”运动及其影响

——兼论当地民众的思想态度

作者：李先明（曲阜师范大学）
《中国党史研究》　2010年6月

1974年初全国范围内开展的“批林批孔”运动，是在“文化大革命”已经濒临破产的情况下再度强制推行“左”倾错误理论和实践的一场政治运动。近年来，学界对于这场运动的研究成果主要集中在党内高层如何策划运动以及周恩来、郭沫若、梁漱溟等人在运动中如何作为等方面，至于基层民众的态度，运动的运作方式、内容及其影响等方面至今尚无专文述及。因之，成果利用曲阜档案馆的相关文献资料，并结合对部分亲历者的访谈，对曲阜“批林批孔”运动之初民众的思想动态，运动的运作方式、内容以及造成的影响进行了探讨，从而得出了颇具新意的结论和启示。

成果对“批林批孔”运动在曲阜的开场及当地民众的反应进行了梳理；对曲阜开展“批林批孔”运动的主要方式进行了详细地描述；对曲阜“批林批孔”运动的批判内容和特点进行了诠释；对曲阜“批林批孔”运动的影响进行了比较客观地评价。

成果认为，批林批孔”运动在曲阜开场后，当地大多数干部群众对运动持消极抵制的思想态度。对此，曲阜县委领导被迫充当“指挥员和战斗员”的双重角色，通过组织动员和媒介宣传等方式来推动这场运动的开展。“批林批孔”运动的开展，给曲阜的经济、文化等造成了消极影响，但未能改变人们初始的抵制态度，运动在曲阜所达成的政治效果与江青等人所预期的目标相差甚远，甚至是截然相反。这充分说明再度强制推行“左”倾错误理论和实践的“批林批孔”运动在地方上已经不得人心，人们在心底普遍厌恶这样的政治运动，渴望恢复秩序，发展经济，不希望刚刚转好的形势遭到破坏。正是在这样的普遍心态的主导下，人们将希望寄托于要求维持秩序、强调恢复生产的周恩来、邓小平等老革命干部身上，从而为1975年的全面整顿及“四人帮”的垮台奠定了坚固的群众及社会基础。

应用与普及

文化产业一本通

主编：王志东（山东社会科学院）

山东人民出版社　2010年12月

一、主要内容

《文化产业一本通》在探讨文化产业现象和发展规律的基础上，对中国文化产业发展的现状、特点、问题、发展趋势以及相关的管理法规、政策等进行了深入系统的论述。前三章侧重理论研讨阐述了文化产业的基本原理，系统探究了文化产业的历史与现状、资源与分类、文化产业与文化市场、文化产业的功能与机制，着力分析了新闻出版、广播影视、网络文化、广告、动漫、休闲文化以及古玩艺术、体育、玩具和视听设备制造等产业门类具化知识应用情况，逐一辨析业态特征、经营管理方式和发展对策等。后三章侧重实证分析，结合近年来国内外文化产业生动的案例和翔实的数据，在故事和实例中深化对基本概念的解释，展现不同文化产业门类的业态现状与经营管理方式，揭示了文化产业的发展规律。

二、创新之处

国内研究文化产业的著作并不少见，但从知识普及的层面上来梳理文化产业发展的系统研究还不多。《文化产业一本通》在研究和行文过程中，始终遵循历史发展的逻辑和从一般到具体的顺序进行深入有效地探索与思考在编著体例与编写方式上进行了积极的探索和创新。成果图文并茂、通俗易懂、深入浅出，融知识性、实用性和可读性为一体，一个概览、一个横看、一个纵观，从各个角度切入，把文化产业的基本理论概念论述得淋漓尽致。在“域外传真”和“本土一览”部分，言简意赅、准确生动地描绘出一个国家或地区文化产业的显著特点，使读者一目了然，记忆深刻。“文化创意加油站”中，题目本身就是敏锐的创新理论观点，为认识个案提供了鲜活的理论视角。成果很好地坚持“三贴近”原则，结合各地实例，以历史为脉络再现文化产业发展，在故事和实例中解释基本概念，揭示文化产业的发展规律。

三、理论与现实意义

成果理论与实践兼顾，宏观和微观并举，国内和国外齐纳，法规与案例皆备，具有资料性、国际性、市场性和前瞻性等诸多特点，填补了我国这一领域研究的一个空白。作为社会科学普及读物，《文化产业一本通》不但很好地坚持贴近读者，更重要的是向读者表达了强烈的爱国意识和时代责任感。编者一方面从社会经济变化对文化变革的推动力和影响力的前提出发，另一方面也密切关注文化的变革对社会经济和人们生活的影响，并引导读者从这种互动中寻找应对文化变革的答案，为读者提供了独特而又富有启发性的思想，具有很强的现实意义。

生活中的儒家伦理

主编：傅永聚（曲阜师范大学）

山东文艺出版社　2010年4月

中华文化是典型的伦理性文化，以孔子为代表的儒家伦理是主流形态。千百年以来，儒家基本伦理元素以超越时空的永恒价值影响着中华民族的思维行为和社会生活，也是中华民族跻身于世界民族之林、参与世界文明对话的雄厚资本和不竭源泉。近年来党和政府大力提倡的“以德治国”、“以人为本”、“八荣八耻”等，证明了儒家伦理道德在民族主流价值体系核心的不可或缺性。普及儒家伦理道德中具有永恒意义的部分是社会主义精神文明建设的应有之义和重要渠道。

《生活中的儒家伦理道德》应时代之需，面向社会，在普及儒家伦理道德做了有益的尝试。成果精心选取儒家伦理范畴中忠、孝、爱、仁、勇、礼、恕、智、德、慎、俭、诚、信、义、廉、耻、善、毅、慈、敬、和等37个德目，正本清源，探赜索隐，既深度探究出每一范畴的微言大义，勾勒出其发展变化的历程，又选取历史上著名的人物和事件，以儒家和历代先贤的嘉言懿行为楷模，一一观照。通过剖析日常生活中脍炙人口的200多个小故事，研究古今人们处世临事的伦理心态，以小见大，揭示出中华民族伦理道德的大智慧。

当下，既有深厚学术积累又致力于普及生活中儒家伦理的著作尚不多见。成果则是以十几年来厚积的科研成果《二十世纪儒学研究大系》（21卷，中华书局2003年）和《中华伦理范畴》（10卷，2006年中国社会出版社）等为蓝本，基础坚牢，学理谨严，同时，该书视野宏阔，取材雄厚。尤其值得注意的是，成果以讲故事的方式，深入浅出地阐明伦理道德的大道理，文笔犀利，雅俗共赏，起到道德科普的作用。特别是每段故事后的警句，言简意赅，恰似醍醐灌顶，发人深省。

成果是一部专业研究者走出象牙塔，把中华伦理智慧洒向民间的普及作品，具有润物无声的鲜明特点，一改许多著述苍白的说教之风，寓严肃的伦理教化于生动的故事之中，令人耳目一新。总之，该书以其生活性、哲理性和可读性引人入胜，一定为普及传统文化，提升国民素质，建设中华民族共有精神家园作出贡献。

另一半中国史

作者：高洪雷（省煤田地质局）

文化艺术出版社　2010年4月

《另一半中国史》以生动活泼的文笔，简明扼要地勾画出我国众多少数民族的历史脉络，旨在谱写各民族共同缔造祖国的完整史诗，追寻中国少数民族的来龙去脉，挖掘中华民族团结统一的文化根柢。成果用20个章节，从匈奴、乌桓与鲜卑、柔然，到白匈奴、突厥、回鹘、黠戛斯、契丹、鞑靼，到蒙古、吐蕃、羌、氐、月氏，再到乌孙、回族、越人、西南夷、濮人、楼兰等等，逐一介绍我国民族大家庭的成员，试图引导大家在各民族兴替沉浮成败荣辱中感悟历史、认知社会、思考人生。

陈寅恪在对冯友兰的历史著作进行评价时，提出了著名的“了解之同情”的观点。《另一半中国史》既做到了对古人的“了解之同情”，甚至努力进行着设身处地、身临其境的体验；也做到了对于穿凿附会的断然拒绝，它尽可能地质疑诠释每一个历史定论，寻找补齐每一个缺失的历史环节，观点总是形成于史实之后。书中也分明可见黄仁宇大历史观的影响，把握历史是宏观的，研究历史是微观的；思考的是长时段的结构性、趋势性问题，研究的是具体而微的当下性问题。因此，书中更多使用的是归纳法而非演绎法。同时，对于地理环境与历史发展关系的关注，也是本书的一个特点。诸如胡地的海拔与降雨量、“胭脂”的原委、“势”字的含义和“匈牙利”的由来等等，就都是从历史大树上生发出来的枝芽，却又招摇着历史生命的丰富信息。

《另一半中国史》不仅描绘了中国少数民族几千年的生活图景，而且穿透历史的沧桑传来声声深情的叹息。史与诗的水乳交融，成为这本书最显著的品质。因此，这又是一本文学的书，每一个章节，都写得结构严谨而工稳，文气跳荡而灵动，过渡自然，流畅无碍，一气呵成。更为难能可贵的是，它的语言形象、生动而优美，在繁琐的历史探寻和描绘中，荡漾出诗的涟漪。历史上少数民族的生存环境往往地处偏远，辽阔浩瀚，清风明月，血色黄昏，“天苍苍，野茫茫，风吹草低见牛羊”；战事一起，则“金戈铁马秋风”；诗人一来，则“大漠孤烟直，长河落日圆”。他们的英雄个性鲜明，风格独具，爽直率性，敢恨敢爱，或许有着几分野性，但却绝对真实……冒顿、阿提拉、拓跋焘、松赞干布、帖木儿……各自扮演着自己的人生戏剧，松赞干布和阿提拉同是为了一个女人，一成一败，一荣一辱。他们的命运也充满了传奇色彩，驰骋于马背，流浪漂泊，倏忽东西；正值困厄，忽遇良机；恰逢鼎盛，遂遭湮灭。这一切有大青山下的草原作证，有楼兰城边的绿洲作证，有白山黑水间的白桦林作证。苏武在朔方雪原矢志不移地兀立与期盼，蔡文姬挣扎于儿女与家国之间的心灵撕扯与疼痛，都是与另一半中国史有关的悲愤诗篇。《胡笳十八拍》不是寻常的歌哭，它是一位母亲和两个民族共同的泣血悲鸣。所有这些，都通过《另一半中国史》带给读者强烈的情感撞击。

《另一半中国史》还不断地向哲理层面攀升。正如作者所言：“我一直在思考一个问题：生命是什么，生命的价值何在?”他说他在西方哲人那里得到了答案，其实他何尝不是在另一半中国史中得到了答案：“生命就是上帝派遣一个灵魂到世上来受苦，然后死去。可由于这个人的努力，他所受的苦，后人不必再受。”这不仅是哲学观念，也是历史观念和价值观念。成果呈现给读者的几千年来由几十个民族搅起的历史风云，一次又一次的告诉我们，智慧不是技术的，智慧是道德的、人文的。善良、宽容、真诚、亲和才是智慧最耀眼的光芒。这一切由另一半中国史作证。

城市与区域循环经济发展研究

作者：慈福义（山东轻工业学院）

中国经济出版社　2010 年 6 月

一、主要内容

1. 分析了黄河三角洲高效生态经济区和济南都市圈（以下简称“两区域”）发展循环经济的意义、条件、总体思路和战略目标。

2. 提出了循环型农业和循环型工业布局理论、都市圈循环经济产业发展理论，指出了“两区域”的循环经济产业发展和可持续消费系统建设思路。

3. 探讨了区域和都市圈循环经济发展战略模式与传统模式的区别和联系，分析了“两区域”循环经济发展战略模式。

4. 提出了区域和都市圈循环经济发展战略重点选择原则，以及“两区域”循环经济发展战略重点。

5. 提出了综合循环经济区划原则和黄河三角洲高效生态经济区（以下简称“黄河三角洲”）综合循环经济区划与分区循环经济发展方向。

6. 以东营中心城区和广饶县城为例，总结循环经济型城市发展经验和问题。

7. 探讨了循环经济型城市发展政策理论，分析了“黄河三角洲”循环经济发展政策。

8. 探讨了都市圈循环经济发展制度创新理论及其在济南都市圈的应用。

二、主要不同和创新之处

1. 提出了循环型农业和循环型工业布局理论、都市圈循环经济产业发展理论，指出了“两区域”循环经济产业发展思路。

2. 指出了区域和都市圈循环经济发展战略模式与传统模式的区别和联系，分析了“两区域”循环经济发展战略模式。

3. 提出了区域和都市圈循环经济发展战略重点选择原则，以及“两区域”循环经济发展战略重点。

4. 提出了综合循环经济区划原则和“黄河三角洲”综合循环经济区划与分区循环经济发展方向。

5. 探讨了循环经济型城市发展政策理论，分析了“黄河三角洲”循环经济发展政策。

6. 提出了都市圈循环经济发展制度创新理论和济南都市圈循环经济发展制度创新的基本思路。

三、理论意义

有利于循环经济学与区域经济学、城市经济学、可持续发展学等学科的融合，促进相关学科发展；为因地制宜地发展循环经济提供理论依据，为区域和都市圈制定循环经济发展规划提供借鉴；为“两区域”循环经济发展提供指导。

后双层经营体制

——中国农村经营制度设计

作者：姚鸿健（威海市委办公室）

山东大学出版社　2010 年 5 月

随着中国农业进入向市场化、集约化“两个转变”时期，由人多地少的资源禀赋所形成的小生产与大市场这对矛盾，越来越突出、越来越尖锐。农民在相对独立、分散和生产规模狭小的状态下要走向集约化、市场化经营，则要付出极高昂交易成本，甚至根本无法进入这种经营状态。于是就会面临着决策上的矛盾：一方面，双层经营体制尤其是家庭经营的相对独立性，必须予以坚持；另一方面，必须有效地解决小生产与大市场的矛盾。这样，双层经营体制就需要完善与发展。由于新老体制的共同基础都是双层经营体制，所以，将其划分为“前双层经营体制”与“后双层经营体制”。成果在实践探索与大量调查研究基础上，提出中国传统农业走向现代农业的战略思路，揭示出这种体制过渡的必然性，并设计出这种新体制的基本架构。这个任务的实质也就是围绕破解人多地少、小生产与大市场这两对矛盾的制约，对农村未来经济组织构造进行创新。一是双层经营体制的产生及发展趋势。二是后双层经营体制的基本构架。“三个一”的体制模式。即：必须走一条路子：农工商一体化经营。必须发展一个载体：合作社。必须坚持一个基础：家庭独立经营。后双层经营体制是“三个一”的内在统一。三是后双层经营体制下为农服务资源的重新整合。供销合作社应以发展专业合作社为自身改革的突破口；涉农“站所”应通过发展专业合作社走出困境进而实现组织整合；乡镇企业在农业产业体系上应重新定位；小城镇的发展应建立在农业产业化经营基础上。四是后双层经营体制下农业产业化组织方式的梯次递进规律。合作社在龙头企业与农民之间所扮演的不同角色，反映了农业产业化经营方式不同的成熟程度。五是后双层经营体制下需要进行合作社启蒙教育。六是后双层经营体制是应对“入世”挑战的根本举措。

基于模糊与优化理论的社会主义新农村建设评价方法研究

项目负责人：刘培德（山东财经大学）
省社科规划办　2010年12月

一、成果的主要内容

1. 研究建立社会主义新农村建设评价指标体系。

2. 研究社会主义新农村建设评价指标权重。通过模糊与优化理论建立新农村评级指标的客观权重确定模型以及组合权重优化模型。

3. 研究社会主义新农村建设水平评价方法。根据评价指标属性的不同（分为定性指标和定量指标），建立基于混合指标值的评价模型与方法。

4. 山东省社会主义新农村建设实证研究。对山东省新农建设现状进行实地调查，获得评价我省新农村建设的一手数据及资料，并进行相应的评价。

5. 提出社会主义新农村建设的政策建议。根据山东省社会主义新农村建设的情况，分析存在的问题，提出相关建议。

二、研究创新性

在理论方面的创新有：提出了定性指标的定量化表示方法。建立了一套系统化的、可操作的社会主义新农村建设评价指标体系。建立了基于混合指标的属性指标权重确定方法，包括主观指标和客观指标，以及它们组合权重的确定方法。建立了基于混合指标值的评价模型与方法，主要包括：改进的TOPSIS方法、ELECTRE方法、投影方法、灰色关联分析方法等评价方法。

在应用方面创新有：对山东省部分地市和乡镇进行了新农村建设评价。分析了山东省社会主义新农村建设存在的问题。提出了山东省新农村建设具体的对策和建议，具有很强的可操作性。

三、应用价值

1. 理论上通过对评价指标体系和方法进行系统而深入地研究，丰富和完善新农村建设的有关理论与方法，具有较高的学术价值。

2. 在实际应用上，利用本研究成果可以对全省不同区域新农村建设进行评价，发现问题，找出对策，既可供政府主管部门制定政策提供决策支持，也为理论研究工作者进行相关研究提供了新途径。另外，本课题研究所建立的指标体系和评价模型对全国新农村建设评价具有普适性，具有广阔的应用前景。同时，所建立的评价方法也可用于其他评估和评价中。

植物品种权交易制度创新研究

项目负责人：周衍平（山东科技大学）
全国社科规划办　2010年8月

一、主要内容

植物品种权是农业知识产权的重要组成部分。成果以品种权市场化为背景，以产权明晰为前提，以品种权的生成、交易、估价、运作为主线，根据产权经济理论、技术经济理论、期权理论、法和经济学理论、系统分析与计量模型等，探讨品种权生成取得、交易、估价及其运作的理论框架。

二、学术创新

从经济、法律、管理等多维角度构建品种权交易基本理论框架；运用博弈分析方法对品种权交易主体之间的“囚徒困境”进行分析，建立品种权交易定价博弈模型；尝试性引入期权定价模型、网上拍卖竞价方式、网上集体议价方式对品种权进行估价并探讨其适用条件与可行性；从微观主体层面分别对品种权人、品种权需求者的交易意愿、动机、行为以及对品种权的认知程度和农民用种情况进行实证研究；运用主成分分析和模型对品种权交易合约影响因素定量分析。

三、理论意义

厘清品种权交易特点，构建品种权交易市场体系，完善品种权交易方式以及交易估价模型与方法，构建品种权交易运作理论框架，完善品种权交易理论与农业知识产权理论；实证分析交易影响因素，探求具有指导性和可操作性的加快品种权交易的政策建议，指导我国品种权交易实践，创造最大化的品种权商业价值，促进农作物良种的更新换代和农业生产发展。

促进山东省节能减排的财税对策研究

项目负责人：张　文（山东社会科学院）
省社科规划办　2010年12月

一、主要内容

节能减排是应对资源紧缺、减轻环境压力、保证我国经济可持续发展的必然选择，是贯彻落实科学发展观、构建和谐社会和转变经济发展方式的重要举措。合理的财税政策，是引导和推动节能减排的长效手段之一。财政支持节能减排，主要是在加大投入和政策支持的同时，通过科学的制度安排，解决节能减排的压力与动力问题，实现节能减排的机制化、制度化。本研究报告首先从理论上分析了财税政策在节能减排中的作用机理，并对国外支持节能减排的财税政策进行了比较研究，重点分析了山东省“十一五”期间节能减排的运行态势以及财政支持节能减排的现状，深入研究了当前和今后一个较长时期山东省节能减排面临的严峻形势和制约因素，提出了更加完善的促进节能减排的财税对策措施。

二、创新之处

1. 本研究报告综合运用财政学、可持续发展经济学和生态经济学的相关理论，对财政税收在节能减排中的作用机制和路径进行研究，通过对历史文献进行考察，对国内外关于节能减排的财政政策理论观点和有关政策实施的评价，探索了我国节能减排的财政政策取向和支撑体系。

2. 以山东省作为样本，研究分析地方政府在推进节能减排过程中财政政策的作用及其合理选择利用问题。

3. 在深入研究和分析今后一个较长时期山东省节能减排面临的严峻形势和制约因素的基础上，提出了更加完善的具有可操作性的财税对策措施。

三、在理论和实践上的意义

成果对于丰富区域财政理论有一定的意义；同时对相关部门制定和落实节能减排的财税政策提供了决策参考。

推动新农村建设的县域经济发展模式创新研究

项目负责人：王　环（山东理工大学）

省社科规划办　2010 年 12 月

一、主要内容

新农村建设是县域经济发展的有机组成部分和持续发展的动力源，站在战略的高度、充分包容新农村建设探索县域经济发展模式，方能突出创新内涵。

成果分析了美、日、韩、挪威等发达国家县域经济发展和“新农村运动”的基本经验和模式，研究了苏南模式、浙江模式、广东模式，参与了桓台县、诸城市、沂源县、高青县等县市县域经济发展模式的探索，得到了很多启示。认为模式创新，要从县域经济发展的产业结构模式、组织结构模式、运行模式等方面全面分析，集成设计。新农村建设是产业结构调整的重要目标；产业结构调整要考虑产业基础、人力资源条件、科技创新能力、政府服务水平、金融支撑能力、对外开放程度等因素；要抢抓机遇，积极承接产业转移。“服务型政府 + 民营企业集聚 + 特色产业园区承载”是县域经济发展的创新组织模式，“科技创新 + 人力资源开发 + 金融信贷 + 招商引资 + 城镇化建设 + 新农村建设”是县域经济发展的创新运行模式。提出了五点建议：建立“省管县”体制，建设服务型政府；加快城镇化建设，带动新农村建设；深化金融改革，支持小微企业发展；强化科技创新，增强发展动力；调整产业结构，转变发展方式。

二、创新点

指出县域经济发展不可或缺的领域是特色产业；提出“服务型政府 + 民营企业集聚 + 特色产业园区承载”是创新组织模式；提出“科技创新 + 人力资源开发 + 金融信贷 + 招商引资 + 城镇化建设 + 新农村建设”是创新运行模式；研究与县域经济发展实际紧密结合，得到山东省桓台县等 4 县市应用，起到了参考作用，取得了好的效果。

三、理论与实践意义

通过对产业结构模式、组织结构模式、运行模式等方面的研究，构建了县域经济发展模式探索的理论框架，丰富和发展了县域经济理论。通过与山东省桓台县等县市县域经济发展的结合研究及其成果应用，证明了研究成果能够指导实际、发挥作用、产生效果。项目研究论文被国家权威经济论文库、国务院发展研究中心信息网、上海农业网、济南市发展和改革委员会网站全文收录转载。

山东省创新药物科技及产业发展战略研究

项目负责人：马鲁豫（省医学科学院）

省科技厅　2010 年 3 月

一、研究内容

成果对国际、国内创新药物研究现状进行调研，掌握国际、国内创新药物科技及产业发展现况和发展趋势，进行国际医药科技创新能力的分析比较。分析山东省创新药物科技及产业发展现状、存在的问题，发现制约医药科技和产业发展的关键问题。开展战略研究，提出我省创新药物研究战略重点、目标及对策，为进一步加强药物创新体系建设，加快医药产业结构调整，实现我省医药产业由仿制为主向创新为主的历史性转变提供决策依据。

二、创新点

1. 全面、准确掌握国际、国内创新药物研究、产业现状及发展方向和趋势，进行了国际医药创新能力分析比较。

2. 全面摸清我省创新药物科技和产业发展现况，找出了优势及不足，发现制约我省医药科技和产业发展的关键环节，提出我省创新药物重点研究方向和重大科技问题。

3. 开展战略研究，提出我省创新药物研究战略重点、战略目标及战略措施，发挥理论指导作用，为山东省医药产业和经济发展服务，为政府决策提供咨询和依据。

三、研究意义

山东省是我国医药大省，连续7年医药工业销售收入和利润额均位居全国第一位，2009年，全省完成销售收入1691亿元，医药产业成为战略性新兴产业。但是与医药产业的飞速发展相比，我省医药产业长期以仿制为主，产业结构雷同，药品出口以中低档原料药为主，制药企业尚未成为药物技术创新的主体，国际竞争力差，医药科技自主创新能力及产业支撑能力仍比较薄弱。

“十一五”期间，国务院把“重大新药创制”列为国家科技重大专项，在政府不断加大创新药物研究投入，构建和谐社会，卫生事业不断发展，国内经济持续增长的积极推动下，我省医药产业发展面临难得的历史机遇。开展创新药物科技及产业发展战略研究，对推动我省医药产业结构调整，转变医药经济增长模式，提高制药企业的国际竞争力，实现我省从“医药大省”向“医药强省”跨越具有重要的战略和现实意义。

山东省县域经济发展存在的主要问题及解决对策

作者：朱孔来（济南大学）

马宗国（济南大学）

《山东社会科学》 2010年12月

一、成果内容

一是山东县域经济发展目前存在的主要问题；二是推动山东县域经济加快发展的总体思路和工作重点；三是破解六大“瓶颈”难题，增强县域经济发展活力；四是加快推进扩权强县改革，提升县域经济发展动力；五是加快构筑以医疗保险和养老保险为重点的县域社会保障体系，提升县域民生质量。

二、成果创新点

该成果是对全省分东、中、西选择代表性县市进行充分调研并结合10多年从事县域经济研究积淀上完成的调研报告，主要创新点：

1. 首次从共性角度找出了制约县域经济发展的六大“瓶颈”难题。

2. 首次提出有关县域经济“一刀切”政策对欠发达县有失公平的观点。

3. 首次从战略层面提出了“以打造产业集群、培育特色板块经济、提升内生发展动力为目标，以转方式、调结构为主线，以统筹城乡发展为总抓手，以破解制约县域经济发展六大‘瓶颈’难题为重点，着力完善体制机制”县域经济总体发展思路。

4. 提出的破解六大“瓶颈”难题的路径有创新，尤其是“将县域经济发展与新农村建设有机结合”、打造“企业联合体”、建立“县域经济统筹发展基金”、“统筹县乡村基础设施”等建议系首创。

5. 提出的扩权强县改革思路有创新，尤其是对常驻人口超过10万人的中心镇赋予一定县级管理权限、统一县乡干部工资标准、对收入来源较少的乡镇取消乡镇财政等系首次提出。

6. 提出的建立县域社会保障体系有创新，尤其是“县市政府通过不同形式筹集引导资金并作为‘药引子’调动全社会尤其低收入家庭、弱势群体和农民参加社会保险的积极性”的建议是首创。

三、成果意义

1. 明晰了我省县域经济发展的经验和目前存在的主要问题及原因，尤其是找出了制约县域经济发展的六大“瓶颈”。

2. 明确了今后加快县域经济发展的总体思路和工作重点。

3. 明确了破解制约县域经济发展的六大“瓶颈”难题的对策。

4. 明确了扩权强县改革以及县域社会保障体系建设的重点。成果已被省政府采纳，对指导县域经济实践起到重要作用。

地方政府投资行为对经济长期增长的影响

——来自中国经济转型的证据

作者：张卫国（山东社会科学院）

任燕燕（山东大学）

侯永健（招商银行）

《中国工业经济》 2010年8月

一、主要内容

该项成果基于中国29个省、区、市1987年到2007年面板数据，实证检验了地方政府投资行为与经济长期增长的关系。一方面，地方政府投资行为对经济长期增长有着显著的促进作用。重要原因在于实行财政分权制度以来的激励机制强化使然，地方政府作为具有相对独立利益的经济主体更加积极地参与经济生活和扩大投资；为促进当地经济发展所进行的地方政府间竞争有助于改善投资环境，促进了市场机制的生成与发展。另一方面，在1994年以后地方政府投资支出占GDP比重显著上升的情况下，各级地方政府对本级经济发展成果独享意愿明显增强，地方保护和市场分割等行政性垄断手段导致国内市场分割严重。现阶段市场分割对地区经济增长具有倒U型影响。这表明短期内地方政府实施一定程度的行政垄断作用有激励，但长期看行政性垄断不利于全国整体市场规模经济效应的发挥，政治租金的获得必然以损害经济的长期增长为代价。

二、主要不同和创新之处

1. 直接将地方政府投资行为作为独立的内生要素而不是外生变量加入到对于经济长期增长的考察。

2. 把地方政府投资行为定义为除中央政府以外的各级地方政府在投资全过程中的表现及其对投资绩效的价值取向的综合。

3. 把地方政府投资行为解析为影响经济长期增长的累积性变量和非累计性、制度性变量两种，并设计合理的替代变量计量得出现阶段市场分割对经济增长具有倒U型影响的实证结论。

三、理论和实践意义

理论上清楚界定了地方政府的未来角色：随着中国经济发展和完善，各级地方政府应逐步退出投资主体的角色，专注于公共管理的职能，让企业真正成为社会投资的主体，让市场机制发挥更多更大的作用；实践上有力证明了转方式调结构的必然选择：未来中国经济的发展不能再仅关注GDP的增长，还要更多地关注经济结构的调整和经济发展模式的转变，真正实现由投资拉动、出口拉动向消费拉动、科技拉动的转变，提高经济增长的质量，从而实现长期可持续的健康快速发展。

基于系统动力学的我国竞技体育可持续发展能力研究

作者：邵桂华（山东大学）

《体育科学》　2010年1月

通过文献综述与分析，成果指出，我国的竞技体育事业还没有建立起科学合理的可持续发展模式。而按照国内外对复杂巨系统的成功研究经验看来，以系统动力学为方法指导，建立起我国竞技体育系统的系统动力学模型并进行全面的计算机仿真与模拟，是探寻其可持续发展科学对策与策略的最佳选择。

成果对我国竞技体育内外要素进行了深入的分析，在此基础上利用Vensim_ PLE系统动力学软件，构建了竞技体育系统的系统动力学因果关系图，确定了核心的正、负责反馈回路。并通过对状态变量、流率变量、辅助变量和外生变量的分析，构建了竞技体育可持续发展的系统动力学流图，撰写了81个系统动力学方程式。

通过各种方法获得了我国竞技体育历年来的发展相关原始数据，并将其输入到模型之中，对系统进行了系统动力学仿真，仿真时间范围为2006—2020年共15年，步长为1年。

通过参数调整，对我国竞技体育进行了不同情况下的仿真模拟，对比多种模式的仿真结果可以看到，当前模式虽然能够保证我国世界冠军人数的增长，但它对政府投资依赖度过高，自我造血功能不足，后备人才的增长速度缓慢，因此并非科学的可持续发展模式。而若在调低政府投资力度的前提下，有效提高科研经费比例以及产业资金比例，竞技体育系统则会呈现出更强的“自催化”可持续性，有力的科研支撑和产业开发使其具备“自组织发展”特点，与传统模式相比较，这样的模式即能保证世界冠军人数的产出量，又能够实现竞技体育总经费的增长，还能为全民健身赢取更大的发展空间，是竞技体育可持续发展的最优策略。

与传统研究相比，成果的创新之处在于首次将系统动力学引入到体育领域之中，无论是建立的竞技体育的系统动力学模型还是进行的计算机仿真模拟过程及结果，都是以前未有见到过的，开辟了国内此类研究的先河。同时，该技术路线为国际上用于研究复杂巨系统可持续发展的成功方法，因此本项研究从理论与方法上都实现了与国际最先进研究的接轨，保证了研究的科学性和前沿性。其次，传统对竞技体育可持续发展问题的研究，往往站在静态的横切面上去分析和阐述，没有充分考虑到竞技体育这样复杂巨系统的要素众多、关系复杂、动态发展的系统学特征，因此研究过程不具可持续性，研究结论也就更无法保证。而本项研究立足于系统动力学，在充分分析竞技体育系统内外要素及其相互关系的基础上，利用系统动力学模型对我国竞技体育进行了长达20年的模拟演化分析，正是契合了这一复杂巨系统动态发展的特征，其仿真对策产生于动态演化之中，因此指导意义更为凸显。无论是从研究技术路线的前沿性与科学性，还是研究思路的针对性，本项研究均大大突破了传统研究的桎梏，是开拓性的。

成果在理论上为复杂体育系统的研究找到了科学的方法和技术路线，提供了新的思路，开辟了全新的研究视角。成果究仿真所得到的竞技体育可持续发展模式，对我国竞技体育的道路选择最有重要的现实指导意义，其实践价值重大且明显。

基于DMI模型的我国产业集群升级

作者：马中东（聊城大学）

《经济管理》　2010年6月

一、主要内容

以分工为逻辑起点，运用“分工—市场—制度”（DMI）模型分析我国产业集群升级问题，指出当前产业集群升级面临的问题是：分工价值链低端状态与国内区域分工趋同导致分工锁定；国内市场分割与盲目竞争导致市场锁定；社会资本价值的低端化与企业家创新精神缺失导致的制度锁定等。必须进行技术创新、市场创新和制度创新，培养分工优势、市场优势与制度优势，分别推动产业组织升级、产业结构升级、制度框架升级，是我国产业集群升级的必然选择。

二、创新之处

1. 从分工角度阐述我国产业集群演化的内在机理，从国内市场和国际市场角度分析产业集群的发展演化规律，从制度角度分析产业集群制度优势。

2. 以DMI框架为分析工具，初步构建了产业集群升级的计量模型，验证产业集群升级的分工优势、市场优势和制度优势。

3. 揭示了产业集群升级面临的问题，并提出对策建议：克服省级分工趋同、市场分割、制度锁定等制约因素，进行技术创新、市场创新和制度创新，培养分工优势、市场优势与制度优势，形成产业集群升级的良性互动机制。

三、理论和实践意义

在人民币升值、出口环境恶化、新劳动合同法施行、保护主义与市场分割等一系列的因素作用下，我国产业集群发展面临严峻挑战，一大批生产传统产品的中小企业纷纷停产或倒闭，产业转型升级成为必然选择。产业集群如何在现有产业基础上实现转型升级，重新获得分工优势、市场竞争优势和制度优势，提升产业竞争力，是研究所要解决的关键问题。成果对于丰富产业集群升级的理论成果具有积极意义，对于政府制定产业集群升级政策、集群内企业改善经营具有一定参考价值和借鉴意义。

聚集健康生活系列
——癌症，竟成过度医疗重灾区

作者：王　凯（大众日报）

《大众日报》　2010年6月

一、主要内容

近年来，过度医疗，尤其癌症诊疗过程中的过度医疗，不仅增加了病人的痛苦，也带来了社会资源的巨大浪费。少则几万元，多则几十万元、上百万元的医疗费用，不仅使普通家庭无以承受，也给单位、集体造成沉重负担，并成为新社会矛盾爆发的导火索。各级医疗机构趋利倾向明显，过度医疗不仅在癌症的治疗过程中普遍存在，而且已经成为群众“看病难、看病贵”的主要根源之一，记者通过长期的观察、思考，深入采访、挖掘，写出了本报道。该成果作为12篇系列报道之一，以典型事例，深刻精准地揭示了过度医疗的表现、特殊和危害，舆论导向正确，社会反响强烈，使过度医疗成为舆论热点话题。

二、创新点

报道用事实说话，通过选取典型事例、采纳权威的观点，从独特的视角，针对这一社会现象进行了客观刻画，给广大读者提供了大量翔实、准确的信息，也为揭示造成这一现象的情感、体制机制、社会、文化、意识形态等多层次的原因提供了平台，并为进一步引导读者“如何理性面对癌症治疗”埋下了伏笔。

三、理论和实践意义

成果发表后，引起相关部门的高度重视，省卫生厅要求全省卫生系统注意扼制过度医疗，防止各种恶性事件的发生；通过“一单通”检验项目互认、临床路径管理试点、抗生素合理利用等多项措施，进行源头治理，还把防止过度医疗、严格控制医药费用过快增长，列为2012年卫生工作重要任务。

各单位获奖成果

说明：本部分各单位获奖成果主要为山东省社会科学优秀成果奖之外的其他省部级获奖成果。

省委党校

2012年获省部级以上社科优秀成果奖名单

序号	项目名称	项目负责人	颁奖单位	成果形式	获奖等级
1	诚信：文化产业发展壮大的基石	安世银	中央党校	论文	一等奖
2	自然权利制度化研究	钟丽娟	中央党校	著作	一等奖
3	虚拟生存论	贾英健	中央党校	著作	二等奖
4	党内民主的层次及路径选择	谭　建	中央党校	论文	二等奖

全国党校系统优秀科研成果一等奖《诚信：文化产业发展壮大的基石》

文章认为，在当前和今后一个时期，文化产业要实现跨越式发展，需要努力构建完善的诚信体系，这是文化产业健康可持续发展的基石。文章指出，诚信是实现经济社会健康发展的基础。诚信不仅是道德建设的基础，也是实现文化产业健康发展的前提和维护社会秩序的润滑剂。推动社会主义核心价值体系建设，形成社会基本道德规范。社会主义核心价值体系是兴国之魂，是社会主义先进文化的精髓，决定着中国特色社会主义发展方向。广大文化工作者应高扬社会主义先进文化旗帜，积极建设社会主义核心价值体系，讴歌真善美、鞭挞假恶丑，在全党全社会形成统一指导思想、共同理想信念、强大精神力量、基本道德规范；弘扬中华民族优秀文化传统，表现优秀传统文化所包含的淡泊名利、修身重德的思想，崇礼尚义、以诚为本的追求；提高文化责任感与使命感，增强文化自觉和文化自信，提供更多更好内容健康向上、形式新颖生动的文化产品和服务；树立开放的文化心态，挖掘国内外文化资源精华，打造文化含量丰盈，民族特色、时代精神兼备的文化原创精品。

全国党校系统优秀科研成果一等奖《自然权利制度化研究》

该著作由山东人民出版社出版。主要内容旨在对自然权利制度化的基本理论和主要实践进行系统研究。自然权利制度化探讨的是一个从理念到制度的过程。本书首先解读理论，包括对自然权利的历史源流与演进进行梳理，进而分析和总结自然权利的基础、内容和性质，并对其进行反思性评价；在此基础上，重点就自然权利制度化的原因、条件、方式和路径进行学理分析与论证；最后针对自然权利制度化中所面临的实践性问题进行评析。主要观点：自然权利是关涉人们如何生活得更幸福的问题，它基于人的本性，天然存在，但自然权利思想的提出和自然权利的制度化却是人为的选择、时代的产物。西方人权的递进是同一权利品种逐次在不同群体中的扩展，而中国人权建设面临的问题是群体的无法选择，因此中国人权制度建设需要探寻自身的发展逻辑。该成果对推进我国人权法制建设具有理论指导和借鉴参考价值。

济南市委党校

论文《政党关系和谐与中国特色政党制度发展的新境界》，金刚，《中央社会主义学院学报》2010年第4期发表，2012年10月获全国党校系统第九届社科优秀成果奖

该选题把政党关系和谐作为我国多党合作和政治协商制度的必然结果和新的更高要求，把二者紧密结合在一起，从新的角度看我国特色政党制度的发展，给人耳目一新的感觉，具有一定的理论价值和意义。政党关系和谐，是坚持和完善中国共产党领导的多党合作和政治协商制度的必然结果和取得实效的深刻反映，更是为我们进一步开创中国特色政党制度发展的新境界提出了时代任务和明确要求。

文章认为，促进政党关系和谐必须着力开创中国特色政党制度发展的新境界。中国特色政党制度的优越性和生命力不容置疑，体现了合作、参与、协商、包容的精神，反映了我国人民当家做主的社会主义民主的本质，是政党之间追求和谐、体现和谐、营造和谐、维护和谐、保障和谐的真实写照和生动反映，充分发挥了政治参与、利益表达、社会整合、民主监督、维护稳定的价值和功能，在建设富强民主文明和谐的现代化国家中具有不可替代的重要作用。政党关系和谐内在地要求，在新的历史起点上，朝着规范化、制度化和程序化的方向，开创中国特色政党制度发展的新境界。

文章认为，促进政党关系和谐，开创中国特色政党制度发展新境界。各个政党首先要切实增进党内和谐，着力打造政党关系和谐的坚实基础，要切实加强党员特别是领导干部的心理和谐。执政党要大力弘扬良好作风，真正成为带动政党关系和谐的强大引擎。最迫切的就是各级领导干部要树立和坚持正确的事业观、工作观和政绩观，并将其作为促进政党关系和谐的关键环节。参政党需要不断提高四种能力，充分发挥参政议政的重大作用。只有执政党和参政党建设都取得良好成效，才能真正实现二者的良性互动，进一步推进中国共产党领导的多党合作和政治协商的制度化、规范化、程序化，才能真正促进政党关系和谐，从而使中国特色政党制度发展的境界不断提升，在发展中国特色社会主义、实现中华民族伟大复兴的伟大进程中发挥越来越重要的推动作用。

论文《浅析我国治理群体性事件的政策范式转换》，昌业云，《国家行政学院学报》2011年第2期发表，2012年10月获全国党校系统第九届优秀科研成果三等奖

本成果选题是用政策范式转换理论研究我国治理群体性事件政策范式的转换问题，摆脱了对传统研究视角的路径依赖，开辟了新的研究视角，对我国预防和处置群体性事件的路径进行了新探索。本成果提出用协商民主政策范式代替传统的以打压为主的政策范式来预防和处置群体性事件，并提出了建立协商民主政策范式的对策，丰富了政治学和公共管理学理论。在政府的公共管理实践中，有利于推动地方政府通过民主协商，拓展公民利益诉求的渠道，综合平衡各方的利益，实现公共利益的最大化，公共政策的合法性，以预防群体性事件的发生。有利于推动地方政府善用协商民主的手段来处置发生的群体性事件，以控制局势，防止群体性事件进一步升级演化为暴力性事件群体性事件。有利于推动地方政府面对多元化的利益诉求，实现政府与公民的良性互动，达到公共事务的治理和善治，构建服务型政府。有利于推动地方政府在公共管理、公共决策的过程中实现协商民主的制度化、规范化，进而保障公民民主参与的权利，扩大公民有序化参与。本文在分析治理群体性事件的新旧政策范式特点的基础上，通过梳理当前我国治理群体性事件政策范式转换的现状，提出决策者所拥有的“权力中心主义”理念是制约以打压为主的旧政策范式向协商民主新政策范式转换的主要因素。要使协商民主新政策范式取得主导地位，决策者必须加强社会学习，对协商民主政策范式进行制度化设计，进一步加强群体性事件问责制，培养公民主体意识、参与意识、法律意识、理性的协商意识，提升公众参与的能力，充分发挥媒体和信息网络平台的舆论引导和监督作用，推动决策者政策理念的转变，从而推动政策范式转换。

成果的创新之处：一是理论的创新。本成果立足于政府公共管理，利用协商民主的工具性价值来研究群体性事件，提出了协商民主作为一种治理群体性事件的政策范式，如何建立完善并占据主导地位的对策，使协商民主理论从政治领域延伸到公共管理领域，不但丰富了协商民主理论的框架体系，而且拓展了协商民主理论的研究空间。二是研究视角新。用政策范式理论，协商民主理论来研究群体性事件的治理问题，开辟了群体性事件研究的新视角。

山东大学

教育部第六届高校人文社科研究优秀成果奖获奖名单

序号	成果名称	成果形式	第一完成人	单 位	获奖等级
1	百年易学菁华集成（出编）	著作	刘大钧	易学与中国古代哲学研究中心	二等奖
2	汉语官话方言研究	著作	钱曾怡	文学与新闻传播学院	二等奖
3	当代中国审美文化	著作	陈 炎	文学与新闻传播学院	二等奖
4	“二十世纪中国史学”是如何被叙述的——对学术史书写客观性的一种探讨	论文	王学典	儒学高等研究院	二等奖
5	中间性组织研究——对中间性组织成长与运行的分析	著作	杨蕙馨	管理学院	二等奖
6	新经济增长路径——消费需求扩张理论与政策研究	著作	臧旭恒	经济学院	二等奖
7	东岳真形图的地图学研究	论文	姜 生	历史文化学院	二等奖
8	俄共理论与政策主张研究	著作	李亚洲	外国语学院	三等奖
9	犹太哲学史（上下卷）	著作	傅有德	犹太教与跨宗教研究中心	三等奖
10	中国文化产业学术年鉴（1978—2008年卷）	著作	王育济	历史文化学院	三等奖
11	城乡卫生医疗服务均等化研究	著作	谢 垩	经济学院	三等奖
12	传统中国的政治合法性思维析论——兼及恩宠政治文化性格	论文	葛 荃	政治学与公共管理学院	三等奖
13	疑案判决的经济学原则分析	论文	桑本谦	法学院	三等奖
14	走进中国哲学殿堂	著作	高 奇	马克思主义学院	普及奖

《百年易学菁华集成（初编）》（多卷本），刘大钧主编，上海科学技术文献出版社 2010 年出版，获哲学二等奖

本成果是20世纪易学研究论文的首次系统整理并编纂，收录了20世纪易学研究的重要论文，全书卷帙浩繁，分《周易经传》、《出土易学文献》、《周易象数》、《周易哲学》、《易学史》、《周易与中国文化》、《周易与自然科学》、《周易与术数》等8大专辑，30大册，总计2100多万字。

对过去百年来的学术研究加以整理总结，是当代学术研究的重要任务，该《集成》的编纂开风气之先，前后历时五年完成，属海内外中国哲学文化研究领域中的一大创举，其编纂具有专业性、专门性、权威性和国际性等四大特点。《百年易学菁华集成》，既是一项具有深远意义的学术文化保护工程，又为今后的易学研究提供了极为珍贵而全面的研究资料，通过该集成可了解20世纪易学研究所涉猎问题、达到的高度及发展脉络，是20世纪易学研究最为权威且全面的资料库和工具书，将有力推动易学乃至整个中国传统文化的研究，具有极高的学术参考价值和文献保存价值。

成果自2010年4月公开出版后，后续研究工作还在继续进行，首席专家刘大钧教授以“百年易学研究菁华集成”为题，申报了国家社科基金2010年度重大招标项目并获准立项。

《汉语官话方言研究》，钱曾怡主编，齐鲁书社 2010 年 11 月版，获语言学二等奖

《汉语官话方言研究》是一部全面、系统研究汉语官话方言的著作。全书97万字，由14位长期从事官话方言研究的学者参与编写。原名为“官话方言内部比较研究”，是国家社科基金项目的优秀结项成果，出版之前改为现名。

成果可概括为总论和分论两大部分。总论部分阐述了官话方言的分布地域和形成历史，集中讨论了官话方言中重要的语音、词汇、语法特点，归纳了官话方言变调、轻声、儿化的不同类型，并汇集了官话8区42片方言1026个音系基础字的字音。分论部分详细描写了北京官话、胶辽官话、冀鲁官话、中原官话、兰银官话、西南官话、江淮官话、晋语等8区的方言现状，并对它们的分布区域、分片情况、形成历史以及共同特点和内部差异等问题进行了系统梳理和总结。

成果出版后，引起学界广泛关注。北京大学、厦门大学、清华大学的多位方言学专家分别在《中国语文》、《语言研究》、《中华读书报》等重要学术报刊上发表评论文章，认为该书“是一部具有创新性的力作……具有相当高的学术价值……必将对汉语方言的研究起到推动的作用”，“是官话方言研究的实际总结，是一座历史的丰碑”，“是官话方言研究集大成式的创新性成果”。

成果2011年获第14届华东地区古籍优秀图书奖一等奖，2012年获山东省第26次社会科学优秀成果奖一等奖，2013年获第4届中华优秀出版物（图书提名）奖。

《当代中国审美文化》，主编陈炎，河南人民出版社 2008 年版，获文艺学二等奖

成果提出了关于当代审美文化的几个重要学术命题，并以此为基础具体探讨了自建国60年来我国审美文化具体门类的性质功能和审美表现，同时也从理论层面探讨了审美文化与经济利益、意识形态以及生活方式的关系，并从市民社会、民族传统和现代特征等层面对审美文化的未来发展作了展望。

成果的理论创新在于：提出了“艺术也是一种生产力”、“文化也是一种资源”和“审美也是一种终极关怀”等一系列富有创见的学术命题；始终将对审美文化的审视和梳理置于政治、经济、文化、技术、宗教等多重视野和网络中，力图打通审美文化与这些社会文化因素之间的关系，使审美文化在阐释中得到升华；具有鲜明的建设意图，始终立足于审美文化发展实际，对如何利用传统文化资源、如何正视商品经济和意识形态对审美文化的影响，以及如何在传统与现代、东方与西方、理想与现实等对立范畴之间探寻当代审美文化的健康发展之路提出了富有启发性的建议；就实践意义来看，本书既对中国当代审美文化的资源作了详细而又系统的梳理，又高屋建瓴，从理论高度分析和研究了当代审美文化的性质、内涵以及未来发展，既可以为现实生活中国家文化产业的开展扫清认识上的障碍，为文化产业的发展提供理论支撑，也可以作为美育教材丰富并提高大学生对当代审美文化的认识，增强自身的美学修养和审美能力。

成果于2008年获得第二届“三个一百”原创图书出版工程奖，引起社会高度关注和好评，如：赵欣《在阐释中走进历史与心灵——评陈炎教授主编〈当代中国审美文化〉》（《中国图书评论》2009年第8期）；何志钧《审美文化研究的新高度——评〈当代中国审美文化〉》（《文艺报》2009年7月7日）等。

《“二十世纪中国史学”是如何被叙述的——对学术史书写客观性的一种探讨》，王学典，发表于《清华大学学报》2008 年第 3 期，获历史学二等奖

成果是以“二十世纪中国史学”为案例对学术史研究方法论的一次深度探讨。首先对20世纪中国史学叙事的变迁过程进行梳理，其次分析导致不同叙事的若干因素，最后阐述客观的学术史叙事如何可能的问题。20世纪中国史学史的叙事基调大致经历了以下三个阶段的变迁：1945年以前，占主导地位的是以史料考订派为中心的叙事，1949年至1980年代末，基本上是以唯物史观史学为中心的叙事，而1990年代以来，学术史叙事的分裂是空前的，但总体趋势向史料考订派倾斜。左右学术史叙事的基本因素有意识形态立场，因路数不同而形成的门户之见，个人色彩比较浓厚的学术好恶，不同学派所特有的方法论自恋。有“偏见”的历史叙事并不必定是坏的历史叙事，“偏见”有时也很可能构成洞见。“客观的学术史叙事”是兼顾史观、史料和方法的叙事。客观的学术史叙事的终极可能性，归根结底是要建立起一种公正的交流、评价和比较机制的问题。

创新之处有三：首次为20世纪中国史学史叙事的变迁梳理出清晰的脉络，将其区分为三个段落并归纳每个段落的特征；对制约学术史叙事的各种因素作了迄今为止最全面的分析，尤其注意到以往被视为负面因素的“偏见”对学术史叙事的积极意义和正面价值；具有巨大的学术容量，既融会吸收了相关前人研究的精华，又发掘出大量尘埋已久的学术史事实和细节。

文章发表后引起学界的广泛关注，产生了较大的学术反响。首先对20世纪中国史学史研究具有明显的推进作用，清除了学界在关于“二十世纪中国史学”的学术史书写方面的困惑和分歧。再者，对于其他相关的学术史研究也有启发意义。

《中间性组织研究——对中间性组织成长与运行的分析》，杨蕙馨、冯文娜著，经济科学出版社2008年版，获经济学二等奖

成果以中间性组织作为研究对象，回答了中间性组织是什么、从何而来以及以何种方式运行的问题，借助博弈方法重点分析了中间性组织成长和运行的一般规律。研究的最终目的是为中国企业和产业竞争力的提高提供理论指导，因此，此书特别针对政府在中间性组织成长运行中的作用进行了分析，从探讨政府与市场的关系开始，通过逻辑推演为政府量身定作出一套有利于促进中间性组织发展的政策措施。

创新之处在于结合经济学与社会学相关理论，从经济属性和社会属性两方面，对市场、企业、中间性组织的本质进行了明确界定。并将经济演化的思想贯穿全篇，对中间性组织的成长、运行进行了动态分析，在一定程度上弥补了前人注重静态分析，而忽视动态研究的不足。同时，与经济学注重信任机制的研究不同，此书在结合社会学相关理论的基础上将研究重点放在信任关系对合作关系的作用上，按照合作关系建立、维持的顺序逐层展开分析。此外，此书对中间性组织中成员企业间学习行为的分析，也具有一定的创新性。

成果出版后反响强烈，已经成为中间性组织研究领域的主要参考文献，被誉为“系统研究‘中间性组织’本质属性的一部代表性作品”。此书提出的中间性组织概念及其对中间性组织具体组织形态的归纳得到了学术界的普遍认可与接受，成为引用颇为广泛的内容。此外，此书在各大网络图书平台上均得到较高评价。

《新经济增长路径——消费需求扩张理论与政策研究》，臧旭恒、刘国亮等著，经济科学出版社2010年版，获经济学二等奖

成果从以下几方面探讨了消费需求扩张理论与政策：第一，总体分析了改革开放以来消费需求增长波动和结构演变对宏观经济波动所产生的作用与影响；第二，不确定性和效用函数的谨慎动机共同决定了我国居民的预防性储蓄行为；第三，我国城镇居民的人均消费增长率与各种人均家庭保险保费增长率之间不存在格兰杰因果关系；第四，由于制度因素，当收入增加时，如果储蓄没有达到预防性储蓄的标准，则长期均衡的误差修正项会起很大作用，使消费得不到相应的增长；第五，人口老龄化派生出对医疗保健消费需求增长以及对建立和完善社会保障制度的迫切需求，增大的人力资本投资倾向也要求政府不断创造有利于居民扩大用于各种教育和培训方面支出的政策环境。

成果是在国家社科基金《市场开放条件下消费需求扩张政策的选择与有效搭配》研究成果基础上完成的，该成果由全国哲学社会科学规划办公室组织鉴定为“优秀”。国务院研究室调阅了该研究成果，并给予很高评价。国家发改委宏观经济研究院、国务院发展研究中心等的专家也给予高度评价。鉴于本研究成果的学术水平和已经发表的前期研究成果的学术影响，商务印书馆把此成果纳入重点书目出版。

中国海洋大学

序号	作者	获奖等级	成果名称	颁奖单位	成果形式
1	韩立民	三等奖	中国海洋产业发展战略研究	教育部	研究报告
2	姜旭朝	三等奖	中华人民共和国海洋经济史	教育部	著作

烟台大学

序号	项目名称	负责人	颁奖单位	成果形式	奖励等级
1	城市化进程中的农村社区建设	樊　静	民政部	研究报告	三等奖
2	隋唐民族关系思想史	崔明德	国家民族事务委员会	著作	一等奖
3	中国伊斯兰教复兴运动地理因素分析——论西安、南京、河州之于明清中国伊斯兰教复兴运动	杨志娟	国家民族事务委员会	论文	三等奖

济南大学

序号	名称	出版社	负责人	颁奖单位	成果形式	获奖等级
1	洛庄汉墓出土乐器研究		郑　中	教育部	研究报告	三等奖

山东科技大学

序号	项目名称	项目负责人	颁奖单位	成果形式	获奖等级
2	产品异质与汽车行业跨国公司进入中国市场的方式选择——基于需求的视角	孙江永	安子介奖励基金会	论文	第十七届安子介国际贸易研究奖三等奖
3	政府统计工作成本控制研究	王爱华	国家统计局	论文	第十一届全国统计科研优秀成果奖三等奖
4	我国企业高新技术创新项目R&D绩效评价研究	赵　峰	国家统计局	论文	第十一届全国统计科研优秀成果奖三等奖

山东理工大学

项目名称	项目负责人	颁奖单位	成果形式	获奖等级
爱在你我心中	李淑明	山东省委省政府 山东省泰山文艺奖评选委员会	音乐作品	三等奖

山东建筑大学

项目名称	项目负责人	颁奖单位	成果形式	获奖等级
美国的南中国海政策：历史与现实	王传剑	教育部	论文	三等奖

山东财经大学

序号	项目名称	项目负责人	颁奖单位	成果形式	获奖等级
1	我国财政透明度问题研究	申　亮	财政部	著作	一等奖
2	新一轮税制改革对地方财政的影响研究	郝书辰	财政部	著作	二等奖
3	社会捐赠及其税收激励研究	郭　健	财政部	著作	二等奖
4	中国经济转型中的政府或有负债研究	马恩涛	财政部	著作	三等奖
5	基于农民视角的主要农村公共品供给情况——以山东省11个县（市）的32个行政村为例	赵　宇	财政部	论文	三等奖

《我国财政透明度问题研究》，申亮著，经济科学出版社2010年12月版，获第五次全国优秀财政科学研究成果评选一等奖。

本书从我国财政透明的相关制度安排的梳理入手，构建财政透明度分析框架，设计财政透明度评价指标体系，结合政府已经公开的财政信息和公众能够感受到的财政透明情况，来对我国的财政透明度进行初步地刻画。并通过对国际社会的财政透明度要求与我国实际情况和现实需要的比较，进而提出推动我国财政透明度所亟需进行的制度安排。

书中认为，一个能够为最广泛的公众获得；披露范围尽可能覆盖全部信息；披露内容全面，便于理解；信息披露足够具体；容易为公众获得的信息披露结构，符合良好的财政透明度要求。我国目前的政府行为依然体现的是“管理型政府”而非“服务型政府”，对公共资金的受托责任没有通过详尽、完整的信息披露来解除，而是把它当作政府对公众治理的一种手段。整个信息系统基本上是在为政府如何运作而服务，对公众的财政信息知情权的忽视导致政府财政行为的种种偏差都可能被公众无限放大，从而降低了政府公信力。信息披露具体化程度不足严重影响了我国的财政透明程度。

山东工艺美术学院

序号	项目名称	项目负责人	颁奖单位	成果形式	获奖等级
1	传道治学——学者张道一	山东工艺美术学院	山东省“泰山文艺奖”评选委员会办公室	电影	山东省泰山文艺奖二等奖
2	三岔口	山东工艺美术学院	山东省“泰山文艺奖”评选委员会办公室	电影	山东省泰山文艺奖三等奖
3	孙长林	山东工艺美术学院	山东省“泰山文艺奖”评选委员会办公室	电视纪录片	山东省泰山文艺奖三等奖
4	《秀色》组照	王传东	山东省“泰山文艺奖”评选委员会办公室	摄影	山东省泰山文艺奖三等奖

滨州学院

序号	项目名称	项目负责人	颁奖单位	成果形式	获奖等级
1	山水文章	刘成华	省委宣传部	歌曲作品	精神文明建设“文艺精品工程”优秀作品奖
2	山水文章	刘成华	省泰山文艺奖评选委员会	歌曲作品	音乐类三等奖
3	一本书读懂春秋战国	李靖莉	“全国优秀社会科学普及作品”奖评选委员会	著作	全国优秀社科普及作品

济宁学院

序号	成果名称	成果完成人	成果形式	奖励类别	奖励等级
1	换个心态做父母	李　群	论文	山东省第二届社会科学普及与应用作品奖	一等奖
2	文学描写艺术	杨景生	著作	山东省第二届社会科学普及与应用作品奖	三等奖

山东省金融学会

2012年12月，山东省金融学会组织编撰的科普书《汇通天下——支付结算知识漫谈》获评“全国优秀科普读物”。

山东国际孙子兵法研究交流中心

2012年10月，由山东孙子研究会会长、山东国际孙子兵法研究交流中心主任赵承风主编的社会科学普及读物《齐鲁兵学》一书，被评为山东省社会普及与应用优秀作品二等奖。

山东省宏观经济研究院

由山东省宏观经济研究院承担的《山东省新型城镇化发展路径研究》课题，从山东省新型城镇化发展的水平评价与聚类分析、发展战略与路径选择、体系优化与保障措施等多个方面，对山东省新型城镇化发展路径进行了深入研究。该项课题报告获得国家发改委宏观经济研究院及各省区市研究院（所）专家评委的充分肯定，被评选为2012年度全国发改系统研究院（所）重点合作课题优秀成果二等奖。

山东省卫生经济协会

省卫生经济协会组织、青岛大学医学院附属医院田立启具体负责的中国卫生经济学会招标课题“医疗机构财务会计制度对机构经济运行的影响研究”（课题编号：CHEA1112100402）获中国卫生经济学会二等奖。

山东省第六次社会科学突出贡献奖、社会科学学科新秀奖获奖人员名单

一、2012 年度山东省社会科学突出贡献奖获奖人员

朱文兴　济南市委党校教授　经济学
刘再生　山东师范大学教授　中国音乐史
张志毅　鲁东大学教授　语言学
孟庆仁　山东社科院教授　马克思主义哲学
钱曾怡　山东大学教授　汉语方言学

二、2012 年度山东省社会科学学科新秀奖获奖人员

刘　涛　山东政法学院讲师　区域经济
赵付科　山东财经大学副教授　马克思主义中国化
姜丽静　曲阜师范大学副教授　教育史
高功敬　济南大学讲师　社会福利与社会政策
黄凯南　山东大学教授　制度经济学和演化经济学

山东省第二十六次社会科学优秀成果奖重大成果奖

我省入选国家哲学社会科学成果文库的重大成果

山东省社会科学优秀成果奖评选委员会对 2010 年、2011 年、2012 年我省入选《国家哲学社会科学成果文库》的 14 项成果直接授予重大成果奖，并对获奖作者进行表彰，颁发证书。

公益征收法研究

作者：房绍坤（烟台大学）

中国人民大学出版社　2011 年 3 月

该成果以我国宪法和物权法的规定为基础和切入点，系统地对不动产征收的理论和实践问题进行深入研究，构建了完整的不动产征收制度理论框架体系。全书分为 8 章，从财产权的宪法含义、保障和限制延及征收的各个要件等方面进行研究，体系完整，论述翔实。成果对于深化征收理论研究，推动我国公益征收立法具有重要的理论和现实意义。2011 年入选“国家哲学社会科学成果文库”。

世界孔子庙研究

作者：孔祥林（孔子研究院）

中央编译出版社　2011 年 3 月

成果研究囊括了世界上所有已知存有孔子庙的国家和地区，将孔子思想的传播与各国孔子庙历史结合起来进行考察，将孔子庙的研究由历史、建筑拓展到规制、奉祀、祭祀等制度层面，并就世界各国孔子庙的规制、制度等进行比较研究，是一项具有开拓意义的研究成果。

成果详细研究分析了各国孔子庙的历史。中国孔子庙产生于战国，奠基于汉代，东晋始建于国学，北齐推行到郡国，唐初推行普及到全国州县，发展于宋代，消沉于辽、金、元，兴盛于明，鼎盛于清，衰落于清末，破坏于民国以降，复苏于改革开放。朝鲜半岛孔子庙传入于新罗朝，高丽朝推广到地方，朝鲜朝达到鼎盛，日本占领时期衰落，朝鲜战争以后，韩国孔子庙复苏并进一步发展，北朝鲜则继续衰落。越南孔子庙传入于隶属中国唐朝时期，独立后的李朝始建于国学，陈朝推向地方，普及于隶属明朝时期，发展于后黎朝，鼎盛于阮朝，衰败于外国入侵以后。日本孔子庙传入于白凤末年，第一次兴盛于奈良至平安前期，沉寂于镰仓至桃山时期，全盛于江户时期，衰败于明治维新以降。

孔子庙是人们的习惯称呼，成果认可传统名称，但在研究中按照孔子庙的性质、功能等将其划分为建造在国立学校内纳入国家礼制的文庙、兼有国家礼制和孔氏家庙性质的曲阜孔子故里本庙、孔子活动地等处建造的纪念孔子庙、未纳入国家祀典的书院孔子庙和孔子后代奉祀的家庙五大类，这是孔子庙研究中第一次如此详细分类。成果认为，学校孔

子庙是国家推崇儒家思想的标志，尊重传统思想文化的象征，文庙主祀孔子说明历代都将孔子作为中国思想文化的代表。文庙主祀孔子，以四配、十二哲、先贤、先儒配享从祀就是对受教育者进行成圣成贤的品德教育，而附设名宦祠和乡贤祠分别附祀在本地有善政的官员、有嘉言懿行和在外地做官有善政的本地人士，为受教育者提供较低贡献的学习榜样。由于国立各级学校的受教育者都是取得庠生及以上功名的士子，建造文庙的主要目的就是为国家培养爱国惠民的官吏队伍。

在充分占有资料、深入分析研究的基础上，还就各国孔子庙研究提出一些新的见解。收录各国孔子庙照片、图表1000多幅，许多国外照片、图表都是第一次在中国发表，有的照片即使在本国也没有公开发表过。附录的“中国孔子庙大事记”、“朝鲜半岛文庙大事记”、“越南孔子庙大事记”、“日本孔子庙大事记”和“中国学校文庙一览表”基本是本书独创，“日本藩校一览表”、“中国两庑从祀先贤表”、“中国两庑从祀先儒表”、“韩国乡校文庙一览表”基本都是目前最为详尽的材料，成果具有很高的史料价值和资料价值。

索绪尔手稿初检

作者：屠友祥（山东大学）

上海人民出版社　2011 年 4 月版

该成果是国家社科基金项目“论索绪尔语言理论及其对法国文论和思想的引生”和教育部项目“索绪尔手稿研究”的成果。作者根据近年来新发现的索绪尔大量手稿以及学生的课堂笔记，考究索绪尔的学术渊源，弄清楚了影响20世纪人文学术的诸多语言理论问题的形成过程，重现了索绪尔理论的本貌，同时也对符号学与文化意指分析作了探讨。

作者收集掌握了现在已知的全部索氏手稿以及国际上几十年来关于索氏学术思想的大量研究文献，并能直接用外文阅读文献，准确把握索氏语言学发展脉络及其与前人和同时代人的学术关系，对一系列重要概念给予深层讨论，其分析解说对我国语言学理论建设有重要意义。此项研究为我国西方语言学史的研究树立了一个较好的样板。这一研究完全是与欧洲大陆学者处在同一层面上的，是一部富有学术价值的力作。

马克思恩格斯对待马克思主义的科学态度研究

作者：李爱华（山东师范大学）

学习出版社　2012 年 3 月

如何以科学的态度对待马克思主义，是事关我们能否正确理解和掌握马克思主义基本原理，能否在中国特色社会主义建设进程中更好地坚持和运用、丰富和发展马克思主义的大问题。山东师范大学政治与国际关系学院（马克思主义学院）李爱华教授承担完成的国家社科基金项目“马克思恩格斯对待马克思主义的科学态度”（批准号08BKS002），就全面、深入地研究回答了对待马克思主义应持怎样的科学态度的问题。该成果结项鉴定为优秀等级，并入选2011年《国家哲学社会科学成果文库》（荣誉证书号：2011WK001），其最终成果为《以科学态度对待马克思主义：马克思恩格斯的思想与实践》一书。

成果着力考察评述了马克思和恩格斯对待马克思主义的科学态度，从马克思主义发展的源头上，阐明了如何以科学的态度来对待马克思主义的问题。这一研究成果丰富了马克思主义理论研究的内容，深化了马克思主义理论研究的质度，拓展了马克思主义理论研究的视野。该成果于2012年12月获山东省社会科学重大成果奖。

经济全球化条件下产业组织研究

作者：杨蕙馨（山东大学）

中国人民大学出版社　2012 年 3 月版

该成果对经济全球化条件下的产业组织进行了理论剖析，并深入研究了经济全球化条件下中国产业竞争状况、规模结构的调整变化情况，为政府决策部门提供具有借鉴意义和针对性的产业结构转型对策和产业组织政策。主要观点为：部分产业趋于集中，寡头垄断趋势明显；跨国并购使国际产业分工进一步细化；经济全球化改变了企业竞争态势；归核化成为企业战略的新选择；外包成为一种新的全球产业组织形态；各国产业组织政策趋同背景下的中国政策选择。

创新之处为：创新性地首次引入G—SCP研究范式，在主流产业组织理论的SCP范式的基础上，加入全球化因素（G）研究经济全球化条件下的产业组织，使得研究的总体框架层次明晰，重点突出，体现出较高的理论深度和实践指导性；在把握经济全球化特点与未来发展变化趋势基础上，对经济全球化条件下的产业组织理论的分析取得了重要进展；深入剖析了经济全球化条件下中国产业竞争状况、规模结构的调整变化情况；在理论和实证分析基础上，从产业结构调整升级、产业发展、重点产业振兴、战略性新兴产业发展、竞争力提升、创新等方面提出经济全球化条件下中国产业政策选择的政策建议。

中间商与中国近代交易制度的变迁

——近代行栈与行栈制度研究

作者：庄维民（山东社会科学院）

中华书局　2012年4月

中间商与近代交易制度演变是中国近代经济史研究的重要课题，同时也是久为学界所忽略、近乎空白的研究领域。中间商行栈的经营、交易模式、关系网络等是市场交易制度赖以形成的基础，围绕着行栈或以行栈为中心有一套完整的交易制度。该书正是以近代市场变迁背景下，中间商及其交易制度的发展演变为研究对象，将行栈制度与市场交易制度的关系作为研究中心，探讨行栈在近代市场贸易中角色、作用和地位，以及他们在整个近代市场经济中的影响与意义。该书利用新史料和新方法，勾勒出近代行栈、行栈制度及相关市场关系发展的基本轮廓，从新的视角观察商家之间、交易制度之间以及传统与现代之间的关系，从而对中间商存在的合理性、行栈商与交易制度的关系、行栈与客帮的关系、行栈与买办的关系等问题作出回答，并提出若干新的解释和观点。成果的研究与分析，可以作为理解近代商人市场活动与交易制度变迁的钥匙，有助于加深对近代企业制度和经济制度的认识，拓宽对近代商业贸易和交易制度的认识，进而带动一系列相关问题和经济关系的研究。

儒、释、道的生态观与艺术观

作者：陈　炎（山东大学）

人民文学出版社　2012年版3月

成果从清理中国古代生态文明的历史资源入手，以生态观的角度重新解读古代社会最具影响力的儒、释、道三家思想，以探索其中所包含的丰富的生态智慧与艺术诉求，及其相互之间的补充与互动关系。在充分占有文化史资料的基础上，采取了多学科、多视角交叉的研究方法，不仅打破已有的学术壁垒，而且注意将古人不自觉的生态智慧和艺术诉求放在生态文明和美学理想的高度上加以诠释。还使用了符号学的方法，对儒、释、道三家思想的功能结构进行了独特的阐释和理解，站在历史唯物主义的立场上进行实事求是的辩证分析，力求得出比较科学的结论。该书从“生态观”与“美学观”的关系入手研究儒、释、道三家的思想观念，不仅具有理论上的开拓意义，在生态问题日益严重的当代语境下，也有着比较直接的现实意义。

成果入选国家社科基金成果文库，作为阶段性成果发表了多篇学术论文。其中《儒家与道家对中国古代科学的制约——兼答“李约瑟难题”》一文引起学术界广泛关注，《新华文摘》2009年第13期全文转载，《高校学报文摘》2009.2论点摘要，《人大复印资料. 科学技术哲学》2009.4复印，并获得了山东省人文社会科学优秀成果二等奖，产生了良好的学术反响。

海源阁藏书研究

作者：丁延峰（聊城大学）

商务印书馆　2012年3月

私家藏书是中国传统文化中非常重要的文化现象。山东聊城杨氏海源阁是清末著名的四大藏书楼之一，与常熟铁琴铜剑楼并峙南北，又有“南瞿北杨”之誉。它在中国北方异峰突起，从收聚到散失，非常典型，也备受关注。作为中国私家藏书的典型代表，对其进行个案研究颇有价值。成果以收藏、整理、利用之史实为经，以学术平议为纬的交织理路来建构全文，主要进行了以下几个方面的研究：

一、藏书缘起与源流。地处山东孔孟之乡，出身于书香之家，酷爱治学，广泛的交往，殷实的家境，等等，都是海源阁形成的必然条件。杨氏藏书肇始于兆煜，奠基于以增，补充于绍和，保藏于保彝，散佚于敬夫。

二、藏书思想与特色。杨氏藏书所遵循的“海源”治学思想，决定了藏书特色。“源”，表现在版本上即是崇尚宋元古刻、名家校抄；内容上注重正经正史，其宋版“四经四史”就是这种藏书思想的典型体现。“海”，是指收藏之广博，对明清版本、域外版本等亦尽行搜罗，对其他经史著作以及蓄藏极富的子集作品也一并收藏。杨氏藏书以质和量取胜，是“精”（源）与“博”（海）的结合。

三、目录版本学。目录学上，杨氏在编目的各个环节上突出版本特点，而其兼顾版本和内容的编目实践实际上是一个创新。同时，将分类和编年统于一体的编目体例对后世的编目也是一个启示。版本学上，杨氏用刻工、版框尺寸等鉴定版本，对之后的版本学研究有抛砖引玉之功。通过丰富多样的鉴定方法，杨氏对二百余种宋元校抄进行了鉴定，确立了这些善本的版本价值。杨氏注重版本内容，又兼顾形式，这为今后以此为标准的善本观念的形成打下基础。

四、刻书与抄书。杨氏刻书有四十余种，由于校勘精审、选择底本谨慎、写刻优美，不少刻本深受学者称誉。杨氏刻书时间长、地点变换多，但并未因此而降低质量，盖因杨氏刻书将治学置于首位，并以传世为己任。

五、学术利用。由于海源阁所藏善本大都是孤本、珍本，体现出很大的校勘价值。过去的研究较少注意这个问题，专著对此进行了关注。

六、散佚与归宿。海源阁藏书能够三世递藏，殊不多见。同时，它又是“私家藏书深受兵燹之祸的代表”。故对其进行解剖研究有典型意义。

成果对海源阁藏书的收集、保藏、编目、鉴定、抄刻、利用、亡佚情况作较为全面、系统、深入的研究，基本摸清了杨氏藏书的真实底蕴，揭示出杨氏在保存和研究文化典籍遗产上暨对中国文化学术所做的实际贡献。海源阁藏书宏富精善，计有4600余种20余万卷，其中宋元校抄500余种近2万卷。其藏书的收集、保藏、编目、鉴定、利用、刊刻等等，皆有令人称道之处，对其进行研究总结，于中国藏书文化建设不无启迪。

全球化视域下社会主义与资本主义两种制度关系发展规律研究

作者：陈海燕（齐鲁师范学院）

学习出版社　2013年3月

该成果主要研究内容是关于社会主义与资本主义两制关系研究现状述评、全球化视域下社会主义与资本主义两制关系的理论界定、全球化视域下社会主义与资本主义两制关系的历史考察、全球化视域下社会主义与资本主义两制关系的理论反思、全球化视域下社会主义与资本主义两制关系发展态势及趋势探析、全球化视域下社会主义与资本主义两制关系发展规律总结。成果对于现实社会主义国家科学总结处理“两制关系”的经验和教训，充分认识“两制关系”的发展规律，准确把握当今“两制关系”发展的新特点新态势，从而制定科学的应对战略和策略，在新的历史条件下有效处理“两制关系”有着重要的现实指导意义，有助于人们在世界社会主义总体还处于弱势、全球化进程面临新的考验的条件下，科学认识社会主义发展模式的多样性和资本主义自我调整能力的局限性，准确把握后危机时代社会主义与资本主义两制关系的发展态势与趋势，增强对社会主义必然代替资本主义的信心和毅力，从而激励人们致力于社会主义建设事业的主动性、积极性和创造性。成果于2012年9月入选国家哲学社会科学成果文库。

信访和谐问题研究

作者：宋协娜（省委党校）

成果认为，信访问题是社会发展中各种矛盾的综合反映，已成为体系整体的问题。要通过分析社会主义基本制度结构内生性关系、系统状态和整体功能综合体现状况，使信访问题获得有价值、能匹配、少后患的解决。该研究提出要以绩效考核整合国家信访考核体系，用国家标准改造信访流程，以信访伦理建设，实现公职体系和公职人员的伦理价值重塑及相应的责任伦理制度保障。要通过公民参与和道德立法，达到法治与德治结合，治理对方与治理自身结合，实现信访问题解决思路的转换。该成果以具有整体综合特征的信访工作效用为中心加以展开，是针对信访问题在较高层次上的总体处理，是对过去线性和传统思维模式的超越。成果入选2012年《国家哲学社会科学成果文库》。

全球价值链视角下新时期我国对外直接投资的机遇、挑战与对策

作者：张　宏（山东大学）

中国人民大学出版社　2013年3月

成果以全球价值链和对外直接投资技术获取理论为切入点，系统研究了我国在全球价值链的分工地位和对外直接投资发展中的机遇和挑战，探讨我国在国家、产业、微观层面通过对外直接投资实现价值链升级的可行性和条件，检验了我国对外直接投资的技术获取动机、特点和逆向技术溢出效应，考察了代表性行业通过对外直接投资实现全球价值链升级的实践和政策启示，提炼了理论分析和实证分析结果的政策含义。课题成员在《中国工业经济》、《世界经济研究》、《国际金融研究》、《经济管理》、《财政研究》、《中国科技论坛》等核心期刊公开发表了14篇与本项目研究密切相关的学术论文，取得了较为丰硕的学术成果。这些中期成果被多次引用，获得过山东省第25次社会科学优秀成果奖三等奖、2009年山东高等学校优秀科研成果奖三等奖等奖项，产生了较大的学术和社会影响。相关理论和实证分析结论除了对政府对外直接投资政策和企业对外直接投资策略一般意义上的政策启示以外，本项研究选择我国汽车业进行了比较具体的分析；相关成果被中通客车控股股份有限公司采用，构造了“中通非洲市场拓展决策支持系统”，有力地支撑了中通客车在非洲的市场开拓和跨国经营业务，产生了良好的企业效益。

先秦社会思想研究

作者：孟天运（青岛大学）

人民出版社 2012 年出版

该成果作为一部站在社会学立场上用社会学理论方法系统、全面研究先秦社会思想的断代专著。在学术语言方面，采用了以社会学与中国学术语言相结合的表述方式。在行文组织方面，采取以年代、人物的先后顺序与学派的学术特点相结合、纵向叙述与横向比较相结合的灵活的方式，眉目分明，脉络清晰。

成果深入地研究了先秦各阶段、各学派关于社会起源与社会发展、社会结构与社会变迁、社会问题与解决方法、社会生活与社会理想等范畴的理论和思想。与以往社会思想史相比，《先秦社会思想研究》首次将原始社会末期以来到秦统一之前作断代研究，认为先秦社会思想可以分为发生时期、发展时期与繁荣时期三个阶段，儒家社会思想是传统社会思想的主流派，法家和道家的社会思想与儒家形成了密切的互补关系，形成了先秦早熟的社会思想的主要框架，其他墨家、名家和阴阳家的社会思想都成了中国社会思想宝库的重要部分。

成果展示了先秦社会思想的波澜壮阔的发展场景，对管理今天的社会、构建当今社会保障体系、社会秩序控制体系、凝练社会核心价值观、构建和谐社会有着重要参考价值。对整理和开发我国先秦社会思想宝库、加强对外交流、促进社会学理论的基础研究都有重要意义。

战国秦社会经济形态新探

——官社经济体制模式研究

作者：张金光（山东大学）

商务印书馆 2013 年 3 月

该成果提出“实践历史学”、“国家权力中心论”、“中国地权本体论”认为，半个多世纪以来，表述中国古代社会的一些概念和范畴大都是舶来品，有的直接来自于欧洲中心论以及在其上形成的西方学术话语体系，有的是辗转间接来自于西方，或者是其仿制品。整齐、条理、系统化的“五种生产方式”说是斯大林总结提出的。他者如农村公社、中世、中古、庄园制，以及比较系统的“古典社会—六朝贵族制—唐宋变革”论等，大抵是参照西方中心论及其西方学术话语体系而提出的。关于中国的研究，应力求走出西方历史以及西方学术话语体系笼罩之困境，深入中国历史实践，通过大量的实证分析，作出符合中国历史实际的理论模式建构。总的来看，中国历史的进程无疑是以国家权力为中心运转的，国家权力支配一切，由其规定、规范了中国历史的基本进程，决定并塑造了中国社会历史的基本面貌；中国国家的核心权力是土地国家所有权。基于此，大致可将中国古代（周至清）社会形态分为四个递进相续的时代：邑社时代、官社时代、半官社时代、国家—个体小农时代。此正是从中国历史内在的基本实践历史发展逻辑出发揭示了中国历史自身之规律性。

汉语方言词汇比较研究

作者：董绍克（山东师范大学）

商务印书馆 2013 年 3 月

该成果以研究汉语十大方言词汇的差异为主，兼顾研究各方言的共性特征。主要内容包括方言词汇的构词，方言义位的义值、义域、极化现象比较，方言词汇成分比较，方言词汇差异的历史嬗变，十大方言的亲属关系，方言词汇差异的形成以及方言词汇用字的问题。成果对方言词汇诸多前沿问题的研究不但在语言学方面有较高学术价值，而且在推广普通话和方言正确使用汉字方面也有较高的使用价值。成果于 2012 年入选《国家哲学社会科学成果文库》。

山东省社科规划管理2012年度工作情况综述

2012年，省社科规划办按照全国社科规划办和省委宣传部的统一部署和要求，始终把服务全国和全省工作大局，服务中央和省委重大决策部署，服务我省学科建设作为基本出发点和落脚点，以加强制度建设、端正治学态度、规范学术研究为突破口，在“抓导向、重服务、上质量、求精品”上下工夫，努力探索新形势下社科规划管理的特点和规律，充分发挥国家社科基金项目研究的龙头带动作用，严把政治导向关和学术质量关，取得了显著成就。全省获得国家社科基金项目立项161项，滚动追加资助2项，获得国家社科基金资助经费3055万元，立项数量和资助经费总额均创历史新高。6项研究成果入选《国家哲学社会科学成果文库》，6家学术期刊获得国家社科基金学术期刊资助，29位同志被全国社科规划办评为认真负责的鉴定专家。规划立项省课题532项。完成国家社科基金项目和省社科规划课题351项。国家社科基金项目结项优良率，继续保持在全国各省区市前列。推出了一批有影响的研究成果，较好地发挥了社科规划工作在繁荣发展哲学社会科学中的作用。

1. **充分发挥社科规划导向作用，着力引导广大社科工作者以解决经济社会发展重大理论和现实问题为主攻方向。**哲学社会科学研究只有面向实际，才能体现自身的价值。近年来，始终牢牢把握正确的哲学社会科学发展方向，不断强化社科规划工作在哲学社会科学研究中的示范和引导功能，积极组织广大理论工作者把理论研究的着力点放在回答和解决实践提出的重大理论和现实问题，更好地为党和政府科学决策服务上来。围绕深入研究阐释中国特色社会主义理论体系、贯彻落实科学发展观、加强社会主义核心价值体系建设、加快发展方式转变、构建社会主义和谐社会、加强党的先进性建设等重大问题，规划了一批重点研究课题。山东大学黄少安教授主持的国家项目《重视利率市场化的影响及其可能给中小银行带来的冲击》研究成果由全国社科规划办《成果要报》刊发并向中央和有关部委报送，受到中央领导同志的肯定性批示。省社科联包心鉴研究员主持完成的《马克思主义中国化的基本规律和当代走向》、山东师范大学李爱华教授主持完成的《马克思恩格斯对待马克思主义的科学态度》、齐鲁师范学院陈海燕教授主持完成的《全球化视域下社会主义与资本主义两制关系发展规律研究》等多项研究成果被全国社科规划办重点推荐到人民日报、光明日报、社会科学报、北京日报等新闻媒体和全国社科规划办网站宣传介绍。多项省社科规划研究成果得到省主要领导同志的肯定性批示，对推动我省社科工作、指导实践发挥了积极作用。

2. **加强社科规划制度建设，进一步健全完善公平公正的社科项目评审立项体系。**制定《山东省社会科学规划项目评审立项办法》，从指导思想、项目申报、评审标准、评审程序、评审要求、评审纪律等方面，健全完善评审专家推选机制和评审立项程序，对项目评审立项工作进行了规范。在“民主评议、投票表决、签署意见”的基础上，增加了专家“独立审阅、独立打分”确定推荐拟立项项目的程序，由评审专家根据选题意义、设计论证、研究难点、研究基础等方面的情况，对项目设计质量进行综合打分。在纪检人员监督下以得分多少依次排序。评委如对分数统计有异议，随时可以查询。对跨学科研究项目实行了有关学科联合复议制度，以鼓励跨学科进行创新性、探索性研究。对此，孙守刚部长明确批示：“这些改进措施很好，有利于更好发挥社科项目立项评审工作的导向和激励作用，增强评审工作的公信力和权威性”。从评出的拟立项课题来看，一是突出了马克思主义中国化最新成果研究。围绕贯彻落实科学发展观、构建社会主义核心价值体系、建设社会主义和谐社会等重大理论问题的选题，在哲学、马列、科社、党史、党建、经济学、法学、社会学等学科中都有比较充分的体现。二是加大了应用对策性研究。围绕着建设经济文化强省，转变发展方式、实施蓝黄战略、加快文化改革发展等方面的应用对策性选题，占拟立项课题的50%以上。三是加强了对青年学者的扶持力度。评出的青年项目达98项，占拟立项课题的18.4%。从研究团队构成来看，多数项目是由学科带头人牵头、学术骨干和青年学者组成的研究团队共同申报的，研究团队中35岁以下人员占近70%，形成了良好的学术梯队。

3. **实施社科规划研究精品工程，着力推出一批代表我省学术研究水平的精品力作。**以加强学风建设为重点，实施以质量为核心，加强社科规划研究的全过程质量管理。针对明确理论研究中的浮躁心态，实现课题研究问责制，进一步强化课题负责人的责任意识和把关意识。探索和建立研究成果预结项制度，组织有关专家对研究成果质量进行全面评估，从制度上克服“重立项，轻结项”的问题。一年来，经过学科专家初筛，组织申报国家社科基金年度项目1100项，批准立项131项，获得资助经费2065万元。组织有关单位成功中标国家社科基金项目重大项目5项，重大转重点项目4项，获得资助经费500万元。申报国家社科基金后期资助项目61项，批准20项，获得资助经费300万元。申报中华学术外译项目1项，获得资助经费50万元。6部作品入选《国家社会科学成果文库》，受到全国哲学社会科学规划领导小组表彰。入选作品分别为齐鲁师范学院陈海燕教授的《全球化视域下社会主义与资本主义》，山东大学张宏教授的《中国对外直接投资与全球价值链升级》，青岛大学孟天运教授的《先秦社会思想研究》，中共山东省委党校宋协娜教授的《信访和谐问题研究》，山东大学张金光教授的《战国秦社会经济形态新探——官社经济体制模式研究》，山东师范大学董绍克教授的《汉语方言词汇比较研究》。山东社会科学院主办的《东岳论丛》（批准号12QKA008），山东大学主办的《文史哲》（批准号12QKA067）、《山东大学学报（哲学社会科学版）》（批准号12QKB060）、《周易研究》（批准号12QKB099），曲阜师范大学主办的《齐鲁学刊》（批准号12QKB052），山东省社会科学界联合会主办的《山东社会科学》（批准号12QKB061）等6家学术期刊入选国家社科基金重点资助期刊。山东省人民政府研究室聂炳华研究员，中共山东省委党校段晓光教授、杨珍教授、宋协娜教授、王申贺教授，山东社会科学院刘宗贤研究员、王爱华研究员，山东大学王韶兴教授（3次）、盛玉麒教授（2次）、冯春田教授、王汶成教授、陈金钊教授，中国海洋大学徐妍教授，山东师范大学毛锐教授、于冬云教授、刘文涛教授，曲阜师范大学唐雪凝教授、张晓琼教授、徐振贵教授，济南大学丛晓峰教授、常桂祥教授、潘晓生教授、刘传霞教授，青岛大学李曙新教授，烟台大学崔明德教授（2次），聊城大学陈德正教授、李增洪教授、李泉教授，鲁东大学李平教授等29位同志被全国社科规划办评为认真负责的鉴定专家，受到全国社科规划办通报表扬。《子海》整理和研究、《百年易学研究菁华集成》、《马克思主义与儒学》等国家重大研究项目进展顺利，并取得一批阶段性研究成果，在学术界引起较大反响。全年组织省社科规划项目鉴定224项，批准结项283项，其中4项免于鉴定结项。出版学术专著57部，完成研究报告200多部，发表学术论文400余篇，10多项社科研究成果得到省委、省政府主要领导同志的肯定性批示。《加强公民意识教育，推进法治国家建设》、《完善制度，促进人口合理流动》等两项省社科规划重大项目研究成果在人民日报发表。

4. **加强社科规划重点研究基地平台建设，着力打造具有山东特色的哲学社会科学学科体系。**在全国社科规划管理系统率先建立社会科学规划重点研究基地，成为加强我省学科建设，培养高水平社会科学研究人才的一大品牌和重要抓手。自2000年省哲学社会科学规划领导小组批准建立省社科规划重点研究基地以来，全省已建立了53个研究基地。在党建方面，设立中国特色社会主义理论体系、国际共产主义运动、马克思主义中国化等研究基地；在经济方面，设立了世界经济、产业经济、生态经济、海洋经济、区域经济、对外经济等研究基地；在文化方面，设立了文化建设、文化产业、东方文化、齐文化、儒学研究、运河文化等研究基地，基本覆盖了我省具有发展优势和潜力的特色学科和优长学科。为加强基地管理，出台了《山东省社会科学规划重点研究基地管理办法（试行）》，从申报条件、职责任务、管理体制、项目管理、经费管理、报告制度、评估考核等方面，制定具有较强可操作性的考核评估指标体系，并把承担国家社科基金项目作为基地设立和考核的必要条件。目前，社科规划重点研究基地在科学研究、学科建设、学术交流、创新管理体制等方面的作用不断加强。各重点研究基地从实际出发，坚持开门办基地，形成了以基地为平台，以项目研究为纽带，以合作攻关为主线，专职人员与兼职人员相结合的基地研究模式，使项目的研究过程成为激励中青年学者脱颖而出的过程。基地建设适应了学科综合化的趋势，在整合我省社会科学研究资源、促进学科之间相互渗透融合中发挥了重要作用，形成了一批立足学术前沿、注重前瞻研究的新兴学科和交叉学科，初步构建具有山东特色和优势哲学社会科学学科体系。多家省重点研究基地挂靠单位通过国家一级学科博士点评估，多家省社科规划研究基地滚动进入国家有关部委的人文社科重点研究基地。

5. **切实转变工作作风，着力树立社科规划管理和服务的良好形象。**针对社科规划工作涉及面广，联系单位多的特点，积极探索适应新形势要求的社科规划工作服务机制，按照全省宣传文化系统“三个一切”群众路线教育活动要求，针对社科规划工作涉及面广，联系单位多的特点，积极探索适应新形势要求的社科规划工作服务机制，进一步健全完善了省社科规划办、项目承担单位、项目负责人三级管理体制。同时，把项目研究不同阶段的共性与特殊性有机结合起来，建立和实施了以质量为核心的“管理例会制度”。加强社科研究创新平台建设。一是在课题获准立项后，召开项目研究开题会，组织项目负责人认真学习国家社科基金项目的管理办法，从政治导向、学术质量、创新程度等方面提出明确要求，重点解决学风问题。在全国率先实施了国家社科基金项目开题报告制度，组织项目负责人认真学习国家社科基金项目的管理办法，从政治导向、学术质量、创新程度等方面提出明确要求，重点解决学风问题。针对这一问题和课题研究中的浮躁心态，进一步强化课题负责人的责任意识和把关意识，要求课题负责人对整个研究过程负责，把成果质量放在首位，保证学术规范，保证没有知识产权争议，保证高质量完成研究任务。二是针对不同学科特点，分类召开项目研究交流会，把全省相关学科的项目研究负责人集中在一起，共同研讨和解决研究过程中遇到的难点问题，为项目负责人搭建了一个相互交流、咨询、研究的平台。三是在研究成果提交鉴定评审之前，召开课题成果评议会，实行课题成果评议制度，根据全国社科规划办有关规定和国家社会科学基金项目成果鉴定要求，组织有关专家对研究成果质量进行全面评估。三大例会制度的实施，促进了管理工作变被动为主动，由单纯行政管理向服务型管理转变，由一般性督促检查向全面质量管理转化。实行联络员制度，在课题集中的高校建立联系点，确定每个工作人员与课题负责人和专家学者联系对象，及时了解课题研究进展情况，努力把服务工作做深做细。这些制度以质量为核心，以强化服务为抓手，使社科规划办与课题组保持良好互动关系，保证了社科规划管理工作的顺利进行。同时，按照学科发展和广大基层社科研究工作者的实际需求，设立了会计研究、金融研究、青少年研究、外语教学改革研究等专项课题，为有关学科研究工作搭建了一个良好的平台，受到基层社科研究工作者的普遍欢迎。

国家哲学社会科学基金项目2012年度山东省立项课题

项目编号	项目名称	负责人	工作单位	项目类别	预期成果	计划完成时间
12&ZD010	文明、文化与构建和谐世界研究	陈　炎	山东大学	重大项目	专著	2015. 12. 31
12&ZD069	系统性金融风险防范和监管协调机制研究	曹廷求	山东大学	重大项目	论文、研究报告	2015. 12. 31
12&ZD113	中国海洋文化理论体系研究	曲金良	中国海洋大学	重大项目	专著、论文集	2017. 10. 10
12&ZD168	当前社会“文学生活”调查研究	温儒敏	山东大学	重大项目	研究报告	2015. 12. 30
12&ZD194	邹平丁公遗址发掘报告	栾丰实	山东大学	重大项目	专著	2017. 12. 30
12AZD023	深化国有文化单位改革和文化管理体制机制改革创新研究	魏　建	山东大学	重点项目	论文、研究报告	2015. 12. 31
12AZD082	中华文化元典基本概念研究	曾振宇	山东大学	重点项目	专著	2017. 12. 30
12AZD098	我国小微企业动态发展数据库建设研究	张玉明	山东大学	重点项目	数据库	2015. 12. 31

（续表）

项目编号	项目名称	负责人	工作单位	项目类别	预期成果	计划完成时间
12AZD105	基于国家海洋功能区划的海域基准价格评估理论与应用研究	王　森	中国海洋大学	重点项目	研究报告	2016.12.10
12AFX016	新形势下我国维护南沙群岛主权的法律对策研究	薛桂芳	中国海洋大学	重点项目	专题论文集 研究报告	2014.12.31
12AGJ003	我国对美国商务外交策略研究	张丽娟	山东大学	重点项目	专著	2014.12.30
12AJL010	国际金融危机与中国宏观审慎政策研究	孙立新	山东大学	重点项目	专著、专题论文集	2015.6.30
12AJY004	国际金融危机后我国产业组织发展的重大问题和对策研究	杨蕙馨	山东大学	重点项目	研究报告	2014.12.31
12AJY006	构建扩大消费长效机制研究	臧旭恒	山东大学	重点项目	研究报告	2014.12.30
12AJY007	国际粮价波动及其对中国粮食安全影响研究	王学真	山东理工大学	重点项目	研究报告	2014.6.30
12AKG001	洛庄汉墓陪葬坑发掘报告	崔大庸	山东大学	重点项目	专著	2015.12.31
12AZJ001	希伯来圣经翻译注释与研究	傅有德	山东大学	重点项目	译著	2015.12.31
12AZS003	中国古代村落文化研究	马　新	山东大学	重点项目	专著	2015.12.30
12AZX007	中国荀学史	路德斌	山东社科院	重点项目	专著	2015.6.30
12BDJ017	改革开放以来党应对重大挑战的机制研究	章猷才	山东省委党校	一般项目	研究报告	2014.12.30
12BDJ033	党政领导干部道德建设研究	刘小利	青岛市委党校	一般项目	研究报告	2013.10.31
12BFX010	权利冲突研究：基于法经济学视角	纪建文	山东财经大学	一般项目	专著	2014.12.1
12BFX030	预算宪法问题研究	张献勇	山东工商学院	一般项目	研究报告	2015.6.30
12BFX031	我国宪法“人权条款”的效力机制研究	夏泽祥	山东师范大学	一般项目	专著	2015.12.31
12BFX071	实体法和程序法双重视角下的民事推定制度研究	张海燕	山东大学	一般项目	专著	2015.6.1
12BFX095	经济发展方式转变视角下的地理标志制度建设	王笑冰	山东大学法学院	一般项目	专著	2014.12.31

（续表）

项目编号	项目名称	负责人	工作单位	项目类别	预期成果	计划完成时间
12BFX138	我国涉外民事关系法律适用法司法难点研究	许庆坤	山东大学法学院	一般项目	研究报告	2015.12.31
12BGJ025	琉球群岛地位问题综合研究	修　斌	中国海洋大学	一般项目	研究报告	2015.6.30
12BGL065	转型期我国科技人才资源共享与组织创造力研究	于忠军	泰山医学院	一般项目	专题论文集 研究报告	2014.12.31
12BGL072	旅游和旅游业的本体论研究	王德刚	山东大学	一般项目	专著	2014.12.31
12BGL094	海域资源市场化配置中的政府规制研究	陈书全	中国海洋大学	一般项目	专著	2014.12.31
12BGL117	基于区域协调发展的区域基本公共服务均等化方案设计与保障机制研究	宋　敏	山东财经大学	一般项目	研究报告	2014.6.30
12BJL011	“新国企”资本配置效率与优化路径研究	陶　虎	山东财经大学	一般项目	研究报告	2015.12.31
12BJL014	强互惠理论的拓展与合作行为前沿问题研究	韦　倩	山东大学	一般项目	专题论文集 研究报告	2015.12.31
12BJL017	新中国劳动经济史	宋士云	聊城大学	一般项目	专著	2015.6.30
12BJL030	慈善捐赠税收激励政策研究	曲顺兰	山东财经大学	一般项目	研究报告	2014.12.20
12BJL042	迂回交易的超边际经济学研究	庞　春	中国海洋大学	一般项目	专著	2015.9.30
12BJL050	美国主权债务风险的系统动力学仿真、预警及我国外汇储备优化管理研究	马　宇	山东工商学院	一般项目	研究报告	2015.7.31
12BJL051	双层博弈框架下的国际经济关系研究	李增刚	山东大学	一般项目	专著 专题论文集	2015.6.1
12BJL065	我国区域经济增长的制度影响与空间计量研究	杨冬梅	山东财经大学	一般项目	研究报告	2014.12.31
12BJY004	大学教育基金研究	孙国茂	济南大学	一般项目	专著	2014.12.31
12BJY058	北极航道通航背景下北极资源开发的中国战略研究	徐跃通	山东师范大学	一般项目	研究报告 专题论文集	2015.6.30
12BJY064	围填海造地资源环境价值损失评估及补偿研究	李京梅	中国海洋大学	一般项目	研究报告 专题论文集	2014.12.30

（续表）

项目编号	项目名称	负责人	工作单位	项目类别	预期成果	计划完成时间
12BJY075	低碳经济下我国天然气产业发展战略研究	李宏勋	中国石油大学（华东）	一般项目	研究报告	2014.12.31
12BJY103	生态文明导向的沿海灌区水价优化研究	辛宝贵	山东科技大学	一般项目	专题论文集 研究报告	2015.6.30
12BJY121	低碳经济下我国对外贸易可持续发展策略研究	周　健	山东工商学院	一般项目	研究报告	2014.12.31
12BJY163	我国股票金融发展战略理论与路径选择研究	张志元	山东财经大学	一般项目	研究报告	2014.6.30
12BKS029	中国特色社会主义理论体系建构基础问题研究	孙武安	山东大学	一般项目	专著 专题论文集	2015.12.30
12BKS062	冷战后世界不同地区“新社会主义”思潮比较研究	陈海燕	齐鲁师范学院	一般项目	专著	2015.6.30
12BKS063	马克思恩格斯生态思想的诠释与重构研究	崔永杰	山东师范大学	一般项目	专著	2015.12.30
12BRK006	城市独居老人的孤独问题与社会关系网研究	林明鲜	山东工商学院	一般项目	研究报告	2014.3.1
12BRK024	中国劳动密集型产业升级路径研究	俞宪忠	济南大学	一般项目	专著 研究报告	2014.12.30
12BSH029	集体行动中的情绪、仪式与宗教研究	乔世东	济南大学	一般项目	专著	2015.12.31
12BSH032	转型期政府参与劳资关系调整的社会学研究	谭　泓	山东省委党校	一般项目	研究报告	2014.6.30
12BSH039	环渤海城市群海洋文化软实力研究	谭业庭	青岛理工大学	一般项目	专著 研究报告	2014.12.30
12BSH044	社区文化中心建设研究	高鉴国	山东大学	一般项目	专题论文集 研究报告	2015.6.30
12BSH051	中国公民幸福指数指标体系研究	邢占军	山东大学	一般项目	专著 研究报告	2015.12.31
12BSH069	后单位社会城市住房保障制度的实践机制研究	武中哲	山东财经大学	一般项目	研究报告	2014.6.30
12BSS006	宗教礼仪制度与古希腊城邦的构建研究	魏凤莲	鲁东大学	一般项目	专著	2015.12.30

（续表）

项目编号	项目名称	负责人	工作单位	项目类别	预期成果	计划完成时间
12BSS020	“二战”后英国经济政策调整的历史考察（1945—2010）	毛　锐	山东师范大学	一般项目	专著	2015.12.30
12BTJ015	基于复杂面板数据模型的物价波动研究	任燕燕	山东大学	一般项目	专题论文集 研究报告	2015.2.12
12BTQ030	历代《管子》文献整理与研究	郭　丽	山东理工大学	一般项目	专著	2015.12.30
12BTY010	儒家人文精神与中国特色体育文化产业品牌战略研究	曹　莉	曲阜师范大学	一般项目	专著 研究报告	2015.6.30
12BWW012	《青髂》的文学空间研究	于　华	青岛大学	一般项目	专著 专题论文集	2015.12.30
12BWW025	亨利·詹姆斯的隐喻思维与小说诗学研究	陈秋红	青岛大学	一般项目	专著	2014.9.30
12BWW040	意象派、客体派、黑山派诗学谱系研究	王　卓	济南大学	一般项目	专著	2015.6.30
12BWW048	当代西语裔美国文学研究	李保杰	山东大学	一般项目	专著	2015.6.30
12BXW018	中国古代小说序跋研究	王　平	山东大学	一般项目	专题论文集 研究报告	2013.12.31
12BXW040	基于模糊理论的网络舆情分析、评价与对策研究	尉永清	山东警察学院	一般项目	研究报告 电脑软件	2015.12.30
12BYY018	国家翻译实践中的“外来译家”研究	任东升	中国海洋大学	一般项目	专著	2014.12.31
12BYY049	中国大中小学生认知隐喻能力发展研究	刘振前	山东大学	一般项目	专著	2015.7.1
12BYY054	我国大学英语有效课堂环境构建研究	任庆梅	曲阜师范大学	一般项目	专著 研究报告	2015.12.31
12BYY073	蒲松龄作品方言词汇研究	张树铮	山东大学	一般项目	专著	2013.12.31
12BYY098	现代汉语典故词语构成理据及词义演变研究	唐子恒	山东大学	一般项目	专著	2015.12.31
12BYY102	汉语修辞学方法论研究	高万云	山东大学	一般项目	专著	2014.12.31

（续表）

项目编号	项目名称	负责人	工作单位	项目类别	预期成果	计划完成时间
12BYY123	基于大规模标注语料库的语义角色句法实现的词汇语义制约研究	亢世勇	鲁东大学	一般项目	专题论文集 电脑软件	2015. 12. 30
12BYY124	基于汉英自然会话语料库的指称确立及指称接续机制研究	马　文	山东大学	一般项目	专著	2014. 12. 31
12BZJ030	道教南传越南研究	宇汝松	山东大学	一般项目	专著	2015. 12. 31
12BZS012	《论语》与孔子之道再认识	黄怀信	曲阜师范大学	一般项目	专著	2015. 12. 31
12BZS017	周代礼制发展史	胡新生	山东大学	一般项目	专著	2015. 12. 31
12BZS039	明清仕宦家族与基层社会研究	朱亚非	山东师范大学	一般项目	专著	2014. 12. 30
12BZS040	清代陆王心学发展史	杨朝亮	聊城大学	一般项目	专著	2015. 6. 30
12BZS051	民族认同与中国历史教科书编写研究	张运君	青岛科技大学	一般项目	专题论文集 研究报告	2015. 6. 30
12BZS082	京杭运河与明清时期区域农业开发研究	李　泉	聊城大学	一般项目	专著	2015. 6. 30
12BZS096	中国引进俄苏农业技术结构变迁及本土化研究（1840—1966）	宋　超	山东理工大学	一般项目	专著	2015. 6. 1
12BZW003	新时期文学理论与文学批评的发展起点研究	韩德信	山东理工大学	一般项目	专著	2015. 6. 30
12BZW007	生态语言学与生态文学、文化理论研究	赵奎英	山东师范大学	一般项目	专著	2015. 10. 30
12BZW028	两汉学术思潮与群经普系研究	俞艳庭	济南大学	一般项目	研究报告	2015. 6. 30
12BZW037	宋代辞赋的社会文化学研究	刘　培	山东大学	一般项目	专著	2015. 7. 30
12BZW064	百年“龙学”探究	戚良德	山东大学	一般项目	专著	2015. 12. 31
12BZW089	共产国际与左翼文学思潮的发展与流变研究	赵歌东	曲阜师范大学	一般项目	专著	2015. 12. 31
12BZW090	在政治与文艺之间：延安文学研究	张根柱	临沂大学	一般项目	专著 研究报告	2015. 5. 1
12BZW106	中国新文学中的美国因素（1911—1949）	吕周聚	山东师范大学	一般项目	专著	2016. 12. 30

（续表）

项目编号	项目名称	负责人	工作单位	项目类别	预期成果	计划完成时间
12BZW114	乡土中国文化重建与农民形象审美嬗变研究	张丽军	山东师范大学	一般项目	专著	2015. 6. 30
12BZX037	管子学史	巩曰国	山东理工大学	一般项目	专著	2014. 12. 31
12BZX058	正义概念：从《理想国》到《罗马书》	谢文郁	山东大学	一般项目	专著	2015. 8. 31
12BZX092	哲学形态学研究	郝立忠	山东社科院	一般项目	专著	2014. 12. 31
12BZZ008	地方人大常委会重大事项决定权研究	钟丽娟	山东省委党校	一般项目	研究报告	2014. 12. 30
12BZZ052	我国海洋环境管理运行机制构建研究	吕建华	中国海洋大学	一般项目	研究报告	2014. 12. 31
12CFX019	香港基本法中的相关重大问题研究	田　雷	山东大学	青年项目	专著 专题论文集	2014. 12. 31
12CFX027	慈善捐赠人权利研究	杨道波	聊城大学	青年项目	研究报告	2015. 5. 1
12CFX049	人民调解协议司法确认程序研究	刘加良	山东大学	青年项目	专著 专题论文集	2015. 6. 30
12CFX091	生态整体主义视角下的渔业权理论及实施机制研究	白　洋	山东理工大学	青年项目	研究报告	2014. 6. 30
12CFX094	我国权益视角下的北极航行法律问题研究	白佳玉	中国海洋大学	青年项目	专著	2014. 12. 30
12CGL024	我国基层政府财政透明度实现的路径与策略研究	申　亮	山东财经大学	青年项目	专著	2014. 12. 30
12CGL029	国际环境下会计准则新进展对金融监管的影响及协调研究	王守海	山东财经大学	青年项目	研究报告	2014. 12. 30
12CGL042	基于供应商产能的供应应急策略与设计研究	李新军	烟台大学	青年项目	专著 专题论文集	2015. 12. 31
12CGL059	中国沿海地区旅游产业结构与旅游产业集聚关联机理研究	刘　佳	中国海洋大学	青年项目	研究报告	2015. 12. 31
12CJL013	包含制度因素的经济增长模型研究	杨友才	青岛科技大学	青年项目	专题论文集 研究报告	2014. 12. 12

（续表）

项目编号	项目名称	负责人	工作单位	项目类别	预期成果	计划完成时间
12CJL031	产业文化与“中国制造”融合发展研究	刘　刚	曲阜师范大学	青年项目	专题论文集 研究报告	2015. 12. 31
12CJL042	我国转向“结构均衡增长”的城市化战略研究	刘爱梅	山东社科院	青年项目	专题论文集	2014. 12. 30
12CJL066	碳排放约束下我国能源效率的区域差异及节能指标分解研究	杨　骞	山东财经大学	青年项目	专题论文集 研究报告	2013. 12. 31
12CJY034	我国低碳经济发展的碳金融机制设计与政策支持系统研究	刘　婧	山东工商学院	青年项目	专著 研究报告	2015. 6. 30
12CJY038	大宗商品国际价格波动对我国工业经济的影响及反馈效应研究	王　恬	山东财经大学	青年项目	研究报告	2014. 12. 31
12CJY055	人口流动影响农村公共品供给效率的理论与实证研究	刘　蕾	山东财经大学	青年项目	研究报告	2014. 12. 31
12CJY065	保障粮食安全视角的土地托管运行机制与发展模式研究	孙小燕	山东财经大学	青年项目	研究报告	2014. 12. 31
12CKG001	海岱地区后李文化时期石制品研究	王　强	山东大学	青年项目	研究报告	2015. 1. 8
12CKS026	西方对我国文化误读的影响与应对策略研究	潘娜娜	青岛市委党校	青年项目	研究报告	2014. 6. 30
12CKS040	人的虚拟生存与思想政治教育创新研究	孙余余	山东师范大学	青年项目	专著	2014. 12. 30
12CRK004	农村老年人口经济供养及其对策研究	王承强	山东省社科院	青年项目	研究报告	2014. 12. 31
12CRK013	老龄化背景下我国残疾人养老服务社会支持体系研究	徐　宏	山东财经大学	青年项目	研究报告	2014. 12. 31
12CRK024	人力资本对区域经济发展差异的影响机制与对策研究	逯　进	青岛大学	青年项目	专著 专题论文集	2015. 6. 30
12CTJ018	基于贝叶斯 VAR 和 DSGE 模型的中国货币政策冲击预期效应及最优规则研究	袁　靖	山东工商学院	青年项目	专著 研究报告	2015. 6. 30
12CTQ032	学术文献“意抄”检测研究	白如江	山东理工大学	青年项目	研究报告	2015. 7. 1

（续表）

项目编号	项目名称	负责人	工作单位	项目类别	预期成果	计划完成时间
12CTY019	体育类电视专业频道在我国体育产业发展中的运作研究	赵　斐	济南大学	青年项目	研究报告	2015. 6. 30
12CWW012	中日双重文化视域中的日本汉文小说整理与研究	孙虎堂	山东理工大学	青年项目	专著	2015. 6. 30
12CWW014	中国戏剧电影对谷崎润一郎文学的接受研究	张　冲	鲁东大学	青年项目	专著	2015. 12. 10
12CWW038	当代美国犹太作家菲利普·罗斯的身份探寻与历史书写研究	苏　鑫	临沂大学	青年项目	专著 专题论文集	2015. 12. 31
12CXW024	当前电视内容与农村居民收视需求契合度研究	薛　涛	烟台大学	青年项目	研究报告	2015. 12. 31
12CYY022	数字语言符号的认知加工机制——以汉蒙维数字为例	张明亮	山东行政学院	青年项目	研究报告	2015. 8. 31
12CZS021	10—14 世纪的华北宗族研究	谭景玉	山东大学	青年项目	专著	2015. 10. 30
12CZS028	晚明商业出版与思想文化及社会变迁研究	张献忠	山东大学	青年项目	专著	2015. 5. 31
12CZW016	20 世纪早期中国“歌谣运动”的美学反思	曹成竹	山东大学	青年项目	专著	2015. 6. 1
12CZW025	《论语》与朝鲜半岛古代文化研究	王国彪	曲阜师范大学	青年项目	专著 专题论文集	2015. 12. 31
12CZW029	唐代文学与书法之关系的文化学考察	刘　磊	济南大学	青年项目	专著	2015. 6. 30
12CZW073	香港和上海“都市乡土”文学叙事的比较研究	章　妮	青岛科技大学	青年项目	专著	2014. 12. 31
12CZW090	《格萨尔》史诗的国外传播研究	于　静	鲁东大学	青年项目	研究报告	2015. 6. 30
12CZX029	孔门后学与儒学的早期诠释研究	宋立林	曲阜师范大学	青年项目	专著	2015. 12. 31
12CZZ038	城镇化背景下的强镇扩权改革研究	陈国申	山东农业大学	青年项目	专著 专题论文集	2015. 6. 30
12CZZ050	我国慈善组织政府监管改革研究	黄春蕾	山东大学	青年项目	专著 研究报告	2015. 9. 30

（续表）

项目编号	项目名称	负责人	工作单位	项目类别	预期成果	计划完成时间
12FJY002	税收收入能力测算模型方法研究	李国锋	山东财经大学	后期资助项目	专著	2013. 12. 31
12FZW005	百年杜甫研究之综合评估	赵睿才	山东大学	后期资助项目	专著	2013. 12. 31
12FZW006	山东戏剧史	刘淑丽	烟台大学	后期资助项目	专著	2013. 12. 31
12FZW011	郑玄《诗经》学研究	孔德凌	济宁学院	后期资助项目	专著	2013. 12. 31
12FZW017	王韬与中国近代文学的转型	党月异	德州学院	后期资助项目	专著	2013. 12. 31
12FZW021	陈三立先生年谱长编	李开军	山东大学	后期资助项目	专著	2013. 12. 31
12FJX004	普通高校规范化管理的理论和实践研究	刘克宽	泰山学院	后期资助项目	专著	2013. 12. 31
12FZX025	绝对视域中的康德宗教哲学研究	傅永军	山东大学	后期资助项目	专著	2013. 12. 31
12FZX011	海洋强国战略的文化建构——中国海洋文化基础理论研究	曲金良	中国海洋大学	后期资助项目	专著	2013. 12. 31
12FFX016	法律解释的原理与方法体系	魏治勋	山东大学	后期资助项目	专著	2013. 12. 31
12FYS013	龚贤艺术研究	张 卉	山东师范大学	后期资助项目	专著	2013. 12. 31
12FZX020	中国儒学与韩国社会	王曰美	曲阜师范大学	后期资助项目	专著	2013. 12. 31
12FYY014	汉语语文辞书的状况与发展研究	解海江	鲁东大学	后期资助项目	专著	2013. 12. 31
12FYY019	花园幽径句行进错位的计算语言学研究	杜家利	鲁东大学	后期资助项目	专著	2013. 12. 31
12FYY021	外向型学习词典研究	于屏方	鲁东大学	后期资助项目	专著	2013. 12. 31
12FGJ003	冷战后美国对外军事行动研究	韩庆娜	青岛大学	后期资助项目	专著	2013. 12. 31

（续表）

项目编号	项目名称	负责人	工作单位	项目类别	预期成果	计划完成时间
12FGL004	中国农民专业合作社研究	王　伟	青岛农业大学	后期资助项目	专著	2013.12.31
12FZW032	唐代孟子学研究	兰　翠	烟台大学	后期资助项目	专著	2013.12.31
12FZW048	审美解放研究	卢衍鹏	枣庄学院	后期资助项目	专著	2013.12.31
12FZS021	清代中缅关系与西南边疆	王巨新	中共山东省委党校	后期资助项目	专著	2013.12.31
12WZJ001	中国宗教思想通论	任晓礼	鲁东大学	中华外译项目	译著	2013.12.31

山东省社会科学规划项目2012年度立项课题

项目编号	项目名称	负责人	工作单位	项目类别	成果形式
12BDJJ01	山东省党的建设科学化水平评价体系研究	刘晓钟	中共济南市委党校	重点项目	研究报告
12BFXJ01	法律修辞在司法中的作用研究	侯学勇	山东政法学院	重点项目	研究报告
12BFXJ02	尖端医疗技术运用中的私法自治与国家规制对策研究	纪红心	山东政法学院	重点项目	研究报告
12BFXJ03	夫妻忠实义务的制度反思和立法规则——兼论夫妻人身法的完善	李菊明	山东政法学院	重点项目	研究报告
12BFXJ04	表演者权研究	崔立红	山东大学	重点项目	专著
12BGLJ01	山东省现代流通业发展模式及实施路经研究	于　涛	山东师范大学	重点项目	研究报告
12BGLJ02	低碳经济理念的感知度及其优化研究	李秀荣	山东财经大学	重点项目	研究报告
12BGLJ03	山东省特色产业镇发展中的人才问题研究	杜同爱	山东轻工业学院	重点项目	研究报告
12BGLJ04	新阶段我国民间组织的规制问题研究	贾东荣	山东青年政治学院	重点项目	研究报告

（续表）

项目编号	项目名称	负责人	工作单位	项目类别	成果形式
12BGLJ05	山东省科技企业自主创新能力提升机理及发展路径研究	李文喜	滨州医学院	重点项目	研究报告
12BGLJ06	经济文化强省视角下山东半岛蓝色经济区载体建设的思路与对策研究	赵姗姗	山东大学威海分校	重点项目	专著
12BGLJ07	山东广播电视文化产业发展的瓶颈与路径	王　英	山东广播电视台	重点项目	研究报告
12BJYJ01	地方高校服务战略性新兴产业的机制设计与对策研究——以山东省为例	许广法	山东轻工业学院	重点项目	研究报告
12BJYJ02	山东高校科技创新成果转化现状与对策研究	颜廷兰	山东轻工业学院	重点项目	研究报告
12BJYJ03	医学院校非医学专业毕业生就业质量问题研究	杜　莉	滨州医学院	重点项目	研究报告
12BJJJ01	关于中日韩经济合作示范区建设研究	徐修德	青岛大学	重点项目	研究报告
12BJJJ02	海外园区建设：山东省境外投资新思路研究	王爱华	山东社会科学院	重点项目	研究报告
12BJJJ03	山东低碳经济发展战略研究	孙吉亭	山东社会科学院	重点项目	研究报告
12BJJJ04	人口流动背景下的均等化财政转移支付制度研究	李齐云	山东省财政学会	重点项目	研究报告
12BJJJ05	山东省主要城市温室气体排放清单编制研究—以济南、青岛、淄博三市为例	于　杰	山东师范大学	重点项目	研究报告
12BJJJ06	山东半岛蓝色经济区冷链物流园区发展对策研究——基于产业集群耦合视角	周海霞	青岛农业大学	重点项目	研究报告
12BJJJ07	新生代员工特质、雇佣保护制度与和谐劳动契约设计研究	张德升	潍坊学院	重点项目	研究报告
12BJJJ08	货币政策调整对我国利率市场、股票市场与外汇市场的影响研究——基于 GARCH 方法的实证分析	卢欣生	济南大学	重点项目	研究报告、论文集
12BJJJ09	分工深化和传统村落的分化与重构	张清津	山东社会科学院	重点项目	专著
12BJJJ10	推进济南和莱芜一体化发展对策研究	刘德军	山东省宏观经济研究院	重点项目	专著

（续表）

项目编号	项目名称	负责人	工作单位	项目类别	成果形式
12BJJJ11	山东与环渤海和长三角两大经济区互动研究	杨自力	山东省宏观经济研究院	重点项目	研究报告
12BJJJ12	城乡一体化进程中县域经济与大中型企业协同机制研究——以山东省为例	徐同文	山东轻工业学院	重点项目	研究报告
12BJJJ13	加快省会城市群经济圈发展研究	张传亭	山东省人民政府研究室	重点项目	专著
12BJJJ14	医疗卫生机构基于能耗定额的节能管理研究	张　韬	山东省卫生厅	重点项目	研究报告、电脑软件
12BJJJ15	山东省旅游人才现状分析与对策研究	朱晓梅	山东建筑大学	重点项目	研究报告
12BJJJ16	中日韩地方经济合作示范区建设研究	高福一	山东省宏观经济研究院	重点项目	研究报告
12BJJJ17	山东省农村公共卫生服务体系建设中的主要问题及策略研究	王　伟	山东省政府办公厅	重点项目	研究报告
12BKSJ01	列宁多民族国家构建理论与实践研究	张祥云	聊城大学	重点项目	专著
12BKSJ02	当代国外社会主义价值观研究	张传鹤	省委党校	重点项目	研究报告
12BKSJ03	文化多元化视域下大学生社会主义核心价值体系建设研究	李月娥	山东轻工业学院	重点项目	研究报告
12BRKJ01	我国智库建设中的问题与对策研究——以地方社会科学院系统为例	崔树义	山东社会科学院	重点项目	研究报告
12BSHJ01	社会排斥视角下流动就业者的生存现状研究	丛晓峰	济南大学	重点项目	研究报告
12BSHJ02	山东人口老龄化与养老社会保障问题研究	宋全成	山东大学	重点项目	研究报告
12BSHJ03	山东省公共文化服务体系建设的人才支撑研究	姜　慧	山东省艺术研究所	重点项目	研究报告
12BSHJ04	基于能力建设的社会组织培育机制构建	高　红	青岛大学	重点项目	研究报告
12BSHJ05	山东省城乡最低生活保障制度比较研究——基于城乡统筹的视角	胡旭昌	济南大学	重点项目	研究报告
12BSHJ06	山东半岛蓝黄经济区生态文明建设研究	王书明	中国海洋大学	重点项目	研究报告
12BSHJ07	春节传统习俗的教化功能与文化开发价值研究	刘德龙	省社科联	重点项目	专著

（续表）

项目编号	项目名称	负责人	工作单位	项目类别	成果形式
12BSHJ08	护理专业人才分类培养与多元化社会养老保障体系构建研究	王桂云	山东协和学院	重点项目	研究报告
12BSHJ09	山东省人文社科社会组织发展调查报告	祝　颖	省社科联	重点项目	研究报告
12BTYJ01	山东省“流动”、“留守”儿童体育行为与情绪适应的追踪研究	王清玉	曲阜师范大学	重点项目	研究报告
12BTYJ02	山东省大型体育节庆活动的品牌塑造及发展对策研究	韩　冬	山东体育学院	重点项目	研究报告
12BTYJ03	山东半岛蓝色经济区农民工体育发展模式研究	周君华	鲁东大学	重点项目	研究报告
12BWXJ01	加快我省文化创意产业发展研究	薛永武	中国海洋大学	重点项目	研究报告
12BWXJ02	佛禅影响视域下的唐宋诗学研究	刘艳芬	济南大学	重点项目	研究报告
12BWXJ03	张怀瓘书法美学思想研究	傅合远	山东大学	重点项目	专著
12BWXJ04	比较研究中西喜剧意识的审美意蕴	马小朝	烟台大学	重点项目	专著
12BWXJ05	哈罗德·品特戏剧创作研究	李永梅	山东大学	重点项目	研究报告
12BWXJ06	动态系统理论视角下的二语习得及发展研究	杨连瑞	中国海洋大学	重点项目	专著
12BWXJ07	1978年以来的《现代汉语词典》研究综述	孙剑艺	山东大学	重点项目	专著
12BXWJ01	基于数据挖掘的网络舆情信息分析与预警机制研究	刘培玉	山东英才学院	重点项目	研究报告、电脑软件
12BXWJ02	重大社会安全事件中的网络舆论疏导研究	蒋海升	山东政法学院	重点项目	研究报告
12BWYJ01	山东农村文化消费问题研究	姜　锐	山东社会科学院	重点项目	研究报告
12BWYJ02	文化自觉、文化自信与当代中国文化建设研究	迟　云	山东省委讲师团	重点项目	专著
12BWYJ03	黄河三角洲民间艺术生态及其发展研究	姚吉成	滨州学院	重点项目	专著
12BWYJ04	西方语境中的中国形象——以美国电影为中心的考察	李　莹	山东政法学院	重点项目	研究报告

（续表）

项目编号	项目名称	负责人	工作单位	项目类别	成果形式
12BWYJ05	乡村手工艺品牌发展策略研究——以山东临沂草柳编手工艺为例	刘　青	临沂大学	重点项目	专著
12BZZJ01	国际非政府组织在山东的活动状况研究	王慧媞	山东师范大学	重点项目	研究报告
12BZZJ02	地方政府间跨区域治理的行政制度供给—应用于山东半岛蓝色经济区的研究	方　雷	山东大学	重点项目	研究报告
12CDJJ04	党内监督科学化研究	王翠芳	鲁东大学	一项项目	研究报告
12CGLJ15	创新型创业促进山东省经济发展方式转换研究	陈寒松	山东财经大学	一般项目	论文集、研究报告
12CGLJ16	城市低保失业人员就业促进政策研究	罗　微	山东财经大学	一般项目	研究报告
12CJJJ23	山东省公共文化服务均等化问题研究	安彦林	山东财经大学	一般项目	研究报告
12CJJJ24	多利益主题博弈下的森林生态旅游可持续发展的实证分析	曹　文	山东财经大学	一般项目	研究报告
12CJJJ25	山东实体民资契约关系的团队效率研究	王少梅	山东财经大学	一般项目	专著、研究报告
12CJJJ26	稳定山东对外贸易增长研究	李　兵	山东财经大学	一般项目	研究报告
12CSHJ08	政府购买服务的现状、问题与前景——基于我省社工机构的实证研究	陈　爽	山东财经大学	一般项目	研究报告
12CSHJ09	山东省城乡一体化的大病医疗救助制度研究	刘玉安	山东财经大学	一般项目	研究报告
12CTYJ12	山东省体育创意产业发展研究	谢经良	山东财经大学	一般项目	研究报告
12CWXJ28	鲁迅对儒家文化思想的继承与超越	亓凤珍	山东财经大学	一般项目	研究报告
12CWXJ29	论《圣经》对尤金·奥尼尔戏剧创作的影响	李文华	山东财经大学	一般项目	研究报告
12CWXJ30	伦理视角下的中西异化翻译研究	王　璐	山东财经大学	一般项目	研究报告
12CDJJ01	毛泽东社会公正思想研究	张立梅	滨州学院	一般项目	研究报告
12CDJJ02	我国农民对中国共产党政治认同的增长模式研究——以山东省莱阳市西野头村和大梁子口村为例	季丽新	山东工商学院	一般项目	研究报告

（续表）

项目编号	项目名称	负责人	工作单位	项目类别	成果形式
12CDJJ03	高校廉政风险防控中的协同机制构建研究	王金利	德州学院	一般项目	研究报告
12CFXJ01	职务监督过失犯罪研究	由龙涛	聊城市社科联	一般项目	研究报告
12CFXJ02	“以人为本”与法律的人本品格——以方法论个体主义为中心	杨盛达	聊城大学	一般项目	研究报告
12CFXJ03	慈善组织高级管理人员义务研究	王　涛	聊城大学	一般项目	研究报告
12CFXJ04	山东省自主创新体系建设中的知识产权法律保障机制研究	姚维红	山东师范大学	一般项目	研究报告
12CFXJ05	环境刑法对刑法基本理念的发展	赵　星	中国海洋大学	一般项目	研究报告
12CFXJ06	中韩第三方物流民事责任比较研究——以中韩“4+1”港口战略联盟下港口物流发展及立法完善为视角	马炎秋	中国海洋大学	一般项目	研究报告
12CFXJ07	弱势群体的刑事司法保护研究	张桂梅	山东省工会管理干部学院	一般项目	专著
12CFXJ08	实然与应然：人民检察院对人民法院的监督关系研究	姜起民	山东工商学院	一般项目	研究报告
12CFXJ09	劳资博弈中集体谈判制度：虚位与重构	谭秋霞	济南大学	一般项目	研究报告
12CFXJ10	农村女性离婚救济制度研究	张雅维	山东女子学院	一般项目	研究报告
12CFXJ11	儒家“亲情”罪因分析	郭本思	山东警察学院	一般项目	研究报告
12CFXJ12	构建我国大学生失业保险法律制度研究	王冶英	青岛市人社局	一般项目	研究报告
12CFXJ13	青岛生态城市建设所面临的突出问题及其对策研究	李武修	山东科技大学	一般项目	研究报告
12CGLJ01	基于行政体系与专业权威均衡的高效治理结构研究	初宜红	山东财经大学	一般项目	研究报告
12CGLJ02	陆海甩挂联运的运作模式及发展对策——以烟大航线为例	冯冠军	烟台大学	一般项目	研究报告
12CGLJ03	山东省区域技术扩散效应与产业梯度转移研究	张　宁	济南大学	一般项目	研究报告
12CGLJ04	英国的乡村环保运动对山东省生态乡村文明建设的启示研究	王国辉	烟台大学	一般项目	研究报告

（续表）

项目编号	项目名称	负责人	工作单位	项目类别	成果形式
12CGLJ05	山东省低碳物业管理行业发展的途径与对策研究	王春艳	山东省农业管理干部学院	一般项目	研究报告
12CGLJ06	基于知识场的山东半岛制造企业研发团队知识共享机理与激励模式优化研究——理论模型与实证	孙丽艳	山东工商学院	一般项目	研究报告
12CGLJ07	全面提升山东高校科技创新能力的路径与措施	帅相志	山东师范大学	一般项目	研究报告
12CGLJ08	全面提升山东旅游业发展质量和竞争力研究——以济宁旅游产业发展为例	陈晓霞	济宁市旅游局	一般项目	研究报告
12CGLJ09	山东省中小企业构建和谐劳动关系对策研究	刘春英	山东青年政治学院	一般项目	研究报告
12CGLJ10	基于产品全生命周期的装备制造企业服务转型形成机制解析及实施对策研究	闫秀霞	山东理工大学	一般项目	研究报告
12CGLJ11	我国房地产业与宏观经济作用机制研究	焦继文	山东大学	一般项目	研究报告
12CGLJ12	妇幼保健管理生态现状调查及策略研究	史德焕	山东大学齐鲁医院	一般项目	研究报告
12CGLJ13	口腔医学临床实习教学中医患关系研究与探索	熊世江	山东大学	一般项目	研究报告
12CGLJ14	集团公司管控能力及影响因素的实证研究	邹志勇	山东轻工业学院	一般项目	研究报告
12CGLJ17	山东省农村公共产品供给体制创新研究：基于统筹城乡发展视角	曲延春	山东师范大学	一般项目	研究报告
12CGLJ18	基于消费者感知价值的服务品牌关系再续机制研究	梁文玲	山东轻工业学院	一般项目	研究报告
12CGLJ19	高校教师团队学习有效性的构成与测度研究	王文祥	济南大学	一般项目	研究报告
12CGLJ20	提高大学科技产业园产学研合作水平策略研究	周　坚	山东科技大学	一般项目	研究报告
12CJYJ01	本科院校商务英语人才培养模式BEU架构及质量研究	孙世利	鲁东大学	一般项目	研究报告
12CJYJ02	高校教师职业生涯早期阶段与组织的契合度研究	高　峰	聊城大学	一般项目	研究报告、论文
12CJYJ03	数字化游戏促进学生认知能力与情感发展的实证研究	王广新	山东师范大学	一般项目	研究报告、电脑软件

（续表）

项目编号	项目名称	负责人	工作单位	项目类别	成果形式
12CJYJ04	地方高校国际化战略研究：基于美国加州与山东省地方高校的田野考察	陈德云	临沂大学	一般项目	研究报告
12CJYJ05	幼儿中华文化启蒙教育理论与实践研究	王　冰	山东师范大学	一般项目	研究报告
12CJYJ06	高素质师范生教育技术能力培养模式研究	闫志明	鲁东大学	一般项目	研究报告
12CJYJ07	百年中师教育特色与现代传承研究	白中军	临沂大学	一般项目	研究报告
12CJYJ08	山东开放大学人才培养适应性评价研究	岳爱丽	山东广播电视大学	一般项目	研究报告
12CJYJ09	不完全合同理论框架下民办高校教育合同风险及对策研究	于光辉	烟台大学	一般项目	研究报告
12CJYJ10	先秦儒家的人才思想与当代人力资源开发研究	何爱霞	曲阜师范大学	一般项目	研究报告
12CJYJ11	高中化学学业成就评价与课程标准的一致性研究	韩庆奎	曲阜师范大学	一般项目	研究报告
12CJYJ12	师范类大学教师专业发展研究基于教学学术的视角	杨春雪	齐鲁师范学院	一般项目	研究报告
12CJYJ13	日本国立大学法人化改革研究及其对我国高教改革的启示——以名古屋大学为例	秦桂芳	山东轻工业学院	一般项目	研究报告
12CJYJ14	基于课程标准的音乐教师校本专业发展研究	张英梅	齐鲁师范学院	一般项目	研究报告
12CJJJ01	行政垄断的收入分配效应与“富足山东”构建问题研究	付　强	山东大学	一般项目	研究报告
12CJJJ02	山东省外商直接投资对产业结构调整的影响及对策研究	张红霞	山东理工大学	一般项目	研究报告
12CJJJ03	弹性延迟我国法定退休年龄研究	苏春红	山东大学	一般项目	研究报告
12CJJJ04	针对小微企业的关系型信贷生成机理研究——以山东省为背景	郭建强	山东大学威海分校	一般项目	研究报告
12CJJJ05	交通文化产业长效投入机制研究	马小南	山东交通学院	一般项目	研究报告
12CJJJ06	蓝色经济区海洋食品加工业集群演化机理与发展战略研究	李福柱	中国海洋大学	一般项目	研究报告

（续表）

项目编号	项目名称	负责人	工作单位	项目类别	成果形式
12CJJJ07	基于SCP视角下的农业产业组织创新研究	王庆功	泰山学院	一般项目	研究报告
12CJJJ08	山东省发展低碳经济的技术进步路径选择研究	丁建勋	青岛理工大学	一般项目	研究报告
12CJJJ09	临港产业集群形成机制及发展路径研究——以黄河三角洲高效生态经济区临港产业发展为例	郝　涛	山东财经大学	一般项目	研究报告
12CJJJ10	山东半岛蓝色经济区人力资源对其经济发展的支撑度研究	包玉香	山东师范大学	一般项目	研究报告
12CJJJ11	山东省文化产权市场建设与发展对策研究	董意凤	山东政法学院	一般项目	研究报告
12CJJJ12	土地资源约束下的产业结构优化升级研究——以山东半岛蓝色经济区为例	王亚楠	山东英才学院	一般项目	研究报告
12CJJJ13	资源约束下山东省石油工业自主创新能力提升研究	范秋芳	中国石油大学（华东）	一般项目	研究报告
12CJJJ14	山东省都市农业发展现状与对策研究	李　丽	山东建筑大学	一般项目	研究报告
12CJJJ15	加快山东服务贸易发展的路径与对策研究	李广杰	山东社会科学院	一般项目	研究报告
12CJJJ16	支持海洋经济发展的政策体系研究	刘仲川	山东省财政学会	一般项目	研究报告
12CJJJ17	基于产业和谐视角的山东半岛蓝色经济发展研究	于　敏	鲁东大学	一般项目	研究报告
12CJJJ18	山东省新型农村金融机构、农村银行业竞争水平与经济增长	杨玉波	山东轻工业学院	一般项目	研究报告
12CJJJ19	山东财政预算绩效管理问题研究	崔宗涛	山东省财政厅	一般项目	研究报告
12CJJJ20	山东半岛蓝色经济区金融人才建设研究	侯升平	山东社会科学院	一般项目	研究报告
12CJJJ21	山东省居民消费力提升研究	王　秋	省委党校	一般项目	研究报告
12CJJJ22	山东农村医疗卫生制度可持续发展研究	张荣林	山东大学	一般项目	研究报告
12CLSJ01	孔孟文化遗产的保护与发展对策研究	唐仲明	山东大学	一般项目	研究报告

（续表）

项目编号	项目名称	负责人	工作单位	项目类别	成果形式
12CLSJ02	鲁南特色文化品牌研究	明清河	枣庄学院	一般项目	专著
12CLSJ03	黄帝的史实与黄帝崇拜观念的演变	李桂民	聊城大学	一般项目	专著
12CLSJ04	近代山东留日学生研究	黄尊严	曲阜师范大学	一般项目	专著
12CLSJ05	孔子故里碑文辑录论说	王汉岣	孔子研究院	一般项目	专著
12CLSJ06	铁路与近代山东城镇的变迁——以1904—1937年的济南为中心	迟晓静	山东政法学院	一般项目	研究报告
12CLSJ07	内战期间美国与欧洲关系研究	王　静	山东师范大学	一般项目	专著
12CKSJ01	百年中国马克思主义传播史论	蔡丽华	山东轻工业学院	一般项目	研究报告
12CKSJ02	基于网络文化视角的高校思想政治教育创新研究	张　法	聊城大学	一般项目	研究报告
12CKSJ03	社会转型期医学生职业价值观培育研究	赵　敏	济宁医学院	一般项目	专著、研究报告
12CKSJ04	基于满足人民群众精神生活需要的文化发展的目标和机制研究	陈洪泉	中共青岛市委党校	一般项目	研究报告
12CKSJ05	中国特色社会主义理论体系的传统文化基础研究	许青春	济南大学	一般项目	专著
12CKSJ06	中国特色社会主义发展的历史逻辑研究	刘　芳	山东师范大学	一般项目	研究报告
12CMJJ01	当前网络民族主义思潮对青年成长的影响研究	卜建华	滨州医学院	一般项目	专著
12CRKJ01	山东省文化产业人才竞争力研究	鹿　立	山东社会科学院	一般项目	研究报告
12CSHJ01	社会转型视野下的志愿服务发展研究——以威海为例	李永玲	中共威海市委党校	一般项目	研究报告
12CSHJ02	山东省农村居民生活满意度实证分析	张爱芹	潍坊医学院	一般项目	研究报告
12CSHJ03	山东省深化医药卫生体制改革问题研究	李　爱	山东社会科学院	一般项目	研究报告
12CSHJ04	基于文化创意的山东饮食文化资源旅游开发研究	曹锡山	滨州医学院	一般项目	研究报告

（续表）

项目编号	项目名称	负责人	工作单位	项目类别	成果形式
12CSHJ05	山东农村公共文化服务体系建设创新研究	周新辉	山东农业大学	一般项目	研究报告
12CSHJ06	空巢老人需求差异与积极养老对策研究	牛荣华	青岛大学	一般项目	研究报告
12CSHJ07	艺术类专业女大学生就业模式探索与实践	贺兴利	山东女子学院	一般项目	研究报告
12CSHJ10	山东省建立和完善新型农村社会养老保险体系研究	孙启泮	青岛市社会科学院	一般项目	研究报告
12CTYJ01	体育赛事无形资产动态评估与危机预警体系的构建研究	王相英	山东师范大学	一般项目	研究报告
12CTYJ02	公安单警装备实际应用研究	张　玮	山东警察学院	一般项目	研究报告
12CTYJ03	体育俱乐部金融联保贷款融资模式研究——以山东省为例	孟祥新	临沂大学	一般项目	研究报告
12CTYJ04	文化强省战略目标下齐鲁民间传统体育文化传承与发展研究	张基振	山东体育学院	一般项目	研究报告
12CTYJ05	基于系统动力学的我国体育强国发展路径选择研究	李思民	曲阜师范大学	一般项目	研究报告
12CTYJ06	山东省体育类大学毕业生立足全民健身就业可行性分析	原维佳	山东体育学院	一般项目	研究报告
12CTYJ07	新农村社区体育共生发展模式研究——以山东省新农村社区建设实验全覆盖示范单位为例	薛明陆	聊城大学	一般项目	研究报告
12CTYJ08	县域体育产业发展研究——以莒南县为例	吴业锦	临沂大学	一般项目	专著、研究报告
12CTYJ09	“经营城市”视角下济宁市体育中心与城市发展的互动研究	经训成	曲阜师范大学	一般项目	研究报告
12CTYJ10	山东省城乡结合部体育文化公共服务体系建设研究	房　斌	枣庄学院	一般项目	研究报告
12CTYJ11	蓝色经济区滨海体育休闲产业布局与资源整合研究	李士建	曲阜师范大学	一般项目	研究报告
12CTYJ13	文化生态视域下体育非物质文化遗产的生态性保护与活态传承——以山东省为个案	韩春利	曲阜师范大学	一般项目	研究报告
12CTYJ14	山东省传统体育文化对外传播研究	种莉莉	曲阜师范大学	一般项目	研究报告

（续表）

项目编号	项目名称	负责人	工作单位	项目类别	成果形式
12CTYJ15	民族民间体育赛事对山东体育文化遗产保护的影响研究	顾民杰	济南大学	一般项目	研究报告
12CTQJ01	科学计量可视化揭示原理及其应用工具测评	程惠荣	鲁东大学	一般项目	研究报告
12CTQJ02	数字图书馆信息生态系统构建研究	杜术霞	山东财经大学	一般项目	研究报告
12CTQJ03	高校专利质量综合评价及对策研究	吴　红	山东理工大学	一般项目	研究报告
12CTQJ04	韦棣华与中国图书馆事业——近代中外文化交流典型个案研究	汲言斌	山东大学	一般项目	专著
12CTQJ05	网络环境下图书馆知识共享策略研究与实践	马秀峰	曲阜师范大学	一般项目	研究报告
12CWXJ01	大江健三郎文学的道德主题研究	胡志明	山东大学威海分校	一般项目	专著
12CWXJ02	张炜创作的精神流变研究	吕传笑	滨州学院	一般项目	研究报告
12CWXJ03	20世纪80年代以来少数民族小说叙事模式研究	顾广梅	山东师范大学	一般项目	专著
12CWXJ04	中国文学中的诗怨传统及当代意义	夏　秀	济南大学	一般项目	专著
12CWXJ05	20世纪中国俗文学研究的兴衰与变迁	周忠元	临沂大学	一般项目	专著
12CWXJ06	性别视域下的“十七年电影”研究	韩　琛	青岛大学	一般项目	专著
12CWXJ07	《聊斋志异》文本改编研究：以白话小说和说唱艺术为中心	刘富伟	曲阜师范大学	一般项目	专著
12CWXJ08	中国当代女性主义文学批评研究	马春花	中国海洋大学	一般项目	研究报告
12CWXJ09	索尔·贝娄小说的记忆书写研究	邓宏艺	聊城大学	一般项目	专著
12CWXJ10	鲁迅在韩国社会变革运动中的接受与利用	李大可	山东师范大学	一般项目	专著
12CWXJ11	唐代诗人的齐鲁文化情结	于年湖	烟台大学	一般项目	专著
12CWXJ12	中国古代灾害文学研究	檀　晶	鲁东大学	一般项目	研究报告

（续表）

项目编号	项目名称	负责人	工作单位	项目类别	成果形式
12CWXJ13	文学地理视野下的沂蒙文学研究	徐玉如	临沂大学	一般项目	专著
12CWXJ14	法制题材报告文学研究	寇　红	山东警察学院	一般项目	研究报告
12CWXJ15	儒论文献研究	李　梅	山东大学	一般项目	研究报告
12CWXJ16	海峡两岸诸城作家研究	王瑞华	山东大学威海分校	一般项目	专著
12CWXJ17	徐陵诗文渊源与接受史研究	刘宝春	山东科技大学	一般项目	研究报告
12CWXJ18	跨文化形象学：日本近现代文学的“中国形象”	杜文倩	山东大学	一般项目	研究报告
12CWXJ19	文艺复兴意大利造型艺术与“三大师”研究	王化学	山东师范大学	一般项目	专著
12CWXJ20	语言迁移的认知机制研究	王洪月	聊城大学	一般项目	论文、研究报告
12CWXJ21	莎士比亚的“性别之战”：莎翁戏剧作品的女性解读	王玉洁	烟台大学	一般项目	专著
12CWXJ22	曼斯菲尔德小说研究	赵文兰	聊城市社科联	一般项目	专著
12CWXJ23	当代美国戏剧中的新现实主义倾向研究	杜新宇	山东大学	一般项目	研究报告
12CWXJ24	英语议论文写作中语篇特征的发展研究	高　云	山东大学	一般项目	专著
12CWXJ25	译易学研究	吴　钧	山东大学	一般项目	专著
12CWXJ26	明清山东方言比较范畴研究	戚晓杰	青岛大学	一般项目	专著
12CWXJ27	《对外汉字教学分场字库》的建设及教学实验	孔丽华	鲁东大学	一般项目	研究报告
12CWXJ31	晚清语言变革与中国现代文学的发生	张玉芹	齐鲁师范学院	一般项目	研究报告
12CXWJ01	社会转型时期广告文化传播的生态化图景研究	徐慧文	滨州学院	一般项目	研究报告
12CXWJ02	媒介素养教育校本课程研究	宫淑红	山东师范大学	一般项目	研究报告

（续表）

项目编号	项目名称	负责人	工作单位	项目类别	成果形式
12CXWJ03	微博力：政务微博与网络舆论引导	张芹玲	山东行政学院	一般项目	研究报告
12CXWJ04	犯罪新闻与社会道德恐慌	王殿英	烟台大学	一般项目	研究报告
12CXWJ05	从中外网媒突发事件报道看国家形象塑造——基于新闻语料库的批评话语分析	李国敬	中共烟台市委党校	一般项目	研究报告
12CWYJ01	黄河三角洲民间造物文化生态特质研究	孙永奇	滨州学院	一般项目	研究报告
12CWYJ02	中国钢琴音乐民族化风格探析与研究	窦曼莉	齐鲁师范学院	一般项目	研究报告
12CWYJ03	美声唱法在当代中国的发展现状与展望研究	徐承跃	齐鲁师范学院	一般项目	研究报告
12CWYJ04	儒家传统音乐社会规范功能的当代研究	周甜甜	烟台大学	一般项目	研究报告
12CWYJ05	齐鲁“水”文化与城市景观环境研究	胡天君	山东建筑大学	一般项目	研究报告
12CWYJ06	数字媒介在齐鲁文化遗产保护传承工程中的应用性研究	王宏昆	山东艺术学院	一般项目	研究报告
12CWYJ07	20世纪二三十年代我国高等院校和声理论与应用研究	刘冬云	山东师范大学	一般项目	研究报告
12CWYJ08	山东鲁南地区汉画像石图像艺术研究	姚夏宁	曲阜师范大学	一般项目	研究报告
12CWYJ09	20世纪西方新民族主义创作研究——兼论对我国音乐创作的影响	肖桂彬	曲阜师范大学	一般项目	研究报告
12CWYJ10	城市化进程中的山东时尚产业发展研究	李俞霏	山东轻工业学院	一般项目	研究报告
12CWYJ11	山东民间戏曲表演艺术文化地理学研究	刘家亮	山东艺术学院	一般项目	专著
12CWYJ12	齐鲁民间舞蹈文化研究	岳　音	山东师范大学	一般项目	专著
12CWYJ13	高校声乐教育发展方向探究	郇玖妹	山东师范大学	一般项目	研究报告
12CWYJ14	清代山东书法史	董家鸿	曲阜师范大学	一般项目	研究报告
12CWYJ15	中国文人画对中国传统文化发展影响研究	杨仲全	青岛大学	一般项目	研究报告

（续表）

项目编号	项目名称	负责人	工作单位	项目类别	成果形式
12CWYJ16	齐地乐论“和”之美学精神研究	董蕾	山东理工大学	一般项目	研究报告
12CWYJ17	山东省科学与艺术整合研究	齐非	山东省软科学研究会	一般项目	研究报告
12CWYJ18	近代山东山水画的发展与“齐鲁画派”建设研究	刘昌盛	曲阜师范大学	一般项目	研究报告
12CWYJ19	推动形成“齐鲁画派”文化工程研究	孔维克	山东画院	一般项目	研究报告
12CWYJ20	山东视觉艺术形象地域风格与“齐鲁画派”视觉元素研究	高纪洋	山东轻工业学院	一般项目	研究报告
12CWYJ21	齐鲁文化背景下山东成人音乐教育发展研究	曹文文	齐鲁师范学院	一般项目	研究报告
12CWYJ22	五音戏艺术的生态美学价值	石蔚	山东理工大学	一般项目	研究报告
12CWYJ23	山东地方戏生存现状调查与发展对策研究	张慧	济南大学	一般项目	研究报告
12CWYJ24	设计与现代生活关系问题研究——以山东设计为例	张纪群	山东大学	一般项目	专著
12CWYJ25	基于和谐交通构建视角下山东省交通物环境的艺术化和人性化设计提升研究	孙龙杰	山东交通学院	一般项目	研究报告
12CWYJ26	葫芦题材花鸟画及其民俗文化意义阐释	扈庆学	曲阜师范大学	一般项目	研究报告
12CWYJ27	加强中小学书法教育　提高山东书法影响力和竞争力	邵忠武	山东建筑大学	一般项目	研究报告
12CZXJ01	当代女性主义的认识论维度探析	刘建成	济南大学	一般项目	研究报告
12CZXJ02	大学文化建设的伦理维度研究	张玉龙	滨州医学院	一般项目	专著
12CZXJ03	和谐医患关系的文化“干预”研究	潘洪伟	泰山医学院	一般项目	研究报告
12CZZJ01	区域发展中的地方政府间关系研究	张子礼	山东理工大学	一般项目	研究报告
12CZZJ02	新农村建设视阈下的农民非制度化政治参与研究——以临沂市12个自然村为研究对象	孙海英	临沂大学	一般项目	专著

（续表）

项目编号	项目名称	负责人	工作单位	项目类别	成果形式
12CZZJ03	村民自治实践背景下山东省农民政治参与研究	苏爱萍	山东社会科学院	一般项目	研究报告
12CDJZ01	山东高校二级学院学习型党组织建设的体系研究	于晓明	山东师范大学	一般项目	研究报告
12CDJZ02	中国共产党的执政风险防控研究	张书林	省委党校	一般项目	研究报告
12CFXZ01	矿业用地国有化悖论与机制创新研究	陈晓军	山东农业大学	一般项目	研究报告
12CFXZ02	商业银行经营行为监管与金融消费者保护研究	封延会	山东理工大学	一般项目	研究报告
12CFXZ03	房地法律制度与乡村治理模式之内在相关性研究——以烟台市为例	孙　明	鲁东大学	一般项目	研究报告
12CFXZ04	刑诉法修正后被追诉人刑事诉权保障研究	谭庆德	青岛大学	一般项目	研究报告
12CFXZ05	维稳语境下新农村建设涉农职务犯罪刑法规制问题研究	李建玲	山东政法学院	一般项目	研究报告
12CFXZ06	电子商务中消费者权益保护研究	任学青	山东政法学院	一般项目	研究报告
12CFXZ07	民事证明妨碍推定：法理及适用条件	赵信会	山东财经大学	一般项目	研究报告
12CGLZ01	公立医院院长职业化程度与医院社会责任关系研究	胡　青	临沂大学	一般项目	论文集、研究报告
12CGLZ02	复杂性管理视野下生态山东绿色发展战略研究	张连国	山东理工大学	一般项目	专著
12CGLZ03	山东社会保障从形式普惠走向实质公平的制度创新研究	从颖超	省委党校	一般项目	研究报告
12CJJZ01	山东省城乡居民收入差距问题研究	尉雪波	山东财经大学	一般项目	研究报告
12CJJZ02	山东省农业劳动力机会成本对农地利用变化的影响	李子君	山东师范大学	一般项目	研究报告
12CJJZ03	基于通货膨胀视角的山东省现代流通业发展对策研究	周　涛	山东理工大学	一般项目	研究报告
12CJJZ04	城市旅游品牌建设与管理路径研究——以济南市“天下泉城”品牌为例	刘乂铭	济南大学	一般项目	研究报告
12CJJZ05	山东省环渤海蓝色经济区体育产业市场结构分析及优化对策研究	刘振堂	潍坊学院	一般项目	研究报告

（续表）

项目编号	项目名称	负责人	工作单位	项目类别	成果形式
12CJJZ06	黄河三角洲高效生态经济区产业结构调整研究——国际技术扩散与产业技术进步关联的视角	刘　强	潍坊学院	一般项目	研究报告
12CJJZ07	蓝色经济区民间投资进入社会事业的市场化机制研究	曲延芬	烟台大学	一般项目	研究报告
12CJJZ08	山东省生产性服务业发展研究——基于产业融合的视角	尹瑞凤	潍坊职业学院	一般项目	研究报告
12CJJZ09	基于公共品生命周期的纳税服务绩效评价研究	晁毓欣	山东财经大学	一般项目	研究报告
12CJJZ10	科技保险支持企业自主创新问题与对策研究——以山东省为例	仵颖涛	山东财经大学	一般项目	论文集、研究报告
12CJYZ01	学前教育学学科体系及教材研究	王　维	齐鲁师范学院	一般项目	研究报告
12CJYZ02	信息时代青少年核心兴趣与相关因素研究	王　新	聊城大学	一般项目	研究报告
12CKSZ01	当代中国意识形态视域下马克思主义话语权的理论阐释与实现路径研究	甄红菊	山东中医药大学	一般项目	研究报告
12CSHZ01	乡村民俗在乡村文化建设中的价值研究	孙宽宁	山东师范大学	一般项目	研究报告
12CSHZ02	我国食品安全与社会监督研究	董士昙	山东警察学院	一般项目	研究报告
12CSHZ03	城市社区治理中群众参与的路径分析与建议	朱冬梅	济南社会科学院	一般项目	研究报告
12CSHZ04	农村公益性科技供给机制研究——以山东省为例	王伟然	青岛农业大学	一般项目	研究报告
12CTQZ01	山东省大学生信息通晓教育研究	赵耀培	山东省工会管理干部学院	一般项目	研究报告
12CTQZ02	阅读疗法防治大学生抑郁症的中医学对症配伍书方研究	宫梅玲	泰山医学院	一般项目	研究报告
12CTYZ01	山东体育旅游资源后续利用研究	颜秉峰	山东师范大学	一般项目	研究报告
12CWXZ01	多维视野中的莫言创作研究	王恒升	潍坊学院	一般项目	专著
12CWXZ02	概念整合视角下的英汉委婉语对比研究	刘瑞琴	中国石油大学（华东）	一般项目	研究报告
12CWXZ03	翻译在跨文明对话和培养文化自觉与自信中的作用研究	明　明	潍坊学院	一般项目	研究报告

（续表）

项目编号	项目名称	负责人	工作单位	项目类别	成果形式
12CWXZ04	基于语料库的汉语方位词句法语义演变研究	付　宁	泰山学院	一般项目	专　著
12CWYZ01	山东非物质文化遗产的品牌化管理与保护	李　辉	山东省工会管理干部学院	一般项目	研究报告
12CWYZ02	博物馆与文化记忆的双重建构——山东地区博物馆文化功能调查	刘　宁	山东师范大学	一般项目	研究报告
12CWYZ03	中国青绿山水艺术研究	宋　力	山东理工大学	一般项目	专著
12DDJJ01	中国共产党党内选举科学化研究	李芳云	曲阜师范大学	青年项目	研究报告
12DFXJ01	山东“蓝黄经济区”环保监管模式研究	曾彩琳	山东师范大学	青年项目	研究报告
12DFXJ02	新医改背景下新型农村合作医疗法制化研究——以山东省为对象	满洪杰	山东大学	青年项目	研究报告
12DFXJ03	美国人权外交与中国特色人权发展道路	马得华	山东大学	青年项目	研究报告
12DGLJ01	高管激励契约配置与技术创新绩效的动态关联性研究——以山东省上市公司为例	徐　宁	山东大学	青年项目	研究报告
12DGLJ02	山东低碳技术创新的资金支持策略研究	张鲁秀	济南大学	青年项目	研究报告
12DGLJ03	山东省葡萄酒产业集群战略发展模式研究	唐文龙	山东工商学院	青年项目	研究报告
12DGLJ04	山东半岛蓝色经济区区域旅游合作机制研究	陈玉涛	滨州学院	青年项目	研究报告
12DGLJ05	品牌危机背景下企业社会责任与顾客忠诚关系研究	陈少军	烟台大学	青年项目	研究报告
12DGLJ06	山东省和谐劳动关系评价体系及推进机制研究	陈海玉	泰山医学院	青年项目	研究报告
12DGLJ07	山东省城乡社区信息化建设规划与信息资源整合研究	吴恒亮	山东工商学院	青年项目	研究报告
12DGLJ08	山东省劳资群体性事件发生机理及解决机制研究	秦　敏	山东工商学院	青年项目	研究报告
12DGLJ09	产学研合作项目协同创新网络风险研究	孙亚男	山东财经大学	青年项目	研究报告
12DGLJ10	山东省基层社会管理和服务体系改革与创新研究	楼苏萍	山东大学	青年项目	专著

（续表）

项目编号	项目名称	负责人	工作单位	项目类别	成果形式
12DGLJ11	山东省产业结构调整与人力资本转移耦合机制研究	孙丽丽	济南大学	青年项目	研究报告
12DGLJ12	山东省农产品供应链垂直协作关系研究——基于鲁中地区蔬菜种植户的数据	冯　路	山东青年政治学院	青年项目	研究报告
12DGLJ13	消费者在线购买决策中的后悔及其机制研究	王　嵩	哈工大（威海）	青年项目	研究报告
12DJJJ01	加快推进山东战略性新兴产业利用外资的路径选择与对策研究	卢庆华	山东社会科学院	青年项目	研究报告
12DJJJ02	跨国公司研发投资与山东省区域创新体系互动发展的路径研究	刘晓宁	山东社会科学院	青年项目	研究报告
12DJJJ03	山东产业转型升级及新优势培育——基于垂直专业化分工与特色园区带动的视角	赵明亮	山东财经大学	青年项目	研究报告
12DJJJ04	山东半岛蓝色经济区中心城市服务业结构的时空演变分析	王淑婧	山东工商学院	青年项目	研究报告
12DJJJ05	外资引进、贸易扩张与山东省经济增长质量提升：机制、效果与对策分析	随洪光	山东大学	青年项目	研究报告
12DJJJ06	山东省农产品国际竞争力研究	刘　晶	山东财经大学	青年项目	研究报告
12DJJJ07	山东省农村居民消费扩张与升级拉动经济增长的潜力与路径研究	公茂刚	山东理工大学	青年项目	研究报告
12DJJJ08	水源地生态保护成本核算及外溢价值评估 研究——基于生态补偿的视角	李彩红	山东行政学院	青年项目	研究报告
12DJJJ09	经济结构转型背景下山东蓝黄两区产业集聚与协同发展研究	张　伟	济南大学	青年项目	研究报告
12DJJJ10	山东省民间资本投资环境及投资效率评价研究	陈学胜	山东大学威海分校	青年项目	研究报告
12DJJJ11	山东省文化创意产业集群发展战略研究	周宏燕	山东大学威海分校	青年项目	研究报告
12DJJJ12	国际低碳博弈与中国的战略选择	李爱军	山东大学	青年项目	研究报告
12DJJJ13	山东省县域经济创新发展研究	张蕴萍	省委党校	青年项目	研究报告
12DJJJ14	我省产业结构调整与劳动力结构互动关系研究	范　慧	山东建筑大学	青年项目	研究报告

（续表）

项目编号	项目名称	负责人	工作单位	项目类别	成果形式
12DJJJ15	基于“刘易斯转折区间”假说的农村经济发展方式转变研究——从“山东试验”到形成“山东模式”	崔占峰	烟台大学	青年项目	研究报告
12DJJJ16	海外人才回流对山东省技术创新的影响研究	朱　敏	山东理工大学	青年项目	研究报告
12DJJJ17	会展对山东经济文化融合的作用研究——以鲁台经贸洽谈会为例	赵　艳	潍坊职业学院	青年项目	研究报告
12DJYJ01	研究型大学虚拟科研组织的组建模式与运行机制研究	陈凯泉	中国海洋大学	青年项目	研究报告
12DJYJ02	山东省处境不利儿童补偿教育机制研究	宋占美	山东英才学院	青年项目	研究报告
12DJYJ03	当前大学生心理危机事件预防与干预机制研究	岳德军	山东财经大学	青年项目	研究报告
12DKSJ01	农村当代中国马克思主义大众化问题研究	肖　芳	曲阜师范大学	青年项目	专著
12DKSJ02	中国共产党治国理政与自身建设关系科学化的实现机制研究	季冬晓	省委党校	青年项目	研究报告
12DKSJ03	儒家文化在大学生网络文化建设中的价值探讨	史婷婷	山东大学	青年项目	研究报告
12DKSJ04	列宁苏维埃制度建设思想及其现实意义研究	赵纪梅	潍坊学院	青年项目	专著
12DKSJ05	青年文化影响下大学生思想政治教育话语转换研究	蔡伟红	济南大学	青年项目	研究报告
12DLSJ01	道教人物图像研究	张鲁君	山东大学	青年项目	专著
12DLSJ02	冷战时期中苏关系中的美国因素研究	胡晓丽	山东交通学院	青年项目	专著
12DSHJ01	进一步完善新型农村社会养老保险研究	崔凤祥	山东社会科学院	青年项目	研究报告
12DSHJ02	社会政策的民意基础研究	张世青	济南大学	青年项目	论文集
12DSHJ03	渤海溢油事件的社会影响评估	陈　涛	中国海洋大学	青年项目	研究报告
12DSHJ04	齐鲁古村落文化遗产保护传承工程研究	温莹蕾	山东工艺美术学院	青年项目	研究报告
12DTQJ01	基于拟熵权的开放获取期刊质量模糊综合评价研究	王　娟	曲阜师范大学	青年项目	研究报告

（续表）

项目编号	项目名称	负责人	工作单位	项目类别	成果形式
12DTYJ01	社会转型期我省竞技体育人才培养模式及发展对策研究	卢永波	潍坊学院	青年项目	研究报告
12DTYJ02	体育强国视域下的齐鲁传统体育“文化软实力”研究	孙　健	鲁东大学	青年项目	研究报告
12DTYJ03	山东省竞技体育竞争优势要素禀赋与发展战略研究	侯学华	聊城大学	青年项目	研究报告
12DWXJ01	新时期以来的中国文学与世界宗教关系研究	丛新强	山东大学	青年项目	研究报告
12DWXJ02	中国文学中“梦”的形象与角色之叙事学研究	邹　强	山东师范大学	青年项目	专著
12DWXJ03	新时期政治小说研究	唐　欣	济南大学	青年项目	专著
12DWXJ04	儒家美学思想与新时期山东精神建设研究	周维山	曲阜师范大学	青年项目	专著
12DWXJ05	后现代主义思潮影响下的中国新时期小说发展研究	王　源	山东社会科学院	青年项目	专著
12DWXJ06	景观理论视野下当代中国影像消费问题——基于对典型个案的分析	霍俊国	曲阜师范大学	青年项目	研究报告
12DWXJ07	秦汉杂家学术思想体系研究	俞林波	济南大学	青年项目	研究报告
12DWXJ08	自由撰稿人身份与后期鲁迅的精神特征研究	潘　颖	济南大学	青年项目	研究报告
12DWXJ09	近百年古典目录学研究	江　曦	山东大学	青年项目	研究报告
12DWXJ10	概念整合视角下英汉成语变体加工过程的对比研究	张庆艳	聊城大学	青年项目	研究报告
12DWXJ11	后期近代汉语方言处置式类型学考察	张俊阁	山东师范大学	青年项目	专著
12DWXJ12	汉语介词与韩语相关语法范畴的对比研究	韩松涛	山东大学威海分校	青年项目	研究报告
12DWXJ13	汉语官话方言关系从句标记的多维研究	张金圈	曲阜师范大学	青年项目	研究报告
12DWYJ01	山东省文化创意产业集聚区发展研究	汪霏霏	山东社会科学院	青年项目	研究报告
12DWYJ02	拉赫玛尼诺夫钢琴协奏曲风格特征研究	张　炫	山东师范大学	青年项目	研究报告

（续表）

项目编号	项目名称	负责人	工作单位	项目类别	成果形式
12DWYJ03	日照戏曲剧种创新及产业化发展研究	林　婕	日照市社科联	青年项目	研究报告
12DWYJ04	主持艺术对提升青少年口语表达能力的探索与实践	董　亮	山东艺术学院	青年项目	研究报告
12DWYJ05	长清木鱼石文化艺术价值与产业开发战略研究	洪　静	山东轻工业学院	青年项目	研究报告
12DWYJ06	山东历史街区的地域性文化价值与可持续性改造策略研究	李红梅	济南大学	青年项目	研究报告
12DWYJ07	中国与白俄罗斯钢琴社会教育比较研究	孙　虹	曲阜师范大学	青年项目	研究报告
12DWYJ08	宋词与音乐的互动	程晓梅	曲阜师范大学	青年项目	研究报告
12DWYJ09	鲁西南坠子音乐流变与生态研究	查　琳	曲阜师范大学	青年项目	研究报告
12DWYJ10	传统图形创意之于现代招贴设计——传统图形创意的核心价值体现及其实现	吕　超	齐鲁师范学院	青年项目	研究报告
12DWYJ11	音乐剧作为音乐治疗手段的可行性分析	徐　进	曲阜师范大学	青年项目	研究报告
12DWYJ12	山东民间音乐文化产业发展研究	徐红磊	曲阜师范大学	青年项目	研究报告
12DWYJ13	咏叹调在高师声乐教学中的应用研究——以威尔第歌剧《茶花女》为例	桑　潇	齐鲁师范学院	青年项目	研究报告
12DWYJ14	广场集体舞与构建和谐社会研究	章　治	日照市社科联	青年项目	研究报告
12DXWJ01	数字传播背景下山东广告业发展研究	姜　帆	山东建筑大学	青年项目	研究报告
12DXWJ02	传统体育文化传播研究——以齐鲁体育文化为例	宋晓楠	烟台大学	青年项目	研究报告
12DZXJ01	儒家思想与生态审美研究	李　琳	山东大学	青年项目	研究报告
12DZXJ02	儒家哲学与人类中心主义研究	刘云超	山东社会科学院	青年项目	研究报告
12DZXJ03	仁礼之间：先秦儒家仁义礼思想研究	陈晨捷	山东大学	青年项目	研究报告
12DZXJ04	现代新儒家历史哲学研究——以徐复观、牟宗三、唐君毅为例	法　帅	山东大学	青年项目	研究报告

（续表）

项目编号	项目名称	负责人	工作单位	项目类别	成果形式
12DZXJ05	“礼”的道德哲学形态研究	王　苏	曲阜师范大学	青年项目	研究报告
12DZZJ01	“蓝黄”一体化发展的政府协同机制构建研究	弓联兵	中国海洋大学	青年项目	研究报告
12DZZJ02	美国亚太政策新变化及中国的对策研究	修丰义	青岛大学	青年项目	研究报告
12CWXZ01	拉康—齐泽克理论视阈下的文学与文化研究	许文茹	山东财经大学	青年项目	研究报告
12CWXZ02	审美解放与文艺理论的创新研究	卢衍鹏	枣庄学院	青年项目	研究报告
12DGLZ01	山东省葫芦文化及其旅游开发研究	宋立杰	聊城大学	青年项目	专著、研究报告
12DGLZ02	基于生态位理论视角的山东省文化创意产业发展战略研究	常宏建	山东财经大学	青年项目	研究报告
12DGLZ03	基于服务接触的旅游公共服务体系构建、优化与评价研究——以山东省为例	蒋　婷	济南大学	青年项目	论文集、研究报告
12DGLZ04	成本价值导向下山东省中小企业高层次人才流动风险管理研究	李　剑	齐鲁师范学院	青年项目	研究报告
12DGLZ05	创新网络内知识流动对企业技术创新的影响机制研究——兼论山东省企业自主技术创新能力提升的路径选择	张　鹏	山东建筑大学	青年项目	研究报告
12DJJZ01	山东经济增长中的文化消费研究	鲁婧颉	济南大学	青年项目	研究报告
12DSHZ01	基于消费者响应视角的企业社会责任培育策略研究	刘建花	济南大学	青年项目	研究报告
12DWYZ01	山东运河号子研究	林　琳	山东女子学院	青年项目	论文集、研究报告
12AWTJ01	《盐铁论》等子书整理	聂济冬 刘心明	山东大学	重大项目	整理专著
12AWTJ02	《黄帝内经素问》等医书整理	何　永 李玉清	山东中医药大学	重大项目	整理专著
12AWTJ03	《五行大义》等子书整理	张　兵	济南大学	重大项目	整理专著

（续表）

项目编号	项目名称	负责人	工作单位	项目类别	成果形式
12AWTJ04	《唐语林》等子书整理	兰　翠	烟台大学	重大项目	整理专著
12AWTJ05	《梦溪笔谈》等子书整理	苗　菁	聊城大学	重大项目	整理专著
12AWTJ06	《读书杂志》等子书整理	窦秀艳	青岛大学	重大项目	整理专著
12AWTJ07	《潜夫论》等子书整理	陈元锋	山东师范大学	重大项目	整理专著
12AWTJ08	《庄子解》等子书整理	秦跃宇 李士彪	鲁东大学	重大项目	整理专著
12AWTJ09	“困学纪闻集校集注”	黄怀信	曲阜师范大学	重大项目	整理专著
12AWTJ10	中国乡村社会通史	马　新	山东大学	重大项目	专著
12AWTJ11	山东书法全集	顾亚龙	山东省文联	重大项目	专著
12BWTJ01	五音戏传承调查与研究	刘晓静	山东艺术学院	重点项目	调研报告
12BWTJ02	齐鲁文化艺术展示研究	刘步俊	齐鲁师范学院	重点项目	研究报告
12CWTJ01	加强和改进新形势下党的群众工作研究	李纪岩	临沂大学	一般项目	研究报告
12CKJJ01	内部控制、公司治理结构与财务风险——基于山东省上市公司的实证研究	曲国霞	山东大学威海分校	会计专项 一般项目	研究报告
12CKJJ02	山东省高级会计人才评价问题研究	郑　伟	山东财经大学	会计专项 一般项目	研究报告
12CKJJ03	企业内部控制规范体系构建及评价研究	崔志娟	山东财经大学	会计专项 一般项目	研究报告
12CKJJ04	小企业会计准侧实施问题对策研究	刘华海	山东科技大学	会计专项 一般项目	研究报告
12CKJJ05	循环经济视角下的企业成本管理创新模研究——以山东省循环经济试点企业为例	张健梅	山东大学	会计专项 一般项目	研究报告
12CKJJ06	多维股权结构下股权价值的影响因素及评估模型研究	袁明哲	山东大学	会计专项 一般项目	研究报告

（续表）

项目编号	项目名称	负责人	工作单位	项目类别	成果形式
12CKJJ07	基于行为科学的企业价值自发驱动机制研究——以管理会计为核心	胡春晖	中国海洋大学	会计专项一般项目	研究报告
12CKJJ08	山东省上市公司治理效率及对经营业绩的影响研究	成素英	省委党校	会计专项一般项目	研究报告
12CKJJ09	山东省小企业会计准则实施问题研究	贾　白	山东青年政治学院	会计专项一般项目	研究报告
12CKJJ10	中小型上市公司财务战略研究——以山东省为例	王　静	山东建筑大学	会计专项一般项目	研究报告
12CKJJ11	非营利组织会计信息披露的路径选择研究	刘丽娜	山东师范大学	会计专项一般项目	研究报告
12CKJJ12	高校基建可持续发展规划和中长期财务优化研究	姚　华	曲阜师范大学	会计专项一般项目	研究报告
12CKJJ13	高校财务信息化建设研究	王同孝	山东科技大学	会计专项一般项目	研究报告
12CKJZ01	企业实施新企业会计准则问题的研究——基于山东省企业准则实施的证据	周　峰	山东轻工业学院	会计专项一般项目	研究报告
12CKJZ02	企业财务风险防范研究	胡安洪	山东轻工业学院	会计专项一般项目	研究报告
12CKJZ03	基于高管层“动机选择”视角的内部控制评价报告有效性实证研究	许宁宁	德州学院	会计专项一般项目	研究报告
12CKJZ04	小企业会计准则实施问题的研究	张素云	菏泽学院	会计专项一般项目	研究报告
12CKJZ05	社会资本对企业价值创造影响研究：理论、机制与应用	隋　敏	济南大学	会计专项一般项目	研究报告
12CKJZ06	电子商务平台视阈下山东省中小企业网络交易的税收问题研究	孟姝瑱	济南市委党校	会计专项一般项目	研究报告
12CKJZ07	信息化环境下会计人员继续教育的质量评价体系研究	刘学俊	济南职业学院	会计专项一般项目	研究报告
12CKJZ08	会计信息条件下的会计基础工作规范研究	朱英华	聊城职业技术学院	会计专项一般项目	研究报告
12CKJZ09	会计信息化条件下山东省省属高校财务报表及表外披露框架规范研究	张　莉	鲁东大学	会计专项一般项目	研究报告
12CKJZ10	小企业会计准则执行机制研究	周咏梅	青岛大学	会计专项一般项目	研究报告

（续表）

项目编号	项目名称	负责人	工作单位	项目类别	成果形式
12CKJZ11	IT 环境下内部控制持续监控构建与应用研究——以山东省国有企业为例	牛艳芳	山东财经大学	会计专项一般项目	研究报告
12CKJZ12	新企业会计准则的管制效应研究——基于价值相关性的视角	王伟红	山东财经大学	会计专项一般项目	研究报告
12CKJZ13	山东省上市公司经营业绩与公司治理的相关性研究	李　莉	山东财经大学	会计专项一般项目	研究报告
12CKJZ14	企业集团资金管控研究	李增春	山东丰源集团股份有限公司	会计专项一般项目	研究报告
12CKJZ15	新形势下山东中小企业财务困境预警研究	张爱云	山东女子学院	会计专项一般项目	研究报告
12CKJZ16	山东省注册会计师行业发展现状、问题及对策研究——基于 SWOT 战略分析的视角	徐贵丽	山东英才学院	会计专项一般项目	研究报告
12CKJZ17	基于 XBRL 的会计信息披露模式的应用及推广研究	刘国英	潍坊学院	会计专项一般项目	研究报告
12CKJZ18	财务管理信息化条件下的会计基础工作规范化研究	尹国欣	潍坊医学院	会计专项一般项目	研究报告 电脑软件
12CKJZ19	山东省中小型上市公司财务战略绩效评价模型研究	昝新明	烟台大学	会计专项一般项目	研究报告
12CJRJ01	小额贷款公司系统性风险与监管框架研究	解传喜	济南大学	金融专项一般项目	专著
12CJRJ02	金融生态视角下中小企业融资信息平台建设与创新研究	常　璟	青岛大学	金融专项一般项目	研究报告
12CJRJ03	基于作业成本法对物流企业成本控制体系研究	高明玲	烟台大学	金融专项一般项目	研究报告
12CJRJ04	山东沂蒙革命老区建设的金融支持研究	张笑玎	山东财经大学	金融专项一般项目	研究报告
12CJRJ05	山东省落后地区县域金融体系构建研究	冯　林	山东财经大学	金融专项一般项目	研究报告
12CJRJ06	基于对山东辖区上市公司、拟上市公司利用期货市场功能调研引发的相关思考与启示	孔祥荣	省委党校	金融专项一般项目	研究报告
12CJRJ07	人民币汇率变动对山东省劳动力市场的影响效果研究	李　颖	山东大学	金融专项一般项目	研究报告
12CJRJ08	山东省保险市场信息不对称的检验与对策研究	刘　颖	山东大学	金融专项一般项目	研究报告

（续表）

项目编号	项目名称	负责人	工作单位	项目类别	成果形式
12CJRJ09	宏观审慎管理与微观审慎监管的协调机制研究	杨子强	山东省金融学会	金融专项一般项目	研究报告
12CJRJ10	商业银行经营行为监管与金融消费者保护研究——以山东省为例	王朝弟	山东省金融学会	金融专项一般项目	研究报告
12CJRJ11	基于对山东省辖区上市公司、拟上市公司利用期货市场功能调研引发的相关思考与启示	陈家琰	山东省金融学会	金融专项一般项目	研究报告
12CJRJ12	山东保险强省建设的评价指标体系研究	任建国	山东省金融学会	金融专项一般项目	研究报告
12CJRJ13	山东沂蒙革命老区建设的金融支持研究——山东沂蒙革命老区融资需求及政策建议	于泽水	山东省金融学会	金融专项一般项目	研究报告
12CJRJ14	文化强省战略的金融支持与金融创新研究	滕赶远	山东省金融学会	金融专项一般项目	研究报告
12CJRJ15	区域性商业银行管理模式及其运行机制探讨	刘洪来	山东省金融学会	金融专项一般项目	研究报告
12CJRJ16	商业银行市场竞争策略研究——投资时机的抉择	丁淑娟	山东师范大学	金融专项一般项目	研究报告
12CJRJ17	双边市场视角下平台企业非价格竞争研究	邢明青	潍坊学院	金融专项一般项目	研究报告
12CJRJ18	面向风暴潮灾害风险管理的灾害保险定价：理论与实证研究	郑　慧	中国海洋大学	金融专项一般项目	研究报告
12CQSJ01	山东农村留守儿童权利保障现状及对策研究	于培丽	山东大学威海分校	青少年专项一般项目	研究报告
12CQSJ02	流浪乞讨青少年法律问题研究	马　蕾	山东女子学院	青少年专项一般项目	研究报告
12CQSJ03	山东省青少年创新思维能力发展状况研究	石　磊	山东财经大学	青少年专项一般项目	专著
12CQSJ04	大学生培养模式创新研究——基于社会责任视角	徐　梅	济南大学	青少年专项一般项目	研究报告
12CQSJ05	青少年思想道德成长环境的质量控制研究	刘丙元	山东青年政治学院	青少年专项一般项目	研究报告
12CQSJ06	青少年思想政治教育的社会工作介入研究	王玉香	山东青年政治学院	青少年专项一般项目	研究报告
12CQSJ07	服刑、劳教青年的人格特质研究及其教育蕴意	魏淑华	济南大学	青少年专项一般项目	研究报告

（续表）

项目编号	项目名称	负责人	工作单位	项目类别	成果形式
12CQSJ08	大学生创业意向及其与家庭、人格的关系	李海垒	山东师范大学	青少年专项一般项目	研究报告
12CQSJ09	山东省青年创业现状调查及对策研究	杨　玉	山东大学威海分校	青少年专项一般项目	研究报告
12CQSJ10	基于“双向促进、长效运行”的青年学生西部支教行为研究	徐海霞	烟台大学	青少年专项一般项目	研究报告
12CQSJ11	山东省未成年人思想道德成长环境测评指标体系研究	李　玉	山东社会科学院	青少年专项一般项目	研究报告
12CQSJ12	农民工随迁子女的城市融入问题研究——行动取向下社会工作服务模式的建构	孙艳艳	山东大学	青少年专项一般项目	研究报告
12CQSJ13	网络社交与青少年社会化发展问题研究	邓凌月	省委党校	青少年专项一般项目	研究报告
12CQSJ14	闲散青少年社会融入工程建设研究	权福军	山东青年政治学院	青少年专项一般项目	研究报告
12CQSJ15	多元文化背景下青少年的社会认同研究	李　勃	山东青年政治学院	青少年专项一般项目	研究报告
12CQSJ16	当代大学生价值观嬗变的心理根源研究	冯宪萍	泰山医学院	青少年专项一般项目	研究报告
12CQSZ01	青少年弱势群体救助与犯罪预防体系构建实证研究——以泰安市为例	张文彬	泰山学院	青少年专项一般项目	研究报告
12CQSZ02	社会转型期中国大学生价值观现状与社会管理策略研究	滕松梅	烟台大学	青少年专项一般项目	研究报告
12CQSZ03	社会转型背景下新生代大学生文化认同研究	王付欣	中国海洋大学	青少年专项一般项目	研究报告
12CQSZ04	当代流行文化对青少年自我认同的影响研究——基于山东的调查	刘　芳	鲁东大学	青少年专项一般项目	研究报告
12CQSZ05	创新社会管理视角下的青年学生暴力犯罪预防机制研究	滕继果	潍坊学院	青少年专项一般项目	专著
12CQSZ06	当代大学生宗教意识与宗教行为研究—以山东省高校大学生为例	马　莉	聊城大学	青少年专项一般项目	研究报告
12CWJJ01	大学英语课程设计与大学生自我效能感之相关性研究	周永秀	泰山学院	外语专项一般项目	研究报告
12CWJJ02	非英语专业大学生对大学英语机考的适应性研究	高新艳	临沂大学	外语专项一般项目	研究报告
12CWJJ03	大学英语 ESP 课程建设研究与实践	孙守玉	山东理工大学	外语专项一般项目	研究报告

（续表）

项目编号	项目名称	负责人	工作单位	项目类别	成果形式
12CWJJ04	大学英语教师话语的和谐顺应研究	周树江	山东工商学院	外语专项一般项目	研究报告
12CWJJ05	大学英语课堂多模态耦合研究	李小华	青岛科技大学	外语专项一般项目	研究报告
12CWJJ06	基于语料库的语义韵对比分析方法在大学英语写作教学中的应用研究	王洪强	烟台大学	外语专项一般项目	研究报告
12CWJJ07	大学英语信息化教学体系构建探索——以信息技术与外语课程的深层次整合为视角	齐登红	聊城大学	外语专项一般项目	研究报告
12CWJJ08	基于隐喻认知理论的大学英语词汇教学研究	崔校平	山东大学	外语专项一般项目	研究报告
12CWJJ09	立体化口译能力培养的实证性研究	孙永华	山东政法学院	外语专项一般项目	研究报告
12CWJJ10	基于语料库的大学英语视听说多维教学模式研究	张艳丽	鲁东大学	外语专项一般项目	研究报告
12CWJJ11	庞德诗学对中国传统儒家文化体系的解读	袁　婷	山东政法学院	外语专项一般项目	研究报告
12CWJJ12	情感因素与非英语专业学生翻译能力相关性实证研究	付洪军	曲阜师范大学	外语专项一般项目	研究报告
12CWJJ13	自主听力学习与传统教学模式绩效对比研究	赖　非	山东建筑大学	外语专项一般项目	研究报告
12CWJJ14	基于电子档案袋的大学英语形成性评价研究	王国锋	山东工商学院	外语专项一般项目	研究报告、软件
12CWJJ15	运用建构主义理论培养医学院校学生大学英语自主学习能力的行动研究	陈培君	济宁医学院	外语专项一般项目	研究报告
12CWJJ16	增加英语教学密度的大学英语课程体系改革实践与研究	杨　辉	山东轻工业学院	外语专项一般项目	研究报告
12CWJJ17	大学外语教育中传统文化缺失现象成因及解决对策探究	朱　敏	济宁医学院	外语专项一般项目	研究报告
12CWJJ18	交互性外语听力教学与元认知策略培养	田晓莉	曲阜师范大学	外语专项一般项目	研究报告
12CWJJ19	通识教育理念下的大学英语课程体系建设	高　艳	山东大学	外语专项一般项目	研究报告
12CWJJ20	中国当代翻译家生态研究	张彩霞	山东师范大学	外语专项一般项目	专著

（续表）

项目编号	项目名称	负责人	工作单位	项目类别	成果形式
12CWJJ21	《西方翻译传统》翻译本科教材建设	赵　巍	山东大学威海分校	外语专项一般项目	专　著
12CWJJ22	英语产出性词汇发展特征研究	朱慧敏	山东财经大学	外语专项一般项目	专　著
12CWJJ23	国际视野下山东省英语专业人才培养模式及改革方案研究	高媛媛	青岛科技大学	外语专项一般项目	研究报告
12CWJJ24	高等学校英语文化类课程群建设研究	高兆金	山东工商学院	外语专项一般项目	研究报告
12CWJJ25	构建高校英语网络学习共同体个案研究	王　平	鲁东大学	外语专项一般项目	研究报告
12CWJJ26	交际教学法在英语专业基础阶段综合英语教学中的应用研究	赵　旭	齐鲁师范学院	外语专项一般项目	研究报告
12CWJJ27	基于注意认知心理机制的外语磨蚀实证研究	杨　楠	济宁学院	外语专项一般项目	研究报告
12CWJJ28	转型期建筑类院校英语专业立体化课程体系构建与实践研究	周　青	山东建筑大学	外语专项一般项目	研究报告
12CWJJ29	全球化下的跨文化交际学：新时代大学生跨文化交际能力的培养与课程建设研究	张胜勇	德州学院	外语专项一般项目	研究报告
12CWJJ30	基于网络环境下的高等院校英语专业（本科）综合课程体系建设研究	付有龙	潍坊医学院	外语专项一般项目	研究报告
12CWJZ01	山东省大学英语教师信念比较研究	胡艳玲	山东师范大学	外语专项一般项目	研究报告
12CWJZ02	网络化教学对提升大学生英语综合能力的效度研究	李　静	聊城大学	外语专项一般项目	研究报告
12CWJZ03	WELL 模式下大学英语混合式教学的实证研究	孙　洁	山东交通学院	外语专项一般项目	研究报告
12CWJZ04	网络环境下大学英语交往教学模式研究	王翠华	山东轻工业学院	外语专项一般项目	研究报告
12CWJZ05	虚拟学习社区互动催生学生英语综合能力发展场域的实证研究	武书敬	滨州学院	外语专项一般项目	研究报告
12CWJZ06	ESP 理论视角下的地方医学院校医学英语多模态教学模式实证研究	韩跃勤	滨州医学院	外语专项一般项目	研究报告
12CWJZ07	公式化语块教学模式对提高大学英语口语教学质量的实证研究	郑新宁	潍坊学院	外语专项一般项目	研究报告

（续表）

项目编号	项目名称	负责人	工作单位	项目类别	成果形式
12CWJZ08	高职英语实践教学模式创新研究与应用——基于跨文化能力培养的视角	吕　宁	山东丝绸纺织职业学院	外语专项一般项目	研究报告
12CWJZ09	大学英语教学评价手段与评价体系建设研究	臧学运	齐鲁师范学院	外语专项一般项目	研究报告
12CWJZ10	大学英语分级教学中翻译模块的教学模式研究	翟清永	山东科技大学	外语专项一般项目	专　著
12CWJZ11	大学英语教学实施人文教育的体系建构研究	宋　辉	德州学院	外语专项一般项目	研究报告
12CWJZ12	自主性学习模式下文化意识导入研究	杨翠艳	山东师范大学	外语专项一般项目	研究报告
12CWJZ13	中西思维差异对大学英语写作影响的实证研究	侯福霞	潍坊医学院	外语专项一般项目	研究报告
12CWJZ14	构建多元化双向度的大学英语评价体系	陈志章	潍坊学院	外语专项一般项目	研究报告
12CWJZ15	多学期背景下大学英语课程体系建设研究	齐桂芹	哈工大（威海）	外语专项一般项目	研究报告
12CWJZ16	大学英语自主学习管理体系建设	黄　迎	齐鲁师范学院	外语专项一般项目	研究报告
12CWJZ17	基于新型大学英语教学模式下的分层教学再研究	胡天国	山东建筑大学	外语专项一般项目	研究报告
12CWJZ18	基于ESP理论的高职高专英语教学改革与实践研究	周志宇	山东省工会管理干部学院	外语专项一般项目	研究报告
12CWJZ19	高职非英语专业学生大学英语自主学习能力培养的策略研究	周　萍	青岛黄海学院	外语专项一般项目	研究报告
12CWJZ20	基于语料库的英语自主学习策略培养研究	孔　蕾	曲阜师范大学	外语专项一般项目	研究报告
12CWJZ21	韩国语近义词词义辨析及教育方案研究	林　丽	鲁东大学	外语专项一般项目	研究报告
12CWJZ22	基于拔尖创新人才培养的3P大学英语教学改革研究与实践	刘艳芹	中国石油大学（华东）	外语专项一般项目	研究报告
12CWJZ23	语素意识对大学英语综合课程教学改革的影响	陈　宁	济宁医学院	外语专项一般项目	研究报告
12CWJZ24	语料库对英语教学的影响研究	井海景	山东建筑大学	外语专项一般项目	研究报告

国家哲学社会科学基金项目2012年度山东省结项优秀成果简介

一、《全球化视域下社会主义与资本主义两制关系发展规律研究》简介

齐鲁师范学院陈海燕教授主持完成的国家社科基金项目《全球化视域下社会主义与资本主义两制关系发展规律研究》（批准号07BKS034），2007年立项，最终成果为《全球化视域下社会主义与资本主义两制关系发展规律研究》，2012年1月结项，结项等级为优秀（证书号20120076），2012年9月以《全球化视域下的社会主义与资本主义》入选《国家哲学社会科学成果文库》（批准号12KKS002），2012年12月获山东省社会科学重大成果奖，2013年3月学习出版社出版，书名《全球化视域下的社会主义与资本主义》。

该成果以全球化为视角、以金融危机引发的全球系列问题的思考为切入点，在厘清社会主义与资本主义两种制度关系（以下简称“两制关系”）内涵的基础上，通过对其发展进程、发展态势、发展趋势的考察分析和探讨，揭示了“两制关系”的发展规律。全文由导论、全球化视域下社会主义与资本主义两制关系的内涵界定、全球化视域下社会主义与资本主义两制关系的历史考察、全球化视域下社会主义与资本主义两制关系的理论反思、全球化视域下社会主义与资本主义两制关系的发展态势与趋势、全球化视域下社会主义与资本主义两制关系的规律总结六大方面的内容构成。

一是阐述了社会主义与资本主义“两制关系”的研究现状与意义，强调在当今全球化进程不断深化、世界格局急剧变化、多极化趋势日趋明显的时代条件下，加强对该问题的研究，不仅有着重要的理论意义和学术价值，而且还有着迫切的现实需要。二是从三个层面阐述了“两制关系”的内涵，强调社会主义与资本主义“两制关系”的内涵，既包括两种不同的思想价值体系之间的关系，也包括两种前后相继的社会形态或社会制度之间的关系，还包括两种性质不同国家即社会主义国家与资本主义国家之间的关系，忽视任何一个方面都不可能准确把握和正确处理“两制关系”。三是在纵向考察分析全球化进程中资本主义与社会主义发展变化的基础上，揭示了世界在“热战”和“冷战”时期资本主义与社会主义“两制关系”的围剿与反围剿、遏制与反遏制、合作与对抗、和平演变与反和平演变的历史进程。强调伴随全球化进程的深化和社会主义国家改革的深入、以及资本主义周期性危机的不断加深，“两制关系”逐渐由“遏制—对抗”为主转变为“接触—合作”为主，既对立又合作成为当今社会主义与资本主义相互关系的基本态势。四是反思了不同时代条件下马克思主义者认识和处理“两制关系”的理论和实践，在总结其成败得失经验教训的基础上，进行了理论上的升华和思想智慧的挖掘。五是揭示了全球化时代社会主义与资本主义“两制关系”的发展态势与趋势。强调随着全球化进程的加剧，社会主义与资本主义两种不同制度国家间在经济、政治、军事、文化、科技以及全球治理等方面交往与合作增多的同时，其纷争、冲突与博弈更趋复杂化。六是从宏观、中观、微观三个层面揭示了全球化条件下社会主义与资本主义“两制关系”的发展规律。强调从宏观角度，即从两种思想价值体系、社会形态、社会制度的建立与发展趋向来看，“两个必然”与“两个决不会”的内在统一，是全球化进程中“两制关系”发展的根本规律；“运行过程”与“最终结果”相统一，是“两制关系”发展的必然规律。从中观角度，即从两种不同社会制度国家之间的关系来看，“本质对立”与“发展合作”的辩证统一、“两制并存的自发性”与“两制博弈的自觉性”的有机统一，是全球化时代“两制关系”发展的特殊规律。从微观角度，即从处理“两制关系”的方法策略来看，“必然代替”与“必须利用”的有机统一、“时代特点”与“应对策略”的统一，是“两制并存”条件下“两制关系”发展的自然规律。

成果的价值意义在于：一是从理论上厘清了社会主义与资本主义“两制关系”的内涵，揭示了全球化进程与资本主义的新变化和社会主义新发展的“因”“果”互动关系，全面系统地总结了社会主义与资本主义“两制关系”的经验与教训，认真反思了有关“两制关系”理论的正与误、得与失，深入探讨了“两制关系”的发展态势与趋势，从历史与现实、纵与横、静与动相结合的角度揭示了“两制关系”的发展规律。二是在实践上为人们科学把握全球化的性质与发展趋势、完整系统的认识马克思主义关于“两制关系”理论的时代内涵及其当代价值、有效处理“两制关系”、坚定共产主义理想信念提供了方法指导。

二、《马克思恩格斯对待马克思主义的科学态度》简介

山东师范大学李爱华教授主持完成的国家社科基金项目《马克思恩格斯对待马克思主义的科学态度》（批准号08BKS034），2008年立项，最终成果为《马克思恩格斯对待马克思主义的科学态度》，2012年1月结项，结项等级为优秀（证书号20120081），2011年9月以《以科学态度对待马克思主义：马克思恩格斯的思想与实践》入选《国家哲学社会科学成果文库》（批准号11KKS001），2012年12月获山东省社会科学重大成果奖，2012年3月学习出版社出版，书名《以科学态度对待马克思主义：马克思恩格斯的思想与实践》。

能否以科学态度对待马克思主义，是关乎马克思主义兴衰和世界社会主义成败的大问题。该成果从马克思主义发展的源头上全面深入地考查论述了如如何以科学态度对待马克思主义的问题，具有极为重要的理论意义和实践价值。

该成果全面考察分析了马克思和恩格斯对待马克思主义的科学态度，将之提炼概括为十个主要方面：（1）树立远大志向，以自己的学识为人类服务的态度。（2）勇于探索，刻苦钻研，奋力攀登科学高峰的态度。（3）严谨治学，精益求精，倾力打造科学精品的态度。（4）注重宣传教育，努力播撒真理的态度。（5）明辨是非，捍卫真理，同错误思潮做斗争的态度。（6）坚持理论服务于实践，奋力践行马克思主义的态度。（7）坚定无产阶级革命立场，科学确定革命方略的态度。（8）坚决反对教条主义，强调理论灵活运用的态度。（9）与时俱进，不断研究新情况、提出新创见的态度。（10）谦虚谨慎，戒骄戒躁，反对个人崇拜的态度。这十大方面的论述充分说明，马克思和恩格斯以其毕生所为，诠释了如何以科学态度对待马克思主义的问题。这是马克思和恩格斯留给后人的一笔宝贵财富。我们决不能忽视对这笔宝贵财富的发掘、研究、学习、应用。

在综合历史经验和现实要求的情况下，该成果提出了我们今天要确立对待马克思主义的科学态度必须做到：（1）立信。要始终不渝地遵循马克思主义基本原理，坚定地信仰马克思主义，毫不动摇地坚持以马克思主义作为行动指南。（2）励志。学习掌握和实践运用马克思主义理论，要有不怕困难、刻苦钻研的精神，要矢志不渝地践行马克思主义。（3）求真。要完整准确地理解和掌握马克思主义的精神实质和思想精髓。决不能一知半解，牵强附会，这样会很容易导致对马克思主义的曲解而使之失真、失准。（4）务实。必须致力于把马克思主义与中国实际相结合，坚决反对把马克思主义当作教条套用的错误做法。（5）创新。以马克思主义指导革命和建设事业是一个不断创新发展的过程。什么时候失去创新的精神，固步自封，马克思主义的生命力就会窒息，社会主义事业就会衰落。（6）谦虚。即便有较高马克思主义理论水平，也不能自以为是，不搞个人崇拜。只有始终保持谦虚态度，才会真正有利于思想解放和理论进步。这几方面的要求，既体现了对马克思和恩格斯对待马克思主义科学态度的学习与继承，又符合现实条件下马克思主义中国化、时代化、大众化的需要，可以说是我们今天以科学态度对待马克思主义所必须坚持的精神实质和行为准则。

三、《新形势下我国对外直接投资的机遇、挑战与对策研究——基于全球价值链的视角》简介

山东大学张宏教授主持完成的国家社科基金项目《新形势下我国对外直接投资的机遇、挑战与对策研究——基于全球价值链的视角》（批准号08BGJ015），2008年立项，最终成果为《新形势下我国对外直接投资的机遇、挑战与对策研究》，2012年4月结项，结项等级为优秀（证书号20120662），2012年9月以《中国对外直接投资与全球价值链升级》入选《国家哲学社会科学成果文库》（批准号12KJY005），2012年12月获山东省社会科学重大成果奖，2013年3月中国人民大学出版社出版，书名《中国对外直接投资与全球价值链升级》，课题组成员有：王建、刘伟全、于淑波、郭翠荣、蔡彤娟、刘鹏、郭庆玲、张奎亮。

自世纪之交实施“走出去”战略以来，我国对外直接投资规模进入持续上升期，随之而来的是国内外对我国对外直接投资问题的争论和思考。在“市场换技术”战略受阻的新形势下，通过对外直接投资主动获取技术逆向溢出效应就成为我国企业和产业发展的一个可行选择。

该成果的主要创新表现在：以全球价值链和对外直接投资技术获取理论为切入点，系统研究了我国在全球价值链的分工地位和对外直接投资发展中的机遇和挑战，探讨了像我国这样的劳动丰富大国在国家、产业、微观层面通过对外直接投资实现价值链升级的可行性和条件；并在全球价值链的研究框架内探讨了我国企业通过对外直接投资获取技术逆向溢出效应的微观机理，检验了我国对外直接投资的技术获取动机、特点和逆向技术溢出效应，考察了代表性行业通过对外直接投资实现全球价值链升级的实践和政策启示。

成果关于我国对外直接投资的理论和实践问题

提出了许多新见解：第一，一般均衡分析表明，我国处于全球价值链低端环节的行业能够通过外直接投资进入全球价值链高端环节，但需要国内 R&D 活动的配合、价值链环节的有效分割，以及统筹考虑要素禀赋、企业层面固定成本、贸易成本和对外直接投资成本等因素；第二，微观机理分析表明，我国在发达国家开展新建 R&D 和并购投资活动具有多种技术逆向溢出效应，向发展中国家的直接投资活动也能够通过成本分担和规模经济间接实现技术进步，但需结合全球价值链驱动机制选取合适模式，且“进入”价值链高端环节和实现技术的母国传导两者缺一不可；第三，我国对外直接投资的技术获取动机比较明显，但在我国对外直接投资总体活动中不占主导地位，需要政府加强对技术获取型对外直接投资的激励，企业应更加理性地决策对外直接投资进入模式等跨国经营活动；第四，新时期我国对外直接投资活动有效地获取了技术逆向溢出效应，促进了我国国内的技术进步，但要注重对外直接投资与其他技术获取渠道的配合以及国内人力资本的培育。

总之，对外直接投资关乎国际经济关系、国内经济发展，该研究成果对于理解我国对外直接投资活动的背景和现实、动机和效果具有推动作用，对于当前我国对外直接投资政策体系的调整方向具有重要参考价值。

四、《基于社会主义和谐社会建设的信访和谐与信访预警研究》简介

中共山东省委党校宋协娜教授主持完成的国家社科基金项目《基于社会主义和谐社会建设的信访和谐与信访预警研究》（批准号 08BKS022），2008 年立项，最终成果为《基于社会主义和谐社会建设的信访和谐与信访预警研究》，2010 年结项，结项等级为优秀（证书号 20100726），2012 年 9 月以《信访和谐问题研究》入选《国家哲学社会科学成果文库》（批准号 12KKS003），2012 年 12 月获山东省社会科学重大成果奖，2013 年 3 月人民出版社出版，书名《信访和谐问题研究》。

该成果充分考量国内外研究现状，并借鉴其有益部分；对国内信访工作和信访制度研究两条主线进行了超越和有机结合。总思路是：信访要和谐，必须把矛盾化解在萌芽状态，由此产生信访预警理念，而信访相对矛盾激化的事件而言，具有预警功能，把信访工作关口前移，就会更好地发挥其预警功能。这其中，必然需要基层信访部门和信访工作者按照规范要求做好信访工作。于是，我们又针对现实中信访初访处置的不规范，提出了信访工作标准化建设和信访信息网络系统建设。

成果基于社会转型期和谐社会建设大背景思考问题，从学科交叉研究视角提出并建构“信访和谐”、“信访预警”、“信访标准”这几个理论范畴；架构起与信访和谐相关的理念、主体、条件、机制、心理等理论体系；深入研究信访和谐的主体、主体间关系与组织化问题；并提出和谐信访系统的基础性机制及其与社会机制链的关系，探索依法按政策处理信访问题、确保政策执行到位、问题处理到位、教育疏导到位的保证措施，发掘防止局部性问题转化为全局性问题、非对抗性矛盾转化为对抗性矛盾的规律。

成果从信访工作系统的整体出发，在注重信访系统与服务型政府系统的协调配合基础上，制定信访系统及各环节工作标准，统一整个系统的标准。这是本项目的有效创新点，也是当前我国政府工作中特别需要加强的方面。建议有关部门注重标准化建设，信访部门遵循信访和谐发展、科学发展理念，在人员配备、场所设置、程序规范、语言规范、档案文书等各个方面提升工作质量和规范意识；规范信访工作者，规范信访人，也规范信访职能和信访职业；按照新标准，改革现行信访考核注重数量、“一票否决”等不科学合理的制度。

成果提出了信访预警的理论整合模型和数学应用模型，这在信访问题研究领域和实践领域，具有开创意义和较强的可操作性。信访预警实证性研究的突破、信访预警指标体系与机制设置理论模型和数学模型的完成、信访预警系统软件的成功开发对随后的验证和操作实验提供了科学的理论和技术支持。建议政府部门在建设电子政府中引入预警理念和机制，信访工作部门推行信访预警软件，实现全国信访信息系统的联网。

成果深入挖掘信访问题治理对象的内生关系：和谐系列——社会和谐、信访和谐、政府和谐、民众和谐、共同和谐；预警系列——信访预警、社会预警；标准系列——信访工作标准、民众信访标准、政府依法行政——标准化、法治化。因此，本项目预置的观点是，我们不在信访存废问题上纠缠，直面实际问题，在“三基”上下工夫：做好基础、基层、基本信访工作，信访各方主体在基础、基层、基本方面实现和谐，完善基础、基层、基本信访条件，运用科学方法和技术平台武装信访系统硬件和软件，实现现代信访的转型，达成和谐信访、人本信访、科学信访等理想目标，建构起“大信访”的治理格局。

五、《战国、秦社会经济形态新探——官社经济体制模式研究》简介

山东大学张金光教授主持完成的国家社科基金

项目《战国、秦社会经济形态新探——官社经济体制模式研究》（批准号04BZS025），2004年立项，最终成果为《战国、秦社会经济形态新探——官社经济体制模式研究》，2008年结项，结项等级为优秀（证书号20120662），2012年9月以《战国秦社会经济形态新探——官社经济体制模式研究》入选《国家哲学社会科学成果文库》（批准号12KZS003），2012年12月获山东省社会科学重大成果奖，2013年商务印书馆出版，书名《战国秦社会经济形态新探——官社经济体制模式研究》。

该研究的主要创造性学术观点有：提出“实践历史学”、“国家权力中心论”、“中国地权本体论”。作者认为，半个多世纪以来，表述中国古代社会的一些概念和范畴大都是舶来品，有的直接来自于欧洲中心论以及在其上形成的西方学术话语体系，有的是辗转间接来自于西方，或者是其仿制品。整齐、条理、系统化的“五种生产方式”说是斯大林总结提出的。他者如农村公社、中世、中古、庄园制，以及比较系统的“古典社会—六朝贵族制—唐宋变革”论等，大抵是参照西方中心论及其西方学术话语体系而提出的。作者认为关于中国的研究，应力求走出西方历史以及西方学术话语体系笼罩之困境，深入中国历史实践，通过大量的实证分析，作出符合中国历史实际的理论模式建构。作者认为，总的来看，中国历史的进程无疑是以国家权力为中心运转的，国家权力支配一切，由其规定、规范了中国历史的基本进程，决定并塑造了中国社会历史的基本面貌；中国国家的核心权力是土地国家所有权。本乎此，大致可将中国古代（周至清）社会形态分为四个递进相续的时代：邑社时代、官社时代、半官社时代、国家—个体小农时代。此正是从中国历史内在的基本实践历史发展逻辑出发揭示了中国历史自身之规律性。

六、《先秦社会思想研究》简介

青岛大学孟天运教授主持完成的国家社科基金项目《先秦社会思想研究》（批准号04B），2004年立项，最终成果为《先秦社会思想研究》，2012年4月结项，结项等级为优秀（证书号20），2012年9月以《先秦社会思想研究》入选《国家哲学社会科学成果文库》（批准号12Ksk），2012年12月获山东省社会科学重大成果奖，2012年12月人民出版社出版，书名《先秦社会思想研究》。

该成果是第一本用社会学理论方法系统、全面地研究先秦社会思想的断代专著，深入地研究了从原始社会末期到秦统一期间各阶段、各学派关于社会起源于社会发展、社会结构与社会变迁、社会问题与解决方法、社会生活与社会理想等范畴的理论和思想。

成果将先秦社会思想的发生发展分为三个时期：

发生时期。从原始社会末期经夏商两代。这时的社会思想主要集中在对于社会与自然的关系的认识、原始宗教和英雄人物崇拜、最初的社会规范和社会伦理构建的思想方面。

发展时期。包括西周和春秋时期。新政权的统治者制定完善了礼乐制度，致力于社会稳定与和谐，定下了中国数千年的社会体制的基调。周公的思想代表了西周初期统治集团的社会管理智慧，分封制、宗法制、井田制和政教制度体现了丰富的社会思想，在春秋时期，管仲率先试探了由礼治社会向法理社会的转变，标志是他的礼法并重思想和政法实践。

繁荣时期。春秋末期经历战国到秦统一，是中国历史上社会思想大繁荣的“百家争鸣”时期，各种学派、各阶层都提出了自己的富有原创性的社会思想，初步构建成了中国两千年的社会思想大厦。

孔子创立儒家学派，提出复礼和正名，主张德治、礼治和人治；孟子主张人性善，呼吁统治者要行仁政，致王道；荀子从人性恶的基点出发，主张人们终身学习礼义，社会控制应该礼法并重，内外并重。

法家中，齐法家主张礼法并重，经济富民；以商鞅韩非为代表的三晋法家则力主严刑峻法，以法令统一社会思想，实行极端集权专制。

以老子、庄子为代表的道家学派反对社会日益繁琐严厉的制度和规范，主张放松社会控制，实行无为而治。

墨家理论核心是尚同、兼爱、节用、法天。他们救难解纷，寝兵止斗，表现出惊人的社会责任感和奉献精神。阴阳家是最具特色中国的社会思想，主张人类社会是自然的一部分，必须严格按照自然规律行事，否则就会受到天的惩罚。书中还对名家社会思想，对《周易》、《左传》、《国语》、《诗经》、《晏子春秋》等书进行了分析研究。

与以往同类成果相比，该书有三个明显的特点：

第一，方法方面，用社会学理论方法去系统梳理、解读先秦古人思想资料，使用了历史学、考古学等多种学科方法。在学术语言方面，采用了以社会学与中国学术语言相结合的表述方式。在行文组织方面，采取以年代、人物的先后顺序与学派的学术特点相结合、纵向叙述与横向比较相结合的灵活的方式，眉目分明，脉络清晰。

第二，首次将原始社会末期以来到秦统一之前作断代研究，是一本全面的、系统的先秦社会思想史专著。对各学派、各位思想家的思想注意其传承发展、比较分析，包罗宏富，论述精详。

第三，拓展了研究范围，如名家、阴阳家以及黄老学派的社会思想都是以往同类著作中没有涉及到的内容。

成果对管理今天的社会、构建当今社会保障体系、社会秩序控制体系、凝练社会核心价值观、构建和谐社会有着重要参考价值。对整理和开发我国先秦社会思想宝库、加强对外交流、促进社会学理论的基础研究都有重要意义。

七、《中华伦理智慧与当代心态伦理研究》简介

曲阜师范大学傅永聚教授主持完成的国家社科基金项目《中华伦理智慧与当代心态伦理研究》（批准号07BZX048），2007年立项，2012年以免于鉴定形式结题（证书号20120077）。该项目主体成果包括两部分：基础理论研究成果为9卷本、330余万字的《中华伦理范畴》（第二函），应用普及成果为两卷本、60万字的《生活中的儒家伦理》。

（一）成果内容简介

成果之一：《中华伦理范畴》（第二函，9卷）

由中国社会科学出版社2012年12月出版，是在2006年出版的《中华伦理范畴》（第一函，10卷）基础上，对中华伦理范畴在理论上继续进行纵深挖掘的系统研究成果。分为乐、智、中、节、谦、正、美、明、公等9部分，每字勒成一册，共分9册，330余万字。

节：可称为节操，包含气节和操守两个方面的内容。概括来讲，节操观念是具有仁、义、忠、信、廉、耻等内容的儒家伦理范畴，它形成于先秦秦汉时期，贯穿于整个中国传统社会，凝聚着中华民族思想文化的精华，涵盖了传统文化最具有价值的核心范畴。在现代社会仍可以发挥它道德约束的巨大作用。

智：春秋战国时期，中国的智谋文化开始萌动，并逐渐成长和发展，作为“五常”之一，智观念的形成与发展，推动了我国思想文化的发展与繁荣。智对于现代社会的意义不言而喻，智在现代人际交往、现代商战、现代法制建设等诸多方面有其独特的地位和意义。

明：“明”既包括“明德”、“明君”，也包括吏治清明、军纪严明等。“明”体现在国家官员的任用方面，就是必须要任人唯贤，以保证吏治的清明。现代中国在改革开放的大背景下，更是需要树立“明”的观念和“明”的行为，呼唤“明”的思想和作风，这才是建立现代文明社会的途径。

谦：谦让之德是一种道德自律。谦让之德不仅是儒家伦理范畴的组成部分，也是中华民族璀璨的传统文化特征之一。谦让的态度有利于冲淡人际交往中的各方面的冲突，促进团队精神的形成，进一步增强群体和各阶层的凝聚力。

美：基本的含义是“以美立善”的伦理美。中国传统伦理美思想是以儒、道、墨、法等各家伦理道德为主要内容的伦理美思想与行为规范的总和。它不仅影响了中国历代人们的价值观念与行为方式，同时也成为衡量人们行为的准则与分辨德行修养的客观依据。是指导和谐社会、恰当处理各类人际关系的道德准则。

正：“正”在修身、齐家、治国三个层面有着不同的伦理意蕴。历经变迁，“正”范畴在今天对民众、对国家依然具有重要的现实意义，具体表现在儒家“正己正人”的德治传统与以德治国方略，“正己率民”的官德思想与党员领导干部的思想道德建设，“尚贤”传统与党的干部队伍建设，孔子“正名”思想与社会的可持续发展，传统正气观与新时代的党风建设等方面。

中：孔子正式提出了“中庸”的伦理范畴。中庸之道作如下概括：中庸之道是儒家的最高哲学范畴，是儒家的道德准则和思想方法。中庸之道作为一种政治与道德形态，对于中国社会的和谐和发展以及维系几千年的统一，起到了极其重要的作用。当今世界，中庸思想和价值观对全球化的价值思维也有指导意义。

乐：乐是一种心理状态，儒家所倡导的道义幸福快乐论在中国传统伦理文化中占有统治地位，对中国人追求幸福快乐生活的影响最为深远。儒家传统幸福快乐观在诠释幸福的内涵上不仅仅重视人的主观内在感受，更重视个人幸福同自然、他人、社会的相互关联，对今天的人生和社会依然颇具启迪意义。

公：“先公后私”、“崇公抑私”已经成为中华伦理的基本道德要求。“公”作为一种道德理念，不仅贯穿于中华伦理的过去、现在和将来，而且在某种程度上已经内化到中华民族的集体记忆中，成为中华伦理道德的一大特色。进入21世纪以来，公观念又有进一步的发展，特别是和谐社会思想的提出是对传统公观念的一大突破。

成果之二：《生活中的儒家伦理》（上、下卷）

《生活中的儒家伦理》由山东文艺出版社2010年4月出版，共上下两册，60余万字。此书精心选取儒家伦理范畴中“忠”、“孝”、“爱”、“仁”、“勇”、“礼”、“恕”、“智”、“德”、“诚”、“信”、“义”、“廉”、“耻”、“和”、“忧”、“公”、“正”、“节”等重要德目，正本清源，探赜索隐，既深入探究每一范畴的微言大义，勾勒其发展变化的清晰脉络，又选取历史上著名的人物和事件，以孔子儒家的嘉言懿行为楷模对比观照，研究古今人们处世临事的心态，揭示中华民族伦理道德的大智慧，起到了道德科普的示范作用。

（二）成果突出特色

真正做到了“论由史出”。着力强调客观的学术立场和历史的、发展的眼光，对每个德目都上自甲骨文下至现代作了全面系统的归结、辨析、诠释，体现出了融元典梳理、流变探析为一体，所持观点均出自扎实的史料、史实，体现了基础研究的严谨性和客观性。

致力于对传统伦理的现代归位。在对前人研究进行总结借鉴的基础上，在方法论上进行了新的尝试。对各项伦理范畴中被强自改造乃至完全偏离本来意义的概念，作了原原本本地阐释，对被搞混乱了的传统观念实行了现代归位，体现了科学研究的时代性和创新性。

实现了学术研究与面向大众层面的完美结合。本课题敏锐地关注当下社会问题，以积极入世的眼光进行研究。以学者“为生民立命”的“人间情怀”，着力使最新的伦理道德研究成果迅速转化为全社会民众的生活伦理，贴近实际、贴近生活，体现了融学术研究与大众普及于一体的鲜明特色。

（三）成果社会影响

《中华伦理范畴》是目前国内体系完备、内容翔实、系统研究中华伦理道德范畴的著作丛书。共拟选取中华伦理道德的67个范畴如仁、义、礼、智、信、和、勇、俭、孝、爱、诚、廉、忠、德等进行研究，每一范畴勒为一卷，共67卷约2000万字，第一函10卷2008年获第22次山东省哲学社会科学优秀成果一等奖。本课题理论部分即为其第二函，著名学者季羡林先生生前十分重视该项研究，曾欣然为之题词“中华伦理，源远流长，东方智慧，泽被万方”；著名哲学家张立文先生亲自写了2万字的长序，盛赞《中华伦理范畴》的编纂出版，台湾3位教授在《光明日报》上撰文充分肯定该书的学术价值。

《生活中的儒家伦理》是迄今国内第一部将传统儒家伦理巧妙地融入当代国人生活，借以启迪心灵、增益智慧的特色著作，具有鲜明的生活性、哲理性和可读性，印数较大，出版后得到社会各界的广泛认可，山东省社会科学联合会刘德龙主席郑重作序介绍推广。该书已于2011年7月获得山东省“首届社会科学普及作品一等奖”和“山东省首届社会科学普及作品十大优秀作品”称号，并于2012年获第26次山东省社科优秀成果奖二等奖。

八、《中国道教科学技术史（420—1911）》简介

原山东大学教授、现四川大学教授姜生博士主持完成的国家社科基金重点项目《中国道教科学技术史（420—1911）》（批准号06AZS001），2006年立项，最终成果为《中国道教科学技术史：南北朝隋唐五代卷》，2012年1月以免于鉴定形式结项（证书号20120078）。2011年5月科学出版社出版，书名《中国道教科学技术史：南北朝隋唐五代卷》。

多卷本《中国道教科学技术史》是第一部系统阐述道教科学思想理论和科学技术成果的大型著作，由数十名海内外知名学者历时多年共同编撰完成。

本卷为《中国道教科学技术史：南北朝隋唐五代卷》，姜生、汤伟侠主编，分9个部分，按学科论述了南北朝隋唐五代道教在修道成仙理想的驱动下，在道教特有的思想文化生态中发生、发展的科学思想及实践。南北朝隋唐五代时期，以外丹信仰为主，道教的发展进入鼎盛阶段，并作为中国文化传统的主要代表，与佛教等外来宗教展开持久的思想论争，促进了佛教的本土化。与此同时，道教作为中国古代科技的重要文化载体，在科学思想、炼丹术与化学、医学、养生学、天学、地学、物理学与技术、生物学等诸多领域，取得了世人瞩目的重要成就，且化及域外，其传播轨迹于今多有可考者。《中国道教科学技术史：南北朝隋唐五代卷》作者姜生通过大量的图表、研究数据和模拟实验，生动翔实地展现了南北朝隋唐五代时期道教在科学技术领域曾经的辉煌，以及对中国历史和世界科技发展的重要影响。

《中国道教科学技术史：南北朝隋唐五代卷》是中国国家社会科学基金和香港圆玄学院支持的长期重点科研计划的系列成果之一。其宗旨在展现道教的科学精神与思想智慧，揭示中国古代科学创造和发展的文化基础。

《中国道教科学技术史：南北朝隋唐五代卷》可供科技史工作者、道教研究者、历史学、宗教学、文化学和哲学研究者参考，也适合于关注和爱好中国传统文化的人士阅读。

九、《以人为本在科学发展观中的地位和意义研究》简介

中共山东省委党校张友谊教授主持完成的国家社科基金项目《以人为本在科学发展观中的地位和意义研究》（批准号08BZX013），2008年立项，最终成果为《以人为本在科学发展观中的地位和意义研究》，2012年4月结项，结项等级为优秀（证书号20120658）。

中国共产党在提出科学发展观的同时，提出了以人为本的治国理念和价值命题，这是中国共产党在继承马克思主义人学的基础上所实现的理论上的重大飞跃。

新世纪中国共产党提出以人为本，是在科学发展观的战略思考中提出来的。因此，以人为本与科学发展观紧密联系，是科学发展观的极为重要的内容。科学发展观如果离开了以人为本，科学发展观就失去了它应有的涵义。以人为本在科学发展观中有着举足轻重的地位，是科学发展观的本质和核心。而对以人为本的理解，不仅要从人类思想史上、从马克思主义的形成和发展中认识和理解，而且更重要的是从科学发展观视阈中认识和理解。以人为本固然在人类思想史上、在马克思主义的形成和发展中具有深刻的涵义，而在中国共产党提出的科学发展观视阈中，也有着丰富的内涵。以人为本，是中国共产党人站在时代的高度，从国内国际两个大局出发，对马克思主义人的自由全面发展理论的继承和发展。

该成果围绕以人为本在科学发展观中地位和意义展开研究，目的是要通过对以人为本的历史分析和现实理解，把握以人为本在科学发展观视阈中的涵义，揭示以人为本在科学发展观中的地位，厘清在理解以人为本过程中各种误区，探索在贯彻落实科学发展观中实现以人为本的条件和路径，提出在改革开放和社会主义现代化建设中进一步践行以人为本的思路。

成果主要阐明以人为本在科学发展观中的地位和重要意义。其主要内容为：第一，深入发掘以人为本的哲学意义，从马克思主义发展史上弄清马克思主义经典著作中“人”和“本”究竟是从什么意义上讲的，以人为本与唯物史观的关系，以人为本与马克思主义人的全面发展理论关系；第二，深入研究以人为本在科学发展观中的意蕴，揭示以人为本的丰富内涵，阐释以人为本的特点和实质，概括科学发展观中以人为本的基本要求；第三，深刻认识以人为本在科学发展观中重大理论意义和现实意义，揭示以人为本在科学发展观中的核心地位；第四，进一步厘清以人为本与西方人本主义、人类中心主义、中国传统的“民本”思想的关系，充分认识中国共产党提出的以人为本是对西方人本主义、人类中心主义和中国传统的“民本”思想的扬弃和超越；第五，深入探讨在贯彻和落实科学发展观中坚持以人为本的条件、规律、机制、可行性、有效性，研究把以人为本落在实处的科学路径和有效方式，探讨坚持以人为本与执政为民相统一的辩证方法。

十、《科学的马克思主义观与当代中国的马克思主义中国化问题研究》简介

山东大学周向军教授主持完成的国家社科基金项目《科学的马克思主义观与当代中国的马克思主义中国化问题研究》（批准号07BKS012），2007年立项，最终成果为《科学的马克思主义观与当代中国的马克思主义中国化问题研究》，2012年12月结项，结项等级为优秀（证书号20121638），课题组成员有：陈桂香、张士海、李惠芬、高奇、赵蕾、胡和勤、陈家付、张俊国、刘文杰、郭鹏、王清涛、杨燕等。

本成果的最终成果分为“导论”、“正文”和“结语”三个部分。“导论”部分，系统阐述了本项目的研究对象和意义、研究的历史和现状、研究思路和方法以及本项目的创新之处和重要观点。“正文”是研究的主体内容，分为上、中、下三篇。上篇，探讨了新中国成立之前马克思主义的创立发展与马克思主义观的深化拓展；中篇，探讨了新中国成立到党的十一届三中全会召开马克思主义中国化的发展与马克思主义观的深化拓展；下篇，探讨了党的十一届三中全会以来马克思主义中国化的新发展与中国共产党人的马克思主义观的深化拓展。“结语”部分，实际上是对全书的一个概括总结和理论提升。从重点内容上说，本成果有以下几个方面。

1. 关于“马克思主义”和“马克思主义观”的内涵和内容结构的基本认识。马克思主义有狭义、中义和广义之分。广义的马克思主义，我们试作出如下的界定：马克思主义是由马克思和恩格斯所创立并为其后继者丰富和发展着的、以辩证唯物主义和历史唯物主义的世界观和方法论为最根本的理论特征，以实现物质财富极大丰富、人民精神境界极大提高、每个人自由而全面发展的共产主义社会最崇高的社会理想、以致力于实现最广大人民的根本利益为最鲜明的政治立场、以坚持一切从实际出发，理论联系实际，实事求是，在实践中检验真理和发展真理为最重要的理论品质、以无产阶级和人类解放为理论主题、以马克思主义哲学、马克思主义政治经济学和科学社会主义为主要组成部分，包括自然科学、人文科学、社会科学广泛领域知识的科学理论体系。关于“马克思主义观”。完整的马克思主义观应该包括三个基本内容：第一，什么是马克思主义。这是关于马克思主义的本质、体系、性质、功能等方面的认识，属于认识论范畴。第二，如何评价马克思主义。这是对于马克思主义的意义与作用的价值评价，属于价值论。第三，如何对待马克思主义。这是马克思主义观的实践论内容。

2. 关于新中国成立前马克思主义的形成发展与马克思主义观深化拓展的基本认识。伴随着马克思主义的形成和发展，科学的马克思主义观也不断地深化和拓展。在马克思主义的创立和发展的过程中，马克思恩格斯都程度不同地阐述了自己的马克思主义观。当马克思主义传入俄国并在俄国得以成功地

运用和发展的时候，相应地，也就产生了普列汉诺夫、列宁和斯大林等人的马克思主义观。从马克思恩格斯到以列宁为主要代表的俄国共产党人的马克思主义观，为中国共产党人的马克思主义观的产生和发展提供了重要的思想资源。在新民主主义革命时期，在马克思主义中国化的历史过程中，中国共产党人的马克思主义观得以形成和发展。为当代中国科学马克思主义观的深化和拓展，为马克思主义中国化在新的历史条件下的进一步推进，奠定了重要基础。

3. 关于科学的马克思主义观与当代中国的马克思主义中国化发展历史轨迹的基本认识。从新中国成立到党的十一届三中全会召开，在差不多30年的时间里，马克思主义中国化事业从辉煌走向曲折，并在曲折中发展。在这一时期，与马克思主义中国化从辉煌走向曲折、并在曲折中发展的情况相联系，以毛泽东为主要代表的中国共产党人，也不断地丰富和展了马克思主义观。这一时期，马克思主义观的发展，在不同的阶段表现出不完全相同的内容和特点。从党的十一届三中全会的召开至今，在又一个30多年的时间里，马克思主义中国化事业处于蓬勃发展时期。与马克思主义中国化的新发展相联系，中国共产党人的科学的马克思主义观也得以深化和拓展，在一脉相承的基础上，在不同的历史阶段上也表现出不完全相同的内容和特点。

4. 关于当代中国马克思主义中国化历史进程中重要经验总结的基本认识。考察当代中国马克思主义中国化历史进程中对历史经验的科学总结，可以给我们许多有益的启示。启示之一，在总结历史经验教训中发展。启示之二，总结历史经验的关键在科学。启示之三，在所有的经验中，最根本、最重要的一条，就是把马克思主义的基本原理同中国的具体实际相结合，走自己的路，建设有中国特色的社会主义。启示之四，不同时期的经验总结，既一脉相承，又与时俱进。启示之五，历史经验的总结，遵循着认识发展的一般规律。

5. 关于确立并坚持科学马克思主义观的重要意义和实现路径的基本认识 。马克思主义中国化事业要顺利发展并获得成功，必须确立并坚持科学的马克思主义观。首先，要进一步认识确立并坚持科学的马克思主义观极端重要，提高在这一问题上的理性自觉。其次，要进一步解决怎样确立并坚持科学的马克思主义观的问题。一是向“老祖宗”请教。二是向实践学习。三是在破中立。四是力求持续优化。五是进行学理上的探讨。

该成果具有多方面的理论价值和实践意义：有助于推动并深化马克思主义观和马克思主义中国化及其两者关系的研究；有助于科学总结马克思主义中国化的基本经验；有助于深刻地理解把握并更好地实践马克思主义中国化的重大理论成果；有助于澄清或纠正海内外特别是海外在马克思主义观、马克思主义中国化与中国化的马克思主义等等重要问题上存在的种种片面的、错误的甚至歪曲的认识或观点。

十一、《西欧中世纪教俗经济思想与政府经济政策》简介

山东大学顾銮斋教授主持完成的国家社科基金项目《西欧中世纪教俗经济思想与政府经济政策》（批准号08BGJ015），2008年立项，最终成果为《西欧中世纪教俗经济思想与政府经济政策》，2012年4月结项，结项等级为优秀（证书号20120665）。

该项研究成果分上下两编。上编从教会与世俗两方面剖析中世纪经济思想的基本内容和发展脉络。下编着力分析新经济形势下经过筛选、过滤、改进而最终外化为国家政策的经济思想如何影响国家的经济命运。

教会经济思想扎根于《圣经》的原罪说和财富观。《圣经》中“爱上帝”的诫命与古希腊罗马哲学的灵肉二元论结合，导致了禁欲主义——中世纪经济思想决定性因素的出现。基督教的重农主义、公平价格学说、高利贷禁令和私有公用等经济思想的形成都是为了遏制人性中的贪欲。世俗经济思想可以11世纪为界划分为前后两个阶段。前段主要是维护中世纪早期封建生产关系，表现为自给自足的自然经济思想。《萨利克法典》、《庄园敕令》和《伊尼法典》等文献是我们了解此时经济思想的重要史料。后段通过对《亨莱农书》、会计制度和农业税收的考察，探讨封建主如何进行庄园经营管理。下层农民悄悄将份地视为己产，对私有财产的保护意识和财产继承理念集中体现了他们的财富观。

中世纪教、俗经济思想具有鲜明的特点，这就是它的商业性、逐利性。尽管教会崇尚重农抑商的禁欲主义，通过对实践和理论两方面考察，我们还是发现，两者之间其实存在严重的冲突和矛盾，呈现出一种二元对立的特点——重农抑商禁欲主义的理想和商业性、逐利性的倾向。世俗经济思想也具有类似特点，这表现在农民对土地的态度上：一方面，土地对农民至关重要；另一方面，农民又不愿意被禁锢在土地上。

中世纪教俗经济思想是丰富多彩的。随着国家体制的渐趋完备，这些思想经过筛选、过滤、改进和光大，一部分最终外化为国家政策，其余，便永远以思想的形态尘封、定格在那个时代，仅供后世谈论和研究了。

教俗经济思想及其外化而成的重商主义经济政策产生了深远影响。14、15 世纪，英国、法国、荷兰、意大利、西班牙、中国都产生了新型经济并呈现了良好的发展态势。然而，新航路的开辟顷刻间改变了它们的历史命运。英国在原料和机遇都具备的条件下，政府实施了正确的经济政策，率先完成了工业革命，实现了经济腾飞。而同时期的法国，特别是西班牙和中华帝国，因政府政策的失误而错失发展良机，无可挽回地走向了衰落，留下了深刻的教训。

成果从原始资料出发，分析、提炼、归纳教俗经济政策的基本内容，改变学术界避难就易、因循欧美、陈陈相袭的学风，摆脱逐一叙述经济思想家的思想，致使经济思想史成为各个体思想机械叠加的俗套；揭示概括它们的基本特征，客观评价其历史地位；论述经济思想在政府经济政策中的作用；运用比较方法，将经济思想与政府政策纳入与东方特别是中国中古经济思想和政策的比照中研究。这一研究可以填补学术界关于经济思想和政策史研究的空白；有助于深入探讨近现代以来各种经济思想、学说的来龙去脉，深刻认识传统农业社会的不同类型，解释和证明非经济因素在资本主义萌芽和社会转型中的作用。

十二、《我国社会转型期的阶层分化与社会心态问题研究》简介

山东大学马广海教授主持完成的国家社科基金项目《我国社会转型期的阶层分化与社会心态问题研究》（批准号 07BSH051），2007 年立项，最终成果为《我国社会转型期的阶层分化与社会心态问题研究》，2012 年 3 月结项，结项等级为优秀（证书号 20120521）。

改革开放以来，我国社会产生了急剧的阶层分化，本研究即试图揭示当前在阶层分化背景下社会心态的特点、表现形式、存在状态等。

该成果运用调查研究（前后三次问卷调查）与文献研究相结合的方法，收集了充分的关于阶层分化与社会心态问题的研究资料。按照本课题研究制定的基本框架，展开了与阶层分化相关联的社会心态问题的理论与实证研究。

在理论研究方面，提出了在我国学术界引起较大反响的社会心态的定义：社会心态是与特定的社会运行状况或重大的社会变迁过程相联系的、在一定时期内广泛地存在于各类社会群体内的情绪、情感、社会认知以及价值取向的总合。

在实证研究方面，本课题从认知、情感、价值、行为等维度等考察了当前阶层分化背景下的社会心态状况。

社会心态的认知维度：本研究利用相关的文献资料和实地调查资料，概括出了阶层存在意识的“潜伏期”、“萌发期”和“强化期”三个形成和发展阶段；并发现当前我国民众的阶层认同意识呈现为“两极清晰中间模糊”的阶层认同特征，而在阶层集体意识方面则表现出了较为突出的冲突性特征。

社会心态的情绪、情感维度：本研究以社会心理学的态度理论为基础，着重探讨了当前人们对于阶层分化、贫富差距、社会公平等问题的情绪、情感反应。研究先发现，“相对下层的普遍愤懑与社会底层的局部激愤情绪”，是当前我国社会中人们对于阶层分化状况的重要的情绪反应。

社会心态的行为维度：本研究主要以 2006CGSS 数据库资料和深度访谈资料为依据，考察了当前群体性事件的现状和产生原因。并着重分析了由群体性事件所反映出的与阶层分化相关联的社会心态：（1）由“相对剥夺感”或“绝对剥夺感”造成的严重的社会心态失衡状况；（2）阶层分化基础上的社会冲突意识和泄愤情绪等消极社会心态；（3）社会群体或阶层之间社会信任的严重缺失等。

社会心态的价值维度：本课题以大学生的职业评价和职业选择意向为切入点，研究了社会心态的价值观维度。问卷调查发现，经济报酬逐渐成为社会价值观领域中最被看重的因素，这一结果从某种程度上反映了当前在阶层分化背景下我国社会价值观的工具性和功利性特征。

成果还从综合的角度研究了阶层分化背景下的主观幸福感问题。利用 2006CGSS 数据库资料，通过 SPSS 和 STATA 等专业数据分析软件对样本数据进行分类统计，全面考察了我国民众的主观幸福感。研究发现，阶层地位的高低与主观幸福感是成正比的，即阶层地位较高的社会成员具有更高的主观幸福感，经济因素是影响人们主观幸福感的重要因素。

最后，本研究发现，尽管由于阶层分化以及随之产生的社会不公平现象引起了诸多的消极社会心态，但这并不意味着整个社会的心态状况就完全是消极悲观的，更不是已经达到了“民怨沸腾”的程度。事实上，伴随着社会阶层的分化，也为人们提供了积极向上的生存发展心态。

十三、《郭沫若文学佚作的收集、整理与研究》简介

山东师范大学魏建教授主持完成的国家社科基金项目《郭沫若文学佚作的收集、整理与研究》（批准号 08ZW069），2008 年立项，最终成果为《郭沫若文学佚作的收集、整理与研究》，2012 年 7 月结项，结项等级为优秀（证书号 20121058）。

（一）项目研究的目的和意义

已出版的《郭沫若全集》是最不“全”的全集之一，其中“文学编”的作品遗漏现象特别突出，大量作品散佚在《郭沫若全集》之外，有许多作品甚至连研究郭沫若的学者都没有看到。

因此，郭沫若的大量文学佚作急需搜集、整理和研究。这些佚作的有效利用和研究必将大大拓展郭沫若的文学世界，丰富我们对郭沫若的全面认识、特别是对郭沫若及其创作的复杂性能够获得新的学术发现。另外，由于郭沫若在现当代中国文学史乃至现代中国文化史上都具有重要的地位和影响，所以这一课题的研究不仅对于郭沫若研究本身非常重要，而且对于深化中国现当代文学史和现代中国文化史的研究也具有十分重要的意义。

（二）研究成果的主要内容和建树

该成果有两大部分，其一是文献集成《郭沫若文学佚作大系》，其二是学术专著《郭沫若文学佚作初探》。

《郭沫若文学佚作大系》是对散佚在《郭沫若全集》以外的郭沫若各类文学作品进行收集、考辨、补正、校注和整理后的文献汇编，主要建树是：（1）搜集、发掘、整理出《郭沫若文学佚作大系》，作品总数达到2200多篇；（2）对郭沫若大量文学佚作进行了认真的校勘，考辨出许多作品的不同版本；（3）在搜集、整理和考辨郭沫若文学佚作的同时，发掘出许多珍贵的文献和史料；（4）提供了郭沫若研究以及中国现代文学研究新的学术增长点。

《郭沫若文学佚作初探》是在郭沫若文学佚作进行收集、考辨、补正、校注和整理的基础上，对这些文学佚作进行了专题学术研究。成果的学术创新和主要建树是：（1）“《郭沫若全集》现象”的研究突破；（2）还原郭沫若及其文学世界的初步努力；（3）通过对佚作的研究，纠正了以往研究成果许多“定论”或“共识”的褊狭；（4）阶段性研究成果取得初步的学术反响。

（三）成果的学术价值和应用价值，以及社会影响和效益

首先，从郭沫若研究本身来看，《郭沫若文学佚作大系》是继《郭沫若全集》之后最重要的文献工程，将恢复郭沫若及其文学世界的完整形象；《郭沫若文学佚作初探》是系统研究郭沫若文学佚作的第一批系列成果，有助于深化郭沫若研究。

其次，成果价值不限于郭沫若研究本身。由于郭沫若在现代中国文学、历史学、考古学、古文字学、政治、外交、艺术等众多领域多有建树和影响，所以该成果也是研究现代中国的重要文献工程。

再次，成果还具有纠正学风的意义。该成果的面世必将警醒研究界反观和质疑已有作家全集的编选，触发作家研究回到原始文献，回到历史现场，以摆脱浮躁、空疏学风的不良影响。

十四、《山东道教碑刻收集、整理与研究》简介

山东师范大学赵卫东教授主持完成的国家社科基金项目《山东道教碑刻收集、整理与研究》（批准号08CZJ007），2008年立项，最终成果为《山东道教碑刻收集、整理与研究》，2012年6月结项，结项等级为优秀（证书号20120917），课题组主要成员有张琰、秦国帅、王予幻。

《山东道教碑刻集·博山卷》共收碑刻254块，其基本情况如下：（1）其中宋代碑刻4块，元代碑刻1块，明代碑刻35块，清代碑刻128块，民国碑刻54块，时代不明的碑刻32块。（2）为了便于了解道观的历史发展与整体面貌，碑刻皆按照地点分类，每一地点的碑刻又以立碑时间先后排序。（3）每一碑刻包括基本情况介绍、碑文、题名等内容。碑刻介绍包括碑刻现存地点，立碑时间，撰文、书丹、篆额者姓名，碑刻形制，正文、碑额的书体与字径，碑文主要内容简介，相关文献的著录情况，保护状况等。（4）为了让读者了解碑刻的原貌，抄录碑文时，一律遵循照录碑文的原则，对于碑文中的通假字、异体字、错别字等皆不作任何改动。但为了便于读者识读与运用，对于碑文中的手写体、书法体、习惯体和省略体文字，一律改为通行体。（5）除不允许做拓片、漫漶极为严重、无法做拓片、做拓片价值不大等4个方面的碑刻外，每一碑刻我们都尽可能地做了拓片，博山总共收集到拓片300多幅，但考虑到篇幅和版面的原因，只挑选了其中较为清晰的168幅附于其中。（6）为了学术研究的方便，把《颜神镇志》、《颜山杂记》、清乾隆《博山县志》和民国《续修博山县志》中与道教相关的内容收录起来，加以整理点校，作为附录一附于卷后。（7）博山有70块碑刻因破损、漫漶或其他方面的原因无法抄录，对于这些碑刻的基本情况我们都作了详细介绍，并以附录二的名义附录于卷后。（8）为了便于读者查询，卷后附有按时间顺序排列的《目录索引》。

除以上《博山卷》外，《山东道教碑刻集》目前已作为阶段性成果出版碑刻集3卷，2册，即《青州卷》、《昌乐卷》和《临朐卷》。《青州卷》收录碑刻181块，两个附录。附录一为《方志资料》，收录了明至清相关方志中与道教有关的内容；附录二为《青州未收碑刻目录》，其中详细介绍了本卷未收录的57块碑刻的基本情况。《昌乐卷》收录碑刻18块，两个附录。附录一《方志资料》，收录明至民国相关方志中的与道教相关的内容；附录二《昌乐未

收碑刻目录》，详细介绍了本卷未收的9块碑刻的基本情况。以上两卷合为1册出版，共收录199块碑刻，全书字数为53.3万字。《临朐卷》收录碑刻157块，两个附录。附录一《方志资料》，收录明至民国相关方志中与道教有关的内容；附录二《临朐未收碑刻目录》详细介绍了本卷未收录的17块碑刻的基本情况。《临朐卷》全书字数为46.6万字。

成果所收录的碑刻，除少数曾经在方志资料中有所著录外，绝大部分是由课题组成员通过田野考察收集而来，而且在收集的时候，为了避免以往金石学著作的不足，把碑文与题名一起收录。其对于道教尤其是全真道的研究将具有重要的学术价值，已经引起了道教学术界的广泛关注和普遍的引用。当然，它的价值还不仅仅限于道教研究一个方面，还为宗教学、历史学、民俗学、文字学、姓名学、社会学等多个领域提供了前所未有的新材料，也必将推动这些领域研究的进一步发展。

十五、《剧坛视域内的中国戏剧史研究》简介

山东财经大学刘召明教授主持完成的国家社科基金项目《剧坛视域内的中国戏剧史研究》（批准号08CZW020），2008年立项，最终成果为《剧坛视域内的中国戏剧史研究》，2012年1月结项，结项等级为优秀（证书号20120075），课题组主要成员：解玉峰、范瑞雪、范丽敏、陈建华、赵迎辉、杨飞、李孝弟。

（一）研究视角

剧坛研究作为一种全新的研究视角，是以某一时期、地域为特定时空，以“剧坛”这一融戏曲声腔、剧本创作、曲学批评、演剧活动和地域文化为一体的综合视角为研究内涵，全面深入分析剧坛的创作成就和特色，由此确认剧坛在戏剧史上的意义，展现戏剧发展史的某些断面。

中国的戏剧发展既呈现出递嬗赓续的纵向流变规律，也表现出独特鲜明的地域分异特征。通过对剧坛的综合融通研究，可以多维度、多层面地审视戏剧史上的重要现象，弥补传统戏剧史研究中存在的诸多不足，为戏剧史研究提供新的思路和视角，达到丰富和深化传统戏剧史研究的目的。

（二）主要内容

该成果通过对具有典型意义的剧坛现象——元代大都剧坛、晚明苏州剧坛、乾嘉扬州剧坛、清代北京剧坛、近代上海剧坛等的戏剧创作、舞台演出、理论批评、地域文化成因及特色的综合考察，以深入分析其繁荣兴盛的原因，进而发掘戏剧发展演变的某些规律。

第一章，元代大都剧坛。本章主要从大都剧坛的戏剧创作、戏剧演员及演出的角度，对大都剧坛的繁盛情况进行了考察，并就大都剧坛繁荣的原因进行了深入的分析。本章对大都剧坛的戏剧创作与杂剧演员演艺特点进行了概括，突出了大都剧坛作为帝都的戏剧演出特点。

第二章，晚明苏州剧坛。本章从昆山腔的兴起入手，分析了苏州成为晚明昆曲艺术活动中心的主要因素，并对晚明苏州剧坛班社林立的家乐戏班、职业戏班演出进行了研究，并着重分析了苏州剧坛传奇创作的地域特色与昆曲曲谱编修的地域优势。

第三章，乾嘉扬州剧坛。乾嘉时期是一个昆曲开始衰落、花部戏曲蓬勃发展的重要转变时期。本章从扬州独特的地域文化入手，以乾嘉时期扬州盐商对戏剧的影响为切入点，对扬州剧坛的演剧活动、戏剧创作与理论批评进行全面细致的梳理，对乾嘉时期扬州在中国戏剧史上的地位给予了恰切的论定。

第四章，清代北京剧坛。清代北京剧坛在中国戏剧史上无疑是最具代表性的剧坛之一。当时五音繁会、名角辈出，戏剧演出如火如荼。本章对不同时期的内廷与民间演出进行了梳理，通过对班社、演员、剧目等内容汇总、比较，阐述了不同阶段花雅兴衰的历史。

第五章，近代上海剧坛。近代上海剧坛见证了昆剧的衰落、海派京剧的兴盛、话剧产生的戏剧史图景。本章从昆剧的衰落、京剧的南下入手，对海派京剧的形成及上海剧坛戏剧演出进行了较为全面的梳理，并对戏剧改良运动的兴起、话剧的产生进行了简要的分析，从而揭示了中国戏剧由古典向现代转型的历史进程。

十六、《我国民俗体育的现代功能及社会文化价值研究》简介

山东财政学院刘旻航博士主持完成的国家社科基金项目《我国民俗体育的现代功能及社会文化价值研究》（批准号10CTY024），2010年立项，最终成果为《我国民俗体育的现代功能及社会文化价值研究》，2012年3月结项，结项等级为优秀（证书号20120520），2012年10月山东人民出版社出版，书名《我国民俗体育的现代功能及社会文化价值研究》。

民俗体育文化体系作为一个动态的、开放的和不断发展的生命系统，具有强大的生命张力，在自身功能和价值系统层面进行自组织的文化演进。

首先，民俗体育现代功能可以凝炼为促进身心健康、教育、维系、娱乐和经济五大功能。这五大功能具有多元性、融合性、实用性、创新性、功利性和滞后性的特点。由这六大特点架构起来的民俗体育功能结构具有综合性、互补性、因果性、平等性、立体性和超越性的结构特点。

其次，对于民俗体育社会文化价值的研究发现，我国民俗体育的社会文化价值是一种动态的存在，体现着身体文明的价值，有着维系一个族群的群体凝聚力和趋同意识，维系和塑造东方体育文明的能力，它是多元历史文化要素的高度集成，具有典型的非物质文化遗产特征。民俗体育的社会文化价值结构具有明显的内外复合性，其内在的价值属性是固有的、涵化的，而外在的价值属性则是一种外铄的并且由内部价值向外延伸物化、功能化的价值。民俗体育社会文化价值的本体存在和价值认知造就了其主线复合式以及价值对流式的演进模式。

再次，对于民俗体育的功能与社会文化价值的互动研究，因民俗体育的功能与社会文化价值之间应然性基点不同、价值倾向不同以及指导地位的差异，造成了互动内容的复杂性、互动行程的冲击性、互动频率的加速性、互动过程的兼容性和互动评价的局限性。在二者互动过程中，民俗体育的社会文化价值担当着主导者的角色，而民俗体育功能的发挥是社会文化价值不断调适所需经历的过程。两者之间的互动都经历着冲突与碰撞、融合与吸收、削弱与复旧的动态演变过程。

另外，研究发现，我国民俗体育现代化功能所体现的现代性倾向有：从乡土规范到新乡土规范；由无意识到意识流的健康功能；由物质主义价值观到后物质主义价值观的经济功能转变，趋于欢乐的娱乐功能；由“族群认同”到“国家认同”的维系功能和谐等。研究认为，和谐、冲突与融合已经成为当代我国民俗体育功能现代化嬗变的主旋律。人的自然化无疑是民俗体育社会文化价值变迁的核心，其演进的文化动因在于调适其所处的现代文化环境。

最后本研究系统的探讨了民俗体育传承的内源性要素，剖析了民俗体育在现代传承中的外源性困惑与抉择，找寻现代民俗体育文化传承的必要影响因子，并探求提升我国现代民俗体育文化核心竞争力的重要方式和手段。课题组认为让民俗体育积极地面对现代化、完成现代化是现代中国保护和传承民俗体育文化的最优化路径。

十七、《中介语语言学的多维研究与学科构建》简介

中国海洋大学杨连瑞教授主持完成的国家社科基金项目《中介语语言学的多维研究与学科构建》（批准号 07BYY026），2007 年立项，最终成果为《中介语语言学的多维研究与学科构建》，2012 年 4 月结项，结项等级为优秀（证书号 20120655），课题组成员有：尹洪山、李丽、刘静、李绍鹏。

该成果以中国学生学习英语的语言、认知、心理、教育过程的多维研究为理论背景，以学习者的中介语为本体，以言语数据为基础，以学术创新为目标，探索我国英语学习者的中介语发展基本规律。成果研究由发表的 25 篇论文组成，主要从 4 个方面对中介语的本体进行了研究：

1. 围绕中介语的语音系统，对“石化”现象的内外因素进行了深入分析，并着重从学习者的生理、心理、认知、文化和教育等诸多方面进行了研究。我们的论证从语音石化的个案出发，主要研究了语言学习关键期、语言输入、社会与心理距离、交际策略、外界的反馈等对石化的影响。

2. 在中介语的词汇层面，本项目首先阐述了中介语词汇概念迁移的认知范畴化过程，并对导致第二语言词汇损耗的社会心理因素进行了研究。课题组基于范畴化理论归纳出汉英词汇概念差异的类型，分别从家族的相似性、认知模式、文化模式三方面分析论述汉英词汇概念对应的相对性、对语境的依赖性以及文化取向性，并运用所得到的结论阐释外语环境下的词汇概念迁移。

3. 通过研究中介语的句法特征，描述了中国英语学习者句法能力的发展路径。课题组首先分析了中介语定语从句产出的变异因素，采用多因素研究模式研究了多种因素对中国英语专业学生习得和使用定语从句的影响，具体包括从句类型、关系代词在从句中的句法功能以及时间压力等。

4. 在中介语的语用研究方面，课题组首先分析了中介语语用学研究中的语料收集及其原则，在此基础上对中介语的语用迁移和语篇层面的话题结构进行了研究，并从认知语用学的视角研究了中国学生在交际活动中的话语特征。

成果结合中国外语教学的实际情况，根据中国英语学习者的特点，科学地探索其中介语动态发展的语言过程、心理过程、认知过程和教育过程，所得出的研究结论弥补了传统理论的不足和国际学术界有关中国学生中介语研究的空缺。本成果对中介语语言学所做的基础性研究丰富了我国二语习得研究的理论体系。本成果还拓展了中介语的研究范围和领域。课题组对中介语的研究突破了原有的语言层面，把传统研究中所忽略的中介语界面研究纳入了视野，在习得—损耗、形态—句法、句法—语用等界面研究上所取得的研究成果具有较高的学术价值。

成果所揭示的中国英语学习者中介语的发展路径和模式可以成为教学大纲设计和教材编写的依据之一。中介语的发展路径具有一定的可预示性，大纲和教材的设计和编排应与学习者中介语语言能力的发展相一致，从而最大限度地促进课堂教学，提高外语教育教学的效率和效益。

十八、《两汉〈尚书〉学研究》简介

曲阜师范大学马士远教授主持完成的国家社科基金项目《两汉〈尚书〉学研究》（批准号06BZX037），2007年立项，最终成果为《两汉〈尚书〉学研究》，2012年4月结项，结项等级为优秀（证书号20120659）。

《尚书》内容广博而深刻，在政治、文学、历史、哲学、天文、地理等诸多学科领域都有肇始性论述，特别是在治政领域的论述可谓广博而深刻，足称华夏治典之渊薮。汉代《书》教活动在继承周秦"长于政"的《书》教传统过程中，其"长于政"的特色更为突出，诸多汉代《尚书》学大师以"长于政"为目的对《尚书》古义的新诠释得以在广泛的区域内传播，这些诠释与创新多能作为依据用于指导立政、治政之实践，取得了明显的资政效果，直接影响了汉代四百余年的政治变迁。

作为国内第一部系统研究汉代《尚书》学的开山之作，本成果以绪论"'长于政'的两汉《书》教传统"为总纲，以"西汉《尚书》学研究"、"东汉《尚书》学研究"、"《书》教传统与汉代政治哲学"、"汉代称说《尚书》学文献辑考"四编为分目，对两汉时期的《书》经及《书序》的文本辑考、《尚书》学派的流变、《书》教传统的形成及流衍、《尚书》学的盛衰嬗变及其成因等重大《尚书》学命题，本着正本清源目的，进行了宏观、中观、微观等不同层次的梳理考辨。并在综稽前人已有研究成果，厘清史实的基础上加以判断，对前人误说多有纠正，提出言之有理、持之有据的商榷意见，得出不少令人信服的新结论。指出《尚书》在汉代成为名至实归的"帝王之书"，诸多人君研习《尚书》，尊崇《尚书》，并且依《尚书》布政、施政，极大地促进了汉代《尚书》学社会功用的发挥。辨析了王莽依据《尚书》议政、篡政、治政的具体内容，从历史唯物主义的角度客观地给以定位。对伏氏、孔氏、欧阳氏、桓氏、杨氏等《尚书》家学流变，以及司马迁、班固、马融、郑玄等汉代重要学者的《尚书》学进行多层面梳理，多发前人所未发。对两汉《尚书》学各类文献进行了最为系统的"竭泽而渔"式的辑考，为《尚书》学研究者提供了一系列独具特色的附录，为上述各类观点或理论的提出提供了扎实的历史文献依据。

成果主要采取考据与义理并重，以史为经，以论为纬，知人论世，经典诠释以及统计学等多种研究方法，从一个全新的角度揭示了两汉"《书》教"传统与政教之间的相互生发关系，而且自觉呼应国家文化建设战略，传承民族优秀传统文化，从汉代《尚书》学理论及其历史发展的研究中，不尽为当代政治建设、社会建设、文化建设提供传统文化的有益借鉴，为增强文化软实力，为优秀传统文化"走出去"提供学术支撑，为当代正确处理传统文化与政治关系提供有益的历史借鉴，更为学术界提供了一部完整的、具有厚重学术价值的两汉《尚书》学研究成果。

十九、《新时期我国体育学学科体系的重构研究》简介

曲阜师范大学韩春利教授主持完成的国家社科基金项目《新时期我国体育学学科体系的重构研究》（批准号06CTY001），2006年立项，最终成果为《新时期我国体育学学科体系的重构研究》，2012年3月结项，结项等级为优秀（证书号20120524）。

该研究立足于体育学学科体系全景式、整体性的思索和纵深的理性分析，对体育学学科体系发展的历史回顾与研究现状、体育学的概念体系、学科对象、学科性质、国外发达国家学科与体育学学科的划分、新时期我国体育学学科体系的方法论、新时期我国体育学学科类别的划分及其科学性、新时期我国体育学学科体系的结构等进行了研究。

研究认为，体育学是具有人文社会科学属性的自然科学和技术科学，是综合性的交叉学科，是具有综合科学性质的人体科学的技术科学。体育学学科体系主要是探讨体育学各子学科的类别划分以及相互之间的关系。科学划分学科类别是体育学学科体系构建的关键。

新时期我国体育学学科体系的构建应遵循从具体到抽象再到具体的辩证逻辑思维法则以及逻辑思维进程与历史进程相统一的法则；遵循归纳与演绎相结合、分析与综合相结合的思路；要注重从学科和专业的区别与联系中构建学科体系。

以研究对象的层次为一级分类指标，可将体育学学科分为以体育活动的整体为研究对象的学科和以体育活动的分支（部分）为研究对象的学科。以学科性质为二级分类指标，将以体育活动的整体为研究对象的学科分为人文社会科学视角的体育学学科、自然科学视角的体育学学科、综合视角的体育学学科。以人的体育实践形式为二级分类指标，将以体育活动的分支（部分）为研究对象的学科分为体育教育类学科、竞技运动类学科、健身休闲娱乐类学科、民族传统体育类学科、其他体育活动的学科。

以研究对象为主线，兼顾研究方法为依据，可将体育学学科分为体育科学活动的总体为研究对象的学科群、以体育科学活动中形而上问题为研究对象的学科群、以宏观体育实践活动为研究对象的学科群、以中观体育实践活动为研究对象的学科群、以微观体育实践活动为研究对象的学科群。

以学科研究对象的类别为依据，可将体育学学科分为以体育运动领域中的各种人文社会现象为研究对象的学科、以体育运动领域中的各种自然现象为研究对象的学科、以体育运动领域中的各种人文社会现象与自然现象的综合与交叉研究为研究对象的学科、以运用技术理论去研究体育现象为研究对象的学科和以体育学自身元研究为研究对象的学科。

以学科发展演进为根基，可将体育学学科分为准学科、前学科、基干学科、分支学科、交叉学科、超学科和元研究学科。

依据我国体育实践的主要形式，兼顾经济社会发展对体育人才的需求，可将体育学学科分为体育教育学、竞技运动学、健身休闲娱乐学、体育经济与管理学和民族传统体育学5个二级学科。考虑到新兴学科和交叉学科发展的需要，在上述5个体育学二级学科之外，设置新兴/交叉学科。

二十、《审美与意识形态的变奏：20世纪西方修辞观念研究》简介

聊城大学谭善明博士主持完成的国家社科基金项目《审美与意识形态的变奏：20世纪西方修辞观念研究》（批准号08CZW004），2008年立项，最终成果为《审美与意识形态的变奏：20世纪西方修辞观念研究》，2012年2月结项，结项等级为优秀（证书号20120286），2013年3月中国社会科学出版社出版，书名《审美与意识形态的变奏》。

在经历了长期的压抑之后，修辞学突然成为一种革命性的力量，在20世纪的文学、哲学、历史学等领域中大显身手，该研究旨在揭示这种修辞观念的美学特质。该课题从生成的游戏、意识形态神话的破除、话语修辞的还原与超越、本原的解构和原生性的修辞等几个方面，深入剖析了自尼采以来的现代性修辞观念的主要内容，及其对当代思想形态和文论走向的影响。这种修辞观念超越了“修辞手段”、“修辞技巧”的层面，而从认知的层面强调修辞在建构语言、知识、思维以及意识等方面的重要作用。这种修辞观念即是审美与意识形态的变奏，它的核心集中于话语修辞活动的审美过程和意识形态过程的张力、话语形式变革与认知内容颠覆的合谋。修辞的审美过程，以“陌生化”的方式吸引人们的感官，从形式上为新观念开辟道路；意识形态过程则表现为话语权力的争夺，是以“新的”思想观念取代“旧的”思想观念。修辞，作为一种话语活动，乃是审美过程和意识形态过程的变奏，这是20世纪西方修辞观念的一个重要线索，也是当代文论的中心话题之一。在审美过程中修辞满怀信心地编织语言的花环，为某种意见进行充满形象的、饱含激情的“强论证”，而当这一论证得以完成，意见也被人们广为认同之后，修辞就从审美滑向了意识形态，之后修辞又以酒神冲动破坏意识形态从而再次开启审美过程。20世纪西方文论发扬了尼采的修辞学传统，特别强调修辞本身强大的形式冲动，关注修辞的审美过程在颠覆传统观念过程中的作用，从罗兰·巴特、福柯、德里达到耶鲁学派，一个“转义”修辞的文化景观被勾画出来。这种修辞观念强调任何关于真理的话语、道德的话语、宗教的话语，无不是以审美的方式建构起来的意识形态；修辞不仅是意识形态的帮凶，同时也是意识形态的破坏者，从审美走向意识形态是修辞活动的一半，从意识形态重返审美也是任何话语不可逃避的命运。

该成果对修辞活动的审美过程和意识形态过程进行了深入分析，这一研究打破了人们通常对修辞学的误解，将修辞视为一种不可避免的话语活动，所有的观念、知识乃至真理都被视为修辞活动的结果；同时，这种现代性修辞观念揭示了话语活动中审美过程与意识形态过程的斗争，揭示了当代文化的特殊性，即话语中心的游走。通过对这种修辞理论的研究，有助于拓展美学和文化研究的视野，激发人们对“现代性”问题进行更深入的思考。

二十一、《八思巴字文献资料及相关韵书研究》简介

原鲁东大学副教授、现山西大学教授宋洪民主持的国家社科基金项目《元代汉语音系研究：基于八思巴字文献资料》（批准号09BYY037），2009年立项，最终成果为《八思巴字文献资料及相关韵书研究》。2012年3月结项，结项等级为优秀（证书号20120523）。

（一）该项研究成果的主要建树及创新程度

1. 首次对现存八思巴字汉语实际应用文献材料（圣旨碑刻、官印等）进行了全面整理研究。

尽管海内外方家如龙果夫、罗常培、杨耐思、宁忌浮等都在这一领域作出了卓越的贡献，但学者们似乎对《蒙古字韵》关注太多，而对八思巴字译写汉语的实际应用文献（圣旨碑刻等）却从来无人进行系统整理研究，所以这一工作具有开创性质，属于首次对现存八思巴字汉语实际应用文献材料的全面整理研究。

作者不但首次对这些八思巴字汉语实际应用文献进行了全面整理研究，而且还按韵重新编排，归纳出了其语音系统，从中得出了一个真正的活的八思巴字汉语拼写语音系统。

2. 研究将八思巴字文献中归纳出的音系与《蒙古字韵》作了全面比较，从其高度一致性得出《蒙古字韵》代表元代官方的译音标准，可以作为元代官音研究的重要参考。

研究还进一步分析了八思巴字韵书《蒙古字韵》缘何在元代前期并不盛行的原因。因蒙元统治者重实学，反对词赋取士，所以韵书体式的《蒙古字韵》难登大雅之堂。

3. 系统探讨八思巴字正字法（即拼写规则），运用这些规则来分析《蒙古字韵》中的八思巴字拼写，对各种拼写形式特别是那些一向被认为较为特殊的拼写形式认真研究，从拼写规则上找出其所以这样拼写的依据，从而找到隐藏在拼写形式背后的真实的语音构成。

如元代汉语中特有的声母格局影、幺、鱼、喻、疑的分立就一直是一个难以索解的难题。该研究认为这种现象源于八思巴字拼写系统，是八思巴字系统区别等第的一种表现手段。

4. 从蒙古语与汉语二种语言接触过程中的纠葛来研究某些现象。如《蒙古字韵》中的“后”类晓匣母字，其韵母在拼写形式上与“鸠”等细音字为一类，而在实际读音上则当与“钩”等洪音字为一类。我们认为，其拼写形式与实际读音的矛盾源于“皇太后”等中古蒙古语中的汉语借词，即“后”等字的拼写形式是八思巴字汉语中直接使用了蒙古语中的这一汉语借词。另外，又加上八思巴字拼写规则的制约，才出现了既定的这种格局。

5. 将《古今韵会举要》与《蒙古字韵》比较，揭示了《韵会》对《字韵》的因袭现象。

研究对《韵会》、《字韵》进行探索后发现，这两部韵书中存在着这样的现象，即这些是受八思巴字拼写规则制约产生出来的特殊现象，而并非忠实地反映历史音变。而这些都可以作为《韵会》因袭《字韵》的证据。如《蒙古字韵》中四支韵部的“矣”等字并入“宜”中，“尤有右友”并入“牛”中。再如“侯”在拼写上与“尤幽”等韵母相同而与“钩”等字不同，这也是受八思巴字特定拼写规则制约而出现的特有现象，而《韵会》却径直将侯入鸠字母韵，这是《韵会》误袭《字韵》的明证。

（二）成果的学术价值

首先，研究成果首次为八思巴字研究和汉语音韵学研究提供了一份宝贵的系统的全面的材料。本研究是对现存八思巴字汉语实际应用文献材料进行的全面整理研究，其价值具有不可替代性。

其次，研究方法上，该研究从八思巴字正字法（拼写规则）入手来研究《蒙古字韵》的拼写形式。

再次，研究将《古今韵会举要》与《蒙古字韵》比较，摆脱了以往单纯就汉语韵书研究汉语韵书《古今韵会举要》的做法，揭示了《韵会》对《字韵》的因袭现象。

国家软科学研究计划项目 2012年度山东省立项课题

山东省科技厅

序号	项目编号	项目名称	依托单位
1	2012GXS2D026	沂蒙老区协调跨越发展的科教驱动研究	临沂大学
2	2012GXS4D090	资源型城市科技促进产业转型路径选择及发展对策研究	山东理工大学

山东省软科学研究计划项目2012年度立项课题

一、重大项目

项目编号	项目名称	依托单位
2012RZC02002	山东省建立覆盖全过程、全社会的食品安全体制机制及政策法规框架研究	山东省农业科学院
2012RZB01012	山东省省以下财政管理体制改革路径研究	山东财政学院
2012RZF01001	提高山东半岛蓝色经济区海洋科技创新能力研究	青岛国家海洋科学研究中心
2012RZC01001	山东省科技进步贡献率测算及实证研究	山东省科技发展战略研究所
2012RZB39001	山东创新社会管理的模式与政策研究	山东省人民政府研究室
2012RZB33001	山东生态文明乡村建设实践成效及推进措施研究	中共山东省委政策研究室
2012RZC01003	山东省市县科技进步综合考核指标研究	山东省科技发展战略研究所

二、重点项目

项目编号	项目名称	依托单位
2012RZE27001	山东新型农村金融服务体系发展研究	山东大学经济学院
2012RZE27002	政治与经济互动背景下企业家行为与鲁商精神——基于山东省大型企业的案例研究	山东大学管理学院
2012RZE27002	政治与经济互动背景下企业家行为与鲁商精神——基于山东省大型企业的案例研究	山东大学管理学院
2012RZB01017	山东省苹果出口产业链的价值提升策略研究	山东农业大学
2012RZB01001	山东省战略性新兴产业核心竞争力的培育与提升研究——基于知识产权战略实施的分析	烟台大学
2012RZB01007	山东省低碳生态城市发展战略及监测评价体系研究	山东师范大学
2012RZB01016	山东省食品安全监管绩效评价与体制创新研究	山东经济学院
2012RZC03001	加强社会力量参与的山东省医药卫生体制改革创新研究	山东省医药卫生科技信息研究所
2012RZC23001	山东高端生产性服务业发展研究	山东社会科学院经济研究所
2012RZB01014	山东省完善县以下财力保障机制增强基层发展活力研究	山东经济学院
2012RZC01002	科技推动山东省创意产业发展的对策研究	山东省科技发展战略研究所

三、一般项目

项目编号	项目名称	依托单位
2012RKA16005	黄河三角洲高效生态经济区可持续发展能力分析及对策研究	滨州学院
2012RKA17009	打造鲁苏豫皖交界地区科学发展高地战略研究	菏泽市政府研究室
2012RKA08020	资源型城市战略性新兴产业创新要素的调查研究	济宁市科学技术情报研究所
2012RKA08002	山东省煤矿生产自动化现状分析与可持续发展战略研究	济宁学院
2012RKA13007	红色文化遗产双重保护研究	临沂大学
2012RKE27012	胶东半岛城市人居环境与经济发展的协调性研究	山东大学威海分校
2012RKB12001	山东省推动传统海洋渔业产业升级的政策研究	山东省海洋水产研究所
2012RKB01030	物联网产业下的高校专业调整策略研究	聊城大学
2012RKB01054	山东省发展绿色经济的瓶颈及对策分析	聊城大学
2012RKB01397	文化遗产保护与可持续利用对策研究——以青岛市为例	青岛科技大学
2012RKB01246	蓝色经济背景下基于循环经济的青岛城市生态环境治理与转型研究	青岛科技大学
2012RKB01451	山东省促进科技创新的政策支持研究	青岛农业大学
2012RKB01463	低碳背景下山东省农民对气候变化的认知及适应（行为）研究	青岛农业大学
2012RKB01055	山东省产业结构演变的城镇化响应研究	曲阜师范大学
2012RKB01003	儒家文化与山东省文化产业国际竞争力提升研究	曲阜师范大学
2012RKB01108	儒家文化视角下山东省旅游商品消费者购买决策研究：行为模式、心理机制及营销对策	曲阜师范大学
2012RKB01129	山东半岛实现城乡一体化的路径选择与政策研究	山东工商学院
2012RKB01099	山东半岛蓝色经济区生态产业共生体系构建研究	山东工商学院
2012RKB01299	基于产业转移视角下的制造业空心化问题研究——以山东省为例	山东工商学院
2012RKB01352	山东省低碳经济战略、途径与市场化机制研究	山东科技大学
2012RKB01418	山东省二氧化碳贸易内涵排放问题研究	山东科技大学
2012RKB01462	山东省对外贸易结构调整和优化路径研究	山东科技大学
2012RKB01231	基于工业化城镇化快速推进中的县域多功能农业发展研究	山东理工大学

（续表）

项目编号	项目名称	依托单位
2012RKB01249	科技型企业的环境责任问题探究	山东理工大学
2012RKB01251	山东省文化品牌传播策略研究	山东理工大学
2012RKB01289	山东省上市公司资产结构、资本效率与可持续发展研究	山东理工大学
2012RKB01036	山东省绿色商业发展问题研究	烟台大学
2012RKA09016	山东省实施创新战略转变经济发展方式研究	泰山学院
2012RKA10009	软件产业带动数字化城市发展的策略研究	哈尔滨工业大学（威海）
2012RKA07045	转方式调结构背景下山东省乡村旅游发展研究	潍坊职业学院
2012RKA06013	创新推进山东中小企业转型升级	中共烟台市委党校
2012RKE29004	山东省“蓝色粮仓”建设的路径选择与保障措施研究	中国海洋大学
2012RKE28003	传统产业转型与新兴产业培育的协同机制——基于青岛西海岸经济新区的研究	中国石油大学（华东）
2012RKA03013	山东陶瓷产业的发展及合理开发对策研究	淄博市科学技术情报研究所
2012RKA03022	山东省经济发展的区域差异与收敛机制——基于新世纪数据的实证研究	淄博职业学院
2012RKA16003	黄河三角洲湿地生态旅游开发模式研究	滨州学院
2012RKA16006	山东省信息化与生产性服务业融合创新发展战略与对策研究	滨州学院
2012RKA16015	黄河三角洲城市旅游空间结构及区域合作研究	滨州学院
2012RKA16023	黄河三角洲湿地生态补偿路径及管理对策研究	滨州学院
2012RKA17002	地理标志保护与山东省特色农业发展及优势区域布局研究	菏泽学院
2012RKA13020	沂蒙老区制造业企业商业模式创新对策研究	临沂大学
2012RKA13021	区域供应链管理环境下物流产业管理的对策研究	临沂大学
2012RKB01454	山东省农民专业合作社在科技支撑引领经济发展中的作用研究	青岛农业大学
2012RKB01069	生态视域下山东半岛蓝色经济区休闲体育产业集群可持续发展研究	曲阜师范大学
2012RKB01049	以农民专业合作社为主体的农业技术推广体系构建研究	曲阜师范大学
2012RKB01155	后危机时代山东企业财务危机动态预警机制研究	山东工商学院
2012RKB01220	发展重金属污染场地的快速探测技术，促进环保经济发展	山东工商学院

（续表）

项目编号	项目名称	依托单位
2012RKB01217	山东省企业专利能力发展现状与对策研究	山东理工大学
2012RKA07018	物联网技术在山东省粮食物流领域中的应用研究	潍坊学院
2012RKA07005	基于价值链分析的种业知识产权保护方法与途径探讨	潍坊学院
2012RKA07044	科技支撑引领地方农业经济发展的研究——以寿光为例	潍坊职业学院
2012RKA06009	高新技术产业引领山东产业结构转型研究	中共烟台市委党校
2012RKA06007	山东省以科技创新引领支撑现代农业建设的社会评价系统及决策支持研究	中共烟台市委党校
2012RKA16010	黄河三角洲地区新农村建设中农村生态环境问题及对策研究	滨州学院
2012RKA16026	黄河三角洲高效生态经济区食用农产品质量安全问题及控制对策	滨州学院
2012RKA14015	山东省食品企业社会责任履行现状调查及养成策略研究——基于食品安全的视角	德州学院
2012RKA13023	山东省手足口病流行状况调查及防治研究——以临沂地区为例	临沂市人民医院
2012RKA13005	低碳医院发展路径研究	临沂市沂水中心医院
2012RKB01001	鲁西粮食主产区土壤污染风险评价与管理研究	聊城大学
2012RKB01082	和谐视域下新生代农民工体育权益的缺失与回归研究——以半岛蓝色经济区为例	鲁东大学
2012RKB01085	体育强省目标下山东省体育科技创新体系建设研究	鲁东大学
2012RKB01324	慈善信息网络公开制度的构建	青岛大学
2012RKB01113	山东省残障人士旅游权利保障机制研究	山东工商学院
2012RKB01104	面向城市普通医疗机构的体视化技术应用研究	山东工商学院
2012RKB01206	山东省劳动监察运行机理及相关政策研究	山东工商学院
2012RKB01224	基于网络环境视角下民众参与食品安全监管的机制与对策研究——以山东省为例	山东理工大学
2012RKB01242	支撑山东省民生科技发展的投融资体系研究	山东理工大学
2012RKB01374	山东省大气污染预警体系的政策法规建设研究	山东理工大学
2012RKB01461	新农村建设背景下新型农民培养模式研究	山东农业大学
2012RKB01053	中国农村地区民生评量体系设计与实证研究	烟台大学
2012RKB14068	山东省民间借贷现象的法律规制与矫正	滨州医学院

（续表）

项目编号	项目名称	依托单位
2012RKB14093	城郊区实施新农合的实践与思考	滨州医学院
2012RKB14027	城市化进程中农村“空巢家庭”养老问题研究	泰山医学院
2012RKA07029	山东蔬菜质量安全体制机制及其相应法律法规与策略的研究	潍坊科技学院
2012RKA06003	中小学校园卫生应急能力调查与干预研究	山东省烟台护士学校
2012RKE29010	山东省科技资源优化中的政府合作机制研究	中国海洋大学
2012RKA14014	冬季带冰引水规律及应对措施研究	德州市李家岸灌区管理局
2012RKA13022	沂蒙老区科技创新中心的演化模型与协同管理研究	临沂大学
2012RKB01075	泛在信息社会中学科信息环境研究	鲁东大学
2012RKB01257	山东省文化创意产业的市场创新、业态选择和发展要素研究	青岛科技大学
2012RKB01239	山东省创新型企业创新绩效评价及培育路径研究	青岛科技大学
2012RKB01168	网络环境下利用电子合同服务平台优化企业间运营模式研究	山东工商学院
2012RKB01175	基于SVM的近海水产养殖生态环境下水产疾病预警研究	山东工商学院
2012RKB01457	电网运行可靠性管理精益化创新研究	山东科技大学
2012RKB01312	山东省装备制造业自主产品技术平台构建路径及对策研究	山东理工大学
2012RKB01295	提升山东省创新型企业技术创新能力的对策研究——知识资本视角	山东理工大学
2012RKB01027	山东半岛蓝色经济区科技园孵化器运行模式研究	烟台大学
2012RKB15004	青岛市3G移动平台在社会管理中的应用	青岛市计划生育药具管理站
2012RKA07046	科技与金融结合的体制及对策研究	潍坊高新技术产业开发区技术交易服务中心
2012RKA16020	“一黄一蓝”经济区建设背景下复合型外语人才培养模式研究	滨州学院
2012RKA16029	服务“黄蓝”两区生物医药产业发展的人才需求与对策研究	滨州职业学院
2012RKA14001	依托高职院校专业群建设，促进区域经济产业群发展——以德州职业技术学院为例	德州职业技术学院

（续表）

项目编号	项目名称	依托单位
2012RKA08015	基于鲁西南地区膳食特点开展社区营养宣教对提高老年人膳食质量的研究	济宁职业技术学院
2012RKA15004	山东省农村小型金融组织的建立与发展研究	聊城职业技术学院
2012RKA13019	沂蒙红色旅游文本的翻译策略研究	临沂大学
2012RKA11008	高职院校图书馆文献信息资源建设与共享研究	日照职业技术学院
2012RKA11007	蓝色经济区规划下软件服务外包人才培养模式的研究	日照职业技术学院
2012RKB01159	基于校企合作的IT专业应用型人才培养模式的创建与实施	聊城大学
2012RKB01199	山东省地方高校国际交流与合作研究	聊城大学
2012RKB01039	基于实习支教的高等教育与农村基础教育的对接体系研究与实践	聊城大学
2012RKB01090	山东省中药行业的中药专利申请和保护策略研究	青岛科技大学
2012RKB01162	山东半岛蓝色经济区与黄河三角洲高效生态经济区协调发展机制研究	青岛科技大学
2012RKB01453	山东省农业信息化发展水平测评与发展对策研究	青岛农业大学
2012RKB01062	音乐类非物质文化遗产的保护与当前群众音乐文化建设研究——以日照市为例	曲阜师范大学
2012RKB01015	山东省农村小学课堂教学信息化现状及对策研究	曲阜师范大学
2012RKB01303	山东半岛蓝色经济区休闲体育产业发展研究	山东工商学院
2012RKB01084	基于文化资本的山东半岛蓝色经济区海洋文化旅游产品优化研究	山东工商学院
2012RKB01146	加强物联网产业人才培养，促进山东省新兴产业发展	山东工商学院
2012RKB01209	山东半岛城市供水价格形成机理、动态优化及其调整策略研究	山东工商学院
2012RKB01266	高校艺术创新型人才培养对实现山东动漫产业的文化突围和艺术创新的意义研究	山东工商学院
2012RKB01125	挖掘我省传统美术资源，打造地域特色动漫产业	山东工商学院
2012RKB01383	山东半岛蓝色经济区经济发展环境评价系统及优化方案研究	山东科技大学
2012RKB01431	山东省民营企业的制度环境研究	山东科技大学
2012RKB01019	充分利用网络资源开拓国际市场，提升“好客山东”旅游品牌形象——基于对山东省风景区网站英文文本的现状调查与规范性研究	山东农业大学

（续表）

项目编号	项目名称	依托单位
2012RKB14050	扩大国家免疫规划形势下预防接种纠纷的防范和处理长效机制研究	济宁医学院
2012RKA09008	我国生鲜农产品流通效率及流通体系研究	泰山学院
2012RKA07040	小微企业税收政策应用研究	山东经贸职业学院
2012RKA06005	山东半岛蓝色经济区以价值创新为导向的高职创业教育研究	山东商务职业学院
2012RKA06004	山东半岛农业高校科技成果转化模式研究	中国农业大学烟台研究院
2012RKA04028	山东大旅游格局中的国有酒店改制专题研究——基于前因驱动和企业治理视角的实证分析	山东省枣庄职业学院
2012RKA03018	基于青少年科学探究的社会教育资源开发利用研究	淄博师范高等专科学校
2012RKA03033	制造业公司财务危机动态预警系统的研究	淄博职业学院
2012RKA13004	临沂市优势钛资源的产业化开发规划及相关政策研究	临沂市科学技术合作与应用研究院
2012RKB01234	齐文化资源的产业开发研究	山东理工大学
2012RKB14058	基于专业管理视角下产后母婴家庭护理评价指标体系的研究	滨州医学院
2012RKA07037	潍坊城隍庙历史街区的保护与更新研究	潍坊学院
2012RKA14016	创新软科学工作服务德州决策科学化、民主化对策研究	德州市软科学研究会
2012RKA14011	统筹城乡发展视域下新农村建设的可持续路径与公共政策——以德州市为例	德州学院
2012RKA13013	战略协同视角下的企业责任竞争力治理机制研究——以山东省企业为例	临沂大学
2012RKA13006	山东省乡村旅游业态创新研究	临沂大学
2012RKA13014	多因素模糊评判技术在大型医疗设备配置中应用研究	临沂市人民医院
2012RKA02002	海洋防腐新材料产业知识产权现状及发展战略研究	青岛市科学技术信息研究所
2012RKB01066	基于人力资本投资视角的新生代农民工培训研究	聊城大学
2012RKB01020	基于人性假设理论的职业生涯成功研究	聊城大学
2012RKB01022	运筹学优化理论在中小企业财务管理方法创新中的应用研究	聊城大学
2012RKB01136	基于 EVA 视角的山东省“黄蓝”两区企业可持续发展研究	鲁东大学
2012RKB01097	基于三维视角的国有企业高管领导力及其发挥路径研究	鲁东大学

（续表）

项目编号	项目名称	依托单位
2012RKB01238	山东省农民专业合作社融资模式创新研究	青岛大学
2012RKB01271	山东省科技创业生态系统评价与建设对策研究	青岛科技大学
2012RKB01041	山东省运动员退役教育与安置服务体系研究	曲阜师范大学
2012RKB01150	基于营销视角的政府公共服务模式与绩效评价研究	山东工商学院
2012RKB01182	山东省公众参与重大建设工程决策的影响因素及动力提升对策	山东工商学院
2012RKB01316	矿山事故系统内因分析与风险规避研究	山东工商学院
2012RKB01415	山东省新能源产业集群的识别与测度研究	山东科技大学
2012RKB01356	基于生态服务价值的山东半岛土地利用结构优化研究	山东科技大学
2012RKB01409	基于网络数据库技术的服务型政府质量评价体系与方法研究	山东科技大学
2012RKB01435	山东省煤炭企业社会责任与监管体系研究	山东科技大学
2012RKB01021	博弈与共赢——山东文化产业发展与半岛蓝色经济区建设的良性互动	烟台大学
2012RKB01023	山东半岛蓝色经济区创新环境研究：建设和谐社会的民生视角	烟台大学
2012RKA09006	基于知识交流视角的山东省地方政府集体决策科学化研究	泰山学院
2012RKA07007	当代大学生人际交往消费状况的调查研究	潍坊学院
2012RKA07012	山东省现代物流一体化与蓝色经济区建设协调发展研究	潍坊学院
2012RKA07024	科技论文学术不端现象分析、界定及预防策略研究	潍坊学院
2012RKA06002	山东半岛蓝色经济区新兴产业融资渠道及选择研究	中国农业大学烟台研究院
2012RKA04024	科圣墨子思想中的人文关怀对当今科技发展的指导研究	滕州市墨子研究中心办公室
2012RKA04019	枣庄市主要河流生态环境质量变化调查研究	枣庄市环境保护科学研究所
2012RKE29012	山东省环境保护专项资金绩效审计基准研究：基于资源配置的视角	中国海洋大学
2012RKE28006	黄蓝经济交汇区人才资源开发对策研究	中国石油大学（华东）
2012RKE28002	黄河三角洲开发中的政府协调机制创新研究	中国石油大学（华东）

（续表）

项目编号	项目名称	依托单位
2012RKA01016	济南市“北跨”战略实施对策研究——以济阳、商河区域发展为个案	山东英才学院
2012RKB57002	企业集群发展的情景分析与金融跟进	山东省金融学会
2012RKB57001	金融危机救助过程中财政和央行职责分工研究	山东省金融学会
2012RKE27046	基于内需增长驱动的山东省制造业价值链重构研究	山东大学经济学院
2012RKB05001	山东省半岛蓝色经济区战略发展的金融市场支持体系研究	山东省财政学会
2012RKB38001	沂蒙革命老区转变经济发展方式战略研究	山东省宏观经济研究院
2012RKB03011	数字网络技术与版权保护机制创新研究	山东省公安厅物证鉴定研究中心
2012RKB01335	我国古籍出版业后改制时代的运营现状与发展对策研究	济南大学
2012RKB01107	区域知识资本在山东省经济发展中地位与作用的实证研究	济南大学
2012RKB01115	工业设计带动下的山东省制造业企业创新机制研究	济南大学
2012RKB01229	低碳经济视角下山东中小企业转型成长对策研究	齐鲁师范学院
2012RKB01466	清代文献学研究	山东财政学院
2012RKB01323	山东文化产权市场建设与发展对策研究	山东财政学院
2012RKB01297	山东省品牌生态系统的协同进化研究	山东财政学院
2012RKB01413	比较优势、FDI与农产品国际竞争力——基于山东省的实证分析	山东财政学院
2012RKB01384	山东省低碳排放产业体系与消费模式的构建与对策研究	山东财政学院
2012RKB01308	山东省区域产业结构演进效应研究	山东财政学院
2012RKB01348	我国主要经济变量的周期特征与协整关系的研究	山东财政学院
2012RKB01357	基于市场机制的山东省既有建筑节能改造经济激励研究	山东财政学院
2012RKB01282	新形势下山东省城市商业银行经营战略转型研究	山东财政学院
2012RKB01010	济南都市圈产业结构的区域效应优化研究	山东建筑大学
2012RKB01276	山东缺水城市住宅小区径流雨水管理模式转换及组织政策研究	山东经济学院
2012RKB01142	山东省服务外包产业竞争力分析及发展策略研究	山东女子学院
2012RKB01045	基于竞争力提升的山东省制造业结构调整研究	山东青年政治学院

（续表）

项目编号	项目名称	依托单位
2012RKB01240	山东省加快推进工业设计发展对策研究	山东轻工业学院
2012RKB01196	山东省中小企业高层管理人员信息化素养提升研究	山东轻工业学院
2012RKB01201	促进山东低碳经济发展的财税政策研究	山东轻工业学院
2012RKB01275	金融产业集聚对区域经济增长的影响研究——以环渤海为例	山东师范大学
2012RKB01102	山东省光伏产业发展态势分析与对策研究	山东师范大学
2012RKB02002	跨国公司垂直分离化新趋势对山东产业安全的影响及对策研究	山东省对外科技交流中心
2012RKC01009	“十二五”期间山东省可再生能源产业增长方式和成长路径的研究	山东省科技发展战略研究所
2012RKC01002	山东省信息产业结构调整及发展路径研究	山东省科学院情报研究所
2012RKB11005	引导社会资本加速山东农业向现代农业转变的研究	山东省农业产业化协会
2012RKB11003	提升山东农业国际化水平研究	山东省农业国际交流协会
2012RKB40001	山东省高技能人才评价体系建设研究	山东省职业技能鉴定中心
2012RKB39002	管理创新对制造业企业核心竞争力提升的作用与相关政策研究	山东省人民政府研究室
2012RKB39003	以市为单位整体提高县域经济水平的政策措施研究	山东省人民政府研究室
2012RKC23009	从发展两难到可持续发展——山东低碳消费模式研究	山东社会科学院
2012RKC23012	新调控背景下山东民间投资转型研究	山东社会科学院
2012RKB49002	培植山东农业发展新优势的对策研究	中共山东省委党校省直分校
2012RKB23003	计量行业服务山东产业发展战略研究	山东省计量科学研究院
2012RKB35012	党员干部理想信念的现实表达研究	中共山东省委党校
2012RKB35006	山东省转变经济发展方式指标体系研究	中共山东省委党校
2012RKB33004	山东科技金融融合创新发展问题研究	中共山东省委政策研究室
2012RKA01017	济南科技市场发展战略研究	济南科技市场管理委员会
2012RKA01009	山东省文化产业发展中的科技创新问题研究	中共济南市委党校
2012RKE27053	科技推进山东文化强省路径研究	山东大学马克思主义学院
2012RKB38002	科技发展与自主创新	山东省宏观经济研究院
2012RKB01133	新媒体语境下山东省纪录片产业发展策略研究	济南大学
2012RKB01287	农技推广体系与农民科技培训财政支持政策研究——以山东省为例	山东财政学院

（续表）

项目编号	项目名称	依托单位
2012RKB01345	山东省出口贸易碳减排问题研究	山东财政学院
2012RKB01394	基于DEA方法的山东省公共科技投入绩效评价研究	山东财政学院
2012RKB01064	网络科普产业发展对策研究——以山东省为例	山东经济学院
2012RKB01422	山东省农业科技中介组织成长机理的实证研究	山东经济学院
2012RKB01370	农业科技进步评价体系研究	山东经济学院
2012RKB01040	山东制造业青年职工科技素养提升策略研究	山东青年政治学院
2012RKB02003	科技支撑引领下的黄河三角洲地区农业与服务业融合发展模式及策略研究	山东省科学技术情报研究所
2012RKB02010	山东省高速公路服务区连锁经营管理模式研究	山东省科学器材供应服务站
2012RKC01001	山东省科技创新政策实施效果评估分析	山东省科技发展战略研究所
2012RKC02006	山东省科普惠农兴村支撑体系研究	山东省农业科学院
2012RKC02001	我国SPF鸡的产业化发展战略研究	山东省农业科学院家禽研究所
2012RKE27050	山东省三级医院门诊预约现状调查及精细化管理的研究	山东大学第二医院
2012RKE27007	护理人员情绪劳动与压力管理的关系研究	山东大学齐鲁医院
2012RKE27032	极低出生体重儿父母焦虑、抑郁情绪状况调查及护理干预对其影响的研究	山东大学齐鲁医院
2012RKB01095	城市低保工作机制建设比较研究——基于山东省三类城市的比较	济南大学
2012RKB01313	技术进步的劳动就业效应研究——基于系统动力学的视角	山东财政学院
2012RKB01071	基于可持续发展的城市保障性住房筹资机制研究	山东建筑大学
2012RKB01013	基于山东省地方融资平台的公私伙伴关系与政府或有负债研究	山东经济学院
2012RKB01354	社会稳定视域下的网络舆情监控系统研究——基于Web2.0环境	山东经济学院
2012RKB01401	网络事件的监控、影响力评价及对策研究	山东经济学院
2012RKB01311	山东省安全农产品营销体系构建研究——基于对山东省农业合作社的调查	山东经济学院
2012RKB01081	教育公平视角下普通体育高考测试方法改革研究	山东师范大学
2012RKB01176	城市化进程中的宅基地使用权研究	山东政法学院
2012RKB01187	生命科技犯罪的刑事法对策研究	山东政法学院

（续表）

项目编号	项目名称	依托单位
2012RKB40002	山东省社会保障水平、保障能力监测评价体系研究	山东省劳动和社会保障学会
2012RKC21001	我国农产品冷链物流发展现状与对策研究	山东商业职业技术学院
2012RKB14134	医改背景下的城市新型医疗服务模式构建与实践研究	山东省立医院
2012RKB14136	构建与人口老龄化和家庭小型化相适应的基层医疗保障体系	山东医学高等专科学校
2012RKC03002	新医改政策下山东省公立医院补偿机制问题及对策研究	山东省医学科学院
2012RKB23025	标准化对行政服务效能的推动作用研究	山东省标准化研究院
2012RKB35014	山东省智能执法难点问题实证研究	中共山东省委党校
2012RKB35007	适度普惠视角下山东省民政社会福利整合问题研究	中共山东省委党校
2012RKB33003	我省农村空巢老人结构状况及配套对策研究	中共山东省委政策研究室
2012RKA01019	青少年创新能力培养的深化探索和成果推广	山东省章丘市第四中学
2012RKE27002	项目依托式二语写作教学理论模型构建与应用研究	山东大学外国语学院
2012RKE27044	基于移动互联网的大学生毕业实习服务平台研究	山东大学外国语学院
2012RKB03009	基于现代教育技术的公安培训体系完善与创新研究	山东警察学院
2012RKB01080	基于研究联合体的中小企业提升自主创新能力的机制与路径研究	济南大学
2012RKB01223	山东高新技术企业自主创新能力及其提升路径研究	济南大学
2012RKB01460	山东文学名著资源的产业化开发研究	山东财政学院
2012RKB01024	山东物流企业自主创新能力的影响机制与对策研究	山东建筑大学
2012RKB01228	山东高校科技创新现状及对策研究	山东轻工业学院
2012RKB35010	完善山东省自主创新体系建设的政策机制研究	中共山东省委党校
2012RKB35009	山东企业自主创新机制问题研究	中共山东省委党校
2012RKB33002	从“烟台现象”看政府在推动企业技术创新中的职能定位	中共山东省委政策研究室
2012RKA01013	高校廉政法治教育在国家文化软实力建设中的应用模式研究	济南软科学研究会
2012RKA01020	依托高等职业院校自身优势服务区域经济社会发展实证研究	济南职业学院
2012RKE27010	以资源为基础的相对价值比率评估体系在医院绩效管理中的应用研究	山东大学第二医院
2012RKE27054	山东省商业银行理财产品的风险与收益评估	山东大学经济学院

（续表）

项目编号	项目名称	依托单位
2012RKE27055	山东省城市公用事业服务标准化研究——基于济南、青岛两市的实证分析	山东大学政治与公共管理学院
2012RKB01166	山东省餐饮企业品牌战略体系与实施保障研究	济南大学
2012RKB01207	山东省高职英语教育现状与发展对策研究	济南大学
2012RKB01447	从边缘到中心：高等教育对黄河三角洲文化产业发展支撑研究	济南大学
2012RKB01270	校地联合开发章丘人文旅游资源路径研究	齐鲁师范学院
2012RKB01365	高校校园社区意识培育中“雷锋精神”传承的策略研究	山东财政学院
2012RKB01379	山东省国有资产绩效评价指标体系研究	山东财政学院
2012RKB01347	艺术品投资会计准则研究	山东财政学院
2012RKB01439	山东开放大学发展战略研究	山东广播电视大学
2012RKB01047	新农村社区建设建筑节能法律体系研究	山东建筑大学
2012RKB01350	山东省科技人员外语综合素质提升策略研究	山东经济学院
2012RKB01396	山东省语言产业发展的路径选择与对策研究	山东经济学院
2012RKB01380	财经类高校人才非智力因素培养研究	山东经济学院
2012RKB01395	面向山东区域经济发展的高校创新人才培养模式研究	山东经济学院
2012RKB01364	关于构建山东省农产品质量安全预警系统的对策研究	山东经济学院
2012RKB01072	齐鲁文化中的幼儿教育资源研究	山东女子学院
2012RKB01417	山东省农村幼儿教育信息化策略研究	山东省教育学会教育管理研究专业委员会
2012RKB01406	跨境上市的法律冲突与法律适用——以山东省境外上市公司为例	山东师范大学
2012RKB01160	山东省服务外包产业发展与 MTI 专业建设研究	山东师范大学
2012RKB01194	关于推进地方高校与小微企业产学研合作的研究	山东师范大学
2012RKB01264	新农村建设中农村居民点用地整理及区域效应研究	山东师范大学
2012RKB01331	山东省农村学前教育师资建设现状及对策研究	山东师范大学
2012RKB01174	刑事司法运行机制与诉讼文化的冲突及对策研究	山东政法学院
2012RKB01208	维稳视域下的社会管理创新对策研究	山东政法学院
2012RKB01221	我国商事登记制度存在的问题及法律对策研究	山东政法学院
2012RKB01123	传播学视野下的影视文化与国家文化安全对策	山东政法学院
2012RKB01189	会计鉴定意见采信机制研究	山东政法学院

（续表）

项目编号	项目名称	依托单位
2012RKC25001	高校科协组织建设与服务企业模式创新研究	山东省全民科学素质工作领导小组办公室、山东建筑大学科协
2012RKC30002	农民满意度视角下土地综合整治评价及优化策略研究	山东省农业管理干部学院
2012RKB39001	提高民办高等教育质量，服务经济社会发展	山东省人民政府研究室
2012RKB20002	山东半岛滨海体育旅游资源开发战略研究	山东体育学院
2012RKB14105	基于健康管理平台的缺血性脑卒中高危人群筛查及其健康管理策略研究	山东省千佛山医院
2012RKB14138	癌症患者社区照护模式的研究	山东中医药大学
2012RKE27060	基于蓝黄国家战略的山东省城镇化及其空间组织研究	山东大学纪委
2012RKE27035	山东省医学生物资源利用与组织样本库建设现状的研究	山东大学齐鲁医院
2012RKB01261	山东省非营利组织的法律规制——以基金会为例	山东师范大学
2012RKB01328	译者生态调查研究	山东师范大学
2012RKB02001	山东省物联网平台建设现状及发展对策研究	山东信息通信技术研究院
2012RKC01014	基于南水北调水质保障的南四湖流域高效生态经济模式研究	山东省科技发展战略研究所
2012RKE27063	医疗信息行为在公立医院医疗质量及医患关系评价体系中的构建与研究	山东大学第二医院
2012RKE27011	新型农村合作医疗效率评价与财政支持政策研究	山东大学经济学院
2012RKC27001	山东省软科学研究成果评价指标体系研究	山东软科学研究会
2012RKC33001	聊城市地表水环境问题及对策研究	山东省工商业联合会
2012RKB03004	新《刑事诉讼法》视野下的公安刑事侦查工作研究	山东警察学院
2012RKB01117	山东俗信文化及其社会应用研究	济南大学
2012RKB01135	基于信息披露的大股东利益输送行为实证研究	济南大学
2012RKB01138	山东省软实力测度及提升对策研究	济南大学
2012RKB01140	山东省餐饮服务领域食品安全保障体系研究	济南大学
2012RKB01101	山东省高新技术产业碳排放强度的问题及对策研究	济南大学
2012RKB01390	山东省企业经营管理人员培训效果评估研究	山东财政学院
2012RKB01330	云计算环境下数字化校园建设的主要问题及对策研究	山东财政学院
2012RKB01063	山东省公共图书馆服务政府信息公开模式研究	山东工艺美术学院
2012RKB01122	促进可持续住宅开发的房地产调控问题研究——以山东城市为例	山东建筑大学

（续表）

项目编号	项目名称	依托单位
2012RKB01067	公共建筑工程合作监管法律问题研究	山东建筑大学
2012RKB01089	章丘朱家裕古村落的保护与再开发利用对策研究	山东建筑大学
2012RKB01337	小型农田水利财政投入机制优化研究	山东经济学院
2012RKB01371	山东省公共服务提供模式及机制创新研究——基于网络治理的视角	山东经济学院
2012RKB01250	山东省城市政府间应急管理协作机制研究	山东轻工业学院
2012RKB01434	山东社区支持型农业（CSA）状况调查——兼论生态省建设与食品安全社会管理创新模式	山东省经济管理干部学院
2012RKB01283	山东省中小型高新技术企业信用风险评估研究	山东师范大学
2012RKB01112	媒介内容生产的文化价值取向研究	山东师范大学
2012RKB01298	山东省农民专业合作社参与农业科技推广研究	山东师范大学
2012RKB01169	可持续竞争优势理论视角下的民办高校发展机制探索与研究	山东协和学院
2012RKB01171	发展低碳经济背景下合同能源管理法律问题研究	山东政法学院
2012RKB01139	山东省农业信息管理服务体系改革研究	山东政法学院
2012RKB01161	企业技术创新与知识产权的管理、利用和保护	山东政法学院
2012RKB01106	山东省国有企业集团管控机制与对策研究	山东政法学院
2012RKB02005	山东省软科学研究成果信息共享开发机制研究	山东省软科学办公室
2012RKC01006	基于项目的山东省软科学投入产出研究	山东省科技发展战略研究所
2012RKC01007	山东软科学资源共享的模式与对策研究	山东省科技发展战略研究所
2012RKB22001	山东省集体林权制度改革视野下林业分类经营制度改革与创新	山东省林木种苗站
2012RKC20002	山东省轻工集体经济发展研究	山东省二轻工业经济技术情报所
2012RKC22003	社科类社团智库建设与决策民主科学化研究	山东省社会科学界联合会
2012RKB20011	关于大型体育训练基地质量管理体系的研究	山东省体育训练中心
2012RKB20003	山东半岛蓝色经济区滨海休闲体育发展战略及对策研究	山东体育学院
2012RKB14124	新医改框架下药事服务成本与药事服务费探析	山东省立医院

（续表）

项目编号	项目名称	依托单位
2012RKB14135	综合医院传染病预防控制管理体系构建的实证研究	山东省立医院
2012RKB14127	我国公立医院财务管理研究——基于新医改视角	山东省立医院
2012RKB14101	山东省可视媒体技术研发现状及发展趋势预测	山东省千佛山医院
2012RKB14123	农村老年人疾病经济负担与基本公共卫生服务供给研究	山东省卫生经济与政策研究所
2012RKB14122	山东省县级医院改革与发展现状研究	山东省医师协会
2012RKB14137	马克思主义哲学视域下的中医学研究	山东中医药大学
2012RKB07003	低碳生态小城镇建设模式研究	山东省建设发展研究院
2012RKB35001	网络舆论与公共决策科学化问题研究	中共山东省委党校
2012RKB01467	山东省食品安全标准信息中心的可行性研究	山东轻工业学院
2012RKB01465	山东省环境损害赔偿立法研究	山东师范大学
2012RKB01469	山东省生态文化产业化现状及其对策研究	山东理工大学
2012RKB14109	新医改下医护人员关爱能力现状、影响因素及其干预研究	山东省千佛山医院
2012RKB01464	产业升级视阈下山东半岛蓝色经济区县域经济与产业集群耦合发展研究	曲阜师范大学
2012RKB01185	模因视角下中国传统文化对外传播与变异问题研究	山东建筑大学
2012RKB01416	山东省发展战略性新兴产业的政策法规研究	山东理工大学
2012RKB01333	Knight 不确定环境下农村土地金融研究	山东财政学院
2012RKB35008	基于系统工程的学习型党组织建设支撑平台研究	中共山东省委党校
2012RKB01443	齐鲁文化与山东经济社会发展问题研究	山东广播电视大学
2012RKB01468	协同创新视角下地方高校科研平台管理机制的研究	济南大学
2012RKE27062	公立医院改革中医院感染质量控制的政策研究	山东大学第二医院
2012RKA01010	基层党组织目标管理机制研究	槐荫区下派工作办公室
2012RKB01193	我国科技奖励制度完善措施研究	山东政法学院
2012RKB01210	山东省特色产业镇科技创新人才开发研究	山东轻工业学院
2012RKC22002	生态文明县城构建的路径与对策	山东省创新管理研究院
2012RKB01265	高新技术企业知识产权保护问题研究	山东财政学院
2012RKB01178	山东省保障性住房制度研究	山东建筑大学
2012RKA10011	基于巴塞尔新资本协议的中小商业银行全面风险管理研究	威海市商业银行股份有限公司

山东省软科学研究课题 2012年度结项优秀成果简介

一、山东省行政事业资产管理对策研究

该课题是2011年度山东省软科学研究计划重大项目，项目编号2011RKMA009，由山东财政学院承担。

课题依据经济人假设、信息不对称假设和管理工作无止境假设，采用深入基层调研、逻辑推理和案例分析相结合的方法，在对行政事业资产管理进行规范性理论分析的基础上，紧密结合山东省行政事业资产管理的客观实际，深入分析了山东行政事业资产管理工作中存在的问题并解释了问题的成因，然后吸取借鉴省外及山东省若干地市行政事业资产管理经验的基础上，提出了在新的历史时期强化行政事业资产管理的对策。

创新之处主要在于：在筹资机制方面提出了构建行政事业单位资产融资平台的对策；在投资机制方面明确界定了行政事业单位的投资领域；在配置机制方面提出了构建行政事业单位国有资产调剂平台及协调政府财政部门内部预算机构与资产管理机构之间关系的对策；在运营机制方面提出了建立行政事业单位国有资产营运审批制度、尽可能采取集权运营方式及加强国有资产收益征缴管理的建议；在政府间关系协调机制方面，提出了无论是不同级次政府间国有资产管理权限的划分，还是一级政府内部政府财政部门、主管部门以及具体的资产管理使用单位之间管理权限的划分，都应强调采用集权与分权相结合的机制构建思路。

在实证研究方面的创新之处体现在对山东省政府行政事业资产管理在筹资机制、投资机制、配置机制、运营机制、处置机制及政府间关系协调机制方面进行了深入分析，指出了存在的问题，并依据经济人假设和信息不对称假设对问题的成因进行了深入分析和探讨。

课题最终研究成果已提交给山东省财政厅相关处室作为决策参考。在课题研究成果的基础上，出版专著一部：《行政事业资产管理理论创新研究》，由经济科学出版社出版；发表CSSCI论文3篇，其中1篇被新华文摘2012年第5期转载，1篇被中国人大报刊复印资料《财政与税务》2012年第8期转载。

二、黄河三角洲高效生态经济区发展关键技术需求及对策研究

该课题是2010年度山东省软科学研究计划重大项目，项目编号2010RKMA1003，由山东师范大学承担。

该课题围绕技术创新是高效生态经济区发展的必由之路这一理论，在可持续发展理论指导下，紧密结合黄河三角洲高效生态经济区的技术需求，按照“发现问题—分析问题—提出方案—分析论证—解决问题”的研究思路，采用文献分析与实地调查相结合、纵向比较与横向比较相结合、定性分析和定量分析相结合、交流与互动相结合等研究方法，开展了有效的研究，提出了“优化调整产业结构，加快核心技术研发”等5项建立和完善关键技术体系的保障措施，构建了技术创新研发平台与示范基地建设体系的实证创新研究。

课题研究旨在辨识黄河三角洲高效生态经济区发展需求的关键技术，从高效生态经济角度进行技术创新示范，突出技术创新在高效生态经济发展中的作用，通过推广和示范，将生态经济、循环经济、低碳经济、可持续发展等内容统一到黄河三角洲高效生态经济建设。课题围绕黄河三角洲高效生态经济区建设的重大科技需求，探讨聚集国内外科研力量、科技成果研发与孵化平台，建立起高效型、生态型、创新型、循环型的技术体系，支撑完成高效生态经济区建设的预期目标，使其成为黄河产业带乃至全国具有重要影响的地区。

创新点主要体现在：一是结合黄河三角洲高效生态经济区生态功能分区，提出了其发展需求的关键技术；二是构建了黄河三角洲高效生态经济区技术创新研发平台与示范基地建设体系。

课题研究成果之一“黄河三角洲高效生态经济区生态建设与保护战略构想”被《中国区域经济发展报告（2010—2011），B区域蓝皮书》采纳，东营市科技局采纳了研究成果部分研究内容。该课题出版著作1部：《黄河三角洲高效生态经济区发展关键技术需求及对策研究》，延边大学出版社，2011.10；发表论文4篇，其中CSSCI 2篇。

三、山东电子商务发展战略对策研究

该课题是2010年度山东省软科学研究计划重大项目，项目编号2010RKMA2005，由山东师范大学承担。

该课题根据山东省电子商务发展的现状及特点，

对山东省中小企业电子商务的优势、劣势、机遇和挑战进行剖析，探讨山东省推进电子商务发展的必要性和重要性，提出山东省中小企业发展电子商务的战略途径，把电子商务的推进与山东省的经济发展的现实和实际相结合，提出发展山东电子商务的对策，并进行实证研究。

主要研究内容为调查山东省电子商务发展现状，分析其中的优势、劣势、机遇和挑战，找出存在的问题；在此基础上提出山东省发展电子商务的战略对策；重点研究山东省中小企业电子商务发展战略、零售业电子商务发展战略；提出电子商务与区域经济发展相关模型；构建适合于山东省的行业电子商务应用模式；从而为山东省政府制定相关政策提供参考。

课题采用调查研究与实证分析相结合的研究方法，注重研究的科学性和适用性，研究样本以山东省中小企业为主，注重理论模型与数据分析的结合，并引入方程模型、处理多维变量之间的复杂关系并修正和验证假设模型等理论工具，从而提出山东省电子商务发展对策。

创新之处在于：一是提出电子商务发展及山东省区域经济相关度评价指标体系。指标体系可以将电子商务发展及区域经济发展关系进行量化，为进一步的科学研究和计量经济学研究提供支持。二是建立电子商务与山东省的区域经济发展的相关关系模型。在电子商务发展及山东省区域经济相关度评价指标体系的基础上，建立电子商务与山东省的区域经济发展的相关关系模型。三是提出山东省中小企业发展电子商务的战略对策。山东中小企业居多，针对中小企业的电子商务战略对策具有特别的意义，对促进山东从经济大省向经济强省转变有积极意义，对半岛制造业及蓝色经济战略也有很好的借鉴作用。四是行业电子商务应用模式及创新。本项目将零售业作为电子商务流程变革模型应用及实证研究对象，通过传统企业实施流程变革或电子商务转型的案例，构建提升企业竞争力的评价因素，构建模型、评价指标以及分析数据的基础上才能佐证电子商务模式的良性作用。

研究成果得到山东省经济和信息化委员会相关电子商务归口管理部门和莱芜市商务局的重视。课题组在国内外期刊上发表相关论文 40 篇，其中 SCI 检索 2 篇，EI 检索 20 篇，中文核心 11 篇。

四、依靠自主创新促进山东转方式调结构的策略研究

该课题是 2010 年度山东省软科学研究计划重大项目，项目编号 2010RKMA2002，由山东省科技发展战略研究所承担。

课题研究发现：第一，转方式调结构的根本出路在自主创新。按支出法统计的 GDP 由最终消费、资本形成总额、货物和服务净出口三部分构成，形象的称为“三驾马车”，1993—2009 年三驾马车对经济增长的贡献基本保持稳定的结构，投资与消费构成的内需占主导地位，其中投资的作用更大一些。近 20 年来山东经济增长的主要动力是资金。总的来说，山东经济增长方式仍然属于资本推动型，科技进步、制度完善、人力资源素质提升对经济增长的贡献还不是十分显著。

第二，对山东省的经济发展方式进行时间纵向评价：山东省经济发展方式转变的趋势总体向好，大致可以分为三个阶段：1995 年—1998 年，全省经济发展仍然处于高度粗放型发展阶段；1999 年进入粗放型发展阶段，整个“十五”期间整体趋势比较平稳；“十五”末至“十一五”时期，全省加大科学发展的力度，发展水平呈现明显上升趋势，并进入准集约型发展阶段。

第三，通过比较分析我省与广东、浙江、江苏在科技自主创新建设上的差异和特点，得出区域在依靠科技创新转变经济发展方式调整经济结构方面有共同点。

第四，通过使用我省 17 个地市的有关面板数据进行了计量分析，表明影响我省自主创新的主要因素是科技资金投入、科技人力资源投入、科技创新基础设施和国际贸易。特别是以山东省高技术产业统计数据为基础，分析了山东省产业创新中的技术进步因素贡献和技术创新的主要影响因素及其贡献。

第五，根据理论和全方位定量研究结果，依据山东省发展愿景，在区域创新理论指导下，提出一套既具有指导性又具有现实可行性的支撑经济发展方式的转变的自主创新体系。对策建议包括构建区域自主创新的统一领导协调管理体制；分类指导，实施加快建设以企业为中心的技术创新体系“双驱”策略；加速信息网络平台建设，充分利用信息技术手段促进创新性知识的流动和共享；极力打造“产业自主创新集群”，推进创新集约化；加强社会保障和政策管理支撑，优化“进化”环境。

创新点表现在五个方面：一是基于统计数据，对 20 年我省经济发展方式进行客观全面的评价，不但纵向比较评价，而且与同一时期主要省市各项指标的横向差异评价。二是利用统计数据，实证分析发现影响山东省自主创新发展的因素主要有科技投入、科技创新基础设施、科技人才力资源和国际贸易，而国外直接投资与我省自主创新没有明显联系。三是分别从农业、工业和服务业给出了自主创新促进山东产业结构优化的路径。特别是以山东省高技术产业统计数据为基础，分析了山东省产业创新中的技术进步因素贡献和技术创新的主要影响因素及其贡献，得到三个结论：山东产业创新具有资本密集的产业特征；山东产业创新路径选择是一种技术改造模式；科研人才创新能力有待加强。四是分析了山东创新型企业发展现状，就我省转方式、调结构初步形成了如下建议："创新为标先导突破、东部引领中西协同"；"制造医药优先并举、通信食品特色发展"；"扩大规模倡导科技、重视非国有企"；"战略产业布局初显、科技成果加速转化"。五是根据理论和全方位定量研究结果，依据山东省发展愿景，在区域创新理论指导下，提出一套既具有指导性又具有现实可行性的支撑经济发展方式转变的自主创新体系。

在课题研究期间，共发表5篇论文，其中3篇CSSCI来源期刊。阶段性研究成果在省经信委和省科技厅得到应用。完成《企业研发费用加计扣除优惠政策调研报告》、《2011 山东创新型企业发展报告》。

五、山东省科技发展决策支持平台建设研究

该课题是2010年度山东省软科学研究计划重大项目，项目编号2010RKMA4003，由山东省科技发展战略研究所承担。

本研究在对科技发展决策支持平台的功能需求进行分析的基础上，确立平台的总体框架设计方案，平台建成之后将围绕财政科技投入绩效分析、山东科技进步贡献率分析、科技成果转化率分析等主要研究方向进行跟踪研究。通过对平台主客体构成要素的分析构建平台的运行机制，划分为四种类型，并分别针对其特点进行设计。从政策法规和综合保障的角度开展平台保障机制研究，确保决策平台能够出色有效地达到预期目标。科技发展决策平台建成之后建立数据仓库和应用数据挖掘技术，使平台为促进山东省科技创新体系的建立和创新型省份的建立，提供强有力的保证。

全文的研究思路是：平台的建立、运转和保障机制，都是从功能需求出发的，所以先要确定平台的主要功能，进行功能战略思考与详细功能分析，建构框架体系，然后进行保障机制和建成后如何开展数据仓库的建设研究。本研究首先进行国内外研究综述，接着完成平台的总体设计和建成后平台的核心功能设计，再从需求出发，开展运转机制和保障机制，其中包括建立机制的设计等方面的研究。

本研究的主要创新点包括：（1）构建了科技发展决策支持平台的建设框架，在对平台的总体需求进行分析的基础上，得出对山东省建设科技发展决策支持平台的工作启示。（2）根据平台的长期跟踪、短期紧急、动态监测、趋势预测的四大功能，从工作角度对平台的工作机制进行划分，并分别针对其特点进行设计。（3）从政策法规和综合考虑的角度提出平台的保障机制措施，为平台的良好运行提供保障。

通过该平台可以实现动态监测信息与计量、监测科技活动与科技创新等领域的现状与趋势、科技政策模拟等，可以为政府部门（省府、科技厅等）及相关领导的科技决策提供有效方法和数据支撑，形成动态及时的科技决策支持，促进决策科学化。研究成果被山东省人民政府外事办公室欧非处、山东省中小企业信息中心、山东招标股份有限公司应用。发表中文核心论文4篇，EI检索论文1篇。

六、山东省现代种业发展对策研究

该课题是2010年度山东省软科学研究计划重大项目，项目编号2010RKMA02001，由山东省农业科学院承担。

面对国家种业新政要求种业转型升级的紧迫任务，立足山东种业产业发展需求，以构建以产业为主导、企业为主体、产学研相结合、"育繁推一体化"的现代种业产业体系为主线，通过采取文献查阅与实地调研相结合的方式，深入系统分析了山东种业发展现状，在准确把握现代种业发展趋势的基础上，研究明确了种业发展思路，有针对性地提出了支持种业发展的政策建议。

研究内容主要有以下三个方面：一是国内外种业发展现状及趋势，准确把握推进现代种业发展的关键举措，总结世界种业发展特点和趋势。二是山东省种业发展现状与存在问题。深入剖析我省种业发展中存在的"短板"，准确找出山东种业发展特别是制度和科技创新中存在的制约"瓶颈"。三是研究提出山东省现代种业升级发展对策：提升我省现代种业的科技创新能力；培育现代种业科技型企业；科研主体的衔接和转换机制研究；优化现代种业发展的外部环境。

在理论、方法、对策创新方面，本研究在理论研究上提出了强化种业与科技结合、强化产学研结合力促科技成果转化、推动产业技术创新战略示范联盟组建、强化种质资源保护、发掘和利用、明确农业科研单位在产业体系、创新联盟中的定位方面提出了新的观点和思路。在实证研究方面，综合我省特色农产品、优势生产区域、重点种业龙头企业，尤其是重视自主创新型企业如登海和冠丰，集中选点，重点调研。

该研究成果在现代种业发展思路、政策建议研究上具有重要参考价值，已被省科技厅、省委政策研究室、省政府研究室、省农业厅、省发改委等政府部门采纳，并以正式文件发布，例如，《山东省农业种质资源保护与发展利用规划》、《山东省种业振兴规划（2011—2015）》、《山东省种业振兴规划实施方案》等重要文件中。研究内容先后在《中国种业》、《农业科技管理》、《中国农村科技》、《现代农业科技》等学术刊物上发表研究论文20多篇。

七、山东半岛蓝色经济区海洋优势产业发展战略研究

该课题是2010年度山东省软科学研究计划重大项目，项目编号2010RKMA1002，由中国海洋大学承担。

该课题对国内外海洋产业及海洋优势产业发展战略进行研究，运用产业竞争力理论、产业关联理论、产业集群理论以及产业梯度转移理论等相关理论对山东半岛蓝色经济区海洋优势产业发展战略进行理论分析；然后界定山东半岛蓝色经济区海洋优势产业，并分析其发展现状及发展中存在的主要问题，选取1993年至2009年的海洋产业数据，运用定量方法分析海洋优势产业对山东半岛蓝色经济区海洋经济发展的贡献；最后借鉴其他海洋强国海洋优势产业的发展模式，从传统优势产业、战略性海洋新兴产业及现代海洋优势产业三个层面提出山东半岛蓝色经济区海洋优势产业的发展战略，并有针对性地提出政策建议与保障措施。

创新之处在于提出基于资源禀赋、地域特点及发展周期的海洋优势产业的发展战略。认为半岛蓝色经济区建设要立足山东省现有的海洋产业基础，培育海洋优势产业，打造一批在全国海洋产业竞争发展中保持领先的产业集群。在新一轮全国海洋经济发展格局中，山东半岛蓝色经济区海洋优势产业需要科学界定与重新定位，海洋优势产业的界定标准需要建立一套相关指标体系。海洋优势产业应按发展潜力、比较优势和区位竞争优势进行分类。不同层次的海洋优势产业应采取不同的培育和发展战略。

该课题将海洋优势产业划分为传统海洋优势产业、战略性海洋优势产业、现代海洋优势产业。分别对传统海洋优势产业中海洋渔业、海洋油气矿产业、海洋船舶业、海洋交通运输业及战略性海洋优势产业中海洋生物医药业、海洋新能源开发业、海洋工程装备制造业与建筑业和现代海洋优势产业的深海开发业、海洋服务业提出了相应的发展战略、实现路径及政策支撑，具有较大的参考价值，部分观点和政策建议已被山东半岛蓝色经济区办公室在制定相关规划和推进实施过程中采纳。发表相关论文13篇。

八、山东省特色优势农业产业发展研究

该课题是2011年度山东省软科学研究计划重大项目，项目编号2011RKMA003，由青岛农业大学承担。

本研究立足山东省特色优势农业产业发展的现实，进行实证分析研究。力求用农业经济学的有关原理及市场营销的有关理论对山东省特色优势农业产业的生产、消费、消费需求变化、出口情况和竞争力进行分析研究，采用典型调查与抽样调查相结合的方法，摸清山东省的特色优势农业产业发展的基本情况，分析目前山东省特色优势农业产业发展存在的问题及与国内同类产品区域的差异性，通过比较农业发达国家生产和支持政策发现我们自身的不足，提出一套利于提高山东省特色优势农业产业发展的对策和措施。

课题以山东省特色优势农业产业的基本情况：水果业的基本情况、蔬菜业的基本情况、水产业的基本情况、粮食作物的基本情况、茶叶的基本情况、中草药业的基本情况、畜牧业的基本情况，花卉业的基本情况为研究基础，通过与国内外的差距及原因的分析，找到山东省特色优势农业产业所存在的问题，提出山东省特色优势农业产业发展初期主要是以结构调整和培育特色优势农业产业为主线、中后期主要是通过适度集群的做法充分其集聚效应和联动效应为主线的观点，并对山东省特色优势农业产业发展思路进行有益探索。提出山东省特色优势农业区域长远规划并建立起山东省特色优势农业发展战略体系。

创新之处在于在区域经济学理论、比较优势理论、创新理论、农业产业化理论基础上，重点介绍区域品牌和竞争理论对特色优势农业发展的指导作用。基本思路是：特色优势农业也应当发展品牌农业，特色优势农业的发展过程就是农业区域品牌的形成过程。发展特色优势农业应当以区域品牌战略为指导，有效整合区域特色优势农业资源，把资源优势转化为竞争优势和品牌优势，创建以某种农产品特色为品牌内涵的知名农业区域品牌。此外本课题最大的创新之处在于，对山东省特色优势农业产业情况的全面摸底属于首次、对于山东省茶叶产业的发展研究属于首次、对于山东省花卉业的发展研究也属于首次、将山东省的中草药业作为农业项目研究并系统研究也是首次。

研究成果发表相关文章21篇，其中CSSCI来源2篇，EI1篇。

九、鲁、粤、苏、浙企业自主创新能力比较研究

该课题是2011年度山东省软科学研究计划重大项目，项目编号2011RKMA006，由山东省科技发展战略研究所承担。

该课题的主要观点：第一，企业自主创新是企业通过自身的努力和探索产生技术突破，攻破技术难关，并在此基础上依靠自身的能力推动创新的后续环节，完成技术的商品化，获得商业利润，达到预期目标的创新活动。在原始创新、集成创新及引进吸收再创新三种模式的指导下，理性企业自主创新路径一般遵从先内部研发后外部合作，先国内合作后技术引进的顺序。

第二，企业自主创新能力的动力体系由市场动力、科技动力、人才动力构成。企业自主创新的内部驱动力主导企业的自主创新行为，外部推动力则起着支持和引导的作用，内力和外力有机结合，共同作用就构成了企业自主创新的动力机制。其中，内部动力包括企业自主创新体系、人才动力与创新管理机制；外部动力包括政府支持、市场动力与社会支持。

第三，关于鲁、粤、苏、浙企业自主创新能力的分析，需从大中型企业、规模以上企业及高科技企业三个角度，以及创新投入、创新产出、创新活动及创新资源四个维度来构建指标体系，比较四省企业自主创新能力之间的差异，揭示山东省企业自主创新能力存在的不足。

第四，关于鲁、粤、苏、浙企业自主创新能力发展路径的研究，需对四省区域自主创新能力发展的环境进行综合比较，进而对微观层面高新技术企业不同类型对四省的企业自主创新能力发展路径进行对比，分析四省企业自主创新能力发展路径选择方面的特点和差异，揭示我省企业自主创新能力在路径选择方面的现状和特点及存在的问题。

第五，鲁、粤、苏、浙企业自主创新能力的理论研究、定量与定性分析，为山东企业自主创新的优势和劣势因素分析提供基础，进而可提出山东企业在自主创新上面临的主要问题。

创新点主要有四个方面：第一，构建了鲁、粤、苏、浙企业自主创新能力评价指标体系，描述并比较了四省企业自主创新能力总体上的发展现状和特点。分别从大中型企业、规模以上企业及高科技企业三个角度构建相应的指标体系对四省不同类型企业的自主创新能力的特点和现状进行对比，并从创新投入、创新产出、创新活动及创新资源四个维度，综合分析四省企业自主创新能力之间的差异，揭示山东省企业自主创新能力的不足。

第二，比较了鲁、粤、苏、浙四省区域自主创新能力发展的环境，归纳了四省四省的企业自主创新能力发展路径。综合分析鲁、粤、苏、浙在企业自主创新能力发展路径选择方面的特点和差异，揭示了山东省企业自主创新能力在路径选择方面的现状和特点及存在的问题，山东产业创新路径选择是一种技术改造模式，技术获取比例失衡，自主创新能力不强。

第三，以高技术产业为例对山东省企业自主创新能力的影响因素进行了具体研究，并分析了山东企业自主创新的优势和劣势因素，提出山东企业在自主创新上面临的主要问题，山东产业创新中的技术创新水平仍较低，产业创新主要由技术改造投资带动，挤压了技术研发和技术引进消化的投入，使得研发人员和技术引进消化费用对技术进步贡献有限。山东研发投入存量不足，积累速度不快。

第四，提出了山东提升企业自主创新能力的政策举措。提升自主创新能力要以科学发展观为指导，把促进经济转型、产业升级作为支撑发展的重要行动。一要坚持发挥市场机制作用，二需加强政策支持引导，以市场为导向，以提高自主创新能力为核心，充分发挥企业、政府、高校、科研院所等创新体系相关机构的作用，从区域、产业和企业三个层面推进企业创新能力的提升。

该研究成果在省科技厅、省经信委得到应用。发表论文一篇。

十、山东省科技创新监测与评价系统研究

该课题是2011年度山东省软科学研究计划重大项目，项目编号2011RKMA013，由山东省科技发展战略研究所承担。

该课题搜集了大量的国内外科技创新监测评价研究资料，对国际上较权威的欧洲创新计分牌和美国麻省经济创新指数以及国内主流的科技创新评价体系和方法进行了梳理研究，为建立山东省科技创新评价体系奠定了良好的理论基础

主要研究内容包括：一是对国内外科技创新相关理论进行分析研究，为构建科技创新监测与评价指标体系奠定良好的理论基础；二是研究国内外主流的科技创新评价体系和方法，总结先进经验，并注重与国家权威评价体系的衔接，初步设计出山东省科技创新监测评价体系框架。三是在上述研究的基础上，设计山东省科技创新监测评价调查问卷，向省内科技领域专家发放调查问卷，采用德尔菲法确定评价指标和权重，最终构建出山东省科技创新监测评价指标体系，采用该体系能够监控和评价各市对创新活动的支持力度以及创新的产出效率等。四是采用该评价指标体系对2011年山东省各市科技创新活动进行了监测与评价，并对创新关键因素进行了分析研究。

创新点：提出的山东省科技创新监测与评价指标体系具备较强的科学性、合理性和先进性：一是尊重科技发展的客观规律，在指标体系的设计中考

虑科技投入与产出的时间滞后期影响，对指标的延迟类和非延迟类属性进行分类并分别赋予相应的权重；二是立足于自主创新的战略要求，科学客观地选取评价指标，选取的指标既有一定的全面性，又注重遴选有代表性的科技类指标和科技紧密联系类指标，避免指标体系的扩大化倾向和相关性强的指标重复选择对监测评价结果造成的干扰，确保评价结果的科学性；三是吸取国际上科技创新评价的先进经验，同时注重与国内主流科技创新评价体系的衔接，提出的指标体系符合国内科技发展的现阶段特点，有利于评价结果符合国情和省情。

根据本项研究提出的山东省科技创新监测评价指标体系，将每年定期发布山东省17市科技创新监测评价结果报告，供各市政府和相关部门动态了解本市科技创新的发展规模、速度、质量和水平等，为其采取相应措施推动本市科技创新活动的又好又快发展提供参考。

十一、山东高层次创新人才现状评估及引进培养对策研究

该课题是2010年度山东省软科学研究计划重大项目，项目编号2010RKMA4001，由山东财经大学承担。

该课题围绕山东省高层次创新人才工作对经济和社会发展的重大引领和支撑作用，着眼于提高高层次创新人才对山东省重点产业和区域发展战略的服务能力，在山东省高层次创新人才竞争力评价研究、山东省重大人才工程投入产出效率研究以及山东省高层次创新人才引进和使用调查问卷的基础上，完成了山东省高层次创新人才队伍建设现状评估，总结提炼了山东省高层次创新人才工作面临的主要矛盾。

该课题建立了基于高层次创新人才战略模式、引进模式和使用模式三个维度的理论研究框架，提出了高层次创新人才战略模式阶段分类、高层次创新人才精准引进模式和基于人才产权的高层次创新人才使用模式等创新性观点，并在此基础上提出了山东省高层次创新人才工作的政策建议。

该课题的创新之处在于：一是提出了高层次创新人才战略分类标准以及按照经济和社会发展阶段匹配不同高层次创新人才战略模式的观点。从理论上论证了应当根据国家或区域经济和社会发展不同阶段而采取不同高层次创新人才战略模式的观点，并根据以上论述明确提出，今后一段时期，山东省应采用产业导向型为主的高层次创新人才战略模式。二是提出了高层次创新人才的精准引进模式，对该模式的技术路径进行了深入探讨，并进行了初步实证研究。提出了高层次创新人才精准引进模式，完成了高层次创新人才精准引进的理论和技术路径研究，并完成了基于大型文献数据库的高层次创新人才遴选的实证研究。三是探讨了高层次创新人才资本产权制度实现的理论路径，结合山东省的实际情况，提出山东省高层次创新人才制度创新和顶层设计的新思路。

研究成果在省委组织部人才处实际的高层次创新人才引进及培养政策制定过程中被充分借鉴和使用，在“山东省蓝色产业领军人才集聚计划”中得到体现。项目研究期间，发表学术论文5篇，其中CSSCI论文4篇。

十二、山东省城镇化的目标及途径研究

该课题是2010年度山东省软科学研究计划重大项目，项目编号2010RKMA3002，由山东社会科学院承担。该课题研究内容包括：

1. 山东城镇化的发展目标。（1）在数量规模方面。山东省委、省政府明确提出了全省城镇化的发展目标，即到2012年，全省城镇化水平达到50%以上，到2020年，全省城镇化水平达到60%以上。本项目将根据山东目前的城镇化水平以及17地市经济发展状况，预测全省及17地市在2012年、2015年和2020年三个时间点上的城镇化水平及主要城市发展规模。（2）在质量效益方面。目前，城镇化水平主要是用城镇人口占总人口的比重来衡量，这种评价方式比较片面，本项目拟从产业结构、经济实力、基础设施、公共服务、生态建设、环境保护、城镇治理水平等方面选取指标，组成综合评价指标体系，对全省及各地市未来的城镇化发展目标进行定量评价。（3）在空间布局方面。根据全省区域发展战略，探讨未来10年全省城镇空间布局的演变规律及时空变动过程。

2. 山东推进城镇化的动力机制。（1）大力发展现代农业，引导农民向非农产业转移——推进城镇化的源动力。（2）优化城市产业结构，引导城市产业向农村地区扩散——推进城镇化的驱动力。（3）政府的决策和制度设计——推进城镇化的加速器。

3. 山东推进城镇化的主要模式。一是通过发展城市区和城市带的方式，自上而下地将城镇系统延伸到乡村系统之中，完成城镇化过程；二是通过村镇联合的方式，自下而上地将村庄整合到城镇体系之中；三是通过个别村庄的壮大，逐步兼并周边的村庄形成新的城镇。

4. 国内外城镇化的经验及对山东的启示。（1）发达国家推进城镇化的主要模式有“英国模式”、“美国模式”、“日韩模式”等。（2）发展中国家推进城镇化一般有两条途径：一是让农民作为独立的商品生产者，通过市场机制来让农业剩余转化为工业建设资本，政府一般不干预；二是政府通过农业税或工业产品的“剪刀差”来转化农业剩余。(3）国内推进城镇化的模式主要有“苏南模式”、“温州模式”、“晋江模式”和“珠江模式”等。探讨这些模式对山东推进新型城镇化的启示及借鉴意义。

5. 山东城镇化目标的实现途径。(1）在制度设计上，要破除城乡二元结构，制定“城—镇—村”一体化的制度与政策。(2）在地域空间上，要抓好统一规划，构建布局合理的新型城镇体系。(3）在人口流动上，要合理引导农民有序转移，切实保护农民的合法权益。(4）在经济基础上，要积极调整产业结构，促进城乡经济协调发展。(5）在公共服务上，要加强农村地区的基础设施建设，推进基本公共服务均等化。

2010年10月，由课题负责人在调研我省农村城镇化的基础上，撰写的“我省迁村并居的做法不宜刮风”的建议呈报给姜大明省长。这篇文章针对我省近期大范围出现的不尊重农民意愿，“赶农民上楼”的现象，提出了应引起各级政府重视，不宜刮风的看法。姜大明省长批示“请兆信同志参阅。”郭兆信副省长批示：“请俊乾同志听一下庆武同志的意见。”11月，省住房建设厅副厅长张俊乾同志委派村镇建设处处长徐启峰等同志，专门就迁村并居问题来我院听取了秦庆武同志的意见，并邀请课题负责人一起赴德州等地进行实地调研，为全省下一步出台城乡建设用地和城镇化推进的指导性意见做准备。

十三、鲁、粤、苏、浙转变发展方式比较研究

该课题是2011年度山东省软科学研究计划重大项目，项目编号2011RKMA001，由山东社会科学院承担。

本课题通过对我国4个最发达省份转变经济发展方式的比较研究，为确立转变经济发展方式评价指标体系提供依据，找寻不同条件下实现经济发展方式转变的有效途径和解决方案，最终促进我国各区域经济社会自然地和谐发展。

主要观点：(1）转变经济发展方式是经济发展到一定阶段的必然要求，带有普遍性，有规律可循。因此在这个过程中，可以借鉴发达地区好的做法，降低成本，少走弯路，节省时间，避免经济过度波动，促进社会和谐发展。(2）各区域在经济发展方式转变上面临的问题与约束条件各不相同，有着不同的政策需求，如长三角地区与中部地区在经济发展方式转变的方向、路径、政策、措施上就会存在着巨大差异。各地应结合省情特点，探索适合本省特点的发展道路。(3）转变经济发展方式是一个复杂的系统工程，不可能一蹴而就，它的转变必然要带来经济社会全方位的变革，必然实现更高水平的均衡和发展。(4）产业结构优化升级是指通过政府的有关政策调整影响产业结构变化的供给结构和需求结构，实现资源优化配置和再配置，来推进产业结构合理化与高度化。它是转变经济发展方式的主要途径之一。(5）产业结构调整必然伴随要素结构的变化，要素结构优化升级或要素间升级是经济发展方式转变的基础。(6）制度与经济发展方式转变密切相关，转变发展方式应从制度建设入手，改革阻碍发展方式转变的制度性障碍，不进行制度创新，经济发展方式不可能从根本上转变。(7）统筹协调发展是经济社会和谐发展的更高形态，在于实现经济系统、社会系统和环境系统的协调发展，它是经济发展方式转变的最终目标，也是检验经济发展方式转变效果的重要标准。

本课题创新之处：(1）本课题对我国最发达的四个省份转变经济发展方式进行全面系统的比较研究，是同类研究中少有的。(2）通过对要素积累、技术创新、产业升级、生产率提升、制度建设与经济发展方式转变及政策作用等之间的互动关系进行深入的实证研究，为相关政策的制定提供必要的实证支撑。

课题研究成果《山东省区域竞争力评估与分析报告》呈报给省领导，王仁元副省长批示：“请剑朴同志阅。”研究成果《浙江、江苏以城市化带动发展方式转变的经验及启示》以呈阅件形式呈报给省政府领导参阅。发表论文1篇。

十四、山东省建筑节能降耗对策研究

该课题是2011年度山东省软科学研究计划重大项目，项目编号2011RKMA008，由山东省建筑科学研究院承担。

该课题紧紧围绕山东省人民政府《关于山东省“十二五”节能减排综合性工作实施方案》的工作目标任务要求展开，充分体现了宏观和全局性、前瞻和战略性、实用和针对性。宏观和全局性主要体现在从总体上描绘出山东省建筑节能领域今后的发展蓝图，涉及到建筑节能的各个领域，包括新建建筑节能、既有居住建筑节能改造、国家机关办公建筑和大型公共建筑节能监管、可再生能源建筑规模化应用以及建筑节能新型材料的推广应用等。前瞻和战略性主要体现在对我国可持续发展的重要战略措施绿色建筑和可再生能源建筑应用的技术发展进行了追踪与评价，并综合运用定性分析与定量分析的方法，对该领域的技技术热点、技术趋势等诸多问题进行了剖析，并对其推广机制和管理机制进行了研究。实用和针对性主要体现在课题的研究成果和技术数据，已经被山东省各级政府主管部门所采纳，制定和颁布了一系列的管理办法和标准规范，并取得了初步成效。

该课题研究成果已分别被山东省人大常委会发布的《山东省民用建筑节能条例》、山东省人民政府发布的《山东省人民政府关于推进供热计量改革与既有建筑节能改造的意见》（鲁政发［2011］26号）、莱芜市住房和城乡建设委员会发布的《莱芜市建筑节能“十二五”发展规划》（莱建发［2012］27号）及《莱芜市建设科技发展“十二五”规划》（莱建发［2012］26号）、潍坊市发展和改革委员会及潍坊市住房和城乡建设局发布的《潍坊市“十二五”城乡建设发展规划》（潍发改规划［2011］337号）等所采用，为我省“十二五”期间各级政府主管部门科学决策提供了重要依据。

教育部和山东高校人文社会科学项目2012年度情况综述

2012年山东高校获准教育部人文社科项目立项253项，其中基地重大研究项目8项，后期资助项目1项，一般项目225项，想政治工作专项1项，马克思主义中国化、时代化、大众化专项4项，高校思想政治工作专项3项，辅导员专项10，科研诚信与学风建设专项1项。

2012年新立项山东高等高校科研发展计划（人文社科类）项，其中资助经费项目149项，自筹项目274项。

教育部人文社科研究规划项目2012年度山东省立项课题

序号	学科门类	学校名称	项目类别	项目名称	项目批准号	申请人
1	法学	济南大学	规划基金项目	公共租赁住房制度研究	12YJA820089	杨士林
2	法学	鲁东大学	规划基金项目	法律方法的司法介入：基于可接受性的视角	12YJA820012	丛　涛
3	法学	山东大学	规划基金项目	中国决胜WTO官司的理论及诉讼技巧研究	12YJA820030	姜作利
4	法学	山东大学	规划基金项目	赔偿影响刑罚：理论基础、实证考察与重新规范研究	12YJA820076	王瑞君
5	法学	山东大学	规划基金项目	实用主义刑法观及其展开——刑法方法论研究对刑法基础理论的影响	12YJA820081	吴丙新
6	法学	山东经济学院	规划基金项目	国际投资争端解决机制中的私人出诉权研究：从比较法的视角	12YJA820070	王春婕
7	法学	山东经济学院	规划基金项目	公司归入权之理论基础与立法规范	12YJA820073	王建敏

（续表）

序号	学科门类	学校名称	项目类别	项目名称	项目批准号	申请人
8	法学	山东科技大学	规划基金项目	环境法律政策整合研究	12YJA820062	孙法柏
9	法学	山东师范大学	规划基金项目	消费者义务立法研究	12YJA820072	王　宏
10	法学	山东师范大学	规划基金项目	美国宪法“保留权利条款”的实施方式对我国的启示	12YJA820084	夏泽祥
11	法学	山东政法学院	规划基金项目	社会性弱势群体犯罪实证研究及防治对策	12YJA820057	曲伶俐
12	法学	山东大学	青年基金项目	国际劳工标准生成机制考察	12YJC820031	郭文杰
13	法学	山东大学	青年基金项目	《鹿特丹规则》实证研究	12YJC820118	向　力
14	法学	山东经济学院	青年基金项目	发展中国家劳动法与劳工保护研究	12YJC820142	张晓霞
15	法学	山东理工大学	青年基金项目	国际海底区域基因资源生物采探的法律问题研究	12YJC820084	任秋娟
16	法学	烟台大学	青年基金项目	法律语言与法治基本问题研究	12YJC820013	程朝阳
17	法学	中国海洋大学	青年基金项目	我国防治海洋外来物种入侵的法律问题研究	12YJC820001	白佳玉
18	法学	中国石油大学（华东）	青年基金项目	社会管理创新视野中的金融犯罪防控：基于法律政策学的分析	12YJC820054	李　娜
19	管理学	鲁东大学	规划基金项目	复杂网络及多重不确定环境下分散供应链计划多目标决策优化及应用	12YJA630097	邵举平
20	管理学	山东财政学院	规划基金项目	基于过程理论的会计准则监管模式研究	12YJA630078	刘兴云
21	管理学	山东大学	规划基金项目	青年英才职业能力影响因素及发展策略研究	12YJA630051	孔海燕
22	管理学	山东大学	规划基金项目	合作视角下企业集团股权控制设计与动态调整研究	12YJA630094	潘爱玲

（续表）

序号	学科门类	学校名称	项目类别	项目名称	项目批准号	申请人
23	管理学	山东工商学院	规划基金项目	信息化条件下农业建设资金绩效审计方法、工作模式创新及软件建设研究	12YJA630002	安　文
24	管理学	山东工商学院	规划基金项目	农民工创业能力禀赋对创业绩效的影响及提升模式研究	12YJA630009	陈浩义
25	管理学	山东工商学院	规划基金项目	基于安全投入水平的煤矿安全不良状况预警管理研究	12YJA630067	梁美健
26	管理学	山东工商学院	规划基金项目	农村居民基本养老服务可及性困境与解决途径研究	12YJA630118	王飞鹏
27	管理学	山东工商学院	规划基金项目	矿区生态产业发展路径及其对策研究	12YJA630151	席旭东
28	管理学	山东工商学院	规划基金项目	组织文化与企业劳动关系的协同演进机理研究	12YJA630168	杨峰丽
29	管理学	山东经济学院	规划基金项目	内部社会资本与员工绩效：基于国内文化的跨层次实证研究	12YJA630205	庄玉梅
30	管理学	山东轻工业学院	规划基金项目	公司治理与证券市场开放：企业可持续增长的内部机制与外部环节	12YJA630102	苏卫东
31	管理学	山东师范大学	规划基金项目	基于进化DNA计算的中小企业生命演化研究	12YJA630152	向来生
32	管理学	济南大学	青年基金项目	农村文化创意产业发展研究	12YJC630304	张振鹏
33	管理学	临沂大学	青年基金项目	商业模式创新的系统动力机制与路径研究——中国制造业企业的典型案例与经验证据	12YJC630033	刁玉柱
34	管理学	青岛大学	青年基金项目	科技型中小企业知识产权融资评价机制研究	12YJC630161	任培民
35	管理学	青岛大学	青年基金项目	服务业新生代员工情绪劳动对工作偏离行为的影响机理和管理干预	12YJC630272	于岩平
36	管理学	山东财政学院	青年基金项目	基于排序学习的电子商务推荐系统元特征模型和方法研究	12YJC630211	王帅强

（续表）

序号	学科门类	学校名称	项目类别	项目名称	项目批准号	申请人
37	管理学	山东财政学院	青年基金项目	BP神经网络视角下的高科技企业人才流失预警机制研究	12YJC630250	徐 茜
38	管理学	山东大学	青年基金项目	母子公司关系演变视角下的企业集团财务冲突治理研究	12YJC630083	李 斌
39	管理学	山东大学	青年基金项目	创业投资者与创业企业家冲突对创业绩效的影响研究——信任、先前经验调节作用	12YJC630177	孙 平
40	管理学	山东大学	青年基金项目	企业社会责任与品牌资产互动培育研究——基于消费者响应的理论与实证分析	12YJC630246	辛 杰
41	管理学	山东大学	青年基金项目	社会企业治理与评价研究——基于国际比较与驱动机制的视角	12YJC630295	张晓锋
42	管理学	山东工商学院	青年基金项目	当前我国农村土地冲突中的潜在风险研究	12YJC630048	甘金球
43	管理学	山东工商学院	青年基金项目	技术型新创企业组织即兴能力研究：理论和实务	12YJC630162	阮国祥
44	管理学	山东工商学院	青年基金项目	品牌延伸对品牌形象的影响机理研究：契合度的视角	12YJC630255	许衍凤
45	管理学	山东经济学院	青年基金项目	人力资源管理构型，工作结构与组织创新能力研究	12YJC630036	丁宁宁
46	管理学	山东经济学院	青年基金项目	跨国公司服务模块化外包背景下网络能力、关系嵌入与本土接包企业创新绩效	12YJC630316	郑 浩
47	管理学	山东理工大学	青年基金项目	资源型城市低碳转型的影响因素及调控机制研究	12YJC630178	孙秀梅
48	管理学	山东农业大学	青年基金项目	不确定性及其应对：基层政权治理模式的变迁——基于S镇25年的实证研究	12YJC630123	刘培伟
49	管理学	山东女子学院	青年基金项目	基于低碳经济的中国工业可持续发展研究	12YJC630297	张 新
50	管理学	山东师范大学	青年基金项目	竞争生产商分销渠道质量控制策略契约设计研究	12YJC630327	朱立龙

（续表）

序号	学科门类	学校名称	项目类别	项目名称	项目批准号	申请人
51	管理学	山东政法学院	青年基金项目	转型社会治理下的政府回应机制研究	12YJC630063	化　涛
52	管理学	中国海洋大学	青年基金项目	公共服务外包风险因素识别与规避对策研究	12YJC630143	宁　亮
53	管理学	山东理工大学	自筹经费项目	创造气氛、共享心智模型影响团队创造力作用机理的实证研究	12YJE630001	张　朝
54	国际问题研究	山东师范大学	青年基金项目	新世纪以来的西方新社会运动研究	12YJCGJW008	刘　颖
55	交叉学科综合研究	鲁东大学	规划基金项目	新时期高师音乐教育发展现状与改革对策研究	12YJAZH140	王瑞年
56	交叉学科综合研究	鲁东大学	规划基金项目	发展体育强国进程中群众体育社会评价指标体系的研究	12YJAZH180	于　军
57	交叉学科综合研究	青岛大学	规划基金项目	中国“国际气候话语权”构建方略研究	12YJAZH208	郑玉琳
58	交叉学科综合研究	曲阜师范大学	规划基金项目	社会转型期我国体育休闲产业可持续发展研究	12YJAZH125	汤敬东
59	交叉学科综合研究	山东财政学院	规划基金项目	高危行业企业安全投入资源会计核算理论及效益评价体系构建研究	12YJAZH054	李恩柱
60	交叉学科综合研究	山东大学	规划基金项目	中国科研诚信建设现状的社会学分析与对策研究	12YJAZH089	马佰莲
61	交叉学科综合研究	山东大学	规划基金项目	农村居民主观幸福感及其影响因素研究	12YJAZH139	王　健
62	交叉学科综合研究	山东大学	规划基金项目	我国语言产业及语言经济发展战略研究	12YJAZH200	张卫国
63	交叉学科综合研究	山东经济学院	规划基金项目	高校图书馆建设对学科发展的贡献定量研究	12YJAZH127	田景梅
64	交叉学科综合研究	山东经济学院	规划基金项目	救济视角下的土地征收：问题检视与制度创新	12YJAZH202	章彦英
65	交叉学科综合研究	山东科技大学	规划基金项目	统一授信担保模式物流金融风险管理研究	12YJAZH011	董兴林

（续表）

序号	学科门类	学校名称	项目类别	项目名称	项目批准号	申请人
66	交叉学科综合研究	山东理工大学	规划基金项目	第三方回收再制造闭环供应链风险管理及其智能决策支持系统研究	12YJAZH114	史成东
67	交叉学科综合研究	山东政法学院	规划基金项目	住房权语境下我国城市公租住房制度创新研究	12YJAZH009	楚道文
68	交叉学科综合研究	聊城大学	青年基金项目	人大监督权的运行逻辑及介入因素研究	12YJCZH156	孟宪艮
69	交叉学科综合研究	鲁东大学	青年基金项目	当代中国竞技体育身体关怀缺失的问题研究	12YJCZH025	程卫波
70	交叉学科综合研究	鲁东大学	青年基金项目	小学数学问题解决认知过程模拟及学习障碍诊断与干预研究	12YJCZH213	魏雪峰
71	交叉学科综合研究	青岛大学	青年基金项目	基于投入占用产出技术的海洋生态经济模型构建与应用研究	12YJCZH009	陈东景
72	交叉学科综合研究	青岛大学	青年基金项目	《尔雅义疏》注析	12YJCZH043	房振三
73	交叉学科综合研究	青岛理工大学	青年基金项目	倒计时信号灯对驾驶员驾驶心理行为及交通安全影响研究	12YJCZH162	潘福全
74	交叉学科综合研究	青岛理工大学	青年基金项目	民间叙事、传统建构与社会认同的互动关系研究——以京、冀、鲁、豫民间叙事为研究对象	12YJCZH270	张成福
75	交叉学科综合研究	青岛农业大学	青年基金项目	新生代女性农民工的日常生活与社会认同研究	12YJCZH135	刘　霞
76	交叉学科综合研究	山东大学	青年基金项目	研发外包、知识产权保护与我国企业的自主创新——基于不完全合约视角的研究	12YJCZH149	马卫红
77	交叉学科综合研究	山东大学	青年基金项目	存亡歧路：“义理”论争与17世纪20—50年代朝鲜思想界的清朝认识	12YJCZH174	石少颖
78	交叉学科综合研究	山东大学	青年基金项目	环境调和型食品物流理论与实现方法研究	12YJCZH227	谢京辞
79	交叉学科综合研究	山东大学	青年基金项目	中小企业创业过程中杠杆资源利用研究	12YJCZH231	徐凤增

（续表）

序号	学科门类	学校名称	项目类别	项目名称	项目批准号	申请人
80	交叉学科综合研究	山东大学	青年基金项目	基于新型图论聚类的物流系统数据挖掘研究	12YJCZH303	赵培怜
81	交叉学科综合研究	山东工商学院	青年基金项目	基于动态多准则分析的农村可再生能源发展路径研究	12YJCZH184	唐松林
82	交叉学科综合研究	山东交通学院	青年基金项目	基于4E策略的中小学生校车安全系统治理研究	12YJCZH029	丁芝华
83	交叉学科综合研究	山东经济学院	青年基金项目	基于效应评估视角的我国残疾人托养服务社会支持体系研究	12YJCZH232	徐　宏
84	交叉学科综合研究	山东青年政治学院	青年基金项目	民族旅游中文化移植、失真与族群认同——以云南大理双廊白族村为个案	12YJCZH018	陈修岭
85	教育学	济南大学	规划基金项目	“卓越工程师计划”政策执行情况监测研究——基于上海山东试点高校	12YJA880091	彭亚萍
86	教育学	聊城大学	规划基金项目	复杂中的适应：基础教育学校变革的社会学分析	12YJA880039	韩登亮
87	教育学	临沂大学	规划基金项目	地方大学文化与地域文化互动发展个案研究	12YJA880034	郭　峰
88	教育学	鲁东大学	规划基金项目	建设幸福班集体的策略研究	12YJA880028	葛明荣
89	教育学	曲阜师范大学	规划基金项目	规约与张扬：中小学教师教学个性养成研究	12YJA880072	李　允
90	教育学	山东经济学院	规划基金项目	中国传统“践行”德育思想研究	12YJA880002	边慧民
91	教育学	山东经济学院	规划基金项目	我国农村劳动力转移研究——基于技能拓展教育培训视角	12YJA880061	李国强
92	教育学	山东师范大学	规划基金项目	中国乡村民俗的现代教育价值研究	12YJA880103	孙宽宁
93	教育学	济南大学	青年基金项目	免费师范生的就业流向及引导策略研究	12YJC880034	蒋馨岚
94	教育学	济南大学	青年基金项目	产业结构调整与就业结构优化的互动机理：模型研究、实证检验、比较和对策分析	12YJC880064	刘　毅

（续表）

序号	学科门类	学校名称	项目类别	项目名称	项目批准号	申请人
95	教育学	山东工商学院	青年基金项目	新生代农民工就业与职业教育互动发展模式研究	12YJC880021	高建丽
96	教育学	山东经济学院	青年基金项目	我国大学教学学术及其制度保障研究	12YJC880088	宋　燕
97	教育学	山东师范大学	青年基金项目	中国村落小学的百年兴衰研究（1904—2004）	12YJC880030	吉　标
98	教育学	山东政法学院	青年基金项目	国家远距主义之下的大学校规之监督	12YJC880141	伊　鑫
99	教育学	中国海洋大学	青年基金项目	基于建构性评价的高职院校专业评估研究	12YJC880098	王海涛
100	经济学	曲阜师范大学	规划基金项目	省域内发展规划边缘区现代农业发展路径研究——以山东为例	12YJA790066	李传健
101	经济学	曲阜师范大学	规划基金项目	知识积累与劳动报酬递增：包容性增长的政治经济学研究	12YJA790109	任洲洪
102	经济学	山东财政学院	规划基金项目	转方式调结构背景下促进现代服务业发展的税收政策体系创新研究	12YJA790103	潘明星
103	经济学	山东大学	规划基金项目	基于公司治理的商业银行货币政策传导机制研究	12YJA790005	曹廷求
104	经济学	山东大学	规划基金项目	民国时期中间组织与企业劳资关系研究（1912—1937）	12YJA790059	金京玉
105	经济学	山东大学	规划基金项目	复杂面板数据的系统建模及应用研究	12YJA790107	任　燕
106	经济学	山东大学	规划基金项目	资产规模膨胀、价格波动与我国货币政策的优化研究	12YJA790190	张建波
107	经济学	山东工商学院	规划基金项目	我国煤炭产业低碳发展机制及政策取向研究——基于系统动力学视角	12YJA790120	谭玲玲
108	经济学	山东建筑大学	规划基金项目	城市群空间结构与产业结构的耦合关系及优化研究	12YJA790019	单宝艳
109	经济学	山东经济学院	规划基金项目	经济刺激计划的陷阱、财政风险及其应对策略	12YJA790008	陈　华

（续表）

序号	学科门类	学校名称	项目类别	项目名称	项目批准号	申请人
110	经济学	山东经济学院	规划基金项目	宏观审慎监管框架下我国保险业逆周期政策研究	12YJA790067	李红坤
111	经济学	山东科技大学	规划基金项目	产业蜕变与产业转型互动机理研究	12YJA790108	任一鑫
112	经济学	山东理工大学	规划基金项目	海归在中国自主创新中的作用——基于跨国人力资本流动的视角	12YJA790071	李　平
113	经济学	山东师范大学	规划基金项目	北极航道通航背景下的北极资源开发中国战略研究	12YJA790159	徐跃通
114	经济学	山东师范大学	规划基金项目	我国区域协调发展战略和政策的增长趋同效应研究	12YJA790199	张晓清
115	经济学	烟台大学	规划基金项目	海洋资源产权冲突及其治理规则的经济学研究	12YJA790072	李　强
116	经济学	中国海洋大学	规划基金项目	我国海洋风能产业化实现机制研究	12YJA790020	单春红
117	经济学	中国海洋大学	规划基金项目	海域资源市场化配置的方式选择、制度安排与实施路径研究	12YJA790168	杨　林
118	经济学	济南大学	青年基金项目	地方政府支出竞争行为及效应研究	12YJC790225	杨宝健
119	经济学	聊城大学	青年基金项目	基层政府财政困境：形成机理及化解对策	12YJC790085	匡　萍
120	经济学	青岛大学	青年基金项目	税收激励与制造业 FDI 质量——基于跨国分割框架内异质性企业视角的研究	12YJC790077	江　霞
121	经济学	山东财政学院	青年基金项目	制造业吸纳劳动力就业存在的问题及解决机制——基于资本深化视角	12YJC790034	段国蕊
122	经济学	山东财政学院	青年基金项目	后国际金融危机背景下商业银行风险预警机制研究——基于全面风险管理的视角	12YJC790121	刘　宁
123	经济学	山东大学	青年基金项目	FDI 进入对中国环境质量的影响及政策分析	12YJC790016	陈媛媛

（续表）

序号	学科门类	学校名称	项目类别	项目名称	项目批准号	申请人
124	经济学	山东大学	青年基金项目	当代主要经济学流派关于美国1929年大萧条的争论研究	12YJC790052	郝延伟
125	经济学	山东经济学院	青年基金项目	基于政府资助、企业投资、信息科技和社会经济因素的信息化与工业化融合机理及对策研究	12YJC790182	王高山
126	经济学	山东经济学院	青年基金项目	我国食品安全监管效率评估与监管体系构建	12YJC790278	张　莹
127	经济学	山东科技大学	青年基金项目	我国政府财政支出对农村居民消费影响效应研究	12YJC790155	权　英
128	经济学	山东青年政治学院	青年基金项目	中国旅游碳排放的核算、影响因素及减排策略	12YJC790249	袁宇杰
129	经济学	山东师范大学	青年基金项目	资源环境约束下的区域产业结构优化升级研究——以山东半岛城市群为例	12YJC790254	张宝雷
130	经济学	烟台大学	青年基金项目	基于不完全信息和网络效应的创新授权契约机制研究	12YJC790185	王君美
131	经济学	中国海洋大学	青年基金项目	订单渔业发展及渔户参与行为影响因素研究	12YJC790130	卢　昆
132	经济学	山东财政学院	自筹经费项目	民办托幼组织快速协调发展研究：规制框架下的财税激励与公益化转型	12YJE790001	郭　磊
133	历史学	济南大学	规划基金项目	孟子家族文化研究	12YJA770058	朱松美
134	历史学	聊城大学	规划基金项目	近代中国“自由”概念研究（1840—1911）	12YJA770018	胡其柱
135	历史学	临沂大学	规划基金项目	童工问题的历史考察与现实启示	12YJA770034	鲁运庚
136	历史学	陇东学院	规划基金项目	中国古代史书自注研究	12YJA770033	刘治立
137	历史学	鲁东大学	规划基金项目	美国联邦政府证券监管问题研究	12YJA770040	王书丽

（续表）

序号	学科门类	学校名称	项目类别	项目名称	项目批准号	申请人
138	历史学	青岛科技大学	规划基金项目	民族认同与中国历史教科书书写研究	12YJA770054	张运君
139	历史学	山东大学	规划基金项目	被结构的时间：农事节律与传统中国乡村民众时间生活	12YJA770039	王加华
140	历史学	山东经济学院	青年基金项目	新加坡华人国民认同建构研究	12YJC770045	阮岳湘
141	历史学	中国海洋大学	青年基金项目	冲突与融合：青苗会与近代华北乡村社会治理研究	12YJC770056	王洪兵
142	逻辑学	临沂大学	青年基金项目	汉传因明的传承与发展研究	12YJC72040002	张晓祥
143	马克思主义理论/思想政治教育	山东理工大学	规划基金项目	十六大以来党的群众工作新进展及前瞻性研究	12YJA710068	王　青
144	马克思主义理论/思想政治教育	山东师范大学	规划基金项目	中国共产党引领先进文化能力体系研究	12YJA710079	徐　稳
145	马克思主义理论/思想政治教育	山东工商学院	青年基金项目	政府创新视角的地方生态文明实践动力机制及其优化研究	12YJC710038	蔺雪春
146	马克思主义理论/思想政治教育	山东警察学院	青年基金项目	改革开放以来马克思主义人权理论中国化研究	12YJC710058	孙　强
147	马克思主义理论/思想政治教育	中国海洋大学	青年基金项目	马克思主义的视角下我国转型期农村社会矛盾问题研究	12YJC710032	李晓伟
148	民族学与文化学	曲阜师范大学	规划基金项目	英雄、骑士、绅士——论体育功能的演变	12YJA850025	杨　弢
149	社会学	曲阜师范大学	规划基金项目	流动抑或驻守：当前中国乡村精英“乡土归属”问题研究	12YJA840034	张英魁
150	社会学	山东师范大学	规划基金项目	社会变迁中的乡村教育发展研究	12YJA840038	周海银

（续表）

序号	学科门类	学校名称	项目类别	项目名称	项目批准号	申请人
151	社会学	山东工商学院	青年基金项目	我国老年家庭照料者相关支持政策研究	12YJC840033	宋春玲
152	社会学	烟台大学	青年基金项目	基于循环价值观的城市社会形态复杂循环实证研究	12YJC840052	于　英
153	统计学	山东工商学院	青年基金项目	中国通货膨胀预期的冲击效应及昀优货币政策规则研究——基于DSGE模型的开发及应用	12YJC910013	袁　靖
154	图书馆、情报与文献学	聊城大学	规划基金项目	民国时期的古籍丛书研究	12YJA870002	崔建利
155	图书馆、情报与文献学	山东理工大学	青年基金项目	长句检索中信息查询扩展技术研究	12YJC870001	白如江
156	外国文学	济南大学	规划基金项目	夏目漱石文学的知识分子叙事研究	12YJA752004	邓传俊
157	外国文学	青岛科技大学	规划基金项目	文本政治学：文化唯物主义莎评研究	12YJA752032	许勤超
158	外国文学	山东大学	规划基金项目	日本现代女性文学的主题表达与价值取向	12YJA752030	肖　霞
159	外国文学	山东大学	青年基金项目	文化研究视角下的维涅·叶罗费耶夫小说	12YJC752026	皮　野
160	外国文学	山东经济学院	青年基金项目	琳达·哈琴的后现代主义诗学研究	12YJC752003	陈后亮
161	外国文学	山东经济学院	青年基金项目	当代美国犹太文学的犹太性及文化样本意义	12YJC752007	高　婷
162	外国文学	中国海洋大学	青年基金项目	历史文化视域下的当代日本代表作家中国观问题研究	12YJC752045	张小玲
163	外国文学	中国石油大学（华东）	青年基金项目	俄国翻译思想及理论的文学传统研究	12YJC752016	靳　芳
164	心理学	曲阜师范大学	规划基金项目	优秀运动员知觉预期能力优势的特点及神经机制研究	12YJA190022	杨昭宁
165	心理学	山东师范大学	规划基金项目	影响中小学生创造力发展的个体、环境因素及其作用机制的纵向研究	12YJA190024	张景焕

（续表）

序号	学科门类	学校名称	项目类别	项目名称	项目批准号	申请人
166	心理学	鲁东大学	青年基金项目	青少年社会公平判断的偏好调节形成机制	12YJC190020	李文静
167	心理学	曲阜师范大学	青年基金项目	良心行为的内隐性及良心德育育德模式的建构	12YJC190017	李海青
168	心理学	山东理工大学	青年基金项目	同性恋大学生艾滋病预防干预模型的构建	12YJC190038	于宗富
169	心理学	山东师范大学	青年基金项目	初中生羞怯的结构及其影响机制：遗传、环境与自我的作用	12YJC190004	陈英敏
170	心理学	山东师范大学	青年基金项目	羞怯个体自我认知的行为和神经生理研究	12YJC190009	韩　磊
171	新闻学与传播学	山东财政学院	规划基金项目	移动阅读系统用户持续使用的理论模型：基于情感视角的实证研究	12YJA860010	刘鲁川
172	新闻学与传播学	山东师范大学	规划基金项目	互联网信息消费行为对社会文化的解构与重塑	12YJA860029	张冠文
173	新闻学与传播学	鲁东大学	青年基金项目	基于熵理论的传播融合新模式研究	12YJC860054	张成良
174	新闻学与传播学	山东大学	青年基金项目	21世纪美国新媒体理论转型趋势研究	12YJC860021	李欣人
175	艺术学	聊城大学	规划基金项目	我国中小学书法教育研究	12YJA760074	向　彬
176	艺术学	临沂大学	规划基金项目	图像与艺术的关系及西方当代图画（Picture）理论研究	12YJA760087	尹德辉
177	艺术学	鲁东大学	规划基金项目	主体间性视野中的中国传统音乐文化教育研究	12YJA760006	崔学荣
178	艺术学	山东轻工业学院	规划基金项目	山东石窟造像艺术研究	12YJA760037	刘木森
179	艺术学	济南大学	青年基金项目	清代山左演剧史——以史志类文献为考察中心	12YJC760016	范丽敏
180	艺术学	济南大学	青年基金项目	齐国乐舞研究	12YJC760078	王　冰

（续表）

序号	学科门类	学校名称	项目类别	项目名称	项目批准号	申请人
181	艺术学	青岛大学	青年基金项目	魏晋时期音乐文献研究	12YJC760002	车　坤
182	艺术学	山东大学	青年基金项目	中国竹笛音乐史	12YJC760031	纪维剑
183	艺术学	山东大学	青年基金项目	东周齐国乐器研究	12YJC760061	米永盈
184	艺术学	山东工艺美术学院	青年基金项目	民间艺术审美心理研究	12YJC760098	徐　磊
185	艺术学	山东交通学院	青年基金项目	清代博学鸿儒特考期间的文化艺术交往	12YJC760037	李丹颖
186	语言学	曲阜师范大学	规划基金项目	英汉语运动事件词汇化的句法——语义接口功能及其类型学意义	12YJA740061	彭　芳
187	语言学	山东大学	规划基金项目	儿童双语学习者元语言意识的发展与迁移	12YJA740051	卢　敏
188	语言学	山东大学	规划基金项目	汉语国际传播语境下文化教学视频资源的研究与构建	12YJA740072	王尧美
189	语言学	山东科技大学	规划基金项目	汉语称谓的认知理据研究	12YJA740062	彭建武
190	语言学	山东理工大学	规划基金项目	基于《汉语大词典》的历时性大型汉语语文辞书修订研究	12YJA740115	赵红梅
191	语言学	青岛理工大学	青年基金项目	汉英致使交替动词的认知功能研究	12YJC740027	郭　印
192	语言学	青岛理工大学	青年基金项目	欧美《说文》学研究	12YJC740135	张大英
193	语言学	青岛农业大学	青年基金项目	中动及其相关去及物性结构——基于句法—语义—语用综合界面的跨语言比较研究	12YJC740023	高秀雪
194	语言学	曲阜师范大学	青年基金项目	“复语型”专业外语人才培养模式研究	12YJC740091	孙　伟
195	语言学	山东财政学院	青年基金项目	小说交际中言语反讽的认知语用研究	12YJC740146	赵　红

（续表）

序号	学科门类	学校名称	项目类别	项目名称	项目批准号	申请人
196	语言学	山东大学	青年基金项目	魏晋南北朝道经词汇研究	12YJC740073	刘祖国
197	语言学	山东大学	青年基金项目	汉语零话句的语用充实研究：默认意义视角	12YJC740142	张延飞
198	语言学	山东师范大学	青年基金项目	清代雅书注释与编纂研究	12YJC740103	王其和
199	语言学	山东师范大学	青年基金项目	英语中汉语借词的源流与发展	12YJC740128	杨　彬
200	语言学	山东师范大学	青年基金项目	现代汉语动量词层现的认知过程——心智、语法转喻和构式	12YJC740144	张　媛
201	语言学	烟台大学	青年基金项目	基于对外汉语教学的汉语构式调查与认知研究	12YJC740084	亓文香
202	语言学	中国海洋大学	青年基金项目	“谁为孩子而译？”——中国儿童文学翻译的理论与实践	12YJC740123	徐德荣
203	哲学	山东大学	青年基金项目	中国经学解释学方法论研究	12YJC720037	王小婷
204	哲学	山东师范大学	青年基金项目	经验的概念化与第二自然——麦克道尔论心灵与世界关系的文本学研究	12YJC720038	王增福
205	政治学	青岛大学	规划基金项目	社区社会组织参与城市基层合作治理研究	12YJA810008	高　红
206	政治学	曲阜师范大学	规划基金项目	后民族政治的内在张力及其认同路径——以欧盟为例	12YJA810014	王远河
207	政治学	山东工商学院	青年基金项目	西藏工作座谈会研究	12YJC810023	王茂霞
208	政治学	中国石油大学（华东）	青年基金项目	我国政府道歉的路径选择研究	12YJC810018	汝绪华
209	中国文学	济南大学	规划基金项目	审丑的生成与转换机制研究——以外国文学中的审丑现象为例	12YJA751083	张中锋
210	中国文学	曲阜师范大学	规划基金项目	清官戏研究	12YJA751004	陈　涛

（续表）

序号	学科门类	学校名称	项目类别	项目名称	项目批准号	申请人
211	中国文学	曲阜师范大学	规划基金项目	中国现代民族主义文学思潮（1895—1945）	12YJA751033	李　钧
212	中国文学	曲阜师范大学	规划基金项目	明清世情小说中的民俗研究	12YJA751040	刘相雨
213	中国文学	曲阜师范大学	规划基金项目	1875—1937 儿童文学中的图像叙事	12YJA751080	张　梅
214	中国文学	山东大学	规划基金项目	伦理视野中的新世纪文学	12YJA751030	李　红
215	中国文学	山东师范大学	规划基金项目	中国现代文学中的创伤体验现象研究	12YJA751024	贾振勇
216	中国文学	齐鲁师范学院	青年基金项目	中国现代隐逸文学研究	12YJC751093	许海丽
217	中国文学	曲阜师范大学	青年基金项目	中国四大民间传说的戏剧传播研究	12YJC751018	郭玉华
218	中国文学	山东大学	青年基金项目	《民国日报·觉悟》与五四新文化、新文学	12YJC751068	史建国
219	中国文学	山东女子学院	青年基金项目	中国当代英雄叙事文学的深层文化精神研究	12YJC751109	赵启鹏
220	中国文学	山东师范大学	青年基金项目	台湾“留学生作家”与“新移民作家”小说比较研究	12YJC751027	解孝娟
221	中国文学	山东师范大学	青年基金项目	社会领域分化与当代审美文化发展	12YJC751033	李红春
222	中国文学	中国海洋大学	青年基金项目	唐代制诰文改革研究	12YJC751029	鞠　岩
223	宗教学	山东工商学院	规划基金项目	昆嵛山地区全真道教文化遗存调查与研究	12YJA730006	孙守春
224	宗教学	山东师范大学	规划基金项目	斯宾诺莎的宗教批判理论及其当代价值研究	12YJA730001	崔永杰
225	宗教学	德州学院	青年基金项目	国家安全视野下新兴宗教在我国的传播、影响及对策研究	12YJC730011	许　宏
226	高校思想政治工作	山东商业职业技术学院	一类课题	校园周边治安综合治理基层工作机制研究	12JDSZ1011	罗金凤

（续表）

序号	学科门类	学校名称	项目类别	项目名称	项目批准号	申请人
227	马克思主义中国化、时代化、大众化	滨州医学院	二类课题	社会思潮与我国意识形态安全研究	12JD710117	卜建华
228	马克思主义中国化、时代化、大众化	山东财政学院	二类课题	微时代背景下高校舆情信息工作规律性问题研究	12JD710120	孙 玫
229	马克思主义中国化、时代化、大众化	曲阜师范大学	二类课题	高校马克思主义理论队伍建设研究	12JD710041	孙玉凡
230	马克思主义中国化、时代化、大众化	日照职业技术学院	二类课题	高等职业院校大学文化建设研究与实践	12JD710082	王森勋
231	高校思想政治工作	德州学院	二类课题	高校学生诚信教育与诚信体系建设研究——基于高校学生诚信认知及行为的思考	12JDSZ2014	郑晓燕
232	高校思想政治工作	中国海洋大学	二类课题	高校学生党支部建设及其作用发挥研究	12JDSZ2023	初建松
233	高校思想政治工作	山东师范大学	二类课题	新时代高校党外代表人士培养选拔机制路径探析	12JDSZ2030	杨素群
234	辅导员专项	山东师范大学	辅导员专项	大学生生命教育的研究与探索	12JDSZ3046	颜春杰
235	辅导员专项	山东工商学院	辅导员专项	大学生网络道德失范行为的实证研究——以山东十所高校为例	12JDSZ3047	隋丽丽
236	辅导员专项	山东经济学院	辅导员专项	红色经典在大学生信仰教育中的价值与应用研究	12JDSZ3048	李洪星
237	辅导员专项	青岛大学	辅导员专项	残疾大学生就业困境及其对策研究	12JDSZ3049	韩 旭
238	辅导员专项	青岛科技大学	辅导员专项	高校辅导员与大学生的职业心理协同研究	12JDSZ3050	王永波
239	辅导员专项	鲁东大学	辅导员专项	基于应用型人才培养视野下的大学生教育管理模式研究	12JDSZ3051	张天波

（续表）

序号	学科门类	学校名称	项目类别	项目名称	项目批准号	申请人
240	辅导员专项	曲阜师范大学	辅导员专项	"代际分化"影响下大学生社会流动积极心态的塑造	12JDSZ3052	宋秀娟
241	辅导员专项	临沂大学	辅导员专项	新媒体背景下红色文化资源利用与大学生思想政治教育成效性研究	12JDSZ3053	吴布林
242	辅导员专项	潍坊学院	辅导员专项	大学生发展性心理咨询模式研究	12JDSZ3054	赵树江
243	辅导员专项	日照职业技术学院	辅导员专项	高职院校班级企业化管理模式探究	12JDSZ3055	徐付生
244	科研诚信与学风建设	山东大学	一般课题	我国的学术管理体制问题研究	12JDXF003	张希华
245	后期资助项目	临沂大学	后期资助重点项目	大学文化与育人之道	12JHQ004	韩延明
246	基地重大项目	山东大学	基地重大项目	中国共产党党的建设与社会稳定之关系的研究	12JJD710007	王韶兴
247	基地重大项目	山东大学	基地重大项目	《庄子》篇义题解辑要与研究	12JJD720003	邓联合
248	基地重大项目	山东大学	基地重大项目	现代新儒家易学思想研究	12JJD720004	黄玉顺
249	基地重大项目	山东大学	基地重大项目	宗教与社会服务研究	12JJD730002	李　芹
250	基地重大项目	山东大学	基地重大项目	符号科学的发展和文学理论的突破	12JJD750014	屠友祥
251	基地重大项目	山东大学	基地重大项目	文学文本理论研究	12JJD750020	张红军
252	基地重大项目	山东师范大学	基地重大项目	汉魏齐鲁经学史	12JJD750001	程奇立
253	基地重大项目	山东师范大学		孔氏南北宗研究	12JJD750023	赵文坦

教育部人文社科研究规划项目 2012年度山东省结项成果简介

一、济南大学温莲香教授主持的“马克思生产力理论的生态维度研究”课题

（一）成果框架与基本内容

1. 成果框架。（1）马克思对生产力概念和自然力概念的界定；（2）自然生态环境在生产力中的地位和作用；（3）马克思恩格斯对资本的生产力反生态发展的批判；（4）马克思发展人与自然和谐生产力的路径选择；（5）马克思生态维度生产力理论的当代价值。

2. 基本内容。第一部分，首先，分析了马克思生产力理论的生态学基础和生态哲学基础，以及马克思恩格斯对资本主义异化劳动的生态批判，在此基础上，剖析了马克思生产力概念的生态内涵及其意义。其次，考证了《资本论》中马克思对自然力概念、自然力的特征的论述。

第二部分，首先，论证“自然力是生产力”是马克思的基本观点，以及自然力转化为生产力的现实条件。其次，论证了在马克思生产力理论中，自然生态环境的地位和作用。其一，自然生态环境是生产力的自然基础和内在要素。因为，从生产力的本质看，马克思的生产力体现的是人与自然和谐统一的关系；从生产力的构成看，生产力是自然生产力和社会生产力的有机统一；从生产力量的规定性看，劳动生产率总是离不开各种自然条件；从生产力实现的过程看，自然和劳动相结合创造社会财富。其二，自然生态环境是生产力发展的生态源泉。因为，自然界是生产力实体性要素的第一源泉；自然力也是科学技术生产力的生态源泉；生产力发展的内在源泉——劳动力、自然力和社会力的有机统一；生产力的发展史就是一部人类开发利用自然力的历史。因而，马克思得出了“一切生产力都归结为自然力”、“一切生产力都归结为自然界”的论断。

第三部分，马克思揭露了资本化的生产力的反生态性特点，以及资本主义生产方式造成的人与自然物质变换断裂的现象，揭示了资本主义物质变换断裂的生态后果——生产力发展的严重不可持续，表现为生产力发展的源泉——“土地和劳动者”的不可持续性；自然生产力严重不可持续；社会生产力的不可持续。所以资本主义一定时期内生产力的快速发展是劳动生产力以各种已经生产出来的生产力作为牺牲而取得的。

第四部分，研究马克思为实现生产力可持续发展进行的开拓性探索。首先，尊重自然规律，树立人与自然和谐的价值观。其次，依靠科学技术，实现工农业生产生态化。为此，马克思提出了发展循环经济、保持生产力可持续发展、节约不变资本及劳动时间、合理开发利用自然资源、提倡适度消费和绿色消费等前瞻性思想。最后，马克思指出，共产主义是发展人与自然和谐生产力的根本选择。

第五部分，探索了马克思生产力理论的生态维度的当代价值。首先，马克思人与自然和谐生产力观是科学发展观的理论依据。其次，以马克思人与自然和谐生产力观引领和谐社会的构建。最后，以马克思人与自然和谐生产力观为指导，建设资源节约型和环境友好型社会。为此，加强生态管理，建设生态型政府；强化生态责任，建设生态型企业；实施生态教育，培育生态公民；优化产业结构，走生态化产业道路；树立资源价值观，完善自然资源价格体系；完善经济环保和经济生态化立法；大力发展循环经济，培育资源再生利用产业；加快开发可再生能源等。

（二）研究内容的前沿性和创新性

1. 前沿性。本研究报告内容的前沿性主要表现在以下几个方面：第一，整体性。研究报告突破了原有对马克思生产力理论的生态维度研究的局限性，形成了对马克思生态维度的生产力理论整体、系统地认识和把握。从概念到理论，从静态到动态，从批判到构想，生态思想始终贯穿在马克思的生产力理论中。第二，尝试性地探讨了马克思的生产力概念、劳动概念与生态学理论的关系。论证了马克思的生产力理论有着坚实的生态学基础。第三，全面详细地研究了在马克思的生产力理论中自然生态环境的地位和作用。自然生态环境既是生产力的自然基础和内在要素，又是生产力发展的生态源泉。第四，深入研究了马克思物质变换断裂理论与生产力发展的关系。探讨了马克思对资本主义物质变换断裂引起生产力发展的严重不可持续的批判，进一步研讨了马克思为实现生产力可持续发展的开拓性探索。

2. 创新性。第一，在探讨了马克思生态维度的生产力理论的哲学基础——人与自然的和谐关系的基础上，提出了“马克思的生产力理论的和谐本质”

的观点。第二，从一个全新视角——马克思的自然力视角，揭示了科学技术将各种自然力物化为生产力的路径。第三，提出了“马克思的生产力是经济、社会、人口、资源、环境协调可持续发展生产力”的观点。马克思在实现生产力可持续发展的开拓性探索中，提到了自然资源的永续利用思想、人口可持续发展的思想、劳动可持续发展的思想、循环生产的思想及社会生产关系的可持续的思想，这与当代的可持续发展理论是一致的。第四，提出了“自然生态环境是生产力发展的生态源泉”的观点。因为生产力发展的内在源泉是劳动力、自然力和社会力（包括科技力）的有机统一。可以说，劳动力是生产力发展的主体源泉，自然力是生产力发展的生态源泉，社会力是生产力发展的社会源泉，三者有机结合推动生产力发展。

3. 研究方法。本研究报告从哲学、政治经济学、生态经济学、伦理学等多学科的角度，立足于马克思原文本思想，首先采用文献研究法确立马克思的生产力观是人与自然和谐的生产力观。其次，运用系统分析的方法、分析与综合辩证思维方法，重点分析在马克思生产力理论中自然生态环境的地位和作用。再次，运用历史和逻辑统一的辩证思维方法探讨马克思批判资本化的生产力的反生态性特点和表现，以及马克思为解决资本主义生态危机提出的实现生产力可持续发展的有效路径的基本思想。

4. 学术价值。本课题的研究，首先，丰富了马克思生态维度的生产力理论的研究内容，在一定程度上拓展了研究的广度和深度，还原了马克思生产力理论的真实面目。一方面，有助于人们摆脱传统的生产力观念的影响，在理论上实现从传统的“征服型”生产力观向马克思“和谐型”生产力观的转向，为建构马克思的和谐生产力理论提供理论支持。另一方面，有助于消除人们对马克思主义生产力理论在解决生态危机问题上的怀疑和误解，有利于在实践中更好地坚持和发展马克思主义。其次，显示出马克思的生产力理论在生态危机问题上的有效阐释力和解决力，这对我国建设资源节约型和环境友好型社会具有重要的指导意义。

二、济南大学刘传霞教授主持的“中国当代文学身体政治研究”课题

（一）最终研究成果的框架和主要内容

该成果除了导论、结语、附录以外，分为上编、中编、下编三部分，共十章。绪论部分梳理中外有关身体的哲学文化理论以及发展脉络，简要介绍中国当代文学身体叙述的基本发展历程以及课题研究现状、研究目的意义。结语部分对当下中国文学身体叙述存在问题的思考与探究。附录部分为文本细读，选取具体的小说文本，从身体叙事层面作详细解读、分析。

上编：“被规训的身体”，分析1950—1970年代中国文学身体叙述。

这一阶段是国家意识形态借助各种社会实践对身体加以监督和管理的时期，国家政治试图锻造革命所需要的标准化身体，呈现了福柯所说的“话语对身体控制”。在革命的现代性时期，由于国家意识形态具有统摄性的力量与权威，个人话语的形成与表达受到严重的压抑，同时强大的意识形态又拥有巨大主体召唤力量，此期中国人的自我主体性的建构主要体现在对主流意识形态的应答之中，个人对自我身体的规划与设计呈现出与国家话语的一致性，或者说个人几乎完全被剥夺对自我主体建构权力与欲望，国家话语对个人身体从时间到空间，从体貌、着装、性心理需求，都被按照阶级、阶层作出了明晰的规划。这种规划一步一步趋向单一、集中、明确，一直到“文革”走向了反现代性的路途。

第一章：“无性的身体”，论述1950—1970年代中国文学中的爱欲叙述，分析革命爱欲观，解读革命伦理对爱欲的管理与分配。

第二章：“缺失痛感的身体”，论述1950—1970年代中国文学中的死亡与受虐叙述，分析革命伦理的死亡观和暴力美学，探究革命历史小说将死亡道德化、阶级化与受虐仪式化、施虐狂欢化的文学叙述，剖析其文化价值与存在问题。

第三章：“脸谱化的身体”，论述1950—1970年代中国文学中的身体形态叙述，分析脸谱形态化身体叙述所包含的传统审美需求、当代政治文化等复杂意识形态与文化内涵，剖析脸谱化叙述的历史存在价值，阐述当脸谱化与政治化紧密联系在一起的时候所产生的严重危害。

第四章：“疾病的管理与治疗”，论述在1950—1970年代中国文学中疾病叙述的政治隐喻，探讨疾病叙述的单一化倾向，指出在为数不多的涉及当代现实生活的疾病叙事中，疾病治疗取代了疾病表现，政治意识形态成为疾病隐喻的唯一指向。

中编：“解放的身体”，分析1980年代中国文学身体叙述。

1980年代针对文革中的非人的、反现代的政治文化专制，中国社会开始了新的文化启蒙时代。在新的文化启蒙时期，身体具有颠覆中心话语乃至宏观政治的反向功能被人们所看重，人们开始通过一系列身体话语的建构来解构文革以及革命时期的政治文化专制，颠覆统一整齐的政治话语的权威性；通过对自我身体内在需求的尊重与表述来建构自我主体性，进而构想具有现代性的国家与现代性的个人。在这一解构与建构相交融的时期，西方启蒙主义和现代主义的人文哲学思想成为1980年代现代性身体建构的主要思想资源。

第五章："饥饿的身体"，论述1980年代饥饿叙述的政治文化诗学。从伤痕反思到寻根、写实、先锋，在20世纪80年代浪潮般迭起的文学创作潮流中，饥饿叙述的出场方式走过了一个由依附在政治道德背后到堂而皇之、独立自主的过程，它所呈现的文学功能也经历了一个由政治化、道德化到生物化、身体化的过程。

第六章："情欲的身体"，论述1980年代中国文学性爱话语变迁。从在"角落"里发现爱情，在"岗上"建构性爱神话，到在历史中逃亡，20世纪80年代性爱话语参与并见证了当代中国人的精神主体、感性主体、欲望主体的建构历程，走过了一条了从理性建构到非理性解构的路程。

第七章："去势的男性身体"，论述1980年代中国文学中去势男性的文化隐喻意义，在最具有个人隐秘性的身体叙述中探析当代知识分子对自我社会身份的认定与建构。

第八章："疯癫的身体"，论述1980年代中国文学疯癫谱系与文化隐喻。作为一种文化隐喻和意义符号，疯癫成为当代中国知识分子书写自我和社会的文化符码。从某种意义上来看，20世纪80年代文学中的疯癫话语史，就是当代中国知识分子的精神史。

下编："狂欢的身体"，分析1990年代以来中国文学身体叙述。

进入1990年代以来，中国社会进入了后现代时期，欲望化和消费主义开始介入并逐渐主宰身体建构。消费主义和现代技术也给中国当代的身体形成带来了巨大的影响。在启蒙时代被建立起来的相对稳定现代自我主体意识被摧毁，新的自我更加具有流动性、不确定性和断裂性。在市场化、技术化的时代，作为个体的人所能支配的就剩下自己的身体，因为现代医学、化妆的确可以重新塑造、结构人的身体，人们的身份属性、性别属性都可以变化，但是，事实上这一体现自我主体意志的身体形构同样是被控制、被规划的，只不过由原来的政治权力置换为文化、资本权力，并且以更加隐蔽的姿态出现，召唤着个体以虚假的自我形式、自由方式去臣服。在这个时期，后现代主义理论成为中国人建构与反省现代性身体的思想资源。

第九章："泛性化的身体"，分析1990年代以来中国文学身体叙中"泛性化"现象，探查性叙述所涉及多个文化场域以及所纠缠的多种意识形态，辨析消费主义文化对性叙述的影响。

第十章："时尚化的身体"，分析1990年代以来中国文学中时尚身体的文学叙述形态，辨析时尚身体与现代社会思想文化的相互关联，探寻消费主义时代时尚化身体叙述存在的问题。

（二）研究内容的前沿性和创新性

1. 把当代中国文学身体叙述作为一个动态的整体加以研究，考察其在不同的时期文学想象、处理、呈现身体的方式、策略，梳理当代中国社会身体的社会功能、身体观念的变迁脉络，揭示出丰富的历史与文化内涵。

2. 梳理中国当代文学身体史，在具体的历史语境中，剖析中国社会的各种权力如何在合作与对抗中建构国人身体，以及作为个体的人，尤其是知识分子如何在对规训的臣服与反抗中确立自我身份，寻求自我认同。

3. 从文学叙述层面考察当代身体文化建构、形成、发展的过程和结果，站在历史的纬度上对其中的成因进行分析，以现代人文意识、独立健全的自我意识为基点，对结果作出历史性的评析和价值认定，即开掘当代身体叙述的批判性、颠覆性，又关注在消费主义时代身体被消费、被异化的倾向。

（三）研究方法

成果以西方后现代主义中有关身体政治和自我认同研究成果作为理论支撑，尤其是福柯的身体权力政治理论，同时借鉴女性主义文学批评的方法，对当代中国文学中的身体叙述做系统、整体性研究。在具体的将宏观论述和微观个案研究、文本细读相结合，综合运用文学文本与其他文本的"互证分析"。

三、济南大学丛晓峰教授主持的"村落精英在农村社区发展中的角色与功能"课题

（一）最终研究成果的框架和基本内容

1. 框架。针对当前学界关于精英的分析比较深入，然而缺乏对村落精英在社区发展中的角色或者功能的系统综合。为此，本研究试图以一社区的精英角色或者功能为案例来分析，来梳理出精英角色或者功能分析和治理框架；同时结合目前的治理背景来展望精英与治理关系的发展趋势和政策含义。

2. 基本内容。本研究主要围绕着以下几个方面展开分析：第一，农村社区中的精英的存在形态；第二，精英在农村发展中的正功能；第三，精英在农村发展中的负功能；第四，精英正功能和负功能彼此的关联之处；第五，精英正功能和负功能发挥产生作用的治理背景。实际上，这些问题彼此都有相互关联，因此本研究在分析的过程中交互穿插相应的分析。第一个问题的识别有利于进一步分析精英在农村发展中的正负功能。第二和第三个问题的识别有利于是为了进一步分析第四个问题和第五个问题。第四个问题的分析是要综合梳理第二个和第三个问题，要分析精英发挥影响的共同点，由此梳理出精英角色或者功能分析框架。第五部分的分析是结合前几部分的分析和本部分的治理背景分析来探讨精英与农村发展的可能的治理关系和政策含义。

（二）研究内容的前沿性和创新性

1. 首次从承担农户和社区风险的视角来分析村落精英功能。

2. 结合 DFID 可持续生计发展分析框架综合出精英角色和功能分析的可持续生计发展和治理框架。识别出村落精英承担农户和社区发展风险、增强社区和农户抗击风险的能力，即减小农户生计发展和社区发展面临的脆弱性背景的功能。

3. 从分析精英的正负外部性来看，确定应该将精英和其功能作为公共物品来管理。

4. 明晰目前的精英功能是与外界的各种风险关联在一起的，对精英治理的需求可能随外部风险的增加而增加，随外部风险的减小而减小；但在目前来看，由于社区外部未出现有效地降低社区风险的良好机制和增强农户抗击风险的生计资产的机制，这种精英治理的状况可能还将持续下去。

5. 需要有效的机制来保护精英，避免精英没落造成的社区资本损失；同时还需要建立有效的机制来促进精英在更广范围和更强的庇护而减小精英掠权对农户生计发展和社区发展脆弱性的加强。

（三）研究方法

1. 文献研究法。本文将采用文献研究方法，收集目前与此相关的社区发展研究和社区组织研究方面相关的文献，对国内外学术界关于精英的界定、精英理论的内涵和发展以及具体到农村精英的分类和农村精英在农村治理、农村发展中的正面功能和负面影响的研究成果加以整理分析，并从宏观上了解、掌握目前学术界对村落精英的考察，形成本文研究的重要基础和研究的出发点。

2. 个案分析法。本文主要采用实地研究的方式，首先在一个村庄进行了试调查，在此基础上认真修正调查方案，包括访谈提纲和问卷。准备工作完善后进入实地调查，运用个案研究的形式选取山东省济南市林村中的各类村落精英作为深入研究的具体对象。通过访谈（包括半结构访谈、关键人物访谈、小组座谈、农户排序等）、观察、内容分析以及文献探索去探讨面对的主题，收集村落精英与大众的互动情况，以及对农村社区发展的积极和消极影响。在对具有典型意义的个案研究分析基础上，还将采用归纳法对本文的研究主题进行推断，以最大的可能性提高本文研究个案的可外推性。

3. 观察法。本文同时采用观察法进行研究，在研究过场中，深入林村，也部分参与了林村的集体活动，在活动的过程中，观察社区中的活动以及人们之间的联系。根据实际情况灵活使用结构式观察与非结构式观察的方法收集资料，尽量保持社会行为和社会现象的客观性，同时兼顾所收集资料的系统性、准确性。另外，在研究过程中，还运用了半结构式访谈以及问卷的方式收集一定的量化资料。

四、济南大学蔡先金教授主持的“出土文献与上古文学研究”课题

（一）最终研究成果的框架和基本内容

课题最终成果为专著，共分 8 编，41 章。除第一编总论外，其他各编皆有引论、出土文学文献简介、文学性专题研究等内容。

第一编总论。在前人研究的基础上，界定了出土上古文学的概念，梳理了出土上古文献与出土上古文学之形成背景，根据上古出土文献的载体分类，将出土上古文学分为出土上古卜辞文学、出土上古金文文学、出土上古诗歌、出土上古神话传说、出土上古辞赋、出土上古俗文学、出土上古散文。在与传世上古文学比较的基础上，指出了出土上古文学研究的意义和价值。

第二编出土上古文学卜辞文学研究。在引言中介绍了卜辞文献、卜辞文学的研究现状及研究意义。其他各章分别对卜辞的文体结构、诗性特质、散文特征、传播接受等方面进行了研究。

第三编出土上古金文文学研究。引言中介绍了上古金文出土与传世简况，界定了上古金文的研究范围，分析了其研究现状与其文学研究价值与意义。其他各章分别探讨了金文文体、金文韵文、金文散文、金文谱牒、金文的生产与传播等问题。

第四编出土上古诗歌研究。本编主要针对简牍文献中的诗学文献进行研究。引言分析了简牍文献的诗学研究价值与研究现状及其研究方法。其次用两章分别研究了简牍文献中的引诗、逸诗现象。再次的两章分别对上博简《孔子诗论》、汉简与汉代诗学进行了专题研究。

第五编出土上古神话传说研究。引言中分析了出土文献对于上古神话传说研究的意义、出土上古神话传研究现状以及本部分的研究思路。其他各章分别研究了《楚帛书》中的创世神话、上博简《子羔》篇与感生神话、《容成氏》与大禹神话、王家台秦简《归藏》与嫦娥神话、睡虎地秦简《日书》与牵牛织女神话，阐明了这些神话的内容体系及产生起源、发展流变等问题。

第六编出土上古辞赋研究。首先在引言中界定了辞赋的文体特征，在分析研究现状的基础上，提出了上古辞赋研究的价值和意义，提出了科学的研究方法。其次，分六章分别对上博楚简的《李颂》与《兰赋》、银雀山汉简《唐勒赋》、阜阳汉简《楚辞》、尹湾汉简《神乌赋》、北大汉简《反淫》、马王堆三号汉墓《黄帝四经·道原》等做了重点关照，剖析了这些文献中的辞赋特征与赋学价值。

第七编出土上古俗文学。本编主要针对出土简帛文献中的俗文学开展的研究。引言中界定了出土上古俗文学的研究范畴，在分析研究现状的基础上，指明了出土上古俗文学的研究价值意义与进一步研究的空间。其他各章则以剖析重点篇章的形式，按简帛年代对战国、秦简、汉简中的俗文学进行了专题研究，如上博简的《采风曲目》与采风、放马滩《墓主记》、敦煌简《韩鹏故事》。

第八编出土上古散文。引言中介绍了出土上古散文文献的种类，分析了研究意义及进一步研究的空间。第二章针对简牍散文重点关照了《为吏之道》、《唐虞之道》、《忠信之道》、《鲁邦大旱》等的散文特质。第三章针对玉石散文重点关照了《侯马盟书》、《温县盟书》等的文体特征。第四章针对缯帛散文重点关照了《春秋事语》、《战国纵横家书》、《老子》等文献学价值和散文特征。

（二）研究内容的前沿性和创新性

1. 在前人研究的基础上，首次系统梳理了出土上古文学文献，并将出土上古文学文献按照载体不同分为出土上古卜辞文学、出土上古金文文学、出土上古诗歌、出土上古神话传说、出土上古辞赋、出土上古俗文学、出土上古散文文献六大部分。

2. 以最新的研究成果为基础，对出土文学文献作了进一步深入研究，对其文学因素、文学性和文学价值进行判断和分析。

3. 在个案研究中取得了新突破。如利用《楚帛书》中的创世神话、上博简《子羔》篇与感生神话、《容成氏》与大禹神话、王家台秦简《归藏》与嫦娥神话、睡虎地秦简《日书》等材料还原了上古创世神话图景、理清了诸神谱系；重新解读了大禹、契、后契等感生神；考证了嫦娥神话、牵牛织女神话的起源与流传。对出土文学文献散文研究真正做到了从其文学性出发，探讨了《为吏之道》、《唐虞之道》、《忠信之道》、《鲁邦大旱》等的散文特质。

4. 在篇章布局上，既有宏观把握，又有重点文献的关照、剖析，初步建构了出土文献与文学研究的新的理论框架与体系。

（三）本课题研究方法

1. 首先建立起本课题的术语如“出土文献”、“出土文学文献”、“上古文学”等，作为研究的支撑点，并对这些术语进行了必要的界定与阐释，然后贯穿于课题研究的整个过程。

2. 在研究步骤上分为先后两部分：首先对出土上古文献进行收集、整理、注释等，继而对出土上古文学文献进行文学性研究（包括文学价值的判断及其在上古文学史上的地位分析等）。前者是后者的基础，后者是在前者基础上的升华，是对出土文献研究的高级形态。

3. 本课题研究主要通过以下几个门径：文献学（包括文字学、音韵学、训诂学、版本学、校勘学等），史学，文学，民俗学，人类学，文化学。每个门径的导入都是为了借鉴该学科领域的理论与方法，实现课题研究的科学目标。

4. 尊重出土文献中的文学史料与史实，对于出土文献的文学性分析，实事求是，既不能忽视或轻视，也不能盲目地夸大或虚美；对于没有文学要素的出土文献，也要尊重事实，敢于割爱，力避贪多求全之弊。

5. 借鉴现代研究方法与科学的文学理论，在实证的基础上，构建了“出土文献与上古文学研究”的一个新的理论架构。

五、山东师范大学张茂聪教授主持的“论教育公共性及其保障”课题

（一）最终研究成果的框架和基本内容

该研究通过对国内外教育公共性已有研究成果的梳理、分析、综合和概括，结合中西方国家取得的成就，针对我国教育实际问题，在考察和案例分析研究的基础之上，查究教育公共性存在的问题，追寻导致该问题的诸多因素，并从制约教育公共性的核心内容的教育财政、教育资源、公共服务、公共教育环境等领域构建保障措施。最终研究成果《论教育公共性及其保障》（商务印书馆 2012 年 9 月出版）。

共有九部分组成：导论部分，主要阐述本研究选题的缘由及意义、国内外研究进展、路径与方法；第一章教育公共性及其理论基础，主要梳理教育公共性的内涵和教育公共性的理论基础；第二章 教育公共性：问题与分析。主要分析教育公共性的消解、迷乱以及从义务教育经费、政府间财政责任、教师资源流动、政府公共服务等领域对我国教育公共性的追问；第三章 教育公共性的保障：教育公共服务。主要从教育公共服务路径选择、推进教育公共服务均等化、重组制度、经费、法律等基本元素，促进义务教育均衡发展三部分保障教育公共性；第四章 教育公共性的保障：公共财政。则从教育公共财政的政府职责担当和如何建立义务教育公共财政制度层面，保障教育公共性；第五章教育公共性的保障：非营利组织的社会责任。主要通过分析非营利组织在教育中的价值与功用，进而政府如何提供公共物品的局限及与非营利组织的合作模式，保障教育公共性；第六章教育公共性的保障：学校与社区互动。通过分析学校与社区的互动形态，探讨学校与社区互动的路径；第七章教育公共性保障：舆论环境与大众公共传媒。从分析信息时代的大众传媒及其公共性，阐述大众传媒公共性对教育公共性的影响，进而探讨教育公共性视域中的大众传媒公共性；第九章余论。对有关教育公共性问题进一步阐述。

（二）研究内容的前沿性和创新性

1. 研究对国内外教育公共性已有研究成果的梳理、分析、综合和概括，结合中西方国家取得的成就，针对我国教育实际，在考察和案例分析研究的基础之上，揭示教育公共性的内涵，究查教育公共性存在的问题，追寻导致该问题的诸多因素。

2. 从制约教育公共性的核心内容的教育财政、教育资源、公共教育环境等核心要素，探讨建立教育公共性保障的公共服务体系，明确政府职责，厘清政策和制度设计和原则。主要是在当前市场机制条件下，探索教育公共服务供给主体多元化和供给方式多样化的问题，完善教育公共服务的监管和评价体制问题，以及实现教育公共服务均等化问题。

3. 建立在公共财政的基本保障制度。探讨建立义务教育的政府间转移支付系统，建立保障教育公共财政的公平投入的公共财政治理框架，建立灵活性的均衡推进义务教育公共财政政策。

4. 进一步厘清政府、市场、社会三大主体在保障教育公共性的关系，确立优先、均衡、效率作为政府配置教育公共资源的基本原则，正视解决择校、重点校问题，探讨发挥社会非营利组织在教育的宏观管理、维护教育公平方面的作用。特别是市场机制条件下优先、均衡、效率配置教育公共资源的问题，解决择校、重点校问题和发挥社会非营利组织在教育中的作用问题。

（三）研究方法

1. 文献法。文献法既是一种单独的研究方法，也是其他研究方法的初步工作，是对前人和他人的相关研究成果进行总结和梳理的工作。通过文献研究查阅书籍、著述以及检索期刊网，翻阅最新期刊，收集与本文相关的资料，厘清他人在此方面做的工作，概括其所取得的成就、研究存在的缺陷以及面临的困惑，结合时代发展特征和未来发展趋势，初步确立具有可操作性的教育公共性内容体系与保障策略。

2. 历史分析法。历史分析法是在一定的社会历史环境中，根据对象的发生、发展变化的分析，总结出研究对象的发展规律和特征，分析现阶段的特征和表象，预测未来的研究方法。在教育公共性的研究中，重点是从教育的历史发展过程中，分析公共性、教育公共性理论的依据，分析教育公共性存在问题及原因，并从当前教育事业发展中分析教育公共性的必要性，在整个教育公共性研究中起着非常关键的作用。

3. 个案分析（实证研究）法。采用具体问题具体分析的研究态度，选择两个有代表性的样本县进行专门研究，对提出的教育公共性内容实施进行系统的实验研究，以验证所构建的理论对促进教育公共性问题解决的可行性和科学性，并作理论概括，为切实推进教育体制改革提供方法论支持。

（四）学术理论和实践应用价值

从世界范围看，教育的变革与发展正在呈现“公共性”这一新的时代特性。由于历史与现实的各种原因，已有的有关教育公共性的研究零散、片面、欠系统。因此，对教育公共性的基本理论及其保障策略进行探索具有重大的理论和实践意义。

1. 理论价值。在我国，教育公共性探索由来已久，但是对于教育公共性的基本范畴、理论依据等问题认识尚不清晰，教育公共性理论尚不丰富，体系建设的框架和思路尚不完善。研究力求通过社会现实和教育现实彰显出来的问题，对片面、肤浅的教育公共性认识予以匡正。进入现代社会，尤其是改革开放以来，面对21世界全球化浪潮的冲击，我国教育无论是从宏观的理念、体制，还是从微观的办学、课堂、教师行为都发生了各种各样的变化，从而为教育理论探索提出了新的课题。比如，如何从体制上理顺公立教育和私立（民办）教育，从经营上理顺公营教育和民营教育，从责任上理清政府、市场和社会资源在教育投入中的比例和方向，从学校办学的层面如何理清功利性价值需求和教育公共精神价值的实现。面对时代发展的变化，必须厘清教育公共性、教育公共性存在的基本问题、价值取向以及保障体系。力求探索完备的教育公共性的保障体系框架和策略。任何价值诉求乃至教育价值目标的实现都离不开客观的、坚实的、有力的、有效的保障机制。而保障机制的构建则首先要从理论上回答对此教育价值取向有所关联的各种力量、实体、要素，推动教育公共性的价值追求从预想走向行动，从可能走向现实。当前，譬如保障教育公共性的财政制度如何，教育与市场究竟应构成怎样的关系？在建立和完善与市场经济相适应的教育体制的过程中，政府和市场在教育领域中应如何发挥各自的作用？如何才能保证教育资源和教育机会的公平分配？等等，期待作出理论回答。

2. 实践价值。理论探索本身既是对实践问题的高度回答，同时又是实践本身的直接要求。系统地探索教育公共性保障策略是当代中国教育改革、实践的现实需要，特别是对当前国家正在制定的中长期教育改革和发展规划纲要提供科学合理的政策建议，为我国教育政策的调整、完善、改进作出切实有效的贡献，对地方政府、教育行政主管部门运用政策资源、制度系统及配套资源，积极、高效地推进教育公共性的发展和治理，起到咨询和参谋的作用。

一是商品经济条件下，市场机制对教育公共物品的提供带来了公共性问题的挑战，使得公共物品在某种程度上具有了可分性和竞争性，从而使教育变成一个带有营利性质的领域，教育的公益性会受到损害。二是人类社会却进入一个价值分裂和价值多元化的社会。生活的伦理秩序失去了一致性，各种利益行为的冲突和某些极端的利益行为把社会推向道德失序状态。面对价值冲突与混乱，教育难以用一种主流价值观来培养学生的集体观念，其应对公共事务的关怀和公民品德的培养也就变得无能为力。三是面对分配优质义务教育资源的竞争，教育公平、公正性面临着挑战，亟需教育公共性理论指导下作出了相宜的制度安排。四是学校教育封闭，制约教育公共资源的公共性发挥，影响教育品质。据调查大多数学校与社区交流的范围是有限的，甚至是不存在的。五是在长期高度集中的计划经济体制影响下，社会参与教育的空间极为有限，公共教育权力实质上就是国家权力，教育公共性特别是学校教育缺少公民社会的监督和参与，需要重新思考和定位政府与学校、政府与社会、政府与市场的关系。

（五）主要结论

1. 公益、公正、平等、共享是教育公共性的核心内涵。教育公共性一方面表达了教育作为公共领域事务的事实存在，另一方面，教育公共性已成为公共性延伸概念，它既是对公共性在教育领域的具体说明和应用，也是教育在特定领域对公共性的反映。因此，教育公共性的功用主要体现为：分析和批判教育的工具；建立教育制度，构建教育内容和目的，选择教育手段和形式等诸多教育关系的公共原则；教育立法和教育政策的合法依据；政府提供教育公共服务的价值尺度和财政基础；教育作为公共事务和公共物品接纳社会参与其中和存在于社会公共空间的正当性。总体说来，其在宏观方面，诸如制度安排、政策设计上，从立法、财政、社会环境等体现教育公益性、公正性；在微观方面，诸如教育目的、内容、形式上，指向培养具有公共品质的人，教育过程上体现教育平等。

2. 教育公共性的保障，必须建立在一套完整的教育公共服务体系之上。加强公共服务体系的创新，提高公共服务水平，就需要进一步强化政府在教育公共服务方面的职能和责任，就要探索教育公共服务供给主体多元化和供给方式多样化，就要完善教育公共服务的监管和评价体制，建立以中介评估为主导的多元化教育监管和评价体系。在政策设置上，则要把教育公平作为教育公共服务均等化的政策核心，以教育公共服务最低公平模式，推进实现教育公共服务均等化：一是确立教育基本公共服务最低公平原则，制定最低的提供标准，并通过多级政府分担经费来保障各地政府有能力提供这类服务。二是公共服务标准可根据行业特点，采用实物标准、经费标准和服务质量标准等，但最重要的是确保服务质量，并通过绩效评价来促使其达到标准。三是倡导等价性原则。国家允许并鼓励有财政能力的地方政府或财团提供更多的、质量更高的教育公共服务，其经费应当由提供服务的政府承担。为此，应提高财政性教育经费占国内生产总值的比重，保障义务教育阶段的均衡投入，特别是要明确各级政府权责，建立由各级政府分担的教育投入机制；应深化教育体制改革，从体制上为义务教育均等化提供保障；应加强政府部门的责任，构建服务型政府。

3. 教育公共性必须建立在公共财政的基本制度之上。教育公共服务的价值取向决定提供教育服务是政府的一项基本职责，必须以政府为主体，担当教育公共财政的政府职责。一是基于区域财政能力不均衡的现实，建立义务教育的政府间转移支付系统。这样一个机制的建立和发展应该成为今后义务教育财政改革的重点。要明确中央和省用于义务教育的资源的使用目的和不同用途。目前首要的应该是保证贫困和农村地区义务教育投入的充足水平。中央和省级政府应该对这些地区提供帮助，让这些地方的教育发展跟上社会经济发展的步伐。中央和省级政府还应该把资金分配与地方上强化责任制，提高资源使用效率的努力程度联系起来。要合理设计转移支付项目，要确定给每个县/学区均等化资金数量的方法。一个常用的方法是运用因素法拨款公式，综合考虑学生群体的特征、基层财力、财政努力程度和其他因素。要加强贫困学生和寄宿制学生资助，使资助真正落实到这些学生。要平衡中央和省教育资源分配过程中目标和方法的一致性和多样性问题。二是把保障教育公共财政的公平投入作为公共财政治理的基点，完善教育投入保障法律规定。根据经费需求建立经费保障机制，是解决教育经费供给不足的一项重要举措。科学地界定现有法律中各级各类教育经费需求的定额标准，才能从根本上解决经费需求和供给之间的矛盾。特别是要建立公平有效的教育财政补助制度和方式，就要从最基本的经费需求分析入手，将拨款制度和模式与经费需求结合起来，确定拨款基准额，并考虑特殊地区、特殊人群的额外需求，对他们给予公平性对待。三是把增加灵活性作为均衡推进义务教育公共财政政策的必要补充。要落实国家义务教育财政“低保”政策，明确中央政府财政支持的重点。义务教育财政“低保”目标应包括：最低保障维持学校教学运转所需基本条件的要求；最低保障完成国家义务教育目标所需要的基本要求；最低保障为国家义务教育可持续发展奠定基础所需条件和要求。从长远看，随着国家对义务教育要求的不断提高，义务教育办学条件需要同步提高，“低保”的标准也不断提高。义务教育财政“低保”问题，不是政府短期的“突击行为”，而是实现义务教育财政均衡的“长效机制”。要按区域推进顺序选择从县域均衡、省域均衡到全国均衡推进的财政政策。从义务教育均衡推进状况看，省际间义务教育的差距在短时期内缩小基本是不可能的。县域内义务教育均衡的重点是缩小城乡之间的差距，县级教育财政投入和省市级财政转移支付的重点在农村义务教育。贫困地区义务教育均衡的重点在县域内，高于和处在全国义务教育均衡平均水平的地区，推进义务教育均衡的重点在省域内。在同一区域内，以学生数量为标准，实行义务教育均等化拨款制度。推进县域内和省域内义务教育均衡，教育财政政策应是在同一行政区内对于实施义务教育的学校以学生数为标准，实行均等化拨款制度。四是根据不同区域内接受义务教育人口的数量，确定中央政府纵向财政转移支付的规模。

4. 教育公共性建立需要进一步厘清政府、市场、社会三大主体关系。首先，要把优先、均衡、效率作为政府配置教育公共资源的基本原则，即教育公共资源的优先配置原则、均衡配置原则、效率配置原则。其次，要正视解决择校、重点校问题。也就是要加大教育投入，解决教育经费短缺问题；加强法律规范，实现校际间均衡发展和采取有效措施，改造和扶助薄弱学校。第三，要注重发挥社会非营利组织在教育的宏观管理中，维护教育公平，发挥独立的作用，公共参与教育决策、管理及其教育活动过程。

5. 教育公共性实践的推进要重视彰显学校教育与社区互动方面的公共性。凸显社区公共性是当前社会公共事务管理的一个趋势。学校是社区中的正式组织，亦应是社会公共事务管理的内容之一。社区居民必须积极地、有组织、有系统地参与学校的教育计划、政策制定、解决问题以及评估。正是在这种参与中，公民才得以获得关于学校的第一手资料。他们可以提出问题，获得信息，表达观点，提出建议，对有争议的问题提出自己的见解。他们是决策过程中重要一员，能促使学校跟上社会变化，促进教育变革。人们逐渐认识到，教育不仅是学校的责任，也是家长、社区和社会的责任。

六、山东师范大学赵景欣教授主持的“农村留守儿童的心理资源与情绪适应”课题

项目旨在系统了解农村留守儿童的心理资源状况和情绪困扰，深入认识农村留守儿童的心理资源作用于其情绪适应的内在机制，并进一步发展针对情绪适应不良农村留守儿童的心理救助策略。综合运用质化研究与量化研究的方法，研究采用相关分析、多层回归分析与结构方程建模等方法对收集到的留守儿童的情绪适应、心理资源与危险因素等数据进行分析，发表项目相关学术论文11篇，其中已发表论文8篇；由北京师范大学音像出版社出版《农村留守儿童心理健康指导》光盘2张。

研究成果的基本内容：

1. 揭示了农村留守儿童日常情绪状态的变化轨迹和情绪困扰。项目组从两个层面考察了农村留守儿童的情绪适应状况：第一，考察了农村留守儿童日常生活中情绪状态的变化轨迹，包括情绪的效价和情绪状态的动力特征的轨迹变化；第二，探讨了农村留守儿童的情绪困扰状况，包括抑郁和孤独等。

2. 考察了家庭环境资源对农村留守儿童情绪适应的保护作用与保护机制。基于养育者教养行为的积极方面，项目组分别探讨了亲子亲合与养育者行为控制在降低农村留守儿童情绪适应问题上的保护作用，关注了直接的改善效应与压力抵抗效应。

3. 探讨了个体心理资源对于农村留守儿童情绪适应的保护作用与保护机制。项目组分别探讨了农村留守儿童的逆境信念、乐观、对于留守消极事件的认知评价等个体资源在促进儿童情绪适应上的保护作用，不仅探讨了其产生的直接改善效应，还探讨了在压力情境下的压力抵抗效应。

4. 提出了针对农村留守儿童情绪救助的基本措施。在科学研究的基础上，提出了从提升儿童的心理资源来进行情绪救助的基本方案。

项目所取得的研究成果对于阐述“环境与个体发展之间的关系”这一儿童心理发展的基本理论问题具有重要意义。同时，在了解农村留守儿童情绪适应现状的基础上，围绕该群体儿童的个体系统和环境系统，全面考察促进其情绪适应并保持其积极情绪的心理资源，对于现实生活中针对农村留守儿童的心理救助和教育干预具有重要应用价值。

项目的系列论文产生了较为广泛的影响，同时，《农村留守儿童心理健康指导》光盘入选2012年度《农家书屋》目录。

山东省人文社会科学课题2012年度立项课题

一、资助经费类（41项）

经济管理类（12项）

项目编号	项目名称	负责人	工作单位	推荐单位
12ZZJG01	“十二五”时期山东省扩大居民消费的影响因素及有效机制研究	王　秋	省委党校	省委党校
12ZZJG02	山东与苏浙粤三省自主创新的横向比较与实证分析	姜绍华	山东财经大学	省中国特色社会主义经济研究会
12ZZJG03	山东省创新型企业竞争力形成机理研究	罗公利	青岛科技大学	青岛科技大学
12ZZJG04	山东文化科技企业与大学、科研机构及科技中介组织共建产业技术创新战略联盟研究	王庆金	青岛大学	青岛大学
12ZZJG05	农业科技进步评价体系研究	王胜元	山东财经大学	山东财经大学
12ZZJG06	区域经济下的特色农业产业现状调查与研究	张　晓	日照职业技术学院	省孝老爱亲文化研究中心
12ZZJG07	山东半岛蓝色经济区滨海休闲体育产业的发展研究	黄义军	鲁东大学	烟台市社科联
12ZZJG08	山东半岛蓝色经济区产业布局评价与动态优化研究	王秀海	滨州学院	滨州市社科联
12ZZJG09	基于旅游者消费行为分析的山东省旅行社业发展策略研究	王煜琴	山东旅游职业学院	山东旅游职业学院
12ZZJG10	房地产企业社会责任与财务绩效的关系研究	韩晓翠	山东财经大学	省企业文化学会
12ZZJG11	建设区域性物联网研究机构对促进地方产业发展的作用研究	范德辉	青岛职业技术学院	青岛职业技术学院
12ZZJG12	诚信管理立法与水上交通安全问题研究	季相林	山东交通学院	省地质矿产经济学会

政治法律类（6 项）

项目编号	项目名称	负责人	工作单位	推荐单位
12ZZZF01	马克思主义中国化规律体系	杨先永	山东建筑大学	山东建筑大学研究
12ZZZF02	文化多元化视阈下社会主义核心价值体系大众化研究	刘燕妮	山东轻工业	省科学社会主义学会
12ZZZF03	新闻发言人制度建设研究	张宇平	山东广播电视大学	省远程教育学会
12ZZZF04	整体性治理视域下山东省政府应急管理体系的检视与重塑	孙成豪	济南大学	省科学社会主义学会
12ZZZF05	我国高校廉政风险评测与管控体系优化研究	朱文双	山东工商学院	省监察学会
12ZZZF06	农村基层群众自治前沿问题	刘友田	山东农业大学	山东农业大学

文化类（10 项）

项目编号	项目名称	负责人	工作单位	推荐单位
12ZZWH01	中华文化对外传播途径探究	王秀花	山东科技大学	山东科技大学
12ZZWH02	中国民族传统体育的国际化研究	程亚红	山东财经大学	省国立传统文化教育中心
12ZZWH03	低碳经济视域下蓝色经济区县域文化产业发展路径与模式创新研究	肖明胜	潍坊工程职业学院	潍坊工程职业学院
12ZZWH04	山东省海洋民俗体育文化产业集群化研究	林　宇	济宁医学院日照校区	日照市社科联
12ZZWH05	公共文化建设背景下教育电视媒体发展研究	白传之	山东教育	省教育学会
12ZZWH06	网络环境下高校图书馆信息服务研究	周文军	临沂大学	临沂市社科联
12ZZWH07	滕州市墨子故里旅游文化产业开发研究	王东辉	山东轻工业学院	山东轻工业学院
12ZZWH08	区域文化在城市转型中的保护与传承——以台儿庄古城重建为例	胡小林	枣庄学院	枣庄学院
12ZZWH09	黄河三角洲庄户剧团现状及发展对策研究	姚吉成	滨州学院	滨州学院
12ZZWH10	传统服饰图案艺术在当代流行文化影响下的传承与创新设计研究	李　骏	山东轻工业学院	省成人教育协会

社会类（8项）

项目编号	项目名称	负责人	工作单位	推荐单位
12ZZSH01	山东半岛蓝色经济区生态旅游发展与生态文明培育研究	杨民刚	青岛酒店管理职业技术学院	青岛酒店管理职业技术学院
12ZZSH02	城市治理中的公民参与行为研究——以山东省城市为个案	周晨虹	济南大学	济南大学
12ZZSH03	山东省“新农村”建设中的环境问题	曾彩琳	山东师范大学	山东农村改革与发展研究会
12ZZSH04	开发区建设中失地农民权益保障问题研究	孙守相	山东农业大学	山东农业大学
12ZZSH05	县域城乡融合的路径选择与社会管理创新——基于山东诸城市农村社区化实践的研究	马光川	潍坊学院	省社会学学会
12ZZSH06	山东省中医药服务综合评价研究	王丽君	山东中医药大学	山东中医药大学
12ZZSH07	职业学院现代学徒制对策研究	马广水	山东商业职业技术学院	山东商业职业技术学院
12ZZSH08	老年人心理健康及其影响因素研究	刘晓芹	潍坊医学院	省老年学学会

教育类（5项）

项目编号	项目名称	负责人	工作单位	推荐单位
12ZZJY01	山东高校科技创新能力提升对策研究	颜廷兰	山东轻工业学院	省高校哲学教学研究会
12ZZJY02	山东高等教育分层定位发展研究	刘吉林	省教科所	省教育学会
12ZZJY03	经济转型期高校专任教师职业化培育机制研究	张　国	济宁学院	济宁市社科联
12ZZJY04	针对沉迷网络游戏的大学生培养方案研究	张东升	山东大学	山东大学
12ZZJY05	墨家学派的教育思想研究	杨艳萍	枣庄学院	枣庄学院

二、自筹经费类（61 项）

经济管理类（15 项）

项目编号	项目名称	负责人	工作单位	推荐单位
12ZCJG01	山东产业结构调整研究	何光一	山东英才学院	省生产力学会
12ZCJG02	农业发展方式转变问题研究	谭　杰	国家统计局山东调查总队	省统计学会
12ZCJG03	中日韩自由贸易区对山东产业发展影响研究	金　花	青岛市委党校	青岛市社科联
12ZCJG04	推进山东战略性新兴产业利用外资的对策研究	卢庆华	省对外经济学会	省对外经济学会
12ZCJG05	山东半岛蓝色经济区交通运输业与旅游业产业对接研究	聂云霞	山东交通学院	省旅游行业协会
12ZCJG06	提高山东半岛蓝色经济区海洋科技创新能力研究	郭训成	省宏观经济研究院	省宏观经济学会
12ZCJG07	山东半岛蓝色经济区体育创意产业发展战略研究	张海涛	曲阜师范大学	曲阜师范大学
12ZCJG08	我国公路货运企业准入制度	薛　丽	临沂大学	临沂市社科联
12ZCJG09	宏观调控背景下山东房地产企业并购中整合问题研究	胡安洪	山东轻工业学院	省企业信用与社会责任协会
12ZCJG10	基于资本结构的山东省上市公司管理防御研究	黄　景	济南大学	济南大学
12ZCJG11	山东省科技型中小企业知识共享系统测度与构建研究	赵金国	山东轻工业学院	省行为科学学会
12ZCJG12	齐鲁文化视角下山东省大型民营企业高层团队和谐整合研究	李文明	青岛科技大学	山东盛和企业经营研究中心
12ZCJG13	山东省扩大承接离岸服务业外包的政策研究	刘爱娥	山东英才学院	山东英才学院
12ZCJG14	农民专业合作社经营体制创新研究——以潍坊市为例	张兰君	潍坊市委党校	潍坊市社科联
12ZCJG15	山东省苹果产业发展方式研究	刘学忠	青岛农业大学	青岛农业大学

政治法律类（7 项）

项目编号	项目名称	负责人	工作单位	推荐单位
12ZCZF01	中共早期传媒与马克思主义大众化研究	于艳艳	山东财经大学	省高校中国革命史教学研究会
12ZCZF02	大学生马克思主义宗教观教育研究	马　莉	聊城大学	聊城市社科联
12ZCZF03	公务员权利救济制度研究	齐元军	淄博师范高等专科学校	淄博师范高等专科学校
12ZCZF04	科学发展观视野下的法治文化构建研究	曹红卫	泰山医学院	泰山医学院社科联
12ZCZF05	从法律视角研究我国学校体育伤害事故	张国梅	潍坊学院	潍坊市社科联
12ZCZF06	人民调解工作机制的创新研究	王俊娥	济南大学	山东银河经济战略研究中心
12ZCZF07	村规民约的法文化研究——基于山东农村的实证分析	高　健	山东交通学院	山东老区经济文化建设促进会

文化类（16 项）

项目编号	项目名称	负责人	工作单位	推荐单位
12ZCWH01	传统文化价值取向转换与当代中国文化建设走向研究	张玉龙	滨州医学院	滨州医学院
12ZCWH02	汉语国际推广背景下的中国文化传播研究	付　宁	泰山学院	泰山学院
12ZCWH03	中国武术文化强国与国际化战略研究	亓永顺	莱芜职业技术学院	莱芜职业技术学院
12ZCWH04	儒墨优势互补与中华新文化构建	张希宇	省工会管理干部学院	省工会管理干部学院
12ZCWH05	沂蒙文化形态研究	杨勇民	山东医学高等专科学校	山东医学高等专科学校
12ZCWH06	抗战时期胶东地区的革命报刊研究	李林翰	山东博物馆	省博物馆学会
12ZCWH07	山东省公共电子阅览室监管统计平台研究	李西宁	省图书馆	省图书馆学会
12ZCWH08	山东地名文化遗产保护研究	刘同林	省民政厅	省地名学会

（续表）

项目编号	项目名称	负责人	工作单位	推荐单位
12ZCWH09	山东高校多校区校园文化建设机制研究	刘向锋	滨州医学院	滨州医学院
12ZCWH10	青岛市文化产业模式创新与战略转换	李国华	青岛理工大学	青岛理工大学
12ZCWH11	和谐山东之交通道德文化建设研究	张宝运	山东交通学院	山东交通学院
12ZCWH12	曲阜修学旅游资源开发研究	王传武	济宁学院	济宁学院
12ZCWH13	山东传统女红技艺的文化内涵及其现代传习模式的构建	于历莉	济南大学	省教育技术与装备协会
12ZCWH14	文化创意背景下鲁锦手工技艺传承与现代工艺优化研究	杨丽娜	山东轻工业学院	山东民意调查中心
12ZCWH15	基于体验经济视角的山东省县域宗教文化旅游资源开发研究	赵立增	潍坊工程职业学院	潍坊工程职业学院
12ZCWH16	青少年粉丝消费文化研究——符号消费视角	靳祥辉	滨州医学院	省大学生工作学会

社会类（11 项）

项目编号	项目名称	负责人	工作单位	推荐单位
12ZCSH01	改革开放以来山东省生态文明建设影响要素的历史考察	原丽红	中国石油大学（华东）	中国石油大学（华东）
12ZCSH02	山东创新社会管理的模式与政策研究	刘　冰	省宏观经济研究院	省宏观经济学会
12ZCSH03	城市组群时代山东城镇机构的时空演变与优化研究	王成新	山东师范大学	山东地理学会
12ZCSH04	政府购买服务视角下的社会组织发展研究	高海虹	济南大学	省行政管理学会
12ZCSH05	公安微博与社会管理创新研究——以济南为例	刘　云	济南市委党校	济南市委党校
12ZCSH06	构建和谐社会背景下的社区矫正研究	王　伟	山东农业大学	山东农业大学
12ZCSH07	快速城镇化背景下山东省旅游小镇发展对策研究	侯秉文	潍坊职业学院	潍坊职业学院

（续表）

项目编号	项目名称	负责人	工作单位	推荐单位
12ZCSH08	山东空心村社会管理体制创新研究	许彦彬	泰山医学院	泰山医学院
12ZCSH09	村民自治背景下农村生态环境治理问题研究	王国辉	烟台大学	烟台市社科联
12ZCSH10	社会工作介入社会管理创新研究——以社区闲散青少年为例	权福军	山东青年政治学院	山东青年政治学院
12ZCSH11	黄河改道与近代山东西部的生态与社会	李庆华	山东建筑大学	山东建筑大学

教育类（12 项）

项目编号	项目名称	负责人	工作单位	推荐单位
12ZCJY01	高校引领大学生社会思潮的实现路径	钱晓丽	山东师范大学	省伦理学会
12ZCJY02	基于文化自觉的现代大学教师管理制度建设研究	栾兆云	临沂大学	临沂大学
12ZCJY03	大学校长胜任力模式研究	董振华	山东女子学院	省统战理论研究会
12ZCJY04	大学生创新创业教育体系研究	项云霞	东营职业学院	东营职业学院
12ZCJY05	大学生财商及理财能力培养研究	邵作昌	济宁职业技术学院	济宁职业技术学院
12ZCJY06	山东省高校工科留学生全英文教学现状与发展研究	何　玉	山东科技大学	山东盛和企业经营研究中心
12ZCJY07	高校外语教师专业发展模式	张连美	省工会管理干部学院	省工会管理干部学院
12ZCJY08	高技能人才培养与半岛蓝色经济互动发展研究——以山东省高职教育为例	石勤玲	日照职业技术学院	日照职业技术学院
12ZCJY09	基于艺术教育视角下的中国古代美育思想研究及其现代启示	白　琨	山东女子学院	山东女子学院
12ZCJY10	山东高校大学生情感教育研究	王建成	济南大学	省近代文学学会
12ZCJY11	我国青少年体育素养培养研究	邱建国	鲁东大学	省理论创新研究会
12ZCJY12	教师言语冷暴力承受力对中小学生人格的影响研究	欧晓霞	潍坊学院	潍坊学院

各高校、科研单位承担国家或省部级人文社科研究课题

中共山东省委党校

序号	项目名称	项目负责人	项目来源	成果形式	完成日期
1	党员干部理想信念的现实表达研究	王延超	省科技厅	研究报告	2013.6
2	山东省转变经济发展方式指标体系研究	杨　珍	省科技厅	研究报告	2013.6
3	山东省智能执法难点问题实证研究	赵　泉	省科技厅	研究报告	2013.6
4	适度普惠视角下山东省民政社会福利整合问题研究	满心英	省科技厅	研究报告	2013.6
5	完善山东省自主创新体系建设的政策机制研究	张国亭	省科技厅	研究报告	2013.6
6	山东企业自主创新机制问题研究	宁福海	省科技厅	研究报告	2013.6
7	网络舆论与公共决策科学化问题研究	林学启	省科技厅	研究报告	2013.6
8	基于系统工程的学习型党组织建设支撑平台研究	王守光	省科技厅	研究报告	2013.6
9	建设诚信的法治政府研究	赵　泉	中央党校	研究报告	2013.6
10	社会主义核心价值观的认同研究	贾英健	中央党校	研究报告	2013.6
11	我国城市化进程中的“城市病”及其防治	王格芳	中央党校	研究报告	2013.6
12	社会主义核心价值观的建构新范式研究	魏联合	中央党校	研究报告	2013.6
13	“十二五”时期扩大居民消费的影响因素及对策研究	王　秋	中央党校	研究报告	2013.6

济南市委党校

序号	项目名称	项目负责人	项目来源	成果形式	完成日期
1	制约新兴战略产业发展的共性技术政策扶持体系研究——以山东省为例	吴学军	全国党校系统重点调研课题	研究报告	2013.6
2	公共服务中非营利组织的社会嵌入——以济南市市中区舜玉路街道办事处社区服务为例	胡爱敏	全国党校系统重点调研课题	研究报告	2013.6
3	发挥宗教文化在我国文化建设中的积极作用研究	金　刚	中央社会主义学院招标课题	研究报告	2013.9
4	基于自主创新体系的山东省制造业与技术后发优势分析研究	孟姝瑱	2012年度山东省信息化与工业化融合专项研究课题	研究报告	2013.5
5	两化融合背景下山东省信息产业发展形势分析与及战略对策研究	王　敏	2012年度山东省信息化与工业化融合专项研究课题	研究报告	2013.5

山东大学

序号	项目名称	负责人	项目类别	承担部门	项目来源	成果形式	计划完成时间
1	百年杜甫研究之综合评估	赵睿才	后期资助	儒学高等研究院	全国哲学社会科学规划办公室	专著	2013.12.12
2	陈三立先生年谱长编	李开军	后期资助	文学与新闻传播学院		专著	2012.11.30
3	横向并购反垄断控制中的效率抗辩研究	余东华	后期资助	经济学院		专著	2013.12.30
4	20世纪中国史学编年	王学典	后期资助	儒学高等研究院		专著	2012.12.30
5	《竹书纪年》与夏商周年代研究	张富祥	后期资助	儒学高等研究院		专著	2012.12.30
6	香港基本法中的相关重大问题研究	田　雷	青年项目	法学院		专著	2014.12.31
7	人民调解协议司法确认程序研究	刘加良	青年项目	法学院		专著	2015.6.30
8	海岱地区后李文化时期石制品研究	王　强	青年项目	历史文化学院		研究报告	2015.2.8
9	20世纪早期中国"歌谣运动"的美学反思	曹成竹	青年项目	文学与新闻传播学院		专著	2015.6.1

（续表）

序号	项目名称	负责人	项目类别	承担部门	项目来源	成果形式	计划完成时间
10	我国慈善组织政府监管改革研究	黄春蕾	青年项目	政治学与公共管理学院	全国哲学社会科学规划办公室	专著、研究报告	2015. 9. 30
11	10—14 世纪的华北宗族研究	谭景玉	青年项目	宗教、科学与社会问题研究所		专著	2015. 10. 30
12	文化立法中期规划与实施步骤研究	齐延平	特别委托项目	法学院		研究报告	2012. 9. 30
13	实体法和程序法双重视角下的民事推定制度研究	张海燕	一般项目	法学院		专著	2015. 6. 1
14	经济发展方式转变视角下的地理标志制度建设	王笑冰	一般项目	法学院		专著	2014. 12. 31
15	我国涉外民事关系法律适用法司法难点研究	许庆坤	一般项目	法学院		研究报告	2015. 12. 31
16	旅游和旅游业的本体论研究	王德刚	一般项目	管理学院		专著	2014. 12. 31
17	基于复杂面板数据模型的物价波动研究	任燕燕	一般项目	经济学院		论文集、研究报告	2015. 2. 12
18	强互惠理论的拓展与合作行为前沿问题研究	韦　倩	一般项目	经济研究院		论文集、研究报告	2015. 12. 31
19	双层博弈理论的拓展与合作行为前沿部题研究	李增刚	一般项目	经济研究院		论文集、研究报告	2015

（续表）

序号	项目名称	负责人	项目类别	承担部门	项目来源	成果形式	计划完成时间
20	周代礼制发展史	胡新生	一般项目	历史文化学院	全国哲学社会科学研究办公室	专著	2015. 12. 31
21	百年“龙学”探究	戚良德	一般项目	儒学高等研究院		专著	2015. 12. 31
22	宋代辞赋的社会文化学研究	刘　培	一般项目	儒学高等研究院		专著	2015. 7. 30
23	当代西语裔美国文学研究	李保杰	一般项目	外国语学院		专著	2015. 2. 28
24	中国大中小学生认知隐喻能力发展研究	刘振前	一般项目	外国语学院		专著	2015. 7. 1
25	基于汉英自然会话语料库的指称确立及指称接续机制研究	马　文	一般项目	外国语学院		专著	2014. 12. 31
26	蒲松龄作品方言词汇研究	张树铮	一般项目	文学与新闻传播学院		专著	2015. 6. 30
27	现代汉语典故词语构成理据及词义演变研究	唐子恒	一般项目	文学与新闻传播学院		专著	2015. 12. 31
28	中国古代小说序跋研究	王　平	一般项目	文学与新闻传播学院		专著	2015. 7. 31
29	正义概念：从《理想国》到《罗马书》	谢文郁	一般项目	哲学与社会发展学院		专著	2015. 8. 31
30	社区文化中心建设研究	高建国	一般项目	哲学与社会发展学院		论文集、研究报告	2015. 6. 30

（续表）

序号	项目名称	负责人	项目类别	承担部门	项目来源	成果形式	计划完成时间
31	中国公民幸福指数指标体系研究	邢占军	一般项目	政治学与公共管理学院	全国哲学社会科学研究办公室	专著、研究报告	2015.12.31
32	道教南传越南研究	宇汝松	一般项目	宗教、科学与社会问题研究所		专著	2015.12.31
33	我国小微企业动态发展数据库建设研究	张玉明	重点项目	管理学院		数据库	2015.12.31
34	系统性金融风险防范和监管协调机制研究	曹廷求	重大项目	经济学院		论文、研究报告	2015.12.31
35	邹平丁公遗址发掘报告	栾丰实	重大项目	历史文化学院		专著	2017.12.30
36	文明、文化与构建和谐世界研究	陈炎	重大项目	儒学高等研究院		专著	2015.12.31
37	当前社会“文学生活”调查研究	温儒敏	重大项目	文学与新闻传播学院		研究报告	2015.12.30
38	中国古代村落文化研究	马　新	重点项目	出版社		专著	2015.12.31
39	国际金融危机后我国产业组织发展的重大问题和对策研究	杨蕙馨	重点项目	管理学院		研究报告	2014.12.31
40	构建扩大消费长效机制研究	臧旭恒	重点项目	经济学院		研究报告	2014.12.31
41	我国对美国商务外交策略研究	张丽娟	重点项目	经济学院		专著	2014.12.31

（续表）

序号	项目名称	负责人	项目类别	承担部门	项目来源	成果形式	计划完成时间
42	国际金融危机与中国宏观审慎政策研究	孙立新	重点项目	经济研究院	全国哲学社会科学研究办公室	专著、论文集	2015.6.30
43	深化国有文化单位改革和文化管理体制机制改革创新研究	魏　建	重点项目	经济研究院		论文、研究报告	2015.12.31
44	洛庄汉墓陪葬坑发掘报告	崔大庸	重点项目	历史文化学院		专著	2015.12.31
45	中华文化元典基本概念研究	曾振宇	重点项目	儒学高等研究院		专著	2017.12.30
46	希伯来圣经翻译注释与研究	傅有德	重点项目	犹太教与跨宗教研究中心		译著	2015.12.31
47	研究生就业质量监控测与求职行为研究	张天舒	教育部重点课题	政治学与公共管理学院	全国教育科学规划领导小组办公室	论文、研究报告	2015.12.31
48	明代文人雅集的绘画活动研究——艺术社会史与观念史视野中的展开	孙立新	重点项目	经济研究院	全国艺术科学规划领导小组办公室	专著、论文集	2015.6.30
49	我国文化创意产业发展现状与结构调整对策研究	李晓峰	一般项目	艺术学院		论文、研究报告	2015.12.31

（续表）

序号	项目名称	负责人	项目类别	承担部门	项目来源	成果形式	计划完成时间
50	模糊信息下的市场交易行为与市场流动性研究	高金窑	青年科学基金项目	经济学院	国家自然科学基金委员会	结题报告	2015. 12. 31
51	治理风险导向的商业银行公司治理研究：理论发展与机制耦合	曹廷求	面上项目	经济学院		结题报告	2016. 12. 31
52	小额贷款公司系统性风险的评估与度量研究	胡金焱	面上项目	经济学院		结题报告	2016. 12. 31
53	产业链跨地域组织的城市化空间效应及其机制研究	李少星	青年科学基金项目	经济研究院		结题报告	2015. 12. 31
54	基于动态空间的危险化学品事故应急决策研究	张江华	青年科学基金项目	管理学院		结题报告	2015. 12. 31
55	上市公司高管激励契约配置与协同——基于多层次情境因素的研究	徐向艺	面上项目	管理学院		结题报告	2016. 12. 31
56	公共品牌创建、持续成长及其治理研究	王兴元	面上项目	管理学院		结题报告	2016. 12. 31
57	符号科学的发展和文学理论的突破	屠友祥	基地重大项目	文艺美学研究基地	教育部社会科学司	专著	2016. 12. 31
58	文学文本理论研究	张红军	基地重大项目	文艺美学研究基地		专著	2016. 12. 31

（续表）

序号	项目名称	负责人	项目类别	承担部门	项目来源	成果形式	计划完成时间
59	现代新儒家易学思想研究	黄玉顺	基地重大项目	易学与中国古代哲学研究中心	教育部社会科学司	专著	2014. 12. 31
60	《庄子》篇义题解辑要与研究	邓联合	基地重大项目	易学与中国古代哲学研究中心		专著	2014. 12. 31
61	当代中国宗教生态研究："圣地"曲阜宗教生态现状 特点及其成因分析	赵　杰	基地重大项目	哲学与社会发展学院		专著	2014. 12. 31
62	宗教与社会服务研究	李　芹	基地重大项目	哲学与社会发展学院		专著	2014. 12. 31
63	认知与事实：民国乡村问题再探讨	赵兴胜	基地重大项目	历史文化学院		专著	2014. 12. 31
64	高校网络舆情的应对策略与高校安全稳定机制研究	陈安彪	委托项目	学校办公室		研究报告	2012. 4. 1
65	中国决胜 WTO 官司的理论及诉讼技巧研究	姜作利	一般项目	法学院		专著、论文	2014. 12. 31
66	《鹿特丹规则》实证研究	向　力	一般项目	法学院		咨询报告	2014. 12. 31
67	伦理视野中的新世纪文学	李　红	一般项目	校工会		专著、论文	2014. 12. 31
68	合作视角下企业集团股权控制设计与动态调整研究	潘爱玲	一般项目	管理学院		咨询报告	2014. 12. 31
69	创业投资者与创业企业家冲突对创业绩效的影响研究信任 先前经验调节作用	孙　平	一般项目	管理学院		论文、咨询报告	2014. 12. 31

（续表）

序号	项目名称	负责人	项目类别	承担部门	项目来源	成果形式	计划完成时间
70	企业社会责任与品牌资产互动培育研究基于消费者响应的理论与实证分析	辛　杰	一般项目	管理学院	教育部社会科学司	专著、论文	2014. 12. 31
71	社会企业治理与评价研究基于国际比较与驱动机制的视角	张晓峰	一般项目	管理学院		咨询报告	2014. 12. 31
72	母子公司关系演变视角下的企业集团财务冲突治理研究	李　彬	一般项目	管理学院		咨询报告	2014. 12. 31
73	基于新型图论聚类的物流系统数据挖掘研究	赵培忻	一般项目	管理学院		论文	2014. 12. 31
74	环境调和型食品物流理论与实现方法研究	谢京辞	一般项目	管理学院		专著、论文	2014. 12. 31
75	中小企业创业过程中杠杆资源利用研究	徐凤增	一般项目	管理学院		咨询报告	2014. 12. 31
76	汉语国际传播语境下文化教学视频资源的研究与构建	王尧美	一般项目	国际教育学院		专著、电子出版物	2014. 12. 31
77	基于公司治理的商业银行货币政策传导机制研究	曹廷求	一般项目	经济学院		咨询报告	2014. 12. 31
78	复杂面板数据的系统建模及应用研究	任燕燕	一般项目	经济学院		论文	2014. 12. 31

（续表）

序号	项目名称	负责人	项目类别	承担部门	项目来源	成果形式	计划完成时间
79	我国语言产业及语言经济发展战略研究	张卫国	一般项目	经济研究院	教育部社会科学司	研究报告	2014.12.31
80	存亡歧路：“义理”论争与17世纪20—50年代朝鲜思想界的清朝认识	石少颖	一般项目	历史文化学院		专著	2014.12.31
81	中国科研诚信建设现状的社会学分析与对策研究	马佰莲	一般项目	马克思主义学院		专著、咨询报告	2014.12.31
82	被结构的时间：农事节律与传统中国乡村民众时间生活	王加华	一般项目	儒学高等研究院		专著	2014.12.31
83	中国经学解释学方法论研究	王小婷	一般项目	儒学高等研究院		专著、论文	2014.12.31
84	国际劳工标准生成机制考察	郭文杰	一般项目	学校办公室		论文	2014.12.31
85	FDI进入对中国环境质量的影响及政策分析	陈媛媛	一般项目	山东发展研究院		专著	2014.12.31
86	日本现代女性文学的主题表达与价值取向	肖　霞	一般项目	外国语学院		专著	2014.12.31
87	文化研究视角下的维涅·叶罗费耶夫小说	皮　野	一般项目	外国语学院		专著、论文	2014.12.31
88	儿童双语学习者元语言意识的发展与迁移	卢　敏	一般项目	外国语学院		论文	2014.12.31
89	汉语零话句的语用充实研究：默认意义视角	张延飞	一般项目	外国语学院		专著、论文	2014.12.31
90	赔偿影响刑罚：理论基础 实证考察与重新规范研究	王瑞君	一般项目	威海校区		专著	2014.12.31

（续表）

序号	项目名称	负责人	项目类别	承担部门	项目来源	成果形式	计划完成时间
91	实用主义刑法观及其展开刑法方法论研究对刑法基础理论的影响	吴丙新	一般项目	威海分校	教育部社会科学司	论文	2014. 12. 31
92	青年英才职业能力影响因素及发展策略研究	孔海燕	一般项目	威海分校		专著、论文	2014. 12. 31
93	研发外包 知识产权保护与我国企业的自主创新基于不完全合约视角的研究	马卫红	一般项目	威海分校		专著、论文	2014. 12. 31
94	资产规模膨胀 价格波动与我国货币政策优化研究	张建波	一般项目	威海分校		专著、论文	2014. 12. 31
95	民国时期中间组织与企业劳资关系研究（1912—1937）	金京玉	一般项目	威海分校		专著、论文	2014. 12. 31
96	当代主要经济学流派关于美国1929年大萧条的争论研究	郝延伟	一般项目	威海分校		专著、译著	2014. 12. 31
97	中国竹笛音乐史	纪维剑	一般项目	威海分校		专著	2014. 12. 31
98	农村居民主观幸福感及其影响因素研究	王　健	一般项目	卫生管理与政策研究中心		论文、咨询报告	2014. 12. 31
99	21世纪美国新媒体理论转型趋势研究	李欣人	一般项目	文学与新闻传播学院		专著、论文	2014. 12. 31
100	魏晋南北朝道经词汇研究	刘祖国	一般项目	文学与新闻传播学院		咨询报告	2014. 12. 31
101	《民国日报·觉悟》与五四新文化、新文学	史建国	一般项目	文学与新闻传播学院		论文	2014. 12. 31

（续表）

序号	项目名称	负责人	项目类别	承担部门	项目来源	成果形式	计划完成时间
102	东周齐国乐器研究	米永盈	一般项目	艺术学院	教育部社会科学司	专著	2014. 12. 31
103	当前高校“毛泽东思想和中国特色社会主义理论体系概论”课教学疑难问题研究	张士海	专项任务	马克思主义学院		专著	2014. 12. 31
104	文化传承创新与学生素质培养研究	夏晓虹	专项任务	辅导员工作研究会与培训基地办公室		论文、研究报告	2013. 12. 31
105	高校辅导员誓词及核心价值观研究	夏晓虹	专项任务	论文			
106	学习宣传贯彻党的十八大精神理论研究课题	曾繁仁	专项任务	文艺美学研究基地		论文	2013. 3. 1
107	学习宣传贯彻党的十八大精神理论研究课题	徐显明	专项任务	学校办公室		论文	2013. 3. 1
108	我国的学术管理体制问题研究	张希华	专项任务	学术研究部		论文、咨询报告	2014. 12. 31
109	高校思想政治理论课程网站共建团队项目	周向军	专项任务	马克思主义学院		数据库	2013. 12. 31
110	明代史籍叙录	何朝晖	一般项目	儒学高等研究院	全国高等院校古籍整理研究工作委员会	专著	2016. 9. 30
111	解放后古籍书目整理	袁世硕	一般项目	文学与新闻传播学院		专著	2015. 12. 31
112	人口老龄化与养老社会保障问题研究——以济南为例	宋全成	一般项目	哲学与社会发展学院	中华人民共和国国家统计局	研究报告	2014. 11. 30

（续表）

序号	项目名称	负责人	项目类别	承担部门	项目来源	成果形式	计划完成时间
113	齐鲁文化英才（方辉）	方　辉	人才专项	文化遗产研究院	山东省委宣传部	论文、研究报告	2013. 12. 31
114	齐鲁文化英才（张士闪）	张士闪	人才专项	文化遗产研究院		论文、研究报告	2013. 12. 31
115	多维股权结构下股权价值的影响因素及评估模型研究	袁明哲	会计专项一般项目	管理学院	山东省社会科学规划管理办公室	研究报告	2014. 12. 31
116	循环经济视角下的企业成本管理创新模研究——以山东省循环经济试点企业为例	张健梅	会计专项一般项目	管理学院		研究报告	2013. 12. 31
117	人民币汇率变动对山东省劳动力市场的影响效果研究	李　颖	金融专项一般项目	经济学院		论文、研究报告	2014. 12. 31
118	山东省保险市场信息不对称的检验与对策研究	刘　颖	金融专项一般项目	经济学院		研究报告	2015. 12. 31
119	新医改背景下新型农村合作医疗法制化研究——以山东省为对象	满洪杰	青年项目	法学院		专著	2014. 12. 31
120	美国人权外交与中国特色人权发展道路	马得华	青年项目	法学院		研究报告	2014. 10. 30
121	高管激励契约配置与技术创新绩效的动态关联性研究——以山东省上市公司为例	徐　宁	青年项目	管理学院		研究报告	2014. 10. 30
122	外资引进、贸易扩张与山东省经济增长质量提升：机制、效果与对策分析	随洪光	青年项目	经济学院		研究报告	2004. 6. 30
123	国际低碳博弈与中国的战略选择	李爱军	青年项目	经济研究院		研究报告	2014. 10. 30

（续表）

序号	项目名称	负责人	项目类别	承担部门	项目来源	成果形式	计划完成时间
124	道教人物图像研究	张鲁君	青年项目	历史文化学院	山东省社会科学规划管理办公室	专著	2015.12.31
125	孔孟文化遗产的保护与发展对策研究	唐仲明	青年项目	历史文化学院		研究报告	2014.12.31
126	儒家文化在大学生网络文化建设中的价值探讨	史婷婷	青年项目	马克思主义学院		研究报告	2013.12.31
127	张怀瓘书法美学思想研究	傅合远	青年项目	儒学高等研究院		专著	2015.12.31
128	近百年古典目录学研究	江　曦	青年项目	儒学高等研究院		研究报告	2014.12.31
129	儒家思想与生态审美研究	李　琳	青年项目	儒学高等研究院		研究报告	2014.12.31
130	仁礼之间：先秦儒家仁义礼思想研究	陈晨捷	青年项目	儒学高等研究院		研究报告	2014.12.31
131	现代新儒家历史哲学研究——以徐复观、牟宗三、唐君毅为例	法　帅	青年项目	儒学高等研究院		研究报告	2015.10.30
132	新时期以来的中国文学与世界宗教关系研究	丛新强	青年项目	文学与新闻传播学院		研究报告	2015.12.31
133	山东人口老龄化与养老社会保障问题研究	宋全成	青年项目	哲学与社会发展学院		研究报告	2014.12.31
134	山东省基层社会管理和服务体系改革与创新研究	楼苏萍	青年项目	政治学与公共管理学院		专著	2014.12.31
135	农民工随迁子女的城市融入问题研究——行动取向下社会工作服务模式的建构	孙艳艳	青少年专项一般项目	哲学与社会发展学院		研究报告	2014.6.30
136	通识教育理念下的大学英语课程体系建设	高　艳	外语专项一般项目	外国语学院		研究报告	2014.12.31

（续表）

序号	项目名称	负责人	项目类别	承担部门	项目来源	成果形式	计划完成时间
137	基于隐喻认知理论的大学英语词汇教学研究	崔校平	外语专项一般项目	外国语学院	山东省社会科学规划管理办公室	研究报告	2014.10.31
138	我国房地产业与宏观经济作用机制研究	焦继文	一般项目	管理学院		研究报告	2014.6.30
139	跨文化形象学：日本近现代文学的“中国形象”	杜文倩	一般项目	国际教育学院		研究报告	2014.12.31
140	设计与现代生活关系问题研究——以山东设计为例	张纪群	一般项目	机械工程学院		专著	2015.10.30
141	弹性延迟我国法定退休年龄研究	苏春红	一般项目	经济学院		研究报告	2013.12.31
142	行政垄断的收入分配效应与“富足山东”构建问题研究	付　强	一般项目	经济学院		研究报告	2014.12.31
143	口腔医学临床实习教学中医患关系研究与探索	熊世江	一般项目	口腔医学院		研究报告	2014.12.31
144	儒论文献研究	李　梅	一般项目	儒学高等研究院		研究报告	2014.12.31
145	韦棣华与中国图书馆事业——近代中外文化交流典型个案研究	汲言斌	一般项目	图书馆		专著	2015.12.31
146	当代美国戏剧中的新现实主义倾向研究	杜新宇	一般项目	外国语学院		研究报告	2014.12.31
147	译易学研究	吴　钧	一般项目	外国语学院		专著	2015.6.30
148	英语议论文写作中语篇特征的发展研究	高　云	一般项目	外国语学院		专著	2014.10.30
149	山东农村医疗卫生制度可持续发展研究	张荣林	一般项目	学术研究部		研究报告	2015.10.30

（续表）

序号	项目名称	负责人	项目类别	承担部门	项目来源	成果形式	计划完成时间
150	中国乡村社会通史	马　新	重大项目	出版社	山东省自然科学基金委员会	专著	2016. 12. 31
151	表演者权研究	崔立红	重点项目	法学院		专著	2014. 12. 31
152	人口流动背景下的均等化财政转移支付制度研究	李齐云	重点项目	经济学院		研究报告	2014. 12. 31
153	地方政府间跨区域治理的行政制度供给——应用于山东半岛蓝色经济区的研究	方　雷	重点项目	马克思主义学院		研究报告	2014. 6. 30
154	1978 年以来的《现代汉语词典》研究综述	孙剑艺	重点项目	儒学高等研究院		专著	2015. 3. 30
155	哈罗德·品特戏剧创作研究	李永梅	重点项目	外国语学院		研究报告	2014. 12. 31
156	《盐铁论》等子书整理	聂济冬 刘心明	重大委托项目	儒学高等研究院		整理专著	2015. 12. 31
157	空间竞争条件下企业的竞争策略与政府规制研究	李长英	面上项目	经济学院		论文、结题报告	2015. 7. 31
158	收支扭曲、制度性贫困与统筹城乡发展的可行路径：以山东省农村为例的实证研究	孙圣民	面上项目	经济研究院		论文、结题报告	2015. 7. 31
159	铁元素投入产出表与物质流分析	林　晨	青年基金项目	经济研究院		论文、结题报告	2015. 7. 31
160	山东省低碳工业化的自主创新模型构建与对策研究	张玉明	面上项目	管理学院		论文、结题报告	2015. 7. 31
161	山东省上市公司治理对技术创新的促进效应研究	徐向艺	面上项目	管理学院		论文、结题报告	2015. 7. 31
162	后危机时代山东中小高科技企业自主创新与跨越式成长战略研究	杨蕙馨	面上项目	管理学院		论文、结题报告	2015. 7. 31
163	生态位视角下山东省小微信贷风险管理创新研究	郭　妍	青年基金项目	管理学院		论文、结题报告	2015. 7. 31

中国海洋大学

序号	项目名称	负责人	项目类别	项目来源	成果形式	结项时间
1	中国海洋文化遗产现状与保护机制创新研究	曲金良	基地重大项目	教育部社科司	论文、专著、研究报告	2014. 12
2	高校学生党支部建设及其作用发挥研究	初建松	二类课题		研究报告	2013. 12
3	我国防治海洋外来物种入侵的法律问题研究	白佳玉	青年基金项目		论文、专著	2014. 1
4	公共服务外包风险因素识别与规避对策研究	宁　靓	青年基金项目		论文、研究报告	2014. 9
5	基于建构性评价的高职院校专业评估研究	王海涛	青年基金项目		论文、研究报告、软件	2014. 9
6	中国海洋大学我国海洋风能产业化实现机制研究	单春红	规划基金项目		论文、研究报告	2014. 1
7	海域资源市场化配置的方式选择、制度安排与实施路径研究	杨　林	规划基金项目		论文、专著	2013. 12
8	订单渔业发展及渔户参与行为影响因素研究	卢　昆	青年基金项目		论文、研究报告	2013. 12
9	冲突与融合：青苗会与近代华北乡村社会治理研究	王洪兵	青年基金项目		论文	2014. 9
10	历史文化视域下的当代日本代表作家中国观问题研究	张小玲	青年基金项目		论文、专著	2014. 12
11	谁为孩子而译？——中国儿童文学翻译的理论与实践	徐德荣	青年基金项目		论文	2014. 12
12	唐代制诰文改革研究	鞠　岩	青年基金项目		论文	2014. 12
13	马克思主义的视角下我国转型期农村社会矛盾问题研究	李晓伟	青年基金项目		论文、专著	2015. 12

（续表）

序号	项目名称	负责人	项目类别	项目来源	成果形式	结项时间
14	利益相关者集体选择视角下的企业价值管理研究	王竹泉	面上项目	国家自然科学基金委员会	结题报告	2015.12
15	农户分化背景下需求导向型农技推广机制研究	高　强	面上项目		结题报告	2016.12
16	基于资源配置视角的环境保护专项资金绩效审计基准模型研究	房巧玲	青年基金		结题报告	2015.12
17	海域承载力视角下海洋渔业空间布局优化的模型及应用	于谨凯	面上项目		结题报告	2016.12
18	异质金融市场驱动的高维高频波动率矩阵模型及其应用研究	赵树然	青年基金		结题报告	2015.12

中国石油大学（华东）

序号	项目名称	项目负责人	承担部门	项目来源	成果形式	完成日期
1	我国政府道歉的路径选择研究	汝绪华	经济管理学院	教育部社科司	著作	2015.02
2	社会管理创新视野中的金融犯罪防控：基于法律政策学的分析	李　娜	文学院	教育部社科司	论文	2015.02
3	俄国翻译思想及理论的文学传统研究	靳　芳	文学院	教育部社科司	论文	2015.02
4	基于STR的政府部门应用社会化媒体的社会感知及其影响机制研究	卢宝周	经济管理学院	教育部社科司	论文	2015.02
5	黄河三角洲开发中的政府协调机制创新研究	王学栋	文学院	山东省软科学办公室	研究报告	2014.02
6	传统产业转型与新兴产业培育的协同机制——基于青岛西海岸经济新区的研究	付代红	经济管理学院	山东省软科学办公室	研究报告	2014.02
7	黄蓝经济交汇区人才资源开发对策研究	司江伟	马克思主义学院	山东省软科学办公室	研究报告	2014.02
8	山东半岛蓝色经济区海洋高新技术产业发展战略研究	马　颖	经济管理学院	山东省自然基金委	研究报告	2015.02

（续表）

序号	项目名称	项目负责人	承担部门	项目来源	成果形式	完成日期
9	不同油价的石油产量、资源税费、环境成本联动机制研究——以山东省为例	高新伟	经济管理学院	山东省自然基金委	研究报告	2014.12
10	改革开放以来山东省生态文明建设影响要素的历史考察	原丽红	马克思主义学院	山东省社科联	论文	2014.12
11	黄三角特色经济园区和特色产业集群培育政策研究	张在旭	经济管理学院	山东省发改委	研究报告	2013.12
12	低碳经济视角下黄河三角洲可再生能源发展政策与法律制度研究	孙增芹	文学院	山东省发改委	研究报告	2013.12

青岛大学

序号	项目名称	成果形式	项目来源	项目负责人	承担部门	完成日期
1	中国“国际气候话语权”构建方略研究	著作/论文	教育部社科司	郑玉琳	国际商学院	2015.2
2	社区社会组织参与城市基层合作治理研究	论文	教育部社科司	高　红	国际商学院	2015.2
3	服务业新生代员工情绪劳动对工作偏离行为的影响机理和管理干预	论文	教育部社科司	于岩平	旅游学院	2014.5
4	科技型中小企业知识产权融资评价机制研究	论文	教育部社科司	任培民	经济学院	2015.2
5	《尔雅义疏》注析	研究报告	教育部社科司	房振三	师范学院	2015.2
6	基于投入占用产出技术的海洋生态经济模型构建与应用研究	论文	教育部社科司	陈东景	国际商学院	2015.2
7	税收激励与制造业FDI质量－基于跨国分割框架内异质性企业视角的研究	论文/研究报告	教育部社科司	江　霞	经济学院	2015.2
8	魏晋时期音乐文献研究	著作/论文	教育部社科司	车　坤	音乐学院	2015.2
9	残疾大学生就业困境及其对策研究	论文	教育部社科司	韩　旭	外语学院	2014.12
10	大规模产品侵权中的市场份额责任研究	著作/论文	教育部社科司	蔡颖雯	法学院	2014.12
11	高校英语专业演讲课程与思辨能力培养	著作	教育部社科司	孙　旻	外语学院	2014.11

（续表）

序号	项目名称	成果形式	项目来源	项目负责人	承担部门	完成日期
12	中国人口城镇化：动态、结构与趋势	著作	国务院第六次全国人口普查领导小组办公室	袁　颖	国际商学院	2014. 1
13	青年农民工公共文化服务需求与供给的分类分层研究	研究报告	共青团中央	刘黎红	法学院	2013. 4
14	故意伤害罪量刑证明实证研究	论文	最高人民检察院	董桂武	法学院	2013. 6
15	关于中日韩经济合作示范区建设研究	研究报告	山东省社科规划办公室	徐修德	国际处	2014. 12
16	基于能力建设的社会组织培育机构构建	研究报告	山东省社科规划办公室	高　红	国际商学院	2014. 12
17	空巢老人需求差异与积极养老对策研究	研究报告	山东省社科规划办公室	牛荣华	校医院	2014. 12
18	性别视域下的“十七年电影”研究	专著	山东省社科规划办公室	韩　琛	文学院	2014. 6
19	明清山东方言比较范畴研究	专著	山东省社科规划办公室	戚晓杰	文学院	2015. 12
20	中国文人画对当代文化的发展影响	研究报告	山东省社科规划办公室	杨仲全	大学生素质教育基地	2014. 12
21	美国亚太政策新变化及中国的对策研究	研究报告	山东省社科规划办公室	修丰义	法学院	2013. 12
22	金融生态视角下中小企业融资信息平台建设与创新研究	研究报告	山东省社科规划办公室	常　璟	经济学院	2014. 12
23	刑诉法修正后被追诉人刑事诉权保障研究	研究报告	山东省社科规划办公室	谭庆德	法学院	2014. 8
24	小企业会计准则执行机制研究	研究报告	山东省社科规划办公室	周咏梅	国际商学院	2014. 8
25	多期环境下再制造闭环供应链的定价策略研究	著作/论文	国家自然科学基金	孙　浩	国际商学院	2015
26	考虑替代率非对称且依赖服务的分销渠道博弈研究	著作	国家自然科学基金	王　磊	国际商学院	2015

（续表）

序号	项目名称	成果形式	项目来源	项目负责人	承担部门	完成日期
27	中国健康保险欺诈：理论分析与实证研究	著作	国家自然科学基金	刘喜华	经济学院	2016
28	废弃电气电子产品回收处理系统反馈协调机制研究	著作	国家自然科学基金	钟永光	科研处	2016
29	慈善信息网络公开制度的构建	论文/研究报告	山东省软科学办公室	李　芳	法学院	2013
30	山东省农民专业合作社融资模式创新研究	论文/研究报告	山东省软科学办公室	康进军	国际商学院	2013

烟台大学

序号	项目名称	项目负责人	承担部门	项目来源	成果形式	完成日期
1	法律语言与法治基本问题研究	程朝阳	烟台大学法学院	教育部社科司	著作	2014. 12
2	基于对外汉语教学的汉语构式调查与认知研究	亓文香	烟台大学国交学院	教育部社科司	论文	2013. 9
3	海洋资源产权冲突及其治理规则的经济学研究	李　强	烟台大学经管学院	教育部社科司	著作/论文/研究报告	2014. 12
4	基于不完全信息和网络效应的创新授权契约机制研究	王君美	烟台大学经管学院	教育部社科司	著作/论文	2014. 12
5	基于循环价值观的城市社会形态复杂循环实证研究	于　英	烟台大学建筑学院	教育部社科司	咨询报告	2014. 12
6	新形势下城市少数民族流动人口研究	杨志娟	烟台大学人文学院	国家民族事务委员会	研究报告	2012. 12
7	食品安全标准网络传播法律问题的实证研究	于海防	烟台大学法学院	中国法学会	研究报告	2013. 7
8	国际投资中的知识产权保护问题研究	衣淑玲	烟台大学法学院	中国法学会	论文	2013. 7
9	侵权责任法适用问题研究	郭明瑞	烟台大学法学院	中国法学会	专著	2013. 7
10	网络团购的法律规制研究	刘经靖	烟台大学法学院	中国法学会	研究报告	2013. 7
11	恢复性司法之本土化研究	陆诗忠	烟台大学法学院	中国法学会	专著	2013. 7
12	基于发展性评价的高校教师教学工作评估体系的研究与实践	罗玉萍	烟台大学督评中心	全国教育科学规划办	论文/报告/软件	2015. 9
13	民办非企业发展的法律机制及对策性研究	樊　静	烟台大学法学院	民政部	研究报告	2012. 12

济南大学

序号	项目名称	项目负责人	承担部门	项目来源	成果形式	完成日期
1	公共租赁住房制度研究	杨士林	法学院	教育部社科司	咨询报告	2013.12
2	农村文化创意产业发展研究	张振鹏	管理学院	教育部社科司	咨询报告、论文	2014.12
3	“卓越工程师计划”政策执行情况监测研究——基于上海山东试点高校	彭亚萍	土建学院	教育部社科司	咨询报告、论文	2014.12
4	免费师范生的就业流向及引导策略研究	蒋馨岚	教心学院	教育部社科司	咨询报告、论文	2014.1
5	产业结构调整与就业结构优化的互动机理：模型研究、实证检验、比较和对策分析	刘　毅	管理学院	教育部社科司	咨询报告、论文	2014.1
6	地方政府支出竞争行为及效应研究	杨宝剑	管理学院	教育部社科司	著作、论文	2014.09
7	孟子家族文化研究	朱松美	历文学院	教育部社科司	著作	2015.01
8	夏目漱石文学的知识分子叙事研究	邓传俊	外语学院	教育部社科司	咨询报告、论文	2014.12
9	清代山左演剧史——以史志类文献为考察中心	范丽敏	文学院	教育部社科司	著作	2014.12
10	齐国乐舞研究	王　冰	音乐学院	教育部社科司	咨询报告、论文	2014.09
11	审丑的生成与转换机制研究——以外国文学中的审丑现象为例	张中锋	文学院	教育部社科司	咨询报告	2014.09
12	医务社会工作发展战略研究	李伟峰	政管学院	民政部	研究报告	2014.12
13	提高社会组织党建工作有效性研究	杨立志	马克思主义学院	民政部	研究报告	2014.12
14	农村残疾人服务体系建设与地方残联服务职能转型研究	杨洪斌	政管学院	中国残疾人联合会	研究报告	2014.12
15	近十年我国社会治理创新的成效评估研究	高灵芝	政管学院	国务院发展研究中心	研究报告	2014.12

（续表）

序号	项目名称	项目负责人	承担部门	项目来源	成果形式	完成日期
16	中国劳动力动态调查	乔世东	政管学院	国务院发展研究中心	研究报告	2014. 12
17	中国“能源—经济—环境”复合系统协调度的统计测评及政策研究	赵　芳	经济学院	国家统计局	研究报告	2014. 12
18	基于S—O—R的变革型领导有效性机理及实证研究——以IT业样本为例	王光玲	经济学院	国家统计局	研究报告	2014. 12
19	我国各省市区软实力比较研究	姜文华	管理学院	国家统计局	研究报告	2014. 12
20	统计能力影响因素、评价指标体系及评价方法研究	张艳芳	管理学院	国家统计局	研究报告	2014. 12
21	城市雨水可持续管理	曲士松	资环学院	国家外专局	研究报告	2014. 12
22	学前儿童特质推理的跨文化比较研究	陈　婧	教心学院	山东省软科学办公室	研究报告	2014. 12
23	城市低保工作机制建设比较研究	崔恒展	政管学院	山东省软科学办公室	研究报告	2013. 06
24	区域知识资本在山东省经济发展中地位与作用的实证研究	张炳发	管理学院	山东省软科学办公室	研究报告	2013. 06
25	协同创新视角下地方高校科研平台管理机制的研究	王　岩	机关	山东省软科学办公室	研究报告	2013. 06
26	山东省高新技术产业碳排放强度的问题及对策研究	黄治琴	数学科学学院	山东省软科学办公室	研究报告	2013. 06
27	山东俗信文化及其社会应用研究	辛明玉	文学院	山东省软科学办公室	研究报告	2013. 06
28	山东省餐饮服务领域食品安全保障体系研究	汤卫东	酒店管理学院	山东省软科学办公室	研究报告	2013. 06
29	基于信息披露的大股东利益输送行为实证研究	张大勇	管理学院	山东省软科学办公室	研究报告	2013. 06
30	山东高新技术企业自主创新能力及其提升路径研究	彭伟华	管理学院	山东省软科学办公室	研究报告	2013. 06

（续表）

序号	项目名称	项目负责人	承担部门	项目来源	成果形式	完成日期
31	新媒体语境下山东省纪录片产业发展策略研究	闫伟娜	历文学院	山东省软科学办公室	研究报告	2013.06
32	我国古籍出版业后改制时代的运营现状与发展对策研究	杨轶男	文学院	山东省软科学办公室	研究报告	2013.06
33	工业设计带动下的山东省制造业企业创新机制研究	杨海波	机械学院	山东省软科学办公室	研究报告	2013.06
34	基于研究联合体的中小企业提升自主创新能力的机制与路径研究	马宗国	管理学院	山东省软科学办公室	研究报告	2013.06
35	山东省餐饮企业品牌战略体系与实施保障研究	王茂山	酒店管理学院	山东省软科学办公室	研究报告	2013.06
36	山东省高职英语教育现状与发展对策研究	章　岚	外国语学院	山东省软科学办公室	研究报告	2013.06
37	从边缘到中心：高等教育对黄河三角洲文化产业发展支撑研究	张玉虎	自动化与电气工程学院	山东省软科学办公室	研究报告	2013.06
38	山东省软实力测度及提升对策研究	郭春燕	管理学院	山东省软科学办公室	研究报告	2013.06

山东科技大学

序号	项目名称	项目负责人	承担部门	项目来源	成果形式	完成日期
1	环境法律政策整合研究	孙法柏	文法学院	教育部人文社科一般项目	研究报告论文	2014
2	统一授信担保模式物流金融风险管理研究	董兴林	经管学院	教育部人文社科一般项目	研究报告论文	2014
3	产业蜕变与产业转型互动机理研究	任一鑫	经管学院	教育部人文社科一般项目	研究报告论文	2014
4	我国政府财政支出对农村居民消费影响效应研究	权　英	文法学院	教育部人文社科一般项目	研究报告论文	2014
5	汉语称谓的认知理据研究	彭建武	外语学院	教育部人文社科一般项目	研究报告论文	2014

（续表）

序号	项目名称	项目负责人	承担部门	项目来源	成果形式	完成日期
6	山东半岛蓝色经济区经济发展环境评价系统及优化方案研究	侯艳辉	经管学院	山东省软科学研究项目	研究报告论文	2013
7	山东省二氧化碳贸易内涵排放问题研究	孟文强	经管学院	山东省软科学研究项目	研究报告论文	2013
8	基于网络数据库技术的服务型政府质量评价体系与方法研究	李堂军	经管学院	山东省软科学研究项目	研究报告论文	2013
9	山东省煤炭企业社会责任与监管体系研究	张士强	经管学院	山东省软科学研究项目	研究报告论文	2013
10	山东省对外贸易结构调整和优化路径研究	马凤涛	经管学院	山东省软科学研究项目	研究报告论文	2013
11	山东省民营企业的制度环境研究	朱玉玲	文法学院	山东省软科学研究项目	研究报告论文	2013
12	电网运行可靠性管理精益化创新研究	麻兴斌	济南校区	山东省软科学研究项目	研究报告论文	2013
13	山东省新能源产业集群的识别与测度研究	申稳稳	济南校区	山东省软科学研究项目	研究报告论文	2013
14	基于生态服务价值的山东半岛土地利用结构优化研究	段德宏	科研处	山东省软科学研究项目	研究报告论文	2013
15	山东省低碳经济战略、途径与市场化机制研究	周　洋	泰安校区	山东省软科学研究项目	研究报告论文	2013
16	中华文化对外传播途径探究	王秀花	文法学院	山东省人文社科项目	研究报告论文	2013
17	山东省高校工科留学生全英文教学现状与发展研究	何　玉	国际交流处	山东省人文社科项目	研究报告论文	2013
18	精神物语——从典型中透视山东精神	曹丙燕	文法学院	山东省社社科普及重点项目	研究报告论文	2014

（续表）

序号	项目名称	项目负责人	承担部门	项目来源	成果形式	完成日期
19	人民币均衡实际有效汇率实证分析	聂国栋	经管学院	全国统计科研计划项目	研究报告论文	2014
20	服务业发展评价指标体系与测算方法研究	孟文强	经管学院	全国统计科研计划项目	研究报告论文	2014
21	基于云计算技术的海量数据约简与资源化管理研究	赵　峰	经管学院	全国统计科研计划项目	研究报告论文	2014
22	基于知识产权竞争力的专利实施模式与绩效评价研究	周衍平	经管学院	全国统计科研计划项目	研究报告论文	2014
23	基于空间统计的农产品市场区域风险评估研究	倪维健	信息学院	全国统计科研计划项目	研究报告论文	2014
24	居民幸福感评价指标体系与双维度幸福指数量化模型	王　赢	信息学院	全国统计科研计划项目	研究报告论文	2014
25	基于“一套表”的统计管理及统计调查组织模式研究	邢志良	泰安校区	全国统计科研计划项目	研究报告论文	2014
26	居民收入调查方法体系研究	周　洋	泰安校区	全国统计科研计划项目	研究报告论文	2014
27	我国生产安全事故统计分析、预测及评价研究	张学睦	经管学院	全国统计科研计划项目	研究报告论文	2014

山东理工大学

序号	项目名称	项目负责人	承担部门	项目来源	成果形式	完成日期
1	资源型城市科技进步促进产业转型路径选择及发展对策研究	吴宗杰	山东理工大学	国家软科学研究计划项目	研究报告	2013
2	海归在中国自主创新中的作用：基于跨国人力资源流动的视角	李　平	山东理工大学	教育部人文社科研究项目一般项目	研究报告	2013
3	第三方回收再制造闭环供应链风险管理及其智能决策支持系统研究	史成东	山东理工大学	教育部人文社科研究项目一般项目	著作	2014

（续表）

序号	项目名称	项目负责人	承担部门	项目来源	成果形式	完成日期
4	基于《汉语大词典》的历时性大型汉语语文辞书修订研究	赵红梅	山东理工大学	教育部人文社科研究项目一般项目	著作	2014
5	十六大以来党的群众工作新进展及前瞻性研究	王　青	山东理工大学	教育部人文社科研究项目一般项目	著作	2014
6	资源型城市低碳转型的影响因素及调控机制研究	孙秀梅	山东理工大学	教育部人文社科研究项目一般项目	论文	2014
7	同性恋大学生艾滋病预防干预模型的构建	于宗富	山东理工大学	教育部人文社科研究项目一般项目	著作	2014
8	国际海底区域基因资源生物采探的法律问题研究	任秋娟	山东理工大学	教育部人文社科研究项目一般项目	论文	2015
9	长句检索中信息查询扩展技术研究	白如江	山东理工大学	教育部人文社科研究项目一般项目	论文	2014
10	创造气氛、共享心智模型影响团队创造力作用机理的实证研究	张　朝	山东理工大学	教育部人文社科研究项目一般项目	著作	2014
11	基于动态广义线性模型的金融数据分析	郭广报	山东理工大学	全国统计科学研究年度计划项目	研究报告	2014
12	支撑山东省民生科技发展的投融资体系研究	张晓杰	山东理工大学	山东省软科学研究项目	研究报告	2013
13	基于工业化城镇化快速推进中的县域多功能农业发展研究	白　云	山东理工大学	山东省软科学研究项目	研究报告	2013
14	实施知识产权战略提升山东移动互联网产业的核心竞争力	宋喜兵	山东理工大学	山东省软科学研究项目	研究报告	2013
15	山东省企业专利能力发展现状与对策研究	李建民	山东理工大学	山东省软科学研究项目	研究报告	2013
16	山东省装备制造业产品技术平台构建研究	蒋　兵	山东理工大学	山东省软科学研究项目	研究报告	2013

（续表）

序号	项目名称	项目负责人	承担部门	项目来源	成果形式	完成日期
17	山东省上市公司资产结构、资本效率与可持续发展研究	陈 刚	山东理工大学	山东省软科学研究项目	研究报告	2013
18	基于网络环境视角下民众参与食品安全监管的机制与对策研究——以山东省为例	亓春霞	山东理工大学	山东省软科学研究项目	研究报告	2013
19	知识资本与技术创新的动态关系研究——以山东省创新型企业为例	白福萍	山东理工大学	山东省软科学研究项目	研究报告	2013
20	齐文化资源的产业开发研究	王 雁	山东理工大学	山东省软科学研究项目	研究报告	2013
21	山东省生态文化产业化现状及其对策研究	沈传河	山东理工大学	山东省软科学研究项目	研究报告	2013
22	山东省文化品牌传播策略研究	郭晓丽	山东理工大学	山东省软科学研究项目	研究报告	2013
23	科技型企业的环境责任问题研究	贾晓燕	山东理工大学	山东省软科学研究项目	研究报告	2013
24	山东省大气污染预警体系的法治建设与公民环境权保护	张 伟	山东理工大学	山东省软科学研究项目	研究报告	2013

青岛理工大学

序号	项目名称	项目负责人	承担部门	项目来源	成果形式	完成日期
1	倒计时信号灯对驾驶员驾驶心理行为及交通安全影响研究	潘福全	汽车学院	教育部人文社科研究项目	论文、研究报告	2014. 12
2	民间叙事、传统建构与社会认同的互动关系研究——以京冀、鲁、豫民间叙事为研究对象	张成福	人文学院	教育部人文社科研究项目	论文、研究报告	2014. 12
3	汉英致使交替动词的认知功能研究	郭 印	外语学院	教育部人文社科研究项目	论文、研究报告	2014. 12
4	欧美《说文》学研究	张大英	外语学院	教育部人文社科研究项目	论文、研究报告	2014. 12

（续表）

序号	项目名称	项目负责人	承担部门	项目来源	成果形式	完成日期
5	朝鲜族迁移者群体的共同体再建构与适应性研究——以青岛的朝鲜族为例	李劲松	外语学院	留学回国人员科研启动基金	论文、研究报告	2014.06
6	具有联盟限制的合作对策理论及在工程项目管理中的应用研究	孟凡永	管理学院	国家自然科学基金委员会	论文、研究报告	2015.12
7	多选择合作对策理论及在企业收益分配中的应用研究	孟凡永	管理学院	山东省自然科学基金委员会	论文、研究报告	2015.07
8	基于物联网技术建筑业精益供应链优化与重组的研究	王连月	管理学院	山东省自然科学基金委员会	论文、研究报告	2015.12

山东建筑大学

序号	项目名称	项目负责人	项目来源	成果形式	完成日期
1	城市群空间结构与产业结构的耦合关系及优化研究	单宝艳	教育部人文社会科学研究一般项目	研究报告	
2	马克思主义中国化规律体系研究	杨先永	山东省人文社会科学课题	研究报告	
3	近代黄河改道与鲁西地区的生态和社会	李庆华	山东省人文社会科学课题	研究报告	
4	山东省社会保障性住房制度研究	高　岩	山东省软科学研究项目	研究报告	
5	章丘朱家裕古村落的保护与再开发利用对策研究	潘慧锦	山东省软科学研究项目	研究报告	
6	促进可持续住宅开发的房地产调控问题研究——以山东城市为例	崔晓青	山东省软科学研究项目	研究报告	
7	基于可持续发展的城市保障性住房筹资机制研究	孙慧琳	山东省软科学研究项目	研究报告	
8	公共建筑工程合作监管法律问题研究	朱宝丽	山东省软科学研究项目	研究报告	
9	模因视角下中国传统文化对外传播与变异问题研究	孙昶临	山东省软科学研究项目	研究报告	
10	新农村社区建设建筑节能法律体系研究	孙晓冰	山东省软科学研究项目	研究报告	
11	山东物流企业自主创新能力的影响机制与对策研究	赵永谦	山东省软科学研究项目	研究报告	
12	济南都市圈产业结构的区域效应优化研究	曹　萍	山东省软科学研究项目	研究报告	

山东轻工业学院

序号	项目名称	项目负责人	承担部门	项目来源	成果形式	完成日期
1	山东陶瓷艺术发展史	魏　嘉	艺术学院	国家社会科学基金艺术学项目	著作	2015.3
2	公司治理与证券市场开放：企业可持续增长的内部机制与外部环境	苏卫东	财政与金融学院	教育部人文社科一般项目	论文、研究报告	2014.12
3	山东石窟造像艺术研究	刘木森	艺术学院	教育部人文社科一般项目	著作	2014.8
4	发展新型农村金融机构研究	张建峰	商学院	农业部软科学项目	研究报告	2012.12
5	教育与区域经济的非均衡增长研究	李欣先	商学院	全国教育科学“十二五”规划教育部青年课题	研究报告	2014.8
6	和谐社会背景下我国地方服务型政府绩效评估体系研究	刘美芬	财政与金融学院	全国统计科学研究项目	研究报告	2014.12
7	中国系统重要性保险机构评估	宋　丽	财政与金融学院	全国统计科学研究项目	研究报告	2014.12
8	我国城市商品住宅价格指数的构建于应用	王成江	财政与金融学院	全国统计科学研究项目	研究报告	2014.8
9	特色产业镇可持续发展评价体系研究	张德良	商学院	全国统计科学研究项目	研究报告	2013.12
10	“四大工程”实施背景下的基层统计能力建设评价研究	常雪飞	商学院	全国统计科学研究项目	研究报告	2013.12
11	促进山东低碳经济发展的财税政策研究	尹　莉	财政与金融学院	山东省软科学研究项目	研究报告	2013.6
12	山东省中小企业高层管理人员信息化素养提升研究	于艳红	商学院	山东省软科学研究项目	研究报告	2013.6
13	山东省特色产业镇高层次人才开发研究	张德良	商学院	山东省软科学研究项目	研究报告	2013.6
14	山东省城市政府间应急管理协作机制研究	鲍芳修	文法学院	山东省软科学研究项目	研究报告	2013.6
15	国家文化软实力建设视域下的大学生廉政法制教育研究	宋世勇	文法学院	山东省软科学研究项目	研究报告	2013.6

（续表）

序号	项目名称	项目负责人	承担部门	项目来源	成果形式	完成日期
16	山东省加快推进工业设计发展对策研究	魏　嘉	艺术学院	山东省软科学研究项目	研究报告	2013. 6
17	山东省食品安全标准信息中心的可行性研究	田文利	图书馆	山东省软科学研究项目	研究报告	2013. 6
18	山东高校科技创新现状及对策研究	颜廷兰	化药学院	山东省软科学研究项目	研究报告	2013. 6
19	引导社会资本加速山东农业向现代农业转变的研究	盛亦工	财政与金融学院	山东省软科学研究项目	研究报告	2013. 6
20	中国廉政法制教育模式与路径研究	宋世勇	文法学院	中国法学会部级法学研究课题	研究报告	2013. 7

山东农业大学

序号	项目名称	项目负责人	承担部门	项目来源	成果形式	完成日期
1	不确定性及应对：基层政权智力模式的变迁——基于S镇25年的实证研究	刘培伟	文法学院	教育部人文社科研究项目	论文集 研究报告	2013. 12

青岛农业大学

序号	项目名称	项目负责人	承担部门	项目来源	成果形式	完成日期
1	中国农民合作社研究	王　伟	青岛农业大学	国家社科基金	著作	2014. 07
2	中拉美粮食应急储备机制运行管理办法	牟少岩	青岛农业大学	农业部	研究报告	2013. 12
3	农业合作社实践模式的国际经验比较研究	李中华	青岛农业大学	农业部	研究报告	2013. 12
4	韩国粮食管理法与自贸区粮食产品处理研究	李明权	青岛农业大学	农业部	研究报告	2013. 12
5	日本与韩国自贸区农产品降税方式研究	李明权	青岛农业大学	农业部	研究报告	2013. 06
6	新生代女性农民工的日常生活与社会认同研究	刘　霞	青岛农业大学	教育部社科司	著作	2015. 12
7	中动及其相关去及物性结构——基于句法—语义—语用综合界面的跨语言比较研究	高秀雪	青岛农业大学	教育部社科司	著作	2015. 12

（续表）

序号	项目名称	项目负责人	承担部门	项目来源	成果形式	完成日期
8	林业重点工程后续政策问题研究	鹿永华	青岛农业大学	国家林业局	研究报告	2012.12
9	蓝色经济陆海统筹下的冷链物流产业的发展研究	李欣章	青岛农业大学	山东省发改委	研究报告	2013.12
10	山东省农民专业合作社在科技支撑引领经济发展中的作用	鞠　静	青岛农业大学	山东省软科学办公室	研究报告	2013.12
11	低碳背景下山东省农民对气候变化的认知及适应（行为）研究	肖兰兰	青岛农业大学	山东省软科学办公室	研究报告	2013.12
12	山东省促进科技创新的政策支持研究	李秀丽	青岛农业大学	山东省软科学办公室	研究报告	2013.12
13	山东省农业信息化发展水平测评与发展对策研究	臧运平	青岛农业大学	山东省软科学办公室	研究报告	2013.12

山东师范大学

序号	项目名称	负责人	承担部门	项目来源	计划完成时间
1	我国宪法“人权条款”的效力机制研究	夏泽祥	山东师范大学	国家社科基金项目	2015
2	我国县域基础教育政策评估体系的构建研究	张茂聪	山东师范大学	国家社科基金项目	2015
3	不教的教育学研究	谭维智	山东师范大学	国家社科基金项目	2015
4	品德课新课改十年的回顾与展望：基于生活德育的视角	唐汉卫	山东师范大学	国家社科基金项目	2015
5	学校制度文化的育人机制研究	冯永刚	山东师范大学	国家社科基金项目	2015
6	明清仕宦家族与基层社会——以山东地区为中心考察	朱亚非	山东师范大学	国家社科基金项目	2015
7	二战后英国经济政策调整的历史考察（1945—2010）	毛　锐	山东师范大学	国家社科基金项目	2015
14	龚贤艺术研究	张　卉	山东师范大学	国家社科基金项目	2015
8	北极航道通航背景下北极资源开发的中国战略研究	徐跃通	山东师范大学	国家社科基金项目	2015

（续表）

序号	项目名称	负责人	承担部门	项目来源	计划完成时间
9	中国新文学中的美国因素（1911—1949）	吕周聚	山东师范大学	国家社科基金项目	2015
10	生态语言学与生态文学、文化理论研究	赵奎英	山东师范大学	国家社科基金项目	2015
11	乡土中国文化重建与农民形象审美嬗变研究	张丽军	山东师范大学	国家社科基金项目	2015
12	马克思恩格斯生态思想的诠释与重构研究	崔永杰	山东师范大学	国家社科基金项目	2015
13	人的虚拟生存与思想政治教育创新研究	孙余余	山东师范大学	国家社科基金项目	2015
14	互联网信息消费行为对社会文化的解构与重塑	张冠文	山东师范大学	教育部人文社科项目	2015
15	消费者义务立法研究	王　宏	山东师范大学	教育部人文社科项目	2015
16	美国宪法“保留权利条款”的实施方式对我国的启	夏泽祥	山东师范大学	教育部人文社科项目	2015
17	基于进化DNA计算的中小企业生命演化研究	向来生	山东师范大学	教育部人文社科项目	2015
18	中国乡村民俗的现代教育价值研究	孙宽宁	山东师范大学	教育部人文社科项目	2015
19	社会变迁中的乡村教育发展研究	周海银	山东师范大学	教育部人文社科项目	2015
20	德育叙事在全日制教育硕士培养中的作用机制研究	王红艳	山东师范大学	全国教育科学规划	2015
21	中国村落小学的百年兴衰研究(1904—2004)	吉　标	山东师范大学	教育部人文社科项目	2015
22	大学生生命教育的研究与探索	颜春杰	山东师范大学	教育部人文社科项目	2015
23	汉魏齐鲁经学史	程奇立	山东师范大学	教育部人文社科项目	2015
24	孔氏南北宗研究	赵文坦	山东师范大学	教育部人文社科项目	2015

（续表）

序号	项目名称	负责人	承担部门	项目来源	计划完成时间
25	北极航道通航背景下的北极资源开发中国战略研究	徐跃通	山东师范大学	教育部人文社科项目	2015
26	我国区域协调发展战略和政策的增长趋同效应研究	张晓青	山东师范大学	教育部人文社科项目	2015
27	资源环境约束下的区域产业结构优化升级研究	张宝雷	山东师范大学	教育部人文社科项目	2015
28	竞争生产商分销渠道质量控制策略契约设计研	朱立龙	山东师范大学	教育部人文社科项目	2015
29	台湾“留学生作家”与“新移民作家”小说比较研	解孝娟	山东师范大学	教育部人文社科项目	2015
30	英语中汉语借词的源流与发展	杨　彬	山东师范大学	教育部人文社科项目	2015
31	现代汉语动量词层现的认知过程——心智、语法转喻和构式	张　媛	山东师范大学	教育部人文社科项目	2015
32	中国现代文学中的创伤体验现象研究	贾振勇	山东师范大学	教育部人文社科项目	2015
33	清代雅书注释与编纂研究	王其和	山东师范大学	教育部人文社科项目	2015
34	社会领域分化与当代审美文化发展	李红春	山东师范大学	教育部人文社科项目	2015
35	影响中小学生创造力发展的个体、环境因素及其作用机制的纵向研究	张景焕	山东师范大学	教育部人文社科项目	2015
36	我国高校教师工作倦怠的类型学研究：基于现代测量学视角	王　鹏	山东师范大学	全国教育科学规划	2015
37	初中生羞怯的结构及其影响机制：遗传、环境与自我的作	陈英敏	山东师范大学	教育部人文社科项目	2015
38	羞怯个体自我认知的行为和神经生理研究	韩　磊	山东师范大学	教育部人文社科项目	2015
39	20世纪中国美育思想的主题嬗变研究	陈　剑	山东师范大学	全国教育科学规划	2015
40	中国共产党引领先进文化能力体系研究	徐　稳	山东师范大学	教育部人文社科项目	2015

（续表）

序号	项目名称	负责人	承担部门	项目来源	计划完成时间
41	斯宾诺莎的宗教批判理论及其当代价值研究	崔永杰	山东师范大学	教育部人文社科项目	2015
42	新世纪以来的西方新社会运动研究	刘　颖	山东师范大学	教育部人文社科项目	2015
43	经验的概念化与第二自然——麦克道尔论心灵与世界关系的文本学研究	王增福	山东师范大学	教育部人文社科项目	2015
44	新时代高校党外代表人士培养选拔机制路径探	杨素群	山东师范大学	教育部人文社科项目	2015
45	数字化游戏促进学生认知能力发展的实证研究	王广新	山东师范大学	山东省社科规划项目	2015
46	媒介素养教育校本课程研究	宫淑红	山东师范大学	山东省社科规划项目	2015
47	山东省自主创新体系建设中的知识产权法律保障机制研究	姚维红	山东师范大学	山东省社科规划项目	2015
48	山东“蓝黄经济区”环保监管模式研究	曾彩琳	山东师范大学	山东省社科规划项目	2015
49	山东省农村公共产品供给体制创新研究：基于统筹城乡发展视角	曲延春	山东师范大学	山东省社科规划项目	2015
50	山东高校二级学院学习型党组织建设的体系研究	于晓明	山东师范大学	山东省社科规划项目	2015
51	乡村民俗在乡村文化建设中的价值研究	孙宽宁	山东师范大学	山东省社科规划项目	2015
52	幼儿中华文化启蒙教育理论与实践研究	王　冰	山东师范大学	山东省社科规划项目	2015
53	山东半岛蓝色经济区人力资源对其经济发展的支撑度研究	包玉香	山东师范大学	山东省社科规划项目	2015
54	商业银行市场竞争策略研究——投资时机的抉择	丁淑娟	山东师范大学	山东省社科规划项目	2015
55	内战期间美国与欧洲关系研究	王　静	山东师范大学	山东省社科规划项目	2015
56	博物馆与文化记忆的双重建构——山东地区博物馆文化功能调查	刘　宁	山东师范大学	山东省社科规划项目	2015
57	山东省农业劳动力机会成本对农地利用变化的影响	李子君	山东师范大学	山东省社科规划项目	2015

（续表）

序号	项目名称	负责人	承担部门	项目来源	计划完成时间
58	山东省主要城市温室气体排放清单编制研究——以济南、青岛、淄博三市为例	于　杰	山东师范大学	山东省社科规划项目	2015
59	中国当代翻译家生态研究	张彩霞	山东师范大学	山东省社科规划项目	2015
60	山东省现代流通业发展模式及实施路经研究	于　涛	山东师范大学	山东省社科规划项目	2015
61	非营利组织会计信息披露的路径选择研究	刘丽娜	山东师范大学	山东省社科规划项目	2015
62	山东体育旅游资源后续利用研究	颜秉峰	山东师范大学	山东省社科规划项目	2015
63	体育赛事无形资产动态评估与危机预警体系的构建研究	王相英	山东师范大学	山东省社科规划项目	2015
64	山东省大学英语教师信念比较研究	胡艳玲	山东师范大学	山东省社科规划项目	2015
65	自主性学习模式下文化意识导入研究	杨翠艳	山东师范大学	山东省社科规划项目	2015
66	全面提升山东高校科技创新能力的路径与措施	帅相志	山东师范大学	山东省社科规划项目	2015
67	文艺复兴意大利造型艺术与“三大师”研究	王化学	山东师范大学	山东省社科规划项目	2015
68	后期近代汉语方言处置式类型学考察	张俊阁	山东师范大学	山东省社科规划项目	2015
69	中国文学中“梦”的形象与角色之叙事学研究	邹　强	山东师范大学	山东省社科规划项目	2015
70	鲁迅在韩国社会变革运动中的接受与利用	李大可	山东师范大学	山东省社科规划项目	2015
71	20世纪80年代以来少数民族小说叙事模式研究	顾广梅	山东师范大学	山东省社科规划项目	2015
72	《潜夫论》等子书整理	陈元锋	山东师范大学	山东省社科规划项目	2015
73	大学生创业意向及其与家庭、人格的关系	李海垒	山东师范大学	山东省社科规划项目	2015
74	高校声乐教育发展方向探究	郇玖妹	山东师范大学	山东省社科规划项目	2015
75	20世纪二三十年代我国高等院校和声理论与应用研究	刘冬云	山东师范大学	山东省社科规划项目	2015

（续表）

序号	项目名称	负责人	承担部门	项目来源	计划完成时间
76	齐鲁民间舞蹈文化研究	岳　音	山东师范大学	山东省社科规划项目	2015
77	拉赫玛尼诺夫钢琴协奏曲风格特征研究	张　炫	山东师范大学	山东省社科规划项目	2015
78	中国特色社会主义发展的历史逻辑研究	刘　芳	山东师范大学	山东省社科规划项目	2015
79	国际非政府组织在山东的活动状况研究	王慧媞	山东师范大学	山东省社科规划项目	2015

曲阜师范大学

序号	项目、课题名称	项目负责人	承担部门	项目来源	成果形式	完成日期
1	我国高校体育科研协同创新体系与运行机制研究	马运超	体育科学学院	全国教育科学规划国家青年项目		
2	儒家耻感文化与社会转型期儿童羞耻感教育	闫春梅	教育科学学院	全国教育科学规划教育部青年项目		
3	大型大规模英汉平行语料库的收集整理与历时语言/翻译加工	秦洪武	外国语学院	国家重大招标课题子课题		
4	《尚书》学文献集成与研究	傅永聚	孔子研究所	国家重大招标课题子课题		
5	《周易》本经汇校新解	黄怀信	孔子研究所	全国高校古籍整理项目重点项目		
6	许翰集辑校	张诒三	文学院	全国高校古籍整理项目重点项目		
7	皇侃《论语义疏》校点	高尚榘	文学院	全国高校古籍整理项目重点项目		
8	陈汉民设计艺术实践与教育理论研究	宋润民	美术学院	文化部文化艺术科学项目一般项目		
9	社会转型期我国体育休闲产业可持续发展研究	汤敬东	体育科学学院	教育部人文社科项目规划基金		

（续表）

序号	项目、课题名称	项目负责人	承担部门	项目来源	成果形式	完成日期
10	规约与张扬：中小学教师教学个性养成研究	李　允	教育科学学院	教育部人文社科项目规划基金		
11	知识积累与劳动报酬递增：包容性增长的政治经济学研究	任洲鸿	经济学院	教育部人文社科项目规划基金		
12	省域内发展规划边缘区现代农业发展路径研究——以山东为例	李传健	经济学院	教育部人文社科项目规划基金		
13	英雄、骑士、绅士——论体育功能的演变	杨　弢	公共体育教研部	教育部人文社科项目规划基金		
14	流动抑或驻守：当前中国乡村精英“乡土归属”问题研究	张英魁	政治与公共管理学院	教育部人文社科项目规划基金		
15	优秀运动员知觉预期能力优势的特点及神经机制研究	杨昭宁	教育科学学院	教育部人文社科项目规划基金		
16	英汉语运动事件词汇化的句法—语义接口功能及其类型学意义	彭　芳	外语教研部	教育部人文社科项目规划基金		
17	后民族政治的内在张力及其认同路径——以欧盟为例	王远河	政治与公共管理学院	教育部人文社科项目规划基金		
18	明清世情小说中的民俗研究	刘相雨	文学院	教育部人文社科项目规划基金		
19	中国现代民族主义文学思潮（1895—1945）	李　钧	文学院	教育部人文社科项目规划基金		
20	1875—1937儿童文学中的图像叙事	张　梅	国交学院	教育部人文社科项目规划基金		
21	清官戏研究	陈　涛	书法学院	教育部人文社科项目规划基金		
22	“复语型”专业外语人才培养模式研究	孙　伟	东方语言与翻译学院	教育部人文社科项目青年基金		
23	良心行为的内隐性及良心德育育德模式的建构	李海青	教育科学学院	教育部人文社科项目青年基金		
24	中国四大民间传说的戏剧传播研究	郭玉华	文学院	教育部人文社科项目青年基金		
25	“代际分化”影响下大学生社会流动积极心态的塑造	宋秀娟	运筹与管理学院	教育部人文社科项目思政工作专项		

（续表）

序号	项目、课题名称	项目负责人	承担部门	项目来源	成果形式	完成日期
26	高校马克思主义理论队伍建设研究	孙玉凡	马克思主义学院	教育部人文社科项目马克思主义大众化专项		
27	“思想道德修养与法律基础”课教学中法制教育实效性问题研究	鲁　昕	马克思主义学院	教育部人文社科项目思政理论课专项		
28	儒家人文精神与我国体育文化产业发展战略研究	曹　莉	体育科学学院	国家体育总局项目一般项目		
29	青少年自主健身行为研究——以阳光体育为背景	房　蕊	体育科学学院	国家体育总局项目一般项目		

鲁东大学

序号	项目名称	项目负责人	项目来源	成果形式	起止时间
1	新时期高师音乐教育发展现状与改革对策研究	王瑞年	教育部社科司	专著	2012-2014
2	发展体育强国进程中群众体育社会评价指标体系的研究	于　军	教育部社科司	专著	2012-2014
3	当代中国竞技体育身体关怀缺失的问题研究	程卫波	教育部社科司	专著	2012-2014
4	小学数学问题解决认知过程模拟及学习障碍诊断与干预研究	魏雪峰	教育部社科司	专著	2012-2014
5	建设幸福班集体的策略研究	葛明荣	教育部社科司	专著	2012-2014
6	美国联邦政府证券监管问题研究	王书丽	教育部社科司	专著	2012-2014
7	青少年社会公平判断的偏好调节形成机制	李文静	教育部社科司	专著	2012-2014
8	法律方法的司法介入：基于可接受性的视角	丛　涛	教育部社科司	专著	2012-2014
9	基于熵理论的传播融合新模式研究	张成良	教育部社科司	专著	2012-2014
10	主体间性视野中的中国传统音乐文化教育研究	崔学荣	教育部社科司	专著	2012-2014

（续表）

序号	项目名称	项目负责人	项目来源	成果形式	起止时间
11	复杂网络及多重不确定环境下分散供应链计划多目标决策优化及应用	邵举平	教育部社科司	专著	2012-2014
12	基于企业与产业双重效率目标诉求的我国钢铁产业最优集中度和钢铁企业最优规模度测算	马文军	教育部社科司	专著	2010-2013
13	基于应用型人才培养视野下的大学生教育管理模式研究	张天波	教育部社科司	专著	2012-2014
14	山东半岛蓝色经济区海洋体育产业发展思路与对策研究	于　军	山东省发改委	研究报告	2012-2013
15	渤海海峡跨海通道对山东半岛蓝色经济区的影响及发展对策研究	刘良忠	山东省发改委	研究报告	2012-2013
16	和谐视域下新生代农民工体育权益的缺失与回归研究——以半岛蓝色经济区为例	黄　健	山东省软科学研究项目	研究报告	2012-2013. 06
17	体育强省目标下山东省体育科技创新体系建设研究	程卫波	山东省软科学研究项目	研究报告	2012-2013. 06
18	基于三维视角的国有企业高管领导力及其发挥路径研究	邓兆武	山东省软科学研究项目	研究报告	2012-2013. 06
19	泛在信息社会中学科信息环境研究	张晓青	山东省软科学研究项目	研究报告	2012-2013. 06
20	基于EVA视角的山东省“黄蓝”两区企业可持续发展研究	许学娜	山东省软科学研究项目	研究报告	2012-2013. 06
21	区域经济一体化与行政体制改革研究	柳新华	中国行政体制改革研究会	研究报告	2012-2013
22	山东半岛蓝色经济区滨海休闲体育产业的发展研究	黄义军	山东省人文社会科学项目	研究报告	2012-2013
23	我国青少年体育素养培养研究	邱建国	山东省人文社会科学项目	研究报告	2012-2013
24	品味语言热点——热词热句背后的语言学	徐德宽	山东省社科普及与应用重点项目	研究报告	2012-2014

齐鲁师范学院

序号	项目名称	项目负责人	项目来源	成果形式	完成日期
1	中国现代隐逸文学研究	许海丽	教育部人文社科研究青年基金项目	系列论文	2014.12
2	冷战后世界不同地区"新社会主义"思潮比较研究	陈海燕	全国社会科学基金项目	专著	2015.6
3	美声唱法在当代中国的发展现状与展望研究	徐承跃	山东省社会科学规划研究项目	研究报告	2014.12
4	中国钢琴音乐民族化风格探析与研究	窦曼莉	山东省社会科学规划研究项目	研究报告	2014.8
5	基于课程标准的音乐教师校本专业发展研究	张英梅	山东省社会科学规划研究项目	研究报告	2014.8
6	晚清语言变革与中国现代文学的发生	张玉芹	山东省社会科学规划研究项目	研究报告	2015.9
7	齐鲁文化背景下山东成人音乐教育发展研究	曹文文	山东省社会科学规划研究项目	研究报告	2013.10
8	师范类大学教师专业发展研究—基于教学学术的视角	杨春雪	山东省社会科学规划研究项目	研究报告	2014.9
9	学前教育学学科体系及教材研究	王　维	山东省社会科学规划研究项目	研究报告	2014.12
10	咏叹调在高师声乐教学中的应用研究——以威尔第歌剧《茶花女》为例	桑　潇	山东省社会科学规划研究项目	研究报告	2014.3
11	传统图形创意之于现代招贴设计——传统图形创意的核心价值体现及其实现	吕　超	山东省社会科学规划研究项目	研究报告	2014.10
12	成本价值导向下山东省中小企业高层次人才流动风险管理研究	李　剑	山东省社会科学规划研究项目	研究报告	2014.9
13	交际教学法在英语专业基础阶段综合英语教学中的应用研究	赵　旭	山东省社会科学规划研究项目（外语专项）	研究报告	2014.9
14	大学英语自主学习管理体系建设	黄　迎	山东省社会科学规划研究项目（外语专项）	研究报告	2014.9
15	大学英语教学评价手段与评价体系建设研究	臧学运	山东省社会科学规划研究项目（外语专项）	研究报告	2014.8

山东财经大学

序号	项目名称	项目负责人	项目来源	成果形式	完成日期
1	国际投资争端解决机制中的私人出诉权研究：从比较法的视角	王春婕	教育部社科司	研究报告	2014.12
2	公司归入权之理论基础与立法规制	王建敏	教育部社科司	研究报告	2014.12
3	发展中国家劳动法与劳工保护研究	张晓霞	教育部社科司	研究报告	2014.12
4	基于过程理论的会计准则监管模式研究	刘兴云	教育部社科司	研究报告	2014.12
5	内部社会资本与员工绩效：基于国内文化的跨层次实证研究	庄玉梅	教育部社科司	研究报告	2014.12
6	基于排序学习的电子商务推荐系统元特征模型和方法研究	王帅强	教育部社科司	研究报告	2014.12
7	BP神经网络视角下的高科技企业人才流失预警机制研究	徐　茜	教育部社科司	研究报告	2014.12
8	人力资源管理构型，工作结构与组织创新能力研究	丁宁宁	教育部社科司	研究报告	2014.12
9	跨国公司服务模块化外包背景下网络能力、关系嵌入与本土接包企业创新绩效	郑　浩	教育部社科司	研究报告	2014.12
10	高危行业企业安全投入资源会计核算理论及效益评价体系构建研究	李恩柱	教育部社科司	研究报告	2014.12
11	高校图书馆建设对学科发展的贡献定量研究	田景梅	教育部社科司	研究报告	2014.12
12	救济视角下的土地征收：问题检视与制度创新	章彦英	教育部社科司	研究报告	2014.12
13	基于政府资助、企业投资、信息科技和社会经济因素的信息化与工业化融合机理及对策研究	王高山	教育部社科司	研究报告	2014.12
14	我国食品安全监管效率评估与监管体系构建	张　莹	教育部社科司	研究报告	2014.12
15	移动阅读系统用户持续使用的理论模型：基于情感视角的实证研究	刘鲁川	教育部社科司	研究报告	2014.12
16	新加坡华人国民认同建构研究	阮岳湘	教育部社科司	研究报告	2014.12
17	经济刺激计划的陷阱、财政风险及其应对策略	陈　华	教育部社科司	研究报告	2014.12

（续表）

序号	项目名称	项目负责人	项目来源	成果形式	完成日期
18	宏观审慎监管框架下我国保险业逆周期政策研究	李红坤	教育部社科司	研究报告	2014.12
19	转方式调结构背景下促进现代服务业发展的税收政策体系创新研究	潘明星	教育部社科司	研究报告	2014.12
20	基于效应评估视角的我国残疾人托养服务社会支持体系研究	徐　宏	教育部社科司	研究报告	2014.12
21	中国传统“践行”德育思想研究	边慧民	教育部社科司	研究报告	2014.12
22	我国农村劳动力转移研究——基于技能拓展教育培训视角	李国强	教育部社科司	研究报告	2014.12
23	我国大学教学学术及其制度保障研究	宋　燕	教育部社科司	研究报告	2014.12
24	后国际金融危机背景下商业银行风险预警机制研究——基于全面风险管理的视角	刘　宁	教育部社科司	研究报告	2014.12
25	制造业吸纳劳动力就业存在的问题及解决机制——基于资本深化视角	段国蕊	教育部社科司	研究报告	2014.12
26	当代美国犹太文学的犹太性及文化样本意义	高　婷	教育部社科司	研究报告	2014.12
27	琳达·哈琴的后现代主义诗学研究	陈后亮	教育部社科司	研究报告	2014.12
28	小说交际中言语反讽的认知语用研究	赵　虹	教育部社科司	研究报告	2014.12
29	民办托幼组织快速协调发展研究：规制框架下的财税激励与公益化转型	郭　磊	教育部社科司	研究报告	2014.12
30	微时代背景下高校舆情信息工作规律性问题研究	孙　玫	教育部社科司	研究报告	2014.12
31	红色经典在大学生信仰教育中的价值与应用研究	李洪星	教育部社科司	研究报告	2014.12
32	高等学校人文社科学术创新团队绩效评价体系研究	张体勤	教育部社科司	研究报告	2014.12

山东体育学院

序号	项目名称	项目负责人	项目来源	成果形式	完成日期
1	城市学龄儿童休闲运动教育理论与实践研究（1662SS12055）	王必琪	国家体育总局体育哲学社会科学研究项目	研究报告	2014. 12
2	基于 WebGIS 国民体质与全民健身工程信息集成与分析平台的研究（1633SS12026）	胡卫红	国家体育总局体育哲学社会科学研究项目	研究报告	2014. 12

山东工艺美术学院

序号	项目名称	负责人	项目来源	成果形式	完成日期
1	中国手工艺产业历史研究（明中期至现代）	赵　屹	国家社科基金艺术学	著作	在研
2	数字影像视觉形态与审美研究	吴向阳	国家社科基金艺术学	著作	在研
3	民间艺术审美心理研究	徐　磊	教育部人文社会科学研究青年基金项目	著作	在研
4	艺术人才就业模式探索与实践——就业视域下艺术人才培养机制改革与创新	潘鲁生	国家文化创新工程项目（文化部）	研究报告	在研

山东警察学院

序号	项目名称	项目负责人	承担部门	项目来源	成果形式	完成日期
1	公安院校改革与侦查实战训练研究	李亦农	侦查系	公安部	研究报告	2013. 03
2	中国移民制度的体系化研究	解永照	学报编辑部	公安部	研究报告	2014. 03
3	改革开放以来马克思主义人权理论中国化研究	孙　强	法律教研部	教育部社科司	著作	2013. 09
4	新《刑事诉讼法》视野下的公安刑事侦查工作研究	孙运利	法律教研部	省软科学办公室	研究报告	2013. 06
5	基于现代教育技术的公安培训体系完善与创新研究	夏登庆	现代教育中心	省软科学办公室	研究报告	2013. 06

临沂大学

序号	项目名称	项目负责人	承担部门	项目来源	成果形式	完成日期
1	在政治与文艺之间：延安文学研究	张根柱	文学院	国家社会科学基金项目	专著	2015.5
2	当代美国犹太作家菲利普·罗斯的身份探寻与历史书写研究	苏　鑫	外国语学院	国家社会科学基金项目	专著	2015.12
3	高校学生公共参与的有效路径研究——基于利益相关者协同创新的视角	张洪高	教育学院	全国教育科学规划课题	专著	2015.12
4	从功利主义到公共责任：我国当代学校改革的价值范式转换研究	薄存旭	教育学院		专著	2015.12
5	基于应用型人才培养的地方大学通识教育课程体系构建研究	赵　勇	教务处		专著、研究报告	2015.12
6	地方大学文化与地域文化互动发展个案研究	郭　峰	高等教育研究院	教育部人文社科学科研究一般项目	著作、论文	2014.12
7	童工问题的历史考察与现实启示	鲁运庚	文学院		著作	2014.12
8	图像与艺术的关系及西方当代图画（Picture）理论研究	尹德辉	美术学院		著作、论文	2014.12
9	商业模式创新的系统动力机制与路径研究——中国制造业企业的典型案例与经验证据	刁玉柱	商学院		著作	2014.12
10	汉传因明的传承与发展研究	张晓翔	法学院		著作、论文	2104.12
11	新媒体背景下红色文化资源利用与大学生思想政治教育成效性研究	吴布林	传媒学院	教育部人文社会科学研究专项任务项目（高校思想政治工作辅导员专项）	研究报告	2013.11
12	大学文化与育人之道	韩延明	高等教育研究院	教育部哲学社会科学后期资助项目	书稿	2014.6
13	基于学习者语料库的大学英语测试研究	谢　楠	外国语学院	“中国外语教育基金”项目	研究报告	2014.5

（续表）

序号	项目名称	项目负责人	承担部门	项目来源	成果形式	完成日期
14	乡村手工艺品牌发展策略研究——以山东临沂草柳编手工艺为例	刘　青	美术学院	山东省教育规划课题	专著	2015.1
15	县域体育产业发展研究——以莒南县为例	吴业锦	体育学院		专著、研究报告	2014.12
16	20世纪中国俗文学研究的兴衰与变迁	周忠元	传媒学院		专著	2014.12
17	体育俱乐部金融联保贷款融资模式研究——以山东省为例	孟祥新	体育学院		研究报告	2014.12
18	地方高校国际化战略研究：基于美国加州与山东省地方高校的田野考察	陈德云	教育学院		研究报告	2014.12
19	新农村建设视阈下的农民非制度化政治参与研究——以临沂市12个自然村为研究对象	孙海英	马克思主义学院		专著	2014.12
20	文学地理视野下的沂蒙文学研究	徐玉如	文学院		专著	2014.12
21	百年中师教育特色与现代传承研究	白中军	费县分校		研究报告	2014.12
22	公立医院院长职业化程度与医院社会责任关系研究	胡　青	教育学院		论文集、研究报告	2014.12
23	非英语专业大学生对大学英语机考的适应性研究	高新艳	外国语学院		研究报告	2013.12
24	加强和改进新形势下党的群众工作研究	李纪岩	马克思主义学院		研究报告	2014.12

潍坊学院

序号	项目名称	项目负责人	项目来源	成果形式	完成日期
1	大学生发展性心理咨询模式研究	赵树江	教育部人文社会科学研究专项任务项目（高校思想政治工作）	论文	2014. 12
2	社会偏好、雇佣保护与劳动契约行为：基于比较制度实验的研究	王光荣	教育部人文社会科学研究一般项目	论文	2015. 02
3	潍坊市滨海生态城指标体系构建与评价	秦世波	住房和城乡建设部科学技术计划项目	论文、研究报告	2013. 1
4	从法律视角研究我国学校体育伤害事故	张国梅	山东省社科联重点科研课题（人文社会科学课题）	调研报告	2013. 06
5	县域城乡融合的路径选择与社会管理创新——基于山东诸城市农村社区化实践的研究	马光川	山东省社科联重点科研课题（人文社会科学课题）	研究报告	2013. 06
6	教师言语冷暴力承受力对中小学生人格的影响研究	欧晓霞	山东省社科联重点科研课题（人文社会科学课题）	研究报告	2013. 06
7	今天，我们如何做父母	魏晨明	山东省社科联社科普及重点项目	著作	2013. 12
8	中西语言习俗趣谈	魏金梅	山东省社科联社科普及重点项目	著作	2013. 06
9	中国特色社会主义制度解读	赵纪梅	山东省社科联社科普及重点项目	著作	2013. 12
10	图解生活中的肢体语言	邹丽萍	山东省社科联社科普及重点项目	著作	2014. 07
11	山东半岛蓝色经济区文化对外传播的方法与渠道	明　明	山东省社科联社科普及重点项目	论文、研究报告	2013. 12
12	促进农产品价格稳定的流通补贴机制研究	李晓君	山东省社科联社重大财经应用研究项目	专著	2013. 06
13	当代大学生人际交往消费状况的调查研究	欧晓霞	山东省软科学研究项目	研究报告，决策参考摘要	2013. 06
14	科技论文不端现象分析、界定及预防策略研究	肖恩忠	山东省软科学研究项目	研究报告，决策参考摘要，论文	2013. 06

（续表）

序号	项目名称	项目负责人	项目来源	成果形式	完成日期
15	山东省现代物流一体化与蓝色经济区建设协调发展研究	王　鑫	山东省软科学研究项目	研究报告，决策参考摘要	2013.06
16	潍坊城隍庙历史街区的保护与更新研究	宫　梅	山东省软科学研究项目	研究报告，决策参考摘要，论文	2013.06
17	物联网技术在山东省粮食物流领域中的应用研究	徐翠霞	山东省软科学研究项目	研究报告，决策参考摘要，论文	2013.06
18	基于价值链分析的种业知识产权保护方法与途径探讨	高　洁	山东省软科学研究项目	研究报告，决策参考要，CSSCI来源期刊发表文章	2013.06
19	以中国人为对象的韩国汉字词学习词典的编撰及相关教育指导方案的制定和教育课程的开设	王　芳	海外韩国学新芽项目	词典	2015.06
20	汉英日蒙对照电子计算机学名词术语大词典	苏伦高娃	八省自治区蒙古语文规划化科研项目	词典	2013.01

枣庄学院

序号	项目名称	项目负责人	项目来源	成果形式	完成日期
1	审美解放研究	卢衍鹏	国家社科基金后期资助项目	著作	2014.12
2	鲁南特色文化品牌研究	明清河	山东省社会科学规划项目	著作	2014.9
3	山东省城乡结合部体育文化公共服务体系建设研究	房　斌	山东省社会科学规划项目	研究报告	2013.12
4	审美解放与文艺理论的创新研究	卢衍鹏	山东省社会科学规划项目	著作	2014.12
5	区域文化在城市转型中的保护与传承——以台儿庄古城重建为例	胡小林	山东省社会科学重点科研课题项目	研究报告	2013.12
6	墨家学派的教育思想研究	杨艳萍	山东省社会科学重点科研课题项目	研究报告	2013.12

济宁学院

序号	项目名称	负责人	承担部门	项目来源	成果形式	完成日期
1	郑玄《诗经》学研究	孔德凌	中文系	国家社科基金后期资助项目	专著	2015
2	严粲《诗辑》校注	孔德凌	中文系	全国高等院校古籍整理研究工作委员会直接资助项目	著作	2013
3	《儒藏》精华编《毛诗正义》校点	孔德凌	中文系	教育部人文社会科学研究专项委托一般项目	著作	2013
4	社会思潮对大学生思想政治教育影响研究	李效民	学生工作处	教育部人文社科一般项目	论文、研究报告	2012
5	曲阜修学旅游资源开发研究	王传武	文化传播系	山东省人文社会科学课题	论文、研究报告	2013
6	经济转型期高校专任教师职业化培育机制研究	张　国	经济与管理系	山东省人文社会科学课题	论文、研究报告	2013
7	济宁儒文化产业可持续发展研究	周新芳	文化传播系	山东省社科联科研课题	论文、研究报告	2012
8	山东省老年人精神卫生现状调查及健康促进策略	赵　洁	科研处	山东省社科联科研课题	论文、研究报告	2012
9	大学生自我和谐与人际信任、心理幸福感的相关研究	崔　磊	教育系	山东省社科联科研课题	论文、研究报告	2012
10	基于注意认知心理机制的外语磨蚀实证研究	杨　楠	外国语系	山东省社会科学研究计划项目外语专项一般项目	论文	2014
11	中国特色传统文化与音乐艺术形象化研究	谢安庆	办公室	山东省社会科学规划一般项目	论文、研究报告	2013
12	泰山祭祀用乐与国家礼乐之比较研究	逯凤华	音乐系	山东省社会科学规划一般项目	论文、研究报告	2013
13	新建本科院校发展战略研究	王鲁克	发展规划处	山东省社会科学规划一般项目	论文、研究报告	2013
14	市属院校学科与专业建设模式研究	罗家英	办公室	山东省科技发展计划项目（软科学部分）	论文、研究报告	2012
15	农村留守儿童学习状态与自我效能感研究	赵　洁	科研处	山东省科技发展计划项目（软科学部分）	论文、研究报告	2012

（续表）

序号	项目名称	负责人	承担部门	项目来源	成果形式	完成日期
16	基于水资源承载力的山东省城市规模研究	王传武	文化传播系	山东省科技发展计划项目（软科学部分）	论文、研究报告	2012
17	济宁市旅游资源研究	李爱兰	文化传播系		论文、研究报告	2012

莱芜职业学院

序号	项目名称	负责人	承担部门	项目来源	成果形式	完成日期
1	中国武术文化强国与国际化战略研究	亓永顺	师范教育与艺术系	省社科联	研究报告	2013. 10. 31

淄博师专

序号	项目名称	项目负责人	项目来源	成果形式
1	基于青少年科学探究的社会教育资源开发利用研究	褚宏祥	省软科学办公室	研究报告
2	《论语》中的民本思想对构筑社会公平正义观的启示	杨士钦	省教育厅	研究报告
3	公民英语素养与城市国际化互动关系研究	黄衍玲	省教育厅	研究报告
4	中美职前小学教师 PCK 的比较研究	段素芬	省教育厅	研究报告
5	公民英语素养与城市国际化互动关系研究	王聿发	省文化厅	研究报告
6	鲁中地区民间锣鼓乐研究	刘　静	省文化厅	研究报告
7	鲁中地区红色旅游文化的保护与开发研究	刘　强	省文化厅	研究报告
8	公务员权利救济制度研究	齐元军	省社科联	研究报告

山东英才学院

序号	项目名称	项目负责人	承担部门	项目来源	成果形式	完成日期
1	处境不利儿童发展现状与补偿教育机制研究	宋占美	山东英才学院	2012 年全国教育科学规划课题	论文 研究报告	2014. 1

省委党史研究室

序号	项目名称	项目负责人	承担部门	项目来源	成果形式	完成日期
1	抗战时期山东省人口伤亡和财产损失研究	常连霆	研究一处	国家社科基金特别委托项目	著作	
2	山东省革命遗址普查	常连霆	各处	中共中央党史研究室重点课题	著作	
3	中国红色旅游指南——山东省	常连霆	各处	中共中央党史研究室、国家旅游局委托课题	著作	
4	中共山东编年史	常连霆	各处	山东省社会科学规划重点研究课题	著作	
5	中共山东历史资料文库	常连霆	各处	山东省社会科学规划重点研究课题	著作	

山东艺术学院

序号	项目名称	项目负责人	承担部门	项目来源	成果形式	完成日期
1	山东戏曲表演艺术文化地理学研究	刘家亮	艺文学院	省社科规划	专著	2012-2014
2	数字媒介在齐鲁文化遗产保护传承工程中的应用性研究	王宏坤	传媒学院	省社科规划	研究报告	2012-2014
3	主持艺术对提升青少年口语表达能力的探索与实践	董　亮	戏剧与影视学院	省社科规划	研究报告	2012-2015
4	五音戏传承与研究	刘晓静	院部	省社科规划重点委托项目	研究报告	2012-2015
5	陶瓷釉料工艺研究	远　宏	设计学院	省科技发展计划	研究报告	2012-2013

滨州学院

序号	项目名称	项目负责人	承担部门	项目来源	成果形式	完成日期
1	黄河三角洲民间艺术生态及其发展研究	姚吉成	滨州学院	山东省社会科学规划重点项目	专著	2014. 12
2	张炜创作的精神流变研究	吕传笑	滨州学院	山东省社会科学规划一般项目	研究报告	2014. 12

（续表）

序号	项目名称	项目负责人	承担部门	项目来源	成果形式	完成日期
3	山东半岛蓝色经济区区域旅游合作机制研究	陈玉涛	滨州学院	山东省社会科学规划青年项目	研究报告	2014. 12
4	黄河三角洲民间造物文化生态特质研究	孙永奇	滨州学院	山东省社会科学规划一般项目	研究报告	2014. 12
5	毛泽东社会公正思想研究	张立梅	滨州学院	山东省社会科学规划一般项目	研究报告	2014. 12
6	社会转型时期广告文化传播的生态化图景研究	徐慧文	滨州学院	山东省社会科学规划一般项目	研究报告	2014. 12
7	虚拟学习社区互动催生学生英语综合能力发展场域的实证研究	武书敬	滨州学院	山东省社会科学规划外语专项一般项目	研究报告	2014. 12
8	青少年校外体育发展服务模式构建研究	殷晓辉	滨州学院	国家体育总局青少司科研课题	研究报告	2014. 12
9	黄河三角洲湿地生态补偿路径及管理对策研究	董　素	滨州学院	山东省软科学研究计划项目资助经费项目	研究报告	2013. 6
10	黄河三角洲高效生态经济区食用农产品质量安全问题及控制对策	吴　涛	滨州学院	山东省软科学研究计划项目资助经费项目	研究报告	2013. 6
11	黄河三角洲湿地生态旅游开发模式研究	赵望锋	滨州学院	山东省软科学研究计划项目自筹经费项目	研究报告	2013. 6
12	黄河三角洲高效生态经济区可持续发展能力分析及对策研究	单长青	滨州学院	山东省软科学研究计划项目自筹经费项目	研究报告	2013. 6
13	山东省信息化与生产性服务业融合创新发展战略与对策研究	李艳春	滨州学院	山东省软科学研究计划项目自筹经费项目	研究报告	2013. 6
14	黄河三角洲地区新农村建设中农村生态环境问题及对策研究	许经伟	滨州学院	山东省软科学研究计划项目自筹经费项目	研究报告	2013. 6
15	黄河三角洲城市旅游空间结构及区域合作研究	方荣辉	滨州学院	山东省软科学研究计划项目自筹经费项目	研究报告	2013. 6
16	“一黄一蓝”经济区建设背景下复合型外语人才培养模式研究	张娜娜	滨州学院	山东省软科学研究计划项目自筹经费项目	研究报告	2013. 6

聊城大学

序号	项目名称	项目负责人	项目来源	成果形式	完成日期
1	慈善捐赠人权利研究	杨道波	国家社科基金	著作	2015
2	京杭运河与明清时期区域农业开发研究——以江北运河区域为中心	李　泉	国家社科基金	著作	2015
3	清代陆王心学发展史	杨朝亮	国家社科基金	著作	2015
4	新中国劳动经济史	宋士云	国家社科基金	著作	2015
5	复杂中的适应：基础教育学校变革的社会学分析	韩登亮	教育部人文社会科学研究一般项目	论文	2015
6	民国时期的古籍丛书研究	崔建利	教育部人文社会科学研究一般项目	著作、论文	2015
7	我国中小学书法教育研究	向　彬	教育部人文社会科学研究一般项目	著作	2015
8	近代中国“自由”概念研究（1840—1911）	胡其柱	教育部人文社会科学研究一般项目	著作	2015
9	人大监督权的运行逻辑及介入因素研究	孟宪艮	教育部人文社会科学研究一般项目	著作、论文	2015
10	基层政府财政困境：形成机理及化解对策	匡　萍	教育部人文社会科学研究一般项目	著作、论文	2015
11	少数民族干部选用标准科学化问题研究	于学强	国家民委民族问题研究项目	研究报告	2015
12	京杭运河体育旅游创意开发研究	张永虎	国家体育总局体育哲学社会科学研究项目	研究报告	2014 年
13	慈善组织高级管理人员义务研究	王　涛	山东省社会科学规划项目	研究报告	2015
14	“以人为本”与法律的人本品格——以方法论个体主义为中心	杨盛达	山东省社会科学规划项目	研究报告	2015
15	职务监督过失犯罪研究	由龙涛	山东省社会科学规划项目	研究报告	2015
16	高校教师职业生涯早期阶段与组织的契合度研究	高　峰	山东省社会科学规划项目	研究报告	2015
17	新农村社区体育共生发展模式研究	薛明陆	山东省社会科学规划项目	研究报告	2015

（续表）

序号	项目名称	项目负责人	项目来源	成果形式	完成日期
18	山东省竞技体育竞争优势要素禀赋与发展战略研究	侯学华	山东省社会科学规划项目	研究报告	2015
19	黄帝的史实与黄帝崇拜观念的演变	李桂民	山东省社会科学规划项目	研究报告	2015
20	曼斯菲尔德小说研究	赵文兰	山东省社会科学规划项目	著作	2015
21	概念整合视角下英汉成语变体加工过程的对比研究	张庆艳	山东省社会科学规划项目	研究报告	2015
22	语言迁移的认知机制研究	王洪月	山东省社会科学规划项目	研究报告	2015
23	索尔·贝娄小说的记忆书写研究	邓宏艺	山东省社会科学规划项目	著作	2015
24	基于网络文化视角的高校思想政治教育创新究	张　法	山东省社会科学规划项目	研究报告	2015
25	列宁多民族国家构建理论与实践研究	张祥云	山东省社会科学规划项目	著作	2015
26	大学英语信息化教学体系构建探索——以信息技术与外语课程的深层次整合为视角	齐登红	山东省社会科学规划项目	研究报告	2015
27	《梦溪笔谈》等子书整理	苗　菁	山东省社会科学规划项目	整理专著	2015
28	网络化教学对提升大学生英语综合能力的效度研究	李　静	山东省社会科学规划项目	研究报告	2014
29	信息时代青少年的核心兴趣与相关因素研究	王　新	山东省社会科学规划项目	研究报告	2015
30	山东省葫芦文化及其旅游开发研究	宋立杰	山东省社会科学规划项目	著作	2015

山东社会科学院

<table>
<tr><th>序号</th><th>项目名称</th><th>负责人</th><th>项目来源</th><th>成果形式</th><th>完成时间</th></tr>
<tr><td>1</td><td>中国荀学史</td><td>路德斌</td><td rowspan="4">国家社科基金</td><td>专著</td><td>2015. 06</td></tr>
<tr><td>2</td><td>哲学形态学研究</td><td>郝立忠</td><td>专著</td><td>2014. 12</td></tr>
<tr><td>3</td><td>我国转向“结构均衡增长”的城市化战略研究</td><td>刘爱梅</td><td>专题论文集</td><td>2014. 12</td></tr>
<tr><td>4</td><td>农村老年人口经济供养及其对策研究</td><td>王承强</td><td>研究报告</td><td>2014. 12</td></tr>
</table>

（续表）

序号	项目名称	负责人	项目来源	成果形式	完成时间
5	山东高端生产性服务业发展研究	郭东海	省软科学	研究报告	2013.06
6	从发展两难到可持续发展——山东低碳消费模式研究	陆　兵		研究报告	2013.06
7	新调控背景下山东民间投资转型研究	黄晋鸿		研究报告	2013.06
8	山东农村文化消费问题研究	姜　锐	省社科规划	研究报告	2013.12
9	山东省文化创意产业集聚区发展研究	汪霏霏		研究报告	2013.12
10	后现代主义思潮影响下的中国新时期小说发展研究	王　源		专著	2014.12
11	儒家哲学与人类中心主义研究	刘云超		研究报告	2014.12
12	分工深化和传统村落的分化与重构	张清津		专著	2013.12
13	海外园区建设：开启山东境外投资又一扇门	王爱华		研究报告	2013.12
14	跨国公司研发投资与山东省区域创新体系互动发展的路径研究	刘晓宁		研究报告	2013.12
15	加快山东服务贸易发展的路径与对策研究	李广杰		研究报告	2013.12
16	加快推进山东战略性新兴产业利用外资的路径选择与对策研究	卢庆华		研究报告	2013.12
17	山东低碳经济发展战略研究	孙吉亭		研究报告	2013.12
18	村民自治实践背景下山东省农民政治参与研究	苏爱萍		研究报告	2013.12
19	山东省深化医药卫生体制改革问题研究	李　爱		研究报告	2013.12
20	进一步完善新型农村社会养老保险研究	崔凤祥		研究报告	2013.12
21	山东省文化产业人才竞争力研究	鹿　立		研究报告	2013.12
22	我国智库建设中的问题与对策研究——以地方社会科学院系统为例	崔树义		研究报告	2013.12
23	山东半岛蓝色经济区金融人才建设研究	侯升平		研究报告	2013.12
24	山东省未成年人思想道德成长环境测评指标体系研究	李　玉		研究报告	2013.12

山东省2012年重大财经应用研究课题

类别	课题名称	项目分工	单位	申报人
定题申报的项目	（一）山东省绩效预算改革路径研究	牵头单位	山东省财政科学研究所	崔宗涛
		协作单位	山东财经大学	王玉华
		协作单位	潍坊市财政局	刘锡田
	子课题1：山东省重大民生项目财政支出绩效评价研究	牵头单位	山东财经大学	綦好东
	子课题2：基于绩效审计视角的山东省绩效预算改革探析	牵头单位	山东政法学院	张菡冰
	子课题3：财政专项资金使用绩效评价研究——以“蓝黄”两区专项资金为例	牵头单位	山东大学	罗新华
	子课题4：山东省基本公共服务财政支出绩效评价及提升路径研究	牵头单位	山东财经大学	张红凤
	子课题5：新型农村合作医疗制度的财政绩效系统评价理论与方法研究	牵头单位	青岛大学	张东玲
	（二）资源环境税费改革对山东的影响与对策研究	牵头单位	山东财经大学	高凤勤
	子课题1：石油资源环境税费改革对山东的影响与对策研究	牵头单位	中国石油大学（华东）	高新伟
	子课题2：碳税对山东经济的影响及对策：基于CGE模型的分析	牵头单位	山东大学	侯麟科
	（三）促进山东省区域协调发展的财税政策研究	牵头单位	省发改委宏观经济研究院	郭训成
		协作单位	烟台大学	王丰国
	（四）山东省收入分配改革的总体方案设计研究	牵头单位	省委政策研究室	孙建生
	子课题：我省收入分配存在的问题及改革趋向研究	协作单位	济南大学	朱孔来
	（五）山东省中期预算改革问题研究	牵头单位	山东财经大学	郝书辰

（续表）

类别	课题名称	项目分工	单位	申报人
自由申报的项目	扶持山东省小型微型企业发展的财政政策研究	牵头单位	省人民政府研究室	王唯宁
	促进山东省产业升级中适用人才培养的财政政策研究	牵头单位	山东财经大学	靳卫东
	山东文化强省建设中的财税支持政策研究	牵头单位	山东大学	潘爱玲
	统筹山东省城乡社会保障体系建设的财政政策研究	牵头单位	山东财经大学	马　静
	山东省构建县乡财源建设长效机制研究	牵头单位	中共烟台市委党校	黄立新
	山东省国有资本经营预算管理问题研究	牵头单位	山东财经大学	李　晋
	促进山东生产性服务业发展的财税政策研究	牵头单位	济南大学	葛金田
	基于财税金融改革视角的小微企业融资问题研究	牵头单位	山东财经大学	王　敏
	统筹山东省城乡社会保障体系建设的财政对策研究	牵头单位	山东财经大学	朱德云
	基于系统理论的山东省优势产业集聚空间分析与财政对策研究	牵头单位	山东交通学院	张慧颖
	山东省农村公共产品多元化供给协同治理机制创新研究	牵头单位	山东财经大学	郑　华
	构建促进基本公共服务均等化公共财政体系的对策研究	牵头单位	省发改委宏观经济研究院	刘　冰
	农村文化建设财政支持政策研究——以山东省为例	牵头单位	山东财经大学	王传荣
	山东省重点国有企业财务风险评估研究	牵头单位	中国海洋大学	王竹泉
	促进农产品价格稳定的流通补贴机制研究	牵头单位	潍坊学院	李晓君

在“广”字上下工夫 在“深”字上做文章

——2012年山东省社科普及工作成效明显

2012年，山东省社科普及工作着眼于满足干部群众日益增长的文化需求，着眼于提高干部群众人文社科素养，着眼于培育文化品牌项目，整合资源、创新形式、创新手段，不断健全完善社科普及活动机制，积极实施品牌带动战略，社科普及工作蓬勃发展。

一、突出活动主题，着力上下联动，2012年山东省社科普及周活动有效扩大了社科普及工作的覆盖面

（一）“社科普及周”简介

“社会科学普及周”是由省委宣传部、省社科联共同打造的全省性、公益性社科普及工作品牌，是普及社会科学知识，弘扬社会主义核心价值，实现马克思主义理论通俗化、大众化的重要载体。自2004年开始，省社科联与省委宣传部每年举办一次全省性“社科普及周”活动。在主题设置上，紧紧围绕党委政府的中心工作，分别以“社会科学与您同行”、“科学发展、共创和谐”、“提升人文素养、建设文化强省”、“关注民生、服务发展”等主题开展活动，取得了各级领导的高度重视和支持；在运作方式上，实行错时联动，按照抓点带面的方式，重点扶持、重点指导有特色、有代表性的专题活动，实现省、市、县（市、区）三级联动，有序互动，并通过合作举办开幕式系列活动，在不同的时间和区域，形成社科普及活动的高潮；在活动内容上，针对不同公众在知识需求方面的差异，推出一批融知识性、趣味性于一体的活动项目。

据不完全统计，9届活动期间，全省共安排专题讲座1280余场次，社科下基层团队680余个，开放式研讨720余次，现场咨询服务650余场次，参与人数超过1100万人次，有效扩大了社会科学普及活动的覆盖面。

（二）2012年社科普及周活动概况

2012年山东省社科普及周活动由省委宣传部、省社科联、齐鲁晚报共同主办，以“提升公众人文素养，推动文化强省建设”为总主题，省、市、县（区）三级联动，有关社科类学会、高校、企业积极参与，组织开展丰富多彩的“理论热点面对面”专题活动和社科普及载体建设。

一是组织理论面对面宣讲活动。围绕活动主题，以齐鲁大讲坛主坛和分坛为载体，以讲座、报告会等为主要形式，解疑释惑，回应群众关切，推动理论大众化。二是开展现场咨询服务活动。围绕教育、就业、收入分配、社会保障、医疗卫生和社会管理等直接关系群众根本利益和现实利益的问题，通过广场咨询服务等形式，组织专家学者与公众面对面交流，科学解读理论问题，凝心聚力，推动发展。三是举办“理论大众化”主题展。围绕群众关心的热点问题，制作40块“理论大众化”大型主题展板，图文并茂，简洁通俗，社科普及周活动期间，在全省巡回展出。四是组织社科专家基层行活动。组织社科专家学者，深入到农村、社区、学校、企业，以群众喜闻乐见的形式，开展理论下基层活动，了解实际、掌握民情、服务群众。五是举办形式多样的专题活动。包括社科理论成果评展、社科理论知识竞赛、社科理论知识征文、专家理论笔谈、社科动漫作品评选、理论热点宣传展板展示、社科优秀图书展销以及科普文艺活动、科普旅游活动等。六是加强社科普及载体建设。鼓励和支持社会力量开展社科普及工作，加强社科普及教育基地、设施、网站建设，鼓励支持社科普及报刊、读物出版，不断拓展社科普及工作阵地。

（三）2012年社科普及周重点活动

按照区分层次、突出重点、形成声势、注重实效的要求，省组委会在不同区域、不同时间与各地联合举办开幕式及主题系列活动，取得明显成效。

——2012年山东省暨济南市社会科学普及周开幕式及主题活动。5月6日，由省委宣传部、省社科联、济南市委宣传部、济南市社科联、齐鲁晚报共同主办的2012年山东省暨济南市社会科学普及周在济南市赤霞广场举行开幕式及主题活动。省委常委、宣传部长、省社科联主席孙守刚宣布活动开幕。省人大常委会副主任尹慧敏向“调研山东（2012）”大型社会调查活动承办方省民意调查中心授旗，省政协副主席王志民向“山东省社会科学普及教育基地”代表颁牌。省委宣传部副部长、省文明办主任刘宝莅，大众报业集团党委常委、副总编辑郝克远参加活动，省社科联党组书记、副主席杨瑛代表主办方致辞，省社科联副主席、党组成员薛庆国主持开幕式。省和济南市有关部门、社科界代表、高校师生和社会各界代表，共500多人参加开幕式活动。

开幕式后，举办了山东省“理论大众化”巡回展首展，主办方制作40块主题展板，图文并茂，宣传党的创新理论，阐释群众关心的民生问题；举办现场义务咨询服务活动，组织省金融、钱币、保险、税务、青少年研究、行为科学、家庭教育、图书馆、老年、法律等20多个省级和市级学会150多名社科工作者现场解答群众困惑，开展便民服务；向社区居民代表赠送了200余套社科读物，举行了流动图书馆现场服务、社科图书优惠展销等活动。

——2012年山东省暨枣庄市社科普及周。5月10日，由省委宣传部、省社科联、枣庄市委宣传部、枣庄市社科联、齐鲁晚报共同主办的2012年山东省暨枣庄市社科普及周开幕式在台儿庄大战纪念馆举行。省社科联党组书记、副主席杨瑛宣布活动开幕。省社科联副主席、党组成员薛庆国向省级社科普及教育基地台儿庄大战纪念馆赠社科普及图书。枣庄市委常委、宣传部长张宝民致词。省社科联科普部负责人，台儿庄区委、区政府主要领导同志出席了活动。市、区等有关方面领导200余人参加了活动。开幕式后，举办了山东省“理论大众化”巡回展首展以及现场咨询服务等活动，枣庄市民大讲堂安排了系列讲座。

——2012年山东省暨莱芜市社科普及周。5月11日，由省委宣传部、省社科联、齐鲁晚报主办，莱芜市委宣传部、莱芜市社科联、鲁中晨刊、莱芜职业技术学院社科联、莱城区委宣传部承办的2012年山东省暨莱芜市社会科学普及周在莱芜市吕花园社区开幕。省委宣传部副部长、省文明办主任刘宝莅宣布活动开幕，省社科联副主席、党组成员薛庆国向“省级社会科学普及教育示范社区”——莱芜市莱城区凤城街道办事处吕花园社区授牌，莱芜市委副书记林殿玲致辞，莱芜市人大常委会副主任魏春香主持开幕式，莱芜市政协副主席张桂爱，省委宣传部理论处处长孔繁轲，省社科联科普部负责人出席开幕式。

开幕式上，省市领导向社区代表赠送了社科普及读物，观看了“理论大众化”主题展，巡视了咨询服务活动现场，32个社科学术团体参与咨询服务，共排放展板100多块，发放宣传资料、书籍、刊物2000多份。莱芜市委宣传部、市社科联组织100名社科工作者深入机关、社区、企业、学校、农村，组织开展了“社科专家基层行”、“传统文化与现代生活”系列讲座、“感恩父母·报恩思进”大学生主题教育系列活动、钢铁文化论坛等活动。

——2012年山东省暨菏泽市社会科学普及周。5月12日，由省委宣传部、省社科联、菏泽市委宣传部、菏泽市社科联、齐鲁晚报共同主办的2012年山东省暨菏泽市社会科学普及周活动在菏泽市牡丹广场举行开幕式及主题活动。省社科联党组书记、副主席杨瑛宣布活动开幕，菏泽市委常委、宣传部长王永江致辞，菏泽市政府副市长黄秀玲主持，菏泽市人大常委会副主任丁志刚，菏泽市政协副主席杨晓玲，省委宣传部理论处处长孔繁轲，省社科联科普部负责同志，菏泽市社科联负责同志等出席开幕式。菏泽市直有关部门、社科界代表、高校师生和社会各界代表近1000人参加活动。

开幕式后，举办了山东省“理论大众化”主题展；菏泽市社科界制作了200余块主题展板，图文并茂，宣传党的创新理论，阐释群众关心的民生问题；组织市卫生系统、金融、税务、地震、气象、食品药品监督、交通、公路、书店、法律等30多个单位和市级学会150多名社科工作者现场解答群众困惑，开展便民服务；向群众代表赠送了200余套社科读物，现场举办了文艺演出、社科图书优惠展销等活动。

——2012年山东省暨潍坊市（寿光市）社科普及周。5月15日，由省委宣传部、省社科联、齐鲁晚报和潍坊市委宣传部、潍坊市社科联主办，寿光市委、寿光市政府承办的2012年度山东省暨潍坊市（寿光市）社会科学普及周开幕式在寿光市举行。省社科联副主席、党组成员薛庆国宣布活动开幕，潍坊市人大副主任毛秀凤，潍坊市政协副主席王继怀，省社科联科普部负责同志出席开幕式。潍坊市纪委、潍坊市委宣传部、潍坊市社科联有关负责同志，寿光市领导同志，各县市区委宣传部分管副部长、理论科长、社科联主席，市属各开发区党工委宣传部分管副部长，市委党校、各驻潍高等院校分管负责人、社科联主席，市直有关部门、单位负责人，市属各学会、协会、研究会负责人，寿光市部分干部群众，共300余人参加了开幕式。

开幕式上，省社科联向寿光市赠送了社科普及读物；表彰了潍坊市2011年度社会科学普及工作先进集体和个人。开幕式后，山东师范大学文学院院长助理、副教授孙书文作了题为《文化强国战略下的文化产业发展》专题报告。活动期间，潍坊市围绕“提升公众人文素养，推动文化强市建设”这一主题，举办报告会、系列讲座、社科专家基层行、结对帮扶等一系列活动，编辑出版了《道德汇典》系列丛书。

——2012 年山东省暨东营市社科普及周。5 月 16 日，以“提升公众人文素养，建设生态文明典范城市”为主题的 2012 年山东省暨东营市社科普及周在东营职业学院开幕。本次活动由省委宣传部、省社科联、齐鲁晚报、东营市委宣传部、东营市社科联主办，东营职业学院、东营市委党校承办。省社科联党组书记、副主席杨瑛宣布活动开幕，省社科联副主席、党组成员薛庆国向东营市赠送社科普及读物，东营市副市长王吉能致辞。东营市市直机关有关领导及各县区委宣传部分管部长、理论科长，市直机关单位负责宣传工作的同志，市级学会、协会、研究会秘书长 300 多人参加了开幕式。

开幕式结束后，举办了“齐鲁大讲坛·东营分坛”专题讲座，中国社会科学院可持续发展研究中心副主任、秘书长陈洪波博士，围绕东营市“建设生态文明典范城市”作了专题报告。

——2012 年山东省暨青岛市社科普及周。5 月 18 日，2012 年山东省暨青岛市社科普及周开幕式暨市委理论学习报告会在青岛市市级机关会议中心举行。省委常委、青岛市委书记李群主持报告会。省社科联副主席、党组成员薛庆国出席。青岛市委、市人大、市政府、市政协、市纪委、市中级法院和市检察院的领导同志，市直各单位负责同志以及青岛市社科工作者和市直有关机关干部共计 600 余人。国家海洋局原党组书记、局长孙志辉在会上作“关于国家海洋发展战略的思考”专题报告。

社科普及周期间，青岛市以“率先科学发展，实现蓝色跨越”为主题，组织开展了主题报告会、专家笔谈、理论研讨会、网上交流、群众性社科普及活动等五大板块的活动 480 余场。

二、搭建思想平台，共享精神财富，公益性“齐鲁大讲坛”有效增强了社科普及工作的渗透力

（一）“齐鲁大讲坛”简介

2005 年初，山东省委宣传部、省社科联开始主办公益性齐鲁讲坛，在高校、企业、社区试点，摸索经验，充实完善。2010 年齐鲁晚报、2011 年山东大学相继加入，四方联手打造参与度高、覆盖面广、影响力大的齐鲁大讲坛。山东省委、省委宣传部把齐鲁大讲坛作为传播先进文化，提升人文素养的重要载体，列入省委常委会工作要点和全省宣传思想工作总体部署，作为贯彻党的十七届六中全会精神，建设文化强省的重要举措。

山东省委和省委宣传部主要领导多次会见主讲人或主持重要讲座。省委宣传部理论处注重把握方向，省社科联、山东大学具体负责组织运作，齐鲁晚报精选话题、精心报道，山东博物馆作为协办单位，在场地及现场组织方面发挥重要作用。为扩大覆盖面，除在济南主会场举办讲座外，省社科联在全省先后发展了 50 多个齐鲁大讲坛分坛，主坛和分坛共享人力资源、信息资源，举办一系列普及型讲座，有效扩大了影响力和覆盖面。省委常委、宣传部长孙守刚对齐鲁大讲坛作出重要批示：经过多年探索，齐鲁大讲坛已成为引领思潮，引导舆论，普及人文社科知识，传播社会主义核心价值体系的重要载体和优秀品牌，在服务科学发展，促进社会和谐，推动文化繁荣中发挥了重要作用。

（二）主要做法

一是坚持规范运作方便群众，切实体现大众性、服务性。为方便群众，齐鲁大讲坛主办方确立了“社会化、周末化、规范化”的运作模式。“社会化”，就是面向社会，面向大众，办成“没有围墙的社会大学”，而不是为了特定的群体而办，也不是单纯为了机关干部学习而办。“周末化”，就是把讲座安排在周末举行，方便大多数有学习热情的人参加。“规范化”，就是实现讲座地点固定化，讲座时间规律化，宣传推介统一化，讲座密度合理化，每月两期，统一标识，规范程序。这一运作模式，极大地方便了大众参与，也培养了大众的学习习惯，周末到大讲坛听讲座成了不少人的休闲新选择。

二是围绕热点选题定人，让讲座好听好懂，拉近讲座与群众的距离。理论讲座只有把握群众需求，才能有效吸引群众。齐鲁大讲坛等主办单位，年初召开选题座谈会，对全年话题统一规划；成立选题小组，发放调查问卷，开通听众热线，设立手机短信平台，根据公众实际需求选择话题，涵盖了政治、经济、历史、伦理、教育、传统文化等热点、难点问题，遴选一批知名度高、影响力大的专家、名家主讲，并以丰富的内容、鲜明的观点、通俗的表达，视频、图片、数据手段并用，既使讲座贴近百姓生活、寓教于乐，又使听众带着问题进会场，增长知识、启迪思维、开阔视野，带着收获出讲坛，在潜移默化中学习科学理论。

三是正面引导社会思潮舆论使讲座务实管用，拉近理论与实践的距离。理论能否为群众所接受，关键是有效发挥解惑释疑、指导实践的作用。齐鲁大讲坛及时倾听大众需求和呼声，针对当前不少人对世界变化把握不准，对中国周边态势及所采取的策略有误解，甚至有过激言行等问题，针对公众对当今社会变迁不适应，对社会利益调整不理解等问题，齐鲁大讲坛相继邀请一批知名学者举办专题讲座，既让大众开阔了眼界，增长了知识，又正面引导了社会舆论，取得良好效果。大家普遍认为这样的讲座效果远胜于“干巴巴”的说教，远胜于空洞的标语口号和“灌输式”的宣传。

四是现场互动对话营造平等交流气氛，拉近专家与听众的距离。当前，社会公众的平等意识日益增强，大家普遍厌倦言之无物的空洞说教，排斥居高临下的“灌输”教育。能否营造一种宽松平和的氛围，成为推进理论大众化成效大小的关键。齐鲁大讲坛始终坚持开放式办坛，不设准入门槛，不预约、不留座，来去自由，没有高低贵贱之分。每场讲座不仅由嘉宾主讲，而且安排互动对话，使大讲坛成为社会公众与主讲嘉宾围绕共同关注的热点话题进行面对面平等对话交流的平台，听众争相发问，谈困惑、谈感受、谈启迪。在这种宽松平和的文化氛围中，诸多疑惑难解的问题在互动中得到厘清。

（三）重点讲座

1. 讲座主题：我们的道德困境及其解脱；讲座时间：2012 年 3 月 17 日；主讲嘉宾：万俊人（教育部长江学者、特聘教授、清华大学哲学系教授、博士生导师、中国伦理学会会长），乔安山（雷锋生前最亲密的战友）；主要观点：当前中国社会面临的道德困境表现在政治、经济、文化等各个方面。要从根本上应对面临的这些道德挑战，人们需要建立起一种道德觉醒意识。

2. 讲座主题：邓小平南方谈话与中国的改革开放；讲座时间：2012 年 3 月 25 日；主讲嘉宾：吴松营（原深圳市委宣传部副部长、深圳特区报总编辑）；主要观点：没有邓小平当年的南方讲话，就没有今天的新局面，就没有今天的世界经济总量第二。邓小平南方谈话不仅改变了过去，影响着现在，也深刻地影响着未来。

3. 讲座主题：当前中东局势；讲座时间：2012 年 4 月 7 日；主讲嘉宾：时延春（中国前驻也门、叙利亚大使）；主要观点：中东的政治动荡错综复杂，有内因也有外因，但主要是内因。主要是由于国内贫富不均、贪污腐败的问题引起了人民的不满。在中东问题上，中国恪守联合国宗旨，主张和平，反对暴力，没有任何私利。

4. 讲座主题：宏观经济形势与需要关注的重大问题；讲座时间：2012 年 4 月 28 日；主讲嘉宾：张卫国（山东社科院经济研究所所长、研究员）；主要观点：当今世界处在后金融危机时期，全球经济复苏的不确定因素增多。中国需要加快转变经济发展方式，但中国保持经济长期增长快稳态势的一系列条件基本未变。山东经济是中国经济的经典缩影，能够继续走在全国前列。

5. 讲座主题：我国当前经济形势与热点问题；讲座时间：2012 年 5 月 20 日；主讲嘉宾：巴曙松（国务院发展研究中心金融研究所副所长）；主要观点：对于中国经济而言，每两个高速增长期间总有四五年的中速增长时期，这个时期基本上也是在寻找新的增长动力、培育新的增长点的时期。

6. 讲座主题：我国当前的收入分配改革与社会保障；讲座时间：2012 年 5 月 27 日；主讲嘉宾：郑功成（全国人大常委、中国社会保障研究中心主任、中国人民大学教授）；主要观点：推进收入分配改革刻不容缓，社会保障应成为调节社会财富分配格局的基本制度。在积极推进社会保障体系建设的进程中，是否符合科学发展观的标准，关键要看是否能够确保让人民感觉到一年比一年好。

7. 讲座主题：如何培养创新人才；讲座时间：2012 年 6 月 6 日；主讲嘉宾：朱清时（南方科技大学校长）；主要观点：做题做得好、做得快不一定创新能力强，“会做题”的中国教育走偏了，不利于提高创新能力。影响创新能力的有四个最重要的要素：想象力、记忆力、洞察力和注意力。其中，想象力是创新能力中最核心的要素。

8. 讲座主题：城镇化背景下房地产政策与市场走向；讲座时间：2012 年 6 月 10 日；主讲嘉宾：叶剑平（中国人民大学公共管理学院土地管理系教授、博士生导师）；主要观点：公共服务均等化是遏制高房价的治本之策。房地产调控政策应当具有差异化，因地制宜。应当加强政策引导，“疏”“堵”结合。

9. 讲座主题：新时期中国与世界的关系；讲座时间：2012 年 6 月 14 日；主讲嘉宾：朱锋（北京大学国际战略研究中心副主任、北京大学国际关系学院教授）；主要观点：中国的崛起开始改变国际利益格局，必将充满风险和挑战。中国需要深刻认识中国崛起的内外环境，以新的思维应对挑战，特别需要调整和升级自己的观念、价值和心态，促成体制、战略和社会结构与国际接轨。

10. 讲座主题：棋盘上的中华战略文明；讲座时间：2012 年 7 月 8 日；主讲嘉宾：林建超（中国人民解放军总参谋部少将、国防大学特聘教授）；主要观点：围棋不仅仅是一种文化娱乐活动，更与军事战略思想紧密联系，是一项具有战略特质的智力博弈活动，对强化和优化军事思维和军事战略产生了很多启发。

11. 讲座主题：当代中国的家庭教育；讲座时间：2012 年 7 月 14 日；主讲嘉宾：陆士桢（中国青年政治学院青年发展研究院院长）；主要观点：家庭教育极为重要。当前中国家庭教育要结合时代特点以及少年儿童发展的新特点，科学而有效地开展，注重培养孩子思维能力，进行全面的教育，配合好学校教育，掌握良好的沟通技巧。

12. 讲座主题：当代航天精神与中国国家战略；讲座时间：2012 年 8 月 19 日；主讲嘉宾：张建启

(中国人民解放军总装备部原副部长、中将); 主要观点：发展航天事业意义重大，中国必须而且只能独立自主地发展航天事业。在国家安全战略方面，中国需要继续韬光养晦，积极有所作为。

13. 讲座主题：中国航天自立才能自强；讲座时间：2012年8月19日；主讲嘉宾：戚发轫（中国工程院院士、神舟飞船首任总设计师）；主要观点：发展航天事业可以拓展生存空间，关系到国家的主权与未来。航天精神弥足珍贵，热爱祖国、自力更生是我国航天事业取得巨大成绩的根本保证。

14. 讲座主题：中国文化产业发展的现状与问题；讲座时间：2012年9月1日；主讲嘉宾：范周（中国传媒大学文化发展研究院院长、首席研究员）；主要观点：文化产业发展应围绕"灵魂"、"资源"、"创意"、"人才"等关键词做好文章。社会主义核心价值体系建设是文化产业发展的灵魂；文化资源是文化产业资源的重要来源；文化产业的本质在于创意、创新和创造；人才是文化产业发展的关键要素。

15. 讲座主题：自费出国留学要三思而后行；讲座时间：2012年9月23日；主讲嘉宾：谢百三（复旦大学金融与资本市场研究中心主任）；主要观点：是否应该出国留学，要具体情况具体分析，应鼓励理性出国留学，反对轻率自费出国留学。留学的投资回报越来越不可靠，高昂的留学费用不如用作投资。

16. 讲座主题：人口结构变化对未来中国经济的影响；讲座时间：2012年10月21日；主讲嘉宾：蔡昉（中国社会科学院学部委员、人口与劳动经济研究所所长）；主要观点：过去30多年我国经济的高速增长，得益于劳动人口数量一直上升、人口抚养比一直下降带来的巨大人口红利。现在，我国人口红利优势正逐步消失，需要依靠改革提高潜在经济增长率获得新的比较优势。

17. 讲座主题：如何监督公权力；讲座时间：2012年10月27日；主讲嘉宾：高存山（省法制办主任）；主要观点：行政权力与公民权利息息相关，从程序上对行政权力进行规范至关重要。《山东省行政程序规定》对规范行政权力、保障公民权利作出了明确、全面的规定。

18. 讲座主题：中华民族的伟大复兴和我们肩负的历史使命；讲座时间：2012年11月10日；主讲嘉宾：向松祚（中国人民大学国际货币研究所副所长）；主要观点：实现中华民族的伟大复兴是我们肩负的伟大历史使命。这需要我们正确认识实现全面建成小康社会目标的艰巨性，积极应对未来发展面临的严峻挑战，认真学习借鉴自己的竞争对手，始终保持清醒头脑和旺盛干劲。

19. 讲座主题：十八大报告中的民生内涵；讲座时间：2012年11月18日；主讲嘉宾：许耀桐（国家行政学院科研部主任）；主要观点：政治体制改革必须坚持党的领导、坚持走中国特色社会主义政治发展道路、坚持人民主体、健全人民民主，必须解决权力的来源、权力的配置、权力的制约问题，必须坚持积极、稳妥、有效的原则。

20. 讲座主题：党的十八大与中国政治体制改革；讲座时间：2012年12月16日；主讲嘉宾：杨光斌（中国人民大学比较政治制度研究所所长、政治学系主任）；主要观点：未来中国政治会常态、渐进、平稳发展，建设公正社会是现阶段的强烈需求。习近平同志重走邓小平南方讲话之路表明在新的起点上推进改革的决心，改革再出发应该从民生领域取得突破。

21. 讲座主题：中国收入分配问题；讲座时间：2012年12月21日；主讲嘉宾：姚洋（北京大学国家发展研究院院长）；主要观点：我国存在收入分配逐步拉大的趋势，其原因既有制度层面的，也有经济和社会层面的。调节收入分配，并非让富人变穷，而是让穷人变富，让社会发展成果由全民共享。

（四）齐鲁大讲坛重点分坛简介

近几年，全省社科界开办了一系列公益性讲坛，组织了政策宣传、法律咨询、知识普及等大量普及型公益性讲座，取得良好成效。其中，齐鲁大讲坛分坛发挥了重要作用，成为各地文化建设的新亮点。

1. 各市分坛

自齐鲁大讲坛创办至今，全省17市先后成立齐鲁大讲坛分坛，或以城市精神为特色，或以全市阶段性中心工作为主调，开展了丰富多彩的分坛讲座。

齐鲁大讲坛·青岛分坛由青岛市委宣传部、青岛市社科联主办，于2006年4月23日正式举行首场讲座。该分坛坚持"精品兴坛"的原则，精心选题，精心组织，共举办各类精品讲座近百场，听讲人数达17000余人次。

齐鲁大讲坛·枣庄分坛创建于2006年3月，共举办42场专题讲座，受众达万余人次。先后邀请了李燕杰、于丹、艾丰等20余位省内外知名专家学者作专题报告。

齐鲁大讲坛·潍坊分坛秉承"谈笑有鸿儒，往来无白丁"的文化理念，对公共问题加以学理的诠释，成功举办讲座30余场，受众达3万余人次。

齐鲁大讲坛·济宁分坛创建于2008年，重点开展了一系列具有地方特色的讲座和报告会。

齐鲁大讲坛·威海讲坛由威海市委宣传部、威海市社科联主办，多年来，突出公益性、开放性，坚持以"培育理性思想、传播先进文化、提升城市文明、推动科学发展”为宗旨，以“建设现代化幸福威海”为主题，围绕干部群众最关心的热点、难点和焦点问题，自2008年6月11日开讲以来，共举办29期专题讲座，听众达2万人次。

齐鲁大讲坛·聊城分坛于2010年5月创办，先后就大学生教育、新农村建设、聊城市文化事业发展、现代农业以及传统文化等方面，邀请省内外专家进行专题讲座，截至目前，共举办7场大行报告会，受众达3000余人次。

2. 学会分坛

在齐鲁大讲坛分坛建设工作中，各省级学会根据自身业务特点开展了一系列服务社会、服务大众的专题讲座，这些讲座贴近实际、贴近生活、贴近群众，受到广大市民欢迎。

金融分坛：作为首批加盟“齐鲁大讲坛”的6个重点分坛之一，自2006年创办至今，齐鲁大讲坛·金融分坛先后邀请吴晓灵、魏革军、巴曙松、姚景源等名家作专题讲座，迄今已成功举办了“金融分坛”10多场次，人数近万人。

国税大讲堂：齐鲁大讲坛·山东国税大讲堂是由省委宣传部、省社科联、省国税局与省税务学会主办，自2009年开办以来，已连续举办5次主场报告会，并以视频形式设立分会场，各级税务人员、省直有关经济部门负责人、有关高校和科研机构专家学者、部分纳税人代表共3万余人参加。

企业信用与社会责任分坛：2011年，省企业信用与社会责任协会创建齐鲁大讲坛分坛，自创办以来，齐鲁大讲坛·企业信用与社会责任分坛开展了一系列丰富多彩的企业社会责任宣讲活动，并为各市企业信用与社会责任协会培训了一批宣讲员。共举办讲座21次，参与人员6000余人次。

世界经济分坛：齐鲁大讲坛·世界经济分坛自2009年5月26日开坛以来，就世界经济方面的热点、难点问题与在校师生进行“面对面”互动交流，目前已举办10余场专题讲座。

青少年研究会分坛：齐鲁大讲坛·青少年研究会分坛设立于2006年，是首批分坛之一，先后开展系列讲座70余场，参与人数7万余人。

行为科学分坛：齐鲁大讲坛·行为科学分坛成立于2010年10月，先后开展了“阳光心态”系列讲座、“文明行为进万家”系列讲座以及“如何培育孩子的良好习惯”等专题讲座。

书画大讲堂：齐鲁大讲坛·书画大讲堂于2010年5月8日创立，截至目前已不定期举办13期。2011年10月创建“书画大讲堂暨会员活动日”，全省5000余名会员和书画爱好者参与。

孙子兵学文化分坛：齐鲁大讲坛·孙子兵学文化分坛自2012年3月开讲，采取宣讲与沙龙相结合的形式，全年先后在济南、聊城、黄岛、淄博、德州、东营等地举办8场专题讲座，内容涉及企业、院校、部队等多个领域。讲座进行了8讲。

3. 高校分坛

全省高校不定期在学校内部开展各具特色的普及型讲座，吸引了众多学子前去聆听，在已经建立的25个齐鲁大讲坛分坛中，一部分高校的齐鲁大讲坛分坛已成为学生们业余学习不可或缺的去处。

山东师范大学社科大讲坛：齐鲁大讲坛·山东师范大学社科大讲坛自2011年9月17日创立至今成功举办71场讲座，现场受众包括教师、博硕士生、本科生等超过16000人次。

青岛大学分坛：齐鲁大讲坛·青岛大学分坛创建于2008年3月26日，自开坛以来共举办134场专题讲座，参与人数合计约32000余人。

山东轻工业学院分坛：齐鲁大讲坛·山东轻工业学院分坛自2008年1月创立以来共举办专题讲座、学术报告等10余场，受众达4000余人次。

新世纪新女性论坛：齐鲁大讲坛·新世纪新女性论坛创办于2009年5月21日，论坛以“以人为本，服务大众，传播知识，提升文明”为宗旨，已举办讲座10余场次。

三、拓宽工作渠道，创新方式方法，形式多样、功能各异的工作载体有效增强了社科普及工作的实效性

（一）编写出版社科普及通俗读物

在省委宣传部、省财政厅的支持下，省社科联设立社科普及读物出版资助重点项目，采取自主申报、公平竞争、专家评议、择优资助的办法，每年评选一批内容上为经济文化强省建设服务，形式上为干部群众易于接受的社科普及通俗读物。项目立项后，省社科联与项目承担人签署协议书，下发立项通知书。项目组根据协议书要求，按时提交提纲或样稿。达到项目实施要求的，对立项资助项目每项给予一定数额经费资助。同时加强对项目进度、质量的督导，对项目的实施情况，特别是样稿质量进行评估。将其中选题好、内容新、可读性强，具备科普著作出版条件的项目，列为全额资助出版项目，由省社科联组织出版并承担全额出版费用。

从2009年至2012年，已先后全额资助出版《金融危机透视》、《山东半岛蓝色经济区建设简明读本》、《图说齐文化》、《马克思主义中国化重大理论问题——七个是什么，七个怎么办》、《齐鲁文化通俗读本》、《山东省公众人文素养简明读本》；《新编二十四孝》等26本社科普及通俗读物，受到干部群众的欢迎。

（二）加强省级社科普及教育基地建设

自2005年开始至2012年，省委宣传部、省社科联共同联合命名了孔繁森同志纪念馆、山东省图书馆、华东革命烈士陵园、刘邓大军渡黄河指挥部旧址、中国甲午战争博物馆、冀鲁豫边区革命纪念馆、刘集支部旧址济南市商埠文化博物馆、山东省博物馆、丁肇中祖居旧址、莱芜战役纪念馆、八路军115师司令部旧址、东营市历史博物馆、青州博物馆、张裕酒文化博物馆杨家埠民间艺术大观园、地雷战纪念馆等五批总计35个“省级社科普及教育基地”。

其中，革命传统教育类占36.6%，博物馆类占40%，文化旅游类占20%，其他占3.4%。省社科联制定省级社科普及教育基地管理办法和定期向公众免费开放的具体规定，加大对社科普及教育基地的支持力度。命名挂牌以来，这些社科普及教育基地在加强制度管理，重视基础建设，发挥自身优势，开展丰富多彩的社科知识普及活动等方面，取得良好的社会效果。

（三）深入开展“调研山东”大型社会调查活动

“调研山东”是由省社科联与省民意调查中心联合主办的大型社会调查活动。这项活动主要针对当前党委政府关注、社会各界关心的重大问题，组织省内知名专家和青年学者，吸纳高校在校学生参与，深入城乡基层，调查研究，掌握情况，为党委政府提供决策参考。自2008年开始，每年确定一批调研题目，选题立项严谨，调查方法科学，报告分析到位，对策建议可行，取得丰硕成果，为山东经济文化强省建设提供了大量有价值的对策建议，受到省委、省政府的高度重视和充分肯定，得到山东社科界专家学者的积极响应和普遍好评。

“调研山东（2012）”面向社会各界广泛征集选题，得到全省社科界的广泛关注和热情参与，共收到来自各高校、科研机构、学会及社会各界的119个选题申请；经过主办单位的初审和专家评审委员的终审，综合申报选题的研究意义、团队专业能力及组织协调能力等因素，“山东省行政复议公信力调查”、“山东省公租房现状相关情况调查”、“基层上访原因及上访人员心态类型化调查”、“营业税改征增值税对我省经济税收的影响及对策建议”、“山东省中小企业新生代员工流动情况调查”、“山东省基础教育状况及其城乡差距调查”、“农村劳动力构成调查”、“山东传统节日传承现状调查”、“山东省综合医院医护人员执业环境调查”、“中、小、微企业发展调查”等10个选题和10个团队脱颖而出，入选本年度调研项目，涵盖了法治、就业、住房、教育、医疗等热点问题。

（四）开展山东省第二届优秀社科普及作品奖评选

为更好地激励广大社科工作投身社科普及工作，加强马克思主义基本理论知识宣传普及，推动中国特色社会主义理论体系大众化，解读经济文化强省建设重大战略，阐释社会科学基本知识与社会热点难点，省社科联组织开展了山东省优秀社科普及作品评选表彰，每两年进行一次。

在2012年的评选中，《马克思主义中国化重大理论问题——七个是什么，七个怎么办》、《新山东——科学发展面面观》、《融“汇”贯通——外汇知识一本通》、《人文博物馆——文学卷》、《一本书读懂春秋战国》、《文化产业一本通》、《海洋文化小百科》、《一本书读懂中国哲学史》、《经济学是个什么玩意》、《八大山人书画鉴赏》等被评选为山东省第二届优秀社科普及作品一等奖。

（五）建立完善齐鲁大讲坛网站

为探索通过现代传媒手段进行社会科学普及的新途径，省社科联开通了社会科学普及网，内容涉及科普动态、齐鲁大讲坛、科普之窗、科普交流、人才队伍、他山之石、社科联概况等15项内容，加大了社科普及力度和信息交流速度。为进一步整合资源，突出特色，社会科学普及网更名为齐鲁大讲坛网站，健全完善了网络工作信息联络员制度，形成了完善的信息传输网络系统，加强了各基层社科联、各省级学会等科普工作的横向交流。

第二届山东省社会科学普及与应用优秀作品获奖成果（著作）

一等奖（10项）

序号	作者	年龄	单位	职务职称	作品题目	出版社	发表鉴定时间
1	周向军等	59	山东大学	教　授	马克思主义中国化重大理论问题——七个是什么，七个怎么办	人民出版社	2011. 12
2	集体编著	/	山东人民出版社	/	新山东——科学发展面面观	山东人民出版社	2012. 3
3	杨子强	55	人民银行济南分行	行　长	融“汇”贯通——外汇知识一本通	山东人民出版社	2010. 12
4	王汶成	59	山东大学	教　授	人文博物馆——文学卷	山东教育出版社	2011. 9
5	李靖莉等	51	滨州学院	教　授	一本书读懂春秋战国	中华书局	2011. 9
6	王志东	51	山东社会科学院	研究员	文化产业一本通	山东人民出版社	2011. 12
7	曲金良	56	中国海洋大学	教　授	海洋文化小百科	吉林人民出版社	2010. 9
8	江心力	49	聊城大学	教　授	一本书读懂中国哲学史	中华书局	2010. 7
9	王瑞泽等	46	德州学院	讲　师	经济学是个什么玩意	机械工业出版社	2011. 1
10	邵仲武等	42	山东建筑大学	副教授	八大山人书画鉴赏	中国轻工业出版社	2011. 6

二等奖（15项）

序号	作者	年龄	单位	职务职称	作品题目	出版社	发表鉴定时间
11	夏锋　等	32	德州学院	讲 师	博雅·人文经典选读	山东人民出版社	2011. 7
12	耿爱英	46	山东大学	副教授	领导干部心理健康漫谈	山东人民出版社	2012. 1
13	赵承凤等	68	山东孙子研究会	会 长	齐鲁兵学	济南出版社	2011. 11

（续表）

序号	作者	年龄	单位	职务职称	作品题目	出版社	发表鉴定时间
14	王苹香等	49	山东省农业管理	教　授	日常生活巧做“账”	山东人民出版社	2011. 12
15	孙　明	45	鲁东大学	副教授	法制追问：法治的前世今生	中国书籍出版社	2011. 8
16	周玉衡	58	潍坊学院	教　授	国学与人生	天津教育出版社	2011. 1
17	孔　屏	44	山东青年政治学院	教　授	靠近我，温暖你	中国轻工业出版社	2010. 9
18	孙素芳	42	滨州医学院	讲　师	图说劳动合同法下的大学生就业权益保护	西南交通大学出版社	2012. 6
19	陈志章	41	潍坊学院	副教授	美国文化管窥	吉林大学出版社	陈志章
20	姚春鹏	48	曲阜师范大学	副教授	中华养生经典：黄帝内经	中华书局	姚春鹏
21	高海英	40	山东济宁育才中学	高级教师	教师如何处理学生经常发生的事	江苏美术出版社	高海英
22	张　焱	34	山东工艺美术学院	讲　师	设计的故事	中国水利水电出版社	张　焱
23	张学亮	38	中国石油大学	副教授	神仙世界与法律规则：法律人读《西游记》	中国政法大学出版社	张学亮
24	郭大均	59	原淄博市政府研究室	副主任	老乡蒲松龄	中央文献出版社	郭大均
25	苑秀丽等	44	青岛大学	副教授	崂山道教与《崂山志》	中国社会科学出版社	苑秀丽等

三等奖（20项）

序号	作者	年龄	单位	职务职称	作品题目	出版社	发表鉴定时间
26	韩　玮	57	山东师范大学	教　授	中国画构图艺术	山东美术出版社	2010. 11
27	谭志福	36	山东师范大学	副教授	农民法律维权实用手册	山东人民出版社	2010. 8
28	曹永福	44	山东大学	教　授	“柳叶刀”的伦理	东南大学出版社	2012. 6

（续表）

序号	作者	年龄	单位	职务职称	作品题目	出版社	发表鉴定时间
29	刘中文	48	山东女子学院	教　授	国有控股上市公司股权激励效用	内蒙古科学技术出版社	2010.7
30	彭建武	48	山东科技大学	教　授	中国文化的迂回性	中国戏剧出版社	2012.1
31	孔玲等	40	山东省教育厅	特教研究员	特殊学生心理健康必读	东北师范大学出版社	2012.6
32	王美春	34	山东财经大学	副教授	莫言小说中的女性世界	四川大学出版社	2011.12
33	徐丽达	32	青岛滨海学院	讲　师	众香摇落话红楼	湖南大学出版社	2012.4
34	杨景生等	49	济宁学院	教　授	文学描写艺术	五洲传播出版社	2012.5
35	宋思伟等	54	济宁学院	副教授	“孔氏家族史研究”丛书	华夏出版社	2011.7
36	李秋华等	34	曲阜师范大学	讲　师	超值品质　卓越之道	内蒙古人民出版社	2011.1
37	肖　霞	49	山东大学	教　授	日本现代文学发展轨迹——作家及其作品	山东大学出版社	2011.1
38	姜荣奎	41	山东大学附属中学	高级教师	教师如何与学生沟通	中国轻工业出版社	2012.1
39	安菁蔚	38	中国农业大学烟台研究院	讲　师	三农热点面对面丛书——农村小额贷款	中国农业出版社	2011.10
40	魏淑华	32	济南大学	副教授	用心育心——铸就孩子的幸福人生	山东教育出版社	2011.6
41	郑绪卿等	54	潍坊学院	副教授	学前儿童心理发展解读	江西高校出版社	2010.11
42	潘守皎	48	菏泽学院	副教授	哀怨与豪情的交织——说宋词	中国大百科全书出版社	2011.1
43	桑全喜	46	菏泽学院	副教授	民族传统体育养生理论与实践	延边大学出版社	2011.8
44	刘玉湘	48	淄博市图书馆	馆　长	白话聊斋志异	新世界出版社	2011.6
45	丁　燕	33	青岛大学	讲　师	农村常见继承法法律纠纷案例分析	对外经济贸易大学出版社	2011.5

第二届山东省社会科学普及与应用优秀作品获奖成果（文章）

一等奖（4项）

序号	作者	年龄	单位	职务职称	作品题目	出版社	发表鉴定时间
1	高　奇	47	山东大学	副教授	马克思主义大众化的十四个原则	当代世界与社会主义	2011.1
2	周景丽	33	山东青年政治学院	讲　师	汉武帝如何拉动内需	读者欣赏	2011.4
3	王大海	40	山东艺术学院	副教授	对鲁锦产品设计研发的再思考	中国美术馆	2011.11
4	李　群	43	济宁学院	副教授	换个心态做父母	家庭教育	2011.1－2期

二等奖（10项）

序号	作者	年龄	单位	职务职称	作品题目	出版社	发表鉴定时间
5	李德敬	34	德州学院	副教授	对民间戏曲一勾勾的调查与思考	星海音乐学院学报	2012.1
6	马池珠	46	山东师范大学	教　授	论科教电视节目的编导艺术	理论学刊	2012.1
7	祁慧民	50	青岛大学	副教授	青岛城市民俗文化延瞻——打造青岛城市民俗后花园	山东艺术学院学报	2012年1期
8	郭秀红	46	山东青年政治学院	科　长	家教对青少年公益慈善意识培养的作用	青少年研究	2012.1
9	杨　弢	47	曲阜师范大学	教　授	东西“道”不同——中西方体育差异论	光明日报	2012.1
10	赵付科	35	山东财经大学	副教授	图说马克思主义中国化	课题鉴定	2012.5
11	陶永生	39	山东省农业管理干部学院	副教授	画说色彩	课题鉴定	2011.5
12	聂卫红	42	济南市图书馆	副研究馆员	讲故事活动在图书馆的历史、现状与发展	图书馆建设	2012年9期
13	李志强	44	中国石油大学胜利学院	讲　师	黄河口“短穗花鼓”的历史嬗变和文化内涵	中国石油大学胜利学院学报	2012年2期
14	牟树青	44	烟台市财政局	副局长	支持烟台市蓝色经济区建设与发展的财政政策研究	经济研究参考	2011年72期

三 等 奖（15 项）

序号	作者	年龄	单位	职务职称	作品题目	出版社	发表鉴定时间
15	胡西厚	46	滨州医学院	教授	城镇居民医疗保险医疗供方道德风险博弈分析	西安电子科技大学学报	2012. 3
16	李学伟	38	德州学院	讲师	齐鲁传统民俗刺绣的性格特征与审美观照价值	纺织学报	2011. 9
17	王玉香	47	山东青年政治学院	教授	西方青少年社会工作的历史沿革研究	中国青年研究	2012. 2
18	陈朋　等	35	山东建筑大学	讲师	栖霞市历史文化保护规划研究	课题鉴定	2010. 12
19	孔德刚	37	曲阜师范大学	副教授	打造影视作品的快节奏	传媒	2011. 7
20	马秀峰	49	曲阜师范大学	教授	学习风格对在线学习交互程度影响的实验研究	开放教育研究	2011. 8
21	许　宏	37	德州学院	副教授	儒学普及与传统美德教育的现状与发展趋势	管子学刊	2010. 3
22	李艳霞	34	滨州医学院	讲师	艾滋病预防中的伦理法律冲突之分析与解决	现代预防医学	2012 年 19 期
23	戚晓杰	52	青岛大学	教授	音节对汉语语法的影响	盐城师范学院学报	2011 年 6 期
24	李玫瑰	39	山东农业大学烟台研究院	讲师	警惕农村劳动力转移进程中引发的中国式“荷兰病”	贵州农业科学	2012. 3
25	郭旭光	38	济南市图书馆	馆员	文化共享工程的服务探索与实践	图书馆学刊	2010 年 9 期
26	宫厚英	35	山东轻工业学院	副教授	从“科学技术是第一生产力”到建设创新型国家	东岳论丛	2012 年 5 期
27	张瑞珍	36	淄博职业学院	副教授	完善我国个人所得税自行纳税申报制度的建议	特区经济	2011 年 6 期
28	刘　升	41	中国石油大学胜利学院	副教授	新闻批评性语篇被动化分析新议	山西农业大学学报社科版	2011 年 8 期
29	徐娜　等	32	滨州医学院	讲师	网络群体对青少年思想行为的异化及对策研究	校园心理	2012 年 3 期

2012年山东省社科普及与应用重点项目立项名录

一、立项资助类（20项）

序号	申报人	工作单位	项目名称
1	邢晓苏	山东师范大学	知识产权纠纷案件一点通
2	马德坤	山东财经大学	泰山文化通俗读本
3	苗　菁	聊城大学	图说运河文化
4	胡善菊	潍坊医学院	你我身边的经济学漫谈
5	许忠明	山东轻工业学院	看不见的杀手——漫谈饮食文化中的安全问题
6	魏金梅	潍坊学院	中西语言习俗趣谈
7	徐德宽	鲁东大学	品味语言热点——热词热句背后的语言学
8	魏晨明	潍坊学院	今天，我们如何做父母
9	杨　克	省社会学学会	和孩子好好说话
10	王志华	菏泽市社科联	欠发达地区如何提升文化软实力
11	丁炳堂	山东工艺美术学院	怎样才能生活的更幸福
12	王苹香	山东省农业管理干部学院	如何做一名新型农民
13	曹丙燕	山东科技大学	精神物语——从典型中透视山东精神
14	王加新	曲阜师范大学	健身走——走出健康
15	邢　崇	青岛科技大学	图说中华文明起源
16	郑　艳	山东轻工业学院	图说西方现代设计大师
17	姜福东	青岛科技大学	图说法治的中国模式
18	张　峡	荣成市第二中学	黄海海文化
19	崔　巍	省委统战部	全省统战文化资源普查
20	常光明	山东英才学院	周易图解

二、立项自筹类（30项）

序号	申报人	工作单位	项目名称
1	鲍芳修	山东轻工业学院	市民公共危机教育与应急处置指南
2	张芳丽	山东省农业管理干部学院	漫谈新农村经济
3	刘伟红	山东师范大学	领导者的执行力从哪里来
4	薛　娟	山东建筑大学	图说齐鲁传统建筑文化
5	米永盈	山东大学	齐鲁古琴史话
6	王春花	齐鲁师范学院	诗词名篇与山东历史名胜
7	邹丽萍	潍坊学院	图解生活中的肢体语言
8	仝晰纲	山东师范大学	山东市县释名
9	赵纪梅	潍坊学院	中国特色社会主义制度解读
10	蔡卫东	省保险学会	保险消费ABC
11	朱荔芳	济宁医学院	趣说公共场所英语标识语
12	于源溟	聊城大学	心智模式与积极心态
13	刘洪艳	山东女子学院	锦绣上的山东——漫谈齐鲁女红文化
14	王晓光	青岛大学	百年山东休闲文化变迁
15	王景科	省写作学会	健康养生与节气诗词
16	明　明	潍坊学院	山东半岛蓝色经济区文化对外传播的方法与渠道
17	刘向红	济宁职业技术学院	悦读《论语》
18	张　鹏	泰山学院	生态文明与生态文学漫谈
19	宋立杰	聊城大学	山东水文化博览
20	陈福宝	青岛科技大学	山东半岛蓝色经济100问
21	冯　晶	山东财经大学	日本教师异动制度对我省义务教育均衡发展的启示
22	刘健康	滨州医学院	生态文明建设面面观
23	孟凡超	东营市社科联	“黄蓝”发展战略实施中如何“转方式、调结构”
24	孙晓辉	山东省农业管理干部学院	图解企业内部控制
25	岳林琳	潍坊医学院	全民健保，病有所医——山东省基本医疗保障制度解读
26	耿志宏	青岛大学	走进色彩新视界
27	刘燕妮	山东轻工业学院	社会主义核心价值体系普及教育百问百答
28	李文华	山东财经大学	激情与正义的种子——漫谈史蒂芬茨威格的生活与创作
29	范　慧	山东建筑大学	漫谈劳动报酬
30	胡志坚	聊城大学	科学育人破解“钱学森之问”——教育科学知识普及20讲

山东省社会科学普及教育基地概况

渤海革命老区机关旧址暨惠民县党员领导干部党性教育基地

渤海革命老区机关旧址暨惠民县党员领导干部党性教育基地是由中共惠民县委主办，面向全市各级党员领导干部，开展党性教育、爱国主义教育、廉政教育和马克思主义群众观教育的干部教育培训基地。基地位于惠民县城北部，原武定府衙古建筑群东侧，始建于2012年8月，占地面积8500平方米，分渤海革命史第一和第二院落、渤海革命老区机关旧址院落、主题广场、英烈碑廊5个展区，系统总结回顾了从1937年到1950年期间，渤海革命老区军民一心支前抗战、夺取胜利的光辉历程。

2012年以来，惠民县委坚持高标准规划、高标准建设、高标准布展，着眼于打造“全市党员领导干部党性教育基地”的功能定位，邀请知名专家立足惠民实际，用权威的见解、开放的思想、全新的思路，深入挖掘渤海革命老区机关旧址红色教育资源，对渤海革命老区机关旧址动静态展示板块、培训流程等进行策划包装和改造升级，并坚持抢救性保护原则，组织党史和广电部门，对曾经在渤海区战斗和工作生活过的40余名老同志或其配偶、子女进行走访，寻找渤海区机关旧址的亲历者、见证者或革命前辈后代，对基地内容进行充实完善。同时，充分借鉴井冈山、西柏坡、延安、沂蒙红色教育基地等省内外红色教育成功经验，努力将渤海区革命机关旧址建设成为主题鲜明、内涵丰富、形式新颖、独具特色的党性教育基地。

渤海革命老区机关旧址暨惠民县党性教育基地作为追记缅怀历史、弘扬老渤海精神的场所、党性教育的模范基地和对外宣传的窗口，下一步将立足当前，坚持边办学、边提高，不断强化管理，扩大影响，挖掘内涵，强化功能，促进升级，切实把教育基地维护好、开发利用好，把基地打造成滨州市各级党员领导干部接受党性洗礼、提升党性修养的重要平台。

渤海革命老区纪念园

渤海区是抗日战争时期山东最大的平原抗日根据地，也是解放战争时期华东战场的重要后方基地。渤海革命老区纪念园于2007年5月全面开工建设，2009年9月正式开园，总投资近两亿元。园区占地530亩，建筑物总面积约25000平方米，集“宣传教育、旅游休闲、研究观赏”多功能为一体。

整个纪念园分为东西两区，东区占地230亩，西区占地300亩。东区主要由渤海革命老区纪念馆、五角星楼、渤海革命纪念塔、模拟长城、英烈碑廊、纪念广场、人民英雄群雕、烈士墓地、人工湖、栈桥水景等组成。西区建有以渤海老区为背景的土特产品、民俗文化、农耕休闲等便民服务配套设施和山水景观。包括鲁北平原特色的四合院共有19套，每套建筑面积825平方米。

渤海园开园至今共接待党政领导和社会各界群众1300余批近50万人次。其中2010年接待参观群众10万人次，2011年接待参观群众15万人次，2012年参观群众达18万人次。其中包括中央政治局原常委吴官正、中央军委原副主席迟浩田、中央组织部原部长张全景、民政部副部长罗平飞、山东省副省长郭兆信、中国人民解放军军事科学院战争理论和战略研究部副部长毛新宇等先后来渤海园视察指导工作。

渤海园先后被国务院批准为国家重点烈士纪念建筑物保护单位、被济南军区评为我党我军革命传统教育基地、山东省爱国主义教育基地、山东省科学普及教育基地以及山东省国防教育基地等。2012年，渤海园又被评为全国爱国主义教育示范基地、第二批国家级国防教育示范基地，已成为滨州市及原渤海区爱国主义教育和革命传统教育的重要基地。

德州扒鸡文博馆

德州扒鸡文博馆建筑面积为3000平方米，2007年2月破土动工，2007年8月开始布展，2008年6月7日正式对外开放。德州扒鸡创产于公元1692年，是我国美食苑中历史最长的“中华老字号”之一，拥有“神州一奇”、“中华老字号”和“中国驰名商标”的美誉。

展馆分为历史篇、发展篇、成就篇、德宝馆四个部分。历史篇主要以人物雕像、彩绘壁画以及老照片的形式，展示北魏双高碑、永庆寺藏经楼、董子读书台等德州历史遗迹，射日英雄后羿、风趣才子东方朔、儒学大师董仲舒、一代文宗田雯等德州孕育出来的名人雅士，德州扒鸡创始人贾健才、乾隆年间进宫的制作高手王瑄、放弃烧鸡专攻扒鸡的韩士功、盛极一时的宝兰斋老掌柜侯宝庆德州扒鸡传统艺人的代表。发展篇和成就篇以图文、实物等翔实的资料，展示鸡的起源、演化、华北平原鸡文化的历史溯源与德州扒鸡起源、演变与发展过程，体现公私合营后，德州扒鸡集团在继承传统、保护名牌、创新发展等方面的成就，以及如何使一个地域性的地方特产，成为中华老字号、中国驰名商标大品牌的发展历程。德宝馆征集了大量德州民间收藏品和一些反应民间文化底蕴的家私文物，再现了600年前的旧窑址和大量烧窑工具及碎片残器，展示了在德州成功挖掘出的宋代德州窑口，为进一步考古挖掘、研究德州文化提供了重要依据。

德州扒鸡文博馆集知识性、趣味性、艺术性、史料性于一体，充分发掘德州扒鸡文化的神韵和历史溯源，展示了古城德州悠久历史和文化底蕴。

德州梁子黑陶文化园

梁子黑陶文化园现拥有博物馆、陶吧体验厅、公众科普流程室、展厅和科技兴趣小组专用教室等硬件设施，有一批具有较强研究能力、有开展各种教育教学活动丰富经验的教育教学人员，文化园的教育教学具有参与面广、活动形式多样、实践性强等特点。近年来，文化园向德城区幼儿园、实验小学、十三局小学、德州学院等大、中、小学开放，激发了孩子们对黑陶文化的浓厚兴趣。

黑陶博物馆集陶的历史、文化、制作工艺及精品展示等为一体，从陶的起源讲起，展示了有关陶及黑陶的历史脉络和文化传承。陶吧体验厅是陶艺教育的一种重要方式，旨在传承古代陶文化，充分挖掘“陶养”潜能。公众科普流程室展示了黑陶制作的整个过程，从练泥、搅泥到成型、软刻、硬刻，每一步都有详细的图画指示和现场演示。展厅主要展示了黑陶精品，在这里可以欣赏到美轮美奂的黑陶艺术，了解黑陶造型以及图案文字的内涵，从中窥探到华夏文明的源远流长和博大精深，领会黑陶的历史价值、文化价值、艺术价值和经济价值。

德州市博物馆简介

德州市博物馆于2012年8月8日隆重举行开馆仪式，正式向社会全面开放。总占地72亩，建筑面积2.1万平方米，总投资近2亿元。主要由序厅、3个基本陈列厅、2个临时展厅、1个学术报告厅、1个3D影视厅、公共休息区、藏品库房、技术室及办公用房等组成。是德州市第一座集文物收藏展示、科学研究、宣传教育为一体，展示全市历史发展通史、灿烂文化精髓和浓厚文化底蕴的大型综合性地志博物馆，是弘扬优秀传统文化，推动文化旅游产业发展的主阵地。近一年，共计接待海内外观众30余万人次（其中青少年10余万人次），社会各界的留言和建议万余条，得到了社会各界的认同与好评。

以“历史足迹”、“文明遗珠”、“城市记忆”为主题的3个基本陈列厅是德州市博物馆的重点，立足历史文脉回顾、文物精品展示、文化遗存及民俗风情再现，对德州各历史时期做纵向全景式展示。在馆内基本陈列基础上，先后举办了《喜迎十八大、相约十艺节——德州市优秀美术作品展》、《回归·2012于澎岩彩画展》、《梁子黑陶十年精品展》、《喜庆十八大、相约十艺节——德州市黑陶精品展》、《贯彻十八大精神、促进文化大繁荣——山东艺专同窗德州五老书画展》及《首届德州美术双年展》等多个精品展览活动。

海阳地雷战纪念馆

海阳地雷战纪念馆位于海阳市区海阳博物馆二楼，2005年5月31日正式对外开放。

地雷战纪念馆的建筑风格体现了中西交融的特点，注重了建筑、环境与陈列相结合，整体设计美观、典雅、凝重。纪念馆在内容上以文物作为主要展览语言，突出陈列内容的真实性、观众的参与性，生动逼真地展现了海阳军民英勇抗日斗争中那段英雄辈出、波澜壮阔的岁月。

展览共分6个部分：第一，民族危急，共赴国难；第二，地雷战日寇丧胆，卫海防壮我国威；第三，反扫荡“105”天动魂魄，盆子山“60”余村响雷声；第四，英雄造雷乡，雷乡出英雄；第五，光辉事迹垂青史，革命精神照后人；第六，实现新跨越，建设新海阳。整个展览重点突出，把海阳人民在抗日战争中利用地雷村村布防，户户备战，广大民兵开展地雷战、麻雀战的史实和多年前海阳大地上发生的那场战斗场面展现出来。纪念馆的主要珍藏品有当年民兵用过的土枪、土炮、大刀、长矛、铁雷、石雷、埋雷工具、学习材料、瓦解伪军的传单及模范、英雄人物的遗物等。

丁肇中祖居旧址

丁肇中祖居位于日照市东港区涛雒镇，现占地面积4300平方米，建筑面积1345平方米。

丁肇中祖居建于清光绪二十四年（1898年），又名“五宅”，分别由“种德堂”、“慎德堂”、“古梅轩”等五个庭院组成，为清代北方非常具有代表性质的一组建筑群落，原占地14000多平方米，有各种功能房140多间，由于多方面原因大部分遭到了毁坏。为弘扬先进文化，教育启迪后人，倡导尊科学、重教育之风，在省、市、区各级领导的关心和支持下，涛雒镇自2002年开始投资300万元实施了丁肇中祖居修复工程。依据原有的布局和风格，顺利完成了丁肇中祖居修复一期工程，重点建设了“丁肇中科技展馆”，馆内以大量生动翔实的资料展现了一代科学巨人的成长历程和其勇攀世界科学高峰的高贵情操。

该建筑为瓦房砖地，大院有大门、二门、三门；正院为方形，分为北房、南房、西房、东房；北房东间曾为丁肇中的曾祖父丁惟堦夫妇所居，西间曾为丁肇中的祖父丁履巽夫妇所居，西间的套间曾为丁肇中的二姑丁侃（丁倩原）、三姑丁丹、四姑丁绘原所居；南房为丁肇中的伯父丁砚海夫妇及其四个女儿丁始瑾、丁始瑗、丁始琪、丁始璋所居；西房曾为丁肇中的父亲丁观海和母亲王隽英及在襁褓之中的丁肇中所居；东房为厨房；还有书房、东单、西单、黄家住屋、佃工房、粮仓、牲口棚、农具间和两处学屋等。此外，还有门面房、管理房、茶楼、科技馆等。

东营市历史博物馆

东营市历史博物馆位于广饶县旧城月河路西侧，广饶宾馆南邻，建筑面积9688平方米，是东营市唯一一处地志综合性博物馆。

东营市历史博物馆的前身是1983年12月成立的广饶县博物馆。早在1956年，广饶就组织开展了由县文化科负责、省文物主管部门派员参加的第一次文物普查和文物保护工作，并结合普查举办了文物展览。中央古建筑修整所对广饶关帝庙大殿也进行了全面勘察和测绘。通过普查，初步落实文物古迹、遗址等20余处。20世纪60年代，文物工作由县文化馆兼管。到了1974年10月，由县政治部出文，成立了文物管理委员会。1977年初，建立了县文物管理组和文物管理收购站，并配备了专职干部。1980年，惠民地区组织专业人员，对广饶进行了第二次文物普查，且成果显著，初步摸清了历代文化遗存的分布状况。1983年12月，经省文化厅批准，广饶县文物管理组更名为广饶县博物馆。

随着文博事业的不断发展与孙子学术研究会的成立，壮大文博力量势在必行。1993年5月，东营市委、市政府研究决定，在广饶县博物馆的基础上成立东营市历史博物馆，副县级别，隶属市文化局，采取东营市历史博物馆、广饶县博物馆和广饶县孙子研究中心办公室三块牌子一个机构的管理方式。

东营市历史博物馆成立20年来，充分发挥其“收藏、陈展、研究”三大职能，事业不断发展壮大，取得了令人瞩目的成就。

东营英华园学校

东营英华园学校创建于1999年。校园格局以“品”字形构建，寓意教书育人“品”为首、德为先的核心育人理念。校园景观坚持“古朴、典雅、通透、自然、大气”的风格，展现祖国的古典历史文化的厚重和时代精神的完美结合，形成古代与现代、人文与环境、人与自然的和谐。学校占地210亩，总建筑面积为7万平方米，总投资1亿余元，在校生2000余人，教职工170余人，是一所集幼儿园、小学、初中、高中、职业中专、艺术教育、国际语言培训等教育培训于一体的全日制寄宿式民办学校，也是黄河三角洲地区规模最大、建校最早的民办学校。学校共分为“两园（英华实验第一幼儿园、英华实验第二幼儿园）、六校（英华实验小学、英华实验初级中学、英华实验高级中学、英华职业学校、英华艺术学校、英华国际语言培训学校），系东营市教育局直属管理。学校实行教育园区教育体制，一区多校，切块管理，资源共享。英华园学校的创办结束了东营没有民办教育的历史。

学校建有办公楼一栋、教学楼两栋、实验楼一栋、餐厅楼一栋、教工楼三栋、学生公寓楼三栋。兴建了文化公园、圣园、黉艺长廊、英华书院、博园等文化圣地，石刻国学经典名句、古诗词等20余万字，被誉为“中国石刻第一校”。学校把楹联课作为校本开发教材，从小学三年级至高中学段每周一节楹联课，从课堂抓起，扎实做好基本功。学校创编了楹联韵律操，年年举办“英华杯”楹联创作比赛活动，积极参加中央电视台春节晚会的楹联征集活动。王保理校长所著的《古联释义》，填补了我国楹联发展史上的空白，得到全国楹联主席孟繁锦先生的好评，并亲自为该书撰写了序言。学校被授予“全国楹联教育培训基地”。

今后学校将在前期工作的基础上，进一步加强硬件建设，拓宽推普领域，做到内外结合，面向社会、面向公众，最大限度的提高东营市民的科普意识及公民素质。一是学校近期将实验楼进行资源整合并投资建设科普馆、科普阅览室、科技实践室、科技探究室、航空航天室、手工制作室、电工常识活动室、能工巧匠室、国学宣教室、交通安全教育室等场馆。二是结合这些场馆的设立对学校全体学生进行开放，同时充分发挥场馆的作用向社会开放。三是对学校科普辅导员采取请进来、走出去的办法培训他们的辅导能力，最大限度的发挥场馆的作用。四是与教材综合实践课程有机结合，上好综合实践课。五是联系市委宣传部、市社科联、市科协搞好

“全国科普日”、“社科普及周”、“全国科技活动周”等科普活动。六是协调市教育局组织全市学生到活动基地接受科普教育。

华东革命陵园
（沂蒙革命纪念馆）

华东革命烈士陵园建于1949年4月，占地18万平方米，有塔、堂、馆、亭、墓、廊等大型纪念建筑物19座。毛泽东、刘少奇、周恩来、朱德、任弼时、邓小平、江泽民等10位党和国家领导人为陵园题词。1986年10月，被国务院批准为第一批全国重点烈士纪念建筑物保护单位。2001年6月被中共中央宣传部批准为爱国主义教育示范基地。2013年9月，经临沂市编委批复，更名为华东革命烈士陵园管理处（沂蒙革命纪念馆）。

陵园主体建筑革命烈士纪念塔、革命烈士纪念堂和南北大门在中轴线上，其他建筑对称地布列两侧。纪念塔位于陵园中央，塔身正面“革命烈士纪念塔”7个贴金大字为毛泽东专题，四周石壁上刻有浮雕和领导人题词。纪念堂内巨大石质联碑上，镌刻着62576位烈士英名，其中县团级以上372名。

纪念堂两侧分别为抗日战争和解放战争纪念馆，纪念堂和纪念塔之间有一五角星水池，塔堂倒映其中。池东为抗日浮雕长廊，廊亭相拥，陈展着10组反映抗日战争英雄事迹的石质浮雕。

纪念塔前广场两侧对称建有新四军副军长兼山东军区副司令员罗炳辉等八座造型各异的烈士陵墓和两座石像亭。

2012年6月，经中共中央办公厅批复，市委市政府决定将华东陵园进行改造提升，在西侧建设沂蒙革命纪念馆。该工程地上三层，地下两层，建筑高度为23.8米，总建筑面积43019平方米。一层主要用于沂蒙精神研究、党史陈列、红色影视教育、临时展厅；二层是沂蒙革命纪念馆的主展馆，主要用于沂蒙精神的展示；三层主要用于群众路线展示；地下空间主要用于人防工程和商业。该项目由中国工程院院士、中国建筑设计大师程泰宁先生主持设计，设计方案外方内圆，建筑形式简洁朴实，体现质朴高尚的沂蒙精神。

华东革命烈士烈士陵园（沂蒙革命纪念馆）先后被国家教委、民政部、共青团中央、解放军总政治部等部委命名为全国爱国主义教育基地、全国爱国主义教育示范基地、全国青少年教育基地和全国中小学爱国主义教育基地等。

济南商埠文化博物馆

济南商埠文化博物馆位于古色古香的济南老商埠区，总建筑面积近500平方米，分为自开商埠、工商经济、多元文化、社会百态、古城新生、二次开埠6个展厅。整个设计简洁明快、气势恢宏。主色调以暖灰色为主，展示了济南浓郁的商埠文化气息和厚重的历史底蕴，堪称济南市主题博物馆的经典之作。

步入博物馆，迎面而来的是一副巨大浮雕，让人眼前一亮。浮雕色彩沉稳，老火车站钟楼和迎面“驶来”的蒸汽车火车气势雄浑，显示出一种历史的沉厚感。宏济堂、瑞蚨祥等多个复原场景，再现了济南开埠后店铺林立、洋行错落、商贾云集、繁荣复兴的场面。根据历史场景进行实景复原的“进德会剧场内景”给人视觉上的冲击力，给参观者留下了深刻的印象。

博物馆六个展厅的内容，以历史发展和社会变迁为主线，通过照片、文字和实物展示等方式，辅以触摸屏展示、专题片播放的形式，展示了济南曾经的繁华和当今的崛起、博物馆共展出200多件实物，如袁世凯、周馥关于济南三地自开发商埠的奏折及批复，1925年手绘的《商埠区境界全图》，成通纱厂的成组纸质藏品等，都是难得一见的商埠早期实物资料。

该馆于2012年5月18日向社会免费开放，每周开放6天，周一闭馆，自开放以来，参观群众达4万余人次。

冀鲁豫边区革命纪念馆

冀鲁豫边区革命纪念馆是经中共中央批准建设的一座大型跨省革命历史建筑物，江泽民同志亲笔题写馆名。纪念馆由河北、山东、河南三省共同筹资建设，1998年4月开工，2000年5月建成开馆。纪念馆共占地198亩，建筑面积11700平方米，展厅面积6095平方米，共投资4000余万元，主要包括序厅、星星之火、浴血抗日、平原逐鹿、革命儿女展厅以及全景画馆、联通画廊、艺术馆。

冀鲁豫边区革命纪念馆是经国务院批准的第五批全国重点烈士纪念建筑物保护单位，也是全国爱国主义教育示范基地、全国青少年教育基地、国防教育基地、济南军区革命传统教育基地、全国科普教育基地、国家国防教育示范基地、国家AAA级旅游景点。开馆以来，接待中外嘉宾近500万人次。胡锦涛、李瑞环、吴官正、田纪云等党和国家领导人及省部级领导200余人次光临纪念馆，并签名题词留念。

孔繁森同志纪念馆简介

孔繁森同志纪念馆坐落在国家AAAA级旅游景

点——山东聊城东昌湖风景区内。1995 年 7 月 4 日经中共中央宣传部批准建馆，1995 年 9 月 10 日开馆，江泽民同志题写馆名，是全国唯一一家全面反映领导干部的楷模、民族团结的典范孔繁森同志业绩的大型综合性专题纪念馆。主题陈列集中展示了孔繁森同志从一个农民的儿子成长为一名党的领导干部楷模的生命历程，讴歌了孔繁森立党为公、执政为民、廉洁勤政、献身高原的崇高精神，颂扬了他作为感动中国人物，新中国成立以来最具影响的劳动模范，山东省为新中国成立、建设作出突出贡献的英雄模范人物、西藏和平解放 50 年感动西藏人物的壮丽人生，让参观者感受到孔繁森伟大人格和精神力量带来的心灵震撼。2004 年 10 月被命名为全国民族团结进步教育基地。先后荣获全国爱国主义教育示范基地、全国廉政教育基地、全国党员干部教育基地、全国青少年教育基地、国家大学生文化素质教育基地、全国红色旅游经典景区等称号，为全党全社会广泛、深入、持久地开展向孔繁森学习，为促进民族团结，推进社会主义核心价值观体系建设发挥了重要的作用。

开馆以来，已累计接待全国各地观众、港澳台同胞、国际友人 720 多万人，其中少数民族观众 60 余万人次，成为冀鲁豫三省民族团结进步教育和红色旅游经济发展的新优势。

孔　府

孔府，本名“衍圣公府”，位于曲阜城中孔庙东侧，是孔子嫡裔子孙世代居住的官邸。“衍圣公”是北宋至和二年（1055 年）宋仁宗赐给孔子第 46 代孙孔宗愿的封号，这一封号子孙相继，历经宋、金、元、明、清、民国共 32 代 880 年之久，前后共有 43 人袭封了这一爵位。一个官宅合一的衙署，建筑规模可与皇宫堪比，历时千年而不衰，这在中国历史上是独一无二的。透过孔府的建筑，装饰、布局，我们可以认识中国的家族观念，也可以品味中国的传统文化。

现存孔府院落创建于明洪武十年（1377 年），占地 200 余亩，有楼轩厅堂 463 间，八进院落，分东、西、中三路：东路为家祠所在地，有报本堂、桃庙、九如堂、一贯堂、慕恩堂等；西路为衍圣公读书、学诗学礼、燕居吟咏和会客之所，有忠恕堂、安怀堂、南北花厅，为招待来宾的客室；中路是孔府的主体部分，前为官衙，设三堂六厅，后为内宅，有前上房、前后堂楼、配楼、后六间等，最后为花园，是集官衙、宅院、家庙三位为一体的典型的封建贵族式建筑群。1961 年被国务院公布为第一批全国重点文物保护单位，1994 年 12 月被联合国教科文组织列入世界文化遗产名录。

孔　林

孔林是孔子及其后代的墓地，因孔子被封为“文宣王”后称宣圣林，改封“至圣先师”后改称至圣林，习惯的叫法称为孔林。孔林是我国目前保存年代最长、面积最大、历史延续性最完整的氏族墓地。

孔林占地面积 3000 余亩（约 200 余万平方米），有孔子及其历代子孙的墓葬十余万座，汉、宋、明、清、民国墓碑 4003 通（现在新立碑未统计）。石人、石马、石兽、望柱等石仪 85 对。历代栽植的树木 42000 余株（民国晚期到现在栽植的未统计）。为表彰儒家思想、满足祭祀的需要，修建了门、坊、享殿、碑亭等 20 余座。孔林的埋葬在 2400 百余年中全无间断，延续时间之久，墓葬数目之多，保存之完好，作为氏族墓葬区在世界上也是绝无仅有的一处，这也是儒家思想在中国漫长的封建社会中居统治地位的必然产物。孔林内墓冢累累，碑碣如林，石仪成群，古木参天，地上地下文化遗产丰富，林内既可考春秋之葬、证秦汉之墓，又是研究我国东方墓葬制度的沿革，研究我国古代政治、经济、文化、风俗、书法演变、艺术的博物馆。1961 年被国务院公布为第一批全国重点文物保护单位，1994 年 12 月被联合国教科文组织列入世界文化遗产名录。

孔　庙

孔庙是祭祀我国春秋末期著名的思想家、教育家、儒家学派的创始人孔子的庙宇。在世界上众多祭祀孔子的庙堂中，曲阜孔庙是规模最大、最为古老的，它与北京故宫、河北承德避暑山庄并称为中国三大古建筑群。

孔庙南北长达 1130 米，东西最宽处约 168 米，占地面积约 15 万平方米。整个建筑群包括五殿、一祠、一阁、一坛、两庑、两堂、十七座碑亭、五十三座门坊，共有建筑 100 余座，460 余间，建筑面积约 16000 平方米，分别建于金、元、明、清和民国时期。其中，前三进是引导性庭院，只有一些门亭石坊，院内遍植成行的桧柏，浓荫蔽日。第四进以后的庭院，建筑雄伟，气势壮观，是祭祀孔庙活动的主要场所。

孔庙集历史、建筑、文化、艺术、书法、石刻、古木、文物、遗迹于一体，是我国古代劳动人民智慧的结晶，是珍贵的文化遗产，1961 年被国务院公布为第一批全国重点文物保护单位。新中国成立后，政府多次拨款维修，使其保持原貌。1994 年 12 月 17

日，经联合国教科文批准，孔庙、孔府、孔林列入世界文化遗产名录。

孔庙面积之大，时间之久，保存之完整，被古建筑学家称为世界建筑史上的孤例。它凝聚着历代无数劳动者的心血和汗水，是我国古代劳动人民智慧的结晶。1961 年被国务院公布为第一批全国重点文物保护单位，1994 年 12 月被联合国教科文组织列入世界文化遗产名录。

莱芜钢铁博物馆

莱芜钢铁博物馆位于莱芜市高新区，于 2010 年 10 月竣工开放。整个馆区占地 4 万平方米，建筑面积 1.3 万平方米。博物馆共分纪念广场和展览馆两部分。展览馆由矿冶春秋、荆棘之路、百炼成钢、熔铸辉煌、未来展望等五个展厅组成。通过雕塑塑形、实物再现、视频技术等丰富的展示手段和翔实的实物图片资料，全面反映了莱芜 3000 多年的冶炼史、世界钢铁发展史及当今前沿技术工艺。中国钢铁博物馆以莱芜钢铁发展历史为主线，融数千年冶炼文明于一馆，汇古今中外冶铁历程于一体，是钢铁发展的历史画卷和百科全书。纪念广场上的主题雕塑“盘古之手”，是该馆标志性建筑，高 33.5 米，上部日月喻天，下部立土喻地，中部熔金铸铁喻人类创造文明。底座的 8 个浮雕分别讲述了盘古开天、女娲补天、燧人取火等 8 个民间故事传说。整个雕塑寓意钢铁是现代文明的基石，是改造世界的“盘古之手”。

莱芜战役纪念馆

莱芜战役纪念馆原名莱芜革命烈士陵园，修建于 1972 年。经过 1997 年、2007 年两次升级改造，目前总建筑面积 15200 平方米，广场面积 6000 平方米，绿化面积 28000 平方米，陈展面积 6600 平方米，武器展场面积 2000 多平方米。

纪念馆主体建筑由烈士纪念塔、展览馆、全景画馆和缅怀堂四部分组成。革命烈士纪念塔，高 19.8 米，正面镶嵌着毛主席题写的“革命烈士纪念塔”7 个镏金大字，为全国 100 个重点纪念塔。展览馆设有序厅、战前厅、战役厅、支前厅、英烈厅五个部分。全景画馆画高 17 米，周长 120 米，地面塑型 1100 平方米，模拟实战场景，融“声、光、电”于一体，给人以身临其境和惊心动魄之感。烈士缅怀堂总建筑面积 1170 平方米，分为上下两层。骨灰堂设置 5000 个高档骨灰格位，现已存放 4000 多名烈士。烈士英名长廊 495 平方米，可将 5000 多烈士的英名全部刻入。纪念广场 1600 平方米，广场建长明火一处。

多年来，纪念馆坚持全心全意为民服务的宗旨，全年接待量 50 万人次，先后被命名为“全国重点革命烈士纪念建筑物保护单位”、“全国爱国主义教育示范基地”、“全国青少年教育基地”、“全国百家红色旅游经典景区”、“国家 4A 级旅游景区”、“国家国防教育示范基地”、“中国人民解放军国防大学现地教学基地”、“全国民政系统行风建设示范单位”、“全国民政系统先进集体”、“山东省社会科学普及教育基地”、“山东省文明单位”、“山东省服务名牌”。

聊城中国运河文化博物馆

聊城中国运河文化博物馆坐落于卓越秀美的江北水城、运河古都——山东聊城，是聊城市近年来建设的最大的一处集文物收藏、保护、研究、陈列、宣传教育于一体的大型专题博物馆，占地面积 10000 平方米，建筑面积 16000 平方米，陈列面积 7000 平方米。博物馆共五层，地下一层，地上四层，分陈列区、收藏区、研究和学术交流区三个功能区域。博物馆整体陈列以“运河推动历史，运河改变生活”为主题，旨在全方位、多角度地收藏、保护和研究运河文化，反映和展示运河的古老历史、自然风貌和民俗风情。博物馆作为公益性文化单位，是公共文化服务体系建设的重要组成部分，是进行科普教育、爱国主义教育、乡土教育的重要阵地。自成立以来，博物馆充分利用馆内学术报告厅、临时展厅和展厅内的声、光、电等高科技手段以及雕塑、油画、场景复原等社科资源，认真发挥社科普及教育基地的作用，保证科普工作的开展。根据社会时事热点及对群众兴趣课题的调查结果，制定社科宣传主题，邀请中国历史、运河文化、文物考古等不同研究领域的专家作专题报告，收效显著。同时不断加强宣传，通过报纸、广播、电视台、门前 LED 电子屏、网站等多种途径广泛开展社科宣传工作。

在今后工作中，运河文化博物馆将继续展览深化改陈，强化地理观念和社科教育，进一步提升展示手段的水平，做好多媒体设施的维保和更新，争取把最新展示方式应用到陈列展览中，并组织社科工作人员赴有关单位学习科普工作经验。同时加大社科专项经费投入，不断完善社科设施，保证社科工作与时俱进。争取和保证足够的资金投入，深化固定展览的改陈，不断完善和补充社科内容和设施，以提高社科工作水平。

毛泽东主席像章馆

中国步长医药产业园毛泽东主席像章馆于 2010

年7月1日起试运营，2011年6月18日开馆。展馆分为三个大厅，中央大厅、像章厅和企业文化展览厅。中央大厅主要为巨幅像章贴制画《万里长城》展现祖国大好河山，东厅的28幅小幅贴画展现了中国共产党的发展历程；同时还展出收藏的像章精品40余万枚、毛主席宣传画200余幅、现代文物818余件及大量珍稀实物等；企业文化展览厅，记录企业的发展过程、介绍步长红色企业文化。

截至目前毛泽东主席像章馆已接待国内外、省、市、区领导及各界团体近8万人，受到参观者的一致好评，获得社会各界的高度赞誉。同时，毛泽东主席像章馆还被中共菏泽市牡丹区委及中共菏泽市牡丹区纪委作为“牡丹区革命传统及反腐倡廉教育基地”，被菏泽市关心下一代工作委员会评定为“菏泽市关心下一代教育基地”，被山东省总工会授予“工人先锋号”，并被菏泽市评为“菏泽市爱国主义教育基地”等荣誉称号。

孟良崮战役纪念馆

孟良崮战役纪念馆位于蒙阴县孟良崮烈士陵园内，坐北朝南，总建筑面积3682平方米，分为二层：一层是以孟良崮战役形势、战役决策、战役实施、人民支前、欢呼胜利、英烈业绩六部分为内容的展厅部分；地下一层是情景体验厅。纪念馆高度为19.47米，象征着孟良崮战役发生在1947年。

展厅展示了孟良崮战役经过及华东野战军序列表和参战部队的进攻、阻援情况；沂蒙人民踊跃支前的情况；部分英模人物、战斗英雄的事迹情况等。

纪念馆前面是陈毅元帅、粟裕将军侍马而立的大型花岗石雕塑，雕像高7.75米，其中底座高2.75米。红色花岗石上镌刻着陈毅元帅的《孟良崮战役》长诗，两位将帅雕像栩栩如生，再现了当年作为孟良崮战役主要指挥者的光辉形象。

纪念馆后面是烈士墓地。墓地正中是粟裕将军骨灰撒放处，其后是烈士英名塔，塔身镌刻着在孟良崮战役中牺牲的2800多名烈士的姓名，墓区内掩埋着2800多名烈士的遗骨。近年馆内增加了最新征集的图片、文字材料、文物等，多媒体厅的声光电设施再现战役场景，设计先进，情景逼真。原馆内的陈毅、粟裕大型雕塑移至馆前广场正中，更体现出战役指挥者的雄姿。

齐鲁钱币博物馆

齐鲁钱币博物馆是山东省钱币学会在人民银行济南分行的重视和支持下，在社会各界的大力帮助下创办的我省第一家银行钱币博物馆，于2008年12月建成并开馆。展馆面积150余平方米，馆内钱币陈列以中国历史朝代沿革为序，汇集始于天然贝币到新中国成立迄今约4000年的历代钱币珍品数千件。陈列展出分为五大部分，分别是：中国古代货币、中国近现代货币、中华人民共和国货币、香港、澳门特别行政区货币和反假货币。其中，齐国货币和山东革命根据地货币是本馆展示的重点。这些展品，不仅全面而真实地反映了中国历代货币发展演变的历史，而且从中可窥见中国乃至山东不同历史时期的社会政治、经济、文化等发展变化的轨迹。

齐鲁钱币博物馆，是全国第八家经人民银行总行批准设立的省级专题钱币博物馆。迄今已先后加入中国钱币与博物馆委员会、中国红色金融专题委员会、中国货币与银行博物馆联盟。钱币博物馆融知识性、趣味性和艺术性于一体，是爱国主义和革命传统教育的重要基地及货币文化宣传的重要窗口。2009年9月，被山东省委宣传部和山东省社科联命名为“山东省社会科学普及教育基地”。开馆以来，先后共接待来自社会各界的钱币收藏、研究及爱好者以及中小学生数千人次，已经成为了全省钱币学术研究、宣传教育、培训实习和藏品储备基地。

青岛理工大学

青岛理工大学自2012年获批“山东省社科普及教育基地”以来，在省、市、校各级领导的大力支持下，充分利用自身优势，团结全校人文社科学科教师骨干，发扬学术民主，倡导务实、创新精神，在开展社科普及教育方面，做了一系列卓有成效的工作，收到了良好效果。

首先，成立了社科普及教育基地学术委员会，制定了详细的《社科普教育基地管理办法》。整个基地在学术委员会的指导下，实行基地主任负责制，按照基地管理办法有计划、有步骤地开展工作。目前，基地队伍结构合理，有教授10人，副教授30人，讲师20人，其中有博士学位的16人。基地充分利用校外资源，聘请了中国石油大学、中国海洋大学、青岛大学的知名学者作为基地兼职教授。其次，积极开展主题鲜明的社科普及教育活动。一年来，基地共举办了16场人文社科讲座，科普活动（讲座题目、举办时间）在《青岛日报》上做了宣传，在当地产生了良好的反响。再次，开展了富有特色的社科普及活动。基地与校图书馆联合，将科普活动常态化、制度化，图书馆把每月的第2个星期日作为市民开放日，市民可凭身份证到图书馆借书阅读。

青岛啤酒博物馆

为纪念、庆祝青岛啤酒百年华诞，青岛啤酒股份有限公司投资4000多万元建设了青岛啤酒博物馆，2003年8月15日建成并对外开放。

展馆展出面积6000平方米，充分利用百年德国建筑、设备，将百年青啤发展历程、百年青啤酿造工艺与现代化生产作业区相连，形成独特的新旧对比格局。其展示的老厂房、老设备均是国家一级文物，具有强烈的文化震撼力。

青岛啤酒博物馆拥有一支综合素质高、专业能力强、团结有力的员工队伍，公司讲解员全部经过专业培训，具有普通话二级甲等以上证书，并精通中、英、日、韩、粤语。先后有5人次获得过省级先进个人称号，15人次获得过市级先进称号。2009年青啤文化公司的“啤酒文化传播及工业旅游服务”通过了ISO9001：2008质量管理体系认证。

青岛啤酒博物馆开馆以来接待了大量中外游客、外国政要，习近平、胡锦涛、江泽民、俞正声、刘云山、王岐山、张高丽、吴邦国、温家宝、贾庆林等党和国家领导人均曾莅临参观并给予高度评价。

青岛市档案馆展览中心

青岛市档案馆展览中心于2008年7月落成启用，占地6000余平方米，设有专职讲解员6名，免费向社会开放。

启用以来，每年紧密围绕重大纪念活动和社会热点举办三到四个展览，现共举办各类展览20多个，在发挥档案宣传教育和历史文化知识传播方面发挥了重要作用。其中二楼的《见证青岛》固定展览以反映青岛建置、帝国主义侵略青岛和中国共产党领导人民解放青岛、建设青岛为主要内容。三楼展览突出城市特色，设立城市建设、路港立市、品牌城市、文化科技、风俗民情等板块，为广大市民学生多视角了解城市历史开辟了窗口。在举办展览同时，开展了一系列丰富多彩的主题活动。如与市教育局等联合举办以“城市·记忆·文明”为主题的“走近档案，认识青岛”夏令营活动，吸引中小学生走进档案馆，了解青岛、关心青岛，激发爱国热情，受到师生和家长们的欢迎。组织“老战士与中学生座谈会”，举办青岛历史专题报告会，组织观看档案展览和青岛历史专题录像片，开展青岛历史知识和档案知识测验，参与“我与档案”征文活动等。开展“档案馆日”主题活动和“走进档案馆”系列活动，让广大市民参观档案保管、档案查阅、档案裱糊、档案缩微等流程，深层次了解档案馆和档案工作，增长档案知识，组织中小学生结合青岛建置120周年纪念日写作文，记录当日青岛城市面貌，并征集进馆。与有关中小学联合开展“档案伴我成长”活动，辅导学生学习制作“家庭档案”和“成长档案”，增强学生动手实践能力和自主性学习的能力。2007年开始举办的“城市·记忆·文明——青岛历史文化讲坛”，面向市民解读档案、传播文化、普及知识，连续多年被青岛市社科联列为市十大社科普及周重点活动。目前已有驻青高校、驻青部队、中小学、党校和组织部门等24个单位在档案展览中心建立了教育实践基地和教学研究基地。

山东博物馆

山东博物馆是新中国成立后建立的第一座省级综合性地志博物馆，成立于1954年8月，拥有体系完整、门类齐全的馆藏文物共计20余万件，位居全国前列。历经两次迁址扩建，山东博物馆新馆于2010年11月16日正式向社会开放，“山东省博物馆”至此更名“山东博物馆”。

自2008年实行免费开放以来，山东博物馆坚持依托先进的硬件设施和馆藏资源优势，积极打造具有山东特色的文化遗产展示平台。新馆推出了《山东历史文化展》、《孔子文化大展》、《山东名人馆》等10余个基本陈列，展出文物万余件。同时，每年举办各类临展近40个，如《乾隆大帝文物展》、《稀世元青花》、《大羽华裳——明清服饰特展》、《欧美经典美术大展》等，极大地丰富了展览内容，满足了社会各界观众的文化需求。年均接待观众量超过120余万人次，发挥了广泛的社会影响力。

为了强化博物馆文化传播与教育功能，普及文博知识，山东博物馆积极创新与探索，形成了系列化、品牌化、内容丰富、高低端相结合、引进与自办相结合的讲坛讲座举办模式，比如由省文物局主办，山东博物馆承办的“齐鲁文博讲坛”，由山东省委宣传部、山东省社会科学界联合会、山东大学、齐鲁晚报主办，山东博物馆、山东省博物馆学会承办的“齐鲁大讲坛”等大型高端讲坛以及本馆举办的“学术沙龙”、与临展配套的讲座等诸多公益性学术讲座。另外，为加强科研与文化交流，山东博物馆还举办了“山东佛教艺术与考古”、“汉代石椁画像与汉代文化”、“刘国松现代水墨艺术”等全国性、国际性学术研讨会，有效扩大了山东博物馆作为文化殿堂的影响力。

山东省图书馆

山东省图书馆始建于1909年，现有馆舍三处，总面积达6.4万平方米，居全国第三位，跻身于全国十大图书馆之列。现有藏书709万余册（件），其中馆藏古籍75万余册，善本9万余册。海源阁专藏、易经专藏、山东地方文献等闻名海内外。数字资源总量已达17TB。阅览坐席2000余个。自2002年10月8日山东省图书馆新馆正式开馆以来，全年365天开放，年到馆读者186万余人次；年举办读者活动200余次，参与活动读者达到82万余人次；官方网站年访问量796万次，各类数据库年总访问量192万次。省图书馆以规模宏富的馆藏资源、优质高效的服务水平、健康优雅的阅读环境而充分发挥着面向大众的社会教育和科普宣传作用。

省图书馆积极开展各种阅读活动，2010年至今连续三年举办“书香齐鲁 全民阅读”促进活动；连续举办八届“全省读书朗诵大赛”，参加活动人数达3万余人；在“世界读书日”、“全民阅读月”、“图书馆服务宣传周”及重要节假日期间，策划组织全民阅读活动。作为传播文化知识的重要平台，2006年开坛的省图书馆公益讲座品牌“大众讲坛”已成为全省乃至全国知名的图书馆服务品牌，2012年成立山东公共图书馆讲座联盟，并与国家图书馆开办“国图·山东‘大众讲坛’”，与山东大学儒学高等研究院开办“大众讲坛·儒家论坛”；“周末100分”、共享工程公益电影讲座播放、“和谐天下——首届国际《论语》知识大赛”等各类品牌活动都取得圆满成功。精心策展，打造了古籍专题展厅“册府琳琅”，先后举办了“海源遗珍”暨“《文选》蝶变”大展、“第二批《山东省珍贵古籍名录》珍品联展”等6次大型展览及古籍鉴宝和体验等活动。与国家图书馆、中国孔子研究院在曲阜联合举办“论语回故里——历代《论语》珍本展”。

山东省政府和八路军115师司令部旧址

山东省政府和八路军115师司令部旧址位于莒南县大店镇庄氏庄园内，是全国重点文物保护单位、全国爱国主义教育示范基地、全国妇女爱国主义教育基地、国家4A级旅游区，占地面积5万平方米，建筑面积1.8万平方米，被誉为“沂蒙红色圣地，华夏第一庄园”。

庄园现主要有山东省政府旧址、八路军115师司令部旧址、山东抗日根据地纪念馆、沂蒙根据地群众工作展馆、曹玉海纪念馆、沂蒙红嫂事迹陈列室，以及由省发改委、民政厅、财政厅、公安厅、司法厅、教育厅、卫生厅、农业厅和山东省经贸委等20多个单位布展的历史景观，现有馆藏文物1000余件，展示珍贵图片10000余张。以丰富、翔实、生动、系统的史料、实物和场景，以现代化的展示手段全面反映了八路军115师及山东抗日根据地革命历史文化，是目前省内唯一一处全面系统展示以沂蒙老区为中心，整个山东革命文化的场所。自开放以来，年平均接待参观者50多万人次，举行各类党团主题教育活动300多场次。

世界伟人毛泽东文物像章艺术博物馆

世界伟人毛泽东文物像章艺术博物馆由山东邹城退伍军人周庆戈出资创建，2008年9月建筑竣工，2009年12月26日布展开馆。展馆坐落在中华文化标志城游览区南端，博物馆主楼为中国古典式建筑，一期工程展馆面积5000多平方米，主要馆藏一是毛主席像章38000类、47余万枚，各种老照片、宣传图1600幅；二是3977件红色文献，其中包括党的领袖著作1170件，党组织各类文件及根据地出版的各种书籍和报纸杂志等1366件，革命、建设、改革各个历史时期红色文献1441件。三是1600多件（幅）毛主席肖像、塑像陶瓷作品以及工农兵塑像等；四是上千件奇石和陶瓷用品。目前总投资已达亿元。

自博物馆创立以来，受到各级领导、社会各界的亲切关怀、大力支持。毛新宇称赞该馆展示了山东人民对毛泽东的深厚感情，期望展览馆为弘扬红色文化作出贡献。原中央军委副主席迟浩田同志亲笔为展馆题名。2010年5月29日开馆典礼，吴桂贤、毛小青、吴连登等20多位曾在毛泽东身边工作的老同志出席仪式，李敏、李讷、王景清、毛新宇等亲属致信祝贺。解放军三军和四总部800多名将军奉献600多幅字画支持展馆事业。先后被中国红色文化联合会、山东省政府、山东省委宣传部和社科联、山东省科协、山东武警总队、济宁市委宣传部、邹城市委宣传部等40多个国家部门、院校、部队、企事业单位命名为爱国主义教育基地、国防教育基地和党员干部、职工、青少年教育基地，以及红色收藏基地等等。

展馆扎实进行基础设施建设的同时，组建了一支经专业培训的宣讲服务队伍。截至目前，全市有16所中小学的6000多名学生及各地企事业单位7万多人次来馆免费参观，发挥了博物馆在思想教育、特别是对青年党员干部和青少年教育的阵地作用，为打造惠及山东、辐射全国和具有全球影响的红色文化标志性窗口作出贡献。

世界语博物馆

世界语博物馆是枣庄学院与中华全国世界语协会合作共建的国际性语言类专题博物馆，坐落在枣庄学院校内，馆所使用面积680平方米，是集收藏、展示、多媒体互动、社科普及、学术研究为一体的综合性世界语文化保护与传承、社科普及教育与推广的展馆，也是目前世界面积最大、亚洲唯一的高端世界语精品展馆。

2013年5月世界语博物馆建成开馆，馆名由中华全国世界语协会会长陈昊苏先生题写。现已建成序厅、柴门霍夫厅、国际厅、中国厅、地方厅、学术报告厅、李士俊纪念馆、侯志平藏品陈列馆、“聆听世界语”和“说出世界语”多媒体互动体验区和密集柜藏品室等。现有藏品26000件，其中珍贵藏品500件。

开馆以来，已接待参观者1000人次。先后两次组团参加了在越南和冰岛召开的国际世界语大会，引起了国际世界语界的高度关注；应邀到日本开展世界语博物馆宣传推介活动，日本著名教授、国际世界语协会亚洲委员会前主席佐佐木先生应邀前来开展世界语教学活动。世界语博物馆建设弥补了国内空白，保护抢救了一批重要的世界语文物资料，开展了世界语普及和教育研究活动，必将为世界语的传播、学习研究作出更大的贡献，成为我省重要的文化交流平台。

刘邓大军渡黄河指挥部旧址简介

刘邓大军渡黄河指挥部旧址位于阳谷县寿张镇沙河崖村。1947年6月30日，刘伯承、邓小平率晋冀鲁豫十二万大军强渡黄河，挺进中原，当时渡河指挥部就设在沙河崖村村民孔月仙家中，当地农民做军鞋、送军粮，踊跃支前，为渡河战役的胜利作出了巨大贡献。

1995年，为缅怀革命先烈的丰功伟绩，寿张镇党委、政府按原貌对刘邓大军渡黄河指挥部旧址进行了整修。之后经过整修的指挥部旧址被命名为山东省国防教育基地、聊城市青少年爱国主义教育基地和省社科普及教育基地。2012年，为纪念刘邓大军渡河65周年，进一步缅怀老一辈无产阶级革命家的丰功伟绩，弘扬渡河精神，加强革命传统教育，激励后人，阳谷县委、县政府再次对渡河旧址按原貌进行扩展式修复，并邀请中央电视台总美工钱运选根据历史资料和村民讲述，对指挥部旧址和相关民居进行规划设计。目前，该旧址拥有4处院落，31间房屋，征集到发报机、枪支弹药和军旅用品等革命军事文物100多件，农业生活、生产用具400多件，同时还搜集大量文献及图片资料，制作展板50余块，展出图片及题词200余幅，内容丰富，布局合理，已成为著名的红色文化教育基地。

铁道游击队纪念园

铁道游击队纪念园坐落于枣庄市薛城区，占地1350亩，是一处集爱国主义教育、观光游览、休闲娱乐、影视拍摄为一体的综合性主题公园，是全国100个红色旅游经典景区之一，被国家命名为第三批红色旅游景点、爱国主义教育示范基地。

铁道游击队纪念园以临山为依托，整个纪念园由铁道游击队纪念广场、甬道、铁道游击队纪念碑、碑廊、八大亭、“三雄墓”（刘金山墓、王志胜墓、赵明伟墓）、临山阁、铁道游击队影视城、铁道游击队史料馆、鲁南民俗博物馆、中陈郝古瓷窑展览馆、鲁南奇石馆、抗日战争史料馆等20多个景点组成，形成以“战争文化”品牌为特点的红色旅游精品景点。初入纪念园，由原国家军委主席迟浩田题写的“铁道游击队纪念园”园名尽收眼底。纪念园内，树木郁郁葱葱，鲜花朵朵绽放。巍峨的铁道游击队纪念碑就屹立在纪念园的正中心，铁道游击队纪念碑这八个金箔大字，是由原国家主席杨尚昆同志亲笔题写的。临山顶部是被誉为薛城明珠的临山阁，是枣庄市驻地纪念性、标志性建筑。

纪念园建成以来先后有红色经典剧《铁道游击队》、《生死十日》、《红灯记》、《靠山》、《沂蒙》、《刘少奇故事》、《解放》、《平原枪声》、《铁道游击队2—战后篇》、《小小飞虎队》等近50部影视剧在城内取景拍摄，大大提升了枣庄市红色旅游的知名度，对全市经济发展作出了突出的贡献，有力地推动了全市旅游业的发展。

目前，在国家大力发展红色旅游的大好形势下，纪念园抓住机遇投资2.57亿元建设一个以民国文化为中心，以文化体验为主导，以观光旅游为基础的全国最大的影视城，整体工程建成后，影视文化城将成为江北最大的民国影视文化拍摄基地、全国重要的爱国主义教育示范基地、商贾云集的商贸中心、山东省重要的文化产业创意中心和国家AAAA级旅游风景区。

文登市图书馆

文登市图书馆建筑面积8000多平方米，馆藏文献43万册，电子图书30万册，阅览席位530个，配备中央空调、动态监控、消防报警及公共音响等体系，是全省县级最先进、最现代的公共图书馆。所运行的图书馆自动化管理系统（RFID），科技含量高，能实现导航、定位、顺架、盘点，尤其是24小时自助借还、查询功能深受读者喜爱，是国内最先进的智能管理服务系统。

图书馆自2008年6月起实现了“五免费”：免费办证、免费借阅、免费查询、免费上网、免费参与活动，1.2万名有效持证读者流连于此，年借阅量30万册次，服务群众24万人次，图书馆真正变成市民共享文化发展成果的场所。在提供书刊阅览、图书借阅查询、业务辅导的基础上，常年举办讲座、展览、读书征文、猜谜等丰富多彩的读者活动。特别是每月两期“昆嵛讲坛·市民大讲堂”公益讲座，深受大众喜爱和认可。依托文化信息共享工程基层点和农家书屋，建设了29个分馆，实现资源共享，通借通还，服务范围拓展到全市每个镇村。

馆藏古籍4万册，18种、222册古籍列入《国家珍贵古籍名录》，藏量和质量居省内县级馆之首。另有《四库全书》、《四库全书存目丛书》、《续修四库全书存目丛书》可供查阅。被授予全省县级公共馆唯一的“全国古籍重点保护单位”。

文登市图书馆充分发挥阅读、宣传、启智、联谊、展览和研讨等职能，在弘扬“文登学”文化内涵、构建和谐文化中发挥了重要作用。连续四届保持着国家“一级图书馆”称号，并荣获全省“读者喜爱的图书馆”等荣誉。

杨家埠民间艺术大观园

杨家埠民间艺术大观园（原杨家埠风筝厂），建于1986年5月，是目前国内最大的风筝厂。风筝厂是集风筝生产、年画印刷与民俗旅游为一体的民间艺术大观园。总占地面积160000平方米，职工120人。

杨家埠民间艺术大观园是杨家埠旅游开发区景点的核心部位，园内以年画、风筝 为主导，民风民俗为主题。设有风筝博物馆、绘制馆、十八女子作坊、年画博物馆、年画作坊、民俗馆、文物馆、百年婚证展、老粗布作坊、农具展、红色收藏展、书画院、嫦娥奔月台、古店铺一条街、三星湖、度朔山以及杨家埠明清时期古村落、古槐等数十个景点和展厅。让游客在体验风筝扎制、年画印刷等乐趣，同时也可以领略到几百年前杨家埠人的生活方式，体味杨家埠人古老的民俗、民间风情。

近年来，随着与国际文化交流的日趋频繁和整个景区管理水平的提升，杨家埠民间艺术大观园以其独特的民风民情、浓郁的乡土气息，吸引了马来西亚、日本、韩国、新加坡和中国香港、台湾等数十个国家和地区的游客来此观光旅游。游客们在园内一起参与踩高跷、抬花轿、扭秧歌、放鞭炮等活动，对杨家埠的风筝、年画和当地民俗产生了浓厚的兴趣，并给予高度评价。世界教科文组织来此参观后批示：“不远的将来，杨家埠将成为山东乃至全中国的民俗旅游中心。”古朴的杨家埠特色旅游，正以浓郁的民俗、高雅的艺术、优质的服务，恭候国内外宾朋的到来。

沂蒙红嫂纪念馆

沂蒙红嫂纪念馆于2012年7月在沂南县青驼镇落成开放，全馆共分为8各部分，12各展馆24个展室，以问、图、照片、荧屏、声像、光、雕塑和实物相结合，以光彩照人的红色人物和震撼心灵的革命斗争故事，比较详细地介绍了发生在鲁中、鲁中南区的“红嫂”在抗日战争和解放战争时期的无私奉献和丰功伟绩。36位在战争年代甘于献身、拥军支前的沂蒙红嫂、山东红嫂和全国红嫂的感人事迹和她们所代表的“爱党爱军，无私奉献”的沂蒙精神主题以图文结合的形式向世人展示。

纪念馆内新辟的“沂蒙红嫂馆”，展览面积近300平方米，展板120余块，内容有江泽民、李鹏、姜春云、迟浩田等党和国家领导人的题词以及接见红嫂人物的珍贵照片，有反映抗日战争、解放战争时期沂蒙红嫂送郎参军、护理伤员、缝军衣、做军鞋、交军棉等拥军支前活动的历史照片，抚养伤员、掩埋烈士、冒险保存机密文件的“沂蒙母亲”王换于、乳汁救伤员的红嫂代表明德英、参加过90余次战斗的全国女民兵战斗英雄侍振玉、冒着战火救伤员，“我为亲人熬鸡汤”的祖秀莲、带领32名妇女以肩膀撑起“火线桥”，为孟良崮战役的胜利作出关键性贡献的李桂芳……展馆中还展示了一批在经济建设和国防建设中表现出色的新红嫂的动人事迹。

“沂蒙红嫂馆”旨在发掘历史，启迪后人，成为对广大干部群众尤其是青少年进行爱国主义、艰苦奋斗、无私奉献精神的课堂。

枣庄世界语博物馆

世界语博物馆是枣庄学院与中华全国世界语协会合作共建的国际性语言类专题博物馆，坐落在枣庄学院校内，馆所使用面积680平方米，是集收藏、展示、多媒体互动、社科普及、学术研讨为一体的综合性世界语文化保护与传承、社科普及教育与推广的展馆，馆内收藏近50个国家和地区的世界语出版物、纪念物等藏品260000件。目前，世界语博物馆是世界面积最大、亚洲唯一的高端世界语精品展馆。

2013年5月世界语博物馆建成开馆，馆名由中华全国世界语协会会长陈昊苏先生题写。现已建成序厅、柴门霍夫厅、国际厅、中国厅、地方厅、学术报告厅、李士俊纪念馆、侯志平藏品陈列馆、“聆听世界语”和“说出世界语”多媒体互动体验区和密集柜藏品室等。现有藏品为26000件，其中珍贵藏品为500件。

世界语博物馆自开馆，已接待参观者近1000人次，其中有各级领导、专家、大中小学生及社会各界人士。世界语博物馆建设弥补了国内空白，保护抢救了一批重要的世界语文物资料，开展了世界语普及和教育研究活动。

世界语博物馆计划三年内建成馆藏超过10万件的集收藏、展陈、学术研究及社科普及为一体世界语跨文化交际平台，每年将面向社会开放天数不少于200天，年接待能力达到8万人的现代化场馆。

枣庄铁道游击队纪念园

铁道游击队纪念园是全国爱国主义教育基地和市级社科普及基地。纪念园有相对固定的社科普及活动场所，专设负责讲解、接待和活动辅导的并具备一定组织管理能力的导游进行主题明确的社科普及内容。同时将社科普及经费列入本单位经费预算，确保落实到位，保证社科普及活动正常开展，社科普及经费逐年增加。

铁道游击队纪念园地根据公众需求和自身工作安排不定期地向公众开放，接待游客。

张裕酒文化博物馆

张裕酒文化博物馆坐落于烟台市芝罘区大马路张裕公司原址，1992年，张裕公司在百年大庆前夕，投资450万元建设张裕酒文化博物馆，并于1992年9月对外开放。2000年，在张裕公司老厂址的基础上，仿照111年前建厂初期的建筑风貌，按照清华大学的设计方案，改建、扩建了张裕酒文化博物馆，于2002年9月8日——张裕公司110年大庆、“国际葡萄·葡萄酒论坛”开幕式上，国际葡萄·葡萄酒局名誉局长罗伯特·丁洛特先生和张裕集团董事长孙利强先生共同开启了新馆大门，张裕酒文化博物馆正式对外开放。

张裕酒文化博物馆是由酒文化广场、百年地下大酒窖、综合大厅、历史厅、影视厅、现代厅、字画厅、珍品厅、休闲购物厅、会议接待厅、信息网络中心、营销中心和现代化办公区组成。张裕酒文化博物馆主体面积近4000平方米，总建筑面积约为10000平方米，博物馆景区占地面积约为30000平方米，大酒窖占地面积2666平方米。百年地下大酒窖号称远东第一，窖内冬暖夏凉，拱洞交错、犹如迷宫，包括亚洲桶王在内的上千只橡木桶整齐排列，蔚为壮观。

张裕酒文化博物馆是中国第一家世界级葡萄酒专业博物馆。它以张裕110多年的历史为主线，通过大量文物、实物、老照片、名家墨宝等，运用高科技的表现手法向人们讲述以张裕为代表的中国民族工业发展史，讲述酒文化知识。

中共刘集支部旧址

中共刘集支部旧址位于大王镇刘集村刘奎相家。现存北屋4间，东耳房1间半，均为砖基土墙草顶房，门楼1间，为一独立院落，是山东省农村中最早的4个党支部之一——中共刘集支部的诞生地。1925年冬，在济南工作的中共党员刘子久、刘雨辉（女）、延伯真带着一本我国首版《共产党宣言》中文译本回到他们的家乡刘集村，送交给了刘集党支部。

刘集支部在支部书记刘良才的领导下，以这本《共产党宣言》为主要教材，创办农民协会，宣传马克思主义，使广饶党的活动和革命斗争有了正确的理论作指导。党组织不断发展壮大，革命斗争如火如荼。民国17年（1928）的“掐谷穗”和民国18年（1929）的“砸木行”、“减租减息”等农民运动就是在这里秘密组织和发起的。中共广饶县委建立后，由刘良才担任第一任县委书记，（后调潍县任中心县委书记，1932年在潍县被国民党杀害。）下辖8个党支部，70名党员，并领导着500余人的贫民会员。此外，还成立了青年团、少先队、工会等组织。刘集支部旧址是广饶县党组织的发祥地，在山东省农村党的建设历史上有着极其重要的地位和作用。

中国甲午战争博物院

中国甲午战争博物院是以北洋海军和甲午战争为主题内容的近代遗址类博物馆，成立于1985年，负责管理保护刘公岛甲午战争纪念地所属28处文物遗址，是第三批全国重点文物保护单位和国家首批一级博物馆，2008年3月向社会免费开放。

博物院以山东社会科学普及教育基地为主阵地，依托资源优势，开拓思路，创新形式，充分利用修复后的古建筑，举办内容丰富、风格独特的北洋海军专题陈列展览30多个，利用暑期及节假日对未成年人开展“少年军事夏令营”、“暑期爱国主义行”等系列主题活动；对大学生、部队开展“强我海防，爱我海洋”主题活动；对企事业单位职工开展军事拓展训练活动；对社会团体举办“甲午大讲堂”；在特殊纪念日，举办北洋海军成军纪念活动及甲午战争爆发周年国际学术研讨会、“黄海大战纪念日”等爱国主义主题活动。通过形式多样、主题鲜明的系列活动，每年上百万人接受社会科学普及教育，基地功能日益彰显，取得了显著的社会效益。博物院先后荣获“全国文化先进集体”、先后荣获“全国优秀社会教育基地”、“全国爱国主义教育基地”、“全国爱国主义教育示范基地”等荣誉称号。

中共淄博市委党校

中共淄博市委党校是一所大学专科体制、副厅局级事业单位，是在市委直接领导下培养领导干部、理论干部的学校，也是市委的一个重要部门，其性质、任务、地位和作用与党委的路线、方针、政策紧密相联。该校同时兼办淄博市行政学院和淄博市社会主义学院，是淄博市培养党的理论队伍，宣传、学习、研究、坚持和发展马克思主义、毛泽东思想的重要阵地，是党员干部党性锻炼的熔炉，也是淄博市社科普及教育的主要阵地。2002年以来，在"一校两院"的基础上，增挂了市干部培训中心、市经济管理干部学院、市直机关分校和市团校的牌子，使市委党校作为干部培训的主阵地、主渠道的地位更加突出。现有在职人员94人，其中，专兼职教师37人，20人有高级职称，有能力承担淄博市社科普及教育的任务。

淄博市委党校自成立以来，在社科普及教育方面做了大量工作。干部培训方面，在市委、市政府的正确领导下，紧紧围绕理论教育和党性教育，认真实施教学新布局，坚持三个服务，加强对重大现实和战略问题的研究，充分发挥了党校的马克思主义理论阵地作用。社科宣传方面，市委党校经常利用报纸、广播、电视、网络、学术报告等手段，坚持不懈地对社会公众进行社科理论的宣传教育，做到了各种媒体互相补充配合，收到了较好的宣传效果。

"调研山东（2012）"大型社会调查活动入围选题和团队名单

序号	调研题目	负责人/申报单位
1	山东省行政复议公信力调查	乔华勇　山东政府法制研究中心
2	山东省公租房现状相关情况调查	肖洪生　山东大学经济研究院
3	基层上访原因及上访人员心态类型化调查	耿焰　青岛大学法学院
4	营业税改征增值税对我省经济税收的影响及对策建议	孙立德　山东省税务学会
5	山东省中小企业新生代员工流动情况调查	王益明　山东大学管理学院
6	山东省基础教育状况及其城乡差距调查	徐继存、孙宽宁　山东师范大学基础教育课程研究中心
7	农村劳动力构成调查	张福明、郭斌　聊城大学商学院
8	山东传统节日传承现状调查	刘德龙、张士闪　山东省民俗学会
9	山东省综合医院医护人员执业环境调查	徐凌忠　山东大学公共卫生学院
10	中、小、微企业发展调查	张伟　济南大学经济研究中心

2012年山东省社会科学普及工作先进单位、优秀组织单位和先进个人名单

先进单位（共53个）

中共济南市委宣传部
济南市社会科学界联合会
中共青岛市委宣传部
青岛市社会科学界联合会
中共枣庄市委宣传部
枣庄市社会科学界联合会
中共东营市委宣传部
东营市社会科学界联合会
中共潍坊市委宣传部
潍坊市社会科学界联合会
中共莱芜市委宣传部
莱芜市社会科学界联合会
中共临沂市委宣传部
临沂市社会科学界联合会
中共聊城市委宣传部
聊城市社会科学界联合会
中共菏泽市委宣传部
菏泽市社会科学界联合会
胜利油田党委宣传部
胜利油田社会科学界联合会
中共寿光市委宣传部
寿光市社会科学界联合会
中共东平县委宣传部
东平县社会科学界联合会
山东省金融学会
山东省钱币学会
山东省税务学会
山东省保险学会
山东国际孙子兵法研究交流中心
山东省家庭教育研究会
山东省博物馆学会
山东省图书馆学会
山东省青少年研究会
山东省民俗学会
山东省行为科学学会
山东省写作学会
山东省民意调查中心
山东一泓健康研究中心
山东大学学术研究部人文社会科学处
山东师范大学社会科学处
山东轻工业学院党委宣传部
山东建筑大学学生处
山东农业大学党委宣传部
济南大学社科处
青岛大学科研处
中国石油大学（华东）科技处
青岛科技大学科技处
青岛理工大学人文与社会学院
潍坊学院发展规划处
泰山学院科研处
大众日报政教新闻采编中心
山东广播电视台新闻中心
齐鲁晚报

优秀组织单位（共33个）

中共淄博市委宣传部
淄博市社会科学界联合会
中共烟台市委宣传部
烟台市社会科学界联合会
中共济宁市委宣传部
济宁市社会科学界联合会
中共泰安市委宣传部
泰安市社会科学界联合会
中共威海市委宣传部
威海市社会科学界联合会
中共日照市委宣传部
日照市社会科学界联合会
中共德州市委宣传部
德州市社会科学界联合会
中共滨州市委宣传部
滨州市社会科学界联合会
莱芜钢铁集团党委宣传部
莱芜钢铁集团社会科学界联合会
中共招远市委宣传部
山东省世界经济贸易研究会
山东省老年学学会
中国海洋大学文科处
曲阜师范大学科研处
山东科技大学科研处
青岛农业大学科技处
泰山医学院社会科学部

聊城大学社科处
济宁学院科研处
滨州学院科研处
临沂大学社会科学处
青岛职业技术学院科研处
青岛远洋船员职业学院研究发展部
青岛酒店管理职业技术学院科研发展处

先进个人（共102名）

济南市

于　蕾　中共济南市委宣传部理论处主任科员
苑　红　济南市社科联学会科普部副部长
卢　琦　济南市社科联办公室副调研员
梁　明　济南市社科联学会科普部副主任科员

青岛市

王玉龙　中共青岛市委宣传部理论处副主任科员
刘　梅　青岛市社科联科普部副部长
姚志刚　青岛市社科联主任科员
刘正凯　中共胶州市委宣传部理论教育科科长

淄博市

王焕文　中共淄博市委宣传部理论科科长
司志生　中共淄川区委宣传部常务副部长
崔兴莹　淄博市社科联组联部部长

枣庄市

马维超　枣庄市委宣传部理论科干部
李广华　枣庄市社科联办公室主任
张明恩　枣庄市社科联学会部部长

东营市

张平安　中共东营市委宣传部理论科科长
杨国明　东营市社科联副主席
董永国　东营市社科联办公室主任

烟台市

邹光伟　中共烟台市委宣传部科长
李　亮　烟台市社科联主任科员
王虹英　烟台职业学院副教授

潍坊市

胡文君　中共潍坊市委宣传部理论科科长
王事懿　潍坊市社科联副调研员
徐　莹　中共寿光市委常委、宣传部长

济宁市

种　滨　中共济宁市委宣传部宣教科主任科员
李保德　济宁市社科联副调研员
徐奎云　济宁市儒家文化与企业发展协会秘书长

泰安市

闫晓华　中共泰安市委宣传部理论科主任科员
夏　昕　泰安市社科联副主席
梁国华　泰安市社科联办公室主任

威海市

刘昌毅　中共威海市委宣传部副部长、市社科联副主席
丛宏玮　中共威海市委宣传部副调研员、理论科科长

日照市

田玉柱　中共日照市委讲师团主任
张本江　日照市社科联副秘书长
王世国　日照市社科联高级工

莱芜市

徐　雷　中共莱芜市委宣传部理论调研科科员
井润峰　莱芜市社科联秘书长
王　慧　莱芜职业技术学院宣教办公室讲师

临沂市

李怀林　中共临沂市委宣传部理论科主任科员
王杰华　临沂市社科联科普部部长
朱西武　临沂市社科联办公室主任

德州市

王立国　中共德州市委宣传部理论科科长
刘小文　德州市社科联党组成员、办公室主任
刘淑青　德州学院科研处副处长、教授

聊城市

姚清昌　中共聊城市委宣传部理论科科长
王志强　聊城市社科联党组成员、秘书长
潘云霞　聊城市社科联科研规划部部长

滨州市

孟莎莎　中共滨州市委宣传部理论科主任科员
宗　丽　滨州市社科联科普学会部部长
秦　娜　中共邹平县委宣传部宣教科科员

菏泽市

许庆博　中共菏泽市委宣传部理论科科长
荣海生　菏泽市社科联副调研员、秘书长
刘名慧　菏泽市社科联办公室主任

莱芜钢铁集团

张灿国　莱芜钢铁集团社科联副主席
杨　慧　莱芜钢铁集团社科联科长

高等院校

李晓峰　山东大学艺术学院院长、教授
刘　浩　山东师范大学社会科学处副处长、副教授
王　众　济南大学社科处副处长、副教授
高志峰　山东轻工业学院科技处主任科员
白　琨　山东女子学院科研处副科长
孙　培　滨州医学院科研处社会科学管理科科长

侯玉峰　中国海洋大学职员
李　红　青岛大学科研处馆员
杨　林　山东建筑大学学生处科长、讲师
黄　伟　山东农业大学党委宣传部主任科员
牟学林　曲阜师范大学科研处科长
张建英　山东科技大学团委主任科员
姜梅芳　中国石油大学（华东）科技处副处长
李文明　青岛科技大学科技处副处长、副教授
岳丽宏　青岛理工大学科技处副处长、教授
辛丽轲　青岛农业大学科技处科长
任　冲　泰山医学院社会科学部副教授
牛　芳　泰山学院科研处成果科科长、副研究员
马兆鹏　临沂大学社社会科学处综合办公室主任、馆员
王维志　潍坊学院科研处副处长、副研究员
马中东　聊城大学商学院副院长、教授
霍雨慧　济宁学院科研处成果科科长
田刚元　滨州学院科研处科员
王晓梅　齐鲁师范学院图书馆副教授
董升荣　青岛远洋船员职业学院研究发展部助理研究员
王　健　青岛酒店管理职业技术学院科研发展处处长
张静静　青岛职业技术学院科研处讲师
顾洪亭　滨州市技师学院副院长

省级社团

王　进　山东省税务学会秘书长
郭允旺　山东省金融学会主任科员
贺传芬　山东省钱币学会副理事长
王培香　山东国际孙子兵法研究交流中心财务室副主任
宫秀丽　山东省青少年研究所研究室主任、副教授
王　玮　山东省图书馆学会秘书、助理馆员
孟庆辉　山东省书画学会学术交流与展览部主任
李谊群　山东省世界经济贸易研究会主任科员
王丕琢　山东省民俗学会副会长、研究馆员
张晓青　山东师范大学副教授
杨继学　山东省写作学会秘书长
李　晓　山东省保险学会办公室副主任
张　琳　山东博物馆学会秘书、助理馆员
今　良　山东省行为科学学会副秘书长
程福庆　山东省周易研究会党支部委员
许　鑫　山东省民意调查中心助理研究员
李　莉　山东一泓健康研究中心主任

新闻媒体

王　凯　大众日报政教新闻采编中心主任记者
刘　骏　山东广播电视台新闻中心社会新闻采访部副主任
邢振宇　齐鲁晚报时政新闻中心记者

机构

中共山东省委党校

一、概况

中共山东省委党校是省委领导下培养党员领导干部和理论干部的学校，是培训轮训全省党员领导干部的主渠道，是党的哲学社会科学研究机构。

山东省委党校始建于1938年10月，是全国建立较早的省级党校之一。学校现有在职教职工427人，具有副高以上职称的110人（其中正高职称44人，副高职称66人）；博士75人，享受国务院政府特殊津贴6人。内设28个处级机构，其中事业单位13个，参照管理部门15个。班次设置主要有进修班次和培训班次，其中进修班包括市厅级领导干部进修班、县（市、区）委领导干部进修班、处级领导干部进修班、人大政协干部进修班、乡镇党委书记进修班，培训班包括中青年干部培训班、党政干部研究生班。主体班次年培训规模达2000人，专题研讨班或短期研讨班年培训规模达1500人。2003年被国务院学位委员会批准为硕士学位授予单位，现有15个专业授权点，同时开办了业余研究生函授教育。

学校自创办以来，始终得到省委的高度重视和亲切关怀。特别是改革开放以来，省委书记兼任省委党校校长，省委领导同志经常到学校视察工作、讲课、作报告。上级领导的亲切关怀为党校事业的跨越发展注入了源源不竭的强大动力。

近年来，在省委的正确领导和中央党校的有力指导下，认真贯彻落实《中国共产党党校工作条例》和全国、全省党校工作会议精神，确立“围绕目标、突出特色、把握重点、建设一流党校”的工作总思路、总目标、总要求，初步确立了“忠诚、求真、包容、创新”的党校核心价值理念，为山东党校事业实现新跨越确定了坐标，指明了航向。

学校在教学和科研方面取得了一系列成果：

1. 教学改革方法创新，亮点纷呈。按照“理论武装、党性修养、战略思维、世界眼光”的总体布局，不断强化教学的中心地位，着力提高教学质量，在教学改革创新方面迈出了新步伐。科学制定教学计划，把学员个人需求与党的事业要求有机结合，突出现实能力和执政能力教学，2012年共举办各类班次46期，培训学员6170人次，首次突破6000人次大关，培训厅级干部2000人次，创历史最高。教学内容与时俱进，坚持以中国特色社会主义理论体系为主课，着力推进马克思主义中国化的最新成果进课堂、进教材、进头脑，不断充实完善“四个单元、十大板块”的教学内容新体系。教学方式方法不断创新，案例式、研讨式、模拟式、论辩式等新型教学形式得到全面应用，建立了“分专业、分类别”的教学模块和选修课的教学专题库，成立了案例教学中心。充分利用校内、外教学资源，对内成立教学巡视组，开展听课评课教学活动，组织召开各班次学员座谈会，认真听取意见和建议，为推进教学改革创新掌握第一手资料；对外加大开门办学力度，实施了建立一批教学基地、开发一批教学案例、聘任一批兼职教授的“三个一批”建设工程，现场教学、异地教学、体验式教学得到全面开展。学科建设不断推进，建立了科学的责任考核体系，现有马克思主义理论和政治学2个硕士学位授权一级学科点、1个省级重点学科、7个校级重点学科，其中马克思主义中国化学科被定为省“十二五”重点学科，1人入选全国干部教育培训师资库。制定和完善深化教学改革等教学管理方面的文件，增强了工作的制度化、规范化、科学化水平。在2011年全国党校系统第一次评教活动中，张文彦教授讲授的“努力建设社会主义核心价值体系”被评为“全国党校系统精品课”，标志着教学水平实现了新的重大突破。

2. 科研质量稳步提升，硕果累累。把握正确的科研方向，坚持融入社会、融入实践，大力实施课题带动战略、精品战略、人才战略和管理提升战略，科研活力正在增强，研究成果的质量和水平有较大幅度提升。在2011年突破性获准立项国家社科基金项目7项的基础上，2012年又获准立项国家社科基金项目4项；荣获全国党校系统第九届优秀科研组织奖，同时荣获优秀科研成果一等奖2项、二等奖2项；两名同志被授予全国党校系统优秀科研管理工作者荣誉称号，达到历史最好水平。突破性入选《国家哲学社会科学成果文库》成果1项，为2012年度全国党校系统仅有的两项入选成果之一；突破性荣获省第26次社科评奖重大成果奖1项，二等奖3项，三等奖8项；7项成果得到省部级领导签批，2项成果通过中央党校上报中央书记处，2项成果被《人民日报》内参部采用，上报省部级以上领导参阅；在山东省社科年会优秀论文评奖中获奖6篇，学校被省有关部门评为"山东省社会科学2012年度学术活动先进单位"和"优秀调研和部刊工作联系点"，科研成果发表逐步向高层次转化。出版著作8部，在省级以上刊物发表论文411篇，其中，在《人民日报》、《求是》、《光明日报》等高层次报刊发表39篇，科研成果由数量型向质量型转变的态势正在形成。2012年新增山东省有突出贡献的中青年专家1人，齐鲁文化英才1人，校级中青年人才2人，入选山东省优秀理论人才"百人工程"9人，优秀科研人才的不断涌现，为一流党校建设奠定了坚实的人才基础。

3.《理论学刊》在保持全国中文核心期刊、中国人文社会科学核心期刊荣誉。在当选华东地区优秀期刊的基础上，2011年正式入选中文社会科学引文索引（CSSCI）来源期刊，得到了省委书记姜异康同志的充分肯定。

4. 硬件坚持技术引领，功能完善。坚持建设与一流党校相适应的基础设施和技术装备，拓宽发展思路，转变工作模式，提升管理水平，大力推进"智慧校园"建设。在省委、省政府和社会各界的关心、关怀和支持下，省委党校新校于2011年3月18日正式启用，新校工程精品率达91.7%以上，12座建筑单体均被评为优质结构工程，整体工程被评为泉城杯，教学软硬件设施得到根本改善，成为学校的另一个品牌。图书馆近60万馆藏文献全部实现计算机管理，数字图书馆提供7×24小时网上信息服务；整合数字资源加快特色数据库建设，已建成馆藏书目、校科研成果、省情以及领导学案例等多个专题数据库，引进了10余种全文数据库。校园计算机网络在万兆核心、千兆到桌面的基础上，通过推行精细管理和优化资源配置，网络效率和技术保障能力得到显著提升；建设并完善20多个信息化管理和服务系统，大幅度提高了教学科研现代化管理水平；新建50个多媒体教室，实现了教室远程控制及教学视频共享；加强机制建设，形成了信息化综合管理、专业技术保障和日常设备维护三方结合的信息化维护保障体系；加大自有信息资源开发利用，建成多种类教学科研特色资源库，数字资源制作水平居全国党校系统前列；互动式多媒体课件教学广泛普及，远程教学网延伸到县级党校。图书馆被中央党校确定为全国党校数字化建设示范馆，信息网络中心远程教学资源建设受到中央党校表彰。

5. 队伍建设卓有成效，人才辈出。实施人才强校战略，积极推动"岗位自学、培训提高、人才引进"三大工程建设，通过挂职锻炼、学习进修、教学观摩、以老带新等多种途径，不断提高教师整体素质，逐步建立起了一支规模适当、结构合理、专业优化、素质优良，能够满足大规模培训干部需要、满足党校事业发展需要的教职工队伍。从2007年开始，平均每年选派20名干部教师到基层进行为期半年的挂职锻炼。2012年继续选派20名同志到临沂等地挂职锻炼，3名同志到村担任"第一书记"，选调19名骨干教师到中央党校等地培训或攻读博士学位和博士后研究。

发展前进中的共山东省委党校，将继续坚持党校姓党，科学办校，质量立校，从严治校，承前启后，开拓创新，勇担时代赋予的历史使命，在建设一流党校的征程上奋勇前行，开创山东党校事业更加美好灿烂的明天。

校长：姜异康；常务副校长（主持工作）：安世银。

二、教研机构

哲学教研部

哲学教研部承担马克思主义哲学、伦理学、现代科技与自然辩证法、哲学史等学科的教学科研工作。

教学方面：在各主体题班次主要开设深入贯彻落实科学发展观、我国意识形态变化与对策研究、加强社会主义核心价值观建设、我国现阶段阶级、阶层研究、生态文明建设研究、马克思主义人的自由全面发展理论、树立科学的世界观、人生观和价值观、领导干部道德建设研究等教学专题和专业课程。

科研方面：近年来承担国家课题和省课题多项，每年都有若干学术著作出版和多篇学术论文发表。设有马克思主义哲学、马克思主义基本原理、思想政治教育三个硕士点，山东省伦理学与精神文明研究基地、哲学创新与发展研究基地两个省级研究基地挂靠该教研部。教研部拥有山东省优秀研究生导师1人，"齐鲁文化英才"1人，山东省"社科新秀"1人，1人入选山东省中青年社科理论人才"百人工程"，3人入选中共山东省委组织部"名师送教"专家库。

主任：张友谊。

经济学教研部

经济学教研部承担马克思主义经济理论、世界经济、西方经济学等学科的教学科研工作，设有1个政治经济学专业硕士点。山东省情研究所挂靠教研部。

教学方面：在各主体班次主要开设了《资本论》、马克思主义经济理论、中国特色社会主义经济理论、转变经济发展方式、创新驱动战略、现代产业体系建设、服务业发展、县域经济发展、土地流转问题、循环经济、绿色经济、财政体制改革、社会保障、当代世界经济发展趋势、服务外包发展问题等教学专题。教学中积极创设和实施论坛式教学、论辩式教学、现场教学、案例教学、论坛式案例教学等新的教学方法，在全国党校系统产生了较大反响。

科研方面：近年来承担和完成国家社科基金项目5项、省社科规划和省软科学课题20多项，承担全国、全省党校系统课题及国家部委课题多项。省情研究和应用取得一定成效。人均发表论文几十篇，出版教材著作近百部。

主任：杨珍。

科学社会主义教研部

科学社会主义教研部承担科学社会主义、国际政治、民族理论、社会发展理论及相关学科的教学科研工作，设有科学社会主义与国际共产主义运动专业硕士点。

教学方面：在各主体班次主要开设社会主义基本理论、政治学、社会学、国际共产主义运动、社会主义思想史、当代国外社会主义、国际政治与国际关系、经济建设与经济体制改革、社会主义民主政治建设与政治体制改革、文化建设与文化体制改革、社会研究方法等教学专题。

科研方面：近年来共主持国家社科基金项目、省社科基金项目、省软科学项目和其他省部级课题和党校系统课题30余项，出版学术专著5部，出版教材4部，在《求是》等杂志发表学术论文50余篇。参与国家社科基金重大招标项目1项目、国家社科基金重点项目1项。有5项研究报告报中央领导参阅。参与或主持完成的研究成果获山东省优秀社科成果奖6项。

主任：张传鹤。

中共党史教研部

中共党史教研部承担中共党史及相关学科的教学科研工作，自2013年开始招收中共党史专业研究生，是山东省党校系统中共党史学会的长期基地。

教学方面：在各主体班次主要开设中共党史重大事件、重要历史人物、执政经验系列等教学专题。教学中，积极开展案例式、两段式、论坛式、互动式等教学创新活动，多人次获全省党校系统优秀教学奖和山东省党史教育先进个人称号。

科研方面：近年来编写出版了《新中国成立以来重大历史事件回顾与思考》、《民国初年社会结构论稿》、《中国共产党历史与经验研究》、《对局与风险》等教材和著作，在中文核心期刊以上发表学术论文100余篇，获得省部级奖励10余项。

主任：章猷才。

党的建设教研部

党的建设教研部承担党的学说、党的领导、党的建设理论等学科的教学科研工作。山东省党的建设研究基地办公室设在教研部。

教学方面：在各主体班次主要开设马克思主义政党理论、马克思主义党的学说史、党的学说经典著作研究、党的建设史、执政党建设基本原理、党的领导学、党章研究、党务工作研究、思想政治工作研究、世界政党比较研究、政治学、专业外语等教学专题。10余人次获优秀教学奖、优秀教师、教学名师等称号。

科研方面：近年来主持完成国家社科规划课题3项，省社科规划课题10余项，中组部、中央党校及山东省委课题20余项。出版著作10余部，发表论文1000余篇。获优秀科研成果奖20余项。

中共党史（含党的学说与党的建设）硕士学位点设在本部。学位点研究方向有：马克思主义政党理论，执政党建设理论与实践，世界政党比较研究，中国共产党的历史经验研究。

主任：李剑。

管理学教研部

管理学教研部主要承担宏观经济管理、企业战略管理、农村经济管理、政府建设与行政管理、公共事业管理、突发事件应急管理、社会管理及其创新、科技管理与科技政策等专业方向的教学和科研工作。

在省科技厅和省软科学办公室支持下，依托教研部建立了“山东省社会管理创新软科学研究基地”。基地以突出成果应用、服务政府决策为根本目的，围绕社会建设与社会管理领域的热点、难点问题开展调查研究工作，力争通过三到五年的努力，把软科学基地打造成一个卓有成效、知名度高的社会管理问题研究中心和党政决策咨询中心。

主任：戚汝庆。

文史教研部

文史教研部承担语文、历史、外语、文化、体育等学科的教学科研工作。

教学方面：在主体班次主要开设了中国特色社会主义文化建设、中国传统思想文化研究、儒家传统及其当代价值、中国近代思想文化研究、中国当代文化思潮研究、当代中国大众文化研究、增强国家文化软实力的战略思考、推动山东文化走向世界、领导干部公选竞岗笔试面试方略等教学专题和英语、体育等专业课程。8人次获得全省党校系统优秀教学奖，31人次获得校级优秀教学奖，3人被评为全省党校系统优秀教师。

科研方面：近年来主持完成省社科规划项目6项、省软科学计划项目1项、省社科联社科普及重点项目1项。出版学术著作5部。在《人民日报》、《学习时报》、《文史哲》、《理论学刊》、《山东社会科学》、《东岳论丛》等报刊发表国家级（核心期刊以上）理论文章105篇。有2项成果获省部级奖励，1项成果获省社科评奖三等奖，3项成果获全省党校系统优秀科研成果一等奖，1项成果获校青年优秀科研成果奖。

主任：孙建昌。

政法教研部

政法教研部承担法学、政治学与政治体制改革等学科的教学科研工作，设有政治学理论硕士点。

教学方面：在各主体班次主要承担“依法行政与法治政府建设”方向分类教学，开设法治政府建设、诚信政府建设、责任政府建设等20多个教学专题，曾获校教学组织奖，全体教师曾获全省党校系统优秀教学奖或校优秀教学奖。在校精品课竞赛中获一等奖2项、二等奖1项。

科研方面：近年来主持国家课题7项，出版著作20余部，发表学术论文300多篇，完成全国党校系统项目、山东省社科基金项目、省软科学项目和省委托课题20余项，多篇调研报告获省领导签批。科研成果获得全国党校系统科研一等奖、省社科二等奖等奖项。

主任：赵泉。

马克思主义研究所

马克思主义研究所承担马列主义、毛泽东思想、中国特色社会主义理论体系、国内外重大理论问题和现实问题的研究并开展学术交流活动。

教学方面：在相关主体班次开设马克思主义前沿问题、西方哲学问题研究、坚持中国特色社会主义文化发展道路，努力建设社会主义文化强国、推进我国现代农业发展的战略思考、中国特色社会主义生态文明建设、战略思维与创新思维、教育心理学、领导干部心理压力与缓解、领导素质测评、如何提升执行力等专业课程和教学专题。

科研方面：目前拥有中国特色社会主义理论研究中心、山东经济社会发展意见中心、山东省重大经济理论和经济发展研究基地、山东省党校系统经济社会调研网、山东发展战略研究所、山东省领导科学学会等多个科研活动平台。组织教研人员和社会各界经常性开展调研活动，对重大理论和实践问题进行合作研究和协作攻关并组织开展多形式的学术交流活动。

所长：迟树功。

校刊编辑部

校刊编辑部承担《理论学刊》、《山东党校报》的编辑发行和各主体班次的教学和学习指导工作。

《理论学刊》于1984年3月正式创刊，是中共山东省委党校主办的哲学社会科学综合性学术理论刊物。刊号被核准为“国际标准刊号ISSN1002－3909”和“国内统一刊号CN37－1059/D”。最初为季刊，1985年起改为双月刊，2004年起由双月刊改为月刊。设有马克思主义研究、党史·党建、经济学、哲学·社会、政治·法律、历史·文化、文学等基本栏目。学刊系全国中文核心期刊、中文社会科学引文索引（CSSCI）来源期刊，在学术理论界得到普遍认可。2011年8月，理论学刊编辑部获首届山东省新闻出版奖优秀集体奖。

《山东党校报》作为中共山东省委党校的机关报，于2010年3月1日创刊。目前该报为对开4版，每月出版2期，设新闻、党校工作、教学园地、理论研究、综合报道、校园文化6个栏目。创刊以来，校刊编辑部坚持正确的办报导向，以马列主义、毛泽东思想、邓小平理论和“三个代表”重要思想和科学发展观为指导，以研究传播马克思主义中国化的最新成果为己任，力争以“一流品质创办全国一流党校报”为宗旨，目前已出版67期。

主任：宋协娜。

图书馆

图书馆承担对各类文献信息资料和数字资源的采集和分编、应用和管理、开发和研究，建立校文献信息中心数据库，开展咨询和信息服务等项工作。馆藏图书51万册，期刊报纸合订本10万余册，古籍线装书2万余册及部分大型资料性丛书和建国前报刊，形成了体现党校特色的文献资源体系。2011年荣获中华总工会授予的“全国五一巾帼标兵岗”称号。

图书馆运用图书馆自动化集成系统进行管理。馆藏图书分类全部采用《中图法》、《中国机读目录著录格式》进行著录。数字图书馆建设实现了以校园网为依托的不间断信息服务，提供中国知网系列、《人大复印报刊资料》、《龙源期刊》全文数据库近50种，网络版期刊5000余种，重要报纸800余种，电子图书200万种。自建有《信息与资料》、《山东省委党校科研成果》、《山东省情》和《领导学研究》等全文数据库以及《馆藏书目》数据库。

近年来先后主持立项国家社科规划项目4项，

省社科规划项目及软科学计划项目10余项；在《人民日报》、《光明日报》等国家级报刊发表文章十余篇，多篇文章被人大复印资料全文转载；出版专著5部；参编著作十几部。荣获山东省社会科学优秀成果三等奖3项，山东省软科学优秀成果二等奖3项。

主任：卢丽娜。

信息网络中心

信息网络中心承担计算机及网络系统的运行维护、软件开发，省委党校网和校园网信息采集与更新等工作。目前建有校园网络（有线/无线）、虚拟专用网、数字电视网络、卫星与地面互联网络和安全监控网络，所有教学、会议场所实现多媒体应用和控制，建成多功能实训室等功能性教室，拥有基于互联网络高清视频设备互联的远程A级站系统、校园网络管理系统、机房监控管理系统，以支持不同需求、不同模式的教学。中心以现有硬件设施和安全环境为基础，建成一批管理应用系统。教研资源平台为教职工、学员提供的资源服务。各业务部门与信息网络中心协同工作，在全校范围内形成了良性互动的信息化工作体系。

主任：陈仲亮。

研究生部

研究生部承担全国统招研究生和专业理论研究生的招生、培养、学位、学员管理、组织建设和学校安排的有关教研工作，是党校负责研究生工作的职能部门，也是研究生工作领导小组的办事机构。

近年来，研究生部坚持“高标准规划，高水平运作，高要求管理，全力培养高素质人才”的指导方针，加强领导，健全组织，用规章制度促进研究生教学，较好地实现了研究生教学工作的规范化和制度化。目前在校研究生有2种模式、3个年级、8个专业。马克思主义哲学、党的学说和党的建设、科学社会主义、政治经济学等4个专业的理论研究生于2002年以同等学力方式申请中央党校硕士研究生学位。2003年被国务院学位委员会批准为硕士学位授权单位，2004年正式招生。目前有政治学、马克思主义理论二个一级学科，8个硕士学位二级学科授权点。

主任：袁永新。

科研处

科研处负责编制全校科研规划，组织管理、协调科研活动，管理科研档案。建立全省党校系统科研管理信息网络，组织评估和宣传科研成果，提供科研信息咨询。承担党校系统的科研协作和业务指导以及学会管理和学位管理工作。

处长：张云汉。

三、校内学术团体

（一）省级学会

山东省党校教育研究会

宗旨：高举中国特色社会主义伟大旗帜，坚持以马克思列宁主义、毛泽东思想、邓小平理论和“三个代表”重要思想和科学发展观为指导，坚持与时俱进、理论创新。遵循解放思想、实事求是的思想路线，弘扬理论联系实际的马克思主义学风，遵守宪法、法律、法规和国家政策，遵守社会主义道德规范，贯彻百家争鸣、百花齐放方针和理论研究工作为推进党的理论创新服务，为提高党校教学质量服务，为党委和政府决策服务，为社会主义经济建设、政治建设、文化建设、社会建设和党的建设服务的方针，勤于思考，勇于探索，勇于创新，深入广泛地开展党校教育规律、干部教育规律和干部成长规律等方面的理论与实践研究，为提高我省党校教育工作者理论水平和政策能力，为山东省的党校教育事业发展作出贡献。

会长：安世银；副会长兼秘书长：衣芳。

山东省哲学学会

宗旨：团结和带领全省哲学理论工作者、爱好者，坚持以马克思列宁主义、毛泽东思想、邓小平理论和“三个代表”重要思想为指导，遵守宪法、法律、法规和国家政策，遵守社会道德风尚，贯彻百家争鸣、百花齐放方针和理论工作为党委政府决策服务、为社会主义现代化建设服务、为理论创新服务的方针，勤于思考，勇于探索，勇于创新，深入广泛地开展哲学基本理论和应用方面的研究、宣传工作，为促进社会主义物质文明、政治文明和精神文明建设，为繁荣我省哲学社会科学事业作出自己的贡献。

会长：傅有德；副会长兼秘书长：张友谊。

山东省马克思主义研究会

宗旨：以马列主义、毛泽东思想、邓小平理论、“三个代表”重要思想为指导，坚持科学发展观、构建和谐社会；高举中国特色社会主义伟大旗帜，坚持四项基本原则，遵循实事求是的思想路线，坚持理论联系实际的马克思主义学风，贯彻“双百”方针，从事马克思主义及其中国化研究。同时，注重在马克思主义理论的导下研究我国当前改革开放和社会发展等重大现实问题。本会遵守宪法、法律、法规和国家政策，遵守社会道德风尚，效力于马克思主义理论的传播、普及和提高，科学运用马克思主义指导改革开放的实践，不断探索中国特色社会主义建设的规律，善于总结实践进程中的经验，为丰富马克思主义中国化的创新成果。为建设中国特色社会主义理论体系，为拓展中国特色社会主义道路服务。

会长：商志晓；副会长兼秘书长：孙占元。

山东省领导科学学会

宗旨：团结和带领全省领导科学理论工作者、爱好者和社会管理者，坚持以马克思列宁主义、毛泽东思想、邓小平理论和“三个代表”重要思想为指导，认真贯彻落实科学发展观，遵守宪法、法律、法规和国家政策，遵守社会道德风尚，勤于思考，勇于探索，敢于创新，深入广泛地开展马克思主义执政理论和领导科学理论的研究、宣传工作，为促进社会主义物质文明、政治文明和精神文明建设，提高我省的领导科学理论水平和领导干部的执政能力、领导水平作出贡献。

会长：李新泰；副会长兼秘书长：迟树功。

山东省中国特色社会主义经济研究会

宗旨：团结和带领全省经济学理论工作者、爱好者，遵守宪法、法律、法规和国家政策，贯彻百家争鸣、百花齐放方针，深入广泛地开展中国特色社会主义经济经济学基本理论和应用方面的研究、宣传工作，为繁荣山东省中国特色社会主义经济学事业作出贡献。

会长：王广信；副会长兼秘书长：杨珍。

（二）山东省社科重点研究基地

山东省党的建设研究基地

首席专家：商志晓；办公室主任：李剑。

山东省伦理学与精神文明建设研究基地

首席专家：衣芳；办公室主任：贾英健。

山东省重大经济理论与经济发展研究基地

首席专家：王广信；办公室主任：迟树功。

山东省哲学创新与发展研究基地

首席专家：张全新；办公室主任：张友谊。

（三）其他

山东省社会管理创新软科学研究基地

省委党校负责人：王延超；挂靠教研部门负责人：戚汝庆。

山东社会科学院

一、概况

山东社会科学院是省委、省政府直属的综合性社会科学研究机构，其前身是1978年成立的山东省社会科学研究所，1980年更为现名。社科院有办公室、人事处、科研组织处、机关党委、行政处、财务处、开发事业处、离退休干部处等8个职能部门，文化、历史、哲学、经济、农村发展、国际经济、财政金融、省情综合、海洋经济、政治学、社会学、法学、人口学等13个研究所（中心），文献信息中心、东岳论丛编辑部等2个研究辅助机构。山东省马克思主义研究中心、山东省海洋经济研究基地、山东省人口研究基地、山东省对外经济研究基地、山东省生态经济研究基地、山东省经济形势分析与预测软科学研究基地和山东省文化产业理论创新基地设在该院。目前，馆藏社会科学类图书30余万册；主办综合性学术理论刊物《东岳论丛》，国内外公开发行；主办《呈阅件》、《科研要报》，供省领导参阅。

历任主要领导：李书厢、蒋捷夫、刘蔚华、鞠茂勤、黄学军、卢培琪、刘喜敏、宋士昌、于明。

党委书记：张华；院长：唐洲雁。

二、研究机构

文化研究所

文化研究所成立于2009年3月，由原儒学研究所、语言文学研究所以及院文化产业研究中心合并组建。文化研究所现有人员20人，其中研究员3人、副研究员11人，助理研究员6人，其中享受国务院特殊津贴1人，山东省“齐鲁文化英才”1人，山东省社科学术新秀1人。本所现有地域文化与文学研究、儒家哲学研究两个院重点学科，同时还设有山东省文化产业理论创新研究基地。地域文化与文学研究学科带头人为李少群研究员，儒家哲学研究学科带头人为涂可国研究员。

文化所在儒学研究、语言文学研究、文化产业与文化建设研究等领域取得了较大的成就与优势，产生了较为广泛的社会影响。文化所人员共主持和承担“中国儒家学术思想史”、“儒学对人发展的影响研究”、“清初山东官话语音研究”、“齐鲁文学的文化内质与文学形态演变研究”等国家级课题10余项，承担省部级重点课题近百项，出版著作百余部，发表学术论文千余篇，许多文章被《新华文摘》、《中国社会科学文摘》、《人民日报》、《光明日报》等重要报刊转载、复印。《中国近代文学发展史》、《汉语史断代研究丛书》、《山东文学通史》、《齐鲁文学演变与地域文化》、《当代东方儒学》、《社会哲学》等数十项成果在国内外学术界有较大影响，并荣获“五个一工程”奖、省社科重大成果奖、省社科一等奖、“中国图书奖”等国家级和省级奖项。多项应用成果获刘云山、姜大明等中央和省领导肯定性批示。

所长：涂可国；副所长：张伟。

历史研究所

山东社会科学院历史研究所是我省社科界建立最早的专门性研究机构之一，其前身是1958年成立的中国科学院山东分院历史研究所（1962年又改称山东省历史研究所）。“文革”期间，机构撤销，人员下放，图书、档案资料分别归并山东省图书馆和山东省档案馆。1978年初山东省社会科学研究所恢复成立后，于1980年11月建立了历史研究室，同年12月改建为历史研究所。

历史研究所现有人员12人，其中研究员4人，副研究员7人，助理研究员1人。获山东省专业技术拔尖人才1人、“山东省有突出贡献的中青年专家”荣誉称号1人。有博士学位者2人、硕士学位者4人。

30余年来，历史研究所以马克思主义为指导，积极开展科研活动，为繁荣我省历史科学、推动两个文明建设作出了重要贡献。据不完全统计，历史所先后承担国家级课题6项，省级课题70余项（其中省社科规划课题20余项）；在省内外、海内外出版机构与主要报刊出版论著约200种（学术论著50余种60余册，主编著作30余种40余册，合著、合编著作120余种150余册，古籍整理8种28册），发表文章1100余篇，完成研究报告20余篇；相继获省部级以上奖励70余项（其中国家级奖项1项，省社科优秀成果荣誉奖1项、重大奖1项、一等奖6项、二等奖15项、三等奖16项）。

历史研究所继承发扬了“文革”前老历史研究所的优良传统，注重基础学科建设，具有短期内完成重大课题的能力。历史所还注重学术交流，先后举办或参与举办的中国农民战争、甲午战争、东夷古国、教案与义和团、史学理论等全国性及国际性的重大学术活动达20余次，相继有上百人次出席国际学术会议，并与日、美、英和中国台、港地区等有关高校、科研机构建立了良好的联系，知名度不断扩大。

现任所长：孙聚友；副所长：吕世忠。

哲学研究所

哲学研究所成立于1978年1月，时称山东社会科学研究所哲学研究室，是该所成立最早的三大研究室之一。1980年12月改称山东社会科学院哲学研究所。目前，哲学所现有人员9人，其中研究员2人，副研究员1人，有1人被评为“山东省专业技术拔尖人才”和“全国先进工作者”，并获得“国务院政府特殊津贴”；1人获“国务院政府特殊津贴”；1人被评为“山东省有突出贡献的中青年专家”。

哲学所下设“马克思主义哲学”和“文化发展”两个研究室，在马克思主义哲学原理、信仰哲学、政治哲学、文化哲学、易学哲学和中西哲学比较等领域均取得了创新性成果，形成了自己的特色。其中“马克思主义哲学”是院重点学科和优长学科。

30年来，全所共承担国家社会科学基金课题4项，省级课题10余项；获得省级以上奖励20余项，其中山东省社会科学优秀成果一等奖7项，二等奖6项。近年来，哲学所适应我院发展需要，积极参加社会调研活动，撰写了一批有质量的调研报告，受到有关部门的肯定和表扬。

近年来，哲学所针对马克思主义哲学的一些问题举办或与其他单位联合举办了一些有重大影响的学术研讨会，主要有“马克思主义哲学中国化理论研讨会”、“马克思主义哲学的时代发展”、“马克思主义哲学的时代价值”等。

所长：郝立忠；副所长：刘良海。

政治学研究所

政治学研究所成立于1978年3月，时为山东省社会科学研究所科学社会主义研究室，1980年改称科学社会主义研究所，2008年8月改现名。现有研究人员10名，其中研究员5名，副研究员2名；具有博士学位者2名，硕士学位者3名。下设马克思主义中国化研究室，基层政权建设研究室，党建研究室。政治学研究所的主要研究领域是马克思主义中国化、科学社会主义基本原理、当代社会主义、社会主义民主政治、基层政治发展、党的建设，以及政治和行政体制改革等，其中“社会主义民主政治”为院重点扶持学科。

政治学所先后承担国家社会科学基金课题5项，山东省社会科学规划课题近20项。独立完成、主编或参与撰写的专著、译著110余部，在省级以上报刊发表论文、研究报告等500余篇，多项成果获得国家、省、院优秀成果奖。其中，近30项成果获山东省社会科学优秀成果二、三等奖。研究报告《对邓小平思想的几点认识》得到中共中央政治局委员、中组部部长李源潮的肯定性批示，多项研究成果得到省级以上领导同志的肯定，有关对策建议被实际工作部门采用，进入决策。

所长：李述森；副所长：战旭英。

社会学研究所

社会学研究所成立于1984年3月，是研究社会发展理论、战略、规划和为省委、省政府提供决策服务的应用性研究所，其目标是增进人们对自身社会的认识、影响政策的制定与形成，以严谨的学术研究促进公共利益、连结公众关怀和为决策服务。

社会学研究所目前设有社会发展研究室、女性与家庭研究室、社会保障研究室，另设山东社会科学院梁漱溟研究交流中心、女性研究中心、民生与社会保障研究中心。社会学研究所是中国社会学会的常务理事单位、山东省社会学学会的日常管理机构和秘书处所在地，“社会发展与公共政策”是院重点学科，女性研究中心是山东省妇女研究/培训基地。

现有科研人员10人，其中研究员4人、副研究员2人、助理研究员3人、行政秘书1人，另聘有兼职研究人员30余人。周正三、王训礼、邵景均、彭立荣先后担任社会学研究所所长。

在社会形势分析与预测、区域发展理论、社会结构与民间组织、女性与家庭、民生与社会保障、中国社会转型等研究领域，形成了明显的学科优势和“具有深厚学术理论支撑的社会学应用研究”的学术特色。

所长：李善峰；副所长：侯小伏。

法学研究所

法学研究所是山东省唯一专门从事法学研究的机构，于1984年正式成立，分设经济法和民法学研究室、宪法和法理学研究室、刑法和犯罪学研究室、WTO规则研究中心。现有科研人员11人，其中，研究员2人，副研究员5人，助理研究员4人。科研人员中享受国务院特殊津贴专家1人，获“山东省专业技术拔尖人才”称号1人，山东省首届优秀中青年法学家1人，院优秀专家1人，省政府立法咨询委员1人，入选省委宣传部全省理论人才“百人工程”3人，其他荣誉称号8人。

建所以来，法学研究所在理论研究和法律实践两个领域都取得了丰硕的成果。一方面，法学所注重法学理论研究，广泛开展国内外学术交流，努力为建设社会主义法治国家提供智力支持；另一方面，始终坚持走开门办所的路子，强调研究人员要直接参与到依法治国的实践中去，为我国的文明建设作出应有的贡献。30余年来法学所主持国家级、省级及院级课题近40项，出版专著近20部，在省级以上报刊发表文章400余篇，参与起草和修订立法草案100余项，为省人大省政府提供立法咨询和决策约近200次。

所长：谢桂山；副所长：李海峰。

人口学研究所

人口学研究所成立于1984年3月，是山东省唯一的专业人口科学研究机构，2000年被山东省社科规划领导小组选定为山东省人口科学研究基地，近年来多次被省部级单位授予集体荣誉称号，是享誉全国人口学界的研究机构，主要研究领域为人口管理与保障、人才与人力资源管理、人口老龄化对策等，现有在职研究人员9人。

人口学研究所成立以来，共主持完成省级以上重大科研课题60余项，其中“九五”以来主持完成国家社科基金课题14项，国家自然科学基金课题1项，中美交流福特基金课题1项，国家人口计生委、教育部等国家部委课题6项，山东省社科规划课题20余项，山东省软科学课题5项。多次参与联合国人口基金项目区域协作研究。先后出版学术专著近30余部，在重要学术报刊发表重要论文500余篇，通过省级以上鉴定研究报告50余部。多项研究成果得到党和国家领导人、中共山东省委和省政府等主要领导的肯定性批示，产生了重大社会影响。

所长：崔树义；副所长：周德禄。

经济研究所

经济研究所是山东社会科学院建立最早的研究所之一，现有人员16人，其中专业技术人员15人。专业技术人员中，研究员5人，副研究员4人，助理研究员6人。

经济研究所现设有产业经济研究室、区域经济研究室、生态经济研究室和政治经济学研究室4个研究室，并设有山东社会科学院区域经济研究中心、山东社会科学院金融与投资研究中心两个研究中心。拥有两个省级科研基地，即山东省生态经济研究基地、山东省经济形势分析与预测软科学研究基地；两个院重点学科，即生态经济学重点学科、区域经济学重点学科。先后有多位经济研究所的科研骨干成为山东社会科学院区域经济研究泰山学者岗位、高效生态经济研究泰山学者岗位的核心成员，所长张卫国2011年成为山东社会科学院高效生态经济研究岗位的泰山学者特聘专家。

所长：张卫国；副所长：王向阳。

农村发展研究所

农村发展研究所于1991年8月在原经济研究所农村经济研究室的基础上成立。现有研究人员9人，其中研究员2名，副研究员2名，助理研究员5名；1人拥有博士学位，2人拥有硕士学位。

主要研究方向有：农村结构与制度变迁、农村宗教信仰和文化变迁、农民组织化研究、现代农业发展农业产业化研究、农村劳动力转移、城乡统筹和农村城镇化等，涉及发展经济学、制度经济学、转型经济学、宗教经济学、博弈论等。

建所20多年来，学术成果丰硕。共出版专著21部，在省以上报刊发表论文320余篇，调查研究报告88篇，共承担全国社会科学规划重点课题和其他国家级课题15项；省级社会科学规划重点课题、省软科学课题等30项；共获得省部级以上奖励30余项；其中中宣部"五个一工程"奖5项；省精品工程奖2项；省社会科学优秀成果一等奖4项；二等奖6项；三等奖16项；经常参与省委、省政府、省直各部门以及山东省各地市有关农业、和农村经济和社会转型方面的重大理论和政策研究活动，充分地发挥了理论研究和政策咨询机构的作用。

所长：张清津；副所长：郭春。

国际经济研究所

国际经济研究所是专门从事对外经济与国际经济研究的科研机构，成立于1988年11月。现有科研人员11人，其中，研究员3人，副研究员2人，助理研究员5人，学术秘书1人。设有开放型经济研究室、日本韩国经济研究室、国际经济综合研究室3个研究室。国际经济研究所对外经济学科为山东社会科学院重点学科。2003年4月，国际经济研究所被山东省哲学社会科学规划领导小组批准为"山东省对外经济研究基地"。另设有山东社会科学院对外经济研究中心、山东社会科学院东亚经济研究中心。

自建所以来，共取得科研成果1150余项，其中出版专著30余部，论文、研究报告、调查报告等1120余篇。主持完成国家级课题4项，国际合作课题4项，省部级课题50多项。获得山东省社会科学优秀成果奖和山东省科技进步奖30余项，其中，一等奖5项、二等奖12项、三等奖15项。有20余项研究成果得到山东省委、省政府主要领导肯定性批示。多次参与省委、省政府有关对外开放的重大理论与实践问题研究、决策咨询活动和有关文件、规划起草论证工作，为山东发展开放型经济、提高对外开放水平作出了重要贡献。

多年来，国际经济研究所不断加大国内外学术交流与合作的力度，先后主办了"东北亚经济技术合作与山东经济国际化研讨会"、"新形势下中国与日韩经济技术合作研讨会"、"和谐世界理论与东亚合作研讨会"、"实施经济国际化战略"等国内重要学术会议，取得良好反响。同时，积极开展国际学术交流与合作，与日本、韩国等国家和地区的有关科研机构、高等院校建立了良好的合作关系。

所长：李广杰；副所长：顾春太。

省情综合研究中心

省情综合研究中心成立于2009年4月。现有研究人员6人，其中研究员2人，具有博士学位人员3人。享受国务院特殊津贴专家1人，山东省有突出贡献的中青年专家1人，济南市专业技术拔尖人才1人。

省情综合研究中心主要研究方向和领域是省委、省政府关注的热点、重点问题，区域发展的重大问题，省领导和院领导交办的重大课题。现设有城市发展研究室、区域发展研究室和公共政策研究室3个部门。省情综合研究中心自成立以来，积极开展科研工作，共完成各项科研成果30余项，其中出版专著3部，完成国家社科基金课题1项，完成山东省软科学重大招标课题2项，完成山东省社科规划办招标课题5项，完成领导交办课题和横向合作课题6项，获得省部级以上奖励4项；通过《呈阅件》和《科研要报》上报研究报告5篇，得到了姜大明等省领导的肯定性批示。

省情综合研究中心积极开展学术交流活动，多次联合山东农村改革与发展研究会、山东大明经济发展研究中心等部门召开学术研讨会，产生了较大社会反响。

主任：秦庆武；副主任：高晓梅。

财政金融研究所

财政金融研究所是山东社会科学院为了适应新形势的需要而成立的一个专门研究机构。2009年3月，为贯彻落实省委省政府建设山东经济文化强省的指示精神，突出应用对策与特色研究，努力打造社会主义一流新型智库，院党委决定在整合全院财政金融学科的研究力量和引进人才的基础上，成立财政金融研究所，下设2个研究室：财政研究室和金融研究室，主要从事财政和金融的理论与应用研究。现有科研人员5名，其中研究员1人、副研究员2人、助理研究员2人，博士2人、硕士3人。

财政金融研究所自成立以来，既重视理论研究，更注重应用研究，经过全所科研人员的努力工作，在课题研究、论文发表、专著写作等各方面都取得了优异成绩，有多项研究成果获得省部级以上奖励，多份呈阅件获得省级以上领导肯定性批示，并被省委省政府制定文件时吸纳，进入政府决策。

所长：袁红英；副所长：张文。

海洋经济研究所

海洋经济研究所始建于1982年，是在我国成立最早的从事海洋经济研究的专业研究所，也是山东社会科学院唯一驻青岛的研究所。全所设有办公室、人事科、科研科、《海洋经济》编辑部、图书资料室和4个研究室，科研涵盖海洋区域经济研究、海洋产业经济研究、海洋生态与环境经济研究、海洋政策与法规、海洋战略等5大领域。拥有山东省社会科学规划重点研究基地——海洋经济研究基地。还办有《蓝色经济》学术期刊。

全所科研人员中现有研究员2人，副研究员4

人，以及其他多名研究人员，其中有博士后1人、硕士3人。科研实力较强。

近年来，全所围绕落实科学发展观，构建和谐社会，又好又快地发展海洋经济进行了大量的研究，取得了丰硕成果。2000—2010年间，共完成学术专著14部，学术论文259篇，主持完成省部级课题18项，研究报告28篇，译文4篇，并有多项科研成果获得国家、省、市奖励，也有多项科研成果得到省、市领导的肯定性批示，在促进海洋经济发展、推动社会进步中发挥了重要作用。

所长：孙继亭；副所长：郝艳萍、谭晓岚。

文献信息中心

文献信息中心成立于1997年7月，其前身是创建于1978年3月的山东省社会科学研究所资料室。1980年12月山东省社会科学研究所改为山东社会科学院，资料室改为情报研究所，下设图书室、国内期刊室、国外期刊室。1984年4月，情报研究所分设为情报所、图书馆，情报所下设国内情报室、国外情报室、基础资料室，图书馆下设采编室、借阅室、参考室。1997年7月，情报所、图书馆合并为文献信息中心，下设采编部、流通部、技术部、编辑部、开发部、参考咨询部等6个内设机构。2011年12月，调整为基础业务部、文献流通部、数字资源部、网络信息部、系统技术部等5个业务部门。

截至2011年12月，文献信息中心共有工作人员30名，专业技术职务涵盖图书资料、社会科学研究、编辑、翻译、工程等系列，其中，正高级职称6人，副高级职称11人，中级职称11人，初级职称2人。

2003年6月落成投入使用的文献信息中心大楼11层，面积6000余平方米，其中书库面积4000平方米。文献信息中心资源建设成效显著，已经拥有馆藏纸本文献30余万册，CNKI、人大报刊复印资料、皮书、中经、国研等10余个社会科学研究全文数据库，以及其他载体和类型的数字、电子文献信息资源储备。建有适应研究工作需要的服务设施，包括中外文报刊阅览室、电子阅览室、工具书阅览室、中文书库、综合书库、特色文库，以及学术报告厅、多媒体会议室、中小型会议室等。搭建了设备配置现代化的中央机房、功能完备的山东社会科学院在线网站等技术支持平台。

主任：王晓明；副主任：陈宝生、鲁冰。

东岳论丛编辑部

《东岳论丛》创刊于1980年，是山东社会科学院主办、国内外公开发行的大型人文社会科学综合性学术理论期刊。刊物最初为双月刊，自2009年起改为月刊。主要栏目有文学研究、历史研究、哲学研究、经济研究、文化产业研究、社会学研究、政治学研究、管理研究、法学研究等。

近年来，《东岳论丛》加大力度，不断探索办刊新方法、新路径，争创名刊和品牌专栏。除保留原有特色之外，在全国首创“名家主持”栏目，相继推出“后现代主义与中国史学研究”、“马克思主义哲学研究”、“考古新发现与中国古代文明研究”、“中国古代观念史研究”、“中国古代社会史研究”、“韦森学术文论”、“中国社会公共政策研究”等近20个专栏，特别是“后现代主义与中国史学研究”、“马克思主义哲学研究”、“考古新发现与中国古代文明研究”、“韦森学术文论”等延续近两年，各刊发论文20余篇，整合了学术资源，集中力量，突出重点，形成集团作战效应，在学术界反响热烈，甚获好评。

《东岳论丛》经过多年的努力，凭借其不断提升的刊物质量和学术品位，得到了学术界、各类评价机构和政府主管部门的高度认可。刊物所刊发的论文，在《新华文摘》、《中国社科文摘》、《人大报刊复印资料》等一直保持了较高的转载率。刊物连续入选“CSSCI”来源期刊、全国中文核心期刊、中国人文社会科学核心期刊，荣获历届山东省十佳期刊或优秀期刊，进入国家新闻出版署组织评定的中国期刊方阵，获得双效期刊称号，并荣获山东省新闻出版行业政府最高奖首届“山东新闻出版奖优秀集体奖”。

主编：李然忠；副主编：曹振华、王成利。

科研组织处

科研组织处于1980年4月正式建立。主要职能包括：制定科研规划和年度计划；组织国家、省、院三级课题申报立项、日常管理与检查；负责科研经费管理；负责组织以院名义召开的学术活动、对各研究所召开的学术活动进行指导；协调年度山东省地方社科院科研联席会和山东社科院调研基地座谈会会务工作；组织省级以上成果评奖的申报推荐工作；组织学术著作出版资助的申报、评审与出版；组织山东系列蓝皮书提纲论证、审稿、出版编辑以及成果发布；负责“省情与发展”大型调研活动的方案制定、进度协调及调研文集编辑，调研基地遴选、设立及日常管理；组织年度科研人员业务量化考核工作；组织重点学科年度检查和目标责任期考核；组织品牌研究所年度检查和目标责任期考核；对院设非实体性研究中心进行日常管理；对全国性学会理事进行日常管理；完成学术成果档案管理及年度科研目录汇编工作；承担应用对策研究成果报送以及《呈阅件》、《科研要报》、《科研简报》编辑工作，完成院领导交办的其他事项等。科研组织处现有工作人员10人，其中研究员3人，副研究员3人。

处长：杨金卫；副处长：徐凤民、孙晶、张凤莲。

中共济南市委党校

一、学校概况

中共济南市委党校始建于1949年7月，当时称中共济南市委党训班。“文革”期间，1966年11月被撤消，1972年8月恢复。1988年8月兼办济南市行政学院，1991年兼办济南市社会主义学院，形成了“一校两院”的办学体制，实行党委领导制。“一校两院”是市委市政府直接领导下培养党员领导干部、国家公务员、党外代表人士和理论干部的学校，是市委市政府的重要部门，是培训轮训党员领导干部的主渠道，是开展理论宣传和理论研究的重要阵地。

学校内设部门23个，其中参照公务员法管理部门11个，事业编制部门12个。图书馆藏书12万余册。现有教研人员60余人，其中教授19人、副教授26人，博士8人，济南市拔尖人才3名，济南市青年学术技术带头人2名。

全校2012年获准各级各类课题立项32项，包括山东省社科课题3项，山东省人文社会科学课题1项，全国党校系统重点调研课题2项，中央社会主义学院招标课题1项，山东省党校系统课题6项，山东省信息化与工业化融合专项研究课题2项，济南软科学课题2项，济南市社科课题15项。2012年全校取得论文类科研成果（包括发表论文、论文集、会议入选论文）共计247项，比上年增加24项。其中在各级各类报刊发表论文205篇，比上年增加10篇；在国家级报刊发表论文26篇（包括《光明日报》、《人民日报》、《学习时报》等），省级和副省级报刊论文177篇。

学校科研人员共获得市及市以上社科奖27项，其中省部级3项，比上年增加3项；市级24项。在第九届全国党校系统科研评奖中，学校第四次荣获全国党校系统优秀科研工作组织奖，教研人员的2项成果被评为全国党校系统社科优秀成果奖。在山东省社科优秀成果评奖中获三等奖1项。在济南市第25次社科优秀成果奖中共获得18项，其中二等奖8项、三等奖10项，总成绩名列全市各科研单位前列。在全省党校系统社科评奖中获奖6项，其中一等奖2项、二等奖3项、三等奖1项。全校有3名教师入选全省理论人才“百人工程”。

校长：王敏；党委书记：纪宝华。

二、教研机构

哲学、科社与统战、基础教研部

负责科学社会主义、中国特色社会主义理论，哲学、伦理学、统战、政治学与政治体制改革、礼仪、英语语言文学、现代科技、计算机原理与应用等相关的教学与科研。

经济学、经济管理教研部

负责政治经济学、社会主义市场经济理论、世界经济、涉外经济、经济管理、企业管理、贸易与金融、市场学、财政学、会计学、税务管理等相关的教学与科研。

党史党建教研部

负责中共党史、历史及中国近代史、统一战线理论、党的学说、党的建设理论、党的思想政治工作研究与党性教育等相关的教学与科研。

公共管理教研部

负责行政管理学、领导科学、管理心理学、公务员制度研究、乡镇政权建设与城市街道工作研究等相关的教学与科研。

政法教研部

负责马克思主义法学理论、法律法规、行政法、经济法等等相关的教学与科研。

马列（济南市情）研究所

负责马列主义、毛泽东思想、邓小平理论、“三个代表”重要思想和科学发展观理论的研究，专项科研攻关，济南市市情研究。

科研部

负责全校科研、调研计划，管理协调全校科研调研活动，管理科研项目、科研档案，实施科研奖励，组织重点科研项目攻关，开展学术交流活动；编辑出版《中共济南市委党校学报》。科研部教研人员研究方向有党建、经济学、行政管理、政治学、社会学、国际关系、民族宗教、文化。

中共青岛市委党校

一、概况

中共青岛市委党校始建于1950年9月，当时称青岛市干部学校，1955年10月改为山东省委第二初级党校，1958年9月改为中共青岛市委党校，1994年2月兼办青岛市行政学院，形成了“一套班子、两块牌子”的办学模式，实行党委负责制。学校是市委领导下培养党员领导干部和理论干部的学校，是培训轮训全市党员领导干部的主渠道，是开展理论宣传和理论研究的重要阵地。学校现有在职教职工195人，教授16人、副教授26人，有享受国务院特殊津贴专家1人，青岛市拔尖人才2人。内设部门19个副局级机构，其中参照公务员法管理部门9个，事业编制部门10个。

学校自创办以来，始终得到市委的高度重视和亲切关怀。特别是改革开放以来，市委书记兼任市委党校校长，市委领导同志经常到学校视察工作、讲课、作报告。上级领导的亲切关怀为党校事业的跨越发展注入了源源不竭的强大动力。

全校2012年获准市级及以上课题立项25项，其中国家社科基金课题项2项，国家自然基金课题1项，省规划课题1项，全国党校系统调研课题6项。2012年全校发表论文351篇，其中在《人民日报》、《光明日报》等重要报纸及核心期刊上发表52篇，出版著作4部。

学校科研人员共获得各类奖项17项，其中连续第三届荣获全国党校系统优秀科研工作组织奖。共有38项研究成果获得副市级以上领导批示进入决策，同比增长44%，其中市委主要领导批示20项，同比增长185%，较好发挥了党委政府的思想库作用。

校长：李群；党委书记、常务副校长（主持工作）：李玉珍。

二、教研机构

马克思主义教研部

负责马列主义、毛泽东思想、邓小平理论、江泽民重要论述、哲学、科学社会主义、现代科技、逻辑学、宗教学、政治学、社会学、国际政治和国际关系、中西方政治制度等学科及相关学科的教学科研。

经济学教研部

负责政治经济学、经济学、社会主义市场经济理论、管理经济学、世界经济、财政金融学、西方经济学、国际金融与国际贸易、人口理论、国有资产管理、国内贸易管理、涉外经济管理、对外贸易管理、会计学、统计学、财务管理等学科及相关学科的教学科研。

党史党建教研部

负责党史、地方党史、党的建设理论、党的执政理论、党的统一战线理论、思想政治工作、党的领导科学、党性教育和廉政建设等学科的教学科研工作；开展道德修养与伦理学、中国历史、世界历史、国际共运史、国内外政党比较研究等学科及相关学科的教学科研。

管理教研部

负责行政管理、公共管理、政治学与行政学、人力资源管理、劳动与社会保障、土地资源管理、工商管理、市场管理、旅游管理、公务员制度、行政领导学、行政组织理论、管理学、管理心理学、管理思想史等学科及相关学科的教学科研。

法学教研部

负责法理学、宪法学、行政法学、民法学、经济法学、商法学、刑法学、社会保障法学、律师学、国际法学、劳动法学、竞争法学、中外比较法学及法律法规等相关学科的教学科研。

文史教研部

负责各类班次的外语、数学、汉语言文学、公文写作、秘书学、档案学、新闻学、大众传播学、摄影、体育等学科及相关学科的教学科研。

政治学教研部

开展对改革开放和经济与社会发展中的重大理论与实际问题的调查研究，承担国家和省、市社会科学规划课题的研究任务，为市委、市政府决策提供咨询和服务；制订校党委中心组的学习计划适当承担有关学科、部门的教学任务。

科研部

负责编制全校科研规划、科研项目管理、科研奖励、科研档案、科研经费管理等工作；组织协调全市党校系统和本校的科研活动；负责编辑出版校刊；负责编辑《青岛发展参考》。

信息网络中心

负责信息网络技术、计算机与办公自动化等方面的教学科研；负责电教设备、计算机、校园网络、通讯系统的使用与维护；组织协调校内电化教学工作。

图书馆

负责各类图书文献信息资料（含光盘、磁带等音像制品）的采集、分编、管理、开发、应用和研究；编辑交流学科信息；开发、建设与管理数字图书馆。

三、校内学术团体

青岛市哲学学会

会长：陈洪泉。

青岛市科学社会主义学会

会长：王振海。

青岛市市场经济研究会

会长：尹焕三。

青岛市民营经济学会

会长：盛永安。

济南社会科学院

一、概况

济南社会科学院始建于1979年，是市委、市政府直属的综合性社会科学研究机构，职责是在市委、市政府的正确领导下，紧紧围绕济南经济社会发展的重大问题开展应用对策研究和具有济南特色、区域优势的基础理论研究，为省会现代化建设和经济社会发展提供理论支撑和智力支持。现有职工40人，其中专业技术人员23名，高级职称专业技术人员15名；共有办公室、科研组织处、经济研究所、发展研究中心、文史哲研究所、社会问题研究所、情报信息资料所7个内设机构，同时设有机关党总支和工会委员会。院刊为《济南社会科学》，主办《济南社科研究信息》和《领导参阅》，每年编辑出版《济南城市发展研究》和《济南历史文化论丛》。

历任主要负责人：张兆栋、潘洪安、张士高、郑泮庆、王世贵、岳鲁宁、韩圣喜。

党组书记、院长：马军远。

二、研究机构

经济研究所

经济研究所是围绕市委、市政府工作中心，从事济南经济发展和改革领域的重大问题研究的机构。主要职责是：密切关注国家的宏观经济政策和国内外经济发展的动态走势，对济南经济发展进行前瞻性的预测分析；紧紧围绕国家经济建设大局和市委、市政府的中心工作，科学合理设置研究课题，深入研究济南经济发展中的实际问题，为市委市政府提供有价值的对策建议；调研了解济南经济发展状况，积极为有关单位和社会提供咨询服务；关注经济研究领域的前沿理论问题，丰富经济研究内容。

发展研究中心

发展研究中心是围绕济南城市定位和发展战略，专门研究济南城市建设管理中的理论和实际问题的研究机构。主要以发展学理论为基础，以城市发展研究为核心，以多学科交叉研究为支撑，在宏观研究与微观研究相结合、区域研究与城市研究相贯通的应用研究体系下推进理论创新；以济南城市发展研究为方向，着力就省会城市发展面临的重大现实问题、热点难点问题和前瞻性问题展开研究，为济南城市发展提供智力服务和理论支持；积极参与济南市有关领域中、长期发展战略的研究和制定工作，推动面向不同区域和城市的发展比较研究。

文史哲研究所

文史哲研究所是从事济南区域历史文化研究的专业机构。主要研究方向为：中国历史大背景下的济南区域历史；历史上的济南学术、济南文学、济南艺术以及大舜文化、龙山文化、泉水文化、名士文化、宗教文化、商埠文化、风俗文化等；马克思主义哲学、中国特色社会主义理论体系及中国传统哲学。主要职能是：负责济南历史文献的点校整理；调查济南历史文化资源，研究其保护、开发和利用，将历史文化资源优势转化为现实生产力，为文化济南建设献计出力；宣传普及济南历史文化，面向社会提供咨询服务。

社会问题研究所

社会问题研究所是研究社会发展理论、发展战略、发展规划以及提供咨询服务的研究机构。主要研究方向是社会管理、社会保障、法学、社区建设与发展、妇女与婚姻家庭、未成年人教育、人口问题等。主要职责是：对济南社会发展中的重大理论问题、现实问题进行深入调研，为市委、市政府决策提供理论参考；承接有关部门和其他部门交办的研究课题，为部门决策提供基础调研、理论支撑和咨询服务；开展社会学基础理论与方法研究，促进学科建设与发展，在社会保障、社会管理、法学研究、妇女研究等方面继续保持学科优势；开展学术交流与合作，促进济南市社会学研究事业的繁荣与发展。

情报信息资料所

情报信息资料所是收集整理报刊理论信息，对内提供报刊借阅和信息服务的部门。主要职责是：收集整理各类报刊编发的理论前沿动态、有影响的理论文章、有指导意义的实践研究报告等文献资料，为研究所提供资料信息服务；收发各研究所征订的报纸杂志，建立借阅台账，完善借阅手续，妥善保管，保障图书报刊的完整性；牵头协调编发《济南社会科学信息》。

科研组织处

科研组织处是院科研组织、管理、服务的职能部门。主要职责是：制定院科研规划和年度科研计划；负责院科研成果统计和年度科研业绩考核工作；组织院内课题以及各级各类纵向、横向课题的申报、组织与管理；负责年度科研成果编辑出版和《领导参阅》编印及其它形式的科研成果宣传、推广、利用工作；组织和协调对外学术交流以及社科研究基地建设、管理、服务工作；承担专业技术岗位科研任务和院领导交办的其他工作。

青岛市社会科学院
（青岛市城市发展研究中心）

一、概况

青岛市社会科学院始建于1979年，1994年与青岛市社会科学界联合会合署办公，1999年加挂青岛市城市发展研究中心牌子，是青岛市财政全额拨款的正局级事业单位。主要从事基础理论研究、应用对策研究和城市发展战略研究等任务。内设机构包括经济研究所、社会研究所、城市研究所、政治法律研究所；科研处、编辑部、图书情报中心、信息网络与咨询处。现有职工39人，其中各类专业技术人员33人，高级职称专业技术人员为19人，享受国务院政府特殊津贴3人，青岛市拔尖人才2人，青岛市政协委员3人。

现有研究所6个：经济研究所、社会研究所、城市研究所、政治法律研究所、历史研究所和文化研究所。根据学科建设和社会发展需要，先后成立了老龄问题研究中心、学习科学研究中心、科技经济与管理研究中心、中德关系研究中心、中韩合作研究中心等5个研究中心。

历任主要负责人：张云汉、祁庆阁、傅清沛、张志栋、徐万珉。

行政、党委主要负责人：佟宝军。

二、研究机构

经济研究所

研究经济全球化和经济发展的基本理论，科技经济学与战略管理，科技产业发展及其系统创新理论，国际风险投资与企业投融资，区域经济、新经济理论及应用，农业经济以及民营经济，等等。重点研究方向是：研究本市经济社会发展的战略性问题、研究产业经济发展、市场经济的宏观调控、经济社会发展形势预测、经济体制改革、现代企业制度及管理现代化问题。

社会研究所

开展社会发展和社会问题研究。重点研究方向是：研究本市现代化城市发展中的重大社会问题。如市场经济条件下的社会保障体系、人口、家庭婚恋、社会犯罪、科技发展与社会现代化、市民意向调查等方面的问题。

城市研究所

围绕城市发展，致力于城市与农村经济社会发展战略、城乡经济与区域经济、城市比较研究、城市建设与管理、城市及乡镇发展规划以及工业经济理论、现代纺织工业理论、城市美学、现代服务业、公共事业产业化等各学科的基本理论和应用对策研究。重点研究方向是：研究本市经济社会发展和改革开放中具有全局性、综合性、战略性的问题，为本市制定城市发展战略、推动规划建设和加强城市管理提供研究成果和决策方案。

政治法律研究所

研究改革开放和发展社会主义市场经济中的政治法律问题、依法治市与社会稳定问题以及青岛市政治经济体制改革、行政管理等问题。

科研处

负责科研管理制度建设、科研课题申报立项、科研人员成果档案管理、《科研报告》和《决策参考》的编审及刊印；科研人员的业绩考核、国内外社科学术交流理论研讨以及承担院长和上级部门交办的其他科研组织任务。

山东大学

一、学校概况

山东大学是一所历史悠久、学科齐全、学术实力雄厚、办学特色鲜明，在国内外具有重要影响的教育部直属重点综合性大学，是国家“211工程”和“985工程”重点建设的高水平大学之一。

山东大学是中国近代高等教育的起源性大学。其医学学科起源于1864年，为近代中国高等教育历史之最。其主体是1901年创办的山东大学堂，是继京师大学堂之后中国创办的第二所国立大学，也是中国第一所按章程办学的大学。建校以来，山东大学随着社会的变革，由晚清王朝、中华民国到中华人民共和国，经历了半殖民地半封建社会和社会主义社会两个历史阶段。期间曾几度更名，有过停办、重建、合校、搬迁的多次变革，曾在不同时期汇纳过各类大学，也曾分出过十多所高等院校。百余年间，山东大学秉承“为天下储人才”、“为国家图富强”的办学宗旨，践行“学无止境，气有浩然”的校训，形成了“崇实求新”的校风，为国家和社会培养了40余万各类人才，为国家和区域经济社会发展作出了重要贡献，在国内外赢得了良好的声誉。

山东大学规模宏大，实力雄厚，形成了一校三地（济南、青岛、威海）八个校园的办学格局。学校共有教授1116人，博士生导师830人。其中，诺贝尔物理学奖获得者Peter Grünberg教授加盟山东大学，受聘为特聘教授；山东大学研究生导师莫言教授荣获2012年诺贝尔文学奖。同时，学校有中国科学院和工程院院士10人，双聘院士35人，山东大学终身教授12人，山东大学人文社科一级教授12人；“千人计划”国家特聘教授23人，“青年千人计划”6人；国务院学位委员会学科评议组成员7人；国家百千万人才工程入选者26人；教育部“长江学者奖励计划”特聘教授、讲座教授35人，国家杰出青年基金获得者29人，山东省泰山学者特聘专家教授33位、泰山学者海外特聘专家20位、泰山学者攀登计划人选4位，国家级教学名师9人。7个优秀科研创新团队入选教育部“创新团队发展计划”，3个优秀科研创新团队入选“国家自然科学基金创新研究群体”。学校有一级学科国家重点学科2个（涵盖8个二级学科）、二级学科国家重点学科14个、省级重点学科70个，覆盖文、理、工、医四大学科领域；有国家重点实验室、国家工程技术研究中心、国家工程实验室等国家级科研平台8个，国家“111创新引智计划项目”5项，教育部人文社会科学重点研究基地4个。

山东大学是中国目前学科门类最齐全的大学之一，拥有一级学科博士学位授权点40个，一级学科硕士学位授权点55个，专业学位博士点、硕士点28个，本科专业118个，博士后科研流动站38个，形成了结构完整、实力雄厚、独具特色的人才培养体系。在发展过程中，山东大学不仅奠定了“文史见长”的学术特色，在自然科学领域也打下了良好基础。自上世纪末三校合并以来，新发展的金融数学、晶体材料、凝聚态物理、胶体界面化学、微生物、机械、材料学、心脑血管功能修复、新药制造、中国古典哲学等学科均达到国内一流水平，有些方向和领域已处在世界水平。学校基本完成了从教学科研型大学向研究型大学的转型。

山东大学历任校长有：周学熙、王寿彭、杨振声、赵太侔（赵琦）、林济青、华岗、晁哲甫、成仿吾、吴富恒、邓从豪、潘承洞、曾繁仁、展涛。

党委书记：李守信；校长：徐显明。

二、教研机构

（一）教研业务部门

学术研究部

学术研究部作为山东大学的科研管理部门，负责山东大学各类科研项目的管理工作。

学术研究部成立于2010年，是基于转变职能、理顺关系、优化结构、提高效能，形成权责一致、分工合理、决策科学、执行顺畅的管理模式的指导思想，由原科学技术处、社会科学处、学科建设办公室、“985”和“211”办公室组成的。

学术研究部设立科学技术办公室、社会科学办公室、国防科技办公室、成果办公室、科研平台基地办公室、综合办公室等六部门。学术研究部以科学发展观为指导，立足国内外科技和学术发展前沿，结合学校整体发展规划，制定学校科研发展计划；以国家目标和需求为导向，以科技创新、文化传承为牵引，坚持平台、人才、项目、机制四位一体的发展思路，促进思想创新、知识创新、文化创新和技术创新的发展；以学科交叉和产学研结合为切入点，推进科研成果转移、产业化的快速发展和资政服务水平的提高，提升学校服务社会经济发展和文化建设的能力。

2012年，学校根据需要将学术研究部社会科学办公室改为人文社会科学处。

处长：魏建。

图书馆

山东大学图书馆前身是始建于1901年的山东大学堂藏书楼，是我国较早的近代新型图书馆之一。在其发展过程中，许多著名学者、图书馆学专家如皮高品、梁实秋、陆侃如、吴富恒、孙昌熙等曾主持过图书馆工作。建国后，山东大学图书馆一直是国家教育部直属的全国重点综合性大学图书馆，历史悠久，馆藏丰富。图书馆实行总馆分馆制，总馆下设文理、政法、医学、工学、兴隆山、软件园六个分馆和文献资源建设、网络信息技术两个中心，目前有事业编制工作人员224人，其他作人员59人。

山东大学图书馆是首批中国高等教育文献保障系统（CALIS）的成员馆之一，是CALIS山东省文献信息服务中心、CASHL学科中心、卫生部和教育部的科技查新工作站、山东省高等学校图书馆工作委员会秘书处所在单位。目前馆藏纸本文献4713160册，其中中文图书3921748册，外文图书446831册，中文期刊208857册，外文期刊135724册，电子资源数据库211个。图书馆馆藏中，古籍善本占有重要地位，现有古籍珍善本10726种，36578册件，金石拓片尤为丰富，收藏的书目文献在全国有较大影响，易学文献、线装古籍、明清版本的州府地方志颇具特色。图书馆入选国务院批准的第二批“全国古籍重点保护单位”和“山东省重点古籍保护单位”，元宗文书院刻明修本《五代史记》等83部馆藏古籍入选《国家珍贵古籍名录》，872部馆藏古籍入选《山东省珍贵古籍名录》，入选国家名录的《明舆图》一书参加了国家第三批珍贵古籍名录展览。

图书馆对理工医类学科（专业）重点保证外文

图书、期刊和数据库，对文史哲等社会科学类学科（专业）重点购置中文图书、古籍和港台图书，重点学科（专业）文献种数和经费超过总量的80%。2010年购入NetApp FAS 3140A存储系统，容量41T，至此图书馆存储总容量扩充到80TB。实现了电子资源7×24小时全天候不间断服务。图书馆统一使用汇文图书馆自动化集成管理系统，参照国内外大馆的做法，引进勤工助学学生延长开馆时间达到周开馆98小时。坚持预约、代借等服务，年借还书1440282余万册，阅览142万人次，各类数据库访问172万人，检索260万次，下载总量1000万册。开展了馆际互借与文献传递服务、个性化服务和各种形式与内容的读者培训，建立了MSN/雅虎通/QQ、电子邮件、留言、电话等多形式的咨询服务体系，年出具收录引证、查新报告1500多份，文检课教学年授课1080学时。

行政负责人：李剑锋。

（二）教学机构

文学与新闻传播学院

文学与新闻传播学院现有中国语言文学、新闻学、广告学3个本科专业，6个博士点、9个硕士点和中国语言文学博士后科研流动站。文艺学、中国古代文学、汉语言文字学、中国现当代文学、比较文学与世界文学等学科先后被评为山东省重点学科，文艺学被批准为高等学校重点学科，“汉语言文学”被整体列入山东大学“211工程”重点学科建设规划，山东大学文艺美学研究中心被批准为教育部全国高校人文社科重点研究基地。2004、2012年，中国语言文学专业在全国一级学科整体水平评估中两度名列第五位。至2012年底，全院学生总数1148人，其中博士生139人，硕士生298人，本科生711人；教职工总数104人，其中专任教师98人，在岗教授39人，副教授28人，博士研究生导师27人，硕士研究生导师54人。

目前，全院有中国语言文字学研究所、中国古代文学研究所、中国现当代文学研究所、文艺理论研究所、比较文学与世界文学研究所、新闻学研究所、传播学研究所、美学研究所、大学语文研究室等9个实体研究所，定期出版学术刊物《人文述林》、《现代文秘》。

院长：郑春。

历史文化学院

历史文化学院现有历史学、世界史、考古学与博物馆学、档案学、文化产业管理等5个本科专业，有中国古代史、考古学、世界史3个一级学科博士点，9个二级学科博士点，11个硕士点和历史学博士后科研流动站。具有国家重点学科、国家级教学示范中心——考古实验教学中心、教育部和国家外专局资助的“环境与社会考古学创新引智基地”等重大学术平台，以及山东省文化产业研究基地、山东省级人文社科强化建设研究基地——中华文明起源研究中心等省级平台。学院现有正、副教授40多名，博士生导师30余名。

1. 历史学系有1个国家重点学科，1个人事部历史学博士后流动站，1个历史一级学科，9个历史学二级学科博士授权点，11个硕士点，是国家教育部“高等学校历史学教学指导委员会”的委员单位之一。

2. 考古学系专业力量雄厚，位列全国前列。栾丰实教授的新石器考古，于海广、方辉、任相宏教授的夏商考古，刘凤君教授的美术考古，靳桂云、王青的动植物考古在国内外学术界有重要影响。近几年来，有四次考古发掘被评为当年全国十大考古发现，分别是栾丰实教授主持发掘的丁公遗址，任相宏教授主持发掘的长清仙人台遗址、长清双乳山遗址，崔大庸教授主持发掘的洛庄汉墓。

3. 文秘档案学系在“中国近现代史”博士点下招收该方向博士研究生，是国家教育部“高等学校档案学教学指导委员会”的委员单位之一。苏位智教授的档案史料与义和团运动研究，赵爱国教授的档案学基础理论与档案文献编纂研究，在学术界有相当的影响；王云庆、刘旭光等副教授的文书学、秘书学、现代档案管理、电子文件管理、中国政治制度与行政管理在各自领域也有一定的地位。

4. 文化产业管理学系已形成形成从学士、硕士到博士与博士后的完整的人才培养体系，获得国家社科基金重大招标课题、国家博士后研究基金、山东省社科规划重大课题等12项。

院长：方辉。

哲学与社会发展学院

哲学与社会发展学院现有哲学系、宗教学系、社会学系、社会工作系、人类学系和近十个科研机构，有马克思主义哲学、中国哲学、外国哲学、伦理学、科学技术哲学、宗教学、社会保障等7个博士点和马克思主义哲学、中国哲学、外国哲学、比较哲学、伦理学、科学技术哲学、宗教学、社会学、人口学、人类学、应用心理学、社会保障、社会工作等13个硕士点和哲学博士后科研流动站。有“易学与中国古代哲学研究中心”、“犹太教与跨宗教研究中心”两个教育部人文社会科学重点研究基地，中国哲学、外国哲学和社会学3个省级重点学科，诠释学研究中心、儒学研究所、社会发展研究所、移民研究所、社会福利研究中心等科研机构。学院具有雄厚的科研、教学实力和完整的人才培养体系。全院教职工75人，现有教授24人，副教授20人，专兼职博士生导师20余人（包括2名外籍导师），硕士生导师43人。

1. 哲学系现设有7个硕士专业（逻辑学硕士点正在筹建中）、5个博士专业；拥有2个省级重点学科；拥有哲学一级学科博士授予权和哲学一级学科博士后科研流动站。易学与中国古代哲学研究中心被批准为教育部人文社会科学重点研究基地。设有诠释学研究中心、儒学研究所等科研机构。依托易学与中国古代哲学研究中心与诠释学研究中心分别创办了CSSCI来源期刊《周易研究》和CSSCI来源辑刊《中国诠释学》。

2. 宗教学系拥有泰山学者傅有德、博士生导师刘新利、陈坚、谢文郁等一批有影响力的知名学者，并与国内外许多高校和研究机构建立了合作培养学生的稳定关系。现设有宗教学硕士点和宗教学博士点，并接受宗教学专业的博士后研究人员入站工作。犹太教与跨宗教研究中心被批准成为教育部人文社会科学重点研究基地，并创办了CSSCI来源辑刊《犹太研究》。

3. 社会学系为山东省"十一五"省级重点建设学科，设有社会学研究室和人口学研究室，拥有长江学者讲座教授彭玉生、兼职教授景天魁，以及博士生导师林聚任、马广海和宋全成等一批有影响力的学者。近年来，其在社会发展研究、社区与城市、社会心理学、社会保障等研究方面取得了显著进展和成果。

4. 社会工作系是经教育部批准设立的全国最早的26个社会工作专业点之一，2010年招收社会工作硕士研究生。山东大学社会工作专业建成了在国内领先的社会工作实验室和实习基地，与美国、加拿大、英国和中国香港等国家和地区的多所知名大学建立了广泛的交流合作关系。目前，山东大学社会工作系拥有社会工作研究室和社会保障研究室，以及高鉴国教授、黄智雄教授、程胜利教授等一批有影响力的学者。

5. 人类学系于2011年11月26日正式成立，为中国大陆目前各高校中的第三个人类学系，于2013年正式招收本科生。现有全职教学和科研人员6名，兼职教师7名，海外著名大学客座教授10名。国际著名人类学家、韩国首尔国立大学人类学系终身教授金光亿先生被聘任为山东大学人文社会科学一级教授；美国哈佛大学、康奈尔大学、加州大学洛杉矶分校，英国伦敦政治经济学院，荷兰莱顿大学，日本庆应义熟大学、法政大学等世界著名高校的九位世界一流人类学家担任人类学系海外特聘教授。

院长：刘杰。

经济学院

经济学院设有经济学系、财政学系、金融学系、国际经济与贸易学系、风险管理与保险学系等5个系，以及产业经济研究所、泰岳经济研究中心、博弈论与经济行为研究中心等研究机构，拥有应用经济学、理论经济学一级学科博士学位授予权和应用经济学博士后流动站，设9个博士专业、20个硕士专业（含6个专业硕士专业）和6个本科专业，其中金融工程和财政学本科专业为国家级特色专业，与山东大学数学学院共建校级人才培养基地"金融数学与金融工程人才培养基地"（彭实戈班）。

学院拥有一支学术造诣深、梯队合理的教学科研队伍。现有教职工120人，专职教师97人，其中教授39人，副教授30人；博士生导师49人（含兼职、合作导师24人），硕士生导师55人（含兼职、合作导师26人）；中国科学院院士1人，"千人计划"国家特聘教授1人，"泰山学者"特聘教授1人，国家级教学名师1人，马克思主义理论研究和建设工程重点教材首席专家1人，教育部"新世纪优秀人才支持计划"3人，山东省有突出贡献的中青年专家2人，享受国务院特殊津贴专家5人。"金融学专业教学团队"、"政治经济学系列课程教学团队"为国家级教学团队。

院长：李长英。

管理学院

管理学院共设有13个本科专业，拥有企业管理及管理科学与工程2个博士点以及企业管理、管理科学与工程、会计学、旅游管理、技术经济与管理、图书馆学、情报学等7个硕士研究生专业，涵盖工商管理、管理科学与工程、图书馆、情报与档案管理3个一级学科，另外还有工商管理硕士（MBA）、工程硕士（含工业工程、项目管理）2个专业学位点，形成了比较完善的本科—硕士—博士培养体系。

学院拥有一支以高水平学者为核心、中青年教师为骨干、国内外学者紧密合作的学术梯队。作为"山东省经济管理研究基地"，近年来管理学院教师在国内外重要学术期刊上发表论文1100余篇，出版学术专著、教材近百部，承担国家级以及省部级科研项目80余项，获省部级以上科研奖励60余项。此外，学院高度重视国内外学术交流与合作工作。先后与美国、加拿大、澳大利亚、德国和中国台湾等国家及地区的多所大学的管理学院建立了密切的国际交流与合作关系，多次选派教师出国进行访问、访学或参加学术会议。

院长：杨蕙馨。

政治学与公共管理学院

政治与公共管理学院拥有1个二级学科国家重点学科（科学社会主义与国际共产主义运动）、2个山东省“十二五”省级重点学科（国际政治、政治学理论）、2个一级学科博士授予点（政治学、公共管理）、1个博士后科研流动站（政治学），同时拥有教育部人文社科基地（当代社会主义研究所）、山东省社科重点研究基地（山东大学政党研究所）、国家统计局统计科学研究所研究基地（山东大学生活质量与公共政策研究中心），另有欧洲研究中心、亚太研究所、环境政治研究所、地方政府管理研究所、公共治理研究所、城市发展和公共政策研究所、中国软实力研究所等研究机构，是国家社科基金重大项目承担单位，“985”二期、“985”三期、“211”重点建设单位。

学院现有教职工69人，专职教学科研人员53人，其中教授20人（13位博士生导师）、外籍教授1人，副教授23人，讲师及助教10人，60%的专任教师拥有博士学位，有22名教师具有在国外访学或长期研修的经历。学院院长为著名中国政治思想史研究专家葛荃教授，党委书记为高山副教授。

学院致力于将政治、政策、内政与国际事务融合一体的跨学科的研究与教学，培养适应社会发展和学术研究需要的复合型优秀人才。现有本科在校生542人，硕士研究生343人，博士研究生80人，MPA专业学位硕士生500余人。鼓励本科学生积极参与山东大学首创的“三种经历”活动，努力创新研究生教育培养模式，加大中外联合培养力度，逐年增加双语教学课程，扩大国内国际学术交流，为教学活动营造良好的学术氛围，不断提高人才培养质量。学院是山东省最早的公共管理硕士（MPA）专业学位的培养单位，旨在为山东省乃至全国的政府部门及非政府公共机构培养德才兼备、适应社会公共管理现代化、科学化、专业化要求的高层次、复合型、应用型高级专门人才，在山东省行政管理教育、高层次行政管理人才培养以及为各级政府机关进行咨询服务方面发挥了重要作用。

院长：葛荃。

法学院

法学院下设法理学、宪法与行政法学、刑法学、民法学、商法学、诉讼法学、经济法学、国际法学等承担教学研究任务的教研部。法理学教研部主要研究方向为法哲学、法社会学、中国古代法学、西方法学以及中西法律史；宪法与行政法学教研部主要研究方向为宪政、人权、行政法理论；刑法学教研部主要研究方向为刑法学、刑事侦查及证据学、犯罪心理学、刑法哲学及外国刑法、比较刑法；民法学教研部主要研究方向为民法总论、物权法、债权法、侵权行为法、婚姻法、继承法及担保法；商法学教研部主要研究方向为商法原理和公司法、票据法、破产法、保险法、外国民商法；诉讼法学教研部主要研究方向为诉讼法原理、诉讼程序理论及证据法；经济法学教研部主要研究方向为经济法原理、反不正当竞争法、反垄断法、产品质量法、消费者权益保护法、财政金融法、信托法、环境法等；国际法学教研部主要研究方向为国际公法、国际私法和国际经济法。

学院现拥有法学一级学科博士学位授予权、法学博士后科研流动站以及法学一级学科硕士点和法律硕士专业学位点，2012年成为全国首批应用型、复合型法律职业人才教育培养基地和涉外法律人才教育培养基地。

院长：齐延平。

马克思主义学院

马克思主义学院现有3个教学单位，分别是马克思主义基本原理教研室、中国化马克思主义教研室、法律基础与思想道德修养教研室。3个教研室分别承担马克思主义基本原理概论、毛泽东思想和中国特色社会主义理论体系概论、思想道德修养与法律基础、中国近现代史纲要、当代世界经济与政治5门课程全校本科生教学，同时承担学院研究生的培养及全校研究生政治理论课的教学工作。

学院于1990年获得“马克思主义理论与思想政治教育”硕士学位授予权，目前已拥有马克思主义理论一级学科点，下设马克思主义基本原理、马克思主义发展史、马克思主义中国化、国外马克思主义、思想政治教育5个二级学科。围绕着马克思主义理论一级学科，形成了二级学科齐全、结构合理、特色突出、优势明显的马克思主义理论学科格局。学院研究机构有1个研究中心、4个研究所：山东大学马克思主义理论研究中心，主任周向军教授；马克思主义中国化研究所，负责人徐艳玲教授；马克思主义发展史研究所，负责人刘明芝教授；国外马克思主义研究所，负责人朱贵昌教授；马克思主义基本原理研究所，负责人周向军教授。

院长：王韶兴。

外国语学院

山东大学外国语学院设9个系、1个教学部和8个研究所（中心），分别是：英语系、应用英语系、俄语系、日语系、朝语系、法语系、德语系、翻译系、西班牙语系；大学外语教学部（设有办公室、研究生教研室、3个本科生教研室和大学英语教育研训中心，承担着全校研究生、本、专科生、网络生和成教生的全部公共英语教学任务）；美国现代文学研究所、外国语言文化研究所、日本研究中心、应用外语与翻译研究所、东亚文化研究所、俄罗斯研究中心、翻译研究中心、大学英语教学研究所。学院承担英、俄、日、朝、法、德、世界语、西班牙、意大利等语种的教学、科研和交流工作。

外国语学院拥有英语语言文学博士学位授权点，外国语言文学一级学科硕士学位授权点，英语、俄语、日语、亚非语言文学与应用语言学等硕士学位授权点。

院长：王俊菊。

艺术学院

山东大学艺术学科创建于20世纪30年代，是由解放战争时期活跃在山东解放区的6个文工团与华东大学文艺系整编而成，1951年3月15日正式组成山东大学艺术系。山东大学艺术系设戏剧、音乐、美术三科。1952年10月，全国高等院校进行院系大调整，山东大学艺术系抽调骨干力量，戏剧科调往上海，与上海剧专合并成立中央戏剧学院华东分院；音乐与美术两科则和上海美专、苏州美专两所私立高校合并成立华东艺术专科学校，建址江苏无锡，成为南京艺术学院的前身。创建于革命战争硝烟中的文工团与私立学校的结合，构成了一种特殊的机体，既能经受风浪，又能奋发进取，更能在新时期专业艺术教育事业中焕发出新的光彩。

山东大学艺术学科自设立以来，培养了大批优秀人才，产生过在国内外有重要影响的学者和艺术家。张道一、曹鹏、赵焕章、仲星火、李梓等知名人士都在这里留下过求索的身影。70年风雨里程、几度离散聚合，山东大学艺术学科不断发展壮大。1994年山东大学恢复设立艺术系；2001年新山东大学成立后建立艺术学院并于当年招生。现在山东大学艺术学院有音乐学和美术学两个专业招收本科生；艺术学、设计艺术学、音乐学、美术学4个专业招收学术型硕士研究生，音乐、美术、艺术设计3个方向招收艺术硕士专业学位研究生；民艺学和艺术史两个方向招收博士研究生，是山东省唯一一所从学士到博士完整培养体系的艺术学科。

院长：李晓峰。

体育学院

山东大学体育学院承担着学校体育专业与学科建设、公共体育课教学、课外群众体育指导和高水平运动训练竞赛等工作任务。致力于培养服务于社会体育管理领域、体育经营领域和体育健身服务领域的高素质体育专门人才。

体育学院目前具备完整的学士、硕士、博士“三级”学历人才培养体系，拥有二级学科博士学位授权点1个（体育管理科学），二级学科学术型硕士学位授权点5个（体育人文社会学、体育教育训练学、体育管理科学、运动人体科学和民族传统体育学），专业学位硕士授权点1个（体育硕士），本科专业1个（社会体育）。

院长：孙晋海。

国际教育学院

国际教育学院是一所综合性教育机构，以国际汉语教育人才培养、外国留学生教育、海内外汉语师资培训为主要任务，下设教育学系、汉语教学部、教育部来华留学生预科部等机构，是国家汉办/山东大学中华传统文化研究与体验基地、山东大学语言与文化传播研究中心的挂靠学院，是山东大学海外孔子学院的重要建设单位。

近年来，学院已形成本—硕—博连通的学科架构。博士层面设置语言与文化传播专业，硕士层面包括对外汉语和汉语国际教育硕士专业学位2个专业，本科层面设有汉语国际教育和教育学（双学位）专业。其中，“语言与文化传播”博士学科为国内最早设立，是教育部“985”重点学科建设项目；汉语国际教育专业硕士培养工作在国务院学位办评估中获得高度评价；教育创新项目“国际化、复合型汉语国际教育人才培养体系”获得山东大学教学成果特等奖。

学院承担山东大学国际学生的人才培养工作，承担中国政府奖学金、沙特政府奖学金、坦桑尼亚政府奖学金等多项国际教育项目，留学生规模逐年递增加，留学生教育质量居国内前列，中国政府奖学金预科教育HSK优秀率连续三年国内排名第一。

学院现有专任教师42名，专业涉及文学、汉语言文字学、外语、教育学、史学、经济学、管理学等多门学科，其中具有博士学位和在读博士35人，具有海外经历的教师达到70%以上。学院依托中华传统文化研究与体验基地建设，形成跨国界、跨学科、开放性的学术研究平台，汇集海内外及山大人文社科优秀学者开展合作，为人才培养提供了强有力的师资保障。

院长：宁继鸣。

（三）研究机构

儒学高等研究院

山东大学儒学高等研究院是一个直属学校的独立科研实体。下设中国哲学研究所、中国史学研究所、中国文学研究所、经学小学研究所、古典文献研究所、民俗研究所、许嘉璐办公室、庞朴办公室。

研究院跨中文、历史、哲学、社会学4个一级学科和10个二级学科，现设中国古典文献学、中国民间文学2个独立博士点，与其他院部共建中国古代文学、汉语言文字学、史学理论及史学史、专门史、中国近现代史、外国哲学、中国哲学、科学技术哲学8个博士点，共建哲学、文学、史学3个一级学科博士后流动站；有外国哲学、中国哲学、科学技术哲学、民俗学、中国民间文学、文艺学、汉语言文字学、中国古典文献学、中国古代文学、史学理论及史学史、专门史、中国近现代史12个硕士点。中国古典文献学先后被批准为山东省重点学科和国家重点（培育）学科，民俗学研究所被批准为山东省非物质文化遗产研究基地，并成为文化部中国节日文化研究基地。

开放办院、平视儒释道、引领古典学术潮流，是儒学高等研究院的战略选择，汉宋并重、文献与思想并重、经学史与哲学史并重、传世文献与出土文献并重、考据与义理并重、史与论并重等12个并重，是儒学高等研究院的基本科研思路。儒学院的最终目标是在尊重学术发展规律的前提下，通过扎实努力，力争将自己建设成为研究中国古典学和传承中华文化的世界学术重镇。

执行副院长：王学典。

经济研究院

经济研究院致力于制度经济学、法经济学、数理经济学、计量经济学、一般均衡理论、金融经济学与金融工程、劳动经济学、农业经济学、经济增长理论、保险精算、语言经济学和演化经济学等领域的研究并取得长足进展，其中一些领域的研究已经处于全国前列，部分处于领先地位。

经济研究院硕士招生专业包括政治经济学、西方经济学、金融学、数量经济学、世界经济、人口、资源与环境经济学、劳动经济学、经济思想史和经济史；目前博士招生专业包括政治经济学、法经济学、西方经济学、金融学、数量经济学、产业经济学、世界经济、语言经济学、人口、资源与环境经济学和国防经济。博士点：理论经济学（一级）、应用经济学（一级）、法经济学、语言经济学；硕士点：理论经济学（一级）、应用经济学（一级）、法经济学、语言经济学。

院长：黄少安。

卫生管理与政策研究中心

山东大学卫生管理与政策研究中心是直属山东大学领导和管理的独立建制的研究机构，于2002年6月组建。中心前身是原山东医科大学社会医学与卫生事业管理教研室和原山东医科大学社会医学与卫生政策研究所。1997年成为卫生部医疗服务成本测算和分析中心；2000年成为我国唯一的卫生部卫生经济与政策研究重点实验室。实验室总研究方向为卫生经济与政策研究，具体研究方向为卫生经济研究、卫生政策研究和疾病控制的社会经济学研究。1994年获批为硕士培养点，2003年获批为博士学位培养点，2006年成为应用经济学博士后流动站。

中心与卫生与计划生育委员会、中国疾病预防控制中心、山东省卫生厅等部门和机构建立了长期稳固的科研合作关系，多人次参加高层次政策咨询会议；与北京大学、复旦大学、华中科技大学等国内兄弟院校建立了良好的科研协作关系；与世界卫生组织、欧洲联盟科学研究委员会、世界银行等国际组织建立了长期科研合作关系；与多所国际知名大学相关院系建立合作关系。近十年中心共培养硕士研究生160余名，博士研究生50余名，博士后5名。

中心主任：孟庆跃。

金融研究院

金融研究院成立于2002年。为适应社会对金融人才的需要，研究院坚持以高标准、严要求的原则，制定了“金融数学”及相关学科协调发展的研究生教学管理方案和人才培养制度；与法国著名大学合作，成立了中国、法国金融数学与金融工程班。研究院采用山东大学、复旦大学和法国巴黎高科等大学联合培养的教学模式，共同培养金融数学复合型创新人才。

金融研究院有一支治学严谨、研究领域广泛、实力雄厚的师资队伍。与数学学院共享数学、统计学一级学科博士点，除与数学学院共享的基础课教师外，研究院现有金融数学方面的教师16人，其中教授10人，有8人为博士生导师；中国科学院院士1人，长江学者特聘教授2人，国家杰出青年基金获得者1人，教育部新世纪优秀人才、教育部优秀青年教师资助计划项目和霍英东青年教师基金获得者1人，山东省杰出青年基金获得者1人。金融数学团队入选2004年教育部首批“长江学者和创新团队发展计划”，金融数学—金融风险控制中的G—风险度量、倒向随机分析与计算获得2009年国家自然科学基金委创新研究群体科学基金。研究院有国家973“金融风险控制中的定量分析与计算”重大专项首席科学家1人，并主持该重大专项的2个项目。2007年研究院被山东省人民政府评为山东省优秀创新团队并荣获山东省政府集体一等功。有两篇论文荣获全国优秀博士论文奖，一篇论文获全国优秀博士论文提名奖。

院长：彭实戈。

山东发展研究院

山东发展研究院2010年7月20日在济南成立，是在山东省委、省政府支持下建立的综合性和开放性的实体机构。研究院下设区域经济研究所、民营经济研究所、“三农”问题研究所、产业经济研究所、金融研究所、公共政策和公共服务体系研究所、社会发展与社会治理研究所、蓝色经济研究所、黄河三角洲研究所等研究机构和办公室、资料室。

研究院行政上隶属于山东大学，实行理事会领导下的院长负责制。全国人大常委、财经委员会副主任委员、前山东省省长韩寓群同志为理事会理事长，李守信、徐显明、朱正昌为执行副理事长，尹成杰、夏耕、吴树青、陈光、唐双宁、费云良、孙建功、蒿峰、黄少安（兼理事会秘书长）等为副理事长。韩寓群同志为首任院长，著名经济学家、教育部长江学者特聘教授黄少安任常务副院长，费云良同志、魏建教授等为副院长。

研究院依托山东大学社会科学相关学科的研究队伍、加强校内外不同机构的合作，立足山东，以国际的视野、专业的水准、独立的精神研究山东发展。研究院的定位是：紧紧围绕山东经济社会发展的实践，当好“思想库”，为山东省的发展提供良好的智力支持；当好“试验田”，成为理论与实践相结合的楷模；当好“融合剂”，成为党委政府和学校沟通交流的重要平台。同时，为企业的发展提供信息、咨询、决策和管理服务，向民众普及社会科学知识和政策，培养应用型高级人才。

常务副院长：黄少安。

高等教育研究中心

高等教育研究中心开设高等教育学、高等教育史、高等教育哲学、高等教育管理、教育经济学、高等教育财政、高等教育评价、比较高等教育、大学课程与教学论等主干课程。主要研究方向为高等教育学原理、高等教育管理、教育经济与管理、教育评价、大学发展、大学组织理论、大学课程论等。

中心设有高等教育学和教育经济与管理两个硕士学位点。

主要行政负责人：龙世立。

文化遗产研究院

文化遗产研究院成立于2012年5月，其前身为东方考古中心。故宫博物院院长单霁翔任名誉院长，方辉教授任院长。

研究院现有专兼职人员20余名，下设东方考古研究中心、民俗学研究中心、《东方考古》编辑部、自然遗产研究室和综合办公室等分支机构；内设学术委员会和专家咨询委员会，由国内外著名专家学者组成。

古史重建和中华文明起源一向是山东大学考古学科的主攻方向，研究院瞄准这一方向，从器物—技术、制度—社会、文化—认知和环境变迁等角度，揭示我国主要区域社会的复杂化进程，阐释中华文明起源的机制和早期形态，并通过与世界各主要文明区在国家形成和早期国家形态方面的比较研究，探索、总结中华文明的特质及动因，在文明起源理论建设上形成具有自身特色的山大学派。山东大学的民俗学科向来重视田野调查。研究院将继续保持这一学术传统，以田野作业带动知识生产和理论建构。考古学、民俗学都是实践性、社会性极强的学科，分别承担着物质文化遗产与非物质文化遗产的规划、保护、传承的重任。遗产保护与规划涉及到建筑学、规划学、旅游学等不同学科领域，研究院将进一步密切与兄弟院系、兄弟高校、政府、企事业单位、国外大学和研究机构的合作关系，大力加强协同创新，求得学科和平台的可持续性发展。

研究院将坚持开放性、国际性的特色，力争将自身建成考古学、民俗学、文化遗产学高层次人才培养中心、高端科研中心、高水平咨询中心和国际文化交流中心。

院长：方辉。

文艺美学研究中心

山东大学文艺美学研究中心成立于1999年，2001年2月经教育部批准列为“教育部普通高等学校人文社会科学百所重点研究基地”，中心主任为山东大学终身教授、著名美学家曾繁仁教授。

山东大学的文艺美学教学与研究有着悠久的历史。早在20世纪二三十年代，时任山东大学校长的杨振声以及著名作家闻一多、老舍、洪深、沈从文等人就在山东大学开设了“近代文艺批评”、“文学概论”等文艺美学课程。自50年代初期至今，山东大学先后有华岗、成仿吾、吴富恒、曾繁仁四位校长和吕荧、牟世金、周来祥、狄其骢等一批著名文艺学、美学家在此从事教学和研究工作，使文艺美学的学科建设始终处于备受关注的地位。自五十年代起，山大的文艺学专业开始招收研究生，1981年成为全国首批硕士学位授权点，1986年又成为全国高校3个文艺学博士学位授权点之一，并从1987年起正式招收博士生，至今已形成了从本科生到博士后的多层次人才培养体系。2002年，山东大学文艺学专业被评为国家级重点学科。

中心现有专职研究人员15人，其中教授9人（博士生导师7人），副教授3人，讲师3人。曾繁仁、盛宁、陈炎、谭好哲、王汶成、程相占和屠友祥等教授均在国内学术界具有重要影响力，其中多人担任国内一级学会的会长和副会长职务。同时，本中心还聘请了美国著名文论家希里斯·米勒、美学家理查德·舒斯特曼、法国哲学家杰罗姆·伯雷、日本美学家青木孝夫、韩国美学家朴商焕和国内著名学者鲁枢元等担任客座教授，从而形成了研究方向齐全、年龄结构合理、学缘结构多元的研究团队。

本中心形成了文艺美学、生态美学、审美文化和审美教育四大研究方向。文艺美学是中国学者提出的新的学科方向，本中心将文艺美学作为研究重点，在学科定位、学术史清理、理论内容的深入挖掘与拓展等方面都取得了突出成绩，文艺美学作为一个学科已经获得了国内外学者的普遍认同，教育部也已经将文艺美学列入学科目录。曾繁仁教授的西方美学研究、已故周来祥教授的文艺美学研究、盛宁教授的美国文论研究、谭好哲教授的马克思主义文论研究、马龙潜教授的文艺主客体关系研究、王汶成教授的文学语言研究、仪平策教授的文化人类学研究和屠友祥教授的符号学研究均成就卓著，为本中心的文艺美学研究奠定了坚实的学术基础。

此外，生态美学已经成为本中心学科发展的新亮点，在审美文化研究方面也取得了突出成绩。曾繁仁教授在国内首先倡导生态美学研究，现已建立起比较完备的生态美学研究团队，并联合国内外生态美学研究方面的专家学者，于2011年成立了“山东大学生态美学与生态文学研究中心”，并主办了同仁刊物《生态美学通讯》。目前，本中心已经成为国内生态美学研究的重镇，并与国际学术界展开了多方面的对话与交流活动。陈炎教授主编的《中国审美文化史》和《中国当代审美文化》，以及已故周来祥教授主编的《中华审美文化通史》在国内学术界产生了重要影响，本科生通识课程“中国审美文化”也被评为国家级精品课程。

中心主任：曾繁仁。

易学与中国古代哲学研究中心

山东大学易学与中国古代哲学研究中心是一所以易学研究为特色，兼顾儒家、道家、墨家等中国古代哲学研究的专职学术机构，是隶属于教育部的百所人文社会科学重点研究基地之一。中心前身是1984年于山东大学哲学系成立的周易研究室。1988年3月，在周易研究室的基础上，正式成立了直属学校的独立学术研究机构山东大学周易研究中心。2000年9月，中心正式更名为山东大学易学与中国古代哲学研究中心。

中心现有专职科研教学人员10人，其中终身教授1人、教授3人、副教授4人、讲师2人、校内兼职人员6人。在著名易学专家刘大钧教授的带领下，中心科研人员始终秉持“学聚、问辨、宽居、仁行”的宗旨，针对易学为一高度哲学性的专门之学的实际，依据象数、义理合一的易学独特理论模式，在兼顾象数、义理的同时，尤致力于作为易学之根的象数之学的研究，取得了为海内外学界所公认的突出成就。中心在倡导和推动《周易》经传、易学、易学与中国古代哲学、易学与中国哲学的现代化及世界化的研究方面，做了大量工作。1998年中心与山东大学哲学系联合取得中国哲学的博士点，1999年正式招生；2003年中心所在中国哲学博士点为龙头的山东大学哲学学科获准成立博士后流动站；2005年中心与哲学系所属哲学学科获一级学科博士学位授予权；2006年中心所属中国哲学学科被评为山东省重点学科。

中心主任：刘大钧。

山东大学犹太教与跨宗教研究中心

山东大学犹太教与跨宗教研究中心成立于2003年4月，其前身是1994年1月成立的山东大学犹太文化研究所，2004年被教育部评为全国人文社会科学重点研究基地，2005起至今也是国家985工程创新基地。中心主任为傅有德教授，副主任为陈坚教授、牛建科教授。本中心以犹太宗教与哲学为研究重点，兼及跨宗教和跨文化研究。主要研究方向包括：犹太教与犹太—儒学比较与对话、基督教与世界宗教关系、佛教与其他东方宗教、宗教理论与应用研究。

中心有一支以中青年教授为主的充满活力的研究团队，专兼职研究人员中教授24人，副教授8人，讲师4人，大多数学者具有海外留学经历，学术视野广阔。中心注重与国外学术机构的交流与合作，先后与以色列、美国、澳大利亚等国家的科研机构建立了常规性的合作关系，并实现了研究人员互访交流。2002年创办国内第一份犹太专题期刊《犹太研究》，2012年出版第11辑，2008年以来入选CSSCI期刊（集刊类）。中心拥有本—硕—博完整的学生培养体系，并建有宗教学专业博士后流动站。经过10多年的努力，中心逐步形成了鲜明的学术特色和优势。在犹太哲学与宗教以及跨宗教研究方面保持了国内领先地位，是中国宗教研究的学术重镇，在国际相关学术领域也有一定影响。

中心主任：傅有德。

当代社会主义研究所

山东大学当代社会主义研究所成立于1983年9月，2000年重新组建并于当年10月入选为教育部首批“普通高等学校人文社会科学重点研究基地”。研究所的主要研究方向有：中国特色社会主义的理论与实践；原苏东地区社会主义运动；发达国家社会主义运动；越、朝、老、古的社会主义理论与实践。越、朝、老、古的经济形势和经济改革政策；越、朝、老、古的政治局势和变动趋势；越、朝、老、古的对外政策及其国际环境。

经过十几年的建设，研究所在社会主义历史和基本理论、中国特色社会主义理论、越、老、朝、古社会主义研究、国外社会民主主义、执政共产党的执政能力的提高以及非执政共产党的建设的经验教训等方面的研究走在全国高校前列。研究所在科学研究方面的目标是：力争能够回答当代世界社会主义发展所面临的重大理论和实践问题；能够回答和解决我国社会发展所提出的重大理论和现实问题；关于现实问题的研究报告对中央或地方政府的决策有参考价值。

研究所主办的学术期刊《当代世界社会主义问题》于1984年创刊，一直入选CSSCI来源期刊数据库，是国内唯一以研究和介绍当代世界社会主义重大问题为主要内容和特色的专业学术刊物。

所长：王建民。

文化部全国文化信息资源共享工程培训基地（山东大学）

文化部全国基层文化队伍培训基地（山东大学）是文化部在全国范围内首批命名的四家基层文化队伍培训基地之一。基地依托百年名校山东大学，以本校艺术学院为主体，整合全校教学科研力量、教学设施设备建设而成。

基地的主要任务是在文化部、山东省文化厅的指导下，通过开展有效的培训活动，提高基层文化队伍的政治思想素质和新形势下做好公共文化服务工作的能力，为推进公共文化服务体系建设，实现文化大发展大繁荣，兴起社会主义文化建设新高潮提供人才保障和智力支持。自2011年基地成立以来，已先后承办了7期基层文化队伍培训班，其中包括山东省乡镇综合文化站站长培训班4期，共计培训乡镇综合文化站站长628名；2012年度东部地区省级文化干部培训师资班、县级文化馆业务骨干培训班，以及县级图书馆业务骨干培训班各1期，共培训来自东部地区北方8省区市的学员120名。

2012年10月中旬，文化部全国基层文化队伍培训基地（山东大学）与文化部全国文化信息资源共享工程建设管理中心签署协议，成为“全国文化信息资源共享工程培训基地（山东大学）”，并接受其委托举办了2012年度文化共享工程暨公共电子阅览室建设专题培训班，培训了来自东部地区北方8省区市的学员40名，圆满完成了培训任务。

文化部首批命名的4家全国基层文化队伍培训基地中，山东大学是文化系统外唯一一家承担此项培训任务的教育机构，也是唯一一家具有雄厚科研实力的部属重点高校。基地除承担文化部和各省文化厅委托举办的各种培训活动外，还承担着组织各种科研活动，研究我国公共文化建设过程中存在的各种现实问题，提出各种可行的解决方案，为国家公共文化建设献计献策的重要任务。

基地主任：李晓峰。

山东大学中华传统文化研究与体验基地

山东大学中华传统文化研究与体验基地是一所集文化体验与教学、人才培养与培训、理论探索与研究于一体的综合性国家汉语国际推广基地，由国家汉办和山东大学共同建设。徐显明校长任基地理事会理事长，王学典教授任基地学术委员会主任，宁继鸣教授任基地主任。

依托国家平台，服务国家战略。基地主要从事优秀传统文化的教学、传播，以及教育模式的创新与应用等研究工作。建设内容主要包括：“一馆”（中华文化体验馆）、“一库（中华传统文化教育数据库）”、“一学科（语言与文化传播“985”重点学科，与国际教育学院共同建设）”、“一团队（跨学科研究团队）”。通过开展语言与文化传播的学理与实践研究，构建基于体验的文化教学与文化传播模式，探索人文社会科学研究成果的应用转换与社会服务路径，延揽优质文化资源，建设“专题数据库”，服务中华传统文化国际传播事业。

基地得到教育部、文化部等部委，海内外教育和文化机构，专家学者、社会名流、孔子学院学员，以及在校学生的广泛关注。2012年，基地成为教育部2011计划“儒学与中华文化复兴”协同创新重大项目成员单位。基地建设项目获山东省校园文化建设优秀成果（理论与学术类）一等奖。

基地主任：宁继鸣。

环境考古学创新引智基地

环境考古学创新引智基地依托的东方考古研究中心，利用综合性大学的优势，整合生命科学、化学、环境学院以及国外的学术资源，率先建立植物考古、动物考古和环境考古实验室。现已形成了一个拥有专兼职科研人员20余人的科研队伍，先后承担国家自然科学基金和国家社会科学基金项目5项、省部级社科基金项目15项和国际合作基金项目2项；先后获得国家文物局考古田野奖励1项、省部级科研奖励8项。2007年基地入选“高等学校学科创新引智计划”（简称“111计划”）二期培育项目。近年来，中心发挥地缘优势，通过与海内外同行的合作，大大拓展了研究领域，并在环境考古方面确立了自己的优势地位，在学术界产生重要影响。

中心与10余所海外大学及科研机构建立了实质性合作关系，为学校联合培养研究生10人次；利用台湾立青文教基金会资助，聘请7位海外讲座教授来校任教；接受海外留学生20余位。中心与美国同行在日照地区开展区域性全覆盖式考古调查10余年，在同行中获得广泛好评，并在全国范围内得到提倡和推广。所聘美国考古学家文德安（Anne Underhill）博士荣获2008年度“国家友谊奖”。

主要负责人：栾丰实。

中国节日研究基地

基地由山东大学与文化部民族民间文艺发展中心合办，设在民俗学研究所。2009年12月，文化部民族民间文艺发展中心主任李松、副主任张刚一行应邀来到山东大学进行考察，与山东大学校方签订“中国节日研究基地”共建与《节日研究》刊物合作出版协议书，并委托民俗学研究所具体承担，内容包括合作策划节日研究项目，进行影视、资料的数字化等，重点面向汉族节日研究对象，旨在夯实研究基础，扩大研究成果的影响。基地的建立，对推动本学科点的建设起到重要作用。

基地自创立以来，已经接受文化部民族民间文艺发展中心委托项目多项，如二月二、胡集书会、春节山东卷、七月半、泰山庙会、祭孔大典等，其中二月二、胡集书会已经顺利结项。

由民俗学研究所编辑出版的《节日研究》学术刊物自2010年出刊后，每年二辑，现已出版6辑，每辑字数约25万字。基地办刊坚持学术性、开放性和实践性的原则，主要刊发国内外节日研究的论文、调查报告、学术批评等，每辑设讨论专题，如“春节文化专辑”、“中国鬼节专辑”、“节日与戏曲”、“节日与传播”等。刊物致力于提高中国节日文化研究水平，保护和弘扬优秀的传统节日文化，从而服务于学术发展、人才培养和和谐社会建设。

基地主任：张士闪。

（四）山东省重点研究基地

山东省法学研究基地

山东省法学研究基地是山东省2000年首批设置的社会科学重点研究基地，是山东省法学学术交流中心、学术信息及研究资料中心和重大法学理论成果创新基地，侧重于研究法学重大理论问题和民主法制建设的重大实践课题。基地以山东大学法学院和省内法学与法律界专家为基础，国内法学界知名学者兼职参与，现有研究人员60余人，专职研究人员48人，兼职研究人员30人，其中教授38人，副教授30余人，近80%研究人员拥有海外访学或研修经历。

近几年来，法学研究基地在宪政与政治文明、人权制度化、WTO与中国法制、公共行政与法治政府、法律解释与法律方法、物权法、知识产权法、环境法制与生态文明、刑事法治与刑事政策等研究领域取得了重大学术成就。基地成立以来，已在CSSCI期刊上发表论文近900篇，科研成果获4项教育部人文社科优秀成果奖、9项山东省社科优秀成果一等奖。目前基地承担国家社科基金重大攻关项目1项、国家社科基金重点项目1项、国家社科基金16项。基地有效整合省内外齐鲁法学学者学术人才资源，为国家和地方经济社会发展提供决策咨询和智力支持，受到了高度评价。

首席专家：徐显明。

宪政与政治文明研究基地

宪政与政治文明研究基地立足山东大学法学院和山东大学政治学与公共管理学院专家资源，团结省内外、国内外同行，瞄准国家法治文明、政治文明建设中的重大理论和实践问题，开展创新性研究。基地依托山东大学法学院宪政与政治文明研究中心运行，现有专职教师35人，教授15人，其中人文社科一级教授2人、二级教授2人，副教授17人；有博士学位教师28人；具有一年及以上海外经历教师16人，2人具有海外博士学位。

近年来，基地瞄准国家和社会，特别是山东省重大发展战略需求开展学术研究，取得显著成效。2012年共发表学术论文24篇，出版专著4部、译著1部；目前在研个人项目25项、青年创新团队项目1项，其中国家社科重点项目1项、一般项目4项；1人获得国务院特殊政府津贴。中心注重学术交流与合作，2012年度围绕民生法治、公民基本权利、人权的制度实施等主题组织学术论坛15场次，效果良好。学院与法国、荷兰等国家建立起了实质性合作关系，多名教师赴荷兰、爱尔兰、法国、阿尔及利亚、日本、韩国等国家参加国际学术会议或进行短期的学术交流访问。

基地主任：范进学；首席专家：齐延平。

公共经济与公共政策研究基地

公共经济与公共政策基地围绕公共经济与公共政策的主要研究领域，整合山东大学乃至山东省的公共政策研究资源，研究领域涉及公共经济学资源、政治学、社会学、公共管理、公共卫生、环境学等多个学科。以经济学为主、注重多学科公共政策资源的交叉融合构成了研究基地的鲜明特征。

基地下设公共经济（财政税收）研究中心、公共卫生政策研究中心、公共管理与公民自治研究中心、社会福利政策研究中心、生态环境政策研究中心、公共经济与政策计量研究中心6个研究中心，研究成员由山东大学相关学院在职教学科研人员和外聘专家、学者组成。主要职能为开展学术研究与咨询，针对学科前沿和重大理论与实践问题，组织高水平科研项目，产出创新性成果；搭建交流平台，组织学术交流；培养和造就高素质的学术带头人和中青年学术骨干，培养博士、硕士等高级专门人才，壮大社会科学研究队伍。

主要负责人：李齐云。

反垄断与规制经济学重点研究基地

反垄断与规制经济学重点研究基地是在反垄断与竞争政策研究中心和规制理论与政策研究中心的基础上，整合反垄断与规制经济学领域的科研力量组建而成的，2009年5月基地被山东省政府确定为省社会科学重点研究基地。

基地内设品牌与竞争研究中心、规制理论与政策研究中心、企业财务研究中心、反垄断法律与案例研究中心、产业组织与竞争政策研究中心、反垄断与规制计量分析中心、市场设计与模拟分析中心等7个研究分析中心。有教授9名，副教授11名，其中博士生导师8名；全部科研人员都获得了国内外著名高校的博士学位，多数科研人员具有海外访学经历。

近年来，基地共完成国家级课题5项，省部级课题15项，国际合作课题2项，承接国家部委、大型企业和省市政府部门横向委托课题30多项；已出版反垄断与规制经济学领域专著5部，在国内外著名期刊上发表学术论文110多篇。2006年，以中心主任于良春教授为首席专家的科研团队承担了教育部社会科学研究重大课题攻关项目"转轨经济中的反行政性垄断与促进竞争政策研究"，标志着山东大学反垄断与规制经济学重点研究基地在反垄断和竞争政策研究领域已处于国内领先地位。

基地主任：于良春。

山东省应用金融理论与政策研究基地

山东省应用金融理论与政策研究基地依托经济学院金融学科设立，拥有从本科、硕士、博士到博士后的完整的人才培养体系，有国家级人才培养模式创新实验区"金融—数学跨学科交叉应用型人才培养实验区"、省级工程技术研究中心"山东省金融风险控制工程技术研究中心"以及与数学院合作的"金融数学与金融工程"校级人才培养基地，是山东大学经济学院重点培植的学科点之一。现有专职教学科研人员24人，其中教授10人，博士生导师7人，副教授9人；有海内外兼职教授11人，合作博士生导师2人；专职成员全部拥有博士学位。

学科在金融投资与金融工程、金融制度与金融政策、国际金融研究、银行公司治理以及计量金融研究等方面形成了稳定的研究方向与特色。基地主持和参与承担了国家自然科学基金、国家社科基金、教育部社科基金、国家软科学基金以及省部级和横向课题30余项，出版学术专著和教材30余部，在《经济研究》、《金融研究》等学术刊物上发表论文200余篇，获得了包括山东省社科成果一等奖在内的省部级科研奖励10余项。学术团队与国内外学术界建立了广泛的合作关系，成员中有10人具有在美国、法国、澳大利亚、荷兰、瑞典、日本、韩国等国以及我国港台地区攻读博士学位、从事博士后研究、进行学术访问以及从事合作研究的经历。近年来，学科与彭实戈院士领导的教育部"金融数学创新团队"形成了紧密的合作，并以其在国际、国内"金融数学"研究领域的领先优势为学科发展提供了强大支撑。

基地主任：胡金焱。

山东高校思想政治理论课教师培训基地

2009年6月，经山东省委高校工委书记办公会研究，在山东大学设立山东省高校思想政治理论课教师培训基地。2010年3月基地正式挂牌。

基地成立以来，在省委高校工委和山东大学党委的领导下，举办全省高校思想政治理论课教师培训班13期，培训教师1800多人次；具体承办全国性会议1次，全省性会议2次；每年暑假组织全省高校部分思想政治理论课骨干教师进行国（境）外考察学习；组织了2012年"黄金杯"全省高校思想政治理论课教学设计大赛、2013年全省高校思想政治理论课教师"十百工程"建设的遴选工作。同时，基地还配合省委高校工委开展每年全省高校思想政治工作会议、思想政治理论课教学督查等工作的准备工作。

本着"求是、创新、精简、高效"的原则，基地圆满完成了承担的各项工作，成为师资培训平台、理论研究和学术交流平台、教学改革试验平台，较好地发挥了学校马克思主义理论学科点服务地方的作用。

主要负责人：周向军。

山东省文化产业研究基地

2003年11月23日，山东省社科规划领导小组、山东省委宣传部批准在山东大学历史文化学院设立"山东省文化产业研究基地"。2005年4月，山东大学历史文化学院文化产业管理学系成立。文化产业管理学系与"基地"优势互补，形成从学士、硕士到博士与博士后的完整的人才培养体系。

主要负责人：王育济。

中华文明起源研究中心

中华文明起源研究中心是山东省“十二五”高校人文社会科学研究强化建设基地，所属学科为考古学，现有校内专职人员22人，其中教授7人，副教授5人，讲师10人，获得博士学位者19人；校内兼职5人，均为教授、博士；校外兼职人员7人，其中教授6人，获得博士学位者6人。

中心现有科研用房600平方米，实验室面积达1500余平方米，教学实验设备240余台；先后开辟泗水、邹平、日照、青岛4个实践基地；设有独立的专业图书资料室，收藏中外图书合计3.2万册，实现资料联机检索，建有考古专业图书资料库及山东大学博物馆藏品数据库。

中心自身队伍与引进人才开展合作项目、合作发表研究成果，通过举办国际学术会议、发表高层次论文等方式，大大提升了基地在国际学术界的知名度。

中心主任：方辉。

山东省品牌与传播研究基地

山东省品牌与传播研究基地是由山东省委宣传部为促进整体品牌战略提升而批设的专业性基地，依托山东大学品牌与传播研究所为学术支撑，专业从事品牌塑造、设计、传播、促进以及品牌量化监测等学术性研究工作。近年来，基地积极将研究成果实时应用于国内知名企业品牌锻造服务的工程中，通过理论与实际相结合的策划实践，对于品牌（产品）的准确定位、品牌策略和实际运作，均体现出敏锐的眼光和超凡的能力，给企事业单位的品牌提升带来立竿见影的效果，服务质量、专业水平深受社会与业界的好评。

基地研究团队承担了一系列与品牌相关的纵向课题和服务于社会的横向项目，完成及在研省部级科研课题6项，校企合作横向课题13项，并为20余家企业提供了形象设计、品牌传播等方面服务。基地项目实施注重高端定位，在省内学术界和产业界获得了良好的口碑。

基地主任：李克。

山东省政党理论研究基地

山东大学政党研究所业务挂靠政治学与公共管理学院，2006年11月被列为山东省政党理论研究基地。研究所现有研究人员25人，其中具有正高职称的12人，具有博士学位的12人，海外兼职研究人员4人。

研究所下设政党理论、中国政党政治、国外共产党、社会民主党等4个研究室，重点定位于政党理论及政党政治比较研究，现已形成政党原理研究、中国政党政治问题研究、国外共产党问题研究、欧美左翼政党研究等4个稳定而明确的研究方向。

目前研究所承担“工人阶级政党文明问题研究”、“20世纪以来东欧国家的政党与政治思潮研究”、“俄共理论政策主张研究”等16项重要课题。研究所除与国内有关研究机构和实际工作部门保持密切的业务联系外，还与俄罗斯和平基金会、俄罗斯科学院东方学研究所、远东研究所建立了密切的合作研究关系和经常性的学术交流机制，同德国柏林自由大学东欧所保持着经常的学术交流和人员来往。

主要负责人：王韶兴。

山东省非物质文化研究基地

山东省非物质文化研究基地主要从事本省非物质文化遗产资料的搜集和研究，并利用本学科点的研究成果，为省内政府有关部门的非物质文化遗产保护利用提供学术服务。

依托基地，山东大学民俗学团队积极参加山东省民俗文化保护工程与民俗旅游开发活动，为社会各界提供咨询服务，深度参与到我省各地非物质文化遗产的资源调研、项目申报、文本撰写与评审保护工作之中。在国家第一批、第二批非物质文化遗产名录的申报和山东省第一批非物质文化遗产名录中，有多项内容由山东大学民俗学研究人员独立承担或深度参与完成，如济宁市梁祝传说、沂源县牛郎织女传说、淄博市五音戏、潍坊市杨家埠年画、寒亭区柳毅传说、昌邑市小章竹马、泰山石敢当习俗、泰山庙会等。此外，民俗学研究所还积极参与目前尚处于试点阶段国家级、省级文化生态保护区的考察、建设与申报工作，如微山湖生态文化保护区、潍水生态文化保护区、长岛渔民文化生态保护区等。

承担重大的理论与实践研究课题，将理论成果转化为决策参考和社会效益，已经成为山东大学民俗学的重要传统之一。近年来，民俗学研究所以策划民俗文化产业项目的方式，积极促进民俗文化资源的产业转化，协同地方打造民俗文化品牌，也取得了显著成绩。如发挥民俗学的知识优势，为社会各方面提供学术咨询，主持山东省民俗旅游发展规划、莱芜市颜庄镇文化产业发展规划、淄博市聚峰民俗风景区、荣成市院夼村民俗旅游规划等，深度参与了“山东省旅游发展规划”、“山东省旅游商品发展规划”、“潍坊市旅游发展整体规划”等旅游规划的论证与评审工作。

基地主任：张士闪。

产权理论与法经济学研究基地

产权理论与法经济学基地为省级人文社科强化建设研究基地，在制度经济学、法经济学、计量经济学、一般均衡理论、经济增长理论和演化经济学等领域的研究取得长足的进展，其中一些领域的研究已经处在全国前列，部分居于领先地位。产权理论和法经济学团队在国内外重要刊物上发表一系列重要成果；2012年成功举办了第五届中国演化经济学年会；与浙江大学经济学院联合举办一年一度的“中国法经济学论坛”已成功举办六届，影响力越来越大。

基地硕士招生专业包括政治经济学、西方经济学、金融学、数量经济学、世界经济、人口、资源与环境经济学、劳动经济学、经济思想史和经济史；博士招生专业包括政治经济学、法经济学、西方经济学、金融学、数量经济学、产业经济学、世界经济、语言经济学、人口、资源与环境经济学和国防经济。

主要行政负责人：黄少安。

产权理论与产权制度变革研究基地

产权理论与产权制度变革研究基地为山东省哲学社会科学重点研究基地，在产权理论、制度经济学、数理经济学、计量经济学和演化经济学等领域的研究取得长足的进展，其中一些领域的研究已经处在全国前列，部分居于领先地位。基地曾成功主办两届中国制度经济学年会，并创办有《制度经济学研究》学术杂志。以黄少安教授为带头人的产权理论和制度经济学团队取得了重要成果。

基地硕士招生专业包括政治经济学、西方经济学、金融学、数量经济学、世界经济、人口、资源与环境经济学、劳动经济学、经济思想史和经济史；目前博士招生专业包括政治经济学、法经济学、西方经济学、金融学、数量经济学、产业经济学、世界经济、语言经济学、人口、资源与环境经济学和国防经济。

主要行政负责人：黄少安。

公司治理研究中心

山东大学公司治理研究中心2006年被批准为山东省人文社科强化研究基地，2007年加入公司治理研究国际合作网络。现已与美国辛辛那提大学管理学院、加拿大阿尔伯塔大学商学院、荷兰阿姆司特丹大学等开展国际合作研究。

中心已形成以中青年为主体的稳定的学术团队，现有教授5人、副教授10人、讲师3人，所有成员均获博士学位。近三年来，中心成员承担国家自然科学基金、国家社会科学基金项目5项、省部级项目21项，承担国际合作项目2项。中心成员在公司治理研究领域在CSSCI收录期刊发表论文50余篇，出版学术专著13部。中心为海信集团、山东高速集团、将军集团等大型股份公司或企业集团进行公司治理方案设计。

基地主任：徐向艺。

山东省经济管理研究基地

山东省经济管理研究基地是山东省社会科学研究基地之一，是山东省经济与管理学术交流中心、学术信息及研究资料中心和重大经济管理理论成果创新基地。基地以山东大学管理学院和省内管理学与经济学界专家为依托，国内知名学者兼职参与，侧重于研究经济管理领域重大理论问题和山东省经济发展重大实践课题，旨在建成山东省的经济管理研究、高级专门人才培养基地和学术活动中心，为企事业单位的发展提供咨询服务，为国家和地方经济作出贡献。

基地主任：徐向艺。

三、校内学术研究机构

残疾人事业发展研究中心

残疾人事业发展研究中心是山东大学、中国残疾人联合会、山东省残疾人联合会三方共同发起成立的残疾人事业发展专业科研机构。中心于2007年6月成立，目前挂靠在山东大学哲学与社会发展学院，有研究人员50多名。

中心整合山东大学哲学与社会发展学院、法学院、护理学院、医学院等相关院系的师资力量，共同参与跨学科的残疾人事业发展研究。中心工作包括：残疾人社会权益保护的跨学科研究——社会学、社会工作、社会政策、法学等视角下的残疾人权益保护研究，残疾人治疗、康复和发展的具体服务模式研究；为残疾人（主要为智障人事）提供具体的治疗和康复服务。

中心主任：葛忠明。

移民研究所

移民研究所是经山东大学正式批准成立的校属独立研究所，是综合国内移民研究资源和山东大学各相关学院移民问题研究力量的开放型科研机构。作为我国目前唯一以国际移民为主要研究对象的移民研究机构，研究所主要研究国际移民理论、移民现状、移民动因、移民问题和移民政策。依据移民问题需要跨学科研究的特点，研究所目前已组成涉及社会学、人口学、经济学、法学、人类学、政治学、历史学等多学科的科研队伍，拥有客座研究人员12人和专职研究人员14人，下设国际移民研究室和（世界银行/亚洲开发银行/国内）非自愿移民研究室两个研究室。

所长：宋全成。

现代传播研究所

现代传播研究所于1996年成立，通过近年发展，山东大学现代传播研究所已形成一支专业化的研究团队，现有专兼职研究人员12名。在学校、哲学与社会发展学院领导的领导和支持下，研究所开展一系列传播学的综合研究，参与了山东大学服务山东的系列项目，得到省委、省政府及学校领导的多次表扬，为山东大学服务地方作出贡献。

近年来，研究所承担并完成“建立有地方特色的新闻发言人制度”、“实现山东跨越式发展研究”、“齐鲁文化的多媒体传播”、“按订单组织货源为导向的烟草商业企业文化再造”等课题，研究成果参与省委、省政府有关部门组织的多项山东经济、社会、文化展示展览并多次获奖，为山东省经济社会发展起到重要推动作用。

所长：杨善民。

社会调查与数据研究中心

社会调查与数据研究中心成立于2010年1月，由哲学与社会发展学院发起，社会学和政治学等学科共同参与，是“中国社会调查网络（CSSN）”的国内合作单位之一。

中心以“服务教学与科研”、“服务地方社会发展”以及“促进国内外社会科学的交流与合作”为宗旨，承担与山东省的经济、社会、文化和民生有关的调查研究课题，训练和培养专业的社会调查研究人员，努力将自身建设成为山东大学内部跨学科、跨院系的研究平台，促进山东大学与国内外社会科学研究机构或组织的交流与合作。

中心主任：林聚任。

社会与文化人类学研究所

社会与文化人类学研究所于2010年12月22日成立，是由哲学与社会发展学院发起的、旨在加强人类学的学科建设，促进该学科的对外联系与交流的学术团体。

研究所以服务于山东大学的教学和科研，服务于山东省的社会发展和文化交流为宗旨，主要目标为：承担山东省内有关社会与文化的研究；促进山东大学人类学方面的田野调查研究；加强与山东大学文史哲研究院等研究机构的横向联系，以达到共同申请和承担跨学科大型课题的目标；提供进行国内、外学术交流的园地，举办高层次的国际和国内学术研讨会；定期出版《山东大学人类学研究所通讯》。

中心主任：胡宗泽。

中国诠释学研究中心

中国诠释学研究中心成立于2002年，挂靠哲学与社会发展学院。我国著名诠释学研究专家洪汉鼎教授受聘担任中心主任，山东大学教授傅永军担任中心副主任。中心植根于山东大学已有文史哲浓厚基础之中，求融会贯通，促传统文科创化转型，致力建立新的优势研究领域。中心秉持建设性的学术路径，既不偏于西方诠释理论，也不固执于中国传统经典注疏，而是要实现二者的统一，同时又致力将哲学诠释学研究拓展到文学、史学、法学、美学、宗教学、文献学、古籍整理等领域，形成中国哲学诠释学、中国律学诠释学、中国美学诠释学、中国史学诠释学、中国经典注疏阐释学、中国解经传统诠释等新研究方向，并最终融合成与西方诠释学相比肩的中国诠释学。

主要行政负责人：傅永军。

儒家文化研究所

儒家文化研究所成立于1998年6月，挂靠单位为山东大学哲学与社会发展学院。研究所以中国哲学研究所从事儒学研究的学者为主体，整合山东大学的儒家文化研究力量，发挥老教授的指导作用，对儒家文化进行全方位、系统研究。研究所成立以来，重点展开研究原始儒学、现代新儒学及儒学应用研究。出版著作有《牟宗三学术思想评传》、《当代新儒学引论》、《心归何处——儒家与基督教在近代中国》、《生命的底色》、《儒家文化与当代社会》、《风风雨雨话儒学》等一批高质量学术著作，发表论文近百篇，在学术界产生良好的影响。研究所学者一向重视传统儒家经典的研习，长期坚持在山东大学义务开设儒家经典讲座，在社会上产生了良好印象。

主要行政负责人：颜炳罡。

佛教研究中心

佛教研究中心成立于2010年，挂靠单位为山东大学哲学与社会发展学院。中心致力于佛教中国化和中国佛教宗派的研究，尤其关注儒佛道三教关系对中国化佛教形成的影响，曾举办“倓虚大师在近现代佛教史上的地位”座谈会（2009）、“儒佛关系与佛教中国化”学术研讨会（2010）和“佛教与中国文化”高层论坛（2011）。中心现有专兼职研究人员9人，攻读佛教学位的硕士生、博士生以及相关的博士后10多人。中心常设“闻是讲坛”，不定期邀请海内佛学专家来山东大学开设佛学讲座。2010年，中心开办全国首家“两年半”制宗教学专业（佛教文化方向）网络教育，招收出家和在家的佛教徒系统学习佛教文化知识，迄今已招了四届学员。

中心主任：陈坚。

山东省比较管理研究会

山东省比较管理研究会是由从事管理科学理论研究和实践应用的学者、企业家、管理人员和热爱本学科事业发展的人士自愿结合组成的非营利的全省性社团法人。

研究会的宗旨是：遵守中华人民共和国宪法、法律、法规和国家政策，遵守社会道德风尚，坚持四项基本原则，反对资产阶级自由化，紧紧围绕我国经济建设的需要，团结全省专业人士开展理论和实践研究活动，积极开展业务培训和咨询工作，交流经验，为提高我省的科学管理水平贡献力量。

理事长：徐向艺。

亚太研究所

亚太研究所成立于 1994 年 5 月，行政挂靠政治学与公共管理学院。建所以来，亚太研究所确立了"以学术科研立所，以国际合作强所"的发展理念，始终坚持将学术科研工作放在研究所发展的首要任务来抓。目前已形成以山东大学政治学与公共管理学院、经济学院、韩国学院、法学院、外国语学院、文学与新闻传播学院等单位从事亚太领域教学与研究的学者为主体的专职研究队伍，同时，聘请国内外知名专家学者组成了雄厚的兼职研究队伍。

研究所宗旨与目标：整合山东大学亚太研究领域优质学术资源，建设一支有实力、有能力、有创新力的年富力强的学术研究团队；力争将研究所打造成涵盖政治安全、经济贸易、社会文化和法律法学的跨学科综合型学术团体，确立在国内亚太研究学界的学术地位和影响力，为该领域的学术研究、为国家与地方战略发展作出积极的贡献。

所长：杨鲁慧。

城市发展与公共政策研究中心

城市发展与公共政策研究中心关注城市发展和城市治理的重要理论和实践问题，以城市可持续发展、城市群与区域一体化发展、城镇化发展中的公共政策和管理创新为主要研究领域，并形成了市政公用事业，城市管理体制、区域合作治理、城市公共服务供给变革、城市环境治理等几个特色研究方向。城市发展与公共政策研究中心愿与有志于城市研究的学者与实务者共同努力，致力于为我国的城市健康发展献计献策，为繁荣我国的社会科学作出重要贡献。

主要负责人：曹现强。

欧洲研究中心

山东大学的欧洲问题研究可以追溯到 1980 年代中期开始的欧洲国别政治的教学与研究，以及在此方向上的硕士研究生培养。1994 年 9 月，山东大学成立了西欧研究所，1997 年改为欧洲研究中心，目的在于发起、协调和促进山东大学对当代欧洲的教学与研究，整合全校欧洲政治、外交、经济、社会、法律、公共管理、历史和文化等领域的研究与教学资源，致力于从多学科和跨学科的视角认识、理解、讲授和宣传欧洲一体化。研究中心所依托的学科主要有国际政治、政治学、世界经济、世界历史和法学。欧洲研究中心的研究涉及到欧洲一体化的各个领域，注重基础理论研究、比较研究以及有助于中国发展和增进中欧合作的应用研究。但主要以欧洲政治和一体化理论研究为其特色。

主任：王学玉。

生活质量与公共政策研究中心（国家统计局统计科学研究所研究基地）

生活质量与公共政策研究中心挂靠山东大学政治学与公共管理学院，主要从事生活质量与公共政策、幸福指数与政府绩效考评、民生统计等方面的研究。中心（基地）现任主任邢占军教授，现任学术委员会主任曹现强教授。中心（基地）现有教授 8 人（其中博士生导师 6 人）、副教授 3 人（其中硕士生导师 3 人）以及讲师、助研 5 人。研究人员来自山东大学、武汉大学、华东师范大学、北京科技大学、国家统计局统计科学研究所等高校和研究机构。中心（基地）目前与佛罗伦萨大学相关研究机构建立了正式合作关系，在山东莱州、章丘和寿光分别设立了研究基地。

中心主任：邢占军。

人权研究中心

人权研究中心始建于 1990 年 6 月，起初系山东大学法学研究所下设之人权研究室。1994 年山东大学决定合并法律系、学校直属的法学研究所、山东省第四律师事务所组建法学院，将研究室单独建制为校属院办的研究中心。中心现有人权法领域研究人员 8 人，相关领域兼职研究人员 10 余人。人权法学科已被列入国家 211、985 项目资助序列和教育部人文社科基地重点培育计划。

山东大学人权研究中心成立之始，就致力于人权基本理论的研究、人权法领域高级专业人才的培养和人权理念的社会传播工作。经过近 30 年的发展，山东大学人权研究中心在人权法原理和公民权利、政治权利、生存权、发展权、环境权、适当生活水准权等诸多基本人权研究领域都作出了重要的学术贡献，形成了独特的学术群体研究脉络和研究风格。

山东大学人权研究中心积极探索人权法方向专业研究生的培养机制和培养方案设计，基本形成了稳定的人权法专业研究人才的培养模式。中心现已招收或培养博士研究生、硕士研究生近200人，为社会各部门输送了大量人才。

中心主任：齐延平；学术顾问：徐明显。

山东师范大学

一、学校概况

山东师范大学坐落在历史文化名城济南。建校60多年来，植根齐鲁文化沃土，汲取泉城人文灵韵，秉承“尊贤尚功、奋发有为”的校园精神和“弘德明志、博学笃行”的校训，自觉传承创新齐鲁文化，努力彰显教师教育特色，目前已发展成为一所文理并重、学科齐全、治学严谨、基础扎实的综合性师范大学。

学校办学历史可追溯到1902年山东大学堂内设的师范馆。1950年10月，在原华东大学教育学院和山东省行政干校的基础上组建山东师范学院，系新中国成立后山东省成立最早的高校。1952年原齐鲁大学物理、化学、生物三系并入。1970年9月，学校机关及部分系部迁到聊城办学。1974年4月，学校迁回济南。1981年3月，学校被确定为省属重点高等学校，同年8月，更名为山东师范大学。2012年11月，学校被确定为山东省首批重点建设的应用基础型特色名校。目前，有全日制学生37000余人，其中研究生约5000人，另有留学生210余人，成人教育学生19000余人。

学校分校本部、长清校区两个校区办学，总占地面积近4000亩（约258.78万平方米），建筑面积120.66万平方米。有教育部重点实验室1个，中央与地方共建高校基础实验室9个。有山东省重点实验室5个，其中“十二五”集中建设重点实验室1个。有省“十二五”高校重点实验室8个，其中强化建设重点实验室3个。有省高等学校实验教学示范中心6个。设有教育部研究基地（中心）4个，省级研究培训机构39个。图书馆藏书近390万册，电子资源1.28万GB。学校附属中学、第二附属中学、附属小学是省级规范化学校或示范学校。

山东师范大学在教学和科研上具有以下特点：

1. 学科门类齐全。

学校现有24个学院，79个本科专业，8个博士后科研流动站，10个博士学位授权一级学科、76个博士学位授权二级学科，29个硕士学位授权一级学科、165个硕士学位授权二级学科，12个专业学位授权点，覆盖十大学科门类，学科、专业学位数量居省属高校前列。有1个国家重点学科、1个国家重点（培育）学科。有22个山东省“十二五”重点学科，其中省级特色重点学科11个。2012年，据美国基本科学指标数据库（ESI）统计，植物与动物学、化学2个学科进入全球大学和科研机构前1%。在全国第三轮学科评估（2012年）中，18个学科参评，11个学科进入前50%，是山东省属高校最好成绩。

2. 师资队伍精良。

学校现有教职工2647名，其中专任教师1899人，具有博士学位的551人，正高级职称385人、副高级职称777人，博士生导师136人。5人次入选全国“百千万人才工程”第一、二层次，全国“四个一批”人才，“新世纪百千万人才工程”国家级人选和教育部“长江学者”奖励计划，18人获全国优秀教师等国家级荣誉称号，86人次享受国务院政府特殊津贴。有6人6次当选全国党代会代表，5人12次当选全国人大代表，4人9次当选全国政协委员，学校领导连续四届当选山东省委委员。先后9人入选山东省“泰山学者”特聘教授，1人入选山东省“泰山学者”攀登计划。

3. 教学成果丰硕。

承担教育部“质量工程”全部类别项目，4人获国家级教学名师奖，获国家级教学成果奖10项，建成国家级教学团队2个、国家级精品课程4门、国家级双语教学示范课程1门、国家级人才培养模式创新试验区1个、国家级实验教学示范中心1个，9个专业分别被教育部、财政部批准为特色专业建设点。是全省最早承担“国培计划”的高校，获全国普通高等学校招生工作先进单位、全国普通高校毕业生就业工作先进集体等荣誉称号。2007年，在教育部本科教学工作水平评估中获得优秀。

4. 科研实力雄厚。

“十一五”以来，承担各级各类科研项目近2200项，其中主持承担国家“863”、“973”、国家社会科学基金、国家自然科学基金等项目270余项。2012年，成为“973”项目首席科学家单位。先后获国家科技进步二等奖2项、山东省社科重大成果奖3项、全国教育科学优秀成果一等奖2项、鲁迅文学奖1项，以及“十佳全国优秀科技工作者”提名奖、山东省自然科学最高奖等国家级、省部级科研奖励300余项。1人获国家杰出青年基金，1个团队入选教育部创新团队。主办6种学术期刊，其中核心期刊5种。学校获全国高校科研管理工作先进单位、山东省富民兴鲁劳动奖状、山东省产学研合作创新突出贡献奖等荣誉。

5. 教师教育特色鲜明。

已建立起从学前教育到小学初高中教育、从本科教育到硕士博士教育、直到博士后研究的人才培养体系，形成从本科教育到教育硕士、直至教育教学论博士学位的、职前职后一体化教育系统，是全省同时拥有这2个培养体系的唯一高校。是山东省高等院校教师教育联盟牵头单位。在教育理论研究与应用方面成果显著，获奖总数居省属高校首位。体现教师教育特点和优势的教育学、心理学、课程与教学论、教育技术学等博士、硕士学位授权点，填补山东省空白。

6. 交流合作广泛。

学校是教育部批准的首批外国留学生定点招生单位，与18个国家和地区的82所院校建立校际交流合作关系。有本、专科中外合作办学项目10个。在韩国、肯尼亚、美国合作建设孔子学院3所，是全国省属高校和师范院校合建孔子学院最多的高校之一，是山东省对外开放的窗口学校。

7. 育人质量过硬。

建校以来，培养24万多名合格人才，人才培养质量受到上级主管部门、社会各界充分肯定和高度评价，学校被评为省党的建设和思想政治工作先进高校、德育工作示范高校、基层党建工作水平示范点等，校团委被评为“全国五四红旗团委”。近年来，学生在国际国内重大比赛中屡获佳绩，有8人次获全国五一劳动奖章等国家级先优称号。学校女排连续7次获中国大学生排球锦标赛和超级联赛冠军。

目前，学校正抓住机遇，振奋精神，干事创业，开拓创新，为建设国内一流的综合性师范大学而努力奋斗。

历任主要领导：田珮之、余修、刘洪轩、苏克强、彭畏三、许用思、张滨黄、李芸生、郭林、高中正、管梅谷、陈龙飞、徐卓斌、周志仁、谷汉民、宫志峰。

现任主要领导：商志晓、赵彦修。

二、教研机构

教育学院

教育学院是一个历史悠久、学科齐全、设备完善的师范院校的特色学院。其前身教育系成立于1950年10月，是学校建校时最早设立的6个系之一。现有教职工52人，其中教授14人，副教授20人。

学院下设教育学系、学前教育系、课程与教学系，设有教育学、学前教育2个本科专业。拥有教育学一级学科博士学位授权点、教育学博士后科研工作流动站、教育学原理博士学位授权点、教育学一级学科硕士学位授权点；设有教育管理专业教育硕士培养点、高校教师硕士培养点和教育硕士专业学位授权点；教育学原理是国家级重点（培育）学科、山东省政府“泰山学者”设岗学科、山东省省级强化建设重点学科。教育学本科专业是国家级第二类特色专业。拥有国家级精品课程1门，国家教学名师1名，国家级教学团队1个，获得国家级优秀教学成果奖1项，省级优秀教学成果奖3项。

“九五”以来，学院承担各级各类课题100多项，其中国家社会科学基金、全国教育科学规划、国际合作等重点课题10余项。出版专著50余部，发表学术论文800余篇。20余项成果获省级以上奖励，其中省社科一等奖6项。

院长：唐汉卫。

教育科学研究所

教育科学研究所始建于1979年，是学校成立较早的学术研究机构之一。其主要职能是：面向基础教育，为基础教育服务，开展教育基本理论和实验研究，为教育决策部门提供咨询服务和决策参考。

自上世纪80年代始，教科所围绕我国基础教育改革与发展的现实问题开展了一系列理论与实验研究，承担并完成省级以上科研课题20余项，取得显著成果。其中，“双序结合体教改实验”的成果及理论观点在我国教育理论界产生较大反响，得到同行专家肯定并引起教育主管部门和国家领导人的重视。李岚清副总理曾对课题组的建议作出批示，国家教委对所提教改建议予以肯定。项目获教育部“基础教育改革与实验研究”优秀成果一等奖、山东省社科优秀成果一等奖。“儿童创造力开发实验”的理论成果和实践模式得到同行专家肯定，被教育行政部门推广。《人民教育》2000年第8期以5万字篇幅介绍该成果，在国内产生较大反响。

根据学校机构改革与学科布局调整的需要，2006年12月，教育科学研究所挂靠教育学院。

所长：李鹰。

音乐学院

音乐学院前身为山东师范学院艺术系，是山东省成立最早的艺术系科。经过60余年几代音乐人的不懈努力，学院已发展成为山东省高层次音乐与舞蹈人才的重要培养基地。

学院现有音乐学、音乐表演、舞蹈学、作曲与作曲技术理论等4个本科专业，其中音乐学专业为国家级特色专业，舞蹈学专业为校级特色专业；有音乐与舞蹈学硕士一级学科，招收音乐理论、音乐技能和舞蹈等方向学术型研究生，艺术硕士专业学位研究生。

2011年以来，学院师生先后在CSSCI刊物发表学术论文31篇，出版专著、教材9部，成功申报省（部）级课题9项，获山东省社科突出贡献奖1项，山东省社科优秀成果一等奖1项、三等奖2项，“泰山文艺奖”5项；在国内外音乐舞蹈赛事中屡获大奖，其中在“文华奖”、“桃李杯”、“金钟奖”、“荷花奖”等国内最高级别的大赛中获奖十余项；在2011—2012年中国研究生教育排行榜上，学院舞蹈学研究生教育名列全国同专业第三位；在全国2012年一级学科评估中，我院音乐与舞蹈学一级学科名列全国第17位，位居山东省首位。

院长：李海鸥。

商学院

商学院下设工商管理系、旅游管理系、财务会计系和房地产经营与管理系，拥有山东师范大学商学院旅游管理专业硕士（MTA）中心、山东师范大学房地产研究中心、山东师范大学金融研究所等教学和科研机构，学院现有财务管理、物流管理、旅游管理、工商管理（房地产经营）4个普通本科专业；有物流管理本科、物流管理专科、国际经济与贸易专科和公共事务与管理专科（文化产业管理方向）4个合作办学专业；拥有产业组织与管理控制专业、旅游管理、会计学和企业管理四个硕士学位授权点，产业组织与管理控制博士学位授权点。

商学院现有专职教师59人（中国教师45人，韩国教师14人），其中教授7人，副教授8人，博士生导师2人，硕士生导师9人。学院目前在校全日制本专科生1864余人，硕士研究生32人，韩国留学生28人。学院拥有独立的多媒体教室、学生自习室、阅览室和计算机室等教学场所，配置有60万元的各类多媒体教学硬件设备，藏有1000余种外文图书资料。

商学院与国外大学保持着密切关系。目前学院与韩国又石大学、美国东田纳西州立大学等高校保持密切的学术交往和合作关系，与韩国、美国、西班牙和法国等国的许多高校签署校际交流协议（2+2、3+3或1+4项目）。学院每年派遣教师赴国外高等院校交流讲学、合作研究、进修学习，学院每年还选派部分优秀学生到国外高等学府留学或攻读学位。

院长：夏同水；书记：周佳欣。

传媒学院

传媒学院成立于2011年，是在原传播学院和文学院部分专业的基础上整合成立的新学院。学院设有教育技术学、广播电视编导、戏剧影视文学、播音与主持、数字媒体艺术五个本科专业和数字媒体艺术（动画艺术专业方向）。拥有现代传媒实验教学中心，设有11个实验室，实验设备价值1300余万元，是山东省高等学校实验教学示范中心。全国现代教育技术山东培训中心、全国高等学校教师教育技术培训中心和山东省现代教育技术培训中心挂靠该院。

传媒学院现有教职工74人，其中正高级职称11人，副高级职称24人。具有博士学位的20人，具有硕士学位的42人，另有国内外兼职、客座教授10余人。设有一个二级博士学科学位授权点教育技术学，一个一级硕士学科学位授权点戏剧与影视学，两个二级硕士学科学位授权点教育技术学和传播学，还设有现代教育技术、新闻与传播、艺术硕士三个专业学位硕士授权点。学院现有本科生1600余人，有研究生240人，在职研究生100余人。

院长：孟祥增。

管理科学与工程学院

山东师范大学管理科学与工程学院现设有信息管理系、电子商务系、工商管理系和MBA教育中心。教师中现有泰山学者特聘教授1人，教授、研究员12人，兼职教授14人，具有博士学位及在读博士20人。

学院人才培养体系完备。拥有管理科学与工程博士点一级学科，管理科学与工程和工商管理两个硕士点一级学科及工商管理硕士（MBA）专业学位点，开设信息管理与信息系统、电子商务、人力资源管理本科专业。2012年信息管理与信息系统作为唯一非师范专业入围学校“名校建设工程”10个重点专业，新上工程管理本科专业，新上人力资源管理专业第二专业（学位）。学院现有全日制在校生1409人，其中本科生1239人，硕士研究生151人，博士研究生19人。

学院学科实力雄厚。管理科学与工程2003年获得山东省和全国高等师范院校同类学科中第一个博士点授权一级学科，2005年成为山东省首批“泰山学者”特聘教授设岗学科，是山东省“十一五”强化建设重点学科和“十二五”特色重点建设学科。2012年在全国第三批学科评估中，该学科进入全国普通高等学校同学科的前50%，在全国高等师范院校同学科中排名第一。

学院创新平台建设成绩斐然。中国系统工程学会农业系统工程专业委员会挂靠学院。信息管理与知识工程实验室是山东省“十二五”高校重点实验室，下设管理工程与信息系统、智能系统与信息技术等6个研究所，实验室面积达到2100m^2，仪器设备总价值1210万元。2013年，学院申报“山东省网络经济与信息化软科学研究基地”成功获批。

近年来，学院共承担科研项目30余项，其中国家级项目10项；发表重要学术论文800余篇，其中被SCI、EI等收录近200篇；出版学术专著、主编教材近20部；承办多次IEEE国际学术会议和全国农业系统工程学术会议，完成鉴定项目12项；获得中国青年科技奖1项，山东省自然科学二等奖、山东省科技进步二等奖等省部级科研奖励20余项。学院与澳大利亚昆士兰理工大学、美国印第安纳州立大学、香港理工大学、新加坡国立大学、中国科学院、清华大学等建立了长期学术交流合作关系。

院长：刘希玉。

国际交流学院

国际交流学院是山东师范大学负责接收、培养外国留学生和国内对外汉语专业学生的教学和管理单位。学院下设留学生教育系、对外汉语系和外事服务中心，设有汉语言（面向留学生）和汉语国际教育二个本科专业。

山东师范大学是国内较早开展留学生教育和对外汉语教学工作的单位之一，早在1983年就开始接受外国留学生，学校是教育部批准的首批招收外国留学生和接收中国政府奖学金留学生的定点高校，是国家汉办暨孔子学院总部确定的首批接收孔子学院奖学金留学生的院校，也是山东省教育厅确定的首批接收省政府外国留学生奖学金生的院校，还是国家汉语水平考试（HSK）考点单位和山东省华文教育基地。近30年来，学院先后培养了来自世界50多个国家和地区的6000多名长、短期留学生。

国际交流学院多年来形成了一支热爱汉语国际教育事业、学术造诣深、教学效果好、梯队结构较为合理的优良师资队伍。学院现有专职教师19名，兼职教师15名，有博士学位的教师8名。专业教师大多从事对外汉语教学多年，并有在国外任教的经历，足迹遍及韩国、日本、美国、德国、罗马尼亚、保加利亚、苏丹、英国、埃及、缅甸等10多个国家，积累了丰富的国际汉语教学经验。

五年来，学院教师中有1人申请到了教育部课题，3人申请到了省社科规划项目，2人申请到了省教改课题，6人申请到了教育厅及学校的科研项目和教改项目，有5人获得了校优秀教学奖，教师们的教学效果广受好评。

行政负责人：杜保国。

经济学院

经济学科是山东师范大学的优势学科之一。经济学院于2011年3月从其前身管理与经济学院分设出来，现有金融学、国际经济与贸易、经济学3个本科专业，全日制本科在校生近1000人。主要课程有高等数学、政治经济学、会计学原理、微观经济学、应用统计学、宏观经济学、国际贸易理论、国际贸易实务、货币银行学、财政学、国际金融、金融工程学、保险学、金融投资学、计量经济学、公司理财学、西方货币金融理论等。

学院现有世界经济、国际商务（硕士专业学位）两个硕士点，有全日制硕士研究生34人。2003年世界经济专业硕士点被批准招生，2010年获得理论经济学一级学科硕士授予权。世界经济学科还被批准为山东省“十二五”省级重点建设学科。

院长：张宗斌；书记：张军。

历史与社会发展学院

历史与社会发展学院下设历史学和社会工作两个系，主要开设中国史、世界史与社会工作专业系列课程60余门，每年招收历史学、世界史和社会工作3个专业学生300余人。现有教职工50人，其中在职教授14人。学院现有博士点一级学科世界史，硕士点一级学科中国史，并建有山东省特色重点学科。

山东地方史研究所创办于1997年，2005年被山东省社科领导小组批准为山东省社科重点研究基地，为本省内唯一招收山东地方史研究生的学术机构。主要研究方向有山东重要历史人物和重要事件研究、山东与海外文化史研究、山东历史文化资源保护开发研究等。研究所承担多项国家社科、省政府及省社科规划重点课题，目前有研究人员7日，其中教授4人，所长是朱亚非教授。

院长：朱亚非。

齐鲁文化研究中心

齐鲁文化研究中心三大研究方向为齐鲁文化与传统文化研究、齐鲁文献整理与研究、齐鲁文化开发与应用研究。发源于山东的齐鲁文化是中国传统文化主体的重要组成部分，中心三大研究方向把齐鲁地域文化与中国传统文化结合起来进行多方位、多层次的深入研究，综合研究探讨齐鲁文化的内涵、特色及其对我国传统文化的影响，并特别注重探讨齐鲁文化在现代文化重构中的文化借鉴意义。研究对于推动山东省乃至全国两个文明建设的发展，繁荣社会主义学术事业，有着重要意义。

主任：王志民；常务副主任：郭玉峰。

人口·资源与环境学院

人口·资源与环境学院前身为地理系，是1950年山师建校伊始即设立的六个系科之一。多年来，老中青薪火相传，几代人开拓耕耘，构筑和稳固了地理学科在山东省的龙头地位。学院设有地理科学、自然地理与资源环境、人文地理与城乡规划、地理信息科学、环境科学等5个本科专业；拥有地理学博士后流动站和博士一级授权学科，自然地理学、人文地理学、地理信息系统以及人口、资源与环境经济学4个博士学位授权二级学科、9个硕士学位授权二级学科，形成以本科教育为主，硕士、博士教育为辅的完备的人才培养体系，以人口、资源与环境经济协调发展研究的综合学科群主线日渐凸现。

学院现有教职工55人，专任教师40名。拥有人口、资源与环境经济学以及自然地理学两个省级重点学科，山东高校地表过程与环境生态重点实验室，以及山东省循环经济研究中心等机构，为科研提供了良好平台，2012年出版著作3部，论文80多篇。申请成功国家自然科学基金2项，国家社科基金1项，教育部人文社科基金3项，以及其他10多项省级课题。

主要行政负责人：赵善伦。

政治与国际关系学院

政治与国际关系学院（马克思主义学院）成立于2011年3月，由原政治法律学院部分专业与原社会科学教育学院合并组建而成。原政治法律学院前身政治系成立于1960年2月，1994年更名为政治法律系，2001年学校批准成立政治法律学院。原社会科学教育学院前身德育教研室成立于1982年，1986年更名为马列主义教研部，2006年学校批准成立社会科学教育学院。学院现有教职工78名，其中教授21人，副教授31人，博士生导师10人，合作博士生导师4人，专兼职硕士生导师28名，具有博士学位的专任教师22人。

学院拥有本科、硕士、博士以及教师培训、本科函授（夜大学）、研究生课程班等系统的教育教学体系，承担全校研究生以及本专科生思想政治理论课教育教学的任务。设有思想政治教育、哲学、政治学三个系和思想道德修养与法律基础课、中国近现代史纲要课、马克思主义基本原理课、毛泽东思想和中国特色社会主义理论体系概论课4个教研部。设有思想政治教育（师范类）、政治学与行政学、哲学和国际政治4个本科专业。拥有马克思主义理论博士后科研流动站，马克思主义基本原理、马克思主义中国化研究、思想政治教育3个博士学位授权点，哲学、政治学、马克思主义理论3个硕士学位一级学科，可设置硕士点20余个，现有招生专业12个；还设有课程与教学论硕士点，教育硕士、公共管理硕士（MPA）等专业学位授权点。全日制在校本科生1029人，研究生253人。

学院现设有山东师范大学马克思主义理论研究中心、山东师范大学思想政治理论课教育教学研究中心、世界贸易组织研究中心、德国研究中心、东北亚发展研究中心等多个研究、培训机构。思想政治教育专业为全国高校特色专业建设点、省级品牌专业，马克思主义理论研究中心先后被评为省“十一五”人文社科研究基地、省“十二五”重点强化建设基地，思想政治教育、马克思主义中国化研究2个学科先后被评为“十一五”省级重点学科、“十二五”省级重点学科，其中马克思主义中国化研究学科被确定为“十二五”特色重点学科。学院汇集了一批知识结构、年龄结构合理、实力强的教学与研究人员，教学科研成果丰硕，在专业建设、思想政治理论课教育教学方面已形成鲜明特色和优势。近年来，承担国家社科基金课题、教育部教改重点项目、教育部人文社会科学课题10余项，省社会科学规划课题和省软科学研究课题20余项，获国家级教学成果二等奖1项，省级教学成果一等奖2项、二等奖2项；省社科优秀成果一等奖2项、二等奖11项、三等奖16项。1人被评为全国模范教师，4人入选山东省理论人才“百人工程”，1人为2010年山东省高校10大优秀教师，1人被评为省优秀研究生导师，4人获学校教学名师称号，多人获学校“优秀共产党员”、“良师益友”、“杰出青年”等荣誉称号。

山东师范大学马克思主义理论研究中心是山东省“十二五”高校强化建设人文社会科学研究基地。中心依托山东师范大学马克思主义基本原理、马克思主义中国化、思想政治教育三个博士点，由政治与国际关系学院承建，现已形成学历、职称、年龄结构合理的学术梯队，共有专、兼职研究人员51人，现任主要负责人是李爱华。“十一五”以来，本研究基地先后主持完成和正在承担进行的国家社科基金项目8项，省部级人文社科规划项目36项，出版国家级、省级学术著作42部，发表重要学术论文200多篇，科研成果获省社科奖15项。本研究中心现设置马克思主义基本原理及其发展研究、马克思主义中国化理论与实践研究、思想政治教育理论与方法研究三个研究方向。

行政负责人：马永庆。

山东师范大学心理学院简介

心理学院下设心理学系、应用心理研究所、心理学实验教学中心3个二级单位。山东师范大学青年创业研究中心挂靠心理学院。现有应用心理学和心理学两个本科专业，开设普通心理学、实验心理学、认知心理学、人格心理学、发展心理学、教育心理学、社会心理学、管理心理学、心理咨询与辅导、心理测量学等16门主干课程。拥有心理学一级学科博士/硕士学位授权点和心理学博士后科研流动站，主要研究方向包括个性与社会性发展、青少年发展、创造心理、遗传与行为发展、认知神经科学、人格理论与评鉴、心理测评与人力资源开发、职业规划与创业研究等。应用心理学专业是山东省品牌专业，发展与教育心理学是山东省首批泰山学者特聘教授设岗学科和山东省强化建设重点学科。

学院心理学实验室（长清校区）是山东省省级实验教学示范中心和山东省骨干学科重点实验室，拥有32导和128导脑自发/诱发电位记录与分析系统、四路行为观察系统、脑电生物反馈仪、注意缺陷检测仪、16导生理仪等仪器设备；学院建有山东省最大的心理学专业资料室和电子阅览室，拥有齐全的心理学学术期刊和专业书籍。

院长：张文新；副院长：高峰强、孙春晓、李寿欣。

山东省可持续发展研究中心

山东省可持续发展研究中心成立于1992年，是由山东省科技厅和山东师范大学合办的集科学研究、期刊编辑、科技咨询、人才培养于一体的新型科研机构。中心现有研究人员17人，其中正高职称5人、副高职称7人，拥有可持续发展公共政策、可持续发展信息系统及决策支持、循环经济、低碳经济、绿色经济与品牌五个研究方向。

中心以中国人口资源与环境期刊为依托，立足山东省可持续发展的需要，追踪学科发展前沿，形成了自然科学和社会科学相结合的跨学科研究格局。成立以来，先后承担国家、省市重大科技攻关项目、省社科规划项目等多项决策咨询和应用研究课题30多项，授权发明专利1项，实用新型专利2项，获得省社科一等奖1项、省社科二等奖1项、省科技进步二等奖1项、省科技进步三等奖4项、省教委科技进步三等奖3项、济南市科技进步三等奖2项、泰安市科技进步二等奖1项，是省内外有重要影响的研究基地，为山东省可持续发展战略实施发挥了重要作用。

中心的主要任务是：开展可持续发展领域的政策与战略研究，为政府宏观决策提供科学依据；开展山东省可持续发展试验区建设工作的咨询和服务，为山东省实现绿色发展提供案例经验；开展可持续发展领域专业人才的培养，为山东省可持续发展提供人才支撑。

行政负责人：赵善伦。

文学院

文学院设于1950年，是学校最早建设的传统优势专业之一。1986年以其为主体的中文系被评为山东省12个重点系科之一，2006年被评为山东省高等学校首批品牌专业，2008年被评为国家特色专业。本专业所依托的学科，2005年即被国家学位委员会批准为中国语言文学一级学科博士授权点。2007年中国现当代文学被评为国家重点学科。现拥有中国语言文学博士、硕士一级学科授权点和中国语言文学博士后科研流动站，拥有中国现当代文学等11个博士学位点和汉语言文字学等11个硕士学位点及汉语国际教育等3个专业学位硕士点，拥有1个国家重点学科、1个泰山学者特聘教授岗位学科（中国现当代文学）、2个省级重点建设学科（文艺学、中国古代文学），拥有国家级教学名师、国家级精品课程和省级教学团队，拥有山东省文化建设重点研究基地和山东省文化产业人才培养研究基地。目前已成为省内一流、国内具有较大影响的院系。

山东省文化建设重点研究基地于2003年由山东省社会科学规划领导小组批准成立，挂靠山东师范大学中国现当代文学重点学科。几年来，在各级领导的支持和全体研究人员的努力下，学科建设和各项工作均取得了较好的成绩，达到和超额完成了基地建设的预定目标。而学科建设的成就尤其明显，山东师范大学文学院中国现当代文学重点学科是具有悠久学术传统且在国内有重要影响的学科。1991年被山东省批准为省级重点建设学科，1998年被国家学位委员会批准为中国现当代文学博士学位授权点，2001年被山东省批准为“十五”省级强化建设重点学科。2006年又被批准为山东省“十一五”强化建设重点学科。经过几代学者半个世纪的艰苦奋斗和不倦求索，该学科的发展不仅日臻完善和健全，而且正在以强劲的势头和雄厚的实力向全国最强的中国现当代文学学科逼近，并已取得全国同学科的领先地位

院长：张文国；书记：李宗玮。

法学院（知识产权学院）

山东师范大学的法学专业创设于1993年。法学院（知识产权学院）于2011年3月在政法学院法律系的基础上成立。现有教职工34人，专任教师28人，其中教授、副教授13人，具有法学博士学位的15人，在读博士4人，2人具有海外访学经历。法学院设公法系、私法系两个系；法学专业是校级特色专业，环境法学是校级重点学科；设有山东省知识产权研究与培训中心、法律实验实训中心、行政法治研究中心、不动产法研究中心、诉讼法研究中心、仲裁疑难问题研究中心、教育法研究与培训中心、环境资源能源法研究中心、近代地方自治研究中心、地方立法与公共政策研究中心共10个研究机构。学院教师主持国家社科基金课题5项，省（部）级等课题40余项。

学院拥有硕士、本科、法学二学位和函授（夜大）成人培训等组成的教育体系；现有法学和法学

（知识产权方向）2个全日制本科专业；拥有法学硕士学位授权一级学科，法律史、宪法学与行政法学、民商法学、环境与资源法学、诉讼法学5个硕士学位授权点。法学专业是校级特色专业，环境法学是校级重点学科。学院在校本科生850余人，法学二学位学生300人，硕士生65人。

院长：王宏；书记：吴秀霞。

教育部山东师范大学基础教育课程研究中心

教育部山东师范大学基础教育课程研究中心设立于2004年，是教育部在山东师范大学设立的基础教育课程研究机构。中心下设山东师范大学课程与教学研究所，拥有一支专兼职结合的优秀教师队伍，已成为国内有影响的课程与教学研究基地。

中心是山东省"十一五"、"十二五"人文社会科学重点强化研究基地，自设立以来，充分发挥山东师范大学基础性、师范性和综合性的学科优势，以师资团队建设为立足点，以高质量的课程与教学研究和创新人才培养为目标，获得较快发展。现有课程与教学论博士点和课程与教学论硕士点，与教育学院共建教育学博士后流动站，参与教育学院教育硕士和小学教育硕士的培养，招收课程与教学论专业在职申请硕士研究生。课程与教学论专业是山东师范大学教育学的优势学科之一，1998年获取硕士学位授权，2005年获得博士学位授权。

行政负责人：徐继存。

美术学院

山东师范大学美术系美术专业建立于1950年，是当时山东省唯一的艺术学科高等教育单位。1993年经国家学位委员会批准，设立山东省第一个美术学硕士学位授权点，2003年成立美术学院。2005年国家学位委员会批准为艺术学一级学科硕士授权单位。2010年被评为山东省"十二五"重点学科。

山东师范大学美术学院现有美术学系、艺术设计系、影像艺术系、艺术学研究所、影像艺术与传媒研究所和环境艺术研究室。

美术学院现有美术学、艺术设计和摄影三个本科专业，美术学和艺术硕士、教育硕士四个硕士学位授权点，其中，艺术学是山东省"十一五"、"十二五"省级重点学科，美术学是山东省品牌专业。美术学院现有在校本科生1034人、研究生153人。学院承担多项教育部、山东省人文社会科学研究、教师教育研究项目，在美术创作、设计、摄影、当代中国艺术研究、教育研究方面成果显著。

院长：孔新苗。

图书馆

山东师范大学图书馆始建于1950年，1952年国家院系调整时，接收了原齐鲁大学调拨的中、外文图书近20万册，图书馆初具规模。现有工作人员101人，其中正高职称7人，副高职称27人，中级职称45人，初级职称5人，其他17人。设有办公室、资源建设部、借阅部、参考咨询部、技术部、特藏研究部、长清校区图书管理部。

校本部图书馆1986年建成使用，建筑面积13400平方米，设有7个书库，13个阅览室，1400多个阅览座位，另有2个拥有450机位的电子阅览室。长清校区临时图书馆，馆舍近8000平方米，下设27个阅览室，674个阅览座位，另有1个基藏书库，1个培训辅导室，1个检索室。长清校区5万余平方的新图书馆正在建设之中。

图书馆基本采用藏借阅一体的管理模式。截至2012年底，收藏书刊共计385余万册，其中中、外文图书350万册，中、外文期刊9600余种近28.5万册，线装古籍20万册（善本古籍1120种15688册，宋元版图书2种，明版274种，清朝乾隆以前刻印精良、流传稀少者522种，钞本、稿本169种）。购置电子图书130万余册，中、外文数据库120个。图书馆在古籍文献、解放前出版的中、外文书刊、齐鲁文化文献、"四库全书"相关文献及教育、地理等专业的书刊收藏上较为系统，颇具特色。引进国内外较大的社科、科技文献信息数据库，为学校教学与科研提供了强有力的文献保障，馆藏数据库建设初具规模。2009年4月被授予"山东省古籍重点保护单位"，2009年6月被授予"全国古籍重点保护单位"。

1993年起图书馆实行计算机自动化管理，2011年8月起更换为"汇文文献信息服务系统"，2012年9月升级为5.0版。馆内计算机网络健全，设备先进，各业务岗位全部实现了自动化、标准化、规范化管理。图书馆以较丰富的馆藏、雄厚的实力、先进的管理理念和优质的服务走在山东省高校图书馆的前列。

体育学院

体育学院是山东省设立最早、学科层次最完整的系科之一，学院师资力量雄厚、教学设施完善，运动竞赛成绩突出，是山东省体育人才培养的重要基地。学院下设体育教育系、民族传统体育系、社会体育系、艺术体育系和公共体育教学部；设有基础理论实验中心（包括运动解剖学、运动生理学、运动生物化学、运动保健学、运动生物力学、体育心理学等6个实验室）和11个教研室。另有中国残疾人乒乓球队训练基地和山东省残疾人体育训练基地等训练组织。学院现有教职工120余人，其中教授17人，副教授46人；具有博士学位教师14人。目前体育专业全日制在校本科生1600余人，公共体育部承担全校30000余学生的体育课教学、竞赛及群体活动。

学院研究生教育有体育人文社会学、运动人体科学、体育教育训练学和民族传统体育学全部4个二级学科硕士授权点；另有学科教学论（体育）、教育硕士（学科教学·体育）和高校教师攻读硕士学位三个硕士培养点；2009年获得“体育硕士”专业学位授权点，现正全面进行全日制和在职两种学制的专业学位研究生的招生和培养。体育教育训练学学科是山东省“九五”和“十一五”省级重点学科，现招收10余个研究方向的硕士研究生，在校研究生有190余人，在职研究生30余人。

学院主办山东省学校体育研究基地，研究在坚持学校体育的理论与实践前沿研究的同时坚持科研服务于社会得的实效，注重面向山东省学校体育领域发展的核心问题，促进山东省学校体育和社会经济文化发展。

院长：于涛；书记：刘涛。

外国语学院

外国语学院前身是创建于1956年的外文系。1996年外文系改系建院，2011年与大学外语教育学院合并，成立新的外国语学院。学院现有全日制在校生1803人，其中博士研究生2人，硕士研究生336人，本科生1465人。

学院设有英语、日语、俄语、韩国语、法语、西班牙语、阿拉伯语等7个专业和1个大学外语教学部。英语语言文学专业是“十二五”省级重点学科。拥有英语语言文学、日语语言文学、外国语言学与应用语言学、俄语语言文学、课程与教学论（英语）等5个学术型硕士学位授权点，以及学科教学论（教育硕士）、翻译硕士（口译、笔译）等2个专业学位授权点。2010年被批准为“外国语言文学”一级学科硕士学位授权点。现有博士生导师1人、硕士生导师36人。学院设有中外语言文化研究交流中心（山东省人文社科研究基地）、山东省基础英语教育与培训中心（山东省重点研究基地）、俄罗斯语言文化研究中心（“十二五”校级人文社会科学研究基地）、山东省日本学研究中心、韩国文化研究中心。

学院拥有一支学术造诣深、教学效果佳、梯队结构合理的优秀师资队伍。现有在编教职工160人，教授24人，副教授47人，省级教学名师2人。此外，每年聘请外籍教师10余名。

学院始终坚持以教学为中心，教学科研并进，培养了1万多名大学、中学外语师资及外贸、外事、翻译、旅游及国防建设等行业的高水平外语人才。学院科研工作成果丰硕，主持国家和省部级人文社科基金课题10余项，承担完成国家精品教材2部、国家“十一五”规划教材和21世纪国家级教材项目13部，主持完成省教育厅科研课题30余项、校级“面向21世纪”教学改革课题6项和“精品课程”建设项目12项；出版专著、教材100余部，发表学术论文500余篇，多项科研成果获省社会科学优秀成果奖、山东高校优秀科研成果奖、省教育厅优秀科研成果奖。《大学英语听说》被评为省级精品课程。

院长：胡学星；书记：吕志红。

俄罗斯语言文化研究中心

俄罗斯语言文化研究中心于2011年12月成立，是山东师范大学“十二五”人文社会科学研究基地。中心下设俄罗斯文学、语言与翻译研究、语言文化学3个研究方向；现有学术骨干9人，其中教授2人、副教授4人，博士和在读博士7人。为扩大学术影响，中心不断加强与国外学术机构交流，现聘有俄罗斯专家2人为兼职研究人员。

近年来，中心专职人员承担完成国家社科基金项目1项，现主持国家社科基金项目1项、山东省社会科学规划研究重点项目1项；主持完成教育厅人文社科项目2项；荣获山东省社会科学优秀成果一等奖1项、三等奖2项，省高校人文社科优秀科研成果一等奖1项、三等奖1项。中心成员发表论文80余篇，出版学术专著、译著和教材等10余部。

主任：胡学星；首席专家：曹月华、孙嵩霞。

山东省日本学研究中心

山东省日本学研究中心成立于2012年6月，是从事日本学研究的综合性学术机构。

山东师范大学日语专业开设于1972年，是山东省第二个日语专业开设单位，1998年在山东省最先取得日语语言文学硕士学位授予权，现为中国日语教学研究会常务理事单位。中心以山东师范大学外国语学院日语系的专业教学研究梯队为依托，联合校内外、国内外日本学研究的相关学术团队力量及专家学者共同开展研究，为推动山东省乃至全国的日本学研究，促进友好交流作出了贡献。

中心主要有文学与文化、语言文化学、比较教育三个研究方向；目前共有专兼职研究人员13名。经过研究人员长期的努力和积累，中心现已形成较强的学科特色及优势，学术成果颇丰，先后承担国家、省部级课题多项，出版专著多部、发表论文多篇。中心多次邀请日本东京大学等著名学者来校作讲座，同日本同行保持着良好的学术往来和交流。作为下一步的重点工作，该中心拟定于2013年10月在山东师范大学召开名为“中国日语教学研究会山东分会成立大会暨第一届日本学高端论坛”的国际学术研讨会，目前各项准备工作正在有条不紊地进行。

主任：李光贞。

韩国文化研究中心

山东师范大学韩国文化研究中心成立于2012年，是专门研究韩国语言、文学及其文化的人文社科研究机构。中心拥有8名从韩国留学归国的研究员，其中5名研究员拥有韩国语言文学博士学位。

中心主要包括3个研究方向：韩国文学研究主要从事韩国文学史研究以及中韩比较文学方面的探索；韩国语言学与韩国语教育主要从事韩国语词汇学研究、韩国语教学法等相关方面的研究；韩国企业文化研究主要从事韩国企业文化以及韩国经济方面的研究，研究成果在国内获得了高度的认可。李浩博士编著的《经贸韩国语》和《商务韩国语写作》国内几十所大学的韩语专业采用，成为许多中韩企业及外贸公司的必备书，受到社会各界的高度认可和一致好评。

主任：李浩。

济南大学

一、学校概况

济南大学前身之一原山东建材工业学院始建于1948年8月，是原国家建材工业部在全国按地域分布设立的四所部属高校之一，1998年7月，学校划归山东省管理；原济南联合大学前身为1978年建校的济南师范专科学校和1983年建校的济南职业大学；2000年10月，经教育部批准，山东建材工业学院和济南联合大学合并组建济南大学；2001年4月，原济南民政学校和原山东省物资学校并入济南大学；2007年12月，经山东省人民政府决定、国务院学位委员会和教育部批准，山东省医学科学院硕士学位授权学科专业并入济南大学，实行科教一体化。

济南大学现有文学院、法学院、管理学院、外国语学院、政治与公共管理学院、马克思主义学院、经济学院、酒店管理学院、体育学院、美术学院、音乐学院、历史与文化产业学院、教育与心理科学学院等13个主要文科学院。涵盖了文学、法学、管理学、经济学、教育学、历史学等多个学科门类。有山东省城市发展研究基地、山东省民俗与非物质文化遗产研究基地、山东省饮食文化产业开发研究基地、山东省文化产业英才培训基地、全球化与跨国经营研究基地、高等教育研究中心、山东省区域软实力与区域发展软科学研究基地等7个省级人文社科研究基地，有毛泽东思想与邓小平理论研究所、词学与文学传播研究所、社会法学研究所、现代管理研究所、区域经济研究所等12个校级研究所（中心）。门类齐全的高水平学科，充满活力的众多研究机构，构成了济南大学社会科学完备的科研体系，为围绕国家与地方经济建设和社会发展中的重大问题开展跨学科合作奠定了坚实的基础。

济南大学拥有一支朝气蓬勃、胸怀未来、学术视野宽广的高素质科研队伍。近年来，学校大力营造自由的学术氛围、卓越的创新环境，实施人才工程，引进、培养了一批高学历、高层次、高水平的教学科研复合型人才，促进了学科建设与教学科研工作的发展。学校有多名教师先后荣获“泰山学者”、“山东省有突出贡献的中青年专家”、“山东高校十大优秀教师”等称号。

自2007年至今，济南大学社科研究取得了一大批富有标志性的科研成果，发表社科类学术论文4000余篇，出版社科类学术专著近150部，向各级政府部门、企事业单位提交研究咨询报告300余篇；共承担各级各类研究项目600余项；获得教育部、山东省社会科学优秀成果奖65项，其中一等奖5项；获得山东高等学校人文社会科学优秀科研成果奖89项，其中一等奖14项。

党委书记：范跃进；校长：程新。

二、教研机构

文学院

文学院下设中文系和传播系，有汉语言文学、对外汉语、广告学、广播电视新闻学、编辑出版学五个本科专业。现有教职工70人，其中专任教师56人，教授8名，副教授23名。教师中具有博士学位者36名，中青年教师占教师总数的85%以上。文学院先后有6名教师获曾宪梓教育基金会高师院校教师奖，2名教师获山东省优秀教师奖，1名教师获山东省高校十大优秀教师称号。在校学生有1500余人。

文学院建有中国语言文学一级学科硕士学位授予权，有儒学和词学2个研究所，中国古代文学为“十一五”、“十二五”山东省重点学科。山东省近代文学学会、山东省郭沫若研究会、山东省青年书法家协会以及济南文化研究中心等研究机构挂靠文学院。

学院教师近年来共发表论文1000余篇，出版专著152部，教材30余部。获省部级以上社科成果奖22项，教学优秀成果奖11项。先后承担省部级研究项目12项，目前在研各类项目8项。在词学、近代文学、齐鲁作家、中国社会思想史、文化史、济南历史文化等研究领域，已开始展现出自己的优势，形成自己的特色。词学研究受到国内外同行的关注。

院长：刘传霞。

法学院

法学院目前只设置法学专业。学院现有教职工47人，专任教师37人，教授3人，副教授9人，博士及在读博士15人。全日制在校本科生1100余人。

学院设有法学理论教学研究中心、宪法行政法教学研究中心、民商法教学研究中心、知识产权法教学研究中心、经济法教学研究中心、刑法教学研究中心、诉讼法教学研究中心、国际法教学研究中心八个教学与研究团队。学院设有社会法学研究所、法治政府研究所、知识产权研究所、司法考试培训中心、济南大学妇女维权服务热线、12355青少年维权服务热线和众成仁和律师事务所济大分部等多个教学研究及实务工作机构，是山东省法学会社会法学研究会、济南市行政法学研究会的会长单位；济南市知识产权人才培养基地设在学院。

学院十分重视科学研究工作，近年来学院教师每年在各类学术刊物发表学术论文120余篇，每年出版专著、教材4部。先后承担了包括国家社科基金项目、教育部以及省级规划项目20余项，承担地市级研究项目30余项。获得山东省社会科学优秀成果奖、山东省高等学校社科优秀成果将以及厅局级奖励10余项。学院在社会法学、中国行政法治等研究领域具有较强的实力。

院长：杨士林。

管理学院

管理学院下设工商管理、会计学、管理科学与工程三个系，开设了信息管理与信息系统、电子商务、工商管理、市场营销、会计学和财务管理6个本科专业。学院拥有一支中青年相结合、以青年教师为主体的师资队伍。专任教师中有教授、副教授40余人，硕士生导师15人，多名教师是山东省理论人才"百人工程"成员、济南市优秀青年知识分子、济南市"理论人才工程"成员。现有在校本科和研究生2600余人。

学院拥有管理科学与工程、工商管理两个硕士一级学科和项目管理专业硕士学位点。此外还拥有五个研究所和一个研究中心；山东省应用统计学会、中国现场统计研究会综合评价研究分会挂靠学院。

学院高度重视科研工作。近3年来学院共承担了国家社科基金、国家自然科学基金、教育部等国家级和省部级项目60余项，在《管理世界》等刊物上发表高水平论文百余篇，获得包括山东省社科优秀成果奖等在内的省部级以上奖励10余项，科研实力和办学水平显著提高。

院长：韩静轩。

外国语学院

外国语学院下设英语系、日语系、韩国语系、德语系、法语系和大学外语教学部6个系部。现招生专业有外国语言学及应用语言学（硕士）、英语（科技经贸方向）、英语（师范类）、日本语、韩国语、德语、法语6个本科专业。现有教职工164名，其中专任教师151名。教师中教授10名，副教授27名，讲师80名，具有硕士、博士学位的教师109名，有国外留学或工作经历的教师30余名。为保障外语教学的质量，学院常年聘用外籍专家任课，每年聘用美、英、澳、加、日、韩、德、法等外籍专家约15名。在院学生达1540余人。

学院高度重视科研工作。近3年来学院共承担了国家社科基金、教育部、山东省社科规划项目等国家级和省部级项目20余项，获得多项省部级以上科研成果奖。近年来在TG理论的研究方面取得显著成效，使济南大学外国语学院逐步成为全省TG理论研究的中心和基地。目前除承担省级大型科研课题（"外语高效习得机制研究"和"最简方案框架下的现代汉语特殊句式研究"）外，还出版了TG理论研究的专著《英语转换语言学》，发表了多篇有影响的TG理论研究论文，在外语界和TG理论研究领域产生了较大影响。

院长：李常磊。

政治与公共管理学院

政治与公共管理学院现有政治学系、国际政治系、行政管理系和思想政治理论课教研部，设有思想政治教育、国际政治、行政管理等3个本科专业。学院现有教职工81人，其中教授8人、副教授21人，副教授以上职称占教职工总数的35.8%；博士12人，在读博士6人，硕士研究生导师7人。目前在校生近1000人。

学院经过多年发展，已初步形成政治学与政府管理、行政学与行政管理、社会学与社会管理三大学科板块。其中"社会学"一级学科、"马克思主义基本原理"和"思想政治教育"两个二级学科招收研究生。

学院学术氛围浓厚，学术成果突出。2008年以来来，共出版专著20余部，在《人民日报》、《政治学研究》等高级别报刊上发表学术论文400多篇，多篇被《新华文摘》全文转载。学院教师主持科研项目共计121项，其中主持国家级课题10项，省部级课题57项；科研成果获奖方面，获省部级优秀社会科学成果奖共11项，其他各级各类奖项共计67项。

院长：包心鉴。

马克思主义学院

马克思主义学院既是思想政治理论课教学部门和马克思主义理论研究机构，又是马克思主义理论学科点的依托单位。学院下设马克思主义基本原理概论、毛泽东思想和中国特色社会主义理论体系概论、思想道德修养与法律基础、中国近现代史纲要4个教研部和1个思想政治教育研究所。学院拥有43人的教师队伍，其中教授3人，副教授17人，具有博士学位者9人。

学院近五年科研取得较大进步。出版学术专著6部，在核心期刊发表论文56篇，18篇被《新华文摘》、《中国社会科学文摘》、《人大复印报刊资料》等重要媒体转载；主持国家社科基金项目2项，教育部人文社会科学研究项目1项，主持山东省社会科学规划研究项目28项，主持山东省软科学研究项目8项，主持山东省教育厅人文社会科学研究项目12项。获山东省社会科学优秀成果二等奖1项，山东省社会科学优秀成果三等奖2项，山东省软科学优秀成果三等奖2项，山东省高校人文社会科学优秀成果三等奖4项，济南市社会科学优秀成果一等奖3项，济南市社会科学优秀成果二等奖3项。

院长：文洪朝。

经济学院

经济学院设有经济学、国际经济与贸易（以上两个专业为学校特色专业）、金融学三个本科专业现有教职工79人，其中教授、副教授29人，博士、在读博士34人。在校生2500余人。

学院拥有“国民经济学”硕士点；设有省级社科基地“山东省城市发展研究基地”，校级社科基地“公司金融研究中心”、“投融资研究中心”，另有“现代流通经济研究中心”、“中国经济研究中心”、“亚太国际贸易与合作研究所”、“循环经济研究所”、“都市经济研究中心”等学术研究机构。

近年来，学院教师在《数量经济与技术经济》、《中国工业经济》、《经济日报》等重要报刊发表学术论文300余篇，被《新华文摘》、《中国社会科学文摘》等重要二次文献媒体全文转载或摘转60余篇次；出版《现代市场经济学》、《流动性发展》等学术专著或通用教材40余部；主持国家社科基金项目5项，省社科基金项目、省软科学项目、省发改委和省教育厅项目等100余项；荣获中国人口科学优秀成果奖、山东省社会科学优秀成果奖、山东省科技进步奖、山东省教育厅社科优秀成果奖、山东省软科学成果奖等40余项。

院长：葛金田。

酒店管理学院

酒店管理学院设食品科学与营养系、酒店与旅游管理系，现有旅游管理、酒店管理、烹饪与营养教育3个本科专业。学院现有教职工37人，专职教师29人，其中教授3人，副教授13人，具有博士学位8人，国家级考评员3人，山东省高级考评员5人。目前在校本科生725人。

学院拥有山东省饮食文化产业开发研究基地，拥有生物工程一级学科专业硕士点（食品营养工程与生物资源利用方向）、公共卫生与预防医学一级学科下自主设置有食品科学与营养工程二级学科硕士点。另外，济南大学职业技能鉴定所、中国孔府菜开发研究基地、山东鲁菜研究会挂靠学院。

近年来，学院先后承担省（部）、市厅级科研课题50余项，有19项成果获得省级奖励，5项获得国家发明专利。2008年学院获山东省烹饪餐饮业培养人才贡献奖。2009、2010年分别获中国饭店全国旅游与饭店业优秀人才培养基地和全国十佳旅游院校等称号。

院长：朱海涛。

体育学院

体育学院设有体育教育系、社会体育系和大学体育部。体育学院现有教职工79人，其中教授、副教授33人，国际运动健将1人，国家运动健将2人，武英级运动员1人，国家级裁判6人，全国人大代表1人，全国三八红旗手1人，获曾宪梓奖1项，获国家民委、国家体育总局少数民族传统体育先进个人称号2人，获省教育厅优秀青年教师奖1项，获山东省少数民族传统体育先进个人称号5人次。体育学院有在校生1027人。

学院重视科研工作，教师多人次获省部级及全国、省级科研成果奖。体育学院目前承担国家社科基金项目1项、山东省社科基金项目5项、山东省教育科学“十一五”规划课题2项、济南市哲学社会科学课题2项、国家体育总局课题2项和校级课题13项，完成山东省教育厅体育教育专业教改实践系列教材15册总主编任务和七册主编、副主编分册任务。近3年发表各类学术论文230余篇。

院长：杨磊。

美术学院

美术学院现有美术学、艺术设计、服装工程与设计、摄影四个本科专业。学院现有教职工48人，其中专业教师37人，具有教授职称的教师4人，兼职和客座教授5人，副教授14人；在读博士教师3人、具有硕士学位教师23人；教师当中有4人先后评为全国先进个人、济南市拔尖人才、校级优秀教师和师德标兵。目前在校生800多人。

学院近年来科研水平不断提升，学院教师获得国家及省厅级大展大赛一、二、三等奖和优秀奖数十项，在各类核心期刊发表论文100余篇、作品200余幅，出版专著、译著、教材、画册20部；承担及完成教育部、省社科、教育厅、文化厅等重点课题10余项。

院长：刘雷。

音乐学院

音乐学院下设理论系、声乐系、器乐系、舞蹈系、基础教学部。学院拥有专任教师40余人，现有音乐学泰山学者1人，教授6人、副教授4人、讲师5人、助教15人；博士4人，在读博士3人；硕士14人；其中获中国音乐类最高奖——金钟奖1人、文华奖1人、CCTV民族器乐大赛铜奖1人。学院现有学生200多人。

学院成立以来，科研水平和地位不断提高。近两年来，先后获得教育部青年项目1项；省社科项目2项；省软科学项目1项；教育厅项目1项，教育厅论文获奖多项；文化厅项目2项；校级科研基金项目4项。年发表论文14篇；专著1部。获山东省第三届泰山文艺奖1项、山东省文化艺术科学优秀成果奖1项、山东省中小学教育科研优秀成果奖1项、山东省第三届大学生艺术展演艺术教育科研论文奖8项。

院长：郑中。

历史与文化产业学院

历史与文化产业学院下设艺术与传媒管理系、会展与旅游管理系、国际文化贸易系、历史系和一个文化产业研究中心。学院本科教育现有公共事业管理（艺术经营与管理方向、会展策划与经营方向）、旅游管理（旅游规划与经营方向）、国际经济与贸易（国际文化贸易方向）、历史学4个本科专业5个专业方向。学院拥有一支富有教学经验、科研能力强、学历层次高、师德高尚的专兼职师资团队，其中教授13人，副教授12人，具有博士学位的中青年骨干教师多人。在校生共计1260人。

学院现有文化产业管理和文化产业史两个硕士研究生专业。近几年，承担国家和省部级科研项目以及服务社会横向项目多项，出版学术著作多部，发表高水平学术论文数十篇。学院在文化产业经营管理、文化产业史领域具有办学优势与特色，会展策划与经营、国际文化贸易为学院的品牌专业。文化产业管理学被授予山东省文化艺术科学“十二五”重点学科，山东省文化产业英才培训基地挂靠学院。

院长：江奔东。

教育与心理科学学院

教育与心理科学学院现有应用心理学、教育管理、特殊教育三个本科专业和发展与教育心理学、高等教育管理学两个硕士点。现有教职工48人（含高教所4人），任课教师38人，其中正高职称8人，副高职称15人，讲师17人。研究生导师5人，具有博士学位教师22人，在读博士5人。目前在校本科生700余人，硕士研究生20余人。

学院目前建有山东省高等学校人文社科研究基地1个，省级实验教学示范中心1个，省级教师教育基地1个，国家级双语教学示范课1门，省级精品课1门、省级优秀教学团队1个、省级特色专业1个以及多项校级质量工程项目。学院承担国家级教育体制改革实验区项目2项，省级教学研究项目5项，学院教师获国家级高等教育优秀教学成果二等奖1项，山东省高等教育优秀教学成果奖2项。

学院始终把科研工作作为学院发展的先导，近年来学院教师共承担国家级自然科学基金项目1项，国家教育科学规划课题3项，教育部人文社科项目3项，山东省社科规划项目8项，山东省教育科学规划项目8项以及山东省软科学项目、山东省教育厅人文社科项目多项。

院长：宋尚桂。

社科处

社科处是学校社会科学研究的主管部门，其职责是在校党委、行政的统一领导下，贯彻落实党和国家关于发展繁荣社会科学研究的路线、方针、政策，本着为学科建设服务、为教学服务、为地方经济社会发展服务的原则，全面负责学校的社会科学研究的规划、组织和管理工作。下设计划科、成果科和信息科三个科室。社科处共有职工6人，其中教授2人，副教授2人，讲师1人，具有博士学位者5人。

社科处本着“传承、创新、发展、繁荣”的工作宗旨，以“用心服务，用情管理，以智传承，以慧创新”为工作理念，与相关学院一起努力做好学校社科工作的同时，努力为全校教师搭建好学术交流与服务社会的平台，同时大力推动学校社科研究成果的转化，做好社科普及工作。近几年来，社科处每年都受到山东省教育厅、山东省社科联等相关单位的表彰。2012年，因工作成绩突出，收效显著，社科处被教育部授予“全国普通高校哲学社会科学研究管理先进集体”荣誉称号。

处长：李光红。

山东建筑大学

一、学校概况

山东建筑大学始建于1956年。学校秉承“厚德博学、筑基建业”的校训，弘扬“勤奋、严谨、团结、创新”的校风，强化内涵建设，凝练办学特色，已发展成为一所以工科为主，以土木建筑为特色，工学、理学、管理学、文学、法学、农学、艺术学等交叉渗透、协调发展的多科性大学。学校是首批山东省应用型人才培养特色名校、服务国家特殊需求“绿色建筑技术及其理论”博士人才培养高校。

学校设有17个学院（部），57个本科专业，1个博士人才培养项目，14个一级学科硕士点，52个二级学科硕士点，6个硕士专业学位授权类别。面向全国30个省（市、自治区）招生，全日制在校生2.4万人。拥有1个省部共建教育部重点实验室，3个山东省重点实验室，13个省高校重点学科和重点实验室，1个山东省非物质文化遗产研究基地，1个省高校人文社科研究基地，7个山东省工程技术研究中心。图书馆藏书298.5万册，教学科研仪器设备总值2.05亿元。拥有现代化的校园计算机网络和数字化校园环境。

学校现有教职工2018人，其中专任教师1296人，具有高级职称的教师627人，兼职博士生导师26人，硕士生导师314人。拥有双聘院士3人，国家新世纪人才工程人员5人，享受国务院特殊津贴专家16人，国家级教学名师1人，全国优秀教师13人，“泰山学者”特聘教授3人，海外“泰山学者”特聘专家9人，山东省有突出贡献的中青年专家15人，山东省级教学名师8人，山东省优秀教师13人。拥有国家级特色专业4个、国家级工程实践教育中心2个、国家级实验教学示范中心1个、国家级精品课程3门、国家级双语示范课程1门、国家级教学名师1人，获国家级教学成果奖二等奖1项。

学校近五年承担省部级以上科研项目420余项，科研经费总额达到3亿余元。获省部级以上科技奖励80余项。其中国家科技进步二等奖1项、教育部技术发明一等奖1项、山东省科技进步一等奖3项。教师发表学术论文7000余篇，被SCI、EI、ISTP检索收录635篇，出版专著教材540部，获得国家专利180项。拥有1个山东省优秀创新团队，2个山东省高校优秀科研创新团队。《山东建筑大学学报》获选“中国科技核心期刊”。学校被省委省政府评为“山东省人才工作先进单位”。

学校面对高等教育发展的新形势和新机遇，将全面贯彻落实党的十八大精神，深入实施“质量提升”、“学科引领”、“人才建设”、“管理创新”和“文化塑校”五大工程，干事创业，开拓创新，不断增强核心竞争力和综合办学实力，为早日建成教学研究型大学而努力奋斗。

党委书记：王崇杰；校长：靳奉祥。

二、教研机构

科技处

科技处是承担学校科技政策和科技发展规划的调研、论证、起草；组织科技项目的立项申报，为申报者提供信息、咨询和服务；编制和实施学校的年度科技计划，执行上级主管部门的科技计划，对各类在研科技项目执行情况、经费使用情况进行检查，组织科技成果的鉴定及验收；组织学校科技奖励的评审和上级科技奖励的申报与推荐；组织专利的申报及授权专利的管理，各级专利奖励的申报；科技信息的收集与发布，学校科技工作的对外宣传；学校科技成果的推广；重点实验室、工程训练中心等产学研基地和平台的申报、建设和科研绩效考核，校属科研机构的设置审批与宏观管理。

科技处主要岗位职责有：作为学校“学科引领工程”的牵头部门，负责与此相关的组织领导工作；学校科技发展规划的编制及实施；制定学校科研管理制度及相关政策；科研项目、科研成果奖的申报组织与管理；科研成果鉴定、知识产权及专利的管理工作；学科、重点实验室、科研平台建设；全校科研机构的规划、设置、审核及管理；中青年学术带头人的选拔、培养；科研成果的推广应用及产、学、研结合；全校国内外学术交流活动的组织协调；科研业绩统计和奖励工作；校学术委员会的日常工作及学会与协会的管理；科技保密工作；认真完成应该参与与协作的工作以及学校交办的其他工作。

主要行政负责人：傅传国。

管理工程学院

管理工程学院设置工程管理、信息管理与信息系统、工程造价、土地资源管理和工业工程5个教研室，工程管理、房地产管理、建设工程造价与信息、工程项目管理4个研究所，以及综合实验室和图书资料室。

学院现有教职工84名，专职教师67名，其中教授10名，副教授16名，讲师24名，助教17名。教师具有博士8人、硕士57人、在读硕士3人。现有学科首席岗教授1名，重点岗教授1名，硕士生导师11名，省级中青年学术带头人1名，校级中青年学术骨干1名及培养对象3名。学院现有省级教学名师一人，省级精品课程一门。管理科学与工程学科为学校重点学科，工程管理专业为学校特色专业。

学院近三年来发表论文201篇，其中教研论文17篇；承担教研项目36项，其中国家级1项，省部级1项，校级24项，学院级10项；校级精品课程2门；获8项优秀教学成果奖。主持在研项目16项，科研经费195.6万元；完成省自然基金、省软科学和建设部项目3项，通过省教育厅等厅局级鉴定项目4项；科研获奖13项。出版著作或教材39部，其中国家级出版社出版26部，主编教材23部，列入国家"十五"、"十一五"规划教材3部。

主要行政负责人：徐友全。

建筑城规学院

建筑城规学院现有教职员工127名，其中教授22人，副教授35人；具有硕士以上学位的教师占教师总数的85%。教师队伍中拥有国家教学名师、全国优秀教师、享受国务院特殊津贴专家、全国高等学校城市规划专业指导委员会委员、全国高等学校建筑学专业教育评估委员会委员、泰山学者、山东省突供专家、山东省教学名师、山东省中青年、学科带头人培养对象等高水平人才，及两支省级教学团队。

学院的本科设有建筑学、城乡规划学和景观学三个专业，并于2006年开始与新西兰Unitec建工学院合作办4+1.5建筑学专业，2007年与力诺集团合作，依托建筑学专业开设"太阳能建筑一体化"专业方向。硕士点有建筑学、城乡规划学、风景园林学三个一级学科。建筑学一级学科下设建筑历史与理论、城市设计与人居环境理论、建筑技术科学、建筑设计及其理论四个专业方向。2012年教育部批准授予建筑学博士学位点，并将于2013年开始招生。

建筑学学科下的建筑历史与理论专业目前已形成较为鲜明的特色优势。目前建筑历史与理论专业的人才队伍具备较为合理的知识层次结构，拥有专业教师14人，其中教授（学科带头人）1人，副教授6人，讲师8人；取得博士学位的2人，在读博士1人，硕士以上学历的10人。在研究架构方面，坚持总体性研究与微观性研究、理论研究与实证研究相结合，形成了总体性研究、地域性研究及乡土性研究等三个互为依托、相辅相成的子方向；在中、西方近现代建筑历史及当代建筑理论、山东传统与民居等研究领域均取得了一定的学术成果，初步形成了较为完整的研究架构；为学科方向的健康发展奠定了良好的基础，在全国地方院校中具有一定的特色和优势。立足齐鲁地域文化、坚持内涵发展。对山东境内古代、近代、现代建筑遗产进行了大量测绘、史料收集与调研工作，积累了丰富的一手资料；在既有研究成果的基础上，积极承担了山东民居、山东古建筑等学术图书的编辑，为有山东地域特色的学科建设奠定了坚实基础；经过长期不懈努力，成为山东建筑历史与齐鲁建筑文化研究的重要基地，形成了区域性学术研究中心的地位。

学院将学术研究、课程建设与遗产保护实践紧密结合。坚持科研、教学与工程实践三位一体、统筹兼顾，积极促进学术成果的转化，形成了学术研究、课程建设与遗产保护实践良性互动的学科发展态势；面向城乡建设实践，承担了一系列历史研究与遗产保护课题，较好地服务并推动了山东省建筑文化遗产保护事业的发展，取得了良好的社会效益。

主要行政负责人：赵继龙。

艺术学院

艺术学院拥有艺术设计、工业设计、美术学、广告学、园林5个本科专业8个专业方向，拥有设计学（含环境艺术设计学、景观艺术设计学2个研究方向）、美术学（含中国画理论与创作研究、油画理论与创作研究、壁画理论与创作研究、中国书法理论与创作研究4个研究方向）、风景园林学（含景观生态规划设计及理论、园林景观建筑与工程技术、园林植物应用与景观设计、风景园林规划设计4个研究方向）3个学术型一级学科硕士学位授权点，拥有艺术硕士（MFA）、风景园林硕士（MLA）、工程硕士（ME）3个专业硕士学位授权单位。

学院有一支学术水平高、结构合理、特色鲜明的办学队伍，现有教职工103人，其中教授9人，副教授28人，博士生导师1人，硕士生导师27人，享受国务院政府津贴2人，中国有成就资深室内建筑师1人，中国杰出的中青年室内建筑师1人，山东省有突出贡献中青年专家1人，山东省拔尖人才1人，山东高校十大师德标兵1人，山东省教学名师1人。

学院坚持走内涵发展之路，"艺术设计"专业为国家特色专业；"综合艺术综合设计"为国家级精品课程；"设计学"学科为山东省重点学科；"齐鲁建筑文化与景观艺术研究基地"为山东省"十二五"人文社会科学研究基地；"艺术设计实验室教学中心"为山东省实验教学示范中心。学院贯彻特色发展理念，培养了2000余名高素质复合型人才，为社会发展作出了积极贡献。

主要行政负责人：陈华新。

商学院

商学院成立于2004年7月，现拥有工商管理一级学科硕士学术学位授权点，会计学、企业管理（含：财务管理、市场营销、人力资源管理）、技术经济及管理等3个二级学科硕士点，工商管理

（MBA）硕士专业学位授权点；工商管理、市场营销、会计学、财务管理、电子商务和物流管理6个本科专业；会计学和工商管理2个本科双学历双学位辅修专业；中澳合作办学国际商务、市场营销和会计学3个专科专业。学院主要研究方向包括：会计理论与实务、财务管理理论与实务、风险管理与审计、企业组织理论与战略管理、制度文化与人力资源管理、项目投融资与营销原理、建筑与房地产经济、工程经济与决策分析和电子商务、物流与技术经济等。

学院现有教职员工80人，其中享受国务院特殊津贴专家1人，首届山东省有突出贡献的中青年专家1人，山东省中青年学术骨干和学术带头人1人，山东省千名知名技术专家1人，教授及副教授27人，博士及在读博士27人，博士生导师1人，博士后指导教师1人，校级教学名师2人；硕士生导师12人，来自其他高校、知名企业和政府机关的兼职硕士生导师6人。

主要行政负责人：胡宁。

法政学院

法政学院设有法学和社会工作两个本科专业，设有马克思主义基本原理硕士学位授予点，并开展法学双学历、双学位辅修专业教育。设有法学教研室、社会工作教研室、公共理论教研室、德育教研室。法学专业开设16门法学核心课程和建筑法、房地产法、城乡规划法等特色课程；社会工作专业开设社会学理论和社会工作实践课程；公共理论课教研室和德育教研室承担全校马克思主义公共理论课和德育课教学。

学院将以法学、社会学和马克思主义理论为主干学科，以本科教育为主体，适度发展研究生教育，以培养德智体全面发展的社会主义建设者和法律、社会工作应用型专门人才为目标，以“入主流、倡交叉、重应用、创特色”为学科建设的指导思想，逐步将法政学院建设成为在省内有影响、有特色的教学型学院。

主要行政负责人：隋卫东。

外国语学院

外国语学院始建于1978年，其前身为山东建筑工程学院基础部大学外语教研室，1999年成立外语系。2000年开始招收英语专业本科生，2004年开始招收德语专业本科生。2006年4月成立外国语学院。目前专职教师110人，其中教授7人，副教授39人，博士6人，在读博士8人，具有硕士以上学位的青年教师达95%，每年外籍教师保持在6名左右。学院现设有英语和德语两个本科专业，在校本科生达500多名。其中英语专业为山东建筑大学重点学科。学院依托本校建筑工程类专业的学科优势，将建筑工程专业知识融入到英语教学中去，努力打造“工程英语”品牌特色，使学生既具备较高的英语应用水平，又具有一定的工程建筑类专业知识，成为符合社会需求的复合型英语人才。德语专业充分利用与亚琛工业大学合作的机会，采用“6+2”人才培养模式，学生利用一年时间到德国进行访学，既提升了德语水平，又开拓了国际视野。近年来，学院毕业生在建筑（尤其是涉外工程公司）、经贸、外事翻译等领域取得了较好的成绩，赢得了社会的高度认可。

主要行政负责人：李继民。

工程造价管理研究所

宗旨：工程造价专业是一个技术和管理紧密结合的专业，专业的教学与科研活动要与政府、企事业相关部门开展交流合作，需要建立一个基本的平台。成立工程造价管理研究所响应了学校整体定位的要求。通过研究所与企业的多方面、多层次合作，老师可以得到锻炼，也可为学生实习环节及社会实践建立教学基地。

主办单位：管理工程学院；主要负责人：陈起俊。

工程管理研究所

宗旨：工程管理专业为学校特色专业，是一个技术实践性和政策性紧密结合的专业，专业的教学与科研活动要与政府相关部门开展交流合作，需要建立一个基本的平台。成立研究所是实现教师理论和实际相结合的最佳途径。通过研究所与企业的多方面、多层次合作，老师可以得到锻炼，也可为学生实习环节及社会实践建立教学基地。

主办单位：管理工程学院；主要负责人：徐友全。

信息管理研究所

宗旨：信息管理与信息系统专业是一个技术和管理紧密结合的专业，专业的教学与科研活动要与政府、企事业相关部门开展交流合作，需要建立一个基本的平台。信息管理研究所将立足于专业教育，服务社会，搞好产学研结合。为各级政府部门、各种企事业单位提供信息调研、信息资源的分析与利用、信息系统的开发与实施等方面的服务。

主办单位：管理工程学院；主要负责人：邓晓红。

工业工程研究所

宗旨：工业工程研究所是实现教师理论和实际相结合的最佳途径。作为省属高等院校，建筑大学的定位是应用型大学，研究型大学时未来努力的目标。而应用型大学就要通过服务社会来实现，因而，成立工业工程研究所响应了学校整体定位的要求。通过研究所与企业的多方面、多层次合作，老师可以得到锻炼，也可为学生实习环节及社会实践建立教学基地。

主办单位：管理工程学院；主要负责人：李奇会。

建筑企业管理研究所

宗旨：建筑企业管理研究所是提高科研能力的需要，提高办学水平的需要。学校要不端提高教学质量、发挥学科优势，就需要做到理论与实践的结合。通过对建筑企业管理各方面的研究可以把握学科的前沿和发展动态，及时地向学生讲解最新的知识。同事，通过研究所与建筑企业的多方面、多层次合作，可为学生实习环节及社会实践建立教学基地。

主办单位：管理工程学院；主要负责人：桑培东。

房地产经营管理研究所

宗旨：房地产经营管理研究所是随着管理学院的迅速发展，为了进一步地提高学院相关专业教师的科研、教学水平，培养面向市场经济的合格房地产经营管理人才以及更好地为我省房地产经营管理企业服务，经管理学院党政联席会议研究决定成立。

主办单位：管理工程学院；主要负责人：赵雷。

土地资源管理研究所

宗旨：土地资源管理专业是一个技术实践性和政策性紧密结合的专业，专业的教学与科研活动要与政府相关部门开展交流合作，需要建立一个基本的平台。土地资源管理研究所将立足于专业教育，服务社会，搞好产学研结合。为各级政府国土资源管理部门，规划部门提供土地资源管理、土地利用规划、土地经济评价、土地信息系统等方面的咨询服务。

主办单位：管理工程学院；主要负责人：杨忠学。

山东省“十二五”高校人文社会科学研究基地（齐鲁建筑文化与景观艺术研究基地）

宗旨：经过多年的建设，业已形成3个稳定的研究方向，建设了一支中青年学者为主体的结构合理、团结向上的学术梯队，承担了包括国家社会科学基金艺术学项目、教育部人文社科研究项目、山东省社会科学规划项目等在内的国家级和省部级重大科研项目多项，在齐鲁建筑文化与景观艺术设计研究方面具有鲜明的特色，为山东省的区域经济发展作出了重要贡献。

主办单位：艺术学院；主要负责人：陈华新。

建设法学研究所

宗旨：依托本校建筑学科优势背景，与众成仁和律师事务所等实务部门密切合作，积极开展建设领域法学理论和实务研究，探索教学、科研、实务一体化的办学模式，形成建设法学特色，为我省经济建设服务。

主办单位：法政学院；主要负责人：隋卫东。

城市问题研究所

宗旨：解决城市问题，建设和谐社会。

主办单位：法政学院；主要负责人：左敏。

马克思主义与中国发展问题研究所

宗旨：以马克思主义理论为指导，立足于中国当前发展的实际，以发展过程中面临的问题为研究对象，为中国经济、社会发展提供参考建议。

主办单位：法政学院；主要负责人：张鹏。

道德文化研究所

宗旨：加强大学生道德与法制教育研究，提高大学生道德水平和法律意识。

主办单位：法政学院；主要负责人：陈秀元。

科技英语及翻译研究所

宗旨：本研究所主要研究科技英语的特点，翻译，教学和社会应用。研究目标是培养出“专业+英语”的复合型人才，提高理工院校科技英语教学水平，提高学生的英语实际应用能力，真正达到学习英语是为社会服务的目的。

主办单位：外国语学院；主要负责人：魏汝尧。

山东财经大学

一、机构

山东财经大学是财政部、教育部、山东省共建高校，是国务院学位委员会批准的学士、硕士学位授权单位和博士学位授予立项建设单位。

学校于2011年7月4日由山东经济学院和山东财政学院合并组建而成。山东经济学院前身为山东财经学院，创建于1952年，由山东会计专科学校与齐鲁大学的经济系合并组建而成，是山东省建校最早的财经类普通高校，也是全国建校最早的财经类普通高校之一。“文革”期间，山东财经学院中断办学。1978年，经国务院批准恢复办学，并更名为山东经济学院。1993年获得硕士学位授予权。山东财政学院始建于1986年，是财政部与山东省人民政府共同创办的普通高等财经院校。建校初期实行部、省共建，以部为主的领导管理体制。1998 年获得硕士学位授予权。2000 年后，学校领导管理体制改为中央与地方共建、以地方管理为主的领导管理体制。2012 年 6 月 9 日，山东财经大学正式揭牌成立。2012 年 8 月 23 日，财政部、教育部、山东省人民政府签署协议，共同建设山东财经大学。

学校共有 4 个校区，占地 4818 亩。现有 21 个学院，56 个本科专业。全日制在校生 33000 余人。其中，本科生 31000 余人，研究生 2000 余人。拥有应用经济学、工商管理、管理科学与工程等 10 个一级学科硕士学位授予权，56 个二级学科硕士学位授权点，拥有工商管理硕士（MBA）、公共管理硕士（MPA）等 12 个专业学位授予权。2009 年被批准为博士学位授予立项建设单位。学校现有 16 个山东省重点学科。其中，财政学、金融学、企业管理、会计学、国际贸易学和管理科学与工程为省级特色重点学科。拥有财政学、金融学、企业管理和会计学 4 个“泰山学者”岗位。已形成以经济学、管理学为主，文、法、理、工、艺术和教育等八个学科门类相结合的学科结构。

学校现有专任教师 1924 人，教授、副教授 950 人，具有硕士以上学位的 1619 人，其中具有博士学位的 547 人。教师中有国家级有突出贡献的专家 1 人，享受国务院政府特殊津贴的专家 14 人，“泰山学者”特聘教授 4 人，入选“百千万人才工程”国家级 1 人，入选教育部新世纪人才支持计划 2 人，山东省有突出贡献的中青年专家 8 人，山东省高层次人才库 19 人，全国优秀教师 17 人，山东省教学名师 12 人，博士生导师 20 人。

学校在 2006 年教育部本科教学工作水平评估中取得优秀成绩。现有教育部人才培养模式创新实验区 1 个，教育部特色专业 7 个，省级品牌专业 11 个，教育部双语教学示范课程 1 门，省级精品课程 27 门。获得省部级以上教学研究成果奖 38 项，其中国家级二等奖 1 项、省级一等奖 5 项，二等奖 14 项。学生在全国全省数学建模竞赛、“挑战杯”创业计划竞赛和学术论文竞赛、CCTV 英语演讲比赛等各类比赛中屡获嘉奖，毕业生就业率位居全省高校前列。

学校拥有完善的现代化教学基础设施和实验设备。现有山东省企业电子商务工程技术研究中心、山东省数字媒体技术实验室、山东省金融信息工程技术研究中心、山东省经济运行动态仿真实验室和金融服务外包创新实验室等 5 个省级重点实验室，山东省实验教学示范中心 2 个，山东省骨干学科教学实验中心 13 个。校舍建筑总面积 108.29 万平方米，其中教学科研行政用房 75.33 万平方米。教学科研仪器设备总值 14455.18 万元。图书馆藏书 351.53 万册，电子图书 262.37 万册。建有现代化演播中心、CATV 教学系统和千兆以太校园网络系统。实验室、图书馆、体育场馆、学生公寓和食堂等教学科研生活设施比较齐全。

学校不断强化科研的先导地位，加大科研投入，加强科研工作的激励和引导，科研水平不断提高，取得了丰硕的科研成果。近五年来，承担省部级以上科研课题 1023 项，其中国家社科基金、自然科学基金项目、教育部项目等国家级项目 209 项、省部级项目 814 项；获国家级、省部级科研奖励 153 项；被 SCI、EI、ISTP 和 SSCI等检索收录论文 393 篇；获得科研经费11988.49万元，年均科研经费 1938.3 万元。有山东省政府规制与经济社会发展研究基地、山东省区域经济发展软科学研究基地、山东省财政金融研究基地、山东省公共财政制度与社会保障制度研究基地、服务业创新与发展软科学研究基地和山东省公共政策软科学研究基地等 6 个省级研究基地，成立了区域经济研究院、经济研究中心、农业与农村经济研究中心等一批科研机构。

学校主办的《经济与管理评论》和《山东财经大学学报》，是国内外公开发行的综合性经济理论期刊，是中国人文社会科学核心期刊、全国城市经济十佳期刊、华东地区优秀期刊、山东省优秀期刊，在全国学术界具有较高的影响力。

学校坚持开放办学，与美国、澳大利亚、英国、法国、加拿大、德国、韩国等国家的大学和教育机构建立了广泛稳定的学术交流与合作关系，开展了包括合作办学、学者互访、互派留学生、合作科研、联合培养以及资料互换等多种形式的国际交流与合作，形成了多渠道、多层次、多形式的交流合作局面。学校与澳大利亚拉筹伯大学和加拿大达尔豪斯大学合作，开展了联合培养本科生工作，目前已有毕业生 200 余人；学校从 1999 年开始接受外国留学生，至今已接受了 19 批共 240 名非学历教育外国留学生。

学校不断扩大与国内高校的交流合作，与山东大学、天津财经大学、山东师范大学、山东科技大学、山东省社会科学院等建立了全面合作关系，每年选送部分优秀研究生、本科生到山东大学和天津财经大学等高校相关专业进行为期半年或一年的访问学习。

学校与山东黄金集团有限公司合作建立了独立学院——燕山学院、东方学院，现有在校生 10000 余人。

在新的历史起点上，学校将深入贯彻落实科学发展观，遵循高等教育发展规律，依据国家与山东省中长期教育改革和发展规划纲要精神，以经济社会发展需要为导向，不断提升人才培养水平，增强科学研究能力，积极服务经济社会发展，深入推进文化传承创新，努力把学校建设成以应用型人才培养为主、特色鲜明、优势突出、国内一流、有较大国际影响的多科性教学研究型大学，成为山东省高层次财经人才培养和经济研究的重要基地，为地方和国家经济社会发展作出新的贡献。

党委书记、校长：刘兴云。

二、教研机构

经济学院

经济学院于2011年11月在原山东经济学院经济与城市管理学院以及原山东财政学院经济学院的基础上整合组建而成，主要承担理论经济学和部分应用经济学课程的教学与科研工作。

学院现有教职工85人，专任教师72人。其中，教授16人，副教授35人，博士37人，国外留学人员4人。政治经济学教学团队与西方经济学教学团队为省级教学团队。西方经济学、微观经济学、产业经济学为省级精品课程。学院设有经济学、环境资源与发展经济学和农村区域发展3个本科专业，其中经济学专业为国家特色专业、省级品牌专业。有政治经济学、西方经济学、经济思想史、经济史、人口资源与环境经济学、区域经济学、国民经济学、劳动经济学、产业经济学、国防经济学10个硕士点，其中政治经济学、西方经济学和产业经济学3个学科为山东省省级重点学科。

行政负责人：董长瑞。

财政税务学院

财政税务学院是由原山东财政学院财税与公共管理学院和原山东经济学院财政金融学院的财政学、税务、公共管理等专业学科组建而成。2009年山东财政学院和山东经济学院联合申报并获批为博士点建设单位，财政学科被列为博士点建设学科之一。2011年7月成立山东财经大学（筹），2011年11月组建新的财政税务学院。

财政税务学院下设财政理论、财政管理、税收理论、税收管理、公共经济5个教学研究室和6个科研机构（基地），1个财税实验室。现有财政学、税务2个本科专业，并拥有财政学、税务专业2个硕士学位授权点，财政学是学校博士学位授予立项建设的学科。学院现有在校生1900余人，其中本科生1800余人，研究生100余人。财政学专业为国家级特色专业，山东省政府批准的“泰山学者”设岗单位，山东省“十二五”特色重点学科，山东省品牌专业。财政学课程为省级精品课程，财政学教学团队为省级教学团队。这些学科建设的成果，为学院教学科研水平的提高搭建了平台，为人才培养质量的提高创造了条件。

新组建的财政税务学院现有教职工60人，其中专任教师55人。在专任教师中，教授18人，副教授29人，具有高级职称的教师占教师总数的85.5%；具有博士学位的教师28人（含在读博士），占教师总数的51%；40岁以下青年教师占74%，形成了一支老中青均衡组合、具有强大发展后劲和创新精神的学术梯队。教师中有博士生导师3人，硕士生导师26人，财政部跨世纪学科带头人1人，新世纪百千万人才国家级人选1人，“泰山学者”特聘教授1人，海外名师1名，山东省有突出贡献的中青年专家1人，山东省专业技术拔尖人才1人，山东省高层次人才库2人，山东省教学名师1人，5人分别为教育部公共管理教学指导会委员、中国财政学会、中国税务学会、中国国际税收研究会、中国投资学会、中国财政教学研究会理事。

院长：岳军。

金融学院

金融学院目前共设有金融学、金融工程、信用管理3个本科专业，以及金融学科学硕士、金融学专业硕士学位授予权、金融学博士学位授予权。目前全日制在校学生合计近3400人，是学校规模最大、整体实力最强的学院之一。学院现有教职工总数为97人，其中，专任教师（含兼任行政领导职务的“双肩挑”人员）77人，“泰山学者”特聘教授1人，院外客座（兼职）教授、兼职硕士生导师等近20人。在专任教师中，共有教授22人，副教授35人，具有高级职称的教师占到教师总数的74%；具有博士学位的44人，占到教师总数的58.67%，经过多年发展，学院已形成一支专业配备均衡，学缘、知识、年龄与职称等结构合理，具有优良的团队精神，发展潜力突出的教学科研队伍。

学院现设有金融理论、金融管理实务、国际金融、金融投资、金融工程、信用管理与微观金融、金融实验课程等7个教研室，承担着约40门金融相关专业课程及全校金融类课程的教学和相应的研究任务。另设有金融投资研究所、国际金融研究所、金融工程研究所、农村金融研究所、证券期货研究所、资本运作与管理研究所、金融风险管理研究所、微型金融与中小企业融资研究所、金融系统科学研究所等九个研究机构和金融外包服务创新实验室、金融学科文献资料中心，以及办公室、学生工作办公室等机构。

在多年的建设中，金融学院始终坚持以学科建设为中心，坚持教学改革，大力培养、引进人才，努力提高教学、科研水平和人才培养质量，积极发挥专业、学科优势向社会提供专业服务，形成了自身的一些学科优势和特色。经过全院师生员工不懈的共同努力，目前学院已发展成为山东省内最大的金融专业人才培养基地和金融学学术研究基地，学院所属的金融学科在省内处于领先地位。该学科在“十一五”期间即被确定为山东省重点学科，2008 年被确定为金融学科唯一的“泰山学者”设岗单位，2011 年又进一步被确定为山东省“十二五”特色建设重点学科。

行政负责人：黄磊。

保险学院

保险学院现设有保险学、保险精算两个本科专业（方向），其中保险学为省级特色专业、校级重点学科。设立 1 个校级社会实践基地，5 个校外教学实践基地。学院具有经济学硕士学位授予权及保险硕士专业学位授予权。目前设有保险经济、保险学、精算学 3 个专业教研室，成立了中国保险市场与监管研究所、风险管理与精算研究所、风险计量与预测研究所、投融资风险与财富管理研究中心 4 个研究机构，并设有设备先进、功能齐全的统计与精算实验室。

学院采取重点引进与强化培养双结合的方式，逐步形成了一支教育理念先进，专业知识、学缘和年龄结构合理，学术水平较高并富有创新和团队精神的师资队伍。全院现有教职工 31 人，专任教师 20 人。其中，教授 7 人，副教授 7 人，拥有博士学位者 13 人，在读博士 4 人。目前在校学生 986 人，其中本科生 967 人，研究生 19 人，已培养五届本科毕业生。

院长：闫庆悦；书记：朱传武。

国际经贸学院

国际经贸学院现有国际经济与贸易、国际商务和贸易经济三个本科专业，国际贸易学、世界经济学和国际商务专业硕士三个硕士学位授权点和国际贸易学博士授权点。国际贸易学科为山东省“十一五”省级重点学科和“十二五”省级特色重点学科；国际经济与贸易专业是国家管理专业、国家级特色建设专业、山东省教学改革试点专业、省级重点学科（国际贸易学）依托专业。学院还拥有教育部双语教学示范课程（国际经济学）、两个省级教学团队（国际经济与贸易教学团队、国际经贸双语教学团队）。

学院研究方向为产业安全与贸易救济、跨国投资理论与政策、贸易制度与经济发展。

院长：王培志。

管理科学与工程学院

管理科学与工程学院现有信息管理与信息系统、电子商务、物流管理、工程管理、管理科学、项目管理 6 个本科专业，有管理科学与工程、物流工程硕士、项目管理工程硕士 3 个硕士学位授权点以及管理科学与工程立项建设博士学位授权点。现有专职教学科研人员 93 人，其中博士生导师 3 人，教授 13 人，副教授 52 人；49 名教师具有博士学位，22 名教师有国外访学进修的经历。在校本科生、研究生 2400 余人。

学院信息管理与信息系统专业是国家级特色专业和山东省特色专业，信息管理与信息系统专业教学团队是山东省省级教学团队，学院有管理信息系统、管理决策的计算机方法、运筹学、系统工程等 10 门省级精品课程。

自“九五”起，学院一直是经济信息管理、信息管理与信息系统、管理科学与工程山东省重点学科承建单位，已形成拥有 6 个本科专业、3 个硕士学位点、1 个立项建设博士学位授权点的比较完备的管理科学与工程学科体系，并形成了信息管理与信息系统工程、决策理论与方法、电子商务与供应链管理、金融系统工程与管理、知识管理与知识系统工程等相对稳定的学科研究方向。

学院科研成果丰富。近年来，发表高水平论文 300 多篇，承担国家、省部级科研课题 40 余项，获山东省科技进步二等奖 6 项、三等奖 3 项，获山东省社会科学优秀成果二等奖 3 项、3 等奖 1 项，获得山东省高等教育教学成果二等奖 2 项、三等奖 1 项。

院长：张新。

工商管理学院

工商管理学院成立于 2011 年 11 月，由原山东经济学院工商管理学院和原山东财政学院工商管理学院合并组建而成。学院前身可追溯至 1958 年山东财经学院成立时的商业系。

学院学科主体设置齐全，人才培养体系科学合理。目前，学院设有工商管理、人力资源管理、市场营销、旅游管理、房地产开发与管理 5 个本科专业；拥有工商管理一级学科硕士学位授予权，有企业管理、人力资源管理、旅游管理、技术经济及管理 4 个二级学科硕士学位授权点；拥有工商管理一级学科企业战略管理、人力资源管理两个方向的博士学位授予权。工商管理专业为国家级特色专业和省级特色专业，并拥有工商管理专业省级教学团队；人力资源管理专业为省级特色专业；企业管理学科为省级特色重点学科，并拥有该学科“泰山学者”

特聘教授岗位。学院设有工商管理、市场营销、人力资源管理、旅游管理、房地产开发与管理5个教研室；设有企业发展研究所、商业模式研究所等12个院属科研机构。山东财经大学管理创新研究院（山东省人才发展研究中心）、山东财经大学职业生涯教育研究中心挂靠本学院。

院长：刘军。

会计学院

山东财经大学会计学院主要从事会计学、审计学、财务管理和资产评估的教学和科研工作，目前已形成会计准则、环境会计、审计理论与方法、资本运营与公司治理、财务决策支持系统等5个相对稳定的研究方向。会计学专业1993年获得硕士学位授予权，1995年开始招生，审计学和财务管理两个专业从2013年开始招生，资产评估和会计学从2010年开始招收专业硕士。

会计学曾先后被教育部、省政府和教育厅评定为省级重点学科（1991）、省级教学改革试点专业（1999）、省级强化建设重点学科（2002）、省级品牌专业（2006）、国家级特色专业建设点（2007）、泰山学者设岗学科（2008）和省级特色重点学科（2010）；财务管理为省级特色专业。与之配套的实验室先后确认为国家级应用型会计人才培养模式创新实验区（2007）和省级实验教学示范中心（2009）。

院长：王爱国。

公共管理学院

公共管理学院合并组建于2011年11月。学院现有本科和研究生两个办学层次。本科层次设有公共事业管理、行政管理、劳动与社会保障、城市管理4个专业。研究生层次拥有公共管理硕士学位授权一级学科，下设行政管理、社会保障、教育经济及管理、土地资源管理四个二级学科。其中，社会保障学科2006年获硕士学位授权并于2011年被批准为省级重点学科；公共管理一级学科为学校博士点规划建设支撑学科。各专业均有明确的研究方向，并以政府规制与公共政策研究方向为统领，在教学科研方面取得突出成绩。

学院拥有“山东省政府规制与经济社会发展研究基地”和“山东省公共政策软科学研究基地”两个省级研究基地，拥有“山东济南烟草经济管理研究院”一个高层次决策咨询机构；另设公共政策研究所、规制与治理研究所、政府管理创新研究所、资源经济与管理研究所、土地资源管理研究所等7个校级研究机构，与临沂国土局共建“土地资源管理与人才培养基地”，创新“教学与社会实践、教育培训与政府决策咨询”三位一体对外合作模式，搭建了扎实的人才培养、科学研究和社会服务的综合教育支持平台。

行政负责人：张红凤。

法学院

法学院承担着山东财经大学法学学科的教学、科研、培养学生工作，并负责全校公共法学课程教学。学院拥有法学一级学科硕士学位授予权，2012年度设有法学理论、民商法学、诉讼法学、经济法学、国际法学5个二级学科硕士学位授权点，其中民商法学为省级重点学科，经济法学为校级重点学科。设有法学、社会工作、政治学与行政学、国际政治4个本科专业，其中法学专业为省级特色学科。设有法学理论与宪法、行政法，民法，商法，经济法，刑法与诉讼法，国际法，社会工作，政治学与行政学等8个教研室以及商法、诉讼法、法学实践、不动产法、法社会学、知识产权法咨询与研究、社会工作、法律经济学、财政金融法、经济刑法、比较法、宪政和行政法治等12个研究所。拥有一个专业资料室，约15000册藏书。学院自主创办学术期刊《法学空间》，设编辑部由专人负责。

学院拥有一支法学专业门类齐全、学术梯队布局适当、学缘结构合理、师资力量较强的教师队伍。共有教职工100人，专任教师86人；专任教师中教授16人、副教授29人、博士（含在读）32人，博士生导师1人、硕士生导师22人。学院共有全日制在校学生1375人，其中本科生1328人，研究生47人。

院长：宋焱；书记：姜竹青。

马克思主义学院

山东财经大学马克思主义学院成立于2011年11月，由原山东经济学院马列主义教研部和原山东财政学院思想政治理论课教研部组建而成。学院承担着全校本专科生、研究生思想政治理论课教学任务，现设有马克思主义基本原理概论、毛泽东思想和中国特色社会主义理论体系概论、思想道德修养与法律基础、中国近现代史纲要、形势与政策5个教研室。

学院目前拥有一支学历结构、学缘结构、职称结构、年龄结构比较合理，具有高度的政治责任感和敬业精神的思想政治理论课师资队伍。现有教职工77人，其中专任教师72人，包括教授12人、副教授32人、讲师28人。专任教师中拥有博士学位者（含在读）26人，硕士研究生导师12人，山东省社会科学学科新秀奖获得者1人。学院拥有马克思主义理论一级学科硕士点，其中“思想政治教育”学科为校级重点学科。学院在中国特色社会主义经济理论、马克思主义中国化历史进程、马克思主义传播史以及和谐思想等方面形成了自身的研究特色。

院长：沈大光。

体育学院

体育学院现有教职员工80人，专任教师65人，其中教授5人、副教授28人，研究生以上学历25人。学院目前承担着全校2万余名学生的公共体育课教学任务。同时，还拥有体育经济、社会体育和金融学（高水平运动员）3个本科专业，在校生人数900余人。其中体育经济与管理专业授予管理学学位、金融学专业（高水平运动员）授予经济学学位、社会体育专业授予教育学学位基本上完成了本科专业的学科布局。

目前学院拥有体育经济二级学科硕士点1个，授予经济学硕士学位。体育经济与管理专业在2012年被确定为山东财经大学校级重点学科。学院围绕体育经济方向，依托体育文化产业、体育经济与管理和体育健身产业3个学院自设研究所开展研究工作。近5年来，先后完成国家级、省部级科研项目20余项，纵向经费累计130余万元；出版学术专著、教材16部，获得省级科研奖励15项，共发表学术论文200余篇。

院长：付玉坤。

文学与新闻传播学院

文学与新闻传播学院为山东省文化产业经营管理研究基地。现有汉语言文学、新闻学、编辑出版学、文化产业管理等4个本科专业。学院下设5个教研室：汉语言教研室、文学教研室、新闻教研室、编辑出版教研室、文化产业管理教研室。研究方向为中国语言文学、编辑出版学、新闻传播学、文化产业管理。

行政负责人：孙玉太。

外国语学院

外国语学院学现有英语、商务英语、日语、德语、法语5个本科专业，拥有外国语言文学一级学科以及翻译专业（MTI）硕士授权点，开设外国语言学及应用语言学、英语语言文学、英语笔译、英语口译4个招生专业。外国语言学及应用语言学为山东省“十二五”重点学科，英语语言文学为“十二五”校级重点学科；英语专业为山东省省级特色专业；英语国家文化、英美文学、美国文学史为省级精品课程。

学院现有外语专任教师95人，其中教授10人、副教授28人；博士19人，在读博士5人；硕士及以上学位89人；在国内二级以上学术团体担任会长、副会长2人。学院现已形成理论语言学、应用语言学、英美文学、翻译学4个稳定的研究方向，科研水平不断提高。学院教学基础条件达到了国内领先水平，拥有多媒体语音室、同声传译实验室、计算机辅助翻译（CAT）实验室、卫星电视节目制作中心、脑电（ERP）和眼动（eye tracking）高级实验室，国内外专业学术期刊100余种。

行政负责人：李毅。

公共外语教学部

公共外语教学部设立于2011年11月，由原山东经济学院外国语学院大学英语各教研室及原山东财政学院外国语学院大学外语教研室合并组建而成。学院现有教职工102人，其中专职教师98人；具有硕士及其以上学位的占94%，其中具有博士学位的4人，在读博士10人。目前下设5个大学英语教研室和1个研究生英语教研室，以及行政综合办公室、图书资料室、语言实验室、外语教育研究所、外语培训中心等。公共外语教学部承担山东财经大学全校的本科生和硕士研究生的公共外语课教学。研究方向包括外语教学研究、跨文化交际研究、外语课程研究。外语课程与教学为校级重点学科。

主任：朱慧敏；书记：张黎萍。

数学与数量经济学院

数学与数量经济学院兼容经济学和理学两大学科门类。现有信息与计算科学、数学与应用数学两个本科专业，设有金融数学方向，拥有数量经济学硕士学位授权点。其中数量经济学为省级重点学科。该硕士点涵盖系统评价理论与方法、风险管理、经济计量分析、数量经济方法及应用研究方向。数量经济研究所为校级研究机构，挂靠数学与数量经济学院。学院设有行政办公室、学生工作办公室、教学研究室、科学研究所、资料室。

学院现有87名教职工，专任教师73人，专职研究人员5人。其中教授12人、副教授32人，拥有硕士及以上学位教师比例为93%。在校本科生、研究生共计1000余人。学院教师主要承担全校的微积分、线性代数、概率论与数理统计学科共同基础课程及3个本科专业课程的授课任务。全体教师科研能力强，研究成果丰富，近年来，在《中国科学》、《数学学报》、《中国管理科学》、《Journal of Number Theory》等国内外重要学术刊物上发表学术论文150余篇，被SCI、EI、ISTP转载70余篇，编著学术著作及教材共12部，主持国家自然科学基金、国家社科基金等国家和省级科研项目30余项，多项科研成果获省部级奖励。

行政负责人：陈晓兰。

统计学院

统计学院成立于2011年10月，是由原山东经济学院的统计与数学学院和山东财政学院的统计与数理学院的相关统计学专业、学科及师资等组建而成的。

学院现设有经济统计教研室、计量经济学教研室、金融统计教研室、数理统计教研室和应用统计教研室5个教研室；统计科学研究所、数据挖掘研究所、应用统计研究所和计量经济学研究所4个研究机构以及1个专业资料室。

学院现设有经济统计学、统计学2个本科专业和统计学学术硕士、专业硕士2个硕士点。其中：统计学学术型硕士点设有经济统计学、金融统计学、数理统计学3个专业和宏观经济统计分析、市场调查与分析、证券投资统计分析、金融风险测度与管理、经济计量分析、统计推断6个研究方向。专业型硕士点设有经济统计、金融统计、市场调查与分析、风险测度与管理4个研究方向。另外，统计学是山东财经大学应用经济学博士点建设单位之一。

统计学专业现为省级重点建设专业和省级特色专业。作为国家一级学科的统计学是省级重点学科，下设经济统计学、金融统计学、数理统计学3个二级学科，其中经济统计学是校级重点学科。

院长：张小斐。

计算机科学与技术学院

计算机科学与技术学院拥有计算机科学与技术一级硕士点；计算机应用技术和计算机软件与理论两个省级重点学科，数字媒体技术校级重点学科；数字媒体技术省级重点实验室，金融信息工程技术省级研究中心，中美数字媒体省级国际合作研究中心，数字媒体与文化创意省级高校优秀科研创新团队；计算机科学与技术、网络工程、电子信息科学与技术、数字媒体技术、数字媒体艺术、电子商务6个本科专业，其中数字媒体技术为省级特色专业。学院下设计算机科学教研室、计算机工程教研室、软件工程教研室、网络工程教研室、数字媒体技术教研室、数字媒体艺术教研室、电子商务教研室、计算机基础部和计算机实验中心；还拥有数字媒体内容省级实验教学示范中心以及8个校级专业实验室。研究方向有：几何设计与可视媒体处理、游戏动画与计算机仿真、图像处理和模式识别、网络信息处理与安全技术、数据挖掘与商务智能技术、云计算与软件工程、物联网与信息安全、数据处理与可视化、计算机系统结构等。

学术院长：张彩明；执行院长：徐如志；书记：孙青。

艺术学院

艺术学院由原山东经济学院文学与艺术学院和山东财政学院人文艺术的艺术学科整合成立。现有艺术设计学、美术学（艺术品投资与鉴定）、广告学（艺术方向）、音乐学4个专业；艺术研究中心、艺术设计与应用研究所、东方文化艺术研究所3个科研机构。

艺术设计专业以造型艺术为基础，培养能在党政机关及各企事业单位从事平面设计、多媒体设计、展示设计等工作的应用型专门人才；美术学（艺术品投资与鉴定）专业培养既懂艺术品鉴定又懂艺术品投资，能在各级博物馆、拍卖行、画廊、银行、保险及其他艺术投资、鉴定、管理部门和企事业单位工作的高级应用型专门人才；广告学（艺术方向）专业培养具备广告策划、管理和经营能力，能在新闻媒介、书刊出版、文化教育、广告实体、企事业单位从事设计与策划、研究、教学、经营与管理等方面的应用型高级专门人才；音乐学专业培养既能从事表演、教学、编导及研究工作，又能从事音像制作、音乐版权、项目策划、音乐营销与管理、音乐经纪等文化艺术传播工作的应用型、复合型高素质人才。

行政负责人：范正红。

国际教育学院

国际教育学院是在原山东经济学院国际教育学院基础上建立的。学院拥有汉语国际教育、中新合作会计、中新合作英语3个本科专业，中新会计和中澳工商企业管理两个专科合作项目，并开展留学生教学和管理工作。学院现有教职工33人，其中教授5人，副教授7人，具有硕士及以上学位者30人，拥有博士学位者5人，在读博士3人。设有汉语国际教育、综合英语、商务英语3个教研室及对外汉语教育研究所和中外比较教育研究所。目前学院在校生近1700人。

汉语国际教育专业自2009年开始招生，现有在校生150多人。学校与德国合作的InWent－Giz奖学金项目始于1999年，至今已有十多年的历史，已培训28期留学生。

学校与新西兰国立理工学院（UNITEC）联合举办的中新合作办学会计学本科项目于2012获得国家教育部批准，并于同年开始招生。中新合作英语项目自2006年开始，共招收6届学生。与UNITEC合作的会计专科项目自2006年开始招生；与澳大利亚北墨尔本高等技术学院（简称NMIT）合作的工商企业管理项目始于1998年，是山东省最早的合作办学项目之一。

院长：刘增美。

继续教育学院

继续教育学院是学校举办成人学历教育、高等教育自学考试和各级各类社会培训的职能学院，是学校服务经济社会发展的重要平台。

学院继续教育基础雄厚，山东财经大学是教育部认定的全国首批50所高等学校继续教育示范基地之一，拥有山东省成人高等教育会计学、金融学、工商管理3个品牌专业，企业财务会计等10余门山东省成人高等教育特色课程。

学院继续教育网络丰富，在山东省17个地市以及新疆乌鲁木齐、广西南宁设有函授站，建立了功能强大的网络辅助教学平台，为社会提供了便捷的终身教育网络。

学院专业设置齐全。成人学历教育有函授、业余两种形式，专升本、高起本、高起专三个层次，主要设有会计学、金融学、工商管理、财政学、法学、国际经济与贸易、旅游管理、市场营销、会计电算化、财政、金融保险、法律事务、国际经济与贸易、计算机应用技术等专业。

学院办学体系完善，除成人学历教育外，还承办政府机关、企事业单位财经和管理人员短期培训，会计职业资格和技术资格考试等各类社会考试培训和服务业务。山东财经大学是山东省高等教育自学考试财经类专业的主考院校、山东省计算机等级考试中心考点，多次获“全国高教自学考试先进集体”等荣誉称号。

院长：徐江波。

区域经济研究院

区域经济研究院于2003年6月成立，直属山东财经大学，是独立建制的集科学研究、决策咨询服务和研究生培养于一体的实体性科研机构。

研究院下设城市管理与区域规划研究所、区域金融研究中心、山东区域经济运行评价中心3个专业性研究中心；现有专制研究人员10人、兼职研究人员12人，均为省内区域经济研究领域具有很深造诣的专家学者。

研究院拥有区域经济学硕士点，设区域规划与城市管理、区域金融、区域经济运行评价等3个方向，主要教授区域经济理论、区域经济政策、宏观经济学学、微观经济学、计量经济学等内容。研究院是山东区域经济学会秘书处、山东区域发展软科学研究基地、山东省政府决策调研基地的挂牌机构，同时还是许多企业的管理咨询机构，在山东区域经济研究领域具有很高的声誉和广泛的影响。

院长：张志元。

经济研究中心

山东财经大学经济研究中心成立于2011年10月，前身为山东经济学院经济研究所。中心集科学研究、咨询服务和研究生培养于一体，直属学校，独立处级建制。

经济研究中心注重加强与省内外高校、科研院所等进行广泛的教学科研合作。2012年，与财政部财政科学研究所共同实施的亚洲开发银行技援项目“财税政策支持战略性新兴产业研究—以山东为例”正式启动，金额12万美元，由陈华主任主持。这是山东财经大学科研历史上第一次主持亚行技援项目，填补了科研空白。

在梯队建设方面，中心加快青年人才培养，完善梯队建设，近年来，引进多位青年博士，人才结构进一步得到优化，研究力量进一步得到充实。

主任：陈华。

农业与农村经济研究中心

农业与农村经济研究中心成立于2011年11月，为山东财经大学校级直属研究机构，其前身是山东财政学院三农发展研究所。中心研究方向主要包括农业与农村经济理论与政策、农业与农村金融、农产品贸易、农村城镇化、新农村建设等方面。

中心成立后，以农村乡镇为依托，积极开展科研实践基地建设。目前，已经建立了3个研究基地（禹城1个，邹平2个）。中心积极营造活跃的科研氛围，除聘请学校涉农研究教授担任学术委员会委员及高级研究员外，每月中旬组织一次“农经沙龙”活动，邀请在政府、高校、科研机构、企业中涉农的专家学者及企业家参加，探讨农业与农村发展的热点问题。目前，中心设一办两所，有专兼职研究人员近20人，2012年承接各类研究课题十余项。

研究中心的愿景是成为山东省重要的农业与农村经济研究基地，山东省委省政府的决策咨询机构，山东省培养农业与农村经济高级专门人才的基地。

负责人：王蔚。

三、校内学术团体

山东省经济管理学会

山东省经济管理学会是由从事经济管理理论研究与实际工作的专家学者、党政机关干部和企业管理人员组成的群众性学术性团体，主管部门为山东省经济和信息化委员会，挂靠单位是山东财经大学，学会秘书处设在山东财经大学管理科学与工程学院。学会创建于1981年12月26日，前身是山东省工业经济研究会，1995年3月5日更名为山东省经济管理学会。其宗旨是：为宏观经济决策服务，为经济管理科学研究服务，为推进改革开放和经济建设服务。学会业务范围是：组织开展理论研究、学术交流、人才培训、咨询服务等。

会长：聂炳华；秘书长：张新。

中国信息经济学会信息管理专业委员会

中国信息经济学会信息管理专业委员会隶属于中国信息经济学会，由中国信息经济学会授权山东财经大学管理科学与工程学院主办，是全国性的二级专业学会，2007 年 9 月经民政部、教育部、中国信息经济学会批准成立。专业委员会宗旨是：团结全体会员，遵守国家法律、法规，遵守社会道德风尚，积极开展信息管理领域的学术交流、研究、开发、培训等活动，推动信息管理学科的教学、科研和信息管理人才的成长和提高，促进产学研结合及科技成果的产业化，为提高我国信息化的水平贡献力量。

主任：张新；秘书长：江学军。

山东轻工业学院

一、学校概况

山东轻工业学院是 1978 年由教育部批准在山东轻工业学校基础上建立的一所省属普通本科院校，其前身是 1948 年由解放军胶东军区创建的胶东工业学校。1978 年开始举办本科教育，1982 年成为国家首批学士学位授权单位，1998 年成为硕士学位授权单位，2005 年成为工程硕士培养单位，2006 年成为同等学力人员在职申请硕士学位授权单位，2009 年成为艺术硕士培养单位。

学校占地面积 2000 余亩，校舍建筑面积 70 余万平方米，其中教学科研行政用房 40 余万平方米；教学科研仪器设备总值 1.6 亿余元；图书馆纸质藏书 180 余万册，电子图书 140 余万册。学校建有山东教育与科研网济南城域网西部大学科技园网络节点，为西部大学科技园的 9 所高校提供教育科研网络接入服务。

学校设有商学院、艺术学院、文法学院、外国语学院、体育与文化产业学院财政与金融学院 6 个文科学院。现有 2 个一级学科硕士学位授权点，11 个二级学科硕士学位授权点，1 个艺术硕士授权领域，人文社科专任教师中具有博士、硕士学位的 300 余人，具有副教授及以上高级专业技术职务人员 160 余人。现有省级人文社科研究基地 1 个，省级重点学科 2 个，2008 年以来，主持国家级项目 3 项、省部级项目 99 项，获省级以上人文社科奖励 8 项。

学校坚持实施“学科领校”方略，建立了省、校两级重点学科（实验室）为骨干的学科体系，坚持以学科建设为龙头，依托优势学科平台强化专业建设，开展科学研究和科技攻关。学校有国家级、省部级重点学科、重点实验室、人文社科研究基地、技术研发中心 30 个，建立了以省部级重点学科（实验室）为骨干的学科体系，广大教师依托科技创新平台开展科学研究和科技攻关。高水平的师资创造了高水平的研究成果，学校所获国家科技进步奖数量和人均学术贡献位居山东省省属高校前列。学校积极开展产学研合作研究，成效显著，被评为“山东省产学研合作创新突出贡献”单位。

学校大力推进教师“博士化”工程，师资队伍中博士比例名列省属高校前茅。教师中有双聘院士、“泰山学者”岗位特聘教授，新世纪百千万人才工程国家级人选、教育部新世纪优秀人才支持计划入选人员、享受国务院政府特贴专家、山东省有突出贡献的中青年专家以及全国、全省优秀教师、省级教学名师等一大批杰出人才。

党委书记：徐同文；院长：陈嘉川。

二、教研机构

文法学院

文法学院的前身是 1978 年的马列部，主要从事马克思主义理论教学。1988 年更名社会科学部，增加了人文素质课教学。2001 年更名为社会科学系，开始招生。2005 年，撤系设院，称为政法学院，2011 年更名为文法学院。

学院教学机构下设法律系、广告与传播学系和社会管理系三个系。思政部下设办公室、马列教研室和思想教育教研室。学院现有法学、广告学、公共事业管理、行政管理、汉语国际教育等五个本科专业和一个“文化传播学”省级重点学科。思政部现有“马克思主义中国化研究”硕士点一个，下设“马克思主义中国化研究中心”、“道学与传统文化研究中心”和“政党研究中心”三个学术研究机构；有省级精品课程 4 门。

近年来，学院承担各类科研课题 70 余项，其中主持国家和省部级等纵向课题 42 项，主参编专著、教材 37 部，发表论文 180 余篇；获教育部多媒体课件大赛奖励 3 项。

主要负责人：韩明暖。

财政与金融学院

财政与金融学院成立于 2011 年 3 月，是在原金融职业学院的基础上组建而成，位于齐鲁工业大学东校区。学院现有金融学系、财政贸易系、基础教学部等 6 个教学系（部）；金融、财税 2 个研究所；

1个实验教学中心。下设金融学、国际经济与贸易2个本科专业和金融管理与实务、金融保险、会计、市场营销、投资与理财、国际经济与贸易6个专科专业，全日制在校生2000余人。

学院拥有一支综合素质好、教学学术水平高、实践教学经验丰富、具有开拓创新精神的教师队伍。近年来，承担或参与国家、省部级、厅局级科研课题50余项，在国内外学术刊物和国际学术会议上发表论文300余篇。

学院设有证券投资模拟实验室、银行模拟实验室、金融手工实验室、国际贸易实务实验室、会计模拟实验室（ERP）、科研实验室、综合实验室、语音实验室、电子阅览室等，为学生提供良好的学习、实习条件。

学院将以社会需求为导向，进一步提升办学层次和办学水平，加快财政和金融学科的发展，努力凸显学科专业特色、打造品牌。进一步加强师资队伍建设和教学、科研工作，迅速提高人才培养能力，努力把学院建成以本科教育为主，特色鲜明、优势突出，在省内有一定影响的经济类二级学院。

主要负责人：许广法。

商学院

商学院前身是企业管理系，成立于1983年，1988年全省统招第一届专科生，1994年开始全省统招本科生，并更名为经济贸易系，2001年改建为经济管理学院，是学校最早建立的二级学院之一，2011年更名为商学院。

学院设工商管理系、经济系和项目管理教育中心；设有企业管理、技术经济、区域经济、资本运营、市场与物价和旅游管理六个研究所，拥有一个山东省高等学校人文社科研究基地（区域创新与可持续发展研究基地）。硕士点：会计学；企业管理；旅游管理；技术经济及管理；区域经济发展管理；金融与财务管理；轻工工程管理。

学院师资力量雄厚，教风严谨，重视教学改革和教育质量。学院十分重视科学研究，近年来，承担或参与国家、省部级科研课题70余项，获得省部级科技奖励多项。在国内外学术刊物和国际学术会议上发表论文300余篇，其中，被EI、ISTP、ISSHP、CSSCI等收录190余篇。

学院坚持以科学发展观为指导，坚持发展是第一要务和学术立院的思想，不断加强学科建设、师资队伍建设，努力在人才培养、科学研究和社会服务等方面作出更大的贡献。

主要负责人：邹志勇。

外国语学院

外国语学院的前身是于1978年成立的大学外语教研室，在此基础上于2001年成立外国语系，2005年更名为外国语学院。学院下设4个系部：英语系、日语系、韩国语系、大学外语教学部；2个研究所：语言文学研究所和文化翻译研究所；1个二级学科硕士学位授予点：中外企业文化与形象设计。承担全校所有研究生、本科生、专科生的专业外语和公共外语教学任务，语种涵盖英、日、韩、德、法、俄等。

学院秉持“以学生为中心”的办学理念，积极探索glocal——国际化与本土化相结合的人才培养模式，目前与日本、美国、英国、韩国及国内十几家教育、企业等机构进行合作，设立了实习、实训及就业基地，开展了短期培训及联合培养硕士的项目。学院注重学生人文素质的培养，坚持“中外汇通，德才兼备”的教育原则，全面提升学生的文化素养和文化自觉，培养跨语际、跨文化、德智体美全面发展的21世纪新型人才。学院大力加强课程改革与创新，利用外语优势，积极引进国外优秀课程、原版教材，立足于学校轻工特色课程，开展交叉学科课程教学，不断强化应用型、复合型、国际化人才的培养。

主要负责人：陈国兴。

艺术学院

艺术学院成立于1983年，时称工业美术设计系，是山东省创办最早的高等艺术设计院系。1992年，更名为工业设计系。1998年，更名为艺术设计系。2001年，更名为艺术设计学院。2009年，更名为艺术学院。

学院由刚成立时的1个专业发展到现在的5个本科专业——艺术设计、服装设计与工程、工业设计、摄影和音乐表演，下设装潢艺术设计、环境艺术设计、展示设计、装饰艺术设计、服装设计与工程、服装表演与形象设计、工业设计、摄影、音乐表演等9个专业方向。目前在校本专科及研究生2152人。

学院现有设计学一级学科硕士授权点、艺术设计艺术硕士授权点、山东省省级强化重点学科——设计艺术学、国家级特色专业——艺术设计专业、省级精品课程——产品设计、山东省教学团队——工业设计教学团队等一批在国内有较大影响的学科专业和师资力量。

学院的教研与科研近几年取得显著成绩，共出版专著和高等教育教材80余部。“高等教育艺术设计规划教材”（15本）。2011年，《艺术设计学导论》、《环境设计手绘表现效果图》、《室内快题设计》等被列为普通高等教育“十二五”规划教材。设计艺术系列丛书（16本）被选为山东省设计艺术自学考试指定教材。2008年出版“新视点艺术设计系列丛书”（9本）和“新观念艺术设计系列丛书”（7本）2008年，教师编写的教材获省级优秀教材一等奖1项，二等奖1项。2011年，教师编写的教材获省级优秀教材二等奖2项。

主要负责人：魏嘉。

体育与文化产业学院

体育与文化产业学院是由最早的隶属于基础课部的体育教研室发展而来。根据学校发展规划要求，2001年12月组建成立体育教学部，2011年撤部建院。新成立的体育与文化产业学院除了承担着全校学生的公共体育课、高水平运动队的训练、群众体育活动和体育竞技比赛等任务之外，新增文化产业管理专业（体育产业管理方向）。

学院秉承以人为本，育人为先，学高为师，身正为范的思想理念，打造出一支学历结构合理、业务能力突出、教研水平较高、爱岗敬业、开拓创新、和谐发展的师资队伍。学院十分重视体育科学研究，教学带科研，科研促教学，近5年来在教学、科研方面取得了较快的发展和较好的成绩，先后承担参与省级科研课题5项，获发明专利2项，出版学术专著及主编、参编正式出版教材10余部；建设校级精品课程2门；承担校级以上教研项目10余项，发表教研论文40余篇；在教学管理和教学质量评比中多次获奖。现有山东轻工业学院师德标兵2人，青年教学能手1人，国际级裁判1人，国家级裁判4人，在省级协会、委员会担任主任及副会长2人、学术团体担任理事3人。

主要负责人：王春诗。

科技处

科技处是学校主管科技工作、重点建设以及学报的职能部门，下设科技成果、评价与验收、人文社科计划与成果、重点建设、学报编辑管理、科研信息与科技计划、科研成果产业化6个助理岗位，同时设有重点建设办公室、社科办公室，学报编辑部挂靠科技处，现有人员14人。

主要负责人：王瑞明。

山东艺术学院

一、学校概况

山东艺术学院是山东省唯一一所综合性高等艺术学府。经过几代人的不懈努力，现已发展成为文化底蕴深厚，学科专业齐全，办学层次较高，办学条件优越，在山东省艺术教育和艺术人才培养中发挥着重要作用的综合性高等艺术学府。

学校前身为始建于1958年8月的山东艺术专科学校。1978年12月，经国务院批准，学校改建为山东艺术学院，开设本科专业，并被赋予“为全省培养音乐、美术、戏剧等方面高等艺术人才”的光荣使命。建校之初，一大批在国内享有盛名的艺术大师在这里工作、生活。早年与徐悲鸿留学欧洲并同时回国办美术教育的李超士、戴秉心，与人民音乐家冼星海一起留学欧洲的李杰民，弘一大师的得意弟子刘质平，以及国学根底深厚、书画造诣较高的关友声、黑伯龙、柳子谷、于希宁等老先生，都曾在这里执教，奠定了山艺发展的根基，也奠定了山东艺术教育的坚实基础。这些德艺双馨的老艺术家，严谨治学、潜心艺术，为社会留下了一件件艺术珍品，也为学校留下了弥足珍贵的精神财富，即“闳约深美”的山艺精神。

建校以来，学校为国家和社会输送了以彭丽媛、倪萍、陈瑾、刘曦林、王沂东、隋建国等为代表的一大批优秀毕业生，他们在各自领域取得了突出成绩，为山东乃至全国的文化艺术事业发展作出了重要贡献。

学校现有济南文东和长清两个校区，占地1313亩，其中长清校区1200亩。学校产权建筑总面积351126平方米，其中教学行政用房面积170090平方米；图书馆馆藏纸质文献687357册，教学、科研仪器设备总值7623.33万元，齐全的配套设施很好地保障和满足了教学需要。至2012年底，学校设有音乐学院、美术学院、戏剧影视学院、音乐教育学院、设计学院、艺术文化学院、舞蹈学院、戏曲学院、传媒学院及成人教育、职业教育学院、国际艺术交流学院、中等教育学院（附中）等13个二级学院，共有26个本科专业。拥有艺术学门类下艺术学理论、音乐与舞蹈学、戏剧与影视学、美术学、设计学全部5个一级学科硕士学位授予权，为同等学力在职人员申请硕士学位授予单位、硕士研究生推荐免试资格单位和全国首批“艺术硕士专业学位”（MFA）教育试点单位。形成了以本科教育为主，研究生、本科生、专科生、中专生教育全面发展的多层次办学格局。目前，在校学生9049人，教职工878人，其中，专任教师693人，具有高级职称人员256人。

学校拥有省级重点学科3个（音乐学、美术学和戏剧戏曲学），其中省级特色重点学科1个（音乐学）；有省文化艺术科学重点学科3个（美术史论、艺术设计学、文化艺术管理学）；有省级重点研究基地3个（音乐文化研究基地、民间艺术研究基地、文化创意产业与管理研究中心）；“泰山学者岗位”2个（音乐学、民族音乐学学）；省级实验教学示范中心1个；国家级特色专业3个，还拥有国家级“美术学科自主成才培养模式试验区”。另外，学校设有专职艺术研究所、音乐研究所，学报《齐鲁艺苑》已发展成为国内有影响力的艺术专业学术期刊。

“十一五”期间（2006—2010年），学校共获得厅局级以上科研立项139项，其中国家级、省部级项目36项。获得省厅级以上科研成果评奖299项，其中“中国民间文艺山花奖（理论）”1项，“中国音乐金钟奖（理论）”1项，教育部人文社科成果奖2项，省级科研优秀成果奖19项，省教育厅高校人文社科优秀成果奖28项。

2012年，学校社会科学获得厅局级以上立项28项，其中省部级课题5项，厅局级课题23项，横向课题1项。厅局级以上获奖35项，其中李新华教授的《山东民间艺术志》获第26次山东省社会科学优秀成果一等奖；马知遥副教授的《非遗保护的困惑与探索》获第26次山东省社会科学优秀成果二等奖，《非遗保护中的悖论和解决之道》获第五届泰山文艺奖艺术理论研究类三等奖。

党委书记：任运河；院长：张志民。

二、教研机构

艺术研究所

艺术研究所系山东艺术学院所属专职艺术研究机构，主要从事美术、戏剧、影视、艺术民俗等艺术领域的相关理论研究，同时注重艺术理论与实践的结合，兼及美术、戏剧、影视等领域的创作实践，并致力于艺术展演、艺术交流活动。

艺术研究所建立于1990年，现有专职科研人员8人，其中高级职称4人，博士学历2人，硕士学历3人，研究专业方向含美术、戏剧、影视、民俗、诗歌等。承担多项国家级、省级重点科研项目，出版学术著作《现代鲁籍中国画名家研究》、《世界表演艺术名家创作分析》、《再创作的艺术》、《电影评论理论与实践》、《20世纪中国经典戏剧研究》、《中国艺术民俗学》、《乡民艺术的文化解读》、《感动写作论》、《现当代文艺创作中的怨妇母题》、《中国小说艺术探幽》、《新画品录》、《兰竹精神——柳子谷艺术论》、《石涛画语录与现代绘画艺术研究》等数十种，并在各种报纸杂志上发表大量学术论文，曾荣获中国民间文艺山花奖、山东省社会科学优秀成果奖、山东省刘勰文艺评论奖、山东省高校优秀科研成果奖等多种奖项。

所长：王滨。

音乐研究所

音乐研究所系山东艺术学院所属专职音乐艺术研究机构，主要从事音乐理论、音乐分析、西方音乐、民间音乐等领域的相关理论研究，同时注重学术研究与教学实践的结合，兼及音乐教育、创作等实践，并致力于音乐学的学术交流活动。

音乐研究所建立于2006年11月，现有专职科研人员4人，其中高级职称3人，博士学历2人，硕士学历1人。承担和完成的国家级、省级科研项目有洛庄汉墓出土乐器研究、梅西安作曲技术理论的多域性及其交互作用、音乐学硕士研究生教育体制创新研究、齐鲁音乐文化研究、山东省音乐学硕士研究生教育创新研究等，出版有著作梅西安钢琴作品研究、格里《抒情小品》的音乐分析与风格研究、音乐鉴赏、和声学基础教程、蒂皮特交响曲创作分析研究等数种，并在专业期刊上发表大量学术论文，曾荣获中国音乐金钟奖、山东省社会科学优秀成果奖、山东省高校优秀科研成果奖等多种奖项。

所长：李云涛。

音乐文化研究基地

音乐文化研究基地是2006年山东省社会科学规划领导小组批准的“山东省社会科学规划重点研究基地”。

该基地依托音乐学院设立，学校音乐学学科是山东省“九五”、“十五”、“十二五”省级重点学科，是山东省委、山东人民政府批准的“泰山学者岗位”。多年来在音乐史论研究、山东民间音乐研究、作曲、声乐和器乐表演等方向有着长期的积累和丰富的成果，形成了在全省音乐学科方面的优势和领先地位。基地规划设置了音乐史论、作曲与作曲技术理论、音乐表演研究、音乐教育理论研究四个研究方向。

基地有专兼职研究人员14人，其中教授5人，副教授6人，具有博士学位者6人。成员已经完成有省部级以上课题4项。

基地主任：李云涛。

民间艺术研究基地

民间艺术研究基地是2008年山东省文化厅批准的山东省非物质文化遗产研究基地。

该基地致力于对山东的民间艺术的资源分布、历史、文化内涵、保护与开发等问题展开深入系统的调查和研究工作，从民间艺术的地域特点，文化性格，社会意义等方面，深入阐释民间艺术的深层内涵，力图解决民间艺术开发利用与生态保护的矛盾，挖掘传统民间艺术在现代社会中的文化意义。

基地现有专兼职研究人员17人，其中教授9人，副教授6人，具有博士学位者6人。调查编著的《山东民间艺术志》已经付印出版，并获得第26次山东省社会科学优秀成果一等奖，取得良好的学术影响。

基地主任：李新华。

文化创意产业与管理研究中心

文化创意产业与管理研究中心是2011年省教育厅批准的山东省“十二五”高校人文社会科学研究基地。

基地依托艺术文化学院，该学院是国内最早开办艺术管理、文化产业管理等专业的学院之一。经过近20年的发展，该学院培养出许多学术骨干并积累了大量的学术成果，在国内外产生了较好的学术影响力。目前基地有专兼职研究人员18人，其中正高职称9人，博士学历11人。

基地目前有3个重点研究方向：文化创意与策划研究，文化政策与法规研究，非物质文化遗产保护与研发。

文化创意与策划研究的学术带头人为田川流教授，该研究方向旨在探索文化艺术活动尤其产业不同于其他产业类型的内涵与发展动因。着重找寻文化产业的发展和管理规律，研究文化艺术产业发生、发展、运营、规划、管理中富有规律性的特点，培养懂得文化艺术活动基本规律、懂得各类艺术形式的基本特点、熟悉艺术家创作的特色与心理特点、懂得艺术经济与市场的基本规律，以及艺术制作、艺术活动策划、传播与营销的运行方式，可以产学研结合的文化创意与策划人才。这一方向实现着对中国文化创意产业发展的理论总结与智力资源的培养功能，取得丰硕研究与人才培养成果，2010年度济南市十大文化影响人物中就有2名为该专业及研究方向培养的学生。该研究方向主要成果包括著作《文化管理学概论》、《艺术与创意》、《文化产业经济学》等。

文化政策与法规研究的学术带头人为李景平教授。该研究方向主要面对当代文化产业发展的态势进行研究，特别关注山东省文化产业的发展以及经营现状，具有较强的前瞻性，以及一定的应用价值。特别是我国加入WTO以来，在大力发展文化产业以及对外文化贸易的进程中，该方向成员对相关政策与法规课题进行全面研究。该方向研究人员分别承担山东省社会科学规划课题“山东省文化产业战略途径研究”（已完成），山东省高校人文社会科学项目“文化产业的经营与管理”（已完成），山东省文化厅科研项目“中国文化法制建设初探”（已完成），在研项目包括：山东省教育厅科研课题“文化贸易保护制度初论”、山东省社会科学规划课题“山东省电影市场与文化产业研究”、山东省社会科学规划课题“山东省文化产业现状与发展对策研究”。以上述课题为中心，发表了30余篇相关论文、研究报告以及著述。

非物质文化遗产保护与研发的学术带头人为张维青教授。该研究方向是我省最早从事该方向研究的机构之一，立足综合艺术院校的资源优势，致力于对音乐、美术与表演等部类中属于非物质文化遗产的艺术遗存的保护与研究。该方向具有突出的学科交叉性。不仅形成与美术、音乐、戏剧、影视、舞蹈、设计等艺术学科基础理论的研究形成互通与融合，同时与艺术批评学、中外艺术史、艺术社会学、艺术心理学、艺术传播学、艺术民俗学等学科有着相互影响与借鉴的关系。同时具有有很强的应用性。不仅通过非物质文化遗产整理保护实现社会文化建设的意义，同时对部分文化资源的研发转化也具有积极的产业带动意义。

中心主任：田川流。

山东工艺美术学院

一、学校概况

山东工艺美术学院位于山东省济南市，始建于1973年，是目前中国独立建制的31所普通高等艺术院校之一。学校是学士学位、硕士学位授予单位，现已形成本科教育、研究生教育、高等职业教育、继续教育和附中教育的多层次办学格局，已发展成为特色鲜明的高等设计艺术院校。

学校办学条件优越，基础设施齐全。现有千佛山校区和长清校区两个校区。学校现设视觉传达设计学院、建筑与景观设计学院、工业设计学院、服装学院、造型艺术学院、现代手工艺术学院、数字艺术与传媒学院、人文艺术学院等教学单位；建有艺术与设计实践教学中心，下设30多个实验室，建有博物馆（含孙长林艺术馆）、美术馆。创办有学报《设计艺术》、学校网站及“设计中国”专业网站等。

学校注重学科建设，专业特色突出。设计艺术学、设计艺术学科为山东省“泰山学者”岗位；艺术设计、动画、艺术设计学为国家级特色专业；设计艺术学、艺术学、美术学为硕士学位授权学科。现有艺术设计、动画等21个本科专业，50余个专业方向。学校设有山东省非物质文化遗产研究中心、中国民艺研究所、国家动漫产业发展基地等研究机构，是山东省人文社会科学研究基地、山东省文化创意产业研发基地。

学校坚持产学研相结合、教学科研与创作为经济文化建设服务。2010年学校承担上海世博会山东馆的设计、建设和运营管理工作；2011年1月在中国美术馆举办“手艺农村——山东农村文化产业调研成果展”，受到中央领导和省委、省政府的关注和表彰。学校还曾参与承担2008“北京奥运会”官方海报设计，承办2009年“第七届中国体育美展”；承担第十一届全国运动会会徽、吉祥物、官方海报等的设计；参与“中国民间文化遗产抢救工程”项目。

学校弘扬“天工开物，匠心独运”的校训精神，优化“创新与实践教学体系”，建设“实践教学型”高等设计艺术院校，努力培养具备“科学精神，人文素养，艺术创新，技术能力”的艺术设计人才，为社会经济文化建设和文化创意产业发展作出积极贡献。

历届（校）院级领导：荣若泰、雷殷、孙长林、高学智、谭明甲、张逸民、齐善铸、韩光道、张逸民。

党委书记：于茂阳；院长：潘鲁生。

二、教研机构

视觉传达设计学院

视觉传达设计学院拥有山东省实力最为雄厚的艺术设计重点学科。专业设置方面设有以品牌传播设计、广告传播设计、包装传播设计、出版传播设计为主的艺术设计和包装工程两个专业5个方向。35年来，大量的艺术设计人才和优秀的艺术设计作品带着浓郁的齐鲁气息和国际视野从这里走向全国乃至世界。

视觉传达设计学院始终坚持将办学指导思想定位在“以专业建设为龙头，以师资建设为核心，努力提高教学质量”，重视加强教育思想观念的更新，始终把提高教学质量放在重要地位。学院拥有一支以中青年教师为主的新型师资队伍，知识结构新、学术思想活跃；一批专著、教材、论文获得省级奖励。2006年学院承担了山东省文化产业博览会整体视觉形象设计，2007年完成中华人民共和国第十一届全运会会徽设计，在第九、十届全国美展中学院师生获得多项银奖铜奖；包装设计与品牌设计两项被评为山东省精品课程；学院主导了《广告设计师》国家职业标准的制定，由劳动和社会保障部向全国推广，并承担大批省级、院级研课题的研究。

学院发挥学院优势，搭建国际学术合作与交流平台。近年来，与多所国际著名设计院校进行着广泛的学术交流，聘有多名著名学者为客座教授，并邀请外籍专家来校进行课程交流、合作科研和举办讲座。先后选派教师多人出国进修、讲学和科研合作，促进了学院学术水平的提高。

学院教学实践条件优秀，拥有能够为教学实践服务的实验室和与专业密切相关的多个校级教学实习基地，为教学实践提供良好平台和有力支撑。

院长：孙大刚；书记：吴焕文。

建筑与景观设计学院

建筑与景观设计学院为山东工艺美术学院二级学院之一，现设有环境设计专业，四年制本科，授予文学学士学位；风景园林专业，四年制本科，授予文学学士学位；建筑学专业（理科）五年制本科，授予工学学士学位；公共艺术专业，四年制本科，授予文学学士学位；城市规划专业，五年制本科，授予工学学士学位。

现设有室内设计教研室、景观设计教研室、建筑学（城乡规划）教研室，并设有建筑模型实验室、建筑物理实验室等实验教学空间。

学科专业特点鲜明，应用前景广阔，是艺术与科学相结合的学科。专业涉及艺术学、工学门类，综合性强。景观设计、室内设计、建筑学等专业互补发展，形成基础扎实、意识领先、实践力强的专业教学特色。围绕着时代发展需求，构建新型的建筑学教学与科研体系，体现了学院学科建设可持续发展的前瞻意识。

拥有一支结构合理、教学经验丰富的师资队伍，课程体系科学完善，教学管理规范高效。教学改革结合时代与社会的需求，围绕着实践型设计人才的培养目标不断探索研究，注重培养学生的创意能力、技术能力和实践能力。毕业生就业率较高，毕业生受到社会用人单位的广泛好评。

重视国际学术交流，历年来广泛同国内外设计院校与设计机构进行了学合作办学与术交流，有力地带动了学院的专业教学、学术研究、项目设计等领域的开拓性发展，并取得了显著地成果。

院长：邵力民；书记：张军波。

工业设计学院

工业设计学院前身是工业设计系，始建于1983年。所设置的工业设计专业是山东省内高校创办最早的，填补了山东省高等工业设计教育的空白，也是国内建立较早的专业之一。工业设计学院培养的学生已成为科研院所、大中专院校、相关企业的中坚力量。工业设计专业现设3个专业方向：产品设计（生活产品设计、公共产品设计、休闲产品设计），工业设计（理），会展艺术与技术，授予文学和工学学士学位。2010年工业设计专业、产品设计专业被评为“山东省高等学校品牌专业”。

工业设计学院拥有一支数量充足、教学科研创作水平高、结构合理、综合素质优良的师资队伍。现有专业教师29人，管理人员6人。其中教授7人，副教授8人，讲师14人。

工业设计学院自2003年起全面实行学分制教学管理模式，形成了科学合理的课程结构和鲜明的教学特点。多次获国家级优秀教学成果奖，省级优秀教学成果一、二、三等奖，其中“设计素描”、“设计制图”、“展示设计”等课程被评为省级精品课程。

学院拥有良好的教学、科研、实验条件，拥有多媒体教室、资料室、产品开发实验室、模型制作实验室、精加工实验室、数控加工中心等多个专门实验室，拥有快速成型机、大型雕塑机、各类三维扫描仪、大型吸塑机等先进设备，为学院的进一步发展奠定了良好的基础。

学院注重实践教学，积极发挥专业优势，先后与国内外多家知名企业建立产学研合作关系，并建设了多个校外教学实习基地，为学生提供了良好的实践学习环境，实现了教学、科研与实践的有效对接。学院积极开展“项目教学”，把企业项目引入课堂，让学生在完成项目的过程中更早的接触社会需求、实践所学知识。学院学生积极参加各项大赛活动，曾在“科技＆未来之美”首届国际概念汽车设计大赛、“Car Design Awards中国汽车设计大赛”等大赛活动中取得全场大奖、金奖、银奖和铜奖等优异成绩。

2009年，学院参与了学校承担的2010年上海世博会山东馆的设计、实施项目，作出了突出贡献。同时，学院还承担了世博会山东馆纪念品、小鲁班机器人的设计。第六届国际文博会的展馆设计、辅助施工运营工作，山东省第三届文博会展馆设计及协助施工工作，滨洲撤地建市十周年成就展设计，山东省检察院检史展展厅设计。2011年，先后承担和参与了青岛大桥色彩涂装，山东省档案馆“红色档案”等设计。近几年先后承办了“‘北极星杯’首届钟表设计大赛”，“齐鲁大学生工业设计大赛”等系列活动，取得了良好的成绩。

院长：彭冬梅；书记：张振羽。

服装学院

服装设计系创建于1983年（服装学院前身），是国内服装设计高等教育起步较早的系部。1984年招收专科、1995年设服装设计本科专业，1998年调整为服装设计与工程专业，2006年成立服装学院。服装学院目前有服装设计与工程、服装与服饰设计、舞蹈表演3个专业方向。4年制本科，授予学士学位及工学学士学位。拥有一支梯队合理、实践能力突出的师资队伍，包括专职教师22人，兼职教师2人，专业实践教师2人。设3个教研室、4个工作室。

服装学院自2003年开始实行学分制，采用教研室与工作室并存的教学机制，即1—4学期学生在教研室的组织下，完成造型基础课和专业基础课的学习；5—7学期学生进入工作室学习，完成以项目设计（包括毕业设计）为单元的，综合性的理论学习与技能训练；第8学期为跨专业选修课。

服装学院所设专业方向具有强大的行业背景，学生的就业前景广阔，择业方式灵活。国内外不断拓展的服装市场，将为毕业生自主创业提供更多的发展机遇。

服装学院以服装企业的设计与技术岗位确定培养目标，针对不断发展变化的就业市场，采取灵活多变的教学方式。坚持理论与实践、艺术教育与技能训练相统一的教学思想。近五年，承担有山东省教学改革立项“服装设计与工程专业实践教学模式创新研究”、山东省精品课程“服装摄影及服装表演综合表现”，先后出版了《服装设计》、《服装结构设计与技法》、《服装结构制图》、《图解服装缝制工艺》、《服装工业样板》等11部专业教材，其中《服装结构制图》被全国数十所高等院校选作教材，并获“十五”、“十一五”部委级优秀教材奖、山东省教学成果三等奖，教师作品及指导学生作品获奖50余项。

在保持教学质量的基础上，教师还取得了较为丰硕的科研成果，近五年承担或参与国家级、省部级、厅局级科研课题项7项，科研经费80余万元；发表论文120余篇，其中核心期刊26篇；获得省部级、厅局级奖励12项。通过参加各级政府、文化事业单位、行业协会、社会企业项目，产生了良好的社会效益和经济效益，社会服务能力得到了有效提高。其中承担和参与的各级政府、文化事业单位项目有第十一届全运会圣火采集护火天使礼仪服装设计、上海世博会山东馆礼仪服装设计、第七、八届深圳中国国际文化博览会展演服装设计、全国儿童歌曲大奖赛山东选送作品服装设计、韩国丽水世博会山东馆礼仪服装设计、山东文化产业博览会山东工艺美术学院展区服装展演、济南馆礼仪服装设计、第二届中国非物质文化遗产博览会礼仪服装设计等，产生了影响广泛的社会效益。

院长：罗云平；书记：张利。

造型艺术学院

造型艺术学院是山东工艺美术学院最具传统艺术特色的二级学院，原名“美术系”。1998年12月，原美术系与原环境艺术设计系的装饰绘画专业（前身是始建于1978年的工艺绘画专业与始建于1983年的壁画专业）、雕塑专业（始建于1973年）合并组建了新美术系。2006年1月，在原有美术系的基础上成立了二级学院，更名为“造型艺术学院”。学院设有绘画、雕塑和公共艺术三个专业，下设花鸟山水、国画人物、油画、壁画、书法艺术、雕塑和公共艺术7个专业方向，学制四年。第一学年学习造型基础，第二学年选择专业方向进入工作室学习。四年期满，成绩合格授予艺术学学士学位。造型艺术学院办学条件优越，师资力量雄厚，学院现有6个教学工作室、3个绘画临摹室和2个特种工艺实验室。同时，拥有一支老中青相结合的高素质师资队伍：教授13人，其中享受国务院津贴2人、山东省政府泰山文艺奖“终身成就奖”1人、学校资深教授1人，副教授7人，讲师14人，助教1人。

近年来，学院切实落实“以创作提升教学，以督导促进管理、以展览推进交流”的工作思路，坚持狠抓基础教学，不断提高教学质量；坚持以创作带动教学，以学生写生作品展、作业展、基础教学成果展推进交流学习；不断加强与国内外同类院校的学术交流与合作，拓宽办学渠道，开拓师生视野。学院的教学、科研和创作工作取得了可喜的成绩。教师美术作品曾荣获联合国教科文组织奖，文化部群星奖“银奖”，全国首届风俗画大展一等奖，第六届、八届、九届、十届、十一届全国美展获“银奖”、“铜奖”，山东省政府泰山文艺奖一等奖，共计国家级与部级奖百余次、省级奖200余次。教师多人次承接国家级、省级重大美术创作工程并设计环境雕塑、大型壁画近百座。学生基础扎实，专业水平高，在各种国家级、省部级学术专业大展中屡次获奖。历届优秀毕业生在各自岗位上作出积极贡献，已经成为社会艺术文化产业领域的中坚力量，得到了社会及用人单位的普遍认可和好评。

院长：雷家民；书记：来罗军。

现代手工艺术学院

山东工艺美术学院现代手工艺术学院秉承传统工艺美术与现代设计艺术的融合，以培养现代设计艺术语境下的工艺美术人才为己任。包括产品设计师、工艺美术从业人员以及美术领域相关专业从业人员等。

现代手工艺术学院设工艺美术专业和公共艺术专业，设染织、纤维、陶瓷、玻璃、金工、漆艺、首饰、公共艺术应用等八个方向。目前教职工40人，其中教授4人、副教授7人，讲师19人，助教4人。四年制本科在校生？600人，平均每年招生175人。2007年建成满足实践教学需要的特种工艺实验室，教学设备健全完善，处于国内高校先进地位。多年来建立和推进校企合作机制，实习单位遍布全国多省市和地区，有效开展产学研的结合，收获良好的社会效应、经济效应和学院的美誉度。

山东不仅是经济文化大省，同时也是工艺美术大省。伴随我国经济的持续发展和深化转型，从中央到地方文化创意产业方兴未艾，社会和企事业对装饰艺术的实际需求，造就了对工艺美术人才培养和快速发展的机遇期，发展空间逐年上升，特别是针对复合型、实践型工艺美术人才的认知与日俱增。同时近年来我国庞大的工艺美术市场的潜力和政府相关扶植政策的出台，有效推动了工艺美术产业自主创业的各种可能，扩大了就业的渠道，培育了成才的机制，社会需要与自身发展的有机结合，这正是教育的主旨，也体现着教育的务实。

现代手工艺术学院着眼于教书育人，服务社会的原则，将以社会需求为己任，以创新求发展，培养适应社会发展的应用型人才为主导趋向，培养适应社会发展，富于开拓精神的高素质的实践应用型专业人才。

院长：赵进；书记：刘慎华。

数字艺术与传媒学院

数字艺术与传媒学院现有动画、摄影、戏剧影视美术设计、影视摄影与制作和数字媒体艺术5个专业，含有摄影、二维动画、三维动画、戏剧影视美术设计、影视摄影与制作、数字媒体艺术六个专业方向。2011年戏剧与影视学被确定为国家一级学科，并被评为山东省“十二五”重点学科，动画专业被评为“国家级特色专业”。现建有数字艺术实验中心，包含摄影实验室、动画综合实验室、CG实验室、影视实验室、多媒体工作室等多个一流实验室，其中摄影实验室为山东省一级实验室。数字艺术实验中心成功挂牌国家动漫研发基地、山东省国际服务外包人才培训机构，2008年被评为“山东省级实验教学示范中心”，2009年被评为“国家级实验教学示范中心”。

数字艺术与传媒学院重视培养一专多能的现代复合型人才，履行数字技术与艺术设计相结合的教学理念，努力实现产、学、研一体化，具备一套科学的教学体系。本院教师在完成教学任务的同时，积极参加科研活动，先后完成国家“十五”、“十一五”规划教材3项，并组织编写多部国家“十二五”规划教材，编著出版学术专著50余部，发表论文60余篇，获省级以上奖励30余项，包括“山东省高等学校优秀教材一等奖”和“山东省优秀教学成果二等奖”各1项，出版电视节目短片40余部，发表作品560余件。数字艺术与传媒学院所设专业均为社会急需专业，为山东电视台、山东省话剧院等联合办学单位，与齐鲁动漫基地等建立实践教学基地。学院还积极与国际著名艺术院校进行合作交流，与美国俄勒冈大学、澳大利亚昆士兰美术学院等多个院校及专业机构建有合作交流机制，并聘请多名国内外知名专家为客座教授。

院长：顾群业；书记：丁炳堂。

人文艺术学院

山东工艺美术学院人文艺术学院创建于1999年，前身为“艺术设计学系”，2003年更名为“艺术学系”，2006年更名为“人文艺术学院”。自建院以来，人文艺术学院始终秉承以学生为本的育人理念，坚持以教学为中心，学生为主体，教师为主导，注重从人文素养、科学精神、艺术理论、实践技能等方面不断加强学生综合能力的塑造与培养，注重传统民族民间艺术理论的研究与学习，加强国内外学术交流，不断开拓学生艺术视野，提高学生创意创新能力，营造良好的学术氛围和育人环境。

人文艺术学院现有艺术设计学、美术学、文化产业管理三个专业，包含设计艺术史论、美术史论、艺术品鉴定与修复、设计管理4个专业方向，其中艺术设计学专业为省级重点学科、国家级特色专业，美术学专业为省高校特色专业。课程设置以艺术理论为主、设计实践为辅，其中《现代艺术设计史》、《民艺学》两门课程被评为省级精品课程。

学院师资力量雄厚，现有专业教师24人（博士11人、硕士13人），其中教授8人，副教授5人，讲师16人，助教1人；有国外讲学、留学经历者7人。

学院科研成果丰富。近年来，先后主持、承担国家社科基金特别委托项目“中国木版年画集成平度、东昌府卷”、全国宣传文化系统“四个一批”人才资助项目“手艺农村——山东农村文化产业调研”等国家及部省级重点科研项目30余项；出版《黄河下游的汉画像石艺术》、《视觉文化时代的艺术》等学术著作20余部，参与编写“高等院校艺术设计专业理论教材”、“山东省教学改革立项重点研究项目”等30余部；在《装饰》、《美术观察》、《民俗研究》、《东南文化》、《美术研究》等学术期刊发表论文150余篇；科研成果获中国文联文艺评论奖一等奖、山东省社会科学优秀成果一等奖、泰山文艺奖一等奖等部省级奖励40余项。

院长：赵屹；书记：王妍。

应用设计学院

应用设计学院是学校以培养应用创新型职业人才为主的教学单位，下设印刷设计、家具设计、旅游与纪念品设计和妆扮艺术设计4个专业方向，均为山东省乃至全国艺术院校开设较早的特色专业和社会需求量较大的热门专业。学院教学实行双证式培养，本科学制四年，颁发普通本科毕业证书、学士学位；经考试合格，可获得与专业相关的国家职业资格证书。专科（高职）学制两年，颁发毕业证书；经考试合格，可获得与专业相关的国家职业资格证书。

学院设有印刷与传媒设计、家具设计、妆扮艺术设计和旅游与纪念品设计四个专业教研室，建有印刷设计研究所、家具研究所和中韩妆扮艺术研究中心三大研究机构。四个专业方向均在应用设计实训中心建有教学实训基地，并与省家具协会、家具企业、印刷企业、旅游职能与服务部门、出版社、电视台、演出公司等建立了密切合作关系，充分利用社会资源为学生实训、实习和就业创业拓展空间。2005年被原山东省劳动和社会保障厅授予“山东省艺术设计专业职业技能培训基地”。学院是制定国家职业技能鉴定“广告设计师职业标准”和编写《国家职业资格培训教材——广告设计师》系列教程的重要参与单位和国家职业资格全国统一命题成员单位，承担山东省软科学科研课题和山东省高等学校教学改革立项项目研究单位。2008年以来与韩国大庆大学和庆一大学合作，开展广泛的专业教学与学术合作交流，互换交流学生。

院长：吕学海；书记：扈国珍。

继续教育学院

山东工艺美术学院继续教育学院位于济南市千佛山北麓，自1989年开始招生，至今已有20多年的办学历史，先后为社会培养出数千名优秀的毕业生。多年来，继续教育学院依托学校雄厚的教育资源，实现了成人教育与普通本科教育的资源共享，从而保证了教学质量的稳步提高。2003年7月，经省教育厅批准，本院成人教育本科毕业生获得了申请学士学位的资格。

近几年，学院以多种形式拓宽办学空间，形成了本科、专科、专升本、社会培训等多层次、多形式的办学格局。学院的专业设置，充分体现学校的专业优势与社会需求，针对学生的就业方向制定培养目标，形成了涵盖设计行业的专业布局并建立了完善的教学管理体系。目前，学院在艺术设计专业框架下，开设了装潢艺术设计、环境艺术设计、服装设计与工程、化妆与形象设计、动漫设计、书法与绘画等几个本、专科专业方向。

院长：王传东；书记：任仲泉。

艺术与设计实践教学中心

艺术与设计实践教学中心是学校设置的教学单位，肩负教学、服务、管理三项职能和任务，面向全校整合资源，优化配置，协调运行，全面提升教育教学综合水平。

实践教学是大学教育的重要组成部分，是培养学生创新精神和实践能力的重要途径，实践装备是大学实力的重要体现。学校建设“教学实践型”大学的办学定位，“服务社会生活需求，培养应用型设计艺术人才”的人才培养目标，是实践教学中心建设与发展的指导思想。艺术与设计实践教学中心以学科建设为导向，贴近行业前沿，支撑专业发展，建立培养学生创造能力和实践能力与理论教学有力互补、共同支撑的实验教学体系，构建人员年龄、职称结构合理的学术队伍，形成了基础条件和功能体系完善的实践教学条件与环境，共设有数字艺术与传媒设计实验中心、建筑与景观设计实验中心、服装与染织设计实验中心、工业设计与展示工程实验中心、手工艺实验中心、包装与艺术设计综合实验中心、造型艺术实验中心、计算机辅助设计实验中心、应用设计综合实验中心等9个实验中心，设有实验室和工作室共51个。所有实验教学条件和空间建设均打破专业界限整合资源，优化配置，构建实践教学大平台。目前，实践教学中心是山东文化创意产业研发基地、山东国际服务外包人才培训机构。其中数字艺术与传媒设计实验中心，于2009年被评为国家级实验教学示范中心建设单位、国家动漫产业研发基地、山东省高等学校实验教学示范中心；艺术设计综合实验中心，于2011年被评为山东省高等学校实验教学示范中心建设单位。

实践教学中心工作，坚持教学与科研相结合，与相关产业发展相结合，以科研促教学，借产业发展推动教学，不断创新发展，强化实验教学、学术研究和社会服务。一方面，鼓励实际课题进入实验室，开展教学和科研活动。另一方面，不断将实验教学成果推向社会，进行实践检验并形成带动和辐射。同时，广泛吸引各方资源、专业观念与方法进入实验室进行合作研究，开展双向互动优势发展。先后承担研究课题完成重大项目与工程颇多，取得了丰硕成果，产生经济效益和重要社会影响，在专业教育和相关产业发展中起到带动和辐射作用。

主任：张伟；副书记：丁鲁。

公共课教学部

公共课教学部承担全校学生“两课”、外语、文学、计算机文化基础、体育、大学物理、高等数学等公共课程的教学任务，以“科学精神、人文素养、艺术创新和技术能力”的人才培养理念，培养德、智、体全面发展的艺术设计人才。

公共课教学部由马列部和共同课教学部合并而来。1981年9月成立共同课教研室。1984年12月更名为共同课教学部。1989年7月增设马列教研室。1990年7月马列教研室改为马列教学部。1996年7月共同课教学部和马列教学部合并为社会科学教学部。2004年6月，社会科学部更名为公共课教学部。公共课教学部现设有思政、外语、体育、文学、计算机、公共史论6个教研室。

主任：袁文昌；书记：牛序茜。

中国民艺研究所

中国民艺研究所创建于1987年，是一个集科学研究、教学与社会实践相结合的科研机构。前身为学校咨询委员会和学术委员会下属的民间美术研究小组，1989年在此基础上成立“民间工艺美术研究所”，1996年经山东省教育厅批准更名为“中国民艺研究所”，2005年“中国民艺研究所”独立建制。历任所长丁永源、朱铭、潘鲁生，现任所长赵屹，现有科研工作人员6名。中国民艺研究所主要研究中国民间传统造物艺术，现为中国传统手工艺研究基地（文化部非遗中心）、中国民艺基地（中国民协）、山东省“十二五”人文社会科学研究基地（山东省教育厅）、山东省非物质文化遗产研究基地（山东省文化厅）。

研究所设民艺博物馆和孙长林艺术收藏馆。民艺博物馆收藏民艺品千余件，涉及穿戴、祭祀、娱教、装饰、游艺、用品等品类；孙长林艺术收藏馆收藏中国古代工艺美术品、书画作品及民艺品等四千余件，全部为孙长林先生捐赠。两馆是学校对外宣传、交流的重要窗口及教学、研究学术基地。

研究所始终秉持弘扬中国传统民族民间文化的宗旨展开学术研究，坚持学术研究的前沿性、创新性与社会性，重视基础理论研究，注重将科研成果转化为教学资源，紧密服务学校教学；注重将民艺学基础理论研究与民间文化生态保护研究、非物质文化遗产研究、手工文化产业研究等相结合，服务于国家经济建设、文化建设。

研究所始终坚持田野调研与理论研究相结合、个案分析与专题研究相结合的研究方法，取得重要学术成果和教学成果。主持或参与国家社科基金艺术学项目“中国当代工艺美术研究”、“中国手工艺产业历史研究”、中宣部“四个一批”人才资助项目“山东农村文化产业开发研究”、国家社科基金特别委托项目“中国民间木版年画·平度、东昌府卷”等国家及部省级重点科研项目50余项，出版《民艺学论纲》、《民间文化生态调查》、《手艺农村——山东农村文化产业调查报告》等著作50余部，获国家及部省级奖项30余项。在教学方面，为在校本科生开设民艺学、民间美术等课程，同时培养民艺学、手工文化产业方向的硕士研究生，2009年民艺学教学团队被评为山东省省级教学团队，民艺学课程被评为山东省省级精品课程。

近年来，研究所不断加强国内外交流与合作。先后承办“手艺创造财富——2009传统手工艺保护与发展国际论坛”、“中国北方村落文化遗产保护工作论坛”等重要论坛会议，承担中国民协委托项目《中国名村系列丛书》、《2012 中国民间艺术发展报告》（蓝皮书）等课题，组织策划“手艺中国”重大图书出版工程项目。目前，已与世界联合国教科文组织、美国民俗学会、美国俄勒冈大学建筑与艺术学院、美国中佛罗里达大学遗产联盟中心、英国杜伦大学人类学系、日本千叶大学工学部建立战略合作关系；正在与英国杜伦大学合作开展“公平贸易和中国民间手工艺人救助计划”，对中国民间手工艺人实施生产性扶持和救助；与美国俄勒冈大学、中佛罗里达大学合作建设“中国藤·中国民艺国际视频网站”，积极向西方国家传播中国优秀的民族民间文化，均取得了一定成效。

所长：赵屹。

山东体育学院

一、学校概况

山东体育学院是山东省唯一的一所独立设置的普通高等体育院校，始建于1958年，1983年和2003年先后被国务院学位委员会批准为学士和硕士学位授权单位，2005年6月和10月，先后获全国首批体育专业硕士学位研究生培养试点单位资格和体育硕士一级学科授予权。

学院建有济南、日照两个主要校区，总占地面积2060余亩，校舍总建筑面积55.50万平方米；仪器设备总值5853万元；馆藏图书65.66万册，中外文期刊600余种。学院现有1个省级重点学科、1个省级体育人文社科研究基地、1个省级重点实验室和1个省高校基础课实验教学示范中心立项建设实验室、2个省级教学示范中心、4个省级特色专业、9门省级精品课程、2个省级教学团队、1个省级人才培养模式创新实验区；本科教育设19个专业，研究生教育设4个硕士专业、2个联合培养博士专业。截至2012年9月，学校共聘用在职教职工683人，其中专业技术人员498人（专任教师428人，教学科研辅助人员70人），管理人员155人，工勤人员30人。有体育教育训练学“泰山学者”1名、山东省有突出贡献的中青年专家4名、全国优秀教师7名、省级优秀教师5名、博士生导师4名、硕士生导师99名。全院各类在校生8374名，其中全日制硕士研究生253名、非全日制体育硕士专业学位研究生150名，本科生6654名、专科生100名、普通中专生1035名、函授生182名。

学院不断加强体育科研工作，先后承担国家社科项目2项、国家科技部项目1项、国家体育总局项目8项、省科技厅重特大科技攻关项目1项，厅局级课题百余项；先后获得国家体育总局软科学二等奖1项、三等奖1项，省科技进步二等奖1项、三等奖3项。2010年山东体育学院科研人员参与完成的山东省重特大专项“山东省备战第十一届全国运动会科技夺金工程及科技服务信息平台建设”项目获得山东省科技进步一等奖。《山东体育学院学报》和《山东体育科技》均名列山东省优秀期刊，2004年和2008年《山东体育学院学报》连续两次被评为全国中文核心期刊。

学院始终坚持体育教学、运动训练、体育科研紧密结合的办学思路，山东省田径、游泳、举摔柔、拳跆、体操等运动项目管理中心对内是学院的竞技系，山东省体育科研中心对内是学院的科研所。近5年来，先后获得国内外重大赛事金牌349枚、银牌139枚、铜牌146枚，特别是在第30届伦敦奥运会上，运动员学生周璐璐获得女子举重75公斤以上级金牌1枚、李晓霞获得乒乓球女子单打和女子团体金牌2枚、张成龙获得男子体操团体金牌1枚。先后承担国家和省部级课题30余项和厅局级课题100余项；学院主办的《山东体育学院学报》和《山东体育科技》均为全国中文体育类核心期刊。建院55年来，学院为国家和我省培养了3万余名优秀毕业生，其中包括马文辉、尹延芹、巩晓彬等知名教练员，郑凤荣、奚爱华、刘春红、司天峰等优秀运动员，于承惠、于海等著名武术表演艺术家，为国家体育事业振兴和山东经济社会发展作出了重要贡献。

学院正积极强化内涵建设，实施人才强校、科研强校和文化强校三大工程，进一步提升办学水平，创办人民满意教育，努力为建设经济文化强省和体育强省作出新的更大的贡献。

历任院长：赵群、季明le、王洪年、韩之波、郭少安、叶国雄、韩冬。

党委书记：张洪涛；院长：韩冬。

二、教研机构

研究生部

研究生部成立于2003年。山东体育学院2003年被国务院学位委员会批准为硕士学位授权单位，2005年6月和10月，先后获全国首批体育专业硕士学位研究生培养试点单位资格和体育硕士一级学科授予权。主要研究方向有：体育人文社会学、运动人体科学、体育教育训练学、民族与传统体育以及体育硕士的体育教学、运动训练和社会体育指导等研究领域。

山东体育学院研究生教育主动适应社会发展对高素质应用型人才的需要，组织开展了人才培养模式、教学模式、教学内容与课程体系、教学方法与手段、实践教学等方面的改革与实践，取得了突出成果。“体育硕士专业学位论文评价指标的研究”2009年获山东省研究生教育省级教学成果三等奖；在2008、2009、2011年山东省百篇优博优硕论文评审中，有3位同学的硕士论文获得山东省百篇优硕论文荣誉称。研究生部2011年被评为山东省思想政治先进集体；2011年被评为“省级先进班集体”；研究生篮球队获2010年和2011年山东省研究生篮球比赛第一名，2012年山东省篮球比赛第三名。

为了开拓研究生的视野，学院在研究生教育方面积极开展国际合作办学，与德国的科隆体育大学、帕德博恩大学，美国的波尔大学、印第安纳波利斯大学，韩国的湖西大学、大德基因研究院以及香港中文大学、香港教育学院等签订了研究生交流协议，并合作进行科学研究，定期进行人员互访。

教务处

教务处是学院教学行政管理部门，负责贯彻落实党的教育方针，按照上级教育部门的有关文件精神，对学院全日制本科教育中的教学工作以及教学改革实施管理，具有对全院本科教学工作（体育系、运动系、体育社会科学系、武术系、体育艺术系、基础理论系、政治理论课部等）进行计划、组织、实施、指导、协调、检查、调研、监控等管理职能，负责全院校园网络建设与网站建设。下设教务处办公室和6个职能科室（教务科、教材科、教学科、招生办公室、教学督导室、网络信息中心）。

体育系

体育系于1958年8月成立，同年体育教育专业招生。1962年7月停办。1979年重新面向全省招生。2004年开始招收“体育教育训练学”学科的硕士研究生，2005年招收“体育教学”方向的体育硕士，2008年该专业被评为山东省特色专业。

体育系目前有全日制在校本科学生787人、体育教育训练学、体育硕士研究生52人。下辖田径、足球两个教研室。主要承担全院的田径、足球两门课程的教学任务。本专业共有104位专任教师，其中教授28人，占27%；副教授30人，占总人数的29%；讲师46人，占总数的44%。专业师资队伍中，博士10人，占总人数的9.6%；硕士研究生66人，占总人数的63.4%；其中运动健将10人，国际级裁判2人，国家级裁判7人，硕士生导师28人，山东省有突出贡献的中青年专家1名。

体育系开设的体育教育专业属教育学门类，该专业的培养目标是培养具有现代教育与体育教育学基础理论知识，能在各级各类学校从事体育教学、课外运动训练与竞赛工作、体育科学研究、学校体育管理等方面工作的复合型人才。本专业开设的主干学科为体育学、教育学；核心课程有体育学概论、教育学、学校体育学概论、体育教学论、教育心理学、运动项目理论与实践；主要实践性教学环节包括教学见习、教育实习、毕业论文撰写等方面；主要专业实验有运动生理学、运动生化、体育保健、运动心理学等系列实验。

系主任：王必琪。

运动系

运动系成立于1993年，1979年招收第一届运动训练专业本科生，1983年获得教育学学士学位授予权，2003年获得硕士学位授予权，2005年招收“体育教学”方向的体育硕士。系部成立至今先后培养出近万名毕业生，现有在校本科学生近3000人，研究生100多人。系部现下设体操、篮球、网橄、乒羽和排游5个教研室，承担着学院专科、本科、研究生、成人教育多个部门各类课程的教学训练工作。另外，办公室下设有学生管理、实习就业、训练竞赛和理论研究室4个职能办公室。

全系共有教职员工55人。教师队伍中有正高级专业技术人员5人，副高级专业技术人员11人；有博士2人、硕士36人、讲师27人；健将以上等级教师7人，国际级裁判2人、国家级裁判3人；全系教师中硕士生导师7人。在科研上，共获得国家级课题、省部级、厅局级课题30余项，发表体育类中文核心期刊文章100余篇，并有多位教师参加全国类体育科学大会专题报告交流，并获得奖励。

运动训练学专业于1978年设立，是我省最早一批设立该专业的普通高等院系，在山东省设立有运动训练专业的6个普通高等院校中，该系运动训练专业是招生规模最大，项目设置最全和取得成绩最好的专业，并于2006年、2010年被评为山东省高等学校省级重点特色专业。其中，排球、乒乓球、基本体操课程2011年被评为院级精品课程，篮球课程2006年被评为省级精品课程，现积极申报国家级精品课程。

运动训练专业以竞技运动为办学特色，坚持以学生为本，注重学生能力和素质教育，培养“基础知识宽泛，专项技能突出，实践能力较强”的竞技体育人才和从事体育教学科研、社会体育指导的应用型人才。为适应社会需求，顺应社会发展，运动系对现有运动训练专业培养方案进行改革，将目前运动训练专业划分为三个方向：

运动训练A方向：该方向培养具有较高的运动技能，全面系统的掌握运动训练基本理论与方法（懂得训练计划的制定、运动技术的诊断与评定、训练负荷的调整与控制），同时能运用生理生化指标进行检测与评价、懂得运动损伤的预防和康复、先进训练仪器的使用以及运动队管理的专业体育人才，毕业后能胜任各省、地、市体校教练员、体能教练及从事运动队管理等工作。

运动训练 B 方向：该方向培养一专多能、具备扎实的体育专业理论知识，能够进入专业院校或科研院所深造学习，能胜任大、中、小学教师、教练员或在企事业单位从事管理等工作。

运动训练 C 方向：该方向培养体育基础理论知识广泛，文化基础突出具有多项实用技能的应用人才，能胜任社区、健身俱乐部、老年活动中心、企事业单位从事指导、培训、经营、管理等工作。

体育系先后培养出邢傲伟、刘春红、邢慧娜，谭宗亮、关平等多名世界奥运冠军。软式网球项目为该系优势项目，先后在 2010 年第 24 届、25 届全国软式网球锦标赛、第十六届全国软式网球冠军赛和第十六届全国青少年软式网球锦标赛中，获得十金、三银、五铜的好成绩，特别是该系学生赵蕾，在 2010 年第 16 届广州亚运会上勇夺女子软式网球单打冠军，取得了中国运动员在该项目上的最好成绩，为中国软式网球第一次亚运夺冠作出了突出贡献。羽毛球队、网球队、橄榄球队刚组建不久也获得了骄人的成绩。在 2010 年山东省学生羽毛球锦标赛中，获得男团冠军、男双冠军、男单冠军、混双冠军、女双亚军，团体总分第二名的好成绩。在 2011 年全国体育院校网球、乒乓球锦标赛暨院校长邀请赛中，取得了男子团体第二、男子单打第三的好成绩。在 2006 年橄榄球体育节暨“大愚杯”第二届东北地区高校七人制橄榄球邀请赛中，获得冠军。

体育系注重借鉴世界先进的体育研究成果和教学经验，不断提高自身整体办学水平，并与国内体育学院（如上海体育学院、武汉体育学院、沈阳体育学院等）和世界一流体育院校（如德国科隆体育大学、美国波尔大学、法国里尔第二大学体育学院等）开展了项目合作、人员交流、联合培养、学术会议等多种形式的活动，已建立起广泛密切的联系。

系主任：姜明。

武术系

武术系于 1998 年成立，2003 年更名为民族传统体育系，2013 年恢复武术系名称。该系设有武术与民族传统体育专业，2003 年成为民族与传统体育学硕士点，2005 年招收“体育教学”方向的体育硕士。同时代管运动训练专业重竞技方向，承担全院武术套路、武术散打、中国武术史、武术理论基础、民族传统体育概论、传统体育养生学、中国式摔跤、健身气功、舞龙舞狮、太极柔力球、摔跤、柔道、跆拳道、拳击、举重、健身健美、体育游戏等必修与选修课程。

武术系现设武术套路教研室、武术散打教研室、武术理论与养生教研室、举摔柔教研室、拳击跆拳道教研室共 5 个教研室，根据专业建设需要，另设竞赛训练办公室、就业实习指导办公室、学生工作管理办公室 3 个系设办公室。共有教师 45 人，其中教授 2 人，副教授 12 人，讲师 27 人；博士 3 人，硕士 36 人，国家运动健将 11 人，亚洲级裁判 2 人，国家级裁判 5 人；硕士生导师 6 人。

2000 年民族传统体育专业被省教育厅列为省级教学改革试点专业，2005 年通过验收。2007 年民族传统体育专业被省教育厅评为省级特色专业，同年民族传统体育专业开始招收硕士研究生和体育硕士，目前主要研究方向有武术教学训练理论与实践、传统养生保健理论与应用、武术历史与宗教文化、太极拳与传统养生文化等。2012 年，武术系主持省软科学项目 1 项，主持厅局级课题 3 项，参与完成省部级课题 3 项，厅局级课题 6 项，发表学术论文 10 余篇，其中核心期刊论文 6 篇，获得山东省高校人文社科奖二等奖 1 项。

系主任：王美娟。

体育社会科学系

体育社会科学系成立于 2006 年 5 月，目前设有社会体育教研室、经济与管理教研室、特殊教育教研室、运动心理学教研室、民间休闲体育教研室、齐鲁体育文化教研室等 6 个教研室以及特殊教育实验室和运动心理学实验室 2 个实验室，2003 年成为体育人文社会科学硕士点，2005 年招收“社会体育指导”方向的体育硕士。研究方向主要有：社会体育；残疾人体育教育与训练、残疾人康复与训练、残疾人体育参与与社会融入；休闲体育、休闲体育文化；运动技能学习、运动心理咨询；齐鲁体育文化。体育社会科学系现有教职工 36 人，其中教授 3 人，副教授 10 人，博士 4 人，博士生 2 人，硕士 22 人；全国优秀教师 1 人，山东省有突出贡献中青年专家 1 人。承担着体育社会科学系 6 个专业的专业建设和专业教学与 1300 多学生的人才培养工作，同时还为学院体育教育专业、运动训练专业、民族与传统体育专业等专业的体育社会科学和体育人文学科相关课程以及部分公共基础课的教学工作。

体育社会科学系科学研究综合实力雄厚，近 5 年来承担各类科研课题 20 余项，国家级课题 2 项，国家体育总局课题 3 项，山东省以及其他省部级课题 12 项；发表论文 150 余篇，核心期刊 40 余篇，主、参编书 10 余部。部分教师荣获山东省科学技术进步一等奖，《山东体育学院特殊教育专业特色建设研究》荣获国家体育总局教学成果奖二等奖，《山东体育学院体育人文专业建设与研究》荣获国家体育总局教学成果奖三等奖。

体育社会科学系有两个挂靠基地：山东省高校体育人文社会科学研究基地，主要研究方向为体育管理、体育文化、特殊教育；山东省国家级社会体育指导员培训基地，主要为山东省社会体育培养国家级和国家一级社会体育指导员。

系主任：魏平。

体育艺术系

体育艺术系成立于2007年12月。共有教师31人，其中教授2人，副教授7人，讲师18人，见习助教4人。设舞蹈学专业和表演学专业，承担健美操、体育舞、中国舞、服装表演等公共基础课的教学任务及学生管理工作，全系共有学生400余人。主要研究方向健身操、体育舞蹈。

舞蹈学专业于2004年开始面向全省招生，该专业设有体育舞蹈、健美操、中国舞、三个培养方向。主要以本科教育为主，注重教学、训练、表演、科研、艺术创作并重，培养融集体育与艺术、教学与表演、竞技与健身于一体，能在高、中等院校、专业表演团体和健身俱乐部等单位从事教学、表演、健身、训练及管理等方面工作的应用型专门人才。

表演学专业（服装表演专业），以舞蹈学为依托，辐射表演学、艺术设计、公共关系学，培养模式为“一专多能”。培养全面发展的专业人才、艺术性复合应用型人才、公共关系管理人才及相关领域的教育和科研人才。专业强调模特与演艺、模特与传播、模特与形象设计、模特与公关管理的教学方式。

主要教研室有：

1. 健美操教研室。现有专职教师5人，全部具有中级以上职称和硕士以上学位，职称。根据“服务于社会经济、文化、科技、教育”的办学宗旨，健美操课程发展始终以社会需求和就业为指导，立足山东，面向全国，经过十几年的努力与探索，在教学、训练、科研等方面取得了丰硕的成果，2000年被列为山东省教学改革试点课程，2005年获山东省省级教学成果二等奖。2009年被评为学院精品课程。

2. 体育舞蹈教研室。体育舞蹈教研室教学对象为舞蹈学专业，现有教师6人，具有高级职称教师1人，具有硕士以上学位和中级职称的教师3名。艺术体操国家级裁判1人，体育舞蹈国家级教师3人。承担了体育舞蹈和艺术体操两个方向的专业建设。经过十几年的理论、实践与研究，在教学训练、科研等方面取得了丰硕成果。近十年来多次参加省级及全国比赛。

3. 舞蹈教研室。承担的专业基础课和专业课有20多门。教学对象为舞蹈学专业中国舞、体育舞蹈、健美操和服装表演专业的本科学生。现有教师8人，其中副教授2人、讲师6人，有硕士学位教师4人。国家级编导1人。国家级社会指导员2人。

近年来全体教师积极开展科学研究工作，现有研课题12项，已结项9项，出版编教材7部，在全国性学术刊物上发表科研论文近20余篇，重点抓好教学、科研和训练工作，以科研促进教学初具成效。多次参加省高校舞蹈比赛、省文化厅舞蹈大赛、省舞蹈家协会舞蹈大赛、省科技文化艺术节及全国舞蹈大赛中获得36项大奖。

系主任：孙健。

基础理论系

基础理论系源于1960年成立的山东体育学院基础理论课室。随着山东体育学院的发展，1985年6月更名为山东体育学院基础理论课部。2001年更名为基础理论系。基础理论系现有五个专业招生：2003年开始招收运动人体科学专业学生、2005年开始招收英语（体育）专业学生、2007年开始招收计算机科学与技术（体育）专业学生和教育技术学（体育）专业学生，2010年开始招收运动康复专业学生。基础理论系设有运动人体科学教研室、英语教研室、计算机科学与技术教研室、教育技术学教研室、运动康复教研室、体育统计与测量教研室、实验、计算机和教育技术中心，承担全院的公共基础课和专业基础课的教学与实验工作。

运动人体科学专业是体育类本科专业中的基础骨干专业。山东体育学院运动人体科学专业从2003年开始招收本科生，2004年开始招收硕士研究生。自1998年被确定为省级重点筹备学科，“十五”、“十一五”、“十二五”被确定为省级重点学科，运动生理学、运动解剖、运动生物力学、运动生物化学课程为山东省精品课程，2008年运动人体科学实验中心成为山东省高校实验教学示范中心，2012年运动人体科学教学团队被教育厅授予省级优秀教学团队，并成为省级人才培养模式创新实验区。以“运动人体科学”学科成为山东省“十二五”重点学科及省级人才培养模式创新实验区为契机，以竞技体育和全民健身的社会需求为导向，构建以“厚基础、重能力、求创新”为指导思想的专业人才培养模式，强化课程体系、实践教学体系的建设和改革，综合提升教师队伍的教学能力、科研能力和体育实践能力，完善教学管理体制与机制建设，建立科学合理的专业人才培养体系，全面提升运动人体科学专业教育特色及水平，形成高效、可持续发展的建设机制，努力把本专业建设成国内独具特色的一流专业。

运动康复专业以国家大力发展体育事业和康复事业为契机，以中国传统医学与现代康复技术相结合为专业特色，按照高技能和高素质的人才培养要求，加强师资队伍建设和教学条件建设，不断优化本专业人才培养方案，探索更加科学的人才培养模式，努力提升社会服务能力，把运动康复专业建设成省内示范、国内领先、特色鲜明的本科专业。

英语专业（体育）的培养目标向复合型英语人才方向转变，体育院校结合奥运会筹办和国际体育交往的需求，开设了体育英语专业。山东体育学院英语专业是山东省高校中唯一一个突出“人文体育”的英语专业，其专业定位的最大特点是“加强人文素养，突出体育特色”，直接为体育事业输送高素质的体育文化传播和交流的外事人才。按照山东体育学院整体建设目标和总体规划，适应社会对英语（体育）专业人才需求的不断调整，以培养高素质、厚基础、实用型英语人才为目标，以“固基础、上水平，争突破、创特色”为宗旨，构建基于专业资格认证教育、中外合作培养、校企联合培养的“多元化”人才培养模式，强化课程体系、实践教学体系的建设和改革，综合提升教师队伍的教学能力、科研能力，完善教学管理体制与机制建设，全面提升英语（体育）专业教育特色及水平。

教育技术学（体育）专业的整体建设目标是构建以能力培养为主线、人文素养并举的人才培养模式；形成基于教育技术学专业课程，且与体育有机融合的课程体系；建成集教学、实践、培训于一体的实验中心和与相关企事业单位和办3个满足学生能力培养要求的校外实践基地；打造一支专兼结合的“双师”型教师队伍；把本专业建设成省级特色专业。2012年成功申报了数字体育省级教学实验示范中心和省级骨干学科实验室。

计算机科学与技术专业围绕《奥运争光计划》和《全民健身计划纲要》的发展目标，以服务竞技体育、全民健身和体育教育为面向，以提高专业基础（计算机、体育、英语）、三大能力（动手能力、应用能力、创新能力）、三项素质（个人素质、职业素质、专业素质）为培养目标，通过学、研、产资源的统筹配置和师资队伍的强化建设等措施，构建基于专业基础教育、校企联合培养、中外合作培养的“多元化”人才培养模式，完善实践教学体系，建设稳定的校外实习实训基地，全面提升教师队伍的专业水平、科研能力和职业素养，整合资源，建立专业共享资源库，打造功能强大的信息共享和自主学习平台，加强社会服务能力建设，把本专业建设为院级特色专业。

系主任：金丽颖。

政治理论课部

政治理论课部现有专任教师11名，其中教授2名，副教授4名。负责全院的政治理论课教学。主要研究方向为：马克思主义哲学研究，国际政治研究；中国特色社会主义研究；马克思主义理论研究；思想政治教育研究；体育法学研究。

系主任：王津秋。

继续教育部

继续教育部设专科起点本科、高中起点本科和专科层级的教育教学。主要专业有：体育教育（师范类）、运动训练、舞蹈、特殊教育专业、社会体育等。学院先进的教学设施及高层次、高水平的教师均承担成人教育的各科教学任务。

主任：高艳。

科研处

科研处负责全院的科研管理工作。现有科研管理人员4人，其中博士1人，硕士2人。自1998年启动高水平科研平台建设以来，紧跟学科发展前沿、瞄准国家需求、面向区域经济社会发展、整合相关资源、凝练研究方向，先后建立省部级科研平台3个，包括1998年8月省科技厅批准建立的省级重点实验室1个、2011年6月省教育厅批准建立的省高校人文社会科学研究基地1个和2011年10月国家体育总局批准建立的部级重点实验室1个。

处长：章岚。

山东省体育科学训练重点实验室

山东省体育科学训练重点实验室是省级重点实验室，以奥运会重点运动项目科研攻关和科技服务为主要任务，以影响和制约高水平运动员竞技能力水平提高的关键问题为主攻点，下设技术诊断研究室、体能训练研究室、机能监测研究室、心理调控研究室、运动营养研究室和运动生化研究室。几年来，实验室成员先后承担了山东省体育代表团备战第十届、第十一届全运会和第二十九届、第三十届奥运会科研攻关与科技服务研究课题，研究成果获得省科技进步奖一等奖1项、二等奖7项。实验室现为运动训练、体育教育、运动人体科学、应用心理和运动康复等专业的科研教学基地，年均接纳学生总人数1000余人。

主任：郑念军。

体育人文社会科学研究中心

体育人文社会科学研究中心为省级人文社科基地，设有体育文化、特殊教育和体育管理3个研究方向，以弘扬齐鲁体育文化、促进特殊人群的体育教育与社会融入、助推我省体育产业经营与管理为主要任务。该平台的建立带动了休闲体育、特殊教育、体育经济与管理和公共事业管理等专业的发展，对体育人文社会学学科建设取得突破性进展产生了明显的促进作用。2012 年该中心有 7 项省部级教学和科研课题获准立项，与省体育局合作开展了《关于大型体育训练基地质量管理体系的研究》、《山东省体育产业中长期发展规划》和《加快发展山东体育产业的实施细则》等政府决策咨询类课题，中心青年教师刘远祥博士受邀赴山东财经大学作“奥运会营销与体育产业”主题讲座。

主任：魏平。

山东警察学院

一、学校概况

山东警察学院是中共山东省委、山东省人民政府领导下的全日制高等院校，是山东公安机关的重要组成部分，全省唯一的警察本科院校，由山东省人民政府举办，实行山东省公安厅、山东省教育厅共管，以省公安厅为主的管理体制。

学院位于泉城济南，前身为山东警官学校，创建于 1946 年，是中国共产党历史上创建的第一所警察学校。2004 年山东公安专科学校升本成立山东警察学院。67 年来，学校三迁校址、十易校名，为革命战争、社会主义革命和建设、改革开放和社会主义现代化建设事业作出了重大贡献。

学院设有侦查学、治安学、刑事科学技术三个本科专业，具有法学、工学学士学位授予权。根据公安工作的需要，开设侦查、治安管理、刑事技术三个专科专业。学院拥有一支年龄结构、知识结构、公安专业结构、职称结构较为合理，能够适应公安本、专科教育教学需要的教学管理队伍。现有教职工 498 人，专业技术人员 393 人。其中，具有正高级专业技术职务的 42 人，副高级专业技术职务的 136 人，在专业技术人员中具有硕士学位的有 169 人，博士学位的有 10 人。

学院目前承担三项任务：一是培养全日制公安本、专科类以及第二学士学位学生。现有在校生 3559 人。二是为山东省、全国培训在职警察。学院是公安部确定的全国县市公安局长培训基地之一，已为国内 30 个省市（除港澳台）培训公安局长近 3000 人。三是为国外培训高级警务人员。学院是公安部、商务部确定的国家援外培训基地之一，从 2006 年至 2013 年 1 月底，先后举办了 49 期国外警察培训班，培训了 60 个国家和非盟等国际组织的 889 名高级官员。

在长期的办学实践中，山东警察学院形成了正确的办学指导思想和鲜明的办学特色，坚持政治建警、政治建校，坚持主动服从服务于公安实际工作，坚持培养应用型人才，坚持从严治警、从严治校，为公安机关培养输送了各类专门人才 5 万余人，已成为山东省培养公安警察高级专门人才的学府，在职公安警察培训基地和公安警察科技研究中心。

历任负责人：舒同、梁国斌、郑文卿、季明、王路宾、张国峰、侯铮石、刘秉琳、郭宏毅、王亚东、韩邦聚、孟昭炬、李诚、孟庆丰、高新亭、曲植凡、王献增、张龙沼、李鸣昌、韩顺祥、杨和德。

党委书记：张俊海。

二、教研机构

侦查系

侦查系现有侦查学基础理论、刑事犯罪案件侦查、经济犯罪案件侦查、国内安全保卫、禁毒学、预审学 6 个专业教研室和 1 个学管支队。建有模拟现场勘查实验室、犯罪情报与警务指挥实验室、心理测试实验室、模拟审讯实验室、反爆排爆实验室、禁毒实验室等 6 个专业实验室。在济南市公安局刑警支队、泰安市公安局泰山区分局、聊城市公安局经侦支队建立了三个“教师教学科研基地”，与山东省公安厅刑事侦查局、经济犯罪侦查总队、禁毒总队、反恐总队建立了稳定的业务合作关系（签订了合作协议书），在全省公安机关建立了 32 个稳定的专业教学实习基地。

目前，侦查学系承担着全院各专业侦查学课程及各类干部培训班、外警班等相关专业的教学任务，开设刑事侦查学总论、犯罪现场勘查、侦查措施与策略、侦查讯问、犯罪情报学、国内安全保卫、刑事案件侦查、侦查学通论、经济犯罪案件侦查、毒品犯罪案件侦查、反恐对策等主干课程。研究方向主要是侦查学。

主任：高春兴。

治安系

治安系开设治安管理、交通管理、保卫、保安管理和交通管理专门化方向等专业及方向，2004 年增设治安学专业，同时开设治安学交通管理专门化方向。治安学专业是山东省高等教育唯一的治安学类本科专业，是山东省教育厅确认的“山东省高校特色专业”、山东省“十二五”重点学科，治安学专业教学团队是省级教学团队。

治安系内设机构有治安学、保卫学、安全防范、道路交通学和涉外警务教研室以及学员支队等 6 个单位，建有治安学网上实战应用能力训练、安全技术防范、交通控制、汽车构造、危险物品安全检查、模拟派出所等6个实验室。

在完成教学、科研工作的同时，治安系牢固树立公安教育服从服务于公安实战的理念，积极参与山东省公安机关重点理论课题及警务机制改革的研究，为公安机关领导决策提供理论支持，多次参与国内大型活动的安全保卫工作，取得了良好的社会效益。同时，治安系还承担各类全国、全省局长、政委等在职民警培训和外国高级警察培训的教学任务，为提高全国和全省公安队伍素质作出了积极贡献。

主任：王精忠。

法律教研部

法律教研部成立于1987年，其前身是山东警察学校政策法律教研室。下设法理宪法、刑事法律、民事法律、行政法律、国际法律5个教研室，主要承担全院本、专科青年学生、本科函授、在职警察（包括外国警察）等多种对象法律课程的教学任务。同时为全省各级各地公安机关、公安部“送教西部行”，以及对口支援西部省区的民警培训提供法律专题培训。

教研部在研究内容上主要侧重于警察法学理论和法治实践。研究方向主要有：警察法治文化、警察法治理论与实践、宪政理论与实践、民法理论与公安执法、商法理论与经济犯罪、行政法治理论与实践、刑事法治与实践、诉讼理论与程序法治、证据理论与实践等。

主任：鞠旭远。

专业基础教研部

专业基础教研部前身是公安管理系。学校升本之后，于2005年6月8日在原公安管理系的基础上建立了专业基础教研部。

专业基础教研部设警察学、社会学、心理学和公安文秘教研室四个教研室，承担着学院本科、专科学生及干训学员的专业基础课的教学任务，开设犯罪心理学、普通心理学、社会学、犯罪学、现代社会调查原理与方法、警察学原理、现代管理学、公安文书写作等课程。主要研究方向警察学、社会学、心理学和公安文秘。

专业基础教研部全体人员本着“敬业、精研、助人、爱生”的精神，确定了加强“政治与业务结合”的队伍建设、强化“基础与专业结合”的教学内容、提升“研究与警务结合”的科研层次和拓展“校内与校外结合”的实践服务的“四结合”工作思路，努力工作，团结奋进。

负责人：丁文俊。

学报编辑部

《山东警察学院学报》是由山东省公安厅主管、山东警察学院主办的政治法律类学术期刊。国内统一刊号为CN37－1432/D，国际标准刊号为ISSN1673－1565。双月刊，大16开160页。

学报自1988年创刊以来，一直坚持为公安实际工作、公安教学和公安科研服务，为繁荣学术研究服务的办刊宗旨，主要刊登公安学、法学方面的学术类论文。在栏目设计上，开设了侦查学研究、犯罪学研究、刑事法学研究、治安学研究、警学研究等常设栏目，并在把握学术热点问题、有重大影响的新问题的基础上，不断策划专题栏目。

学报是中国学术期刊（光盘版）全文收录期刊、万方数据库收录期刊，连续多次被评为“山东省优秀期刊”、“华东地区优秀期刊”、“全国优秀社科学报”，其刊载的许多论文被《新华文摘》、《高等学校文科学术文摘》、《人大复印报刊资料》等权威数据库转载和摘登，在法学界和公安学界产生了重要影响，赢得了较高知名度，得到了法学研究人士、公安理论界专家学者、广大公安干警和公安院校师生的广泛关注。

主编：王培韧。

科研处

科研处是学院科研主管部门，负责日常的科研管理工作，行使院学术委员会办事机构的职能。科研处下设项目科，承担具体的管理工作。科研处目前有6名工作人员，其中具有高级职称的3人，管理队伍的年龄结构、职称结构均比较合理。

科研处承担的主要管理职责有：起草和组织实施学院科研工作发展长远规划；起草并组织实施学院科研管理工作的规章制度；组织评议、论证、申报各级科研课题立项；负责组织评议、推荐学院的优秀成果，积极申报各级主管部门组织的优秀成果评奖活动；监督、检查、管理各级科研课题经费的使用；定期检查各级在研科研课题的进度、进展情况；组织各级科研课题的技术鉴定和成果验收；负责科研档案的整理与归档；统计、汇总、上报学院各年度各学科研究领域科研活动情况报表；参与各级主管部门组织的科研交流活动；负责学院学术委员会各项科研活动的组织安排及日常事务性工作；完成学院领导交办和上级主管部门下达的其他工作任务。

负责人：李延阁。

齐鲁师范学院

一、学校概况

齐鲁师范学院前身系创建于1948年的山东教育学院，经国家教育部和山东省人民政府批准，2010年4月，改建更名为齐鲁师范学院。建校64年来，坚持面向基础教育、服务基础教育的办学方针，不断深化体制改革，积极推进教育创新，在办学条件、学科建设、师资队伍、科学研究、人才培养等诸多方面取得了长足发展，先后被授予山东省“文明校园”、“平安校园”和“德育工作优秀高校”等荣誉称号，在全省高校人才培养工作水平评估、毕业生就业工作等各项评估中，均获得了优秀成绩。

学院现有历下和章丘两个校区，占地面积近1300亩，校舍建筑面积26万多平方米。学院坚持服务基础教育，不断优化系科建设。以全日制学历教育为办学主体，中小学骨干教师、中小学校长、教育行政干部培训和业余学历教育、自学考试并重。目前，学院设有公共基础教学部、公共体育教学部、思想政治理论课教学部、政治系、教师教育学院、文学院、外语系、音乐学院、美术学院、经济系、管理系、数学系、物理系、化学系、生物系、计算机系、体育学院、历史文化学院、地理系等19个教学单位，本科专业20个，专科专业32个。设有山东省中小学师资培训中心、中小学校长培训办公室、教育行政干部培训办公室、教育史志办公室、基础课程研究中心、中小学教师资格认定指导中心、教育干部普通话培训测试中心等。

学院全日制在校生接近万人，业余学历教育及自学考试学员1.3万余人。现有教职工721人，专任教师468人，其中教授73人，副教授110人，硕士学位以上者390余人，其中博士71人。学院注重“名师工程”建设，有终身享受国务院特殊津贴专家4人，“富民兴鲁”劳动奖章获得者2人，山东省有突出贡献的中青年专家1人，全国优秀教师、山东省教学名师、优秀教师、师德标兵、中青年学术骨干等20余人，在山东大学、山东师范大学、曲阜师范大学等高校兼职硕士研究生导师70余人。我国著名学者、博士生导师欧阳中石先生被聘为学院学术委员会首席顾问；多位国内外知名专家被聘为学院客座教授和兼职教授；引进国家“万人计划”海外高层次人才、省内外高校及科研单位高水平专家15名，为学校领军型人物的培养和高水平团队建设奠定了坚实的基础。

学院大力实施“科研兴校”战略，坚持以科研为先导，以科研促教学，学术水平不断提高，科研立项层次、获奖数量和科研特色建设均有重大突破，形成了在教师教育研究、基础教育新课程改革研究、学校管理研究等方面的科研特色，在省内外具有较大影响。在中国传统文化研究、马克思主义研究、儿童文学创作与研究、人口教育研究、功能材料研究等方面，也取得了突出成绩。改制以来，我院实现了国家和教育部科研立项零的突破，相继获得国家社科基金和国家自然科学基金项目5项，获教育部人文社科基金项目和思想政治教育专项基金项目4项，国家专利2项，共承担省部级和厅局级科研课题近90项；出版著作、教材近300部，发表论文1100多篇，在中文核心期刊上发表学术论文154篇，学术论文被SCI、EI索引141篇，6部教材入选教育部“国培计划”培训课程资源库。我院教师先后荣获“山东省社会科学重大成果奖”、“泰山文艺奖”、“刘勰文艺评论奖”、“山东省社会科学优秀科研成果奖”等厅局级以上奖励80项。

学院大力实施“质量立校”战略，始终以教学工作为中心，不断推动教学改革，确保教学投入。学院被确定为首批省级教师教育基地，努力探索“2.5+1.5”的普通师范本科教师教育新模式，并与莱芜市建立了教师教育基地共建关系。学院有6个专业分别被评为“省级品牌专业”、“省级特色专业”和“省级示范专业”，11门课程被评为“省级精品课程”，5项教学成果被评为“省部级优秀教学改革成果”，1个教学单位被授予“全国教育系统先进集体”，2个教学团队被评为“省级教学团队”。经山东省教育厅、山东省人民政府学位委员会批准，学院与曲阜师范大学建立了研究生联合培养基地。

学院全体师生以党的十八大精神为指引，落实全国、全省教育改革与发展规划纲要精神，以更加开阔的视野，更加务实的精神，更加昂扬的姿态，励精图治，乘势而上，努力推动学院事业科学发展再上新的台阶，为山东教育事业特别是基础教育的发展作出新的贡献。

历任院长：高维真、主传文、滕昭庆、仝素勤、周桂珍、李清民。

党委书记：尹方；院长：王玉华。

二、教研机构

政治系

政治系的前身政教系创办于1948年，是齐鲁师范学院历史最为悠久的院系之一。经过近60年的发展壮大，设有思想政治教育一个普通本科专业和旅游管理、社会工作两个专科专业。现有任课教师33人，其中教授7人，副教授7人，兼职硕士生导师3

人，学历层次方面，博士 4 人，具有硕士以上学位 19 人。形成了一支教学科研水平和学历层次较高，职称层次和年龄层次搭配合理的教师队伍。近 3 年来，在国家核心期刊发表学术论文 40 余篇，各级科研项目 20 余项。2011 年，思想政治教育教学团队被山东省教育厅评为省级优秀教学团队，《当代世界经济与政治》被山东省教育厅评为省级精品课程，11 门课程已建设成为院级精品课程。多年来，政治系坚持以育人为本，以质量为先；以教学质量为中心，以课程建设为重点；以师资队伍建设为关键，以培养学生的创新意识为目标；以深化人才培养为突破口，以强化学术科研为支撑点的办学理念，培养了一大批高素质人才，聚集了一大批教学名师和先进工作者，在教学科研等各项工作中都取得了显著成绩。

行政负责人：张洪芹。

教师教育学院

教师教育学院是根据我省教师教育改革的形势与需要，以原教育系为主体组建的中小学教师培养、培训一体化的专业学院，主要承担幼儿园、中小学教师培养和中小学教师培训任务；现有“小学教育”和“学前教育”两个师范类本科专业以及一个“学前教育”（师范类专科）专业，其中小学教育专业于 2011 年被山东省教育厅评为省级“特色专业”；“学前教育”（专科）专业含普通与中澳合作办学两种形式。学院目前在校本、专科学生 956 人，教职工 32 人，专职教师 28 人，其中教授 7 人，副教授 9 人；博士 5 人，硕士 12 人。此外，作为 2011 年山东省首批四个省级教师教育重点基地之一，教师教育学院将于 2013 年开始实施“2.5 + 1.5”新的教师教育模式，全方位培养适应基础教育发展要求的专业化中小学教师。

行政负责人：周卫勇。

文学院

文学院现有汉语言文学（师范类本科）、文秘（普通专科）、新闻采编与制作（普通专科）3 个招生专业；古代文学教研室、现代文学教研室、文学与传播教研室、汉语教研室 4 个教研室；下设中国古典文学研究所、书学文化研究所 2 个研究所。目前共有教职工 29 人，其中教授 4 人，副教授 9 人，讲师 13 人。具有硕士或硕士以上学位的教师计 23 人，其中，具有博士学位的 13 人（在读 3 人），占全系专任教师的 52%。共有 8 位教师被我省其他 3 个院校特聘为硕士生导师。其中 2011 年，文学院郝月梅教授获 2010 年度“山东省有突出贡献的中青年专家”荣誉称号；吴冰沁教授获 2010 年“山东省教学名师”荣誉称号。

行政负责人：李雁。

外语系

外语系成立于 1994 年，现有教职工 27 人，其中教授 1 人，副教授 3 人，中级以上专业技术职务教师占 78%，具有硕士研究生以上学历的教师占 85%，另有 3 人硕士在读，2 人博士在读。专职政治辅导员 3 人，常年聘任 2 名外籍教师。现设有 3 个教研室：基础英语教研室、语言与文学教研室、商务英语教研室，设有英语普通师范教育本科、商务英语专科、旅游英语专科三个专业，在校生近五百人。

行政负责人：梁承锋。

音乐学院

音乐学院的前身系 1998 年创建的音乐系，在学院的不懈努力和社会音乐界专家、教授的关心支持下迅速发展，办学规模不断扩大，于 2011 年 1 月更名为齐鲁师范学院音乐学院。

学院下设声乐系、键盘系、器乐系、舞蹈系、理论系和艺术实践中心等 6 个系科。目前学院设有音乐学、舞蹈学两个全日制普通本科专业和音乐教育、音乐表演两个全日制普通专科专业。学院现有教职工 45 人，专任教师 42 人，其中教授 7 人，占 17%，副教授 4 人，占 10%；讲师 13 人，占 31%；助教 19 人，占 45%；博士 1 人，占 2%；具有硕士以上学位者 26 人，占 62%；在读研究生 5 人，占 12%；兼职硕士生导师 7 人，占 17%；35 岁以下 26 人，占 62%；形成了一支结构合理、学历层次较高，教学与科研能力较强的教师队伍。多名教师在国家及省部级技能、学术论文比赛中获奖。近年来出版专著、教材共 11 部，承担国家级、省厅级课题共 20 余项，在国家级音乐类核心期刊、省级音乐类期刊发表专业论文近百篇。

多年来，学院以“提高办学质量，培养高素质综合人才”为目标，遵循“以培养知识与掌握实践能力相结合”的教学原则，着力于“一专多能”和学生人格与素质的综合培养，教学管理严格，教学质量优良，毕业生就业率在同类高校中名列前茅，为全省各地的高、中、小学及文化事业单位培养了大批的优秀教师，还培养了一批文化艺术管理和音乐辅导人才，成为我省音乐师资培养的重要基地之一。

行政负责人：窦曼莉。

美术学院

美术学院成立于 2010 年，由成立于 1993 年的美术系发展而来。现有教职工 41 名，专任教师 37 名，其中，教授 5 名，副教授 8 名，硕士生导师 6 名。省级优秀教师1名，校级中青年学科带头人培养对象1名，现有博士2名，具有硕士研究生学位的教师34名，专职辅导员6名。学院下设中国画系、油画系、艺术设计系、基础教学部、数字艺术设计中心、陶瓷艺术研究所、“鲁窑”陶瓷艺术实训基地、摄影工作室、版画工作室。另外，近年来美术学院积极寻求广泛的海外、国际合作办学，已和韩国平泽大学国际交流学院、美术与设计学院，日本冲绳艺术大学绘画与设计学院，台湾玄奘大学艺术设计学院结为友好院系，进行了多层次合作，已经初步合作了专升本、交换生和自费留学生的合作项目。

行政负责人：李广平。

经济系

经济系成立于2012年3月，是在原经济与管理系基础上分立而成的。经济系现有专业教师20人，其中：高级职称占25%，中级职称占65%，硕士及以上学历占85%，硕士生导师3名。系设有三个教研室（经济与金融教研室、会计学教研室和统计学教研室）、一个研究所（经济研究所）和两个实验室（会计模拟实验室和经济模拟实验室）。目前开设会计电算化和会计与统计核算两个专业，现有15个教学班，全日制在校生791人。经济系全体老师结合教学进行相关科学研究，在人口与经济、经济计量与综合评价、会计理论、经济学等方面的研究形成了自己的特点，在山东省乃至全国都有一定的影响。经济系的学生在学期间通过经济管理基础课和专业课的学习与实训，能成为既具有扎实的经济学理论功底，又具有较强的实际操作能力和应用能力的、适应现代化经济管理需要的、能胜任会计、统计、审计、财务管理、经济文秘、经济与金融方面的复合型、创新型、应用性专门人才。

行政负责人：宋廷山。

管理系

管理系成立于2011年3月，其前身是1985年政教系下的经济学教研室，后在经济与管理系的基础上组建而成，下设市场营销、工商管理和财务管理三个教研室及企业战略管理一个研究所。拥有市场营销一个本科专业和市场营销、人力资源管理两个专科专业，分别于2011、1999和2006年开始招生。管理系积累了成熟的人才培养经验，是齐鲁师范学院最具发展潜力的系部之一。管理系现有全日制本专科生近800人；有专兼职教师20人，其中，教授2人，副教授4人，讲师9人；具有博士学位及博士后学位的教师3人，具有硕士学位的11人，其中，有3名教师为曲阜师范大学、北方交通大学的兼职硕士研究生导师；有4名教师分获山东省优秀学士论文指导教师、山东省教育先进工作者、山东省优秀教师和全省高校优秀常务工作者等荣誉称号；有多名教师分别担任中国系统工程学会、山东人口学会和应用统计学会理事、常务理事及副会长。在教学、科研方面，成果丰硕。管理系现有市场营销（省级精品课程）、人力资源管理概论、绩效管理、企业管理实务和劳动关系管理等5门精品课程；有面积120㎡的市场营销实训室一个，配有ERP沙盘和相关实训软件；有面积700㎡的多媒体教室多个；学校图书馆有经济类管理类图书资料5万余册和经济类管理类期刊150余种；先后与华联商场和361℃等多家企业建立教学实习基地。近年来，管理系教师参与国家自然科学基金、国家社科基金等国家级项目3项，主持省自然科学基金、省社科基金、省社科联基金和省博士后基金等省级课题7项；主持省高校人文社科基金等厅局级课题2项。在核心期刊上发表学术论文70余篇；出版专著、教材3部；获省高校人文社科、省软科学和省社科联等厅局级以上奖项3项。

行政负责人：蔡平。

历史文化学院

历史文化学院现有专任教师13人，外聘教师4人，共计17人。其中专任教授5人，副教授4人，兼职硕士生导师5人。专任教师中有博士3人，博士后1人，硕士6人。外聘教师均为教授、硕士生导师。多年的办学经验，培养了一支业务素质高、职称和年龄结构合理、团队协作意识强的教师队伍。近三年来，专任教师中主持厅局级以上各类科研项目22项，在各级各类学术刊物上，发表论文45篇；出版著作和教材11部。获山东社会科学等省级以上奖6项，荣获省级教学名师2名，学院优秀教师3名，《中国传统文化》被评为院级精品课程。历史专业分为中国古代史、中国近现代史、世界古代中世纪、世界近代史、世界现代史、历史教学等教学研究方向。不仅拥有丰富的历史文献资料，教学实习基地等办学条件，更有一支教学经验丰富、科研水平高、富有创新精神、为人师表的师资队伍。

行政负责人：李红艳。

地理教育

地理教育是齐鲁师范学院开发较早的专业之一，1986年开设地理教育大专班；2003年开设了地理科学成人本科专业，自1986年以来，培养成人脱产本专科学员701人，函授学员2941人。地理系现有任课教师19人，其中教授4人，副教授7人，兼职硕士生导师3人，学历层次方面，博士4人，具有硕士以上学位12人。近5年来，承担科研课题23项，其中，国家级课题1项，省级课题6项，厅级课题9项，横向联合课题2项，教学改革研究项目2项；在各级各类学术刊物上发表论文63篇；出版著作和教材7部。获得各级科研奖励9项，其中省级奖励4项。地理系坚持“培养知识、能力和品格三位一体、富有创新精神和实践能力的高素质复合型人才”的教育目标，以学生发展为本，注重内涵发展，不断锐意进取。

行政负责人：杨乐英。

中华传统美德教育研究中心

中华传统美德教育研究中心主要研究方向是中华传统美德与仁人志士的成长；齐鲁文化与中华传统美德；中华传统美德与学生思想教育。中华传统美德与仁人志士的成长主要特色在于挖掘中华传统美德在中华仁人志士的成长过程中所起到的重要作用，结合时代特征分析不同时代的仁人志士在成长过程中是如何将传统美德的内涵与时代的需要融合为一体转化为行动的。从而探究传统美德与时俱进，在锻造优秀人才方面的方法和途径，为教育事业提供有益的借鉴。

行政负责人：刘步俊。

陶瓷艺术研究所

陶瓷艺术研究所主要研究方向是在新的形势下，如何使两者在相互结合并发挥其鲜明的时代性、地域性文化特征。主要研究范围包括展示齐鲁文化的有关作品并逐渐形成工作室的特色，具体分别从成型、施釉、装饰、烧成几大方面加以体现。陶瓷艺术研究所科研成果所呈现的形式主要包含陶、瓷、紫砂、黑陶等艺术作品和论文专著等。研究任务包括在陶瓷上绘制展示齐鲁文化的有关作品；着力培养陶瓷工艺美术人才；传承和弘扬山东优秀陶瓷民间工艺，为振兴山东陶瓷工艺美术行业提供学术帮助；成为陶瓷工艺美术、民间工艺和传统手工艺的交流与培训基地等。

行政负责人：李广平。

中国古典文学研究所

中国古典文学研究所主要研究方向是进一步加大对济南历史文化和文献的研究，形成系列和规模，并由此进而扩展为对国学的更深入的研究。齐鲁文化是中国文化的支柱，山东文学在中国文学中占有重要的一席之地。研究所驻地济南章丘，在教学科研中长期关注山东作家和山东文献，这对传统文化的传承、山东的文化建设都大有裨益。

行政负责人：李雁。

人口教育研究所

人口教育研究所主要研究方向及内容如下：1. 高校人口教育研究。我国有关高等教育的法律法规已经取消了大学生不能结婚的限制性规定，大学生在校学习期间有了恋爱、建立性关系、结婚的自由。与此相关的也必然产生性自主权、生育权，并受法律保护。针对大学生进行有关人口政策、婚育知识、家庭教育以及性健康和性知识的人口教育已成必要。2. 中小学人口教育的研究。人口教育中包含人口学基本理论知识教育、生命教育、家庭教育以及青春期教育等。而中小学人口教育中有关人口学基本理论知识方面的内容是通过在其他相关学科中的渗透得以体现的。而其他方面的教育一直没有一个完整和持续的体系，分散在各种形式的非常规性教育之中。针对这样一个特殊的年龄和群体，如何进行生命教育、青春期教育等及其教育追求的目标和效果等一系列问题需要继续不断的科学研究。3. 人口理论研究。结合人口基本理论对人口学热点问题和重要理论问题进行研究，比如，老年人人口问题、人口与文化的关系问题等。4. 性别教育。我国的性别问题伴随着80年代性别比的失调已经越来越受关注。性别视角已经成为一个重要的研究视角，社会学、经济学、法学、历史学等学科都已经引入性别研究的方法和视角。性别教育也备受当今社会关注，性别教育的价值目标、方式方法和具体内容都是研究的重要领域。

行政负责人：张洪芹。

科研处

科研处是负责学院科学研究和科技开发和学科建设等工作的职能部门。负责编制学校科学研究、科技开发和学科建设的中长期发展规划，并组织实施，并制定和完善学院有关科研管理工件的文件和规章制度；负责各级各类纵向科研课题和基金项目的申报、立项管理，督促各有关单位和课题组实施科研计划；负责科研经费使用的管理，协调解决存在的问题；组织科研成果的省级登记、评审、鉴定，组织科技专利的申请，组织省部级、国家级科研成果奖励的申报；负责横向科研项目的管理，组织教师和科研人员与企事业单位开展技术合作、科技咨询和科技服务，组织科研成果以及专利技术的转化和产业化；负责学科建设规划与管理，负责重点学科、学科建设岗位的遴选、申报、评估考核和管理工作；组织制定重点实验室、重点研究基地等科研机构建设与规划，根据学科优势和学科建设需要规划组建科研团体；负责学校科研成果的登记与审查，组织实施学校突出科研成果的奖励；负责学校科技统计和社科统计年报工作；负责学校知识产权保护工作；负责校学术委员会日常工作。2012年，科研处组织全院教师共获国家社会科学基金项目1项；

教育部人文社会科学青年基金1项；山东省社会科学规划研究项目立项13项；山东省高等学校科研计划项目5项；山东省软科学研究计划项目2项；山东省社科普及与应用重点项目1项；山东省艺术科学重点课题8项；2012年度全省统计科研课题项目3项；2012年度全国统计科研计划重点项目立项1项；获横向联合项目立项2项。

行政负责人：林成策。

中国海洋大学

一、学校概况

中国海洋大学的前身是私立青岛大学，始建于1924年。后经国立青岛大学、国立山东大学、山东大学等几个时期的变迁，于1959年发展成为山东海洋学院，1960年10月被中共中央确定为全国13所重点综合大学之一，1988年更名为青岛海洋大学，2002年10月经国家教育部批准更名为中国海洋大学。校训是海纳百川，取则行远。

学校辖崂山、鱼山和浮山三个校区，设有17个院，1个基础教学中心，1个社会科学部，69个本科专业。现有12个博士后流动站，13个博士学位授权一级学科，80个博士学位授权学科（专业），34个硕士学位授权一级学科点、192个硕士学位授权学科（专业），13个类别硕士专业学位授权点。学校有2个一级学科国家重点学科、10个二级学科国家重点学科（含1个培育学科）、7个教育部重点实验室、4个教育部工程研究中心，1个农业部重点实验室，20个山东省重点学科、2个山东省重点实验室、1个山东省工程技术研究中心、9个山东省高校重点实验室、4个青岛市重点实验室、1个青岛市工程研究中心。有1个"985工程"哲学社会科学创新基地（"985工程"海洋发展人文社会科学研究基地），1个教育部人文社会科学重点研究基地，1个国家文化产业研究中心和4个山东省人文社会科学研究基地，2个山东省"十二五"高等学校人文社会科学研究基地。

学校拥有一支结构相对合理、学科领域覆盖较全的师资队伍。现有教职工2800余人，其中专任教师1530余人，博士生导师357人。学校58%的教师具有博士学位，重点学科具有博士学位的教师比例达到85%，教师中有一年以上在校外学习和研究经历的占教师总数的70%，中国当代著名作家王蒙担任顾问、教授、文学与新闻传播学院名誉院长，国家海洋局原局长王曙光海大顾问、教授、海洋发展研究院院长，著名画家范曾担任人文社会科学研究院院长。"十一五"以来，人文社会学科获省部级以上奖励33项。

历任主要负责人：华岗、晁哲甫、曲相升、张国中、华山、文圣常、施正铿、冉祥熙、曾繁仁、管华诗。

党委书记：于志刚；校长：吴德星。

二、教研机构

基础教学中心

基础教学中心是主要负责全校基础课课程教学的院级单位，成立于2002年4月，由社会科学部、计算机基础部、教育系、体育系、艺术系和军事教研室等6个教学科研单位组成，目前办公地点主要在崂山校区。中心现有教职工总数158人（行政人员8人，教师150人），其中教授27人，副教授31人；在册学生602人，其中硕士研究生69人。教育系自2003年招收本科学生；体育系自2004年起招收本科学生，2007新招收运动训练学专业的硕士研究生6人，在2008年奥运会上，体育系运动训练专业学生张娟娟获女子射箭个人金牌，运动训练专业学生姜林所在团队获男子团体银牌，另有多名学生参加奥运帆船比赛获得佳绩；艺术系自2005年招收本科学生以来，至今已经招收音乐表演专业学生145人；社科部07年招收第一批马克思主义中国化和思想政治教育专业的硕士研究生13人。

社会科学部

社会科学部是中国海洋大学专门从事思想政治理论课教学和研究的二级机构，目前设有5个教研室和思想政治教育、马克思主义中国化研究两个硕士点。社科部设有青岛红十字文化与公益事业研究中心、中国社会史研究所两个科研机构。设有资料室一处，藏书4万余册，其中建国前出版的各类书籍2000余册，包括《大公报》、《晨报》影印本全套和《东方杂志》等珍贵的报纸杂志。

社科部现有专任教师33人，其中教授7人，副教授8人，高级职称教师占专任教师总数的45%；博士9人（不含在读），在职攻读博士学位5人，硕士22人，具有研究生学历的教师占专任教师总数的94%。目前，社科部已形成一支教授领衔，副教授、讲师为主；博士为先导、硕士为主体的教学队伍。

社科部在教学工作、学术研究方面均取得一定成就。1名教师被评为"全国模范教师"、"全国思政课优秀教师"，多名教师在校教学评估中获得优秀等次；1门课程入选山东省精品课程，所有本科必修课程入选校级精品课程，课程整体教学效果受到学生好评和学校肯定。社科部主持的教学改革曾被

《光明日报》、《中国教育报》报道，产生了一定影响。近几年社科部教师主持国家社会科学基金重大项目子课题1项、省部级课题13项、市级及校级课题30多项，出版著作、教材10余部，发表论文200余篇，获市级以上奖励10余项。

行政负责人：李元峰。

管理学院

管理学院成立于1986年，经过多年的积累和发展，已成为学科层次较高、师资力量雄厚、教学科研水平高、学科发展优势突出，在国内有较大影响的研究教学型学院。管理学院下设工商管理系、会计学系、营销与电子商务系、旅游学系；设有农业经济管理研究所、名牌企业研究中心、应用会计研究所、管理科学与工程研究所、财务管理研究所、审计与管理咨询研究所、营销与品牌形象研究所、区域旅游开发管理研究所、海洋管理研究所等教学与科研机构。MBA教育中心、MPAcc教育中心、中国企业营运资金管理研究中心也挂靠在管理学院。

学院现有工商管理博士后流动站、工商管理一级学科博士学位授予权以及农业经济管理二级学科博士点；工商管理、管理科学与工程两个一级学科硕士学位授权点，以及企业管理、会计学、农业经济管理、旅游管理、管理科学与工程、技术经济管理六个二级学科硕士点；工商管理硕士（MBA）、会计硕士（MPAcc）、企业项目管理、工业工程、农村与区域发展、农业科技组织与服务、旅游管理、资产评估等多个专业学位硕士点。本科专业设有工商管理、会计学、市场营销、电子商务、旅游管理、财务管理。企业管理专业为山东省重点学科和山东省哲学社会科学重点研究基地，会计学专业为山东省重点学科、山东省品牌专业和国家级特色专业。

管理学院现有教师83人，其中教授20人、副教授28人，博士生导师12人，教育部新世纪优秀人才计划2人、全国会计学术领军人才计划2人。学院现有全日制在校本科生1700余人、硕士研究生700余人、博士研究生100余人。长期以来，学院注重提高教学水平和强化教学质量，在课程设置、教学内容、教学方法与手段等方面强调改革与创新，以适应社会发展需要，历届毕业生均赢得了用人单位的好评。学院历年均承担国家级、省部级科研课题和地方政府、大型企业委托的研究项目，取得了一系列具有广泛影响的科研成果。

行政负责人：权锡鉴。

经济学院

经济学院历史可追溯至20世纪80年代初山东海洋学院发展经济管理学科，现有国际经济与贸易、金融系、经济学系3个系和11个研究所，拥有金融学、国际经济与贸易、物流管理、海洋经济学4个本科专业和金融学、国际贸易学、数量经济学、劳动经济学、区域经济学、产业经济学、国民经济学、西方经济学、财政学9个学术型硕士点学位授予权，物流工程、国际商务、保险专业硕士、金融硕士4个专业型硕士点学位授予权，以及资源开发与国民经济可持续发展、区域创新与国际经济合作、货币金融体系与风险管理、劳动收入与财政政策4个应用经济学博士学位授予权。经济学院是国家教育部人文社科重点基地、国家社会科学创新基地、中国海洋发展研究中心骨干单位，拥有山东省人文社会科学重点研究基地——海洋经济研究中心。

全院现有教职工64人，行政人员11人，教师53人，其中教授17人，副教授15人；博士生导师9名、硕士生导师29人，博士及在读博士32人。学院多数教师来自于南京大学、中国科技大学、中国人民大学、南开大学、复旦大学等国家教育部直属重点大学，30%的教师具有留学经历。教师队伍中，年龄45岁以下33人，占62%；具有博士学位37人，博士在读6人，占81%，构成了以老带新、年富力强、充满生气与活力的师资队伍。

行政负责人：姜旭朝。

外国语学院

外国语学院的前身是始建于1983年的外语系。1993年12月，为适应社会和经济发展的需要，在外语系和对外汉语教学中心的基础上成立了外国语学院。19年来，学院取得了较大发展，已成为具有一定规模的文科学院。学院现有教师96人，其中教授20人，副教授27人；有博士学位人员5人，硕士学位人员53人，占教师总数的62.3%；英、日、法、朝鲜四个语种常年有8—9名外籍教师。

学院现有英语系、日语系、朝鲜语系、法语系、英语二系和外国语言文化研究所。英语系有外国语言学与应用语言学专业硕士点、日语系有日语语言文学硕士点；本科有英语、日语，朝鲜语、法语和英德双语专业。外国语学院还有教育部下设的英语和日语考试中心（包括IELTS，TOEFL，BEC，PETS，BFT和日本语能力等级考试等项目）。资料室现有中外文图书2万余册，中外期刊180余种，其中外文期刊22种，包括全部国内外语类核心期刊。

行政负责人：杨连瑞。

文学与新闻传播学院

文学与新闻传播学院现有中文系、新闻与传播学系、文化产业系、汉学系共4个系和海洋文化研究所、王蒙文学研究所、青岛现代作家研究中心、儿童文学研究所、城市文化研究所、日本研究中心、海洋文学与艺术研究所等7个研究机构。依托学院的机构有文化部—中国海洋大学国家文化产业研究中心、中国海洋大学文史哲中心、青岛国家动漫创意产业基地动漫文学创意中心、山东省文化产业品牌研究基地、孔子学院。

学院师资力量雄厚，现有教职工81人，其中博士生导师和硕士生导师38人，正副教授36人，有博士学位和在读博士41人，占教师人数的50%以上，大部分教师具有国外任教和访学的经历。在学术研究领域，海洋历史文化、儿童文学、王蒙文学研究、汉字符号学、文化产业、民间文学、人才美学、辞赋研究等学术研究特色显著，处于国内领先或显著地位。学院重视国际交流与合作，与美国、英国、德国、日本、韩国、新加坡、澳大利亚等国家和中国台湾、香港地区的10多所大学有合作和交流关系。

学院现有文化产业管理博士点、中国现当代文学山东省重点学科；设有文艺学、中国古代文学、中国现当代文学、汉语言文字学、语言学与应用语言学、世界文学与比较文学、传媒文化、音乐文学、中国史、文化产业管理等硕士学位授权点；本科专业有汉语言文学、编辑出版学、新闻学、对外汉语（留学生教育）和动漫文学方向。现有研究生250人，本科生1000人，留学生100余人。

行政负责人：薛永武。

法政学院

法政学院含法学、政治学、公共管理等三个一级硕士学位授权点，设有法律系、政治学与行政学系、公共管理系和海洋法学研究所、海洋法学文献资料中心、《环境资源法学评论》编辑部、海洋与社会发展研究所、可持续发展与环境资源法学研究所、国际问题研究所等系所。设有山东海事司法鉴定中心、青岛万方医学司法鉴定所等教学、科研和法律服务单位。

学院拥有一支国内外著名大学培养起来的、以年轻博士硕士为主体的优秀教师队伍。学院现有法学一级学科博士授权点和法学博士后流动站，设国际法学、经济法学、宪法学与行政法学、环境与资源保护法学、行政管理、政治学理论、国际政治、社会学、公共管理（MPA）等硕士点18个。

行政负责人：徐祥民。

海洋发展研究院

中国海洋大学海洋发展研究院于2004年12月经教育部批准成立。2005年6月，研究院成为教育部人文社会科学重点研究基地，是教育部唯一的涉海综合研究基地，也是“985工程”国家哲学社会科学创新基地的依托单位，院长由前国家海洋局局长王曙光担任。

目前，研究院设有1个行政办公室、1个信息资料中心、1个综合研究室、5个研究所（海洋经济研究所、海洋管理研究所、海洋法研究所、海洋文化研究所、海洋政治研究所）。研究院参照教育部人文社会科学重点研究基地管理模式进行体制创新：实行院长行政负责和首席专家学术负责双重领导体制；实行全员聘任制；校外研究人员实行驻院研究制度。

行政负责人：权锡鉴。

国家文化产业研究中心

中国海洋大学国家文化产业研究中心是2006年12月由文化部批准命名的国家级文化产业研究机构，与清华大学、南京大学等一起成为全国首批国家文化产业研究中心之一，也是山东省唯一的国家文化产业研究中心，承担着为国家和地方文化产业发展开展基础理论和应用等重大课题研究、政策咨询与信息服务、培养文化产业各类专业人才、与国内外文化产业研究团体和文化产业企事业单位密切联系与合作、建立图书资料中心和信息网络、组织相关重大学术会议等重任。

中心以文学与新闻传播学院为依托，基本成员主要来自文化产业系、中文系、新闻与传播学系、城市文化研究所、海洋文化研究所、儿童文学研究所等，同时，整合学校外国语学院、信息学院、经济学院、管理学院、法政学院和其他高校、科研机构、政府部门和文化企业的相关人员，搭建一个跨院校、跨行业的研究平台。研究中心下设五个研究机构，主要研究领域有：我国沿海城市文化产业研究、儿童文化产业研究、中日韩文化产业比较研究、文化产业政策与管理研究、媒介产业研究、视觉文化与动漫文学等。文化部文化产业司司长王永章、中国海洋大学校长吴德星担任中心名誉主任。

行政负责人：薛永武。

三、校内学术团体

山东省新成环境法与可持续发展研究中心

山东省新成环境法与可持续发展研究中心2007年由中国海洋大学发起成立，是由热心环保事业的人士结成的非营利性的社会组织。

中心以学术研究、知识宣传与社会服务为宗旨，设环境政策与法律研究室、海岸带管理与海洋环境法研究室、资源管理与资源法研究室、环境教育与宣传研究室等机构。中心成立以来，致力于可持续发展的理论与实践研究与宣传，环境法学理论、环境立法与执法研究与宣传，环境与资源保护中的社会服务，取得了较好的社会效应。

负责人：徐祥民。

山东省法学会保险法学研究会

山东省法学会保险法学研究会于2013年1月依托中国海洋大学设立，是国内首个依托高校设立的省级保险法学研究会。中心宗旨为促进地方保险行业的健康、平稳发展，促成保险行业理论界和实务界更广泛的交流。

负责人：任以顺。

山东省海洋经济技术研究会

山东省海洋经济技术研究会是1996年在原青岛市市级学会基础上，经省民政厅正式批准成立的具有法人资格的社会团体，挂靠在中国海洋大学和山东省海洋与渔业厅。1998年8月，研究会在中国海洋大学召开了第一次会员代表大会，选举产生了第一届理事会。2001年初，研究会正式加入省科协，成为省科协主管的学会之一。2003年10月换届，产生第二届理事会，中国海洋大学原校长管华诗院士担任学会第一、二届会长。2008年11月，在青岛召开了第三届会员代表大会，选举产生了第三届理事会，现任会长是中国海洋大学副校长于宜法教授，秘书长是中国海洋大学鲍洪彤教授。目前，有团体会员单位35个，会员总数达500多人，由全省海洋界的科研院所、企业单位以及海洋管理部门有关人员组成。

负责人：于宜法。

中国海洋学会海洋经济分会

中国海洋学会海洋经济分会成立于1986年6月，挂靠中国海洋大学，第一任会长是山东社科院海洋经济研究所蒋铁民教授。2004年改选后，现任会长是中国海洋大学副校长、著名海水养殖专家、博士生导师董双林教授，秘书长为韩立民教授。分会现有个人会员约400人，团体会员总数42个，具有高级职称的会员占会员人数的80%左右。

分会成立以来先后出版了《“海上山东”建设概论》（1998年）、《浙江建设“海洋经济大省”战略研究》（1999年）、《环渤海区域海洋经济可持续发展研究》（2000年）等专著，编辑出版学术季刊《海洋经济》，每季发表会员文章27篇。近几年，海洋经济分会组织组织会员编辑出版了《海洋管理概论》、《中国海洋高技术及其产业发展战备研究》、《海洋产业结构与布局的理论和实证研究》、《海域使用管理的理论与实践》等学术著作10多部，完成了创建中国海洋科技产业城研究、青岛近期海洋经济发展战略等科研课题，举办了新世纪中国海洋经济论坛、我国海岛保护与管理研讨会等全国性学术活动，编辑论文集3本，为国家和省市级领导进行海洋经济决策提供了重要依据。

会长：董双林。

中国石油大学（华东）

一、学校概况

中国石油大学是教育部直属全国重点大学，是国家“211工程”重点建设和“优势学科创新平台”建设并建有研究生院的高校之一，是石油、石化高层次人才培养的重要基地，现已成为一所以工为主、石油石化特色鲜明、多学科协调发展的大学。

学校1953年建立，时为北京石油学院，是新中国第一所石油高等学府。1969年，迁至山东东营，更名为华东石油学院。1981年6月在北京石油学院原校址内成立研究生部。1988年，更名为石油大学，逐步形成山东、北京两地办学的格局。2005年1月，更名为中国石油大学。

学校现有青岛、东营两个校区，校园总面积4723亩，建筑面积110万平方米，图书馆藏书总量610万册，其中印刷型图书254万册、电子型图书356万册。学校现有5个国家重点学科，2个国家重点（培育）学科，10个博士后流动站，11个博士学位授权一级学科，44个博士点，33个硕士学位授权一级学科，150个硕士点，另有工商管理硕士、翻译硕士、会计硕士和20个工程硕士授权领域，58个本科专业，学科专业覆盖石油、石化工业的各个领域，石油主干学科总体水平处于国内领先地位。学校建有研究生院，有地球科学与技术学院、石油工程学院、化学工程学院、机电工程学院、信息与控制工程学院、储运与建筑工程学院、计算机与通信工程学院、经济管理学院、理学院、文学院、马克思主义学院、国际教育学院、体育教学部等13个教学学院（部），以及后备军官学院、远程教育学院和继续教育学院。

学校现有全日制在校本科生19197人、研究生5086人，留学生450人，函授网络在籍生74000人。建校以来，为石油石化工业和国民经济建设输送了20多万名各类毕业生，培养出了吴仪、周永康等一大批杰出校友，走出了何国钟、沙国河、王德民、孙龙德、袁士义等多位两院院士，涌现出了“新时期铁人”王启民、“当代青年的榜样”秦文贵等英模人物。2004年被国务院授予“全国就业先进工作单位”荣誉称号，2011年入选50所全国毕业生就业典型经验高校。

学校建立了一支师德高尚、业务精湛、结构合理、充满活力的高素质教师队伍。现有教师1600余人，其中教授、副教授889人，博士生导师159人。专任教师中有两院院士6人，“千人计划”入选者、“长江学者”特聘教授、国家“百千万人才工程”入选者10人，“泰山学者”特聘教授及海外特聘专家7人，“新世纪优秀人才支持计划”入选者17人，国家级教学名师、山东省教学名师12人，“全国优秀教师”5人，7人分获中国青年科技奖、教育部高校青年教师奖、霍英东青年教师奖，10人被授予“山东省有突出贡献的中青年专家”荣誉称号。3个创新团队入选教育部“长江学者和创新团队发展计划”，2个创新团队入选“山东省优秀创新团队”。

学校是石油、石化行业科学研究的重要基地，在基础理论研究、应用研究等方面具有较强实力，在10多个研究领域居国内领先水平和国际先进水平。现有重质油国家重点实验室、油气加工新技术教育部工程研究中心、石油石化新型装备与技术教育部工程研究中心等43个国家及省部重点实验室和研究机构。学校重视科技成果的产业化，山东石大科技集团有限公司、山东石大胜华化工股份有限公司既是国家级高新技术企业，也是石油石化行业重要的科研中试及工业试验基地。“十一五”期间，累计新增国家重大科技专项、支撑计划、“863”、“973”和国家自然科学基金等项目286项，获省部级以上科研奖励179项，其中国家科技进步奖7项。

历任行政负责人：闫子元、贾皞、焦万海、杨光华、华泽澎、李秀生、仝兆岐、刘长亮、赵炎、郑其绪。

党委书记：刘珂；校长：山红红。

二、教研机构

经济管理学院

经济管理学院涵盖管理学和经济学两个学科门类，设有财务与会计系、工程管理系、信息管理系、管理与营销系、经济学系、公共管理学系等7个教学系，并设有MBA教育中心、工程硕士教育中心及管理科学研究中心、人力资源研究中心、胜利石油会计研究中心、黄河三角洲区域文化与经济研究中心、实验教学中心等教学和科研单位。学院目前设有1个博士后科研流动站，1个一级博士学位授予学科（管理科学与工程），3个一级硕士学位授予学科（管理科学与工程、工商管理、应用经济学），1个二级硕士学位授予学科（行政管理学），3个专业学位授予点［工商管理硕士（MBA）、会计硕士（MPACC）、工程硕士］，其中工程硕士具有3个授权领域（工业工程、项目管理、物流管理），9个本科专业（经济学、行政管理学、会计学、财务管理、工程管理、信息管理与信息系统、工商管理、市场营销、国际经济与贸易）。现有专任教师111人，包括教授20人、副教授37人，副研究员3人，高级实验师1人。学院建有工程管理实验室、会计实验室，设备及软件投资近百万元，为教师、学生提供了学习研究的良好条件。学院科学研究力量雄厚，长期承担并完成各项国家级、省部级及横向协作课题，年到位科研经费超过800万元，所完成科研项目多次获得省部级奖励。

负责人：李雷鸣。

马克思主义学院

马克思主义学院的前身是北京石油学院时期的马列主义教研室和后来的政治理论教研室，1984年成立社会科学系，2001年改称为政法系，2002年组建人文社会科学学院；2009年，依据中宣部、教育部的要求，学校成立了思想政治理论教研部；2011年5月成立马克思主义学院。学院下设哲学系、政治与历史系、思想政治教育系和马克思主义中国化研究所。主要承担全校思想政治理论课教学和相关博士、硕士专业人才培养及科学研究任务。现有教师42人，其中教授7人、副教授23人，博士生导师3人、硕士生导师19人。拥有一个二级学科博士点（马克思主义中国化研究）、3个一级学科硕士点（马克思主义理论、政治学、哲学）、一个二级学科硕士点（高等教育学）；拥有1个山东省高校人文社会科学研究基地——中国化马克思主义研究中心，为学校第一个省级人文社会科学研究基地。学院承担完成了多项国家级、省部级科研课题，取得了大量重要研究成果，在中国化马克思主义与现代化、科学发展观与科技创新、社会主义和谐社会理论与实践、党的历史与党的建设、思想政治理论与实践等研究方向上形成了优势和特色。

负责人：王建军。

文学院

文学院成立于2011年5月，由原外国语学院与人文社会科学学院的法学系、汉语言文学系、艺术系组建而成，主要承担公共外语教学、人文社会科学课程教学，以及相关文科专业的人才培养、科学研究和社会服务。现有专任教师183人，其中教授18人，副教授40人，硕士研究生导师44人。学院涵盖文学、法学和艺术三大学科门类，现有外国语言文学、法学两个一级学科硕士点，中国古代文学、英语语言文学、俄语语言文学、外语教学与研究、翻译理论与实践、英美文学、宪法学与行政法学、民商法学、经济法学、环境与资源保护法学等17个二级学科硕士点，同时拥有一个翻译硕士专业（英语和俄语）学位硕士点。设有英语语言文学、俄语语言文学、法学、汉语言文学、音乐学等5个本科专业，英语、俄语与法学等3个双学位专业。学院在大学外语教学改革、英语与俄语人才培养、能源法律与政策、区域文化、艺术设计等领域形成了鲜明的特色和优势，与各级地方政府和多家企事业单位开展全方位交流合作，广泛开展外语、法学、艺术、新闻、文秘、形象品牌建设等方面的技术咨询、合作研究或专题培训等。

负责人：王书亭。

国际教育学院

国际教育学院是集外国留学生教育、中外合作办学及汉语国际推广为一体的综合性国际教育、管理及研究机构。学院下设学院办公室、招生及项目办公室、学生事务管理办公室等管理机构，对外汉语系、全英文授课专业系、国际教育研究室等教学科研机构。主要职能包括对外汉语教学、全英文授课专业教学及科研；对外招生宣传、学籍管理、学生咨询、签证管理、宿舍管理及其他后勤服务等。专任教师均具有良好的学术背景，丰富的教学经验及良好的沟通表达能力；工作人员均具有良好的职业素养，责任心强，富于进取精神。教职工中相当部分人员具有海外经历以及从事国际教育管理和研究的经历与能力。学院依据我国国际教育事业的发展规划，结合学校实际，积极探索，扎实推进，计划到2020年建立起与中国石油大学在全国的综合地位、教育规模与水平相适应的国际教育工作体系，为学校的特色发展、开放发展、和谐发展服务，为学校“建设国内著名、石油学科国际一流的高水平研究型大学”贡献力量。

负责人：栾凤池。

体育教学部

体育教学部主要承担公体课教学、运动训练、竞赛和群体工作等任务。下设办公室、第一公体教研室、第二公体教研室、竞技体育教研室和体质健康测试中心。现有教师58人，其中教授7人，副教授19人，硕士生导师5人，网球国家级裁判一人，排球国家级裁判1人。2006年设立体育教育训练学硕士学位授予权二级学科，2011年设立体育学硕士学位授予权一级学科。近年来，体育教学部认真贯彻普及与提高相结合的学校体育工作方针，坚持夯实一个基础（群体活动）、突出两个重点（公体教学和竞技体育）、发挥三个作用（师德师风建设的育人作用、体育科研的先导作用和硕士一级学科点建设的支撑作用）的工作思路，以改革为主题，以领导班子建设为重点，以规范化管理为突破口，发扬争上游，创一流的精神，体育课教学质量，竞技体育成绩，群体工作和体育科研工作均列山东省高校前茅，并稳定保持在全国普通高校先进行列。

负责人：王锋。

研究生院

中国石油大学从1953年建校初就开展研究生招生培养工作，1981年成立北京研究生部，2000年6月经教育部批准试办研究生院，2004年6月正式建院。研究生院与党委研究生工作部合署办公，负责学校各类研究生的招生、培养和学位管理、学生教育等工作。研究生院设有招生办公室、培养办公室和专业学位管理办公室和学位办公室四个副处级建制单位，王瑞和副校长任院长，林承焰任常务副院长主持工作。党委研究生工作部负责研究生的思想政治教育和日常管理工作。

负责人：林承焰。

教务处

教务处主要负责本科培养方案制订与管理，教学改革立项与成果管理，专业、课程、教材的建设与管理，教学基本建设投资工作，实验、实习教学环节管理与质量监控，毕业设计工作管理与研究，大学生创新项目管理与研究，院部评估、专业评估、课程评估等专项评估组织与管理，教学运行与调度、教学工作检查与通报、各类考试组织与管理、学生成绩管理以及招生相关工作等。

负责人：冯其红。

科技处

科技处主要工作职责包括：根据国家省市的科研方针政策，结合学校实际，编制学校社科发展的中长期规划和年度计划；负责各级各类科研项目的申报组织与全过程管理；组织科研成果的鉴定、评审、申报奖励，以及成果的推广及转化等；负责专利及知识产权的管理；负责科研经费的宏观管理和调控；负责各级各类科研机构申报、评估与管理，负责科研编制的落实和分配；负责各学科评审专家的推荐；负责各类上级的科研数据统计；负责学校科研政策和管理办法的制定、完善与实施。科技处下设文科管理办公室，专门负责所有人文社科类科研管理工作。

负责人：姚军。

高等教育研究所

高等教育研究所的主要职责是研究高等教育有关理论问题、国家和上级部门有关政策、高等教育改革与发展的方针政策；调查研究学校改革发展的实际问题，开展有关工作咨询活动；参与学校发展规划和改革方案的调研和制定；研究学校的办学思想、思路、战略有关问题，总结提升学校先进的教育理念和办学经验；组织高等教育和政策研究，对有关学校发展的重大研究课题进行规划，对校内外立项的各级教育研究课题进行组织管理；收集介绍国内外高等教育政策和发展信息；开展对外联系、交流与合作，举办相关学术研讨活动。

负责人：姚成郡。

中国化马克思主义研究中心

2011年6月，中国化马克思主义研究中心成为山东省高校人文社会科学研究基地，这是学校第一个省级人文社会科学研究基地。研究中心整合中国化马克思主义研究教学与学术资源，依托“马克思主义中国化研究”二级学科博士点、“马克思主义理论”、“政治学”和“哲学”一级学科硕士点，发挥研究优势和特色，深入开展“中国特色社会主义理论体系研究”、“科学发展观与区域经济社会发展”、“社会主义和谐社会理论与实践”和“思想政治教育理论与实践”的相关研究。现有教授5人，副教授12人，博士生导师3人，硕士生导师14人，具有博士学位的12人。

负责人：张荣华。

山东科技大学

一、学校概况

山东科技大学建校于1951年，现已发展成为一所工科优势突出，行业特色鲜明，工学、理学、管理学、文学、法学、经济学、教育学等多学科相互渗透、协调发展的省属重点大学。学校是山东省重点建设的5所应用基础型人才培养特色名校之一。

学校在青岛、泰安、济南三地办学，总占地面积243万平方米（3640余亩），建筑面积140万平方米。设有16个学院、9个教学系（部）、1个研究院和1个独立学院。有9个博士后科研流动站；8个博士学位授权一级学科，43个博士学位授权二级学科；24个硕士学位授权一级学科，127个硕士学位授权二级学科；6个硕士专业学位类别，其中工程硕士包含19个授权领域；78个本科专业。有国家重点（培育）学科1个，省部共建国家重点实验室培育基地1个，国家地方联合工程研究中心1个，省部级重点学科、实验室（基地）和工程（技术）研究中心61个，其中教育部重点实验室1个、教育部工程研究中心1个，另有青岛市重点实验室4个、工程实验室1个、工程（技术）研究中心2个。学校设有国家制造业信息化培训中心授权业务中心、国家外专局外语培训中心、山东—俄罗斯科技合作中心、青岛市制造业信息化人才培训基地。俄罗斯自然科学院在学校设有中国唯一的“中国科学中心”。

学校现有在校生46000余人，其中博士、硕士研究生5900余人，独立学院学生9000余人。另有成人教育类学生30000余人。有教职工2900余人，其中教授287人。有中国科学院院士3人，中国工程院院士1人，国家“千人计划”人选1人，教育部创新团队2个，山东省高校创新团队2个，“泰山学者”特聘教授8人，新世纪百千万人才工程国家级人选2人，教育部新世纪优秀人才支持计划人选4人，享受国务院政府特殊津贴人员57人，国家有突出贡献的中青年专家5人，山东省有突出贡献的中青年专家15人，博士生导师158人，全国模范、优秀教师10人，省级优秀教师17人，省级教学名师10人。

学校有国家级特色专业7个，国家级综合改革试点专业1个，国家级人才培养模式创新实验区1个，国家级精品视频公开课1门，国家级精品课程4门，国家级双语教学示范课程1门，国家级教学团队1个，国家级实验教学示范中心1个，国家级工程实践教育中心1个；有省级“本科教学工程”建设项目113项。学校是国家“卓越工程师教育培养计划”和“大学生创新创业训练计划项目”实施高校。近年来学校获国家级教学成果奖二等奖4项，省级教学成果奖70余项。2007年，学校在教育部本科教学工作水平评估中被评为优秀等级。学校毕业生就业率保持在全省高校前列，已为社会培养了20余万名各类人才。

学校具有较强的基础研究、应用研究和科技开发能力及多学科交叉的综合科技优势。在矿业工程、安全科学与工程、测绘科学与技术、地质资源与地质工程、控制科学与工程、软件工程、机械工程、管理科学与工程、岩土工程、计算机软件与理论等领域有较强的学科基础和学术优势。设有工程技术及人文社会科学类专业研究院所90余个。“十一五”期间，学校承担各级各类科研项目3842项，计划与合同经费8.8亿元。其中，纵向项目1167项，计划经费1.9亿元，包括国家“973”“863”项目、国家“十一五”科技支撑计划、国家自然科学基金重点项目等在内的国家级项目163项，计划经费6739万元；横向项目2675项，合同经费6.9亿元。鉴定科技成果323项；发表论文8503篇，其中三大检索论文1632篇，CSSCI、人大复印资料、新华文摘等收录或转载论文254篇；出版科技著作418部；授权职务专利249件；获上级科技奖励713项，其中国家级科技奖励5项、省部级科技奖励218项。2012年科研立项1004项，计划与合同经费2.5亿元，获科技奖励

213 项，其中国家级奖励 1 项、省部级奖励 51 项，授权职务专利 2291 件。

经过 60 年的建设与发展，学校形成了“惟真求新”的校训和“团结、勤奋、求是、创新”的校风。“十二五”时期，学校将建成工科优势突出，行业特色鲜明，多学科协调发展，整体办学水平在省内领先、国内外有较大影响的教学研究型大学。

历任领导：刘子光、刘辛人、田景瑞、沈光寒、霍万库、曹书刚、刘向信、王春秋、袁俊平、任廷琦。

党委书记：袁俊平；校长：任廷琦。

二、教研机构

文法学院
（马克思主义学院）

文法学院是以法为主，文史哲、经管法等多学科相互渗透、协调发展的教学科研单位。学院设有法学、公共管理、广告学、中文等 4 个专业教学系，现有资源与环境保护博士学位授权点，法学一级学科硕士点（现招收环境与资源保护法、经济法、民商法、刑法、法学理论、国际法以及诉讼法 7 个专业硕士生），是法律硕士专业学位培养单位。设法学、行政管理、广告学、文秘教育、汉语言文学等 5 个本科专业。马克思主义学院设有马克思主义原理、中国近现代史、马克思中国化、思想道德修养四个教学部，担负着专业人才培养与全校思想政治理论课等 30 余门素质教育课程的教学、社会实践活动指导和相关的科研工作。

学院现有教职工 104 人，其中教授 13 人，副教授 23 人，博士 31 人，硕士 65 人。另聘任著名学者包心鉴教授为学院名誉院长，北京大学等高校著名学者 6 人为兼职教授。目前在校本科生 1146 人，博士、硕士研究生 274 人。

近年来，承担国家社会科学基金项目等各级纵向项目 40 余项，发表论文 500 余篇，出版专著、教材 30 多部，荣获国家教育部优秀成果奖、省市社会科学优秀成果奖等各级各类奖励 70 余项；参加国内外学术会议与交流每年 80 余人次。

院长：李光禄。

经济与管理学院

经济与管理学院成立于 2000 年 7 月，由原泰安校本部的工商管理系和济南校区的经济系合并而成。设有工商管理系、会计系、经济与贸易系、管理科学与工程系、财政与金融系 5 个教学系，有会计学、工商管理、国际经济与贸易、电子商务、金融学、财政学、物流管理等 7 个本科专业，有“管理科学与工程”一级学科博士点，“管理科学与工程”、“资源经济与管理”、“技术经济及管理”、“会计学”和“企业管理”五个硕士学位授予权，工商管理硕士（MBA）、工程硕士、工程管理三个专业硕士授权领域。现建有 1 个信息实验中心，1 个循环经济研究中心，8 个研究所，有“技术经济及管理”山东省重点学科和“资源开发与环境保护”山东省科技厅软科学基地、“生态文明与社会经济发展”山东省社科办研究基地、“矿区循环经济与节能减排”山东省强化建设人文社科基地。现有教职工 90 余人，其中博士生导师 9 人，教授 21 人，副教授 28 人；已取得博士学位的教师近 40 人，专任教师基本实现了硕博化。学院先后承担国家自然科学基金项目、国家社会科学基金项目及省部级各类项目 50 余项，年均科研经费 300 万元左右，累计获得省部级科技进步奖及现代化管理成果奖 100 余项。

院长：王新华。

外国语学院

外国语学院成立于 2002 年 12 月。下设英语系、日语系、韩语系、大学英语一系、大学英语二系、研究生外语教学部、翻译中心、语言研究所、外国文学研究所和外语培训部等教学、研究和培训机构。有英语、日语、韩语 3 个本科专业，开设英、日、俄、韩、法等语种课程。有“外国语言学及应用语言学”、“英语语言文学”、翻译硕士专业学位授权点，“外国语言文学”一级学科硕士点。“外国语言学及应用语言学”被评为山东省重点学科。2010 年获批教育部考试中心直属的“全国外语翻译证书”考试（简称 NAETI）考点。

学院现有教职工 122 人，专业教师 118 人，其中教授 8 人，副教授 23 人，获博士学位者 8 人，博士后出站 1 人，年轻教师已全部实现硕士化。

学院近年在论文发表、专著出版、科研立项和获奖等方面均实现了跨越式发展。先后建立了 5 个教学科研创新团队。近 5 年，教师在国内外各种学术刊物上发表论文 890 篇，编写教材、教辅 25 部，出版专著、译著 10 余部；承担校级以上科研、教研课题 75 项；承担教育部、国家社科基金及省级社科项目 20 余项。

院长：彭建武。

艺术与设计学院

学院现设艺术设计系、工业设计系、广告设计系和音乐系四个教学系，有艺术设计、工业设计、广告学（设计）和音乐学四个本科专业，在校学生 900 名。学院现有教工 47 人，其中教授 4 名，副教授 7 名，特聘教授 6 名。有全国音乐家协会会员 6

名，全国高校音乐教育学会理事2名，全国戏曲音乐理论研究会理事1名，中国美术家协会会员2名，中国书画家协会会员3名，中国书画研究院常务理事1名，山东省美术家协会理事3名，山东文化艺术科学协会会员2名，山东省音乐家协会会员4名。经过多年的实践，学院在学科范围内已经形成了一支集理工学科和艺术学科为一体、专业特色鲜明、人员结构合理、科研教学成果突出的梯队，建立起了具有自身特色的学科优势，在环境艺术设计、产品设计、广告艺术设计、室内外装饰设计等领域的研究日趋成熟。学院一向重视学生全面素质的培养，注重学生的个性发展，积极倡导和组织学生开阔视野、大胆创新、追求卓越。积极组织学生参加全国和山东省科技创新大赛并取得优异成绩，在全国"金都奖"广告设计大赛和省市各类音乐、美术技能大赛中多次获得金银奖。

院长：刘元法。

科研处

科研处是学校从事科学研究活动的主管业务部门，负责纵横向项目的申报和管理、科研成果的申报和管理、知识产权等方面的科研管理工作，为广大师生提供科研咨询和管理服务。全处下设综合信息科、科研计划科、人文社科科、知识产权科、科技开发科等五个科室和一个天地人科技发展公司，现有工作人员12人，其中教授2人，副教授3人，工程师7人。近年来，带领全校科研工作者顽强拼搏、锐意进取，实现了全校科研工作的跨越式发展，连续9年科研经费达亿元以上，2012年计划与合同经费达到了2.5亿元。

处长：韩作振。

高等教育研究所（学报编辑部）

高等教育研究所与学报编辑部两个机构合署办公，简称高教研究所（学报编辑部），是学校唯一的一个具有行政性质的学术机构。现有编制人员11人。其中教授1人，研究员（编审）1人，副教授（副编审）3人，馆员1人，助理研究员4人，见习助理研究员1人。编辑出版《科技教育研究》（省出版局内部准印证）和《高教信息》。《高教信息》每年6期，主要是及时、准确地为校领导和各职能部门、教学单位提供国内外最新高教动态和研究成果，为各级领导机关决策和管理提供参考和资讯服务。

近几年来，高教研究所主持或参与省部级、校级研究课题20余项，获得地市（厅局）级以上奖励10余项，出版著作6部，发表论文100余篇。2005年获中国高教学会"全国优秀高等教育研究机构"称号。2008年1月第二次当选，连续两次被评全国优秀高等教育研究机构的在山东省只有山东科技大学高教研究所一家。2011年被评为山东省首届优秀高等教育研究机构。

所长：黄仕军。

山东省矿区循环经济与节能减排研究基地

山东省矿区循环经济与节能减排研究基地是2011年经山东省教育厅批准成立的强化建设研究基地。该研究基地紧紧围绕矿区循环经济与节能减排已形成了三个稳定的研究方向：（1）矿区循环经济与节能减排评价及管理体系研究。该研究方向紧跟国内外研究前沿，重点针对煤炭矿区，兼顾其他矿区的发展特点，对矿区循环经济与节能减评价与管理体系的基础理论与方法进行研究。（2）山东矿区循环经济与节能减排运行机理与路径研究。该方向以山东省矿区为依托，重点研究矿区循环经济与节能减排发展过程中存在亟待解决的一些难点、热点问题。（3）资源价值与交易体系研究。该方向以产权理论、价值理论、外部性理论和政府规制理论为指导，围绕国际国内研究与实践前沿，对环境资源的价值核算与评估、产权交易、政府规制及利益主体行为等问题进行研究。三个研究方向拥有专职研究人员27人，其中教授8人，副教授6人，讲师6人，助教7人。该研究基地获国家级项目4项，其中国家自然科学基金项目和国家社科基金项目各2项；省部级项目20余项，纵向项目经费近200万元。基地研究人员承担横向项目20余项，科研经费400多万元。研究人员在Economic Modelling、International Journal of Computer Mathematics、Journal of Industrial and Management Optimization等SCI、SSCI收录期刊以及《管理世界》、《物理学报》、《中国人口、资源与环境》、《煤炭经济研究》等经济管理类权威期刊和CSSCI来源期刊发表学术论文100多篇，出版专著5部，科研成果获国家能源局软科学研究优秀成果奖等各种奖励20余次。

主任：王新华。

山东省科学与哲学研究基地

山东省科学与哲学研究基地于2009年10月设立，在省哲学社会科学规划领导小组领导下，采取省社会科学规划管理办公室与有关单位共建、各基地及其挂靠单位自建相结合的运作模式。根据学校现有的研究基础和优势，跟踪科技哲学研究的前沿，以马克思主义的基本立场和方法，注重理论和实践的交叉研究，结合我国科技与社会经济及人的健康发展的需要，重点在科学哲学研究、技术哲学研究、传统文化与科技伦理研究等方向展开研究并取得相关成果。

主任：李光禄。

山东省资源管理与环境保护软科学研究基地

山东省资源管理与环境保护软科学研究基地于2009年7月经省科技厅批准设立，由文法学院和经管学院共同建设。主要研究方向有资源管理与环境保护基本理论研究、资源管理与环境保护应用研究、资源管理保护与生态文明建设研究等。现有科研人员30人，其中教授8人，副教授6人，讲师10人。科研基地科研人员围绕资源管理与环境保护开展了深入的研究，取得了丰富的成果。以2010年为例，研究基地科研人员获批各类纵横向项目10余项，其中国家级项目1项，省部级项目8项，企业委托项目1项，科研经费近百万元；发表学术论文54篇，出版专著、教材3部；研究成果获得山东省科技进步二等奖1项。基地自设立以来，经过科研基地人员的共同努力，已经在资源管理与环境保护方面已形成了一支科研能力强、学历层次高、年龄结构和学缘结构合理的高水平科研团队，承担着包括国家、省部级在内的若干重大课题，取得了一系列高水平标志性成果，为政府决策提供咨询和服务的能力逐步增强，该科研基地的建立、建设和运转，对我省的资源管理与环境保护提供了有力的理论支持和决策依据。

主任：王新华。

山东省生态文明与经济社会发展研究基地

山东省生态文明与经济社会发展研究基地于2009年10月设立，是学校获批的首个山东省社会科学规划重点研究基地，由省哲学社会科学规划领导小组领导，采取省社会科学规划管理办公室与有关单位共建、各基地及其挂靠单位自建相结合的运作模式。主要研究方向有生态文明与社会和谐、资源开发利用与生态恢复、循环经济与可持续发展研究、环境行政与环境政策等四个方面。经过三年多的努力，科研基地建设取得初步成效，在科研立项、论文发表、著作出版、科研奖励、队伍建设、人才引进、学术交流以及制度建设等方面取得了较大成绩，基本实现了年度预期目标。随着该科研基地的设立和建设，全院科研人员将结合学校学科建设需要和人文社会科学研究的特色，按照省部级人文社会科学重点研究基地的建设标准，努力开展科学研究和决策咨询服务，力争将该研究基地建设成为在省内外具有较大影响的高水平社科研究基地，为我省的生态文明与经济社会发展作出重要贡献。

主任：李光禄。

山东省高校矿区和谐发展强化建设研究基地

山东省高校矿区和谐发展强化建设研究基地是于2006年设立，是经山东省教育厅、山东省财政厅批准成立的山东省“十一五”强化建设重点人文社科基地，其基本定位和目标是：面向矿区，追踪国内国际理论前沿，利用现代化的管理手段和技术以及学科交叉优势，针对矿区发展过程中出现的难点和热点问题，以矿区和谐发展为研究对象，以学科交叉与知识融通为统领，力争在研究方向、研究队伍、对外交流、实验室建设等方面，建设成省内领先、国内有较大影响的矿区和谐发展研究中心、信息咨询中心、人才培养中心和学术交流中心。主要研究方向有矿区和谐发展的基础理论与方法、矿区经济与社会协调发展、矿区和谐发展的支撑体系等三个方面。经过数年的强化建设，研究基地科研人员总数已达到50余人，其中教授12名，副教授17名，具有博士学位的31名，形成了一支研究方向突出，学术梯队年龄结构、学历层次合理的研究队伍；基地取得了一批高水平的科研项目和创新性的学术成果；基地注重加强与地方矿务局、生产单位、管理单位等合作，充分结合矿区生活实际和基地科研理论，为矿区和社会培养既懂理论又能与实际工作有机结合的复合型人才，截至目前，基地已经为矿区及地方培养此类人才400余人。

主任：王新华。

青岛大学

一、学校概况

青岛大学位于美丽的海滨城市青岛，1993年5月由原来的青岛大学与青岛医学院、山东纺织工学院、青岛师范专科学校等四个学校合并而成。

学校设有22个学院、96个本科专业，涵盖文学、历史学、哲学、理学、工学、医学、经济学、管理学、法学、教育学、艺术学等11个学科门类。现有博士点35个，涉及一级学科10个；硕士点178个，涉及一级学科40个。有专业学位类型17种，其中博士专业学位类型1种，涵盖18个培养领域；硕士专业学位类型16种，涵盖62个培养领域。在校全日制本科生近31000人。博士、硕士研究生7400余人。另有留学生近1100人。专任教师2100余人，其中教授326人、副教授736人。长期任教外国专家每年60余人。

学校拥有国家重点学科2个，山东省“十二五”重点学科20个；博士后流动站7个；国家重点实验室培育基地1个，省部级重点实验室与工程技术研究中心9个；国家级特色专业7个；国家精品课程3门，省级精品课程24门；国家双语教学示范课程1

门，省级双语教学示范课程3门；省级品牌特色专业13个；省级教学团队5个；国家级实验教学示范中心3个，省部级实验教学示范中心6个；国家级人才培养模式创新实验区3个；中央与地方共建高校基础实验室与特色优势学科实验室17个。设有国家大学生文化素质教育基地、国家华文教育基地。

学校实施特聘教授人才工程，拥有教授、副教授等高级职称人员1000余人，特聘教授120余人，院士2人、外聘院士9人，国家千人计划专家2人，国家“百千万人才工程”国家级人选2人，国家有突出贡献中青年专家4人，享受国务院政府特殊津贴专家58人，国家杰出青年基金或国家优秀青年基金获得者2人，山东省杰出基金获得者5人，教育部新世纪优秀人才支持计划人选6人，山东省有突出贡献中青年专家22人，“泰山学者”特聘教授17人。教育部“长江学者和创新团队”1个，山东省优秀创新团队2个。

近10年来，学校共承担国家级科研项目444项，其中包括国家“973”计划子课题与前期专项9项，国家“863”计划项目17项，国家自然科学基金项目331项，国家社会科学基金项目44项。获国家科技进步一等奖1项，二等奖2项，省部级科技进步或技术发明一等奖15项，二等奖110项。

学校与20多个国家和地区的170余所院校及科研机构建立了交流合作关系，设立了交流学生、交流访问学者、学术合作、合作办学、留学生教育、建立孔子学院等118个交流与合作项目。

经过多年的建设，青岛大学已经发展成为一所规模较大，集自然科学、人文社会科学多学科为一体的综合大学。学校以优良的育人质量，较高的学术水平，赢得了社会的赞誉。青大人正肩负着社会的责任和历史的使命，怀揣着希望和梦想，阔步走向新的辉煌。

历任行政负责人：竺苗龙、周广福、徐建培、夏临华。

党委书记：夏临华；校长：王安民。

二、教研机构

文学院

文学院现有文学、新闻传播2大学科群，汉语言文学、广告学、广告设计、新闻学、广播电视编导、动画6个本科专业，中国现当代文学、中国古代文学、比较文学与世界文学、文艺学、汉语言文字学5个硕士点，拥有文学一级学科硕士点。设中国语言文学系、新闻学系、广告学系、影视文学与艺术系4个教学系，文秘写作教研室、大学语文教研室2个教研室。是国家级“广告专业技术人员职业水平评价考试培训基地”和省级“广告人才培训基地”。

学院在校本科生1640余人，研究生140余人，学历留学生数十人。在编教职员工86人，其中专任教师73人，教授20人，副教授23人，具有博士学位38人，全国模范教师2人，“全国百千万人才工程”人才1人，“教育部新世纪优秀人才支持计划”人才1人，山东省教学名师2人，山东省高校十佳优秀教师1人，山东省突出贡献专家2人，青岛市专业技术拔尖人才6人，博士生导师5人，青岛大学特聘教授9人。

负责人：刘怀荣。

音乐学院

青岛大学音乐学院学院现有音乐学系、音乐教育系、作曲系、声乐系、管弦系、民乐系、键盘系、舞蹈系8个系；拥有音乐学、音乐表演，舞蹈和作曲技术理论四个本科专业；设音乐与舞蹈学一级学科硕士点、艺术领域音乐表演艺术硕士学位点。学院拥有6名博士、22名硕士（10名国外留学人才），教授、副教授22人，此外学院还长期聘请国内外著名音乐家、音乐教育家担任客座教授或举办音乐会、讲学活动。学院已与美国密苏里大学音乐学院、德国陶森根音乐学院建立了互派留学生及教师进修互访关系。

学院还高度重视“实践”这一教学环节，学院拥有学生交响乐团、合唱团、民乐团、室内乐团、舞蹈队等音乐实践演出组织，旨在通过实践巩固理论教学，通过舞台展现教学成果。在课程的安排中增加了交响乐团合奏课、民乐队、合唱课等实践性较强课程的比例。学院还通过重点培养拔尖学生参加国内外比赛、每周举办音乐会、音乐表演专业学生每学期期末进行演出等方式，提高学生的艺术实践水平。

负责人：卞祖善。

师范学院

师范学院以教师教育为根本任务，主要承担为青岛地区培养培训基础教育师资的重要职能。现有专门史、英语语言文学、课程与教学论3个硕士点和教育硕士专业学位点，开办汉语言文学、数学与应用数学、英语、化学、物理学、历史学、地理科学、思想政治教育、体育教育、教育技术学、应用心理学、小学教育、学前教育、哲学等14个本科专业，涵盖文、史、哲、理、法、教育等学科门类。

学院以建设高水平教师教育学院为目标，坚持为基础教育服务的方向和教师专业化的导向，大力加强教师教育的内涵发展和学科体系建设，积极推行“学术性与师范性和谐统一、综合性与适应性完美结合学科专业与教育专业的、一体并重、文化素质教育与专业素质教育有机渗透、教学技能与教育智慧协调发展、业务素质与师德修养全面提高”的教改方略，初步形成了“以本科教育为主体，研究生教育为先导，继续教育为补充，学前教育、小学教育、中等教育纵向衔接，职前培养与职后培训一体贯通”的新型教师教育体系。

负责人：钱国旗。

经济学院

经济学院现设有经济系、财政系、金融系和统计系共四个教学系，设有经济学、金融学、财政学、保险、统计学5个本科专业；拥有理论经济学和应用经济学两个一级学科硕士点，现设金融学、西方经济学、世界经济、政治经济学四个二级学科硕士点；拥有金融工程与管理以及经济金融系统复杂性两个博士学位授权方向；拥有金融硕士和保险硕士两个专业学位授权点，具有完整的硕士、博士研究生培养体系。其中，金融学学科是山东省“九五”重点学科和“十一五”强化建设重点学科，金融学专业为校级品牌专业，统计学专业为校级特色专业。青岛大学经济学院立足青岛，面向山东和全国，积极融入地方经济建设与社会发展，以科学发展观为统领，牢牢把握“发展”这一主题，以教学、科研为中心，以学科建设为龙头，以师资队伍建设为重点，坚持走内涵发展为主的道路，形成了“发挥地方优势，坚持开放办学，与青岛经济建设和社会发展互动共进”的鲜明办学特色。

负责人：刘喜华。

外语学院

外语学院现有英语、日语、德语、法语、韩语及西班牙语六个本科专业和德语语言文学、日语语言文学、外国语言学及应用语言学（英）及外国语言学及应用语言学（韩）四个硕士点专业，其中德语、日语及韩语学科为重点学科，日语、韩语和英语专业为山东省自学考试主考专业。

外语学院师资力量雄厚，教学资源丰富，现有教职工83人，专任教师75人，其中教授12人，副教授22人；博士学位15人，硕士学位56人。外语学院现有外籍教师10人。外语学院借助本身优势力量形成以培养高素质外语人才为宗旨，以学科建设为龙头，以本科生与研究生教育为主体和以继续教育为补充的办学格局。

负责人：刘德章。

美术学院

美术学院拥有美术学和设计艺术学2个硕士点，2个专业9个专业方向。2004年，水彩学科被评为省级重点学科；2005年“当代中国水彩画教学与创作实践研究”荣获国家级优秀教学成果二等奖、山东省优秀教学成果一等奖。教师教学科研成果丰富，已在国家级学术展览中获大奖、金奖7项，或其他奖项80余项。教育教学质量稳步提高，学生多人次入选全国展览并获奖。

负责人：王绍波。

法学院

法学院有政治学、法学、社会学、公安学4个一级学科，招收法学、政治学与行政学、国际政治、社会工作、边防管理5个专业本科生。2001年始招国际关系专业硕士研究生，2004年始招诉讼法学、法律史专业硕士研究生，2007年始招中外政治制度专业硕士研究生，2008年始招法律硕士专业学位（JM）硕士研究生，并参与法医学、公共管理硕士（MPA）的教学工作。2010年，法学一级学科的硕士学位授权获得批准，该学科下10个专业可以进行硕士研究生教学，为法学院学科发展奠定了坚实基础。

学院现有法律系、国际关系系、政治学与行政学系、社会学系和边防管理等五个教学系。有青岛大学知识产权学院、政治学和国际关系学院；有山东省世界经济研究基地东北亚研究中心、青岛大学日本研究中心、知识产权研究中心、韩国研究中心和太平洋研究中心；是青岛市国际关系学会、行为法学会、民商法学会、诉讼法研究会的会长单位；有资料室、模拟法庭、物证实验室、社会工作实验室和《法苑报》编辑部。

负责人：王圣诵。

商学院

国际商学院设有国际经济贸易、会计学、市场学、管理科学与工程、工商管理、公共事业管理6个系，开设国际经济与贸易、国际商务、会计学、财务管理、市场营销、人力资源管理、工商管理、信息管理与信息系统、电子商务、物流管理、工业工程、公共事业管理12个本科专业，现有人口、资源与环境经济学、管理科学与工程博士点2个，工商管理、管理科学与工程、公共管理一级学科硕士点3个，人口资源与环境经济学、国际贸易、世界经济、企业管理、技术经济及管理、会计学、教育经济管理、行政管理二级学科硕士点7个，公共管理（MPA）、工商管理（MBA）、工程管理（MEM）硕士专业学位点3个，物流工程、工业工程、项目管理工程硕士专业领域3个。

学院始终把人才培养质量作为事业发展的生命线，以培养综合素质过硬的创新型经济、管理人才为目标，在做好经济、管理基础理论教学的同时，注重理论与实践相结合，锻炼学生分析解决实际问题的能力，努力打造学院的人才品牌。

负责人：李福华。

汉语言学院

汉语言学院的办学目的和宗旨是招收和培养来自世界各国的留学生，教授汉语及中国历史文化，促进中国和世界各国的文化教育交流，增进中国和世界各国的友好交往。学院设有项目发展系、汉语言本科系、基础汉语系和研究生教育系，分别负责学院文化实践等合作项目、学历留学生、长短期非学历进修生以及汉语国际教育硕士专业研究生的培养。2009 年，学院成为国家汉办首批 50 余所孔子学院奖学金学生接收单位之一，并获批成立“汉语国际教育硕士”专业学位点，至 2010 年秋季学期，已拥有攻读此学位的国内外硕士研究生共计 71 名。

负责人：史冠新。

国际学院

国际学院现设有国际经济与贸易、国际商务、旅游管理、会计学、英语、韩国语、数字媒体艺术等 7 个本科专业，国际商务 1 个专科专业，在校生 3500 余人。学院现有专任教师 120 余人，长期聘任外籍教师 25 人，80% 具有博士、硕士学位或海外留学经历。

学院课程设计融合国外合作院校教育思想与教学流程方案，突出国际性、时代性和实用性，30% 以上的课时由外教或外方交流教师完成，有 14 门课程实施双语教学。学院坚持“以生为本”的办学理念，逐步形成了人才培养模式的四大特色：过硬的外语交际和计算机应用能力、宽厚的跨文化理解能力和与国际接轨专业知识结构。

负责人：胡燕京。

教务处

教务处负责全校普通本、专科（含高职）专业的设置、调整，教学计划、教学大纲的审定与督查工作；全校教育事业发展规划与计划的制定，普通本、专科（含高职）招生计划的编制与组织实施工作；普通本、专科（含高职）学生的学籍管理工作（包括学籍备案、休、退、停学与跨学院学籍变动的审批，学历、学位证书发放与管理等）；专升本工作；勒令退学以上处分的审批工作；全校教学改革与全校性教学文件的制订和全校性专业建设、课程建设、教材建设和校外教学基地建设项目的审定、宏观管理和服务工作；组织全校排课并负责教室的安排和调配工作；全校教学管理（含实验教学管理）和教学质量的评估、监控与本、专科（含高职）学生考务督查与组织领导工作，教学改革研究立项与教学研究成果评奖的组织管理工作；全校教学工作量（含实验教学工作量）的核算、认定工作；教学经费（含实验教学维持经费、课时酬金）的预算建议、预算内教学经费的分配；国内合作办学的归口管理工作；负责督学工作的组织管理；领导教学服务中心和现代教育技术中心的工作；校行政交办的其他工作。

负责人：姜振家

哲学社会科学办公室

哲学社会科学办公室负责根据国家省市的科研方针政策，结合学校实际，编制学校社科发展的中长期规划和年度计划；负责学校社科政策和管理办法的制定、完善与实施；负责各级各类社科纵向项目的申报组织与管理；组织社科成果的鉴定、评审、报奖与成果汇编等；负责社科经费的管理；负责各级各类社科基地的组织申报、评估与管理；负责学校交办的其他工作。

负责人：欧斌。

研究生处

研究生处是学校主管学位与研究生教育工作的职能部门，与校学科建设领导小组办公室、校学位评定委员会办公室、校工程硕士教育中心合署办公，主要职责范围包括：拟订学校学位与研究生教育发展规划并组织实施；制（修）订研究生教育规章制度；研究生招生工作；研究生教务工作；指导、检查和协调各单位的研究生培养工作；研究生的学籍管理；研究生教学质量监控；研究生论文答辩与学位授予工作；研究生导师遴选工作；组织学位授予点的申报工作；研究生的日常教育管理及学术科技创新工作；组织开展学位与研究生教育工作研究，负责研究生各类教育创新计划项目的立项和管理；校学科建设领导小组办公室的日常工作；校学位评定委员会办公室的日常工作；校工程硕士教育中心的日常工作；完成上级交办的其他工作。

负责人：张燕。

东亚文学与文化研究中心

东亚文学与文化研究中心是山东省教育厅“十一五”人文社会科学强化重点建设研究基地。中心申报山东省“十一五”人文社会科学研究基地并得到批准，是全省强化重点建设的 11 个研究基地之一，也是文学类唯一的重点建设基地。中心以中、日、韩三国为主的东亚文学、文化和语言及其相互比较为主要研究内容，现有“中国现当代经典作家与东亚文学研究”，“中国诗学与东亚文学研究”，“中日韩文化、文学与语言研究”3 个研究方向。中心与韩国庆尚大学、大佛大学、国民大学等高校在科学研究、人才培养、教师互派等方面进行了多种方式的交流与合作，自成立以来，多次主办国际和全国性学术会议以及聘请国内外学者来校讲学和举办学术讲座。

主任：刘怀荣。

汉语言研究室

汉语言研究室1987年经省教委批准成立，隶属于青岛大学文学院。主要研究方向为现代汉语语法修辞、汉语史、对外汉语、文字学与书法。主要学术著作包括《现代汉语》（黄伯荣、廖序东主编）、《汉语方言语法类编》（黄伯荣与本研究室成员著）、《明清山东方言背景白话文献特殊句式研究》（戚晓杰著）、《原本玉篇文字研究》（朱葆华著）、《中国雅学史略》（窦秀艳著）。研究室在《语言文字应用》、《语言科学》、《汉语学习》、《古汉语研究》等国内外有影响的专业期刊发表论文百余篇，多篇论文为人大复印资料等全文转载。多次获得教育部、山东省、青岛市社科优秀成果奖。

主任：戚晓杰。

青岛理工大学

一、学校概况

青岛理工大学是一所以工为主，理工结合，土木建筑、机械制造、环境能源学科特色鲜明，理、工、经、管、文、法、艺多学科协调发展，科学教育与人文教育相结合的多科性大学。

学校前身是1952年12月创建的山东省青岛建筑工程学校。1953年6月由山东省划归中央人民政府重工业部领导。1960年6月升格为“山东冶金学院”，开始招收本科生。此后，学校隶属关系几经更迭，办学层次几起几落。1978年更名为山东冶金工业学院，恢复本科招生，隶属冶金工业部。1985年9月更名为青岛建筑工程学院。1993年被国务院学位委员会批准为硕士学位授予单位。1998年11月划转山东省领导，实行“中央与地方共建，以地方管理为主”管理体制。2004年5月更名为青岛理工大学。2005年被国务院学位委员会批准为博士学位授予权单位。建校以来，学校构筑起本专科、硕士、博士人才培养体系，为社会培养了10万多名科学工程技术和管理方面的高级人才。

学校文科教学院部共7个，分别为管理学院、商学院、经贸学院、外国语学院、人文与社会科学学院、艺术学院、体育教学部，拥有26个本科专业，4个硕士学位授权一级学科、1个二级学科硕士点、5个专业学位硕士点；共有专任教师369人，师资队伍中具有博士学位的53人，正教授37人，副教授137人，硕士生导师83人。

学校文科科研工作近年来取得较快发展，2012年，各级纵向项目立项37项，经费64万元；其中获批国家社会科学基金项目1项、国家自然科学基金项目（管理学）1项、教育部人文社会科学研究一般项目4项。当年获批省市级奖励9项。设有省级研究基地“山东省城市文化与城市竞争力研究基地”等。

学校秉承“百折不挠、刚毅厚重、勇承重载”的精神传统，高质量地培养高素质人才，服务于社会和经济建设发展，努力把学校建成一所科学教育与人文教育相结合、需求与特色相结合、特色与精品相结合的高质量教学研究型特色名校。

历任主要负责人：柴英昌、王斗生、相子正、东鲁、孙冠英、牟敦府、王宽、林海燕、罗文硕、张连德、杨成仁。

党委书记：薛允洲；校长：仪垂杰。

二、教研机构

管理学院

管理学院组建于1984年。现有管理科学与工程一级学科硕士点1个（涵盖工程管理、工程造价、房地产管理、工业工程、信息管理、物流管理等8个专业研究方向），项目管理、工业工程专业学位硕士授权点2个；有工程管理、国际工程项目管理、工程造价、工业工程、信息管理与信息系统、物流管理、土地资源管理7个本科专业，其中工程管理（含国际工程项目管理）专业为山东省品牌专业建设点、工程造价专业为山东省特色专业建设点。学院现有专任教师56人，其中教授8人，副教授18人；具有博士学位的14人。

经过长期的努力，在工程项目管理、工业工程与管理、房地产经营与管理、物流工程与管理、信息管理与信息系统等方面形成了较为稳定的研究方向。工程项目管理方向在建设工程全寿命周期集成化管理研究、现代工程项目建设投融资建筑业和建筑业企业管理、现代房地产项目绿色开发及数字化开发研究、建设工程可持续发展研究、国际建筑市场及工程管理等方面具备一定的优势及特色；工业工程与管理方向在企业精细化管理、工业工程与运作管理、物流与供应链管理、虚拟企业与系统集成管理、企业集成与信息化管理等方面有一定优势；信息管理与信息系统方向在建筑企业信息化、建筑企业ERP应用等方面有一定特色。

院长：赵金先。

商学院

学院创建于1984年。现有工商管理一级学科硕士点1个、会计学、企业管理二级学科硕士点2个，会计硕士（MPAcc）、资产评估硕士专业硕士点2个；有会计学、市场营销、财务管理、电子商务、国际商务五个本科专业，一个中瑞合作国际商务专业。学院现有专任教师51人，其中教授8人，副教授22人；具有博士学位的10人。

经过多年努力，学院科研形成了企业财务与会计、品牌与营销、企业文化与创新等几个稳定的研究方向：

1. 企业财务与会计方向主要从事会计理论与财务会计、审计学、企业理财方面等的研究。在会计政策选择、会计信息的生成、注册会计师行为、审计判断、地产金融发展与投资、公司财务结构及风险控制等方面凸显了自己的特色。

2. 品牌与营销方向着重研究市场营销理论与方法。近几年在农村居民消费行为、转型期渠道成员行为与和品牌创新等方面具备了一定的特色与优势。

3. 企业文化与创新方向在企业家与企业文化建设、民营企业文化建设、企业自主创新等方面形成了一定特色。

院长：王曙光。

经贸学院

经贸学院创建于2003年。现有应用经济学一级学科硕士点1个；有统计学、国际经济与贸易、经济学3个本科专业。学院现有专任教师27人，其中教授3人，副教授11人；具有博士学位的7人。

目前经贸学院的学术研究方向包括：金融学、产业经济学、国际贸易学、数量经济和统计学。其中，金融学方向的研究领域涵盖公司金融、金融市场、货币银行、国际金融等方面；产业经济学的方向研究内容主要包括产业组织与企业战略、金融投资研究、农业现代化与农村发展等方面；国际贸易学方向的主要研究领域包括国际贸易理论与政策、国际贸易实务、跨国经营与投资等方面；数量经济学方向研究内容主要包括数量经济模型及应用、现代企业管理与决策等方面；统计学方向研究内容主要包括市场调查与分析、统计模型及应用、国民经济核算与分析等方面。

经贸学院学术研究方向的特色：一是紧密结合经济运行中的实际问题，理论、模型和方法与实际相结合来进行研究；二是注重理论分析和实证研究相结合进行。

院长：董炳南。

外国语学院

外国语学院成立于1994年。现有英语、日语、朝鲜语三个本科专业。学院现有专任教师85名，其中教授4人，副教授26人；具有博士学位的9人。

外国语学院学术研究方向主要有语言学、外语教学、外国文学、文化、翻译等五个方向：

1. 语言学方向：主要研究和探讨语言的性质、结构规律和发展演变规律，包括基础研究、应用研究、交叉研究等。研究内容主要有句法学、语义学、语用学、修辞学、对比语言学、认知语言学等。

2. 外国文学方向：主要研究外国文学史及各时期重要流派及主要代表人物及重要作品。

3. 外语教学方向：主要研究语言习得理论、课堂教学实践、测试理论、教材编写评估、教师发展等。

4. 翻译方向：主要研究翻译学基本理论及前沿问题，培养翻译（含口译和笔译）研究与实践能力。

5. 社会与文化方向：主要运用社会学、语言学、数据分析等理论与方法，研究英语、日语、朝鲜语国家政治、经济、文化、社会、历史、外交等前沿问题。

院长：巩湘红。

人文与社会科学学院

学院成立于1994年。现有马克思主义中国化二级学科硕士点1个；有社会工作、广告学、汉语言文学三个本科专业。学院现有专任教师56人，其中教授7人，副教授25人；具有博士学位的10人。

学院设有社会工作、广告学、汉语言文学、马克思主义中国化、马克思主义基本原理、中国近现代史纲要、思想道德修养和法律基础、形势与政策八个教研室和城市文化、未来文明、民俗文化三个研究中心。学院设立的“山东省城市文化与城市竞争力研究基地”为山东省高校人文社科研究基地。

院长：陈国庆。

艺术学院

学院成立于2003年。现有设计学一级学科硕士点1个、工业设计工程领域工程硕士点1个；有艺术设计、工业设计、绘画、服装设计与工程、音乐表演五个本科专业。现有专任教师57人，其中教授5人，副教授22人；具有博士学位的3人。

学院经过不懈努力，在学科建设上取得重大突破，2004年10月，被山东省授予“环境艺术与建筑设计”重点学科。近年来组织学生参加了多项全国、省级设计竞赛，取得“荣花边”全国美术设计展银奖、中国环艺学年奖优秀创意奖、中国青年创意设计大赛精英奖等多项成果，在2006年全国大学生车型设计大赛中，我院学生获得金奖。学院现为中国青年创新设计教育基地，并获得2006年中国环艺学年奖优秀组织奖。

院长：谭大珂。

体育教学部

体育教学部成立于2000年。现设有办公室和球类、综合、形体3个教研室，负责全校19个学院（部）学生的体育教学、训练、群体及学生体质健康测试等工作。现有专任教师37人，其中教授2人，副教授13人，具有研究生以上学历的8人。

部长：沙洪成。

科技处

科技处是负责学校科学研究工作的职能部门，同时也是校学术委员会的常设办事机构。现设科研计划科、科技开发科、知识产权与信息科、人文社会科学管理办公室4个科室。处室管理人员共7人，其中处长1人，副处长2人，科长4人。

处长：王旭春。

青岛农业大学

一、学校概况

青岛农业大学的前身是莱阳农学院，始建于1951年，2001年经山东省政府批准创建青岛校区，2007年3月经教育部批准更名为“青岛农业大学”，办学地址由莱阳市变更为青岛市城阳区。学校拥有青岛和莱阳两个校区，占地4291亩，校舍建筑面积110多万平方米，图书馆纸质藏书191.6万册，电子图书19321GB。

学校建校以来，已为社会培养全日制毕业生近70000名，中共中央政治局委员孙政才、玉米育种专家李登海是校友中的杰出代表。学校在长期的办学历程中，形成了“矢志三农、勤奋求实，自强不息、追求卓越，培养高素质应用型人才”的鲜明办学特色。学校在1997年原国家教委组织的本科教学工作合格评估和2007年教育部组织的本科教学工作水平评估中均获得“优秀”。2012年学校被评为首批“山东省应用型人才培养特色名校”。

学校已经发展成为一所农、工、理、经、管、文、艺等学科协调发展的多科性大学。设有农学与植物保护学院、资源与环境学院、园艺学院、园林与林学院、动物科技学院、海洋科学与工程学院、机电工程学院、建筑工程学院、生命科学学院、食品科学与工程学院、经济与管理学院、人文社会科学学院、理学与信息科学学院（软件与服务外包学院）、动漫与传媒学院、艺术学院、外国语学院、化学与药学院、合作社学院、继续教育学院、国际教育学院和海都学院（独立学院）、体育教学部。举办72个本科专业，拥有13个硕士学位授权一级学科，3个硕士专业学位授权点，二级学科硕士点78个。现有全日制本专科在校生和研究生28400余人。

学校在哲学社会科学学科建设方面坚持走特色发展之路，在农业传播学的理论研究和农业科教影视制作、动漫、合作经济理论研究与合作社人才培训等领域的研究处于国内领先或国际先进水平，形成了较强的学科优势，在国内外有一定的影响。目前，学校哲学社会科学学科举办本科专业20个，硕士点6个。涉及文学、管理学、经济学、法学、艺术学五大门类。截止到2012年12月底，有社科类教学科研人员440名，其中包括教授37人、副教授92人、具有博士学位的98人，国务院特殊津贴专家1人，山东省软科学重大项目负责人1人，获得国家级社科评奖一等奖2人。

学校高度重视哲学社会科学学科的科研工作，科技创新能力不断增强。2012年，社会科学获得立项74项，科研经费270.74万元。其中国家级子课题2项，经费11万元；省部级课题19项，经费73万元；厅局级课题36项，经费103.04万元；横向课题17项，经费83.7万元。科研水平不断提高，涌现出一批具有较大影响的科技成果，包括人文社会科学成果20项、艺术创作及理论成果获4项。社科研究机构发展迅猛，设有山东省“十二五”高校人文社会科学研究基地1个，以及农业部现代农业技术培训基地、国家动漫创意产业基地人才培养与研发中心、中国农村发展研究院、中国农产品流通与经纪研究院暨青岛培训中心、国际合作经济发展研究中心等一批具有影响力的中外合作研究机构。

历任校（院长）长、党委书记：周文峰、杜庆、李宝笃、周学宝、徐学善、杜庆、李世峰、王敏、周世浩、李品愈、许方、王绍武、牟玉田、徐宝永、王绍武、王新波、刘恒顺。

党委书记：程玉海；校长：李宝笃。

二、教研机构

经济与管理学院

学院现设有农林经济管理、会计学、财务管理、物流管理、国际经济与贸易、电子商务、市场营销7个本科专业以及国际贸易和市场营销、电子商务等3个专科专业，现有学生4178人。主要研究方向：农业经济理论与政策、“三农”研究、区域经济、生态经济等。学院所属的农业经济管理学科是校级重点建设学科。山东省人民政府财政专项投资建设的“青岛农业大学经济与管理实验中心”，包括会计电算化、会计手工模拟、ERP、电子商务、国际贸易、证券投资和物流等7个实验室，为教学科研顺利开展提供了优良的条件。

经济与管理学院拥有农林经济管理一级学科硕士点1个，农业推广专业学位硕士点1个，现有硕士研究生301，硕士生导师24人，其中教授17人，副教授4人，博士11人，省级、校级学科带头人各1人。研究领域3个：农林经济管理与政策、企业管理、财务与会计。研究方向包括：农林经济理论与政策，企业管理，会计与财务，国际经济与农业对外贸易，财政与金融，投资经济，农业经济与法制，农村发展，统计学。

学院现有教职员工101人，其中教授15人、副教授18人。86名专任教师中，博士27人、硕士56人，硕士以上学历教师占专职教师总数的95%以上。

院长：李树超。

人文社科学院

学院现设有公共事业管理、汉语言文学、社会工作、秘书学4个本科专业，设有秘书与公共关系、社区管理与服务2个专科专业，现有学生1200人，拥有农村组织与制度科学学位二级学科硕士点一个。主要研究方向包括：马克思主义基本原理、马克思主义中国化问题、中国近现代问题研究、哲学与社会发展理论、农村文化、农村社会学、公共管理科学、应用写作、妇女理论。学院担负着全校的思想政治理论课（含研究生）、人文素质教育课以及本院的专业课等教学任务。

学院现有教职员工78人，其中教授8人，副教授26人，博士13人。

院长：贾乐芳。

动漫与传媒学院

学院现设有传播学、广播电视编导、动画、广告学4个本科专业，现在学生1328人，拥有农业推广专业学位硕士点1个，研究方向为农业信息化。学院拥有省级教学团队、省级重点实验室、省级实验教学示范中心、省级特色专业建设点、省级人才培养模式创新实验区；设有动漫核心技术国家地方联合工程研究中心、国家动漫创意产业基地人才培养与研发中心、中国电影集团—中影数字艺术专业人才联合培养基地、省级人文社科研究基地、省级大学生微电影工作室;；在山东省率先与美国苹果Apple公司、Autodesk公司、Adobe公司合作建立苹果数码媒体学院、影视特效编辑师国际认证培训与考试中心、Autodesk MED授权培训考试中心、数字艺术中心；青岛市传播学会、影视动漫专业委员会、数码动漫研究院均设在本院。学院教学和科研平台配置水平达到国内艺术传媒类院校的高端水准，拥有全省高校最大的电视演播厅，全省第一套三维动作捕捉系统和定格动画拍摄系统，全省高校唯一的影视动漫特效合成设备SGI工作站。

学院现有教职员工45人，其中教授3人、副教授4人、博士7人。

院长：赵晓春。

艺术学院

学院现设有视觉传达、环境艺术设计、产品设计、绘画4个本科专业，研究方向包括：室内环境设计、景观艺术设计、珠宝饰品设计、插图、视觉传达设计、中国书画与艺术品经营，现有学生780余人；拥有二级学科（科学学位）硕士点一个：城市景观艺术设计，下设“城市公共艺术”、“景观形态研究”、“视觉与数字景观艺术”三个研究方向。学院高度重视学生艺术创作、设计能力的培养，学生作品获国家、省级美展、设计大赛奖65项。学院教学环境优美，实验设施先进，拥有1800平方米的专业美术馆1座，画室、机房23个；陶艺工作室、材料实验室、丝网印刷与版画实验室、产品设计室等实验教学设施，省内外实践教学基地11处，能够最大限度满足教学的要求。

学院现有教职员工40人，专任教师30人，其中教授1人，特聘教授1人，副教授6人，具有博士、硕士学位的教师25人。中国美术家协会会员、中国书法家协会会员5人。

院长：宋磊。

外国语学院

学院设有英语、日语、朝鲜语3个本科专业和商务英语专科专业，现有学生1207人。学院以“练好基本功、扩大知识面、注重能力培养、增强社会适应性”为教学原则，突出“外语+商贸”为办学特色，主要培养具有扎实的外语语言基础，熟练的专业基本技能和广博的中外文化知识，能在经贸、外事、文化教育、科技、旅游等部门和各类企业中从事翻译、商务、教学、科研工作，有较高综合素质的复合型外语专门人才。学院教学设备先进，功能齐全，拥有14个现代化多媒体语言实验室，总座位达到952个，一个高水平专业录音室和一套完整的外语教学闭路电视系统。

学院现有教职员工123人，其中教授4人，副教授19人，博士16人。

院长：潘桂荣。

合作社学院

合作社学院成立于2008年3月16日，是我国第一个、目前也是唯一一个在高校设置的专门培养合作社高级人才的综合性二级学院，融教学、科研、培训、推广、实践指导、政策咨询、合作交流、信息管理等综合性职能。设有农村区域发展（合作经济、合作金融、合作营销）本科专业、合作经济管理学科硕士点、农业推广硕士点（含农村区域与发展专业、农村科技组织与服务专业），现有学生425人。设有农业部农民专业合作社人才培养实训基地、中国农产品流通与经纪研究院等国家级培训与研究平台。并与国内外有关单位共建开放式合作机构11个。合作社学院实行院长负责制，由中国合作经济学会常务理事、青岛市人大常委李中华博士担任院长。

合作社学院设有合作经济教研室、农村发展教研室、推广中心（实践基地管理办公室）以及国际合作经济发展研究中心、海峡两岸合作经济研究中心（海峡两岸合作经济论坛秘书处）、生态休闲产业发展研究中心、苹果产业发展研究中心等教学研究机构，立足合作经济学科建设，在合作社理论与政策、合作社运行与管理、合作社历史与文化三个科研方向上开展学术研究。

学院现有教职员工74人，其中，专职教师15人、校内兼职8人、校外（含国外）客座教授51人。专任教师中，教授5人、副教授6人；硕士研究生以上学历人员占87%，博士11人（其中，海外留学归来博士4人）。

院长：李中华。

体育教学部

体育教学部承担着全校公共体育教学、体育科研、运动训练、竞赛活动、课外体育活动和《国家学生体质健康标准》实施等各项体育工作。目前有教职员工44人，其中教授1人、副教授11人，具有硕士学历的教师28人，博士3人，国家级裁判员2人。

中国农村发展研究院

青岛农业大学中国农村发展研究院成立于2012年4月，是由青岛农业大学和科技部中国农村技术开发中心等多家机构共同组成理事会参与管理的农村发展战略研究平台、交流平台和发布平台。

山东省政府原副省长陈延明任研究院第一届理事会理事长、中国工程院院士孙宝国、科技部中国农村技术开发中心主任贾敬敦、青岛市人民政府原副市长张元福等任副理事长。研究院聘请了国务院研究室农村司、国务院发展研究中心农村部、国家发改委产业经济与技术经济研究所、农业部农村经济研究中心、中国科学院农业政策研究中心、中国社会科学院农村发展研究所、中国农科院农业经济与发展研究所、中国人民大学、浙江大学、中国农业大学、南京农业大学、山东农科院、山东农业大学等单位的专家20余人作为研究院的特聘研究员。

成立以来，研究院按照制定的短期和长期发展规划，有条不紊地开展了各项工作，取得了良好的效果。举办了全国农牧经济发展与文化建设高层论坛、青岛市新型农村社区建设座谈会，创办了《根源》杂志，提升了研究院为涉农企业服务的能力，积极开展学术交流活动，举办学术活动近20场，与《中国农村科技》、《农经》等杂志建立了长期合作与交流关系。

中国农产品流通与经纪研究院

研究院于2011年12月16日成立，是中国农产品流通经纪人协会在高校授权设立的唯一研究机构。研究院的主要职能是：组织调研、撰写《中国农产品经纪人发展报告》（年度研究报告）；研究中国农产品流通及经纪人队伍发展历史、现状与趋势；提供政策咨询、专题研究报告；参与中国农产品流通经纪人协会全国组织网络运行的跟踪调研、信息收集与管理；协会委托的其他研究项目。

院长：李中华。

青岛农业大学·逢甲大学
海峡两岸合作经济研究中心

研究中心于2010年6月15日，由合作社学院和台湾逢甲大学联合成立。研究中心的主要职责是联合开展海峡两岸合作经济，重点是台湾地区农协、大陆地区农民合作社的运行现状、模式、发展趋势及政策研究；共同开展相关学术交流活动，定期在双方举办学术论坛；定期交流研究成果、通报研究进展。自成立以来，进行各类学术交流10余次。

主任：李中华（青岛农业大学合作社学院院长）、李桂秋（台湾逢甲大学合作经济系主任）。

动漫产业核心技术国家地方
联合工程研究中心

动漫产业核心技术国家地方联合工程研究中心由国家发改委2012年设立，主要依托单位为青岛农业大学和青岛数码动漫研究院，建设期3年。工程研究中心拥有近30人的技术骨干和创作研究队伍，研究方向涵盖影视动漫创意、影视动漫技术、影视文学、计算机多媒体技术、数字媒体技术、动画技术、动画设计等方面。工程研究中心以支持青岛影视动漫产业发展为出发点，结合青岛市文化产业发展需要进行技术研发；中心将通过自身的创作实践带动其他影视动漫企业发展，充分发挥示范作用；中心致力于高端影视动漫人才的培养，致力于打造省内著名、国内知名的影视动漫作品展示与交流平台。工程研究中心在动漫制作技术、动漫原创能力和艺术创作水准等方面均处于山东省领先水平。2012年，由文化部、广电总局、新闻出版总署联合启动了“2011国家动漫精品工程”评选工作。全国一共评出十部动画电影精品工程创意奖，由工程研究中心、青岛农业大学与青岛数码动漫研究院申报的动画电影《崂山道士》作为山东省唯一作品入选。工程研究中心创作的动画片《崂山传奇之王七学艺》在中央电视台电影频道（CCTV－6）、山东电视台少儿频道、青岛电视台第6频道播出，并获得山东省第五届“泰山文艺奖”电影类唯一一项一等奖。

青岛数码动漫研究院

青岛数码动漫研究院由青岛农业大学发起，联合青岛理工大学、青岛大学、中国海洋大学和山东科技大学几所高校于2010年共同组建，接受青岛市文广新局和青岛市社会团体管理局领导。青岛数码动漫研究院是青岛高校动漫人才培养基地，并被上海美术电影制片厂授权为青岛制作中心。研究院以整合青岛市动漫科研力量，充分挖掘动漫产业潜力，进一步促进青岛市动漫产业的良性发展，切实把青岛市动漫产业做大、做强，树立特色品牌为宗旨，以动漫作品创作、动漫作品的传播、动漫作品营销、动漫技术研发、动漫产业经济价值等动漫相关专门课题为研究对象，并对其延伸出来的学术议题、科研项目进行攻关。2010年，研究院制作的京剧动画片《三岔口》获得第25届中国电视金鹰奖优秀动画片奖，为山东省唯一获奖的动画片；2011年，制作的音乐动画片《我的回忆美丽而忧伤》获得山东省第四届泰山文艺奖电影类三等奖；2012年，制作的3D立体动画电影《崂山道士》获得2011年国家动漫精品工程创意奖；2012年，制作的动画片《崂山传奇之王七学艺》在中央电视台电影频道（CCTV－6）、山东电视台少儿频道、青岛电视台第6频道播出，并获得山东省第五届“泰山文艺奖”电影类唯一一项一等奖。

山东省农业传播与农村发展研究中心

山东省“十二五”高校人文社会科学研究基地——山东省农业传播与农村发展研究中心于2011年成立。中心以“建设以农业传播为特色的研究基地，突出为‘三农’服务，形成新闻传播学基础理论指导下的农业传播理论体系”为发展目标，致力于加强现代信息条件下的农业科技传播媒体、渠道和效果研究，坚持把动漫技术和信息技术与新闻传播理论相结合，立足山东，着眼于农业切实需求，以理论研究指导区域农业生产，以实践项目带动区域农业发展，促进农村繁荣发展，促进农民生活水平水平持续提高。主要研究方向包括：农业传播理论、农业影视传播理论与应用、农业网络传播理论与应用。

青岛农业大学韩国农协研究所

研究所于2012年7月5日，由青岛农业大学合作社学院与韩国农协中央会驻北京办事处共同建立。研究所的主要职能是：主要研究韩国农协，致力于韩国农协经验借鉴，联合进行学术研究和课题攻关，推动学校对韩国农业协同组合的研究，加强与韩国农协中央会以及韩国农协大学的交流合作，促进学校合作社专业建设和学科发展，加快培养合作社高级专门人才步伐。

所长：李中华（青岛农业大学合作社学院院长）；

名誉所长：申五星（韩国农协中央会驻北京办事处首席代表）。

青岛农业大学农业国际化研究室

为加强与国内学术界的合作与交流，扩大学校的学术影响，鼓励中青年学术骨干更好地进行科研工作，青岛农业大学于2002年9月成立农业国际化研究室。主要研究方向：国际经济与农业对外贸易、农产品国际竞争力等。该所自成立以来，主办了国际性的“中韩农业信息化与农产品国际贸易研讨会”。先后邀请韩国、日本、德国、美国、荷兰、以色列、智利等国家的知名专家来校举办学术讲座。在《农业经济》、《经济研究参考》、《沈阳农业大学学报》、《林业经济》等刊物发表学术论文90余篇，出版专著1部；近五年承担省部级以上科研项目4项，获得厅局级以上优秀成果奖6项。该研究室有人员8名，其中教授2人，副教授5人，博士6人。

研究室主任：鹿永华。

青岛农业大学农村经济研究所

农村经济研究所是莱阳农学院为适应农村经济发展需要，深入开展农村经济研究，突出本校学科优势，于1997年6月经山东省教育厅批准，最早成立的校级文科类学术研究机构，主要从事农村经济理论与政策、农业合作经济、乡镇企业发展、新农村建设与发展、农民增收等有关“三农”问题的研究。该研究所的成立对于本校文科类学科发展、专业建设、学术研究均起到了积极的引领和带动作用。2003年，以该研究所为依托设立了农业经济管理学硕士点。该研究所自成立起，始终坚持开放办所的方针，在积极吸引和整合校内人才资源的同时，注重加强学术交流与合作，及时选聘校外学术造诣深、影响力大的专家共同开展学术研究，其中像国务院发展研究中心农村经济研究部部长韩俊研究员等一批在国内外农村经济研究领域较有名气的专家学者，被聘为该研究所的兼职教授。该研究所有专兼职校内外研究人员17名，其中正高职称8人，副高职称7人，博士13人。主要学术成果：主持参与国家、省部级等科研课题80余项，在《中国农村经济》等国内外学术期刊上发表学术论文340余篇，获得省部级奖励3项、市厅级奖励20多项，出版《管理学原理》、《农业经济学》、《中国主要农产品市场》等相关教材和专著近20部。

所长：李树超。

青岛农业大学会计与财务研究所

为推动学校会计与财务的研究、教育和实务的发展，也为促进国内和国际间会计与财务学者的合作交流，青岛农业大学于2005年建立了会计与财务研究所。主要研究方向是：会计、财务、税务、审计、金融等诸领域。研究所由多名博士、硕士、注册会计师所组成，均具有正教授、副教授以及讲师等职称。研究所还聘请国内外著名的会计学、财务管理学及经济学专家作为顾问和客座研究员。

研究所建立以来，先后签署了“中国青岛农业大学与韩国国际经商教育学会关于学术交流的协议书”、“中国青岛农业大学经管学院与韩国暻园大学校经商大学关于学术交流的协议书”，并开展了广泛的国际间的学术交流。近几年分别派代表参加了大韩会计学会及韩国国际经商教育学会举办的国际学术研讨会并在会上宣读论文；每年都选代表参加山东省会计教师联谊会举办的学术研讨会；多次邀请知名学者来校举办学术讲座。近五年研究所主持完成的市厅级科研项目有6项；在国内外核心学术期刊上发表学术论文70多篇，出版著作、教材5部，获得市厅级以上优秀科研成果奖4项。研究所成员经常参加企业财务、税收、审计等方面的社会服务活动。该研究所有研究人员10名，其中教授2人，副教授4人。

所长：金贞姬。

青岛农业大学外国语言学及应用语言学研究所

为进一步加强与国内学术界的合作与交流，鼓励中青年学术骨干更好地进行科研工作，适应日趋频繁的国际交流与合作的需要，青岛农业大学于2005年12月成立了外国语言学及应用语言学研究所。该研究所隶属于外国语学院。主要研究方向：理论语言学、应用语言学、跨文化交际、翻译等。该所自成立以来积极开展学术交流，鼓励老师申报课题，组成学术团队，争取科研立项，取得了一系列学术成果。先后邀请国内外知名专家来校举办学术报告和学术讲座12场。近5年先后在《外国语言与文学研究》、《外语教学》、《山东外语教学》等刊物上发表论文100多篇，出版教材《大学英语快速阅读》、《大学英语四·六级考试模拟试题及解答》等6部；承担教育部项目、山东省社科规划项目、上海外语教育出版社项目等13项；获得省级奖励3项、市厅级奖励8项。该研究所共有人员45名，其中教授4人，副教授26人。

所长：潘桂荣。

青岛农业大学国际合作经济发展研究中心

为加强国际合作经济研究，有效借鉴国际农业合作社建设和发展的经验，立足我国国情和实际，积极推动我国农民合作经济组织的建设与发展，进一步探索我国建设社会主义新农村的新途径，青岛农业大学结合自身学科优势，于2005年12月成立了国际合作经济发展研究中心。该中心是我国第一家中外共建的合作经济学术研究机构，主要从事合作社的教育、调查、研究、咨询、评估、研讨、培训、项目指导及农民专业合作社试点基地建设等活动。该中心共有研究人员28名，其中教授9人，副教授13人，讲师6人，注册会计师3人，注册审计师1人，注册资产评估师1人。中心下设咨询与人才培训部、规划与基地建设部、学术与对外交流部、项目与事业开发部和翻译室5个常设机构，并以中心为依托与国内外有关部门共建了中国工合国际委员会（青岛）研究培训中心、中日农民合作社交流培训基地、中日农民合作组织建设合作项目（青岛）办公室、日中农协组织研究会中国联络处和国际合作经济文献资料室等机构。主要学术成果：承担国家级课题5项，省部级课题7项，其他课题11项，发表学术论文300余篇，出版《现代合作社论》、《日本农业合作社论》等相关教材和专著8部，举办2007中国（青岛）合作经济与农民专业合作社论坛等大型学术会议6次。

中心主任：李中华。

青岛农业大学知识产权研究所

为广泛开展知识产权国内外学术交流与合作，加强对农业领域知识产权的保护和研究，扩大学校的学术影响，鼓励中青年学术骨干更好地进行科研工作，青岛农业大学于2005年12月成立了知识产权研究所。该研究所属于校级学术研究机构，主要研究方向：动植物新品种保护、生物技术侵权认定、地理标志保护以及与贸易有关的知识产权。该所成立以来，先后邀请韩国、日本、德国、美国、等国家的知名专家来校举办学术讲座。近5年来该研究所承担国家级课题1项，省部级课题4项，获得各级各类科研奖励7项，发表学术论文50余篇。该研究所共有人员11名，其中教授2人，副教授2人，讲师7人，5人为兼职律师，1人为青岛仲裁委仲裁员，1人为青岛市第四届地方立法研究会理事。

所长：陈锦铭。

青岛农业大学农村文化研究所

为进一步加强农村文化研究，为农村文化建设提供理论依据和技术支持，更好地服务于社会主义新农村建设，青岛农业大学结合自身学科优势和研究特色，于2005年12月成立了农村文化研究所。主要研究方向：农村文化、农村家庭与伦理、农村村民自治、民俗等。该所成立以来，承担各级各类课题12项，在《文史哲》等学术期刊发表论文80多篇，获得省部级奖励2项，厅局级奖励7项。该研究所共有人员11名，其中教授3人，副教授4人。

所长：修彩波。

青岛农业大学韩国产业经济研究所

青岛是韩国企业在中国FDI最多的城市，是青岛最大的投资来源国。韩国成为青岛第一大进口国，第三大出口国。成立韩国产业经济研究所旨在加强中韩交流，研究韩资企业政策策略、培育相关学科和学术成果，以期对我国企业发展有所借鉴。

韩国产业经济研究所于2006年成立。主要研究方向：韩资企业投资中国战略、韩资企业管理艺术等；2007年2月与青岛大学共同举办“东北亚合作交流与全球网络国际学术大会”；研究所先后承担国家级课题2项，省部级课题6项，出版专著2部，在《国际贸易》、《世界经济研究》等期刊发表论文30余篇，获得省部级奖励2项。该研究所共有人员12名，其中教授3人，副教授4人。

所长：王伟。

青岛农业大学应用统计研究所

为了更好地开展应用统计研究，适应农业经济、市场营销、生物类等学科的统计工作需要，青岛农业大学于2005年12月成立了应用统计研究所。该研究所属于校级学术研究机构，主要从事抽样调查理论和技术、市场调查与预测、计量经济模型的构建、生物统计等方面的研究。先后在《统计研究》、《统计与决策》、《财经研究》、《北方经济》等杂志发表学术论文50余篇，出版教材5部，承担课题6项。该研究所共有人员8名，其中教授2人，副教授4人。

所长：王宝海。

青岛农业大学农产品贸易研究所

青岛农业大学农产品国际贸易研究所成立于2005年，隶属于青岛农业大学。拥有一支学科基础广、以中青年教师为主、年龄结构合理、学术水平较高的师资队伍。研究所目前拥有专业知识功底深厚、科研能力强的教师9位，包括教授2人，副教授2人，讲师5人，其中具有博士学位教师2人，在读博士1人，硕士学位6人。已经形成一支科研素质良好的研究梯队。研究所的主要科研任务：本研究所主要研究领域为农产品国际贸易等。近3年承担山东省科技厅、山东省教育厅、青岛市社科联等10余项课题，在《国际贸易问题》、《经济纵横》、《经济问题》、《山东经济》、《世界农业》、《农村经济》等有影响的刊物发表论文80多篇，先后获得山东省科技厅、山东省教育厅、青岛市社会科学等成果20余项。

所长：刘学忠。

青岛农业大学文化人学与社会发展研究所

青岛农业大学文化人学与社会发展研究所是2008年10月28日成立的研究机构。该研究所拥有12位研究人员，所长是人文社会科学院的王伟然教授。该所拥有一支高效精干的研究队伍，他们年富力强、各有所长，成员知识结构合理、科研能力强，具有团队协作精神。

研究所研究领域和方向包括农村发展中的农民问题和当下农村社会发展的重点—公共物品问题；研究所在青岛、烟台农村建有长期观察点，与县市、乡镇、村保持着长期、稳定的协作关系；研究所开展的研究活动，近5年共承担山东省社科规划、山东省软科学、青岛市软科学、山东省教育厅、青岛市双百调研等课题10项，内容涉及农村文化、农村科技、农村社会保障、农村社区建设、农民教育培训等方面；发表相关研究论文42篇，获地厅级奖和省、市领导批示7项，多次参加政府相关咨询。

所长：王伟然。

青岛农业大学生态休闲产业发展研究中心

研究中心于2011年11月29日，由青岛盛文集团青岛盛文投资发展有限公司出资，与青岛农业大学合作社学院共同设立。研究中心是一个开展生态休闲产业研究、规划及实践的平台，是生态休闲产业及休闲产业相关技术和人才培训的平台。

主任：李中华。

青岛农业大学苹果产业发展研究中心

2011年9月24日，由合作社学院与淄博市沂源县中庄镇人民政府、烟台市牟平区观水镇人民政府共同发起建立。设立研究中心的主要目的，就是建立一个开放式的研究与推广平台，依托青岛农业大学科技、人才优势以及中庄镇、观水镇在苹果产业发展中的规模、品牌、自然禀赋等资源，探索产学研合作的成功模式，研究苹果产业发展中的管理模式、政策取向，进一步提升果业特色品牌与果品竞争力，推动果业经济发展。

主任：李中华。

三、校内学术团体

青岛农业大学思想政治教育研究会

研究会宗旨：本会以马克思列宁主义、毛泽东思想、邓小平理论、“三个代表”重要思想和科学发展观为指导，坚持党的基本路线和教育方针，坚持“二为方向”和“双百”方针，坚持与时俱进，鼓励理论创新，团结学校从事党建、思想政治教育工作的广大干部、教师、专家、学者，探讨新时期高校党建和思想政治教育的理论和实践问题，研究新形势下大学生思想政治教育的规律和特点，不断加强改进学校思想政治教育研究，努力提高工作的针对性和实效性，为培养社会主义事业合格建设者和可靠接班人提供理论支持、决策咨询和工作指导。

理事长：张铭锦；秘书长：李明国。

山东理工大学

一、学校概况

山东理工大学创建于1956年，由原山东工程学院与原淄博学院合并组建而成，坐落在历史悠久的齐文化发祥地——山东省淄博市，是山东省重点建设的理工科大学。

学校秉承“厚德、博学、笃行、至善”的校训，弘扬“无私奉献、追求卓越”的校风，为社会输送了大批高素质应用型人才。现有73个本科招生专业、21个硕士学位授权一级学科、3个博士学位授权一级学科，12个工程硕士招生领域，5个农业推广硕士招生领域，拥有MBA专业学位授予权。学科专业涵盖了工学、理学、经济学、管理学、文学、法学、历史学、教育学、艺术学等9个等学科门类，已逐步形成以工为主、多学科协调发展的学科专业布局。现有21个学院，全日制本专科在校生34000多人，研究生2320人。学校现为国家人才培养模式创新实验区、全国大学外语教学改革试点单位、全国大学生KAB创业教育基地、全国教育信息化试点单位，山东省“应用型人才培养特色名校”立项建设单位。

学校按照“汇聚人才、培育团队、成就大师”的师资队伍建设方针，着力打造结构合理、爱岗敬业的高水平人才队伍。现有1853名专任教师，其中教授177人、副教授555人，具有博士学位的384人，国家有突出贡献中青年专家、新世纪百千万人才工程国家级人选、享受国务院特殊津贴等各类人选18人，国家教学指导委员会成员7人，国家一级学会常务理事6人，山东省“泰山学者”（海外）特聘教授、山东省有突出贡献中青年专家、省级教学名师等各类人选29人，博士生导师39人。另聘有中国科学院、中国工程院院士5人及一批校外兼职教授。

学校始终坚持教学工作中心地位。近3年来，获得省级以上教学成果奖31项，其中，国家级教学成果二等奖2项；入选国家级教学团队2个，省级教学团队7个；国家级特色专业5个，省级品牌、特色专业12个；国家级精品课程5门，国家级双语示范课程1门，省级精品课程32门；国家“十一五”、“十二五”规划教材28部。

学校坚持“出人才、出成果、出效益”的科研工作方针，积极为区域经济社会发展服务。现有1个国家级工程技术研究中心、1个省级工程技术研究院、15个省级工程技术研究中心、6个省级重点实验室、11个省级重点学科、4个省级人文社科研究基地。“十一五”以来，学校先后承担省部级以上课题1300余项，其中国家“863”计划、国家“973”计划、国家科技支撑计划等20余项，国家自然科学基金、国家社会科学基金等各类国家级项目等180余项；荣获各级科研奖励1200余项，其中2006年、2007年连续获得国家技术发明二等奖各1项，2008年至2012年连续四年获得国家科技进步二等奖各1项。

学校始终坚持教学工作中心地位，大力倡导“为人师表、诲人不倦”的教风和“德业双修、学而不厌”的学风。深化学分制改革，构建了“知识、能力、素质”三位一体人才培养体系，着力培养基础厚、能力强、素质高、具有创新精神的应用型高级专门人才。全面推进教育教学改革，加强专业、课程和教学团队建设。

党委书记：都光珍；校长：张新义。

二、教研机构

商学院

商学院创建于2011年4月，由原经济学院和管理学院合并而成。商学院设有国际经济与贸易、工商管理、工业工程、经济学、金融学、会计学、市场营销、信息管理与信息系统8个本科专业；产业经济学、管理科学与工程、农业经济与管理、企业管理、世界经济5个硕士研究生专业；农村与区域发展领域1个农业推广硕士专业，物流工程、项目管理、工业工程3个领域的工程硕士；以及中职硕士和MBA等专业学位硕士点。管理科学与工程、应用经济学2个一级学科是学校重点建设的学科。

学院现有国际经济与贸易、工商管理、工业工程、经济学、金融学、会计学、市场营销、信息管理与信息系统8个教学系和山东省产业经济研究基地、山东理工大学低碳经济发展研究中心、供应链管理研究中心、经济发展研究中心、科技管理与政策研究中心、企业发展战略研究中心、人力资源管理研究中心、世界经济研究中心、系统科学与工程研究中心等9个省、校级科研机构。

主要行政负责人：李平。

文学与新闻传播学院

文学与新闻传播学院现有中国语言文学一级学科硕士学位授权点。学院下设汉语言文学、广告学和文秘3个教学系；有汉语言文学（师范类和非师范类）、广告学、历史学3个本科专业。其中汉语言文学本科专业含文艺学方向、文学方向、语言学方向、秘书学方向及编辑出版方向，广告学本科专业含新闻学方向，历史学专业含文化产业方向。学院成立35年以来，为社会培养了大批的具有优良综合素质的人才，其中中等学校语文教师以及在机关企事业单位从事文化宣传、文秘、新闻、文艺评论等方面的实际工作，具有较强的社会适应能力的专门人才居多。

学院现已形成了研究生和本科两级培养体系，2012年按中国语言文学一级学科招收硕士研究生，现有文艺学与中西文学比较、中国文学与文献、语言学3个研究方向，有硕士生导师14人。学院高度重视教学与科研工作，以中国语言文学一级学科学位点建设带动各学科工作，坚持教学科研相互拉动的战略；以学术实力最为雄厚，教学效果最佳的文艺学，带动其他学科的发展，力主各学科相互打通，学术及教学共享，不断完善中国语言文学一级学科的综合实力。

主要行政负责人：韩德信。

法学院

法学院设有法律系、行政管理系、社会学系3个教学系，建有企业法律事务研究中心、淄博市政府法制研究中心（合作共建）、地方立法研究中心等科研机构，拥有法学、行政管理、社会工作3个本科专业，社会学硕士学位点，经济法为校级重点学科。学院师资队伍结构合理，素质优良。高级专业技术职务人员占教师总数的57.6%；具有硕士及以上学位的教师占教师总数的88.2%。入选山东省理论人才“百人工程”1人，淄博市十佳社科理论专家和淄博市有突出贡献的中青年专家各1人。聘请“长江学者”中国人民大学法学院陈卫东教授、烟台大学校长房绍坤教授、中国政法大学证据科学研究院副院长王进喜教授等为兼职教授。

学院积极探索院政、院企联合办学、办专业的新形式，实现人才培养与经济社会需求的紧密衔接。近年来，承担教育部重大委托攻关项目2项，山东省教改项目3项，获山东省优秀教学成果一等奖1项，二等奖1项；1门课程获山东省双语教学示范课程。近年来，先后承担国家社科基金项目4项，教育部人文社科项目8项，其他省部级科研项目40余项；出版著作20余部，发表学术论文300余篇，其中在中文核心期刊上发表学术论文150余篇。有60多项科研成果获得各种奖励，其中山东省社会科学优秀成果奖5项。

主要行政负责人：张子礼。

外国语学院

外国语学院始建于1979年，是学校办学历史最悠久的学院之一，设有英语（师范类和非师范类）、日语、朝鲜语（韩语）3个本科专业，有中国语言文学一级学科下比较文学与世界文学、语言学及应用语言学两个硕士研究生培养方向，同时承担全校的大学外语教学任务。学院现有全日制在校生1300人，专任教师146人，其中教授、副教授48人，博士（含在读）7人，留学归国教师42人，另有外籍教师15人。主要研究方向包括英语语言学、英美文学、翻译理论、日本文学等近5年主持国家级教研项目3项、省部级科研项目6项，公开发表高水平学术论文450余篇，多项成果获省部级奖励。注重国际交流与合作，与美、英、澳、新、日、韩等国的多所高校开展师资培训和学生交换。同声传译、语言实验室、多媒体教室等教学设施先进，外语图书、音像资料齐全。

学院高度重视教学与学生培养工作，毕业生以扎实的语言基础知识和外语技能、较强的创新能力和综合素质，在省内外相关行业从事技术及管理工作，总就业率一直保持在93%以上。一大批毕业生在国内外著名大学获得硕士、博士学位，在外事、外贸、科研等领域发挥着重要作用。

主要行政负责人：李静。

马克思主义学院

马克思主义学院成立于2005年，2008年与法学院合并，2011年7月恢复设立。承担全校本、专科学生和研究生思想政治理论课、全校师范类学生教育学、心理学课程教学及研究任务，统一管理思想政治理论课教师，承担马克思主义理论科学研究、学科建设、研究生培养、全校大学生心理健康教育等工作。学院现有教职工47人，其中教授4人，副教授24，博士（在读博士）10人，讲师16人。副教授以上人员占教师总数的61%，硕士以上人员占教师总数的78%，马克思主义理论学科硕士生导师37人。

学院设有办公室、教学科、马克思主义理论系、思想政治教育系、心理科学系、形势与政策系（研究室）等行政和教学单位，现有马克思主义基本原理、思想政治教育、马克思主义中国化研究等3个硕士学位点；马克思主义中国化研究中心、思想政治教育研究中心、大学生心理健康教育中心3个校级重点科研机构，马克思主义中国化与政治文明为校级创新研究团队，马克思主义中国化研究为校级重点学科。

主要行政负责人：杨晓春。

美术学院

美术学院现设有办公室、团总支（学生科）、教学管理科3个行政机构和美术学、艺术设计2个教学系。学院主要涉及美术学（美术教育）和设计学的本科教学，美术学（美术教育）学科包括中国画和油画两个专业方向；设计学学科包括视觉传达设计和环境艺术设计两个专业。美术学系包括中国画和油画两个教研室，艺术设计系包括视觉传达设计、环境艺术和陶瓷艺术3个教研室，有艺术设计实验中心（陶艺、摄影、计算机实验室）。学院现有教职工53人，专任教师50人，教授1人，副教授14人，讲师30人，具有硕士以上学位23人，硕士研究生导师8人。2012年12月，全日制在校生共1149人。

学院拥有“美术学”（一级学科）硕士授权点，下设美术理论与美术教育研究、中国画研究、陶艺创作及其文化研究等三个研究方向；另外有“职业学校教师在职攻读硕士学位”授权点1个，同等学力硕士学位授权点1个。“美术学”为山东省“十二五”文化艺术科学省级重点学科。

主要行政负责人：李修春。

音乐学院

音乐学院现有音乐学、音乐表演两个系和音乐学、音乐表演两个本科专业。音乐学科为山东省文化艺术科学重点学科。学院下设理论教研室、声乐教研室、键盘教研室、器乐教研室、舞蹈教研室五个教研室，一个实验中心。学院教学科研设施条件先进，拥有一座面积13000平方米的综合教学大楼，独立教师琴房50余间，学生练琴琴房192间，大型舞蹈排练厅4个，雅马哈、切尔等名优钢琴164架。优越的硬件设施，为高素质的人才培养奠定了坚实的基础。

音乐学院积极发展自身优势，全面贯彻“高质量的培养高素质的人才”的办学方针，以培养社会需要的高技能音乐人才为中心，拓展学生个性，积极探索音乐人才分类培养模式，为社会培养基础知识扎实、专业技能突出、综合素质全面、竞争能力较强的应用型人才。师生在全国、全省重大音乐、舞蹈比赛中获一、二、三等奖60余项，学生百余人次获奖。在2011年山东省第三届大学生艺术展演活动艺术表演类节目中获一等奖6项，其中合唱《大漠之夜》、舞蹈《袖舞蹁跹》被选送至教育部代表我省参加全国艺术展演活动的评选。

主要行政负责人：邵彬。

体育学院

体育学院现有体育教育和运动训练两个本科专业，设有七个专业教研室、四个科研团队和社会体育学研究所。

学院始终围绕本科教学和科学研究两个中心。教学上建立了融“个性、休闲、健康”于一体的公共体育教学模式，优化了课程资源配置，满足了大学生的体育健身兴趣与需求，提高了大学生的体质健康水平，研究成果获得山东省教学改革优秀成果三等奖。体育科学研究上，学院根据学科建设需要和学院发展实际，制定了切实可行的科研政策，激发了广大教师从事科研的积极性，在体育人文社会学、运动人体科学和体育教育训练学三个方向取得了丰硕的成果。先后完成国家社会科学基金项目2项、山东省社会科学规划重点项目6项，国家体育总局软科学项目2项、山东省软科学项目5项、省教育厅人文社科项目3项；获得山东省社会科学优秀成果二等奖1项、山东省软科学研究优秀成果三等奖2项、山东省教学研究成果三等奖1项、山东省高等学校人文社科优秀成果二等奖1项、三等奖1项。其他获奖成果27项。在国家正式刊物上发表论文400余篇，其中核心期刊200余篇。出版独立撰写和主编的著作、教材3部，参编省级以上教材18部。

主要行政负责人：李丰祥。

社会科学处

山东理工大学人文社会科学研究管理工作原由科研处负责，由于学校规模的扩大及人文社会科学研究力量的不断增强，学校于2003年11月20日成立了社会科学处（简称社科处），主要负责学校的人文社会科学研究管理工作。

社科处设有计划管理科、成果管理科，现有管理人员4人，其中正教授2人，副教授1人，具有博士学位者2人，硕士学位者2人。成立以来，逐步发挥了对人文社会科学研究的导向功能、监督功能和服务功能。通过加强和上级部门及基层部门的有效沟通，深化岗位职责管理，在课题申报审批、研究进程管理、成果管理等方面，为学校人文社会科学研究的发展作出了应有的贡献。

主要行政负责人：吴宗杰。

山东省产业经济研究基地

宗旨：以国际化视野研究中国、特别是山东省产业经济发展问题，通过与国内外企业、行业组织和科研机构积极合作，搭建产学研互动合作平台，提高学术研究水平，促进学科建设，增强服务地方经济建设能力。

主办单位：商学院；主要负责人：王学真。

山东省齐文化研究基地

山东省齐文化研究基地成立于2000年1月17日，是山东省首批七大社科规划重点科研基地之一。齐文化研究同时是山东省文化艺术科学省级重点学科和山东省高校“十二五”人文社科研究基地。现有专职研究人员14人，兼职研究人员20余人。主办单位齐文化研究院下设齐国历史文化研究所、齐地文献考古研究所、《管子学刊》编辑部、齐文化资料信息室、办公室。

宗旨：从事齐文化研究，建设齐文化学科，为我国的学术事业和当代社会建设服务。

主办单位：齐文化研究院；主要负责人：王学真；首席专家：宣兆琦。

山东省生态文化与可持续发展软科学研究基地

山东省生态文化与可持续发展软科学研究基地是山东科技厅首批省级软科学研究基地，成立于2007年。基地以山东理工大学文学与新闻传播学院、法学院、商学院为主要建设单位，并联合山东理工大学理工院系，以及山东省科技发展战略研究所、淄博市发改委等单位科研人员共同建设。

宗旨：整合相关研究资源，围绕我国尤其是山东省生态文明建设过程中亟待研究解决的重大理论和现实问题设计研究项目，对我国当前生态文明建设、低碳经济建设，以及我省生态省建设及环境保护，文化强省建设，黄河三角洲经济区和蓝色经济区建设等现实社会经济问题进行学科综合、交叉研究，为我省经济社会持续发展出谋划策。

主要负责人：王学真、陈红兵。

枣庄学院

一、学校概况

枣庄学院1978年开始招收大专班，1984年经国务院批准成立枣庄师范专科学校，1999年与枣庄教育学院、枣庄广播电视大学合并。2004年5月经教育部批准改建为全日制普通本科院校。

学校占地面积1051亩，校舍面积33.8万平方米，固定资产总值49531.59万元，教学科研仪器设备总值8591万元。学校面向全国23个省（区、市）招生，现有全日制普通本专科在校生13350人。

学校现有教职工1105人，其中教师670人。教师中教授40人、副教授129人，博士61人、硕士468人；有省级教学团队3个，全国优秀教师3人，曾宪梓教育基金会教师奖获得者9人，山东省有突出贡献中青年专家1人，枣庄市有突出贡献中青年专家19人，省级教学名师4人，兼职研究生导师9人，来自美国、俄罗斯、韩国等国家的外籍教师10人。

近年来，学校先后承担了国家973科研项目、国家社科基金、国家自然基金、全国教育规划课题、科技部科技支撑项目、科技部科技型中小型企业技术创新基金项目、国家战略性先导科技专项项目、国家星火计划项目、山东省科技攻关项目、山东省博士基金项目、山东省自然基金项目、山东省社科基金项目等高层次科研课题100余项；企事业委托的横向课题和专项课题70余项；教师发表学术论文3300余篇，其中SCI、EI、CSSCI 320余篇；出版专著、教材100余部；获山东省社会科学优秀成果奖、山东省高校优秀科研成果奖等地厅以上科研奖励120余项，获得国家专利成果50余项。

学校建有山东省鲁南煤化工工程技术研究院1个、山东省“十二五”重点学科2个、山东省高校重点实验室1个、山东省“十二五”文化艺术重点学科2个、山东省实验教学示范中心2个，校级科研机构5个，与地方政府、企事业单位共建科研机构6个。

党委书记：胡小林；院长：曹胜强。

二、教研机构

文学院

文学院现有教职工56人，专任教师51人中教授7人、副教授26人，博士11人，硕士以上共46人。学院有汉语言文学、汉语言、对外汉语（汉语国际教育）等3个本科专业，汉语言文学专业和汉语言专业主要培养宽基础、高素质、强能力的具有人文素养、创新精神和实践能力的复合型汉语言文学专业人才，授予文学学士学位；对外汉语专业主要培养具有扎实的汉语和英语以及第二外语基础，对中国语言、文学、文化及中外文化交往有较全面的了解，能在国内外有关部门、各类学校、新闻出版、文化管理和企事业单位从事对外汉语教学及中外文化交流相关工作的实践型语言学高级人才，授予文学学士学位。

学院拥有2个校级优秀教学团队和12门校级精品、优质课程，承担国家、省部级等教学、科研课题30多项，出版教材10余种，出版专著20多部，发表高质量学术论文300余篇，多人获省级教学、科研奖励。“语言及应用语言学”为学校强化建设学科，积极参与“区域（鲁南）文化研究院”等研究项目，服务地方发展。

行政负责人：董业明。

政治与社会发展学院

政治与社会发展学院现有专任教师30名，其中教授2人，副教授13人，博士和在读博士7人，特聘教授3人，省级学术骨干学科带头人培养对象1人，市级有突出贡献的中青年专家1人。学院有历史学、思想政治教育和行政管理2个本科专业。历史学专业主要培养具备历史学方面基础理论、基本知识、基本技能、方法以及相关知识，具有从事与历史学有关的教学、科研以及领导管理等实际工作和研究能力的高级专门人才和应用型人才，授予历史学学士学位；思想政治教育专业主要培养具有扎实的马克思主义理论功底和哲学、法学、政治学、社会学等多学科知识基础，掌握思想政治教育基本理论和方法，熟悉现代教育技术，了解经济社会发展状况和趋势以及中外社会文化思潮的专门人才，授予法学学士学位；行政管理专业主要培养具备行政学、管理学、政治学、法学等方面知识．能在党政机关、企事业单位、社会团体从事管理工作以及科研工作的专门人才，授予管理学学士学位。学院现有《课程与教学论》省级重点学科一个，校级重点学科两个。

近年来，学院教师公开发表学术论文近600篇，出版著作和教材近62部，主持和参与国家级课题2项，省级科研课题和项目12项，获省级以上教学成果和科研成果奖励10余项。

行政负责人：徐玲。

外国语学院

外国语学院现有教职工53人，其中教授5人，副教授10人，博士1人、硕士21人，在读硕士20人，数位教师有国外留学经历。外籍教师及专家10人，普通在校生1500余人。教师的专业基础扎实，科研能力强，现承担省部级和院级教学科研课题30余项。学院设有英语和日语两个本科专业。英语专业主要培养具有扎实的英语语言功底和英语语言文化知识，并能熟练地运用英语在外事、经贸、文化、教育等领域工作的复合型、应用型外语人才，授予文学学士学位。日语专业主要培养具有扎实的日语语言基础和基本语言运用技能，有较广泛的科学文化知识，能够从事翻译、研究、教学、管理等工作的高级专门人才和应用型日语人才，授予文学学士学位。

学院始终高度重视教学质量的提高，建设有稳定的教育实习和专业实习基地。已建设成1个校级优势学科（外国语言学及应用语言学）和1个校级科研机构（英语语言文学研究所）、1门校级精品课程（英汉翻译）和5门校级优质课程（基础英语、英语听力、高级英语、英语语言学和英国文学）。学院拥有现代化多媒体语言实验室、外语调频广播电台、音像资料室，可以实现课堂教学和模拟真实世界的完美融合。

行政负责人：韩建侠。

音乐与舞蹈学院

音乐与舞蹈学院现有教职工51人，专任教师46人，客座教授、副教授10人、硕士研究生和在读研究生46人，在校生640人。学院设有音乐学和舞蹈学两个本科专业。音乐学专业主要培养德智体全面发展的中等学校新型的音乐师资，并为其成为音乐骨干教师、学科带头人打好基础。树立正确的艺术观，建立扎实的音乐理论基础，掌握多项音乐技能，具有一定的史论知识和音乐鉴赏力，具备从事音乐教育、音乐表演工作的专业素质和组织能力，授予文学学士学位；舞蹈学专业主要培养德、智、体、美全面发展、具备扎实地马克思主义理论基础、熟悉表演学和舞蹈学理论、比较熟练掌握当代舞蹈表演知识与技能、能够从事舞蹈与形象塑造、舞蹈表演艺术编导的具有创新精神和实践能力，能适应现代社会、经济发展需要的专门人才，授予文学学士学位。

学院设有声乐、钢琴、器乐、舞蹈、理论、艺术实践6个教研室，鲁南音乐研究所，另有枣庄学院青年合唱团、交响乐团、管乐团、民族乐团等9大乐团。拥有高标准音乐厅、多功能音乐欣赏厅、网络钢琴集体授课教室、电脑MIDI音乐制作教室、标准琴房150间、舞蹈排练厅4个。

行政负责人：李永。

美术与艺术设计学院

美术与艺术设计学院现有教师41人，其中教授2人，副教授9人，讲师15人，外聘专家教授4人。现有美术学、艺术设计两个本科专业，普通在校生642人。美术学专业主要培养具有较高艺术修养、扎实造型基础和艺术创造能力，能够从事艺术教育、艺术研究、艺术创作的专业人才，授予文学学士学位；艺术设计专业主要培养具有视觉传达设计观念，掌握现代设计理论、平面设计方法和技能，能从事平面设计、广告策划与创意、平面设计教学及科研的复合型高级人才，授予文学学士学位。

学院积极选派骨干教师赴中央美术学院、清华大学艺术学院、文化部重彩高研班、中国艺术研究院等国内知名学府和研究机构进行专业深造。从基础教育到学科前沿的探索与交流互动，给学院带来了新的办学理念；在教学实践中，教师抓科研促教学，教学成果显著。2004 年在由文化部和中国美术家协会共同主办的第十届全国美展上我院李善阳、冯劲草两位教师的油画作品同时入选并获优秀奖，2009 年我院教师冯劲草创作的油画、版画、漆画 3 件作品同时入选第十一届全国美展。

行政负责人：李鲁祥。

体育学院

体育学院现有 41 名教职工，其中教授 3 人、副教授 12 人、具有硕士学位的 20 人，在读硕士 4 人。学院现有体育教育、舞蹈学（体育舞蹈方向、健美操方向）两个本科专业。舞蹈学专业主要培养具备体育舞蹈和健美操方面的基础理论、知识、技能及其相关知识，具有从事体育舞蹈和健美操专业教学、训练与科学研究工作的能力，能胜任体育舞蹈和健美操专业指导、竞赛组织、体育表演活动的组织与管理、体育表演团体的经营与开发等实际工作能力的应用型高级专门人才，授予文学学士学位。

学院拥有教学楼 1 座、综合性体育馆 1 座、体操馆 1384 平方米、舞蹈房 344 平方米，并即将建成使用舞蹈房 1000 平方米，另外还有标准田径场两块 3625 平方米、乒乓球场 350 平方米、室外篮球场 17 块、排球场 4 块、羽毛球场 16 块、乒乓球场 12 块、网球场 2 块、体质测试中心一个、解剖、生理实验室各一个、人体解剖模型和运动生理仪器 200 多种、与体育相关的专业书籍 4 万多册，中外期刊 60 多种；建立多个教学实践基地。

行政负责人：谢旭东。

心理与教育科学学院

心理与教育科学学院现有教师 30 人，其中教授 3 人，副教授 8 人，博士 2 人，博士在读 2 人，硕士 24 人；全国优秀教师 1 人，省级重点学科学术带头人 1 人。学院现有学前教育、心理学和教育技术学 3 个本科专业。学前教育专业主要培养具备学前教育方向的基础理论、基本知识、基本技能，具有从事学前教育教学、科研与管理能力，及在幼儿机构服务、特殊儿童行为矫正、育婴师、幼儿营养师、咨询师、儿童传媒与出版等方面具有创新精神与实践能力的应用型高级专门人才，授予教育学学士学位；教育技术学专业主要培养具有良好的科学人文素养和现代教育理念，系统掌握教育技术学基本知识，具备扎实的信息技术应用技能，能够在现代教育信息和媒体环境下对促进学习的方法、技术、过程和资源进行创设、利用与管理；能够对教育信息技术和媒体技术设施进行管理、应用和维护、具有可持续发展能力的复合型、应用型专门人才，授予教育学学士学位。

学院设有校心理健康教育中心、青少年心理健康研究所两个教育科研机构，拥有标准化配置的多功能教育技能训练中心、全录播教室、数字影像实验室等设施。近年来发表学术论文百余篇，出版学术专著、主编教材等 10 余部，获省级教学成果奖和省、市、校各级科研成果奖 10 余项，省级精品课程 1 门。

行政负责人：徐虹。

传媒学院

传媒学院是学校为积极应对文化产业及新兴媒体迅猛发展及其对人才的迫切需求，在整合优化校内外优质资源和师资力量的基础上组建而成的全新模式、特色发展的应用型学院。学院师资力量充足，学历层次高，年龄结构合理，教师的研究方向分布在摄影、摄像、非线性编辑、播音与主持、动画技法、动画设计、电视节目制作、专题片创作、数字动画制作技术、影视导演、影视编剧等多个研究领域。学院拥有功能完善的摄影、摄像、演播与导播、非线性编辑、数字动画、三维制作等多个实验室和与之配套的道具室、化妆室等。学院现有广播电视编导、动画两个本科专业。广播电视编导专业主要培养具备较高综合素质和广播电视节目策划、创作、编辑、导演、制作等方面的基础理论知识、基本技能方法，能在全国影视系统、传媒系统和文化部门从事视听节目编导、策划、摄像、制作等方面工作的高级应用型人才，授予文学学士学位；动画专业主要培养系统掌握动画专业基本理论，具备较强的动画创意与制作技能，并具备一定的创新精神，能从事动画片编导、动画设计、动画制作等方面工作的应用型专门人才，授予文学学士学位。

行政负责人：于瑞华。

经济与管理学院

经济与管理学院现有教师 47 人，其中教授 2 人、副教授 4 人、副研究员 3 人，在读博士 2 人，校级学科带头人和学术骨干 2 人。在校生 2100 余人。设有财务管理和市场营销两个本科专业。财务管理专业主要培养掌握管理学、金融学、会计学等学科的基本理论知识，掌握财务、金融管理的定性和定量的分析方法，分析和解决财务管理相关方面问题的基本能力，熟悉国内外与财务、金融管理相关的方针、政策、法规和国际会计惯例，从事财务与金融管理以及教学、科研等工作的高级专门人才，授予管理学学士学位；市场营销专业主要培养能够掌握市场营销以及工商管理方面的基本理论和知识，接受系统的营销方法与技巧方面的基本训练，具备现代市场营销观念和能力的，具有分析和解决营销问题的基本能力，能够事营销业务管理、实务操作和企业管理的高级专门人才，授予管理学学士学位。

学院拥有校级精品课程2门、优质课程1门，先后承担省级科研课题7项，累计发表论文100余篇，出版著作3部。获山东省高校优秀科研成果奖1项。学院现设有管理综合计算机实验室和会计模拟实验室，设有“农产品营销研究所”。

行政负责人：李苏。

思想政治理论课教学部

思想政治理论课教学部前身为1999年设置的“社科部”，2011年3月更名为“思想政治理论课教学部”，独立建制为直属学校领导的二级教育教学机构，负责承担全校本专科学生思想政治理论课教学与研究任务。目前，共有专兼任教师25名，其中教授5人，副教授6人；博士3人，在读博士2人。有省级重点学科（思想政治理论课程与教学论）1个、校级精品课程5门、优质课程1门。近年来，主持省部级课题6项，参与国家、省部级课题10多项。出版专著10多部，发表核心论文60多篇。获取省部级奖励6项、地市级奖励30多项。

行政负责人：徐明忠。

大学英语教学部

大学英语教学部下设四个教研室和一个大学英语教学研究中心，主要负责学校的大学英语、大学日语和大学俄语的教学工作，涉及学生12000余人。大英部秉承“人才兴教”的宗旨，一直致力于提高教师的综合素质。在全体领导及教师们的努力下，大英部目前所拥有的41名专职教师中，已有一大批中青年教师脱颖而出成为教学研究的中坚力量。

大英部的总体办学指导思路是：以学科建设为龙头、师资队伍建设为重点、人才培养为根本、教学科研为中心、理论研究与应用研究并重，不断提高学术梯队层次，保持高水平的教学质量，积极配合国家与学校的战略发展需要，形成鲜明的办学特色。在人才培养过程中，强调德智体美全面发展，重视素质培养，包括政治素质和思想素质、努力造就具有爱国主义精神、良好敬业精神和优良道德情操，培养理论基础扎实，具有专业知识和能力、团队精神和协作能力的高素质人才。教师传播先进文化；学生学习先进文化、掌握传播先进文化的方法、手段；并以传播先进文化的方式服务国家建设。

行政负责人：盛清银。

教务处

教务处是负责学校教学运行、教学管理、教学研究、教学质量监控管理的职能部门。在分管教学副校长的领导下开展工作。下设教务、教学研究、实践教学、考务和教材五个科室。主要职责包括：根据上级教育行政部门的有关政策、法规，结合本校的实际情况，制定学校教学规章制度和管理文件，并组织实施；负责全校各专业教学计划编制的组织、审定、管理工作；负责校历、课表的编排、发布及运行中的调整控制，教学计划实施过程中师资调配的宏观调控，教学用房的运行调控；全校性教学事务协调工作及教学中突发事件的处理或协调工作；对全校教学质量负责，负责建立科学合理的教学评估、督导体系；负责学校师资队伍整体发展规划的编制及实施指导、检查工作，指导系（部）建立一支人员精干、素质优良、结构合理、专兼结合、特色鲜明、相对稳定的教师队伍；负责学校专业发展规划的编制，增设专业申报的组织及协调工作；负责学校考试工作程序和制度的建立，严格考试过程管理，认真组织考后分析和总结工作；加强学院教材建设及管理，科学地选配教材，确保教材的质量和教材内容的先进性；建立完备的档案管理体系，负责教学、教师、教研、成绩等相关档案的建立及管理工作。

行政负责人：刘书银。

科技处

科技处是负责学校科学研究、科技开发等方面的组织、管理和协调工作的行政职能部门，科技处与学校服务地方办公室合署，在校长及分管科研副校长的领导下开展工作。科技处主要职责包括负责学校科研发展规划的制定并组织实施；负责学校学科建设规划的制定并组织实施；负责科研工作的组织和管理；负责科研项目的申报、资助和管理；负责科研成果的鉴定、统计、奖励的组织和管理；负责重点学科（实验室）、科研机构的建设与评估；负责人文基地、创新团队的建设与评估；负责研究生培养工作的组织和管理；负责学术活动的组织和协调；负责服务地方工作的组织和协调；负责科技成果的转化与推广；负责科研经费的使用与管理；配合人事处做好职称评审工作；配合国资处和图书馆做好科研设备和图书资料的管理等。

行政负责人：明清河。

区域（鲁南）文化研究院

区域（鲁南）文化研究院是学校重点建设的科研机构，依托研究院建立的鲁南区域文化研究基地，是省文化厅“十二五”重点建设学科，是学校突出办学特色，发挥人才智力优势，服务地方建设，促进城市转型的重大举措，是提高教学质量、加强学科建设的突破口。研究院现有研究人员12人，其中教授5人，副教授5人，硕士研究生导师1人，博士3人，硕士7人。

研究院现有中国传统文化与文化产业研究、古文化研究和鲁南区域文化的现代转型3个研究室，承担山东省重点文化建设项目《山东区域文化通览·枣庄卷》的编纂工作，出版2辑10本“运河文化研究丛书”在学术界产生了较大反响。出版了《台儿庄大战资料选辑（上、下卷)》，在枣庄与台儿庄大战、台儿庄大战与中国抗日战争的进程、台儿庄大战与第二次世界大战等研究方向取得重大突破。全面参与了台儿庄古城文化场馆的建设，在古城设立了具有产权的文化艺术实践基地和海峡两岸文化交流中心。

行政负责人：胡小林。

资源城市转型与发展研究院

资源型城市转型与发展研究院是校级科研机构，依托该研究院成立了枣庄学院人文社科基地。研究院现有研究人员18人，其中教授5人，副教授5人，博士3人，硕士11人。法国的亨利·热·马里昂·杜先生为学术顾问。下设城市史、资源城市产业转型和区域经济三个研究室。研究院立足枣庄城市转型的现实背景，以世界范围内的资源城市经济转型与发展为对象，以中国经济可持续发展的需求为导向，以转型经济与管理的一般理论，转型中的经济稳定、经济增长与经济政策，转型中的产业组织与管理，企业制度和管理模式转型以及经济转型中的社会问题和社会保障等为主要研究对象，借鉴当代经济与管理的前沿理论和其他国家的有益经验，构造科学的经济转型与发展理论体系，建成国内一流的经济转型与发展学术研究中心。研究院先后获得了教育部人文社科项目、省自然科学基金项目、省社科规划项目等10多项课题、发表论文20余篇，出版著作3部。

行政负责人：曹胜强。

墨子研究院

枣庄学院从服务地方经济文化建设，特色发展的理念出发，于1995年成立墨子研究所，并于2006年成立墨子研究院，深入开展墨学研究与学术交流。主办了“枣庄学院墨学国际研讨会”，与中国墨子学会、山东大学、滕州市等单位联合承办了第五至第七届国际墨子文化节，组织参加了第一至第四届墨学国际会议；主办了“中国国际墨学网”，先后多次派出教师参加国内外学术会议。以墨子研究院为基地，枣庄学院集中了校内优秀的师资力量与各种社会资源，联合了国内外墨学研究的专家学者，全面开展墨学文化研究。主要进行了墨学历史文化价值研究、墨学当代文化价值研究、墨家文献研究、中国墨学史研究，特别是墨子伦理思想、墨子教育法治科技思想、墨学与和谐社会构建、墨学与罪犯教育改造；墨学词汇、语法等方面的研究。墨子研究院分别获得各级各类科研课题立项和奖励10多项，发表论文50多篇，先后出版了《墨子大词典》等10多部专著。并积极参与了滕州墨子纪念馆的建设论证工作，与滕州监狱开展横向课题“墨子思想与罪犯教育改造”研究，为枣庄学院赢得了良好的社会评价、取得了较好的社会效益。

行政负责人：曹胜强。

中兴文化研究院

为深入挖掘中兴文化的丰富内涵，加强百年中兴文化旅游开发的创意研究，适应枣庄资源枯竭型城市转型的新要求，枣庄学院与枣庄市中区、枣矿集团新中兴公司共建了中兴文化研究院。枣庄中兴公司作为枣庄近代经济发展的代表，被誉为“中国活着的民族工业史”，作为中国历史上最早的，完全由中国人自办的民族资本独立经营的大型煤矿，中兴煤矿创造了4个第一：中国民族资本产业第一个近代化生产企业；中国历史上清末最大的一家公司；中国第一家股份制公司；中国唯一一家由北洋政府2任总统任董事长的公司。研究院主要任务是挖掘、整理和研究中兴公司百年发展历程，探寻民族工业发展轨迹，总结先辈创业成功经验，以古论今，以史为鉴，深入挖掘百年中兴的文化内涵，完善和恢复历史文化遗址。研究院的成立对枣庄老工业城市地位的确立，对促进枣庄资源枯竭城市的有机转型，以及建设文化强省和发展文化旅游有着深远的历史意义。研究院研究人员正抓紧展开资料收集和调研工作，积极申报工业遗产公园和建设国家矿山地质公园、创建中兴文化产业园，做大做强中兴文化研究。

行政负责人：曹胜强。

烟台大学

一、学校概况

烟台大学，山东省属重点综合性大学，创建于1984年7月。1995年顺利通过原国家教委本科教学水平合格评价。1998年获得硕士单位授予权。2004年在教育部本科教学工作水平评估中获得优秀。2007年被中国人民解放军总政治部批准为普通高等教育培养军队干部依托培养单位。2012年，"重大新药新型释药系统"博士人才培养项目成功获批。

学校现设有22个院（部），46个研究院所，55个本科专业，134个硕士招生专业（领域），涵盖文、理、工、法、农、医、史、经济、管理、艺术10大学科门类。形成了本科教育、研究生教育、留学生教育和继续教育等多类型、多层次的办学格局。

2011年，学校入选教育部"卓越工程师教育培养计划"。法学专业、应用物理学专业、药学专业和电子信息科学与技术专业被评为国家级特色专业，应用化学等9个专业被评为省级特色专业。民法学被评为国家级精品课，现代物流获批国家级双语教学示范课程建设项目，数据结构被评为教育部—英特尔精品课，法理学等20余门课程被评为省级精品课。

学校拥有7个省级重点学科，1个省部共建教育部重点实验室，8个省级重点实验室，1个国家民委民族问题研究基地，1个国家知识产权培训基地，2个国家技术转移中心，1个山东省高校人文社科研究基地，1个山东省民族问题研究中心，6个省级工程技术研究中心，1个山东省国际（港澳台）科技合作平台，1个省级研究院，1个省软科学研究基地，1个省级大学科技园。

学校近年来获国家科技进步二等奖1项，中国高校人文社会科学研究优秀成果奖9项（其中一等奖、二等奖各1项），省部级以上奖励170余项。主持国家自然科学基金、国家社会科学基金、973项目、863项目、国家"十五"重大科技专项等国家级项目150余项。主持横向课题760余项。学校先后获得全国科技管理先进团队、全国普通高校科研管理先进集体、山东省社科先进管理单位、山东省高等学校科研管理先进集体等荣誉称号。

学校拥有一支学历结构、年龄结构、职称结构、学缘结构、学科（专业）结构比较合理的师资队伍。全校专任教师1174人，其中副高级以上人员578人，占49%；博士学位人员占36%，硕士以上人员占82%。现有中国工程院院士1人，"首届全国百名教学名师"1人，"新世纪百千万人才工程"国家级人选1人，享受国务院政府特殊津贴专家和全国优秀教师16人，国家"千人计划"人选1人，国家有突出贡献的中青年专家1人，国家社科基金评审专家1人，教育部"新世纪优秀人才"支持计划人选3人。泰山学者特聘教授2人，泰山学者海外特聘专家4人，山东省有突出贡献的中青年专家9人，"山东省教学名师"8名，山东省高等学校首席专家2名。近300名国内外知名学者担任客座教授和兼职教授，聘请兼职院士13名。

历任校长：沈克琦、李庆臻、张建义、郭明瑞、崔明德。

党委书记：崔明德；校长：房绍坤。

二、教研机构

科研处

科研处主要负责组织各级各类纵向科研项目的申请推荐；横向科研项目的登记、管理；学校科研机构的管理；组织各级各类优秀科研成果奖的申请推荐；组织纵向科研项目完成后的鉴定、验收；科研成果的宣传、推广和转让；学校知识产权的管理；组织省级重点实验室的申报、中期评估、验收；重点建设经费的管理。

教务处

教务处主要负责贯彻执行全校教学管理的决策和教学工作的组织协调工作；组织制定和实施本、专科教学计划、各课程的教学大纲；监督检查各教学单位执行教学计划、教学大纲情况；组织教学成果的申报和评奖工作；社会实践与实习、毕业论文与毕业设计管理；核发本、专科学历证明及学位证书；制定全校本、专科学生的招生规划和年度招生计划，组织实施招生录取工作；做好教师的业务考核，核算、统计教师教学工作量；负责进修人员的接收和管理工作。

法学院

法学院现设有法学、知识产权2个本科专业，拥有法学一级学科硕士点，法律硕士专业学位点。学科主要教学内容包括法理学、宪法、中国法制史、刑法、民法、商法、知识产权法、经济法、行政法与行政诉讼法、民事诉讼法、刑事诉讼法、国际法、国际私法、国际经济法等专业课程；硕士研究生专业主要包括民商法、经济法、刑法、诉讼法、国际法、法理学、法史学、环境法等。现有教职员工57人，其中教授15人，副教授10人，讲师21人。其中，国家级教学名师1人，百千万人才工程国家级人选1人、享受国务院特殊津贴3人，山东省教学名师3人，山东省有突出贡献的中青年专家2人。

法学专业是教育部“首批卓越法律人才教育培养基地”、教育部特色专业建设点。民商法教学团队是国家级教学团队，民法课程为国家级精品课。民商法学科是省级重点强化建设学科和“泰山学者”岗位设置学科。依托法学院，建成了山东省高校人文社科研究基地“烟台大学应用法学研究中心”、山东省软科学研究基地、国家知识产权培训基地（山东）等教学科研平台。

院长：金福海。

人文学院

2002年7月，由中国语言文学系（即中文系）、社科德育部、国际文化交流部、中国学术研究所联合组建而成人文学院。现有教师93人，其中教授9人，副教授30人，高级职称占教师比例为42.1%，博士生（含在读）37人，占教师比例为40%，硕士以上学历占教师比例87%。人文学院现有汉语言文学和新闻学两个本科专业，目前在校本科生1188人。另外还承担着全校思想政治理论课，《大学语文》及大部分全校人文通选课的教学任务。

现有中国史、中国语言文学两个一级学科硕士点和中国少数民族史、考古学与博物馆学两个二级学科硕士点，其中中国少数民族史为省级特色学科、烟台大学优势学科。目前在校硕士生50人。

院长：兰翠。

经济管理学院

经济管理学院设有工商管理、会计学、国际经济与贸易、市场营销、公共事业管理6个本科专业；拥有工商管理一级学科硕士点（下设企业管理、会计学、技术经济及管理三个硕士点）、国民经济学二级学科硕士点和农业推广专业硕士学位点；拥有国际经济与贸易一个省级特色专业，工商管理、会计学两个校级特色专业；拥有1门国家级双语课程、2门省级精品课程、两2门校级精品课程、8门校级优秀课程。学院现拥有教职工78人，在校研究生、本科生2500多人。王淑云教授被评为“山东省教学名师”，杨欢亮教授被评为“烟台大学教学名师”。

学院经过多年的积累逐渐形成了物流管理、国际企业组织与战略管理、企业理论、宏观经济管理、科技管理等稳定的研究方向。近五年，学院的教师主持承担了国家社科基金项目、国家软科学重点项目、教育部人文社会科学规划项目等国家及省部级研究课题60余项，国际合作项目2项，获得省部级奖励20项，出版学术专著50余部，在国内重要学术刊物《中国软科学》、《世界经济》、《中国工业经济》、《管理工程学报》、《中国管理科学》、《科研管理》、《财政研究》、《经济学动态》、《管理学报》、《财经研究》等杂志上发表论文300余篇，其中部分论文被《新华文摘》、《中国人民大学复印报刊资料》等报刊全文转载、复印及摘登。

院长：王淑云。

外国语学院

外国语学院拥有“英语语言文学”、“亚非语言文学”和“外国语言学及应用语言学”等3个硕士研究生专业，拥有“外国语言文学”一级学科硕士学位授权点和MTI翻译专业硕士点。

外国语学院的学科建设依托“英语语言文学”、“外国语言学及应用语言学”和“亚非语言文学”等3个二级学科，设置3个极富特色的研究方向，即“人类文化语言学”、“外语教育技术及应用”和“韩国社会、语言、文学的文化学研究”。学科在上述3个二级依托学科中设置9个硕士研究生培养方向，即“话语分析与社交语用学”、“汉外语言对比与跨文化交际”、“外语教育技术研究与应用”、“英语文学”、“英语语言与社会、文化交叉研究”、“韩国现代文学与影视文化”、“韩国社会语言文化研究”、“中英/中日/中韩口笔译”。

院长：丁凤熙。

建筑学院

建筑学院现有建筑学和艺术设计两个专业，并在艺术设计专业内部设置视觉传达、环境艺术、景观设计三个专业方向。主要教学内容涉及了城市规划、城市设计、建筑设计及其理论，绿色建筑技术以及平面广告、室内外环境设计以及园林绿化和景观设计的相关教学和研究。

视觉传达设计专业着力培养学生具备艺术设计专业理论与专业技能，具有广告策划、广告创意设计与制作、商业展示环境设计与布置等视觉传达设计的专业技术能力，能够独立从事包装、广告、展示空间设计和多媒体设计等工作。环境艺术专业研究的主要目的是为人们创造舒适健康的生活环境，具体包括建筑及其室内外环境的设计。发展的总目标为“以建筑设计为依托，向室内、室外两个方向发展”，并根据学科发展的要求具体分为两个子方向，即室内设计方向、景观设计方向。

院长：郝曙光。

艺术学院

艺术学院现设有音乐学、音乐表演（演唱、演奏）、舞蹈编导三个专业。下设有音乐教育系、声乐系、舞蹈系、器乐系、键盘系、艺术理论教学部、艺术实践部等7个系（部）。在校本科生400余人。

音乐学专业主要学习音乐表演的基本技能，学习音乐技术理论以及中外音乐史论等学科的理论知识；学习教育理论知识，接受音乐教学实践指导，从而形成良好的教师素养，获得从事音乐教学的基本能力和一定的音乐教育研究能力。音乐表演专业设置声乐、键盘、器乐、舞蹈、音乐理论五个专业方向，学生主要学习音乐表演的基本理论和基本知识，接受本专业严格的技能训练，获得从事音乐舞蹈演出、教学的基本能力和一定的音乐研究能力。舞蹈编导专业主要学习我国的文艺方针和政策，掌握舞蹈的基本理论和专业技能，了解相关学科知识、有较高的审美感觉和创造性思维，有观察、理解、概括生活的能力，独立运用编舞手段完成舞蹈作品的创作与排练，以及具有从事专业教学的初步科研的能力。

学院师资力量雄厚，有多名教授、副教授和毕业于中央音乐学院、上海音乐学院、中国音乐学院以及来自德国、奥地利、法国、英国、俄罗斯、乌克兰、白俄罗斯等国内外博士、硕士组成的教师团队。学院教学、科研和艺术实践诸方面都取得了显著成绩。近几年学院教师以及培的学生在国际、国内和省内举办的专业比赛中频频获得佳绩。

院长：沙涛。

体育学院

拥有运动训练专业，本专业除通识教育课程外，学院自行设有学科基础

课（包括运动生理学、运动解剖学、体育保健学等）和专业课程，专业课程包括专业基础（运动生物力学、运动生物化学、运动训练学、体育统计学、体育绘图、田径、篮球、体操、武术等）和限选课程。

学院主要研究方向是运动医学。近几年来，体育学院以张安民教授为科研带头人，先后完成了山东省自然科学基金、国家自然科学基金资助项目各一项，研究的主要范围包括不同运动形式（如有氧运动、无氧运动等）对大鼠不同脑区（如杏仁核、纹状体、海马等部位）的蛋白激酶C、cAMP、c－fos原癌基因等表达量、表达形式的影响，探讨运动性神经中枢疲劳、运动对记忆能力的影响等方面的可能机制，从而使人们更深入的认识运动对大脑健康的影响效应，并最终为神经系统疾病的辅助治疗措施提供新思路。

行政负责人：徐阳。

体育教学部

本部承担着全校学生体育课教学工作，在本、专科学生的1—2年级开设了12个专项课，其中涵盖篮球、排球、足球、健美、网球五门院级优秀课程，供学生以选项的方式进行上课；在全校范围内每学期开设散打、健美操、拓展团队、体育健康理论与方法、女生形体训练、特殊奥运会、交谊舞、网球、羽毛球、体育欣赏等选修课达10项以上，供各个层次学生进行选修，丰富学生的课余生活。

主要研究方向为体育教学、特奥运动等方面的研究，曾承担山东省社会科规划项目、“特奥大学计划”子课题等，发表相关的科研论文多篇。

院长：张伟。

海洋经济研究中心

海洋经济研究中心的主要研究方向是：综合发挥烟台大学地处海洋前沿的区位优势，整合烟台大学在海洋经济学与海洋管理学方面的学科优势，密切联合校内外、海内外的学术机构、企业及事业单位，开展我国海洋经济与管理理论重大问题研究，针对我国海洋经济发展中的重要实践问题，特别是山东半岛蓝色经济区建设发展的实际问题进行调查研究活动，为我国海洋经济的科学发展，海洋资源合理开发与可持续利用，山东半岛蓝色经济区和谐发展，推进海洋经济学与海洋管理学及相关学科的建设和发展贡献力量。

主任：石李晓光。

鲁东大学

一、学校概况

鲁东大学是山东省省属综合性大学。1930年始建于莱阳，历经山东省立第二乡村师范学校、胶东公学、胶东师范学校、山东省莱阳师范学校、莱阳师范专科学校、烟台师范专科学校（山东省烟台教师进修学校）、烟台师范学院等历史阶段。2001年，建校于1978年的山东交通学校并入。2006年，更名为鲁东大学。

学校占地1422855.5平方米（2134亩），校舍建筑面积82.6万平方米，固定资产总值14.8亿元，教学科研仪器设备总值2.5亿元。设有19个学院，13个硕士学位授权一级学科，77个硕士学位授权二级学科，70个本科专业。“问题青少年教育矫正管理”项目成功获批服务国家特殊需求博士人才培养项目，并将于2013年计划招收首批博士研究生。拥有英语语言文学等7个“十二五”省级重点学科，语言资源开发与应用等2个山东省重点实验室，分子设计与材料合成等4个山东省高校“十二五”重点实验室，教育部汉语辞书研究中心等4个省部级人文社科研究基地。图书馆馆藏纸质图书208余万册、电子图书298万种、特色数据库8个、中外文期刊1588

种。学校编辑出版以校名冠名的哲学社会科学学报、自然科学学报以及校报。

学校2012年度在校生28400余人，其中本专科生26371人，各类硕士研究生1300余人，外国留学生737人。专任教师1221人，其中教授163人，具有博士学位者387人，享受国务院政府特殊津贴5人，山东省有突出贡献的中青年专家10人，全国优秀教师、优秀教育工作者4人，泰山学者特聘专家2人，省级教学名师9人。

近年学校科研工作取得较快进展，承担国家级、省部级项目数量不断增加，年均立项国家级课题30余项，到账科研经费显著增加，2012年达到3452万元，较2011年增长了68%。"十一五"以来出版学术专著140余部，发表学术论文万余篇，其中被SCI、EI、CPCI等收录2000余篇。获省部级科研奖励66项，其中山东省社科优秀成果一等奖2项；1名教师获省社会科学突出贡献奖，1名老师获山东省社会科学新秀奖。"功能材料设计与合成"创新团队被列为山东省高校优秀科研创新团队。获得授权专利近200项。

学校成功入选山东省应用型人才培养特色名校首批立项建设单位，标志着应用型人才培养改革取得了显著成效。交通运输专业入选国家级专业综合改革试点项目；获批"特岗教师在职攻读教育硕士培养单位"。启动"卓越教师培养计划"和"初中起点2+4本科层次小学教师培养"改革试点，教师教育改革取得新进展。人才培养质量稳步提高。

学校师资队伍建设成效显著，内部管理体制改革扎实推进，获评烟台市发展突出贡献奖，国际交流与合作广泛深入，中外合作办学机构"鲁东大学蔚山船舶与海洋学院"顺利通过教育部专家组实地考察，这是学校推进国际化战略取得的又一标志性成果。与英国基尔大学合办应用心理学专业本科教育项目获教育部批准，中外合作办学项目达到5个（其中本科2个），学校国外友好高校或教育机构达到74个。来校学习外国留学生737人次，稳居省内高校前列。本年度共派出80名学生赴韩国、美国、日本、英国等国家留学。学校获评2012山东省教育国际交流与合作先进单位。

党委书记：毕宪顺；校长：李清山。

二、教研机构

文学院

文学院是鲁东大学最早设置的院系之一，前身为莱阳师范专科学校中文系，1958年开办，1984年随学校升格为烟台师范学院中文系，2002年撤系建院，改为汉语言文学院，2009年9月改为"文学院"。学院设有汉语言文学（师范类）、汉语言和广播电视编导3个本科专业，拥有中国语言文学一级学科硕士点，下设文艺学、语言学及应用语言学、汉语言文字学、中国古代文学、中国古典文献学、中国现当代文学6个二级学科硕士点，并有课程与教学论（语文学科教学论）全日制学术学位硕士研究生招生专业领域、在职攻读教育硕士专业学位研究生招生专业领域和汉语国际教育专业硕士。有汉语言、汉语言文学2个国家级特色专业，现代汉语、语言学概论、中文信息处理3门省级精品课程，欧美语言学省级双语示范课程，现代汉语省级教学团队建设顺利。

学院现有在职教职工78人：其中教授13人，副教授26人，博士37人（含已出站和在职进站研究的博士后18人），硕士29人，在外读博7人。硕士研究生导师33人，外聘兼职导师2人、教育硕士合作导师10人、外聘汉语国际教育硕士导师5人。

建院以来，陆续建设了国家级数字化语言文学实验教学示范中心；教育部汉语辞书研究中心、山东省数字化语言文学实验教学示范中心、山东省语言资源开发与应用重点实验室；中文科技术语研究中心；汉语言文字学省级强化重点学科；语言学及应用语言学省级重点学科；"语言资源开发与辞书编纂出版协同创新"校级中心、中国古代文学校级重点学科；汉语辞书研究和语言资源开发与应用两个省部级科研团队。在教学中形成了良好的文学创作传统，培养了张炜、矫健等10余名作家，形成了在中国当代文坛富有影响的"烟师作家群"，建成了"鲁大作家群展室"。获省厅级及以上立项120余项，其中国家社科基金13项，自然科学基金3项，国家863项目1项；省部级课题60项（含山东省社科重大委托课题）；国家语委项目12项。共发表SCI、EI索引论文40篇，A类核心论文35篇，B类核心102篇，C类核心209篇，D类核心232篇；出版专著70余部。获得各类科研成果奖励120余项，其中泰山文艺奖2项、山东省社科优秀成果一等奖1项、二等奖11项、三等奖25项。

外国语学院

外国语学院创建于1963年，原名英语科，1971年改称英语系，1994年改为外语系，2002年改为现名。经过半个世纪的发展历程，学院已经成为一所理念较新、语种较多、学科较全、特色较明、水平较高的外语学院。学院拥有英语、日语、朝鲜语、法语4个本科专业；拥有全省外语类唯一国家级数字化语言文学实验教学示范中心（2013年获批）；应用型外语人才培养研究基地为山东省人文社科研究基地；英语语言文学是"十二五"省级特色重点学科；外国语言文学一级学科是学校强化建设学科，是一级学科硕士学位授权单位；学院现设英语语言文学、日语语言文学、外国语言学及应用语言学3个二级学科硕士学位授权点和教育硕士（学科教学·英语）、翻译硕士2个专业硕士学位授权点；学院已形成理论语言学、应用语言学、英美现当代文学、翻译理论与实践、东亚语言与文化5个研究方向。英美报刊选读被评为省级精品课，英语专业被评为省级品牌专业。

学院现有教职工112人，其中教授10人，副教授20人，博士18人。在校全日制本科生、研究生2000余人。

学院近5年主持国家社会科学基金项目3项，中华学术外译项目2项，中国博士后科学基金项目1项，教育部人文社会科学研究项目3项，全国教育科学规划专项课题1项，山东省社会科学规划研究项目30余项，山东省人文科学研究项目2项，山东省软科学项目1项；在国外重要学术期刊发表论文12篇，在CSSCI来源期刊发表论文50篇，出版专著21部，获山东省社会科学优秀科研成果二等奖2项、三等奖2项；山东省高等学校优秀科研成果奖9项。

历史文化学院

历史文化学院创建于1986年，原名历史系，2000年更名为历史与社会学系，2003年更名为历史与社会学院，2009年更为现名。在校普通本科生540人，研究生37人。学院设有历史学、人文教育2个本科专业，其中历史学为省级、国家级特色专业。建成中国古代史、中国近代史、中国现代史3门省级精品课程。拥有中国史、世界史两个一级硕士授权点以及马克思主义发展史、课程与教学论（历史）两个二级硕士授权点、1个历史学科教学专业硕士学位授权点、1个教育厅人文研究基地（中华传统文化与中国现代思想研究）。

学院现在教职工33人，其中专任教师25人。专任教师中教授9人，副教授13人，讲师6人。具有博士学位者15人（含博士后2人），在读博士1人，硕士研究生导师18人。享受国务院政府特殊津贴者1人，省有突出贡献的中青年专家1人，省级教学名师2人，4名省级、3名校级中青年学术骨干和学科带头人培养对象。有国家级教学团队（中国近现代史教学团队）1个。

学院有中国近现代史史料学研究所、美国研究所、历史文献研究所、西方宗教文化研究所、科举文化研究所等研究机构。建院以来，承担省级以上科研项目26项，其中国家社科规划项目6项、教育部项目5项；发表论文1000余篇，出版著作100余部；获得省优秀社会科学成果一等奖2项。

马克思主义学院

马克思主义学院创建于1958年，时称马列主义教研室。1985年与政史系合并，1987年重新组建，更名为马列主义教研部。2009年更名为马克思主义学院。2010年，学校将法学院思想政治教育本科专业和马克思主义基本原理、思想政治教育、马克思主义中国化、马克思主义发展史等硕士点及17名相关专业教师并入。学院承担全校研究生及本、专科生思想政治理论课的教学工作，现设有思想政治教育1个本科专业，有马克思主义基本原理、马克思主义发展史、马克思主义中国化研究、思想政治教育、课程与教学论、学科教学（思想政治教育硕士专业学位）5个硕士学位授权点。有农村发展研究、马克思主义哲学研究、党史党建研究三个研究所。马克思主义理论为校级重点学科，政治学为培育学科。

学院现有教职工57人（含4名外出读博），其中教授9人，副教授27人；具有博士学位者13人、硕士学位者36人；硕士研究生导师14人。

学院主持各类课题65项，国家社科项目4项，省部级项目12项；教师在各类期刊发表论文1500多篇，其中核心期刊及以上刊物发表论文600篇；省级以上出版社出版著作45部；获各级各类社科成果奖40余项，其中省级社科奖15项。

院长：范秀英。

法学院

法学院建于1976年，原名政史系，先后历经政治系、政法系、政法学院，2009年9月更为现名。2010年3月思想政治教育专业调出法学院，社会工作专业调入法学院。法学院承担法学专业、社会工作专业、法学二学位的本科课程、学校部分选修课、硕士生课程、博士生课程的教学工作，现有法学和社会学两个一级学科，设有法学、社会工作2个本科专业和法学第二专业（学位）教育。2012年，法学专业被确立为山东省名校工程中的重点建设专业，为法学院下一步的发展提供了良好条件。

学院现有教职工32名，专业教师24名，其中教授2人，副教授9人，具有博士学位者达到13名，博士在教师中的比例达到54.2%，研究生导师3人，校级中青年学术骨干1人。聘有10余名国内外著名法学家、社会学家、检察官、法官、律师和仲裁员任兼职教授，其中学部委员1名。“双师型”教师是学院师资队伍建设的一大特色，50%以上的法学教师具有律师执业资格，并有数名教师兼任仲裁员、法律顾问等职。学院每年选送教师参加“卓越法律人才培养计划与法律人才培养模式改革”、“社工专业论坛”等各类培训、会议，提高教师的业务素质。

学院获得省部级以上科研项目50余项，校基金项目80余项，横向项目10余项；出版著作30多部，发表论文400余篇；获得省部级以上奖励30余项。获得科研经费200多万。邀请瑞典于默尔大学、台湾大学等高校专家学者来学院进行学术交流。邀请检察院检察长、法院院长，民政局局长、律师所主任等举办“检察官大讲堂”、“法官大讲堂”、“律师大讲堂”和“社工师大讲堂”报告会多场。

教育科学学院

教育科学学院创建于1997年，时称心理教育系，2002年更名为心理与教育学院，2009年改为现名。现设教育系、心理系2系部，有心理学、应用心理学、教育学等3个本科专业，在校本科生1149人；有教育学原理、课程与教学论、高等教育学、基础心理学、发展与教育心理学、应用心理学等6个硕士点，教育硕士（教育管理方向）、应用心理硕士2个专业学位点，服务国家特殊需求博士人才培养项目1个，教育学、心理学2个一级学科；在校研究生271人（其中全日制117人）。

建院以来，我院教师主持的各级各类课题共77项，其中省部级课题24项，在CSSCI期刊发表论文67篇；出版专著12部；获得各级政府性奖励46项，其中高等学校科学研究优秀成果奖（人文社会科学）2项、山东省社会科学优秀成果奖8项。

商学院

商学院创建于2009年8月，由原经济学院与管理学院合并而成。经过五年多的发展，学院已经形成了以本科教育为主，积极发展研究生教育，适度发展其他层次教育的人才培养体系。现设有6个普通本科专业：国际经济与贸易、经济学、公共事业管理、旅游管理、市场营销、财务管理；两个校企合作本科专业：国际经济贸易（国际会计方向）、经济学（金融服务方向）；1个普通专科专业：旅游管理；1个中外合作办学专科专业：国际经济与贸易。其中，经济学专业为校级特色专业。学院设有社会责任研究发展中心、旅游文化研究所、亚太经济研究所、市场营销研究所、高丽大学中国学研究所鲁东分中心等校级研究机构，以及山东省社会科学规划基地和山东省软科学基地环渤海发展研究院。

学院现有教职工66人，其中，教授6人，副教授14人，博士24人，有海外留学背景的教师6人，山东省社科新秀1人。全日制统招本专科在校生2660多人。

建院以来，学院始终高度重视学科建设和科研工作。区域经济学成为山东省“十二五”重点建设学科以后，学院初步形成了包括一个省级重点建设学科、一个校级重点建设学科、两个校级扶持建设学科在内的学科建设格局。2009—2012年，学院教师发表论文123篇，CSSCI论文23篇，其中包括《管理世界》、《管理科学学报》、《中国农村经济》、《数量经济与技术经济》等高层次论文多篇；出版学术著作15部；获得各级各类科研奖励30项，其中省部级4项（山东省社科二等奖1项、三等奖2项，教育部社科三等奖1项）；承担各级各类科研项目46项，其中国家自然科学基金1项，教育部人文社科项目、山东省社科规划项目等省部级项目19项，到账科研经费120多万元。

商学院非常重视国际交流工作，建院以来学院与韩、美、日、欧等多个国家的知名高校或科研机构建立了长期稳定的交流关系，迄今为止邀请了长短期外籍教师或短期访问学者数十人，向海外派遣教师研修或参加国际学术会议等20多人次，累计向海外高校派遣交换和交流学生近百人次，接受长短期海外学生或短期交流生近两百人。

艺术学院

学校艺术专业创建于1989年，2010年3月由原美术学院和音乐学院合并组建为艺术学院。学院设有美术学、视觉传达设计、环境艺术设计、广告学、音乐学、音乐表演6个本科专业，现有美术学硕士学位授权一级学科、课程与教学论（音乐）硕士点和学科教学（美术、音乐）2个教育硕士专业学位招生领域。学院为教育部全国高校美术学（教师教育）本科专业课程试点单位，美术学专业为校级重点学科，艺术设计专业和数字媒体专业为校级重点扶持专业。2012年增设了视觉传达、国际舞蹈、流行音乐3个特色本科专业方向并正式招生。现有全日制本专科学生1487人，在读研究生55人，在职教育硕士56人。

学院现有教职工109人，专任教师104人。其中教授8人、副教授22人，博士4人（引进北京大学博士1人），考取在读博士3人。享受国务院特殊津贴和省级拔尖人才1人，山东省省级中青年学术骨干和学科带头人培养对象1人，学院设有“郭任远教育基金”。

近五年来，学院教师累计发表论文百余篇，其中核心期刊36篇；承担省部级课题5项，其中教育部人文社科项目2项，山东省社科项目3项；获泰山文艺奖3项，其中二等奖1项，三等奖2项；获省社科优秀成果奖6项，其中一等奖1项，二等奖2项，三等奖3项。

学院广泛开展学术交流活动。定期举办艺术沙龙活动，加强音乐和美术专业教师之间的交流，共同提高。常年聘请国内外知名学者来院作学术报告，尤其重视国际间人才交流与培养工作，先后同俄罗斯、韩国、美国部分高校建立了人才交流培养关系。

体育学院

体育学院创建于1979年，是鲁东大学最早的七个院系之一，2002年3月与公共体育教学部合并组建体育学院。学院设有体育教育系、社会体育指导与管理系、武术与民族传统体育系、公共体育教学部及篮球、排球、足球、小球、武术、体操、田径、理论等8个教研室，承担本院本科生、研究生的培养和全校大学体育课的教学任务。现有体育教育、社会体育指导与管理和武术与民族传统体育3个本科专业；拥有体育教育训练学、体育硕士、教育硕士（学科教学体育）等3个硕士学位授权点。设有运动解剖学、运动生理学、运动心理学、运动生物化学、体育保健学、运动生物力学等6个实验室和1个大学生体质监测中心；现为国家体育总局体育文化发展中心体育文化研究基地，山东省体育行业职业技能省级培训基地，中国武术协会一级单位会员和国家体育总局武术管理中心武术段位考试点。1995年经山东省教育厅批准试办高水平运动队，现有田径、男子篮球、女子篮球3个高水平运动队。

学院现有在校本科生726名，硕士研究生49名。现有教职工91人，其中教授9人、副教授36人，硕士生导师8人，具有博士学位和在读博士的教师9人、硕士学位的29人，烟台市突贡专家1人，山东省有突出贡献的中青年专家、山东省教学名师1人，享受国务院特殊津贴1人，山东省高校十大优秀教师1人，山东省优秀青年体育教师2人。

学院高度重视学科建设与科研工作，以硕士点建设为引领，加强学科团队建设，逐渐形成了体育教学与训练、人体运动信息监测与应用、体育史与文化研究、大众体育健身理论与方法、武术与传统体育养生理论与实践5个独具特色的研究方向。先后在《体育科学》发表学术论文近10篇，在《中国体育科技》等著名学术期刊上发表学术论文100余篇；先后承担国家社会科学基金项目、全国教育规划项目、山东省社会科学规划项目、国家体育总局项目等各级各类课题40余项；在高等教育出版社、科学出版社、人民体育出版社等出版专著10余部；获山东省社会科学优秀成果二三等奖、山东省高等学校优秀成果和山东省软科学优秀成果一、二、三等奖等30余项。

大学外语教学部

大学外语教学部一直坚持“以教学为中心，以科研为先导”的发展原则，引导教师处理好教学与科研的关系，支持、鼓励教师出成果、出精品，旨在促进科研、教研与教学活动密切结合，使科研、教研工作落实到教学实践中，真正起到促进教学工作的作用。教学部在新的领导班子成立伊始就制定了一套科研政策，对项目申报、成果奖励等都制定了具体、完备的相应措施，极大地调动了广大教师的科研积极性。

教学部还针对教师科研攻关力量分散，有些教师尤其是年轻教师科研目的性、方向性不强的实际，专门成立了五个科研团队，其中大学英语教学团队下又设了6个研究小组。各团队（小组）由本方向的学术骨干做科研带头人，他们群策群力，协同攻关，已初步显示了较强劲的优势及潜力。组建了学术英语语篇研究所，该研究所聚集了教学部的科研主力，目前承担了1项国家社科项目，1项教育部人文社科项目，3项省社科项目。

经工作实践的锻炼和教学经验的积淀，教学部全体教师的科研意识和精品意识逐年加强。近年共获得科研立项69项，其中省部级以上14项，在国内外正式学术期刊上发表论文200余篇，其中CSSCI索引论文30余篇，出版专著、教材等30余部，在国内学术界产生了一定的影响。

潍坊学院

一、学校概况

潍坊学院的办学历史可追溯到1951年建校的青岛教师进修学院。2000年3月，经教育部批准，在潍坊高等专科学校和昌潍师范专科学校的基础上并入山东渤海进修学院教育资源组建成为潍坊学院。2011年4月，潍坊幼教特教师范学校整体并入潍坊学院。2012年10月，山东省人民政府调整学校管理体制，实行“省市共建、以省为主”的管理体制，由省教育厅主管。

学校占地面积2100亩，校舍建筑面积80万平方米，固定资产17.23亿元，教学科研仪器设备总值1.9亿元，馆藏图书485万册。现开设本科专业60个，涵盖了理学、工学、文学、经济学、管理学、农学、法学、历史学、教育学和艺术学10个学科门类。现有光学、区域经济学2个省级重点学科，有“多光子纠缠与操纵”省级重点实验室、“民俗文化产业开发研究”省级人文社科研究基地等6个省级科研创新平台。建有北海文化研究院、山东半岛经济社会发展研究院等48个研究院所，是山东省首批研究生联合培养基地之一，是全国教育信息化理事会副理事长单位，荣获“全国语言文字工作先进集体”、“全国学校艺术教育先进单位”等荣誉称号。

学校现有教职工2100人，其中专任教师1400人，高级职称教师645人，博士、硕士1131人。“泰山学者”海外特聘专家、享受国务院特殊津贴专家多人，近年来有20余名教师分别荣获“全国优秀教师”、“山东省教学名师”等荣誉称号，有50余人被评为省级学术骨干和省市专业技术拔尖人才，有博士生、硕士生导师66人。中国科学院、中国工程院院士刘以训、刘振兴、肖纪美、钱逸泰、许绍燮、束怀瑞、麦康森、傅廷栋、姚建铨、潘建伟和诺贝尔文学奖获得者莫言等为代表的210余名知名专家学者担任学校特聘教授或兼职教授。

学校主动服务山东省“蓝黄”两区发展战略，紧紧围绕机械装备、电子信息、生物医药、海洋化工、设施农业、文化旅游等地方支柱产业开展科研攻关，提供科技服务。近年来，先后承担国家级项目40余项，省部级项目580余项；取得授权专利80余项；出版著作等540余部；在国内外学术期刊发表论文11540余篇，其中核心期刊3150余篇，被SCI、EI等收录1280余篇。

党委书记：辛丕宏；院长：王守伦。

二、教研机构

文学与新闻传播学院

文学与新闻传播学院设有汉语言文学、汉语国际教育、广播电视新闻学、播音与主持艺术4个本科专业和秘书1个专科专业，其中汉语言文学是山东省高等学校特色专业暨山东省成人高等教育品牌专业。下设汉语、中国古代文学与古典文献学、中国现当代文学、文艺学、比较文学与世界文学、中学语文教学教法、秘书学、对外汉语、广播电视新闻学、播音与主持艺术等9个教研室，并承担外国留学生和成人教育教学工作。学院设有实验实训中心，拥有数字语音室、语言文字信息处理室、非线性编辑实验室、虚拟演播室等实训场所，与80多处校外实践教学基地联系密切，图书资料室藏书3万余册。现有教职工65人，具有博士、硕士学位教师43人。诺贝尔文学奖获得者莫言、著名作家峻青担任名誉院长。2012年在校生1430人。

学院坚持以教学为中心，以科研促教学，不断提高科研水平。现承担市级以上科研项目38项，其中省部级项目11项。现有校级重点学科比较文学与世界文学，拥有比较文学与世界文学研究所，该学科科研团队被评为潍坊市十大优秀科研团队，先后获得潍坊市社会科学普及先进集体等荣誉称号。

行政负责人：尹建民。

外国语学院

外国语学院设有英语、日语、法语、朝鲜语4个本科专业。英语语言文学学科为潍坊学院重点学科之一，该学科现有专任教师73人，其中教授5人，副教授22人。在30多年的办学历史中，该学科形成了“严谨治学、厚重基础”的学风和教风，为社会培养了大批优秀的高素质应用型英语人才。近五年来承担省级及以上教科研课题20余项，省级精品课1门。该学科以英语国家语言文学研究为重点，以翻译为龙头，与宁夏大学研究生院签署了合作协议，将从2013年开始合作培养英语专业翻译硕士。

行政负责人：王勇。

经济管理学院

经济管理学院现开设国际经济与贸易、会计学、市场营销3个本科专业和国际贸易实务、会计与统计核算2个专科专业，全日制在校生2364人。现有教职工105人，其中教授9人，副教授35人，18人拥有博士学位，10余位知名学者担任兼职教授。

学院学科建设和科研成绩显著，区域经济学学科为山东省“十二五”重点学科。工商企业管理和经济学在省教育厅组织的学科专业评估中被列入优势学科。近几年承担省级课题50余项，出版十余部学术专著，编写教材20余部。学院提倡和鼓励学生参加各种学科竞赛，近年来在“挑战杯”全国大学生创业计划大赛、全国大学生网络商务创新应用大赛等学科竞赛中，共获全国一等奖5项，二等奖3项，三等奖4项；省级一等奖27项，二等奖14项，三等奖19项。

行政负责人：张德升。

法学院

法学院设有法学、行政管理2个本科专业。设有公法、私法、社会法、行政管理、公共课五个教研室，以及实训中心和WTO法研究所、大学生法律服务中心、潍坊市公共安全研究院、山东省知识产权培训基地；有2个校内教学实践基地，15个校外教学实践基地。已培养合格毕业生1500余人。学院现有专任教师49人，其中教授4人，副教授11人，有外聘实务部门兼职教师18人。

办学十余年来，法学院秉承“尚法济世、明德笃行”的院训，持续注重强化对学生法律实务技能和职业伦理教育的训练和培养，不断探索应用型法律人才的培养模式，初步形成了自己的办学特色，取得了较高的社会声誉。

行政负责人：苗金春。

历史文化与旅游学院

历史文化与旅游学院现开设思想政治教育、历史学、公共事业管理、旅游管理、舞蹈学（空乘培养方向）5个本科专业和旅游管理1个专科专业。现有专任教师51人，其中具有高级职称教师24人，具有博士、硕士学位教师38人，市级专业技术拔尖人才2人，兼职硕士研究生导师3人，校教学名师1人。现有在校生1278人，其中本科生1123人、专科生155人。

学院设有山东省民俗文化产业开发研究基地、山东省高校“十二五”人文社会科学研究基地海盐文化研究基地、山东省文化厅重点学科民俗文化学和潍坊市旅游经济研究所等研究机构；学院遵循“发展旅游经济，倡导政治文明，弘扬历史文化”的发展思路和“自强不息，止于至善”的工作精神，坚持以人为本，突出教学中心地位，坚持知识传授与能力培养相结合、专业教育与素质教育相结合、教学与科研相结合、规范管理与个性发展相结合，为社会培养了一大批优秀人才，毕业生以其扎实的理论基础和专业基本技能受到用人单位的好评。

行政负责人：于云汉。

音乐学院

音乐学院前身是昌潍师专音乐系，始建于1978年，是山东省最早成立的高等院校音乐院系之一。设有音乐学、音乐表演、舞蹈学三个本科专业，面向全国多个省市区招生，在校生925人。现有教职工52人，其中高级职称8人、硕士研究生以上学历人员26人，有外聘教师11名、客座教授25名、兼职教授6名。

学院在全省率先成立了山东省音乐创作与理论研究基地，成立了地方戏曲与音乐理论研究所；发表学术专业论文300多篇；获省部级奖项50余项。2009年获省级优秀教学成果二等奖1项；泰山文艺奖三等奖1项；在省级以上专业比赛中师生均多次获奖。有省级精品课程1门；省、市级立项30项；其中国家级立项1项。音乐学院充分利用音乐专业的特点打造音乐文化建设名片，彰显潍坊地域特色和潍坊学院重视文化建设的办学理念。2007年潍坊学院“华夏之声”代表团走进奥地利，成为国内第一所唱响维也纳金色大厅的高校。2010年以音乐学院为龙头的大学生艺术素质教育工作成绩显著，被教育部评为“全国学校艺术素质教育先进单位”。

行政负责人：窦青。

美术学院

美术学院现设艺术设计与美术学两个本科专业。艺术设计分为环境艺术设计和平面艺术设计2个专业方向，主要课程有素描、色彩画、设计基础、电脑辅助设计、装潢或环艺方向专业设计、艺术概论、中外设计史、艺术考察等。美术学分为中国画和油画2个专业方向。主要课程有中外美术史、艺术概论、中小学美术教学论、素描、色彩画、中国画、油画、雕塑、书法、电脑辅助设计等。下设造型基础、中国画、油画、环艺、平面五个教研室和一个校内实践教学实训中心。实训中心设电脑辅助设计、写真与版画、模型、家具设计、陶艺与雕塑、摄影6个工作室。另有专业美术馆，潍坊民间艺术馆，一个对外学术交流的画廊，多个固定校外实践教学实习基地。学院现有在校本科生1200余人，教职工63人，专任教师53人。其中教授、副教授17人，具有硕士、博士学位人员35人。近年来，有20余人次参加中国美术家协会主办大展入选或获奖，有21人出版个人画集与专著，近20项科研项目获得省级以上立项。

行政负责人：周赤舟。

思想政治理论教学部

思想政治理论教学部主要承担全校公共政治理论课教学与研究工作。现设有马克思主义基本原理、中国化马克思主义、中国近现代史纲要、思想道德修养与法律基础、当代世界经济与政治五个教研室。现有教职工43人，专任教师41人，其中教授4人，副教授12人；具有博士学位人员7人，有硕士学位人员26人。

“马克思主义中国化研究”为校级重点学科，该学科基础稳固，发展起点较高，具有较强的实力，在马克思主义与当代文化建设研究、马克思主义理论与现实研究、马克思主义与生态文明建设研究等方面都取得了标志性或代表性成果。“思想道德修养与法律基础”为省级精品课程，“毛泽东思想和中国特色社会主义理论概论”为校级精品课程。

行政负责人：王家忠。

山东省民俗文化产业开发研究基地

2008年，经山东省文化体制改革和文化产业发展工作领导小组办公室批准，潍坊学院与山东省民俗学会联合成立了山东省民俗文化产业开发研究基地。基地是一所着力开展区域民俗文化、文化产业开发与区域经济发展研究的学术机构，设有区域民俗、艺术民俗和民俗旅游3个稳定的研究方向，共有科研人员12人，其中教授3人，副教授5人；2人具有博士学位，8人具有硕士学位，1人具有博士后研究经历。

基地在区域民俗、艺术民俗、民俗旅游、非物质文化遗产保护与利用、地方文化等方面有广泛而深入的研究。近3年，发表学术论文230余篇，其中核心期刊100余篇，出版了《从黄河时代到运河时代》、《城居者的文明》、《潍坊文化读本》、《北海（潍坊）文化研究》、《潍坊地名文化》丛书等一批有影响的学术著作；取得各级各类科研立项80余项，另有“潍坊民俗旅游开发研究”、“潍坊市旅游形象设计”、“坊子德日建筑保护与开发研究”、“临朐沂山镇旅游发展规划”、“潍坊地名文化研究”、“杨家埠民俗大观园旅游开发”、“2008年奥运山东‘祥云小屋’”等一批横向开发研究项目。“北海（潍坊）文化研究”等一批成果获山东省社会科学优秀成果奖。民俗学、地方民俗文化等作为特色课程已被纳入到学校本科教学计划中。几年来，为社会输送了1000余名合格的旅游管理和民俗旅游人才，推动了地方民俗旅游业的良性发展。

行政负责人：王守伦。

潍坊学院海盐文化研究基地

潍坊学院海盐文化研究基地是一所着力开展区域海盐文化、盐业史、盐业民俗与区域经济发展研究的学术机构。2011年被山东省教育厅批准为山东省“十二五”高校人文社会科学研究基地。基地共有科研人员12人，其中教授5人，副教授5人，3人具有博士学位，2人具有博士后研究经历。基地已经形成了3个稳定的研究方向：区域海盐文化方向主要致力于海盐与区域文化研究，重点探寻围绕海盐而产生的区域文化现象与区域文化内涵；盐业史研究方向主要从事区域盐业史、海盐生产技术史、中外盐业历史比较的研究；盐业民俗与区域经济发展方向重点从事海盐与区域民俗、盐业民俗与旅游开发、海盐与饮食文化、海盐与区域经济发展的研究。

基地已出版专著21部，在《世界历史》、《史学月刊》、《文史哲》、《学术研究》、《盐业史研究》等具有影响力的学术刊物上发表论文100余篇，多篇论文被人大书报复印资料全文转载；先后主持承担教育部人文社科项目3项，山东省社科规划项目8项，潍坊市重点20余项；学术交流活动也不断发展，派出人员参加学术交流活动年均10人次以上，每年至少邀请5位知名学者到基地举行学术报告。基地还以《海盐文化研究》为媒，加强了与国内外学者的联系，推动了学术思想的交流。

行政负责人：于云汉。

潍坊旅游经济研究所

潍坊市旅游经济研究所成立于2010年，是一所着力开展潍坊市旅游经济、旅游规划与区域经济发展研究的学术机构。研究所共拥有科研人员12人，其中教授1人，副教授5人；具有博士学位2人。

研究所已形成旅游经济、旅游规划、文化产业开发3个稳定的研究方向。近3年，发表学术论文100余篇，其中核心期刊30余篇，出版了《潍坊文化读本》、《北海（潍坊）文化研究》、《潍坊地名文化》丛书等一批有影响的学术著作；取得各级各类科研立项20余项，其中省部级立项10余项，另有“潍坊民俗旅游开发研究”、“潍坊市旅游形象设计”、“坊子德日建筑保护与开发研究”、“临朐沂山镇旅游发展规划”、“潍坊地名文化研究”、“杨家埠民俗大观园旅游开发”等一批横向开发研究项目。“北海（潍坊）文化研究”等一批成果获山东省社会科学优秀成果奖。

行政负责人：于云汉。

潍坊学院北海（潍坊）文化研究院

潍坊学院北海（潍坊）文化研究院成立于2004年10月，是以潍坊学院的文科及艺术院系为基础，吸收校内外一批相关知名专家学者组建而成的多学科、综合性、开放式研究机构。

北海（潍坊）文化研究院以挖掘地域文化资源、研究地域文化特征、丰富地域文化内涵、提升地域文化品位为宗旨；其研究对象以西汉设置北海郡至明初改北海为潍县期间以及北海区域文化的渊源发生和延续展现为主体，以现代意义上的潍坊市辖域为基本界域；其目的在于更好地实现地域文化研究与区域社会发展的互动与联结，服务于区域社会发展与经济建设。北海（潍坊）文化研究院下设北海文化与现代化研究所、地方音乐与戏曲研究所、地方文学与方言研究所、北海书画与工艺研究所。目前研究院有教授9名，副教授16名；博士2名，硕士11名。

研究所成立以来先后主持承担省级社会科学重点研究课题3项；山东省教育厅科研发展规划课题4项；山东省文化厅文化艺术科学重点研究项目9项；主持院级科研立项课题11项。近年来共出版学术著作23部，发表论文182篇，获得省级及以上奖励25项。

行政负责人：王守伦。

潍坊金融财政研究院

潍坊金融财政研究院成立于2010年10月，是由潍坊学院和潍坊市财政局、潍坊市金融办、中国人民银行潍坊市中心支行、潍坊市银监局等单位联合组建，是以科学研究、教育培训为主要业务的机构。研究院主要宗旨是：以“整合资源、创新机制、生产精品、提升优势、培育人才”为原则，以地方金融、财政工作以及经济发展中的相关问题为科研重点，适时推出可操作性的调查研究成果，充分发挥“思想库、信息库、智囊团”作用，为潍坊市委市政府及有关实际工作部门提供具体的政策建议和工作方案；同时，借助地方有关部门的人才力量，加强潍坊学院财政、金融、管理等学科建设，提升学科层次，努力培育一流人才队伍。主要业务是：接受政府及部门委托开展专题性调查研究，提供咨询服务；开展高层次课题研究，扩大研究成果影响；发挥服务教学的作用，培养学科带头人；承办高层次论坛、沙龙活动，活跃学术氛围；与国内外高层次研究机构建立沟通联系机制，引进外智；开展针对性的培训活动。

行政负责人：刘锡田。

潍坊学院低碳经济研究中心

潍坊学院低碳经济研究中心成立于 2010 年 11 月，是由潍坊市国资委批准，潍坊学院出资成立的研究机构。研究中心除进行低碳经济相关理论研究外，还从事节能评估、节能减排相关咨询服务。该中心宗旨是：以科学研究为主，跟踪研究低碳经济领域的重点难点问题，进一步拓展区域经济学的研究领域；以服务地方经济为辅，积极承担各级、各类单位委托的研究课题，面向政府有关部门和社会各界开展节能评估、清洁生产等节能减排的相关咨询服务。主要业务是：面向政府有关部门和社会各界开展节能评估、节能减排的相关咨询服务；推广节能节材及资源综合利用（环保）新技术（项目）、新工艺、新材料和新产品，开展有偿服务；组织各种形式的培训，使管理人员、技术人员了解节能在低碳经济产业发展和环境保护中的作用，提高他们的管理和专业技术水平；宣传政府的能源、原材料节约的方针和政策，促进企业节能降耗，提高能源利用效率。

行政负责人：张德升。

山东半岛经济与社会发展研究院

山东半岛经济与社会发展研究院成立于 2006 年 11 月，是由潍坊学院文科院、系、部为基础，吸收校内外一批相关知名专家学者和实际工作者而组建而成的多学科综合性开放式研究机构。主要研究山东省特别是山东半岛地区经济社会发展战略、政策、体制、管理和法律、文化、历史等基础理论和实际应用问题。研究院下设山东半岛经济研究中心、山东半岛对外贸易与知识产权研究中心、山东半岛文化产业研究中心、历史文化与山东半岛社会发展研究中心、社会公用事业研究中心等五个研究中心。研究院紧密围绕山东特别是半岛经济社会发展的重大理论和实践问题开展基础理论和应用对策研究，努力为山东特别是半岛经济社会发展提供智力支撑；为繁荣高校人文社会科学研究事业，推动区域经济更好更快发展作出应有的贡献。主要发展目标是通过各学科的交叉渗透，成为潍坊学院文科的学术品牌；通过广泛的高层次学术活动，成为区域经济与社会发展研究的重要学术平台；通过广泛的纵横向科研活动，成为山东社会科学研究的重要基地；通过校地共建成为山东半岛特别是潍坊市经济社会发展重要的思想库和咨询服务基地。

行政负责人：张德升。

潍坊公共安全研究院

潍坊公共安全研究院是由潍坊学院和潍坊市公安局于 2011 年 11 月合作成立的一个以科学研究、教育培训为主的机构。其宗旨是致力于地方公共安全的理论研究，探索潍坊市公共安全评估体系的建立，促进平安潍坊与和谐潍坊建设，为政府决策提供理论服务。研究院主要业务是：开展与公共安全相关的课题研究，接受委托进行课题研究，申请市级、省级、国家级课题；定期举行研讨会，积极开展与实务界、学术界的交流，学习、交流先进经验；根据潍坊市公安局的需要，开展相关专项教育培训以及相关合作办学事宜；定期或不定期开展调研活动，注重建立公共安全评估与预警机制调查研究；研究出一批层次高、实用性强、理论水平高、有价值的理论成果，编辑出版相关文献资料及系列培训教材，传播推广先进经验，力争创立公开出版物《地方公共安全研究》。

负责人：杨卫华。

山东省知识产权培训基地

2012 年 11 月，经山东省知识产权局批准，潍坊市知识产权局与潍坊学院法学院共同承担组建山东省知识产权培训基地。知识产权培训基地以《国家中长期人才发展规划纲要（2010—2020 年）》为统领，以《知识产权人才“十二五”规划》落实为重点，为实施山东创新驱动战略、建设知识产权强省、促进山东知识产权事业又好又快发展提供强大的智力支撑与人才保障。培训基地面向社会提供形式多样、层次各异、优质高效的知识产权人才培训服务，同时，助推企业发展，提供完善的知识产权代理服务，引导企业实施知识产权战略推进计划，促进企业知识产权流转、质押和融资等工作。培训基地主要业务范围：知识产权公共教程（党政领导干部知识产权培训、企事业单位管理人员培训、科研管理人员培训）；商标、版权知识产权事务；全国专利代理人资格培训、专利工程师培训；企业创新成果知识产权保护实务培训；企业知识产权战略培训；知识产权管理培训等。

负责人：苗金春。

曲阜师范大学

一、学校概况

曲阜师范大学设学于孔子故里曲阜，在海滨城市日照建有新校区。建校56年来，大学扎根孔孟桑梓之地，汲取传统文化精华，以“学而不厌，诲人不倦”为校训，以“儒风海韵、海纳百川”的胸怀和气魄，初步建立起开放性、前瞻性的教师教育体系和多元化、特色化的人才培养模式。学校已经发展为山东省的文化学术重镇和人才培养基地，为山东省乃至全国的教育事业和经济社会发展，尤其是科教兴鲁、文化强省战略的实施，提供了强有力的人才支持和智力支撑。

大学1955年创建于济南，始称山东师范专科学校。1956年5月，经教育部批准，更名为曲阜师范学院，同年9月迁址曲阜。1970年9月至1974年4月，与山东大学文科合并成为新的山东大学。1974年4月恢复曲阜师范学院建制。1981年，被山东省人民政府确立为重点建设的六所高校之一。1985年11月，学校更名为曲阜师范大学。

半个多世纪以来，几代曲阜师大人的励精图治，艰苦创业，学校已发展成为一所学科门类齐全、培养体系完善、办学条件优良、教学科研具有相当实力、师资力量比较雄厚的省属重点大学。学校现有中国语言文学、中国史、数学、统计学、物理学等5个博士学位授权一级学科，涵盖31个博士二级学科点；22个硕士一级学科，涵盖114个硕士二级学科点；硕士专业学位授权点10个，博士后流动站5个，本科专业73个，形成了涵盖文、理、工、法等10大学科门类的学科专业体系。设有1个独立学院（杏坛学院），27个院（系），28个研究所，18个省级重点学科，其中包括7个省级特色重点学科。7个省级高校科研创新平台，其中5个省级重点实验室，2个省级重点强化建设实验室，2个省级强化人文社会科学研究基地。设有国家体育总局体育社会科学重点研究基地、教育部曲阜师范大学基础教育课程研究中心、山东省激光偏光工程技术研究中心、山东省儒学研究基地、山东省体育人文社会科学研究基地和山东省马克思主义中国化研究基地、山东省中西语言文化交流研究基地。

建校以来，马建章、陈翰馥、郭光灿、刘跃进、陈礴、杜一宏、郑杰文、高赞非、王路宾、王阁森、刘乃昌、李季平、陶愚川、陈信泰、李国华、王恩多、薛其坤等一批名家均曾执教曲园杏坛，他们潜心学术，奖掖后学，弘文励教，无私奉献，为曲阜师范大学的壮大发展作出了重要贡献。学校现有教职工2172人，其中专任教师1144人，教授192人，副教授357人；有国家和山东省有突出贡献中青年专家10人，入选教育部“新世纪优秀人才支持计划”3人，山东省专业技术拔尖人才11人，山东省高校中青年学术骨干学科带头人培养对象40人，享受政府特殊津贴26人，全国模范教师4人，全国优秀教师8人。著名物理学家、诺贝尔奖获得者丁肇中先生被聘为名誉校长，马建章、陈翰馥、郭光灿院士为学校双聘院士，刘跃进、陈礴、孙晋海为特聘“泰山学者”，特聘教授4人，李学勤、方克立、乔羽等100多位国内外著名学者专家为兼职教授。14人分别获全国“五一”劳动奖章、全国模范教师、全国优秀教师称号。李国华教授获得2001年度何梁何利基金科学与技术进步奖。张洪海、解学军、包颖入选教育部“新世纪优秀人才工程项目”。近年来，学校通过“161”人才工程、青年教授岗、优秀博士支持计划等一系列措施，建立起了一支结构较为合理、素质优良、富有活力和潜力的高水平教师队伍，为提高学校教育质量、学术水平和竞争力奠定了坚实基础。

学校把科学研究、创新知识放到突出的战略位置来抓，先后承担了包括国家“973”、“863”计划项目在内的一大批高层次科研项目，在中国古代文学、应用数学、孔子儒学、基础数学、激光偏光技术、运筹学、自动化、物理化学、教育科学、体育科学等学科领域达到了较高的水平。“十一五”以来，共承担国家级项目104项，承担省部级项目417项，年均纵向科研经费达到1040万元。尤其是获得国家重大基础性研究项目—“973”计划零的突破，连续三年获得“教育部新世纪优秀人才”计划；全校共发表学术论文6500余篇，其中被SCI收录580篇，被EI收录396篇，被ISTP收录165篇，被CSSCI收录572篇；共出版学术专著140余部，获得省部级科研成果奖86项，连续3年获得山东省社会科学优秀成果奖一等奖，连续2年获得山东省学科新秀奖、突出贡献奖。

学校在孔子儒学研究领域形成了自己的特色和优势。孔子研究所是国内最早设立的孔子研究专门机构，承担儒学研究领域国家社科规划项目、山东省“十五”、“十一五”重点课题多项，办有《儒学研究动态》，每年出版《孔子儒学研究文丛》，多次举办国内外儒学学术会议，广泛进行学术交流，和数十个国家和地区的专家学者建立了学术联系。学校设有以孔子儒学为研究方向的专门史（思想史）硕士点、博士点、博士后科研流动站，培养了一大批高层次的传统文化教学、研究和传播人才。2000

年5月15日，依托我校的孔子文化学院和山东省儒学研究基地，我校与中国孔子基金会及海外投资者联合创办了中外合作孔子文化大学。2008年，经国家汉办批准，我校与加拿大新布伦瑞克省合作成立新布伦瑞克省孔子学院。

学校现有博士、硕士在校生3430人，普通本专科在校生29284人，成人教育在读生14000余人，外国留学生108人。学校始终把人才培养作为学校的根本任务，根据社会发展的需要，积极改革人才培养模式，倡导启发式教学和研究性学习，探索教学理念、培养模式和管理机制的全方位创新。学校积极推进本科生“学分制”改革，实施双学位、双专业培养，强化实践教学，完善了“大专业、小方向、双分流”的人才培养模式、“合格+特长”的素质教育实践教学模式。2000年以来，学校应届本科毕业生考研率一直保持在30%以上，少数专业高达67%以上，近年来毕业生就业率均保持在90%左右。学校深入开展研究生教育创新计划，研究生培养质量显著提升。五年来，共有28篇硕士论文入选山东省优秀硕士学位论文，自2008年以来，连续四年均有论文入选省优秀博士学位论文。在山东省优秀科技创新成果评选中，获一等奖3项，二等奖6项，三等奖19项。

学校坚持以先进的教育理念引领教学改革，以系统的教学改革工程培育教学成果。获得国家级教学成果奖6项、省级教学成果奖24项，获奖总数位居山东省省属高校前列。现有汉语言文学、数学与应用数学、教育学、物理学、历史学、体育教育6个国家级特色专业建设点。建成省级精品课程15门，省级品牌特色专业12个，省级实验教学示范中心3个，省级双语示范课程1门，省级教学团队5个，省级教学名师8人。教学水平和教育质量始终保持在全省高校的前列，2004年，在教育部本科教学工作水平评估中，我校本科教学工作得到了教育部专家的高度肯定，获得优秀成绩。

学校历任行政负责人：高赞非、于勋忱、武静安、赵紫生、程汉邦、徐宝庆、张友民、齐涛、田德全、任廷琦、傅永聚。

党委书记：荆兆勋；现任校长：傅永聚。

二、教研机构

文学院

文学院现有中国语言文学、汉语国际教育、戏剧影视文等三个本科专业；中国语言文学专业2007年被教育部确定为首批国家级特色专业。学院拥有中国语言文学一级学科硕士点、博士点和博士后流动站；中国古代文学、中国现当代文学和汉语国际教育被批准为山东省“十二五”重点学科；中国古代文学、中国现当代文学、古代汉语等三门课程为省级精品课程；中国古代文学专业2005年成为山东省首批“泰山学者”特聘教授设岗专业。

文学院师资力量雄厚，教学科研成绩突出，办学理念和育人目标明确。文学院现有专业教师64人，其中教授19人，副教授20人，具有博士学位者36人，博士生导师4人，硕士生导师41人，45岁以下教师全部具有博士或硕士学位。近五年来，文学院共承担省部级以上项目78项，出版学术著作36部，获得省部级以上教学科研奖励31项。

文学院本着解放思想、实事求是、突出重点、科学发展的原则，形成了总体发展特色：结合地域环境优势，紧紧围绕中国传统文化，特别是儒家文化这一宏大课题，把弘扬优秀文化及对儒家思想和孔子学说的研究成果，尽可能渗透到每一门课程、每一个研究课题中去。在人才培养方面，一直紧扣师范教育、设学孔子故里两个关键点，明确把师范性、文化传承作为长期教育教学特色，着力培养学生的从师技能，侧重传授优秀传统文化，努力推进素质教育；在教学和人才培养方面，均把中国传统文化尤其是儒家文化和孔子学说作为重心，从不同角度确定教学课题和实践实训项目，分工协作，相互补充，逐步凸显出自己的区域优势和教育特色，在国内乃至东亚、东南亚具有重要影响。

山东省政府批准设立的“曲阜师范大学中国语言文学研究所”、山东省教育厅批准设立的“曲阜师范大学中国传统文化实验实训中心”、学校与济宁市合建的“曲阜师范大学—济宁市·圣地非物质文化遗产研究中心”挂靠文学院。文学院主办的《现代语文》杂志是山东省唯一针对基础语文教学的专业性刊物，面向十多个国家和地区发行，在语文教学、汉语推广和华文文学创作研究等方面具有国际性影响。

院长：单承彬；书记：张隆海。

经济学院

经济学院成立于2006年，经过近几年的快速发展，已形成了从本科生到研究生的人才培养体系，拥有经济学、贸易经济、人力资源管理、经济统计学、经济学金融与财务外包5个本科专业，统计学、公共管理硕士（MPA）、区域经济发展研究方向和马克思主义经济理论研究方向4个硕士点。其中，经济学专业为校级特色专业，政治经济学为山东省“十二五”重点学科。

学院现有教职工34人，其中专任教师26人。专任教师中有教授3人、副教授9人、博士学位获得者17人、博士生导师1人、硕士生导师5人、山东省优秀理论人才“百人工程”专家1人、学校“161”人才工程专家1人、“1361”人才2人。近年来学院教师主持或参与国家自然科学基金、国家社科基金等各类课题30余项，出版教材、专著等10多部，发表论文200多篇，荣获省部级等奖励20余项；2011年和2012年已经连续两年每年主持立项2项国家级项目，科研工作呈现良好发展态势。学院现有在校生1600余人，与日照市社会科学界联合会、日照港等多个单位合作建立教学实践基地。

副院长（主持工作）：杜曙光；书记：李大立。

音乐学院

音乐学院前身为艺术系，建于1976年，至1993年3月，成立音乐系，2002年7月成立乔羽音乐学院。同年8月，东迁日照新校区，2009年3月更名为曲阜师范大学音乐学院。学院下设音乐学系、声乐系、键盘系、器乐系、舞蹈教研室和音乐研究所。学院现拥有艺术学、音乐学和课程与教学论三个硕士授予点，招收10个方向的硕士研究生。此外还拥有音乐教育硕士的硕士学位授予权。

音乐学院现有教职工54人，其中教授4人，副教授14人，硕士生导师12人。教师中博士硕士学位及在读研究生33人。

音乐研究所成立于2000年，其主旨是通过音乐创作和学术研究促进教学，争取将新的学术成果及时地转化为教学资源。目前，音乐学院音乐研究所在积极配合学院的专家委员会来组织、实施对全院重大科研项目及学术活动，进行学术咨询和探讨等方面工作的同时，也承担了学院的学术活动和对外的学术交流活动。

2010—2012年，音乐学院发表核心期刊论文共计39篇，其中，核心A类35篇，核心B类4篇；承担省部级课题共计17项，其中，教育部课题1项，省社科课题14项，软科学课题1项，省教改课题1项；承担厅校级课题共计10余项；省级课题结题共计4项；获音乐金钟奖1项，省级泰山文艺奖1项。

院长：褚灏；书记：周彩霞。

美术学院

美术学院始建于1976年，现办学于日照。学院下设三系一所，即美术学系（师范类）、绘画系（中国画、油画）、艺术设计系及美术学研究所。拥有艺术学、美术学、美术课程教学论3个硕士点，6个本科专业。中国画和素描两门课分别于1995年和1996年被评为校级优质课程。

学院楼建筑面积10000多平方米，新建现代化设计实验室一个，配有先进的电脑、彩喷等设备及电教设备，藏书两万余册，新建有高水准的展览中心。学院现有教职工41人，其中教授4人，副教授9人，讲师12人，助教11人，拥有研究生学历的青年教师10人，在读研究生的青年教师6人。青年教师中硕士研究生毕业的占40%。并聘请了俄罗斯的康恰连柯、乌兰的费力宾克、美国的米勒、中央美院的梅墨生、南京师大的范扬、南开大学的陈玉圃等国克内外著名专家为兼职教授。近年来，学院教师出版著作30余种，发表论文及作品800余篇（件），几乎每年都有教师在美展或论文比赛中获奖，其中省级奖18人次，国家级奖7人次。目前承担省级科研课题三项。学院的整体教学及科研水平在省内院校中居较高层次。

学院立足师范教育，同时积极拓宽专业渠道，狠抓教学质量和课程建设。所开设课程注重基础性和应用性相结合，不断调整专业方向，注重现代科技手段的运用，增加教学实习比重，力求保持专业设置的前瞻性。建系以来已为国家培养了本、专科毕业生1200余人，现在校生758人。

院长：徐正；书记：林平。

地理与旅游学院

地理与旅游学院现有地理科学（师范类）、自然地理与资源环境、人文地理与城乡规划、旅游管理、土地资源管理等五个本科专业，其中地理科学为省级特色专业；拥有地理学一级学科硕士学位授权点和自然地理学、人文地理学、地图与地理信息系统、地理教学论等5个硕士点，拥有地理教育硕士、农业信息化两个专业硕士领域。拥有人文地理学省级重点学科，南四湖湿地生态与环境保护省高校重点实验室。现有教职工43人，其中教授5人，副教授12人，博士19人。

学院主要研究方向：城市与区域发展，土地利用规划与管理，旅游规划与旅游产业发展，自然地理环境过程和演化，环境评价与规划，环境修复与生态重建，地理信息系统应用，资源环境遥感监测与评价等。

学院始终把教学工作放在中心地位，注重学生能力的培养和综合素质的提高。多年来，为中学教育、计划、国土、城建、测量、土地估价、环保、旅游等行政管理部门、科研机构、企事业单位培养了大批合格人才。2001年以来，考研率稳居40%左右，就业率保持在90%以上。

院长：代合治；书记：胡长春。

信息技术与传播学院

信息技术与传播学院目前下辖教育技术学系、新闻传播学系、电子信息技术系及现代教育技术研究所，拥有教育技术学、广告学、电子信息科学与技术、新闻学及数字媒体艺术五个本科专业。学院现有戏剧与影视学学术型硕士一级学科，设有教育技术学、图书馆学学术型硕士学位授权点，并在课程与教学论专业的信息技术课程与教学论方向、艺术学专业的数字媒体艺术方向、通信与信息系统专业的信息处理与信息安全方向招收全日制学术性硕士研究生；在全日制教育硕士现代教育技术专业、全日制艺术硕士广播电视专业、电影专业招收专业学位研究生。

学院是山东省现代教育技术培训基地，承担着全省中小学、高校教师教育技术能力培训任务，近年来多次组织、承担山东省中小学信息技术学科骨干教师培训、山东省高校教师现代教育技术能力培训；学院还积极对接地方教育部门，提供教育咨询、信息技术支持、师资培训任务，与日照市教育局、平度市教育局、诸城市教育局等地开展长期合作，对中小学一线骨干教师进行教育技术能力培训，培育了一大批熟谙教育技术理论、掌握教育教学规律、了解基础教育一线实际的教师，形成了自己的培训特色。

学院的数字媒体与传播技术实验教学中心为山东省省级实验教学示范中心。拥有功能完善的多媒体网络实验室3座，现有仪器设备1650余台套，价值1350余万元，实验仪器配置水平在国内同类高校中属高端水准。中心设有12个实验分室，为实验教学和科技创新提供了优越的条件。此外，中心与日照电视台等机构长期合作，服务地方文化发展。

学院下辖现代教育技术研究所，近年来在数字化学习理论与技术、教育信息技术开发与应用、新媒体应用与教育变革等方向研究颇具特色。数字化学习理论与技术方向在“教育虚拟社区”、“数字化学习评价”等主题的研究在国内较有影响。教育信息技术开发与应用方向正开展“神经网络学习”、“教育信息处理”、“信息安全”、“数字化学习资源开发”等研究，形成了较为明确的研究特色；新媒体应用与教育变革方向的研究特色是全方位、多层面地进行新媒体应用与教育变革的研究，团队成员从技术文化层面探讨新媒体对课程教学的重构，从传播系统角度探讨新媒体对知识传播的影响，从实践层面进行媒体促进教育变革的实验研究。

院长：马秀峰；书记：李兴保。

管理学院

管理学院于1983年在运筹学研究所基础上成立，下设管理科学系和运筹学研究所、物流科学研究所，拥有10个研究室、教研室及实验室。拥有应用数学博士学位授予点、运筹学与控制论硕士学位授予点、信息管理与信息系统及工商管理本科专业。学院的“运筹学”是山东省“七五”重点专业，“运筹学与控制论”是山东省“八五”、“九五”重点学科，本院为山东省“十五”强化重点学科单位。管理科学实验室为校级重点实验室。

学院师资队伍健全、结构合理，学历层次高、科研能力强。现有教职工40余人，其中博导2人（已招收7届10名博士生），教授8人，博士8人，全国五一劳动奖章获得者1人，全国优秀教育工作者1人，全国教育系统劳模1人，全国优秀教师1人，曾宪梓奖获得者2人，省劳模1人、拔尖人才1人，享受政府特殊津贴专家3人，省高校科技工作者1人、青年科技奖获得者2人、信息行业优秀青年1人，第五届全国青年运筹学奖获得者1人；在校研究生、本专科生500余人；拥有专业期刊100会种，藏书3万余册。

学院重视科学研究，早在50年代末，运筹学刚引入中国之时，学院的前辈们就开展了运筹学的应用研究，著成《公社数学》，1960年曾被毛泽东主席阅览，为此，当时所在的数学系被国务院授予“全国社会主义建设先进单位”。关于场站设置问题的研究一直属国内领先地位，60年代设计的“小往大靠”算法受到华罗庚等数学大师的高度赞扬。运筹学理论研究和系统工程在农业、工矿企业中的应用研究取得显著的社会效益，引起社会的广泛关注，被中国数学会列为建国以来五项应用数学成果之一，受到王梓坤院士、若山邦竑（日本）等著名学者的高度赞扬。近年来全院教学科研人员在《SIAM》、《Algorithmica》、《JOTA》、《中国科学》、《数学学报》、《数学年刊》等国内外重要学术刊物上发表学术论文700余篇，其中核心刊物160余篇；承担或完成国家级科研项目9项，省级项目12项；获国家级教学成果奖4项，省部级科研奖励20余项，全国运筹学应用奖2项、国际运筹学进展二等奖1项。已与美、加、日、荷、澳及中国香港等国家和地区的10余所院校建立了友好合作关系。《人民日报》、《光明日报》、《中国日报》、《文汇报》、《中国青年报》等多家新闻媒体都对该院进行了专题报道。

2003年学院与数学科学学院、电气信息与自动化学院联合建成应用数学博士授权点，2004年起正式招生。运筹学与控制论专业作为全国第一批硕士学位授权点，已招收20余届150余名研究生，其中50余名毕业后经深造已获博士学位，30余名晋升为教授，20余名在国外工作或攻读博士学位。学院的本专科特色是文理兼容，以培养学生运用科学方法解决实际问题的能力为教学主导思想，尤其注重将运筹学理论与方法、计算机技术融合到管理的各个相关领域，借鉴国内外著名大学相关专业的课程设计，努力与国际流行趋势接轨。

学院正以多出人才、注重实用为办学目标，运用先进的仪器设备、齐全的图书资料、优良的学习环境，尤其是优秀的师资队伍，打造出一个专科、本科、硕士研究生、博士研究生多层次全方位的人才培养体系。

运筹学研究所于1983年经山东省政府批准成立，前身为运筹学研究室，现有教授7人，副教授4人，讲师4人，博士或在读博士6人。拥有数学规划、组合最优化、系统工程、计算科学4个研究室，1个系统工程实验室，拥有30余台计算机，另有绘图仪等多台实验办公设备。拥有国内外期刊100余种，专业藏书2万余卷册，本所的主要研究方向有数学规划、组合最优化、经济管理、决策分析，同时开展运筹学、系统工程在农业作物最优布局、黄河三角洲产业结构调整、农村劳力转移、矿山设备维修、井下通风管道布网设计、大型工程工序统筹优化等工农业管理方面的推广应用工作，在理论和应用研究方面都取得了显著成绩。

运筹学研究所的“运筹学与控制论”专业是国家首批硕士学位授权点，运筹学是山东省“六五”重点学科，运筹学与控制论是山东省“七五”、“八五”、“九五”重点学科。现已招收硕士研究生72人，有54人已毕业并获得硕士学位，在毕业生中已有20余人获得博士学位，20余人已晋升为教授职称。

运筹学研究所自成立以来在SIAM、JOTA、中国科学、数学学报、数学年刊等国内外重要学术刊物上共发表学术论文630余篇，已完成或正承担国家级科研项目5项，省部级科研项目12项，获得国家级奖励2项，获得省部级奖励12项，获国际运筹学进展二等奖1项，获全国运筹学应用二等奖1项。承担国家科委中丹合作项目“系统科学在农业中的应用”。运筹学研究所先后有1人获得全国“五一”劳动奖章，1人获得“全国优秀教育工作者”，2人获得全国优秀教师，1人获得山东省劳动模范，1人获得山东省专业技术拔尖人才，1人获得山东省高校先进科技工作者，1人获得曾宪梓教育基金会高师教师二等奖，1人获得曾宪梓教育基金会高师教师三等奖，3人先后获国务院政府特殊津贴，1人获得山东省中青年科学家奖励基金，2人获得山东省青年科技奖，1人获得中国运筹学会第五届全国青年运筹学奖。

运筹学研究所坚持运筹学的理论研究和系统工程在农业管理中的应用研究，在最优场址方面取得的成果被国外学者编入研究生教材。近年来将运筹学、系统工程的应用范围推广到工矿企业的生产和管理中，取得显著社会经济效益。研究所运筹学的应用被全国数学大会（上海）列为建国以来五项应用数学成果之一，并被多家新闻媒体报道。

院长：张玉忠；书记：王刚。

国际文化交流学院

国际文化交流学院成立于2001年12月，下设汉语教学系、学院办公室、留学生公寓管理办公室等机构，主要承担来华外国留学生的招生、教学、管理和服务任务。汉语教学系现有专职教师8人，其中教授2人，副教授1人，讲师6人，有博士学位者3人。根据留学生的不同水平和特点，学院开设有基础汉语、口语会话、听力训练、阅读理解、汉语写作、HSK等课程。语言过关的留学生可以直接到相关院系学习自己感兴趣的专业。留学生专业层次涵盖语言进修、普通进修、本科生、硕士研究生、博士研究生、短期学习班等多个类型。学院从2010年春季开始招收全日制汉语国际教育专业硕士留学生，2011年成为山东省政府奖学金学生接受院校。目前有来自韩国、日本、俄罗斯、加拿大、肯尼亚、瑞典、菲律宾、蒙古等国家的数十名留学生在学院学习。

院长：李立绪；书记：唐雪凝。

职业与成人教育学院

职业与成人教育学院创立于1958年，1996年开始创办职业教育，是新中国成立后较早举办成人教育的普通高等院校之一。学院是曲阜师范大学职业教育和成人教育的专门管理机构，下设学院办公室、成人教育中心、职业教育中心、培训中心、自考与远程教育中心和成人教育研究所，现有全国第二个成人教育学专业硕士学位授权点，1个山东省省级重点学科，1个校级科研创新团队。现有教职工22人，其中教授2人，具有副高级职称6人，博士1人，硕士8人。

成人教育研究所创立于2001年，现有专兼职教师7人，其中教授5人，博士3人，拥有全国第二个成人教育学专业硕士学位授权点，1个山东省省级重点学科，1个校级科研创新团队。该硕士学位授予点主要研究方向有成人教育基本理论研究、成人教学论研究、教师教育研究、成人教育管理研究、人力资源开发与培训研究以及社区教育研究。

院长：刘明海；书记：叶长文。

马克思主义学院

马克思主义学院前身为马列主义教研部，曲阜师范大学建校伊始设立，2006年更名为马克思主义学院。学院现有教职工32人，其中正教授4人，副教授12人；拥有博士学位的7人，在读博士4人；

博士生导师1人，硕士生导师9人；有国务院特贴专家1人。

马克思主义学院承担全校本科生、研究生思想政治理论课教学任务，现设有马克思主义基本原理概论、毛泽东思想和中国特色社会主义理论体系概论、思想道德修养与法律基础、中国近现代史纲要四个教研室；设有马克思主义中国化研究、思想政治教育研究两个硕士点。

进入新世纪以来，学院领导班子精诚团结，大力加强人才队伍建设，积极推进教学改革，高度重视教师科研，全面提升思想政治理论课教学质量和马克思主义理论研究水平，取得良好成效。2009年《思想道德修养与法律基础》课被评为省级精品课程。近年来，教师主持国家社会科学研究项目2项、教育部和省级科研项目11项、山东省教学改革项目1项；在国内外学术刊物上公开发表论文370多篇，其中核心期刊论文70余篇；国家级出版社出版专著8部。

院长：张立兴。

公共外语教学部

公共外语教学部的前身是公共外语教研室，于1996年12月组建为独立的校直教学单位，当时命名为外语教研部，后又于2012年12月更名为公共外语教学部。两校区实行条条管理后，在日照校区设立外语部日照校区办公室。根据教学实际需要及教学大纲要求，结合教师自身发展，外语部共分设八个教研室，其中曲阜校区五个：基础英语教研一室、基础英语教研二室、艺体英语教研室、拓展英语教研室、电教英语教研室；日照校区三个：基础英语教研一室、基础英语教研二室、拓展英语教研室。外语部现有教职工77人，其中教授3人，副教授18人，讲师50人，助教4人；博士学位1人，硕士学位67人，在读硕士2人。

外语教研部承担全校曲阜、日照两校区专科生、本科生、研究生、教育硕士的公共英语教学，是山东省“十五”重点学科、“十一五”强化建设重点学科“外国语言学及应用语言学”的建设单位之一。

行政负责人：王广成。

历史文化学院

历史学科始建于1955年，是曲阜师范大学最早建立的三个学科之一。2003年，历史系更名为“历史文化学院”。2008年，“历史文化学院”与“孔子文化学院”组建成新的历史文化学院。学院下设历史教育、国际政治、文化产业管理、考古学四个本科专业，建有世界历史研究所、国学研究中心、文化产业研究中心、儒家文化校本课程研究中心等研究机构。学院2005年获得“专门史”博士学位授予权，2009年设立历史学博士后科研流动站；2010年历史学专业获批国家级特色专业建设点，同年获得中国史一级学科博士学位授予权。

学院现有教职工55人，其中教授14人，副教授17人。博士研究生导师3人，博士后合作导师5人，硕士研究生导师33人，具有博士学位的教师29人。师资队伍学缘结构多元，梯队结构合理。在读本科生1500余人，硕士研究生、博士研究生200余人。

以孔子、儒家与中国传统文化研究为突出特色的“专门史”专业，是山东省“九五”以来强化建设的特色重点学科；山东省“十一五”强化建设的人文社会科学研究基地“儒学研究中心”和“十二五”强化建设的人文社会科学研究基地“孔子与传统文化研究中心”设于学院；学院与孔子研究院共同拥有山东省“泰山学者”岗位；山东孔子学会、国际孔子文化节研究中心、山东省华文教育基地、孔子礼食研发中心等也挂靠学院。

学院拥有大型文献中心和文物馆。文献中心藏有图书10万余卷，大型丛书《四库全书》、《续四库》、《四库未收》、《丛书集成》、《山东文献集成》、《儒藏》、《道藏》等近百种。文物馆藏有文物2000余件，馆藏数量居省属院校之首。

学院设有内部交流期刊《孔子文化》、《岁月》和“中华孔子”大型国际孔子文化研究门户网站以及“国政人”国际政治专业学习网站。学院与韩国、日本、美国、德国、马来西亚、沙特以及我国的台湾、香港、澳门等10多个国家和地区的学术团体、科研机构、专家学者保持经常的学术联系和交流。

多年来，学院一贯重视本科生教学和研究生培养，狠抓教育教学质量，通过多种措施，在专业建设、实践教学、儒家文化校本课程建设等方面取得了突出成效。“十一五”以来，学院历史学专业先后获批省级特色专业和国家级特色专业，中国古代史团队被评为山东省优秀教学团队，中国古代史课程被评为省级精品课程。从2006年开始，学院与茌平一中、新泰一中、费县一中、济南历城二中、日照一中、临港一中等省内重点中学建立联系，将其作为学院本科生的实践教学基地，首创“全程化导师制”实践教学新模式；从2008年开始，学院又在全省率先实施了全日制硕士研究生进中学“全方位、封闭式”教育实习模式，以切实提高其社会实践能力，收到了良好效果，被《中国教育报》、《大众日报》、中国新闻网等多家媒体报导。从2011年开始，由学院教师组成的校本课程小组，在曲阜和日照两个校区为各专业开设了《孔子与儒家文化》校本课程，对提高我校大学生传统文化素养、强化我校办学特色产生了积极影响，得到学校师生的支持和赞誉。

多年来，学院一直坚持走内涵发展道路，整合队伍，强化特色，以科研促进教学质量的提高，以教学带动科研创新，取得了扎实、丰厚的学术成果。2006年以来，共承担国家社科基金、全国高校古籍整理、教育部及山东省社科基金等各类项目40余项，获得省部级以上科研奖励16项，傅永聚教授主持的《20世纪儒学研究大系》、《中华伦理范畴（丛书）》等一批重量级成果受到学术界的广泛关注，多次荣获山东省社会科学优秀成果一、二等奖。出版专著、教材60余部，在《历史研究》、《中国史研究》、《文史哲》、《孔子研究》等核心期刊发表论文400余篇。

在提升教学科研水平的同时，学院积极为经济社会发展服务，与山东省侨办共建山东省华文教育基地，与济宁市合作设立孔子文化节研究中心，与山东省膳艺研究院开展孔子“礼食”文化研究，为山东文化产业发展提供咨询和规划设计。与济宁质量技术监督局、招远市政协、淄博二中等合作，讲授传统文化、《论语》等课程。多次赴邹城、微山、盐城等监狱作报告或演出，帮助教化服刑人员。

另外，学院每年举办“孔子文化月”活动，开设“洙泗讲堂”，邀请海内外专家学者举行学术交流。这两项活动均获得山东省高校校园文化建设优秀成果一等奖，其中“孔子文化月”活动还获得全国高校校园文化建设优秀成果奖；学生的综合素质得到普遍提高，2006级国际政治班荣获了“全国先进班集体”称号。

下一步，学院将继续创新教学科研激励机制，强化精品意识，引进、培植高水平领军人物，为申报省级、国家级精品课程、教学名师，国家级重点学科以及教育部人文社会科学重点研究基地奠定良好基础。同时，加强国际国内学术交流，开展多种形式的横向交流合作，拓展学院服务社会的领域范围，扩大学院在国内外学术界的影响，进一步提高学院的办学层次和水平。

院长：成积春；书记：尹明法。

体育教研部

体育教研部前身是学校体育系的一个公体教研室。随着学校规模不断扩大，招生人数不断增加，公共体育从管理到教学都形成了较为独立的体系。1980年，公体教研室在从体育系独立出来；1993年，原“体育教研室”更名为“体育教研部”；1997年，体育教研部被确定为副处级单位；2003年6月，经学校研究决定，体育教研部为正处级单位。

体育教研部现有教职工44人，教授5人，副教授10人，讲师11人，助教15人。有关键岗教授1人，重点岗教授2人，硕士导师3人，校级中青年学术骨干1人。中青年教师中55%具有硕士以上学位，其中具有博士学位的1人。

主任：杨弢。

图书馆

曲阜师范大学图书馆创办于1955年，前身是山东省师范专科学校图书馆、曲阜师范学院图书馆，1985年改为现名，是山东省高校图书情报工作委员会副主任馆、全国古籍重点保护单位、教育部“中国高等教育文献保障系统”山东省地区服务中心、山东省藏书规模最大的图书馆之一、山东省高等学校图书馆管理先进集体、国内颇具影响力的特色鲜明的高校馆。

图书馆由学校图书馆和日照校区图书馆两部分组成，实行校长领导下的馆长负责制，学校图书馆设馆长1名、副馆长3名，日照校区图书馆设馆长1名。现有正式职工142名，95%以上有大学学历。职工中有教授3人，研究馆员5人，副研究馆员35人，馆员81人。

图书馆总建筑面积4.3万平方米，阅览座位4800个，馆藏纸质文献60余万种、273万册，全校藏书超过330万册，中外文大型数据库平台80余个，电子图书200余万册，2012年文献资料购置费800万元，基本形成了纸质馆藏和数字馆藏、虚拟馆藏相结合的科学合理的馆藏体系，基本能够满足本地区、本学科发展的需要。

图书馆十分重视馆内职工的学术研究和交流活动，成立了专门的学术委员会，指导并督促馆内职工围绕图书馆信息服务及自身所学专业等方向进行科研工作，积极举办各级别的学术会议。

馆长：黄尊严。

孔子研究所

曲阜师范大学孔子研究所是国内高校最早设立的专门从事孔子儒学及传统思想文化研究、教学和国际文化交流的学术机构，拥有国内唯一的以孔子儒学研究为特色的“专门史”博士点、历史学博士后流动站和中国历史博士一级学科；拥有省级特色重点学科——专门史、省级强化建设人文社科研究基地——孔子与传统文化研究中心；主办大型国际孔子文化研究门户网站“中华孔子”；建有馆藏丰富的“孔儒文献库”。

孔子研究所现有专职研究人员29人，其中教授10人，副教授13人，博士生导师3人。设有孔子与儒家文化研究、传统文化典籍研究、传统文化与中国社会研究三大研究方向。“十一五”以来，完成了二十世纪中国的儒学研究、六经之教与孔子遗说、中华伦理智慧与当代心态伦理研究、汉晋孔氏家学与“伪书”公案等国家社科基金项目10余项，出版了七卷本《中国儒学史》、《二十世纪儒学研究大系》、《中华伦理范畴丛书》、《论语汇校集释》、《中古时期儒释道整合研究》、《生活中的儒家伦理》等成果，获得省部级以上奖励20余项，培养了一大批高层次的传统文化教学、研究和传播人才。

行政负责人：傅永聚（校长兼）。

外国语学院

曲阜师范大学外国语学院现设有英语系、俄语系、法语系和外国语言研究所，拥有英语、俄语、法语（非师范类）三个本科专业，其中英语为省级特色专业、校级品牌专业。学院下设英语基础教研室、语言学与语言教学教研室、英美文学教研室、翻译理论与实践教研室、俄语教研室、法语教研室和外国语言研究所。

本着“精语言、重人文、强师范”的办学理念，学院大力发展各语种本科教育和研究生教育，拥有外国语言学及应用语言学、英语语言文学、课程与教学论（英语教学论）三个硕士学位授权点，翻译硕士（MTI）和教育硕士（学科教学：英语）两个专业硕士点，是国家确定的教育硕士、高师教育硕士办学点，拥有高校教师在职申请硕士学位授予权，办有研究生硕士学位课程进修班，有权对同等学力的人员授予硕士学位。

外国语学院“外国语言学及应用语言学”学科是山东省“九五”、“十五”省级重点学科，“十一五”山东省外语类唯一的省级强化建设重点学科。现有四个特色鲜明的研究方向：语言学理论及其应用、二语习得与外语教学、语料库语言学与翻译研究、认知语言学。近五年来，语言学理论及其应用研究方向代表成果获山东省社会科学优秀科研成果二等奖1项、三等奖2项，山东省高等学校优秀科研成果二等奖1项、三等奖4项；二语习得与外语教学研究方向代表成果获山东省社会科学优秀科研成果二等奖1项，山东省高等学校优秀科研成果二等奖2项；语料库语言学与翻译研究方向代表成果获山东省社会科学优秀科研成果三等奖1项，山东省高等学校优秀科研成果三等奖2项；认知语言学研究方向代表成果获山东省社会科学优秀成果二等奖1项，山东省高等学校优秀科研成果三等奖2项。

曲阜师范大学外国语言文化与翻译研究中心于2006年1月开始建设，2011年7月被山东省教育厅批准为山东省“十二五”重点人文社会科学研究基地（强化）。中心形成了外国语言学研究、外国文学与文化研究、翻译研究3个特色鲜明、优势明显的研究方向，3个方向学术带头人分别为鞠玉梅教授、季明举教授、秦洪武教授。每个方向设置6名学术骨干，同时，中心按照开放性研究课题聘任兼职研究人员，联合进行项目开发与攻关。中心目前有校内专职人员26人，兼职人员18人，校外兼职人员2人。中心自成立以来，完成省部级以上科研项目30项，目前承担省部级以上项目48项，承担其他各类科研项目30多项。目前，外国语言文化与翻译研究中心正在中心全体成员的齐心努力下迅速发展，力争在学术研究、人才培养、交流互访、图书资料和实验室建设等各方面充分发挥现有优势并再创辉煌，努力把中心建设成为省内一流、国内知名的研究中心，力争在“十二五”期间将中心建设成为具有教育部人文社科基地规模与水平的优质科研平台。

学院以外国语言学及应用语言学省级重点学科为龙头，依托省级人文社科研究基地“山东省中西语言文化交流研究基地”，形成了外语教育研究、语言学研究、翻译研究、国别文学研究、跨文化研究等多个优势明显、特色鲜明的研究方向和相应研究团队。

院长：鞠玉梅；书记：周鹏。

教育科学学院

教育科学学院的前身为教育系，1984年成立，1995年更名为教育科学学院。建院20余年来，教育科学学院始终秉承“学而不厌，诲人不倦”的育人传统，不断加强专业、学科建设，革新教育教学模式与方法，为社会培养出6000名合格毕业生。

教育科学学院是体现师范特色的多学科、多层次的综合学院。学院现有教育学、心理学和公共事业管理（教育）三个本科专业，有教育学原理、课程与教学论、教育史、比较教育学、高等教育学、职业技术教育学、教育经济与管理、基础心理学、发展与教育心理学、应用心理学、教育硕士（教育管理和心理健康教育方向）等11个硕士学位授权点。教育学专业是国家级高等学校特色专业建设点、是山东省高等学校特色专业和山东省成人高等教育品牌专业，应用心理学是山东省重点学科。学究设有教育学系、心理学系和日照教学部三个教学机构，设有教育部曲阜师范大学基础教育课程研究中心、山东省教育厅曲阜师范大学基础教育课程研究中心、曲阜师范大学教育科学研究所、曲阜师范大学心理科学研究所、曲阜师范大学课程与教学研究中心、高等教育研究中心、教师教育研究中心、孔子教育思想研究所等研究机构，还设有山东省心理咨询师培训中心济宁中心等培训机构。

学院现有教职工58人，其中教授10人，副教授18人；博士生导师1人，硕士生导师22人；拥有博士学位的教师17人，有硕士学位的教师27人。兼职教授32人。山东省有突出贡献中青年专家1人，山东省高校中青年学术骨干2人。目前在校本、专科生1000余人，研究生300余人。

高标准、严要求，培养高质量的优秀专业人才是学院自始至今的奋斗目标。近年来，学院按照高等教育发展的内在要求和社会对人才的实际需求，大胆进行专业和课程改革，积极探索人才培养的有效模式，教育教学质量稳步提高，一大批优秀学子脱颖而出，毕业生深受社会欢迎。学院科研工作硕果累累。目前，学院与国内20余所高等院校、科研院所建立了稳固的业务联系，与美国、澳大利亚、加拿大、日本、韩国等国家的部分高等院校及研究机构有学术交流。

学院现有心理学实验室、认知与学习实验室、心理咨询实验室、电教室、微机室，图书资料室。学院的计算机校园网、多媒体教室、电子阅览室等一批现代化教学设备为师生提供了良好的教学、科研条件。

学院以现代教育理念为先导，以实施学分制改革和全面素质教育为重点，深化课程和教学改革，强化学科建设，不断提高教学质量和办学效益，向教学研究型学院全面发展。

院长：杨昭宁；书记：姜美颖。

书法学院

书法学院师现有理论和技法两个教研室。共有教师14人，其中教授3人，副教授7人，硕士生导师8人，拥有研究生学历的教师10人，中国书法家协会评委1人，山东省书法家协会评委副主任1人，中国书法家协会会员8人，省书协会员7人，省美协会员3人，特聘兼职教授、副教授4人，并外聘5名国内著名书法家作为本专业教授和学术顾问，师资队伍结构多元、合理。植根于深厚的儒家文化传统，书法学院特色鲜明，拥有上述一支教学经验丰富、素质良好、发展潜力大的师资队伍，各种基础设施建设也已初具规模。

书法是曲阜师范大学书法学院的核心专业。该专业2003年建置并招收本科生，主要研究方向有书法、篆刻、现代刻字；主要开设篆、隶、楷、行、草五体教程，篆刻教程、刻字教程、中国画基础、书法史论、美学通论、文献学、中国古代文学、文字学、训诂学、古代汉语等专业课程。2009年开始招收书法硕士研究生，并招收艺术硕士，目前在读本科生、硕士研究生近600人。

书法学院汉碑研究所是目前我国最有影响的汉碑研究机构之一。研究人员中有教授3人，副教授7人，硕士生导师8人，拥有研究生学历的教师10人，中国书法家协会评委1人，山东省书法家协会评委副主任1人，中国书法家协会会员8人，省书协会员7人，省美协会员3人。曲阜现有汉代碑刻24石，其中西汉7石，东汉17石，反映了当时汉字书法的最高水平。自北宋以来，学者阐释曲阜汉碑的文献不下数十种。通过对曲阜汉碑展开深入的研究，研究所对弘扬传统文化、推动书法学院的健康发展起到较大促进作用。

今后书法学院的发展方向是：继续引进和培养教学带头人和教学骨干，形成充满活力、积极进取的教学团队；基本保持招生规模的稳定，以质量求发展；突出艺术教育和传统文化教育的特色；增强实践教学力度，培养学生的综合能力和创新能力。

院长：马东骅（副校长兼）；书记：姜晓强。

体育科学学院

体育科学学院始建于1974年，现有体育教育、运动训练、舞蹈学（体育）、公共事业管理（体育）和休闲体育五个本科专业，拥有体育学一级学科硕士学位授权点、体育硕士专业学位授权点、体育人文社会学博士学位授权点和体育学博士后科研流动站。建有山东省体育人文社会学学科“泰山学者”岗位、国家级高等学校特色专业建设点——体育教育专业、山东省重点学科——体育人文社会学、山东省重点实验室——体适能监测与调控、山东省特色专业——公共事业管理（体育）、山东省品牌专业——体育教育、山东省精品课程——《学校体育学》和《体育管理学》；设有国家体育总局体育社会科学重点研究基地、国家体育总局体育文化研究基地、山东省体育人文社会学研究基地、山东省社会体育指导员培训基地；设有《国际体育科学与体育工程学报（英文）》中国编辑部；学院现有6个教研室即体育管理教研究室、基础理论教研室、球类教研室、田径教研室、体操教研室和武术教研室，并建有人体解剖、运动生理、体育保健、运动心理、体质监测、系统仿真等8个实验室。

学院现有教职工77人，其中教授12人，副教授18人，博士生导师3人，硕士生导师36人，泰山学者”特聘教授1人，山东省教学名师1人，山东省有突出贡献的中青年专家1人，山东省中青年学术骨干、学科带头人培养对象2人，博士10人，在读博士生4人。学院在校本科生1793人，研究生188人、博士研究生6人。学院重视对学生的素质教育和创新教育，拥有优良的教风和学风，教学质量优良。现与国家体育总局举重摔跤柔道管理中心、国家皮划艇队、国家赛艇队建有科技服务合作伙伴关系，为其提供了大量的科技服务。先后与美国、德国、日本等8个国家进行了学术交流活动。

院长：曹莉；书记：荆兆清。

东方语言与翻译学院

东方语言与翻译学院是曲阜师范大学（日照校区）最大的学院之一，于2011年7月由原东方语言文化学院和翻译学院合并而成。学院现为中国翻译协会理事单位、中国认知语言学研究会常务理事单位、山东省国外语言学会副会长单位，教育部“全国外语翻译证书考试”直属考点。学院是国内同时拥有本科翻译专业（BTI）和翻译硕士（MTI）授予权的四十余家外语院系之一。

学院现有教职工70人，其中专业教师60人。在专业教师中，教授4人，副教授15人，硕士生导师20人，博士及在读博士20人，外籍教师6人。此外，聘有特聘教授1人、兼职教授20余人。学院拥有“翻译教学团队”和“翻译理论研究与应用科研创新团队”两个校级团队。

学院办学涵盖英、日、韩三个外语语种，拥有英语（理）、翻译、商务英语、日语、韩国语等五个本科专业；下设英语教育系、翻译系、商务英语系、日语系、韩国语系等五个系，同时设有翻译研究所、MTI教育中心、外国文学研究所和东亚文化研究所等四个研究机构。学院拥有英语语言文学、日语语言文学、亚非（韩国语）语言文学、英语笔译和日语笔译等五个硕士点，与外国语学院共同拥有山东省特色重点学科“外国语言学及应用语言学”和山东省人文社科研究基地“外国语言文化与翻译研究中心”，为我校外语学科提供了良好的发展平台。学院拥有国际领先的计算机辅助翻译（CAT）实验室、同声传译实验室和商务英语实训室等实验室，为学院的教学和研究工作提供了良好的硬件设施。

学院遵循“以人为本，因材施教，面向未来，全面发展”的人才培养理念，采用“外语+专业”和“外语1+外语2”的复合型和复语型人才培养模式，努力培养高素质、应用型、创新型的国际化外语人才。与韩国、日本、马来西亚等国家的多所高校建立了国际交流与合作关系，开展短期国际交换生、出国攻读硕士研究生等交流活动，并面向社会考生举办“1+4”、“3+2”等形式的合作培养项目，为学生提供良好的国际交流学习的机会，拓展学生的国际视野，培养国际化的高水平外语专业人才。

学院高度重视学术研究，推崇“以教学为基础、以科研促教学”的管理理念，将学科建设、专业教学与学术研究紧密结合起来，取得了较为丰硕的成果。近年来，学院教师主持国家社科基金课题2项，教育部人文规划课题4项，山东省社科课题近10项，厅局级课题10余项，校级科研和教学课题20余项；获得省部级奖励8项，厅局级奖励12项；发表学术论文200余篇，出版专著、教材10余部。

今后，学院将继续以科学发展观为统领，立足学科发展实际，抢抓机遇，改革创新，整合优势资源，深化教学改革，提升办学水平，逐步把学院建设成为特色鲜明、全国一流的教学研究型外国语学院。

院长：卢卫中；书记：李金雷。

政治与公共管理学院

政治与公共管理学院的前身是始建于1960年9月的思想政治教育系，是曲阜师范大学办学历史最悠久的学院之一。

学院拥有一支学历层次高、思想素质好、具有创新意识的师资队伍。现设有思想政治教育系、哲学系、行政管理系三个系，在40名教职工中，有教授12人，副教授13人，其中博士学位获得者15人；学院现有博士生导师2人，硕士生导师19人；有省级中青年学术骨干和学科带头人2人，山东省“百人理论人才”2名。

学院的本科教育与研究生教育齐头并进。学院现有1个博士后流动站，1个博士点，13个硕士学位授权点和4个本科专业，已形成了全日制教育本科生、硕士研究生、博士研究生多层次的人才培养体系。现有全日制博士生、硕士生320余人，本科生1036人。

学院具有较强的科研实力。设有哲学与社会发展研究所、政治与行政学两个研究所及山东新农村建设理论研究中心等3个研究机构。“马克思主义中国化研究”为山东省社会科学研究基地，“中共党史”为山东省重点学科。近5年来，学院教师主持、参研国家级课题10余项，主持教育部、山东省课题50余项，先后荣获省部级社会科学优秀成果奖10余项，山东省高校优秀成果奖12项。

学院的教学质量得到了社会的广泛认可。学院为本科开设各类专业课程108门，“中华人民共和国史”为省级精品课程，“伦理学”和“法学概论”为校级精品课程；学院教师曾荣获国家级优秀教学成果1项，省级优秀教学成果3项。近年本科生的考研率都在40%以上，众多毕业生考取了北京大学、清华大学、中国人民大学、中国社科院等国内名校及科研机构。

院长：李安增；书记：王维先。

法学院

法学专业设于1995年，是山东省较早开设法学专业的院校之一，设有法学本科专业、马克思主义法学理论硕士点。法学专业首创法学本科人才分流与教学分层培养模式，自大三起按照民商法学、刑法学、宪政法学、诉讼法学等方向培养，改变了法学人才培养模式单一的弊病。根据国家中长期教育改革和发展规划纲要，学校为培养创新型、实用型人才，2012年批准学院创办“杏坛学堂”法学卓越班，聘请全国知名法学家和司法一线专家定期讲授骨干课程。基于严谨治学、良好学风，毕业生整体就业率一直保持在95%以上，35%以上的毕业生考取著名高校研究生，司法考试通过率在50%以上。学院每学期与台湾地区中正大学等高校互派学生进行交流。

院长：袁兆春；书记：宋钧文。

济宁学院

一、学校概况

济宁学院是一所全日制本科层次的普通高校。建校以来，学校秉承“博学笃志、择善敦行”的校训，薪火相传、生生不息，形成了自己的办学风格和办学特色，为国家、为山东、特别是为济宁培养输送了大量的优秀人才，为社会发展和经济建设作出了突出贡献。尤其是近年来，学校在山东省委省政府、济宁市委市政府的共管下，在省委高校工委、省教育厅的正确指导下，坚持党的教育方针，立足地方，面向山东，辐射周边，不断深化教育教学改革，努力提高教学质量和办学效益，使学校各项事业得到了长足发展，从升本建院到成为学士学位授予单位，实现了一次又一次的历史性跨越。

目前，学校设有13个系，2个公共教学部，56个本、专科专业，其中本科专业24个，涵盖文学、历史学、法学、教育学、理学、工学、管理学、经济学、艺术学等9大学科门类，初步形成了学科门类较为齐全、结构合理、特色鲜明，文理工协调发展、教师教育与非教师教育并举的办学格局。

学校占地1613亩，建筑面积40.48万平方米。图书馆藏有纸质图书128万余册，中外文期刊5200余种、10万余册，电子图书1346GB、近10年国内中文全文电子期刊和硕、博士论文数据库共计5000万篇。教学仪器设备总值6387万余元。信息设备化资产总值1500余万元，使用千兆以太网技术，集网络管理、教学管理、教学资源、远程教育、教师培训等功能于一体，达到国内高校先进水平。拥有大学生心理咨询中心、学生体质健康标准测试中心和实验中心8个、实验室91个。学校现有教职工909人，其中专任教师625人，教授37人，副教授151人，博士学位43人，硕士379人。享有国务院政府特殊津贴1人、获全国“五一”劳动奖章1人，获“富民兴鲁”劳动奖章1人，山东省教学名师4人、济宁市有突出贡献的中青年专家8人。现有全日制在校生13442人，其中本科生7617人。

目前，面对高等教育发展的新形势，学校坚持以邓小平理论和“三个代表”重要思想为指导，全面贯彻落实科学发展观，按照学校“十二五”事业发展规划，有力推动学校科学发展跨越发展，不断提高办学水平和办学效益，不断提升学校的核心竞争力。

二、教研机构

中文系

中文系始建于1971年，是济宁学院建系最早、规模最大的系部之一。现设有汉语言文学本科专业和语文教育、文秘两个专科专业；中国古代文学、中国现当代文学、文学概论、外国文学、汉语、写作、中学语文教学法7个教研室；济宁地域文化研究和潜优师开发2个研究所。现有教职工44人，其中教授4人，副教授17人，讲师14人；具有博士学位者3人，在读博士生4人，具有硕士学位者25人；有省优秀教师1人，市级专业技术拔尖人才1人，省级中青年学术骨干1人。

中文系历来重视专业建设和课程建设，注重和鼓励科学研究，积极开展学术交流活动。中国现当代文学和现代汉语分别于2006年和2008年被山东省教育厅评为省级精品课程。近年来，先后邀请国内、省内知名专家、学者举办学术报告100多场次。另据不完全统计，1978年以来，全系教师共发表学术论文500多篇，其中核心期刊160多篇；出版教材、专著60多部，承担和参与教育部人文社科项目、全国古籍整理研究项目、全国社科基金后期资助项目、山东省重点社会科学研究课题、教育厅科研计划课题等20多项。共获市校级以上科研奖100多项。

行政负责人：王钦鸿。

经济与管理系

经济与管理系现有经济学和行政管理两个本科专业、行政管理和思想政治教育两个专科专业，形成了以经济学、管理学、法学三大学科为主体，逐步向应用型学科转化、多学科交叉渗透的学科专业建设格局。现设有五个教研室，三个研究所（区域经济研究所、人力资源开发与管理研究所、民商法研究所），一个法律服务中心，简称“五室、三所、一中心”。

现有专任教师35人，其中教授2人，副教授10人，讲师17人，助教6人，高职比34%，生师比33:1。在读博士生2人，已取得硕士学位者27人，获硕士学位人员占专任教师的比例为77%。有资产评估师1人，有律师资格证的教师6人，执业律师2人。教师的学缘结构合理，有94%以上的教师在不同高校学习进修过。

近10年来，有三门专业主干课被评为校级优质课，一门被评为校级改革试点课程。共出版专著和其他学术著作30余部，发表论文300余篇，核心期刊40多篇，并有10余篇论文被人大复印资料、《哲学动态》、《新华文摘》等转载。

行政负责人：齐慧丽。

文化传播系

文化传播系前身是1979年创立的历史系和1983年创立的旅游地理系，2008年8月在两系基础上合并成立文化传播系。设有历史学、文化产业管理2个本科专业，地理教育、旅游管理、涉外旅游3个专科专业。教学机构设有文化产业教研室、历史教研室、地理教研室、旅游管理教研室4个教研室。现有教职工31人，其中专任教师27人，有教授1人，副教授7人，讲师14人，另有外籍教师1人，外聘专家学者2人；具有博士学位者2人，在读博士生2人，具有硕士学位者15人。

该系教学设施完善，有各类仪器设备90台(套)，仪器设备总值27.3万元。建有地图遥感实验室、餐饮操作室等8个教学实验室，建立了酒店实习、教育实习、专业考察、景点实习、野外实习和社会考察基地20个。

文化传播系先后获得济宁市职工职业道德先进集体、学校文明单位、优秀基层党组织等荣誉称号。省优秀共产党员1人。学生活动形成特色，现有大学生孔孟文化研究会、旅行者协会、大学生职业发展协会、芳草地文化社、青年志愿者协会5个学生社团。办有系报《文化苑》。

行政负责人：王传武。

外国语系

外国语系始建于1981年。现在校学生1118人，其中本科生802人，专科生316人。现设有三年制英语教育专业和四年制英语普通类和师范类本科专业，有综合英语、阅读、听力、英美文学四个教研室。现有英语、俄语、日语专任教师29人，党政工专职管理人员5人。其中教授1人，副教授5人，讲师、馆员、实验师14人，硕士研究生以上学历的22人。现有外籍教师6人，分别担任英语口语、英语写作、英语视听说和英美文化等课程的教学。

外国语系教学设备齐全，拥有现代化的多媒体教室5个，语言实验室7个，其中5个数字化语言实验室，2个数字化网络多媒体语言实验室，具备语音试验、外语视听，以及同声传译等多种先进功能。学校图书馆拥有英语及相关图书资料数万册，涵盖英语专业的各门课程。系资料室拥有大型美国百年备忘录原版光碟200余盘、国际超级影院原版电影100余部、好莱坞国际影院原版电影100余部。

行政负责人：杨楠。

教育系

教育系始建于2000年，现设有心理学、小学教育2个本科专业和心理咨询、现代教育技术、初等教育、学前教育等4个专科专业，现有全日制在校生1100人。设有心理学、教育学、现代教育技术、学前教育等4个教研室，成立了教育科学研究所、心理科学研究所等2个研究所。教育系现为济宁学院大学生心理咨询中心的挂靠单位和济宁市心理学会的秘书处单位。教育系在完成自身专业教学任务的同时，还承担全校所有教师教育专业的心理学、教育学、现代教育技术学和跨系选修课的教学任务。

教育系现有教职员工37人，其中专任教师33人，教授1人，副教授8人，讲师21人；博士2人，硕士20人，形成了职称结构、年龄结构、学缘结构合理的师资队伍。其中1人为济宁市政协委员。

教育系注重以课程建设提升专业建设质量，心理学、教育技术学、教育学分别于2006年、2007年、2009年被评为山东省精品课程。2008年心理咨询专业被评为山东省高等教育特色专业，2010年初等教育专业被评为校级特色专业。近年来，先后邀请华东师范大学、苏州大学、复旦大学、天津师范大学、曲阜师范大学、鲁东大学等知名专家学者作学术报告50余次。近年来，全系教师共发表论文380余篇，其中人大复印资料复印8篇，主持、参与国家级及省市级科研课题20多项，并有多项科研项目获省、市、校级奖励。积极承办了山东省心理学会年会、济宁市心理学会学术年会和山东省学前教育研讨会等学术会议，扩大了教育系的社会影响。

行政负责人：李群。

美术系

美术系始建于1971年，是济宁学院建系最早的系部之一。设有美术学、艺术设计两个本科专业和美术教育、装饰设计三个专科专业；现有学生833人。设有视觉传达、环艺设计、动漫设计、公共艺术设计、美术学、基础课、理论课7个教研室，建系以来，已为社会输送毕业生2000余人。美术系现有教职工53人，其中教授4人，副教授9人，讲师36人；具有硕士学位者22人。

行政负责人：李作义。

音乐系

音乐系始建于1978年。目前，音乐系共设音乐学（音乐教育本科）、音乐教育和音乐表演（专科）等3个专业。设有音乐理论、声乐、钢琴、器乐和舞蹈等5个教研室和1个“音乐研究所”。现任教职工56人，其中教授2人，副教授17人，讲师30人，助教6人，具有硕士学位12人。全日制在校生627人。

音乐系坚持“以教学质量为生命，以学生培养为中心”的理念，依据社会对音乐舞蹈人才的需求，不断加强课程建设，改革人才培养模式，始终注重加强师资队伍的建设与培养。全系教师学历层次合理、知识更新快捷、学术研究硕果累累，教学成就享誉省内外。近年来教师们在《中国音乐学》、《人民音乐》、《中国音乐》、《钢琴艺术》、《舞蹈》等核心专业期刊及国家级期刊发表论文和作品100多篇（项），多次获得国家级和省级音乐舞蹈比赛和论文评比一、二、三等奖，为国家培养了大批音乐教育人才和音乐管理人才，产生了许多音乐教育家、音乐表演艺术家和音乐理论家。

行政负责人：王洪生。

体育系

体育系始建于1977年，其前身是济宁师范专科学校艺体科，现有体育教育和社会体育两个专业。目前在校生人数412人。现有运动解剖学、运动生理学、体育保健学、体育心理学4个实验室、1个学生体质健康标准测试中心和6个教研室。

体育系现任教师36人，其中教授3人，副教授9人；具有硕士学位的教师21人；为全国高校优秀青年体育教师1人，获首批曾宪梓教育基金奖1人，获山东省高校优秀中青年学术骨干1人，山东省高校省级教学名师1人，市级有突出贡献的专家2人，市优秀青年科技人才2人，济宁市优秀青年岗位能手1人；现有国家一级裁判7人。

近年来该系参加山东省体育教育专业大学生教学基本功比赛的成绩逐届提高，3项成果分获山东省省级教学成果三等奖，1门课程被评为山东省省级精品课程，主编了3门课程的山东省体育教育专业教改试验系列教材。先后承担了省级科研课题10余项，发表学术论文400余篇，其中核心刊物80余篇，两次获山东省高校体育科研先进单位，多项研究成果获省市奖励，多人次参加国内外的学术交流。

行政负责人：宋亚军。

社科部

社科部始建于2000年3月，承担全校思想政治理论课的教学、科研和学科建设等工作。现设有毛泽东思想和中国特色社会主义理论体系概论、马克思主义基本原理概论、思想道德修养与法律基础、中国近现代史纲要和形势与政策等5个教研室和济宁市历史与文化名人研究所以及1个资料室。

社科部现有教职工30人，其中教授1人，副教授10人，高职比为36.67%；专任教师中有博士学位者1人，硕士学位者25人，硕博比为86.67%，另有2名教师正在攻读博士学位；兼职教师2人，全部具有硕士研究生以上学历；形成了一支职称结构、学历结构、年龄结构和学缘结构合理的教师队伍。

目前，毛泽东思想和中国特色社会主义理论体系概论、思想道德修养与法律基础和马克思主义基本原理概论3门课程已建设成为学校的精品课程；近年来，社科部教师发表论文127篇，出版编著9部，著作1部，作学术报告12次，组织教师参加山东省组织的各类培训和骨干研修达50多人次，主持、参与国家及省市级科研、教研项目近20项，并有多项科研、教研项目获奖。

行政负责人：张秀芳。

大学外语教学部

大学外语教学部成立于2008年4月。建部之前是一个公共英语教研室，隶属于外语系。本部主要承担全院非英语专业学生大学外语教学任务本、专科学生的大学外语教学工作。下设3个教研室，第一教研室负责普通本科大学外语教学工作，第二教研室负责专科工作，第三教研室负责音、体、美大学外语教学工作。

现有教师34人，其中，教授2人、副教授2人，中教高级2人、讲师16人。出国访问学者2人。具有硕士学位者28人，另有1人在职攻读博士学位，5人攻读硕士学位。教师学历、年龄结构合理。形成了3个科研团队：大学外语听说教学团队、大学外语精读教学团队、大学外语科研团队。

行政负责人：李伯芳。

科研处

科研处是负责学校科研管理工作的职能部门。主要职责是：根据国家科技方针、技术政策的要求，组织制订并实施全校科学研究与技术开发发展规划。做好年度科研计划和经费年度预算、分配工作；负责学校学术委员会的日常工作；制订和完善各项科研工作管理制度和章程；做好各类科研项目申报、统计、管理工作。督促科研计划的实施，检查计划完成情况；负责科研成果奖励的申报与实施；负责科研成果转化、推广和专利申报、管理工作；抓好学校重点学科、重点实验室建设；负责学校科研机构的申报、评选与管理；负责研究生联合培养工作；承担全校科技开发和服务工作；负责全校性学术报告会的组织；管理学术团体、学术活动、学术刊物；

完成科研统计年报和科研年鉴编撰工作；完成院领导交办的其他工作。

行政负责人：王旭英。

水浒文化研究所

近年来，济宁市委、市政府在文化建设方面，提出了“儒家文化”、“运河文化”、“水浒文化”等文化形态，并成为济宁市文化建设的内容。济宁学院作为地方院校，应该在济宁经济文化建设中发挥自身的作用，扮演好自身的角色。研究所拓宽视野，求实创新，依托《水浒传》文本和地域文化优势，扎实推进水浒文化的深入研究，为开设地域文化特色课程奠定科研基础；同时加强对外学术交流，积极为地方文化建设服务。研究所结合学院教学、科研的实际情况，积极推进学院教学、科研工作融入到地方文化建设中去，并促进课程建设和特色专业建设。

所长：王振星；主办单位：中文系。

潜优师开发研究所

潜优师开发包括对在校学生职前教育开发和跟踪指导毕业生服务基础教育的开发两部分内容。研究所以完善人格、训练思维、培养自主学习能力为目标，增设特色课程，开展师生互动的读书沙龙、专题讲座、模拟课堂等活动，对在校生进行强化培训，全面提高其专业素质；综合运用讨论教学、问题教学、案例教学等多种手段，引领学生学会发现、分析、解决问题，掌握科学的教学理念，培养教学技能；定期到毕业生工作学校检查指导，内容包括课堂教学录像，听取汇报，解惑答疑等。定期组织毕业生返校汇报交流，由课题组教师或邀请有关专家进行指导；建设多方参与的网络平台，供课题组随时在线服务，毕业生互相切磋，在校生参与讨论，获得专业启蒙和熏陶。

所长：彭兴奎；主办单位：中文系。

区域经济研究所

区域经济研究所本着理论来自于实践并服务实践的宗旨，分析研究我国市场经济发展过程中出现的一些问题，如市场经济理论的一些基本范畴和经济规律及其在实际经济活动中的意义；建设有中国特色的社会主义市场经济理论问题；市场经济条件下国民经济运行问题等。主要立足济宁经济社会发展实际，坚持走产学研合作道路，探讨济宁区域经济发展的道路并解决可能遇到的问题，为济宁地方经济发展做贡献。

所长：张立宏 ；主办单位：经济与管理系。

心理科学研究所

心理科学研究所依托校内力量，联合省内外研究资源，发扬科研团队精神，注重体现研究者的创造性实践与探索，开展常规心理健康教育和学术交流，与校心理咨询中心联手，拓宽教育渠道，丰富教育内容，为济宁市教育工作者参与研究交流经验提供平台，为提升济宁市人民的心理健康水平做贡献。主要研究方向：幼儿及幼儿园老师心理与行为的研究、儿童青少年与中小学教师心理与行为研究、大学生及大学教师心理与行为的研究、成年人心理与行为的研究和特殊人群（农村留守儿童、盲生、服刑人员、监狱警察等）心理与行为的研究。

所长：王秀丽；主办单位：教育系。

教育科学研究所

教育科学研究所以开展教育理论研究、突出教育应用研究、组织开展学术交流、积极进行教育科学推普为基本目标。积极开展学术研究，主要涉及高等教育研究、基础教育研究、学前教育研究、家庭教育研究、职业教育研究、传统教育研究等方面，主要成员主持国家级、省市校级科研立项 19 项，撰写论文 24 篇，著作 7 部，教学、科研获奖 22 项；组织学术活动，加强同省内外有关学术团体、研究机构、研究人员的联系；与市教育局、市团委、关工委建立常规联系，开展工作，同时与多所中小学建立了良好的合作关系；致力于先进的教育理念推普工作，服务于社会公众。研究所有教师技能训练中心、现代教育技术实验中心，在济宁学院附中、附小、曲阜春秋小学等 6 所学校建有稳定的实习、见习基地，实现了教育实习基地化，极大地方便了理论与实践的结合。

所长：李传银；主办单位：教育系。

体育科学研究所

体育科学研究所以科学发展观为指导，全面开展体育科研活动，加强对体育科学的理论和应用研究，以科研促进教学，逐步提高队伍的学术与实践能力，为本地区体育科学的发展服务。研究所主要有四个研究方向：体育人文社会学、运动人体科学、体育教育训练学、民族传统体育学。自成立以来，通过明确研究方向构筑科研团队，增强科研成果的优势和特色，提高大中运会科报会论文获奖水平，举办学术报告会活跃科研氛围等，积极推进体育科研工作。

所长：宋亚军；主办单位：体育系。

济宁历史文化与名人研究所

济宁历史文化与名人研究所依托济宁学院文化传播系，研究所成员由文化传播系、社科部骨干教师与相关系（部）或机构的具有相关专业研究优势或较强实践能力的人员共同组成，具备相应的研究能力和发展潜力。研究所的主要任务是开展以儒家文化为主的和以济宁地方史为重点的包括运河文化、民俗文化和红色文化的各项研究，总结历史经验教训，探索社会发展规律，为社会主义物质文明和精神文明建设，尤其是为济宁社会文化建设服务。注重与社会上各兄弟单位的联系和交流，组织学生开展或参与各种社会公益活动，使专业建设能密切联系本地经济社会发展。

所长：肖爱树；主办单位：文化传播系、社科部。

孔氏家族文化研究所

孔氏家族文化研究所以研究探讨孔氏家族文化，尤其是曲阜及周边区域文化研究为重点，并进行与之相关的多维化研究，形成自身科研特色。研究内容包括：孔氏家族史研究、师祖传统与师资教育培养研究、地方儒学传统研究、区域儒文化先贤个案研究、区域儒文化遗存及开发利用研究等。研究所现有研究人员15名，分别由济宁学院、初等教育学院、第二附属小学等有关人员组成。所学专业分别包括管理科学、历史文化学、汉语言文学、政治学、教育心理学等多个门类，易于发挥不同学科的学术特长，形成团队优势，既可以进行专题性、个案式研究，也可以综合学科优势，进行综合性、交互性研究。

所长：宋思伟、王玉华；主办单位：初等教育学院。

写作研究所

写作研究所以为地方经济社会发展作贡献为宗旨，走产学研结合道路，积极开拓为社会经济服务渠道，为公务员考试培训、公安司法系统文秘人员培训、中小学教师培训、大型企业人员培训授课，为社会人才培养，为地方经济、社会事业发展做贡献，产生良好的社会效益。主要研究方向包括：写作理论研究、文学创作研究、应用写作研究、写作教学研究。

所长：杨景生；主办单位：中文系。

文化旅游研究所

文化旅游研究所以服务济宁市各级政府、旅游企业为宗旨，坚持理论与实践相结合，通过旅游管理、历史文化、文化产业三个专业教学科研力量的整合，在积极学习借鉴消化吸收国内外文化旅游发展成果经验和最新研究成果的基础上，深入研究济宁文化旅游发展存在的问题，提出解决问题的方法，为济宁市各级旅游部门、旅游企业提供咨询、策划、营销、宣传和规划服务。同时，致力于搭建学术研究和人才培养的平台，将本研究所建设成高水平专业人才的培养基地和教学科研的发展平台，将相关学科建设成为优势学科。包括三个研究方向：中国传统文化方向；资源开发方向；旅游规划方向。

所长：王传武；主办单位：文化传播系。

山东农业大学

一、学校概况

山东农业大学前身是1906年创办于济南的山东高等农业学堂。后几经变迁，1952年经全国院系调整，成立山东农学院。1958年学院由济南迁至泰安，1983年更名为山东农业大学。1999年7月，原山东农业大学、山东水利专科学校合并，同时山东省林业学校并入，组建新的山东农业大学。目前，学校已经发展成为一所以农业科学为优势，生命科学为特色，融农、理、工、管、经、文、法、艺术学等于一体的多科性大学。

学校现有在校生32855人，其中本专科生29082人，博士、硕士研究生3773人。另有继续教育类学生16350人。现有教职工2595人，教师中有教授、副教授706人，中国科学院院士2人，中国工程院院士4人，入选国家“百千万人才工程”专家8人，国家有突出贡献的中青年专家4人，国家千人计划1人，国家青年千人计划1人，国家级教学名师4人；“长江学者和创新团队发展计划”创新团队2个，国家级教学团队3个；泰山学者攀登计划1人、“泰山学者”16人。

学校拥有12个博士后科研流动站，10个一级学科博士点、49个二级学科博士点，24个一级学科硕士点、99个硕士点，86个本科专业；有1个国家重点实验室、2个国家重点学科、2个国家工程实验室、2个国家工程技术研究中心，2个农业部重点学科、1个农业部综合性重点实验室、2个农业部专业性（区域性）重点实验室、2个农业部农业科学观测实验站、1个国家林业局山东泰山森林生态系统定位研究站，21个省级重点学科、13个省级重点实验室、1个省级人文社科研究基地、1个省级软科学研究基地，1个国家小麦改良分中心、1个农业部谷物品质检测中心、1个黄淮海区域玉米技术创新中心、1个农业部农药环境毒性研究中心、12个省级工程技术研究中心、4个省级国际合作研究中心；有5门国家精品课程，2门国家双语示范课程，9个国家特色专业，2个国家人才培养模式创新实验区，3个国家实验教学示范中心。

学校占地面积5145亩，建筑面积118万平方米，教学科研仪器设备总值4亿元，图书馆藏书231万册、数字资源量67867GB。学校设有农学院、植物保护学院、资源与环境学院、园艺科学与工程学院、林学院、动物科技学院（动物医学院）、机械与电子工程学院、经济管理学院、食品科学与工程学院、信息科学与工程学院、化学与材料科学学院、生命科学学院、文法学院、外国语学院、水利土木工程学院、体育与艺术学院、国际交流学院、马克思主义学院、继续教育学院和农民学院等20个学院。

改革开放以来，学校获得包括国家技术发明一等奖在内的国家级科技成果奖25项，省部级以上科技成果奖励380多项。获得国家级教学成果奖8项，其中国家级教学成果特等奖1项、一等奖2项，省级以上教学成果奖励61项。建校以来，培养了以中国科学院院士李振声、印象初、朱兆良，中国工程院院士束怀瑞、山仑、于振文、李玉等为杰出代表的各类优秀人才17万余人。

学校不断传承和弘扬优良文化传统和崇高精神品质，提出了“学用结合、学以实为贵”的办学理念，形成了“登高必自”的校训，凝练了以“树人、求真、包容、开放”为核心的大学文化，铸就了“爱国爱校、质朴厚德、求真创新、实干奋进”为核心元素的“农大精神”。

历任主要负责人：仲星帆、陈瑞泰、徐志坚、安民、王成旺、施培、邹琦、冯成明。

党委书记：邢善萍；校长：温孚江。

二、教研机构

经济管理学院

经济管理学院早在1960年，原山东农学院（山东农业大学前身）就在全国率先开办了农业经济管理本科专业目前，全院共设有10个本科专业，分别是：农林经济管理、会计学、工商管理、国际经济与贸易、金融学、农村区域发展、工程管理、经济学、财务管理、市场营销和旅游管理。

学院现有农林经济管理、工商管理和应用经济学3个一级学科硕士点（下设农业经济管理、会计学、产业经济学、金融学、财政学、国际经济与贸易、企业管理和社会保障等8个二级学科硕士点），农村区域发展和会计学、公共管理三个专业学位硕士点，有农林经济管理一级学科博士点（始设于1998年）和博士后流动站（始设于2007年），其中农业经济管理学科是省级重点学科和“泰山学者”特聘教授设岗学科。

本院办学突出学生ABA（管理、商务、学术）能力综合培养，突出教学、科研、社会服务三结合，系山东省农村经济管理重点科研基地和山东省三农问题软科学研究基地。

院长：胡继连。

文法学院

文法学院是集法学、行政管理、城市管理、中文等专业教学与科研于一体的文科学院。1952年山东农学院成立，设立马列主义教研室。随着我国高等教育的发展，1988年3月学校在马列主义教研室的基础上设置社会科学部，1999年6月更名为文法学院。学院除本院四个专业教学外，承担全校本专科生和研究生的人文素质课教学，同时协助学校有关部门对全校大学生进行普通话培训与测试。

学院2011年获批设置公共管理一级学科硕士点和公共管理专业硕士（MPA）点。建有专业化图书阅览室、模拟法庭、文科综合实验室，向全院教师、研究生、本科生开放，支持师生的教学、科研工作和校内教学实习活动。依据学校建设多科性大学的发展目标，文法学院正努力建设以人文社会科学为优势，农村社会发展研究为特色的教学科研型学院。

院长：宋明爽。

马克思主义学院

马克思主义学院设马克思主义基本原理、思想道德修养与法律基础、中国近现代史纲要和毛泽东思想与中国特色社会主义理论体系概论教学部，研究生公共政治理论课研究室等五个教学研究机构。学院一方面承担全校本科生和研究生的思想政治理论课和部分人文选修课的教学任务，还参与大学生心理健康教育与疏导工作，为学校人才培养发挥思想导航和信念支撑作用；另一方面培养具备系统的专业知识和实践能力，有开放的视野和为社会服务的公共意识，能将马克思主义理论应用于中国特色社会主义现代化实践的高素质研究人才。学院现有马克思主义理论一级学科硕士学位点，下设三个二级学科：马克思主义基本原理与社会发展研究、马克思主义中国化的理论与实践研究和思想政治教育创新与发展研究。

院长：林美卿。

外国语学院

外国语学院成立于1999年8月。近年来，学院认真落实国家中长期教育发展规划纲要和国家教育工作会议精神，按照“一体两翼（即以师生员工为主体，以教学科研为两翼）、制度管院、厚德强院、文化兴院”的发展思路，各方面工作都取得了可喜成绩。

建院以来，学科和师资队伍建设得到快速发展。学院由最初的1个经贸英语专科专业，逐步形成了包括外国语言学及应用语言学硕士点（2003年获得硕士学位授予权）、英语、日语、俄语及商务英语4

个本科专业在内的布局合理、层次鲜明的办学结构。办学条件和教学科研水平不断提升 学院现拥有28个多功能语音实验室、同声传译实验室、商务英语模拟实验室和4个发射台，拥有全国农林院校一流的图书、音像资料室及报刊阅览室。通过实施每月一次的“外语名家学术报告”和“科研孵化工程”，5年来，教师共发表学术论文200余篇，出版著作、教材、参考书30余部，主持国家级、省部级科研及教研课题11项，厅级及校级课题50多项。

院长：石运章。

体育与艺术学院

体育与艺术学院成立于2004年3月，前身是山东农业大学体育教学部。现拥有以高水平运动训练为主的工商管理（体）、音乐学、录音艺术、社会体育指导与管理四个专业。现有在校生630名，拥有男篮、田径、跆拳道、女篮、女排、乒乓球、武术、游泳8支高水平竞技运动队。

学院体育设施一流，拥有综合体育馆2座，塑胶田径场3个，足球场4块，搏击馆1个，体质与健康监测中心3个，塑胶篮球场、排球场10个。学院现有专任体育教师46人，其中，教授5人，副教授24人。依托百年农大深厚的文化底蕴和优质的场馆资源，学院坚持“以人为本、全面发展、健康第一”的指导思想，以体育教学为中心，以竞技训练为重点，以群众体育为基础，已逐步形成特色鲜明的体育教育体系和管理运行模式。荣获教育部贯彻《学校体育工作条例》优秀高等学校，推行《国家体育锻炼标准实施办法》先进单位。

音乐学专业有音乐楼一座，建有专业排练厅、录音棚、舞蹈房、琴房等设施，水平省内领先。音乐学专业现有专任教师16人，其中教授2人，副教授3人，除教学外还担任师生群众艺术活动的辅导工作。

近年来，学院教师共发表论文400多篇，其中核心期刊100余篇，主持省级以上课题29项，获各类奖项100余项，出版教材、专著10余部。学院与哈尔滨工程大学、北京体育大学、南京农业大学等50多所高校建立了密切联系，经常进行业务交流。

院长：王振涛。

农业历史与文化研究中心

农业历史与文化研究中心依托学校农业科技研究的专业优势，立足山东，面向全国，大力开展农业历史与农业农村文化研究，为山东乃至全国的农村经济社会发展和文化建设服务。中心按研究领域设立农业文献，农业生产、科技史，农业、农村文化，现代农业科技哲学，农业法制、法律文化5个研究室，初步设立19个研究方向。

负责人：孙金荣。

山东省农业历史学会

山东省农业历史学会是山东省民政厅批准成立，由省科协负责管理，学会旨在团结和组织全省农业历史研究工作者，围绕我省中心工作任务和科学技术研究重点，积极开展学术交流、科学普及、科技咨询服务、科技培训、编辑出版科技期刊和国际民间交流等活动，促进农业历史学科快速健康发展，为建成农业历史研究大省、强省作出贡献。

理事长：邢善萍。

山东省农业经济学会

学会以团结组织山东省农业经济工作者，以发展农业经济科学、繁荣山东省农村经济和推动农业现代化为宗旨，坚持理论联系实际的学风和实事求是的科学态度，充分发扬民主，开展学术研究。主要任务：采取多种形式，开展科学研究和学术交流活动，提高农业经济理论水平；参与编辑出版各种农业经济学术著作；单独或协同有关部门或单位，组织农业经济专题研究和科学考察；培训农业经济研究与管理人才；开展咨询工作和各种服务事业，推荐研究成果，向各级政府和有关部门反映农业经济工作者的意见和建议。

理事长：胡继连。

山东省农业农村农民问题软科学研究基地

山东省农业农村农民问题软科学研究基地挂靠学校三农问题研究中心开展研究工作，中心现有专职研究人员82人，其中教授16人、副教授32人，已形成农业资源与环境经济、农林产业组织与管理、农业经济理论与政策等相对稳定和各具特色的研究方向，相关研究成果均在全国居领先水平。基地挂靠的农林经济管理学科是管理学一级学科博士点和博士后流动站学科，曾经是山东省“九五”、“十五”重点学科和“十一五”、“十二五”强化建设学科。已先后主持承担了国家自然科学基金项目10项、国家社会科学基金项目7项、国家软科学计划项目2项，省部级科研项目50多项；获山东省优秀社会科学研究成果一等奖2项、而等奖6项、三等奖15项。

中心主任：胡继连。

山东农业大学农业、农村、农民问题研究中心

山东农业大学农业、农村、农民问题研究中心正式成立于2004年7月。中心职能：坚持“立足山东、面向全国、走向世界”的发展方针和“开放、竞争、流动、联合”的运行机制，整合学校学术资源，在自然科学和社会科学研究交叉融合的基础上，

针对“三农”问题开展经济学、管理学、法学、社会学、历史学和哲学等多学科的综合研究。

中心主任：胡继连。

农村经济管理研究基地

农村经济管理研究基地建设基础是山东省农业经济管理“九五”重点学科、山东省农林经济管理“十五”重点学科、山东省农村经济管理“十一五”强化建设人文社会科学研究基地，2011 年再次被列为山东省“十二五”强化建设人文社会科学研究基地。现任首席专家：胡继连。基地现有研究人员 29 名，其中教授 10 人、副教授 16 人、讲师 3 人，具有博士学位 23 人、硕士学位 4 人。基地经过长年建设，已经形成 4 个各有特色、相对稳定的研究方向，分别是农业经济理论与政策研究方向、农业资源与环境经济研究方向、农林产业组织与管理研究方向、农村金融与农业保险研究方向。4 个研究方向总体在全国居领先水平。

中心主任：胡继连。

马克思主义与当代社会发展研究中心

马克思主义与当代社会发展研究中心包括三个具体方向：马克思主义与社会发展理论研究、马克思主义中国化的理论创新研究和社会主义新农村和谐发展研究。形成了以孙彦泉教授、林美卿教授、周新辉教授等为学科带头人的科研队伍 29 人，这是一支科研能力强、勇于开拓、积极创新的优秀研究团队。其中教授 4 人，副教授 13 人，讲师 12 人。加强马克思主义社会发展理论研究、马克思主义中国化的理论创新研究和社会主义新农村和谐发展研究，努力提高学科水平，培养高素质的马克思主义理论研究和教学队伍

中心主任：周新辉。

中外农业学术期刊文献翻译研究基地

中外农业学术期刊文献翻译研究基地横跨文学（语言学）及农学（研究农业发展的自然规律和经济规律的科学，包括农业资源与环境、作物、园艺、林学、植保、食品科学、茶学、动物科学、农业工程和农业经济等）两大学科领域。设置中外农业学术期刊文献的语言学特征对比研究，中外农业学术期刊文献的翻译学研究，中外农业学术期刊文献的语料库研究三个研究方向。

中心主任：石运章。

临沂大学

一、学校概况

临沂大学是国家设立、山东省政府直属管理的综合性大学。学校位于山东省临沂市，前身是 1941 年由中共滨海区委和抗大一分校共同创建的滨海建国学院。70 多年办学历程中，学校始终秉承“实”的校风和“明义、锐思、弘毅、致远”的校训，不断解放思想，开拓创新，实现了超常规跨越式发展，培养毕业生 25 万人。

学校现设有 19 个二级学院、9 个科研院所、2 个分校和 1 个附属中学，本科专业 75 个，涵盖文学、理学、工学、艺术学、管理学、教育学、法学、农学、经济学、历史学等 10 大学科门类，现有全日制在校生 35000 余人，专任教师 1990 人，其中教授、副教授 722 人，博士、硕士 1250 人，硕士、博士研究生导师 60 余人。

学校目前占地 6949 亩，是目前国内单体校园面积最大的大学，校园由美国 EDSA 公司融合了美国斯坦福大学校园规划理念设计而成，环境优雅，学术氛围浓厚。校舍面积 152 万平方米，其中图书馆、实验中心、艺术中心、体育中心是目前国内高校建筑面积最大的楼体之一。学校教学科研仪器设备总值 2.64 亿元，馆藏纸质图书 428.45 万册，电子图书 754579 种，电子期刊 35435 种，电子图书和电子期刊达 14912GB，建成了国内较为先进的数字化校园系统。

学校与美国、英国、俄罗斯、韩国、日本、法国、印度等国家的 48 所高校建立了友好合作关系，建有中外合作高尔夫学院、软件学院、水原大学临沂研究生院、水原科学大学美容美发教育中心等机构，开展中外合作办学项目 9 个，常年聘任外籍教师 120 余人。学校设立的汉学、中国武术、中国民族乐器、中国画、中国书法、国际经济与贸易、翻译学、艺术设计、工商管理、新闻学等专业招收国外留学生，在校留学生 271 人。

历任主要负责人：徐同文、韩延明。

党委书记：丁凤云；校长：杨波。

二、教研机构

文学院
（文化产业学院、普通话培训与测试中心）

文学院创建于 1958 年，是临沂大学最早设立的系院之一。现有中文系、历史系、文化产业管理系，有汉语言文学、历史学、编辑出版学、文化产业管理、汉语国际教育 5 个本科专业，语文教育、文化事业管理 2 个专科专业，全日制在校学生 2000 余名。学院现有教授 12 人，副教授 32 人，硕士研究生导师 6 人，博士及博士后 21 人；曾宪梓教育基金会全国优秀教师 1 人，省级教学名师 1 人，省级优秀教师 1 人。

学院建有山东省品牌专业1个（汉语言文学），省级精品课程2门（《中国古代文学》、《语言学概论》）；山东省重点学科2个（红色文化学、辞书学）、山东省重点研究基地2个（红色文化产业开发研究基地、山东省沂蒙文化研究基地）。

文学院高度重视学生的素质能力培养，近两年学生在全国高校各类技能大赛等活动中获得奖项500余项。援藏女作家马丽华（国家一级作家）、第三届“山东高校毕业生十大成功创业者”李海鹏、全国语文教学名师郑晓龙、入选中共中央文明办“中国好人榜”和2008山东新闻网十大新闻人物的“孝星大使”刘秀祥，成为文学院学生的优秀代表。

院长：张根柱；书记：张思峰。

外国语学院

外国语学院始建于1978年，由专业教学点和大学外语教学部组成。学院设有英语（师范）、英语（经贸）、英语（翻译）、俄语、朝鲜语、西班牙语、法语等7个本科专业和商务英语、应用西班牙语2个专科专业，在校生近2600名。学院同时承担着全校非外语类专业学生六个语种的公共外语的教学、科研和国际交流工作。

学院专业教学点包括英语系、翻译系、商务英语系、欧亚语系、实习实践教学部和研究生教学部；大学外语教学部包括理工部、文科部、艺体部、专科部、口语教研室和外语协会（教育部示范点办公室）。学院建有英语语言文学和外国语言学及应用语言学两个学科点，其中英语语言文学学科是校级“十一五”重点学科、“十二五”特色重点学科和省级重点学科培育点。学院设有外国语言文学研究中心，下设外语教学研究所、语言学研究所、文学研究所和翻译与文化研究所。

外国语学院是一支以中青年为主、学科梯队完整、学历层次较高的稳定的师资及科研队伍。现有专任教师140余人，其中教授9人，副教授37人，博士（含在读博士）16人，常年聘用外籍教师50余人，硕士研究生及以上学历者超过80%。半数以上教师具有到美国、英国、日本、澳大利亚、新西兰、俄罗斯、韩国等国家著名高校攻读学位或出国访学经历。

学院教学学术成绩斐然。英语口语、英语听力、大学英语、英语精读、英语泛读、商务英语阅读为省级精品课程，高级英语、大学英语听力为省级特色课程。近三年来，主持或参与国家社科基金课题和省部级课题40余项，科研到位经费200余万元；省厅级及以上教学、科研获奖50余项，其中，全国高等教育教学成果及山东省高等教育教学成果奖5项、山东省社会科学优秀成果二等奖2项，三等奖4项；出版国家级规划教材3套、出版专著、译著6部；发表CSSCI期刊论文70余篇。

院长：谢楠；书记：许崇波。

商学院

商学院设有基础教学部、国际贸易系、工商管理系、旅游管理系4个教学系部。开设工商管理、国际经济与贸易、旅游管理3个本科专业，国际经济与贸易、工商管理、旅游管理、市场营销、空中乘务5个专科专业。全日制在校学生4208名，教职工88人，其中，教授8人，副教授20人，博士及在读博士21人，国家级优秀教师1人。具有海外留学经历教师10余人，所有任课教师均具有硕士以上学历。常年聘请10余位外籍教师和外国专家及20余位企业家主讲核心专业课程。

商学院重视专业建设和学科建设。现有省级精品课程1门（政治经济学）、山东省重点学科1个（区域经济学）。近年来主持各类纵向和横向研究课题150余项，其中，国家社会科学规划基金项目2项、省部级科研项目16项；获省市级以上科研奖励20余项。设有山东省市场与物价研究中心、山东省物价系统人文社科重点研究基地2个省级研究机构，区域教育经济、鲁南经济、区域旅游开发与规划3个校级研究所，企业咨询策划、商务培训、经济发展、儒商文化4个院级研究中心。设有国际贸易实验室、电子商务实验室、金融实验室、ERP实验室、旅游管理实验室、酒店管理实验室等，设备总值2000余万元，配置标准达到重点大学水平。

学院自2006年起，同美国纽海文大学合作举办工商管理专业。2009年起，与山东师范大学、中国海洋大学管理学院联合培养博士、硕士研究生。近两年，学生在全国高校各类技能大赛中获得国家级奖8项，省级奖15项。

院长：许汝贞；党委书记：曹光杰。

法学院

法学院始建于1976年，在长期的办学实践中，形成了优良的办学传统，积淀了深厚的历史底蕴，涌现出蒋森、蒋绍椿、李济惠、李佩芝等著名教授、学者。

法学院目前设有法学、社会工作、思想政治教育3个本科专业，其中，法学为临沂大学品牌专业、特色专业，思想政治教育为校级重点专业，马克思主义中国化为临沂大学重点学科。学院设有公司法实习室、物证鉴定实验室、模拟法庭等三个专业实验室；健康人格发展研究所、中国特色社会主义理论研究所两个科研机构；设有公务员考试培训中心、考研政治课辅导中心、国家公关员资格培训中心、全国高等教育公共关系资格培训中心等四个中心。

全院现有在校生1869人，专任教师46人，其中教授、副教授20人，博士6人，山东省优秀教师1人，山东省高校教学名师提名奖1人，山东高校优秀共产党员3人，临沂市优秀青年知识分子2人，校级教学名师2人，校级中青年教学标兵1人，校级青年教学能手6人，中青年学术骨干2人，律师10人。为了让学生享受享受到国内外优质的教育资源，常年聘请北京大学、中国人民大学、中国政法大学、美国加州大学、英国剑桥大学等国内外知名大学的专家学者讲授部分核心专业课程。目前，建成省级精品课程1门，校级精品课程5门，校级创新课程22门，在研省部级课题4项、市厅级课题24项，获得省优秀社科成果奖6项。

法学院奖（助）学金包括国家项目、山东省项目、学校项目和特设项目四类10个奖项，奖（助）覆盖面达到38%。每年与波兰拉扎斯基大学法律管理学院互换留学生。

院长：孔繁金；书记：李培苍。

教育学院

教育学院是集教育学、心理学、管理学等学科于一体的办学单位，有公共事业管理、小学教育、应用心理学、教育技术学、艺术教育、科学教育、学前教育等7个本科专业和相应专科专业。设有教育系、心理系和教师教育中心三个教学组织机构，承担全校教育学、心理学、教育技术学等公共基础课程的教学任务。全日制在校生1491人。

学院现有专任教师53人，其中教授10人、副教授19人，享受国务院政府特殊津贴专家1人，省级教学名师1人，博士生导师1人，硕士生导师5人，博士、硕士44人。

学院拥有山东省重点学科高等教育学、校级重点学科课程与教学论，校级研究机构教师教育研究所，山东省教育厅临沂大学基础教育课程研究中心、临沂市心理学会挂靠教育学院。自2009年起，学院与山东师范大学教育学院联合培养高等教育学硕士研究生，目前在校研究生30人。

学院始终坚持“教学为本，质量立院，科研强院”的办学指导思想，高度重视精品课程、教学团队、教学名师、品牌特色专业等教学精品项目建设。目前，公共事业管理专业为校级品牌专业、省级特色专业、国家级特色专业建设点，《基于“校地联盟”的反思实践型小学教师培养模式创新实验区》被评为省级人才培养模式创新实验区。《教育学》教学团队为省级优秀教学团队，《德育论》为省级精品课程。《省级教师教育基地建设》、《中学教师培养模式改革》、《小学教师全科综合培养模式改革》、《幼儿园全科综合培养模式改革》四个项目全部获得国家教师教育综合改革试验区试点项目立项。教师发表学术论文300余篇，出版著作20余部；承担国家级课题5项，省部级课题15项；获得省部级以上优秀教学成果奖和优秀科研成果奖17项。连续三年被评为校园治安综合治理先进单位；连续两年被评为校优秀单位、星级文明单位。

院长：王统永；书记：赵同志。

传媒学院
（3D影视学院、孙子兵法学院）

传媒学院下设新闻系、广告系、传媒艺术3个系，拥有新闻学、广告学、播音与主持艺术和广播电视编导四个本科专业，在校生1911人。学院现有教职工68人，正副教授20人，讲师18人，另聘请中国传媒大学、北京电影学院、山东大学文学与新闻传播学院、安徽大学新闻传播学院、浙江传媒学院的30名知名教授、专家为学生授课。学院常年聘用在传媒业第一线工作的记者、编辑、播音员、主持人、广告设计师和广电编导人员担任实践课程教师。

近几年来，学院教师先后承担山东省社会科学课题、山东省教育科学规划课题6项，市厅级科研计划课题62项，教师共发表论文300多篇，出版专著、教材26部。摄制电视专题片、教学片30多部（集）。传媒学院拥有优良基础技能训练条件，实验和实训室（中心）16个，校外实习实训和创业基地42个。

传媒学院按照专业化、科技化、市场化要求，着力培养学生的文艺素养、传媒智慧、科技能力和市场适应能力，而且特别注重培养学生的实践、创新、就业、创业能力。在第二届“和谐中国”中国公益设计大赛、第五届全国大学生朗诵大赛、全国第三届“校园金话筒”山东赛区总决赛、全省廉政公益广告创作评选活动、山东省第十一届大学生科技文化艺术节大赛中获奖50人次。

院长：赵光怀；书记：李伟。

美术学院
（羲之书法学院）

临沂大学美术学院始建于1972年，现有专任教师104人，其中教授6人，副教授24人，聘请多名国内著名画家、教授、博士生导师和俄罗斯、法国、韩国等外籍教师在学院任教。设有美术学、艺术设计、书法学、动画四个本科专业，普通在校生2500人，成人教育学生300人。教师抓科研促教学，近几年在省级以上刊物公开发表的学术论文有200余篇，其中核心期刊30余篇，出版学术著作21部。参加省级以上美术大展获奖40多人次。在临沂市城市建设中，标志性雕塑设计90%出自我院师生之手，特别是临沂人民广场主题标志和滨河沂蒙广场的红色群雕作品在全国艺术设计界引起关注。近期还获得了全国雕塑大赛银奖和全国美展入围奖的好成绩。

学院拥有配套齐全的现代化教学设备，高配置计算机设计室、绘画室、展厅、高仿真画临摹室、艺术设计工艺制作室、动画工作室、陶艺制作生产线和黄山、太行山、沂蒙山等多处学生写生基地，在各县均设有教学实践基地，为学生提供了良好的学习实践条件。

学院先后成立了王羲之书法艺术研究所、沂蒙民间工艺研究所。临沂市人民政府命名的羲之书法学院得到了健康快速的发展，揭开了书法教学和研究的新篇章。

院长：任世忠；书记：牛红。

音乐学院
（艺术教育中心）

临沂大学音乐学院现有音乐戏曲和舞蹈表演两个系，声乐、钢琴、音乐学理论、作曲技术理论、实践技能、舞蹈学6个教研室和1个研究所；设有音乐学、舞蹈学、音乐表演3个本科专业和音乐教育、舞蹈表演2个专科专业。目前，音乐学院在校学生873人。现有专任教师50人，其中具有副高以上专业技术职称的22人，具有硕士及以上学位的34人。近年来共承担各类科研项目60余项，其中教育部课题1项，山东省社科联、教育厅、文化厅课题7项；目前已获得省、市级教学、科研成果奖21项，2009年以来共发表省级以上主要教学、科研论文400余篇，出版教材7部，学术专著、专集7部。36人被评为校级及以上先进教师或先进教育工作者，校级及以上教学名师3人。

自2008年起，音乐学院学生承担了临沂市大型风情歌舞《蒙山沂水》演出的主要任务，在为临沂市打造文化名市作出了突出贡献的同时，也从中受到了难得的技能实践锻炼。近三年来，学生参加省级各类音乐、舞蹈技能比赛获奖达60余项，公开发表论文26篇，参加市厅和校级科研项目达40余人次，参加各类大型文艺演出80余场（次），考研26名，出国留学38名，高质量就业率达到80%以上。

伴随着临沂市打造文化名市，音乐学院成立了“沂蒙地方音乐研究所”，通过挖掘、搜集、整理地方音乐文化和引进临沂地方戏如“柳琴戏”进课堂，开设“沂蒙地方音乐文化”课程等形式，培养提高学生专业素质，收到了显著的效果。

2007年6月，音乐学院组建“大学生民族管弦乐团”。学校拨款130余万元予以支持。自2008年起，乐团被国家教育部指定为“高雅艺术进校园”活动山东省高校巡演乐团。2010年10月3日—10月8日，大学生民族管弦乐团应韩国水原大学的邀请，赴水原大学、水原科学大学演出引起巨大轰动。

院长：陈建国；书记：李刚。

体育学院
（高尔夫学院、公共体育教学部）

体育学院（高尔夫学院）现设有体育教育、社会体育、舞蹈学（健美操、体育舞蹈、体育表演三个方向）、社会体育（高尔夫方向）4个本科专业，有体育教育、社会体育和社会体育（高尔夫经营与管理方向）3个专科专业，全日制在校学生1320名。在编教职工97人，其中教授10人、副教授30人、博士5人，硕士研究生42人，校级“十大师德标兵”1人，校级“十大教学名师”2人。

近年来，学院十分重视学科与专业建设，成绩显著。已建有山东省重点学科——体育人文社会学1个、省级精品课程1门、校级精品课程8门、校级品牌特色专业1个，校级优秀教学团队2个；建有国家体育总局“体育文化研究基地”和“中国木球培训基地”、运动营养食品研究与人才培训基地和社会体育指导员培训基地，被山东省体育局授予体育行业特有专业培训试点单位；发表学术论文500余篇，出版学术专著、教材20余部，主持（参与）国家及省部级研究课题10余项，获省部级、市厅级优秀科研成果奖26项，校级优秀教学成果奖4项。

学院拥有配套齐全的现代化教学场馆与设施。体育中心建筑面积7.1万平方米，建有大型体育场、体育馆、游泳馆、综合教学训练馆和教学与实验大楼等；建有体质健康测试、运动生理学、运动心理学、体育保健康复等实验室，实验设备达200余万元。体育教学场馆与设施已处于全国领先水平。

院长：陈建国；书记：李刚。

马克思主义学院
（思想政治理论课教学部）

马克思主义学院前身为临沂师范专科学校马列教学部，2000年与原临沂师范专科学校政治系、原临沂教育学院政治系整建制合并成立临沂师范学院政法与经济。2003年在政法与经济系基础上分别组建了法学院和商学院，其中法学院下设法律系、政治系和马列部。2011年8月，思想政治理论课教学部（马列部）独立设置，成立临沂大学马克思主义学院。

学院下设6个教研部：思想道德修养与法律基础教研部、中国近现代史纲要教研部、马克思主义基本原理教研部、毛泽东思想与中国特色社会主义理论概论教研部、红色文化与沂蒙精神教研部和形势政策与当代世界政治经济教研部。校本部有教职员工43人，其中教授、副教授17人，博士4人，硕士32人。

近年来，学院以提高教学质量和科研水平、努力开展社会服务和联合办学为重点开展工作，以实践临沂大学“红色育人工程”为特色，教学研究工作进入更高的发展阶段。

院长、书记：徐东升。

物流学院

物流学院拥有物流管理、会计学、会计学（金融外包方向）3个本科专业和物流管理、会计电算化、电子商务3个专科专业，现有全日制普通在校生2600余人。有专任教师44人，其中教授5人、副教授10人、兼职硕士生导师2人，博士6人（含在读博士），其他任课教师全部为硕士研究生，具有海外留学经历教师3人。

学院设有会计系、物流管理系2个教学部门。学院坚持“师生为本”的办学指导思想，全力打造学生成才的最佳平台。学院现设有电子商务实验室、会计模拟实验室、会计电算化实验室、物流实验室等教学实验室，设备总值900余万元。

近年来，学院科研水平取得了较大进展，先后获得国家社科基金1项，市厅级课题50余项，荣获市厅级奖19项，发表论文300多篇，其中有63篇被SCI或ISTP收录。物流学院现有校级精品课程3门，院级精品课程4门。

院长：毛红旗；书记：郑美虹。

沂水分校（职业教育学院）

临沂大学沂水分校坐落在沂蒙山区腹地的沂水县，始建于1948年7月，是红色政权在山东解放区建立的第一所师范学校。历经“教干教师训练班”、“山东省立沂蒙中学”、“山东省立沂蒙乡村师范”、“山东省立沂水师范学校”、“山东省沂水师范学校”诸阶段。2007年6月，学校整建制并入到临沂师范学院；2010年1月，临沂师范学院职业教育学院在沂水分校挂牌；2010年11月，临沂师范学院成功更名为临沂大学，学校随之更名为临沂大学沂水分校。

学校现设教育系、商贸系两个系。商贸系招收高中起点的三年制普通专科，有美术教育、工商管理、国际经济与贸易、市场营销等专业；教育系招收初中起点的五年制专科，有小学教育、学前教育等专业。学校现有教学班65个，在校生3500余人。另设附属小学和幼儿园各一处，占地面积14亩，共有教学班28个，在校生1300余人。

学校师资队伍结构合理、素质精良。现有教职工253人，其中副教授及以上职称88人，讲师69人；有硕士和在读硕士72人，在读博士3人，有外教2人，省特级教师1人，省级优秀教师4人，省级教学能手2人，沂蒙名师2人，市级教学能手26人。学校设党委，辖8个支部，共有党员125人。

学校教育教学成绩显著，先后获“山东省教书育人先进单位”、“省青少年工作先进单位”、“省语言文字工作先进单位”、“省级花园式单位”、“省级文明单位”、“山东省规范化师范学校”、“山东高校科教兴鲁先锋基层党组织”等荣誉称号。学校先后被确定为“山东省教育厅重大课题‘心理教育与实验研究’”、“全国教育科学‘十五’规划课题语文教育文化过程研究”、山东省教育体制改革“学前教育全科综合培养模式改革”试点学校等重点研究基地。

校长：彭文修；书记：李殿勇。

费县分校

临沂大学费县分校位于蒙山南麓，前身是费县师范学校，为鲁南地区创建最早的师范学校之一，具有光荣的革命传统和深厚的文化底蕴。最早为1931年山东省教育厅批准创办的“费县师范讲习所”，1951年经省人民政府批准正式建立山东省立费县师范学校。2007年6月9日，经临沂市人民政府批准，费县师范学校整建制并入临沂师范学院。2010年11月，临沂师范学院更名为临沂大学，费县分校的发展也翻开了崭新的一页。学校师资队伍素质精良，现有职工216人，博士1名，硕士和在读硕士94名，其中教授4人，副高级职称100人。全国优秀教师1人，山东省优秀教师、先进个人6名，省特级教师1名，省级骨干教师、教学能手6名。

学校设学前教育、初等教育2个五年制专科专业和商务英语、电视节目制作、主持与播音、广告设计与制作及新闻采编与制作等5个普通专科专业，在校学生3500余人。学校是全省具有五年制专科学前教育专业招生资格的4所学校之一，也是鲁南地区唯一设置专科学前教育专业的学校。近年来，学校科研水平逐年提升。仅2011年就有20多项省市级课题立项，荣获临沂市社科成果一等奖；在D类以上核心报刊发表论文近20篇，并实现了在A类权威刊物上发表论文的新突破。目前分校办有《沂蒙学刊》、《教育科研信息》等期刊，促进了学术研究和对外交流。

校长：孙成明；书记：李琳。

沂蒙文化研究院

临沂大学沂蒙文化研究院是学校为实施“导向

科研”战略目标而设置的正处级研究机构。其前身是临沂师范学院沂蒙文化研究所。沂蒙文化研究院下辖山东省“十二五”高校人文社科研究基地（沂蒙文化研究基地）、山东省红色文化产业开发研究基地、山东沂蒙红色文化研究中心和山东沂蒙文学重点研究基地。

沂蒙文化研究院建成了一支高素质的科研队伍。现拥有专兼职研究人员 21 人，教授 8 人，副教授 11 人，博士 9 人，硕博比例为 60%。为实现沂蒙文化研究院多出成果、快出成果、出高质量成果的目标，研究院十分重视沂蒙文化研究资料库的建设，现已初步建立起了沂蒙历史研究、沂蒙名人研究、沂蒙风俗研究等成果资料库，复印全国研究沂蒙历史文化的各种成果 2000 多件，搜集著作 200 余种，全国性的沂蒙文化研究资料中心初步建成。

在沂蒙红色文化研究方面，一是对沂蒙革命斗争史的研究取得了丰硕成果，出版了《沂蒙革命斗争史略》、《沂蒙抗日战争史》、《沂蒙解放战争史》、《山东老区土地改革研究》等专著，发表了《临沂阻击战胜利原因》、《解放战争中孟良崮战役的战术思想》等论文。二是加强了对沂蒙精神的研究，对沂蒙精神的历史形成、基本内涵、现实意义进行深入探讨，出版了著作《沂蒙红嫂颂》、《沂蒙英烈颂》、《沂蒙烽火颂》、《沂蒙双拥颂》、《沂蒙山区好地方》等著作，发表了《沂蒙精神与全面建设小康社会理论研讨会综述》、《沂蒙抗日根据地的民众教育》等论文。

在沂蒙古代文化研究方面，重点开展了对沂蒙古代名门望族和沂蒙历史人物的研究，出版了《诸葛亮研究集成》、《曾子志》、《诸葛亮志》、《王羲之志》、《颜真卿志》、《明贤王雅亮》、《颜子家族的历史与文化》、《颜子文化研究》、《琅琊颜子家族文化考论》、《王羲之及其家族考论》、《王羲之与琅琊王氏文化研究新编》、《魏晋时期琅邪王氏崛起原因初探》等论著。同时对沂蒙教育、沂蒙书法、沂蒙宗教、沂蒙民俗等开展了专题研究，出版了《王羲之书法与琅琊王氏研究》、《沂蒙书法史》、《沂蒙教育史》等著作以及《沂蒙文化研究》等全面研究沂蒙文化的专著。

在沂蒙文化产业开发研究方面，对沂蒙旅游资源开发与旅游业发展的研究取得了进展，主要研究了临沂市旅游资源及其开发利用、旅游业面临的问题及发展对策。发表了《试论诸葛亮与沂南文化旅游》、《“诸葛亮文化专题旅游线”的开发》、《山东沂南县人文旅游资源的存量与开发》、《蒙山旅游客源市场定位及营销策略》、《山东蒙山旅游资源评价与开发探讨》、《沂蒙红色旅游价值意义》、《临沂市商业旅游可持续发展的条件及对策》等研究报告和学术论文，研究成果达到省内先进水平。

沂蒙文化研究院承担的国家级和省部级课题主要有：国家社科课题“红色文化与社会主义核心价值观研究”，教育部人文社会科学研究专项任务项目“马克思主义大众化典型案例研究”，山东省社会科学规划项目“沂蒙文化与社会发展研究”、“沂蒙旅游文化资源调查整理与开发”、“琅琊临沂颜子文化及开发研究”，山东省软科学计划项目“临沂市城市旅游业发展和旅游形象定位研究”等。

院长：曲文军。

高等教育研究院

高等教育研究院是学校根据“科研强校”战略和“导向科研”政策，于 2011 年 8 月成立的校级研究机构，现有专兼职研究人员和办公人员 16 名，其中专职研究员 5 名，兼职研究人员 10 名，行政办公人员 1 名。专兼职研究人员中有教授 7 人，副教授 3 人，讲师 5 人；博士（含在读）7 人，硕士 8 人。高等教育研究院承担了高等教育原理和高等教育管理研究，尤其是大学理念与大学文化等特色研究项目的研究任务。目前在研的科研项目包括国家社科课题 1 项，全国教育科学规划课题 3 项，教育部人文社科课题 2 项，省社科课题 4 项。研究院另承担高等教育学研究生的培养任务，目前与山东师范大学联合培养研究生 30 人。

研究院的山东省“十一五”、“十二五”重点学科高等教育学已经形成高等教育原理和高等教育管理等比较稳定成熟的研究方向，在大学理念和大学文化研究方面已形成鲜明的研究特色。学科带头人、博士生导师、高等教育学博士韩延明教授曾经师从高等教育学创始人潘懋元先生，多年从事高等教育学研究工作，积累了丰硕的研究成果，在国内高等教育研究领域有很强的学术影响力，尤其在大学理念和文化研究方面，在学界享有很高的学术声誉。

高等教育研究院紧紧围绕品牌大学内涵建设，贯彻实施学校科研强校战略，按照“优化结构、强化优势、扶持重点、凝练特色、创建品牌”的工作方针，以重点学科建设为龙头，以重点科研项目为核心，以学术团队建设为基础，以产生“高水平论著、高层次课题、高级别获奖、高额度经费”为目标，通过强化学术科研工作的管理与服务，大力加强科学研究的平台建设，调动广大专兼职研究人员的积极性，努力提高我校高等教育研究的创新力和竞争力，提高社会影响力。

院长：刘恩允。

德州学院

一、学校概况

德州学院是教育部批准建立的一所全日制综合性普通本科院校。学院创建于1971年5月，先后经历了德州师范专科学校（1971.5—1997.8）、德州高等专科学校（1997.8—2000.10）、德州学院（2000.10—2011.5）三个历史时期。几十年艰苦创业，自强不息，抢抓机遇，争当先锋，学院逐渐由小变大，由弱到强，在全省乃至全国同类院校中率先发展，从1988年学校被评为全省优秀师专，1989年又被评为全国优秀师专，到2010年德州学院被省政府授予“全省教育工作先进单位”，多次创造了德州市高等教育的辉煌，为德州市、山东省，乃至全国教育和经济社会发展提供了强有力的人才支持和智力支持。

目前学校占地2100亩，教学科研设备总值1.3亿元，图书馆藏书190万册。拥有国家级特色专业1个，国家级“专业综合改革试点”项目1个，国家大学生校外实践基地1个，省级教学质量工程项目41个。建有4个省级重点学科，3个省级重点实验室，1个省级人文社科研究基地。学校现有专任教师1208人，有国家职业教学名师1人，全国优秀科技工作者1人，山东省突出贡献专家1人，山东省高校重点学科（重点实验室、人文社科基地）首席专家1人，省级教学名师4人，山东省优秀教师3人，省理论人才“百人工程”2人，获省“五一”劳动奖章和富民兴鲁劳动奖章3人。德州市首席专家4人，首席技师1人，有突出贡献专家17人，优秀中青年专家8人，优秀教师34人，优秀教育工作者17人。具备专业（行业）职业资格和企业行业任职经历的教师有400余人，占教师总数的33.1%。学校外聘教师中，院士4人，长江学者2人，国家百千万工程人选4人，国家杰出青年基金获得者4人，泰山学者4人，国家教学名师1人。

学校着力提高学科建设和科学研究水平，基础研究在许多方面取得重大突破，应用研究具有较强的综合研究开发能力，其中在中国现当代文学、地域文化研究、生物物理、有机化学、生物科学技术、可再生能源等领域有较大学术影响。学校现有科研所（中心）47个，近三年承担和参与各级各类科研课题783项，其中国家级18项，省部级190项，在核心期刊发表科研论文3179篇，其中SCI、EI、STP收录789篇，CSSCI核心库论文220篇，出版著作161部。获各级各类科研成果奖850项，其中省部级以上50余项，申请和授权中国发明和中国实用新型专利425项。

学校以服务区域经济社会发展为导向，已成为区域知识创新和科技创新的重要基地。实施了两期“全面服务德州行动计划”，与德州市所有县（市、区）签订了全面合作协议，不断提高服务地方发展的贡献度。积极帮助企业解决技术难题，筹集5大类380项服务课题，开展服务项目50余项。不断加大校地协同创新力度，2012年与中科院、皇明太阳能集团合作建立清洁能源研究与技术推广中心。出版了两辑《德州地域文化丛书》，为繁荣地方文化作出了积极贡献。发挥人才与科研优势，在地方党政决策咨询、信息服务、城市建设、两区同建、教育培训等工作中作出了积极贡献。

历任党委书记、校长：徐学勤、焦念赵、刘凤岐、马胜奎、戚晓耕、金清云、任运河、许焕玉、杨春喜、闫秉科。

党委书记：李保海；校长：贺金玉。

二、教研机构

政法系

政法系始建于1979年，现设有思想政治教育、法学、行政管理三个专业。设有思想政治教育学、哲学、社会学与经济学、政治学、管理学、法律实践、理论法学、民商法学、刑事法学等教研室。拥有多媒体教室、电教室、资料室、模拟法庭实验室、微机室等教学科研设施。现有专兼职教师46人，其中教授6人，副教授17人；博士5人，硕士18人，律师8人。教师中3人获曾宪梓教育基金会高师教师奖，1人被评为山东省首届高校教学名师，6人获省市级劳动模范、优秀教师、优秀教育工作者、巾帼建功标兵等荣誉称号。

近年来，学科建设、教研、科研取得重大成绩。先后出版著作、教材117部；发表论文601篇；主持和完成校级以上科研立项课题42项，其中国家社科基金项目1项，省社科基金项目5项，省自然科学基金1项，省教育科学项目2项，省教育厅科研项目7项，市级、校级26项；多项成果获省级奖励，马克思主义哲学原理2005年被评为省级精品课程，哲学系列课程教学团队2008年被评为省教学优秀团队，思想政治教育专业2008年被评为山东省特色专业。

行政负责人：魏训田。

教育系

教育系现设学前教育，小学教育和应用心理学三个本科专业，现有专任教师25人，其中教授6人，副教授10人，博士3人，硕士15人，归国留学人员

2人，形成了一支职称、年龄结构合理，学历层次高，学术水平强，教学水平优的教师队伍。

教育系教学设备先进齐全，拥有心理学实验室、心理测量室、MIDI室、电脑绘画设计室、画室、生理解剖实验室等教学实验室；有琴房70间、标准舞蹈房2间、器乐房13间、声乐房2间，建有基础教育科学研究所、大学生德育研究所和大学生心理咨询中心。教育系有学前教育专业教研室、应用心理学教研室、教师教育教研室、艺术技能教研室、心理咨询教研室共五个教研室。校外教学实践基地40余处。

近年来，教师发表学术论文300余篇，其中核心100余篇。出版专著7部。该系所培养学生因有扎实的理论素养与过硬的实践技能深受用人单位青睐，本科毕业生就业率达99.89%。2009年10月，该系学生的高就业率受到人力资源和社会保障部部长尹蔚民的关注和赞许。

行政负责人：王萍。

中文系

中文系创建于建校伊始的1971年，是德州学院办学历史悠久、人文积淀最为深厚的系部。2000年在全院首批开办本科教育，2009年率先与山东师范大学联合开办研究生教育，2002年，开办面向留学生的汉语教育，现已形成了本科生、本科生、研究生、留学生多层次教学体系。现有在校生890余人，来自鲁、冀、豫、浙、闽、广、湘、鄂、赣、辽、吉、黑、陇等十数个国内省份和俄罗斯、乌克兰、韩国等国家。

中文系现设有汉语言文学、新闻学、对外汉语教学三个本科专业和新闻采编与制作、语文教育等两个专科专业。其中，汉语言文学专业是德州学院首批开办本科教育的4个专业之一，2001年被确立为德州学院重点专业，2011年成为山东省特色专业。2011年，中文系成为山东省教育厅立项建设的“教师教育基地”，“民俗文化学”成为山东省文化艺术科学重点学科。

经过多年建设，中文系业已形成一支素质优良、作风严谨、勇于奉献、敢于创新、富于活力的师资队伍。教师中有山东省教学名师1人，山东省优秀教师1人，山东省中青年学术骨干1人，德州市有突出贡献专家1人，校级教学名师2人，校级学科带头人2人，学术骨干4人，兼职硕士生导师7人。“中国现代文学”和“外国文学史”两门课程先后被评为省级精品课程，“文学课系列课程教学团队”在2011年成为“山东省优秀教学团队”。

行政负责人：姜山秀。

历史系

历史系建立于1984年，现有历史学（师范类）、历史学（文物鉴赏与收藏方向）、公共事业管理3个本科专业，设有中国古代史、中国近现代史、世界史、博物馆学、社区管理、行政管理6个教研室，建有“德州地域文化研究中心”、“东亚文化交流研究所”、“欧美文化研究所”、“公共政策研究所”等学术机构。历史学专业现已形成地域文化研究、中国近现代文化教育研究、欧美文化研究三个相对稳定、明晰的研究方向。公共事业管理专业在农村社区管理研究方面已趋成熟。

历史系现有教职工28人，其中教授5人、副教授7人；具有博士学位教师5人、在读博士3人、具有硕士学位教师8人；国外访问学者2人。该系注重学生人文精神和综合素质的培养，努力培养学生的自学能力和创新能力，努力提升“双研”（教师科研、学生考研）水平，在全院首行本科生导师制，大力开展多媒体教学，不断强化课程建设，教学质量显著提高。近三先后承担省部级社科规划课题6项。出版学术著作、教材20余部，发表学术论文200余篇，获市级以上科研奖励40余项。积极开展服务地方行动计划，积极开展地域历史文化研究，一套22册650万字的《德州地域文化研究丛书》已于2010年、2012年陆续出版。

行政负责人：梁国楹。

外语系

外语系始建于1980年，为德州学院第一批本科招生单位。近年来，外语系以学院提出的“内涵发展为主，适度扩大外延，以取得硕士学位授予权为突破口，尽早建成德州大学”的奋斗目标为指导，全系上下精诚团结，在党建与思想政治建设、师资队伍、人才培养、科学研究、学生工作以及资源建设等诸多方面都取得了长足进步。

外语系设有英语、商务英语、日语三个本科专业及方向，一个英语教育（专科）专业，在校生共计900余人，教职工50人，其中教授2名，副教授14名，博士3名，在读博士2名，90%以上的教授具有硕士学位，十几人具有海外留学或访学背景。

近年来，外语系学科建设与科学研究取得较大进展。外国语言学及应用语言学专业成为校级重点培育学科。在各级刊物上发表论文、译文300余篇（核心期刊50余篇），出版著作十余部，获得近30项各级科研项目。其中省部级科研立项10余项，省教育厅社科基金项目4项，市级立项6项，获得市厅级社科优秀成果奖20余项。

行政负责人：陈天祥。

美术系

德州学院美术系始建于1973年，是山东省较早设置的六所美术专业院系之一，现设有美术学、艺术设计两个本科专业，2005年开设中俄（2+2）艺术设计专业。现有造型基础、油画、中国画、环境艺术设计和视觉传达设计五个教研室。经过四十年的不懈努力，综合办学实力有了显著的提升，与此同时，良好的办学声誉及强大的教学与管理队伍也赢得了社会各界的高度评价。

美术系拥有一支具有较高人文素养、对艺术与人文有着深刻理解并积累了丰富教学经验的教师队伍。在职教职工36名，具有硕士以上学位者占教师总数的85%。专任教师中具有教授、副教授职称的16人。现已同俄罗斯符拉迪沃斯托克国立经济与服务大学、莫斯科国立肖洛霍夫开放师范大学、别尔哥罗德国立大学、韩国永同大学、极东大学、中国美术学院、南开大学、中国艺术研究院等国内高校与研究机构建立了长期的教学互动与学术对话机制。先后有多位教师应邀赴俄罗斯、乌克兰、瑞典、法国、日本、印度、马来西亚及中国港、澳、台地区进行文化学术交流。

美术系坚持开放式办学，积极地、全方位地开展国际和区域教育交流与合作。已先后与俄罗斯符拉迪沃斯托克国立经济与服务大学开展的本科层次、韩国永同大学开展的研究生层次培养项目进行顺利，并成功对外输送百余名学生。

行政负责人：于秋立。

音乐系

音乐系现有音乐学、音乐表演两个本科专业，设声乐、钢琴、理论、器乐舞蹈四个教研室。声乐教研室负责全系各教学层次声乐和艺术实践的教学与研究，“声乐”课程为校级精品课程，该教研室教授1人，副教授3人。

钢琴教研室以培养学生钢琴演奏能力与学习相关理论知识为主要目的，“钢琴”课程为校级精品课程。教研室有教授1人，副教授1人，获得硕士学位的教师7人。教研室老师在国内专业学术期刊发表数十篇学术论文，承担多项省校级的科研项目，举办个人钢琴独奏音乐会或钢琴重奏音乐会数十场，武凌老师获山东省高校师生基本功大赛中获一等奖，多名学生获各项大奖，宫莉老师获山东省文化艺术科学优秀成果奖二等奖。

音乐理论教研室面向全系各教学层次开设音乐专业理论、音乐教育理论方面的20余门课程，《中国音乐史》、《外国音乐史》、《曲式分析》、《民族音乐概论》、《合唱指挥》、《音乐美学》等课程均为校级精品课程。教研室拥有正教授1人，副教授6人，讲师6人；11人具有硕士学位。8项课题获山东省艺术科学重点课题立项；段文教授获山东省文化艺术科学优秀成果奖二等奖。

器乐舞蹈教研室负责全系各教学层次民族乐器、西洋乐器、手风琴及舞蹈的教学与研究，《琵琶》、《古筝》、《扬琴》、《小提琴》、《唢呐》为校级精品课程。教研室教授1人，副教授5人，讲师9人，获得硕士学位的教师11人。每年学生举办多场不同形式的专场音乐会，2012年6月，音乐系“德之韵”民族管弦乐团举办了首场专场音约会；2012年10月22日，民乐合奏《花好月圆》参加山东省青少年声乐、器乐、舞蹈、电视大赛颁奖晚会。

行政负责人：张国庆。

体育学院

德州学院体育学院始建于1976年，其前身为德州学院体育系，2010年1月与并入德州学院的原德州市体育运动学校组建体育学院。

体育学院现有体育教育、社会体育指导与管理两个本科专业和一个竞技训练中心，以培养高层次、复合型、应用型、竞技型体育人才为中心，遵循教体结合、良性互动、共同发展的工作原则，形成了高、中、初级训练“一条龙”和教学、训练、科研“三结合”的人才教育、培养、管理和发展的新模式，为社会培养了大量的体育师资、体育训练和竞赛、社会体育指导等高级专门人才及大批优秀体育运动人才。

本科专业主要教学内容为体育教学和管理的基本理论、基础知识以及常见体育运动项目的基本技能等，研究方向为体育教育训练学、社会体育指导与管理，目前没有硕士学位授予点。

行政负责人：李志勇。

经济管理系

德州学院经济管理系成立于2004年。设有工商管理、会计学、市场营销、国际经济与贸易4个本科专业。承担着山东省高校“食品经济管理”人文社科基地、德州市企业管理首席专家岗位、校级企业管理重点学科和校级区域经济学重点培育学科等四大学科建设任务。现有专职教职工62人，其中，教授3人，副教授19人，博士及在读博士18人。全日制在校普通本、专科学生3600人。

全系党群、干群关系和谐融洽，先后被山东省高校工委、德州市委组织部、德州学院党委授予“大学生思想政治工作先进集体”、“先进基层党组织”荣誉称号。全系学生工作成绩斐然，连续六年蝉联全校“团学工作先进单位”、“就业工作先进单位”。科技创新实践活动丰富多彩，成效显著，近三年来先后获得国家级及省级奖励近三百项。自2004年以来开展的中外合作办学项目已顺利派出六届学生赴俄罗斯攻读学位，其中30多名学生取得了俄罗斯博士、硕士学位。

行政负责人：相子国。

地理系

地理系始建于1984年，设有地理科学、资源环境与城乡规划管理二个本科专业和旅游管理专科专业，开设主要课程有自然地理学、经济地理学、人文地理学、地理信息系统、地图与遥感、中国地理、世界地理、城市规划、旅游学概论、旅游地理学等，初步形成了以地理科学为依托，师范与非师范教育并举、基础与应用学科互补、本科与专科兼顾的学科专业体系。另有区域发展规划研究所、资源环境研究所。

地理系师资力量雄厚。现有教师24人，其中专任教师21人，教授4人、副教授9人、讲师11人；博士4人（在读1人），硕士13人；教学名师和教学骨干3人，兼职教授5人。建有地理教学实验中心，中科院禹城综合试验站、德州市垃圾处理厂、山东致远中信不动产评估有限公司为固定教学实践基地，另在北京、秦皇岛、泰山、黄山、新加坡等地建有其他不同类型的校外教学实践基地。在校生参加“挑战杯”全国大学生科技作品竞赛、节能减排科技竞赛等赛事获国家级奖4项，省级奖多项。

行政负责人：付修勇。

社科部

德州学院社会科学部组建于1988年，其前身是德州师专马列主义教研室，2001年11月更名为德州学院社科部。社科部设有基础教研室、原理教研室、理论教研室、纲要教研室、形势与政策教研室，创业教育、企业文化、当代马克思主义三个研究所，以思想政治理论课（毛泽东思想和中国特色社会主义理论体系概论、马克思主义基本原理、中国近代史纲要、思想道德修养和法律基础和形势与政策）为课程主体，以开设公民教育类公共选修核心课程为新的课程生长点，以践行高校服务地方经济与社会发展职能为落脚点，全力构建完成“模块化、分层式、重实践”的课程体系，着力培养创新型、应用型的中国特色社会主义事业的建设者和接班人。

社科部承担科研与教学双重任务。在科研方面，主要从事马克思主义综合研究，特别是在马克思主义发展史研究、马克思主义中国化、“马克思主义理论与思想政治教育”方面的研究，以及企业文化、老龄问题、农村社区组织等服务地方经济与社会发展方面的研究。

行政负责人：田宝华。

大学外语教学部

大学外语教学部主要承担全校非外语专业学生大学英语和研究生公共英语教学工作，现有教职工47人，专职英语教师43人，其中教授1人，副教授6人，讲师36人，获得硕士学位教师25人，在职攻读硕士学位教师15人，校级教学骨干1人，校级青年教学骨干2人。

教学部在教学改革实践中，重点进行教学内容、教学方法、教学手段的深层次改革探索，改革创新教学评估手段，不断推进大学英语教学水平再上新台阶。为全校本、专科生开设大学英语读写和大学英语视听说公共必修课，开设了应用英语写作、英文电影赏析、英美报刊选读、英美概况、英语口语、英语演讲、英语辩论、高级英语（考研阅读）、高级英语（考研写作）和高级英语（考研翻译）等公共选修课程。为非外语专业硕士研究生开设基础英语、基础英语听力等研究生学位课程。

教学部重视教学科研相长，定期举办学术讲座，邀请知名专家学者讲学；组织读书小组，开展学术交流活动；选派教师参加各类学术研讨会，目前已经凝练出了教师教育与发展、语言学与外语教学、外国文学与文化3个研究方向。

行政负责人：钟玲。

聊城大学

一、学校简介

聊城大学是山东省属综合性大学，始建于1974年，原名山东师范学院聊城分院，1981年经国务院批准改为聊城师范学院，2002年经教育部批准更名为聊城大学。

学校占地近3000亩，校舍面积75万余平方米，教学科研仪器设备总值2.5亿元，馆藏纸质图书260万余册，拥有电子图书资料20156GB，现设有27个学院、85个本科专业，拥有17个一级学科硕士学位授权点，93个二级学科硕士学位授权点，5个硕士专业学位授权点，21个省级重点学科、省级重点实验室、人文社科研究基地，全日制在校生31000余名。

学校现有教职工2152名，专任教师中教授220名，具有博士学位的教师354名。现有国家“千人计划”专家1人，“泰山学者”特聘教授、海外特聘专家3人，享受国务院政府特殊津贴专家13人，全国优秀教师9人，8人获曾宪梓教育基金会高等师范院校优秀教师奖，41人被评为山东省专业技术拔尖人才、有突出贡献的中青年专家、山东省高等学校首席专家等，33人被评为山东省教学名师、优秀教师、优秀思想政治工作者。学校聘请中国科学院吴培亨院士、张新时院士、汪尔康院士，中国工程院薛群基院士、左铁镛院士、黄伯云院士，抗体药物国家工程研究中心主任郭亚军教授等60余名知名学者担任外聘、兼职或客座教授。

学校坚持以教学为中心，以人才培养为根本任务，全面提高教育教学质量和人才培养质量。现拥有12个国家级和省级品牌特色专业建设点，18门国家级和省级精品课程、双语教学示范课程，6个国家级和省级教学团队，并获得44项国家级和省级教学成果奖。自建校以来，学校共培养了13.5万名学生。

学校坚持以学科建设为龙头，以科研为先导，学术水平不断提升。初步形成了以教师教育学科为主，基础文理学科、教师教育学科、新兴学科和应用学科相互协调发展，特色优势明显的学科专业布局。现拥有分析化学、光通信科学与技术山东省“泰山学者”特聘教授设岗学科，2006年以来，获得国家社科基金、国家自然科学基金、“973”前期研究专项、“973”子课题、国家“863”计划等各类国家级课题154项，省部级课题374项。有134项科研成果分获教育部提名国家科学技术奖、山东省科学技术奖、中国高校人文社会科学研究优秀成果奖、山东省社会科学优秀成果奖、山东省泰山文艺奖、山东省刘勰文艺评论奖等国家级和省部级科研奖励。

历任行政负责人：邵阳、刘汉民、王春华、张明、仝素勤、刘大文、程玉海、宋益乔、李喆。

党委书记：李喆；校长：马春林。

二、教研机构

文学院

文学院始建于1974年，是学校设置最早、办学实力最强的院系之一，设有汉语言文学、广播电视学、秘书学三个本科专业，在校学生近两千人。中国语言文学为一级硕士学科点，有课程教学论（语文）、文艺学、中国古代文学、中国现当代文学、汉语言文字学、应用语言学、中国古典文献学、秘书学8个二级学科硕士学位点，同时招收全日制教育硕士、在职教育硕士、同等学力硕士学位研究生。学院有博士研究生导师2人，硕士研究生导师26人，已经培养研究生90余人，现有在读硕士研究生80余人，同等学力硕士研究生20余人，在职教育硕士研究生90余人。

文学院教学理念先进，先后获国家级优秀教学成果一等奖1项，省高等教育教学成果一等奖1项，二等奖2项，汉语言文学专业为国家级特色专业建设点、山东省特色专业建设点。学术气氛浓厚，学术成果显著，获夏衍电影文学三等奖1项，中国高校人文社会科学研究优秀成果三等奖1项，山东省社科优秀成果一等奖1项，二、三等奖多项，山东省刘勰文学批评奖3项，省级科研奖励20余项，省教育厅科研奖励60余项。先后承担国家社科基金项目13项，国家古籍整理项目1项，教育部科研课题3项，省社科基金项目20余项，省教育厅科研课题30余项。共出版学术著作200余部，发表学术论文2000余篇，其中在《文学评论》、《文学遗产》、《文艺研究》等权威期刊发表学术论文逾百篇。

院长：刘东方。

政治与公共管理学院

政治与公共管理学院始于1974年，是学校设置最早、办学实力最强的院系之一，设有思想政治教育、哲学、政治学与行政学、行政管理、公共事业管理5个本科专业，1个国家级特色专业建设点思想政治教育专业，1个省级优秀教学团队世界共运研究所教学团队。有2个一级学科硕士点：政治学、管理科学与工程；9个二级学科硕士点：科学社会主义与国际共产主义运动、国际政治、中共党史、中外政治制度、马克思主义基本原理、国外马克思主义研究、思想政治教育、课程与教学论、管理科学与工程和1个专业学位硕士点教育硕士（思想政治教育）；1个省级重点特色学科“科学社会主义与国际共产主义运动”，2个省级哲学社会科学研究基地：山东省世界社会主义共产主义运动研究基地、山东省当代中国哲学研究基地。现有专任教师40人，其中教授12人，副教授10人；博士21人，硕士10人；博士生导师1人，硕士生导师17人，主要研究方向有世界社会主义共产主义运动、执政党建设、传播伦理学、中国哲学与传统文化、政党政治、思想政治教育等。

院长：黄富峰。

教育科学学院

教育科学学院成立于2003年8月，其前身是1979年设立的原山东师范学院聊城分院教育教研室。现有教育学、心理学、小学教育、学前教育4个系，教育学、应用心理学、小学教育和学前教育4个本科专业，拥有1个国家级教学团队、1个省级品牌专业、2门省级精品课程。拥有教育学一级学科硕士学位点，发展与教育心理学、应用心理学2个二级学科硕士点和教育管理、小学教育、心理健康教育和学前教育4个教育硕士专业方向。“课程与教学论”学科是省“九五”、“十五”重点建设学科，“十五"、"十一五"重点强化建设学科，"十二五"重点建设学科；"教师教育创新研究基地"是省"十二五"高校人文社科研究基地；省教育厅基础教育课程研究中心挂靠本学院。

院长：于源溟。

商学院

商学院现有经济学、工商管理、国际经济与贸易、人力资源管理、物流管理、劳动与社会保障6个本科专业，主要为政府机关、企事业单位、银行金融机构培养经济管理人才。学院拥有应用经济学一级硕士学位授予权，并设有国民经济学、金融学、产业经济学、劳动经济学四个二级硕士学位授予权。现有专业技术人员50余人，其中教授7人、副教授20人、讲师21人，拥有博士学位14人，教师全部具有硕士以上学位。

商学院在产业组织理论和产业集群结构优化升级、人力资源管理等方面的研究居于全省的先进水平。其中巨荣良教授、马中东教授、王丙毅教授在产业组织理论方面的专著和学术成果多次获得山东省社会科学优秀成果奖，在国内有较大影响；宋士云教授、公维才教授在劳动与社会保障方面有一批在国内外有较大反响的学术成果，并获得省部级以上奖励多项；张福明教授等在农业经济理论的研究方面注重实际调查研究，有多篇文章和著作被高层次刊物发表、出版；付景远副教授等在人力资源管理的研究，和人才培养培训对周边龙头企业发展和人才引进与开发方面影响深远。

院长：巨荣良。

历史文化学院

历史文化学院前身为聊城师范学院历史系，始建于1984年，2002年改系设院，现有历史学和旅游管理两个省级建设专业，其中历史学专业为国家级特色专业建设点，三门省高校省级精品课程。拥有省级人文社科研究基地"运河与区域经济社会发展研究中心"和省级重点学科"中国近现代史"。现有一个一级学科硕士学位授权点（世界史）、三个二级学科（专门史、中国古代史、中国近现代史）、一个招生方向（历史课程与教学论）和学科教学（历史）专业学位招生权，以及同等学力申请硕士学位培养资格。

学院现有教职工47人，其中教授12人、副教授12人，具有博士学位者33人，"齐鲁文化英才"1人、山东省教学名师1人、山东高校十大师德标兵1人、省校级中青年学科带头人及跨世纪人才培养对象9人。

学院教师主持国家社科基金项目9项，获省级以上教学科研一等奖6项，二等奖9项。现已初步形成了运河文化研究（以专门史、中国古代史为依托）、20世纪华北乡村社会治理研究（以中国近现代史为依托）和南太平洋岛国研究（以世界史为依托）三大重点建设项目，在省内外确立了独具特色的科研优势。

院长：陈德正。

外国语学院

外国语学院始建于1974年，是学校最早设置的6个系科之一。现学院设有英语系、日语系、韩语系，在校生近2000人。现有硕士研究生导师24人，其中博士及在读博士7人，另有兼职导师8人，副导师11人。学院还聘请了胡壮麟、刘世生、张德禄、张连仲、崔刚、高洪德、聂珍钊、区鉷、张武升、杨光学、李长栓、章和升、徐莉娜等国内外著名大学的教授为兼职教授或兼职导师。学院迄今为止已培养全日制硕士210余人，在职教育硕士和同等学力硕士300余人。现有在读全日制研究生139人，在读在职研究生154人。

近年来，学院科研队伍在专业期刊发表学术论文300余篇，出版学术专著、译著、教材30余部，承担国家级课题1项，教育部科研课题3项，省社科规划项目10项，省教育厅科研课题5项，校级教研项目和科研项目30项，获省级优秀科研成果奖7项，省级优秀教学成果二等奖2项。硕士生导师陈万会教授先后被评全国优秀教育硕士指导教师、山东省研究生科技创新成果一等奖指导教师、山东省优秀研究生毕业论文指导教师。

院长：陈万会。

体育学院

体育学院于1986年招生，现有体育教育、社会体育、运动训练三个本科专业，在校本科生1200人，拥有管理科学与工程一级学科硕士授权点、体育教育训练学和体育硕士学位授权点，并招收体育课程与教学论、教育硕士（学科教学．体育）两个方向的硕士研究生，在读硕士研究生118人。学院现有教师75人，教师中教授9人、副教授28人、讲师30人，博士（含在读）7人，硕士学位教师41人。

学院注重学科建设，突出学科对专业建设的带动作用。目前，管理工程（体育文化产业管理与开发）为省级重点发展学科，体育人文社会学和体育教育训练学为校级重点学科，学术交流频繁，与国家体育总局体育科学研究所建立了长期合作关系，建有体育与健康工程实验室。五年来，主持国家自然科学基金和国家社科基金项目3项，山东省自然科学基金、山东省社科规划项目和国家体育总局项目等省部级课题10余项，获得山东省社科优秀社科成果奖5项，厅局级奖励50余项，发表学术论文300余篇。学术论文连续3届入选奥运会科学论文报告会，产生了重要影响。经长期建设，体育学院现已形成以学科建设为先导，注重基础，突出应用，特色运动项目优势明显、专业内涵迅速拓展的办学特色，在省内居先进行列。

院长：张雪临。

美术学院

美术学院始建于1989年，现有教职工49人，其中具有教授7人，副教授15人，博士及在读博士7人。美术学院拥有硕士、本科、专科三个办学层次，有美术学一级学科硕士授权点以及艺术学、学科教学（美术）等三个硕士专业，有美术学、设计学、书法学、、动画四个专业，本专科在校生1500余人，开设美术史、设计史、书法史、艺术美学、艺术学概论、色彩学、构图学、设计美学、广告学、书画鉴定与收藏等理论课程和80余门专业课程。硕士研究生60余人，主要开设艺术史、书法创作、中国画创作、油画创作等等50余门不同类型课程。拥有山东省文化艺术重点学科——非物质文化遗产保护学，以及全国最早的书法教育本科专业。近五年来，美术学院教师先后承担省部级等各类课题30余项，出版著作教材以及作品专集50余部，发表学术论文130余篇。科研成果及艺术作品获得第六届全国高等学校优秀科研成果奖、中国书法兰亭奖二等奖、全国书学讨论会一等奖以及泰山文艺奖等数十项奖励。目前，美术学院以教学体系完善、办学特色明显、教学质量较高，而在全省乃至全国具有较好的声誉。

院长：钱品辉。

音乐学院

音乐学院成立于2010年，其前身是成立于1990年的聊城师范学院音乐系，拥有23年的办学历史。现有音乐学、音乐表演、舞蹈学三个本科专业，有音乐与舞蹈学一级学科硕士点，艺术学、音乐学2个二级硕士点及艺术硕士、学科教育（音乐）2个专业硕士点。目前全日制在校研究生、本科生800余人，继续教育学生50余人。

学院拥有一支职称、学历、学缘、年龄结构合理、教学科研水平高、充满生机与活力的师资队伍，现有专任教师34人，其中教授、副教授13人、博士后2人，硕士32人，校级优秀人才3人。学院教师在近几年学校举办的课堂教学竞赛中取得了优异的成绩，并获校级重点教学改革立项1项；校级一般教学改革立项1项；校级优秀教学团队1项；校级精品课程4项。鲁西运河流域传统音乐研究为校级第三层次建设项目，学院教师主持省部级科研项目2项，厅局级科研立项26项，发表各类学术论文200多篇。

院长：吕云路。

传媒技术学院

传媒技术学院由始建于1984年的电教中心发展而来，1993年开设教育技术学专业，1995年成立教育工程系，2007年更名为传媒技术学院。近三十年的丰厚积淀和开拓进取使学院成为省内一流的传媒人才教育基地和全省教师现代教育技术培训基地。学院现设有教育技术学、广播电视编导（含一个中韩合作办学项目）、数字媒体艺术、动画（与美术学院联合培养）4个本科专业，其中教育技术学为聊城大学特色专业。拥有教育技术学、信息技术课程与教学论、影视艺术理论与传播、现代教育技术教育硕士4个硕士点，承担全校教师教育类专业和教育硕士的现代教育技术公共课教学任务。学院现有教职工46人，其中教授5人、副教授12人、博士7人，硕士以上学位35人。其中山东省教学名师1人，聊城大学教学名师3人，校级优秀人才3人。学院目前拥有国家级精品课程1门，省级精品课程2门，承担省级以上科研项目10余项，其中国家级课题2项。学院实验教学环境优良，实验室面积3000余平方米，设备总值1560万元。学院拥有省级实验教学示范中心和山东省大学生微电影创作中心。学院坚持应用型人才培养战略，学生作品在全国大学生电视节、全国高校信息技术创新与实践大赛等国家级比赛中屡获大奖。

院长：张景生。

法学院

法学院成立于2008年1月，前身为聊城大学政法学院法学系。目前，设有1个法学本科专业，1个硕士培养点。学院的社会法学科为聊城大学重点发展优势学科。学院拥有教职工28人。其中具有高级职称者9人，博士10人。聘请著名青年法学家、中国政法大学二级教授王人博先生为学科带头人。

学院设有理论法学教研中心、民商经济法学教研中心、刑事法学教研中心、国际法学教研中心以及法学实践教研中心，设有社会法学研究所、应用法学研究所、公证法研究中心。目前承担国家社科基金、司法部项目、山东省社科规划项目等各级各类科研、教研项目15项。学院秉承以科研为动力、以学科建设为龙头、以教学为核心的办学理念，积极扶持重点学科和重点研究方向，着力打造学科团队、谋求学科建设的重大发展。学院根据自身特点将社会法学确定为学院重点建设学科。目前，该学科团队已完成和正在主持国家社科基金项目2项，司法部、中国法学会以及省社科项目7项，在我校规定的一类出版社出版专著5部，译著1部，发表论文40余篇，正在编写《社会法学》教材1部，获批山东省社科奖励3项。

院长：张兴堂。

马克思主义学院

马克思主义学院成立于2011年12月，主要承担全校本科生的思想政治理论课的教学和研究任务，现有专任教师36人。学院下设马克思主义基本原理、毛泽东思想和中国特色社会主义理论体系、思想道德修养和法律基础、中国近现代史纲要四个教研室，拥有马克思主义基本原理、国外马克思主义研究、思想政治教育三个二级学科硕士点。主要研究方向分别为：马克思主义基本原理及其中国化、西方马克思主义流派研究、思想政治教育理论和高校思想政治教育。

院长：刘卫东。

大学外语教育学院

大学外语教育学院主要承担全校非外语专业本、专科学生大学外语和研究生公共外语的教学工作，同时还设有大学英语课程与教学论和学科教学（英语）两个硕士研究生招生方向，现为全国大学英语教学改革示范点，2009年获国家级教学成果二等奖。

院长：齐登红。

聊城发展研究院

聊城发展研究院成立于2011年1月12日，主要围绕区域经济课题研究、企业管理课题研究、高端培训、校地共建4个方面开展工作，为区域经济社会发展献力献策。区域经济课题研究方面，完成开发区委托的“聊城开发区建设国家级开发区的路径与对策”总报告，与冠县、莘县、茌平的合作也按照双方框架协议的规定正在进行。企业管理课题研究方面，在鲁西化工和东阿阿胶作为试点开展了相关研究，通过对企业运行模式的研究，探索了“机制+文化”的新型企业管理模式，并得到企业的认可。高端培训方面，与清华大学、浙江大学联合举办了“领导素质与现代管理研修班”，进一步提升了企业家素质，拓展了企业家创新思维。校地共建方面，协助聊城大学承办了2012年山东社科论坛暨聊城发展论坛“转变经济发展方式与经济文化强省建设”学术研讨会，积极筹备编写《聊城经济发展研究报告2012—2013》，为聊城经济发展提供总结和决策参考。在发展研究院的集体努力下，研究院企业管理研究的部分成果获得2011年山东省政府企业管理创新成果奖。

院长：王志刚。

运河学研究院

运河学研究院是主要从事运河学研究的科研机构。研究院拥有山东省“十一五”、“十二五”级重点基地，该基地是全国高校唯一的省级运河研究基地。研究方向具体包括：

1. 运河开发史方向。本研究方向以历史时期的运河发展史、运河交通、黄运关系、运河与黄淮海平原历史地理为基本研究内容，完成了对运河水利工程、漕运制度建设、运河与区域社会环境变迁等课题的研究。

2. 运河区域社会经济发展研究方向。本研究方向以运河区域经济市场网络的建立、农业工商业布局、社会群体组织、社会秩序、国家与社会关系为研究内容，着力加强对运河区域经济发展与社会稳定的研究。

3. 运河物质、非物质文化遗产保护方向。本研究以运河文献整理与研究、明清学术思想史、海源阁藏书文化等主流文化与明清小说、民间文学等市井文化为内容，以区域特色民俗、技艺等非物质文化遗产为重点，在理论研究基础之上，通过田野调查，深入挖掘运河区域的文化内涵，形成了丰富的资料库和对区域社会文化建设的指导性成果。研究院招收历史学专门史、中国古典文献学方向的硕士研究生。

院长：李泉。

教师教育研究院

教师教育研究院成立于2011年4月，是由聊城大学与聊城市合作共建的，集学术研究、资源开发、人才培养、社会服务于一体的，具有独立性、专门性、实体性的教师教育研究机构。该院实行理事会领导下的院长负责制，聊城大学党委书记李喆教授任理事长，聊城市教育局局长张聚传同志任名誉院长，陈黎明教授任院长，聊城大学教师教育学院院长于源溟教授、聊城市教育局副局长徐化忠同志任副院长。该院是山东省重点学科课程与教学论学科（带头人为陈黎明教授）的实体组织，与山东省教育厅聊城大学基础教育课程研究中心（负责人为陈黎明教授、赵长林教授）合署办公。按研究方向设立语文教学论研究所、课程与教学论研究所、教师教育研究所、心理教育研究所、农村教育研究所等，主要承担全校课程与教学论、教育硕士研究生等的培养工作和校市教师教育相关研究工作。目前，该院正在与教育部基础教育课程教材发展中心合作筹建“全国语文学科学业质量检测研究与阅卷基地”。

院长：陈黎明。

人文社会科学处

人文社会科学处是主要负责学校人文社会科学研究的职能部门，下设项目科、社科机构科、成果科三个科室。主要职能包括：

1. 制定学校人文社会科学的科研政策和中长期发展规划；编制、实施学校年度人文社会科学科研工作计划及其目标考核工作。组织各级各类项目的立项申报或评审推荐，并提供有关信息和咨询服务；负责学校人文社会科学类国家、省、市重点或重大项目的培育工作。

2. 组织申报各级各类人文社会科学优秀成果奖。承担学校人文社会科学科研成果水平、科研立项或奖励级别异议受理，提交校学术委员会认定或界定；负责学校人文社会科学类科研人员科研业绩津贴的审核工作。负责人文社会科学类科研创新平台与科研机构的管理工作。规划、组织、审批全校性人文社会科学类学术交流活动和“聊大讲坛”工作。

3. 负责学校人文社会科学类科研立项、科研成果和科研奖励的宣传和推介工作。负责学校人文社会科学科研管理信息系统的建设、人文社会科学研究管理人员的专业培训等工作。

处长：王玉珠。

滨州学院

一、学校概况

滨州学院是在原滨州师范专科学校的基础上改建的一所全日制普通本科院校。学院前身是创建于1958年的北镇师范专科学校，1983年更名为滨州师范专科学校，是全省乃至全国较早的师专之一。1999—2003年，滨州供销技校、滨州教育学院、滨州广播电视大学、惠民师范、博兴师范先后并入滨州师范专科学校，扩大了办学规模，增强了办学实力。2001年9月30日，滨州市委、市政府决定筹建滨州学院。2004年5月17日，教育部批准滨州师范专科学校改建为滨州学院。

升本以来，学校党委、行政团结带领全校师生员工，以邓小平理论、“三个代表”重要思想和科学发展观为指导，弘扬“自强不息、守正出奇”的学校精神，秉承“明德、砺学、日新、致远”的校训，发扬“求实、严谨、团结、奋进”的优良校风，实施质量立校、人才强校、特色兴校、开放活校、和谐治校“五大战略”，学校各项事业蓬勃发展。

校园占地1697.21亩，校舍总面积42.29万平方米，固定资产总值12.19亿元。设有19个实验中心（室），其中2个为省级实验教学示范中心；教学科研仪器设备总值10166.36万元。图书馆纸质图书137.44万册，电子图书89.75万册，中外文纸质期刊1882种，电子期刊17684种。面向全国22个省（区、市）招生，现有全日制普通本专科在校生17403人。

学校实施“质量立校”战略。适应经济社会需求，不断完善系科布局，优化学科专业结构，设有21个系（院）、42个普通本科专业、38个普通专科专业，建有2个省级重点学科、7个省级特色专业、13门省级精品课程，初步形成了文、理、工、管、教等学科协调发展的专业格局。围绕培养应用型人才的目标定位，不断深化教育教学改革，创新人才培养模式，构建了理论教学、实践教学、素质拓展“三大育人平台”，完善教学质量保障体系，人才培养质量不断提高。建有2个省级人才培养模式创新实验区，在学科竞赛、技能竞赛与创新活动等方面获得省部级以上奖励800多项，获2008中国机器人大赛“中型组机器人足球赛”亚军、2010年中国智能机器人大赛冠军。

学校实施“人才强校”战略。坚持引进、培养、提高相结合，建设了一支师德高尚、业务精湛、结构合理、适应应用型人才培养要求的教师队伍。现有教职工1279人，其中教师933人。教师队伍中有教授48人、副教授172人，博士53人、硕士683人，具备专业（行业）职业资格和任职经历的教师202人；有省级教学团队4个、滨州市优秀创新团队1个，省级教学名师5人、省级优秀教师4人，兼职研究生导师30人，滨州市有突出贡献的专业技术人员15人。聘有8名院士担任学校名誉院长、顾问或客座教授，聘请具有丰富实践经验的兼职教师193人。

学校实施“特色兴校”战略。依托滨州人文环境资源、高新技术和自身优势，精心打造飞行技术和黄河三角洲生态、黄河三角洲文化、孙子文化研究等特色品牌。2006年组建了飞行学院，成为全国第一家培养飞行员的地方普通本科院校，填补了省内专业设置的空白。建有全国高校第一个孙子研究院、第一个安全文化研究中心、第一个李大钊研究所；拥有山东省黄河三角洲生态环境重点实验室等3个省部级实验室、山东省航空信息技术研发基地等3个省部级研究中心、山东省黄河三角洲文化研究基地等6个省部级人文科学重点研究基地和滨州市食品安全重点实验室等5个市级创新平台。先后承担国家级科研项目21项，省部级科研项目188项；发表学术论文3600余篇，其中SCI、EI收录308篇；出版学术著作65部；取得鉴定成果36项，获得专利授权109项，转化科技成果20项；获得市厅级以上科研成果奖励968项；《滨州学院学报》入选教育部“名栏建设工程”。

学校实施“开放活校”战略。对接黄河三角洲高效生态经济区和山东半岛蓝色经济区开发建设“黄蓝”两大国家战略，制定实施《滨州学院服务滨州行动计划（2006—2010年）》、《滨州学院服务滨州科学发展行动计划（2011—2015年）》，发挥黄河三角洲高效生态经济发展研究院、黄河三角洲技术转移中心（滨州）和中国安全生产科学研究院滨州分院等创新平台的作用，在人才培训、科技研发、决策咨询、文化传承与创新、和谐社区建设等方面积极履行社会服务职能。签订服务县区框架协议19项，立项服务滨州项目101项。其中，与企业合作研发的锂离子电池项目已投入批量生产，年创利润超千万元；完成了黄河三角洲高效生态经济区（滨州）文化产业发展专项规划和滨州区域文化通览编纂等项目；为机关、企事业单位培养培训各类急需人才28000余名，为滨州经济社会的跨越发展提供了有力的人才、智力、科技支持。与法国、俄罗斯等国家的11所高校建立了交流与合作关系。与中国科学院、山东大学、曲阜师范大学等20家单位联合培养硕士研究生，是山东省教育厅批准的研究生联合培养基地。

学校实行“和谐治校”战略。坚持以人为本，依法治校，民主治校，不断加强党建和思想政治教育工作，致力于绿色、文明、平安校园建设，取得了显著成绩。近年来，先后获得“全国法制宣传教育先进单位”、“全国绿化模范单位”、“山东省绿色大学示范学校”、“平安山东建设先进单位”、“省级文明单位”、“山东省高校文明校园”、“山东省师德建设先进集体”、“山东省高校平安校园”等30多项荣誉称号；《光明日报》、《中国教育报》、《中国经济导报》、《大众日报》等媒体均对我校办学情况进行了报道。

目前，学校正紧紧抓住《教育规划纲要》颁布实施和“黄蓝”两区开发建设等重大历史机遇，坚持内涵发展，以培养应用型人才为目标，以提高质量为核心，以改革创新为动力，以和谐稳定为前提，以党建和思想政治工作为保障，全面提高教育教学质量和办学水平，向着创建全省应用型人才培养特色名校的目标而阔步前进！

历任行政负责人：耿次云、李伯衡、孙诗鸿、李健生、孙良廷、吕熙臣梁树樱、吕根晚、温连生、梁登山、沈锡麒、彭永泉、刘文烈。

党委书记：步乃章；院长：纪洪波。

二、教研机构

政法系

政法系创建于1973年，原名政治系，2004年升本改为政法系。现有思想政治教育、公共事业管理2个本科专业和法律事务1个专科专业。设有思想政治教育、公共管理、法学、实践教学4个教研室。拥有研究机构——李大钊研究所，有法学实验室和法律诊所、模拟法庭、羁押室3个实验分室。马克思主义哲学是校级精品课程，也是山东省教育厅教学改革试点课程；科学社会主义和邓小平理论、国际法学是校级重点课程，刑法学、思想政治教育学原理、国际经济法学、宪法学等为学校案例教学课程，公司法为校级双语教学课程。政法系现有专兼职教师32人，其中教授、副教授14人，讲师17人；拥有硕士及以上学位的18人。该系李大钊研究所为全国高校第一家，2008年获国家社科基金后期资助项目1项，填补了学校空白。

2004年至2012年政法系教师发表论文192篇，其中中文核心、CSSCI34篇；出版教材2部，专著7部，参考书4部，2篇论文被人大复印资料全文转载，1篇论文被新华文摘转载。获得国家社科基金后期资助项目1项，资助经费10万元；省社科规划项目3项，共计资助资金6万元，有山东省高等学校科研计划项目和滨州学院社科项目。获得省社科优秀成果奖三等奖1项，市社科优秀成果奖33项，并多项成果获校优秀科研成果奖。学生发表论文4篇。

主任：宫新军；书记：林晓金。

中文系

中文系创建于1958年，是学校成立最早的系科之一，现有本科专业2个，分别为汉语言文学（教师教育方向）本科专业、秘书学本科专业；语文教育、文秘专科专业2个。汉语言文学本科专业是2004年学校升本后新上的6个本科专业之一，2009年开始分为教师教育和高级文秘2个方向，秘书学专业为2013年的新上专业。现已培养五届本科毕业生983人。

中文系设有汉语、古代文学、现当代文学、外国文学与文论、普通话、综合6个教研室。拥有校级优秀教研室2个，校级优秀教学团队1个。现有专任教师46人，其中教授4人，副教授17人，讲师20人，高级职称教师占专任教师总数比例为45.7%；博士学位4人，硕士学位31人，硕士以上学位教师占专任教师总数比例为76%；双师型教师12人。

近5年来，有2人获校级教学名师，2人获校级教学名师提名奖；1人获校级师德标兵，2人获师德先进个人；3人获校级青年教师课堂教学竞赛一等奖，2人获省级教学成果三等奖，2人获校级优秀教学成果二、三等奖。建立了“十一五”、“十二五”省文化艺术科学重点学科文化生态学（主要成员为中文系教师）；主持国家社会科学基金1项，教育部人文社会科学研究一般项目1项，山东省社会科学规划研究项目7项，山东省高等学校科研计划项目4项，校级科研、教研课题30余项；出版高水平的教材2部、专著10部；在国家、省级学术刊物发表论文300余篇。

建有中文工作室，下设礼仪文化和戏剧艺术两个分工作室；学生社团有“百草”文学社（成立于1984年，是学校成立最早、规模最大、持续活动时间最长的学生社团，1989年曾获山东省优秀文学社团称号）、“黑眼睛”话剧社（每学期排练公演中外经典剧作，自编自演的作品曾获山东省大学生原创作品特等奖）、“萤火虫”DV社等，还有校级演讲协会、辩论协会等学生社团组织，为学生综合素质和能力的提高搭建了实践平台。从2008年起，举办“国学经典解读”学术讲座30余场、各种学术讲座和研讨会20余场。近几年，学生在各种期刊发表文章700余篇，2010年结集出版了《学生公开发表作品选编》。

主任：李树棣；书记：李守峰。

历史与社会学系

历史与社会学系创建于1984年，其前身为滨州教育学院历史系。2004年升本以来，系立足专业建设，重点发展本科教育，着重培养应用型人才。经过20多年的建设与发展，历史与社会学系积累了较为丰富的办学经验和较强的办学实力。现有专任教师25人，其中教授3人、副教授5人，博士6人、在读博士2人，硕士12人。面向“985”、“211”工程大学和国家重点科研院所聘请兼职教授4名。现有历史学、社会工作2个本科专业和社会工作1个专科专业，设有历史学、文化产业、社会工作3个教研室和1个社会工作实验室。全国高校首家孙子学研究机构——中国孙子研究院依托该系建设。6名教师考取社会工作师、心理咨询师等职业资格证书。孙子研究、周易研究、考古学研究、社区管理等是历史与社会学系的特色教学和学术品牌。

该系教学科研成绩突出。2008、2009连续两年获校先进单位，2010年获校科研先进集体。连获第三届、第四届校青年教师课堂教学大赛一等奖等荣誉。现已出版著作10余部，主编或参编专著、教材20余部，发表教学科研论文260余篇，其中中文核心期刊60余篇。主持或参与国家、省部、市厅及校级课题40余项，多项教学科研成果在省、市、校获奖。与滨州市政协文史委、民政局、文物局、滨城区社区服务中心、彭李办事处等单位结成稳定合作关系。在滨州孙子研究会、学苑社区等建立多处实践教学基地。

该系倡扬孙子研究特色，成立了全国地方高校第一个孙子研究机构——孙子研究院。该系面向全校学生开设《孙子兵法概论》公选课，普及孙子文化知识。申请省市各级课题20余项，在各类期刊报纸发表文章150余篇。2009—2012年，先后参办四届海峡两岸（滨州）孙子文化交流研讨会、承办三届海峡两岸大学生孙子兵法友谊辩论赛；排演大型孙子兵法舞台剧“孙子思想艺术展演——兵法艺韵”；先后承担学校与法国南锡经济管理学校联合举办的管理学硕士研究生班孙子兵学思想培训任务，孙子研究院现已成为全国著名的孙子文化学术交流平台，被评为山东省“十二五”高校重点人文社科研究基地暨山东省高校孙子兵法与兵学重点研究基地。

主任：孙远方；书记：薛长河。

外语系

外语系现有英语、商务英语和法语三个本科专业及英语教育、商务英语两个专科专业。设有基础英语教研室、高级英语教研室、英语教育教研室、翻译教研室、商务英语教研室、语言文学教研室、法语教研室和俄语教研室、大学英语第一教研室、大学英语第二教研室和大学英语第三教研室11个教研室。拥有1门省级精品课程，6门校级精品课程，6门校级重点课程，3门网络课程，1门案例课程，校级教学团队2个。有4个系级科研团队，先后承担国家级项目1项，省级项目20项，市厅级项目16项，校级项目50项；发表学术论文240余篇；出版学术专著1部；编写教材6部；取得鉴定成果6项，获得专利3项；获得市厅级以上科研成果奖励31项。

外语系现有在编教职工88人，从事教学及教学管理人员83人，学生管理人员5人。专任教师79人，副教授以上职称教师17人，具有硕士学位、博士学位的教师比例达到94.3%。有校级教学名师1人。外语系不断深化外语教学改革，创新应用型人才培养模式，构建了理论教学、实践教学、素质拓展“三大育人平台”和教学质量保障体系，人才培养质量不断提高。建有1个语言训练中心，充分利用网络资源为学生打造自主学习、语言训练平台，在学科竞赛、演讲比赛和口译大赛等活动中获得省部级奖励390余项。外语系办学条件优越，软、硬件设施齐全。建有3座网络教室、9座现代化语言实验室，具有丰富的网络学习资源，800元以上的教学科研仪器设备总值为294.94万元。为英语专业、法语专业教学和大学英语教学以及学生的网络自主学习提供了有力的支持。

全国大学生英语竞赛"优秀组织奖"；连续3次获得山东省教育厅"优秀人才培养奖"。2010—2011学年度荣获滨州学院"就业工作先进单位"荣誉称号。公共外语教学部先后荣获滨州市"女职工建功立业先锋号"、山东省高校"三八红旗集体"等荣誉称号。

主任：孟丽华；书记：张华东。

教育科学系

教育科学系设立于2001年，传承和发展滨州师专师范教育传统特色。滨州学院教师教育专业历史悠久、底蕴深厚，教育科学系是体现师范特色的多学科、多层次的综合院系。

教育科学系现有学前教育、小学教育三个本科专业，有学前教育、初等教育两个专科专业，其中学前教育专业是校级特色专业。此外，教育科学系还承担学校13个教师教育类本科专业的教育学、心理学等公共课程的教学工作。教育科学系现有教职工35人，其中教授3人，副教授9人；拥有博士学位的教师2人，在读博士3人，有硕士学位的教师30人，客座教授22人。目前在校本科生381人，专科生459人。

2011年，学校以教育科学系为主组建教师教育学院；2012年教师教育学院获批山东省教育基地，2012年9月，学校荣获山东省教师教育工作先进单位称号。近两年来，我系依托省级教师教育基地的建设进行课程和教学改革，推动教师教育专业改革，创新师范生教育实习方式，加强师范生基本技能的培养和训练。发挥教师教育优势，整合校地教师教育资源，目前已经初步建成校地共管共用、合作双赢的滨州市教师教育教学中心、培训中心、研究中心、信息中心、学术交流中心和服务指导中心。2012年，承担省培项目1项，市培项目1项，培训效果满意度为100%。2012、2013连续两年，教育科学系进行实践教学改革，突出应用型人才培养的特色，与地方教育部门、中小学联合推进"顶岗实习，置换培训"实习模式，使高校、教育主管部门、中小学结成了教师教育共同体，实现教师职前培养和职后培训一体化，并得到社会的关注和支持，《中国教育报》和《山东高教通讯》对此项工作进行了全面深入报道。

教育科学系应用型人才培养目标取向明确，学以致用教学目标突出，实践应用特色鲜明，侧重学生实践能力和技能水平的训练；根据专业的发展趋势与学生发展需求，分阶段完善人才培养方案，注重课程建设，积极构建应用性强、灵活多元的课程体系，综合教师专业技能训练、微格教学、见习实习、社会实践等多种形式构建立体化的实践教学体系。以科研、教学研究为基础，加强师资队伍建设，教师的课程教学多鼓励采用案例教学、实践教学、研究性教学，有效促进人才培养模式的创新。

主任：张道祥；书记：王树云。

经济与管理系

经济与管理系成立于2005年，现有信息管理与信息系统、财务管理、市场营销3个本科专业；财务管理（中法合作）1个中法联合办学本科专业；工商企业管理、旅游管理、会计电算化和市场营销4个专科专业；会计电算化（中法合作）、市场营销（中法合作）2个中法联合办学专科专业。

经济与管理系拥有一支高学历教师为核心、中青年教师为骨干的教学科研梯队。现有教职工66人，其中高级职称7人，具有博士或硕士学位61人，占教职工总数的92.4%，有6人具有国外留学经历。设有信息管理、财务管理、市场营销、工商管理、旅游管理5个教研室。拥有经济管理与创业模拟综合实验实训中心，下设会计电算化、会计模拟、ERP电子沙盘、ERP创业模拟等实验分室。现有在校生近3000人。

主任：郭新伟；书记：贾卫东。

体育系

体育系始建于1976年，分设田径、球类、理论、体操武术、健美操、公共体育一、公共体育二、运动人体科学实验教学8个教研室，1个运动人体科学实验室，1个国家体育总局体育文化研究基地，其中田径和球类教研室是校级优秀教研室；现有1个体育教育本科专业、1个舞蹈学本科专业（体育方向），1个体育教育专科专业（已于2011年开始停招专科）。教学科研仪器设备总值达263.21万元（单价800元以上）。

该系现有教职工62人，其中专任教师47人，其中教授4人，副教授18人，在读博士2人。目前，建有校级精品课程4门，重点课程8门，重点课程群1个，优秀教学团队1个；在各类学术刊物上发表学术论文160余篇，其中在国内核心期刊发表论文35篇；承担国家级课题1项，省部级以上科研项目11项，学校各类科研项目17项；获市级优秀科研成果奖29项，省部级优秀科研成果奖2项；出版及参编著作5部，主编出版教材3部；校级教材建设项目编写2项，出版2项，发明专利6项；2人获滨州市青年科技奖，1人获滨州市青年优秀知识分子称号，1人获滨州市有突出贡献的专业技术人员称号。

体育系不断深化教育教学改革，创新应用型人才培养模式，构建了理论教学、实践教学、素质拓展“三大育人平台”，完善教学质量保障体系，人才培养质量不断提高。建有1个校内实训场所，5个校外实训场所。在学科竞赛、技能竞赛与创新活动等方面获得省部级以上奖励95项。

主任：吴国生；书记：陈敏。

音乐系

音乐系始建于1989年，同年面向全省招收音乐教育专科生。2005年，音乐系招收第一批本科生，现有教职工57人，其中副教授11人、兼职教授6人，讲师28人，具有硕士学位的教师33人，在读硕士的有1人，设有音乐学本科、音乐学本科教师教育、舞蹈学三个本科专业和音乐教育专科专业，教学单位细化为声乐、钢琴、器乐、理论、公共音乐、舞蹈6个教研室，至2012年全系在校生每年平均维持在700人左右。

音乐系坚持以教学为中心、以科研为先导，狠抓教学基础建设、学科建设和师资队伍建设，取得较好成果，形成了自己鲜明的特色和亮点。在课程建设方面已取得初步成效，其中“音乐欣赏”、“钢琴”已被学校列为重点建设课程；牟新副教授主持的“电脑音乐制作”课程被评为校级精品课程；王兆东副教授的《钢琴即兴伴奏》，牟新、尹佐华副教授的《电脑音乐制作》、《大学音乐教程》等教材，在音乐教育界产生了较大反响。

升本以来，学术水平不断攀升，全系教职工以教研室为单位，以学术带头人为标杆，共发表学术论文118篇，出版教材3部，专著4部，科研立项16项，教研立项4项，教科研成果获奖23项，指导教师奖25项，音乐创作获奖12项，校级精品课程1门，重点课程2门，校级精品课程群1个。

主任：尹佐华；书记：张庆文。

美术系

美术系始建于1993年，现有美术学、视觉传达设计、环境艺术设计3个本科专业和美术教育1个专科专业，其中，美术学专业分中国画、油画2个专业方向。现有在校生1243人。

美术专业教学楼面积有8300余平方米，设有基础、中国画、油画、平面设计、环境艺术设计、传媒艺术设计6个教研室。系实训中心设有图形工作室、模型工作室、传媒艺术设计工作室等11个工作室，面积1100余平方米。教学科研仪器设备值200余万元，其中实验室设备值100余万元。

现有教职工54人，其中专任教师46人，教授2人，副教授8人，具有硕士学位的教师占85%；有校级教学名师1人，兼职研究生导师2人，中国美术家协会会员3人。近年来，全系教师的教科研水平显著提升：发表学术论文100余篇；主编或参编教材8部，出版画集和著作10余部；科研立项19项，教研立项12项；主持校级精品课程2门、校级重点课程3门；校级教学名师1人，参加省级以上美术展览60余次，获奖50多项；获得省级及以上大学生学科竞赛优秀指导教师荣誉称号25项。

美术系坚持以学生为本，以培养适应社会需求的优秀人才为目标，积极开展产学研教育，同山东鲁滨投资集团、滨州城市人家、滨州艺馨美术学校等多家企业和中小学校建立了长期合作关系，为学生专业实习和职业岗位能力的培养创造了良好的实践教学平台。以就业为导向的教学课程体系改革和分流培养工作取得了显著成效，就业率逐年大幅度提升。学生优秀的综合素质为美术系赢得了良好的社会声誉。

主任：刘思智；书记：徐季红。

社科基础教学部

社科基础教学部前身为滨州师专两课教研室，2005年更名为社科基础教学部。社科基础教学部承担全校本、专科学生的思想政治理论课教学任务，现设有思想道德修养与法律基础、中国近现代史纲要、马克思主义基本原理、毛泽东思想和中国特色社会主义理论体系概论、形势与政策、军事理论、思想政治理论综合实践等七个教研室，拥有思想政治教育重点学科。现有教职工29人，其中正教授2人，副教授8人；拥有硕士学位的教师20人，在读博士2人；校级教学名师2人，8人次获学校课堂教学大赛一、二、三等奖，3人次获学校教学优秀奖。

社科基础教学部高度重视教学科研工作，以科研促教学，积极推进教学改革，全面提升思想政治理论课教学质量和马克思主义理论研究水平，取得良好成效。2012年四门主干课程加思想政治理论综合实践课组成的课程群，顺利通过省级精品课程评选，成为全省高校中第一个以五门课程一次通过省精品课程评审的思政课教学单位，第一个以理论加实践课程建构模式通过省精品课程评审的思政课教学单位。近年来，本部教师主持教育部项目和省级科研项目6项、山东省教学改革项目1项；在国内外学术刊物上公开发表论文60多篇，其中核心期刊论文10余篇；国家级出版社出版专著5部。

主任：李金杰；书记：王萍。

黄河三角洲文化研究所

黄河三角洲文化研究所成立于2000年，2006年“山东省黄河三角洲文化研究基地”挂靠研究所，2011年开始承担山东省文化艺术科学“十二五”重点学科“黄河三角洲文化学”的建设任务。

研究所现有专兼职研究人员17人，其中11人具有高级职称，12人具有硕士及以上学位，1人为滨州市有突出贡献的专业技术人员。滨州学院科研处长、硕士生导师李靖莉研究员兼任所长。

研究所主要围绕黄河三角洲经济史、黄河三角洲文化史、黄河三角洲社会史与文化产业等方向开展研究。截至目前，共承担各级各类课题90余项，其中，国家级课题5项，省部级课题23项，市厅级课题25项，校级课题29项，争取横向合作项目10项。出版《黄河三角洲古文化遗存研究》、《黄河三角洲民间艺术审美研究》、《黄河三角洲民俗文化》、《黄河三角洲文化概要》等黄河三角洲文化书库系列学术著作30部，在《文史哲》、《文化研究》、《经济研究》、《山东社会科学》、《东岳论丛》、《齐鲁学刊》、《历史档案》、《理论学刊》等刊物发表学术论文100余篇，其中，2007年在《光明日报》开办“黄河三角洲文化研究”专栏，集中发表系列文章10篇；2009年在《文史知识》，2010年在《东岳论丛》开办“黄河三角洲历史文化研究”专栏，刊发黄河三角洲经济史、社会史、文化史方面系列文章15篇。《滨州学院学报》长期开设“黄河三角洲研究”栏目。研究成果获得山东省社科优秀成果奖9项，山东省首届泰山文艺奖1项，山东省精神文明建设“精品工程”奖3项，山东省软科学优秀成果奖8项，山东省文化艺术科学优秀成果奖27项，山东省高等学校优秀成果奖9项，滨州市社会科学优秀成果奖、滨州市孙子文化艺术奖50余项。黄河三角洲文化研究团队被评为“滨州学院科研创新团队”。

“十二五”期间，研究所将继续围绕黄河三角洲经济史、黄河三角洲文化史、黄河三角洲社会史和文化产业等方向，深入开展基础理论与应用对策研究，致力于完善黄河三角洲文化文献信息检索系统与黄河三角洲文化资料信息中心。努力在国家级、省级等重大研究课题的承担上有更大突破，在学术著作与论文数量、质量的产出方面有更大提升，努力打造黄河三角洲文化研究的学术品牌，为推动黄河三角洲高效生态经济区建设和文化事业、文化产业发展作出积极贡献。

研究所负责人、首席专家：李靖莉。

安全文化研究中心

安全文化研究中心成立于2007年9月，为校级研究机构，是全国高校第一家安全文化研究机构，现有专职研究人员2人，兼职研究人员10人，其中，7人具有高级职称，10人具有博士、硕士学位。中心致力于推进山东省社科规划重点研究基地——山东省安全文化研究基地和山东高校平安校园建设研究基地建设，凝练了安全文化与安全教育、安全技术与危机管理、公共安全与社会保障等三大研究方向。

中心先后承担全国艺术科学规划课题、国家自然科学基金项目等国家级课题2项，国家安全生产监督管理总局安全生产重大事故防治关键技术重点科技项目、教育部人文社会科学研究青年基金项目、山东省社科规划项目等省部级课题17项，市厅级课题30余项。先后荣获山东省科技进步二等奖、山东省社科优秀成果二等奖以及山东省教育系统优秀调研成果一等奖等科研奖励26项。

中心面向安全工程专业学生开设《安全原理与事故预防》等专业核心课，面向全校学生开设《大学生安全防卫》等公共选修课。立足滨州市“黄蓝”两区开发和山东经济文化强省建设，积极推动教学和科研成果转化，课题“山东省工矿商贸企业生产安全事故发生规律研究”成果在全省安监局长会议上印发，起草的《山东省大学生安全教育纲要》被省教育厅安全保卫处采纳，并由省委高校工委印发至全省各高校参照实施。先后为滨化集团、莱芜钢铁集团、山东省烟草系统、山东省中小学安全教育与管理培训班等开展安全培训30余场。

行政负责人：周江涛。

淄博师范高等专科学校

一、学校概况

淄博师范高等专科学校是经国家教育部批准的全日制普通高校，前身是创建于1951年的淄博师范学校。2004年5月，教育部批准在其基础上建立淄博师专，成为山东省第一所以培养、培训专科层次农村小学、幼儿教师为主的师范专科学校。60多年来，学校为社会培养了4万余名基础知识扎实、基本能力强的小学、幼儿园教师，涌现出一批在全国基础教育界有影响力的教育专家。2004年以来，学校先后顺利通过了高职高专办学条件评估等七项评估，受到原国家教委、教育部、国家语委、中国教育工会全国委员会、中央教育科学研究所等单位的表彰。

学校设有学前教育学院、人文科学系、数理科学系、信息科学系、外语教育系、艺术教育系和初等教育系七个院系；设有继续教育学院、社会科学研究中心、教育科学研究中心、思想政治理论课教学研究部等教育科研机构；还设有附属中学、附属小学和附属幼儿园各一所；另有各类教学实践、实习基地138处。学校有专任教师445人，其中副高以上职称140人，教授25人。学校现有专业29个，其中师范类专业11个，师范类学生占95%；在校生7820人，生源来自山东、辽宁、安徽、内蒙古等十七个省份，生源稳定充足，毕业生就业率高。语文教育、数学教育、初等教育和学前教育为省级特色专业，美术教育被确定为山东省文化艺术科学“十二五”重点学科，英语、学前教育为教育部、财政部联合资助的人才紧缺型专业。目前，学校有省级教学名师1人，有语文教育、数学教育和美术教育三个省级教学团队。

学校秉承“立德树人”的校训和“与时俱进”的学校精神，大力实施“质量立校、人才强校、特色兴校”战略，围绕专业建设，积极推进教学质量工程、实践教学、课程整合、资源库建设、生本教育等方面的研究。《教师语言》课程获得国家级建设立项。《高等数学》、《现当代文学》、《书法》、《普通话》等7门课程被评为省级精品课程。《小学教师教育的教育专业知识结构与课程体系改革研究》等7项教改项目获准省高校教育教学改革等立项，《小学教育专业教育类课程体系与教学内容的改革与实践》获得全省高等学校教学成果一等奖。学校在山东省德育与校园文明建设工作的评估中取得了“双评双优”的好成绩，先后荣获了全国精神文明建设先进单位、全国教育网络系统示范单位、全国百所德育科研名校、山东省思想政治工作先进单位等荣誉称号，并连续19年保持了省级文明单位称号。2012年，学校获得科技统计工作先进单位、山东省老教育工作者协会工作先进单位；淄博市就业工作先进集体，淄博市保密工作先进集体、全市职工补充保险工作先进集体等先进称号。

二、教研机构

科研处

科研处是学校专门组织、管理学校科研工作的机构，下设综合科、项目管理科、学报编辑部。科研处主要负责学校科研工作发展规划、科研管理规章制度的制定和执行；各类科研项目的组织申报、检查验收、管理考核工作；科研业绩的认证核算，科研经费的管理使用，科研奖励等工作；《淄博师专学报》的组稿、编辑、出版、发行、宣传等工作。

教育科学研究中心

教育科学研究中心是淄博师专直属机构，成立于2011年3月，下设5个研究所，承担着全校教育科学的教学与研究工作。现有专职人员15人，其中博士1人，硕士8人；教授1人，副教授1人，平均年龄36岁。近5年来，中心教师公开发表学术论文300余篇，其中有30余篇发表在全国中文核心期刊，5篇文章被人大复印资料全文转载，出版著作10余部，承担课题近40项，获得包括山东省高校教学成果一等奖在内的各级各类奖励共计50余项。教科中心的研究成果受众广，实用价值高，朴实中彰显着独特的学术光彩。

社会科学研究中心

社会科学研究中心是学校直属的副处级科研机构，现有专职研究人员8人，其中教授4人，副教授2人，讲师2人，具有博士学位2人，硕士学位3人。中心负责人文社科类纵横向科研项目的申报、研究，相关科研成果的推广应用和成果转化；挖掘、提炼地方文化资源，开展特色研究；建立以聊斋文化等为特色的地方人文社科研究基地，为地方经济文化建设服务。2001年9月，学校成立蒲文化研究所；2005年3月更名为聊斋文化研究中心；2011年1月更名为社会科学研究中心。下设聊斋文化研究所、德育教育文化研究所、鲁中地域文化研究所、非物质文化遗产研究所。

研究中心成立以来，组织举办了“山东省古典文学学会聊斋文化专业委员会第一届理事会暨第一届学术年会”、“首届全国《醒世姻缘传》学术研讨会”等大型学术会议，出版发表了十余部的学术专著，为淄博地域文化特别是聊斋文化的宣传、普及、研究作出了积极贡献，对提高学校的学术声誉发挥了重要作用。

思想政治课教学研究部

思想政治课教学研究部是负责思想政治理论课教学和研究的部门，主要是依据国家对思想政治理论课的有关规定，结合学校培养目标和教育计划等实际情况，负责组织、指导、审查各门思想政治理论课程的教学大纲等教学文件的制定、修订和实施，并督促、检查其落实、实施情况；负责思想政治理论课科研计划的制定实施及各类科研课题、教改项目、精品课程等的组织申报和建设工作。

哈尔滨工业大学（威海）

一、学校概况

哈尔滨工业大学创建于1920年，隶属于工业和信息化部，是国家首批“985工程”和“211工程”高校之一。哈尔滨工业大学坚持立足航天、服务国防，面向国际学术前沿和国家重大需求，历经90余年的奋斗，学校已发展成为一所特色鲜明、实力雄厚，居于国内一流水平，在国际上有较大影响的多学科、开放式、研究型的国家重点大学。

1985年，经原航天工业部批准，哈尔滨工业大学（威海）成立。2010年，工业和信息化部、山东省人民政府、威海市人民政府三方共同签订了共建哈尔滨工业大学（威海）的协议。

学校坐落在美丽的威海金海湾畔，校园依山傍海，环境优美宜人。学校现有全日制在校本科生1万余人，研究生600余人，教职工800余人，其中教授88人，副教授230人，教师和学生均来自祖国各地。学校还有一支由院士、长江学者和知名专家及海外学者组成的专家队伍。

学校秉承“规格严格、功夫到家”的校训，坚持“立足海洋，服务山东，拓展国防，面向国民经济主战场”的办学特色，以服务山东蓝色经济发展需要为己任，形成了船舶、海洋、汽车、信息、材料、管理、土木等学科，现有10个院（系）和2个教学部，37个本科专业，共享哈尔滨工业大学校本部的148个硕士点和82个博士点，单独设置的硕士研究生二级学科19个，船舶与海洋工程、海洋科学为“985”重点建设的一级学科。现有70多个研究机构落户在校区，包括：山东船舶技术研究院，山东省特种焊接技术重点实验室及山东省汽车零部件快速设计制造工程中心等6个省级工程中心，现代数字化医疗装备实验室等3个省高校重点实验室等。其中，3个是国家级科研机构设立的分支机构，10个是院士亲自领导的研究机构。

学校的文科院系包括：经济管理学院、语言文学学院（由原外国语学院及原人文学院合并）、思政部、体育教学部；一线文科类教师约140人，承担着全校1万多学生的人文素质培养以及11个文科专业的本科和研究生的教学工作。2008年，学校科技处设立人文社科办公室，旨在强化全校的文科科研工作。学校根据自身特点，从“夯实基础、宽进严出”做起，以“服务山东、船海蓝区”为导向，使得学校的文科科研工作迅速起步并形成良性发展势头。

学校承担数百项以“863”为代表的科研项目，并已在新体制雷达、制导技术、船舶工程、海洋工程、车辆工程等方向凸显特色，尤其在电子对抗、水下焊接、分离与合成技术、企业信息化、数字化医疗装备、快速艇、特种车辆等方面取得重要科研成果。一些企业与校区建立联合实验室，成为技术和产品的孵化基地，为国家和区域经济社会发展作出了积极贡献。

党委书记：姜波；校长：冯吉才。

二、教研机构

经济管理学院

经济管理学院辖会计学系、应用经济系、工商管理系，管理科学与工程系，实习实验中心，下设会计学、国际经济与贸易、工商管理、财务管理、市场营销、信息管理与信息系统六个专业和两个硕士研究生学科专业（技术经济与管理、科学技术史）。学院现有专任教师43人，其中教授10人，副教授22人，已经形成初见规模的学术梯队和专业培养群体。学院拥有十个研究室（所）以及两个设备先进的实验室，为教师科研和学生学习创造了良好的环境和条件。

在经济全球化的背景下，经济与管理人才的培养模式正在发生深刻的转变。经济管理学院将在借鉴世界一流大学管理与经济科学专业人才先进培养理念的基础上，不断强化内涵建设，为国家、企业和社会培养更高质量的高水平专业经济和管理人才，成为哈尔滨工业大学管理教育的重要基地。

语言文学学院

语言文学学院成立于2011年6月，前身为外国语学院与人文学院。学院现有英语语言文学、朝鲜语、汉语言文学等三个本科专业，有英语系、韩国语系、中文系、大学英语教学一部、大学英语教学二部、语言实验中心、哈尔滨工业大学（威海）留学生部等部门。

学院共有教职员工64人（专任教师58人），其中教授4人，副教授21人，硕士生导师3人，兼职教授5人，外籍教师7人。具有博士学位和硕士学位的教师占总数的80%以上，90%以上的教师具有国外访学或工作经历。近三年来，学院承担了国家社科基金、教育部人文社科基金项目、山东省社科基金、黑龙江跨世纪教学改革等多个科研项目，获得省级以上的奖励十余项。大学英语课程2008年被评为山东省精品课程，大学英语教学团队2009年被评为山东省优秀教学团队，学院教师在国内外核心刊物上发表论文百余篇，2009年成功举办了全国当代外国文学研讨会。

学院硬件设施完善，拥有现代化的语言实验室4个，多媒体教室12个，自主学习中心2个，资料室拥有图书两万多册，学术期刊和报刊一百多种，音像等有声资料3000份，并装有1套可以接收到国外英文、韩文电台的卫星地面接收系统和无线电台2个

体育教学部

体育教学部创立于1988年哈尔滨工业大学（威

海）首届招生之际，仅有教师6人。随着学校建设规模的扩大及体育工作发展需要，1995年在原体育教研部基础上成立体育教研室，教师增至11人。2001年，在原体育教研室的基础上成立了体育教学部。现有教师21人，其中教授1人，副教授8人，讲师9人，助教3人，具有硕士学位教师8人。2006年，经学校批准撤销原第一、第二教研室，成立5个管理办公室，分别是：体育教学教研室；运动训练办公室；场馆管理办公室；群众体育办公室；体育文化传媒办公室。各办公室设主任一人。

1998年—2000年，学校实行的基本是普修与选项相结合。随着高等院校体育教学改革的不断深入，学校体育教学加快了改革的步伐，加大了改革力度。2002年在大一、大二学生中全部实行了体育选项课，同时增设了学生喜欢的项目，如网球、健身、散打等课。还面向全校学生开设了体育选修课，如体育舞蹈、现代礼仪与健身、跆拳道、武术套路、球类裁判等项目，都深受广大学生的喜欢。2003年9月率先在篮球选项课中实行了体育教学俱乐部管理制度。2004年9月在全校体育选项课中实行了体育教学俱乐部管理模式。随着学校的不断发展壮大，体育教学部2003年8月建成拥有400米塑胶跑道环绕的人造草皮足球场、可容纳8500人坐席的大型标准田径场，室内设有乒乓球室、健美操室、健身房等。

思想政治理论教学部

思想政治理论教学部成立于2011年4月，由原社会科学教学部和艺术教学部合并设立，是直属学校党委领导的二级教学和管理机构，下设两个教研室和一个艺术教育中心。

思政部主要承担全校本科生、硕士研究生思想政治理论课和艺术教育课的教学任务。教学理念：坚持育人为本，以增强实效性为目标，把知识的传授与教书育人结合起来，课堂教学与实践育人结合起来；同时，在教学方法和教学手段方面力求体现理性思辨与感性体悟的统一，课堂教学与校园文化的统一，理论灌输与实践育人的统一，培养德智体美全面发展的高素质人才。

莱芜职业技术学院

一、学校概况

莱芜职业技术学院是2000年10月经省政府批准建立的全日制普通高等专科学校，由原莱芜师范学校、莱芜市第二职业中专、莱芜广播电视大学和莱芜市卫生职工中等专业学校4所学校合并而成。学院自成立以来，坚持“服务莱芜、辐射周边，工科为主、多科并举，培养高素质技能型人才，建设省内一流、国内知名的高职院校”的办学定位和“特色立院、质量强院、文化兴院”的办学方针及“人人成才、人人就业”的培养目标，秉承“感恩·赶超”的学院精神，教育教学质量和管理服务水平逐年提高，已累计为社会培养输送合格毕业生2.2万余人，服务经济社会发展的能力明显增强。学院先后获得“山东省名校工程首批立项建设单位”、“山东省职业教育先进单位”、“山东省职教师资队伍建设工作先进集体”、“山东省高职高专人才培养工作优秀学院”、“山东省高校校园文明建设与德育工作双优学院”、“山东省文明单位”等荣誉称号。

学院自2012年全面实行教师教学设计能力达标考核，注重加强“双师型”教师队伍建设，实施了教师培养工程，积极构建数字校园网络平台、教学平台、一卡通平台，信息化管理平台和文献信息服务平台，建成了技术先进、高效稳定、安全可靠的数字化校园软硬件系统。先后与北京科技大学、中南大学、山东大学、山东农业大学等重点大学开展教学、科研合作；与美国麻省港湾社区学院、本杰明富兰克林理工学院，中国台湾修平技术学院等中外高校签订了合作办学协议。

学院自成立以来，共争取到市级以上科研项目171项，其中人文社科类82项，发表人文社科论文585篇，其中北大核心期刊论文78篇。学院现有教职工737名，其中从事人文社科教学与科研的教师有212名。

党委书记：师承瑞；院长：孟平。

二、社科教研机构

师范教育与艺术系

师范教育与艺术系开设学前教育、初等教育、广告设计与制作等专业。现有教学班35个，在校学生852人，在职教职工85人，其中教授9人，副教授18人。已建成琴房、舞蹈房、文化艺术实训室、木器雕刻室、平面设计实训室、专业图书阅览室等26个实训室，并建有文化艺术中心和陶瓷艺术与制作研究中心，教学条件优越。有大学生艺术团、大型铜管乐队、飞天锣鼓队、戏曲协会等各类学生艺术社团。

近年来，该系在省级以上大赛中取得了较好的成绩。《校园畅想》获山东省“齐鲁晚报杯”文艺汇演二等奖；在山东省第九届科技文化艺术节大赛中，《创造者》和《千红》分别获舞蹈节目一等奖、三等奖，总成绩列全省高校第二名；舞蹈《旺旺年》在全国第六届“魅力校园”春晚选拔赛中获得一等奖，并赴京参加演出。另有多项作品获得省级大奖。

负责人：魏光峰。

经济管理系

经济管理系下设英语教研室、基础会计教研室、财务会计教研室、会计电算化教研室、投资理财教研室5个教研室。其中，英语教研室承担了全院所有英语课程的教学与科研。现有在职教职工73名，其中教授、副教授7人。该系注重夯实学生基础，突出技能教学，配备了各种先进的教学软件。与青岛金王集团、莱钢股份有限公司、泰山钢铁集团、莱芜馨百商贸有限公司及多家会计师事务所联合建立了实习基地。

负责人：吴茂进。

商务管理系

商务管理系设有市场营销、电子商务、物流管理、国际经济与贸易、旅游管理、酒店管理6个专业；现有专职教师64人，其中教授2人，副教授18人；山东省优秀教师1人，山东省高校优秀共产党员1人，山东省高校思想政治教育工作先进个人，山东省先进青年工作者1人，市级优秀教师2人，学院骨干教师7人。

负责人：郝金镇。

思政部

思政部成立于2006年4月，主要职责是加强对思想政治理论课教学大纲和教材编写工作的领导和管理；加强思想政治理论课教学研究，开展教学观摩活动，组织制作“精彩一课”、多媒体课件，实现立体化教学；加强对思想政治理论课教师的培训；加强思想政治理论课学科建设。

主任：郝金镇。

鲁中文化研发中心

鲁中文化研发中心成立于2008年3月，是莱芜职业技术学院学术研究机构。中心成员由10位事业心强且具备一定研究能力的中文、历史、地理骨干教师组成。中心以莱芜地域文化研究为主题，以促进区域文化建设与发展为主旨，展现莱芜地域文化的绚丽多姿，搭建文化与经济、社会发展相结合的平台，为区域社会发展、文化繁荣、经济建设出力献策；同时展现高校在地方文化建设中的主导和引领作用，扩大学院的社会影响。

主任：赵玉柱。

高职教育研究所

高职教育研究所是从事高等职业教育研究的学术机构，又是进行本院高职教育教学研究的组织协调部门，具有高职教育研究、参谋咨询及情报资料服务等职能。研究方向：紧紧围绕学院中心工作，开展实施方案的可行性、科学性的研究，与各职能部门密切合作，开展超前性、应用性、专题性的研究；通过理论和实践相结合的方式进行高职院校改革发展性的研究；定期编辑、整理国内外高职教育教学改革发展动态信息，为院领导及教育教学相关部门及时了解国内外高职教育改革动态提供参考。

所长：王元河。

三、校内学术团体

莱芜职业技术学院社会科学界联合会

莱芜职业技术学院社会科学界联合会，简称莱芜职业技术学院社科联，是学院党委和行政领导下的社会科学学术性群众团体。协会宗旨：组织全员社会科学工作者，坚持马列主义、毛泽东思想、邓小平理论和“三个代表”重要思想为指导，认真贯彻执行党的基本路线和基本方针，坚持为人民服务、为社会服务、为教育教学改革和发展大局服务，贯彻理论联系实际的原则和“百花齐放、百家争鸣”的方针，围绕我院教育教学改革和发展进程中的重大理论、实践课题，有计划地积极开展科学研究和学术活动，繁荣和发展学院社会科学事业，促进学院教育事业的又好又快发展。

负责人：李俊海。

山东英才学院

一、学校概况

山东英才学院创建于1998年6月，时称山东英才专修学院。2002年经山东省人民政府批准，国家教育部备案，成为具备独立颁发学历文凭资格的全日制普通高校。2008年，经国家教育部和山东省人民政府批准，学院升格为本科院校，成为济南市首家民办本科高校。

学院以“自强不息、与时俱进”为校训，以“扬善修美，求真务实”为校风，坚持“名家治校、名师执教”的方略，贯彻“学生第一、真诚服务”的理念，按照“面向社会、适应市场，不断探索、突出特色”的思路，形成了独具特色的办学机制和教学模式。学院先后被国家民政部、山东省教育厅等部门评为“全国先进民间组织”、“全国民办非企业单位自律与诚信建设先进单位”，“山东省民办教育先进集体”，“济南市名牌学校”；学院党委多次被评为“先进基层党组织”；“幼儿英语教学法”教学团队被评为“国家本科教学团队”。有32门课程被评为省级精品课。在2011、2012年发布的《中国民办高校排行榜》中，学院进入全国前十位，是山东省排名最高的民办高校。

学院非常重视教学与科研队伍建设。学院现有专职教师1157名，其中教授、副教授250余人，博士、硕士463人。每个专业都有2名以上的高级职称教师，专业课教师中“双师型”占57%。学院还通过聘任、聘请等方式聘请了山东大学、山东师范大学、山东建筑大学、山东财经大学、山东政法学院等重点本科高校省内外知名的专家、教授、学者担纲教学与科研工作，已形成了一支政治合格、业务优良、结构合理，能够满足普通本科教学和科学研究需要的师资队伍。

学院始终坚持把诚信建设放在重要地位。严格执行国家制定的招生政策和下达的招生计划，遵守国家和省市关于民办教育管理的各项法律、法规和规章，每年的招生简章都经过省教育厅的审查备案，并在招生宣传中严格遵守，不进行夸大宣传，不超越教育厅审查备案的招生简章范畴。

学院将继续探索民办高等教育的办学规律，在追求英才特色的教育教学模式道路上迈出更大、更坚实的步伐，努力把学院办成让党和政府放心、人民满意的高水平民办大学。

党委书记：夏季亭；董事长：杨文。

二、教研机构

商学院

商学院成立于2004年8月，由市场营销、物流管理、国际商务、金融工程四个本科专业，市场营销、物流管理、电子商务、报关与货运代理四个专科专业以及国际贸易、市场营销、物流管理、电子商务、销售管理、采购与供应管理六个其他类别专业组成。下设5室2实训中心1研究院，即市场营销教研室、电子商务教研室、物流管理教研室、专业基础课教研室、实践教学教研室、现代物流与供应链管理发展研究院、现代物流实训中心和现代零售商业实训中心。

目前商学院专职教师队伍中拥有教授12人，副教授16人，博士及博士在读17人，40岁以下教师全部拥有硕士或硕士以上学历，国家优秀物流教师2人，省级优秀教师1人，20余人次获得教学名师、教学能手、先进教育工作者及优秀教师、科研先进个人等各类荣誉称号。商学院建成省级示范专业一个，省级本科特色专业一个，省级本科优秀教学团队一个，省级精品课九门，校级精品课八门，校级重点建设专业两个，校级重点学科一个，校级教学示范中心一个。物流管理专业被交通部中国交通企业管理协会物流管理委员会评为2009年院校“中国物流教学十大满意品牌”。

学前教育学院

山东英才学院学前教育专业创办于1998年，是“山东省示范专业”、“山东省高等教育特色专业”；现有国家教学名师、国家级教学团队、国家级精品课程等三项国家级教学成果；拥有山东省省级实验实训示范中心、山东省高等学校人才培养模式创新实验区、山东省省级精品课程（8门）、山东省教学名师、山东省省级教学团队、山东省教学成果一等奖等15项省级教学成果；学前教育专业教师先后出版《幼儿英语教学法》、《陈鹤琴活教育思想与幼儿园教育活动实践》等专著10部，出版教材11部，完成国家社会科学基金重点课题、教育科学规划办、中央教科所、省社科办、省教育厅课题10余项；2012年成立学前教育研究院，并于华东师范大学学前教育及特殊教育学院达成硕士研究生联合培养协议；现有普通本科生在校生3000余人，是全国规模最大、内涵丰富、特色鲜明的学前教育专业。

艺术设计学院

艺术设计学院于2000年9月创建，2002年6月正式成为二级学院。艺术设计学院现有统招本科环境设计专业、视觉传达设计专业、产品设计专业、服装与服饰设计专业；高职艺术设计专业、装饰艺术设计专业（建筑装饰方向）、动漫设计与制作专业；自考本科室内设计专业、视觉传达设计专业。学院已建成省级精品课1门，校级精品课3门。现有教师67人，其中教授7人，副教授3人，讲师37人，双师型教师13人（均有6年以上工程项目经验），62%以上教师拥有博士、硕士及以上学位，优良的师资保证了优异的教育教学质量。

艺术设计为学院重点建设专业，本着“以专业建设为龙头，以师资建设为核心，重视思想观念更新，全面提高教学质量”长期发展专业知识干线的办学原则，拥有一支以中青年为主的知识结构新、学术思想活跃的双型师资队伍。

学院的实践教学条件优越，拥有一批能够为教学实践服务的实验室和与专业密切相关的校级教学实习基地。学院在传统教学的基础上，结合当下的社会需求，积极落实学院实践教学的办学理念，大胆实施实践教学，扩大、拓展与校外企业、实体的联合互动，发挥知识教学与动手实践的相互促进作用，培养了一大批优秀的实用型人才。

文法学院

文法学院是山东英才学院最早设立的二级学院之一，现有法律和新闻两个类别四个高职专业：法律事务专业、法律文秘专业（计算机速录方向）、新闻采编与制作专业、新闻采编与制作专业（数字排版方向）；有两个自考本科（实践课程改革）专业：法律专业和新闻学专业。

学院拥有一支以中青年教师为主体、年富力强、教学经验丰富的教师队伍，并从驻济知名院校和法律、新闻实务部门聘请了多位具有丰富实践经验的兼职教师担纲教学工作。法律专业有8名教师具有律师资格证书，在法学理论和实务方面均具有很深的造诣，是一支具有较高水平的双师型队伍。

学院创造性地提出了以社会就业需求为导向，注重应用能力培养，以"国家司法考试"为教学核心的人才培养理念，对法律事务高职专业探索性的实行了独具特色的"2+1"法学人才培养模式。2011年和2012年，法律事务高职班学生，国家司法考试通过率达参考人数37%，大幅高于全国平均通过率。新闻学专业以培养应用型人才为目标，着力打造特色新闻人才培养模式，着重培养学生写作能力、报刊和网络编辑能力、摄影摄像能力和计算机打字速录和数字排版技术能力。

经济管理学院

经济管理学院是1998年9月随着山东英才学院的诞生而建立的首批院（系）之一。随着学院的发展壮大，2004年8月原经管学院分为经管学院和商学院两个学院。

学院现设本科专业两个：工商管理和财务管理。高职专业三个：会计电算化、工商企业管理、投资与理财，自考本科试点专业三个：会计、工商企业管理、金融。截至2013年3月在校学生7300人。

学院教学设备齐全，师资力量雄厚。下设会计、金融、工商管理、财务管理和基础教研室，具有高级职称的教师担任教研室主任，并配备了会计电算化实验室、会计模拟实验室、工商管理综合实验室。现有专职教师56名，其中教授、副教授、高级会计师、高级经济师等副高及以上14名，讲师、会计师、经济师等中级职称21名；博士2名，硕士42名，50岁以下教师的中青年教师全部具有硕士及以上学位；注册会计师2名，国际工商注册管理师1名，52%的教师具有企事业单位实际工作经验。学院还从山东大学、山东经济学院、山东财政学院等高校聘请了20余位教授、副教授作为兼职教师，从校外实训基地聘请了8位会计师、经济师、工程师作为学生实习、实训的兼职指导老师。师资队伍不仅能够保证各门课程的教学质量，而且完全满足学生实习实训的需要，从而为实现各专业的培养目标奠定了基础。

外国语学院

外国语学院于1998年英才学院创建之初设立，是最早设立的二级学院之一。目前在校生共计1501名，主要有英语、日语、韩语三个语种，分别设有下列专业：英语语言文学普通本科专业；商务英语高职专业；应用英语高职专业；商务日语高职专业；应用韩语高职专业；英语试点本科专业；日语试点本科专业；韩国语试点本科专业。

近三年来学院取得了丰硕的教学与科研成果，发表论文80多篇，编写出版著作和教材6部，其中，《校园英语会话》（上中下三册）、《宾馆英语会话》、《购物英语会话》和《礼节礼仪三文治》几本教材于2005年获济南市教育教学成果二等奖，《礼节礼仪三文治》一书于2006年被国家教育部批准为"十一五"规划高职统编教材等。

基础部

山东英才学院公共基础课教学部门，承担思想政治理论课、大学数学、大学体育、大学语文、大学生心理健康等课程的教学和研究工作。现有教职员工70人，其中专任教师65人，专职教学管理人员5人。正高级职称6人，副高级职称6人，中级职称49人，初级职称14人，硕士以上学历53人，所占比例为81.5%。

基础部以教学质量为立部之本，秉承"教研促教学"的理念，先后开展了数学、语文、心理健康等方面的教改项目10余项，不断提升教学质量。以基础课程建设为核心，狠抓学科建设和在课程建设方面，负责建成省级精品课程《学前儿童语言教育》，校级精品课程《高等数学》等9门课程；已出版《高等数学》、《大大学体育》等多部教材。

通过开设讲座、组织学生参加各种竞赛和社会实践活动等，丰富了第二课堂，为提高学生的综合素质、建设校园文化奠定了坚实的基础。数学教师指导学生参加全国大学生数学建模竞赛先后获得国家一等奖1项，国家二等奖2项，省一等奖14项，省二等奖15项。

科研处

山东英才学院领导一直非常重视科研工作，从学院成立初到2004年，一直是由高教研究所承担科研管理的职责。为进一步加强学院的科研管理工作，规划机构设置，2004年10月，学院设立科研处，并将民办高等教育研究所两个单位合署办公。

在2004年成立科研处后，便出台了有关科研考核和学术委员会工作的一些规定。2005年由科研处负责的《英才高职论坛》创刊，提供了发表科研成果的平台，教职工参加科研，发表学术成果的数量和质量都有了很大的提高。学院晋升为本科院校之后，学院领导对科研工作的重视不断强化，学院的科研水平不断提升，学院的科研管理的政策制度不断完善和改进，学院对科研投入不断增加，科研成果不断涌现，高水平科研成果凸显。2012年学院科研工作在国家级课题立项、横向合作课题引进、科技进步奖等方面均实现重大突破。2012年学院的民办高等教育研究院成功被山东省科技厅确定为山东省民办高等教育软科学研究基地，为我省民办高校第一个研究基地。

科研处分为科研管理、民办高等教育研究院、学报编辑部三个部门，其中，科研处主要负责日常的科研管理工作；民办高等教育研究院主要进行民办高等教育相关研究；学报编辑部负责《山东英才学院学报》的编辑工作。

世界历史文化研究所

世界历史文化研究所成立于2007年，现由山东英才学院院长、山东师范大学历史与社会发展学院博士生导师夏季亭教授任所长，齐廉允讲师任副所长。

研究所秉承齐鲁悠久的人文传统和深厚的文化底蕴，主要在世界近现代史·国际关系史、法律史、齐鲁文化史、山东地方史等方面开展中外历史教学与研究工作。自成立以来，研究所夏季亭教授已在国际关系史方向培养高水平博士生1人、硕士生12人；现有在读硕士生5人。

研究所成立伊始，就制定了“多出成果、快出成果”的方针。在这一方针指导下，研究所专职人员作为第一署名人出版了学术专著多部，其中主要有夏季亭教授的《我看二十世纪的中国与世界》、齐廉允讲师的《唐朝开国六十年》等；发表专业学术论文60多篇，主编、参撰各类学术论著8部；另有多部论著正在陆续出版中。

研究所现承担各层次课题多项，其中主要有夏季亭教授负责的山东省社科规划重点项目“抗美援朝战争：地位与影响”、济南市社科规划一般项目“济南传统园林文化特征的现代价值”、齐廉允讲师负责的济南市社科规划重点项目“济南的域外形象研究”等。近年来，研究所人员获山东省社会科学优秀成果奖1项、山东英才学院优秀科研成果奖2项等。

所长：夏季亭。

学前教育研究院

学前教育研究院成立于2013年4月，是在2006年幼儿英语教学法研究所基础上发展而来。经过七年的建设，学前教育研究院现已拥有一支师资力量雄厚、结构合理的科研教学队伍。国家级教学名师杨文教授、留美博士刘存刚教授、宋占美博士和张晗副教授等构成了研究院的骨干力量。

研究院现设有学前双语教育研究所、早期教育研究所、学前教育政策研究所、家庭教育研究所以及学前教育信息网路与动漫研究所等研究所。拥有国家级精品课1门、省级精品课4门；承担全国教育科学规划“十二五”课题、山东省哲学社会科学规划课题、全国学前教育研究会“十二五”规划课题等省部级、厅级课题20余项；获得山东省社会科学优秀成果奖、山东省科技进步奖、山东省软科学奖励等省部级、厅级以上科研奖励20余项；出版著作20余部，在《比较教育研究》、《教育与经济》、《学前教育研究》、《教育理论与实践》等期刊上发表学术论文100余篇。

研究院的发展目标是，以国际视野、国内眼光致力于建设一个国内知名的学前教育研究机构。当前，研究院全体教职工正深入贯彻党的十八大精神，努力把研究院办成一个“学习型”、“服务型”、“创新型”、“开放型”和“应用研究型”的科研机构而努力。

主任：宋占美。

现代物流与供应链管理研究所

现代物流与供应链管理研究所成立于2007年，2011年，更名为现代物流与供应链管理研究所。依托于山东英才学院商学院的人才优势和现代物流实验室等研究资源，专注于现代物流与供应链管理领域的科研工作，为政府及各类企业提供物流园区规划及企业物流优化解决方案。研究所由刘庆林教授负责，其中教授及博导1名，副教授3人，博士及在读博士共10人。现代物流实验中心是山东省规模最大、功能最齐全、技术设备处于领先位置的实验（实训）中心。拥有立体化仓库、电子标签分拣系统、自动分拣系统、水平搬运机械、零售超市等硬件设备，物联网技术实训室、RFID射频标签及读写设备检测实验室、未来智能超市实训室，同时现代物流实验中心拥有第三方物流模拟软件，快速货运模拟软件，物流仿真软件等，形成了物流实验教学、科研、实习、实训的多功能综合教学实践基地。

主要研究领域有：供应链协同创新、电子商务物流与供应链优化、区域物流规划、港口物流战略规划、企业物流优化、企业物流信息化、供应链服务外包、储运配送计划与优化，仓储管理系统、需求预测、物流品牌战略与评估、供应链管理与系统设计、自动化物流中心设计、物流系统仿真、物流标准化及相关法规等研究。近三年来，完成省市及企业委托课题10多项，获得业界好评。

所长：刘庆林。

山东省民办高等教育软科学研究基地

山东省民办高等教育软科学研究基地挂靠在山东英才学院民办高等教育研究所，现已变更为民办高等教育研究院。民办高等教育研究院成立于2002

年，十多年来，研究队伍不断扩大，承担的课题逐年增多，获得的软科学成果的水平和质量明显提高，有些成果已进入领导决策程序或被有关部门、行业采纳应用，为山东省经济建设和社会发展发挥了重要作用。

基地的指导思想为：软科学研究必须坚持正确的方向，为改革开放和现代化建设各项重大决策服务；加强软科学研究，促进民办高等教育事业持续发展，为经济、社会作出更大的贡献。基地的宗旨为：加强软科学研究，为领导科学决策服务。目前，基地有专兼职科研人员 29 人，全部具有高级职称。在基地特约研究人员中，有来自中国教育科学研究院的于发友研究员、中国民办高等教育政策研究院的徐绪卿研究员、北京大学的阎凤桥教授等。

软科学研究基地的主要研究领域为高等教育发展战略与政策，共设三个研究方向，分别为：民办高等教育持续发展理论与决策支持；民办高校教师队伍能力建设与应用型人才培养；高等学校产学研合作模式与机制创新。三个研究方向的学术带头人分别为夏季亭研究员、张体勤教授和帅相志研究员。

主任：夏季亭。

2012年全省基层社科联建设工作报告

2012年在省社科联党组指导和各级党委领导下，全省基层社科联认真贯彻落实党的十八大和省第十次党代会精神，团结带领社科工作者，在学术研究、社科普及、社科评奖和组织建设等方面结合实际，不断创新，积极作为。全年工作主要呈现出如下特点：

一、整合资源推动理论研究，聚智资政服务党政决策

全省基层社科联紧紧围绕中心工作，因地制宜，积极发挥“联”的作用，优化社科评奖、学术交流等工作机制，积极推进社科规划和理论研究工作，推动社科成果转化应用，为各级党委、政府科学决策提供参考。

一是改进机制，促进交流，营造良好学术环境。滨州为加强社会科学课题管理的科学化，提升社科研究水平，制定了《滨州市社会科学规划课题管理办法（暂行）》；还与财政局联合出台《滨州市社会科学规划课题研究专项引导资金管理办法》，设立社会科学课题研究专项引导资金，重点扶持经济社会发展中的应用对策研究、重大基础理论研究、跨学科研究，以推进滨州社会科学创新体系建设。青岛社科联与市科学社会主义学会等联合组织“蓝色硅谷中青岛市民营企业发展研讨会”等9项重点学术活动，为学术交流搭建平台，组织学者就经济社会发展中的重点和热点问题开展研讨。济宁组织开展“解放思想跨越发展大讨论”学习研讨活动，并在《济宁社会科学》开设“大讨论”专栏，组织所属学会、研究会和社科理论工作者围绕发展县域经济、“大项目突破年”、“城市建设管理年”等市重点工作开展调查研究和学术讨论。为保证课题研究质量，日照、东营等地对重点课题进行公开招标，吸引了省内外高水平的研究机构前来竞标。威海等对立项课题进行全程督导，对课题进展中的问题逐一予以指导和协调。

二是围绕中心，服务大局，积极发挥智库作用。青岛积极整合驻青高校科研机构的智力优势，依托“双百调研工程”，切实推动课题研究从数量规模型向质量效益型转变，组织专家围绕“山东半岛与蓝色经济区”、“完善城乡社会保障体系”等重大课题开展研究，2012年各学会共完成课题和调研报告300余项，事业单位咨询30项，领导决策建议30项，获领导批示11次，其中主要领导作重要批示3次。淄博市会同宣传部等多部门，围绕当地改革、发展、稳定中的热点难点问题组织开展“百题调研”活动，收到调研成果247项，成果汇编正式出版后已提交市委、市政府有关部门作参考。潍坊紧扣市党代会主旨，以“四个潍坊”为重点，组织开展社科重点研究课题立项，共获申报课题467项，批准立项180项，资助课题15项；组织完成省委重大理论与实践问题研究课题《和谐社会建设评价指标体系研究——基于潍坊市社会“和谐度”评价》，还同潍坊学院、市委党校联合成立专家组参与2013年市政府工作报告的撰写工作。烟台公布《社科研究指南》，对繁荣发展地域文化等经济社会发展重大问题定方向、出题目，提供研究思路，得到社科工作者积极响应，目前已收到课题申请146项。日照市紧扣“文化建设年”主题，组织专家启动文化产业大调研活动，为全市文化建设献计献策。威海市充分发动全市社科力量，集中部署重点课题研究，研究成果进入市委理论学习中心组读书会。莱芜新开办《社科成果专报》，对重要研究成果及时报有关领导参阅。济南集中当地社科力量，组织重点课题研究，为党委、政府决策“聚智资政”。

三是结合实际，注重应用，努力推动成果转化。莱钢将理论研究和企业经营管理相结合，积极推动企业文化建设，获全国企业文化建设奖，其中在人文关怀和心理疏导方面的探索获业界认可，成为全国先进典型。胜利油田深入开展“走下去、讲起来、写出来”系列活动，走基层、上一线，对事关石油企业发展的重大理论问题开展研究，助推油田发展。日照市新建园林文化和文化事业研究等4个社科研究基地，积极推动社科成果应用转化。聊城市编辑出版了《聊城科学发展研究》一书，推动社科应用研究成果转化为现实生产力。

四是因地制宜，整合资源，全面提升文化软实力。泰安深入挖掘泰山文化精髓，突出亮点开展“泰山”研究：完成了泰山历史文献丛书《全泰山诗》和《全泰山赋》的编纂；组织拍摄纪录片《文化泰山》，大力弘扬泰山文化。聊城围绕聊城形象的实现途径和聊城文化软实力的提升，组织开展“塑造聊城形象从我做起”主题活动。临沂市围绕沂蒙精神和传统文化领域展开展研究，着手《图说临沂古代文化》、《临沂历史名人概览》的材料整理和编写工作，以推动当地文化的发掘与传承。

各市（企业）社科联在2012年的工作为社科界理论研究和学术交流营造了良好环境，为经济社会的发展提供了理论支撑和智力支持。

二、拓宽渠道做大社科普及周，服务社会做强齐鲁大讲坛

全省基层社科联围绕社会科学“进机关、进企业、进学校、进社区、进农村”的基本要求，广泛开展社会科学普及宣传教育工作，包括十八大精神的学习宣传工作。在搞好社科普及周的集中活动基础上，各地还积极通过各种渠道力促科普常态化，以增强社科普及的广泛性和有效性。

一是贴合实际，多措并举，十八大精神深入基层。全省基层社科联在抓好本单位学习基础上，积极担负起十八大精神的宣传工作。潍坊市社科联与市委宣传部联合，于2012年11月26日组织召开全市社科理论界学习贯彻十八大精神座谈会，组织专家就十八大精神的宣传贯彻进行研讨，包括社科联主席在内，积极参与到全市集中宣讲活动中。淄博市社科联组织社科界专家学者和理论工作者，围绕经济社会发展中的热点难点问题进行集中学习研究，并就群众提出的问题进行理论解答，推动十八大精神深入企业、农村、机关、校园、社区。济宁市组织开展学习十八大精神理论的选题征文活动，时间截至2013年1月31日，后期拟组织专家进行论文评审，获选论文将结集出版。

二是突出特色，百花齐放，科普周贴近百姓需求。科普周期间，青岛整合优势资源，以“率先科学发展，实现蓝色跨越”为主题，分五个板块逐层展开：开幕式暨主题报告会、现代海洋文化名城建设理论研讨会、专家笔谈、专家上网与网民互动，以及480余项群众性科普活动。德州市建立了市级科普专家人才库，并积极为专家服务地方发展搭建平台，组织20余专家深入基层开展科普活动。枣庄依托学会专家力量，省、市、区与科普基地四级联动开展科普活动，“进社区咨询，为群众答疑解惑；进农村采风，话新农村建设；进企业调研，助推企业发展”。莱芜一方面积极社科社团和社科工作者参与科普周活动，开展社科专家基层行18次，举办讲座50多场，另一方面，在报纸和电台开辟科普专栏，扩大社科普及覆盖面，形成了良好的科普氛围。

三是聚合资源，提高频次，社科讲坛走进百姓家。临沂社科联大力推动“市民大讲堂”，不断创新讲堂的形式和内容，提升社科普及的吸引力和影响力。东营积极打造“建设生态文明典范城市”高层论坛，协调各县区、学会组织社科报告会40多场，不断深化社科普及“五进”活动。济宁与儒家文化与企业发展协会等单位联合，面向全市五十名中小企业董事长、总经理每月两天集中举办“儒家文化与企业发展大讲堂”，内容涵盖传统文化、企业文化、管理知识、政策法规、形势教育、公文写作、企业创业经验体会等，旨在开阔受众视野，提高其理论与实践相结合的自觉性。莱钢建立了齐鲁讲坛－莱钢分坛，每年至少举办四次高端讲座，为干部职工普及社科理论知识。胜利油田积极依托“油田学术沙龙”进行科普宣传，营造了良好的人文气息和舆论环境。

四是加强合作，多方共建，科普载体遍地开花。各地多级联动，广泛开展“德耀齐鲁”道德示范基地建设活动，济宁、滨州等地的道德示范基地纷纷挂牌成立。临沂与北京走进崇高研究院建立合作关系，确定在临沂设立崇高精神研究教育基地的意向，为研究、宣传和弘扬沂蒙精神提供新平台。菏泽毛泽东像章纪念馆——省社科普及教育基地揭牌成立。德州命名了6个单位为首批市级社会科学普及示范基地，为科普深入开展建立了新的桥头堡。潍坊为丰富科普载体，支持社科工作者编写科普读物，推出社科普及读物出版资助项目，2012年对《以经济学思维看世界》等5本科普读物分别给予1.5万元的资助。烟台在《烟台社会科学》相继开设了“落实‘十二五’规划”等多个专栏，社科普及阵地不断增加；同时，与胶东在线等合作，积极推进社科普及的信息化、网络化建设。青岛积极拓宽科普渠道和方式，全年举办科普展览80余次，培训班130余期，出版科普书籍50部，制作专题电视节目40个。日照引进市场化手段，举办“首届园林文化节”，喻科普教育和休闲娱乐与一体，深受欢迎。

一年来，各地依托自身优势，在科普载体、形式和内容等方面持续创新，全省的社科普及工作进一步深入发展。

三、完善机制助推社科发展，科学评奖激励人才成长

社科评奖是促进学科均衡发展，舆论方向引导，研究成果转化，人才发现与培养的有效手段。一年来，各地积极健全完善社科评奖机制，激励社科人才成长，推动社科界多出成果。

为保证评选工作的科学性和规范性，各地纷纷在制度上下工夫。滨州为提高评奖的科学化、规范化水平，总结梳理了前20次评奖工作的经验和不足，借鉴省、兄弟市评奖规则和办法，经反复论证后，重新修订了《滨州市社会科学优秀成果评选工作实施细则》，细则实施后申报成果数量翻倍。聊城制定了《聊城市第十八次社会科学优秀成果奖评选工作实施细则》和《聊城市社会科学突出贡献奖、学科新秀奖评选奖励实施细则》，并对评选委员会部分委员作了调整，提高了专家、学者等专业技术人员所占的比例，以保证评奖的科学性和权威性。莱芜按照“政治导向与学术含量统一、学术价值与应用价值统一、成果本身与成果影响统一”原则，设计主客观分评价标准，在评奖中突出成果的应用价值和社会影响力。淄博下发《淄博市第二十五次社科评奖工作实施细则》，细化流程，坚持以文论奖，学术面前人人平等原则；同时经过系统论证，大幅提高了社科优秀成果奖金额度，以进一步发挥社科评奖的导向作用。为加强对中青年优秀社科人才的选拔、培养和扶持，调动青年社科工作者的积极性和创造性，潍坊推出“首届中青年社会科学研究十佳拔尖人才和优秀人才评选”活动，从43名候选人中评选出10名“中青年社科研究拔尖人才”，从65人中评选出30名“优秀人才”。社科评奖工作有序开展，促进了全省社会科学的繁荣。

四、管理创新助推组织发展，制度建设夯实基础架构

《中共山东省委关于认真贯党的十七届六中全会精神加快建设文化强省的意见》强调，要求加强哲学社会科学研究，繁荣哲学社会科学，“加强县（市、区）社科联组织建设”。对我省各级社科联特别是县级社科联建设提出新的更高要求。

一是强基固根，重点推进县级社科联组建工作。2012年初，省社科联党组确定把县（市、区）社科联建设作为一项重点工作来抓，提出用3年左右的时间在全省80%的县（市、区）和有关企业建立社科联组织的工作目标。省社科联组联部先后组织各市社科联赴广西、福建、四川进行组织建设工作调研学习，撰写综合性组织建设调研报告3份，供党组参考。从5月起，省社科联成立5个调研工作组，党组成员分片带队到全省各市进行组织建设调研，撰写专题调研报告5份，在汇总分析研究的基础上，联合多个部室共同起草了《关于加强县（市、区）社科联建设的意见》，并建议以省委宣传部的名义下发各市党委宣传部和省直有关部门。7月9日，省委宣传部正式下发《关于加强县（市、区）社科联建设的意见》（鲁宣发〔2012〕33号），把基层组织建设作为党的思想宣传工作的重要组成部分，纳入各市、县（市、区）党委宣传部和社科联年度工作考核体系，着力推动组织建设。8月13日至15日，省社科联在蒙阴举行2012年党组理论学习中心组读书会，17个市和3个企业社科联参加会议，围绕加强县（市、区）社科联建设工作研究具体推进方法和措施。会后，省社科联党组书记、副主席杨瑛同志就贯彻落实省委宣传部《关于加强县（市、区）社科联建设的意见》文件精神，先后赴全省17市进行调研督导。

各市社科联与市委宣传部联合深入县（市、区）开展调研，积极推进基层社科联建设工作。潍坊市走在全省的前列，全市12个县（市、区）中率先成立了11个社科联，6所驻潍高校和2家企业的社科联也已建立；枣庄市6个县级社科联已获编制，组建工作取得实质性突破；德州市通过积极工作，已有2个区县成立了社科联；淄博学习其他市成功经验，深入张店、淄川、沂源等区县调研、座谈，有4个区县有望近期成立。泰安市6所高校中已有5所高校社科联在2012年上半年成立；滨州市结合当地实际，本着“先易后难、逐个突破”的原则，4所高校社科联正在筹备中，计划2013年初完成组建工作。其他地市，如威海、莱芜、烟台等地的县（市、区）区社科联和高校社科联组建工作也取得不同程度进展。

截至2012年底，全省已成立27个县（市、区）、12个高校、2个市属企业社科联。暂未成立基层社科联的市相继起草了调研报告，下发了相关文件，并协调市、县委宣传部和编办积极推进该项工作。

二是注重引导，不断提升社团发展能力。济宁在所属社科类社团中组织开展“基层组织活动年”活动，社团党组织应建尽建，所属36个社团党组织覆盖率达到了67%，党的工作覆盖率达到了100%。青岛注重学会规范化管理，增强社团运营能力，在全国第23次大中城市社科联会议中，教育学会、办公室工作研究会获标兵学会称号，统计学会、税务学会、财政学会获先进学会称号。淄博按照《淄博市社会科学学会管理办法》要求，指导各学会规范召开年会、理事会，举办学术活动。烟台不断强化对学会的管理，积极吸收新兴、边缘、交叉学科、本地文化研究等团体会员，社团队伍不断壮大。莱芜社科联联合市委宣传部、市民政局印发《莱芜市社会科学界社会团体管理办法》，明确有关单位职责，理顺工作流程，促进社团管理工作的规范化，2012年所属社科社团顺利通过年检，金融学会、钱币学会完成了换届工作，民间文学研究会被评为市创先争优先进社团。

2012年全省基层社科联工作取得了一系列新进展，但仍存有一些问题：一是各市社科联发展不平衡，尤其是在组织建设方面，有些市已经几乎全覆盖，但还有部分市的工作仍未能取得突破性进展。二是，有的市社科管理体制不够完善，经费投入仍显不足，工作手段有待进一步丰富。面对全省基层社科联建设中存在的问题和不足，需要我们保持清醒的头脑，强化责任意识，积极寻求突破口，努力做到工作开展有新思路、工作作风有新转变、制度建设有新加强、干部队伍素质有新提高，事业发展有新进展、新成效。

市、有关企业社科联

济南市社科联

2012年，济南市社科联按照年初制定的工作目标，围绕中心，服务大局，不断拓展新平台，打造新品牌，推出新亮点，圆满完成了各项工作任务，在理论研究、学术交流、社科知识普及、社团管理、成果评选、期刊编辑、组织队伍建设和机关建设等方面取得了显著成绩。先后被为2012年山东省社会科学普及工作先进单位，济南市文明单位。

（一）加强学术研究，服务决策能力积极有效。在理论研究方面，主要突出了主题学术年会。本年度的学术年会围绕“济南发展新境界：实力·活力·魅力”这一主题展开。来自省市社科界的专家学者从转变经济增长方式与打造实力济南、加快济南城市文化建设、加强党的建设等不同角度进行了深入研讨，形成了《深化改革开放是实现济南新发展的必由之路》、《加快济南城市文化发展战略研究》等一批有深度、有价值的研究成果。围绕市委、市政府中心工作，聚集社科界研究力量承担完成了《济南市社科类社团发展研究》、《行政管理视域下行政执法体制改革问题及对策研究》、《社会稳定视阈下的社会控制机制研究》等社科规划课题，广泛深入地为党政科学决策服务。牵头组织省市专家学者进行创新城市管理课题调研，撰写了《为人民管理城市——济南市创新城市管理的实践及启示》调研报告，在《求是》杂志2012年第5期刊发。《大众日报》全文转发，引起了较大社会反响。该成果还获得2012年全市宣传文化系统“三个一切”主题教育活动创新实践优秀成果。

（二）丰富活动载体，社科普及工作成效显著。立足于“围绕中心、贴近现实、走进大众”的原则，组织开展了省暨济南市第九届社科普及周活动。本次社科普及周以“提升公众人文素养，推动文化强省建设”为主题，重点开展了理论大众化大型主题展览、理论热点面对面咨询服务、流动图书馆现场服务、向社区群众代表赠送社科普及读物等多层次科普活动，同时还为省级社科普及教育基地——济南市商埠文化博物馆揭牌。省市多家媒体进行了跟踪报道，形成了社会各界关心、关注、参与社会科学知识普及的热潮。做好做实人文济南讲坛。坚持资源共享、协同发展的理念，筛选专家学者，征集讲座题库，搭建专家学者从小课堂走向社会公众的大平台。先后举办了以《济南近代城市历史文化遗产保护与利用》、《高效团队建设与管理》等为主题的十余场讲坛活动，努力实现集中性与常态化科普教育的有效结合。社科普及周活动获得2012年全市宣传文化系统“三个一切”主题教育活动服务群众优秀宣传文化品牌。所推荐申报的济南市商埠文化博物馆获得全国优秀人文社科普及基地称号。

（三）强化规范管理，基层学会发展健康有序。加强与所属学会的协调沟通，坚持寓管理于服务，以服务促发展，推进学会建设和功能培育。结合学会创新发展年专项活动，从思想、组织、制度、业务等层面加强对学会的建设与管理，推动学会制度化、规范化建设。组织完成了直属学会信息报送和年检等工作。顺利完成了济南市历史与文化学会、济南市财政学会两个社团换届工作。有重点地指导学会开展了一系列主题鲜明、影响力强的学术活动，逐步培育学会的自我创新能力。济南市图书馆学会的“书香泉城”、槐荫区社科联的“理论超市”等品牌活动都取得了较好的社会影响。在2012年7月举办的全国大中城市社科联工作会议上，市图书馆学会、市教育学会荣获“全国大中城市标兵学会”称号，市税务学会等3个学会荣获“全国大中城市先进学会”称号。

（四）认真组织评奖，优秀成果质量不断提升。组织济南市第27次社科优秀成果奖评选工作。评选工作历经了消息发布、成果受理、资格审查、组建评委会、初评终评、成果公示等环节，最终从137项参评成果中评出一等奖7项，二等奖23项，三等奖50项。从获奖的情况来看有以下特点：一是获奖成果覆盖面广。基本涵盖了哲学、政治、经济、党建、新闻、文学等众多领域。获奖者既有高校专家学者，也有来自实际工作部门的领导和一线同志。这充分说明社科评奖工作正在形成一种多学科、全方位、多层次的格局。二是为经济社会发展服务的成果突出。选题为中小企业自主创新、发展低碳经济、生态文明建设、食品安全民生满意度等社会普遍关注的经济社会发展问题占有相当的比例，无论在思想性、应用性还是创新性等方面都较为突出。部分获奖成果还被党委政府批示、采纳。三是具有地域文化特色的成果令人耳目一新。研究济南城市品牌、文化创意等方面的成果明显增多，出现了诸如泉文化研究、济南非物质文化遗产研究、南部山区旅游开发研究等成果。可以看出社科工作者在关注现实、为中心工作服务的同时，也对泉城文化进行潜心研究和发掘，为济南市的特色文化研究提供了宝贵资料。

【机关建设·机构】

机关一部室和1名同志分别被评为全市理论教育工作先进单位和先进个人。进一步完善了社科联党组会、民主生活会、办公会、财务管理、党务公开等各项规章制度。严格执行干部人事制度，加大对干部的锻炼培养，选派1名副处级干部到村挂职担任“第一书记”，采用竞争上岗的方式选拔2名处级干部。2012年社科联机关被评为市级文明单位。

济南市社科联领导班子：

主　席：谭延伟

副主席：王　军　陈居忠　郭　涛

副巡视员：闫　刚

济南市社科联党组：

党组书记：王　军

成　员：陈居忠　郭　涛　闫　刚

内设机构：

秘书长：田海英

办公室：副主任　吕　军

学会科普部：副部长　苑　红

青岛市社科联

2012年，青岛市社科联立足抓品牌培育、抓质量管理、抓制度建设，团结组织全市广大社会科学工作者，奋发努力，开拓创新，先后被山东省委宣传部、省社科联评为山东省社会科学普及工作先进单位，被市委社会组织工委评为市社会组织创先争优活动先进单位。

一、组织完成“双百调研工程”课题研究。年内组织专家围绕“山东半岛与蓝色经济区”、“完善城乡社会保障体系”等重大课题进行专题研究，提交研究成果30项，获得领导批示11次，其中市主要领导作重要批示3次；组织召开2011年度课题立项评审会，经专家评审，共立项课题63项；编辑完成了《青岛市经济社会发展研究报告》，送市人大和市政协“两会”代表和有关部门参阅。在“双百调研工程”的带动下，年内各学会共完成课题研究和调研报告300余项，完成企事业单位决策咨询30项，为领导提供决策建议30项，为青岛市的经济社会发展作出了贡献。

二、组织完成社科普及周活动。2012年5月18日至6月1日，由山东省委宣传部、山东省社科联、青岛市委宣传部、青岛市社科联、齐鲁晚报联合主办，青岛市社科联承办的山东省暨青岛市第九届社会科学普及周活动成功举办。本次活动以“率先科学发展，实现蓝色跨越”为主题，举办了主题报告会、专家笔谈、理论研讨、网上交流、群众性科普活动五大板块共480余项活动。主题报告会邀请国家海洋局原党组书记、局长孙志辉作《关于国家海洋战略的思考》专题报告。专家笔谈邀请来自驻青高校、党校、社科院的专家，围绕实现蓝色跨越，从蓝色理念、西海岸经济等多个角度撰写文章，为青岛实现率先科学发展献计献策。理论研讨会以“现代海洋文化名城建设”为题，围绕“城市精神的重塑、发展海洋主题文化、青岛蓝色硅谷文化、青岛海洋文学与海洋文化”等主题进行研讨，收到论文100余篇，对青岛建设现代海洋文化名城提供了建议和对策。网上交流活动以“青岛城市精神”为主题，专家学者围绕如何塑造培育新时期城市精神与网友进行了深入探讨，提出并解答热点问题60余个，90分钟访问量达2万多。

三、组织完成重点学术活动项目。年内，先后与市科学社会主义学会、市历史学会、市古典文学研究会、市市场经济研究会、市民营经济研究会、市统计学会、市国际关系学会、市高校思想政治教育研究会联合组织召开了“党的十八大与中国特色社会主义理论体系学术研讨会”、“青岛主权回归与1920年代的中国学术研讨会”、“文化名人与近代青岛文学发展学术研讨会”、“青岛市文化产业特色发展战略学术研讨会”、“蓝色硅谷中青岛市民营企业发展研讨会”、“青岛市人口与经济社会发展学术研讨会”、“青岛与东北亚经济文化关系学术研讨会”、“网络媒体与高校思想政治教育理论研讨会”、“农业科技创新与青岛农业发展学术研讨会”9项重点学术活动。参会专家学者400余人次，收到论文360余篇，编印论文集9册，编辑出版《青岛社会科学》1辑。“蓝色硅谷中青岛市民营企业发展研讨会”紧密围绕青岛经济运行中的重大问题，主题鲜明、立意深远、调研深入，被山东省社科联批准为2012年重大学术活动。

四、组织完成重点科普活动项目。年内，完成青岛市教育学会承办的教育科学“十二五”课题研究系列活动、青岛市饮食文化研究会承办的弘扬饮食文化 建设宜居幸福城市——青岛市绿色营养健康饮食科普活动、青岛市档案学会承办的青岛历史文化讲座、历史展览进校园进军营系列活动、青岛市国学学会承办的国学经典与中华文化系列活动、青岛沙滩文化协会承办的第二十一届青岛国际沙滩节、青岛市收藏与鉴赏研究会承办的“看汉画像砖 品味传统文化”系列活动、中共胶州市委宣传部承办的谈古论今知胶州——胶州市非物质文化遗产知识普及教育活动、中共平度市委宣传部承办的提升市民人文素养、展现胶东特色文化系列活动、青岛市民商法研究会承办的第二届“关爱明天 普法先行”——青少年普法教育活动、青岛市传播学会承办的青岛市食品安全、健康生活科普系列活动共10项重点科普活动。活动取得了较大的社会反响，例如：“看汉画像砖、品味传统文化”系列活动共组织了8000余名大中小学生、教师和市民参观汉画像砖博物馆；市国学学会在高校、企事业单位作传统文化讲座200余场，听众达15000余人次；中共胶州市委宣传部通过宣传普及胶州的历史文化，增强了市民的文化归属感，推动了胶州市历史文化名城的建设。

五、强化社团的引导服务功能。年内，组织召开了五届五次全委扩大会。加强了对全市71家社科界社团的管理服务工作，完成2家社团换届选举，批准成立新社团1家，指导所属社团年度检查，健全社团组织建构，增强社团运营能力。年内，全国第23次全国大中城市社科联会议中：教育学会、办公室工作研究会获标兵学会称号，统计学会、税务学会、财政学会3家社团获先进学会称号。统计学会基层党组织被青岛市委社会组织工委评为先进基层党组织。

【机关建设 · 机构】

青岛市社科联是中共青岛市委领导下的学术性群众团体，是党和政府联系全市社科界的桥梁和纽带。始建于1984年，1994年与青岛市社会科学院合署办公，1999年加挂青岛市城市发展研究中心牌子。编制20人，内设学会部、科普部、办公室3个科室。所属社团71个，拥有会员2万余人，联系着驻青高等院校、党校、社科研究部门、部队院校和党政部门研究机构，具有学科齐全、人才荟萃、联系面广的综合优势。

青岛市社科联（社科院）领导班子：

主席（院长）：徐万珉

副主席（副院长）：佟宝军（2012年6月调入）

任银睦　张　毅

杨华新（2012年6月调入）

秘书长：任银睦

纪检组长：张　勇

青岛市社科联党组：

党组书记：徐万珉

党组副书记：佟宝军

成员：任银睦

张　勇

张　毅

杨华新

纪检组长：张　勇

内设机构：

办公室：主任　唐　珊

学会部：副部长　肖建来

科普部：副部长　刘　梅

淄博市社科联

2012年，淄博市社科联工作以科学发展观为指导，加强社科资源整合，服务中心工作，突出工作品牌，团结和带领广大社会科学工作者，求真务实，开拓创新，为繁荣发展淄博社会科学事业和推动经济社会科学发展作出了积极贡献。

一、理论研讨和调研活动

1. 市社科联会同市委宣传部、市委政研室、市发改委、市政府研究室、市委党校、市委讲师团于2012年4月—10月，联合组织开展了“百题调研”活动。本次调研活动参与调研人员超过300人，共收到集体和个人上报的调研成果247项，评出一等奖50项，二等奖70项，三等奖127项。选优秀成果编辑出版《2012百题调研文集》向各级领导和部门推荐。

2. 党的十八大召开后，及时下发《关于在全市社科界深入学习贯彻党的十八大精神的通知》，组织开展了党的十八大精神学习宣传研讨系列活动。

二、社科宣传普及工作

1. 市委宣传部、市社科联于5月21日至5月27日在全市组织举办了2012年淄博市社会科学普及周活动。本次科普周活动的主题是：“提升公众人文素养，推进文化强市建设”。社科普及周期间，各区县、市直各有关部门、高校、社科学会等单位，围绕主题，组织报告会、系列讲座、送戏曲进农村（社区）、文艺展演、读书节等共计180余项。市社科联被省委宣传部、省社科联评为“2012年社科普及周活动优秀组织单位”。

2. 组织做好“齐鲁大讲坛”淄博分坛的高端讲座。全年各分坛共举办讲座62场，受众达9万多人次，产生了良好的反响和品牌效应。

3. 认真办好《淄博社会科学》理论期刊和淄博社科网。全年共编辑出版《淄博社会科学》6期，约80万字，开办了“学习宣传贯彻党的十八大精神”、“理论探索”、“稷下论坛”、“民生政策宣讲站”等栏目。充分发挥社科网的作用，及时宣传党和国家的大政方针政策，普及社科知识，加强交流互动。

三、社科优秀成果奖评选工作

1. 2012年4月—10月，组织开展了淄博市第二十五次社会科学优秀成果奖评选工作。共收到参评成果202项，通过评选，共有120项成果获奖，其中，市决策咨询优秀成果奖2项、一等奖12项、二等奖36项、三等奖70项。评奖结束后，选取了部分优秀获奖成果编辑出版了《淄博市第二十五次社会科学优秀成果奖获奖文集》，向各级领导和部门推荐，促进成果转化。

2. 积极组织推荐优秀社科成果参加山东省第二十六次社会科学优秀成果奖评选，共有4项成果获奖。

四、组织队伍建设

1. 积极贯彻省委宣传部《关于加强县（市、区）社科联建设的意见》，在认真调研的基础上，对区、县社科联的性质、体制、机构设置和运作方式提出意见，张店区、淄川区、沂源县社科联正在成立中。

2. 不断加强对各学会的日常管理，督促学会按时换届，指导各学会召开年会、理事会，举办学术活动，开展科研、学术、咨询服务工作。积极发展吸纳新学会，2012年12月，发展成立了淄博陶瓷藏友协会。目前，全市社科学会的总数已达到了56个，会员人数近2万人。

五、机关党建工作

一是根据市委的要求，在社科联机关党员干部中开展了“恪守从政道德，保持党的纯洁性”主题教育活动。二是扎实推进学习型党组织建设。6月，市社科联党组被市委表彰为全市学习型党组织建设先进领导班子。三是文明单位创建工作取得显著成效。4月，市社科联被市委、市政府命名表彰为2011年度“淄博市市级文明单位”，被评为“全市创建全国文明城市工作先进单位”。

六、“第一书记”包村帮扶工作

社科联党组成立了由一把手任组长的帮扶领导小组，提出了以培植“造血”功能为主的包村工作思路，制定了李黄村三年工作目标和年度工作计划。多方协调，争取10万元资金，建起了标准化的村级组织活动场所。组织村民到多家养殖基地参观学习，聘请专家进村授课，引导村民科学养殖。协调有关单位为村民添置了八套健身器材，一千册图书，丰富了村民业余文化生活。

淄博市社科联领导班子：

主席：王春林

副主席：王　远　司文秀

秘书长：王军

淄博市社科联党组：

党组副书记：王春林　王　远

成员：司文秀　王　军

内设机构：

办公室：主任　陈　攻

组联部：部长　崔兴莹

枣庄市社科联

2012年，枣庄市社科联积极开展社科研究、学术研讨和社科普及、学会管理等各项工作，取得了较好的成效。被省委宣传部、省社科联授予全省社科工作先进单位、全省社科普及周活动先进集体。

一、周密组织“科普周”活动。以“提升公众人文素养，推动幸福新枣庄建设”为主题的枣庄市2012年社会科学普及周活动于5月份成功举办。这次社科普及周活动主要采取了与全省同步，省、市、区（市）社科普及基地四级联动，同时进行。在省级社科普及基地台儿庄大战纪念馆与省社科联联合举办2012年山东省暨枣庄市社会科学普及周开幕式。省社科联党组书记、副主席杨瑛宣布活动开幕；省社科联副主席薛庆国代表省社科联向省级社科普及基地台儿庄大战纪念馆赠社科普及图书；枣庄市委常委、宣传部长张宝民代表主办方致词。开幕式结束后，举办了全省“理论大众化”巡回展，省社科联展出的40块展板集中展示了我党的成长历程、理论创新及热点民生问题，对党新时期的政策方针有了更好的解读。进行了社科专家与公众面对面咨询服务活动，组织国学、易经、养生健身、金融、教育等学会等进行义务咨询活动，为群众答疑解惑，免费赠送图书、宣传材料等300余份。组织与会人员共同参观了省级社科普及基地台儿庄大战纪念馆。在“普及周”活动期间我们还举办了系列活动。一是举办高端讲座。为适应城市转型要求，增强我市企业核心竞争力，培养科学经营理念，与市企业发展研究会联合邀请中央电视台“百家讲坛”主讲人、教授、博士生导师、中国政法大学商学院党委书记、副院长李晓在市政大厦报告厅举办《传统商道智慧与现代企业经营》报告会，来自我市各行各业的300余名同志参加了报告会，反响热烈。二是举办系列学术讲座。充分发挥齐鲁大讲坛·枣庄市民大讲堂的引导作用，与市易经学会联合在市图书馆举办了《中华传统文化与人生智慧》专题报告会。枣庄学院、市教育学会联合在师生中开展了系列学术讲座活动，针对文学艺术、学习生活及以怎样的心态走上社会、干事创业等方面，邀请10余位成功人士作报告，精彩的讲座为学生们树立正确的世界观、人生观和价值观起到了积极的作用。三是现场咨询服务活动。市中老年科学养生健身学会及市易经学会组织专家针对健康、养生等问题，在广场、社区进行免费咨询、培训活动。普及周期间，市易经学会举办了两期免费培训班，为广大易经爱好者提供精神大餐。四是社科专家基层行活动。市公共关系协会组织部分会员走进农村，开展新农村建设采风活动。市区域经济学会组织部分会员专家到我市南水北调水利工程进行水资源情况调研。山东青年世界语协会秘书长杨松及骨干成员赵倩澜、陈咏在枣庄世界语协会副会长孙明孝及尼泊尔世界语者爱琳卡陪同下，到枣庄职业学院访问，进行学术交流，既提高了我市世界语水平，又宣传了枣庄。市国学教育促进会走进华厦诗词研究会，与他们联合举办笔会活动；举办“台枣夕阳红文化沙龙”，走进在台儿庄工作生活过的离退休干部中去，与他们共同切磋技艺、谈古论今，传承优秀国学文化，并针对当前我市发展形势，提出促进经济文化发展的建设性意见。五是网上交流活动。邀请省内外社科界在研究和宣传科学发展观、经济、文化、教育等方面有影响力的专家学者，开展以“科学发展大家谈”为主题的网上交流活动。保护传承文化遗产活动。市国学教育促进会5月份在台儿庄召开传承古文化展览会，拟申报“泗滨浮磬”非物质文化遗产，为我市传承古文化作出贡献。六是举办多种形式的专题活动。市演讲朗诵学会举办了全国大学生演讲比赛枣庄选拔赛，来自全市大专院校以及部分枣庄籍大学生30多人参加了本次比赛；枣庄赛区的选手，在山东寿光举办的全国大学生演讲比赛上取得两个团体奖；与枣庄市总工会、枣庄市作家协会等联合举办了枣庄市职工原创诗歌及朗诵大赛，参赛作品200多篇，朗诵选手60多人，在社会上取得了较大反响；学会开展演讲比赛及知识竞赛活动，先后参与了市水利渔业局、市安监局、市卫生局举办的主题演讲比赛。在《枣庄社会科学》杂志上继续开展专家理论笔谈活动。以枣庄市社科联网站及《枣庄社会科学》为平台扩大社会宣传的影响力和感染力。同时，充分利用各种媒体进行宣传，实现了报纸有文字、电台有声音、电视有形象，做到活动前有预报，活动中有报道，活动后有反响，使社科普及活动更加深入人心。

二、成功举办“枣庄市民大讲堂”活动。举办了7场枣庄市民大讲堂活动：3月31日，枣庄市民大讲堂第十三讲在枣庄市图书馆举办。枣庄市委讲师团教授、全省讲师团系统优秀教员、全省名师送教和优秀党课下基层骨干成员、枣庄市优秀青年科技人才、枣庄市优秀共产党员、枣庄市十次党代会精神宣讲团成员王辉作“建设‘幸福新枣庄’——市第十次党代会精神宣讲”。200余人参加了报告会。4月28日，枣庄市民大讲堂第十四讲在枣庄市图书馆举办。值公务员考试进入面试阶段之际，应广大市民朋友要求，我们特邀枣庄市公共关系协会副秘书长、市公共关系学校校长、中国公关协会优秀会员、山东省首届文博会枣庄区策划人、中国联通、移动枣庄分公司首选培训机构负责人、高级培训师战红卫，针对面试中应注意的问题及应试技巧做题为《公务员面试礼仪及心理调适》讲座，200余名进入面试人员听取了讲座。5月19日，枣庄市民大讲堂第15讲在枣庄市图书馆举办。特邀中国周易研究会执行秘书长种衍排作题为“中华传统文化与人生智慧”讲座。200余名易经爱好者和市民认真听取了讲座。6月15日，由市委宣传部、市社科联、枣庄日报社等部门主办的“枣庄市民大讲堂”第16讲在市政大厦开讲。讲座邀请中华文促会驻会副主席、中国对外文化交流协会常务理事金坚范先生作了题目为《和合文化》的专题报告。“和合文化”是中华文化的精髓，代表了中华民族和谐、融合的精神。金坚范先生用生动的语言和鲜活的实例，对“和合文化”进行了深入阐释，使听众受益匪浅。市直宣传文化系统及市直部门分管负责人等200余人参加了报告会。7月29日，枣庄市民大讲堂第17讲在市图书馆举办，枣矿集团技术学院党委书记、高级培训师赵振艾主讲：早教开启智慧人生。200余名家长、孩子听取了报告。8月25日，枣庄市民大讲堂第十八讲在枣庄市图书馆举办。由中国演讲与口才协会理事、中华教育艺术研究会理事、枣庄市演讲朗诵学会副会长兼秘书长张健鹰作题为“沟通改变人生，口才助你成功”的普通话、演讲与口才知识讲座。200余名机关干部及演讲爱好者听取了报告。11月24日，枣庄市民大讲堂第十九讲在市图书馆二楼报告厅成功举办。特邀中国民族文化研究院研究员、鉴定委员会委员皮学齐作“艺术品鉴赏与投资”专题讲座，来自全市各界艺术品收藏爱好者200余人听取了讲座。

“枣庄市民大讲堂”自2010年10月份开讲以来，已连续举办了19期和4个专场，经过两年多的探索与实践，市民大讲堂的社会效应日益显现，受到了广大市民的普遍欢迎，已成为我市理论服务群众的品牌。

三、加强基层社科联组织建设。市委宣传部及时转发了省委宣传部《关于加强县（市、区）社科联建设的意见》，并对贯彻落实好省委宣传部《意见》、搞好我市区（市）社科联建设提出了明确要求。2012年12月21日在市社科联与台儿庄区委、区政府及区委宣传部的共同努力下，台儿庄区社科联召开了成立大会，成为我市第一个区级社科联组织。到目前为止，滕州、市中、峄城也已相继批出编制，进入了成立大会的筹备阶段，其他区也已经明确表示尽快召开编委会研究批复编制和职数。

四、努力办好《枣庄社会科学》杂志。《枣庄社会科学》是社会科学工作者发表成果的园地，学术交流的平台，传播社科知识的主阵地，也是为市委市政府领导提供社科咨询服务的重要形式。为了把杂志办好，加强了栏目的特色性和针对性，加强了重点栏目的建设，加强了约稿工作力度。为使《枣庄社会科学》杂志办得更具特色，2012年，我们对杂志出版工作进行了精心筹划，将原来的封面和板式重新进行了设计，使之即能反应自己的特色，又不失稳重，同时对个别栏目也做一些调整，使之更加机动灵活，通过努力，改版后杂志受到各方面好评。

五、切实强化社科队伍建设。枣庄市社科联现有学会、协会、研究会46个，它们团结和联系着全市的社科工作者。为充分履行业务管理和服务职能，今年以来，紧紧把握社科联与学会一盘棋的工作理念，在抓好自身建设的同时，坚持以人为本，寓管理于服务之中，做到既严格按章管理，又积极热情服务，促进了全市社科类学会的发展，得到了广大社科工作者和有关方面以及社会各界的充分肯定。社科联人员少，但工作联系面广、要求高。为此，我们首先从提高干部队伍思想素质入手，加强思想教育，努力提高敬业精神。广泛开展读书育人活动，严格落实学习制度，努力提高业务水平。强化学会管理。结合市民政局的年检工作对所属社会团体进行了重新统计、登记工作。为争取各方支持，日常管理上，我们加强了市民政部门的联系，就所属社团的管理问题进行了沟通和协调。认真搞好有关学会换届工作。根据年度计划，积极筹备部分学会换届工作，这是社科联队伍建设中的一件大事，是提高社科队伍整体素质的一次契机，为确保换届工作成功举行，我们认真审查，严格把关，规范程序，使学会换届工作有序进行。

六、圆满完成社科成果奖评选工作。枣庄市第二十一次社会科学优秀成果奖评选会议于2012年12月26日召开。整个评选会议牢牢把握正确导向，坚持“二为”和“双百”方针，坚持公平、公开、公正原则，评奖程序严格、规范。根据市委、市政府颁发的《枣庄市社会科学优秀成果奖评选办法》规定，对专家评选出的结果进行认真审核调整，并经枣庄市社会科学优秀成果奖评选委员会主任会议审定，最终确定本次评选获奖结果为：一等奖2项，二等奖13项，三等奖42项，优秀奖46项。

领导班子：

主席：邱家和

副主席：张思春　时光义

内设机构：

办公室　学会部

东营市社科联

2012年，东营市社科联紧紧围绕实施黄蓝国家战略、推进生态文明典范城市建设这个大局，切实加大课题调研力度，努力提升社科普及水平，不断增强学会自我发展能力，全市社会科学工作保持积极健康向上的良好态势。市社科联被省委宣传部、省社科联表彰为“2012年度全省社会科学普及工作先进单位”，获得“全市先进学习型党组织”、“市直机关先进基层党组织”等荣誉称号。

一、社科研究

2012年，我们紧紧围绕市委市政府中心工作，扩大课题征集范围，推出了一批有分量、有价值的科研成果。一是立项课题16项，采取委托研究和公开竞标的方式，确定了课题的承担者；二是根据市委领导的安排，将“建设生态文明典范城市”作为重大研究课题立项，先后与多家国内外知名研究机构进行联系和沟通，为做好课题的研究工作做了充分准备。三是积极推进研究成果的转化应用，全年上报《成果要报》4期，市委领导对《黄河三角洲（东营）生态补偿机制研究》等课题作出重要批示。四是对完成研究任务的课题组织鉴定，全年共鉴定课题14项，并及时办理课题结项手续，拨付课题资助经费。五是组织开展了“建设生态文明典范城市”理论研讨活动，与市人力资源和社会保障局组织举办了“事业单位改革论坛”征文活动，对促进我市事业单位人事制度改革起到了很好的引领和助推作用。六是发布了《关于征集东营市2013年度社会科学研究课题的通知》，为2013年课题立项工作打下良好基础。

二、社会科学学会工作

2012 年，我们把加强与学会的联系和沟通作为推进学会建设的重要手段，切实做好学会的服务和指导。一是组织学会积极参与课题研究、社科普及、社科评奖、学术研讨等活动，注重发挥学会的理论骨干示范带动作用，增强了学会的自我发展能力，提高了社会科学工作的影响力。二是把学会秘书长培训工作和学术交流活动紧密结合，以研代训，取得了良好的效果。三是积极参加全国大中城市社科联第 23 次工作会议，我市党建理论研究会、国际税收研究会、教育学会、法官协会分别被表彰为全国标兵学会和全国先进学会。四是引导学会围绕自身工作积极开展活动，与市委宣传部联合主办了孔子研究院承办的“山东泰然杯”黄河三角洲首届国学论坛。

三、社科普及工作

2012 年，我们重点推进“齐鲁大讲坛”东营分坛与社科普及周两大科普品牌的有机结合。举办了“2012 年山东省暨东营市社会科学普及周活动开幕式”，活动得到了市委市政府领导的高度重视，省社科联党组书记杨瑛、副主席薛庆国出席了开幕仪式。科普周期间，与部分市直单位及各县区等部门联合，组织“齐鲁大讲坛”高层论坛和系列专题报告会 40 多场，增强了社科普及工作的广泛性和实效性。二是与市教育局、市城市管理局联合组织开展了“保护环境，从我做起”征文比赛活动。通过活动的开展，进一步提高了全市中小学生的环保意识。三是与市委宣传部联合对社科普及工作中涌现出的先进集体和先进个人进行了通报表彰。四是我市有两篇社科普及作品获得第二届山东省社会科学普及与应用优秀作品二、三等奖，实现了我市社科普及作品获省级奖励的重大突破。

四、《黄河口社会科学》

《黄河口社会科学》继续坚持围绕中心、服务大局的办刊理念，调整栏目设置，组织理论探讨，普及社科成果，交流实践经验，反映工作动态。全年共编辑出版 6 期，刊发理论文章 170 余篇，成为我市社科界理论研究、学术交流、社科普及的重要理论阵地。

五、社科成果评选

2012 年，完善社科评奖办法，规范评奖程序和奖项设置，切实提高优秀社科成果奖评选工作的权威性、公正性和影响力。完成了第 21 次社科优秀成果奖的评审工作。整个评选过程牢牢把握正确导向，坚持公开、公平、公正原则，评奖程序严格、规范，实现了“让市委市政府满意，让社会满意，让申报者满意”的三满意目标。积极做好参加全省第二十六次社科优秀成果评奖的推荐工作，有两项成果获三等奖。

领导班子：

主　席：任增庆

副主席：杨国明

副主席：王　斌

党组成员：

任增庆　王　斌

内设机构：

办公室　编辑部

烟台市社科联

2012 年，烟台市社科联始终坚持以中国特色社会主义理论体系为指导，紧扣党的十七届六中全会精神和党的十八大召开这一主线，贴紧烟台率先基本实现现代化的奋斗目标，动员组织广大社科工作者，团结一心、开拓奋进，扎实工作、积极作为，取得了丰硕的科研科普成果。

一、深入开展科研活动，推动重大理论与实际问题的解决

一是贴近实际，科学确定全年的社科理论研讨重点课题。把贴紧全市中心工作，迎接党的十八大召开、学习宣传贯彻落实好党的十七届六中全会和十八大精神作为社科理论研究的主基调，从落实市十二次党代会精神、十二五规划实施、推进率先基本实现现代化、加快蓝色经济区建设、生态文明城市建设、改善民生创新社会管理、一极领先多极崛起发展格局等方面定方向、出题目，制定发布《烟台市 2012 年社科研究指南》。《指南》公布后得到了广大社科工作者的积极反响，300 多人申报研究项目，推动关系全局的社科科研项目上了一个新水平。

二是不断探索，做好社科课题的结项、立项工作。首先是做好 2011 年的 41 项课题结项。2011 年的课题研究项目中，出版专著两部，发表论文 30 余篇，提交研究报告 40 余份，取得厅级社科成果一等奖、二等奖各一个。荣获一等奖的《循环经济与发展绿色物流研究》课题，深入探讨了循环经济与发展绿色物流的理论基础，对山东省的循环经济与绿色物流体系进行了全面、务实的分析论证，并提出了解决问题的现实对策，对于推动地方经济的发展具有重要的现实指导意义。《烟台市创新城乡一体化发展机制研究》等一批研究成果，均深入探讨了烟台经济社会发展的重大问题，具有重要的借鉴参考价值。其次是做好 2012 年课题立项。收到课题申请 146 项，65 项通过专家评审立项。《烟台市率先基本实现代化建设研究》、《借力“三大战略”叠加机遇，加快烟台产业集群转型升级》等论文或专著都对重点难点热点现实问题的研究，关系地区和部门的发展。

三是注重实效，认真开展理论研讨、座谈活动。专项理论研讨活动，能够集思广益，对一些重大问题有更深入、更全面的认识，并能及时宣传、起到导向作用。全市社科界开展了学习贯彻党的十八大精神、新时期学习践行雷锋精神研究活动、蓝色经济区建设研究、传统文化大讲堂等理论研讨活动；同时，全省民事审判工作座谈会、全国城乡共建精神文明座谈会、韩国企业社会责任研讨会相继在烟台召开，对推动烟台发展都具有重要的理论和实践意义。由社科联直接策划编著的《烟台市蓝色经济区建设概要》适时出版，受到广泛好评。与烟台市委宣传部一起对烟台市率先基本实现现代化的可行性进行研讨，形成成果，进入市委市政府决策。

二、普及社科知识，努力提升公众人文社科素养

首先，围绕全市工作大局，认真贯彻执行省社科联关于做好社科普及的指示精神，紧密结合烟台经济社会发展的实际，科学规划、专题部署、严格落实，按照贴近实际、贴近生活、贴近群众的要求，深入基层、深入群众，围绕人民群众最关心、最直接、最现实的利益问题，通过集中举办科普周、视频访谈节目、各类社科讲座等活动，推动社科普及宣传工作广泛深入开展。党的十八大精神宣传、“提升人文素养推动科学发展”为主题的广场咨询、新时期学习践行雷锋精神系列活动、《国际形势与中国外交》专题报告会、“智慧城市的机遇与挑战”报告会、“平安城市建设”专题讲座、“道德讲堂”、“文化讲堂”、“市民讲堂”系列活动、第12个“全民国防教育日”宣传活动、反邪教知识进万家、反腐倡廉专题演讲比赛、“12·4”全国法制宣传日等社科知识宣传普及活动相继在烟台展开，来自中央党校、外交部等著名专家学者走上烟台讲坛，影响广泛、效果显著。

其次，注重推动普及，做好科普现场咨询活动。5月19日到26日，与市委宣传部在滨海广场共同举办了“烟台市社会科学普及周开幕仪式既广场宣传活动”，省社科联副主席李海平同志参加开幕式。本次广场科普周宣传活动，围绕“提升人文素养，推动科学发展”这一主线，按照“突出主题、结合实际、形成声势、务求实效”的要求，组织驻烟高校和社科类学会、协会、研究会骨干30多家，60多个单位结合各自工作实际，大力宣传社会科学知识；阐释解答干部群众关心的热点难点社科问题，有近万名市民现场进行了咨询。“社科普及周”已成为新形势下加强社科普及工作的重要载体和品牌，与此同时，我们还举办了“齐鲁讲坛——烟台分坛”系列讲座，社科理论研讨和调研等活动，同有关企业合作进行有关国学知识普及活动。

三、着力构筑“大社科”格局，整体推进学术社团、社科队伍建设

一是加强“大社科”队伍建设突出做好了高校社科联的组建和业务指导工作，滨州医学院社科联于5月18日在烟台率先成立，其他几所高校社科联的成立工作也在积极筹划中，其中工程职业技术学院将于近期成立社科联。企业社科联的建立也在积极探讨过程中。根据省社科联统一安排，积极对烟台市建立县级社科联的可行性、运转模式、职级定位等进行调研，围绕下一步建立健全社科管理机构、不断壮大社科队伍、更好地服务于烟台市经济社会发展提出了建设性意见。

二是加强社科学术社团日常管理工作。组织学会负责人及专职干部参加业务学习和以会代训，提高他们对社科社团工作的责任感、事业心及工作水平；在各个学会、协会、研究会中继续开展评先选优的表彰活动，提高团体会员的工作积极性。

三是注重培养年轻科研人才，社科人才队伍在课题研究中不断成长壮大。今年立项的项目主持人，年龄在35岁以下的有27项，占总数的42%。年轻的社会科学研究队伍正在发挥越来越大的作用。

四、加强社科理论阵地建设，唱响主旋律

在不断加强烟台社会科学信息网、《烟台社会科学》建设的同时，联络烟台报业集团、电台电视台、胶东在线三大大众传媒，共同介入社科活动，形成理论传播机制，推进社科事业的信息化、网络化。

邀请专家对网站进行设计更新、挂靠省社科联网站、增强工作力量，浏览速度加快，栏目设计新颖，内容科学健康。《烟台社会科学》质量不断提升。在办刊中，始终坚持正确舆论导向，重点围绕《发展论坛》、《专家视点》、《调研园地》栏目，发表对烟台市经济社会发展有重要参考价值的研究成果，倾力打造精品刊物。《烟台经济发展的三大关键点》、《高扬跨越式转型发展旗帜全力打造烟台东部新区核心区》、《在做大做强中心城市中率先崛起》、《高举农业科技大旗引领现代农业发展》等理论文章，着力于发展对策研究，对各级政府决策具有重要意义。

继续做好与三大大众传媒的联络。以获得中国新闻一等奖的“网上民声”栏目为依托与胶东在线网站多次有针对性地开展视频访谈活动，取得较好效果。在此基础上，12月7日上午，与烟台广播电视台主办，胶东在线网站具体承建的“网上民声”智囊团启动仪式在烟台广电大厦举行。智囊团的成立是利用网络平台增加问政渠道的一次新尝试。这种求智慧于民间智士的做法，与市委、市政府开门纳言、汲取民智的工作思路非常吻合。智囊团中既有人大代表、政协委员，又有学术界、科技界的专家、教授；既有企业界的董事长、总经理，还有网络界的意见领袖，这些人既了解实际情况，又善于思考创造，是全市经济和社会发展中的宝贵财富。充分发挥好这个智囊团的作用，积极为烟台科学发展建言献策，一定会使烟台市改革发展的决策部署更好地顺民意、集民智、保民利，进一步推动形成心齐气顺、政通人和、生动活泼、安定和谐的良好局面。同时，还协助烟台报业集团、电台电视台开设社科理论宣传普及专栏，推荐专家学者参与做好讲座、调研等工作。

五、精心组织社科成果评选，培育精品意识、打造精品力作

烟台市第25次社科成果奖评选会议于7月23日至25日在蓬莱举行，共评选出特别奖2项，一等奖17项，二等奖46项，三等奖88项，总计153项。从获奖成果的学科看，应用型成果的比例显著提高。从获奖成果的影响看，作品出版发表或转载的层次较高。获奖成果中，在省以上报刊发表（或出版）的成果和市级以上社科规划项目超过85%，许多作品都发表在本领域最高级别的期刊，还有一些成果被《新华文摘》、《中国社会科学文摘》、《人大复印资料》等权威文摘类刊物转载，产生了较大的社会影响。从获奖作者的身份看，基层和非专业社会科学工作者获奖比例提高。在获奖成果中，属于非专业社会科学工作者和基层的成果有多项，奖项层次也比较高。从获奖成果涵盖的范围看，新兴学科和交叉学科成果受到应有的重视。交叉学科、新兴学科获奖成果所占比例达到15%以上。

在山东省第26次社会科学优秀成果奖评选中，烟台市社科界取得一等奖4项，二等奖9项，三等奖15项，这是历史上最好成绩，获奖总量也继续位居全省各市之首。

【机关建设·机构】

一是起草了《关于县（市、区）建立社科联的意见》。深入调研、多方协调、积极请示汇报，烟台市县市区社科联建设取得重要进展。二是滨州医学院成立了社科联。烟台工程职业技术学院完成了组建社科联的筹备工作。三是不断加强机关自身建设。选送干部到山东省委党校、烟台市委党校学习培训，提拔了两名正科级干部。

烟台市社科联领导班子：

主　席：方晓鸣

副主席：刘立奎　余进河

秘书长：孙文章

烟台市社科联党组：

党组书记：方晓鸣

成员：刘立奎　余进河

内设机构：

办公室：主任　李亮

学会部：主任　林庆华

潍坊市社科联

2012年，潍坊市社科联在市委、市政府的正确领导下，在省社科联和市委宣传部的指导下，以学习贯彻党的十八大和省、市党代会精神为主线，紧紧围绕推动潍坊经济社会又好又快发展这一主题，充分发挥职能作用，以作为求地位，以工作树形象，以服务带队伍，努力为党委、政府科学决策提供理论服务和智力支持，圆满完成了年度工作目标，多项工作走在了全省前列，为推动潍坊社会科学事业繁荣发展和“四个潍坊”建设作出了积极贡献。

一、学术活动

（一）完成2010年度潍坊市社会科学规划重点研究课题评审鉴定。年初，潍坊市社科联组织召开了潍坊市社会科学规划重点研究课题评审鉴定会议，对110项2010年度潍坊市社会科学规划重点研究课题进行了结题评审，共有95项课题顺利通过了鉴定。其中21项被评为优秀课题，3项被重新列入财政资助课题，6项被评为呈报课题。

（二）完成2012年度潍坊市社会科学规划重点研究课题立项工作。3月，潍坊市社科联印发了《关于申报2012年度潍坊市社会科学规划重点研究课题的通知》，全市申报课题467项。经过专家评审，学术委员会研究批准，确定立项课题180项，其中资助课题15项。

（三）启动潍坊市社会科学普及读物出版资助项目。潍坊市社科联推出了潍坊市社会科学普及读物出版资助项目。全市共申报候选项目33项，经过专家评审，决定对《以经济学思维看世界》等5本科普读物给予每项15000元的资助。

（四）积极围绕中心工作开展重大课题研究和咨询。一是根据《潍坊市人民政府办公室关于印发〈2012年全市重点调研课题〉的通知》要求，潍坊市社科联牵头完成了课题《关于推进社会管理转型的研究》的研究工作。二是完成了省委重大理论与实践问题研究课题、省社科规划研究项目《和谐社会建设评价指标体系研究——基于潍坊市社会“和谐度”评价》，并顺利通过了省社科规划办组织的鉴定委员会的鉴定，得到评审专家一致好评。三是根据市政府主要领导同志指示，与潍坊学院、市委党校的有关人员组成专家组，参与了2013年市政府工作报告的起草和讨论工作。

二、社科普及

（一）举办2012年社科普及周活动。潍坊市委宣传部、市社科联于2012年5月下旬至6月上旬举办了以“提升公众人文素养，推动文化强市建设”的科普周活动。2012年度山东省暨潍坊市（寿光市）社会科学普及周开幕式在寿光市举行，对2011年度潍坊市社会科学普及工作先进集体、先进个人进行了表彰，省社科联向寿光市赠送了科普读物。

（二）推出“提升公众人文素养，推动文化强市建设”系列讲座。2012年潍坊市社科联以“齐鲁讲坛潍坊分坛”为平台，推出了“提升公众人文素养，推动文化强市建设”系列讲座。5月15日上午，山东师范大学文学院院长助理、副教授孙书文同志作了题为《文化强国战略下的文化产业发展》专题辅导。各县市区、市直机关、高等院校和部分社区也相继邀请有关专家就社会热点、传统文化等方面的新思想、新理论、新观点，举办了多场讲座。

（三）加强理论阵地建设。《社会科学动态参阅》已成为潍坊市社科联的一个品牌，自创办以来，受到了市委、市人大、市政府、市政协以及市直各部门主要领导，县市区主要领导的欢迎。市委主要领导、分管领导曾先后对刊物作出批示，在社会上产生了广泛影响。2012年，潍坊市社科联进一步加大投入，提高办刊水平，确保了刊物的精品定位，刊物辐射面、影响力进一步扩大。全年共出版30期。

三、成果奖励

（一）完成第二十一次社会科学优秀成果奖评选。潍坊市社科联从2012年3月开始组织第二十次社会科学优秀成果奖评选活动，严格按照规定程序，最终评出一等奖20项、二等奖100项、三等奖181项，优秀奖107项。

（二）组织优秀社科人才评选。2012年，潍坊市社科联推出了“潍坊市首届中青年社会科学研究十佳拔尖人才和优秀人才的评选”活动。经过广泛发动，严格评选，最终评选出首届中青年社会科学研究十佳拔尖人才10名，十佳拔尖人才提名10名，首届中青年社会科学研究优秀人才30名。

【机关建设·机构】

一是加强基层社科联建设。首先通过社科普及、社科评奖、社科规划重点研究课题立项等活动的开展，加强对基层社科联工作指导的针对性，提高基层社科工作者业务素质和工作能力，推动了基层社科联工作的开展。其次积极推进基层社科联组织建设。2012年又有两个县市区组建了社科联，全市十二个县市区有十一个县市区组建了社科联。二是加强机关建设。潍坊市社科联以建设学习型党组织为主线，以转变作风、增强能力、提高效率为根本，通过深入开展全员集中学习教育、“三个一切”群众路线主题教育、“恪守从政道德、保持党的纯洁性”主题教育、党务公开“回头看”、“读十本好书”等活动，努力提高机关工作人员政治思想素质、文化素质和业务工作能力。通过修订完善有关规章制度，加强督导检查，不断提高机关工作制度化、规范化水平。三是认真贯彻落实党风廉政建设责任制，加强机关廉政建设。潍坊市社科联紧密联系单位实际，从思想教育、制度保证、监督措施、责任落实等环节入手，扎实抓好党风廉政建设。

潍坊市社科联（社科院）领导班子：

主席（院长）：张兰友

副主席（副院长）：张瑞业　李启胜

副调研员：王事懿

秘书长：张瑞业（兼）

潍坊市社科联（社科院）党组：

党组书记：张兰友

成员：张瑞业　李启胜

内设机构：

办公室：主任　谭梅

编辑部：主任　尹在赋

科研部：部长　张莉

学会科普部：部长　张鸿光

济宁市社科联

2012年，济宁市社会科学界联合会（以下简称市社科联）紧紧围绕党委政府中心工作和全市工作大局，围绕年初确定的责任目标，逐项进行分解细化，强化责任意识，提升工作标杆，圆满完成了全年各项工作任务，有力促进了全市哲学社会科学繁荣发展，为推动科学发展跨越发展作出了积极贡献。

组织开展学术研讨活动　一是理论研究质量显著提高。以改革开放和经济社会发展中的热点、难点问题为重点，对我市改革开放和现代化建设的创新实践进行理性思考和深入研究，形成了一批有独到见解、有较高学术价值的研究成果。二是对策研究跟紧实践需要。认真组织开展“解放思想跨越发展大讨论”学习研讨活动。在《济宁社会科学》刊物开设“解放思想跨越发展大讨论”专题栏目，每期刊发5至6篇大讨论理论文章，为全市社科理论工作者提供交流平台，为“解放思想跨越发展大讨论”营造浓厚舆论氛围。积极参与组织“解放思想跨越发展大讨论座谈会”，组织所属学会、协会、研究会开展“解放思想跨越发展大讨论”活动。党的十八大胜利召开后，市社科联会同市委宣传部、市委党校在全市组织开展了学习党的十八大精神理论研讨征文活动，从中确定入选山东省和济宁市学习宣传贯彻党的十八大精神理论研讨会论文，入选论文结集出版。

扎实推进社科普及工作 一是社科普及周活动影响不断扩大。4月27日，市委宣传部、市社科联联合下发了《关于开展2012年济宁市社会科学普及周活动的通知》。5月19日上午，济宁市2012年社会科学普及周启动仪式在济宁市全民健身广场举行。市中区、任城区，各社科学会、协会、研究会，大专院校科研处，市直有关部门等56个单位，共1000多人参加社科普及周启动仪式；活动现场安排大型活动73项，展出展板126块，免费赠送图书、科普资料1000余份，社科专家面对面咨询服务2000多人次，受到了社会公众的欢迎。市社科联荣获省委宣传部、省社科联“2012年山东省社会科学普及工作优秀组织单位”，3人荣获“先进个人”。二是“齐鲁大讲坛—济宁分坛”形成品牌。作为“济宁分坛”的活动内容之一，与济宁市儒家文化与企业发展协会等单位联合举办了“儒家文化与企业发展大讲堂”。“大讲堂”每月两天集中宣讲，参加“大讲堂”的人员主要为全市五十名中小企业董事长、总经理。授课人员由学者、专家、领导干部、知名企业家等组成。

社科普及载体创新发展 一是充分利用《济宁社会科学》刊物开展社科知识宣传普及。开设相关栏目，为反映全市社科工作动态信息、宣传社科知识、开展学术交流构建了新平台。二是成立了济宁市“德耀齐鲁”道德示范基地建设活动办公室。9月17日，济宁市社会科学界联合会等8家单位联合下发了《关于成立济宁市“德耀齐鲁”道德示范基地建设活动办公室的通知》，成立了活动领导机构，围绕“四德工程”建设，积极开展了道德示范基地建设活动，成效显著。11月30日，山东省“德耀齐鲁”道德示范基地建设活动领导小组在济南召开第二次工作会议，对济宁市“德耀齐鲁”道德示范基地建设活动办公室进行了授牌，并听取了济宁市社科联关于济宁市开展道德示范基地建设活动的经验介绍。

精心做好社科评奖工作 3月20日，市社科优秀成果评奖办公室下发了《关于开展济宁市第二十二次社会科学优秀成果奖评选工作的通知》，规定了全市社科优秀成果的申报对象、范围、途径、方法、时间等，随后在《济宁日报》等新闻媒体刊发了有关消息。成果的申报工作自5月1日开始至5月31日止，历时1个月。11月15—16日，济宁市第二十二次社科优秀成果奖评选会议召开，经过专家评委认真评定，从审查合格的187项申报成果中评选出获奖成果95项，其中一等奖10项、二等奖29项、三等奖56项。11月29日，评选出的拟获奖成果在《济宁日报》进行了为期15天的公示，接受社会各界的监督。同时，全市有20项成果荣获省第二十六次社科优秀成果奖，其中一等奖1项、二等奖8项、三等奖11项，获奖数量比上年有所增加。其中，市社科联向省推荐的3项参评成果又获1项一等奖，实现连续两年获得省一等奖。

促进学会活动健康发展 一是召开社科社团工作座谈会。4月28日，组织市金融学会、图书馆学会等10个社会科学学会召开了社科社团工作座谈会议，分享去年的学会发展成果，谋划今后工作安排，以发挥学会的智力优势，为济宁经济社会发展献计献策。二是注重加强对所属学会、协会、研究会的管理和指导，配合做好所属社团年检工作。督促所属学会认真开展“社团规范化建设年”活动，按照《社团组织登记管理条例》和市社团组织管理局的要求，组织所属学会认真参加社团年检，圆满完成了年检任务。三是加强对社团党建工作的管理和指导，在社科社团组织中开展“基层组织建设年”活动。在社会组织中建立党组织做到了应建尽建，在不具备建立党组织的社会组织中选派了党建指导员。所属36个社科社团党组织覆盖率达到67%，党的工作覆盖率达100%。在6月26日召开的全市先进社会组织党组织、优秀共产党员表彰会议上，济宁市运河文化研究会获“全市先进社会组织党组织”称号。

基层社科联建设取得重大突破 11月7日，市委宣传部印发《关于加强县市区社科联建设的意见》（济宣发［2012］23号），就县市区成立社科联及办事机构提出明确要求。接着，市社科联对各个县市区进行了督促指导。12月21日，嘉祥县社科联编制机构已获批（嘉编［2012］12号），为正科级全额拨款事业单位，编制4人，配备主席1人、副主席1人。

济宁市社科联领导班子：

主席：徐辑方

副主席：陈庆廷　徐　琰

济宁市社科联党组：

党组书记：于庆军（兼）

党组副书记：徐辑方

成员：徐　琰

内设机构：

办公室：副调研员兼主任　李保德

泰安市社科联

2012年泰安市社科联及所属学会、研究会发挥桥梁纽带、组织协调、咨询服务和宣传普及作用，完成一系列创新工作。

一、提高认识，创新机制，全力抓好社科研究

泰安市社科联与泰安市纠风办、泰安日报社联合组织泰安市纠风工作优秀论文评选活动，收到征文200余篇，评选出一等奖5篇，二等奖10篇，三等奖20篇。与泰安市纪委、市委党校、泰安日报社联合组织“保持党的纯洁性”理论研讨活动，共制定52项调研参考题目。与泰安市财政局、泰安市会计学会联合组织会计优秀论文评选活动，评选出一等奖6名，二等奖15名，三等奖28名，优秀奖51名。以上获奖作品已在《泰安论坛》相继发表。

泰安市社科联组织召开泰安市社科理论界学习宣传贯彻十八大精神座谈会，来自全市社科理论界30余名专家学者参加会议，共征集理论文章20余篇，其中9篇在《泰安日报》中刊登。

二、挖掘泰山文化精髓，研究成果丰硕

召开由泰安市社科联主办的纪录片《泰山》专家咨询会及研讨会，著名导演马和平、山师大教授魏建，以及汤贵仁、周郢等泰山文化专家出席研讨会。

泰安市社科联召开大型文献丛书《全泰山诗》、《全泰山赋》首发式暨研讨会，省社科联副主席周忠高、山东大学研究生院常务副院长谭浩哲、山师大语言研究所所长魏建、齐鲁师范学院副院长刘德增等领导及专家、学者参加，会议收到书评20余篇，其中3篇发表于《中华读书报》、《山东社会科学》、《泰山学院学报》。《全泰山诗》、《全泰山赋》共得泰山诗作者3040余家，诗作16000余首200余万字，是此前已知泰山诗数量的8倍有余。在此基础上对全部泰山诗进行系统疏理，撰写《泰山诗史概论》10余万字，首次对泰山诗的历史演进、诗学特征、文献价值等学术命题进行阐解，确实具有“泰岱开诗史”的重大意义。该书的出版对弘扬泰山文化，提升泰安泰山文化软实力起到积极作用。是近年来泰山文化、齐鲁文化，乃至中华文化研究的重大成果，填补了泰山文化的空白，具有重要的文化价值和学术价值。

在大型文献丛书《全泰山诗》、《全泰山赋》的带动和感召下，泰安市近几年在泰山戏曲、泰山宗教、泰山史志、泰山文献索引、东平文化等研究方面也出现了一批精品力作，出现了百花齐放的良好局面。

三、加大力度，精心组织，积极推进社科普及

组织开展了以“繁荣社会科学，服务中心工作”为主题的2012年泰安市社会科学普及周活动。活动期间，泰安市社科联党组书记、主席袁爱国同志赴山东科技大学、山东农业大学、泰山医学院、泰山职业技术学院开办泰山文化讲座4场。市社科联党组成员、副主席夏昕同志赴泰山医学院、泰山学院、泰山职业技术学院等驻泰高校检查督导、参与活动。共安排活动近200项，用丰富的活动及多样的形式为社科知识进机关、进农村、进企业、进学校、进社区发挥重要作用。泰安市委宣传部和泰安市社科联对泰山区委宣传部等13个先进单位，泰安市博物馆学会等10个先进学会，桃都讲坛等3个优秀讲坛，东原文化系列讲座等4项精品活动进行通报表彰。

由于表现突出，市社科联被评为“山东省2012年度社科普及周优秀组织奖”，另有2人被评为“山东省社科普及周先进个人”。

四、加强阵地建设，充分发挥《泰安论坛》导向作用

《泰安论坛》杂志是泰安市综合性的社会科学刊物，是广大社会科学工作者发表研究成果的园地，也是为泰安市委、市政府领导提供社科咨询服务的主要形式。2012年《泰安论坛》共编辑出版四期，共发表文章40余篇，40余万字，与全国各地市社科联交流1000余次。其中包括泰安市社科联与泰安市纠风办、泰安日报社联合组织泰安市纠风工作优秀论文评选活动所评选出的纠风工作优秀论文10篇，《全泰山诗》、《全泰山赋》研讨论文10篇，泰安市社科工作者学习宣传贯彻党的十八大优秀作品15篇，以及泰安市社科工作者其他优秀作品10余篇。《泰安论坛》为泰安市社科工作者提供了发表、学习、交流学术研究成果的平台，同时也是泰安市与其他地市区交流社科研究成果的重要的纽带和桥梁。为繁荣发展泰安市社会科学事业，扩大泰安、泰山的影响发挥了重要作用。

五、扎实工作，开拓进取，全力加强社科队伍建设

根据《中共山东省委关于贯彻落实十七届六中全会精神加快建设文化强省的意见》中的重要指示，及省委宣传部和省社科联加强基层社科联建设的要求，泰安市社科联加大工作力度，积极推动驻泰高校和县市区社科联建设，2012年指导成立了泰山医学院、泰山学院、山东服装职业学院、泰山职业技术学院、山东科技大学泰安校区5所驻泰高校社科联组织，除原来已有的新泰、东平2个县市区外，山东农业大学和肥城市社科联正在筹组之中。成立率达到83.3%，超出预期目标16%，位居全省前列。

泰安市社科联领导班子：

党组书记、主席：袁爱国

党组成员、副主席：米清国

党组成员、副主席：夏昕

党组成员、秘书长：王元军

威海社科联

2012年，威海市社科联围绕市委市政府“干事创业，转型跨越，建设现代化的幸福威海”重大部署，创造性地开展工作，取得了较为显著的成就。

一、认真组织重大理论学习宣传活动。与市委宣传部一起成立学习宣传十八大和威海市第十四次党代会精神宣讲团，开展“百名局长宣讲活动”，在全市范围内层层宣讲；组织全市理论骨干培训，开展党课竞讲活动；组织党的十八大精神媒体知识竞赛，组织社科理论界撰写体会文章，并在威海日报理论专栏集中连续发表，形成理论解读的浓厚氛围。

二、认真组织重点课题研究和社科评奖活动。组织20项威海市级重点社科研究课题进行具体指导，并全部作为参考资料进入市委理论学习中心组读书会；按照民主、公开、公正、公平的原则，评选出威海市社会科学优秀成果奖80项。其中，一等奖10项、二等奖30项、三等奖40项。

三、积极开展社会科学普及活动。积极参与全省社会科学普及周的活动，科普周期间，共组织各种类型报告会17场；全年共组织《威海讲坛》专家报告会9场，山东省旅游局和文化厅领导、中国政法大学马怀德教授、著名军事评论员罗援等应邀就文化和旅游产业、依法行政及我国周边安全形式等问题作专题报告。

四、积极组织学术活动。2012年9月27日至29日，组织召开由国内知名高校及科研院所的70多位专家学者参加的研讨会，围绕蓝色文化的内涵与基本特征、山东半岛蓝色文化建设的机制与途径、半岛及威海文化产业发展战略规划、威海文化资源开发与保护等问题展开了深入研讨。省政协副主席王志民、省委宣传部副部长刘宝莅、省社科联党组书记杨瑛、省社科院副书记王希军等出席。中央人民广播电台、《光明日报》、《大众日报》、山东卫视、山东人民广播电台、《齐鲁晚报》、新华网、人民网、中国经济网、新浪网、搜狐网、网易网等60多家中央、省及市外各类媒体，对会议及专家观点等进行了不同方式的报道。

五、加强基层社科联组织建设。认真贯彻省委宣传部和省社科联“关于加强县（市、区）社科联建设的意见”（鲁宣发［2012］33号），积极做好各市区社科联组织建设。目前，所辖三市一区中，文登、荣成、乳山等3市社科联均由所在市编委以正式文件批准成立，环翠区因主要领导变动各项工作正在筹备中。

主要领导成员：刘昌毅　王志国　邢奎

日照市社科联

2012年，日照市社科联团结和组织全市社会科学工作者，认真学习贯彻党的十八大会议精神，按照年初制定的工作目标，加强对学会组织机构的管理，开展学术研究与普及活动，先后组织开展“日照市首届园林文化节”活动；承办“中韩文化交流活动”；建立日照市社科研究基地；编辑出版社科蓝皮书；开展我市第九次社科优秀成果奖评选活动。被省委宣传部、省社科联表彰为“山东省社会科学普及周活动先进集体”。

认真搞好社科普及周活动　按照省委宣传部和省社科联的统一部署，认真开展好社科普及周活动。2012年社科普及周活动，在市委宣传部指导下，市社科联认真筹备，宣传普及马克思主义基本理论、马克思中国化最新理论成果及社会科学基本知识；宣传贯彻市委、市政府建设“五个日照”的重大部署和工作思路；阐释解答干部群众关心的热点难点问题，弘扬科学精神、倡导科学方法，提高公众思想道德素质和科学文化素质。整个活动采取集中与分散相结合的方式，集中活动主要安排了社科普及周开幕式、“齐鲁讲坛”启动仪式，中韩文化交流活动，建立日照市社会科学研究基地等。另外还组织各级各部门、单位、学会根据自身实际，发挥各自优长，采取现场咨询、论坛、讲座、知识竞赛等多种形式开展社会科学普及活动。

继续以重点课题招标的方式进行社科理论研究　通过征求各方面意见并报市领导审定，确定了“日照国际海洋城战略研究”等13项重点课题，共有省内外近30个课题组前来竞标，确定了曲师大、市委政研室、市委党校、日照职业技术学院等13个课题组承担2012年度重点课题研究任务。9月召开了课题调度会议，对各个课题的进展情况进行督导、检查。11月各课题组相继完成课题。

举办首届日照园林文化节　由市委宣传部、市住建委主办，市社科联、市文联、市园林局承办，以“园林，让生活更美好”为主题的日照市首届园林文化节4月22日上午在市植物园启动。市委常委、宣传部长解世增，市人大常委会副主任梁云爰，市政协副主席许传东出席启动仪式。首届园林文化节运用市场化手段，安排了郁金香花展、盆景展、赏石根雕展、书画展9项主题活动。整个文化节持续到5月底，期间，陆续举办园林科普知识讲座、书画联谊笔会、少儿现场绘画等活动，让市民在休闲娱乐的同时，了解园林、体味园林，并增长园林科普知识。

组织承办2012年中韩文化交流活动 9月22日上午，首届日照文博会重要内容之一的2012中韩文化交流活动在日照职业技术学院开幕。山东省社科联党组书记、副主席杨瑛，日照市委常委、宣传部长解世增出席开幕仪式并分别致辞。韩国国会议员金春镇，日照市政协副主席毛晖明出席开幕式。此次活动由山东省社会科学界联合会、韩国世界饮食文化研究院、日照市委宣传部联合主办，市社科联、市文联、市旅游局承办。是中韩双方落实国家领导人关于加强两国文化交流的讲话精神，根据签署的相关合作协议在中国开展的第七次交流活动。活动包括中韩饮食文化交流展、中韩饮食文化国际学术论坛、韩国访问团考察体验山东文化设施和民俗文化等内容。

建立日照市社科研究基地 通过调研、协商，初步确定在市委政研室、市委党校、曲阜师范大学、日照职业技术学院建立蓝色经济发展研究基地、临港产业发展研究基地、农村发展研究基地、汽车产业研究基地、文化产业发展研究基地5个社科研究基地。并于2011年5月在日照职业技术学院举行了隆重的授牌仪式。

编辑出版社科蓝皮书 将2009年度、2010年度日照市重点课题研究成果集中编辑成册，免费发放给市领导及市直各部门参阅。

开展我市第九次社科优秀成果奖评选活动 首先是广泛开展宣传工作，进一步扩大参评面。其次是严把成果申报关，保证申报成果质量。最后在前几次评奖的基础上，借鉴“阳光评奖”的经验，公正、公开、公平的评选我市2011年1月至2012年12月社会科学优秀成果。共评出一等奖12项，二等奖26项，三等奖40项。

【机关建设·机构】

日照市社会科学界联合会（日照市社会科学院）以下简称市社科联，主要工作职责是：管理、联络和协调全市所属社科类学会、协会、研究会的工作；有计划、有领导地开展学术活动，组织重大社科项目的联合攻关；开展社会科学知识的普及活动，促进社会科学研究成果的转化与应用；组织全市社会科学优秀成果评奖工作，组织评选奖励全市社会科学界先进单位和优秀工作者等。

日照市社科联组织人员：

庄乾坤：市委宣传部副部长、社科联主席

马福有：社科联副主席

孟云：社科联副主席

杨仕智：社科联调研员

张本江：社科联秘书长

莱芜市社科联

2012年，市社科联认真贯彻落实市委、市政府指示精神，以“转提优保促”、“双提双升”和“四提”活动为动力，按照“三高一大”的总要求，以“单项工作争一流，整体工作上水平”为目标，加压鼓劲、奋力争先，圆满完成了全年的目标任务，先后被山东省委宣传部、省社科联评为2012年山东省社会科学普及工作先进单位，被中共莱芜市委干部理论学习委员会评为2011—2012年度全市理论教育工作先进单位。

一是专题研究和学术活动扎实深入开展。今年共有93个课题组提出了立项申请，申报数量与去年相比有大幅度提高，经过认真筛选，确定45个课题予以立项。市社科联加强了对课题研究的指导，举办了一期专题培训班，就如何撰写课题研究报告进行了重点辅导。对研究报告初稿逐一提出修改意见，保证了研究成果的质量，形成了一批优秀调研成果。多渠道做好社科研究成果的转化利用，开办了《社科成果专报》，对结项的重要研究成果，同时链接外地相关先进经验，及时报有关领导参阅。今乍以来，结项的课题中，关于实施大项目带动战略研究、关于建设莱芜不锈钢生态产业园战略研究、关于加快现代农业示范区建设研究、关于我市旅游资源开发与保护研究、关于校企一体化发展职业教育等研究成果都具有较高的参考价值，被市领导批示或吸收采纳，进入决策。同时，积极组织申报省重点课题立项，今年有一项课题获得立项，这是我市首次立项的省级人文社会科学研究课题。紧扣时代脉搏，开展学术研讨活动，党的十八大召开后，与市委宣传部联合迅速召开了全市社科理论界学习贯彻党的十八大精神座谈会、解放思想大讨论及征文等一系列活动，营造了学习宣传十八大精神的浓厚氛围。

二是社科普及工作全面提升。5月11日，举办了2012年山东省暨莱芜市社会科学普及周开幕式，省委宣传部副部长、省文明办主任刘宝莅，省社科联副主席薛庆国出席会议，市委副书记林殿玲致辞，市各大班子领导出席会议。开幕式上进行了理论大众化主题展览、“社会科学与百姓生活”现场咨询服务，命名省级社科普及基地、赠送社科普及读物、图书展销等。开幕式规格高、内容丰富、隆重热烈。科普周期间，全市有100多个单位和社团，300多名社科工作者参与活动，开展社科专家基层行活动18次，新命名省、市级社科普及示范社区3处，举办各类讲座、报告会50多场，摆放宣传展板200多块，发放宣传资料1万多份，受教育群众达到2万多人次，《莱芜日报》、《鲁中晨刊》、莱芜电视台等新闻媒体开辟专栏，刊登社科普及知识，扩大了社会覆盖面，形成了浓厚的氛围。本次社科普及周活动规模、活动内容、参与单位和人数等都是历年来最高的，特别是与省联办，提高了我市工作在全省的影响力。在精心办好社科普及周活动的同时，积极探索形成社科普及工作的长效机制。充分发挥社科团体作用，利用讲坛、报告会、讲座等平台，开展经常性的社科普及工作，年内，全市各级各单位和社科团体先后邀请省以上高层次专家、组织市内社科理论工作者，举办社科普及专题讲座百余场，受众人数超过5万人次。

三是社科宣传教育阵地功能进一步强化。莱城区吕花园社区今年省委宣传部、省社科联被命名为“山东省社会科学普及示范社区”，至此，我市社科普及教育示范基地达到9处，其中省级两处。《莱芜社会科学》办刊质量进一步提高，配合市委、市政府的中心工作，及时调整设置栏目，先后增设了“保增长促发展”、“大项目带动战略”、“企业家精神”等专栏，服务功能进一步增强，可读性、实用性、广泛性不断优化，版式更加合理，内容更加丰富，社会反响良好。莱芜社会科学网站已正式开通，设置了通知公告、基本概况、重要理论、社科动态、社科评奖、社科普及、社团管理、专家学者、莱芜社会科学、今日莱芜等10个栏目，内容正在逐步进行丰富和完善。

四是社科成果奖的激励引导作用进一步强化。在吸收往年评奖经验的基础上，重新修订了评选程序、评分标准和类别，按照“政治导向与学术含量统一、学术价值与应用价值统一、成果本身与成果影响统一”原则，设计了《客观分评价标准》和《主观分评价标准》，注重成果的应用价值和社会影响力。今年共收到申报社科成果86项，这些成果整体水平提高，研究现实问题的对策性成果增多，被党委政府采用的增多，参与申报的单位增多，研究内容涉及的学科也不断增多。11月中旬组织评委会完成了全市第17次社科奖的评选工作，共评出一等奖4项、二等奖10项、三等奖14项。这些获奖成果中，得到市厅级领导批示的7项，在国家级报刊发表的10项，进入党委、市政府决策的12项。

五是社科联自身建设全面加强。年初召开全市社会科学工作会议，市委常委、宣传部长毕玉惠，副市长刘杰出席会议并作重要讲话，会议总结了2011年工作，对2012年工作进行了安排部署。会议表彰了全市社会科学工作先进社团、社科普及教育先进基地、优秀社科工作者、社科普及周活动先进单位和先进个人。按照市委和市委宣传部的部署要求，认真组织开展制定了“转提优保促”、“双提双升”和“四提”活动，继续推进创建学习型党组织活动，以活动为为契机，加强党员干部思想作风建设，通过深入查摆问题、制定整改措施，扎实深入整改，确保了活动实效，达到了以活动促进工作的目的。同时，选派干部联系企业、党建等各项工作也都较好地完成任务。

【机关建设·机构】

11月7日，省社科联党组书记、副主席杨瑛，省社科联组联部负责人一行到莱芜调研基层社科联组织建设情况，就进一步推动基层社科联组织建设工作提出了指导性意见。去年年底，在全省率先成立了高校社科联。关于区级社科联建设，市委、市政府关于推进文化强市的意见明确提出建立区级社科联的要求，市委宣传部专门发文进行了部署，下一步按照省里的要求加快推进。

为加强社科社团管理，以市委宣传部、市社科联、市民政局名义联合印发了《莱芜市社会科学界社会团体管理办法》，明确了各相关单位职责，理顺了社科类社团登记、管理、指导等业务关系，促进了社团管理工作的规范化、制度化、科学化。所有社科类社团都顺利通过了民政部门的社团年检，市民间文学研究会被评为全市社会组织创先争优活动先进社团，市金融学会、钱币学会进行了换届。各社科类社团都充分发挥积极性、主动性，结合自身实际组织理论研究、科普宣传、咨询服务等活动，社团活力得到充分发挥。

经过各单位推荐和遴选，初步确定了40位具有副高以上职称的专家学者和优秀社科工作者组成的首批社科专家库。

莱芜市社科联领导班子：

主席：李晓华

副主席：朱应海（2011年8月离岗）

秘书长：井润峰

莱芜市社科联党组：

党组书记：李晓华

临沂市社科联

2012年，临沂市社科联围绕市委市政府提出的

"四三二一"总体发展思路和建设文化强市战略目标，组织开展社科理论研究、市级社科优秀成果评选、社科知识普及、社团管理服务、社科人才队伍和机关自身建设等工作，发挥了桥梁纽带和智囊团的作用。临沂市社科联先后被省委宣传部、省社科联授予2012年度"山东省社会科学普及周活动先进单位"，被省社科联授予2012年度"山东省社会科学学术活动先进单位"等荣誉称号。

一是组织开展了2012年全市社会科学研究课题立项和结题鉴定工作。年初，联合市社科规划办下发了《2012年全市社科研究课题指南》。课题指南公布后，市直各部门和广大社科理论工作者结合自身工作实际和研究特长，在规定时间内报送了700多项立项申请，经市社科联与市社科规划办组织的专家组审议后，确定了600项课题为2012年度临沂市社会科学研究立项课题。年底，市社科规划办、市社科联组织专家对年度立项课题进行了结题鉴定，共有456项课题通过了结题鉴定，有20项课题被评为年度优秀研究课题。二是扎实开展专项研讨活动。围绕建设经济文化强市和喜迎党的十八大召开，先后参与组织了省社科院"山东省红色文化建设课题"调研活动、全市社科界学习十八大精神座谈会等重大研讨活动。这些活动都主题突出、参与广泛，收到了营造氛围、开辟思路的良好效果。三是完成了临沂市第十八次社科优秀成果评选工作。本次评选共收到符合条件的参评成果260余项，评选产生出荣誉奖2项、一等奖11项、二等奖22项、三等奖99项，共134项优秀成果。四是创新形式，不断扩大"临沂市社会科学普及周"品牌的影响。按照全省社科联工作会议确定的科普周活动安排，临沂市社科联大胆创新，确定了"关注民生，健康生活"的本次科普周主题。经过精心策划、周密部署，"临沂市2012年社会科学普及周启动仪式"于6月6日在河东区九曲街道郁九曲社区盛大举行。活动通过展板、宣传册、文艺表演、专家答疑等形式，向社区居民普及健康生活知识，受到了广大社区居民的欢迎。启动仪式结束后，科普专家又先后赴河东区、经济开发区、罗庄区、兰山区等街道社区开展健康知识普及活动。五是创办市民大讲堂，不断拓宽科普渠道。年初，积极争取市直有关部门和大企业、社团的支持，按照"传播科学理论、发展先进文化、弘扬沂蒙精神、建设文明临沂"的职能定位，与鲁南商报合作创办了"市民大讲堂"。市民大讲堂自5月份开讲以来，围绕婚姻家庭、子女成长、励志教育、投资理财、养生保健等市民关切的话题已成功举办了7期，2000多各界群众从中受益。"市民大讲堂"被媒体称赞为"没有围墙的社会大学"。六是完善社科网站建设，科普宣传向多层次发展。在平台建设中，不仅要维护好已有的科普平台，更要创设新的平台。临沂市社科联按照打造精品的要求，继续办好"临沂社科在线"网站。网站开通一年多来，不仅提升了机关管理职能和服务效率，扩大了社科知识普及面，加快了社科研究成果的应用转化，也搭建起了社科普及、学术交流、专家议政的平台和阵地。七是完成了《大临沂新临沂》图书的编辑出版。该书的出版发行，必将成为向广大市民解读近年来市委、市政府全面落实科学发展观、推进经济社会又好又快发展的重大部署、重要举措和重点工作等提供重要的科普平台。八是热情服务，严格管理，学会建设健康发展。在学会管理中，临沂市社科联实行服务促动、管理拉动的办法。通过定期召开学会秘书长会议、社科联领导逐一走访市直学会、不定期召开座谈会等形式，努力协调帮助解决学会工作中工作面临的困难。同时，在学会换届、学会日常工作中从严要求，以严格的管理，拉动学会工作。对长年不进行换届的学会，市社科联根据学会管理规定，要求各学会按时召开换届会议；对学会开展的一些报告会、讲座类活动，市社科联提前介入，严格把关，从而保证了学会活动不出问题。九是加强社科组织建设，不断壮大社科队伍。按照省委宣传部、省社科联的工作要求，积极协调有关县区，加快推进县区社科联的筹建工作。目前，临沂市已有3个县整建制成立了社科联，有3个县区已将成立社科联的工作提上了县区委常委会的议事日程，其他县区也在积极争取中。

临沂市社科联领导班子：

主席：王利祥

副主席：刘勋建

李德收

乔丽萍

曹守兵（2012年11月任职）

刘文宝（2012年11月任职）

临沂市社科联党组：

书记：刘勋建

成员：李德收

乔丽萍

曹守兵（2012年11月任职）

刘文宝（2012年11月任职）

临沂市社科联内设机构：

办公室：主任　朱西武

科普部：部长　王杰华（2012年11月改任副县级调研员）

学会部：部长　王杰华（兼职）

德州市社科联

学习宣传贯彻党的十八大精神　11月8日，与市委宣传部组织召开全市宣传理论界学习党的十八大精神座谈会。邀请市委党校、德州学院等单位的社科专家畅谈学习体会，市委常委、宣传部长张传忠在会上作了重要讲话。在《经济与社会》开辟“学习宣传贯彻十八大精神”专栏，推动十八大精神的学习宣传。12月20日—21日，由山东省社科联、山东社科院、山东省委党校、大众报业集团、山东广播电视台主办，德州学院承办，德州市社科联协办的山东社科论坛——学习贯彻党的十八大精神研讨会暨2012年山东省社会科学界学术年会召开。全国党建研究会副会长、中央党校党建研究会主任卢先福教授作主题报告。150多名来自省内高校社科工作者就“五位一体”整体布局等问题进行了深入研讨。市委常委、宣传部长张传忠出席会议并致辞。

学术研究和交流活动　一是加强社科研究课题管理。制定《德州市社会科学界联合会科研课题管理办法》，成立由市直部门主要负责人和高校学科带头人组成的选题论证和课题指导评估组织。二是建立市级社科研究基地。与市委宣传部联合制定《德州市社会科学研究基地管理办法》，建立6家市级社科研究基地。三是组织开展“调研德州”活动。围绕实施“四大战略”，确定调研课题。立项134项，有93项课题结项。结项课题针对德州经济社会发展中的重点、热点和难点问题提出了有一定价值的建议对策。四是加强社科学术交流。在我市举办的山东社科论坛上，有150多名来自省内高校的社科工作者就“五位一体”整体布局等问题进行了深入研讨。召开全市第一次社科工作座谈会议，组织市级学会、科普基地等单位进行了交流。赴四川等地，就县级社科联建设、社科普及工作进行了学习交流，完成了《四川省县级社科联建设情况考察报告》、《德州市社科类社团组织建设情况调查报告》。2012年，德州市社科联被评为山东省社会科学学术活动先进单位。

社科普及　一是打基础，解决社科普及“为谁干”和“谁来干”的问题。组织开展了全市社科普及情况调查，进一步明确了社科普及的方向。建立了首批69人的市级社科普及专家人才库。二是建平台，整合社会力量参与社科普及。与市委宣传部联合制定《德州市社会科学普及示范基地管理办法》，命名6家单位为首批市级社科普及示范基地。在社科普及周开幕式上，张传忠、杨光来等市领导为基地进行了授牌。三是抓品牌，通过社科普及周广造声势。张传忠、杨光来等市领导为科普周开幕式剪彩，南开大学、台湾台东大学等知名专家到德州作学术报告。科普周期间共举办报告会28场次，受众人数近万人次。组织社科专家37人次赴运河开发区、经济技术开发区等地开展基层行活动。社科普及活动在年初开始启动，许多活动贯穿全年，在科普周期间掀起了高潮。四是聚合力，推动社科普及由独家作为向社会行为转变。在德州市实施“乡村文明行动”中，与市文明办等部门配合，开展优秀传统文化和健康卫生知识的宣传教育普及活动；在两区同建活动中，与市农办等单位举办两区同建宣讲会。2012年，德州市社科联被评为山东省社会科学普及工作优秀组织单位。

社科社团建设　一是加强业务指导。帮助筹备成立了市中小企业协会，深入市级学会进行业务指导。二是开展社团工作检查。与市民政局联合下发通知，对全市社科类学会进行了全面检查；十八大前，对各社团举办的讲座、论坛、报告会进行全面检查，保证了社团工作正确的政治方向。三是加强社科人才队伍建设。通过以会代训的形式，对市级社团秘书长进行了培训。建立了全市社会科学人才库，首批10个专业、114名专家入选。积极培养学科带头人，全省“理论人才”百人工程中，我市有2人入选。

县级社科联建设　一是转发了省委宣传部《关于加强县（市、区）社科联建设的意见》的通知，把基层社科联建设作为加强党的宣传思想基层工作的重要组成部分，纳入各县（市、区）党委宣传部年度工作考核。二是积极争取县（市、区）党委重视支持，深入各县（市、区）指导督促落实。建立了县级社科联建设动态督导机制，自2012年10月起，每个月汇总，通报各县（市、区）社科联的组建进度，目前德城区、临邑县社科联已批准成立。

社科评奖　起草《德州市社会科学优秀成果评选奖励办法》市委、市政府以两办文件形式印发，使社科优秀成果奖更具权威性；成立由市委市政府领导担任主任的评选委员会；加大应用性研究成果的获奖比例。获奖成果中，国家级出版社出版的著作达19项，中文社会科学引文索引期刊论文达16项，被市委、市政府领导批示的有3项。同时积极组织参加省级社科成果评选活动，在山东省第二十六次社会科学优秀成果评奖中，我市获得1项二等奖、2项三等奖。山东省第二届社会科学普及与应用优秀作品评选中，我市获得2项二等奖、2项三等奖。在山东省首届家庭文化论坛上，我市获得1项一等奖、2项二等奖，2项三等奖。

会刊《经济与社会》和社科网站　调整充实了

编委会，建立了编委会例会制度，组织编委会成员和热心读者代表评刊议刊，博采众长。优化了栏目设置，针对市委的重点工作和重要活动开设了重要文献、特别报道、县市区领导论坛、产业强市等专栏，及时宣传市委市政府的声音，展示当代社会主流，深度研究现实问题，发表文章中有11篇为各级党政领导决策提供了重要依据，6期刊物共编排各类稿件140多篇，近50万字，图片120余幅。在社科网站建设上，落实专门人员，建立健全工作机制，对社科联网页及时进行更新，规范设置栏目，丰富内容，提升内涵和影响力，已发布各类信息130余条。

“德耀齐鲁”道德示范基地建设活动 与全省开展的“德耀齐鲁”道德示范基地建设活动相衔接，与市委宣传部等九家单位在全市组织开展“德耀齐鲁”道德示范基地建设活动。“德耀齐鲁”道德示范基地建设活动的开展，有力地推动了公民道德建设，也拓展了社科工作空间，推动了理论研究与实际工作的有机结合。通过对10个县市区19家道德建设成效显著单位的考察和评议，向省活动办公室选送了9家单位参加山东省首批“德耀齐鲁”道德示范基地评选。我市推荐参评数位列全省第一。

德州市社科联领导班子：

主席：刘福山（8月离职）

江德勇（8月任职）

副主席：赵志方

聊城市社科联

2012年，聊城市社科联围绕“全面建设生态型强市名城，创造聊城人民的幸福生活”总目标，发挥桥梁纽带、组织协调作用，在理论研究、学术交流、社科知识普及、社团管理、成果评选、期刊编辑、组织队伍建设和机关建设等方面取得了显著成绩。先后被山东省委宣传部、省社科联评为2012年山东省社会科学普及工作先进单位，被聊城市委宣传部评为全市理论教育工作先进单位、全市舆情信息与调研工作先进单位，被中共聊城市委、市政府授予2012年综合考核优秀单位荣誉称号。

一是组织完成了10项市级社科重点研究课题。年初，通过专家评审和市委、市政府领导审批，确定了《我市在省会城市群经济圈中的功能定位及对接措施》、《发挥优势，创新我市农业发展道路研究》、《聊城建设山东西部新兴生态化工业城市研究》等10项市级社会科学重点研究课题。采取面向社会公开招标的方式，组织相关专家联合攻关，至年底，10项课题通过评审委员会鉴定结项。为促进研究成果的应用和转化，将研究报告以《领导参考》的方式报送市委、市政府和相关部门领导参阅。对此，市委书记宋远方作出批示，“聊城市社科联的10篇研究报告符合十八大和省市党代会精神，符合聊城实际，具有针对性和参考价值。请林市长、忠林书记分别阅批相关部门参阅”。二是编辑出版了《聊城科学发展研究》一书。该书由聊城市委主要领导同志作序，社会科学文献出版社出版发行，该书收录了近年来我市广大社科工作者结合聊城经济社会发展实际深入调查、潜心研究形成的具有较高价值的研究成果50篇，计59余万字。该书的出版为今后类似课题研究奠定了基础，也标志着聊城市社会科学研究水平上升到一个新高度。三是完成了聊城市人大安排的调研课题。聊城市社科联在广泛搜集资料、征求意见的基础上，组织精干力量，完成了《我市打造百万人口城市的措施建议》调研课题，四是举办了2012年聊城市社会科学普及周活动。通过开展社科知识竞赛、理论下乡、社区宣讲、街头咨询等活动，大力普及社科知识。五是组织开展了聊城市第十八次社会科学优秀成果奖、第五次社会科学突出贡献奖和学科新秀奖的评选工作。共评出优秀社科成果80项，突出贡献奖获得者3名，学科新秀奖获得者4名。六是加强对全市28个社科界社团的管理服务工作，实现了社团管理规范化。七是完成了2012年《光岳论坛》期刊的编辑出版任务；八是开展了理论研讨和系列学术交流活动。组织召开的全市社科理论界“塑造聊城形象从我做起”主题活动座谈会、全市社科界学习贯彻党的十八大精神座谈会等学术活动，成果丰硕，产生了良好的社会影响。九是开展了“我为聊城发展献计策”活动。聊城市社科联围绕塑造聊城形象、强化产业支撑、提升城市品位、推动城镇化和新农村建设、发展生态经济、打造文化名城、加快科技创新等重点、热点问题，广泛发动市内外社会各界人士，为聊城发展建言献策，收到有较高价值的建议220余项，经专家评选，评出优秀建议50项，分经济金融、城乡建设、交通运输、文体旅游、社会民生5个类别，并报送聊城市委、市政府领导及有关部门参阅。

【机关建设·机构】

2012年，聊城市社科联立足实际，主动作为，多方协调，做了大量工作。一是提请中共聊城市委宣传部下发了《关于县（市、区）建立社科联的意见》（聊宣发〔2012〕47号），为县（市、区）社科联的建立提供了政策依据；召开了由各县（市、区）常委宣传部长参加的县（市、区）建立社科联工作会议。2012年，4个县（市、区）已经建立起社科联组织，其他县正在筹建中。二是成立了山东社会科学院鲁西发展研究院。2012 年，聊城市社科联为进一步提升智库建设水平，更好地发挥智囊团作用，经过努力争取，山东社会科学院下发了《关于成立山东社会科学院鲁西发展研究院和山东社会科学院青岛西海岸新区研究院的通知》（鲁社科字（2012）14 号），成立了由省社科院分管院长、聊城市委分管领导任名誉院长，聊城市社科联（院）主要负责同志任院长，省社科院部分研究所、聊城市直有关单位负责同志任副院长的山东社会科学院鲁西发展研究院，办公地点设在聊城社科联（院）。三是加强学习，注重培养年轻干部。聊城市社科联党组高度重视干部职工学习培训，党支部定期组织党员开展学习交流活动，使学习活动制度化、规范化。2012 年，聊城市社科联有 8 名工作人员参加了省委宣传部、省社科联、省社科院和聊城市委宣传部、市委党校、市直机关工委组织的培训班，政治业务素质得到很大提高。根据工作需要，2012 年，聊城市社科联严格按照干部选拔任用工作程序，新提拔了一名副科级干部，改善了科级干部队伍年龄和知识结构。

聊城市社科联（社科院）领导班子：

主席（院长）：刘全来

副主席（副院长）：胡伟（2012 年 8 月离职）

张利军

秘书长：王志强

聊城市社科联（社科院）党组：

党组副书记：刘全来

成员：胡伟（2012 年 8 月离职）

张利军

王志强

内设机构：

办公室：主任　王志强

学科科普部：部长　王忠阳

科研规划部：部长　潘云霞

滨州市社科联

2012 年度，滨州市社科联在市委市政府的正确领导下，在省社科联、市委宣传部的指导及社会各界的支持下，围绕中心，服务大局，求真务实，团结奋斗，经过全市社会科学工作者的共同努力，取得了较好成绩。荣获“2012 年度山东省社会科学普及先进单位”、“全市党史工作先进集体”荣誉称号，二名同志被评为“2012 年度山东省社会科学普及先进个人”。主要领导被评为第二届“滨州市模范公务员”，市委、市政府给予记二等功奖励。

学术研究。2012 年 9 月，结合我市的实际情况，制定了《滨州市社会科学规划课题管理办法（暂行）》，与财政局联合出台了《滨州市社会科学规划课题研究专项引导资金管理办法》，设立了社会科学规划课题研究专项引导资金，为下一步的课题管理工作打下良好基础。

社科普及。2012 年，联合滨州学院，以“黄河三角洲大讲堂”为品牌，举办学术报告 10 余场；在滨州职业学院举办了首届“5·25”心理健康教育节启动仪式暨“成人·成才·成功”大型签名活动。3 月 19 日，省社科联副主席、政协常委刘德龙和省社科联秘书长孙淑娜等，向滨城区北城受田小学捐赠了刘德龙个人主编、撰写、收藏的图书 1000 余册，并从省教育出版社争取了价值一万余元的 500 册（套）教辅书籍、课外读物。

成果评选。着力做好全市第二十一次社科成果评选活动，重新修订了《滨州市社会科学优秀成果奖评选工作实施细则》，提前了通知发放时间，扩大发放范围。共收到申报成果 478 项，是 2011 年两倍之多，成果选送范围、著作论文水平、发表刊物层次明显优于往年。经筛选共有 312 项作品提交评委会，经过专家评审，共评出一等奖 20 项，二等奖 60 项，三等奖 121 项。

组织建设。按照市级文明机关的创建标准和要求，制定了《滨州市社科联创建文明机关实施方案》，明确了创建工作的指导思想、工作目标和工作措施，进一步修订完善了各项机关规章管理制度，机关管理步入了规范化、制度化的轨道。获得市级文明单位。

【“滨州社会科学”网站开通】　2012 年 2 月，“滨州社会科学”网站正式开通，网站开设了基本概况、重要理论、社科动态、社科评奖、社科普及、社团管理、专家学者、滨州社会科学、今日滨州等栏目。

【滨州市孔子研究院成立】　2012 年 2 月 9 日，滨州市孔子研究院成立，研究院依托九洲铜生学校，以“汲取孔子思想精华，弘扬民族优秀文化”为宗旨，主要有五项职能：一是学术研究及探讨交流。二是人才培训。三是公益普及活动。四是孔子儒家文化研究及国学信息交流。五是大国学概念，以孔子为代表的国学文化，以及先秦诸子等中华文化的实用联系和社会交流。

【开展“德耀齐鲁”道德示范基地建设活动】2012 年 7 月，由市社科联牵头，联合市高等学校工作委员会、市老龄工作委员会办公室、市教育局等 7 家单位在全市范围内发起了广泛开展“德耀齐鲁”道德示范基地建设活动，成立了滨州市“德耀齐鲁”道德示范基地建设活动领导小组。经过考察，11 月，向省“德耀齐鲁”道德示范基地建设活动办公室申报博兴县纯化镇刘前村为滨州市“德耀齐鲁”道德示范基地。

滨州市社科联党组：

主　席、党组书记：石淑芬

副主席、党组成员：胡金光

副调研员：仝福强

内设机构（办公室）

秘书长：佟华丽

科普学会部：部长　宗丽

秘书联络部：部长　孔凡会

菏泽市社科联

2012年，菏泽市社科联深入学习实践科学发展观，贯彻落实党的十七届六中全会精神和十八大精神，按照“高境界、高标准、高效率、高效益”的要求，加强自身建设，严格把握政治导向，瞄准主攻方向，积极拓展思路，完善工作机制，实现了社科联工作的新跨越。

学术研讨及交流　一是围绕党的十七届六中全会和十八大精神的学习、宣传和贯彻，组织社科界各学会认真学习传达，并安排单位的两名同志在菏泽电视台新闻栏目录播了节目，在《菏泽日报》刊发了学习文章。二是围绕省市宣传文化系统开展的“三个一切”主题教育活动，与市委宣传部联合开展了“关于坚持群众路线理论文章征集活动”。三是组织开展了多种多样的学术研讨和交流活动活动。多次派人随省社科联外出考察，开展学术交流。参与了首届中原经济区北部社科联联席会议，在会上作了发言，签署了公约。还支持研究学者荣海生同志到国外从事学术交流，作了题为“黄巢点将台与黄泛文化”的学术报告。

社科普及　一是成功举办了2012年山东省暨菏泽市社科普及周活动。年初，在牡丹广场举办了2012年山东省暨菏泽市社会科学普及周开幕式及主题活动。期间还为山东省社科普及教育基地——毛泽东像章纪念馆，举行了揭牌仪式。

开幕式后，举办了社科知识展板展示，共制作展出了主题展板200余块。举办了现场义务咨询服务活动，组织市卫生系统、金融、税务、地震、气象、食品药品监督、交通、公路、书店、法律等30多个单位和市级学会150多名社科工作者现场解答群众困惑。开展了便民服务活动，向群众代表赠送了200余套社科读物。现场举办了文艺演出、社科图书优惠展销等活动。市直有关部门、社科界代表、高校师生和社会各界代表近2000人参加了活动。

二是精心制作了一批社科知识普及巡回展板，主要内容有：缓解生活压力图片展，保护我们的环境图片展，钓鱼岛——我们神圣的领土图片展，十八大精神图片展等。我们聘请了专人组织，白天到机关、社区、学校、集市等地方流动巡回展出，把知识送到千家万户；夜晚则播放弘扬主旋律的电影，插播社科知识短片，观众已超过5万余人。

三是围绕各种重大活动，组织市级各学会开展社科知识的普及。鼓励学会出版刊物，市级学会办刊10余种，出版科普读物30余本，发表科普文章近百篇。

四是围绕菏泽经济社会发展的实际，与菏泽日报社联合推出社科普及理论专版，在网络媒体开辟专栏，受到广大读者的欢迎。

此外，我们还协调驻城学校举办了社科知识进校园活动，组织举办报告会、演讲比赛十几场。2012年市社科联被省委宣传部、省社科联评为“山东省社会科学普及活动先进单位”。

社科重点课题科研　组织省社科重点规划课题“关于打造鲁苏豫皖交界地区科学发展高地，加快培育山东经济增长极战略研究”的调研和研究工作。为完成这一科研任务，我们召开了5次调度会，对课题组人员进行了分组，并进行了细致的分工。根据分工，组织课题组调研组人员到河南濮阳、开封、商丘、漯河，安徽亳州，江苏徐州等市进行了调研，获取了大量的第一手资料。课题资料收集组收集相关材料80余万字。课题编写组编写了课题框架，形成了一批高质量的论文。现已在各种报刊发表10余篇，专著的基本内容也已基本完成。组织申报了山东省社科普及重点课题《欠发达地区文化软实力研究》，该课题已被省社科联批准立项。

社科评奖　年初，修订评奖细则，完善评奖办法，科学制定评奖程序。评审中，从聘请专家评委，到成果名次的确定，都聘请纪检部门和人事部门参与监督，确保了评奖的公平公正。今年参与评审的成果近200项，共评出一等奖7项，二等奖26项，三等奖57项。并对结果进行了为期7天的公示。《菏泽日报》、《求索》杂志、菏泽宣传网全文刊登了获奖名单。同时，积极向社会各界推荐，现已有多项成果被有关单位和部门采用，有效地促进了社科成果向现实生产力的转化。同时，编辑出版了2012年度《菏泽市社会科学优秀成果奖获奖文集》。

《求索》作为我市面向全国公开交流的综合性社科学术刊物和社科成果奖评委会会刊，办刊的目标就是办出特色，办出水平，办成领导层的决策库，办成社科界的交流阵地。为完成这一目标，我们吸纳了广大读者的建议，栏目有针对性，稿件贴近菏泽实际，深受读者喜爱。

基层组织建设与管理 一是加强自身党风廉政教育；二是严格遵守党风廉政建设制度；三是按照章程对市级社科学会进行了管理；四是督导基层组织建设，积极争取市委对社科联工作的支持，认真落实《关于进一步加强新时期哲学社会科学工作的意见》（菏办发〔2011〕85 号），积极督促县区建立社科联组织，现已经有四个县成立了社科联，其余五个县正在筹备之中。

领导班子成员：

主席：王志华

副主席：郭文

下设机构：办公室

胜利石油管理局社科联

2012 年，胜利石油管理局社科联在各级领导的正确指导与关怀帮助下，坚持科研工作的“四个贴近”原则即贴近职工群众、贴近中心工作、贴近基层实践、贴近理论前沿。积极贯彻科研工作的“四个服务”方针，在服务管理局党委和管理局决策、服务培训教学、服务胜利石油管理局现代化建设、服务理论创新上，取得了一定成绩。被山东省社科联评为 2012 年山东省社会科学普及工作先进单位，获得山东省委党校系统“2011—2012 年度科研组织奖”。

主要工作：一是拓展研究阵地。编辑胜利油田内部刊物《学习与研究》12 期；丰富胜利石油管理局社科联网页的内容；更新胜利石油管理局高培党校校园网“科学研究”栏目。二是管理立项课题。组织 2011 年度胜利石油管理局高培党校 11 项立项课题《关于更好地发挥党风廉政教育基地作用的探索》等八项课题的结题答辩工作；组织 2012 年度胜利石油管理局高培党校立项课题《教学培训一体化调研课题研究》等 8 项课题的研究管理工作；组织胜利石油管理局社科联立项课题申报胜利石油管理局科技进步奖工作；组织 2012 年度胜利石油管理局社科联立项课题《胜利油田促进职工子女多渠道就业有效途径研究》等 17 项课题的开题论证工作、跟踪服务管理工作、结题答辩工作；为了更好地促进成果的转化，结集印刷后送管理局领导和有关部门参阅。三是评审优秀成果。举行 2011 年度胜利石油管理局管理局优秀社会科学研究成果评审活动，13 项成果获得一等奖，15 项成果获得二等奖，22 项成果获得三等奖。四是组织理论研讨。组织胜利石油管理局党校系统“学习傅成玉关于发挥党建思想政治工作作用讲话精神”征文活动；组织学习贯彻党的十八大精神的征文活动；与胜利石油管理局反邪教协会一道组织“弘扬科学文化，构建和谐家（校）园”为主题的 2012 年度反邪教作品征集活动。五是发挥联合作用。胜利石油管理局社科联坚持“走出去”策略，通过学习先进经验、加强合作等，发挥“联”的作用；加强与省社科联以及其他地市社科联的联系工作，借鉴先进做法，搞好联动；疏通与胜利石油管理局所属二级单位的联系渠道，为开展社会科学研究工作创造条件。六是注重自身建设。搞好“三个建设”即队伍建设、机构建设和制度建设，不断提高管理服务水平。胜利石油管理局社科联重视职工培训工作，定期组织开展学习交流活动，使学习活动制度化、规范化、常态化。2012 年，胜利石油管理局社科联有 6 人次参加了省社科联和中国石化集团干部管理学院、胜利石油管理局党委组织部、宣传部、胜利石油管理局高培党校组织的培训班。

胜利石油管理局社科联领导班子：

主席：杨昌江

秘书长：李瑞成

周　文

蔡军田

办公室：主　任　李志林

副主任：庄新华

2012年全省社科界社团工作报告

2012年全省社科界社团按照年初全省社科联工作会议部署，深入学习贯彻党的十八大和省第十次党代会精神，积极开展学术研究、社科普及、组织建设和党的建设，充分发挥了思想库和智囊团作用。全省社科界社团工作主要呈现出如下特点：

一、围绕重大理论和现实问题，大力推进学术建设，深入开展理论研究

为引导社团开展高质量学术活动，不断推进社团学科建设工作目标，省社科联继续健全完善社团学术活动信息发布制度，支持社团开展学科发展研究，引领学科发展。第一季度共发布87个社团2012年拟开展学术活动要目，向社会公布，推动社科界社团学术活动的开展。省社科联通过省人文社会科学课题和省社科普及重点项目，集中资金，为社团学科发展搭建平台，资助社团打造自己的学术品牌。在2012年立项的102项省人文社会科学课题中，41项由社团推荐。

社科界社团紧紧围绕战略性、前瞻性、基础性的前沿问题和关键性、紧迫性的瓶颈问题，积极举办学会学术会议，推出理论研究精品。省教育学会、省人文自然遗产保护与开发促进会、省近代文学学会、省企业信用与社会责任协会、省行为科学学会、省财政学会、省保险学会、省商业经济学会、省社会学学会、省哲学学会、省旅游行业协会、省生态文明研究会、省鲁南经济发展研究院积极参与协办山东社科论坛，充分发挥自身优势，汇聚理论人才，推出理论精品，为推动我省人文社科学术研究工作作出自己的努力。省世界经济学会和省对外经济学会联合举办主题为“世界经济形势的新特点与中国（山东）开放型经济的新战略”学术研讨会，会议紧跟世界经济发展的新形势，围绕开放型经济发展的难点和热点问题，重点讨论了“世界经济形势的新特点”等5个方面的问题。省应用统计学会举办“第五届（2012）管理工程与统计技术国际学术研讨会”，围绕“当今世界管理工程与统计技术的创新与应用”的主题进行深入研讨和交流。山东区域经济学会举办区域经济发展论坛，紧密围绕山东区域经济发展的实际，研究区域经济发展中的现实问题和理论问题，为政府决策提供智力支持，提升山东区域经济的研究水平。省行政管理学会召开第二届东方行政论坛，针对依法行政和法治政府建设中存在的问题和矛盾，结合依法行政实践进行深入研讨，提出了不少有决策参考价值的意见建议。省马克思主义研究会召开学会年会，围绕“学习贯彻十八大精神”的主题，对马克思主义中国化、中国特色社会主义理论体系、科学发展观、社会主义核心价值体系、党的执政理念等当前重大理论和现实问题进行深入广泛探讨。省国际政治和国际共运学会举办2012年学术年会，围绕“新形势下中国改革发展与对外关系”的主题展开讨论，与会学者们关注中国改革发展的新局面，聚焦新时期中国对外关系的新发展，总结学科前沿进展，为山东省国际政治和国际共运学科研究提供一个良好的交流机会，提出了一系列具有理论创新意义和实践应用价值的观点和建议。省大舜文化研究会召开“中国第四届大舜文化研讨会”对舜文化的核心及舜文化的当代价值等问题进行研讨。省企业文化学会召开“增进人民福祉与建设美好企业”座谈会，与会专家学者紧扣“建设美好企业”这一主题，用独特的文化视角、较高的思维深度对建设美好企业进行了深入探讨。省期刊协会以“数字化背景下的开放办刊”为题，组织省内高校学报编辑部集中研讨数字化时代开放办刊理念、制度和路径选择。省高校中国革命史教学研究会举办年会暨学术研讨和教学经验交流会，围绕高校革命史课程如何吸收马克思主义中国化的最新理论成果等进行了交流和探讨。省外国文学学会举办年会，围绕当前外国文学研究的新动态与发展趋势、当代文学批评理论语境下的经典作家与作品研究等主题进行深入研讨。山东孙子研究会举办“弘扬孙子兵学发展先进军事文化”研讨会，从不同角度对打造孙子兵学特色，提高军事文化创新力展开热烈研讨。省历史学会参与主办“登州文会馆与近代中国教育文化事业学术研讨会”，对登州文会馆历史、登州文会馆学生与近代中国社会转型、登州文会馆历史文化资源的发掘整理和利用等问题进行研讨。省创新管理研究院与省企业信用与社会责任协会、省社会工作协会等共同举办第三届“山东管理论坛”，围绕“创新管理与转变经济发展方式”这一主题进行了深入研讨，系统交流了在企业管理创新、社会管理创新方面的经验做法，深入探讨了管理创新在转调工作中的地位、作用以及新形势下的创新管理之道。山东大明经济发展研究中心举办《2012 山东民办高校公众满意度调查报告》发布会暨第三届“山东民办高校发展研讨会”，围绕学校基础设施建设、教师评价、人才培养能力、师资力量等方面展开，通过调查问卷、座谈会等形式进行，形成调研报告。山东现代节庆咨询中心召开“节庆创新研讨会”，就中国传统节庆的起源、现代节庆业的发展、山东节庆与县域经济等议题展开讨论，并着重对山东节庆进行了梳理。社科界社团的这些学术研讨等活动在我省社科界营造了良好的学术氛围。

二、注重创新方法，开展公益性科普活动，不断强化服务社会功能

社科普及周和齐鲁大讲坛是省社科联打造的两大科普平台。省社科联积极组织社团参加全省社科普及周活动，鼓励社团申报齐鲁大讲坛分坛、山东社科普及重点项目等，并给予相应经费资助，积极引导广大社团参与社科普及工作，发挥他们的学科优长。

在开展科普工作中，广大社团结合各自行业、专业特点，举办相关社科普及讲座，回答当前经济社会的难点热点问题。省税务学会、省金融学会、省钱币学会、省保险学会、省老年学学会、省民俗学会、省行为科学学会、省图书馆学会、省书画学会、省青少年研究会、省写作学会、省周易研究会、山东国际孙子兵法研究交流中心等社团在 5 月举办的全省社科普及周期间开展了多场形式多样、内容丰富的科普宣传活动，受到了广大群众的欢迎。很多社团结合自身特点开展相关科普活动，如，省企业信用与社会责任协会开展的“2011 山东企业社会责任十大事件”评选活动，进一步提高社会公众和广大企业对企业社会责任的关注和认知，鼓励广大企业积极参与企业社会责任实践活动，推动我省企业社会责任建设不断深入。省人文促进会与有关部门联合举办了“山东省人文自然遗产摄影作品大奖赛”，将人文自然遗产保护开发和摄影艺术有机结合，充分调动社会各界和人民群众参与人文自然遗产保护与开发的积极性，更好地展示我省人文自然遗产的独特魅力，保留珍贵的图片资料，树立山东人文自然遗产整体形象，推动人文自然遗产保护开发与文化、旅游及经济社会事业融合发展。省大舜文化研究会参拍的电视连续剧《大舜》完成后期制作，主题鲜明积极，思想价值和社会意义深远。省影视文化学会举办“济南公益电影展映月”，把农民工、机关干部、大学生、社区居民作为服务对象，社会反响良好。省心理健康教育研究会举办的“区域推进心理健康教育工作现场会”，总结、提升、推广区域推进心理辅导工作的经验和典型。省青少年研究会开通“家庭教育专家热线”，就青少年问题、家庭教育问题为广大家长提供义务咨询。省书画学会举办公益性山水画、花鸟画及书法创作研修班，全面提高会员创作水平。省孝老爱亲文化研究中心承办的“德耀齐鲁”道德示范基地建设活动，由省社科联等 9 个省直单位联合发起，在全省广泛开展，旨在推进社会公德、职业道德、家庭美德、个人品德建设，更好地为党和政府决策服务，把社会主义核心价值体系融入到国民教育、思想道德建设和群众性精神文明创建活动的全过程。山东国际孙子兵法研究交流中心、山东孙子研究会坚持举办齐鲁大讲坛孙子兵学文化分坛系列讲座，进院校、进企业，为兵学文化的宣传普及作出了积极贡献。省爱聋手语研究中心在烟台举办了“梦想的翅膀”为主题的第三届爱聋手语文艺演出，彰显手语魅力，展现聋人才华，呼吁社会关注聋人群体并促进聋人与听人的和谐相处。省国立传统文化教育研究中心主办的“山东省第二届儿童经典诵读美读大赛”和“山东省第二届幼儿园中华经典诵读表演赛”，增强了少儿学习传统文化的兴趣，推动了儿童经典诵读活动。这些活动，既宣传普及了社会科学知识，又扩大了社团影响，推动了全省社科普及工作的创新发展。

三、加强制度管理，推进组织建设，不断提升社团发展能力

组织建设是社团的基础建设，加强社团组织建设，是新形势下提升社团管理水平的重要保证。省社科联 2012 年继续加强了社团规范化管理与制度化建设两方面工作。为表彰先进，年初全省社科联工作会议上，对在 2010—2011 年度作出突出成绩的 64 个先进省级社团和 68 名优秀社团工作者进行了通报表彰。在制度建设上，年初正式下发《山东省社会科学界联合会所属社团十项管理制度（办法）》，以制度来规范社团组织建设。为将制度管理落到实处，年初，省社科联下文取消了省农业现代化学会、省农村财政研究会、省预算会计研究会、省公共关系协会、省高等教育学会、省中专学校思想政治工作研究会、省比较文学学会、中国墨子学会等 8 个学会省社科联团体会员资格，不再履行对其联系、指导、管理等职能。3 月，结合部分社团近年工作情况，对省供销合作经济学会、省数量经济与技术经济学会、省技术经济学会、省宗教研究会、省企业文化学会、省烹饪协会、省成人教育协会、省杂文学会等 8 个社团给予警告，并要求限期整改。针对省城市经济学会刊物出版发行情况中存在的问题，按照有关制度规定，对其会刊《山东城市经济》内刊给予了停刊整顿六个月的处理决定。

许多社团把加强组织建设和制度建设作为各项工作的重中之重，通过不断努力，社团的组织体系得到进一步健全，社团的管理机制日趋规范。省税务学会从加强学会制度建设入手扎扎实实开展了一系列工作，归集整理了秘书处工作制度、组织工作制度、会员管理制度、财务管理制度等10项工作制度，形成了学会工作制度体系。山东国际孙子兵法研究交流中心成立齐鲁兵学文化专业委员会，致力于兵学文化的专业研究，提高孙子兵法研究的学术层次。省统计学会、省内部审计师协会、省大舜文化研究会、省人文促进会、山东国际孙子兵法研究交流中心、山东孔孟文化研究交流中心等形成了理事会和主任扩大会议例会制度，对各自社团今年的工作进行认真部署。省金融学会、山东自然辩证法研究会、山东海关学会、省内部审计师协会、周易研究会、省古典文学学会、省职工教育协会、省散文学会、省写作学会等召开了换届大会，学会的组织建设得到了进一步的加强；目前来看，大多数社团坚持科学民主办会、依法依章办会，按照国务院、民政厅等法规、条例开展活动，已经逐步走上制度化轨道，杜绝了各种违反章程行为。截止到2012年底，省社科联所属省级社团184个，其中省级学会、协会、研究会、促进会155个，民办社科研究机构29个。新成立省水浒研究会、省战略学研究会、山东区域经济学会、省诚信文化促进会等4个学会，山东县域经济研究院、山东汉唐盛韵文化研究中心、山东现代节庆咨询中心、山东运河经济文化研究中心、省阳光青少年素质教育研究中心、山东大舜君和文化促进中心、山东现代教育发展研究中心等7个民研机构，新吸收山东会展业协会为团体会员。

四、理顺管理体制，扩大组织覆盖，进一步加强社团党建工作

社科界社团是党和政府联系广大社科工作者的桥梁和纽带，加强社团党建，才能保证党的路线、方针、政策在社团发展中得以贯彻落实。社团党建工作是一项较为复杂的工作，牵扯面广，需要理顺的机制体制也很敏感，但通过强化社团党建工作来全面提升社团积极作用的发挥是无可争议的。省社科联及其所属社团在这方面不断作出探索和努力。

为加强基层党支部书记队伍建设，提高基层党支部书记队伍素质，省社科联6月举办了业务主管社团党支部书记培训班，围绕加强基层党组织建设，提升党务工作能力和适应新形势搞好社团党建工作对业务主管社团党支部书记进行了专题辅导和培训。省卫生经济协会党支部建立健全规章制度，注重党员发展工作，促进党组织活动经常化、制度化和规范化，充分发挥党支部的战斗堡垒作用。大舜文化研究会党支部把制度建设和思想建设放在首位，制定了《“三会一课”制度》、《党员联系和服务群众制度》、《民主评议党员制度》、《创先争优制度》、《民主生活会制度》、《发展党员制度》、《党员干部学习培训制度》、《党员廉洁自律规定》等党支部8项管理制度，同时分阶段编印、发放党员学习材料，效果显著。山东周易研究会党支部成员全过程全员参与研究会各项活动，活动内容明确、措施得力可行，通过创先争优活动的开展，形成社团新的管理机制和工作方法，党支部的战斗力、凝聚力不断提高。山东管理科学研究院党支部组织开展以“学习好、团结好、爱岗敬业好、遵纪守法好、同比贡献好”为内容的“我为单位作出新贡献活动”，效果显著。山东国际孙子兵法研究交流中心党支部，在创先争优活动中提出提高学习研究能力、提高信息采集能力、提高参谋智囊能力、提高团结凝聚能力、提高主动作为能力、提高服务社会能力等六个能力建设性意见。省孝老爱文化研究中心精心设计活动载体，建立完善党支部制度建设，充分发挥优秀传统文化和学科优势，深入学校、企业、社区进行调研，积极为群众办实事，办好事。省学校文化研究院把党支部作为一个文化建设和干部培养的平台，培养专业和思想都过硬的骨干人才，围绕党建工作抓发展，不断在活动的内容、形式、方法等方面探索创新，把党组织活动和研究院的各项发展有机结合起来，把政治学习和业务学习有机结合起来，充分发挥党组织的重要作用。山东孔孟文化研究交流中心党支部坚持“三会一课”，充分发挥党支部老党员的模范带头作用。

截止到2012年底，省社科联社会组织党委有党支部38个，党员205名，在省级业务主管单位中率先实现了所属社会组织党的组织全覆盖，社会组织党建工作取得了丰硕成果。省社科联社会组织党委荣获“山东省社会组织创先争优活动先进单位”荣誉称号，省社科联社会组织党委委员、省孝老爱亲文化研究中心党支部书记王君峰荣获“山东省社会组织创先争优优秀共产党员”。

2012年社团工作取得的成绩是突出的，但仍存在不少问题和不足。主要有以下三个方面：一是学术活动缺少突破，学术氛围不够浓厚，缺少精品力作，学术成果转化性差。社团学术活动很多局限于老课题的研讨，缺乏观念的前瞻和创新，研讨会很多流于形式，不能在学术争鸣中推动理论创新，学术成果不能广泛进入公众社会生活和文化生活。二是部分社团队伍建设滞后，人员结构不合理，长期不换届，工作处于停滞状态。有的社团重经营、轻学术，社团活动偏离办会宗旨，把主要精力放在了经营创收上，个别社团不按章办事，甚至出现经济纠纷和违法违规问题。三是部分社团对党建工作重视不够，制度流于形式，党支部建立后不能正常开展工作，党的基层组织作用成效不明显。面对社团存在的问题和不足，需要我们高度重视，积极改进。省社科联将进一步加大对社团的引导和扶持，坚持社团为基、学者为本、学术为魂的理念，既规范管理，又培育功能，努力探索学术社团发展的新途径。

部分省社科界社团

山东大明经济发展研究中心

山东大明经济发展研究中心成立于2009年8月，是经山东省民政厅注册，由省社科联主管，依托山东社科院成立的全国性研究机构。

中心宗旨：秉承“世界眼光、战略思维、立足山东、服务全国”。紧扣经济社会发展中的热点、难点问题，扎实开展调查研究，为各级党政机构、社会团体、企事业单位等提供决策参考和解决方案。

中心整合了国内、省内社科界强大研究力量，从贴近实际、贴近需要出发，以自己采集的第一手鲜活真实数据为基础，开展各类经济社会发展问题研究、成果推广和交流咨询，承办学术会议、论坛等活动。

主要刊物：《山东省情报告》。

山东省马克思主义研究会

山东省马克思主义研究会是由从事马克思主义研究的党校、高校、社会科学研究机构等单位的社会科学工作者自愿组成的学术性、群众性、专业性、地方性、非营利性社会团体法人。

研究会宗旨：以马列主义、毛泽东思想、邓小平理论、“三个代表”重要思想为指导，坚持科学发展观、构建和谐社会；高举中国特色社会主义伟大旗帜，坚持四项基本原则，遵循实事求是的思想路线，坚持理论联系实际的马克思主义学风，贯彻“双百”方针，从事马克思主义及其中国化研究。同时，注重在马克思主义理论的导下研究我国当前改革开放和社会发展等重大现实问题。该会遵守宪法、法律、法规和国家政策，遵守社会道德风尚，效力于马克思主义理论的传播、普及和提高，科学运用马克思主义指导改革开放的实践，不断探索中国特色社会主义建设的规律，善于总结实践进程中的经验，为丰富马克思主义中国化的创新成果、建设中国特色社会主义理论体系、拓展中国特色社会主义道路服务。

业务范围：（1）研究马克思主义经典作家和我国老一辈无产阶级革命家的理论、思想；（2）以马克思主义理论为指导，联系中国的现实问题，总结中国特色社会主义建设的历史经验，研究重大现实问题；（3）组织研讨会和调查研究，以推动本会的马克思主义研究；（4）及时介绍会员的研究成果，交流马克思主义研究方面的信息。

山东粮食经济学会

山东粮食经济学会成立于1988年，历任会长薛瑞璞、曹允江、邹大民。

学会宗旨：严格遵守宪法、法律、法规和国家政策，坚持以马克思列宁主义、毛泽东思想、邓小平理论和“三个代表”重要思想为指导，深入贯彻落实科学发展观，高举中国特色社会主义伟大旗帜，认真执行国家粮食方针政策和有关规定，发扬实事求是、理论联系实际的作风，注重调查研究，团结组织广大粮食经济工作者，研究探讨粮食经济及粮食问题，为粮食经济发展服务，为领导决策服务，为广大会员服务。

业务范围：（1）研究社会主义市场经济条件下粮食流通的规律和特点，以及同生产，分配和消费的内在联系，提出意见和建议；（2）研究中国社会主义现代化建设进程中解决粮食（包括食油和饲料）问题的途径与方法，以及当代中国粮食工作发展变化的历史经验，为政府制定相关政策提供参考；（3）研究中国及山东省粮食供求趋势和粮食安全保障战略，以及社会主义市场经济条件下国家对粮食实行宏观调控办法与各时期的具体调控措施；（4）根据我国国情和粮情，研究中国及山东省粮食的供求趋势和粮食安全保障战略，重点研究粮食流通对供求平衡的影响及相应的对策；（5）研究在社会主义市场经济条件下价值规律对粮食生产、流通、消费的影响和作用，探讨国家对粮食实行宏观调控的必要性，调控的手段、方法和力度，以及调控对国家财政经济的影响；（6）研究在社会主义市场经济条件下粮食市场建设与管理的政策，包括现货市场、期货市场的政策，以及地区之间、粮食品种之间余缺调剂的各种形式和政策；（7）研究粮食行业中不同所有制经济协调发展问题，探讨粮食企业转变经济发展方式，提高竞争能力，充分发挥主渠道作用的政策和措施；（8）研究粮食企业经营管理办法，开展学术交流活动，介绍国内外粮食经营管理经验，进行企业宣传策划和咨询服务，提高粮食企业经营管理水平；（9）开展调查研究，针对粮食行业在改革与发展中出现的新情况、新问题，进行理论和政策研究，提出对策和建议；（10）沟通政府与企业的联系，向政府有关部门反映企业的意见及合理要求；（11）搜集整理粮食信息，进行粮油市场分析预测，为政府和企业经营提供参考；（12）组织省内有关粮食方面的学术研讨、信息交流、技术推广、产销衔接与经验介绍等活动，开展和参与粮食业务培训和职业技能培训工作；（13）编辑出版《齐鲁粮食》刊物和有关图书资料，交流学术思想和研究成果；（14）指导和协调会员单位开展工作，评选先进学会（研究会）和优秀学会工作者，交流信息与工作经验；（15）评选、推介粮食经济研究优秀成果，评选优秀论文，促进粮食经济理论研究工作开展；（16）接受粮食行政部门和有关单位的委托，积极承办和参与有关粮食经济和粮食政策的课题研究。

内部刊物：《齐鲁粮食》，是我省粮食行业唯一一份粮食内部期刊。

山东国际孙子兵法研究交流中心

山东国际孙子兵法研究交流中心成立于2008年12月1日。中心经山东省民政厅、山东省社会科学界联合会研究批准成立。

中心宗旨：广泛传播交流孙子兵法学术研究成果，不断提高孙子兵法研究的学术层次，打造和树立山东作为孙武故里的国际孙子兵法研究交流中心的地位和品牌形象，真正让世界了解孙子，让孙子走向世界，为全面贯彻科学发展观，促进社会主义先进文化大发展、大繁荣，构建和谐社会、和谐世界服务。

山东省金融学会简介

山东省金融学会（英文名称为ShanDong Monetary Society缩写SMS）是经山东省民政厅核准登记，由全省金融系统共同创办的研究金融科学的学术性社会团体。山东省金融学会是中国金融学会、山东省社会科学界联合会的团体会员单位；是全省金融行业的实务工作者、理论研究者和教学工作者自愿结成的地方性、非盈利性、群众性开展金融科学研究的学术团体；接受业务主管单位中国人民银行济南分行、登记管理机关山东省民政厅的业务指导和监督管理。学会秘书处设在人民银行济南分行金融研究处。山东省金融学会目前拥有64家会员单位和200余人的个人会员。

学会宗旨：团结全体会员和广大经济、金融工作者及理论研究者，遵守宪法、法律、法规和国家政策，遵守社会道德风尚，以中国特色的社会主义理论为指导，坚持党的基本理论、基本纲领、基本路线和基本经验，以实事求是的科学态度，发扬理论联系实际的学风，贯彻“百花齐放、百家争鸣”的方针，大力组织开展经济、金融理论研究，繁荣金融科学，为建立适应市场经济的金融体制和运行机制、推动金融工作、促进经济发展服务。

学会业务范围：（1）组织山东省重点金融科研课题的研究与评审；（2）通过金融论坛、学术讲座、理论研讨会等形式组织开展金融理论学术交流及金融知识普及；（3）通过建立完善学会“金融理论研究与实践基地”，不断拓展金融理论研究层面，大力推广金融知识普及工作；（4）组织举办旨在培养金融理论研究人才的各种形式的培训；（5）组织评选优秀金融科研成果，向领导机关和有关部门反映对金融工作的意见和建议；（6）整理和编辑出版本会组织产生的金融科研成果；（7）负责编辑出版本会会刊《金融发展研究》，宣传党和国家的金融方针、政策，普及金融科普知识，反映最新金融科研成果；（8）对企事业单位和其他社会组织提供金融业务咨询服务和科研服务；（9）指导会员单位按照宪法和有关法律、法规开展学会活动，促进学会与经济、金融教学和科研部门加强交流与合作。

山东孔孟文化研究交流中心

山东孔孟文化研究交流中心，系经山东省民政厅、山东省社会科学界联合会批准，成立于2007年7月，为省级专门从事儒学文化研究与交流的社会组织。业务主管单位是山东省社会科学界联合会。中心由山东省和济宁市从事孔孟文化研究与宣传工作的专家、学者及有关人员组成，并邀请国家、省、市、领导同志和国内知名专家担任顾问。

中心宗旨：认真贯彻落实胡锦涛总书记在党的十七大报告中关于“弘扬优秀传统文化，建设中华民族共有精神家园”的指示精神，研究儒学思想，汲取儒学精华，弘扬传统文化，继承民族精神，与时俱进，开展交流合作，促进社会文明与和谐社会建设。

内部刊物：《儒学文苑》，网站：“齐鲁儒风”。

山东省保险学会

山东省保险学会成立于1985年，是山东省从事保险理论和实务研究的群众性学术团体。2004年12月，学会适应山东保险业全面开放的新形势，改变挂靠企业的管理模式，独立运作，改选充实了理事会、常务理事会和秘书处办事机构。学会现有团体会员75家，业务主管部门为山东保监局。

学会业务范围：开展保险教育培训，组织对外交流，组织会员开展保险理论和实务研究，举办研讨会、报告会和专题论坛等活动，促进山东省保险理论研究和保险经营管理水平及保险从业人员素质的提高。

山东省大舜文化研究会

山东省大舜文化研究会成立于2007年5月16日，是经省民政厅社团局批准并注册的学术性、非营利性的社团组织。从事挖掘、整理弘扬大舜文化的理论研究和艺术创作活动。

本会宗旨：弘扬爱国主义精神和中华文化，促进社会主义精神文明建设，推进学术研究，加强国际文化学术交流。遵守宪法、法律、法规和国家政策，遵守社会道德风尚。

山东省对外经济学会

山东省对外经济学会成立于1990年12月，是专门从事对外经济研究和教学的群众性学术团体，现有团体会员89个，个人会员346人。

学会宗旨：遵循“为党和政府决策服务、为企业外向发展服务和为社会服务”，坚持“基础研究和应用研究相结合、以应用研究为主的方针”，以课题为龙头，通过科研带动理论队伍素质的提高，进而带动科研和教学的发展。

山东省妇女理论研究会

山东省妇女理论研究会成立于1987年8月，是由热心妇女理论研究工作的专家、学者和从事妇女理论研究的团体及个人自愿联合组成的全省学术性社团组织。业务主管单位为山东省妇联。历任会长为杨衍银、赵玉兰，现任会长翟黎明。

研究会宗旨：坚持党的基本路线，坚持实事求是的科学态度，贯彻“百花齐放、百家争鸣”方针，发扬学术民主，从理论与实践的结合上研究妇女问题，探索和把握妇女发展和妇女运动的规律，深化妇女理论研究，推进男女平等和妇女事业的发展。

研究会业务范围：研究和探讨全面建设小康社会进程中妇女理论与实践问题，研究妇女基本理论和妇女工作理论，加强社会发展重大妇女问题研究，为科学决策提供依据，推动山东妇女运动和妇女事业的发展；组织召开各种形式的研讨会、学术报告会，开展研究活动；开展妇女理论的宣传、普及和学术交流活动；提供妇女研究方面的咨询服务；加强与省内外、国内外妇女研究团体的联系和交流。

山东省工人运动研究会

山东省工人运动研究会成立于1989年6月29日，是山东省总工会领导下的研究工人运动和工会工作的学术团体。

学会业务范围：研究新时期工人运动和工会工作的理论与实践，为促进山东省的经济社会发展和工会自身改革与建设服务。

内部刊物：《山东工运研究》，双月刊。

山东省宏观经济学会

山东省宏观经济学会成立于1984年12月28日，业务主管单位是省发展和改革委员会。

学会宗旨：以马列主义、毛泽东思想、邓小平理论、“三个代表”重要思想和科学发展观为指导，坚持党的基本路线，坚持理论联系实际，研究加强和完善山东省宏观调控与改革的理论、政策、措施和方法，提高宏观经济管理水平，更好地为建设经济文化强省服务。

学会业务范围：从事宏观经济调控的理论与实践研究、政策研究、决策咨询服务，是沟通政府与企事业单位之间的桥梁和纽带。

山东省历史学会

山东省历史学会英文名称为 ASSOCIATION OF SHANDONG HISTORIANS（缩写为 SDHA），成立于1950年3月28日。学会性质为山东省历史科学工作者群众性非盈利性的专业学术团体。。

学会宗旨：以马列主义、毛泽东思想、邓小平理论、“三个代表”重要思想科学发展观为指导，坚持四项基本原则，遵守宪法，遵守国家有关法律、法规和政策，遵守社会主义职业道德，贯彻党的“双百”方针，发扬实事求是的学风，团结、组织、推动全省史学工作者开展学术活动，繁荣和发展历史科学，为社会主义物质文明和精神文明建设服务，为全面建设小康社会、为加快经济文化强省建设作出贡献。

学会现有14个分支机构，近年来能够坚持正常活动的有：东夷古国专业委员会，齐文化专业委员会，郯文化专业委员会，帝国主义与近代中国专业委员会，甲午战争专业委员会，沂蒙文化专业委员会，胶东人物研究专业委员会，“二野”军大校史研究专业委员会，传统文化与现代化专业委员会，世界史专业委员会。

山东省民俗学会简介

山东省民俗学会（Shandong Folklore Group）成立于1987年11月28日，是由山东省内从事民俗学研究的团体和工作者自愿结成的地方性、非营利性学术团体，历任会长李万鹏、刘德龙。学会现有会员635名，下设民俗文化产业发展咨询、民俗教育、民间艺术、金瓶梅文化、梅花拳、红丝石等6个专业委员会。

学会宗旨：组织会员学习党的方针政策和民俗学基本原理，不断提高政治思想水平和业务能力，培养优良学风，加强学术道德建设，努力开展民俗学的调查和研究工作。

业务范围：挖掘整理我省丰富的民俗史料；组织会员进行民俗调查，对我省现在仍然传承和流行的民俗事象进行搜集、整理和研究；组织开展非物质文化遗产普查摸底、申报评审，以及研究、开发、利用等工作。申报编辑出版民俗学报刊、书籍和资料，翻译评介国外民俗学著作；通过组织讲习班、函授班等多种形式，培训我省民俗学人才；每年至少举办一次全省民俗学学术活动，交流我省民俗学的研究成果，检查会员的研究情况；通过多种合法途径征集实物等民俗资料，举办民俗文化展览；积极开展国内外民俗学学术交流活动，促进我省民俗学研究工作。

内部刊物：《民俗研究》、《节日研究》（山东大学主办）。

山东省青少年研究会简介

山东省青少年研究会（ Shandong Youth and Children Research Association ，缩写：SYRA ）成立于1989年，是从事青少年和青少年工作研究的机构、团体和社会各界热心青少年问题研究的专家学者及有关人士组成的全省性学术团体，是非赢利性社会组织，是中国青少年研究会团体会员，山东省社会科学联合会团体会员。

研究会宗旨：研究改革开放和社会现代化进程中青少年生存与发展状况、青少年问题与青少年工作，以及青年运动历史经验，进行广泛地学术交流，以最新的研究成果为建设中国特色的社会主义服务、为推进青少年事业服务、为青少年健康成长服务。研究会业务范围：严格遵守宪法、法律、政策和社会主义道德规范，坚持以马列主义、毛泽东思想、邓小平理论和“三个代表”的重要思想为指导，贯彻落实科学发展观，坚持实事求是、理论联系实际，发扬学术民主，紧紧围绕社会进步与青少年事业发展的需要开展学术活动，突出对青少年问题与青少年工作的应用性、开放性、前瞻性研究。

山东省世界经济学会

山东省世界经济学会于2009年10月31日，是由山东省有关科研单位、高等院校、实务部门和企业的理论工作者、实际工作者自愿联合组成的学术性、非营利性社会团体。

学会业务范围：学术研讨、编辑书刊、承接课题、提供咨询、举办讲座、表彰优秀，包括：组织会员研究世界经济理论、国别（地区）经济和中国、山东省对外经济关系中的重大实际问题，开展国内外学术交流；承接课题研究，向政府有关部门和企业提供决策咨询服务；培训国际经济管理人才；编辑出版有关书刊和资料；评选优秀科研成果。

山东省统计学会

山东省统计学会成立于1981年4月8日，现有团体会员 单位36个，个人会员近6000人，是省民政部门批准的法人社团，现任会长为省人大常委杜昌祚同志。马世忠、宋法棠、林书香、王仁元四位副省长先后担任名誉会长。

学会宗旨：坚持正确的办会方向，把统计科研和繁荣学术放在工作的首位，理论联系实际，贯彻“百花齐放、百家争鸣”的方针，为改革开放和经济建设，为统计改革和事业发展，为统计战线上的两个文明建设和人才培养贡献了力量，并取得了丰硕的成果。

内部刊物：《山东统计》

山东省卫生经济协会

山东省卫生经济协会（英文译名：SHAN DONGASSOCIATION OF HEALTH ECONOMICS 缩写：DAHE）成立于1984年。

协会宗旨：在中国共产党的领导下，以马克思列宁主义、毛泽东思想、邓小平理论和“三个代表”、科学发展观为指导，坚持实事求是和理论联系实际的方针，倡导学术自由，团结和组织全省医药卫生经济工作者，开展医药卫生经济理论和应用的研究、宣传和培训，为发展我省医药卫生事业，增进人民健康服务，为促进社会和谐，全面建设小康社会服务。协会现有11个分支机构，分别是：山东省卫生经济协会财会分会、卫生信息专业委员会、医院经济专业委员会、农村卫生经济专业委员会、民营卫生组织工作委员会、医药采购与管理专业委员会、医学装备与评价分会、卫生规划建设专业委员会、卫生服务成本与价格专业委员会、公共卫生经济专业委员会、医疗卫生信用工作委员会。协会现有团体会员150多个，个人会员1500多人。

山东省学校文化研究院

山东省学校文化研究院成立于2008，其前身是山东省现代学校文化研究所。目前，研究院设新闻中心、SIS研究中心、学校文化推广中心、校本课程开发中心、科研中心和《教师博览》工作站，有各科类研究人员28人。

研究会宗旨：遵守国家宪法和法律法规，积极推动学校文化的研究、交流与合作，促进教育科学和文化事业的发展。

业务范围：学校文化理论与实践研究；课题研究及教材研发；会议服务及研讨培训；学校文化策划设计及用品研发推广。

山东孙子研究会

山东孙子研究会成立于2003年10月14日，是在山东省民政厅正式登记注册的地方性非营利学术社会组织。

研究会宗旨和任务：高举中国特色社会主义伟大旗帜，以马克思列宁主义、毛泽东思想、邓小平理论和“三个代表”重要思想为指导，深入贯彻落实科学发展观，坚持社会主义先进文化前进方向，坚持辩证唯物主义和历史唯物主义，遵守宪法、法律、法规、国家政策和社会公德，着力挖掘、研究、传播、开发以《孙子兵法》为代表的中国兵学文化，加强与国内外兵学研究组织的交流合作，推动兵学文化在各个领域的广泛应用，推动社会主义文化大发展大繁荣，促进经济、社会、国防、文化等各项事业发展。

内设组织机构有：学术研究委员会、军事文化委员会、开发应用委员会、对外交流委员会、综合办公室和网络中心。现有会员近300人，团体会员6个。

山东省人文自然遗产保护与开发促进会

山东省人文自然遗产保护与开发促进会成立于1995年。挂靠山东省政府办公厅，业务主管单位为山东省地方史志办公室。

学会宗旨：促进山东省人文自然遗产的保护与开发，传承弘扬齐鲁文化，充分发扬优秀民族传统和爱国主义精神。

山东省统战理论研究会

山东省统一战线理论研究会成立于1985年。历任会长为田健、徐凡渠、张传林。

《山东统一战线》（《山东省社会主义学院学报》）是由省委统战部、省社会主义学院、省统战理论研究会联合主办的全省唯一公开发行的指导统战工作的综合性期刊，《中共山东省委关于贯彻落实〈中共中央关于加强统一战线工作的决定〉的实施意见》（鲁发［2001］7号）明确要求把《山东统一战线》纳入党刊的出版发行范围。

2012年，《山东统一战线》坚持贴近统战成员、贴近统战干部、贴近统战工作实际，紧紧围绕中央、省委决策部署和中央统战部、省委统战部工作安排，认真宣传党的统战理论方针政策，传播统战理论研究成果，交流统战工作信息，既突出统战性、理论性、政策性、工作指导性，又兼顾实用性、知识性、趣味性，为推动全省统战工作科学发展发挥了重要作用。本年度发行2万多份，编印12期，除开设时政纵横、要闻、专（专特）稿、书记谈统战、部长论坛、理论园地、人物风采、史海钩沉、统战百科、齐鲁短波、实践与探索、观点等栏目外，还根据形势发展，开设了学习贯彻中央4号省委10号文件精神、同心印象、省第十次党代会、各民主党派工商联代表大会、学习贯彻十八大精神等专栏，成为统战宣传工作的主阵地、反映全省统战工作全貌的窗口。

山东省孝老爱亲文化研究中心

山东省孝老爱亲文化研究中心宗旨：按照国家有关规定，认真做好各项工作，不断加强社团规范化、科学化、制度化建设，以“积极创先争优、争做齐鲁先锋”为契机，大力加强社会公德、职业道德、家庭美德、个人品德建设，大力开展学术、科研与普及活动，扎实开展各项工作，在弘扬传统文化、推进社会精神文明建设工作中作出了积极贡献。

业务范围：开展孝老爱亲传统文化教育和相关咨询服务，研究成果转让；举办培训、讲座等教育活动。

内部刊物：《德耀齐鲁》。

山东省行政管理学会

山东省行政管理学会成立于1989年。学会是省政府整合各界行政管理研究资源，研究行政管理理论和实践，发展行政管理科学，推进行政体制改革，为政府改进行政管理服务的全省性的学术团体。

学会宗旨：高举中国特色社会主义伟大旗帜，坚持以邓小平理论和“三个代表”重要思想为指导，深入贯彻落实科学发展观，坚持党的基本路线，坚持解放思想、实事求是、理论联系实际的原则，贯彻百家争鸣的方针，开展行政管理科学研究，为促进行政管理改革，提高行政效率，建设服务政府、责任政府、法治政府和廉洁政府，建立比较完善的中国特色社会主义行政管理体制，促进山东经济社会的科学发展、和谐发展、率先发展，加快建设经济文化强省，实现富民强省新跨越服务。

山东周易研究会

山东周易研究会（英文译名 Zhouyi Reach Society of Shandong，缩写为 ZYRS），成立于1993年。是具有独立法人资格的地方性社会学术团体，是由山东省内从事周易教学、研究、科研管理及实际工作部门管理者和爱好者自愿组成，为实现会员共同愿望，按照章程开展活动的非营利性社会组织。

学会宗旨：努力弘扬民族优秀传统文化，促进易学研究事业的不断发展，为经济社会发展服务。

山东省中共党史学会

山东省中共党史学会成立于1981年11月，业务主管部门是中共山东省委党史研究室。

学会宗旨：高举中国特色社会主义伟大旗帜，以马克思列宁主义、毛泽东思想、邓小平理论、“三个代表”重要思想、科学发展观为指导，深入贯彻落实党的十八大和省十次党代会精神，进一步落实中发［2010］10号、鲁发［2010］19号文件和全国、全省党史工作会议精神，以资政育人为根本任务，坚持党的思想路线，解放思想、实事求是、与时俱进，坚持围绕中心、服务大局，坚持党性原则和科学精神的统一，准确把握党的历史发展的主题和主线、主流和本质，为贯彻党的基本理论、基本路线、基本纲领、基本经验服务，为建设社会主义核心价值体系服务，为推进党的建设新的伟大工程服务，为坚持和发展中国特色社会主义服务，为加快建设经济文化强省、全面建成小康社会服务；坚持百花齐放、百家争鸣的方针，发扬学术民主，鼓励科学探索，营造健康向上、生动活泼的党史研究环境，紧紧围绕山东党史强省目标，积极开展中共山东历史研究和党史学习宣传工作，推进本学会建设；遵守党的纪律和国家有关法律法规，旗帜鲜明反对党史问题上的错误观点和错误倾向。

大众日报

2012年度《大众日报》刊发重要理论文章主要包括以下篇目。

《科学发展的山东担当》：中国特色社会主义事业的不断发展，在时间上表现为一个连续不断地实现其阶段性目标的历史过程，在空间上则表现为一个个的区域性目标朝着既定方向的分别达成，正是围绕一系列目标展开的各项建设事业，汇聚成了一曲雄壮的建设中国特色社会主义的交响曲。在山东，自九届党代会以来，在省委省政府的坚强领导下，以建设经济文化强省为目标的9500多万人民，牢牢把握科学发展主题，紧扣加快转变经济发展方式主线，加快推进由经济大省向经济强省、由文化资源大省向文化强省跨越，奏响了时代的最强音。

《蓝黄辉映绘就山东腾飞新宏图》：山东半岛蓝色经济区建设和黄河三角洲高效生态经济区建设两大国家发展战略的实施，使山东经济发展显得愈发活力四射、生机勃勃。9500万山东人民正在新的战略蓝图上，挥舞如椽巨笔，以蓝海黄河为墨，满怀热情地共绘崭新的齐鲁画卷。“一蓝一黄”战略正引领着山东经济社会发展向更为高远的目标迈进。

《经济文化强省建设关键在党》：办好中国的事情，关键在党。山东建设经济文化强省，实现富民强省新跨越，关键在加强和改善党的领导。经济文化强省建设战略目标的贯彻、执行和实现，离不开党的建设的引领、支撑和保证，党的建设的发展、改革与创新，必须紧紧围绕经济文化强省建设来进行、来展开、来检验。《省十次党代会报告解读专题——在科学发展道路上实现经济文化强省建设新跨越》：本专题文章对省十次党代会报告作了全面深入的解读，共分4个专版，13个部分，分别为：辉煌的成就 宝贵的经验；奋斗目标和总体要求；加快推动转型升级；加快发展现代农业；加快实施蓝黄引领战略；加快建设创新型强省；深化改革 扩大开放；加快建设生态山东；加快向文化强省迈进；大力保障改善民生；营造安定和谐的政治局面；不断提高党建科学化水平。

《正确的路就要坚定不移走下去》：多年来，坚定不移走中国特色社会主义道路，我们在实践当中看到这条路找对了、走对了，走得越来越好，给党给国家给老百姓都带来了实实在在的利益，我们在国际上也得到了广泛的认可。事实告诉我们，要把中国的事情办好，就要坚持我们既有的正确的道路，就不能偏离，不能走别的路；我们走的路既然是正确的路，当然一定要坚持走下去。

《真正看清了中国发展面临的问题》：我们发展中的不平衡、不协调、不可持续问题依然突出，制约科学发展的体制机制障碍还比较多。报告对科学发展观的深入阐述，使我们真正认清了今天包括以后中国发展所面临的难题，并为解决这些难题提出了新的思路。

《坚定的自信由何而来》：对道路、理论和制度的自信，并不意味着就无需改革。道路、理论、制度，都是最根本最重要的东西，在坚持根本的前提下，我们的道路还需要继续向前拓展，我们的理论还需要不断地丰富创新，我们的制度更需要不断地完善健全。

《更全面地认识社会主义建设规律》：推进“五大建设”，我们还会遇到很多的新困难和新问题，包括五位一体之间是什么样的关系，在实践当中应该怎样保持五位一体本身的平衡协调，这些东西都需要我们去探索，去做更多艰苦细致的工作。

《激发活力需厘清政府市场关系》：社会主义市场经济中政府和市场各自的边界到底在哪里，这个关系不理顺，不仅妨碍公平竞争，影响市场正常运行的效率，还会滋生腐败。

《政治体制改革改什么怎么改》：既然我们已经认准了改革的大方向，我们完全可以进行一些合理的顶层设计，更主动、更有计划地去解决问题，让人民群众看到决心、增强信心。从这一方面讲，尽快出台一些能够提振人民信心的举措是很有必要的。

《如何有效推进党的纯洁性建设》：纯洁性跟先进性有着密切关系，保持党的纯洁性是体现党的先进性的重要前提、重要基础，没有纯洁性也就无所谓先进性。

《解读十八大专题——十八大报告独家权威解读系列》：本专题文章对十八大报告进行了独家权威的解读，共分6个专版，9个部分，分别为：辉煌的发展成就 宝贵的历史经验；奋力开拓中国特色社会主义伟大事业；确保实现全面建成小康社会宏伟目标；完善市场经济体制 转变经济发展方式；坚持走中国特色社会主义政治发展道路；扎实推进社会主义文化强国建设；创新社会管理，构建和谐社会；建设美丽中国 实现永续发展；全面提高党的建设科学化水平

《中国特色社会主义的经典文献——十八大报告的理论创新、思维品质与思想贡献》：十八大报告的理论创新、思维品质与思想贡献，标志着我们党对共产党执政规律、社会主义建设规律、人类社会发展规律的认识，跃上了新高度，进入了新境界；标志着我们党对中国特色社会主义的认识，已经形成为一个完善成熟、完备细致、庞大丰富的思想体系和观念集群。中国特色社会主义正由过去走向未来，由改革开放走向中华民族复兴，中国特色社会主义理论体系大大推进了马克思主义中国化时代化大众化的进程，正遵循着理论发展的内在规律，由相对真理走向绝对真理。

《十八大报告的重大理论贡献》：十八大报告提出，解放思想、实事求是、与时俱进、求真务实，是科学发展观最鲜明的精神实质。实践发展永无止境，认识真理永无止境，理论创新永无止境。全党一定要勇于实践、勇于变革、勇于创新，把握时代发展要求，顺应人民共同愿望，不懈探索和把握中国特色社会主义规律，永葆党的生机活力，永葆国家发展动力，在党和人民创造性实践中奋力开拓中国特色社会主义更为广阔的发展前景。

《勇于推进实践基础上的理论创新》：科学发展观是党的十六大以来理论创新的集中体现，也是勇于推进实践基础上理论创新的光辉典范。党的十八大把科学发展观确立为党必须长期坚持的指导思想，对于我们党领导全国各族人民坚定不移沿着中国特色社会主义道路前进，实现全面建成小康社会奋斗目标，夺取中国特色社会主义新胜利，具有十分重要的意义。

山东社会科学

一、工作情况概述

1. 成功入选“国家社科基金资助期刊”。2012年，《山东社会科学》除了继续保持“山东省优秀期刊”、“全国中文核心期刊”、“中国人文社会科学核心期刊”、“CSSCI 来源期刊”、“RCCSE 中国核心学术期刊”、“华东地区优秀期刊”等荣誉称号之外，又成功入选“国家社科基金资助期刊”，这是《山东社会科学》杂志狠抓学术质量的又一重大成果。“国家社科基金资助”在学界是公认的殊荣，入选获得的不仅仅是办刊资助，更意味着对刊物学术水平的高度肯定。

2. 彰显关注当下社会重大问题的办刊特色。2012 年，《山东社会科学》继续秉承关注国家经济社会发展重大现实和理论问题的办刊特色，策划了大量具有当下性、前瞻性、开拓性的学术专题，如：“国际金融危机与资本主义、社会主义的历史命运”、“社会主义核心价值体系研究”、“中国特色社会主义理论体系研究”、“人口老龄化与社会保障问题”、“政党建设理论研究”、“网络文化环境中的道德建设”、“物权法实施中的疑难问题”、“构建社会主义核心价值体系：网络文化与网络道德”等，颇受学界好评；此外，与省蓝黄办、省蓝色经济文化研究院携手举办的“蓝黄”国家战略研究征文活动，助力地域经济发展，取得了良好社会反响。

3. 完善学术主持人制度深化基础理论研究。2012 年，在人文学科的基础理论研究方面，《山东社会科学》继续完善学术主持人制度，使栏目趋向专题化、深入化，全年共有 30 多位学者 40 多人次受邀主持专栏，为提升杂志学术质量、扩大影响发挥了重要作用，同时储备了一支数量可观、来源广泛、持续扩大的高水平作者队伍。“马克思主义哲学研究”、“史学理论研究”、“国外马克思主义研究”、“中国现当代文学研究”、“比较文学与世界文学研究”、“传媒与文化发展研究”、“文艺学研究”、“经济与管理研究”、“民俗与非物质文化遗产”等常设品牌栏目的学术含量继续提升、学术影响力持续扩大。

4. 权威文摘报刊转、摘量和外刊引用大幅提升。2012 年，据“中南财经政法大学图书馆期刊信息检索中心”的最新检索报告，《山东社会科学》共被人大复印报刊资料、《新华文摘》、《中国社会科学文摘》等 13 种权威文摘报刊转、摘 73 篇，比 2011 年提高 33%；在全国综合性社科类期刊中，排名飞跃

10位，攀升至第15名。其中，《新华文摘》转、摘20篇，在655种期刊中高居第4位；《中国社会科学文摘》转、摘6篇，在424种期刊中居第48位；人大复印报刊资料C类（政治类）全文转载11篇，在637种期刊中居第50位；《光明日报》转、摘3篇，居第3位；《学术界·学术论点》转、摘5篇，居第6位；《社会科学报·学术看台》转、摘5篇，居第8位。外刊引用量较之往年更是大幅提升，目前粗略掌握的就有100多条，明显扩大了杂志在学界的影响。

二、2012年重要学术论文简介

《蓝黄规划协同实施和蓝黄两区协调发展的战略与对策》：郑贵斌在2012年第1期撰文指出，实施山东半岛蓝色经济区与黄河三角洲高效生态经济区规划，面临共同的科学发展主题和示范试点责任，政府应树立整体性治理理念，在协同协调发展上寻求突破，以把两大国家发展战略的规划与政策优势转化为发展的强大动力，培育出新的经济增长极带动区域协调发展。蓝黄规划协同实施和蓝黄两区协调发展应实施六大重点战略。在战略对策上应科学确定协同发展中的政府定位；全面推动蓝黄两区发展的对接；努力构建协同合作发展的长效机制；切实完善蓝黄两区建设协调推进制度；科学制定协同协调发展的政策体系。（作者系山东社会科学院副院长、研究员、博士生导师，山东半岛蓝色经济区咨询委员会副主任委员，中国海洋发展研究中心研究员。）

《关于学习型政党建设的几点认识》：王韶兴在2012年第1期中撰文指出，学习中认识规律，在遵循规律中求得发展，在科学发展中赢得地位，是学习型政党的本质属性和价值指向；以学习焕发党员活力、聚集组织力量、凝练价值目标、创新发展机制，是学习型政党的基本功能和目的要求。学习型政党建设，实质上是以持续的政党学习为基础，以不断发展政党能力为核心，以有效实现政党目标为旨归的政党能力再造和政党文明重塑的过程。中国共产党的发展历程，始终贯穿着靠学习立党、靠学习强党，靠学习取得政权、靠学习治国理政这样一条基线，中国共产党的兴党史和执政史，就是一部重视学习、善于学习的历史。中国共产党成功的秘密在于学习，而学习的真谛在于有"型"；"型"赋予中国共产党的学习以新的模式和要求，同时使中国共产党的学习获得了新的价值意义。全面总结中国共产党开展政党学习的历史经验，深入探讨学习型政党建设的基本规律和实现机制，是增强中国共产党建设学习型政党科学化水平的必由之路。（作者系山东大学政党研究所所长、教授、博士生导师。）

《政党变革、政党体制变革、政党政治变革含义辨析》：禹海霞在2012年第1期中撰文指出，政党变革、政党体制变革、政党政治变革是政党政治理论中的三个基本范畴。政党变革反映的是政党自身各构成要素的发展变化；政党体制变革体现的是政党在政治体系中的地位以及政党之间的关系模式和运行机制的变化；由政党自身和政党体制变革所引起的有关政党政治的制度体制及其运行机制的变化则为政党政治变革。政党变革是政党体制变革的核心驱动，是政党政治变革的关键内容；政党体制变革是政党变革的党际表现，是政党政治变革的组织基础。政党变革和政党体制变革交互作用、互为因果，既是政党政治发展的原因，也是政党政治变化的表现。（作者系山东大学政治学与公共管理学院博士研究生。）

《中外文学关系编年史研究的学术价值及现实意义》：葛桂录在2012年第1期撰文指出，编年史类的著述，是学术研究的基础建设工程，也是我国人文学科前辈学者治学的优良传统。它既是学科发展到一定阶段的产物，也是学科进一步可持续拓展的重要基础。因为它能使大量原本纷繁复杂的中外文学与文化交流史料，经过系统的整理编排，呈现清晰可辨的脉络，为研究者深入探讨某一时段的文学与文化交流问题搭建一方宽阔的时空平台。由于在归纳文学交流发展现象、探讨文学交流规律、创新学术体系和科学研究方法方面提供了大量原创性成果，所以有助于填补学术空白和提升中外文学关系史研究的层次，有可能为中外文学关系史学科的成长开拓新的研究领域，提出新的研究课题。同时，学术性与工具性相结合，既保证了所有的编年内容都有据可查，又有助于准确地把中外文学交流史发展进程，将编年史视作文学交流史研究的一种视角和方法，发挥其在多国文学关系研究方面的优势。其多重功能将给中外文学交流史研究者提供诸多便利。梳理相关史料，呈现数百年来中外文学双向交流的行行足迹，既适应今后双向文学交流的需要，也为中国文化（中国文学）走出去的国家战略，提供史实基础和经验总结，因而有较好的社会效益。此类著述具有较高的引用率，会受到学界的重点关注。（作者系福建师范大学文学院教授、博士生导师，中国比较文学教学研究会副会长。）

《从春节符号谈文化传承与创新》：潘鲁生在2012年第1期撰文指出，春节是中华民族参与度最高、最隆重的节日，其文化的意义往往通过一定节俗活动体现，文化符号是其中重要的组成元素。符号不断丰富变化的形态和延续不断的深层内涵，是把握春节文化传承与创新的重要内容。深入分析当前“春节符号”存在的主要问题，以“中国结”在春节的应用和发展为例，探讨现代生活空间里春节文化的传承与发展问题，有助于将宏观的文化视野和具体的创新举措结合，形成春节文化传承与创新的建议。（作者系中国民间文艺家协会副主席，山东省文联主席，山东工艺美术学院院长、教授、博士生导师。）

《签名的功能：对马克思哲学的一种阐释方式》：张文喜在2012年第2期撰文指出，签名的功能一定能够解释某种思想，而签名的意义无疑要比发送它的符号更为深刻，但是，它仍然要和符号联结在一起。如果我们满足于抽象地看待签名，认为它缺乏内在的东西，那么我们就仍然不能理解我们自己何以被一个人的名字或思想所打动。问题是我们要描述它们而不把它们简约为别的东西，掌握它们的实在。正是在这个意义上，区别于传统哲学，马克思这个名字意谓的那非凡的生命，特别隐含于他所思的事物当中。（作者系中国人民大学哲学院马克思主义哲学研究中心教授、博士生导师。）

《社会救助的程序法治——价值、原则与制度构建》：杨思斌在2012年第2期中撰文指出，程序在社会救助法中具有重要价值，社会救助法的程序制度应该遵循正当程序原则、与实体法相配合以及第三方参与原则。我国社会救助法（草案）关于社会救助程序的规定比较粗疏，而且多为一些办事流程性规定。为保障社会救助对象的合法权利，提高社会救助法的实施效果，社会救助法应该规定启动程序、审查程序、说明理由程序、听证程序与监督程序制度。（作者系法学博士，中国劳动关系学院公共管理系教授，中国人民大学社会保障研究中心博士后。）

《国际金融危机对当代资本主义和世界社会主义的影响》：臧秀玲、杨帆在2012年第2期撰文指出，2008年美国金融危机迅速蔓延扩散，演变为一场波及全球的严重经济危机，它为我们提供了认识当代资本主义、世界社会主义及其两制格局新变化的全新视角。金融危机使资本主义遭受重创，使社会主义运动的发展喜忧参半，对现实社会主义国家既是机遇也是挑战，使国际格局和两制格局发生了重大变化。（作者臧秀玲系山东大学当代社会主义研究所、政治学与公共管理学院教授、博士生导师；杨帆系山东大学政治学与公共管理学院博士研究生。）

《文明冲突理论：一种身份认同危机下的意识形态》：张文涛在2012年第3期撰文指出，塞缪尔·亨廷顿说自己是兼具爱国者和学者两种身份而从事研究的。由于爱国者本身是一个充满复杂含义的词汇，容易对学者的公正性与科学性造成侵蚀，加之亨廷顿呼吁西方世界团结起来对付中国和伊斯兰世界，进一步强化了其立场的偏颇性，这恐怕是人们对他产生质疑的重要原因。中国学者的回应，触及到了亨廷顿文明冲突理论的种种缺陷和弱点。如果说亨廷顿对中国的崛起与伊斯兰世界的复兴、拉美裔移民状况的分析体现了一名学者的敏锐，那么所谓的“中国威胁论”、“伊斯兰威胁论”、“拉美裔移民威胁论”则充分表明了他作为一名爱国者的偏见。《文明的冲突与世界秩序的重建》与《我们是谁——美国国家特性面临的挑战》两部著作，都是通过树立敌人方式，以加强美国的身份认同为目的，实质是一种身份认同危机下的意识形态。联合国呼吁抵制这种理论，值得引起人们高度重视。（作者系中国社会科学院世界历史研究所副研究员，北京师范大学在职博士后。）

《世界文学是跨文化理解之桥》：大卫·达姆罗什在2012年第3期撰文指出，自歌德时代起，世界文学的定义一直具有三种范式：经典、杰作和世界窗口。世界文学存在于全球、区域、民族、个人四个空间维度中，另外也存在于时间维度中。世界文学的可定义特性在于它是由在翻译中获得生命力的作品构成的。《一千零一夜》这部作品为我们的世界文学研究提供了一个案例，反映出一部作品经过翻译之后的得与失。面对当今世界的文化冲突，世界文学应发挥跨文化理解之桥的作用。（作者系美国哈佛大学比较文学系主任，Ernest Bernbaum 教授；美国比较文学协会前主席。）

《跨文化阐释与世界文学的重构》：李庆本在2012年第3期撰文指出，世界文学是那些能够超越民族的特殊性而上升为共同性，为他者文化的读者所阅读并理解的民族文学。要解决民族文学如何成为世界文学这一问题，可以至少采用两种途径：翻译与跨文化阐释。翻译不仅是语言的转换，而且也是文化的选择与变异。因此翻译也是跨文化阐释的特殊形式。在现代汉语语境下，跨文化阐释往往采用以西方理论来阐释中国文本的形式。这种形式不应该受到过多的指责，它恰好可以方便西方人的理解，并为中国文学走出去服务。在跨文化阐释中，出现文化变异是非常正常的。但这种变异不是单向的，而是一种双向变异。跨文化阐释就是中国文学走向世界文学的一种有效的策略。如果我们能够在以往视为世界中心、带有普遍性的西方文学中发现差异性和特殊性，而在以往视为差异性、特殊性的中国文学及非西方文学中发现普遍性和同一性，那么，我们就可能重新构建世界文学的新格局。（作者系北京语言大学比较文学所所长、教授、博士生导师。）

《东亚共同体与东亚自由贸易区：日本的东亚地区合作构想与实践》：杨光在2012年第3期撰文指出，日本的“东亚共同体”构想意在从经济上依托东亚经济发展来解决其自身的经济问题，并谋求地区经济合作的主导权。但是，在安全领域日本却借助美日同盟以及构建所谓的“民主价值观”联盟来遏制崛起的中国。这导致日本的东亚安全战略与经济战略的内在矛盾。不明确“东亚共同体”的成员与核心推动力，日本难以获得其他东亚国家的信任，而在不对等的美日同盟结构下，日本的东亚外交也引发美国对其离心倾向的猜疑。在亚太经合组织与东亚峰会等包容性多边组织存在的背景下，日本重构一个成员重叠的“东亚共同体”缺乏实际意义。在东盟主导动力不足的情况下，日本应该加强与中国互信来推动东亚地区经济合作，而非依据对抗性的权力政治逻辑来遏制中国。（作者系山东大学政治学与公共管理学院副院长、副教授。）

《中国老年人主观福利及贫困状态研究》：王小林、尚晓援、徐丽萍在2012年第4期中撰文指出，贫困的概念不仅仅指收入或消费的客观福利指标方面，而且表现为个人感受的主观福利指标方面。从收入贫困的角度看，2006年中国农村老年人收入贫困发生率为9.7%。但是，从主观福利贫困的角度观察，贫困发生率要高得多。农村16.2%的老年人，城市11.5%的老年人，对生活满意度评价为差或很差。按照本文的定义，属于主观福利贫困。其中农村、女性、高龄老年人群中，贫困发生率最高。中国新阶段减贫战略既要关注绝对贫困，也要关注相对贫困，还要关注多维度贫困和主观福利贫困。为了在2020年实现基本消除绝对贫困现象的战略目标，需要建立多维度瞄准贫困，统筹减贫的战略体系；完善减贫、养老保障、老年照料政策体系。（作者王小林，博士，中国国际扶贫中心处长；尚晓援，博士，澳大利亚新南威尔士大学高级研究员；徐丽萍，博士，中国国际扶贫中心工作人员。）

《跨越时空的心灵沟通——B·M·阿列克谢耶夫“聊斋学”成功奥秘探论》：李逸津在2012年第4期撰文指出，俄罗斯汉学大师B·M·阿列克谢耶夫在苏维埃时代出于新的“艺术需要”来翻译和研究《聊斋》，即：（1）向俄罗斯和苏联人民介绍他心目中真正的中国语言艺术精品并展示自己翻译才华的需要；（2）适应俄罗斯民族的历史文化与审美心理、满足俄罗斯民众文化需求的需要；（3）顺应19—20世纪之交俄罗斯人文知识分子中普遍流行的社会思潮、引进东方智慧的需要；（4）与在人生遭际、社会理想方面有共通之处的中国古代作家蒲松龄作心灵沟通、抒发内心感悟与共鸣的需要。阿列克谢耶夫与蒲松龄之间心灵的沟通，是他倾毕生精力研究《聊斋》的动力，也是他的“聊斋学”取得巨大成功的奥秘所在。（作者系天津师范大学文学院教授、国际中国文学研究中心副主任。）

《山东半岛蓝色经济区建设中的政府作用分析》：韩立民、于会娟在2012年第4期撰文指出，山东半岛蓝色经济区建设是一项由政府提出并推动实施，通过市场主体的有序竞争实现海洋资源合理开发和优化配置，促进海洋产业结构升级，实现区域经济发展的系统工程。明确政府在区域海洋资源开发与海洋产业发展中的作用以及所扮演的角色，有利于提升政府的服务和调控能力，加快山东半岛蓝色经济区的建设。市场经济条件下，面对海洋资源过度利用与海洋经济活动的外部性问题，往往存在着市场失灵问题。同时，特定海洋产业的公益性质决定了政府必须介入甚至主导海洋产业的发展过程，而海洋产业结构优化调整过程中面临的传统产业发展惯性以及战略性新兴产业培育主体发育不足等，也需要充分发挥政府的引领和扶持作用。山东半岛蓝色经济区海洋产业发展中政府的作用主要表现在规划引导和政策扶持、营造发展软环境、提供地方公共产品、组织开展海洋共性和关键技术研发以及调整和优化海洋产业布局等方面。（作者韩立民系中国海洋大学管理学院教授、博士生导师，中国海洋大学海洋发展研究院副院长，中国海洋发展研究中心研究员；于会娟系中国海洋大学管理学院博士研究生。）

《当代诗歌叙述性思潮与其本体性叙述形态初论》：孙基林在2012年第5期撰文指出，当代诗歌叙述性思潮发生于一个特定的年代，那是一个现象还原和回到本身的年代。这里所谓“现象”、“本身”，既指向事与物，也是生命和语言本身，由此便体现了一种语言、事物与生命同构一体的本体论诗学。如从诗歌叙述学的角度看，则可称作是叙述本体性诗学。从基本类型上说，诗歌叙述主要有喻（或寓）体性叙述和本体性叙述两种形态。第三代诗歌呈现为一种原发性的本体性叙述形态，于坚诗歌具有典型性和代表性，无论从叙述者与体验视角的一体性，还是叙述时空与叙述节奏等等方面，都体现出独特与鲜明的本体性叙述特质。（作者系山东大学威海分校中文系教授，现代诗歌研究中心主任，博士生导师。）

《当代人力资源管理研究的缺陷及其成因》：俞宪忠在2012年第5期撰文指出，当代管理学在人力资源研究领域存在着诸多理论缺陷，主要表现为人本理念淡薄、宏观研究空位、理论思维匮乏、外部假定错误、产权分析残缺、流动诉求忽视、市场交易弱化等。其主要原因在于对企业性质的错误理解、对企业与市场关系的褊狭解读、对谁雇佣谁的传统偏见、对企业内部博弈的认识误区。企业员工绝不仅仅是为企业家创造经济利润的“资源”、“工具”或“手段”，企业员工和企业家应当互为和谐发展的平等主体和终极目的。人力资源的主体发展诉求应置于一切发展战略的优先位置，并赋予其首要价值。只有人本主义发展观念的理性回归和提前跃升，方能走出企业发展的物本主义“陷阱”，在整体层面上完成和实现发展的革命。（作者系管理学博士，济南大学经济学院教授。）

《论业主撤销权的行使——以上海法院的司法实践为参照》：蔡立东、田尧、严佳维在2012年第5期撰文指出，业主撤销权属于形成诉权，需通过撤销权诉讼行使。应按照区分权利享有和权利行使的思路，以诚实信用为判准，厘定业主撤销权的行使资格，据此得对业主大会或业委会决定提起撤销权诉讼的业主应限为：参与表决并明确表示异议的业主，主动不参与表决、但未根据业主大会议事规则计为非异议票的业主，被动不能参与表决的业主。司法解释确定的1年业主撤销权除斥期间失于过长，应比照《公司法》关于股东撤销权除斥期间的规定，将其缩短为60日，自决定作出之日起算。在业主大会或业委会决定仅具有形成瑕疵场合，若该形成瑕疵不影响决定的内容，应赋予法官是否驳回业主撤销请求的自由裁量权。（作者蔡立东系法学博士，吉林大学法学院教授、博士生导师；田尧系吉林大学法学院经济法学专业博士研究生；严佳维系上海市第一中级人民法院法官。）

《需求与供给：中国社会工作职业发展环境分析》：赵怀娟、林卡在2012年第6期中撰文提出，近来，社会工作学科体系的发展和职业体系的培育已使社会工作职业发展环境大为改观，尤其是促进了社会工作专业人才的供给。但是，与供给相比，社会工作的社会需求市场却远未形成，社会服务仍依赖于行政性的、非专业化的供给方式。供求失衡已成为制约社会工作职业发展的瓶颈问题。因此，在下一阶段的发展中，应着力发掘社会工作的社会需求，通过培育民间组织、改变服务方式、探索自下而上的发展路径等，促进需求市场逐渐成形。（作者赵怀娟，安徽师范大学历史与社会学院副教授、硕士生导师；林卡，浙江大学公共管理学院教授、欧洲研究中心副主任、博士生导师。）

《流动人口社会福利状况调查研究——以济南市为例》：武正华、陈岱云在2012年第6期中撰文指出，流动人口为城市经济发展作了出不可磨灭的贡献，但与城市居民相比，他们的社会福利状况与其所做贡献严重不匹配，享受不到与城市居民同等的福利待遇，这与以人为本、构建和谐社会理念相悖。通过问卷调查方式，对济南市流动人口在住房、职业培训及子女受教育福利方面的状况进行了调查。发现流动人口存在无稳定住房，培训机会少，子女受教育权难以保证等状况，需从完善福利政策，加大投资力度，改革户籍制度，发挥民间力量等方式来予以改善，提高福利水平。（作者武正华，济南大学硕士研究生。陈岱云，济南大学教授，社会学硕士研究生导师，山东大学博士生合作导师。）

《日本近代文论的系谱、构造与特色》：王向远在2012年第6期撰文指出，日本近代文论，以文学思潮、文学运动为依托和动力，以“主义”为标榜，以启蒙功利主义为开端，经历了写实主义、浪漫主义的相生相克，发展到总括性的自然主义文学主潮，又由反抗自然主义而衍生余裕派文论，由顺应自然主义而衍生出私小说论与心境小说论，显示了较为清晰的理论系谱和内在构造。对西方文论的东方化的理解与改造、用汉字词组所创制的一系列文论概念与范畴等，都体现了日本近代文论的独到贡献与理论特色，并对中国现代文论产生了很大影响，也显示了日本近代文论大规模汉译的意义与价值。（作者系北京师范大学文学院教授、比较文学与世界文学专业博士生导师、学科带头人，中国东方文学研究会会长，中国比较文学教学研究会副会长。）

《大江健三郎：在对抗批判中反核》：陈言在2012年第6期撰文指出，二战以来，日本先后遭受原子弹轰炸以及核辐射的影响，长期生活在核威胁的恐怖中。然而日本政府长期以来却执著地推进核政策，这引发日本民众的不满，多次掀起反核运动。在知识界，反核姿态坚定、长期致力于以反核为主题写作的，莫过于大江健三郎。大江漫长的反核历程中不断遭受部分知识界人士的批判以及保守和右翼媒体的抨击，他对此少有正面回应，但将因此而承受的恐惧写入系列小说，创造了长江古义人这一形象来对抗媒体和暴力的共振，以此表明反核的坚定信念。本文论述了大江健三郎在反核中所遭受的种种暴力、大江的回应方式、歧见背后文学观和政治观的分歧，以及日本探讨核问题的政治生态。（作者系北京社会科学院文学研究所副研究员。）

《论马克思主义哲学中国化的合法性》：孙伟平、周广友在2012年第7期撰文指出，“马克思主义哲学中国化”已经成为当代中国发展和创新马克思主义哲学乃至中国哲学的具体路径，成为指导和推进中国特色社会主义建设的理论探索和实践总结。但马克思主义哲学中国化的合法性问题，无论在理论上还是现实层面上都没有真正得到解决。不过我们应该看到，马克思主义哲学已经与中国具体实际相结合，历史和实践已经充分证明了“中国化”的可能性；从理论上看，马克思主义哲学和中国哲学之间也存在内在联系，“在中国”丰富和发展马克思主义哲学，创建“中国特色、中国风格、中国气派的马克思主义哲学”新形态，是完全可能的。这既是由中国特色社会主义建设实践决定的，也是马克思主义哲学实现自身发展的内在要求。（作者系中国社会科学院哲学研究所副所长、研究员、博士生导师、“马克思主义哲学中国化时代化大众化”创新团队首席研究员。）

《我国基层残疾人组织发展历程、存在问题及对策研究》：宋全成在2012年第7期撰文指出，我国基层残疾人组织经历了以组建和巩固县、乡残联为重点，以城市社区为中心和逐步转向农村发展三个阶段。经过20多年的发展，我国基层残疾人组织实现了从无到有的根本性转变，但也存在着农村基层残疾人组织发展缓慢、基本工作条件欠缺、工作人员文化专业素质偏低、基层残疾人组织提供服务的能力不高等问题。为此，需要加快基层尤其是村庄残疾人组织建设步伐、保障基层残联组织基本工作条件、提高工作人员的文化专业素质和为残疾人服务的能力。（作者系法学博士，山东大学哲学与社会发展学院副院长、山东大学社会学系教授、博士生导师，山东大学移民研究所所长、残疾人事业发展中心研究员。）

《不同学科视阈中之政府理论与跨学科研究趋势》：滕世华在2012年第7期撰文指出，政府是人类文明发展的产物，且一直为社会科学中多个学科共同研究开垦的领地。迄今为止，包括哲学、经济学、法学、政治学、行政学等学科在内的众多学科，都以各自不同的学科角度和研究逻辑阐发了政府理论观点和体系。但时至今日，学科分立状态下的政府研究已暴露出深刻的矛盾和缺陷。政府理论的跨学科综合研究和多学科整合既是理论进一步发展的内在必然，也是现实政府改革实践的客观需要。研究方法的跨学科应用、新的交叉学科的形成、重大现实问题的跨学科、多领域的合作研究是政府理论跨学科研究的主要路径选择。（作者系法学博士，华东政法大学政治学与公共管理学院教授。）

《不同学科视阈中之政府理论与跨学科研究趋势》：滕世华在2012年第7期撰文指出，政府是人类文明发展的产物，且一直为社会科学中多个学科共同研究开垦的领地。迄今为止，包括哲学、经济学、法学、政治学、行政学等学科在内的众多学科，都以各自不同的学科角度和研究逻辑阐发了政府理论观点和体系。但时至今日，学科分立状态下的政府研究已暴露出深刻的矛盾和缺陷。政府理论的跨学科综合研究和多学科整合既是理论进一步发展的内在必然，也是现实政府改革实践的客观需要。研究方法的跨学科应用、新的交叉学科的形成、重大现实问题的跨学科、多领域的合作研究是政府理论跨学科研究的主要路径选择。（作者系华东政法大学政治学与公共管理学院教授。）

《“占领”运动、金融危机与资本主义的历史命运》：吕薇洲、易艳华在2012年第8期撰文指出，始于华尔街的“占领”运动蔓延至华盛顿、洛杉矶、芝加哥等大城市，成为一场社会各阶层和世界各国广泛关注的国际性事件。从2011年9月以来，“占领经济”、“占领选举”、“占领文化”等各种形式的社会运动还在发展。“占领”运动与金融危机紧密相关，其直接原因是由于西方国家新自由主义长期泛滥和恶性发展，导致严重的“财团政治”、贫富两极分化、高失业率和社会不平等，引发了民众的强烈不满；其根本原因则是资本主义的基本矛盾。“占领”运动的实质是社会各阶层对金融危机、新自由主义和资本主义制度的抗议。金融危机的发生和蔓延暴露了资本主义制度的种种弊端，进一步显示出资本主义最终被社会主义所替代的历史命运。（作者吕薇洲系中国社会科学院马研院国际共运研究部副主任、研究员、博士生导师；易艳华系中国社会科学院研究生院马研系马克思主义发展史专业2011级博士研究生。）

《排斥与融入：低收入农民工城市住房困境与住房保障政策》：彭华民、唐慧慧在2012年第8期中撰文指出，低收入农民工城市住房问题是引起社会关注的重要社会问题。通过对问卷资料和深访资料分析发现：低收入农民工因行业不同而呈现在住房面积、住房形式、住房内基本设施困境程度的不同。他们的住房质量低于城市居民最低标准。从社会排斥视角来分析，低收入农民工因行业不同而呈现在四个维度上城市户籍制度、城市住房保障体系、城市租房市场、城市建设规划被社会排斥程度的不同。排斥低收入农民工的多项制度互相嵌入，强化了低收入农民工被社会排斥的困境，形成制度性社会排斥，阻碍了他们在城市的社会融入。我们要改革户籍制度、住房市场政策、住房保障政策和城市建设规划政策，以实现低收入农民工的社会融入，满足他们的需要。（作者彭华民，博士，教授，南京大学社会学院副院长，中日社会福利中心主任，社会工作硕士（MSW）中心主任；唐慧慧，原南开大学政府管理学院硕士研究生。）

《全球化、金融危机与社会主义自主发展》：李龙强、罗文东在2012年第8期撰文指出，金融危机是全球化条件下资本主义矛盾的集中爆发。这场金融危机虽然首先发生在美国和欧洲，但也影响到包括中国在内的社会主义国家。另一方面，这场金融危机进一步暴露了包括新自由主义、消费主义在内的西方发展模式的严重弊病和危害，显示出中国特色社会主义的巨大优越性和生命力。西方发达国家占主导地位的全球化，在为我国广泛吸收、借鉴资本主义国家文明成果提供了广阔舞台的同时，也把资本主义的各种矛盾和弊病扩散到全球，从而给我国社会主义现代化建设形成了巨大冲击。社会主义自主发展不仅要推翻不合理的社会制度和统治集团的奴役，而且要摆脱不公正的国际关系和垄断资本的盘剥，在坚持独立自主，主要依靠自身力量实现国家稳定发展的同时，又坚持对外开放，积极参与全球化，平等地和世界各国开展互利合作。（作者李龙强系西南科技大学讲师、法学博士；罗文东系中国社会科学院马研院马克思主义发展研究部主任、研究员、博士生导师。）

《构建中日韩区域经济合作试验区政策研究——基于山东半岛蓝色经济区的视角》：张建平

在2012年第8期撰文指出，建立中日韩区域合作试验区是贯彻国家亚太区域战略和东亚自贸区战略、贯彻温家宝总理在2012年中日韩首脑会议指示的重要部署，为我国实施蓝色经济战略提供了新的战略机遇和突破口，有利于我国实施更加主动的对外开放战略和创新体制机制。试验区将成为中日韩自贸区的过渡平台。三国产业链深度对接合作，可将日韩资金技术优势和中国劳动力与市场优势结合，产生新的竞争优势。试验区将涵盖山东半岛蓝色经济区，可采取中日韩“城市对接”合作模式，建立中日韩跨海经济合作区；也可采取“一区多园”模式，及重点核心园区模式深化合作。（作者系国家发改委对外经济研究所国际合作室主任、研究员。）

《“国语的文学”与“文学的国语”——新探胡适倡导新文学的宗旨观》：朱德发在2012年第9期撰文指出，“国语的文学，文学的国语”是胡适于1918年提出的建设中国新文学的“唯一宗旨”观，但近百年学术研究尚未以科学的思维对其丰盈内涵作出详解。本文试图对胡氏新文学建设的宗旨观的内涵及其相互关系予以新探。“国语的文学，文学的国语”是胡适对其“枝叶”文学主张的化零为整的概括。国语文学与白话文学在胡氏表述中是同义语，但实质上是有区别的；而要理解国语文学的内涵，必须弄清白话、国语、方言这三个关键词的趋同性与差异性。胡适对建设何种形态新文学作了这样的理性设计，即分为“工具”、“方法”、“创造”相互关联的三个逻辑步骤，只是对“工具”（白话为利器）、“方法”（具体技艺）作了详解，而“创造”则从略了；至于“国语的文学”与“文学的国语”之间的辩证关系，胡适着重强调了后者。这样的“唯一宗旨”观，实际上成了“国语”运动与新文学运动并驾齐驱的理论旗帜和实践纲领。本文对其新探，发掘出不少新思想、新见解及其偏颇之处。（作者系山东师范大学文学院教授、博士生导师。）

《社会心理冲突：群体性事件形成的社会心理根源》：王庆功、张宗亮、王林松在2012年第9期中撰文指出，近几年来，群体性事件不仅进入了高发期，而且规模大、对抗激烈、社会危害严重，直接影响着社会稳定与和谐。群体性事件的生成受多种因素的制约，但与社会心理因素密切相关。从本质上看，任何群体性事件背后都隐藏着纷繁复杂、变幻莫测的社会心理动因。而在这些心理动因中，社会心理失衡和冲突是最重要的动因。所以，要准确把握群体性事件产生发展演变的规律，必须全方位、多视角的深入剖析社会心理冲突及其发生机制，揭示群体性事件的社会心理根源，以寻求有效治理的对策。文章从内容到形式等各方面，均较好地展现了作者的研究水平及研究能力，具有一定的学术价值。（作者王庆功，泰山学院院长、教授；张宗亮，山东警察学院教授；王林松，山东警察学院副教授。）

《冯契对马克思主义哲学中国化的推进》：汪信砚、刘明诗在2012年第9期撰文指出，科玄论战是冯契推进马克思主义哲学中国化的理论入口，实践唯物主义辩证法是冯契推进马克思主义哲学中国化的理论依据，对中国传统哲学智慧的系统考察是冯契推进马克思主义哲学中国化的理论准备，智慧说是冯契推进马克思主义哲学中国化的理论结晶。冯契智慧说是马克思主义哲学中国化历史上由专门哲学家构建的一个马克思主义哲学新体系，它对于我们在新的历史条件下继续推进马克思主义哲学中国化具有多方面的启发意义。（作者汪信砚系武汉大学哲学学院、马克思主义哲学研究所教授、博士生导师；刘明诗系海军工程大学理学院副教授。）

《山东“蓝黄”区域金融生态环境评价及优化建议》：彭江波、郭琪在2012年第10期撰文指出，“蓝黄”国家战略的实施，对山东金融生态环境建设提出了更新、更高的要求。本文采用综合加权评价模型，对2009—2011年“蓝黄”区域金融生态环境的建设与发展状况进行全面评价与分析。总体来看，“蓝黄”区域金融生态环境整体呈优化趋势，但近两年“黄区”的金融生态环境无论是整体水平还是优化速度都要高于“蓝区”。针对评价中展现出来的问题，下一步应继续推进和深化金融生态环境建设与地方政府科学发展政绩考核的联动机制，落实有奖有罚的责任制，形成“政府主导、央行参谋、部门联动、社会参与、目标核查、奖惩明确”的新局面。（作者系对外经济贸易大学博士后，中国人民银行济南分行高级经济师。）

《公平视角下加拿大医疗卫生政策剖析》：季丽新在2012年第11期撰文指出，加拿大以实现了全民医疗而著称，如何做到医疗公平？至少应该保证任何个人不应该看不起病或者因为生病就医而倾家荡产，这就要求政府在制定医疗卫生政策的过程中要充分考虑和照顾到社会的低收入者，在基本医疗卫生资源的提供上要做到以需求为导向，保证人人都能享有。考察加拿大医疗卫生政策的早期状况、全民医疗的建立过程，《加拿大健康法案》的颁布以及该法案确立的加拿大医疗卫生政策的目标、五项准则等内容，分析、研究加拿大医疗卫生政策的成功经验，主要体现在三个方面：一是以公平为理念；二是责任政府，保障公平；三是适当运用市场机制，实现医疗卫生资源合理配置。现行加拿大医疗卫生政策将在较长的时期存在并成为世界上许多国家医疗卫生体制改革效仿的模式。（作者系山东大学政治学与公共管理学院讲师，博士。）

《专业主义与中国史学传统——文化视域下的新闻专业主义中国化问题》：赵光怀在2012年第10期撰文指出，新闻专业主义传入中国时间较晚，是在中国民族新闻事业发展过程中产生的，不仅受西方新闻业发展的影响，也是中国文化传统精神及时代要求的映射。新闻专业主义在中国的发展与西方具有完全不同的社会背景和文化背景，其在中国的落地生根必须以中国化为前提，必须在中国文化背景下实现。新闻专业主义与中国史学传统的文化内涵具有高度契合性，二者均要求以客观事实为基础，在社会责任与文化价值追求上具有高度一致性，在叙事手法上也有相似之处。中国史学的优秀传统在文化价值和文化意义上高于新闻专业主义。利用中国传统文化观念对新闻专业主义进行改造是实现新闻专业主义中国化的现实途径，也是新闻专业主义在中国落地生根的必由之路，对促进中国新闻事业发展具有重要现实意义。（作者系临沂大学传媒学院院长、教授，山东师范大学新闻与传播专业硕士生导师。）

《试论中国共产党的价值观》：肖贵清在2012年第11期撰文指出，中国共产党的价值观是其制定路线、方针和政策的基础。全心全意为人民服务，保障最广大人民的根本利益，是中国共产党的核心价值理念和价值标准；解放和发展生产力，不断提高人民群众生活水平，是实现其价值追求和价值目标的重要途径；坚持社会主义方向，走中国特色社会主义道路，是实现其最终价值目标的必由之路，共产主义理想和实现人的自由全面发展是其最终价值目标。（作者系清华大学马克思主义学院教授、博士生导师。）

《自我与他者的再确认——日本作家堀田善卫的鲁迅阅读与接受》：王中忱在2012年第11期撰文指出，本论文选取战后日本以“国际作家”知名的堀田善卫为研究对象，重点考察堀田从1940年代至1950年代阅读、接受鲁迅作品的过程，分析堀田与鲁迅作品相遇的契机，探究鲁迅影响与堀田的精神成长、文学写作之关系，试图以此为个案，讨论以鲁迅为代表的中国新文学在现代世界文学的建构过程中所起的作用。（作者系清华大学人文学院教授、跨语际文化研究中心研究员、博士生导师。）

《地方性知识中的生态伦理与生存智慧》：江帆在2012年第11期撰文指出，地方性知识是与普适性知识相对应的知识体系，是一定地域内的人类群体在所处生境中形成并总结、传承的生存知识、技能、经验与智慧。地方性知识为特定的人类群体所独有，折射着特定生境下人类群体的智慧之光，其认同的内涵，使它成为特定群体及区域的文化标识。地方性知识在相当长的历史时段里对特定民族或群体的生存构成重要的作用与影响，是他们得以发展的智力武库。对地方性知识中的生态伦理与生存智慧予以重新审视，对处于现代化进程中的中国社会进行“观念转型”，缓冲与消解工业与科技导致的“生态暴力”，实现可持续发展，具有重要的意义。（作者系辽宁大学文学院教授。）

《科学人文主义：杜威哲学思想的另一个原点》：孟建伟、刘红萍在2012年第12期撰文指出，科学人文主义在杜威的哲学思想中占据重要的地位，可以说是他的哲学思想的另一个原点。一方面，杜威从科学的本体论、知识论、方法论和价值论的角度，论证了人性品质和文化要素对科学实践的影响，力图将科学观人文化。另一方面，杜威揭示了科学在哲学思辨、艺术审美、民主政治和自由教育等方面的文化改造中的重要作用，提出了以科学改造社会文化的纲领。杜威的科学人文主义思想揭示了科学与人文之间的深刻关联，为当代科学实践和文化实践留下了宝贵的思想遗产。（作者孟建伟系中国科学院大学人文学院教授、博士生导师；刘红萍系中国科学院大学人文学院博士研究生。）

《中国古代“比情”自然审美观论纲》：周均平在2012年第12期撰文指出，我们把中国古代提出并建构的以自然之道的规律运动与人的情感变化异质同构的类比、比附的自然审美观，称为“比情”自然审美观。“比情”自然审美观在《淮南子》中就初见端倪，但真正提出并系统论述的则是力倡“天人感应”的汉代大儒董仲舒。“比情”自然审美观虽然在诸多方面与“比德”自然审美观有相似之处，但在“比”的内容上却有侧重情感关系或道德关系、“情化”或“德化”等重要区别。它与“畅神”自然审美观在内容上有相似交叉之处，但也存在着情感抒发范围、形式和程度等种种差异。“比情”自然审美观的提出和建构是中国古代自然审美观发展的一个重大飞跃，是由“比德”到“畅神”的一个不可或缺的重要理论环节，它对后世美学和文艺创作影响深远，在一定意义和某些方面奠定了中国古典美学基本理论的基础，在当代社会亦具有诸多重要意义。（作者系山东师范大学文学院教授、博士生导师。）

《论布尔什维克党人对俄国资本主义的“源头否定”及后果》：李述森在2012年第12期撰文指出，20世纪初的俄国整体上仍是一个前资本主义关系占主导的国家。按照唯物史观基本原理，其历史任务只能是大力发展资本主义而非进行消灭资本主义的社会主义革命。以列宁为首的俄国布尔什维克党人没有运用唯物史观的基本原理分析俄国的国情，而是事实上同民粹派一样，并不希望资本主义在俄国发展起来。布尔什维克党人的一系列理论活动都是为了尽快在俄国消灭资本主义服务的，并最终通过暴力革命铲除俄国的资本主义幼芽，导致了国家现代化进程的逆转。（作者系山东社会科学院政治学研究所研究员，法学博士。）

《“多村一社区”的社区公共服务供给的非均衡问题——基于山东省的调查》：高灵芝在2012年第12期撰文指出，“多村一社区”是指由一个中心村与周边相邻几个村庄组合的社区，其中的各个村庄还延续原来的自然居住格局，它是多种因素共同作用的结果，不仅有其必然性与合理性，而且具有长期性。“多村一社区”通过在中心村建社区服务中心向本社区各村居民提供服务，社区公共服务供给中存在着非均衡问题，包括非中心村和中心村的社区公共服务供给不均衡、政府性公共服务与社区性公共服务供给不均衡、社区服务中心的基础设施建设不均衡等。这是新农村建设、构建和谐社会过程中的新情况和新问题，政府和社会应高度重视、积极应对。（作者系济南大学政治与公共管理学院社会保障系教授。）

东岳论丛

一、主要工作情况

1. 入选国家社科基金首批资助期刊

2012年7月，全国哲学社会科学规划办公室公布首批百家国家社科基金重点资助期刊，《东岳论丛》成功入选。能够入选国家社科基金第一批重点资助期刊，是对《东岳论丛》多年来办刊工作的重要肯定、鼓励和极高的荣誉，也成为刊物获得更大发展的重要推动力。

2. 强化办刊特色，不断推出精心组织策划的特色专题

2012年，《东岳论丛》继续大力强化自己的办刊特色，不断在基础理论研究和应用研究领域推出了多个精心组织策划的特色专题，如“社会工作与社会管理研究”、“文学史上的鲁籍作家研究”、“鲁迅研究”、“公共性与人类社会的当代发展”、“正义研究”、“包容性发展与社会管理创新”、“马克思哲学范畴新论”、“文化产业与中华文化走向世界”等，在国内学术界和业界都赢得了热烈的反响和好评。

3. 获得良好的学术及社会反响

2012年，《东岳论丛》有多篇文章被《新华文摘》、《中国社科文摘》、《高校文科学术文摘》等社科文摘转摘，其中，被《新华文摘》全文转摘的文章就有5篇。2012年被人大《复印报刊资料》全文转载的文章达到21篇。《光明日报》、《中国社会科学报》、《大众日报》、《齐鲁晚报》等多次对《东岳论丛》进行相关报道。

4. 再度同时入选CSSCI来源期刊及全国中文核心期刊

2012年，《东岳论丛》再度同时入选CSSCI来源期刊及全国中文核心期刊，这是《东岳论丛》连续第三次同时入选，且排名有较大提升。CSSCI来源期刊和全国中文核心期刊的创建和保持是一项艰巨的富有挑战性的任务，是编辑部多年积累、不懈努力的结果。

5. 成功在京举办“提升期刊学术影响力研讨会”

为深入贯彻落实十八大精神，探讨人文社会科学综合性期刊如何保持办刊质量与学术品位，不断

提升刊物在国内、国际的学术影响力，2012年12月8日，《东岳论丛》编辑部成功在京举办“提升期刊学术影响力研讨会”，实现了编辑部首次在京独立举办研讨会。此次研讨会以“高度·深度·广度·角度·厚度”为主题，特邀了全国社科规划办公室、《人民日报》、《光明日报》、《求是》、《新华文摘》、中国人民大学书报资料中心以及中国人民大学、北京师范大学、中国社会科学院等单位的专家学者到会。研讨会提升了刊物的学术影响力，与会专家对办好刊物提出了诸多建设性意见和建议。

6. 不断提升编辑队伍的整体素质

2012年，各栏目责任编辑本年度参加学术会议的次数明显增加，保证全国性的大规模学术会议尽可能参加的同时，也将争取机会参与国际性的专业学术会议，以获取学术研究的前沿性、权威性的信息，开拓编辑的学术视野。同时，在培训、学习方面，编辑部专业编辑全员参加了省新闻出版局组织的年度培训并顺利通过考核，本年度编辑部有两位编辑分别获得了博士学位和MBA学位，另有一位编辑通过博士入学考试，开始攻读博士学位，从而进一步提高了编辑队伍的整体素质。

二、2012年重要论文简介

《论战国农民之特质——战国与两汉农民的比较研究》：马新在《东岳论丛》2012年第三期指出，战国时代既是一个转折时期，又是一个相对完整、独具特色的发展阶段，这一时期的农民较之两汉也具有鲜明的特色。他们在土地关系、社会关系以及劳动关系各方面所表现出的种种的不同，可以归纳为三个突出特征：一是公有性。战国时代，伴随着郡县乡里制度的建立，国家也取得了境内土地的所有权，在此基础上，实行了面向全体国家编户齐民的“授田制”。农民所耕种土地的国有以及农民生产与生活的集体性内容，都是战国农民公有性的体现。二是均平性。授田制下，农民使用着面积大致相同的土地，极少土地兼并，贫富分化也不如后世之剧烈。三是强制性。战国时代的农民实际上是国家依附民，没有经济的自主与政治的自立，他们的一切都在乡里组织的管理之下。上述特征对中国古代社会产生了深远影响，在一定意义上制约和影响了中国传统社会的走向。（作者系山东大学中国传统文化思想研究所教授）

《中国现代知识分子群体的形成、世代与类型》：俞祖华在《东岳论丛》2012年第3期指出，广义上的现代知识分子群体孕育于两次鸦片战争期间（1840—1860），诞生于洋务运动时期（1861—1894），而严格意义上的、不仅掌握现代知识且有强烈的公共关怀与批判精神的现代知识分子群体孕育于洋务运动时期（1861—1894），诞生于清末（1895—1911）。在中国现代化150年的历程中已出现了八代知识分子，即洋务一代、清末一代、五四一代、后五四一代、十七年一代、“文革”一代、后“文革”一代与跨世纪一代，不同世代的知识分子之间有相携与合作，也有冲突与紧张。对中国现代知识分子群体进行内部结构分析有着许多视角，如党史研究路径之下的阶级属性分析，区分为分属于资产阶级的、小资产阶级的还是无产阶级的知识分子；历史学研究路径之下区分传统知识分子、近代知识分子与现代知识分子；社会学研究路径之下从社会分工、社会影响与社会功能的角度进行分析，区分为科技型知识分子、人文型知识分子、传媒知识分子与制度型知识分子，专业知识分子与公共知识分子，战略知识分子与一般知识分子；文化学研究路径之下区分激进主义知识分子、群体自由主义知识分子与保守主义知识分子。（作者系鲁东大学历史文化学院教授）

《合作的慈善：香港地区政府与宗教慈善公益组织的关系及启示》：陶飞亚、陈铃在《东岳论丛》2012年第三期指出，香港社会现代慈善传统的形成与各大宗教团体密切相关。基督教会为回应社会问题发起慈善事业，奠定香港早期社会服务的基础。其后佛道教也积极致力慈善事业。港府早期奉行"积极不干预"政策，随着社会转型加剧社会问题增多而逐步承担社会福利服务的主要责任，确立政府出资并负责监管及与志愿机构提供社会服务的合作模式。政府监管包括对宗教慈善机构的注册、免税、募捐活动的审批和社会福利署对宗教慈善机构的服务施行监察职能。政府既给志愿机构进入慈善服务的自由，同时它们也有被政府淘汰退出的可能。在这种框架下，香港宗教慈善公益组织处于竞争性的慈善市场中，宗教慈善公益组织必须提高服务绩效和强化管理与透明度以获得社会认可方能维持自身生存。由于政府和宗教慈善组织的视角和利益差异，特别在牵涉到外部的社会公众与舆论压力的情况下其合作关系有时也充满张力。香港特区的这种模式及其经验为大陆在推进宗教慈善活动方面提供了某种借鉴。（作者陶飞亚系上海大学文学院历史系教授；陈铃系上海大学文学院历史系博士生）

《论马克思语境中的“自主活动”》：何中华在《东岳论丛》2012年第4期指出，自主活动范畴在一定意义上隐藏着马克思哲学的全部秘密。在马克思语境中，它是一种历史规定。在人的异化状态下，自主活动沦为一种虚假的外观，而不再具有实质的意义。人的异化的历史扬弃，使自主活动构成人的自由自觉的类特征的历史内涵。随着马克思思想的演进，“有个性的个人”、以“自由个性”为特征的人、“自由人联合体”中的“自由人”，分别成为自主活动之主体的不同表征。只有当私有财产导致的劳动异化、劳动仅仅作为谋生的手段、旧式分工所固有的外在强迫性被历史地超越之后，自主活动范畴才能获得充分的意义。（作者系山东大学哲学与社会发展学院教授）

《马克思探讨个人与社会关系问题的三重逻辑》：李荣在《东岳论丛》2012 年第 8 期指出，马克思探讨个人与社会关系问题的逻辑并不是单一的，而是基于价值论、认识论和方法论三重逻辑的分野与整合。在价值论逻辑中，个人是社会历史中的自足的价值载体，而社会在价值上则是非自足的；在认识论逻辑中，个人和社会都不是自足的，个人与社会处于相互生成的统一关系之中；在方法论逻辑中，个人不具有方法论的含义，而社会则具有“改变世界”的方法论意义。这样，我们就可以将马克思哲学的“人本”解读、“科学”解读和“辩证统一”解读统一起来，还原马克思哲学思想的整体性。（作者系山东师范大学副教授）

《论行政参与权与行政法律关系的变革》：邓佑文在《东岳论丛》2012 年第 4 期指出，实证上，相对人行政参与权既在我国制度形态的行政法律关系中有所体现，也存在于实践形态的行政法律关系中并已产生一定效用，这说明行政参与权已是行政法律关系新的权利要素。应然上，相对人行政参与权的享有，一方面会与相对人其他权利重组，构成新的权利结构，形成对行政侵权的制约和对行政授益的合作，从而保护和实现相对人实体权利；另一方面，也会引起行政权的变化，形成新的行政权结构与运行模式，且会增设行政主体的义务，从而促进行政权运行的合法性、正当性和效率。因此，行政参与权改变了传统行政法律关系，形成参与式行政法律关系新的权利义务模式，是对传统行政法律关系的变革。（作者系九江学院政法学院副教授）

《另类法文化解读：民国时期的宗教与法论略》：谢冬慧在《东岳论丛》2012 年第 11 期指出，民国时期，宗教的发展离不开法律的引导、保护和制约。民国历届政府的宪法性文件所代表的官方态度，为民众自由信仰宗教提供了理念基础。为了加强对宗教的管理，民国政府进行了一系列的宗教立法活动，其中最突出的是保护宗教财产的寺庙管理条例。实践中，信仰自由的宪法理念与保护宗教的基本法规均收到了一定的社会效果。依法管理宗教成为民国时期宗教管理的基础，也推动着中国社会宗教法律文化的发展进程。（作者系南京审计学院法学院教授）

《中国文化软实力提升的策略与路径》：贾磊磊在《东岳论丛》2012 年第 1 期指出，提升国家的文化软实力，是关系到国家文化持续发展的战略性命题。在开展国家文化软实力理论研究的同时，我们在现实层面上也面临着如何制定文化软实力的提升策略问题。目前，中国文化软实力提升的五种路径包括：一是实现传统文化资源的现代性转化，二是提高流行文化的核心竞争力，三是构筑软实力传播的硬实力平台，四是实现文化软实力的商业化输出，五是建构具有当代性的国家形象。（作者系中国艺术研究院研究员）

《中国非物质文化遗产安全的现状与反思》：王媛、胡惠林在《东岳论丛》2012 年第 3 期指出，在全球化、城市化、现代化的背景下，我国非物质文化遗产安全问题突出。基于对安全形态划分，我国的非物质文化遗产遭遇到不断消失、消亡的威胁、非物质文化遗产实物及无形资源境外流失的威胁，非物质文化遗产包括文化空间在内不断变异的威胁和非物质文化遗产的知识产权安全问题。本文在对这些安全威胁进行客观分析的基础上，对影响非物质文化遗产安全问题的因素作出了深刻反思。（作者王媛系上海交通大学博士生；胡惠林系上海交通大学教授）

《鲁迅瞭望俄国文学的视角》：孙郁在《东岳论丛》2012 年第 4 期指出，鲁迅从知识分子的自新与社会实践的角度出发，深切地摄取俄国文学的元素，从俄国的变化里考虑到个人主义与集体精神问题，借着该国经验，思考中国的出路。但限于知识结构及学术兴趣，他对俄国的想象亦有盲点，社会政治形态与艺术形态之关系也被简单化了。（作者系中国人民大学文学院教授）

《鲁迅与浅次郎》：李冬木在《东岳论丛》2012 年第 4 期、第 7 期指出，对于鲁迅与进化论关系的研究，学术界一直以来在方向上集中于鲁迅与严复或与《天演论》的关系方面，人们普遍接受的是严译《天演论》对鲁迅有绝大影响。这是对鲁迅进化论来源这一重要问题研究的欠缺。事实是鲁迅在留学日本之前，并没有通过严复真正达到对进化论的理解。鲁迅的进化论思想主要来自日本学术思想界对达尔文学说的引介，通过日语阅读日本学者介绍的进化论，特别是丘浅次郎的《进化论讲话》，鲁迅才真正达到了对进化论的理解。（作者系日本佛教大学文学部教授）

《空间反抗：中国改革开放以来的苦旅小说》：吴耀宗在《东岳论丛》2012 年第 8 期指出，改革开放以降，中国以市场经济挂帅，社会的实际运作普遍依凭于物质力量，其结果既造就了繁华盛世，亦任由商品大潮与物欲之河衍汇成灾，淹没心田。勤于省思的小说家乃寄托文字，希望小说发挥力挽狂澜的效力。本文聚焦张承志、张炜、高建群与北村这四位小说家，讨论他们如何以近乎宗教修行的孤清坚毅姿态创造出砥砺风节的苦旅小说。对这些作家而言，欲求索建构“精神中国”，不能不放弃主流话语模式，不能不自外于声色狂欢的盛世，不能不投入艰苦寂寞的行旅。唯有在广袤空间与悲怆境界中致力抗衡普遍心灵的萎靡，“精神中国”的善源才能重现，当代中国人的心灵史才能找到完整的内涵与叙述。

《加入GPA对我国产业发展影响的博弈分析》：袁红英在《东岳论丛》2012年第4期指出，中国已经启动加入GPA的谈判，这对国家及区域产业的发展将是一把“双刃剑”，对不同产业的影响存在差异。本文通过建立演化博弈模型分析加入GPA对不同产业产生积极或消极的影响，并从理论上判断加入GPA对不同产业所产生的影响将会因产业的政府采购依存度、产业竞争力的不同而存在差异的基本假设。（作者系山东社会科学院研究员）

《企业年金进入证券市场的制度性条件研究》：孙国茂在《东岳论丛》2012年第1期指出，中国企业年金目前仍处在发展的幼稚期，不具有为证券市场持续提供资金的能力。无论是从利益主体还是从制度特征上看，中国企业年金与美国401（K）计划都有本质的不同，所以，现阶段中国企业年金还不应模仿美国401（K）计划大规模投资股票类资产。中国股票市场具有高波动性，市场功能和运行机制不健全，因此不适合企业年金投资。在制度性条件缺失的情况下，企业年金盲目进入股票市场会给社会带来灾难性后果。（作者系济南大学经济学院教授）

《试论社会工作对社会管理的协同作用》：王思斌在《东岳论丛》2012年第1期指出，在加强和创新社会管理的过程中，社会工作作为社会力量的组成部分可以对社会管理发挥协同作用。文章明确了社会管理和协同的概念，分析了社会工作协同作用的两种类型即制度性协同和功能性协同，阐明了整体性协同的视角以及社会工作发挥协同作用的条件。（作者系北京大学社会学系教授）

《论我国社区治理的双重困境与创新之维——基于北京市社区管理体制改革实践的分析》：郑杭生、黄家亮在《东岳论丛》2012年第1期指出，当前我国的社区治理模式普遍面临着“居委会困境”和“共同体困境”，要突破这双重困境，必须创新社区管理体制，建立起既能够保障居委会自治功能发挥，又能够保障各项行政事务在社区“落地”，同时也能够吸纳社区居民广泛参与的新型社区治理模式。北京市社区管理体制改革的实践表明，要实现这一目标，必须按照复合治理和参与式治理的社区治理理念，构建多元主体合作的社区治理结构和开放多元的社区自治体系。（作者郑杭生系中国人民大学教授；黄家亮系北京科技大学社会学系讲师）

理论学刊

一、工作情况概述

2012年理论学刊编辑部全体同仁凝心聚力，办刊质量不断提高，目前已成为全国党校和行政学院系统期刊中在学术理论界得到普遍认可、影响巨大的一家刊物。

1. 开放办刊，灵活开展业务交流

为了办好刊物，我们以开放的姿态注重保持和加强与各关系单位的联系交流，以更好地吸取他人所长。2012年10月，成功主办华东地区党校期刊研讨会，开展了与中央党校报刊社和许多兄弟省、市党校同行的沟通和交流；此外，各位编辑还利用参加学术会议、专程走访、电话联络、电子邮件往来等方式，拉近了与人大复印资料等论文摘转复印单位有关人员的距离，对进一步扩大刊物影响起到了极大的促进作用。精心维护校刊部网站，并依托校刊部网站搞好刊物的信息化服务，尤其是在做好网站内容更新方面狠下工夫，起到了很好的展示交流作用。

2. 重视选题策划、突出创名牌栏目

2012年，《理论学刊》除了继续保持“全国中文核心期刊”、“中国人文社会科学核心期刊”、“CSSCI来源期刊”、“RCCSE中国核心学术期刊”、“华东地区优秀期刊”、“山东省优秀期刊”等荣誉称号之外，在基础理论研究方面，继续提升杂志学术质量、扩大影响发挥了重要作用，同时储备了一支数量可观、来源广泛、持续扩大的高水平作者队伍。以提高质量为中心，重视选题策划。继续把重视选题策划、加大组稿力度、进一步提升作者队伍的层次作为一项重要工作来抓，效果明显。“马克思主义研究”、“政治法律研究”、“经济与管理研究”等常设品牌栏目的学术含量继续提升、学术影响力持续扩大。目前，知名学者稿件在刊物载文总量中的比重稳步提高，刊物学术质量得到了越来越多专家学者的认同，刊物的社会影响进一步增强，得到同行的肯定和普遍好评。

3. 权威文摘报刊转、摘量和外刊引用大幅提升

2012 年，据“中南财经政法大学图书馆期刊信息检索中心”的最新检索报告，《理论学刊》共被人大复印报刊资料、《新华文摘》、《中国社会科学文摘》等 13 种权威文摘报刊转、摘 45 篇，在全国党校学报中，排名第 1。其中，《新华文摘》转、摘 15 篇，在 655 种期刊中高居第 10 位；《中国社会科学文摘》转、摘 3 篇，在 424 种期刊中居第 125 位；人大复印报刊资料 C 类（政治类）全文转载 11 篇，在 637 种期刊中居第 50 位；人大复印报刊资料中国共产党专题被转载 8 篇，排第 5 位。

二、2012 年重要学术论文简介

《文化自觉和文化自信的战略考量》：刘芳在 2012 年第 1 期撰文指出，我们所倡导的文化自觉和文化自信，其目的就是要确保在这整个文化体系的活动中持有清醒的认识和理性的态度，牢牢把握社会主义先进文化的前进方向，努力建设社会主义文化强国。当今培养高度的文化自觉和文化自信，是实现中华民族伟大复兴的强大精神力量，是推动中华文化走向世界的重要保证，是社会主义文化大发展大繁荣的思想基础。在新的历史起点上不断提升文化自觉和文化自信意识：一是要始终不渝地坚持马克思主义的指导地位，为培养高度的文化自觉和文化自信奠定更扎实的信仰基础；二是要坚持弘扬中华优秀文化与吸纳西方先进文化的有机结合，是培养高度的文化自觉和文化自信的重要抓手；三是要继承发扬中华民族在文化自觉和文化自信上的优良传统，使我们的文化自觉和文化自信不断进入新境界。（作者系中国人民解放军南京政治学院上海分院基础系教授、博士生导师、博士后合作导师。）

《中国海洋观的历史变迁》：孙立新、赵光强在 2012 年第 1 期中撰文指出，在历经数千年的历史发展过程中，中华民族不仅创造了高度发达的“农耕文化”，而且也在经营海洋方面付出了巨大努力，并由此形成了多种多样的海洋观。但直到 20 世纪初，随着马汉制海权理论的传入，中国人才对保护本国海洋利益的重要性有了较深刻认识。中华人民共和国建立之初，面对西方的经济封锁和政治压力，中国政府仍以陆地开发和“海防安全”为重心，未能对自己的海洋国土加以有效管理。改革开放以来，以邓小平为核心的中共第二代领导集体提出了“近海防御”的海防战略思想和以“搁置主权、共同开发”为内容的处理海洋争端的原则，以江泽民为核心的中共第三代领导集体更是强调从战略高度认识海洋。海洋观的历史变迁体现了中国人对海洋认识的不断进步，也反映了国家战略的重大转变。（作者孙立新系北京师范大学历史学院教授、博士生导师；作者赵光强系《中国国土资源报》编辑。）

《马克思恩格斯视野中的社会发展标度分析》：孟宪平 2012 年第 2 期撰文指出，从社会物质生产方式尤其是生产力发展的维度看，社会发展标识着人在外部世界实践能力的发展水平；从人际关系的维度看，社会发展标识着人的交往范围的扩大和平等意识的提升；从社会进化的维度看，社会发展标识着人类文明的演进秩序和发展程度；从人的发展的维度看，社会发展标识着人的发展程度和人的自由程度。马克思恩格斯对社会发展的认识是我们理解现代社会发展的理论基础，对中国特色社会主义理论和实践具有重要意义。（作者系南京师范大学马克思主义学院教授，南京师范大学公共管理学院博士后流动站研究人员。）

《论裁判的思想与法理》：王淑荣在 2012 年第 2 期中撰文指出，现代社会把公平、正义作为裁判的终极目标，裁判公正的思想形态即是不能凭借个人的思想作出不公平的裁决，并期待裁判行为的公平性被社会公众接受，这就涉及到裁判公正的道德评价，服从法的道德义务及保持法官的中立，这也是实现程序正义的决定因素。要把体现法体系的社会体制思想贯穿于其意识构造当中，把法官思想结构和法体系的诉讼结构在具体裁判行为中展开，充分体现裁判行为的技术性与人性，充分发挥裁判行为核心——司法技术良心的具体功能作用，使法体系的思想原理与技术法则通过裁判行为来实现。（作者系法学博士，吉林大学马克思主义学院教授，中国法学会理事。）

《毛泽东对马克思主义阶级斗争、社会政治革命和国家学说的主要贡献——以新民主主义革命时期和建国初期为中心的考察》：胡为雄在 2012 年第 3 期撰文指出，毛泽东关于阶级斗争的理论大体分为明显相关的三个不同层次，即阶级和阶级斗争的观点，阶级分析的方法和阶级斗争的策略。阶级斗争的观点是这一理论的精神内核，阶级分析的方法是这一理论向“实物”形态转化过渡的中间环节，阶级理论具体化为实践理性的表现形态。这种多层次理论结构使毛泽东的阶级斗争理论具有独特丰富的

内涵。新民主主义革命的辉煌胜利本身已证明了毛泽东阶级和阶级斗争观点的深刻性，阶级分析方法的有效性和阶级斗争策略的正确性。毛泽东谈论社会革命、中国革命往往将其与革命战争维系在一起，对政治革命的具体形式作了具体分析。毛泽东以马列主义国家学说为思想指南，严谨地指明了中国革命将以建立何种国家制度为最后归宿。中国革命胜利后所建立的人民民主专政的政权形式和人民代表大会的政治体制是中国社会历史上迄今为止最新最进步的政治形式。它一方面是对苏联无产阶级专政的国家政权和苏维埃代表大会的政治体制的借鉴，另一方面又是把握中国具体国情进行的一种政治创造，是毛泽东运用马列主义的政治理论和国家理论于中国社会的一个巨大成功。（作者系中共中央党校哲学教研部教授、博士生导师。）

《论儒家伦理的宗教功能及其文化作用——兼与基督教文化比较》：高旭东在2012年第3期中撰文指出，如果说，西方伦理是从属于基督教、是基督教派生的，上帝之死会导致伦理价值的崩溃；那么，儒家伦理则是由现实的血缘关系出发的一种准宗教文化建构。虽然“儒教”并非宗教而是一种伦理教化，然而，这种伦理教化却具有宗教的功能。它既能够慰藉个体的孤独情怀，又能以伦理架构的整体性超越死亡。儒家的伦理本位与基督教的上帝本位导致中西文化很多方面的不同，无论是将个体生命融入家国族类的整体、追求现世的自我还善，还是五四反传统的传统动因，都打上了儒家伦理的深刻印记。（作者系文学博士，中国人民大学文学院长江学者特聘教授、博士生导师。）

《马克思恩格斯致力于马克思主义大众化的思想与实践》：李爱华在2012年第4期撰文指出，马克思和恩格斯是马克思主义大众化的先行者。其思想与实践主要是：他们注重理论的实践意义，强调理论要掌握群众并能说服人，这样才能展现理论的价值和意义。工人群众必须由马克思主义科学理论来武装头脑，才能成为一个真正先进的革命的阶级。要以高度的热情把马克思主义理论传播到工人群众中去，要用“严格的科学思想和正确学说来号召工人”，决不能作脱离实际的空洞说教，要以工人群众易于接受的方式进行马克思主义理论的传播。认真研究学习马克思和恩格斯关于马克思主义大众化的思想和实践，汲取他们在这方面的宝贵经验，对于我们继续推进马克思主义大众化进程具有极为重要的指导意义。（作者系山东师范大学政治与国际关系学院教授、博士生导师；山东省高校人文社会科学强化建设研究基地“马克思主义理论研究中心”主任、首席专家。）

《马克思主义哲学体系构建刍议——商榷、就教于黄楠森教授》：卢冀宁在2012年第4期中撰文指出，黄楠森主编《马克思主义哲学体系的当代构建》一书坚持辩证唯物主义世界观的优先地位、前提地位，辅之以若干部门哲学，构建马克思主义哲学体系的思路独到且合理，但也有个别地方有可商榷之处。与黄老的看法商榷之处有三点：一是近二三十年我国一些哲学家试图以实践核心范畴构建马克思主义哲学体系的尝试和努力还是值得尊重的、有意义的。二是加强对马克思主义哲学基本原理、基本观点的研究和宣传，根据时代发展的需要加以创新并提出新原理、新观点在今天恐怕更加重要，《马克思主义哲学体系的当代构建》一书对我国改革开放30多年来哲学界的丰硕研究成果的概括和吸纳似嫌不够。三是马克思主义哲学的基本原理、基本观点无疑具有超时代、超当代的意义，但马克思主义哲学作为科学，其体系又不是封闭的，而是开放的。（作者系国防大学马克思主义研究所教授、博士生导师。）

《社会主义核心价值体系是当代中国第一软实力》：周向军、高奇在2012年第5期撰文指出，如何提升国家软实力已经成为世界各国广泛关注的重大问题，我国也高度重视国家软实力的提升，并且把国家软实力建设和国家文化软实力建设上升到国家战略地位。“社会主义核心价值体系是当代中国第一软实力”是关乎国家软实力建设的一个重要命题，其内容主要表现为马克思主义指导思想具有最根本的思想软实力，中国特色社会主义共同理想具有最强劲的理想软实力，以爱国主义为核心的民族精神和以改革创新为核心的时代精神具有最雄厚的精神软实力，社会主义荣辱观具有最鲜明的道德软实力。在当代中国，要科学有效地提升国家软实力和国家文化软实力，必须坚定不移地把社会主义核心价值体系作为第一软实力，把推进社会主义核心价值体系建设作为第一任务，宣传好，落实好（作者周向军系山东大学马克思主义学院教授、博士生导师；作者高奇系山东大学马克思主义学院副教授。）

《论科举制的发展演变对经学的影响》：边家珍在2012年第5期中撰文指出，汉代开启了以经术作为主要取士标准的选官制度，奠定了以儒家经义为主要考试内容的科举传统。唐代科举重视明经、进士两科，突显了经学的重要地位。宋代范仲淹、王安石的科举改革，对于经世致用学风的形成起到了巨大的推动作用。明清科举考试的八股化，不利于士子从经学原典中汲取思想精华，因而对经学的发展有明显的阻滞作用。（作者系山东大学文学与新闻传播学院教授。）

《马克思主义时代化的文化视角及其运用——解读苏联解体与中国改革》：余金成在2012年第6期撰文指出，中国改革荟萃了中西马三种文化资源，需建构新的逻辑框架予以统御。马克思主义时代化的首要任务是推进其历史规律理论在现代条件下的不断深化，对这一过程可从宏观文化视角予以认识，后者在内容上可分为应然与实然，在形式上可分为动态与静态。人类发展中形成以人口生产力为主和人口生产关系为主两种文化形态，包括俄罗斯在内的西方文化与中华文化分属双方；马克思主义是西方文化的自我扬弃，其价值原则与中华文化互通。苏联改革缺乏坚守社会主义价值的政治谋略和文化定力，导致方向失误而解体。中国改革将通过实现社会主义和复兴中华民族的统一，为人类展示新的文化选择。（作者系天津师范大学研究生管理学院院长、教授、博士生导师。）

《当前中国马克思哲学理论创新中的三个困境与问题自觉》：庄友刚在2012年第6期中撰文指出，当前中国语境中的马克思哲学的理论创新存在三个基本的困境或问题：第一个是理论创新的价值取向与哲学特质、本性之间的悖谬；第二个是理论创新的目标要求与马克思哲学的理论特质之间的分裂；第三个是马克思哲学推进的世界历史基础与中国社会现实基地之间的差异。这种困境可以归结于马克思哲学理论创新中的狭隘政治实用主义，实质反映的是普遍与特殊、长远目标与近期任务之间的关系。只有保持深度的问题自觉，中国马克思哲学的理论创新才能真正走出和摆脱这种迷茫和困境状态。（作者系苏州大学哲学系教授、博士生导师。）

《1978年以来党的反腐败斗争的“深度化”发展》：朱庆跃在2012年第7期撰文指出，1978年以来党在反腐方面日益呈现出“深度化”发展的轨迹特征，这种特征明显体现在所构建的党的权力运行政治体系内在各层级上，如在政党文化层面，从坚持指导思想的科学性到科学性与人本性的统一；政治社会化层面，从坚持廉政文化建设的工具性到合工具性与目标性的统一；政治制度层面，从坚持制度的保障功能到保障与预防功能的统一；政治关系层面，从坚持党的领导方式、执政方式的民主法治化到民主法治化与科学化的统一；政治行为层面，从坚持惩处腐败到惩处和预防腐败的统一、群众参与反腐制度建设方面的渠道拓宽到渠道拓宽和权利保障的统一。（作者系上海社会科学院中国马克思主义研究所博士生，淮北师范大学副教授。）

《伦理觉悟：中国现代政治转型的内在生命》：王四达在2012年第7期中撰文指出，社会现代化与人的现代化犹如“硬件”与“软件”的关系。中国当前的社会状况是“硬件”先行但“软件”滞后。这种状况源自历史与现实的纠葛：古代中国宗法专制与政治专制的相互胶结形成与之相适应的奴役伦理；近现代以来，中国的思想精英们虽洞察了伦理觉悟与政治转型的关系，中国社会也经历了清末民初的道德启蒙、新中国的共产主义道德教育和社会主义精神文明建设，但伦理觉悟的历史课题并没有真正完成；现代心理基础的缺失使中国的政治转型缺乏内在的生命。因此，只有先唤醒官员的伦理觉悟，深化政治体制改革，培育国民的现代心理基础，中国社会的现代转型才会具有真实的生命力。（作者系华侨大学公共管理学院教授、博士生导师。）

《意识形态终结与普世价值形成的多维审视》：汤荣光在2012年第8期撰文指出，意识形态的矛盾运动始终没有止步，在各种意识形态网罗编织的精神世界中，像普世价值这样的命题及其本质的勘定非常复杂。意识形态矛盾运动的复杂性为普世价值巧妙地戴上淡化意识形态、宣扬意识形态终结的面具，提供了铺垫与可能。普世价值萌生并隐现于意识形态终结论、历史终结论之中，主张超越意识形态的虚幻性，淡忘甚至刻意改变不同意识形态营垒之间的对抗实质。普世价值是非意识形态化思潮的当代产物，体现了西方意识形态的政治意图。普世价值的泛滥，在实践层面提出了加强主流意识形态建设的论题，亦由此开启了主流意识形态复兴的固本之路、创新之路、反思之路。（作者系南通大学党委宣传部副研究员。）

《胡适倡导白话文学“惟一宗旨”观背景探察》：朱德发在2012年第8期中撰文指出，“国语的文学，文学的国语”是胡适于1918年五四新文化运动高潮时正式提出的新文学革命论的“惟一宗旨”。这一倡导白话文学的宗旨观不仅有个形成的过程，而且它的生成也有着多维的特定背景。近百年来，学术界对此问题有所忽略，某些说法多与史实不符。历史地看，胡适“惟一宗旨”观形成的背景至少有这样相互关联的几个维面：欧洲文艺复兴创造“国语文学”的经验启发；我国古代白话文学传统的发掘与承续；晚清以降国语运动的推动与白话文字的训练中华民国成立所提供的国语运动与新文学运动相互并进的政治生态。（作者系山东师范大学资深教授、博士生导师。）

《现代性的政治与生态环境的危机——政治文明与生态文明关系的一个观察》：何中华在2012年第9期中撰文指出，政治现代化说到底不过是现代性在政治上的体现，其主要标志是决策的科学化和民主化，它在本质上是理性精神的要求和体现。理性通过科学使自然界“祛魅”，乃是生态环境危机的重要原因，它借助于现代制度得到了进一步强化。民主虽然是基于对多数人理智的信赖而建立起来的制度安排，但它存在着陷入“集体暴政”的危险。市民社会成员的偏好及其所造成的短视通过民主作出的选择，有可能漠视公共利益和未来利益，这恰恰是发展之所以陷入不可持续性的一个重要原因。我们在致力于决策的科学化和民主化的过程中，必须同时考虑生态文明及其危机所给出的边际条件，因为正是它促成了我们对于科学化和民主化及其内蕴的理性精神的一种健全的批判性的反省态度。（作者系山东大学哲学与社会发展学院教授、博士生导师。）

《从纯粹形而上的建构到对审美器物的重视——中国美学的突围》：许明在2012年第9期撰文指出，20世纪的中国美学研究，除了极少数的美学著作涉及中国的本土审美实践外，基本上是一种“理论美学研究”，而且主要是在西方理论话语基础上的研究。因此，进入21世纪中国美学需要突围，需要创新。创新的要诀在于寻找独特的审美文化的自有密码，而不是刻舟求剑似地运用别人在自己经验之上提升的理论，特别是所谓放之四海而皆准的普适性理论来解释不同文明的审美实践。我们认为，“器物美学”的提出，可以促使目前中国美学研究重视人类审美活动史上极为丰富、极为特殊的中国式美学存在的新天地。（作者系上海社会科学院思想文化研究中心主任、研究员、博士生导师，韩国外国语大学国际地域大学院特聘教授。）

《提高党的建设科学化水平与执政党的政治自觉》：齐卫平在2012年第10期撰文指出，提高党的建设科学化水平重大任务的提出，体现了执政党高度的政治自觉。长期实践中，党的忧患意识始终存在，“四种考验”和“四种危险”是集中反映新的历史条件下党忧患意识的表达语境。应对“四种考验”和克服“四种危险”，贵在执政党政治自觉的树立。政党是否善于把握自身建设的规律与其政治觉悟程度相联系，深刻把握党的建设规律，必须将提高党的建设科学化水平与执政党的政治自觉紧密结合。以执政党的政治自觉提高党的建设科学化水平，必须排除非科学化的障碍，采取有效的方法，找到正确的路径，在不断提高政治自觉的过程中不断提高党的建设科学化水平。（作者系华东师范大学政治学系主任、教授、博士生导师。）

《马克思恩格斯晚年放弃原先的理论了吗?》：陈学明在2012年第10期中撰文指出，马克思恩格斯在《共产党宣言》出版以后所写的7篇序言、恩格斯1886年为《英国工人阶级状况》在美国出版时所写的“美国版附录”、恩格斯于逝世前5个月为马克思《1848至1850年的法兰西阶级斗争》一书所写的《导言》，是被一些人用来论证马克思特别是恩格斯晚年放弃了原先的理论和信仰、从共产主义者变为社会民主主义者的主要依据。认真研读马克思恩格斯的这些原著，我们却丝毫看不出他们晚年背离原先的立场、观点的迹象。既然马克思恩格斯本人在晚年并没有放弃自己的理论，那么以此为理由主张放弃对马克思主义的坚持，也是极其错误和必须坚决反对的。（作者系复旦大学当代国外马克思主义研究中心教授、博士生导师，中国当代国外马克思主义研究会副会长。）

《中国现代文学研究之“现代性”话语批判》：王晓初在2012年第11期撰文指出，在中国现代文学的研究中，虽然“现代性”的过度阐释造成它的钝化与泛化，但它却是中国现代文学学科之所以成立的合法性基础，因而亟须对造成这一概念混乱与歧义丛生的逻辑前提及其思维方式加以清理与厘定。在探讨中国现代文学之现代性问题上始终存在着两种思路：一是立足于中国现代（性）文学发展实际的探索；一是来自于西方后现代（现代）性理论的启迪与应用。事实上，现代性文学首先根源于一种历史现代性——现代文明的创造，因而具有普适性的人类价值，也具有萌芽、生长、发展、衰亡的过程；当它扩展和弥散到不同国家、地区、民族之后，又形成更加丰富多样的具体的特殊的现代性，同时由于“现代性”本身便孕育了自身否定自身的内在张力，因而又是一种充满内在矛盾与张力的悖论性结构。历史与辩证的态度是我们探讨现代性问题的一个基本立场。（作者系绍兴文理学院人文学院教授。）

《坚持党委制：要义与意义——毛泽东〈党委会工作方法〉探析》：黄显中在2012年第11期中撰文指出，毛泽东《党委会工作方法》一文，是在60多年前的特殊历史背景产生的。其根本目的在于规范和健全党委会政策制定的组织秩序、求实模式和思想作风。党委会工作是根据民主集中制原则开展的，包括“集中指导下的民主”和“民主基础上的集中”两个阶段。这两个阶段的“民主”与“集中”具有不同的涵义。复读毛泽东《党委会工作方法》，要求破除党委会四个方面的不良现象，并从四个方面健全党委会工作。（作者系湘潭大学教育部人文社会科学重点研究基地毛泽东思想研究中心和公共管理学院教授、博士生导师。）

《1949年以前中共中央党校的干部教育培训》：李瑗在2012年第12期撰文指出，1949年以前中共中央党校干部培训，经历了初创时期、延安时期和马列学院前期3个时期的历史发展过程，民主革命时期的中共中央党校为培养大批致力于中国革命和建设的优秀领导骨干和理论骨干，为夺取新民主主义革命的胜利和建立中华人民共和国，作出了重要贡献。明年是中央党校建校 80 周年，认真地回顾、总结中央党校干部教育 80 年来的历史和经验，对于今天更好地坚持中国特色社会主义的理论和道路，更好地培养大批治党治国的干部，具有重大意义。（作者系中共中央党校中共党史教研部教授、博士生导师。）

《马克思资本自我否定必然性思想研究》：周书俊在 2012 年第 12 期中撰文指出，在马克思看来，资本是人类社会历史发展到一定阶段的产物，因此，它同样符合事物发展的一般规律，即它同样经历着产生、发展、灭亡的发展过程。而导致资本主义真正灭亡的根本原因，正是资本内在的自我否定的必然性。马克思认为，一方面资本竭力把劳动时间缩减到最低限度，另一方面又使劳动时间成为财富的唯一尺度和源泉。从根本上说，随着资本在量上的扩张和有机构成的提高，资本的自行增殖就越困难，直至价值增殖小到资本似乎也不再成为其为资本的地步：一方面作为私人的劳动无法按照一般劳动（货币）进行消费，另一方面作为资本的财富（商品）无法实现它的目标（一般等价物和利润），资本所追求利润的目的就会因为自身所设置的手段（需要通过工人劳动所获取的带有私人性质的一般等价物与资本财富带有社会性的商品进行交换才能实现资本的利润）而被葬送掉。所以说，资本主义的灭亡和社会主义的胜利同样是不可避免的。（作者系管理科学与工程博士后，江西财经大学马克思主义学院哲学系主任、教授、博士生导师。）

文史哲

一、主要工作情况

2012 年，《文史哲》“名刊工程”建设工程进展顺利，期刊的内在质量不断提高，人文性、古典性的汉学特色更加鲜明，在国内学术期刊界逐渐形成了古典汉学名刊的特色定位。

1. 入选国家社科基金首批学术期刊资助名单。

2012 年 7 月，《文史哲》杂志凭借其深厚的学术积淀、鲜明的人文特色和广泛的学术影响力，入选国家社科基金首批学术期刊资助名单，每年获资助 40 万元。这无疑为其早日实现既定的超越中国本土学界、成为世界汉学名刊的办刊目标，奠定了坚实的基础。

2. 进一步完善以古典学术为中心的栏目体系建设。

继续做好“疑古与释古”、“中国哲学”、“中国文论”等特色主打栏目的培育与开发工作，进一步彰显《文史哲》的古典人文特色。

自 2006 年第 2 期开设“疑古与释古”专栏，已刊发 20 余篇论文，对近年来在史学界极具影响力的“走出疑古时代”进行专题讨论，引起了海内外学术界的热烈反响。这一讨论被《社会科学》杂志（上海）评为 2006 年度四大人文学术热点之一，与“马克思主义的当代价值”、“新国学”、“《文学概论》教材与文学理论的基本问题”等学术话题和文化事件并列，共同组成 2006 年的文化镜像和学术奇观。

2012 年，配合我校儒学与中华文化复兴协同创新项目的开展，《文史哲》对部分栏目进行了相应的调整，政治哲学、法哲学与经济哲学栏目的刊文重点，转向与儒学研究相关、古今结合的学术方向。

3. 做好“年度名篇奖”的评选工作，吸引优秀稿源。

为进一步吸引优秀力作，2003 年起，《文史哲》创设了面向作者的学术奖项——年度名篇奖。该奖项以公开、公正、公平为原则，每年评出 1 至 3 篇学术论文，给予作者 1 万元的奖励。该奖项的设立，在学界引起较大反响，也在较大程度上实现了提升稿源质量、吸引优秀外稿的初衷。

2012 年度名篇奖评选工作已经结束，赵敏俐先生的《论七言诗的起源及其在汉代的发展》（载本刊 2010 年第 3 期），张金光先生的《关于中国古代（周至清）社会形态问题的新思维》（载本刊 2010 年第 5 期），在八篇推荐篇目中脱颖而出，获得本刊 2010 年度“名篇奖”。

4. 做好“文史哲丛刊”的编辑出版工作。

《文史哲》一向有编辑出版丛刊的传统。接续这一传统，2007 年始，与商务印书馆合作出版“文史哲丛刊”。头两批 11 册已陆续出版发行。2012 年陆续有新的专题论集出版。

5. 进行网站页面更新。

为迎接期刊数字化的挑战，《文史哲》编辑部对网站进行更新，丰富了主页形式和内容，完善了功能，加强了与读者的互动。

6. 召开“《文史哲》五年（2012—2016）发展战略研讨会”。

根据学校中长期发展纲要要求，《文史哲》编辑部已经制定了相应的中长期发展规划，但尚未讨论形成具体的实施步骤。在在数字化浪潮风起云涌、学术期刊出版体制改革势在必行的紧迫形势下，探讨《文史哲》未来五年的发展战略及规划，化危为机，变严峻挑战为历史机遇，就显得尤为迫切和必要。

鉴此，《文史哲》编辑部于2012年10月13—14日，召开了“《文史哲》五年（2012—2016）发展战略研讨会”，邀请相关业务主管部门领导和有关专家，就《文史哲》未来五年的发展战略与规划，体制改革的具体方式，以及其在海内外期刊界的定位，展开集中研讨，这就为《文史哲》下一步的发展，奠定了良好的思想和制度基础。

二、2012年重要学术论文简介

《学说的神话——评“中国古代意境说”》：罗钢在《文史哲》2012年第1期撰文指出，长期以来，“意境”被认为是中国美学和诗学的中心范畴，自从20世纪80年代以来，更出现了多种版本的“中国古代意境范畴史”。实际上，这些“意境史”都是现代学者依据王国维等提供的理论范式，利用中国古代诗学的思想素材所进行的一种人为的话语建构。这种建构过程同时就是对中国古代诗学歪曲和遮蔽的过程。在中国古代诗学传统中，“境”、“境界”、“意境”都是一些高度语境化的术语，只有深入研究这些术语所从出的语境，才能对它获得一种历史性的理解。尽管在中国古代诗学史上出现过各种以“境”论诗之说，却不存在一种今人所谓的“中国古代意境说”。这种“意境说”乃是一种“学说的神话”。（作者系清华大学中文系教授）

《忠恕与金律：地球村未来之共同原则》：田辰山在《文史哲》2012年第1期撰文指出，在人文意义上，“金律”与“忠恕”可谓中西思想传统中最为接近、最具备构和之可能性的理念，为中西文化真正的会合之点，有着成为人类发展“地球村”共享哲理的基础。“金律”区别于“忠恕”之鲜明特点为其超绝性与二元性，而“金律”要成为“全球性伦理”，需经去超绝性与去二元性的转化。“忠恕”之鲜明特质是其非超绝性与非二元性，也即“一多不分”或“心场”结构，“忠恕”在实用性上接纳、包容具超绝性、二元性的“金律”，可消解其挑战性逻辑，与其创造构和局面。“设身处地”作为“金律”与“忠恕”之共同点，基于逻辑的非绝对性。“忠恕”与“金律”二者虽来源殊途，却可九九归一，实现构和。（作者系北京外国语大学东西方关系中心教授）

《关于战后伪中储券兑换决策的制定经过》：郑会欣在《文史哲》2012年第1期撰文指出，1945年抗日战争胜利后，国民政府在接收复员的过程中，就中央储备银行券（“中储券”）与法币的兑换比率制定了极不合理的方案。再加上有些接收大员从中舞弊，多地物价因此大幅飙升，沦陷区的民众在经济上遭到了新的剥夺，民怨更加激烈。制定战后一系列接收复员政策的诸多失误，也与抗战中后期大后方蔓延孳生的腐败行径密切相关，并直接动摇了国民政府的统治根基。（作者系香港中文大学中国文化研究所教授）

《前孔子时代的古释奠礼考释》：李纪祥在《文史哲》2012年第2期撰文指出，“释奠”本是孔子之前便已存在的古礼，其成为“祭孔”礼之代称，乃是后来之事。自古籍经典文献中，可钩沉出前孔子时代释奠古礼之图廓大略。释奠礼乃是广义的总名，分言之则尚有“释菜”与“释币”。释奠礼重，故是大名；释菜则礼轻。“释奠”一词可以总称施于“学”中祭先圣、先师、先老之礼，尤其是“始立学”时。言释奠可以包含释菜，反之则否。古“释奠”礼有其变化之趋：自早期的“主兵”出征四方而至“主文”兴学设教；从早期之施设此礼的本质乃属非常时属性，到后来渐有常时行礼之属性。源于孔子之前的古“释奠”礼，真正被提升为国家级常设之礼，从而转变了其本为“非时而祭”的原初属性，乃是后世与祭孔礼联系的结果。（作者系台湾佛光大学历史学系教授）

《晚清女报中的西方女杰——明治“妇人立志”读物的中国之旅》：夏晓虹《文史哲》2012年第4期撰文指出，日本明治时期，启蒙思想家中村正直翻译的英国斯迈尔斯所著《西国立志编》引起轰动，适应各种人群的仿作随之大量出现。其中数以百计的“妇人立志”读物所传写的西方女杰事迹也大批输入中国，为晚清女性提供了众多取法典范。除了单行本的移译，晚清女报“传记”栏实为重要的集散地。其所汇聚的来源广泛的文本，经过译者契合本土情境的再度阐释与修正，不但与其他栏目相呼应，凸显了各报的办刊宗旨与现实思考，也在中国女界改造旧道德、培植新品格的精神重塑历程中发生了深远影响。其间的关联，在晚清前后相继的三份女报上有清晰的呈现：1902年在上海出版的《（续出）女报》（《女学报》）虽尚未设置固定的传记栏，但以转载为主的各文，却对不同面貌的“西方美人”表现出一律的仰慕；1904年由常熟学人创办的《女子世界》采择的原本最为繁复，而经过编辑的引导，诸多西方女杰的品德均被归纳到慈爱一途，赞赏西国“爱种”于是成为该刊传记译介的主题；编印于东京的《中国新女界杂志》以留日学生为主要撰稿人，深受其时在日本盛行的国家主义思潮感染，所译各传对表彰欧美“女国民”显示出高度的自觉与统一。至于众多日文原作的发现，不仅如实将中文作者还原为译者，也提点出还原晚清历史语境的一条进路。（作者系北京大学中文系教授）

《多民族特点与世界性眼光——略论新世纪的中国诗歌史观》：赵敏俐在《文史哲》2012年第4期撰文指出，源自于中华民族独特的地理环境和以农业为主的生活方式，奠定了以“言志”为核心的中国诗歌传统、创作观念与评价标准，以“天人合一”为最高理想的美学风范，也开启了中国诗歌以关注现实生活为指向的发展之路和以人为本的文化精神。中国诗歌在现实生活中承担着多种文化功能，赋予中国诗人以强烈的社会责任感，形成了中国诗歌多样化的诗体和独特的语言形式之美。中华文化的多元一体与诗歌的多民族特点，展示了各民族大家庭之间的政治一体、经济互补、文化互动和血缘互渗关系。历经无数次朝代变更而不衰的中国诗歌，成为中国人的心灵寄托和文化理想，体现了生生不息的民族精神。即此而言，“通古今之变”和“观中西之别”，应该成为中国学者在全球化视野下所要确立的新的诗歌史观念。（作者系首都师范大学中国诗歌研究中心教授）

《说“势”》：杨国荣在《文史哲》2012年第4期撰文指出，“势”既是中国哲学的重要概念，又可以视为包含普遍理论内涵的哲学范畴。作为具有普遍内涵的哲学范畴，“势”与人的行动以及实践过程存在着内在的联系。在本体论上，“势”呈现为包含多重向度的存在形态，以人的行动和实践为视域，“势”则可以理解为人的行动和实践活动由以展开的综合背景或条件。从中国思想的历史演进看，对“势”的关注可以追溯到先秦时期，此后这方面的讨论绵延不断。不同的学派、人物从各个侧面对“势”的内涵作了诠释，这些阐发与诠释为我们从更普遍的层面把握“势”在行动中的意义，提供了历史的前提。（作者系华东师范大学中国现代思想文化所暨哲学系教授）

《中国古代时间意识与早期文学观念——以先秦孔门儒学为中心的考察》：詹冬华在《文史哲》2012年第5期撰文指出，中国古代时间意识与早期文学观念之间存在着深层次的意义和逻辑关联。《周易》“观乎天文，以察时变；观乎人文，以化成天下”体现了先秦时期时间意识与文学观念的双重转变。“天文”是“天时”的外化形式，在先民的意识和行为中经历了“自然时间—神灵时间—道德时间”的降解过程，它构成了“人文”的逻辑前提。“人文”追求永恒的道德典律，呈现为一种“超时间”。“天文”与“人文”都是“道”的变现形式，两者共同构成了早期文学的本源，并对后世文学观念产生了重大影响。到孔子时代，时间与神灵、王权进一步剥离，呈现为一种天人相参、活泼机变的时机化时间。“人文”的内涵更加明确，主要体现为“仁义”、“礼乐”、“中庸”、“君子”等富含时间意蕴的价值新标的，两者相辅相成，最终影响到孔子对文艺本质功用的认识及其时机化的解诗方式。孔子所提出的“游于艺”与“成于乐”等诗学命题具有丰富的时间意蕴，它显示了一个“时者”看待文艺本质功用的存在论视角。“游于艺”亦即“游于时”，是在一种非对象化、非现成性的审美时间中发现生命的意义。取象于天时的“乐”昭示着天地大化不断创生的过程，同时也在“既济—未济”、“终—始”的转续中凸显生存本身的“无竟性”。孔门师徒以时间性思维解诗，多在诗歌情境的转换中引发领会仁德等重大问题的时机。（作者系江西师范大学当代形态文艺学研究中心副教授）

《诗趋奇险谱新篇——从杜甫到韩愈》：张忠纲在《文史哲》2012年第6期撰文指出，中国古典诗歌的发展，到杜甫为一大变化；唐诗的发展，到韩愈为一大变化。而韩诗之变，就继承关系而言，主要是承杜诗变化而来的，特别是将杜诗的奇险倾向，推扩到极致而“自成一家新语”。而他对杜诗的继承与发展，是有着深刻的思想和诗学渊源的。以文为诗，以议论为诗，探索新的体式和句式，是杜、韩相继促成唐诗大变的主要手段。杜、韩是古典诗歌由“唐音”转向“宋调”的关键人物。（作者系山东大学儒学高等研究院教授）

《同途·殊途·同归——鲁迅与胡秋原》：张宁在《文史哲》2012年第6期撰文指出，在中国现代文学研究中，鲁迅和胡秋原常常被同时提起，又常被放在“一褒一贬/一贬一褒”的评价系统里。褒贬的天平落在哪一边，则取决于时代意识形态。而打破“二项对立”的意识形态思维模式，以“介入”历史的眼光和思想史视野，则会发现交织在一起的不同线索，其中“历史”的线索会让我们发现二人如何曾“同途”终“殊归”——在鲁迅与创造社“革命文学家”论争时，18岁的胡秋原曾以相近的问题意识和不同的理路加入了论战，成为鲁迅在论战中的重要盟友；但在“自由人—第三种人”论争中，二人又分属不同的阵营，鲁迅的“一句话判语”和对胡秋原观点的几近沉默，为此后的解读留下了极大空间。而另一条“思想史”线索，则又让我们看到二人的“殊途同归”，即由“历史中”政治派别的分殊，同归于“历史后”思想派别的整合。换言之，两个本应在理论和观点上产生共鸣的中国左翼文化人，却在历史力量的冲突中分属不同的阵营，又在后人对现代中国左翼思想传统的重新编码中，“同归”于同一个文化传统。其中所呈现的历史的悖谬性、真理的相对性以及置身历史却无法“进入历史”的普遍性，值得深思。（作者系广东外语外贸大学中国语言文化学院教授）

齐鲁学刊

一、主要工作情况

2012 年，《齐鲁学刊》编辑部认真贯彻执行党和国家关于新闻出版的方针政策，内容上精心策划，开拓创新，注意优化选题，强化特色，提倡严谨扎实的学风，使刊物的学术水平和编辑质量不断提高，得到了学术界和出版界的广泛赞誉和好评。

1. 坚持正确的办刊方向和学术导向

办刊过程中，一直严格遵守党和国家有关新闻出版的方针、政策和法规，同时，认真贯彻“双百方针”，鼓励学术创新，支持自由平等、相互尊重的学术讨论，刊发了多篇方向正确、理论创新的佳作，许多著名的专家学者在《齐鲁学刊》发表过文章，有的文章在学术界产生了较大的影响。

2. 入选“国家社科基金资助期刊”。2012 年，经过严格的遴选和评审程序，《齐鲁学刊》成功入选第二批国家社科基金资助期刊。入选期刊要求坚持正确的办刊方向，同时要具有较高学术水平和较大学术影响。《齐鲁学刊》以其儒学及传统文化研究的鲜明特色，严谨扎实的办刊风格，以及在学术理论界的广泛影响，成功入选国家社科基金资助期刊，成为全国二百家获此殊荣的期刊之一。

3. 注意发挥优势，强化特色。《齐鲁学刊》一直遵循立足世界文化名人孔子故乡，突出孔孟儒学齐鲁文化研究，重视社会科学基础理论探讨，坚持“双百方针”倡导创新求实的办刊宗旨，注意精心组织、认真策划“孔子、儒家、齐鲁文化研究”等专栏，继续保持和进一步突出了刊物特色，刊发了不少有一定分量的学术性文章，受到学术界的广泛关注，也产生了很好的社会效果。

4. 积极进取，开拓创新，争创名刊。2012 年《齐鲁学刊》在继续保持刊物内容严谨、学术性强等特色的前提下，在刊物的总体构思与设计、栏目及选题、内容及编排等方面，都做了认真策划，使刊物在文稿质量、内容编排、字体印刷等方面都有较大提高。

5. 注意组织高水平的相对稳定的作者队伍，进一步团结和吸引了一些有影响的专家学者。

6. 编辑人员的业务素质和学术水平。通过这方面的工作，文稿的采编质量有了较大的提高，也使编辑过程中的各个环节达到了最优化，编辑差错率一直控制在最低的程度，基本上达到了精品的要求。

二、2012 年重要论文简介

《“考”的历史命运及其原始意蕴》：焦国成、赵艳霞在《齐鲁学刊》2012 年第 1 期撰文指出，“孝”是中国传统伦理道德体系中的基德。自“孝”文化产生时代起，它就受到了特别的推崇。在中国古代，孝文化经历了一个由神本到人本、由家庭道德到政治道德的历史变迁。“善事父母”不是“孝”字的原始涵义，而追祀事鬼、“继志述事”更接近“孝”的原始义。甲骨文的“孝”字与金文之后的“孝”字结构及其涵义的差别，反映的是殷周之际伦理文化的变革，即由“神本”伦理到“人本”伦理的变革。（作者焦国成系中国人民大学哲学院教授，博士生导师；赵艳霞系英国威尔士三一圣大卫大学道学研究中心讲师。）

《精神环保：可持续发展的另一个维度》：王世荣在《齐鲁学刊》2012 年第 1 期撰文指出，可持续发展是基于人类无限发展的需要与自然资源的有限性这一现实矛盾而提出的战略思想。人类的生存困境可以归结为两个问题，一个是生态问题，一个是心态问题，而心态决定生态。人类贪婪的欲望是导致生态危机的罪魁祸首。中国传统文化中蕴含着人与自然和谐共生、尊重自然的固有价值和敬畏生命的实践取向等生态伦理思想，为生态文明建设提供了重要的思想资源。目前生态环保已经成为全人类的共识，而精神环保还没有引起人们的足够重视。我们应该树立以人为本的科学发展观，弘扬人文精神、责任意识与和谐精神，注重解决人类的精神处境和精神生活问题。精神环保与生态环保作为可持续发展的两翼，将成为21世纪人类建设生态文明的核心理念。（作者王世荣系宝鸡文理学院政法系教授）

《法律方法中的逻辑真谛》：孙培福、黄春燕在《齐鲁学刊》2012年第1期撰文指出，有关法律方法的研究，普遍存在对逻辑真谛的诸多误解或曲解，逻辑形式并非就仅有一个三段论，也并非仅是人类已知的几个推理式，法律方法理应关注更多的已知、尤其未知的逻辑形式。并非复杂的案件不需要逻辑，并非涉及法律内容的思维就叫法律思维，法律内容的特征不能混同于法律思维的特征。当把法律思维跟非形式逻辑扯到一起时，须知“非形式”不是不讲形式，更不是不讲逻辑。法律方法至少应是对法律思维进行逻辑抽象的结果，逻辑抽象未必一抽到顶，是可以分层次进行的，用“分层抽象法”去审视法律思维，将可大大扩展法律方法的研究视野，使成就清晰、独立的法律方法论成为可能。（作者孙培福系山东政法学院法律方法研究所教授；作者黄春燕系中国人民大学法学院博士研究生。）

《孔融作品用典的文学史意义》：张振龙在《齐鲁学刊》2012年第1期撰文指出，孔融作为建安文学前期的代表作家之一，其作品明显地体现出从汉代文学向魏晋文学转变的特征。这些特征的一个突出表现就是孔融诗文中的用典彰显出重要的文学史意义：一是在用典的数量与范围上有了一个大的飞跃；二是在用典的方式上更加灵活多变，用典的方法有了进一步拓展；三是把文人的用典从传统的引用向真正的用典在实质上向前推进了一大步。（作者张振龙系信阳师范学院文学院特聘教授）

《“子见南子”：历史公案与现代想象》：段宗社在《齐鲁学刊》2012年第1期撰文指出，“子见南子”本来是无关情爱的礼节性拜见，但由于其本身存在着导向情爱想象的意义结构，在王充、朱熹等人的谈论中早已与敏感的男女情事相关。现代以来，林语堂的独幕剧《子见南子》以南子为中心展示了一种个性自由、男女平等的现代精神；胡玫电影把“子见南子”演绎为情爱故事暗合了来自西方文化的“史诗性”特征，对中国文化及民族史诗的重构具有积极意义。应该从宏阔的文化视野出发理解“子见南子”的意义。（作者段宗社系陕西师范大学文学院副教授）

《朱熹与中国思想的道统论问题》：陈赟在《齐鲁学刊》2012年第2期撰文指出，朱熹道统论思想的背景是儒、佛、道三教并立，其道统论一方面意在以新儒学在新的历史条件下承继帝、王、孔子，另一方面则在确立儒教在三教状况下的主导性，后者是其道统思想中的正统论面向。朱熹承接了孔子时代业已具有的道统论的两条线索，即治统上断自尧舜、教统上始自伏羲神农黄帝的两重道统论，并重点突出以教统方式承接道统，其方式有二：一是建立新经学体系，即《四书》，新经学不再是与治统相关的王官学，而是以成人为目标的教化体系；二是建立师道传承的谱系，使包括自己在内的二程一系的学统由作为一家一派的子学或三教之一的儒学而进升至道学，由此与列于《儒林传》的旧经学意义上的儒家区别开来。（作者陈赟系华东师范大学哲学系暨中国现代思想文化研究所教授，博士生导师）

《张载对孝悌思想的发展及其启示》：吴全兰在《齐鲁学刊》2012年第2期撰文指出，孝悌是“仁”的根本和基础。北宋思想家张载对“孝悌”思想作了重要发展：首先，把天地当作父母，把所有的人和万物都当作兄弟和朋友；其次，把孝悌由一种品德提升为一种精神修养。张载对传统孝悌思想的发展具有深刻的启示：提升道德修养和精神境界需要从孝悌开始，同时需要具备感恩和移情能力。（作者吴全兰系广西师范大学政治与行政学院教授）

《成康时期对大东一带的经营》：周书灿在《齐鲁学刊》2012年第2期撰文指出，《诗》有大东、小东之称，综合有关资料可知，商奄、薄姑一带当为《诗》大东的核心地区。成康时期对大东一带的军事征服及在此基础上以齐、鲁为主的分封和军事监管，使大东一带完全纳入西周王朝的政治、军事控制之下，构成周王朝东方地区政治地理的重要组成部分。成康时期对大东一带的经营在客观上促进了东方地区的开发和经济发展，加速了山东半岛境内各民族的融合过程，部分族群的大流徙对秦汉乃至隋唐以后民族格局的形成产生了深远的影响。（作者周书灿系苏州大学社会学院教授，博士生导师）

《理性的批判如何可能》：宋清华在《齐鲁学刊》2012年第2期撰文指出，理性具有批判性，这种批判性乃是依据理想或理念的尺度来展开的，而人生和社会的复杂性则是理性批判的重要原因之一；理性的批判也是人类理性依据自身的先验原则，通过寻求普遍性的理性法则，来为人类自身建立法度，从而展示其力量；理性的批判还是人类自身二重性的反映，人类自身的这种特性使人在崇高与卑贱之间来回摇摆，并最终寻求崇高来实现自身价值。这也是理性批判的另一个原因。（作者宋清华系北京市马克思主义大众化研究基地研究员。）

《劳动力自由流动与和谐发展研究》：俞宪忠在《齐鲁学刊》2012年第2期撰文指出，劳动力流动是市场化的自由选择过程，和谐发展需要流动，流动是和谐发展的根本路径；流动需要自由选择，自由选择是流动的关键支撑；自由选择需要制度安排，制度安排是自由选择的宪政承诺。以自由选择促进流动并以流动促进发展，这是现代化演进的基本规律，也是社会发展的基本动力传递系统。全球化竞争的核心是知识和人才的竞争，其背后实质上是制度优劣竞争，以国民自由选择为基础的民主和法制，才是获取国家核心竞争优势的关键所在。发展中国家实现现代化起飞的首要路径选择，就是为劳动力发展提供更加公平、更具效率和更有尊严的制度平台，在制度现代化和人口现代化的持续加速中，方能完成发展崛起的卓越转型。（作者俞宪忠系济南大学经济学院教授）

《〈海经〉、〈荒经〉东方奇形怪状之人考辨》：李炳海在《齐鲁学刊》2012年第2期撰文指出，《山海经》的《海经》、《荒经》所记载的东方奇形怪状之人可分为四类：一类是身体上部器官发育过度，生有长臂。第二类是身体下部器官存在缺陷，有的胸部洞贯，有的两腿交叉在一起。第三类是皮肤黑色。第四类是巨人和矮人并存。这些奇形怪状的东方之人，承载着先民一系列生命理念，主要包括物莫能两大、天人相感、异类同根三种理念。东方奇形怪状之人的生成，与太阳升起于东方这种自然现象密切相关，是先民类比联想的产物。（作者李炳海系中国人民大学文学院教授，博士生导师）

《〈周易〉立心恒志说与儒家理想人格的塑造》：徐仪明、余海舰在《齐鲁学刊》2012年第3期撰文指出，立心与恒志是颇能体现易学心理学中心理动机的一对范畴。君子要立心以恒，而对圣人则要求能够感化人心，这就是立心的基本含义。所谓恒志是指由恒心所表现出的一种意志现象，体现出非同寻常的人格力量。而这两者对于儒家理想人格的塑造，具有十分重要的内在关联。因为要成为儒家所说的圣人，首先要立心恒志，这是包括孔子等人在内的易学大师们所一再强调的，因为任何人如果没有高远的志向和不懈的恒心，不仅不能成圣成贤，甚至连做一个正常的社会成员的资格也不具备。（作者徐仪明系湖南师范大学哲学系教授，博士生导师；余海舰系湖南师范大学哲学系博士研究生。）

《以墨学收回国魂——论辛亥革命前几年学者何以高度崇墨学》：蒋国保在《齐鲁学刊》2012年第3期撰文指出，以往的研究，多以为墨学之所以在晚清得以复兴，是因为中国社会已发展到了迫切需要知识理性与科学技术的时代，中国人迫切需要知识理性启蒙。但通过对辛亥革命前几年公开发表的崇墨学论著的具体分析，可以发现，在辛亥革命前几年间已兴起了一定程度的“崇墨学”之思潮，而此思潮的兴起，就目的讲，本不为学术计，即不是从知识理性启蒙的意义上倡言墨学如何有开心智之作用，而是为政治计，即从“救亡图存”的意义上倡言墨学如何具有保国保族保种的现实意义与作用。（作者蒋国保系苏州大学哲学系教授，博士生导师。）

《“安于义命”：二程的性命哲学及其道德旨趣》：魏义霞在《齐鲁学刊》2012年第3期撰文指出，作为程朱理学的创始人，二程继承了儒家的天命论和道德追求，在天、理、命、性为一的前提下，强调“命在义中”，将践履仁义道德说成是人的天赋之命和人生追求。在此基础上，通过“以义处命”和“安于义命”，二程提出了一套具体的待命之分和践履工夫。（作者魏义霞系黑龙江大学中国近现代思想文化研究中心教授，博士生导师。）

《扬弃朱熹理学的阳明心学》：何静在《齐鲁学刊》2012年第3期撰文指出，王阳明尽管有着不同于朱熹理学的心学架构，但其思维模式、问题意识乃至立论都深受朱熹的影响。阳明心学对朱熹理学的扬弃主要体现在：扬弃朱熹的理本论和心性论，建立良知（心）本体论；摒弃朱熹的格物致知说，先后提出诚意格物论和致知格物论；去除朱熹的知先行后说，提倡知行合一论；借鉴朱熹的立志、静坐、存养和省察的工夫论。（作者何静系宁波大学马克思主义学院副教授）

《晚期罗马帝国的集权体制和吏治腐败》：王振霞在《齐鲁学刊》2012年第3期撰文指出：在晚期罗马帝国，全部权力集中到皇帝和以皇帝为首的等级森严的官僚机构中。由于官僚体制的权力非常大，不受国家基本成员所实行的任何监督，从而变得腐化和庸劣无能，表现为皇帝和官僚之间的相互欺诈，行政官员的日益腐败，买官和卖官盛行，以及经济腐败、军队腐败和司法腐败等。腐败使晚期帝国政府濒临解体的边缘，国家的命运陷入岌岌可危的处境。（作者王振霞系曲阜师范大学历史文化学院讲师）

《儒学与市场经济兼容——现代新儒家的新视角》：宋志明在《齐鲁学刊》2012年第4期撰文指出，中国在现代化进程中遇到的问题，并不是开启现代性，而是批判地接纳现代性，并且同时避免现代病，避免价值世界的迷失。在这种情况下，可以把儒学的普适性发掘出来，使之与市场经济相适应，从而成为促进中国现代化的精神动力。认同儒学与市场经济的兼容性，可以说是现代新儒家的共识。在他们之中，对这一观点阐述最为充分的人，当属贺麟。他突破了重农抑商、存理灭欲等旧观念，主张儒工儒商做现代社会的柱石。（作者宋志明系中国人民大学哲学院教授，博士生导师。）

《制度重构：从“小产权房”到公租房的跨越》：

楚道文在《齐鲁学刊》2012年第4期撰文指出，“小产权房”搅乱了房地产市场秩序，并造成利益分配的不公平。不过，“小产权房”的出现有着复杂的经济、社会、法律原因。如果仅仅为了消除违法性而对“小产权房”一拆了之，势必会造成更为严重的利益混乱，甚至有可能影响到社会稳定。考虑到公租房政策实施过程中的种种不足，“小产权房”在保障住房权利方面的社会功能应该得到肯定。在当前的法律背景下，我们可以将“小产权房”改造为公租房，从而建立集体公租房制度。这无论在市场机制的维护方面，还是在各方利益的平衡方面，都应该是现实的最优制度选择。（作者楚道文系山东政法学院经济贸易法学院副教授，中国应用法学研究所与中国社会科学院法学研究所博士后流动站研究人员。）

《白居易融会三教的“中隐”思想及其仕隐心态》：张玉璞在《齐鲁学刊》2012年第4期撰文指出，白居易的“中隐”思想是对传统仕隐观念的继承、整合和发展，其本质上既区别于隐于山林的“小隐”，也与隐于朝市的“大隐”不同，而是隐于地方官、散官、闲官。它巧妙地平衡了集权专制与士大夫独立意识之间的矛盾，是一种能在入世与出世间进退裕如的处世哲学和生活方式。这一以仕求隐的隐逸观，较之魏晋时期“居官无官官之事，处事无事事之心”的仕宦态度要积极得多，它更圆融通达地调谐了身与心、职与事、仕与隐的矛盾，是白居易以儒治身、以佛道修心的人生哲学的具体体现。（作者张玉璞系曲阜师范大学文学院教授。）

《宋代词调及用调的统计与分析》：刘尊明、范晓燕在《齐鲁学刊》2012年第4期撰文指出，据最新考订与统计，两宋词坛所用词调总数共计1490调，其中词调正名为844调，词调异名为646调；常用词调正名为206调，“低频词调”正名为638调。宋代词调“十大金曲”为：《浣溪沙》、《水调歌头》、《鹧鸪天》、《念奴娇》、《菩萨蛮》、《满江红》、《蝶恋花》、《西江月》、《临江仙》、《沁园春》。宋代词调不仅总数远超唐五代，而且众调兼备，体式多样，中长调反而显现出超越于小令的优势；宋词沿用唐五代词调仅75调，宋代创制和运用的“新声”词调则多达769调，而以创制长调慢词的成就最为卓著。宋代词调的创制和运用既有力地印证了宋词的繁荣气象和绚丽风采，而宋代词调的统计与整理也必将弥补清人所编《词律》、《词谱》的缺陷与不足。（作者刘尊明系深圳大学文学院教授，博士生导师；范晓燕系深圳大学文学院教授。）

《论革命历史书写文本中的“人学”意识》：肖向东、孙周年在《齐鲁学刊》2012年第4期撰文指出，革命历史书写是当代中国文学创作的主流叙事。中国当代文学中的革命历史书写对于“人”的写作态度，既反映了主流意识形态在不同的文学历史阶段所持的文学观念，也历史性地述说了中国当代文学在“人学”思想上的递进演变与不同的时代特征。从十七年革命历史书写对人性的轻视，到“文革”政治化语境对人性的践踏，再到新时期文学所表现出的人性的复归，从中可以分明地感受到文学“人学”精神的顽强生命力。（作者肖向东系江南大学文学院教授，博士生导师；孙周年系江南大学文学院教授。）

《八卦名义说》：黄怀信在《齐鲁学刊》2012年第5期撰文指出，正确理解八卦名义，有助于理解《易》本义，有助于深入发掘中国早期哲学。八卦之“乾”字本有向上、上达、刚健、不息之义，与“健”同，故曰“乾，健也”；“坤”从申声，象地，其德当为厚，而不得曰“坤，顺也”；“坎”谓地面低陷处，水之所在，故以代水，其德当为入，不得曰“坎，陷也”；“离”借为“丽”，取明丽义，而非附丽义；“巽”为卦名专字，其德当为顺，不得曰“巽，入也”；“艮”借为“限”而有止义，本当音限；“兑”为“悦”古字，本当读“悦”。（作者黄怀信系曲阜师范大学历史文化学院教授，博士生导师。）

《君子人格与儒家诚信之德》：白春雨在《齐鲁学刊》2012年第5期撰文指出，诚信之于人的作用可以从人格的进路上予以见证。正义是古希腊文化的四主德之一，是基于诚信的法律秩序，正义人格就是以理智控制情感和欲望，保证心灵和体质的健康。君子人格是中国传统儒家文化的核心内容，是人的自觉的道德要求和积极的境界展现。儒家诚信之德的现代意义主要表现在它是不同文化进行对话的平台，是社会主义和谐社会建设的思想因子，是贯彻科学发展观的内在来源，在建设社会主义核心价值体系中发挥基础性作用。（作者白春雨系中国石油大学（华东）马克思主义学院副教授）

《儒学价值的当代转换与社会主义核心价值体系建设》：邵龙宝在《齐鲁学刊》2012年第5期撰文指出，社会主义核心价值体系是一个有着丰富内涵且结构复杂的系统。社会主义核心价值体系建设必须建立在民族文化传统的基础上，克服中国元素少、只注重文献诠释而忽视对“活着”的传统的考察等倾向。儒学价值的当代转换及其应用于社会主义核心价值体系的建设，应注重从文本到现实，从具象到抽象，再从抽象到具象的互动，这就要求我们必须认清历史发展和文化传统的脉络，使理论具有前瞻性和预见性。继承和弘扬儒学的道德自觉等精华，要以确立现代法权人格为前提，凝练核心价值观应着力于人格的修养与社会正义的互动，儒学传统中的仁爱、和谐、责任、自强等理念可以与公正、民主、信用等价值进行综合创新。（作者邵龙宝系同济大学马克思主义学院教授，博士生导师。）

《关于当代中国核心价值观的思考》：王钧林在《齐鲁学刊》2012年第5期撰文指出，我国自古即有构建核心价值观的传统。尧舜时代的“五教”、秦汉至明清的“三纲五常”、民国时期的礼义廉耻，是我国历史上三个时代构建的三种核心价值观。鉴古而知今。我们今天不能任由核心价值观卤莽灭裂，舍弃不顾。当代中国价值观多元并存。构建当代中国核心价值观，必须以社会主义文化、外来欧美文化、本土固有文化为思想资源。古今社会不同，“药方只贩古时丹”不可；中外社会不同，“药方只贩外国丹”亦不可。我们必须着眼于中国社会转型及其未来发展，以国情民意为基础，以放之四海而皆准的普世价值为取材对象，构建自由、民主、公正、诚信的当代中国核心价值观。（作者王钧林系山东师范大学齐鲁文化研究中心教授。）

《当前中国社会道德治理论析》：杨义芹在《齐鲁学刊》2012年第5期撰文指出，当前，中国社会的道德现状与道德建设问题备受世人关注且亟待有力的回应。正确面对和分析当前中国社会的道德现状，既要肯定成绩，又要正视问题，这是道德治理的前提和基础；对于当前道德领域所存在的诸多问题，要放在社会转型的大背景下来看待。道德建设受国际大环境的影响，其间所出现的问题也是国际环境变化的反映；当前中国的道德问题是社会转型期的问题，是前进中的问题；其中一些道德问题是由社会主义初级阶段的基本国情决定的；当今中国的道德问题其直接诱因是在向市场经济转变的过程中，把经济利益的思维模式用到道德判断和社会行动能力上。目前，应着重从以下几个方面入手探索和解决中国社会的道德治理问题：一是树立信心和决心，二是提升信念和信仰，三是倡行共建和共享，四是坚持“守”“为”并行，以“守”为先的工作重点。（作者杨义芹系天津社会科学院《道德与文明》编辑部研究员）

《民族文化综合创新的应有视角》：易小明在《齐鲁学刊》2012年第5期撰文指出，当今民族文化的综合创新，既要进得去，又要出得来。在文化视野上既要关注到全球化中的人类整体利益与普世文化，又要关注到民族利益与民族文化；在文化资源上既要珍惜民族文化传统，又要结合实践要求合理吸纳其他民族文化的优秀成分；在文化交流方式上既要立足于商谈，又要正视商谈中实际存在的不平等问题。（作者易小明系吉首大学哲学研究所教授，博士生导师。）

《廉政制度建设的伦理价值追问》：唐贤秋在《齐鲁学刊》2012年第5期撰文指出，廉政价值目标的实现依赖于从倡廉与反腐之正负两极出发形成合力并进行相应的制度安排。廉政规范与廉政信仰，是廉政制度建设的两个价值维度。廉政制度建设同时具有工具价值和目的价值两个向度。强化廉政制度建设的工具价值向度而弱化其目的价值向度，是当前社会依然存在诸多腐败现象的深层次原因。培育廉政信仰，是廉政制度建设的目的价值所指。作为对廉政价值目标的确定性追求，廉政信仰的培育，需要各信念要素的综合作用以形成一致的倡廉场。（作者唐贤秋系广西民族大学政治学与国际关系学院教授）

《陈淳的〈北溪字义〉》：张立文在《齐鲁学刊》2012年第6期撰文指出，作为义理之学的朱子学，陈淳对朱子学的重要概念范畴的理解和疏释，以及其理论思维体系的诠释作出了独特的贡献。陈淳不仅详尽地记录了他与朱熹答问、其他学友与朱熹答问等600余条，忠实呈现了朱熹的思想，而且在探索、研究朱熹哲学理论思维体系中，撰写了《北溪字义》，为人们理解朱熹哲学理论思维起到教科书的作用，也为传播朱子学提供了易简的、入门的著作。（作者张立文系中国人民大学哲学院教授，博士生导师。）

《儒家思想与中国农民战争的关系探究》：修建军，傅永聚在《齐鲁学刊》2012年第6期撰文指出，在中国封建社会中，农民与封建政权的关系可概括为所谓的“战略伙伴关系”，两者既相互依存又相互制约；同样，儒学作为封建政权的统治思想，也具有两面性，即作为农民的精神支柱的儒学以及作为农民怨愤对象的儒学，因为儒学在一定程度上也是一种政权的符号。这说明任何思想都不可能是超然于社会的独立存在。所以，中国的农民战争既尊孔尊儒又反孔反儒，有其历史的必然性与时代的合理性。（作者修建军系曲阜师范大学历史文化学院教授；傅永聚系曲阜师范大学儒学研究中心教授，博士生导师。）

产业经济评论

《产业经济评论》是由山东大学经济学院、山东大学产业经济研究所主办，由经济科学出版社出版的开放性产业经济专业学术文集。它以推进中国产业经济科学领域的学术研究、进一步推动中国产业经济理论的发展，加强产业经济领域中海内外学者之间的学术交流与合作为宗旨。《产业经济评论》为 CSSCI 来源期刊。

《产业经济评论》是一个中国经济理论与实践研究者的思想、理论交流平台，倡导规范、严谨的研究方法，鼓励理论和经验研究相结合的研究路线。《产业经济评论》设“综述”、“论文”和“书评”三个栏目。《产业经济评论》每期约 200 个页码，设有《综述》,《论文》与《书评》等栏目，重点研究产业经济学的前沿问题，是我国产业经济理论与实践研究的专业刊物，富有学术保存价值。

当代世界社会主义问题

《当代世界社会主义问题》为全国中文核心期刊，主管单位为中华人民共和国教育部，由山东大学主办，是国内唯一以研究和介绍当代世界社会主义重大问题为主要内容和特色的专业学术刊物。本刊设有“中国社会主义建设的理论与实践”（研究和介绍中国特色社会主义理论与实践中的一些重大问题；当代中国改革的重大举措以及人们关心的热点问题)、“国外社会主义纵横”（多层次、多视角地介绍和研究当代国外的社会主义国家、派别、思潮出现的新情况、新问题、新动向；研究当代国际共运的新特点、新变化)、“前苏联东欧研究”（研究和介绍前苏联东 欧社会主义建设的经验教训、主要历史人物和历史事件、社会剧变的原因和教训以及剧变后的新动态)、“当代世界政治经济与社会主义”（主要研究和介绍当代世界政治经济和国际关系发生的重大变化以及对当代世界社会主义的影响)、“学术探索与争鸣”（着重鼓励就有关社会主义理论与实践的各种问题展开讨论）等栏目。

东方考古

《东方考古》是山东大学东方考古研究中心编辑的关于考古学和古代东方文明研究的系列丛书，分集陆续出版，迄今共出版了 6 集。本系列丛书以中国东方地区和东亚地区考古学为重点，广泛吸收国内外学者的最新研究成果，体现考古学研究的新思路、新理论和新方法。

民俗研究

《民俗研究》是由教育部主管、山东大学主办的中国目前唯一国内外公开发行的民俗学理论刊物。《民俗研究》杂志向国内外读者全面介绍中国民俗和民俗学研究的最新成果，是国家确认的人文与社会科学核心期刊、CSSCI 来源期刊。该刊自创办以来，得到了国内外学术界和广大读者的一致好评，被认为是“能够代表中国民俗学最高学术水平的杂志”，在全国各省市自治区和全世界将近 50 个国家和地区都有它的读者。《民俗研究》由国内知名民俗学者组成编委会，现任主编张士闪。编辑部设于山东大学文史哲研究院。《民俗研究》设有“学术论坛”、“田野调查报告”、“民俗史”、“民俗学史”、“民俗书林”、“学术信息”等栏目。其刊发的各类文章，注重学术质量，提倡学术创新。《民俗研究》为季刊，每季末月出版，全国邮局发行。

人权法辑刊

《人权法辑刊》是由山东大学法学院与山东大学人权与法律体系研究基地联合主办的人权法学领域的学术性连续性出版物。它将由北京大学出版社公开出版，其旨在展示国内人权法律制度研究的最新成果，展现国外人权法律制度研究的最新动向。本出版物设有“人权法学热点问题”、“人权法律制度研究”、“国际人权法研究”、“外国人权法制借鉴”、“国外人权法学研究译介”、“人权法案例评析”、“人权法书评”等栏目。

人权研究

《人权研究》年刊系山东大学人权研究中心主办的学术理论性刊物，主编为徐显明教授。《人权研究》是本研究基地主办的全国唯一一份以人权理论为主题的学术性刊物，至今已出版11卷，在学术界有良好的声誉。

山东大学法律评论

《山东大学法律评论》是由山东大学法学院主管，由法学院博士和硕士研究生独立主办、组织和编辑的法学学术刊物，《评论》采取以书代刊的形式每年出版一辑，主要侧重反映法学领域的最新研究成果和学术论文，现已出版七辑。《评论》自2003年诞生以来，已得到越来越多校内外法学名家、研究人员及学习者的认同和赞誉。

山东大学学报（哲学社会科学版）

《山东大学学报（哲学社会科学版）》创立于1951年8月，是新中国成立后创办的第一份大学学报。创刊60多年来，《山东大学学报（哲学社会科学版）》始终坚持正确的办刊方向和宗旨，秉持传承文明、创新理论、繁荣学术、服务社会的办刊理念，以质量求生存，以特色谋发展，立足百年山大浓厚的文化底蕴和丰富的学术资源，广泛吸纳国际国内哲学社会科学的优秀研究成果，不断强化学术立刊定位、建设品牌栏目、服务社会需求、创新办刊模式，发表了大量原创性的、具有广泛学术影响的稿件，在长期的办刊实践中形成了鲜明的特色，在学术界、期刊界产生了重要影响。

2010年，《山东大学学报（哲学社会科学版）》被评为全国高校三十佳社科期刊。2011年，根据

《中国学术期刊影响因子年报（2011 版）》的统计，《山东大学学报（哲学社会科学版）》在人文社科类学报中的复合影响因子居全国第 12 位，在综合性大学举办的此类期刊中居第 5 位。现为中文社会科学引文索引（CSSCI）来源期刊、全国中文核心期刊、中国人文社科学报核心期刊、华东地区优秀期刊、山东省优秀期刊。

文艺美学研究

《文艺美学研究》是由教育部人文社会科学重点基地山东大学文艺美学研究中心主办的学术期刊，基地主任曾繁仁教授任主编。本刊发表能够代表海内外领先水平的有关文艺美学以及相关学科的原创性研究成果以及译文，旨在为海内外学者提供一个相互交流、促进学术发展的平台。

现在本刊每年出版两辑（半年刊）。本刊常设“学术前沿探讨”、“文艺学、美学基础理论研究”、“生态美学研究”、“审美文化研究”、“审美教育研究”、“中西比较视野”、“学术译苑”与“学术信息”　等栏目，并随机特设专题笔谈与系列论文栏目。

犹太研究

《犹太研究》是由山东大学犹太教与跨宗教研究中心主办的学术刊物。《犹太研究》以犹太文化研究为主要内容，学术性较强的专门研究论文将是我们期望的热点；同时，也兼顾各种与犹太相关的比较研究，以期促进不同领域间的交流。在犹太研究方面，我们将向所有可能的研究领域敞开，无论是关于犹太历史、文学、政治、哲学、宗教和社会的专门研究，或者是关于犹太人生活或名人名家的介绍，国内外相关著作的介绍或评论，与犹太研究相关的社会活动信息等等，都是本刊兴趣之所在。

《犹太研究》设置了五色缤纷的栏目：“犹太宗教”、“犹太思想”、“犹太民族与世界”、“巴以关系”、“犹太教与其他宗教”，等等。《犹太研究》是目前国内唯一的以犹太文化研究和跨宗教研究为主要内容的学术集刊，内容涉及犹太教和哲学、历史与文化、伦理与法制、文学与艺术、意识形态与政治制度、民风与习俗、犹太教与基督教以及和其他宗教或文化的关系等等。

周易研究

《周易研究》是目前中国大陆唯一公开出版发行的易学研究专刊，于 1988 年由刘大钧先生自筹经费创办，现由山东大学和中国周易学会（民政部一级学会）联合主办，著名易学家、山东大学终身教授、中央文史馆馆员刘大钧先生担任主编至今。

创刊至今，《周易研究》坚持贯彻“百花齐放，百家争鸣”方针，从易学这一专门之学的实际出发，超越传统易学研究中象数、义理两派之争，主张在新的历史文化视野下探寻易学的整体学术特色和内涵，将传统经学研究与现代学术研究相结合，提倡多学科、多层次、多渠道、多角度的综合交叉研究，除了注重易学自身的研究，还大力提倡易学与哲学、易学与文史、易学与医学（特别是中医）、易学与现代管理科学、易学与生态学等学科的交叉研究，刊发了大量具有重要学术价值的论文，内容涉及易学研究各个方面的问题，横跨哲学、史学、文学、文字学、语言学、考古学、人类学、数学、医学等多个学科，在当今众多学术刊物中独具特色。

由于长期坚持弘扬中国优秀传统文化，《周易研究》在海内外产生了极为良好的反响，尤其在港台地区享有极高的学术声誉，成为世界易学研究的风向标。《周易研究》为弘扬易学研究、培植易学研究力量、把握易学研究导向、推动易学研究健康发展作出了重大贡献，成为海内外学术研究与交流的重要平台，也成为培养和引领海内外易学研究新人的一面旗帜和重要学术舞台。

中共济南市委党校学报

《中共济南市委党校学报》是中共济南市委党校、济南市行政学院、济南市社会主义学院主办的公开出版的综合性的哲学社会科学类学术理论刊物，系《中国学术期刊（光盘版）》、cnki 中国知网、万方数据——数字化期刊群、中国核心期刊（遴选）数据库和重庆维普资讯全文数据库全文收录期刊。

学报坚持以马列主义、毛泽东思想、邓小平理论和“三个代表”重要思想、科学发展观为指导，倡导实事求是、理论联系实际的学风，以“高举旗帜，关注热点；立足济南，面向全国；开放办刊，扶持新人”为办刊宗旨，突出对重大现实问题和战略问题的理论思考，努力建设精品栏目，提高校刊的编辑水平和质量；着力反映社会科学研究的新动态、新成果，不断提高校刊的学术水平；强调为济南市经济社会发展服务，彰显济南特色。

学报开设主要专栏有：“党史 党建”、“社会主义研究”、“马克思主义研究”、“经济学研究”、“农业 农村 农民”、“文化研究”、“文学 文艺”、“思想政治工作研究”、“政治 社会”、“行政 法律”、“国际视野”、“哲学研究”、“济南经济社会发展研究”等。2012 年学报由季刊改为双月刊，全年圆满完成了六期学报的编辑出版工作，共刊发稿件 213 篇，150 余万字。全年编辑人员编审稿件总计超过 1500 篇，约 1050 余万字。

人才队伍

丁少敏　女，1947年出生，山东社会科学院研究员。长期从事工业经济和区域经济研究。主持国家社科基金项目1项，省重点项目9项。出版个人专著1部，撰写研究报告和论文百余篇。获省社科优秀成果一等奖1项，二等奖2项。2006年批准享受国务院政府特殊津贴。

丁尔纲　男，1933年出生，山东社会科学院研究员。北京大学中文系毕业。中国鲁迅研究会、中国丁玲研究会理事。1956年开始发表作品。著有《丁尔纲新时期文论选集》、《鲁迅小说讲话》、《茅盾翰墨人生八十秋》等。从事现当代文学史研究。主持省级以上课题多项，出版专著11部，发表论文30余篇。获各类奖励20余项。1993年批准享受国务院政府特殊津贴，获“50年来全国茅盾研究突出贡献奖”。

丁延峰　男，1963年出生，聊城大学文学院教授。文学博士，国家图书馆博士后。研究方向：中国古典文献学暨版本目录典藏学。先后在《文学遗产》、《文献》、《中华文史论丛》等专业刊物上发表论文60余篇。出版专著3部，合著2部。多次获科研奖励，2006年获第九届中国古文献学奖学金博士生二等奖，2008年获江苏省优秀博士论文奖。省部级以上社科评奖重大成果奖获得者。曾主持国家社会科学基金项目、山东省社会科学规划研究项目、全国高校古籍整理研究工作委员会项目、第46批中国博士后科学基金项目和第3批中国博士后科学基金特别资助项目等。《存世宋刻本书录》入选2013年《中国博士后文库》。

于天龙　男，1966年出生，山东师范大学“泰山学者”特聘教授，美国南伊利诺伊大学教育学院副教授，美国纽约州立教育学博士。2007年以“杰出教授/学者”身份被美国移民局授予美国永久居民权。现任世界课程研究促进会会员国委员会委员，美国教育研究协会儒教、道教和教育研究会秘书长，美国道德教育学会、美国课程研究促进会和美国教育理论研究会成员。

于宁　女，1978年出生，青岛农业大学艺术学院副教授。中国书法家协会会员、山东省文艺评论家协会会员。工笔画作品入选“全国十届美展”福建省区展；论文获中国书协“第七届全国书学讨论会”三等奖，被山东省书协授予“书法研究成就奖”；2012年获山东省最高艺术奖“第五届泰山文艺奖”三等奖；获“第八届中国文联文艺评论奖”一等奖。另有多幅作品被美术馆、博物馆收藏，并在专业期刊上发表。省部级以上社科评奖获得者。

于新生　男，1956年出生，山东工艺美术学院教授。中国美术家协会会员、山东省美术家协会副主席，山东工艺美术学院教授，中国书画教研室主任，硕士研究生导师，享受国务院政府特殊津贴。1998年获联合国教科文组织世界和平教育工作者奖，1999年被中国文联评为中国百杰画家，2000年被中国文联评为“德艺双馨”艺术家。所作：《中国古代寓言》连环画获第八届全国美展最高奖，《吉祥腊月》获第九届全国美展银牌奖，《喜船》获第十届全国美展银牌奖、第十二届文化部群星奖银奖和第六届全国年画展银奖。《大晴天》获第十一届全国美展提名奖。《荷塘水清清》获文化部第八届群星奖银奖和最受观众欢迎美术作品奖，《金秋》获文化部第三届全国画院优秀作品展最佳作品奖，《中国儿歌一千首》作为我国唯一作品入选第25届世界儿童图书插图展览，《农家新居》获全国首届风俗画大展一等奖，《中秋节》邮票〔三枚〕2001年由国家邮政局发行。

马兵　男，1976年生，山东大学文学与新闻传播学院副教授，硕士生导师。研究领域为20世纪中国文学史观、新世纪文学热点研究。兼任山东评论家协会常务理事、副秘书长，山东当代文学学会副秘书长，山东现代文学学会理事，山东省作协特约评论家。论文见于《文学评论》、《中国现代文学研究丛刊》、《文艺争鸣》、《扬子江评论》、《文艺报》等报刊。

马广海　男，1959年生，山东大学哲学与社会发展学院教授、博士生导师。教育部社会学学科教学指导委员会委员、中国社会学学会理事、中国社会心理学学会理事、山东省社会学会常务副会长等。承担多项国家和省部级社科项目；在《文史哲》、等期刊发表论文近40篇，出版《文化人类学》、《社会心理学》等多部著作；获山东省社会科学优秀成果奖和山东省高校优秀成果奖多项。

马磊　女，1978年生。山东大学管理学院副教授、硕士生导师。研究领域为公司控制权、公司治理、战略管理、管理创新。山东省世界经济学会理事，山东省青年社会科学工作者学会理事。承担和参与省部级项目10余项；在《中国工业经济》等期刊发表学术论文20余篇，出版学术专著1部；获山东省社会科学优秀成果二等奖和三等奖各1项，山东高等学校优秀科研成果二等奖1项。

马中东 男，1968年出生，聊城大学商学院副院长，教授，聊城发展研究院副院长兼秘书长。经济学博士，应用经济学博士后，产业经济学和金融学硕士生导师，美国北乔治亚州立大学访问学者，山东省产业经济学学会理事，山东省世界经济学会理事，聊城市金融学会学术委员会委员。多年来从事关于产业集群、低碳经济和环境规制等问题的研究。专著《分工视角下的产业集群形成与演化研究》，由人民出版社于2008年9月出版，该书初步建立了以分工为视角的产业集群演化理论分析框架，即“分工—市场—制度”框架。近年来，承担省社科课题两项，在《经济管理》、《广东社会科学》、《东岳论丛》等期刊发表产业集群和环境规制方面的研究论文二十余篇。出版专著《分工视角下的产业集群形成与演化研究》，获2010年省社科优秀成果三等奖、2009年省教育厅社科优秀成果一等奖。在《经济管理》发表论文《基于DMI模型的我国产业集群升级》，获省社科优秀成果二等奖。

马开剑 男，1965年出生，聊城大学校聘优秀人才、教学名师、教授（三级）、硕士生导师、教科院党总支书记，华东师范大学比较教育学专业博士毕业。主要研究领域为课程与教学理论和比较教育。在《华东师范大学学报（教育科学版）》、《比较教育研究》等期刊发表论文60余篇，有8篇论文被人大资料全文复印或摘录；出版专著2部；完成国家和省部级项目4项，目前在研主持国家和省部级项目3项；获山东省社会科学优秀成果二、三等奖和山东省高等学校科学研究优秀成果一等奖各1次。2008年8月起至2009年，应教育部正式邀请，全程参加《国家中长期教育改革和发展规划纲要（2010—2020年）》的调研编制与起草工作。

马立新 男，1966年出生，文学博士，山东师范大学教授。自1998年开始致力于对网络文学的跟踪研究。2003年开始研究视野扩大到数字电影、数字电视、数字动画、网络游戏、手机音乐、网络艺术等新兴数字艺术类群和亚类群，先后主持完成了2006年度教育部人文社科项目《数字艺术与数字美学研究》和2009年度国家社科基金项目《数字艺术哲学研究》，在国内外首创了数字美学的基本理念，并首次阐明了数字艺术双重互动不确定性美学机制，这一本质观的创建对于数字艺术生产、传播和消费实践都具有重大指导价值。第二个研究领域为红色经典艺术，侧重于红色经典艺术跨媒体生产与传播规律的研究，专著《中国共产党与红色经典艺术》受到李长春同志和中宣部的重视。近年来开始涉足奥斯卡艺术美学机制研究。

马兆明 女，1959年出生，济南大学马克思主义学院教授，主要研究领域为党史、党建。近年来发表学术论文50余篇，主编、参编教材4部；主持山东省重大招标课题1项，省级课题4项，参与省级和市级研究课题多项。获得山东省社会科学优秀成果二等奖1次，三等奖2次；2002年获得山东省高等学校优秀科研成果二等奖；1999年获得教育部办公厅优秀成果一等奖；1997年获得山东省优秀教学成果一等奖；2002年荣获济南市青年学术带头人称号；获得济南市和济南大学社会科学优秀成果奖多项。山东省级社会科学重大项目负责人。主持山东省软科学项目、参与省级重点教学改革项目、省级科研项目和教育厅社会科学研究项目多项。

马克杰 男，1941年出生，曲阜师范大学教务处处长，硕士研究生导师。长期从事图论与组合优化研究工作，发表论文30余篇，获山东省科技进步二等奖1项、三等奖1项，获国家优秀教学成果二等奖1项，山东省优秀教学成果一等奖2项。主持山东省自然科学基金项目1项，是全国优秀教师，国务院政府特殊津贴获得者。

马波 男，1966年出生，青岛大学教授，博士学位，《旅游学刊》特邀学术委员会委员，《旅游科学》、《旅游论坛》编委，山东省旅游专家委员会委员，青岛市城市规划专家委员会委员和文化产业专家委员会委员。曾获山东省中青年学术骨干、青岛市专业技术拔尖人才等荣誉称号。受世界旅游组织（UNWTO）聘请参与《山东省旅游业发展规划》和《山东海滨度假旅游规划》的编制，主持完成《山东半岛蓝色经济区旅游业规划》、《黄河三角洲高效生态经济区旅游业规划》、《山东省“十二五”旅游业发展规划》、《山东半岛葡萄酒旅游规划》等重大项目。获得山东省旅游产业创新奖一等奖一次、二等奖一次，山东省级教学研究成果二等奖一次、三等奖二次，7项科研成果获得省市级奖励。

马焕明 男，1965年出生，潍坊学院教授。中国世界现代史研究会会员，山东省世界史专业委员会副主任委员，山东省青年社会科学工作者协会理事。主要研究方向为经济社会史、俄苏史。近年来，主持山东省社会科学规划项目、山东省教育厅科研发展计划项目、潍坊市社会科学规划及科学技术发展计划（软科学）项目等理论研究课题8项，出版学术著作3部，在《史学集刊》、《历史教学》、《社会科学论坛》等期刊上发表论文数十篇。注重综合运用历史学、经济学、社会学等相关学科理论和方法，对经济社会史问题进行学理解释，多篇论文被中国人民大学复印资料《经济史》、《社会主义研究》等杂志全文转载。

孔庆明　男，1931年出生，烟台大学教授。1978年至1996年曾任全国法律史学会理事、中国法律思想史学会副会长、山东省法学会理事、烟台市法学会副会长。享受国务院拔尖人才特殊津贴。长期从事政治学、法理学、法哲学、中国法律思想史、西方法律思想史的教学研究工作。在教学和教学改革上多次受到省教委和学校的奖励。在为本科生、硕士生授课的同时，在法理学、法史学学术领域作出了独有创见的学术业绩。围绕“权利中心说”共完成论著13部，译著1部，辞书4部（包括合作）。在《人民日报》、《法学研究》、《中国法学》、《文史哲》等报刊发表代表性论文25篇。《中国民法史》于1997年获山东省社会科学一等奖获，2008年获山东省社会科学突出贡献奖。

孔祥敏　男，1970年出生，济南市委党校科研部主任、教授，硕士学位。连续四届被评为济南专业技术拔尖人才；两次被评为全国党校系统优秀科研管理工作者；两次被评为全国党校系统优秀编辑；两次被评为济南市社科十佳工作者。第十批济南专业技术拔尖人才，2012年获国务院政府特殊津贴。山东省理论人才“百人工程”人员之一。在国家、省级等报刊发表论文50余篇，其中被《新华文摘》、《中国社会科学文摘》、《高校学报文科学术文摘》和人大复印资料全文转载或摘登23篇；先后主持并完成省部级课题3项，个人主持并完成市级课题4项，另参与完成省部级社科规划重点课题7项。共山东省社科优秀成果二等奖1项、三等奖3项，全国党校系统社科优秀成果一等奖1项、二等奖3项、三等奖1项；济南市社科优秀成果一等奖5项、二等奖9项，全省党校系统社科优秀成果一等奖8项、二等奖2项，济南市精品工程奖2项。

孔德凌　女，1975年出生，济宁学院中文系副教授。博士学位，主要从事先秦两汉文献与文学研究。主持2008年山东省教育厅人文社科项目“《诗经》郑氏学研究”、2010年山东省教育科学规划课题“《诗》教传统与大学生人文素质教育”、2010年教育部人文社科研究专项委托一般项目“《儒藏》精华编《毛诗正义》校点”、2011年全国高校古籍整理研究项目“严粲《诗缉》校注”、2012年国家社科基金后期资助项目“郑玄《诗经》学研究”。在《图书馆杂志》、《图书馆理论与实践》、《齐鲁学刊》、《山西师大学报》等国家核心期刊、大学学报上共发表论文16篇。论文《〈毛诗谱〉的版本流传》获2009年山东省高校优秀科研成果三等奖（人文社科类）。

方辉　男，1964年出生，山东大学历史文化学院院长兼人事部部长、博物馆馆长，教授、博士生导师。山东大学“国家级考古实验教学示范中心”主任，中国殷商文化学会理事兼副秘书长。入选教育部“新世纪优秀人才支持计划”；山东省首批“齐鲁文化英才”。研究方向为夏商周考古、考古学理论和考古学史等。承担并完成国家、教育部及横向课题10余项。出版有《海岱地区青铜时代考古》、《明义士和他的藏品》、《岳石文化》等著作，发表学术论文近百篇，获山东省优秀社科成果二等奖2项，三等奖2项。

方雷　男，1966年出生，山东大学马克思主义学院副院长，教授、博士生导师。中组部全国干部教育培训专家，中国政治学会理事、中国中东欧研究会理事，山东省政治学会秘书长。2007年入选教育部“新世纪优秀人才支持计划”。研究领域为政治学理论与方法、地方政府管理研究、政党政治、社会主义理论与实践、中东欧政治发展。主持和参与多项国家和教育部社科项目；发表50余篇学术论文，撰写著作6部，参著和参编10余部。

韦倩　男，1979年出生。山东大学经济研究院副教授、硕士生导师。研究领域为制度经济学、行为经济学、社会经济学。主持多项国家和省部级社科研究项目；在《经济研究》、《经济学动态》等期刊发表论文40余篇；获山东省社会科学优秀成果二等奖2项及山东省优秀博士论文奖。

尹玉吉　男，1959年出生，山东理工大学教授，山东理工大学学报（社科版）主编。省十佳理论工作者（1999年），省有突出贡献的中青年专家（2008年）。公开发表论文200余篇。其中2篇被《新华文摘》全文转载，4篇被《中国社会科学文摘》全文转载，《新华文摘》论点摘登30篇，人民大学《复印报刊资料》全文转载40篇；获省社科优秀成果奖一、二等奖7项。编辑学研究位列全国同行排名第一，受邀参加教育部学报文件的起草工作；新闻传播学研究、社会科学学研究、经济科学学研究也得到业内好评。

王平　男，1949年生，山东大学文学与新闻传播学院教授、博士生导师。中国水浒学会副会长、山东省金瓶梅文化委员会会长、山东省古典文学学会副会长等。主要从事中国古代小说与元明清文学研究。现承担2012年国家社科基金项目《中国古代小说序跋研究》；代表作有：专著《中国古代小说叙事研究》、《古典小说与古代文化讲演录》，论文《论古今自叙传小说的演变》、《论中国古代小说的审美类型》等；获山东省社会科学优秀成果一等奖1项。

王环　女，1958年出生，山东理工大学教授，硕士研究生导师。马克思主义学院教授委员会副主任委员。研究方向：农业经济与农村社会发展。山东省教学名师。首位发表论文26篇，其中CSSCI期刊17篇、核心期刊6篇、ISTP检索3篇；主持完成省社科研究课题3项，其中省社科重点项目2项、省软科学1项；主持山东省高校教改重点项目2项；获省社科优秀成果奖3项（首位），其中二等奖2项、3等奖1项，获市社科优秀成果奖1等奖2项。

王广起　男，1964年出生，潍坊学院经济管理学院副院长、教授。山东农业大学经济管理学院毕业，管理学博士，兼任山东省应用统计学会常务理事、民主建国会潍坊市委会委员、潍坊市第十届、十一届政协常委。潍坊学院第二批学术带头人、山东省“十二五”省级重点学科“区域经济学”学科带头人，获潍坊市“第十批专业技术拔尖人才”称号。研究方向是区域经济学，主讲《西方经济学》、《产业经济学》、《管理学原理》、《农业经济学》等课程。近5年来，主持省部级以上课题5项，市级及横向课题4项，其中，2006年6月，主持国家社科基金项目“公用事业市场运营与政府规制研究”，课题研究报告荣获山东省第24次社会科学优秀成果奖三等奖。出版专著3部，发表学术论文20余篇，获得省部级以上社科优秀成果奖4项。

王化学　男，1953年出生，山东师范大学教授，博士生导师。1977年毕业于山东师范学院聊城分院中文系。1987年6月调山东师范大学中文系，从事外国文学的教学与研究。比较文学与世界文学硕士学位点学术带头人。研究领域涉及欧美文学史、西方造型艺术史、西方文论与艺术理论，主要研究方向为近现代欧洲文学。曾获山东省社科优秀成果奖2项，并获山东省优秀教师称号及曾宪梓教育基金会高等师范院校教师奖。主要学术兼职：山东省外国文学学会副会长兼秘书长、全国高校外国文学教学研究会理事。

王长钰　男，1937年出生，曲阜师范大学教授、运筹学研究所副所长，山东省运筹学学会第一届副理事长。1986年获全国五一劳动奖章。从事运筹学最优化理论与应用的教学和研究。主持“水库溢洪道排流坎的最优尺寸设计”、“系统工程在长清县农牧业最优结构布局中的应用”研究取得成果。撰有论文《一个改进的既约梯度法的收敛性质》等，合著《经验公式与抽样调查》、《农村实用数学》。中科院与大连理工大学博导。曾任运筹所副所长、所长，现为名誉所长。兼任中国运筹学会、数学规划学会、决策科学学会常务理事，山东省运筹学会名誉理事长，《运筹学学报》常务编委，美国《数学评论》特邀评论员，是我国最优化领域的学术带头人之一。长期从事最优化理论与应用的研究工作，曾先后到加拿大、美国、日本和中国香港等国家或地区进行学术访问与合作研究。培养硕士研究生40余名、博士研究生8名，发表论文80余篇，先后主持完成国家科委、国家基金委和省科委项目10余项。目前主持国家自然科学基金项目1项、承担省级项目3项。获国家部委与省科技进步二等奖4项、三等奖6项，国家优秀教学成果二等奖1项，省优秀教学成果一、二等奖各1项，曾宪梓教育基金会高师教师二等奖1项；荣获全国“五一”劳动奖章、全国优秀教育工作者、山东省劳动模范、山东省专业技术拔尖人才、山东省高校科技先进工作者等荣誉称号，享受国务院政府特殊津贴。

王世舜　男，1935年出生，聊城大学教授。山东省优秀教师，系山东古典文学学会理事，中国古代散文学会常务理事，享受国务院政府特殊津贴。重点研究先秦时代儒、道两家经典，出版专著有《尚书译注》、《庄子译注》。主编《先秦要籍词典》，其中自撰《老庄词典》。1982年初，担任《汉语大词典》聊城师院编写组业务组长，参加该辞书的编写及复审工作。发表论文20余篇，曾获省社科成果优秀奖多项。1988年1月被山东大学古籍整理研究所聘为兼职教授和兼职硕士生导师，1993年5月被安徽大学道家文化研究所聘为兼职研究员，1994年被聘为《续修四库全书·经部》特约编委，从1992年10月起享受国务院政府特殊津贴。

王玉华　女，1964年出生，济宁学院教授。从事思想政治理论课教学工作，研究方向为儒家文化与现代社会。主持山东省科技厅软科学项目“孔子人际和谐思想与当代和谐人际关系建设研究”（2009RKB564），已结项；山东省文化厅项目“孔子人际交往艺术及其现代价值”（2009095），已结项；济宁学院科研项目“儒家和合思想与构建社会主义和谐社会问题研究”（2007sk08），已结项。在《社科纵横》、《求索》、《东岳论丛》、《中国史研究动态》等学术期刊发表论文10余篇。曾获山东省高校优秀科研成果二等奖；山东软科学优秀成果二等奖；济宁市社会科学优秀科研成果二等奖。

王伟　男，1955年出生。青岛农业大学副校长，教授，法学博士，博士生导师。兼任中国行政管理学会政策分会常务理事，青岛国际公共关系协会副会长，青岛国际标准化管理学会会长，青岛国际MBA学会会长。2003年参加美国圣荷西州立大学高等教育管理培训。发表学术论文60余篇，主编教材，著作12部，承担国家，省级课题18项，获奖15项。其中，2002年来，在中央党校《科学社会主义》、《伦理月刊》等刊物发表《公共权力效益合理理论的界定与认识》、《论公共管理道德》等学术论文5篇，撰写《政府公共权力效益问题研究》、《商务公共关系》等专著5部，承担国家社科基金，教育部人文社科，省社科规划重点项目等10个，3部专著分别获得省市社科优秀成果一等奖和三等奖。

王传武 男，1964年出生，现任济宁学院文化传播系主任，文化旅游研究所所长，副教授。主持省级科研项目3项，校级科研项目1项，校级教改项目2项。包括：山东省软科学项目《南水北调与济宁水资源承载力研究》、《基于水资源承载力的山东省城市规模研究》、山东省人文社会科学课题《曲阜修学旅游资源开发研究》、济宁学院科研基金项目《京沪高铁与曲阜旅游环境承载力研究》等。发表论文16篇，其中核心期刊7篇。获山东省软科学优秀科研成果奖2项，济宁市社会科学优秀成果奖2项。

王军 男，1974年出生，省委党校办公室主任、副教授、硕士生导师、博士。兼任山东省经济学会常务理事，山东省中国特色社会主义经济研究会常务理事，山东省生产力学会、山东省县域经济研究会、山东省农村改革与发展研究会、山东省青年社会科学工作者协会理事等职务。主要从事制度经济学、社会主义经济理论与实践等方面的教学和科研。主要讲授社会主义经济理论与实践等课程。主持完成省部级研究课题6项，参与完成国家和省部级课题9项，主持完成横向课题6项。在《新华文摘》、《光明日报》、《经济理论与经济管理》、《兰州大学学报（社科版）》、《中共中央党校学报》等期刊上发表学术论文30多篇。有7篇论文被《新华文摘》、《中国社会科学文摘》等全文转载或论点摘要。主持和参与项目获省社科优秀成果三等奖1项，获省社科一等奖1项、二等奖1项、三等奖2项。获第二届山东省社会科学学科新秀奖。

王冰 男，1955年出生，山东师范大学教育学院学前教育系教授、学前教育专业硕士研究生导师、学前儿童艺术教育研究方向学科带头人。长期从事幼儿园课程研究、幼儿中华民族民间文化艺术教育研究、意大利瑞吉欧幼儿教育理念中国化研究、学前儿童艺术教育研究、学前儿童美术教育研究、齐鲁文化与未成年人思想道德研究等工作。主持完成国家课题3项，省部课题12项。研究成果获省社科优秀成果二、三等奖各一项。获山东省大学生‘挑战杯’课外学术科技作品竞赛活动优秀指导教师5次。

王向华 女，1974年出生，教育学博士，山东师范大学教育学院教授，硕士生导师。主要兴趣领域为教育基本理论、公民与道德教育、高等教育等。参加编著、译著共7部，在《教育研究》等刊物上发表学术论文20余篇。主持完成了山东省社科规划研究项目1项、山东省自然基金管理类项目1项、山东省软科学研究计划项目2项。现主持承担国家社科基金项目1项、山东省优秀中青年科学家科研奖励基金项目1项。获山东省高等学校优秀科研成果一等奖1项，三等奖2项；山东省社科优秀科研成果二等奖1项。

王如绘 男，1946年出生。山东社会科学院研究员。撰有《甲午战争与山东大刀会的兴起》等论文并参与编辑了《中国近代史资料丛刊续编·中日战争》。主要从事中国近代史研究，尤其致力于近代中日韩关系和义和团运动史的研究。多次主持省重点课题，参加国家古籍整理课题1项，出版个人专著3部，发表学术论文30余篇，获省社科优秀成果一等奖1项，二等奖1项。2005年批准享受国务院政府特殊津贴。

王守伦 男，1955年出生，潍坊学院院长，研究员。山东省第十一届、十二届人大代表，兼任教育部教育信息理事会副理事长、中国高教学会高等教育研究会常务理事、全国教师教育学会地方院校协作会副理事长、山东省高等教育管理科学研究会常务理事、山东音乐家协会副主席等职，是中国音乐家协会会员、中国书法家协会会员。长期从事高等教育管理与研究工作。近几年，先后主持国家级、省部级科研课题13项，发表论文近百篇，其中多篇论文被人大复印资料全文转载，获山东省社会科学优秀成果奖二等奖2项、三等奖1项，山东省教学成果二等奖1项、山东省委省政府“泰山文艺奖”二等奖2项。主持的《王邦直律学思想研究》课题为2010年国家社会科学基金艺术学项目，目前已发表相关研究论文18篇，由中华书局编辑出版著作《律吕正声校注》1部，填补了国内外王邦直及其律学思想研究的空白，为丰富我国乃至世界音乐史库，促进音乐理论传承与创新作出了积极贡献。

王均林 男，1956年出生，教授，山东师范大学齐鲁文化研究中心专职研究员。国际儒学联合会理事。中国孔子基金会理事、学术委员。山东孙子研究会副会长。山东周易协会副会长。1994年获山东省社会科学优秀成果一等奖（获奖成果为个人独自撰写之论文《先秦山东地区宗法研究》）。1999年获山东省社会科学优秀成果二等奖（获奖成果为多卷本《中国儒学史》，其中先秦卷为个人独自撰写）。1996年，享受国务院政府特殊津贴。1997年，被评为山东省专业技术拔尖人才。先后出版著作《中国儒学史》先秦卷、《山东通史》先秦卷等，发表《先秦山东地区宗法研究》、《先秦儒学的地域特色、发展线索及其内容特征》、《论邹鲁文化》、《老子、孔子对礼乐文化的基本看法之比较》、《从孔子到孟子的儒家“修己”思想》、《谈先秦儒家“修己”思想的人性论基础》、《孔子的理财实践及其思想》、《孔子体态相貌考》、《近代乡村文化的衰落》、《孙中山的民权主义与儒家的民本主义》、《谈太平天国的反孔斗争》、《康有为对儒学的改造》、《康有为的“大同”理想与孔学》等学术论文。

王宏　女，1967年出生，山东师范大学法学院教授、法学博士、院长。民商法学硕士点负责人硕士生导师，环境与资源法学硕士导师。研究领域涉及民商法、环境法、经济法学。主研消费者保护法，合同法和民法与环境法的交叉领域，在消费者知情权、合同订立、为第三人利益合同、房屋拆迁等弱势群体权利方面有自己的见解。出版专著2部、发表论文40余篇，承担教育部人文社科项目、省社科规划项目4项。2012年入选“山东省理论人才百人工程”，任山东省人大法工委立法咨询员，济南十佳仲裁员。

王志东　男，1961年出生，山东社会科学院副院长、研究员，山东省文化产业理论创新基地首席专家。山东蓝色经济文化研究院副院长、山东文化经济研究会执行会长、山东文化产业研究中心副主任、山东社会科学院旅游研究中心主任。山东省高层次人才库入选专家、山东省首批“齐鲁文化英才”、山东省旅游突出贡献人物、山东省新长征突击手、山东省“青春立功”一等功。

长期从事我国文化发展与文化产业领域的学术理论研究，是山东省文化产业理论研究的学科带头人，主要承担了山东省重大文化战略、规划研究、政策研究、对策研究等领域的重大课题研究，多项研究成果获得中宣部领导和山东省委、省政府主要领导的肯定性批示。主持国家社科基金课题1项，山东省社会科学规划课题3项，出版著作6部，发表论文100余篇，3项研究成果荣获山东省社会科学优秀成果二等奖。《“三网融合”对我国文化产业发展的影响与对策》获得政治局常委、中宣部刘云山部长肯定性批示，《高度、广度、深度、速度——山东省文化产业发展报告》获得山东省委副书记、省长姜大明肯定性批示。分别为《山东省文化产业发展专项规划（2007—2015）》、上海世博会《齐鲁青未了》山东展馆内容创作组、韩国丽水世博会山东展馆内容创作组、山东蓝黄国家战略主题展馆内容创作组组长。主编《山东文化蓝皮书》、《山东旅游绿皮书》、《山东“文化强省”建设战略研究》、《文化产业一本通》、《山东半岛蓝色经济区文化产业发展战略研究》等著作，为山东省的文化建设和文化产业发展作出了重要的理论贡献。

王秀银　女，1949年出生，山东省社会科学院研究员，曾任人口学研究所所长。省首批突出贡献专家，享受国务院政府特殊津贴，荣获省富民兴鲁劳动奖章、省十佳建功立业女标兵、省齐鲁人口奖、省巾帼优秀科技工作者、省三八红旗手、省十佳理论工作者等称号，省突出贡献中青年专家。主持及参与完成联合国人口基金及国家级课题7项，获省部级一等奖2项，二等奖7项。

王学典　男，1956年生，山东大学儒学高等研究院执行副院长、《文史哲》杂志主编，教授、博士生导师。中国史学理论研究会副会长、中国农民战争史学会副理事长兼秘书长、中国墨子学会副会长等。主要致力于历史哲学和史学理论研究、中国现代学术文化史研究。国家社科基金项目学科评审组成员。近年来承担多项国家和省部级以上科研项目；出版《历史主义思潮的历史命运》、《二十世纪后半期中国史学主潮》、《翦伯赞学术思想评传》等多部学术著作，在《中国社会科学》，《历史研究》等期刊刊发论文70余篇。

王学真　男，1955年出生，山东理工大学副校长，经济学博士、教授、博士生导师。国家社科基金学科评审组（应用经济）专家，山东省经济学会副会长，山东省农业经济学会副会长等。主要从事农业经济与农村发展领域的研究。在《中国农村经济》等期刊上发表论文100余篇。在人民出版社等出版《农业国际化和农业现代化的互动发展道路——基于胶东模式的实证研究》等学术专著10部。主持完成《资源约束下的现代农业建设研究》等国家社科基金项目2项，国家软科学研究计划项目1项，农业部软科学研究计划等省部级项目9项。获省社科优秀成果二等奖3项。目前，在研1项国家社科基金重点项目《国际粮价波动及其对中国粮食安全影响研究》（12AJY007）。

王绍波　男，1963年出生，山东莱州人，教授，享受国务院政府特殊津贴，山东省有突出贡献中青年专家，山东省教学名师，山东省高校十大优秀教师，中国美术家协会会员，山东水彩画会会长。现任美术学院院长。主要成果：水彩画作品《渔歌》获第十届全国美术作品展金奖、山东省首届“泰山文艺奖”一等奖，被中国美术馆收藏，实现山东美术建国以来在全国美展上金奖零的突破；水彩画作品《四季歌》获第九届全国美术作品展铜奖，应邀参加“中国百年水彩画展”；水彩画作品《秋》、《酥油茶》蝉联第四届、第五届全国水彩、粉画作品展金奖，是首位蝉联此项金奖的画家。“当代中国水彩画教学与创作实践研究”获国家级教学成果二等奖、山东省教学成果一等奖。出版专著《艺术鉴赏通论》。

王建民　男，1957年出生，教育部人文社会科学重点研究基地山东大学当代社会主义研究所所长，教授，博士生导师。中国当代社会主义学会副会长。研究领域为社会主义思想史，马克思主义基本理论。承担“共产党与社民党的关系、历史、现状与发展趋势研究”等教育部基地重大项目；在《中国社会科学》、《文史哲》、《当代世界与社会主义》等杂志发表论文及译文数十篇，代表作有“劳动力商品与人力资本”、“论活劳动商品”、“雇佣劳动者发展史的新阶段”、“路德维希·冯·米瑟斯社会主义观评述”等。

王育济 男，1957年出生，山东大学历史文化学院教授、博士生导师。国家级教学名师。国家社科基金项目学科评审组成员，中国史学会理事，山东省史学会会长等。治学领域为宋代政治史、宋元明清思想文化史、历史文献整理、中国历史文化资源与文化产业、公共历史教育研究等。主持《全球化背景下中华民族精神的认知与教育对策研究：以史学分析和公共历史教育为主》等多项国家社科重大重点项目；主要代表作有《金匮之盟真伪考》、《关于〈念奴娇·赤壁怀古〉诸本互异的若干问题》等，主编《中国文化产业学术年鉴》（1978－2008年卷）获第六届高校人文社科研究优秀成果奖。

王家忠 男，1964年出生，潍坊学院教授。山东省社会学会常务理事、哲学学会理事、民俗学会理事。潍坊学院思想政治理论教学部主任、党支部书记，学术带头人、教学名师，山东省“十二五”重点学科（区域经济学）学术方向带头人，潍坊市社科十佳拔尖人才，青岛科技大学兼职教授，硕士生导师。主持完成山东省“八五”重点项目、山东省社科规划重点项目等3项，出版专著5部，在《光明日报》、《东岳论丛》等报刊发表论文100多篇，多篇文章由《新华文摘》、《光明日报》、《人大复印报刊资料》等转载或摘要介绍。所发表的“中介思维与科学创新”系列成果、“社会潜意识研究”系列成果以及《周易》研究等产生较大反响。获省优秀社科成果三等奖4项，省软科学一等奖1项，省文化艺术科学一等奖2项，省教育厅、高工委三等奖5项。

王格芳 女，1972年出生，省委党校马克思主义研究所副所长、山东发展战略研究所副所长、教授、硕士研究生导师。主要从事马克思主义理论与中国发展战略等方面的教学和研究。教学方面：主要讲授战略思维理论与山东经济社会发展战略、城镇化问题研究、马克思主义基本原理、马克思主义前沿问题、拓展训练等课程。科研方面：被评为首届山东省社会科学学科新秀，入选山东省理论人才“百人工程”。多次在山东电视台和广播电台播出的节目中宣讲、解读重大理论政策和社会热点。山东省社会科学学科新秀。兼任山东省领导科学学会常务副秘书长、山东省社会学学会副秘书长、山东省马克思主义研究会常务理事。

王爱国 男，1964年出生，山东财经大学教授。管理学博士学位，天津财经大学工商管理（会计学）博士后，全国优秀教授、山东省有突出贡献的中青年专家、山东省高等学校首席专家、山东省教学名师、山东省理论人才“百人工程”入选者和济南专业技术拔尖人才；主要从事会计（审计）理论与方法研究；近年来，主持国家社科规划项目2项，主持省级项目6项，出版著作2部，在《会计研究》等CSSCI期刊上发表论文20余篇，获得省社会科学优秀成果一等奖1项、二等奖1项、三等奖2项和省科技进步二等奖1项。

王淼 女，1958年出生。中国海洋大学管理学院副院长，工商管理系系主任、教授、博士生导师。主要从事企业发展战略和海洋产业经济研究。主持参加国家社会科学基金项目、国家自然科学基金项目、国家软科学研究项目、省社会科学规划项目、省软科学研究项目等二十余项，在核心期刊上发表学术论文一百余篇。目前，主要从事适应性企业理论与实践，企业的适应性战略方面的研究，并已取得部分相关成果。

王鲁克 男，汉族，1956年出生，济宁学院发展规划处处长，教授。主要研究方向：体育教学论与体育教育训练学（田径教学理论与方法），主持完成1项山东省社会科学规划项目，4项山东省高校人文社科发展计划项目，发表学术论文60余篇，其中在《体育科学》、《中国体育科技》、《北京体育大学学报》、《上海体育学院学报》、《体育学刊》等核心期刊发表10余篇，曾荣获济宁市优秀教师、全国优秀体育裁判员，国家教委曾宪梓教育基金会优秀教师三等奖，济宁市“五一”劳动奖章。主持过省部级以上人文社科类项目负责人。

王韶兴 男，1956年出生，山东大学马克思主义学院院长，教授、博士生导师。山东大学政党研究所所长，教育部当代社会主义研究基地副主任。国家社科基金项目学科评审组成员，入选首批山东省百人理论人才工程，享受国务院特殊津贴。兼任中国政治学会常务理事，中国科学社会主义学会常务理事，山东省科社学会副会长兼秘书长，山东省统一战线研究会副会长等。长期从事中国特色社会主义及政党政治问题的教学与研究。多次主持或参与国家和教育部重大攻关项目和重点项目；在《政治学研究》、《马克思主义研究》等杂志发表论文40余篇。出版专著或主编15部；获山东省级社科优秀成果一等奖2项。

王赛时 男，1955年出生，山东社会科学院历史研究所研究员。兼任北京大学餐饮总裁高级研讨班主讲教授、《饮食文化研究》国际学术期刊主编、国家餐饮文化一级认定师。长期从事中国饮食历史、中国海产历史、中国酿酒历史、中国餐饮文化、餐饮控制与管理的研究。云南省餐饮与美食行业协会名誉会长、山东省烹饪学会顾问、济南饮食业协会顾问、中国食文化研究会常务理事。已出版（《山东沿海开发史》、《山东海疆文化研究》等史学著作及《中国生活奇俗流变》、《汉唐流风》、《中华千年饮食》、《唐代饮食》、《中国酒史》）等饮食文化专著，在《历史研究》、《东岳论丛》等报刊发表学术论文300余篇，在业界享有极高的声誉。多项成果获山东省社会科学优秀成果奖。被中国食文化研究会授予"中国餐饮文化大师"称号。

冯春田 男，1952年出生。山东大学二级教授，博士生导师，经学与小学研究所所长。主要从事汉语史的研究和教学，并曾从词汇训诂及中国古代哲学角度研究过《文心雕龙》。独立承担并完成"明清山东方言语法研究"等国家社科基金项目3项以及省部级课题多项；论著多次获得优秀成果奖励，在国内外汉语学界和《文心雕龙》学术界都有重要的学术地位和影响。

兰翠 女，1963年出生，烟台大学人文学院院长，博士，教授，硕士研究生导师。山东省有突出贡献的中青年专家。兰翠教授主要致力于唐代文学与文化的研究，在《文学遗产》、《文史哲》、《文艺理论研究》等国内重要期刊发表《韩愈尊孟对其诗歌创作的影响探析》、《论古代马的审美文化特质——以唐人咏马画马为中心的考察》、《从唐人墓碑文看士女风尚及社会教化》等学术论文近50篇，其中多篇论文被《新华文摘》、《中国社会科学文摘》、《高等学校文科学报文摘》和《人大复印报刊资料》等摘录或全文转载。现已独立出版专著《唐诗与书画的文化精神》、《唐诗题材与文化》，编著《唐人律诗选评》，主编及参编《大学美育文学卷》、《大学语文新编》、《东西方跨世纪作家比较研究》等著作8部。先后主持并完成省级科研项目4项，2009年和2011年获山东省优秀社会科学成果二等奖。

卢衍鹏 男，1982年出生，枣庄学院校聘副教授，博士在读。主要研究方向为文学理论、影视艺术和文化产业。已在《光明日报》、《社会科学》、《社会科学战线》、《中国电视》、《当代文坛》等学术报刊发表论文60余篇，其中核心期刊40余篇，《文学研究的政治审美因素》等多篇论文被人大报刊复印资料等全文转载。目前主持国家社会科学基金项目"审美解放研究"（12FZW048）、山东省社会科学规划研究项目《审美解放与文艺理论的创新研究》（12CWXZ02）、山东省艺术科学重点课题《新时期以来的文艺批评伦理研究》（2012204）、南京师范大学全国优秀博士学位论文培养计划项目（2012bs0001）等多项课题，成果多次获山东省社会科学优秀成果三等奖、山东省高校优秀成果三等奖、枣庄市社科优秀成果三等奖、枣庄学院优秀科研成果奖等荣誉称号。

卢培琪 男，1939年出生，山东社会科学院教授。主要从事马克思主义理论的教学研究和宣传。发表论文近百篇，主编参编著作近30部，获中宣部"五个一工程"奖1项，省级二等奖6项。1996年批准享受国务院政府特殊津贴。省社会科学突出贡献奖专家。

卢新德 男，1945年出生，中共党员，山东社会科学院研究员，济南大学客座教授，主要从事对外经济研究。已主持完成国家和省部级重点研究课题20项，出版发表专著和文章260多项。获省社科优秀成果一等奖4项，二等奖4项。享受国务院政府特殊津贴，2002年被评为山东省十大优秀专家。省社会科学突出贡献奖专家。

史长青 女，1971年生，烟台大学法学院副教授，硕士生导师。法学博士。主要研究方向为民事诉讼法，在调解理论方面具有较高的学术影响。承担教育部、山东省教育厅等各级项目多项。2010年，论文《调解与法制：悖而不离的现象分析》获山东省社科优秀成果二等奖。

叶国雄 男，1951年出生，山东体育学院院长，教授，博士生导师。第四届国务院学位委员会体育学科评议组成员。曾获"湖北省有突出贡献中青年专家"、"山东省有突出贡献中青年专家"称号，兼任武汉交通科技大学、华中师范大学、上海体育学院、武汉体育学院等大学兼职教授，中国体育科学学会理事，《体育科学》编委等。主编和参编运动训练学方面的专著与教材10部，先后出版了《体育测量与评价》、《赛艇》、《划船运动概论》三部学术专著。作为第一负责人主持完成了包括国家自然科学基金项目《赛艇船艇水动力性能研究及划船技术的测定与评定》、国家社会科学基金项目《北京奥运后中国体育社团发展博弈与管理研究》、国家体育总局2008年北京奥运科研攻关项目《举重优秀选手赛前训练规律与控制的研究》、《ACJP－1型体操自控助跳平台的研制》、国家体育总局体育哲学社会科学研究项目《我国中等体育运动学校人才培养模式、培养规格与发展趋势研究》、《复合型训练团队的合作研究》等10多项省部级课题。在《体育科学》、《中国体育科技》、《武汉体育学院学报》、《山东体育学院学报》等中文体育类核心期刊发表学术论文10余篇。主持及参与完成的科研项目《船速桨频测量仪的研制及其应用》获国家体育总局科技进步三等奖，《赛艇、皮划艇柔性桨叶水动力性能试验与理论研究》获中国体育科学学会科学三等奖，《体育院校人才培养模式与体系的初步设计和应用》获国家体育总局教学研究成果一等奖。

石兴泽 男，1954年出生，聊城大学教授。在《文学评论》、《中国学报》等国内外学术期刊上发表学术论文200余篇，被《新华文摘》、《北京大学学报》、“人大”报刊复印中心转载和摘录近30篇，数十篇被SSCI收录。在人民文学、中华书局等出版社出版学术著作16部，所著《老舍与20世纪中国文学和文化》被中国老舍研究会召开座谈会，给予高度评价。主持全国和山东省社科基金项目多项，《转型时期中国浪漫主义文学研究》结项成绩优秀。获山东省社科优秀成果一等奖1项，二、三等奖多项，刘勰文艺评论奖2项，山东高校优秀成果一、二等奖多项，中国当代文学研究会优秀成果奖1项。曾被评为山东省突出贡献专家，山东省第四届教学名师，山东省十大师德标兵。曾任文学院院长，山东省重点学科中国现当代文学学科带头人，国家和省级特色专业主持人。山东大学和山东师范大学兼职博导，中国老舍研究会副会长、山东省中国现代文学学会副会长、山东省中国当代文学学会副会长、山东省比较文学与世界文学学会副会长。2011年享受国务院政府特殊津贴。

石玲 女，1961年出生，山东师范大学文学院教授、博士生导师，山东省古典文学学会常务理事。文学博士学位。本科毕业于兰州大学，硕士、博士研究生均毕业于山东大学。主要研究方向为明清文学与中国传统文化。10多年来主要致力于清诗研究，发表了一系列有关清诗尤其是袁枚研究的成果；2001年以来，兼任山东师范大学齐鲁文化研究中心研究人员，参与《齐鲁文化通史》（明清卷）的撰写，也陆续发表了有关研究成果。主持国家社科基金项目“清代诗歌与中国传统诗学”；独立完成山东省教育厅重点项目“论袁枚诗歌创作”；参与山东省社科基金重点项目“齐鲁文化通史”，此外还曾参与海外项目1项。研究会理事，中国作家协会会员，山东省作家协会理事，山东省《青年思想家》杂志主编。

石莹丽 女，1968年出生，聊城大学历史文化学院副教授、硕士研究生导师，历史学博士。主要从事史学理论、中国近现代学术思想史、历史学科教学论的教学工作。近年来先后在《山东大学学报》、《山东社会科学》、《图书馆杂志》等刊物上发表文章数篇，2010年由中国社会科学出版社出版学术专著一部《梁启超与中国现代史学：以跨学科为中心的分析》。该书把梁启超放在中国近现代学术史的框架中，以史学史和社会科学史为双重维度，从二者的交集上集中考察了梁启超在地理史学、社会史学、经济史学、心理史学和历史统计学的拓荒之功，希冀重新界定梁启超在中国近现代学术史上的地位与贡献。该书获山东省第二十六次社会科学优秀成果二等奖。

池田知久 男，1942年生，山东大学特聘一级教授。现任国际儒学联合会副理事长、国际易学联合会荣誉会长、东洋学研究联络协议会会长、中国社会文化学会会长、日本周易学会会长等。研究领域为中国出土文献和中国思想史的研究。出版《庄子——“道”的哲学及其演变》、“Aspects of Pre－Chi‘n Culture Seen from Ch‘u Slips”等著作。

乔力 男，1945年出生，山东济南人。山东社会科学院研究员。曾出版专著《二十四诗品探微》，发表学术论文及各类鉴赏文章百余篇。主要学术方向为唐宋文学与古代文论。已发表、出版个人著述300余万字。获省社科优秀成果一等奖1项，二等奖3项，精神文明建设“精品工程奖”3项。2006年批准享受国务院政府特殊津贴。

任会明 男，1972年出生，山东大学哲学与社会发展学院教授，2012年担任山东大学齐鲁青年学者，主要从事心智哲学、语言哲学和认识论等领域的研究。任会明博士先后就读于安徽师范大学、北京大学、University of Connecticut，USA，2000及University of Florida，USA，2005。近年来，已经在Australasian Journal of Philosophy，International Journal of Philosophical Studies等国际一流的哲学杂志发表论文多篇。

关涛 男，1966年生，烟台大学教授，硕士生导师，享受国务院政府特殊津贴，北京大学法律系法学硕士。山东省法学会民法学研究会副会长。2004年被评为山东省教学名师，2012年被评为山东省十大中青年法学家。主持国家社科基金项目2项，教育部项目1项，科研成果获省社科二等奖2项。在民法总论、物权法、合同法、侵权法、继承法以及比较法等领域具有较高的学术影响力。

刘凤君 男，1952年出生，山东大学历史文化学院教授、博士生导师。山东大学美术考古研究所所长、历史文化学院骨刻文研究所所长，兼任中国书画名家研究会名誉会长、中国古陶瓷学会常务理事、山东收藏家协会艺术总监等。出版《中国古代陶瓷艺术》、《考古学与雕塑艺术史研究》、《山东佛像艺术》、《骨刻文发现与研究丛书·龙山骨刻文》等学术专著，主编《美术考古学100问》和《四门塔阿閦佛与山东佛像艺术研究》等专著，发表学术论文百余篇，部分学术论文已被翻译成英、日、韩等文字发表。

刘杰 男，1956年生。山东大学哲学与社会发展学院院长，教授、博士生导师。研究领域为现象学、分析哲学、宗教哲学。全国现代外国哲学学会常务理事、中华全国外国哲学史学会理事、全国自然辩证法学会科学哲学专业委员会和生命伦理学专业委员会常务理事、全国现代外国哲学学会分析哲学专业委员会常务理事、山东省哲学学会副会长。主持"宗教对话与比较研究"等教育部社科研究项目；出版《科学的形上学基础及其现象学的超越》等著作，发表"战后英美分析哲学三题议"、"论维特根斯坦的精神哲学"等文章；两次获山东省人文社会科学优秀成果二等奖。

刘陆鹏（笔名鲁鹏） 男，1955年生，山东大学哲学与社会发展学院教授、博士生导师，享受国务院政府特殊津贴。研究领域为马克思主义哲学，社会发展理论，制度与伦理。山东省哲学学会副会长，中国辩证唯物主义研究会常务理事，中国价值哲学专业委员会理事。承担多项国家及省部级社科研究项目；出版著作5部，参与编写著作7部，发表论文100余篇，代表性论著有《制度与发展关系研究》、《制度的伦理效应》等；获山东省社会科学优秀成果二等奖3项，三等奖1项，山东省优秀教学成果三等奖1项。

刘卫先 男，1978年出生，中国海洋大学"青年英才工程"岗位副教授。环境法学博士（中国海洋大学2010）、博士后（清华大学2012）。学术成就及影响：近五年来，在《法学研究》、《现代法学》、《法制与社会发展》、《法学评论》、《法学论坛》、《当代法学》、《中国人口、资源与环境》等刊物公开发表学术论文40余篇，主持国家级和省部级项目3项，专著1部，合著3部。科研成果主要解决了困扰环境法学界的一个基本理论问题，即代际公平问题。《中国社会科学文摘》、《人大复印资料》、《学术界》等杂志和中国人民大学民商法网、北大软法网、吉林大学理论法研究网、中南财经政法大学私法网与环境法研究网、中国环境法学网、北京市环境法制网、浙江环境法制网等学术网站对部分成果进行转摘和全文转载，获第二十六次山东省社会科学优秀成果二等奖。

刘庆林 男，1963年生。山东大学经济学院教授、博士生导师。中国世界经济学会常务理事、中国国际贸易学会常务理事、中国加拿大研究会副秘书长等。研究领域为国际贸易理论与政策、服务贸易理论与政策。承担省部级以上课题8项；在《经济研究》、《中国工业经济》、《经济学动态》等期刊发表论文40余篇，获得山东省社科一等奖和二等奖各1项，其他省部级以上奖励3项。

刘大可 男，1956年出生，山东社会科学院历史研究所研究员。中国史学会理事、山东省历史学会副理事长兼秘书长等职。多次承担国家及省部级课题，已出版《日本侵略山东史》、《山东革命根据地财政史稿》、《山东经济史·近代卷》、《民国山东财政史》、《山东抗日根据地的经济》、《激荡百年——二十世纪重大事件》、《山东重要历史事件·南京政府时期卷》、《山东重要历史人物》（第7卷）、《齐鲁烽火——辛亥革命在山东》等著作20余种，发表论文数十篇。其中《日本工商资本与近代山东》、《山东经济史·近代卷》、《日本侵略山东史》三部著作分别获山东省社会科学优秀成果一等奖、二等奖、三等奖。

刘大钧 男，1943年生，著名易学家，山东大学终身教授、博士生导师。山东大学中国哲学学科第一学术带头人，教育部人文社会科学重点研究基地山东大学易学与中国古代哲学研究中心主任，中国周易学会会长，《周易研究》学刊创办人、主编，中央文史馆馆员，第十、十一、十二届全国政协委员。长期致力于中国传统易学研究，以弘扬大易文化为已任，为传统易学的恢复和发展作出了重要贡献。主持并完成《百年易学精华集成》等多项国家和教育部重大项目；先后在《中国社会科学》等刊物上发表论文40多篇，出版学术著作10余部，在海内外学界产生了重大的学术影响。

刘长明 男，1963年出生。山东财经大学和谐发展研究中心主任、教授，山东省高级人才库成员。13年来一直从事和谐发展理论研究。1999年起专注于和谐发展理论研究领域，明确提出了和谐发展观。代表性论文《发展的陷阱》、《发展的革命——从可持续发展到和谐发展》、《文明的和谐》等被认为是和谐发展理论的奠基之作。共有20项成果获得国家、省、市级奖励。先后多次被评为优秀教师、优秀教育工作者、优秀主编（全国）、专业技术拔尖人才（济南市）、优秀拔尖人才、省新长征突击手、青年岗位能手、先进理论工作者、十佳理论人才（济南市）、先进科技工作者和双文明先进个人，荣立一等功一次。

刘文烈 男，1959年出生，滨州学院党委副书记。经济学教授，曲阜师范大学、鲁东大学硕士研究生导师，兼任山东省高等教育管理科学研究会理事等职务。目前主要从事三农问题研究，主要承担

《政治经济学》等课程教学。先后主持省部级课题5项，发表学术论文60余篇，其中20余篇发表于CSSCI期刊，30余篇发表于中文核心期刊。主编教材有《现代服务业概论》和《高效生态经济理论与实践》2部，出版学术著作《追逐浪潮——新时期经济发展与改革问题研究》1部。2009年获山东省社会科学优秀成果三等奖；2011年获山东软科学优秀成果二等奖，山东高等学校优秀科研成果三等奖；2013年获山东高等学校优秀科研成果奖二等奖；获市级、校级优秀论文成果奖20多项。

刘东方 男，1966年出生，聊城大学文学院院长，教授，博士生导师，博士后。山东省重点学科首席专家，“十二五”省级特色重点学科带头人。中国鲁迅研究会理事，中国老舍研究会理事，山东省郭沫若研究会副会长，山东省中国现代文学学会常务理事，山东省茅盾研究会常务理事，专注中国现代歌诗研究，中国现代文学语言与文体研究。2005年以来，在国内权威核心期刊上发表学术论文71篇，被CSSCI收录23篇。在《文学评论》发表论文4篇；《中国现代文学研究丛刊》上发表论文5篇；《鲁迅研究月刊》上发表论文7篇。被《新华文摘》论点摘编，人大复印资料转载复印11篇，出版专著一部。2004年以来，主持国家社科基金和省社科规划办项目4项。2006年以来，共获5次省级奖励。省部级以上社科评奖二等奖获得者。

刘玉安 男，1953年出生，山东大学政治学与公共管理学院教授、博士生导师。曾任山东大学政治学与公共管理学院院长，山东大学学术委员会常委，社会科学学部学术委员会主任。研究领域为国际政治理论、西方社会政策。承担教育部基地重大课题《九十年代西欧社会民主党社会政策改革研究》等项目；代表性成果有《北欧福利国家剖析》、《从民主社会主义到社会民主主义》“Will the Scandinavian Model Collapse?”等。

刘再生 男，1937年出生，山东师范大学教授，著名音乐史学家，硕士研究生导师。先后开设中国音乐史、民族器乐、音乐欣赏等课程，长期致力于中国音乐史的教学及研究工作。曾任中国音乐史学会副会长、中国音乐家协会理论委员会委员、首都师范大学音乐学院和其他多所院校客座教授；曾先后获得国家教育委员会人文社会科学研究优秀成果二等奖1项，山东省社会科学优秀成果一等奖1项、二等奖1项、三等奖1项，“泰山文艺奖”一等奖1项。2012年，获山东省第六次社会科学突出贡献奖。

刘印房 男，1972年出生，德州学院发展规划处处长，教授，法学博士。曾获“德州学院优秀共产党员”、“山东省高校优秀共产党员”等荣誉称号，2012年入选山东省理论人才“百人工程”。省级教学团队（哲学系列课程教学团队）、省级精品课程（马克思主义哲学）、省级特色专业（思想政治教育专业）的骨干人员。围绕交往伦理和高等教育管理深入开展科学研究，主持完成山东省社科规划课题、山东省软科学课题、山东省教育厅研究课题、山东省职工教育重点课题各1项，主持完成德州市社科规划课题2项，出版专著、主编教材各1部，在《学术论坛》、《甘肃社会科学》、《山东社会科学》、《黑龙江高教研究》等核心期刊发表论文20余篇，多篇被人大复印资料转载，获全省高校思想政治教育优秀成果一等奖等多项科研成果奖励。

刘国涛 男，1965年出生，山东师范大学法学院（知识产权学院）副院长、教授、法学博士。环境法学硕士点和校级重点学科学术带头人、法学一级学科硕士点带头人；兼任中国环境资源法学研究会教学研究委员会副主任委员，中国环境科学学会环境法学分会副秘书长，中国高校知识产权研究会常务理事，山东省法学会诉讼法学研究会副会长，济南市仲裁委仲裁员，齐鲁律师事务所律师、专利代理人；主持省部级以上科研项目10项，独立获得（或第一获奖人）省级科研奖励4项，发表论文74篇，出版个人学术专著3部、主编5部；在教学方面，获得首届山东师范大学优秀研究生指导教师、第四届山东师范大学“教书育人”优秀研究生导师、优秀本科生导师等荣誉称号。2012年，刘国涛获第二届“山东省十大优秀中青年法学家”、第一届“泉城十大优秀中青年法学家”荣誉称号。

刘荣勤 男，1938年出生，山东社会科学院研究员。主要从事农村经济研究。主持国家社科基金项目2项，省级课题5项。主编专著5部，发表论文、研究报告60余篇。获省社科优秀成果一等奖1项，二等奖3项。享受国务院政府特殊津贴，荣获“山东省专业技术拔尖人才”、“山东省十佳理论工作者”称号。

刘海鹰 女，1968年出生，山东理工大学教授，硕士研究生导师，山东省社会学会常务理事，山东省心理学会理事，山东省社会心理学会理事，国家二级心理咨询师。长期以来一直在高校从事教学与科研工作，作为负责人主持全国教育科学规划课题、山东省社会科学规划课题、山东省研究生教育创新项目、山东省教育科学规划课题、山东理工大学人文社科项目、山东理工大学教学研究项目等多项科研教研课题，参与过多项省部级课题研究，在社会心理、心理咨询、学校社会工作、心理健康教育等领域开展了多年的研究工作。发表学术论文四十余篇，出版著作五部，获得山东省社会科学优秀成果奖二等奖等省、市、校级科研奖励十余项。

刘焕阳 男，1957年出生，鲁东大学党委常委、副校长，教授。中国古代文学专业硕士，高等教育学专业博士，山东省古代文学学会副会长、山东省高等学校教务与教学管理学会理事长、教育部本科教学工作水平评估专家。长期从事高等教育学与中国古代文学的研究工作，近年来，在高等教育研究与教学改革领域，积极探索校地合作、职前职后一体化的教师教育新模式，获国家级教学成果二等奖1项、省级教学成果一等奖1项、省级教学成果二等奖1项、山东省教育系统优秀调研报告一等奖1项。在中国古代文学研究领域，以宋代晁氏家族研究为代表，获山东省社会科学优秀成果二等奖1项，山东省教育厅高校优秀科研成果一等奖1项。

刘跃进 男，1958年出生，曲阜师范大学特聘教授。中国社会科学院研究员，文学所、少数民族文学所联合党委委员，文学所所长助理，兼任《文学遗产》编辑、编委。长期从事中国上、中古文学及文献研究，成果丰硕，出版《中古文学文献学》、《玉台新咏研究》等学术专著几十部，承担国家、省级科研项目多项，曾到美国、韩国等国家和中国台湾、香港等地区进行学术交流。2005年12月，刘跃进受聘曲阜师范大学中国古代文学岗位“泰山学者”特聘教授。2010年11月，该泰山学者岗位顺利通过省委组织部的建设期满考核，考核结果“优秀”。

刘喜华 男，1965年出生，青岛大学经济学院院长，教授，博士，博士生导师。青岛大学文科综合实验教学中心主任，中国保险学会理事，中国金融工程与风险管理学会分会理事，山东省统计学会常务理事，山东省应用统计学会常务理事，山东省区域经济学会常务理事，青岛市统计学会副会长，青岛市农村商业银行独立董事。近年来，在《系统工程理论与实践》、《数理统计与管理》等本学科核心学术期刊上发表论文50余篇；主持完成国家级和省部级科研课题5项，获省部级科研成果二等奖和三等奖各1项，青岛市社会科学优秀成果奖一等奖1项，其他市厅级科研成果奖8项；现主持1项国家自然科学基金面上项目，4项省部级项目，出版学术专著1部，与他人合作完成学术专著2部。在金融风险与管理、保险经济学、经济预测与决策等研究领域作出了突出成绩。

刘超 男，1969年出生，山东财经大学教授，管理学博士，金融学博士后，享受国务院政府特殊津贴、获教育部优秀人才支持计划。主要研究领域为社会经济系统科学。主持国家自然科学基金、国家社会科学基金、教育部人文社科基金、中国博士后科学基金、省自然科学基金各1项；先后在《管理评论》、《人民日报》（理论版）等国内重要报刊发表论文40余篇，其中2篇被《新华文摘》全文转载，出版专著2部。近年来采用非线性、复杂性、系统动力学等系统科学范式研究金融、经济、科技、管理等多领域的相关问题并取得一批开创性成果，为解决国民经济和社会发展的重大问题提供了重要的科学理论依据，产生了显著的经济、社会效益，成果分别获省科技进步二等奖3项、三等奖1项。

刘增人 男，1942年出生，青岛大学教授。出版学术著作（含自著、合著、主编）约36种，1500万字以上。获山东省首届齐鲁文学奖一项，山东省优秀教学成果奖一等奖2项，山东省社会科学优秀成果一等奖2项、二等奖4项，教育部社会科学优秀成果奖二等奖一项。独立主持完成教育部人文社会科学规划项目“中国现代文学期刊研究”，独立主持完成国家社科规划项目“中国现代文学期刊史论”（以优秀成绩结项）、“中国现代文学期刊叙录”（以优秀成绩结项）。青岛市拔尖人才、青岛市劳动模范。山东省社会科学突出贡献奖获奖专家。

刘德增 男，1962年出生，齐鲁师范学院副院长，民进山东省委副主委，山东省政协委员，研究生，教授，山东民俗学会副会长，山东大学民俗学硕士生导师。在《考古》、《文史哲》、香港《新亚论丛》、《史学月刊》等杂志上发表论文80余篇，出版《儒学传播研究》、《汉武帝大传》等学术专著15部，参编学术著作30余部。专著《正统的北方人》获山东省第十次社会科学优秀成果三等奖，专著《亚细亚文明》获山东省第十次社会科学优秀成果三等奖，专著《解读山东人》获山东省第二十二次社会科学优秀成果二等奖。专著《闯关东—2500万山东移民的历史与传说》获山东省第二十四次社会科学优秀成果奖二等奖，专著《大迁徙——寻找“大槐树”与“小云南”移民》获山东省第二十五次社会科学优秀成果奖二等奖。1999年获曾宪梓教育基金会颁发的“全国高等师范院校优秀教师”三等奖。2001年获山东省总工会颁发的“富民兴鲁”劳动奖章。

吕周聚 男，1962年出生，山东师范大学文学院教授，博士生导师，南京大学文学博士，哈佛大学访问学者。中国现当代文学学科带头人、中国现代文学教研室主任；享受国务院政府特殊津贴。主要从事中国现当代文学的教学与研究工作，致力于中国新文学思潮研究，兼及中国现代文化思想研究。兼任山东省中国现代文学研究会副会长、中国现代文学研究会理事、中国鲁迅研究会理事、山东省茅盾研究会副秘书长。在《文学评论》等国内外刊物上发表论文100余篇；出版《中国现代主义诗学》

等著作；主持国家社会科学基金项目一项、教育部人文社会科学研究课题一项、山东省社会科学规划研究重点项目两项；荣获山东省社会科学优秀成果一等奖一项、二等奖一项、三等奖两项，刘勰文艺评论奖两项，被评为山东省优秀研究生指导教师。

吕学海 男，1958 年出生，山东工艺美术学院应用设计学院院长、教授、硕士研究生导师，博士。兼任济南市服装行业协会副秘书长；山东省服装行业协会常务理事；中国服装设计师协会会员；中国纺织服装教育学会高教分会理事；中国纺织出版社编审委员会委员；山东省人社厅服装技师评审专家委员会委员。出版著作《服装结构设计与技法》、《服装制图》、《服装制图》（中级版）、《图解服装缝制工艺》、《服装结构制图》、《服装工业样板》、《服装结构原理与制图技术》、《服装通用制图技术》等著作 10 余部；在《美苑》等期刊上发表论文 30 余篇；承担国家社科基金艺术学项目《服装系统设计方法论研究》1 项，厅局级以上课题 10 余项；获教学成果奖、科研成果奖 20 余项；作品入选全国十届美展。国家级社会科学重大、重点项目负责人

孙书文 男，1974 年出生，山东师范大学教授，获山东省社会科学学科新秀奖。硕士研究生导师，全国马列文论学会理事、全国毛泽东文艺思想研究会理事。出版个人专著 1 部，合著专著 1 部，任副主编著作 2 部，在《文学评论》、《文史哲》、《文艺报》等期刊发表论文 20 篇。主持山东省社科基金项目 1 项、校级教改项目 1 项，参加国家社科项目 2 项、中国作协重点扶持项目 1 项、山东省社科基金项目 2 项、山东省教育厅项目 1 项。

孙占元 男，山东省委党校副校长、教授。2008 年荣获山东省先进工作者称号，2010 年被评为山东省首批齐鲁文化英才。入选省委学习贯彻“三个代表”重要思想宣讲团、省委学习贯彻党的十七大精神宣讲团、省委学习贯彻党的十七届六中全会精神宣讲团成员。曾获山东省优秀教学成果二等奖、全省党校系统优秀教学奖、省委党校优秀教学奖。发表论文 100 余篇，其中 5 篇被《新华文摘》全文转载，出版《中国近代史通论》（1991）、《左宗棠评传》（1995）等专著 3 部，主持编写《中国先进文化的代表——中国共产党人文化思想研究》（2002）、《邓小平的伟人品格与思想贡献》（2004）、《与时俱进的科学理论》（2005）、《“三个代表”重要思想研究》（2007）、《中国特色社会主义理论体系若干问题研究》（2009）、《走科学发展之路》（2010）等著作 11 部，主持完成国家社科基金重大招标项目《以改革创新精神加强党的建设的几个重大问题研究》子项目的研究，主持完成《山东省地方党委执政能力建设研究》等省重点课题被省委主要领导批示转发。曾获山东省社会科学优秀成果一等奖 2 项、二等奖 4 项，山东省精神文明建设“精品工程”奖 2 项。山东省“十二五”重点学科马克思主义中国化研究学科带头人，山东省社会科学联合会委员，山东省马克思主义研究会副会长、秘书长，山东省历史学会副理事长。

孙吉亭 男，1963 年出生，山东社会科学院海洋经济研究所所长、研究员。兼任《蓝色经济》杂志主编、山东省海洋经济研究中心主任、山东省社会科学规划重点研究基地——海洋经济研究基地首席专家、中国海洋学会理事、中国海洋发展研究会理事、中国海洋学会海洋经济分会副秘书长、山东生态经济研究会副会长、山东省海洋经济技术研究会常务理事、中国海洋大学兼职教授、青岛大学和青岛科技大学硕士研究生导师，日照市蓝色经济区专家咨询委员会专家。我国第一位渔业经济学博士，澳大利亚卧龙岗大学（University of Wollongong）博士后。曾任澳大利亚卧龙岗大学荣誉研究员。研究方向包括海洋产业经济、沿海地区发展战略与政策等。主持及合作完成各级科研课题 40 余项，出版学术专著与发表学术论文 100 余项，独立或合作荣获各类科研成果奖 21 项，在海洋经济和蓝色经济领域积累了丰富的理论与实证研究经验，为我国海洋经济事业的发展作出了积极贡献。

孙季萍 女，1965 年出生，烟台大学法学院教授，硕士生导师。先后被评为“2010 年山东省教育先进工作者”，“2008 年山东省优秀硕士论文指导教师奖”、“2009 年烟台大学师德标兵”，“2009 年烟台大学教学名师”等。出版《中国传统官僚政治中的权力制约机制研究》等著作，在文史哲、政治与法律、光明日报等发表多篇具有重要学术影响力的论文，并多次被中国社会科学文摘、新华文摘等转载。《中国传统官僚政治中的权力制约机制研究》于 2012 年荣获山东省社科优秀成果二等奖。

孙晋海 男，1962 年出生，曲阜师范大学体育科学学院院长，教授，博士研究生导师，山东省高等学校第四批省级中青年学术骨干学科带头人培养对象，第二届山东省研究生优秀导师，中国体育系统工程学科创始人之一。体育人文社会学学科带头人，中国体育系统仿真专业委员会主任，中国体育科学学会体育管理分会第一届委员会委员，全国教育硕士专业学位教育指导委员会专家工作小组成员，山东省体育人文社会学研究基地首席专家，国家体育总局体育社会科学重点研究基地常务副主任，国家体育总局国家队运动训练信息化平台建设专家组主要成员。主持完成国家级课题 2 项，省部级课题

11项，出版专著3部，在《体育科学》、《中国体育科技》等重要学术期刊发表论文30余篇，被三大检索系统收录学术论文6篇。获省级优秀科研成果奖9项，其中二等奖4项；指导的研究生获山东省优秀硕士学位论文2篇，获山东省研究生优秀科技创新成果奖2项。2009年8月，受聘于校体育人文社会学岗位“泰山学者”特聘教授，也是学校自主培养的第一位泰山学者。

孙聚友　男，1963年出生，山东社会科学院历史研究所所长、研究员，山东省孔子学会常务理事、副秘书长，山东省领导科学学会常务理事。专业研究方向为儒家管理及清代儒学。参加承担国家、省、院等各类重点课题14项，出版著作12部（独立完成《儒家管理哲学新论》、《荀子与〈荀子〉》、《家族精英》、《为人处世纵横论》4部，副主编《民本丛书》、《儒学与全球化》、《儒商与二十一世纪》、《儒家传统与人权民主思想》4种），发表论文50余篇（其中在国外儒学专业刊物及国际儒学会议上发表12篇）。论文《儒家人学思想探析》获得山东省第12次社会科学优秀成果三等奖；合作撰写的《中国儒家学术思想史》获得第4届山东省精神文明工程奖；组织撰写的《精神文明之旅丛书》获得第5届山东省“精品工程”奖；《儒家管理哲学新论》、《民本丛书·概论篇》和《为民篇》，获得山东社会科学院优秀科研成果三等奖。入选山东省理论人才“百人工程”。

孙磊　男，1970年12月出生，山东工艺美术学院教务处处长，招生办公室主任，教授，硕士研究生导师。主要从事设计管理、非遗转化及设计策略的专业教学与研究工作。中国美术家协会工艺美术艺术委员会副秘书长、中国民间文艺家协会会员、中国工艺美术学会会员、美国DMI国际设计管理学会会员、山东工艺美术学院中英设计管理研究中心主任、济南市文化产业协会秘书长等。曾参与国家教育部及山东省人文社会科学研究项目5次、出版学术著作8部、发表学术论文20余篇、研究课题曾获“泰山文艺奖”一等奖、银奖；中国民间文艺学术著作二等奖、山东省社会科学二等奖等；设计作品曾入选世界妇女大会、全国体育美展、第十届全国美展、世界设计大会及国家文化部、山东省文化厅组织的各项展览并获奖。

参与国家教育部“传统民间手工文化生态保护与调研”科研课题；参与策划主持山东省委宣传部“创意山东”品牌规划项目、山东省经贸委“全省工艺美术产业基地”论证项目；全程参与策划、组织和实施“2010年上海世博会山东馆”整体展示设计项目，获山东省委、省政府一等功；参与“2009ICOGRADA世界设计大会中国工作坊”项目，获项目一等奖；参与实施济南园博园、河北燕郊、青岛市区、海南三亚热带雨林等文化创意产业园区的项目策划与规划。

主要研究和项目开发方向：文化创意产业研究、设计流程管理、用户体验与市场沟通、手工艺创新、创新思维开发、非遗资源转化与设计策略研究等。

安涛　男，1974年出生，枣庄学院校聘四级教授。上海师范大学中国近现代史博士，山东大学历史学博士后，山东省理论人才“百人工程”人员，枣庄市有突出贡献中青年专家，枣庄广播电视台特约评论员，资源城市转型与发展研究院常务副院长，人事处副处长。主要从事区域社会经济史、区域文化、城市转型等方面的研究，主持教育部人文社科规划基金项目1项、山东省社科规划基金项目1项。参与省级以上科研课题多项。在《史学月刊》、《历史教学》等核心刊物发表学术论文20余篇，出版专著1部。科研成果分获山东省社科成果三等奖1次，山东省高校社科成果二等奖1次，枣庄市社科优秀成果二等奖1次，三等奖2次。获枣庄市政府三等功1次，嘉奖1次。

安体富　男，1938年出生，山东大学特聘一级教授，中国人民大学教授，博士生导师。曾任中国财政学会副会长，中国税务学会副会长，中国税务学会学术委员会副主任，主要研究方向是财税理论与政策。承担2012年国家社会科学基金重大项目“深化收入分配制度改革的财税机制与制度研究”等10余项国家级课题；出版《社会主义财政与信用》、《税收政策与宏观经济调控》等著作10余部，在《经济研究》、《财政研究》等刊物发表论文170多篇；多次获得全国税收学术研究优秀成果一等奖、全国优秀财政理论研究成果特别奖、全国国际税收优秀成果一等奖等奖项。

庄维民　男，1956年出生，山东社会科学院二级研究员。曾先后完成两项国家课题、一项国家招标课题。1995年，独立承担完成中华社科基金项目“近代山东商品经济研究”的研究工作，该项成果后以《近代山东市场经济的变迁》为题，2000年由中华书局出版，并获山东省第16次社会科学优秀成果一等奖。2004年，主持完成中国社会科学院基金招标课题《日本工商资本与近代山东》项目的研究，该项目2005年由社会科学文献出版社出版，获山东省第21次社会科学优秀成果一等奖。2010年独立完成国家课题《传统制度转型与企业制度演进——近代行栈与行栈制度研究》。该项成果经修改后，于2011年以《中间商与中国近代市场制度的演变》为题入选当年国家社会科学成果文库，2012年获山东省社会科学重大成果奖。

曲金良 男，1956年出生，中国海洋大学文学与新闻传播学院教授，博士生导师，中韩海洋文化研究中心主任，海洋发展研究院（教育部人文社科重点基地、国家哲学社科创新基地）学科负责人，国家文化产业研究中心学术带头人。主要研究领域为海洋文化史、海洋文化遗产、海洋文化产业、海洋文化理论。主持国家社科基金重大项目1项、国家社科基金后期资助项目1项、国家社科基金艺术学项目1项，教育部社科发展报告项目1项、教育部基地重大项目2项、教育部社科规划基金项目1项，其他省部级重大、重点项目多项，国际合作多项。主要著作有《海洋文化概论》、《海洋文化与社会》、《China Ocean Culture》、《中国海洋文化史长编》、《中国海洋文化观念的重建》等，主编《中国海洋文化研究》辑刊、《中国海洋文化发展报告》蓝皮书。曾任韩国、日本、美国客座教授、访问教授；应邀赴国外境外出席国际会议和学术交流50多次；两部著作被国外翻译出版。学术兼职：山东大学合作博士生导师、国内多个学会理事、国外多家学术期刊编委。

朱孔来 男，1963年出生，济南大学管理学院教授。省级重点建设学科带头人，山东省专业技术拔尖人才、山东省有突出贡献的中青年专家；中国农村经济管理研究会理事，山东省应用统计学会秘书长。研究方向为宏观经济、数量经济和技术经济。在《管理世界》等学术期刊上发表论文300多篇；现已出版《国民经济和社会发展综合评价研究》等6部专著；主编学术书籍近20部。主持或主笔完成30多项课题研究（其中3项国家社科基金项目）。获得山东省科学技术进步奖、国家计划委员会科技进步奖、国家统计局优秀成果奖、山东省社会科学优秀成果奖等37项省部级奖励。省级社会科学重大项目负责人

毕宪顺 男，1956年出生，鲁东大学党委书记、教授，博士生导师，教育学博士。主要研究方向为邓小平理论和高等教育管理。著有《权力整合与体制创新——中国高等学校内部管理体制改革研究》、《解读邓小平理论》等6部著作。在《教育研究》、《光明日报》等报刊上发表论文70余篇。主持完成全国教育科学规划等课题7项。获高等学校科学研究优秀成果奖1项；山东省社会科学优秀成果奖7项；山东省科学技术进步奖1项。现主持国家自然科学基金项目、全国教育科学规划重点项目等课题。曾两次入选山东省理论人才“百人工程”（2000年、2003年），2007年被山东省政府授予2006年度山东省有突出贡献的中青年专家称号。兼任中国高教学会高等教育管理分会常务理事，全国教育政策与法律专业委员会常务理事，中国政治学会理事，山东省政治学研究会副会长，第四届、第五届、第六届山东省社会科学联合会委员。

江林昌 男，1961年出生，烟台大学副校长，烟台市政协副主席，烟台南山学院名誉校长，文献学博士，历史学博士后，中国学术研究所教授，山东大学历史文化学院博士生导师，第十届、第十一届全国人大代表，中国民盟山东省委常委、烟台市委主委。曾先后师从我国两代国学大师姜亮夫先生和李学勤先生学习先秦两汉历史考古文献。曾参加国务院主持的以研究五千年文明史为目标的国家重大课题“夏商周断代工程”和“中华古文明探源工程”。现兼任中国先秦史学会理事，中国楚辞学会理事，山东省古典文学学会副会长。主攻方向为中国古代文明史、中国古代思想史和中国古代文学史。有《中国上古文明考论》、《夏商周文明新探》、《考古发现与文史新探》、《楚辞与上古历史文化研究》、《诗骚丛稿》等专著，发表学术论文200余篇，在国内外学术界有重要影响。山东省社科优秀成果一等奖获得者。

汤玉刚 男，1976年生。山东大学经济学院副教授、硕士生导师。研究领域为公共经济学和新政治经济学。山东省税务学会理事。承担国家社科基金项目1项；代表性论文有《税权的跨区、跨期交易与税收制度规范化》、《不完全税权、政府竞争与税收增长》等，出版著作1部；获山东省社会科学优秀成果奖二等奖1项。

汤唯 女，1958年出生，烟台大学法学院教授、总支书记兼法学所所长。法史学博士，毕业于北京大学法律系，一直从事法理学、法史学、法社会学、比较法学教学与研究工作。中国法学教育研究会理事、全国法理学学会理事、全国外国法制史学会常务理事、山东省法理学会副会长。主持国家社会科学基金课题3项、省级科研课题10余项。先后在人民出版社、科学出版社、北京大学出版社、山东省人民出版社出版了学术专著5部；在《法律科学》、《法学》、《文史哲》、《法制与社会发展》等核心刊物上发表学术论文50余篇；获省级社会科学优秀成果一等奖、二、三等奖6项，省级教学成果一、三等奖3项，省级优秀学士论文和科技创新优秀成果指导教师奖4项。2006年获得“山东省教学名师”荣誉称号，2009年获得“山东省有突出贡献的中青年专家”荣誉称号。

牟少岩 男，1963年出生，青岛农业大学社科处处长、青岛农业大学中国农村发展研究院院长，兼任《中国农村科技》杂志战略咨询专家。管理学

博士，教授，硕士研究生导师。主持国家软科学邀标项目子课题、山东省软科学办公室、山东省政府学位委员会、山东省教育厅等课题10余项。出版专著1部；主编教材3部，其中1部为全国高等农林院校“十一五”规划教材，1部获全国政法院校经济法研究会优秀教材奖；副主编和参编教材多部。发表学术论文40余篇，其中5篇被人大复印报刊资料全文转载。

纪洪波 男，1963年出生，滨州学院院长、滨州学院孙子研究院院长。研究员，研究生学历，工学、经济学硕士。中国孙子兵法研究会常务理事，中国孙子兵法研究会发展应用委员会副主任，山东国际孙子兵法研究交流中心副主任。专业方向与研究专长为公共管理、孙子兵法研究，主持省部级项目4项，出版《名家论孙子》等著作多部，在《中国高教研究》、《光明日报》等报刊发表学术论文30余篇，获省部级以上优秀科研成果奖10余项。省部级二等奖获得者。

许士密 男，1969年出生，枣庄学院发展规划处副处长。博士，教授。主要从事马克思主义中国化、思想政治教育专业的研究和教学。先后承担省部级课题3项；发表学术论文近50篇，其中全国中文核心期刊26篇，CSSCI收录12篇，人大报刊复印资料和新华文摘转载（摘）7篇。获优秀科研成果奖27项，其中山东省社会科学优秀成果三等奖3项，山东省高校优秀科研成果三等奖1项等。山东省理论人才“百人工程”专家，山东省高等学校教师职称评审专家，山东省中小学教材马克思主义学科审查专家，山东省社会科学优秀成果奖评审专家，山东省“十二五”重点学科课程与教学论学术带头人，枣庄市有突出贡献的中青年专家。

许锦英 女，1956年出生，山东社会科学院研究员。研究专长为现代农业发展，农业经济组织与制度，农业技术经济。主要成果包括论文：《农机服务产业化与我国农业生产方式的变革》；专著：《农机服务产业化——我国农业转型的帕累托最优制度安排》；国家社科基金项目成果《小农经济整合路径与制度创新研究》等。

许嘉璐 男，1937年出生。山东大学儒学高等研究院院长、北京师范大学汉语文化学院院长、北京师范大学人文宗教高等研究院院长。长期致力于中华文化的弘扬以及世界范围内跨文化的交流、对话等工作。在训诂学、《说文》学、古代文化学、中文信息处理等学科均有建树。主持完成《文白对照十三经》、《文白对照诸子集成》等大型文化工程及国家863项目“中文信息处理应用基础研究”，目前正主持《今校今注二十四史》的编辑与出版；发表《曲艺创作浅谈》、《古代文体常识》、《中国古代衣食住行》等论文，主编《中国传统语言学辞典》、《中国古代礼俗辞典》等学术著作及工具书。

齐延平 男，1968年出生，山东大学法学院院长，教授、博士生导师。兼任中国法理学会秘书长、国际法哲学—社会科学协会（IVR）中国分会秘书长、中国人权研究会理事。国家社科基金项目学科评审组成员。主要研究领域为法理学、宪法学和人权法学。提出和论证了法治与人权原理、中西人权比较与和谐人权观、英国自由运动史、国际人权法在中国的实施、国家人权机构的设立、全民人权教育、社会弱者权利保障等一系列有价值的观点，产生了重要影响。多次受邀参与有关法律草案的论证、国家人权政策的研议及国际人权对话等活动。

邢占军 男，1968年生，山东大学政治学与公共管理学院教授、博士生导师。山东大学生活质量与公共政策研究中心主任，中国社会学会生活方式专业委员会副会长，山东省社会学会副会长，山东心理学会副理事长。研究领域为生活质量与公共政策、人力资源评价、社会调查与测量研究。主持国家和省部级课题10余项；在国内外重要学术刊物发表学术论文60余篇，出版专著3部，译著3部，代表作为《测量幸福：主观幸福感测量研究》；获山东省社会科学优秀成果一等奖1项，二等奖2项，三等奖2项。

何中华 男，1962年出生，山东大学哲学与社会发展学院教授、博士生导师。任中国辩证唯物主义研究会理事、中国马克思主义哲学史学会理事、中国人学学会理事等。研究方向为马克思主义哲学和社会发展理论。自1981年以来，在《哲学研究》、《哲学动态》、《学术月刊》等刊物发表论文300余篇，出版《哲学：走向本体澄明之境》、《社会发展与现代性批判》、《重读马克思》等著作。

何洁 男，1955年出生，山东工艺美术学院设计艺术学岗位泰山学者特聘教授。清华大学美术学院副院长、艺术与设计实验教学中心主任、美术图书馆馆长，教授，博士生导师。教育部文科计算机基础教学指导委员会副主任、艺术组组长，教育部艺术类教学指导委员会委员、艺术设计分委员会副主任，中国美术家协会平面设计艺术委员会副主任兼秘书长等。长期从事广告与视觉传达设计专业的教学、研究和设计工作，出版教育部普通高等教育“十五”国家级教材规划项目《视觉传达设计》、《现代包装设计》、《平面广告设计》、《图形设计》和《广告与视觉传达》等系列教材和专著。曾获“全国广告十大学人奖”、“中国最具影响力十大广告平面设计师”、“中国广告30年突出贡献奖”；获共青团中央“光华龙腾奖——中国设计贡献奖”；被中宣部、人事部、中国文联授予“第二届全国中青年德艺双馨文艺工作者”荣誉称号。

何青松 男，1969年出生，哈尔滨工业大学（威海）经济管理学院副院长，经济学博士，副教授。从事产业集聚与技术进步的研究方向，承担教育部项目1项，山东省社科基金2项，国家高技术产业化专项子课题1项，参与多项课题研究。学术成果包括专著1部，论文20多篇，山东省社科优秀成果2等奖1项、山东省高校优秀科研成果3等奖1项、威海市人文社科优秀成果1等奖1项。

冷卫国 男，1969年出生，中国海洋大学文史哲中心副主任、文学与新闻传播学院副院长，兼青岛市国学研究会副会长、青岛市古典文学学会副会长、中国屈原学会理事、中国辞赋学会常务理事。主要研究领域为中国古代诗学研究、赋学研究及中国古代文化研究。主编了《历代赋广选新注集评》，合著《全汉赋评注》、《汉赋新选》、《中华成语词典》等专著，独立主持或参与完成多项国家社会科学基金项目和山东省社会科学规划重点项目。曾获中华书局优秀图书编辑一等奖，“中央国家机关优秀青年”等荣誉称号。主要讲授古代汉语（本科）、中国散文史（研究生）、诗词格律学（研究生）、唐宋诗词研究（研究生）等课程。论文《刘向、刘歆赋学批评发微》获第二十六次山东省社会科学优秀成果二等奖。

吴向阳 男，1971年出生，山东工艺美术学院数字艺术与传媒学院副院长，副教授。山东省电影家协会主席团委员、副秘书长；山东大学生微电影创作工作室主任。科教短片《身边的科学》之《视觉暂留与动画》获国家科技进步集体二等奖；短片《土娃》首届泰山文艺奖电影类三等奖；山东国际大众艺术节标志获第四届泰山文艺奖美术类三等奖；导演微电影《超越血缘的爱》获“身边的精彩”山东省微电影展映活动二等奖；导演影院版动画短片《大乳山的传说》获第五届山东青年微电影大赛一等奖并入围第四届澳门国际电影节；出版国家十一五规划教材《动画分镜头设计》等教材；《加快我省动漫产业发展研究》论文获省社科二等奖。主持国家社科基金艺术学项目《数字影像视觉形态与审美研究》；承担省级课题《山东省非物质文化遗产数字化保护传承的理论与技术研究》；山东省上海世博会山东馆参展工作政府三等功；第八届深圳文博会山东馆影像演艺先进个人；第四届山东文博会济南馆、省馆、校馆展演负责人；第四届、第五届泰山文艺奖评委。国家级社会科学重大、重点项目负责人。

吴国华 男，1952年出生，山东财经大学教授，博士生导师，资源经济与战略研究中心主任，山东省重点学科（企业管理）学术带头人，山东省品牌专业（工商管理）建设点负责人，教育部特色专业（工商管理）建设点负责人。国家自然科学基金、国家社会科学基金项目评审与鉴定专家，省部级专业技术拔尖人才。兼任全国经济管理院校工业技术学研究会常务理事、山东省经济学会常务理事、山东经营管理研究会常务理事、山东省世界经济研究会常务理事、济南市绿色经济研究会副理事长等。从事高校教学、科研工作35年，主讲技术经济学、高级管理学、战略管理、资源经济分析等核心课程。主要研究方向为能源经济分析、低碳经济、战略管理等。近十多年来，主持完成各级各类涉及能源利用、节能减排、低碳排放、能耗控制等方面的科研课题30多项，其中，国家社会科学基金项目2项，教育部人文社科规划项目1项，山东省自然科学基金、山东省社会科学基金、山东省软科学等省部级科研课题10多项。撰写出版了《中国节能减排战略研究》、《我国节能减排存在的问题及对策》、《论我国能源消费总量控制》、《化石能源消费的二氧化碳排放量计算与分析》等学术著作、学术论文100多种，在节能减排、能源经济与低碳经济领域得到国内外专家学者的高度关注并索取资料，部分研究成果分别获得山东省社会科学优秀成果二等奖、国家教委科技进步三等奖、山东省科技进步三等奖、中国煤炭工业优秀科技成果三等奖、中国煤炭工业管理现代化部级优秀成果二等奖、山东软科学优秀成果一等奖、三等奖等。

吴学军 男，1969年出生，济南市委党校经济学教研部副主任、教授，济南市委讲师团兼职教授。“济南市建功立业劳动奖章”获得者，多次被评为山东省党校系统优秀教师，济南市第四批青年技术学术带头人，济南市“十佳社科工作者”。主要研究方向为新制度经济学及收入分配，主持完成四项省级重点课题，出版专著两部，发表论文40余篇，有7篇被《新华文摘》、《人大复印资料》等转载，获得省级优秀成果一等奖一项、三等奖两项，济南市及全省党校系统优秀社科成果一等奖两项、二等奖三项，济南市“五个一”精品工程论文奖一项。荣获2012年度山东省优秀理论教育工作者，2012年10月入选山东省理论人才“百人工程”。

吴爱华 女，1976年出生，鲁东大学博士，副教授，CPA（中国注册会计师），管理学博士学位。山东省十二五重点学科区域经济学研究方向“区域人力资本投资与管理”带头人，2010年获得省博士基金资助，教育部人文社科项目的资助。在《系统管理学报》、《研究与发展管理》、《Journal of Donghua

University》、《Management（Journal of Contemporary Management Issues）》、《交通运输工程学报》等发表论文30多篇，其中EI等三大检索机构收录10篇；独立出版专著1部。主持教育部人文社会科学研究项目（基于专用性投资的高新技术企业创新模式选择研究）1项、省优秀中青年科学家科研奖励基金（"进入权、专用性投资与知识对企业合作创新组织模式的影响与选择决策"）项目1项，作为骨干研究人员参与国家科技攻关项目、国家自然科学基金项目、国家社会科学基金项目、国家软科学项目等多项课题。关于专用性人力资本、专用性投资及创新的研究丰富和发展了企业组织理论和创新理论，关于渤海海峡跨海通道的研究受到了政府有关部门的关注。个人专著《人力资本专用性投资、企业组织及公司治理》获得山东省社会科学优秀成果三等奖（2009年9月）、参与研究的《渤海海峡跨海通道对环渤海经济圈区域协调发展及振兴东北老工业基地的影响研究》获得省软科学优秀成果一等奖（2011年）、《实施环渤海发展战略与渤海海峡跨海通道建设》获得山东高等学校优秀科研成果奖一等奖（2010年）、《烟台市经济发展战略研究》获得烟台市社会科学重大成果奖（2009年）、《沿海城市工业产业核心能力评价与对策研究》获得大连市科技进步二等奖（2000年）等奖励。2011年获得山东省社会科学学科新秀奖称号。首位主编清华大学出版社出版的《财务管理学》教材，发表教学改革论文2篇。

宋协娜　女，1962年9月出生，省委党校教授、校刊编辑部主任，《理论学刊》、《山东党校报》常务副主编；硕士生导师。主要从事马克思主义、党建理论、发展理论、社会学等专业的编辑与研究工作，主要研究方向是马克思主义中国化、政党建设规律、党与社会关系；主要讲授《社会发展理论》、《马克思主义前沿理论问题》以及《和谐社会建设与信访问题研究》等课程。近年来，在《人民日报》、《理论视野》、《理论前沿》、《中国党政干部论坛》、《中共中央党校学报》、《科学社会主义》、《当代世界与社会主义》等报刊发表文章60余篇；主编著作2部；主持国家社科基金课题3项，入选国家社科优秀成果文库：已完成《社会工作转型与社会良性运行》、《基于社会主义和谐社会建设的信访和谐与信访预警研究》2项，2011年立项的《信访问题统筹治理研究》；《基于社会主义和谐社会建设的信访和谐与信访预警研究》，作为国家社科基金项目以优秀等级结题后，以《信访和谐问题研究》书稿申请并成功入选国家社科优秀成果文库；作为执笔人完成国家社科基金课题《中国共产党执政能力研究》已经结题；还作为主要人员参加国家社科基金课题青年项目《济南交警现象研究》和国家社科基金课题《社会主义市场经济条件下精神文明建设基本经验研究》；主持完成山东省社会科学基金项目3项，主持和参加省部级以及省委委托课题4项。其中，有多项成果获省委书记等领导批示并进入试点和决策执行程序。成果发表后获得新华文摘全文转摘、观点摘编以及被人大复印报刊资料多次复印等反响。先后获省社科优秀成果二等奖三等奖，《信访和谐问题研究》书稿入选国家社科优秀成果文库，被"山东省社会科学优秀成果奖评选委员会"直接授予重大成果奖，实现本校省社科评奖重大成果奖的历史性突破。国家社科基金项目同行评议、鉴定专家库成员。中国科学社会主义学会理事、中国政治学会理事。山东省齐鲁文化英才。山东省理论人才"百人工程"入选人员；山东社会科学人才库成员。山东大学当代社会主义研究所研究员；山东大学政党研究中心研究员。山东省科学社会主义学会副会长兼秘书长；山东省马克思主义研究会副秘书长；山东省社会学学会常务理事等。山东省委党校学术委员会委员、山东省委党校学位评定委员会委员。

宋振武　男，1966年出生，烟台大学法学院教授、副院长。刑事诉讼法学博士，毕业于北京大学法学院。兼任中国刑事诉讼法学研究会理事，山东省法学教育研究会副秘书长。长期从事刑诉法和证据法的研究，先后在《中国社会科学》、《现代法学》等发表具论文多篇，《传统证据概念的拓展性分析》于2011年荣获山东省社会科学优秀成果一等奖。

宋益乔　男，1949年出生，省政府参事，聊城大学教授，博士生导师。中国现代文学研究会理事，中国鲁迅研究会副会长，山东省中国现代文学学会副会长。1993年起享受国务院政府特殊津贴。第九、十届全国人大代表。先后在《文学评论》、《中国现代文学研究丛刊》、《文学评论丛刊》、《中国文学研究》等重要核心期刊上发表学术论文60余篇，出版学术专著十余部，主要学术成果有《梁实秋评传》、《徐志摩评传》、《梁实秋传》、《郭沫若女性形象塑造及其女性意识的演变》、《全球化语境下胡适的白话文学观》等。曾被评为山东省优秀教师，获得省社科优秀成果奖3项，省高校优秀成果奖2项。

张海鹏　男，1939年生，山东大学特聘一级教授、博士生导师。曾任第十届全国人大代表。现任中国社会科学院学部委员、中国社会科学院文史哲学部副主任，国务院学位委员会委员兼历史学科评议组成员，中国史学会会长、中国义和团研究会会长等。马克思主义理论研究与建设工程《中国近代史》教材编写课题组首席专家；编著有《中国近代史稿地图集》、《追求集—近代中国历史进程的探索》等，主编《中国近代史1840－1949》、《中葡关系史资料集》等论著和资料集多种，发表有关中国近代史研究理论方法、中国近代史专题研究和涉及香港、澳门、台湾和中日关系问题的文章百数十篇。

张宏 女，1965年生，山东大学经济学院教授、博士生导师。研究领域为跨国公司与国际直接投资。中国注册会计师，中国国际贸易学会理事，山东省对外贸易学会理事等。主持多项国家和省部级社科项目；在《经济学动态》、《中国工业经济》等期刊发表论文多篇；曾获山东省社科优秀成果三等奖、山东高校优秀科研成果三等奖等奖项。

张士闪 男，1964年生，山东大学民俗学研究所所长，教授、博士生导师。《民俗研究》主编。兼任山东省民间文艺家协会副主席、山东省民俗学会副会长兼副秘书长、中国艺术人类学学会副会长等。入选山东省第五批中青年学术骨干、教育部“新世纪优秀人才支持计划”。研究领域为民俗学基础理论、艺术民俗学等。近年来主持国家级、省部级等社科研究项目多项；出版学术著作10余部，发表论文50多篇；获教育部高校人文社科优秀成果二等奖、山东省社科优秀成果一等奖等奖项。

张卫国 男，1959年出生，山东社会科学院经济研究所所长、二级研究员，泰山学者特聘专家，复旦大学经济学博士，山东大学、山东农业大学博士生导师。中国数量经济学会副理事长、中国生态经济学学会常务理事、中国区域经济学会常务理事。政协第十一届山东省委员会常务委员、经济委员会副主任。在经济科学出版社和山东人民出版社等权威出版单位出版了《工农利益关系论纲》、《知识经济与未来发展》、《鲁苏沪浙粤经济社会发展比较研究》等多部学术专著；在《经济研究》、《中国工业经济》、《财贸经济》等权威期刊上发表多篇学术论文。主持和承担20余项国家和省级科研课题。作为首位人员获得山东省社会科学优秀成果一等奖两项。1999年以来连年主编《山东经济蓝皮书》。

张子礼 男，1962年出生，山东理工大学校党委委员、法学院院长，硕士研究生导师，教授。主要研究方向为社会主义政治文明与宪政建设。先后在国家级出版社出版专著5部，参编著作6部；在《社会主义研究》、《毛泽东思想研究》、《齐鲁学刊》、《探索与争鸣》等核心期刊发表论文30余篇，多篇论文被人大复印资料全文复印；多项成果获奖。主持和参与省部级课题十余项。兼任山东省科学社会主义学会、政治学学会常务理事，淄博市哲学学会副会长，淄博市地方立法研究基地主任，淄博市政府法制研究中心副主任，山东理工大学马克思主义中国化研究中心主任，马克思主义中国化与政治文明科研团队负责人，淄博市人民政府法制咨询委员会委员，淄博市有突出贡献的中青年专家。

张凤莲 女，1965年出生，山东社会科学院研究员，哲学硕士，山东省“齐鲁文化英才”。兼任中国马克思恩格斯研究会理事、山东省马克思主义研究会常务理事、山东省哲学学会常务理事、山东省文化经济学会常务理事、山东省社会科学优秀成果奖评选委员会委员、国家社会科学基金项目同行评论专家。主要研究方向为马克思主义文化哲学、文化理论与发展。截至目前，共出版个人专著3部，主编著作2部，作为副主编编撰著作10余部，参编著作50余部。在《哲学研究》等国家级、省级以上报刊发表论文、译文100多篇，主持1项国家社科基金、多项省社科规划课题，获得省优秀社科成果二等奖2项，三等奖1项，多项成果获省优秀调研报告一等奖。主持完成的《走以“人的城镇化”为核心的山东特色城镇化道路的重要探索》得到姜大明、孙绍骋的肯定性批示，参与完成的《把“生态山东”打造成我省的新名片》、《高度、广度、深度、速度》、《关于实施文化产业“六大工程”的建议》、《关于临沂市发展文化产业的经验和启示》等，得到姜异康、姜大明以及其他省领导的肯定性批示。

张文 女，1966年出生，山东社会科学院财政金融所副所长、研究员，兼任山东社会科学院公共政策研究中心副主任、山东轻工业学院硕士生导师、山东省经济学会常务理事、山东省财政学会理事等职务。研究方向为区域经济、财政政策。近年来，主持、参与完成院以上课题30余项，作为课题负责人独立主持完成省社科规划课题2项、省软科学课题2项。在《经济学动态》、《生态经济》、《东岳论丛》、《山东大学学报》、《大众日报》等报刊发表论文、调研报告40余篇。多项成果获省领导肯定性批示。

张文国 男，1967年出生，山东师范大学教授、博士生导师。以专书语法和断代语法研究为主，结合功能语言学和认知语言学的研究方法，得出了许多新颖可靠的结论，在《中国语文》等刊物发表《〈尚书〉语法研究》、《〈左传〉名词研究》、《先秦汉语本位语法研究》、《〈左传〉“也”字研究》、《论先秦汉语的“有（无）＋VP”结构》等论文。《古汉语的词类转变及其发展》（03BYZ01）2003年由山东省社科规划办立为重点项目。《玉函山房论语孟子类辑佚书校注》1999年由省古籍规划办立项。著有《古汉语的名动词类转变及其发展》（中华书局，2005.6）、《〈左传〉名词研究》（中国社会科学出版社，1998.12）等多部著作。2001年被评为山东省中青年学术骨干。

张文新 男，1962年出生，山东师范大学副校长兼心理学院院长，教授、博士生导师，中国心理学会副理事长。在儿童青少年攻击与问题行为的发展、家庭关系、个体发展中遗传与环境因素的相互作用等领域进行了开创性研究，先后主持完成和承担国家级及省部级课题11项，国际合作课题4项；在《Child Development》、《Aggressive Behavior》、《心理学报》等国内外权威期刊发表论文130余篇，出版专著4部，教材3部。研究成果先后获第三、四届全国教育科学研究优秀成果二等奖，山东省社会科学优秀一、二等奖等。专著《儿童社会性发展》在全国CSSCI（2000—2007）收录的心理学论文引用最多的著作排名中名列第三；2005—2009担任国际心理学家委员会（ICP）理事会成员；2008、2011年连续两届入选中国杰出人文社会科学家。

张平华 男，1974年出生，烟台大学法学院副院长民，商法学博士，教授，硕士生导师。兼任山东省法学院民商法学研究会副会长，中国民法学研究会理事，胶东法律人联谊会副秘书长，烟台市人民检察院人民监督员，烟台市仲裁委员会仲裁员等。“民法”国家级精品课、“民商法”国家级教学团队主要成员、烟台大学中青年学术带头人，欧洲侵权法研究院（奥地利）、意大利罗马第二大学访问学者。2010年获得山东省社会科学学科新秀奖。2012年入选山东省理论人才“百人工程”，获“烟台市有突出贡献的中青年专家”称号。主持国家社科基金项目1项，省部级科研项目3项。主要学术兴趣为民法总论、侵权法。山东省社会科学学科新秀。科研成果获山东省社会科学优秀成果二等奖2项、三等奖2项。获第四届佟柔民商法发展基金青年优秀成果著作奖。

张玉忠 男，1964年出生，曲阜师范大学教授，运筹研究所所长，运筹与管理学院院长。1997年中国科学院应用数学研究所毕业并获博士学位。主要从事最优化方法、应用数学、信息科学、管理科学的研究工作。华东师范大学、曲阜师范大学博士生导师。兼任山东省运筹学会理事长、中国运筹学会理事、中国运筹学会排序委员会委员、政协济宁市委员生。发表论文50余篇。其中在《JCO》、《Algorithmica》、《Lecture Notes in Computer Sci.》、《科学通报》、《应用数学学报》、《数学年刊》、《系统科学与数学》、《计算数学》等国内外刊物上发表50余篇。在共轭梯度法以及生产流水作业线提高效率方面的研究成果被《中国科学》、《运筹学学报》等重要刊物引用，美国的《数学评论》、德国的《数学文摘》摘评多篇。主持并完成了省项目“黄河三角洲可持续发展模式研究”，参加并完成三项国家级课题。主持国家自然科学基金项目、山东省中青年科学家项目、教育部骨干教师项目、省自然科学基金项目、省教育厅信息管理方面的应用课题“生产流水作业线的优化管理”等多项课题。第六届山东省青年科技奖，山东省第五届中青年学术骨干、学术带头人培养对象，山东省高等学校教师晋升职务学术水平鉴定专家，山东省信息产业行业优秀青年。兼任中国运筹学会理事，中国排序专业委员会副主任，山东省运筹学会理事长。获运筹学会联合大会（IFORS）的运筹学应用奖（1999年），获中国运筹学会应用奖（2000年）。获中国高校自然科学奖，4次获山东省科技进步奖，获省教委科技进步一、二、三等奖共12次，被中国日报（China Daily 2002.8.14）等媒体报道。运筹学与控制论该学科总负责人。与香港城市大学邓小铁教授合作证明了分批调度（Batch Schedule）问题是NP-难的，该成果发表在《Algorithmica》、《Journal of Combinational Optimization》、《Lecture Notes in Computer Science》等国际刊物上；与王长钰教授合作建立了S—相关GFR的共轭梯度法（Conjugate gradient method），得到收敛性定理，并由此定理推出在若干步长策略下GFR的全局收敛性，其中几种步长策略在现有文献中属首次，该成果发表在《科学通报》和《Chinese Science Bulletin》上；对非线性互补问题（Nonlinear Complementarity Problem），提出新的整体收敛的算法，并用大量算例说明了算法的有效性，该成果发表在《Journal of Computational Mathematics》，被SCI收录；对于调度问题中著名的LPT（Largest Processing Time）算法得到新的性质——单调性，并用此性质改进了前人的算法，把Usog等人的最差性能比由4改为8/3，大大提高了效率，该成果发表在《应用数学学报》；对调度问题首次提出“转换引理”，用此引理改进了现有的诸多结果，该成果发表在《系统科学与数学》；对于同类机（机器的速度可以不同）的可抢占的在线的调度问题首次进行研究，与汪寿阳教授合作设计出了有效的算法，发表在《Journal of Systems Science and Complexity》；首次引入了折算函数并通过折算函数建立了净资产概念，首次讨论了有交易费的交易市场中的套利机会，该成果发表在《应用数学学报》、《系统科学与数学》、《控制理论与应用》、《Lecture Notes in Operations Research》等国内外重要刊物上。以上理论成果2000年获山东省科技进步奖，2001年获中国高校自然科学二等奖。针对黄河三角洲可持续发展问题建立数学规划模型，用非线性规划的算法进行求解。该成果已应用于滨州地区开发计划中，获中国运筹学会奖、山东省科技进步奖。

张伟 男，1975 年出生，山东社会科学院文化研究所副所长，副研究员，山东省古代文学学会常务理事，《山东文化蓝皮书》副主编。已出版专著 4 部，在《学术交流》、《山东社会科学》、《东岳论丛》等刊物发表文章 30 余篇，主持或参加国家及山东省社科规划项目 10 余项，曾获得山东省社会科学优秀成果三等奖一次，山东省刘勰文艺评论奖 2 次，学术成果共计 100 多万字。2010 年被评为"山东省社会科学学科新秀"，2012 年入选山东省理论人才"百人工程"。

张华 男，1954 年出生，山东社会科学院党委书记，教授，山东大学博士生导师。长期以来一直从事文化和现当代文学教学、理论研究及重大文化课题和学术活动的组织、主持工作，兼任省社科联副主席、省行政管理学会副会长、省现代文化研究会副会长。先后承担教育部社科研究规划重大项目 2 项，省社科规划研究重大项目 2 项；出版专著 3 部，主编著作、丛书 50 多部，发表论文 100 多篇，成果近千余万字。先后获山东省社科重大成果奖一项，一等奖 2 项，二等奖 2 项。先后出版《中国现代通俗小说流变》等 3 本专著，发表《历史地系统地把握马克思主义的文化理论》、《现代性与文学性》等论文。主编了《山东经济社会文化系列蓝皮书》、《科学发展观研究系列丛书》、《山东半岛蓝色经济区发展战略研究》、《马克思主义论坛》、《山东经济特色与竞争优势研究》、《山东改革开放 30 年》等著作。其中《山东半岛蓝色经济区发展战略研究》获山东省社会科学重大成果奖，《现代性与文学性》被评为省社科优秀成果一等奖。主持完成的《山东省文化产业发展专项规划（2007—2015）》得到李建国肯定性批示，省委、省政府（鲁办发［2007］35 号）文件印发全省政府系统。

张红凤 女，1970 年出生，山东财经大学公共管理学院院长，学校关键岗位教授，经济学博士，博士后，山东大学博士生合作导师，享受国务院政府特殊津贴专家，教育部新世纪优秀人才，山东省有突出贡献的中青年专家、山东省第十一届青联委员、山东省高层次人才，"山东省公共政策软科学研究基地"、"山东省政府规制与经济社会发展研究基地"首席专家，山东省"富民兴鲁劳动奖章"获得者。主要研究方向为政府规制与公共政策。近年来，主持国家级、省部级课题及重大横向课题 20 余项，在《中国社会科学》、《经济研究》等期刊发表《规制经济学沿革的内在逻辑及发展方向》、《环境保护与经济发展双赢的规制绩效实证分析》等学术论文 40 余篇；科研成果获山东省社会科学优秀成果一等奖、山东省科技进步二等奖等奖项 20 余项；论文多次被《新华文摘》、《中国社会科学文摘》等全文转载；所提出的政策建议多次被相关决策部门采纳。

张红霞 女，1973 年出生，山东理工大学发展规划处副处长、教授。2008 年毕业于东北师范大学获博士学位，研究方向为国际贸易理论与实践、区域经济发展与规划，在应用经济学、工商管理（MBA）、农村与区域发展等学科专业指导硕士研究生。主持山东省社科规划基金项目、软科学研究项目 6 项，出版专著 1 部，在《地理科学》、《经济地理》等期刊发表论文 61 篇，SCI、EI 检索论文 7 篇，首位获得山东省社科优秀成果二等奖 1 项。参与东北老工业基地振兴规划、黄河三角洲高效生态经济区高青县发展规划等国家和地方政府委托的课题研究。社会学术兼职有：山东省世界经济学会常务理事，山东省对外经济学会常务理事，中国亚太学会会员。

张伯存 男，1968 年出生，聊城大学硕士研究生导师，文学博士，教授。主持完成国家社科基金项目《二十世纪九十年代文学转向与社会转型研究》。2006 年和 2009 年先后两次获山东省社会科学优秀成果三等奖，2004 年获刘勰文艺评论奖。2010 年出版著作《当代文学与大众文化中的男性气质》，2007 年出版著作《文化症候与文学精神》，其中一节被《书摘》2008 年第 5 期转载。近年来，在 CSSCI 来源期刊、核心期刊等刊物发表论文近 20 篇，其中发表在《山东社会科学》2011 年第 11 期论文《九十年代社会转型期中的王朔现象》，被《新华文摘》2012 年第 6 期论点摘编；论文《征婚广告：从私人话语到公共叙事》发表在《当代作家评论》2004 年第 4 期，人大复印资料《中国现代当代文学研究》2004 年第 9 期全文转载。中国当代文学研究会会员，山东省作家协会会员，山东省文艺评论家协会会员。

张体勤 男，1950 年出生，山东财经大学教授、山东人才发展研究中心主任。山东大学博士生导师，享受国务院政府特殊津贴。山东省第九次党代会代表，山东省第十届政协常委。学术研究领域为人力资源管理和企业创新管理。近年来在《北京大学学报》（哲学与社会科学版）、《文史哲》、《中国高等教育》等高层次学术期刊发表论文 50 余篇。出版专著《知识团队的绩效管理》（科学出版社）、《民营科技企业创新服务体系政策研究》（社会科学出版社）和《知与行的探索》（山东人民出版社）等 5 部。作为课题负责人，承担了国家社科基金项目《民营科技企业创新服务体系的政策研究》、《基于就业力视角的大学生就业问题与对策研究》和教育部社科研究项目《中国高等学校学术创新团队绩效管理研究》以及山东省软科学研究计划重大招标项目《山东高层次创新人才现状评估及引进培养对策研究》、山东省重点社科规划研究项目《知识型组织的运行机制研究》等十余项。2006年以来，主持开展了省政府委托的“大学生就业预警机制研究”，2009年主持完成了省委组织部委托的“山东省‘泰山学者’建设工程一期工程实施情况评估和二期工程规划思路研究”。还主持完成了《山东省征地制度改革专题研究》、《章丘市经济发展战略研究（2006—2015）》、《任城区中长期经济发展战略研究（2010—2020）》等重大横向项目。先后荣获中国高校人文社会科学研究优秀成果三等奖1项，山东省社会科学优秀成果一等奖1项和二等奖2项，山东省科技进步二等奖2项。主持完成的教研项目于2009年获得山东省高等教育教学成果一等奖和第六届国家级教学成果二等奖。国家社科基金规划项目评审专家、中国自然辩证法研究会名义副理事长、山东自然辩证法研究会理事长、山东省高等教育管理科学研究会常务副会长、山东省生产力学会副会长、山东鲁信高新技术产业股份有限公司独立董事和山东浪潮集团科技股份有限公司独立董事等。

张志勇　男，1962年生，山东师范大学体育学院副院长、心理学硕士、教育学硕士（日本）。主要研究方向：学校体育；体育社会学；体育学“学校体育研究”方向、“教学与课程论（体育）”方向和“学科教学（体育）”以及“体育硕士专业学位点”学科带头人；山东师范大学教育硕士学术委员分会委员。先后在《体育科学》等发表论文60余篇；主编参编论著12部，由科学出版社出版的《体育教学论》，获山东省级高校优秀教材奖；承担或完成了国家社科基金、全国教育规划、教育部，山东省社科规划等研究课题20余项；多项研究获省、部、厅级奖，其中《自闭症儿童体育游戏干预个案研究》获山东省社科优秀成果奖二等奖。教育部全国中小学体育教学指导委员会委员；中国体育科学学会学校体育分会委员；中国教育学会、中国高等教育学会体育卫生分会理事，学术部委员；中国教育学会体育卫生分会学校体育与心理健康研究会副理事长；山东省高等教育学会体育研究会秘书长。

张志毅　男，1937年出生，鲁东大学教授，语言学家、词汇学家、语义学家、词典学家。商务印书馆辞书中心特聘研究员、中国辞书学会顾问、中国社科院语言所《现代汉语词典》审订委员、教育部语信司/鲁东大学共建汉语辞书研究中心顾问、全国高校现代汉语教学研究会副会长。专业方向一直以词汇学、语义学、词典学为主。为语言所、商务印书馆、上海辞书出版社、齐鲁书社、多个杂志审订《现代汉语词典》、《辞海》等论著数十种。山东省级拔尖人才、国家有突出贡献的专家（享受国务院政府特殊津贴），山东省有突出贡献的社会科学家、山东省优秀研究生导师。1958年以来，在《人民日报》、《中国语文》、《中国外语》等国内外报刊、论集上发表论文120多篇，在商务印书馆等国内外出版社出版专著、词典等11部。总计约750多万字。其中《词汇语义学》被教育部推荐为研究生教学用书，10多年来被许多名校硕士、博士及其导师作为主要必读参考书。《汉语大词典》主要编写者之一。国家级教学二等奖，辞书事业终身成就奖，教育部曾宪梓奖，省级科研成果一等奖，省级教学成果一等奖，《汉语大词典》（主要编写者）国家图书一等奖。2012年获得山东省社会科学突出贡献奖称号。

张国　男，1975年出生，济宁学院经济与管理系讲师。研究方向为人力资源开发与管理、高校师资教育与管理、公共事业管理。先后主持或参与省级科研项目三项，其中，主持2012年度山东省人文社会科学课题《经济转型期高校专任教师职业化培育机制研究》、参与山东省社科联2010年科研立项项目《高等院校绩效管理激励机制改革研究》和山东省教育科学“十一五”规划课题《大学生创新能力、实践能力和创业精神培养研究》。参与学校“十二五”规划课题三项，主持学校教研立项一项，参与学校教研立项一项。

张宗斌　男，1965年出生，山东师范大学经济学院院长，经济学博士，教授，博士生导师；兼任山东师范大学国际商务硕士教育中心主任，山东省重点建设学科世界经济负责人，理论经济学一级学科硕士点负责人，世界经济硕士点负责人。在《经济研究》、《财贸经济》等国家级和省部级刊物上发表学术论文100多篇，有20多篇被《新华文摘》、《中国社会科学文摘》、《中国人民大学书报资料》等转载或摘要。出版6部著作，其中专著1部，主编5部；主编的《现代西方经济学教程》一书被教育部列为“面向21世纪核心教材”。主持或参加了10余项国家级和省级课题的研究。山东师范大学第二届十大杰出青年、第一届研究生优秀导师。获得过原国家计划委员会三等奖一项，山东省社会科学优秀科研成果三等奖三项，山东省高校优秀科研成果一等奖一项、三等奖两项。

张宝英　女，1967年出生，烟台大学副教授，哲学硕士。出版学术著作《人学视野中的环境与创新》，先后在《烟台大学学报》、《东岳论丛》、《山东社会科学》、《学术研究》等学术期刊发表论文数十篇，其中9篇被《新华文摘》全文转载或论点摘编。其代表性的论文主要有：《人之善恶的本质》、《人在社会发展中主体地位的内在依据》、《关于“社会发展最终决定力量”的思考》、《人性的追问》、《论人的潜在价值及其实现特征》、《个人自主性实现刍议》、《个人自主选择性与社会基本矛盾》等。《人在社会发展中主体地位的内在依据》和《人之善恶的本质》两篇论文分别获2009年和2010年山东省社会科学优秀成果二等奖。

张承芬　女，1943年出生，十一届全国政协常委、山东省人民政府参事、山东省社会心理学会会长，教授，博士生导师；山东省民进主委、民进中央常委、全国政协常委。兼任中国社会心理学常务理事、理论与教学委员会副主任。近年来主持多项研究课题，其中省部级课题8项，出版著作、教材（含合著、主编）24部，其中《教师心理》（1984年）被认为是我国第一部系统研究教师心理之作；《素质教育学概论》（1991年）也系首部有关素质教育的专论。撰写专业论文50余篇，有多篇发表在心理学重要学术刊物上。研究成果获各级奖励20余项，其中省部级奖励10项。先后被评为山东省专业技术拔尖人才，济南市专业技术拔尖人才，并于1993年享受国务院政府特殊津贴。2010年荣获第四届“山东省社会科学突出贡献奖”。

张昌林　男，1970年出生，枣庄学院思想政治理论课教学部副教授、副主任，山东大学政治学博士。研究方向为政治学理论，研究专长是共和主义、公民身份和公民参与。近几年来，主持教育部人文社会科学研究基金项目1项、山东省高等学校人文社会科学研究计划经费项目1项，主持并完成山东省社会科学规划项目1项、枣庄市软科学研究计划项目1项，以第3位参与完成国家社会科学基金项目1项。由山东大学出版学术专著1部，在《武汉大学学报》、《南京社会科学》、《学习与探索》等重要期刊上发表核心论文10多篇。其中有2篇被人大复印资料全文复印。获得山东省社会科学优秀成果奖3等奖1次，获得山东省高等学校优秀科研成果人文社科类3等奖3次。主持校级精品课程1门，获得校级教学质量奖3次。

张金光　1939年3月出生，教授。主要从事中国古代史和中国社会经济史研究，在《历史研究》、《汉学研究》（台湾）、《中华文史论丛》、《中国史研究》、《史学月刊》、《文史哲》等刊物发表论文数十篇，获山东省社会科学优秀成果奖一等奖一次，二、三等奖多次。撰有《秦制研究》（上海古籍出版社，2004年）一书曾在《文史哲》杂志发表《关于中国古代（周至清）社会形态问题的新思维》一文，以其新颖独到的观点，引起学术界关注。

张金霞　女，1963年出生，山东师范大学教授，博士、研究员。承担主要项目：省古籍整理项目：《六书统》校点、《颜师古注语言学研究》。出版著作《颜师古语言学研究》、《〈史记〉虚词通释》、《沂水县清志汇编》、《齐鲁山水诗文大观》等多部著作。代表性论文有《颜师古的语音学》（《古汉语研究》）、《论颜师古对音义关系的认识》（《古籍整理研究学刊》）等。参与撰写的《汉语称谓大词典》2002年12月获第十七次山东省社会科学优秀成果一等奖、担任编委并参与撰写的《全唐诗大辞典》2001年10月获第四届国家辞书奖二等奖，2001年12月获第十六次山东省社会科学优秀成果二等奖。

张春光　女，1954年出生，省委党校二级教授。主要从事应用经济、经济社会发展及综合评价体系等方面的研究。近年来出版专著1部，主编著作3部。发表论文30余篇，其中多篇被《光明日报》、《新华文摘》、《求是·内部文稿》、《中国改革报》、《中国劳动》、《理论学刊》、《理论探讨》、《理论导刊》、《中国市场经济报》、《理论视野》、《人大复印资料》、《思想理论动态参阅》和全国中文核心期刊、CSSCI期刊等刊登、转载或摘编及收目。获省（部）级以上科研成果奖11项，其中：山东省社科优秀成果一等奖1项、二等奖1项、三等奖3项；全国党校系统优秀成果（部级）二等奖4项、三等奖1项；山东省科技进步三等奖1项。作为首位项目负责人承担完成国家、省（部）级科研项目共14项，其中：国家社科基金项目3项，国家软科学计划项目2项，山东省社科规划重点项目4项，山东省软科学计划项目3项，全国党校系统科研项目1项，山东省委委托重大课题1项。完成的3项国家社科基金项目《县域可持续发展决策支持系统研究》；《县域农村全面建设小康社会战略与评价体系研》；《体现科学发展观要求的县域经济社会发展综合评价体系研究》均鉴定为优秀等级。当选山东省“巾帼建功”先进个人1次，全国党校系统优秀科研管理工作者1次，省党校优秀教育工作者1次，优秀党员1次，获嘉奖2次，记三等功2次。国务院特殊津贴专家、山东省有突出贡献的中青年专家。

张荣华　男，1961年出生，中国石油大学（华东）教授，博士生导师。山东省高校人文社会科学研究基地“中国化马克思主义研究中心”主任；山东省高校中国革命史教研会副会长，山东省马克思主义理论教育专业委员会副主任，山东省科学社会主义学会常务理事，山东省中共党史学会理事，青岛市社会科学界联合会委员，青岛市科学社会主义学会副会长。先后承担国家级、省部级、校市级科研项目60项。在中国特色社会主义事业总体布局研究、党建理论与实践研究、知识分子问题研究、在华日人反战运动史研究、西安事变人物研究等方面，取得了一批研究成果。共出版著作45部，发表学术论文190篇，其中19篇被中国人民大学复印报刊资料全文转载。获山东省社会科学优秀成果一、二、三等奖各1项，其他各类奖100余项。

张振鹏 男，1973年出生，济南大学管理学院副教授，主要从事文化创意产业研究。近五年来，主持教育部人文社科项目等课题研究8项，参与并完成国家社科基金项目2项，国家软科学研究项目1项，其他省部级课题11项。发表论文30多篇，其中CSSCI收录期刊21篇，ISTP收录论文6篇，被人大复印资料全文转载3篇，中国社会科学网、《中国文化报》等媒体转载9篇次。获山东省优秀社会科学成果二等奖、三等奖各1项，其他省部级科研奖励4项，地市级科研奖励7项。

张祥云 男，1966年2月出生，聊城大学学科建设处处长、教授、硕士生导师，法学博士。“山东省中青年学术骨干”、“山东省社会科学人才库成员”、山东省优秀青年知识分子。中国国际共运史学会理事、山东省国际政治与国际共运学会副会长。参与或承担并完成国家、省社科规划课题等多项，出版《走出冷战：战后苏联对外政策的演变》等4部专著。主编、参编《马克思主义经典著作精选及导读》、《世界社会主义共产主义运动新论》等6部著作。参译《最后的帝国：苏联民族问题及其前途》。在《当代世界与社会主义》、《科学社会主义》、《世界民族》、《社会主义研究》、《东岳论丛》、《社会科学研究》等专业学术期刊上发表论文50余篇，其中有10余篇被人大复印资料全文复印。省部级以上社科评奖二等奖获得者。

张祥龙 男，1949年生，美国纽约州立布法罗(Buffalo)大学哲学系哲学博士，山东大学特聘一级教授、博士生导师。曾任北京大学外国哲学研究所所长、北京大学现象学研究中心主任。研究领域为东西方哲学比较，西方现代哲学［现象学（海德格尔为主）］，儒家哲学。主要著作有《海德格尔思想与中国天道》、《从现象学到孔夫子》、《孔子的现象学阐释九讲——礼乐人生与哲理》、《先秦儒家哲学九讲——从〈春秋〉到荀子》等十几部，发表论文120多篇。

张越 男，1960年出生，山东理工大学《管子学刊》编辑部编审、中国出版工作者协会装帧艺术委员会委员、淄博市有突出贡献的中青年专家。首位出版著作2部。首位在核心期刊发表论文15篇。被《新华文摘》全文转载1篇；《中国社会科学文摘》全文转载2篇。首位获山东省社会科学优秀成果奖二等奖3项、三等奖1项。主持完成山东省社科研究重点项目1项。首次提出《考工记》作为我国古代一部著名的工艺文献，其核心价值是其工艺美学思想，也是形成《考工记》经久不衰和富有生命力的主要原因；齐国历经八百年而长盛不衰，其根源在于富民思想的提出与实践，富民思想是齐文化的精髓，也是其价值内核的学术观点。填补了多项齐文化研究空白。

张锋 女，1969年出生，山东师范大学法学院教授，环境资源法学博士。山东省知识产权研究与培训中心副主任环境与资源保护法学、生命法学专业。山东省生态文明研究会副会长、中国生态文明研究与促进会研究指导委员会委员。主要论文：《老子、庄子的环境生态伦理思想浅析》；《我国环境资源法学研究新进展——2003中国环境资源法学研讨会（年会）学术综述》，中国人大复印资料全文转载；《质疑公民环境权》；《国有企业公司化改制中存在的问题与对策》；《道家环境伦理思想的现实意义》；《老庄的生态思想与西方环境伦理》等30余篇。科研获奖：山东省软科学优秀成果一等奖；山东省科技进步二等奖等。出版专著：《自然的权利》等。承担课题：《人与自然关系的法律化——环境公益诉讼制度研究》；《和谐社会的生态化解读——人与自然关系的法律化》；《生态文化及生态文明发展研究——生态文明及其发展对策研究》等14项。

张嵩 女，1976年出生，青岛大学特聘教授。管理学博士、教授、博士生导师。国际信息系统协会（AIS）会员，国家自然科学基金委函评专家，山东省信息化专家咨询委员会成员。从事信息管理与电子商务方面的研究工作，探讨企业、政府等信息化主体在信息化建设中遇到的各类管理问题。近年来主要研究信息技术商业价值、跨组织信息系统扩散、社会网络与知识管理。主持国家自然科学基金、国家软科学各1项，山东省自然科学基金、中国博士后科学基金等省部级课题6项。出版学术专著1部，在国内外重要学术期刊Communications of AIS、中国工业经济、管理工程学报等发表论文30余篇，以第1作者获得省市级科研奖励6项。2011年荣获山东省社会科学学科新秀奖。2012年被评为青岛市优秀共产党员、青岛市“三八红旗手”、青岛市建功女明星、青岛市十佳女职工建功立业标兵、青岛市工人先锋。

张新 男，1967年出生，山东财经大学管理科学与工程学院院长，教授，博士生导师。主要研究方向为信息管理、电子商务。山东省企业电子商务工程技术研究中心主任，山东省信息化与工业化融合促进中心主任。山东省特色重点学科“管理科学与工程”学科负责人，“信息管理与信息系统”国家级特色专业和省级教学团队带头人，“管理科学与工程”博士点立项建设学科负责人。获国务院政府特殊津贴、全国优秀教师、山东省有突出贡献的中青年专家、济南专业技术拔尖人才等荣誉称号，入选山东省高层次人才专家库，是山东省制造业信息化工程专家组专家、省信息化咨询委员会专家、山东省三网融合专家组专家。中国信息经济学会副理事长、中国信息经济学会信息管理专业委员会主任、国际信息系统协会（AIS）中国分会常务理事、中国管理科学与工程学会理事、山东省经济管理学会副会长兼秘书长、山东计算机学会常务理事兼副秘书长。

张瑞甫　男，1954 年出生，曲阜师范大学教授，人生与社会最优化原理创立者。主要研究方向为哲学原理、马克思主义理论与思想品德教育、管理学理论与方法、科学研究与论文论著写作、人生与社会最优化原理。先后担任伦理学、思想政治教育、马克思主义理论研究生导师。现为曲阜师范大学校务委员、校学术委员会委员，马克思主义学院教授，哲学与管理研究中心主任，中国人生科学学会常务理事、副秘书长，中国管理科学研究院特约研究员，国务院政府特殊津贴专家。多年来为博士生、硕士生、本科生等讲授马克思主义原理、马克思主义哲学、人生哲学研究、管理学、人生与社会最优化原理、科学研究与论文论著写作等多门课。多次被评为曲阜师范大学优秀教师、优秀研究生导师。多年来在《人民日报》、《光明日报》、《新华文摘》、《中国教育报》、《北京大学学报》、《马列主义研究》、《哲学原理》、《伦理学》、《新兴学科》等报刊发表论文 80 多篇。在中国社会科学出版社等独立出版和参与出版专著 10 部；独立获 3 项全国优秀图书、论文、社科成果一、二等奖和提名奖，10 项山东省（政府）、省教委、省教育厅社会科学优秀成果一、二、三等奖。先后被评为曲阜师范大学首批青年拔尖人才，记二等功；首批关键岗位教授；学校首批“161”工程人才；济宁市“八五”建功奖章获得者、专业技术拔尖人才、首批有突出贡献的中青年专家、济宁市劳动模范；山东省高校优秀思想政治教育工作者。

张德升　男，1964 年出生，潍坊学院经济管理学院院长，教授，硕士生导师。主要研究方向：农村经济问题。主要讲授基础会计学、会计理论、区域经济学等课程。近年承担或完成省以上课题 7 项，主要有：以创新能力培养为导向的本科生第二课堂教学体系构建与实践、山东省农村基础设施供给短缺的制度成因与缓解对策研究、面向建设山东半岛高端产业聚集区的模具产业公共服务平台规划研究、公用事业的市场运营与政府规制研究等。出版《基础会计学》、《会计制度设计》等著作 5 部，获潍坊市社科一等奖、山东省软科学二等奖、山东省优秀社科成果三等奖等。中国会计学会第五届理事会理事，潍坊市社会主义新农村建设理论专家组成员，潍坊市工业技术研究会专家委员会专家，潍坊市市长质量奖评审专家，山东省优秀教师。

李长英　男，1966 年出生，美国科罗拉多大学经济学博士，山东大学经济学院院长，教授、博士生导师。主要研究方向为产业组织理论、国际经济学、微观经济理论与应用。在 Journal of International Economics，International Journal of Industrial Organization，等国内外学术期刊发表论文 30 余篇；获 2006 年美国科罗拉多大学经济学系最佳政策性研究论文奖（Best Published Faculty Paper in Public Policy in 2006）和 2006 年（第 14 届）“安子介国际贸易研究奖”优秀论文二等奖。2007 年入选教育部“新世纪优秀人才支持计划”。

李鹰　男，1962 年出生，山东师范大学教育科学研究所所长，研究员。兼任中国教育学会教育实验分会理事，山东省教育学会常务理事。研究的主要领域：基础教育改革与实验，青少年性教育。先后在《教育研究》、《中国教育学刊》等刊物上发表论文十余篇，先后主持或承担中央统战部、全国教科、省社科及省软科学重点项目 10 余项。成果获教育部基础教育改革与实验优秀成果一等奖 1 项（二位），中央统战部优秀理论成果二、三等奖各 1 项（二位），山东省社科优秀成果一等奖 1 项（二位）、二三等奖各 1 项（独立）。

李中华　男，1970 年出生，青岛农业大学合作社学院院长、青岛农业大学国际合作经济发展研究中心主任、中国合作经济学会常务理事、青岛市人大常委。留日农学博士，硕士研究生导师，合作经济学科带头人。研究领域为合作经济、农业经济和企业管理。主持、撰写《专业合作社实务》、《农民专业合作社法律政策与制度汇编》、《现代合作社论》等学术著作，在国内外学术期刊发表学术论文 70 余篇。主持和参加国家社科基金、国家软科学研究计划、农业部农业标准化示范项目等科研项目 20 余项，山东省软科学研究成果一等奖等奖励多项。为中组部、农业部、国务院扶贫办、国家林业局及全国 20 余个省市培训党政领导干部、合作社及企业负责人等 5 万多人次，指导全国 200 余家农民合作社的发展与建设。2012 年 5 月，获得 2011 中国合作经济年度成就奖评委会特别奖。2012 年 9 月撰写的《农民专业合作社发展面临“四低”困境》的建议呈报中央政治局委员、中央书记处书记、国务委员等中央领导参阅，国务院副总理回良玉作出重要批示。

李丰祥 男，1955年出生，山东理工大学体育学院院长，教授，硕士研究生导师。中国体育科学学会会员，研究方向为体育教学与训练。近年来一直从事本科教学工作，承担网球与田径课程教学。高等学校教材《网球》获得山东省高等学校优秀教材一等奖。完成国家社会科学基金项目、山东省社会科学规划重点项目及山东省教育厅人文社会科学项目等6项，在《中国体育科技》、《武汉体育学院学报》、《北京体育大学学报》、《体育文化导刊》等核心期刊上发表论文10余篇，出版著作2部。主持的国家社会科学基金项目（04BTY015），从理论和实证两个方面探讨了经济转型期我国居民体育消费特征及发展趋势，获得了山东省社会科学优秀成果奖二等奖。

李少群 女，1954年出生，山东社会科学院文化研究所研究员，院重点学科“地域文化与文学”学术带头人，享受国务院政府特殊津贴。在省级和国家级出版社出版学术著作6部，主编和撰写文学史、作家论等著作5部，在杂志报纸等发表学术论文数十篇，共约计400余万字，主持国家社科基金项目和省社科规划项目多项。其中，著作《李广田传论》、《追寻与创建——现代女性文学研究》、《山东文学通史》（先秦——20世纪上下卷）、《齐鲁文学演变和地域文化》等在国内外有较大影响，先后被《光明日报》、《中华读书报》、《中国文化报》、《中国文学年鉴》、《博览群书》、《人民大学学报》、《齐鲁学刊》等多家报刊专文或专版介绍评论，或摘要或全文转载，在国内学术界产生了较大反响。荣获山东省社会科学优秀成果重大成果奖（第1位）1次，一等奖（2/2）1次，二等奖1次，三等奖2次。

李平 男，1969年出生，山东理工大学商学院院长，二级教授，博士生导师。南开大学经济学博士，日本立教大学国际经营专业博士课程学历，英国苏塞克斯大学博士后。山东省有突出贡献的中青年专家，西班牙ESIC商学院客座教授。主持国家级项目5项，省部级项目12项，国际合作项目2项。在《中国社会科学》、《管理世界》、《世界经济》、《经济学（季刊）》、《南开管理评论》等学术期刊上共发表论文190余篇，在人民、三联书店等出版社共出版专著20余部；获得省社会科学优秀成果奖一等奖1项、二等奖3项，“安子介国际贸易研究奖”3项。获山东省优秀研究生指导教师、淄博市高校系统优秀教师、山东理工大学教学名师等各类教学奖励45项。

李永采 男，1933年出生，曲阜师范大学教授，研究室主任，山东大学历史系毕业。享受国务院政府特殊津贴。撰写、编著的主要著作有《海洋开拓争霸简史》（海洋出版社出版）等六种；《中国军事百科全书》外国军事史部分条目撰稿人，曾任有关军事百科全书特约审稿人；发表学术论文近50篇。

李光红 女，1967年出生，济南大学社科处处长、教授，博士。在《系统工程与电子技术》、《数量经济技术经济研究》、《生产力研究》、《山东社会科学》、《科技进步与对策》、《东岳论丛》等学术刊物发表论文30余篇，20余万字；主编30余万字教材一部，参编教材两部；主持国家级课题1项、省部级课题4项、院校级课题6项，作为前三位参与省部级课题6项、院校级2项；获“山东省社会科学优秀成果奖”、“山东省教育厅优秀科研成果奖”、“第六届济南市青年科技奖”等科研奖励16项。省部级以上社科奖一、二等奖获得者。

李华锋 男，1976年出生，聊城大学政治与公共管理学院副院长，教授，硕士生导师，校聘优秀人才。法学博士、博士后。主要研究方向是世界社会主义运动。主持完成中国博士后科学基金项目、山东省社科规划项目、山东高校社科规划项目4项。在《中国社会科学报》、《社会主义研究》等学术期刊发表论文60余篇，出版学术著作10部。其中独著《英国工党与工会关系研究》出版后，被《光明日报》、《当代世界与社会主义》、《社会科学研究》、《英国研究》等报刊给予高度评价，先后获得山东高校优秀科研成果一等奖、山东省社科优秀成果三等奖和第六届高等学校优秀科研成果三等奖。独撰论文《英国工党性质的三维解读》为中国人民大学报刊复印资料全文转载，获得山东省社科优秀成果二等奖。

李合亮 男，1973年出生，聊城大学党办、校办主任，教授、硕士生导师，入选山东省理论人才百人工程。山东大学马克思主义理论博士后。主要从事思想政治教育原理与应用研究，出版专著3部，在《马克思主义研究》等杂志发表论文60余篇；主持国家社科基金特别委托项目子课题、教育部课题、省社科规划课题、省思想政治教育课题各1项；获全国高校思想政治教育优秀成果三等奖1项，山东省社会科学优秀成果一等奖1项、三等奖1项，山东省高校优秀科研成果一等奖2项，山东省高校思想政治教育优秀成果一等奖4项。

李安增 男，1962年出生，现为曲阜师范大学政治与公共管理学院院长、博士生导师。法学博士，教授。山东省马克思主义理论教育专业委员会副主任委员，山东省中国革命史研究会副会长，山东省政治学、科学社会主义研究会副会长，日照市政府应急管理专家组成员。主要从事中华人民共和国史、中共党史、马克思主义中国化研究与教学工作。先后为本科生、研究生开设6门课程。出版《中国共产党现代化理论研究》、《历史与经验——中国共产党与当代中国发展》等论著10余部。在《政治学研究》、《中共党史研究》、《当代世界与社会主义》等核心期刊发表学术论文80余篇。先后承担《当代中国现代化进程中的政权稳定问题研究》、《建国以来中国共产党认识和处理发展问题上的历史经验研究》等5项国家、教育部、山东省课题。科研成果获山东省优秀社会科学成果一等奖1次，山东省高校优秀社会科学成果一等奖2次；教学成果获山东省优秀教学成果二等奖1次。

李宏勋　男，1964年出生，中国石油大学（华东）教授，主要从事管理、经济学科的教学与研究工作，先后主持参与了包括国家社科基金项目、中国石油天然气总公司项目等30多项，其中主持国家社科基金2项。公开发表学术论文50多篇，其中近三分之一被中国人民大学《报刊复印资料》、《新华文摘》、《EI》等全文转载、摘要收录和索引收录，出版专著一部，教材两部。获得科研奖励多项，其中省优秀社科成果奖两项，《我国石油工业发展中存在的问题与对策》获2000年省优秀社科成果三等奖和东营市优秀社科成果一等奖；著作《中国石油工业控制力和国际竞争力》获2012年省优秀社科成果三等奖和东营市优秀社科成果特等奖。

李寿欣　男，1965年出生，山东师范大学心理学院副院长兼心理学实验教学中心主任，教授、博士生导师。中国心理学会普通心理与实验心理学分会理事，山东省心理学会常务理事。主要研究领域为人类认知及其个体差异、认知神经科学，承担并完成多项科研项目，其中省部级课题6项，在《心理学报》、《Neuroreport》等国内外重要学术期刊发表学术论文60余篇。著有《普通心理学》、《认知方式的理论与应用》、《基础心理学实验指导》等多部著作和教材。研究成果多次获得山东省社会科学优秀成果奖，其中“不同认知方式个体在语篇阅读中抑制外部干扰的眼动研究”，获得2012年山东省第二十六次社会科学优秀成果二等奖。

李秀丽　女，1963年出生，青岛农业大学经济与管理学院法学教研室主任，教授，硕士研究生导师。主要从事农业知识产权及农民专业合作社法的研究工作。近年来先后主持或参加包括国家社科基金在内的各类研究项目10项，发表文章20篇。获得青岛市社会科学优秀成果奖二、三等奖各1项、山东省软科学三等奖1项。应邀参加过东盟国家“植物品种与农民权益保护研讨会”；国际植物品种保护联盟“植物品种保护与技术转移研讨会”；农业部植物品种保护办公室主办的“农业知识产权论”等。从2011年开始担任援助非洲国家政府农业官员知识产权培训项目的授课工作。

李季平　男，1920年出生，曲阜师范大学历史系教授兼中国古代史研究室主任、教授，校学术委员会员、校位委员会委员。山东大学兼职教授、山东省社科优秀成果奖评选委员、山东省专业技术拔尖人才文教宣传系统评委、中国唐史学会顾问、山东省历史学会副理事长、山东省政协常委等职。致力于魏晋隋唐史研究，兼及明清史和文献学。先后已出版著作7部，在国家级、省级学术刊物发表专业论文及其他文史类文章70余篇。主要成就在唐史研究：专著《唐代奴婢制度》获得山东省教育厅1987年高校哲社优秀成果著作一等奖。古籍整理研究方面，《大唐创业起居注》点校，被列为1984年山东省古籍整理“主要成果之一”。主编的《全唐文政治经济资料汇编》获得山东省教委1993年高校哲社优秀成果著作三等奖、山东省历史学会1993年史学优秀成果一等奖，并参加“全国高校古籍整理研究十年成就展”。著作《淝水之战》获山东省1956年第一届先进工作者奖；《简明中国古代史》、《王夫之与读通鉴论》获山东省社联1981—1983年优秀成果著作二等奖；《古史探微》获山东省1992年社科优秀成果著作二等奖。论文《唐代昆仑奴考》、《试析唐代奴婢和其他贱民的身分地位》获山东省社联1988年社科优秀成果论文二等奖、《温大雅与大唐创业起居注》获山东省教育厅1985年高校哲社优秀成果论文三等奖、《王夫之的史学思想》等。目前正在研究和撰写《隋唐五代农民战争史》、《太平广记社会史料汇编》、《孔尚任与桃花扇》等书稿。

李明权　男，1970年出生，青岛农业大学经济与管理学院教授，博士，硕士研究生导师。主要科研方向为东北亚区域经济一体化和农业问题。近年来，主持了两项教育部课题和两项农业部贸易促进中心委托课题。分别是：《中日韩FTA与农业合作模式研究》（教育部人文社科青年项目，2010—2013年）、《中日韩FTA与农业资源整合研究》（教育部留学回国人员科研启动基金，2007—2009年）、《日本与韩国自贸区建设相关研究》（农业部贸促中心委托课题，2011年）、《韩国粮食管理法与自贸区粮食产品处理研究》（农业部贸促中心委托课题，2012年）。发表了20篇与本课题相关的论文，其中CSSCI来源期刊上发表10篇，在日韩的学术期刊上发表5篇。2篇论文的主要观点刊登在《经济参考报》和《国际商报》上，一篇论文被人大复印报刊资料全文转载。另外，受农业部贸促中心委托完成的2篇研究报告，为2012年进行的中韩FTA谈判提供了参考依据。

李述森 男，1963年出生，山东社会科学院政治学研究所所长，研究员，法学博士，山东省科学社会主义学会和政治学研究会副会长，山东省马克思主义研究会常务理事。山东大学、山东师范大学硕士生导师。主要研究方向为科学社会主义，国际共产主义运动，马克思主义中国化和苏联俄罗斯问题。近几年来，出版专著1部，参与主持、撰写著作两部，主持院级、省级课题两项，在省级以上核心刊物发表论文10余篇。2008年6月，“马克思主义民族化三种类型的比较研究”获得国家社科基金立项。共有3项成果获山东省社会科学优秀成果奖：“俄罗斯历史文化传统视野下的苏共‘超阶段’”获山东社会科学优秀成果二等奖；“荣耀与包袱——论帝国模式对俄罗斯国家发展道路的影响”获山东社会科学优秀成果二等奖；“论政治因素与新经济政策”获山东省社会科学优秀成果三等奖。

李树超 男，1964年出生，青岛农业大学经济与管理学院院长、农村经济研究所所长，教授，中国农业大学博士，硕士研究生导师。山东省中青年学术骨干，山东省政府农业专家顾问团农经分团成员，山东省农业经济学会副秘书长等。主要研究方向为：农村经济理论与政策、农业企业经营战略等。曾主持参加省部级等各种课题27项。在《中国农村经济》、《经济问题探索》等国内外学术期刊上发表学术论文近80篇，出版《农业微观基础的组织创新研究》等著作10余部。获山东省社会科学优秀成果三等奖等各种科研奖励11项。研究成果有多项已为各级政府部门解决“三农”问题、指导农村社区建设和企业经营管理实践提供了有益的参考。

李效民 男，1978年出生，济宁学院讲师，法学硕士。近年来一直从事马克思主义理论与思想政治教育教学和管理工作，在社会思潮与青年思想政治教育领域已发表相关研究论文13篇，主持完成教育部人文社会科学研究专项任务（高校思想政治工作）1项，参与完成济宁学院科研基金项目1项，参与在研济宁学院科研基金项目3项。相关科研论文获山东省高校辅导员论坛二等奖1项，山东省高校学生教育与管理工作优秀科研成果二等奖1项、三等奖2项。承担《思想道德修养与法律基础》、《国际贸易学》、《证券投资分析》等课程教学任务。

李晓光 男，1959年出生，烟台大学经济与工商管理学院副院长、教授，烟台大学海洋经济研究中心主任，烟台大学经济研究所所长。德国汉堡大学经济学博士。现任主要研究领域是西方经济学，金融学，制度经济学，博弈论，海洋经济学。主持山东省社科基金项目，山东省发改委重大项目，国家教育部留学回国人员科研基金项目。“关于掠夺的经济学分析”经济与社会体制比较2004年第6期（新华文摘全文转载），2006年获得山东省社会科学优秀成果二等奖。

李爱兰 女，1972年出生，济宁学院副教授。2008年承接济宁学院横向课题《圣源灵谷旅游度假区总体规划》，促进了邹东经济的发展。主持2009年山东省软科学研究计划项目《济宁市旅游资源整合》。2010年山东省教育科学“十一五”规划课题《问题探究教学模式在高校地理教育教学中的应用研究》申报成功。发表相关学术论文近10篇。在中学地理教学方面，对新课改有自己独到的见解，多次被邀请参编初中地理教材。在旅游规划方面，圣源灵谷旅游度假区总体规划收到专家和当地政府的好评。

李爱华 男，山东聊城人，1953年9月生，中共党员，山东师范大学政治与国际关系学院（马克思主义学院）教授、博士生导师。为马克思主义基本原理、马克思主义中国化研究、思想政治教育研究三个博士学位点总负责人，马克思主义理论学科博士后科研流动站负责人，山东省高校“十二五”人文社会科学强化建设研究基地“马克思主义理论研究中心”主任、首席专家。长期从事马克思主义理论与世界社会主义运动、国际关系理论和中国对外战略的教学与研究。中国国际共产主义运动史学会常务理事，山东省国际政治和国际共运学会会长，山东省科学社会主义学会副会长，山东省马克思主义研究会常务理事，山东省工人运动研究会常务理事等。曾获山东师大教学名师、山东省优秀研究生导师称号。曾主持完成两项国家社科基金项目，主持完成山东省社科规划重点研究项目多项。科研成果有一项入选2011年度国家哲学社会科学成果库，2012年12月获山东省社会科学重大成果奖；另先后获省社科优秀成果二等奖4次、三等奖5次。

李常磊 男，1965年出生，济南大学外国语学院院长，硕士生导师，教授；美国东南密苏里州立大学福克纳研究中心访问学者，山东省外国文学研究会副会长；从事英美文学、文学欣赏等课程的教学，主要研究领域为威廉·福克纳研究、美国南方文学以及西方文艺理论研究，先后在《国外文学》、《当代外国文学》、《解放军外国语学院学报》等学术期刊发表论文30余篇，部分论文被人大资料复印，出版《历史与现代的对话：威廉·福克纳创作艺术研究》，《英美文化博览》等著作多部。主持国家社科项目1项，山东省社科规划项目1项；2012年获得省社科优秀成果奖二等奖1项；省高等学校优秀成果奖2项。

李维清 男，1964年出生，潍坊学院经济管理学院副教授，吉林财经大学会计学学士，山东大学经济学硕士，中国生产力学会理事，潍坊市富民兴潍劳动奖章获得者，潍坊市会计领军人物，潍坊市社科研究优秀人才。近年来主持省部级课题3项，主持市厅级课题5项，发表学术论文40余篇，出版学术专著2部，科研获省级奖励1次，获市厅级奖励奖7次。曾当选潍坊市会计领军人物，获潍坊市富民兴潍劳动奖章。

李善峰 男，1963年出生，山东社会科学院社会学研究所所长、研究员，院重点学科“社会发展与公共政策”负责人。中国社会学会常务理事、省社科联委员、省社会学学会会长、省人社厅和住建厅专家委员会委员、山东大学研究生导师等学术职务。山东省有突出贡献的中青年专家。从事社会学理论和应用研究。主持国家社会科学基金项目2项，出版《梁漱溟社会改造构想研究》等个人专著3部，主编专著16部，在《社会学研究》等报刊发表论文50余篇，其中《新农村建设与城乡一体化发展》被《新华文摘》转载，《传统儒学现代化的一次努力》被《中国社会科学文摘》转载，合作论文 Is Chinese Education Underfunded 发表在剑桥大学出版的著名刊物 The China Quarterly 第202卷。带领的团队承担了多项应用性研究项目，2003年以来连续主持“山东省社会蓝皮书”，对年度性社会形势进行分析和预测，积极发挥“智库”作用。主持完成的《山东省“十二五”期间重大民生问题和解决思路》、《第十一届全国运动会社会效益研究》等课题为省委、省政府提供了研究背景和决策依据。

李婷婷 女，1981年出生，聊城大学音乐学院副教授，校级优秀人才，山东省社会科学学科新秀。主教《音乐基础理论》、《古筝演奏》等。围绕民族音乐学领域，于《文艺研究》、《中国诗学》、《文学遗产》、《中国文化研究》、《中国文学研究》、《东岳论丛》、《山东社会科学》、《齐鲁学刊》、《黄钟》、《古籍整理学刊》等刊物发表论文30余篇，获“山东省社会科学优秀成果二等奖”2项、厅级及校级科研奖18项。填补了先秦音乐学研究的某些空白，深化了《诗经》研究。《周代乡乐考论》一文，引发了激烈的论争，《中国文化研究》编辑部并撰写了编者按，号召“学界同仁撰写文章，参与对这一问题的讨论”。提前完成教育部科研立项1项，其20余万字的成果已交中国社会科学出版社出版。省部级以上社科评奖二等奖获得者。

李新泰 男，1947年出生，山东省人大常委会委员、教科文卫委员会主任委员。享受国务院政府特殊津贴，“泰山学者——党建专业特聘专家”。长期坚持对党的理论的研究和宣传，致力于马克思主义中国化最新成果的研究。在省及省以上报刊发表理论文章130多篇，出版专著5部，主编著作20多部。其中，主编的《马克思主义学风论》一书获全国党校系统科研成果一等奖，专著《新时期党校工作论》、《胡锦涛同志重要论述学习辑要》等书获全国党校系统科研成果二等奖，《江泽民党建重要思想研究》获全国党建研究会优秀党建读物奖，专著《学风建设论纲》获山东省社科成果二等奖，主编的《齐鲁文化丛书》获山东省精品工程奖。

李福华 男，1963年出生，青岛大学国际商学院常务副院长，教授、博士生导师，博士。青岛发展研究中心副主任、青岛市经济学会副会长，山东省社会科学重点研究基地“蓝色经济区人口、资源、环境可持续发展中心”主任、中国教育经济学研究会常务理事、中国院校研究会常务理事等。主要从事教育经济学、教育管理学、区域发展战略等领域的教学科研工作。主持国家自然科学基金、国家软科学项目、教育部人文社科项目等省部级以上科研课题10项，发表学术论文60余篇，出版学术专著3部，获得省部级科研奖励6项。多项学术成果被新华文摘、人大复印资料等转载，在国内产生了较大影响。国务院特殊津贴专家。

李靖莉 女，1960年出生，滨州学院科研处处长，黄河三角洲文化研究所所长，山东省黄河三角洲文化研究基地首席专家，研究员，山东大学硕士研究生导师。主要承担中国古代史等教学工作，在黄河三角洲文化研究方面具有较深造诣并具颇大社会影响。主持市厅级以上科研项目12项，其中，国家社科基金项目1项——“移民区域和谐社会建设研究——以黄河三角洲为例”；出版《一本书读懂春秋战国》等著作4部；先后在《文史哲》、《史学月刊》、《光明日报》等报刊发表学术论文40余篇；获市厅级以上优秀科研成果奖30余项，其中，山东省社会科学优秀成果二等奖2项、三等奖1项，山东省“精品工程”奖2项。

李慧斌 男，1977年出生，青岛农业大学艺术学院副教授，博士。中国书法家协会会员、山东省书协学术委员会委员、中央美院博士后、首都师大书法院访问学者、中国颜体书法研究会理事、青岛市拔尖人才。先后获“第四届中国书法兰亭奖”理论奖一等奖，“第八届中国文联文艺评论奖”一等奖，“全国第七、八届书学讨论会”二等奖，山东省“第五届泰山文艺奖”三等奖，山东省“文化艺术科学优秀成果”一等奖等；入选文化部、教育部“中国当代百名博士百米书画长卷”展览。出版学术专

著一部，发表学术论文四十余篇。书法创作以篆、隶、行草和大字榜书为主。省部级以上社科评奖获得者

杜以德 男，1949 年出生，曲阜师范大学教授、硕士生导师、山东省成人高等教育研究会常务副会长、山东省法学教育协会副会长、全国成人教育协会高等教育理论研究会理事及学术委员会委员。享受国务院政府特殊津贴。2001 年被聘为山东省社会科学人才库成员，2002 年被聘为全国哲学社会科学（教育）课题评审专家组成员。长期致力于成人高等教育的理论研究，主持承担了全国哲学社会科学“十五”规划国家重点课题“21 世纪中国成人教育学科体系结构及其分类研究”、山东省教育科学“十五”规划重点课题“山东省中小学教师继续教育教学模式与课程体系研究”、教育部人文社会科学研究“九五”规划专项课题“我国成人高等教育质量评价与保证体系研究”、全国教育科学“九五”规划重点课题“终身学习社会的理论与学习社会的形成研究”、国家教委“九五”规划重点课题“中国成人教育课程目标体系及教学模式”等重大科研课题。1997 年，所主持的“高师函授教学管理模式的研究与实践”课题获国家级优秀教学成果二等奖，山东省省级优秀教学成果一等奖。2001 年所主持的“高师函授教学质量保障与控制体系研究”课题又获国家级优秀教学成果二等奖，山东省优秀教学成果一等奖。2001 年所主持的“21 世纪中国成人教育学科体系结构及其分类研究”被立项为全国教育科学“十五”规划国家重点课题。还获山东省社联奖等多项。在《教育研究》、《光明日报》、《中国成人教育》等权威杂志上发表论文 30 余篇，主编、编著、参编《教育研究丛书》、《大学素质教育论》、《教师职业道德》等著作、教材 18 部。作为学科带头人，创办了全国第二家成人教育学专业硕士授权点。全国成人高等教育理论研究会副会长、晋冀鲁豫成人高等教育研究会副会长、中国成人教育协会学术委员会委员、山东省成人教育研究会常务副会长等。

杜庆余 男，1971 年出生。山东社会科学院历史研究所区域史研究室主任、副研究员，已发表学术论文十余篇，出版专著 1 部，合著 4 部；主持山东省社科规划重点项目两项，参与省部级项目两项；获山东省社会科学优秀成果二等奖 1 项，三等奖 1 项。独立完成的主要研究成果有《汉代田庄商业经营探析》（《东岳论丛》2006 年第 5 期），《汉代田庄依附人口社会地位辨析》（山东大学学报 2008 年第 3 期），《论汉代田庄形成的基础》（《唐都学刊》2009 年第 3 期），《论汉代田庄的历史地位》（《东岳论丛》2009 年第 5 期），《论国家制度建设与汉代兴衰的关系》（《东岳论丛》2010 年第 2 期），《汉代田庄研究》（山东大学出版社 2010 年版）等。

杜泽逊 男，1963 年出生，山东大学儒学高等研究院副院长，教授、博士生导师。全国古籍整理出版规划领导小组成员，入选教育部“长江学者奖励计划”。主要从事古籍目录学、版本学、校勘学、四库学和山东文献研究。主持或参与《十三经注疏汇校》、《清史稿艺文志拾遗》、《四库全书存目丛书》等重大科研项目；著有《四库存目标注》、《文献学概要》，主编《清人著述总目》、《清史艺文志》等，发表学术论文 150 余篇。

杜贵晨 男，1950 年出生，山东师范大学文学院中国古代文学、文艺学的博士生导师兼任中国三国演义学会理事、副秘书长，中国水浒学会常务理事，中国旅游文学专业委员会理事、山东省金瓶梅文化委员会副会长等。研究主要涉及中国传统文化与古典小说、古代文论、明诗、宋诗等；近年对古代“数”学与文学的关系略有发明，提出了古代文学“三而一成”、“数理批评”等概念，并尝试推广到现代文学研究领域。

杨端志 男，1949 年生，山东大学文学与新闻传播学院教授、博士生导师。中国训诂学会常务理事，山东省外语学会符号学会会长。研究领域为训诂学、古文字学、词汇学、汉语史等。承担国家和省部级社科项目 15 项；出版学术专著《训诂学》等 19 部，发表论文《周易韵考韵读》等 60 余篇；获山东省优秀研究生导师，省部级优秀科研奖等 19 项。

杨海坤 男，1944 年生，山东大学特聘一级教授、博士生导师。中国行政法研究会副会长。出版《中国行政法基本理论》、《市场经济、民主政府和法治政府》等著作和教材 20 多部；在《中国社会科学》、《中国法学》等刊物上发表学术论文 500 余篇。

杨蕙馨 女，1961 年生，山东大学管理学院院长，教授、博士生导师。享受国务院政府特殊津贴专家，泰山学者，入选教育部“新世纪优秀人才支持计划”、中国工业经济研究与开发促进会理事。主要从事产业组织、企业组织与竞争、产业与企业竞争力领域研究。承担完成国家和教育部等社科项目 20 余项；代表性成果有《企业的进入退出与产业组织政策》、《开放经济与中国产业组织研究》、《经济全球化条件下产业组织研究》等；获第九届孙冶方经济科学奖、高校人文社科优秀成果二等奖 2 项，山东省社科优秀成果重大成果奖、一等奖等多项奖励，入选 2011 年国家哲学社会科学成果文库。

杨鲁慧 女，1956 年生，山东大学政治学与公共管理学院教授、博士生导师。山东大学亚太研究所所长，中国亚太学会常务理事、副秘书长，山东

省科社学会副会长、常务理事。研究领域涉及亚太政治与国际关系、东亚政治变革与民主转型、新兴大国崛起与地区秩序构建等。主持多项国家、省部级社科项目及国际合作项目；出版专著《当代东亚政治》等4部，在《政治学研究》、《世界经济与政治》等刊物发表论文80余篇；多次获山东省社会科学优秀成果二等奖、山东省高校社会科学优秀成果一等奖。

杨守森 男，1955年出生，山东师范大学文学院教授、博士生导师，文艺理论教研室主任，山东省强化建设重点学科文艺学博士点带头人。中国作家协会会员，山东省作家协会理事，山东省《青年思想家》杂志主编。主要研究方向是文学基本原理、文艺心理学。主要作品有《艺术想象论》、《20世纪中国文学问题》、《二十世纪中国作家心态史》等。在《中国社会科学》、《文学评论》、《文艺研究》、《文艺理论研究》、《外国文学研究》、《马列文论研究》、《文史哲》、《社会科学战线》等刊发表论文100余篇。先后获山东省优秀社科成果一等奖1项，二等奖2项，刘勰文艺评论奖2项。主持过国家社科项目、教育部社科项目、山东省社科规划项目各1项。全国中外文化、文论研究会理事，中国作家协会会员，山东省作家协会理事，山东省《青年思想家》杂志主编。

杨昌勇 男，1958年出生，曲阜师范大学教授。联合国教科文组织国际农村教育研究与培训中心基金部主任，联合国教科文组织国际农村教育研究与培训中心基金部主任。1985年毕业于西南师范大学外语学院，获学士学位。1999年毕业于华东师范大学教育学系，获教育学博士。学术成果包括，母婴关系（译著），论女性主义教育研究的方法与方法论，学术论著注释和索引的规范与功能，paradigmatic examination of school of thought in education sociology and society，20世纪中国大陆教育社会学的回顾女性主义课程观述评。主持全国教育科学“十五”规划研究项目《教育社会学范式与学派的关系研究》。

杨育华 女，1961年出生，山东理工大学教授。英国威尔士大学英语教育专业硕士学位，主要从事英语教学和跨文化研究。在各类学术期刊发表论文二十余篇，完成数项课题，其中《齐鲁文化成语在跨文化交流中的意义和价值》，《中西方文化互释与世界根源性精神》，《文化比较视域下的中国古典叙事诗研究》，《儒学基督教对话：两种文化语境下的恩德观》等近十篇论文先后被CSSCI检索。《儒学基督教对话——折射东西方文化本源的精神特质》被人大书报资料中心全文转载、《中国儒学年鉴》收录，并获山东省第二十二次社会科学优秀成果奖二等奖。

杨敏 女，1953年出生。山东师范大学外国语学院院长、教授，《山东外语教学》主编，英国副博士（M. Phil）。山东省翻译工作者学会副会长；第十次全国妇女代表大会代表，第十次山东妇女代表大会代表；山东省政协委员。主要研究方向：对比语言学、跨文化交际与英语教育，研究成果包括已发表论文、专著、著作、教材、翻译作品共计50余项，主持省厅级项目4项（已结2项），现主持国家十五人文社科项目1项，曾参加（列第2位）“九五”国家社科项目1项（已结项），个人研究成果和与人合作成果曾获省校级科研奖数项；获第四次世界妇女代表大会中国组委会嘉奖、山东师范大学本科生与研究生优秀教学成果奖、优秀教师奖。《中国文化通览》（英汉版）入选“中国高等教育百门精品课程教材重点立项项目”。国家级重点项目负责人。

杨曾宪 男，1948年出生，青岛社科院研究员。1996年享受国务院特殊津贴，1997获山东省拔尖人才称号。主要著作有：《审美鉴赏系统模型》、《审美价值系统》、《面临危机的选择——中国艺术民族化现代化系统论稿》。另发表美学论文诸多篇。获山东省社科优秀成果奖一等奖1次，二等奖3次。

杨楠 女，1970年出生，济宁学院外国语系副主任，教授。主要研究方向为英语语言学与教学。主持1项山东省教育厅课题和1项山东省社会科学规划课题《基于注意认知心理机制的外语磨蚀实证研究》，参与2项校级科研课题。主编《商务英语》教材1册，参编教材2部。获校级教学改革成果二等奖，校级科研成果三等奖。近5年来在《中国英语教学》、《山东外语教学》、《外语电化教学》、《江西财经大学学报》、《哈尔滨工业大学学报》等核心期刊发表科研教学论文13篇。获山东省软科学优秀成果奖1项、济宁市社会科学优秀成果奖1项。

沙世蕤 女，1980年出生，济宁学院经济与管理系讲师，硕士。研究方向：科技哲学、管理学、经济学，主要研究内容：国际贸易学、公共政策学、人事分配制度改革、资源枯竭型城市改革等。近年来主要主持和参与主持山东省社科联科研课题、山东省教育科学规划课题等6项，在《山东社会科学》、《改革》、《理论学刊》、《山东师范大学学报》、《洛阳师范学院学报》等期刊上发表论文9篇。多次荣获济宁市社会科学优秀成果奖、山东省软科学优秀成果奖和济宁学院优秀科研成果奖。

苏守波 男，1968年出生，山东理工大学国际合作与交流处处长、国际教育学院院长。教育学博士，研究生学历，主要研究方向为公民与道德教育比较、高等教育管理。近年来，在CSSCI等核心期刊发表论文十余篇。主持完成山东省社科规划项目3项，山东省软科学规划项目2项，山东省人文社科研究项目1项。荣获山东省社会科学优秀成果奖二等奖1项，山东省高校思想政治教育优秀成果奖二等奖1项，淄博市社会科学优秀成果奖一等奖2项，二等奖1项，山东理工大学社会科学优秀成果奖二等奖2项。出版个人学术专著1部。

迟树功 男，1956年出生，省委党校马克思主义研究所所长，山东发展战略研究所所长，二级教授、博士。主要从事工业发展经济学、企业集团、经济体制改革、技术经济及管理等方面的教学和研究。承担经济理论、企业改革、战略思维、民生与社会建设等方面的教学任务。在《中共中央党校学报》、《改革》、《理论前沿》、《理论动态》、《人民日报》、《光明日报》等省级以上报刊发表论文200多篇。较早研究企业集团并形成了较系统的研究成果《中国企业集团研究》。在企业核心竞争力培育研究方面，提出了企业核心竞争力的要素能力结构理论，建立了要素能力向核心竞争力转换的关系模型。多年来承担多项科研项目，包括主持国家社科基金项目“中国企业集团研究”、“企业集团发展规模经济研究”，以及承担“我国资源配置机制转换问题研究”；省社科规划项目“山东企业核心竞争力有效培育研究”，多项科研成果获山东省社科优秀成果奖。山东省专业技术拔尖人才、山东省十佳理论工作者、校有突出贡献的中青年人才、省直机关工作先进个人等，记二等功一次。是山东省重大经济理论和经济发展研究基地学术带头人。国务院特殊津贴专家。山东省领导科学学会副会长、秘书长。

邵桂兰 女，1954年出生，鲁东大学音乐学院副院长、理论教研室主任、硕士研究生导师。毕业于上海戏剧学院。第八届山东省政协委员。省级重点学科“艺术美学”学科“音乐美学”方向带头人。1995年被评为山东省专业技术拔尖人才；1995年享受国务院政府特殊津贴；2006年评为山东省有突出贡献的中青年专家；2001年被评为山东省社会科学人才库专家；2003年被聘为山东省社会科学规划办评审委员会专家；2004年被聘为山东省社会科学优秀成果评审委员会专家。为山东省艺术科学学会理事、第二届山东省艺术教育委员会委员、山东省优秀艺术教育工作者、优秀硕士生导师。主要承担研究生和本科生的教学工作。独立开设《音乐美学》、《音乐心理学》、《艺术概论》、《中外音乐美学思想发展史》、《音乐教育哲学》等课程。自编教材2部。独立完成省级重点立项课题8项，完成省“十五”重点课题《艺术美学概论》、《音乐美学》专著2部。在《新华文摘》、《文艺研究》、《音乐研究》、《中国音乐学》、《人民音乐》、《中国音乐》、《中央音乐学院学报》、《中国音乐年鉴》、《音乐·舞蹈研究》等国家权威期刊或核心期刊以及省级的重要学术期刊专业音乐学院学报等发表或转载学术论文300余篇。被《新华文摘》转载9篇，被中国人大复印期刊资料转载40余篇。获省部、厅级一、二、三等优秀成果奖30余篇。

陈峰 男，1976年出生，山东大学儒学高等研究院教授。研究领域为史学理论及20世纪中国史学史。主持或参与国家及省部级项目5项；出版《民国史学的转折》等专著，编选《二十世纪中国史学史论》等文集。在《历史研究》、《文史哲》等刊物发表论文30余篇；获山东省社会科学优秀成果奖、山东省高等学校优秀科研成果奖多项。

陈尚胜 男，1958年出生，山东大学韩国研究中心主任，教授、博士生导师。兼任中国朝鲜史研究会副会长、中国中外关系史学会理事、中国海外交通史研究会副会长等。主要研究中外关系史研究和中国海洋史，专长于中国传统对外政策和涉外制度研究、中国与周邻国家关系史研究，明清王朝海洋政策和海外贸易研究。曾主持国家及省部级项目10余项；撰有《中韩关系史论》、《中韩交流三千年》等专著，在《历史研究》、《文史哲》等刊物上发表论文数十篇。

陈志军 男，1965年出生。山东大学管理学院副院长，教授、博士生导师。山东青年社会科学工作者协会会长、山东省比较管理学会副秘书长等。研究领域为集团公司管理、组织与战略。主持省部级研究项目多项；先后在《南开管理评论》、《光明日报理论版》等报纸杂志发表论文70余篇，代表作有《母公司对子公司控制理论探讨》、《母子公司管控模式选择》等；专著《母子公司管理控制研究》获第二十二次山东省社会科学优秀成果三等奖。

陈元锋 男，1955年出生，山东师范大学教授、博士生导师。学术研究方向为唐宋文学之制度文化与唐宋文学、唐宋诗歌艺术研究、地域文化与唐宋文学。关于宋代馆阁翰苑制度与文学的关系研究具有原创性。专著《北宋馆阁翰苑与诗坛研究》及论文《北宋馆职、词臣选任及文华与吏材之对立》等相关成果被中国社会科学院文研所《中国文学网》、中华书局书评专刊《书品》、《宋代文学研究年鉴》等载文评介，并获上海市优秀博士论文奖，山东省社会科学优秀成果奖与山东省高校优秀社科成果奖。承担国家社会科学基金项目，《北宋翰林学士与文学研究》。在《文学评论》等刊物发表《北宋馆职、词臣选任及文华与吏材之对立——以治平、熙宁之际欧阳修、王安石为中心》等重要论文。

陈岱云 女，1958 年出生，济南大学政治与公共管理学院教授，社会学硕士生导师，山东大学博士生合作导师，济南大学山东省重点学科社会学学科带头人，首席岗教授，国务院政府津贴获得者，山东省有突出贡献的中青年专家，济南市第九届专业技术拔尖人才。多年来潜心于人口学和社会学的研究，发表近百篇论文，其中被《新华文摘》全文转载 3 篇、论点摘编 7 篇；《高等学校文科学术文摘》全文转载 3 篇；《中国社科文摘》论点摘编 2 篇；人大复印资料《人口学》、《社会保障制度》复印 5 篇。获得山东省社会科学优秀成果奖 8 项，其中一等奖 2 项、二等奖 2 项、三等奖 5 项；济南市优秀社科成果一等奖 7 项；山东省高校优秀科研成果一等奖 7 项。主持 1 项国家软科学项目、6 项山东省哲学社会科学规划重点（重大）项目和 2 项山东省软科学项目。

陈炎 男，1957 年出生，山东大学副校长兼本科生院院长、研究生院院长，教授、博士生导师。国务院学位委员会中文学科评议组成员，教育部社会科学委员会委员，教育部中文教学指导委员会委员，中华美学学会副会长，中国文艺理论学会副会长，中国墨子学会常务副会长，教育部人文社会科学重点研究基地山东大学文艺美学研究中心副主任。主要从事文艺学专业、美学方向的教学、科研工作，兼及中国传统文化的理论探讨。主持国家社科基金重大项目“文明、文化与构建和谐世界”等多项重大项目；发表学术论文逾百篇，出版学术著作多部，著作《儒、释、道的生态智慧与艺术诉求》入选“国家社科基金成果文库”；获“教育部人文社会科学优秀成果一等奖、二等奖”、“山东省社会科学优秀成果一等奖”、“国家级教学成果二等奖”等多项学术奖励和“教育部第四届全国高校青年教师奖”、“山东省有突出贡献中青年专家”、“泰山学者”等荣誉称号。

陈玮 男，1934 年出生，山东社会科学院研究员。长期从事社会科学研究和外国文学译校工作，出版成果著作 28 种，累计 800 余万字，在报刊上发表译文约 120 万字。1993 年批准享受国务院政府特殊津贴。

陈信泰 男，1927 年出生，曲阜师范大学教授。教育科学研究所所长，曲阜师范大学学术委员会及学位委员会委员。全国教育学研究会第一、二届理事，山东省教育学会副会长，山东省教育学研究会副理事长、理事长。参加教育系统“六五”、“七五”、“八五”重点图书如《大百科全书·教育卷》、《教育大辞典》等著作的组织、编审工作；公开发表文章 50 余篇。1993 年起享受国务院政府特殊津贴。

陈海燕 女，1961 年出生，齐鲁师范学院马克思主义研究中心主任，二级教授，硕士生导师，主要从事社会主义理论与国际政治的教学科研工作。先后被评为山东省高校教学名师、师德标兵，获“富民兴鲁”劳动奖章和“巾帼建功”标兵荣誉称号，2008 年 10 月获国务院政府特殊津贴。主持国家社科基金项目 2 项，主持并完成山东省社会科学规划项目 3 项和山东省教学改革项目 1 项，出版学术著作 5 部，主编、参编教材 10 余部，发表学术论文 60 余篇，多项科研成果获省部级奖励，其主持的《全球化视域下社会主义与资本主义两种制度关系发展规律研究》2012 年 9 月入选国家哲学社会科学成果文库（批准号：12KKS002），2012 年 12 月获山东省社会科学重大成果奖。

陈德正 男，1962 年出生，聊城大学历史文化学院院长，历史学博士、教授、硕士生导师。中国世界古代史学会副秘书长、常务理事，山东省世界史专业委员会副主任委员。荣获山东省教学名师、齐鲁文化英才、山东高校十大师德标兵等称号。近年专注于西方古典学在中国传播的研究，著有《苏格拉底》、《摩尔根〈古代社会〉导读》，在《世界历史》、《西学研究》等杂志发表相关论文数十篇，其中多篇被《新华文摘》等转摘、引介，获第 26 次山东省社会科学优秀成果二等奖 1 项。担任央视百集纪录片《世界历史》第 2、9 集的编剧，主持省级精品课程《世界古代史》及国内知名学术网站“中国世界古代史研究网 www. cawhi. com”，获省级教学成果一等奖和二等奖各 2 项。现主持国家社科基金、山东省高等教育教学改革及研究生教育创新计划等国家和省级教学科研项目。

陈礴 男，1960 年出生，曲阜师范大学特聘教授，英国 Warwick 大学商学院运筹学首席教授。荷兰 Erasmus 大学运筹学博士学位，1997—2000 年担任英国 ESRC 高级管理研究会员。2003 年作为美国斯坦福（Stanford）大学访问教授，2005 年作为清华大学讲席教授。在 2002 年，成为英国运筹学学会会士（Fellow），JCO，IJSS，IJAC，IJOR 等国际杂志的副主编或编委。主要研究方向为调度理论及其应用，实时最优化，组合最优化及决策分析。2007 年 10 月，受聘于曲阜师范大学应用数学岗位“泰山学者”特聘教授。

庞朴 男，1928 年生。山东大学终身教授、博士生导师。著名哲学史家、哲学家，海内外公认的儒学研究权威学者。兼任第一届国际儒学联合会理事、国际简帛研究中心主任等。研究领域为中国哲学史、思想史、文化史以及出土简帛等。主要著作有：《公孙龙子研究》、《沉思录》、《庞朴学术文化随笔》等；获第四届“国家图书馆文津图书奖”和第三届“孔子文化奖”。

武树臣　男，1949年出生，山东大学特聘一级教授、博士生导师。中国法律思想史专业委员会会长、中国法律文化研究会会长。长期从事中国法律思想史和中国传统法律文化的教学研究工作，提出法律文化研究的理论框架，重新划分中国法律文化历史发展诸阶段，将中华法系基本特征概括为伦理主义和混合法，主张借鉴判例制度以实现司法统一，推进法治进程。主要成果有《中国传统法律文化》、《武树臣法学文集》等。

侍锦　男，1963年出生，青岛大学美术学院副院长，教授，硕士生导师，青岛工业设计协会秘书长。从事高校美术教育工作23年，多次组织学生参加全国设计大赛获得一等奖并获全国优秀指导教师奖。国家十五重点课题1项、省社科1项、省文化厅课题3项、校课题3项、教学研究课题3项、学生创新实践课题2项，校教学成果奖1项，专著2部、论文10篇。有6项科研课题获省科研成果奖，其中两项获二等奖。

周向军　男，1952年出生，山东大学马克思主义研究中心主任，教授、博士生导师。享受国务院特殊津贴，省级优秀教师、宝钢优秀教师，国家马克思主义理论研究和建设工程专家。中国历史唯物主义学会常务理事、山东省高校中国革命史教学研究会会长、山东省马克思主义学会副会长、山东省领导科学学会副会长等。主持或参与省部级以上研究课题10余项，现承担2011年教育部重大攻关项目“马克思主义文化理论发展研究”；发表学术论文100多篇，出版著作20多部（含合著、主编）；有10余项科研成果获省部级以上奖励。

周广璜　男，1958年生，山东大学儒学高等研究院教授、硕士生导师。兼任山东省古典文学研究会常务理事、中国赋学会常务理事。主要从事魏晋南北朝文学的教学和研究。撰写《中国名胜诗联精鉴》、《孔子的语言艺术》、《全三国赋评注》（合著）等多部著作和多篇论文；获山东省社科优秀成果奖、山东省优秀图书编辑奖一等奖等奖项。

周均平　男，1954年出生，山东师范大学教授、博士、博士生导师，文艺学博士点文艺美学方向带头人。特聘教授，校学术委员会、学位委员会委员。中国企业文化学会美育委员会副主任，中国中外文学理论学会理事，教育部人文社会科学重点研究基地山东大学文艺美学研究中心学术委员会委员，山东省美学学会常务理事、秘书长，入选山东省社会科学人才库。主要从事文艺美学、审美文化及审美教育研究。出版独著、合著、主编、参编著作19部，在《文艺研究》等省级以上刊物发表论文72篇，其中12篇被《新华文摘》、人大复印资料等国内权威反响刊物全文转载。主持或承担国家社会科学基金项目，教育部社会科学规划重点项目，山东省社会科学规划重点项目等9项。

周衍平　男，1964年出生，山东科技大学经管学院教授，管理学博士，博士研究生导师，山东省中青年学术骨干。被聘为九三学社山东省委参政议政特约研究员，泰安市九届、十届政协委员。主要从事科技创新与技术经济、农业知识产权、农业产业组织与管理、企业管理等方面研究工作。先后主持参加完成多项国家科技攻关项目、国家社科基金、山东省科技厅软科学等多项研究项目，获得山东省社会科学优秀科研成果二等奖和山东省高校科研成果二、三奖10余项，主编或副主编出版著作6部，在国家级刊物上发表论文60余篇。在农业经济与管理、农业技术创新与应用、农业知识产权等方面的研究取得了富有创新价值的成果，提出了具有现实应用价值的观点和建议，为政府部门的科学决策和有效指导实践发挥了积极作用。第26次山东省社科优秀成果奖二等奖获得者。

周新芳　女，1961年出生，济宁学院教授。南京大学历史学博士，专业方向为中国古代文化，兼及文化产业等领域。长期致力于中国古代史、传统文化等教学与研究工作，先后讲授过中国古代史、文化史、社会史、政治制度史、传统文化概论等方面的课程。多次获得教学奖励，被评为济宁市“圣地名师”。在权威刊物发表了论文10余篇，主持了国家教育部审批课题《〈中国通史〉课堂教学立体化改革研究》、山东省社科联课题《济宁儒文化产业可持续发展研究》、山东省教育科学规划重点项目“传统文化与高校校园文化建设”等课题。科研论文被学术界同行多次引用、多家网址转载。曾获得山东省第二十三次社会科学优秀成果二等奖，多次获得市级社科成果奖、校级优秀科研成果奖。

孟天运　男，1955年10月生，历史学博士，青岛大学教授。前期主要研究历史文化，著有《中国城市史话》（黑龙江人民出版社，1995）、《齐国史》（合著，山东人民出版社，1993）等著作8部，发表《杂家新论》（《哲学研究》2001年11期）等论文20余篇。2001年以来专注于社会思想研究，出版《先秦儒道法社会思想研究》（吉林人民出版社，2004）等著作3部，发表《周礼的两大社会目标——和谐与秩序》、《循环损益：周易中的社会哲学思想》（《社会科学战线》2012年12期）等论文24篇。承担国家社科基金项目1项，本项目入选《国家哲学社会科学成果文库》；省部级项目3项；参与国家社科基金九五重大项目1项；获2012年山东省优秀社科重大成果奖等多项奖励。

孟庆春 男，1973年生，山东大学管理学院教授、硕士生导师。中国优选法统筹法与经济数学研究会理事、中国管理科学与工程学会理事、中国优选法统筹法与经济数学研究会营销工程专业委员会秘书长等。主要从事运筹与经济分析、物流与供应链管理、营销工程等方面的教学与研究工作。近年来，主持国家自然科学基金1项，省部级课题3项，其他课题3项；先后在《中国管理科学》、《经济管理》、《现代管理科学》等期刊和国际学术会议上发表论文20余篇，出版专著1部；获得省级科研成果奖励2项。

孟庆仁 男，1946年出生，山东社会科学院研究员。主要从事马克思主义哲学史及原理、毛泽东哲学思想研究。主持省级课题3项，出版专著7部，在省级以上杂志发表学术论文120余篇，获山东省社会科学优秀成果一等奖2项、二等奖2项。2004年批准享受国务院政府特殊津贴。省社科突出贡献奖专家。

季桂起 男，1957年出生，河北南皮人。德州学院副院长、博士、教授。中国作家协会会员、中国近代文学学会理事、山东省近代文学学会副会长、山东省当代文学研究会副会长、山东省现代文学学会常务理事。曾获曾宪梓教育基金奖三等奖。长期从事中国近代、现当代文学和文化研究，在中国文学由古典向现代转换、中国现当代文学批评、中国现代小说研究等领域有比较突出的成果。曾主持省部级科研立项课题2项，发表学术论文100余篇，其中在《文学评论》、《中国现代文学研究丛刊》、《文史哲》等国内核心期刊发表论文40余篇，有多篇论文被《新华文摘》、《中国人民大学报刊复印资料》转载或摘要。出版学术著作8部。2012年获山东省社科优秀成果奖二等奖1项，曾获三等奖5项，山东省刘勰文艺评论奖1项，山东省跨世纪文学评论奖1项。

房绍坤 男，1962年出生，烟台大学校长，法学博士，教授，博士生导师，省级重点学科（民商法学科）学术带头人；教育部高等学校法学学科教学指导委员会委员，中国法学教育研究会副会长，中国民法学研究会常务理事；先后获得全国优秀教师、山东省十佳理论工作者、全国首届高校百名国家级教学名师、山东省十大优秀中青年法学家、山东省有突出贡献的中青年专家等荣誉称号、国务院特殊津贴专家、山东省社会科学优秀成果重大成果奖获得者。2006年入选全国新世纪百千万人才工程国家级人选；发表学术论文100余篇，出版各类学术著作、教材60余部，承担及参加国家级、省部级等课题10余项，获省级科研成果和教学成果奖10余项。代表性著作有：《民商法原理》、《用益物权基本问题研究》、《物权法用益物权编》等；代表性论文有：《民事立法瑕疵及其原因与矫正》、《用益物权三论》、《论私法自治与物权法定之辩证关系》等。

林聚任 男，1961年出生。山东大学哲学与社会发展学院教授、博士生导师。山东大学新农村研究中心主任、社会调查与数据研究中心主任，山东省“十二五”重点学科社会学带头人，中国社会学学会理事、山东省社会学学会常务理事、中国残疾人事业发展研究会理事、山东省政府应急管理专家。2001—2002年哈佛大学访问学者。2005—2006年英国约克大学访问学者。主要研究方向是发展社会学、社会学理论、科学社会学等。主持多项国家、教育部或国际性的合作研究课题；在《中国社会科学》等核心杂志发表学术论文50余篇，出版《社会信任和社会资本重建》、《社会网络分析》、《林聚任讲默顿》等10余部专著和教材，翻译出版《社会研究与社会政策》、《科学社会学》等多部学术名著；获多项山东省社会科学优秀成果奖。国家社科基金项目学科评审组成员。

罗家英 男，1952年出生，济宁学院党委副书记、院长，博士研究生学历，教授，济宁市有突出贡献的中青年专家。主要研究方向：高等教育管理、思想政治教育。先后在《中国青年研究》、《学生工作》、《人民论坛》、《青年研究》、《光明日报》、《中国成人教育》等全国核心和权威期刊杂志上发表论文30余篇。主持山东省科学技术发展计划项目（软科学部分）1项、山东省高校人文社会科学研究计划项目1项、山东省教育科学规划课题1项，科研成果曾获得山东省第二十三次社会科学优秀成果奖三等奖、全省高校思想政治教育优秀研究成果二等奖，山东高等学校优秀科研成果二等奖。在从事学生工作、共青团工作和党务工作期间多次荣获山东省优秀青年工作者、山东省高校优秀思想政治工作者和山东省高校优秀党务工作者称号。

苗菁 男，1963年出生，聊城大学文学院副院长，教授，古典文献学学科带头人，硕士生导师。2010年被聘为聊城大学校级优秀人才（第二层次）。系中国音乐文学学会理事，中国词学研究会理事，中国乐府学会理事，中国李清照、辛弃疾研究会理事，山东省古代文学学会常务理事。2006年被聘为全国哲学社会科学基金项目后期资助项目评审专家库成员。现从事诗词、音乐文学及音乐文化研究。发表学术论文50余篇，出版专著5部。获“山东省文化艺术科学优秀成果一等奖”、“山东省高校优秀科研成果二、三等奖”等奖励。作为主持人的科研项目有：国家社科基金项目“乐声中的文学——20世纪中国歌词研究”、国家艺术科学基金项目“新时期以来歌曲文化研究”等。作为主持人的省部级科研项目有：山东省社科规划重大委托项目“《梦溪笔谈》等子书整理”、山东省社科普及与应用重点项目立项资助类“图书运河文化”等。省级社会科学重大项目负责人。

苗登宇 男，1962年出生，山东工艺美术学院副院长、教授、硕士研究生导师。毕业于山东工艺美术学院。中国美术家协会会员、中国美术家协会平面设计艺术委员会委员、中国广告协会学术委员会委员、山东省美术家协会副主席、山东省广告协会副会长。享受国务院政府特殊津贴，获全国优秀教师、济南市拔尖人才、山东省上海世博会参展工作先进个人（省级劳动模范）、2006“中国设计业十大杰出青年”等称号。获第九届、第十届全国美术作品展览“银奖”，山东省美术作品展特等奖、创作贡献奖、荣誉奖、一等奖，上海美术大展‘2011’上海设计展设计师奖，首届“泰山文艺奖”二等奖等。2008北京第29届奥运会官方海报设计小组成员，第十一届全运会形象设计团队负责人，2010上海世博会山东馆项目部总指挥。“山东省蓝黄发展战略主题展馆”设计组组长。作为总指挥参与了“韩国丽水世博会”山东周的设计运营、“深圳文化产业博览会”山东展区设计运营等省委省政府的重要文化展示项目工作。第九、十、十一届全国美术作品展览山东预展评委，第十、十一、十三、十四届中国广告节全国评委，2003年—2011年山东省广告节历届评委、全国大学生“设计之星”大展评委，第十一届全国运动会整体形象设计评委及艺术指导，第十一届全国美术作品展览终评委，第三、四届全国大学生广告艺术节大赛山东赛区评委会主席，第五届全国大学生广告艺术节大赛终评委。所带领的艺术设计学专业教学团队被评为省级优秀教学团队，承担的课程被评为省级精品课程。设计艺术学学科“泰山学者”团队成员。参与主编多部专业论著，论文及作品被诸多刊物及出版社发表和出版。近年来，参与组织策划了“全国艺术学科建设论坛”、“泰山学术论坛——设计艺术学专题论坛”、“2012城市公共艺术论坛”等重要学术活动。

范爱军 男，1955年出生。山东大学经济学院副院长兼国际贸易研究所所长，教授、博士生导师。研究领域为国际贸易理论与政策、亚太经济。中国世界经济学会常务理事，中国国际贸易学会理事，全国高校国际贸易学科组常务理事；山东省外经学会副会长，山东省世界经济学会副会长；山东省有突出贡献中青年专家，享受国务院政府特殊津贴专家，山东省教学名师。主持国家和省部级研究课题14项；在《经济研究》、《管理世界》等期刊发表论文120余篇，出版《经济全球化利益风险论》等专著和教材共12部；荣获山东省优秀社科成果一等奖2项、二等奖和三等奖8项。

范振洪 男，1955年出生，山东社会科学院国际经济研究所研究员。兼任山东省人民政府对外经贸咨询专家组成员，中国国际经济合作学会学术委员、理事，中国社会科学院亚太所朝鲜半岛研究中心特约研究员，对外经贸大学WTO研究院特约研究员，山东大学亚太研究所特约研究员，山东科技大学兼职教授，山东省对外经济学会常务理事、副秘书长。主要研究方向为国际经济合作。主持、参与省级以上课题18项，主编主笔著作11部，发表论文100余篇。获省社科优秀成果一等奖1项，二等奖5项。被授予山东省劳动模范、山东省有突出贡献的中青年专家、山东省十佳理论工作者称号和山东省富民兴鲁劳动奖章。

郑中 女，1970年出生，济南大学音乐学院院长、音乐研究发展中心主任。教授，博士生导师，香港中文大学哲学博士，我国首批音乐学博士后。山东省“泰山学者”特聘教授，博士生导师，中央音乐学院专职研究员，山东省有突出贡献的中青年专家，山东省十大杰出青年，山东省第十、十一届政协委员，山东省第十一届青年联合会常委。近年来，主要致力于西方当代音乐创作、齐鲁音乐文化传承、高等音乐教学改革与创新人才培养模式方面的研究。先后承担（或完成）国家社会科学基金、教育部社科规划及中国博士后科学基金等省部级以上课题20余项，在全国中文核心期刊上发表50余篇学术论文，CSSCI收录25篇，出版著作7部，先后获中国音乐类最高奖金钟奖1项，中国高校人文社会科学研究优秀成果奖（教育部）3项，山东省社会科学优秀成果一等奖2项，二等奖1项，山东省“泰山文艺奖”1项，2012年入选教育部“新世纪优秀人才支持计划”。

郑丹 男，1965年出生，青岛农业大学教授、合作社学院副院长，管理学博士，兼任中国农村合作经济管理学会理事、民建山东省第八届委员会城乡统筹工作委员会委员、青岛市市北区人大常委会专家咨询委员会委员、青岛城市建设投资（集团）有限责任公司专家。2012年8月荣获山东省软科学优秀成果奖二等奖。主要研究方向为合作组织、服务管理，尤其擅长农民专业合作组织的管理和发展、现代服务业的发展、科技服务管理与发展等方面。主持和参与国家软科学研究计划、国家社科基金、山东省、青岛市课题二十余项；主持和参与地方政府相关经济发展规划十余项；主持企业、合作社经营发展规划三十余项。

郑杰文 男，1951 年出生，山东大学二级教授、博士生导师。山东文史馆馆员，享受国务院特殊津贴。国家社科基金项目学科评审组成员，中华文学史料学学会副会长暨古代文学文献研究会会长等。研究领域为子部典籍整理与子学研究。承担多项国家和省部级社科项目，现主持2010 年国家社科基金重大委托项目《〈子海〉整理与研究》；出版古籍整理著作与学术研究专著 20 余种，发表学术论文 150 余篇；《中国墨学通史》获山东省社科重大成果奖、高校人文社科研究优秀成果一等奖。

郑冠宇 男，1958 年出生，烟台大学民商法省级重点学科泰山学者岗位特聘教授，法学博士，毕业于德国哥廷根大学，曾任台湾东吴大学法律学系主任、海峡两岸法学交流协会秘书长，现任台湾东吴大学学生事务长。主要研究方向为物权法、民法总则、侵权法、合同法等。在相关领域具有较高的学术造诣。

郑贵斌 男，1954 年出生，山东社会科学院副院长，研究员，首席专家，博士，博导，兼任山东发展研究中心主任。1992 年起享受国务院政府特殊津贴，1998 年任中国海洋经济学会副会长，2000 年授予青岛拔尖人才，2005 年授予山东省有突出贡献中青年专家。1980 年考入山东社科院经济研究所，1992 年任院科研处处长，1995 年任海洋经济研究所所长，2000 年任海洋经济研究基地首席专家。在蓝色经济、区域经济研究领域成果颇丰，为我国兴海强国建设作出突出贡献。1980 年以来主持国家、省等课题 70 多项。发表（或出版）论文、文章、研究报告等 1000 多篇。出版专著 30 多部，主编（副主编）著作 70 多部。主持的“‘海上山东’建设概论”、“海洋新兴产业发展的难点与对策研究”与“山东省循环经济发展战略研究”三项成果获省社科优秀成果一等奖，集体项目《山东半岛蓝色经济区战略研究》获重大成果奖，荣获华东地区、北方十五省市、山东省优秀图书奖。被评为“低碳山东突出贡献人物”。被聘为山东半岛蓝色经济区咨询委员会副主任，省政府金融咨询专家，济南、青岛等市智库专家或咨询顾问。

金福海 男，1965 年出生，烟台大学法学院教授、硕士生导师，法学院院长，法学博士，教授，硕士生导师。中国法学会经济法学研究会、环境资源法学研究会理事；山东省法学会国际经济法暨台湾法律问题研究会会长、经济法学研究会副会长；烟台市消费者协会副会长等。2012 年被评为山东省十大中青年法学家。2010 年，专著《惩罚性赔偿制度研究》获山东省社科优秀成果二等奖。

侯书和 男，1956 年出生，山东理工大学教授。研究方向：政府与政治、中国政治、中国共产党政治思想。目前从事协商政府、协商执政方面的研究。获各类科研成果奖十余项。2005 年 4 月获第十九次山东省社会科学优秀成果奖二等奖。担任马克思主义原理、马克思主义中国化方向硕士生导师；本校政治学与行政学学科创始人、学术带头人；学院教授委员会成员。山东省政治学和科学社会主义学会理事、省国际共运学会理事。

俞宪忠 男，1956 年出生，济南大学经济学院教授。研究方向为制度经济学、发展经济学和人口经济学。先后共出版经济学著作与教材 11 部。在《人民日报》、《光明日报》、《文史哲》、《学术界》等报刊上发表论文 130 余篇，被《新华文摘》、《中国社会科学文摘》、《中国人口年鉴》、《经济日报》、《人大复印资料》和各大网站等媒体多次全转、摘转和摘目。独立主持和骨干参研国家社会科学基金重大研究项目和一般研究项目共 3 个，主持山东省社会科学规划项目和山东省软科学项目共 3 个。先后共得第三届全国人口科学优秀成果一等奖、中国人事科学优秀成果奖、山东省第 6 届精品工程奖、山东省社会科学优秀成果奖等多个学术奖项。

俞祖华 男，1964 年出生，鲁东大学教授，硕士生导师。山东省中青年学术骨干、山东省“教学名师”，享受国务院政府特殊津贴。由其作为负责人的“历史学专业”和“中国近现代史教学团队”于 2009、2010 年，获批国家级特色专业、国家级教学团队。主讲的《中国现代史》于 2006 年被评为省级精品课程。主编的教材《中国通史教程·现代卷》第 4 版（2009）入选国家级“十二五”规划教材。获省级教学成果奖一等奖 1 项（2009）、二等奖 1 项（2005）、三等奖 1 项（2001）。发表论著百余项，获省优秀社会科学成果二等奖 2 项、三等奖 6 项；获中国图书奖 1 项。

姜旭朝 男，1960 年出生。中国海洋大学经济学院院长、教授、应用经济学博士生导师；中国城市金融学会理事中国经济思想史学会理事山东金融学会副秘书长、山东金融学会学术委员会委员。研究领域货币金融理论与政策、民间金融及金融制度变迁；山东省理论人才百人工程入选专家。代表性著作《中国民间金融研究》（1996，山东人民出版社）。该书为国家教育部重点课题的研究成果，是我国第一部比较系统研究民间金融领域的专著，其观点被广泛引用，是该研究领域的基础性文献。专著《中华人民共和国海洋经济史》获教育部第六届科学研究优秀成果奖（人文社科）三等奖。

姜丽静 女，1977 年出生，曲阜师范大学教育学博士，副教授，硕士生导师。主要承担本科生和研究生的教学和科研工作，兼任曲阜师范大学教育部基础教育课程研究中心成员，中国教育学会教育史、课程论分会会员。主讲《教育原理》、《教育史》等多门本科生和研究生主干课程，教学成绩优异，获学校教学比赛二等奖、“优秀青年授课教师”称号、学院教学比赛一等奖等；参与主讲的《中国教育史》被评为省级成人教育特色课程、校级成人教育精品课程；所在教育学专业被评为国家级特色专业。在《教育研究》、《高等教育研究》等权威期刊发表论文 20 余篇，其中 CSSCI 期刊 10 篇，人大复印资料全文转载 2 篇，被各类论文引介 70 余次；主持教育部人文社会科学研究青年基金项目等各类课题 5 项，参与国家级和省部级课题多项；参编教材 3 部，出版专著 1 部。论文《历史的背影：一代女知识分子的教育记忆》荣获 2010 年度全国百篇优秀博士论文提名奖、上海市优秀博士学位论文、香港中文大学和北京大学等 12 所高校联合设立的“教社医学研究论文奖计划”一等奖、华东师范大学优秀博士学位论文等多项奖励，先后获济宁市社会科学优秀成果二等奖和山东省社会科学优秀成果三等奖各 1 项。2012 年入选学校首批 1361 人才工程，同年荣获“山东省社会科学学科新秀奖”。

宣兆琦 男，1955 年出生。山东理工大学齐文化研究院院长、教授，山东省齐文化研究基地首席专家，山东省文化艺术科学省级重点学科（齐文化研究）学科带头人，第十届山东省政协委员。主持完成十余项国家级、省部级社科规划及古籍整理研究规划课题。出版学术专著 17 余部。公开发表学术论文 120 余篇。主要研究成果获首届“中华文化优秀著作奖”、山东省社科优秀成果奖及山东省精品工程奖近十项。并先后荣获山东省优秀青年知识分子、淄博市十佳青年社科专家、淄博市十佳社会科学理论专家、淄博市专业技术拔尖人才，淄博市首届有突出贡献的专家等称号。

柳忠卫 男，1965 年出生，山东大学法学院教授、博士生导师。研究方向是中国刑法学、刑事政策学、刑事执行法学。主持国家和省部级项目 4 项；在《法学研究》、《中国法学》等学术期刊单独或与他人合作发表论文 60 余篇；有 2 项成果获得山东省社科优秀成果二、三等奖。

柳新华 男，1954 年出生，鲁东大学党委常委、副校长、教授，硕士生导师，山东省有突出贡献中青年专家。中国公文写作研究会副会长、中国行政管理学会理事、山东省行政管理学会常务理事。致力于社会科学、经济管理等领域的学术研究，先后出版著作（包括专著、合著、合编）等 30 余部；在《人民日报》、《经济日报》、《中国行政管理》等报刊上发表文章 100 余篇。主持完成国家软科学研究课题 2 项，国家 863 计划 1 项，国家科技攻关计划 1 项，国家社科基金特别委托项目 1 项。有 40 多项成果获省部级、市级和学会奖励，其中获省部级奖 8 项，市级奖 14 项，学会奖 19 项。所获奖励主要有：山东省软科学优秀成果一等奖 2 项；山东省社会科学优秀成果奖（包括一、二、三等奖）6 项；山东省科学技术进步二等奖 1 项。

段方乐 男，1969 年出生，德州学院政法系副主任，教授，哲学博士。山东省哲学学会理事、山东省高校马克思主义理论教学研究会理事。致力于马克思主义哲学研究，发表文章二十余篇，cssci 期刊文章 4 篇。出版专著两部：《总体性的终结——从卢卡奇到阿多诺》由中国社会科学出版社于 2009 年 10 月出版，《历史·现实·方法——历史唯物主义的多维反思》由人民出版社于 2011 年 7 月出版。主持厅级、校级课题多项，参与国家社科基金课题、省社科基金课题多项。讲授马克思主义哲学原理（省级精品课程），西方哲学史（双语课程），马克思主义哲学原著选读（研究生课程）等九门课程，教学评价优秀。山东省哲学政治组学术标杆，2012 年被评为山东省理论人才“百人工程”，山东省高级职称评审哲学、政治、社会学学科组评审专家。

胡新生 男，1961 年出生，山东大学历史文化学院教授、博士生导师。研究领域为中国古代史、周代礼乐制度和中国古代思想文化史。承担多项国家社科研究项目；出版《中国古代巫术》等多部学术著作，在《历史研究》、《文史》、《文史哲》等刊物发表论文多篇。

胡小林 男，1956 年出生，枣庄学院党委书记，教授。社会兼职为山东省外国文学学会副会长。长期从事外国文学教学和高等教育研究以及中外文化研究，先后主持国家、省级社会科学研究课题《鲁南区域文化研究》、《鲁南文化总览》等多项，出版专著 6 部，主编参编著述 10 余部，发表论文 40 余篇。获山东省刘勰文艺评论奖、齐鲁文学奖等，《中国学习思想通史》（人民出版社 2007 年出版）获山东省社科二等奖。被省政府授予山东省有突出贡献的中青年专家。积极参与地方经济和社会文化事业建设，任台儿庄古城重建文化建设组组长。

胡爱敏 女，1976 年出生，中共济南市委党校、济南市行政学院科研部副教授、学报编辑，中德联合培养政治学博士。公开发表论文 15 篇，全国中文核心期刊 3 篇，CSSCI 期刊 3 篇，共产党类核心期刊

1篇；入选高层次会议论文5篇，其中国际研讨会4次，全国性研讨会1次。主持完成省部级课题3项，主持完成全省党校系统调研课题2项；作为课题组主要成员，参与各级各类课题7项。获全省党校系统一等奖1项、二等奖1项，省行政学院系统三等奖1项，济南市社科二等奖1项、三等奖1项；中国改革国际论坛优秀论文奖1项。2006年度被评为中共济南市委党校先进工作者。2012年10月入选山东省理论人才“百人工程”。

赵爱国 男，1960年出生，山东大学历史文化学院副院长，教授、硕士生导师。主要研究领域为档案学基础理论、档案文献与中国近现代史、科技档案与企业档案、档案资源与文化资源开发等。在《档案学通讯》、《山东大学学报》等刊物先后发表论文40余篇。

赵长峰 男，1934年出生，山东社会科学院研究员。长期从事马克思主义理论教学研究工作，主持省级课题多项，主编、撰写专著20余部，发表论文50多篇，多项成果获省社科优秀成果奖。1993年批准享受国务院政府特殊津贴。

赵付科 男，1977年出生，山东财经大学马克思主义学院副教授、硕士生导师，法学博士，中共中央编译局博士后。山东省科学社会主义学会理事、山东省高校中国革命史教学研究会理事。主要从事马克思主义中国化和中共党史的研究。在《马克思主义与现实》、《马克思主义研究》、《教学与研究》、《当代世界与社会主义》等权威期刊发表论文30余篇。出版《马克思主义中国化研究》等论著3部。主持完成省级以上科研项目2项。主持中国博士后科学基金资助项目、中央编译局社科基金项目等课题3项。成果获厅级以上科研奖励8项。2012年获评“山东省社会科学学科新秀奖”、山东财经大学“格力科研突出贡献奖”。

赵屹 女，1970年出生，山东工艺美术学院人文艺术学院院长、中国民艺研究所所长，教授，博士，硕士生导师，中国工艺美术学会理事、山东省民间文艺家协会副主席。先后主持、参与国家社科基金特别委托项目“中国木版年画集成·平度、东昌府卷”、中宣部“四个一批”人才资助项目“手艺农村——山东农村文化产业调查研究”、国家社科基金项目艺术学项目“中国手工艺产业历史研究（明中期至现代）”等国家及部省级科研课题14项，出版学术著作12部，在《新华文摘》、《装饰》、《山东社会科学》等期刊发表学术论文30余篇，先后获中国文联文艺评论奖一等奖、中国民间文艺“山花奖”学术著作二等奖、山东省“泰山文艺奖”民间文艺类一等奖等部省级奖励16项。2009年被评为“全国优秀教师”。2010年获山东省“富民兴鲁劳动奖章”。2012年获“齐鲁文化英才”荣誉称号。国家级社会科学重大、重点项目负责人。省级社会科学重大项目负责人。省部级以上社科评奖获得者。

赵芃 男，1958年出生，齐鲁工业大学文法学院教授、博士、硕士生导师，山东师范大学齐鲁文化研究中心兼职研究员，中国法学会会员，山东省法学会会员，山东省高校德育研究会常务理事、副秘书长，山东省高校德育研究会常务理事、副秘书长。主要从事伦理道德法律与道家、道教哲学的研究。近年来，主持国家社会科学基金重点项目1项，山东省软科学研究计划1项，参与国家社会科学基金项目多项，先后在《高教理论战线》、《中国高教研究》、《中国宗教》、《齐鲁学刊》、《贵州社会科学》、《宗教学研究》和香港《道学研究》、《弘道》以及台湾《宗教哲学》等刊物上发表论文60余篇，出版学术著作1部。

赵宗正 男，1936年出生，山东社会科学院副研究员。代表著作有《颜元李 评传》、《邹雍评传》、《唐甄评传》等。研究方向为中国哲学史和中国儒学。主持完成省级以上研究项目2项，主编著作4部，发表论文70余篇，获精神文明建设“精品工程奖”1项。1993年批准享受国务院政府特殊津贴。

赵承福 男，1942年出生，山东师范大学教育学院教授，省政府参事，民革山东省委副主委、省政协常委。长期以来致力于教育改革与发展的理论研究与实践探索，先后承担中央统战部、教育部、省哲学社会科学及省软科学重点项目十余项。出版学生心理学、中小学教育评估、山东教育通史等学术著作共12部，在《教育研究》、《光明日报》等报刊发表学术论文40余篇。成果先后获教育部基础教育改革与实验优秀成果一等奖一项，中央统战部优秀科研成果二、三等奖各一项，山东省社科优秀成果一等奖两项、二等奖三项、三等奖多项，省科技进步二等奖两项。被评为山东省科技优秀工作者两次，享受国务院特殊津贴，山东省专业技术拔尖人才。

赵明义 男，1932年出生，山东大学终身教授，博士生导师。研究领域：马克思主义·科学社会主义基础理论、当代国外社会主义、马克思主义中国化与中国特色社会主义。“国家有突出贡献的中青年专家”、“山东省专业技术拔尖人才”。曾任中国科学社会主义学会常务理事，中国当代世界社会主义研究会副会长，山东省科学社会主义学会会长，中国社科院马克思主义研究院特聘研究员等。主持完成多项国家和省部级社科项目，现主持2009年国家社科基金重大项目“中国特色社会主义与相关‘主义’

之比较"；获山东省社会科学突出贡献奖。

赵金鹏 男，1955年出生，山东理工大学教学督导室主任，硕士研究生导师。主要从事马克思主义理论、政治学、思想政治理论等专业的教学和研究工作。先后在《政治学研究》、《中共党史研究》等刊物上发表论文140多篇；合作出版著作和教材33部；主持和参加国家级课题3项、省部级课题8项；获得山东省社会科学优秀成果奖一等奖1项、二等奖3项、三等奖2项；获得省级优秀教学成果奖一等奖2项、二等奖2项、三等奖1项。入选山东省理论人才"百人工程"，荣获"振兴淄博"五一劳动奖章、淄博市首届社会科学界"十佳青年专家"、淄博市专业技术拔尖人才、优秀党务工作者等称号，先后被评为全国优秀教师、山东省"两课"优秀教师、山东省高等学校党的建设和思想政治教育先进工作者、首届"齐鲁晚报杯"山东高校十大优秀教师、山东省有突出贡献的中青年专家等。

赵洁 女，1968年出生，济宁学院心理学教授，基础心理学硕士，研究方向为发展与教育心理学，毕业于山东师范大学。美国Swarthmore College的高级访问学者。曾入选济宁市百名经贸人才。近年来，主持山东省科技计划项目（软科学）、山东省社科联科研课题、山东省高等学校教学改革立项等7项，参与国家级、山东省厅级立项5项；发表论文25篇，其中核心期刊15篇；主编、参编教材8部，获得国家实用新型专利技术2项；曾获省厅级优秀科研成果奖21项。曾荣获山东省职业道德建设先进个人、山东省社会科学普及先进个人等荣誉称号。致力于心理学的推广、宣传、普及工作。近年来，到济宁市中小学、各大监狱作学术报告达16场。

赵晓春 男，1952年出生，青岛农业大学教授。享受国务院政府特殊津贴、全国优秀教师、全国农业科技先进个人、全国电化教育先进个人、山东省有突出贡献的中青年专家、山东省高校优秀共产党员、省级教学名师、青岛市高校优秀共产党员。先后获得国家级优秀教学成果二等奖2项，山东省优秀教学成果一等奖4项。主持摄制的农业科教片有460多部在中央电视台农业频道中播出并出版发行，有14部获"神农奖"，5部获"科蕾奖"，7部获"金穗奖"。在影视动漫创作方面，先后获得2011年国家动漫精品工程、第25届中国电视金鹰奖优秀动画片奖、第五届中国国际动画节"美猴奖"最佳短片提名奖、山东省第九届精神文明建设'文艺精品'工程入选作品奖、第三届山东省"泰山文艺奖"电影类二等奖、第四届山东省"泰山文艺奖"电影类三等奖、山东省第五届"泰山文艺奖"电影类一等奖、山东省第二十一届电视艺术'牡丹奖'动漫类一等奖。主编的《农业传播学》系列专著获得山东省第二十二届社科成果二等奖，软科学成果一等奖。

赵海成 男，1939年出生，山东社会科学院研究员。研究领域为社会主义经济理论、资本论、区域经济等。主持省级以上课题12项，出版著作13部，发表文章320余篇。有5项成果获山东省社科优秀成果奖。1992年批准享受国务院政府特殊津贴。

赵慧峰 女，1963年出生，鲁东大学历史文化学院教授。主要从事中国近现代政治思想史的教学与研究，共发表论文74篇，其中被新华文摘全文转载4篇，人大报刊复印资料全文转载7篇。出版专著2部，合著6部。《从严复到胡适：近代自由主义思潮的传承与调适》和《戊戌思潮：中国三大现代性思潮的共同源头》获得省社会科学优秀成果一等奖，《中华民族精神新论》获得省社会科学优秀成果二等奖，《晚清政治研究》、《近代转型期的集团与人物》、《本土视野与近代基督教问题研究》获得省社会科学优秀成果三等奖。《以教学团队精品课程与教学方式为重点，推进历史学专业改革与建设》获得省教学成果一等奖，《从史学动态教学入手引导研究生实施"创新型研究性学习》获得省研究生教学成果二等奖。

赵薇 女，1967年出生，济南大学教授，硕士生导师。管理学硕士，历史学博士。担任创业管理、战略管理、东方管理哲学、商务谈判等课程的研究生、本科生授课任务。山东省儒学会副秘书长、省儒商研究会副会长。研究方向为：企业文化、管理哲学、创业管理等。在国内外SCI、CSSCI等刊物上发表管理哲学，创业管理等论文40余篇，主编参编著作四部。为亚太企业家研究协会的成员，澳洲墨尔本华人企业家俱乐部咨询顾问。主持国家社科基金、国澳合作课题、省社科、省软科学等课题十余项。

郝书辰 男，1964年出生，山东财经大学党委书记，教授。管理学博士、博士生导师，"新世纪百千万人才工程"国家级人选，享受国务院政府特殊津贴，国家"百千万人才工程"人选。1999年7月入选财政部跨世纪学术（学科）带头人培养规划、山东省高校优秀共产党员，2003年入选山东省理论人才"百人工程"。主要研究方向：财政理论与政策、国有经济理论与实践。长期在教学科研第一线工作。《金融概论》、《财政学》分别获省级教学研究成果二等奖。近年来，出版著作及教材10余部，在《中国工业经济》、《管理世界》、《财政研究》、《国有资产管理》、《科学社会主义》等核心期刊发表论文60余篇。主持完成国家社科基金项目、国家自然基金项目、教育部人文社科基金项目及山东省社会科学规划研究项目、自然科学基金项目等10余项。2007年12月获中国税务学会优秀科研成果一等奖；主持的国家社科基金项目《国有经济主导作用与国有资本产业分布问题研究》，省第二十二次社会科学优秀成果一等奖；论文《国有资本产业分布的决定因素和变动趋势实证研究》获高等学校科学研究优秀成果著作奖（人文社会科学）三等奖；著作《中国高等教育资源分布与协调发展研究》获得2010年度高等学校科学研究优秀成果科技进步奖一等奖。中国财政学会理事、全国财政学教学研究会理事、山东区域经济学会会长、山东省人民政府调研室特约研究员、山东省经济学会副会长、山东省会计学会副会长等。

郝月梅　女，1956年出生，齐鲁师范学院文学院教授、中国作家协会会员。2011年被授予山东省有突出贡献的中青年专家荣誉称号。1981年始在《萌芽》、《北京文学》等杂志发表作品，近年在《电影艺术》、《文艺评论》、《中国儿童文学》等理论刊物发表儿童文学、儿童影视评论并从事儿童文学创作。2005年以来，在教学科研之余，出版了“小麻烦人由由系列”、“搞笑鬼王闹系列”、“不一样的杜小都系列”等19部长篇儿童小说。其中，长篇儿童小说《小麻烦人上学了》2005年获山东省第二届齐鲁文学奖；长篇少年小说《高第街56号》2008年获山东省首届泰山文艺奖；长篇少年小说“不一样的杜小都”系列（6册）2010年获第三届中华优秀出版物奖图书提名奖。郝月梅教授独立承担并完成了中国作家协会2005年重点扶持作品项目。

郝立忠　男，1960年出生，山东社会科学院哲学研究所所长、二级研究员、博士。“山东省有突出贡献的中青年专家”，享受国务院政府特殊津贴。山东省哲学学会副会长、中国辩证唯物主义学会理事、中国历史唯物主义研究会理事等职。先后承担省社会科学基金课题3项、国家社会科学基金课题2项，获得山东省哲学社会科学优秀成果一等奖1项，二等奖2项，三等奖2项。代表作为专著《作为哲学形态的唯物主义辩证法》和《理论与实际统一的马克思》。目前正从事国家社会科学基金课题“哲学形态学研究”。

郝良华　男，1975年出生，省委党校哲学教研部副教授、博士。主要从事马克思主义理论、领导科学和文化哲学等方面的教学和研究。山东省社会科学学科新秀奖获得者。在《哲学研究》、《中共中央党校学报》等刊物发表论文近20篇。出版二人专著一部，副主编教材一部，参与撰写著作和教材4部。主持完成国家社科基金项目一项，省社科规划项目两项，参与完成国家社科基金、省社科规划和软科学项目六项。成果获山东省社会科学优秀成果一等奖一项，其他厅级奖励七项。2012年入选山东省理论人才“百人工程”。山东省哲学学会常务理事兼副秘书长，山东省领导科学学会常务理事，山东省马克思主义研究会理事等。

唐汉卫　男，1975年出生，山东师范大学教育学院院长，教育学教授、博士、博士生导师。主要研究领域：道德教育、学校文化、教育基本理论等。中国德育论研究专业委员会理事、山东省中小学德育研究专业委员会秘书长，南京师大教育部人文社科基地道德教育研究所兼职教授。山东省有突出贡献的中青年专家。主持国家社科基金项目3项，省社科项目2项；出版专著、教材、译著等10部；获省社科一等奖、三等奖各1项，山东省社会科学学科新秀奖获得者。

唐洲雁　男，1962年出生，山东社会科学院院长、研究员。南开大学哲学学士、硕士，复旦大学历史学博士。全国毛泽东哲学思想研究会会长、毛泽东思想生平研究会副会长等学术团体职务。全国文化名家暨“四个一批”理论人才，享受国务院政府特殊津贴。在南京大学、山东大学等10余所知名大学担任兼职教授、特聘教授。长期从事毛泽东思想、中国特色社会主义理论体系、中共党史等方面的研究。主编《毛泽东思想形成与发展大事记》、《建国以来毛泽东文稿》等著作10余部；担任大型电视专题片《新中国》、《辉煌60年》、《旗帜》、《科学发展铸辉煌》等撰稿工作；参加中宣部《科学发展观学习纲要》、《中国特色社会主义理论学习读本》等书的写作；出版专著《邓小平理论的内在逻辑与历史发展》、《毛泽东的美国观》和合著《知识分子与当代中国社会》、《品读革命元勋家书》等10余部；在《人民日报》、《光明日报》等报刊发表论文100余篇；独立承担两项国家社科基金课题。专著《邓小平理论的内在逻辑与历史发展》曾获国家图书奖、华北地区优秀图书一等奖、中央文献研究室建室20年优秀著作奖；担任撰稿的多部电视文献片获中宣部“五个一”工程奖、金鹰节最佳纪录片奖。另有多篇论文获省部级以上一等奖。

唐家路　男，1968年出生，山东工艺美术学院科研处处长、学报执行主编，艺术学博士、教授。校学术委员会和学位委员会委员。山东省美术家协会副主席，山东省青联常委，中国工艺美术学会理论分会常务理事，山东省民间文艺家协会理事，山东省民俗学会理事，中国美术家协会会员。长期从事艺术学及民艺研究和教学工作。出版学术著作30余项，论文40余篇，著作获省社科奖、泰山文艺奖等省部奖8项。承担教育部、省社科规划办、省科技厅、省文化厅等项目10余项。获省级教学成果奖、教材奖等6项。艺术创作获文化部等省部奖4项。享受国务院政府特殊津贴，山东省有突出贡献的中青年专家，入选“山东省高层次人才库”，“山东省德艺双馨中青年文艺家”、“山东省优秀青年艺术家”、“山东省优秀青年知识分子”、“全国知识型先进个人”、“山东省设计业十大杰出青年”等。国家级社会科学重大、重点项目负责人。省级社会科学重大项目负责人。山东省专业技术拔尖人才。省部级以上社科评奖获得者。

徐显明 男，1957年出生，原山东大学校长，教授，博士生导师。卓越法律人才教育培养计划指导委员会主任委员，第十二届全国人民代表大会法律委员会副主任委员；中国法学会副会长、中国法理学研究会会长、国际法律哲学与社会哲学协会中国主席等。国家社科基金项目学科评审组成员。主要研究领域为法学理论、法治原理、中外政治法律思潮及人权原理。承担多项国家和省部级社科项目；出版著作多部，发表文章百余篇，代表作品有《人民立宪思想探原》、《生存权论》等，其著作成果被译为多国文字；曾获全国首届青年社会科学优秀成果一等奖、教育部社会科学优秀成果一等奖及其他省部级奖20余项。入选国家百千万人才工程（第一、二层次）。

徐传武 男，1948年生，山东大学儒学高等研究院教授、博士生导师。山东省古代文学研究会常务理事，曾子研究会副会长，澳洲国立埃斯迪科文大学特聘研究员。出版著作主要有《左思左棻研究》、《古代文学与古代文化》等十几种，发表论文主要有《世说新语刘注浅探》、《试谈牛女神话的起源演变》等近百篇，现正主编《中国古代科技名著译丛》、《南北朝全书》等；山东省优秀研究生指导教师，全国百篇优秀博士论文指导教师。

徐艳玲 女，1966年出生，山东大学马克思主义学院副院长，教授、博士生导师。入选教育部“新世纪优秀人才支持计划”、山东省理论工作者“百人工程”。中国科学社会主义学会当代世界社会主义专业委员会理事。研究方向为科学社会主义和当代社会发展问题。主持或承担国家或省部级课题10余项；出版专著或主编著作5部，合作、参与撰写著作10部，发表论文100多篇；专著和论文多次获省级和国家级社科优秀成果奖励。

徐振贵 男，1942年出生，曲阜师范大学教授。曲阜师范大学中国古代文学学科负责人，古代戏曲研究方向学术带头人，兼任山东大学博士生导师，山东省中国古代文学学会常务理事。专著有《中国古代戏剧统论》、《孔尚任评传》、《中国古代长篇小说史》、《孔尚任佚文》、《孔尚任全集辑校笺注》等。合著有《红楼梦注释》、《小忽雷传奇校注》、《中国分体文学史·小说卷》等。获山东省社会科学优秀成果一等奖1项，三等奖3项。承担国家古籍整理项目《孔尚任全集辑校注评》和山东社科基金项目《中国军事文学通史》。

徐祥民 男，1958年出生，中国海洋大学校长助理、教授、博士生导师、法学院院长。泰山学者，历史学博士，法学博士。主要研究领域有法律史学、宪法学、环境资源法学。出版《中国古代正统法律思想研究》（独著）、《古代刑罚与刑具》（独著）、《中国特色社会主义法制建设研究》（合著）等学术著作多部，主编《诉讼法学词典》、《宪法学原理》等辞书、教材多部，在《中国社会科学》、《法学研究》、《中国法学》、《文史哲》等报刊发表学术论文百余篇，多次获得省部级科研成果奖，1999年获得全国十大杰出中青年法学家提名奖，担任中国法律史学会理事、中国宪法学研究会理事、山东省环境资源法学研究会会长等学术职务，享受国务院特殊津贴，国家社科基金评委。

徐磊 男，1976年出生，山东工艺美术学院人文艺术学院副院长，博士，副教授。主要从事艺术学理论、文化美学及非物质文化遗产研究。曾在《山东社会科学》、《云南社会科学》、《南京艺术学院学报》等刊物发表论文20余篇，在《南方都市报》、《文艺报》、《齐鲁晚报》等报刊发表随笔数五十余篇，出版著作两部，主持《民间艺术审美心理研究》等教育部、教育厅课题多项，参与《历届全国美展研究》等国家社科基金等项目、省部级、厅级研究项目多项。在民间艺术审美研究领域首次提出事象论视角及审美形式感的有象性、有序性、有情性等概念和范畴，对非物质文化遗产传承与保护研究、民间艺术研究起到补白意义。省部级以上社科评奖获得者。

栾丰实 男，1951年出生。山东大学东方考古研究中心主任，教授、博士生导师。国家社科基金项目学科评审组成员。兼任中国考古学会理事、中国殷商文化学会理事、山东省考古学会副理事长、北京大学中国考古学研究中心兼职教授、中国社会科学院古代文明研究中心客座研究员、日本国学院大学客座教授、台湾台南艺术大学客座教授等。研究方向为中国考古学、考古学理论和方法以及田野考古学。先后主持过泗水尹家城、邹平丁公、日照两城镇等遗址的发掘，现主持2012年国家社科基金重大招标项目《邹平丁公遗址发掘报告》；发表论文百余篇，出版著作有《泗水尹家城》、《东夷考古》、《大汶口文化》等。

栾贻信 男，1938年出生，山东理工大学教授。主要研究哲学和美学，在国内学术刊物发表论文153篇，出版学术著作5部。其论文和著作《德国古典美学家论美是自由》、《孔子和亚里士多德共同美的理想》、《论文艺批评尺度多维结构》、《文艺美学》、《论物质生产的精神特性及其实现形式》，分别于1984年、1986年、1991年、1992年、1999年获山东省社会科学优秀成果奖三等奖。其专著《社会发展精神特性论》及与范跃进共同主编的《循环经济》丛书分别获得2006年和2009年山东省社会科学优秀成果奖二等奖和一等奖。2011年获第五次山东省社会科学突出贡献奖。

殷克东 男，1965年生，中国海洋大学经济学院金融学系主任，博士，教授，博士生导师，金融学与数量经济学学科带头人。中国数量经济学会理事；山东省金融学会常务理事、学术委员会委员；青岛市金融学会常务理事、青岛市信用评级专家委员会委员、青岛市政府采购招标评标委员会专家。主持承担和参与主持国家级课题10项，其中：国家“863”课题1项，国家“908”海洋专项规划课题1项，国家公益项目课题4项，国家社科基金重点课题1项，国家自然基金课题1项，国家软科学课题2项。主持承担和参与主持省部级课题16项；地市级课题7项。

涂可国 男，1961年出生，山东社会科学院文化研究所所长，研究员。长期从事儒学、哲学和文化研究。山东孔子学会副会长、山东省哲学学会副会长、中国人学学会常务理事、中国历史唯物主义学会理事、中国实学学会理事等，被聘为山东大学儒学高等研究院学术委员会委员、中国孔子基金会学术委员会委员、中国孔子研究院特聘研究员。首届齐鲁文化英才。独著、主编及参著近20部学术著作，主要有《社会哲学》、《儒学与人的发展》、《儒家哲学文库》等。在《哲学研究》、《文史哲》等重要刊物上发表文章200余篇等。主持国家社科基金项目“儒学对人发展的影响研究”，主持并完成省级课题“儒家伦理哲学思想与当代中国道德建设”、“儒家道德价值观与社会主义核心价值观建设研究”、“国家文化软实力研究”等10余项。

秦庆武 男，1956年出生，山东社会科学院研究员，著名省情研究和三农问题研究专家。主要从事农村经济学和区域经济学研究。主持过近20项国家级和省级课题。出版专著3部，发表论文和调研报告200余篇。获省社会科学优秀成果一等奖1项，二等奖3项。享受国务院政府特殊津贴，2006年被授予“山东省有突出贡献中青年专家”称号。

袁世硕 男，1929年出生。山东大学终身教授。曾兼任中国作家协会山东分会副主席、全国哲学社会科学规划评议专家、全国古籍整理出版社规划领导小组委员、山东省古典文学学会会长、马克思主义理论建设工程教材《中国古代文学史》编写组首席专家。研究领域：中国文学史兼重国学传统训诂考证与现代文学批评理论。著有《孔尚任年谱》、《蒲松龄事著述新考》等著作，主编《中国文学史》、《王士禛全集》等，发表论文百余篇；获山东省社会科学优秀成果一等奖、教育部首届人文社会科学优秀成果一等奖、山东省哲学社会科学突出贡献奖。

袁红英 女，1970年出生，山东社会科学院副院长、研究员，产业经济学博士。全国青联委员，山东社会科学院学术委员会委员，中国经济发展研究会理事，山东省软科学研究会副秘书长，山东省经济学会常务理事，山东省商业经济学会常务理事，山东省财政学会理事，山东省投资咨询专家委员会委员，山东省人民银行企业信用评级专家委员会委员，泰山学者区域经济研究、高效生态经济研究岗位骨干成员，山东财经大学特聘教授、硕士生导师，《经济导报》特约评论员等学术职务。围绕区域经济布局与区域发展、区域产业发展与财政金融政策等领域的研究问题，承担完成国家社科基金、国家自然科学基金、省自然科学基金、省软科学课题、省社科规划课题、省科技攻关计划等各类课题40余项；发表论文、调研报告30余篇，合著专著3部，参著26部，完成科研成果200余万字。获省社会科学优秀成果奖10余项，承担省委省政府以及相关部门多项规划和战略的研究、论证，多项成果获省以上领导肯定性批示。

贾乐芳 男，1970年出生，青岛农业大学人文社会科学学院院长，教授，博士，硕士研究生导师。省哲学学会常务理事、省马克思主义研究会理事、省高校马克思主义原理教研会常务理事、省伦理学会常务理事、省国际政治学会常务理事、省自然辩证法研究会常务理事、省科社学会常务理事、青岛哲学学会副会长。2012年入选山东省“理论人才百人工程”。从事政治哲学、文化哲学、科技哲学研究。主持山东省教育厅课题2项，省文化厅课题1项，青岛社科课题1项。发表论文42篇，其中核心期刊20篇，CSSCI论文11篇。获省高校优秀科研成果三等奖4项，省软科学优秀成果三等奖2项，省文化艺术科学优秀成果二等奖1项，青岛社科优秀成果二等奖2项、三等奖3项，烟台社科优秀成果三等奖3项。

贾炳棣 男，1943年出生，山东社会科学院编审。长期从事社会科学期刊编辑工作，参与编撰十余部期刊编辑类著作，在古代文学研究领域也有著述。获“山东省十佳出版工作者”称号，1995年批准享受国务院政府特殊津贴。

郭先登 男，1949年出生，青岛社科院研究员，青岛市品牌经济发展专家委员会主任，兼任国家轻纺专业专家委员会主任。青岛市专业技术拔尖人才，享受国务院特殊津贴。主要研究领域为现代纺织经济学、现代城市学、开放经济理论。出版著作10余部，发表学术论文600余篇，获省（部）、市优秀成果奖近50项。

郭延礼 男，1937年出生，山东大学教授，博士生导师。中国近代文学学会会长、山东省近代文学学会会长。中国近代文学史研究专家，从事近代文学教学与研究工作50年，已完成个人学术专著20种，《中国近代文学发展史》等3部著作被教育部推荐为“研究生教学用书”；获省部级一等奖3次，二等奖5次，获国家图书奖1次，中国图书奖3次，全国优秀教育图书一等奖1次，山东省精神文明建设“精品工程”奖2次。首批山东省专业技术拔尖人才（1988）和国家级有突出贡献的中青年专家（1990年），享受国务院政府特殊津贴（1991年）。

郭志光 男，1942年出生，山东工艺美术学院资深教授，山东省政协七、八、九届委员，山东省专业技术拔尖人才，享受国务院政府特殊津贴。山东省书画学会副会长、山东省美术创作研究会副会长、山东当代国画研究院院长。从事中国书画专业教学和创作四十余年，擅长写意花鸟，代表作有《郭志光画集》、《鹰·鹫的画法》、《猫·猫头鹰的画法》、《写意花鸟画的构图》等。曾获《齐鲁杯大奖赛》中国画一等奖、《全国电视书法大奖赛》、《石象杯全国书法大奖赛》优秀奖、《山东省首届教师书、绘、摄展》三等奖、《南京国际梅展》梅花奖、两届《国际水墨画展》获日本协会“感谢状”。作品被中南海、天安门、联合国粮油组织、南湖革命纪念馆等地收藏。积极参加抗震救灾、扶贫解困等重大公益性艺术活动。2011年，荣获第四届泰山文艺奖突出贡献奖。山东省专业技术拔尖人才。

郭明瑞 男，1947年出生，山东大学特聘一级教授、博士生导师。任中国法学会民法学经济法学研究会干事、山东省法学会副会长、教育部法学教学指导委员会委员等。山东省教学名师、首批“当代中国法学名家”，享受国务院政府特殊津贴。主持国家级课题4项、省级课题8项；发表学术论文90余篇，出版《民商法原理》、《继承法研究》、《民事责任论》等著作和教材39部；获省部级以上奖励10余项。

钱曾怡 女，1932年出生。山东大学文学与新闻传播学院教授、博士生导师。山东省社会科学突出贡献奖获奖专家，全国方言学会理事。承担国家社会科学基金项目6项；出版著作40种（包括独著、合作、主编），发表论文80余篇，主要代表作有《博山方言研究》、《汉语方言学方法论初探》等；获高等学校科学研究优秀成果奖二等奖1项，山东省社会科学优秀成果奖一等奖2项、二等奖5项、三等奖2项，获山东省高校优秀成果奖二等奖2项、三等奖2项，指导学位论文获全国百篇优秀博士论文奖和提名奖各一篇。

高奇 男，1964年出生，山东大学马克思主义学院副教授。省自然辩证法学会常务理事。长期致力于大学生通识教育、人文社科普及与马克思主义大众化工作。获山东省首届社会科学普及优秀作品奖著作类一等奖及第六届高等学校科学研究优秀成果奖（人文社会科学）成果普及奖等奖项。

高功敬 男，1981年出生，济南大学政治与公共管理学院讲师。主要研究领域为社会福利与社会政策、社会研究方法。主持国家社科基金（青年）项目1项（在研），民政部研究项目1项，其他社科研究项目3项。骨干参与国家社科基金项目2项（第二、三位），其他各类省部级研究项目8项。在《社会科学》、《山东社会科学》等期刊上发表学术论文10余篇，其中多篇论文被《新华文摘》、《高等学校社科学术文摘》以及人大复印报刊资料转载或论点摘编。先后有研究报告与科研论文获民政部理论研究成果三等奖（第一位）、山东省社科优秀成果二等奖（第二位），山东高等学校优秀科研成果三等奖（第一位）等。2012年获山东省第六届社会科学学科新秀奖。

高伟 男，1972年出生，山东师范大学教育哲学研究中心主任，教育学院教授，教育哲学博士，博士生导师。中国教育学会教育哲学专业委员会理事。主要从事教育哲学研究。在《哲学研究》、《自然辩证法研究》、《教育研究》等中文核心期刊发表论文30余篇，出版《生存论教育哲学》、《教育哲学的研究问题》、《回归智慧，回归生活——教师教育哲学研究》3部专著，编著《优质观课的理论与实践》（香港）。获省社会科学二等奖1项，三等奖1项。承担国家社会科学基金项目1项（“现代性背景下教师教育良心研究”），省部级项目3项。

高利平 女，1972年出生。山东社会科学院人口学研究所副研究员，获山东省社会科学学科新秀奖。1999年在山东社会科学院人口学研究所工作至今。主持完成国家课题1项、省课题3项、省老龄委委托课题1项和多项院课题。出版专著两部，发表各类成果40多项。成果有11项获奖，其中独立成果获省社科三等奖1项、省人口科学一等奖7项，合作成果获省社科二等奖 2 项、三等奖 1 项。2007 年获“首届山东省社会科学学科新秀奖”。是“山东省男女平等基本国策讲师团”成员、山东省理论人才“百人工程”学者。

高春兴 男，1958 年出生，山东警察学院教授，国务院政府特殊津贴专家，山东青少年犯罪研究会理事、山东省监狱学会常务理事、中国行为法学会侦查行为研究会常务理事、中国刑警学院客座教授、公安部公安专业高级职称评审委员会委员、山东省高等学校教学名师。发表学术论文 50 余篇，出版专著、教材 13 部，多次荣获省部级科研奖励。主持的《犯罪现场勘查》课程被评为公安部“公安类精品课程”。是“山东省特色专业”负责人、“省级教学团队”和“山东省‘十二五’人文社会科学研究基地”的负责人。“全国侦查系主任论坛”发起人，多次主办华东地区公安高校侦查学术研讨会，主办“全国侦查行为研究会成立大会暨第八届全国侦查学术研讨会”，多次参加全省疑难案件“会诊”。

高峰 男，1967 年出生，山东理工大学商学院副院长、教授，校学术委员会副主任、人文社会科学分委员会主任，山东省产业经济研究基地首席专家，硕士研究生导师，博士。主持省部级以上课题 13 项，参加 20 多项。主要有：国家社会科学基金课题《中国农村贫困人口的食物安全研究》、《利用世贸规则加强农业保护的政策体系研究》。获山东省社会科学优秀成果奖二等奖 2 项，厅局级奖励 10 余项。出版学术著作 5 部，发表学术论文 100 多篇，其中数十篇论文被《新华文摘》，中国人民大学复印资料等摘登、转载。

崔明德 男，1959 年生，烟台大学党委书记，教授。历史学学士、历史学硕士、民族学博士，韩国法学名誉博士、客座教授。国家民委民族问题研究中心烟台大学民族问题研究基地主任、山东省民族问题研究中心主任、博士生导师、国家社科基金项目学科组评审专家、中国世界民族学会副会长。主要从事中国民族关系史、中国民族理论与政策及中国文化史的教学和研究工作。在美国、韩国和中国台湾、香港、澳门及大陆发表学术论文 160 余篇；已在海峡两岸出版学术专著 12 部，其中《中国古代和亲通史》入选《国家社科基金成果文库》十大优秀成果之首。主持国家及省部级研究课题 10 项。获省部级社会科学研究优秀成果奖 15 项，其中重大成果奖 1 项、一等奖 4 项、二等奖 6 项；1998 年、2003 年、2006 年、2009 和 2012 年分别获第二、三、四、五、六届“中国高校人文社会科学研究优秀成果奖”。国家社科基金项目学科组评审成员、教育部高等学校优秀科研成果一等奖、国家民委民族问题研究优秀成果一等奖、山东省社会科学优秀成果重大和一等奖获得者。

崔树义 男，1963 年出生，山东社会科学院研究员。首批入选山东省理论人才“百人工程”，山东省人口研究基地学术带头人。主要社会兼职：山东省社会学学会常务理事、山东省人口学会理事。主要研究方向为人口社会学和社会保障学。先后主持完成国家社科基金课题 3 项，省部级课题 10 项，获省部级奖 5 项，其中山东省社科一等奖 1 项。多项成果获省级以上领导的高度评价。多次作为访问学者赴澳大利亚、日本、英国、美国学习进修。2008 年被评为山东省有突出贡献的中青年专家。

崔磊 女，1982 年出生，济宁学院教育系心理学讲师，博士。发表十余篇高水平专业论文，其中四篇文章在国际学术期刊（SCI、SSCI）上发表，有三篇文章发表于《心理学报》，获得山东省第二十六次社会科学优秀成果三等奖；作为访问学者前后三次到英国南安普敦大学、芬兰图库大学进行访学，并获得芬兰图库大学的博士后研究项目，得到全额的研究经费资助，获得国家自然科学基金委、国家社会科学基金委、教育部、山东省自然科学基金委、山东省社科联、山东省社会科学规划办等课题管理部门的资助。

戚万学 男，1962 年出生，山东师范大学党委常委、副校长。教育学博士，教授，博士生导师。国家教学名师，新世纪“百千万人才工程”国家级人选，教育部“新世纪优秀人才支持计划”资助专家，享受国务院政府特殊津贴，山东省首批有突出贡献的中青年专家，国家重点（培育）学科—教育学原理学科带头人，国家特色专业—教育学专业带头人，国家精品课程—德育原理课程带头人，国家级教学团队—德育原理教学团队带头人，山东省省级学科带头人，山东师范大学教育学博士一级学科带头人，教育学博士后科研流动站负责人；兼任国务院学位委员会全国教育专业学位教育指导委员会委员，全国教育科学规划领导小组德育学科规划组副组长，中国教育学会常务理事，山东省社科联第六届委员会副主席，山东省教育学会副会长，山东省德育研究会理事长，山东省课程与教学研究会理事长，北京师范大学教育学原理专业博士生导师，《教育研究》杂志编委会委员。

曹廷求 男，1968 年出生，山东大学银行治理研究中心主任，教授、博士生导师。研究领域为公司治理与银行治理。主持 2012 年国家社科基金重大招标项目《系统性金融风险防范和监管协调机制研究》等国家和省部级课题 10 余项；在《经济研究》发表论文 6 篇，其他 CSSCI 论文 35 篇；获得全国优秀博士论文奖（提名奖）、全国高校人文社科优秀科研成果三等奖、山东省社科优秀成果二等奖等多种奖励并入选教育部“新世纪优秀人才支持计划”。

曹现强 男，1967 年出生，山东大学政治学与公共管学院教授、博士生导师。山东大学城市发展与公共政策研究中心主任，入选教育部“新世纪优秀人才支持计划”，济南市委决策智库专家成员。主要从事政府管理改革、城市发展与公共政策、公共部门绩效管理与评估的教学与科研。主持国家和省部级项目7 项，政府和企事业单位委托项目20 多项；出版《市政公用事业改革与监管》、《城市行政管理体制变革：从管制到治理》等著作，在《中国行政管理》、《城市发展研究》、《文史哲》等期刊发表论文 20 多篇。

曹明海 男，1952 年出生，山东师范大学文学院教授，博士生导师。课程教学论硕士点带头人，课程教学论博士点语文方向带头人，文学与语文教育博士点带头人，兼任全国语文学习科学专业委员会副理事长和学术委员会主任、中国阅读学会副会长、中国高等教育学会语文教育专业委员会常务理事等职。在人民文学出版社、山东教育出版社、山东人民出版社等出版《文学解读学导论》、《语文教育文化学》、《语文阅读活动论》、《语文教学解释学》、《语文教学本体论》、《语文教育文化过程研究》等学术著作 10 多部，主编 4 部山东省高等师范院校语文教育学通用教材，主编 3 套学术丛书，包括《新世纪语文教师发展丛书》（共6 部）、《语文新视野丛书》（共 5 部）、《当代语文教育与课程改革理论前沿丛书》（共 5 部）。在《文学评论》、《文艺研究》、《课程·教材·教法》、《语文建设》等发表论文 100 余篇；同时主持和承担了国家社会科学“九五”立项基金课题《文学解读学研究》、全国教育科学“十五”规划课题《语文教育文化过程研究》、教育部人文社会科学“十五”课题《语文教育文化学研究》、教育部“全国中小学教师继续教育教材”课题《中小学文学鉴赏与教学》，以及山东省高等教育面向 21 世纪教学内容和课程改革课题《语文教育学研究》、山东省教育科学“十五”规划重点课题《当代语文教育与课程改革理论前沿研究》等多项。获全国第一届教育理论图书奖、山东省社会科学优秀成果奖、山东省高等学校人文社会科学优秀成果奖等 10 多项。

曹洪军 男，1957 年出生，山东财经大学 MBA 教育中心主任，山东财经大学、山东大学、中国海洋大学教授、博士生导师，中国现代经济史学会副会长、山东省管理学学会会长、山东省对外经济学会副会长、山东省政府研究室特邀研究员等十余项学术职务，享受国务院特殊津贴，山东省有突出贡献的中青年专家、山东省优秀专家人才库入选专家。在企业战略管理和国际企业管理等方面具有较深的学术造诣，在核心期刊发表论文 200 余篇；出版专著、主编学术著作 16 部；承担国家社科基金项目、国家软科学项目、国家教育部项目 6 项，山东省省级项目 20 项，大型企业委托项目 12 项。获山东省社会科学优秀成果奖 17 项；山东省科技进步奖 6 项。

曹胜强 男，1963 年出生，枣庄学院校长，教授。山东省中青年学术骨干学科带头人培养对象，山东省社会科学评奖委员会成员，山东省历史学会世界史专业委员会副主任委员，主要从事国际关系史的教学和研究工作。著有：《20 世纪的世界革命》、《二十世纪国际关系史论》、《世界通史教程·现代卷》、《世界通史教程教学参考·现代卷》、《现代国际关系史》等。先后在《世界历史》、《社会科学战线》、《东欧中亚研究》、《当代世界与社会主义》等期刊发表文章，并有多篇被复印、转载。先后荣获国家级教学成果二等奖、省级教学成果一等奖、省级社会科学优秀成果一等奖等多项奖励。

曹莉 女，1964 年出生，曲阜师范大学体育科学学院理论教研室主任，教授。硕士，博士研究生导师，山东省第五批中青年学术骨干、学科带头人培养对象，学校161 人才工程第二层次岗位人员。山东省体育法学学会副会长、济宁市体育教育学会副理事长。为研究生和本科生主讲《体育学》、《体育教育学》、《体育教学论》、《学校体育学》、《体育概论》、《体育史》、《体育教材教法》等课程。科研主攻方向为体育与中国传统文化、学校体育与运动训练的管理与控制。

盛洪 男，1954 年生。山东大学经济研究院教授、博士生导师。侧重于制度的结构、起源和变迁的研究，文明的冲突、融合与整合问题及国际政治经济学的研究。代表性成果有专著《分工与交易》、《寻求改革的稳定形式》，论文集《治大国若烹小鲜》等。组织翻译了罗纳德·科斯教授的论文集《论生产的制度结构》。

盛宁 男，1945 年生，山东大学特聘一级教授、博士生导师。国家社科基金评审组专家。中国美国文学研究会副会长，中国外国文学学会英语文学研究会副会长。主要著作有《20 世纪美国文论》、《新历史主义》、《文学：鉴赏与思考》、《人文困惑与反思：西方后现代主义思潮批判》等。

盛玉麒 男，1948 年生，山东大学中文信息研究所所长，教授、博士生导师。兼任山东省语言学会会长、省社联委员、省促会理事、中国语文现代化学会副会长、国家语委标准化委员会语汇分标委委员、中国中文信息学会理事、中国计算机学会汉字信息技术专委会副主任等。研究领域为文字学、词汇学、中文信息处理、计算机辅助教学、语料库知识挖掘。

屠友祥　男，1963 年生，山东大学文艺美学研究中心教授，博士生导师。以符号学、语言哲学为研究重点，代表作有《言境释四章》、《索绪尔手稿初检》等，译罗兰·巴特《S/Z》、尼采《古修辞学描述》等。《索绪尔手稿初检》收入 2010 年度《国家哲学社会科学成果文库》，获山东省哲学社会科学重大成果奖。

梁丽霞　女，1976 年出生，济南大学政治与公共管理学院副教授，副院长；兼任中国社会学学会理事、中国社会工作教育协会常务理事、山东省社会学学会常务理事、副秘书长、山东省民俗学学会常务理事、山东省城市发展研究基地副研究员等。山东省"十二五"重点学科"社会学"的学术骨干之一，主要研究方向为社会性别、人类学、健康照顾研究等。出版专著 1 部，在《民族研究》、《云南社会科学》、《山东社会科学》、《妇女研究论丛》等学术期刊发表学术论文 30 余篇。先后主持、参与国家社科基金、省部级课题 20 余项。荣获各级优秀科研与教学成果奖励共计 19 项，其中获"山东省社会科学优秀成果三等奖"1 项，"济南市社会科学优秀成果一等奖"、"山东高等学校优秀科研成果三等奖"、"济南大学优秀科研成果一等奖"各 1 项，其他市厅级奖励 10 余项。2009 年荣获第三届"山东省社会科学学科新秀奖"。

逯凤华　女，1977 年出生，济宁学院音乐系讲师，硕士研究生。主要研究方向：中国传统音乐文化遗产研究。硕士研究生论文《泰山祭祀用乐的相关研究》于 2008 年被评为中国艺术研究院研究生院优秀毕业论文；在各类期刊上发表相关论文十余篇。主要有：《泰山神启跸回銮图与国家礼乐》、《从泰山祭祀用乐看中国传统音乐的上下一致性》、《对普通高校音乐系开设"音乐学"专业教育的一些思考》、《李叔同与"学堂乐歌"》、《泰山祭祀用乐与鼓吹乐》等。主持山东省社会科学规划研究项目青年项目"泰山祭祀用乐与国家礼乐之比较研究"。

隋映辉　男，1950 年出生，青岛社科院研究员，山东科技大学、青岛大学博士生导师。1992 年获得专业技术拔尖人才称号，1993 年享受国务院政府特殊津贴。主要研究领域为科技经济与战略管理、产业转型与可持续发展、城市创新与集群生态等。出版《科技经济论》、《协调发展论》、《科技产业转型》、《产业集群成长、竞争与战略》、《科技产业经济》等著作 13 部，发表学术论文 300 余篇，承担或参与国家、省、市级课题 70 余项。

鹿永华　男，1970 年出生，青岛农业大学经济与管理学院副院长、硕士生导师，教授，管理学博士。研究领域：国际经济与农业对外贸易。先后主持农业部软科学课题、山东省软科学重大招标课题、青岛市"双百调研工程"项目、青岛市软科学项目、国家林业局经济与发展研究中心项目、青岛市社科联项目等共 16 项。其中 2007 年 9 月"我国水果业可持续发展措施的研究"获得山东省软科学三等奖（第一位）；2009 年 8 月"农业结构调整及提高农产品竞争力研究"获得山东省软科学优秀成果二等奖；2010 年 9 月"山东省小麦生产技术效率变化特征及结构优化"获得山东省软科学优秀成果三等奖（第一位）。发表学术论文 20 多篇，参编教材 3 部，著作 1 部。省级社会科学重大项目负责人。

鹿立　女，1954 年出生。山东社会科学院人口学研究所研究员，院学科专家组成员，院重点学科人口管理学学科带头人，山东省人口研究基地学术带头人，中国人口学会第六届理事会人口政策与法规专业委员会成员，山东省人口学会副秘书长、山东省妇女理论研究会副秘书长，山东省"十佳"理论工作者，山东省理论人才"百人工程"首批入选者，山东省社会科学人才库成员。主要从事研究人才与人力资源研究。主持完成国家社科基金项目 3 项，教育部课题 1 项，联合国人口基金 CPR/90/P06 项目子课题和福特基金中国社会学项目各 1 项及多项省级课题。其关于人才与人力资源管理的原创性成果，得到国家和省部级领导充分肯定并进入决策。成果获省社科一等奖 1 项，二等奖 4 项。2008 年被评为山东省有突出贡献的中青年专家，山东省三八红旗手，山东省"十佳"理论工作者。

黄少安　男，1962 年出生，山东大学经济研究院院长，教授、博士生导师。山东大学产权研究所和经济研究院（中心）创始人，《制度经济学研究》杂志创办者。主要研究产权理论、企业理论、制度经济学和农村经济。承担多项国家和省部级社科重大项目，现主持 2011 年国家社科基金重大项目《土地产权、土地流转与土地征收补偿制度研究》；出版《产权经济学导论》等专著，在《中国社会科学》和《经济研究》等发表重要学术论文 20 多篇。先后获得孙冶方经济学奖和首届中国农村发展研究奖以及其他国家级奖励。入选国家百千万人才工程（第一、二层次）、教育部"长江学者奖励计划"，国家社科基金项目学科评审组成员。

黄凯南　男，1979 年出生。山东大学经济研究院副院长，教授。研究领域为演化经济学和制度经济学。2011 年入选教育部"新世纪优秀人才支持计划"，2012年获得山东省社科"学科新秀奖"。主持多项国家和省部级社科项目；在Journal of Evolutionary Economics、Journal of Economic Issues、《经济研究》、《经济学动态》和《光明日报》（理论版）等核心期刊上发表论文30多篇。

黄万华 男，1948年出生，山东大学文学与新闻传播学院教授、博士生导师。研究领域为中国现当代文学和海外华文文学。任中国世界华文文学学会副会长、中国现代文学学会理事、中国小说学会常务理事等。主持完成4项国家社科基金重点和一般课题、8项省部级课题；在国内外学术刊物发表论文300余篇，出版《中国抗战时期沦陷区文学史》、《中国和海外：20世纪汉语文学史论》等学术专著13种，主编学术著作10种，著述700万字；获省社科优秀成果一、二、三等奖各2项，刘勰文学评论奖3项，首届齐鲁文学奖、首届泰山文艺奖等。

黄富峰 男，1968年出生，聊城大学发展规划处处长兼政治与公共管理学院院长，教授，硕士生导师，主要从事伦理学、教育学等方面研究。先后获山东省优秀青年知识分子、享受国务院政府特殊津贴、山东省有突出贡献的中青年专家等荣誉称号，入选教育部2010年度新世纪优秀人才支持计划和2012年度山东省"百人工程"理论人才。主持完成国家社科基金项目"大众传播伦理"（07FZX007）、创价大学中日友好学术研究资助计划"池田大作教育伦理思想研究"、全国教育"十五"规划重点项目"道德思维在德育中的地位与作用"（EA030109）等国家、省部级和厅级课题6项。出版《大众传媒伦理研究》（中国社会科学出版社，2009.1）、《德育思维论》（人民出版社，2006年6月）、《道德思维论》（中国社会科学出版社，2003年12月）等学术专著6部，《大众传媒伦理研究》获山东省社会科学优秀成果一等奖（2011.11），《道德思维论》获山东省社会科学优秀成果一等奖（2005.4），《德育思维论》获山东省社会科学优秀成果三等奖（2008.6），在光明日报（理论周刊）、《清州大学学报》（韩国）、《伦理学研究》、《道德与文明》、《东岳论丛》、《现代传播》、《教育科学》等国内外专业期刊发表学术论文60余篇，其中"论道德概念"获山东省社会科学优秀成果三等奖（2007.7）。

傅有德 男，1956年出生。教育部人文社会科学重点研究基地山东大学犹太教与跨宗教研究中心主任，教授、博士生导师。山东省"泰山学者"特聘教授，2013年入选教育部"长江学者奖励计划"。教育部哲学教学指导委员会委员、中国宗教学会副会长，中国外国哲学学会常务理事，山东省哲学学会会长，国际巴克莱学会理事，《犹太研究》主编。主要研究领域为犹太哲学与宗教，中外哲学与宗教比较、西方哲学史。出版著作20余部（包括合作），代表性著作有《巴克莱哲学研究》、《犹太哲学与宗教研究》、《犹太哲学史》，在《中国社会科学》、《哲学研究》等国内外刊物发表论文近100篇。

彭建祥 男，1972年出生，山东工艺美术学院视觉传达设计学院副教授。山东省高校精品课程《包装设计》课程团队成员。中国包装联合会设计委员会全国委员；中国包装联合会设计委员会"CDC中国设计师"；湖南环境生物职业技术学院客座教授；中国包装创意设计大赛评审委员会专家；湖南省文化厅主办期刊《艺海》理事会理事；省高校青年骨干教师。主持国家社科基金艺术学课题1项，省部级课题5项，校级课题4项。发表论文30余篇，编著国家"十二五"规划教材《包装设计实务》，出版专著《天然材料包装设计方法研究》。设计作品入选中国美术出版总社出版的《中国当代艺术》、中国包装联合会汇编《中国设计30年》等成果集。设计作品和论文多次获奖。获中国包装联合会"中国包装之星"、中国包装创意大赛一、二等奖等奖项。个人多次获得省校级嘉奖。2011年荣获中国包装联合会"中国设计先锋人物奖"。长期以来为食品、医药、烟酒企业设计制作了众多的包装设计作品。国家级社会科学重大、重点项目负责人。

曾毅 男，1949年出生，山东工艺美术学院美术馆馆长、教授、研究生导师。东方国际摄影艺术促进会主席、齐鲁摄影学会执行主席兼秘书长，享受国务院政府特殊津贴。作品多次在国际、国内影展影赛中获奖，曾荣获联合国教科文组织"亚洲文化中心奖"、美国ROSS国际摄影大奖、韩国"成均大赏"、"韩国正修国际美术大展特别奖"及全国影展金、银、铜奖等。应国际摄影联盟，美国职业摄影师协会、无国界摄影组织及欧美艺术机构和大学的邀请，先后在佛罗伦萨、都灵、塞浦路斯、亚特兰大、布鲁塞尔、科隆、台湾等地举办个人展览。多次担任国际、国内重大摄影展赛评委，曾任"第15届全国摄影艺术展览"、"韩国正修国际摄影大展"、"中、日、韩东北亚国际摄影大展"、"首届中国优秀摄影作品出国选拔大奖赛"、"国际和平年全国青年摄影大奖赛"、"首届全国十大青年摄影家评选"、"中国济南国际摄影双年展"、"影像亚洲"等重大展览比赛的评委。编著出版了《大哉孔子》、《世纪巨匠毕加索》、《毕加索版画精典作品选》、《国际和平年全国青年摄影大奖赛作品集》、《历届奥运海报珍藏作品选》、《天命集》、《当代国际优秀摄影作品集》、《国际职业摄影师优秀作品集》等大型文献画册。长期从事策展及重大国际交流活动。先后成功策划组织并主持举办了“国际和平年全国青年摄影大奖赛”、“中国孔子文化摄影展”、“首届全国十大青年摄影家评选”、“毕加索版画中国巡回展”、“中国济南当代国际摄影双年展”、“齐鲁国际摄影周”、“影像亚洲——PPA国际职业摄影师大展”等重大展览比赛。多次应邀赴美国、韩国、日本、法国、意大利、比利时、德国、阿根廷、巴西等国家进行讲学及学术交流活动。先后应国际摄影联合会（FIAP）、美国职业摄影师协会（PPA）、无国界摄影组织、美国微软公司全球总部、美国乔治亚州国立图书馆、意大利文化中心、意大利东方大学、韩国成均馆、中国台北故宫博物院等机构邀请在旧金山、西雅图、亚特兰大、布鲁塞尔、罗马、都灵、波恩、首尔、台北等地举办个人摄影展或进行讲学活动。

曾繁仁 男，1941年出生，山东大学终身教授，美学家。教育部人文社科重点研究基地山东大学文艺美学研究中心主任，国家重点学科山东大学文艺学学科学术带头人。兼任国家社科基金项目学科评审组成员、教育部社科委委员及语言文学、新闻传播学和艺术学学部召集人、教育部艺教委常委、中华美学学会副会长、中国中外文论学会副会长、中国高教学会美育研究会会长、山东省比较文学学会会长等。教育部“马克思主义理论研究和建设工程”《西方文学理论》项目首席专家；曾获全国百篇优秀博士论文指导教师奖、山东省第五次社会科学突出贡献奖，以及教育部和山东省社科优秀成果奖多项。

温儒敏 男，1946年出生。山东大学特聘一级教授、博士生导师。北京大学语文教育研究所所长，中国现代文学研究会会长，教育部基础教育课程教材专家工作委员会委员等。研究领域为中国现当代文学，文学理论、比较文学及语文教育。承担2012年国家社科基金重大招标项目《当前社会“文学生活”调查研究》等多项国家和省部级社科项目；代表作有《新文学现实主义的流变》、《中国现代文学批评史》等；获教育部“全国高校教学名师”奖、全国百篇优秀博士论文指导教师奖、高校社科优秀成果二等奖等多项奖励。

焦桂美 女，1968年出生，山东理工大学教授，文学博士、历史学博士后，主要研究领域为中国经学史与清代文献。2006年至2009年参加了山东大学杜泽逊先生主持的国家清史纂修工程重大项目《清人著述总目》的编纂工作，担任副主编。2007年独立承担第42批中国博士后科学基金面上资助项目1项，2008年独立承担第1批中国博士后科学基金特别资助项目1项，同年独立承担山东省博士后创新项目1项。2010年主持教育部“全国优秀博士学位论文作者专项资助”项目1项，同年主持教育部人文社科研究一般项目1项。2005年来发表核心期刊论文20余篇，出版专著《南北朝经学史》1部，2013年又完成了专著《孙星衍与乾嘉学派》60万字。《南北朝经学史》2008年被教育部、国务院学位委员会评选为全国优秀博士学位论文，2011年获山东省社会科学优秀成果奖二等奖。

葛荃 男，1953年出生，山东大学政治学与公共管理学院院长，教授、博士生导师。国家社科基金项目学科评审组成员。任中国政治学会常务理事、中国行政管理学会理事、山东省政治学研究会常务理事、副会长等。研究领域为中国政治思想与政治文化、中国行政哲学与行政管理思想史。主持完成多项国家和教育部社科项目；出版专著4部，主编、副主编、参编著述20种，发表学术论文90多篇；获省部级社科优秀成果奖一等奖2项、二等奖1项、三等奖1项，全国“宝钢优秀教师”奖等。

葛敬民 男，1957年出生，山东理工大学三级教授。1984年起讲授文献检索课，先后发表学术论文100余篇，主持国家课题1项，省部级课题5项；主编教材4部，获国家“十一五”规划教材称号；教学课件获教育部第二届教学软件比赛二等奖；先后获省级以上教学科研奖励8项，获学校教学成果一等奖3次；2004年入选山东省首批100门精品课程，2007年入选国家精品课程。2011年被全国工程硕士教学指导委员会聘为全国信息检索课程建设和教学指导专家组成员，2012年被评为山东省教学名师。

葛新发 男，1956年出生，山东体育学院党委委员、副院长、教授，博士，华中科技大学、武汉理工大学、上海体育学院兼职教授、博士生导师，国务院政府特殊津贴专家，国家体育总局优秀中青年学术带头人，山东省首批高层次人才库入选专家。山东省重点学科—运动人体科学学科带头人。中国体育科学学会运动生理生化分会副主任、中国体育科学学会运动医学分会常委，《中国运动医学杂志》编委，国家科技奖励评审专家，全国高校运动人体科学专业委员会常委，国际奥委会团结基金会亚洲运动医学专家，教育部学位与学科评估专家，中国教育专家委员会专家，国家体育总局体育科技奖评审专家，国家体育总局教材委员会委员。中国软式网球协会副主席、中国大学生民族传统体育协会副主席，中国大学生跆拳道协会副主席，中国大学生空手道协会副主席，中国大学生攀岩协会副主席，中国大学生射击协会副主席。曾赴美国、加拿大、法国、德国、英国、比利时、意大利、荷兰、西班牙、波兰、保加利亚、匈牙利、俄罗斯、捷克、日本、韩国、越南和中国香港、澳门、台湾等国家和地区进行讲学、考察和访问。2003 年赴德国科隆体育大学学习进修，获运动训练学专修结业证书。主讲课程有运动医务监督、运动营养与康复、运动训练的生物学基础、运动生理学、运动生物化学、运动训练学和水上运动流体力学。主要研究方向为运动与机体能力及其调控，运动训练的生物医学监控与评定，骨骼肌损伤与康复的分子生物学机制研究，体能训练的理论与方法和赛艇流体性能与快速性能研究等。指导已毕业和在读硕士研究生 45 名、博士生 2 名。主要科研成果有完成和承担了国家自然科学基金课题《赛艇水动力性能及划船技术的测试与评定》等国家级课题 4 项；国家体育总局“133”工程课题《优秀划船运动员专项力量的检查与评定》等省部级课题 16 项。编写出版了《运动训练生物力学基础》等学术专著（合著）8 部；公开发表了《利用逐级递增负荷中的心率拐点确定无氧阈的研究》等学术论文 60 余篇。获《船速桨频测量仪》等国家发明专利 6 项；获国家自然科学基金委员优秀课题奖 1 项；获《第十一届亚运会国家皮划艇队科技攻关》等省部级科技进步三等奖 5 项；获国家体育总局奥运会科技攻关一等奖 1 项，二等奖 1 项，三等奖 1 项；2009 年荣立山东省人民政府一等功，2012 年荣获国家体育总局全国体育院校竞赛工作先进个人，2012 年荣获教育部大学生体育协会民族传统体育分会先进个人，2012 年荣获山东省优秀硕士研究生导师。

董占军 男，1969 年出生，山东工艺美术学院研究生处处长，硕士研究生导师。2003 年被评为山东省优秀青年知识分子，2007 年被评为全国优秀教师，2008 年被评为山东省有突出贡献中青年专家。2012 年被评为山东省重点学科设计艺术学首席专家。英国皇家艺术学院访问学者。中国工艺美术学会理论分会常务理事，山东省美术家协会理事，高等教育学会设计教育分会理事，主要从事设计艺术史、艺术教育学及艺术文献的研究及教学工作。先后出版《艺术文献学论纲》、《现代艺术设计史》（国家“十一五”规划教材）、《外国工艺美术史》、《艺术教育学》、《设计家的再觉醒—后现代主义设计》、《壶中天地—道与中国园林》（合著）、《计算机辅助艺术设计》、《西方现代艺术设计史》（专著）、《雕塑艺术鉴赏》、《蝈蝈葫芦》、《玩具》等著作 12 部，另外在《装饰》、《美术观察》、《山东社会科学》等杂志上发表论文 30 余篇。承担的科研项目：国家社会科学基金艺术学重点项目《中国古代设计艺术思想研究》、山东省教学改革重点立项《艺术设计类专业应用型人才培养体系及教材建设研究》、山东省研究生教育创新项目《设计艺术学学科体系及课程设置研究》、山东省教育厅人文社会科项目《中外设计艺术教育发展现状及趋势》、省科技厅软科学基金项目《设计艺术教育大事典》、山东省软科学基金项目《中国设计艺术教育发展策略研究》、山东省社会科学基金项目《中国艺术文献学》、中国艺术研究院课题《艺术教育学》、山东省教育厅自然科学项目《设计艺术教育资源数据库研究》、省软科学基金项目《文文化创意产业大背景下中国动漫产业发展策略研究》等项目 10 余项。国家人才培养模式创新实验区—创新型应用设计艺术人才培养实验区负责人；山东省精品课程——《现代设计艺术史》、《外国工艺美术史》负责人；国家和山东省特色专业——艺术设计学主要负责人之一。其中，《西方现代艺术设计史》和译著《外国现代设计艺术文献选编》，分别获山东省社会科学优秀成果二等奖；《设计艺术专业课程体系暨“高等院校设计艺术专业系列教材”》获山东省优秀教学成果一等奖；《艺术设计类专业实践教学体系建设及应用型人才培养模式探索》获山东省优秀教学成果一等奖；《设计艺术项目教学暨高等院校设计艺术专业课程教学系列教材》获山东省优秀教学成果二等奖；论文《构建艺术类院校教学评价体系》，获山东省社会科学优秀成果二等奖；《西方现代设计艺术史》获山东省优秀教材一等奖；论文《艺术文献学论纲》，获山东省社会科学优秀成果三等奖；著作《玩具》获山东省教育厅人文社科成果一等奖、山东省泰山文艺奖三等奖。国家级社会科学重大、重点项目负责人，省级社会科学重大项目负责人。山东省专业技术拔尖人才。

谢安庆 男，1955 年出生，济宁学院党委副书记，教授，硕士生导师。中国音乐文学学会副主席兼中国音乐文学学会教育委员会主任；国家教育部本科教学评估专家；国家教育部本科教学指导委员会专家，中国科学研究会会员、中国音乐家协会会员、中国音乐著作权协会会员；山东省音乐家协会副主席。主持过省部级以上人文社科类项目负责人。中央民族大学、山东大学、北京联合大学、三峡大学、徐州师范大学等高校兼职教授。山东省“富民兴鲁劳动奖章”获得者；济宁市“十大教育创新人物”；个人业绩辑入《世界华人文学艺术界名人录》和《东方之子》卷中。承担、完成《中国农村文化建设研究》、《中国特色传统文化音乐艺术形象化研究》等国家、省级科研课题 20 余项，荣获“山东省艺术科学成果一等奖”；“山东省社会科学成果二等奖”等多项成果奖励，承担完成“山东省参加 2010 年上海世界博览会主题创意”，被评选为“山东省参加 2010 年上海世界博览会入选作品”第一名，并被聘为山东省参加2010年上海世界博览会顾问。出版理论著作、音乐文学专著8部；发表理论文章80余篇；30余篇论文获国家、省级理论成果奖；曾在20余家省级以上报纸发表各类文章100余篇；创作音乐文学作品800余首，荣获国家级、省级金奖、银奖60余项。100余首文学艺术作品辑入《世纪歌曲》、《歌曲》、《音乐创作》等各类著作和文集出版。多首音乐文学作品谱曲后，在国家、省级电视台、电台播放。在我国师范类院校率先创建了“音乐文学”学科硕士点，培养了大批“音乐文学”艺术人才。

谢祥皓 男，1937年出生，山东社会科学院研究员，著名学者。山东省鲁班研究会副理事长，山东孙子研究会副会长，退休后倾力于中华文化的普及工作，主编《文化中国》（四卷），撰著《中华文化三字经》。从事中国传统文化研究，重点研究儒学、道家及兵家。获省社科二等奖2项。1996年批准享受国务院政府特殊津贴。

韩民青 男，1952年出生，山东社会科学院研究员。长期从事宇宙观、人类观、现代社会发展理论研究，先后出版了《物质形态进化初探》、《人类的结局》、《唯物论的现代探索》、《当代哲学系统观》、《现代思维方法学》、《意识论》、《人类论》、《文化论》、《文化的历程》（三卷本）、《存在的进化》、《现实：人的世界》、《当代哲学人类学》（四卷本）、《从宇宙观、人类观到发展观》、《2050：中国展望》、《2100：全球抉择》、《中国崛起是一场大革命》、《新工业论》、《物质进化论的人本哲学》、《人类的来龙去脉》、《宇宙的DNA》等专著，发表论文300多篇。先后获得山东省社会科学优秀成果一等奖5项，1988年被评为山东省专业技术拔尖人才，1989年被授予全国先进工作者称号，1992年获国务院政府特殊津贴，2003年被评为山东省有突出贡献的中青年专家。

韩立民 男，1960年出生，中国海洋大学管理学院教授、博士生导师。教育部人文社科重点研究基地海洋发展研究院副院长，中国海洋经济学会副理事长、秘书长，青岛市外经贸顾问组组长，山东经济学会常务理事，青岛市经济学会副会长，西北农林科技大学管理学博士并兼职博导。承担国家社科基金重点项目1项、省部级研究课题10多项，发表学术论文90余篇，6次获省部级科研奖励；两次赴日本参加国际会议，进行合作研究。《中国海洋产业经济研究》获教育部第六届科学研究优秀成果奖（人文社科）三等奖。

韩立群 男，1935年出生，聊城大学教授，硕士生导师。全国优秀教师、山东省专业技术拔尖人才、享受国务院特殊津贴、曾宪梓教育基金奖获得者、山东省第七届政协委员。中国郭沫若学会理事、山东省鲁迅学会和郭沫若学会副会长。已出版学术专著《郭沫若史剧创作论》、《沈从文论》、《中国现代文学史论》、《中国现代小说史》、《鲁迅作品教学初探》（后两部为合著），其中《沈从文论》以学术观点方法具开创性在学术界引起较大反响，先后获山东省优秀科研成果奖和中国北方15省区18家出版社优秀图书，参与国际书展，列入《1995年中国出版年鉴》，合编大型史料丛书《鲁迅生平史料汇编》（任副主编，共五辑六部，317万字）；发表学术论文8 0余篇，获省部级以上科研奖多项。教学研究方面：（1）《高师语文学科专业技能培养规程》，先后于1991年、1993年获山东省普通高校优秀教学成果一等奖和全国普通高校优秀教学成果国家级一等奖；（2）《高师中文专业教学体系建构》，国家教委世行贷款重点项目，1997年获山东省普通高校优秀教学成果一等奖，教育部世行贷款教育改革项目优秀成果三等奖。

韩延明 男，1959年出生，临沂大学校长、高等教育科学研究所所长，教授，山东师范大学博士生导师。山东省有突出贡献的中青年专家、享受国务院政府特殊津贴专家，中国教育学会教育学分会常务理事，山东省教育学研究会理事长。独著（译）、主编《大学理念论纲》、《改革视野中的大学教育》、《大学教育现代化》等学术专著、教材、辞典30余部，在《教育研究》、《高等教育研究》、《求是》等国内外重要报纸杂志上发表学术论文230余篇，其中多篇被《中国社会科学文摘》、《新华文摘》、《人大复印资料》等转载；主持和参与了20余项国家级及省部级重点规划研究课题；荣获各级各类优秀科研与教学成果奖30余项，其中国家级省部级奖15项。

韩宏 男，1953年出生，济南大学党委常委，副校长。长期从事教学与管理工作，并致力于政治学、教育学的教学与科研。山东省政治学会副会长、山东省科学社会主义学会副会长。主持《公民意识培育与法治秩序建构研究》、《法治与社会主义法治国家建设研究》等省部级重大课题3项，主持、参与完成山东省教育厅人文社会科学研究课题4项。发表学术论文60余篇，主编出版教材3部，合作出版专著、教材12部。曾获得山东省社会科学优秀成果二等奖、山东省高校人文社会科学优秀成果三等奖。省级社会科学重大项目负责人。

韩德信 男，1964年出生，山东理工大学文学院院长，教授，硕士研究生导师，文学博士。主要从事文艺学、美学研究。著作有《隋唐五代审美文化研究》、《生态美学丛书》、《中国文艺学的历史回顾与向生态文艺学的转向》，主持完成国家社会科学基金项目《新世纪文学理论趋向研究》、《新时期文学理论与文学批评的发展起点研究》，山东省社科规划项目《生态文化与可持续发展》、《当代文学理论论争之反思》。2009 年获山东省社会科学优秀成果二等奖。2007 年获山东省社会科学优秀成果三等奖。

鲁士恭 男，1938 年出生，山东社会科学院研究员。先后从事政、经热点问题研究和我国民主法制建设中的理论与时间问题研究。参与主持省级以上课题 10 余项，发表论文约百篇，主编、参编著作约 20 部，获省社科优秀成果一等奖 1 项，二等奖 3 项。享受国务院政府特殊津贴，获“山东省专业技术拔尖人才”称号。

慈福义 男，1968 年出生，山东轻工业学院教授、博士、硕士生导师，山东省人文社科研究基地学术带头人。主要从事循环经济研究。近年来，主持山东省自然科学基金项目 1 项、山东省社会科学规划项目 2 项、山东高校人文社科项目 1 项、济南市社科规划项目 2 项、济南市软科学项目 1 项，出版专著 2 部，先后在《地理科学》、《经济纵横》、《地理与地理信息科学》、《商业研究》、《生态经济》等刊物发表论文 40 多篇，获山东省社会科学优秀成果二等奖 1 项、山东高等学校优秀科研成果奖人文社会科学二等奖 1 项。

解垩 男，1971 年出生，山东大学经济学院教授。研究领域为公共经济与公共政策。承担多项省部级研究项目；代表作有“与收入相关的健康及医疗服务利用不平等研究”、“中国非农自雇活动的转换进入分析”等；获 2011 年全国优秀博士学位论文奖、第六届高等学校科学研究优秀成果奖（人文社会科学）三等奖。

解学军 男，1968 年出生。1999 年在中国科学院系统科学研究所获得博士学位，导师为中科院院士郭雷研究员。2001 年破格晋升教授，2003 年评为曲阜师范大学“应用数学”专业首批博士生导师。近年来，他围绕复杂系统的控制理论及其应用，开展了广泛深入的研究，取得了较好的研究成果。在国际自动控制领域的权威学术期刊 IEEE TAC，Automatica，IJC，IJRNC，IJSS，IJACSP 上发表和录用论文 21 篇，其中包括顶级期刊 IEEE TAC 和 Automatica 的 Regular Paper 各 1 篇。近年来，作为项目负责人连续获得国家自然科学基金（2 项）、教育部新世纪优秀人才支持计划、中国博士后科学基金、山东省中青年科学家科研奖励基金、山东省自然科学基金等项目的资助。2002 年获教育部提名国家科学技术奖（自然科学奖）二等奖、2005 年入选教育部新世纪优秀人才支持计划（原教育部跨世纪优秀人才培养计划，2005 年山东省省属高校入选 6 人）、2006 年享受国务院政府特殊津贴（全国共 3841 人，40 岁以下的 482 人，占 12.5%）。

路遥 男，1927 年生，山东大学终身教授、博士生导师。国内外公认的义和团史和民间宗教史著名学者，山东大学中国近代史学科学术奠基人。研究领域主要为义和团和民间宗教。承担“国家清史编纂工程基础项目”和“教育部重大课题攻关项目”2 项；主编或出版《山东大学义和团调查资料汇编》、《义和拳运动起源探索》、《山东民间秘密教门》等著作；以中、英、日文发表具有代表性的学术论文数十篇。

路遇 男，1937 年出生，山东社会科学院研究员、国家哲学社会科学规划项目评审委员、国家人口计划生育专家委员会委员。主要从事人口学研究。主持省级以上课题 14 项，其中国家社科基金项目 5 项，获省社科重大成果奖 1 项，一等奖 4 项。享受国务院政府特殊津贴，1993 年、1999 年被评为山东省专业技术拔尖人才，2008 年荣获山东省社会科学突出贡献奖。

路德斌 男，1962 年出生，山东社会科学院文化研究所研究员，儒学研究中心主任，哲学博士。主要研究领域为先秦儒学、宋明儒学及荀子研究。在《中国哲学史》、《孔子研究》、《国学学刊》、《东岳论丛》及韩国《退溪学报》、《退溪学》等国内外著名学术刊物上发表相关论文四十余篇，出版专著《荀子与儒家哲学》。两项科研成果分获山东省社会科学优秀成果三等奖，设计并主持 2012 年度国家社科基金重点课题《中国荀学史》。研究成果尤其是荀学研究，在大陆和港台地区均产生有较大影响，享有广泛的知名度。

臧旭恒 男，1953 年出生，《山东大学学报》（哲社版）编辑部主编，教授、博士生导师。享受国务院政府特殊津贴专家、泰山学者。兼任中国经济发展研究会常务理事，中华外国经济学说研究会理事，中国工业经济研究与开发促进会理事等。承担并完成国家和省部级重点科研项目 10 余项；出版个人和合作学术专著多部，在《经济研究》、《中国工业经济》等刊物和国际学术会议上发表论文数十篇；获第十届孙冶方经济科学著作奖、高校人文社科研究优秀成果奖二等奖 2 项、全国图书“金钥匙”优胜奖、山东省优秀社科成果一等奖等。

臧秀玲 女，1963 年生，山东大学政治学与公共管理学院教授、博士生导师。研究方向是当代资本主义和国际问题研究。主持国家和省部级社科项目 10 余项；出版专著《社会主义和资本主义两制关系研究》和《当代资本主义新发展问题研究》2 部，合作、参与撰写著作10余部，在《科学社会主义》、《文史哲》等刊物上发表学术论文40余篇；多次获省部级社科优秀成果奖励。

谭好哲 男，1955年生，山东大学文艺美学研究中心常务副主任，教授、博士生导师。兼任山东省作家协会副主席、全国马列文论研究会副会长、中国文艺理论学会常务理事等。主要研究文艺学和美学。承担多项国家和教育部社科研究项目；出版或主编著作10余部，发表文章150余篇，代表作有《文艺与意识形态》、《语境意识与美学问题》等；获教育部人文社会科学研究优秀成果二等奖1项、山东省社会科学优秀成果一等奖3项。

颜炳罡 男，1960年生，山东大学儒学高等研究院副院长，教授、博士生导师。国际儒学联合会理事、国际儒学联合会学术委员会委员、中国哲学史学会理事、中国孔子基金会学术委员会委员、山东周易研究常务副会长、山东孔子学会副会长等。研究领域为中国哲学、儒家哲学。著有《当代新儒学引论》、《整合与重铸——当代大儒牟宗三先生学术思想研究》等，在《哲学研究》、《孔子研究》、《文史哲》等杂志发表论文110余篇。

潘爱玲 女，1965年出生，山东大学反垄断与规制经济学重点研究基地企业财务研究中心主任、会计学研究所所长，山东大学管理学院会计系主任，博士生导师，经济学博士，管理学（财务管理）博士后，教育部新世纪优秀人才支持计划获得者，新世纪百千万人才工程国家级人选。在《中国工业经济》、《南开管理评论》、《经济管理》等CSSCI期刊、国家级和省级核心学术刊物发表论文70余篇，其中多篇被人大报刊复印资料等全文转载，出版著作、教材4部。科研成果获省部级社会科学优秀成果奖6项，主持国家社科基金项目2项：《企业跨国并购后的整合管理研究》、《公司治理与会计信息披露的互动：理论与实证研究》，国家博士后基金项目《基于可持续发展的企业财务创新体系研究》，主持完成省部级项目5项：山东省教育厅人文社会科学研究项目《新经济条件下企业集团内部控制问题研究》、山东省社会科学规划重点项目《上市公司盈余管理问题研究》、山东省软科学研究计划项目《高新技术企业价值评估方法的创新研究》以及山东大学青年科学基金项目《企业并购后的财务整合问题研究》等，企业横向课题3项。科研成果分别获山东省社会科学优秀成果一等奖和山东省软科学优秀成果一等奖。

潘鲁生 男，1962年出生，山东省文联主席，山东工艺美术学院院长，艺术学博士，教授，博士生导师。第十二届全国政协委员。中国民间文艺家协会副主席、中国艺术研究院中国设计艺术院院长、中国国家画院院委。系中央联系的高级专家、享受国务院政府特殊津贴专家、全国宣传文化系统“四个一批人才”、全国非物质文化遗产保护先进工作者、泰山学者。山东省专业技术拔尖人才。省部级以上社科评奖获得者。中国文联第九届全国委员会委员、中国美术家协会理事、中国工艺美术学会副理事长、中国美术家协会工艺美术委员会主任、山东省民间文艺家协会主席、“中国民间文化遗产抢救工程”专家委员会委员、国家非物质文化遗产保护工作专家委员会委员、教育部高等学校艺术类专业教学指导委员会委员，山东大学、中国艺术研究院博士生导师。先后被授予“全国非物质文化遗产保护先进工作者”、“上海世博会先进个人”等荣誉称号，曾获中宣部精神文明建设“五个一工程奖”、“国家社会科学基金项目优秀成果”一等奖等奖励。

致力民艺研究，注重理论创新，深入开展民艺调研和抢救，践行民艺工艺服务事业。走访近30个省市、300余个村落，发掘民间美术手工技艺120余项。在全国率先提出“民间文化生态保护”理念，构建中国“民艺学”的学科体系，提出“手艺学”学科建设命题。出版《民艺学论纲》、《民间文化生态调查从书》、《手艺农村——山东农村文化产业调查报告》等著作，主持“工艺文化生态保护与调研”、“山东农村文化产业调研”等中宣部、教育部、文化部大型课题，发表《保护农村文化生态 发展传统文化产业》等论文。创办中国首家民办民艺博物馆，将30余年收集的民间美术藏品常年向社会免费开放。在中国美术馆举办“手艺农村——山东农村文化产业调研成果展览”。相关理论研究填补该领域空白，相关调研成果产生积极影响，具有重要社会价值。开展美术创作和美术理论研究，从民间元素中探索绘画艺术和设计艺术的语汇创新，创作具有独特艺术风格的当代美术作品和设计艺术作品。出版《潘鲁生画集》、《潘鲁生当代艺术》、《新疆印象》等作品集。在中国美术馆、山东省美术馆和瑞典、德国、韩国等国内外学术展馆举办个人画展。作品入选第七、八、九、十、十一届全国美展，入选“第52届威尼斯国际艺术双年展”。代表作品被中国美术馆、中国奥委会等机构收藏。承担“中国古代设计思想研究”、“中国当代工艺美术研究”等国家社科基金重点课题项目和一般项目，出版《潘鲁生艺术文论》、《汉字装饰》、《匠心独运》等专题文论集。

推进当代高等艺术教育改革与创新。提出艺术教育实践教学理念，主持省级教学质量工程项目12项，主持召开全国艺术与设计教育实践教学研讨会，探索艺术教育创新。开展“艺术教育学”等专题研究10余项，主持中德项目“国家广告设计师职业标准”制订工作，主编《高等院校设计艺术专业系列教材》12部，取得积极成果。主持召开“国际设计艺术院校联盟”、“国际平面设计协会联合会”等国际教育交流会议，促进艺术教育交流与合作。

承担并完成一系列国家重大文化设计及展示项目。主持2010上海世博会山东馆的总体设计、第十一届全运会会徽等视觉形象系统设计、中组部“人才之家”标识系统设计，参与主持“2009世界设计大会”工作坊项目、“中国济南当代国际摄影双年展暨齐鲁国际摄影周”等重要文艺学术活动，产生积极反响。同时就我国传统文化、设计教育、民间艺术等领域开展专题研究，就我国文化战略、农村文化建设、美术创作、设计教育等问题进行广泛而深入的调查和理论研究，提出建议。

近年来，主持民艺学、艺术教育、艺术理论等中宣部、教育部、文化部大型课题、国家社科基金重点课题项目和一般项目共计30余项，完成学术著作52部。发表论文110余篇，其中20篇被《新华文摘》、《人民大学复印资料》转载收录。研究成果获国家及部省级奖励37项。国家级社会科学重大、重点项目负责人。省级社会科学重大项目负责人。国家社科基金项目学科评审组成员。

薛永武　男，1958年8月出生。山东省有突出贡献的中青年专家。中国海洋大学国家文化产业研究中心主任、文学与新闻传播学院院长、博士、教授、博士生导师、人才学家、人才美学的重要开创者。1983年曲阜师范大学中文系毕业留校任教，先后赴中国社会科学院和中国人民大学深造，师从文艺理论家杜书瀛和金元浦先生，获文学博士学位。历任曲阜师范大学中文系主任、文学院院长，兼文学研究所所长和中国语文现代化学会会刊《现代语文》杂志主编。

薛桂芳　女，1967年出生，中国海洋大学海洋法学研究所所长、教授、博士生导师、国际法学科带头人。澳大利亚卧龙岗大学哲学博士。2004年起任专注于国际法学视野下海洋法学相关理论及实践的研究，主要包括海洋法律政策、《联合国海洋法公约》与国家实践、海洋环境法、生物资源保护法、海洋管理及海洋权益等实践问题的研究等。

魏东　男，1978年出生，省委党校管理学教研部副主任、副教授，博士后，省青联委员。主要从事生态文明建设、促进可持续发展等方面的教学与研究，是诺贝尔和平奖获得者阿尔·戈尔成立的气候项目组织（TCP）中国讲师团成员。在《中国人口·资源与环境》、《中国工业经济》、《财贸经济》、《山东大学学报》等CSSCI来源期刊上发表论文10余篇，出版英文专著1部，主持国家社科基金项目1项、中国博士后基金项目1项、省部级课题3项，参与国家和省部级课题6项。以首位发表的研究成果荣获山东省社会科学优秀成果二等奖1项，三等奖2项，山东省软科学优秀成果奖二等奖2项。山东省社会科学学科新秀奖获得者。

魏建　男，1969年生。山东大学学术研究部副部长，教授、博士生导师。入选教育部“新世纪优秀人才支持计划”、国务院特殊津贴专家，担任多家企业独立董事。主要研究领域为法经济学、制度经济学和资本市场。承担国家级、省部级科研项目多项；在《中国社会科学》、《经济研究》等期刊发表文章百余篇，主要著作有《法经济学：分析基础与分析范式》、《管理层收购的成功之路》、《法经济学：基础与比较》等；获山东省社会科学优秀成果一等奖、中国高校社会科学优秀成果三等奖等奖励。

魏建　男，1958年出生，山东师范大学特聘教授、语言文学研究所所长，博士研究生导师，山东省首批齐鲁文化英才。国家重点学科山东师范大学中国现当代文学学科学术带头人，国家级精品课程“中国现代文学史”课程负责人。已出版学术专著6部，主编学术著作9部，发表学术论文90余篇，其中《文学评论》2篇、《中国现代文学研究丛刊》10篇。获得山东省社会科学优秀成果奖一等奖（分卷第一作者）1项，二等奖3项，三等奖5项，还获得刘勰文艺评论奖等其他省级科研奖3项。主持国家社会科学基金项目1项，主持并完成国家社会科学基金项目子课题1项、教育部人文社会科学研究规划项目1项，省级科研项目4项。

魏绍馨　男，1934年出生，曲阜师范大学中文系教师、教授，中国现当代文学硕士研究生导师。中国现代文学研究会、鲁迅学会理事。1993年曾获全国优秀教师奖，享受国务院政府特殊津贴。1995年加入中国作家协会。著有专著《中国现代文学思潮史》（译有日本、新加坡外文版本）、《当代中国文学思潮四十年》，主编高校教材《现代中国文学史》，在《文学评论》、《中国现代文学研究》丛刊及各高校学报上发表学术论文80余篇。

魏振香　女，1965年出生，中国石油大学（华东）教授，山东省产业经济学会理事，黄河三角洲区域经济与文化研究中心秘书长。主要从事工商管理、产业经济、区域经济等方面的教学与研究。出版学术专著2部，主编、参编教材6部，在《山东社会科学》、《齐鲁学刊》等学术期刊上公开发表各类科研论文30多篇。主持完成《传奇华泰——华泰集团经营谋略与管理艺术探源》等科研、教研课题11项，参与教学、科研课题研究13项，荣获各类科研奖励 12 项。著作《传奇华泰——华泰集团经营谋略与管理艺术探源》获 2009 年省优秀社科成果三等奖和东营市优秀社科成果特等奖。

魏晓笛　女，1964 年出生，潍坊学院教授。主要研究方向是生态文化、应用伦理、价值观研究。发表学术论文 60 多篇，出版个人专著 3 部，参编著作 4 部。先后承担或主持教研科研课题 14 项，其中省级重点课题 5 项，省高校重点课题 2 项，省文化艺术科学重点课题 1 项。近 20 篇论文分别获全国理论创新优秀学术成果一等奖，全国人文社会科学优秀成果二等奖，山东省高校思想政治教育优秀研究成果一等奖，山东省软科学优秀成果二等奖，山东省高校优秀科研成果三等奖等，潍坊市社会科学优秀成果一、二等奖。兼任山东省马克思主义研究会常务理事，山东省伦理学研究会常务理事，山东省委组织部“名师送教”专家组成员，山东省高校教师高级职称评审委员会专家组成员，山东省省级精品课程评审专家，山东省教育厅民办院校督导专员。